Lexikon der Weltliteratur

Biographisch-bibliographisches Handwörterbuch
nach Autoren und anonymen Werken

Fremdsprachige Autoren
A–K

unter Mitarbeit zahlreicher Fachgelehrter
herausgegeben von Gero von Wilpert

Sonderausgabe
der
vierten, völlig neubearbeiteten Auflage 2004

ALFRED KRÖNER VERLAG STUTTGART

Gero von Wilpert (Hg.)
Lexikon der Weltliteratur
Biographisch-bibliographisches Handwörterbuch
nach Autoren und anonymen Werken
Fremdsprachige Autoren A–K
Sonderausgabe der
4., völlig neubearbeiteten Auflage 2004.
Stuttgart: Kröner 2008
ISBN 978-3-520-84301-2

© 2008 by Alfred Kröner Verlag
Printed in Germany · Alle Rechte vorbehalten
Satz: pagina GmbH, Tübingen
Gesamtherstellung: Friedrich Pustet, Regensburg

INHALTSVERZEICHNIS

Verzeichnis der Mitarbeiterinnen und Mitarbeiter　　VII

Vorwort XIII

Abkürzungen und Zeichen XVII

Artikel A–K . . . .　　I

VERZEICHNIS DER MITARBEITERINNEN UND MITARBEITER

Dr. Renate ALBRECHT, München: Italienische Literatur (1.+2. Aufl. z.T.)
Prof. Dr. Angel ANTÓN ANDRÉS, Barcelona: Spanische Literatur (1.–3. Aufl.)
Dr. Monika ARNEZ, Köln: Indonesische und malaiische Literatur (4. Aufl.)
Prof. Dr. Julius ASSFALG †: Armenische und georgische Literatur (1.–3. Aufl.)
Dr. Łucia BALDAUF, Tuntenhausen: Litauische Literatur (1.–4. Aufl.)
Silvia BAUER, München: Englische Literatur (4. Aufl. z.T.)
Prof. Dr. Reto R. BEZZOLA †: Rätoromanische Literatur (1.+2. Aufl.)
Dr. Dietmar BÖHNKE, Leipzig: Schottische Literatur (4. Aufl.)
Dr. Ingeborg BOLTZ, München: Englische Literatur (4. Aufl.)
Prof. Dr. H. Wilfried BRANDS, Fulda: Türkische Literatur (1.+2. Aufl. z.T.)
Dr. Rosamaria BRANDT, Marburg: Italienische Literatur (1.–3. Aufl. z.T.)
Dr. Eckhard BREITINGER, Bayreuth: Ältere englische Literatur (2. Aufl. z.T.)
Prof. Dr. Dr. h.c. Hellmut BRUNNER †: Ägyptische Literatur (3. Aufl.)
Prof. Dr. J. Christoph BÜRGEL, Bern: Persische Literatur (1.–3. Aufl. z.T.)
Prof. Dr. Günter BURKARD, München: Ägyptische Literatur (4. Aufl.)
Therese-Marie CAITER, Halle/Saale: Australische und Commonwealth Literatur (4. Aufl.)
Dr. Rehder Heinz CARSTEN, Hamburg: Friesische Literatur (2. Aufl. z.T.)
Dr. Steffi CHOTIWARI-JÜNGER, Berlin: Georgische und kaukasische Literatur (4. Aufl.)
Prof. Dr. Martin CHRISTADLER, Frankfurt/M.: Nordamerikanische Literatur (1.+2. Aufl. z.T.)
Freark DAM, Balk/Niederlande: Westfriesische Literatur (3. Aufl.)
Diedrich DANNHEIM, Tübingen: Niederländische und flämische Literatur (2.+3. Aufl. z.T., 4. Aufl.)
Birke DOCKHORN, Tübingen: Koreanische Literatur (4. Aufl.)
Sebastian DOMSCH, München: Englische Literatur (4. Aufl.)
Prof. em. Dr. Dr. Herbert DONNER, Kiel: Althebräische Literatur (2. Aufl. z.T.)
Ute DRECHSLER †: Australische und neuseeländische Literatur (3. Aufl. z.T.)
Prof. Dr. Horst W. DRESCHER, Mainz: Schottische Literatur (3.+4. Aufl.)
Dr. Ursula DÜCKERT, Wohltorf: Englische Literatur (2. Aufl. z.T.)
Dr. Andrea EBERLE, München: Ägyptische Literatur (4. Aufl.)
Lars ECKSTEIN, Tübingen: Englische und Commonwealth Literatur (4. Aufl.)
Christoph VON EHRENSTEIN, München: Englische Literatur (4. Aufl.)
Prof. Dr. Dieter EIKEMEIER, Tübingen: Koreanische Literatur (2.+3. Aufl.)
Dr. Wolfgang EITEL, Freiburg: Portugiesische und brasilianische Literatur (3. Aufl.)
Prof. Dr. Thomas ENGELBERT, Hamburg: Vietnamesische Literatur (4. Aufl.)
Prof. em. Dr. Winfried ENGLER, Berlin: Französische Literatur (3.+4. Aufl. z.T.)
Horst-P. ENSSLEN, Stuttgart: Deutsche Literatur (2. Aufl. z.T.)

Dr. Klaus ENSSLEN, Planegg: Nordamerikanische Literatur (4. Aufl.)
Dr. Dr. h.c. Hans ESTER, Nijmegen/Niederlande: Afrikaanse Literatur (4. Aufl.)
Prof. Dr. Anat FEINBERG, Stuttgart: Hebräische Literatur (4. Aufl.)
Prof. Dr. Herbert FRANKE, Gauting: Chinesische und vietnamesische Literatur (1.–3. Aufl.)
Prof. Dr. Wilhelm FRIESE, Tübingen: Dänische, norwegische und färöische Literatur (1.–3. Aufl. z.T.)
Dr. Lore FROMM, Stuttgart: Finnische Literatur (1.–3. Aufl.)
Prof. Dr. Helmut GÄTJE †: Arabische Literatur (1.–3. Aufl. z.T.)
Carla GAGO, Leipzig: Portugiesische Literatur (4. Aufl. z.T.)
Dr. Alfrēds GĀTERS †: Lettische Literatur (1.–3. Aufl.)
Dr. Babs Gezelle MEERBURG, Ljouwert/Niederlande: Westfriesische Literatur (4. Aufl.)
Dr. Gernot GIERTZ, Stuttgart: Deutsche Literatur (2. Aufl. z.T.)
Ute GLAMEYER, Norderstedt: Französische Literatur (3. Aufl. z.T.)
Tihomir GLOWATZKY, Bamberg: Südslavische Literatur (4. Aufl.)
Prof. Dr. Alexander GRAF, Gießen: Russische Literatur (4. Aufl.)
Sybille GRAMMETBAUER M. A., Bad Tölz: Nachträge zur 4. Auflage
Dr. Günter GRÖNBOLD, München: Tibetische Literatur (3.+4. Aufl.)
Prof. Dr. Konrad GROSS, Kiel: Anglokanadische Literatur (3.+4. Aufl.)
Alice GRÜNFELDER, Berlin: Tibetische Literatur (4. Aufl.)
Dr. Adolf GÜHRING †: Mittel- und neulateinische Literatur; ältere deutsche Literatur (1.+2. Aufl. z.T.)
Dr. Thomas HACKNER, Trier: Japanische Literatur (4. Aufl.)
Prof. Dr. Claus HAEBLER, Münster: Albanische Literatur (2.–4. Aufl.)
Prof. Dr. Horst HAMMITZSCH †: Japanische Literatur (1.–3. Aufl. z.T.)
Tanja HANDELS, München: Englische Literatur (4. Aufl.)
Prof. Dr. Cornelius HASSELBLATT, Groningen/Niederlande: Estnische Literatur (4. Aufl.)
Dr. Markus HEIDE, Berlin: Nordamerikanische Literatur (4. Aufl.)
Dr. Georg HELLER, München: Ungarische Literatur (1.–3. Aufl.)
Prof. Dr. Dr. Johannes HEMPEL, Göttingen: Althebräische Literatur (1.+2. Aufl. z.T.)
Prof. Dr. Irene HILGERS-HESSE, Köln: Indonesische und malaiische Literatur (2.+3. Aufl. z.T.)
Prof. Dr. Walther HINZ †: Altiranische Literatur (1.–3. Aufl. z.T.)
Dr. Kristina HINZ-BODE, Kassel: Nordamerikanische Literatur (4. Aufl.)
Prof. Dr. Dirk HOEGES, Hannover: Französische Literatur (2.+3. Aufl. z.T.)
Prof. Dr. Helmut HOFFMANN, Bloomington/IN: Tibetische Literatur (1.+2. Aufl.)
Reimer Kay HOLANDER, Bredstedt: Nordfriesische Literatur (3. Aufl.)
Dr. Wiklef HOOPS, Rottenburg: Englische Literatur (2.+3. Aufl. z.T.)
Dr. Anna Halja HORBATSCH, Reichelsheim: Ukrainische Literatur (4. Aufl.)
Prof. Dr. Olexa HORBATSCH †: Ukrainische Literatur (3. Aufl.)
Dr. Albena HRANOVA, Plovdiv/Bulgarien: Bulgarische Literatur (4. Aufl.)

Prof. Dr. Ivar IVASK †: Estnische Literatur (2.+3. Aufl.)
Dr. Christian JAUSLIN, Basel: Nordamerikanische Literatur (2.+3. Aufl. z.T.)
Dr. Jan JIROUSEK, München: Tschechische und slovakische Literatur (4. Aufl.)
Peter JOHNSON, Durham: Englische Literatur (2. Aufl. z.T.)
Dr. Maria KALTOFEN, Kehl: Italienische Literatur (1.–3. Aufl. z.T.)
Isabel KARREMANN, München: Englische Literatur (4. Aufl.)
Prof. Dr. Wolfgang KASACK †: Russische Literatur (2.+3. Aufl. z.T.)
Mária KELEMEN, München: Ungarische Literatur (4. Aufl.)
Dr. Stephan KESSLER, Greifswald: Lettische Literatur (4. Aufl.)
Rainer KIMMIG, Tübingen: Indische Literatur (4. Aufl. z.T.)
Dr. Anton KIRCHHOFER, München: Englische Literatur (4. Aufl.)
Dr. Nikolaus KLEIN †: Indische Literatur (1.–3. Aufl.)
Prof. Dr. Verena KLEMM, Leipzig: Arabische Literatur (4. Aufl. z.T.)
Prof. Dr. Ernst Axel KNAUF, Bern: Biblische Literatur (4. Aufl.)
Prof. Dr. Heinz KNEIP, Regensburg: Polnische Literatur (4. Aufl.)
Dr. Gerayer KOUTCHARIAN, Berlin: Armenische Literatur (4. Aufl.)
Prof. Dr. Jörg KRAEMER †: Arabische Literatur (1.+2. Aufl. z.T.)
Dr. Konrad KRATZSCH, Weimar: Polnische Literatur (1.+2. Aufl. z.T.)
Prof. Dr. Gert KREUTZER, Köln: Isländische und färöische Literatur (4. Aufl.)
Dr. Gottfried KRIEGER, Much: Nordamerikanische Literatur (2.+3. Aufl. z.T.)
Dr. Willy KROGMANN †: Friesische Literatur (1.+2. Aufl. z.T.)
Paul KROH †: Griechische, römische, mittel- und neulateinische Literatur (3. Aufl. z.T.)
Dr. Walter KROLL, Göttingen: Russische Literatur (4. Aufl. z.T.)
Prof. Dr. Jürgen KROYMANN, Tübingen: Griechische und römische Literatur (1.+2. Aufl.)
Dr. Christian KRUG, Münster: Englische Literatur des 19. Jahrhunderts (4. Aufl.)
Prof. Dr. Hans KÜHNER, Berlin: Chinesische Literatur (4. Aufl.)
Prof. Dr. Max LAMBERTZ †: Albanische Literatur (1.+2. Aufl. z.T.)
Prof. Dr. Hans-Joachim LANG, Hamburg: Nordamerikanische Literatur (1.–3. Aufl. z.T.)
Dr. Ursula LANGE-TÖNNIES, Bonn: Französische Literatur (2.–4. Aufl. z.T.)
Stephan LAQUÉ, München: Englische Literatur des 20. Jahrhunderts (4. Aufl. z.T.)
Cordula LEMKE, München: Englische Literatur des 20. Jahrhunderts (4. Aufl. z.T.)
Prof. Dr. Wilhelm LETTENBAUER †: Russische, ukrainische und weißrussische Literatur (1.+2. Aufl.)
Dr. Adelheid Anna LEUBE, München: Italienische Literatur (2. Aufl. z.T.)
Oliver LOBSCHAT, München: Englische Literatur des 18. Jahrhunderts (4. Aufl.)
Dr. Katharina LUCHNER, München: Altgriechische Literatur (4. Aufl.)
Dr. Roger LÜDEKE, München: Englische Literatur des 20. Jahrhunderts (4. Aufl. z.T.)
Dr. Elsa LÜDER, Freiburg i. Br.: Rumänische Literatur (4. Aufl. z.T.)
Dr. Veronika LUKAS, München: Lateinische Literatur (4. Aufl. z.T.)

Verzeichnis der Mitarbeiterinnen und Mitarbeiter

Marie-Helene LUNDQUIST †: Schwedische Literatur (1.–3. Aufl. z.T.)
Andrea LUTZ, Tübingen: Englische und kanadische Literatur (4. Aufl. z.T.)
Prof. Dr. Dr. Johann MAIER, Brühl: Hebräische und jüdische Literatur (3. Aufl.)
Dr. Harry MAÒR, Kassel: Hebraische und jiddische Literatur (1.+2. Aufl.)
Dr. Angela MARTINI, Köln: Russische Literatur (3. Aufl. z.T.)
Dr. Kai MERTEN, Gießen: Englische Literatur des 20. Jahrhunderts (4. Aufl. z.T.)
Mag. Monika MESSNER, Innsbruck: Nordamerikanische Literatur (4. Aufl. z.T.)
Dr. Sylvia MIESZKOWSKI, Amsterdam: Nordamerikanische Literatur (4. Aufl. z.T.)
Prof. em. Dr. Paul MIRON, Freiburg i. Br.: Rumänische Literatur (1.–3. Aufl., 4. Aufl. z.T.)
Beate MNICH, Stuttgart: Nachträge zur 3. Auflage
Stefan MOSTER, Espoo/Finnland: Finnische Literatur (4. Aufl.)
Susanne MÜLLER, Aichtal: Englische, australische und Commonwealth Literatur (4. Aufl. z.T.)
Julia MUSSGNUG, Tübingen: Englische und Commonwealth Literatur (4. Aufl. z.T.)
Kurt NEFF, Stuttgart: Nachträge zur 2. Auflage
Dr. Gisela NEUBERT, Heidelberg: Französische Literatur (1.+2. Aufl. z.T.)
Dr. des. Gunnar NILSSON, Jena: Portugiesische Literatur (4. Aufl. z.T.)
Paul NØRRESLLET, Kopenhagen: Dänische Literatur (1.+2. Aufl. z.T.)
Dr. August OBERREUTER, Hannover: Schwedische Literatur (1.+2. Aufl. z.T., 4. Aufl.)
Prof. Dr. Heinrich OTTEN, Mainz: Hethitische Literatur (1.–3. Aufl.)
Dr. Yüksel PAZARKAYA, Bergisch-Gladbach: Türkische Literatur (2.+3. Aufl. z.T., 4. Aufl.)
Dipl. Kfm. Peter PETROV, Salzburg: Bulgarische Literatur (3. Aufl. z.T.)
Prof. Dr. Peter PINK, Köln: Indonesische und malaiische Literatur (4. Aufl. z.T.)
PD Dr. Ralph J. POOLE, München: Nordamerikanische Literatur (4. Aufl. z.T.)
Dr. Klaus-Jürgen POPP, Germersheim: Nordamerikanische Literatur (1.–3. Aufl. z.T.)
Prof. Dr. Elisabeth PRIBIĆ †: Tschechische und slovakische Literatur (1.–3. Aufl.)
Prof. Dr. Nikola PRIBIĆ †: Südslavische Literatur (1.–3. Aufl.)
Prof. Dr. Manfred PÜTZ, Augsburg: Nordamerikanische Literatur (2.+3. Aufl. z.T.)
Chasper PULT, Paspels/Schweiz: Rätoromanische Literatur (3.+4. Aufl.)
Karen REHBERGER, Tübingen: Englische und Commonwealth Literatur (4. Aufl. z.T.)
Dr. Robert REHBERGER, Linz: Italienische Literatur (1.–3. Aufl. z.T.)
Dr. Ljiljana REINKOWSKI, Bamberg: Südslavische Literatur (4. Aufl. z.T.)
Dr. Katharina RENNHAK, München: Englische Literatur des 20. Jahrhunderts (4. Aufl. z.T.)
Dr. Virginia RICHTER, München: Englische Literatur des 20. Jahrhunderts (4. Aufl. z.T.)
Carolin RODER M. A., Lindenberg: Englische Literatur (4. Aufl. z.T.)
Paul ROSENKRANZ, Stuttgart: Jiddische Literatur (3.+4. Aufl.)
Prof. Dr. Isidora ROSENTHAL-KAMARINEA †: Neugriechische und byzantinische Literatur (1.–3. Aufl.)

Christina ROHWETTER, Hannover: Französische Literatur (4. Aufl. z.T.)
Dr. Enno RUGE, München: Englische Literatur des 20. Jahrhunderts (4. Aufl.)
Prof. Dr. Hans SAUER, München: Ältere englische Literatur (4. Aufl.)
PD Dr. Barbara SCHAFF, München: Englische Literatur des 20. Jahrhunderts (4. Aufl. z.T.)
Prof. Dr. Anton SCHALL, Heidelberg: Syrische Literatur (1.–3. Aufl.)
Dr. Ulrich SCHAPKA, Tübingen: Altiranische Literatur (4. Aufl.)
Prof. Dr. Brigitte SCHEER-SCHÄZLER, Innsbruck: Nordamerikanische Literatur (2.+3. Aufl. z.T.)
Prof. Dr. Georgi SCHISCHKOFF †: Bulgarische Literatur (1.–3. Aufl. z.T.)
Prof. Dr. Karl Horst SCHMIDT †: Ossetische, daghestanische und kabardinische Literatur (2.+3. Aufl. z.T.)
Prof. Dr. Wolfgang SCHMIDT-HIDDING, Bonn: Englische Literatur (1.+2. Aufl. z.T.)
Prof. Dr. Hartmut SCHMÖKEL, Northeim: Sumerisch-babylonische Literatur (1.–3. Aufl.)
Dr. Annemarie SCHÖNE, Amersfoort/Holland: Englische Literatur (1.+2. Aufl. z.T.)
Dr. Gustav SCHÖNLE †: Niederländische Literatur (1.+2. Aufl. z.T.)
Prof. Dr. Stanca SCHOLZ-CIONCA, Trier: Japanische Literatur (4. Aufl. z.T.)
Dr. Bianca-Jeanette SCHRÖDER, München: Lateinische Literatur (4. Aufl. z.T.)
Dr. Hans-Dietrich SCHULZ †: Isländische Literatur (1.–3. Aufl.)
Dr. Ingrid SCHUSTER, Grenchen/Schweiz: Japanische Literatur (1.–3. Aufl. z.T.)
Isabella SCHWADERER, Jena: Italienische, griechische und byzantinische Literatur (4. Aufl.)
Dr. Joachim SCHWEND, Mainz: Ältere englische Literatur (3. Aufl. z.T.)
PD Dr. Thomas SEILER, Köln: Norwegische Literatur (4. Aufl.)
Dr. Friedrich SELTMANN, Stuttgart: Indonesische Literatur (1.+2. Aufl. z.T.)
Prof. Dr. J. H. SENEKAL, Empangeni/Südafrika: Afrikaanse Literatur (1.+2. Aufl.)
Dr. Ellen SPIELMANN, Berlin: Brasilianische Literatur (4. Aufl.)
Prof. Dr. Tomás STEFANOVICS, München: Lateinamerikanische Literatur (3.+4. Aufl.)
Prof. Dr. Gerhard STILZ, Tübingen: Englische, Australische und Commonwealth Literatur (3.+4. Aufl. z.T.)
Prof. Dr. Karl-Heinz STOLL, Mainz: Englische und Commonwealth Literatur (2.–4. Aufl. z.T.)
Dr. Laurenz STREBL, Wien: Italienische Literatur (1.+2. Aufl. z.T.)
Dr. Isabel STÜMPEL, Frankfurt am Main: Persische Literatur (4. Aufl. z.T.)
Christian SZYSKA, Bonn: Arabische Literatur (4. Aufl. z.T.)
Dr. Shabo TALAY, Erlangen: Altsyrische Literatur (4. Aufl.)
Dr. Georges TAMER, Erlangen: Arabische Literatur aus Syrien (4. Aufl.)
Dr. Eberhard THIEL, Braunschweig: Georgische und kaukasische Literaturen (1.+2. Aufl. z.T.)
Dr. Pia THIELMANN, Eckersdorf: Englisch-Afrikanische Literatur (4. Aufl.)
Dr. Henning THIES, Dortmund: Nordamerikanische Literatur (3. Aufl. z.T.)

Prof. Dr. Heinz-Josef THISSEN, Köln: Altägyptische Literatur (4. Aufl. z.T.)
Dr. Sepp TIEFENTHALER, Innsbruck: Nordamerikanische Literatur (3. Aufl. z.T.)
Horst TROSSBACH, Tübingen: Englische und südafrikanische Literatur (4. Aufl. z.T.)
Dr. Christian VON TSCHILSCHKE, Regensburg: Spanische Literatur (4. Aufl.)
Dr. Hans-Gerd TUCHEL, Köln: Portugiesische und brasilianische Literatur (1.+2. Aufl.)
Dr. Jaan UNDUSK, Tallinn/Estland: Estnische Literatur (4. Aufl. z.T.)
Prof. Dr. Herman VEKEMAN, Köln: Afrikaanse Literatur (3. Aufl.)
Dr. Otto A. WEBERMANN †: Estnische Literatur (1.+2. Aufl. z.T.)
Manfred L. WEICHMANN M. A., Regensburg: Italienische Literatur (3. Aufl. z.T.)
Prof. Dr. Wolfgang WEISS, München: Keltische Literatur (2.–4. Aufl.)
Julia WEITBRECHT M. A., Berlin: Dänische Literatur (4. Aufl.)
Prof. Dr. Claus WILCKE, Leipzig/München: Sumerisch-babylonische und hethitisch-hurritische Literatur (4. Aufl.)
Prof. em. Dr. Gero von WILPERT, Sydney: Deutsche Literatur (1.–4. Aufl.)
Margrit von WILPERT, Sydney: Norwegische Literatur (1.–3. Aufl. z.T.)
Dr. Ommo OILTS, Kiel: Nordfriesische Literatur (4. Aufl.)
Stefan WIMMER, Ph. D., München: Altägyptische Literatur (4. Aufl. z.T.)
Prof. Dr. Walther WOLF †: Ägyptische Literatur (1.+2. Aufl.)
PD Dr. Renate WÜRSCH, Zürich: Persische Literatur (4. Aufl. z.T.)
Prof. Dr. Günther WYTRZENS †: Polnische Literatur (2.+3. Aufl. z.T.)
Dr. Gisela ZIMMERMANN, Wiesbaden: Französische Literatur (1.+2. Aufl. z.T.)

VORWORT

Das vorliegende ›Lexikon der Weltliteratur‹, das sich seit seiner 1. Auflage (1963) unvermindert seinen Rang als umfassendstes Werk dieser Art in deutscher Sprache erhalten hat, umfaßt in der 4. Auflage in ca. 12 000 Artikeln die wichtigsten Autoren sowie die bedeutendsten anonymen Werke aller Zeiten und Völker und entstand aus dem gemeinsamen Bemühen von Herausgeber und Mitarbeitern, dem Benutzer ein wirklich umfassendes, materialreiches und zuverlässiges Nachschlagewerk an die Hand zu geben, das durch äußerste Konzentration der Darstellung eine sonst nirgends erreichte Fülle von Namen und Fakten bietet und nach Möglichkeit auch beim Aufsuchen entlegenerer Schriftsteller nicht enttäuscht. Dieses Ziel konnte nur erreicht werden durch gewissenhafte und sachlich begründete Auswahl der Stichwörter einerseits und durch denkbar knappe, z.T. stichwortartige Prägnanz der Artikel andererseits. Bei der *Auswahl* der aufzunehmenden Autoren war im Interesse einer möglichst umfassenden Dokumentation auf einem präzise begrenzten Bereich die Konzentration auf Dichter und schöngeistige Schriftsteller notwendig, so daß von der Aufnahme von reinen Philosophen, Historikern, Gelehrten, Essayisten und Fachschriftstellern ohne sprachkünstlerischen Anspruch abgesehen wurde. Grundsätzlich verzichtet wurde ebenso auf die Einbeziehung von literarischen Sach- und Gattungsbegriffen – für diese sei auf mein ›Sachwörterbuch der Literatur‹, 8. Aufl. 2001 verwiesen –, von stoff- und motivgeschichtlichen Artikeln – hierzu vergleiche man E. Frenzel, ›Stoffe der Weltliteratur‹, 9. Aufl. 1998 und ›Motive der Weltliteratur‹, 5. Aufl. 1999 – und von Länderartikeln über die einzelnen Nationalliteraturen, die, sollen sie nicht allzu dürftig sein, den Rahmen eines solchen Lexikons notwendigerweise sprengen müßten. Eben der Verzicht auf solche Stichwörter, die man in einem »Lexikon der Weltliteratur« zwar auch vermuten könnte und die gemeinhin als Bereicherung angesehen werden – wobei man jedoch übersieht, daß ihre Aufnahme bei vorgegebenem Umfang natürlich auf Kosten der Autorenartikel geht –, ließ hier ein Werk entstehen, das in seiner bewußten Begrenzung auf Dichter und anonyme Werke den Charakter eines »Dichterlexikons« trägt.

Als Auswahlkriterien galten in erster Linie literarischer Rang und Bekanntheit eines Dichters; diese Maßstäbe wurden auch den Proportionen der einzelnen Artikel zugrunde gelegt, ohne daß deswegen der Schluß vom Umfang eines Artikels auf die Bedeutung des betreffenden Autors zulässig wäre: Die Darstellung eines Dichters, dessen äußeres Leben ohne größere Wechselfälle verlief, dessen einheitlich geartetes, vielleicht gar auf eine einzige Gattung beschränktes Schaffen schnell auf einen Nenner gebracht ist und dessen Œuvrekatalog nur wenige Titel umfaßt, muß beim Streben nach knapper Diktion kürzer ausfallen als die Darstellung eines weniger bedeutenden Autors mit bewegtem Lebensgang, vielseitigem Schaffen in verschiedenen Werkrichtungen und umfangreicher Titelzahl. Hinzu kommt, daß bei Autoren des 20. und 21. Jahrhunderts entsprechend dem größeren Orientierungsbedürfnis und der Un-

Vorwort

möglichkeit verbindlicher, endgültiger Werturteile die Wertmaßstäbe erweitert werden mußten, wenn ein für die Gegenwart brauchbares Nachschlagewerk entstehen sollte. Das gleiche gilt für die Einbeziehung der deutschen Autoren, deren größere Anzahl und eingehendere Behandlung in einem Lexikon, das sich in erster Linie an deutschsprachige Benutzer wendet, selbstverständlich ist.

Die Aufgabe eines »Lexikons der Weltliteratur«, darüber waren sich Verlag und Herausgeber einig, kann nicht darin bestehen, einen gültigen Kanon von Autoren festzulegen, die schlankweg »zur Weltliteratur gehören«, sondern sie muß vom praktischen Gebrauchswert für den Benutzer aus gesehen werden und liegt dann darin, dessen legitimes Bedürfnis nach Information über einen oft genannten oder vielgelesenen Autor zu befriedigen, auch wenn dieser mehr dem Bereich der leichteren Unterhaltungsliteratur zuneigen sollte. Ob sich dabei die gewissenhaft getroffene Abgrenzung gegen die bloßen Eintagserscheinungen der Tagesliteratur als zutreffend erweist, wird erst die Zukunft entscheiden können. Nur dagegen müssen sich Herausgeber und Mitarbeiter verwahren, daß ihr sorgfältiges Bemühen, aus der fließenden Fülle der Gegenwartsliteratur die geläufigeren und vielleicht bleibenden Namen herauszuheben, dahingehend umgedeutet wird, daß die Nichtaufnahme eines zeitgenössischen Autors gleichbedeutend sei mit dessen Wertunterschätzung.

Für die *Anordnung* der Artikel wurde zum Grundsatz gemacht, daß die Namen aller Autoren aus Sprachen mit nichtlateinischer Schrift in international einheitlicher wissenschaftlicher Transliteration angegeben werden und unter dieser zu suchen sind (z.B. Tschechow → Čechov); wo sich eine davon abweichende deutsche Umschrift eingebürgert hat, wird von dieser aus verwiesen. Ebenso erscheinen anonyme Werke bis auf einige verständliche Ausnahmen unter dem Titel der Originalsprache mit Verweisen von der deutschen Form oder (besonders bei den orientalischen Literaturen) von der deutschen Übersetzung. Autoren, die unter einem Pseudonym bekannter sind als unter ihrem bürgerlichen Namen, werden unter dem Pseudonym aufgeführt. Umlaute gelten bei der alphabetischen Einordnung als ae, oe und ue. Der Artikel wurde nur bei romanischen Namen zum Hauptnamen gezogen; Präpositionen wurden bei der Einordnung nur dann berücksichtigt, wenn sie mit dem Artikel verbunden sind; dabei wurden der Einheitlichkeit halber die z.T. etymologisch aus der Verschmelzung mit dem Artikel erklärbaren Präpositionen da und do stets unberücksichtigt gelassen, so daß es sich im Zweifelsfall empfiehlt, unter dem Hauptnamen nachzuschlagen. Mc gilt stets als Mac.

Der *Aufbau* der einzelnen Artikel folgt einheitlichen Grundsätzen, nach denen zunächst eine schlagwortartige Kennzeichnung gegeben wird und dann eine konzise, z.T. stichwortartige Biographie mit allen wesentlichen Daten folgt. Der zweite Teil des Artikels bringt die Beschreibung, literarische Einordnung und Wertung des Werkes nach seiner Richtung und seinen Grundlinien. Daß diese in erster Linie auf Fakten, Anknüpfung an Bekannteres und Hervorhebung der persönlichen Eigenarten bedachte Charakteristik im engsten Raum nur ein erstes und vereinfachendes Bild des Autors zu geben vermag, liegt in der Natur der Dinge und möge mit dem Goethewort entschuldigt werden: »Wenn einem Autor ein Lexikon nachkommen kann, so taugt er nichts«.

Das *Werkverzeichnis* bietet in chronologischer Folge die eigentlichen Hauptwerke des Autors je nach dessen Bedeutung mehr oder minder vollständig, bei kleineren Autoren in der Auswahl des Wesentlichen, und zwar jeweils mit der Gattungsbezeichnung, soweit diese nicht aus dem Titel selbst oder aus dem Artikel allgemein hervorgeht. Bei fremdsprachigen Autoren wurde auch hier am Originaltitel bzw. dessen Transliteration festgehalten und von der Anführung der deutschen Übersetzungstitel bei den bekannteren westlichen Sprachen abgesehen, soweit eine Verwechslung ausgeschlossen ist. Die Jahreszahlen bezeichnen das Datum der ersten Buchausgabe, vor der Buchdruckzeit das Jahr der Fertigstellung. Bei ungedruckten oder nicht separat erschienenen Werken und bes. Dramen steht das Jahr der Fertigstellung bzw. der Uraufführung in Klammern, um Verwechslungen mit Buchausgaben zu vermeiden. Von späteren Neuausgaben älterer Einzelwerke werden nur solche mit wissenschaftlichem Anspruch zitiert. Deutsche Übersetzungen fremdsprachiger Einzelwerke werden, soweit feststellbar, überall dort genannt, wo nicht auf eine deutsche Gesamtausgabe des Autors verwiesen werden kann; sie stehen mit dem Datum der deutschen Ausgabe, wo mehrere Verdeutschungen vorliegen, mit dem Namen des besten Übersetzers, nach dem jeweiligen Titel. Der Übersetzungstitel wird bei den bekannteren westlichen Sprachen nur dort angegeben, wo er sinnmäßig vom Originaltitel abweicht. Wo, besonders bei orientalischen Werken, keine deutsche Übersetzung vorliegt, werden solche in andere westliche Sprachen angeführt. Bei den Gesamtausgaben, die den Abschluß des Werkregisters bilden, wird von mehreren vorhandenen gegebenenfalls die maßgebliche oder historisch-kritische genannt und auf die Zitierung populärer Ausgaben verzichtet.

Die Angaben von *Sekundärliteratur* über die betreffenden Autoren, die ja über die eigene Beschäftigung mit dem Werk selbst hinaus den Weg zu intensiverem Studium weisen wollen, beschränken sich im allgemeinen auf Buchveröffentlichungen, insbesondere Standard-Monographien und Gesamtdarstellungen sowie Bibliographien in der Muttersprache des Autors oder den größeren westlichen Sprachen. Auch auf die Nennung von Speziallexika mit größeren, selbständigen Artikeln über den betreffenden Autor (z.B. ›Paulys Realencyclopädie der classischen Altertumswissenschaft‹, ›Die Deutsche Literatur des Mittelalters: Verfasserlexikon‹), von Literaturgeschichten u.ä. Werken, wie sie sich dem flüchtigere Auskunft Suchenden vielleicht zuerst anbieten, wurde zugunsten von Monographien verzichtet. Die Angaben wurden im Interesse der Raumersparnis auf Verfasser und Jahreszahl eingeschränkt, sobald der Titel im wesentlichen nur aus dem Namen des Autors besteht. Druckorte wurden im allgemeinen nur dort angegeben, wo sie nicht im Heimatsprachbereich des Autors oder im deutschen Sprachraum liegen.

Es ist im Zeitalter zunehmender Spezialisierung eine Selbstverständlichkeit, daß ein Werk wie das vorliegende nur aus der Gemeinschaftsarbeit einer Vielzahl von Fachkennern der einzelnen Literaturen hervorgehen konnte, die allein aufgrund ihrer intimen Kenntnis von Autoren und Werken in der Lage sind, die Verantwortung für die Richtigkeit der Angaben und die Werturteile zu übernehmen. Dem Herausgeber konnte in diesem Zusammenhang nach der Absprache der Stichwortlisten und der

Vorwort

Proportionen nur die Aufgabe redaktioneller Koordinierung der einzelnen Beiträge zufallen. Für die 2. Auflage wurde ihm diese Aufgabe nach seinem Wegzug in höchst dankenswerter Weise erleichtert durch die Verlagslektoren Horst Ensslen, Dr. Gernot Giertz und Kurt Neff. Die redaktionelle Betreuung der 3. Auflage lag in den Händen von Frau Beate Mnich. Für die 4. Auflage war ich auf die freundliche Hilfe von Frau Dr. Imma Klemm vom Alfred Kröner Verlag und ihren Mitarbeitern, Frau Leonie Tafelmaier, Herrn Dr. Bernhard Gersbach und Herrn Alfred Klemm jun. angewiesen. Ihnen allen bin ich zu großem Dank verpflichtet.

Dem wachsenden Nachschlagebedürfnis und der steigenden Informationsfülle sucht diese Auflage durch eine Aufgliederung in drei Bände gerecht zu werden. Dabei erwies es sich als empfehlenswert, im Hinblick auf das deutsche Lesepublikum die deutschen Autoren in einem separaten Band zusammenzufassen.

Daß die Publikation dieses Werkes trotz der Überbeanspruchung der Wissenschaftler an den deutschen Universitäten überhaupt möglich war und der Plan nicht an solchen äußeren Faktoren scheiterte, ja, daß trotz der Vielzahl von Mitarbeitern ein, wie der Herausgeber glaubt, relativ einheitliches Werk zustande gekommen ist, dafür sind Verlag und Herausgeber den einzelnen Mitarbeitern zu tiefstem Dank verpflichtet, die oft trotz vielfältiger Arbeitsüberlastung in selbstloser Weise und unter Hintansetzung persönlicher Ambitionen ihre Kenntnisse in den Dienst der Sache stellten – aus dem Bewußtsein heraus, daß ein solches umfassendes Nachschlagewerk heute mehr als je ein dringendes Desiderat nicht nur für die Wissenschaft, sondern für die allgemeine Bildung überhaupt darstelle. Ihnen allen sowie zahlreichen ungenannten Förderern und Ratgebern möchte auch der Herausgeber hier nochmals seinen Dank aussprechen für das freundliche Verständnis und die liebenswürdige Hilfsbereitschaft, die er allseits erfahren hat, nicht zuletzt aber auch für das Interesse und das Vertrauen, das sie seinem Anliegen entgegengebracht haben.

Herausgeber wie Mitarbeiter sind sich dessen bewußt, bei allen Angaben die größte Genauigkeit, Gewissenhaftigkeit und Sorgfalt aufgewandt zu haben. Wenn sich trotzdem bei einem Werk dieses Umfangs hier oder da kleine Irrtümer, Mängel und Unrichtigkeiten eingeschlichen haben mögen, so bitten wir die Benutzer, diese zum Anlaß von Verbesserungs- oder Ergänzungswünschen an den Verlag zu nehmen.

Sydney, Herbst 2004   Der Herausgeber

ABKÜRZUNGEN UND ZEICHEN

Nicht aufgeführt werden alle Abkürzungen, die durch Weglassung der Adjektivendung -isch, -ich gebildet werden. Hochgestellte Zahlen vor der Jahreszahl bezeichnen die Auflage, römische Ziffern die Bandzahl.

→	siehe (Verweispfeil)	B.A.	Bachelor of Arts
*	geboren	Ball.	Ballade(n)
†	gestorben	Bb.	Bildband
⚭	Eheschließung mit, verh. mit; heiratet	Bch.	Bücher
		Bd.	Band
o/o	geschieden	Ber.	Bericht
A.	Ausgabe(n)	bes.	besonders
AA	Acta Asiatica	Bibl.	Bibliographie
A&A	Antike und Abendland	BICS	Bulletin of the Institute for Classical Studies
Abh.	Abhandlung(en)		
AfO	Archiv für Orientforschung	BJOAF	Bochumer Jahrbuch zur Ostasienforschung
ahd.	althochdeutsch		
AJP	American Journal of Philology	KV	Bibliothek der Kirchenväter, 79 Bde, Kempten 1869–1888
AK	Alaska		
Akad.	Akademie	Bll.	Blätter
AL	Alabama	Bln.	Berlin
allg.	allgemein	BLV	Bibliothek des literarischen Vereins in Stuttgart
Alm.	Almanach		
amerik.	amerikanisch	BMFEA	Bulletin of the Museum of Far Eastern Antiquities
Amst.	Amsterdam		
Anekd.	Anekdote(n)	BONIS	Bibliography of Old Norse-Islandic Studies, Koph.
ANET	Ancient Near Eastern Texts Relating to the Old Testament, Princeton ²1955		
		Br.	Briefe
		Braunschw.	Braunschweig
Anm.	Anmerkungen	Bresl.	Breslau
ANRW	Aufstieg und Niedergang der römischen Welt	CA	California
		Cameron	Angus Cameron, A List of Old English Texts, in: A Plan for the Dictionary of Old English, hg. R. Frank, A. Cameron (Toronto, 1973), 25–306.
Anth.	Anthologie		
AOTAT	Altorientalische Texte zum Alten Testament, ²1956		
Aphor.	Aphorismen		
AR	Arkansas	CHCL	Cambridge History of Classical Literature, hg. P. E. Easterling, B. M. W. Knox, 1985
Archäol.	Archäologie		
AT	Altes Testament		
ATJ	Association of Teachers of Japanese	CJ	Classical Journal
		ClPh	Classical Philology
Aufs(e).	Aufsatz, Aufsätze	ClQ	Classical Quarterly
Aufz.	Aufzeichnung(en)	CO	Colorado
Ausw.	Auswahl	CPh	Classical Philology
Ausz.	Auszug	CQ	Classical Quarterly
Aut.	Autobiographie, Erinnerungen, autobiographische Schrift	CT	Connecticut
		d.	bei Werkangaben: deutsch (von)
AW	Ausgewählte Werke	Darst.	Darstellung
AZ	Arizona	D.B.E.	Dame of the British Empire
B(n).	Biographie(n)	DE	Delaware
-b.	-buch, (bei Ortsnamen: -burg, -berg)	ders.	derselbe
		dgl.	dergleichen
b.	bei (bei Ortsnamen)	d.h.	das heißt

Abkürzungen und Zeichen

Dial.	Dialog(e)	GA	Gesamtausgabe
Dicht.	Dichtung(en)	GCS	Griechische Christliche Schriftsteller
dies.	dieselbe(n)		
Diss.	Dissertation	geh.	geheim
div.	diverse	gen.	genannt
DLE	Deutsche Literatur in Entwicklungsreihen	Gentili Prato PE II	B. Gentili, C. Prato, Poetarum Elegiacorum
DNL	Deutsche Nationalliteratur, hg. J. Kürschner		Testimonia et Fragmenta I-II, Leipzig 1979–1985, ²1988
Dok.	Dokumentation	ges.	gesammelt(e)
Dr.	Doktor (bei Namen)	Ges.	Gesellschaft
Dr.	Drama	Gesch(n).	Geschichte(n)
Drb.	Drehbuch	Gespr(e).	Gespräch(e)
Drr.	Dramen	Gött.	Göttingen
dt., Dtl.	deutsch, Deutschland	Gow-Page	A. S. Gow, D. L. Page,
DTM	Deutsche Texte des Mittelalters	HE 1	The Greek Anthology, 1 Hellenistic Epigrams, 1965
Düsseld.	Düsseldorf		
e.	ein, eine, eines usw.	BGRBS	Greek, Roman and Byzantine Studies
E.	Erzählung		
ebda.	ebenda	Greenfield/ Robinson	Stanley B. Greenfield/ Fred C. Robinson; A Bibliography of Publications on Old English Literature to the End of 1972 (Toronto, 1980).
EETS	Early English Text Society		
ehem.	ehemals		
eig.	eigentlich		
Einl.	Einleitung		
En.	Erzählungen		
enth.	enthält	GS	Gesammelte Schriften
Ep.	Epos	GW	Gesammelte Werke
Epigr.	Epigramm(e)	Gymnas.	Gymnasium
erg.	ergänzt	H.(e)	Hörspiel(e)
Erinn.	Erinnerungen	Hbg.	Hamburg
Erl.	Erlangen	Hdb.	Handbuch
erw.	erweitert	Heidelb.	Heidelberg
Es(s).	Essay(s)	Hdwb.	Handwörterbuch
ev.	evangelisch	He.	Hörspiele
f.	für	hebr.	hebräisch
f., ff.	folgende(s)	hg.	herausgegeben (von)
Faks.	Faksimile	HI	Hawaii
Fassg.	Fassung	hist.	historisch
Feuill.	Feuilleton(s)	HJAS	Harvard Journal of Asiatic Studies
Ffm.	Frankfurt/Main	hkA.	historisch-kritische Ausgabe
FGrH	F. Jacoby, Die Fragmente der Griech. Historiker, zusammengestellt von M. Weeber	Hrsg.	Herausgeber, Herausgabe
		Hs(n).	Handschrift(en)
		hsl.	handschriftlich
		HSPh	Harvard Studies in Classical Philology
Filmb.	Filmbuch		
FKDG	Forschungen zur Kirchen- und Dogmengeschichte	IA	Iowa
		ID	Idaho
FL	Florida	IEG2	M. L. West, Iambi et Elegi Graeci ante Alexandrum cantati vol. II. Editio altera, Oxford, 1992
Forts.	Fortsetzung		
Fragm.	Fragment		
franz.	französisch	IL	Illinois
Freib.	Freiburg/Breisgau	IN	Indiana
Fs.	Festschrift	Innsbr.	Innsbruck
Fsp.	Festspiel	insbes.	insbesondere
FSsp.	Fernsehspiel	ital.	italienisch
G.	Gedicht(e)	JAC	Jahrbuch für Antike und Christentum
GA	Georgia (bei Ortsnamen)		

Jahrt.	Jahrtausend	MA	Mittelalter
jap.	japanisch	ma.	mittelalterlich
JATJ	Journal of ATJ	M.A.	Magister/stra Artium, Master of Arts
Jb.	Jahrbuch		
JCS	Journal of Cuneiform Studies	Mail.	Mailand
JF	Japan Forum (Univ. of Leeds, UK)	ManualME	A Manual of the Writings in Middle English 1050–1500, hg. A. E. Hartung et al., Hamden/ CT, 1972
Jg.	Jahrgang		
Jgb.	Jugendbuch		
Jh(e).	Jahrhundert(e)	Marb.	Marburg
JHP	Journal of the History of Philosophy	Mchn.	München
		MD	Maryland
JHS	Journal of Hellenic Studies	ME	Maine
JJS	Journal of Japanese Studies (Univ. of Washington)	Mem.	Memoiren
		MF	Minnesangs Frühling, hg. C. v. Kraus
JNES	Journal of Near Eastern Studies		
JQ	Japan Quarterly	mhd.	mittelhochdeutsch
JSAL	Journal of South Asian Literature	MH	Museum Helveticum
Jt.	Jahrtausend	MI	Michigan
K.	Komödie	Mitgl.	Mitglied
Kal.	Kalender	MN	Minnesota
Kat.	Katalog	m.n.e.	mehr nicht erschienen
kath.	katholisch	MN	Monumenta Nipponica, Tokyo
Kdb.	Kinderbuch	MO	Missouri
Kg(n).	Kurzgeschichte(n)	MOAG	Mitteilungen der Deutschen Gesellschaft für Natur- und Völkerkunde Ostasiens, Tôkyô
kgl.	königlich		
KNL	Kindlers Neues Literaturlexikon		
komm.	kommentiert	mod.	modern
Komm.	Kommentar	Mon.	Monographie
Koph.	Kopenhagen	Mon. Germ. Hist.	Monumenta Germaniae Historica
Krit.lit.lex	Kritisch Lexicon van de Nederlandstalige Literatuur na 1945		
		MPhL	Museum Philologum Londiniense
KS	Kansas	Ms.	Manuskript
KY	Kentucky	MS	Mississippi
L.	Literaturangaben (Sekundärliteratur)	Mschr.	Monatsschrift
		Msp.	Märchenspiel
LA	Louisiana	MT	Montana
LACL	Lexikon der antiken christlichen Literatur	Mitvf.	Mitverfasser
		N(n).	Novelle(n)
lat.	lateinisch	n.	neu herausgegeben
Leg(n).	Legende(n)	NC	North Carolina
Legsp.	Legendenspiel	ND	North Dakota
Lex.	Lexikon	NdL	Neudrucke deutscher Literaturwerke des 16. und 17. Jahrhunderts
Libr.	Libretto		
LIMC	Lexicon Iconographicum Mythologiae Classicae/ Bildlexikon der Antiken Mythologie		
		NE	Nebraska
		N.F.	Neue Folge
		NH	New Hampshire
Lit.	Literatur	nhd.	neuhochdeutsch
lit.	literarisch	NHK	Nihon hoso kyokai
Lond.	London	NJ	New Jersey
Lpz.	Leipzig	Nl.	Nachlaß
Lsp(e).	Lustspiel(e)	NM	New Mexico
M.	Märchen	NOAG	Nachrichten der Gesellschaft für Natur- und Völkerkunde Ostasiens, Hamburg
m.	mit		
MA	Massachusetts (bei Ortsnamen)		

Abkürzungen und Zeichen

Not.	Notiz(en)	Reiseb.	Reisebuch
NST	Nihon shiso takei, hg. Ienaga Saburo u.a., 67 Bde, 1970–1982	relig.	religiös
		Rep.	Reportage
NT	Neues Testament	Rev.	Revue
NV	Nevada	rev.	revidiert
NY	New York (Bundesstaat)	RFIC	Rivista di Filologia e di Istruzione Classica
N.Y.	New York (Stadt)		
o.J.	ohne Jahresangabe	RGG 4	Religion in Geschichte und Gegenwart, 4. Aufl.
österr.	österreichisch		
OH	Ohio	Rhe.	Reihe
OK	Oklahoma	RhM	Revue d'histoire des missions, 1924ff.
OLZ	Orientalistische Literaturzeitung		
Op.	Operntext	RI	Rhode Island
Opte.	Operettentext	RlA	Reallexikon der Assyriologie und der Vorderasiatischen Archäologie
OR	Oregon		
Orat.	Oratorium		
PA	Pennsylvania	Rost.	Rostock
PALS	Proceedings of the Association of Literary Studies	Rott.	Rotterdam
		S.	Seite
Par.	Parodie	s.	sein(e, usw.)
PCPhS	Proceedings of the Cambridge Philological Society	Sat.	Satire
		Sb.	Sachbuch
Philol.	Philologie	SBBY	Sibu beiyao-Ausgabe
Philos.	Philosophie	SBCK	Sibu congkan-Ausgabe
philos.	philosophisch	SC	South Carolina
PL	Patrologia Latina	SC	Sources chrétiennes. Collection dirigée par H. de Lubac, J. Daniélou, 1941ff.
Plaud.	Plauderei		
PMAJLS	Proceedings of the Midwest Association for Japanese Literary Studies, Ann Arbor/MI		
		Sch.	Schauspiel
		Schr.	Schrift
		Schw.	Schwank
PMG I	D. Page, Poetae Melici Graeci	SD	South Dakota
PMGF	Poetarum Melicorum Graecorum Fragmenta, Bd. I, post D. L. Page, hg. M. Davies, 1991	SF	Science Fiction
		Sgsp.	Singspiel
		SIFC	Studi Italiani di Filologia Classica
Poxy	The Oxyrhynchus Papyri, hg. B. P. Grenfell, A. S. Hunt u.a., 1898–1964	Sk.	Skizze(n)
		Skjaldedightning	Den norsk-islandske Skjaldedigtning, udg. ved Finnur Jónsson, Koph., Kristian 1912–1915
Pred(n).	Predigt(en)		
Prof.	Professor		
Progr.	Programm	Slg(n).	Sammlung(en)
Ps.	Pseudonym	SNKBT	Shin nihon koten bungaku taikei (Iwanami Shoten, Tokyo)
PSHK	Pet stoljeća hrvatske književnosti, 1964ff.		
		sog.	sogenannte(r, s)
Psychol.	Psychologie	Son.	Sonette
R.	Roman	Soziol.	Soziologie
RA	Revue d'Assyriologie et d'Archéologie Orientale	Sp.	Spiel
		Spr.	Sprüche
RAC	Reallexikon für Antike und Christentum	SS	Sämtliche Schriften
		St.	Studie
Rd(n).	Rede(n)	-st.	-stück
rd.	rund	Stgt.	Stuttgart
RE	Realencyclopädie für protestant. Theologie und Kirche, begr. von J. J. Herzog, hg. von A. Hauck, 24 Bde, ³1896–1913	Stockh.	Stockholm
		Stud.	Studium, Student
		Suppl.	Supplement
		Suppl. Hell.	Supplementum Hellenisticum, hg. H. Lloyd-Jones u.a., 1983
REG	Revue des Études Grècques, 1888ff.		

Abkürzungen und Zeichen

SW	Sämtliche Werke	v.a.	vor allem
Sz.	Szene	VA	Virginia
TAPhA	Transactions of the American Philological Associations	Verf., Vf.	Verfasser(in)
		verm.	vermehrt
TASJ	Transactions of the Asiatic Society of Japan, Tôkyô	versch.	verschieden(e)
		vollst.	vollständig
Tg.	Tagebuch	Vortr.	Vortrag, -träge
TH	Technische Hochschule	Vst.	Volksstück
Theol.	Theologie	VT	Vermont
TICOJ	Transactions of the International Conference of Orientalists in Japan (Tokyo)	W, Wke.	Werke
		WA	Washington (bei Ortsnamen)
		WA	Werkausgabe
TN	Tennessee	WdF	Wege der Forschung, Wissenschaftl. Buchgesellschaft, Darmstadt
TRE	Theologische Realenzyklopädie, 1976ff.		
TrGF	Tragicorum Graecorum Fragmenta	West IE2	Delectus ex Iambis et Elegis Graecis, hg. M. L. West 1980
Tr(n).	Tragödie(n)	WI	Wisconsin
Tril.	Trilogie	Wiss.	Wissenschaft(en)
TUAT	Texte aus der Umwelt des Alten Testaments, hg. O. Kaiser	wiss.	wissenschaftlich
		WJb	Würzburger Jahrbücher für die Altertumswissenschaft
Tüb.	Tübingen		
TX	Texas	Württ.	Württemberg
u.	und	Würzb.	Würzburg
u.a.	unter anderem	WV	West Virginia
u.a.m.	und anderes mehr	WY	Wyoming
u.d.T.	unter dem Titel	YClS	Yale Classical Studies
u.ö.	und öfter	z.B.	zum Beispiel
üb.	über	ZA	Zeitschrift für Assyriologie und Vorderasiat. Archäologie
Übs.	Übersetzer, -ung		
Übsn.	Übersetzungen	ZPE	Zeitschrift für Papyrologie und Epigraphik
Univ.	Universität		
Unters(s).	Untersuchung(en)	Zs(n).	Zeitschrift(en)
urspr.	ursprünglich	Zt(n).	Zeitung(en)
usw.	und so weiter	z.T.	zum Teil
UT	Utah	Zür.	Zürich
V.	Verse	z.Z.	zur Zeit

Aabse, Dannie, walis. Schriftsteller, * 22. 09. 1923 Cardiff. Jüd. Abkunft. An der Univ. von Wales und London zum Arzt ausgebildet, arbeitete er nach seinem Militärdienst in der Royal Air Force jahrelang an einer Londoner Klinik. – Seit seinem Studium entstand ein umfangreiches Werk von 10 Bdn. Dichtung, 3 Romanen, Stükken und autobiograph. Schriften. Sein Werk ist geprägt von jüd. und walis. Traditionen. Sein medizin. Wissen und seine ärztliche Erfahrung haben vielfach Eingang in sein Werk gefunden.

W: White Coat, Purple Coat: Collected Poems 1948–1988, 1991; Ash on a Young Man's Sleeve, R. 1954; The Dogs of Pavlov, Dr. 1990; Pythagoras (Smith), Dr. 1990; A Strong Dose of Myself, Es. 1983.

L: T. Curtis, 1985.

Aafjes, Bertus (Lambertus Jacobus Johannes A., Ps. Jan Oranje), niederländ. Lyriker und Erzähler, 12. 5. 1914 Amsterdam – 22. 4. 1993 Swolgen. Priesterausbildung, dann Stud. Archäologie in Löwen und Rom, Fußwanderung dorthin, dann mehrere Jahre in Italien und Nahem Osten, bes. Ägypten, während der dt. Besetzung in Friesland im Untergrund. Freier Schriftsteller auf Burg Hoensbroek/Limburg. – Kath. Dichter unter Einfluß der dt. Romantik, themat. bestimmt durch die Spannung zwischen heidn.-antiker Lebensfreude und christl. Schuld- und Todesbegriff. In ›Een voetreis naar Rome‹ stellt er s. Entwicklung von mönch. Daseinsform zur Bejahung sinnl. Liebe in Knittelversen dar. Seine Japan-Reisen inspirierten ihn zu einigen (Detektiv-)Erzählungen um den legendenumwobenen Richter Ooka. Auch Kinderbücher, Kurzgeschichten, Skizzen, Reisebücher (seit 1953 fast ausschließlich), Essays und Übsn. (Shakespeares ›Hamlet‹, Ägypt. Lieder, ›Odyssee‹, ›Des Knaben Wunderhorn‹).

W: Het Gevecht met de muze, G. 1940; Het zanduur van de dood, G. 1941; Een laars vol rozen, G. 1942; Gerrit Achterberg, Es. 1943; In het atrium der vestalinnen, G. 1945; Maria Sibylla Merian, G. 1946 (d. 1946); De zeemeerminnen, Nn. 1946; Een voetreis naar Rome, G. 1946; Circus, Prosa 1948; Het koningsgraf, G. 1948; Egyptische brieven, Prosa 1948 (d. 1956); In den Beginne, En. 1949; Arenlezer achter de maaiers, Prosa 1952 (Abend am Nil, d. 1961); Vorstin onder de landschappen, Prosa 1952; Morgen bloeien de abrikozen, Reiseb. 1954 (d. 1956); De blinde harpenaar, Übs. G. 1955 (d. 1958); Capriccio italiano, Prosa 1957; Logboek voor ›Dolle Dinsdag‹, Reiseb. 1956 (Für dich, Toller Dienstag, d. 1957); De Wereld is een wonder, Reiseb. 1959; De Italiaanse postkoets, Reiseb. 1962; Odysseus in Italië, Reiseb. 1962; Een ladder tegen een wolk, En. 1969 (Richter Ookas Fälle, d. 1981); De rechter onder de magnolia's, En. 1969; Mijn ogen staan scheef, Reiseb. 1971; Een lampion voor een blinde, En. 1973; De laatste faun, En.-Slg. 1974; Deus sive natura, G. 1980; De val van Icarus, Prosa 1985; Verzamelde gedichten, G. 1990.

L: K. Jonckheere, 1952; ›Bzzletin‹ 122, 1984.

Aakjær, Jeppe, dän. Lyriker und Erzähler, 10. 9. 1866 Aakjær b. Skive/Jütland – 22. 4. 1930 Hof Jenle b. Skive. Sohn e. armen Heidebauern. In s. Jugend landwirtschaftl. tätig, besuchte mit fremder Hilfe die Heimvolkshochschule Staby; seit 1884 in Kopenhagen, wo er sozialdemokrat. u. antiklerikale Standpunkte entwickelte; 1885 Abitur, Aufnahme e. Geschichtsstudiums; 1887/88 an der Heimvolkshochschule Askov, dort von dem häufigen Gast B. Bjørnson beeinflußt. Versch. kurzdauernde Beschäftigungen als Lehrer und Journalist. ∞ 1893 die spätere Schriftstellerin Marie Bregendahl, 1907 ∞ Nanna Krog. Nach wirtschaftl. schweren Jahren 1899 Durchbruch als Lyriker und Prosaist, später auch als Dramatiker, seither freier Schriftsteller, ab 1907 auch Bauer auf dem Gehöft ›Jenle‹, wo seither jährlich jütländ. sche Volksfeste stattfanden; A.s Beerdigung wurde zum Staatsereignis. – Beeinflußt von St. St. Blicher und R. Burns beschreibt s. Heimatlyrik die Heidelandschaft und das einfache Leben der Bauern, oft in jütländ. Dialekt; Vertonungen s. Gedichte sind heute Teil des populären Liedguts. Die Romane, Erzählungen und Schauspiele zeigen einen scharfen Blick für soz. Unterschiede und Mißstände aus der Perspektive von Bauern und Landarbeitern; s. Roman ›Vredens Børn‹ trägt zur Änderung des Gesindegesetzes 1921 bei. Auch biograph. und kulturhist. Werke sowie Erinnerungen.

W: Bondens søn, R. 1899; Derude fra kjærene, G. 1899; Vadmelsfolk, R. 1900; St. St. Blichers livstragedie, B. III 1903f.; Vredens børn, R. 1904 (Die Kinder des Zorns, d. 1912); Fri felt, G. 1905; Rugens sange, G. 1906; Livet på Hegnsgård, Sch. 1907; Muld og malm, G. 1909; Ulvens søn, Sch. 1909; Den sommer og den eng, G. 1910; Når bonder elsker, Sch. 1911; Arbejdets glæde, R. 1914; Jens Langkniv, R. 1915; Vejr og vind og folkesind, G. 1916; Hvor der er gjærende kræfter, R. 1916 (Gärende Kräfte, d. 1929); Mit Regnebrædt, Aut. 1919 (Bibl.); Hjertegræs og ærenpris, G. 1921; Under aftenstjernen, G. 1927; Erindringer, Aut. III 1928f.; Studier fra hjemstavnen, Prosa. 1930–32; Efterladte erindringer, Aut. 1934. – Samlede værker, VIII 1918f.; Samlede digte, III 1931f.

L: K. K. Nicolaisen, 1913; A. F. Schmidt, 1933; F. Nørgaard, 1941; H. E. Sørensen, 1972; I.-L. Hjordt-Vetlesen, Flugtens fængsel 1981; H. J. Nielsen, 1982; M. Vistisen 1998; H. Fibæk Jensen, 1999; K. P. Jensen, 2002.

Aalbæk Jensen, Erik, dän. Romanschriftsteller, 19. 8. 1923 Ballerum/Thy – 30. 9. 1997 Valløø. Widerstandskämpfer, Pfarrer, Journalist. – Vf. realist. Romane, die existentielle Fragen wie Verantwortung und Schuld behandeln und die Veränderungsprozesse in der dän. Gesellschaft insbes. der Nachkriegszeit schildern; als zentrales Motiv die Besatzung und ihre gesellschaftl. u. psycholog. Nachwirkungen.

W: Dommen, R. 1949; Dæmningen, R. 1952; Gertrud, R. 1957; I heltespor, R. 1960; Perleporten, R. 1964 (Das Perlentor, d. 1977); Sagen, R. 1971 (Konkurs, d. 1974); Kridtstregen, R. 1976; Herrens mark, R. 1990; Magtens folk, R. 1991; Særlige vilkår, R. 1994; Enkebal, R. 1998.

Aanrud, Hans, norweg. Erzähler und Dramatiker, 3. 9. 1863 Vestre Gausdal/Mittelnorwegen – 11. 1. 1953 Oslo. Aus Bauernfamilie, Kindheit auf dem Lande; Lateinschule, Privatlehrer; zog nach ersten lit. Erfolgen nach Oslo; Lit.- und Theaterkritiker, 1911–23 Berater des Nationaltheaters ebda. – Vf. satir. Komödien aus dem Leben des Stadtbürgertums, hauptsächl. bekannt jedoch durch s. mod. Kinderbücher und idyll.-realist. Erzählungen aus dem Bauernleben s. Heimattales mit z. T. trag. Zügen, mundartl. Dialogen in der Denkweise einfacher Leute, stimmungsvollen konzentrierten Landschaftsbildern, die die Einheit von Landschaft, Charakter und Handlungen betonen.

W: Storken, K. 1895 (Der Storch, d. 1911); En Vinternat og andre Fortællinger, En. 1896 (Eine Winternacht, d. 1928); Hanen, K. 1898; Høit tilhest, K. 1901; Storkarer, E. 1901; Sidsel Sidsærk, En. 1903 (Sidsel Langröckchen, d. 1907); Sølve Solfeng, E. 1910 (d. 1911); Fortællinger, En. II 1915; Fortællinger for Barn, E. 1917; En Odelsbonde og andre Fortællinger, En. III 1923; Sølve Suntrap, E. 1926; Fortællinger, En. V 1933. – Samlede verker (GW), VI 1914–15, III 1943; Fortellingeri utvalg (ausgew. En.), 1998. – *Übs.:* Kroppzeug, 1907; Erzählungen, 1909; Jungen, 1910; Wo der Schnee leuchtet, 1914; Von kleinen Menschen, 1941.

L: A. Bolckmans, Gent 1960; P. Hallberg, Harmonisk realism, 1963.

Aarestrup, (Carl Ludwig) Emil, dän. Lyriker, 4. 12. 1800 Kopenhagen – 21. 7. 1856 Odense. 1819 Abitur Kopenhagen. 1827 medizin. Staatsexamen, ∞ 1827 Caroline Aagaard, 1827 prakt. Arzt in Nysted/Lolland, 1838 in Sakskøbing/Lolland, 1849 Kreisarzt in Odense. – In s. üppigen Sensualismus von Oehlenschläger, in s. geist. Haltung von Byron, Heine, Rückert und Hugo beeinflußt. S. formschönen, anakreont. ›erot. Situationen‹ variieren sämtl. ein Thema: das Treffen des männl. Ich auf ein weibl. Du; das Erot. erhält hier eine metaphys. Dimension; in einer Reihe Ritornelle zeichnet er raffinierte, als Blumenbeschreibungen eingekleidete Porträts von Frauentypen. Von s. Zeitgenossen wenig anerkannt, gilt Aa. heute als Vorreiter des ›modern gennembrud‹.

W: Digte, 1838 (n. 1918, erw. 1962); Efterladte digte, 1863. – Samlede skrifter (GW), V 1922–25, VI 1976; Digte, 1930.

L: H. Brix, 1952; K. Zeruneith, 1981. – *Bibl.:* G. Nygaard, 1918.

Aaron, Vasile, rumän. Dichter, 1770 Glogoveț b. Blaj – 1822 Sibiu; Pfarrerssohn, Stud. Theol., dann Jura Cluj; Jurist in Sibiu. – Vf. e. Passionsdichtung in 10 Gesängen nach dem Vorbild Klopstocks. S. weltl. Werke sind meist Paraphrasen und Bearbeitungen nach antik-klass. Mustern.

W: Patimile lui Hristos, 1805; Jalnica întâmplare a lui Piram și Tisbe, 1807; Vorbirea între Leonat și Dorofata, 1815; Anul cel mănos, 1820; Istoria lui Sofronim și a Haritei, 1821.

Aasen, Ivar Andreas, norweg. Dichter, 5. 8. 1813 Ørsta/Sunnmøre – 23. 9. 1896 Oslo. Sohn e. Kleinbauern; errang unter großen Entbehrungen autodidakt. Bildung als Philologe, dann mit Unterstützung der wiss. Gesellschaft ›Videnskabsselskab‹ von Trondheim intensives Stud. der norweg. Dialekte, schuf aus den zu s. Zeit grammat. noch nicht fixierten norweg. Bauerndialekten das Landsmål, das die Vorherrschaft der dän. Sprache brechen sollte; mit s. Grammatik und s. Wörterbuch schuf er Grundlagen für das heutige sog. Nynorsk, das jetzt gleichberechtigt neben dem inzwischen auch reformierten Bokmål steht. Ab 1847 in Oslo. – S. eigene Dichtung, meist Gelegenheitslyrik aus dem Bauernleben, daneben auch Komödien und Reisebilder, sollte die Literaturfähigkeit der neuen Sprache demonstrieren. Einige s. Naturgedichte gehören auch heute noch zum nationalen Kulturerbe.

W: Det norske Folkesprogs Grammatik, 1848 (u. d. T.. Norsk Grammatik, 1864); Ordbog over det norske Folkesprog, 1850; Prøver af Landsmaalet i Norge, 1853; I Marknaden, Dr. 1854; Ervingen, K. 1855; Symra, G. 1863; Reise-Erindringer og Reise-Indberetninger, 1842–1847, hg. H. Koht 1917. – Skrifter i Samling, III 1911 f.; Samlede skrifter, II 1926; Dikting, 1946; Brev og dagbøker, hg. R. Djupedal III 1957–60.

L: I. Mortensson, 1903; A. Garborg, A. Hovden, H. Koht, 1913; I. Handagard, 1946; K. Liestøl, 1963; M. Myhren, 1975; K. Venås, 1996; St. J. Walton, 1996.

Abaelard(us), Abélard, Abailard, Petrus, scholast. Theologe u. Philosoph, 1079 Palet (Palais, Paletz) b. Nantes (deshalb doctor palatinus gen.) – 21. 4. 1142 Kloster St.-Marcel Chalon-sur-Saône. Schüler von Roscelin (Nominalist) und Wilhelm v. Champeaux (Realist), Leiter eigener Schulen in Melun, Corbeil und Paris, seit 1113 der Schule von Notre-Dame; bekannt durch s. Liebesverhältnis zu Héloïse und s. unglückl. Schicksal: Héloïses Onkel, der Pariser Kanoniker Fulbert, ließ ihn aus Rache entmannen, Héloïse wurde Nonne, A. darauf 1119 Mönch der Abtei St.-Denis (vgl. dazu: → Rousseau, J.-J., ›La Nouvelle Héloïse‹; → Rinser, L., ›Abaelards Liebe‹); als das Konzil in Soissons 1121 verschiedene Lehren A.s verurteilte, zog er sich mit Schülern in die Einöde bei Nogent zurück, verließ plötzlich das dort erbaute Kloster; 1125 Abt von St. Gildas/Bretagne; 1136–40 Lehrer auf dem Genofevaberg; 1141 in Sens zum 2. Mal verurteilt. – Impulsiver, selbständiger, krit. Denker, unstet wie s. Lebensweg, e. der geistreichsten und nachhaltigst wirkenden Schriftsteller des MA, Mitbegründer und Hauptvertreter der dialekt. scholast. Methode, bes. durch das Werk ›Sic et non‹, in dem er widersprüchl. Ansichten der Kirchenväter einander gegenüberstellte. A. unterwarf sich der Autorität der Offenbarung, setzte sich aber als Rationalist für die Rechte des krit. Verstandes ein, wurde deshalb nach erbittertem Streit mit dem Mystiker Bernhard v. Clairvaux verurteilt; stand im Mittelpunkt des Universalienstreites, bekämpfte die Auffassungen s. Lehrer und vertrat e. Konzeptionalismus; setzte sich in ›Scito te ipsum‹ dafür ein, daß die Ethik auf der Gesinnung, nicht auf den Werken beruhe. Schrieb einfaches, um exakte Terminologie bemühtes Latein. Verfaßte Hymnen, Planctus und moral.-didakt. Gedichte; die zu s. Lebzeiten berühmten Kanzonen sind nicht erhalten. Sein Briefwechsel mit Héloïse gilt als fingiert.

W: Historia calamitatum mearum, 1133–36 (d. E. Brost [3]1963); Sic et non; Ethica sive Scito te ipsum; Logica ingredientibus; Logica nostrorum; Dialectica (hg. L. M. de Rijk 1956); De unitate et trinitate divina (hg. Stölzle 1891); Theologia summi boni (hg. H. Ostlender 1939); Theologia christiana. – Opera, hg. V. Cousin II 1849–59; J. P. Migne, Patrologia latina 178, 1885; Philos. Schriften, hg. B. Geyer III 1919–32; II [2]1974f.

L: C. de Rémusat, II Paris 1845; A. Hausrath, 1893; J. McCabe, 1901; P. Lasserre, 1930; J. G. Sikes, 1932; E. Gilson, [2]1955; L. Grane, 1969; J. Jolivet, 1969; R. Pernoud, 1970; J.-P. Lefort-Tregaro, 1981; M. Fumagalli, 1986; L. Rinser, 1993; R. Pernoud, 1994; M. T. Clanchy, 2000.

Abarbanel, Giuda (Judah), auch Abravanel, gen. Leone Ebreo (Leo Hebraeus), jüd. Philosoph, Physiker und Dichter, 1460 Lissabon – 1523 Venedig. A. floh mit s. Vater 1483 nach Toledo, dann, 1492, nach der Ausweisung der Juden aus Spanien, nach Neapel, wo er ein einflußreicher Arzt wurde. – Philos. vom Neuplatonismus Ficinos und Mirandolas beeinflußt, außerdem von Maimonides und Ibn Gabirol. In den posthum veröffentl. ›Dialoghi d'amore‹ gibt A. eine Darstellung des platon. Weltbildes mit der Liebe als waltendem Prinzip. S. Einfluß reicht bis zu G. Bruno und B. Spinoza.

W: Dialoghi d'amore, 1535 (d. 1929).

L: B. Zimmels, 1892; S. Kodera, Filone und Sofia in L. E.s Dialoghi d'amore, 1995.

Abaschidse, Irakli → Abašije, Irakli

Abašije, Irakli, georg. Dichter, 23. 11. 1909 Xoni – 14. 1. 1992 T'bilisi (Tiflis). 1931 Abschluß Univ. T'bilisi; Zeitungsredakteur, ab 1939 im Schriftstellerverband, dessen Vorsitzender 1953–67. Chefredakteur der Georg. Enzyklopädie seit 1966. – Gedichte seit 1928. In den ersten Bänden werden die revolutionären Traditionen des georg. Volkes u. die Romantik des neuen Lebens besungen. Während des 2. Weltkriegs patriot. Lyrik. Später Reise nach Indien u. Jerusalem; im Zusammenhang damit mit Georgien korrespondierende Themen. Übsn.: Puškin, Mieckievič, Majakovskij, Vazov ins Georgische.

W: Lek'sebi, G. 1932, 1938, 1941; Rust'avelis nakralevze, 1959 (Auf den Spuren Rustavelis, d. 1977); Rč'euli (AW), 1969. – *Übs.:* Gedichte, in: Sowjetliteratur 11 (1979) und 11 (1984).

L: G. Natrošvili, 1969; Gačečiladze, in: Lit. Gruziâ 6 (1986, russ.).

Abasiyanik, Sait Faik, türk. Schriftsteller, 1906 Adapazari – 11. 5. 1954 Istanbul. Kaufmannssohn; Gymnas. Istanbul u. Bursa, 1933–35 Stud. Grenoble ohne Abschluß. Kurz Lehrer, kaufmänn. Tätigkeit, dann freier Schriftsteller. – In zwei Romanen u. zahlr. Kurzgeschichten hat A. das Alltagsleben der kosmopolit. Großstädter und der Inselfischer teils realist., teils impressionist.-skizzenhaft geschildert. Mit Stilmitteln eigener Art, bes. reizvoller Verklärung einzelner Motive – häufig auf Kosten des strengen kompositor. Prinzips – übt er starken Einfluß auf e. Teil der jungen türk. Schriftstellergeneration aus, in der viele Autoren e. Kurzprosa von anekdot. Impressionscharakter bevorzugen. Nach ihm benannt der alljährl. für die beste novellist. Neuerscheinung der Vorjahrs verliehene Preis (Sait Faik Armağani, gestiftet von s. Mutter 1955). Ehrenmitglied des Mark-Twain-Vereins in den USA (1953).

W: Semaver, En. 1936; Sarniç, En. 1939; Şahmerdan, En. 1940; Medar-i-Maişet Motoru, R. 1944 (u. d. T. Birtakim Insanlar, [2]1952); Lüzumsuz Adam, En. 1948; Mahalle Kahvesi, En. 1950; Havada Bulut, En. 1951; Kumpanya, En. 1951; Havuz Başi, En. 1952; Son Kuşlar, En. 1952; Şimdi Sevişme Vakti, G. 1953; Kayip Araniyor, R. 1953; Alemdağinda Var bir Yilan, En. 1954; Az Şekerli, En. 1954; Tüneldeki Çocuk; En. 1955. – GW, XV 1965 u. 1970–89. – *Übs.:* Ein Lastkahn namens Leben, R. 1991; Ein Punkt auf der Landkarte, 1991; Verschollene gesucht, 1993.

L: M. Uyguner, 1959; M. Kutlu, 1968; A. Miskioğlu, 1979.

Abba, Giuseppe Cesare, ital. Schriftsteller, 6. 10. 1838 Cairo Montenotte/Savona – 6. 11. 1910 Brescia. Teilnahme an den Feldzügen des ital. Risorgimento, nach 1866 Gymnasiallehrer in Faenza u. Brescia. – In ›Da Quarto al Volturno-Noterelle d'uno dei Mille‹ lebendige Schilderung der Ereignisse der ›Spedizione dei Mille‹ 1860 zur Vertreibung der Bourbonen aus Sizilien und Neapel, an der A. zusammen mit Garibaldi teilgenommen hatte.

W: Le rive della Bormida nel 1794, R. 1875; Cose vedute, Nn. 1877; Romagna, G. 1887; Noterelle d'uno dei Mille, R. 1880 (u. d. T. Da Quarto al Volturno, 1891, n. 1956); La vita di Nino Bixio, B. 1905; Cose garibaldine, Schr. 1907; Da Quarto al Volturno, 1980; Opere, hg. L. Cattanei, E. Elli, C. Scarpati 1983.

L: E. Perotta, 1911; D. Bulferetti, 1924; L. Russo, 1933; L. Cattanei, 1973; G. C. A. (Kongreßakten Cairo Montenotte), 1991.

Abbé Prévost → Prévost d'Exiles, Antoine-François

Abbey, Edward, amerik. Romanautor, 29. 1. 1927 Home/PA − 14. 3. 1989 Oracle/AZ. Farmerssohn; Univ. New Mexico u. Edinburgh; Kriegsdienst; Parkhüter. − Vf. krit., aktivist. Romane mit starkem Umweltbewußtsein.

W: Jonathan Troy, R. 1956; The Brave Cowboy, R. 1958; Fire on the Mountain, R. 1962; Black Sun, R. 1971; Cactus Country, St. 1973 (d. 1978); The Monkey Wrench Gang, R. 1975 (d. 1987); Good News, R. 1980; Beyond the Wall, Ess. 1984; The Fool's Progress, R. 1988; Hayduke Lives!, R. 1990; A Voice Crying in the Wilderness, Ess. 1990. − Slumgullion Stew, E. A. Reader 1984; Earth Appels, G. hg. D. Peterson 1994; The Serpents of Paradise, Ausw. 1995; Confessions of a Barbarian, Tg. 1951−89, hg. D. Peterson 1994.

L: G. McCann, 1977; A. Ronald, 1982; J. Hepworth, G. McNamee, hg. 1985; J. Bishop Jr. 1994; J. M. Calahan, 2002; J. Loeffler, 2002.

Abbing, Justine → Bruggen, Carolina Lea van, gen. Carry van, geb. de Haan

Abd al-Ḥaqq (Abdülhak) Hāmid Tarhan, türk. Dichter und Dramatiker, 2. 2. 1852 Istanbul − 12. 4. 1937 ebda. Sohn des hohen Staatsbeamten Khayrullah Efendi, eines der bedeutendsten Historiker s. Zeit, und e. tscherkess. Sklavin. Unterricht hauptsächl. durch Privatlehrer in Istanbul u. nach 1½jährigem Aufenthalt in Paris (1866−68) in Teheran, wo s. Vater Gesandter war. 1871 ∞ Fatma Hanim. Diplomat. u. konsular. Tätigkeit in Paris, Poti, Bombay, London u. Den Haag, 1908−12 Gesandter in Brüssel, im 1. Weltkrieg Vizepräsident des Senats, 1928 Parlamentsabgeordneter. − Bedeutendster Dichter des türk. Reformzeitalters (Tanzimat devri) u. der folgenden, absolutist. Ära Abdul Hamids. S. gründl. Kenntnis der engl. u. franz. Lit. erschloß der osman. Dichtung neue Stilmittel u. erweiterte ihre bis dahin eng begrenzte Thematik durch Stoffe, die von der Antike u. dem Alten Orient bis zur Geschichte der mongol.-türk. Dynastien reichen. Einige s. Dramen, wie ›Finten‹ und ›Eşber‹ (über Alexander d. Gr.) lassen den Einfluß Shakespeares, Corneilles und Racines deutlich erkennen. Die oft übertriebene Lehrhaftigkeit der Stücke und die noch immer esoter. Ziersprache hat ihrer Bühnenwirksamkeit Grenzen gesetzt. Größere Fortwirkung ist s. Lyrik beschieden, in der er abendländ. Kunstformen neben die zuvor allein maßgebenden oriental. Schemata Kaside u. Gasel stellte, sich aber auch als erster Dichter um e. Neubelebung der in Vergessenheit geratenen alttürk. Silbenzählung (Parmak hesabi) bemühte.

W: Macerayi Aşk, Sch. 1872; Duhter-i-Hindu, Sch. 1875; Nesteren, Sch. 1878; Sahra, G. 1879; Tarik, Sch. 1879 (n. 1960); Eşber, Sch. 1880 (n. 1945); Tezer, Sch. 1881 (n. 1945); Belde, G. 1885; Ölü, G. 1885; Makber, G. 1885 (n. 1944); Hacle, G. 1885; Finten, Sch. 1918 (n. A. M. Dranas 1959); Ruhlar, Dr. 1919 (Geister, d. A. Fischer 1941, 1966); Hakan, Sch. 1935. − GW, 1979.

L: O. Seyfi, 1937; A. R. Tanural, 1938; G. Akinci, 1954; A. Bezirci, 1966.

Abdülhak Şinasi Hisar → Hisar, Abdülhak Şinasi

Abdullah bin Abdulkadir Munsji, malaiisch-indones. Schriftsteller, 1796 Malakka − 1854 Mekka. − Islamkenner und Sprachkundiger, der der malaiischen Sprache auf ihrem Weg zum modernen Indonesisch neue Impulse gab. Fruchtbare Zusammenarbeit mit Engländern (St. Raffles). S. Werke spiegeln häufig reale Begebenheiten aus dem Alltag wider, wie auch in s. Biographie deutlich wird. Die geringe Verwendung von arab. Begriffen in s. Werken war neuartig für die malaiische Lit. jener Zeit.

W: Hikajat Abdullah bin Abdulkadir Munsji, B. 1849, 1882, 1953 (engl. 1953); Kissah pelajaran Abdullah dari Singapura ke Kelantan, Reiseb. 1925; Kissah pelajaran Abdullah kenegeri Djeddah, Reiseber. (unvollendet); Sjair Singapura dimakan api, G.

'Abdul Latīf (Šāh 'Abdul Latīf), ind. Dichter, 1689 (?) Hāla Havēlī/Sind − 1752 (?) Bhita/Sindh. Entstammte e. angesehenen Familie; über s. Leben ist wenig bekannt; obwohl er ohne höhere Bildung war, zeigen s. Werke e. sehr große Vertrautheit mit dem Pers. und Arab.; s. meisterhafte Beherrschung der Sprache brachte ihm den Ehrennamen ›Ḥāfiz von Sindh‹ ein. − Bedeutendster Sindhi-Dichter. S. ›Šāh jō Risālo‹ (Buch des Schah) ist e. Sammlung von 35 unterschiedl. langen Gedichten, die das Geheimnis der göttl. Liebe, die Volksdichtung von Sind im Spiegel s. Liebesgeschichten und bestimmte Ereignisse im Landleben von Sind behandeln. Allen Gedichten, die auch heute noch rezitiert oder gesungen werden, ist e. tief myst. Ton gemeinsam; in ihnen findet der islam. Pantheismus s. Ausdruck. Die heute verbreitete kürzere Fassung (muntakhab) enthält 27 der 35 Gedichte.

A: Šāh jō Risālo, hg. E. Trumpp 1866, T. C. Showkiram 1900, H. M. Gurbukhānī 1923, K. B. Advānī 1958 (engl. H. T. Sorley 1940; engl. Ausw. E. Kazi 1965).
L: L. W. Lalwani, Karachi 1890; H. T. Sorley, Oxf. 1940, ²1966; A. I. I. Kazi, Hyderabad 1961; M. Jotwani, Delhi 1975; A. Schimmel, Leiden 1976; K. B. Advani, New Delhi ²1982; S. M. Jhangiani, Diss. Delhi 1987; G. Lüpke, S. A. L., ein klass. Dichter des heute pakistan. Landes Sind, 2002.

Abe, Kôbô (eig. A. Kimifusa), jap. Schriftsteller, 7. 3. 1924 Tokyo – 22. 1. 1993 ebda. Wuchs in Mukden (Mandschurei) auf, wo Vater als Arzt tätig. Medizinstudium in Tokyo, 1948 Abschlußexamen. Im selben Jahr erstes Buch. Anschluß an prominente Schriftstellergruppen. Auf Europareise 1956 Deutschlandbesuch. Auch Dramenautor. – Gehörte zur lit. Avantgarde, vom Existentialismus und Marxismus geprägt. S. abstrakte Prosa, mit surrealist. bis grotesk-absurden Anklängen, erinnert an Kafka und Brecht.
W: Na mo naki yo no tame ni, E. 1948; Kabe, R. 1951; Chinnyusha, E. 1952; Yûrei wa koko ni iru, Sch. 1958 (Geister in Kitahama, in: Jap. Dramen, d. 1968); Daishi kampyô-ki, R. 1959 (Die vierte Zwischenzeit, d. 1982); Suna no onna, R. 1962 (Die Frau in den Dünen, d. 1967, 1981); Tanin no kao, R. 1964 (Das Gesicht des anderen, d. 1971, 1999); Tomodachi, Sch. 1967 (engl. 1969; Freunde, d. 1984); Moetsu kita chizu, R. 1967 (Der verbrannte Stadtplan, d. 1993); Enomoto buyô, Sch. 1967; Bô ni natta otoko, Sch. 1969 (Der Mann, der zum Stock wurde, d. 1971) Hako otoko, R. 1973 (Der Schachtelmann, d. 1992); Mikkai, R. 1977 (engl. 1981); Omae nimo tsumi ga aru, Sch. 1978 (engl. 1979); Kangarû-nôto, 1991 (Die Känguruhhefte, d. 1996). – A. K. zenshû (GW), XXVIII u. Suppl. 1997–2000. – *Übs.:* in: Träume aus zehn Nächten, ²1980; Die Erfindung des R 62, En. 1996.
L: C. S. Mitchell, A. K.s new fables, 1991; I. Hijiya-Kirschnereit, A. K., in: Jap. Gegenwartslit. 2000.

Abelaira, Augusto, portugies. Erzähler u. Dramatiker, * 18. 3. 1926 Ancã (Cantanhede). – S. Werke haben analyt.-psycholog. Charakter.
W: A Cidade das Flores, R. 1959; A Palavra É de Oiro, Dr. 1961; O Nariz de Cleopatra, Dr. 1962; Enseada Amena, R. 1966; Bolor, R. 1968; Sem Tecto, R. 1978; O Triumfo de Morte, R. 1981.

Abélard, Pierre → Abaelard(us), Abélard, Abailard, Petrus

Ābele, Kārlis (d. Ä.), lett. Schriftsteller, 22. 8. 1896 Bauņi, jetzt Matīši b. Valmiera/Lettl. – 24. 1. 1961 Adelaide/Australien. Eltern Bauern; 1915–21 naturwiss. Stud. St. Petersburg, Tartu, Riga. 1919 Soldat; 1923 Dr. phil. Marburg; ab 1920 Univ.-Doz. Riga; 1934 Dr. rer. nat. Tartu; 1937 Prof. für Pflanzenphysiologie. 1944 ins Exil nach Dtl.; Prof. der Baltic Univ. Pinneberg; 1949 Auswanderung nach Australien; Prof. Univ. Adelaide. – Bedeutender lett. Balladendichter der Gegenwart; gruselige, sog. gotische Balladen, z.B. Darstellung der Pestepidemie in Livland; ursächl. mit irrealem Geschehen verknüpfte Ereignisse; Theoretiker der Ballade, von B. v. Münchhausen beeinflußt.
W: Stāsts par Gleichenes grāfu, Dr. (1926); Tautas darbinieki un mīla, K. (1931); Vēlais viesis, Ball. 1947; Dzeltenās acis, En. 1955.

Abell, Kjeld, dän. Dramatiker, 25. 8. 1901 Ribe – 5. 3. 1961 Kopenhagen. Sohn e. Studienrats, 1919 Abitur Ribe, Kunstakad. Kopenhagen, 1927 staatsswiss. Examen ebda. 1927 ∞ Grete Kock-Petersen, 1927–30 Bühnendekorateur in London und Paris; in Paris von J. Giraudoux u. L. Jouvet beeinflußt, 1930/31 Bühnenbildner am Kgl. Theater Kopenhagen; 1932–34 in e. Reklamebüro angestellt. Debüt mit dem von Balanchine beeinflußten Ballett ›Enken i spejlet‹ 1934, hatte s. ersten Bühnenerfolg mit dem revueähnlichen Schauspiel über den kleinen Mann der Gegenwart, der ›die Melodie verloren hat‹: ›Melodien, der blev væk‹; seither freier Dramatiker; warnte 1939 mit dem naturalist.-symbol. Schauspiel ›Anna Sophie Hedvig‹ vor dem Faschismus, mahnte zum Kampf gegen verborgene inhumane Kräfte innerhalb der Gesellschaft, nahm während der Okkupation 1940–45 am Freiheitskampf teil und verkündigte nach dem Kriege in e. Reihe symbolist. Schauspiele e. aktiven Humanismus, z.B. in ›Dage på en sky‹ und ›Den blå pekingeser‹. – Als Dichter verteidigte A. die dän. Tradition H. Chr. Andersens und verhalf dem freien poet. Spiel der Phantasie zu neuem Durchbruch; als Dramatiker führte er die dän. Bühnenkunst vom Naturalismus zum modernen symbolist.-poet. Theater; stets zu Menschlichkeit u. Solidarität auffordernd.
W: Melodien, der blev væk, Sch. 1935 (The melody that got lost, engl. 1939); Eva aftjener sin barnepligt, Sch. 1936; Anna Sophie Hedvig, Sch. 1939 (d. 1956); Judith, Dr. 1940; Silkeborg, Sch. 1946; Dage på en sky, Sch. 1947; Vetsera blomstrer ikke for enhver, Sch. 1950; Fodnoter i støvet, Reiseb. 1951 (Fußnoten im Staub, d. 1957); Den blå pekingeser, Dr. 1954; Fire skuespil, 1955; De tre fra Minikoi, Reiseb. 1957 (engl. 1960); Kameliadamen, Dr. 1958; Skriget, Sch. 1961; Synskhedens gave, Ess. u. G. 1962.
L: F. Schyberg, 1947; S. Møller Kristensen u.a., 1961 (m. Bibl.); J. F. Bjørnsen, 1978; E. Bredsdorff, 1979; A. Bryrup Heie, 1989; E. Bredsdorff, Et brevportræt, 1993; L. Jørgensen u.a., 2002.

Abellio, Raymond (eig. Georges Raymond Soulès), franz. Schriftsteller, 11. 11. 1907 Toulouse – 1986 Nizza. Stud. Ecole Polytechnique. Ingenieur. Marxist und Katholik. Polit. tätig. Wegen Kollaboration mit dt. Besatzung verurteilt, bis 1953 freier Schriftsteller in der Schweiz. – Romancier und Essayist mit Anklängen an Malraux und Bernanos. Stellt s. Romane in den Dienst philos. Probleme. Versucht, in ihnen die menschl. Geschichte von der göttl. Offenbarung her zu erhellen. Der Roman ›Heureux les pacifiques‹ gibt e. Bild der Generation vor dem 2. Weltkrieg und der Entwicklung eines jungen Intellektuellen vom aktiven kommunist. Politiker zum Vertreter der Gewaltlosigkeit. Der Span. Bürgerkrieg ist Thema des 2. Romans. Bücher über relig. Offenbarungen (Bibel, Bhagavadgîtâ, Kabbala.)

W: Heureux les pacifiques, R. 1946; Les yeux d'Ezéchiel sont ouverts, R. 1949; La Bible, document chiffré, Es. II 1949/50; Vers un nouveau prophétisme, Es. 1950; Assomption de l'Europe, Es. 1954; La fosse de Babel, R. 1962; La structure absolue, Ess. 1966; Entretiens, Ess. 1966; Ma dernière memoire, Erinn. II 1971; Les yeux d'Ezéchiel sont ouverts, 1978; Montségur, 1982; Vers un nouveau prophétisme, Ess. 1986; Fondements d'éthique, 1950–77, 1994.

L: M. Th. de Brosses, 1966; Chr. Tochon-Tanguy, 1977.

Abeozen (eig. Yann-Fañch Eliès), breton. Dichter, 1896 Tre-Nevez b. Brest – 1963 La Baule. Priesterseminar Quimper, Weltkriegssoldat, Stud. Lit., Prof. in Saint-Brieuc, 1923 Direktor am Lyzeum Rennes, 1927–40 wieder Saint-Brieuc. 1944/45 KZ, seither Paris. – Erzähler und Lyriker aus Kriegs- und Heimaterleben wie breton. Volksgut; Übs. aus dem Gäl.; kelt. Sprachwiss.

W: Dremm an Ankou, En. 1942; Ar slizhenn eured, G. 1942; Janedig ar Rouz, G. 1942; Hervelina Geraouell, E. 1943; Kanaouen noú da Vivien, G. 1943; Finvez Desian, G. 1944; Kell V, E. 1948; An aotrou Nann hag ar Gorriganez, G. 1948; Bisousig, kazh a tevenn, E. 1954.

Abercrombie, Lascelles, engl. Dichter und Kritiker, 9. 1. 1881 Ashton – 27. 10. 1938 London. Stud. Naturwiss. Manchester, ∞ Catherine Gwatkin. Journalist, 1919 Lektor in Liverpool, 1922 Prof. für engl. Lit. in Leeds, 1929 in London, 1935 in Oxford. – Zählt zu den ›Georgian Poets‹; schuf mehrere Bände lyr. und dramat. Dichtung, in der sich vielfach Einflüsse von R. Browning zeigen. Eigenwilliger Stil, reiche Bildsprache, lebhafte Schilderungsweise; Versuch der Erneuerung des Versdramas.

W: Interludes and Poems, G. 1908; Emblems of Love, G. 1912; Th. Hardy, B. 1912; Deborah, Dr. 1913; The Epic, Schr. 1914; The End of the World, Dr. 1914; Theory of Art, Schr. 1922; Four Short Plays, Drn. 1922; The Idea of Great Poetry, Schr. 1925; Romanticism, Schr. 1926 u. 1963; Collected Poems, G. 1930; The Sale of St. Thomas, Dr. 1930; Poetry – its Music and Meaning, Schr. 1932; Principles of Literary Criticism, 1932, 1960 u. 1970; Lyrics, G. 1940.

L: J. Cooper, 1969; A. K. Rajn, 1983.

Abhidhamma-piṭaka → Tipiṭaka, das

Abhijñāna-śakuntala → Kālidāsa

Abildgaard, Ove, dän. Lyriker, 17. 9. 1916 Lemvig – 11. 10. 1990 Frederiksberg/Kopenhagen. Stud. Jura und Lit. Kopenhagen. Redakteur und Journalist ebda. – S. Vers kündet von Konflikt zwischen Intellekt und Gefühl; e. stets gegenwärtige Angst wandelt sich allmählich zu e. Glauben an das Leben.

W: Digte 1946–52, 1953; Cementmanden, G. 1964; Og Lises hånd i min, G. 1972; Mariehønen. G. 1976; Hvorfor netop i dag da det er søndag, G. 1986; To små fisk, G. 1990.

Abish, Walter, amerik. Erzähler, * 24. 12. 1931 Wien. Jüd. Eltern, Kindheit in Frankreich, Shanghai, Israel (Architekturstud.), England, 1957 New York, Univ.-Prof. – Vf. experimentierfreudiger postmod. Prosa, dabei auch eth. Anliegen wie das Aufspüren von verdrängter Vergangenheit, bes. in ›How German Is It‹.

W: Duel Site, G. 1970; Alphabetical Africa, R. 1974; Minds Meet, Kgn. 1975 (d. 1982); In the Future Perfect, Kgn. 1977 (Quer durch das große Nichts, d. 1983); How German Is It, R. 1980 (d. 1982); 99: The New Meaning, Kgn. 1990 (d. 1990); Eclipse Fever, R. 1993 (d. 1994).

Ableman, Paul, engl. Schriftsteller, * 13. 6. 1927 Leeds. Stud. London; Lit.kritiker u. a. für die Zeitungen ›The Spectator‹ und ›The Evening Standard‹. – In A.s Werk wird der Konflikt zwischen der Suche nach sexueller Erfüllung und der Rücksichtnahme auf andere immer wieder thematisiert; e. erfolgr. Drama ist ›Green Julia‹. Außerdem schreibt A. Sachbücher zu den Themen Sexualität, Psychologie.

W: Even His Enemy, Dr. (1948); I Hear Voices, R. 1958 (n. 1990); As Near as I Can Get, R. 1962; Dialogues, Dr. (1965); Green Julia, Dr. 1966 (n. 1973); Tests, Dr. 1966; Vac, R. 1968; Blue Comedy, Dr. 1968 (darin Madly in Love u. Hank's Night); The Twilight of the Vilp, R. 1969; Bits, Prosa-G. 1969; The Visitor, Dr. (1974); Tornado Pratt, R. 1977 (n. 1992); Shoestring, R. 1979; Porridge, R. 1979; Shoestring's Finest Hour, R. 1980; County Hall, R. 1982; A Killing on the Exchange, R. u. FSsp. 1987; Dad's Army, R. 1989; Waiting for God, R. 1994; The Secret of Consciousness: How the Brain Tells ›The Story of Me‹, Sb. 1999.

Ablesimov, Aleksandr Anisimovič, russ. Schriftsteller, 7. 9. 1742 (Gouv. Kostroma) – 1783 Moskau. Vater Gutsbesitzer, mangelhafte Bildung; Sekretär A. P. Sumarokovs, Offizier, zuletzt in Moskauer Polizeiverwaltung tätig; starb in äußerster Armut. – Nimmt in Versfabeln und satir. Gedichten bes. die Satiren und Fabeln Sumarokovs zum Vorbild; kom. Opern; sehr erfolgreich, lange im

Repertoire der russ. Theater war ›Mel'nik ...‹ mit Szenen aus dem bäuerl. Leben, Musik von M. M. Sokolovskij aus russ. Volksliedern, 1792 von E. I. Fomin; tendiert zu realist. Darstellung.

W: Skazki, Fabeln 1769; Mel'nik, koldun, obmanščik i svat, kom. Oper 1782 (n. 1984). – Sočinenija (W), 1849.

About, Edmond François Valentin, franz. Schriftsteller, 14. 2. 1828 Dieuze – 16. 1. 1885 Paris. 1848 Schüler der Ecole Normale und 1851–54 mit Stipendium in Athen, an der Ecole Française, ab 1854 dauernd in Paris; ein Aufenthalt in Rom machte ihn zum Gegner des Papsttums. Fand durch den Erfolg seiner ersten Werke zum Journalismus. Mitarbeiter von ›Figaro‹, ›Le Moniteur‹, ›L'Opinion Nationale‹, ›Le Gaulois‹. Zunächst Bonapartist, ab 1870 glühender Republikaner, gründete mit Sarcey 1872 die Zt. ›Le XIXe Siècle‹. Als Dramatiker erfolglos, als Romancier, Novellist und Journalist aber viel gelesen. 1884 Mitgl. der Académie Française. – A. ist voltairianisch in Stil und Geist, als Polemiker geistreich, geschickt, frech und wirksam, schon unter Napoleon III. in antiklerikaler Opposition, kämpfte später um republikan. Ideale gegen Monarchisten und ultramontane Klerikale. Glänzender Erzähler von schalkhafter Phantasie, mit moral. Absicht. Mangel an Tiefgang und Magerkeit der Gedanken werden durch sprühende Brillanz seines Werkes überdeckt.

W: La Grèce contemporaine, Streitschr. 1854; Tolla, R. 1855 (d. 1856); Les mariages de Paris, Nn. 1856 (d. 1886); Le Roi des montagnes, R. 1856 (d. 1900, u. d. T. Lösegeld nur gegen Quittung, 1962); Guillery, Dr. 1857; Risette, Dr. 1859; La Question Romaine, Polemik 1859; Trente et quarante, R. 1859 (d. 1921); Rome contemporaine, Polemik 1861; Lettres d'un bon jeune homme à sa cousine Madeleine, 1861 (d. 1861); Le nez d'un notaire, R. 1862 (d. 1947); L'Homme à l'oreille cassée, R. 1862 (d. 1885, 1994, 1998); Le cos de M. Guérin, R. 1862; Gaëtano, Dr. 1862; Les Mariages de Province, Nn. 1868; Alsace, 1871/72; Le Roman d'un brave homme, 1880 (d. 1886); Le XIXe Siècle, hg. J. Reinach 1892.

L: M. Thiébault, 1936.

Abovean, Xačʻatowr, armen. Schriftsteller, 15. 10. 1809 Kʻanakʻer b. Erevan – 14. 4. 1848. Stud. Theol. in Ějmiacin und in Tiflis; begleitete 1829 den dt. Prof. Parrot auf den Ararat; durch ihn 1830–35 Stud. an der dt.sprach. Univ. Dorpat; 1836 Rückkehr nach Ějmiacin, Schulinspektor in Erevan, 1837 Lehrer in Tiflis, 1848 unter ungeklärten Umständen verschwunden. – Begründer der mod. armen. Literatur u. der neuostarmen. Literatursprache auf der Grundlage des Erevaner Dialektes. Erzähler aus nationaler Überlieferung u. Volkskunde unter dem Einfluß der dt. Romantik; als nationaler Erwecker schildert er in s. Hauptwerk, dem zeitgeschichtl. Roman ›Verkʻ Hayastaniʻ (Armeniens Leiden) das Leid der Armenier unter pers. Herrschaft, ihren Freiheitskampf am Beisp. e. bäuerl. Protagonisten und den Anschluß Ostarmeniens an Rußland (1826–29). Daneben Novellen, Dramen u. Reiseberichte.

W: Parap vaxti xaġalikʻ, G. 1838–41; Tʻowrkʻi axčʻike, N.; Nor verelkʻ Ararati gagatʻe, Tagesnotizen 1847; Owġeworowtʻiwn depi Anii averaknerę, Reiseb. 1847/48; Verkʻ Hayastani, R. (verf. 1841; ersch. 1858; russ. Rany Armenii 1948). – Erkeri liakatar žoġovacow (GW), X 1947–61; SW, V 1950.

L: A. Leist, 1886; N. Ter-Karapetean, 1897; A. Terterean, 1941; A. Ganalanean, 1941; E. Šach-Aziz, 1940 (russ.); E. Šahaziz, 1945; Gevorg A. Abov, 1948; M. Santrosean, 1953; R. V. Zarjan, Moskau 1955 (russ.); P. Hakobean, 1967; ders., Verkʻ, 1982. – *Bibl.:* A. Šahazizean, 1955.

Abowjan, Chatschatur → Abovean, Xačʻatowr

Abrahams, Peter, südafrikan. Romanschriftsteller, * 19. 3. 1919 Vrededorp/Johannesburg, Südafrika. Sohn e. Äthiopiers und e. farbigen Südafrikanerin; St. Peter's Secondary School/Südafrika. 1935 Wanderungen durch Südafrika, 1939 Schiffsheizer in Natal, kam 1941 nach England, wo er die meisten s. Romane schrieb; 1959 nach Jamaika, dort Hrsg. des ›West Indian Economist‹, Journalist, Redakteur und Kommentator am Rundfunk. – S. Romane vom Leben und Schicksal der Farbigen Afrikas schildern anschaul. polit. und Rassenprobleme.

W: A Black Man Speaks of Freedom, G. 1941; Dark Testament, Kgn. 1942; Song of the City, R. 1945; Mine Boy, R. 1946 (Schwarzer Mann im weißen Dschungel, d. 1961); The Path of Thunder, R. 1948 (Reiter der Nacht, d. 1957); Wild Conquest, R. 1950 (Wilder Weg, d. 1952); Return to Goli, Es. 1953; Tell Freedom, Aut. 1954 (Dort wo die weißen Schatten fallen, d. 1956); A Wreath for Udomo, R. 1956; Jamaica: An Island Mosaic, Reiseb. 1957; A Night of Their Own, R. 1965; This Island, Now, R. 1966; The View from Coyaba, R. 1985.

L: M. Wade, 1972; K. Ogungbesan, 1979.

Abramov, Fëdor Aleksandrovič, russ. Prosaist, 29. 2. 1920 Verkola/Region Archangel'sk – 14. 5. 1983 Leningrad. Ab 1938 Stud. Philol. Univ. Leningrad, 1956–60 Lehrstuhl für russ. Sowjetlit. ebda. – Wandte sich 1954 gegen die verlogene Kolchozprosa der Stalinzeit, forderte 1963 in ›Vokrug da okolo‹ mehr Gerechtigkeit für die Landbevölkerung u. wurde in s. Schaffen ein wichtiger Vertreter der ›Dorflit.‹. S. Tetralogie ›Prjasliny‹ (1959–79; später u. d. T. ›Bratʻja i sestry‹) verbindet den Glauben an die traditionelle Kraft des Bäuerl. mit möglichst offener Zeitdarstellung.

W: Vokrug da okolo, Ess. 1963 (Ein Tag im ›Neuen Leben‹, d. 1963); Prjasliny, R. IV 1959–79 (Brüder u. Schwestern, d. 1976–80). – Sobranie sočinenij (GW), III 1980–82.

L: D. Gillespie, Evanston III. 1997.

Abramowitsch, Schalom Jakob → Mendele Moicher Sforim

Abreu, Casimiro José Marques de, brasilian. Lyriker, 4. 1. 1837 Barra de São João/Rio de Janeiro – 18. 10. 1860 Nova Friburgo. Vater Portugiese, Schulausbildung nur bis zum 13. Lebensjahr, kaufmänn. Lehre in Rio de Janeiro, 1853–57 entscheidende Reise nach Portugal, Verbindung zur zeitgenöss. portugies. Dichtung; bereits mit 17 Jahren neben u. a. Alexandre Herculano in der Redaktion der ›Illustração Luso-Brasileira‹ in Lissabon. – Lyriker und Dramatiker, e. der meistgelesenen u. -aufgelegten Autoren in Brasilien, schreibt sich ein in den Diskurs der Romantiker wie Gonçalves Dias, z. B. gleich in mehreren Versionen des Gedichts ›Canção do Exílio‹ (Lied aus dem Exil), das Brasilien als exot.-trop. Naturszenarium beschreibt und zur Bildung der Nation beiträgt. S. Verse finden v. a. wegen ihrer Musikalität Eingang in das nationale, kollektive Gedächtnis.

W: Camões e o Jau, Sz. 1856; As Primaveras, G. 1859; Obras (GW), ²1959; Poesia, 1961; Poesias completas, 1969; Os melhores Poemas, 1994.

L: N. Bruzzi, 1949; Magalhães Junior, ³1980.

Abu-Bakar, Ahmedxan (Achmedchan), dargin.-dagestan. Autor; 12. 12. 1931 Kubači – 1991 Maxačkala. Sohn eines Goldschmieds. Stud. Literaturinstitut in Moskau. – Beginnt mit Gedichten und Poemen; ab 1957 folgen Erzählungen, Novellen und Romane, in denen der Gegensatz zwischen überkommenen Sitten und modernen Errungenschaften grotesk mit z. T. komischen Situationen geschildert sowie das Verhältnis der Geschlechter in Dagestan in feiner Vereinigung von Lyrischem, Psychologischem und Realität thematisiert werden. Stücke, Kinderliteratur, Drehbücher. Schrieb in Darginisch und Russisch.

Übs.: Izbrannoe (russ., Ausw.), 1972; Das Geheimnis der Koranhandschrift, 1985; Schneemenschen, 1986.

L: S. Achmedov, 1975.

Abū Firās al-Hamdānî, arab. Dichter, 932 Mesopotamien – 968 Ḥimṣ. Vater aus Ḥamdānid. Fürstengeschlecht, Mutter freigelassene griech. Sklavin. Erziehung in Aleppo am Hofe s. für Kunst u. Wiss. aufgeschlossenen Vetters Saifaddaula, der auch Mutanabbîs Mäzen war und den er auf zahlr. Feldzügen gegen die Byzantiner begleitete. Fiel zweimal in byzantin. Gefangenschaft und wurde 962–966 in Konstantinopel festgehalten; von dort aus rührend-sehnsuchtsvolle Elegien an die Seinen. Beim Versuch, sich nach Saifaddaulas Tod der Stadt Ḥimṣ zu bemächtigen, getötet. – Dichter des Familien- und Selbstruhmes, bes. aber des arab. Ritterideals und der Freundschaft, oft mit starken persönl., von Herzen kommenden Tönen. Bemerkenswert e. schiit. Lobgedicht auf die Aliden und die Verwendung des Alba-(Tagelied-)Motivs in Liebesliedern.

W: Dīwān, Beirut 1944 (d. O. Rescher in: Beiträge zur arab. Poesie 6/3, 1959f.).

L: J. E. Montgomery, 1988.

Abū l-ʿAlāʾ al-Maʿarrī, Aḥmad ibn ʿAbdallāh, arab. Dichter, 973 Maʿarrat an-Nuʿmān (Syrien) – 1057 Maʿarrat an-Nuʿmān. Aus angesehener, angebl. südarab. Familie, mit 4 Jahren erblindet. Philolog. und poet. Ausbildung in syr. Städten; Lehrtätigkeit in s. Vaterstadt. Entscheidende geistige Anregungen bei e. Aufenthalt in Bagdad (1009/10) führen zu skept.-pessimist. Lebensanschauung, die bis zur Ablehnung aller relig. Offenbarung reicht, dafür aber e. rein menschl. Ethik einschließt; trotz asket. und einsiedler. Neigungen rege Gelehrtenkorrespondenz. – Vielseitiger, gelehrter Literat von ungewöhnl. Gedächtniskraft. Stark gekünstelte Jugendgedichte im herkömml. Stil (›Saqṭ az-zand‹, Die Funken des Feuerzeugs); im Mannesalter zahlr., gleichfalls sehr virtuose Gedichte von erstaunl. Originalität und Kühnheit der Gedanken (›Luzūm mā lā yalzam‹, Die Verbindlichkeit des Unverbindlichen, auch ›Luzūmīyāt‹). Parodie islam. Jenseitsvorstellungen in Reimprosa (›Risālat al-ġufrān‹, Sendschreiben der Vergebung). Erbaul. Paränetik in e. als Nachahmung des Korans verdächtigten Schrift.

W: Saqṭ az-zand, Luzūmīyat Risālat al-ġufrān usw., mehrfach gedruckt; Letters, hg. D. S. Margoliouth 1898 (m. engl. Übs.). – *Übs.:* A. Rihani 1920; R. Below 1920; A. Wormhoudt 1972; Abu 'l-ʿAla' al-Maʿarri, Die Notwendigkeit des Unnützen: Gedichte, 1993.

L: A. v. Kremer, 1875–77, 1884; R. A. Nicholson, 1921; A. Fischer, 1942; P. Smoor, 1988; S. Pinckney Stetkevych, 1997.

Abū l-ʿAtāhiya, Ismāʿīl ibn al-Qāsim, arab. Dichter, 748 Kūfa (?) – 825 (?) Bagdad. Aus einstmals beduin. Familie; gehörte mit s. Rivalen u. Antipoden Abū Nuwās, dem Musiker Ibrāhīm al-Mausilī u. a. zum Hofkreis der Kalifen al-Mahdī u. Hārūn ar-Rashīd. Entwickelte nach leichtlebig-frivolen Anfängen e. auffallend asket.-pessimist. Lebensanschauung, die christl. Predigtgedanken nahesteht u. den Verdacht islam. Ketzerrichter erregte. E. Einladung des byzantin. Kaisers soll er ausgeschlagen haben. – S. von relig. Grundstimmung getragenen, schwermütig-beschaul. Gedichte, oft nur lose aneinandergereihte Sinnsprüche u. Ermahnungen, behandeln in betont ungekünstelter, allg. verständl. Sprache die Hinfälligkeit alles Irdischen, gottergebene Genügsamkeit und das ›Sein zum Tode‹. S. Beispiel fand jedoch kaum Nachfolger.

W: Dīwān, Beirut 1886. – *Übs.:* O. Rescher, 1928.

L: T. Theophanov, 1998.

Abū l-Farağ al-Iṣfahānī, arab. Literarhistoriker und Geschichtsschreiber, 897 Iṣbahān – 20. 11. 967 (?) Bagdad. Omaiyadischer Herkunft. Stud. in Bagdad; weilte als wandernder Literat bei den būyid. Wesiren und am Hof des Hamdāniden Saifaddaula in Aleppo. – Hauptwerk ist das für Saifaddaula verfaßte ›Kitāb al-Aġānī‹ (Buch der Lieder), in dem die seinerzeit umlaufenden Gesänge gesammelt und mit Nachrichten über die Dichter und das kulturelle Leben von der Heidenzeit an ergänzt sind. Das Werk, in dem Quellen und Gewährsmänner getreu angegeben sind, bildet e. der Hauptgrundlagen für die Kenntnis der älteren arab.-islam. Lit.- und Kulturgeschichte.

A: Kitāb al-Aghānī, XX Būlāq 1868, XXI hg. R. Brünnow 1888 (dazu I. Guidi 1900) u. ö. (dt. Ausw. G. Rotter, 1977).

L: H. Kilpatrick, 1997.

Abū Māḍī, Ilyā, libanes. Exildichter in den USA, 15. 5. 1889 al-Muhedita/Libanon – 23. 11. 1957 Brooklyn/USA. Autodidakt, zieht mit s. Onkel nach Ägypten, 1911 nach Cincinnati/USA, 1916 nach New York. Hrsg. von Zsn., ab 1929 eigene Kulturzs. ›al-Samīr‹. Kontakt zu den übrigen libanes. Exilpoeten in den USA, gilt als der begabteste und kreativste Dichter unter ihnen. – Erste Gedichte in traditioneller Form, über polit.-gesellschaftl. Themen, philos.-eth. Reflexionen. Später romant. Naturdichtung, metaphys. Zweifel, ohne die Verbindung zur Realität zu verlieren.

W: Tidkār al-māḍī, 1911; Dīwān Ilyā Abū Māḍī, 1919; Al-Ğadāwil, 1927; Al-Ḥamā'il, 1961; Dīwān, 1974.

L: S. K. Al-Jayyusi, 1977.

Abū Miḥğan, 'Abdallāh (?) ibn Ḥabîb, arab. Dichter, † nach 637 Massaua/Abessinien. Nahm 629, noch als Heide, an der Verteidigung der Stadt Ṭā'if gegen Muḥammad teil, bald danach zum Islam bekehrt; Teilnehmer am Eroberungskrieg gegen die Perser, vom Kalifen 'Omar wegen ständiger Verstöße gegen das koran. Weinverbot an die abessin. Küste verbannt. – Besingt in meist konventioneller Weise Stammesruhm u. Kriegstaten; berühmt als trotziger Weindichter.

W: Dīwān, hg. Cte. de Landberg, Primeurs arabes 1, Leiden 1886, hg. L. Abel, Leiden 1887 (m. lat. Übs.).

Abū Nuwās, Ḥasan ibn Hāni', arab. Dichter, um 747 (762) al-Ahwāz – um 813 Bagdad. Sohn e. Soldaten und e. Perserin. Poet. und philolog. Ausbildung in Baṣra und Kūfa; soll e. Jahr zu Sprachstudien in der Wüste geweilt haben. Günstling der Barmakiden und versch. Kalifen in Bagdad. Wegen Weingenusses und Blasphemie vorübergehend eingekerkert. – Besingt in humorist.-iron., freimütigen Gedichten bes. Wein- und Knaben-

liebe und schreckt auch vor der Kritik an gewissen Institutionen des Islam nicht zurück. Daneben aus Stimmungsumschlägen heraus asket. und eleg. Gedichte mit Hoffnung auf göttl. Vergebung. Ferner Lobgedichte und selbständige Jagdgedichte, die an Raǧazdichter anknüpfen. Entsprechend dem allg. Zug der Zeit Aufnahme von iran. Einflüssen in Wort und Gedankengut. Großer Sprachkünstler mit echt lyr. Fähigkeiten, in denen sich Frivolität und Zartheit verbinden. In der Form zumeist Anlehnung an ältere Traditionen.

W: Dīwān, 1958ff., 1981 (d. A. v. Kremer 1855).

L: E. Wagner, 1965; V. Monteil, Paris 1979.

Abū Šabaka, Ilyās, libanes. Dichter, 1903 – 1947. Geboren in den USA, s. Familie kehrte in den Libanon zurück. Lehrer, Autor, Journalist und Übs. – S. Werk war epochemachend für die romant. Strömung der mod. arab. Poesie. A. Š.s Dichtung steht unter dem Primat der Inspiration und ist von melanchol. Grundstimmung beherrscht. Das spätere Werk steht im Zeichen sexueller Leidenschaft, im Gegensatz zur übl. idealist. Verklärung der Liebe in der romant. arab. Dichtung.

W: al-Qītāra, 1926; Afā'ī al-firdaus, 1938; Al-Alḥān, 1941; Ilā 'l-abad, 1944; Ghalwā', 1945; Min ṣa'īd al-ālihah, 1959.

L: R. C. Ostle, in: The Cambridge History of Modern Arabic literature, 1992.

Abū Tammām, Ḥabīb ibn Aus, arab. Dichter u. Gedichtsammler, um 805 Ğāsim b. Damaskus – um 845 Mosul. Vater christl. Syrer; gewann nach Wanderleben in Syrien, Ägypten u. Mesopotamien die Gunst des abbasid. Kalifen al-Mu'taṣim in Bagdad; besang dessen Lob u. das anderer Würdenträger; während e. Besuchsreise zu pers. Provinzgouverneuren durch Schneesturm in Hamadān festgehalten, wo er s. berühmteste Anthologie aus älteren Dichtern, die ›Ḥamāsa‹, kompilierte. – Angesehenster Panegyriker s. Zeit; s. eigener Dīwān enthält neben mancherlei glänzend formulierten Gedichten viel Rhetorik, gesuchte Wortspiele u. weit hergeholte Metaphern, ist aber wegen s. Anspielungen auf zeitgenöss. Ereignisse (bes. die Zerstörung von Amorium 838) hist. wertvoll. S. eigentl. Ruhm begründete s. themat. geordnete Sammlung von Glanzstellen aus arab. Dichtern vor der heidn. bis zur abbasid. Zeit, die nach ihrem ersten Kapitel ›Ḥamāsa‹ (Tapferkeit) heißt; diese stellt e. erstrangige Quelle für unsere Kenntnis der arab. Poesie dar u. ist durch Rückerts virtuos gelungene Übs. auch in Europa sehr bekannt geworden. Daneben weitere Gedichtsammlungen.

W: Dīwān, Kairo 1951ff.; Ḥamāsa, hg. G. W. Freytag 1828–47 (d. F. Rückert 1846, lat. 1847).

L: S. Pinckney Stetkevych, 1991.

Accius, Lucius, röm. Tragiker, um 170 v. Chr. Pisaurum (?) – um 85 v. Chr. Freigelassenensohn. Genaue biograph. Daten nicht bekannt. Stand mit Lucilius auf gespanntem Fuß. – Erhalten sind von ihm 45 Tragödientitel und rd. 740 Verse, außerdem Fragmente lehrhafter Dichtungen: ›Didascalica‹, e. Art Geschichte der griech. u. röm. Poesie, ›Pragmatica‹ mit lit.theoret. Inhalt, ›Praxidicus‹, wohl e. astrolog. Traktat (Zuschreibung umstritten), ›Parerga‹, wahrscheinl. vermischten Inhalts. ›Annales‹ scheint e. Darstellung der Jahresfeste gewesen zu sein. Gegenüber s. Vorgänger Pacuvius wird an s. Stil bes. das Pathos gerühmt. Die Stoffe s. Stücke sind allen großen Sagenkreisen entnommen. Daneben Vorliebe für wenig abgegriffene Stoffe. In den Praetexten, Schauspielen mit röm.-hist. Inhalt, schildert er in den ›Aeneadae aut Decius‹ den Opfertod des P. Decius Mus bei Sentinum 295 v. Chr., im ›Brutus‹ die Einsetzung der ersten Konsuln. S. Tragödien wurden noch zu Ciceros Zeit aufgeführt.

A: Atreus, Tr.; Medea, Tr.; Philcoteta, Tr.; Tereus, Tr.- Fragm. hg. J. Dangel 1995 (m. franz. Übs.); Fragme. der Trn. bei O. Ribbeck, Trag. Rom. fragm., ³1897 (n. 1962); Q. Franchella, 1968 (m. ital. Übs.); V. D'Antò, 1980. Übrige Fragme.: Lucilius, hg. L. Müller 1872. – *Übs.:* Remains of Old Latin II, E. H. Warmington, engl. 1936.

L: B. Bilinski, A. ed i Gracchi, 1958; R. Degl'Innocenti Pierini, Studi su A., 1980; A. Pociña, El tragediografo latino L. A., 1984.

Accolti, Bernardo, ital. Hofdichter, 11. 9. 1458 Arezzo – 1. 3. 1535 Rom. Bekannt auch unter dem Namen Unico Aretino; Sohn des Juristen u. Historikers Benedetto A.; Jugend in Florenz, 1480 nach Rom, unstetes Leben, Umherziehen an den Höfen von Urbino, Mantua u. Neapel; überall sehr erfolgr., v. a. bei Leo X. in Rom. – Um die Wende vom 15. zum 16. Jh. als Stegreifdichter sehr geschätzt, dichtete im glatten Stil der höf. Lyrik; begann als Petrarkist, später schon fast barokke, preziöse Anklänge in s. Gedichten. Origineller in s. Komödie ›Virginia‹ (Stoff aus Boccaccio, ›Decamerone‹ III, 9), in der er antik-heidn. mit Elementen der christl. Mysterienspiele verbindet.

W: Opera nova del preclarissimo messer Benaretino (GW), 1513.

L: E. Guarnera, 1901; F. Gavagni, L'Unico Aretino e la corte dei duchi d'Urbino, 1906; R. Black, B. A. and the Florentine Renaissance, Cambr. 1985.

Accoramboni, Vittoria, Herzogin von Bracciano (Ps. Virginia), ital. Dichterin, 15. 2. 1557 Gubbio – 13. 11. 1585 Padua. Berühmter durch ihr bewegtes Leben als durch die ihr zugeschriebenen Dichtungen. Kindheit in Rom, mit 16 Jahren ∞ F. Peretti, später Liebesbeziehung zu P. Orsini, Herzog von Bracciano, der 1581 Peretti ermorden ließ. Nach Überwindung des Widerstandes Papst Gregors XII. 1583 ∞ P. Orsini, nach dessen Tod 1585 nach Padua, dort wahrscheinl. auf Veranlassung von Orsinis Vetter Ludovico ermordet. – Die ihr zugeschriebenen Gedichte, u. a. ein ›Lamento‹, zeugen von nur geringer dichter. Begabung. Ihr Schicksal inspirierte u. a. J. Websters Drama ›The white Devil‹ und L. Tieck zu s. Roman ›V. A.‹.

L: Adry, Histoire de la vie et de la mort de V. A., 1807; D. Gnoli, Vita di V. A., 1890.

Acevedo Díaz, Eduardo, uruguay. Schriftsteller, 20. 4. 1851 La Unión – 18. 6. 1921 Buenos Aires. Entstammte e. Patrizierfamilie, Journalist, nahm an Revolutionen teil u. wurde später Politiker u. Diplomat. – Schöpfer der Lit. Uruguays mit s. Romanen über die Unabhängigkeits- u. Bürgerkriege. Schildert mit großem Realismus den Nationalhelden Gaucho inmitten der unbezwingbaren Natur.

W: Brenda, 1886; Ismael, 1888; Nativa, 1890; Grito de gloria, 1893; Soledad, 1894; Minés, 1907; Lanza y sable, 1914; Soledad y El combate de la tapera, 1931; Obras completas, III 1954–57; El combate de la tapera y otros cuentos, 1965; Correspondencia familiar e íntima (1880–1898), Br. 1979.

L: A. Lasplaces, 1931; E. Acevedo Díaz (hijo), 1941; E. Rodríguez Monegal, 1968; S. Deus, 1978; Exposición Bibliográfica y Documental, 1981.

Achàd Ha'am (hebr. ›einer aus dem Volke‹, eig. Ascher Ginzberg), hebr. Schriftsteller, 5. 8. 1856 Skvira/Ukraine – 2. 1. 1927 Tel Aviv. Erhielt e. streng relig. Erziehung und war bereits mit 17 Jahren ein hervorragender Talmudkenner. Nahm mit 22 Jahren das Stud. der Philos. an den Univ. Odessa, Berlin, Wien und Brüssel auf und beteiligte sich ab 1885 an der jüd.-nationalen Bewegung ›Chowewej Zion‹, für die er publizistisch zu wirken begann. Verschiedene Reisen nach Palästina, 1891, 1893, 1900, überzeugten ihn, daß Palästina als Kolonisationsland die Judenfrage, die für ihn e. Frage der jüd. Kultur war, nicht zu lösen vermochte, was ihn in einen Gegensatz zu Herzls pol. Zionismus brachte. 1908–22 lebte er in London, wo er neben s. kaufmänn. Berufstätigkeit in gehaltvollen Essays zur geistigen u. lit. Entwicklung des Zionismus Stellung nahm, den er als e. überstaatl. jüd. Idee ansah. Seine letzten Lebensjahre verbrachte er in Tel Aviv. – A. gilt als der Schöpfer des neuhebr. Essays und erstrangiger Stilist.

W: Al paraschàt derachìm, Ess., IV Odessa 1895 (Am Scheidewege, d. II 1923); Iggeròth, Br. IV 1923–25, VI 1956–60. – Kol Kitwej (GW), hg. L. Roth 1956. – *Hg.:* Haschiloach, Zs. 1897 ff.

L: M. Acher, 1903; M. Glicksòn, 1927; G. E. Calabresi, Idee generali e valori attuali nel pensiero di A. H.,

1956; L. Simon, Lond. 1961; E. Trevisan-Semi, La verità da Eres Yisrael, 1977.

Achard, Marcel (eig. Marcel Augustin Ferréol), franz. Dramatiker, * 5. 7. 1899 Sainte-Foy-lès-Lyon/Rhône – 4. 9. 1974 Paris. Schrieb 10jährig e. Puppenspiel, begann schon früh als Journalist und erzielte seinen 1. Theatererfolg 1923. Seit 1960 Mitgl. der Académie Française. – Verf. geistreicher, optimist., verspielter Lustspiele voller Anmut, Zauber, Fröhlichkeit, Charme und Witz. Freies Spiel der Phantasie und reale Elemente in den meisten Stücken miteinander im Gleichgewicht. Erster Erfolg mit pathet.-lyr., in Zirkusmilieu spielendem Stück (›Voulez-vous jouer avec moâ?‹). Personen, die einfache, ursprüngl. Lebensfreude verkörpern, in vielen Stücken. Am gelungensten der Held von ›Jean de la lune‹, ein idealist. Träumer und feiner Psychologe, der, ihrer tatsächl. Treulosigkeit zum Trotz, fest an die Treue der geliebten Frau glaubt und am Schluß triumphiert. In ›Domino‹ ist der iron. Ton verstärkt. ›Pétrus‹ spielt in reiner Phantasiewelt. Psycholog. Vertiefung und ein Bemühen um ein dramat. Klima weist ›Mademoiselle de Panama‹, halb Tragödie, halb Komödie e. Mondänen, aus. Die letzten Stücke knüpfen wieder an die leichte Muse der ersten Periode an, nehmen z. T. bereits behandelte Themen wieder auf. ›Rieurs avec eux‹ faßt Porträts berühmter Theaterschriftsteller zusammen. A. verfilmte e. Reihe s. Lustspiele selbst, schrieb für zahlr. Filme das Drehbuch.

W: La messe est dite, 1922; Celui qui vivait sa mort, 1923; Voulez-vous jouer avec moâ?, 1924 (d. 1925); Marlborough s'en va-t-en guerre, 1924; La muse pérégrine, G. 1924; La femme silencieuse, 1926; Je ne vous aime pas, 1926; Dzim là là, 1926; Le joueur d'échecs, 1927; La cendre empourprée, G. 1927; Jean de la lune, 1929; La vie est belle, 1930; La belle Marinière, 1930; Le rendez-vous, 1930; Domino, 1931; Mistigri, 1931; La femme en blanc, 1933; Pétrus, 1934; Noix de coco, 1936; Gribouille, 1937; Le corsaire, 1938; L'alibi, 1938; Adam, 1939; Mlle de Panama, 1942; Auprès de ma blonde, 1946; Les sourires inutiles, 1947; Nous irons à Valparaiso, 1949; La demoiselle de petite vertu, 1950; La P'tite Lili, 1951; Savez-vous planter les choux?, 1951; Le moulin de la Galette, 1952; Les compagnons de la Marjolaine, 1953; Le mal d'amour, 1955; Patate, 1957; Rions avec eux, Ess. 1957; Histoires d'amours, Drn. II 1959f.; L'idiote, 1960; L'amour est difficile, Drn. 1960; L'amour ne pait pas, Drn. 1962; Turlututu, 1962; Machin-Chouette, 1964; Gugusse, K. 1968 (d. 1969); Colinette, 1971. – Théâtre, II 1942f.

L: J. Lorcey, 1977.

Achdiat Karta Mihardja, indones. Schriftsteller, * 6. 3. 1911 Cibatu/West-Java. Stud. Philos. u. Lit.-Wiss.; Lehrer, Journalist; Mitarbeit an versch. lit. Zeitschriften; Mitglied im indones. PEN-Club und versch. Schriftstellervereinigungen; Lehrtätigkeit an in- und ausländischen Univ. – Als Hauptwerk gilt sein Roman ›Atheis‹, der aus mehreren Erzählperspektiven das Zerbrechen eines jungen Mannes aus traditionellem islamischen Milieu an der Konfrontation mit atheist.-marxist. und anarchist. Ideologien schildert. Vertritt hier wie in Kurzgeschichten, Dramen und Essays einen aufgeklärten Humanismus.

W: Polemik Kebudayaan, Ess. 1948; Atheis, R. 1949 (zahlreiche Neuaufl., Übs. ins Engl. 1972); Debu Cinta Bertebaran, R. 1973, Bentrokan dalam Asrama, Dr. 1952; Keretakan dan Ketegangan, Kgn. 1956; Pak Dulah in Extremis, Dr. 1959; Keluarga R. Sastro, Dr. 1959; Kesan dan Kenangan, Reiseb. 1960; Belitan Nasib, Kgn. 1975, Pembunuh dan Anjing Hitam, Kgn. 1975; Ada Sifat Tuhan dalam Diri Kita, Ess. 1991; Si Kabayan Manusia Lucu, Kgn. 1997.

L: Boen S. Oemarjati, 1962; Puji Santosa in: Horison 10, 2000.

Achebe, Chinua, nigerian. Erzähler in engl. Sprache, * 15. 11. 1930 Ogidi/Ost-Nigeria. Sohn e. eingeborenen Lehrers an e. christl. Missionsschule ebda., Stud. Anglistik, Gesch. und Theol. Univ. Ibadan; Reisen in Afrika und Amerika, 1956 Tätigkeit bei der BBC, dann am Nigerian. Rundfunk, 1961–70 Direktor des External Broadcasting; diplomat. Missionen für Biafra, Verlagsdirektor. – Schildert objektiv und ohne Werturteil aus eigener Erfahrung die Probleme aus dem Zusammenstoß europ. und afrikan. Kultur sowie Leben und Untergang afrikan. Stämme im Zerfall der Traditionen. Auch polit. Satire über Korruption und Parteipolitik. ›Anthills of the Savannah‹ gestaltet A.s Ideen zur Rolle der Intellektuellen bei der Schaffung e. Zivilgesellschaft.

W: Things Fall Apart, R. 1958 (Okonkwo oder Das Alte stürzt, d. 1959); No Longer at Ease, R. 1960 (Obi, d. 1963); Arrow of God, R. 1964 (d. 1965); A Man of the People, R. 1966 (d. 1990); Girls at War, Kgn. 1972; Beware, Soul Brother, G. 1973; Morning Yet on Creation Day, Ess. 1975; Literature and Society, St. 1980; The Trouble with Nigeria, St. 1983; Anthills of the Savannah, R. 1988 (d. 1991); Hopes and Impediments, Ess. 1988; African Short Stories, 1991.

L: A. Ravenscroft, 1969; G. D. Killam, 1969; K.-H. Böttcher, Tradition u. Modernität bei Amos Tutuola u. C. A., 1974; Critical Perspectives, hg. C. L. Innes, B. Lintfors, 1979; D. Carroll, 1980; R. M. Wren, 1980; B. C. Njoku, 1984; E. M. Okoye, 1987; C. L. Innes, K. H. Petersen, A. Rutherford, hg. 1991; S. Gikandi, 1991; U. Ojinmah, 1991; P. Umelo, 1991; B. Lindfors, B. Kothandaraman, 1993; Ezenwa-Ohaeto, 1998; C. Okechukwu, 2001; K.-H. Stoll, 2003.

Acheng (eig. Zhong Acheng), chines. Schriftsteller, * 5. 4. 1949 Peking. Aus Schriftstellerfamilie stammend, daher umfangreiche Lektüre chines. und ausländ. Lit. Formale Ausbildung durch ›Kulturrev.‹ und Landverschickung 1969–

79 unterbrochen. Nach Rückkehr nach Peking Versuche als Maler und Schriftsteller. Sensationeller Erfolg mit der Erzählung ›Qiwang‹. Lebt seit 1986 vorwiegend in Hongkong u. im Ausland. – A.s Werke sind von der Freude am Erzählen gekennzeichnet. Ohne Rücksicht auf die offizelle Lit.doktrin und ohne moralisierende Tendenzen beschreiben sie liebevoll, manchmal iron.-distanziert, merkwürdige Schicksale und Ereignisse v. a. aus der Zeit der ›Kulturrevolution‹. A. ist auch als Essayist bemerkenswert und populär.

W: Qiwang, E. 1984; Shuwang, E. 1985; Haiziwang, E. 1985 (Baumkönig, Kinderkönig, Schachkönig, d. 1996); Xianhua xianshuo, Ess. 1994; Piandi fengliu, Kgn. 1998.

Achilleus Tatios, altgriech. Schriftsteller aus Alexandria (?), 2. Jh. n. Chr.(?) Kaum Nachrichten über s. Leben. – Von s. Werken ist nur der Roman ›Leukippe und Kleitophon‹ (8 Bücher) vollständig erhalten (um bzw. nach 150 n. Chr.?). Die Handlung folgt dem Schema des idealisierenden Liebesromans (→ Chariton); A. benutzt die Gattungskonventionen eher frei und nähert sich, v. a. durch die Perspektive der Ich-Erzählung, s. psycholog. Interesse, realist. Personenzeichnung und Freude am melodramat. Effekt (z. B. Scheintode) teilweise dem kom.-realist. Roman an; eingefügt sind Bildbeschreibungen (›ekphraseis‹), Deklamationen, Briefe, Fabeln und enzyklopäd. Exkurse. A.' Stil verbindet gemäßigten Attizismus mit gorgian. Figuren bzw. asian. Elementen. Rezeption bes. reich (z. B. W. Shakespeare ›Cymbeline‹).

A: E. Vilborg 1955–62; Y. Yatromanolakis 1990; J.-Ph. Garnaud 1991 (m. franz. Übs.). – *Übs.:* K. Plepelits 1980; F. Ast, in: Im Reiche des Eros, hg. B. Kytzler 1983, Bd. 2, 174ff.

L: S. Bartsch, 1989; J. P. Garnaud, hg. 1991; B. P. Reardon, in: Oxford Readings, hg. S. Swain Oxford 1999; N. Holzberg, [2]2001 (m. Bibl.).

Achiqar (Aḥīqār), Das in aramäischen Elephantine-Papyri (5. Jh. v. Chr.) erstbezeugte Weisheitsbuch (assyr. Vorlage?) überliefert Sprüche des vom undankbaren Neffen und Adoptivsohn verleumdeten, wunderbar erretteten Kanzlers A. der Assyrerkönige Sanherib und Asarhaddon. Im bibl. Buch Tobit benutzt, floß es christl.-syr. bearbeitet in oriental., griech. und slav. Übsn. ein.

A: Dt. H. Gressmann, AOTAT, [2]1926; engl. J. R. Harris u. a., [2]1913; ANET [3]1969.

L: Th. Nöldeke, Unterss. z. A.-Roman, 1913; B. Meißner, D. Märchen v. weisen A., 1917.

Achmadulina, Bella (eig. Izabella) Achatovna, russ. Lyrikerin, * 10. 4. 1937 Moskau. Stud. Lit. - Inst. Moskau. ∞ Evtušenko, später Nagibin. Lebt in Moskau. – Von ersten Gedichten an viel beachtet. Bildreiche Dichtung als Auseinandersetzung mit der mod. Welt, Beseelung der Natur, dynam. Aufhebung der Zeit, Experiment u. Provokation in der Form.

W: Struna, G. 1962; Oznob, G. 1968; Uroki muzyki, G. 1969 (Musikstunden, d. 1974); Stichi, G. 1975; Sveča, G. 1977; Sny o Gruzii, G. u. Ess. 1979; Tajna, G. 1983; Sad, G. 1987; Larec i ključ, G. 1994. – Sočinenija (W), III 1997.

L: S. Ketchian, The Poetic Craft of B. A., University Park/PA 1993.

Achmatova, Anna (eig. Anna Andreevna Gorenko), russ. Lyrikerin, 23. 6. 1889 Bol'šoj Fontan b. Odessa – 5. 3. 1966 Domodedovo b. Moskau. Vater Offizier der Handelsmarine; Schule in Petersburg und Kiev, ∞ 1910 N. Gumilëv, 1918 geschieden, lebte in Leningrad; schloß sich den Akmeisten an; erwarb sich schon mit den zwei ersten Gedichtbänden große Beliebtheit; veröffentlichte keine Gedichte nach ›Anno Domini‹ 1922–40, Puškinstudien 1933 und 1936, Schreibverbot 1946–50; kühle Aufnahme bei der sowjet. Kritik. 1965 Ehrendoktor der Univ. Oxford. – Bedeutendste in der kleinen Schar der russ. Dichterinnen; nähert sich in der Deutlichkeit der Diktion, der Klarheit und Unmittelbarkeit mehr als alle russ. Dichter der neuesten Epoche Puškin, der ihr von Anfang an Vorbild war; Verse von edlem Wohllaut, reich an Bildern, oft in dialog. Form gehalten, kleine dramat. Szenen; flüchtige, doch sehr bedachte Zeichnung der äußeren Details; ihre Dichtung hat persönl. autobiograph. Charakter; das Frühwerk zumeist Liebeslyrik, worin mehr die Klage über die Bitterkeit der Liebe ertönt; später Vertiefung des gedankl. Gehalts, neue Motive: Liebe zur Muse, der Spenderin der Inspiration, Prophetenamt des Dichters, Stimme des Gewissens; e. herbe, ja trag. Note, verbunden mit relig. und prophet. Gedanken kommt in ihre Lyrik unter dem Eindruck von Krieg und Revolution; inhaltsschwer die Gedichte zum Kriegsbeginn 1914 (in ›Belaja staja‹) mit dem Motiv des schicksalhaften Verhängnisses; in ›Alles ist geplündert, verraten und verkauft‹ (in ›Anno Domini‹), eingegeben von den Ereignissen nach Kriegsende, e. Vision der Zukunft Rußlands.

W: Večer, G. 1912; Četki, G. 1914; Belaja staja, G. 1917; Podorožnik, G. 1921; Anno Domini MCMXXI, G. 1922; Iz šesti knig, G. 1940; Rekviem, Verserz. 1963 (d. 1964); Beg vremeni. Stichotvorenija 1909–65, G. 1965; Sočinenija (W), III N. Y. 1967–82; Sobranie sočinenij (GW), VI 1998–99. – *Übs.:* Das Echo tönt, 1964; Gedichte, 1967; Ein nie dagewesener Herbst, 1967; Im Spiegelland, 1982; Poem ohne Held, [6]1993; Vor dem Fenster Frost, G. 1988; Ich lebe aus dem Mund, du aus der Sonne, G. 2000.

L: B. M. Ėjchenbaum, 1923; V. V. Vinogradov, 1925; J. Rude, Paris 1968; K. Verheul, 1971; A. Haight, Lond. 1976; S. Ketchian, 1986; L. Tschukowskaja, Aufzeichnungen über A., 1987; Je. Kusmina, 1993; D. Wells, Oxford 1996; W. Hässner, 1998.

Achmatowa, Raisa → Axmatova, Raisa

Achterberg, Gerrit, niederländ. Lyriker, 20. 5. 1905 Langbroek – 17. 1. 1962 Oud-Leusden. Aus Bauerngeschlecht, höhere Schule, ohne bürgerl. Beruf, Wohnorte Langbroek, Neede, Den Haag, Leusden. Reisen in Frankreich, Schweiz, Italien u. Dtl. – E. der bedeutsamsten modernen niederländ. Lyriker unter Einfluß des Expressionismus und Surrealismus. Ging hervor aus der protestant. Dichtergruppe der Zs. ›Opwaartsche wegen‹, gehörte später zur ›Criterium‹-Gruppe. Hauptmotiv s. Lyrik ist das Streben, die verstorbene Geliebte in vielerlei Abwandlung zu vergegenwärtigen. Merkwürdige Metaphern aus der techn.-wiss. Welt.

W: Afvaart, G. 1931; Osmose, G. 1941; Radar, G. 1946; En Jezus schreef in 't zand, G. 1947; Cryptogamen, G. IV 1946–61; Hoonte, G. 1949; Ballade van de gasfitter, G. 1953; Autodroom, G. 1954; Voorbij de laatste stad, G. 1955; Spel van de wilde jacht, G. 1957; Vergeetboek, G. 1961; Verzamelde gedichten, G. 1963, erw. Ausg. 1984. – Gedichten, hkA IV 2000.

L: B. Aafjes, 1943; F. Sierksma u. a., 1948; M. van Loggem, 1950; R. P. Meijer, 1958; B. Bakker u. a., 1966; A. F. Ruitenberg-De Wit, Formule in de morgenstond, 1968; M. J. G. de Jong, Bewijzen uit het ongerijmde, 1971; ders., 1972; B. Bakker u. a., A. in kaart, 1971 (m. Bibl.); R. L. K. Fokkema, II 1973; A. F. Ruitenberg-De Wit, 1978; W. Hazeu, 1982; G. Otterloo, 1982; L. Jagenau, 1984; W. Hazeu, 1988, erw. ⁴2001; F. Stolk, Een kwestie van belichting, 1999; Achterbergkroniek, Zs. seit 1982.

Achundov, Fatali → Aḫundzāde, Mîrzā Feth-Alî

Acker, Kathy, amerik. Schriftstellerin, 18. 4. 1948 New York – 30. 11. 1997 Tijuana/Mexiko. Univ. San Diego u. New York; Arbeit als Sekretärin, Stripperin, Sex-Darstellerin; Prof. in San Francisco. – Anspielungsreiche, freizügige, iron.-pikar. u. postmod.-avantgardist. Romane; Vertreterin der ›punk literature‹, Skandalerfolge, bes. durch indizierten Roman ›Blood and Guts in High School‹.

W: The Childlike Life of the Black Tarantula, R. 1973 (u. Ps. Black Tarantula); I Dreamt I Was a Nymphomaniac: Imagining, R. 1974; Kathy Goes to Haiti, R. 1978; The Adult Life of Toulouse Lautrec, R. 1978; New York City in 1979, R. 1981; Great Expectations, R. 1982 (d. 1988); Hello, I'm Erica Jong, R. 1982; Blood and Guts in High School, R. 1984 (Harte Mädchen weinen nicht, d. 1985); My Death My Life by Pier Paolo Pasolini, R. 1984 (d. 1988); Don Quixote, R. 1986 (d. 1986); Empire of the Senseless, R. 1988 (d. 1989); Literal Madness, R.-Slg. 1988; In Memoriam to Identity, R. 1990; Hannibal Lecter, My Father, Slg. 1991; Portrait of an Eye, R.-Slg. 1992; My Mother: Demonology, R. 1993 (d. 1995); Pussy, King of the Pirates, R. 1996 (d. 1997); Bodies of Work, Ess. 1997; Eurydice in the Underworld, Kgn. 1997. – Essential A., hg. A. Scholder, D. Cooper 2002. – *Übs.:* Ultra light, hg. A. Carstens 1990.

L: M. Voller, 1997; N. Pitchford, 2002.

Ackermann, Louise Victorine, geb. Choquet, franz. Lyrikerin, 30. 11. 1813 Paris – 3. 8. 1890 Nizza. Erzogen im voltairian. Geist des Vaters, 1838 Stud. Philol. Berlin, dort 1843 ∞ elsäss. Theo- und Philologen Paul A. (Freund Proudhons). Nach dessen Tod 1846 zog sie sich aufs Land bei Nizza in die Einsamkeit zurück, ging 1874 nach Paris, sammelte dort e. Freundeskreis um sich. Mitarbeit an der ›Revue des deux mondes‹. – Ihre phantast. Erzählungen sind mittelmäßig, ohne Originalität; bekannt wurde sie durch philos. Gedichte, in denen sie gegen das beklagenswerte Schicksal des Menschen revoltiert und einen atheist., pessimist. Stoizismus vertritt. Die Gedichte, in klass. Formstrenge, sind wertvoll durch die Kraft ihrer bitteren, verzweifelten Beredsamkeit. Beeinflußt durch Lektüre von Pascal, Spinoza, Schopenhauer, Kant u. a., ihren anspruchsvollen Themen aber wegen nur oberflächl. philos. und theolog. Kenntnisse nicht gewachsen. In Pessimismus und Revoltehaltung geistige Verwandtschaft mit Vigny.

W: Contes, 1855; Contes et poésies, 1862; Premières poésies, 1862; Poésie Prométhée, 1866; Poésies philosophiques, 1871; Poésies, Premières poésies philosophiques, 1874; Le déluge, 1876; Pensées d'une solitaire, 1882 (m. Aut.); Ma vie, 1885; Œuvres, 1885.

L: Comte d'Haussonville, 1892; M. Citoleux, La poésie philos. au 19ᵉ s., Mme A., 1906; U. Scotti, Florenz 1910; C. Rosso, Illuminismo, felicità, dolore, 1969.

Ackroyd, Peter, engl. Romancier u. Biograph, * 5. 10. 1949 London. Stud. Cambridge u. Yale, Journalist für ›Spectator‹ u. ›Times‹. – In s. postmodernen Romanen laufen Geschichten (u. Geschichte) aus- und ineinander. London ist häufiger Spielort, e. zentrale Metapher und für A. als »lebendiges Wesen« eine eigenständige lit. Figur. Außerdem mehrfach prämierte, z. T. formal innovative Biographien (More, Blake, Dickens, Eliot und London).

W: The Great Fire of London, R. 1982; The Last Testament of Oscar Wilde, R. 1983 (d. 1999); T. S. Eliot, B. 1984 (d. 1988); Hawksmoor, R. 1985 (Der Fall des Baumeisters, d. 1990); Chatterton, R. 1987 (d. 1990); The Diversions of Purley, G. 1987; First Light, R. 1989 (Die Uhr in Gottes Händen, d. 1992); Dickens, B. 1990; English Music, R. 1992; The House of Doctor Dee, R. 1993 (d. 2002); Dan Leno and the Limehouse Golem, R. 1994 (d. 1998); The Trial of Elizabeth Cree, R. 1995; Blake, B. 1995 (d. 2001); Thomas More, B. 1998; London: The Biography, B. 2000 (d. 2002).

L: J. Gibson, J. Wolfreys, 2000.

Actius Sincerus → Sannazaro, Jacopo

Acuña, Hernando de, span. Dichter, 1518 Valladolid – um 1580 Granada. Militär. Laufbahn, kämpfte unter Karl V. in Piemont, Dtl. u. Afrika, Teilnahme an der Schlacht von St. Quentin; 1560 ∞ Doña Juana de Zúñiga; befreundet mit Garcilaso de la Vega. – Vf. von Sonetten, Eklogen, Madrigalen u. Kanzonen nach petrarkist. Manier unter Verwendung der von Boscán u. Garcilaso eingeführten ital. Metren; Einflüsse der griech.-lat. Klassiker, insbes. Ovid u. Vergil; Vorliebe für antike Themen und Gestalten; Übs. in Versen von Fragmenten des ›Orlando‹ von Boiardo u. des ›Chevalier délibéré‹ von Olivier de la Marche.

W: Varias poesías, G. 1591; Contienda de Ayax Telamonio y de Ulises sobre las armas de Aquiles, Dicht. 1591. – Varias poesías, hg. L. F. Díaz Larios 1982.

L: N. Alonso Cortés, 1913; G. Morelli, 1976; J. Romera Castillo, 1982.

Adam, Juliette (geb. Lambert), franz. Schriftstellerin, 4. 10. 1836 Verberie/Oise – 24. 8. 1936 Chagnolle/Südfrankreich. Gründet 1879 die Zs. ›Nouvelle Revue‹. – Schrieb unter dem Mädchennamen J. Lambert sozialkrit. Romane und Reiseerzählungen. Engagierte Republikanerin, empfing in ihrem Salon die Begründer der III. Republik, setzte sich gegen Bismarck für ein franz.-russ. Bündnis ein.

W: La chanson des nouveaux époux, G. 1882; Païenne, R. 1883; Le général Skobeleff, R. 1886; Jalousie de jeune fille, R. 1889; Mes souvenirs, 1904; La patrie portugaise, M. 1896; Chrétienne, 1913; Rome au jubilé, 1925. – Mémoires de Mme Adam, I 1895–1905, II 1907–10.

L: M. Cormier, 1934; A. Blanc-Péridié, 1936; B. Adde, 1988; M. Hogenhuis-Seliverstoff, 2002.

Adam, Paul (Ps. Plowert), franz. Schriftsteller, 7. 12. 1862 Paris – 1. 1. 1920 ebda. Aus nordfranz. Soldatenfamilie, schrieb zuerst unter Zolas Einfluß naturalist. Romane, wurde dann e. der frühesten Verfechter des Symbolismus (gründete mit J. Moréas und G. Kahn die avantgardist. Zs. ›Symboliste‹), engagierte sich 1889 als Journalist in der Politik, an der Seite von Barrès, als Boulangist, Anarchist und Sozialist, zog sich aber 1890, enttäuscht durch e. Wahlniederlage, ins lit. Leben zurück. – Erzähler, Dramatiker, Essayist, am bedeutendsten in der Epik. Überwand in von Ideen bestimmten und von Huysmans beeinflußten Kulturromanen (mehrfach Romanzyklen) den Naturalismus und vertrat polit., soz., moral. und utop. Ideen: Durchdrungen von latin. Nationalstolz, fordert er Aufgehen des Individuums in der Allgemeinheit, Dienst der Macht zugunsten des Fortschritts, verherrlicht koloniale Eroberungen. In dem Romanzyklus ›Le temps et la vie‹, seinem Hauptwerk, schildert er in lebensvollen Bildern anhand seiner Familiengeschichte die Geschichte des franz. Liberalismus in s. großen Epochen Konsulat, Restauration und Julimonarchie. Meisterhafte Darstellung von Volksmengen unter dem Einfluß von Ideen. Vorläufer von J. Romains' Unanimismus. Okkultist. Neigungen in ›Stanislaus di Guaita‹. Sein eigenartiger Stil bemüht sich um filmartig simultane Wiedergabe aller Details. Erreicht trotz Zügellosigkeit der überquellenden Phantasie, kompositor. Mängeln und z. T. überladenen Stil fast das Format Balzacs.

W: Chair molle, R. 1885; Le thé chez Miranda, Nn. 1886 (m. J. Moréas); Soi, R. 1886; Être, R. 1888; Le mystère des foules, R. II 1895; La bataille d'Uhde, R. 1897; Le temps et la vie, R.-Zykl. (La force, 1898, L'enfant d'Austerlitz, 1902, La ruse, 1903, Au soleil de Juillet, 1903); Le serpent noir, R. 1905; Irène et les eunuques, R. 1907; Le trust, R. 1910; La ville inconnue, R. 1911; Stéphanie, R. 1913; Le lion d'Arras, R. 1920; Le culte d'Icare, R. 1924.

L: M. Batilliat, 1903; P. Aimond, 1919; C. Mauclair, 1921; F. J. Desthieux, 1928; T. Fogelberg, 1939; J. A. Duncan, 1969.

Adama van Scheltema, Carel Steven, niederl. Schriftsteller, 26. 2. 1877 Amsterdam – 6. 5. 1924 Bergen (Nordholland). Stud. Medizin Amsterdam ohne Abschluß. Schauspieler, Angestellter in e. Kunsthandlung, dann freier Schriftsteller. – Lyriker und Kunstschriftsteller. Schloß sich dem Sozialismus an, wandte sich in ›De grondslagen ener nieuwe poëzie‹ gegen den Naturalismus. Erstrebte e. neue volkstüml. Kunst in einfacher Sprachform. Übs. von Goethes ›Faust‹ (1914).

W: Een weg van verzen, Son. 1900; Uit den dool, Son. 1901; Van zon en zomer, G. 1902; Zwerversverzen, G. 1904; Eenzame liedjes, G. 1906; De grondslagen eener nieuwe poëzie, Es. 1908; Uit stilte en strijd, G. 1909; Mei-droom, Dr. 1912; Italië, Reiseb. 1914; Zingende stemmen, G. 1916; Naakt model, Dr. 1917; De keerende kudde, G. 1920; De tors, G. 1924; Verzamelde gedichten, 1934.

L: H. Bolkestein u. a., 1929; F. Drost, 1952.

Adam de la Halle, altfranz. de le Hale (gen. ›Le Bossu d'Arras‹, ›Der Bucklige von Arras‹, ohne bucklig zu sein), altfranz. Dichter u. Komponist, um 1238 Arras – um 1288 Neapel. Sohn eines angesehenen Schöffen, Stud. Theol., sollte Priester werden, heiratete aber, studierte 1262 in Paris weiter, kehrte bald nach Arras zurück, mischte sich dort in Streitigkeiten ein, mußte sich deshalb 1269 nach Douai zurückziehen, folgte 1282 dem Grafen Robert II. von Artois nach Italien; dort im Dienste Karls von Anjou als Dichter und Musiker berühmt. – Letzter und begabtester Dichter unter den Bürgern von Arras im MA, schrieb anmutige Liebeslyrik (Rondos, Chansons, jeux partis, Motets), komponierte dazu Melodien, verfaßte e. Satire ›Congé‹ (1267?) auf die Bewohner von Arras. Ist bes. bedeutend als erster weltl. franz. Dramatiker, Komödiendichter, stellte in ›Le Jeu de la Feuillée‹, einem eigenwilligen Stück voller Possen, Grobheit, Charme, Bosheit und Phantasie, s. Abschied von Arras 1262 dar. Bekannte Bürger, e. Arzt, e. Mönch, A. und seine Frau treten auf. Krasse, wirklichkeitsnahe Lokalsatire steht neben märchenhaften Motiven, wie wundertätigen Feen, der Sippe des Hellequin. Das Stück ist Vorläufer der Sotties des 15. Jh. Das Singspiel ›Le Jeu de Robin et de Marion‹ ist e. dramatisierte Form der damals verbreiteten Pastourelle, e. anmutiges, reizendes Schäferspiel mit zahlr. Liedeinlagen, die erste kom. Oper. Das Epos ›Le Roi de Sezilie‹ zu Ehren Roberts II. von Sizilien blieb unvollendet. Man schreibt ihm ferner die Autorschaft von ›Le jeu du pèlerin‹ zu.

A: Dits d'Amours (hg. A. Jeanroy, in: Romania XXII 1893); Les Partures A. Les jeux partis (krit. Ausg. L. Nicod 1917); Le Jeu de la Feuillée, 1262 (hg. E. Langlois 1917, 1923, 1978; E. W. Langler 1967f.; neufranz. J. Rony 1969; Le Jeu de Robin et de Marion, nach 1283 (hg. E. Langlois 1924; m. Jeu du pèlerin, G. Cohen 1935; K. Varty, 1960); Chanson du roi de Sicile, Ep. nach 1285. – Œuvres Complètes, 1872 (hg. E. de Coussemaker, m. Melodien).
L: A. Rambeau, D. A. zugeschr. Drn., 1886; H. Guy, ²1923; G. Meyer, Lexique des œuvres d'A. de la H., 1940; N. R. Cartier, 1971; C. Mauron, Le jeu de la feuillée, 1973; ders., 1974; R. Barth-Wehzenalp, 1982; J. Maillard, 1982; J. Dufournet, 1983.

Adamic, Louis (eig. Alojzij A.), jugoslaw.-amerik. Schriftsteller, 23. 3. 1899 Blato/Slowenien – 4. 9. 1951 Riegelsville/NJ. 1913 nach Amerika, bei slowen. Zeitung in New York, Kriegsteilnahme. – S. halb-autobiograph. Schriften zeugen von bes. Bewußtsein der wirtschaftl. und soz. Aspekte der amerik. Zivilisation. Vorläufer des ›New Journalism‹.

W: Dynamite: The Story of Class Violence in America, St. 1931 (d. 1974); Laughing in the Jungle, Aut. 1932; The Native's Return, Aut. 1934; Grandsons, R. 1935; Cradle of Life, R. 1936; My America, 1928–38, Ber. 1938; Dinner at the White House, Ber. 1946.
L: H. A. Christian, hg. 1971; J. Stanonik, 1981.

Adamov, Arthur, franz. Dramatiker, russ.-armen. Herkunft, 23. 8. 1908 Kislovodsk/Kaukasus – 15. 3. 1970 Paris. Schon vor 1914 in Dtl., 1914–22 Schule in Genf, 1922–24 Schulbesuch in Mainz. 1924 Übersiedlung nach Paris; Anschluß an den Kreis der Surrealisten. – Einer der bedeutendsten Vertreter der dramat. Avantgarde. Beeinflußt von Artaud, Jarry und vom Aufführungsstil Pitoëvs, Kafka-Schüler. Verfaßte bittere pessimist. Stücke in bewußt alltägl. Sprache, szen. Parabeln, die Absurdität, Einsamkeit, Leere des menschl. Lebens symbolisieren. Das Hauptthema, die zwischenmenschl. Beziehungslosigkeit, wird in den Stücken nach 1956 auf die gesellschaftl.-hist. Ebene transponiert. Ort und Zeit sind in den Dramen ebenso unbestimmt gehalten wie die handelnden Personen, aufrecht gehende und sprechende gespensterhafte Schemen des Menschen. Übs. Kleist: ›Der zerbrochne Krug‹; Marlowe: ›Edward II‹; Büchner: ›Dantons Tod‹; Rilke: ›Stundenbuch‹. Bearbeitungen von Gogol', Čechov, Gor'kij, L. Tolstoj u. a.

W: L'aveu, R. 1946; La parodie, Dr. 1947; L'invasion, Dr. 1949 (d. 1952); La grande et la petite manœuvre, Dr. 1950; Tous contre tous, Dr. 1952; Le Rendez-vous, Dr. 1952 (d. 1958); Le professeur Taranne, Dr. 1953; Le sens de la marche, Dr. 1953; Le ping-pong, Dr. 1955; Les retrouvailles, Dr. 1955; Paolo Paoli, Dr. 1957 (d. 1959); Le printemps 71, Dr. 1959; Les âmes mortes, Dr. 1960 (nach N. Gogol'); Les balayeurs, Dr. 1963; Ici et maintenant, Es. 1963; La politique des restes, Dr. 1963; Saint-Europe, Dr. 1966; M. le Modéré, Dr. 1968; Off limits, Dr. 1969; Je … lis, En. 1969; Si l'été revenait, Dr. 1970. – Théâtre, IV 1953–68. – Übs.: Theaterstücke, 1959.
L: P. Mélèse, 1973; D. Bradby, 1975; M. E. Larson, 1977; G. Svatos, 1977; S. A. Chaline, Regard sur le théâtre d'A., 1982.

Adamovič, Georgij Viktorovič, russ. Lyriker und Kritiker, 19. 4. 1892 Moskau – 21. 2. 1972 Nizza. 1922 Emigration nach Paris. Haupt der sog. Pariser Schule der russ. Exilschriftsteller. – Lyriker mit melod., unpathet. Gedichten in den Nachfolge A. Bloks; ursprüngl. den Akmeisten um N. Gumilëv gehörend. In s. Essays bedeutender Interpret der russ. Lit. Einflußr., bisweilen polem. Kritiker.

W: Oblaka, G. 1916; Čistilišče, G. 1922; Na zapade, G. 1939; Russkie poėty, G. 1939; L'autre patrie, 1947; Odinočestvo i svoboda, Ess. 1955, 1996; Edinstvo, G. 1967; Kommentarii, Ess. 1967; Kritičeskaja proza, Ess. 1996. – Literaturnye besedy (W), II 1998.
L: R. Hagglund, A Vision of Unity, Ann Arbor 1985. – *Bibl.*: ders., Ann Arbor 1985.

Adams, Douglas (Noel), engl. Schriftsteller, 11. 3. 1952 Cambridge – 11. 5. 2001 Santa Barbara/CA. Nach Stud. in Cambridge Fernseh- u. Radioautor. – Veröffentlichte s. erfolgreiches BBC-Hörspiel ›The Hitchhiker's Guide to the Galaxy‹ 1979 als satir. Roman. A. schildert (wie auch in vier Forts.) Science-fiction-Welten voll bizarrer Absurditäten. Sein satir. Blick enthüllt hinter diesen fast immer die Logik des Alltäglich-Banalen (so ist der Sinn des Lebens 42), das z. T. kafkaeske Bedrohungspotential der Geschehnisse wird herausgestellt und zumeist versöhnl. aufgehoben. Weitere satir. Schriften im Bereich der Lexikographie und der Reiselit.; Projekte zu den Möglichkeiten der neuen Medien (Internetenzyklopädie: h2g2.com).

W: The Hitchhiker's Guide to the Galaxy, H. 1978, R. 1979 (Per Anhalter durch d. Galaxis, d. 1981), The Restaurant at the End of the Universe, R. 1980 (d.

1982), Life, the Universe and Everything, R. 1982 (d. 1983); So Long, and Thanks for all the Fish, R. 1984 (d. 1985); Mostly Harmless, R. 1992 (Einmal Rupert u. zurück, d. 1993).

Adams, Henry (Brooks), amerik. Historiker und Schriftsteller, 16. 2. 1838 Boston – 27. 3. 1918 Washington. Nachfahre der amerik. Präsidenten John Adams u. John Quincy Adams, Jurastud. Harvard, Europareise; im Bürgerkrieg Sekretär s. Vaters Ch. F. Adams, des amerik. Gesandten in London; unabhängiger polit. Beobachter in Washington; 1870–77 Prof. für Geschichte Harvard und Hrsg. der ›North American Review‹; ∞ Marian Hooper 1872, Erschütterung durch ihren Selbstmord 1885; Rückkehr ins polit. Leben Washingtons; Reisen in Asien u. der Südsee, 1895 Normandie, 1900 Paris, Weltausstellung. – Pessimist. Geschichtsphilos. im Gegensatz zur herrschenden Fortschrittsidee: Das der Physik entnommene Gesetz des Energieverfalls bewirkt die Auflösung des relig., geistig und polit. geschlossenen Kosmos des MA, verkörpert im Marienkult von Mont Saint-Michel und Chartres, und führt im frühen 20. Jh. zum Zerfallstadium der ›Multiplizität‹, symbolisiert im Dynamo und am eigenen Schicksal exemplar. und mit Ironie dargestellt in der bedeutenden Autobiographie. Außer hist. Werken u. Reiselit. zwei Romane aus der Gesellschaft von Washington und New York.

W: Democracy, R. 1880; Esther, R. 1884; History of the U.S.A. During the Administration of Thomas Jefferson and James Madison, IX 1889–91; Memoirs of Marau Taaroa, Reiseb. 1893; Mont Saint-Michel and Chartres, Schr. 1904; The Education of Henry Adams, Aut. 1907 (d. 1953); The Degradation of the Democratic Dogma, Schr. 1919. – Letters 1858–1918, hg. W. C. Ford II 1930–38; Letters, hg. J. C. Levenson VI 1982–88.

L: E. Samuels, III 1948–64; M. Lyon, 1970; E. N. Harbert, 1977; F. Bishop, 1979; R. P. Blackmur, 1980; W. Dusinberre, 1980; Critical Essays on H. A., hg. E. N. Harbert 1981; W. Wasserstrom, The Ironies of Progress, 1984; J. Jacobson, 1992; H. A. and His World, hg. D. R. Contosta 1993; B. Minninger, 1994; E. Chalfant, II 1994–2001; B. D. Simpson, 1996; J. P. Young, 2001. – Bibl.: E. N. Harbert, 1978.

Adams, Richard, engl. Fantasy-Schriftsteller, * 10. 5. 1920 Berkshire. – Die besondere Stärke von A. sind Tierfabeln (›Shardik‹ u. ›Plague Dogs‹); s. erfolgreichstes Werk, ›Watership Down‹, ist die Geschichte e. Gruppe von Kaninchen, die in e. bedrohten Umwelt e. neues Zuhause suchen. ›The Girl in a Swing‹ ist e. Liebesgeschichte über die Problematik menschl. Kommunikation.

W: Watership Down, R. 1972 (Unten am Fluß, d. 1975); The Tyger Voyage, R. 1972; Shardik, R. 1974 (d. 1977); Plague Dogs, R. 1977 (Die Hunde des schwarzen Todes, d. 1979); The Ship's Cat, R. 1977; Nature Day and Night, St. 1978 (d. 1979); The Iron Wolf, Kgn. 1980 (d. 1980); The Girl in a Swing, R. 1980 (d. 1981); Maia, R. 1984 (d. 1986); Traveller, R. 1988; The Day Gone By, Aut. 1990; Tales from Watership Down, E. 1996 (d. 1997); The Outlandish Knight, R. 1999.

Adam de Saint-Victor (gen. ›Le Breton‹), ma. liturg. Dichter u. Komponist breton. oder engl. Abkunft, um 1112 Bretagne – 18. 7. 1192 (?) Paris. Um 1130 Kanoniker der Abtei Saint-Victor, Paris. – Hervorragend und fruchtbar als Schöpfer rhythm., gereimter Sequenzen mit regelmäßiger Zäsur, in lat. Sprache. Autorschaft in vielen Fällen umstritten. Zu seinen bedeutendsten Sequenzen gehören ›Heri mundus exsultavit‹ (St. Stephanus) und ›Zyma vetus‹ (Ostern). Auch theolog. Prosaschriften.

A: Œuvres poétiques, hg. L. Gautier 1894; The Liturgical Poetry of A., hg. D. S. Wrangham, Lond. III 1881 (m. engl. Übs.); Mélanges de musicologie critique. Les proses d'A., hg. E. Misset, P. Aubry 1900; Sämtl. Sequenzen, hg. F. Wellner, lat.-dt. ^{2}1955.

Ādamsons, Ēriks, lett. Dichter, 22. 6. 1907 Riga – 28. 2. 1946 ebda. Sohn e. Buchhalters; 1915/16 Flüchtling; ab 1920 Gymn.; ab 1924 Jurastud. Riga, abgebr.; ab 1930 professioneller Schriftsteller; 1931 ∞ Mirdza Ķempe; Kriegszeit: Publikationsverbot, Tbc-Erkrankung. – Beobachter sonderbarer Erscheinungen, breites Motivmaterial; Gedichte wurzeln in der engl. Klassik; Übs. (Byron, Wilde).

W: Sudrabs uguni, G. 1932; Ģerboņi, G. 1937; Smalkās kaites, Nn. 1937; Mālu Ansis, K. (1938); Sapņu pīpe, G. 1951. – Raksti (W) II, 1960.

Adamsspiel, franz. Jeu d'Adam, ältestes in franz. (west-normann.) Sprache erhaltenes Drama (Bühnenanweisungen u. Chorpassagen lat.), Mitte 12. Jh., in 8silbigen Reimpaaren, behandelt das Thema menschl. Schuld u. Erlösung in 3 Teilen: Sündenfall, Brudermord Kains, Auftreten der Propheten; nach dem größten und dichte. wertvollsten 1. Teil benannt. Nicht wie e. liturg. Drama vor dem Altar, sondern nach ausführl. Bühnenanweisungen auf e. Gerüst vor der Kirche gespielt. Himmel (in Kirche), Paradies (auf erhöhtem, geschmücktem Ort), Limbus u. Hölle waren angedeutet. Gott, Dämonen u. Gestalten aus dem AT u. NT sowie die Heiden Nebukadnezar, Vergil u. Königin Sibylle traten auf. Die Verführung Evas durch die Schlange ist e. der besten Szenen in christl. Dramen. Reiche Vielfalt rhythm. Formen.

A: K. Grass, ^{3}1928; P. Aebischer, 1963; L. Sletsjøe, 1968; W. Noomen 1971. – Übs.: franz.: G. Cohen, ^{8}1945; dt.: E. Grahl-Schulze, 1910; U. Ebel, 1968.

L: G. Frank, 1944.

Adapa-Mythos, fragmtar. babylon. Dichtung, Hsn. Ende 2. und 1. Jt. v. Chr. Vor den Himmelsgott Anu zitiert lehnt Adapa, der weise Erfinder des Segelboots und Bezwinger des Südsturms, auf Rat des Weisheitsgottes Ea von Anu angebotene Speise und Trank ab und gewinnt so nicht ewiges Leben – von Ea getäuscht oder Mißverständnis? – Eine unveröff. sumer. Version (Hsn.: 19./18. Jh.) beschreibt ausführl. die Zeit nach der Sintflut.

A: S. A. Picchioni, Il poemetto di Adapa, 1981; Sh. Izre'el, Adapa and the South Wind, 2001. – *Übs.:* B. R. Foster, Before the Muses, ²1996; K. Hecker, (TUAT III/ Erg.lief.) 2001.

L: A. Cavigneaux, F. al-Rawi, (Iraq 55), 1993; D. O. Edzard, (Orientalia 71), 2002.

Addison, Joseph, engl. Dichter, Essayist u. Staatsmann, 1. 5. 1672 Wilston b. Amesbury/Wiltshire – 17. 6. 1719 London. Sohn e. Geistlichen, Schulbesuch in Charterhouse, dort Freundschaft mit Steele. Stud. Oxford, wo er sich als Altphilologe bes. auszeichnet, 1697 Dozent ebda. Erhält staatl. Reisestipendium, das ihm 1699–1703 Reisen auf dem Kontinent ermöglicht. Lernt in Paris Boileau u. Malebranche kennen. Befreundet mit Dryden, Congreve, Tonson; letzterer macht ihn mit führenden Parteikreisen der Whigs bekannt. A.s Gedicht über die Schlacht bei Blenheim, ›The Campaign‹ (1705), verschafft ihm e. Staatsstellung. In dieser Zeit schreibt A. s. Bericht über s. Reisen in Italien, danach die Oper ›Rosamund‹. 1705 kommen die Whigs an die Regierung, A. wird 1706 Unterstaatssekretär, begleitet Lord Halifax nach Hannover, wird 1708 Staatsbeamter in Irland. 1709 Mithrsg. der Zs. ›Tatler‹, für die er zahlr. Beiträge schreibt, sie wird 1711/12 abgelöst durch Hrsg. des ›Spectator‹ (n. D. F. Bond V 1965), gemeinsam mit Steele, 1713 durch ›The Guardian‹. Die Beiträge für diese Zsn., die sog. ›Moral Weeklies‹, begründen A.s eigentl. Ruhm. 1713 erscheint s. klassizist. Drama ›Cato‹, das in fast alle europ. Sprachen übersetzt, von Gottsched ins Dt. übertragen wurde u. in die Weltlit. einging. Großer Zeiterfolg, weniger infolge hohen künstler. Wertes als wegen s. polit. Gehaltes, typ. Drama der Aufklärung, das die Vernunft verherrlicht. Die Gestalten verkörpern abstrakte Ideen; lang ausgesponnene Dialoge, wenig Handlung. Es folgte die Komödie ›The Drummer‹, danach Hrsg. der parteipolit. Schrift ›The Freeholder‹ (1715/16). 3. 8. 1716 ∞ Gräfin v. Warwick, deren Sohn er unterrichtet hatte; die Ehe war wenig glückl. 1716–18 Amt als Staatssekretär, danach tritt er wegen schlechter Gesundheit vom Staatsdienst zurück, stirbt 1 Jahr später 47jährig. In Westminster Abbey beigesetzt. – A.s Ruhm lebt heute fort durch s. brillant geschriebenen Beiträge für die ›Moralischen Wochenschriften‹, in denen er sich für die Werte des aufstrebenden Bürgertums einsetzte. Seine Schilderungen von Mr. Bickerstaff u. s. Klubmitgliedern im ›Tatler‹, von Sir Roger de Coverley u. s. Freunden im ›Spectator‹ sind die ersten überzeugenden Prosaschilderungen von Charakteren, die Individuen, nicht Typen, sind. Die Gestalten sind liebevoll u. mit feinem Humor porträtiert. Das völlig Neue an A.s humorvollen Skizzen ist, daß er Sonderlinge nicht wie bisher mit beißender Satire darstellt, sondern sie gerade um ihrer Eigenarten willen als ›darlings of the country‹ bezeichnet. A. begründete die Kunst des engl. humorvollen Essays.

W: The Campaign, G. 1705; Remarks on Several Parts of Italy, Reiseb. 1705; Rosamund, Op. 1707; Cato, Tr. 1713; The Drummer, K. 1716; The Freeholder, Ess. 1716; The Evidences of Christian Religion, Ess. 1730; A Discourse on Ancient and Modern Learning, Ess. 1734; Essays from the Spectator, II 1830. – Works, hg. G. W. Greene VI 1856; Miscellaneous Works, hg. A. C. Guthkelch II 1914f.; Essays, hg. J. G. Frazer II 1915; Essays, hg. J. R. Green 1934; Critical Essays from the Spectator, hg. D. F. Bond 1970; Selections from the Tatler and the Spectator, 1988; Letters, hg. J. R. Graham 1941.

L: L. Aikin, 1843; L. E. Elioseff, 1963; P. Smithers, ²1968; R. M. Otten, 1982. – *Bibl.:* C. A. Knight, 1994.

Ade, George, amerik. Schriftsteller, 9. 2. 1866 Kentland/IN – 23. 5. 1944 Brooke/IN. Purdue Univ.; Werbetexter u. Kolumnist, gemeinsam mit Cartoonist J. T. McCutcheon für ›Chicago Record‹. – Beliebt für s. humorist., umgangssprachl. ›Fables in Slang‹ über den Mittleren Westen. Auch Dramen u. Drehbücher.

W: Fables in Slang, 1899; More Fables, 1900; American Vacations in Europe, Reiseb. 1901; The Girl Proposition, Kgn. 1902; People You Know, Kgn. 1903; Verses and Jingles, 1911; Ade's Fables, 1914; Hand-made Fables, Kgn. 1920; Single Blessedness, Ess. 1922; Just Out of College, K. 1924; Father and the Boys, K. 1924; Bang! Bang!, Kgn. 1928; Old-Time Saloon, St. 1931; Thirty Fables in Slang, 1933; One Afternoon With Mark Twain, B. 1939; Notes and Reminiscences, Ess. 1940; Stories of the Street and of the Town, 1941 (n. Stories of Chicago, 2003). – The America of G. A., hg. J. Shepherd 1961; Selections, hg. A. L. Lazarus 1985; Letters, hg. T. Tobin 1973.

L: E. R. Eaton, 1934; L. Coyle, 1964; F. C. Kelly, 1977. – *Bibl.:* D. R. Russo, 1947.

Adenet le Roi (Beiname bedeutet ›roi des ménestrels‹, König der Hofdichter), altfranz. Hofdichter, um 1240 – um 1300. Erzogen am Hof Heinrichs III. von Brabant († 1261), diente ihm und seinem Nachfolger Johann I., trat 1269 in den Dienst von Gui de Dampierre, Graf von Flandern, folgte ihm 1270 auf den 7. Kreuzzug nach Sizilien und Tunis, verbrachte einige Jahre in Paris bei Marie, Tochter Heinrichs III. und (ab 1274) Königin von Frankreich, war ihr Lieblingsdichter, schrieb für sie ›Cléomadès‹, lebte dann (letztmalig 1297 erwähnt) wieder am flandr. Hof. – ›Cléomadès‹ ist e. Abenteuerroman mit phantast. Elementen (fliegendes hölzernes Pferd), die auf oriental. Einfluß zurückgehen. A. machte sich schon vorher e. Namen durch Überarbeitungen von 3 Chansons de Geste, ›Berte aus grans piés‹, ›Les Enfances Ogier‹, ›Buevon de Conmarchis‹, nahm ihnen die ursprüngl. Robustheit, verfeinerte Stil und Versmaß, paßte sie dem höf. Geschmack des 13. Jh. an. Bes. idyllisch und anmutig ist sein ›Berte aus grans piés‹. Einfluß auf Girart d'Amiens' (um 1300) Epos ›Charlemagne‹.

W: Berte aus grans piés, 1272–74 (hg. U. T. Holmes 1946, neufranz. Fassung L. Brandin 1924); Les Enfances Ogier, nach 1274 (hg. A. Scheler 1874); Buevon de Conmarchis (Überarbeitung der Siège de Barbastre, hg. A. Scheler 1874); Cléomadès, zw. 1275 u. 1285 (hg. A. van Hasselt 1888; d. in: Franz. Volksmärchen, 1923). – Œuvres, hg. A. Henry V 1951–71.

L: A. Henry, 1951; R. Colliot-Hecht, 1970; A. Adnès, 1971; N. Cartier, Le bossu enchanté, 1971; L. Rouday, 1977.

Adivar, Halide Edib (Ps. Halide Salih), türk. Schriftstellerin, 1884 Istanbul – 9. 1. 1964 ebda. Bis 1901 amerik. Mädchen-College Skutari, dann Privatunterricht bei namhaften Gelehrten in Philos., Soziol. u. Mathematik. Lehrerin u. Schulinspektorin. Aktive Teilnahme am anatol. Freiheitskampf nach dem 1. Weltkrieg. 1923–38 Auslandsaufenthalt, bes. England u. USA, erzwungen durch polit. Differenzen mit der Regierung Atatürk. 1939–50 Prof. der engl. Sprache u. Lit. Univ. Istanbul, 1950–1954 Abgeordnete im türk. Parlament. – Wurde früh als lit. Wortführerin der Frauenbewegung u. des Pantürkismus (›Turanismus‹-Tendenzroman ›Yeni Turan‹) auch außerhalb der Türkei bekannt. Einige ihrer Werke hat sie engl. niedergeschrieben. Engl. Einfluß ist auch in ihrem türk. Stil u. der Erzähltechnik zu erkennen; in ihrer Motivwahl herrschen jedoch die einheim. Probleme vor. Ihre Darstellungsweise vereinigt realist. Mittel mit psycholog. Einfühlungsgabe, bes. bei den Frauengestalten. Der Roman ›Sinekli Bakkal‹ über die Zeit der Despotie unter Sultan Abdul Hamid gilt als das erfolgreichste türk. belletrist. Werk ihrer Zeit.

W: Seviye Talib, R. 1909; Raik'in Annesi, R. 1910; Harap Mabetler, En. 1911; Handan, R. 1912 (d. 1917, Dt. Orientbücherei, Heft 23); Yeni Turan, R. 1912 (Das neue Turan, d. 1916, Dt. Orientbücherei, Heft 6); Son Eseri, R. 1912; Ateşten Gömlek, R. 1922 (Das Flammenhemd, d. 1923); Dağa Çikan Kurt, En. 1922; Kalb Ağrisi, R. 1924; Vurun Kahpeye, R. 1926; Memoirs, 1926; The Turkish Ordeal, Mem. 1928; Zeyno'nun Oğlu, R. 1928; Turkey faces West, Schr. 1930; Conflict of East and West in Turkey, Schr. 1936; Sinekli Bakkal, R. 1936 (The Clown and his Daughter, engl. 1935); Inside Asia, Schr. 1937; Tatarcik, R. 1939; Sonsuz Panayir,

R. 1946; Döner Ayna, R. 1954; Akile Hanim Sokaği, R. 1958; Türk'ün Ateşle İmtihani, Mem. 1962; Mor Salkimli Ev, Mem. 1963; Hayat Parçalari, R. 1963. – GW, XXII 1967–80.

L: B. Dürder, 1940; H. U. Barlas, 1963; M. Uyguner, 1968; N. Güntürkün, 1974; S. Enginün, 1975.

Adler, Renata, amerik. Schriftstellerin u. Kritikerin, * 19. 10. 1938 Mailand. Studium Bryn Mawr College, Sorbonne, Harvard, Yale; streitbare Filmkritikerin ›New Yorker‹ 1962–82. – Darstellung zeitgenöss. urbanen Lebens im New-York-Episodenroman ›Speedboat‹; ›Reckless Disregard‹ ist e. Stück über jurist. Berichterstattung im Militärmilieu.

W: Toward a Radical Middle, Ess. 1969; A Year in the Dark, Ess. 1970; Speedboat, R. 1976 (d. 1979); Pitch Dark, R. 1983 (d. 1987); Reckless Disregard, St. 1986; Gone, St. 1999; Private Capacity, St. 2000; Canaries in the Mineshaft, Ess. 2001.

Adonias Filho (eig. Adonias Aguiar, Filho) brasilian. Schriftsteller, 27. 11. 1915 Itajipe/Bahia – 26. 7. 1990 Rio de Janeiro. Sohn e. Kakaoplantagenbesitzerfamilie, Schulausbildung am Jesuitenkolleg in Salvador, zog 1936 nach Rio, schloß sich der Gruppe kathol. Schriftsteller (Tasso da Silveira u. a.) an, Journalist u. Lit.kritiker, scheiterte als Verleger u. Übs. (Faulkner), Direktor der Nationalbibliothek, jüngstes Mitglied der Academia Brasileira de Letras, 1969 deren Generalsekretär. – S. Romantrilogie ›Os servos da Morte‹ (1946), ›Memórias de Lázaro‹ (1952), ›Corpo vivo‹ (1962) spielt im Nordosten Brasiliens; psycholog., an Faulkner orientierte Studien archaisch anmutenden Lebens.

W: Ensaio Camões, Ess. 1931; Os servos da morte, R. 1946; Memórias de Lázaro, R. 1952; Corpo vivo, R. 1962 (d. 1966); O Negro na ficção brasileira, Ess. 1962; O forte, R. 1965 (Das Fort, d. 1969); Léguas da promissão, En. 1968; Aspectos sociais de brasileiro, Ess. 1970; Luanda Beira Bahia, R. 1971; As velhas, R. 1975; Sul da Bahia: chão de cacau, Ess. 1976; Fora da pista, Ess. 1978; O largo da palma, N. 1981; Noite sem madrugada, N. 1983; O homem do branco, R. 1987.

L: C. Lima, 1970; B. Ziegler, 1978.

Adoum, Jorge Enrique, ecuadorian. Dichter, Theaterautor und Essayist, * 29. 6. 1923 Ambato. Von arab. Herkunft, Lit.-Prof., Journalist, leitender Kulturfunktionär. Wegen kommunist. Parteizugehörigkeit jahrelang im Exil, wo er Privatsekretär Nerudas war. – Kämpfte für die Entrechteten, speziell die Indios. Versuchte die Lit. auf das Niveau des Volkes zu erheben. Lyriker immer neuer, perfekterer Formen mit überraschenden Metaphern u. Wortschöpfungen.

W: Ecuador amargo, 1949; Poesía del siglo XX, Ess. 1957; Los cuadernos de la tierra, 1952–62, I – IV 1988; Curriculum mortis, 1968; Entre Marx y una mujer desnuda, R. 1976; El sol bajo las patas de los caballos, Dr. 1976 (d. 1979); La subida a los infiernos, Dr. 1977; No son todos los que están. Poemas, 1949–79, 1979; La gran literatura ecuatoriana, Ess. 1984.

Adūnīs (eig. ʿAlī Aḥmad Saʿīd Esber), arab. Dichter und Lit.theoretiker, * 1. 1. 1930 Qassabin (Syrien). Stud. der Philos. in Damaskus, Abschluß 1954. Nach Inhaftierung wegen vielfältiger polit. Aktivität 1956 Übersiedlung nach Beirut, wird libanes. Staatsbürger. Mitwirkung bei der Gründung der avantgardist. Zs. ›Šiʿr‹ (Poesie) 1957. Promotion 1973 an der St. Joseph-Univ. in Beirut. Ab 1968 Hrsg. der avantgardist. Lit.zs. ›Mawāqif‹ (Standpunkte). Studien und Lehraufenthalte in Paris 1960–61, 1980–81, Übersiedlung nach Paris 1986. Diverse Lehrtätigkeiten an europ. Univ. A. gilt als bedeutendster avantgardist. Dichter der mod. arab. Lit. Entwickelt s. Vorstellung vom ›neuen Gedicht‹, reflektiert sie in s. theoret. Werken und konkretisiert sie in s. Poesie, wo mit reichhaltiger metaphor. Bildlichkeit die Erforschung des Unterbewußten in Anlehnung an surrealistische und islam.-myst. Traditionen vorangetrieben wird. Sie sprengt überlieferte Formen und sucht das kreative Potential e. poet. Sprache freizulegen, die eigene Welten erschafft.

W: Aġāni Mihyār ad-Dimašqī, 1961; Waqt baina arramād waʾ l-ward, 1970; Kitāb al-qaṣāʾid al-ḥams, 1980; Kitāb al-Ḥiṣār, 1985; al-Kitāb, 1995. – *Übs.:* Die Gesänge Mihyârs des Damaszeners (G.-Ausw.), 1958–65, St. Weidner, 1998.

L: St. Weidner, 1996.

Adwaita → Dèr Mouw, Johan Andreas

Ady, Endre, ungar. Dichter, 22. 11. 1877 Érmindszent – 27. 1. 1919 Budapest. Grundbesitzerfamilie. Erst Piaristengymnasium Nagykároly, dann reformiertes Kollegium in Zilah. 1896 Stud. Debrecen. Gab s. Jurastud. auf, um Journalist zu werden. Zuerst Stellung in Debrecen, 1899 in Nagyvárad, ebda. Redakteur der konservativen Zs. ›Nagyváradi Napló‹. Unter s. Leitung wurde das Blatt in kurzer Zeit e. liberales Organ. 1904 Reise nach Paris, wo er s. große Liebe, Adél Brüll, kennenlernte; machte sie in s. Gedichten als ›Frau Leda‹ unsterblich. Nach Rückkehr aus Paris Redakteur der Budapester Zt. ›Budapesti Napló‹. Er wurde immer bekannter u. immer beliebter, bes. in den Reihen der Jugend. Die meisten s. Gedichte wurden mit Begeisterung aufgenommen. Reiste in dieser Zeit oft nach Frankreich, bes. Paris. 1908 gab er s. Arbeit in der Redaktion auf u. lebte seitdem nur der Lit. 1915 heiratete er u. verbrachte den größten Teil des Jahres auf dem Gut s. Frau in Csucsa/Siebenbürgen. Während des 1. Weltkrieges schon schwer krank. Die Räterepublik feierte den kranken Dichter, schickte ihm Deputationen, die er nicht einmal empfangen konnte. Starb in e. Sanatorium in Budapest. – Lyriker mit von revolutionären und demokratischen Gedanken überfüllten Gedichten fern allen fremden Einflüssen; Novellist.

W: Versek, 1899; Még egyszer, 1903; Új versek, 1906; Vér és arany, 1907; Az Illés szekerén, 1908; Szeretném ha szeretnének, 1909; A Minden-Titkok versei, 1910; A menekülő Élet, 1912; Margita élni akar, 1912; A Magunk szerelme, 1913; Ki látott engem?, 1914; A halottak élén, 1918; Az utolsó hajók, 1923; Összes novellák, Nn. 1961; Összes versek, 1961. – *Übs.:* Zu Gottes linker Hand, 1941; Umdichtungen, 1942; Gedichte, 1977; Mensch in der Unmenschlichkeit, G. 1979; Gedichte, Ausw. 1987; Novellen, 1987.

L: Gy. Földessy, 1919; Gy. Földessy, Ady-tanulmányok, 1921; L. Ady, 1923; M. Benedek, II 1924; M. Kovalovszky, II 1961–74; Gy. Bölöni, Az igazi Ady, [3]1974; L. Hatvany, [2]1974; P. H. Nagy, Ady-kollázs, 2003.

Aelfric von Eynsham, bedeutendster altengl. Prosaschriftsteller, um 950 – um 1010. Führender Gelehrter der engl. Benediktinerrefom (Monastic Revival); Schüler in Aethelwolds Klosterschule in Winchester, dann Mönch und Priester ebda.; ab ca. 987 in Cerne Abbas, ab 1005 erster Abt in Eynsham b. Oxford. S. umfangreichen Schriften geben Einblicke in den Glauben und die Liturgie der angelsächs. Kirche und zeigen Ae.s breite Belesenheit und umfassende Gelehrsamkeit. Besonders hervorzuheben sind: zwei Serien von Predigten, ›Catholic Homilies‹ (um 990–995), ferner e. Sammlung von Heiligenlegenden, ›Saints' Lives‹; dazu Bibelparaphrasen (die z. T. in den altengl. Hexateuch/Heptateuch eingingen) und Hirtenbriefe. Sehr sorgfältiger Stilist; benützte z. T. auch Rhythmus und Alliteration (Stabreim); gilt als Vollender der altengl. Prosa. Für den Schulunterricht schrieb Ae. auf altengl. e. Lateingrammatik, die aber auch zur Erklärung des Altengl. gedacht war, dazu e. Glossar und e. lat. ›Colloquy‹, e. Art didaktisches Rollenspiel, in dem die Schüler versch. Berufe darstellen.

W: Catholic Homilies, ca. 990–995 (hg. B. Thorpe 1844–46; M. Godden, P. Clemoes 1979–2000 EETS; Supplementary Collection, hg. J. C. Pope 1967/68 EETS); Lives of Saints, ca. 993–996 (hg. W. Skeat 1881–1901 EETS); The Old English Heptateuch (hg. S. J. Crawford 1922 EETS); Hirtenbriefe (hg. B. Fehr 1914, n. 1966); Grammatik und Glossar (hg. J. Zupitza 1880, 3. Aufl. hg. H. Gneuss 2001); Colloquy (hg. G. N. Garmonsway 1939, Faks. 1991); De temporibus anni (hg. H. Henel 1942 EETS); Letter to the Monks of Eynsham (hg. C. A. Jones 1998).

L: C. L. White, 1898 (Faks. 1974); M. Dubois, 1942; J. Hurt, 1972; L. Grundy, 1991; H. Gneuss, 2002. – *Bibl.:* Cameron B.1; Greenfield/Robinson; L. M. Reinsma, 1987.

Aelianus → Ailianos

Aeneas Silvius → Piccolomini, Enea Silvio

Aeneisroman, Roman d'Enéas, Enéide, altfranz. Epos, um 1160. In 10 000 Versen von unbekanntem, wahrscheinl. normann. Vf.; lehnt sich inhaltl. wesentl. an Vergils ›Aeneis‹ an, ohne im vollen Umfang die Gestalten aus der heidn. Mythologie zu übernehmen. Die Erzählungen von wunderbaren Tieren u. die Beschreibung von Bauten gehen auf den ›Thebenroman‹ u. die Bestiaires, die Liebestheorie und Details der Liebesepisoden auf Ovid zurück. Das romanhafte Element, die Darstellung des Gefühlslebens, der Liebe und der weibl. Sphäre (die unglückl. Liebe Didos und die Leidenschaft Lavinias) nimmt fast größeren Raum ein als das heroische Element in der Beschreibung von Kämpfen und Schlachten. Schnelle Aufeinanderfolge kurzer Redeteile gestaltet den Dialog lebendig. Eine franz. Prosafassung wurde Grundlage engl. und ital. Aeneisdichtung. → Heinrich von Veldeke.
A: J. Salverda de Grave II 1925–29 (Class. franç. du moyen âge).

Afanas'ev, Aleksandr Nikolaevič, russ. Folklorist, 23. 7. 1826 Bogučar/Gouv. Voronež – 5. 10. 1871 Moskau. Vater Provinzbeamter; Gymnas. Voronež, Stud. Rechte Moskau, Beamter im Außenministerium, 1862 entlassen, auf mühsamen Verdienst angewiesen. – Wandte sich früh dem Studium der russ. Lit., bes. der russ. Folklore des Volksglaubens, der Mythologie zu; im Theoret. und Methodolog. beeinflußt von den Brüdern Grimm, Max Müller, F. I. Buslaev; s. theoret. Anschauungen sind heute überholt, aber s. Sammelbände der russ. Volksdichtung, namentlich der Märchen (1. wiss., systemat. u. komm. Slg. der ›Narodnye russkie skazki‹) haben große Bedeutung für die russ. Folkloristik und Lit.
W: Narodnye russkie skazki, M. 1855–63 (n. 1984/85) Narodnye russkie legendy, Leg. 1859 (n. Haag 1970); Poėtičeskie vozzrenija slavjan na prirodu, Abh. 1865–69; Drevo žizni, Abh. 1982; Narodyne russkie skazki ne dlja pečati, M. 1997. – *Übs.:* Russ. Volksmärchen, III 1985 u. ö.; Der Feuervogel, 1960.

Afġānī, Mohammad ʿAlī, pers. Romancier, * 1925 Kermānšāh. Ausbildung an Offiziersschule. 1954 aus polit. Gründen zum Tode verurteilt, zu lebenslängl. Haft begnadigt, seit 1960 wieder frei. – Schuf den trotz spürbarer Mängel bis dahin bedeutendsten und sehr umfangreichen (über 800 S.) Roman in pers. Sprache mit detaillierter Schilderung des Lebens in e. mittleren pers. Stadt: Zunftwesen, Armen- und Arbeitermilieu, Familienleben, namentl. die Tragödie e. legalen Doppelehe, verbunden mit leidenschaftl. Kritik an der Entwürdigung der Frau in polygamer Gesellschaftsordnung. Aufgrund der Fülle volkstüml. Wendungen und Sprichwörter Fundgrube für Sprachforscher und Folkloristen.
W: Šōhar-e Āhū Ḫānom, R. 1961; Šādkāmān-e Dare ye Qarasū, R. ²1969; Dr. Baktaš, R. 1985; Hamsafarhā, R. 1988; Maḥkūm beʿdām, R. 1991.

Afinogenov, Aleksandr Nikolaevič, russ. Dramatiker, 4. 4. 1904 Skopin/Gouv. Rjazan' – 29. 10. 1941 Moskau. Vater der Schriftsteller N. Stepnoj, Mutter Lehrerin; Stud. am Moskauer Institut für Journalistik. Gehörte der Schriftstellervereinigung ›Proletkult‹ an, die e. spezifisch proletar. Lit. zu pflegen suchte, trat 1926 als Dramatiker hervor; Tod bei Luftangriff auf Moskau. – Die sowjet. Kritik spricht von negativem Einfluß des ›Proletkult‹, von dessen Prinzipien er sich 1928 gelöst hat, in s. ersten Stücken: Dramen aus dem sowjet. Leben, die z. T. zeitgeschichtl. Werte bergen, später nach den Grundsätzen des sozialist. Realismus orientiert, mitunter mit treffender psychol. Motivierung; ›Strach‹, erfolgreiches Repertoirestück des sowjet. Theaters, stellt die Gewinnung e. Verfechters der ›reinen Wissenschaft‹ für den Kommunismus dar; besser in der Zeichnung der Charaktere: ›Dalëkoe‹ mit Thema des Heroismus der tägl. Arbeit des Sowjetmenschen.
W: Robert Tim, Dr. 1923; Po tu storonu ščeli, Dr. 1926; Na perelome (V rjady), Dr. 1926; Gljadi v oba!, Dr. 1926; Malinovoe varen'e. Dr. 1926; Volčaja tropa, Dr. 1927; Čudak, Dr. 1928; Strach, Dr. 1930 (Die Angst, d. 1932); Lož', Dr. 1933; Portret, Dr. 1934; Dalëkoe, Dr. 1935 (Ein Punkt in der Welt, d. 1946); Saljut, Ispanija!, Dr. 1936; Vtorye puti, Dr. 1939; Mašen'ka, K. 1940 (Großvater und Enkelin, d. 1946); Nakanune, Dr. 1941; Dnevniki, Tg. 1960. – P'esy, Drr. 1940, 1956; Izbrannoe (Ausw.), II 1977.

Afranius, Lucius, röm. Dramatiker, 2. Hälfte 2. Jh. v. Chr. – Bedeutendster u. produktivster Vertreter der fabula togata. In der Kompositionstechnik orientiert sich A. an der Neuen att. Komödie, bes. an Menander. Auch Terenz hat starken Einfluß auf A. ausgeübt. Erhalten sind 43 Komödientitel und etwa 300 Fragmente, aus denen sich aber keine Handlung rekonstruieren läßt. Immerhin lassen die Titel schon s. wesentl. Stoffgebiete erkennen: Er vervollkommnet bes. die Darstellung des röm. Privatlebens (›Die Schwestern‹, ›Die Gatten‹) u. des ital. Mittel- u. Handwerkerstandes (›Der Haarkräusler‹).
A: Comic. Rom. fragm., hg. O. Ribbeck ³1898 (n. 1962); Poet. Rom. veterum reliquiae, hg. E. Diehl ⁶1967; Com. togata, hg. A. Daviault 1981 (m. franz. Übs.).

Afrēm → Ephräm der Syrer

A. F. Th. → Heijden, A. F. Th.

Afzelius, Arvid August, schwed. Folklorist, 6. 5. 1785 Fjällåkra/Hornborga – 25. 9. 1871 Enköping. Pfarrerssohn, 1803 Stud. Theol. Uppsala; 1809 Magister, 1812 Hofprediger, 1820 Pfarrer in Enköping. – Mitgl. von ›Götiska förbundet‹ um Geijer. Gab mit diesem e. Sammlung mündl. überlieferter Volkslieder heraus u. schrieb e. Geschichte Schwedens in Sagen und Volksliedern, jedoch unkrit., änderte u. verfälschte nach Belieben u. fügte romant. Verzierungen hinzu. Als Dichter unbedeutend (außer ›Näckens polska‹). Übs. mit R. Rask die ›Sæmunder Edda‹ (1818) u. ›Voluspá‹, auch Byron.

W: Traditioner av svenska folk-dansar, 1814 f.; Svenska folk-visor från forntiden, IV 1814–16 (erw. komm. hg. R. Bergström u. L. Höijer 1880, d. Ausw. 1830, 1857); Svenska folkets sagohävder, XI 1839–70 (d. Ausw. III 1842); Minnen, Aut. 1901.

Aganoor Pompili, Vittoria, ital. Lyrikerin, 26. 5. 1855 Padua – 8. 5. 1910 Rom. Aus Familie armen. Herkunft, lebte in Padua, Venedig, Neapel u. Perugia. Erste Anregung zum Dichten durch G. Zanella, später stark geformt durch den Dichter u. Kritiker E. Nencioni. Unglückl. Liebe zum Dichter D. Gnoli inspirierte die Gedichtsammlung ›Leggenda eterna‹. Erst sehr spät Entschluß zur Veröffentlichung des Werkes. 28. 11. 1901 ∞ G. Pompili, Politiker u. Literat. – Noch von der Romantik beeinflußte Dichterin; eindrucksvolle Darstellung hoffnungsloser Liebe u. verzweifelter Suche nach innerem Frieden im Frühwerk (›Leggenda eterna‹). Weniger überzeugend u. dichter. schwächer die ›Nuove liriche‹, in denen sie die Ruhe des häusl. Lebens schildert. Übs. Baudelaires.

W: Leggenda eterna, G. 1900; Nuove liriche, G. 1908; Poesie complete (GW), hg. u. komm. L. Grilli ³1927; Lettere inedite di V. A. a G. Zanella, hg. G. Flechia 1924.

L: P. Moretta, 1921; A. Alinovi, 1921; M. Rutigliano, 1950.

Ağaoğlu, Adalet, türk. Schriftstellerin, * 1929 Nallıhan b. Ankara. Stud. der Publizistik; Dramaturgin beim Rundfunk Ankara. – In ihrer Prosa und ihren Dramen sind individuelle u. gesellschaftl. Abrechnung, Entfremdung u. Vereinsamung des Menschen ihre vornehmlichen Themen. Die Verwandlung des Arbeitsmigranten Bayram (›Die zarte Rose meiner Sehnsucht‹) durch den Konsum gemahnt fast an Gončarovs ›Oblomov‹ und Kafkas ›Verwandlung‹.

W: Ölmeye Yatmak, R. 1973; Yüksek Gerilim, En. 1974; Fikrimin İnce Gülü, R. 1976 (Die zarte Rose meiner Sehnsucht, d. 1979); Sessizliğin İlk Sesi, En. 1978; Bir Düğün Gecesi, R. 1979; Yaz Sonu, R. 1980; Hadi Gidelim, En. 1982; Oyunlar, Drn. 1982; Üç Beş Kişi, R. 1984; Hayır, R. 1987; Ruh Üşümesi, R. 1991. – *Übs.:* Oh, Du Heiligs Licht, En. 1983.

Agârbiceanu, Ion, rumän. Erzähler, 12. 9. 1882 Cenade/Alba – 28. 5. 1963 Cluj. Bauernsohn, Schule Blaj, Stud. Budapest Theol. u. Phil.; 1906 griech.-kathol. Priester in Bucium-Şasa/Siebenbürgen, dann Orlat; 1916–18 freiwillig in der rumän. Armee, später Pfarrer in Cluj; mehrmals Abgeordneter und Senator; seit 1919 Mitgl. der Rumän. Akad. – Fruchtbarer Prosaiker; s. Romane u. Erzählungen beschreiben nationale Unstimmigkeiten u. soz. Mißstände in s. Heimat Siebenbürgen, das Leben der Handwerker, Bauern u. bes. unzähliger Landpfarrer mit ihren Sorgen, Versuchungen u. kleinen Siegen. Die Personen haben feste moral. Umrisse; die Tiefe des Konflikts wird allzuoft zugunsten des Anekdotischen u. Pittoresken aufgegeben.

W: De la ţară, E. 1905; Două iubiri, E. 1910; Arhanghelii, R. II 1914; Spaima, E. 1922; Legea trupului, R. 1926; Legea minţii, R. 1927. – Opere, IX 1962–89.

L: D. Vatamaniuc, 1970; M. Zaciu, 1972; C. Regman, 1973.

Agathias (gen. Scholastikos), byzantin. Dichter u. Geschichtsschreiber, 536 Myrina – 582. Kindheit in Konstantinopel, Stud. Jura Alexandria. Anwalt. – S. frühes Werk ›Daphniaka‹, kurz gefaßte erot. Mythen in ep. Versen, ist bis auf das Proömium (in: Anthologia Palatina VI, 80) verlorengegangen. Über 100 eigene Epigramme aus s. Sammlung ›Kýklos neōn epigrammátōn‹ sind in der Anthologia Palatina enthalten. Wandte sich später auch der Geschichtsschreibung zu und beschrieb die Regierung Justinians 552–558. Begabter, phantasievoller Dichter.

A: Peri tēs Iustinianu Basileías, hg. L. Dindorf, Hist. Graec. min., Bd. 2, 1871; Historiarum libri, hg. R. Keydell 1967; H. Beckby, (Anthol. Graeca I – IV) ²1965 (m. Übs.).

L: A. Mattson, Unters. zur Epigrammsammlung des A., Diss. Lund 1942; A. Cameron, Oxf. 1970.

Agathon, altgriech. Tragiker, um 455 Athen – vor 399(?) v. Chr. Pella (Hof des Archelaos von Makedonien). Nach Aischylos, Sophokles und Euripides gefeiertster Tragiker der klass. Zeit: 1. Sieg Lenaeen 416 v. Chr. (= hist. Rahmen für Plat. ›Symp.‹). – 6 Titel bezeugt (›Aerope‹, ›Alkmeon‹, ›Anthos/-eus?‹, ›Thyestes‹, ›Mysoi‹, ›Telephos‹, nur Fragmente (ca. 50 Verse) erhalten, so daß man A.s Neuerungen nur erschließen kann (vgl. v. a. Arist. ›Poet.‹ 9): A. soll als erster alle Charaktere e. Tragödie völlig frei erfunden, handlungsunabhängige Chorlieder (›embolima‹ = ›Einwürfe‹) sowie in der Musik der Tragödie (vor-

her diaton.) die chromat. Tonleiter eingeführt haben. In lit. Brechung begegnet A. als Unterredner im platon. Dialog (v.a. Rede im ›Symp.‹ 194e–197e) oder bei Aristophanes als Gegenstand des Spottes (Effeminierung, Homosexualität, v.a. ›Thesm.‹ 39ff). Mit Euripides und Antiphon erscheint A. so noch in Dantes ›Purgatorium‹.
 A: TrGF I 39.
 L: P. Rau, 1967; Musa Tragica, hg. B. Gauly u.a. 1991.

Agee, James (Rufus), amerik. Dichter u. Schriftsteller, 27. 11. 1909 Knoxville/TN – 16. 5. 1955 New York. Schule Knoxville, Stud. Phillips Exeter Academy und Harvard; Mitarbeiter der Zsn. ›Fortune‹, ›Time‹ und ›Nation‹. – Vf. von melod.-rhythm. Gedichten und psycholog.-sozialkrit. Romanen; Filmkritiker und Drehbuchautor. ›A Death in the Family‹ 1961 als ›All the Way Home‹ erfolgr. dramatisiert. Das Hauptwerk ›Let Us Now Praise Famous Men‹ berichtet in e. Mischung von Reportage, Autobiographie und lyr. Meditation über das Leben verarmter Pachtbauern im Süden, die A. im Gegensatz zur objektivist. Sozialwiss. nicht als bloße soz. Faktoren, sondern als individuelle Menschen erkennen will.
 W: Permit Me Voyage, G. 1934; Let Us Now Praise Famous Men, Ber. 1941 (m. W. Evans; d. 1974); The Morning Watch, R. 1951 (d. 1964); A Death in the Family, R. 1957 (Ein Schmetterling flog auf, d. 1962); A. on Film, II 1958–60. – Collected Short Prose, 1968; Collected Poems, 1968; Selected Journalism, hg. P. Ashdown 1985; Letters to Father Flye, 1962.
 L: A. T. Barson, 1972; D. Madden, hg. 1974; V. A. Kramer, 1975; G. Moreau, 1977; J. J. Snyder, 1977; M. A. Doty, 1981; L. Bergreen, 1984; Y. Bouveret, 1991; M. A. Lofaro, hg. 1992; J. Lowe, 1994; A. Spiegel, 1998.

Ageev, M. (eig. Mark Lazarevič Levi), russ. Prosaiker, 8. 8. 1898 Moskau – 5. 8. 1973 Erevan. Gymnas. u. Stud. Moskau, Biogr. nicht dokument. belegt, soll 1920 nach Bln., 1930 weiter nach Istanbul emigriert sein. 1942 aus d. Türkei ausgewiesen, ließ er sich in Erevan nieder. – A. ist nur durch seinen ›Roman s kokainom‹ bekannt, der 1934 i. d. Zs. ›Illjustrirovannaja žizn'‹, 1936 (o.J.) als Buch erschien. Der Roman in Ich-Form stellt in ansprechendem Erzählstil den schrittweisen Verfall eines Mittelschülers durch Drogenkonsum vor dem Hintergrund der polit. Ereignisse 1914–19 dar.
 W: Roman s kokainom, Paris 1936 (n. 1983; Roman mit Kokain, d. 1986).

Agirre, Txomin, bask. Erzähler, 1864 Ondarroa/Vizcaya – 14. 1. 1920 Zumaia/Guipúzcoa. Priester. – Schildert in s. Romanen in schlichter Sprache realist. das Bauern-, Fischer- und Volksleben der Basken.
 W: Kresala, R. 1906; Garoa, R. 1912; Auñemendiko lorea, R. 1916.

Agnon, Samuel Josef (eigtl. Czaczkes), hebr. Erzähler, 17. 7. 1888 Buczacz/Galizien – 17. 2. 1970 Rehovot b. Tel Aviv. Sohn e. Rabbiners, Talmudschule, Lehrerseminar, schrieb urspr. in jidd., dann in hebr. Sprache Gedichte, ging 1907 über Lemberg, Krakau, Wien nach Palästina, 1909 Jerusalem, wo er durch s. erste Geschichte sofort großen Ruhm erlangte, 1913–24 in Berlin, Wiesbaden und Bad Homburg (1924 Brand s. Bibliothek) als Schriftsteller und Hrsg. tätig; 1924 endgültige Übersiedlung nach Jerusalem; 1930 besuchte er Galizien und s. Heimatort und schrieb darauf e. s. größten Romane, der vom Niedergang des poln. Judentums handelt. – Bedeutendster hebr. Erzähler des 20. Jh., in der Darstellung von Angst und Schutzsuche Kafka verwandt, wurzelt er ganz im ostjüd. Volksleben, das er mit knappsten stilistischen Mitteln – er bedient sich mit Vorliebe der strengen hebr. Prosa der Mischna – ohne alle Sentimentalität und Derbheit darzustellen weiß. A.s Werke wurden in 15 Sprachen übersetzt, 1934 erhielt er den wichtigsten Literaturpreis, den Israel zu vergeben hat, 1966 (zusammen mit Nelly Sachs) den Nobelpreis für Literatur. A.-Archiv der Univ.-Bibl. Jerusalem.
 W: Agunot, R. 1908; Hanidach, R. 1908 (Der Verstoßene, d. 1923, 1964, 1988); Wehaja heakow lemischor, N. 1912 (Und das Krumme wird gerade, d. 1918, 1934); Bessod jescharim, 1921; Sippure ahawim, R. 1925; Hachnassat kalla, R. 1931 (The Bridal Canopy, engl. 1937); Bilwaw jamim, En. 1935 (Im Herzen der Meere, d. 1966); Sippur paschut, R. 1935 (Eine einfache Geschichte, d. 1967, 1998); Jamim noraim, Aut. 1938 (Days of Awe, engl. 1948); Oreach nata lalun, R. 1940 (Nur wie ein Gast zur Nacht, d. 1964, 1993); Sefer hama'asim, En. 1942 (Buch der Taten, d. 1995); Schewuat emunim, E. 1943 (Der Treuschwur, d. 1965); Temol schilschom, R. 1945 (Gestern, Vorgestern, d. 1969, 1996); Tehilla, E. (1952, d. in: In Davids Laube, 1960); Chemdat, E. 1952; Shirah, R. 1971 (d. 1998); Bechanuto shel mar Lublin, R. 1974 (Herrn Lublins Laden, d. 1993). – Kol sippuraw (GW), IX 1967. – Übs.: Im Herzen der Meere und andere Erzählungen, 1966; Liebe und Trennung, En. 1996.
 L: A. J. Band, Nostalgia and Nightmare, 1968 (m. Bibl.); H: Barzel, hg. 1982; M. Z. Kadari, 1982; G. Shaked, R. Weiser, 1978; D. Aberbach, 1984; G. Shaked, 1989; A. G. Hoffman, 1991; N. Ben-Dov, 1993; D. Patterson, 1994; S. Werses 1994; A. Oz, Das Schweigen des Himmels: Über S.Y. Agnon, 1998; D. Laor, 1998 (Biogr.). – Bibl.: W. Martin, 1980; Agnon-Bibl. 1996.

Agoult, Marie Catherine Sophie, Gräfin d'A., geb. de Flavigny (Ps. Daniel Stern), franz. Schriftstellerin, 31. 12. 1805 Frankfurt/M. – 5. 3. 1876 Paris. Offizierstochter, 1827 ∞ Graf d'A., Mittelpunkt des glänzendsten schöngeistigen Salons ihrer Zeit (Lamennais, Ste.-Beuve, Rossini, Meyerbeer, Heine, Chopin), berühmt durch ihr Liebesverhältnis mit Liszt, dem sie 1835 in die Schweiz (dort Freundschaft mit George Sand), nach Dtl. und Italien folgte; 3 Kinder (darunter die spätere Cosima Wagner); 1839 Bruch mit Liszt, Rückkehr nach Paris. – Schildert ihr Erleben in romant. Liebesromanen (›Nélida‹). Ab 1848 entschiedene Wendung zum Politischen: in journalist., hist. und philos. Werken begeistertes Eintreten für die Ideen der Revolution. Politisierung ihres Salons (Lamartine, Mickiewicz, Emerson, Renan, Michelet). Am bedeutendsten in ihren polit. Werken.

W: Nélida, R. 1846; Essai sur la liberté, Ess. 1848; Lettres républicaines, 1848; Esquisses morales et politiques, 1849 (d. 1862); Histoire de la révolution de 1848, III 1850–53 (n. 1985); Histoire des commencements de la république aux Pays-Bas 1581–1625, 1872; Mes souvenirs, 1806–1833 (1877); Mémoires, 1834–54 (n. 1990; d. 1928); Correspondance/George Sand, ²2001.

L: A. Pommier, 1876; J. Vier, VI 1955–63; C. Destouches, 1959; Ciureanu, Il carteggio di A., 1969; D. Desanti, 1980.

Agras, Tellos (eig. Evangelos Ioannu), griech. Dichter und Kritiker, 1899 Kalambaka – Nov. 1944 Athen. – Angestellter im Landwirtschaftsministerium und in der Nationalbibliothek. – S. Dichtung läßt sich in die lit. Strömungen der griech. Zwischenkriegszeit (Neoromantik und Décadence) einordnen und verrät den Einfluß des franz. Symbolismus sowie griech. Folklore. Als Kritiker scharfsinnig u. vertraut mit der zeitgenöss. europ. Lit. Übs. von J. Moréas u.a.

W: Bukolika kai Enkōmia, G. 1934; Kathēmerines, G. 1939; Triantaphylla mianēs hēmeras, G. 1970; Kritika, Ess. hg. K. Stergiopoulos IV 1980–95.

L: K. Stergiopoulos, Hē poiēsē kai to pneuma mias epochēs, Ho T. A. kai to pneuma tēs parakmēs, 1958; N. Detzortzis, Mia ana-gnōsē tou T. A., 1997.

Agualusa, José Eduardo, portugies.-angolan. Schriftsteller u. Journalist, * 13. 12. 1960 Huambo (Angola). Lebt in Rio de Janeiro, Luanda u. Lissabon, studierte Agronomie u. Forstwirtschaft. – Themen s. Romane sind Kolonialismus, Nationalität, Identität u. Vermischung der Kulturen.

W: A Conjura, R. 1989; Estação das Chuvas, R. 1996; Nação Crioula: A Correspondência Secreta de Fradique Mendes. 1997 (Ein Stein unter Wasser, d. 1999); Um Estranho em Goa, R. 2000; O Ano em que Zumbi Tomou o Rio, R. 2002.

Aguiar Júnior → Adonias Filho.

Aguilera Malta, Demetrio, ecuadorian. Schriftsteller, 24. 5. 1909 Guayaquil – 29. 12. 1981 Mexiko Stadt. Übte die verschiedensten Tätigkeiten aus u. verfaßte mehr als 50 Bücher. – Initiierte als Mitgl. der Guayaquil-Gruppe den lit. Protest gegen das soz. Unrecht. ›Don Goyo‹ ist e. Vorläufer des Mag. Realismus. S. Themen sind der Widerstand des Urwalds sowie geschichtl. Momente u. Gestalten.

W: Don Goyo, R. 1933; Canal Zone, Chronik 1935; Lázaro, Dr. 1941; Trilogía ecuatoriana, Dr. 1959; Una cruz en la Sierra Maestra, R. 1960; La caballeresa del sol, R. 1964; El tigre, Dr. 1965; Siete lunas y siete serpientes, R. 1970; Teatro completo, 1970; El secuestro del general, R. 1973; Requiem para el diablo, R. 1978.

L: G. Luzuriaga, 1971; A. Fama, 1977; M. E. Valverde, 1979; C. C. Rabassa, 1980, 1981.

Aguirre, Domingo de → Agirre, Txomin

Aguirre, José María (Ps. Xabier de Lizardi), bask. Lyriker, 18. 4. 1896 Zarauz/Guipúzcoa – 12. 3. 1933 Tolosa. – Eigenwilliger nachromant. Lyriker u. Dramatiker, Höhepunkt der bask. Lyrik.

W: Biotz-begietan, G. 1932 (span. Übs. 1956); Laño ta izar, Dr. 1932; Bi aizpak, Dr. 1932; Umezurtz-olerkiak, G. 1934; Ezkondu ezin ziteken mutilla, Dr. 1953.

Agustí, Ignacio, span. Schriftsteller, 3. 9. 1913 Llissá de Vall/Barcelona – 26. 2. 1974 Barcelona. Jesuitenkolleg, Stud. Rechte Barcelona; journalist. Tätigkeit, 1942/43 Berichterstatter der ›Vanguardia‹ in Zürich u. Bern, 1944–56 Leiter der großen Wochenzeitung ›Destino‹, ab 1962 der Zs. ›El Español‹. – Gemäßigt modernist. Lyriker in katalan. u. span. Sprache; bedeutender als Romancier; schuf mit s. Romanzyklus ›La ceniza fue árbol‹ e. Art Chronik des Bürgertums Barcelonas u. s. industriellen Aufstiegs seit Ende des 19. Jh.

W: El Veler, G. 1932; Los surcos, R. 1942; La ceniza fue árbol, R.-Zykl.: Mariona Rebull, 1943, El viudo Rius, 1944, Desiderio, 1957, 19 de Julio, 1965, Guerra civil, 1972; El autor enjuicia su obra, Ess. 1966; Ganas de hablar, Mem. 1974.

Agustín, José, mexikan. Schriftsteller, * 19. 8. 1944 Acapulco. – Wunderkind, Repräsentant der ›literatura de la onda‹, personifiziert die Übertretung, spricht respektlos von den Massenmedien, Rock, Drogen, Sex, u. prangert die amerik. kulturelle Dominanz an. Durch ihn erwarb der städt. Junge aus der Mittelschicht Bürgerrechte in der Lit.

W: J. A., Aut. 1966; De perfil, R. 1966; La nueva música clásica, Ess. 1968; Se está haciendo tarde (final en laguna), R. 1973; Círculo vicioso, Dr. 1974; El rock en la cárcel, Aut. 1984; Dos horas de sol, R. 1994; Tragicomedia mexicana, Ess. III 1990–99. – Cuentos completos, 2003.

L: J. C. Carter, D. L. Schmidt, hg. 1986.

Agustini, Delmira, uruguay. Lyrikerin. 24. 10. 1886 Montevideo – 6. 7. 1914 ebda. Aus wohlhabender Familie, lit. u. mus. Erziehung, frühreife Intelligenz, glühendes Temperament; mit 28 Jahren wurde sie von ihrem Ehemann, mit dem sie nur 7 Wochen zusammengelebt hatte, ermordet. – Vf. erot. Gedichte von großer Freimütigkeit, in herrl. Versen u. mit kühnen Metaphern. 6 Romane u. 6 Dramen, e. Musical u. e. Ballett befassen sich mit ihrem Leben u. Werk.

W: El libro blanco, 1907; Cantos de la mañana, 1910; Los cálices vacíos, 1913; El rosario de Eros, 1924; Los astros del abismo, 1924. – Poesías, 1940; Obras poéticas, 1940; Poesías Completas, ²1955; Antología, 1965; Correspondencia íntima, hg. A. S. Visca, Br. 1969, 1978; Poesías completas, hg. A. zum Felde ⁴1971, hg. M. Alvar 1971; Poesía, 1988; Poesías completas, hg. M. García Pinto ²2000; Cuentos completos, 2003.

L: R. D. Taralli, 1966; C. Silva, 1968, 1972; E. Rodríguez Monegal, ²1969; D. Thomason Stephens, 1975; M. Alvarez, 1979, 1982; I. Loureiro de Renfrew, 1987; L. Jiménez, 1991; R. Minoli, 2000; B. Seibart, 2003.

Aharonean, Awetis, armen. Schriftsteller, 4. 1. 1866 Solakert-Mava (Westarmenien; seit 1921 Iğdır, Türkei) – 20. 4. 1948 Marseille. 1898–1901 Stud. Philos. Lausanne. 1907–09 Leiter der armen. Nersisean-Schule in Tiflis. Mitgl. des sozialrev. armen. Partei Dašnakcʿowtʿiwn, 1919 Parlamentspräsident der ersten Rep. Armenien; 1923 Emigration nach Frankreich. – Schildert in s. von Heimat- und Freiheitsliebe getragenen Erzählungen bes. die Leiden s. westarmen. Landsleute unter türk. Herrschaft; abwechslungsreich im Ausdruck, treffend in der Charakterzeichnung, lebensnahe Naturschilderungen. Hinterließ rd. 30 Werke, meist Romane, Novellen und Reiseschilderungen sowie Gedichtsammlungen unter symbolist. Einfluß.

W: Arcʿownkʿi hovit, G. 1902; Italiayowm, En. 1903; Lʿowtʿiwn, G. 1904; Sew tʿřčʿown, G. 1910, Im Bantę, 1911, Partvacner, 1917, Švecʿarakan giwġ, Ber. 1913; Im girkʿę, R. II 1927–31. – *Übs.*: Bilder aus Türkisch-Armenien, 1910; Djavo, Paris 1924; Anthologie des Poètes Arméniens, Paris 1928; Sur le chemin de liberté; Nn. 1978; Les Anciennes croyances armeniennes, 1980.

L: M. Parsamian, Paris 1930.

Aharonian, Awetis → Aharonean, Awetis

Aharonjan, Avetis → Aharonean, Awetis

Aḥawān Ṭāleṭ, Mehdī, pers. Dichter, 1928 Mašhad – 1990 Teheran. Dichtername Omīd (Hoffnung). Nach dem Staatsstreich von 1953 kurzfristig inhaftiert. Arbeitete u. a. für das Erziehungsministerium und den staatl. Rundfunk. – Steht in der Tradition der klass. ep. Dichtung und schöpft aus den altiran. Mythen, um, wie in s. berühmten Gedicht ›Zemestān‹ (Winter), das bedrückende polit. Klima der 1950er und 60er Jahre zu spiegeln.

W: Zemestān, 1956; Āḫar-e Šāhnāme, 1959; Az īn Awestā, 1966.

Ah Cheng → Acheng

Aḥīqār → Achiqar

Ahlgren, Ernst (eig. Victoria Maria Benedictsson, geb. Bruzelius), schwed. Dichterin, 6. 3. 1850 Domme/Malmöhus – 21. 7. 1888 Kopenhagen. Vater Gutsbesitzer. Sorgfältig, aber als unwillkommene Tochter freudlos erzogen. Um dem Druck des Elternhauses zu entgehen, ∞ 1871 Postmeister C. Benedictsson, jedoch weiterhin unglückl., ohne geistige Anregung in der schon. Kleinstadt. Wegen e. Hüftleidens 2 Jahre bettlägerig, begann nach ihrer Scheidung, angeregt von A. Lundegård, zu schreiben. 1887 und 1888 Reisen nach Paris. Körperl. und seel. Leiden (unglückl. Liebe zu G. Brandes) trieben sie zum Selbstmord. – Ihre nur 4 Jahre währende Produktion erstreckt sich auf Bauernnovellen u. zwei Eheromane; zus. mit Lundegård entstand auch e. Drama. In ›Pengar‹ behandelt sie unter Verwertung eigener Erlebnisse die Ehe als Zwangssituation, während ›Fru Marianne‹ den positiven Sinn der Ehe in gegenseit. Förderung und gemeinsamer Arbeit darstellt. Ihre Schriften sind bedeutende Schilderungen aus der Wirklichkeit ihrer Zeit, ausgezeichnet durch vorbehaltlose Wahrheitsliebe, Menschenkenntnis und psycholog. Scharfsinn. Ihr energ. Stil drückt Lebensmut aus, der sich oft mit befreiendem Humor verbindet. Ihre Briefe und Tagebücher stehen als ergreifende Selbstzeugnisse ebenbürtig neben ihrer Dichtung.

W: Från Skåne, N. 1884; Pengar, R. 1885 (Geld, d. 1890); I Telefon, Sch. 1886; Fru Marianne, R. 1887 (Frau M., d. 1897); Folklif och småberättelser, N. 1887; Berättelser och utkast, E. 1888. – Samlade skrifter, hg. A. Lundegård u. I. af Schultén VII, 1918–20, hg. F. Böök 1949 ff.; Skrifter i urval, IV 1950; V. B., en sjelfbiografi ur bref och anteckningar, hg. A. Lundegård II 1890; Dagboksblad och brev, II 1928; Stora Boken och Dagboken, hg. Chr. Sjöblad III 1985.

L: E. Key, 1889; I. af Schultén, 1925; S. Linder, 1930; T. Sandström, 1935; F. Böök, 1950; Ö. Lindberger, 1950; S. Björck, 1963; K. E. Rosengren, 1965; M. Norrman, 1978.

Ahlin, Lars (Gustav), schwed. Erzähler. 4. 4. 1915 Sundsvall – 10. 3. 1997 Stockholm. Sohn e. Handlungsreisenden, ärml. Jugend in e. Arbeiterheim, versuchte sich in versch. Berufen, zeitweise arbeitslos, 1933–35 Volkshochschule, selbständige lit. hist., polit. u. philos. Studien, 1945 Vorstandsmitgl. Sveriges författarförening. ∞ 1946 Gunnel

Hellman. – E. der bedeutendsten mod. schwed. Erzähler. Begann als Arbeiterdichter mit ›Tåbb med manifestet‹, e. Schilderung des Lebens der Arbeitslosen, zugleich e. polit. Ideenroman mit Kritik am Kommunismus u. Marxismus; statt dessen wird unter Einfluß von Luther der Eigenwert jedes Menschen ohne Rücksicht auf Stellung und Leistung hervorgehoben. Neigung zu relig. Fragen, jedoch nicht dogmatisch. Stellt häufig gescheiterte Existenzen in den Mittelpunkt u. fordert immer wieder Mitgefühl, Güte und Menschenliebe. In s. Psychologie an Freud, in der Darstellung an Hemingway geschult, verfügt er über starke dramat. Phantasie, volkstüml.-grotesken Humor, der oft mit dunklem Pathos verbunden ist, u. wortreiche, naturalist. Darstellungsart, wobei er eigene Werturteile vermeidet u. s. Gestalten sich selbst darstellen läßt.

W: Tåbb med manifestet, R. 1943 (Tobb mit dem Manifest, d. 1948); Inga ögon väntar mig, N. 1944; Min död är min, R. 1945; Om, R. 1946; Fångnas glädje, N. 1947; Jungfrau i det gröna, R. 1947; Egen spis, R. 1948; Huset har ingen filial, Nn. 1949; Eld av eld, Dr. 1950; Fromma mord, R. 1952; Kanelbiten, R. 1953; Stora glömskan, R. 1954; Kvinna 'kvinna, R. 1955; Natt i marknadstältet, R. 1957; Gilla gång, R. 1958; Bark och löv, R. 1961; Hannibal segraren, R. 1982 (zus. m. Gunnel Ahlin); Sjätte munnen, R. 1985; Vaktpojkens eld, En. 1986; Din livsfrukt, R. 1987; Fyra pjäser, Sch. 1990; De sotarna! De sotarna, R. 1990; Det florntiska vildsvinet, R. 1991; Estetiska essayer, Ess. 1994; Sjung för de dömda!, Ess. 1995.

L: E. A. Nielsen, 1968; L. Furuland (Red.) 1971; A. Melberg, 1973; H.-G. Ekman, 1975.

Ahlqvist, August (Ps. A. Oksanen), finn. Dichter, 7. 8. 1826 Kuopio – 20. 11. 1889 Helsinki. Prof. für finn. Sprache, einflußr. Literaturkritiker. – Veröffentl. Lyrik, die sich nicht an der finn. Tradition orientiert, sondern sich europäischer Metren bedient, darunter das erste Sonett in finn. Sprache.

W: Satu, G. 1847; Muistelmia matkoilta Venäjällä vuosina 1845–58, Reiseb. 1859; Säkeniä I – II, G. 1860, 1868. – Oksasen runoja (ges. G.), 1898; Kirjeet, Br. 1982.

L: J. Anhava, hg. 1993.

Ahmad, Shahnon, bekanntester malaiischer Schriftsteller, * 13. 1. 1933 Sik/Malaysia. – Vf. von Kurzgeschichten, Satiren und Romanen. Innovative Verwendung der Sprachen Sanskrit, Arabisch und Javanisch. Von 1965–78 befaßt er sich vorwiegend mit dem Thema soz. Wandels. Mit ›Al-Syiqaq‹ beginnt eine Serie islam. Romane. S. Roman ›Shit‹, in dem er sich über machtgierige Politiker lustig macht, wurde kontrovers diskutiert. Gewinner des höchsten lit. Preises in Malaysia.

W: Ranjau Sepanjang Jalan, R. 1966; Konflik, Kgn. 1967; Menteri, R. 1967; Perdana, R. 1969; Sampah, R. 1977; Srengenge, R. 1981; Al-Syiqaq, R. 1985; Gubahan Novel, Ess. 1989; Sutan Baginda, R. 1989; Debu Merah, Kgn. 1991; Patriarch, R. 1991; Shit, R. 1999; Muntah, R. 2000; Ipin, Kgn. 2001.

Aḥmad Amīn → Amīn, Aḥmad

Ahmed Haşim, türk. Dichter. 1884 Bagdad – 4. 6. 1933 Istanbul. 1896–1907 Galatasaray-Gymnas. Istanbul, wo er durch den Schriftsteller Ahmed Hikmet, s. Literaturlehrer, früh zu lit. Tätigkeit angeregt wurde. Stud. Rechtswiss.; Banku. Verwaltungsbeamter, Lehrer für Franz. an Gymnas. u. Akad. 1924 und 1926 längere Aufenthalte in Paris. In den letzten Lebensjahren war s. Schaffen durch schwere Krankheit beeinträchtigt. – S. von allen inländ. Zeitströmungen freie, streng auf die klass. Formen beschränkte Liebes- u. Naturlyrik erhält durch ihren dem franz. Symbolismus entlehnten Reichtum an Bildern u. musikal. Elementen einzigartigen Reiz, ist jedoch für die jüngere Generation durch ihren komplizierten Sprachbau schwer zugänglich. A. H. zeigte sich auch in kleineren Prosaarbeiten als meisterl. Stilist, so in den Reiseimpressionen von e. Kuraufenthalt in Dtl.

W: Göl Saatleri, G. 1921; Piyale, G. 1926; Gurabâ-hâne-i-Laklakan, Ess. 1928; Bize Göre, Ess. 1928; Frankfurt Seyahatnamesi, Rep. 1933. – Ges. G., 1933; Ausw., hg. Şerif Hulûsi 1947 (m. Bibl.); Bize Göre (ges. Prosa), 1969; Ges. G., 1985, 1987.

L: H. W. Duda (Welt d. Islam 11), 1928; Y. Kadri, 1934; S. K. Yetkin, 1934; A. Bezirci, 1967.

Ahmedī (eig. Taceddin Ibrahim), türk. Dichter, 1334 Sivas – 1413 Amasya. Erwarb durch ausgedehnte Studien in Anatolien u. Ägypten e. enzyklopäd. Wissen; im Dienst e. anatol. Regionalfürsten, später vom osman. Sultan Bayezid I. u. dessen Sohn Sulayman Čelebi gefördert, lange in Brussa ansässig, später Verwaltungsbeamter (divan kâtibi) in Amasya. – Bedeutendster Divan-Dichter des 14. Jh., hat die Kunstpoesie mehrerer Generationen erhebl. mitbeeinflußt. S. Gestaltung gängiger oriental. Stoffe, wie der Alexandersage (›Iskandernâme‹, ca. 10 000 Verse, mit der 1. Chronik der Osmanen als Anhang, rein türk. in Sprache u. Versmaß), unterscheidet sich durch umfangr. Zusätze von den Vorbildern.

W: Iskandernâme, Ep. (Mesnevi) 1390 (Ausz. 1939); Cemşīd-u-Hursīd, Ep. (Mesnevi) 1403, Neudruck, 1975; Divan, G. 1979.

L: C. Brockelmann (Zs. d. dt. morgenländ. Ges. 73), 1919; P. Wittek (Islam 15) 1932; Y. Akdoğan, 1979.

Ahmed Midhat, türk. Schriftsteller, 1844 Istanbul – 28. 12. 1912 ebda. Bis 1871 Verwaltungsbeamter in Rustschuk u. Bagdad; Journalist, Zeitungshrsg. u. Drucker in Istanbul; 1873 nach Rhodos verbannt, wo er s. ersten Romane u. Stücke schrieb; seit 1877 Staatsämter in Istanbul (u. a. Direktor der Staatsdruckerei), ab 1878 Hrsg. der Zs. ›Tercüman-i Hakikat‹, seit 1908 Univ.-Dozent für allg. u. Philosophiegeschichte. – Meistgelesener Prosaist der ›Tanzimat‹-Ära. S. sehr zahlr. Werke – z. T. nur Bearbeitungen franz. Romanstoffe – sind künstler. oft dürftig, aber durchweg von volkserzieher. Idealismus getragen. S. großer Erfolg als ›Lehrer der Epoche‹ ist vornehml. auf die Verbindung der Tradition der berufsmäß. Geschichtenerzähler (Meddah) mit naturalist. Darstellungsweise nach franz. Vorbild zurückzuführen.

W: Eyvah, Sch. 1874 (O weh, d. 1913); Açik Baş, Sch. 1874; Hassan Mellâh, R. 1875; Hüseyin Fellâh, R. 1875, als Denizci Hasan, 1975; Cengi, R. 1877; Dürdane Hanim, R. 1882; Siyavuş, Çerkes Özenleri, Sch. 1885; Jön Türk, R. 1910; Yeniçeriler, En. 1942; Obur, En. 1945. – Letaif-i Rivayat, Nn. XXV 1870–95 (Ausw. in ›Türkisches Highlife‹, d. 1898).

L: K. Yazgiç, 1940; M. Baydar, 1954; C. Kudret, 1962; D. Okay, 1975.

Ahmet Paşa, türk. Dichter, 1420 (?) Edirne – 1497 Bursa. Medressenlehrer, von Fatih Sultan Mehmet II. zu dessen Ratgeber und Wesir befördert. – Bedeutendster höf. Divan-Dichter des 15. Jh. In Ungnade gefallen, entging er durch ein Lobgedicht (Kaside) dem Galgen. Sein Einfluß auf Nachfolger reicht bis ins 19. Jh.

A: Ahmet Paşa Divani, hg. A. N. Tarlan 1966.
L: H. Tolasa, 1973.

Aho, Juhani (eig. Johan Brofeldt), finn. Dichter, 11. 9. 1861 Lapinlahti – 8. 8. 1921 Helsinki. Vater Pfarrer, pietist. Elternhaus, Schulzeit in Kuopio, hier erste Bekanntschaft mit heim. Lit., Stud. in Helsinki, Hinwendung zum freieren Denken der Zeit, ab 1885 journalist. Tätigkeit, 1889 Paris, 1892 Reise nach Russ.-Karelien. – Träger der realist. Literaturströmung in Finnland. Geht von der heim. Lit. (Kivi) aus: Schildert Episoden aus dem Volksleben, spielerische, feinfühlige Miniaturen (›Rautatie‹). Erst durch Einfluß des norweg. u. russ. Realismus (Bjørnson, Ibsen, Tolstoj) sieht er die Wirklichkeit in schärferem Licht: iron. u. satir. Nuancen in der Schilderung des Mittelstandes, Interesse für die Leiden der Frauen, unter gesellschaftlichen Voraussetzungen (›Papin tytär‹, ›Papin rouva‹). Dennoch kein Programmrealismus, lyr. Ton der Impressionen. In Paris Schulung an franz. psycholog. Roman (Maupassant, Daudet, Bourget): Entwicklung zur psychologisierenden Stimmungskunst u. artist. Finesse, Meisterschaft der Form. Später Läuterung zu einfacher Natürlichkeit u. leuchtender Klarheit des Stils (›Lastuja‹). In der hist. u. kulturhist. Schilderung (›Panu‹) sucht er von der Analyse von Gefühlen u. Stimmungen zur objektiveren Gestaltung u. Intensivierung der äußeren Handlung zu gelangen, bleibt jedoch auch als realist. Erzähler Stimmungsmensch u. Naturdichter. Seine Neigung zu symbol., myth. Zuspitzung (›Juha‹) steht in ständigem Widerstreit zu s. realist. Bestreben. Aus dieser inneren Spannung resultiert e. Skeptizismus, der s. Werke durchzieht und s. feinen Humor die Schattierung gibt. Eines der zentralsten Probleme s. Werks ist der unversöhnl. Gegensatz zwischen Natur u. Kultur. Immer wieder verliert sich s. Romanfabel in Naturschilderungen und Stimmungen, die oft die Grenzen der Naturmystik streifen; s. Charakterschilderungen bleiben dagegen oft blaß.

W: Rautatie, E. 1884 (Die Eisenbahn, d. 1922); Papin tytär, R. 1885 (Ellis Jugend, d. 1899); Hellmannin herra, R. 1886 (Gutsbesitzer Hellman, d. 1899); Helsinkiin, E. 1889; Yksin, R. 1890 (Einsam, d. 1902); Lastuja, Nn. VIII 1891–1921 (dt. Ausw. F. v. Känel 1897, M. V. Konowalow 1906, J. J. Meyer 1910 u. a.); Papin rouva, R. 1893 (Ellis Ehe, d. 1896); Heränneitä, E. 1894; Panu, R. 1897 (d. 1899); Kevät ja takatalvi, R. 1906; Juha, R. 1911 (Schweres Blut, d. 1920); Omatunto, E. 1914; Rauhan erakko, E. 1916; Muistatko –?, E. 1920. – Kootut teokset (GW), X 1918–22, Suppl. III 1961.

L: G. Castrén, 1922; I. Havu, 1929; A. J. Aho, J. A. ja hänen aikansa, 1948; ders., J. A. Elämä ja teokset, II 1951; J. Niemi, J. A., 1985.

al-Aḫtal, Ġiyāṯ ibn Ghauṯ, arab. Dichter um 640 al-Ḥīra (?) – um 710. Christ aus dem nordarab. Stamm Taġlib. Hofdichter versch. Omaiyadenkalifen, Partner des Dichters Farazdaq in dessen Streit mit Ǧarīr. – Bedeutender Fortsetzer altarab. Traditionen in Lob- und Schmähgedichten mit beachtl., jedoch nicht immer origineller Sprach- und Bildertechnik. Bemerkenswert die häufige Verwendung von Weinmotiven.

W: Dīwān, hg. A. Salhani 1891, 1905, hg. E. Griffini 1907; Naqā'iḍ, 1922.

L: I. Krackovskij, 1932; S. Pinckney Stetkevych, 1997.

Aḫundzāde, Mîrzâ Feth-Alî (russ. Schreibung Achundov), aserbaidschan.-türk. Dichter u. Schriftsteller, 12. 7. 1812 Nukha/Aserbaidschan – 10. 3. 1878 Tiflis. Gründl. Schulbildung auf traditionell-islam. Grundlage; ab 1834 Dolmetscher für oriental. Sprachen beim russ. Gouvernement Tiflis. – Wurde mit s. in volkstüml. Sprache geschriebenen Schauspielen zum Begründer e. eigenstänt. türk. Theaters überhaupt. Gleichzeitig leitete er die mod. Epoche der aserbaidschan. Lit. ein, die bis in die heutige aserbaidschan. Republik fortwirkt. S. lehrhaft-fortschrittsbejahenden Stükke haben auch auf die Entwicklung des mod. pers. Theaters bedeutenden Einfluß ausgeübt. Als Vf. kultur- u. sozialphilos. Abhandlungen gehört A. zu den großen islam. Reformisten des 19. Jh.

W: Hikāyet-i-Mollā Ibrāhîm, Sch. 1850 (Der Alchimist, d. 1920); Hikāyet-i-Monsieur Jordan, Sch. 1850 (d. A. Wahrmund 1889); Sergüzesht-i-vezîr-i-khān-i-Serāb, Schr. 1850 (Der Vezir von Lenkoran, d. um 1910); Hikāyet-i-khirs-i-quldur-basan, Sch. 1851 (The Bear who knocked down the Robber, engl. 1890); Sergüzesht-i-Mard-i-khasîs (Hadjdjî Qara), Sch. 1852 (franz. 1904); Murāfaʿā vekîllerinin hikāyeti, Sch. 1855 (engl. 1890). – Tamthîlāt, Tiflis 1859; Äsärlär, Baku II 1958–61; Ges. Drn., 2000.

L: M. Rafili, Baku 1957; H. W. Brands, 1958. – Bibl.: H. Tagyjev, Baku 1960.

Aicard, Jean (eig. François Victor Jean), franz. Schriftsteller, 4. 2. 1848 Toulon – 13. 5. 1921 Paris. Sohn eines Gelehrten; Stud. Jura Paris, Bewunderer und Freund Lamartines, 1883 Preis der Académie Française für das Gedicht ›Lamartine‹, beliebt und angesehen in Pariser lit. Zirkeln, 1909 Mitglied der Académie Française. – Lyriker, Erzähler, Dramatiker, bekannt durch sonnige, farbige Schilderungen der heimatl. Provence, der Provenzalen und ihres Brauchtums, bes. in ›Maurin des Maures‹ und ›Poèmes de Provence‹. Volksnahe, zärtl. Themen, bes. aus dem Familienleben; Sinn fürs Malerische; einfache Versformen. Von seinen emphat., gekünstelten, aber dramat. wirksamen Dramen war ›Le père Lebonnard‹, e. pathet. Schauspiel in Alexandrinern, in Italien beliebt. A. schrieb 1881 eine Versübs. von Shakespeare, ›Othello ou le More de Venise‹, Beziehung zu Emile Zola.

W: Les jeunes croyances, G. 1867; Les rébellions et les apaisements, G. 1871; Pygmalion, Dr. 1872; Mascarille, Dr. 1873; Poèmes de Provence, 1874; La chanson de l'enfant, G. 1875 (d. 1888); Lamartine, G. 1883; Smilis, Dr. 1884; Le livre d'heures de l'amour, G. 1887; Le père Lebonnard, Dr. 1889; Le roi de la Camargue, R. 1890; Maternités, G. 1893; L'Ibis bleu, R. 1893; Le pavé d'amour, R. 1896; Jésus, G. 1896; Tata, G. 1901; Maurin des Maures, R. 1908; Le témoin, G. 1916; Le sang du sacrifice, G. 1917.

L: J. Calvet, La poésie de J. A., 1909; ders., La prose de J. A., 1913; C. Julian, 1925.

Aidoo, Ama Ata, ghanes. Schriftstellerin, * 23. 3. 1940 Abeadzi Kyiakor/Ghana. Bildungsministerin 1982–83, unterrichtete an afrikan. und amerik. Universitäten. – A. schreibt über die Lebenssituationen von afrikan. Frauen und Mädchen und den Postkolonialismus. In Romanen, Erzählungen, Dramen, Kinderliteratur und Essays verbindet sie afrikan. mündliche Erzählweisen mit westl. Literaturstilen.

W: The Dilemma of a Ghost, Dr. 1965; Anowa, Dr. 1970; No Sweetness Here, En. 1970; Our Sister Killjoy, R. 1977; Someone Talking to Sometime, G. 1985; The Eagle and the Chickens, Kdb. 1986; Birds and Other Poems, Kdb. 1987; Changes, R. 1991 (Die Zweitfrau, d. 1998); An Angry Letter in January, G. 1992; The Girl Wo Can and Other Stories, En. 1996.

L: V. O. Odamtten, Gainesville/FL 1994; A. U. Azodo, G. Wilentz, Trenton/NJ 1999.

Aiken, Conrad (Potter), amerik. Dichter und Schriftsteller, 5. 8. 1889 Savannah/GA – 17. 8. 1973 ebda. Arztsohn; traumat. Schock durch Tod der Eltern; Stud. Harvard mit T. S. Eliot, G. Santayana und V. W. Brooks; Reisen nach Italien, langer Aufenthalt in England. – Melodiöser Lyriker, anfangs unter Einfluß von Poe, Keats, Browning; suchte durch Wort- und Klangzauber Annäherung der Dichtung an die Musik; im Anschluß an Eliot frühe kulturpessimist. Gedichte; unter Einfluß der Tiefenpsychologie Analyse von Seelenzuständen und traumhaft-phantast. Bildfolgen in der assoziativen Technik des Bewußtseinsstroms. Kurzgeschichten und Romane um neurot.-patholog. Charaktere in bildreicher, suggestiver Sprache; bedeutsame Rezensionen mod. Autoren.

W: Earth Triumphant, G. 1914; The Jig of Forslin, G. 1916; Turns and Movies, G. 1916; Nocturne of Remembered Spring, G. 1917; The Charnel Rose, G. 1918; Senlin, G. 1918; Scepticisms, Ess. 1919; The House of Dust, G. 1920; Punch: The Immortal Liar, G. 1921; Priapus and the Pool, G. 1922; The Pilgrimage of Festus, G. 1923; Blue Voyage, R. 1927; Costumes by Eros, Kgn. 1928; John Deth and Other Poems, G. 1930; Preludes for Memnon, G. 1931; Great Circle, R. 1933; Among the Lost People, Kgn. 1934; King Coffin, R. 1935; Time in the Rock, G. 1936; Conversation, R. 1940; Brownstone Eclogues, G. 1942; The Soldier, G. 1944; Skylight One, G. 1949; Short Stories, 1950; Ushant, Aut. 1952; Collected Poems, 1953; Mr. Arcularis, Dr. 1957; Sheepfold Hill, G. 1958; A Reviewer's ABC, Ess. 1958; Collected Short Stories, 1960 (Ausw. Fremder Mond, d. 1964; Die Nacht vor der Prohibition, d. 1987); Selected Poems, 1961; The Morning Song of Lord Zero, G. 1963. – Collected Novels, 1964; Collected Criticism, 1968; Collected Poems, ²1970; Cats and Bats, G. 1965; Thee, G. 1967; The Clerk's Journal, G. 1971; Selected Letters, 1978; Letters of C. A. and Malcolm Lowry 1929–1954, 1992.

L: J. Martin, 1962; F. J. Hoffman, 1962; R. Denney, 1964; C. M. Lorenz, Lorelei Two, 1983; T. R. Spivey, hg. 1990; C. F. Seigel, 1993; T. R. Spivey, 1997. – Bibl.: F. C. Bonnell, 1982.

Aiken, Joan (Delano), engl. Schriftstellerin, * 4. 9. 1924 Rye/Sussex – 4. 1. 2004 ebda. Tochter des amerik. Dichters Conrad Aiken; lit. vorgeprägtes Elternhaus. 1955–60 Hrsg. beim Kurzgeschichten-Magazin ›Argosy‹, bald Erfolg mit phantastischen Kindererzählungen. – Umfangreiches Œuvre, das hist. Romanen, Krimis, Horrorgeschichten, Dramen u. Gedichte umfaßt u.

sich durch Professionalität u. hohen Unterhaltungswert auszeichnet.

W: The Wolves of Willoughby Chase, Kdb. 1963 (d. 1974); Black Hearts in Battersea, Kdb. 1964 (d. 1986); Nightbirds on Nantucket, Kdb. 1966 (d. 1980); The Whispering Mountain, Kdb. 1968 (d. 1980); Night Fall, Kdb. 1969; Go Saddle the Sea, Kdb. 1977 (d. 1988); The Shadow Guests, Kdb. 1980 (d. 1990); Bridle the Wind, Kdb. 1983; A Fit of Shivers, Kgn. 1990 (d. 1992); The Winter Sleepwalker, Kgn. 1994 (d. 2000).

Ailianos (Claudius Aelianus), röm. Sophist, 165/ 170 – 230/235 n. Chr. Nach kurzer Karriere als Rhetor Schriftsteller, ausschließl. in Griechenland. – Von s. durch Themenvielfalt (benutzt u. a. ältere Sammelwerke), rhetor. Stil, Interesse am teratolog. Detail und populärphilos. Gedankengut geprägten Werk sind erhalten: 1) ›Eigentümlichkeiten von Tieren‹ (›Peri zoon philotetos‹, ›De natura Animalium‹, 17 Bücher): Kuriositätensammlung aus der Tierwelt, formal unter dem kynisch-stoischen Obergedanken der weisen Ordnung der Natur. 2) ›Bunte Geschichte‹ (›Poikile historia‹, ›Varia historia‹, 14 Bücher): Moral. belehrende Anekdoten aus der Menschheitsgeschichte (in Ausz. erhalten). In Zuschreibung umstritten sind: 3) ›Bauernbriefe‹ (›Epistolai agroikai‹, ›Epistulae‹): 20 Vignetten des att. Landlebens im 5./4. Jh. v. Chr., starke Anlehnung an die Neue Komödie. 4) 6 eleg. Epigramme (Porta S. Paolo, Rom). Noch in der Spätantike wird A.' att. Diktion und (teilweise manirierte) stilist. Einfachheit geschätzt; in Byzanz wird v. a. ›De nat. Anim.‹ benutzt (mehrere Kurzfassungen; trimetr. Fassung des Manuel Philes etc.).

A: R. Hercher 1864 [1]; M. R. Dilts 1974 [2]; D. Domingo-Forasté 1994 [4 u. Fragm.]. – *Komm.*: P. A. M. Leone 1974 [4]. – *Übs.*: U. Treu 1985 ([1] Ausw.); H. Helms 1990 [2]; A. R. Benner 1979 [4].

L: E. L. Bowie, in: CHCL I, 1985; J. F. Kindstrand, ANRW II 34.4, 1998; A. Zucker, in: La Magie, Bd. 2, hg. A. Moreau, J.-Cl. Turpin 2000.

Aimard, Gustave (eig. Olivier Gloux), franz. Romancier, 13. 9. 1818 Paris – 20. 6. 1883 ebda. Mit 12 Jahren Schiffsjunge, lebte 10 Jahre lang abenteuerlich bei Indianern in Arkansas, bereiste Spanien, die Türkei, den Kaukasus, nahm 1848 an waghalsigen Kämpfen in Mexiko teil; Rückkehr nach Paris, großer Erfolg s. Romane. 1870/71 Organisator und Bataillonsführer der ›Francs-tireurs de la presse‹. – Vf. zahlr. Indianer- und exot. und sozialkrit. Abenteuerromane, Frische und Lebendigkeit in der Darstellung zumeist eigener Erlebnisse unter Einfluß von J. F. Cooper.

W: Les trappeurs de l'Arkansas, 1858 (d. 1859); Le grand chef des Aucas, 1858 (d. 1859); Le chercheur de pistes, 1858 (d. 1920); Les pirates des prairies, 1859, 1967 (d. 1873); La fièvre d'or, 1860 (d. 1912); La grande flibuste, 1860; Les fils de la tortue, 1863 (d. 1868); Les nuits mexicaines, 1863 (d. 1864); Les bohèmes de la mer, 1865 (d. 1866); Une vendetta mexicaine, 1866 (d. 1866/67); La forêt vierge, 1870; Les bois brûlés, 1875; Le chasseur des rats, 1876; Le Souriquet, 1882; Les bandits de l'Arizona, 1882; Le batteur de sentiers, 1884.

Aimeric de Peguilhan, provenzal. Troubadour, vor 1175 Toulouse – um 1225. Sohn eines Tuchhändlers aus Peguilhan bei Saint-Gaudens, Obere Garonne; begann s. Laufbahn am Hof Raimons V. von Toulouse, zog dann nach Katalonien zu Guilhem de Bergedan, von dort zu Pedro II. von Aragón, diente in Italien Markgraf Wilhelm IV. von Montferrat, danach mehrere Jahre Markgraf Guilhan VI. von Malaspina, blieb lange am Hof der Este unter Azzo VI. als dessen Lieblingstroubadour; soll als Ketzer geendet haben. – Typ des gewandten Berufssängers, dem Dichtung vorwiegend soz. Leistung ist. Besang s. adligen Herren, in 7 Liedern auch Beatrice, die schöne Schwester Azzos VI., dichtete 40 Liebeslieder, e. Reihe von jeux-partis, sirventes, partimens, Klagelieder ›planhs‹ (zum Tod von Azzo VI. 1212, von G. de Malaspina 1220), auch e. Loblied auf Kaiser Heinrich VI. und e. Kanzone für Friedrich II. Trug durch s. Leben im Ausland viel zur Verbreitung der Troubadourkunst bei, während sein Werk selbst, bar jeder Originalität, zu der weniger bedeutenden Dichtung s. Zeit zählt.

A: Two provençal Tenzoni, hg. W. P. Shepard (Modern Philol. 23, 1925); Poesie provenzali storiche relative all'Italia, hg. V. De Bartholomaeis 1931; A. d. P. XIIIth century poems, hg. u. engl. Übs. W. S. Shepard, F. M. Chambers 1950.

L: W. P. Shepard, 1940.

Ainsworth, William Harrison, engl. Romanschriftsteller, 4. 2. 1805 Manchester – 3. 1. 1882 Reigate. Besuchte Manchester Grammar School, Stud. Rechtswiss. ∞ 1826 Anne Ebers, schrieb in s. Jugend zahlr. Zeitschriftenbeiträge und war zeitweise selbst Herausgeber von Zeitschriften. – Verfaßte insges. 39 zu s. Zeit sehr beliebte, heute wenig gelesene hist. Romane. Zunächst vom Schreckensroman beeinflußt, vor allem in ›Rookwood‹, später Anklänge an W. Scott und E. Dumas. Lebhafter, melodramat. Erzählstil, behandelt hist. Tatsachen mit großer Freiheit.

W: Rookwood, R. III 1834; Jack Sheppard, R. 1839; The Tower of London, R. 1840; Old St. Paul's, R. III 1841; Guy Fawkes, R. 1841; Windsor Castle, R. 1843; The Lancashire Witches, R. 1849. – Collected Works, XII 1923.

L: J. Evans, The early life of A., 1882; W. Axon, 1902; S. M. Ellis, II 1911 (m. Bibl.); M. Elwin, Victorian Wallflowers, 1934; K. Hollingsworth, 1963; G. J. Worth, 1972. – *Bibl.*: H. Locke, 1925.

Ai Qing (eig. Jiang Haicheng), chines. Lyriker, 27. 3. 1910 Yiwu (Zhejiang) – 5. 5. 1996 Peking. Sohn e. wohlhabenden Grundbesitzerfamilie. 1929–32 Kunststud. in Frankreich, Interesse an mod. Malerei und mod. franz. und russ. Lyrik. 1932–35 aus polit. Gründen in Shanghai inhaftiert. Im antijapan. Krieg in Yan'an verweigert sich A. zunächst der Instrumentierung der Lit. durch die Politik. 1942 kritisiert und zu Selbstkritik gezwungen, wird er zum optimist. Propagandisten des Widerstands gegen Japan und die Revolution. Nach 1949 auf dem chines. Festland äußerst populär; Direktor der Kunstakad. in Peking. 1958–73 als ›rechtes Element‹ in Verbannung. – Erste Gedichtsamml. 1936; freie Verse in mod. Schriftsprache, oft autobiograph. Inhalts, aber auch düstere Beschreibungen des Elends in Nordchina.

W: Dayan he, 1936; Beifang, 1942; Xiang taiyang, 1947. – Ai Qing xuanji (GW), 1986; Ai Qing wenji (GS), 1991. – *Übs.*: Selected Poems, Peking 1982; Auf der Waage der Zeit, 1988.

Aischines, altgriech. Redner u. Politiker, um 399/396 (391/389?) – um 322 (315?) v. Chr. Biograph. Nachrichten widersprüchl. (zuerst Schauspieler?), sicher Angehöriger der Elite Athens. Polit. aktiv hauptsächl. 348/347–338/337, v. a. als Gesandter zu Philipp II., was zu e. lebenslangen Feindschaft mit Demosthenes führt. Nach dem Scheitern s. Politik (330, s. u. 3) im Exil. Danach verliert sich A.' Spur als Politiker. – Von s. Werk kennen schon die Römer als echt nur noch die 3 uns erhaltenen Reden (eine 4. über Delos, ist unecht): 1) ›Gegen Timarchos‹ (345 v. Chr., Sieg): Anklage gegen e. Freund des Demosthenes. 2) ›Über die Truggesandtschaft‹ (343 v. Chr., Freispruch): Verteidigung gegen Demosthenes (vgl. ders. Or. 19) wegen Gesandtschaft von 346. 3) ›Gegen Ktesiphon‹ (330 v. Chr., sog. ›Kranzprozeß‹, Niederlage): Klage gegen e. Ehrung (goldener Kranz) für Demosthenes. – A.' erot. Gedichte sind verloren, 12 erhaltene Briefe gelten als unecht. A. gehört zum Kanon der ›10 attischen Redner‹. Obwohl er wohl keine volle rhetor. Schulung durchlief, waren in der Antike v. a. die Klarheit s. Stils und die Schönheit s. Diktion geschätzt, so daß Cicero A.' Or. 3 ins Lat. übersetzt hat.

A: M. R. Dilts 1997; V. Martin, G. de Budé ³1962 (m. franz. Übs.); N. Fisher 2001 (or. 1, m. Komm. u. engl. Übs.); J. M. Julien 1979 (or. 2, m. Komm.); G. Ammendola 1934; R. B. Richardson 1979 (or. 3, m. Komm.); M. R. Dilts 1992 (Scholien); Preuss 1896 (Index). – *Übs.*: G. E. Benseler 1855–60 (dt.); Chr. Carey 2000 (engl.).

L: J. F. Kindstrand, 1982; R. Lane Fox, in: R. Osborne, S. Hornblower, hg. 1994; E. M. Harris, New York, Oxf. 1995; Th. Paulsen, 1999; J. Buckler, in: Demosthenes, hg. I. Worthington 2000.

Aischylos, griech. Tragiker, 525/524 v. Chr. Eleusis – 456/455 v. Chr. Gela (Sizilien). Aus dem Adelsgeschlecht der Eupatriden, Teilnahme an den Perserkriegen, mehrere Sizilienaufenthalte (dort u. a. Aufführung e. Festspiels für die neugegründete Stadt Aitnai). Vermutl. ab 499 Teilnahme am trag. Agon, 484 erster Sieg (von insges. 12), 468 unterliegt A. dem jungen Sophokles. – Von s. reichen Produktion kennen wir 80 Titel sowie 451 Fragmente; unter s. Namen vollständig erhalten sind folgende 7 Tragödien: 1) ›Perser‹, 472 v. Chr., zeitgeschichtl. Bezug zur Niederlage der Perser bei Salamis (480). 2) ›Sieben gegen Theben‹, 467 v. Chr., spielt im belagerten Theben; takt. Überlegungen wechseln ab mit Klagen des Chores der theban. Frauen über Kriegsgreuel bzw. Brudermord und Redenpaaren, die die Situation an den 7 Toren der Stadt schildern. 3) ›Die Schutzflehenden‹ (›Hiketiden‹, ›Supplices‹), wohl 463 v. Chr., spielt in Argos. 4) ›Orestie‹, 458 v. Chr., einzige erhaltene Inhaltstrilogie, mit dem Satyrspiel ›Proteus‹ ist verloren: a) ›Agamemnon‹, b) ›Weihgußträgerinnen‹ (›Choephoren‹), c) ›Eumeniden‹. 5) ›Der gefesselte Prometheus‹ (›Prometheus desmotes‹), in der Zuschreibung an A. umstritten. Da von A.' Frühwerken nur Spuren erhalten sind, kann man die antiken Nachrichten (v. a. Arist. ›Poet.‹ 4) über s. Bedeutung für die Entwicklung der Tragödie nicht überprüfen: A. gilt als ›Schöpfer‹ der Tragödie, indem er bei der von ihm vorgefundenen dramat. Form den Anteil des Chores reduzierte, den der Sprechpartien vergrößerte und e. 2. Schauspieler einführte. Kostüme und Bühnenausstattung soll er aufwendig gestaltet haben. Ebenfalls auf A. zurück geht wohl die inhaltl. Verbindung von 3 Dramen (sog. ›Inhaltstrilogie‹ bzw. ›-tetralogie‹: 3 Tragödien und 1 Satyrspiel); damit gewinnt er die Möglichkeit, die Verstrickungen s. Akteure über mehrere Generationen hinweg darzustellen. Äußerer Zwang (z. B. Geschlechterfluch) und eigene Schuld (›Hybris‹: Selbstüberheblichkeit; ›Ate‹: Verblendung) durch das Verletzen der von den Göttern gesetzten Grenzen wirken dabei rational nicht auflösbar zusammen; doch kann der Mensch ›aus Leiden lernen‹ und so zu Einsicht in die Gerechtigkeit gelangen. Diese theolog. Deutung menschl. Existenz präsentiert A. in e. mit Archaismen, kühnen Metaphern und Neologismen durchsetzten Sprache. S. eigenen Zeit galt A. als bedeutendster der ›drei großen Tragiker‹ (A., Sophokles, Euripides), so daß Athen gleich nach s. Tod e. Wiederaufführungsrecht für s. Tragödien beschloß, und er noch in Aristophanes' ›Fröschen‹ (5. Jh.) über den jüngeren Euripides siegt; dieser wird ihn dann in der Folgezeit bis in die Neuzeit jedoch fast ganz aus der Gunst des Publikums verdrängen. Erst das 19. Jh. entdeckt die Inhaltstetralogie als ästhet.

Aisopos

Herausforderung wieder (z.B. A. Dumas' ›Orestie‹ 1865), zu Beginn des 20. Jh. findet A. dann den Weg zurück auf die Bühne (Nov. 1900, Theater des Westens: ›Orestie‹ in der Übs. von U. von Wilamowitz-Moellendorff), bleibt dort (Okt. 1980, Berliner Schaubühne: Peter Stein, ›Orestie‹) und wird in versch. lit. Formen rege rezipiert, vgl. z.B. E. O'Neill ›Mourning becomes Electra‹ (1931), G. Hauptmann ›Atriden-Tetralogie‹ (1941–48), Chr. Wolf ›Kassandra‹ (1983).

A: D. L. Page 1972; M. L. West 1990. – Fragm.: H. J. Mette 1959; L. Ferrari ²1982; TrGF III. – *Komm.:* H. J. Rose, II 1957/58. – 1: H. D. Broadhead 1960; L. Belloni 1988. – 2: G. O. Hutchinson 1985. – 3: H. Frijs Johansen, E. W. Whittle 1980. – 4a: E. Fraenkel ²1962; J. D. Denniston, D. L. Page 1967; J. Bollack 1981, 1982; P. Judet de la Combe 2001. – 4b: A. F. Garvie 1986. – 4c: A. H. Sommerstein 1989; A. J. Podlecki ²1992. – 5: D. J. Conacher 1980; M. Griffith 1983. – *Übs.:* O. Werner ²1988 (einschließl. Fragm.)

L: K. Reinhardt, Bern 1949; A. Lesky, ³1972; H. Hommel, hg. 1974; O. Taplin, Oxf. 1977; R. P. Winnington-Ingram, Cambr. 1983; M. L. West, 1990; B. Zimmermann, ²1992; J. Latacz, 1993; V. Citti, Amst. 1994; A. Sommerstein, Bari 1996; M. J. Lossau, 1998.

Aisopos, nahezu myth. altgriech. Fabeldichter, 6. Jh. v. Chr. Alle biograph. Nachrichten umstritten: Ein vermutl. historischer A. aus dem Schwarzmeergebiet ist von dem ›phryg. Sklaven A.‹ mit s. Herrn Xanthos und polit. Aktivitäten auf Samos, s. Reisen bis zu Kroisos (Lydien) und Periander (Korinth) kaum zu trennen; er soll wegen Hierosylie in Delphi von e. Felsen gestürzt worden sein. Dem entspricht die Fassung s. Lebens im sog. ›Aisop-Roman‹ (vermutl. frühe Kaiserzeit). – Die Antike nennt ›A.‹ fast gleichbedeutend mit e. bestimmten, vorderasiat. beeinflußten Form ion.- archaischer Weisheitsgeschichten. Diese Vorläufer der mod. Gattung ›Fabel‹ lassen nicht die später typ., sozialkrit. Tendenz erkennen. Schon im 6./5. Jh. v. Chr. waren solche (anachronist.:) ›Fabeln‹ unter A.' Namen schriftl. fixiert, für den Hellenismus ist die erste systemat. Sammlung (Demetrios von Phaleron) bezeugt; die älteste erhaltene Sammlung, die sog. ›Collectio Augustana‹ (1. Jh. n. Chr.) ist stark von den Bedürfnissen der Rhetorenschule geprägt. In der frühen Neuzeit tritt die Gattung ›Fabel‹ und damit ›Aisopos‹ e. Siegeszug durch die gesamte europ. Lit. an.

A: B. E. Perry 1952 (n. 1980); A. Hausrath, H. Hunger 1959.

L: M. Nojgaard, 1965; N. Holzberg, 1993.

Aistis, Jonas (bis 1952: Jonas Aleksandravičius, Ps. Kossu-Aleksandravičius, Jonas Kuosa-Aleksandriškis), litau. Lyriker, 7. 7. 1904 Kampiškės – 13. 6. 1973 Washington. 1930–40 Stud. roman. Philol. Kaunas, Paris, Grenoble (1944 Promoti-on), 1946 Emigration in die USA, Lehrer am litau. College in Marianopolis/CT, seit 1958 an der Library of Congress in Washington. Hrsg. der Werke von J. Baltrušaitis (1948) und K. Binkis (1952, 1962). – S. erste Gedichtsammlung 1932 war wegweisend für die litau. Lit.; unter Einfluß Baudelaires Dichter des Spleens; Hinwendung zum eigenen Ich. Exakte Metrik, Vorliebe für Details.

W: Eilėraščiai, G. 1932; Imago mortis, G. 1934; Intymios giesmės, G. 1935; Dievai ir smūtkeliai, Es. 1935; Užgesę Chimeros akys, G. 1937; Poezija, G. 1940; Be tėvynės brangios, G. 1942; Nemuno ilgesys, G. 1947; Pilnatis, G. 1948; Sesuo buitis, G. 1951; Apie laiką ir žmones, Es. 1953; Kristaliniam karste, G. 1957; Poezija, G. 1961. – Werke, II 1988, 1993.

Aitareya → Brāhmaṇas

Aitareya → Upaniṣad, die

Aitmatow, Tschingis → Ajtmatov, Čingiz Torekulovič

'Aiyūqī, pers. Epiker, 11. Jh. – Vf. des Epos ›Warqa u Gulšāh‹. Thema ist W.s Liebe zu seiner Kusine G., die aber die Frau des syr. Königs wird. Warqa verzichtet auf Gulšāh, stirbt aber bald darauf, Gulšāh folgt ihm im Tode nach. Später erweckt Mohammed beide wieder zum Leben. Die Erzählung beruht auf einer arab. Romanze. 'A.s Fassung ist die erste pers., weitere folgten (pers., kurd., türk.). Der Stoff ging auch in die franz. Lit. ein und liegt ›Floire et Blancheflor‹ zugrunde.

A: W. u G., hg. Ḏ. Ṣafā 1343/1964.

L: Dj. Khaleghi-Motlagh, 1989.

Aizpuriete, Amanda, lett. Lyrikerin, * 28. 3. 1956 Jūrmala b. Riga. Eltern Radiojournalist, Pharmazeutin; bis 1974 Schule Jūrmala; 1974–79 Philologiestud. Riga, Geschichte u. Philosophie in Moskau; 1980–84 Gorkij-Literaturinstitut Moskau, Nachdichtungsklasse; seit 1988 verschiedene Tätigkeiten, u.a. bei ›Avots‹, freie Schriftstellerin u. Übs. – A.s Gedichte geben e. Darstellung der geistigen u. intimen Welt der menschlichen Seele; ergreifende Verzweiflung u. Niedergeschlagenheit, dunkle, fast magische Symbolik; Übs. (Kafka, Brodzkij).

W: Nāks dārzā māte, G. 1980; Kāpu iela, G. 1986; Nākamais autobuss, G. u. Übsn. 1990.

Ajalbert, Jean, franz. Schriftsteller, 10. 6. 1863 Clichy-la-Garenne – 14. 1. 1947 Cahors/Lot. 1884 Advokat, setzte sich leidenschaftl. für die Revision des Dreyfus-Prozesses ein, reiste viel, übernahm 1903 e. Mission der franz. Regierung in Siam und Laos; 1917 Mitglied der Académie

Goncourt, Konservator des Schlosses Malmaison, dann der Manufacture Nationale von Beauvais. – Schrieb Gedichte, Dramen, Novellen, Reise- und Dokumentarberichte, wertvolle Kunstkritiken; am bekanntesten durch exot. Romane über Indochina und s. Erinnerungen ›Mémoires en vrac‹.

W: Sur le vif, G. 1885; Paysages de femmes, G. 1887; En amour, R. 1890; En Auvergne, Reiseb. u. Nn. 1893; Le cœur gros, G. 1894; Sous le sabre, Abh. 1898; Sao Van Di, R. 1905; Raffin-Su-Su, R. 1911; Mémoires à rebours: 1935–1870, M. 1936.

Ajar, Emile, seit 1974 gelegentl. benutztes Ps. von Romain → Gary; 1981 von ihm selbst enthüllt.

L: J.-M. Catonné, 1990.

Ajgi, Gennadij Nikolaevič, čuwasch. u. russ. Dichter čuwasch. Herkunft, * 21. 8. 1934 Šajmuržino. 1953–58 Stud. Lit.-Inst. Moskau, veröffentlichte 1958–80 6 Lyrikslgg. auf čuwasch. Ferner Sammelbände mit Lyriknachdichtungen franz. (1968–72), ungar. (1974), poln. (1974) Dichter. S. auf Anraten von Pasternak ab 1960 entstandene russ. Dichtung wurde außerhalb der Sowjetunion 1967–76 durch Übs. (tschech., slovak., d., poln., ungar., franz.) bekannt, die erste russ. Slg. von der Univ. Köln 1975 veröffentlicht. Lebt in Moskau. – Hochbegabter, religiös fundierter Dichter mit einer überaus verdichteten, ellipt. Sprache, die bewußt Elemente einer ›Metapoetik‹ u. ›Metagrammatik‹ verwendet. Sie ist philosoph. Auseinandersetzung zwischen Idee u. Verkörperung, Widerstand im Geistigen gegen eine atheist.-materielle Welt.

W: Stichi, hg. W. Kasack, G. 1975; Otmečennaja zima, G. Paris 1982; Zdes', G. 1991; Teper' vsegda snega, G. 1992; Poklon-peniju, G. 2001. – Übs.: Beginn der Lichtung, 1971; Veronikas Heft, 1993; Wind vorm Fenster, G. 1998; Aus Feldern Rußlands, G. u. Prosa 2000.

L: L. Robel, Paris 1993.

Ajip Rosidi, indones. Schriftsteller, * 31. 1. 1938 Djatiwangi/Tjirebon. Hrsg. der Zs. ›Madjalah Sunda‹. – Lyriker, Erzähler, Essayist und Dramatiker in indones. und sundanes. Sprache, e. der bedeutendsten und fruchtbarsten Schriftsteller der Gegenwart. Vf. mehrerer Abh. zur Entstehung u. Periodisierung indones. Lit. Ihn interessieren gesellschaftl. Fragen und die Problematik um Schicksal und Einsamkeit des Menschen.

W: Tahun-Tahun Kematian, Kgn. 1955; Pesta, G. 1956; Ditengah Keluarga, E. 1956; Sebuah Rumah buat Hari Tua, Kgn. 1957; Perdjalanan Pengantin, E. 1958; Tjari Muatan, G. 1959; Suratjinta Endaj Rasidin, G. 1960; Pertemuan Kembali, Kgn. 1963; Kapankah Kesusastraan Indonesia Lahir, Ess. 1964; Kesusasteraan Sunda Dewasa ini, Ess. 1966; Muntinglaja di Kusumah, Nacherz. e. sundanes. Gedichts, 1968; Masalah Angkatan dan Periodisasi Sastra Indonesia, Ess. 1973; Laut Biru Langit Biru, Anth. 1977; Sajak-sajak Anak Matahari, G. 1979. Undang-Undang Hak Cipta 1982: Pandangan seorang Awam, Ess. 1984.

Ajtmatov, Čingiz Torekulovič, russ. Prosaist kirgis. Herkunft, * 12. 12. 1928 Šeker. Vater kommunist. Parteifunktionär, 1937 Opfer staatl. Terrors. Seit 1958 einer der bekanntesten sowjet. Schriftsteller, in der Sowjetunion offiziell hoch anerkannt (Leninpreis 1963), im Ausland viel übersetzt (9 Bücher auf d. 1962–81). 1990–94 sowjet./russ. Botschafter in Luxemburg, lebt in Brüssel. – A. veranschaulicht in frühen Erzählungen wie ›Džamilja‹ die Spannung zwischen mittelasiat. Tradition u. europ.-kommunist. Fortschritt, ab 1970 flicht er myth. Geschehen in Novellen wie ›Belyj parochod‹ ein u. zeigt die Überlegenheit religiös fundierter Menschen über Materialisten. Der Roman ›Placha‹ propagiert ein kommunist. duldbares Pseudochristentum.

W: Džamilja, E. 1960 (Dshamilja, d. 1962); Proščaj, Gul'sary, N. 1966 (Wirf die Fesseln ab, Gulsary, d. 1967); Belyj parochod, N. 1970 (Der weiße Dampfer, d. 1972); Pegij pes, beguščij kraem morja, N. 1977 (Der Junge u. d. Meer, d. 1978); V soavtorstve s zemleju i vodoju, Ess. 1978; I dol'še veka dlitsja den', R. 1980 (Ein Tag länger als ein Leben, d. 1981); Placha, R. 1987 (Der Richtplatz, d. 1987). – Sobranie sočinenij (GW), III 1982–84.

L: I. Gutschke, Menschheitsfragen, Märchen, Mythen. Zum Schaffen Č. A.s, ²1968; Richtplatz Literatur. Č. A. in Loccum, hg. O. Schwencke 1989.

Akbal, Oktay, türk. Schriftsteller, * 20. 4. 1923 Istanbul. Franz. Schule u. Univ. Istanbul; Journalist, Lit.- u. Kunstkritiker. – Unter Einfluß Sait Faiks äußerst sensitiver Gestalter des Großstadtlebens, das er mit Vorliebe monologisierend, gedankenreich u. mit e. Anflug von Melancholie zeichnet. Steht damit in bewußtem Gegensatz zu der seit dem 2. Weltkrieg vorherrschenden, vordergründig-vitalen Richtung der ›Dörfler‹. Übs. aus dem Franz. (Sartre, Camus).

W: Önce Ekmekler Bozuldu, En. 1946; Askısız Insanlar, En. 1949; Gariple Sokaği, R. 1950; Bizans Definesi, En. 1953; Bulutun Rengi, En. 1954; Suçumuz Insan Olmak, R. 1957; Berber Aynasi, En. 1958; Şair Dostlarim, Mem. 1964; Dost Kitaplar, Ess. 1967; Yalnizlik Bana Yasak, En. 1967; Günlerde 1965–1966, Tg. 1968; Konumuz Edebiyat, Ess. 1968; Tarzan Öldü, En. 1969; Yazmak Yaşamak, Ess. 1970; Insan Bir Ormandir, R. 1975; Düş Ekmeği, R. 1983; Ey Gece kapini Üstüme Kapat, En. 1988. – Ges. En. 2003.

Aken, Hein van, fläm. Dichter, um 1300, Pfarrer in Corbeekloo b. Löwen. – Vf. des ›Hughe van Tabaryen‹, e. Gedichts über das Rittertum in achtzeiligen Strophen nach L'Ordine de Chevalerie, ferner e. Kurzfassung des ›Roman van de Roos‹ (besser ›Spieghel der Minne‹) nach Guillaume de Lorris und Jean Chopinel de Meun, wodurch die

später vor allem von den Rederijkern gepflegte allegor. Darstellungsweise in den Niederlanden heimisch wurde.
A: Die Rose, hg. E. Verwijs 1868; Van den coninc Saladijn ende van Hughen van Tabaryen, hg. P. de Keyser 1950; Vierde Martijn, hg. W. E. Hegman 1958.
L: W. E. Hegman, Diss. Gent 1957.

Aken, Piet (eig. Petrus Camille) van, fläm. Romanschriftsteller, 15. 2. 1920 Terhagen – 2. 5. 1984 Antwerpen. – Erzähler aus dem Arbeiterleben s. Heimat, Krieg und Aufstand, anfangs unter Einfluß de Pillecijns. S. vitalen, affektbeherrschten Hauptgestalten werden von Haß u. Begierde getrieben. Sucht Verständnis zu wecken für die Nöte der unteren Schicht.
W: De falende God, R. 1944; Het hart en de klok, R. 1944; De duivel vaart in ons, R. 1946; Alleen de doden ontkomen, R. 1947; Het begeren, R. 1952 (d. 1958); Klinkaart, R. 1954 (d. 1960); De wilde jaren, R. 1958 (d. 1960); De nikkers, R. 1959; De verraders, R. 1962; De onschuldige barbaren, R. 1964; De jager, niet de prooi, R. 1964; Slapende honden, R. 1966; Agenda van een heidens lezer, Ess. 1967; Dood getij, R. 1979; De blinde spiegel, R. 1981; De hoogtewerkers, R. 1982; De Goddemaers, R. 1983. – *Übs.*: Wildes Wochenende, R. 1974.
L: ›Mens en Taak‹ Sondernr. P. v. A., 1970; F. Auwera, 1974.

Akenside, Mark, engl. Lyriker, 9. 11. 1721 Newcastle upon Tyne – 23. 6. 1770 London. Sohn e. Metzgers. Stud. Medizin Edinburgh und Leiden. Erfolgr. Arzt in Nottingham und London, 1761 zu e. der Ärzte der Königin ernannt. – Philos. Lehrdichter im Gefolge A. Popes mit ästhet.-psycholog. Themen; auch Satiren und mytholog. Oden.
W: The pleasures of imagination, G. 1744; Poems 1772; Poetical works, 1996.
L: C. T. Houpt, 1944; R. Dix, 2000.

Åkesson, Sonja, schwed. Lyrikerin, 19. 4. 1926 Buttle/Gotland – 5. 5. 1977 Stockholm. ∞ 1966 Lyriker Jarl Hammarberg-Åkesson. – In freien Rhythmen u. e. Art Collagetechnik werden Lyrik u. Prosa vermischt; Thema oft die Beziehungen der Menschen zueinander u. die Stellung der Frau in der zeitgenöss. Gesellschaft.
W: Husfrid, 1963; Man får vara glad och tacka Gud, 1967; Kändis (zus. m. J. H.-Å.), 1969; Slagdängar, 1969; Ljuva sextital, 1970; Hå! vi är på väg (zus. m. J. H.-Å.), 1972; Hjärtat hamrar, lungarna smälter, 1972; Sagan om Siv, 1974; Hästens öga, 1977.

Akif, Mehmed → Ersoy, Mehmed Akif

Akın, Gülten, türk. Dichterin, * 1933 Yozgat. Jurastud., u.a. Lehrerin u. Anwältin; lebt in Ankara. – Gilt als die bedeutendste Dichterin der türk. Moderne; empfindsames weibl.-mütterl. Ich zwischen anatol. Gesellschaft u. Natur fühlt sich mit wachsender Lebenserfahrung in gesellschaftl. Probleme u. Widersprüche hinein.
W: Rüzgâr Saati, G. 1956; Kestim Kara Saçlarımı, G. 1960; Sığda, G. 1964; Kırmızı Karanfil, G. 1971; Maraş'ın Ve Ökkeş'in Destanı, G. 1972; Ağıtlar Ve Türküler, G. 1976; Seyran Destanı, G. 1979; Seyran Destanı (Ges. G.), 1982; İlahiler, G. 1983; Şiiri Düzde Kuşatmak, Ess. 1983; 42. Gün, Es. 1986. – *Übs.*: In: Die Wasser sind weiser als wir, Anth. 1987.
L: A. Bezirci, 1971.

Akinari → Ueda Akinari

Akominatos → Michael Choniates

Aksakov, Sergej Timofeevič, russ. Schriftsteller und Prosadichter, 1. 10. 1791 Ufa – 12. 5. 1859 Moskau. Vater Beamter, aus altruss. Landadel; Mutter Tochter eines hohen Beamten in Orenburg; Vater des Ivan Sergeevič und Konstantin Sergeevič A.; Stud. Kazan' 1805–07, 1808–12 Beamter in Petersburg, lebte 1816–26 auf dem Land, 1827 Zensor in Moskau, dann ebda. Inspektor und Direktor des Instituts für Landmeßkunde, schied 1839 aus dem Dienst. Trat zuerst 1815 mit Übs. des ›Philoktet‹ von Sophokles nach der franz. Bearbeitung von LaHarpe hervor; gehörte dem Kreis der lit. ›Archaisten‹ unter Führung des Admirals Šiškov an; in den 40er Jahren Freundschaft mit Gogol', Zusammenkünfte der Moskauer Slavophilen in A.s Haus in Moskau; zeigte von früh an Neigung zur Lit., bes. zum Theater, wurde sich aber erst spät, über der Niederschrift von Erlebnissen als Angler und Jäger, s. bes. Fähigkeit und Neigung zur Prosadichtung bewußt; war in s. letzten Lebensjahren fast völlig blind. – Beginnt in lit. anspruchslosen Werken s. eigenen Stil zu formen, der in dem belletrist. verkleideten, zum dichter. Kunstwerk sich erhebenden Erinnerungsbuch ›Semejnaja chronika‹ s. schönsten Ausdruck findet; gibt darin in äußerst klarer, ausdrucksvoller, in den syntakt. Konstruktionen einfacher Sprache prächtige Bilder aus dem patriarchal. Leben des Landadels aus der 2. Hälfte des 18. Jh.; hervorragend als Schilderer der Landschaft; dringt in den autobiograph. ›Detskie gody Bagrova vnuka‹ tief in die innere Welt des Kindes ein, wirkt damit auf spätere Pädagogen und Psychologen, auf Dostoevskij, L. Tolstoj. Übs. von Molière, Boileau u.a.
W: Zapiski ob uženii ryby, E. 1847; Zapiski ružejnogo ochotnika Orenburgskoj gubernii, E. 1852; Semejnaja chronika, 1856 (Am Rande der Wildnis: eine Familienchronik, d. 1961); Detskie gody Bagrova vnuka, E. 1858 (Die Kinderjahre Bagrows des Enkels, d. 1919); Istorija moego znakomstva s Gogolem, Mem. 1960. – Sobranie sočinenij (W), VI 1912/13, IV 1955/56. – *Übs.*: E. Familienchronik, 1919, 1982.

L: S. Mašinskij, 1961, ²1973; M. Lobanov, 1987; A. Durkin, New Brunswick 1983.

Aksënov, Vasilij Pavlovič, russ. Prosaist, * 20. 8. 1932 Kazan'. Sohn der Schriftstellerin Evgenija Ginzburg. Bis 1960 Arzt. In den 60er Jahren bedeutendster russ. Schriftsteller über Probleme der sowjet. Jugend (z.B. der von dogmat. Seite stark angegriffene Roman ›Zvezdnyj bilet‹), 1979 Haupthrsg. des Alm. ›Metropol'‹ (USA), 1980 Emigration nach den USA, gehört zu den führenden Schriftstellern der 3. Emigration. Lebt in Washington, DC. – Im frühen Schaffen hob sich A. von der Lit. unter Stalin durch themat. Offenheit u. Einbeziehung des Jugendjargons ab. ›Ožog‹ kreist in lockerer Struktur um das Leben der sowjet. Intelligenz der 60er u. 70er Jahre. ›Ostrov Krym‹ gestaltet die Emigrationsproblematik anhand der Fiktion, die Krim sei 1920 nicht von den Roten erobert, sondern selbständiger freier russ. Staat geworden. Seit 1965 bezieht A. auch nichtrealist. Schichten in s. Schaffen ein.

W: Zvezdnyj bilet, N. 1961 (Fahrkarte zu den Sternen, d. 1962); Na polputi k lune, N. 1962; Apel'siny iz Marokko, N. 1963 (Apfelsinen aus Marokko, d. 1965); Pora, moj drug, pora, R. 1964 (Es ist Zeit mein Freund, es ist Zeit, d. 1967); Zatovarennaja bočkotara, N. 1968 (Defizitposten Faßleergut, d. 1975); Ožog, R. 1980 (Gebrannt, d. 1983); Ostrov Krym, R. 1981 (Die Insel Krim, d. 1986); Novyj sladostnyj stil', R. 1997; Moskovskaja saga, R. 1993/94. – Sobranie sočinenij (GW), V 1994/95.

L: P. Dalgard, Aarhus 1982; A. Writer in Quest of Himself, hg. E. Možejko u.a., Columbus/OH 1986; K. Kustanovich, The Artist and the Tyrant, Columbus/OH 1992; St. Kessler, 1998.

Akurāters, Jānis, lett. Dichter, 13. 1. 1876 Dignāja, jetzt Vandāni b. Līvāni/Lettl. – 25. 7. 1937 Riga. Sohn e. Försters, ab 1894 Försterlehre in Tula/Russl.; ab 1898 Lehrer in Lettl., Stud. Moskau; Mitglied der Lett. Sozialdemokrat. Partei, Redakteur; 1907 Verbannung, Flucht nach Oslo; 1912 Paris; 1915 Moskau; 1916 Lett. Roter Schütze; ab 1917 Redakteur versch. Zsn. in Lettl., leitende Position im Bildungsministerium u. Rundfunk. – Sonnensymbolik, innovative Gedichtformen, unterschrieb das sog. Manifest der Dekadenten; neoromant. Dichtungen u. revolutionäre Lyrik, Prosa u.a. bestimmt durch den Konflikt zwischen Sein u. Sollen, Liebesdramen; Publizist, Übs. (Ibsen, Wilde).

W: Zvaigžņu nakts, G. 1905; Degoša sala, E. 1912; Sapņi un likteņi, En. 1919; Pēteris Danga, R. 1921; Kaupo, Līvu virsaitis, Tr. 1922; Latvijas balādes, G. 1922; Dzīvības sākumi, G. 1924. – Kopoti raksti (GW), XII 1923–28. – *Übs.:* Novellen, 1921.

Akutagawa, Ryûnosuke, jap. Novellist, 1. 3. 1892 Tokyo – 24. 7. 1927 ebda. Graduierte 1916 Univ. Tokyo in engl. Lit. Schüler von Natsume Sôseki; von 1914 an Mithrsg. der ›Shinshichô‹. Erstlingswerke ›Rashômon‹, ›Hana‹ brachten bereits Anerkennung. 1918 Mitarbeiter der Zeitung ›Tokyo – nichinichishinbun‹. 1921 Reise nach China. Von Natsume Sôseki und Mori Ôgai beeinflußt, daneben Vorliebe für Mérimée, Strindberg, Baudelaire, Browning. A. war sich der unversöhnlichen Gegensätzlichkeit von Wirklichkeit und Kunst zutiefst bewußt; die Problematik s. L'art-pour-l'art-Einstellung trieb ihn schließlich zum Selbstmord. – A. förderte den Neorealismus; formal und stilist. einzigartig in der Behandlung hist. und zeitgenöss. Themen, neben Märchenhaftem harten Realismus in fast dämon. Eindringlichkeit zeigend. Auch Vf. von Essays, krit. Schriften, Reisebeschreibungen u. haiku. E. der wichtigsten Literaturpreise trägt s. Namen.

W: Rashômon, N. 1915 (d. 1955); Hana, N. 1916 (Die Nase, in: Die Geschichte einer Rache, d. 1973); Imogayu, N. 1916 (engl. 1952); Gesaku-zammai, N. 1917; Jigokuhen, N. 1918 (engl. 1948); Hôkyônin no shi, N. 1918 (engl. 1952); Yabu no naka, N. 1922 (Im Gebüsch, in: Rashômon, d. 1955); Hina, N. 1923 (franz. 1924); Ume, uma, uguisu, Ess. 1926; Genkakusambô, N. 1927; Kappa, Sat. 1927 (d. 1934); Haguruma, N. 1927; Bungeiteki na, amari bungeiteki na, Ess. 1927; Aru ahô noisshô, 1927 (Das Leben eines Narren, d. 1997). – A. R. zenshû (GW), 1954–55. – *Übs.-Ausw.:* F. J. Daniels, Jap. Prose, 1944; O. Benl, Der Chrysanthemen-Ball, 1959; T. Kojima, J. Mc Vittie, Exotic japanese Stories, 1964; J. Berndt, Jap. Novellen, 1966; ders., Die Geschichte e. Rache, 1974; ders., Die Qualen der Hölle, 1983; ders., Rashomon (Ausgewählte Kurzprosa), 1985; S. M. Lippit, The essential Akutagawa (14 Werke), N. Y. 1999.

L: C. Schaarschmidt (MOAG 25 B), 1935; Y. Usui, Shiga a Akutagawa (JQ 2/4), 1955; K. Amano, R. A.'s Works Translated into Western Languages (Kokubungaku, Juli) 1965; K. Tsuruta, ›A. R.: His Concepts of Life and Art‹ (Diss. Abstracts 28, Univ. of Washington) 1968; E. May, K. Maurer, Eine jap. ›Theorie der Prosa‹? (Poetica 4,2), 1971; B. Yu, 1972; D. Heidenreich, Der Aphorismus als Epos bei A. R., 1977.

Alai, Schriftsteller und Redakteur, * 1959 Maerkang/Sichuan. Seit 1996 bei der Zeitschrift ›Science Fiction World‹ in Chengdu. – Einer der bedeutendsten Vertreter der chinesischsprachigen tibet. Literatur, literarisiert die tibet. Gegenwart zwischen Tradition und Moderne. Beschreibt in seinen Erzählungen Konflikte zwischen Tibetern und Chinesen und kritisiert behutsam polit. Fehlentscheidungen. In seinem Roman ›Chenai Luoding‹ greift er die unterschiedlichen Lebenswelten erneut auf und verlegt sie in eine hist. Vergangenheit.

W: Chenai Luoding, R. 1998 (Roter Mohn, d. 2004); Caoyuan de Feng, En. 1995 (Steppenwind, d. 1997),

Mogu En. 1991 (Pilze, d. 1997) Qunfeng feiwu 1989 (A Swarm of Bees Fluttering, engl. 2001).

Alain (eig. Emile Auguste Chartier), franz. Philosoph u. Essayist, 3. 3. 1868 Mortagne-au-Perche/Orne – 2. 6. 1951 Le Vésinet b. Paris. Seit 1889 Stud. Ecole Normale Supérieure, Philosophielehrer an höheren Schulen Pontivy, Lorient, Rouen, 1909–35 Paris, Lycée Henri IV. Genoß große Verehrung als Lehrer, unter dem Pseudonym ›Criton‹ Mitarbeiter der philos. Fachzs. ›Revue de Métaphysique et de Morale‹, trat an die breitere Öffentlichkeit durch Mitarbeit an radikalsozialist. Provinzzeitungen, 1906–14 ›Dépêche de Rouen‹, durch Vorträge vor Bauern und Arbeitern und Eintreten für Dreyfus. Kriegsfreiwilliger (Pazifist), 1917 verletzt. Bis zum Ruhestand 1935 Lehrer. 1951 ›Grand Prix National des Lettres‹. – Agnostischer Moralist und Humanist. Schrieb in der unsystemat. Form des von ihm ›propos‹ genannten, gedankl. gezügelten und von hohem Ethos getragenen aphorist. Aufsatzes über philos., polit., lit.ästhet. Fragen in bilderreicher, poet. Sprache. Nüchterner unerschrockener Geist, militanter Pazifist, Radikalsozialist. Verfechter der Demokratie als der am besten vor den Übergriffen der Macht schützenden Staatsform. Idealist. Rationalist im nachkantischen Sinne. Gegner Bergsons und des Symbolismus. Warnte vor dem totalen Konformismus und warb um geistige Wachheit. Als Kritiker befaßte er sich mit Valéry, Stendhal, Balzac. Großer Einfluß auf s. Schüler; wirkte auf Maurois, H. Massis und Jean Prévost.

W: Spinoza, 1905; Les cent et un propos, V 1908–29; Système des Beaux-Arts, 1920; Mars ou la guerre jugée, 1921; Propos sur le christianisme, 1924; Jeanne d'Arc, 1925; Eléments d'une doctrine radicale, 1925; Propos sur le bonheur, 1925 (Die Pflicht, glücklich zu sein, d. 1960); Le citoyen contre les pouvoirs, 1926; Les idées et les âges, II 1927 (Von der Liebe, von der Arbeit, vom Spiel, d. 1962); Etude sur Descartes, 1928; Idées: Platon, Descartes, Hegel, 1932; Propos de politique, 1934 (d. 1938); Les Dieux, 1934 (Wie die Menschen zu ihren Göttern kamen, d. 1965); Stendhal, 1935; Histoire de mes pensées, 1936; Souvenirs de guerre, 1937; Avec Balzac, 1937; Propos sur la religion, 1938 (d. 1948); Minerve ou de la sagesse, 1939; Préliminaires à l'esthétique, 1939 (Spielregeln der Kunst, d. 1961); Eléments de philosophie, 1941; Propos sur l'éducation, 1948 (d. 1964); Politique, 1951; Propos d'un Normand, V 1952–60; Esquisses, 1963ff. – GW, IV 1956ff.

L: S. Solmi, Il pensiero di A., Mailand 1930; G. Heß, A. i. d. Reihe d. franz. Moralisten, 1932; G. Pascal, 1946, A. Maurois, 1949; H. Mondor, 1953; G. Bénézé, 1962; G. Pascal, [2]1964; B. Halda, 1965; O. Reboul, II 1968; H. Guirand, 1970; G. Pascal, 1970; A. Sernin, 1985; Colloque Alain, 2001. – *Bibl.:* S. Dewit, 1961.

Alain Chartier → Chartier, Alain

Alain-Fournier (eig. Henri-Alban Fournier), franz. Schriftsteller, 3. 10. 1886 La Chapelle d'Angillon b. Bourges – 22. 9. 1914 Wald von Saint-Rémy (gefallen). Sohn eines Volksschullehrers; brach s. Ausbildung in Handelsmarineschule Brest ab; Gymnas. Lakanal bei Paris, wo er mit J. Rivière, seinem späteren Schwager, Freundschaft schloß und unter dem Einfluß des Symbolismus stand. 1905 Volontär in e. Londoner Firma, begeisterte sich dort für R. L. Stevenson und T. Hardy. Seit 1909 Lit.kritiker, lernte Gide, Péguy und Claudel kennen. – Wurde berühmt durch s. einzigen vollendeten, damals ganz neuartigen Roman ›Le grand Meaulnes‹, der erst nach 1920 in seiner Eigenart verstanden und anerkannt wurde. A. ist der Schöpfer des Romans des inneren, nur in der dichter. Vorstellung möglichen Abenteuers. Der moderne Roman steht teilweise unter s. Einfluß. A. behandelt die romant. Jugendfreundschaft und -liebe (flüchtige Begegnung mit der Geliebten, langes Suchen und Wiederfinden) eines 17jährigen Jungen und die Entwicklung des Jugendlichen überhaupt, der aus seiner aus Sehnsucht nach Erfüllung und Glück geborenen Traumwelt in die Wirklichkeit des Lebens findet. Reale Szenen werden von imaginären abgelöst. Atmosphäre der Vorahnung, Annäherung, Sehnsucht und des Geheimnisvollen, mit der Stimmung s. heimatl. nordfranz. Landschaft verwoben. A. strebt ständig nach der ›anderen Landschaft‹. Stilist. gibt er das Schweben zwischen den Bereichen des Realen und des Irrealen durch klaren, einfachen, aber suggestiv knappen und dadurch vieldeutigen Ausdruck wieder. Sein weitverbreiteter Briefwechsel ist aufschlußreich für die Entstehung des Romans und für A.s menschl. Entwicklung, seine starke seel. Verbundenheit mit Umkreis und Erlebniswelt s. Kindheit, gleichzeitig lit.-biograph. Dokument für die Dichter s. Generation.

W: Le grand Meaulnes, R. 1913 (Der große Kamerad, d. 1946); Colombe Blanchet, R.-Fragm. 1922 (d. 1965); Miracles, G. 1924; La femme empoisonnée, E. 1944. – Correspondance avec J. Rivière 1905 à 1914, IV 1926–28, [2]1945 (dt. Ausw. 1954); Lettres d'A. à sa famille, 1930, erw. 1949; Lettres au petit B., 1936; Lettre à Valentine, 1938; Lettres à M. Adoux, 1942.

L: A. Chauvet, Essai sur J. Rivière et A.-F., 1929; E. v. d. Wall, 1932; J. Rivière, Images d'A.-F., 1938; F. Desonay, Le grand Meaulnes, 1941; W. Jöhr, Le paysage d'une âme, 1945; H. Gillet, 1948; E. Gibson, The Quest of F., Lond. 1953; C. Borgal, 1955; H. Vallotton, 1957; J. Rivière, 1963, [2]1967; J. Bastaire, 1964; P. Genuist, 1965; J. Hey-Herme, 1966; J. Loize, 1968; C. Dédéyan, 1968; M. Suffran, 1969; W. Jöhr, 1973; G. G. Vidal, 1981; P. Suire, 1988; J. Rivière, 1989; C. Husson, 1990; P. Martinat, 1994; J. Lacarrière, 1995.

Alain de Lille, lat. Alanus ab Insulis, franz. Scholastiker u. Dichter, um 1118 Lille – um 1203 Cîteaux. Von den Zeitgenossen ›magnus‹, von der Nachwelt ›doctor universalis‹ genannt; Stud. Chartres und Paris, Lehrer der Univ. Paris, später wohl Montpellier; 1179 Teilnehmer am 3. Laterankonzil, dann Mönch in Cîteaux. – Von Boethius beeinflußter Platoniker mit aristotel. Einschlag. Vf. theolog. Schriften, einer ›Ars praedicandi‹, der ›Theologiae regulae‹ und e. Werkes gegen Katharer, Waldenser, Juden und Mohammedaner ›De fide catholica contra haereticos‹. Das Gedicht ›Anticlaudianus‹ ist eine poet. Allegorie auf die Erschaffung der Seele und umfaßt enzyklopäd. das ganze Wissen s. Zeit. Das Gedicht ›De planctu naturae‹ enthält die Klage der Natur darüber, daß ihre Gesetze vom Menschen gebrochen werden (von Jean de Meung im ›Rosenroman‹ fortgeführt). A. drückt in s. Gedichten seine Gedanken in bildhafter, eleganter Form aus.
A: J. P. Migne, Patrologia latina 210, 1855; Anticlaudianus u. De planctu naturae, hg. T. Wright (Rer. brit. script. M. aevi, 1878), hg. H. Roussel u. a. 1980; Quoniam homines, 1953; Anticlaudianus, hg. R. Bossuat 1955. – *Übs.:* franz. 1995.
L: M. Baumgartner, D. Philos. d. A., 1896; G. R. de Lage, 1951; V. Cilento, Neapel 1958.

Alamanni, Luigi, ital. Dichter, 6. 3. 1495 Florenz – 18. 4. 1556 Amboise. Schüler des ›Studio Fiorentino‹, beschäftigte sich bes. mit griech. u. lat. Lit. 1516 ∞ Alessandra di Battista Serristari. Bei Zusammenkünften im Kreise der ›Orti Oricellari‹ Bekanntschaft mit Machiavelli, wohl unter dessen Einfluß Teilnahme an e. Verschwörung gegen Kardinal Giulio dei Medici (1522). Nach deren Fehlschlagen Flucht nach Venedig, später nach Lyon. Bei Vertreibung der Medici (1527) Rückkehr nach Florenz, nach Fall der Florentiner Republik 1530 nach Frankreich verbannt. Von Franz I. geschätzt u. gefördert, zum Hofdichter ernannt. Auf zahlr. Reisen nach Italien im Dienst Franz I., Heinrich II. u. Hyppolit II. v. Este Kontakt mit Speroni, Bembo u. a. Botschafter in Venedig (1541) u. Genua (1544). Nach Tod der 1. Frau 1543 ∞ Elena Bonaiuti. – Fruchtbarer u. vielseitiger Autor, berühmt durch das in Anlehnung an Vergils ›Georgica‹ und andere antike Autoren, v. a. Varro und Columella, verfaßte Lehrgedicht ›La Coltivazione‹ über Landleben u. Feldbau. Große Anhänglichkeit an Vaterland u. ausgeprägte Freiheitsliebe zeigen sich in patriot. Gedichten, Wärme u. echtes Gefühl in Liebesgedichten; s. relig. Lyrik dagegen wirkt weniger überzeugend. In 12 Satiren scharfer Angriff auf den Hof in Rom u. die Korruption des Klerus; A. führte als e. der ersten Epigramme die mod. Dichtung ein. Dichterisch nicht bedeutend, aber wichtig für die Geschichte des Epos im 16. Jh. sind s. Epen ›Girone il Cortese‹ u. ›L'Avarchide‹ mit Stoffen aus der franz. ma. Dichtung, sich in der Form an das klass. Epos anlehnend.
W: La Coltivazione, 1546; Versi e Prose di L. A., komm. P. Raffaelli II 1859.
L: H. Hauvette, Un exilé florentin à la cour de France au XVIe siècle: L. A., 1903 (m. Bibl.).

Alanus ab Insulis → Alain de Lille

Alarcón y Ariza, Pedro Antonio de, span. Schriftsteller, 10. 3. 1833 Guadix/Granada – 10. 7. 1891 Valdemoro/Madrid. Aus angesehener, aber verarmter Familie; für die Priesterlaufbahn bestimmt, folgte aber s. lit. Berufung u. ging 1853 nach Madrid, um s. Glück als Schriftsteller zu versuchen; nach Fehlschlag reumütige Rückkehr in das Elternhaus; Mitgl. der ›Cuerda granadina‹, e. Kreises revolutionär gesinnter junger Literaten u. Künstler; polit. Tätigkeit, erneut in Madrid, Leitung der antiklerikalen satir. Zeitung ›El Látigo‹; e. Duell mit García de Quevedo, der ihm das Leben schenkte, führte zu radikaler Gesinnungsänderung; Teilnahme als Freiwilliger am afrikan. Feldzug (1859/60), Reise nach Italien; 1875 Ernennung zum Staatsrat, 1877 zum Mitgl. der Span. Akad.; zog sich 1882, verärgert über den Mißerfolg s. letzten Romans ›La pródiga‹, vom lit. u. polit. Leben zurück; starb in geistiger Umnachtung. – E. der bedeutendsten Novellisten u. Romanciers des 19. Jh., großes Erzählertalent. S. Meisterwerk ›El sombrero de tres picos‹, e. der besten Erzählungen der span. Lit., knüpft an die Tradition der realist. Novelle des 17. Jh. an, Thema aus der alten Romanze ›El molinero de Alarcos‹, straffe Handlungsführung, klare Personenzeichnung, lebendige Dialoge; Vorlage zu de Fallas Ballett ›Der Dreispitz‹. Als Romanautor umstritten, techn. hervorragend (insbes. ›El escándalo‹), aber beeinträchtigt durch moralisierende u. philos. Tendenz. Versuche als Lyriker u. Dramatiker mißlangen; s. einziges Theaterstück ›El hijo pródigo‹ war e. glatter Mißerfolg. Legte s. Eindrücke vom afrikan. Krieg im ›Diario de un testigo de la guerra de África‹ nieder; spontane, lebendige Darstellung, e. der meistgelesenen Bücher s. Zeit. Großen Anklang fanden auch die Reisebücher ›De Madrid a Nápoles‹ (über s. ital. Reise) u. ›La Alpujarra‹.
W: El hijo pródigo, Dr. 1857; Diario de un testigo de la guerra de África, Tg. 1860; De Madrid a Nápoles, Reiseb. 1861; El final de Norma, R. 1861; La Alpujarra, Reiseb. 1873; El sombrero de tres picos, N. 1874 (Der Dreispitz, d. 1886); El escándalo, R. 1875 (Der Skandal, d. 1959); El niño de la bola, R. 1880; Cuentos amatorios, En. 1881; Historietas nacionales, En. 1881; Narraciones inverosímiles, En. 1881; El capitán Veneno, N. 1881 (R. 1955); La pródiga, R. 1882; Historia de mis libros, Es.

1889. – Obras completas, XIX 1943; Obras olvidadas, hg. C. De Coster 1984. – *Übs.:* Ausgew. Novellen, 1878. *L:* J. F. Montesinos, 1955, 1977; E. Pardo Canalís, 1966; C. De Coster, 1979; F. Liberatori, 1981.

Alarcón y Mendoza, Juan → Ruiz de Alarcón y Mendoza, Juan

Alasdair MacMhaighstir Alasdair → Macdonald, Alexander

Alas y Ureña, Leopoldo → Clarín

Alawī, Bozorg, pers. Schriftsteller, 2. 2. 1904 Teheran – 16. 2. 1997 Berlin. Aus großbürgerl. Familie, Stud. in Dtl., Oberlehrer in Teheran, Mitgl. der KP Irans u. Mitarbeiter an kommunist. Presse. 1937–41 polit. Gefangener, dann über Rußland nach Dtl. 1954 Prof. für Iranistik an der Humboldt-Universität Berlin. – Schrieb Romane u. Erzählungen, die z. T. Gefängniseindrücke verarbeiten. Übs. Schiller ins Pers. und pers. Lit. ins Dt.; auch dt. Schriften.

W: Waraqpārehā-ye zendān, En. 1942; Panğāh u se nafar, En. 1952; Čašmhāyaš, R. 1954 (Ihre Augen, d. 1959); Kämpfendes Iran, Schr. 1955; ʿArūs-e hezār dāmād, R. 1956; Raqṣ-e marg, N. 1956 (Totentanz, d. 1961); Blutiges Erdöl, Schr. 1956; Das Land der Rosen und Nachtigallen, Schr. 1957; Geschichte und Entwicklung der modernen persischen Literatur, 1964; Mūrīhā, R. 1992. – *Übs.:* Die weiße Mauer, Nn. 1960.

Albee, Edward, amerik. Dramatiker, * 12. 3. 1928 Washington, D. C. Als Adoptivkind e. Theaterunternehmers aufgewachsen; versch. Berufe; von T. Williams gefördert. – Erster Erfolg mit Einaktern, die Kritik am ›American way of life‹ üben. Deutl. Einfluß von Ibsen (Lebenslüge), Strindberg (Geschlechterkonflikt; der Mann wird als von der ihm überlegenen Frau beherrscht gezeigt), Freud, O'Neill und des absurden Theaters (Beckett, Ionesco). Höhepunkt des dramat. Schaffens bisher ›Who's afraid of Virginia Woolf?‹, e. Ehedrama aus dem amerik. College-Milieu mit bitterbösen, aber auch melodramat. Dialog-Duellen aus e. einzigen alkoholisierten und erotisierten Samstagnacht.

W: The Death of Bessie Smith, Dr. 1959 (d. 1962); The Sandbox, Dr. 1959 (d. 1962); The Zoo Story, Dr. 1959 (d. 1961); Who's afraid of Virginia Woolf?, Dr. 1962 (d. 1963); Box and Quotations from Chairman Mao, Dr. 1969 (d. 1969); The Lady from Dubuque, Dr. 1980; The Man Who Had Three Arms, Dr. (1982); Lolita, Dr. 1984 (nach V. Nabokov); Marriage Play, Dr. (1987); Three Tall Women, Dr. (1991); Fragments, Dr. (1993); Finding the Sun, Dr. 1994; The Goat (2002). – *Übs.:* Stücke I, 1968.

L: R. E. Schulz-Seitz, 1966; G. Debüsscher, 1967; H. M. Braem, 1968; R. E. Amacher, 1968; C. Bigsby, 1969; R. Cohn, 1969; M. E. Rutenberg, 1969; R. Hayman, 1971; A. M. Stenz, 1978; C. L. Green, 1980; G. McCarthy, 1987; M. Gussow, 1999; A. Paolucci, 2000. – *Bibl.:* R. E. Amacher, M. Rule, 1970; R. Tyce, 1986; S. Giantvalley, 1987.

Alberdi, Juan Bautista, argentin. Staatsphilosoph, 29. 8. 1810 Tucumán – 18. 6. 1884 Paris. Rechtsanwalt, bedeutendster Theoretiker des argentin. Liberalismus, schuf die Grundlagen der Verfassung. Lebte jahrelang in der Verbannung. – Schrieb zwei Theaterstücke, e. satir. Roman; gilt als der Initiator der lit. Bewegung ›costumbrismo‹ in Argentinien.

W: El gigante Amapolas, Dr. 1841; Peregrinación de Luz del Día, R. 1871; Obras completas, VIII 1886/87; Escritos póstumos, XVI 1895–1901.

L: M. A. Speroni, 1973; R. Méndez Acebal, 1977.

Alberdingk Thijm, Josephus Albertus (Ps. Pauwels Foreestier, Buikslooter), niederländ. Schriftsteller, 13. 8. 1820 Amsterdam – 17. 3. 1889 ebda. Fabrikantensohn, erbte Konservenfabrik u. Großhandlung, erwarb später e. Verlag, widmete sich jedoch vorwiegend der Lit. u. Kunst. 1876 Prof. für Ästhetik u. Kunstgesch. Akad. der Bild. Künste Amsterdam. Bedeutende Persönlichkeit im lit. Leben Amsterdams. Befreundet mit I. da Costa, J. Potgieter, J. van Ulsten. Jacques Perk hat ihn regelmäßig besucht. – Als romant. Lyriker, Erzähler, Journalist u. (Kunst-)Kritiker Wiederentdecker der holländ. Kultur des MA und Bahnbrecher der kath. Emanzipation in Holland. Gründete den ›Volksalmanak voor Nederlandsche Katholieken‹ (1852–89) u. die Monatsschrift ›De Dietsche Warande‹ (1855–76). Bibliotheca Thymiana der Univ. Nimwegen.

W: Vriooltjens en grover gebloemte, in ouderlijken gaard gekweekt, G. 1844; De klok van Delft, 1846; Legenden en fantaiziën, 1847; Palet en harp, Dicht. 1849 (m. N. De organist van den Dom); Karolingische verhalen, 1851; Het voorgeborchte, 1853; Portretten van Joost van den Vondel, B. 1876; Verspreide verhalen in proz. IV 1879–84. – Werken, hg. J. F. M. Sterck VII 1908–20 (unvollst.); Een keuze uit zijn werk, Ausw., Nijmegen 1975.

L: L. v. Deyssel, 1893; H. Padberg, 1920; L. v. d. Broeke, 1920; H. van Can, 1936; W. Bennink, 1952; G. Brom, 1957; H. A. Eykman, J. A. J. M. Muller 1970.

Alberdink Thijm, Karel Johan Lodewijk → Deyssel, Lodewijk van

Albéric de Besançon (oder Pisançon/Drôme oder Briançon/Hautes Alpes), altfranz. Dichter. – Schrieb um 1120 in (franko-)provenzal. Mundart den ältesten franz. Alexanderroman in Form der alten Chansons de Geste (achtsilbige gleichreimende Laissen). Hauptquellen: ›Epitome Julii Valerii‹ (9. Jh.), ›Historia de preliis‹ des Archipresbyters Leo (10. Jh.) und eine hist. Darstellung des Orosius. Nur 105 Zeilen des Eingangs erhalten, die P. Heyse 1853 in Florenz entdeckte. Sie erzählen von Alexanders Herkunft, Geburt und Erziehung, zeigen die Absicht A.s, anhand von Alexanders Leben den salomon. Gedanken von der Eitelkeit alles Irdischen zu illustrieren. Lebhafter, poet. Stil.

A: E. Stengel, 1882; The medieval French Roman d'Alex., hg. C. Amstrong VI 1937–55.

Albert-Birot, Pierre, franz. Lyriker u. Dramatiker, 22. 4. 1876 Angoulême – 24. 7. 1967 Paris. Bildender Künstler u. Literat, Gründer der Zs. ›Sic‹ (1916), befreundet u. a. mit Apollinaire, dessen Stil für ihn vorbildl. war.

W: Trente et un poèmes de poche, 1917; Poèmes à hurler et à danser, 1918; La joie des sept couleurs, 1919; Larountala, Dr., 1919; L'homme coupé en morceaux, Dr. 1921; Le Bondieu, Dr. 1922; Cent dix gouttes de poésie, 1952; Grabinoulor, Ep. 1921–64 (d. 1980); Graines, 1965; Poésies I – II, 1984/85.

L: D. Kelly, 1997.

Alberti, Leon Battista, ital. Humanist, 14. 2. 1404 Genua – 25. 4. 1472 Rom. Aus angesehener Florentiner Kaufmannsfamilie. Stud. Jura, Physik, Mathematik u. Rhetorik Venedig, Padua u. Bologna. Nach dem Tod s. Vaters (1421) polit. Ämter in Florenz, 1428 in Diensten des Kardinals Albergati, den er auf Reisen nach Frankreich u. Dtl. begleitete; ab 1431 Ämter in der Kurie in Rom. Von den Päpsten Eugen IV., Nikolaus V. u. Pius II. wurde er mit diplomat. Missionen betraut. In Rom Stud. der Kunstwerke; Interesse bes. für Malerei u. Bildhauerei u. antike Kunsttheorie. Nach dem Verlust s. Postens (1464) widmete er sich ganz s. lit. u. künstler. Werken. Bedeutender Maler auch Architekt. – Typ des vielseitig begabten Renaissance-Künstlers, entspricht in der Universalität s. Bildung ganz dem neuen Persönlichkeitsideal des Humanismus. In s. ersten Dichtung, der lat. Komödie ›Philodoxeos‹, preist er die Macht des Menschen über s. eigenes Schicksal. Drei Dialoge (›Deifira‹, ›Ecatonfila‹ u. ›Sofronia‹) behandeln das Thema von der Liebe. In der falschen Liebe, während er im ›Pontifex‹ gegen das luxuriöse Leben u. den Hochmut der Geistlichen polemisiert u. in den ›Intercoenales‹ e. düsteres Bild menschl. Verderbtheit entwirft. Am bedeutendsten von s. Traktaten sind die Dialoge ›Della famiglia‹, in denen er das Bild der idealen Lebensführung gemäß dem im Humanismus wiedererwachten Interesse an antiker Philos. und klass. Erziehung zeichnet. Außerdem e. Reihe kunsttheoret. Schriften. Fordert vom Künstler umfassende Bildung u. trägt dazu bei, die Verbindung zwischen dem Humanismus u. den bildenden Künsten zu festigen u. zu vertiefen.

W: De re aedificatoria, X 1485 (d. M. Theuer 1912); De pictura, III 1540 (Della pittura, hg. L. Mallé 1950); Della famiglia, IV 1845 (Buch 1–3, hg. F. C. Pellegrini, R. Spongano 1946; d. W. Kraus 1962); Ecatonfila, 1915; Momus o del Principe, hkA hg. G. Martini 1946 (m. ital. Übs.; d. 1790). – Opere volgari, hg. A. Bonucci V 1843–49; Opera inedita, hg. G. Mancini 1890; Opuscoli inediti, hg. C. Grayson 1954; Opere volgari, hg. C. Grayson I 1960. – *Übs.:* Kleinere kunsttheoret. Schriften, H. Janitschek 1872; Fabeln, B. v. Münchhausen 1980.

L: G. Mancini, ²1911; G. Santinello, 1962 (m. Bibl.); Intercenali inedite, hg. E. Garin 1965; G. Ponte, 1981; E. Frauenfelder, 1995; C. Grayson, 1998.

Alberti, Rafael, span. Dichter, 16. 12. 1902 Puerto de Santa María/Cádiz – 28. 10. 1999 ebda. Jesuitenkolleg ebda., ging 1917 nach Madrid, wo er sich als kubist. Maler betätigte (Ausstellungen im Salón de Otoño, 1920, u. Ateneo de Madrid, 1921), dann der Lit. zuwandte (Freundschaft mit García Lorca, Buñuel, Dalí); seit 1931 polit. Tätigkeit, die s. Dichtung nicht unbeträchtl. beeinflußte; Beitritt zur kommunist. Partei, Reisen durch Frankreich, Dtl., UdSSR; emigrierte nach dem Span. Bürgerkrieg 1939 nach Frankreich, dann nach Amerika, lebte ab 1940 in Argentinien u. Uruguay, ab 1963 in Rom. Nach dem Tod Francos kehrte (1977) A. nach Spanien zurück. – Inspirierte sich anfangs an volkstüml. Themen (›neopopularismo‹), die aber nicht – wie bei Lorca – unmittelbar im Volk wurzeln, sondern auf lit. Traditionen u. Imitationen zurückgehen. Einfluß der span. Klassiker (bes. Góngoras) u. mod. Dichter wie A. Machado u. J. R. Jiménez. Erreichte mit ›Sobre los ángeles‹ e. Höhepunkt surrealist. Lyrik, Ausdruck e. starken geistigen Krise, vollendete Form, vollkommene Abstraktion, Ansetzen außerhalb der Realitäten des Lebens auf überpersönl. Ebene; kehrte in s. letzten Werken zum Gegenständl. u. Menschl. zurück. Übs. von Supervielle, Éluard, Eminescu.

W: Marinero en tierra, G. 1925 (Zu Lande, zu Wasser, d. 1960); La amante, G. 1926; El alba del alhelí, G. 1927; Cal y canto, G. 1929; Sobre los ángeles, G. 1929 (span. u. d. 1980, 1981); El hombre deshabitado, Dr. 1930; Fermín Galán, Dr. 1930; Consignas, G. 1933; Verte y no verte, G. 1935; De un momento a otro, Dr. 1937; Entre el clavel y la espada, G. 1941 (span. u. d. 1986); Pleamar, G. 1944; El adefesio, Dr. 1944 (Gorgo, d. 1958); El trébol florido, Dr. 1950 (d. 1955); Retornos de lo vivo lejano, G. 1952; Baladas y canciones del Paraná, G. 1954; La gallarda, Dr. 1954; Noche de guerra en el Museo del Prado, Dr. 1956; Sonríe China, G. 1958; La arboleda perdida, Mem. III 1959, 1987, 1996 (d. 1976, 1990, 1997); Abierto a todas horas, G. 1964; Poemas de amor, G. 1967; Roma, peligro para caminantes, G. 1968; Fustigada luz, 1980. – Teatro, II 1956; Poesía (1939–1938), (1939–1963), (1964–1998), hg. L. García Montero 1988; Prosas encontradas, hg. R. Marrast 2000. – *Übs.:* Stimme aus Nesselerde und Gitarre, Ausw. 1959.

L: R. Marrast, Aspects du théâtre de R. A., 1967; J. L. Tejada, 1977; G. Torres Nebrera, El teatro de R. A., 1983; S. Jiménez Fajardo, Lond. 1985; P. Guerrero Ruiz,

1991; R. Martínez Galán, La trilogía del exilio, 2000; R. Havard, 2001.

Al Berto (eig. Alberto Raposo Pidwell Tavares), portugies. Lyriker u. Prosaist, 11. 1. 1948 Coimbra – 13. 6. 1997 Lissabon. Jugend in Sines (Alentejo), Stud. der Malerei in Lissabon u. Brüssel, 1975 Rückkehr nach Portugal. – Nach den der surrealist. Tradition verpflichteten Anfängen avancierte A. mit Prosagedichten zu e. der bedeutendsten Lyriker des ausgehenden Jh. in Portugal. A. transkribiert Erfahrungen aus dem Underground-Leben in romantisierender, vergleichsweise schlichter Sprache und in fragmentar. Bildern rund um Thematiken wie existentielle Einsamkeit, Selbstzerstörung, Tod, exzessive Leidenschaft u. sexuelle Grenzüberschreitung.
W: Lunário, R. 1988 (Mondwechsel, d. 1998); Horto de Incêndio, G. 1997 (Garten der Flammen, d. 1998); O Medo (Trabalho Poético 1974–1990), G. 1998.

Albert i Paradís, Caterina → Víctor Català

Albinovanus Pedo, röm. Dichter, 1. Jh. v./n. Chr., Freund des Ovid. – Verfaßte e. Epos ›Theseis‹ u. Epigramme, die Martial rühmend erwähnt. Erhalten sind 22 bei Seneca d. Ä. zitierte Verse aus e. Epos über den Germanenfeldzug des Germanicus.
A: Fragm. poet. Lat., hg. W. Morel ³1995 (hg. J. Blänsdorf).

Alcayaga, Lucía Godoy → Mistral, Gabriela

Alcázar, Baltasar del → Del Alcázar, Baltasar

Alcharisi → al-Charizi, Juda ben Salomo

Alcimus, Ecdicius Avitus, lat. Schriftsteller; Angehöriger der gall. Aristokratie, Bischof von Vienne, gest. 518 n. Chr. A. war kirchenpolit. aktiv u. vermittelte zwischen den arian. Burgundern u. der röm. Kirche. – A.' Hauptwerk ist das Bibelepos ›De spiritalis historiae gestis‹ über Episoden aus dem AT (Schöpfung, Sündenfall, Vertreibung aus dem Paradies, Sintflut, Durchzug durch das Rote Meer). In ›De virginitate‹ verfaßte A. e. Lob auf den Stand der Jungfräulichkeit, e. Trostgedicht an s. im Kloster unglückl. Schwester. A.' Briefe an einflußreiche Persönlichkeiten in Kirche u. Staat, u. a. an die Burgunderkönige, an den Frankenkönig Chlodwig u. an den Bischof von Rom, sind kirchengeschichtl. u. kulturgeschichtl. interessant. – A.' Bibelepos hat auf die ma. Dichtung gewirkt; auch Miltons ›Paradise lost‹ ist davon beeinflußt; es wurde ins Altengl. übers.
A: R. Peiper, Monum. Germ. Hist. Auct. Ant. 6,2, 1883; Spirit.: Buch 1–3 (m. franz. Übs.) N. Hecquet-Noti, Paris 1999.

L: R. Herzog, Bibelepik, 1975; D. Kartschoke, Bibeldichtung, 1975; A. Arweiler, Imitation antiker u. spätantiker Literatur …, 1999.

Alcipe (eig. Leonor de Almeida, Marquesa de Alorna), portugies. Lyrikerin, 31. 10. 1750 Lissabon – 11. 10. 1839 ebda. Enkelin der Gräfin v. Távora, in Zusammenhang mit e. Attentat auf den König bereits als Kind ins Kloster von Chelas verwiesen (1758–77), frühe Liebe zur Dichtung, Musik, ausgedehnten Lektüre; Unterricht bei Pater Francisco Manuel do Nascimento (Filinto), der ihr den arkad. Namen Alcipe gab. ∞ 1779 Graf v. Oeynhausen, späterer portugies. Gesandter in Wien; 1793 Witwe (5 Kinder). Gründerin der gegen Napoleon gerichteten ›Sociedade da Rosa‹, schwierige Exiljahre in London (1803–14), Freundschaft mit Mme de Staël, berühmter Salon. – Lyrikerin mit beständiger Verbindung der Dichtung zum polit. Geschehen voll Einfluß von Locke, Voltaire u. den Enzyklopädisten, pflegte verschiedenste Formen, oft philos.-lehrhaft. Kampf gegen Despotentum u. Fanatismus, für Wissenschaft, Fortschritt u. den Sieg der Vernunft. Vorläuferin der Romantik. Übs. u. Nachahmung von Bibelpsalmen, Horaz, Pope, Wieland, Thomson, Ossian, Gray, Goldsmith, Young, Lamartine. Für die Entwicklung der portugies. Prosa wichtig, da spontan u. der lebendigen Rede folgende Briefe.
W: Obras Poéticas, G. VI 1844; Poesias, G. 1941; Inéditos (Br. u. Schrn.), hg. H. Cidade 1941.
L: H. Cidade, 1929.

Alcoforado, Mariana, portugies. Nonne, 22. 4. 1640 Beja – 28. 7. 1723 ebda. Umstrittene Autorin der angebl. Vorlage zu den ›Lettres Portugaises‹. Ihr Bruder Baltasar war während der Restaurationskriege 1666 bei der Einnahme von Alcaría de la Puebla beteiligt, zusammen mit dem Chevalier Noël Bouton de Chamilly (1636–1715), der 1663 nach Portugal kam, 1667 nach Frankreich zurückkehrte u. als Empfänger gilt. Es gibt keine portugies. Fassung; 1669 franz. Erstausgabe (Paris), die Neuausgabe (Holland 1669, fingierter Kölner Verlag) benennt eindeutig Chamilly als Empfänger, bezeichnet Mariana als Schreiberin u. Cuilleraque (Guillerages) als Übersetzer. 1810 Nachtrag des Namens Alcoforado u. der wichtigsten hist. Umstände durch Boissonade. Der portugies. Text wurde wohl vom Übs. sehr stark verändert, daher der Verdacht, Mariana habe ihre 5 Briefe franz. abgefaßt, jedoch wurde gerade das Fremdartige vom franz. Publikum als erregend empfunden u. ließ die Dokumente zu e. der bedeutsamsten Briefsammlungen der Weltlit. werden. Stil von eigenartiger sprachl. Feinheit, psycholog. Kunst u. außerordentl. Sensibilität, mod.

psycholog. Darstellungsweise vorwegnehmend. Wesentl. Beitrag zur europ. Empfindsamkeit mit erstaunl. Wirkung, Vorwegnahme romant. Gefühlswelt, eindringl. Schilderung absoluten, verzehrenden Gefühls, eingespannt zwischen Verzweiflung u. Illusion.

A: Lettres, Paris 1910; hg. H. Focillon 1930; franz. u. portugies. hg. H. Koch 1955; F. Deloffre, J. Rougeot 1962. – *Übs.:* R. M. Rilke, 1913; W. Widmer, 1945.

L: A. B. da Fonseca, 1962; G. M. Fond, Neapel 1980.

Alcott, Louisa May, amerik. Schriftstellerin, 29. 11. 1832 Germantown b. Philadelphia – 6. 3. 1888 Boston. Unterricht beim Vater, dem Philosophen A. B. Alcott; bekannt mit R. W. Emerson, N. Hawthorne, H. D. Thoreau, M. Fuller; für den Unterhalt der notleidenden Familie arbeitete sie seit früher Jugend als Näherin, Lehrerin, Haushaltshilfe. Im Bürgerkrieg 1862 Krankenschwester in e. Militärlazarett; die in ›Hospital Sketches‹ veröffentlichten Briefe aus dieser Zeit begründeten ihren Ruf. Hrsg. der Jugendzs. ›Merry's Museum‹. – Nach e. Europareise brachte ›Little Women‹, die für Kinder erzählte Geschichte ihrer Jugend und ihrer Geschwister, e. enorme Popularität. Der Reiz dieses realist. Romans liegt, wie in den anderen Werken, in der Porträtierung junger Mädchen und in der liebevollen Beschreibung des vertrauten Milieus von Boston und Concord. Außerdem unterstützte sie Reformbewegungen, bes. das Frauenwahlrecht. Unter Verwendung von Pseudonymen schrieb sie auch erot. Sensationsromane wie ›Behind the Mask‹.

W: Flower Fables, En. 1855; Hospital Sketches, 1863; Moods, R. 1865; Little Women, R. II 1868–69 (d. 1877); An Old-Fashioned Girl, R. 1870; Little Men, R. 1871 (d. 1877); Aunt Jo's Scrap-Bag, Sk. VI 1872–82; Work, R. 1873; Eight Cousins, R. 1875; Rose in Bloom, R. 1876; Silver Pitchers, En. 1876; Jack and Jill, R. 1880; Jo's Boys, R. 1886. – Glimpses of Louisa, En. 1968; Behind a Mask, Slg. 1975; Plots and Counterplots, Slg. 1976; Transcendental Wild Oats, 1981; From Jo March's Attic, En. 1993; Selected Letters, 1987; A Double Life, Slg. 1988; L. M. A., Her Life, Letters and Journals, 1889; Journals, 1989. – *Übs.:* Erzählungen, Ausw. 1877.

L: M. B. Stern, 1950; M. Bedell, 1980; S. Elbert, 1987; E. L. Keyser, 1993; W. Anderson, 1995; G. Eiselein, hg. 2001. – *Bibl.:* A. J. Van Nest, 2001.

Alcover i Maspons, Joan, katalan. Lyriker, 3. 5. 1854 Palma de Mallorca – 26. 2. 1926 ebda. Stud. Rechte Barcelona, bekleidete versch. öffentl. Ämter, u. a. am Landesgericht von Palma, Abgeordneter in den Cortes etc.; polit. Tätigkeit, Anhänger Antonio Mauras; widmete sich später ausschließl. der Lit., schrieb anfangs span., ab 1901 in s. Muttersprache. – Bedeutendster Elegiendichter der katalan. Lit., wurde mit Leopardi verglichen; verbindet vollkommene Form u. elegante Diktion mit moral. Hintergrund u. hohem Gedankenflug; große Feinfühligkeit, bildreicher, plast. Ausdruck, unerschöpfl. Einfallskraft, aber stets gezügelt durch Sinn für klass. Ebenmaß; zuweilen Neigung zu exot. u. oriental. Elementen.

W: Poesías, G. 1887; Nuevas poesías, G. 1892; Poemas y armonías, G. 1894; Meteoros, G. 1901; Cap al tard, G. 1909; Poemes Bíblics, G. 1918; Poesíes, G. 1921. – Obres completes, III 1951; Poesies completes, 1948; Jardí desolat, G.-Anth. 2000.

L: M. de Montolíu, 1912; J. Pons i Marquès, 1954; M. Gayà, 1964; J. M. Llompart, 1964; A. Comas, 1973.

Aldanov, Mark (eig. Mark Aleksandrovič Landau), russ. Schriftsteller, 7. 11. 1886 Kiev – 25. 2. 1957 Nizza. Stud. Naturwiss. und Rechte Kiev und Paris, weite Reisen innerhalb und außerhalb Europas, emigrierte, als Schriftsteller noch kaum bekannt, 1919 nach Paris, wurde in gewissem Sinn Erneuerer des russ. hist. Romans, verfaßte 1921–27 4 hist. Romane über die Franz. Revolution, dann weitere Romane mit Themen aus der neueren russ. und europ. Geschichte, übersiedelte 1941 in die USA; hatte bei nichtruss. Lesern große Erfolg; s. Romane sind in mehr als 20 Sprachen übersetzt. – Steht als geistreicher Skeptiker A. France nahe, dessen ›Les dieux ont soif‹ neben L. Tolstojs ›Krieg und Frieden‹ (ohne den Antihistorismus) ihm vor allem Vorbild war; flicht in die Romane viele Bezüge auf die zeitgenöss. Gegenwart, bes. auf die russ. Revolution; verbindet fast das gesamte Romanwerk durch Grundlinien der inneren Thematik oder gemeinsame Figuren. Schwächen in Charakterisierung der erdachten, bes. der weibl. Helden; Vorzüge in Darstellung hist. Persönlichkeiten, im Aufbau; bemerkenswert ein ironisierender Zug: A.s Grundthema ist die Ironie des Schicksals. S. Veranlagung nach bedeutender als Essayist denn als Romancier; in s. Essays verbinden sich Dichtung u. Geschichte, Memoiren u. Journalismus.

W: Devjatoe Termidora, R. 1923; Svjataja Elena, malen'kij ostrov, R. 1923; Čortov most, R. 1925; Zagovor, R. 1927 (alle zus.: Der Denker, d. III 1925–29); Zagadka Tolstogo, 1928 (Das Rätsel Tolstoj, d. 1928); Sovremenniki, Ess. 1928 (Zeitgenossen, d. 1929); Junost' Pavla Stroganova, Es. 1929; Ključ, R. 1930; Portrety, Ess. 1931; Desjataja sinfonija, E. 1931; Begstvo, R. 1932; Zemli i ljudi, Ess. 1932; Peščera, R. 1936; Linija Brungil'dy, Dr. 1937; Bel'vederskij tors, E. 1938; Punševaja vodka, E. 1939; Načalo konca, R. 1939; Mogila vojna, E. 1939; Istoki, R. 1948; Živi kak chočeš', R. 1952; Ul'mskaja noč', Abh. 1953; Povest' o smerti, R. 1953; Bred, R. 1955; Samoubijstvo, R. 1958; Istrebitel', E. 1967. – Sobranie sočinenij (GW), VI 1991; Sočinenija (W), VI 1994/95.

L: Ch. Ledré, Trois romanciers russes, Paris 1935; C. N. Lee, Den Haag 1969; G. Tassis, 1995; V. Setschkareff, 1996. – *Bibl.:* D. Cristesco, Paris 1976.

Aldecoa, Ignacio, span. Schriftsteller, 24. 7. 1925 Vitoria – 15. 11. 1969 Madrid. Stud. Philos. u. Lit. Salamanca u. Madrid, wo er nachher lebte. Journalist, begann s. lit. Tätigkeit mit Gedichten. – S. Prosa stand unter dem Einfluß von Cela u. Valle-Inclán; später Entwicklung e. sehr persönl. Erzählkunst mit kraftvollen Akzenten. Als Romancier wollte A. ›die Epik der Berufe‹ beschreiben, d. h. das Leben der Bauern, Proletarier, Arbeitslosen usw. Welt der Arbeit u. des Elends.

W: Todavía la vida, G. 1947; Libro de las algas, G. 1949; El fulgor y la sangre, R. 1954 (d. 1961); Vísperas del silencio, En. 1955; Espera de tercera clase, En. 1955; Con el viento solano, R. 1956 (d. 1963); Gran Sol, R. 1957; Neutral Corner, R. 1962; Parte de una historia, R. 1967. – Cuentos completos, II 1973. – *Übs.:* Bitter wie eine Zitronenschale, En. 1969.

L: M. García Viñó, 1972; P. Borau, 1974; Ch. R. Carlisle, 1976; I. A., hg. R. Landeira, C. Mellizo 1977; J. Lasagabaster, 1978; R. Fiddian, 1979; D. Lytra, 1979; Aproximación crítica a I. A., hg. ders. 1984; J. L. Martín Nogales, 1984.

Aldhelm von Malmesbury, St., angelsächs. Schriftsteller, 640(?) Wessex – 25. 5. 709 Doulting/Somerset. Gebürtiger Westsachse, in Malmesbury und Canterbury erzogen. 673 Abt von Malmesbury, später Bischof von Sherborne. Erbaute mehrere Kirchen und errichtete Klöster. Große Belesenheit in lat. Klassikern und Kirchenvätern. – Vf. lat. Prosaschriften und Verskompositionen, u. a. e. Abhandlung ›De virginitate‹ (Lob klösterlichen Lebens), metrischer Untersuchungen (›Ad Acircium‹) und Rätseldichtungen. Sein lat. Stil erhält e. bes. Note durch s. angelsächs. Vorliebe für Periphrasen und Metaphern. Gilt als erster bedeutender Schriftsteller Englands.

A: R. Ehwald, Mon. Germ. Hist. Auct. Antiq., Bd. 15, 1919; Rätsel, hg. J. H. Pitman, New Haven 1925 (m. engl. Übs.), hg. M. de Marco. In: Variae collectiones aenigmatum merovingicae aetatis, Tournhout 1968.

L: J. Fowler, 1947; L. A. Orchard, 1994.

Aldington, Richard, engl. Dichter, Romanschriftsteller und Kritiker, 8. 7. 1892 Portsmouth/Hampshire – 27. 7. 1962 Sury-en-Vaux b. Bourges/Frankreich. ∞ Hilda Doolittle 1913, o|o 1937, ∞ Netta McCulloch. Stud. in London, 1913 Redakteur der Imagisten-Zs. ›The Egoist‹, nahm am 1. Weltkrieg teil, durch Granate verschüttet, erlitt e. Nervenschock. Reisen auf dem Kontinent; lit. Mitarbeiter der ›Times‹, im 2. Weltkrieg seit 1939 in Amerika. – Guter Kenner klass. Sprachen, schrieb bedeutende Übsn. aus dem Lat., Griech., Franz. und Ital. Wurde in den frühen 1920er Jahren als ›Imagist‹ bekannt, s. 1. Frau war neben Pound bedeutendste Vertreterin des Imagismus und hatte A.s frühe Lyrik stark beeinflußt. A.s Verse zeigen Vorliebe für klass. mytholog. Motive. In s. Romanen, die oft auf autobiograph. Kriegserlebnissen basieren, kritisiert er die verlogene bürgerl. Gesellschaftsmoral. Desillusionierende Schau. Mehrere Biographien, darunter 1955 die umstrittene über ›Lawrence of Arabia‹, mit der er die Legende des Kriegshelden T. E. Lawrence zerstören wollte.

W: Images, Old and New, G. 1915; War and Love, G. 1918; Images of the War, G. 1919; Images of Desire, G. 1919; Exile, G. 1923; A Fool in the Forest, G. 1925; The Eaten Heart, G. 1929; Death of a Hero, R. 1929 (d. 1930); A Dream in the Luxembourg, G. 1930; Roads to Glory, En. 1930; Last Straws, En. 1931; The Colonel's Daughter, R. 1931; Soft Answers, En. 1932; All Men are Enemies, R. 1933; Women must Work, R. 1934 (d. 1934); Life Quest, G. 1935; Very Heaven, R. 1937 (d. 1945); Seven against Reeves, Dr. 1938; Life for Life's Sake, Aut. 1941; The Duke: Wellington, B. 1946 (d. 1948); The Romance of Casanova, R. 1946 (Als C. liebte, d. 1948); Complete Poems, 1949; D. H. Lawrence, B. 1950 (d. 1951); Lawrence of Arabia, B. 1955 (d. 1956); Portrait of a Rebel: Life and Work of R. L. Stevenson, B. 1957; Literary Lifelines, Br. hg. I. S. MacNiven, H. T. Moore 1981. – *Übs.:* Bilder, G. 1948.

L: E. Wellner, Diss. Marb. 1939; A. Rossmann, Diss. Wien 1944; A. Kershaw, F.-J. Temple, 1965 (m. Bibl.); N. T. Gates, 1974; Ch. Doyle, 1989; F. Crawford, 1998.

Aldiss, Brian W(ilson), engl. Schriftsteller, * 18. 8. 1925 Dereham/Norfolk. Privatschule, 1944–47 in Südostasien stationiert, Buchhändler in Oxford, ab 1956 freier Autor. – Seit den 1960er Jahren engl. Wortführer für stilist. und themat. Erweiterung der Science-fiction, einflußreicher Herausgeber und Kritiker. Zukünftige Gesellschaftsformen, die Komplexität fremden Lebens u. eigenständige Weltentwürfe stehen im Mittelpunkt s. zahlr. Kurzgeschichten und Romane.

W: Non-Stop, R. 1958 (d. 1958); The Long Afternoon of Earth, R. 1962 (d. 1964); Greybeard, R. 1964 (Aufstand der Alten, d. 1967); Cryptozoikum, R. 1967 (d. 1976); Report on Probability A, R. 1968 (d. 1976); Barefoot in the Head, R. 1969 (d. 1988); The Hand-Reared Boy, R. 1970 (d. 1990); The Moment of Eclipse, Kgn. 1970 (d. 1983); Frankenstein Unbound, R. 1973 (d. 1984); The Billion Year Spree, lit.hist. Abh. 1973 (d. 1980); The Malacia Tapestry, R. 1976 (d. 1978); Life in the West, R. 1980 (d. 1986); Moreaus's Other Island, R. 1980 (d. 1981); Hellicona Tril., R. 1982, 1983, 1985 (d. 1983–85); Super-State, R. 2002.

L: R. Mathews, 1977; B. Griffin, D. Wingrove, 1984.

Aldrich, Thomas Bailey, amerik. Schriftsteller, 11. 11. 1836 Portsmouth/NH – 19. 3. 1907 Boston. Vielfältige journalist. Tätigkeit in New York; Kriegsberichterstatter im amerik. Bürgerkrieg; ging 1865 nach Boston; 1881–90 beim ›Atlantic Monthly‹, befreundet mit M. Twain. – Berühmt durch s. realist. Jugendroman ›The Story of a Bad Boy‹, der mit der Tradition moralisierender Jugendlit. brach.

W: The Story of a Bad Boy, R. 1870; Marjorie Daw and Other People, Kgn. 1873; Cloth of Gold, G. 1874; Prudence Palfrey, R. 1874; The Queen of Sheba, R. 1877; The Stillwater Tragedy, R. 1880. – The Writings of T. B. A., IX 1897–1907.

L: F. Greenslet, 1908; C. H. Mangum, 1950; C. E. Samuels, 1965.

Āl-e Ahmad, Ğalāl, pers. Schriftsteller, 1924— 1970 Teheran. Lehrer. – Schildert in iron. Stil echt pers. Milieu mit gesellschaftskrit. Akzent. Außerdem programmat. Aufsätze (z.B. ġarbzadegī ›Verwestlichung‹) und folklorist. Studien von Wert; beeinflußte viele jüngere Autoren. Übs. von Dostoevskij, Gide, Camus u. Sartre ins Pers.

W: Dīd-u-bāzdīd-e ʿeyd, En. 1945; Az rangī ke mībarīm, E. 1947; Mudīr-e madrase, R. 1958; Nūn wal— qalam, R. 1961. – Übs.: Iranian Society: An Anthology of the writings of Jalal Al-e Ahmad, 1978.

Aleardi, Aleardo (eig. Gaetano Maria), ital. Dichter, 14. 11. 1812 Verona – 17. 7. 1878 ebda. Stud. Jura Padua. Mitarbeiter der dort erscheinenden Zs. ›Il Caffè Pedrocchi‹. Wegen s. patriot. Lieder von den Österreichern 1852 in Mantua u. 1859 in Josephstadt festgenommen. Nach 1864 Prof. für Ästhetik u. Kunstgeschichte am Istituto di belle arti in Florenz. 1873 zum Senator ernannt. – Romant.-patriot. Lyriker und Epiker; hatte 1. großen Erfolg 1846 mit s. ›Lettere a Maria‹, aus denen echtes Gefühl spricht. Themen s. stark von Byron beeinflußten u. wenig originellen Lyrik sind bes. die Vaterlandsliebe u. die Verehrung der Frau. Von s. patriot. Werken, in denen er immer wieder die österr. Fremdherrschaft beklagt u. ein einiges Italien heraufbeschwört, überzeugen am meisten ›I sette soldati‹, e. leidenschaftl. Anklage gegen Österreich, u. ›Le città italiane marinare e commercianti‹, in der er die Freiheit der ma. ital. Seerepubliken besingt. A.s Wunsch u. Bemühen, an die große, mit Foscolo begonnene Tradition anzuknüpfen, scheitern an der Tränenseligkeit u. Melodramatik s. Werke, denen es meist an dichter. Kraft fehlt.

W: Arnalda di Roca, G. 1844; Le lettere a Maria, 1846; Raffaello e la Fornarina, Idylle 1855; Le città italiane marinare e commercianti, ep. G. 1856; Il monte Circello, G. 1856; Le prime storie, ep. G. 1857; I sette soldati, ep. Dicht. 1861. – Canti (GW), 1864; Epistolario, 1879; Canti scelti (Ausw.), hg. u. komm. L. Grilli 1918, hg. A. Citanna 1932. – Übs.: Kitt 1872.

L: U. Mazzini, 1930; A. Belloni, 1932; G. Giuliano, 1934. – Bibl.: G. Biadego, 1916.

Alecsandri, Vasile, rumän. Dichter, 21. 6. 1821 Bacău – 22. 8. 1890 Mircești b. Roman. Sohn e. moldauischen Kleinadligen, 1828–34 franz. Schule Jassy, bis 1839 Stud. Medizin u. Jura Paris, ohne e. Diplom zu erwerben. Auf der Rückreise starke Eindrücke aus Italien. Mitdirektor des Theaters von Jassy, nahm an der Revolution von 1848 teil; Exil in Siebenbürgen und der Bukowina, später Paris, dort Hrsg. der Zs. ›România Viitoare‹. Bereiste 1853 als aktiver Propagandist für die Wiedervereinigung s. Heimatlandes Westeuropa, kehrte nach der Pariser Konferenz 1856 zurück, lehnte die Kandidatur zum ersten Fürsten des vereinigten Rumänien ab. 1857–66 Abgeordneter, Senator, 1859 Außenminister, Gesandter in Frankreich (1885–90); wichtiges Mitgl. der lit. Gesellschaft ›Junimea‹ u. der Rumän. Akad. – Vielseitiger lyr. u. ep. Dichter. Albumpoesie, patriot. Oden u. anmutige Naturbeschreibungen, Besinger der Latinität s. Volkes, Beschwörer der ›heroischen‹ Vergangenheit, gewandter gesellschaftskrit. Dramatiker mit rd. 50 Monologen, Vaudevilles, Possen, Lustspielen u. Dramen nach franz. Vorbild. Romant. Reisebücher. Von Frankreich geistig geformt, von Italien angeregt, bleibt dieser romanischste aller rumän. Dichter e. lebensfroher Romantiker, e. ausgeglichener Rhapsode, e. milder Satiriker. Bedeutender Volkslied-Sammler.

W: Farmazonul de la Hârlău, Lsp. 1840; Iorgu de la Sadagura, Lsp. 1844; Istoria unui galben, N. (Die Geschichte eines Dukaten, d. 1952); Piatra din casă, Lsp. 1847; Chirita in Iași, Schw. 1850; Poezii populare și balade, Slg. II 1852 (franz. 1855); Doine și lăcrămioare, G. 1853; Poezii populare ale Românilor, Slg. 1866; Legende, G. 1872; Boieri și ciocoi, Dr. 1874; Pasteluri, G. 1876 (Die Herbstmaid-Gedichte, d. 1955); Ostașii noștri, G. 1878; Despot Vodă, Dr. 1880; Sânziana și Pepelea, Dr. 1883 (d. 1957); Fântâna Blanduziei, Dr. 1884 (Am Blandusischen Quell, d. 1885); Ovidiu, Dr. 1885 (Ovid, d. 1886). – Opere complete, IX 1875–1908; Teatru, III 1953; Poezii, II 1954; Opere, hg. G. C. Nicolescu, G. Rădulescu-Dulgheru V 1966–77; Drame, hg. E. Sorohan 1980; Briefe, hg. I. Chendi, E. Carcalechi 1904. – Übs.: AW, F. J. Bulhardt 1961.

L: N. Zaharia, 1919 (m. Bibl.); C. Drouhet, 1924; G. Bogdan-Duică, 1926; A. Marcu, Rom 1926; N. Petrașcu, 1930; E. Rădulescu-Pogoneanu, 1940; G. Lupi, Brescia 1946; M. Ruffini, ebda. 1949; G. C. Nicolescu, 1962; G. Călinescu, 1965; M. Platon, 1980; M. Anghelescu, 1986.

Aled, Tudur → Tudur Aled

Alegre, Manuel (Manuel Alegre Melo Duarte), portugies. Lyriker, * 12. 5. 1936 Agueda. Aus liberal-republikan. Familie; Stud. Jura Coimbra. – Vf. von polit. inspirierten Gedichten; Themen: Freiheit, Unterdrückung, Kolonialkrieg in Afrika; verarbeitet die lyr. Tradition s. Landes u. adaptiert volkstüml. Gedichtformen.

W: O Canto e as Armas, sämtl. G. 1989.

Alegría, Ciro, peruan. Schriftsteller, 4. 11. 1909 Quilca/Prov. Huamachuco – 17. 2. 1967 Lima.

Alegría

Journalist, Politiker; aus polit. Gründen in Haft, 1933 Emigration nach Chile; 1936 Tuberkulose, 1941–49 in USA, dann Puerto Rico u. La Habana. – E. der besten peruan. Romanciers s. Zeit, Vertreter der ›indigenist.‹ Lit.; die ersten drei Romane beschreiben das Schicksal der von der Zivilisation Bedrohten, deren Leben er lange Jahre teilte.

W: La serpiente de oro, R. 1935 (Menschen am Marañon, d. 1954, u.d.T.. Die goldene Schlange, 1971); Los perros hambrientos, R. 1939 (Hirten, Herden, Hunde, d. 1957, u.d.T.. Die hungrigen Hunde, 1978); El mundo es ancho y ajeno, R. 1941 (Taita Rumi, d. 1945, u.d.T.. Die Welt ist groß und fremd, 1980); Duelo de caballeros, En. 1963; Novelistas contemporáneos hispanoamericanos, St. 1964; Historia de la novela hispanoamericana, ³1966; Panki y el guerrero, En. 1968; Sueño y verdad de América, En. 1969; Gabriela Mistral íntima, B. 1969; La ofrenda de piedra, En. 1969; Lázaro, R. 1973; La revolución cubana, St. 1973; Mucha suerte con harto palo, Mem. 1976; 7 cuentos quirománticos, En. 1978; El sol de los jaguares, En. 1979; Relatos, En. 1983. – Novelas completas, hg. A. del Hoyo ²1963; Muerte y resurrección de C. A., V 1969.

L: A. Cornejo Polar, 1968; D. Varona, hg. 1972; M. del C. Casado Linarejos, 1974; G. Tocilovac, 1975, 1976; M. Vilariño de Olivieri, ²1979; E. Early, 1980; T. G. Escajadillo, 1983; C. A. Zavaleta, 1984.

Alegría, Fernando, chilen. Schriftsteller, * 6. 10. 1918 Santiago. Studierte in den USA, wo er Lit.-Prof. wurde. Zur Zeit der Allende-Regierung Kulturattaché in Washington. – Schrieb über den chilen. Putsch von 1973 u. s. Folgen: die leidenschaftl. Beziehung zwischen e. Folterer u. s. Opfer; die Tragweite von Sieg u. Niederlage; das Leben in der Fremde. Verzichtet z.T. auf Hauptfiguren, die Geschichte wird durch dokumentarisches Material erzählt.

W: Recabarren, B. 1938; Lautaro, B. 1943; Camaleón, R. 1950; La poesía chilena, St. 1954; Caballo de copas, R. 1957; Mañana los guerreros, R. 1965; Amérika, Amérikka, Amérikkka, R. 1970; El paso de los gansos, R. 1975 (d. 1978); Coral de guerra, R. 1979; Una especie de memoria, Aut. 1983; Mi vecino el Presidente, B. 1989.

L: H. F. Giacoman, 1972; R. Ruiz, 1979; J. A. Epple, hg. 1987.

Aleichem → Scholem Alechem

Aleixandre, Vicente, span. Dichter, 26. 4. 1898 Sevilla – 14. 12. 1983 Madrid. Kindheit in Málaga, Stud. Rechte u. Volkswirtschaft Madrid; zieht sich wegen Krankheit aufs Land zurück (1925–27), wo ›Ámbito‹ entsteht. 1926 erste Veröffentlichungen in ›Revista de Occidente‹, befreundet mit zahlr. Dichtern u. Schriftstellern, u.a. García Lorca, Guillén, D. Alonso; Reisen durch England, Frankreich, Schweiz; ab 1949 Mitgl. der Span. Akad., 1977 Nobelpreis für Lit., lebte in Madrid. – E. der bedeutendsten span. Surrealisten, Vertreter der Dichtergeneration von 1927, folgte mit s. ersten Werken der Modeströmung der enthumanisierten ›poésie pure‹, fand eigene Wege mit ›La destrucción o el amor‹, wesentl. für die Neuorientierung der mod. span. Lyrik, Vorstoß in e. überwirkl. Welt von großer Subtilität, tiefes Naturempfinden; in den späteren Werken mehr und mehr Abschied von allem Äußerl. u. Formalen. Verse von großer Schlichtheit, fast Nüchternheit, aber tieferem menschl. Gehalt.

W: Ámbito, G. 1928; Espadas como labios, G. 1932; Pasión de la tierra, Prosadicht. 1935; La destrucción o el amor, G. 1935 (span. u. d. 1978); Homenaje al poeta García Lorca contra sa muerte, Prosa 1937; Sombra del paraíso, G. 1944; En la muerte de Miguel Hernández, G. 1948; Mundo a solas, G. 1950; Poemas paradisíacos, G. 1952; Nacimiento último, G. 1953; Historia del corazón, G. 1954; Los encuentros, Aufs. 1958; Poesías completas, 1960; En un vasto dominio, G. 1962; Poemas de la consumación, G. 1968; Diálogos del conocimiento, G. 1974; Antología total, hg. P. Gimferrer 1975; Antología poética, hg. L. de Luis 1977. – Obras completas, 1977. – *Übs.:* Nackt wie der glühende Stein, Ausw. ²1977.

L: C. Bousoño, ²1956; J. Olivio Jiménez, 1964; L. de Luis, 1970; G. Depretis, 1976; I. Emiliozzi, 1977; K. Schwartz, 1980; J. F. Díez de Revenga, 1999; M. A. García Díaz, Una aspiración a la luz, 2001; M. A. García, 2001.

Alekandravičius, Kossu → Aistis, Jonas

Alemán, Mateo, span. Erzähler, getauft 28. 9. 1547 Sevilla – um 1615 Mexiko(?). Arztsohn, Abkömmling von ›conversos‹, Stud. Philos. Sevilla, 1564 Bakkalaureus, 1565 Stud. Medizin Salamanca, 1566 in Alcalá de Henares, Ausbildung nicht beendet; 1571 ∞ Catalina de Espinosa, um mit der Mitgift e. Schuld abzahlen zu können, Stellung am kgl. Schatzamt, 1580 Gefängnishaft in Zusammenhang mit s. Amt; s. Gesuch um Erlaubnis zur Auswanderung wurde abgeschlagen, ständige Geldnot, versch. obskure Beschäftigungen, 1601 in Sevilla; 1602 Bekanntschaft mit Francisca Calderón, deren Güter er verwaltete u. mit der er zusammenlebte. Erneute Gefängnisstrafe wegen Schulden, wahrscheinl. zusammen mit Cervantes; ging 1608 mit Francisca u. ihren beiden Kindern nach Amerika, weiteres Schicksal u. genaues Todesjahr unbekannt. – Vf. des Schelmenromans ›Guzmán de Alfarache‹, weicht stark vom Prototyp des Genres, ›Lazarillo‹, ab: Guzmán ist nicht mehr Diener vieler Herren, sondern Abenteurer u. Vagabund, bald Soldat u. Student, bald Bettler u. Hochstapler; Ausdehnung des Schauplatzes auf die großen Städte Spaniens u. Italiens; mehr philos. Abhandlung über das menschl. Leben als Roman, starke moralisierende Tendenz, jedes Kapitel mit moral. Sentenz eingeleitet; pessimist. Grundton, nichts von der unbekümmerten Lebensfreude des echten ›pícaro‹, was auf s. Stellung als ›converso‹ zurückzuführen ist; bittere Satire gegen menschl. Schlechtigkeit ist in den Lebenslauf des Helden eingeflochten; maur. Geschichten, Novellen im ital. Stil, gelehrte Abhandlungen usw. unterbrechen den Faden der Handlung, dadurch ermüdend u. schwerfällig; steht geistig bereits in der Zeit der Gegenreformation, nicht mehr Renaissance. Hauptverdienst durch nuancierte Sprache von starker Ausdruckskraft, klass. Prosastil, geschickte Erzählung; 1602 erschien e. 2. Teil unter dem Pseudonym Mateo Luján de Sayavedra, der dem Valencianer Advokaten Juan Martí zugeschrieben wird. A. griff s. Plagiator mit sarkast. Spott an, s. eigener 2. Teil trägt den Untertitel ›Atalaya de la vida humana‹.

W: Vida del pícaro Guzmán de Alfarache, R., 1. Teil 1599, 2. Teil 1604 (n. S. Gilli Gaya V 1926–36, J. Cejador II o. J., A. Valbuena Prat 1946, F. Rico 1967, J. M. Micó 1988). – *Übs.:* d. bearb. von Ä. Albertinus 1615; d. R. Specht in: Span. Schelmenromane, Bd. 1, 1964.

L: J. Gestoso, 1896; F. Rodríguez Marín, 1907; M. García Blanco, 1930; F. Rodríguez Marín, 1933; E. Moreno Báez, 1948; G. Álvarez, 1953; E. Cros, 1967; D. McGrady, 1968; A. San Miguel, 1971; E. Cros, 1971; J. Arias, G. de A.: The Unrepentant Narrator, Lond. 1977; M. Cavillac, 1983; M. Michaud, Paris 1987. – *Bibl.:* R. Foulché-Delbosc (Revue hispanique 42), 1918.

Alencar, José Martiano de, brasilian. Prosaschriftsteller, Journalist, Dramatiker u. Politiker, 1. 5. 1829 Mecejana/Ceará – 12. 12. 1877 Rio de Janeiro. Jugend in Rio de Janeiro; Stud. Jura São Paulo u. Olinda; Rechtsberater am Hof Pedros II., Chefredakteur e. Zeitung in Rio de Janeiro, 1861 Abgeordneter, 1868–70 Justizminister, plädiert für graduelle Abschaffung der Sklaverei, Rückzug aus der Politik, kurz vor s. Tod Europareise. – Führt den hist. Roman (mit dem Indio, dem Bewohner des Sertão, und dem Gaucho als Repräsentanten der Nation) in Brasilien ein; gilt als Begründer der nationalen Lit., leistet wesentl. Beitrag zur Einführung des Brasilianischen als Lit.sprache; löst mit der Veröffentlichung der ›Cartas sobre a Confederação dos Tamoios‹ (1856) e. große Polemik aus, die um die Illusion der Unabhängigkeit kreist. Proklamiert als Ausdruck freiheitl. Prinzipien neue lit. Formen und schreibt ›O Guarani‹, der mit ›Iracema‹ u. ›Ubiraja‹ die indian. Triade bildet und die myth. Gründung Brasiliens erzählt. Die Theaterstücke ›Verso e Reverso‹ u. ›O demônio Familiar‹ liefern e. realist. Darstellung der Sklaverei, ›O Sertanejo‹ gilt als wichtig für die Einführung des regionalist. Romans aufgrund der folklorist. Substanz.

W: Cartas sobre a Confederação dos Tamoios, Ess. 1856; O Guarani, R. 1857 (d. 1911); Verso e Reverso, Dr. 1857; O demônio Familiar, Dr. 1858; Iracema, R. 1865; As Minas de Prata, R. 1865 (d. 1925); O Gaúcho, R. II 1870; Ubiraja, R. 1874; Senhora, R. 1875; O Sertanejo, R. 1876; Dois escritos democráticos, hg. W. G. dos Santos, Ess. 1991; O nosso cancioneiro, Ess. 1994. – Obras completas (GW), I 1964; Obras (W), 1951; GW, IV 1958–60.

L: Araripe Júnior, 1882; A. Mota, 1921; M. Alencar, 1922; Gladstone Chaves de Melo, 1951; G. Freyre, 1955; J. G. Merquior, 1977; A. Coutinho u. a., Conferências comemorativas do Centenário da morte de Alencar, 1977, 1981; I. Schwamborn, 1998.

Aleramo, Sibilla (eig. Rina Faccio), ital. Schriftstellerin, 14. 8. 1876 Alessandria/Piemont – 13. 1. 1960 Rom. Tochter e. Fabrikdirektors, ∞ 1892 e. Arbeiter, den sie 1901 verließ; ihr erot. freies Leben schildern die Romane. – Errang schon mit ihrem ersten Roman ›Una donna‹ große Popularität. Auch in den späteren Werken, die unter allzu großem Gefühlsüberschwang leiden, steht ihre eigene Person im Mittelpunkt. Die Neigung zur lyr. Verschwommenheit macht sich bes. in ihrem Drama ›Endimione‹, dem es am Aufbau fehlt, als Mangel bemerkbar. Besser gelungen sind ihre Lyrik u. die Prosagedichte, die sich durch größere Spontaneität u. Natürlichkeit auszeichnen.

W: Una donna, R. 1906 (Geschichte einer Frau, d. 1976); Il passaggio, R. 1919; Andando e stando, E. 1921; Endimione, Dr. 1923; Amo, dunque sono, R. 1927; Poesie, G. 1929; Gioie d'occasione, E. 1930; Il frustino, R. 1932; Orsa minore, E. 1938; Sì alla terra, G. 1935; Dal mio diario, 1945; Selva d'amore, 1947; La donna e il femminismo, Ess. 1978; Diario di una donna. Inediti 1945–60, 1978 (Tagebuch einer Frau, d. 1980); Un amore insolito, Tg. 1940–44, 1979; Lettere d'amore a Lina, 1982 (dt. 1984).

L: F. Agnoletti, 1921; R. Guerricchio, 1975; M. Federzoni, I. Pezzini, M. P. Pozzato 1980; B. Conti, S. A. e il suo tempo, 1981; A. G. Morosoff, Transfigurations: the autobiographical novels of S. A., 1999.

Alexander-Roman (›Leben u. Taten A.s, des Makedonen‹, ›Bios kai pepragmena Alexandru tu Makedonos‹), pseudo-hist., romanhafte, populäre Fiktion von Leben und Taten Alexanders des Großen in griechischer Sprache. Existiert in mehreren Versionen; einige Teile wohl älter als die heute vorliegende schriftl. Fixierung, die ab dem 3. Jh. n. Chr. unter dem Namen e. Autors Kallisthenes (sog. ›Ps.-Kallisthenes‹) erfolgte. Berichte über wunderbare Länder, Legenden und märchenhafte Elemente schildern A.s Reise bis zum Ende der Welt und darüber hinaus, ohne daß chronolog. oder geograph. Fakten dabei streng beachtet werden. – Durch alle Zeiten außerordentl. beliebt: Ab dem 13. Jh. n. Chr. mehrere Prosafassungen, im 14. Jh. entsteht e. anonyme, poetisierte Fassung in 6000 Versen (sog. ›Byzantin. Alexander-Lied‹). Zu den versch. griech. Versionen treten u. a. syr., armen., kopt. und lat.

Alexandre de Bernai

Übsn. In der Zusammenfassung (sog. ›Zacherepitome‹) der lat. Übs. des Iulius Valerius (4. Jh. n. Chr., ›Res gestae Alexandri Magni‹, 3 Bücher) und der Übs. des Archipresbyters Leon (10. Jh. n. Chr., ›Navitas et victoria A. Magni‹, anon. erweitert zur ›Historia de preliis‹) wird der A.-R. zu e. Art ›Volksbuch‹ des MA; inhaltl. verwandte Texte knüpfen an den Erfolg an (z.B. ›Epistula Alexandri ad Aristotelem‹, ›Metzer-Alexander-Epitome‹, beide lat.).

A u. L: F. Pfister 1913; P. H. Thomas ²1966; Feldbusch 1976; A. Hilka, K. Steffens 1979; M. Rosellini 1993.

Alexandra-Gedicht → Lykophron aus Chalkis

Alexandre de Bernai (oder de Paris), altfranz. Dichter, 12. Jh. – Die Vollendung und letzte Gestaltung des großen Alexanderromans mit 12silbigem Vers geht auf ihn zurück (vor 1177). Er schrieb den 1. Teil neu, fügte einen 4. Teil, den Tod Alexanders, hinzu, verfaßte die überleitenden Stücke, ordnete und überarbeitete das Ganze. Als Quellen benutzte er ›Epitome Julii Valerii‹ (9. Jh.), ›Historia de preliis‹ des Archipresbyters Leo (10. Jh.), Geschichtswerke des Quintus Curtius und des Josephus. A. scheint den entscheidenden Anteil daran zu haben, daß der ma. Alexander zum Inbegriff ritterl. Tugend, zum ›roi large‹ schlechthin wurde. Der A. gelegentl. zugeschriebene, um 1210 entstandene Roman in 8silbigen Versen ›Athis et Prophilias‹ behandelt im 1. und 2. Teil ähnlich wie ›Ami et Amile‹ das Thema der Freundestreue, der 3. Teil ist e. reiner Abenteuerroman.

A: The medieval French ›Roman d'Alexandre‹, hg. E. C. Armstrong VI 1937–55; Estoire d'Athenes ou Athis et Prophilias, hg. A. Hilka II 1912–16.

L: A. Lambert, 1891.

Alexandrescu, Grigore, rumän. Dichter, 22. 2. 1810 Târgoviște – 25. 11. 1885 Bukarest. Schüler des berühmten Vaillant-Pensionats, dann St.-Sava-Kollegium Bukarest. Nach kurzer Tätigkeit in der walach. Armee Demission aus Langeweile. 1840 wegen Verschwörung verhaftet, aktiv in der Wiedervereinigungsbewegung, nach 1859 hoher Staatsbeamter u. Erziehungsminister. – Romantiker rumän. Prägung: franz. Einfluß u. bodenständige Tradition; hervorragender Fabeldichter; Satiren gegen die russ. Besatzung. Sozialkritiker nach dem Muster V. Hugos. Von s. philos. Dichtung ist ›1840‹ an erster Stelle zu nennen.

W: Poezii, 1838, 1842; Suvenire și impresii, epistole si fabule, 1847. – Opere, 1907, 1931, 1957ff. – *Übs.:* Episteln, Satiren, Fabeln, 1957; Fabeln, 1957.

L: E. Lovinescu, Paris 1910; G. Călinescu, 1962; M. Anghelescu, 1973, 1988.

Alexandri, Vasile → Alecsandri, Vasile

Alexandros Aitolos (auch: von Pleuron), Philologe u. einziger bekannter Dichter aus Aetolien, * um 315 v. Chr. Korrigierte um 285–283 v. Chr. die Exemplare der Tragödien und Satyrspiele der Bibliothek von Alexandria, später am Hof des Antigonos Gonatas (Makedonien). – Nur Fragmente erhalten von Epyllien, Elegien, Epigrammen; in der Antike v. a. für s. Tragödien (1 Titel erhalten: ›Würfelspieler‹) bekannt und so zum sog. ›Pleias‹ (›Siebengestirn‹) der alexandrin. Tragödiendichter gezählt.

A: TrGF I 101.

Alexandrou, Aris (eig. Aristotelis Vasileiadis), griech. Schriftsteller, 1922 St. Petersburg – 2. 7. 1978 Paris. 1928 ließ sich s. Familie in Athen nieder. Nahm am Widerstand gegen die dt. Besatzung teil. Nach dem Krieg wegen s. polit. Gesinnung inhaftiert. Seit 1967 im Pariser Exil. – In s. dichter. Werk manifestiert sich s. eigener Werdegang von kämpfer. Unterstützung des Kommunismus hin zum Ausdruck der Enttäuschung über die Sinnlosigkeit des Kampfes und zur Ironie.

W: Akomē tutē hē anoixē, G. 1946; Agonos grammē, G. 1952; Euthytēs hodōn, G. 1959; Antigonē, Dr. 1960; To kibōtio, R. 1974; Ho lophos me to suntribani, Dr. 1977. – Poiēmata (1941–74), G. 1978.

L: D. Ravtopulos, A. A. ho exoristos, 1996.

Alexandru, Ioan, rumän. Dichter, 25. 12. 1941 Topa Mică/Cluj – 16. 9. 2000 Bonn. Aus e. Bauernfamilie, Stud. Philol. u. Philos. in Cluj, Bukarest, Freiburg/Br., Aachen u. München; Dozent Univ. Bukarest. – S. Lyrik wird von den Gegebenheiten u. Forderungen s. transsylvan. Heimat bestimmt, dem Problem des Überlebens. Er strebt nach dem Immerwährenden, das nur durch e. schweren Kampf des Glaubens zu erreichen ist, durch Wachsamkeit im Sinne der Wüstenväter. Der Dichter sucht das Heil nicht als Einzelwesen, sondern in der Gemeinschaft aller, die vorangegangen sind, u. derer, die kommen werden. Übs. Pindars, Rilkes u. des Hohen Liedes.

W: Cum să vă spun?, G. 1964; Viața deocamdată, G. 1965; Infernul discutabil, G. 1967; Vină, G. 1968; Vămile pustiei, G. 1969; Imne I–VIII, G. 1973–88.

L: M. Martin, 1969; Al. Ștefănescu, 1987.

Alexis, altgriech. Komödiendichter, um 375 v. Chr. – um 270 v. Chr. Aus Thurioi (Unteritalien), lebte wohl in Athen, 1. sicher bezeugter Sieg 347 v. Chr. – Von ursprünglich 245 Stücken sind 135 Titel und 340 Fragmente erhalten, ca. e. Siebtel Mythentravestie; wohl in mancher Hinsicht Wegbereiter der Neuen Komödie (z.B. Typ des ›Kochs‹ bzw. des ›Parasiten‹, nachgestellter Prolog etc.); dies spiegelt die antike traditionelle Annahme, daß Menandros s. Schüler sei. A. war bis in die Kaiserzeit beliebt; s. Stücke werden von der röm. Komödie adapticrt, vgl. Plautus (›Poenulus‹ entspricht teilweise A.' ›Karchedonios‹), Terentius, Turpilius.

Komm.: W. G. Arnott 1996.
L: H.-G. Nesselrath, 1990.

Alexis, Jacques Stephen, haitianischer Schriftsteller, 22. 4. 1922 Gonaïves/Haiti – 22. 4. 1961 ebda. Entstammt e. Familie von Freiheitskämpfern s. Landes; Vater Schriftsteller und Diplomat. Beginnt lit. Laufbahn mit 18 Jahren, arbeitet als Journalist bei den Zeitschriften von Haiti; begründet den lit. Zirkel ›La Ruche‹; engagierter Kommunist; Kontakte mit André Breton. Vorübergehend Aufenthalt in Frankreich; bei s. Rückkehr wird er, wahrscheinl. von Anhängern des François Duvalier, ermordet. – Vf. der berühmten ›Chroniques‹, die der revolutionären Bewegung von Haiti gewidmet sind. Propagiert die Literatur der Heimatinsel in Frankreich. Bekennt sich in seinen Romanen zu den Prinzipien des ›réalisme merveilleux‹.

W: Compère Général Soleil, R. 1955 (d. 1968); Les arbres musiciens, R. 1957 (d. 1961); L'espace d'un cillement, R. 1959; Romancero aux étoiles, R. 1960. – Œuvres choisies, 1964.
L: M. D. LeRumeur, 1987.

Alexis, Paul, franz. Schriftsteller, 16. 6. 1847 Aix-en-Provence – 28. 7. 1901 Triel. Stud. Jura Aix. Freundschaft mit Zola bestimmte s. ganzes Leben. Als Journalist Mitarbeiter mehrerer Zeitungen, bes. im ›Ami du Peuple‹ unter Ps. Trublot; Eintreten für naturalist. Lit. und impressionist. Malerei. Gehörte zur ersten naturalist. Dichtergruppe, ›groupe de Médan‹ um Zola, war Mitarbeiter der Novellensammlung ›Les soirées de Médan‹, stand als treuer Schüler Zola auch während der Dreyfus-Affäre bei, beeinflußt durch Goncourt. – Veröffentlichte seit 1879 Dramen, Romane und Novellen nach naturalist. Muster, zumeist aus der Pariser Halbwelt, wo A. zu Hause war. Lebensbilder als ›documents humains‹ ohne die Ironie der anderen Naturalisten in trockenem, scharfem, an Stendhal erinnerndem Stil.

W: Celle qu'on n'épouse pas, Dr. 1879; La fin de Lucie Pellegrin, E. 1880; Après la bataille, E. 1880; E. Zola, notes d'un ami, Es. 1882; Le collage, E. 1883; Le besoin d'aimer, N. 1885; Un amour platonique, E. 1886; La fin de Lucie Pellegrin, Dr. 1888; L'éducation amouresse, R. 1890; Monsieur Betsy, Dr. 1890 (m. O. Méténier); Les frères Zemgano, Dr. 1890; Madame Meuriot, mœurs parisiennes, R. 1891; Charles Demailly, Dr. 1893; La provinciale, Dr. 1894 (m. G. Giacosa); Trente romans, Nn. 1895; La comtesse, R. 1897; Vallobra, E. 1901; Lettres à E. Zola, hg. B. H. Bakker 1971.

Alexiu, Elli, griech. Erzählerin, 1894 Heraklion/Kreta – 1988 Athen. Pädagog. Akad., bis 1920 Lehrerin an e. Volksschule, später Gymnas. Weitere Studien an der dt. Schule u. der Sorbonne. 1920–37 ∞ Erzähler Vassilis Daskalakis. Nach dem 2. Weltkrieg Aufenthalt im Ostblock; neben ihrer schriftsteller. Tätigkeit mit Erziehungsfragen der griech. Emigrantenkinder betraut. 1962 Rückkehr nach Griechenland. – Als Zeugnis e. inneren Engagements betrachtet die Erzählerin ihr realist. erzählendes, durch gestalter. Kraft u. kämpfer. Leidenschaft charakterisiertes Werk.

W: Sklēroi agōnes gia mikrē zōē, En. 1931; 3. christianikon Parthenagōgeion, R. 1934 (d. 1963); Antrōpoi, En. 1938; Lumpen, R. 1940; Parapotamoi, R. 1955; Me tē Lyra, R. 1959; Anachōrēseis kai metallages, En. III 1962; Spondē, En. 1964; Kai huto kathexēs, R. 1964; Gia na ginei Megalos, B. 1966; Kai hyper tōn zōntōn, En. 1972; Despozusa, R. 1972.
L: Th. Phoskarinis, 1982; S. Petta, Anesperē, 1986; M. G. Meraklis, 1990.

Alexiuslied, La Cançun de Saint Alexis, altfranz. Gedicht aus der Mitte des 11. Jh. in normann. Mundart. Erste eigentl. Dichtung von persönl. Prägung in franz. Sprache. S. guter Aufbau und s. neben volkssprachl. Elementen vorkommenden Eigenheiten des ma. Kunststils lassen auf e. gelehrten Kunstdichter als Vf. schließen. Zum Gesangsvortrag oder Vorlesen bestimmt. Gestaltet in 10silbigen, kunstvoll in 5zeiligen Strophen angeordneten Versen einer Heiligenlegende syr. Ursprungs (5. Jh.) nach einer lat. Vita (nach der im 12., 13. und 14. Jh. weitere Alexiusdichtungen entstanden). Alexius, e. junger reicher Römer, der s. Braut am Hochzeitstage verläßt, sich als Bettler 17 Jahre in Kleinasien und weitere 17 Jahre unerkannt unter der Treppe des väterl. Hauses aufhält, erst im Tod erkannt und heiliggesprochen wird, verkörpert das Ideal ›weltflüchtiger Frömmigkeit‹ (E. R. Curtius) und das im Vorderen Orient beheimatete ›Bild vom vollkommenen Menschen‹ (G. Eis). Die packende und bewegte Darstellung beeinflußte die altfranz. Dichtung: den altfranz. Gregorius, Guichart de Beaulieus ›sermun‹, Garniers Thomasleben.

A: G. Paris, L. Pannier [6]1925; G. Rohlfs [4]1963; C. Storey [2]1968 (d. K. Berns 1968).
L: M. Waltz, 1965; K. Gierden, 1967.

Alfieri, Vittorio, Graf, ital. Dichter u. Dramatiker, 16. 1. 1749 Asti – 8. 10. 1803 Florenz. Lebte nach dem frühen Tod des Vaters bis 1758 bei s. Mutter, dann Kgl. Erziehungsinstitut (Accademia) Turin bis 1766. Offiziersslaufbahn bis 1774; 1766–72 ausgedehnte Reisen durch Italien und Europa mit Duell wegen e. Liebesaffäre. Nach der Rückkehr führte er das Leben e. aufgeklärten und mit den provinziellen Verhältnissen unzufriedenen Aristokraten in Turin. 1776 Übersiedlung in die Toskana, aus polit. Gründen und um korrektes Ital. zu erlernen. 1777 lernte er in Florenz die hochgebildete Luisa Stolberg, Gräfin von Albany, die Gattin von Charles Edward Stuart kennen, mit der er nach der Trennung von ihrem Mann zusammenlebte. Gab s. Güter in Turin auf u. lebte 1778–85 in Florenz, Rom, Siena, Pisa, 1785–87 in Martinsburg (Colmar) u. Paris, bis 1792 ganz in Paris. Auf der Flucht vor der Revolution ging er mit Luisa Stolberg zurück nach Florenz, wo er bis zu s. Tode lebte. – Bedeutendster ital. Dramatiker des 18. Jh. In s. frühen Werken feiert er, ähnlich wie die ›Stürmer u. Dränger‹ in Deutschland, im Protest gegen die Gesellschaft die moral. u. polit. Ideale e. freiheitl. Gesinnung, später neigt er mehr dazu, in satir. Form die negativen Seiten des Lebens darzustellen. Im Mittelpunkt s. Tragödien steht jeweils der von e. starken Leidenschaft beherrschte Mensch, die große Persönlichkeit. Das trag. Moment entsteht nicht durch e. inneren Konflikt des Helden (außer in ›Saul‹ u. ›Mirra‹), sondern durch den Zusammenprall mit den Leidenschaften der anderen, durch den die Katastrophe ausgelöst wird. Dabei wirken s. Charaktere oft etwas abstrakt u. konstruiert. Formal sind A.s Dramen in klass. ital. Versen u. nach dem Vorbild der Antike gestaltet. S. Ideen über Tyrannei u. Freiheit hat A. auch in den beiden Traktaten ›Della tirannide‹ u. ›Del principe e delle lettere‹ dargelegt. In den ›Odi politiche‹ besingt er u.a. die amerik. u. die Franz. Revolution, während er sich in den 17 ›Satiren‹ v. a. gegen soz. u. polit. Vorurteile wendet. In s. antifranz. Satire ›Misogallo‹ leistete A. e. wichtigen Beitrag zur Entwicklung des ital. Nationalgefühls. In s. Lyrik überwiegen die Liebesgedichte, die der Form nach zwar petrarkist. sind, sich aber von der oberflächl.-galanten Liebeslyrik der Zeit durch die Auffassung des Autors von der Liebe als e. göttl. Kraft unterscheiden. In s. flüssig geschriebenen ›Vita‹ gibt A. die Schilderung s. Lebens.

W: Cleopatra, Tr. 1774; Della tirannide, Schr. 1777; Saul, Tr. 1782; Etruria vendicata, Ep. 1786; Del principe e delle lettere, Schr. 1786 (n. A. Donati 1927); Misogallo, Sat. 1796; Alceste, Tr. 1797; Abele, Tr. 1797; Vita, 1803 (d. H. Hinderberger 1949). – Opere, XXII 1805–15, XI 1903, hg. F. Maggini V 1925–33; Edizione astese, hg. Centro nazionale di studi alfieriani 1951ff.; Scritti inediti o rari, hg. A. Pellizzari 1916; Tragedie, hg. C. Milano 1855; Tragedie, Tragedie postume, hg. N. Bruscoli III u. I 1946f. – Übs.: Vier Trauerspiele, d. P. Hansmann 1919.

L: P. Gobetti, 1922, ²1950; W. Binni, 1942; M. Fubini, ²1953; R. Scrivano, La natura teatrale dell'ispirazione alfieriana, 1963; V. Masiello, 1964; G. Nicastro, 1974; G. Debenedetti, 1977; V. Branca, 1981. – Bibl.: G. Santato, 1982.

Alf laila wa-laila → Tausendundeine Nacht

Alfonso, Pedro → Petrus Alfonsi

Alfonso X., der Weise, König von Kastilien (1252–82), 23. 11. 1221 Toledo – 4. 4. 1284 Sevilla. Sohn Ferdinands III. des Heiligen u. der Dt. Beatrix von Schwaben, führte ohne großen Erfolg die Eroberungspolitik s. Vaters fort, ∞ e. Tochter Jakobs II. von Aragonien, strebte vergebl. nach der dt. Kaiserkrone. Private Enttäuschungen (unglückl. Ehe, Empörung s. Sohnes Sancho usw.) u. polit. Rückschläge. War um Gerechtigkeit im Herrschen u. um Erziehung des Volkes bemüht. S. Gestalt lebt in Sagen u. lit. Werken fort. – Bedeutendster Mäzen u. Gelehrter des MA, gilt als Schöpfer der kastil. Prosa, Förderer von Wiss. u. Kunst, umgab sich mit Gelehrten u. Dichtern, gründete Schulen in Toledo, Sevilla u. Murcia, tolerant gegenüber Juden u. Arabern, ließ Übsn. bes. aus dem Arab., Hebr. u. Lat. anfertigen. S. eigener Beitrag bestand vorwiegend in der Ausfeilung u. Bereicherung der Sprache; jurist. Werke: insbes. ›Siete Partidas‹, Kodifizierung der damaligen Gesetze zwecks Vereinheitlichung des Rechtswesens; durch Anführung prakt. Beispiele bedeutendes Dokument für Kenntnis von Leben u. Sitten des span. 13. Jh.; hist. Werke: ›Crónica General‹, groß angelegte Geschichte Spaniens, reicht nur bis Rodrigo, dem letzten Gotenkönig; fortgesetzt unter Sancho IV., Quellen: Lukians ›Pharsalia‹, Bibel, cantares de gesta usw., enthält zahlr. Prosaauflösungen alter Heldenepen (Cid, Fernán González, Infanten von Lara u.a.); ›General e grande Estoria‹, Versuch e. Universalgeschichte, nur bis zu den Eltern der Jungfrau Maria; wiss. Werke: meist Übsn. u. Bearbeitungen oriental. Bücher (Steinbuch, Astronomie usw.); s. persönlichstes Werk sind die ›Cantigas‹, 420 Dichtungen in galic. Sprache, Marienwunder, lyr. Hymnen u.a., Ausdruck s. großen Marienverehrung u. tiefen Gläubigkeit.

A: Siete Partidas, Prosa (hg. Hist. Akad. 1807); Libros del saber de Astronomía, Prosa (hg. M. Rico y Sinobas V 1863–65); El Lapidario, Prosa (hg. J. Fernández Montaña 1881); Cantigas de Santa María, G. (hg. Marqués de Valmar II 1889, W. Mettmann III 1959–61); Primera Crónica General, Prosa (hg. R. Menéndez Pidal II 1955); General e grande Estoria, Prosa (hg. A. G. Solalinde u.a. 1930ff., bisher 3 Bde.); Libro de juegos de ajedrez, dados e tablas, Prosa (hg. A. Steiger 1941); Noticiero alfonsí, Prosa (hg. A. Cárdenas VII 1982–88); Antología, Alfonso X el Sabio: Estoria de Espanna, hg. R. Ayerbe-Chaux 1982.

L: C. Rosell, 1875; J. Rios Sarmientos, 1943; J. A. Sánchez Pérez, ²1944; J. Llampayas, 1947; E. S. Procter, Oxf. 1951; W. Frhr. v. Schoen, 1957; J. E. Regueroy Sanfeliu, 1959; A. Ballesteros-Beretta, 1963; J. E. Keller, N. Y. 1967; F. Rico, 1973; H.-J. Niederehe. – Bibl.: J. R. Craddock, Lond. 1986.

Alfred der Große, König von Westsachsen, dann von ganz England, Vater der engl. Prosa, 849 Wantage/Berkshire – 26. 10. 899. Hervorragend als Herrscher, Gesetzgeber, Kriegsherr und Gelehrter; bekannt durch s. Vertreibung der Dänen (Wikinger). Regierte 871–899; zahlr. Legenden rankten sich um ihn. A. entwarf e. breit angelegtes Bildungsprogramm, um zunächst mit Hilfe von Übsn. die seit den Wikingereinfällen darniederliegende engl. Kultur neu zu beleben (siehe s. Vorwort zur ›Cura pastoralis‹). Dazu scharte er e. Kreis von Gelehrten aus Britannien und vom Kontinent um sich. Er übersetzte e. Reihe wichtiger lat. Texte selbst ins Altengl. (Westsächsische); weitere Texte entstanden in s. Kreis. Sie umfassen Religion und Theol., Philos., Gesch. S. Übsn. sind teils relativ wörtl. (wie die ›Cura pastoralis‹), teils recht frei (wie s. Boethius). A. selbst übersetzte offenbar: 1) Die ›Cura pastoralis‹ (›Regula pastoralis‹) Papst Gregors d. Gr., e. Handbuch für Bischöfe; jeder Bischof im Reich A.s sollte davon e. Abschrift erhalten. 2) Die ›Consolatio philosophiae‹ des Boethius mit Zusätzen und deutl. Umakzentuierungen (z.B. Verchristlichung). 3) Die ›Soliloquien‹ des hl. Augustinus. 4) Die Psalmen 1–50. 5) Ferner schuf er e. Gesetzeskodex (auf mosaischen und früheren angelsächs. Gesetzen fußend). S. Mitarbeiter Waerferth von Worcester übersetzte 6) die ›Dialoge‹ Gregors d. Gr. (e. Sammlung von Heiligenleben). In A.s Kreis entstanden vermutl.: 7) die altengl. Version der ›Historia adversus paganos‹ des Orosius, mit dem eingeschobenen Bericht der Reisen Ohtheres und Wulfstans in nördl. Länder; 8) die altengl. Übs. von Bedas ›Historia ecclesiastica gentis Anglorum‹; 9) das altengl. Martyrologium; ferner wohl 10) die ›Anglo-Saxon Chronicle‹, die erste fortlaufende Geschichtsschreibung e. westl. Nation in deren eigener Sprache. Die lat. Biographie A.s wurde von Asser verfaßt.

W: Cura pastoralis (hg. H. Sweet 1871/72 EETS, C. Schreiber 2003); Boethius (hg. W. J. Sedgefield 1899; Lieder daraus hg. W. Obst, F. Schleburg 1998); Soliloquien (z.B. hg. W. Endter 1921, T. A. Carnicelli 1969); Psalmen 1–50 (hg. P. O'Neill 2001); Gesetze (hg. F. Liebermann 1903–16); Dialoge Gregors (hg. H. Hecht 1901); Orosius (hg. J. Bately 1980 EETS); Beda (hg. J. Schipper 1899, T. Miller 1890–97 EETS); Martyrologium (hg. G. Kotzor 1981); Anglo-Saxon Chronicle (hg. C. Plummer 1892–99, oft nachgedruckt).

L: E. S. Duckett 1956; H. R. Loyn 1967; S. Keynes, M. Lapidge 1983; A. J. Frantzen, 1986; R. Abels 1998; A. P. Smyth 2002. – *Bibl.:* Cameron B.9; Greenfield/Robinson; G. Waite 2000.

Alfvén, Inger, schwed. Schriftstellerin, * 24. 2. 1940 Stockholm. Stud. Soziol. bis 1964, zeitw. in Kinderpflege tätig. – In den Romanen werden moral. Konflikte als ererbte Geschlechterrollen gesehen, relig. Vorstellungen werden aus Schuld u. Wunsch nach Versöhnung hergeleitet; illusionsfreie, eher pessimist. Sicht des Menschen ohne moral. Bewertung.

W: Dotter till en dotter, R. 1977; Ur kackerlackors levnad, R. 1984; Elefantens öga, R. 1992; Berget dit fjärilar flyga för att dö, R. 1997; Det blå skåpet, Nn. 1999; Regnbågens rot, Dr. 2002; Någon kom i båten, R. 2002.

Algarotti, Francesco, ital. Autor, 11. 12. 1712 Venedig – 3. 5. 1764 Pisa. Stud. Naturwiss. u. Lit. Rom, Bologna u. Florenz, reiste nach Frankreich (1735), England, Rußland u. Dtl. (1738/39), erwarb sich dabei berühmte Freunde, u. a. Voltaire, August III. von Sachsen (in dessen Auftrag er in Italien Gemälde für die Dresdner Galerie ankaufte) u. Friedrich d. Gr., der ihn in den Adelsstand erhob u. an dessen Hof er 1740–43 lebte. Kehrte dann nach Italien zurück, zunächst Venedig (1743–56) u. Bologna (1756–62), dann Pisa. – Typ des aufklärer. Literaten, der weltmänn. Sicherheit mit enzyklopäd. Bildung vereinigt; schreibt in klarer, dabei gefälliger u. dem Laien zugängl. Weise über Probleme aus der Architektur, Malerei, Musik, Geschichte, Metrik u. Naturwiss., wobei er sich stets der Formen des Essays, Dialogs oder des Briefes bedient. Berühmt wurde s. erstes Werk, ›Il Newtonianismo per le dame‹, in dem er die Newtonsche Optik erläutert. In 18 ›Epistole‹ beschreibt er s. Pariser u. Londoner Erlebnisse u. Eindrücke, während die ›Lettere sulla Russia‹ über s. Rußlandreise berichten. In e. Satire karikiert er die Pedanterie u. trockene akadem. Bildung einiger Gelehrter. Ferner Sonette und Libretti.

W: Il Newtonianismo per le dame, 1735; Epistole, G. (in: Versi sciolti di tre eccellenti moderni autori, hg. S. Bettinelli, Frugoni u. F. A., 1758); Opere (GW), VIII 1763; Opere, hg. F. Aglietti XVII 1791–94; Lettere sulla Russia (urspr. u. d. T. Viaggi di Russia), hg. P. P. Trompeo 1942; Saggi, hg. G. Da Pozzo 1963.

L: A. Ambrogio, L'estetica di F. A., 1925; F. Arato, Il secolo delle cose: scienza e storia in F. A., 1991. – *Bibl.:* P. P. Trompeo, 1942.

Alger, Horatio, Jr., amerik. Schriftsteller, 13. 1. 1832 Revere/MA – 18. 7. 1899 Natick/MA. Stud. Harvard u. Cambridge; Priesteramt 1864–66, unehrenhafte Entlassung; lit. Mentoren Longfellow u. Cooper. – Über 100 Romane, bekannt bes. für Kinder- u. Jugendbücher; Romane bedeutend wegen kulturellem Dokumentationswert u. moral. Integrität der armen, jungen Helden; auch unter Pseudonym Arthur Lee Putnam.

W: Frank's Campaign, Jgb. 1864; Paul Prescott's Charge, Jgb. 1865; Charlie Codman's Cruise, Jgb. 1866; Helen Ford, R. 1866; Ragged Dick, Jgb.-Serie VI 1868–70; Luck and Pluck, Jgb.-Serie VI 1869–75; Tattered Tom, Jgb.-Serie VIII 1871–79; Phil, the Fiddler, Jgb.

1872; Brave and Bold, Jgb.-Serie IV 1874–77; Grand'ther Baldwin's Thanksgiving, G. 1975; Pacific-Serie, Jgb. IV 1878–82; From Canal Boy to President, B. 1881; Atlantic-Serie, Jgb. IV 1883–1886; Way-to-Success-Serie, Jgb. IV 1887–1890; $ 500, R. 1890; The Disagreeable Woman, R. 1895; Frank and Fearless, R. 1897; Adrift in New York, R. 1904; Mark Manning's Mission, R. 1905; Alger Street, G. hg. G. K. Westgard II 1964; Cast Upon the Breakers, R. 1974.

L: F. Gruber, 1961; E. P. Hoyt, 1974; G. Scharnhorst, 1980; G. Scharnhorst, J. Bales, 1985; C. Nackenoff, 1994. – *Bibl.*: B. Bennett, 1980; V. A. Berch, E. T. LeBlanc, 1990.

Algren, Nelson, amerik. Schriftsteller, 28. 3. 1909 Detroit – 9. 5. 1981 Sag Harbor/NY. Arbeiterfamilie, Jugend in Chicago (Vertrautheit mit den Slums), 1942–45 Kriegsdienst; Journalist. Tätigkeit, Reisen in Europa und Südamerika, z. T. gemeinsam mit Simone de Beauvoir. – Gab auf unmittelbarer Anschauung beruhende Schilderungen der Verbrechen, der Gewalttätigkeit und Verderbtheit des Lebens in den Slums Chicagos; so in s. bekanntesten Roman ›The Man with the Golden Arm‹, der ganz in der Tradition des amerik. sozialkrit. Realismus steht. An Hemingway anknüpfend, wurde A. zu e. Kultfigur der Beat Generation, in Dtl. z. B. für W. Wondratschek.

W: Somebody in Boots, R. 1935; Never Come Morning, R. 1942 (Nacht ohne Morgen, d. 1956); The Neon Wilderness, Kgn. 1942 (Im Neon-Dschungel, d. 1964); The Man with the Golden Arm, R. 1949 (d. 1952); Chicago: City on the Make, Dicht. 1951; A Walk on the Wild Side, R. 1956 (Wildnis des Lebens, d. 1959); Algren's Own Book of Lonesome Monsters, Kgn. 1962; Who Lost an American, Sk. 1963; Notes from a Sea Diary – Hemingway all the Way, En. u. Ess. 1965; The Last Carousel, Kgn. u. G. 1973; The Devil's Stocking, R. 1983 (Calhoun, d. 1981); America Eats, Ber. 1993; Nonconformity, Ess. 1996; A Transatlantic Love Affair (m. S. de Beauvoir), Br. 1998 (d. 1999).

L: H. E. F. Donohue, 1964; A. Shay, 1988; B. Drew, 1989; J. R. Giles, 1989. – *Bibl.*: M. J. Bruccoli, 1985.

Ālhā-khaṇḍ → Jagnaik

'Ali, Ahmad, ind./pakistan. Schriftsteller engl. Sprache, 1. 7. 1910 Delhi – 14. 1. 1994 Karachi. Aus muslim. Familie; Stud. Aligarh und Lucknow; ab 1932 Dozent ebda., Agra und Allahabad; Mitbegründer der ›All-Indian Progressive Writers Association‹ (1936); 1941–44 bei der BBC New Delhi; Dozent Kalkutta; nach der Teilung des Subkontinents ab 1947 in Pakistan; 1950–60 Diplomat Pakistans in China und Marokko; Dozent USA, lebte zuletzt in Pakistan. – Schrieb zunächst sozialkrit. Kurzgeschichten in Urdu, dann Romane in engl. Sprache; in s. Roman ›Twilight in Delhi‹ werden Ereignisse e. muslim. Familie in Delhi geschildert; schrieb auch Gedichte, Essays und Übsn.

W: Land of twilight, Dr. 1931; Angaray, En. 1932; Sholey, En. 1934; Twilight in Delhi, R. 1940 (n. 1966); Qid Khana, En. 1944; Ocean of night, R. 1964; Of rats and diplomats, R. 1985; The prison house, En. 1985. – The purple gold mountain, ausgew. G. 1960.

Ali, Sabahattin → Sabahattin Ali

Aliger, Margarita Iosifovna, russ. Lyrikerin, 7. 10. 1915 Odessa – 1. 8. 1992 Moskau. Stud. Lit. Moskau, im Krieg Journalistin, zeitweise in Leningrad. – Wurde während des 2. Weltkriegs bekannt durch das Gedicht ›Zoja‹ (1942) um e. von dt. Soldaten zu Tode gequältes russ. Mädchen. In ihren pathet. Gedichten patriot., lebensbejahend, auch romant.-sensibel; hält ein Mittelmaß zwischen Persönl. u. Polit.

W: God roždenija, G. 1938; Lirika, G. 1943; Izbrannoe, Ausw. 1947; Stichotvorenija, G. 1958; Neskol'ko šagov, G. 1964; Stichotvorenija i poėmy, G. II 1975; Sobranie sočinenij (GW), III 1984/85.

Alighieri, Dante → Dante Alighieri

Alione, Giovan Giorgio, ital. Dichter, 1460 Asti – 1521 ebda. Fahrender Sänger an versch. Höfen; polit. auf seiten der Franzosen; vom franz. König 1518 zum Befehlshaber des Kastells Monte Rainieri ernannt. – S. dichter. Werk, das z. T. im Dialekt von Asti, z. T. auf Franz. geschrieben ist, besteht zu s. wesentl. Teil aus Farcen von sittengeschichtl. Interesse. In s. franz. Gedichten ahmt er Marot nach. Die lat. ›Macheronea‹ ist e. Verteidigung der Franzosen gegen die von ital. Seite gegen sie erhobenen Vorwürfe.

W: Opera iocunda, 1521 (u. d. T. L'Opera piacevole, hg. E. Bottasso 1953). – Poesie francesi u. Macheronea, 1864 (Biblioteca rara 62/63); Poésies françaises, hg. Brunet 1836; Commedia e forse carnovalesche nei dialetti astigiano, milanese e francese misti con latino barbaro, 1865.

L: B. Cotronei, Le farse di G. G. A., 1899.

Aliscans, altfranz. Heldenepos, um 1185 wahrscheinl. von Jendeu de Brie, neben anderen Epen aus dem ältesten erhaltenen Wilhelmslied (Archamp, um 1135) hervorgegangen, Fortsetzung der ›Enfances Viviens‹, in deren 1. Teil Wilhelm und Viviens und in deren 2. Teil die vieldiskutierte, dem Epos kom. Elemente beimischende Gestalt des Riesen Rainouard im Mittelpunkt stehen. Die ganze Darstellung, bes. die der Einzelkämpfe, ist wesentl. breiter, z. T. auch wirkungsvoller als im alten Gedicht. A. setzt mit der Niederlage Wilhelms ein, der die Leiche Viviens zurückläßt, mit Hilfe s. Schwagers, König Ludwig, flieht und die Sarazenen in Aliscans (Elysii campi, alte Gräberstätte bei Arles) in großer Schlacht besiegt, wobei Rainouard sich bes. bewährt. Grundlage für Wolfram von Eschenbachs ›Willehalm‹.

A: E. Wienbeck, W. Hartnacke, P. Rasch 1903; neufranz. C. Chacornac 1933; H. Champion 1993. – Krit. Text, 1974.
L: P. A. Becker, D. Liederkreis um Vivien, 1944; M. Erdmenger, 1965.

Alisjahbana, Sutan Takdir → Takdir Alisjahbana, Sutan

Alkaios von Mytilene (Lesbos), altgriech. lyr. Dichter, vermutl. geb. um 625–620 v. Chr. Aus aristokrat. Familie stammend und durch sie in die polit. Wirren der Zeit auf Lesbos verwickelt, zweimal verbannt. – Die alexandrin. Philologie teilt s. monod. (›Einzellied‹) Dichtung in versch. lyr. Metren (vgl. sog. ›alkäische Strophe‹) in mindestens 10 Bücher ein; erhalten nur Fragmente, durch Papyrus-Funde ergänzt. Ursprüngl. Ort der Dichtung ist vermutl. das Symposium mit ›hetairoi‹ (›Gefährten‹, ›polit. Gleichgesinnte‹). Themen sind neben den Geschehnissen der Tagespolitik Wein, Liebe, Krieg, daneben Götterhymnen und Mythos; bes. bekannt ist das Bild e. Schiffes im Sturm (6,208V), das meist allegor. als ›Staatsschiff‹ aufgefaßt wird. A. schreibt in äol. Dialekt wie Sappho, mit der ihn die antike Tradition in e. direkte pers. (teilweise Liebes-) Beziehung setzt; beide zählten zum hellenist. ›Kanon der 9 lyr. Dichter‹ und galten die ganze Antike hindurch als bedeutendste Vertreter monod. Dichtung; für A. bezeugt dies neben e. reichen Kommentierung u. a. Theokritos' Rezeption oder Horatius' direkte Bezugnahme.
A: E. Lobel, D. L. Page ³1963; E.-M. Voigt 1971; D. A. Campbell 1983; M. L. West ²1989; E.-M. Hamm 1957 (Grammatik). – *Übs.:* D. A. Campbell 1983.
L: D. L. Page, 1955; W. Rösler, 1980; A. P. Burnett, 1983; E. Bowie, JHS 106, 1986.

Alkiphron von Athen, altgriech. Rhetor u. Sophist, 2./frühes 3. Jh. n. Chr. (?). Als Person nur spärl. bezeugt. – Erhalten ist unter s. Namen e. Sammlung fiktiver Briefe (118 ganz, 6 fragmentar. in 4 Büchern, geordnet nach Absendern): 1. Fischer-, 2. Bauern-, 3. Parasiten-, 4. Hetärenbriefe. Hist. und geograph. Hintergrund ist, kaiserzeitl. Geschmack folgend, v. a. ein idealisiertes Athen bzw. Attika des 4. Jh. v. Chr.; dem entspricht die Wahl der (teilweise) hist. Personen (vgl. z. B. den Briefwechsel zwischen dem Komödiendichter Menandros und der Hetäre Glykera), der Rückgriff auf Personen der att. (v. a. Neuen) Komödie sowie die grundsätzl. attizist. Sprache. Vieles bei A. erinnert an (s. Zeitgenossen?) Lukian, doch ist e. bewußte Imitation durch A. nicht sicher nachweisbar.
A: E. Avezzù, O. Longo 1985; E. Ruiz García 1988. – *Übs.:* K. Treu 1982; A. Benner ²1990 (engl.).
L: J. J. Bungarten, 1966; G. Anderson, ANRW II 34.3, 1997.

Alkman, altgriech. lyr. Dichter, wirkte um 650 v. Chr. in Sparta. Herkunft und Biographie unklar. – Von A.s Werk, das die Antike noch in 5 (6?) Bücher ›Lieder‹ (›Mele‹) einteilt, ist neben 1 Titel (›Kolymbosai‹: ›Taucherinnen‹) und kleineren Fragmenten nur 1 Partheneion (›Mädchen-Lied‹, urspr. vermutl. 140 Verse) erhalten, so daß vieles erschlossen werden muß: A. schrieb in dor. Dialekt, in versch. Metren und Strophenformen v. a. Chorlyrik, neben Partheneia z. B. ›Hochzeits-Lieder‹ und ›Götter-Hymnen‹; Ort s. Dichtung sind v. a. der Kult (Zeus, Hera, Artemis, Apollo, Aphrodite, Dioskuren) und das Symposion; den ›1. Chorlyriker‹ kann man A. entgegen der antiken Tradition, die ihn als e. der ›9 kanon. Lyriker‹ schätzt, nicht nennen, auch s. Ruf als ›Erfinder erot. Lieder‹ ist wohl e. biograph. Projektion s. Partheneia.
A: C. Calame 1983; PMGF I; D. L. Page 1979 (Parth.; m. Komm.). – *Übs.:* M. L. West 1993. – *Komm.:* D. L. Page 1951; D. A. Campbell 1967.
L: C. Calame, 1983; C. O. Pavese, 1992.

Alkmar, Hinrek van → Reinaerde, Van den Vos

Allain, Marcel, franz. Schriftsteller, 1885 (?) Paris – 1969 Saint-Germain-en-Laye. Journalist. – Anhänger der surrealist. Schule, Vertreter des klass. Kriminalromans; kreierte zusammen mit Pierre Souvestre die Gestalt des ›Fantômas‹, als Genie des Bösen und elegant sportlicher phantastischer Held eines Zyklus von monatlich in der Presse erscheinenden Kriminalgeschichten, die 1911–13 zu 32 Bänden zusammengefaßt wurden. F. wird durchgängig verfolgt von ›Juve‹, der stereotypen Figur des Kriminalinspektors. Nach Souvestres Tod setzte Allain nach 1925 den Romanzyklus alleine fort. Von großem Einfluß auf Lit. und Film. Zahlreiche Verfilmungen.
W: Le rour, R. 1909; Fantômas, XXXII 1913f.; Tigris, R. XXIII, 1930; Dix heures d'angoisse, R. 1933; Confession amoureuse de la femme qui devient homme, R. 1939; Les vainqueurs de la mort, R. 1942.

Allais, Alphonse, franz. Humorist und Schriftsteller, 20. 10. 1855 Honfleur – 28. 10. 1905 Paris. Beendete s. Pharmaziestud. nicht. Mitbegründer des Pariser Cabarets ›Chat noir‹, das er maßgebl. gestaltete. Gewann große Beliebtheit mit humorist.-fazetienhaften Monologen, die er selbst vortrug. – Schwungvoller Schriftsteller, Romane und Dramen, am besten sind seine humorvollen Skizzen.

Allen

W: A se tordre, Sk. 1891; Vive la vie, Sk. 1892; Pas dé bile, Sk. 1893; Deux et deux font cinq, Sk. 1895; On n'est pas des bœufs, Sk. 1896; Le bec en l'air, Sk. 1897; Silveric ou les fonds hollandais, Dr. 1898; Le pauvre bougre et le bon génie, Dr. 1899; L'affaire Blaireau, R. 1899; Le boomerang ou rien n'est mal qui finit bien, R. 1902; Monsieur la pudeur, Dr. 1903 (d. 1906); Œuvres posthumes, 1877–1905, 1999.
L: Mme Leroy-Allais, 1913; A. Jakovsky, 1955; J.-P. Lacroix, 1978.

Allen, Charles Grant Blairfindie (Ps. Cecil Power), anglo-kanad. Schriftsteller, 24. 2. 1848 Kingston/Kanada – 28. 10. 1899 Hindhead/Surrey. Vater Geistlicher; in Amerika erzogen. Stud. Oxford, längere Aufenthalte in Frankreich u. Jamaika. Ab 1876 in England. – Neben zahlreichen wiss. Werken Vf. einer Reihe von Romanen, von denen ›The Woman Who Did‹ polem. für die freie Ehe eintritt.
W: Nature Studies, 1883 (d. 1883); Strange Stories, Kgn. 1884; Babylon, R. III 1885; In All Shades, R. 1886; The Beckoning Hand, Kgn. 1887; This Mortal Coil, R. III 1888; The Devil's Die, R. III 1888; The Great Taboo, R. 1890; The Duchess of Powysland, R. III 1892; Blood Royal, R. 1893; The Woman Who Did, R. 1895 (d. 1896); The British Barbarians, R. 1896; An African Millionaire, R. 1897; The Evolution of the Idea of God, Abh. 1897 (d. 1906); Twelve Tales, Kgn. 1899; Sir Theodore's Guest, Kgn. 1902; The Desire of the Eyes, Kgn. 1906.
L: P. Stuewe, Britishers at Home and Overseas, Diss. Waterloo 2000; B. A. Melchiori, 2000; P. Morton, 2002.

Allen, (William) Hervey, amerik. Schriftsteller und Dichter, 8. 12. 1889 Pittsburgh – 28. 12. 1949 Miami. Marineakad., Univ. Pittsburgh; Kriegserlebnis in Europa; Engl.-Lehrer in Charleston, wo er mit Du Bose Heyward die ›Poetry Society of South Carolina‹ gründete. – Vf. hist. Romane aus der amerik. Kolonialzeit, bekannt bes. der Roman ›Anthony Adverse‹.
W: Ballads of the Border, G. 1916; Wampun and Old Gold, G. 1921; Israfel, Poe-B. 1926; Anthony Adverse, R. 1933 (d. 1935); Action at Aquila, R. 1937 (Oberst Franklin, d. 1937); It Was Like This, R. 1940; The City in the Dawn, R. III 1950 (Die Enterbten, d. 1951).
L: S. E. Knee, 1988.

Allen, James Lane, amerik. Schriftsteller, 21. 12. 1849 b. Lexington/KY – 18. 2. 1925 New York. Bis 1885 Lehrer in Kentucky, ab 1893 in New York als freier Schriftsteller. – Vf. von romant. ›local color‹-Kurzgeschichten und Romanen mit Missouri, West Virginia und Kentucky als Schauplatz, aus s. Erinnerung an die Vorbürgerkriegszeit, idealisiert durch die entbehrungsreiche Nachkriegszeit.
W: Flute and Violin, Kgn. 1891; The Blue-Grass Region of Kentucky, Sk. 1892; A Kentucky Cardinal, R. 1894; The Choir Invisible, R. 1897; The Reign of Law, R. 1900 (n. 2002).
L: J. W. Townsend, 1927; G. C. Knight, 1935; W. K. Bottorff, 1964.

Allen, Walter Ernest, engl. Schriftsteller, 23. 2. 1911 Birmingham – 28. 2. 1995 ebda. Univ. Birmingham, Journalist, versch. Lehrtätigkeiten, u. a. an der New York Univ., Vassar College, und Univ. Toronto; mit L. MacNeice der ›Birmingham School of Writers‹ zugehörig. – Vf. von populären Romanen über Lebensschicksale, so über e. sich selbst und s. Umwelt entfremdeten Mann, der spät e. neues Leben beginnt in ›Get Out Early‹; bekannt durch Lit.kritik.
W: Innocence Is Drowned, R. 1938; Blind Man's Ditch, R. 1939; Living Space, R. 1940; Rogue Elephant, R. 1946; Arnold Bennett, St. 1948; Writers on Writing, hg. 1948; Dead Man Over All, R. 1950; The English Novel, St. 1954; All in a Lifetime, R. 1959 (Ein guter Mensch, d. 1961); Tradition and Dream, St. 1964; As I Walked Down New Grub Street, Mem. 1982; Get Out Early, R. 1986.

Allen, Woody (eig. Allen Stewart Konigsberg), amerik. Dramatiker, * 1. 12. 1935 Brooklyn. Jüd. Eltern; Kolumnist und Texter für Stars aus der Unterhaltungsbranche. – Vf. absurder Humoresken u. Kurzgeschichten, Drehbuchautor, Regisseur u. Hauptdarsteller in e. Person, s. infantil kalauernden Dramen u. Filme parodieren die Zivilisationsängste v. a. des amerik. Großstadtmenschen.
W: Don't Drink the Water, Dr. 1966; Play it Again, Sam, Dr. 1969; Getting Even, Sat. 1971 (Wie du dir, so ich mir, d. 1978); God, Death, Sex, Sch. 1973/74 (d. 1981); Without Feathers, En. 1975 (Ohne Leit kein Freud, d. 1979); Side Effects, En. 1980 (d. 1981); The Floating Light Bulb, Dr. 1981 (d. 1984); The Lunatic's Tale, 1986; Complete Prose, 1991; Illustrated W. A. Reader, 1993; In Conversation with Stig Bjorkman, 1995; J.-M. Frodon, Conversation avec W. A., 2000. – Übs.: Allen für alle, Kgn. 1993.
L: B. Schulz, 1987; E. Lax, 1991; B. Hamill, 1995; R. A. Blake, 1995; R. R. Curry, 1996; D. Brode, 1997; C. Byrnes, 1997; S. H. Lee, 1997; M. P. Nichols, 1998; J. Baxter, 1998; M. Meade, 2000; S. Reimertz, 2000; B. Schulz, 2000; V. Hösle, 2001; P. J. Bailey, 2001; K. King, 2001; A. Janssen, 2002. – Bibl.: R. A. Schwartz, 2000.

Allende, Isabel, chilen. Romanautorin, * 2. 8. 1942 Lima. Journalistin. Emigrierte nach dem Militärputsch vom 11. 9. 1973 nach Venezuela, lebt jetzt mit ihrem amerik. Ehemann in Kalifornien. – Ihr erster Roman ›La casa de los espíritus‹, e. Welterfolg, schildert im Stil des mag. Realismus Aufstieg, Blüte u. Niedergang e. Familie aus der chilen. Oberschicht als Paradigma des gesellschaftl. u. staatl. Verfalls e. Epoche. Nach weiteren, teils durch dieselben Figuren verknüpften

Romanen über die chilen. Diktatur, die Suche nach Identität u. über Frauenschicksale knüpfte sie mit ›Paula‹, e. Roman über das langsame Sterben ihrer Tochter Paula, an den früheren Welterfolg an.

W: La casa de los espíritus, 1982 (d. 1984); De amor y de sombra, 1984 (d. 1986); Eva Luna, 1987 (d. 1988); Cuentos de Eva Luna, En. 1990 (d. 1990); El plan infinito, 1991 (d. 1992); Paula, 1994 (d. 1995); Afrodita, 1997 (d. 1998); Hija de la fortuna, 1999 (d. 1999); Retrato en sepia, 2000 (d. 2001); La ciudad de las bestias, 2002 (Die Stadt der wilden Götter, d. 2002); Mi país inventado, Es. 2003.

L: M. Coddou, hg. 1986; ders. 1988; P. Hart, 1989; A. Castillo de Berchenko, hg. 1990; C. Correas Zapata, 1999; J. Rodden, hg. 2000.

Alleyne, Ellen → Rossetti, Christina

Allingham, Margery Louise, engl. Romanschriftstellerin, 20. 5. 1904 Ealing – 30. 6. 1966 Colchester. Besuchte Perse High School, Cambridge. ∞ Philip Youngman Carter; lebte in Tolleshunt, Essex. – Vf. von Kriminalromanen, gerühmt für geschickte Charakterisierung der Figuren (bes. Detektiv Albert Campion) und lit. Stil.

W: Blackkerchief Dick, R. 1923; The crime at Black Dudley, R. 1929; Look to the lady, R. 1930 (d. 1968); Mystery mile, R. 1930; Police at the funeral, R. 1931; Death of a ghost, R. 1934; Flowers for the Judge, R. 1936 (Für Jugendliche nicht geeignet, d. 1964); Dancers in mourning, R. 1937; The fashion in shrouds, R. 1938 (Mode und Morde, d. 1964); Mr. Campion and others, En. 1939 (Die Handschuhe des Franzosen, d. 1969); Black plumes, R. 1940; Traitor's purse, R. 1941; The oaken heart, R. 1941; The tiger in the smoke, R. 1952 (Die Spur des Tigers, d. 1970); The China governess, R. 1962; The mind readers, R. 1965; The Allingham Minibus, En. 1973.

Allston, Washington, amerik. Dichter und Maler, 5. 11. 1779 Waccamaw/SC – 9. 7. 1843 Cambridgeport/MA. Schüler Gilbert Wests, Stud. Harvard, 1801–18 überwiegend in London, Paris, Rom; danach Rückkehr nach Boston. Freundschaft mit W. Irving und S. T. Coleridge. – Der ›amerik. Tizian‹; hist.-allegor. und Porträtmaler; nach Erfolgen in London Versiegen der schöpfer. Kräfte in der amerik. Umgebung bei dem als Lebensaufgabe gedachten Monumentalgemälde ›Belshazzar's Feast‹. Vf. sentimentaler und satir. Verse und e. Schauerromans.

W: The Sylphs of the Seasons, G. 1813; Monaldi, R. 1841; Lectures on Art and Poems, 1850; Correspondence, hg. N. Wright 1993.

L: E. P. Richardson, 1948; D. Bjalajac, 1988, 1997.

Almada Negreiros, José de, portugies. Schriftsteller und Maler, 7. 4. 1893 Insel São Tomé – 15. 6. 1970 Lissabon. Gehört der Gruppe um die Zeitschrift ›Orpheu‹ zusammen mit Fernando Pessoa u. Mário de Sá Carneiro an, Vertreter des portugies. Futurismus und des Primeiro Modernismo, versöhnt den teilweise überspannten Ton der Avantgarde mit naiver Weltsicht.

W: Obras Completas (GW), 1992.

L: A. Ambrósio, 1979; Ellen W. Sapega, 1992; C. Silva, 1994.

Almeida, José Américo de, brasilian. Schriftsteller, 1. 10. 1887 Areia/Paraíba – 1980 João Pessoa. Jurastud. Recife, ab 1911 Staatsdienst, Gouverneur von Paraíba, 1930–34 Minister, bis 1937 Senator. – S. Roman ›A Bagaceira‹ über das Leben der sertanejos begründet den Nordostroman in s. nationalist.-regionalen Ausformung, Nähe zu E. da Cunha und G. Freyre; auch Essayist.

W: A bagaçeira, 1928 (n. hg. M. Paiva 1989); O Boqueirão, R. 1935; Coiteiros, R. 1936; O ocaso de Sangue, Ess. 1954; A revolução de 31 de março: 2. aniversário (m. Castello Branco u. a.), Abh. 1966; Antes que me esqueça, Mem. I, 1976; Sem me rir sem chorar, Mem. 1984.

L: T. De Ataíde, 1930; W. Martins 1965.

Almeida, José Valentim Fialho de, portugies. Prosaschriftsteller, 7. 7. 1857 Vila de Frades (Alentejo) – 4. 3. 1911 Cuba (Alentejo). Sohn e. Volksschullehrers; Stud. Medizin Lissabon, schließl. Hinwendung zu rein lit. Arbeit. – Verbindet impressionist. Stilhaltung mit manchmal greller naturalist. Betrachtung u. Wiedergabe der als determinierend empfundenen Wirklichkeit (Einfluß Taines), Sympathie mit den einfachen Menschen, Kampf für soz. Fortschritt, Begeisterung für das Instinktiv-Natürliche u. Phys.-Schöne, mitunter hypersensibel-egozentr., zum Anarch.-Dekadenten neigend. Vf. von Erzählungen, die zu den besten der portugies. Lit. gehören, Berichten, Kritiken und iron.-satir. Skizzen.

W: Contos, En. 1881; A Cidade do Vício, En. 1882; Os Gatos, Ber. 1889–93 (n. A. J. da Costa Pimpão 1953); Lisboa Galante, En. 1890; Pasquinadas, Ber. 1890; Vida Irónica, Ber. 1892; O País das Uvas, En. 1893; À Esquina, En. 1903; Ausw., hg. J. do Prado Coelho 1944.

L: F. de A. in Memoriam, 1917; Castelo Branco Chaves, 1923; A. J. da Costa Pimpão, 1944; C. Ferreira de Sousa, 1954; J. do Prado Coelho, 1959; M. dos Remédios Castelo Branco, 1961; Ó. Lopes, 1987.

Almeida, Leonor de, Marquesa de Alorna → Alcipe

Almeida, Manuel Antônio de, brasilian. Schriftsteller, 17. 11. 1831 Rio de Janeiro – 28. 11. 1861 b. Macaé/Rio de Janeiro. Sohn portugies. Einwanderer, s. Medizinstud. finanziert er sich durch die Übs. franz. Romane, Chroniken u. Kritiken, 1858 Verwaltungsdirektor der Nationalen Druk-

Almeida

kerei, unterstützt den mittellosen Machado de Assis (damals Typograph). – 20jährig schreibt er ›Memórias de um sargento de milícias‹, e. von Juni 1852 bis Juli 1853 wöchentl. erscheinenden Fortsetzungsroman; dieser erzählt Fälle des populären Alltags, beschreibt (unmoral.) Lebensformen aus dem kolonialzeitl. Rio u. schildert das soz. Leben; auch Opernlibrettist.

W: Memórias de um sargento de milícias, R. II 1854f.
L: M. Rebelo, 1943; A. Candido, 1970; J. G. Merquior, 1977; R. Schwarz, 1987; S. Santiago, 1989. – *Bibl.:* 1951.

Almeida, Nicolau Tolentino de, portugies. Dichter, 10. 9. 1740 Lissabon – 23. 6. 1811 ebda. Stud. Jura Coimbra, 1765 Dozent für Rhetorik u. Poetik; 1781 Wechsel zur Staatsbeamtenlaufbahn. – Humorist.-satir. Schöpfer e. Art ›Menschl. Komödie‹ des Lissabon s. Zeit aus der Sicht e. armen Bettlers; Vf. von Sonetten, Oden, Satiren, Memorialen.

W: Obras Poéticas, II 1801, III 1828; Obras Completas (GW), hg. J. de Torres 1861; Sátiras e Epístolas, 1888; Sátiras, Ausw. hg. A. Baião 1951, M. Rodrigues Lapa ²1960.

Almeida Faria, Benigno de → Faria, José Benigno de Almeida

Almeida Garrett, João Baptista da Silva Leitão de → Garrett, João Baptista da Silva Leitão de Almeida

Almqvist, Carl Jonas Love, schwed. Dichter, 28. 11. 1793 Stockholm – 26. 9. 1866 Bremen. Bauernsohn, relig. erzogen, 1808 Stud. Uppsala, 1815 Magister, 1816–23 im Kulturministerium tätig, ∞ 1823 Bauernmädchen Anna Maria Lundström, versuchte mit ihr e. idealisiertes Bauernleben in Värmland zu führen, jedoch nach 2 Jahren wirtschaftl. gescheitert; Rückkehr nach Stockholm, Lehrer, 1829 Rektor, durch pädagog. Reformfreude bewährt, Vf. mehrerer Lehrbücher. 1838 vergebl. Bewerbungen um e. Pfarramt u. um e. Professur in Lund. 1840 Reise nach Paris u. London. Seit 1839 Mitarbeiter am liberalen ›Aftonbladet‹ (1846 dort fest angestellt). Mußte 1841 wegen s. liberalen Ansichten aus dem Schuldienst ausscheiden u. versuchte als Schriftsteller zu leben, jedoch ewig in wirtschaftl. Schwierigkeiten, unglückl. Ehe; schließlich 1846 Regimentspfarrer. Wegen Giftmordversuchs verdächtigt, mußte er 1851 nach Amerika fliehen, wo er tiefste Not litt. Unter angenommenem Namen kehrte er 1865 nach Europa zurück, lebte in Bremen. – Bedeutendster schwed. Erzähler vor Strindberg. In s. komplizierten, widerspruchsvollen Natur vereinigten sich empfindsame, kontemplative Natur-

idyllik und kühle Dialektik, myst. Religiosität und exot. Phantastik, subjektiver Realismus, Gesellschaftskritik und weltabgewandter Quietismus; er besang die schwed. Armut ebenso wie exot. Paradiesesfreuden. All dies hat e. gemeinsame Wurzel in e. myst. Weltanschauung, die er sich nach e. relig. Krise 1813 nach Swedenborg bildete. Strebte e. von ird. Unruhe unberührte Harmonie in Gott an, die er teils in Weltflucht und Wirklichkeitsflucht, teils durch e. Gesellschaftsreform zu verwirklichen suchte. ›Amorina‹ verbindet e. romant. Sensationsgeschichte mit Gesellschaftskritik u. relig. Verkündung. Die meisten s. Schriften sammelte A. in ›Törnrosens bok‹, wo e. überwältigender Reichtum an Ideen u. Bildern in Dichtungen versch. Art durch e. Rahmenerzählung ›Jaktslottet‹ nur mühsam zusammengehalten wird. Hier kündigt sich in einigen Veröffentlichungen 1839 auch s. Wendung zum Liberalismus an: Tausendjähr. Unwahrheiten müssen abgeschafft werden, darunter auch die Ehe. So entstand die Novelle ›Det går an‹, e. Ehegeschichte, die die Unzulänglichkeit der kirchl. u. bürgerl. Formen in einfachem Stil u. in anschaul. Milieu- u. Menschenschilderung darstellt u. e. große lit. Fehde auslöste. Die ›Folklivsberättelser‹ sind sentimentale, liebevolle Schilderungen von Gestalten aus dem Volk. In s. Gedichten verbinden sich dichter. u. musikal. Begabungen zu teils lyr. Stimmungsstücken, teils Gefühlsausbrüchen, teils ep. oder balladesken Gedichten. Aus wirtschaftl. Not schrieb er schließl. auch Unterhaltungsromane.

W: Amorina, R. 1822; Törnrosens bok, XIV 1832–51, III 1839–50; Jaktslottet, N. 1832 (Das Jagdschloß, d. 1925); Hermitaget, R. 1833; Drottningens juvelsmycke, R. 1834 (Juwelenschmuck der Königin, d. 1927); Ramido Marinesco, Sch. 1834 (d. 1913); Colombine, Sch. 1835; Araminta May, N. 1835; Kappellet, N. 1838 (Die Kapelle, d. 1925); Palatset, N. 1838 (Der Palast, d. 1925); Skällnora kvarn, N. 1838; Svenska fattigdomens betydelse, Es. 1838; Det går an, N. 1838 (Es geht an, d. 1846); Ormus och Ariman, R. 1839; Svangrottan på Ipsara, Sch. 1839; Arthurs jakt, G. 1839; Folklivsberättelser, N. 1839 f.; Amalia Hillner, R. 1840; Tre fruar i Småland, R. 1842 f. (d. 1844); Songes, G. 1849 f.; Europeiska missnöjets grunder, Es. 1849 f. – Samlade skrifter, hg. F. Böök u. a. XXII 1921–38 (unvollst.); Valda skrifter, hg. R. G. Berg VI 1902–06. – Dikter i landsflykt, hg. E. Gamby 1956; Hvad är en tourist; Brev och korrespondenser, hg. K. Aspelin 1961; Brev 1803–66, hg. u. komm. B. Romberg 1968. – *Übs.:* Ausw. II 1912.
L: A. T. Lysander, 1878; E. Key, 1894; O. Holmberg, 1922; A. Werin, 1923; R. G. Berg, 1928; A. Hemming-Sjöberg, 1929; H. Olsson 1927, 1937, 1956, 1966; St. Jägerskjöld, 1969; G. Balgård, 1973; L. Widding, 1985.

Alnæs, Finn, norweg. Erzähler, 20. 1. 1932 Bærum – 3. 11. 1991 Lillehammer. Lehrer, Journalist, Kritiker. – Bemühte sich um krit.-realist. Darstellung des polit. und moral. Zustands der Welt zur Jahrhundertmitte; in ›Gemini‹ setzte er sich mit der Formsprache der mod. Lit. auseinander.

W: Koloss, R. 1963 (Rote Laterne und weißer Schnee, d. 1968); Gemini, R. 1968; Festningen Faller, R. 1971; Musica, R. 1978; Dynamis, R. 1982.

L: T. Gjefsen, 1995.

Alomar, Gabriel, katalan. Dichter u. Essayist, 7. 10. 1873 Palma de Mallorca – 7. 8. 1941 Kairo. Prof. in Figueras u. Palma, während der Republik Abgeordneter u. Botschafter in Rom (1931) u. Kairo (1936–38). – Vorkämpfer des Futurismus, vertritt in s. polit. Essays e. idealist., stark liberale Gesinnung; Lyriker zwischen ausgehender Romantik u. e. neuen hellenist. Konzeption, Übergang zwischen Parnassiens u. Modernismus.

W: Un poble que es mor, Ess. 1904; El Futurisme, Es. 1904; L´Estètica arbitrària, Ess. 1904/05; Catalanisme socialista, Ess. 1910; La columna de Foc, G. 1911; Verba, Ess. 1919; La formación de sí mismo, Ess. 1920; La política idealista, Ess. 1923.

L: E. S. Aguiló, 1949; A. Serra, 1984.

Aloni, Nissim, hebr. Dramatiker und Erzähler, 1926 Tel Aviv – 13. 6. 1998 ebda. Nach Teilnahme am israel. Unabhängigkeitskrieg (1948) begann seine künstlerische Laufbahn mit der Veröffentlichung von Kurzgeschichten und mit der Uraufführung seines Stücks ›Am grausamsten von allen, König‹, eines biblischen Dramas mit Anspielungen auf die israel. Gegenwart im Nationaltheater Habima (1953). Mit weiteren Stücken, die sich immer deutlicher von der Aktualität loslösten und im Reich der Phantasie und in exot.-mytholog. Landschaften spielten, prägte er das moderne israel. Theater.

W: Ha-nesicha ha-amerikait, Dr. 1963 (The American Princess, engl. 1980); Eddy King, Dr. 1975 (engl. 1985); Ha-kala vetzayad ha-parparim, Dr. 1980; Napoleon chai o met, Dr. 1993; ha-yanshuf, En. 1981; Achzar mikol ha-melech, Dr. 1997.

L: M. Nathan, Magic against Death, 1999.

Alonso, Dámaso, span. Dichter u. Philologe, 22. 10. 1898 Madrid – 25. 11. 1990 ebda. Stud. Rechte u. Lit. Madrid, Schüler von Menéndez Pidal, als Prof. u. Lektor u. a. in Berlin, Cambridge, Kalifornien u. New York; Univ.-Prof. in Valencia, 1939–90 in Madrid, Mitarbeiter wichtiger lit. Zeitungen, 1948–90 Mitgl. der Span. Akad., 1968–82 deren Direktor. Hrsg. der bedeutenden Sammlung ›Biblioteca románica hispánica‹. – Veröffentlichte neben bedeutenden philolog. u. literarkrit. Schriften mehrere Gedichtbände, bes. ›Hijos de la ira‹, von starker Ausdruckskraft u. relig. Inspiration; Hrsg. e. Anthologie span. Poesie des MA (1935); guter Kenner der span. Lyrik. Auch Übs. (Joyce, Hopkins, T. S. Eliot).

W: Poemas puros. Poemillas de la ciudad, G. 1921; El viento y el verso, G. 1925; ›Soledades‹ de Góngora, Prosaübs. u. Komm. 1927; La lengua poética de Góngora, St. 1935; La poesía de San Juan de la Cruz, St. 1942; Hijos de la ira, G. 1944 (d. 1954); Ensayos sobre poesía española, Ess. 1944; Oscura noticia, G. 1944; Vida y obra de Medrano, Ess. 1948; Seis calas en la expresión literaria española, Ess. 1950 (m. C. Bousoño); Poesía española, Abh. 1950 (d. 1962); Poetas españoles contemporáneos, Ess. 1952; Hombre y Dios, G. 1955; Estudios y ensayos gongorinos, Ess. 1955; Menéndez Pelayo crítico literario, Ess. 1956; De los siglos oscuros al de Oro, Ess. 1958; Del Siglo de Oro a este siglo de siglas, Ess. 1962; Antología poética, hg. J. L. Cano 1973; Gozos de la vista, G. 1981; Vida y obra. Poemas puros, Poemillas de la ciudad. Hombre y Dios, Anth. 1984; Antología de nuestro monstruozo mundo, 1985. – Obras completas, X 1972–93.

L: A. P. Debicki, 1974; M. J. Flys, 1974; R. Ferreres, 1976; M. Alvar, 1976.

Alorna, Leonor de Almeida Marquesa de → Alcipe

Alphen, Hieronymus van, niederländ. Dichter, 8. 8. 1746 Gouda – 2. 4. 1803 Den Haag. Stud. Rechte Utrecht, Rechtsanwalt ebda. 1793–95 Generalschatzmeister der Union. 1795 verließ er nach der Flucht Wilhelms V. den Staatsdienst u. zog sich auf s. Landgut zurück. – Schrieb empfindsame pietist. Gedichte. Nach dem Tod s. Frau suchte er die Erziehung s. 3 Kinder zu fördern durch Abfassung von Kindergedichten, mit denen er bekannt wurde. Auf dem Gebiet der Ästhetik wirkte er bahnbrechend durch die freie Bearbeitung von Riedels ›Theorie der schönen Künste und Wissenschaften‹ (1778–80). Übs. Klopstocks und Wielands.

W: Proeve van stichtelyke mengelpoezy (m. P. L. van de Kasteele), 1771; Gedigten en overdenkingen, 1777; Kleine gedichten voor kinderen, 1778–82 (d. 1830); Dichtkundige verhandelingen, 1782; Cantaten, 1783–1802; Proeve van liederen en gezangen voor de openbare godsdienst, 1801/02. – Dichtwerken (SW), III 1871.

L: H. Pomes, Over v. A.'s kindergedichtjes, 1908; A. C. S. de Koe, v. A.'s lit.-aesthet. theorieën, 1910; F. Schregel-Onstein, 1965; P. J. Buijnsters, 1973.

Altamirano, Ignacio Manuel, mexikan. Schriftsteller, 13. 11. 1834 Tixtla – 13. 2. 1893 San Remo/Italien. Von indian. Abstammung, kämpfte gegen die franz. Invasion; war Journalist, Hrsg. zahlr. Zsn., Dichter. – Bearbeitete in s. Romanen v. a. die Geschichte Mexikos. Lebte in der Übergangszeit von der Romantik zum Realismus.

W: Clemencia, R. 1869; Rimas, G. 1871; Navidad en las montañas, E. 1871; El Zarco, R. 1901. – Obras literarias completas, 1959; Obras completas, IV 1986.

L: C. N. Nacci, 1970.

Altan, Çetin, türk. Schriftsteller, 1926 Istanbul. Jurastud., Zeitungskolumnist, Erzähler, Dramatiker; Abgeordneter 1965–69; e. der wichtigsten polit.-lit. Kolumnisten der Türkei, s. Kolumnen muten oft essayistisch an; lit. Werk von polit. Themen durchdrungen.

W: Üçüncü Mevki, G. 1946; Taş, Ess., 1964; Çemberler, Sch. 1964; Mor Defter, Sch. 1965; Suçlular, Sch. 1965; Bir Uçtan Bir Uca, Reiseb. 1965; Dilekçe/Tahtıravalli, Sch. 1966; Onlar Uyanırken, Ess, 1967; Geçip Giderken, Ess. 1968; Kopuk Kopuk, Ess. 1970; Suçlanan Yazılar, Ess. 1970; Ben Milletvekili İken, Mem. 1971; Büyük Gözaltı, R. 1972; Bir Avuç Gökyüzü, R. 1974; Viski, R. 1975; Nar Çekirdekleri, Ess. 1976; Bir Yumak İnsan, Mem. 1977; Küçük Bahçe, R. 1978; Gölgelerin Gölgesi, Ess. 1981; Şeytan Aynaları, Ess. 1982; 2027 Yılının Anıları, Ess. 1985; Rıza Beyin Polisiye Öyküleri, En. 1987.

Alterman, Nathan, hebr. Lyriker, Juli 1910 Warschau – 29. 3. 1970 Tel Aviv. Lebte seit 1925 in Israel. – Nahm als Mitarbeiter der Arbeiterzeitung ›Davar‹ mit den Mitteln einer an B. Brecht und E. Kästner gemahnenden Volksdichtung zu den polit. und sozialen Ereignissen als Geburtswehen einer werdenden Nation Stellung. Maßgeblicher Bühnenübs.

W: Kochavim bachutz, G. 1938; Ssimchat anijim, G. 1944; Makot mizrajim, G. 1944; Hatur hasch'wi'i, G. II 1954; Ir Hajona, G. 1957; Kineret, Kineret, Dr. 1962. – GW, IV 1961 f. – *Übs.*: Selected Poems, G. engl. 1978; The Silver Platter, G. engl. 1998.

L: D. Miron, Parpar min ha-Tolaat, 2000.

Altes Testament (Erstes T., Erste Bibel), die Bibel des Judentums, bzw. die erste Hälfte der zweiteiligen christl. Bibel (entst. 10.–1. Jh. v. Chr.). Die Abkürzung T(hora)-N(eviim/Propheten)-K(etuvim/Schriften) für den jüd. Kanon deutet die abgestufte Autorität seiner drei Teile an: Die Thora (der Pentateuch, die 5 Bücher Mose) enthält den explizit formulierten Gotteswillen, die Neviim (Propheten, d.h. Vordere Propheten = Josua bis 2 Könige; Hintere Propheten = Jesaja bis Malechi) gelten als (erste) Auslegung der Thora, die Ketuvim (Schriften, Weisheit und Poesie) als Auslegung von Thora und Propheten. Die Thora (entst. 7.–5. Jh. v. Chr.) wurde 398 v. Chr. von Esra als Grundgesetz der perserzeitl. Tempelgemeinde in Kraft gesetzt und auch von den Samaritanern rezipiert. Der Prophetenkanon (entst. 10.–2. Jh. v. Chr.) erhielt in der 2. Hälfte des 2. Jh. v. Chr. unter hasmonäischer Herrschaft in Jersalem ›amtliche‹ Geltung (von Samaritanern und Sadduzäern abgelehnt). Die Schriften lagen Anfang des 1. Jh. v. Chr. alle in ihrer heutigen Form vor, wurden endgültig aber erst gegen Ende des 1. Jh. n. Chr. im rabbinischen Judentum ›kanonisch‹. – Die Bibel Jesu war der TeNaKh, die des frühen Christentums dessen griech. Übersetzung, die Septuaginta (entst. 3.–1. Jh. v. Chr.). Eine Reihe von jüd. Schriften aus hellenist. Zeit (wie Makkabäer, Judit, Tobit, Sirach), deren hebr. oder aramäische Originale von den Rabbinern oder ihren pharisäischen Vorgängern nicht überliefert wurden, gelten seit der Reformation bei Protestanten als ›Apokryphen‹, in der kathol. Kirche als ›deuterokanonisch‹. Spätestens bei der Schlußredaktion der christl. Bibel aus AT und NT in der 2. Hälfte des 2. Jh. n. Chr. wurde der hebr. Kanon aus Thora, Propheten und Schriften umgestaltet zur Abfolge der christl. AT aus ›Geschichtsbüchern‹ (Vergangenheit: Genesis/1. Mose bis Ester/2. Makkabäer), ›Lehrbüchern‹ (Gegenwart: Weisheit und Poesie) und ›Prophetischen Büchern‹ (Zukunft: Jesaja bis Malechi, jetzt unter Einschluß von Daniel).

L: Einleitung, hg. E. Zenger ³1998; Ch. Levin, 2001; Wer hat die Bibel geschrieben?, hg. E. A. Knauf, in: Welt und Umwelt der Bibel 28, 2003.

Altolaguirre, Manuel, span. Lyriker, 29. 6. 1905 Málaga – 26. 7. 1959 Burgos. Jesuitenkolleg, Stud. Rechte, Gründer der lit. Zs. ›Litoral‹, die auch Gedichtbände verlegte. Buchdrucker u. Verleger in Málaga, Madrid, Paris und London. Gab u. a. ›Poesía‹ (1930), ›Héroe‹ (1932), ›Caballo verde para la poesía‹ (1935) heraus. Lebte nach dem Span. Bürgerkrieg in Mexiko. – Letzter Vertreter der ›poésie pure‹; s. Lyrik steht in der Nähe Albertis, Salinas' u. Guilléns, in den ersten Gedichten Einfluß J. R. Jiménez'; Anklänge an die Romantik, der s. bes. Vorliebe galt, lösten sich später von allen Vorbildern u. fand zu e. persönl., bildhaften Ausdrucksform von themat. Intensität u. andalus. Anmut. Hrsg. e. Anthologie span. Dichtung der Romantik (1933); Übs. von Shelleys ›Adonais‹.

W: Las islas invitadas, G. 1926; Ejemplo, G. 1927; Un día, G. 1931; Amor, G. 1931; Soledades juntas, G. 1931; Garcilaso de la Vega, B. 1933; Entre dos públicos, Sch. 1934; La lenta libertad, G. 1936; Las islas invitadas, G. 1936; El ciervo herido, G. 1940; Poemas de las islas invitadas, G. 1944; Nuevos poemas de las islas invitadas, G. 1946; Nube temporal. Fin de un amor, G. 1949; Poema en América, G. 1955; Últimos poemas, G. 1959. – Obras completas, III 1986–92; Poesías completas, 1982.

L: A. C. Such, Vida poética, 1962; M. L. Alvarez Harvey, 1972; C. D. Hernández de Trelles, 1974; J. A. Mesa Toré, 1991.

Aluko, T(imothy) M(ofolorunso), nigerian. Romancier, * 14. 6. 1918 Ilesha/Nigeria. Studierte Ingenieurwesen u. Stadtplanung in Nigeria und am Imperial College/London; Beamter, bis 1966 Staatssekretär für Arbeit u. Verkehr, dann akad. Karriere, 1976 Dr. Ing. – Alukos Erzählungen der späten 1940er Jahre wurden erst nach Veröffentlichung seines ersten Romans ›One Man, One Wife‹ beachtet. In seinen Romanen kritisiert A. die nigerian. Gesellschaft und ihre Schwachstellen mit Satire und Humor.

W: One Man, One Wife, R. 1959; One Man, One Matchet, R. 1964; Kinsman and Foreman, R. 1966; Chief the Honourable Minister, R. 1979; His Worshipful Majesty, R. 1973; Wrong Ones in the Dock, R. 1982; A State of Our Own, R. 1986; Conduct Unbecoming, R. 1993; My Years of Service, Aut. 1994.

Álvares de Azevedo, Manuel Antônio, brasilian. Lyriker, Erzähler, Dramatiker u. Essayist, 12. 9. 1831 São Paulo – 25. 4. 1852 Rio de Janeiro. 1847 B. A. Rio de Janeiro, 1848 Stud. Jura São Paulo, verfaßt erste Gedichte in narrativer Form, z. B. ›O Conde Lopo‹, übersetzt (Shakespeare, Byron); in den Semesterferien 1850 entstehen der erste Roman, Gedichte in Liedform, lit.essayist. und hist. Arbeiten u. a. über George Sand, über die Entwicklung der portugies. Poesie und Mussets ›mal du siècle‹; stirbt vor Beendigung s. Studiums; 1853 verkauft s. Familie die Publikationsrechte an e. Verlag, um e. Grabmal zu errichten. – Mit meisterhaften Gedichten wie ›Lembrança de morrer‹, ›Meu sonho‹, ›Idéias íntimas‹, ›Hino do profeta‹ trägt er entscheidend zur Herausbildung der brasilian. romant. Dichtung bei, schreibt sich ein in die erot. byronsche, mussetsche Lyrik, erneuert die poet. Alltagsprosa.

W: Poesias (Lira dos Vinte Anos), G. 1853; Obras, II (u. a. A Noite na Taverna, E.; Macário, Dr.); O Conde Lopo, G. 1886. – Obras Completas (GW), II 1942 (krit., enth. u. a. noch Poema do Frade, G., Livro de Fra Godicário, G.); Obra completa (GW), 2000; Poesias completas, 1957; Teatro de Á. de A. (enth. u. a. Macário, Noite na Taverna), 2002; Cartas de Á. de A., 1976.

L: Machado de Assis, 1864; A. Grieco, 1932; J. G. Merquior, 1974.

Álvares do Oriente, Fernão → Oriente, Fernão Álvares do

Álvarez de Cienfuegos, Nicasio, span. Schriftsteller, 14. 12. 1764 Madrid – 30. 6. 1809 Orthez/Frankreich. Stud. Humaniora Salamanca, befreundet mit Meléndez Valdés u. Quintana, Redakteur der ›Gaceta de Madrid‹, 1808 wegen patriot. Artikel gegen die Franzosen von Napoleon nach Frankreich verbannt. – Folgte mit s. Lyrik anfangs der bukol. u. philos.-sentimentalen Richtung M. Valdés' (›La rosa del desierto‹), wurde später durch den leidenschaftl. u. melanchol. Ton s. Gedichte zum Vorläufer der Romantik; hielt sich in s. 4 Tragödien formal streng an die klassizist. Regeln nach französ. Muster, themat. häufig romant. Züge, insbes. in ›Zoraida‹, die als e. der besten span. Tragödien des 18. Jh. gilt.

W: Idomeneo, Tr. 1792; Poesías líricas, G. 1798; Zoraida, Tr. 1798; La condesa de Castilla, Tr. 1802; Obras poéticas, G. II 1816 (n. ›Biblioteca de Autores Españoles‹ Bd. 67, 1875); Pítaco, Tr. 1822. – Poesías, hg. J. L. Cano 1969.

L: E. V. Coughlin, Boston 1988.

Álvarez Quintero, Serafín, 26. 3. 1871 Utrera/Sevilla – 12. 4. 1938 Madrid u. s. Bruder Joaquín, 20. 1. 1873 Utrera – 14. 6. 1944 Madrid, span. Dramatiker. Stud. in Sevilla, Mitglieder der Span. Akad., die ihre Komödie ›Los galeotes‹ als bestes Theaterstück des Jahres prämiierte. – Brachten mit großem Erfolg nahezu 200 Bühnenwerke zur Aufführung, die sie ausnahmslos gemeinsam verfaßten; meist anmutige Komödien über Motive ihrer andalus. Heimat, ausschließl. heitere, gefällige Sicht der andalus. Welt, wie sie in der Lit. des 19. Jh. Mode war, mit ihrer Folklore, der maler. Oberfläche, dem Farbenrausch. Vorzüge ihrer Stücke sind vollkommene Beherrschung der Bühnentechnik, gepflegte Form, anmutige, lebendige Dialoge, geschickte Handlungsführung, reine Sprache, z. T. mit andalus. Einschlag. Große Beliebtheit beim Publikum; verfaßten auch ›sainetes‹ u. ›zarzuelas‹.

W: El ojito derecho, K. 1897; La buena sombra, K. 1898; Los galeotes, K. 1900; Las flores, K. 1901; El amor que pasa, K. 1904; El genio alegre, K. 1907; Las de Caín, K. 1909; Amores y amoríos, K. 1910; Puebla de las mujeres, K. 1912; Malvaloca, Dr. 1912; Mariquilla Terremoto, K. 1930; El rinconcito, K. 1932. – Obras completas, XLII 1918–47, VII 1947–49.

L: M. Carpi, Rom 1930; S. u. J. Á. Q. (Cuadernos de literatura contemporánea 13/14), 1944; J. Losada de la Torre, 1945; A. González Climent, 1956; J. Montero Alonso, 1972.

Alvaro, Corrado, ital. Erzähler, 15. 4. 1895 San Luca/Kalabrien – 11. 6. 1956 Rom. Stud. Lit.-gesch. u. Philos. Mailand; Redakteur beim ›Corriere della Sera‹. Offizier im 1. Weltkrieg; 1922 nach Rom, Redakteur bei ›Il mondo‹, Theaterkritiker beim ›Risorgimento‹ u. Mitarbeiter bei der ›Fiera letteraria‹. Als Korrespondent von ›La Stampa‹ 1927 nach Dtl., zwischen 1932 und 1935 nach Rußland u. in den Orient. Auch als Dramaturg tätig. 1943 Direktor der Zeitung ›Il popolo di Roma‹. – Schon in s. ersten Gedichten ›Poesie grigioverdi‹, dem Ergebnis s. Kriegserlebnisse, zeigt sich die für A. bezeichnende Liebe zu s. Heimat u. bes. zum einfachen Leben der Menschen auf dem Land. Das entbehrungsreiche Leben dieser Menschen vor dem Hintergrund der einsamen Landschaft Kalabriens ist Gegenstand fast all s. psycholog. unterbauten, vom Verismus Vergas beeinflußten Erzählwerke im Stil e. mag. Realismus, von denen die u. d. T. ›Gente in Aspromonte‹ vereinigten Erzählungen in ihrer eindringl. Schilderung des Lebens der Hirten die bemerkenswertesten sind. S. Erfahrungen e. Rußlandreise haben ihren lit. Niederschlag in den Werken ›Viaggio nell' URSS‹, ›I maestri del diluvio‹ u. ›L'uomo è forte‹ gefunden. Ein mag.-realist. Reisebuch mit vergeistigten Landschaftsbeschreibungen ganz eigener Art ist s. ›Itinerario italiano‹. Das Leben e. ital. Schriftstellers in den Jahren des Faschismus u. der Kriegs- und Nachkriegszeit spiegelt sich in A.s Tagebuch ›Quasi una vita‹ wider.

W: Poesie grigioverdi, G. 1917; La siepe e l'orto, En. 1920; L'uomo nel labirinto, R. 1926; L'amata alla finestra, En. 1929; Misteri e avventure, En. 1930; La Signora dell'isola, En. 1930; Gente in Aspromonte, En. 1930 (Die Hirten vom Aspromonte, d. 1942); Vent'anni, R. 1930; Calabria, Ess. 1931; Viaggio in Turchia, 1932; Itinerario italiano, 1933 (d. 1956); Il mare, R. 1934; Viaggio nella Russia Sovietica, 1935; I maestri del diluvio, R. 1935; L'uomo è forte, R. 1938; Il caffè dei naviganti, K. 1939; Incontri d'amore, En. 1941; Il viaggio, G. 1942; L'età breve, R. 1946; Lunga notte di Medea, Dr. 1949; Quasi una vita, Tg. 1950; Il nostro tempo e la speranza, Ess. 1952; 75 racconti, 1955; Roma vestita di nuovo, Schr. 1957; Belmoro, R. 1957; Un treno nel sud, Reiseb. 1958; Ultimo diario (1948–56), 1959. – *Übs.:* Verborgene Antlitze, Ausw. 1933.

L: A. Balduino, 1965 (m. Bibl.); L. Vento, 1979; L. Reina, 1994.

Alver, Betti (Elisabeth), estn. Dichterin, 23. 11. 1906 Jõgeva – 19. 6. 1989 Tartu. 1914–24 Gymnas. Dorpat (Tartu), Stud. Philos. (unterbrochen), seit 1927 freie Schriftstellerin, gehörte zur Arbujad-Gruppe; 1950–56 polit. erzwungenes Schweigen; 1937 ∞ Dichter → Heiti Talvik († 1947), 1956 ∞ Lit.historiker Mart Lepik († 1971). – Die intellektuellste und formal strengste estn. Lyrikerin, in deren Werk der Erkenntnisdrang und das Festhalten am Geistigen in der Banalität des Alltäglichen die Zentralmotive sind. Spieler.-virtuose Sprache, sentenzenhafte Formulierungen, ep.-dramat. Komposition. Übsn. aus dem Russ. u. Dt., die des ›Evgeni Onegin‹ von Puškin ist eine lit. Höchstleistung.

W: Tuulearmuke, R. 1927; Invaliidid, R. 1930; Lugu valgest varesest, Poem 1931; Viletsuse komöödia, E. 1935; Tolm ja tuli, G. 1936; Tähetund, G. 1966; Uued luuletused ja poeemid, G. 1968; Eluhelbed, G. 1971; Korallid Emajões, G. 1985. – Luuletused ja poeemid (ges. G.), 1956; Lendav linn (Ausw.), 1979; Teosed (W), II 1989–92. – *Übs.:* Acht estnische Dichter, 1964.

L: K. Muru, 2003. – *Bibl.:* V. Kabur, 1981.

Alves, Antônio de Castro → Castro Alves, Antônio de

Amadisroman, bedeutendster Ritterroman des 16. Jh. Ursprung u. Originalsprache noch nicht geklärt, schon im 14. Jh. in Spanien erwähnt, vermutl. portugies. Urfassung von Lobeira; älteste überlieferte Fassung von Garcí Rodríguez (auch Ordóñez) de Montalvo, e. span. Regidor aus Medina del Campo, der die ursprüngl. 3 Bücher verbesserte u. zwei Teile anfügte (›Sergas de Esplandian‹); entstanden um 1492, gedruckt 1508; Ortsu. Personennamen weisen auf Einfluß der franz. Epen des breton. Zyklus hin, Anspielungen auf Tristan, Lanzelot u. die Gralssage. Der Held Amadís de Gaula verkörpert die Idealgestalt des Rittertums mit hochherziger Gesinnung. Schilderung von Geburt u. Erziehung des Helden, Liebe zu Oriana, Kämpfe u. Abenteuer mit Fabelwesen u. Ungeheuern, Erlebnisse in phantast. Ländern u. Gegenden; ungeheurer Erfolg, weite Verbreitung in ganz Europa, zahlr. Übsn. u. Fortsetzungen (im ganzen 24 Bücher).

A: P. de Gayangos, in: ›Biblioteca de Autores Españoles‹ Bd. 40, 1857; A. Rosenblat 1940; E. B. Place III 1959–65; J. M. Cacho Blecua 1987f. (d. 1569–98, Buch 1 n. A. v. Keller 1857, ²1963).

L: L. Braunfels, 1876; H. Thomas, Lond. ²1916; S. Gili Gaya, 1956; J. D. Fogelquist, 1982; M. de Riquer, 1987; S. Gil-Albarellos, 1999.

Amado, Jorge, brasilian. Erzähler, 10. 8. 1912 Itabuna/Bahia – 6. 8. 2000 Salvador/Bahia. Jugend auf der Kakaoplantage des Vaters, 1924–26 Jesuitenkolleg, seit 1927 Journalist in Salvador; Kontakte und Freundschaft zu Künstlern, Schriftstellern, Intellektuellen und zu Trägern der afrobrasilian. Kultur, zieht 1930 nach Rio de Janeiro, Stud. Jura, KP-Mitglied seit 1932, 1936/37 in Haft, öffentl. Verbrennung s. Bücher 1937; 1941–45 Exil in Argentinien, 1948 Übersiedlung nach Paris, 1952 Ausweisung aus Frankreich, Übersiedlung in die Tschechoslowakei, 1952 Rückkehr nach Brasilien; ab 1956 öffentl. Kritik am Stalinismus u. Veränderung s. Schreibens, lebte mit Unterbrechungen von Reisen in der Welt in Salvador. – Seit dem ersten Bahia-Roman ›Cacáu‹ dokumentar.-biograph. Code, marxist.-ideolog. eingefärbt, dem sozialist. Realismus verpflichtet, Zäsur s. Schreibens mit ›Gabriela, cravo e canela‹, dem ersten Bestseller, Fokussierung auf die Alltagskultur des Nordostens, der afro-brasilian. Kulte, des Karnevals; bewußte Wahl u. Umsetzung der Konzepte populärer Kultur, bes. mit ›Tereza Batista cansada de guerra‹; mit ›Tieta do Agreste‹ u. ›Tocaia grande‹ Engagement auch in ökolog. Fragen; viele s. Romane wurden verfilmt; noch zu Lebzeiten Stiftung Casa de Jorge Amado in Salvador gegründet.

W: Cacáu, R. 1933 (Im Süden, d. 1966); Suór, R. 1934 (Das Mietshaus, d. 1966); Jubiabá, R. 1935 (d. 1950); Mar morto, R. 1936 (Tote See, d. 1950); Capitães da areia, R. 1937 (Herren des Strandes, d. 1951); ABC de Castro Alves, B. 1941; Terras do sem fim, R. 1943 (Kakao, d. 1951); São Jorge dos Ilhéus, R. 1944 (Das Land der goldenen Früchte, d. 1953); Bahia de Todos os Santos, Stadtführer 1945; Seara vermelha, R. 1946 (Die Auswanderer vom São Francisco, d. 1951); O cavaleiro da esperança, B. 1950 (d. 1952); Gabriela, cravo e canela, R. 1958 (d. 1963); Os velhos marinheiros, R. 1961; Os pastôres da noite, R. 1965 (Nächte in Bahia, d. 1965); Dona Flor e seus dois maridos, R. 1966 (d. 1968); Tereza Batista cansada de guerra, R. 1972 (Viva Teresa, d. 1975); O gato malhado e a adorinha Sinhá, E. 1976 (d. 1992); Tieta do Agreste, R. 1977; O menino Grapiúna, Mem. 1982 (d. 1992); A bola e o goleiro, Kdb. 1984 (d. 1991); Tocaia grande, R. 1984 (d. 1987); Navegação de cabotagem, Prosa 1992 (d. 1997); Discursos, Reden 1993; A descoberta da América pelos Turcos, R. 1994; O milagre dos pássaros, En. 1997; A ronda das Américas (bearb. v. R. Antelo), Reisebere. 2001. – Obras (WA), IX 1944–47, XV 1957ff.; Obra reunida, 1995.

L: A. Camus, 1939; R. Daus, 1969; C. H. Cony, 1975; F. Gullar, 1979; R. DaMatta, 1987; A. Raillard, 1990; J. P. Paes, 1991; E. Engler, 1992; Fs., 1992.

Amal'rik, Andrej Alekseevič, russ. Schriftsteller, 12. 5. 1938 Moskau – 12. 11. 1980 Guadalajara. 1963 von Univ. Moskau relegiert, 1970–75 in Haft u. Verbannung; ab 1976 im Westen. – Vf. absurder Bühnenstücke, für das Leben der Intelligenz in der Sowjetunion aufschlußreiche Erinn. u. Publizistik.

W: Prosuščestvujet li Sovetskij Sojuz do 1984 goda?, Stud. Amst. 1969 (Kann die Sowjetunion das Jahr 1984 erleben?, d. 1970); P'esy, Sch. 1970; Neželannoe putešestvie v Sibir', Mem. 1970 (Unfreiwillige Reise nach Sibirien, d. 1970); Zapiski dissidenta, Mem. 1982 (Aufzeichnungen e. Revolutionärs, d. 1983).

Amānat (eig. Sayyid Āghā Hasan), ind. Dichter, 1815 (1816) – 1858 Lucknow. – Schrieb in Urdu e. große Zahl von Marsien (Elegien) u. Ghaselen (Gedichte zu 10 – 30 Versen). – Gilt mit s. Singspiel ›Indar Sabhā‹ (Indras Halle; Uraufführung 1853 in Lucknow) als Begründer des Urdu-Dramas. Mit A. erreicht die Dichterschule von Lucknow ihren Höhepunkt; s. Stil ist häufig gekünstelt, s. Lyrik konventionell.

W: Indar Sabhā, Sgsp. 1851 (m. Übs. hg. F. Rosen 1892; m. Einleitung hg. Vaqar ʿAẓīm 1956; Masʿud Hasan Riḍvī Adīb [hkA], [2]1981); Guldastā-i'Amānat, G. 1852; Wasokht, G. 1859 (d. 1893); Dīwān Khazāi'nul Faṣāhat, G. 1861.
L: F. Rosen, 1891; ders., 1892; A. Taj, in: R. Barnett, hg. New Delhi 2002.

Amarcius, Sextus (mit dem Beinamen Gallus Piosistratus; Ps. e. unbekannten Dichters), lat. Satiriker, Ende 11. Jh., Herkunft unbekannt, wahrscheinl. aus dem Rheinland, vielleicht an e. Schule tätig, jedenfalls von umfassender Bildung. – Ältester der erhaltenen bedeutenden Satiriker des MA. Schrieb 4 Bücher ›Sermones‹ im Stil des Horaz. Schildert Tugenden u. Mißstände s. Zeit aus der Perspektive der gregorian. Reformpartei in manchmal schwer verständl. Stil.

A: M. Manitius, 1888; K. Manitius, 1969.

Amaru (Amaruka), ind. Dichter wohl des 7. oder 8. Jh. n. Chr. Über s. Leben ist so gut wie nichts bekannt. – Vf. des ›Amaru-śataka‹ (Die Hundert des Amaru), e. Sammlung von 100 Einzelstrophen, des berühmtesten Werkes der ind. Liebeslyrik, das in 4 voneinander stark abweichenden, nur in 51 Strophen übereinstimmenden Rezensionen erhalten ist. Der bes. Reiz des ›Amaru-śataka‹ liegt in der meisterhaften Darstellung der Liebe in skizzenhaft kurzen Strophen, von denen nach Ansicht des Schriftstellers Ānandavardhana (2. Hälfte 9. Jh.) jede einzelne so viel an erot. Stimmung in sich birgt, daß sie e. großes Werk aufwiegt; der Versuch des Kommentators Ravicandra, den Strophen neben der offensichtl. erot. auch e. philos. Bedeutung beizumessen, überzeugt nicht.

A: R. Simon 1893; M. P. Durgāprasāda, K. P. Parab [2]1900; M. R. Acharya 1954 (m. Komm. des Arjuna varmadeva); S. K. De, in: Indian Studies 3 (1961–62); C. R. Devadhar 1984 (m. engl. Übs.); S. Mahapatra 1984 (m. engl. Übs.). – *Übs.:* F. Rückert, 1831 (n. hg. J. Nobel 1925, H. v. Glasenapp, Ind. Liebeslyrik, [2]1948).

Amaya Amador, Ramón, honduran. Schriftsteller, 26. 4. 1916 Olanchito – 24. 11. 1966 Preßburg (Flugzeugunglück). Sohn e. kathol. Priesters, Hilfsarbeiter, Journalist; viele Jahre im Exil; Mitglied der Kommunist. Partei. – Behandelt das Elend auf den Bananenplantagen, den Kampf der Bauarbeiter, das Schicksal des honduran. Indios u. den Sieg der guatemaltek. Revolution von 1944.

W: Prisión verde, R. 1950 (d. 1958); Amanecer, R. 1952 (d. 1956); La peste negra, Dr. 1956; Constructores, R. 1958 (d. Aufstand in Tegucigalpa); Destacamento rojo, R. 1962; Cipotes, R. 1981; Jacinta Peralta, R. 1996; Con la misma herradura, R. 1999.
L: J. R. Martínez, 1999.

Ambjørnsen, Ingvar, norweg. Schriftsteller, * 20. 5. 1956 Tønsberg. Wohnt in Hamburg, ∞ mit der Übersetzerin Gabriele Haefs. – Bekannt geworden mit realist. Romanen über gesellschaftl. Außenseiter u. Jugendromanen, die z. T. verfilmt wurden. Die Trilogie über den Außenseiter Elling machte ihn zu e. der beliebtesten Autoren des Landes.

W: Hvite niggere, R. 1986 (Weiße Nigger, d. 1988); Kjempene faller, R. 1987 (Die Riesen fallen. Peter und der Prof., d. 1988); Norwegen. Ein politisches Reisebuch, 1988 (zus. m. G. Haefs); Utsikt til paradiset, R. 1993 (Aussicht auf das Paradies, d. 1995); Mordet på Aker brygge, R. 1995; Fugledansen, R. 1995; Brødre i blodet, R. 1996 (Blutsbrüder, d. 1997); Dronningen sover, R. 2000 (Die Königin schläft, d. 2002).

Ambler, Eric, engl. Romanschriftsteller, 28. 6. 1909 London – 22. 10. 1998 ebda. Colfe's Grammar School und Univ. London; ∞ Louise Crombie, dann Joan Harrison. Zunächst Stud. Ingenieurwiss., dann Kabarettist, Presseagent, Journalist, 6 Jahre in der Armee, lebte in Bel Air/CA, 1969–86 Clarens/Schweiz. – Vf. spannungsreicher, gut gebauter, unterhaltender Spionageromane und erfolgr. Drehbücher.

W: Epitaph for a Spy, R. 1938 (Die Stunde des Spions, d. 1963); Cause for Alarm, R. 1938 (d. 1948); The Mask of Dimitrios, R. 1939 (d. 1950); Judgement on Deltchev, R. 1951 (d. 1953); The Schirmer Inheritance, R. 1953 (d. 1955); Passage of Arms, R. 1960 (Waffenschmuggel, d. 1963); The Light of Day, R. 1962 (d. 1965, u.d.T.. Topkapi, 1969); A Kind of Anger, R. 1964 (d. 1975); Intrigue, R.e. 1965; Dirty Story, R. 1967 (d. 1968); The Intercom Conspiracy, R. 1969 (d. 1971); The Levanter, R. 1972 (d. 1973); Doctor Frigo, R. 1974 (d. 1975); Send No More Roses, R. 1977 (d. 1980); The Care of Time, R. 1981; Here Lies Eric Ambler, M. 1985 (Ambler by Ambler, d. 1986); Waiting for Orders, Kgn. 1991; The Story so Far, M. 1993 (Wer hat Blagden Cole umgebracht?, d. 1995).

L: G. Haffmanns, hg. 1979, erw. 1989; P. Lewis, 1990; P. Wolfe, 1993.

Ambra, Lucio d' (eig. Renato Eduardo Manganella), ital. Autor, 1. 9. 1877 Rom – 1. 1. 1940 ebda. – Vf. von über 30 Romanen, Erzählungen, zahlr. Schauspielen u. krit. Schriften. Guter Kenner der mod. franz. Lit.; schrieb auch Monographien über Metastasio, Parini, Goldoni u. Alfieri.

W: Il miraggio, R. 1900; Il mestiere di marito, R. 1924; Fantasia di mandorli in fiore, En. 1926; I due modi di avere vent'anni, E. 1929; La professione di moglie, R. 1930; L'ombra dell'amore, R. 1938.

L: A. Zeimai, 1937.

Ambrogini, Angiolo → Poliziano, Angelo

Ambrosius, lat. Kirchenvater; Bischof von Mailand; um 340 n. Chr. Trier – 397 Mailand. A.' Eltern waren Christen; der Vater war hoher Reichsbeamter. Nach der Ausbildung in Rom schlug A. erfolgr. e. Beamtenkarriere ein; um 370 war er Provinzstatthalter mit Sitz in Mailand. Als dort 374 bei der Bischofswahl Streit ausbrach u. A. als Statthalter zu vermitteln suchte, wählte man ihn spontan zum Bischof. Er war kirchenpolit. sehr aktiv bei versch. wichtigen Problemen: Er setzte sich für das Nizänische Glaubensbekenntnis ein, gegen den von den Kaisern gestützten Arianismus, gegen Forderungen der heidn. Opposition im sog. ›Streit um den Victoria-Altar‹ (→ Symmachus). – Viele s. Werke sind aus der umfangreichen Predigttätigkeit hervorgegangen. Die Werke sind ca. zur Hälfte exeget., Predigten bzw. Erläuterungen zu einzelnen Textstellen, Themen u. Personen überwiegend des AT, z.B. ›De Abraham‹, ›De fuga saeculi‹ (Die Weltflucht), oder die Darstellung der Schöpfungsgeschichte (›Hexaemeron‹). Andere Schriften widmen sich Fragen der Ethik u. Askese, z.B. mehrere Traktate über den Stand der Jungfrauen oder ›De officiis ministrorum‹ (Von den Pflichten der Kirchendiener), die erste Grundlegung christl. Ethik (die im MA stark rezipiert wurde). Dogmat. Probleme der Trinität behandelt A. in ›De fide‹ (Über den Glauben) u. ›De spiritu sancto‹. Auch die meisten s. Briefe sind theolog. Fragen oder kirchl. Angelegenheiten gewidmet. A. gilt als Schöpfer der lat. liturg. Hymnendichtung, einige von ihm gedichtete Hymnen sind erhalten. Erhalten ist auch e. von A.' Sekretär Paulinus verfaßte Vita (Lebensbeschreibung) A.'.

A: Migne, PL 14–17, 1879–87; Corp. Script. Eccl. Lat. 32 (C. Schenkl, M. Zelzer), 62 u. 64 (M. Petschenig), 73, 78f. (O. Faller), 82 (M. Zelzer); Übersicht über die Ausg. in: E. Dekkers, A. Gaar, Clavis patrum latinorum, n. 1995.

L: E. Dassmann, Leben des hl. A., 1967; N. B. McLynn, Berkeley 1994; D. H. Williams, Oxf. 1995; H. Savon, Paris 1997.

Ambrus, Zoltán, ungar. Erzähler, 22. 2. 1861 Debrecen – 28. 2. 1932 Budapest. Stud. Jura Budapest, dann Lit. Paris. 1900 Redakteur der Zs. ›Új Magyar Szemle‹. 1917–22 Direktor des Ungar. Nationaltheaters. Redigierte zusammen mit G. Voinovich die Romanreihe ›Klasszikus Regénytár‹. Mitgl. der Ungar. Akad. der Wiss., der Kisfaludy- u. der Petőfi-Gesellschaft. – E. der besten Prosaübersetzer in Ungarn (Balzac, Maupassant, A. France). Vertrat den franz. Geist in der ungar. Lit. u. war zugleich der größte ungar. Theaterkritiker und Essayist der Jahrhundertwende. Mit s. teils psycholog., teils satir.-iron. Romanen und Erzählungen (bes. Künstlerromanen) sicherte er sich e. herausragende Stelle in der s. Zeit.

W: Midas király, R. 1894; Ninive pusztulása, Nn. 1895; Szeptember, R. 1896; Pókháló kisasszony, Nn. 1898; A gyanú, és más elbeszélések, Nn. 1900; Giroflé és Girofla, R. II 1901; Berzsenyi báró és családja, Sk. 1902; Kevélyek és lealázottak, Nn. 1903; Kultúra füzértánccal, Nn. 1911; Mozi Bandi kalandjai, R. 1913; Vezető elmék, lit. St. 1913; Színházi esték, St. 1914; A tóparti gyilkosság, R. 1914; A kém, Nn. 1918; Költők és szerzők, St. 1924; A Berzsenyi-dinasztia, Sk. 1928. – Munkái, XVI 1906–13; Összes munkái, XX 1924 ff. – Übs.: Der Verdacht d. S. J. Klein, 1919.

L: F. Szinnyei, 1918; V. Korek, 1965.

Ameipsias, altgriech. Komödiendichter, 2. Hälfte 5. Jh. v. Chr., Zeitgenosse des Aristophanes. – 7 Stücktitel und wenige Fragmente erhalten; besiegt 423 mit s. ›Konnos‹ (Name von Sokrates' Musiklehrer) Aristophanes' ›Wolken‹, 414 mit s. ›Komastai‹ (›Nachtschwärmer‹) dessen ›Vögel‹.

Amenemhet (Ammenemês), 1. König der altägyptischen 12. Dynastie, 1976–47 v. Chr., (fiktiver) Verfasser einer Lehre für seinen Sohn und Nachfolger Sesostris I. Die Lehre wurde, wie eine ramessidische Überlieferung (P. Chester Beatty IV, Ende 13. Jh. v. Chr.) berichtet, in Wahrheit nach der Ermordung des Königs von dem »Schreiber« Cheti verfaßt, wahrscheinlich im Auftrag des Sohnes und Nachfolgers Sesostris I. zur Rechtfertigung von dessen Thronansprüchen. Der tote König berichtet ausführlich über die vom königlichen Harîm ausgegangene Verschwörung gegen ihn, vom Attentat und von seiner Ermordung. Danach legt er Rechenschaft über seine Leistungen ab und erteilt Sesostris abschließend Ratschläge für eine gute Amtsführung.

A: W. Helck, Der Text der Lehre Amenemhets I. für seinen Sohn, 1969.
L: G. Posener, Littérature et politique dans l'Égypte de la XIIe dynastie, 1956.

Amenemope (früher gelegentlich Amenope), (fiktiver) Verfasser einer altägyptischen Lehre für seinen jüngsten Sohn. Der Text ist wohl im 11. oder 12. Jh. v. Chr. entstanden. Er ist in einen Prolog und 30 numerierte Kapitel gegliedert, die jeweils einem bestimmten Thema gewidmet sind (z. B. Aufgaben und Pflichten eines Beamten, richtiges Verhalten gegenüber Mitmenschen). Die starke Bildhaftigkeit der Sprache zeigt sich in Begriffen wie »der Heiße« im Gegensatz zum als Ideal geltenden »wahren Schweiger«, im Bild von der Gottheit als Töpfer oder dem Lebensweg als Schiffahrt. Ein ausgeprägter religiöser Grundton ist zu erkennen. Einige Sprüche sind, teilweise wörtlich, von hier in die ›Sprüche Salomons‹ (Prov. 22,17–23,11) eingegangen.

A: H. O. Lange, Das Weisheitsbuch des Amenemope, 1925.
L: I. Grumach, Untersuchungen zur Lebenslehre des Amenope, 1972.

Amenophis IV. → Echnaton

Américo de Almeida, José → Almeida, José Américo de

Amescua, Mira de → Mira de Amescua, Antonio

Amfiteatrov, Aleksandr Valentinovič, russ. Schriftsteller, 26. 12. 1862 Kaluga – 26. 2. 1938 Levanto/Italien. ›Gospoda Obmanovy‹, eine Glosse auf die Zarenfamilie Romanov, 1901 in A.s Zeitung veröffentlicht, brachte ihm 1902 Verbannung ein; 1905 ging er nach Paris, gab die revolutionäre Zs. ›Krasnoe znamja‹ heraus, kehrte 1916 nach Rußland zurück, emigrierte 1921 nach Italien. – Schrieb Verse, Dramen und Romane, doch ist s. Werk dem Feuilleton angenähert, das er meisterhaft beherrschte und für das er den Stoff aus Begebenheiten des Tages nahm. S. vielen Romane sollten, wie jene Boborykins, in Art e. Chronik das Leben s. Zeit wiedergeben; großenteils oberflächl. geschrieben, haben sie gewisse hist.-dokumentar. Bedeutung.

W: Vos'midesjatniki, R. II 1907 f.; Devjatidesjatniki, R. II 1910. – Sočinenija (GW), XXXVII 1911–16.

Ami et Amile, altfranz. Chanson de Geste, Anfang 13. Jh., auf einer lat. Vorlage fußend, verlegt eine mittelalterl. Sage wohl oriental. Ursprungs in die Zeit Karls des Großen. Thema ist die überwältigende Freundschaft der innerl. und äußerl. völlig sich gleichenden A. und A.: Der Truchseß Amile wird bei e. Liebschaft mit Karls Tochter ertappt. Ami beweist für ihn im Zweikampf die Unschuld der Königstochter und kann mit gutem Gewissen s. Schuld eidl. ableugnen, leistet aber e. Meineid, als er schwört, die Prinzessin zu heiraten. Gott straft ihn deshalb (Sakramentsverletzung) später mit Aussatz. Da opfert Amile ihm seine Kinder, um mit ihrem Blut s. Wunden zu bestreichen und zu heilen; Gott erweckt die Kleinen wieder. Die Freunde fallen in Karls Langobardenkrieg und werden gemeinsam in Mortara begraben. Emphat. bewegte Sprache. Bekannt außerdem eine anglonormann. und e. mittelengl. Fassung.

A: K. Hofmann, ²1882 (d. H. Grein 1902), P. F. Dembowski, 1969. – *Übs.:* S. Danon u. a. 1981.
L: P. Schwieger, 1885.

Amichai, Jehuda, hebr. Dichter, 3. 5. 1924 Würzburg – 22. 9. 2000 Jerusalem. A. kam 1935 als Kind mit seinen Eltern nach Palästina, absolvierte eine längere Militärzeit in der brit. und später in der israel. Armee. A.s jüd.-orthodoxe Erziehung und seine Alltagserfahrungen im geteilten, ab 1967 vereinigten Jerusalem haben sein lit. Werk entscheidend geprägt. S. europ. Vorbilder waren Rilke und Auden. A.s Sprache hat einen familiären Ton, sie ist persönlich, auch wenn sie gelegentlich aus den Tiefen des jüd. Kultus und seiner myth.-liturg. Tradition schöpft. Der Versuch, gegen die schwülstige, pathosreiche Poetik der Vätergeneration anzugehen, macht A. zu einem der führenden Avantgardisten der modernen hebr. Dichtung. Stets um einen scheinbar nüchternen Ton bemüht, bringt er den Leser zum Nachdenken. S. Gedichte, die auf persönl. Erlebnisse im Alltag beruhen, thematisieren die Sehnsucht nach Liebe, das Leben im Schatten der Kriege und die nie versiegende Hoffnung auf Frieden. S. Werke wurden in rund 30 Sprachen übersetzt.

W: Achshav ubeyamim acherim, G. 1955; Baruach ha-noraa hazot, G. 1961; Lo meachshav, lo mikan, R. 1963 (Nicht von jetzt, nicht von hier, d. 1992); Shirim 1948–1962, G. 1963; Paamonim verakavot, Drr. u. H. 1968; Achshav beraash, G. 1969; Zeman, G. 1977 (Zeit, d. 1998) gam ha-egrof haya paam yad ptucha ve-etzbaot, G. 1989 (Auch eine Faust war einmal eine offene Hand, d. 1994); Patuach sagur patuach, G. 1998 (Closed open, engl. 2000). – *Übs.* (Ausw.): Wie schön sind deine Zelte, Jakob, G. d. 1988; Yehuda Amichai: A Life of Poetry, G. engl. 1994.

L: G. Abramson, The experienced soul, 1997; Amir Eshel, Eternal Present, 2000; P. Pagel, Zur Lyrik von J. A. 1999; Ch. Strack, Zwischen Würzburg und Jerusalem, 1999.

Amicis, Edmondo de, ital. Schriftsteller, 21. 10. 1846 Oneglia/Ligurien – 11. 3. 1908 Bordighera. Wollte sich schon mit 13 Jahren dem Freikorps Garibaldis anschließen. 1866 Teilnahme am Krieg gegen Österreich. 1867 als Militärschriftsteller im Auftrag des Kriegsministeriums nach Florenz, Redakteur der Zs. ›L'Italia militare‹. Er verließ das Militär und widmete s. der Lit. und dem Journalismus. Bei der Einnahme Roms 1870 e. der ersten, die durch die Porta Pia in die Stadt einziehen. 1870–75 als Journalist weite Reisen für Tageszeitungen. Bis zu s. Tode freier Schriftsteller in Turin. 1891 Mitgl. der sozialist. Partei aus Interesse an der soz. Frage. Viele polit. Artikel in der Turiner Zeitung ›Il Grido del Popolo‹. Verlor durch s. sozialist. Einstellung viele Freunde. Freundschaft mit der bekannten Schauspielerin Teresa Franchini. – Durch s. militär. Schriften u. s. Reiseberichte sehr schnell populär. Er besaß die Fähigkeit zu scharfen u. geistreichen Analysen, die schöpfer. Phantasie fehlte. s. Schriften wenden sich in belehrender u. erzieher. Manier an e. breiteres, auch jugendl. Publikum. Dies zeigt sich auch in den Reisebeschreibungen. ›Gli amici‹ bringt moral. u. psycholog. Beobachtungen aus dem bürgerl. Leben u. dem der gebildeten Klassen. ›Cuore‹ ist e. erbaul. Schülerroman. Auch die pädagog. Schriften ›Il romanzo di un maestro‹ u. ›Ricordi di infanzia e di scuola‹ hatten Erfolg. Das Ergebnis s. umfangreichen Sprachstudien ist ›L'idioma gentile‹.

W: La vita militare, En. 1868 (d. 1886); Novelle, 1872 (d. 1878); Spagna, 1872 (d. 1880); Olanda, 1874; Ricordi di Londra, 1874; Ricordi di Parigi, 1879; Marocco, 1879 (d. 1883); Constantinopoli, 1879 (d. 1882); Poesie, 1880; Gli amici, R. 1882 (d. 1889); Il cuore, E. 1886 (d. 1889); Sull'oceano, 1889; Il romanzo di un maestro, R. 1890; La maestrina degli operai, R. 1894; Ricordi di infanzia e di scuola, 1901; L'idioma gentile, 1905. – Opere, hg. A. Baldini II 1945f.

L: V. Chialant, 1911; G. H. Brovedano, 1914; M. Mosso, I tempi del ›Cuore‹, 1925; I. Vitale-Lauria, 1948; G. Gerini, 1952; P. Guarnieri, 1954; M. Valeri, 1956; I. Balducci, ›Cuore‹, 1957; L. Gigli, 1962; P. Pilliteri, E. d. A., un nomo per il socialismo, 1989. – *Bibl.:* G. Carella, 1960.

Amiel, Denys, franz. Dramatiker, 5. 10. 1884 Villegailhenc/Aude – 8. 2. 1977 La Gaude/Alpes-Maritimes. Lange Sekretär des Dramatikers H. Bataille. – In s. Dramen Analytiker der menschl. Seele und Kritiker der zeitgenöss. Gesellschaft. Gehörte zur Gruppe von Dramatikern, die das Drama als ›Schule des Schweigens‹ auffaßten und das Unausgesprochene, eigentl. Wesentliche, hinter dem Wort Liegende im Drama spürbar machen wollten. Wandte diese Theorie bereits im erfolgreichen, zusammen mit A. Obey verfaßten Stück ›La souriante Madame Beudet‹ an, einer psycholog. Studie über e. kleinstädt. Bovary; ebenso in weiteren Dramen, in denen er als aufmerksamer Zeitbeobachter aktuelle Probleme behandelt, z. B. die Situation des mod. jungen Mädchens und das Maschinenzeitalter. In späteren Stücken überwindet er die ›Schule des Schweigens‹ und wählt intime psychol. Themen. Zuletzt befolgte er das traditionelle Schema der Erfolgskomödie.

W: H. Bataille, B. 1909; Près de lui, Dr. (1911); Le joueur, Dr. (1922); L'homme d'un soir, Dr. (1925); Théâtre, 1925 (Le voyageur, Le couple, Café-Tabac); Théâtre II, 1926 (m. A. Obey: I La Carcasse, II La souriante Madame Beudet); M. et Mme Untel, Dr. 1926; L'engrenage, Dr. 1927; Décalage, Dr. (1931); L'âge du fer, Dr. (1932); Ma liberté, Dr. (1936); Trois et une, Dr. (1932); L'homme, Dr. 1934; La femme en fleur, Dr. 1935; Ma liberté, Dr. 1936; La maison Monestier, Dr. 1939; Le nouvel amour, Dr. 1946; La dormeuse éveillée, Dr. 1949; Les naufragés, Dr. 1956; Le dernier jour d'un nazi, Dr. 1959. – Théâtre, IX 1925–51.

Amiel, Henri-Frédéric, schweizer. Schriftsteller, 27. 9. 1821 Genf – 11. 5. 1881 ebda. Aus franz. Familie, nach frühem Tod der Eltern Erziehung und Stud. Genf und Berlin (1843–48). Kenntnis der dt. Lit. und Philos. Reisen in Frankreich und Italien. 1849 Prof. für Ästhetik an der Genfer Akad., der späteren Univ., 1854 Prof. der Philos. ebda. – Veröffentlichte nur wenig; krit. Essays, Gedankenlyrik, Übsn. aus dem Engl. und Dt. Errang posthum durch sein umfangr. Tagebuch (1847–81, 16 900 Manuskriptseiten) großen Ruhm als Beobachter und Analytiker der menschl. Seele, schrieb die vollständigste und detaillierteste lit. Selbstenthüllung. Deckte die innere Tragödie eines Menschen auf, bei dem Selbstbeobachtung die schöpfer. Kraft zerstörte. Der zentrale Gegenstand ist A., nur am Rande tiefdringende Betrachtungen über Lit., Philos. und Musik. Litt s. ganzes Leben darunter, daß er aus Schüchternheit und Unfähigkeit, das Notwendige zu tun, kein Werk vollenden konnte. War fasziniert vom Absoluten, konnte sich nicht entschließen, etwas Relatives zu schaffen. Teilweise gesundheitl. bedingtes Versagen. Feminine Vorliebe für Hübsches und Sentimentales. Das

Tagebuch sollte s. Selbsterziehung unterstützen, diente aber in zunehmendem Maße zur Flucht. Von Bourget und Brunetière angegriffen. A. schuf das Nationallied der franz. Schweizer ›Roulez tambours‹ (1857).

W: Du mouvement littéraire dans la Suisse romande et son avenir, Schr. 1849; Grains de mil, G. 1854; Il penseroso, G. 1858; La part du rêve, G. 1863; Les étrangères, Übs. 1876; Charles le Téméraire, E. 1876; Fragments d'un Journal intime, Tg. VI 1839ff., 1883ff. (hg. L. Bopp 1948ff.; d. 1905, E. Merian-Genast 1944); Philine, Fragments inédits du Journal intime, hg. B. Bouvier 1927; Essais critiques, hg. B. Bouvier 1931. – Correspondance inédite, 1925; La jeunesse de H. F. A., Lettres 1936.

L: B. Vadier, 1886; P. Bourget, Essais de psychologie contemporaine, II 1901; P. Arcari, 1912; F. Bohlin 1921, L. Bopp, 1925; A. Thibaudet, 1929; H. Hilz, A. u. d. Deutschen, 1930; E. Merian-Genast, A. i. Spiegel d. europ. Kritik, 1931; G. Marañon, 1938; F. Cangemi, Palermo 1950; B. Halda, 1964; S. Pfister, 1971; P. Trahard, 1978.

Amillet, Paul Henri → Reboux, Paul

Amīn, Aḥmad, ägypt.-arab. Schriftsteller, 1. 10. 1886 Kairo – 30. 5. 1954 ebda. Vater Scheich an der al-Azhar; altväterl. strenge Erziehung, Azharstud., zeitweilig Richter, ab 1926 Prof. an der neuen Univ. Kairo; seit 1945 zahlr. Ämter u. Aufgaben als Hrsg. u. Kulturpolitiker, zuletzt auch Folklorist. – Versucht in betont einfacher Sprache altislam. Geisteserbe mit mod. wiss. Erfordernissen in Einklang u. zur Breitenwirkung zu bringen.

W: Faǧr al-Islam usw., 1928ff.; Ḥayātī, 1950.

L: W. Shepard, 1983.

Amiraniani (Amirani-Epos), Epos der Georgier, entstanden vor etwa 3500 Jahren. Es existieren mehr als 150 Varianten in Prosa, Lyrik und gemischt Prosa/Lyrik. Erste schriftliche Aufzeichnung im 12. Jh., in der altgeorg. Kunst seit der Schwelle des 3. zum 2. Jahrtausend abgebildet. Amirani ist der Sohn von Jagdgöttin Dali und eines Jägers. Er wurde für seinen Übermut (selbstlos gegenüber den Menschen) an den Kaukasus angeschmiedet und zeichnet sich durch Unbeugsamkeit und titanische Geduld aus. Ähnlich wie Prometheus u. Gilgamesch hat er eine große Bedeutung in Lit. u. Kunst erlangt.

A: M. Č'ik'ovani 1947; K'art'uli eposi 1959–65. – *Übs.:* Das Buch vom Helden Amirani, 1978.

L: M. Č'ik'ovani, 1947.

Amir Hamzah, indones. Lyriker, 28. 2. 1911 Langkat/Sumatra – 16. 3. 1946 Ost-Sumatra. Neffe des Sultans von Langkat, in sehr religiöser Umgebung aufgewachsen, aber vorwiegend westl. Erziehung; Stud. oriental. Rechte und Philol., Mitbegründer der Zs. ›Pudjangga Baru‹. Im Bürgerkrieg ermordet. Bedeutendster indones. Vorkriegsautor. – Trotz s. Vorliebe für traditionell malaiische Elemente in Form und Inhalt bereicherte er die Lit. der Gegenwart mit s. bilderreichen, stimmungsvollen Gedichten. Übs. der ›Bhagavadgītā‹, von 'Omar Chayyām und Li Po.

W: Njanji Sunji, G. 1937; Setanggi Timur, Übs. 1939; Buah Rindu, G. 1941; Sastera Melaju Lama dan Radja-Radjanja, Ess. 1942.

L: H. B. Jassin, 1962.

Amīr Ḥusrau Dihlawī, Yamīnu'd-Dīn Abu'l-Hasan, ind. Dichter in pers. Sprache, 1253 Patiyālī/Indien – 1325 Delhi. Vater Türke, dessen Vater vor den Mongolen aus der Gegend von Balch nach Indien geflüchtet war, Mutter Inderin († 1299). Berühmt als Musiker und produktiver Schriftsteller, lebte als Panegyriker ständig an den Höfen der Sultane von Delhi und Multan, behielt die Hofstellung bei als Schüler des weitbekannten Delhi'er Heiligen Niẓāmu'd-Dīn Auliyā (seit 1272), bei dem er als dessen Lieblingsjünger bis zu dessen Tod 1324 blieb, paßte sich den jeweils herrschenden polit. Strömungen an, doch ohne sich in die Politik einzumischen. – Als ›indischer Papagei‹ (tūtī-yi Hind) besang er s. einzelnen Gönner in fünf Diwanen, für deren Qasiden er sich Ḥāqānī zum Vorbild nahm; s. Ghaselen, in Indien äußerst volkstümlich, an → Saʿdī angelehnt, werden wegen ihrer Schlichtheit, Gefühlstiefe und Gedankenfreiheit gerühmt. S. Einfluß auf die pers. Lit. gründet sich vornehmlich auf die romant. Epik s. ›Ḥamsa‹ (›Die Fünf [Epen]‹, 1298–1301 verfaßt, themat. an → Niẓāmī angelehnt, den er nicht erreicht, im Zeitgeschmack aber (rhetorisierte Sprache, ind. beeinflußt) übertrifft. Neu waren s. hist. Dichtungen, aus der zeitgenöss. Geschichte der Sultane von Delhi geschöpft. Prosawerke sind e. kurze Geschichte der Zeit 1296–1312; e. berühmte Stilistik und Epistolographie, soziolog. aufschlußreich, sowie Aussprüche s. Ordensmeisters Auliyā.

A: Kulliyyāt (›GA‹), 1334/1916 (4 Diwane); Nuh Sipihr (ges. G.), hg. M. Waḥīd Mīrzā 1949.

Amīr Khusrau → Amīr Ḥusrau Dihlawī, Yamīnu'd-Dīn Abu'l-Ḥasan

Amis, Sir Kingsley (Ps. Robert Markham), engl. Romanschriftsteller und Lyriker, 16. 4. 1922 Clapham/London – 22. 10. 1995 London. Stud. City of London School und Oxford, 1942–45 Leutnant. ⚭ 1948 Hilary Ann Bardwell, 1965 Elizabeth Jane Howard, o|o 1983. 1948 Dozent für Anglistik Univ. Swansea und 1960 Cambridge u. Gastdozent in den USA, seit 1963 freier Schriftsteller in Mallorca, danach London. – Schildert als satir. Romancier aus der Gruppe der zornigen jungen Männer Ausbruchsversuche von Antihelden aus der spießigen bürgerl. Umwelt und den Standesschranken. Sein erster Roman ›Lucky Jim‹ ist e. äußerst sarkastische Darstellung der Hohlheit u. Prätention des Lebens an e. etablierten engl. Univ. ›Jake's Thiny‹ u. ›Stanley and the Women‹ sind satir. Attacken auf das weibl. Geschlecht. Auch s. unprätentiöse Lyrik wendet sich gegen Romantik u. Snobismus. A. befaßt sich mit Science Fiction; als Bewunderer von Ian Fleming setzte er dessen James-Bond-Romane fort.

W: Bright November, R. 1947; A Frame of Mind, G. 1953; Lucky Jim, R. 1954 (d. 1957); That Uncertain Feeling, R. 1955; A Case of Samples, G. 1956; I Like it Here, R. 1958; Take a Girl Like You, R. 1960; My Enemy's Enemy, Kgn. 1962; The Evans Country, G. 1963; One Fat Englishman, R. 1963; The James Bond Dossier, K. 1965 (d. 1966); The Anti-Death League, R. 1966; A Look Round the Estate, G. 1967; Colonel Sun, R. 1968; I Want it Now, R. 1968; The Green Man, R. 1969 (d. 1973); Girl, 20, R. 1971; The Riverside Villas Murder, R. 1973 (Die Falle am Fluß, d. 1974); Ending Up, R. 1974; R. Kipling, St. 1975; The Alteration, R. 1976; Jake's Thing, R. 1978; Russian Hide-and-Seek, R. 1980; Stanley and the Women, R. 1984; The Old Devils, R. 1986; Russian Hide-and-Seek, R. 1980 (Das Auge des Basiliken, d. 1984); Difficulties With Girls, R. 1989; The Folks that Live on the Hill, R. 1990; The Pleasure of Poetry, Anth. 1990; Memoirs, Aut. 1991; The Russian Girl, R. 1992; Mr. Barrett' s Secret, Kgn. 1993; We are All Guilty, R. 1993; You Can' t Do Both, R. 1994; The Biographer' s Moustache, R. 1996; The Letters of K. A., Br. 2000. – A K. A. Omnibus, 1987; Collected Short Stories, 1987; The A. Anthology, 1989; The A. Collection 1954–1990, 1990; The A. Story Anthology, 1992. – Collected Poems 1944–79, 1979.

L: R. B. Smith, Diss. Washington 1965; P. Gardner, 1981; P. Fussell, 1994; E. Jacobs, 1995; R. Bradford, 1998. – Bibl.: B. Gohn, 1976; D. Salwak, 1978.

Amis, Martin (Louis), engl. Schriftsteller, * 25. 8. 1949 Oxford. Sohn des Schriftstellers Kingsley Amis, 1968–71 Stud. engl. Lit. Oxford, Journalist in London, seit 1980 hauptberufl. Schriftsteller. – Darstellung extremer Charaktere, die in e. amoral. Gesellschaft fremdgesteuert werden u. sich selbst zerstören. Postmod. Formexperimente, Pastiche u. Reflexivität. Distanzierte Ironie mit schillerndem Sprachwitz. Typ. pessimist. u. vernichtende Romanenden.

W: The Rachel Papers, R. 1973; Dead Babies, R. 1975; Money, R. 1984 (Gierig, d. 1991); Einstein's Monsters, Kgn. 1987; London Fields, R. 1989 (n. 1999, d. 1995); Time's Arrow, R. 1991; The Information, R. 1995; Experience, Aut. 2000; The War Against Cliché, Ess. 2001.

L: J. Diedrick, 1995; S. Mecklenburg, M. A. und Graham Swift, 2000; N. Tredell, 2000.

Amitagati, ind. Dichter, lebte um 970 – 1020 n. Chr. in Mālvā. – Vf. des in Sanskrit abgefaßten ›Subhāṣita-ratna-saṃdoha‹ (994, Sammlung von Edelsteinen schöner Aphorismen), der in 32 Kapiteln die Ethik der Digambaras behandelt. Weitere Werke sind die ›Dharma-parīkṣā‹ (1014; Prüfung der Religion), e. dogmat.-polem. Dichtung mit eingestreuten Erzählungen; der ›Yoga-sāra‹, e. moral.-didakt. Gedicht; die ›Dvātriṃśatikā‹ oder der ›Sāmāyikā-pātha‹, teils Gebet an den Āpta (vollkommener Heiliger oder Jaina), teils relig. Betrachtungen.

A: Subhāṣita-ratna-saṃdoha, in: Kāvyamālā 82 (1903), hg. R. Schmidt 1908 (m. dt. Übs.), B. S. Śastrī ^{2}1998 (d. J. Hertel 1907); Sāmāyikā-pātha, hg. A. Prasāda ^{3}1915 (m. engl. Übs.); Yoga-sāra, hg. J. Mukhtara ^{2}1999 (m. Komm. in Hindi); Dharma-parīkṣā, hg. H. Jain 1978 (m. engl. Einl.).

L: N. Mironov, Die Dharma-parīkṣā des A., Lpz. 1903 (Diss. Straßb.).

Ammers-Küller, Jo(hanna) van, geb. Noordeloos, niederländ. Schriftstellerin, 13. 8. 1884 Delft – 22. 1. 1966 Bakel. – Vf. zahlr. Romane, die vor allem im niederländ. Bürgertum spielen. Im In- und Ausland (des. NS-Dtl.) viel gelesen. Am erfolgreichsten ›De opstandigen‹: drei Generationen Frauenemanzipation. Nach 1945 fünf Jahre Publikationsverbot.

W: De verzwegen strijd, R. 1916 (d. 1928); Maskerade, R. 1919 (d. 1929); De opstandigen, R. 1925 (Die Frauen der Coornvelds, d. 1926); Vrouwenkruistocht, R. 1930 (d. 1930); Heeren, knechten en vrouwen, R.-Tril. 1934–38 (d. 1935–38); De kolibri op het gouden nest, R. 1951 (d. 1950); Het scharlaken wambuis, R. 1955.

L: Sarnetzky, Kennen Sie J. v. A.-K.?, 1933.

Ammianus Marcellinus, röm. Historiker, ca. 330 – 400 n. Chr. Grieche, geb. (vermutl.) in Antiochia/Syrien als Angehöriger der Oberschicht. A. durchlief zunächst e. militär. Laufbahn, wobei er an versch. Feldzügen teilnahm; danach schrieb er als Privatmann s. lat. Geschichtswerk (›Res gestae‹). – In 31 Büchern stellte er zeitl. an Tacitus anknüpfend, die Jahre 96–378 dar (von Nerva bis Valens). Erhalten sind Buch 14–31 (ab 353) über die von A. selbst erlebte Zeit, e. wichtige hist. Quelle. Hauptthemen sind: die Herrschaft des von A. sehr positiv gezeichneten Kaisers Julian, der Perserkrieg, die Kaiser Valentinian u. Valens, die Niederlage gegen die Goten bei Adrianopel, die (gesellschaftskrit./satirisch geschilderten) Verhältnisse in Rom. A.' eigene Erlebnisse in den Kriegen sind in die Darstellung eingeflochten. A.' Stil ist anspruchsvoll; s. Kenntnisse zeigen sich an vielfältigen lit. Anspielungen u. in Exkursen zu versch. Themen (z.B. zu Geographie u. philos.-relig. Fragen). – Der Rhetor Libanius gratuliert A. in e. Brief zum großen Erfolg s. Werkes.

A: m. dt. Übs. W. Seyfarth, 4 Bde., 1968–71 u.ö.; Seyfarth, 2 Bde., n. 1999; dt. Übs. O. Veh, G. Wirth, 1974.

L: K. Rosen, 1982; J. Matthews, The Roman Empire of A., Lond. 1989; J. W. Drijvers, D. Hunt, hg., The Late Roman World and its Historian, Lond. 1999.

Ammons, A(rchi) R(andolph), amerik. Dichter, 18. 2. 1926 Whiteville/NC – 25. 2. 2001 Ithaca/NY. Biologiestud. am Wake Forest College u. Berkeley; Prof. Cornell Univ. 1964–98; Militärdienst. – S. frühe Lyrik war beeinflußt von Emerson u. Whitman; minimalist. Technik, organ., alltägl. Bildlichkeit.

W: Ommateum with Doxology, G. 1955; Expressions of Sea Level, G. 1963; Corson's Inlet, G. 1965; Tape for the Turn of the Year, G. 1965; Northfield Poems, G. 1966; Uplands, G. 1970; Briefings, G. 1971; Sphere, G. 1973; Diversifications, G. 1975; Highgate Road, G. 1977; The Snow Poems, 1977; Breaking Out, G. 1978; Six-Piece Suite, G. 1978; Changing Things, G. 1981; A Coast of Trees, G. 1981; Worldly Hopes, G. 1982; Lake Effect Country, G. 1982; Sumarian Vistas, G. 1987; Really Short Poems, 1990; Garbage, G. 1993; North Carolina Poems, 1994; Fear, G. 1995; Brink Road, G. 1996; Set in Motion, Ess. 1996; Glare, G. 1997. – Collected Poems, 1951–1971, 1972; Selected Longer Poems, 1980.

L: A. Holder, 1978; H. Bloom, hg. 1986; S. P. Schneider, 1994; R. Kirschten, hg. 1997; S. P. Schneider, hg. 1999.

Amorim, Enrique, uruguay. Schriftsteller, 25. 7. 1900 Salto – 28. 7. 1960 ebda. Journalist, Filmregisseur. – Als Erzähler Vertreter der Gaucholit., in die er die fiktive Figur der ›quitandera‹ – mit dem Karren durch die Pampa ziehende Dirne – einführt. Auch Lyriker, Dramatiker. Vf. von mehr als 40 Büchern.

W: Veinte años, G. 1920; Las Quitanderas, E. 1923; Tangarupá, R. 1925; La trampa del pajonal, En. 1928; La carreta, R. 1929 (d. 1937); El paisano Aguilar, R. 1934; El caballo y su sombra, R. 1941; La luna se hizo con agua, R. 1944; Nueve lunas sobre Neuquén, R. 1946; Yo voy más lejos, Dr. 1950; La victoria no viene sola, R. 1952; Quiero, G. 1954; Corral abierto, R. 1956; Los montaraces, R. 1957; La desembocadura, R. 1958; Mi patria, G. 1960; Eva Burgos, N. 1960; Los mejores cuentos, hg. A. Rama 1968. – Para decir la verdad, G.-Anth. 1964.

L: A. Ortiz, 1949; H. Pottier, 1958; B. Varse de López, 1970, 1984; K. E. Mose, 1972. – *Bibl.:* H. Rodríguez Urruty, 1958.

Amorim, Francisco Gomes de, portugies. Schriftsteller, 13. 8. 1827 A Ver-lo-mar (Minho) – 4. 11. 1891 Lissabon. Einfachster Herkunft, wanderte als Kind nach Brasilien aus, Arbeiter. – Lektüre des ›Camões‹ von Garrett bewirkte s. Hinwendung zur Lit.; 1846 Rückkehr in die Heimat. Von Garrett protegiert, dessen Memoiren er später redigierte, brachte A. es bis zum Akad.-Mitgl. u. errang außerordentl. Erfolg mit s. Romanen, Dramen u. Gedichten. Exotismus, Begeisterung für die Revolution von 1848, eindringl. Beschreibung der brasilian. Natur u. des Auswandererschicksals.

W: Os Selvagens, R. 1852; Ódio de Raça, Dr. 1854; Cantos Matutinos, G. 1858; Efémeros, G. 1866; Aleijões Sociais, Dr. 1870; Memórias Biográficos de Garrett, III 1881–84.

L: A. Vieira, 1891; B. de Lima, 1928; H. Cidade, 1929.

ʿAmr bin Kultūm, vorislam. arab. Stammesfürst und Dichter, † 568(?). Verfaßte e. Qaṣīde (Ode) der sog. Muʿallaqāt, welche in der Kaaba in Mekka ausgehängt wurde. S. Qaṣīde zeichnet sich durch ihren unprätentiösen Stil aus.

A (Übs.): Die sieben Muʿallakāt, hg. L. Abel 1891.

L: A. J. Arberry, 1957.

Amrilkais → Imru al-Qais

Amrouche, Jean (eig. Jean el Moukov), franz. Dichter alger. Herkunft, 7. 2. 1906 Ighil Ali/Kabylei – 16. 4. 1962 Paris. Stud. in Frankreich, Prof. in Tunesien, 1958 Mitarbeiter des franz. Rundfunks in Paris. Freund von Gide, Claudel, Mauriac. – Im Zentrum seiner lyr. Dichtungen steht der Mittelmeermensch; glaubt zunächst an die fruchtbare Symbiose von arab. und franz. Kultur, setzt sich dann aber für den Befreiungskampf Algeriens ein, dessen Helden er in der Gestalt des Iugurtha zeichnet. Übs. von Liedern der Berber.

W: Cendres, G. 1934; Etoile secrète, Prosa 1937; Lettres à l'absent, 1937; Chants berbères, 1939; Correspondances, 1937–62.

L: A. Guibert, 1985; J. Giono, Entretiens avec J. A., 1990; J. Eberhardt, 1997.

Amyot, Jacques, franz. Humanist u. Übersetzer, 30. 10. 1513 Melun – 6. 2. 1593 Auxerre. Sohn e. Metzgers oder Krämers; Stud. Collège des Kardinals Lemoine in Paris, erhielt durch Margarete von Navarra den Lehrstuhl für Latein und Griech. Univ. Bourges; Franz I. berief A. 1546 zum Abt von Bellozane und betraute ihn mit einer Übs. Plutarchs; jahrelange Quellenforschung in Rom und Venedig. 1552 Erzieher der Söhne Heinrichs II., 1570 Bischof von Auxerre. Nach der Ermordung Heinrichs III. 1589, erhoben sich seine Geistlichen gegen ihn, verdächtigten ihn der Anstiftung zum Königsmord. – Vortrefflicher Übs. Plutarchs, der als konkret ausmalender Moralist dem Interesse der Zeit entsprach. Die Übs. ist sachgerecht, von natürl. Anmut, modernisierend, versucht Einfachheit und Kraft des Originals wiederzugeben, dazu Präzision und log. Klarheit zu gewinnen, schafft dem Franz. bisher fehlende Wörter, liefert stoffl. und sprachl. seiner Zeit und dem 17. Jh. wesentl. Voraussetzungen für Moralisten, Epik und Dramatik. Seine Übertragungen

Anakreon

griech. Romane wurden wichtige Quellen für Drama und Schäferroman.

W: Les amours de Théagene et de Chariclea, Heliodor-Übs. 1547; Histoires, Diodor-Übs. 1554; Daphnis et Chloé, Longus-Übs. 1559; Vies des hommes illustres, Plutarch-Übs. (hg. G. Walter, II 1939) 1559; Œuvres morales, Plutarch-Übs. 1572.

L: R. Sturel, 1909; A. Cioranescu, 1941; R. Aulotte, 1965.

Anakreonteia → Anakreon von Teos

Anakreon von Teos (Ionien) (der Ältere), altgriech. lyr. Dichter, 6. Jh. v. Chr. Während der pers. Invasion (545) nach Samos, unter Hipparchos († 514) in Athen, Grab auf Teos. – Von s. Werk (die alexandrin. Philol. sammelt 5 Bücher: 3 in lyr. Metren, je 1 Elegie und Jambos) sind neben ca. 100 Fragmenten nur 3 vollständige Gedichte erhalten. In ion. Dialekt und einfacher Metrik (vgl. v. a. sog. ›Anakreonteen‹: anaklast. ion. Dimeter) dichtete A. wohl v. a. für das Symposion (Erotik, Genuß und Gelage, keine Politik, viel Spott etc.). Chorlyrik (z. B. ›Hymnos auf Artemis‹) ist nur spärl. bezeugt, da e. Reduktion A.s auf Trink- und Liebeslieder z. T. schon in der Antike stattfand. Bes. deutlich zeigt sich dies v. a. in der ›Anakreonteia‹, e. Sammlung von 60 A. zugeschriebenen Gedichten aus versch. Jahrhunderten, deren Wirkung die des A. selbst bei weitem übertraf. Ihre lat. Übs. durch H. Stephanus (1544) beeinflußt die franz. Lyrik des 16. Jh. (Ronsard, Belleau) und bereitet u. a. so die ›Anakreontik‹ des 18. Jh. vor; A. und die ›Anakreonteia‹ blieben auch im 19. Jh. präsent, vgl. E. Mörikes Übs. aller echten und unechten Gedichte (1864).

A: B. Gentili 1958; D. A. Campbell 1988; M. L. West IE[2]; ders., Carmina Anacreonta, [2]1993.

L: B. Gentili, 1958; G. M. Kirkwood, 1974; M. L. West, in: O. Murray, hg. 1990; P. A. Rosenmeyer, 1992; J. O'Brien, A. Redivivus, 1995 (16. Jh. Frankreich); G. O. Hutchinson, 2001.

Ānand, Mulk Rāj, ind. Schriftsteller engl. Sprache, * 12. 12. 1905 Peshawar/Punjab. Stud. Philos. Lahore, Cambridge, London, Dr. phil., 1939–42 Dozent ebda.; im 2. Weltkrieg bei der BBC, Rückkehr nach Indien, Dozent Kalkutta, Simla, Bombay, versch. Ämter in Kulturinstitutionen. – Vf. von Romanen, Erzählungen, Kurzgeschichten und Essays über das Elend der Armen und Hungernden Indiens. Kritik am hinduist. Kastensystem, v. a. in ›Coolie‹ und ›Untouchable‹. Außerdem verschiedene Werke zu Kunstgeschichte und Kultur Südasiens, Biographien, Herausgebertätigkeit (ind. Lit., auch Märchen). Projekt e. 7teiligen Autobiographie (bisher 4 Teile erschienen).

W: The Lost Child, E. 1934; Untouchable, R. 1935 (d. 1954); Coolie, R. 1936 (d. 1953); Two Leaves and a Bud, R. 1937 (d. 1958); Lament on the Death of a Master of Arts, N. 1939; The Village, R. 1939 (Mit Disteln und Schilfgras, d. 1980); Across the Black Waters, R. 1940; The Sword and the Sickle, R. 1942; The Barber's Trade Union, N. 1944; The Big Heart, R. 1945; Indian Fairy Tales Retold, M. 1946 (d. 1958); The Tractor and the Corn Goddess, N. 1947 (d. 1962); Seven Summers, Aut. R. 1951; Apology for Heroism, Es. 1951; Private Life of an Indian Prince, R. 1953, n. 1970 (Maharadja privat, d. 1961); Hindu View of Art, Es. 1957; Kamakala, Schr. 1958; The Old Woman and the Cow, R. 1960 (Gauri, d. 1986); More Indian Fairy Tales, M. 1961; Death of a Hero, R. 1963; Morning Face, Aut. 1968; Between tears and laughter, En. 1973; Confessions of a lover, Aut. 1976; The bubble, Aut. 1984. – Selected stories, 1954; Selected short stories, hg. M. K. Naik 1977, 1984; Tales told by an idiot. Selected short stories, 1999 (m. Bibl.); Author to critics, Br. hg. S. Cowasjee 1973.

L: M. M. Berry, M. R. A., the man and the novelist, Amst. 1971; S. Cowasjee, So many freedoms, 1977; M. Fisher, The wisdom of the heart, 1985; Studies in M. R. A., hg. P. K. Rajan 1986; ders., M. R. A., a revaluation, 1995; The novels of M. R. A., hg. M. K. Bhatnagar 2000.

Anaxandrides, aus Rhodos oder Kolophon, altgriech. Komödiendichter, 4. Jh. v. Chr. Gewinnt 10mal 1. Preis, erstmals 376, aktiv bis mindestens 349; von 65 (?) Stücken über 80 Zitate erhalten; 41 Titel bezeugt, die Alte und Neue Komödien evozieren, davon 15 Mythentravestien. Als einziger Komödiendichter von Aristoteles in s. ›Rhetorik‹ erwähnt. In Florilegien zahlr. Belege mit moral. Tendenz.

L: H.-G. Nesselrath, 1990; HSPh 95, 1993.

Anaya, Rudolfo (Alfonso), amerik. Erzähler, * 30. 10. 1937 Pastura/NM. Stud. Univ. New Mexico, dort auch Prof.; Mitbegründer von ›Blue Mesa Review‹. – Wichtiger Vertreter der Chicano-Lit.; in s. Romanen Mischung aus Realismus, Mythen und Folklore, Handlungsort meist ländl. New Mexico, so im gefeierten, autobiograph. geprägten Erstlingsroman. Auch Detektivromane, Dramen u. Kinderbücher.

W: Bless Me, Ultima, R. 1972 (d. 1984); Heart of Aztlán, R. 1976; Tortuga, R. 1979; Silence of the Llano, Kgn. 1982; A Chicano in China, Reiseb. 1986; Alburquerque, R. 1992; A Reader, 1995; Zia Summer, R. 1995; Rio Grande Fall, R. 1996 (d. 1996); Farolitos for Abuelo, Kdb. 1998; My Land Sings, En. 1999; Shaman Winter, R. 1999; Elegy on the Death of Cesar Chavez, G. 2000.

L: P. Vassallo, hg. 1982; C. A. Gonzáles-T., hg. 1990; B. Dick, S. Sirias, 1998; M. Fernández Olmos, 1999. – Bibl.: C. A. González-T., P. S. Morgan, 2000.

Ancourt, Florent Carton sieur d' → Dancourt, Florent Carton

Anczyc, Władysław Ludwik (Ps. Kazimierz Góralczyk), poln. Dramatiker, 12. 12. 1823 Wilna – 28. 7. 1883 Krakau. Sohn e. Schauspielers, Stud. Pharmazie in Krakau, Teilnahme an den revolutionären Ausbrüchen 1846, 1848, 1863 mit noch ungelenken Revolutionsdichtungen, ›Pieśni zbudzonych‹. Gründer e. angesehenen Druckerei. – Patriot. Lyriker und Dramatiker. S. demokrat. Gesinnung kommt in Dramen zum Ausdruck, die, für e. volkstüml. Publikum geschrieben, Themen aus dem einfachen Volksleben behandeln. Das Volksstück ›Kościuszko pod Racławicami‹ gehört noch heute zu den beliebtesten poln. Theaterstücken.

W: Chłopi arystokraci, Dr. 1850; Łobzowianie, Dr. 1854; Flisacy, Dr. 1855; Tyrteusz, G. 1862; Pieśni zbudzonych, G. 1863; Emigracja chłopska, Dr. 1876; Kościuszko pod Racławicami, Dr. 1881; Jan III pod Wiedniem, Dr. 1883. – Życie i pisma (GW), VI 1908 (unvollst.); Obrazki dramatyczne ludowe, 1978.

Anday, Melih Cevdet, türk. Dichter u. Schriftsteller, 1915 ebda. – 28. 11. 2002 Istanbul. Stud. Soziol. in Belgien 1938 abgebrochen; Bibliothekar, Journalist, Rundfunkbeirat, Lehrer am Konservatorium Ist. – 1941 Mitbegründer der Garip-Bewegung, des Durchbruchs der türk. Moderne in der Lyrik. Betonung des rationalen Elements kennzeichnet s. Gedichte. Auch Dramen, Romane, Aufsätze, Übersetzungen.

W: Garip (m. O. Kanik, O. Rifat), G. 1941; Rahati Kaçan Ağaç, G. 1946; Telgrafhane, G. 1952; Yanyana, G. 1956; Doğu-Batı, Ess. 1961; Kollari Bağli Odysseus, G. 1963; Konuşarak, Ess. 1964; Aylaklar, R. 1965; Içerdekiler, Sch. 1965; Sovyet Rusya, Azerbaycan, Özbekistan, Bulgaristan, Macaristan, Rep. 1965; Mikado'nun Çöpleri, Sch. 1967; Göçebe Denizin Üstünde, G. 1970; Gizli Emir, R. 1970; Sözcükler, G. 1978; Ölümsüzlük Ardinda Gilgamiş, G. 1981; Tanidik Dünya, G. 1984; Akan Zaman Duran Zaman I, Erinn. 1984; Güneşte, G. 1989; Yağmurlu Sokak, R. 1991; Yağmurun Altinda, G. 1995. – *Übs.:* Die Wasser sind weiser als wir, Anth. 1987.

L: A. Yüksel, 1982.

Anderberg, Bengt Niklas, schwed. Erzähler und Lyriker, * 17. 4. 1920 Göteborg. Sohn e. Redakteurs; 1937 Abitur, seit 1947 Mitarbeiter an ›Bonniers Litterära Magasin‹. ∞ 1947 Astrid Norlind. Lebt auf Bornholm. – S. Erzählungen sind phantasievolle Arabesken oder wehmütige Liebesgeschichten, teils mit graziöser Selbstironie und lyr. Innerlichkeit. ›Kain‹, s. wichtigstes Buch, ist e. rücksichtslos offene Selbstanalyse e. Gescheiterten. Romant. stimmungsvolle Lyrik mit relig. Grundton. Kritiker an der Zt. ›Expressen‹, Hörspielautor, Kinderbücher, Autor u. Redakteur der pornograph. Serie ›Kärlek I-‹ (1965, d. Liebe in Schweden, 1968). Bes. gefühlsstark s. letzter Roman ›Amorina‹.

W: En kväll om våren, N. 1945; Fanny, R. 1946; Fåglar, G. 1946; Nisse Bortom, R. 1946; Kristoffer, G. 1947; Kain, R. 1948 (d. 1953); Niklas och figuren, Jgb. 1950; Förrädaren, Sch. 1950; Den känslofulla vargen, G. 1952; Pittoreskt album, G. u. Prosa 1963; Poas sagobok, Jgb. 1964; I flykten, Nn., G. u. Prosa 1970; En äldre herre med glasögon, G. u. Ess. 1971; Grisen och stjärnan, G. u. Prosa, 1979; Fritt efter naturen, 1981; Nattljus, G. 1985; En förtrollad värld, Ess. 1985; Under molnen, R. 1991; Amorina, R. 1999.

Andersen, Benny, dän. Lyriker u. Erzähler, * 7. 11. 1929 Kopenhagen. Gymnasium, beschäftigt bei e. Reklamebüro, dann Orchester- und Barpianist. – Schildert in humorvollen Versen und absurd-realist. Prosa die Abgründe des Alltags. Rhythmische Sprache u. Wortspiele prägen s. Gedichte, die er z. T. selbst vertont.

W: Svantes viser, G. 1972; Verdensborger i Danmark, G. 1995 (Cosmopolitan in Denmark, engl. 1995). – Samlede digte, 1998. – *Übs.:* Das Leben ist schmal und hoch, G. 1977.

L: L. Marx, 1983 (m. Bibl.); Th. Borup Jensen, 1987; St. Harving, M. Mikkelsen, 1995.

Andersen, Hans Christian, dän. Dichter, 2. 4. 1805 Odense – 4. 8. 1875 Kopenhagen. Sohn e. Schuhmachers. S. Kindheit war bestimmt von Armut und Einsamkeit, doch in s. reichen Phantasie und in Büchern und Puppenspielen schuf er sich e. eigene Welt, die den unumstößl. Wunsch nach Berühmtheit in ihm weckte. Er, der nur unregelmäßig die Schule besuchte und keinerlei Bildung erhalten hatte, ging 1819 nach Kopenhagen, um sich dort am Kgl. Theater zum Sänger ausbilden zu lassen. Schon bald gewann er in dem Direktor des Theaters e. wohlwollenden Gönner, der ihm Unterstützung und Hilfe bot. König Frederik IV., dem die bes. Begabung des Knaben auffiel, ermöglichte ihm 1822–28 den Besuch der Lateinschule in Slagelse und e. Stud. an der Univ. Schon während dieser Zeit verfaßte A. kleinere Gedichte und versuchte sich an Dramen, doch da ihm der Sinn für das Szenische fehlte, mußten s. Bemühungen trotz s. dramat. Talents scheitern. Nach mehreren Reisen durch Dtl., Frankreich und Italien errang er 1835 in Dänemark den ersten Erfolg mit s. Roman ›Improvisatoren‹. Gleichzeitig erschienen s. ersten Märchen, deren Wert jedoch in Dänemark lange Zeit unerkannt blieb. Das eigenwillige Wesen und die Selbstbespiegelung ihres Autors erregten Anstoß, und da sie nicht in das krit. System J. L. Heibergs paßten, erfuhren sie weitgehend Ablehnung. Den Stoff s. 168 Märchen entnahm A. dän., dt. und griech. Quellen, dem Volksglauben und alten Volkssagen, der Geschichte und Lit., bes. aber dem Alltagsleben. Sie werden wohl von Kindern gelesen, doch ihr eigentl. und tieferer Sinn öffnet sich erst dem Erwachsenen. Sie sind mit subtilem Humor geschrieben und lassen nicht selten Selbstironie, aber auch kindl. Naivität erkennen. Im Märchen-Universum A.s gilt kein abstraktes Prinzip, kein mechan. Naturgesetz, kein log. Zusammenhang – jedes Individuum hat s. eigenes Zentrum; Existenz ist in dieser Welt etwas Individuelles und Konkretes. Fast jedes s. Werke spiegelt die Persönlichkeit und das Leben des Dichters wider und trägt autobiograph. Züge. Auf s. zahlr. Reisen, die er später in lebhaften impressionist. Studien festhielt, wurde s. Werk schnell in ganz Europa berühmt. S. Märchen wurden in 80 Sprachen übersetzt.

W: Digte, 1829, 1832, 1850 (d. ^{2}1921); Fodrejse fra Holmens Canal til Østpynten af Amager, Reiseb. 1829 (n. 1940); Skyggebilleder af en Rejse til Harzen, 1832; Eventyr, III 1835–37, N. F., III 1838–41, N. F., V 1843–48, Historier, II 1852, Nye Eventyr og Historier, VIII 1858–66, N. F., III 1869–72 (krit. hg. H. Brix, A. Jensen V 1919, XVI 1944), hkA E. Dal komm. E. Nielsen (VII 1963ff.); Improvisatoren, R. 1835 (n. 1943, d. 1909); O. T., R. 1836 (n. 1943); Kun en Spillemand, R. 1837 (n. 1944; d. 1875); Billedbog uden Billeder, 1840 (n. 1943; d. 1872); En Digters Bazar, 1842; Märchen meines Lebens, Aut. 1845f. (dän. 1855, n. II 1951); De to Baronesser, R. 1848 (n. 1943); I. Sverige, 1851; At være eller ikke være, R. 1857 (n. 1944; Sein oder nicht sein, d. 2003); Lykke-Peer, R. 1870. – Samlede værker, XXXIII 1854–79, XV 1876–80, XII 1898–1901; Anderseniana, XIV 1933–46, II 1947ff.; Erentyr og historier. komplet samling, 2000; Breve til Th. og M. R. Henriques, hg. P. V. Rubow, H. Topsøe-Jensen 1860–76 (n. 1932); Brevveksling med E. og H. Collin, hg. C. Behrend, H. Topsøe-Jensen VI 1936f.; Brevveksling med. J. Collin, hg. H. Topsøe-Jensen III 1945–48; Mein edler, theurer Großherzog! Briefw. zw. H. C. A. u. Großherzog Carl Alex v. Sachsen-Weimar-Eisenach, 1997; H. C. A. – Lina v. Eisendecher, Br. 2003; Dagbøger 1825–1875, hg. K. Olsen, H. Topsøe-Jensen XII 1971–77 (daraus: ›Ja, ich bin ein seltsames Wesen …‹, d. 2000); Album, hg. K. Olsen, H. V. Lauridsen, K. Weber V 1980. – *Übs.:* GW, L 1847–72, VIII 1876–82, II 1925; Sämtl. Märchen, hg. E. Nielsen II 1959; Satiren, E. Friedell 1914; Briefe, 1887, 1917.

L: G. Möller, 1905; H. Brix, 1907; K. Larsen, 1926; H. Helweg, 1927, 1954; J. Collin, 1928; C. Erlacher Grimm, 1929; S. Toksvig, 1933; H. Topsøe-Jensen, Mit eget eventyr uden digtning, 1940; C. M. Woel, II 1949f.; S. Dahl, H. Topsøe-Jensen, 1955; H. Rusch, 1957; K. H. Thiele, Empfindsame Reise, 1959; E. Nielsen, 1959 (m. Bibl.); E. Nyborg, 1962; ders., 1983; M. Stirling, 1965; N. Koefoed, 1967; B. Grønbech, 1971; E. Bredsdorff, 1975 (d. 1980); J. Breitenstein, 1976; J. de Mylius 1981, 1993, 1995, hg. n. a. 1999; M. Lotz 1988. – *Bibl.:* B. F. Nielsen, 1942; A. Jørgensen, 1970, 1995.

Andersen, Tryggve, norweg. Erzähler, 27. 9. 1866 Ringerike – 10. 4. 1920 Gran. Mütterlicherseits aus Bauern-, väterlicherseits aus Beamtenfamilie. Stud. Ägyptologie Oslo. – Vertreter der norweg. Neuromantik, unter Einfluß bes. der dt. Romantik. Gegner von G. Brandes. Vf. phantast.-grübler. und myst. Novellen in der Nachfolge von E. T. A. Hoffmann und E. A. Poe. Daneben sozialkrit. Gesellschaftsromane über das dän. Beamtentum zu Anfang des 19. Jh.

W: I Cancelliraadens dage, R. 1897; Mod Kvæld, R. 1900; Gamle folk, En. 1904; Bispesønnen og andre fortællinger, En. 1907; Heimferd, E. 1913; Ulykkeskatten, E. 1919; Dagbog fra en Sjøreise, Tg. 1923. – Samlede fortællinger, III 1916.

L: C. Gierløff, 1942; T. Schiff, Scenarios of modernist disintegration: T. A.'s prose fiction, Westport/CT 1985.

Andersen, Vita, dän. Lyrikerin u. Erzählerin, * 29. 10. 1944 Kopenhagen. 1977 Debüt mit der Gedichtsammlung ›Tryghedsnarkomaner‹. Bereits hier A.s zentrale Themen: die ›geborgenheitssüchtige‹ Frau, die narzißt. Bestätigung in der Liebesbeziehung sucht, und die defizitäre Kindheit.

W: Tryghedsnarkomaner, G. 1977; Hold kæft og vær smuk, E. 1978; Hva' for en hånd vil du ha', R. 1987 (Welche Hand willst du, d. 1991); Sebastians kærlighed, R. 1992 (d. 1999).

Andersen Nexø, Martin, dän. Erzähler, 26. 6. 1869 Kopenhagen – 1. 6. 1954 Dresden. Sohn e. armen Steinhauers, 4. von 11 Kindern; erste Kinderjahre in Kopenhagen, 1877 nach Nexø auf Bornholm, half dem Vater im Steinbruch; nach der Konfirmation Hirtenknabe, 1884–89 Schusterlehrling und Maurerbursche; s. Anfang der 90er Jahre Anhänger des Sozialismus; 1889–93 auch Mitglied der durch N. F. S. Grundtvig begründeten Heimvolkshochschulbewegung; e. Aufenthalt 1892 auf der Heimvolkshochschule Askov wurde zum prägenden Erlebnis; dies ist in s. gesamten, sonst sozialist. beeinflußten Dichtung spürbar. Bis 1902 schwere Jahre; Lehrerausbildung, sporad. Lehrtätigkeit (1893 in Odense); Krankheit, 1894–96 Erholungsreise nach Italien und Spanien. Schließl. 1901 Durchbruch als Dichter. ∞ 1898 Margarethe Thomsen, 1913 Margarethe Frydenlund Hansen, 1925 Johanna May. 1922 Reise in die Sowjetunion. Wohnte bis 1923 in Dänemark, seither abwechselnd in Dtl. (1923–30), Dänemark, 1944 Schweden und Sowjetunion, zuletzt Dresden. – Erster Arbeiterdichter Dänemarks; s. Werk enthält außer dem frühen Fin-de-siècle-Roman ›Dryss‹ über einen lebensmüden bourgeoisen Intellektuellen hauptsächlich Motive aus den unteren Gesellschaftsschichten; s. Novellen sind teils märchenähnlich mit sozialist. Tendenz, teils Heimaterzählungen über Armut und Not auf Bornholm, teils Erzählungen aus dem proletar. Großstadtmilieu; s. erster großer Roman ›Pelle Erobreren‹ handelt von dem ›nackten Menschen‹ Pelle, der als Sinnbild der besten Eigenschaften des ursprüngl. Menschen die

Arbeiterklasse bewegt, indem er Fatalismus, Unterwürfigkeit, Eigennutz und Mangel an Solidarität bekämpft; die evolutionäre Tendenz dieses Buches wird in den folgenden von immer revolutionäreren Gedanken abgelöst; das Arbeiterkind Ditte in ›Ditte Menneskebarn‹ ist liebevoll und arbeitsam, wird aber von Menschen ausgenützt und stirbt jung an Entkräftung, während der Sozialistenmarsch in den Straßen e. neue Zeit verheißt; in ›Midt i en jærntid‹ kritisiert A. das Profitstreben dän. Bauern, und in ›Morten hin Røde‹ und ›Den fortabte generation‹ hat der jetzt orthodox kommunist. Vf. den Stab über den sozialdemokrat. Ministerpräsidenten Pelle gebrochen und den Preis dessen Jugendfreund, dem Revolutionär Morten, gegeben. Die politische Überzeugung seiner Werke wie auch der optimist. Glaube an das Gute im Menschen ließen A. zu e. der bekanntesten dän. Autoren im 20. Jh. werden.

W: Skygger, Nn. 1898; Muldskud, Nn. III 1900–26; Dryss, R. 1902 (Überfluß, d. 1914); Soldage, Reiseb. 1903 (Sonnentage, d. 1924); Pelle Erobreren, R. IV 1906–10 (Pelle der Eroberer, d. 1912); Af dybets lovsang, Nn. 1908 (d. 1911); Barndommens kyst, Nn. 1911 (d. 1912); Lykken, Nn. 1913; Bornholmer Noveller, Nn. 1913 (d. 1924); Under himmelen den blaa, Nn. 1915; Folkene paa Dangaarden, Dr. 1915 (Die Leute auf Dangaard, d. 1919); Ditte Menneskebarn, R. V 1917–21 (Stine Menschenkind, d. V 1918–23); Dybhavsfisk, Nn. 1918 (d. 1924); Lotterisvensken, Nn. 1919 (d. 1925); De tomme pladsers passagerer, N. 1921 (d. 1921); Mod dagningen, Abh. 1923 (Dem jungen Morgen zu, d. 1923); Midt i en jærntid, R. II 1929 (Im Gottesland, d. 1929); Erindringer, V 1932–39 (Erinnerungen, d. 1946–48); To verdener, Abh. 1934; Mod lyset, Nn. 1938; Morten hin Røde, R. 1945–47 (M. der Rote, d. 1950); Den fortabte generation, R. 1948 (Die verlorene Generation, d. 1950); Jeanette, R. 1957 (d. 1958). – Taler og artikler, III 1954f. (d. 1956f.); Breve fra MAN, III 1969–72. – *Übs.:* GW, VIII 1926–31, 1947–60, 1966ff.

L: K. K. Nicolaisen, 1919 (d. 1923; m. Bibl.); S. Erichsen, 1938; W. A. Berendsohn, 1948; H. Herdal, H. Rue, 1949; B. Houmann, 1957; M. Zimmering, 1963; H. A. Koefoed, 1965; B. Houmann, 1972; B. Houmann, MAN og hans samtid, III 1981–88; H. Yde, Diss. Århus, II 1991; Nordica 11 (1994); J. Haugan, Alt er som bekendt erotik, 1998. – *Bibl.:* S. Møller Kristensen, 1948; B. Houmann, II 1961–67.

Anderson, Jessica (eig. Margaret Queale), austral. Erzählerin, * 25. 9. 1916 Gayndah/Queensland. Lebt in Sydney. – An H. James u. Dickens geschulte Stilistin; austral. Großstadtleben aus der Sicht von Heimkehrern u. Frauen.

W: An Ordinary Lunacy, R. 1963; The Last Man's Head, R. 1970; The Commandant, R. 1975; Tirra Lirra by the River, R. 1978; The Impersonators, R. 1980 (auch als: The Only Daughter, R. 1985); Stories from the Warm Zone and Sydney Stories, En. 1987; Taking Shelter, R. 1990; One of the Wattle Birds, R. 1994.

L: E. Barry, 1992.

Anderson, Maxwell, amerik. Dramatiker, 15. 12. 1888 Atlantic/PA – 28. 2. 1959 Stamford/CT. Als Sohn e. baptist. Geistlichen im Mittelwesten aufgewachsen, Univ. North Dakota und Stanford, Lehrer in Minnewauken/ND, San Francisco und Whittier/CA, schließl. 1918–26 Journalist in New York. – Vf. krasser sozialkrit. Gesellschaftsdramen, desillusionierender Kriegsstücke, musikal. Komödien und bes. hist. Verstragödien, die u. a. Episoden aus dem Leben von Sokrates, Jesus, Elisabeth I., Maria Stuart, Johanna von Orléans und Washington zum Inhalt haben, aber auch zeitgenöss. Stoffe wie in ›Winterset‹ über den berühmten Justizmord im ›Sacco-Vanzetti Case‹, in ›Both Your Houses‹, e. Satire auf die Korruption im amerik. Kongreß, und in dem Kriegsdrama ›The Eve of St. Mark‹. Typisch für A.s Spätwerk ist e. Verbindung von romant. Realismus mit neuen Techniken in Versform, wie z. B. in ›Joan of Lorraine‹.

W: What Price Glory, Dr. 1924 (m. L. Stallings; Rivalen, d. C. Zuckmayer 1929); You Who Have Dreams, G. 1925; Saturday's Children, K. 1927 (Leute wie du und ich, d. 1947); Elizabeth the Queen, Dr. 1930; Both Your Houses, Sat. 1933; Mary of Scotland, Dr. 1933 (d. 1947); Valley Forge, Dr. 1934; Winterset, Dr. 1935 (Dezembertag, d. 1954); High Tor, Dr. 1937; Knickerbocker Holiday, K. 1938 (m. K. Weill, d. 1948); The Essence of Tragedy, Ess. 1939; Journey to Jerusalem, Dr. 1939; Key Largo, Dr. 1940; Storm Operation, Dr. 1944; Joan of Lorraine, Dr. 1946 (d. 1953); Off Broadway, Ess. 1947; Anne of the 1000 Days, Dr. 1948 (d. 1950); Lost in the Stars, Libr. 1949 (m. K. Weill, nach A. Patons ›Cry, the Beloved Country‹); Barefoot in Athens, Dr. 1951; The Bad Seed, Dr. 1955; Madonna and Child, Dr. 1958; Richard and Anne, Dr. 1995. – Letters 1912–1958, hg. L G. Avery 1977.

L: B. H. Clark, 1933; M. D. Bailey, 1957; N. J. D. Hazelton, K. Krauss, hg. 1991; B. L. Horn, 1996. – *Bibl.:* A. S. Shivers, 1985.

Anderson, Robert Woodruff, amerik. Dramatiker, * 28. 4. 1917 New York. 1940 M. A. Harvard Univ., schrieb dort Einakter und Musicals. Theaterkritiker, Lehrer in Draukursen. 1942–46 Kriegsdienst als Marineoffizier. – Am erfolgreichsten mit ›Tea and Sympathy‹: gegen Vorurteil gegenüber Einzelgängern und deren Schicksal am Beispiel e. der Homosexualität verdächtigten Internatsschülers.

W: Tea and Sympathy, Dr. 1953 (Einzelgänger, d. 1955); The Nun's Story, Film (1959); Silent Night, Lonely Night, Dr. 1960 (d. 1960); The Days Between, Dr. 1965; You Know I Can't Hear You When the Water's Running, 4 Einakter 1967; I Never Sang for my Father, Dr. 1968 (d. 1969); Solitaire/Double Solitaire, Dr. 1971; After, R. 1973; Getting up and Going Home, R. 1978; Free and Clear, Dr. (1983).

L: T. Adler, 1978.

Anderson, Sherwood, amerik. Erzähler, 13. 9. 1876 Camden/OH – 8. 3. 1941 Colón/Panama. Sohn e. Handwerkers schott. Herkunft; ab 14. Lebensjahr in vielen Berufen beschäftigt; Teilnahme am span.-amerik. Krieg; 1907–12 Manager e. Farbenfabrik; gab s. Posten abrupt auf und verließ s. Familie. Als Werbetexter in Chicago lernte er Dreiser, Sandburg und Floyd Dell kennen, die ihn zu lit. Versuchen im Stil e. lit. Nationalismus der sog. Chicago-Renaissance ermutigten; nach dem Erfolg von ›Winesburg, Ohio‹ Reisen nach Paris, wo G. Stein s. Prosatechnik beeinflußt; ab 1926 Farmer u. Journalist in Marion/VA. – A.s stark autobiograph. Erzählungen und Romane kreisen um das Thema der Befreiung des Individuums aus der zwischenmenschl. Isolation. A.s Charaktere lehnen sich gegen die amerik. Erfolgsmoral, Enge und Sterilität der amerik. Kleinstadt und gegen die Bedrohung des Lebens durch die Technik auf; oft scheitern sie, wie in ›Winesburg, Ohio‹, an Zwang und Verlogenheit der ›social mores‹. Beeinflußt von den Theorien Freuds und D. H. Lawrences; Wegbereiter der mod. Short Story.

W: Windy McPherson's Son, R. 1916; Marching Men, R. 1917; Mid-American Chants, G. 1918; Winesburg, Ohio, Kgn. 1919 (d. 1958); Poor White, R. 1920 (d. 1925); The Triumph of the Egg, Kgn. 1921 (d. 1926); Many Marriages, R. 1923 (d. 1998); Horses and Men, Kgn. 1923 (d. 1996); A Story-Teller's Story, Aut. 1924 (d. 1927); Dark Laughter, R. 1925 (d. 1963); The Modern Writer, Skn. 1925; Tar, a Midwest Childhood, Aut. 1926 (hg. R. L. White 1969); Notebook, 1926; Nearer the Grass Roots, Ess. 1929; Beyond Desire, R. 1932; Death in the Woods, Kgn. 1933; Puzzled America, Rep. 1935; Kit Brandon, R. 1936; Home Town, Ess. 1940 (d. 1956); Memoirs, 1942 (hg. R. L. White 1969). – Return to Winesburg, Skn. 1967; Buck Fever Papers, Skn. hg. W. D. Taylor 1971; Letters 1953; Selected Letters, 1984; Correspondence S. A./Gertrude Stein, 1972 (d. 1985); Letters to Bab, hg. W. A. Sutton 1985; Love Letters to Eleanor Copenhaver Anderson, hg. C. E. Modlin 1989; Secret Love Letters, hg. R. L. White 1991 (d. 1994); Diaries, 1936–1941, hg. H. H. Campbell 1987. – *Übs.:* Werke, IV 1963.

L: N. B. Fagin, 1927; I. Howe, 1951; J. E. Schevill, [2]1954; R. Burbank, 1964; The Achievement of S. A., hg. R. L. White 1966; D. D. Anderson, 1967; W. A. Sutton, Road to Winesburg, 1972; S. A., hg. W. B. Rideout 1974; S. A., hg. D. D. Anderson 1976; Centennial Studies, hg. H. H. Campbell, C. E. Modlin 1976; W. D. Taylor, 1977; A. Klein, 1978; Critical Essays on S. A., hg. D. D. Anderson 1981; W. Göbel, 1982. – *Bibl.:* D. G. Rogers, 1976; R. L. White, 1977; J. Dierking, 1990; R. A. Papinchak, J. J. Small, 1994.

Andersson, Dan (eig. Daniel), schwed. Dichter, 6. 4. 1888 Skattlösberg/Kopparberg – 16. 9. 1920 Stockholm. Dorfschulmeisterssohn, in größter Armut aufgewachsen, in s. Jugend Landu. Waldarbeiter, Köhler, Hausierer und, obwohl Autodidakt in jeder Hinsicht, Volksschullehrer. 1902 Reise nach Amerika. Seit 1913 Schriftsteller. Eine Zeitlang in der Guttemplerbewegung. ∞ 1918 Olga Emilia Turesson. Starb durch Unglücksfall an Zyanwasserstoffvergiftung. – S. Lyrik, meist Stimmungsbilder des Ödlandes, und s. Lieder sind mit ihrer Sangbarkeit und Mollstimmung Volkseigentum geworden. Mit s. Prosa wurde A. e. Pionier der Arbeiterdichtung; sie kreist immer wieder um den Kampf ums Dasein. Die beiden stark autobiograph. Romane wurden populär durch ihren Naturalismus und die Wildnisromantik. Das soziale Problem tritt jedoch zurück vor dem relig. Das Gefühl der Heimatlosigkeit im Dasein, Lebensangst u. Beschäftigung mit dem Rätsel des Todes führen zu Gottessehnsucht und Glauben. Müde und unruhig, suchte er den Frieden in östl. Mystik, studierte Dostoevskij, Kipling und Baudelaire (letzterer auch von ihm übersetzt). Neben Kindheitseindrücken u. Erlebnissen s. unruhigen Jugend verarbeitete er relig. Volkspoesie; kräftige Gegensätze schaffen in s. Werken starke Spannungen, über denen e. dunkler Humor liegt. 1962 D. A.-Gesellschaft.

W: Kolarhistorier, N. 1914; Kolvaktarens visor, G. 1915; Det kallas vidskepelse, N. 1916; Svarta ballader, G. 1917; De tre hemlösa, R. 1918; David Ramms arv, R. 1919; Samlade skrifter, V 1930; Efterskörd, 1929; Tryckt och otryckt, hg. B. Lauritzen 1942. – Samlade dikter (ges. G.), 1986.

L: T. Fogelqvist, 1922; A.-M. Odstedt, 1941; E. Uhlin, 1950; W. Bernhard, [4]1966; G. Ågren, 1971; A.-M. Odstedt, J. A. Hellström 1985; H. Åkerberg, 1985.

Andersson, Lars, schwed. Schriftsteller, * 23. 3. 1954 Karlskoga. Stud. Medizin u. Psychiatrie, Kulturredakteur an versch. Zeitungen. – In s. Schriften treffen naturwissenschaftl. u. seel. Kulturen aufeinander; will auf die sozialist. Utopie auch nach deren Zusammenbruch nicht verzichten; Geschichte ist für ihn e. Lernprozeß hin zu einer besseren Zukunft. Übs. Garborg, Hoem, Solstad. – Aktiver Musiker.

W: Gleipner, 1977, Snöljus, 1978 (Schneelicht, d. 1981); Försöksgrupp, Es. 1980; Begynnelsebokstäver, 1984; Löv till läkedom, Es. 1986; Kattfiske och annat, Nn. 1989; Jorsalafärder. Ett reportage 1984–91, Rep. 1991; Vattenorgeln, 1993; Skuggbilderna, 1995; Kievs vår, 1998; Kavita, 2001.

Andokides (Sohn des Leagoras aus Kydathen), altgriech. Redner, um 440 v. Chr. Athen – nach 392/391 v. Chr. Bekannt ist v. a. seine Beteiligung am Hermokopidenfrevel 415: A. rettet sich durch Denunziation ins Exil; nach Rückkehr (403) Gesandter in Sparta (392/391), wegen Scheiterns s. Politik wieder ins Exil, wo er stirbt. – 3 (4?) Reden erhalten: 1: ›Über die Mysterien‹ 400 v. Chr. (Verteidigung A.' gegen Asebie-Anklage, vgl. [Lys.] Or. 6; Freispruch); 2: ›Über s. eigene Rückkehr‹ (409–406: 2., vergebl. Versuch., Rückkehr zu erwirken); 3: ›Über den Frieden mit Sparta‹ (Gesandtentätigkeit; scheitert); 4: ›Gegen Alkibiades‹ (417/416?; unecht?). A. zählt zum Kanon der ›10 att. Redner‹, obwohl die erhaltenen Reden für e. Berufsredner nicht typ. sind und v.a. sein Verhalten vor 415 aber auch sein Stil seit der Antike kritisiert werden (noch Johannes Tzetzes verfaßte darauf e. Spottgedicht).

A: F. Blass, C. Fuhr 1966; G. Dalmeyda ²1960 (mit franz. Übs.); M. J. Edwards 1994. – D. M. MacDowell 1962 (Or. 1); U. Albini 1961 (Or. 2), ders. 1964 (Or. 3); P. C. Ghiggia 1995 (Or. 4) (Einzelausg. jeweils m. Komm.). – L. L. Forman, Index Andocideus, 1897 (Nachdr. 1962). – *Übs.:* A. G. Becker 1832.

L: W. D. Furley, 1996.

Andouard, Maurice Cordelier → Giraudoux, Hyppolyte-Jean

Andrade, Carlos Drummond de, brasilian. Lyriker, 31. 10. 1902 Itabira/Minas Gerais – 17. 8. 1987 Rio de Janeiro. Stud. Pharmazie, Journalist, Staatsbeamter. – Populärer Lyriker, 1918 Initiation und Schock durch die Gedichte Manuel Bandeiras, Mitglied der Gruppe modernist. Dichter u. Intellektueller in Belo Horizonte, ab 1924 auch Kontakte in Rio u. São Paulo, zieht 1933 nach Rio, ab 1954 Journalist, regelmäßige Chroniken im ›Jornal do Brasil‹, wichtige Figur im öffentl. Leben; als mod. Dichter gelingt es ihm, in der Erneuerung von Rhythmus und Stimmgebung Gedichte zu Trägern kommunikativen Austauschs werden zu lassen, darin liegt s. Popularität. Auch Übs., u.a. Mauriac, Laclos, Balzac, Proust.

W: Alguma poesia, G. 1930; Poesias, G. 1942; José, 1942; Confissões de Minas, Ess. 1944; Poesia até agora, G. 1947; Poesia até agora e Fazendeiro do ar, G. 1955; Arte indígena, Ess. 1958; Poemas, 1959; Lição de coisas, 1962; Boitempo, 1968; Discurso de primavera e alguns sombras, ²1978; Esquecer para lembrar, 1979; A paixão medida, 1980; Exposição comemorativa dos 80 anos (enth. Bibl.), 1982; Corpo, 1984; Boca de luar, ²1984; Amar, se aprende amando, 1985; Contos plausíveis, E. 1985; O observador no escritório, Tg. (1943–77), 1985; Moça deitada na grama, 1987; O avesso das coisas, Aphor. 1987; Fotobiografia, 1989; O sorvete & outras histórias, E. 1993; Farewell, 1996. – GW, 1967; Poesia completa e prosa, hg. Murilo Mendes 1994. – *Übs.:* Poesie (zweisprachig), 1965; Gedichte, 1982.

L: R. Bastide, 1946; J. L. Merquior, 1965; H. Martins, 1968; L. Costa Lima, 1968; A. Candido, 1970; G. Medonça Teles, 1970; S. Santiago, 1976; E. Caminha, 1995; Fs., 2000.

Andrade, Eugénio de (eig. José Fontinha), portugies. Dichter und Übersetzer, * 10. 1. 1923 Póvoa de Atalaia (Beira Baixa). Sprößling e. wohlhabenden Bauernfamilie. Jugend in Castelo Branco, Lissabon und Coimbra, seit 1950 wohnhaft in Porto, wo später e. Stiftung unter s. Namen entsteht. Abbruch der Ingenieursschule, daraufhin Abitur u. Militärdienst. Ab 1947 Verwaltungsangestellter im Gesundheitsministerium (bis 1983). Früher persönl. Kontakt mit António Botto. Übersetzer García Lorcas ins Portugies. – S. Dichtung läßt sich schwer mit den Kategorien der Strömungen s. Zeit (Presença u. Neorealismus) erfassen. Trotz früher Begeisterung für das Werk F. Pessoas schuf A. e. dem eher körperfeindl. Pessoa entgegengesetzte Poetik der Sinnlichkeit in der Tradition des Symbolisten C. Pessanha und der span. ›Generation von 27‹. Die Lyrik A.s besticht durch ihr Bekenntnis zu Rhythmus und Musikalität. Rekurrierende Referenzpole sind Liebesempfinden sowie die Themen Vergänglichkeit u. Tod.

W: Poesia e Prosa (1940–1989), 1990.

L: L. M. Nava, 1987.

Andrade, Mário Raul Moraes de, brasilian. Dichter, Prosaautor, Journalist, Essayist, 9. 10. 1893 São Paulo – 25. 2. 1945 ebda. Stud. Konservatorium São Paulo, unterrichtet dort, lebt von journal. Arbeiten (Musikkritiken), polit. Karriere, 1935–38 Staatsbeamter, gründet 1936 mit Dina Lévi-Strauss die Gesellschaft für Ethnographie u. Folklore, übersiedelt 1938 nach Rio de Janeiro, 1941 Rückkehr nach São Paulo. – Zusammen mit Oswald de Andrade führender Kopf des brasilian. Modernismus, bekommt 1920 mit ›Paulicéia desvairada‹ den Ruf des ›futurist.‹ Dichters; wird zum nationalist. Schriftsteller; s. wichtigstes Buch ›Macunaíma‹ entsteht auf der Basis von Legenden über die Taulipang-Indianer am Amazonas (gesammelt vom dt. Ethnologen Theodor Koch-Grünberg), es wird durch die Verfilmung (1967) offiziell zum Nationalepos u. mod. Klassiker erklärt. Bedingt durch s. kulturpolit. Arbeit u. Stellung gilt A. bis heute als Autorität in Fragen nationaler ästhet. Werte und für Kanonisierungsprozesse.

W: Há uma gôta de sangue em cada poema, G. 1917; Pauliceia desvairada, G. 1922; A Escrava que não é Isaura, Es. 1925; Primeiro Andar, En. 1926; Losango Cáqui, G. 1926; Clã do Jabotí, G. 1927; Amar, Verbo Intransitivo, R. 1927; Macunaíma, R. 1928 (n. 1996; d. 1982); Remate de Males, G. 1930; Belzarte, En. 1934; O Movimento modernista, Es. 1943; Aspectos da Literatura Brasileira, Es. 1943; O Baile das quatro Artes, Es. 1943; Poesias, G. 1955; Contos novos, En. 1956; Mário de Andrade fotógrafo e turista aprendiz, 1993; Balança, Trombeta e Battleship ou o descobrimento da alma, 1993; Música e jornalismo, 1993; Correspondência M. de Andrade & M. Bandeira, hg. M. A. de Moraes 2000. – Obras (W), XXV 1991ff.

L: J. L. Merquior, 1984; Fs. zum 100. Geburtstag, 1993; S. Santiago, 1996; T. P. A. Lopez, 1998; E. Spielmann, 2003.

Andrade, Oswald de Sousa, brasilian. Schriftsteller, Dichter, Dramatiker, 11. 1. 1890 São Paulo – 22. 10. 1954 ebda. Sohn e. traditionellen paulistaner Familie, Jurastud. São Paulo, ∞ Malerin Tarsila do Amaral, ∞ Schriftstellerin Patricia Galvão; Auslandsaufenthalte, Weltreisen. – Führender Kopf des Modernismo, entwickelt 1924 poet. Konzept in ›Manifesto da Poesia Pau-Brasil‹ u. kulturpolit. Konzept der ›Antropofagia‹, um über selektive Operation u. prototyp. Produktion authent., nationale Kultur zu exportieren. S. Arbeiten, insbesondere s. Theaterstück ›O rei da vela‹, wurden in den 1960er Jahren wiederentdeckt. Umfangreiche, innovative journalist. Arbeiten, z. B. die Kolumne ›Telefonema‹ in der Zeitung ›Correio de Manhã‹ (1944–54).

W: A morte, O rei da vela, Dr. 1937 (d. 1995); Poesias reunidas, G. 1945 (n. 1966); A trilogia do exílio, Prosa II 1922–34; Marco zero, Prosa II 1943–45; A Arcádia e a Inconfidência, Prosa 1945; Ponta de Lança, Krit. 1945; Um homem sem profissão, 1954; Memórias sentimentais do João Miramar, R. 1966; Do Pau-Brasil à Antropofagia e às Utopias, Manifeste 1972. – Obras completas (GW), XXII 1990f.

L: A. Candido, 1959; H. de Campos, 1966; B. Nunes, 1972; L. Costa Lima 1972, 1991; S. Santiago, 1978; M. Claret, C. Fonseca, 1987; M. de Lourdes Eleutério, 1989; M. E. Boaventura (Fotobiographie), 1995; Fs. zum 100. Geburtstag, 1995.

Andrade Franco, Aluísio Jorge, brasilian. Schriftsteller u. Dramatiker, 21. 5. 1922 Barretos/ São Paulo –13. 3. 1984 São Paulo. Abbruch des Jurastudiums für ein Studium an der Escola de Arte Dramática. – Mitbegründer des mod. brasilian. Theaters, bringt die Geschichte, den soz.-ökonom. u. kulturellen Wandel des Bundesstaates São Paulo, die Kaffeekrise u. die Revolution von 1930 ebenso auf die Bühne wie die ital. Einwanderung; satir. Zeichnung aristokrat. Normen.

W: A moratória, Dr. 1965; Marta, a árvore e o relógio (enth. As confrarias, Pedreira das almas, A moratória, O telescópio, Verada da salvação, Senhora da boca do lixo, A escada, Os ossos do Barão, Rasto atrás, O sumidouro), Drn. 1970.

L: S. A. Rosenfeld, o. J.; S. Magaldi, 1962; D. de Almeida Prado, 1964.

Andrea da Barberino, ital. Dichter und Spielmann, um 1370 Barberino (Valdelsa) – zwischen 14. 8. 1431 u. 31. 5. 1433 Florenz. Lebte fast immer in Florenz. Übs. u. Kompilator e. Reihe franz. Ritterromane, die er öffentl. deklamierte. Anschaul. Milieubeschreibung, aber weitschweifige u. monotone Erzählweise. Die Umwandlung des karoling. Epos zum Ritterroman in Prosa ist mit ihm abgeschlossen.

W: Guerrin meschino, 1473 (hkA G. Osella, 1932); I Reali di Francia, 1491 (hkA G. Vandelli, G. Gambarin, 1947); Le storie narbonesi (hg. C. I. Isola III 1873–87).

L: G. Allaire, A. B. and the language of chivalry, 1997.

Andreas Capellanus, franz. André le Chapelain, Ende 12. Jh. War wahrscheinl. Kaplan von Louis Capet, später von Gräfin Marie von Champagne. – Schrieb zwischen 1174 und 1186 ›De amore‹, eine systemat. Darstellung der höf. Liebe im Hochmittelalter, aufbauend auf Ovids ›Ars amatoria‹ und ›Remedia amoris‹, deren Theorien A. mit den provenzal. verband, weniger e. Liebeskunst als ein prakt. Handbuch für das Zusammenleben der Geschlechter in der vornehmen Gesellschaft. Das Werk gliedert sich in 3 Teile: 1. Wie man Liebe erwirkt; 2. wie man Liebe erhält; 3. wie man sie abweisen soll. Es definiert die Liebe, beschreibt ihre Formen, erörtert die Eigenschaften, die e. Liebender haben muß, bringt e. Reihe spitzfindiger Liebesfragen, 31 Liebesregeln, und stellt Mustergespräche zwischen Frauen und Männern versch. Stände dar. Das lat. Werk wurde 1290 von Drouart la Vache in Prosa und in Versen ins Franz. übertragen. Es beeinflußte den Rosenroman, die Dichtungen von Guillaume de Machaut, Alain Chartier, Christine de Pisan u. a., wurde im 14. Jh. ins Ital. und Katalan., 1404 ins Dt. übersetzt.

A: E. Trojel, 1892 (n. 1964); A. Pagès, 1930; S. Battaglia, 1947. – *Übs.:* H. M. Elster, 1924.

L: J. J. Parry, 1941; A. Kelly, Eleanor of Aquitaine, 1950; F. Schlösser, ²1962; R. Schnell, 1982.

Andreas von Kreta, byzantin. Kirchendichter u. Prediger, 660 Damaskus – 740. Kam mit 15 Jahren nach Jerusalem, lebte dort lange als Kleriker-Mönch; Abgesandter des Patriarchen von Jerusalem beim 6. ökumen. Konzil in Konstantinopel, Anfang des 8. Jh. Erzbischof von Kreta. – A. hinterließ e. umfangreiches Werk von zahlr. liturg. Gedichten, Reden und Predigten. Wird von den meisten Forschern als erster Vf. von Kanones betrachtet. e. neuen Art Kirchenlieder, die die Kontakia in der Liturgie verdrängten. Sie bestehen aus 9 Oden von je über 3 Strophen und sind manchmal sehr lang. A. gilt als Vf. des größten Kanons (250 Strophen), der in s. ganzen Umfang am Donnerstag der 5. Fastenwoche in der Morgenandacht gesungen wird.

A: Migne, Patrologia Graeca 97, Paris 1857–66; R. Cantarella, Poeti bizantini II, 1948; Un inno inedito di A. di C. per la Domenica delle Palme, hg. R. Maisano, Florenz 1971.

L: Th. Xydes, 1949; P. K. Christu, 1952.

André le Chapelain → Andreas Capellanus, franz. André le Chapelain

Andreev, Leonid Nikolaevič, russ. Erzähler und Dramatiker, 21. 8. 1871 Orël – 12. 9. 1919 Nejvala b. Mustamäggi (Finnland). Vater Geometer; Stud. Rechte Moskau, 1890 Anwalt, bald darauf

Journalist, trat 1895 als Erzähler hervor (1901 Erzählung ›Žili-byli‹, die zum erstenmal die Aufmerksamkeit auf ihn lenkte, und 1. Bd. Erzählungen, der starken Widerhall fand); schloß sich 1901–07 den von Gor'kij geführten Schriftstellern an, die im Verlag ›Znanie‹ publizierten, sympathisierte 1905 mit den Revolutionären, später mit den Konservativen; dann mehrere Jahre in Dtl., 1917 als Gegner der Bolschewisten nach Finnland emigriert, Tod durch Herzschlag. Der anfangs große Erfolg s. Werke ging in den letzten Vorkriegsjahren stark zurück. – Das Leitmotiv der Einsamkeit geht durch s. Schaffen; s. Grundhaltung ist Pessimismus, Verzweiflung am Leben; s. Thematik: Allmacht des Tods, Ohnmacht der Vernunft, Leugnung der Lebenswerte; die Revolution von 1905 erweiterte s. Themenkreis. Stil oft rhetor. u. pathet., überladen mit Hyperbeln und Metaphern; nach 1905 mehr und mehr symbolisierende, allegorisierende statt der früheren realist. Darstellung. Eine s. besten Erzählungen, ›Rasskaz o semi povešennych‹, schildert das Erleben von sieben zum Tod Verurteilten, z. T. Terroristen, vor der Hinrichtung. Weithin bekannt wurde die Novelle ›Krasnyj smech‹ mit Schilderung der Schrecken des Kriegs in Verbindung mit dem Motiv des Wahnsinns; schrieb neben mehr oder weniger realist. Dramen wie ›Professor Storicyn‹ allegor.-symbolist., die von M. Maeterlinck beeinflußt sind, diese im allg. erfolgreicher als jene, bes. ›Žizn' čeloveka‹. Einflüsse von Schopenhauer, Nietzsche, E. A. Poe, L. Tolstoj, bes. von Dostoevskij, mit dem A. das Motiv des Doppelgängers gemeinsam hat.

W: Molčanie, E. 1900 (Das Schweigen, d. 1924); Žili-byli, E. 1901; Mysl', E. 1902 (Der Gedanke, d. 1903); Bezdna, N. 1902 (Der Abgrund, d. 1905); V tumane, N. 1902 (Im Nebel, d. 1903); Žizn' Vasilija Fivejskogo, N. 1903 (d. 1906); Krasnyj smech, N. 1904 (Das rote Lachen, d. 1922); K zvezdam, Dr. 1905; Gubernator, N. 1906 (Der Gouverneur, d. 1906); Iuda Iskariot, E. 1907 (d. 1908); Žizn' čeloveka, Dr. 1907 (Das Leben des Menschen, d. 1960); Savva, Dr. 1907 (Ignis sanat, d. 1906); Car' Golod, Dr. 1908 (König Hunger, d. 1924); Rasskaz o semi povešennych, N. 1908 (Die Geschichte von den sieben Gehenkten, d. 1909); Černye maski, Dr. 1909; Dni našej žizni, Lsp. 1910; Gaudeamus, Lsp. 1910 (d. 1912); Anatēma, Dr. 1910 (d. 1911); Anfisa, Dr. 1910; Saška Žegulev, R. 1911; Professor Storicyn, Dr. 1911 (d. 1924); Ekaterina Ivanovna, Dr. 1912 (d. 1914); Igo vojny, R. 1915 (Das Joch des Krieges, d. 1918); Tot kto polučaet poščečiny, Dr. 1915 (Der, der die Maulschellen kriegt, d. 1921); Zapiski Satany, R. 1921 (Tagebuch des Satans, d. 1921). – Sobranie sočinenij (GW), XVII 1910–16; VI 1990–96. – *Übs.:* Erzählungen, II 1971; Erzählungen, 1974.

L: A. Kaun, N. Y. 1924; O. Burghardt, Die Leitmotive bei L. A., 1941; J. B. Woodward, Oxf. 1969; A. Martini, 1978; S. Hutchings, London 1990. – *Bibl.:* V. Cuvakov, II 1995–98.

Andreini, Giambattista, ital. Autor, 9. 2. 1578 Florenz – 7. oder 8. 6. 1654 Reggio Emilia. Sohn des berühmten Schauspielerehepaars Francesco u. Isabella A.; Jugend in Bologna; Stud. in Florenz, spielte zum erstenmal 1594 unter dem Namen Lelio in der Truppe der ›Comici Gelosi‹; hatte seither große Erfolge. 1601 ∞ Virginia Ramponi, die als Schauspielerin unter dem Namen Florinda berühmt wurde; beide traten 1604, nach Auflösung der ›Compagnia dei Gelosi‹, in die ›Compagnia dei Fedeli‹ ein, deren Direktor A. 1620 wurde u. mit der er zahlr. Tourneen ins Ausland unternahm. – Während e. Teil s. Werke, bes. die Komödien, sehr gewagte Themen in realist.-freier Form behandeln, vertritt A. in anderen e. äußerst strengen moral. Standpunkt. Beide Tendenzen stehen nebeneinander in dem Epos ›La Maddalena lasciva e penitente‹. Berühmt wurde s. relig. Drama ›Adamo‹, das angebl. Milton zu der Figur des Satans in s. ›Paradise lost‹ inspiriert haben soll. Außerdem zahlr. Sonette.

W: La Maddalena lasciva e penitente, Tr. (1610); Lo schiavetto, K. 1612; Adamo, Dr. (1613; hg. E. Allodoli 1913); La Turca, K. 1620; Le bravure del capitano Spaventa, ragionamenti in forma di dialoghi, 1624; Teatro celeste, G. 1625.

L: F. Puma, La tragedia del Seicento e G. A., 1950; M. Rebandengom, G. A. tra poetica e drammaturgia, 1994.

Andresen, Sophia de Mello Breyner, portugies. Dichterin und Prosaistin, * 6. 11. 1919 Porto. Schule in Porto, abgebrochenes Stud. der klass. Philol. Lissabon. Mitarbeiterin bei versch. Lit. zsn. – Die zeitweise metapoet. Lyrik A.s versteht sich als enthusiast. u. quasi-liturg. Zelebrierung des Absoluten. Die poet. Schöpfung wird zu e. Suche nach der Offenbarung des Verborgenen in der Welt durch Erinnerung an Orte sowie Evozierung von inneren und äußeren Landschaften.

W: Obra Poética, 1990–91.

L: S. Rodrigues Lopes, 1989.

Andrés i Estellés, Vicent, katalan. Dichter, 4. 9. 1924 Burjassot/Valencia – 27. 3. 1993 Valencia. Bäckerlehre, Journalistik-Stud. – Herausragender, höchst produktiver u. vielseitiger Lyriker, konkrete, bildstarke Sprache.

W: Ciutat a cau d'orella, 1953; La nit, 1956; Donzell amarg, 1958; L'amant de tota la vida, 1965; El gran foc dels garbons, 1972; Horaciones, 1974; Mural del País Valencià, 1996. – Obras completas, X 1972–90 (dt. Ausw. 1993).

Andreus, Hans (eig. Johan Wilhelm van der Zant), niederländ. Schriftsteller, 21. 2. 1926 Amsterdam – 9. 6. 1977 Putten. – Vf. von Gedichten, Romanen, Hör- und Fernsehspielen, Kinderbüchern. Entwicklung von experimenteller zu formal traditionellerer Lyrik; musikal. Sprache.

W: Muziek voor kijkdieren, G. 1951; De sonnetten van de kleine waanzin, G. 1957; Valentijn, R. 1960; Klein boek om het licht heen, G. 1964; De ruimtevaarder, G. 1968; Maarten en Birro, Kdb. 1970 (Ein Bär ..., d. 1979); Natuurgedichten, G. 1970; Om de mond van het licht, G. 1973; Holte van licht, G. 1976; Gedichten 1948–1974, 1976. – Verzameld werk, III 1983–85, ²1997.
L: ›Bzzlletin‹ 108, 1983; J. van der Vegt, 1983; ders. (Biogr.) 1995.

Andrézel, Pierre → Blixen, Karen (Christentze)

Andrić, Ivo, serb. Erzähler kroat. Herkunft, 9. 10. 1892 Dolac b. Travnik/Bosnien – 13. 3. 1975 Belgrad. Beamtensohn; Jesuitengymnas. Travnik, 1914 Mitglied der nationalrevolutionären Jugendorganisation ›Junges Bosnien‹. Stud. Philos. Zagreb, Wien, Krakau u. Graz, Promotion 1924 Graz. 1920–41 im diplomat. Dienst, bei Ausbruch des 2. Weltkrieges jugoslaw. Gesandter in Berlin. Während des Krieges am Bodensee interniert, lebt ab 1941 in Belgrad. Nach Kriegsende Präsident des Jugoslaw. Schriftstellerverbandes u. Mitglied der Akad. Nobelpreis 1961. – S. lit. Werdegang führt von der tagebuchartigen lyrisierten Prosa in ›Ex ponto‹ u. ›Nemiri‹ (Unruhen) zur realist. Kurznovelle mit stark kontrastierenden Situationen ›Pripovetke‹ (Novellen) u. zum breit angelegten Roman aus dem Leben s. bosn. Heimat. A. setzt die erzähler. Tradition von L. Lazarević und S. Matavulj fort: ›Travnička hronika‹ (Die Chronik von Travnik), ›Na Drini ćuprija‹, e. Višegrader Chronik, die 400 Jahre in e. erzähler. Rahmen spannt u. die Geschichte vieler Geschlechter und Völkergruppen an e. Brandherd des Balkans schildert, sowie ›Gospodjica‹ über den Verfall des Bürgertums. In lit. Essays setzt sich A. mit Problemen de europ. Kultur u. deren Trägern auseinander (Petrarca, Goya, Gor'kij u. a.).
W: Ex ponto, Prosa 1918; Nemiri, Prosa 1920; Put Alije Djerzeleza, N. 1920 (d. 1965); Pripovetke, Nn. III 1924–36 (Novellen, d. 1939, Die Geliebte des Veli Pascha, 17 Nn. d. 1960); Travnička hronika, R. 1945 (Die Chronik von Travnik, u. d. T. Wesire und Konsuln, d. 1961); Na Drini ćuprija, R. 1945 (Die Brücke über die Drina, d. 1953); Gospodjica, R. 1945 (Das Fräulein, d. 1958); Most sa Žepi, N. 1947 (Die Barke, d. 1964); Nove pripovetke, Nn. 1948; Veletovci, N. 1949 (Die Männer von Veletovo, d. 1961); Prokleta avlija, R. 1954 (Der verdammte Hof, d. 1957); Kuća na osami, N. 1976; Omerpaša Latas, R. 1976. – Sabrana dela (GW), X 1963, XVII 1982. – *Übs.:* Goya, 1962; Sämtl. Erzählungen, III 1962–64; Buffet Titanic, E. 1995.
L: D. Živković, 1965; S. Korać, 1970; S. Leovac, 1979; C. Hakesworth, 1985; R. Popović, 1989; P. Thiergen, hg. 1995. – *Bibl.:* G. Popović, 1974.

Andrieux, François-Guillaume-Jean-Stanislas, franz. Schriftsteller und Politiker, 6. 5. 1759 Straßburg – 9. 5. 1833 Paris. Spielte eine aktive Rolle in der Franz. Revolution: Mitglied des Kassationsgerichtes von 1790, 1798 des Rates der 500, 1800 Sekretär und danach Präsident des Tribunals. Wegen Opposition gegen den 1. Konsul entlassen, wandte sich A. ganz der Lit. zu: 12 Jahre Prof. für Lit. an der Ecole Polytechnique Paris, seit 1814 Lehrstuhl für franz. Lit. am Collège de France, seit 1829 lebenslängl. Sekretär an der Académie Française. – Vf. von Gedichten und Komödien. Bekämpfte als überzeugter Anhänger der Klassik temperamentvoll die romant. Dichtungstheorien. Seine Komödien sind geistreich und lebendig, anmutig und in flüssigem Stil geschrieben. ›Les étourdis‹, seine beste Komödie, an Régnards ›Le légataire universel‹ angelehnt, ist trotz ihrer schlechten Komposition sehr unterhaltend. Von s. pikanten Verserzählungen wurde am bekanntesten ›Le meunier de Sans-souci‹.
W: Le procès du sénat de Capoue, Vers-E., 1796; Le meunier de Sans-souci, Vers-E. 1797; Anaximandre, Dr. 1782; Les étourdis, Dr. 1787; Helvetius, Dr. 1802; La suite du menteur, Dr. 1803; Le trésor, Dr. 1804; Le vieux fat, Dr. 1810; Molière avec amis ou la soirée d'Auteuil, Dr. 1814; La comédienne, Dr. 1816; Le manteau, Dr. 1826; Lucius Julius Brutus, Dr. 1830. – Œuvres, IV 1818–23.
L: L. Allard, La comédie de mœurs, 1923.

Andronicus, Livius → Livius Andronicus, Lucius

Andruchovyč, Jurij, Dichter und Prosaist, * 13. 3. 1960 Ivano-Frankivs'k. 1982 Abschluß Stud. Polygraph. Institut L'viv, nach journalistischer Arbeit daselbst weiteres Studium in Moskau, Hochschulkurse für Lit. Er trat zunächst als Lyriker hervor. – Seine Gedichte spiegeln in zuweilen ironisch-satirischen Bildern die k. und k. Kulturatmosphäre seiner galizischen Heimat mit ihren ukrain., aber auch multikulturellen Zügen der einstigen Habsburgermonarchie. Satirische Gedichte zu heroisierten Gestalten der ukrain. Geschichte. Ende der 80er Jahre debütierte er als Prosaist postmodernen Stils, zunächst mit für seine Zeit gewagten Erzählungen aus dem Milieu der Roten Armee, später mit 3 satirischen Romanen. Übs. dt. und poln. Lit. ins Ukrainische.
W: Nebo i plošči, G. 1985; Seredmistja, G. 1989; Ekzotyčni ptachy i roslyny, G. 1991; Rekreaciji, R. 1992; Moskovijada, R. 1993; Perverzija, R. 1996, 1997; Das Letzte Territoriuim, Ess. 2003.

Andrzejewski, Jerzy, poln. Erzähler und Dramatiker, 19. 8. 1909 Warschau – 19. 4. 1983 ebda. 1927–37 Stud. ebda. Im 2. Weltkrieg in der Untergrundbewegung. Nach 1945 in Stettin, ab 1951 in Warschau. – A. begann als große Hoffnung der poln. kathol. Moderne mit psychologisierenden Erzählungen. 1948 gelang ihm mit ›Asche und Diamant‹ der große Wurf: e. Diagnose der polit. und moral. Nachkriegssituation (viele poln. Auflagen, verfilmt, wie auch fast alle späteren Werke in 30 Sprachen übs.). Enger Anschluß an die offizielle Lit.-Linie. Nach 1956 Abrechnung mit der Stalinära (›Finsternis bedeckt die Erde‹, vordergründig über span. Inquisition). Später formale und inhaltl. Experimente (›Pforten des Paradieses‹, umfangr. Erzählung über den Kinderkreuzzug in e. einzigen Satz; ›Siehe, er kommt hüpfend über die Berge‹, Schlüsselroman über Picasso). 1968 durch polit. Aktivität und Satire den Herrschenden mißliebig. Zeitweise Publikationsverbot. A.s spätes Schaffen kreist um die moralische Selbstbehauptung des Intellektuellen.

W: Drogi nieuniknione, Nn. 1936; Ład serca, R. 1938 (Ordnung des Herzens, d. 1970); Noc, Nn. 1945 (daraus: Warschauer Karwoche, d. 1964); Popiół i diament, R. 1948 (Asche u. Diamant, d. 1961; Übs. d. Erstfassung 1984); Złoty lis, En. 1955 (Der goldene Fuchs, d. 1968); Święto Winkelrida, Dr. 1946; Ciemności kryją ziemię, R. 1957 (Finsternis bedeckt die Erde, d. 1962); Niby gaj, En. 1959; Bramy raju, E. 1960 (Die Pforten des Paradieses, d. 1963); Idzie, skacząc po górach, 1963 (Siehe, er kommt hüpfend über die Berge, d. 1966); Apelacja, E. 1968 (Appellation, d. 1968); Miazga, R. 1969; Prometeusz, Dr. 1971 (n. Aischylos); Teraz na ciebie zagłada, E. 1976 (Jetzt kommt über dich das Ende, d. 1977); Już prawie nic, E. 1976; Nikt, E. 1983. – *Übs.:* Die großen Erzählungen, 1968; Der goldene Fuchs, En. 1979.

L: W. Sadkowski, 1973; A. Synoradzka, 1997.

Aneirin, altkymr.-walis. Dichter, um 600. – Seine heroische Dichtung ›Y Gododdin‹, erhalten in einer Hs. des 13. Jh., schildert den Marsch von nordbrit. Kriegern von Edinburgh nach Catterick zur Schlacht mit den Sachsen, die mit der Niederlage der Nordbriten endet.

A: Y Gododdin, hg. u. übs. A. O. H. Jarman 1988; The Gododdin, hg. u. übs. J. T. Koch 1997.

L: B. F. Roberts, 1988; J. T. Koch, 1997.

Anet, Claude (eig. Jean Schopfer), franz. Schriftsteller, 28. 5. 1868 Morges/Schweiz – 9. 1. 1931 Paris. Stud. Philos. Sorbonne, auch sportl. und künstler. interessiert, 20jährig in Paris Vertreter einer nordamerik. Firma. Journalist, Korrespondent des ›Gil Blas‹ und des ›Petit Parisien‹. Reiste zu Rad und im Auto in Italien, Persien und Rußland. Wurde weiten Kreisen bekannt durch s. Reiseberichte, bes. über die Persienreise. Erlebte die Russ. Revolution als Augenzeuge mit, schrieb darüber e. interessanten Bericht. – Vf. von Romanen, die teils in Rußland spielen, teils das franz. Provinzleben in liebenswürdiger Weise schildern. Auch Theaterstücke.

W: Voyage idéal en Italie, Reiseber. 1899; Petite ville, R. 1901 (d. 1927); Les bergeries, R. 1904; La Perse en automobile, Reiseber. 1906; La révolution russe de mars 1917 à juin 1918, Ber. IV 1917ff.; Ariane, jeune fille russe, R. 1920 (d. 1924); Quand la terre trembla, R. 1921 (d. 1930); L'amour en Russie, En. 1922 (Russ. Frauen, d. 1926); Mademoiselle Bourrat, Dr. 1923; La fille perdue, Dr. 1924; Fin d'un monde, 1925; Mayerling, R. 1930 (d. 1930).

Angelou, Maya, afroamerik. Schriftstellerin, * 4. 4. 1928 St. Louis/MO. Arbeitete als Straßenbahnschaffnerin, Kellnerin, Köchin, Tänzerin, Sängerin, Schauspielerin u. Regisseurin; alleinerziehende Mutter u. mehrfach verheiratet. – Der erste Teil ihrer Autobiographie (›I Know Why the Caged Bird Sings‹) gilt als klass., bahnbrechender Text der Gattung für ein neues, leidgeprüftes weibl. Selbstbewußtsein u. für die Selbstbehauptung e. ungemein vitalen u. wandlungsfähigen Person. Neben zahlreichen Gedichtbänden auch diverse Kinderbücher u. Essaybände.

W: I Know Why the Caged Bird Sings, Aut. 1970 (d. 1980); Gather Together in My Name, Aut. 1974; Singin' and Swingin' and Gettin' Merry Like Christmas, Aut. 1976; The Heart of a Woman, Aut. 1981; The Complete Poems of M. A., G. 1994.

L: F. Lionnet, Autobiographical Voices, 1989; L. Kite, 1998; T. A. Cuffierik. 1999.

Anghel, Dimitrie, rumän. Dichter, 16. 7. 1872 Corneşti b. Jassy – 13. 11. 1914 Buciumeni b. Tecuci. Aus altem Bojarengeschlecht. Gymnas. Jassy, 10jährige Studienreise durch Italien u. Frankreich; lebte ab 1903 in Konstanza, dann Bukarest, 1913 ∞ Natalia Negru, die Witwe s. Freundes Şt. O. Iosif. Vorübergehend Kunstinspektor im Kultusministerium. Selbstmord auf s. Gut. – Impressionist mit melod. Versen, lichtklaren, meist exot. Landschaften, diskreten Leidenschaften, von der Wehmut des Vergänglichen überschattet. In s. Werk vereinigen sich Wilde u. Verlaine. In Prosa u. Drama fruchtbare Zusammenarbeit mit Şt. O. Josif (unter dem Ps. A. Mirea). Übs. von Régnier, Verlaine, Hugo, La Fontaine, Ibsen, Camões.

W: In grădină, G. 1905; Fantazii, G. 1909; Fantome, 1911; Oglinda fermecată, En. 1911. – Poezii, 1924; Proza, 1924.

L: N. Negru, Helianta, 1921; S. T. Bălan, 1925; Ş. Cioculescu, 1945; T. Vîrgolici, 1966; G. Horodinca, 1972.

Angilbert, Abbé von Saint-Riquier, fränk. Staatsmann und Dichter, um 740 – 18. 2. 814. Erzogen am Hof Karls des Großen, begleitete 782 als primicerius palatii Pippin zur Krönung nach Italien; mehrmals mit diplomat. Missionen beim Papst, trug wegen seiner dichter. Begabung und seiner breiten klass. Bildung den Beinamen Homer, eng befreundet mit Karl und Alkuin. Aus A.s Verhältnis (wahrscheinl. Anlaß zur Sage von

Emma und Eginhard) mit Karls Tochter Bertha gingen 2 Söhne hervor, darunter der Geschichtsschreiber Nithard. 792 Abt von Centula (St.-Riquier), erbaute dort e. bedeutende Kirche, schrieb aus diesem Anlaß ›De perfectione et dedicatione Centulensis Ecclesiae‹ und über die Gottesdienstordnung ›Institutio de diversitate officiorum‹. Außerdem einige wenig bedeutende, mehr rhetor. als gehaltvolle Gedichte.

A: Poésies, hg. E. Dümmler (Mon. Germ. Hist. Poetae I) 1880.
L: H. Althoff, 1888.

Angioletti, Giovanni Battista, ital. Schriftsteller, 27. 11. 1896 Mailand – 2. 8. 1961 Neapel. Gründete u. leitete versch. Zsn. zwischen 1914 u. 1947; 1945–48 Theaterkritiker am ›Risorgimento liberale‹. Auch am Rundfunk tätig. – Mehr krit. als schöpfer. Begabung. S. Erzählungen haben oft etwas Künstliches, während die journalist. Arbeiten durch gute Beobachtungsgabe u. klaren Stil mehr überzeugen.

W: Il Giorno del Giudizio, E. 1927; Scrittori d'Europa, Es. 1928; Ritratto del mio paese, En. 1929; Il buon veliero, En. 1931; L'Europa d'oggi, Es. 1933; Vecchio continente, Es. 1940; L'Italia felice, Es. 1947; Un europeo in Italia, Es. 1951; Giobbe, uomo solo, E. 1955; Tutta l'Europa, Es. 1961.
L: R. Rebora, 1944.

Angiolieri, Cecco, ital. Dichter, um 1260 Siena – um 1312 ebda. Sohn e. Kaufmanns. Wegen s. liederl. Lebens, vielleicht auch aus polit. Gründen, vor 1296 aus s. Heimatstadt verbannt. In den ersten Jahren des 14. Jh. lebte er in Rom. – E. der Hauptvertreter der burlesk-realist. Lyrik des 13./14. Jh. In s. Sonetten besingt er s. erdgebundene Liebe zu e. Schusterstochter, e. Gegenstück zu der vergeistigten Liebesdichtung des ›dolce stil novo‹. Wechselte einige Streitsonette mit Dante.

W: Canzoniere, hg. A. F. Massèra 1920 (n. L. Russo 1940), hg. u. komm. C. Steiner 1925, hg. S. Blancato 1946.
L: B. Maier, 1947; D. Zeisel, C. A. u. die komischrealist. Dichtung im 13. Jh. in d. Toscana, 1979; G. P. Owen, 1979.

Anguttara-nikāya → Tipiṭaka, das

Anhava, Tuomas, finn. Lyriker u. Lit.kritiker, 5. 6. 1927 Helsinki – 22. 1. 2001 ebda. Philol.-Stud., Verlagsarbeit, Redakteur lit. Zsn., Übs. engl., franz. u. schwed. Prosa u. Lyrik, jap. u. chines. Lyrik. – Führender Theoretiker s. Generation, kritischer Förderer junger Autoren. S. Lyrik, genau in der Aussage, scharf im Gedanken, oft epigrammat. verkürzt, ist erst angelsächs., später auch chines. u. jap. Vorbild verpflichtet.

W: Runoja, G. 1953; Runoja, G. 1955; 36 runoa, G. 1958; Runoja, G. 1961; Kuudes kirja, G. 1966; Kuuntelen vieras, G. 1967; Oikukas tuuli, G. 1970. – Runot 1951–66 (GW), 1967; Todenkaltaisuudesta (GS 1948–1979), 2002.
L: T. Liukkonen, Kuultu hiljaisuus, 1993.

Ani (auch Anii), (fiktiver) Verfasser einer altägyptischen Lehre für seinen Sohn. Der Text entstand wahrscheinlich im 13. Jh. v. Chr. und ist in mehreren unterschiedlichen Versionen erhalten. Zielgruppe war ein aus unteren und mittleren Beamten bestehender Mittelstand. Die Lehrsprüche geben Anweisungen für richtiges Verhalten im Dienst, im täglichen Leben allgemein und für kultische Verpflichtungen. Ungewöhnlich sind zwei auf die Belehrungen folgende Gegenreden des Sohnes. Ein Einfluß der Lehre auf einige Proverbienpassagen ist möglich.

A: J. F. Quack, Die Lehren des Ani, 1994.

Anker, Nini (Nicoline) Magdalene, geb. Roll, norweg. Erzählerin u. Dramatikerin, 3. 5. 1873 Molde – 19. 5. 1942 Asker. Tochter e. adeligen Juristen, ∞ 1910 in 2. Ehe Johan August A. – Soz. engagierte Romane, in denen das Militärwesen, die Kirche u. die Ausbeutung der Arbeiterklasse angeprangert werden.

W: Lill-Anna og Andre, R. 1906; Benedicte Stendal, R. 1909; Per Haukeberg, R. 1910; De vaabenløse, R. 1912; Det svake kjøn, R. 1915 (n. 1924); Fru Castrups datter, R. 1918; Kirken, Dr. 1921; Huset i Søgaten, R. 1923; I Amtmandsgaarden, R. 1925; Under skraataket, R. 1927; Liv, livet og jeg, R. 1927 (Liv und ich, d. 1929); Enken, R. 1932; Den som henger i en tråd, R. 1935; Kvinnen og den svarte fuglen, R. 1945 (Die Frau und der schwarze Vogel, d. 1985).
L: E. Kielland, 1948; P. Amdam, 1973; B. Wahlgren, Att tjäna livet, Stockh. 1975; I. Bjorkman, 1980; T. u. J. Ørjasæter, 2000.

Anker Larsen, J(ohannes), dän. Dichter, 18. 9. 1874 Henninge/Langeland – 12. 2. 1957 Birkerød b. Kopenhagen. Sohn e. Steuermanns; Stud. Theol. Kopenhagen. Versch. Berufe: Journalist, 1905–13 Schauspieler, seither Dramaturg, ab 1928 am Kgl. Theater Kopenhagen. – Vf. von Romanen u. Novellen sowie erfolgr. Komödien meist in Zusammenarbeit mit E. Rostrup, bes. bekannt durch den Roman ›De vises sten‹ u. das religionspsycholog., halb selbstbiograph. Buch ›For åben dør‹. Vereinigt in aus dem Erlebnis der Zeit nach dem 1. Weltkrieg erwachsenen Dichtung Religionspsychologie, e. von Kierkegaard beeinflußten Mystizismus u. Heimatdichtung, veranschaulicht eigene myst. Ewigkeitserlebnisse des Alltags. In s. Ideen den dän. Philosophen L. Feilberg nahe und von dem dän. Religionsphilos. V. Grønbech beeinflußt.

W: De vises sten, R. 1923 (Der Stein der Weisen, d. 1924); Martha og Marie, R. 1925 (d. 1925); For åben dør, Mem. 1926 (Bei offener Tür, d. 1926); Sognet som vokser ind i himmelen, R. 1928 (Die Gemeinde, die in den Himmel wächst, d. 1928); Rus, R. 1931 (Rausch, d. 1931); Kong Lear fra Svendborg, R. 1932 (Ich will, was ich soll, d. 1933); Olsens dårskab, R. 1941 (Olsens Torheit, d. 1943); Liebe, Nn. 1946 (d. 1946); Hansen, R. 1949.

L: O. Vinding, 1957.

Annenkov, Pavel Vasil'evič, russ. Literaturkritiker, 1. 7. 1813 Moskau – 20. 3. 1887 Dresden. Unternahm viele Reisen in Europa, stand Gogol' während der Abfassung der ›Toten Seelen‹ nahe, dann mit Turgenev eng befreundet, war bekannt mit Belinskij, Herzen, Nekrasov, L. Tolstoj; vertrat im Gegensatz zu Belinskij, Dobroljubov, Černyševskij den Standpunkt der ›reinen Kunst‹, lehnte jede außerästhet. Bestimmung der Dichtung ab. Wertvoll s. in mehreren Werken niedergelegten Erinnerungen, die viel lit.hist. Material bringen; wichtig für die Geschichte der russ. Gesellschaft ist ›A. S. Puškin v Aleksandrovskuju epochu‹.

W: Materialy dlja biografii A. S. Puškina, Mon. 1855; N. V. Stankevič, Mem. 1857; A. S. Puškin v Aleksandrovskuju epochu, Mon. 1874; Zamečatel'noe desjatiletie, Mem. 1881; Literaturnye vospominanija, Mem. 1909 u. 1928. – Vospominanija i kritičeskie očerki, III 1877–81.

Annenskij, Innokentij Fëdorovič, russ. Lyriker, 1. 9. 1855 Omsk (Sibirien) – 13. 12. 1909 Petersburg. Vater Beamter; Kindheit und Jugend in Petersburg, Stud. klass. Philol. ebda., Gymnasiallehrer, Direktor der Gymnas. Kiev (1890), Petersburg (1893), Carskoe selo (1896), 1906 Inspektor des Petersburger Schulbezirks; trat Anfang der 80er Jahre mit lit.krit. und pädagog. Aufsätzen hervor, schrieb dann einige Tragödien auf Euripideische Sujets; veröffentlichte (unter Ps.) eigene Lyrik nur im Gedichtband ›Tichie pesni‹; schloß sich erst spät den Symbolisten an; knüpfte noch Beziehungen zu der 1909 gegr. Zs. ›Apollon‹, dem Organ der Akmeisten; erst 1909 begann man ihn als bedeutenden Dichter anzuerkennen. – A.s Dichtung, deren Bestes der Bd. ›Kiparisovyj larec‹ enthält, ist spät gereift; ihren Grundton bilden vorwiegend pessimist. Stimmungen; Themen sind Leid, Tod, die Nichtigkeit, die Schmerzen des Lebens, Sehnsucht nach der entschwundenen Zeit; impressionist. Stil, Rhetorik der ›Décadence‹; entscheidend geprägt von der neueren, bes. der symbolist. franz. Lyrik, die A. sehr gut kannte, und doch original. S. Lyrik, mit der er vornehmlich e. suggestive Wirkung erzielen will, ist aufgebaut auf e. System emotionaler ›Entsprechungen‹, auf Gegenüberstellung von äußerer Welt und seel.

Zustand, u. ist insofern symbolist.; gedrängte Kürze, verwirrende Präzision des Aufbaus sind bezeichnend für s. Gedichte. Vf. hervorragender lit. krit. Essays. Beeinflußte Akmeisten und Futuristen. Metr. Übs. aller Tragödien des Euripides; übersetzte Parnassiens, Baudelaire, Verlaine, Mallarmé.

W: Melanippa-filosof, Tr. 1901; Car' Iksion, Tr. 1902; Tichie pesni, G. 1904; Knigi otraženij, Ess. II 1906–09; Teatr Evripida, Mon. 1907; Kiparisovyj larec, G. 1910; Evripid, Übs. III 1916–24; Posmertnye stichi, G. 1923. – Stichotvorenija i tragedii, 1959, erw. 1990; Lirika, 1979.

L: V. Setschkarev, Den Haag, 1963; F. Ingold, 1970; B. Conrad, 1976; J. Tucker, Columbus/OH 1986; A. Ioannidou, 1996.

Annunzio, Gabriele d', ital. Dichter, 12. 3. 1863 Francavilla al Mare b. Pescara – 1. 3. 1938 Cargnacco b. Gardone/Gardasee. Aus reicher bäuerl. Familie (ursprüngl. Name Rapagnetta umstritten), 1874–81 Internat in Prato. Erregte Aufsehen mit der frühen Gedichtsammlung ›Primo vere‹. 1881–89 Journalist in Rom (›Fanfulla della domenica‹, ›Cronaca bizantina‹) u. Modeschriftsteller. 1883 ∞ Maria Hardouin di Gallese, 1891 in Neapel, Freundschaft mit der Schauspielerin Eleonora Duse, Roman ›Fuoco‹. 1893 Liebe zu Prinzessin Maria Gravina Cruyllas, deren Tochter Renata das Lieblingskind des Dichters war. 1895 in Venedig, 1897 Beginn s. polit. Tätigkeit, 1898–1900 Abgeordneter (unabhängig). 1897–1910 in Settignano b. Florenz, führte in s. Villa ›Capponcina‹ das Leben e. Renaissancefürsten. In Schulden geraten, floh er nach Frankreich. 1915 Rückkehr nach Italien, im 1. Weltkrieg Teilnahme an mehreren tollkühnen Unternehmungen, z.B. 1917 Flug über Wien, Flugzettelabwurf. Verlor bei e. Notlandung vorübergehend das Augenlicht. 1919 führte er in der Fiume-Frage e. Gewaltlösung herbei, besetzte im Widerspruch zum Waffenstillstandsabkommen mit 287 Soldaten die Stadt u. beherrschte sie 16 Monate als Kommandant mit eigener Verfassung. Wegbereiter des Faschismus. 1924 Adelstitel ›Principe di Montenevoso‹. Lebensabend in Prunkvilla am Gardasee. – Hauptvertreter der symbol.-dekadenten Dichtung, die den Verismus ablöste. Nietzsches Philos. vom Übermenschentum u. vom Willen zur Macht bringt ihn zum Bruch mit der bürgerl. Moral u. zur Verherrlichung der Renaissance u. des Griechentums. Beeinflußt von G. Carducci in ›Primo vere‹; in Nachahmung G. Vergas u. L. Capuanas s. Novellensammlung ›Terra vergine‹. Viele weltlit. Einflüsse: Naturalismus Zolas u. Maupassants, dann Dostoevskij, Swinburne, Keats u.a. In Rom wird A. zum überfeinerten Ästheten. E. überschwengl. Wortkunst schildert Sinnengenuß

u. Erotik, so in den Romanen ›Il piacere‹ u. ›Trionfo della morte‹. Die symbol. Dramen ›Sogno d'un mattino di primavera‹, ›La città morta‹, ›La Gioconda‹ sind von Maeterlinck, von R. Wagners Schriften zur Musik u. von F. Nietzsches ›Geburt der Tragödie‹ beeinflußt. Von den dramat. Werken ist ›La figlia di Jorio‹ am bedeutendsten, e. trag. Mysterienspiel von der verhängnisvollen, todbringenden Frauenschönheit. Bedeutender Einfluß auf das ital. Schrifttum seiner Zeit.

W: Ode a Re Umberto, 1879; Primo vere, G. 1879; Canto novo, 1882; Terra vergine, N. 1882; Intermezzo di rime, 1884; San Pantaleone, N. 1886; Isaotta Guttadauro, G. 1886; L'Armata d'Italia, 1888; Il piacere, R. 1888 (Lust, d. 1898, 1900); L'Isotteo, G. 1888; La chimera, G. 1890; Elegie Romane, G. 1891 (d. 1903); Giovanni Episcopo, 1891; L'innocente, R. 1892; Odi navali, 1893; Poema paradisiaco, 1893; Trionfo della morte, R. 1894 (d. 1899, 1912); Le vergini delle rocce, R. 1896; Sogno di un mattino di primavera, Dr. 1897 (d. 1900); La città morta, Dr. 1898 (d. 1901, 1914); Sogno di un tramonto d'autunno, 1898; La Gioconda, Dr. 1898 (d. 1899); La gloria, Dr. 1899; Il fuoco, R. 1900 (d. 1900); Francesca da Rimini, Dr. 1902 (d. 1903); Le novelle della Pescara, En. 1902 (d. 1903); Laudi, 1903/12; La figlia di Jorio, Dr. 1904; La fiaccola sotto il moggio, 1905; Vita di Cola di Rienzo, Prosa 1905; Più che l'amore, Dr. 1906; La nave, Dr. 1907 (d. R. Binding 1910); Fedra, Dr. 1909 (d. R. Binding 1910); Forse che sì, forse che no, R. 1909; Le martyre de S. Sébastien, Dr. 1911 (d. 1913); Contemplazione della morte, 1912; La pisanella, Dr. 1913; Gli inni sacri della guerra giusta, G. 1914–18; Canzoni d'oltremare, G. 1918; Per l'Italia degli Italiani, 1922; Cento e cento … pagine del libro segreto, 1935; Solus ad solam, Br. 1939 (Amaranta, d. 1944). – Edizione nazionale, hg. A. Sodini XLIX 1927–38; Tutto il teatro, II 1939; Tutte le opere, hg. E. Bianchetti IX 1954–56; Poesie complete, III 1953–59; Briefw. mit Mussolini, hg. R. E. Mariano 1971. – *Übs.:* Gedichte, Ausw. St. George 1929.

L: G. A. Borgese, [2]1932; V. Monzini, 1956; F. Barberino, 1958; R. Rhodes, 1959; N. F. Cimmino, 1959; G. Gatti, 1959; E. Mazzali, 1962; T. Antongini, 1963; C. Ferrari, 1963; E. De Michelis, 1963; M. Vecchioni, 1963; S. Maturanzo, 1964; G. Sozzi, 1964; F. Cordova, 1969; G. Barberi Squarotti, 1982; P. Alatri, 1983; A. Spinosa, 1987; F. Ulivi, 1988; G. Andreoli, 2001; V. Moretti, 2001. – *Bibl.:* P. Montera, 1963; G. Petronio, hg. 1977; P. Chiara, 1981.

Anouilh, Jean (eig. Jean Marie Lucien Pierre), franz. Dramatiker, 23. 6. 1910 Bordeaux – 3. 10. 1987 Lausanne. Sohn e. Schneiders; seit dem 10. Lebensjahr in Paris, Schulen: Ecole Colbert und Collège Chaptal, Stud. Jura Sorbonne, 2 Jahre Texter in Annoncenbüro, 1931 Sekretär von L. Jouvet, nach 1932 freier Schriftsteller, ∞ Schauspielerin Monelle Valentin, lebte in Paris. – Begabter, erfolgr. Dramatiker, empfing entscheidende Anregungen von Giraudoux und Pirandello, verfügte mit virtuoser Meisterschaft über die Mittel der mod. (surrealist. und psychoanalyt.) und der traditionellen Dramaturgie, ist von der Theatertechnik der Vaudeville-Stücke beeinflußt. Mit feinnervigem Sinn für szen. Wirksamkeit dramatisiert er scharfsinnige psycholog. Konstruktionen mit geistreich pointierten, zumeist iron. Dialogen. Hat weder philos. noch polit. Ambitionen, will nur gut unterhalten. Pessimist. Resignation beherrscht die ›Pièces noires‹, ist aber auch Hintergrund der (in der Tradition der Komödien von Musset und Marivaux stehenden) ›Pièces Roses‹, in denen die Tragik ins Spielerische gewendet wird. Abscheu und Verachtung für die menschl. Gesellschaft und in engem Zusammenhang damit weltanschaul. Nihilismus. Hauptthemen s. Stükke: der auch durch Liebe nicht zu überbrückende Gegensatz zwischen soz. niedriger und höher Stehenden; Zweifel an der Möglichkeit einer echten Gemeinschaft zwischen Menschen; das Scheitern der Liebe an der Verderbtheit der Gesellschaft; Unechtheit gesellschaftl. und privaten Lebens (Verachtung jeglicher Konvention); die letztl. Einsamkeit des Individuums; Leiden an Vergänglichkeit und Altern; Unmöglichkeit, im Schmutz des Lebens Reinheit und Ideale zu verwirklichen, daraus Sehnsucht nach der Ewigkeit des Todes. Neben die am Dualismus von Ideal und Realität, von Entrinnen und Festgenageltsein zerbrechenden Helden tritt eine Reihe von echten Farcengestalten mit marionettenhaften Zügen. Vorliebe für das Milieu des Besitzbürgertums. Dramatisierte im Sinne seiner Weltanschauung klass., antike und bibl. Stoffe. Maßgebl. für die Aktualisierung antiker Stoffe im Existenzialismus. In den Stücken seit 1968 wird der Versuch des Ausbruchs in den Bereich der träumenden Imagination verlegt. Verschiedene Drehbücher.

W: Humulus le muet (1929); Mandarine, 1929; L'hermine, 1931 (d. 1950); Le bal des voleurs, 1932 (d. 1938); Jézabel, 1932 (d. 1949); La sauvage, 1934 (d. 1947); Y avait un prisonnier, 1934; Le voyageur sans bagage, 1936 (d. 1946); Le rendez-vous de Senlis, 1937 (d. 1947); Léocadia, 1939 (d. 1947); Eurydice, 1942 (d. 1946); Pièces roses, 1942; Pièces noires, II 1942–46; Antigone, 1943 (d. 1946); Médée, 1946 (d. 1948); Roméo et Jeannette, 1946 (d. 1949); L'invitation au château, 1947 (d. 1948); Ardèle ou la marguerite, 1948 (d. 1950); La répétition ou l'amour puni, 1950 (d. 1951); Colombe, 1950 (d. 1951); Pièces brillantes, 1951; Monsieur Vincent, Drb. (1951); La valse des Toréadors, 1952 (d. 1957); L'alouette, 1953 (d. 1953); Cecile ou l'école des pères, 1953 (d. 1955); Ornifle ou le courant d'air, 1955 (d. 1956); Pauvre Bitos ou Le dîner des têtes, 1956 (d. 1959); Pièces grinçantes, 1956; Nouvelles pièces noires, 1958; La petite Molière, 1959; L'Hurluberlu, 1959 (General Quixotte, d. 1959); Becket ou l'honneur de Dieu, 1959 (d. 1960); Foire d'Empoigne 1960 (Majestäten); La grotte, 1961; Pièces costumées, 1961; L'orchestre, 1962; Le boulanger, la boulangère et le petit mitron, 1968; Cher Antoine ou l'amour raté, 1969; Ne réveillez pas Madame, 1970; Les poissons rouges, 1970; Tu étais si gentil quand tu étais petit, 1972; Le directeur de l'opéra, 1972 (d. 1974); L'arrestation, Dr. 1975. – Théâtre complet, II 1962, 1969;

Théâtre, VI 1965ff. – *Übs.:* Dramen, VII 1956ff., VIII 1964–70.

L: P. Blanchard, J. A. ou le sauvage, 1945; H. Gignoux, 1946; J. Didier, A la rencontre de J. A., 1946; H. Perruchot, Le théâtre rose et noir de J. A., Gent 1950; E. O. Marsh, Lond. 1953; P. de Boisdeffre, Des vivants et des morts, 1954; R. de Luppe, 1959; L. C. Pronko, Berkeley 1961; Ph. Jolivet, 1963; J. Harvey, New Haven 1964; P. Vandromme, 1965, ^{2}1972 (d. 1966); C. Borgal, 1966; Bunjevac, 1968; V. Canaris, 1968; P. Thody, 1968; H. Seilacher, 1969; P. Ginestier, 1969; G. Bock, 1969; R. Brabant, 1970; J. Theisen, 1972; J. Vier, 1976; E. de Comminges, 1977; G. Badine, 1981; H. G. McIntre, 1981; C. Anouilh, 1990.

Anṣārī, Šaiḫ ul-Islām ʿAbdullāh, pers. myst. Dichter, 4. 5. 1006 Herat/Afghanistan – 8. 3. 1089, begraben in Gāzurgāh. Führte s. Stammbaum zurück auf e. Gefährten des Propheten Mohammed, war Schüler des Sufi-Scheichs Abu'l-Hasan Ḥaraqānī († 1033), betätigte sich als Überlieferer von Propheten-Aussprüchen (Hadithen) der hanbalit. Rechtsschule, führte als Dichter den Federnamen (taḫalluṣ) Pīr-i Anṣārī. – E. der ältesten Vf. von myst. Vierzeilern, lit.hist. bemerkenswert als erster Urheber relig. ›Abhandlungen‹ (risāla) in gereimter Prosa. Berühmt wurden s. Munāǧāt (›Gebetszwiesprachen‹), Anrufungen Gottes, s. arab. verfaßtes ›Manāzilu's-sā'irīn‹ (›Raststätten der Pilger‹), eine Wegleitung für die Reise der Seele zu Gott, begründete s. Rang in der Geschichte der Sufik. Wertvolle biograph. Angaben über frühere Mystiker bieten s. ›Tabaqāt uṣ-ṣūfiyya‹ (›Generationen der Sufis‹).

A: Manāzilu's-sā'irin, Kairo 1962; Rasā'il, hg. Šīrwānī 1352/1973.

L: S. de Laugier de Beaureceuil, Khwādja ʿAbdullāh Anṣārī mystique hanbalite, 1965.

Anselm von Canterbury, St., engl. theolog. und philos. Schriftsteller und Gelehrter, 1033 Aosta/Piemont – 21. 4. 1109 Canterbury. Langobarde aus adligem Hause, nach wilden Jugendjahren 1060 Benediktinermönch im Kloster Bec/Normandie, ab 1078 Abt ebda. Die Klosterschule Bec war um die Mitte des 11. Jh. durch Lanfranc wegen ihrer christl. Gelehrsamkeit berühmt geworden. A. war Lanfrancs Landsmann und Schüler, wurde 1093 auch dessen Nachfolger als Erzbischof von Canterbury. Tiefer Denker und zugleich leidenschaftl. Verfechter kirchl. Rechte; im Investiturstreit auf seiten Papst Gregors VII. gegen den engl. König, unter Wilhelm II. Rufus mußte er e. Zeit lang nach Rom fliehen, später rief ihn Henry I. zurück nach Canterbury. 1194 heiliggesprochen. – In der Nachfolge Augustins Mitbegr. der Scholastik, die durch ihn in England festen Boden gewann. In s. ›Monologion‹ und ›Proslogion‹ (Anrede an die Gottheit) versuchte er, den ontolog. Beweis vom Dasein Gottes zu geben und christl. Dogmen rational zu deuten: Gott sei das vollkommenste Wesen, das wir denken können, und müsse auch in der Wirklichkeit existieren, da er nicht das vollkommenste Wesen wäre, wenn ihm die Existenz fehle. Dieser Gottesbeweis, der im platon. Begriffsrealismus wurzelt, wurde von Thomas von Aquin verworfen. Schon Gaunilo, A.s Zeitgenosse, polemisierte dagegen. In s. Ausspruch ›Credo, ut intelligam‹ = ›ich glaube, um zu verstehen‹ unterstreicht A. den Vorrang des Glaubens gegenüber dem Denken. In der Schrift ›Cur deus homo?‹ (= Warum wurde Gott Mensch?) sucht A. logisch die Notwendigkeit der Menschwerdung Gottes zu beweisen: Der Sündenfall stelle den Abfall der Menschheit von Gott dar, nur durch den stellvertretenden Opfertod des Gottmenschen habe die Menschheit Vergebung erlangen können. Als erster sah A. die Jungfrau Maria als die Fürbitterin an, wie später auch die ma. Lyrik.

A: J. P. Migne, Patr. lat. 155–159; Opera omnia, hg. F. S. Schmitt, VI 1938–61, n. 1968; Letters, hg. W. Fröhlich III 1990–94. – *Übs.:* R. Allers, 1936; A. Stolz, 1937; Cur deus homo: W. Schenz, ^{2}1902; F. S. Schmitt, ^{5}1993; Monologion, Proslogion: R. Aller, 1966, F. S. Schmitt, ^{2}1984; Meditationes: B. Barth, A. Hug, 1926; Gebete: A. Hug, 1933.

L: M. Rule, 1883; A. Levasti, 1929; R. W. Southern, 1962; A. Schurr, Die Begründung d. Philos. durch A., 1966; D. P. Henry, The Logic of St. A., 1966; Memorials of St. A., hg. R. W. Southern, F. S. Schmitt 1969; H. Kohlenberger, Similitudo und Ratio, 1972; K. Kienzler, Glauben u. Denken bei A. v. C., 1981.

An-Ski, S. (eig. Salomo Sanwel Rappoport), jidd. Schriftsteller, 1863 Witebsk – 8. 11. 1920 Warschau. Schloß sich in jungen Jahren der jungruss. und später sozialrevolutionären Bewegung an, für die er ohne jeden Zusammenhang mit dem Judentum in russ. Sprache publizist. tätig war. 1894–1904 Emigrant in Paris und der Schweiz, wo er sich dem jüd.-sozialist. ›Bund‹ zu nähern begann. Seit 1905 wieder in Rußland, wo er die meisten s. Gedichte, Erzählungen, Novellen u. zuletzt Dramen in jidd. Sprache schrieb. – Sein Hauptwerk ›Zwischen zwaj welten – der Dybbuk‹, e. dramat. chassid. Legende mit myst. kabbalist. Hintergrund, erlangte durch die Theatergruppe ›Habima‹ Weltruhm. A.s autobiogrph. Prosawerke liefern wertvolle Beiträge zur Zeitgeschichte. Nach der bolschewist. Revolution ging A. nach Polen, wo er von Antisemiten heftig befehdet wurde. Hauptvertreter der romant. jidd. Dichtung. Bedeutender jidd. Folklorist und Ethnograph.

W: Ashmodai, G. 1904; Foter un sun, Dr. 1906; Der Dybbuk, Dr. 1916 (d. 1921); Der jidische Churben, Mem. 1914–17; Sichrojnes 1918. – GS, Warschau XV 1925; Ojssgeklibene schriftn, 1964.

L: A. Rechtman, 1958; O. F. Best, 1973; Reisen, Lexikon d. jidd. Lit.

ʿ**Antara** ibn Šaddād al-ʿAbsī, altarab. Dichter, um 525 – 615. Sohn e. Arabers aus dem Stamm ʿAbs und e. schwarzen Sklavin; wegen besonderer Tapferkeit im Krieg gegen die D̲ubyān aus dem Sklavenstand entlassen. Volkstüml. Held und Figur des ʿAntar-Romans. – Vf. typ. Beduinengedichte, die zumeist nur fragmentar. erhalten sind. Am bekanntesten s. sog. Muʿallaqa, die e. ungewöhnl. lange, themat. über den herkömml. Rahmen hinausgreifende erot. Einleitung (Nasīb) enthält. Bemerkenswert e. für damalige Zeiten neue Art in der Behandlung von Liebesszenen, die an den späteren Dichter ʿUmar ibn Abī Rabīʿa erinnert.

W: Dīwān, 1870 (d. O. Rescher 1963f.).

L: H. Thorbecke, 1867.

ʿ**Antar-Roman** (Sīrat ʿAntar), Mustertyp des anonymen arab. Ritterromans. Held ist der vorislam. Dichter ʿAntara ibn Šaddād (um 525–615), der als Modellfall arab.-islam. Ritterlichkeit Mut, Treue, Schutz der Schwachen, Großzügigkeit, Achtung der Frau usw. verkörpert und in e. Gefüge ritterl. Institutionen eingegliedert ist. Die Darstellung der legendären Schicksale führt sowohl geograph. als auch hist. weit über den Rahmen des alten Arabien hinaus und nimmt neben altarab. v. a. islam., iran. und christl.-oriental. Gedankengut auf, das in der Sicht stark von der Situation der Kreuzzüge geprägt ist. Neben mancherlei Mirabilien auch viele Verse. Die Sammlung des Romans, der heute in zwei Redaktionen vorliegt, ist zwischen 8. und 12. Jh. erfolgt.

A: Zahlr. Übs.-Ausg.: Ausw. engl.: T. Hamilton IV ²1820; franz.: M. Dévic 1864, G. Rouger 1923; holländ.: L. M. C. van der Hoeven-Leonhard 1950.

L: B. Heller, 1925; U. Vermeulen 1996.

Antero de Quental, Tarquínio → Quental, Antero Tarquínio de

Anthologia Graeca → Anthologia Palatina

Anthologia Latina (›lat. Blütenlese‹), lat. Gedichtsammlung, Sammlung überwiegend kurzer lat. Gedichte, die im 6. Jh. in Nordafrika angelegt wurde (auch bekannt als ›Codex Salmasianus‹, nach e. wichtigen Handschrift u. ihrem Besitzer). Die Sammlung besteht aus einzelnen Gedichten, Gedichtzyklen u. ganzen Gedichtbüchern versch. Dichter des 1. bis 6. Jh. n. Chr. (z. B. Luxurius). Sie enthält u. a. Rätsel- u. Spottepigramme, Epigramme über myth. Figuren, Beschreibungen von Gegenständen, (merkwürdigen) Personen u. Situationen, Gelegenheitsgedichte, z. T. metr. u. sprachl. Spielereien. Längere Stücke sind u. a. Versdeklamationen, e. Gedicht über die Liebe von Mars u. Venus u. e. Gedicht über e. Feier zu Ehren der Venus (›Pervigilium Veneris‹), in dem die Macht der Göttin u. der Frühling gepriesen werden.

A: A. Riese, 2 Bde., ²1894 u. 1906; D. R. Shackleton Bailey, 1982; Ausw. m. engl. Übs. J. W. Duff, n. 1968; Pervig.: m. engl. Übs. u. Komm. C. Clementi, Oxf. n. 1936; m. engl. Übs. L. Catlow, Brüssel 1980; m. ital. Übs. u. Komm. C. Formicola, Neapel 1998.

L: H. Happ, Luxurius, 2 Bde., 1986; K. Smolak, Pervigilium Veneris, Handbuch der lat. Lit. der Antike, Bd. 5, 1989, § 551; Ch. Heusch, Achilles-Ethopoiie, 1997; V. Tandoi, Enciclopedia Virgiliana, Bd. 1, Rom 1998, 198–205.

Anthologia Latina → Pervigilium Veneris

Anthologia Palatina (auch: Anthologia Graeca), Sammlung griech. Epigramme (ca. 3700 Epigramme, fast 23 000 Verse aus ca. 16 Jahrhunderten), um 980 n. Chr. zusammengestellt, benannt nach dem Ort der einzigen Handschrift (›Bibliotheca Pal.‹, Heidelberg). Enthält in 15 Büchern nach Inhalt geordnet: 1: christl. Inschriften; 2: Statuenbeschreibungen; 3: Tempelinschriften; 4: Proömien der Sammlungen von Meleagros, Philippos, Agathinas; 5: erot. Epigramme; 6: Weihepigramme; 7: Grabepigramme; 8: Epigramme des Gregor von Nazianz; 9: epideikt. Epigramme; 10: protrept. Epigramme; 11: sympot. und Spottepigramme; 12: paiderot. Epigramme (Straton von Sardeis); 13: versch. Metren; 14: mathemat. Probleme und Rätsel; 15: Vermischtes. Als Buch 16 zählt man seit der Neuzeit 388 zusätzl. Epigramme aus der sog. ›Anthologia Planudea‹ (von Maximus Planudes 1301 erweiterte Fassung der ›Anth. Pal.‹). – Der anonyme Kompilator der ›Anth. Pal.‹ verwendete v. a. die Sammlung des Konstantinos Kephalas (um 900, Byzanz), der, auf den älteren Sammlungen v. a. des Meleagros von Gadara (um 70 v. Chr.: sog. ›Kranz der Meleager‹: Epigramme von 47 Dichtern von den Anfängen bis ins 1. Jh. v. Chr.), des Philippos von Thessalonike (um 40 n. Chr.) und des Agathias von Myrine (um 560 n. Chr.: erstmals themat. Ordnung) basierend, e. Bestandsaufnahme der griech. Epigramm-Lit. unternommen hatte.

A: H. Beckby ²1965 (m. Übs.); P. Waltz u. a. 1926–80.

L: A. S. F. Gow, D. L. Page, Cambr. 1965, 1968 (mit Komm.); A. Cameron, Oxf. 1993.

Anthony, Michael, westind. Schriftsteller engl. Sprache, * 10. 2. 1930 oder 1932 Mayaro/Trinidad und Tobago. Aufgewachsen in Mayaro und San Fernando/Trinidad; 1953–69 in England, Journalist, Beginn s. Karriere als Schriftsteller; 1969 Aufenthalt in Brasilien; 1970 Rückkehr nach Trinidad, 1972–88 Amt im Kultusministerium; Hrsg.; schreibt Beiträge für den Rundfunk, außerdem Werke zur Geschichte Trinidads. – Vf. von Romanen u. zahlr. Kurzgeschichten, meist zum Thema Jugend und Heranwachsen. S. Texte sind oft in Mayaro angesiedelt u. erzählen aus der Perspektive e. Kindes. S. Roman ›The Year in San Fernando‹ zeigt autobiograph. Elemente.

W: The Games Were Coming, R. 1963 (n. 1977); The Year in San Fernando, R. 1965 (n. 1970); Green Days by the River, R. 1967; M. A.'s Tales for Young and Old, En. 1967; Cricket in the Road, And Other Stories, En. 1973; Sandra Street and Other Stories, En. 1973; Folk Tales and Fantasies, 1976; Streets of Conflict, R. 1976; All that Glitters, R. 1981; Bright Road to El-Dorado, R. 1982; The Chief Captain's Carnival and Other Stories, En. 1993; In The Heat of the Day, R. 1996; Historical Dictionary of Trinidad and Tobago, 1997; High Tide of Intrigue, R. 2001.

L: N. v. Doerksen, The Theme of Maturation in the Novels and Stories of M. A., Diss. New Brunswick/Canada 1981.

Antimachos, aus Kolophon, altgriech. Epiker und Elegiker, um 400 v. Chr. Außer wenigen Titeln spärl. Fragmente der beiden berühmtesten Werke erhalten: 1) ›Thebais‹ (›7 gegen Theben‹, Epos, mindestens 5 Bücher). 2) ›Lyde‹ (= Name e. Geliebten, deren Verlust das Dichter-Ich beklagt; unglückl. Liebe myth. Gestalten, mindestens 2 Bücher). – A. antizipiert als ›Dichter-Gelehrter‹ (hat angebl. Homer ediert) vieles, was für die hellenist. Dichtung typ. wird (z.B. gelehrte Kataloge, Glossen, Aitien). Das antike Urteil ist dennoch zwiespältig: Platon soll ihn geschätzt haben (Sammlung von A.' Werk durch Demetrios von Phaleron), ebenso zahlr. Dichter des 3.–1. Jh. v. Chr. (Asklepiades, Poseidippos etc.). In der Kaiserzeit wird A. als Epiker zusammen mit Homer genannt; Kallimachos und der röm. Neoteriker hingegen hielten A. für plump und pompös. Dieses Urteil scheint sich durchgesetzt zu haben, so daß sich nach e. Epitomierung der ›Lyde‹ im 2. Jh. n. Chr. A.' Spur immer mehr verliert.

A: B. Wyss 1936; Suppl. Hell. 1984 (Pap.); Gentili Prato PE II 1985 (Lyde); IEG II ²1992.

L: M. Lombardini, 1993 (Epos); A. Cameron, 1995.

Antipatros von Sidon, griech. Grammtiker und Epigrammatiker, 2./1. Jh. v. Chr. geb. auf Tyros, letzte Jahre in Rom. – Bekannt v.a. für erot. Epigramme und Improvisation, erhalten nur ca. 70 Grab- und Weih-Epigramme in der → Anthologia Palatina (›Kranz des Meleagros‹). A.' rhetor., eleganter und effektvoller Stil beeinflußt die republikan. Epigrammatik.

A: H. Beckby ²1965 (m. Übs.); P. Waltz u.a. 1926–80. – Komm.: J. Clack, Wauconda III 2001.

L: P. Waltz, Bordeaux 1906; A. Cameron, Oxf. 1993.

Antiphanes, griech. Komödiendichter, 4./3. Jh. v. Chr. (* 408/404 v. Chr.). – Herkunft umstritten, 1. Aufführung 386/383; e. der erfolgreichsten Vertreter der sog. Mittleren Komödie. – Von s. zahlr. (260?, 360?) Stücken nur ca. 300 Fragmente erhalten, die A.' Vorliebe für Alltagsleben, Liebesmotive und myth. Stoffe (Tragödien-Parodien) erkennen lassen. A. spottet über das Pathos euripid. Prologe ebenso wie über den Sprachcode der zeitgenöss. Philos. Die Charaktertypen (›Parasit‹, ›Mann vom Land‹, ›Der Abergläubische‹ etc.) und Berufsbezeichnungen (Arzt, Soldat, Flötenspieler, Maler etc.) weisen bereits auf die Neue Komödie voraus. Als einzigem Dichter der Mittleren Komödie wurden A. in Hellenismus (Demetrios von Phaleron) und Kaiserzeit eigene Monographien gewidmet.

L: H.-G. Nesselrath, 1990; I. Konstantakos, Eikasmos 11, 2000.

Antiphon von Rhamnus (= att. Deme), altgriech. Redner, um 480 v. Chr. – 411 v. Chr. Als Rhetoriklehrer u. ›logographos‹ (= Vf. von Gerichtsreden gegen Bezahlung) in Athen. Maßgebl. am oligarch. Putsch beteiligt, deshalb wenig später hingerichtet. – Die Antike kennt neben rhetor. Lehrschriften 60 Reden (25 unecht); heute sind 15 Reden für Mordprozesse (davon 3 wirkl. gehalten; 3 mal je 2 aufeinander bezogene Anklagen und Verteidigungen als Musterreden für Unterredungen) sowie Fragmente (von 17(?) Reden) erhalten; v.a. die Musterreden sind wichtige Zeugnisse für die Entwicklung des att. Gerichtswesens sowie relig. orientierte Argumentation und e. von der Sophistik beeinflußte Differenzierung des Schuldbegriffes. Mögl. (aber umstritten) ist, daß der nach antiker Tradition sog. ›andere A.‹ (später: ›Sophist A.‹) mit A. v. Rh. ident. ist; von dessen Werk ist v.a. ›Peri aletheias‹ (›Über die Wahrheit‹: radikale Forderung e. ›Naturrechts‹ mit Gleichheit aller Menschen) durch Papyrus-Funde des 20. Jh. wieder zugängl.

A: L. Gernet ²1954; F. L. van Cleef, Index 1895 (n. 1964); M. Gagarin 1997 (m. Komm.). – Übs.: M. Gaharin, D. MacDowell 1998.

L: E. Bignone, 1974; M. Gagarin, 1989.

Antoine, Jacob d' → Montfleury

Antoine de la Sale, franz. Dichter, 1388 bei Arles(?) – 1461. Sohn e. Condottiere; sorgfältige Erziehung, Page im Dienst Ludwigs XII. von Anjou, wiederholte Italienreisen, 1415 Teilnahme an e. Feldzug gegen die Mauren, 1432 Erzieher von Jean d'Anjou, ab 1448 der drei Söhne des Konnetable Ludwig von Luxemburg. 1458 im Dienst Philipps des Guten und am burgund. Hof; von den kunstliebenden burgund. Herzögen unterstützt. – Schrieb e. Erziehungsschrift für Jean d'Anjou ›La Salade‹, kleinere Werke wie ›Le Réconfort de Madame de Fresne‹, worin er Mutterleid mit Verständnis für die weibl. Psyche schildert, die Traumallegorie ›La journée d'honneur et de prouesse‹, die das Rittertum des 15. Jh. dem des Hochmittelalters gegenüberstellt. Sein Hauptwerk, der Entwicklungsroman ›Le petit Jehan de Saintré‹, trägt die ritterl. Ideale in die verbürgerlichte Welt des Spätmittelalters, wirkt dadurch grotesk, zeichnet sich durch lebhaft wechselnden Stil, feinen Spott, gehaltvolle Satire, scharfe Beobachtungen und psycholog. gut erfaßte Charaktere aus. Für ›Cent nouvelles nouvelles‹, eine im Aufbau von Boccaccio beeinflußte Novellensammlung, in der Philipp der Gute als Erzähler erscheint, mit derb-zyn. Inhalt, und für → ›Quinze joyes de mariage‹, dem volkstüml., in schalkhaft iron. Ton gezeichneten weltl. Gegenstück zu Marias 15 Freuden, ist A.s Autorschaft ungesichert.

W: La Salade, 1440; La Sale, Erziehungsschr. 1451; La journée d'honneur et de prouesse, G. 1447; Le Reconfort de Madame de Fresne, 1457; Le petit Jehan de Saintré, 1459 (n. Guichard 1843; J. Misrahi, C. A. Knudson 1965); Cent nouvelles nouvelles, 1462–66 (n. P. Champion II 1928; d. A. Semerau II 1907). – Œuvres complètes, hg. F. Desonay II 1935–41.

L: J. Nève, 1903; A. Coville, Le p. Jehan, 1937; ders., 1940; F. Desonay, 1940; J. Kristeva, Le texte du roman, 1971; R. Dubuis, Les cent nouvelles nouvelles, 1973; J. Nève, 1975; A. M. Piscitelli, 2001.

Antokol'skij, Pavel Grigor'evič, russ. Schriftsteller, 1. 7. 1896 Petersburg – 9. 10. 1978 Moskau. Sohn e. Advokaten, aus jüd. Familie; Stud. Jura Moskau; Schauspieler und Regisseur, 1934 freier Schriftsteller. – Kraftvoller und formstrenger Lyriker in der Nachfolge der Akmeisten. Im Frühwerk franz. Stoffe, später russ. Themen. Das Gedicht ›Syn‹ vom Schmerz e. Vaters um s. im Felde gefallenen einzigen Sohn spiegelt A.s eigenes Schicksal. Auch Übs. u. Ess. vor allem über Puškin.

W: Syn, G. 1943; Izbrannoe, Ausw. 1946; V pereulke za Arbatom, Vers-E. 1954. – Stichi i poèmy (GW), 1950; Sobranie sočinenij (GW), IV 1971–73; Neizvestnyj P. A., 1997.

Antonelli, Luigi, ital. Dramatiker u. Erzähler, 22. 1. 1882 Atri/Teramo – 21. 11. 1942 Pescara. Stud. Medizin u. Lit. Florenz; Aufenthalt in Südamerika. – Wie in e. Märchenwelt bewegen sich die Gestalten s. in ihren grotesken Zügen von Chiarelli beeinflußten Komödien, die viel mit Pirandellos Dramen gemeinsam haben.

W: L'uomo che incontrò se stesso, K. 1918; Il pipistrello e la bambola, N. 1919; La fiaba dei tre maghi, K. 1920; L'isola delle scimmie, K. 1922; La casa a tre piani, K. 1927; Primavera in collina, K. 1929; La rosa dei venti, K. 1929; Chiomadoro, N. 1930; Il maestro, K. 1939; La seconda aurora, K. 1940.

L: L. A., convegno nazionale, 1992; M. Gianmarco, 2000.

Antonenko-Davydovyč, Borys Dmytrovyč, ukrain. Prosaist, 5. 8. 1899 Romny/Region Poltava – 8. 5. 1984 Kiev. Im Lehrberuf, in Redaktionen und Verlagen tätig, in Lager in Sibirien, dann rehabilitiert; Lit.kritiker, Übs. – Einer der führenden Vertreter der ukrain.-sowjet. Prosa; Erzählwerk z. T. über Bürgerkriege und Ergebnisse der vorrevolutionären Periode, berücksichtigt bes. das psycholog. Moment; letzteres auch im Roman ›Za šyrmoju‹ mit Thema der Isolierung des Menschen von s. Umgebung; Gedichte aus Haft und Lager (im Samizdat, 1984).

W: Lycari absurdu, Dr. 1923; Zaporošeni syluety, En. 1925; Smert', R. 1928; Spravžnij čolovik, En. 1929; Ukrajins'koju zemleju, Rep. 1929; Za šyrmoju, R. 1962; Na dovhij nyvi, ausgew. En. 1967; Sybirs'ki novely, Tjuremni virši, 1990; Naščadky pradidiv, B.A.-D. znanyj i neznanyi, 1998.

L: I. Dsjuba, Zvyčajna ljudyna čy mišč, 1959; L. Bojko, in: Ukrajins'ki radjans'ki pys'mennyky Bd. 6, 1969.

Antonides van der Goes, Joannes (eig. Jan Antoniszoon van der Goes), niederländ. Dichter, 3. 5. 1647 Boes – 18. 9. 1684 Rotterdam. Apotheker, 1672 Stud. Medizin Utrecht, 1674 Promotion, 1674 gehobene Stellung beim Sekretariat der Admiralität Rotterdam. – Lyriker und Dramatiker mit patriot.-hist. Stoffen, Vf. lat. Gedichte, dann unter Einfluß Hoofts und Vondels niederländ. Gedichte. Sein Hauptwerk ›De IJstroom‹ ist e. mytholog. überladene Verherrlichung von Amsterdam in barock-rhetor. Alexandrinern.

W: Theems in Brant, G. 1667; Bellone aen bant, G. 1667; Nederlaag der Turken, G. 1671; De IJstroom, Ep. IV 1671; Oorspronck van's lants ongevallen, G. 1672; Uitvaert de Ruyter, G. 1676. – Alle de gedichten, ³1714 (m. Anm. hg. W. Bilderdijk, III 1827).

Antoninus, Brother → Everson, William

Antonios Diogenes, altgriech. Romanautor, 2. Jh. n. Chr. (?). Nichts über s. Leben bekannt. – Von ›Die Wunderdinge jenseits von Thule‹ (ursprünglich 24 Bücher), wohl e. Mischform aus ideal. und kom.-realist. Roman, sind nur e. Inhaltsangabe (9. Jh.) und Fragmente erhalten: phantast. Reiseerlebnisse im gesamten Mittelmeerraum, im äußersten Norden (Insel Thule) und auf dem Mond. A. erschloß offenbar neue Dimensionen (Philos., Religion) für die Gattung, fand darin aber im Griech. keine Nachfolger. – Vermutl. in Lukians ›Wahren Geschichten‹ parodiert.

A u. Komm.: M. Fusillo, A. Schottus 1990 (lat. Übs.); A. Stephens, J. J. Winkler 1995 (Fragm.). – *Übs.:* H. Maehler, in: B. Kytzler, hg. 1983.
L: K. Reyhl, Diss. 1969; N. Holzberg, ²2001 (m. Bibl.).

Antonov, Sergej Petrovič, russ. Prosaiker, 16. 5. 1915 Petrograd – 29. 4. 1995 Moskau. Stud. Straßenbau Leningrad, arbeitete als Ing., 1944 erste Gedichte, bekannt 1950 durch Erzählungen-Sammlung ›Po dorogam idut mašiny‹, seit 1954 im Vorstand des sowjet. Schriftstellerverb. – A.s Werke zeichnen sich durch vorsichtige Kritik d. Lebens auf dem Dorf aus, lebendige u. anschaul. Darst. der Konflikte des sozialist. Aufbaus, einige Erzählungen konnten erst während der Perestrojka veröffentl. werden.
W: Po dorogam idut mašiny, En. 1950; Ot pervogo lica, Ess. 1973; Ovragi, Vas'ka, Nn. 1988; Rel'ef Kandinskogo, En. 1994. – Sobranie sočinenij (GW), III 1983/84.

Antonyč, Bohdan Ihor, ukrain. Lyriker, 5. 10. 1909 Novycja – 6. 7. 1937 L'viv. Pfarrerssohn, Stud. Slavistik L'viv. Er kam aus dem westukrain. Lemkenland; dessen Mythen und die Weltsicht seiner Bergbauern gingen in seine Lyrik ein. – Im ersten Gedichtband ›Pryvitannja žyttja‹ besingt er die schlichte Schönheit seiner Heimat, das karge Leben der Bewohner, ihre Naturverbundenheit. Tiefer Pantheismus beherrscht zunehmend seine Lyrik, er sucht die Verbindung des menschl. Wesens mit den Dingen, die es umgeben. Urbanistische Züge und Themen beherrschen die letzte Phase seiner Dichtung (Rotaciji, posthum). A. hat die ukrain. Dichtergeneration der Nachtauwetterperiode nachhaltig beeinflußt.
W: Pryvitannja žyttja, G. 1931; Try persteni, 1934; Knyha Leva, 1936; Zelena Jevanhelija, G. 1938; Rotaciji, G. 1938; Persteni molodosti, 1966; Pisnja pro neznyščennist' materiji, 1967; Zibrani tvory, 1967.
L: D. Pavlyčko, 1967; S. Hordyns'kyj, 1967.

Antunes, António Lobo, portugies. Romancier, * 1. 9. 1942 Lissabon. Schule u. Medizinstud. in Lissabon. Wehrdienst als Chirurg in Angola, danach Psychiater. Seit 1985 hauptberufl. Schriftsteller. Freundschaft mit Cardoso Pires. – A. gehört zu den repräsentativsten u. meistübersetzten Romanciers Portugals nach 1974. Das in der ersten Phase stark autobiograph. geprägte Werk verarbeitet Kriegs- u. Klinikerfahrungen und/oder setzt sich mit der Ideologie u. den hist. Mythen der von der Salazarzeit geprägten portugies. Bürgertums auseinander. Gleichzeitig pessimist. Darstellung des insbes. in Liebesdingen illusionslos gewordenen mod. Subjekts. Stilist. Einfluß W. Faulkners u. des lateinamerik. ›Realismo mágico‹. A.' metaphernreiche Sprache bedient alle Register zwischen derb-expressiver u. poet. Rede u. verschmilzt zu komplexen, barocken Wortströmen in e. dichten Geflecht aus intertextuellen Bezügen bei intendiert irritierender Stimmenvielfalt.
W: Os Cus de Judas, R. 1979 (Der Judaskuß, d. 1987); Auto dos Danados, R. 1985 (Reigen der Verdammten, d. 1991); As Naus, R. 1988 (Die Rückkehr der Karavellen, d. 2000); Exortação aos Crocodilos, R. 1999 (Anweisungen an die Krokodile, d. 1999); Que Farei Quando Tudo Arde?, R. 2001 (Was werd ich tun, wenn alles brennt?, d. 2003).
L: M. A. Seixo, 2002.

Anwar, Chairil → Chairil Anwar

Anwarī, Auhadud'-Dīn Muhammad, pers. Panegyriker, aus Badane/Nordiran. † nach 1186 Balch/Afghanistan. Stud. an der Manṣūriyya-Medrese in Tus/Mašhad, wurde hervorragender Gelehrter (Astronomie, Mathematik, Logik), stark von Avicennas (Ibn Sīnā's) Philosophie beeinflußt, galt als e. der größten Astrologen s. Zeit, entschied sich jedoch aus wirtschaftl. Erwägungen für die Dichterlaufbahn u. wurde zum Hofpoeten des Seldschukensultans Sanğar (reg. 1118–1157) in Marw. Der verheerende Einfall der Ghuzz in Turkestan nach Ostiran 1153 erschütterte ihn tief u. inspirierte ihn zu patriot. Elegien. Auch nach Sanğars Tod 1157 u. dem Verfall des Seldschukenreiches blieb er der Dynastie treu. Obwohl Hofdichter, erhob er s. Stimme gegen Mißstände, Kriecherei u. sonstige Auswüchse der gesellschaftl. Ordnung. S. Bissigkeit war gefürchtet, er wurde wegen e. ihm allerdings fälschl. zur Last gelegten Pamphlets durch die Straßen von Balch geschleift. Im Alter des Hofdienstes überdrüssig, genoß er die Ruhe e. früher von ihm mißachteten Gelehrtendaseins. 1186 wurde er zum Gespött wegen e. von ihm astrologisch prophezeiten Naturkatastrophe, die nicht eintraf. – E. der begnadetsten pers. Dichter, hinterließ e. Diwan mit 10 000 Versen, doch wegen s. Gelehrsamkeit ohne Kommentar vielfach unverständlich. S. Phantasie, umfassende Bildung, Sprachmeisterschaft u. rhetor. Kunst führte die panegyr. Gedichtform der pers. Qaside zum unbestrittenen Höhepunkt. A.s Qasiden, reich an Arabismen, sind (nach dem Zeugnis von → Ğāmī) von ›unnachahmlicher Eleganz‹, kleiden den Lobpreis der Gönner in die Form von Gesprächen mit dem ›Geliebten‹, d.h. dem jeweils Gefeierten, und bringen die Bitte um klingenden Lohn gern scherzhaft vor.
A: Diwan, hg. S. Nafīsī 1337/1958.
L: V. A. Žukovskij, Petersburg 1883.

Anyte von Tegea (Arkadien), altgriech. Dichterin, 4./3. Jh. v. Chr. (?). – Ihre ep. und lyr. Dichtung verloren; erhalten in der → Anthologia Palatina (›Kranz des Meleager‹) mindestens 18 Epigramme in dor. Dialekt, meist Grabepigramme, oft auf Tod e. Tieres; daneben v.a. auch bukol. Themen. Noch in der Kaiserzeit wird A. in e. Atemzug mit Sappho genannt.

A: Gow-Page HE 1 (Komm.); Suppl. Hell. 33 GA I; D. Geoghegan 1979 (m. Komm.). – Übs.: Anth. Graeca, H. Beckby, hg. ²1965.
L: E. Green, Helios 27.1, 2000; G. Wöhrle, in: B. Feichtinger, hg. 2002.

Apadāna → Avadāna-śataka, das

Apadāna → Tipiṭaka, das

Apaydın, Talip, türk. Schriftsteller, 1926 Ömerler-Polatlı b. Ankara. Absolvent der legendären Dorfinstitute, Dorflehrer, nach Abschluß der Pädagog. Hochschule Musiklehrer; bedeutender Vertreter der sog. Dorflit.; realist. Schilderung des Landlebens u. der Seelenlage des Landmenschen.

W: Bozkırda Günler, Aufs. 1952; Susuzluk, G. 1956; Sarı Traktör, R. 1958; Yarbükü, R. 1959; Emmioğlu, R. 1961; Ortakçılar, R. 1964; Ateş Düşünce, En. 1967; Karanlığın Kuvveti, Mem. 1967; Define, R. 1972; Öte Yakadaki Cennet, En. 1972; Yoz Davar, R. 1973; Toz Duman İçinde, R. 1974; Koca Taş, En. 1974; Tütün Yorgunu, R. 1975; Yolun Kıyısındaki Adam, En. 1979; Duvar Yazıları, En. 1981; Kökten Ankaralı, En. 1981; Kente İndi İdris, R. 1981; Vatan Dediler, R. 1981; Hendek Başı, En. 1984; Hem Uzak Hem Yakın, En. 1985; Akan Sulara Karşı, Mem. 1985; Köylüler, R. 1991.

Ap Gwilym, Dafydd → Dafydd ap Gwilym

Apollinaire, Guillaume (eig. Wilhelm Apollinaris de Kostrowitski), franz. Dichter, 26. 8. 1880 Rom – 9. 11. 1918 Paris. Unehel. Sohn einer poln. Adligen und eines ital. Offiziers; Lycée Saint-Charles in Monaco, 1898 in Paris, lebte dort als Bohemien und reiste in Holland, Bayern, Böhmen; 21jährig Hauslehrer bei rhein. Adligen. Seit 1902 ständig in Paris, wechselnde Beschäftigungen, u.a. Vf. und Hrsg. erot. Lit., Mitarbeiter an Zeitungen und Literaturblättern. Seit 1913 Mittelpunkt e. Kreises junger Dichter. Freiwilliger im 1. Weltkrieg, 1916 schwer verwundet, kurz vor seinem Tod durch Krankheit 1918 ∞ Jacqueline Kolb. – Eine F. Villon verwandte Dichterpersönlichkeit. Mittler zwischen Symbolismus und Surrealismus, unter dem Einfluß des Symbolismus. Seine Vorläufer sind Rimbaud, Laforgue und Jarry. Der eigentl. programmat. Initiator des Experiments in der Weltlit. Bedeutender avantgardist. Kritiker, machte in Aufsätzen den Futurismus und die Maler des Kubismus, s. Freunde Matisse, Braque und Picasso, bekannt, begründete 1913 die kubist. Schule, forderte, definierte und verwirklichte eine der kubist. Malerei (in ihrer durch Aufhebung der Perspektive erreichten Allgegenwärtigkeit und Gleichzeitigkeit) entsprechende experimentelle Lyrik, die dem Gesetz des Zufalls gehorchende Poesie des Unbewußten. Originelle und suggestive Lyrik von mag. Zauber. Lyr. Hinnahme des Zufallenden, iron. Spiel mit Worten und Phantastik. Seine bedeutendste Gedichtsammlung ›Alcools‹ beweist großes techn. Können, sie enthält freie neben klass. Versformen, traditionelle Idiomatik in neuer Form. In ›Calligrammes‹ überschreitet A.s Wortkunst die Grenze zur Zeichenkunst. A. ist als Lyriker weit bedeutender denn als Erzähler. Die Surrealisten Breton, Soupault und bes. Cocteau sind ihm verpflichtet. Er entwickelte bereits den surrealist. Stil und gab durch den Untertitel s. Bühnenschwanks ›Les mamelles de Tirésias‹ 1918 der neuen Bewegung den Namen.

W: Les onze mille verges, R. 1907 (d. 1970); Les exploits d'un jeune Don Juan, R. 1907 (d. 1971); L'enchanteur pourrissant, R. 1909; L'Hérésiarque et Cie, Nn. 1910; Le Bestiaire ou le Cortège d'Orphée, G. 1911 (d. 1959); Chroniques des grands siècles de la France, 1912; Antitradition futuriste, Es. 1913; Les peintres cubistes, Méditations esthétiques, Ess. 1913 (d. 1954); Alcools, G. 1913 (d. 1976); La Rome des Borgia, E. 1913; Le poète assassiné, R. 1916 (d. 1967); Vitam impendere Amori, G. 1917; Couleur du temps, Dr. 1918; L'histoire romanesque, R. 1914–18; Le flâneur des deux rives, E. 1918; Calligrammes, G. 1918; Les mamelles de Tirésias, Dr. 1918; L'esprit nouveau et les poètes, Es. 1918; La femme assise, R. 1920 (d. 1967); Anecdotiques, Ess. 1926; Les epingles, Prosa 1928; Contemporains pittoresques, Ess. 1929; Ombre de mon amour, G. 1947; Poèmes à la marraine, G. 1948; Poèmes secrets à Madeleine, 1949; Casanova, Dr. 1952; Textes inédits, 1952; Le guetteur mélancolique, G. 1952; Poèmes à Lou, Faks. 1955; Chroniques d'art, hg. L. C. Breunig 1961; Les diables amoureux, G. hg. M. Décaudin 1964; Poèmes de la paix et de la guerre, 1966; Paroles Etoiles, G. 1970; Lettres à Lou, 1970. – Œuvres poétiques, 1956; Œuvres complètes, IV 1966; Lettres à sa marraine 1915–18, 1948; Tendre comme le souvenir, Br. 1952 (d. 1962). – Übs.: Dichtungen, 1953; Poet. Werke, 1969; Ausw., 1969.

L: A. Breton, Les pas perdus, 1924; P. Soupault, 1927; R. Taupin et L. Zukofsky, Le style apollinaire, 1934; C. Giedion-Welcker, D. neue Realität bei A., 1945; X. Billy, 1947; ders., 1968; M. Adema, 1952; A. Rouveyre, Amour et poésie d'A., 1955; M. J. Durry, III 1956–65; M. Vergnes, La vie passionnée de G. A., 1958; P. Pia, 1961; C. Mackworth, A. u. d. Kubisten, 1962; F. J. Carmody, 1963; F. Steegmuller, N. Y. 1963; M. Davies, Edinb. 1964; A. Fonteyne, A. prosateur, 1964; R. Couffignal, 1967; S. Bates, N. Y. 1967; F. Simonis, D. Lyrik G. A.s, 1967; V. Divis, Prag 1967; C. Bonnefor, 1969; Ph. Renaud, 1969; ders., A. et la démocratie sociale, 1969; A. Billy, 1970; J. Hartwig, 1972; M. Décaudin u. A., 1978; A. H. Greet, 1978. – Bibl.: M. Décaudin, 1970; W. Bohn, 1984, 1993, 1997; P. Brunel, 1997; J. Burgos, 1998; D. Delbreil, 1999; H. Scepi, 1999; P. Read, 2000; A. Boschetti, 2001.

Apollodoros aus Athen, griech. Gelehrter, um 180 v. Chr. Athen – nach 120 (110?) v. Chr. Aus Alexandria (Tätigkeit in Bibliothek) um 144 v. Chr. (Gelehrtenvertreibung) nach Pergamon (?) geflohen, vielleicht wieder nach Athen. – Von A.' vielfältigem Werk sind nur Fragmente (durch Papyri ergänzt) erhalten. Viel benutzt wurden: 1) ›Chronik‹ (4 Bücher in jamb. Trimetern): hist. Ereignisse in chronolog. Anordnung nach Generationen bzw. ›akme‹ (40. Lebensjahr): 1–3: vom Tod Alexanders des Großen bis 144/143; 4: bis kurz vor A.' Lebensende. 2) ›Über den Schiffskatalog [sc. in der Ilias]‹ (12 Bücher): Realien (Städte-, Orts-, Völker-, Personennamen) werden erklärt, um e. Bild Griechenlands in heroischer Zeit zu vermitteln. 3) ›Über die Götter‹ (24 Bücher): Analyse der Götternamen und -appellativa, Gesamtsicht des homer. Pantheons. 4) ›Etymologien‹ (mindestens 2 Bücher): Glossographie. Daneben kleinere Schriften, u.a. zu Komödie und Mimus. Das unter s. Namen überlieferte mythograph. Handbuch ›Bibliothek‹ (Schluß verloren; 2 epitomierte Fassungen: systemat. Darstellung der griech. Mythologie) ist sicher nicht von A., sondern eher kaiserzeitl. (1./2. Jh. n. Chr.?).

A: FGrH 244; J. C. Carrière, B. Massone 1991 (Bibl.); P. Scarpi 2001.

Apollonios Rhodios, griech. Epiker u. Philologe, * um 300 v. Chr. Alexandria. – Leiter der Bibliothek ebda., sonstige biograph. Nachrichten äußerst zweifelhaft. Während vom übrigen Werk (hexametr. Gründungssagen von Alexandria, Naukratis, Rhodos, Kaunos; ›Kanobos‹: ägypt. Sagen in Hinkjamben; Epigramme; philolog. Arbeiten zu Homer, Hesiod, Archilochos, Antimachos) nur wenige Fragmente erhalten sind, stellen die ›Argonautika‹ (›Argonautenzug‹, 5835 Verse, 4 Bücher) das einzige vollständig erhaltene hexametr. Epos der griech. Lit. zwischen Homer und der Kaiserzeit dar: 1 und 2: abenteuerl. Fahrt der Argo nach Kolchis, 3: Medeas Liebe, Iason gewinnt mit ihrer Hilfe das Goldene Vlies, 4: Flucht über das Tyrrhen. Meer nach Korkyra (Hochzeit Iasons und Medeas), Seesturm, Heimkehr nach Pegasai. A. steht dem traditionellen homer. Epos näher als s. Zeitgenossen, zeigt aber auch typ. hellenist. Elemente wie gelehrte aitiolog. bzw. antiquar.-geograph. Exkurse, die ›Hinwendung zum Kind‹ (vgl. Darstellung des Eros, realist. Personenzeichnung mit Interesse an psycholog. Motivation und Affekten. Berühmt ist v.a. die Darstellung der aufkeimenden Liebe und inneren Konflikte der Medea, die an Euripides' ›Medea‹ anknüpft. Die ›Argonautika‹ werden zur Standardversion der Argonauten-Sage bis in die Spätantike; vermutl. waren sie Schullektüre. Ihr Einfluß läßt sich u.a. nachweisen bei Moschos (›Europa‹), Quintos von Smyrna und Nonnos. Reiche Nachwirkung auch in Rom, z.B. Varro Atacinus (lat. Übs.), Catull (c. 64), Vergil (v.a. Aen. 3: Dido und Aeneas), Lucan (libyscher Wüstenmarsch des Cato), Valerius Flaccus (unvollendetes Argonautenepos).

A: H. Fränkel 1961; F. Vian 1974–81; ders. ²1993 (Buch 3 m. Komm.). – J. U. Powell 1925 (Fragm.). – *Komm.:* H. Fränkel 1968; A. Ardizzoni 1967 (Buch 1); F. Vian 1961, R. L. Hunter 1989, M. Campbell 1983, 1994 (alle Buch 3); E. Livrea 1973 (Buch 4). – *Übs.:* R. Glei, St. Natzel-Glei 1996; P. Dräger 2002.

L: P. Dräger, 1993, 2001; R. L. Hunter, Cambr. 1993; A. Rengakos, 1994.

Apollonius-Roman, spätantiker lat. Roman (›Historia Apollonii regis Tyri‹), wahrscheinl. e. Bearbeitung e. griech. Vorlage. – Erzählt werden die Abenteuer des Apollonius von Tyrus, die viele Motive aus Roman u. Märchen enthalten: Mühen u. Gefahren, Rettung nach Schiffbruch, Mordanschläge, Piraten, Scheintod, Lösen e. Rätsels, Liebesgeschichte, Trennung u. Wiederfinden, e. keusche Jungfrau im Bordell, viele unwahrscheinl. Zufälle etc., bis hin zu e. glückl. Ende. – Der Text wurde im MA viel gelesen u. außerordentl. häufig übersetzt u. bearbeitet; in den ursprüngl. heidn. Text sind zunehmend christl. Elemente eingegangen.

A: D. Tsitsikli, 1981; G. A. A. Kortekass, Groningen 1984; G. Schmeling, 1988; m. dt. Übs. F. P. Waiblinger, n. 1994.

L: E. Archibald, Cambr. 1991; N. Holzberg, Der antike Roman, 2001.

Apostolidis, Renos, griech. Erzähler, 2. 3. 1924 Athen – 10. 3. 2004 ebda. Sohn des Kritikers Herakles A. Stud. philos. Fakultät Athen. Als Journalist freier Schriftsteller u. Hrsg. der ›Nea Hellēnika‹, e. Zs. der freien und scharfen Kritik, sowie e. Zeitlang im Schuldienst tätig. Temperamentvoller Erzähler, in dessen mutigem Werk sich Passagen voller lyr. Tragik finden. S. hekt., eigenwilliger Stil vermittelt die Atmosphäre des Unheimlichen und Traumhaften.

W: Treis stathmoi mias poreias, Ess. 1945; Poiētika grammata, G. 1949; Pyramida 67, E. 1950; Histories apo tis noties aktes, En. 1959; Ho grassadoros kai ta cheirographa tu Max Tod, En. 1960; To kritērio, Es. 1960; Kritikē to metapolemu, Ess. 1962; Bora sto thērio, En. 1963; Katēgorō, Ess. 1965; Stē gemissē tu phegariu, En. 1967; Ho A2, N. 1968; Kleidia, Ess. 1968; Apo ton kosmo Ra, En. 1973; Hoi Exangeloi, 1984; Hē autokratoria tōn skupidiōn, En. 1989; Ho keraunos, En. 1991.

Appelfeld, Aharon, hebr. Erzähler, * 16. 2. 1932 Czernowitz/Rumänien. Erlebte den Holocaust als Jugendlicher und kam 1946 nach Palästina, wo er die Landessprache erlernte und später ein Studium an der Hebr. Univ. aufnahm. – 1959 veröffentlichte A. s. erstes Prosawerk, seitdem zahlreiche Romane und Erzählungen, die autobiograph. geprägt sind und in mehrere Sprachen übersetzt wurden. Das zentrale Thema s. Prosawerks ist das Leben im Schatten des Holocausts. A. beschreibt die Welt der assimilierten europäischen Juden wie auch die Verfolgung, das Leid und das Leben als ständige Flucht. Weiter thematisiert er die Macht der Erinnerungen, die die Überlebenden ihr Leben lang begleiten, und die Schwierigkeiten der jüd. Flüchtlinge, ein neues Leben, sogar in der jüd. Heimat, in Israel, zu beginnen.

W: Ashan, En. 1962; Tor ha-plaot, 1978 (Zeit der Wunder, d. 1984); Bartfus ben ha-almavet, R. (Der unsterbliche Bartfuß, d. 1991) Badenheim, Ir nofesh, R. 1979 (Badenheim, d. 1982); Tzili, R. 1983 (d. 1989); Be-et uveona achat, R. 1985 (The Healer, engl. 1990); Rizpat esh, R. 1988; Al kol ha-psha'im, R. 1989 (Für alle Sünde, d. 1993); Katerina, R. 1989 (engl. 1992); Mesilat barzel, 1991 (Der eiserne Pfad, d. 1999); Timyon, R. 1993 (engl. 1998); Layish, R. 1994; Ad sheyaale hashachar, R. 1995; Michre ha-kerach, R. 1997 (Die Eismine, d. 2000); Kol asher ahavti, R. 1999 (Alles, was ich liebte, d. 2002); Sipur chajim, R. 1999; Masa el hachoref, R. 2000; Layla veod layla, R. 2001; Pitom ahava, R. 2003.

L: G. Ramras-Rauch, 1994; Y. Schwarz, A. A.: from individual lament to tribal eternity, 2001.

Appendix Vergiliana, e. Sammlung z. T. schon in der Antike Vergil zugeschriebener, teilweise auch heute noch umstrittener Gedichte, der folgende Einzelstücke angehören: 1. ›Ciris‹, e. schon von Parthenios behandelte Metamorphose: Scylla wird in e. Meervogel verwandelt, weil sie aus Liebesleidenschaft zu Minos ihre Heimatstadt Megara dem Feind auslieferte; wörtl. Übereinstimmung einiger Verse mit Vergil kann entweder auf Imitation beruhen oder e. Vorbildrolle implizieren; 2. ›Aetna‹, e. Lehrgedicht in 645 Hexametern, das die Theorie des Vulkanismus darlegen will; die Darstellung ist anspruchsvoll, entnimmt manches aus Lukrez u. enthält am Schluß die moralisierende Erzählung über die Brüder von Catania; 3. ›Culex‹ (Die Mücke), e. parodist. Kleinepos in 414 Hexametern, in dem e. Mücke dem Hirten, der sie totschlug, e. Beschreibung der Unterwelt gibt; 4. ›Catalepton‹, e. Sammlung kleinerer Gedichte (3 ›Priapea‹ u. 15 [16] andere), von denen einige wahrscheinl. von Vergil stammen, bemerkenswert das schöne choliamb. Abschiedsgedicht (Nr. 5) und die Parodie auf Catull (Nr. 10); 5. ›Copa‹ (Die Schankwirtin), e. reizende Elegie in 19 Distichen: E. tanzende Wirtin lädt e. Wandersmann ein, bei ihr die Gaben der Ceres, des Amor u. des Bacchus zu genießen; 6. ›Dirae‹ (Verwünschungen), e. bukol. Gedicht über die Verwüstung des Landes in den Bürgerkriegen nach Caesars Ermordung. Zwischen 5. u. 9. Jh. wurde der A. V. neben zwei Elegien auf den Tod des Maecenas das ›Moretum‹ (Der Kräuterkäse) angehängt, das s. Wirkung aus dem Kontrast zwischen heroisch-ep. Stil und alltägl.-realist. Inhalt bezieht.

A: R. Ellis, 1960; R. Giomini, 1962; W. V. Clausen u.a. 1966, A. Salvatore u.a. 1997. – *Übs.:* Die Mücke, hg. M. Schmidt 1959; Aetna, hg. W. Richter 1963.

L: A. Rostagni, ²1961; A. Salvatore, Virgilio e Pseudovirgilio, 1995.

Appianos, altgriech. Historiker, 90–95(?) n. Chr. Alexandria – 60er Jahre des 2. Jh. n. Chr. Rom. In Rom Anwalt, Freund des → Fronto, unter Antoninus Pius Prokurator. – Wohl um 165 entsteht s. ›Röm. Geschichte‹ (›Rhomaïka‹, ›Historia Romana‹), in der er e. griech. Publikum Institutionen und Aufstieg Roms durch den Rat s. Götter und moral. Überlegenheit erklärt: Proömium: Allg. Friede, Genese e. Weltreiches, das allen Schutz bietet; Buch 1: Frühzeit Roms, Könige; dann ethnograph. Gliederung nach Völkern, die Rom erobert; 2: Italiker; 3: Samniten; 4: Kelten; 5: Sizilianer; 6: Iberer; 7: Hannibal; 8: Karthager; 9: Makedonen und Illyrer; 10: Griechen u. Ionier; 11: Syrier (Seleukiden) und Parther; 12: Mithridates VI; 13–17: Bürgerkriege; 18–21: Ägypten; 22: Zeitgeschichte bis hin zu Trajan; 23: Trajans Feldzüge gegen Daker und 24: Araber. – Erhalten sind das Proömium von Buch 6–7, 12 und 13–17 ganz; 8–9 und 11 je halb; vom Rest z.T. umfangreiche Fragmente, völlig verloren Buch 10 und 18–24. Den ›Excerpta historica‹ (›Hist. Exzerpte‹) des Konstantinos Porphyrogennetos verdankt sich die Erhaltung von großen Teilen von Buch 1–5 und 9; für die Zeit der ›Bürgerkriege‹ stellt A. die einzige umfangreichere erhaltene hist. Quelle dar.

A: P. Viereck, A. G. Roos 1939, rev. E. Gabba 1962 (1–12 u. Fragm.); L. Mendelssohn, P. Viereck 1905 (13–17). – *Komm.:* E. Gabba 1958, 1970; D. Magnano 1984 (alle zu Bürgerkrieg). – *Übs.:* O. Veh 1988–89.

L: B. Goldmann, 1988; A. M. Gowing, 1992; K. Brodersen, ANRW 2.34.1, 1993.

Apuchtin, Aleksej Nikolaevič, russ. Lyriker, 27. 11. 1840 Bolchov/Gouv. Orël – 29. 8. 1893 Petersburg. Aus alter, aus Frankreich stammender Adelsfamilie, schloß 1859 Stud. der Rechte ab, veröffentlichte 1859 einige Gedichte in der Zs. ›Sovremennik‹, trat dann als Dichter erst wieder in den 80er Jahren hervor und wurde bekannt, von der zeitgenöss. Kritik aber nicht anerkannt. – S. Dichtung kennt nur einige Motive, wie Klage über Vergänglichkeit des Schönen, Trauer über ungenutzte Jahre des Lebens, Enttäuschung in der Liebe; A. hielt sich von der sozialpolit. orientierten, seinerzeit vorherrschenden lit. Richtung fern;

faßt s. lyr. Bekenntnisse gern in ep. Form, wie in s. besten Poem ›God v monastyre‹; schrieb einige Novellen; viele s. Gedichte wurden als Lieder, von Čajkovskij u. a. vertont, beliebt.

W: God v monastyre, G. 1885; Archiv grafini D**, povest' v pis'mach, N. 1895 (Das Archiv der Gräfin D., E. Novelle i. Briefen, d. 1926). – Sočinenija, ⁶1907; Polnoe sobranie sočinenij (GW), 1991. – *Übs.:* Zwischen dem Tode und dem Leben, 1903.

Apuleius, Lucius, lat. Schriftsteller u. Wanderredner, Vertreter der sog. ›Zweiten Sophistik‹; um 125 n. Chr. Madauros, Nordafrika – um 170. A. studierte in Karthago u. Athen; nach weiten Reisen kehrte er nach Afrika zurück u. heiratete 155 e. reiche Witwe. Gegen den Vorwurf, sie mit Magie zur Eheschließung gebracht zu haben, verteidigte er sich mit der ›Apologia‹ (oder: ›Pro se de magia‹), e. Werk, das bes. A.' Witz u. Argumentationskunst zeigt. A.' Werke sind sprachl.-stilist. sehr anspruchsvoll u. inhaltl. von großer Vielfalt: 23 bes. Stellen aus Reden sind in e. Blütenlese (›Florida‹) gesammelt, z.B. e. Auszug aus der Rede, in der sich A. für die Aufstellung e. Ehrenstatue bedankt. 3 philos. Schriften vermitteln e. lit. Publikum e. philos. fundierte Weltanschauung: ›De deo (oder: genio) Socratis‹ (Über den Gott des Sokrates), e. Abriß der Götterlehre der platon. Schule; ›De Platone et eius dogmate‹ (Über Platon und s. Lehre), e. kurze Lebensbeschreibung Platons u. e. Darstellung der platon. Physik u. Ethik; ›De mundo‹ (Über die Welt). Am berühmtesten ist heute s. Roman ›Metamorphoseon libri XI‹ (Verwandlungen) über die Abenteuer des in e. Esel verwandelten Ich-Erzählers; im letzten Buch wird er dank der Göttin Isis wieder zum Menschen, u. er läßt sich schließlich zum Isis-Priester weihen. In die Rahmenhandlung eingelegt ist e. Reihe von Räuber-, Spuk- u. erot. Geschichten; bes. bekannt ist die märchenhafte Erzählung von ›Amor und Psyche‹.

A: Met.: R. Helm, n. 2001; m. dt. Übs. ders., n. 1978; m. dt. Übs. E. Brandt, W. Ehlers, n. 1989; Apol.: R. Helm, n. 1994; dt. ders., 1977; Flor.: ders., n. 1993; d. ders., 1977; Philos.: m. franz. Übs. J. Beaujeu, Opuscules philosophiques, Paris 1973; C. Moreschini, De Philosophia libri, 1991; De magia, mit dt. Übs., hg. J. Hammerstaedt.

L: F. Regen, A. Philosophus Platonicus, 1971; J. H. Tatum, A. and The Golden Ass, Ithaca 1979; J. J. Winkler, Auctor and Actor, Berkeley 1985; P. James, Unity in Diversity, 1987; C. C. Schlam, The Metamorphoses of A., 1992; S. J. Harrison, Oxf. 2000.

Aqhat-Mythos → Danel-Sage

al-'Aqqād, 'Abbās Maḥmūd, ägypt.-arab. Dichter und Kritiker, 28. 6. 1889 Assuan – 12. 3. 1964 Kairo. Unvollständige Schulbildung, in Kairo Lehrer und Journalist der Presse der Wafd-Partei. Mitgl. der Diwan-Gruppe, benannt nach dem gleichnamigen mit al-Māzinī herausgegebenen Buch, dem Manifest der romant. Strömung in der arab. Lit. – Einflußreicher Lit.kritiker und Förderer, zahlr. biograph. Arbeiten und Essays. Exploriert ab Mitte der 1930er Jahre schriftsteller. die Eigenwerte des Islams.

W: Dīwān, G. 1916ff.; al-Muṭāla'at fī l-kutub, Ess. 1924; Ibn ar-Rūmī, St. 1931; Waḥy al-arba'īn, G. 1933; Hadīyat al-karawān, G. 1933; Sa'd Zaghlūl, St. 1936; 'Abir sabīl, G. 1937; Sāra, R. 1938; 'Abquarīyat Muḥammad, St. 1943.

L: K. Schoonover, 1955; Z. R. Dajani, 1990; S. Elbarbary, 1991.

Aquin, Hubert, kanad. Schriftsteller und Journalist, 24. 10. 1929 Montreal – 15. 3.1977 ebda. Stud. Philosophie und Politik in Paris; 1954 kehrt er nach Montreal zurück und widmet sich Literatur, Rundfunk und Fernsehen. Als Mitglied der RIN engagierter Kämpfer für d. Befreiung von Québec. Galt als Gegner der etablierten Ordnung. Gefangennahme, Exil in der Schweiz; nach der Rückkehr Univ.-Prof. in Kanada und in den USA. Nach Zerwürfnissen Selbstmord. – Schrieb s. ersten Roman in polit. Gefangenschaft. ›Prochain épisode‹ und die folgenden Romane zeugen von wortgewaltiger Rede, Perspektivenreichtum sowie von hist. und zukunftorientierten Visionen, im engsten Kontext zu Geschichte und Zukunft von Québec.

W: Prochain épisode, R. 1965; Trou de mémoire, R. 1968; Point de fuite, R. 1971; L'antiphonaire, 1969; Neige noire, R. 1974; L'invention de la mort, R. 2001. – Mélanges littéraires, II 1995; Ed. critique des œuvres de H. A., 1992.

L: G. Sheppard, 1985; K. Jarosz, 1985; R. Richard, 1990; M: Randall 1990; A. Wall, 1991; A. Lamontagne, 1992; M. Dumais, Répertoire H. A., 1998.

Aragon, Louis (eig. Louis-Marie), franz. Schriftsteller, 3. 10. 1897 Paris – 24. 12. 1982 ebda. Nahm 1915–18 am 1. Weltkrieg teil, Stud. Medizin, schrieb bis 1922 Gedichte in dadaist. Manier, gründete 1924 mit Breton und Soupault die surrealist. Bewegung, einer ihrer prominentesten Vertreter. Unter dem Einfluß s. Frau, der Schriftstellerin Elsa Triolet, wandte er sich 1932 vom Surrealismus ab. Gehörte seit 1927 der Kommunist. Partei an, nahm 1934 am Char'kover Kongreß proletar. Schriftsteller teil. Kämpfte im Span. Bürgerkrieg, im 2. Weltkrieg vor allem in der Résistance. Hrsg. der Ztn. ›Ce soir‹ und ›Les lettres françaises‹, Verlagsdirektor in Paris. – Hervorragender Stilist. Einer der bedeutendsten Dichter des franz. Surrealismus und der Résistance. Schließl. im Dienst des Kommunismus Lyriker und Romancier, dessen künstler. Leistung durch die parteipolit. Bindung beeinträchtigt wird. Lyrik, Romane, Dramen, Essays. Sein bestes Werk der surrealist. Phase in Prosa ist e. geistvoller, frecher Angriff auf die bürgerl. Welt: ›Le Paysan de Paris‹. Seit 1938 bis Kriegsende Gedichte, in denen er bewußt an die große Tradition der franz. Lyrik anschließt, zu Alexandriner und Reim zurückkehrt. Nationalpoesie mit Themen aus der Zeitgeschichte. Wurde in weiten Kreisen bekannt durch schmerzl. bewegte Lyrik aus der Zeit der Besatzung und Résistance sowie durch Gedichte für s. Frau. In Romanen vertritt er den soz. Realismus, zentrales Thema ist der Zerfall der nachkommunist. Ideologie in einer als parasitär empfundenen bürgerl. Gesellschaft, verbunden mit zeitweiligen polem. Angriffen gegen Frankreich und Idealisierung der Arbeiterklasse. Dabei auch Kritik am Stalinismus und seinen Varianten. Der Roman ›La semaine sainte‹ gewinnt künstler. dadurch, daß A. in ihm polit. Engagement und Polemik ausschließt.

W: Feu de joie, G. 1920; Anicet ou le panorama, R. 1920 (d. 1971); Les aventures de Télémaque, E. 1922; Le libertinage, R. 1924 (d. 1973); Le paysan de Paris, R. 1926 (d. 1969); Le mouvement perpétuel, G. 1926; Le con d'Irène, R. 1928 (d. 1969); Traité du style, Es. 1928; Persécuté, persécuteur, G. 1931: Front rouge, G. 1931; Hourra l'oural, G. 1934; Le monde réel, R.-Folge IV 1934–44 (d. 1948): Les cloches de Bâle, 1934 (d. 1936), Les beaux quartiers, 1936 (d. 1952), Les voyageurs de l'Impériale, 1942 (d. 1953), Aurélien, 1944 (d. 1948); Pour un réalisme socialiste, Es. 1935; Le crève-cœur, G. 1941; Les yeux d'Elsa, G. 1942; Le musée Grévin, G. 1943; Le crime contre l'esprit, Es. 1943; En étrange pays dans mon pays lui-même, G. 1945; La Diane française, G. 1945; Neuf chansons interdites, G. 1944/45, 1946; L'homme communiste, Es. 1946 (dt. Ausw. 1953ff.); Le nouveau crève-cœur, G. 1948; Les Communistes, R.-Folge V 1949–51 (z.T. d. 1953ff.); Les yeux et la mémoire, G. 1954; Mes caravanes et les autres poèmes, G. 1954; Le roman inachevé, G. 1956; La semaine sainte, R. 1958 (d. 1961); Elsa, G. 1959; Le Fou d'Elsa, G. 1963; Il n'est Paris que d'Elsa, G. 1964; Entretiens avec Francis Crémieux, 1964; La mise à mort, R. 1965 (Leere Spiegel, d. 1968); Blanche ou l'oublie, N. 1967 (d. 1972); Je n'ai jamais appris à écrire ou les incipits, Abh. 1969; Henri Matisse, Sb. 1971 (d. II 1974). – Œuvres romanesques, XLII 1964–74 (m. E. Triolet).

L: J. de La Does, Brüssel 1945; J. Malaquais, 1947; C. Roy, ²1951; P. de Lescure, A. Romancier, 1960; H. Juin, 1960; R. Garaudy, 1961; G. Raillard, 1964; Y. Gendine, 1966; G. Sadoul, 1967, 1972; B. Lecherbonnier, 1971; S. Bibrowska, Une mise à mort, 1972; P. Daix, 1975, ²1994; H. Melzer, 1978; D. Vaillard, 1979; L. Follet, 1980; J. Chenieux-Geudron, 1983; Ph. Olivera, 1997.

Aragona, Tullia d', ital. Dichterin, 1508 Rom – 12./13. 3. 1556 ebda. E. der berühmtesten Kurtisanen des 16. Jh.; lebte bis 1531 in Rom, dann in Ferrara, 1534 in Venedig u. 1537 wieder in Ferrara. In Siena 1543 ∞ Silvestro Guicciardi, wodurch sie sich vor den strengen Sieneser Gesetzen gegen die Kurtisanen rettete. 1545/46 in Florenz, ab 1549 in Rom. Sie genoß die Bewunderung u. Verehrung zahlr. bedeutender Literaten (u. a. B. Tasso, Muzio, Varchi, E. Bentivoglio u. Kardinal Ippolito de' Medici). – Vf. e. Reihe petrarkist. Gedichte. Unter Einfluß der herrschenden Philos. schrieb sie e. Dialog ›Della infinità dell' amore‹, in dem sie die platon. Ideen über die Liebe darlegt. Das Epos ›Meschino altramente detto il Guerrino‹ erfreute sich lange großer Beliebtheit.

W: Rime, 1547 (hg. E. Celani, in: Scelta di curiosità letterarie, 1891); Dialogo della infinità dell' amore, 1547 (hg. G. Zonta, in: Trattati d'amore del 500; d. 1988); Meschino altramente detto il Guerrino, 1560.

L: G. Biagi, 1928.

Arai, Hakuseki, jap. Staatsmann u. Gelehrter konfuzian. Richtung, 10. 2. 1657 Edo – 19. 5. 1725 ebda. Vater niederer Samurai, widmete sich frühzeitig dem Stud. des Konfuzianismus, trat 1693 in die Schule des Kinoshita Jun'an ein; auf dessen Empfehlung Lehrer u. später Berater der Shogune Tokugawa Ienobu u. Ietsugu. 1716 aus dem polit. Wirken ausgeschaltet, lebte er für s. wiss. u. lit. Studien. – Als Wiss. wendet er sich hist., sprachl. u. geograph. Problemen zu. Lit. Bedeutung haben s. ›Hankampu‹ (1701) u. s. Selbstbiographie ›Oritaku shiba no ki‹ (1717). Bes. interessant ist das die Befragung des gefangenen Jesuitenpaters G. B. Sidotti (1668–1715) festhaltende ›Seiyôkibun‹.

A: A. H. zenshû (GW), 1905–07. – Übs.: H. Hammitzsch, Aus dem Hankambu des A. H. (Nippon 8), 1942; S. R. Brown, Sei yo ki bun (Journal of the North-China Branch of the Royal Asiatic Society, NS 2 u. 3), 1865–66; Oritaku shiba no ki, 1717 (engl. 1979).

L: H. Hammitzsch, A. H. u. seine geograph. Stud. (NOAG 71), 1950; ders. (Fs. W. Will), 1966; U. Kemper, A. H. u. s. Geschichtsauffassung (Studien zur Japanologie 9, 1967); K. Nakai, Shogunal Politics: A. H. and the premises of Tokugawa rule, Cambr./MA 1988.

Arango, Gonzalo, kolumbian. Schriftsteller, 18. 1. 1931 Andes – 25. 9. 1976 Tocancipá. Bibliothekar, Journalist. – Rief 1957 mit Freunden die Bewegung des ›Nadaísmus‹ (von ›nada‹, nichts) ins Leben (Einfluß von Surrealismus u. ›beatnik generation‹), die Privateigentum, Religion, Patriotismus u. die Ästhetik des Schönen u. Guten verurteilte.

W: Manifiesto nadaísta, 1958; Nada bajo el cielo raso, Dr. 1960; Sexo y saxofón, En. 1963; La consagración de la nada, Dr. 1964; Prosas para leer en la silla eléctrica, 1966; Obra negra, Anth. 1974.

Aranha, José Pereira da Graça, brasilian. Schriftsteller, 21. 6. 1868 São Luís/Maranhão – 26. 1. 1931 Rio de Janeiro. Stud. Jura Recife, Richter,

Anwalt; 1890 Kontakte zu lit. Kreisen der ›Revista Brasileira‹, mit Machado de Assis, J. Veríssimo u. J. Nabuco befreundet, dessen Sekretär in London, Paris, Rom; Diplomat, 1921 Rückkehr nach Brasilien. – Aktive Rolle im Modernismo, provoziert 1924 mit dem am Futurismus orientierten Vortrag ›O espírito‹ in der Akad.; massiv fortschrittsgläubig wie viele Intellektuelle der Zeit. S. erster Roman ›Canaã‹ ist Teil des national-patriot., biologist. u. rassenideolog. determinierten Diskurses s. Zeit u. thematisiert das Problemfeld von Vermischungs-, Assimilierungs-, Akkulturierungsprozessen dt. Migranten; es bleibt s. einziger lit. Erfolg.

W: Canaã, R. 1902; Malasarte, Dr. 1911; A Estética da Vida, Ess. u. Aphor. 1920; O Espírito Moderno, Abh. u. Vortr. 1925; A Viagem Maravilhosa, R. 1929; O Meu própio Romance, Mem.-Fragm. 1931. – Obras Completas (GW), VIII 1939–41, 1969.

L: J. Veríssimo, 1905; O. Costa Filho, 1934; M. Bandeira, 1937; N. Sodré, 1940; O. Carpeaux, 1958; R. Schwarz, 1965; J. P. Paes, 1992.

Arany, János, ungar. Dichter, 2. 3. 1817 Nagyszalonta – 22. 10. 1882 Budapest. Aus verarmter Adelsfamilie. Gymnas. Nagyszalonta. 1833 Stud. im Kolleg Debrecen. 1834 Lehrer in Kisújszállás. 1835 Rückkehr ins Kolleg, blieb aber nicht lange, wurde Schauspieler. 1836 Rückkehr in sein Heimatdorf, wurde Lehrer. 1838 Hilfsnotar, 1840 Vizenotar ebda. ∞ e. armes Waisenmädchen, Julianna Ercsey. Beginn lit. Schaffens. 1846 erschien s. 1. Novelle; Preis der Kisfaludy-Gesellschaft für s. Epos ›Toldi‹. 1847 Freundschaft mit Petőfi. 1848/49 Teilnahme am Freiheitskampf. Dienst im Innenministerium. 1850 Erzieher bei der Familie Tisza in Geszt. 1851 Prof. in Nagykőrös. 1859 Mitgl. der Ungar. Akad. der Wiss. 1860 Übersiedlung nach Pest, dort Direktor der Kisfaludy-Gesellschaft. Gründer der Zs. ›Szépirodalmi Figyelő‹. 1863 Nádasdy-Preis für s. Epos ›Buda halála‹. Gründer der lit. Zs. ›Koszorú‹. 1865 Tod s. Tochter; Sekretär der Ungar. Akad. der Wiss., 1870 1. Sekretär ebda. Dankte 1877 ab und lebte nur der Lit. – Bedeutender, klass. ungar. Lyriker und Epiker von unglaubl. Fertigkeit in der Beherrschung der sprachl. Gegebenheiten. In s. Epen und Balladen mit Stoffen aus ungar. Geschichte und Sage bemüht um Schaffung e. ungar. volkhaften Nationallit. als Zwischenstufe zwischen abstrakter Kunstlit. und schriftloser Volksdichtung. Vorliebe für trag. Gewissenskonflikte. Im Alter symbol. Lyrik. Auch Lit.historiker, Metriker und Übs. (Shakespeare, Aristophanes). Sein schönstes Werk ist die Toldi-Trilog..

W: Az elveszett alkotmány, Ep. 1845; Egy egyszerű beszélyke, N. 1846; Hermina, N. 1846; Toldi, Ep. 1846 (d. 1855); Rózsa és Ibolya, 1847; Murány ostroma, Ep. 1848; János pap országa, G. 1848; Rákócziné, Ball. 1848; Vojtina levelei öccséhez, G. 1850; Bolond Istók, kom. Ep. 1850–73; Családi kör, G. 1851; A nagyidai cigányok, kom. Ep. 1851; Rozgonyiné, Ball. 1852; Ágnes asszony, Ball. 1853; Fülemile, G. 1854; A bajusz, G. 1854; Toldi estéje, Ep. 1854 (Toldis Abend, d. 1857); Szondi két apródja, Ball. 1856; Kisebb költeményei, G. 1856; Vojtina Ars Poeticája, 1861; A walesi bárdok, Ball. 1863; Buda halála, Ep. 1863 (König Budas Tod, d. 1879); Epilogus, G. 1877; Tengeri hántás, Ball. 1877; Hídavatás, Ball. 1877; Vörös Rébék, Ball. 1877; Toldi szerelme, Ep. 1879. – Összes költeményei, VI 1867; Összes munkái (SW), XIII 1900; Összes művei, X 1924–32, XIV 1951–66. – Übs.: Balladen, d. J. Bruck, 1886; Ausgew. Gedichte, d. M. Bieler, 1982.

L: F. Szinyei, 1909; Gy. Földessy, 1917; E. Császár, 1926; G. Voinovich, III 1929–38; D. Keresztury, 1971; F. Riedl, ⁶1982; B. Nyilasi, 1998.

Āranyaka, das (zum Walde gehörend); altind. ritualist.-myst. Traktat, der innerhalb des → Veda e. ›Brāhmaṇa‹ eingefügt oder angehängt ist. Die Ā.s enthalten in der Hauptsache Darlegungen (in Sanskrit) bestimmter Riten, die das Hervorbringen myst. Kräfte u. ä. bewirken sollen; da diese Riten als bes. heilig und als für den Unberufenen gefährl. galten, sollte die Unterweisung darin in der Einsamkeit des Waldes (āraṇya) vorgenommen werden.

A: Taittirīya-Ā., hg. R. Mitra 1864–72, H. N. Apte 1898, M. Śāstrī 1900–02, C. Malamud 1977 (m. franz. Übs. u. Komm.); Kauṣītaki-Ā. (Śāṅkhāyana-Ā.), I–II, hg. W. Friedländer 1900 (m. dt. Übs.); III–VI, hg. E. B. Cowell 1901 (m. engl. Übs.); VII–XV, hg. A. B. Keith 1919 (engl. Übs. 1908); Aitareya-Ā., hg. R. Mitra 1876, A. B. Keith 1909, 1969 (mit engl. Übs.), K. R. Pillai 1968; Maitrāyaṇīya-Ā., hg. S. D. Satavalekar 1956; Katha-Ā., hg. M. Witzel (m. dt. Übs. u. Komm.) 1974.

L: H. Oldenberg, 1915; Encyclopaedia Indica 19, 1997.

Arator, lat. christl. Dichter, 1. Hälfte 6. Jh. n. Chr., Ligurien. A. war zunächst Advokat am ostgot. Hof in Ravenna, dann Kleriker. – S. Hexametr. Dichtung ›De actibus apostolorum‹ (Über die Taten der Apostel) trug er 544 in Rom öffentl. vor. In 2 Büchern behandelt er 43 Begebenheiten der Apostelgeschichte, wobei nicht e. fortlaufende Erzählung entsteht, sondern der Schwerpunkt auf den Episoden und deren allegor. Auslegung liegt. Dabei macht A. auch aktuelle Positionen deutl. (gegen die Goten gerichteter Antiarianismus; Ansprüche der röm. Kirche u. des Papstes gegenüber Byzanz). A. wurde bis ins 16. Jh. viel gelesen.

A: A. P. McKinlay 1951 (Corp. Script. Eccl. Lat. 72); engl. R. J. Schrader, Arator's On the Acts of the Apostles, Atlanta 1987.

L: J. Schwind, A.-Studien, 1990; R. Hillier, A. on the Acts of the Apostles, Oxf. 1993.

Aratos von Soloi, altgriech. Dichter, um 315 v. Chr. Soloi (Kilikien) – vor 240 v. Chr., vermutl. in Pella. Stud. in Athen, wo er vermutl. Kallimachos kennenlernt, zu e. Anhänger des Stoizismus nach Art des Zenon wird und Antigonos Gonatas trifft, dem er an s. Hof nach Pella (Makedonien) folgt. Dort verfaßt A. heute verlorene panegyr. Dichtung (u.a. den sog. ›Hymnos auf Pan‹ auf Antigonos' Sieg über die Kelten 277); zeitweise lebt A. wohl auch in Antiochia. – Vom umfangreichen Werk (u.a. Editionen von ›Ilias‹ und ›Odyssee‹) sind außer 2 Epigrammen nur die ›Phainomena‹ erhalten, e. Lehrgedicht über ›(sc. Himmels-)Erscheinungen‹ in 1154 daktyl. Hexametern: Nach e. Proömium an Zeus folgen der nördl. bzw. südl. Fixsternhimmel sowie die Planeten und Gestirne, die zusammen auf- und untergehen; e. Anhang enthält Wetterzeichen und deren Bedeutung. A. greift zwar auf naturwiss. Abhandlungen zurück, will aber v. a. ein stoisches Weltbild vermitteln: Die Welt ist durchdrungen von göttl. Weisheit, die durch nützliche Zeichen zu den Menschen spricht. Die ›Phainomena‹ waren sofort e. Erfolg (vgl. z.B. Kallimachos Epigr. 27) und die ganze Antike hindurch neben ›Ilias‹ und ›Odyssee‹ das meistgelesene Gedicht. Damit prägten sie für Jahrhunderte die Tradition des Lehrgedichts, wurden nicht nur mehrfach kommentiert und ins Lat. übersetzt (u.a. Varro, Cicero), sondern sogar ins Arab. übertragen. Noch die Apostelgeschichte (Apg. 17,28) des NT zitiert aus dem ›Proömium‹, und im christl. MA benutzte man es als Schulbuch.

A: E. Maas 1893; J. Martin 1956 (m. franz. Übs.); M. Erren 1971 (m. Anm. u. Übs.) (Phain.); J. Martin 1998 (Phain.); Suppl. Hell. 34–42 (Fragm.).
L: B. Effe, 1977; Chr. Fakas, 2001.

Arbaud, Joseph d' (eig. J. Darbaud), provenzal. Schriftsteller, 6. 10. 1874 Meyrargues/Camargue – 2. 3. 1950 Aix-en-Provence. Mutter Dichterin der Félibrige. Stud. Jura; von F. Mistral zum Dichten ermutigt. 9 Jahre Leben als Rinderhirte in der Camargue; Verfechter des provenzal. Regionalismus, 1917–37 Hrsg. versch. Zeitschriften, darunter ›Le Feu‹. 1906 Preis der ›Jeux Floraux‹, 1939 Prix Lasserre der Académie Française. – A. schildert in Gedichten, Kurzgeschichten und Romanen s. südfranz. Heimat. Sein Werk zeugt von Landschaft und Bevölkerung der ursprüngl. Camargue. Sein Roman, in dem er die Begegnung eines Hirten mit einer ihm aus den Stimmen der Natur deutenden Faun darstellt, überschreitet bereits die Grenzen des reinen Regionalismus. Suggestive und bei aller Verfeinerung farbige, konkrete Sprache; in präzisem und nüchternem Stil Ausdruck tiefer Gefühle.

W: Li rampau d'aram, G. 1912; Lou lausié d'Arle, G. 1913; Li cant palustre, G. 1919 (franz. 1951); Noël Gardien, E. 1920; La vesioum de l'Uba, G. 1920; La bèstio dou Vacarés, R. 1924 (Pan im Vaccarès, d. 1954); La caraco, E. 1926; La souvagino, E. 1929; La Provence: types et coutumes, Prosa 1939; La coumba, G. 1945; Espelisoun de l'autunado, G. 1952.

Arbes, Jakub, tschech. Schriftsteller, 12. 6. 1840 Prag – 8. 4. 1914 ebda. Verbrachte s. ganzes Leben in s. Heimatstadt, deren Industrialisierung er als Student der Technik, später als Journalist u. Redakteur der Zt. ›Národní listy‹ miterlebte. – Schuf nach dt. Vorbild den tschech. sozialen Roman, in dem er polit. u. gesellschaftl. Themen berührte, die Rechte der Arbeiter vertrat u. radikal den staatl. u. kirchl. Absolutismus bekämpfte. S. Vorliebe für bizarr-romant. Handlungen, wiss. Experimente, exzentr. Charaktere u. schaurige Situationen huldigte A. in e. neuen lit. Gattung, nach Neruda ›Romanetto‹ benannt. Daneben schrieb A. hist.-polit. u. lit.hist. Studien, bes. über Mácha, Sabina u. Neruda sowie zahlr. Charakterskizzen u. Theaterkritiken.

W: Ďábel na skřipci, Romanetto 1866; Pláč koruny české, St. 1870; Lež a pravda o sv. Janu Nepomuckém, St. 1870; Svatý Xaverius, Romanetto 1873; Sivooký démon, Romanetto 1873; Ukřižovaná, Romanetto 1876; Newtonův mozek, Romanetto 1877; Moderní upíři, R. 1879; Štrajchpudlíci, R. 1880; Adamité, R. 1881; Pro bratra socialistu, R. 1893 (u.d.T. Agitátor, 1905); Poslední dnové lidstva, Romanetto 1895; Siluety divadelní, En. 1904; Arabesky literární, 1905; Zlatovlasá furie, Dr. 1942. – Sebrané spisy (GW), XL 1902–16; Dílo (W), XXXVI 1940–67; Z víru života, Ausw. 1981.
L: K. Krejčí, 1946 u. 1955; M. Laiske, 1958; J. Moravec, 1966; J. Janáčková, Arbesovo Romanetto, 1975. –
Bibl.: J. A., in: ›Obzor literární a umělecký‹, Bd. 2/3, 1901f.

Arblay, Frances d' → Burney, Fanny

Arbó, Sebastián Juan → Juan Arbó, Sebastià

Arbuthnot, John, schott. satir. Schriftsteller, Arzt u. Mathematiker, 29. 4. 1667 Bervie – 27. 2. 1735 London. Stud. Aberdeen und Oxford, lehrte in London Mathematik, 1704 Mitgl. der Royal Society, 1705 Leibarzt von Queen Anne, verlor nach Tod der Königin s. Stellung am Hof. Eng befreundet mit Pope und Swift; Pope richtete s. ›Epistle to Dr. A.‹ (1735) an ihn, e. Horaznachahmung. – In der Schrift ›A Sermon ... on the Subject of the Union‹ verteidigt A. die Vereinigung Englands u. Schottlands. Gehörte dem 1713 gegründeten Scriblerus-Club an, dessen Mitglied u.a. auch Pope, Swift, Gay und Congreve waren, schrieb zahlr. Beiträge für die ›Memoirs of ... Martinus Scriblerus‹ (1741, n. 1950), in denen vorgetäuschte Gelehrsamkeit von Alleswissern, die im Grunde Nichtswisser sind, lächerl. gemacht wurde. – 1712 erschienen 5 s. Schriften, die zur Beendigung des Krieges mit Frankreich auffordern, sie wurden 1727 als ›History of John Bull‹ zusammengefaßt u. erschienen in Pope-Swifts ›Miscellanies‹. Von der kom. Hauptfigur dieser Schriften, J. Bull, rührt der Spitzname für den typ. Engländer her. Verfaßte außerdem die polit. Satire ›Art of Political Lying‹ sowie e. Reihe medizin. Abhandlungen und Schriften über alte Münzen, Gewichte und Maße.

W: A Sermon ... on the Subject of the Union, 1706; The Art of Political Lying, 1712; The History of John Bull, 1727 (n. 1976); Essays, III 1731–33; Know Yourself, G. 1734; Miscellaneous Works, 1750/51.

L: L. M. Beattie, 1935; R. Steensma, 1979.

Arbuzov, Aleksej Nikolaevič, russ. Dramatiker, 26. 5. 1908 Moskau – 20. 4. 1986 ebda. Theaterschule Leningrad; 1939 Gründung e. Jugendtheaters in Moskau. – Erfolgr. populärer Dramatiker, gestaltet zwischenmenschl. Probleme im Kontext des sowjet. Alltags sehr bühnenwirksam. ›Irkutskaja istorija‹ wurde zu e. wichtigen Stück der Zeit nach Stalin.

W: Klass, Sch. 1930; Dal'njaja doroga, K. 1935 (Der weite Weg, d. 1959); Tanja, Dr. 1938 (d. 1946); Gody stranstvij, Sch. 1954 (Verschlungene Wege, d. 1954); Dvenadcatyj čas, Sch. 1960; Irkutskaja istorija, Sch. 1960 (Irkutsker Geschichte, d. 1960); Moj bednyj Marat, Sch. 1965 (Leningrader Romanze, d. 1965); Staromodnaja komedija, K. 1976; Pobeditel'nica, Sch. 1983. – P'esy, 1957; Teatr, 1961; Dramy, 1969; Vybor, 1976; Izbrannoe, Ausw. II 1981. – *Übs.:* Dramen, 1972.

Arce, Gaspar Núñez de → Nuñez de Arce, Gaspar

Archer, Jeffrey (Howard), engl. Schriftsteller, * 15. 4. 1940 Mark/Somerset. Stud. Oxford, 1969–74 brit. Parlamentsmitgl., 1985/86 Vorsitzender der ›Conservative Party‹. – Verf. höchst erfolgr. Romane zu polit. u. Wirtschaftsthemen sowie einiger Stücke u. Kurzgeschichten. Umstritten aufgrund seiner Themenwahl u. stilist. Mängel sowie diverser persönl. Skandale.

W: Not a Penny More, Not a Penny Less, R. 1976 (d. 1978); Shall We Tell the President?, R. 1977 (d. 1988); Kane and Abel, R. 1980 (d. 1981); The Prodigal Daughter, R. 1982 (d. 1982).

Archer, William, schott. Journalist, Kritiker u. Dramatiker, 23. 9. 1856 Perth – 27. 12. 1924 London. Stud. in Edinburgh; Reise nach Australien; nach Rückkehr 1878 Bühnenkritiker des ›London Figaro‹ und 1884–1905 der ›World‹. – Für neue Einflüsse aufgeschlossen, setzte A. sich v. a. für den in England lange bekämpften Ibsen ein, übersetzte ab 1880 einige von Ibsens Dramen, die unter s. Einfluß ab 1889 die engl. Bühne eroberten. Als Kritiker und Essayist geschätzt wegen s. aufrichtigen, unabhängigen Urteils. Schrieb selbst einige Schauspiele, ferner e. Biographie Macreadys und e. Studie über H. Irving.

W: Engl. Dramatists of Today, Schr. 1882; Henry Irving, Abh. 1883; Masks or Faces, Schr. 1888; W. Ch. Macready, B. 1890; The Theatrical World, Schr. V 1893–97; Poets of the Younger Generation, Ess. 1902; A National Theatre, 1907 (m. Granville-Barker); Playmaking, Schr. 1912; The Green Goddess, Dr. 1921; The Old Drama and the New, 1923; Three Plays, 1927.

L: I. M. Robinson, 1925; Ch. Archer, 1931; H. Schmid, The dram. criticism of W. A., 1964; P. Whitebrook, 1993.

Archestratos von Gela, altgriech. Autor, Mitte 4. Jh. v. Chr. Vf. des größtenteils verlorenen ›Hedypatheia‹ (auch ›Gastronomia Deipnologia‹, ›Opsopoiia‹), e. gastronom. Lehrgedichts in Hexametern, das sämtl. kulinar. Genüsse des Mittelmeerraumes versammelt. Unter dem Titel ›Hedyphagetica‹ wurde es von Ennius ins Lat. übersetzt.

A: Suppl. Hell. 132–192; J. Wilkins, S. Hill 1994.

Archilochos von Paros, der früheste uns erhaltene altgriech. Lyriker, um 680 v. Chr. Paros – mindestens 630 v. Chr. Von adliger Herkunft, nahm als Berufsoffizier an zahlr. militär. Konflikten teil, vermutl. fiel er in e. Krieg; die von A. erwähnte Sonnenfinsternis (6. 4. 648) ist das früheste Fixdatum der griech. Lit.geschichte. – Vom Textbestand der antiken, nach Metra geordneten Ausgabe in 4 Bänden (1: Elegie: z.B. Trost, Paränese; 2: Iambos: Liebe, Schmähung, Politik; 3: trochäische Tetrameter: Krieg, Staat; 4: Epoden; u.a. Fabeln: Fuchs und Adler; Fuchs und Affe) sind ca. 300 Fragmente erhalten. Sitz im Leben dieser Dichtung ist das Symposion mit dem Publikum der Hetairie. Dabei präsentiert sich A. als ›Krieger und kundiger Dichter‹, von dem Politik und persönl. Angelegenheiten in gleicher Weise thematisiert werden: Tradierte aristokrat. Ideale stellt A. in Frage (z.B. Verspottung des äußerl. aufgeputzten Feldherrn; verlorener Schild ist kein Ehrverlust); wiederholt attackiert er e. Lykambes, der A.' Verlobung mit s. Tochter Neobule wieder rückgängig machte. A.' virtuose Handhabung verschiedenster Metra korrespondiert mit der differenzierten Bandbreite s. Tons, der von getragener Klage über bissigen Hohn bis hin zu drast. Obszönität (vgl. v. a. der 1974 entdeckte sog. ›Kölner Epode‹) reicht. A.' hellenist. Dichterkollegen schätzten dessen Virtuosität, in Rom versuchten v. a. Lucilius, Catull und Horatius A. nachzuahmen. E. Geibel und E. Mörike haben A. ins Dt. übersetzt.

Arciniegas

A: F. Lasserre, A. Bonnard 1958 (m. franz. Übs.); M. Treu ²1972 (m. Übs.); IEG².
L: A. P. Burnett, 1983; F. Bossi, ²1992.

Arciniegas, Germán, kolumb. Essayist, * 6. 12. 1900 Bogotá – 30.11.1999 ebda. Rechtsanwalt, Journalist, Direktor versch. Zt. u. Zss., Prof., Diplomat, Erziehungsminister. – E. der bedeutendsten Essayisten La.-ams. m. Vorliebe f. hist. Stoffe.; der beste Kenner der hist. Beziehungen zwischen Europa u.La.-am. Vf. von mehr als 60 Büchern u. etwa 15.000 Artikeln.
W: El estudiante de la mesa redonda, Es. II 1932; América tierra firme, 1937; Los comuneros, Es. 1938; Los alemanes en la conquista de América, Es. 1941; El caballero de El Dorado, 1942; Biografía del Caribe, Es. 1945 (Karibische Rhapsodie. Biographie eines Meeres, d. 1960); En medio del camino de la vida, R. 1949; Entre la libertad y el miedo, Es. 1952; Amerigo y el Nuevo Mundo, 1955; El mundo de la bella Simonetta, 1956; América mágica, 1958; América en Europa, o. J.; El continente de siete colores, Es. 1965 (Kulturgesch. La.-ams., d. 1966, u.d.T. Gesch. u. Kultur La.-ams., 1978); Nueva imagen del Caribe, Es. 1970; América en Europa, Ess. 1975; El revés de la historia, Ess. 1980; Arciniegas de cuerpo entero, Anth. hg. J. G. Cobo Borda, 1987; Con América nace una nueva historia, 1990; América es otra cosa, 1992; América Ladina, 1993; Gatos, patos, armadillos y otros seres humanos, En. 1995; América nació entre libros, 1996.
L: J. G. Cobo Borda, hg. 1990.

Arcipreste de Hita (Juan Ruiz), span. Dichter, um 1283 Alcalá de Henares – um 1350. Über s. Leben ist nichts Genaues bekannt. – Genialster u. persönlichster Dichter des span. MA, Vf. des ›Libro de buen amor‹; in 3 Manuskripten erhalten (1330 u. 1343), vorwiegend in ›cuaderna vía‹ verfaßt, der Strophenform des ›Mester de clerecía‹; außerordentl. vielseitiges Buch, das zu mancherlei Deutungen u. Kommentaren Anlaß gab; wurde die ›Menschliche Komödie‹ des 14. Jh. genannt, wertvolles hist. Dokument für die Kenntnis von Leben u. Sitten des span. MA, Mischung von verschiedensten Elementen, relig. u. profan, lehrhaft u. burlesk, lyr. u. satir.; Traktat über die Liebe in Form e. autobiograph. Erzählung in Ichform; eingeschoben viele Liebesepisoden, profane u. geistl. Gedichte, e. allegor. Parodie auf die Ritterthemen (Kampf zwischen dem Herrn Fleisch u. der Frau Fastenzeit) u.a. m. Schuf die Gestalt der Trotaconventos, e. Vorläuferin der Celestina; schöpfte aus lat., arab. u. franz. Quellen, übertraf sie aber häufig an Originalität; trotz belehrender Tendenz unterhaltsames, fröhl. Buch, geprägt von der vitalen Persönlichkeit des Autors, s. Witz u. Humor; glänzender Beobachter des Lebens, lebhafte, plast. Darstellung, unerschöpfl. Wortschatz. Geriet im 16. u. 17. Jh. in Vergessenheit.

A: T. A. Sánchez 1790, F. Janer (Biblioteca de Autores Españoles) 1864, J. Ducamin 1901, J. Cejador y Frauca II 1913, A. Reyes 1917, M. R. Lida de Malkiel 1941, M. Brey Mariño 1954, G. Chiarini 1964, M. Criado de Val, E. W. Naylor 1965, J. Corominas 1967, J. Joset 1990, A. Blecua 1992. – *Übs.:* H. U. Gumbrecht 1972.
L: U. Leo, 1958; M. R. Lida de Malkiel, Two Spanish Masterpieces. The ›Book of Good Love‹ and the ›Celestina‹, Urbana 1961; A. N. Zahareas, 1965; C. Gariano, 1968; ›L. de b. a.‹ studies, hg. G. B. Gybbon-Monypenny, Lond. 1970; J. Raed, 1975; M. Criado de Val, 1976; J. Joset, 1988. – *Bibl.:* J. Jurado, 1993.

Arcipreste de Talavera → Martínez de Toledo, Alfonso

Arcybašev, Michail Petrovič, russ. Schriftsteller, 5. 11. 1878 Achtyrka/Gouv. Char'kov – 3. 3. 1927 Warschau. Landadelsfamilie, Vater Kreispolizeichef; trat 1901 mit der Erzählung ›Paša Tumanov‹ hervor, schrieb im Lauf von 7 Jahren den vieldiskutierten Roman ›Sanin‹, der in viele Sprachen übersetzt wurde und in Rußland wegen gewisser erot. Partien e. gerichtl. Nachspiel zur Folge hatte; verfaßte einige Schauspiele, emigrierte 1923 nach Polen, wo er sich als Journalist gegen die Bolschewiken richtete. – Pessimist.-erot. Erzähler, Dramatiker und Essayist. Nachdem s. erste Erzählung das Motiv des Selbstmords gebracht hatte, kehrte das Motiv des gewaltsamen Todes immer wieder, es verband sich bald mit dem Gedanken der Befreiung des Fleisches. A.s Werk gehört zur vielgelesenen Trivialliit.; s. Grundgedanke des Amoralismus, der Leugnung der Lebenswerte, äußert sich am stärksten im Roman ›Sanin‹, der auch die bei e. großen Teil der Intelligenz nach dem Scheitern der Revolution aufgetretene Resignation widerspiegelt, worauf sein Erfolg beruht.
W: Smert' Lande, R. 1904 (Der Tod des Ivan Lande, d. 1909); Sanin, R. 1907 (d. 1909); Čelovekeskaja volna, R. 1907 (Sturmflut, d. 1909); Milliony, R. 1909 (Millionen, d. 1909); U poslednej čerty, R. 1912 (Am letzten Punkt, d. 1910); Vojna, Dr. 1913; Revnost', Dr. 1913 (Eifersucht, d. 1914); Vragi, Dr. 1914; Zapiski pisatelja, Tg. 1917; Dikie, E. 1923; D'javol, Dr. 1925. – Sobranie sočinenij (GW), X 1912–16, III 1994. – *Übs.:* Revolutionsgeschichten, 1909.
L: N. Luker, In Defence of a Reputation, Nottingham 1990; D. Schümann, 2001. – *Bibl.:* S. O'Dell, Nottingham 1983.

Ardelius, Lars O., schwed. Schriftsteller, * 1. 11. 1926 Falun. Cand. phil. 1954. Seemann, Kunstpädagoge. ⚭ 1950 Kerstin Montelius, 1992 Carin Svensson. – Nachdem er zunächst in s. Romanen viel experimentierte, wandte A. sich kühler u. detaillierter den Wirkungen von Gesellschaft u. Umwelt auf die Psyche des einzelnen zu; auch Hör- u. TV-Spiele.

W: Gösta Berglunds saga, 1970; Kronprinsarna, R. 1972; Smörgåsbordet, Nn. 1974; Och Kungen var kung, 1976; Provryttare, 1981; Större än störst, 1985; De små sändebuden, 1987; Sällskapsdjuret, 1989; Livtag, 1991; Kurasche!, 1993; Resandes ensak, 1995; Bitvargen, 1997; Lilla sockerstunden, 1998.

Arden, John, engl. Dramatiker, * 26. 10. 1930 Barnsley/Yorkshire. Sedbergh School, Stud. Architektur Cambridge u. Edinburgh, 1955–57 Architekt in London, ∞ 1957 Schauspielerin Margaretta D'Arcy. – Bedeutender Vertreter der ›neuen‹ engl. Dramatiker mit Gestaltung aktueller und soz. Probleme des menschl. Miteinanders oder von Konflikten aus versch. Lebensanschauungen in realist.-poet. Form, angelehnt an die Verfremdungstechnik B. Brechts. Den Mächten, die den Menschen in der mod. Zivilisation beherrschen und die s. Meinung nach das Wesentliche u. Echte s. Natur zerstören, stellt A. das Irrationale im menschl. Wesen entgegen.

W: The Life of Man, H. (1956, d. 1962); The Waters of Babylon, Dr. (1957); Live Like Pigs, Dr. (1958, Leben und leben lassen, d. 1966); Serjeant Musgrave's Dance, Dr. 1959 (d. 1967); The Happy Haven, Dr. (1960, d. 1967); The Business of Good Government, Dr. 1963 (d. 1965); The Workhouse Donkey, Dr. 1964 (Der Packesel, d. 1964); Ars longa, vita brevis, Dr. (1964, m. M. D'Arcy; d. 1965); Armstrong's Last Goodnight, Dr. 1965 (Armstrong sagt der Welt Lebewohl, d. 1967); Ironhand, Dr. 1965 (nach Goethe); Left-handed Liberty, Dr. 1965; When Is a Door not a Door, Dr. 1967; Soldier, Soldier, Dr. 1967; The Royal Pardon, Dr. 1967 (m. D'Arcy); The Hero Rises Up, Dr. 1969; The Island of the Mighty, Dr. (1974, m. M. D'Arcy); The Non-stop Connolly Show, Dr. V 1977/78; To Present the Pretence, Ess. 1978 (m. M. D'Arcy); Pearl, Dr. 1979; Don Quixote, Dr. 1980; Vandaleur's Folly, Dr. 1981 (m. M. D'Arcy); Silence Among the Weapons, R. 1982; The Little Gray Home in the West, Dr. 1982 (m. M. D'Arcy); Vox Pop, Dr. 1983; The Manchester Enthusiasts, Dr. 1984; Awkward Corners, Es. 1988; Whose is the Kingdom, Dr. 1988; The Book of the Bale, R. 1988; Jack Juggler and the Emperor's Whore, R. 1995. – Arden Plays 1, 1978; 2, 2002; Arden & D'Arcy Plays 1, 2002.

L: R. Hayman, 1968; A. Hunt, 1973; S. Trussler, 1973; G. Leeming, 1974; J. Jacquot, 1977; H. I. Schvey, 1981; M. Page, 1984; P. Kavanagh, 1986; H. Jüngst, 1995.

Arden of Feversham, ›The lamentable and true tragedie of M. Arden of Feversham in Kent‹, anonymes engl. Drama, um 1586 entstanden, 1592 gedruckt, nach e. in Holinsheds Chronik berichteten hist. Ereignis von 1551, in der Forschung immer wieder mit Shakespeare oder Kyd als möglichen Autoren in Verbindung gebracht. Realist., rohes Intrigen- und Schauerstück um die mehrfachen Mordversuche an e. reichen Grundbesitzer durch seine Frau und deren Geliebten. Vorläufer des bürgerl. Trauerspiels. Im 20. Jh. mehrfach aufgeführt und von der feminist. und kulturhist. Forschung in neue Bedeutungszusammenhänge gebracht.

A: C. F. T. Brooke 1908; H. Macdonald, D. M. Smith 1947; M. L. Wine 1973; M. White 1982. – *Übs.:* L. Tieck (Shakespeare Vorschule I, 1823).

Arenas, Reinaldo, kuban. Schriftsteller, 16. 7. 1943 Holguín – 6. 12. 1990 New York. Wurde wegen s. homosexuellen Neigung verfolgt, durfte jahrelang nicht veröffentlichen. 1980 gelang ihm die Flucht nach Florida. Erkrankte an Aids u. beging Selbstmord. – S. Themen sind das Entsetzen, die Verzweiflung unserer verworrenen Zeit u. die Unnachgiebigkeit des rebell. Dichters, der die Wirklichkeit verachtet.

W: Celestino antes del alba, R. 1967 (u. d. T.. Cantando en el pozo 1982); El mundo alucinante, R. 1969 (d. 1982); Con los ojos cerrados, En. 1972; El palacio de las blanquísimas mofetas, R. 1980 (d. 1977); La vieja rosa, E. 1980; Termina el desfile, En. 1981; El Central, G. 1981; Otra vez el mar, R. 1982; Arturo la estrella más brillante, R. 1984; Persecución. Cinco piezas de teatro experimental, 1986; La loma del ángel, R. 1987; El portero, R. 1989; Viaje a La Habana, 1990 (d. 1999); El color del verano, R. 1991; El asalto, R. 1991; Antes que anochezca, Aut. 1992 (verfilmt; d. 1993); Adiós a mamá, En. 1995. – *Übs.:* Rosa, En. 1996.

L: P. Rozencvaig, 1986; E. Bejar, 1987; J. Hernández Miyares, P. Rozencvaig, 1990; F. Soto, 1990, 1994; R. Valero, 1991; C. Castrillon, 1993; R. Sánchez, 1994; F. Lugo Nazario, 1995; O. Ette, hg. ²1996.

Arène, Paul Auguste, franz. Schriftsteller, 26. 6. 1843 Sisteron – 18. 12. 1896 Antibes. Aus bescheidener Handwerkerfamilie, Lehrer in Marseille und Vanves b. Paris. Journalist. Als Schriftsteller beliebt, wenn auch nie wirklich berühmt. – Dichter s. südfranz. Heimat. Lyrik (auch in provenzal. Sprache), Romane, Komödien. Schüler von Aubanel und Mistral. Humor- und liebevoller Schilderer von Land, Leuten und Gebräuchen. Zuweilen auch melanchol.-pessimist. Grundstimmung. Begabter Erzähler von klass. Konzision. Am bekanntesten durch launige und maler. Kurzgeschichten. Arbeitete mit an A. Daudets ›Lettres de mon moulin‹.

W: Pierrot héritier, K. 1866; Jean des Figues, R. 1870; Les comédiens errants, K. 1873; La gueuse parfumée, R. 1876; La vraie tentation du Grand Saint Antoine, E. 1879; Le char, Opernlibretto (m. A. Daudet) 1878; Contes de Noël, 1879; Au bon soleil, En. 1884; La chèvre d'or, En. 1888; Domnine, R. 1894; Le Midi bouge, En. 1895; Poésies, 1899. – Œuvres complètes, 1900; Contes choisis, 1896.

L: L. Petry, 1910; H. Provence, Le roman d'amour de P. A., 1945; R. Duché, La langue et le style de P. A., 1949. – *Bibl.:* E. Lefèvre, 1905; H. Divjak, 1965; L. Dauphin, 1985.

Aresti, Gabriel, bask. Dichter, 14. 10. 1933 Bilbao – 1975 ebda. Gründet den Verlag Lur. – Verteidiger der bask. Kultur während der Franco-Diktatur, Erneuerer der bask. Lyrik. Auch Theaterstücke, Erzählungen, Romane u. Übsn. (u. a. Hikmet, T. S. Eliot).

W: Harri eta herri, G. 1964; Beste mundokoak eta zorro bat, Dr. 1964; Euskal harria, G. 1967; Harrizko herri hau, G. 1970; Azken Harria, G. 1971. – Obras completas, X 1986.
L.: F. J. Oroz, G. A. Omenaldia, Für G. A., Tüb. 1983.

Aretino, Pietro, ital. Dichter, 20. 4. 1492 Arezzo – 21. 10. 1556 Venedig. Nannte sich nach s. Geburtsort A. Ging nach Perugia, wo er Maler werden wollte, dann nach Rom. Im Dienste des Bankiers A. Chigi u. Papst Leos X. Mußte wegen s. Satiren unter Papst Hadrian VI. Rom verlassen, kehrte jedoch 1523 unter Papst Clemens VII. wieder zurück. In Skandale verwickelt, stark verfolgt, schloß er sich dem Condottiere Giovanni de' Medici (= G. dalle Bande Nere) an. Nach dessen Tod 1526 in Venedig. Mit Tizian befreundet. Wegen s. Briefe, in denen er offen Skandalgeschichten erzählt, weit und breit gefürchtet. Ließ e. Münze prägen mit s. Bild u. der Umschrift ›Divus Petrus Aretinus, flagellum principum‹ u. verlieh sie s. Opfern. Sein Wahlspruch ›Veritas odium parit‹. – Renaissancemensch, schildert offen die Sittenlosigkeit s. Zeit, z. B. in den ›Ragionamenti‹; diese Gespräche über das Leben von Ehefrauen, Nonnen und Prostituierten haben große kultur- u. sittengeschichtl. Bedeutung. S. Briefe zeigen frischen, unkonventionellen Stil. Zudem ist s. Tragödie ›L'Orazia‹ zu nennen. S. satir. Komödien spiegeln geistreich Personen und Mißstände s. Zeit (›La cortigiana‹).

W: La cortigiana, K. 1526; Il marescalco, K. 1533; Ragionamenti, 1534–36 (hg. D. Carraoli II 1914, A. Foschini 1960; Gespräche, d. III 1924, II 1963); Della umanità di Cristo, 1535; La vita di Maria Virgine, 1540; La tantala, K. 1542; Lo ipocrito, K. 1542; Il filosofo, K. 1546; L'Orazia, Tr. 1546; Lettere, VI 1609 (hg. F. Nicolini III 1913–16, F. Flora II 1960). – Le commedie e l'Orazia, 1879; Commedie, hg. N. Maccarone II 1914; Tutte le commedie, hg. G. B. De Sanctis 1968; Prose sacre, hg. E. Allodoli 1926; Poesie, hg. G. Sborselli 1930–34; Scritti scelti, hg. G. G. Ferrero 1951; Lettere sull'arte, III 1957–60. – *Übs.:* Dichtungen und Gespräche, 1904.
L: F. Corradini, 1924–26; A. Semerau, 1925; A. Foschini, 1931; G. Petrocchi, 1948; D. Fasco, 1953; A. Del Vita, 1954, 1961; G. Laini, 1955; G. Innamorati, 1957; G. Mazzuchelli, 1959; J. Cleugh, 1965; J. Hösle, 1969; C. Marchi, 1980; C. Cairns, 1985; P. Larivaille, 1997; K. Diehle-Dohrmann, 1998.

Arévalo Martínez, Rafael, guatemaltek. Schriftsteller, 25. 7. 1884 Guatemala Stadt – 12. 6. 1975 ebda. Diplomat, Reisen durch ganz Europa; Direktor der Nationalbibliothek, Prof. – Begann als romant.-modernist. Lyriker, bes. Stärke auf dem Gebiet des Romans; strebt nach Ergründung des Unterbewußten.

W: Maya, G. 1911; Los atormentados, G. 1914; Una vida, R. 1914; El hombre que parecía un caballo, E. 1914; Manuel Aldano, Aut. 1922; La oficina de paz de Orolandia, R. 1924; Las noches en el Palacio de la Nunciatura, R. 1927; El mundo de los maharachías, R. 1938; Viaje a Ipanda, R. 1939; Ecce Pericles, B. 1942; Obras escogidas, 1959; Poemas, 1965; Cratilo y otros cuentos, 1968; Narración sumaria de mi vida, Aut. 1968.
L: J. A. Lonteen, 1968; T. Arévalo, 1971, 1995; H. Estada, 1971; M. A. Carrera, 1975; M. A. Salgado, 1979; Homenaje a R. A. M., 1984; D. M. Rodríguez-Lozana, 1990.

Arfey, William d' → Plomer, William Charles Franklyn

Argens, Jean-Baptiste de Boyer, Marquis d'Argens, franz. Schriftsteller, 26. 4. 1704 Aix-en-Provence – 11. 1. 1777 b. Toulon. Philosoph und Aufklärer. Nach vorübergehenden Aufenthalten in den Niederlanden und Württemberg lebte er als Nachfolger von Voltaire am Hofe Friedrichs II. – Unter dem Einfluß der ›Lettres Persanes‹ von Montesquieu schrieb er fingierte Briefsammlungen, bekannt vor allem seine ›Lettres juïves‹, in denen er aus der krit. aber auch vereinfachenden Perspektive eines jüd. Reisenden die Sitten, die Intoleranz und die relig. Institutionen in Frankreich angriff und Heidentum und Atheismus verteidigte.

W: Lettres juïves, 1736 (d. 1763–66); Lettres chinoises, 1739/40 (d. 1768–71); Lettres cabalistiques, 1741 (d. 1773–77); Mémoires secrètes de la république des lettres, 1737–39; Défense du paganisme par l'empereur Julien, 1764; Histoire de l'esprit humain, XIV 1765–68. – Œuvres, XXIII 1768; Correspondance avec Frédéric II et le Marquis d'Argens (franz. u. dt. 1798).
L: N. R. Bush, The Marquis d'A. and his philosophical correspondence, 1953.

Argensola, Bartolomé Leonardo de, span. Schriftsteller, 26. 8. 1562 Barbastro – 4. 2. 1631 Saragossa. Bruder von Lupercio A.; Stud. Rechte u. Philos. in Huesca, Griech. u. Gesch. in Saragossa, 1588 Empfang der Priesterweihen. 1592 Hofkaplan Kaiserin Marias, der Witwe Maximilians II. Ging 1610 als Kaplan des Grafen von Lemos nach Neapel. Zusammen mit s. Bruder Lupercio führende Persönlichkeit am Dichterhof des Fürsten. 1615 in Rom, 1618 Ernennung zum Chronisten des Königreichs Aragonien, Kanonikus der Kathedrale von Saragossa. – Geschichtsschreiber u. Dichter, an klass. Tradition orientiert, blieb am Rande der neuen Strömungen (Konzeptismus u. Kultismus), Gegner des Gongorismus, schrieb ernste, tiefsinnige Sonette (bes. ›Dime, Padre común, pues eres justo‹) sowie Epigramme, Satiren u. Episteln unter Einfluß Horaz' u. Juvenals in harmon., ausgeglichener Sprache; klass. Stil. Übs. von Psalmen u. Horaz (Oden).

W: Historia de la conquista de las Islas Molucas, Schr. 1609 (n. P. M. Mir, 1891); Primera parte de los anales de Aragón, Schr. 1630; Obras poéticas, G. 1634 (n. J. M. Blecua u. d. T. Rimas, II 1950/51, 1972). – Obras sueltas, hg. Conde de la Viñaza II 1889.

L: J. Aznar Molina, 1935.

Argensola, Lupercio Leonardo de, span. Schriftsteller, getauft 14. 12. 1559 Barbastro – März 1613 Neapel. Bruder von Bartolomé A.; Stud. Philos. u. Rechte in Huesca, griech. u. röm. Geschichte in Saragossa, Sekretär Ferdinands von Aragonien u. der Kaiserin Maria von Österreich in Madrid. 1599 Ernennung zum Chronisten des Königreichs Aragonien. Begleitete 1610 zusammen mit s. Bruder den Grafen von Lemos als Staatssekretär nach Neapel, dort Gründung des lit. Zirkels ›Los ociosos‹, rege lit. Tätigkeit. – Verfaßte wie s. Bruder Kanzonen, Episteln, Satiren usw. nach klass. Muster (berühmt insbes. das Sonett ›Al sueño‹), z. T. mit moralisierender Tendenz. Geringe dichter. Inspiration, dafür bedeutender geistiger Gehalt; Einflüsse von Horaz u. Vergil, der ital. Schule u. Garcilasos; verfaßte auch 3 wenig erfolgr. Tragödien nach Art der zeitgenöss. Schauerdramen sowie exakte, gut fundierte Chroniken über die Geschichte Aragoniens. Übs. des ›Beatus ille‹ u. a. Horazoden.

W: Obras poéticas, G. 1634 (n. J. M. Blecua u. d. T. ›Rimas‹, II 1950/51, 1972); Tragedias, hg. J. J. López de Sedano 1772; Información de los sucesos del reino de Aragón, Schr. 1808. – Poesías, in: ›Biblioteca de Autores Españoles‹, Bd. 42; Obras históricas, hg. Latasa 1884.

L: O. H. Green, 1945; J. Ferrer Dueso, La estética literaria de los hermanos A., 1981.

Arghezi, Tudor (eig. Ion Iosif N. Theodorescu), rumän. Dichter, 20. 5. 1880 Bukarest – 14. 7. 1967 ebda. Autodidakt, Hilfslaborant in e. Zuckerfabrik, Mönch; nach Flucht aus dem Kloster Journalist, 1905 Reisen ins Ausland, Uhrmacher in Genf. Hrsg. bzw. Leiter versch. Zsn.; vor dem 1. Weltkrieg inhaftiert, 1917 Kollaborateur mit der dt. Besatzung, Hofdichter König Carols II., dem er s. Werk widmet, gefeiertster Schriftsteller des kommunist. Regimes, obwohl er nach 1939 wenig Wertvolles veröffentlichte. – E. der bedeutendsten rumän. Lyriker des 20. Jh., beeinflußte Sprache u. Dichtung wie kein anderer nach dem großen Vorbild Eminescu. S. Vitalität schwankt zwischen mönch. Frömmigkeit u. Blasphemie; die Revolte wird allerdings relativiert von der Vorliebe zum Burlesken u. Pamphletartigen. Virtuose des Ausdrucks, hat sich leider zu früh verausgabt; s. spätere Dichtung läßt schwerl. den früheren Meister ahnen. Obwohl unzulängl. aufgebaut, faszinieren s. Romane durch ihre Urwüchsigkeit und Leidenschaftlichkeit. In e. Land, wo Satire u. Ironie zum Rüstzeug e. Schriftstellers gehören, hat es A. zu wahrer Meisterschaft gebracht. Auch Übs. (Baudelaire, Rimbaud, Verlaine, Villon u. Brecht).

W: Cuvinte potrivite, G. 1927; Icoane de lemn, R. 1929; Poarta neagră, R. 1930; Flori de mucigai, G. 1931; Cartea cu jucării, G. 1931 (Das Spielsachenbuch, d. 1976); Tablete din Țara de Kuty, E. 1933; Ochii Maicii Domnului, R. 1934; Cărticică de seară, G. 1935; Cimitirul Buna Vestire, R. 1936 (Der Friedhof Mariä Verkündigung, d. 1984); Ce-ai cu mine vântule?, G. 1937; Hore, G. 1939; Lina, R. 1942; Prisaca, G. 1954; Cântare omului, G. 1956. – Scrieri (Schriften), XXXII 1962–79. – Übs.: Gedichte, 1961; Kleine Prosa, 1965; Ketzerbeichte, G. 1968.

L: E. Lovinescu, 1923; G. Călinescu, 1939; P. Constantinescu, 1940; Ș. Cioculescu, 1946; O. Crohmălniceanu, 1960; T. Vianu, 1962; D. Micu, 1965; S. Alexandrescu, 1966; I. Negoițescu, 1967; E. Manu, 1968; N. Balotă, 1979.

Argüedas, Alcides, bolivian. Schriftsteller, 15. 7. 1879 La Paz – 6. 5. 1946 Chulumani. – Vf. realist. sozialkrit. Romane über die trag. Lage der ausgebeuteten Indios mit klass. Landschaftsschilderungen; Geschichte Boliviens in mehreren Bänden.

W: Pisagua, R. 1903; Wata-Wara, E. 1904; Vida criolla, R. 1905; Pueblo enfermo, St. 1909; Raza de bronce, R. 1919; Historia general de Bolivia. El proceso de nacionalidad (1809–1921), St. 1922; Los caudillos letrados (1828–1848), St. 1923; La danza de las sombras, Ess. II 1934; Etapas de la vida de un escritor, Aut. 1963. – Obras Completas, hg. L. A. Sánchez II 1959–60; Epistolario, 1979.

L: F. Reinaga, 1960; M. Alcaza, 1963; M. B. Gumucio, 1979; J. Albarracín Millán, 1979.

Argüedas, José María, peruan. Schriftsteller, 18. 1. 1911 Andahuaylas – 2. 12. 1969 Freitod in Lima. Sohn e. Rechtsanwalts, wuchs auf Haciendas auf, wo er fast nur Quechua sprach; Prof. für Völkerkunde. – E. der besten Kenner der Indios, mit denen er sich ganz identifizierte; beleuchtet ihr Schicksal u. ihre Mentalität von innen her; soz. Protest gepaart mit mag.-relig. Vorstellungen; in der Sprache eigenartige Kombination des Span. mit der Struktur des Quechua.

W: Agua, R. 1933; Yawar Fiesta, R. 1941 (d. 1980); Canciones y cuentos del pueblo quechua, St. 1949; Diamantes y pedernales, En. 1954; Los ríos profundos, R. 1958 (d. 1965); El sexto, R. 1961; A nuestro padre creador Tupac Amaru, G. 1962; Poesía quechua, St. 1962; Todas las sangres, R. 1965 (d. 1983); El zorro de arriba y el zorro de abajo, R. 1971; Páginas escogidas, hg. E. A. Westphalen 1972; Formación de una cultura nacional indoamericana, 1975. – Obras completas (GW), V 1983; Relatos completos, 1975.

L: E. Gerhards, 1972; G. C. Marín, 1973; C. Cornejo Polar, 1973; S. Castro Klarén, 1973; A. Urello, 1974; L. Larco, hg. 1976; M. Vargas Llosa, 1978, 1997; W. Rowe, 1979; M. Lienhard, 1981; P. Trigo, G. Gutiérrez, 1982; J. Ortega, 1982; A. Cornejo Polar u.a., 1984; A. Escobar, 1984; R. Forgues, 1986; V. Spina, 1986; CERPA, 1989; Z. E. Prina, 1990; G. F. González, 1990; I. Díaz Ruiz, 1991.

Aridjis, Homero, mexikan. Schriftsteller, * 6. 4. 1940 Contepec. Von griech. Abstammung, Journalist, Prof. u. Diplomat. – Vf. von Lyrikbänden u. Romanen über Spanien im 16. Jh., die ersten Jahrzehnte der Eroberung Amerikas u. die millennar. Erwartungen im Jahre 1000 u. 2000.

W: La musa roja, G. 1958; Antes del reino, G. 1963; Espectáculo del año dos mil, Dr. u. Ess. 1981; 1492. Vida y tiempos de Juan Cabezón de Castilla, R. 1985 (d. 1992); Memorias del Nuevo Mundo, R. 1988; La leyenda de los soles, R. 1993; Antología poética 1960–94, 1994.

Arif, Ahmet, türk. Dichter, 1927 Diyarbakır – 2. 6. 1991 Ankara. Stud. Philos. wegen polit. Haft abgebrochen; mit e. Buch, über 30 Aufl. bisher, gehörte er zu den bekanntesten Vertretern mod. türk. Poesie, in der Volkstradition wurzelnd, kraftvoll poet. Stimme mit aufrührendem Bezug auf polit. Verhältnisse.

W: Hasretinden Prangalar Eskittim, G. 1968; Kalbim Dinamit Kuyusu, G. 2003. – Übs.: in: Die Wasser sind weiser als wir, Anth. 1987.

L: A. Oktay, 1989; R. Durbaş, 1990.

Arion von Methymna (Lesbos), altgriech. lyr. Dichter, 628–624 v. Chr.? Soll v. a. am Hof des Periander von Korinth (herrschte um 625–585) gelebt haben. Gesamtes Werk ist verloren. – Antike Zeugnisse bringen A. mit der Entwicklung des Dithyrambos und folgl. mit den Anfängen der Tragödie in Zusammenhang; daneben war v. a. seine Rettung aus Seenot durch e. Delphin berühmt (Herodot 1,23f.).

L: Pickard-Cambridge-Webster, Dithyramb [2]97–100; J. Schamp, 1976; H. A. Cahn, LIMC II.1 1984.

Ariosto, Ludovico, ital. Dichter, 8. 9. 1474 Reggio Emilia – 6. 7. 1533 Ferrara. S. Vater Niccolò A. war Schloßhauptmann in Reggio im Dienst der Herzöge d'Este von Ferrara. Erziehung in Reggio, wo M. Boiardo Statthalter war, dessen Epos ›Orlando innamorato‹ A. später vollendete. 1481 in Rovigo, 1484 Ferrara, Lateinschule bei Gregorio di Spoleto. Dichtete frühzeitig Komödien nach Plautus u. Terenz, die er mit s. Geschwistern aufführte, Rechtsstud., dann zugunsten humanist. Studien aufgegeben. 1500 Tod des Vaters. A. mußte für den Unterhalt s. jüngeren 4 Brüder u. 5 Schwestern sorgen, daher 1503–17 im Dienste des Kardinals Ippolito d'Este. Klage über schweren Dienst, heikle Gesandtschaften in verschiedenen Streitigkeiten u. schlechte Entlohnung. Fühlte sich zudem als Dichter zu wenig gewürdigt, nahm daher, als er trotz schlechter Gesundheit den Kardinal nach Ungarn begleiten soll, 1518 e. Stellung bei dessen Bruder, dem Herzog Alfonso II. d'Este an, der ihn 1522 zum Gouverneur der Garfagnana ernannte. 1524 Hoftheaterdichter u. -leiter in Ferrara. 1525 Rückzug ins Privatleben, ∞ 1527 Alessandra Benucci, Witwe des Humanisten T. Strozzi. Beschaul. Lebensabend in e. kleinen Haus in Ferrara. – Bedeutender Vertreter und Vollender der ital. Renaissance, Vf. von Lustspielen im röm. Stil, z. B. ›I suppositi‹, zu dem Raffael bei der Aufführung in Rom die Bühnendekorationen schuf, ferner Satiren, Episteln, lat. Gedichte im Stile Tibulls, Catulls u. Horaz'. S. Hauptwerk von weltlit. Bedeutung ist das Epos ›Orlando furioso‹, das als Forts. zu Boiardos ›Orlando innamorato‹ die zum rasenden Wahnsinn gesteigerte Liebesjagd des Ritters Roland nach der schönen Angelica schildert. Um diese Haupthandlung ranken sich antike Fabeln, Teile der Artussage u. des Rolandsliedes u. a. m. In vollendeter Stanzenform wird e. phantast. Bild im Geiste der ital. Hochrenaissance entworfen. Zum Teil humorvoll (Rolands verlorener Verstand wird in e. Flasche vom Mond herabgeholt und ihm wieder eingeflößt) schildert es die romantisierte Welt des ausklingenden Rittertums. Wie 3 Jhh. später die Dichter der Romantik gibt sich A. neben ernsten Stellen iron. und parodiert die Ritterepik, e. Zeichen des Höhepunktes u. zugleich Umschwungs e. Kulturepoche.

W: La Cassaria, K. 1508; I suppositi, K. 1509; Orlando furioso, Ep. 1516 (erw. 1521, 1532; hg. F. Ermini III 1903–13; hg. P. Nardi 1927; hg. S. Debenedetti III 1928; hg. N. Zingarelli [3]1944; hg. L. Caretti 1954; hg. C. Segre 1964; komm. N. Sapegno 1941; d. II 1804–08, 1818, 1841, IV 1882); Il negromante, K. 1520; La Lena, K. 1529; Studenti, K. 1530; Le satire, 1534 (hg. G. Tambara 1903; hg. M. Ferrara 1932; hg. A. Marenduzzo 1933; d. 1904). – Opere 1739, 1857/58; Opere minori, hg. G. Fatini 1915, C. Segre 1954; Lirica, hg. G. Fatini 1924; Commedie, hg. M. Catalano 1940; Lettere, hg. Capelli [3]1887. – Übs.: Komödien, Satiren und Gedichte IV 1922.

L: B. Croce, [2]1927; H. Hauvette, 1927; M. Catalano, 1931; A. Momigliano, [3]1932; A. Carrara, I due Orlandi, 1935; W. Wiesner, A. im Licht d. dt. Kritik, 1941; W. Binni, 1947; Z. Petrini, 1952; L. Marti, 1956; G. Toffanin, 1959; A. Borlenghi, 1961; H. Frenzel, A. u. d. romant. Dichtung, 1962; G. Natali, 1967; J. Grimm, Die Einheit d. A'schen Satire, 1969; M. Turchi, 1969; D. Kremers, 1973; A. De Luca, 1981; A. Gareffi, 1995. – Bibl.: G. Agnelli, G. Ravegnani, 1933; G. Fatini, II 1958.

Arishima, Takeo, jap. Schriftsteller, 4. 3. 1878 Tokyo – 9. 6. 1923 Karuizawa (Selbstmord). Adliger Herkunft, später unter Einfluß von Uchimura Kanzô Christ, nach Studienabschluß an der Sapporo-Univ. 1903 Reise nach Amerika (Harvard Univ.), 1906 nach Europa. 1908–15 Dozent an der Sapporo-Univ. für Engl. u. Ethik, danach lebte er s. lit. Idealen. 1909 ∞ Kamiyo Yasuko († 1916). Der Gedanke der Menschenliebe beherrschte ihn, u. er verteilte s. gesamten Landbesitz, fand aber in den sozialist. Ideen keine Erfüllung; der Widerstreit zwischen diesen und s. Individualismus mit Tendenz zum Nihilismus war zu groß. Eine unglückl. Liebesaffäre setzte s. Leben e. Ende. – Erzähler, Dramatiker und Essayist. Lit. folgte er dem Stil der Shirakaba-Schule. S. Werke verraten westl. Denkungsart u. jap. Fühlen, Ideen- u. Gefühlsreichtum, e. eindringl. und meisterhaften Stil.

W: Aru onna, R. 1911–13 (franz. 1926; engl. 1978); Sengen, R. 1915; Shi to sono zengo, Sch. 1917 (engl. 1930); Chiisaki mono e, E. 1918 (Meinen Kleinen, d. 1948); Kain no matsuei, N. 1917 (Ein Nachkomme Kains, in: Träume aus zehn Nächten, d. ²1980); Umare'izuru nayami, R. 1918 (Qualen des Geborenwerdens, d. 1999); Oshimi-naku ai wa ubau, Es. 1920; Sengen hitotsu, Es. 1922 (Ein Manifest, d. 1992). – A. T. zenshû (GW), 1924–25; Meiro, R. 1918 (engl. 1980).

L: K. Kodama, T. A.: The American Years (Japan Christian Quarterly, April), 1964; P. J. Anderer, Other Worlds, N. Y. 1984.

Aristainetos, eingebürgerter Name für den Autor e. Sammlung von Liebesbriefen in 2 Büchern, wohl aus dem 1. Viertel des 5. Jh. n. Chr., vielleicht in Ägypten entstanden. Der erste der erhaltenen Briefe trägt den Absendernamen A.', in den Hsn. fehlt der Name e. Autors. Ohne in starre Nachahmung zu verfallen, wirken die Briefe wie der Versuch, gleichsam ›alle‹ erot. Motive der antiken griech. Lit. zu versammeln, so daß sich verschiedenste chronolog. und gattungsmäßige Einflüsse (bis hin zu satzweise wörtl. Zitaten) identifizieren lassen, die über Platon, Menandros und die hellenist. Liebeselegie (v.a. Kallimachos) bis hin zu Lukian, Alkiphron, Philostratos und den Romanautoren der Kaiserzeit reichen. Trotz dieses weiten Ausgreifens bleiben die erhaltenen Teile der Sammlung inhaltl. innerhalb relativ enger Grenzen, da ausschließl. heterosexuelle Konstellationen behandelt werden. Die Sammlung bildet den Schlußpunkt mimet.-erot. Briefstellerei in der Antike.

A: O. Mazal 1971 (m. G. Arnott, MPhL 1, 1975); J.-R. Vieillefonds 1992. – *Übs.*: A. Lesky 1951.

L: J. Pietzko, Diss. 1907; W. G. Arnott, GRBS 14, 1973, YClS 27, 1982; P. Magrini, Prometheus 7, 1981; R. Marzullo, Koiononia 6, 1982, SIFC 5, 1987.

Aristeas-Brief, fiktiver Bericht in Briefform (angebl. Vf. ›Aristeas‹), nach dem 72 Gelehrte (daher ›Septuaginta‹ = 70) für die Bibliothek des Ptole-maios II. Philadelphos in Alexandria die Thora (Pentateuch) ins Griech. übersetzt haben. Vermutl. im alexandrin. Judentum im (späten?) 2. Jh. v. Chr. entstanden; wendet sich apologet. an die Juden, unterstreicht Zuverlässigkeit der Übs., propagiert allegor. Interpretation der Gebote, identifiziert den jüd. Gott mit dem der Philosophen. Als hist. glaubwürdig gilt die Verbindung zu Ptolemaios II., evtl. auch die Beschreibung Jerusalems; Josephos paraphrasiert große Teile des Briefes.

A: M. Hadas 1951.

L: A. Pelletiert, SC 89, 1962, 7–98; O. Murray, Studia Patristica XII, 1975, 123–128; O. Murray (Übs. J. Engemann), RAC, Suppl. 4, 1986, 573–587; K. Berthelot, Journal of Jewish Studies 52, 2001, 253–268.

Aristeides, Publius Ailios, altgriech. Sophist und Schriftsteller, 27. 11. 117 v. Chr. Hadrianutherai (Mysien) – nach 177 (189?) n. Chr. Angehöriger der Oberschicht, stud. in Pergamon und Athen, später ausgedehnte Reisen (u. a. Ägypten, Rom), Vortrags- und Lehrtätigkeit als Rhetor, wohnhaft in Smyrna, von wo aus er ab 143 immer wieder das Asklepiosheiligtum in Pergamon aufsucht, um von Erkrankungen geheilt zu werden. – Die 55 unter A.' Namen erhaltenen ›Reden‹ zeigen die ganze Bandbreite sophist. Kunst: Tatsächlich gehaltene Reden bilden mit Deklamationsmustern, Übungsreden, Abhandlungen, Sendschreiben usw. ein buntes Corpus. Gemäß dem Trend s. Zeit (›Zweite Sophistik‹) rekurriert A. in romantisierender Weise auf e. idealisiertes klass. Athen, so daß er nicht nur hist. Themen dieser Zeit (z.B. ›Leuktrische Reden‹) behandelt, sondern auch die Auseinandersetzung zwischen Philos. und Rhetorik wieder aufgreift. Dementsprechend verteidigt er Rhetorik und Politik gegen Platons Kritik (z.B. ›Über die Redekunst‹, ›Für die Vier‹) und will für sich selbst das Bildungsideal des Isokrates verwirklichen. Damit war A. in s. eigenen Zeit sehr erfolgr., bes. geschätzt wurden s. Festreden sowie s. Städtereden (›Panathenaikos‹: Huldigung an das klass. Athen; ›Romrede‹: Glück und Vorzüge e. durch Rom garantierten Friedens). Lit. originell sind v. a. die ›Prosahymnen‹ und die ›Hieroi logoi‹ (›Heilige Berichte‹). Teilen der Nachwelt bleibt A. v. a. auch als ›der große Kranke‹ des 2. Jh. im Gedächtnis (vgl. Libanios' Briefe). Porphyrios wird auf s. Polemik gegen Platon reagieren, und in Byzanz liest man A.' ›Panathenaikos‹ als Schultext. Als souveränen Stilist schätzt man A. bis in den Humanismus hinein.

A: W. Dindorf 1829 (Nachdr. 1964); B. Keil 1898 (Nachdr. 1958) (orr. 17–52); F. Lenz, C. Behr 1976–80 (orr. 1–16); F. W. Lenz 1959 (Proleg.); W. Frommel 1826 (Scholien); S. Nicosia 1984; A. J. Festugière 1986 (Hieroi l., mit K). – *Übs.*: C. Behr 1981 (orr. 17–52), 1986 (orr. 1–16) (engl.); H. O. Schröder 1986 (Hieroi l.)

(dt.). – *Komm.:* Or. 1: J. Oliver 1968; orr. 5–6: L. Pernot 1981; or. 26: L. A. Stella 1940; or. 27: Th. Heinze 1995; or. 36: J. Oliver 1953; J. Amann 1931 (Zeushymnus); A. Höfler 1935 (Sarapishymnus); W. Voll 1948; A. Uerschels 1962 (Dionysoshymnus); G. Jöhrens 1981 (Athenahymnus); W. Wahl 1946 (Herakleshymnus).
L: A. Boulanger, 1923; G. Bowersock, 1969; D. Gourevitch, 1984; D. Russell, 1990; C. A. Behr, ANRW 2,34.2, 1994; S. Swain, 1996.

Aristeides von Milet, um 100 v. Chr.? Nichts über Leben bekannt. – Vf. der ›Milesiaka‹ (›Miles. Geschichten‹), erhalten (außer 1 Wort) nur Fragmente e. lat. Übs. (Sulla-Zeit); wohl kein Roman, sondern nach Ort der Handlung benannte, locker gefügte Novellensammlung erot. Inhalts (daher: ›fabula Milesia‹ = terminus technicus für erot. Novelle). In Antike sehr beliebt, beeinflußte vermutl. u. a. den pseudo-lukian. ›Onos‹ (›Esel‹), Apuleius' ›Metamorphosen‹ u. Petron (›Witwe von Ephesos‹, ›Knabe von Pergamon‹).
A: FGrH 495.
L: C. W. Müller, A&A 26, 1980, 103–121; C. Moreschini, in: Materiali e Discussioni 25, 1990, 11–127.

Aristophanes aus Athen, griech. Komödiendichter (sog. ›Alte Komödie‹), um 445 – nach 388 v. Chr. Wenig biograph. Nachrichten; Zeitgenosse und Rivale des Eupolis, 427 1. Aufführung e. Komödie, 438 letzte Aufführung durch A. selbst, danach noch 2 weitere Stücke durch s. Sohn. – Von den über 40 noch im Hellenismus bekannten Komödien sind uns 11 erhalten: 1) ›Acharner‹ (Lenäen 425, 1. Preis); 2) ›Ritter‹ (Lenäen 424, 1. Preis); 3) ›Wolken‹ (Dionysien 423, 3. Preis, nur Umarbeitung erhalten); 4) ›Wespen‹ (Lenäen 422); 5) ›Frieden‹ (Dionysien 421); 6) ›Vögel‹ (Dionysien 414); 7) ›Lysistrate‹ (Lenäen 411); 8) ›Frauen beim Thesmophorenfest‹ (Dionysien 411); 9) ›Frösche‹ (Lenäen 405; ausgelöst durch den Tod des Euripides); 10) ›Frauen bei der Volksversammlung‹ (wohl 392); 11) ›Reichtum‹ (388). A. nimmt in s. Stücken, oft mit beißendem Spott, lebhaften Anteil an gesellschaftl., intellektuellen und polit. Veränderungen s. Zeit (sog. ›onomasti komodein‹: ›namentl. zum Ziel des Spottes machen‹, so daß er neben der lit. Leistung auch e. bedeutende kulturgeschichtl. Quelle darstellt. Geprägt durch den peloponnes. Krieg setzt er sich für Frieden und panhellen. Einigkeit ein und verurteilt einseitigen parteipolit. Fanatismus genau so, wie er sich über die Auswüchse des zeitgenöss. Bildungsbetriebes, v. a. in Gestalt der Sophistik, lustig macht. A.' an den Komödien s. Vorgänger sowie den Tragödien geschulte, differenzierte, metaphernreiche Sprache sowie s. virtuose Handhabung der dramat. Formen und Ausdrucksmittel erlauben es ihm, sich auch mittels der Tragödienparodie in die zeitgenöss. lit. Diskussion einzubringen. A. wird von s. unmittelbaren Mitu. Nachwelt bes. geschätzt (vgl. s. Aufnahme ins platon. ›Symposion‹) und gilt bald als ›Klassiker‹ der Komödie (vgl. Horaz, ›Sat.‹); wenn er auch wegen s. engen Bindung an die Institutionen der att. Polis des 5. Jh. auf der Bühne und in der europ. Tradition der Komödie von Menander verdrängt wird, bleibt er doch im ostrom. Reich Schulautor, wird dann in der frühen Neuzeit wiederentdeckt (z. B. ›Reichtum‹ von H. Sachs bearbeitet, von P. Ronsard übs.) und bleibt über die Weimarer Klassik (1780: ›Vögel‹ von J. W. von Goethe in Prosa bearb.) bis auf die Bühnen der Gegenwart präsent.
A: R. Cantarella V 1949–64 (m. ital. Übs.); V. Coulon V 1923–30 (m. franz. Übs.); F. W. Hall, W. M. Geldart II ²1906/1907 (zahlr. Nachdr.). – *Komm.:* J. van Leeuwen, XI Leiden 1893–1906; B. B. Rogers, XI Lond. 1902–16 (m. engl. Übs.); A. H. Sommerstein, (bisher) IX Warminster 1980ff. – *Übs.:* J. G. Droysen 1835–38; L. Seeger, H.-J. Newiger, P. Rau, hg. 1968 (n. 1990); W. Schöner 1989. – *Einzelausg. u. Komm.: Ach.:* W. J. M. Starkie 1909 (n. 1968); *Ritter:* R. A. Neil 1901 (n. 1966); *Wolken:* W. J. M. Starkie 1911 (n. 1966), K. J. Dover 1968, G. Guidorizzi 1996; *Wespen:* D. M. MacDowell 1971, W. J. M. Starkie 1897 (n. 1968); *Frieden:* H. Sharpley 1905, M. Platnauer 1964, *Vögel:* N. Dunbar 1995, G. Zanetto 1987; *Lysistrata:* U. von Wilamowitz-Moellendorff 1927, J. Henderson 1987; *Thesm.:* J. van Leeuwen 1904 (n. 1968); *Frösche:* D. Del Corno 1985, K. Dover 1993, L. Radermacher ²1967, W. B. Stanford ²1963; *Ekkle.:* R. G. Ussher 1973, M. Vetta 1989; *Plut.:* J. van Leeuwen 1904, K. Holzinger 1940.
L: G. Murray, Oxf. 1933; H.-J. Newiger, 1957; Th. Gelzer, 1960; ders. 1971; O. Seel, 1960; E. Fraenkel, Rom 1962; C. F. Russo, Florenz 1962; P. Händel, 1963; W. Kraus, 1964; C. H. Whitman, Cambr./Toronto 1964; P. Rau, 1967; V. Ehrenberg, Zür. 1968; G. Hertel, 1969; W. Horn, 1970; G. M. Sifakis, Lond. 1971; K. J. Dover, Aristophanic comedy, Lond. 1972; H.-J. Newiger, hg. 1975; M. Landfester, Handlungsverlauf u. Komik, 1977; F. Heberlein, Plythygieia, 1980; C. Moulton, Aristophanic poetry, 1981; W. Kraus, A.' polit. Komödie, Wien 1985; B. Zimmermann, Untersuchungen zur Form u. dramat. Technik, III 1985–87; R. M. Harriott, Lond. 1986; P. Thiercy, Paris 1986; M. Heath, Political comedy in A., Gött. 1987; K. J. Reckford, Chapel Hill/Lond. 1987; R. M. Rosen, Atlanta 1988; P. Cartledge, A. and his Theatre of Absurd, Lond. 1990; J. Henderson, The maculate muse, N. Y./Lond. ²1991; W. Rösler, B. Zimmermann, Carnevale e utopia, Bari 1991; J. M. Bremer, E. W. Handley, hg. Vandœuvres-Genève 1993; A. M. Bowie, Cambr. 1993; L. K. Taaffe, A. and women, Lond. 1993; O. Taplin, Oxf. 1993; D. M. MacDowell, Oxf. 1995; P. v. Moellendorff, Grundlagen einer Ästhetik der Alten Komödie, 1995; D. Konstan, 1995; Ch. Kugelmeier, Reflexe früher und zeitgenöss. Lyrik, 1996; E. Segal, hg. Oxf. 1996; L. P. E. Parker, The songs of A., Oxf. 1997; G. Van Stehen, Venom in Verse, Princeton 2000.

Aristoteles aus Stageira (Chalkidike), griech. Philosoph (Gründer des sog. ›Peripatos‹), 384 v. Chr. – 322 v. Chr. Chalkis (Euboia). Bedeutendster Schüler Platons, in dessen Akad. von 367/366 bis zu Platons Tod (348/347); Lehrtätigkeit in Assos, ab 345 in Mytilene; ab 343/342 in Makedonien als Erzieher Alexanders d. Gr. (bis ca. 340); 335 Gründung e. eigenen philos. Schule in Athen (›Lykeion‹, auch: ›Peripatos‹); nach Alexanders Tod (323) wegen des Vorwurfs der Makedonenfreundlichkeit Übersiedlung nach Chalkis. – A.' umfangreiches philos. Schrifttum umfaßt log., physikal. (›Physik‹, ›Zoologie‹, ›Kleine naturwiss. Schriften‹, ›Metaphysik‹), eth. (›Nikomachische‹ und ›Eudemische Ethik‹) und polit. (›Politika‹) Abhandlungen. Für e. breitere Öffentlichkeit waren die sog. ›exoter.‹ Schriften (z. B. ›Über die Gerechtigkeit‹, ›Eudemos oder: Über die Seele‹, ›Symposion‹) bestimmt; hier entwickelt A. Platons Form des Dialogs fort. Von diesen Schriften sowie von den im Rahmen des Schulbetriebs angelegten Materialsammlungen sind nur spärl. Fragmente erhalten (›Verfassung der Athener‹ wurde auf Papyrus wiederentdeckt), so daß alle heute erhaltenen Schriften ursprüngl. für den internen Schulbetrieb bestimmt waren (sog. ›Lehrschriften‹ oder ›esoter.‹ Schriften); letztere waren erst ab ca. 50 v. Chr. außerhalb des Lykeions bekannt, verdrängten dann aber rasch die exoter. Schriften. Die Antike sah in A. v. a. auch den ›Vollender‹ Platons; die neuzeitl. Rezeption hebt mehr auf die Unterschiede ab: Konsequent entwickelt A. in Abgrenzung zu Platon e. neuen Formbegriff und macht so die ›Empirie‹ zum eigentl. Mittel des Wissenserwerbs. Daher umfangreiche empir. Forschung im Lykeion, die auf den hellenist. Wiss.-Betrieb ausstrahlt. Für die Ethik liegen die Werte als ›Mittelwerte‹ zwischen den Entartungen, so daß jedem Wert e. ›Zuwenig‹ bzw. e. ›Zuviel‹ zugeordnet werden kann. Für den Bereich der Lit. wiss. sind v. a. A.' ›Rhetorik‹ und ›Poetik‹ (nur 1 Buch erhalten) wirkungsmächtig; letztere enthält neben e. allg. anthropolog.-entwicklungstheoret. Grundlegung (Ableitung der Dichtung aus der Natur des Menschen) u. a. die vieldiskutierten Kapitel über die Tragödie (deren konstituierende Elemente, Tragödientheorie etc.). A.' Wirkung kann kaum überschätzt werden, das ganze MA hindurch ist er für Europa und große Teile der islam. Welt v. a. auch durch die Geschlossenheit s. Lehre ›der Philosoph‹.

A: GA: I. Bekker V 1831–70, teilw. rev. O. Gigon V 1960/61. – *Zweisprachig:* Werke, griech./dt. mit Anm. VII 1853–79 (n. 1935). – *Übs.:* dt.: Werke, VII 1855–85 (n. 1930); H. Flashar, 1956ff.; engl.: J. A. Smith, W. D. Ross, XII Bd. 1908–52. – *Einzelwerke: Organon:* Th. Waitz 1844–46 (n. 1965), *Übs.:* E. Rolfes 1918–22 (n. 1968–76); *Cat.* u. *De int.:* H. P. Cooke 1938 (n. 1973), L. Minio-Paluello 1949 (n. 1961), R. Riondato 1957 (nur *De int.*), *Übs.:* E. Rolfes ²1925 (n. 1974); *Top.:* W. D. Ross 1958 (n. 1970), E. S. Forster 1960 (n. 1966), J. Brunschwig 1967, S. Arcoleo 1968 (Buch 1), *Übs.:* E. Rolfes ²1922 (n. 1968); *Soph. el.:* E. S. Forster, D. J. Furley 1955 (n. 1965), E. Rolfes ²1922 (n. 1968); *Anal. priora:* H. Tredennick 1938 (n. 1968), J. Tricot 1939 (n. 1969), C. Colli 1973, *Übs.:* E. Rolfes 1922 (n. 1975), P. Gohlke 1953; *Anal. post.:* W. D. Ross 1949 (n. 1965), H. Tredennick 1960 (n. 1966), *Übs.:* E. Rolfes 1922 (n. 1976), P. Gohlke 1953 (n. 1978); *Ethik* u. *Politik:* J. Burnet 1900 (n. 1973), J. Warrington 1963 (engl. Übs.), J. L. Ackrill 1973 (engl. Übs. einer Ausw.); *EN:* J. Voilquin 1940 (n. 1965), *Übs.:* O. Gigon ²1967, P. Gohlke 1956, F. Dirlmeier, hg. E. Grumach, H. Flashar ⁷1979; *EE:* F. Susemihl 1884 (n. 1967), *Übs.:* P. Gohlke 1954, F. Dirlmeier, hg. E. Grumach, H. Flashar ³1979; *MM:* F. Susemihl 1883, G. C. Armstrong 1933–35, *Übs.:* P. Gohlke ²1952, F. Dirlmeier, hg. E. Grumach, H. Flashar ⁴1979; *Pol.:* W. L. Newman 1887–1902, F. Susemihl, R. D. Hicks 1894 (n. 1976), W. D. Ross 1957 (n. 1962), J. Aubonet 1960ff., A. Dreizehnter 1970, *Übs.:* E. Rolfes ⁴1981, O. Gigon ²1971, W. Siegfried 1967; *Poetik:* S. H. Butcher ⁴1951, I. Bywater 1898 (n. 1958), A. Rostagni ²1945, W. Ross 1957, R. Kassel 1965, C. Gallavotti 1974, R. Dupont-Roc, J. Lallot 1980, *Übs.:* O. Gigon 1961, M. Fuhrmann 1976; *Rhetorik:* M. Dufour 1932–73, W. D. Ross 1959 (n. 1969), E. Kassel 1976, *Übs.:* F. G. Sieveke 1980; *Metaphysik:* W. D. Ross 1924 (n. 1966), W. Jaeger 1957 (n. 1973), H. Bonitz, H. Seidl 1978–80 (mit dt. Übs.), *Übs.:* H.-G. Gadamer ³1976 (Buch XII), Fr. Bassenge 1960, H. Bonitz 1966, E. F. Schwarz 1970; *Phys.:* H. Carteron 1926–31 (n. 1966), W. D. Ross 1950 (n. 1966), *Übs.:* H. Wagner, hg. E. Grumach, H. Flashar ³1979; *De caelo:* D. J. Allan 1936 (n. 1965), P. Moraux 1965/66, *Übs.:* O. Gigon 1950; *De gen. et corr.:* H. H. Joachim 1922 (n. 1970), Ch. Mugler 1966, *Übs.:* P. Gohlke 1958; *Meteor.:* F. H. Fobes 1919 (n. 1967), P. Louis 1982, *Übs.:* H. Strohm ²1979; *De part. anim.:* A. L. Peck 1937 (n. 1988), P. Louis 1956, L. Torraca 1961, *Übs.:* P. Gohlke 1959; *Hist. anim.:* P. Louis 1964–69, *Übs.:* P. Gohlke 1949; *De gen. anim.:* P. Louis 1961, H. J. Drossaart 1965, *Übs.:* P. Gohlke 1959; *De inc. anim.:* P. Louis 1973, A. Preus 1981, *Übs.:* A. S. L. Farquharson 1912 (n. 1958, engl.); *De motu anim.:* L. Torraca 1958, P. Louis 1973, M. C. Nussbaum 1973, A. Preus 1981, *Übs.:* vgl. *De inc. anim.; De an.:* W. D. Ross 1961, P. Siwek 1965, A. Jannone 1966, *Übs.:* W. Theiler, hg. E. Grumach, H. Flashar ⁵1979; *Parva nat.:* W. D. Ross 1955 (n. 1970), P. Siwek 1963, E. Rolfes 1924; *De sensu:* A. Förster 1942; *De mem.:* R. Sorabji 1972; *De somno:* H. J. Drossaart Lulofs 1943; *De insomn., De divin.:* H. J. Drossaart Lulofs 1947; *Fragm.:* V. Rose ²1870 (in: Bekker), W. D. Ross 1955 (n. 1970), P. Gohlke 1960; *Protrept.:* I. Düring ²1979; *Dialoge:* V. Rose 1886, R. Walzer 1934; *Athenaion politeia:* F. Blass, Th. Thalheim, H. Oppermann 1928 (n. 1968), F. G. Kenyon 1920 (n. 1970), *Übs.:* O. Gigon 1955, P. Gohlke 1958, M. Dams 1970.

L: W. D. Ross, Lond. 1923, ⁵1971; W. Jaeger, 1923, ⁵1955; G. R. Mure, Oxf. 1932, ²1964; W. Bröcker 1935, ³1964; L. Robin, Paris 1945; D. J. Allan, Lond. 1952, ²1970; H. J. Krämer, 1959, ²1967; L. Torraca, Padua 1959; J. H. Randall, N. Y. 1960; I. Düring, G. E. L. Owen, hg. Göteborg 1960; L. Sichirollo, Urbino 1961; J. Moreau, A. et son école, Paris 1962; A. Stigen, The structure of A.s thought, Oslo 1966; I. Düring, 1966; G. E. R. Lloyd, Cambr. 1968; F. Dirlmeier, 1970; H. Bareau, Paris 1972; E. Hartman, Princeton 1978; B. Dumoulin, Strasbourg 1979; E. R. Sandvoss, 1981; J. L. Ackrill, Oxf. 1981.

Ari Þorgilsson (inn fróði), isländ. Geschichtsschreiber, 1067–1148. Entstammte e. führenden Geschlecht am Breiðafjord, 1074–89 Klosterschule Haukadal, weiterer, wahrscheinl. geistl. Bildungsgang unbekannt. – Schuf mit der ›Íslendingabók‹ die erste Geschichtsdarstellung in der isländ. Lit. Das v. a. auf Auswertung mündl. Quellen beruhende u. nur in e. Zweitfassung (um 1136) erhaltene Werk gibt in chronolog., an Personen (Gesetzessprechern, Bischöfen) orientierter Ordnung e. Übersicht über Islands Geschichte von der Besiedlung (um 870) bis 1118.

W: Íslendingabók (hg. H. Hermannsson, Ithaca 1930 m. engl. Übs. u. Komm., J. Benediktsson, 1968, in: Ísl. fornrit 1.; Faks. J. Johannesson, Koph. 1956. – *Übs.:* W. Baetke, in: Islands Besiedlung u. älteste Geschichte, 1928 (n. 1967).

L: Ó. Einarsdóttir, Studier i kronologisk metode i tidlig islandsk historieskrivning, Diss. Stockh. 1964; S. Ellehøj, Studier over den ældste norrøne historieskrivning, Koph. 1965; E. Mundal, Íslendingabók, ættartala og konungaævi, 1984.

Ariwara (no) Narihira, jap. Dichter, 825 – 28. 5. 880. Sohn des kaiserl. Prinzen Aho, verkörpert den Typ des dichter. hochbegabten Intellektuellen, gehört zu den ›Sechs Dichtergenien‹ (rokkasen) Japans. S. Liebesabenteuer erzählt das oft ihm zugeschriebene → ›Ise-monogatari‹. – A.s Gedichte zeigen Gefühl u. Leidenschaft, aber sprachl. Unzulänglichkeiten.

W: A. N. Ason shû, G.; in Kokinshû, Gosenshû, Shúishû, Shinkokinshû. – *Übs.:* W. Gundert, Lyrik des Ostens, 1965; Die vier Jahreszeiten, Ausw. P. Ackermann, hg. 2000.

Ariyoshi, Sawako, jap. Schriftstellerin, 26. 1. 1931 Wakayama – 30. 8. 1984 Tokyo. Verbringt Teil der Jugend in Java. Nach Studium der Anglistik Arbeit in Verlag u. als Privatsekretärin. Seit 1956 freie Schriftstellerin, zahlreiche Auslandsaufenthalte. – Neben hist. Romanen, die A.s Interesse an trad. Bühnenkünsten spiegeln, sind es insbes. die Werke, in denen sie aktuelle gesellschaftliche Fragen thematisierte, die A. zu Popularität bei einem breitem Publikum verhalfen.

W: Ki no kawa, R. 1959 (Eine Braut zieht flußabwärts, d. 1987); Hanaoka Seishû no tsuma, R. 1966 (Kae und ihre Rivalin, d. 1990); Izumo no Okuni, R. 1969 (Kabuki Dancer, engl. 1994); Kôkotsu no hito, R. 1972 (The Twilight Years, engl. 1987). – A. s. senshû (AW), XXVI 1970–78.

L: C. Mulhern, Heroic with Grace, 1991.

Arktinos von Milet → Epischer Kyklos

Arland, Marcel, franz. Erzähler, 5. 7. 1899 Varennes-sur-Amance/Haute-Marne – 12. 1. 1986 Saint-Sauveur-sur-Ecole. Stud. Philol. Sorbonne, Prof. der Philol.; Reisen in Italien, Spanien, Holland, Nordafrika. 1968 Mitglied der Académie Française. – Erzähler (Romane und Novellen) und Kritiker (Essays und Zeitungsartikel). In erster Linie Moralist. Seine eigene Unruhe zog ihn früh zu Pascal und Dostoevskij hin, stark beeinflußte ihn Gide. A. analysiert als scharfsinniger und durchdringender Psychologe komplizierte seel. Situationen in verhaltenem, das Eigentliche nur andeutendem Stil. Zarte und liebevolle Beschreibung ländl. Lebens. In ›La route obscure‹ und ›Etienne‹ vertritt er eine neue, an Musset erinnernde Form des ›mal du siècle‹. Bekämpfte den Dadaismus, war bis Kriegsende Mitarbeiter der Zsn. ›Nouvelle Revue Française‹, ›Cahiers libres‹, ›Cahiers du Sud‹ und ›Europe‹.

W: Terres étrangères, R. 1923; La route obscure, Ess. 1924; Etienne, R. 1924; Les âmes en peine, Nn. 1927; Où le cœur se partage, E. 1927; Etapes, Es. 1927; L'ordre, R. 1929 (Heilige Ordnung, d. 1932); Une époque, E. 1930; Essais critiques, 1931; Antarès, R. 1932; Les vivants, Nn. 1934; La vigie, R. 1935 (Nachtwache, d. 1938); Les plus beaux de nos jours, Nn. 1937; Terre natale, R. 1938 (d. 1942); Anthologie de la poésie française, hg. 1941; La grâce, E. 1941; Zélie dans le désert, R. 1944; Carnets de Gilbert, E. 1944; Cinq contes, 1944; Le promeneur, Es. 1944; Les échanges, Es. 1946; Avec Pascal, Es. 1946; Il faut de tout pour faire un monde, Nn. 1947; Sidobre, E. 1949; Chronique de la peinture moderne, 1949; Lettres de France, Ess. 1951; La prose française, Anth. I 1951; La consolation du voyageur, E. 1952; Essais et nouveaux essais critiques, 1952; Georges de la Tour, Es. 1953; Nouvelles lettres de France, Ess. 1954; La grâce d'écrire, Es. 1955; L'eau et le feu, E. 1956; A. perdre haleine, Nn. 1960; La nuit et les sources, Ess. 1963; Le grand pardon, Nn. 1965; A Hendez l'aube, Es. 1970; Proche du silence, Ess. 1973; Ce fut ainsi, M. 1979; Lumière du soir, G. 1983.

L: A. Eustis, 1961; J. Duvignaud, 1962; A. Eustis, 1962; L. Weibel, 1970; W. Widmer, 1971; A. Bosquet, 1973; J.-J. Didier, 1986; H. Feyt, 1990.

Arlt, Roberto, argentin. Schriftsteller, 2. 4. 1900 Buenos Aires – 26. 6. 1942 ebda. Sohn e. Österreicherin und e. Deutschen, schrieb jahrelang tägliche Kolumnen. S. Werk fand erst nach s. Tod Beachtung. – A. gilt heute als e. der wenigen großen Schöpfer der argentin. Lit., als Gegenmodell zum bürgerl.-liberalen Borges. A. beschreibt höhn. u. mit traurigem Humor die hoffnungslose Unterwelt der Mittelmäßigkeit, in der alle verzweifelt nach ihrem Glück streben. S. Werke sind Parodien u. gleichzeitig schonungslose Kritik des kleinbürgerl. Milieus.

W: El juguete rabioso, R. 1926; Los siete locos, R. 1929 (verfilmt; d. 1971); Los lanzallamas, R. 1931 (d. 1973); El amor brujo, R. 1932; El jorobadito, En. 1933; Saverio, el cruel, Dr. 1936; Aguafuertes porteñas, Aufse.

1933. – Obras completas, 1981; Novelas completas y cuentos, III 1963; Teatro completo, II 1968.

L: R. Larra, 1950; R. H. Castagnino, 1970; S. Gostautas, 1977; A. Sicard, 1980; M. Arlt, O. Borré, 1984; R. Gnutzmann, 1984; M. Goloboff, 1985, 1989; Zs. Cuad. Hisp., 1993; S. Saitta, 2000.

Armah, Ayi Kwei, ghanaischer Romanautor, * Okt. 1939 Sekondi-Takoradi/Ghana. Stud. Achimota College b. Accra, 1960–63 Harvard. Dozent in USA, Tansania, Lesotho, Publizist in Paris u. Dakar. – Werke über die Frage nach der eigenen Lebensführung angesichts kraß dargestellter Korruption, Gewalttätigkeit, kolonialist. u. neokolonialist. Zerstörungen.

W: The Beautiful Ones Are Not Yet Born, R. 1968 (d. 1971); Fragments, R. 1970; Why Are We so Blest?, R. 1972; Two Thousand Seasons, R. 1973; The Healers, R. 1978; Osiris Rising, R. 1995.

L: R. Fraser, 1980; J. Todd, 1982; T. L. Jackson, 1985; N. A. Spencer, 1985; D. Wright, 1989; K. D. Rao, 1993; J. Marx, hg. 1995; L. Lorentzon, 1998; O. Ogede, 2000.

Armand de Caillavet → Caillavet, Gaston Arman de

Armijn Pané, indones. Dichter und Schriftsteller, 18. 8. 1908 Muara Sipongi/Nord-Sumatra – 16. 2. 1970 Jakarta. Stud. Medizin, später oriental. Philol.; Sprach- und Geschichtslehrer, zeitweise beim Balai-Pustaka-Verlag beschäftigt, während der japan. Besetzung bei der Kulturbehörde in Jakarta; markantes Mitglied des P. U. S. D., e. javanes. Theaterbundes, Vizevorsitzender der Literatengruppe Angkatan Baru, Mitbegründer und Redakteur der Zs. ›Pudjangga Baru‹. – Steht zunächst unter dem Einfluß von Indern wie R. Tagore, Krishnamurti und von s. Landsmann Noto Suroto, später aber unter dem von russ. Schriftstellern. S. Roman ›Belenggu‹ gilt als Markstein der indones. Vorkriegsprosa. Vf. von Lehrbüchern und Grammatiken der neuen indones. Sprache.

W: Lenggang Kentjana, Dr. 1937; Djiwa Berdjiwa, G. 1939; Belenggu, R. 1940; Ratna, Dr. 1943; Djinak-Djinak Merpati, Dr. 1953; Kisah antara Manusia, Kgn. 1953; Gamelan Djiwa, R. 1960.

Armitage, Simon, engl. Lyriker, * 26. 5. 1963 Huddersfield/West Yorkshire. Stud. Portsmouth u. Manchester, zunächst Bewährungshelfer in Manchester, dann Lektor bei Chatto & Windus im Bereich Dichtung, zahlreiche Dichterlesungen u. Lyrik-Workshops. – Nordengl.-umgangssprachl., oft sozialkrit., postmoderne Lyrik mit trockenem Humor. Häufige Themen sind die Großstadt, die Gesellschaft, das Arbeiterleben in Nordengland, das Gewöhnliche u. Alltägliche. Hrsg. (m. R. Crawford) des ›Penguin Book of Poetry from Britain and Ireland since 1945‹. Das Gedicht ›Killing Time‹ war eine Auftragsarbeit zur Jahrtausendwende.

W: Human Geography, 1986; The Distance Between the Stars, 1987; The Walking Horses, 1988; Zoom!, 1989; Kid, 1992; Xanadu, 1992; Book of Matches, 1993; The Dead Sea Poems, 1995; Moon Country, St. 1996; Cloudcuckooland, 1997; All Points North, Ess. 1999; Killing Time, 1999; Little Green Man, R. 2001; Selected Poems, 2001; Universal Home Doctor, 2002; The White Stuff, 2004.

Arnaud, François-Thomas de Baculard d' → Baculard d'Arnaud, François-Thomas Marie de

Arnaud, Georges (eig. Henri Girard), franz. Romancier, 16. 7. 1918(?) Montpellier – 4. 3. 1987 Barcelona. Stud. Jura (Promotion), Vorbereitung auf Conseil d'Etat durch trag. Familienereignisse unterbrochen. Reisen in Südamerika. – Zieht packende Handlung verfeinerter Psychol. vor. Großer Erfolg mit ›Le salaire de la peur‹ über den Transport von Nitroglyzerin. Stellt hart und in krassem Licht gequälte und eigenartige Menschen dar. Vf. von Novellen.

W: Le salaire de la peur, R. 1950 (Lohn der Angst, d. 1953); Lumière de soufre, 1952; Schiltibem, Rep. 1953; Les aveux les plus doux, Dr. 1954; Pour Djamila Bouhired, Pamphlet 1958 (d. 1958); La plus grande pente, Nn. 1961 (Gefährliche Kurven, d. 1963).

L: R. Martin, 1993.

Arnault, Antoine – Vincent, franz. Politiker und Schriftsteller, 22. 1. 1766 Paris – 16. 9. 1834 Goderville. Von der Revolution verfolgt, zur Emigration gezwungen, verhaftet und verurteilt, durch Napoleons Gunst Inhaber hoher Ämter im Universitäts- und Bildungsleben, 1799 Mitgl. der Académie Française. In Korfu Kommissar der ion. Inseln. Nach Napoleons Sturz proskribiert, 1816 von den Bourbonen exiliert, kehrte 1819 nach Paris zurück, 1829 wieder in Académie aufgenommen. – Vertreter der mittelmäßigen klassizist. Lit. des Napoleon. Kaiserreiches. Schrieb emphat. Tragödien, hist. und pseudohist. Dramen, polit.-satir. Komödien, Melo- und Musikdramen, krit. und philos. Artikel, Gedichte und Fabeln. Sein Werk ist mit Anspielungen auf die zeitgenöss. Politik durchsetzt, wurde deshalb lebhaft diskutiert. Es spiegelt sein abenteuerl. Leben wider. Seine anekdotenreichen Memoirenwerke sind auch heute noch kulturgeschichtl. von Interesse.

W: Marius à Minturne, Dr. 1791; Lucrèce, Dr. 1793; Phrosine et Mélidor, Dr. 1795; Horatius Coclès, Dr. 1795; Oscar, fils de Dermid, Dr. 1795; Cincinnatus, Dr. 1796; Les Vénitiens ou Blanche et Moncassin, Dr. 1798; Don Pèdre ou le roi et le laboureur, Dr. 1802; Scipion consul, Dr. 1804; Fables, 1812; Fables et poésies, 1813–26; Germanicus, Dr. 1817; Vie militaire et politique de Napoléon, B. III 1822 (d. 1827); Les Guelfes et les Gi-

belins, Dr. 1827; Souvenirs et regrets d'un vieil amateur dramatique, Mem. 1829; Fables nouvelles, 1834; Souvenirs d'un sexagénaire, Mem. 1835. – Œuvres, III 1817–19, VIII ²1824. – *Übs.*: Sämtliche Schauspiele, d. F. Severin II 1829.
L: J.-C. Pariente, 1995.

Arnaut Daniel, provenzal. Dichter, 2. Hälfte des 12./Anfang 13. Jh. Dichtete zwischen 1180 und 1210. Nach alter provenzal. Biographie aus Riberac/Dordogne stammend, adlig und gebildet. Unglückl. Liebe zu e. großen Dame der Dordogne, richtete s. Lieder an die Frau des Guilhem de Bouville. Lebte am Hof Richards I. von England und in Südfrankreich. – Der bedeutendste Vertreter des ›trobar clus‹, der dunklen Dichtart, die sich durch Erlesenheit und Künstlichkeit des Ausdrucks, hohe Sprachbeherrschung und perfekten Versbau auszeichnet. Die 18 von ihm überlieferten Kanzonen sind fast alle Liebeslieder. Erfand die Gedichtform der Sestine. Erkannte als erster der Troubadours die Bedeutung nicht allein des Wortsinns, sondern auch des Wortklangs. Von Dante und Petrarca hoch geschätzt, später wegen mangelnder Gedankentiefe und bizarrer Künstlichkeit kritisiert.
A: U. A. Canello, 1883; R. Lavaud, 1910; G. Toja, 1960.
L: U. A. Canello, 1883; R. Lavaud, Les poésies d'A. D., 1910.

Arnaut de Mareuil, provenzal. Troubadour, 2. Hälfte des 12. Jh. Périgord. Bescheidener Herkunft, doch gebildet. Im Vergleich zu Arnaut Daniel ›der Kleinere‹ genannt. Lebte an den Höfen von Aragon, Montpellier, vielleicht auch Béziers. Viele s. Lieder sind an Gräfin Azalais gerichtet, die ihn im Stich ließ. Erhalten sind rund 30 Kanzonen, 5 Liebesgedichte, e. ›ensenhamenz‹ genanntes didakt. Gedicht. – Sensibler Dichter anmutiger und geschmeidiger, eleganter Verse. Liebesgedichte erfüllt von sinnl. Schmachten und Sehnsucht nach der Geliebten, deren Vorzüge er besingt. Häufig mit dem Thema des Traumes verbunden. Führte mit dem ›ensenhamenz‹ das didakt. Genre in die Troubadourdichtung ein. Anweisungen über höf.-eth. Verhalten.
A: Les poésies lyriques, hg. R. C. Johnston 1935.
L: A. Pätzold, D. individuellen Eigentümlichkeiten einiger hervor. Troubadours, 1897; W. Friedmann, Einl. zu e. krit. Ausg. d. Ged. d. Troubadours A. de M., 1910.

Arnér, (Ernst Nils) Sivar (Erik), schwed. Erzähler, 13. 3. 1909 Arby/Småland – 12. 1. 1997. Sohn e. Kaufmanns. Stud. Geschichte, Literaturgeschichte u. nord. Sprachen Lund, 1932 Magister; Studienrat in Karlskrona, Skara, 1944–47 Norrköping. ∞ 1933 Carin Freijer, ∞ 1959 Lenke Rothman. – Das wiederkehrende Problem in s. Romanen ist die Frage um Macht und Recht, der Konflikt zwischen Willen u. Gewissen, die Grenze zwischen Tatendrang u. quietist. Weltverachtung. Daneben stehen illusionslose Eheschilderungen mit harten erot. Analysen, wobei es ihm um die menschl. Kontakte innerhalb der Gesellschaft geht; oft hat er kraß gegensätzl. Menschentypen miteinander verbunden. Fein ausgewogener, ruhiger Stil, wortknapp u. fast trocken; vereint expressiven Realismus mit Symbolik u. hat trotz scharfer Kritik u. treffender Analyse e. Zug zu Spekulation u. Mystik. Auch Dramatiker u. Hörspielautor.
W: Skon som krigaren bar, N. 1943; Plånbok borttappad, R. 1943; Knekt och klerk, R. 1945; Du själv, R. 1946; Verandan, N. 1947; Egil, R. 1948; Ensam på udden, Dr. 1950; Vackert väder, R. 1950; Han-hon-ingen, R. 1951; Man lyder, Sch. 1952; Säkert till sommaren, R. 1954; Fyra som var bröder, R. 1955; Som svalorna, R. 1956; Fem hörspel, H. 1959; Dag och natt, H. 1960; Finnas till, N. 1961; Nätet, R. 1962; Tvärbalk, R. 1963 (Querbalken, d. 1973); Ett ett ett, R. 1964; Verkligen, R. 1965; Solgata, R. 1967; Vargkotletter, N. 1968; Skön och god, R. 1969; Byta människa, R. 1972; Vattenvägar, N. 1973; Aprilsol, R. 1980; När man är flera, R. 1982; Drottningen, R. 1984; Året innan, R. 1984; Fyra nio, R. 1988.

Arniches y Barrera, Carlos, span. Dramatiker, 11. 10. 1866 Alicante – 16. 4. 1943 Madrid. Starke lit. Neigung schon in früher Jugend, in Barcelona Redakteur der Tageszeitung ›La Vanguardia‹, ging bald nach Madrid, wo er sich ausschließl. s. Tätigkeit als Bühnenautor widmete. – Schrieb anfangs v. a. kurze Stücke über zeitgenöss. Themen in der Art der klass. ›entremeses‹ oder der ›sainetes‹ von R. de la Cruz; Herausstellung bestimmter Typen, Stoffe aus dem Madrider Volksleben, humorist. oder satir. Tendenz, realist. Sprache; verstand das Milieu u. Wesen Madrids treffend einzufangen. Gelangte dann auf der Basis des erweiterten ›sainete‹ u. der grotesken Farce zur Erneuerung s. Theaterstils, tiefere Konzeption des Dramatischen; aus Zusammenspiel von kom. Rahmen u. ernstem Gehalt entsteht das für ihn typ. groteske Element, das von späteren Bühnendichtern imitiert wurde; verfaßte s. mehr als 200 Stücke z. T. in Zusammenarbeit mit anderen Autoren, u. a. García Álvarez, López Silva, Antonio Paso.
W: El santo de la Isidra, K. 1898; El puñao de rosas, K. 1902; El pobre Valbuena, K. 1904; Alma de Dios, K. 1908; Gente menuda, K. 1911; El amigo Melquiades, K. 1914; La casa de Quiros, K. 1915; La señorita de Trevélez, K. 1916; Del Madrid castizo. Sainetes rápidos, 1917; Los caciques, groteske Tr. 1919; Es mi hombre, groteske Tr. 1921; La heroica villa, K. 1921; Los milagros del jornal, groteske Tr. 1924; El tío Miserias, K. 1940. – Teatro completo, IV 1948f.

L: V. Ramos, 1966; M. Lentzen, 1966; M. Seco, 1970; D. R. McKay, 1972; J. A. Ríos Carratalá, 1990.

Arnim, Elizabeth von → Russell, Elizabeth

Arnobius, lat. christl. Schriftsteller; berühmter Redelehrer in Sicca (Afrika); nach s. Bekehrung zum Christentum schrieb er zwischen 302 u. 305, während der diokletianischen Christenverfolgung, s. Werk ›adversus nationes‹ (Gegen die Heiden) in 7 Büchern; A., der zuvor selbst die Christen scharf kritisiert hat, weist darin Vorwürfe gegenüber dem Christentum zurück, wobei er bes. Ansichten des Porphyrios abwehrt, u. greift seinerseits die Heiden an; einige ›unorthodoxe‹ Äußerungen weisen darauf hin, daß A. das Werk schrieb, bevor er Katechumene wurde.

A: A. Reifferscheid 1875 (Corp. Script. Eccl. Lat. 4); C. Marchesi, Turin n. 1953; d. F. A. v. Besnard 1842; m. franz. Übs. H. Le Bonniec, Livre I, Paris 1982.
L: M. B. Simmons, A. of Sicca, Oxf. 1995.

Arnold, Sir Edwin, engl. Journalist u. Schriftsteller, 10. 6. 1832 Gravesend – 24. 3. 1904 London. Stud. in London und Oxford, 1856–61 Präsident des Poona College in Bombay, 1861 Mitarbeiter des ›Daily Telegraph‹, für die er auswärtige Politik bearbeitete; ∞ 1897 Tama Kurokawa. – Schrieb über s. ind. Erfahrungen in ›The Light of Asia‹, e. seinerzeit sehr beliebten Dichtung, deren Gegenstand der Buddhismus ist. Weite Fernost-Reisen, über die er Bücher schrieb, sowie einige Übsn. aus dem Sanskrit.
W: The Light of Asia, Ep. 1879; India Revisited, 1886; The Light of the World, Ep. 1891. – Poetical Works, VIII 1888.

Arnold, Mary Augusta → Ward, Mrs. Humphry, geb. Mary Augusta Arnold

Arnold, Matthew, engl. Dichter u. Kritiker, 24. 12. 1822 Laleham – 15. 4. 1888 Liverpool. Sohn des berühmten Humanisten, Pädagogen, Leiters von Rugby School, Dr. Thomas A. In Rugby u. Winchester erzogen; Stud. 1841–44 in Oxford, wo er den Newdigate Preis erhielt, ebda. Dozent. ∞ 1851 Frances Lucy Wightman. 1851–86 Schulinspektor, wirkte als solcher für Reform des brit. Schulwesens, hatte neben dieser Tätigkeit 1857–67 den Lehrstuhl für Dichtkunst in Oxford inne. Bereiste, um die dortigen Schulwesen zu studieren, häufig den Kontinent, bes. Dtl. u. Frankreich. – War Kosmopolit u. Humanist, verachtete Provinzialismus u. Materialismus. Schrieb neben zahlr. Essaybänden über Erziehungsreform u. relig. Themen v. a. mehrere Bände Essays zur Lit.kritik, in denen er gegen insulare Enge kämpft und Verbindung mit der Antike einerseits, der großen kontinentalen Lit.tradition andererseits herzustellen sucht. Hier lassen sich bei ihm Grundsätze mod. vergleichender Lit.wiss. beobachten. A. sieht Europa geistesgeschichtl. als ›one great confederation, bound to a joint action and working towards a common result‹. A. war inspiriert durch Griechentum, Goethe u. Wordsworth; s. Lit.kritik hatte er geschult am Geist franz. Kritik, bes. Sainte-Beuves, mit dem er persönl. Kontakt hatte. S. Lit.kritik beeinflußte das mod. Denken durch die Schätzung des absoluten Wertes großer Lit. A.s Sprache ist klar u. überzeugend. Er litt schmerzl. darunter, daß der Mensch s. Zeit durch Kontaktverlust zu Natur u. Mitmensch die Einheit des Lebens verloren habe. Die Dichtung solle diesen Abgrund überbrücken. S. Ruf als Prosaschriftsteller gründet sich v. a. auf die Vorreden zu den Gedichtbänden u. die ›Essays in Criticism‹. S. beiden ersten Gedichtbände zog er bereits 1853 zurück, Auszüge daraus finden sich in ›Poems‹, 1853. Später hat er e. Reihe von Gedichtbänden veröffentlicht, die neben manchen mittelmäßigen Versen einige Gedichte von großer Schönheit enthalten. A.s eig. Gebiet im Bereich der Dichtung ist reflektierende und eleg. Lyrik, manche der Verse sind allzu schwer beladen mit Gedanken, doch besaß A. ein sicheres Gefühl für Metrik.
W: The Strayed Reveller, G. 1849; Empedocles on Etna, G. 1852; Poems, II 1853; Poems, Second Series, 1855; Merope, Tr. 1858; On Translating Homer, Ess. 1861; Essays in Criticism, 1st Series, 1865 (n. 1968); On the Study of Celtic Literature, Ess. 1867; New Poems, 1867; Collected Poems, II 1869; Culture and Anarchy, Ess. 1869 (hg. J. Dover Wilson 1931); Friendship's Garland, Ess. 1871; Literature and Dogma, Ess. 1873; Mixed Essays, 1879; Irish Essays, 1882; Essays in Criticism, 2nd Series, 1888 (n. 1938); Essays, Letters and Reviews, hg. F. Neiman 1960. – The Works, hg. T. B. Smart XV 1903f. (m. Br.); Poetical Works, hg. C. B. Tinker, H. F. Lowry 1950 (m. Komm.); The Complete Prose Works, hg. R. H. Super XI 1960–77; Letters 1848–88, hg. G. W. E. Russell II 1895; Letters to J. Churton Collins, 1910; Unpublished Letters, 1923; Letters to A. H. Clough, hg. H. F. Lowry 1932; Note-Books, hg. mehrere 1952; Letters, 1829–88, hg. C. Y. Lang VI 1996–2001.
L: G. Saintsbury, 1902; G. W. E. Russell, 1904; W. P. Ker, The Art of Poetry, 1923; E. K. Brown, 1948; K. Allott, 1955; D. G. James, 1961; W. S. Johnson, The Voices of M. A., 1961; J. H. Raleigh, 1961; H. C. Duffin, 1962; L. Trilling, [3]1963; E. K. Chambers, [2]1964; P. J. MacCarthy, 1964; W. D. Anderson, 1965; A. D. Culler, Imaginative Reason, 1966; W. A. Madden, 1967; G. R. Stange, 1967; S. P. Sherman, [2]1968; F. Neiman, 1968; C. B. Tinker, H. F. Lowry, [2]1969; C. H. Harvey, [2]1969; D. Bush, 1972; P. Honan, 1981; R. apRoberts, A. and God, 1983; N. Murray, 1996; C. Machann, 1998. – *Bibl.:* T. B. Smart, 1892.

Arnoux, Alexandre, franz. Schriftsteller, 27. 2. 1884 Digne – 4. (?) 1. 1973 Boulogne-Billancourt. Beamtensohn; Stud. Lyon, dort Kontakt zu Dul-

Arolas

lin. 1947 Mitgl. der Académie Goncourt. – Vielseitiger Autor, glänzender, virtuoser Stilist von klass. Reinheit und moderner Feinnervigkeit, Lyriker, Erzähler und Dramatiker mit Vorliebe für Mythen und Symbole, für e. phantast., wunderbare und sehr poet. Welt. Verarbeitete einerseits Mythologie und Legende, andererseits Elemente der mod. Technik und Naturwiss. Übs. von Calderón und Goethe.

W: Voiture, G. 1907; Au grand vent, G. 1909; La belle et la bête, R. 1913; Le cabaret, En. 1919 (d. 1919); Indice 33, R. 1920; Huon de Bordeaux, Dr. 1922; Le chiffre, R. 1926; Le rossignol napolitain, R. 1937; Paris-sur-Seine, En. 1939; Rhône, mon fleuve, En. 1944; L'amour des trois oranges, Dr. 1947; Poésies du hasard, G. 1947; Algorithme, R. 1948; Les taureaux, Dr. 1949; Contacts allemands, Schr. 1950; Les crimes innocents, R. 1952; Etudes et caprices, Ess. 1952; Roi d'un jour, R. 1955; Bilan provisoire, R. 1955; Le siège de Syracuse, R. 1962; Flamenca, R. 1965.

Ārohaka Bhagadatta Jalhaṇa → Jalhaṇa

Arolas, Juan, span. Dichter, 20. 6. 1805 Barcelona – 23. 11. 1849 Valencia. Kindheit in Valencia, Stud. Philos. Saragossa, Theol. Valencia; 1819 Eintritt in den Piaristenorden; schwere innere Konflikte durch Widerspruch zwischen geistl. Stand u. leidenschaftl. Temperament; gründl. Lit.-Stud. Mitarbeit an Zsn. in Valencia. Starb in geistiger Umnachtung. – Romantiker von starker Einbildungskraft u. Sinnlichkeit, schwelgend in Farbenrausch u. Musikalität, Anklänge an Espronceda u. Zorrilla, Einfluß franz. u. engl. Romantiker, Vorliebe für exot. u. ma. Welt.

W: Libros de amores, G. o. J.; Poesías pastoriles, G. o. J.; Poesías amoriles y amatorias, G. 1823; La sílfida del acueducto, G. 1837; Poesías caballerescas y orientales, G. 1840; Cartas amatorias, G. 1843; Poesías religiosas, orientales, caballerescas y amatorias, 1883. – Poesías escogidas, 1925 (n. in: Clásicos Castellanos, 1949); Obras, II 1982f.

L: M. Lomba y Pedraja, 1898; L. F. Díaz Larios, 1976.

Aronson, Stina, geb. Bergqvist, schwed. Schriftstellerin, 26. 12. 1892 Stockholm – 24. 12. 1956 Uppsala. Tochter e. Bischofs, Lehrerin 1914–19. ∞ 1918 Anders Aronson. – Realist., genau beobachtete Schilderungen des Volkslebens in Norrbotten, voll Mitgefühl für die Unscheinbaren u. Bedrückten, mit zunehmendem psychol. Einfühlungsvermögen.

W: Hitom himlen, R. 1946; Sång till polstjärnan, Nn. 1948; Dockdans, Sch. 1949; Kantele, G. 1949; Sanningslandet, Nn. 1952.

Arouet, François-Marie → Voltaire

Arpino, Giovanni, ital. Erzähler, * 27. 1. 1927 Pola/Istrien. Kindheit u. Jugend im Piemont. Lit.-Stud. in Turin. Längere Zeit Verlagslektor; Mitarbeiter an versch. Zeitungen u. Zsn. Lebt in Mailand. – Seine zahlr., themat. unterschiedl. Romane lassen e. ausgeprägte Dynamik und Aufgeschlossenheit für die zeitgenöss. soz., polit. u. psycholog. Probleme erkennen. Auch Gedichte und Kinderbücher.

W: Sei stato felice, Giovanni, R. 1952; Barbaresco, G. 1954; Il prezzo dell'oro, G. 1957; Gli anni del giudizio, R. 1958; Rafè e Micropiede, Kdb. 1959; La suora giovane, R. 1959 (Ein ungleiches Paar, d. 1969); Le mille e una Italia, Kdb. 1960; Un delitto d'onore, R. 1961 (Aus gekränkter Ehre, d. 1964); Una nuvola d'ira, R. 1962; L'ombra delle colline, R. 1964 (Im Schatten der Hügel, d. 1966); Un'anima persa, R. 1966; La babbuina e altre storie, E. 1967; 27 racconti, En. 1968; Il buio e il miele, R. 1969; Domingo il favoloso, R. 1975; Il primo quarto di luna, En. 1976; Azzurro tenebra, R. 1977; Il fratello italiano, R. 1980; Un gran mare di gente, En. 1981; Raccontami una storia, En. 1982; Leonardo; un genio si confessa, Jgb. 1982; La sposa segreta, R. 1983; Passo d'addio, R. 1987; Opere, hg. G. Barberi 1995.

L: G. Pullini, 1971; M. Romano, 1974; R. Scrivano, 1979.

Arrabal, Fernando, span. Schriftsteller, * 11. 8. 1932 Melilla/Span.-Marokko. In kleinbürgerl. Sphäre aufgewachsen; lebhaft beeindruckt durch die Schrecken des Bürgerkriegs und staatl. Terror, dem s. republikan. Vater zum Opfer fiel. Stud. Jura Madrid, ab 1955 Paris, wohin er wegen Schwierigkeiten mit der span. Zensur übersiedelte. Lebt in Frankreich. – Bekannt v. a. als Dramatiker, der verdrängte Sexualität u. den mit ihr verbundenen (auch polit.) Terror handgreifl. auf die Bühne bringt und in den Ausdrucksmitteln s. ›pan.‹ Theaters die Intentionen etwa e. A. Artaud einlöst u. noch überspielt. Mit unverhohlenem Narzißmus gestaltet A. s. privaten Erinnerungen u. Konflikte, Alpträume u. Sehnsüchte zu ritualisierten surrealen Traumspielen. Konstanz der Themen (Mutterkomplex, Fetischismus, Sadomasochismus, Liebe, Erlösung durch Mord oder Tod), schwer deutbare symbol. u. allegor. Chiffren, anarchist. u. blasphem. Anspielungen kennzeichnen s. Stil. Auch Romane, Gedichte, Essays u. Filme.

W: Pique-nique en campagne, Dr. 1952 (d. 1969); Le tricycle, Dr. 1953; Le labyrinthe, Dr. 1956; Cérémonie pour un noir assassiné, Dr. 1956; Les amours impossibles, Dr. 1957; Fando et Lis, Dr. 1958; La bicyclette du condamné, Dr. 1958; Les deux bourreaux, Dr. 1958; Le cimetière des voitures, Dr. 1958; Oraison, Dr. 1958; Guernica, Dr. 1959; Baal Babylone, R. 1959 (d. 1964); L'enterrement de la sardine, R. 1961; La pierre de la folie, G. u. Prosa 1963; Le grand cérémonial, Dr. 1966; L'architecte et l'empereur d'Assyrie, Dr. 1967 (d. 1988); Fêtes et rites de la confusion, Prosa 1967 (d. 1969); Et ils passèrent des menottes aux fleurs, Dr. 1969 (d. 1984); Le jardin des délices, Dr. 1969 (d. in: Radikales Theater, hg. U. Nyssen 1969); Bella Ciao, la guerre de mille ans, Sch. 1972 (d. 1972); J'irai comme un cheval fou, Film 1973; Oye, Patria, mi aflicción, Dr. 1976; El rey de Sodoma, Dr. 1978; Inquisición, Dr. 1980; La torre herida por el rayo, R. 1983 (d. 1986); La hija de King Kong, R. 1988; Le fou rire des Lilliputiens, Dr. 1991. – Théâtre, XVIII 1968–90. – Übs.: Schwarzes Theater, Drn. 1963; La Guerra Civil, 1969; Selbstdarstellung, 1969; Der Architekt und der Kaiser von Assyrien, Drn. 1971.

L: B. Gille, 1970; F. Raymond Mundschau, 1972; I. J. Daetwyler, 1975; B. Premer-Kayser, 1977; T. J. Donahue, 1980; F. Torres Monreal, 1981; K.-W. Kreis, 1990; D. Studency, 1990.

Arráiz, Antonio, venezolan. Schriftsteller, 27. 3. 1903 Barquisimeto – 16. 9. 1962 New York. Journalist, Diplomat. War sieben Jahre im Gefängnis während der Diktatur von Präsident Gómez. – S. avantgardist. Buch ›Aspero‹ über die präkolumbian. Indios gab Impulse zur Erneuerung der venezolan. Lyrik. S. Themen sind die Diktatur mit ihrer Grausamkeit, die Lebensgier u. der Mythos. Berühmt geworden sind s. satir. Fabeln.

W: Aspero, G. 1924; Puros hombres, R. 1939; El mar es como un potro, R. 1943; Todos iban desorientados, R. 1944; Tío tigre y Tío conejo, En. 1945; Vida ejemplar del Gran Mariscal de Ayacucho, Ess. 1948; Suma poética, 1966.

L: Bibl.: Gob. Distrito Federal, 1970.

Arrebo, Anders (Christensen), dän. Dichter, 2. 1. 1587 Ærøskøbing – 12. 3. 1637 Vordingborg. Sohn e. Pfarrers; 1610 Magister, erwarb sich am kgl. dän. Hof durch Huldigungsgedichte e. starke Position, avancierte schon mit 31 Jahren über versch. Predigerämter zum Bischof in Trondheim, wurde 1622 seines Amtes enthoben, erlebte einige Jahre persönl. Not in Malmö, mit der Übs. der Psalmen Davids beschäftigt, 1626 Pfarrer in Vordingborg/Seeland; schuf hier s. Schöpfungsepos ›Hexaëmeron‹, das ihm den Beinamen ›Vater der dän. Dichtkunst‹ einbrachte. – Erster Vertreter des dän. Frühbarock; nach dt. u. niederl. Vorbild übersetzte er Davids Psalmen nach dem neuen Prinzip des alternierenden Verses, in der 2. Ausgabe (1627) mit noch konsequenterer Regelmäßigkeit durchgeführt, und brach mit dem Knittelu. syllab. Vers; sein 1630 begonnenes, erst posthum herausgegebenes Hauptwerk ›Hexaëmeron‹ ist e. Nachdichtung von Du Bartas ›La Sepmaine‹; anfangs in Hexameter, sehr bald in von der Vorlage abweichenden Alexandriner überwechselnd, erweitert sie um bilderreiche Naturbeschreibungen aus der nord. Welt. Bei dem luther.-orthodoxen A. erfährt das Weltbild des Kalvinisten Du B. Veränderungen.

W: Davids Psalter, 1623; Hexaëmeron, 1661. – Samlede Skrifter, hg. V. L. Simonsen V 1965–83.

L: H. F. Rørdam, A. Chr. A., Levnet og skrifter, II 1857; V. L. Simonsen, 1955.

Arreola, Juan José, mexikan. Schriftsteller, * 21. 9. 1918 Ciudad Guzmán. Übte mehr als 20 Berufe aus. – Skept., scharfe u. sehr kurze Texte, z. T. ohne Handlung; phantast. Erzählungen, Tierfabeln über die absurde Realität; bes. Metaphern, Parabeln, Paradoxa, humorvolle Wortspiele.

W: Varia invención, En. 1949; Confabulario, En. 1952; La hora de todos, Sch. 1954; Bestiario, En. 1958; Confabulario total, En. 1962 (Confabularium, d. 1980); La feria, R. 1963; Palindroma 1971; Confabulario personal, 1979; Confabulario definitivo, 1986; Confabulaciones, 1990. – Obras completas, 1971; Obras, 1996; Narrativa completa, 1997.

L: J. A. Ojeda, 1969; Y. Washburn, 1983; J. A. Benítez Villalba, 1985; S. Poot Herrera, 1992.

Arrianos, Lucius Flavius, altgriech. Politiker und Historiker, 95–175. Aus vornehmer Familie, wird in s. Jugend Schüler des Philosophen Epiktetos, dessen ›Diatriben‹ sowie e. ›Encheiridion‹ er später herausgeben wird. Macht polit. Karriere, zieht sich ab 137 ins Privatleben zurück, läßt sich in Athen nieder. – Vf. e. ›Umsegelung des Schwarzen Meeres‹ (130/131), e. Berichts über e. Reise von Trapezunt nach Dioskurias (Kolchis), e. Abhandlung über militär. Manöver sowie e. nur fragmentar. erhaltenen ›Alanengeschichte‹. Ab 137 intensive schriftsteller. Tätigkeit: neben ›Kynegetika‹ (›Über die Jagd‹) und Biographien mehrere Werke zur Alexandergeschichte (Zug nach Asien: ›Anabasis Alexandri‹, 7 Bücher, nach 137/nach 165?; Zug nach Indien: ›Indike syngraphe‹, 168 n. Chr.). Verloren sind die ›Diadochengeschichte‹ (›Ta met' Alexandron‹, 10 Bücher) sowie die bithyn. (›Bithynika‹, 8 Bücher) und parth. Geschichte (›Parthika‹, 17 Bücher). A. legt Wert auf e. krit. Auswahl s. Quellen und, in bewußter Abgrenzung von romanhaften Schilderungen, e. möglichst objektive Darstellung des von ihm verehrten Alexander. Durch s. Interesse für den Charakter s. ›Helden‹ steht e. s. Form der Historiographie teilweise biograph. Schreibweisen nahe. In der Art der Darstellung orientiert A. sich v. a. an Xenophon und schreibt in schlichtem Stil in knapper, sachl. Diktion. A. wird noch von Prokopios von Gaza und Zonaras benutzt, Photios führt Exzerpte aus seinem Werk auf.

A: R. Hercher, A. Eberhard 1885; G. Marenghi 1958 (griech./ital.) (Umsegelung). – *Anab.:* A. G. Roos, G. Wirth ^{2}1967, A. Silbermann 1995 (griech./franz.); *Ind.:* P. Chantraine ^{2}1952 (griech./franz.). – *Komm.:* A. B. Bosworth 1980, 1995. – *Übs.:* G. Wirth, O. v. Hinüber 1985 (Anab.); W. Capelle 1950 (Ind.); F. Kiechle 1964 (Taktik).

L: L. Pearson, N. Y. 1960; P. A. Stadter, Chapel Hill/ NC 1980; A. B. Bosworth, Oxf. 1988.

Arschak, Nikolaj → Aržak, Nikolaj

Artaud, Antonin (eig. Antoine-Marie-Joseph), franz. Schriftsteller, Regisseur u. Schauspieler, 4. 9. 1896 Marseille – 4. 3. 1948 Ivry-sur-Seine. In der Jugend schwere nervöse Störungen. Seit 1920 in Paris. Gehörte anfangs zur surrealist. Dichtergruppe, wandte sich aber vom Surrealismus ab. Wurde Schauspieler beim Theater, Mitarbeiter von C. Dullin, G. Pitoëv und L. Jouvet. Seit 1923 auch Filmschauspieler, 1926 Theaterregisseur. Reiste 1936/37 nach Mexiko und Irland. Mußte nach s. Rückkehr bis 1946 geisteskrank in e. Heilanstalt leben. – Surrealist. Dichter, Theatertheoretiker, Dramatiker. A.s Werk ist e. Ausdruck s. Revolte gegen Gesellschaft und Herrschaft der Vernunft. Grundlegend für s. Ästhetik ist die Essaysammlung ›Le théâtre et son double‹. Erstrebt e. Erneuerung der Inszenierung, Bruch mit den Konventionen, will Ideale und Vorstellungen der Surrealisten auf die Bühne übertragen. Vorstellung vom autonomen Theater, dem metaphys. und soz. Funktionen zukommen. Begründete 1935 das ›Théâtre de la cruauté‹, schrieb dafür von mehreren vorgesehenen nur 1 Stück, mit dem er wenig Anklang beim Publikum fand, die Tragödie ›Les Cenci‹ (Manuskript unveröffentlicht und verlorengegangen), die in mehreren Bildern das Drama unserer Zeit ausdrückt. Einfluß auf Ionesco, Audiberti, Genet.

W: La bouteille de verre, G. 1921; Bar Marin, G. 1922; Douze chansons, G. 1923; Tric-trac du ciel, G. 1923; L'Ombilic des limbes, G. 1924; Boutique de l'âme, G. 1924; Le pèse-nerfs, G. 1925 (d. 1961); Journal d'enfer, 1927; A la grande nuit ou le bluff surréaliste, 1927; La coquille et le clergyman, Film 1927; L'art et la mort, 1929; Le manifeste du théâtre de la cruauté, 1932; Héliogabale ou l'anarchiste couronné, 1934 (d. 1972); Les nouvelles révélations de l'être, 1937; Le théâtre et son double, Ess. 1938 (d. 1969); Au pays des Tarahumaras, 1945; Lettres de Rodez, 1946; Ci-gît, précédé de la culture indienne, 1947; Portraits et dessins E. 1947; Pour en finir avec le jugement de Dieu, 1947; Van Gogh, le suicidé de la société, B. 1947 (d. 1977); Artraut le Mômo, 1947; Le retour d' Artaud le Mômo, 1948; Le théâtre de Séraphin, 1948; Lettre contre la Cabbale, 1949; Supplément au voyage de Rodez, 1949; Vie et mort de Satan. Le feu, 1953. – Œuvres complètes, IX 1956–71; Correspondance avec J. Rivière, 1923; Lettres à J.-L. Barrault, 1952; Le théâtre et la Science, 1954.

L: J. Hort, 1960; A. Bonneton, 1961; E. Sellin, Chicago 1968; O. Hahn, 1969; B. L. Knapp, 1969; G. Charbonnier, 1970; A. Virmaux, 1970; J.-L. Braü, 1971; G. Durozoi, 1972; D. André-Carraz, 1973; F. Tonelli, 1973; H. Gouhier, 1974; A. u. O. Virmaux, 1979; P. Thévenin, 1986; dies., 1993; S. Havel, 1995; C. Démoulié, 1996; P. Bruno, 1999; I. Isou, 2000.

Artemidoros von Daldis, altgriech. Schriftsteller; 2./3. Jh. n. Chr. – A.' ›Traumbuch‹ (›Oneirokritika‹, 5 Bücher) ist die einzige vollständig erhaltene antike Abhandlung zur Traumdeutung (Bücher 1–3: Beispielsammlung, 4: Systematik der Traumdeutung, 5: In Erfüllung gegangene Träume); bedeutend für relig., soz., kulturelle Fragen. Rezeption in Byzanz und im Mittelalter, Übs. ins Arab. In S. Freuds ›Traumdeutung‹ erwähnt.

A: R. A. Pack 1963 (übs. R. J. White 1975); K. v. Brackerz 1979; A. Festugière 1975; D. del Corno 1975. – *Übs.:* K. Brackertz 1979.

L: C. Blum, Diss. Uppsala 1936; M. Foucault, 1984; J. Winkler, 1990; I. Hahn, Konstanz 1992; G. Weber, Gymnasium 106, 1999, 209–229; M. A. Holowchak, Lanham 2001.

Āryaśūra, ind. Dichter, wahrscheinl. im 4. Jh. n. Chr. in Nordindien lebend. Buddhist. – Vf. der in kunstvollem Sanskrit geschriebenen ›Jātakamālā‹ (Kranz der Wiedergeburtsgeschichten [des Buddha]), e. Sammlung von 34 buddhist. Legenden nach dem Vorbild der ›Jātakas‹ und ›Avadānas‹. Szenen aus der ›Jātaka-mālā‹ mit Strophen Ā.s finden sich unter den Fresken in Ajanta.

A: H. Kern 1891 (n. 1983); F. Weller 1955 (m. Übs.); P. L. Vaidya 1959; R. Gnoli 1964. – *Übs.:* engl. J. S. Speyer 1895 (n. 1982); M. M. Higgins 1914, ²1939; P. Khoroche 1989.

L: C. Meadows, Ā.'s compendium of the perfections, 1986; R. Basa, Eine lit.krit. Studie. Ā.'s Jātakamālā, Diss. Bonn 1989 (m. Text u. Komm.).

Aržak, Nikolaj (eig. Julij Markovič Daniėl'), russ. Prosaist, 15. 11. 1925 Moskau – 30. 12. 1988 ebda. Sohn eines jidd. Schriftstellers; als Übs. tätig. Wegen der Veröffentlichung von vier Novellen im Westen gleichzeitig mit A. Sinjavskij (A. Terc) 1966 zu 5 Jahren KZ-Haft verurteilt. Erst während d. Perestrojka rehabilitiert. – A.s eigene lit. Tätigkeit ist auf die Auslandspublikationen 1962–71 beschränkt, s. Novellen sind lebendige Sat. auf eth. soziale Mißstände in der Sowjetunion mit grotesken Mitteln.

W: Govorit Moskva, N. 1962 (Hier spricht Moskau, d. 1967); Stichi iz nevoli, G. England 1971 (Berichte aus dem sozialist. Lager, d. 1972).

L: M. Dalton, A. Siniavskij and J. D., 1973.

Arzibaschew, Michail Petrowitsch → Arcybašev, Michail Petrovič

al-Aʿšā, Maimūn ibn Qais, altarab. Dichter, um 550 Manfūha – nach 625. Jugend in der Residenz von al-Hīra/Südmesopotamien; fahrender Sänger u. Panegyriker; unstetes Wanderleben in Arabien u. umliegenden Ländern; im frühen Mannesalter erblindet. Mehrere s. Verse zeigen ihn als Christen. – Neben Imra'alqais der von arab. Sammlern

am häufigsten zitierte Dichter; Virtuose ohne große Originalität, liebt gekünstelte Anspielungen, Lautmalereien u. klangvolle (pers.) Fremdwörter. Hauptthemen s. meist konventionellen, rhetor.-künstl. Qaṣīden sind: Lob s. Gönner, Verspottung der Gegner, Jagd, Wüstenritt, Beschreibung von Kamelen u. Wildeseln, Frauenschönheit u. bes. der Wein. Berühmt ist s. ›Ballade vom treuen Samau'al‹. Das ihm zugeschriebene Lobgedicht auf den Propheten Muḥammad ist unecht.
W: Dīwān, Lond. 1928.
L: W. Caskel (OLZ 34).

Asachi, Gheorghe, rumän. Schriftsteller und Gelehrter, 1. 3. 1788 Herţa/Dorohoi – 12. 11. 1869 Jassy. Stud. Polytechnikum Lemberg u. Wien, dann Kunstgesch., Lit., Malerei Rom. Dipl.-Ing., Dr. phil., 1813 Prof. für Mathematik u. Architektur in Jassy; 1822–27 diplomat. Mission in Wien. 1835 Mitbegr. der Academia Mihăileană, der 1. rumän. Univ. in Jassy, 1836 des ›philharmon.-dramat. Konservatoriums‹, für das er 2 Theaterstücke schrieb, u. der ersten lit. Zsn. in der Moldau. – Versuchte sich mit rührender Emsigkeit in allen lit. Gattungen; Umarbeiter, Kompilator, Übs.; in s. eigenen Dichtung von westl. u. antiken Vorbildern, bes. Horaz, beeinflußt. Auch hist. Novellen u. Dramen.
W: Către Neamul Moldovei, G. 1822; Poezii, 1836; Fiul pierdut, Tr. 1839; Fabule versuite, G. 1844; Nuvele istorice ale României, Nn. 1867 (franz. 1859); Opere alese, hg. F. Levit 1957; Opere I–II, hg. N. A. Ursu 1973–81.
L: Atanasiu, 1887; V. A. Urechia, 1890; E. Lovinescu, 1921; D. Caracostea, 1928; C. Isopescu, 1930; G. Ungureanu, 1969.

Asadī, Abū Manṣūr ʿAlī ibn Aḥmad, pers. Epiker, um 999–1000 Tus/Ostiran – um 1072–73. Von Herkunft wohl Kleingrundbesitzer, wanderte nach Aserbeidjan (Nordwestiran) aus, arbeitete als Abschreiber, widmete in Naḫčawān (Transkaukasien) s. 1065/66 dort vollendetes Epos dem örtl. Fürsten Abū Dulaf, tauchte zuletzt nach 1072 in Ānī auf. Die früher übl. Scheidung zwischen A. d. Älteren u. A. d. Jüngeren beruhte auf e. Irrtum. – Von unschätzbarem Wert ist s. ›Luġat-i Furs‹ (›Wörterbuch der Perser‹), das zur Erklärung altertüml. Ausdrücke jedes Wort durch e. Zitat aus älterer pers. Dichtung belegt, deren Originale vielfach verschollen oder unbekannt sind. Das Wörterbuch bildete die Vorstufe zu s. rd. 9000 Verse enthaltenden, oft archaisierenden Heldenepos ›Garšāsp-Nāma‹ (›Buch des Garšāsp‹), e. letzten Ausläufer der durch → Daqīqī und → Firdausī geschaffenen Heldenepik, von letzterem epigonenhaft abhängig.

A: Garšāsp-Nāma, Ep. hg. Yaġmā'ī 1317/1938 (franz. C. Huart 1926, H. Massé 1951); Luġat-i Furs, Wb. hg. A. Iqbāl 1319/1940.

Asai, Ryôi (Ps. Schounsai, Hyosui), jap. Schriftsteller, 1612 Edo – 1. 1. 1691 Kyoto. frühzeitig Mönch, lebte ab 1657 in Kyoto. – Schriftstellerisch begabt, schrieb er Erzählungen didakt.-moralisierender Art, bearbeitete chines. Gespenstergeschichten nach dem ›Chien-teng hsin-hua‹ oder ›Chien-teng yü-hua‹ u. a., übertrug buddhist. Schriften ins Japan. Gilt als Repräsentant der in Silbenschrift geschriebenen Volksliteratur der kanazôshi-Form; s. Einfluß auf deren Weiterentwicklung ist beachtlich.
W: Tôkaidô-meishoki, Reisebr. 1658 (Teilübs. E. May, 1972); Ukiyo-monogatari, E. 1658; Otogibôko, E. 1666; Inu-hariko, E. 1692.
L: E. May, Das Tôkaidô meishoki von A. R., 1973.

Asbjørnsen, Peter Christen, norweg. Schriftsteller, 15. 1. 1812 Oslo – 6. 1. 1885 ebda. 1858–76 Forstmeister. Vf. zahlr. naturwiss. Arbeiten. – Bedeutender Folklorist, gemeinsam mit s. Freund Jørgen Moe Sammler, Aufzeichner und Hrsg. der ersten Sammlung norweg. Volksmärchen, die, wie auch die folgenden, weite Verbreitung fand, in e. sprachl. Mischform aus dem ursprüngl. Volksdialekt u. der dän.-norweg. Schriftsprache, deren Norwegisierung damit bedeutend vorangetrieben wurde.
W: Norske Folkeeventyr, 1841–44, N. F. 1871 (m. J. E. Moe; n. 1903 f., 1940; d. 1847, 1908 f., 1985); Norske Huldreeventyr og Folkesagn, 1845–48 (n. 1914; dt. Ausw. Norwegische Volks- und Waldgeistersagen, 1881). – Samlede Eventyr, III 1944; Briefw. der Brüder Grimm mit einer bedeut. Gelehrten, hg. E. Schmidt 1885.
L: A. Sinding-Larsen, J. B. Halvorsen, 1872; K. Liestøl, 1947.

Ascasubi, Hilario, argentin. Schriftsteller, 14. 1. 1807 Fraile Muerto – 17. 11. 1875 Buenos Aires. Schiffsjunge, Soldat, Bäcker, Diplomat. Aus polit. Gründen im Gefängnis, verbrachte 19 Jahre in der Emigration. – Verfaßte unter Pseudonym drei Werke, die im stilisierten Dialekt der Gauchos ep. u. satir. das Landleben s. Zeit schildern.
W: Paulino Lucero. Aniceto el Gallo. Santos Vega, Paris 1872.

Asch, Scholem, jidd. Schriftsteller, 1. 1. 1880 Kutno/Polen – 10. 7. 1957 London. Kam 1899 nach Warschau, schrieb urspr. in hebr., dann jidd. Sprache, lebte 1906–10 in Palästina, dann in USA, seit 1923 in England, und ließ sich 1955 in Israel nieder. – A., der vielschichtige Romancier, der einfühlsame Porträtist des jüd. Lebens in Osteuropa u. den USA, hat in s. Schaffen, das aus Erzählungen, Dramen, Skizzen u. Theaterstücken

Aschkenasi

besteht, die menschl. Thematik tiefer u. breiter gestaltet. Aufgeschlossen für unterschiedl. Betrachtungsweisen, versucht er Vergangenheit u. Gegenwart, Altes u. Neues, Nationales u. Allmenschliches zu verbinden. Sein Stil zeigt romant. wie realist. Züge, Idylle wie kraftvolles Leben. Seine Romane u. Dramen schildern das jidd. Schtetl, e. Stück ma.-chassid. Wirklichkeit mit derselben Eindringlichkeit wie die Emigranten-Schicksale in der mod. amerik.-jüd. Welt. Sie haben ebenso zum Thema großangelegte bibl. Stoffe wie das wurzellose Dasein der jüd. Intelligenz der deklassierten Gesellschaft oder der jüd. Unterwelt. Und schließlich dringen sie in hist. Würfen bis zum trag. Pathos der jüd. Geschichte mit dem Heldentum des Martyriums vor. Als erster jidd. Schriftsteller erlangte A. Weltruhm. Doch haben seine Spätwerke mit christl. Thematik feindselige Kritik seitens des konservativen Judentums heraufbeschworen.

W: In a schlechte zait, Dr. 1903; Dos Schtetl, En. 1904; Reb Schloime Naggid, Dr. 1905; Der Got fun nekome, Dr. 1907 (Der Gott der Rache, d. 1907); Amnon und Tamar, Dr. 1908; Die Familie Großglück, Dr. 1909; Der bund vun schwache, Dr. 1910 (d. 1913); Die Jüngsten, 1912; Erd, E. 1912 (d. 1913); Mottke ganev, E. 1916 (Mottke der Dieb, d. 1929); Jugend, En. II 1917; Erzählungen, 1918; Die muter, E. 1919 (d. 1930); Josef-Spiel, 1924 (d. 1925); Di Kischufmacherin vun Kastilien, E. 1926 (Die Zauberin von Kastilien, d. 1926); Kiddush Ha-shem, R. 1926 (engl. 1975); Chaim Lederers taurikkumen, R. 1927 (d. 1928); Farn-Mabl, R. 1927–32 (Vor der Sintflut, d. 1929ff.); Sabbatai Zevi, R. 1930 (engl. 1974); Die Kinder Abrahams, Nn. 1931; East River, R. 1932 (d. 1947); Woran ich glaube, Schr. 1932; Die Gefangene Gottes, 1932; Der Tehillim Yid, 1934 (Der Trost des Volkes, d. 1934); Kinder in der Fremde, 1935); Auf'n opgrunt, R. 1937 (Der Krieg geht weiter, d. 1936); Dos gesang vun Tol, R. 1938 (Gesang des Tales, d. 1938); Der Man vun Notzeres, R. 1939 (Der Nazarener, d. 1950); Paulus, R. 1943 (Der Apostel, d. 1946); Maria, R. 1949 (d. 1950); Moses, R. 1951 (d. 1953); A Passage in the Night, R. 1953 (d. 1956); Der Nuwi, R. 1955 (Der Prophet, d. 1956). – GW, XVIII Warschau 1924, XXVIII ebda. 1937. – Übs.: Gesammelte Romane, 1926.

L: Reisen, Lexikon der jidd. Lit. 1918; S. Niger, 1940; Ch. Lieberman, The Christianity of S. A., 1953; E. H. Jeshurin, 1958; S. Rosenberg, 1958.

Ascha → al-A'šā, Maimūn ibn Qais

Aschajew, Wassilij Nikolajewitsch → Ažaev, Vasilij Nikolaevič

Ascher, Elia Levi ben → Levita, Elia

Aschkenasi, Jakob ben Isaak, jidd. Schriftsteller, um 1550 Janow/Böhmen – 1628 Prag. Lebte in Böhmen und Dtl. und verfaßte in einfacher Diktion, bilderreicher dt.-jüd. Sprache erbauliche u. unterweisende Erzählungen vom vielseitigen Inhalt u. Kommentar zu den Propheten. – Sein meist-verbreitetes Werk ›Zeena ureena‹ (Titel aus dem Hohen Lied 3, 11 – ›gehet hinaus u. schauet‹), das über Jahrhunderte die geistig-religiöse Nahrung der jidd. Frau bildete, enthält neben der Paraphrasierung des Pentateuchs, entsprechend der am Sabbat zu lesenden Wochenabschnitte u. der Megillot, Sagen, Legenden, Geschichten, Parabeln u. Anekdoten aus Midrasch, Talmud, nachbibl. Schriften sowie Elemente aus Mystik u. Kabbala.

W: Hamagid, 1576; Zeena ureena, 1590 (d. 1911ff., engl. III 1993); Meilitz Yosher, Amst. 1699.

L: Reisen, Lexikon der jidd. Lit.

Asdren(i), (eig. Aleks Stavre Drenova), alban. Lyriker, 11. 4. 1872 Drenovë (Südalbanien) – 11. 12. 1947 Bukarest. Griech. Gymnas. Korçë, rumän.-alban. Normalschule Bukarest, lebte seit 1885 meist in Bukarest, nur wenige Jahre in Albanien, förderte durch kulturelle u. publizist. Aktivitäten die alban. Unabhängigkeitsbestrebungen. – D. war bemüht, durch s. patriot. Gedichte u. Verse, die den Einfluß Naim Frashëris zeigen, das Nationalgefühl der Albaner zu wecken.

W: Rreze dielli, G. 1904; Ëndra e lotë, G. 1912; Psallme murgu, G. 1930. – GW, hg. R. Qosja IV 1971, hg. L. Kokona II 1976–80.

L: R. Qosja, Asdreni, jeta dhe vepra e tij, 1972.

Aseev, Nikolaj Nikolaevič, russ. Dichter, 10. 7. 1889 L'gov/Gouv. Kursk – 16. 7. 1963 Moskau. Vater Angestellter; Realschule Kursk, Stud. Handelshochschule Moskau, gleichzeitig Philol., veröffentl. 1913 von den Symbolisten beeinflußte Gedichte, schloß sich Majakovskij und den Futuristen an, 1914 1. Gedichtband, 1923 in Moskau, sehr tätiges Mitgl. des LEF-Kreises (LEF: Linke lit. Front); vor der sowjet. Kritik nicht uneingeschränkt anerkannt. – Nachrevolutionärer Futurist. Vf. zahlr. Industrie- und Propagandagedichte, aber im Grund romant. Lyriker, klagt über den Sieg des Philisters über die Revolution, über die er romant. getönte Verserzählungen verfaßte; in der Form nur anfangs experimentell.

W: Nočnaja flejta, G. 1914; Oksana, G. 1916; Bomba, G. 1921; Dvadcat' šest', Ep. 1923; Liričeskoe ostuplenie, G. 1924; Sverdlovskaja burja, Ep. 1924; Semën Proskakov, Ep. 1926; Dnevnik poèta, Tg. 1929; Rabota nad stichom, Abh. 1929; Naša sila, G. 1939; Majakovskij načinaetsja, G. 1940; Plamja pobedy, Ep. 1946; Raznoletie, G. 1950. – Sobranie stichotvorenij, G. IV 1931/32; Sobranie sočinenij (W), V 1963/64; Stichotvorenija i poèmy, G. u. Poeme 1967.

Asena, Orhan, türk. Dramatiker, 7. 1. 1922 Diyarbakır – 15. 2. 2001 Ankara. 1945 Medizinstud., bis 1971 im Staatsdienst, zuerst in Anatolien, dann in Ankara; 1955 Kinderarzt, 1964–66 u. 1971–80 in Dtl. – Vf. von Dramen, Hörspielen, Librettos; e. der meistgespielten Autoren in der Türkei, v. a. mit s. gegenwartsbezogenen hist. u. mytholog. Stücken bekannt.

W: Tanrılar Ve İnsanlar, Sch. 1954; Korku, Sch. 1956; Vangogh Librettosu, Libr. 1957; Hurrem Sultan, Sch. 1958; Yalan, Sch. 1959; Kocaoğlan, Sch. 1961; Tohum Ve Toprak, Sch. 1962; Gecenin Sonu, Sch. 1963; Kapılar, Sch. 1963; Fadik Kız, Sch. 1966; Simavnalı Şeyh Bedrettin, Sch. 1969; Atçalı Kel Mehmet, Sch. 1970; Şili'de Av, Sch. 1973 (Jagd in Chile, d. 1993); Ölümü Yaşamak – Ya Devlet Başa, Ya Kuzgun Leşe, Sch. 1982; Yıldız Yargılaması, Sch. 1991.

Asenov, Dragomir (eig. Žak Nisim Melamed), bulgar. Belletristiker u. Dramatiker, 15. 5. 1926 Montana – 19. 6. 1981 Sofia. – Schrieb in der Konvention des sozialist. Realismus. Aktiver Mitarbeiter der bulgar. Lit.presse. Autor von Dramen, die zu s. Zeit bes. erfolgreich waren.

W: Pŭtištata se razminavat, R. 1959; Rožden den, Dr. 1965; Rozi za d-r Šomov, Dr. 1967; Gorešti nošti v Arkadija, Dr. 1970; Nai-težkijat griah, R. 1980.

Ásgrímsson, Eysteinn → Eysteinn Ásgrímsson

Ashbery, John (Lawrence), amerik. Dichter, * 28. 7. 1927 Rochester/NY. Farmersohn; Stud. Harvard, Columbia, New York Univ.; diverse Hrsg.- u. Kritikertätigkeiten, u. a. in Paris 1955–65; Prof. Brooklyn College (1974–90), seit 1990 Bard College. – Mit F. O'Hara u. a. zur New York School of Poetry zählend; Einfluß des franz. Surrealismus u. des abstrakten Expressionismus (Pollock); experimentelle, komplexe, rhythm. Dichtung mit traumartigen Bildsequenzen, fragmentar., sprachl. nuancierter Stil; auch Essays, Schauspiele und Prosa.

W: Turandot, G. 1953; Some Trees, G. 1956; The Tennis Court Oath, G. 1962; Rivers and Mountains, G. 1966; A Nest of Ninnies, R. 1969 (m. J. Schuyler; d. 1990); The Double Dream of Spring, G. 1970; Three Poems, 1972; Self-Portrait in a Convex Mirror, G. 1975 (d. 1980); Houseboat, G. 1977; Three Plays, 1978; As We Know, G. 1979; Shadow Train, G. 1981; A Wave, G. 1984 (d. 1988); April Galleaons, G. 1987; Reported Sightings, Ess. 1989; Flow Chart, G. 1991; Hotel Lautréamont, G. 1992 (d. 1995); And the Stars Were Shining, G. 1994 (d. 1997); Can You Hear, Bird, G. 1995; Pistils, Ess. 1996 (Fotografien R. Mapplethorpe); Wakefulness, G. 1998; Girls on the Run, G. 1999 (d. 2002); Your Name Here, G. 2000; Other Traditions, Ess. 2000; As Umbrellas Follow Rain, G. 2001; Chinese Whispers, G. 2002. – Selected Poems, 1985.

L: D. Shapiro, 1979; D. Lehman, hg. 1979 u. 1980; H. Bloom, hg. 1985; J. Shoptow, 1995; S. M. Schultz, 1995; D. Lehman, 1999; A. Cazé, 2000; D. Herd, 2001. – Bibl.: D. K. Kermani, 1976.

Ashokamitran (eig. Jagdish Thyagarajan), indischer Schriftsteller, * 1931 Secunderabat/Andhra Pradesh. 1952 in Chennai und Madras; 1952–66 Öffentlichkeitsarbeit für das Filmstudio ›Gemini‹; Redakteur der Zs. ›Kanayazhi‹. – Der wohl am meisten übersetzte Autor des Tamil; bekannt geworden durch seine inzwischen über 150 Kurzgeschichten und Romane wie ›Tannīr‹ (Wasser) und ›Patinettāvatu atcakkōtu‹ (Der achtzehnte Breitenkreis), die mit genauem Blick für die Details des Alltags in der Großstadt und Sympathie für den einfachen Menschen ein reiches Panorama südindischen Lebens entwerfen.

W: Kairainda Nizhalgal, R. 1969; Tannīr, R. 1973 (Water, engl. L. Holmström 1993); Patinettāvatu atcackōtu, R. 1977 (The Eighteenth Parallel, engl. G. Narayanan 1993); Otran, R. 1985; My father's friend, En. hg. L. Holmström 2002; My years with Boss. At Gemini Studios, Erinn. 2002. – Übs.: A most truthful picture, En. 1998; The colours of evil, En. 1998; Sand, En. 2002.

Ashton, Winifred → Dane, Clemence

Ashton-Warner, Sylvia, neuseeländ. Erzählerin, 17. 12. 1908 Stratford, New Zealand – 28. 4. 1984 Tauranga. Lehrerseminar Auckland, Pädagogin in Neuseeland; Gastprof. in Aspen/CO, USA, Prof. an der S. Fraser Univ., Kanada. – Im Mittelpunkt ihrer unterhaltenden Romane steht das Zusammenspiel zweier Kulturen in Neuseeland.

W: Spinster, R. 1958 (Quelle meiner Einsamkeit, d. 1961); Incense to Idols, R. 1960; Teacher, Aut. 1963; Greenstone, R. 1966; Myself, Aut. 1967; Three, N. 1970; Spearpoint: Teacher in America, Aut. 1972; I Passed This Way, Aut. 1979.

L: L. Hood, 1989.

Ashvaghosha → Aśvaghoṣa

Aşık Paşa, türk. Dichter, 1272 Kırşehir – 1333 ebda. In myst. Tradition verwurzelt, schrieb er unter Einfluß von Y. Emre Ghasele u. myst.-relig. Gedichte. Neben 67 erhaltenen Gedichten verfaßte er zur Verbreitung der Tasavvuf-Mystik 1329 das Werk ›Garibnâme‹. Die Maxime s. Lehre lautet in e. Zweizeiler: ›Wer mir Leid wünscht im Leben / Möge in der Welt Wohl finden‹.

A: Fakrnâme, Vasf-ı Hal, Hikâye, Kimya Risalesi, Eg. 1953, 1954 (hg. A. S. Levend); in: Yunus Emre Ve Tasavvuf, G. hg. A. Gölpınarlı 1961.

Aşık Veysel (Şatıroğlu), türk. Dichter, 1894 Sivralan – 21. 3. 1973 ebda. Letzter bedeutender türk. Volksdichter. Bei e. Pockenepidemie mit 7 Jahren erblindet. Seitdem spielte er u. a. als Wanderdichter auf dem Zupfinstrument Saz u. sagte dazu s. Gedichte auf, die die 600jährige Tradition der Volkspoesie auffrischen; zeitweilig lehrte er in Dorfinstituten Volkslieder.

W: Deyişler, G. 1944; Sazimdan Sesler, G. 1950; Hayati Ve Şiirleri, G. 1963; Dostlar Beni Hatirlasin, G. 1970, 1972.
L: T. K. Makal, 1969; Binyazar, 1973; B. Pehlivan, 1984.

Asimov, Isaac, amerik. Schriftsteller, 2. 1. 1920 Petrovsk/Rußland – 6. 4. 1992 New York. 1923 USA, 1928 naturalisiert. Stud. Columbia Univ. (Ph. D. 1948), 1949–92 Prof. für Biochemie Boston Univ. Medical School. – E. der bekanntesten SF-Autoren der Welt, entwickelte die Roboter-Geschichte zu e. eigenständigen Subgenre. Nach 1957 zunehmend populärwiss. Sachbücher für Kinder u. Erwachsene, aber auch populärwiss. Kommentare zu lit. Werken (u. a. Bibel u. Shakespeare) sowie Nonsens-Dichtung, Kriminalerzählungen und detaillierte Memoiren. Vf. von insgesamt mehr als 300 Büchern mit großen Auflagen (auch in Dtl.).
W: Pebble in the Sky, R. 1950 (Radioaktiv ...!, d. 1960); I, Robot, Kgn. 1950 (d. 1952); The Stars, Like Dust, R. 1951 (d. 1960); Foundation, R. 1951 (Der Tausendjahresplan, d. 1966); The Currents of Space, R. 1952 (Der fiebernde Planet, d. 1960); Foundation and Empire, R. 1952 (Der galaktische General, d. 1966); David Starr, Space Ranger, R. 1952; Second Foundation, R. 1953 (Alle Wege führen nach Trantor, d. 1966); The Caves of Steel, R. 1954 (Der Mann von drüben, d. 1957); The End of Eternity, R. 1955 (d. 1967); The Martian Way, Kgn. 1955; Inside the Atom, Sb. 1956 (Atomwelt-Wunderwelt, d. 1957); The Naked Sun, R. 1957 (d. 1960); The Words of Science, Sb. 1959; Breakthroughs in Science, Ess. 1960; The Rest of Robots, Kgn. 1964; Fantastic Voyage, R. 1966; The Universe, Sb. 1966 (Weltall ohne Grenzen, d. 1968); Asimov's Mysteries, Kgn. 1968; Science, Numbers, and I, Ess. 1968; A.'s Guide to the Bible, II 1968–69; A.'s Guide to Shakespeare, II 1970; I. A.'s Treasury of Humor, Anth. 1971; The Early A., Kgn. 1972; The Gods Themselves, R. 1972 (Lunatico, d. 1972); The Tragedy of the Moon, Ess. 1973; The Best of I. A., Kgn. 1973; A.'s Annotated Paradise Lost, 1974; Tales of the Black Widowers, Kgn. III 1974–80; Earth: Our Crowded Spaceship, Sb. 1974; Lecherous Limericks, G. III 1975–77; Buy Jupiter, Kgn. 1975; The Bicentennial Man, Kgn. 1976; A.'s Sherlockian Limericks, G. 1977; In Memory Yet Green, Aut. 1979; In Joy Still Felt, Aut. 1980; A Grossery of Limericks, 1981 (m. John Ciardi); A. on Science Fiction, Ess. 1981; The Complete Robot, Kgn. 1982; Biographical Encyclopedia of Science and Technology, ²1982; Foundation's Edge, R. 1982; The Winds of Change, Kgn. 1983 (d. 1983); Norby the Mixed-Up Robot, R. 1983; Union Club Mysteries, Kgn. 1983 (d. 1984); Banquets of the Black Widowers, Kgn. 1984 (d. 1985); Norby and the Invaders, R. 1985; Robots and Empire, R. 1985; Foundation and Earth, R. 1986; Prelude to Foundation, R. 1988; Robot Visions, R. 1991. – A. Chronicles, III 1990; Complete Stories, 1990; I. A.: A Memoir, 1994; Gold: The Final Fiction Collection, 1995; Magic: The Final Fantasy Collection, 1996; Collected Short Stories, 2001.
L: J. F. Patrouch, The Science Fiction of I. A., 1976; I. A., hg. J. D. Olander, M. H. Greenberg 1977; J. Gunn, 1982, erg. 1996; J. Fiedler, J. Mele, 1982; D. M. Hassler, 1991; W. F. Toupone, 1991; S. Asimov, Yours, I. A.: A Lifetime of Letters, 1995; W. J. Boerst, 1998; K. Judson, 1998. – *Bibl.:* M. M. Miller, 1972; S. E. Green, 1995.

Asinius Pollio, Gaius → Pollio, Gaius Asinius

Asís, Jorge, argentin. Schriftsteller, * 3. 3. 1946 Provincia Buenos Aires. – Humorvoller, exhibitionist. Beobachter des zeitgenöss. Buenos Aires, dessen Bewohner labile u. unberechenbare Randexistenzen sind, die um soz. Aufstieg kämpfen.
W: Los reventados, R. 1974; Fe de ratas, En. 1976; Flores robadas en los jardines de Quilmes, R. 1980; Carne picada, R. 1981; El cineasta y la partera, R. 1989; La línea Hamlet, R. 1995.

Aškenazy, Ludvík, tschech. Schriftsteller, 24. 2. 1921 Č. Těšín – 18. 3. 1986 Bolzano. Stud. Phil. u. Gesch. Lemberg, verbrachte den Krieg in der UdSSR. Mitarbeiter des Rundfunks; nach 1968 lebte er in der BRD. – Schrieb zahlreiche, oft grotesk-absurde Reportagen, Erzählungen, Hörspiele u. Dramen sowie Kinderlit. Zeichnet sich durch scharfe Beobachtungsgabe u. gutes Assoziierungsvermögen aus.
W: Kde teče krev a nafta, Rep. 1948; Německé jaro, Rep. 1950 (Deutscher Frühling, d. 1953); Sto ohňů, En. 1952 (Hundert Feuer, d. 1953); Dětské etudy, En. 1955 (Wie wir das Glück suchen gingen, d. 1957, u. d. T. Der Spatz auf der Schallplatte, 1961); Indiánské léto, Sb. 1956 (Indianischer Sommer, d. 1968); Ukradený měsíc, E. 1956 (Der gestohlene Mond, d. 1959); Milenci z bedny, E. 1959 (Die Liebenden aus der Kiste, d. 1959); Psí život, E. 1959 (Ein Hundeleben, d. 1961); Májové hvězdy, En. 1960; Host, Dr. 1960 (Der Gast, d. 1962), Šlamastyka s měsícem, K. 1961 (Schwierigkeiten mit dem Mond, d. 1963); C. k. státní ženich, Dr. 1962; Vajíčko, En. 1963; Rasputin, Dr. 1967; Pašije pro Anděllku, Dr. 1968; Der Tiger mit dem gelben Tank, E. 1970; Wo die Füchse Blockflöte spielen, En. 1976; Wo die goldene Schildkröte tanzt, En. 1977; Molly, die Schiffskatze, E. 1978; Du bist einmalig!, En. 1981; Aschenputtel oder gläsernes Pantoffelchen, M. 1984; Die Märchen der vier Winde, En. 1991. – Etudy dětské a neděstké, Ausw. 1963; Světla zastaveného času, Ausw. 1992. – *Übs.:* Rappelkopf, En. 1967.
L: O. Chaloupka, Zlatý máj 14, 1970.

Aškerc, Anton, slowen. Dichter, 9. 1. 1856 Globoko b. Rimske Toplice – 10. 6. 1912 Ljubljana. Bauernsohn, 1877 Stud. Theol. Marburg a. d. Drau, 1881–98 Pfarrer, wegen s. Dichtung Auseinandersetzungen mit s. Bischof; gab den Beruf auf, bekannte sich offen zur antiklerikalen Richtung. Archivar in Ljubljana, 1899–1902 Redakteur der lit. Zs. ›Ljubljanski zvon‹. – Lyriker, Epiker und Dramatiker. Begann mit Gedichten u. Balladen, die an das Volkslied anklingen, jedoch mitunter sozialkämpfer. Charakter annehmen u. e. neue Gesellschaftsordnung fordern; s. ep. Werke behandeln die relig. Auseinandersetzungen mit dem MA, die Bauernaufstände, den Kampf gegen die Türken u. oriental. Motive, wobei er auf die aktuellen Probleme der Gegenwart ständig anspielt; zählte zu den produktivsten u. beliebtesten Dichtern s. Zeit.

W: Balade in romance, G. 1890; Izlet v Carigrad, Reiseber. 1893; Lirske in epske poezije, G. 1896; Dve tri o našem gledališču ..., St. 1899; Nove poezije, G. 1900; Izmajlov, Red sv. Jurija, Tujka, 3 Drn. 1900; Zlatorog, dramat. M. 1904; Primož Trubar, Ep. 1905; Mučeniki, Ep. 1906; Junaki, G. 1907; Jadranski biseri, Ball. 1908; Akropolis in piramide, G. 1909. – Zbrano delo (GW), II 1946–51, 1990; Izbrano delo (AW), 1968.

L: G. Krek, 1899 (m. Übs.); I. Prijatelj, Aškerčeva čitanka, 1913, ²1920, ³1969; Aškerčev zbornik, 1957; M. Boršnik, 1981. – *Bibl.:* ders., 1936.

Askildsen, Kjell, norweg. Erzähler, * 30. 9. 1929 Mandal. Aufgewachsen in e. pietist. Milieu. – Meister des sprachl. Minimalismus u. der kurzen Novellenform, bei der das Beschreibende zurückgedrängt ist, beeinflußt vom franz. Nouveau Roman, Kafka und Beckett.

W: Thomas F's siste nedtegnelser til almenheten, Nn. 1983; En plutselig frigjorende tanke, Nn. 1987; Et stort øde landskap, Nn. 1991 (Eine weite, leere Landschaft, d. 1992); Hundene i Tessaloniki, Nn. 1996. – Samlede Noveller, 1999.

L: Festskrift til Kjell Askildsen på 70-årsdagen 30. september 1999, hg. M. H. Olsen, A. Gjeitanger 1999.

Asklepiades von Samos (auch: Sikelides), griech. Epigrammatiker (sog. ›ion.-alexandrin. Schule‹), 4./3. Jh. v. Chr. Kaum biograph. Nachr. – Von A.' umfangr. Werk (neben Epigrammen auch Einzellieder, Epik, evtl. Hymnen etc.) sind 33, teilweise umstrittene, Epigramme im sog. ›Kranz des Meleager‹ (vgl. → Anthologia Graeca) erhalten. In ihnen behandelt A., bald ernsthaft, bald in iron. Brechung, alle Aspekte der Liebe zu Frauen und Knaben, erot. Höhen und Tiefen, seel. Ergriffensein und Sexualität, neue Liebe und Trost im Wein etc. A. ist Gegenstand der zeitgenöss. lit. Diskussion (von Kallimachos geschmäht, von Theokrit gelobt), viele bei ihm erstmals faßbare Motive gehören zum Standardrepertoire s. Nachfolger (z.B. die Form des ›paraklausithyrons‹, Eros als Bogenschütze etc.).

A: J. Clack 1999 (mit engl. Komm.); vgl. auch → Anth. Graeca.

L: S: L. Tarán, The Art of Variation, Leiden 1979; Hutchinson, Hellenistic Poetry, Oxf. 1988.

Asklund, Lars Erik Josef, schwed. Erzähler, 20. 6. 1908 Stockholm – 6. 11. 1980 ebda. Unehel. Sohn e. Sägewerksarbeiters; Bote und Kontorist. ⌬ 1940 Lis Lagercrantz. – Begann als primitivist. Gesellschaftskritiker mit sozialkrit. Romanen aus Stockholm und bes. dem Leben der proletar. Jugend, schrieb später ›Prosagedichte‹, idyll. Skizzen aus Stockholm u. den Schären, oft stilist. experimentierend. Daneben Kinderbücher u. Texte zu Bildbänden über Stockholm.

W: Bara en början, Aut. 1929; Kvinnan är stor, R. 1931; Ogifta, R. 1931; Frukt, 1932; Lilla land, 1933; Fanfar med fem trumpeter, R. 1934; Modisterna, R. 1937; Svensk idyll, 1937; Solo i kör, 1938; Stad i Norden, Schr. 1941; Ynglingaresan, Reiseb. 1941; Fattigkrans, Schr. 1943; Människor under jorden, Reiseb. 1947; Ensamma lyktor, 1947; Manne, Aut. 1949 (u.d.T.. Boken om Manne, 1959); Röd skjorta, R. 1951; Mormon Boy, N. 1951; Yngling i spegel, R. 1955; Kvarteret Venus, R. 1957; Gäst i naturen, 1958; Prosadikter, 1958; Bröderna i Klara, R. 1962; Livsdyrkarna, R. 1963; Drakens gränd, R. 1965; En kille från Hornstull, Aut. 1968; Den underjordiska gången, R. 1970; Kvinna, G. 1970; Runt min ö, R. 1970.

Asnyk, Adam (Krypton. El ... y, Ps. Jan Stożek), poln. Lyriker, 11. 9. 1838 Kalisz – 2. 8. 1897 Krakau. Realschule; Stud. medizin.-chirurg. Akademie Warschau, vollendete s. Ausbildung im Ausland. Stud. Jura, Nationalökonomie, Philos., Geschichte, Soziologie. Wegen aktiver polit. Tätigkeit 1860 Festungshaft. Im Januaraufstand 1863 Mitgl. der radikalen ›roten‹ Regierung. Emigration nach Italien 1864/65. Promotion in Heidelberg. 1867 Rückkehr nach Polen, wirkt zunächst in Lemberg, ab 1870 in Krakau. 1882–94 Redakteur der fortschrittl. Krakauer Tageszeitung ›Nowa Reforma‹, Mitgl. des Stadtrates u. Abgeordneter des galiz. Landtages. Aus dem polit. Leben ausgeschieden, unternahm er e. Indienreise, nach der er verstarb. – Lyriker, Erzähler und Dramatiker, auch Kritiker. A.s Gedichte bilden den Übergang von der Romantik zum Positivismus u. Symbolismus. Sprachl. u. rhythm. Meisterwerke. Sonette, von Reflexion u. Gefühlen bestimmt, erläutern die Ergebnisse der modernen Wissenschaft und Philos. Entscheidende Kraft ist der durchdringende Geist. S. philos. Pantheismus von Słowacki beeinflußt. Der wechselseitige Zusammenhang zwischen Menschenleben, Arbeit, Verantwortung ist für A. die treibende Kraft des Fortschritts, den er bejaht. A.s hist. u. soz. Buchdramen, mit reizvollen lyr. Partien, sind heute vergessen.

W: Poezje, G. IV 1869, 1872, 1888, 1894; Gałązka heliotropa, Lsp. 1869; Walka stronnictw, Lsp. 1869; Cola Rienzi, Dr. 1874; Żyd, Dr. 1875 (Im Banne des Vorurtheils, d. 1882); Kiejstut, Dr. 1878 (d. 1880); Przyjaciele Hioba, Lsp. 1879; Bracia Lerche, Lsp. 1888; Nad głębiami, G. 1888; – Pisma, V 1898 (Ausgew. Gedichte, d. L. Gumplowicz 1887); Korespondencja 1938; Dzieła poetyckie, III 1947; Poezje (ausgew. G.), 1975; Listy do rodziców, Br. 1972.

Aspazija

L: A. Tretiak, A. A. jako wyraz swojej epoki, 1922; M. Mann, 1926; K. Wóycicki, A. wśród prądów epoki, 1931 (m. Bibl.); A. J. Mikulski, 1938; M. Szypowska, A. znany i nieznany, 1971.

Aspazija (eig. Elza Rozenberga-Plieksane), lett. Dichterin, 16. 3. 1865 Zaļenieki b. Jelgava/ Lettl. – 5. 11. 1943 Dubulti/Jūrmala. Tochter e. Landbesitzers; Schulen in Jelgava; 1886 ∞ V. Valteris; 1891–93 Hauslehrerin; 1893–95 am Lett. Theater in Riga; Teil der sog. Jaunā Strāva um Zt. ›Dienas Lapa‹, J. Rainis (eig. Plieksanis) kennengelernt; 1896 Charlottenburg b. Berlin; 1897 Panevežys/Lit.; Verhaftung von Rainis; 21. 12. 1897 ∞ Rainis; 1898–1903 freiwilliges Exil in Pskow u. Slobodska/Russl., zugleich Redakteurin bei ›Dienas Lapa‹; 1906–20 Exil in Castagnola/ Schweiz; 1920 Rückkehr, Parlamentsmitgl.; soziales u. polit. Wirken. – Neoromantikerin; von Rainis, Byron u. der dt. Klassik beeinflußt; Eintreten für national. Freiheit u. Rechte der Frau; emanzipierte wie leidenschaftliche Themen; schwelende Sehnsüchte, Träume ebenso wie Gesellschaftsanklage, Haß gegen Unterdrücker; moderne Klassikerin; symbolistisch-hist. Dramen, farbige u. engagierte Gedichte, Jugendromane; Übs. (Goethe); korrigierte Rainis' Texte.

W: Zaudētās tiesības, Dr. 1891; Atriebēja, Dr. 1893; Sarkanās puķes, G. 1897; Dvēseles krēsla, G. 1904; Sidraba šķidrauts, Dr. 1905; Saulains stūrītis, G. 1910; Izplesti spārni, G. 1920; Aspazija, Dr. 1923; Boass un Rute, Dr. 1926; Zalša līgava, Dr. 1928; Asteru laikā, G. 1928; Dvēseles ceļojums, G. 1933; Zem vakara zvaigznes, G. 1942. – Kopoti raksti (GW), X 1920–23, VI 1985–88; Raksti (W), V 1963–71.

L: E. Blesse, 1964; S. Viese, 1975; A. Stahnke, 1984; Raiņa un Aspazijas gadagrāmata.

Aspenström, (Karl) Werner, schwed. Lyriker u. Dramatiker, * 13. 11. 1918 Norrbärke/Dalarna – 25. 1. 1997. Vater Landarbeiter; versch. Berufe, u. a. Totengräber; Volkshochschule 1936–38, Abitur, cand. phil. Stockholm 1945; Dr. h. c. 1976; Mitgl. d. Schwed. Akademie 1981. – Verschmelzung von poet., bildreicher Sprache mit banalen Wendungen zeugt von Nähe zum Naiven wie soz. Engagement; Tiere, Mythen und Sagen spiegeln aktuelle Probleme des Menschen. Etwa 15 Dramen und Hörspiele.

W: Oändligt är vårt äventyr, N. 1945; Skriket och tystnaden, G. 1946; Kritiskt 40–tal, 1948 (m. K. Vennberg); Snölegend, G. 1949; Litania, G. 1952; Förebud, R. 1953; Hundarna, G. 1954; Dikter under träden, G. 1956; Bäkken, N. 1958; Teater, III 1960–66; Om dagen on natten, G. 1961; Motsägelser, G. 1961; Trappa, G. 1964; Sommar, G. 1968; Inre, G. 1969; Skäl, Ess. G. 1970; Under tiden, G. 1972; Sorl, G. 1984; Det röda molnet, G. 1984; Teater V, 1985; Dikter, G. 1986; Varelser, G. 1988; Enskilt och allmänt, G. 1991; Ty, G. 1993; Israpport, G. 1997; Reflexer, Ess. 2000.

L: N. Burton, Mellan eld och skugga, 1984.

Asplund, Karl, schwed. Lyriker u. Kunsthistoriker, 27. 4. 1890 Jäder/Södermanland – 6. 4. 1978 Stockholm. Vater Händler; bis 1908 Gymnas. Nyköping; bis 1915 Stud. Kunstgesch. Uppsala; 1915 Dr., 1914–21 Kunstkritiker der Zeitung ›Dagens Nyheter‹, 1922–34 ›Svenska Dagbladet‹. Seit 1929 Direktor e. Kunsthandlung in Stockholm, Professor. ∞ 1918 Astrid Frederiksson, 1950 Viran Sjödin. – Schrieb gefühlvolle Natur- und Liebeslyrik mit sicherer Formkunst, idyll. Realismus, unbeeinflußt von der mod. Lyrik der Zeitgenossen, aber geschult an engl. u. franz. Lyrik, die er meisterhaft übersetzt hat; oft graziös melanchol., oft geistvoll. Humanist. Grundanschauung. Viele bedeutende kunsthist. Arbeiten.

W: Studentrum, N. 1912; Världsliga visor, G. 1913; Harlequins kappa, G. 1915; En munksaga, G. 1918; Hjältarna, G. 1919; Daphne, G. 1921; Anders Zorn, B. 1921; Vers från väster, G. 1924; Klockbojen, G. 1925; Ivar Arosenius, B. 1928; Skuggorna, G. 1929; Silverbron, G. 1936; Axel Fridell, B. 1937; Dagarna, G.-Ausw. 1938; Det brinner en eld, G. 1940; Dagen kommer, G. 1943; Carl Eldh, B. 1943; Livets smultronställen, Mem. 1945; Att överleva, G. 1948; Augusti, G. 1952; Septemberskyar, G. 1957; De ljusa timmarna, G. 1959; Timglaset, G. 1965; Författaren Prins Wilhelm, B. 1966; Skydrag, N. 1971; Nils Dardal de senaste åren, G. 1978. – Samlade dikter, 1946.

Asrul Sani, indones. Schriftsteller, 10. 6. 1927 Rao/West-Sumatra – 11. 1. 2004 Jakarta. Stud. der Veterinärsmedizin, Journalist, Redakteur versch. Zss. (›Gema Susana‹, ›Zenith‹, ›Gelanggang‹) mit s. Frau, der Dichterin Siti Nuraini, als Mitarbeiterin. Gemeinsam mit Chairil Anwar und Rivai Apin veröffentlichte er ›Tiga menguak takdir‹ (1950). In der Nachkriegszeit aktiver Mitstreiter der lit. Revolution; wichtiger Vertreter von Angkatan '45 (der Dichtergenerationsgruppe von 1945). Seit 1970 Mitglied der Akademie Jakarta; Reisen durch Europa. – Vf. romant., klangschöner Gedichte. In s. Erzählungen behandelt er mit liebenswürdiger Ironie charakterl. Schwächen s. Mitmenschen. Essayist und Übs. von Saint-Exupéry, García Lorca und Vercors.

W: Tiga menguak Takdir, G. 1950; Dari Suatu Masa, dari Suatu Tempat, Kgn. 1972.

L: M. S. Hutagalung, 1967.

Asselbergs, Wilhelmus Johannes Maria Antonius → Duinkerken, Anton van

Asselijn, Thomas, niederländ. Dramatiker, um 1620 Dieppe – 27. 7. 1701 Amsterdam. Protestant. Franz. Eltern, kam schon als Kind nach Amsterdam, Buchbinder, Färber, nach Konkurs ohne Beruf. – A.s 6 sensationsreiche Trauerspiele blieben ohne Wirkung. Nach s. 62. Lebensjahr überdurchschnittl. volkstüml.-realist. Lustspiele von festem Bau in der Nachfolge Brederos, nach Schulung an Molière. In ›Jan Klaaz of gewaande dienstmaagt‹ verführt die Hauptperson als Dienstmagd die Tochter Saartje. Da Jan Klaaz als scheinheiliger Mennonit dargestellt wurde, entstand e. Theaterskandal. Die gereinigte Ausgabe läßt frühere Angriffe nicht mehr erkennen. Noch 1741 in Hamburg aufgeführt; 2 eigene Fortsetzungen.

W: Op- en ondergang van Mas Anjello, Tr. 1668; Jan Klaaz of gewaande dienstmaagt, K. 1682; Kraambed of Kandeelmaal van Saartje Jans, K. 1684; De stiefmoer, K. 1684; Echtscheiding van Jan Klaasz en Saartje Jans, K. 1685; De stiefvaar, K. 1690; Gusman de Alfarache of de doorslepene bedelaers, K. 1691; De kwakzalver, K. 1692. – Werken, 1878, 1907.

L: J. W. Niemeijer, Cornelis Troost, 1973.

Astaf'ev, Viktor Petrovič, russ. Prosaist, 1. 5. 1924 Ovsjanka/Gebiet Krasnojarsk – 29. 11. 2001 Krasnojarsk. Bauernsohn, lit. Tätigkeit ab 1951, 1959–61 Kurs am Lit.-Inst. Moskau, anerkannter, auch im Westen übersetzter ›Dorfschriftsteller‹. – A. schreibt e. menschl. saubere, im russ. Dorf spielende Prosa, stellt einfache Menschen mit ihrem nicht leichten Schicksal ins Zentrum. ›Il'ja Verstakov‹ gibt autobiograph. Einblick in die schwere Kindheit des Waisenjungen, ›Car'-ryba‹ legt am Beispiel der Jenissej. Heimat die ökolog. u. eth. schlimmen Folgen der zivilisator. Eingriffe bloß.

W: Il'ja Verstakov, R. 1959 (d. 1978); Kraža, N. 1968 (Der Diebstahl, d. 1969); Car'-ryba, R. 1976; Pastuch i pastuška, E. 1971 (Schäfer u. Schäferin, d. 1975). – Sobranie sočinenij (GW), IV 1979–81.

Aston, James → White, T(erence) H(anbury, Ps. James Aston)

Asturias, Miguel Angel, guatemaltek. Schriftsteller, 19. 10. 1899 Guatemala Stadt – 9. 6. 1974 Madrid. Rechtsanwalt, Völkerkundestud. in Paris, Journalist, Botschafter in versch. Staaten, zuletzt in Frankreich; mehrmals im Exil; 1967 Nobelpreis für Lit. – Beschrieb in poet. Sprache die Mythologie u. das Leben der heutigen Maya im Kampf mit der westl. Zivilisation, bes. dem amerik. Einfluß; infolgedessen polit. Nachhall s. Werke; e. der ersten Vertreter des Mag. Realismus, in dem sich die Grenzen zwischen Mythos u. Wirklichkeit verwischen; bedeutender formbewußter Lyriker u. Übs. der klass. Mayalit.

W: Leyendas de Guatemala, 1930 (d. 1960); Sonetos, 1936; El Señor Presidente, R. 1946 (geschrieben 1932; d. 1957); Sien de alondra, G. 1948; Hombres de maíz, R. 1949 (d. Die Maismänner, 1956; überarb. Die Maismenschen, 1983); R.-Tril.: Viento fuerte, 1950 (d. 1967), El Papa verde, 1954 (d. 1968), Los ojos de los enterrados, 1960 (d. 1971); Soluna, Dr. 1955; Weekend en Guatemala, En. 1956 (d. 1962); La audiencia de los confines, Dr. 1957; El alhajadito, R. 1961 (Don Niño oder Die Geographie der Träume, d. 1969); Mulata de tal, R. 1963 (d. 1964); Clarivigilia primaveral, G. 1965; El espejo de Lida Sal, E. 1967 (d. 1982); Latinoamérica y otros ensayos, Ess. 1968; Maladrón, R. 1969 (Der böse Schächer, d. 1981); Viernes de dolores, R. 1972; América, fábula de fábulas, Ess. 1972. – Obras completas, ed. crít. hg. R. Navas Ruiz 1978 ff.; Periodismo y creación literaria. París, 1924–33, 1989. – Übs.: M. A. A.: Biographie, ausgew. Gedichte, hg. G. W. Lorenz 1968.

L: C. H. Alvarez, 1969; C. Rincón, 1969; R. J. Callan, N. Y. 1970; C. Couffon, Paris 1970; H. F. Giacoman, hg. N. Y. 1971, Madison 1972; E. Leon Hill, 1972; L. González del Valle, V. Cabrera, N. Y. 1972; J. Sáenz, 1974; C. Meneses, 1975; L. López Alvarez, 1976; H. Rogmann, 1978; R. B. Moore, 1979; E. Neumann-Reppert, 1983; I. H. Verdugo, 1984; L. Cardoza y Aragón, 1991; U. Brands-Proharam González, 1991; R. Prieto, 1993.

Aśvaghoṣa, ind. Philosoph, Dichter und Dramatiker, über s. Leben ist nur Legendäres bekannt, er soll der Tradition nach aus Saketa/Audh stammen und Zeitgenosse des Kuṣāṇa-Kaisers Kaniṣka (78–120 n. Chr.?) sein; aus e. Brahmanengeschlecht. – Vf. einiger der ältesten erhaltenen Werke der Sanskrit-Lit.; v. a. bekannt als Vf. des ›Buddha-carita‹, e. Lebensbeschreibung des Buddha im Stil der klass. Kunstpoesie (kāvya), von deren ursprüngl. angebl. 28 Gesängen jedoch nur 13 erhalten sind; es gibt frühe chines. und tibet. Übsn., das Original war bis Ende des 19. Jh. vergessen. Weitere Werke sind das ›Saundarananda-kāvya‹, e. Epos in 18 Gesängen, das e. der ältesten erhaltenen Dramen Indiens ist und die Liebe zwischen Sundari und Nanda behandelt, dem Halbbruder des Buddha, sowie Nandas Bekehrung zur Weltentsagung. ›Śāriputraprakaraṇa‹, e. fragmentar. erhaltenes Drama in 9 Akten über die Bekehrung von Śāriputra und Maudgalyāyana, wurde in Turfan aufgefunden. A. werden weitere Werke zugeschrieben: ›Gaṇḍī-stotragāthā‹, e. lyr. Gedicht, darüber hinaus zwei nur in chines. Übs. erhaltene theolog. Werke, aufgrund derer er zu den Mahāyāna-Theologen gerechnet wird: ›Mahāyāna-śraddhotpāda-śāstra‹ (Lehrbuch von der Entstehung des Mahāyānaglaubens), übersetzt von Paramārtha (Anfang des 6. Jh. n. Chr.), und ›Sūtrālaṅkāra‹, e. Sammlung frommer Legenden im Stil der ›Jātakas‹ u. ›Avadānas‹.

A u. Ü: Buddha-carita: mit engl. Übs.: hg. E. B. Cowell 1893 (n. 1970), E. Johnston II 1935f. (n. 1972, 1978), I. Schotsman 1995; dt. Übs.: C. Cappeller 1922, R. Schmidt 1923, F. Weller II 1926–28 (n. 1972), Glossar 1985; Saundarā: hg. Haraprasāda Śāstrī 1910, hg. E. H. Johnston 1928 (ders. engl. 1932), beide zus. 1975, hg. mit tibet. u. Hindi-Übs. R. Tripathi 1999. – Übs.: Mahāyāna-śraddhotpāda-śāstra (The Awakening of Faith), engl. T. Richard 1961, Y. S. Hakeda 1967 (m. Komm.); Sūtrālaṅkāra, franz. S. Lévi 1908.

L: A. Gawronski, Notes on the ›S.‹, Krakau 1922; B. C. Law, 1946, 1993; B. Bhattacharya, Santiniketan, 1976; S. Kosla, A. and his times, 1986; R. Chaudhuri, 1988; J.-D. Hartmann, Neue ›A‹.-Fragmente, 1988; N. N. Sarma, A.'s Buddhacarita, 2003.

'**Atāhiya, Abū l-** → Abū l-'Atāhiya, Ismā'īl ibn al-Qāsim

Atay, Falih Rıfkı, türk. Schriftsteller, 1894 Istanbul – 20. 3. 1971 ebda. Stud. Lit.; Journalist, Gründung der Zeitung ›Akşam‹, 1918, Leitartikler in versch. Zeitungen, zuletzt ›Dünya‹; Abgeordneter; engagierte sich für Reformen Atatürks.
W: Ateş Ve Güneş, Mem. 1918; Faşist Roma, Kemalist Tiran, Kaybolmuş Makedonya, Reiseb. 1930; Yeni Rusya, Reiseb. 1931; Zeytindağı, Mem. 1932, 1970; Roman, R. 1932; Moskova – Roma, Reiseb. 1932; Bizim Akdeniz, Reiseb. 1934; Tuna Kıyıları, Reiseb. 1938; Hind, Reiseb. 1944; Yolcu Defteri, Reiseb. 1946; Atatürk'ün Bana Anlattıkları, Mem., 1955; Mustafa Kemal'le Mütareke Defteri, Mem. 1955; Çankaya, Mem. 1961; Batış Yılları, Mem. 1963; Atatürk'ün Hâtıraları 1914–1919, Mem. 1965; Pazar Konuşmaları, Aufs. 1966; Atatürk Ne İdi, Mem. 1968; Bayrak, Aufs. 1970; Gezerek Gördüklerim, Reiseb. 1970.
L: B. S. Ediboğlu, Falih Rıfkı Atay Konuşuyor, 1945.

Atay, Oğuz, türk. Schriftsteller, 1934 Inebolu – 13. 12. 1977 Istanbul. Bauingenieur, Hochschullehrer. – Vertreter experimentierender Moderne, Innenreflexionen des Intellekts, der mit gesellschaftl. Konventionen bricht u. haltlos ist.
W: Tutunamayanlar, R. II 1971–72, in 1 Bd. 1984; Tehlikeli Oyunlar, R. 1973; Korkuyu Beklerken, En. 1975; Bir Bilim Adamının Romanı, R. 1975; Oyunlarla Yaşayanlar, Sch. 1985; Günlük, Tg. 1988.
L: Y. Ecevit, Oğuz Atay'da Aydın Olgusu, 1989.

Athanassiadis, Tassos, griech. Erzähler, * 1. 11. 1913 Salihli/Türkei. – Über mehrere Bände breitet A. am Beispiel groß angelegter Familien- u. Personenschicksale auch e. Bild der Entwicklung der Gesellschaft aus. Bemerkenswert sind außerdem s. hist. Romane.
W: Thalassinoi proskynētes, En. 1943; Pantheoi, R. III 1948–61, IV 1976–77; Ho Ntostogiebski, R. 1955; Tria paidia tu aiōna tus, B. 1962; Taxidi stēn monaxia, R. 1962; Hē aithusa tu thronu, R. 1969 (d. 1981); Hoi phruroi tēs Achaias, R. II 1975; Ta paidia tēs Niobēs, R. IV 1975–95; Ho gyios tu Heliu, Hē zoē tu autokratōra Iulianu, R. 1978; Bebaiotētes kai amphibolies, Ess. 1980; Hoi teleutaioi engonoi, R. II 1984; Hagia neotēta, En. 1990; Apo ton heauto mas stus allus, Ess. 1993; Mesaiōniko triptycho, En. 1998.
L: E. N. Moschos, 1976.

Atharvaveda → Veda, der

Athenaios aus Naukratis (Ägypten), altgriech. Sophist oder ›grammaticus‹, um 200 n. Chr. Keine Nachrichten über s. Leben. – Vom Werk nur ›Gelehrtenmahl‹ (auch: ›Sophisten beim Gastmahl‹, ›Deipnosophistai‹, 15 Bücher) erhalten. Steht in der Tradition der Symposienlit., übertrifft Vorgänger aber in Umfang und Themenbreite (Nähe zur sog. ›Buntschriftstellerei‹): 29 Teilnehmer (teils hist., z.B. Galenos, teils wohl fiktive Namen) eines Gastmahles im Haus e. Römers unterhalten sich mehrere Tage u. a. über Philos., Lit., Jurist., Medizin, Kulinar. Referate von Fakten und Zitaten (ca. 1250 Autoren, mehr als 10 000 Verse; A.' Quellen teilweise unklar) treten gegenüber dem Rahmen bisweilen in den Vordergrund; bes. Interesse gilt philolog. Problemen, für zahlr. sonst verlorene Autoren, v. a. der att. Komödie, ist A. der Hauptzeuge. Im 16. Jh. lat. Übs. (Noël dei Conti, Jacques Daléchamp).
A: B. Gulich, Lond. 1927–41 (zahlr. Nachdr.). – Übs. *u. Komm.:* Cl. Friedrich (Übs.), Th. Nothers (Komm.), Stuttgart 2000–01.
L: A. Paradiso, Bari 1991; G. Anderson, ANRW II 34.3, 1997, 2173–2185; D. Braund, J. Wilkins, hg. Exeter 2000.

Atherton, Gertrude (Franklin Horn), amerik. Erzählerin, 30. 10. 1857 San Francisco – 14. 6. 1948 ebda. Ihre zahlr. fiktionalen Heldinnen nach dem Konzept der ›New American Woman‹ spiegeln A.s eigenes emanzipator. Bestreben wider, kaliforn. Lokalkolorit; auch hist. Romane.
W: What Dreams May Come, R. 1888 (unter Ps. Frank Lin); The Doomswoman, R. 1893; Before the Gringo Came, R. 1894; Patience Sparhawk and Her Times, R. 1897; American Wives and English Husbands, R. 1898; The Californians, R. 1898; The Valiant Runaways, R. 1898; A Daughter of the Vine, R. 1899; Senator North, R. 1900; The Conqueror, B. 1902; Ancestors, R. 1907; A White Morning, R. 1918; The Sisters-in-Law, R. 1921; Black Oxen, R. 1923; The Jealous Gods, R. 1928; The Foghorn, En. 1934; My San Francisco, Aut. 1946.
L: C. S. McClure, 1979; E. W. Leider, 1991.

Atkinson, Kate, engl. Schriftstellerin, * 13. 5. 1951 York. Stud. Engl. Lit. Dundee Univ. – Mit ihrem erfolgr. 1. Roman ›Behind the Scenes at the Museum‹, e. tragikom. Familiengeschichte vom 1. Weltkrieg bis in die Gegenwart, gelang ihr e. iron.-humorvolle Darstellung brit. Sozialgeschichte des 20. Jh. Gleichzeitig etablierte sie damit e. neues Genre der parodist. Anti-Familien-Saga.
W: Behind the Scenes at the Museum, R. 1995 (Familienalbum, d. 1997); Human Croquet, R. 1997 (Ein Sommernachtsspiel, d. 1998); Emotionally Weird, R. 2000 (Die Ebene der schrägen Gefühle, d. 2000); Abandonment, Dr. 2000; Not the End of the World, Kgn. 2002 (d. 2003).
L: E. Parker, 2002.

Atlakviða → Edda

Atlamál → Edda

Atrachovyč, Kandrat → Krapiva, Kandrat

Atra-ḫasīs-Epos, babylon. Epos, 1245 Verse, Hsn. 1635/36 v. Chr. und o. J., bis ins 1. Jt. (auch assyr.) tradiert; z.T. als Tafel XI ins → Gilgameš-Ep. übernommen; Grundlage der alttestamentl. Sintflutgeschichte, aber ohne Motiv menschl. Schuld. Handelt von Streik und Revolution unter Göttern und der Menschenschöpfung (in Paaren) zum Ernähren der Götter. Der Götterherrscher Enlil will die seinen Schlaf störenden, laut arbeitenden, sich vermehrenden Menschen vernichten; der Weisheitsgott Ea rettet den »Überaus-Weisen« Atra-ḫasīs vor der Sintflut mit Familie, Tieren (paarweise) und (anders als im AT) Handwerkern: Traum-Auftrag zu Bau und Besteigen einer Arche. Die Menschen sterben »wie Fliegen«. Entsetzte, hungernde u. dürstende Götter tadeln Enlil, stürzen sich »wie Fliegen« auf das erste Opfer des Geretteten. Ea erfindet Sterblichkeit und ein Gebärverbot für Priesterinnen als Mittel gegen die Vermehrung der Menschheit. – Der Dichter verbindet ursprüngl. getrennte myth. Stoffe, um (›etymolog.‹) Grundfragen menschl. Seins u. Daseins zu erklären: Das Göttliche in Seele und Geist im aus Lehm und göttl. Fleisch und Blut geschaffenen Menschen (→ Weltschöpfungsepos); der Tod als Preis gottgewollter, Ehe und Haus zugewiesener Sexualität; die Pflicht zu friedl.-intelligenter Konfliktlösung, gerechter, vernünftiger Herrschaft und auch subversivem Widerstand gegen Unvernunft.
A: W. G. Lambert, A. R. Millard, Atra-hasis, Oxf. 1969. – *Übs.:* W. von Soden, (Mitt. Dt. Orient-Ges. 111) 1979; ders., (TUAT III/4) 1994; J. Bottéro, S. N. Kramer, Lorsque les dieux faisaient l'homme, 1989; B. R. Foster, Before the Muses, ²1996. – *Bibl.:* D. Shehata, Annot. Bibl. z. altbabylon. A. M. ›Inūma ilū awīlum‹, 2001 (Nachtrag 2003).

Atta, Titus Quinctius, röm. Komödiendichter, † 77 v. Chr. – Als jüngster der 3 Hauptvertreter der fabula togata stellt er in von den Griechen erlernten Formen röm. Stoffe dar. Von s. 12 namentl. bekannten Stücken sind nur 18 Fragmente erhalten. Galt als Meister der Darstellung bes. weibl. Charaktere.
A: Comic. Rom. fragm., hg. O. Ribbeck ³1898 (n. 1962); Fabula togata, hg. T. Guardí 1985.

ʿAttār, Farīdu'd-Dīn ibn Muḥammad, pers. myst. Dichter, um 1145–46 Nischapur/Nordostiran – 1221 ebda. Schon in seiner Jugend an myst. Dingen interessiert, von Beruf Pharmazeut (ʿaṭṭār); rege ärztl. Praxis in s. Apotheke, in der er ständigen Gedankenaustausch mit Literaten u. Sufis pflegte u. mehrere s. großen Werke verfaßte. Durch seinen Beruf nicht auf eine Tätigkeit als Hofdichter angewiesen, führte ʿA. in späteren Jahren ein sehr zurückgezogenes Leben. Die ihm zugeschriebenen Abhandlungen mit schiitischer Tendenz stammen nachweislich nicht von ihm. ʿA. kam beim Angriff der Mongolen auf Nischapur um. S. Grab (Bauwerk vom Ende des 15. Jh.) besteht noch heute. – Geborener Erzähler, beeinflußte entscheidend die pers. myst. Dichtung. S. überreiches lit. Erbe umfaßt: das Jugendwerk ›Ḫusrau-Nāma‹ (›Buch des Ḫ.‹), weltl. Liebes- und Abenteuerroman; die ›Taḏkiratu'l-Auliyā‹ (›Denkschrift der Heiligen‹) betitelte Sammlung von Mystikerviten in schlichter Prosa; das Moralbüchlein ›Pand-Nāma‹ (›Ratgeber‹), e. beliebtes Schulbuch; e. lyr. Diwan mit Qasiden u. hauptsächlich Ghaselen, ohne Panegyrik u. fast ohne Naturschilderungen, durchweg myst. geprägt; ›Muḫtār-Nāma‹ (›Buch des Beliebens‹), Vierzeilersammlung als einheitl. Dichtwerk. Am bedeutendsten sind s. relig. Lehrgedichte (Maṯnawī's), feinste Blüten pers. Poesie: ›Asrār-Nāma‹ (›Buch der Geheimnisse‹), ›Ilāhī-Nāma‹ (›Gottesbuch‹), ›Manṭiqu't-Ṭair‹ (›Die Sprache der Vögel‹) u. ›Muṣībat-Nāma‹ (›Buch der Heimsuchung‹), mit myst. u. relig. Lehren, die drei letzten als Rahmenerzählungen (ind. Einfluß), durch eingestreute Erzählungen erläutert.
A: Diwan, hg. Saʿīd Nafīsī 1319/1940; Ilāhī-Nāma, hg. H. Ritter 1940; Manṭiqu't-Ṭair, hg. Garcin de Tassy 1857 (franz. Übs. ders. 1863, engl. E. Fitzgerald 1899); Pand-Nāma, hg. S. de Sacy 1819 u. G. H. F. Nesselmann 1871); Taḏkiratu'l-Auliyā, hg. R. A. Nicholson II 1905–07 (dt. Ausw. P. Klappstein 1920; engl. A. J. Arberry 1966).
L: H. Ritter, Das Meer der Seele, 1955, ²1978.

Atterbom, Per Daniel Amadeus, schwed. Dichter, 19. 1. 1790 Åsbo/Östergötland – 21. 7. 1855 Stockholm. Pfarrerssohn, 1805 Stud. Uppsala, 1815 Magister, 1817–19 Reise nach Dtl. (Begegnung mit Schelling u.a.) u. Italien, 1819–21 Deutschlehrer des Kronprinzen Oskar, 1821 Dozent für Geschichte, 1824 Adjunkt für Philos., ∞ 1824 Ebba de Ekenstam; 1828 Prof. für Philos., 1835 für Ästhetik u. mod. Lit., 1839 Mitgl. der Schwed. Akad. Trat 15jähr. der lit. Gesellschaft ›Witterhetens Wänner‹ bei u. gründete 1807 ›Aurora-förbundet‹, der e. allg. Reformation der Lit. anstrebte, gab 1810–13 dessen Zs. ›Phosphoros‹ und 1812–22 e. ›Poetisk kalender‹ heraus – Stark beeindruckt von der dt. Romantik u. idealist. Philos. Übersensibel, egozentr., voller Eitelkeit u. metaphys. Grübelei, hilflos gegenüber äußeren Dingen u. empfindl. gegen jede Kritik, vertritt A.

wie kein anderer den sublimen Ideenreichtum u. die akad. Engstirnigkeit der schwed. Romantik. S. ›Prolog‹ zu ›Phosphoros‹ will gleichzeitig philos. Lehrgedicht und ästhet. Programm sein. S. Gedichte zeichnen sich durch Schönheitssehnsucht, beseelte Landschaftsschilderung, Bilderreichtum, Farbenpracht u. musikal. Wortlaut aus. Publikumserfolg errang er erst mit ›Blommorna‹ (in ›Poetisk kalender‹), e. Zyklus mit Blumen als Sinnbildern menschl. Tugenden u. Sehnsüchte, der s. ganze poet. Schöpferkraft von sensuellem Rausch bis zu eleg. Schwermut umfaßt. Glückshunger suchte er vergebl. mit erot. gefärbten Schönheitsträumen zu stillen, empfand aber schließl. den Ästhetizismus als unvereinbar mit wirkl. Idealismus u. kehrte daher zum Christentum zurück. Gereift u. harmon. durch Versöhnung mit der Wirklichkeit, schrieb A. s. Hauptwerk, das Märchenspiel ›Lycksalighetens ö‹, nach der Sage und dem Vorbild Tiecks. Die Sehnsucht nach der Insel steht symbolisch für den Schönheitsdurst des Romantikers, das Aufgehen darin für Pflichtvergessenheit. Das Urteil des Vorbildes, die Vertreibung von der Insel, ist hier gewandelt zur Versöhnung, damit zugleich der ästhet. Pantheismus s. Jugend zu eth. betonter Religiosität. Nur die göttl. Wahrheit kann Idee und Wirklichkeit miteinander verbinden; der Weg zum Glück führt durch Leiden und Entsagen. Verwickelte Allegorien u. e. philos. Zeichensprache erschweren das Verständnis; zudem ist das Werk mit polit. Polemik gegen die liberalist. Demokratie belastet. Dennoch ist es die größte Dichtung der schwed. Romantik, voller Phantasie und Gestaltungskraft. Da öffentl. Erfolg ausblieb, verstummte A. als Dichter nahezu vollständig u. wandte sich der Lit. geschichte zu. ›Svenska siare och skalder‹ ist zwar unvollständig, doch bahnbrechend als erste wirklich hist. gesehene, psycholog. und ästhet. Analyse, feinfühlig und verständnisvoll.

W: Blommorna, G. (1812); Fågel Blå, Msp. (1812); Lycksalighetens ö, Msp. 1824–27, umgearbeitet 1854 (hg. A. Bendixson ³1926; Die Insel der Glückseligkeit, d. II 1831–33); Studier till filosofiens historia och system, Schr. 1835; Svenska siare och skalder, St. 1841–55; Minnen från Tyskland och Italien, Reiseb. 1859 (Reiseerinnerungen, d. 1867, 1970); Poesiens historia, Schr. 1861, Lyriska dikter, G. 1863; Ästhetiska afhandlinger, Schr. 1866; Minnesteckningar och tal, Schr. 1869; Litterära karakteristiker, Schr. 1870. – Samlade dikter, VI 1854–63; Samlade skrifter i obunden stil, VII 1859–70; Valda skrifter, hg. F. Böök VI 1927–29.

L: F. Vetterlund, Fågel Blå, II 1900–02; ders., 1924; C. Santesson, 1920, 1932 u. 1956; J. Kulling, 1931 u. 1936; G. Axberger, 1935 u. 1936; H. Frykenstedt, 1949 u. II 1951 f.; R. Lewan 1966, 1967.

Atticus, Titus Pomponius, röm. Schriftsteller, 110 v. Chr. – 32 v. Chr. Stammte aus dem stadtröm. Ritterstand, entschied sich aber für e. Leben fern der Ämterlaufbahn und in parteipolit. Neutralität, tätig v. a. in Finanzgeschäften. Lebte über 20 Jahre in Athen. S. Leben wurde von C. Nepos beschrieben. Freund Ciceros, Adressat von dessen Briefen ›ad Atticum‹. – Vf. antiquar. Schriften. Aus s. bedeutendsten Werk, ›Liber annalis‹ (47), e. Aufstellung aller wichtigen Geschichtsdaten seit der Gründung Roms, sind nur wenige Daten überliefert.

A: Hist. Rom. reliquiae 2, hg. H. Peter 1906 (n. 1967).

L: E. A. Marshall, 1986; O. Perlwitz, 1992; A. Dortmund, Röm. Buchwesen um die Zeitenwende: War T. Pomponius A. (110–32 v.Chr.) Verleger?, 2001.

Atwood, Margaret, kanad. Schriftstellerin, * 18. 11. 1939 Ottawa. Engl.-Dozentin in Vancouver, Montreal, Toronto. – A.s brillante Romane, Geschichten u. Gedichte erfassen anhand exakter Zeitbilder mit moral. Ernst die zeitlosen Aspekte der Conditio humana, insbes. die Probleme weibl. Emanzipation.

W: The Edible Woman, R. 1969 (d. 2000); Surfacing, R. 1972; Lady Oracle, R. 1976 (d. 1984); Selected Poems, 1976; Dancing Girls, Kgn. 1977 (Unter Glas, d. 1999); Life Before Man, R. 1979 (Die Unmöglichkeit der Nähe, d. 2001); Bodily Harm, R. 1981 (Verletzungen, d. 1982); Murder in the Dark, Slg. 1983 (Die Giftmischer, d. 1999); Bluebeard's Egg, Kgn. 1983; The Handmaid's Tale, R. 1985 (d. 1987); Selected Poems II, 1986; Cat's Eye, R. 1989 (d. 1990); Wilderness Tips, Kgn. 1991 (d. 1991); Poems, 1991; Good Bones, Kgn. 1992; The Robber's Bride, R. 1993 (d. 1994); Morning in the Burned House, G. 1995 (d. 1996); Alias Grace, R. 1996 (d. 1998); Eating Fire, G. 1998; The Blind Assassin, R. 2000 (d. 2002); Negotiating with the Dead, Ess. 2003; Oryx and Crake, R. 2003.

L: L. Sandler, hg. 1977; S. Grace, Violent Duality, 1979; J. H. Rosenberg, 1984; B. H. Rigney, 1987; J. McCombs, hg. 1988; K. van Spanckeren, J. G. Castro, hg. 1988; E. Ingersoll, hg. 1990; L. Irvine, 1993; S. R. Wilson, 1993; E. Rao, 1994; H. Staels, 1995; L. M. York, hg. 1995; S. Vespermann, 1996; R. Poole, 2002.

Aub, Max, span. Schriftsteller, 2. 6. 1903 Paris – 23. 7. 1972 Mexico City. Sohn e. Französin u. e. Dt., ab 1914 in Spanien; 1930 Leiter des Studententheaters in Valencia, nach dem Bürgerkrieg (1936–39) ging er ins franz. Exil u. wurde nach Algerien deportiert. Ab 1942 in Mexiko. – Phantasievoller Dramatiker, Erzähler, Romancier u. Kritiker mit sehr persönl. Meinungen. Anfangs surrealist. Tendenz; später soz. Realismus u. polit. Engagement. Drehte zusammen mit Malraux den Film ›L'espoir‹.

W: Narciso, K. 1928; Geografía, En. 1929; Teatro incompleto, K. 1931; Luis Alvarez Petreña, En. 1934; Espejo de avaricia, K. 1935; San Juan, Dr. 1943; R.-Zykl.: Laberinto mágico: Campo cerrado, 1943 (Nichts geht mehr, d. 1999); Campo de sangre, 1945 (Blutiges

Spiel, d. 2000), Campo abierto, 1951 (Theater der Hoffnung, d. 1999), Campo del moro, 1963 (Die Stunde des Verrats, d. 2001), Campo francés, 1965 (Am Ende der Flucht, d. 2002), Campo de los almendros, 1968 (Bittere Mandeln, d. 2003); Morir por cerrar los ojos, Dr. 1944; Discurso de la novela española contemporánea, Es. 1945; Deseada, Dr. 1950; Las buenas intenciones, R. 1954 (Meines Vaters Sohn, d. 1965); La poesía española contemporánea, Es. 1954; No, Dr. 1955; Cuentos ciertos, En. 1955; Jusep Torres Campalans, fiktive B. 1958 (d. 1997); Cuentos mexicanos, En. 1959; La verdadera historia de la muerte de Francisco Franco y otros cuentos, En. 1960; La calle de Valverde, R. 1961; El zopilote y otros cuentos mexicanos, En. 1964 (Der Aasgeier, d. 1966); Últimos cuentos de la guerra de España, En. 1969; La gallina ciega. Diario español, Prosa 1971; Vida y obra de Luis Álvarez Petreña, R. 1971. – Obra completa, VI 1984; Teatro completo, 1968. – *Übs.:* Transisto, Drn., zweisprachig 1972; Die Erotik u. andere Gespenster, 1986.

L: I. Soldevila Durante, 1973, 1999; A. A. Borrás, 1975; F. A. Longoria, 1977; R. Prats Rivelles, 1978; E. Landero, Formas de elusion, 1996; D. Fernández, 1999.

Aubanel, Théodore, provenzal. Dichter, 26. 3. 1829 Avignon – 31. 10. 1886 ebda. Vater Buchdrucker aus Avignon, Mutter stammte von griech. Abenteurer ab. Arbeitete im väterl. Betrieb. Freund von Mistral und Roumanille, gehört mit ihnen zu den bedeutendsten Vertretern der neuprovenzal. Lit. Mitarbeiter des Organs der Félibrige-Bewegung, ›Almanach des Félibres‹. – Schrieb in Provenzal. Gedichte und Dramen, in denen er den Widerstreit zwischen christl. Ethos und heidn. Sinnlichkeit darstellt. In s. Dichtung mischen sich alter ritterl.-provenzal. Geist, Realismus und die durch die Romantik rehabilitierte Leidenschaftlichkeit. Sein erstes und bekanntestes Werk, das Gedicht ›La miougrano entre-duberto‹, ist christl., ›Li fiho d'Avignoun‹ heidn. ›Lou pan dou pecat‹ ist e. Drama des Ehebruchs, das sich über sittl. und bürgerl. Schranken hinwegsetzt. Von der Kirche angegriffen, strich er einzelne Teile, wagte nicht, seine 2 weiteren Dramen zu veröffentlichen.

W: La miougrano entre-duberto, G. 1860 (Der halbgeöffnete Granatapfel, d. 1910); Lou pan dou pecat, Dr. 1863; Lou pastre, Dr. 1880; Lou raubatori, Dr. 1884; Li fiho d'Avignoun, G. 1885; Lou reire-solèu, G. 1899; Lettres à Mignon, 1899. – Œuvres choisies, 1961; Œuvres complètes, 1963.

L: L. Legré, 1894; N. Welter, 1902; J. Vincent, 1924; C. Maurras, ²1928; A. H. Chastain, 1929; L. Larguier, 1946; G. Machicot, 1947; M. u. P. Dumon Legré, 1982.

Aubignac, François Hédelin, Abbé d', franz. Schriftsteller, 4. 8. 1604 Paris – 25. 7. 1676 Nemours. Zunächst Rechtsanwalt in Nemours, trat dann in den geistl. Stand, Erzieher des Neffen von Richelieu, der ihm die Abtei Aubignac übergab und s. Interesse für das Theater weckte. Auseinandersetzung mit Corneille. – Schrieb Gedichte, Porträts, moral. Schriften, unbedeutende Dramen, vor allem als Sachkundiger in Theaterfragen bekannt. Die in vier Bücher gegliederte ›Pratique du théâtre‹ gibt prakt. Anweisungen nach den klassizist. Grundsätzen der Vernunft, der ›vraisemblance‹, den drei Einheiten. Von Boileau sehr geschätzt, geriet er dann in Mißkredit.

W: La pucelle d'Orléans, Dr. 1642; Zénobie, Dr. 1647; Térence justifié, Es. 1656; La pratique du théâtre, Abh. IV 1657 (n. P. Martino 1927, H.-J. Neuschäfer 1971); Dissertation sur la condamnation des théâtres, 1666; Conjonctures académiques on Dissertation Sur l'Iliade, Abh. 1715.

L: C. Arnaud, 1887; R. Bray, La formation de la doctrine classique, 1927.

Aubigné, Théodore Agrippa d' (Albinäus), franz. Schriftsteller, 8. 2. 1552 St. Maury b. Pons-en-Saintonge – 9. 5. 1630 Crest b. Genf. Humanist. Stud. Genf und Paris. 1577–93 im hugenott. Heer Waffenbruder König Heinrichs IV., der ihn 1589 zum Statthalter von Maillezais ernannte. Zog sich 1593 dorthin zurück, nach Heinrichs Ermordung 1610 amtsenthoben, floh 1620 nach Genf, wo er militär. Berater der schweizer. Kantone war. – E. der bedeutendsten Schriftsteller s. Zeit. Überzeugter Kalvinist in Leben und Werk, die typ. für das Reformationszeitalter sind. Erste Gedichte ›Le printemps‹ (inspiriert durch unerfüllte Liebe zu Diane Salviati, Nichte von Ronsards Cassandra) petrarkisierend, formal und inhaltl. der Pléiade verpflichtet. S. bedeutendstes Werk, das relig.-polit. Epos ›Les tragiques‹ (7 Bücher, in 40 Jahren entstanden), Satire auf s. Zeit: das Elend Frankreichs in den Religionskriegen, Bestechlichkeit der Justiz, Martyrium der Protestanten, gipfelt in apokalypt. Vision des künftigen Gerichts. Neben polem. und iron. Schriften auf das Zeitgeschehen (›Confession catholique du sieur de Sancy‹, ›Les aventures du baron de Faeneste‹), Memoiren, persönl. Gedichte (›L'hiver du sieur d'A.‹) und ›L'histoire universelle‹, e. Geschichte der Religionskriege bis zu Ludwig XIII. – Außerordentl. vielschichtige Persönlichkeit: sinnenfreudig und visionär, Mystiker und Richter s. Zeit, mit wilden und zärtl. Tönen. Seine zu barocken Formen neigende und häufig dunkle Dichtung entspracht nicht dem zeitgenöss. geltenden Malherbeschen Ideal und blieb 200 Jahre lang vergessen. Von Sainte-Beuve rehabilitiert.

W: Le printemps du sieur d'A., G. 1568–75 (n. B. Gagnebin 1948–52, H. Weber 1960); Les tragiques, Ep. 1616, 1619 (n. A. Garnier, J. Plattard IV 1933); L'histoire universelle, III 1616–20 (n. A. de Ruble, J. Plattard XI 1886–1925); Les aventures du baron de Faeneste, Ep. 1617 (d. 1907); Petits œuvres mêlées, 1630; Confession catholique du sieur de Sancy, Sat. o. J. (hg. 1660); Mémoires (sa vie à ses enfants), 1729 (n. 1928; d. 1854). –

Œuvres complètes, hg. E. Réaume, F. de Caussade VI 1873–92; Ausw., hg. M. Raymond II 1943; Œuvres lyriques, 1963; Œuvres, hg. H. Weber 1969.
L: W. Winkler, Diss. Lpz. 1906; A. Garnier, III 1928; S. Rocheblave, Un héros de l'époque huguenote, 1931; J. Plattard, 1931, ²1975; J. White, Cambr. 1957; R. B. Griffin, 1962; J. Galzy, 1965; J. Rousselot, 1966; J. Bailbé, 1968.

Aucamp, Hendrik Christoffel Lourens, afrikaanser Schriftsteller, * 20. 1. 1934 Dordrecht/Kapprovinz. Stud. Niederl. u. Afrikaans Univ. Stellenbosch u. Löwen/Belgien. Dozent Univ. Stellenbosch. 1979 Stud. kreatives Schreiben Univ. Columbia/USA. Viele Reisen durch Europa. – Klassiker für Reisebücher, Novellen, Essays, Kabaretttexte. Verfeinerte die kleinen Gattungen in Afrikaans. Er lebt zur Zeit in Kapstadt.
W: Die hartseerwals, Nn. 1973; Dooierus, Nn. 1976; Enkelvlug, Nn. 1978; Met permissie gesê, G. 1980; Papawerwyn, Drr. 1980; Volmink, Geschn. 1981; Sjampanje vir ontbyt, Drr. 1988; Dalk gaan niks verlore nie, Geschn. 1992; Gewis is alles net 'n grap, Geschn. 1994; Gekaapte tyd, Tg. 1996; Bly te kenne, Aut. 2001; Hittegolf, G. 2002; In die vroegte, Aut. 2003.
L: E. van Heerden, 1969; E. Botha, 1979; P. A. du Toit, 1998.

Aucassin et Nicolette, altfranz. Novelle, Anfang 13. Jh. Von e. begabten, unbekannten Vf. in pikard. Mundart; behandelt die Liebesgeschichte von A., Sohn des Grafen von Beaucaire, und N., einer sarazen. Gefangenen, Tochter des Königs von Karthago. Originell ist die Form der Dichtung, die als einzige erhaltene chante-fable die Handlung abwechselnd in Prosa und gesungenen Versen darstellt. Sie schildert die gemeinsame Flucht, die erzwungene Trennung und die langwierigen Abenteuer, endlich die Wiedervereinigung der beiden Liebenden. Die Fabel ist byzantin. Ursprungs. Die Motivfolge charakterist. für die Abenteuerromane, denen ›Apollonius von Tyros‹ als Vorbild zugrunde liegt. Unter diesen ragt ›A. et N.‹ als die bedeutendste und reizvollste künstler. Leistung hervor. Hier auffällig die iron. Grundstimmung. Die Kriegsabenteuer A.s erscheinen als Parodie ritterl. Heldentaten, das Königreich Torelore als Entmystifizierung des Borceliande im höf. Roman. Der Stoff wurde mehrfach dramatisiert, 1828 von Platen in ›Treue um Treue‹, 1964 von T. Dorst in ›Die Mohrin‹.
A: H. Suchier, 1878 (¹⁹1932, bearb. von W. Suchier), m. Paradigmen u. Glossar; M. Roques ³1955. – *Übs.:* F. v. Oppeln-Bronikowski ³1919; P. Hausmann ⁵⁰1954.
L: S. Monsonégo, 1966.

Auchincloss, Louis (Stanton) (Ps. Andrew Lee), amerik. Schriftsteller, * 27. 9. 1917 Lawrence/NY. Univ. Yale/VA, 1941–86 als Rechtsanwalt tätig. – Vf. von ›novels of manner‹ aus der Welt des Rechts und der New Yorker feinen Gesellschaft. Auch literarhist. Essays.
W: The Indifferent Children, R. 1947; The Injustice Collectors, En. 1950; The House of Five Talents, R. 1960 (d. 1961); Portrait in Brownstone, R. 1962; The Rector of Justin, R. 1964 (d. 1965); Pioneers and Caretakers, Ess. 1965; The Embezzler, R. 1966 (Die Gesellschaft der Reichen, d. 1967); Tales of Manhattan, En. 1967; A World of Profit, R. 1968 (Die Profitmacher, d. 1971); Motiveless Malignity, Shakespeare-Ess. 1969; I Come as a Thief, R. 1972; A Writer's Capital, Aut. 1974; Reading Henry James, Ess. 1975; The Dark Lady, R. 1977; Life, Law and Letters, Ess. 1979; Watchfires, R. 1982; The Book Class, R. 1984; Honorable Man, R. 1985; Diary of a Yuppie, R. 1986; Skinny Island, En. 1987; Fellow Passengers, R. 1989; The Lady of Situations, R. 1990; Three Lives, R. 1993; The Style's the Man, Ess. 1994; The Education of Oscar Fairfax, R. 1995; The Anniversary, En. 1999; Her Infinite Variety, R. 2000; Woodrow Wilson, B. 2000; Manhattan Monologues, En. 2002. – Collected Stories, 1994.
L: C. C. Dahl, 1986; D. B. Parsell, 1988; V. Pikert, 1991; C. W. Gelderman, 1993. – *Bibl.:* J. R. Bryer, 1977.

Auden, Wystan Hugh, engl. Dichter, 21. 2. 1907 York – 29. 9. 1973 Wien. Jugend in den Midlands u. Birmingham; wollte Ingenieur werden. Stud. Oxford, wurde dort Führer der ›Pylon Poets‹, e. linksgerichteten akadem. Intellektuellengruppe, der zu u. a. C. D. Lewis, St. Spender u. MacNeice gehörten, 1928/29 in Berlin, dann Lehrer in England. Nahm 1937 auf der Seite der Republikaner am Span. Bürgerkrieg teil, verarbeitete die Erlebnisse im Gedichtband ›Spain‹ (1937); fuhr 1938 während des chines.-jap. Krieges nach China (dichter. Nachhall in dem mit Isherwood herausgegebenen Gedichtband ›Journey to a War‹, 1939). 1935 ∞ Erika Mann, Tochter Th. Manns, lebte vorübergehend in Dtl. Schrieb 1935–38 gemeinsam mit Isherwood mehrere polit. aggressive expressionist. Schauspiele: Zeitstücke, in die Einflüsse aus Radio, Varieté u. Zeitungsjargon aufgenommen wurden als Versuch, neue, der Zeit entsprechende Ausdrucksformen zu finden. In den 30er Jahren veröffentlichte A. mehrere Gedichtbände; was A. von s. frühen Gedichten zu erhalten wünschte, ist in den ›Collected Shorter Poems 1930–44‹ enthalten. Der letzte Band s. frühen Phase sind die 1940 erschienenen Gedichte ›Another Time‹. Mit Beginn des 2. Weltkriegs zerbrach der Dichterbund ›New Century‹, A. emigrierte 1939 in die USA, nahm amerik. Staatsbürgerschaft an und lebte vorwiegend in New York. Mit diesem Zeitpunkt beginnt s. Abkehr vom Kommunismus. Wie bisher zeigen sich bei ihm soz. Tendenzen, doch nun erklingen daneben mehr u. mehr christl. relig. Töne, so in der philos.-zykl. Dichtung ›New Year Letter‹. A. gehörte neben A. Huxley, C. Isherwood u. a. einer in Kalifornien gegründeten ›mystischen‹ Gemeinde an, die sich der Kontemplation u. dem Studium fernöstl. Religionen widmete. Wurde 1956–61 Prof. für Dichtkunst in Oxford, lebte ab 1972 in Oxford. Versch. lit. Auszeichnungen, u. a. 1948 Pulitzerpreis. Gab auch e. Reihe Anthologien heraus u. schrieb das Libretto zu Strawinskys Oper ›The Rake's Progress‹. – Radikaler lyr. Neuerer, von starkem Einfluß auf die junge angelsächs. Dichtergeneration, leidenschaftl. Antiromantiker, der bewußt im Alltag wurzelt, von Freudscher Psychoanalyse beeindruckt. Er assimilierte vielfältige Einflüsse: Hopkins, Yeats, T. S. Eliot, M. Housman, D. H. Lawrence, Rilke, die Imagisten, die franz. Symbolisten, aber auch die elisabethan. ›metaphysical poets‹ und – nach der inneren Wende, die in Amerika um 1940 stattfand u. die ihn zum Bekenntnis zu den Werten der Tradition hinführte – Kierkegaard. Er war an alten Sagas u. Heldenliedern interessiert u. stand zugleich den modernen Elementen des Jazz, der Revue u. der Reportage offen gegenüber. Trotz so vielfältiger Einflüsse höchst versch. Stilelemente besitzt A. e. durchaus eigene Note. S. Sprache ist symbolhaft, kühl u. klar, er setzt sich stets mit der Wirklichkeit auseinander u. versucht, traditionelle u. mod. Elemente (Technik) zu verschmelzen. A.s reichhaltiges Repertoire reicht vom Bänkelsang bis zum Mysterienspiel. Der Gipfelpunkt s. Schaffens ist ›The Age of Anxiety‹, im Untertitel ›a baroque Eclogue‹ genannt; e. trag.-iron. Deutung der Verlorenheit u. Einsamkeit des heutigen Menschen, Verse, die den german. Stabreim meisterl. genau nachahmen, und erläuternde Prosa; die Dichtung zeigt etwas vom Geist des Heldenepos. In der Unruhe s. Zeit suchte A. nach geistiger u. moral. Ordnung.

W: Poems, G. 1930; The Orators, G. 1932; The Dance of Death, G. 1933; The Dog beneath the Skin, Dr. 1935 (m. C. Isherwood); The Ascent of F 6, Dr. 1936 (m. dems.); Look Stranger, G. 1936; Letters from Iceland, Schr. 1937 (m. MacNeice); Spain, G. 1937; On the Frontier, Dr. 1938 (m. C. Isherwood); Journey to a War, Es. 1939 (m. dems.); Some Poems, 1940; Another Time, G. 1940; New Year Letter, G. 1941; For the Time Being, Weihnachts-Orat. 1944 (Hier und jetzt, d. 1961); The Sea and the Mirror, G. 1945; The Age of Anxiety, G. 1947 (d. 1951); The Rake's Progress, Libr. 1951 (d. 1962); The Enchafèd Flood, Ess. 1951; Nones, G. 1951; Mountains, G. 1954; The Shield of Achilles, G. 1955; Homage to Clio, G. 1960; Don Giovanni, Libr. 1961; Elegy for Young Lovers, Libr. 1961 (d. 1961); The Dyer's Hand, Ess. 1962 (d. 1965); About the House, G. 1965; The Bassarids, Libr. 1966 (d. 1966); Secondary Worlds, Es. 1967; City without Walls, G. 1969; Forewords and Afterwords, hg. E. Mendelson 1973. – The Complete Works, 1988; The English Auden. Poems, Essays, and Dramatic Writings 1927–39, hg. E. Mendelson 1977. – Collected Poetry, 1945; Collected Shorter Poems 1930–44, 1955; Collected Shorter Poems 1927–57, 1966; Collected Longer Poems, 1968; Collected Poems, hg. E. Mendelson 1976; Selected Poems, hg. ders. 1979; Plays, hg. ders. 1988. – *Übs.:* Neue Gedichte, engl./dt. 1956; Gedichte/Poems, engl./dt. 1973; Norse Poems, 1981.

L: F. Scarfe, 1942 u. 1949; R. Hoggart, 1957 u. 1965; J. Warren Beach, 1957; M. K. Spears, 1963 u. 1964; B. Everett, 1964; J. G. Blair, 1965; G. Wright, 1966; H. Greenberg, Quest for the Necessary, 1968; J. Fuller, 1969; J. M. Replogle, 1969; G. Nelson, Changes of Heart, 1970; G. W. Bahlke, 1970; D. Davidson, 1971; S. Hynes, The A. Generation, 1976; C. Osborne, 1980; H. Carpenter, 1981; E. Callan, 1983; The Critical Heritage, hg. J. Haffenden 1983; D. J. Farnan, 1984; A. Bold, hg. 1985; A. L. Rowse, 1987; A. Hecht, 1993. – *Bibl.:* B. C. Bloomfield, E. Mendelson, 1972.

Audiberti, Jacques (eig. Jacques Séraphin Marie), franz. Schriftsteller, 25. 3. 1899 Antibes – 10. 7. 1965 Paris. 1918–24 Gerichtsschreiber in Antibes, 1925–40 Reporter des ›Petit Parisien‹, später Mitarbeiter u. a. von ›La Nouvelle Revue Française‹. Freund von Apollinaire und L.-P. Fargue. Mitgl. der Académie Mallarmé. Reisen nach Dtl. und in den Libanon. – Zugleich Avantgardist und letzter Symbolist. Vf. eines humorist. wirkenden, aber von Unruhe und Geheimnis bestimmten Werkes, mit metaphys. Fragen im Hintergrund. Lyriker, Romancier und Dramatiker; bestimmt von chaot., irrationaler Einbildungskraft und e. Stil von paradoxalem Ungestüm. Seine Lyrik, obwohl in klass. Verstechnik, berücksichtigt weder Logik noch Syntax, ist e. Feuerwerk von Worten und Klängen, deren Metaphorik und Rhetorik an V. Hugo erinnern. Seine Romane, mehrere über Vagabundenleben, anfänglich mit okkulten Motiven, später mit außerordentl. Bildkraft, enthalten ausgefallenen Wortschatz aus vielen berufl. Sondersprachen. Als Dramatiker am erfolgreichsten: Symboldramen aus unwahrscheinl. manierist.-surrealist. Situationen mit philos. und sittl. Problemen in burlesker, befremdender, häufig auch klassizist. geprägter, äußerst bühnenwirksamer Form. Außerdem Filmdrehbücher und Hörspiele.

W: L'Empire et la Trape, G. 1930; Race des hommes, G. 1937; Abraxas, R. 1938; Des tonnes de semence, G. 1941; La nouvelle origine, G. 1942; Carnage, R. 1942; Le retour du divin, R. 1943; Toujours, G. 1944; La bête noire, Dr. 1945; Vive guitare, G. 1946; Quoat-Quoat, Dr. 1946; Le victorieux, R. 1947; Monorail, R. 1947; Talent, R. 1947; Le mal court, Dr. 1947; L'ampélour, Dr. 1948; Les femmes du bœuf, Dr. 1948 (d. 1948); La fête noire, Dr. 1948 (d. 1960); Cent jours, R. 1950; Maître de Milan, R. 1950; Pucelle, Dr. 1950; L'abhumanisme, Es. 1952; Les naturels du Bordelais, Dr. 1952; Marie Dubois, R. 1952; Les jardins et les fleurs, R. 1954; La logeuse, Dr. 1954 (d. 1961); Le cavalier seul, Dr. 1955; La beauté de l'amour, G. 1955; Molière, Es. 1955; La poupée, R. 1956; La mégère apprivoisée, Dr. 1957; Infanticide préconisé, R. 1958; L'effet Glapion, Dr. 1959 (d. 1961); La Hobereaute, Dr. 1960; La fourmi dans le corps, Dr. 1961; Pomme, pomme, pomme, Dr. 1962; La Brigitta, Dr. 1962; Boutique fermée, Dr. 1962; Les tombeaux ferment mal, R. 1963 (d. 1964); Rempart, G. 1963; Ange aux entrailles, G. 1964; L'opéra du monde, Dr. 1965; Dimanche m'attend, R. 1965. – Théâtre, V 1948–62 (Theaterstücke I, d. 1961).

L: A. Deslandes, 1964; M. Frolick, Diss. Stanford 1964; M. Giroud, 1967; J.-Y. Guérin, 1976; J. Lafitte, 1980.

Audisio, Gabriel, franz. Schriftsteller, 27. 7. 1900 Marseille – 28. 1. 1978 Issy-les-Moulineaux. Jugend und Stud. Orientalistik in Algier. 1918 Kriegsfreiwilliger. 1920–29 versch. öffentl. Ämter in Algier, danach Paris. – Lyriker, Romancier und Essayist. Anhänger des Unanimismus, bestimmt von Lebensbejahung und menschl. Verantwortung. Bildkräftige, klangvolle Lyrik von heißer Sinnlichkeit, zunächst überschwengl., später verhalten und beherrscht. Verherrlicht s. Bild vom mediterranen Menschen (Odysseus), der das Leben in s. Gebrochenheit bejaht.

W: Hommes au soleil, G. 1923; Poème de joie, 1924; Trois hommes et un minaret, R. 1926; Héliotrope, R. 1928; Antée, G. 1932; Les augures, R. 1932; Jeunesse de la Méditerranée, R. 1935; Les compagnons de l'Ergador, R. 1941; Poémes du lustre noir, 1944; Feuilles de Fresnes, Mem. 1945; Ulysse ou l'intelligence, Es. 1945; Rapsodies de l'amour terrestre, G. 1952; Le colombier de Puyvert, E. 1953; Danger de vie, R. 1953; Visages de l'Algérie, Es. 1953; L'hypocrite sacré, G. 1955; Contretemps, R. 1963; Hannibal, Abh. 1964; Fables, 1966; Racine de tout, 1971.

Audoux, Marguerite, franz. Schriftstellerin, 7. 7. 1863 Sancoins/Cher – 1. 2. 1937 Saint-Raphaël/Var. Arbeiterkind; erzogen im Waisenhaus, 12jährig Bauernmagd, 18jährig allein in Paris als Näherin und Tagelöhnerin. Gewann Zugang zu lit. Kreisen, begegnete Ch.-L. Philippe. – Eine der ersten Stimmen der Arbeiterdichtung in Frankreich. Erregte Aufsehen durch ihr erstes und bedeutendstes Werk, ergreifende Lebenserinnerungen ›Marie-Claire‹, für die sie 1910 den Prix Fémina erhielt. Weitere Romane und Erzählungen.

W: Marie-Claire, R. 1910 (d. 1938); Le chaland de la reine, En. 1910; L'atelier de Marie-Claire, R. 1920 (d. 1938); De la ville au moulin, R. 1926; La fiancée, E. 1932; Douce lumière, R. 1937.

L: O. Mirbeau, 1925; G. Reyer, 1942 u. 1947; B. Seybold, 1953; B.-M. Garreau, 1997.

Auèzov, Muhtar Omarhanovič, kasach. Schriftsteller, 28. 9. 1897 Tschingistau – 27. 6. 1961 Moskau. Aus Nomadenfamilie, bis 1919 Lehrerseminar Semipalatinsk, bis 1928 Stud. Orientalistik Leningrad u. Taschkent (Dr. phil.). – Erzähler und Dramatiker, Philologe und Folklorist, gibt in s. Werk e. Bild s. kasach. Heimat in Gesch. und Gegenwart im Stil des soz. Realismus. Übs. russ. Klassiker und Shakespeares ins Kasach.

W: Engliki-Kebek, Dr. 1917; Karagös, Dr. 1926; Bilekke bilek, E. 1933; Isder, E. 1935; Abaj, R. IV 1942–47 (Vor Tau und Tag, d. 1958; Über Jahr und Tag, d. 1961). – AW, VI 1955–57.

Augier, Guillaume Victor Emile, franz. Dramatiker, 17. 9. 1820 Valence/Drôme – 25. 10. 1889 Croissy-sur-Seine. Vater begüterter Advokat; Lycée Henri IV Paris, Freund von Duc d'Aumale, wurde dessen Bibliothekar, verkehrte auch im Salon der Kaiserin. Von den Zeitgenossen hoch geschätzt. Seit 1857(?) Mitglied der Académie Française. – Vertritt in s. Bühnenwerken die antiromant. ›Schule des gesunden Menschenverstandes‹. Seine großangelegten Sittenbilder sind von dokumentar. Wert für das gesellschaftl. Leben unter Louis-Philippe und Napoleon III. A. wollte der Balzac des Theaters sein. Gestaltete mit techn. Geschick in überzeugenden dramat. Situationen e. große Anzahl lebendiger Charaktere. Begann mit Verskomödien, bedeutender s. Prosakomödien. Geißelte in erzieher. Absicht vom Standpunkt bürgerl. Moral aus bes. Besitzgier und schrankenlosen Individualismus der zeitgenöss. Gesellschaft, prangerte die korrumpierte Presse und als Antiklerikaler den polit. Einfluß der Jesuiten an. Verherrlichte die Institution der Familie und bürgerl. Tugenden wie Treue der Ehegatten und geschäftl. Sauberkeit. Trat für die Ehescheidung und die Rechte der unehel. Mutter und ihres Kindes ein. Behandelte Prostitution und die Frage der soz. Bedeutung der Kurtisane.

W: La Cigüe, 1844 (Der Schierlingssaft, d. 1884); L'aventurière, 1848 (d. 1877); Gabrielle, 1849 (d. 1879); Sappho, Op.-Libr. 1851; Diane, 1852 (d. 1852); Philiberte, 1853 (d. 1889); Le gendre de M. Poirier, (m. J. Sandeau) 1854 (d. 1881); Le mariage d'Olympe, 1855 (Eine Demimonde-Heirath, d. 1879); Ceinture dorée, (m. E. Foussier) 1855 (Reichtum, d. 1892); Poésies, 1856; Les lionnes pauvres (m. E. Foussier), 1858 (d. 1878); La jeunesse, 1858; Un beau mariage, 1859; Les effrontés, 1861 (Die Unverschämten, d. 1883); Le fils de Giboyer, 1862 (d. 1865, u.d. T. Der Pelikan, 1875); Maître Guérin, 1864; La contagion, 1866; Paul Forestier, 1868; Lions et renards, 1869; Jean de Thommeray, 1874; Madame Coverlet, 1876; Les Fourchambault, 1878 (Haus Fourchambault, d. 1878 u. 1902); Un homme de bien, 1885; Le joueur de flûte, 1891. – Œuvres diverses, 1878; Théâtre complet, VII 1889, ²1901–12.

L: P. Morillot, 1901; H. Gaillard, E. A. et la comédie sociale, 1910; A. Berk, 1968.

Augustinus, Aurelius, lat. Kirchenvater, 354 n. Chr. Thagaste/Nordafrika – 430 Hippo Regius/ebda. A., Sohn e. heidn. Beamten u. e. Christin, war nach dem Studium in Karthago Rhetoriklehrer zunächst dort, dann in Rom u. schließl. in der Kaiserresidenz Mailand. Die Lektüre von Ciceros ›Hortensius‹ veranlaßte ihn zur ›Suche nach der Wahrheit‹; sie führte ihn zunächst zur christl. Sekte der Manichäer, von der er sich nach 10jähriger Zugehörigkeit wieder löste, u. dann zu e. vom Neuplatonismus beeinflußten Christentum. In Mailand hörte er Predigten des Bischofs Ambrosius. E. schwieriger Entscheidungsprozeß führte zu s. Verzicht auf das weltl. Leben, d. h. bes. auf Ehe u. Karriere; 387 ließ er sich taufen. 388 kehrte A. nach Afrika zurück, wo er sich philos.-geistl. Studien widmete. 396 wurde er Bischof von Hippo Regius. – Das überaus vielfältige u. umfangreiche Werk enthält u. a. dogmat., exeget., antihäret., moraltheolog., philos., bildungstheoret. Schriften, Predigten u. Briefe; A. selbst hat e. kommentierten chronolog. Katalog s. Werke verfaßt (›Retractationes‹). In den ›Confessiones‹ (Bekenntnisse; 13 Bücher) verbindet A. die Preisung Gottes, Beichte u. Selbstanalyse, indem er in der Form e. Gebets von s. Leben, bes. von s. Suche nach Gott u. s. inneren Entwicklung erzählt u. abschließend die Schöpfungsgeschichte auslegt; bes. bekannt sind die Passage über die Bekehrung im Garten (›tolle, lege‹, ›nimm, lies‹, 8. Buch) u. die Betrachtungen über das Phänomen ›Zeit‹ (10. Buch); das Werk ist stark rezipiert worden, z. B. von Petrarca (Brief über s. Besteigung des Mont Ventoux, fam. 4,1) u. Rousseau (›Confessions‹). Nach der Eroberung Roms durch Alarich im Jahr 410 entstand mit ›De civitate dei‹ (Über den Gottesstaat; 22 Bücher) die letzte christl. Apologie: A. bettet die profane Geschichte in die christl. Heilsgeschichte ein u. zeigt Gottes Wirken in der Geschichte auf; er entwirft e. Geschichtstheol. im Zeichen der Spannung zwischen dem weltl. Staat u. dem gleichzeitig existierenden Gottesstaat; bes. der Gedanke der zwei Staaten hat stark gewirkt. – A. hat viele Züge (z. B. die Erbsünden- u. die Gnadenlehre) des westl. Christentums entscheidend geprägt. – Erhalten ist e. zeitgenöss. Lebensbeschreibung (Vita) von Possidius.

A: Übersicht über A. u. Übs.: E. Dekkers, A. Gaar, Clavis patrum latinorum, n. 1995; W. Eckermann, A. Krümmel, Repertorium annotatum operum et translationum S. A. Lat. Editionen u. dt. Übs. (1750–1920), 1992; A. Keller, Translationes patristicae Graecae et Latinae, 1997; Conf.: d. W. Thimme, Bekenntnisse, n. 2000; Civ.: d. W. Thimme, Vom Gottesstaat, 2 Bde., n. 1985.
L: P. Brown, Lond. 1967 (d. n. 1982); K. Flasch, n. 1994; H. I. Marrou, 1984; H. Chadwick, Oxf. 1986 (d. 1987); Ch. Kirwan, Lond. 1989; Augustinus-Lexikon, hg. C. Mayer 1986ff.; Ch. Horn, 1995; J. M. Rist, Cambr. n. 1996.

Auhadī, Auhadu'd-Dīn, pers. myst. Dichter, um 1274–75 Maraghe/Pers.-Aserbeidjan – 1338 ebda. E. Isfahaner Familie entstammend, Schüler des Auhadu'd-Din Kirmānī, nach dem er s. Dichternamen (taḫallus) Auhadī wählte. – Vf. e. Diwans von über 8000 Versen. Hauptwerk ist s. myst. Lehrgedicht (Matnawī) ›Ǧām-i Ǧam‹ (›Der Becher des [Sagenkönigs] Ǧam [šīd]‹, in dem sich die ganze Welt gespiegelt hatte), etwa 5000 Verse, um 1333 verfaßt nach dem Vorbild der ›Ḥadīqa‹ des → Sanā'ī, aber durchaus selbständig gestaltet; auch s. Ghaselen sind gerühmt.
A: Ǧām-i Ǧam, 1307/1928; Diwan, hg. A. S. Usha 1951.

Aukrust, Olav, norweg. Lyriker, 21. 1. 1883 Lom/Gudbrandstal – 3. 11. 1929 ebda. 1906 Lehrerseminar, Volksschullehrer, Anschluß an die Volkshochschulbewegung, 1914–17 Leiter der Volkshochschule Dovre. Eindringl. Beschäftigung mit der ›Edda‹ und der norweg. Kultur- und Lit.tradition. – Bedeutender Dichter der neunorweg. Lit., unabhängig von den lit. Strömungen, doch beeinflußt von Swedenborg, Almquist, Strindberg und der Anthroposophie R. Steiners. Erstrebte in s. zusammengehörigen langen und qualitativ ungleichen lyr.-ep. Zyklen in bilderreicher, z. T. dunkler und schwer zugängl. Sprache (Landsmål) mit dramat. Stil und phantast. wie realist. Elementen e. Verbindung von christl.-relig. Mystik mit romant. Besinnung auf die große nationale Vergangenheit. ›Himmelvarden‹ beschreibt nach Vorbild Ørjasæters (›Skiringsgangen‹) und ma. Visionsdichtung in Bildern und Symbolen den Kampf zwischen Licht und Finsternis, Gut und Böse, ›Hamar i Hellom‹ betont die nationale Kulturtradition norweg. Bauerntums, und im unvollendeten ›Solrenning‹ überwiegt wieder das myst.-relig. Element mit Anklängen an persönl. Glaubenskämpfe. S. Werk hatte beachtl. Einfluß auf die neuere norweg. Lyrik.
W: Himmelvarden, G. 1916; Hamar i Hellom, G. 1926; Solrenning, G. 1930; Norske Terningar, G. 1931. – Dikt i Samling, II 1942; Dikt i utval, 1971, 1999.
L: J. Krokann, 1933; H. Groth, 1948; L. Mæhle, 1968.

Aulnoy, Marie-Catherine, Baronne d', geb. Jumel de Barneville, franz. Schriftstellerin, 1650 oder 1651 Barneville – 14. 1. 1705 Paris. ∞ 1666 F. de la Motte d'Aulnoy, lebte wegen zerrütteter Ehe bis 1685 außerhalb Frankreichs, gründete dann e. Salon in Paris. – Gewann als Begleiterin Luisas von Orléans in Spanien tiefen Einblick in das galante Leben der höf. Damen. Berichtet darüber einfach und lebendig in ihren Memoiren, die sie bei den Zeitgenossen berühmt machten. Schrieb weitere Memoiren über Frankreich und England aus 2. Hand. Außerdem Novellen und hist. Erzählungen. Ihre bedeutendste Leistung sind Kindermärchen. ›L'oiseau bleu‹ erreicht den Rang Perraults. A. verbindet in den Märchen, die noch heute gedruckt werden, Naivität, Feinheit und guten Geschmack.

W: Histoire d'Hippolyte, comte de Douglas, R. 1690 (d. 1744); Les illustres fées, M. 1698 (daraus: Der blaue Vogel, d. 1923); Les contes nouveaux ou les fées à la mode, M. III 1698–1711 (Ges.-Ausg. d. Märchen, hg. Jouaust 1881, Ausw. M. E. Storer 1934); Mémoires historiques de ce qui s'est passé de plus remarquable en Europe depuis 1672 jusqu'en 1679, II; L'histoire de Jean de Bourbon, prince de Carency; Mémoires de la cour d'Espagne, II 1690; Relation du voyage d'Espagne, II 1691 (sämtl. in: Choix de mémoires des femmes françaises au 17e, 18e, et 19e siècles, 1902).

L: L. F. Faure-Goyau, La vie et la mort des fées, 1910; A. Lautère, Mime d'A. et sa mère, 1947; A. V. Graff, 1984; L. Jyl, 1989.

Aurell, Tage, schwed. Erzähler, 2. 3. 1895 Oslo – 20. 2. 1976 Arvika. Arbeitersohn, Gymnas. Karlstad, 1914–19 Journalist an versch. Provinzzeitungen, 1920–29 Aufenthalt in Frankreich, Stud. in Paris. ∞ 1919 Kaja Widegren, 1926 Kathrine Zimmer. – Behandelt vorwiegend trag. Menschenschicksale vor dem Hintergrund von Armut und Tod, die Ohnmacht gegen das Spiel des Zufalls, die sie mit dem Schicksal kollidieren läßt und in menschl. Isolierung treibt. S. geschliffene Prosa ist suggestiv konzentriert zu klass. Einfachheit, fast lakon. und nur leise andeutend. Übs. H. C. Andersen, Kafka, Stendhal, Büchner ins Schwed., Strindberg ins Franz.

W: Tybergs gård, R. 1932; Till och från Högåsen, R. 1934; Martina, R. 1937 (d. 1965); Skillingtryck, R. 1943; Tre berättelser (Neudruck der ersten 3 Romane) 1943; Smärre berättelser, N. 1946; Nya berättelser, N. 1949; Bilderbok, Reiseb. 1950; Viktor, R. 1956; Liten fransk stad, Reiseb. 1960 (m. Kathr. A.); Vägar och möten, Rep. 1960; Samtal önskas med sovvagnskonduktören, E. 1969. – Skrifter, IV 1960.

L: L. Andersson 1995.

Aurevilly, Jules-Amédée Barbey d' → Barbey d'Aurevilly, Jules-Amédée

Aury, Dominique (eig. Anne Declos), franz. Journalistin und prämierte Übersetzerin, 23. 9. 1907 Rochefort-sur-mer – 26. 4. 1998 Corbeil-Essonnes/Essonnes. Pseudonym Pauline Réage. Enge Beziehung zu Jean Paulhan. Leitete ab 1953 die Zs. ›Nouvelle Revue Française‹; Preisrichterin bei der Vergabe von zahlreichen franz. Literaturpreisen, ab 1974 Mitglied des ›Conseil Supérieur des Lettres‹. – Erregte Aufsehen durch den anonym erschienenen, masosadistischen erotischen Bestseller der ›Histoire d'O.‹, zu dessen Autorschaft sie sich erst 1994 bekannte.

W: Anthologie de la poésie religieuse, G. 1943; L'Histoire d'O., 1954 (d. 1967); Lecture pour tous, Ess. II 1958; Retour à Roissy, 1969 (d. 1969); Choix de lettres avec J. Paulhan (1917–1936), 1998.

Auseklis, (eig. Miķelis Krogzemis), lett. Lyriker, 18. 2. 1850 Ungurpils b. Aloja/Lettl. – 6. 2. 1879 St. Petersburg. Sohn e. Hofpächters; ab 1862 versch. Schulen; 1871–74 Lehrer Jaunpiepalga, Cēsis, Lielvārde, durchwanderte Vidzeme; ab 1874 Lehrer St. Petersburg, dort im Kreis d. lett. Intelligenz. – Sammlung von Folklore; national. Romantiker, Neigung zum Sentimentalismus; pathet.-patriot. Dramen auf der Grundlage der lett. Volkslieder; Satiriker.

W: Dzeijas, G. 1873; Jauni Dunduri, Sat. 1875. – Kopoti raksti (GW) 1923; Raksti (W) 1888, ²1936.

L: Z. Maurina, Uguns gari, 1951.

Ausonius, Decimus Magnus, lat. Dichter, um 310 n. Chr. Bordeaux – um 393. Um 334–64 Grammatik- u. Rhetoriklehrer in Bordeaux; Valentinian I. beruft ihn ca. 365 zum Erzieher des Thronfolgers Gratian in die Kaiserresidenz Trier; 379 Konsul; 383 Rückkehr nach Bordeaux. – Das vielfältige Werk, überwiegend Gedichte und Gedichtzyklen, ist geprägt von s. privaten und berufl. Umfeld; es bietet viele Informationen über s. Familie (z. B. ›Parentalia‹, Gedichte auf verstorbene Verwandte), s. Leben (z. B. ›Ephemeris‹, über s. Tagesablauf; ›Gratiarum actio‹, Dankrede beim Antritt des Konsulats), den Schul- und Bildungsbetrieb (z. B. ›Professores‹, Gedichte auf die Lehrer in Bordeaux); es zeigt umfassende Kenntnisse der Lit. u. der lat. u. griech. Tradition u. e. raffinierten, z. T. artist. Umgang mit der Sprache. Bes. bekannt sind die Epigramme auf die Alamannin Bissula, die Korrespondenz mit Symmachus, die poet. Korrespondenz mit Paulinus v. Nola nach dessen radikaler Hinwendung zum Christentum und s. umfangreichstes Gedicht ›Mosella‹ über e. Moselreise.

A: GW: C. Schenkl, MGH auct. ant. V 2, 1883; R. Peiper, n. 1976; m. engl. Übs. H. G. Evelyn White, 2 Bde., Lond., n. 1988; mit Komm. R. P. H. Green, Oxf. 1991; ders., Oxf. 1999; Mos.: m. dt. Übs.: B. K. Weis, 1989.

L: M. J. Lossau, hg. 1991; H. Sivan, A. of Bordeaux, Lond. 1993.

Austen, Jane, engl. Romanschriftstellerin, 16. 12. 1775 Steventon/Hampshire – 18. 7. 1817 Winchester. Tochter e. Geistlichen, verbrachte e. äußerl. ereignisloses Leben im elterl. Pfarrhaus inmitten großer Familie u. deren Freundeskreis. Erhielt durch den Vater e. ausgezeichnete Bildung. Begann früh zu schreiben. 1801 Reise nach Bath, dem Schauplatz vieler Episoden in ihren Romanen. Die Familie zog nach dem Tod des Vaters 1805 nach Southampton, später in das Dorf Chawton/Hants, dort entstanden die meisten ihrer Romane. Wegen Tbc-Erkrankung ging A. im Mai 1817 nach Winchester, hoffte dort ärztl. Hilfe zu finden, starb ebda. 2 Monate später. – Der damaligen lit. Moderichtung entsprachen empfindsame Romane einerseits, Schauerromane andererseits. A.s wacher Sinn für Komik sah die Absurditäten dieser Moderomane, sie begann ihr lit. Schaffen mit burlesk-kom. Parodien, zur Belustigung des Familienkreises geschrieben, hierzu gehört ›Love and Friendship‹ u. der Fragment gebliebene Roman ›Lady Susan‹, um 1794 geschrieben (erstmals gedruckt 1871). Es folgt der Skizze ›Elinor and Marianne‹, in Briefform, später unter Aufgabe der Briefform umgearbeitet in ›Sense and Sensibility‹, e. Parodie der Empfindsamkeit. In ›Northanger Abbey‹ (begonnen 1797, für den Druck vorbereitet 1803) parodiert sie die Schauerromane, bes. Mrs. Radcliffes ›The Mysteries of Udolpho‹, durch humorvolle Gegenüberstellung von wirkl. Leben u. unechter Romantik. 1796/97 schrieb sie ›First Impressions‹, später umgearbeitet in ›Pride and Prejudice‹. 1803/04 entstand e. kurzes Fragment, ›The Watsons‹, erstmals veröffentlicht in der 2. Ausg. von J. E. Austen-Leighs ›Memoir‹, 1871. A. besaß die weise Selbstbeschränkung, nur das zu schildern, was ihr aus eigener Anschauung bekannt war, sie beschreibt ausschließl. Menschen der gehobenen ländl. Mittelklasse, die sie minutiös genau darstellt. Ihre kleine Welt kennt keine Katastrophen, keine Tragödien, aber sie verstand es, mit psycholog. Einsicht in das Wesen der Menschen, mit Humor u. feiner Ironie, ihre Welt aufzubauen, in der die Gestalten nicht isoliert dastehen, sondern in Beziehung zueinander u. zur Umwelt gestellt werden. Die köstl. Frische u. Lebendigkeit der Schilderungen verleiht ihren Romanen den auch heute erhalten gebliebenen Reiz der Ursprünglichkeit. A. wurde von vielen zeitgenöss. u. späteren Dichtern sehr geschätzt, u. a. von Scott, Macaulay, Coleridge, Southey, Sydney Smith u. E. FitzGerald.

W: Sense and Sensibility, R. 1811 (d. 1984); Pride and Prejudice, R. 1813 (d. 1984); Mansfield Park, R. 1814 (d. 1984); Emma, R. 1816 (d. 1984); Northanger Abbey, R. 1818 (d. 1948); Persuasion, R. 1818 (Anne Elliot, d. 1948); Sandition, 1871; The Watsons, 1871; Love and Friendship, 1922; Lady Susan, 1925. – The Novels, hg. R. W. Chapman, V. 1923; desgl. VI 1923–54; als Faks.-Ausg. hg. L. Ross, XIX 1995; Fragments, hg. Johnson 1934; Letters, hg. Johnson 1925, hg. R. W. Chapman II ²1952.
L: J. E. Austen-Leigh, Memoir, 1870 (Faks. 1994); W. u. R. A. Austen-Leigh, 1931; D. Cecil, 1935; E. Jenkins, 1938 (n. 1996); M. Lascelles, 1939 (n. 1983); Sh. Kaye-Smith und G. B. Stern, 1943 (d. 1948); R. W. Chapman, 1948; H. S. Babb, 1962; I. Watt, hg. 1963; W. A. Craik, 1965; A. W. Litz, ²1967; A. Wright, ³1967; Crit. Essays on J. A., hg. B. C. Southam 1968; The Critical Heritage, hg. B. Southam II 1968 u. 1987; M. Mudrick, 1968; G. Keynes, 1968; M. Laski, 1969 (n. 1997); N. Page, The language of J. A., 1972; B. Hardy, 1975; D. Cecil, 1978; J. F. Burrows, Computation into Criticism, 1986; D. Kaplan, 1994; R. Sales, 1994; V. G. Myer, Obstinate Heart, 1997. – *Bibl.:* G. Keynes, 1929; R. W. Chapman, ²1955; B. Roth, J. Weinsheimer, 1974.

Auster, Paul, amerik. Schriftsteller, * 3. 2. 1947 Newark/NJ. Stud. Columbia; ∞ Lydia Davis (1974–79), Siri Hustvedt (seit 1981); Gelegenheitsarbeiter, Lehrtätigkeit Princeton, Frankreichaufenthalt; lebt in New York. – Vielseitig u. experimentierfreudig, ist A. am bekanntesten durch die Realität als Konstruktion entlarvende ›New York Trilogy‹, e. metafiktionale Mischung aus Detektivroman, ›film noir‹, Dystopie und postmod. narrativen Strategien. Auch Dichter, Übs., Kritiker, Hrsg., Regisseur.

W: Unearth, G. 1974; Wall Writing, G. 1976; Squeeze Play, R. 1978 (unter Ps. Paul Benjamin; Aus für den Champion, d. 1994); The Invention of Solitude, Mem. 1982 (d. 1993); The New York Trilogy (City of Glass, R. 1985, Ghosts, R. 1986, The Locked Room, R. 1987, ges. 1987; d. 1989); In the Country of Last Things, R. 1987 (d. 1989); Disappearances, G. 1988 (d. 2001); Moon Palace, R. 1989 (Mond über Manhattan, d. 1990); The Music of Chance, R. 1990 (d. 1992); Leviathan, R. 1992 (d. 1994); The Art of Hunger, Ess. 1992 (d. 2000); Mr. Vertigo, R. 1994 (d. 1996); Smoke and Blue in the Face, Drb. 1995 (d. 1995); Hand to Mouth, Slg. 1997 (d. 1998); Timbuktu, R. 1999 (d. 1999); The Book of Illusions, R. 2002 (d. 2002).
L: A. Dupperay, 1995; B. Herzogenrath, 1999; C. Springer, 2001; A. Varvogli, 2001; B. Hötger, 2002; A. Lienkamp, hg. 2002. – *Bibl.:* C. Springer, 2001.

Austin, Alfred, engl. Dichter und Journalist, 30. 5. 1835 Headingley – 2. 6. 1913 Swineford Old Manor. Stud. Jura London, 1857 Rechtsanwalt ebda. Begeisterter Anhänger Disraelis. Ab 1883 Hrsg. der ›National Review‹, wurde 1896 nach dem Tode Tennysons Poet laureate. – Veröffentlichte 1871–1908 20 Bde. mit Naturlyrik, Versdichtungen, Dramen und Romanen von geringem lit. Wert.

W: The Tower of Babel, 1874; Lyrical Poems, 1891; The Garden that I love, Prosa 1894; Autobiography, 1911.
L: N. B. Crowell, 1953 (m. Bibl.).

Austin, Mary (Hunter), amerik. Schriftstellerin, 9. 9. 1868 Carlinville/IL – 13. 8. 1934 Santa Fe/NM. Blackburn College, 1888 in den Wüstengebieten Südkaliforniens u. San Francisco, 1906 Künstlerkolonie Carmel, 1908/09 Europareisen, 1910 New York, 1917 Stud. der indian. u. hispan. Kulturen in New Mexico. – Ihre Romane, Essays u. Erzählungen zeugen von Interesse bes. an Naturphänomenen, indian. Mystik u. Frauenemanzipation.

W: The Land of Little Rain, Sk. 1903; The Basket Woman, Kgn. 1904; Isidro, R. 1905; The Flock, E. 1906; Santa Lucia, R. 1908; Lost Borders, Kgn. 1909;

Outland, R. 1910, ²1919; The Arrow Maker, Dr. 1911; A Woman of Genius, R. 1912; The Green Bough, St. 1913; The Lovely Lady, E. 1913; Love and the Soul Maker, St. 1914; California, St. 1914; The Man Jesus, St. 1915 (u. d. T. A Small Town Man, 1925); The Ford, R. 1917; No. 26 Jayne Street, R. 1920; The American Rhythm, Ess. 1923 (erw. 1930); Land of Journey's Ending, St. 1924; Everyman's Genius, Abh. 1925; The Children Sing in the Far West, G. 1928; Amerindian Songs, G. 1930; Experiences Facing Death, Ess. 1931; Starry Adventure, E. 1931; Earth Horizon, Aut. 1932; One Smoke Stories, En. 1934; Literary America, 1903–1934, Br. hg. T. M. Pearce 1979; Stories from the Country of Lost Borders, hg. M. Pryse 1987; Western Trails, En. 1987; Cactus Thorn, N. 1988; Beyond Borders, Ess. 1996; M. A. Reader, hg. E. F. Lanigan 1996; The Basket Woman, En. 1999.

L: D. T. Wynn, 1941; M. A., hg. W. Haagland 1944; T. M. Pearce, 1965; A. Fink, 1983; E. L. Stineman, 1989; P. P. Church, 1990; M. T. Hoyer, 1998; M Graulich, B. Klimasmith, hg. 1999. – *Bibl.:* J. Gaer, 1934.

Austin, William, amerik. Schriftsteller, 2. 3. 1778 Lunenburg/MA – 27. 6. 1841 Charlestown. Sohn e. wohlhabenden Bürgers von Charlestown, Harvard Univ. bis 1798, Lehrer, Geistlicher auf e. Kriegsschiff; Stud. Jura London 1802/03; polit. Karriere in Boston. – Von s. Kurzgeschichten wurde die Irving verpflichtete, Hawthorne beeinflussende, 1824 erschienene ›Peter Rugg or the Missing Man‹ berühmt und Teil neuengl. Folklore. Sie erneuert in zeitgenöss. Milieu die Legende e. Umhergetriebenen, der verflucht ist, s. Heim nie zu erreichen.

W: Strictures on Harvard University, Abh. 1798; Letters from London, Ess. 1804. – The Literary Papers of W. A., hg. J. W. Austin 1890.

L: W. Austin, 1925 (enth. 5 Kgn.).

Autran, Joseph, franz. Schriftsteller, 20. 6. 1813 Marseille – 6. 3. 1877 ebda. Bibliothekar in Marseille, 1869 Mitglied der Académie Française. – Lyriker und Dramatiker. Begann als Bewunderer Lamartines mit romant. Lyrik. Erregte mit e. Ode dessen Aufmerksamkeit. Schrieb dann Gedichte, aus denen menschl. Mitgefühl spricht: ›La mer‹ über das Leid, welches das Meer über die Menschen bringt. Dichtete über den Kampf franz. Soldaten in Algerien, großer Erfolg seines mit humanen Ideen erfüllten Gedichtes ›Ludibria ventis‹ und s. pseudogriech. Dramas ›La fille d'Eschyle‹. Zeigt in den letzten Werken e. verfeinerten Formsinn; insofern e. Vorläufer der parnass. Dichtung.

W: La mer, G. 1835; Ludibria ventis, G. 1838; La fille d'Eschyle, Dr. 1848; Les poèmes de la mer, 1850; Laboureurs et soldats, Dr. 1854; La vie rurale, G. 1858; Epîtres rustiques, G. 1861; Le poème des beaux jours, G. 1862; Le cyclope, Dr. 1863; Les paroles de Salomon, G. 1867; Sonnets capricieux, G. 1873; La légende des paladins, G. 1875. – Œuvres complètes, VIII 1875–81.

L: G. Ancey, E. A. Eustache, 1906.

Auvergne, Martial d' → Martial d'Auvergne

Avadāna-kalpalatā → Kṣemendra

Avadāna-śataka, das (Hundert Legenden); buddhist. Sammlung von Avādanas (buddhist. Heiligenlegenden), zur Sanskrit.-Lit. des ›Hīnayāna‹ gehörend; wahrscheinl. aus dem 2. Jh. n. Chr. – 100 Prosaerzählungen, die mit Versen durchsetzt sind. Obwohl es sich um e. buddhist. Sammlung handelt, gehört das A. nicht zum buddhist. Kanon. Die Sammlung besteht aus 10 Dekaden, deren jede e. bestimmtes Thema behandelt, so wird u. a. gezeigt, wie sich gute und schlechte Taten nach dem Tod auswirken.

A: J. S. Speyer 1902, II 1906–09 (n. 1958); P. L. Vaidya 1958. – *Übs.:* franz. L. Feer 1891 (n. 1979).

L: S. C. Sarkar, Kalkutta 1990.

Aveline, Claude (eig. Eugéne Avtsin), franz. Schriftsteller 19. 7. 1901 Paris – 4. 11.1992 ebda. Russ. Eltern. Begegnete 18jährig A. France, bezeichnete sich als dessen Schüler. – Verband psychol. Analysen mit soz. Problemen. Romane, in denen Krankheit, Liebe und Laster sich mischen. Schrieb elegante, bisweilen lyr. Prosa. Novellen, Kindheitserinnerungen, Kriminalromane, Reiseberichte, Essays, Gedichte. Hrsg. der Werke von A. France, polit.-soz. Inhalts.

W: La vie de Philippe Denis, R. III (I Madame Maillart. La fin de Madame M., 1930; II Les amours et les haines, 1952; III Philippe, 1955); L'homme de Phalère, Nn. 1923/24; Le postulat, E. 1928; Le point du jour, Erinn. 1929; La double mort de Frédéric Belot, R. 1932 (d. 1933); Le roman d'une ville de France, La Charité-sur-Loire, R. 1935; Baba Diène et Morceau-de-sucre, E. 1936; Le prisonnier, R. 1946; Et tout le reste n'est rien, R. 1947; Nocturne, E. 1947; Le jet d'eau, R. 1952; Pour l'amour de la nuit, R. 1956; Brouard et le désordre, Dr. 1961; Le temps mort, Ess. 1962; Les Frédéric Belot, V 1962ff.; L'œil-de-chat, R. 1970 (d. 1975); Le haut mal des créateurs, 1973; L'arbre Tic-Tac, 1982; Par le Silence et par la voix, 1987; La villa Remiro, 1990.

Avellaneda, Alonso, Fernández de → Fernández de Avellaneda, Alonso

Avellaneda, Gertrudis Gómez de → Gómez de Avellaneda, Gertrudis

Averčenko, Arkadij Timofeevič, russ. Satiriker, 27. 3. 1881 Sevastopol' – 13. 3. 1925 Prag. Kaufmannssohn, Kaufmann bis 1905, Gründer (1906), Hrsg. (1908–13) und Mitarbeiter der Zs. ›Satirikon‹ (1906–17) in Petersburg, Mitarbeiter anderer Blätter, wie des ›Žurnal dlja vsech‹, des ›Utro‹; gab einige Bde. Erzählungen heraus; emigrierte nach der Revolution 1920 nach Paris. – Humorist und zur Groteske neigender Satiriker, der in s. kurzen

Erzählungen von den frühen humorist. Kurzgeschichten Čechovs ausgeht, gewandt im Finden verblüffender Pointen, später Verbindung zum angloamerik. humorist. Erzählen.

W: Vesëlye ustricy, E. 1910; Rasskazy dlja vyzdoravlivajuščich, E. ⁵1913; Čudesa v rešete, E. 1915; Djužinu nožej v spinu revoljucii, E. 1921; Rasskazy cinika, E. 1925; Jumorističeskie rasskazy, En. 1964; Sočinenija (W), II 2000; Sobranie sočinenij (GW), VI 1999/2000. – *Übs.:* Grotesken, 1914; Das Verbrechen der Schauspielerin Maryskin, 1919; Was für Lumpen sind doch die Männer, 1937; Ein Mädchen ohne Todesurteil, 1937; Der gesunde Menschenverstand, 1949; Die Frauen sind auch keine Engel, 1955; Der Wolfspelz, 1964.

Avgeris, Markos (eig. Georgios N. Papadopulos), griech. Dichter u. Kritiker, 1883 Karitsa/Epirus – 8. 6. 1973 Athen. Stud. Medizin Athen, Paris u. Dtl., ∞ die linksengagierte Erzählerin Galatia Kazantzaki. – Lyriker, Dramatiker, Kritiker. A. prägte neben K. Varnalis die linksengagierte Lit. und Kritik in Griechenland mit. 1904 wurde s. sozialkrit. Drama ›Vor den Menschen‹ von der berühmten Neuen Bühne des K. Christomanos in Athen aufgeführt. War e. maßgebl. Vertreter der Lit. der Linken in Griechenland. Übs. von V. Hugo, Zola, Barrès, Goethe (Faust I), Aischylos, Sophokles und Aristophanes.

W: Kritika, Aisthētika Ideologika, Ess. 1959; Problemata tēs logotechnias mas, Ess. 1961; Hapanta, III 1964 f.; Antidroma kai parallēla, G. 1969; Fōnes tēs nychtas, G. 1970; I pagkosmia eris, Ess. 1972; Ideologika, Ess. 1974.

Avianus, lat. Dichter, um 400 n. Chr. A. verfaßte 42 Fabeln in Distichen, e. für Fabelbücher neuen Metrum. Als s. Vorlage nennt A. die griech. Fabeln des Babrios. A. schmückt die Erzählungen sprachl.-stilist. aus u. beendet sie mit allg. eth. Maximen. Im MA wurde A. als Schulautor viel gelesen.

A: A. Guaglianone, Turin 1958; m. engl. Übs. J. W. Duff, Minor Latin Poets, n. 1954; m. franz. Übs. F. Gaide, Paris 1980; Ausw. m. dt. Übs. H. C. Schnur, E. Keller, Fabeln der Antike, n. 1997.

L: J. Küppers, Die Fabeln A.', 1977.

Avicebron → Gabirol, Salomo ben Jehuda ibn

Avidan, David, hebr. Dichter, 21. 2. 1943 Tel Aviv – 11. 5. 1995 ebda. – Mit etwa 30 Bänden zählt er zu den wichtigsten Stimmen der modernen hebr. Dichtung. Jahrelang sah man in ihm ein ›enfant terrible‹ der israel. Lyrik, nicht zuletzt wegen s. bewußt provozierenden Tons wie auch wegen s. extrovertierten Lebensstils. Er galt als einer der innovativsten Dichter, machte sich auch als Cineast und Graphiker einen Namen. S. Botschaft ist die Umwertung aller Werte im Zeitalter der Moderne, wobei s. Werk von Kulturpessimismus gekennzeichnet ist.

W: Berazim arufei Sfatayim, G. 1954; Beayot ishiot, G. 1957; Shirey lachaz, G. 1962; Mashehu bishvil mishehu, G. 1964; Shirim chizoniyim, G. 1970; Shirim shimushiyim, G. 1973; Shirey milchama umechaa, G. 1976; Shirim ekroniyim, G. 1978; Sefer ha-efsharuyot, G. 1985; Avidanium 20, G. 1987; Ha-mifratz ha-acharon, G. 1991. – *Übs.* (Ausw.): Selected Poems, engl. 1969; What did Kurt Waldheim expect from the Polish Pope, G. in 9 Sprachen, 1987.

Avienus, Rufius Festus, lat. Dichter, Mitte 4. Jh. n. Chr., aus Volsinii/Etrurien. Prokonsul von Afrika u. Achaia. – Erhalten sind außer e. kurzen Versepistel 3 Lehrgedichte, die auf griech. Werken beruhen: ›Descriptio orbis terrae‹ (Beschreibung des Erdkreises); ›De ora maritima‹ (Die Meeresküste), wovon ca. 700 Verse über die Küste von Britannien bis Massilia erhalten sind; ›Phaenomena‹ (Erscheinungen) über Stern- und Wetterzeichen.

A: GW: A. Holder, n. 1965; Arat.: d. G. Fischer, F. Köppner, Gymn.-Progr. Komotau, 1893; ora: mit dt. Übs. D. Stichtenoth, 1968; Arat.: m. franz. Übs. J. Soubiran, Paris 1981.

L: D. Weber, A.' Phaenomena, 1986.

Avtsin, Eugéne → Aveline, Claude

Avvakum, Petrovič, russ. Protopope, um 1620 Grigorovo/Gouv. Nižnij Novgorod – 14. 4. 1682 Pustozersk (am Eismeer). Stammte aus der niederen Geistlichkeit, wurde selbst Dorfgeistlicher, trat beim Beginn der Revision der kirchl. Bücher durch Patriarch Nikon 1653 gegen die offizielle Kirche auf, wurde die führende Persönlichkeit der russ. Altgläubigen (des Raskol), 1655 mit der Familie nach Sibirien verschickt, 1667 mit dem Kirchenfluch belegt, womit das Schisma der russ. Kirche einsetzte. Wurde auf Befehl des Zaren verbrannt. – S. Bedeutung für die Geschichte der russ. Lit. beruht auf s. ›Žitie‹ (1672 f.), der ersten russ. Autobiographie; sie ist als traditionelle Vita gedacht und begonnen, doch wird die Erzählweise mehr und mehr individualist. und realist.; wirkungsreiche, vom Standpunkt des unbeugsamen relig. Eiferers aus verfaßte Schilderung der Reise durch Sibirien und der Kerkerhaft; eigenartig im Stil und Aufbau, kirchenslav. Idiom neben russ. Umgangssprache, verwendet fragende und andere Intonationen, die feierl. Sprache bibl. Texte und auch Elemente der Volkssprache, scherzhafte Sprichwörter, mit der Buchdichtung kaum noch verbundene Distichen. Auch polem. Episteln und Predigten.

A: Kniga besed protopopa Avvakuma, 1917; Žitie protopopa Avvakuma, Aut. 1934 u. 1960 (Das Leben des Protopopen A., d. 1930, 1965).

L: P. Pascal, Paris 1937, ³1969; P. Hauptmann, 1963; G. Scheidegger, Endzeit. Rußland am Ende d. 17. Jh., 1999.

Avyžius, Jonas, litau. Erzähler, 16. 5. 1922 Medginai, Kr. Joniškis – 7. 7. 1999 Vilnius. Gymnasium Joniškis, dann ›Savišvietos‹ Institut Kaunas, 1946–48 litau. Rundfunk u. Redakteur von ›Tiesa‹, ab 1949 freier Schriftsteller. – Schildert die Problematik der litau. Kollektivwirtschaft, die Situation der litau. Intelligenz u. des litau. Volkes unter dem Bolschewismus.
 W: Pirmosios vagos, E. 1948; Garbė, E. 1949; Išsivadavimas, E. 1951; Žmonės ir įvykiai, E. 1954; Butkus keršytojas, E. 1957; Žmogus lieka žmogum, E. 1960; Į stiklo kalną, R. 1961; Sodybų tuštėjimo metas, R. 1970; Chameleono spalvos, R. 1979; Degimai, R. 1982; Stebuklingas miestas, E. 1997.
 L: E. Bukelienė, 1975.

Awesta, Das, die heiligen Schriften der Zoroastrier (Parsen), in altertüml. ostiran. Sprache (auf ›awestisch‹) abgefaßt, mittelpers. ›abestāg‹, etymolog. eher auf altiran. ›*upa-stāwaka-‹ ›Lobpreis‹ zurückzuführen als auf ›*apastāk‹ im Sinne von ›Grundtext‹. Zu den awest. Texten trat e. relig. Zweitschrifttum (Übs. ins Mittelpers. sowie Kommentare), als ›Zand‹ ›Wissen, Kunde‹ bezeichnet. Das heute bestehende A. wurde von dem Franzosen Anquetil-Duperron, der 1754 zu den Parsen Indiens reiste, der europ. Wiss. erstmalig erschlossen; 1771 erschien s. ›Zend-Avesta, ouvrage de Zoroastre‹ (dt. J. F. Kleuker 1776/77). Das Alter des Kanons reicht mit den Gāthās genannten Gesängen wohl bis auf die Zeit Zarathustras um 1000 v. Chr. u. wurde mit vielen jüngeren Bestandteilen Jhe. hindurch nur mündl. überliefert, wahrscheinl. im 4. Jh. n. Chr. schriftl. fixiert, mit e. in sasanid. Zeit (nach 224) entwikkelten Schrift. Von den damals insgesamt 21 Büchern (›Nask‹) ist heute nur Nask 19 vollständig, von den übrigen bloß das erhalten, was zur zoroastr. Liturgie in Beziehung stand, auf etwa ein Viertel des ursprüngl. Umfangs zusammengeschmolzen. Die ältesten Handschriften stammen aus dem Indien des 13. Jh., die iran. aus dem 17. Jh., größte einschlägige Sammlung in der Univ.-Bibliothek Kopenhagen. Zusammensetzung des heutigen A.: 1. ›Yasna‹, das liturg. Hauptbuch, noch heute beim Hochamt der Parsen zur Gänze aufgesagt, mit 72 ›Hāiti‹ (Kapiteln). Der wichtigste, weil älteste u. mit → Zarathustra selbst in Verbindung gebrachte Teil des A. sind die sog. 17 Gāthās (›Gesänge‹), nämlich Yasna 28–34, 43–51 u. 53, e. Meisterwerk relig. Kunst, in geballter dichter. Sprache ältester Prägung. 2. ›Wisprad‹, Sammlung von Zusatzstücken zum ›Yasna‹, meist formelhafte Anrufungen. 3. ›Widēwdād‹ (Wendidād) ›Gesetz der Dämonenabwehr‹, kirchl. Gesetzbuch mit den Vorschriften der priesterl. Reinigungen, Sühnen u. Kirchenbußen, 22 ›Fargard‹ (Kapitel), Nask 19, das einzige vollständig überlieferte Nask. 4. ›Yašt‹, 21 Hymnen an die einzelnen Gottheiten des Zoroastrismus, darunter an Gott Mithra (Yašt 10) u. an Haoma (Yašt 20), die Gottheit des altiran. Rauschtrankes, beide einst von Zarathustra leidenschaftl. bekämpft; doch enthalten die Yašts kulturgeschichtl. bedeutsame Bruchstücke von Sagen u. Epen aus vorzarathustr. Zeit. 5. ›Chorda Awesta‹ (›das kleine A.‹), e. Art kurzer Auszug aus dem Gesamtawesta mit den für den Laien wichtigsten Gebetsformeln.
 A: K. F. Geldner, 1886–95. – Übs.: (ohne Gathas) F. Wolff, 1960; Yašt: H. Lommel, 1927; Zarathustras Gathas, d.: Chr. Bartholomae 1905; H. Humbach, 1959; W. Hinz, 1961; S. Insler, 1975; J. Kellens, E. Pirart, 1988–91; H. Humbach, 1991; ders., 1994.

Awoonor, Kofi, ghanes. Schriftsteller, * 13. 3. 1935 Wheta/Goldküste. Prof. für afrikan. Stud., Hrsg. der lit. Zs. ›Okyeame‹, wurde 1985 Botschafter in Brasilien, 1989 in Kuba, war UN-Repräsentant. – Behandelt in seinem Werk u. a. die Auswirkungen von Kolonialismus u. Korruption.
 W: Rediscovery, G. 1964; Night of My Blood, G. 1971; This Earth, My Brother, R. 1971 (Schreckliche Heimkehr nach Ghana, d. 1985); Ride Me, Memory, G. 1973; The Breast of the Earth, Stud. 1975; The House by the Sea, G. 1978; The Ghana Revolution, Stud. 1984; Until the Morning After, G. 1987; Comes the Voyager at Last, R. 1992.

Axioti, Melpo, neugriech. Schriftstellerin, 15. 7. 1905 Athen – 22. 5. 1973 ebda. Die linksengagierte Autorin lebte nach dem 2. Weltkrieg als polit. Emigrantin in Paris, danach in Warschau u. Ost-Berlin, wo sie Gastlektorin an der Humboldt-Univ. war. Hrsg. u. Übs. neugriech. Lit. ins Dt. u. (zus. m. P. Eluard) Franz. 1963 kehrte sie nach Griechenland zurück. – Beeinflußt vom Surrealismus (innerer Monolog), tendiert dazu, die Vergangenheit in ihrer Erinnerung zu idealisieren.
 W: Dyskoles nychtes, R. 1938; Symptōsē, G. 1939; Thelete na chorepsume, Maria?, R. 1940; Apantēsē se 5 erōtēmata, Chronik 1945; Protomagies, Chronik 1945; Hoi hellēnides phruroi tēs Helladas, Chronik 1945; Athēna 1941–1945, Chronik 1946; Eikostos aiōnas, R. 1946 (Tränen und Marmor, d. 1954); Syntrophoi kalēmera, En. 1953 (Im Schatten der Akropolis, d. 1955); Kontrabanto, G. 1959 (d. 1961); Thalassina, G. 1961; To spiti mu, En. 1965; Kadmō, Aut. 1972.
 L: M. Mike, M. A., Kritikes paratērēseis, 1996.

Axjonow, Wassili → Aksënov, Vasilij Pavlovič

Axmatova, Raisa, tschetschen. Dichterin, 30. 12. 1928 Sölž-g'ala (Grozny) – 1992. Lehrerin in Kasachstan; Lit.-Kurse Moskau; 1961–83 Vorsitzende des tschetschen./ingusch. Schriftstellerverbandes. – In den Gedichten kommt Liebe, Ehre, Würde und Stolz der Bergbewohnerinnen, die ehemals rechtlose Stellung, die Liebe zur Vergangenheit und Gegenwart Tschetscheniens einschl. Landschaftspoesie zum Ausdruck. Gesamtwerk: 20 lyr. Bände. Schrieb in Tschetschenisch und Russisch.

W: Trudnaja lûbov', 1963; Lunnoj tropoju, 1968; Isbrannaja lirika, Ausw. 1970; Dikalla: stihas, po'emas, 1975. – *Übs.:* Gedichte, in: Sowjetliteratur 12 (1976) u. 6 (1980).

L: Nijsarchoska, 1963; I. Grinberg, in: Znamja 11 (1972).

Axular, Pedro de (eig. P. de Aguerre Azpilicueta, bask. Schriftsteller, 1556 Urdax/Navarra – 8. 4. 1644 Sara/Pyrenäen. Stud. Salamanca, 1584 Priesterweihe in Pamplona, Pfarrer in Sara, hochgebildet. – Gilt als bester Prosaist der bask. Lit.; s. einziges eigenes Werk ist der umfangreiche relig. Traktat ›Gueroco Guero‹, Aufruf zu christl. Askese, von W. v. Humboldt geschätzt.

A: 1643, 1711, 1864, 1954 (span. hg. L. Villasante 1964, 1977).

Ayala, Adelardo Lópes de → López de Ayala, Adelardo

Ayala, Francisco, span. Schriftsteller, * 16. 3. 1906 Granada. Stud. Jura Madrid u. Berlin (1929/ 30); Prof. an der Univ. Madrid u. Mitarbeiter der ›Revista de Occidente‹. Ging während des Bürgerkriegs ins Exil nach Buenos Aires, später Prof. an versch. Univ. der USA. Kehrte 1960 nach Spanien zurück; 1984 Mitgl. der Span. Akad. – Erzähler, der in s. Romanen formales Experimentieren u. soziolog. Analyse verbindet; Essayist. Guter Kenner der klass. span. Lit.

W: Tragicomedia de un hombre sin espíritu, R. 1925; Historia de un amanecer, R. 1926; El boxeador y un ángel, R. 1929; Cazador en el alba, R. 1930; El problema del liberalismo, Es. 1941; Los usurpadores, En. 1949; La cabeza del cordero, En. 1949 (d. 1967); El escritor en la sociedad de masas, Es. 1956; Muertos de perro, R. 1958; Experiencia e invención, Es. 1960; El fondo del vaso, R. 1962; España a la fecha, Es. 1965; De raptos, violaciones y otras inconveniencias, En. 1966; Obras narrativas completas, 1969; La estructura narrativa, Es. 1970; El jardín de las delicias, En. 1971; El Lazarillo reexaminado, Es. 1971; Los ensayos, Es. 1972; Hoy ya es ayer, Es. 1972; Diálogo entre el amor y un viejo, Prosa 1974; El escritor su imagen, Es. 1975; Recuerdos y olvidos, Mem. III 1982, 1983, 1988; El escritor y el cíne, Ess. 1988. – *Übs.:* Spanien heute, Ess. 1966.

L: E. Keith, 1964; E. Irizarry, 1971; ders., Boston 1977; R. Hiriart, 1972; Ildefonso M. Gil, 1982; T. Mermall, 1984; J. Bobes Naves, 1988. – *Bibl.:* A. Amorós, N. Y. 1973.

Ayala, Pero López de → López de Ayala, Pero

Ayala, Ramón Pérez de → Pérez de Ayala, Ramón

Ayckbourn, Alan (seit 1997 Sir), engl. Dramatiker, * 12. 4. 1939 London. Schauspieler, Regisseur, Intendant. – Vf. traditioneller, virtuos geschriebener Dramen, die ausgefallene Situationen des bürgerl. Lebens durchspielen. Die frühen Werke betonen eher witzige, farcenhafte Elemente, später wird der Tenor ernster u. tragischer.

W: Relatively Speaking, Dr. 1968; Absurd Person Singular, Dr. 1974; The Norman Conquests, Drn. 1975; Absent Friends, Dr. 1975; Joking Apart, Drn. 1979; Sisterly Feelings and Taking Steps, Drn. 1981; A Chorus of Disapproval, Dr. 1986; Women in Mind, Dr. 1986; A Small Family Business, Dr. 1987; A Man of the Moment, Dr. 1990; Invisible Friends, Dr. 1991; Wildest Dreams, Dr. 1993; Comic Potential, Dr. 2001. – *Übs.:* Stücke, 1994.

L: M. Billington, 1984; B. Dukore, 1991; P. Allen, 2001.

Ayhan, Ece, (Çağlar, Ece Ayhan), türk. Dichter, 1931 Datça-Muğla – 12. 7. 2002 Izmir. Stud. Politikwiss., Landrat, Verlagslektor. Wichtiger Vertreter der sog. ›Zweiten Neuen‹ in der türk. Lyrik. Bruch mit allen Konventionen, dennoch tief humaner u. sozialer Bezug, verquere, dadurch neue Bilderwelt, die sich nicht mystisch verbirgt.

W: Kınar Hanımın Denizleri, G. 1959; Bakışsız Bir Kara Kedi, G. 1965; Ortodoksluklar, G. 1968; Devlet Ve Tabiat, G. 1973; Yort Savul, G. 1977; Zambaklı Padişah, G. 1981; Çok Eski Adıyladır, G. 1982; Başı Bozuk Günceler, Tg. 1993; Bütün Yort Savullar, ges. G. 1994; Dipyazılar, Ess. 1996; Morötesi Requiem, Pred. 1997; Sivil Denemeler, Ess. 1998.

Aymé, Marcel (eig. M. André), franz. Schriftsteller, 28. 3. 1902 Joigny/Burgund – 14. 10. 1967 Paris. Sohn e. Schmieds; kurze Zeit Stud. Medizin, versch. Berufe: vom Versicherungsvertreter, Maurer und Bankbeamten bis zum Filmstatisten, nach langer schwerer Krankheit Schriftsteller. – Sehr erfolgr. Erzähler und Dramatiker von großer Originalität, Humorist und Satiriker in der großen franz. Tradition (Rabelais, Balzac der ›Contes Drôlatiques‹), skept. Pessimist, dazu e. Phantast von skurriler Einbildungskraft. Romane, Novellen, Tiermärchen und Dramen. Gestaltete zunächst das bäuerl. Milieu; den Hintergrund s. späteren Werke bildet vorwiegend Paris. Nach lyr. und psycholog., aus trag. Lebensgefühl entstandenen Romanen unter Einfluß des Jules-Romains-Kreises fand er seinen eigenen, bissigsatir. und derben Ton; in realist. Romanen bis zum Obszönen rückhaltlose Sittenkritik, in Dramen auch auf soz. und polit. Probleme ausgedehnt. Sein erfolgreichster Roman ›La jument verte‹ ist eine burleske, von derbem gall. Humor strotzende Sittensatire des bäuerl. Lebens. Groteske Phantasien (schon in frühen Werken anklingend) bestimmen stark das spätere Werk, wobei s. Gestalten in ihrem unwirkl. Verhalten konsequent in e. nüchtern dargestellte Realität hineingestellt sind. Zarte Poesie des Unwirklichen in für Kinder geschriebenen Tiermärchen, einigen s. Novellen und dem Bühnendrama ›Les oiseaux de lune‹.

W: Brûlebois, R. 1926; Aller et Retour, R. 1927; Les jumeaux du diable, R. 1928; La table aux crevés, R. 1929; La rue sans nom, R. 1930; Le vaurien, R. 1931; Le puits aux images, N. 1932 (d. 1963); La jument verte, R. 1933 (d. 1953); Le nain, Kg. 1934 (d. 1953); Maison basse, R. 1935; Le moulin de la Sourdine, R. 1936; Gustalin, R. 1937; Derrière chez Martin, Kg. 1938; Le bœuf clandestin, R. 1939; Les contes du chat perché, 1939 (d. z.T. 1953, 1954, 1955); La belle image, R. 1940 (Der schöne Wahn, d. 1949); Travelingue, R. 1941; La Vouivre, R. 1943; Le passe-muraille, N. 1943 (Der Mann, der durch die Wand gehen konnte, d. 1948); Vogue la galère, Dr. 1944; Le chemin des ecoliers, R. 1946; Lucienne et le boucher, K. 1947 (d. 1948); Le vin de Paris, N. 1947; Uranus, R. 1948; En arrière, N. 1949; Le confort intellectuel, Es. 1949; Clérambard, Dr. 1949 (d. 1951); Autres contes du chat perché, 1950; La tête des autres, Dr. 1952; Les quatre vérités, Dr. 1954; Les sorcières de Satem, Dr. 1954; Les oiseaux de lune, K. 1955 (d. 1959); Romans de la province, Slg. 1956; Images de l'amour, Es. 1957; La mouche bleue, Dr. 1957; Un du pont, Dr. 1958; Le Patron, K. 1959; Les tiroirs de l'inconnu, R. 1960 (d. 1962); Louisiane, K. 1961; Les Maxibules, Dr. 1962; Le minotaure, K. 1963 (d. 1963); La convention Belzébir, K. 1966. – Romans et contes, VI 1966.

L: G. Robert, 1956; J. Cathelin, 1958; P. Vandromme, 1960; D. Brodin, N. Y. 1968; J. Dumont, 1970; G. I. S. Lord, 1987; M. Lécureur, 1997; Cahiers M. Aymé, 1992ff.

Aytoun, William Edmonstoune (Ps. T. Percy Jones), schott. Schriftsteller, Kritiker und Übersetzer, 21. 6. 1813 Edinburgh – 4. 8. 1865 Blackhills b. Elgin. Stud. Jura in Edinburgh. Von 1836 bis zu s. Tod Mitarbeiter von Blackwood's Edinburgh Magazine‹, 1845 Prof. für Rhetorik und schöne Lit. in Edinburgh, ∞ 1849 Jane Emily Wilson, 1852 Sheriff von Orkney und Shetland. – Kritiker, schrieb Balladen, lyr. Gedichte und Scherzverse sowie humorist. Skizzen von grotesker Komik. In ›Firmilian or the student of Badajoz‹ parodiert er affektierte Modedichter, deren Richtung er scherzhaft ›Spasmodic School‹ nennt. S. Hauptwerk ›Lays of the Scottish Cavaliers‹ verherrlicht die Stuartkämpfer. Selbst Balladendichter von Rang, sammelte er ›Ballads of Scotland‹ (1858) und übersetzte Gedichte und Balladen von Goethe (1859).

W: Poland, Homer, and other Poems, G. 1832; Lays of the Scottish Cavaliers, G. 1849; The Bon Gaultier Ballads, 1845 (m. T. Martin); Firmilian: A Spasmodic Tragedy, 1854; Bothwell, 1856. – Poems, 1921; Stories and Verse, Ausw. 1964.

L: T. Martin, 1867; E. Frykman, 1963; M. A. Weinstein, W. E. A. and the spasmodic controversy, 1968.

Ayukawa, Nobuo (eig. Uemura Ryûichi), jap. Lyriker, 23. 8. 1920 Tokyo – 17. 10. 1986 ebda. Studium der Anglistik. Interesse an W. H. Auden u. T. S. Eliot. 1947 Mitbegründer der Lyriker-Gruppe ›Arechi‹ (Das wüste Land), die auf die jap. Lyrik der 1950er Jahre starken Einfluß ausübte. Später vorwiegend als Kritiker und Essayist tätig.

A: A. N. zenshû (SW), IX 1989–2001. – *Übs.* in: Mensch auf der Brücke, hg. E. Klopfenstein, W. Ouwehand 1989.

Ažaev, Vasilij Nikolaevič, russ. Prosaiker, 12. 2. 1915 im Dorf Sockoe/Gouv. Moskau – 27. 4. 1968 Moskau. Von 1935 an ca. 15 Jahre im Fernen Osten, zuerst als Häftling, später als freier Arbeiter, Fernstud. Lit.institut Moskau, Abschl. 1944. – Paradevertreter des sozialist. Realismus, s. Hauptwerk, der Produktionsroman ›Daleko ot Moskvy‹, von K. Simonov stilist. stark überarbeitet, beschreibt gekünstelt u. schönfärberisch den Bau einer Pipeline; A. will im Sinne des sozialist. Aufbaus erziehen, hält sich an ideolog. geforderte Verfälschungen.

W: Daleko ot Moskvy, R. 1949; Vagon, R. 1990.

L: Th. Lahusen, How Life Writes the Book, Ithaka/NY 1997.

Azaña, Manuel, span. Schriftsteller, 10. 1. 1880 Alcalá de Henares – 4. 11. 1940 Montauban/Frankreich. Zögling der Augustiner in El Escorial, Stud. Jura Saragossa und Madrid, Beamtenlaufbahn, seit 1930 Führer der republikan. Bewegung, 1931 Kriegsminister, 1931–33 Premierminister, 1936–39 Staatspräsident, nach dem Bürgerkrieg im Exil in Frankreich. – Sprachl. meisterhafter Erzähler, Kritiker und Essayist von nüchternem, kräftigem Stil, trockenem Humor und originellen Gedanken; beschrieb in s. Roman ›El jardín de los frailes‹ s. eigene Jugend in Spanien. Übs. Borrows und Chestertons.

W: Estudios de política francesa, Es. 1918; Vida de Juan Valera, B. 1926; El Jardín de los frailes, R. 1927; Valera en Italia, Es. 1929; Plumas y palabras, Ess. 1930; La corona, Dr. 1930; Una política, Es. 1932; La invención del Quijote, Ess. 1934; En el poder y en la oposición, Es. II 1934; Mi rebelión en Barcelona, Prosa 1935; Discursos en campo abierto, Prosa 1936; La velada en Benicarló, Es. 1939; Memorias íntimas, Aut. 1939. – Obras completas, hg. J. Marichal IV 1966–68; Memorias políticas y de guerra, Mem. IV 1976–81; Antología, hg. F. Jiménez Losantos II 1982–83.

L: F. Sedwick, Columbus 1965; J. Marichal, 1968; E. Aguado, 1978; J. Monteo, 1979; J. M. Marco, 1990; S. Juliá, 1991.

Azeglio, Massimo Taparelli Marchese d', ital. Schriftsteller u. Politiker, 24. 10. 1798 Turin – 15. 1. 1866 Florenz. Aus hochadliger Familie. Während der franz. Besetzung Piemonts im Exil in Florenz; schlägt die Offizierslaufbahn ein. 1820–26 Maler. ∞ 1830 Manzonis Tochter Chiara. Nach erfolgr. lit. Tätigkeit widmet er sich v. a. der Politik. 1848 als Freischarführer bei Vicenza verwundet. 1849–52 piemontes. Ministerpräsident u. unmittelbarer Vorgänger Cavours. 1853 Senator, 1857 Gesandter in Paris, dann London. – Romantiker, Epigone Manzonis. S. hist. Romane sind von patriot. Geist erfüllt u. verherrlichen die Freiheit u. den Heldenkampf der Italiener. In ›Ettore Fieramosca‹ spielt die Liebesgeschichte des Ettore u. der Ginevra vor dem Hintergrund des Kampfes der Franzosen u. Spanier um das Königreich Neapel. Im Roman ›Niccolò de'Lapi‹ Darstellung des Florentiner Freiheitskampfes 1530. In s. polit. Schriften (u. a. ›Delle speranze d'Italia‹, 1844) bekämpft er die weltl. Herrschaft des Papstes. Bedeutender Förderer des Risorgimento. Erinnerungen in lehrhaftem Ton.

W: Ettore Fieramosca, R. 1833 (d. 1842); Niccolò de'Lapi, R. 1841 (d. 1842); La lega lombarda, R. 1845; Degli ultimi casi di Romagna, Schr. 1846; Programma per la formazione di una opinione nazionale, Schr. 1847; I lutti di Lombardia, Schr. 1848; I miei ricordi, II 1867 (n. M. Legnani 1963; d. 1869). – Scritti e discorsi politici, hg. M. de Rubris III 1931–38.

L: N. Vaccalluzzo, ²1930; C. Invernizzi, 1935; P. E. Santangelo, 1937; E. M. Fusco, 1941; A. Pompeati, 1946; R. Marshall, Lond. 1966. – Bibl.: A. Vismara, 1878.

Azevedo, Aluízio Tancredo Bello Gonçalvez de, brasilian. Romanschriftsteller, 14. 4. 1857 São Luís/Maranhão – 21. 1. 1913 Buenos Aires. Schule in São Luís, Stud. Kunst und Karikaturist Rio de Janeiro, Rückkehr nach São Luís, schreibt Chroniken u. Kommentare für Zeitungen; ab 1895 diplomat. Dienst, u. a. Spanien, Japan, England, Italien, Argentinien, damit ist er e. Diplomat-Schriftsteller wie Eça de Queirós; Mitglied der Akad. 1897. – Mit s. ersten Roman ›O Mulato‹ (1881) über das Alltagsleben in Maranhão wird er landesweit bekannt, gehört in Rio zum lit. Kreis um Afrânio Peixoto, Graça Aranha; setzt sich für Professionalisierung des Schriftstellers in Brasilien ein, gilt als Vertreter des Naturalismus (d. h. für Brasilien Realismus), s. Romane von ›Casa de Pensão‹ bis ›O Cortiço‹ werfen Schlaglichter auf das Leben in der Gemeinschaft in Rio am Ende des 19. Jh. Charakterist. für s. Schreiben ist weniger die Typologie der Personen als die Topographie der Stadt; auch Erzählungen, Dramen, Komödien (zusammen mit s. Bruder Artur Azevedo) u. e. Operette. ›O Japão‹, der am Exotismus e. Pierre Loti, Lafcadio Hearn orientierte Bericht über s. Erfahrungen als Vize-Konsul in Yokohama (1897–99), bleibt bis 1984 unveröffentlicht.

W: Uma Lágrima de Mulher, R. 1880; O Mulato, R. 1881 (Der Mulatte, d. 1964); O Mistério da Tijuca ou Girândola de Amores, R. 1882; Memórias de um Condenado, R. 1882 (u.d.T. A. Condessa Vésper, 1902); Casa de Pensão, R. 1884; Filomena Borges, R. 1884; O Homem, R. 1887; O Coruja, R. 1890; O Esqueleto, R. 1890; O Cortiço, R. 1890 (Ein brasilianisches Mietshaus, d. 1929); Demônios, R. 1893; A Mortalha de Alzira, R. 1894; Livro de uma Sogra, R. 1895; O Japão (1897–99, erschien 1984); Mattos, Malta ou Matta?, R. 1985. – Obras (GW), hg. M. Nogueira da Silva XIV 1939–41 (enth. auch: O Touro Negro, Prosa); Obra crítica, II 1960.

L: J. Veríssimo, 1894; A. Maia, 1926; R. de Meneses, 1958; J. Montelo, 1963; J.-Y. Mérian, 1980; A. Dimas, 1980.

Azorín (eig. José Martínez Ruiz), span. Schriftsteller, 8. 6. 1873 Monóvar/Alicante – 2. 3. 1967 Madrid. Sohn e. angesehenen Rechtsanwaltes, Erziehung im Piaristenkolleg von Yecla (Provinz Alicante), 1888–96 Stud. Rechte Valencia, ab 1896 in Madrid lit. tätig, anfangs als Mitarbeiter an republikan. Zeitungen (u. a. ›El País‹, ›El Progreso‹), Kritiker u. Übs., erste Veröffentlichungen unter den Pseudonymen ›Cándido‹ u. ›Ahrimán‹, ab 1902 ›Azorín‹, verschiedentl. konservativer Abgeordneter, zahlr. Reisen durch Spanien, ab 1924 Mitgl. der Span. Akad., lebte während des Span. Bürgerkriegs (1936–39) in Frankreich; nach dem Krieg journalist. Tätigkeit, v.a. bei ›ABC‹ (Madrid). – Vertreter der sog. ›Generation von 1898‹, lehnte anfangs alles Traditionelle, insbes. die Lit. des 19. Jh., ab, später begeisterte Urteile über das klass. Theater, den Schelmenroman, Juan Valera usw.; empfindsamer, schönheitsdurstiger Mensch, verfaßte Schriften v. a. über ästhet. Themen; neue lit. Interpretationen; bedeutend durch Schaffung e. neuen, oft imitierten Prosastils von großer Durchsichtigkeit u. Schlichtheit; sorgfältig ausgefeilte Sprache, reicher Wortschatz. Als Kritiker sehr subjektiv; s. starke Verbundenheit mit der kastil. Erde zeigt sich in feinsinnigen Schriften über Landschaft u. Menschen (›Castilla‹, ›La ruta de D. Quijote‹, ›Alma castellana‹); als Dramatiker wenig erfolgr., strebte nach Erneuerung des Theaters mit ›surrealist. Drama‹, in dem Traum, Mysterium u. Todesvisionen verschmelzen; s. Romanen mangelt es an Handlung u. straffer Personenzeichnung.

W: El alma castellana, Ess. 1900; La voluntad, R. 1902; Antonio Azorín, R. 1903; Las confesiones de un pequeño filósofo, R. 1904 (d. 1949); Los pueblos, Ess. 1905; La ruta de Don Quijote, Ess. 1905 (d. 1923); España, hombres y paisajes, Aufs. 1909; Castilla, Aufs. 1912; Clásicos y modernos, Ess. 1913; Al margen de los clásicos, Ess. 1915; Don Juan, R. 1922; Una hora de España, Ess. 1924; Doña Inés, R. 1925; Old Spain, K. 1926; Brandy, mucho

brandy, K. 1927; Lo invisible, Dr. III 1928; Félix Vargas (auch u.d.T. El caballero inactual), R. 1928; Superrealismo (auch u.d.T. El libro de Levante), R. 1929; Angelita, K. 1930; Cervantes o La casa encantada, K. 1931; Visión de España, Ess. 1941 (d. 1942); María Fontán, R. 1944; La isla sin aurora, R. 1944; Ante Baroja, Es. 1946. – Obras completas, IX 1947–54; Obras escogidas, III 1998.
L: M. Granell, 1949; J. Alfonso, 1958; A. Vidal, 1958; L. S. Granjel, 1958; J. M. Martínez Cachero, 1960; L. A. Lajohn, A. and the Spanish Stage, N. Y. 1961; J. Fox, A. as a Literary Critic, N. Y. 1962; J. Campos, 1964; L. Livingstone, ³1970; J. M. Valverde, 1971; M. Vilanova, 1972; M. M. Pérez López, 1974; S. Riopérez y Miá, 1979; A. Risco, 1980; K. M. Glenn, Boston 1981; A. Maass, Bern 1984; J. M. del Casino, Ann Arbor 1985; J. L. Bernal Muñoz, 2001; J. Ferrándiz Lozano, 2001. – *Bibl.:* D. Gamallo Fierros, 1956; F. Sainz de Bujanda, 1974.

Azuela, Mariano, mexikan. Schriftsteller, 1. 1. 1873 Lagos de Moreno, Jalisco – 1. 3. 1952 Mexiko Stadt. Arzt, Journalist, polit. engagiert; Reisen durch zahlr. Länder. – E. der bedeutendsten Romanciers der mexikan. Revolution. – S. Werke gliedern sich in 3 Phasen: 1. Schilderung menschl. Verhaltens u. Gebräuche, psycholog. Analysen; knapper Stil (bes. ›Los de abajo‹). 2. Hermet., futurist. Phase mit dunkler Symbolik, antilog. Stil (bes. ›La malhora‹ u. ›La luciérnaga‹). 3. Nach 1932 Rückkehr zu 1.; scharfe Beobachtungsgabe, flüssige, suggestive Prosa. Stellt das Böse im Menschen u. den Kampf mit dem Schicksal heraus.
W: María Luisa, R. 1907; Los fracasados, R. 1908; Mala yerba, R. 1909; Andrés Pérez, maderista, R. 1911; Los de abajo, R. 1916 (verfilmt; Die Rotte, d. 1930); Los caciques, R. 1917; Domitilo quiere ser diputado, En. 1918; Las tribulaciones de una familia decente, R. 1918; La malhora, R. 1923; La luciérnaga, R. 1932; Regina Landa, R. 1939; Avanzada, R. 1940; La marchanta, R. 1944; La mujer domada, R. 1946; Cien años de novela mexicana, Ess. 1947; Sendas perdidas, R. 1949; Esa sangre, R. 1956. – Obras completas, III 1958–60; Epistolario y archivo, 1969.
L: A. Hurtado, 1951; E. Palacios, 1954; M. Azuela Arriaga, 1955; L. Leal 1961, 1967, 1971; B. Berler, 1969; G. R. Herbst, 1977; S. L. Robe, 1979; E. Martínez, 1980; J. Ruffinelli, 1981; L. Leal, 2001.

Bâ, Amadou Hampâté, afrikan. Schriftsteller franz. Sprache, 1901 Bandiagara/Mali – 15. 5. 1991 Abidjan. Als Schüler von Tierno Bokar versuchte er, v. a. während s. Mission bei der Unesco, die Ressourcen der mündl. Überlieferung seines Landes (›peules‹ und ›bombara‹), in denen er den unermeßlichen Reichtum Afrikas erkannte, bekanntzumachen. – Sein lit. Werk konzentriert sich auf afrikan. Traditionen, die er als wesentl. Beitrag zu den globalen kulturellen Errungenschaften darstellt. Deren Überleben wollte er durch persönl. schriftl. Fixierung sichern. Seine Schriften sind nur teilweise in franz. Sprache abgefaßt.

W: Poésie peule du Macina, G. 1950; L'Empire peul du Macina, Abh. II 1955/62; Laydara, N. 1969; Jésus vu par un musulman, Ess. 1976; Petit Bodiel, R. 1977; Kaydara, 1978; Aspects de la civilisation africaine, Abh. 1979; Vie et enseignement de Tierno Bokar, Abh. 1980.
L: A. J. Sow, Inventaire du fonds A.-H. Bâ, 1969; Actes du Colloque international, 2001.

Bâ, Mariama, senegales. Erzählerin, 1929 Dakar – 18. 8. 1981 ebda. Tätig in versch. Frauenorganisationen. – Bestseller-Autorin von stilist. Perfektion.
W: Une si longue lettre, R. 1970 (d. 1981); Le chant écarlate, R. 1981 (d. 1982).
L: L. Ch. Kempen, 2001.

Baar, Jindřich, Šimon, tschech. Schriftsteller, 7. 2. 1869 Klenčí – 24. 10. 1925 ebda. Bauernsohn, kath. Pfarrer. – In realist. Erzählungen und Romanen aus dem Leben der Landpfarrer u. der Bauern des Chodenlandes tritt B. für eine Reform des geistl. Standes ein, ohne mit dem Dogma in Konflikt zu geraten, u. stellt auf breiter polit. u. gesellschaftl. Basis den Kampf der Bauern u. Häusler um ihre verbrieften Rechte dar. Die Trilogie ›Paní komisarka‹, ›Osmačtyřicátníci‹ und ›Lůsy‹ ist die Chronik s. Heimat.
W: Cestou křížovou, R. 1899; Pro kravičku, E. 1905; Farská panička, R. 1906; Farské historky, En. 1908, 1912; Jan Cimbura, R. 1908 (d. 1941); Paní komisarka, R. 1923; Osmačtyřicátníci, R. 1924, Lůsy, R. 1925. – Sebrané spisy (GW), XXX 1923–34; Vybrané spisy (Ausw.), IV 1957–59; Chodské písně a pohádky, Ausw. 1976.
L: J. Š. B. a Chodové, 1926; J. S. B. v zrcadle vzpomínek, 1927; F. Teplý, Ze života J. Š. B., 1937; J. Žáček, 1948.

Bååth, Albert Ulrik, schwed. Lyriker, 13. 7. 1853 Malmö – 2. 8. 1912 Gottskär. Pfarrerssohn; 1871–75 Stud. Lund, 1875–79 Volkshochschullehrer, 1886 Dr. phil., 1891–1911 Dozent für altnord. Lit. Hochsch. Göteborg, seit 1891 Direktor des Göteborger Museums. – S. Gedichte sind einfache, sachl. Wirklichkeitsbilder des schon. Flachlandes in kräftigen Versen. In s. sozialen Lyrik, die jedoch von geringerem Wert ist, berührt er die Arbeiterfrage. Wesentl. sind s. genauen, maler. Details in der Naturschilderung, mit denen er oft e. einheitl. Stimmung erzielt. Die einfache, ungeschliffene Form s. Werke ist inspiriert von der altisländ. Dichtung. Auch ep. Versuche. Übs. ma. Vagantenlieder und isländ. Sagas.
W: Dikter, G. 1879; Nya dikter, G. 1881; Vid allfarväg, G. 1884; Marit Vallkulla, G. 1887; På gröna stigar, G. 1889; Nordiskt forntidsliv, Es. 1890; Kärlekssagan på Björkeberga, G. 1892; Svenska toner, G. 1893; Nordmannaskämt, Es. 1895; Nordmannmystik, Es. 1898; Wagners sagor, Übs. VI 1903–12; Dikter i urval, 1910.
L: E. Bendz, 1926; B. Bolin, 1946; A. Österling, 1960.

Babaevskij, Semën Petrovič, russ. Prosaiker, 6. 6. 1909 im Dorf Kun'e/Gouv. Char'kov – 28. 3. 2000 Moskau. Bauernsohn, aufgewachsen im Kuban-Gebiet, 1930–45 Journalist, Fernstud. Lit.Inst. Moskau (1939), KP-Mitgl. seit 1939. – Inbegriff der Parteilichkeit in der Lit., mit dem Roman ›Kavaler zolotoj zvezdy‹ einer der gefeiertsten stalinist. Schriftsteller, nimmt im Dienste der Parteiräson in plakativer Darst. jede Verfälschung in Kauf.

W: Kavaler zolotoj zvezdy, R. II 1947/48 (Der Ritter des Goldenen Sterns, d. 1951); Svet nad zemlëj, R. II 1949/50 (Licht auf Erden, d. 1952). – Sobranie sočinenij (GW), V 1979–81.

Bābā Tāhir mit dem Beinamen ʿUryān (›der Nackte‹), pers. myst. Dichter, um 1000 Hamadan/Westiran (oder in der benachbarten Provinz Lorestan?) – nach 1055 Hamadan. Führte offenbar e. heiligmäßiges Derwischleben, besaß, wie s. mehrfach komm. arab. Aphorismen erweisen, gute Bildung. B. begegnete zwischen 1055 u. 1058 in Hamadan dem Seldschukensultan Toghryl Beg, an den er e. Ermahnung richtete. S. Grab in Hamadan gilt noch heute im Volke als heilig. – Berühmt wurden s. 296 myst., in lorischem Dialekt gehaltenen Vierzeiler, von großem Ernst getragen, voll echter Empfindung und Gottesliebe, Ausdruck e. Weltschmerzes, den nur das ›Entwerden‹ (fanāʾ) stillen kann, als Volksdichtung auch in der Gegenwart weithin lebendig. Das Versmaß dieser Vierzeiler, e. abgewandeltes Hazağ-Metrum, ist nicht das für das Rubāʿī übliche, sondern e. Nachwirkung mittelpers. Poesie.

A: Diwan, hg. H. W. Dastgirdī ²1311, 1932 (engl. A. J. Arberry 1937).

Babel', Isaak Ėmmanuilovič, russ. Prosadichter, 13. 7. 1894 Odessa – 27. 1. 1940 Moskau (in Haft). Vater Kaufmann jüd. Abstammung; Handelsschule Odessa, zugleich Unterricht in Hebräisch, Bibel und Talmud; 1911 Handelsschule Kiev, 1915 in Petersburg; lit. Debüt 1916 mit 2 Erzählungen in Gor'kijs Zs. ›Letopis'‹, Teilnahme am Bürgerkrieg, 1920 am Krieg gegen Polen als polit. Kommissar in der Reiterarmee des Marschalls Budënnyj, dann in der sowj. Verwaltung und als Journalist tätig, kehrte erst 1923 zur Lit. zurück, wurde durch die in ›Budënnyjs Reiterarmee‹ gesammelten Erzählungen in der Sowjetunion berühmt und auch im Ausland bekannt; nach 1929 von der sowjet. Kritik abgelehnt, veröffentlichte nach 1935 infolge der geänderten Bedingungen für die Lit. nichts mehr; am 15. 5. 1939 verhaftet, am 16. 1. 1940 im Zuge stalinist. Säuberungen verurteilt u. hingerichtet; 1954 ›rehabilitiert‹. – Was in ›Budënnyjs Reiterarmee‹ überraschte und das Buch vom größten Teil der damaligen sowjetruss. dichter. Prosa abhob, war der in der gedrängten, scharf profilierten Kurzgeschichte sich ausdrückende Formwille; dieser läßt die Schule Maupassants erkennen, der neben Flaubert für B. von früh an Vorbild war; Krieg und Revolution sind in romant. Sicht gezeigt, es treten scharfe Kontraste hervor zwischen naturalist. Darstellung von nicht selten abstoßenden Szenen und lyr. zarten Partien namentlich in der Landschaftszeichnung; der ›ornamentale‹ Stil (individuell oder dialekt. stilisierte Redeweise der Personen) ist für B. wichtiges Kunstmittel, so der jüd.-russ. Jargon in den in Odessa spielenden ›Evrejskie rasskazy‹ und den ›Odesskie rasskazy‹.

W: Konarmija, En. 1926 (Budjonnyjs Reiterarmee, d. 1960); Bluždajuščie zvëzdy, Dr. 1926; Evrejskie rasskazy, En. 1927; Zakat, Dr. 1928 (Sonnenuntergang, d. 1967); Odesskie rasskazy, En. 1931 (Geschn. aus Odessa, d. 1926); Rasskazy, En. 1932; Marija, Dr. 1935 (d. 1967); Izbrannoe, Ausw. 1966, 1985; Sočinenija (W), II 1990. – *Übs.:* (Ausw.) Drei Welten, 1931; Zwei Welten, 1960; Werke, II 1960–62; Sonnenuntergang, En. u. Drr. 1962; Ein Abend bei der Kaiserin, Prosa, Rdn., Tg., Br. 1970; Petersburg 1918, En. 1977.

L: P. Carden, Ithaca 1972; D. Mendelson, Ann Arbor 1982; E. Sicher, Columbus/OH 1985; M. Ehre, Boston 1986.

Babić, Ljubomir → Gjalski, Ksaver Šandor

Babits, Mihály, ungar. Schriftsteller, 26. 11. 1883 Szekszárd – 4. 8. 1941 Budapest. 1893–1901 Gymnas. Pécs. 1901–05 Stud. Budapest. 1905–11 Studienrat in Baja, Szeged, Fogaras. 1911–16 Studienrat in Budapest. 1917 pensioniert. 1921 ∞ Ilona Tanner, Schriftstellerin. 1930 Mitgl. der Kisfaludy-Gesellschaft. Mitgl. der Ungar. Akad. der Wiss. Seit 1917 lebte B. nur der Lit.; Redakteur der Zs. ›Nyugat‹. – S. vielseitige Tätigkeit als Dichter, Übersetzer, Kritiker und Redakteur machte ihn zum Mittelpunkt des mod. ungar. geistigen Lebens. Gedankenlyriker von reicher Sprache und strenger Form; Erzähler von Gegenwartsromanen oder seltsamen Gedichten (Einfluß E. A. Poes); Literaturhistoriker. B. war anfangs re. zurückgezogener Individualist, der nicht zur Masse hindrängen wollte. Nach dem Krieg wurde er aber zu einem für die Umwelt offenen, fühlenden Menschen. Bewußt vertritt er auch dann den Weg der Einsamkeit. Inmitten der Weltstürme u. der mod. kollektiven Strömungen bleibt B. immer wieder der stille Beobachter u. tiefe Denker. S. lit. Schaffen beweist, daß er im Lärm u. in der wirbelnden Umwelt den Ton des individuellen Ästheten findet. Übs. von Dante, Shakespeare, Goethe.

W: Levelek Írisz koszorújából, G. 1909; Herceg, hátha megjön a tél is, G. 1911; Recitatív, G. 1916; A vihar, Übs. 1916; A gólyakalifa, R. 1916 (Der Storchkalif, d.

1919); Karácsonyi Madonna, Nn. 1920 (Kentaurenschlacht, d. 1926); Gondolat és írás, St. 1922; Timár Virgil fia, R. 1922 (d. 1923); Kártyavár, R. 1923 (Das Kartenhaus, d. 1926); Aranygaras, M. 1923; Sziget és tenger, G. 1925; Halálfiai, R. 1927; Versek, G. 1928; Az istenek halnak, az emberek élnek, G. 1929; Élet és irodalom, St. 1930; A torony árnyéka, Nn. 1931; Oedipus király és egyéb műfordítások, Übs. 1931; Amor Sanctus, Übs. 1933; Versenyt az esztendőkkel, G. 1933; Elza pilóta vagy a tökéletes társadalom, R. 1933; Az európai irodalom története, St. II 1934/35 (Geschichte der europ. Lit., d. 1949); Hatholdas rózsakert, Nn. 1937; Keresztülkasul az életemen, 1939; Jónás könyve, G. 1939. – Összegyűjtött munkái, X 1937 ff.

L: G. Juhász, 1928; B. M. emlékkönyv, 1941; A. Kárpáti, B. M. életműve, 1941; M. Benedek, 1969; P. Kardos, 1972; M. Stauder, K. Varga, B. M.-bibliográfia, 1998; L. Sipos, 2003.

Babrios, Valerius (?), altgriech. Fabeldichter; 2. Jh. n. Chr.(?) Stammte vermutl. aus Syrien oder Kleinasien. Vf. von ›Äsop-Fabeln in Jamben‹ (›Mythiamboi Aisopeioi‹, 2 Bücher?), in Hinkjamben versifizierte, bereits existierende Fabeln Äsops, zusammen mit einigen Hinzufügungen oder Adaptationen, die vielleicht von ihm selbst stammen. Erhalten sind 144 Fabeln, wenn auch kaum in der ursprüngl. Anordnung. In scheinbar kunstlosem, mit Poetizismen durchmischten ›Koine‹-Griech. richtet sich B. eher an e. gebildetes Publikum als an Schüler; er evoziert e. höf. Kontext, so daß das Fehlen jeder sozialkrit. Tendenz verständl. ist.

A: M. J. Luzzatto, A. La Penna 1986; P. Knöll 1877 (Paraphrase des Cod. Oxon.). – *Komm.:* W. G. Rutherford 1883; F. M. Garcia, A. R. Lopez 1990 (Index). – *Übs.:* B. E. Perry 1965 (engl.).
L: B. E. Perry, TAPhA 1962; J. Vaio, Emérita 48, 1980; F. R. Adrados, Leiden u.a. 2000; N. Holzberg, 2002.

Bābur, Zahīr ad-dīn Muhammad (Babur Schah), türk. Dichter, 14. 2. 1483 Ferghana – 25. 12. 1530 Agra. Väterlicherseits von Timur Lenk, mütterlicherseits von Tschinghis Khan abstammend; seit 1494 Herrscher von Ferghana, eroberte 1504 Kabul, 1511 Samarkand u. Buchara, 1522 Kandahar, 1526 Delhi. Begründer der Moghul-Dynastie Indiens, zugleich der bedeutendste Dichter u. Prosaist der tschagatai-türk. Lit. nach Nawā'ī. S. berühmte Selbstbiographie (›Bāburnāme‹) ist in ihrem klaren, unprätentiösen Stil e. lit. Meisterwerk u. gleichzeitig e. einzigart. Zeitdokument. S. Lyriksammlung (›Divan‹) enthält zum kleineren Teil pers. Dichtungen. Schrieb auch e. didakt. Dichtung über islam. Rechtsfragen (›Mubayyan‹) u. e. Traktat über das Metrum (›'Arūd Risālesi‹).

A: Bābur-nāme, hg. A. S. Beveridge 1905 (engl. u. komm. dies., II 1912–22, d. A. Kaiser, 1922); Divan, hg. A. Samojlovič 1917; Bābur-nāme (Vekayi), hg. R. R. Arat II 1943–46; Babur'un Hâtirati, III 1970.
L: S. Lane-Poole, Oxf. 1899; S. M. Edwardes, Lond. 1926; F. Grenard, Lond. 1930; M. Ş. Ülkütaşur, 1946; H. Lamb, N. Y. 1961.

Bacchelli, Riccardo, ital. Erzähler, 19. 4. 1891 Bologna – 8. 10. 1985 Monza. Sohn e. Rechtsanwalts. 1915–18 Artillerieoffizier. Nach dem Krieg Journalist, Lit.kritiker. Mitarbeiter bei ›La voce‹, ›La ronda‹, ›La stampa‹, ›Corriere della sera‹. Dr. h.c. Univ. Bologna. Lebte in Mailand. – Zusammen mit V. Cardarelli e. der bedeutendsten Vertreter des ›Ronda-Kreises‹, e. Dichtergruppe, die nach dem Vorbild Leopardis u. Manzonis das ital. Schrifttum zu reiner Schönheit u. klass. Formgebung zurückführen wollte. Schrieb 1919–22 in deren Zs. ›La ronda‹ krit. Abhandlungen über Leopardi, Shakespeare, Goldoni, Gogol u.a. S. Stärke liegt im Roman aus der Verbindung der hist. und regionalist. Tradition; der bekannteste ist ›Il mulino del Po‹ nach Vorbild Manzonis, e. Familiengeschichte über drei Generationen aus der Poebene b. Ferrara, vom napoleon. Feldzug nach Rußland bis zum Ende des 1. Weltkriegs, sie schildert das verworrene polit. Schicksal Italiens im 19. Jh. (Risorgimento). Der Roman wurde in den 1960er Jahren als Fernsehserie verfilmt. E. polit. Roman ›Il diavolo al Pontelungo‹ ist dem Beginn des Sozialismus in Italien mit Bakunin und Cafiero gewidmet. Mod. Stoffe bringen ›L'incendio di Milano‹ und ›Il figlio di Stalin‹. Doch auch hier wie in den hist. Romanen viele gelehrte Exkurse. Bewußt antiquierte, barocke Diktion. E. relig. Roman ›Lo sguardo di Gesù‹ spielt zur letzten Lebenszeit Jesu u. zeigt die Schicksale zweier Besessener, die Jesus heilte. B. schrieb auch 1920 avantgardist. Dramen. Übs. Voltaires u. Baudelaires, Hrsg. Leopardis (1935) u. Manzonis.

W: Il figlio meraviglioso di Ludovico Clo, R. 1910; Poemi lirici, 1914; Memorie del tempo presente, Prosa 1920; Spartaco e gli schiavi, Dr. 1920; Lo sa il tonno, R. 1923; Amleto, N. 1923; Il diavolo al Pontelungo, R. 1927 (d. 1972); Bella Italia, N. 1928; Bellamonte, K. 1928; La città degli amanti, R. 1929; Una passione coniugale, R. 1930 (d. 1942); Oggi, domani e mai, R. 1932; Parole d'amore, G. 1935; Mal d'Africa, R. 1935; Il rabdomante, R. 1936 (d. 1943); Il mulino del Po, III 1938–40 (d. St. Andres 1952); L'elmo di Tancrede, En. 1942; Il fiore della Mirabilis, R. 1942 (d. 1945); La notte dell' 8 settembre, G. 1943; Il pianto del figlio di Lais, R. 1946 (d. 1950); Lo sguardo di Gesù, R. 1948 (Itamar, der Geheilte von Gerasa, d. 1953); La cometa, R. 1949; L'incendio di Milano, R. 1952; Tutte le novelle, II 1953 (Die Achterbahn, Ausw. d. 1959); Il figlio di Stalin, R. 1954; Tre giorni di passione, R. 1955; Il fiume della storia, Es. 1955; La congiura di Don Giulio d'Este, R. 1958; I tre schiavi di Giulio Cesare, R. 1958; Opere raccolte, II 1958; Non ti chiamerò più padre, R. 1959 (d. 1961); Viaggio in Grecia, 1959; La notte di un nevrastenico, E.

1960; Il coccio di terracotta, R. 1965; Rapporto segreto dall'inglese di mille parole, E. 1967; L'Afrodite, R. 1969; Africa tra storia e fantasia, 1970; Versi e rime, 1971; Il sommergibile, R. 1978; In grotte in valle, G. 1980. – Tutte le opere, XXV 1958ff.
L: A. Briganti, 1980; C. Masotti, 1991.

Bachmet'ev, Vladimir Matveevič, russ. Prosaiker, 14. 8. 1885 Zemljansk/Gouv. Voronež – 16. 10. 1963 Moskau. Vom Elternhaus her revolutionär eingestellt, 1909 der KP beigetreten, 1921 Übersiedlung nach Moskau, seit 1923 Mitglied der Kuznica, 1934 Vorstandsmitglied des Schriftstellerverbandes. – B. schrieb dem revolutionären Kampf u. der Entwicklung von Parteifunktionären gewidmete Massenlit., im Mittelpunkt steht die revolutionäre Bewegung Sibiriens.
W: Prestuplenie Martyna, R. 1932; Nastuplenie, R. 1938; Železnaja trava, En. 1987. – Sobranie sočinenij (GW), III 1926–28 (n. 1928–30); Izbrannye sočinenija (Ausw.), II 1957.

Bachri, Sutardji Calzoum, * 24. 6. 1941 Renggat/Riau. Seit 1979 Redakteur der lit. Zs. ›Horison‹. Wurde durch seine eindringlichen Dichterlesungen u. öffentlichen Diskussionen s. Lyrik bekannt. – S. von Kritikern teilweise auch als exzentrisch bewerteten Gedichte gehen auf innovative Gedanken zurück. S. Grundidee besteht darin, daß Worte nicht nur Instrumente darstellen, die Konzepte übertragen, sondern vielmehr selbst Konzepte sind. Die Aufgabe des Dichters sieht er darin, Worte von Traditionen u. der Dominanz der Grammatik zu befreien. Er verwendet Wiederholungen und Wörter als Stilmittel, die im Indones. keine Bedeutung haben. Gibt der alten malaiischen Pantun-Form neue Akzente.
W: O, G. 1973, Amuk, G. 1977; O Amuk Kapak, G. 1981; Kredo Puisi, Ess. 1974.

Bachur, Elia → Levita, Elia

Bačinskaitė-Bučienė, Salomėja → Nėris, Salomėja

Bacon, Francis, Lord Verulam and Viscount St. Albans, engl. Politiker, Philosoph und Schriftsteller, 22. 1. 1561 London – 9. 4. 1626 Highgate/London. Jüngerer Sohn von Sir Nicholas B., Lord Keeper unter der Regierung Elisabeths I.; Stud. in Cambridge (Trinity College), ab 1576 am Gray's Inn jurist. Studien, 1584 Parlamentsmitgl., lernte dort den Earl of Essex kennen, der ihn großzügig förderte, war trotzdem 1601, als er die Ursachen von Essex' Revolte zu untersuchen hatte, weitgehend für dessen Verurteilung verantwortlich und spielte auch bei der Verurteilung von Sir Walter Ralegh 1618 eine maßgebl. Rolle. 1601 geadelt; ∞ 10. 5. 1606 Alice Barnham. Großartige Laufbahn als Jurist und Staatsmann, deren Gipfel er erreicht, als er 1617 Lord High Chancellor von England wird. Kurz danach wegen Bestechung angeklagt und für schuldig befunden. Einige Tage im Tower arretiert, dann freigelassen, doch aller Ämter enthoben, von Hof und Parlament verbannt. Verbrachte den Rest s. Lebens in Gorhambury/Hertford, wo er sich ausschließl. philos. und lit. Interessen zuwandte, die er während seiner Zeit als Staatsmann nicht verfolgen konnte. Später durch Charles I. rehabilitiert, lehnte jedoch Zurückberufung ab mit der Begründung, er habe ›von diesen Eitelkeiten genug‹. – Begründer der engl. Renaissancephilos., des Empirismus und Utilitarismus. Schrieb viele s. Werke lat., um ihnen ›längere Dauer‹ zu verleihen. B. wollte ein neues erkenntnistheoret. Philos.-System begründen, das auf der Erforschung der Natur, d. h. dem Erforschen und Kennenlernen der die Körper regierenden Gesetze durch systemat. Beobachten und Experimentieren, beruhen sollte (empir. Methode), übte damit Kritik an der Scholastik und dem ma. Aristotelismus. Die von B. entwickelte Wissenskonzeption geht von einem kontinuierlichen Fortschritt von Wissen u. Bildung aus u. betrachtet die Macht des Menschen über die Natur als Ziel dieses Wissenserwerbs. Sorgfältige Untersuchung der Induktionsmethoden. B. beschreibt s. Methode der Wissenserneuerung in ›The Advancement of Learning‹ (1605), ›Novum Organum‹ (1620), sowie in ›De Augmentis‹ (1623). Die spätere ›empirische‹ Philos. gründet sich auf B. und s. Wahlspruch ›Wissen ist Macht‹. B.s schriftstller. Ruf beruht auf s. in bestechend klarem, knappem Stil geschriebenen Essays. Anders als bei seinem Vorläufer Montaigne ist B.s Stil unpersönlich, bisweilen aphorist. und auf eine allg. Diskussion gesellschaftl.-moral. Phänomene ausgerichtet. Die ersten 10 Essays erschienen 1597, es folgten weitere bis 1625 und die Umarbeitung früherer Essays (insges. 58 Essays). Ferner Vf. e. ›History of the Reign of King Henry VII.‹ (1622) und des unvollendeten posthum erschienenen Utopieentwurfs ›New Atlantis‹ (1627). – B. wurde von manchen Forschern für den Verfasser von Shakespeares Dramen gehalten.
W: The Essays or Counsels, civil and moral, 1597 (n. S. H. Reynolds 1890; W. A. Wright 1892, T. F. Jones 1937, M. Kiernan 1987; d. G. Böckler 1927; L. L. Schücking 1940); The Advancement of Learning, 1605 (u.d. T. De dignitate et augmentis scientiarum, 1623; n. W. A. Wright 1900, Case 1906; d. 1783, [2]1967); De sapientia veterum, 1609; Novum Organum, 1620 (n. T. Fowler [2]1890; d. 1830, [2]1962); Historia naturalis et experimentalis ad condendam philosophiam, 1622/23; The History of the reign of King Henry VII, 1622 (n. J. R. Lumby 1876); New Atlantis, 1627 (n. G. C. Moore Smith 1900; d. R. Walden 1890, J. K. Heinisch 1960);

Maxims of the law, 1630; Sylva Sylvarum 1631. – Works (GW), hg. J. Spedding u. a. XIV 1857–74 (n. 1963); Philos. Works, hg. J. M. Robertson 1905.

L: R. W. Church, ²1908; C. D. Broad, The Philos. of F. B., 1926; W. Frost, B. u. d. Naturphilos., 1927; H. Bock, Staat u. Gesellsch. b. B., 1937; E. Lewalter, 1939; F. H. Anderson, The Philos. of F. B., 1948 u. 1962; P. M. Schuhl, 1949; B. Farrington, 1952 u. 1961; J. G. Crowther, 1960; L. Eiseley, F. B. and the modern dilemma, 1962; C. D. Bowen, 1963; B. Farrington, The Philos. of F. B., 1963; K. R. Wallace, F. B. on the Nature on Man, 1967; P. Rossi, 1968; H. B. White, Peace among the willows. The political philosophy of F. B., 1968; B. Vickers, F. B. and Renaissance prose, 1968; J. Stephens, F. B. and the style of science, 1975; D. Du Maurier, The winding stair, 1976; J. J. Eppstein, 1977; Ch. Whitney, F. B. and Modernity, 1986; A. Dodd, 1987; J. Martin, F. B., the State and the Reform of Natural Philos., 1992; L. Schäfer, Das Bacon-Projekt, 1993; B. Wormald, F. B. History, Politics and Science 1561–1626, 1993; J. Robin Solomon, Objectivity in the Making. F. B. and the Politics of Enquiry, 1998; P. Zagorin, 1998; S. Gaukroger, F. B. and the Transformation of Early-Modern Philos., 2001; J. Henry, Knowledge is Power. F. B. and the Method of Science, 2002. – *Bibl.:* R. W. Gibson, 1950, Suppl. 1959; Konkordanz: D. W. Dawies, E. S. Wrigley, 1974.

Baconsky, Anatol E., rumän. Schriftsteller, 16. 6. 1925 Cofa/Hotin (Bessarabien) – 4. 3. 1977 Bukarest. Stud. Jura Cluj, Redakteur an mehreren lit. Zsn. – Dichter der feierl., genüßl. Beschaulichkeit, meditativ, skept. u. diskret. Verschlüsselte Prosa; der raffinierte, modern anmutende Stil verdeckt die Parabeln e. Weisen. Übs. ital., angelsächs., schwed. u. korean. Lyrik.

W: Poezii, 1950; Fluxul memoriei, G. 1957; Echinoxul nebunilor, En. 1967 (d. 1969); Cadavre în vid, G. 1969. – *Übs.:* Wie ein zweites Vaterland, Ess. 1979.

Bacovia, George (eig. Gheorghe Vasiliu), rumän. Lyriker, 4. 9. 1881 Bacău – 22. 5. 1957 Bukarest. Sohn e. Kleinhändlers; Stud. Jura Jassy, Rechtsanwalt, Ministerialbeamter, zog sich dann in die Heimatstadt zurück. Begabter Musiker, Komponist, Maler. 1925 Mithrsg. der Zs. ›Ateneul cultural‹. – Schrieb Verse von faszinierender Sensibilität. Weltschmerz u. Verzweiflung werden vom Leser fast phys. empfunden. Melanchol.-ohnmächtige Auflehnung gegen die Zeit; typ. rumän. Verneinung der Geschichte. Besingt eindringl. u. visionär das Ende der Bourgeoisie, versinnbildlicht in der Kleinstadt, die unter Technik u. proletar. Barbarentum zerbricht. Symbolist, sehr knappe Ausdrucksform, liebt Wiederholungen, die sich zu Halluzination und Besessenheit steigern können. Begnadete, ritterl.-einsame dichter. Existenz.

W: Plumb, G. 1916; Scântei galbene, G. 1926; Bucăti de noapte, G. 1926; Cu voi, G. 1930; Poezii, G. 1934; Comedii în fond, G. 1936; Stanțe burgheze, G. 1946. –

Opere, 1944 (Gedichte, d. 1972); Scrieri alese (AW), 1961.

L: S. Matta, Zür. 1958; M. Petrovanu, 1969; G. Rădulescu, 1975; I. Caraion, 1977; D. Flămând, 1979; M. Scarlat, 1987.

Baculard d'Arnaud, François-Thomas Marie de, franz. Schriftsteller, 8. 9. 1718 Paris – 8. 11. 1805 ebda. 1750 auf Anregung von Voltaire von Friedrich II. an den preuß. Hof geladen, nach Streit mit Voltaire 1755 wieder in Paris. – Vf. von Schauerdramen und gefühlsbetonten Romanen.

W: Coligny, Dr. 1740; Le comte de Comminge, Dr. 1764; Euphémie, Dr. 1768; Les épreuves du sentiment, R. 1772–81; Les délassements de l'homme sensible, R. 1783–93. – Œuvres, XI 1803.

L: B. de La Villechervé, 1920.

Baczyński, Krzysztof Kamil (Ps. Jan Bugaj), poln. Lyriker, 22. 1. 1921 Warschau – 4. 8. 1944 ebda. Sohn des angesehenen Literaturkritikers Stanisław B. (1890–1939). Stud. Polonistik Warschau. Fiel während des Warschauer Aufstandes als Offizier der Untergrundarmee AK. – Hervorragendster Lyriker der Kriegsgeneration, geprägt von der nationalen Katastrophe und s. Vorbild Norwid.

A: Śpiew z pożogi, G. 1947, Utwory zebrane (SW), II ³1979.

L: K. Wyka, 1961; S. Stabro, Chwila bez imienia, 1992.

Baeda → Beda, gen. B. Venerabilis

Baekelmans, Lode (eig. Ludovicus Henricus B.), fläm. Schriftsteller, 26. 1. 1879 Antwerpen – 11. 5. 1965 ebda. Vater Leiter e. Garküche im Hafenviertel, Kgl. Athenaeum Antwerpen, Büroangestellter, Rathausschreiber, 1901 Beamter, schließl. Direktor der städt. Volksbibliothek. – Anfangs naturalist., später gemäßigt realist. Erzähler von Romanen u. Novellen aus dem Hafenleben Antwerpens, gekennzeichnet durch Liebe zur unteren Schicht. Sozialist. Am meisten Erfolg hatte ›Tille‹, das öde Leben der Tochter e. Hafenwirts.

W: Uit grauwe nevels, E. 1901; Marieken van Nijmegen, R. 1901; De waard uit ›Den bloeienden Eglantier‹, R. 1903 (Der Wirt zum ›Blühenden Haideröslein‹, d. 1906); De doolaar en de weidsche stad, E. 1904; Zonnekloppers, E. 1906; Dwaze tronies, E. 1907; Tille, R. 1913; Mijnheer Snepvangers, 1918; De idealisten, E. 1919; Oubollige poëten, Ess. 1920; Europa-Hotel, Dr. 1922; De blauw schuyte, Dr. 1924; Vier Vlaamsche prozachijvers, Es. 1931; Het rad van avontuur, R. 1933 (d. 1944); Robinson, R. 1949; Carabas, E. 1950.

L: L. M. Martens, 1939; G. W. Huygens, 1960; G. Schmook, 1974.

Baelen, Kamiel van, fläm. Schriftsteller, 15. 8. 1915 Turnhout – 11. (16.?) 4. 1945 KZ Dachau. Lehrer. Teilnahme am Widerstand; 1944 arrestiert u. nach Dachau deportiert. – Klare, intellektualist. Prosa mit Neigung zur Symbolik.
W: De oude symphonie van ons hart, R. 1943 (Odyssee Herz, d. 1960); Een mensch op den weg, R. 1944; Gebroken melodie, R. 1946. – GW, II 1981.
L: E. Janssen, Einl. zu Gebroken melodie, 1946; L. Ureel, 1958.

Baena, Juan Alfonso de, span. Dichter, 1406 Baena – 1454 Córdoba(?). Getaufter Jude, Sekretär Juans II., Freund Don Álvaro de Lunas. – Eigenes poet. Schaffen unbedeutend, wurde bekannt als Kompilator des berühmten ›Cancionero‹, der s. Namen trägt; interessanter Überblick über das lyr. Schaffen in Spanien Ende des 14. u. Anfang des 15. Jh.
W: Cancionero de Baena, G.-Slg. (um 1445; n. P. J. Pidal 1851; F. Michel II 1860; Faks. H. R. Lang, N. Y. 1926; J. M. Azáceta III 1966).
L: W. Schmid, 1951; Ch. F. Fraker, Raleigh/NC 1966; C. Potvin, Montreal 1989.

Bāfqī, Waḥšī → Waḥšī Bāfqī

Bage, Robert, engl. Romanschriftsteller, 29. 2. 1728 Darley/Derby – 1. 9. 1801 Tamworth. Papierfabrikant, der erst als 53jähriger zu schreiben begann. Als Quäker erzogen, wurde aber später Freidenker und Materialist, nachdem er durch Lektüre von Rousseau, Voltaire und Diderot mit den Ideen der Franz. Revolution vertraut wurde. Integre, geachtete Persönlichkeit. Von W. Scott sehr geschätzt. – S. Hauptwerk ›Hermsprong, or, Man as He is Not‹ erzählt die Geschichte e. ›natürl. Mannes‹, der, unter Wilden aufgewachsen, die soz. und polit. Wirren Europas krit. beobachtet.
W: Mount Henneth, R. 1781 (Faks. II 1979); Barham Downs, R. 1784 (Faks. II 1979); The Fair Syrian, R. 1787; James Wallace, R. 1788 (Faks. III 1979); Man, as He Is, R. 1792; Hermsprong, or, Man as He is Not, R. 1796 (n. 1985).
L: P. Faulkner, 1979.

Baggesen, Jens (Immanuel), dän. Dichter, 15. 2. 1764 Korsør/Seeland – 3. 10. 1826 Hamburg. Sohn e. Kornschreibers, selbst Schreiber, Stud. seit 1785 in ärml. Verhältnissen in Kopenhagen, erhielt für s. ›Komische Erzählungen‹ e. Reisestipendium, reiste Mai 1789 mit Friederike Brun u. F. Cramer durch Dtl., Schweiz u. Frankreich; Bekanntschaft mit den bedeutendsten dt. Schriftstellern: Voß, Klopstock, Gerstenberg, Knigge, Wieland, Reinhold, Schiller (dem er 1791 das dän. Stipendium vermittelte), ⚭ 1790 Sophie Haller, Enkelin des Dichters, wohnte dann in Kopenhagen, ging aus Gesundheitsrücksichten auf s. Frau und 2 Kinder 1793 nach Bern und reiste von dort mit Fernow nach Rom, erhielt 1796 einträgl. Ämter in Kopenhagen; nach Tod der Frau 1797 häufige Reisen nach Paris (Revolution, Napoleon), 1799 kurz Mitdirektor des Kgl. Theaters Kopenhagen, nach Mißerfolg s. Oper ›Holger Danske‹ und polit. Anfeindungen 1800 nach Paris; 1811–14 nominell Prof. der dän. Sprache in Kiel, 1812 Justizrat in Kopenhagen, lit. Fehde mit der dän. Romantik u. Oehlenschläger, lebte abwechselnd in Kopenhagen und Paris, seit 1825 krank in den Bädern Karlsbad, Teplitz, Marienbad und Dresden, starb auf der Heimreise nach Dänemark. – Schrieb in dän. und dt. Sprache, Wortführer des Klassizismus gegen die Romantik, starkes kom. und satir. Talent, bes. die kom. Epen zeigen in ihrer formalen Eleganz Einfluß von Klopstock, Wieland u. Voltaire.
W: Comiske Fortællinger, En. 1785 (Comische Erzählungen, d. 1792); Ungdomsarbeider, G. II 1791; Holger Danske, Op. 1790; Labyrinten, Reiseb. II 1792f. (Das Labyrinth, d. V. 1793–95, u. d. T. Humoristische Reisen, 1801, n. 1986); Halleluja der Schöpfung, G. 1798; An Bonaparte, G. 1800; Gedichte, II 1803; Parthenais, kom. Ep. 1804; Skiemtsomme Riimbreve, 1806; Giengangeren og ham selv, G. 1807; Nye blandede Digte, 1807; Heideblumen, G. 1808; Der Karfunkel- oder Klingklingel-Almanach, Parodie 1809 (n. G. Schulz 1978); Poetiske Epistler, 1814; Der Himmelruf an die Griechen, G. 1826; Adam und Eva, kom. Ep. 1826; Poetische Werke, V 1836; Briefwechsel mit Reinhold und Jacobi, II 1831; Fragmente, 1855; Philosophischer Nachlaß, II 1858–63; Blätter aus dem Stammbuch, 1893. – Danske Værker, XII ²1845–47; Poetiske Skrifter, V 1889–1903.
L: A. Baggesen, IV Koph. 1843–56; K. Arentzen, B. og Oehlenschläger, VIII Koph. 1870–78; J. Clausen, 1895; K. Tiander, 1913; O. E. Hesse, B. u. d. dt. Philos., Diss. Lpz. 1914; E. Reumert, Elskovs labyrinther, Koph. 1926; Å. Henriksen, Den rejsende, Koph. 1961; C. Dumreicher, Koph. 1964; L. L. Albertsen, Odins mjød, 1969; P. Basse 1989; L. L. Albertsen, Immanuel, 1991. –
Bibl.: K. F. Plesner, Koph. 1943.

Bagnold, Enid, engl. Roman- u. Dramenautorin, 27. 10. 1889 Rochester/Kent – 31. 3. 1981 London. Ausbildung in Godalming, Neuilly, Paris u. Marburg. – Krit. Berichte über ihre Erlebnisse als Krankenschwester u. Fahrerin im 1. Weltkrieg in den episod. Skizzen des ›A Diary without Dates‹, bezaubernde Kinderbücher u. brillante satir. Komödien um exzentr. Figuren v. a. der engl. Oberschicht; bizarre Darstellung.
W: A Diary Without Dates, Tg. 1918; The Happy Foreigner, R. 1920; National Velvet, Kdb. 1935 (d. 1956); Lottie Dundass, Dr. 1943; The Loved and the Envied, R. 1951; The Chalk Garden, K. 1956; Autobiography, 1969; Four Plays, 1970.
L: A. Sebba, 1986; L. Friedmann, 1986.

Bagrickij, Éduard Georgievič (eig. É. G. Dzjubin), russ. Lyriker, 3. 11. 1895 Odessa – 16. 2. 1934 Kuncevo b. Moskau. Aus armer jüd. Familie, Stud. Landvermessung, schrieb s. erstes Gedicht 1914, war 1917 mit der russ. Armee an der pers. Front, während der Revolution in der Roten Armee, in der er auch als Propagandist tätig war, ab 1925 in Moskau, dort Mitgl. lit. Organisationen wie der Gruppe der Konstruktivisten. – Steht in s. vorrevolutionären Gedichten den Akmeisten und Futuristen nahe; die ersten im Bürgerkrieg entstandenen Gedichte sind von Lebensfreude durchdrungen, bes. bezeichnend dafür sind die Verse s. ›Till Eulenspiegel‹; sieht wie Babel' als Romantiker die Revolution als seltsame, elementare Kraft, versucht in manchen Gedichten ihr Wesen zu erfassen, so in der mit großer Zustimmung aufgenommenen ›Duma pro Opanasa‹, die im Formalen Einflüsse seitens der ukrain. Folklore zeigt, in der sowjet. Kritik nicht uneingeschränktes Lob findet; Thema ist die Erfüllung der revolutionären Pflicht bis zum letzten; in den erregten Versen der letzten Bände, ›Pobediteli‹ und ›Poslednjaja noč'‹, gibt er ohne lehrhaften Ton s. Nähe zur Revolution u. zum Kommunismus dichter. Ausdruck; ist echter Lyriker, vereint Leidenschaftlichkeit mit Lebensbejahung, zeigt bis zuletzt e. romant. Zug, der auf Gumilëv und die engl. Romantiker weist; gab einige ausgezeichnete Übs. von Byron, Coleridge, W. Scott.

W: Til ›Ulenšpigel‹, G. 1923; Duma pro Opanasa, G. 1926; Jugo-zapad, G. 1928; Pobediteli, G. 1932; Poslednjaja noč', G. 1932; Smert ›pionerki, G. 1932; Fevral‹, G. 1934; Odnotomnik, Ausw. 1934. – Sobranie sočinenij (W), II 1938; Stichotvorenija i poėmy, G. u. Poeme 1964; Izbrannoe, Ausw. 1975. – *Übs.:* Vom Schwarzbrot und der Treue der Frau, G. 1971.

L: I. Roždestvenskaja, 1967; W. Rosslyn, London 1977.

Bagrjana, Elisaveta (eig. E. Belčeva), bulgar. Lyrikerin, 16. 4. 1893 Sofia – 23. 3. 1991 ebda. Stud. slav. Philol. Sofia; Lehrerin, später freies, vitales Künstlerleben völlig ihrer Dichtung gewidmet. Reisen durch Europa. Erste Veröffentlichungen 1915. – Drei größere Gedichtsammlungen voll Optimismus und Lebenshunger mit melod. Reichtum offenbaren die Sehnsucht der Dichterin nach dem allg. Menschlichen u. Unbekannten, die über Traditionen hinausführt u. von neuen Lebensformen träumt. Ihre Lyrik schildert zum ersten Mal die Frau als geistliches u. soziales Subjekt vor dem Hintergrund patriarchaler Traditionen.

W: Večnata I svjatata, G. 1927; Zvezda na morjaka, G. 1932; Surce čoveško, G. 1936; Pet zvezdi, G. 1953; Izbrani proizvedenija, 1957.

L: I. Mešekov, 1928; B. Dimitrova, J. Vasilev, 1975.

Bahār (eig. Mīrzā Mohammad Taqī), pers. polit. Dichter, 10. 12. 1886 Mašhad/Ostiran – 21. 4. 1951 Teheran. Wurde von s. Vater, dem Dichter und Miniaturenmaler Sabūrī, in Poetik und Lit. ausgebildet, erbte von diesem 1905 den Hoftitel Maleko'š-Šoʿarā ›König der Dichter‹ (poeta laureatus), trat trotzdem 1907 zur revolutionären demokrat. Bewegung über, begründete in Mašhad die lit.-polit. Zeitung ›Nou-Bahār‹ (Lenz). S. Satiren u. Gedichte errangen durchschlagenden Erfolg, er wurde 1914 u. ö. ins Parlament (Maǧles) gewählt, übernahm 1916 Leitung des Teheraner Dichterkreises Daneškade (etwa: ›Bildungsborn‹), redigierte die Zeitung ›Irān‹, gründete e. eigene lit.-pol. Zs., wirkte am Sturz der Qāǧāren mit. Beim Aufkommen der Dynastie Pahlawī (1925) lenkte er ein, bedichtete Reżā Šāh ›aus takt.-polit. Gründen‹, wurde später trotzdem verfolgt: 1932 beschlagnahmte die Regierung s. ›Diwan‹ u. sperrte B. mehrere Monate ein. Nach Reżā Šāhs Abdankung (1941) wieder ins Parlament gewählt, zeigte er in s. letzten Lebensjahren gewisse Sympathien für die Sowjetunion. – Verband Beherrschung der Stilmittel der klass. Dichtung mit Neuheit der Gedanken unter Einbeziehung des Zeitgeschehens (Kritik an der Despotie), selbst in s. Ghaselen wichen Liebeserklärungen aktuellen Themen; weiteste Leserschichten ließen sich von s. polit. Erziehungswerk gewinnen.

W: Dīwān, 1956; Sabk-šenāsī (Stilkunde), 1942.

Bahdanovič, Maksim Adamavič, weißruss. Dichter, 9. 12. 1891 Minsk – 25. 5. 1917 Jalta. Lehrerssohn; kam früh nach Nižnij Novgorod; 1908–16 Stud. Jura Jaroslavl', dann schwere Erkrankung an Tuberkulose. – Formvollendeter Lyriker unter Einfluß der Symbolisten mit Themen aus der Volksdichtung; behandelt häufig die Leiden s. Volks und dessen Hoffnung auf Gerechtigkeit und Freiheit. Übs. aus dem Ukrain., Serb., Poln. u. a.

W: Vjanok, G. 1913; Poŭny zbor tvoraŭ (GS), II 1927/28; III 1991–95; Vybranyja tvory (Ausw.), 1946.

Bahrjanyi, Ivan (eig. Lozovjaha), ukrain. Schriftsteller, 19. 9. 1906 (2. 10.) Ochtyrka/Sumy – 25. 8. 1963 Neu-Ulm. Maurersohn; Kunstakad. Kiev, seit den 20er Jahren in rechten Gruppen lit. tätig, 1932 verhaftet, 1933 zu 5 Jahren Zwangsarbeit in Sibirien verurteilt; entfloh und lebte bei Jägern in der Taiga; in der Ukraine erneut verhaftet, 2 Jahre Gefängnis in Charkiv. Nach dem 2. Weltkrieg in Deutschland. – Produktiver Lyriker, Erzähler, Dramatiker, Essayist, polit. Publizist und Satiriker, engagierter Kritiker der Zustände in der UdSSR.

W: Monholija, Poem 1927; Do mež zakazanych, G. 1927; Ave Maria, Poem 1929; Skel'ka, Poem 1930; Tyhrolovy, R. 1944 (n. 1991, 1999, 2000; Das Gesetz der Taiga, d. 1961); Zolotyj bumerang, G. 1946 (n. 2000, 2001); Rozhrom, Dr. 1948; Morituri, Dr. 1949 (n. 1991); Heneral, Dr. 1950 (n. 1997); Sad Hetsymans'kyj, R. 1950 (n. 1991, 1992, 2001); Ohnenne kolo, R. 1953 (n. 1992); Anton Bida – heroj truda, G. 1956; Marusja Bohuslavka, 1958; Ljudyna bižyt' nad prirvoju, R. 1965 (n. 1992); Ljudyna bižyt' nad prirvoju, R. 1965 (n. 1992).

L: O. Šuhaj, I. B. pid znakom skorpiona, 1994.

Bahuševič, Francišak (Ps. Macej Buračok, Symon Reǔka), weißruss. Dichter, 9. 3. 1840 Kušljany – 15. 4. 1900 ebda. Stud. Mathematik Petersburg; revolutionäre Betätigung; ging dann nach Nižyn, Stud. Jura; Rechtsanwalt ebda.; 1885 Rückkehr in die Heimat. – Bedeutender Lyriker mit Stoffen der herkömml. Volkspoesie. Begründer der neuen weißruss. Lit. und der nationalen Bewegung. S. in weißruss., ukrain. und poln. Sprache geschriebenen Werke gingen größtenteils verloren, da sie wegen des Sprachverbots nicht gedruckt werden durften; nur wenige Gedichte erschienen im Ausland.

W: Dudka belaruskaja, G. 1891; Smyk belaruski, G. 1894; Vybranyja tvory (Ausw.), 1946.

Baïf, Jean Antoine de, franz. Dichter, 19. 2. 1532 Venedig – Ende Oktober 1589 Paris. Sohn des klass. Archäologen und Übersetzers Lazare B.; Stud. mit s. Freund Ronsard am Collège Coqueret in Paris. – Neben Ronsard der gelehrteste Vertreter der Pléiade, ihr einfallsreichster und experimentierfreudigster Geist. Petrarkisierende Gedichte, Gelegenheitspoesie, Nachahmungen antiker Dichtung. Verwendete als erster den Alexandriner. Überredete, an den musikal. Qualitäten der Dichtung interessiert, Karl IX. zur Gründung e. Akademie für Dichtung und Musik (1570–85). Forderte e. Reform der franz. Dichtung, wollte die quantitierende lat. Metrik einführen, erstrebte e. Erneuerung der franz. Orthographie nach phonet. Gesichtspunkten. Verwirklichte diese Forderungen in eigenen Dichtungen. Ohne Wirkung.

W: Amours de Méline, G. 1552 (n. M. Augé-Chiquet 1909); Amours de Francine, G. 1555 (n. E. Caldarini 1967); Météores, G. 1567; Le brave, K. 1567 (nach Miles gloriosus); Œuvres en rimes, 1572/73; Passe-temps, G. 1573; Mimes, enseignements et proverbes, G. 1576–97; Le psautier de 1587, hg. Y. Le Hir 1963; Chansonnette, hg. G. C. Bird 1964. – Œuvres en rime, hg. C. Marty-Laveaux V 1881–90; Poésies choisies, hg. L. Becq de Fouquières 1874; Poems, hg. Qu. Malcolm 1970; Poèmes, hg. G. Demerson 1974.

L: M. Augé-Chiquet, 1909; J. Kokel, 1977; G. Demerson, 1977; J. Vignes, 1999.

Bailey, Philip James, engl. Dichter, 22. 4. 1816 Nottingham – 6. 9. 1902 ebda. Nach kurzer Karriere als Anwalt Vollzeitdichter. – Ledigl. s. Hauptwerk ›Festus‹ (1839), eine Variation des Faust-Stoffes im Stil der spätromant. ›Spasmodic School‹ um W. E. Aytoun, trug ihm großen (jedoch zeitl. sehr begrenzten) lit. Ruhm ein. B. baute ›Festus‹ in den folgenden 50 Jahren weiter aus. Spätestens in der 3. publizierten Version sprengte das Epos nicht mehr nur sprachl.-stilist., sondern auch in der Länge jeden Rahmen: B. hatte e. Großteil s. anderen, nicht erfolgreichen Gedichte eingearbeitet.

W: Festus, G. 1839, 1845, 1889; The Angel World, G. 1850; The Mystic, G. 1855; The Age, Satire 1858; Universal Hymn, G. 1867.

Baillie, Joanna, schott. Dichterin u. Dramatikerin, 11. 9. 1762 Bothwell – 23. 2. 1851 Hampstead. Tochter e. Geistlichen, erhielt in Glasgow ausgezeichnete Erziehung, kam 1784 nach London, wo sie geachtet und geehrt wurde. Eng befreundet mit Sir W. Scott, der ihre Dramen sehr schätzte. – Die ›Plays on the Passions‹ sind stilist. eindrucksvolle poet. Dramen, jedoch nicht bühnenwirksam; die einzelnen Gestalten verkörpern bestimmten Leidenschaften: Reue, Zorn, Eifersucht u.a. 1800 wurde ihr Drama ›De Montfort‹ mit Kemble und Mrs. Siddons, 1810 ihr erfolgreichstes Stück ›The Family Legend‹ aufgeführt. Ihre schott. Gedichte, insbes. die ›Metrical Legends‹, zeigen Sinn für Humor.

W: Fugitive Verses, G. 1790; Plays on the Passions, Drn. III 1798–1812; Metrical Legends, G. 1821; A Collection of Poems, G. 1823; Miscellaneous Plays, Sch. 1836. – Dramatic and Poetical Works, 1851; Collected Letters, hg. J. B. Slagle II 1999.

L: M. S. Carhart, 1923 (m. Bibl.); C. Burroughs, Closet Stages, 1997; J. B. Slagle, 2002.

Baillon, André (eig. André-Emile-Louis), franz. Schriftsteller belg. Herkunft, 27. 4. 1875 Antwerpen – 10. 4. 1932 Saint-Germain-en-Laye. Journalist in Brüssel, seit 1919 Romanschriftsteller. – Stellt in hart realist. Romanen nüchtern und derb und mit größter Einfachheit alltägl. Geschehen dar. In späteren Werken wie ›Chalet I‹ und ›Délires‹ analysiert er mit großer Genauigkeit anormale seel. Zustände.

W: Moi quelque part, R. 1919 (u.d.T. En sabots, 1923; d. 1925); Histoire d'une Marie, R. 1921 (d. 1924); Zonzon Pépette, R. 1923; Par fil spécial, R. 1924; Un homme si simple, R. 1925; Chalet I, R. 1926; Délires, R. 1927; La vie quotidienne, R. 1929; Le neveu de Mlle Autorité, R. 1930.

L: G. D. Périer, 1931; M. de Vivier, 1943; A. Doppagne, 1950; P. Bay, 1964; R. Mélignon, 1999.

Bainbridge, Beryl, engl. Romanschriftstellerin, * 21. 11. 1933 Formby/Lancashire. Aufgewachsen in Liverpool, Theaterschauspielerin. – Im Frühwerk oft makabre u. groteske Darstellung der nordengl. Arbeiterklasse. Später hist. Romane, die Schlüsselmomente und Heldenfiguren der brit. Geschichte hinterfragen. Sparsame, elegante Erzählweise.

W: A Weekend with Claude, 1967; Another Part of the Wood, 1968; Harriet Said, 1972; The Dressmaker, 1973; The Bottle Factory Outing, 1974; Sweet William, 1975; A Quiet Life, 1976; Injury Time, 1977; Young Adolf, 1978 (d. 1978); Winter Garden, 1980; Watson's Apology, 1984; Mum and Mr. Armitage, 1984; Filthy Lucre, 1986; An Awfully Big Adventure, 1989; The Birthday Boys, 1991; Every Man for Himself, 1996 (Nachtlicht, d. 1997); Master Georgie, 1998 (d. 1999); According to Queeney, 2001.

Bai Xianyong, chines. Erzähler, * 11. 7. 1937 Guilin (Guangxi). Als Sohn e. Generals der Nationalen Partei seit 1952 in Taiwan; dort Stud. der westl. Lit. Ab 1960 Mithrsg. der Zs. ›Xiandai Wenxue‹; seit 1963 in den USA. – Mit s. Erzählungen Pionier und herausragender Vertreter der mod. Lit. Taiwans, beeinflußt von Faulkner und Joyce; die Erzählungen der Sammlung ›Taibeiren‹ (Menschen in Taibei) beschreiben kühl und präzise, unter virtuoser Verwendung unterschiedl. Erzählperspektiven, Festlandchinesen im Exil in Taibei; Chinesen im Ausland und ihre Suche nach Identität sind Thema weiterer eindrucksvoller Werke.

W: Taibeiren, En. 1971; Jimode shiqi sui, 1975 (Einsam mit siebzehn, d. 1986); Niezi, R. 1982 (Treffpunkt Lotossee, d. 1995). – *Übs.*: Blick übers Meer. Chinesische Erzählungen aus Taiwan, hg. H. Martin u. a. 1982.

Ba Jin (eig. Li Feigan), chines. Romanautor u. Essayist, * 25. 11. 1904 Chengdu (Sichuan). Aus alter Beamtenfamilie. Verlor früh s. Eltern. 1924–26 Stud. Nanking, ging 1926 zum Biologiestud. nach Paris, wandte sich dort der Lit. zu. 1929 nach Shanghai, dort und in Peking als Übs., Schriftsteller und Verleger tätig. Während des chines.-japan. Kriegs in Guilin, nach 1945 wieder in Shanghai. 1958 als ›Anarchist‹ von der Kommunist. Partei angegriffen. – Gestaltet in s. Romanen den Gegensatz zwischen der jungen, nach Freiheit drängenden Generation und e. überlebten Familiensystem. Romant., oft sentimental, ohne polit. Programmatik. Neigung zu humanist. getöntem Anarchismus (Ba Jin ist Abkürzung für Bakunin-Kropotkin). Übs. Kropotkin, Puškin, Herzen, Turgenev, Gor'kij, A. Tolstoj, V. Figner.

W: Miewang, R. 1929; Jia, R. 1931 (Die Familie, d. 1980); Chun, R. 1936; Shading, E. 1937 (d. 1981); Qiu, R. 1940; Hanye, R. 1946 (Kalte Nächte, d. 1981); Qiyuan, R. (Garten der Ruhe, d. 1954); Suixianglu, Ess. V 1979–86 (Gedanken unter der Zeit, Ausz. d. 1985). – Ba Jin quanji (GA), 1986ff.

L: O. Lang, Cambr./MA 1967; N. K. Mao, Boston 1978.

Bajza, Josef Ignác, slovak. Schriftsteller u. Aufklärer, 5. 3. 1755 Predmier – 1. 12. 1836 Preßburg. Stud. Wien, 1783–1805 kath. Pfarrer in Dol. Dubové, ab 1827 Kanonikus in Preßburg. – Schrieb theolog. Werke u. in Anlehnung an Fénelon den ersten slovak. Roman, übte Kritik an relig., kulturellen u. sozialen Zuständen; Vf. geistreicher Epigramme u. Erbauungsschriften; wegen s. Sprache Streit mit Fándly.

W: René mláďenca príhodi a skusenosti, R. II 1783–85 (n. 1955); Kresťanské katolícke náboženstvo, Schr. 1789–96; Slovenské dvojnásobné epigrammata, II 1794; Veselé účinki a rečení, Schw. 1795. – Veselé príbehy a výroky, Ausw. 1978.

L: V. Marčok, Počiatky slov. novodobej prózy, 1968; R. Brtáň, Pri prameňoch slov. obrodeneckej literatúry, 1970; I. Kotvan, 1975.

Bakchylides von Keos, altgriech. Chorlyriker, um 520 Iulis (Keos) – ca. 451 v. Chr. Neffe des Simonides. 476, 470 und 468 v. Chr. Siegeslieder für Hieron von Syrakus, kaum biograph. Nachrichten. – Von B.' umfangreicher chorlyr. Produktion waren bis ins 19. Jh. nur ca. 100 Verse bekannt, dann wurden auf Papyrus 14 Epinikien (= Lieder zur Feier sportl. Siege) und 6 Dithyramben (erzählende Stoffe. Chorlieder) wiederentdeckt (publiziert 1897). In den ›Epinikien‹ benutzt B. traditionelle Elemente, handhabt jedoch den Mythos relativ frei; damit erzielt er verstärkt dramat.-pathet. Wirkung. B.' Gedichte sind in der Kunstsprache der Chorlyrik verfaßt und meist in Triaden bzw. Strophen gegliedert. In den ›Dithyramben‹ strukturiert B. s. Stoffe (z. B. Herakles, Philoktet, Laokoon) in prägnanten Einzelszenen. B.' starkes Selbstbewußtsein als Dichter, der für den Auftraggeber Garant des Nachruhmes ist, steht in Diskrepanz zu s. tatsächl. Rezeption. Bereits in der Antike mag ihm der Vergleich mit s. Zeitgenossen Pindar geschadet haben: Im Hellenismus gelesen und kommentiert, noch in Rom und der späten Kaiserzeit rezipiert, scheint B.' Werk dann verlorengegangen zu sein, so daß er in der europ. Dichtung keine weiteren Spuren hinterlassen hat.

A: B. Snell, H. Maehler 1970; H. Maehler 1982; J. Irigoin 1993. – *Komm.*: R. C. Jebb 1905 (Nachdr. 1967); H. Maehler 1968, 1997 (m. dt. Übs.); D. A. Schmidt 1987 (3.5.16.17); G. O. Hutchinson 2001. – *Übs.*: D. Slavitt 1998 (engl.).

L: J. K. Finn, o. O. 1980; A. Pippin Burnett, Cambr./MA 1985; M. Finnerty Cummins, Ann Arbor 1993; C. O. Pavese, Pisa u. a. 1997; A. Bagordo, B. Zimmermann, hg. 2000.

Bākī, Mahmud ʿAbd al-, türk. Dichter, 1526 Istanbul – 7. 4. 1600 ebda. Sohn e. Muezzin (Gebetsrufers), Sattlerlehring, Stud. an e. relig. Lehranstalt (Medrese). Widmete dem Sultan Suleyman 1555 e. Kaside, bald danach von diesem als Autorität in lit. Fragen anerkannt. Mit der Elegie auf den Tod des Sultans schuf er s. Meisterwerk. Auch unter Selim II. u. Murad III. am Hofe geschätzt, hatte er an versch. Orten Anatoliens, Arabiens und Rumeliens Kadi-Ämter inne. Als Poeta laureatus (sulṭān al-shuʾarā) s. Zeit erhielt er auf Befehl des Sultans Mehemmed III. e. Staatsbegräbnis. – Unerreichter Formkünstler, der zahlr. Nachahmer gefunden hat. Brachte die türk. Ghaseldichtung durch sorgfältige Wortwahl, onomatopoet. Effekte u. Wortspiele zu höchster Vollendung. Obwohl er oft die Terminologie der Sufi-Dichtung übernahm, ist s. lyr. Werk doch diesseitsorientiert u. läßt keine Deutungen nach e. verborgenen Nebensinn zu. Neben dem ›Divan‹, s. Hauptwerk, verfaßte B. auch einige Traktate zu relig. und hist. Fragen.

A: Baqis Divan, hg. R. Dvořák II 1908–11; S. N. Ergun 1935. – *Übs.:* J. v. Hammer-Purgstall, 1825.

L: J. Rypka, B. als Ghaseldichter, Prag 1926; N. Yesirgil, 1953; L. Z. Eyüboğlu, 1972.

Bakin → Takizawa

Bakker, Piet (Pieter Oege; Ps. Ypsilon), niederländ. Erzähler, 10. 8. 1897 Rotterdam – 1. 4. 1960 Amsterdam. 1917–19 Lehrer in Haarlemmermeer, 1919–21 Korrektor bei ›De Telegraaf‹, 1921–40 Schriftleiter von ›Het Volk‹, ab 1945 Schriftleiter von ›Elseviers Weekblad‹. – Vf. populärer Erzählungen aus dem Fischerleben sowie humorist. Romane aus dem Amsterdamer Volksleben. In ›Ciske‹ schildert er mit großem psycholog. Einfühlungsvermögen die Geschichte e. Straßenjungen.

W: Over dramatische kunst, Es. 1932; Cootje Pink, R. 1933; Achter de mast, R. 1936; Briefgeheimen, R. 1936; Vrouw aan boord, E. 1938; Branding, R. 1940; Het Geheim van Dr. Ling, R. 1941; Pépé, N. 1941; Ciske de rat, R. 1941 (d. 1969; verfilmt 1983); Storm op de kust, En. 1942; Ciske groeit op, R. 1943; Verhaal van zand en zee, E. 1945; Jeugd in de pijp, Aut. 1946; Cis de man, R. 1946; Logboek van de Gratias, Reiseb. 1948; De slag, R. 1951; Kidnap, R. 1953; Ik kwam, zag, schreef, 1954; Jet, R. 1960.

Baklanov, Grigorij Jakovlevič (eig. G. Ja. Fridman), russ. Prosaist, * 11. 9. 1923 Voronež. Kriegsteilnehmer, nach dem Krieg Stud. Lit.institut Moskau. – Ab 1958 Autor von Darstellungen militär. Geschehnisse im 2. Weltkrieg, die aus der Perspektive der ›Schützengräbenwahrheit‹ gegen das falsche Pathos des Stalinschen Heroismus gerichtet sind.

W: Južnee glavnogo udara, R. 1958; Pjad' zemli, R. 1959 (Ein Fußbreit Erde, d. 1960); Mërtvye sramu ne imut, R. 1961 (Die Toten schämen sich nicht, d. 1962); Ijul' 41 goda, R. 1965; Druz'ja, R. 1976; Žizn', podarennaja dvaždy, Aut. 1999. – Sobranie sočinenij (GW), IV 1983–85.

Bakownc‛, Aksel (d. i. Aleksandr Stepʿani Tʿewosean), sowjetarmen. Schriftsteller, 13. 6. 1899 Goris – 8. 7. 1937. 1917 Stud. Theol. Ējmiacin; 1918 Freiwilliger im Krieg gegen Türkei; 1923 landwirtschaftl. Institut Charkov; 1924–26 Angestellter in Landwirtschaftsverwaltung in Jerewan und Sjunik. Während der stalinist. Verfolgungen 1936 verhaftet, verurteilt u. erschossen, posthum rehabilitiert. – Aufgrund seiner Erzählungssammelbände ›Mtʿnajor‹ (1927) und ›Sev čʿoleri sermnačʿane‹ (1933) gilt B. als Begründer der sowjetarmen. Prosa und Klassiker mod. armen. Erzählprosa. Darin preist er die wilde Schönheit der heimatlichen Natur und das Denken und Handeln der einfachen Bauern. Die Novelle ›Kyores‹ in dem Buch ›Eġbayrowtʿean enkuzeninere‹ (1936) schildert humorvoll das Leben in der Provinzstadt Goris. Der biograph. Roman ›Xačʿatowr Abovean‹ über den gleichnamigen Aufklärer und Autor, auch Thema e. philolog. Abhandlung (›Xačʿatowr Aboveani anhayt bačʿakayowme‹, 1932), blieb unvollendet wie das dem armen. Dorf gewidmete Werk ›Karmrakʿar‹. Als Abteilungsleiter des staatlichen Filmstudios ›Hayfilm‹ verfaßte B. Drehbücher für drei sowjetarmen. Filme (1930–36). Auch Übs. der mittelalterl. Fabelsammlung ›Aġvêsagirkʿ‹ u. Gogol'.

A: Erker čʿors hatorov, 1976–84.

L: Ṙ. Išxanean, 1960, 1965, 1974; S. Aġababean, 1971; D. Gasparean, 1994.

Bakunz → Bakownc‛, Aksel

Balaguer, Víctor, katalan. Schriftsteller u. Politiker, 11. 12. 1824 Barcelona – 14. 1. 1901 Madrid. Begann früh als Journalist u. Dramatiker, nach kurzem Aufenthalt in Madrid rege polit. Tätigkeit in s. Heimatstadt; verschiedentl. Abgeordneter, emigrierte 1866 nach Frankreich; nach s. Rückkehr Zivilgouverneur von Malaga, zweimal Minister; Mitgl. der Span. Akad. – Vielseitige lit. Tätigkeit: Lyrik, Theater, hist. u. polit. Schriften, Monographien usw., machte mit s. Legenden katalan. u. provenzal. Überlieferungen in Spanien und Südamerika bekannt; s. ›Historia de Cataluña‹ ist frei von trockener Gelehrsamkeit und zeugt von der patriot. Begeisterung ihres Vf.

W: Bellezas de la Historia de Cataluña, Schr. 1853; La Verge de Montserrat, G. 1857; Lo trobador de Montserrat, G. 1857 (d. 1860); Esperances i records, G. 1869; Poesías completas, G. 1874; Tragèdies, 1876; Historia de los trovadores, Schr. VI 1878–80; El monasterio de

Balassi, Bálint Baron, ungar. Lyriker, 20. 10. 1554 Zólyomvára – 30. 5. 1594 Esztergom. 1575 Soldatenleben in Eger; kämpfte 1575–77 gegen Báthory. Gefangenschaft: Báthory nahm ihn nach Polen mit, 1584 ungültige Ehe mit s. Nichte Krisztina Dobó. 1586 Konversion zum kathol. Glauben. 1588 Scheidung. 1589 verließ B. die Heimat und fuhr nach Polen. 1591 kehrte er nach Ungarn zurück u. opferte 1594 s. Leben bei der Belagerung Esztergoms. – Bedeutendster ungar. Lyriker s. Zeit. Vf. religiöser und vaterländ. Gedichte sowie solcher über das Leben der Soldaten der Grenzfestungen. Schuf die melodisch klingende sog. Balassi-Strophe.

W: Beteg lelkeknek való füves kertecske, Übs. 1572; Összes művei, II 1951–55; B. B. összes versei, Szép magyar comoediája is levelezése, 1973. – *Übs.:* Ausgew. Gedichte, d. A. Bostroem, 1984.

L: S. Eckhardt, Az ismeretlen B. B., 1943; S. Eckhardt, Új fejezetek B. B. viharos életéből, 1957; S. Eckhardt, Tanulmányok, 1972.

Balázs, Béla, ungar. Dichter, 4. 8. 1884 Szeged – 17. 5. 1949 Budapest. Stud. in Szeged, Budapest, Berlin u. Paris. 1919 Funktion in der ungar. Räterepublik, Emigration nach Wien u. Berlin, 1931 in die UdSSR, 1945 Rückkehr nach Ungarn; Dozent für Filmwiss. in Moskau und Budapest. – S. dichterischen Novellen, originellen Märchen u. dramat. Spiele (Textbücher für Bartóks Opern) stellen nur seel. Vorgänge dar. Als polit. Dichter schwärmt B. für die sozialist. Zukunft der Menschheit. Auch Filmästhetiker, Drehbuchautor, Jugendschriftsteller.

W: Doktor Szélpál Margit, Sch. 1909; A kékszakállú herceg vára, Libr. 1911 (Herzog Blaubarts Burg, d. [1918]); Misztériumok, Sch. 1912; Der Mantel der Träume, R. 1923; Férfiének, G. 1923; Der sichtbare Mensch, Abh. 1924; Unmögliche Menschen, R. 1930; Der Geist des Films, Abh. 1930; Álmodó ifjúság, R. 1946 (Die goldene Zeit, d. 1960); Die Jugend eines Träumers, R. 1948; Der Film, Abh. 1949.

L: Gy. Lukács, 1918; G. Bölöni, Magyarság-emberség, 1959; M. K. Nagy, 1973.

Balázs, József, ungar. Schriftsteller, 19. 3. 1944 Vitka – 13. 10. 1997 Budapest. Stud. Hungarologie und Geschichte in Budapest, Dr. phil., Journalist, ab 1976 als Dramaturg tätig. – Setzte die volkstümlichen Traditionen der ungar. Prosa fort, schuf mit spezieller kinematographischer Perspektive balladenhafte Romane, die oft Züge der Parabel aufweisen. In seinem Roman ›Koportos‹ (1976) berichtet er über das Leben der Roma im Dorf.

W: Magyarok, R. 1975; Koportos, R. 1976; Fábián Bálint találkozása Istennel, R. 1976; Az ártatlan, R. 1977; Szeretők és szerelmesek, R. 1978; A torcellói Krisztus, R. 1981; Az eltévedt tank, En. 1983.

L: K. Nácsa, B. J. regényei, in: Valóság, 1977.

Balbuena (auch Valbuena), Bernardo de, span. Schriftsteller, 1563(?) Ciudad Real – 11. 10. 1627 San Juan de Puerto Rico. Erstes Stud. vermutl. in Granada, wanderte früh nach Mexiko aus, dort Theol.-Stud., um 1608 Rückkehr nach Spanien, Doktorexamen in Sigüenza, ging als Geistlicher nach Jamaica, seit 1619 Bischof in Puerto Rico. – Wurde berühmt durch s. Epos ›El Bernardo‹ über den legendären Nationalhelden Bernardo del Carpio; 40 Gesänge in Stanzen, unerschöpfl. Phantasie, unzählige Episoden u. Abenteuer. Quellen: griech.-lat. Klassiker u. span. Romancero.

W: Grandeza mexicana, Ep. 1604 (hg. J. Van Horne 1930); El Siglo de Oro en las selvas de Erífile, R. 1608 (n. 1821); El Bernardo o Victoria de Roncesvalles, Ep. 1624 (n. ›Biblioteca de Autores Españoles‹ 17, 1851); Poesía lírica, 2000.

L: Fernández Juncos, 1884; J. Van Horne, 1940; J. Rojas Garcidueñas, 1958.

Baldi, Bernardino, ital. Literat, 6. 6. 1553 Urbino – 10. 10. 1617 ebda. Humanist. Stud. Padua, u. a. Mathematik u. Medizin. Im Dienst von Don Ferrante Gonzaga und der Kardinäle C. Borromeo u. Aldobrandini. Abt von Guastalla (1585–1609), zuletzt Sekretär u. Historiker beim Herzog von Urbino. – Vf. von zahlr. Lehrgedichten, Dialogen, biograph. und hist. Werken, Grammatiken und Wörterbüchern (arab., pers., ungar. u. a.), Übs. aus dem Griech. Beispiel e. echten Humanisten, der in genialer Universalität Kunst und Wiss. vereinte.

W: La Nautica, Lehr-G. 1590 (hg. u. komm. G. Bonifacio, II 1919); Versi e prose 1590; Versi e prose scelte (Ausw.), hg. u. komm. F. Ugolini, F. L. Polidori 1859; Vita e fatti di Federigo da Montefeltro, komm. F. Zuccardi, 1924; L'invenzione del bossolo da navigare, Lehr-G., hg. G. Canevazzi 1901; Epigrammi, hg. G. Ciampoli 1914.

L: G. Zaccagnini, II ^{2}1908 u. 1918; G. M. Crescimbeni, 2001.

Baldini, Antonio, ital. Schriftsteller, 10. 10. 1889 Rom – 6. 11. 1962 ebda. Aus wohlhabender Familie; Stud. Lit. Bologna, Diss. über Ariost. 1915–18 Offizier, danach einige Zeit Kaufmann in Oberschlesien, dann Schriftsteller; Mitarbeiter bei ›La voce‹, ›La ronda‹, ›Corriere della sera‹. Ab 1927 Hrsg. der Zs. ›Nuova antologia‹. – Neuklassizist. Vf. heiter-liebenswürdiger Romane; am bekanntesten ›Michelaccio‹, dessen Titelheld das frohe Leben e. vergeistigten Genießers führt, entfernt vergleichbar mit Eichendorffs ›Taugenichts‹,

›Nostro purgatorio‹ ist e. Roman mit persönl. Kriegserlebnissen im 1. Weltkrieg. Lit. Arbeiten über Ariost, Ausgaben älterer ital. Lit. Reizend ›Amici allo spiedo‹, kleine Porträts s. lit. Freunde Croce, Malaparte, Papini u.a.

W: Pazienze e impazienze di Maestro Pastoso, Es. 1914; Nostro purgatorio, R. 1918; Umori di gioventù, R. 1920; Salti di gomitolo, R. 1920; Michelaccio, R. 1924; La dolce calamità, Ess. 1929 (u.d.T. Beato fra le donne, 1940); Amici allo spiedo, Ess. 1932 (u.d.T. Buoni incontri d'Italia, 1942); La vecchia del Bal Bullier, R. 1934; Se rinasco, Aut. 1944; Fine ottocento. Carducci, Pascoli, d'Annunzio e minori, Ess. 1947; Il libro dei buoni incontri di guerra e di pace, Ess. 1953; Italia sottovoce, E. 1956; Ariosto e dintorni, Ess. 1958; Un sogno dentro l'altro, Es. 1965.

L: C. DiBiase, 1973.

Baldwin, James (Arthur), afroamerik. Schriftsteller, 2. 8. 1924 New York – 1. 12. 1987 St. Paul-de-Vence. Vater Laienprediger; vom 14. bis zum 17. Lebensjahr predigte B. selber (store front church), Gelegenheitsarbeiten in Harlem (Laufbursche, Fahrstuhlführer, Portier, Fabrikarbeiter, Tellerwäscher), viele Reisen, lebte ab 1948 vorwiegend in Paris, in Istanbul u. ab 1971 in der Provence. – B. gilt als führender Erzähler u. als Sprecher der Nachkriegsgeneration der Afroamerikaner; in der Bürgerrechtsbewegung der 60er Jahre spielte er e. prominente Rolle; im Gegensatz zur militanten ›Black-Power‹-Bewegung ist B. jedoch ein Verfechter der Integration kraft e. unerläßl. Umlernprozesses des weißen Amerika. S. Werk ist stark autobiograph. geprägt, von moral. Engagement getragen, bei aller naturalist. Detailtreue emotional bis an die Grenze zum Melodram aufgeladen u. von hohem polit.-soz. Appellcharakter. Themen sind: der Gegensatz zwischen Schwarz und Weiß, der Versuch der Selbstfindung des Menschen in hetero- und homosexuellen Beziehungen (meist eng mit dem Rassenproblem verknüpft); die Verarbeitung regionaler Kulturen u. relig. Belange sowie das Betonen der für alle Amerikaner lebenswichtigen Auseinandersetzung mit ihrer Geschichte anstelle ihrer rituellen Verdrängung. In s. bedeutenden Essays setzt sich B. mit den polit. Problemen s. Zeit und Rasse, mit Literatur, Film u. Schriftstellerkollegen (z.B. Richard Wright) und mit den Moralvorurteilen und Tabus der amerik. Gesellschaft auseinander.

W: Go Tell It on the Mountain, R. 1953 (d. 1966); Notes of a Native Son, Ess. 1955 (d. in: Schwarz und Weiß, 1963); Giovanni's Room, 1956 (d. 1963); Nobody Knows My Name, Ess. 1961 (d. in: Schwarz und Weiß, 1963); Another Country, R. 1962 (d. 1965); The Fire Next Time, Ess. 1963 (Hundert Jahre Freiheit ohne Gleichberechtigung, d. 1964); Blues for Mister Charlie, Dr. 1964 (d. 1971); The Amen Corner, Dr. 1964 (d. 1971); Going to Meet the Man, Kgn. 1965 (Ges. Erzählungen, d. 1968); Tell Me How Long the Train's Been Gone, R. 1968 (d. 1969); No Name in the Street, Ess. 1972 (d. 1973); A Rap on Race, Abh. 1972 (m. M. Mead; Rassenkampf – Klassenkampf, d. 1973); One Day When I Was Lost, Dr. 1972 (Sie nannten ihn Malcolm X, d. 1974); If Beale Street Could Talk, R. 1974 (d. 1974); The Devil Finds Work, Ess. 1976 (d. 1977); Just Above My Head, R. 1979 (Zum Greifen nah, d. 1981); The Price of the Ticket, Ess. 1985; The Evidence of Things Not Seen, Ess. 1985; Collected Ess. 1998.

L: F. M. Eckman, 1968; S. Macebuh, 1973; T. B. O'Daniel, 1977; C. W. Sylvander, 1980; R. Jenkis, 1987; H. A. Porter, 1989; W. J. Weatherby, 1989; Conversations with J. B., hg. F. L. Standley 1989; J. Cambell, 1991; D. A. Leeming, 1994; R. Kenan; 1994; B. R. Washington, The Politics of Exile, 1995; J. B. Now, hg. D. A. McBride 1999.

Bale, John, engl. Dramatiker, 21. 11. 1495 Cove b. Dunwich – Nov. 1563 Canterbury. Karmeliter, wurde Protestant, floh mehrfach nach Holland, schließl. protestant. Bischof von Ossory und Domherr von Canterbury. – Vf. zahlr. polem. Schriften für die Sache der Reformation; schrieb im Auftrag Cromwells in den 1540er Jahren Mysterienspiele (›Johannes‹, ›Christi Versuchung‹ usw.) sowie Moralitäten (›The Three Laws‹ u.a.). Sein Hauptwerk ›King John‹ ist ein tendenziöses Drama. Geschichtl. Tatsachen mißachtend, verherrlicht es den Titelhelden und zeigt ihn im Gegensatz zur Titelfigur bei Shakespeare als kämpferischen Reformationsverfechter. B. kämpft darin für Staatsrechte gegen kirchl. Anmaßung, zeigt wütenden Haß auf das Papsttum. ›King John‹ ist insofern von lit.hist. Interesse, als das Stück überleitet vom ma. Moralitätenstück zur Historie als dramatischer Form, und als es eines der ersten Stücke ist, die nationalgeschichtliche Stoffe dramat. darstellen. Hier treten allegor. Figuren wie ›Reichtum‹, ›mißbrauchte Macht‹, ›Verrat‹ u.a. neben wirkl. Gestalten auf; einige der zu Beginn des Stückes als Abstraktionen dargestellten Figuren wandeln sich sogar im Verlauf des Spiels in dramat. Charaktere, so wird die Abstraktion ›mißbrauchte Macht‹ zum Papst.

W: Comedy concerning the three Laws of Nature; Moses and Christ, Dr. 1548; King John, Dr. 1548 (hg. J. M. Manly in: Specimen of Pre-Shakespearian Drama, I 1897; hg. W. Bang 1909); The Famous Victories of Henry V, gedr. 1598; Dramatic Writings, hg. J. S. Farmer 1907; Controversial Writings, A Selection, hg. H. Christmas 1849; Index Britanniae Scriptorum, hg. R. L. Poole and M. Bateson 1902. – Complete Plays, 1985ff.

L: J. W. Harris, J. B., Urbana 1940; H. McCusker, 1942; T. B. Blatt, The plays of J. B., 1968; L. P. Fairfield, 1969 u. 1976; P. Happé, 1996; T. Graham, The Recovery of the Past in Early Elizabethan England. Documents by John Bale and John Jocelyn from the Circle of Matthew Parker, 1998.

Baliński, Stanisław, poln. Dichter, 2. 7. 1899 Warschau − 12. 11. 1984 London. Seit 1924 im diplomat. Dienst; nach dem 2. Weltkrieg in London. − Lyriker und Erzähler der ›Skamander‹-Gruppe. Volle dichter. Entfaltung erst in der Emigration. Gedichte des Heimwehs u. der tiefen Liebe zu Polen ›Trzy poematy o Warszawie‹. Hier paart sich vollendete künstler. Meisterschaft mit ergreifender Menschlichkeit. In der Emigration erschienen Novellen in engl. Übs.

W: Miasto księżyców, En. 1924; Wieczór na wschodzie, G. 1928; Wielka podróż, G. 1941; Rzecz sumienia, G. 1942; Tamten brzeg nocy, G. 1943. − Wiersze zebrane (Ges. G.), 1948; Antrakty, Ess. 1978; Peregrynacje, G. 1982.

L: Studia o twórczości St. B., hg. I. Opacki, M. Pytasz 1984.

Ballantyne, R(obert) M(ichael), schott. Romanschriftsteller, 24. 4. 1825 Edinburgh − 8. 2. 1894 Rom. Um s. 1826 verarmte Familie zu unterstützen, arbeitete B. 1841−47 für die Hudson's Bay Company in Kanada. Seit 1852 Partnerschaft im Verlagshaus Thomas Constable, dem Verleger Scotts. Nach 1875 lebte B. in Frankreich und England, reiste ausgiebig, um für s. Abenteuerromane zu recherchieren. − B.s Erlebnisse in Kanada flossen in s. ersten Abenteuerroman 1856 ein, der sich wie viele s. über 80 Romane an ein jugendl. Publikum richtete. Den größten und einzigen bleibenden Erfolg erzielte B. mit ›The Coral Island‹ 1858. B. verstand es geschickt, den viktorian. Markt für Abenteuerlit. mit imperialist. Untertönen zu bedienen. Seiner Mischung aus chevalresker Handlung im Stile W. Scotts (den seine Onkel verlegten), puritan. Arbeitsethos gewürzt mit einer Prise Jack-Tar-Patriotismus sowie sentimental-melodramat. Momenten, war bis zum 1. Weltkrieg großer Erfolg beschieden.

W: Hudson's Bay, or, Every-day Life in the Wilds of North America, Reiseb. 1848; Snowflakes and Sunbeams, or, The Young Fur Traders, R. 1856; The Coral Island, R. 1858 (d. 1863); Martin Rattler, R. 1858; Ungava, a Tale of Esquimaux-Land, R. 1858; The Dog Crusoe. A Tale of the Western Prairies, R. 1861; The Gorilla Hunters, R. 1862.

L: E. Quayle, 1967.

Ballard, J(ames) G(raham), engl. Schriftsteller, * 15. 11. 1930 Shanghai. Sohn e. engl. Geschäftsmanns. 1943−46 in e. japan. Kriegsgefangenenlager, 1 Jahr Medizinstudium, R.A.F.-Pilot u. versch. Lektorentätigkeiten. − Bizarre Katastrophenszenarien, surrealist. Schilderungen des Zusammenbruchs von Gesellschaft und bürgerl. Normen u. beklemmende Darstellung der Interaktion von Mensch u. Technik ließen ihn zum hochgelobten Kultautor werden, der längst die Genregrenzen der Science-fiction überschritten hat.

W: The Drowned World, R. 1962 (Karneval d. Alligatoren, d. 1970); The Wind from Nowhere, R. 1962 (d. 1964); Burning World, R. 1964 (d. 1968); The Crystal World, R. 1966 (d. 1969); The Impossible Man, Kgn. 1966 (d. 1973); The Atrocity Exhibition, Kgn. 1970 (Liebe + Napalm, d. 1970); Crash, R. 1973 (d. 1985); Concrete Island, R. 1974 (d. 1981); High-Rise, R. 1975 (d. 1982); The Unlimited Dream Company, R. 1979 (d. 1982); Empire of the Sun, R. 1984 (d. 1988); Rushing to Paradise, R. 1994 (d. 1997); Cocaine Nights, R. 1996 (Weißes Feuer, d. 1998); Super-Cannes, R. 2000; Millenium People, R. 2003.

L: R. Luckhurst, 1997; M. Delville, 1998.

Ballek, Ladislav, slovak. Schriftsteller, * 2. 4. 1941 Terany. Stud. Pädagogik in Banská Bystrica, dann Lehrer, Journalist u. seit 1972 Verlagsredakteur, mehrere führende kulturpolit. Funktionen, in den 90er Jahren Berufsschriftsteller. − S. psychol. realist., aber auch lyrisierende Prosa reflektiert verschiedene menschl. Charaktere in der Gesellschaft der Nachkriegszeit u. der Gegenwart u. tendiert oft zu e. metaphor. Moralität.

W: Útek na zelenú lúku, N. 1967; Južná pošta, En. 1974; Pomocník, R. 1977; Agáty, R. 1981; Lesné divadlo, R. 1987; Čudný spáč zo Slovenského raja, R. 1990; Trinásty mesiac, R. 1995.

Bal'mont, Konstantin Dmitrievič, russ. Lyriker, 15. 6. 1867 Gumnišči/Gouv. Vladimir − 23. 12. 1942 Noisy-le-Grand bei Paris. Vater Gutsbesitzer; 1886 Stud. Rechte Moskau; relegiert wegen Teilnahme an der student. revolutionären Bewegung, neigte er zu Ästhetizismus u. Individualismus; steht in den Motiven des 1. Gedichtbands von 1890 noch unter dem Einfluß Nekrasovs und Nadsons, übte mit s. zwischen 1894 u. 1905 geschaffenen Dichtung, angeregt bes. von E. A. Poe, Baudelaire, Heine, Nietzsche, Shelley, starke Wirkung auf die russ. Symbolisten aus, nach 1905 schwand s. dichter. Kraft; emigrierte 1905 nach Paris, wo er bis 1913 blieb u. eine Bd. revolutionärer Gedichte veröffentlichte; begrüßte 1917 die Februarrevolution, emigrierte 1920 nach Frankreich. − S. Lyrik ersteht aus dem Bestreben, die geheimnisvollen, ans Ohr dringenden Laute der Natur in klangl. Zauber des Verses umzusetzen, er bannt kaum bestimmbare seel. Regungen ins Wort; ordnet dem Wohlklang die andern Elemente der Dichtung, das gedankl., das weltanschaul., unter; zu e. der Grundmotive wird e. Individualismus, der ihn in den Bänden von 1899 u. 1902 s. Überlegenheit als Dichter Ausdruck geben läßt, ewig ungestillte Sehnsucht nach dem Unendl., Preis des Lebens in all s. Offenbarungen sind weitere Motive; s. Aufgeschlossenheit gegenüber den mod. Richtungen der Weltlit. ermöglichte es ihm, das melod. Moment in der Lyrik wieder zur Geltung zu bringen, die Enge des bislang vorherrschenden Naturalismus zu überwinden u. damit den russ. Symbolisten den Weg zu bahnen; schrieb Ess. übersetzte E. A. Poe, Whitman, Shelley, Ibsen, G. Hauptmann, japan., poln. u. tschech. Dichtungen.

W: Sbornik stichotvorenij, G. 1890; Tišina, G. 1898; Budem kak solnce, G. 1903; Tol'ko ljubov', G. 1903; Gornye veršiny, Ess. 1904; Liturgija krasoty, G. 1905; Žar-ptica, G. 1906; Poézija kak volšebstvo, Es. 1915. – Polnoe sobranie stichotvorenij (GW), X 1908–13; Stichotvorenija, G. 1969; Sobranie sočinenij (GW), II 1994. – Übs.: B. u. Brjusov, Gedichte, 1921; Ausgew. Versdichtungen, 1976.

L: H. Schneider, Der frühe B., 1970; V. Markov, II 1988–92.

Baltrušaitis, Jurgis, litau. Dichter, 2. 5. 1873 Paantvardžiai, Kr. Raseiniai – 3. 1. 1944 Paris. Bauernsohn; 1885–93 Gymnas. Kaunas, 1893–99 Stud. Naturwiss. u. Sprachen Moskau. Reisen in Norwegen, Dtl., Italien, Amerika; 1920–39 Gesandter in der UdSSR, 1939–44 in Paris. – Vertreter des Symbolismus. Schrieb russ., übte aber großen Einfluß auf litau. Dichter wie B. Sruoga, Mykolaitis-Putinas aus. Übs. ins Russ.: Byron, Ibsen, Hauptmann, Hamsun, Strindberg, O. Wilde, G. D'Annunzio, Rabindranath Tagore. Schrieb ab 1930 Gedichte in Litau. Gemäßigter, ruhiger, philos. Symbolismus; Verhältnis Mensch – Kosmos; pantheist. Züge, patriot. Lyrik.

W: Zemnije stupeni, G. 1911 (Žemės laiptai, litau. 1973); Gornaja tropa, G. 1912 (Kalnų takas, litau. 1973); Ašarų vainikas, G. 1942; Aukuro dūmai, G. 1944; Lilia i Serp, G. 1948. – Poezija, Boston 1948; Poezija, 1967; Derevo v ogne, 1969.

L: S. Rozanov, Moskau 1913; V. Daujotytė, 1974.

Baltušis, Juozas (eig. Juozėnas Albertas), litau. Erzähler, 27. 4. 1909 Riga – 4. 2. 1991 Vilnius. 1929 Übersiedlung nach Kaunas, Arbeit in e. Druckerei, 1940/41 im Kaunaer Rundfunk, 1942–44 im Moskauer Rundfunk, 1944–46 Leiter des litau. Rundfunks, 1946–54 Redakteur der litau. Lit.zs. ›Pergalė‹. – Schildert das Leben der litau. Bauern während und nach dem 2. Weltkrieg.

W: Savaitė prasideda gerai, E. 1940; Baltieji dobiliukai, E. 1943; Gieda gaideliai, Dr. 1947; Parduotos vasaros, E. II 1957–69; Valusios reikia Alekso, E. 1965; Su kuo valgyta druska, II Erinn. 1973; Sakmė apie Juzą, R. 1979. – Raštai (W), V 1959–69, VIII 1981–83.

Bałucki, Michał (Ps. Elpidon, Załęga), poln. Dichter, 29. 9. 1837 Krakau – 17. 10. 1901 ebda. (Selbstmord). Stud. Univ. Krakau bis 1861. 1867/ 68 Mitredakteur der Zs. ›Kalina‹. Meist in Krakau. – Zeigt in s. Anfängen revolutionäre Tendenz, später meist satir. Prosa u. Dramen im Geist des Positivismus, zuletzt Unterhaltungslit. aus dem kleinbürgerl. Milieu. Von der jungen Generation heftig abgelehnt.

W: Młodzi i starzy, R. 1866; Radcy pana radcy, Lsp. 1867; Ojcowska wola, E. 1879; Krewniaki, Lsp. 1879; Grube ryby, Lsp. (1881) 1900 (Fette Fische, d. 1914); Sąsiedzi, Lsp. 1881; Teatr amatorski, Lsp. 1883; Dom otwarty, Lsp. 1883; Pan burmistrz z Pipidówki, R. 1887 (d. 1958); Ciężkie czasy, Lsp. 1890; Klub kawalerów, Lsp. 1890. – Pisma (AW), XIV 1885–93; Pisma wybrane, XII 1956; Korespondencja teatralna, 1981. – Übs.: Der Herr Gemeinderat, Lsp. 1880; Fräulein Valerie, Lsp. 1898.

L: C. Pieniążek, 1888; K. Bartoszewicz, 1902.

Balzac, Honoré de, franz. Romancier, 20. 5. 1799 Tours – 18. 8. 1850 Paris. Sohn e. Emporkömmlings aus Bauerntum; unglückl. Kindheit durch fehlende Mutterliebe. Schule in Vendôme (Oratorianerkolleg) und Paris, 1816 Stud. Rechte Paris, gleichzeitig Schreiber in Anwaltsbüros. 1819 Abbruch des Stud. und Schriftsteller gegen Willen des Vaters, verfaßte unter Decknamen Kolportageromane ohne künstler. Wert. 23jährig Begegnung mit der 45jährigen Mme de Berny, lange Zeit s. mütterl. Geliebte, die ihn stark beeinflußte. 1825 gewagte Spekulationen als Verleger und Druckereiunternehmer, 1827 Bankrott, dadurch gewaltige, erst kurz vor s. Tod getilgte Schulden. 1829 Selbstnobilitierung. Seit Veröffentlichung von ›Le dernier Chouan‹ 1829 lit. Erfolg und große Beliebtheit. Romane in Frankreich und Europa. Rastloser Arbeiter, viel Nachtarbeit. Erfolglose Kandidaturen, 1832 für das Parlament, 1848 und 1849 für die Académie Française. Nach 18jährigem Briefwechsel, nur kurzen Begegnungen und Tod des ersten Gatten 1850 ∞ poln. Gräfin Eva Hanska-Rzewuska, wenige Monate vor s. Tod durch Erschöpfung. – Zur Zeit der wirklichkeitsfremden und ichbezogenen lit. Romantik in Frankreich Gestalter der Wirklichkeit und Begründer des soziolog. Realismus im Roman. Außerordentlich fruchtbarer Romancier von visionärer Schöpferkraft und großem Ehrgeiz. Formal von W. Scotts beschreibenden Romanen angeregt. In ›La comédie humaine‹, e. unvollendetes Werk (kaum zwei Drittel des Planes ausgeführt), in mehr als 40 Bänden Gesamtdarstellung der durch die Revolution aus den Fugen geratenen, durch Aufstieg des Bürgertums bestimmten franz. Gesellschaft vor und nach 1830, in den letzten Jahren des Kaiserreichs, während Restauration und Julikönigtum. Schilderung von Mensch und Milieu in allen soz. Schichten: Adel, Bürgertum, Bauern, Geistliche, Kleinbürger, Soldaten, Glücksritter, Kurtisanen und Verbrecher. Versuch, im Geflecht der Gesellschaft s. Zeit typ. Grundformen menschl. soz. Verhaltens zu beschreiben. Minuziöse, auf genauer Beobachtung beruhende naturwiss. Analyse der versch. Typen der Spezies Mensch. B.s Menschen besitzen meist ausgeprägten Wirklichkeitssinn und starken Lebenswillen. Zentrale Stellung des Machtstrebens: dadurch ausgelöst Triebe und Leidenschaften, die sich zumeist auf merkantile oder erot. Ziele richten und sich überwiegend unlauterer Mittel bedienen. Typen, gesteigerte Verkörperungen e. Leidenschaft, die z.T. in mehreren Romanen wiederkehren: der polit. engagierte skrupellose Bankier Baron Nucingen, der Wucherer Gobseck, der Geizhals Grandet, der Habsüchtige Pons, die rachsüchtige alte Jungfer Cousine Bette, der Emporkömmling Rastignac, der Bandit Vautrin. Sympathie für vom Erfolg begünstigte, von moral. Bedenken wenig gehemmte Menschen wie Rubempre und Rastignac (Bewunderung für Napoleon). Genaue Beschreibung des jeweiligen Milieus: Paris in der Verschiedenheit s. Stadtteile, Atmosphäre und regionale Besonderheit der Provinzorte und Landschaften. Exzentrisch in seinem Werk die in den 1830er Jahren entstandenen Romane, mit romant.-mag. Thema ›La Peau de chagrin‹, die unter dem Einfluß von Swedenborg und Saint-Martin entstandenen myst.-spiritualist. Romane ›Séraphita‹ und ›Louis Lambert‹ sowie die vom schwankhaft-sinnl. Geist Rabelais' geprägten ›Contes drôlatiques‹, die von B.s großer sprachl. Vitalität zeugen.

W: Contes drôlatiques, 1832–37 (n. ²1926); La comédie humaine, 1829–54 (hg. M. Bouteron X 1935–37, P. Castex, P. Citron VII 1965; d. E. Sander XII 1971ff.). – A) Etudes de moeurs: 1) Scènes de la vie privée: La maison du chat-qui-pelote, 1830; Le bal de Sceaux, 1830; La vendetta, 1830; Une double famille, 1830; La paix de ménage, 1830; Etude de femme, 1830; Gobseck, 1830; Une fille d'Eve, 1830–39; La femme de trente ans, 1831–44; La bourse, 1832; Madame Firmiani, 1832; Le message, 1832; La femme abandonnée, 1832; Le Colonel Chabert, 1832; Le père Goriot, 1834/35; Le contrat de mariage, 1835; L'interdiction, 1836; La messe de l'athée, 1836; Beatrix, 1839; La fausse maîtresse, 1841; Mémoires de deux jeunes mariées, 1841/42; Albert Savarus; Un début dans la vie; Autre étude de femme, 1842; Honorine, 1843; Modeste Mignon, 1844. 2) Scènes de la vie de province: Le curé de Tours, 1832; L'illustre Gaudissart, 1833; Eugénie Grandet, 1833; Le cabinet des antiques, 1836–38, 1839; La vieille fille, 1837; Les illusions perdues, 1837–39, 1843; Pierrette, 1840; Ursule Mirouet, 1841; La Rabouilleuse, 1841/42; La muse du département, 1843. 3) Scènes de la vie Parisienne: Sarrasine, 1831; Histoire des treize (Ferragus, 1833; La Duchesse de Langeais, 1833/34; La Fille aux yeux d'or, 1834/35); Facino Cane, 1836; Les employés, 1837; Histoire de la grandeur et de la décadence de César Birotteau, 1837; La maison Nucingen, 1838; Les secrets de la Princesse de Cadignan, 1839; Splendeurs et misères des courtisanes, 1839–47; Pierre Grassou, 1840; Un prince de la Boheme, 1840; L'envers de l'histoire contemporaine, 1842–46; Gaudissart, II 1844; Un homme d'affaires, 1845; Les comédiens sans le savoir, 1846; La cousine Bette, 1846; Le cousin Pons, 1847; Les petits bourgeois, 1854. 4) Scènes de la vie politique: Le dernier Chouan, 1829; Un épisode sous la terreur, 1830; Une passion dans le désert, 1830; Z. Marcas, 1840; Une ténébreuse affaire, 1841; Le député d'Arcis, 1847. 5) Scènes de la vie de campagne: Le médecin de campagne, 1833; Le lys dans la vallée, 1835; Le curé de village, 1838/39; Les paysans, 1844. B) Etudes philosophiques: Adieu, 1830; El Verdugo, 1830; L'élixir de longue vie, 1830; La peau de chagrin, 1831; Jésus Christ en Flandre, 1831; Le chef-d'œuvre inconnu, 1831; Le réquisitionnaire, 1831; Maître Cornélius; L'auberge rouge, 1831; Les proscrits, 1831; L'enfant maudit, 1831–36; Sur Catherine de Médicis, 1831–41; Les Marana, 1832; Louis Lambert, 1832/33; La recherche de l'absolu, 1834; Melmoth réconcilié, 1835; Un drame au bord de la mer, 1835; Séraphita, 1835; Gambara, 1837; Massimilla Doni, 1839. C) Etudes analytiques: Physiologie du mariage, 1829; Petites misères de la vie conjugale, 1830, 1840, 1845. D) Œuvres complètes, hg. M. Bouteron, H. Longnon XL 1912–40; M. Bouteron, H. Evans 1946–55, XI 1951–59, XXVI 1956–62; VII 1966ff.; Théâtre, hg. R. Guise III 1969ff.; Correspondance 1819–50, II 1876; Correspondance, hg. R. Pierrot, V 1961–69; Letters to his Family 1809–50, hg. W. Scott Hastings, Princeton 1934; Lettres à l'étrangère 1833–44, II 1899–1906, ²1925; Correspondance avec Mme Zulma Carraud 1829–50, 1935; Lettres à Mme Hanska, hg. R. Pierrot IV 1967ff. – *Übs.:* GW, XLVI 1923–26, ²1952f.; Erzählende Schriften, XII 1935/36; AW, V 1926.

L: H. Heiß, 1913; L. Gozlan, Der intime B., 1922; A. Bellesort, ⁶1925; M. Bardèche, B. le romancier, ²1943; P. Bertault, 1947; A. Billy, II 1947; H. Friedrich, Drei Klassiker d. franz. Romans, 1950; E. R. Curtius, ²1951; G. Lukács, B. u. d. franz. Realismus, 1952; P. Bertault, Introduction à B., 1953; S. Zweig, ²⁰1954; R. Murtfeld, 1956; H. J. Hunt, Lond. 1957; ders, B.s Comédie Humaine, Lond. 1959; G. Picon, 1959; L. Thoorens, 1959; L'année balzacienne, Jb. 1960ff.; P. Laubriet, 1961; M. Bardèche, 1964; A. Béguin, 1965; A. Maurois, 1965; E. J. Oliver, Lond. 1966; Ch. Affron, 1966; A. M. Schneiderbauer, 1967; G. Bernard, ²1967; ders., La création litt. chez. B. ²1969; S. Rogers, B. and the Novel, N. Y. ²1969; R. Barthes, 1970; F. Longaud, Dictionnaire de B., 1970; P. Barberis, B. et le mal du siècle, 1971; V. S. Pritchett, Lond. 1973; P. Nykrog, 1973; R. Fortassier, 1974; T. Takayama, 1975; A. D. Isneval, 1976; C. Jacques, 1977; J. L. Tritter, 1978; V. del Litto, 1978; A. Michel, 1978; H. Sussmann, 1978; G. de Zélicourt, 1979; Cl.-M. Senninger, 1981; B. Coll, 1982; P. Citron, 1986; J. L. Beizer, B.s Narrative Generations, 1986; J. Gleize, 1994; S. Vachon, 1999; N. Satiat, 1999; R. Pierrot, 1999; G. Gastho, 2000. – *Bibl.:* W. H. Royce, Chicago 1929/30.

Balzac, Jean-Louis Guez de, franz. Schriftsteller, 1597 Angoulême – 18. 2. 1654 Balzac/Charente. Sekretär s. Paten Herzog von Epernon. Reiste im Auftrag des Kardinals de La Valette nach Rom. Lebte seit 1631 ständig (auf weitere polit. Laufbahn verzichtend) auf s. Besitz, Schloß Balzac. Gehörte zu den ersten Mitgliedern der Académie Française. War nominell Historiograph des Königs. Genoß bei den Zeitgenossen sehr hohes Ansehen. – Schrieb neben philos. Abhandlungen

Briefe, die begeisterte Aufnahme in e. weiten Leserkreis fanden und s. Ruhm begründeten. Bereitete mit s. Prosastil die franz. Klassik vor. Galt geistig und stilist. als Vorbild. Die an hochgestellte Persönlichkeiten und Schriftsteller gerichteten Briefe sind von vornherein zur Veröffentlichung bestimmt. Sie zeugen von B.s ausgeprägtem ästhet. Empfinden. Er behandelt sehr verschiedenartige, oft moral. oder philos. Themen. Seine Äußerungen zu lit. Neuerscheinungen genossen orakelgleiches Ansehen. Schildert mit echtem Naturgefühl Landschaften und Freuden des Landlebens. Ahmt im Stil die lat. Klassiker nach. Seine Sprache ist meist gehoben, oft preziös, manchmal schwerfällig und emphat., zeichnet sich aber immer durch Klarheit aus.

W: Premières lettres, 1618–37 (n. 1933); Lettres, XXVII 1624ff. (n. 1873); Le prince, Abh. 1631; Œuvres diverses, 1644; Socrate Chrétien, Abh. 1652; Entretiens, 1657; Aristippe ou de la cour, 1658 (d. J. Tonjolam 1662). – Œuvres complètes, II 1665; Œuvres choisies, hg. M. Moreau II 1854; Bibl. générale, 1979; Premières lettres, 1618–37, hg. H. Bibas, K. T. Butler II 1933.

L: H. Vogler, Diss. Kiel 1906; J. B. Sabrié, Les idées relig. de J.-L. de B., 1913; G. Guillaumie, J.-L. G. de B. et la prose franç., 1927; F.-E. Sutcliffe, 1959; B. Beugnot, II 1967; Z. Youssef, 1972; Jehasse, 1977. – *Bibl.*: B. Beugnot, hg. II 1969.

Bambara, Toni Cade, afroamerik. Erzählerin, 25. 3. 1939 New York – 9. 12. 1995 Philadelphia. M.A. in Lit.; Theater- u. Sozialarbeit in New York u. im Süden, später auch Mitarbeit an Dokumentarfilmen u. Filmkritik; Univ.-Doz. in New Jersey u. Atlanta; Reisen nach Kuba u. Vietnam; alleinerziehende Mutter. – B. gilt als Wegbereiterin schwarzer feminist. Anliegen (bahnbrechende Anthologie ›The Black Woman‹ 1970, verstreute Essays) u. als herausragende Verfasserin von Kurzgeschichten mit meisterhaft dramatisierten umgangssprachl. Erzählstimmen u. von experimentierfreudiger formaler u. themat. Vielfalt. B. betont in ihrem kompakten Erzählwerk weibl. Perspektiven u. den Kampf um progressive sozialpolit. Veränderungen.

W: Gorilla, My Love, Kgn. 1972; The Sea Birds Are Still Alive, Kgn. 1977; The Salt Eaters, R. 1980; Deep Sightings, Kgn u. Ess. 1999; Those Bones Are Not My Child, R. 1999. – *Hg.*: Tales and Stories for Black Folks 1971.

L: A. Koenen, Zeitgenöss. Afroamerik. Frauenlit., 1985; E. Butler-Evans, Race, Gender, and Desire, 1989.

Bāna (Bāṇabhaṭṭa), ind. Dichter, 7. Jh. n. Chr. Der Legende nach aus gelehrter Brahmanenfamilie, früh Waise; zahlr. Reisen; abenteuerl. Leben, dann Studien und Leben am Hof des Kaisers Harṣa-vardhana (lebte 606–647) von Sthanesvara (Thanesvar) u. Kanyakubja (Kanauj). – Vf. zweier Kunstromane in Sanskrit: 1. ›Harṣa-carita‹ (e. Ākhyāyikā = hist. Kunstroman), der in 8 Kapiteln Leben und Taten s. Mäzens in kunstvoller Prosa beschreibt und außerdem Genealogie und Jugendbiographie des Dichters enthält. 2. ›Kādambarī‹ (e. Kathā = Romandichtung), e. Darstellung der über mehrere Wiedergeburten reichenden Liebe zwischen Candrāpīḍa und Kādambarī; mit dieser verknüpft ist die gleichfalls in diesem Werk enthaltene Geschichte von der Liebe zwischen Puṇḍarīka und Mahāśvetā. B. hinterließ zwar beide Werke unvollendet, doch wurde die ›Kādambarī‹ von s. Sohn Bhūṣaṇabhaṭṭa zu Ende geführt. B. wird darüber hinaus e. ›Caṇḍīśataka‹, e. Sammlung von 102 Strophen zu Ehren der Göttin Caṇḍī (Pārvatī), zugeschrieben. B.s Stil mag für westl. Empfinden als zu ausgeklügelt künstl., zu weitschweifig und verwirrend vielfältig erscheinen, doch gilt B. in Indien als der Meister der Kunstprosa, dessen Stil auch heute noch als mustergültig betrachtet wird.

A: Harṣa-carita, hg. Vidyāsāgara 1883, A. A. Führer 1909, P. V. Kane I–VIII 1965, 1973 (engl. E. B. Cowell, F. W. Thomas 1897, n. 1961, 1968); Kādambarī, hg. P. Peterson 1883, ^{3}1900, M. R. Kale 1896 (Pūrvabhāga ^{4}1968; Pūrvabhāga u. Uttarabhaga, hg. K. M. Sastri I ^{2}1973, II ^{5}1982; engl. C. M. Ridding 1896, n. 1956; Pūrvabhāga: M. R. Kale 1928, ^{4}1968); Caṇḍīśataka, hg. u. engl. G. P. Quackenbos 1917 (n. 1965).

L: A. A. M. Scharpé, Leuven 1937 (m. niederländ. Übs.); S. V. Dixit, 1963; R. D. Karmarkar, 1964; N. Sharma, 1968; K. Krishnammoorthy, 1976; R. A. Hueckstadt, The style of B., 1985.

Bances Candamo, Francisco Antonio, span. Dramatiker u. Lyriker, 26. 4. 1662 Avilés/Asturien – 8. 9. 1704 Lezuza/Albacete. Stud. Humaniora, Rechte u. Theol. Sevilla, lebte in Madrid, sehr geschätzt am Hof Karls II. – Letzter span. Dramatiker der Blütezeit in der Nachfolge Calderóns, dessen Einfluß in der poet.-symbol. Konzeption u. dem regelmäßigen Aufbau der Werke sichtbar wird; in beachtl. ›autos sacramentales‹ zeigt sich s. theolog. Bildung; folgte mit s. feinen, geschmackvollen Lyrik der Schule Góngoras.

W: Comedias: El esclavo en grillos de oro, 1693 (hg. M. T. Cattaneo, Mailand 1974); El español más amante y desgraciado Macías; El duelo contra su dama; La piedra filosofal (hg. A d'Agostino, Rom 1988); El vengador de los cielos; El sastre del Campillo. – Autos: El gran químico del mundo; Las mesas de la fortuna; El primer duelo del mundo. – Poetolog. Schriften: Theatro de los Theatros de los pasados y presentes siglos, 1689, 1692, 1694 (hg. D. W. Moir, Lond. 1970). – Obras líricas, 1722 (n. F. Gutiérrez 1949); Comedias, II 1722 (n. ›Biblioteca de Autores Españoles‹ 49, 1859, u. 58, 1865).

L: D. Cuervo-Arango, 1916; W. S. Jack, Baltimore 1929; J. J. Perez Feliu, 1975.

Bandeira (Filho), Manuel Carneiro de Sousa, brasilian. Lyriker, 19. 4. 1886 Recife – 13. 10. 1968 Rio de Janeiro. Schulzeit in Rio, Stud. Architektur São Paulo, 1913 Sanatoriumsaufenthalt in der Schweiz u. Begegnung mit P. Éluard; in Rio Dozent hispano-amerik. Lit., Musik- u. Kunstkritiker, 1938 Schulinspektor, 1940 Aufnahme in die Academia Brasileira de Letras. – Bedeutender Vertreter des Modernismo, wandte sich mit dem satir. Gedicht ›Os sapos‹ (1920) gegen die Regeln der Parnaß-Dichtung u. setzte ihnen Lyrik in freien Versen (›O ritmo dissoluto‹), durchsetzt von umgangssprachl.-prosaischen Elementen (›Libertinagem‹), entgegen. Auch Übs. (Gedichte von Schiller, Heine, Rilke) u. Literarhistoriker.

W: A Cinza das Horas, 1917; Carnaval, 1919; Poesias, 1924; O ritmo dissoluto, 1925; Libertinagem, 1930; Estrêla da manhã, 1936; Belo Belo, 1948; Mafuá de Malungo, 1948; Literatura hispanoamericana, Schr. 1949; Opus 10, 1952; Itinerário de Pasárgada, Aut. 1954 (d. 1984); Poesia e prosa, II 1958; Flauta do papel, Prosa u. Ess. 1994. – Poesias completas, 1940 (verm. 1945, 1947, 1949, 1954); Poesia completa e prosa (GW), 1994.

L: R. Bastide, 1947; C. Drummond de Andrade, 1952; L. Ivo, 1955; J. G. Merquior, 1984.

Bandello, Matteo, ital. Novellist, um 1485 Castelnuovo Scrivia/Piemont – 13. 9. 1561 Agen. Trat in das Dominikanerkloster S. Maria delle Grazie in Mailand ein. Mit s. Onkel, der dort Prior, dann Ordensgeneral war, reiste er nach Florenz, Rom, Neapel u. a. Als s. Onkel 1506 starb, ging B. nach Mailand zurück, widmete sich der Politik im span.-franz. Krieg u. folgte als Anhänger der Franzosen A. Bentivoglio nach Frankreich. Kurze Zeit in Mantua, wo er Lehrer der Lucrezia Gonzaga war. Trat 1526 aus dem Orden aus u. schloß sich 1529 C. Fregoso an, e. ital. Offizier in franz. Diensten, mit dem er nach Verona, nach dessen Ermordung 1541 mit der Witwe nach Frankreich ging. Begünstigt von Franz I., wurde er 1550 Bischof in Agen, zog sich 1555 zurück, um in Bassens für s. Dichtkunst zu leben. – Neben Boccaccio wichtigster Erzähler der ital. Renaissance, der ›lombard. Boccaccio‹ gen. 1510–60 arbeitete er an s. Novellenwerk, e. Sammlung von 214 Erzählungen (vorwiegend Liebesnovellen), die jedoch nicht durch e. Rahmenhandlung verbunden sind. v. a. stoffgeschichtl. von Bedeutung, Quelle für Lope de Vega, Shakespeare (Romeo u. Julia), Byron, Musset. Auch Sonette, Lieder u. Kanzonen.

W: Canzoniere, 1544 (n. F. Picco 1923); I canti XI delle lodi della Signora Lucrezia Gonzaga, 1545; Novelle, IV 1554–73 (hkA hg. G. Brognoligo V 1910–12, hg. G. Balsamo Crivelli 1910f.; d. H. Floerke u. a. III 1920). – Opere, hg. F. Flora II 1934f.

L: R. Pruvost, M. B. and Elizabethan Fiction, 1937; G. Petrocchi, 1949; T. G. Griffith, Lond. 1955; A. Fiorato, 1979; M. Rozzo, M. B. Novelliere europeo, 1982.

Bandrowski, Juljusz → Kaden-Bandrowski, Juliusz

Bang, Herman (Joachim), dän. Erzähler, 20. 4. 1857 Adserballe/Alsen – 29. 1. 1912 Ogden/ USA. Sohn e. Pfarrers, der geisteskrank endete; die Familie verließ Alsen zu Beginn des dän.-dt. Krieges 1864; 1875 Abitur. Akad. Sorø; versuchte sich in Kopenhagen erfolglos als Schauspieler u. Dramatiker; dann 1878–84 Journalist, Redakteur, Regisseur u. a. in Paris. Bis 1888 Skandinavienreise. Ausgedehnte Vortragsreisen in Europa und USA; starb in Einsamkeit auf e. Bahnfahrt in den USA. – E. der bedeutendsten Vertreter des lit. Impressionismus der Jh.wende. Auch Meister e. franz. geprägten Feuilletons und vorzügl. lit.- und Theaterkritiker; in den Sammlungen ›Realisme og realister‹ und ›Kritiske Studier‹ gibt er gute Porträts von zeitgenöss. dän. und ausländ., bes. franz. Schriftstellern, und definiert den Realismus als e. lit. Methode. Als Erzähler debütierte er 1880 mit der Novellensammlung ›Tunge melodier‹ und dem Roman ›Haabløse slægter‹, in dem er unter Einfluß von Zola und Ibsen die darwinist. Abstammungslehre behandelte und das Degenerationsphänomen bes. betonte. Erst mit den Novellen in ›Stille existenser‹ (insbes. mit der Meisternovelle ›Ved vejen‹) überzeugte er s. Zeitgenossen von s. Fähigkeiten als Novellist und wurde mit diesen und späteren Novellen wie Romanen der Schöpfer des lit. Impressionismus in Dänemark, auch mit s. lit. Technik, die so charakterist. für dän. Erzähllit. geworden ist; unübertroffene Novellen aus späteren Sammlungen sind ›En dejlig dag‹ über e. gescheiterten Studienrat und ›Irene Holm‹ über e. abgedankte Tänzerin, beides tragikom. Idyllen über vernachlässigte Menschen, andere handeln von Künstlern, die sich inmitten ihres rastlosen Lebens einsam fühlen; s. Romane sind erweiterte Novellen mit einzelnen Szenen und wenig durchgehender Handlung; ›Stuk‹ ist e. halb symbolisches Buch über Kopenhagens fehlgeschlagene Großstadtträume in den 1880er Jahren, ›Tine‹ handelt vom Krieg 1864, wie er sich in dem trag. Geschick e. jungen Mädchens in e. Dorf nahe dem Kriegsschauplatz spiegelt, ›Ludvigsbakke‹ schildert das Los e. jungen Krankenpflegerin, die von e. Mann ausgenützt und verlassen wird, während ›Mikaël‹ und ›De uden fædreland‹ die Problematik von B.s eigener Homosexualität abbilden; in letzterem fällt er zudem e. scharfes Urteil über Dänemark und die Dänen.

W: Realisme og realister, Ess. 1879; Kritiske Studier, Ess. 1880; Haabløse slægter, R. 1880 (Hoffnungslose Geschlechter, d. 1900); Fædra, R. 1883; Excentriske Noveller, 1885 (Exzentr. Novellen, d. 1905, n. 1978); Stille existenser, Nn. 1886 (Exzentr. u. stille Existenzen, d. 1964); Tine, R. 1889 (d. 1901); Digte, G. 1889; Under aaget, Nn. 1890; To sørgespil, Drn. 1891; Ti Aar, Dr. 1891; Ludvigsbakke, R. 1896 (Ludwigshöhe, d. 1908); Det hvide Hus, R. 1898 (Das weiße Haus, d. 1901, n. 1987); Det graa Hus, R. 1901 (Das graue Haus, d. 1909, n. 1987); Mikaël, R. 1904 (Michael, d. 1906); De uden Fædreland, R. 1905 (Die Vaterlandslosen, d. 1912); Sælsomme Fortællinger, En. 1907 (Seltsame u. andere Erzählungen, d. 1987); Masker og Mennesker, Dr. u. G. 1910. – Værker (GW), 1912, VI 1920f.; H. B.s Vandreaar fortalt, Breve til P. Nansen, Br. 1918 (d. 1924); Breve til Fritz, Br. 1951. – *Übs.*: GW, IV 1919, VI 1926, III 1935, Ausw., III 1982; Am Wege, E. 1898 (n. 1990); Gräfin Urne, 1906; Die vier Teufel, n. 1995; Sommerfreuden, E. 2000.

L: P. A. Levin, Fra B.s Journalistaar, 1932; U. Lauterbach, 1937; H. Jacobsen, 1954, 1957, 1961, 1966, 1974; P. V. Rubow, 1958; A. Forssberger, 1975.

Ban Gu, chines. Historiker, 32 Anling (Shensi) – 92 Chang'an. Sohn des Historiographen Ban Biao, setzte dessen Geschichte der westl. Han-Dynastie fort. – Das Hauptwerk (›Qian Hanshu‹) ist lit. weniger bedeutend als Teile des ›Shiji‹ von Sima Qian, jedoch als Quelle wichtig. B.s Schwester Ban Zhao führte das Werk nach B.s Tod im kaiserl. Auftrag zu Ende und schrieb neben Gedichten auch moral. Ratschläge für Mädchen ›Nüjie‹. Als Dichter trat B. gleichfalls hervor mit Prosagedichten in reichem Prunkstil und archäolog. interessanten Stadtbeschreibungen.

W: Qian Hanshu (engl. H. H. Dubs, Ausz. III Baltimore, 1938–55).

L: N. L. Swann, Pan Chao, N. Y. 1932; E. R. Hughes, Two Chinese Poets, Princeton 1960.

Banim, John, ir. Erzähler, 3. 4. 1798 Kilkenny – 13. 8. 1842 ebda. Bäuerl. Herkunft; zunächst Maler, widmete sich nach Erfolg s. ›O'Hara Tales‹ ganz der Lit. – Schrieb zusammen mit s. Bruder Michael als O'Hara Brothers unter Einfluß u. nach Vorbild Walter Scotts Skizzen, Erzählungen u. Romane aus Gesch. u. Volksleben der Iren, bes. der unteren Schichten, mit beeindruckenden Charakterzeichnungen; auch Gedichte u. Theaterstücke.

W: Damon and Pythias, Tr. (1821); Tales, by the O'Hara Family, En. III 1825–29; The Denounced, R. 1830; The Smuggler, R. 1831.

L: P. J. Murray, 1857; M. D. Hawthorne, J. and M. B., 1975.

Baṅkimcandra → Caṭṭopādhyāya

Banks, Iain (Menzies), schott. Schriftsteller, * 16. 2. 1954 Dunfermline/Schottland. Sohn e. Seemanns u. e. Eiskunstläuferin, 1972–75 Stud. Stirling, seit 1984 hauptberufl. Schriftsteller. – Vf. von realist. Erzähllit. u. SF-Romanen. Vielfache Vermengung beider Genres. Surreal-makabere Komik u. bisweilen schockierende Gewalt gestalten e. subtile Psychol. des Abnormen. SF-Zyklus über e. liberal-kommunist. Gesellschaft.

W: The Wasp Factory, R. 1984; Walking on Glass, R. 1985; The Bridge, R. 1986; Consider Phlebas, R. 1987; The Crow Road, R. 1992; Complicity, R. 1993 (Verschworen, d. 1995); Feersum Endjinn, R. 1995; The Business, R. 1999; Look to Windward, R. 2000; Dead Air, R. 2002.

L: O. Schoenbeck, Their Versions of the Facts, 2000.

Banks, John, engl. Dramatiker, um 1650 London – 1706 ebda. Im letzten Jahrzehnt des 17. Jh. beherrschten B.' künstler. mittelmäßige, aber bühnenwirksame Stücke mit Stoffen aus der (bes. engl.) Geschichte die engl. Bühne. In den Dramen, die vorwiegend dem Genre der ›She-Tragedy‹ zugerechnet werden können, werden die Titelheldinnen meist als leidende Opferfiguren inszeniert, die aus der Gesellschaft verstoßen werden und, zur Passivität verurteilt, schließlich den Tod finden. Vor allem diese Art der Darstellung und die Neuerung der zentralen Rolle einer Frau in der Tragödie bedingten den Erfolg der Stücke.

W: The Rival Kings, Dr. 1677; The Destruction of Troy, Dr. 1678; The Unhappy Favourite, Dr. 1682 (n. T. M. H. Blair 1939); The Island Queens: or, The Death of Mary, Queen of Scotland, Dr. 1684; Virtue Betrayed: or, Anna Bullen, Dr. 1692; The Innocent Usurper: or, The Death of the Lady Jane Gray, Dr. 1694; Cyrus the Great, Dr. 1696.

L: H. Hochuli, 1953.

Banks, Russell, amerik. Erzähler, * 28. 3. 1940 Newton/MA. Journalist, seit 1981 Lehrtätigkeit Princeton Univ. – Die meisten s. Werke spiegeln eigenes neuengl. Arbeitsmilieu wider.

W: Family Life, R. 1975; Hamilton Stark, R. 1978; The Book of Jamaica, R. 1980; Trailerpark, Kgn. 1981 (Was Noni H. der Polizei über Jesus nicht erzählte, d. 1988); The Relation of My Imprisonment, R. 1984; Continental Drift, R. 1985 (Gegenströmung, d. 1987); Success Stories, 1986; Affliction, R. 1990 (Der Gejagte, d. 1990); The Sweet Hereafter, R. (d. 1993); Rule of the Bone, R. 1995 (Gangsta Bone, d. 1996); Cloudsplitter, R. 1998 (John Brown, mein Vater, d. 2000); The Angel on the Roof, Kgn. 2000.

L: R. Niemi, 1997.

Banti, Anna (eig. Lucia Lo Presti), ital. Erzählerin, 1895 Florenz – 2. 9. 1985 Rom. Stammt väterlicherseits aus Kalabrien. Ehefrau des Kunstkritikers Roberto Longhi; Stud. Kunstgeschichte. – Vf. von Erzählungen, Romanen, Essays u. Kunstkritiken. In ihrer Erzählkunst von hohem Rang im Stil des Ottocento spiegeln sich deutlich psycholog. Einfühlungsvermögen und ausgeprägtes Formgefühl.

W: Itinerario di Paolina, R. 1937; Il coraggio delle donne, R. 1940; Sette lune, R. 1941; Le monache cantano, R. 1943; Artemisia, R. 1947 (d. 1992); Le donne muoiono, R. 1951; Il bastardo, R. 1953 (u.d.T. La casa piccola, 1961); Allarme sul lago, R. 1954; Fra Angelico, Ess. 1956; C. Monet, Ess. 1956; La monaca di Sciangai, R. 1957; Le mosche d'oro, R. 1962; Campi Elisi, R. 1963; Noi credevamo, R. 1967; La camicia bruciata, R. 1973; Da un paese vicino, R. 1975; Giovanni da San Giovanni, pittore della contraddizione, Ess. 1977; Rivelazione di Lorenzo Lotto, Ess. 1981; Un grido lacerante, R. 1981; Quando anche le donne si misero a dipingere, 1982.

L: E. Biagini, 1978; J. Schrattenecker, 1992; E. Biagini, hg. 1997; M. L. Di Biasi, L'altro silenzio, 2001.

Bănulescu, Ştefan, rumän. Erzähler, 8. 9. 1929 Făcăieni/Ialomiţa – 25. 5. 1998 Bukarest. Stud. Philol. Bukarest, Publizist. – Blendender Stilist; die außerordentl. Beherrschung der Sprache schafft e. untrennbare Einheit zwischen Ausdrucksmitteln und Inhalt. Topik u. Kontext bestimmen die Dynamik der Aussage u. chiffrieren den Kern der dramat. Spannung.

W: Iarna bărbaţilor, En. 1965; Cântece de câmpie, G. 1968; Scrisori provinciale, Sk. 1976; Cartea Milionarului, R. 1977.

L: M. Spiridon, 1989.

Banuş, Maria, rumän. Dichterin, * 10. 4. 1914 Bukarest. Stud. Jura und Philol., engagierte polit. Tätigkeit. – Nach e. vielversprechenden Debüt mit Versen, in denen die Wollust der Angst, der Sünde, des Todes lodert, resignierte B. zu poet. Gemeinplätzen zwischen Muttergefühlen u. polit. Diskurs. Meisterhafte Übs. (Goethe, Rilke, Puškin, Majakovskij, Neruda).

W: Ţara fetelor, G. 1937; Poezii, 1958; Tocmai ieşeam în arenă, G. 1967; Portretul din Fayum, G. 1970; Sub camuflaj, Tg. 1978.

Banville, John, ir. Schriftsteller, * 8. 12. 1945 Wexford. Angestellter bei Aer Lingus, 1988–98 Lit.redakteur der ›Irish Times‹. – B.s Werk kreist um Fragen nach der Erkenn- und Abbildbarkeit von Welt und Wahrheit, v.a. in der ›Wissenschafts‹-Tetralogie (›Doctor Copernicus‹, ›Kepler‹, ›The Newton Letter‹, ›Mefisto‹) und der ›Künstler‹-Trilogie (›The Book of Evidence‹, ›Ghosts‹, ›Athena‹). Luzider, oft kalter, bildreicher Stil. Auch Adaptionen u. Drehbücher.

W: Long Lankin, Kgn. 1970; Nightspawn, R. 1971; Birchwood, R. 1973; Dr Copernicus, R. 1976 (d. 1999); Kepler, R. 1981 (d. 1997); The Newton Letter, R. 1982 (d. 2002); Mefisto, R. 1986; The Book of Evidence, R. 1989 (d. 1991); Ghosts, R. 1993 (d. 2000); Athena, R. 1995 (d. 1996); The Untouchable, R. 1997 (d. 1997); Eclipse, R. 2000 (d. 2002); God's Gift, Dr. 2000; Shroud, R. 2002; Prague Pictures, 2003.

L: R. Imhof, 1989; J. McMinn, 1999; I. Berensmeyer, Diss. 2000; G. Kampen, Zwischen Welt und Text, 2002.

Banville, Théodore de, franz. Dichter, 14. 3. 1823 Moulins/Allier – 13. 3. 1891 Lucenay près de Moulins. 1850–52 Theaterkritiker für die Zeitung ›Pouvoir‹. Von Sainte-Beuve entdeckt. – Begann, von Hugo und Gautier beeinflußt, mit romant. Versen von bilderreicher farbiger Sprache. Entwickelte sich zum begabtesten Parnassien. Verbindet in s. Gedichten natürl., anmutige, bisweilen scherzhafte Leichtigkeit mit vollendeter Form, beherrscht Metrum und Vers mit brillanter Virtuosität. Huldigt bereits in der 1. Gedichtsammlung ›Les cariatides‹, die er 19jährig veröffentlichte, dem klass. Griechenland. Dichtete auch in mittelalterl. Formen, der Ballade F. Villons und dem Rondel von Charles d'Orléans. Aufschlußreich für die vielfältigen Quellen der Dichtkunst s. theoret. Schrift ›Petit traité de poésie française‹. Schrieb auch Erzählungen und lyr., nicht sehr bühnenwirksame Dramen.

W: Les cariatides, G. 1842; Les stalactites, G. 1846 (hg. M. Souffrin 1942); Le beau Léandre, Dr. 1856; Odelettes, G. 1857; Les exilés, G. 1857; Le sang de la coupe, G. 1857; Odes funambulesques, G. 1857; Esquisses parisiennes, En. 1859; Améthystes, G. 1862; La pomme, Dr. 1865 (d. 1866); Gringoire, Dr. 1866 (d. 1875); Nouvelles odes funambulesques, G. 1869; Florise, Dr. 1870; Petit traité de poésie française, Abh. 1871; Trente-six ballades joyeuses, 1873; Histoire du romantisme, 1874; Occidentales, Rimes dorées, Rondels, G. 1875; Déidamia, Dr. 1876; Hymnis, Dr. 1879; Contes pour les femmes, En. 1881; Contes féeriques, 1882; Mes souvenirs, Aut. 1882; Contes héroïques, En. 1884; Nous tous, G. 1884; Contes bourgeois, 1885; Socrate et sa femme, Dr. 1885 (d. 1888); Le forgeron, Dr. 1887; Madame Robert, Nn. 1887; Le baiser, Dr. 1888; Marcelle Rabbe, R. 1891; Sonnailles et clochettes, G. 1891; Esope, Dr. 1893; Comédies, VIII 1879–92; Poésies complètes, III 1878f.

L: M. Fuchs, 1912; J. Charpentier, 1925; I. Siciliano, Turin 1927; M. Fuchs, 1972; R. Lacroix, 1991; Ph. Andres, 1998.

Ban Zhao → Ban Gu

Baour-Lormian, Pierre François Marie, franz. Schriftsteller, 24. 3. 1770 Toulouse – 18. 12. 1854 Paris. Vater Buchdrucker. – Klassizist. Dichter und Dramatiker ohne Originalität. Erwarb sich 1801 Ansehen mit e. Ossian-Übs. Große Bühnenerfolge mit Tragödien. Schrieb Gedichte auf die Hochzeit Napoleons mit Marie-Luise, später Gedichte im Sinne der Restauration. Erbitterter und rastloser Gegner der Romantiker, die er in ziemlich dürftigen Satiren angriff; von ihnen als ›balourd-dormant‹ verspottet.

W: La Jérusalem délivrée, Tasso-Übs. 1795; Poésies galliques, Ossian-Übs. 1801; Omasis, Dr. 1806 (d. 1808); Mahomet II, Dr. 1810; La Jérusalem délivrée, Op. 1812; L'Atlantide ou le géant de la montagne bleue, G. 1818; Le livre de Job, G. 1847.

L: L. Séché, Le cénacle de la muse Française, 1903; M. Gallagher, 1938.

Bāqī, Mahmud ʿAbd al- → Bākī, Mahmud ʿAbd al-

Barahona de Soto, Luis, span. Dichter, 1548 Lucena/Córdoba – 5. 11. 1595 Antequera. Medizinstud. in Granada, Osuna u. Sevilla, Teilnahme an den Moriskenkämpfen in den Alpujarras, Arzttätigkeit in Osuna u. Archidona, 1587–91 Korregidor ebda., befreundet mit Acuña, Hurtado de Mendoza, Silvestre u. bes. Herrera, dem er e. Sonett widmete. – Bekannt als Vf. des Epos ›Las lágrimas de Angélica‹, das sich auf die Episode von Angelica u. Medoro in Ariosts ›Orlando furioso‹ stützt; Heraufbeschwören e. phantast. Ritterwelt mit glänzenden Schilderungen in gepflegten Versen; verwandte in s. Lyrik die traditionellen kastil. u. ital. Metren, Vorliebe für mytholog. u. antike Themen als Frucht s. humanist. Bildung; kündigte in einigen Gedichten die spätere Manier Góngoras an.

W: Las lágrimas de Angélica, Ep. 1586 (Faks. A. M. Huntington, N. Y. 1904; hg. J. Lara Garrido 1981). – Poesías in: ›Biblioteca de Autores Españoles‹, Bd. 35 u. 42.

L: F. Rodríguez Marín, 1903; E. Lacadena, 1980; J. Lara Garrido, 1980.

Baraka, Imamu Amiri → Jones, LeRoi

Baranauskas (Baronas), Antanas (Ps. Jurkšas Smalaūsys), litau. Dichter, 17. 1. 1835 Anykščiai – 26. 11. 1902 Seiniai. Bauernsohn; 1845–48 Volksschule Anykščiai, 1851–53 Schreiberschule Rusiškiai; Schreiber in Vainutas, Raseiniai, Sėda und Skuodas. In Sėda s. Leben u. Schaffen bestimmende Freundschaft mit der Bojarentochter K. Pranauskaitė. Um die Ehe zu verhindern, ermöglichte ihre Familie ihm das Stud. im Priesterseminar von Varniai (1856–58), wo B. fast alle s. bedeutenden Dichtungen, auch s. Hauptwerk ›Anykščių Šilelis‹ schuf. 1858–62 Theolog. Akad. Petersburg, Stud. München, Rom, Louvain. Beeindruckt vom Aufstand von 1863 schrieb er das Gedicht ›Neramumas‹. 1865–67 Dozent der Theolog. Akad. Petersburg; 1867–84 Prof. am Priesterseminar Kaunas; Weihbischof von Kaunas; Verbindung mit A. Schleicher, J. Baudouin de Courtenay; Mitarbeit an der Akad. der Wiss. Moskau bei der Herausgabe von K. Donelaitis' ›Metai‹; 1897–1902 Bischof von Seiniai. – Aus innigem Gefühl der Verbundenheit besingt er bildhaft die Schönheit der Natur und das traurige Schicksal des litau. Volkes; B.s ›Anykščių Šilelis‹, in viele Sprachen übersetzt, ist e. der schönsten Werke der litau. Lit. im 19. Jh., beeinflußt von Mickiewicz; schildert persönl., lyr. Erlebnisse und Heimweh. Übs. der 1. litau. Grammatik; Dialektforscher.

W: Dainų dainelė, G. 1857; Anykščių Šilelis, G. 1858f. (d. 1967); Kelionė Petersburgan, G. 1859; Pasikalbėjimas giesmininko su Lietuva, G. 1859; Neramumas, 1863. – Raštai (W), 1912, II 1970.

Barańczak, Stanisław (Ps. Feliks Trzymadło i Szczęsny Dzierżankiewicz u.a.), poln. Lyriker, Übersetzer, Literaturkritiker, * 13. 11. 1946 Posen. Stud. Polonistik Posen. 1969–77 Wiss. Mitarbeiter. 1975 demonstrativer Austritt aus der kommunist. Partei. 1976 Mitbegründer der Bürgerrechtsbewegung KOR (Komitee zur Verteidigung der Arbeiter). 1977 Entlassung aus dem Universitätsdienst u. Publikationsverbot. 1981 Emigration in die USA. Seit 1981 Prof. für poln. Sprache u. Lit. an der Harvard Univ. Übers. russ., amerik., engl. Lyrik sowie der Dramen Shakespeares. Zahlreiche Auszeichnungen. Wohnt in Newtonville/Massachusetts. – Einer der herausragendsten Vertreter e. Dichtergeneration, für die nicht mehr der Krieg, sondern der Machtapparat der VR Polen zum Schlüsselerlebnis wurde. Poetische Virtuosität, linguist. Sprachverständnis u. polit. Leidenschaft sind die Grundelemente e. feinsinnigen Rebellion der ersten Gedichtbände. B. ist e. der Hauptvertreter der sog. ›Neuen Linguisten‹, deren sprachbetonte Lyrik e. kulturpolit. kritische Position bezieht. Er stellt die Sprachverfälschung bloß, mit der die Instanzen die Gesellschaft manipulieren. Der Mensch ist der Willkür des Machtapparates ausgeliefert, und Mißtrauen begleitet die alltägliche Trostlosigkeit. Ungewöhnlich groß war der Einfluß B.s auf die poln. Lyrik. In den 80er Jahren setzte eine neue Phase ein – die gleichermaßen virtuose Gestaltung der poet. Form.

W: Korekta twarzy, G. 1968; Nieufni i zadufani, Sk. 1971; Dziennik poranny, G. 1972; Ja wiem, że to niesłuszne, G. Paris 1977; Atlantyda i inne wiersze, G. London 1986; Chirurgiczna precyzja, G. 1998. – G.-Ausw., 1990; Wybór wierszy i przekładów (AW), 1997.

L: D. Pawalec, 1992; K. Biedrzycki, 1995.

Baranskaja, Natal'ja Vladimirovna, russ. Prosaistin * 31. 12. 1908 St. Petersburg. Vater Arzt; Stud. Ethnol., 1958–66 am Aufbau e. Puškinmuseums in Moskau beteiligt, ab 1969 Schriftstellerin, wohnt in Moskau. – ›Nedelja kak nedelja‹ gibt wahrheitsgemäßen Einblick in die Tragik der Frau in der SU zwischen Beruf u. Familie, ›Cvet tëmnogo mëdu‹ ist e. Roman um Puškins Frau im ersten Jahr nach s. Tod, der durch wechselnde Erzählperspektiven formal u. inhaltl. gewinnt.

W: Nedelja kak nedelja, R., in: Novyj mir 1969 (Woche um Woche, d. 1979); Otricatel'naja Žizel', En. 1977; Portret, podarennyj drugu, R. u. E. 1981 (enth. Cvet tëmnogo mëdu; Ein Kleid für Frau Puschkin, d. 1982);

Stranstvie bezdomnych, Mem. 1999. – *Übs.:* Das Ende der Welt, En. 1985.

Barasch, Ascher, hebr. Erzähler und Lyriker, 14. 3. 1889 Lopatin/Galizien – 4. 6. 1952 Tel Aviv. Seit 1914 Gymnasiallehrer in Tel Aviv, Mitbegründer der Hebr. Schriftstellervereinigung und Vorstand der hebr. Sprachakademie. – Vf. dramat. gespannter Novellen und sozialkrit. Romane über Themen der modernen jüd. Geschichte und gefühlsinniger Gedichte; Übs. von Schillers ›Don Carlos‹ und aus Spenglers Werken.

W: Tmol, G. 1915; Masa Beharim, E. 1927; Tmunot mibet mivschal haschechar, R. 1927 (Sketches from the Brewery, engl. 1971); Perakim michajel Jacov Rudorfer, R. 1928; Ahava sara, R. 1939; Hanischar be'Toledo, E. 1941 (Er blieb in Toledo, d. 1964); Bezel anaschim tovim, E. 1949; Zel Zohorajim, G. 1949. – GW, III 1952–57. – *Übs.:* Der Mandelstab, En. d. 1963.

L: Bibl.: S. Lachover, 1953.

Barataschwili, Nikolos → Barat'ašvili, Nikoloz

Barat'ašvili, Nikoloz, georg. Dichter, 4. 12. 1817 T'bilisi (Tiflis) – 21. 10. 1845 Ganja. Adliger Abkunft, Neffe von → G. Orbeliani u. Enkel König Erekle II., Gymnas. T'bilisi. Durch Unfall gehbehindert. Beamter bei Behörden in T'bilisi, Naxičevan u. Ganja, wo er umkam. – Bedeutendster Romantiker der georg. Lit., die durch s. Werk im Westen bekannt wurde und die durch ihn russ. u. westl. Einfluß geöffnet wurde. B. löst s. von oriental. Floskeln und schreibt konzentriert mit starkem Gefühlsausdruck, in dem Pessimismus u. die Melancholie Byrons mitschwingen. Das hist. Epos ›Bedi Kartlisa‹ (1839) schildert die Zeit König Erekles I. Erster Druck nach dem Tod 1852, 1858.

W: P'ik'rebi mt'k'vris piras, G. 1837; Suli oboli, G. 1839; Bedi Kartlisa, 1839 (Das Schicksal Georgiens, d. 1968, in: N. Baratašvili Gedichte, T'bilisi 1968, 1974); Merani, G. 1842. – T'xzulebani (GW), 1922, 1939, 1945, 1968, 1972. – *Übs.:* Stichi (russ.), 1968, 1974; Ausw. in: Georg. Poesie aus 8 Jh., 1971.

L: A.Gacerelia, 1949, 1968; I. Meunargia, 1968; I. Boc'vaje, 1968; G. Natrošvili, 1968; L. Boč'kova, 1968; P. Ingoroqva, 1969; M. Tavdiašvili, 1979; D. Sturua, 1984.

Baratynskij, Evgenij Abramovič, russ. Lyriker, 2. 3. 1800 Vjašlo/Gouv. Tambov – 11. 7. 1844 Neapel. Vater Gutsbesitzer; 1812 im Petersburger Pagenkorps, aus dem er 1816 wegen Disziplinarvergehens entfernt wurde, als Soldat 1819 in e. Petersburger Jägerregiment und 1820–24 in Finnland, wo sich unter dem Eindruck der Landschaft s. dichter. Begabung entfaltete; 1819 Freundschaft mit Del'vig und Puškin; 1825 Offizier, verließ den Militärdienst, lebte in Moskau u. auf s. Gütern, 1843 Auslandsreise, im Frühjahr und Sommer 1844 in Neapel. – E. Grundzug von Melancholie ist in s. ganzen Dichtung; das Frühwerk, klangvolle Verse im Stil des Anakreon und Horaz, Gelegenheitspoesie, in der epikureische und erot. Motive nicht fehlen, ist vom jungen Puškin, von Batjuškov und franz. Dichtern des endenden 18. Jh. beeinflußt; sein reifes Werk gehört zur großen europ. Gedankendichtung; es gründet auf der franz. Aufklärungsphilosophie, kreist um die inneren Gegensätzlichkeiten und Spannungen im Leben des zeitgenöss. Menschen, ist Kulturkritik in vollendeter dichter. Form; Höhepunkt sind Oden und Elegien wie ›Poslednjaja smert'‹ (Der letzte Tod), worin der nahende Untergang der Kultur als Ergebnis der rastlosen Tätigkeit der Vernunft verkündet wird, ›Poslednij poèt‹ (Der letzte Dichter) mit der Klage über die Mißachtung des Dichters im Jh. des naturfremden Geistes; B. steht mit manchen stilist. Zügen, z. B. in der Elegie ›Osen'‹ (Der Herbst), den russ. Symbolisten nahe, ist der bedeutendste Dichter im Kreis um Puškin, gründet letztl. im 18. Jh.; gelangt bes. in den letzten Gedichten zu e. aphorist. Stil von einzigartiger Prägnanz und Fülle an Sinngehalt; verfaßte ›romant. Poeme‹, Verserzählungen, zwar nach Puškins Vorbild, aber in originalem Stil. Die breitere Öffentlichkeit nahm s. Dichtung kühl auf.

W: Stichotvorenija, G. 1827; Sobranie stichotvorenij, G. II 1835. – Polnoe sobranie sočinenij (GW), II 1914/15; Stichotvorenija, poëmy, proza, pis'ma (G., Poeme, Prosa, Briefe), 1951; Polnoe sobranie stichotvorenij (GW), 1957, 1989 u. 2000; Stichotvorenija, poëmy, G. 1982. – *Übs.:* J. A. Boratynskij, Ausgewählte Gedichte, 1948.

L: G. Chetso, Oslo 1973; D. Burton, Ann Arbor 1975; A. Peškov, 1998.

Barba Jacob, Porfirio → Osorio, Miguel Angel

Barber, John → Barbour

Barberino, Andrea da → Andrea da Barberino

Barberino, Francesco da → Francesco da Barberino

Barbey d'Aurevilly, Jules-Amédée, franz. Schriftsteller, 2. 11. 1808 Saint-Sauveur-le-Vicomte/Manche – 23. 4. 1889 Paris. Aus normann. Adel, genoß sorgfältige Erziehung, lebte in Paris als Dandy, bekannt durch s. bewußte Exzentrizität, nach Verlust des Vermögens Journalist und Kritiker: ästhet.-krit. Artikel in den konservativen Pariser Blättern. Später lit. Erfolg mit ›Une histoire sans nom‹. Fand wenig Anerkennung durch Zeitgenossen. Lehnte 1884 die Kandidatur für die Académie Française ab. In den letzten Lebensjahren unter geistl. Obhut des Abtes Anger. – Als Erzähler (Romane und Novellen) zwischen Romantik und Realismus bei romant.-bizarrer Phantasie von visionärer Kraft. Origineller, unduldsamer Literaturkritiker. Bewunderer von Byron, beeinflußt von Balzac, Schauplatz der erzählenden Werke ist s. Heimat – B. wollte der W. Scott der Normandie werden – mit ihren hist. und legendären Ereignissen, lokalen Typen und ihrem Aberglauben. Schrieb die bedeutendsten ›romans de terreur‹: S. Helden sind von entsetzl. Leidenschaften beherrschte große Sünder. Innerer Kampf zwischen guten und bösen Mächten. Überwiegen des diabol. Elements. Am besten ›L'ensorcelée‹ und s. Alterswerk ›Les Diaboliques‹. Erster Vertreter des der satan. Realität nachspürenden lit. Katholizismus. Unmittelbarer Einfluß auf Bloy. Vorläufer von Mauriac und Bernanos. Geistreicher, aggressiver (›connétable des lettres‹ gen.) und oft einseitiger Kritiker mit kraft- und lebensvoller Sprache von kühner Bildhaftigkeit. Überzeugter Katholik, Monarchist und Klassizist. Wandte sich gegen die mod. polit. und lit. Strömungen, paradoxerweise gegen den Realismus, erkannte die Bedeutung Baudelaires. Glänzender Briefschreiber.

W: Léa, R. 1832; L'amour impossible, R. 1839; La Bague d'Annibal, R. 1843; Du dandysme et de Georges Brummel, Prosa 1845 (d. 1909); Une vieille maîtresse, R. III 1851 (d. II 1904); Les prophètes du passé, Es. 1851; Dix-neuvième siècle, Abhn. 1851–61; L'ensorcelée, R. 1854 (d. 1900); XIXe siecle: les œuvres et les hommes, 1860–1909; Le chevalier Des Touches, R. 1864; Un prêtre marié, R. 1865 (d. 1968); Les diaboliques, Nn. 1874 (d. 1900, 1922, 1964); Goethe et Diderot, St. 1880; Une histoire sans nom, R. 1883; Ce qui ne meurt pas, R. 1884; Portraits politiques et littéraires, Ess. 1898; Les œuvres et les hommes, Ess. XXVI 1860–1909; Le théâtre contemporain, Ess. V hg. 1887–96; Poèmes, hg. H. Bachelin 1921 (m. Bibl.); Omnia, 1970. – Œuvres complètes, XVII 1926f.; Œuvres romanesques complètes, II 1964–66; Articles inédits, hg. A. Hirschi 1972; Lettres à L. Bloy, 1903; Lettres à Trébutien, II 1908; Lettres intimes, 1921; Les Cahiers, 1935ff.

L: E. Grelé, II 1902–04; E. Seillière, 1910 (d. 1913); H. Bordeaux, 1925; L. Riotor, 1933; E. Creed, 1938; A. Marie, Le connétable des lettres, 1939; J. Canu, ^{7}1945; J. Séguin, 1949; R. Bésus, 1958; J. Gautier, 1961; G. Corbière-Gille, 1962; J. Petit, 1963; B. G. Rogers, 1967; H. Schwartz, Idéologie et art romanesque chez J. B. d'A., 1971; J. P. Boucher, 1976; P. Berthier, 1978.

Barbosa du Bocage, Manuel Maria de → Bocage, Manuel Maria l'Hedoux de Barbosa du

Barbour (Barber), John, schott. Dichter, 1316 (?)–13. 3. 1395. Studierte und lehrte in Oxford und Paris, ab 1357 Archidiakon von Aberdeen, reiste 1357 nach England, 1364 und 1368 nach Frankreich, später Beamter im Haushalt König Roberts II. – Schrieb um 1375 das hist. Versepos ›The Bruce‹, den Unabhängigkeitskrieg Schottlands gegen England und die Taten von König Robert und James Douglas verherrlichend. Bes. die Schlacht bei Bannockburn (1314) wird ausführl. und gut geschildert. Zwischen Beschreibung tatsächl. geschichtl. Begebenheiten mischen sich zahlr. Anekdoten. Die Dichtung wurde zu e. schott. Nationalepos. B. wurden ferner zugeschrieben ›Legend of Troy‹ und ›Legends of the Saints‹, beides Übsn. von Guido delle Colonne.

W: The Bruce, hg. W. W. Skeat, EETS, 1870–89, hg. W. M. Mackenzie 1909, hg. A. A. M. Duncan (m. neuengl. Übs.) 1997 u.ö.

L: G. Neilson, B., Poet and Translator, 1900.

Barbu, Eugen, rumän. Schriftsteller, 20. 2. 1924 Bukarest – 7. 9. 1993 ebda. Stud. Jura u. Philos. nicht beendet, Gendarm, Fußballspieler u. -trainer, Drucker, Redakteur versch. Zsn. – Schuf Milieuromane, in denen Elend u. Menschlichkeit, Intrigen u. Schicksale mit der Wärme e. Steinbeck beschrieben werden; das schwache philos. Gerüst wird durch Fiktion u. ep. Talent ausgeglichen. Meister der Collage, so in dem reiferen Roman ›Princepele‹, e. balkan-levantin. Pendant zu ›All the King's Men‹ von R. P. Warren. Journalist von ätzender Schärfe, Dramatiker, Filmtexter. Entfernte sich in den 1980er Jahren von der Lit., die er mit hohen polit. Funktionen kompensierte. Mehrfach in Plagiataffären verwickelt.

W: Tripleta de aur, En. 1956; Groapa, R. 1957 (erw. 1963; Teufelsgrube, d. 1966); Șoseaua Nordului, R. 1959 (überarb. ^{3}1967); Facerea lumii, R. 1964; Teatru (AW), 1968; Martiriul Sf. Sebastian, En. 1969; Princepele, R. 1969; Săptămâna nebunilor, Tg. 1981. – *Übs.:* Die Flucht der Todgeweihten, En. – Ausw. 1963.

Barbu, Ion (eig. Dan Barbilian), rumän. Dichter, 19. 3. 1895 Câmpulung/Muscel – 11. 8. 1961 Bukarest. Stud. Philos. u. Mathematik Bukarest, Berlin u. Göttingen, Dr. phil.; Univ.-Prof., Mathematiker von Weltruf. – Schon s. ersten, vom franz. Parnaß beeinflußten Veröffentlichungen in ›Sburătorul‹ 1919 waren e. lit. Ereignis. S. Sprache ist e. bizarres, klang- und prunkhaftes Gemisch von Neologismen u. Archaismen mit beschwörender Kraft u. starkem Kolorit. Die zeitgenöss. Kritik hatte Schwierigkeiten, ihn einzureihen. B. ist e. existentieller Dichter, der das Abenteuer des Seins maximal auskostet, ehrl. Sucher, für e. Elite des Geistes schreibend; Übs. Shakespeares.

W: După melci, G. 1921; Joc secund, G. 1930; Ochean, G. 1964; Versuri și proză, 1970; Poezii, hg. R. Vulpescu 1970.

L: T. Vianu, 1935; B. Nicolaescu, 1968; M. Papahagi, 1976; D. Teodorescu, 1978; S. Foarță, 1980; M. Scarlat 1981; M. Coloșencu, 1989.

Barbusse, Henri, franz. Schriftsteller, 17. 5. 1873 Asnières/Seine – 30. 8. 1935 Moskau. Sohn e. Schriftstellers; Stud. Sorbonne, Journalist (›Le Banquet‹, ›Petit Parisien‹), 1896–1903 in der Druckerei des Innenministeriums, 1898 ∞ Helyonn Mendès, 1903 Verlagslektor, Umgang mit A. Vallette, M. Schwob und dem Kreis um Hérédia, Hrsg. der Zsn. ›Je sais tout‹ und ›Le Monde‹. 2 entscheidende Kriegsjahre an der Front. 1914 Prix Goncourt, gründete 1917 den republikan. Soldatenbund, 1920 die ›Internationale‹ ehemaliger Soldaten, 1919 die Antikriegsbewegung ›Clarté‹. Antifaschist und seit 1923 kommunist. Propagandist. Reisen in die Sowjetunion. Staatsbegräbnis in Moskau. – B.s polit. Überzeugungen, Pazifismus, Sozialismus und schließlich Kommunismus Leninscher Prägung spiegeln sich im Werk. Von hoher künstler. und dokumentar. Bedeutung sein vielumstrittenes ›Tagebuch e. Korporalschaft‹: ›Le feu‹, in dem er in mutiger Wendung gegen verbrecherische patriot. Rhetorik, ohne Rücksicht auf lit. Tradition, brutal-realist. das Grauenhafte und die Sinnlosigkeit des Krieges darstellt, durch Schilderung der Erlebnisse und Stimmung gemeiner Soldaten. Unmittelbare, packende Gestaltung von großem Einfluß auf die späteren Kriegsbücher und weit (auch im Ausland) verbreitet. Sein übriges Werk (Romane, Novellen und polit. Schriften) stark unter dem Einfluß Zolas und sehr tendenziös; antichristl. und kommunist.

W: Le siècle, Prosa 1889; Pleureuses, G. 1895 (Ausw. 10 Gedichte, d. 1921); Les suppliants, R. 1903 (d. 1921); L'enfer, R. 1908 (d. 1919); Nous autres, Nn. 1914 (d. 1921); Le feu, R. 1916 (d. 1918); Clarté, R. 1919 (d. 1920); Paroles d'un combattant, Rd. 1920; La lueur dans l'abîme, Manifest 1920 (d. 1921); Le couteau entre les dents, Aufruf 1921 (d. 1922); Enchaînements, Prosa II 1925 (Die Kette, d. 1926); Force, Nn. 1926 (d. 1926); Elévation, R. 1926 (d. 1930); Les bourreaux, Ber. 1926 (d. 1927); Les Judas de Jésus, St. 1927 (d. 1928); Jésus, G. 1927; Russie, Rep. 1930; Zola, B. 1931 (d. 1932); Lénine, Mon. 1934; Staline, Mon. 1935. – Lettres de H. B. à sa femme 1914–17, 1937.

L: H. Hertz, 1919; L. Spitzer, 1920; H. Grimrath, D. Weltkrieg i. franz. Roman, [2]1935; J. Duclos, J. Fréville, 1946; A. Vidal, 1955; V. Brett, 1963; Z. Jaremko-Pytowska, 1968; J. Reilinger, 1994; Ph. Baudorre, 1995.

Barč-Ivan, Július, slowak. Dramatiker, 1. 5. 1909 Krompachy – 25. 12. 1953 Martin. – Vom realist. Drama ausgehend, behandelte B.-I. in s. bühnentechn. sehr unterschiedl. Werken mit feiner psycholog. Durchdringung soziale u. moral. Probleme, vereinzelt auch hist. Themen, reagierte auf Zeitgeschehnisse.

W: 3000 l'udí, Dr. 1935; Človek, ktorého zbili, Dr.; Mastný hrniec, Dr. 1941; Matka, Dr. 1943; Neznámy, Dr. 1944; Dvaja, Dr. 1945; Veža, Dr. 1948; Železné ruky, R. 1948; Husličky z javora, R. 1957; Hry, Drr. 1964; Úsmech bolesti, Nn.-Ausw. 1968; Cesta myšliensky, Ess.-Ausw. 1971; Dielo (W), II 1981.

L: Z. Rampák, 1972, 1973; J. Vanovič, Cesta samotárova, 1994. – *Bibl.:* B. Bálent, 1959.

Barclay, Alexander, engl. humanist. Dichter, 1475(?) Schottland – 8. 6. 1552 Croydon. Studium wohl in Oxford u. Cambridge, dann Priester in Ottery, um 1511 Dominikanermönch in Ely, später Franziskaner in Canterbury, nach Aufhebung der Klöster Geistlicher in Wokey/Somerset, dann Rektor in London. Bereiste Holland, Deutschland, Frankreich, Italien, gewann dadurch Einblick in die Geisteshaltung des Humanismus, was sich u.a. in seiner Dichtung ›Eclogues‹ und einer Übersetzung des ›Bellum Jugurtium‹ zeigt. Übersetzte und erweiterte in sehr freier Weise (wahrscheinl. nach e. lat. Fassung) das 1494 erschienene ›Narrenschiff‹ des S. Brant als ›The Shyp of Folys of the Worlde‹: verschiedene menschl. Typen, alle Vertreter e. bestimmten Narrheit, werden durch e. Schiffsreise vereint, ihre Darstellung ist bei B. engl. Verhältnissen angepaßt und nicht mehr so stark allegorisch geprägt wie noch bei Brant; die satir. Charakterisierung hatte Einfluß auf elisabethan. Drama. Die ›Eclogues‹ sind erste engl. Versuche pastoraler Dichtung, tragen jedoch mehr Züge e. Moralsatire als e. Idylle. B. schrieb versch. didakt.-allegor. Gedichte, u.a. ›The Castell of Laboure‹ (1506).

A: The Shyp of Folys of the Worlde, 1509 (hg. T. H. Jamieson, II 1874); Eclogues, V 1515–21 (hg. B. White, [2]1961); The Mirrour of Good Manners, 1523 (n. 1885, 1967).

L: A. Pompen, The Engl. Versions of the Ship of Fools, N. Y. 1925.

Barclay, John (Ps. Euphormio), neulat. Dichter, 28. 1. 1582 Pont-à-Mousson/Lothringen – 12. 8. 1621 Rom. Vater schott. Herkunft, Prof. für Rechtswiss. Pont-à-Mousson, Mutter Französin. Stud. im Jesuitenkolleg. Übersiedelte 1603 nach England, von Jakob I. gefördert. 1605 ∞ Louisa Debonnaire, e. Französin. Typ. Kosmopolit, lebte abwechselnd in England und Frankreich, ab 1618 in Rom. – S. Hauptwerk ›Argenis‹, e. Ludwig XIII. gewidmeter Schlüsselroman, zeichnet ein scharfes Bild des zeitgenöss. Frankreich und spielt auf zahlr. Gestalten der Zeitgesch. an, zeigt Ähnlichkeit mit Sidneys ›Arcadia‹ und Mores ›Utopia‹ und spiegelt die neuen Gesellschaftsideale in e. Art christl. Stoizismus. Der pikareske Roman im Stil von Petronius' ›Satyricon‹ richtet sich gegen die Jesuiten. B.s pseudohist. Romane sind Vorläufer der späteren Sittenromane, zugleich polit. Satiren und hist. Allegorien. S. lat. Versdichtungen sind von geringerer Bedeutung als s. Prosaschriften.

W: Satyricon, R. II 1603–07 (d. 1901); Sylvae, G. 1606; Apologia, St. 1610 (d. 1901); Icon Animarum, St. 1614; Poemata, G. 1615; Argenis, R. 1621 (n. hg. C.-F. Schmid 1904; d. M. Opitz 1644, n. 1891).
L: J. Dukas, Etude bibliogr. et litt. sur le Satyricon de J. B. 1880; A. Collignon, Notes hist., litt. et bibliogr. sur l'Argenis de J. B., 1902; P. Kettelhoit, Diss. Münster 1934.

Bārda, Fricis, lett. Lyriker, 25. 1. 1880 Pociems b. Limbaži/Lettl. – 13. 3. 1919 Riga. Hofbesitzerfamilie; ab 1890 versch. Schulen; ab 1901 Lehrer Katlakalns b. Riga; 1905/06 Student Tartu, Wien; 1907–13 Erkrankung, Lehrer in Riga, verschiedene öffentl. lit. Tätigkeiten; 1915 ∞ Paulina Puskalne; ab 1916 Lehrer Riga, Valmiera. – Pantheist. Neoromantiker-Modernist; freie Verse, farbenprächtige Bilder; Theoretiker.
W: Zemes dēls, G. 1911; Dziesmas un lūgšanas Dzīvības kokam, G. 1923; Drāmas, Dr. 1929. – Kopoti raksti (GW), IV 1938/39; Raksti (W), II 1990–92.
L: Z. Maurina, F. B.s pasaules uzskats, 1938.

Bar-do thos-grol (Erlösung aus dem Zwischenzustand beim Hören), das nicht genau datierbare tibet. Totenbuch, dessen Inhalt der Lama dem Toten ins Ohr flüstert, um ihm im Jenseits, im ›Zwischenzustand‹ (bar-do) zwischen zwei Existenzen den Weg zur Erleuchtung oder zu e. günstigen Wiedergeburt zu ermöglichen. Der Bar-do beinhaltet das Erscheinen milder und schreckl. Gottheiten sowie ein Gericht, bei dem gute und böse Taten gewogen werden. Das B. wird von den unreformierten Rotmützenschulen verwendet.
A: Dharamsala, 1986. – *Übs.*: Bern, München, 1988 (dt.); New York, 1994 (engl.).

Barea, Arturo, span. Schriftsteller, 20. 9. 1897 Badajoz – 24. 12. 1957 Oxfordshire. Autodidakt, ging kurz vor Bürgerkriegsende (1939) ins Exil nach London. ›La forja de un rebelde‹ (zuerst in engl. Sprache wie alle anderen Romane) wurde e. Bestseller, dank persönl. Engagements u. autobiograph. Züge.
W: Valor y miedo, En. 1938; La forja de un rebelde, R.-Tril. 1941–44 (span. 1951; Hammer oder Amboß sein, d. 1955): La forja, La ruta, La llama; Lorca, el poeta y su pueblo, Es. 1944 (span. 1952); Unamuno, Es. 1952; La raíz rota, R. 1952 (span. 1955); El centro de la pista, En. 1960. – Cuentos completos, 2001.
L: J. M. Fernández/M. Herrera Rodrigo, 1988.

Baretti, Giuseppe Marc' Antonio (Ps. Aristarco Scannabue), ital. Schriftsteller u. Kritiker, 24. 4. 1719 Turin – 5. 5. 1789 London. Um e. ungeliebten Rechtsstud. zu entgehen, verließ B. die Heimat, führte e. unstetes Leben. 1751–60 in London, verfaßte e. ausgezeichnetes ital.-engl. Wörterbuch. Kehrte über Portugal, Spanien u. Frankreich nach Italien zurück, beschrieb die Reise in den ›Lettere familiari‹, die wegen ihrer scharfen Kritik vom span. Gesandten verboten wurden. 1763–65 gab er in Rovereto unter Pseudonym nach Vorbild der engl. Wochenblätter die krit.-satir. Halbmonatsschrift ›La frusta letteraria‹ (Die lit. Peitsche) heraus. Als die Zs. wegen ihrer Schärfe u. oft auch ungerechtfertigten Urteile verboten wurde, ging er wieder nach London. 1766 Sekretär der Royal Academy. – Lebhafter, kämpfer. Literat, e. der Väter mod. Lit.kritik. Verurteilte den steifen, lebensfremden Akademismus u. Purismus s. Zeit. Übs. Corneilles (1747f.) u. Ovids (1752 u. 1755). Trat in s. ›Discours sur Shakespeare et sur M. de Voltaire‹ temperamentvoll für den romant., lebendigen Shakespeare gegen den allzu klass. Voltaire ein. Verteidigte s. Heimat in ›An account of manners and customs of Italy‹ gegen die Verleumdungen engl. Reisender.
W: Piacevoli poesie, 1750; Dictionary of the English and Italian Language, 1760; Lettere familiari, 1762 (n. hg. L. Piccioni 1936, d. 1772); La frusta letteraria, Zs. 1763–65 (n. hg. L. Piccioni II 1933); Account of the manners and customs of Italy, II 1768f.; Discours sur Shakespeare et sur monsieur de Voltaire, 1777. – Opere, IV 1838f., hg. L. Piccioni VI 1932–36.
L: N. Jonard, Paris 1963; C. M. Franzero, 1965; M. Cerruti, hg. 1993; A. Martorelli, hg. 1993; C. Prosperi, hg. 1999. – *Bibl.*: L. Piccioni, 1942.

Bargone, Frédéric-Charles → Farrère, Claude

Barham, Richard Harris (Ps. Thomas Ingoldsby), engl. humorist. Dichter, 6. 12. 1788 Canterbury – 17. 6. 1845 London. Stud. Oxford, ab 1813 Geistlicher. – Vf. der ›Ingoldsby Legends‹, e. Reihe tragikom. und kom. Vers- und Prosaerzählungen von groteskem Witz. Erstmalig 1837 veröffentlicht in ›Bentley's Miscellany‹. Alle mögl. Varianten ma. Aberglaubens und melodramat. Schauergeschichten werden darin skurril-phantast. ad absurdum geführt. B. versteht es, mag.-unheiml. Visionen zu beschwören, die er plötzl. durch nüchtern-triviale Realistik ins Banal-Alltägliche umschlagen läßt. Reimakrobatik. S. Roman ›My Cousin Nicholas‹ ist heute vergessen.
W: The Ingoldsby Legends; or, Mirth and Marvels, Dicht. III 1840–47, hg. J. B. Atlay II 1903.
L: Dalton Barham, II 1870.

Barhebräus (latinisiert aus syr. Bar ʿEbrājā ›Sohn des Hebräers‹, dem Beinamen des Johannes Gregorius Abūl-Farağ), letzter Klassiker der syr. Lit., 1225/26 Melitene (heute Malatya/Türkei) – 30. 7. 1286 Marāġa östl. des Urmiasees. Sohn e. zum Christentum übergetretenen Arztes jüd. Abstammung, der 1244 mit s. Familie vor den Mongolen nach Antiochia auswich. Stud. Philos. u.

Medizin im syr. Tripolis. Bischof von Gubbaš u. Laqabbin b. Melitene, schließl. von Aleppo; seit 1264 Mafrjānā ›der Fruchtbringer‹, d.h. Primas der jakobit. Kirche des Ostens. – Enzyklopäd. Autor. Von s. philos. Werken zeichnet das ›Ktābā d-hekmat hekmātā‹ (Buch der Weisheit der Weisheiten) das Gesamtsystem der aristotel. Philos.; von den theolog. Werken stehen obenan der Scholienkommentar zum AT und NT ›Ausar rāzē‹ (Scheune der Geheimnisse) u. die Gesamtdarstellung der monophysit. Theol. ›Ktābā da-mnārat qudšē‹ (Buch des Leuchters der Heiligtümer). ›Maktbānūt zabnē‹ (Beschreibung der Zeiten), e. chronolog. geordnete, vom Beginn der Schöpfung bis zur Zeit des Autors reichende Universalgeschichte, stellt der profanen e. Kirchengeschichte gegenüber. Die syr. Sprache behandelt e. umfangreiche Grammatik ›Ktābā d-semhē‹ (Buch der Strahlen) u. das kleine kompendiöse ›Ktābā da-grammatīqī‹ (Buch der Grammatik). Diese lassen ebenso wie das ›Ktābā d-tunnājē mgahhkānē‹ (Buch der ergötzlichen Erzählungen), e. Sammlung witziger Anekdoten, u. zahlr. untergegangene medizin. Schriften den Einfluß der islam.-arab. Lit. erkennen.

A: *Übs.:* Einführung in das philosophische Werk, hg. u. franz. H. F. Janssens 1937; Scholienkomm. zum AT: Genesis – 2 Sammmlungen, hg. u. engl. M. Sprengling, W. C. Graham 1931, zum NT: Evangelien, hg. u. engl. W. E. Carr 1925; Buch des Leuchters der Heiligtümer, hg. u. franz. in Patrologia Orientalis 22, 24, 27, 30, 31 u. 35, J. Bakoš 1948, hg. u. dt. R. Kohlhaas 1959; Chronicon syriacum, hg. P. Bedjan 1890; Chronicon ecclesiasticum, hg. u. lat. J. B. Abbeloos, Th. J. Lamy III 1872–77; Grammatik, hg. A. Moberg 1922, dt. ders. 1907–13; Laughable Stories, hg. u. engl. E. W. Budge 1896; Ethicon, hg. u. engl. H. Teule 1993.

L: Th. Nöldeke, 1892; P. Kawerau, 1960; ders. 1972; A. Vööbus, 1970; H. Teule, 1996; G. Lane, 1999.

Baricco, Alessandro, ital. Schriftsteller und Journalist, * 1958 Turin. Stud. Musik u. Philos. Direktor der Creative Writing School ›Holden‹. – In s. ersten Roman ›Castelli di rabbia‹ verschlingen sich in echt postmoderner Manier verschiedene Geschichten in e. imaginären Städtchen zu e. polyphonen Gesamtheit. Zu e. Sensationserfolg auch in Deutschland wurde ›Seta‹. Hier gibt B. die mosaikhafte Struktur s. früheren Texte zugunsten e. sorgfältig komponierten und ausgearbeiteten Erzählung auf.

W: Il genio in fuga. Sul teatro musicale di Rossini, Ess. 1988; Castelli di rabbia, R. 1991 (›Stadt aus Glas‹, d. 1998); L'anima di Hegel e le mucche del Wisconsin, Ess. 1993 (d. 2001); Oceano mare, R. 1993 (d. 2001); Novecento, Monolog 1994 (d. 1999); Barnum, lo spettacolo della settimana, Ess. 1995; Seta, R. 1996 (d. 1997); City, R. 1999 (d. 2000); Senza sangue, R. 2002.

L: C. Pezzin, 2001.

Barker, George (Granville), engl. Dichter, 26. 2. 1913 Loughton/Essex – 27. 10. 1991 Itteringham. Ir. Herkunft; Stud. Polytechnics London; vor dem 2. Weltkrieg kurze Zeit Dozent für engl. Lit. Univ. Tokio; dann in USA. – Lyriker und Erzähler, zunächst der engl. Neuromantik um 1930 zuzurechnen, surrealist. Anklänge, v. a. im Spätwerk auch knappere, epigrammat. Diktion. Z. T. starke autobiograph. Bezüge. In s. Prosa von F. Kafka beeinflußt.

W: Alanna Autumnal, R. 1933; Janus, Nn. 1935; Poems, 1935; Calamiterror, G. 1937; Lament and Triumph, G. 1940; Eros in Dogma, G. 1944; The Dead Seagull, R. 1950 (Der Dorn im Fleisch, d. 1951); The True Confession of G. B., G. 1950, ²1964; News of the World, G. 1950; A Vision of Beasts and Gods, G. 1954; Collected Poems, 1957; Two Plays, 1958; The View from a Blind I, G. 1962; Dreams of a Summer Night, G. 1966; The Golden Chains, G. 1968; Essays, 1970; Poems of Places and People, G. 1971; In Memory of David Archer, G. 1973; Dialogues etc., G. 1976; Villa Stellar, G. 1978; Anno Domini, G. 1983; Collected Poems, 1987; Street Ballads, G. 1992; Selected Poems, 1995.

L: M. Fodaski, 1969; Homage to G. B. on His 60th Birthday, hg. J. Heath-Stubbs, M. Green 1973; R. Fraser, The Chameleon Poet, B. 2001.

Barker, Harley Granville → Granville-Barker, Harley

Barker, Howard, engl. Dramatiker, * 28. 6. 1946 London. 1964–68 Stud. Geschichte Brighton, schreibt 1974/75 für ›Open Space Theatre‹ London, seit 1988 für ›The Wrestling School‹. – Vf. provokanter u. umstrittener Stücke für Bühne, Radio u. Fernsehen. B.s satir. Gesellschafts- u. Humanismuskritik mündet in moral. Spekulation. S. experimentelles ›Theatre of Catastrophe‹ seziert Subjektivität brutal u. oft buchstäbl. in Exzessen von Gewalt, Wahnsinn u. Leiden. Trüger. u. ideologiegebundener Bedeutungsfülle setzt B. Widersprüche u. Offenheit entgegen, um s. Publikum herauszufordern.

W: Claw, Dr. 1977; Victory, Dr. 1983; Scenes from an Execution, Dr. 1985; The Castle, Dr. 1986; The Bite of the Night, Dr. 1988; Arguments for a Theatre, Ess. 1989; Seven Lears, Dr. 1990; The Europeans, Dr. 1990.

L: Gambit, 1984; D. I. Rabey, 1989.

Barker, James Nelson, amerik. Dramatiker, 17. 6. 1784 Philadelphia – 9. 3. 1858 Washington. Teilnehmer am Krieg von 1812, erfolgr. polit. Karriere (Bürgermeister von Philadelphia; bis zu s. Tod leitende Stellung im Finanzministerium der USA). – S. Dramen behandeln amerik. Themen: ›The Indian Princess‹ greift als erstes amerik. Drama e. indian. Stoff (die Pocahontas-Legende) auf, und ›Superstition‹ handelt vom puritan. Fanatismus Neuenglands (Hexenprozesse).

W: Tears and Smiles, Dr. 1808; The Indian Princess: or, La Belle Sauvage, Dr. 1808; Marmion, Dr. 1816 (nach Scott); How to Try a Lover, Dr. 1817; Superstition, Dr. 1826; Sketches of the Primitive Settlement, Rd. 1827.

L: P. H. Musser, 1929.

Barker, Pat, engl. Schriftstellerin, * 8. 5. 1943 Thornaby-on-Tees. Stud. Internationale Gesch. Dozentin für Gesch. u. Politik. – Nach ihren ersten feminist. Romanen, die das harte Leben von Arbeiterinnen in Yorkshire beschreiben, gelang ihr mit der ›Regeneration‹-Trilogie e. hist. Fakten u. fiktionale Elemente verbindende überzeugende Darstellung der psych. Deformationen von Teilnehmern des 1. Weltkriegs. B. zeigt die Auswirkungen des Krieges u. sozialhist. Wandels auf das brit. Klassensystem, Familie, Sexualität u. Geschlechterrollen. Oft düsterer Realismus, unsentimentale Darstellung, multiple Erzählperspektiven.

W: Union Street, R. 1982 (d. 1995); Blow Your House Down, R. 1984 (Die Lockvögel, d. 1992); The Century's Daughter, R. 1986; The Man Who Wasn't There, R. 1989; Regeneration, R. 1991 (Niemandsland, d. 1997); The Eye in the Door, R. 1993 (d. 1998); Ghost Road, R. 1995 (d. 2000); Another World, R. 1998 (Das Gegenbild, d. 2001); Border Crossing, R. 2001 (Der Eissplitter, d. 2003); Double Vision, R. 2003.

L: K. Westman, 2001; S. Monteith, 2002.

Barlaam und Ioasaph, griech. Roman, byzantin. (Vf., Datum, Quellenfrage unklar, um 800 im Sabas-Kloster in Palästina?). – Christl. Bearbeitung der Lebensgeschichte Gautama Buddhas mit stark apologet. Tendenz: Der ind. Prinz I. wird durch den asket. Mönch B. bekehrt u. nach kurzer gerechter Herrschaft selbst Eremit, stirbt wenig nach B., große Pilgertätigkeit an beiden Gruften. Reiches Nachleben im MA (3 lat. Übsn.), Übsn. und Bearbeitungen in zahlreiche Volkssprachen.

A: J. P. Migne, Patrol. Graeca 96; Isabella Tsabare 1992; P. Bádenas de la Peña 1993; W. Klein 1997 (m. dt. Übs.). – *Übs.:* F. Liebrecht 1847; N. Kantiotes, A. Gerostergios 1997.

L: F. Dölger, 1953; A. Kazhdan, in: Fs. G. Wirth, hg. W. Will 1988; S. Calomino, 1990 (15. Jh., Dtl.).

Barlow, Joel, amerik. Dichter, 24. 3. 1754 Redding/CT – 24. 12. 1812 Żarnowiec/Polen. Farmersohn, Dartmouth u. Yale Colleges; 1776 Schlacht von Long Island; Militärgeistlicher, Literat im konservativen Kreis der ›Connecticut Wits‹; hatte den Ehrgeiz, e. amerik. Epos zu schaffen, das nach 9jähriger Arbeit 1787 als ›The Vision of Columbus‹ erschien. 1788 nach Europa, dort 17 Jahre als Geschäftsmann, Schriftsteller u. Politiker radikal-demokrat. Überzeugung; 1795 amerik. Konsul in Algier. Befreundet mit J. Priestley und Th. Paine; 1805 wohlhabend nach Amerika zurückgekehrt, überarbeitet er s. Epos und ersetzt die ursprüngl. christl. Begründung amerik. Geschichte durch s. veränderten radikalen u. säkularisierten Überzeugungen. 1811 als Botschafter nach Frankreich gesandt, folgte er Napoleon nach Rußland, starb an Lungenentzündung beim Rückzug; in Polen begraben. – Lebendig bleiben von s. Dichtung das in Savoyen geschriebene, scherzhaft-pastorale ›The Hasty Pudding‹ u. s. sardon., anti-napoleon. letztes Gedicht ›Advice to a Raven in Russia‹ (1812).

W: The Vision of Columbus, Ep. 1787 (erw. The Columbiad, 1807); Advice to the Privileged Orders ..., Abh. 1792f. (Guter Rath an die Völker Europas, d. 1792); The Hasty Pudding, G. 1796; The Political Writings, 1971. – Works, II 1970.

L: Ch. B. Todd, 1886, n. 1972; Th. A. Zunder, 1934; J. Woodress, 1958; A. L. Ford, 1971; S. Bernstein, 1985.

Barnard, Christian Johan, afrikaanser Prosaautor, * 15. 7. 1939 Nelspruit. ∞ Regisseurin Katinka Heyns. – Er debütierte mit Kurzgeschichten, in denen der Zusammenhang von Tod und Sexualität beschrieben wird. Charakteristisch sind groteske Erzählelemente. Als Romancier machte B. sich mit ›Mahala‹ (1971) einen Namen. In diesem Roman wird das Erzählen selbst zum Problem, und der Roman wird so zum Anti-Roman. Wichtig sind B.s dramat. Werke und Hörspiele. Er neigt zum absurden Theater und schrieb auch Fernsehdramen.

W: Die houtbeeld, Nn. 1958; Bekende onrus, Nn. 1961; Pa maak vir my 'n vlieër Pa, Drr. 1964; Duiwel in die bos, Nn. 1968; Man met vakansie, Drr. 1977; Moerland, R. 1992; Paljas en die storie van Klara Viljee, Filmdrb. 1998; Boendoe, R. 1999.

L: J. P. Smuts, 1998.

Barnard, Wilhelmus → Graft, Guillaume van der

Barnes, Barnabe, engl. Lyriker und Dramatiker, 1569 Yorkshire – 1609 Durham. Sohn des Dr. Richard B., Bischof von Durham; Stud. Oxford. Vf. zahlr. mittelmäßiger Gedichte (Sonette, Madrigale, Elegien, Oden) sowie des im Kontext der petrarkistischen Sonettmode verfaßten Sonettzyklus ›Parthenophil and Pathenope‹, in dem im Unterschied zu den meisten anderen Zyklen nicht in religiöser Sublimierung, sondern in einer brutalen Vergewaltigung gipfelt. Seine antipapist. Tragödie ›The Devil's Charter‹, 1605 durch ›The King's Men‹ am Hofe König James I. aufgeführt, richtet sich gegen Papst Alexander VI.

W: Parthenophil and Pathenope, G. 1593; A Divine Centurie of Spirituall Sonnets, G. 1595; The Devil's Charter, Tr. 1607 (hg. R. B. McKerrow, Löwen 1904). – Poems, hg. A. B. Grosart 1875.

L: M. Eccles, B. B., in: The Lodge and Other Elizabethans, hg. C. J. Sisson 1933; E. P. Blank Jr., Lyric Forms in the Sonnet Sequences of B. B., 1974.

Barnes, Djuna, amerik. Schriftstellerin, 12. 6. 1892 Cornwall-on-the-Hudson/NY – 18. 6. 1982 New York. Mitglied der Theatre Guild, schrieb Stücke für die Provincetown Players, Short Stories und Theaterkritiken, journalist. Tätigkeit; lebte lange in Europa, in Paris Freundin G. Steins; ab 1939 in New York. – Eigenwillige, experimentierfreudige Erzählerin und Dramatikerin, verwendet die Bewußtseinstechnik zur Darstellung menschl. Kontaktlosigkeit; klare, bewußt verfremdende Prosa von lyr. Reiz und großem Bilderreichtum. Obwohl zu Lebzeiten fast unbeachtet von der Öffentlichkeit, zählt ihr Hauptwerk ›Nightwood‹ zu den wichtigsten, einflußreichsten Werken der Moderne. Illustratorin eigener Werke.

W: The Book of Repulsive Women, G. 1915; A Book, G., En. u. Dr. 1923 (Leidenschaft, d. 1986); Ryder, R. 1928 (d. 1986); Ladies' Almanack, 1929 (d. 1985), A Night Among the Horses, Kgn. 1929 (enthält u.a. A Book; d. 1961); Nightwood, R. 1936 (hg. T. S. Eliot, 1937; Nachtgewächs, d. 1959); The Antiphon, Dr. 1958 (d. 1972); Spillway, En. 1962 (d. 1986); Selected Works, 1962; Vagaries Malicieux, Ess. 1975; Smoke, En. 1982 (Die Nacht in den Wäldern, d. 1984); Interviews, 1985 u. 1987; New York, Ess. 1989; At the Roots of the Stars, Dr. 1995. – Poe's Mother: Selected Drawings, 1995; Collected Stories, 1996. – *Übs.:* Portraits, Ess. 1985; Saturnalien, Prosa 1987; Paprika Johnson, En. 1989; Was sehen Sie, Madame?, Anth. 1990; Verführer an allen Ecken und Enden, Anth. 1994; Im Dunkeln gehn, Br. 2002.

L: A. Field, 1985; A. Barry, hg. 1985; Ch. J. Plumb, 1987; K. Stromberg, 1989/1999; H. O'Neal, 1990; M. L. Broe, 1991; P. Herring, 1995; C. Allen, 1996; A. Bretschneider, 1997; M. Stange, 1999.

Barnes, Julian (Ps. Dan Kavanagh), engl. Schriftsteller, * 19. 1. 1946 Leicester. Sprachstud. Oxford, Lexikograph für das ›OED‹, Journalist. – Vielseitiges, ästhet. anspruchsvolles Werk, unter Pseudonym auch Thriller mit der bisexuellen Detektivfigur Duffy. Experimente mit unterschiedl. Prosagattungen, von der fiktionalen Biographie über den metahist. Roman (›The Porcupine‹), die Dreiecksgeschichte (z.B. ›Talking it Over‹) bis zur farcenhaften Dystopie (›England, England‹). Zentrale Themen sind die vergebl. Suche nach Authentizität, die Bedeutung von Erinnerung, Geschichts- und Kulturbewußtsein für die Konstruktion persönl. und nationaler Identitäten sowie die sinnstiftende Kraft der Liebe.

W: Metroland, R. 1980 (d. 1989); Duffy, R. 1980 (d. 1988); Fiddle City, R. 1981 (Schieber-City, d. 1993); Flaubert's Parrot, R. 1984 (d. 1987); Putting the Boot In, R. 1985 (Abblocken, d. 1994); Staring at the Sun, R. 1986 (d. 1991); A History of the World in 10 1/2 Chapters, R. 1989 (d. 1990); Talking it Over, R. 1991 (d. 1992); The Porcupine, R. 1992 (d. 1992); Letters from London 1990–95, Ess. 1995 (d. 1995); Cross Channel, Kgn. 1996 (Dover – Calais, d. 1996); England, England, R. 1998 (d. 1999); Love, etc., R. 2000 (d. 2002); Something to Declare, Ess. 2002 (Tour de France, d. 2003); In the Land of Pain, Übs. 2002.

L: M. Moseley, 1997; C. Henke, 2001; M. Pateman, 2002.

Barnes, Peter, engl. Dramatiker, * 10. 1. 1931 London. – Erneuerer des barocken, phantast., wilden u. grotesken Dramenstils der nachelisabethan. Periode. Die makabre Komödie ›Auschwitz‹ provozierte heftige Kritik; das Drama ›Jubilee‹, e. hintergründige Satire auf die Shakespeare-Industrie, seziert den zeitgenöss. Personenkult.

W: The Ruling Class, Dr. 1969; Leonardo's Last Supper and Noonday Demons, Drn. 1970 (Der hl. Eusebius im Gehäus, d. 1970); The Bewitched, Dr. 1974; Laughter!, Dr. 1978; Collected Plays, Drn. 1981; Red Noses, Dr. 1985; Sunsets and Glories, Dr. 1990; Revolutionary Witness, Dr. 1996; Dreaming, Dr. 1999; Jubilee, Dr. 2001.

L: B. F. Dukore, 1981 u. 1995.

Barnes, William, engl. Dialektdichter und Sprachwissenschaftler, 22. 2. 1801 Rushay/Dorset – 7. 10. 1886 Winterborne Came. Sohn e. Landwirts, wurde Rechtsanwaltsgestellter und Lehrer, studierte die Klassiker, später Geistlicher in Came. – S. zahlr. Landschaftsgedichte im Dorset-Dialekt erschienen zunächst in Zeitungen, später veröffentlichte er sie in 3 Serien 1844, 1859 und 1863; sie sind Zeitdokumente ländl. Lebens jener Zeit, von Tiefe und feinem Empfinden. Thema: Lob der Reize ländl. Lebens, Schilderungen der Szenerie Dorsets. B. betätigte sich auch als Sprachwissenschaftler, versuchte in zahlr. Schriften alle grammat. Einflüsse des Lat. aus der engl. Sprache auszumerzen.

W: Poems of Rural Life in the Dorset Dialect, G. 1844; Se Gefylsta, an Anglo-Saxon Delectus, Abh. 1849; Philological Grammar, Abh. 1854; Hwomely Rhymes, G. 1859; Tiw, or a View of the Roots and Stems of the English as a Teutonic Tongue, Abh. 1861; Poems of Rural Life in Common English, G. 1868. – The Poems, hg. B. Jones II 1962; Poems, hg. V. Shepherd 1998.

L: L. E. Baxter, 1887 (m. Bibl., Faks. 1996); G. Dugdale, 1953; J. W. Parins, 1984; A. Chedzoy, 1985; F. Austin, Language and Craft, 2002.

Barnet, Miguel, kuban. Schriftsteller, * 28. 1. 1940 Havanna. Ethnologe, Journalist, Drehbuchautor, Kulturfunktionär. – Nach einigen Gedichtbänden u. ethnolog. Studien erlangte er Weltberühmtheit mit ›Cimarrón‹, e. dokumentar. Roman (›novela testimonio‹) über das Leben e. 106jährigen ehemaligen schwarzen Sklaven, der fast e. Jh. kuban. Geschichte zu erzählen wußte. Das Werk wurde als Hörspiel, Theaterstück u. Pantomime berarbeitet u. war Vorlage e. Oper von Hans Werner Henze. B. hat weitere Lebensgeschichten verfaßt: die von Rita Montaner, e. sehr berühmten Varietésängerin, die e. Dorfjungen, der von Spanien nach Kuba auswanderte, u. die e. kuban. Emigranten in New York. B. identifiziert sich vollständig mit s. Gestalten, beschreibt die typ. Situationen u. Sitten Kubas u. verwendet die Ausdrucksweise der Volkssprache. S. Bücher sind hist. Zeugnis u. elementare Poesie. Nach dieser Phase erschienen einige Romane, die teilweise als ›Post-Testimonio‹ angesehen wurden.

W: La piedrafina y el pavorreal, G. 1963; Biografía de un cimarrón, R. 1966 (d. 1969; Vertonung durch H. W. Henze 1970, mit Libretto von H. M. Enzensberger); La canción de Rachel, R. 1969 (d. 1980); Akeké y la jutía, Fabeln 1978 (d. 1986); Gallego, R. 1981 verfilmt; d. 1981); Carta de noche, G. 1982; La vida real, R. 1986 (d. 1990); Oficio de ángel, R. 1989 (d. 1993).

Barnfield, Richard, engl. Dichter, 1574 (getauft 13. 6. 1574) Norbury/Shropshire – März 1627 (begraben 6. 3. 1627) Stone/Staffordshire. 1589 Brasenose College in Oxford, Abschluß 1592. Ab 1593 in London, Kontakt zu Thomas Watson, Michael Drayton und wohl auch zu Edmund Spenser. – Sein lit. Ruhm geht hauptsächlich zurück auf eine Sammlung von Eklogen, veröffentlicht 1594 u.d.T. ›The Affectionate Shepheard‹ und im Stile Vergils gehalten. B. schrieb zudem satir. Gedichte und einen Sonettzyklus (›Cynthia‹). Im konventionell petrarkist. Duktus verfaßt, unterscheiden sich die Sonette insofern von ihren Vorbildern, als der ›blason‹ dem Lob der Schönheit eines jungen Mannes gilt; dies wurde von B. selbst allerdings als lit. Überformung und Verhandlung von Männerfreundschaft, nicht als Inszenierung homoerot. Begehrens deklariert. Ungeachtet dessen werden auch in den anderen Gedichten B.s unterschiedliche Konstellationen von Männerfreundschaft und Homoerotik verhandelt und die Grenzen zwischen konventionellen ›male bondings‹ und deviantem Begehren aufgebrochen.

W: The affectionate Shepheard, 1594; Greenes Funeralls, 1594; Cynthia, 1595; The Encomion of Lady Pecunia,1598; The Complaint of Poetrie for the Death of Liberalitie, 1598; Poems in Divers Humours, 1598; A Combat betwixt Conscience and Covetousnesse, 1605. – The Complete Poems, hg. G. Klawitter 1990.
L: F. H. Morris, 1963; Clitheroe, 1992; G. Klawitter, K. Borris, The affectionate Shepheard. Celebrating R. B., 2001.

Baroja y Nessi, Pío, span. Romanschriftsteller, 28. 12. 1872 San Sebastián – 30. 10. 1956 Madrid. Ingenieurssohn, Kindheit in versch. span. Städten, Abitur in Madrid, Medizinstud. in Madrid und Valencia, 1893 Doktorarbeit über das Thema ›Der Schmerz‹; 1894–96 Landarzt in Cestona, wo e. Teil s. ersten Werkes ›Vidas sombrías‹ entstand; 1896 Übernahme der Bäckerei e. Tante in Madrid; entscheidender Lebensabschnitt, Festigung s. lit. Neigungen; nach Aufgabe der Bäckerei nur noch lit. Tätigkeit u. Reisen. 1899 1. Pariser Reise, Verkehr in lit. Kreisen, zahlr. Reisen durch Spanien, Frankreich, England, Dtl. u. die Schweiz; während des Span. Bürgerkriegs aufgrund e. Mißverständnisses kurzfristig verhaftet; Reise nach Paris u. Basel, lebte bis zu s. Tod in Madrid; ab 1935 Mitgl. der Span. Akad. – Vertreter der sog. ›Generation von 1898‹, unabhängiger, aufrichtiger Mensch, um schlichten, ungekünstelten Stil bemüht, verabscheute Rhetorik u. Geziertheit; gilt heute dank s. eigenwilligen Stils als der interessanteste span. Romancier der neueren Zeit; schrieb mehr als 70 Romane, fast alle, z.T. willkürl., in Trilogien zusammengefaßt. Pessimist. Grundtendenz, Gesellschaftskritik; anarchist. Neigungen, insbes. in der 1. Trilogie ›La lucha por la vida‹; nihilist. Lebenseinstellung, leugnet den Sinn des Lebens, kein relig. Mensch; Angriffe gegen den Klerus, den er für die span. Mißstände verantwortlich macht; vertrat in s. späteren Werken mehr u. mehr gemäßigte Tendenzen. Eines s. Hauptwerke ist die Romanserie ›Memorias de un hombre de acción‹ über das Leben s. Vorfahren Aviraneta u. die Kämpfe zwischen Liberalen u. Traditionalisten im 19. Jh.; bevorzugte als Romangestalten einfache Menschen, Abenteurer, Vagabunden; schrieb auch zahlr. hochinteressante Essays über lit., philos. u. polit. Themen.

W: Vidas sombrías, En. 1900; La casa de Aizgorri, R. 1900; Aventuras, inventos y mixtificaciones de Silvestre Paradox, R. 1901; Camino de perfección, R. 1902; El mayorazgo de Labraz, R. 1903 (d. 1918); El tablado de Arlequín, Ess. 1904; La lucha por la vida, III 1904 (Span. Trilogie, d. 1948); La feria de los discretos, R. 1905 (d. 1927); Los últimos románticos, R. 1906; La dama errante, R. 1908; Zalacain, el aventurero, R. 1909 (d. 1944); La ciudad de la niebla, R. 1909 (d. 1918); César o nada, R. 1910; Las inquietudes de Shanti Andía, R. 1911 (d. 1913 u. 1961); El árbol de la ciencia, R. 1911 (d. 1963); El mundo es ansí, R. 1912; Memorias de un hombre de acción, R. XXII 1913–35; Juventud, egolatría, Ess. 1917; Las horas solitarias, Ess. 1918; Divagaciones apasionadas, Ess. 1924; La familia de Errotacho, R. 1932; El cabo de las tormentas, R. 1932; Los visionarios, R. 1932; El cura de Monleón, R. 1936; El caballero de Erláiz, R. 1943; Canciones del suburbio, R. 1944; Desde la última vuelta del camino, Mem. VII 1944–49; El Hotel del Cisne, R. 1945; El cantor vagabundo, R. 1950; Las veladas del chalet gris, Prosa 1952. – Obras completas, VIII 1946–51. – *Übs.*: Spanische Miniaturen, En. 1916.

L: M. Pérez Ferrero, 1941; ders., 1960; L. S. Granjel, 1943; J. García Mercadal, hg. o. J.; Azorín, 1946; ders. 1960; M. Gómez Santos, 1956; R. Baeza, hg. III 1961; C. Iglesias, 1963; S. J. Arbó, 1963; J. Alberich, 1966; J. Corrales Egea, 1969; J. González López, 1971; F. J. Flores Arroyuelo, 1971; J. Caro Baroja, 1972; H. Rivera, 1972; I. Criado Miguel, 1974; C. Longhurst, 1974; J. Martinez, hg. 1974; I. Elizalde, 1975; J. Campos, 1981; P. Caro Baroja, 1987; M. A. Garcia de Juan, 1997; B. de Ancos Morales, 1998; E. Mendoza, 2001.

Baron, Dvora, hebr. Erzählerin, 4. 12. 1887 Useda/Weißrußland – 20. 8. 1956 Tel Aviv. Tochter e. Oberrabbiners; russ. Gymnas. Seit 1911 in Israel als Publizistin und in der jüd. Arbeiterbewegung aktiv. ∞ Josef Ahronowitz. – Schilderte vornehml. das Leben der Juden in litau.-weißruss. Kleinstädten. Übs. von Flauberts ›Madame Bovary‹ (1943).

W: Sippurim, E. 1927; Ketanot, En. 1933; Ma schehaja, En. 1939; Le'et ata, En. 1943; Misxham, En. 1946; Ha-Laban, En. 1947; Schavririm, En. 1949; Parschiot, Ges. En. 1952; Agav orcha, Nl. 1960; Kritut ve-Sipurim, En. 1997. – *Übs.:* The Thorny Path and Other Stories, En. engl. 1969; First Day and other Stories, En. engl. 2001.

L: N. Govrin, 1988; A. Lieblich, 1997.

Baronas, Antanas → Baranauskas

Barrès, Maurice, franz. Schriftsteller und Politiker, 19. 8. 1862 Charmes-sur-Moselle/Lothringen – 4. 12. 1923 Neuilly-sur-Seine b. Paris. Bürgerl. Elternhaus, Gymnas. La Malgrange b. Nancy und Nancy, Stud. Rechte Sorbonne; meiste Zeit s. Lebens in Paris. Verbunden mit den lit. Kreisen des Quartier Latin, befreundet mit Mallarmé, A. France und Moréas. 1889–93 boulangist. Abgeordneter. Antisemit im Dreyfusprozeß, seit 1905 am ideolog. Kampf gegen Dtl. beteiligt. Reisen nach Italien, Spanien, Griechenland, in die Levante. Seit 1906 Mitgl. der Académie Française. Galt als e. der hervorragendsten franz. Schriftsteller s. Zeit. – Bedeutender Romancier; Essayist, Journalist. Von starker Sensibilität, aber streng diszipliniertem Stil. In s. 1. Schaffensperiode wie Renan Anhänger des Dilettantismus, einer auf Skepsis beruhenden, Aktivität meidenden und genießer. Lebenshaltung. Von Stendhal beeinflußter Romancier des Ich-Kults der Dekadenz, dessen aristokrat. Grundlagen e. Reaktion auf die die Persönlichkeit nivellierenden Prinzipien des Naturalismus darstellen. Verherrlicht in s. Romanen, auf die er die analyt. Methode des Positivismus anwandte, rückhaltlos und voll hochmütiger Verachtung für die Mehrzahl der Menschen die Kräfte des Individuums, vertritt e. method. Egoismus. In der 2. Periode Fanatiker des Traditionalismus. Erkannte die Notwendigkeit e. irrationalen Gemeinschaft der Individuen. Sah sie in Bindung an Blut, Tradition und Religion, im Regionalismus, baute auf ihm s. Nationalismus auf, für den er sich polit. einsetzte. Starkes ästhet. Moment s. Persönlichkeit; vorwiegend ästhet. Katholizismus, Reisen empfindet B. romantisch als steigernde Anregung für s. Persönlichkeit. Ideologisch und lit. von nachhaltigem Einfluß (Gide, Mauriac, Malraux, Montherlant).

W: Le culte du moi, R. III 1888–91 (Sous l'œil des barbares, 1888, Un homme libre, 1889, Le jardin de Bérénice, 1891); Du sang, de la volupté et de la mort, Prosa III 1894 (d. 1907); Un amateur d'âmes; Voyages en Espagne; Voyage en Italie; Le roman de l'énergie nationale, R. III 1897–1902 (Les déracinés, 1897, L'appel au soldat, 1900, Leurs figures, 1902); Scènes et doctrines du nationalisme, Prosa 1902; Amori et dolori sacrum, E. 1902; Les amitiés françaises, E. 1903; Les bastions de l'est, R. II 1905–11 (Au service de l'Allemagne, d. 1907, Colette Baudoche; Le voyage de Sparte, Prosa 1906; Greco ou le secret de Tolède, Prosa 1912 (d. 1913); La colline inspirée, E. 1913 (hg. J. Barbier 1962); La grande pitié des églises de France, Ess. 1914; Chronique de la grande guerre, XIV 1920–24; Le génie du Rhin, Schr. 1921 (d. 1921); Un jardin sur l'Oronte, E. 1922 (d. 1927); Une enquête aux pays du Levant, Prosa II 1923; Pour la haute intelligence française, Prosa 1925; Le mystère en pleine lumière, E. 1926; Cahiers, XIV, 1929–54; Mes Cahiers, Ausw. 1963. – L'œuvre, hg. Ph. Barrès XII 1968.

L: A. Thibaudet, 1921; E. R. Curtius, M. B. u. d. geist. Grundlagen d. franz. Nationalismus, 1921; V. Giraud, 1922; J. N. Faure-Biguet, 1924; H. Brémond, 1925; R. Fernandez, 1943; P. Moreau, 1946, 1979; R. Lalou, 1950; J.-M. Domenach, 1954; J. Godfrin, 1962; H. Massis, 1962; P. de Boisdeffre, ²1969; E. Carassus, 1970; W. Henning, 1970; Z. Sternhel, M. B. et le nationalisme français, 1972; P. Ouston, 1974; M. Davanture, 1975; J. Foyard, 1978; G. Shenton, 1979; A. Guyaux, 1991. – *Bibl.:* A. Zarach, 1951; T. Field, 1982.

Barrett Browning, Elizabeth → Browning, Elizabeth Barrett, geb. Barrett Moulton

Barrie, Sir James Matthew, schott. Romanschriftsteller und Dramatiker, 9. 5. 1860 Kirriemuir – 19. 6. 1937 London. Sohn e. Webers. Stud. Dumfries Academy und Edinburgh, ab 1885 freier Journalist in Dumfries und London, ∞ 1894 Mary Ansell, schrieb bis 1900 vorwiegend Romane und Erzählungen, danach bes. Bühnenstükke. Wurde 1913 Baron, 1919–22 Rektor der St.-Andrews-Univ., 1930–37 Kanzler der Univ. Edinburgh. – B.s schriftsteller. Laufbahn begann mit schott. Heimatgeschichten; s. ersten Erzählungen ›Auld Licht Idylls‹ und ›A Window in Thrums‹, deren Schauplatz Kirriemuir ist, zeigen ihn als Mitgl. der ›Kail-Yard-School‹ (= Kohlgarten-Schule), e. schott. lit. Richtung des sentimental-häusl. Idylle, in der Sitten und Sprache des schott. Landvolks zur Belustigung engl. Leser dargestellt werden. B. hebt sich jedoch schon hier durch Humor über das Sentimental-Banale hinaus. Die Erzählungen ›Sentimental Tommy‹ und ›Tommy and Grizel‹ sind von Phantasie umwobene psycholog. Studien. Mit ›The Little White Bird‹ begann der Peter-Pan-Zyklus. B.s lit. Ruhm beruht v. a. auf s. phantasievollen Schauspielen, die sich völlig vom sonstigen Bühnenschaffen seiner Zeit abheben. Sie zeigen e. eigenartige Mischung von Ironie, schott. Humor, grotesken Elementen und e. gewissen Sentimentalität, von Kinderromantik, iron. Gesellschaftskritik und Traumsymbolik. B. zeigt vielfach das Leben, wie ein Kind es sehen mag, doch dazwischen tun sich plötzliche Abgründe auf, die verborgenes Leid und Grausamkeit ahnen lassen. In s. größten Erfolg, dem heiter-grotesken Märchenspiel ›Peter Pan‹, gehen Traum und Wirklichkeit ständig ineinander über, die Hauptgestalt, halb Kind, halb Elfe, schafft e. neuen Kindheitsmythos. Anklänge an Maeterlinck. In der Komödie ›The Admirable Crichton‹ weckt B. nachdenkl. Lachen durch s. humorvoll-iron. Behandlung des Problems engl. Gesellschaftsklassen. B.s Schauspiele sind sehr bühnenwirksam.

W: Better Dead, R. 1887; Auld Licht Idylls, En. 1888; A Window in Thrums, E. 1889 (d. 1899); My Lady Nicotine, Sk. 1890; The Little Minister, R. 1891 (1897 dramat.; d. 1899); The Professor's Love Story, Sch. 1894 (Was fehlt ihm, d. 1912); Sentimental Tommy, E. 1896; Margaret Ogilvy, B. (s. Mutter) 1896; Tommy and Grizel, E. 1900; The Little White Bird, E. 1902; Quality Street, Sch. 1902 (Im stillen Gäßchen, d. 1903); The Admirable Crichton, Lsp. 1902 (Zurück zur Natur, d. 1956); Peter Pan, Msp. 1904 (d. 1911, u. d. T. Peter Pan u. Wendy, 1975); Alice Sit-by-the-fire, Msp. 1905; Peter Pan in Kensington Gardens, E. 1906 (Peter Pan im Waldpark, d. 1911); What Every Woman knows, Lsp. 1908 (d. 1920); The Twelve-Pound Look, Lsp. 1910; A Kiss for Cinderella, Lsp. 1916; The Old Lady Shows her Medals, Lsp. 1917; Dear Brutus, Sch. 1917 (Johannisnacht, d. 1950); Mary Rose, Sch. 1920 (d. 1920); Shall We join the Ladies?, Sch. 1921; Courage, R.d. 1922; Farewell, Miss Julie Logan, R. 1931; The Boy David, Sch. 1936; The Greenwood Hat, Aut. 1937. – Collected Works, XIV 1929; The Novels, Tales and Sketches, XII 1896–1902; Uniform Edition of the Plays, X 1918–38; Plays, 1942; Letters, 1942.

L: H. M. Walbrook, 1922; J. A. Roy, 1937; P. R. Chalmers, 1938; D. Mackail, 1941; G. Blake, 1951; G. Freddi, Brescia 1955; R. L. Green, 1960; J. Dunbar 1970; A. Birkin, J. M. B. and the Lost Boys, 1979; L. Ormond, 1987; R. D. S. Jack, Road to ›Never Land‹, 1991. – *Bibl.*: H. Garland, 1928; B. D. Cutler, 1931.

Barrière, Théodore, franz. Dramatiker, 12. 4. 1825 Paris – 16. 10. 1877 ebda. Kleinbürgerl. Familie; Kartenzeichner, dann Beamter im Kriegsministerium. – Erntete großen Bühnenerfolg mit s. zahlr. Vaudeville-Stücken, die bisweilen der Charakterkomödie nahestehen. B. schrieb in Zusammenarbeit mit anderen Autoren Stücke von harter, bitterer Komik. Seine Personen sind Karikaturen, nicht nur lächerliche, sondern auch böse und armselige Gestalten. Bes. großen Beifall fand er mit ›Les faux bonshommes‹, e. Satire auf Geldgier und Egoismus der Zeitgenossen.

W: Les trois femmes, K. 1844 (m. M. Saint-Aquet); La vie de bohème, K. 1849 (m. H. Murger); Les filles de marbre, Dr. 1853 (m. L. Thiboust); Les faux bonshommes, K. 1856 (m. E. Capendu); Le feu au couvent, K. 1860; Les jocrisses de l'amour, K. 1865 (m. L. Thiboust); Le papa du prix d'honneur, K. 1868 (m. E. Labiche); Théodoros, K. 1869; Les bêtises du cœur, K. 1871; Les scandales d'hier, K. 1878; Tête de linotte, K. 1886 (m. E. Gondinet).

L: E. C. Byam, Baltimore 1938.

Barrili, Anton Giulio, ital. Erzähler, 14. 12. 1836 Savona – 15. 8. 1908 Carcare/Savona. Anhänger Garibaldis, nahm an den Feldzügen von 1866 u. 1867 teil, wurde verwundet. Leiter des ›Movimento‹ u. a. Zeitungen. Offizieller Sprecher Garibaldis. Seit 1872 bei der Genueser Zeitung ›Il Caffero‹, Mitarbeiter des ›Colombo‹. 1876–79 Parlamentsabgeordneter, 1894 Prof. für ital. Lit. in Genua, 1903 Rektor. – Um die Jahrhundertwende e. der geschätztesten u. erfolgreichsten Romanschriftsteller (60 Romane u. Novellen). Vertreter des romant.-bürgerl. Romans. Hist. interessant die Schilderung der Freiheitskämpfe in ›Con Garibaldi alle porte di Roma‹.

W: Drammi, 1857; Capitan Dodero, R. 1865; Santa Cecilia, R. 1866; Val d'olivi, R. 1873; Come un sogno, R. 1875; La notte del commendatore, R. 1875; L'olmo e l'edera, R. 1877; Cuor di ferro e cuor d'oro, R. 1877; Garibaldi, elogia funebre, 1882; Il ritratto del diavolo, R. 1882; O tutto o nulla, R. 1883; Terra vergine, R. 1892; I figli del cielo, R. 1893; Fior d'oro, R. 1895; Con Garibaldi alle porte di Roma, Erinn. 1895; Sorrisi di gioventù, ricordi e note, Aut. 1898; Raggio di dio, R. 1899.

L: F. E. Morando, 1926; I. Scovazzo, 1940; A. Varaldo, 1950.

Barrios, Eduardo, chilen. Schriftsteller, 25. 10. 1884 Valparaíso – 13. 9. 1963 Santiago de Chile. Verlor mit 4 Jahren den Vater, ging mit s. Mutter (Tochter e. Deutschen. u. e. Baskin) nach Peru; Besuch der Militärakad., die er wegen wirtschaftl. Schwierigkeiten verlassen mußte; versch. Tätigkeiten als Kaufmann, Bergarbeiter, Reisender, Schauspieler usw.; später glänzende Karriere: Erziehungsminister, Direktor der Nationalbibliothek; zog sich von der Politik zurück u. lebte ganz der Lit. – Dramatiker, Erzähler u. bes. Romancier mit guten Charakterstudien und soz. Tendenz; erlebte den Höhepunkt des Modernismus, dessen Einfluß in s. Werken sichtbar wird.

W: Del natural, En. 1907; Lo que niega la vida, Dr. 1913; Comedias originales, 1913; El niño que enloqueció de amor, R. 1915; Vivir, Dr. 1916; El hermano asno, R. 1922; Y la vida sigue, Mem. 1925; Tamarugal, R.

1944; Teatro escogido, 1947; Gran señor y rajadiablos, R. 1948 (Der Huaso, d. 1961); Los hombres del hombre, R. 1950. – Obras completas, II 1962.

L: J. Orlandi, A. Ramírez, 1960; N. Davison, 1970; M. Morínigo, 1971; B. Martínez, 1977; J. Walker, Lond. 1983; Martínez Dacosta, 1988.

Barros, João de, portugies. Historiograph u. Schriftsteller, um 1496 Viseu (oder Ribeira de Litém) – 1570/71 Pombal. Leben am Hof, höchste Stellungen u. Ehren als Staatsbeamter; 1525 Schatzmeister und ab 1533 Leiter der obersten Kolonial- u. Fernhandelsbehörde in Lissabon. – E. der größten Vertreter portugies. Renaissance, Prosa mit vielfältigsten Interessen. Schrieb e. Ritterroman, dessen 3. u. letztes Buch als mögl. Quelle der ›Lusiaden‹ gilt, e. humanist. Kolloquium, das später indiziert wurde u. als originellster portugies. philos. Text des 16. Jh. anzusehen ist u. die Rezeption Erasmus' von Rotterdam verdeutlicht, panegyr. Schriften in der Art e. Fürstenspiegels, pädagog.-didakt. Traktate sowie e. von der Inquisition verbotenen theolog. Dialog. Abschließende Schaffensperiode der Verwirklichung e. gigant. Planes gewidmet, der monumentalen Gesamtdarstellung portugies. Expansion unter den Aspekten Kriegswesen, Seefahrt, Handel, wobei der erste (Eroberung) sich vierfach gliedert (Europa, Afrika, Asien, Santa Cruz = Brasilien). Zu Lebzeiten erschienen nur die 3 ersten Dekaden der ›Ásia‹, das übrige Material fiel der Achtlosigkeit der Erben zum Opfer, die 4. Dekade wurde 1615 von B. Lavanha stark verändert posthum herausgegeben. S. hohe Stellung u. die ihm eigene Auffassung vom Wesen der Geschichte ließen den von Livius beeinflußten Stilisten B. z. T. mit der Wahrheit großzügig verfahren u. nie aus dem Rahmen der offiziellen Staatsideologie treten. Trotzdem sind die teils auf chines. u arab. Texte zurückgreifenden Dekaden e. wertvolle Quelle für die frühe portugies. Geschichte in Ostindien.

W: Crónica do Imperador Clarimundo, R. 1520 oder 1522 (n. 1843); Ropicapnefma, Kolloquium 1532 (hg. Révah III 1952ff.); Panegírico do Rei D. João III., Schr. 1533; Cartinha para o Aprendizado da Leitura, Abh. 1540; Gramática da Língua Portuguesa, 1540; Diálogo em Louvor da Nossa Linguagem, 1540; Diálogo de Preceitos Morais, Schr. 1540; Diálogo da Viciosa Vergonha, 1540; Diálogo Evangélico sobre os Artigos da Fé contra o Talmud dos Judeus, 1543 (hg. Révah 1950); Panegírico da Infanta D. Maria, Schr. 1545; Ásia, Schr. Bd. 1–3, 1552, 1553, 1563, Bd. 4 1615 (n. VIII 1777–78; hg. H. Cidade III 1945–46, d. V. 1821); Panegíricos, Schrn. 1655 (n. 1937).

L: A. Baião, Documentos inéditos sobre J. de B., 1917; A. A. Rego Martins, 1963; I. S. Révah, 1967.

Barry, Philip, amerik. Dramatiker, 18. 6. 1896 Rochester/NY – 3. 12. 1949 New York. Yale Univ., Teilnehmer am berühmten Workshop 47 bei G. P. Baker in Harvard; Hollywood-Drehbuchautor. – Vf. beliebter Komödien, z. T. nach dem Muster der ›comedy of manners‹, sowie ernster, psycholog. Dramen; größter Erfolg mit ›The Philadelphia Story‹.

W: Autonomy, Dr. (1919); A Punch for Judy, Dr. (1921); You and I, K. 1923; The Youngest, Dr. 1925; In a Garden, K. 1926; White Wings, Dr. 1927; John, Dr. 1929; Paris Bound, K. 1929; Cock Robin, Dr. 1929 (m. E. L. Rice); Holiday, K. 1929; Hotel Universe, Dr. 1930; Tomorrow and Tomorrow, Dr. 1931; The Animal Kingdom, Dr. 1932; The Joyous Season, Dr. 1934; War in Heaven, R. 1938 (als Here Come the Clowns, Dr. 1939); The Philadelphia Story, K. 1939; Liberty Jones, Musical 1941; Second Threshold, Dr. 1951; States of Grace, 8 Drn. 1975.

L: J. P. Roppolo, 1965.

Barry, Sebastian, ir. Schriftsteller, * 5. 7. 1955 Dublin. 1977 B. A. in Engl. u. Lat., Trinity College/Dublin; 1977–85 Aufenthalte in versch. europ. Ländern; lebt in Wicklow. – S. Werk verhandelt die Bedeutung von persönl. Erinnerung und offizieller Geschichte, Heimat und Exil, Familie und Politik für die Identitätskonstruktion. Das Werk lotet die Motive und Emotionen der Verlierer der Geschichte aus und bewahrt sie vor dem Vergessen, ohne ihre Ideologien zu rechtfertigen. Bei der Wahl s. Protagonisten schöpft B. oft aus der eigenen Familiengeschichte.

W: Macker's Garden, R. 1982; The Water-Colourist, G. 1982; Elsewhere, Jgb. 1985; The Rhetorical Town, G. 1985; The Pentagonal Dream, Dr. (1986); The Engine of Owl-Light, R. 1987; Fanny Hawke Goes to the Mainland Forever, G. 1989; Boss Grady's Boys, Dr. 1989; Prayers of Sherkin, Dr. 1991; The Only True History of Lizzie Finn, Dr. 1995; The Steward of Christendom, Dr. 1995; White Woman Street, Dr. 1995; Our Lady of Sligo, Dr. 1998; The Whereabouts of Eneas McNulty, R. 1998 (d. 1999); Annie Dunne, R. 2002; Hinterland, Dr. 2002.

Bart, Jakub, (eig. J. Čišinski), sorb. Dichter, 20. 8. 1856 Kuckau – 16. 10. 1909 Ostro. Stud. Theologie Prag; 1883 Priesterweihe; 1877–81 Redakteur der Zs. ›Lipa Serbska‹, 1904–09 ›Lužice‹, 1903 vorzeitig pensioniert. – Vielseitiger Lyriker; Vf. von Balladen, Romanzen, patriot. und didakt., zuletzt auch relig.-myst. Gedichten; erneuerte Motive, Form und Ausdruck der sorb. Lyrik. Auch Erzähler u. Dramatiker.

W: Narodowc a wotrodźenc, R. 1879; Na hrodźišću, Dr. 1880; Kniha sonettow, G. 1884; Formy, G. 1888; Přiroda a wutroba, G. 1889; Serbske zynki, G. 1897; Ze žiwjenja, G. 1899; Krej a kraj, G. 1900; Serbske wobrazki, G. 1908; Swětło k wišiny, G. 1911; Nowoženja, Ep. 1926. – Basnje z mlodych lět, G. 1931; Wubrana zběrka basni, Ausw. 1950; Zhromadzene spisy (GW), 1969f. – *Übs.:* Glut des Herzens, G. 1959; Mein Bekenntnis, G. 1968.

L: M. Andricki, 1906; J. Milakovič, 1914; J. Páta, 1926; M. Krejčmar, 1933; M. Brežanec, 1956; M. Kubašec, 1956.

Bart, Jean (eig. Eugeniu P. Botez), rumän. Erzähler, 28. 11. 1874 Burdujeni b. Suceava – 12. 5. 1933 Bukarest. Sohn e. Generals, Kadettenschule Jassy, Marineoffizier, hoher Ministerialbeamter. Weltreisen. Mitgl. der Rumän. Akad. – Traditionalist. von feinem Humor, tritt für soz. Gerechtigkeit ein, beschreibt Seereisen und -abenteuer, das Leben in Häfen und einfache Menschen.

W: Journal de bord, 1901; Datorii uitate, En. 1916; În deltă, En. 1925; Schițe marine din lumea porturilor, Sk. 1975; Europolis, R. 1933.

Bartas, Guillaume de Salluste du → Du Bartas, Guillaume de Salluste, seigneur

Barth, John (Simmons), amerik. Erzähler, * 27. 5. 1930 Cambridge/MD. Stud. Musik New York, Anglistik u. Journalistik Baltimore, 1953 Dozent an der Pennsylvania State Univ., 1965 Prof. für Englisch an der State Univ. of New York in Buffalo, 1973 Prof. für Englisch an der Johns Hopkins Univ., Maryland. – Als Romancier in s. Thematik beeinflußt durch akadem. Milieu; Konflikte zwischen den Charakteren als Austragung ideeller Auseinandersetzungen. In ›The End of the Road‹ Vollzug der sich schon im ersten Roman andeutenden Abkehr vom Realismus: Personen als Projektionen des Autors. Ekstatisches Vergnügen am Fabulieren. ›The Sot-Weed Factor‹ parodiert den hist. und den Schelmen-Roman. Verwandtschaft mit Rabelais, Sterne, Swift. ›Giles Goat-Boy‹ ist e. Kompendium abendländ. Fabel- u. Mythenstoffe. Universitätsleben als Metapher für menschl. Entwicklung zwischen Tier u. Computer. Existentieller Humor; experimentelle Auflösung von Form u. Erzähler in ›Lost in the Funhouse‹. Der Akt des Schreibens als Orientierungsversuch in der chaot. empfundenen Welt der Gegenwart bestimmt die weiteren Werke.

W: The Floating Opera, R. 1956 (n. 1988; d. 2001); The End of the Road, R. 1958 (n. 1988; Ich bin Jake Horner, glaube ich, d. 1983); The Sot-Weed Factor, R. 1960 (n. 1988; Der Tabakhändler, d. 1970); Giles Goat-Boy, R. 1966 (n. 1987); Lost in the Funhouse, En. 1968 (Ambrose im Juxhouse, d. 1973); Chimera, En. 1972; Letters, R. 1979; Literature of Exhaustion, Ess. 1982; Sabbatical, R. 1983; The Friday Books, Ess. 1984; The Tidewater Tales, R. 1987; The Last Voyage of Somebody the Sailor, R. 1991; Once Upon a Time, R. 1994; Further Fridays, Ess. 1995; On With the Story, En. 1996; Coming Soon!!!, R. 2001.

L: R. Scholes, 1967; J. Tharpe, 1974; C. B. Harris, 1983; H. Ziegler, 1987; M. F. Schulz, 1990; P. D. Tobin, 1992. – *Bibl.:* J. Weixlmann, 1976.

Barthélemy, Jean-Jacques, franz. Schriftsteller, 20. 1. 1716 Cassis/Provence – 30. 1. 1795 Paris. Theolog. Seminar; ließ sich nicht zum Priester ordinieren, zog sich nach Aubagne zurück. Humanist, Archäologe und Numismatiker. 1753 Leiter des Pariser Münzkabinetts. Reiste 1755 nach Italien (Paestum, Herculaneum, Pompeji). 1789 in die Académie Française gewählt. – Arbeitete 1757–88 an s. bedeutendsten Werk ›Voyage du jeune Anacharsis en Grèce‹, das schnell in ganz Europa verbreitet war. Ein von großer humanist. Bildung zeugendes Bild des privaten und öffentl. Lebens im antiken Griechenland, gefällig in Form der Reiseschilderung e. jungen Skythen dargestellt.

W: Amours de Carite et Polydore, R. 1760 (d. 1799); Voyage du jeune Anacharsis en Grèce, R. VI 1788 (d. 1836); Voyage en Italie, Reiseber. 1801 (d. 1802). – Œuvres complètes, hg. M. Villenave IV 1821.

L: M. Badolle, 1926.

Barthelme, Donald, amerik. Schriftsteller, 7. 4. 1931 Philadelphia – 23. 7. 1989 Houston. Univ. Houston; Reporter, Redakteur, Museumsdirektor; Kriegsdienst in Korea und Japan; ab 1962 in New York. – Vf. experimentell-fragmentar. Kurzgeschichten und Romane in der Tradition des Absurden und des schwarzen Humors; antilog. Verwendung und pointierte Zerstörung von Pop- (z. B. Batman) und sonstigen Klischees (Isolation, Identitätsverlust, Kommunikationsschwund) dienen e. durchaus traditionalist. Suche nach neuen Ordnungen.

W: Come Back, Dr. Caligari, Kgn. 1964 (d. 1970); Snow White, R. 1967 (d. 1968); Unspeakable Practices, Unnatural Acts, Kgn. 1968 (d. 1969); City Life, Kgn. 1970 (d. 1972); Sadness, Kgn. 1972 (Am Boden zerstört, d. 1986); Guilty Pleasures, Kgn. 1974; The Dead Father, R. 1975 (d. 1977); Amateurs, Kgn. 1976 (d. 1988); Great Days, Kgn. 1979 (d. 1985); Sixty Stories, 1981; Overnight to Many Distant Cities, Kgn. 1983 (d. 1991); Paradise, R. 1986 (d. 1989); Forty Stories, 1987; The King, R. 1990; The Teachings of D. B., hg. K. Herzinger 1992; Not-Knowing, Ess. 1997. – *Übs.:* Der Kopfsprung, En. 1985; Tolle Tage, En. 1985.

L: L. Gordon, 1981; M. Couturier, R. Durand, 1982; L. MacCaffery, The Metafictional Muse, 1982; W. B. Stengel, 1986; S. Trachtenberg, 1990; J. Klinkowitz, 1991; A. Folta, 1991; B. L. Roe, 1992; R. F. Patteson, 1992. – *Bibl.:* J. Klinkowitz u. a., 1977.

Barthelme, Frederick, amerik. Erzähler, * 10. 10. 1943 Houston/TX. Stud. Architektur, zunächst Künstler; lit. von Bruder Donald B. u. J. Barth beeinflußt. – In minimalist. Schreibweise lebhafte Darstellung des zeitgenöss. urbanen Amerika u. von scheiternden Geschlechterbeziehungen.

W: Rangoon, Kgn. 1970; War and War, R. 1971; Moon Deluxe, Kgn. 1983 (d. 1988); Second Marriage,

R. 1984 (d. 1992); Tracer, R. 1985 (Leuchtspur, d. 1989); Chroma, Kgn. 1987 (Koloraturen, d. 1993); Two Against One, R. 1988; Natural Selection, R. 1990; The Brothers, R. 1993; Painted Desert, R. 1995; Bob the Gambler, R. 1997; The Law of Averages, Kgn. 2000.

Barthes, Roland, franz. Schriftsteller, 12. 11. 1915 Bayonne – 26. 3. 1980 Paris. Vor dem Krieg Dozent für Lit. in Biarritz. Aufenthalt in Rumänien, Ägypten, USA. Prof. an der Ecole des Hautes Etudes, Paris. Literaturwissenschaftler, Linguist, Soziologe. – Versucht auf der Basis der Psychoanalyse und der Soziologie e. von ästhet. Normen freie strukturale und ideolog. Literaturanalyse. Leugnet die Objektivität der Literaturwiss., verteidigt die Offenheit des Textes, von ihm ›Schreibe‹ genannt, für e. Vielzahl von Interpretationen. Berühmter Methodenstreit anläßlich s. Racine-Essays mit R. Picard. Auseinandersetzung mit dem ep. Theater und der ›Revolution‹ Brechts. Heute Kontroverse um Aktualität und Einheit s. Werks.

W: Le degré zéro de l'écriture, Es. 1953 (d. 1959); Michelet par lui-même, B. 1954; Mythologies, 1957 (Mythen des Alltags, d. 1964); Sur Racine, Es. 1963; Essais critiques, 1964 (beide zus. in Ausw.: Literatur oder Geschichte, d. 1969); Eléments de sémiologie, 1964; Critique et vérité, 1966 (d. 1967); Système de la mode, 1967; La tour Eiffel, 1969 (d. 1970); L'empire des signes, 1970; Recherches sur ›Sarrasine‹ de Balzac, 1970; Le plaisir du texte, Es. 1973 (d. 1974); Un regard politique sur le signe, Es. 1974; Sur moi-même, Aut. 1975 (d. 1978); Fragments d'un discours amoureux, 1977 (d. 1984); Sollers écrivain, Es. 1979; L'obvie et l'obtus, Ess. 1982 (d. 1986); L'adventure sémiologique, 1985; Incidents, Aufz. 1987. – Œuvres Complètes, III 1993ff.

L: G. de Mallac u.a., 1971; diesn., 1972; S. Heath, 1974; S. Navd, J. B. Fagès 1979; D. Navdahl Lund, 1981; Colloque Barthes, 1982; R. Champagne, 1983; G. Wassermann, 1983; Ph. Sollers, R. B., roman, 1986; B. Comment, R. B. vers le neutre, 1991; Ph. Hamon, 1995; O. Elte, 1998; N. B. Barbe, R. B. et la théorie esthétique, 2001; Actes du Colloque, 1993.

Bartolini, Luigi, ital. Erzähler und Lyriker, 8. 2. 1892 Cupramontana/Ancona – 16. 5. 1963 Rom. Maler u. Kupferstecher. Bekannt geworden durch polem. Schriften über Lit. u. Kunst, als Mitarbeiter an versch. Zeitungen sowie durch s. Kupferstiche. Als Gegner des Faschismus im Gefängnis. Prof. der Kunsthochschule Rom. – Vf. von aktuellen Romanen, Erzählungen, Gedichten und Satiren von extremem Realismus, bekannt vor allem durch ›Ladri di biciclette‹, e. realist. Darstellung der gesetzlosen Zustände in Rom im Jahr 1944 (erfolgr. Film).

W: Il guanciale, G. 1924; Passeggiata con la ragazza, E. 1930; Il ritorno sul Carso, R. 1930; L'orso e altri amorosi capitoli, Nn. 1933; Poesie, 1939; Polemiche, 1940; Poesie ad Anna Stickler, 1941; Vita di Anna Stickler, E. 1943; La ragazza caduta in città, R. 1945; Ladri di biciclette, R. 1946 (d. 1952); Amata dopo, R. 1949; Il mezzano Alipio, R. 1951; Pianete, G. 1953; Signora malata di cuore, E. 1954 (Frauen, d. 1957); Caccia al fagiano, E. 1955; Il mazzetto, G. 1959; Racconti scabrosi, En. 1963; Poesie 1911–1963, 1964.

L: G. Visentini, 1943; L. Russo, 1958; L. Venturi, 1961; G. Marchiori, 1963; M. Grillandi, 1969; E. Bartocci, 1980; F. Solmi, 1983.

Bartoš, Jan, tschech. Schriftsteller, Kritiker u. Theaterhistoriker, 23. 2. 1893 Rychnov nad Kněžnou – 6. 5. 1946 Prag (Selbstmord). Sohn e. hohen Beamten, nach dem Abitur am Akad. Gymnasium (Prag, 1913) stud. er Jura an der Karls-Univ. in Prag (Dr. 1918), bis 1924 Stadtbeamter, dann im Nationaltheater in Prag. – Schuf gesellschaftskrit. Dramen mit expressionist. Zügen u. mit Tendenz zur Groteske u. zum lyrischen wie auch philos. Spiel über allg. metaphys. Probleme. Monographie über das tschech. Theater der 2. Hälfte des 19. Jh. Zahlreiche polem. Theaterstudien, -essays u. -kritiken.

W: Krkavci, Dr. 1920; Milenci, Dr. 1922; Vzbouření na jevišti, Dr. 1925; Strašidelný dům, Dr. 1926; Hrdinové naší doby, Dr. 1926; Jůra dábel, Dr. 1927; Nezvestná, Dr. 1928; Národní divadlo a jeho budovatelé. St. 1933; Budování Národního divadla, St. 1934; Prozatímní divadlo a jeho činohra, St. 1937.

Bartrina y de Aixemús, Joaquín María, span. Lyriker, 26. 4. 1850 Reus/Tarragona – 3. 4. 1880 Barcelona. Erster Unterricht im Piaristenkolleg Reus, keine geregelte Ausbildung, lebte in Barcelona; rege journalist. Tätigkeit. – Vertreter der antiromant. Strömung, folgte wie Campoamor, aber mit weniger Erfolg u. Geschmack, e. philos.-moral. Richtung; s. Lyrik ist geprägt von Skepsis u. bitterer Ironie; Ausdrucksmittel für e. pseudo-philos. Ideenwelt; Verherrlichung des techn. u. wiss. Fortschritts; schrieb in span. u. katalan. Sprache.

W: Páginas de amor, G. 1868; Algo, G. 1874; De omni re scibili, G. o. J.; Epístola, G. o. J. – Obras en prosa y verso, 1881.

L: J. A. Zabalbeascoa Bilbao, 1968.

Baruch → Levita, Elia

al-Bārūdī, Mahmūd Sāmī, neoklass. ägypt. Poet, 1858 Kairo – 1904 ebda. Aus tscherkess. Familie, Ausbildung durch Privatlehrer und Militärakad., Soldat in der osman. Armee, Botschafter, kurzfristig Ministerpräsident, nach der Urabi-Revolte verbannt nach Sri Lanka. S. Poesie, streng nach dem Vorbild vornehml. der abbasid. Dichtung, wurde zum Wegbereiter des Neoklassizismus der mod. arab. Lit.

W: Dīwān al-Bārūdī, 1914/15.

L: S. Somekh, 1991.

Bashkirtseff, Marie, franz. Schriftstellerin russ. Herkunft, 23. 11. 1860 b. Poltava – 30. 10. 1884 Paris. Kam mit 12 Jahren nach Nizza, ging später nach Paris. Musikerin und bekannte Malerin. – Lit. interessant durch ihre besinnl., impressionist. und emotional geschriebenen Tagebucherinnerungen.

W: Journal 1887; Lettres de M. B., 1891; Cahiers intimes, 1925. – *Übs.*: Tagebuch der M. B., 1983.

L: P. Borel, 1928; A. Calmet, 1930; E. Klipstein, 1964; C. Cosnier, 1985; J. Chéret, 1995.

Bashô (eig. Matsuo Munefusa B.), jap. haiku-Dichter, 1644 Ueno in Iga – 12. 10. 1694 Osaka. Sohn e. niederen Samurai, wandte sich früh der die Zeit beherrschenden haikai-Dichtung zu, die sich vom 31silbigen waka-Gedicht über das renga (Kettengedicht) entwickelt hatte u. vom renku (haikai-Kettengedicht) zum alleinstehenden 17silbigen hokku oder haiku hinführte. 1666 Stud. in Kyoto bei Kitamura Kigin waka u. haikai, bei Itô Tan'an chines. Dichtung, bei Kitamuke Unchiku Kalligraphie. 1672 erschien s. erste Sammlung ›Kaiôi‹. B. siedelte nach Edo über, wo er in Sugiyama Sampû, e. reichen Fischhändler, e. Gönner fand. 1680 bezog er s. Klause Bashôan im Fukagawa-Viertel, die, 1682 abgebrannt u. 1683 neu errichtet, seine zweite Heimat wurde. Neben taoist. Stud. praktizierte er 1683 unter dem Abt Butchô Zen. Allmählich löste er sich von der haikai-Richtung der Zeit, der Danrin-Schule des Nishiyama Sôin, u. fand s. eigenen Stil, shôfû, den s. ausgedehnten Wanderfahrten durch Japan reifen ließen. Reisetagebücher, meisterhaft stilisiert, berichten darüber, so das ›Nozarashi-kikô‹ von der Wanderung in s. Heimat im Herbst 1684-April 1685, das ›Kashima-kikô‹, Herbst 1687, von e. Besuch des Kashima-Schreins, das ›Oi no kobumi‹ von e. Fahrt nach Yoshino vom Herbst 1687, die im April 1688 in Kyoto endet. S. längste Wanderfahrt beschreibt das ›Oku no hosomichi‹. 1690 hielt er sich in e. Bergklause, dem Genjûan, in der Nähe Kyotos auf. – B.s haikai kennt keine Themenbegrenzung, fordert aber e. Aussage, die neben ungewöhnl. Prägnanz Geschlossenheit besitzt, ohne abschließend zu sein (Nachhall, yoin), deren Gehalt bei sich wandelnder Form (ryûkô) das für alle Zeit Unwandelbare (fueki) kundtut, also Wahrhaftigkeit (makoto) besitzt. Die Wanderfahrt ist im Zen-Sinne Mittel, durch persönl. Erleben des Alls Erleuchtung zu erlangen. Der Dichter muß das, ›was Kiefer ist, von der Kiefer lernen‹.

W: Kaiôi, haikai-Slg. 1672; Haikai-jiin, haikai-Slg. 1681; Minashiguri, haikai-Slg. 1683; Nozarashi-kikô (Kasshi-ginkô), Reise-Tg. 1684 (d. 1953); Fuyu no hi, haikai-Slg. 1684; Haru no hi, haikai-Slg. 1686; Kashimakikô, Reise-Tg. 1687 (d. 1936); Oi no kobumi (U-tatsu-kikô), Reise-Tg. 1687 (d. 1956); Sarashina-kikô, Reise-Tg. 1688 (d. 1956); Arano-shû, haikai-Slg. 1689; Oku no hosomichi, Reise-Tg. 1689 (d. 1935); Gen-jûan no ki, Tg. 1690 (d. 1933); Hisago, haikai-Slg. 1690; Sarumino, haikai-Slg. 1691 (d. 1955, u.d.T. Sarumino, Das Affenmäntelchen, 1994); Sumidawara, haikai-Slg. 1694; Zoku Sarumino, haikai-Slg. 1698. – B. zenshû (GW), 1928; Dai B. zenshû, 1935. – *Übs.*: S. Hamill, The essential B., 1999.

L: B. H. Chamberlain, B. and the Jap. poetical epigram (TASJ 30/2), 1902; H. Hammitzsch (Sinologica 4/2), 1954; ders. (Oriens Extremus 7/1), 1960; ders. (MOAG 44/3), 1964; G. Takahashi (ebda.), 1964; K. Yasuda, The Jap. Haiku, 1957; M. Ueda, 1982; D. L. Barnhill, The journey itself home, Ann Arbor 1987; Makoto Ueda, B. and his interpreters, Stanford 1991; S. H. Gill, Rediscovering B. (Heiku, Aufsatzsammlung), Folkstone 1999.

Basile, Giambattista, ital. Dichter, 1575 b. Neapel – 23. 2. 1632 Giugliano. 1604–07 venezian. Kriegsdienst, 1608 Rückkehr nach Neapel, 1612/13 am Hof des Ferdinando di Gonzaga in Mantua, wo s. Schwester e. gefeierte Sängerin war. Gewandter Hofmann, wurde zum Conte di Toronto u. zum Gouverneur versch. Provinzen ernannt. – Erster Märchenerzähler der europ. Lit.; schreibt in neapolitan. Mundart, angeregt durch den zeitgenöss. Mundartdichter G. C. Cortes. S. Hauptwerk, die Märchensammlung ›Lo Cunto de li Cunti‹ (Erzählung der Erzählungen), umbenannt 1674 in ›Pentamerone‹, unter dem Anagramm Gian Alesio Abbattutis veröffentlicht. Rahmenerzählung: Auf Wunsch der falschen Gattin e. Fürsten werden von 5 Frauen an 5 Tagen 50 Märchen erzählt. Die Märchen selbst sind bekannte Stoffe: Aschenbrödel, Die sieben Raben, Dornröschen, Der gestiefelte Kater u.a. Schon bald nachgeahmt (L. Lippi, ›Malmantile racquistato‹, 1676; Sarnelli, ›Posilecheata‹, 1684), bilden sie Anregung u. Quelle für Wieland, C. Brentano, Tieck, die Brüder Grimm u. Gozzi.

W: Le Auuentuose disauenture, favola marittim, N. 1612; Lo Cunto de li Cunti, 1634 (hg. B. Croce II 1891, 1923; ital. 1794, hg. B. Croce II 1925, 1957), u.d.T. Pentamerone, 1674 (hg. L. Di Francia 1927; d. 1846, 1974); Muse Napolitane, hg. 1635; La Chiaglirar dla Banzola, 1742 (d. II 1846).

L: B. Croce, 1939; B. Broggini, 1990.

Basileios von Kaisareia (Kappadokien), gen. ›der Große‹, altgriech. Kirchenlehrer, um 329/30 n. Chr. – Herbst 378 (379?) n. Chr. Aus christl. senator. Großgrundbesitzerfamilie, studiert in Konstantinopel und Athen; Rhetoriklehrer, dann asket. Rückzug, ab 370 Bischof von Kaisareia; zählt zusammen mit s. Bruder Gregor von Nyssa und s. Freund Gregor von Nazianz zu den sog. ›3 großen Kappadokiern‹. – Das Werk läßt sich einteilen in: 1) asket. Schriften, sog. ›Corpus asceticum‹, darin z.B. ›Regeln‹ (›Ta Ethika‹, ›Regulae morales‹: 80 Regeln zur Lebensführung für alle Stände der Kirche). 2) 46 Homilien: Predigten zu soz. Themen, Psalmen, Hexaemeron etc. 3) 2 dogmat. Schriften (›Gegen Eunomios‹; ›Über den Hl. Geist‹). 4) Briefcorpus von 366 Briefen (325? echt). Reiches Nachleben der Predigten, des ›Corp. asc.‹, im östl. Mönchtum, im Westen v. a. die sog. ›Basiliosregel‹ (lat. Übs. der ›Kleinen Asc.‹). Die kleine Schrift ›An die Jugend über die Lektüre der griech. Lit.‹ (klass. pagane Lit. als Propädeutik für tiefere Inhalte der christl. Lit.) schätzten die Humanisten des 16. Jh. wegen ihrer vermittelnden Haltung.

A: Sc 17.26.160.299.305; K. Zelzer CSEL 86; *Corp. asc.:* U. Neri, M. B. Artioli 1980. – *Übs.:* BKV 19–26.

L: W.-D. Hauschild, TRE 5, 1980, 301–313; P. F. Fedwick, B. of Caesarea, 1981; J. Gribomont, Saint-Basile, 1984; B. Gain, L'Eglise de Cappadoce, 1985; K. Koschorke, Spuren der alten Liebe, 1991; P. Rousseau, B. of Caesarea, 1994; V. H. Drecoll, Die Entwicklung der Trinitätslehre, 1996 (FKDG 66); A. M. Ritter, RGG[4] 1998, 1153ff.

Basini, Basinio, ital. Dichter, 1425 Vezzano b. Parma – 1457 Rimini. Seit 1449 Hofdichter von Sigismondo Malatesta in Rimini, für den er s. Briefroman ›Isotteo‹ (1539, n. 1922) und e. unvollendete hist. Dichtung ›La Hesperia‹ schrieb.

W: Le poesie liriche, hg. F. Ferri 1925; Meleagris, hg. m. Übs. u. Komm. A. Berger 2003.

Başkut, Cevat Fehmi, türk. Schriftsteller, 1905 Edirne – 15. 3. 1971 Istanbul. Gymnas. Istanbul; seit 1928 Journalist. – Schrieb Reportagen, Unterhaltungsu. Kriminalromane, wurde jedoch v. a. mit bühnenwirksamen, gegenwartsnahen Komödien bekannt, von denen ›Paydos‹ als erstes türk. Bühnenstück auch im Ausland Erfolg hatte.

W: Paydos, K. 1948; Sana Rey veriyorum, K. 1951; Makine, K. (1953); Küçük Sehir, K. 1955; Harputta Bir Amerikalí, K. 1955; Öbür Geliste, K. (1960); Göç, K. 1962; Buzlar Çözülmeden, K. 1965; Emekli, K. 1967; Ölen Hangisi, K. 1970; Dostlar, K. 1972. – GW, IV 1978.

Bass, Eduard (eig. Eduard Schmidt), tschech. Schriftsteller u. Journalist, 1. 1. 1888 Prag – 2. 10. 1946 ebda. – Als Redakteur von ›Lidové noviny‹, ›Světozor‹ u.a. schrieb B. scharfe Pamphlete, geistreiche Feuilletons u. Causerien, Reportagen u. polit. Satiren. S. effektvollen Romane u. Erzählungen behandeln mit kernigem Humor das Leben der Künstler u. Sportler.

W: Fanynka, Feuill. 1917; Případ čísla 128 a jiné historky, Feuill. 1921; Klapzubova jedenáctka, E. 1922 (Klapperzahns Wunderelf, d. 1935); To Arbes nenapsal, Vrchlický nebásnil, Feuill. 1929; Holandský deníček, Reiseber. 1930; Šest děvčat Williamsonových, E. 1930;

Cirkus Humberto, R. 1942 (d. 1954; vertont 1956 von J. Křička); Lidé z maringotek, En. 1942 (Komödiantenwagen, d. 1958); Křižovatka u Prašné brány, Rep. 1947; Prašivá ulice, En. 1949. – Dílo (W), VIII 1955–63.

L: Smích Červené sedmy, hg. J. Kazda, J. Kotek 1981.

Bassani, Giorgio, ital. Erzähler und Lyriker, 4. 3. 1916 Bologna – 13. 4. 2000 Rom. Stud. Lit. Bologna, Gymnasialprof. in Neapel, 1943 verhaftet, Flucht und Widerstandsbewegung, 1957 Prof. der Schauspielakad. Rom und Mitarbeiter versch. Verlage, 1964/65 leitende Stellung am Rundfunk; 1948–60 Hrsg. der Zs. ›Botteghe oscure‹, 1953 der Zs. ›Paragone‹. – Als Erzähler Anhänger des traditionellen psycholog. Romans im Stil von H. James mit Stoffen aus s. Heimat Ferrara u. den Hauptthemen der Ausgestoßenheit u. Verfolgung jüd. Mitbürger unter dem Faschismus. 1970 umstrittene Verfilmung von ›Giardino dei Finzi-Contini‹ durch V. De Sica.

W: Storie dei poveri amanti e altri versi, G. 1946; Te lucis ante, G. 1947; Un'altra libertà, G. 1951; La passeggiata prima di cena, R. 1953; Gli ultimi anni di Clelia Trotti, R. 1955; Cinque storie ferraresi, En. 1956; Gli occhiali d'oro, E. 1958 (Ein Arzt aus Ferrara, d. 1960); Le storie ferraresi, En. 1960 (d. 1964); Il giardino dei Finzi-Contini, R. 1962 (d. 1963); L'alba ai vetri, G. 1963; Dietro la porta, E. 1964 (d. 1967); Le parole preparate, Ess. 1966; L'airone, R. 1968 (Der Reiher, d. 1970); L'odore del fieno, En. 1972 (Der Geruch von Heu, d. 1974); Epitaffio, G. 1974; Il romanzo di Ferrara, R. 1974; In gran segreto, R. 1978; In rima e senza, 1982; Di là dal cuore, R. 1984.

L: S. Costa, 1988; M. Grillandi, 1988; M. Gialdroni, 1996; A. Guiati, 2001.

Bassarabescu, Ion Al., rumän. Erzähler, 17. 12. 1870 Giurgiu – 27. 3. 1952 Bukarest. Stud. Philol. ebda.; Studienrat, Schulinspektor, nach 1902 freier Schriftsteller. – Realist. Novellist, scharfer Beobachter der Kleinstadtwelt mit knappem Ausdruck, mildem Humor und sanfter Ironie.

W: Nuvele, Nn. 1903; Vulturii, Nn. 1907; Norocul, N. 1907; Ovidiu Șicana, Posse 1908; Nenea, N. 1916; Un dor împlinit, N. 1918; Moș Stan, 1923; Domnul Dinca, N. 1928. – Opere complete (SW), 1940ff.; Proza, 1942.

Basselin, Olivier, franz. Dichter, 1. Hälfte 15. Jh. normann. Vire-Tal. Gehörte zu e. Schar fröhlicher Zecher und Sänger. Evtl. von den Engländern getötet oder 1450 bei Formigny gefallen. – B. werden ohne jede Sicherheit etwa 60 nach dem Heimattal Vaudevires (später Vaudevilles) benannte muntere und freimütige Lieder zugeschrieben, die erstmalig als Gedichte des 1616 gestorbenen Virer Advokaten Jean le Houx veröffentlicht wurden. Ungesichert bleibt, ob er B.s Gedichte nur modernisierte (Sprachform vom Ende des 16. Jh.) oder sie gar selbst geschrieben hat.

A: Les vaux de vire de Jean le Houx, hg. A. Gasté 1875.
L: A. Gasté, Etude critique et historique sur Jean le Houx, 1874; ders., O. B. et le vau de vire, 1887.

Bastard, Lucien → Estang, Luc

Bastide, François-Régis, franz. Schriftsteller und Literaturkritiker, 1. 7. 1926 Biarritz – 1996 Paris. Botschafter in Kopenhagen, Wien, bei der Unesco. Während des Krieges Mitglied der Division ›Leclerc‹, Teilnahme an der Résistance. Bekannt durch die Rundfunksendung ›Le masque et la Plume‹. – In s. lit. Werk bevorzugt er nostalg. Themen. Leidenschaftl. Begeisterung für die Musik und die dt. Romantik. In diese Richtung verweist auch s. dramat. Werk.

W: Lettre de Bavière, 1947; Les Adieux, 1956; La vie rêvée, R. 1962; La fantaisie du voyageur, R. 1976; Siegfried 78, Dr. 1978; La Palmeraie, R. 1983; La forêt noire et le troisième concerto, R. 1984; L'homme au désir d'amour lointain, R. 1994.

Bataille, Georges, franz. Schriftsteller, 10. 9. 1897 Billom/Puy-de-Dôme – 9. 7. 1962 Paris. 1918 Ecole des Chartes, 1920–42 Bibliothekar in der Nationalbibliothek, Paris. Vorübergehend Anhänger, später Gegner des Surrealismus, von dem er sich nie ganz lösen konnte. Gehörte 1931–34 zum ›Cercle Communiste Démocratique‹. Mitarbeiter zahlr. Zeitschriften. Gründete 1946 die Zs. ›Critique‹. – Erzähler und Essayist, unrelig. Mystiker und diesseitsgläubiger Vitalist unter Einfluß Nietzsches. Will die menschl. Grenzen zum Absoluten hin transzendieren, vor allem durch erot. Mystizismus, der Gegenstand vieler s. elegant geschriebenen Romane um Liebe und Tod ist, die die Grenze des Anstößigen berühren. Sein Streben nach dem Unmöglichen verbindet ihn mit der Revolte Lautréamonts und Rimbauds. Auch kunsthist., lit.krit., polit. und soziolog. Essays und Schriften.

W: L'expérience intérieure, Es. 1943; Le coupable, R. 1944; Sur Nietzsche, Es. 1944; L'Orestie, R. 1945; L'Alléluiah, R. 1947; La haine de la poésie, Es. 1947; Histoire des rats, R. 1948; Eponine, R. 1949; La part maudite, Es. 1949 (d. 1973); L'abbé C., R. 1950 (d. 1966); Somme athéologique, Ess. 1954; Lascaux, ou la naissance de l'art, Es. 1955 (d. 1955); Manet, Es. 1955 (d. 1955); La littérature et le mal, Es. 1957 (d. 1987); Le bleu du ciel, R. 1957 (d. 1967); L'érotisme, Es. 1957 (Der heilige Eros, d. 1963); Les larmes d'Eros, Es. 1961 (d. 1982); Gilles de Rais, B. 1965 (d. 1967); L'Archangélique, G. 1967. – Œuvres complètes, hg. D. Hollier VI 1970f. – *Übs.:* Das obszöne Werk, En. 1972; Das theoretische Werk, Ess. 1974; Die psychologische Struktur des Faschismus – Die Souveränität, Ess. 1979.

L: J. L. Cherlonneix, 1981; B. T. Fitch, 1982; M. Richman, 1982; E. Bange, 1982; B. Mattheus, III, 1984ff.; H. Hillemaar, 1992; D. Holler 1995; V. Texeira, 1997.

Bataille, Henry (eig. Félix-Henri), franz. Schriftsteller, 4. 4. 1872 Nîmes – 2. 3. 1922 Rueil/Seine-et-Oise. Ecole des Beaux Arts Paris. – Begann als Lyriker mit prosanahen Gedichten. Beliebtester Bühnenschriftsteller zwischen 1900 und 1914, anfangs unter Einfluß Maeterlincks. Romant. Vorliebe für exzentr., oft abstoßende Charaktere, die er überzeugend nach ihrer emotionalen Gesetzlichkeit in e. mondänen Milieu entwickelt. Gestaltete mit vereinfachter Psychologie den Konflikt zwischen Sittengesetz und unwiderstehl., leidenschaftl. Triebhaftigkeit. Großer Erfolg mit ›Maman Colibri‹ und ›La marche nuptiale‹. Seine Stücke mit z. T. wirkungsvollen Szenen leiden unter übermäßig starker lyr. Empfindsamkeit und Rhetorik; sie wurden schnell vergessen.

W: La belle au bois dormant, Dr. 1894; La lépreuse, Dr. 1895; La chambre blanche, G. 1895; Ton sang, Dr. 1896; L'enchantement, Dr. 1900; Têtes et pensées, Ess. 1901; Maman Colibri, Dr. 1904; Le beau voyage, G. 1904; La marche nuptiale, Dr. 1905; Résurrection, Dr. 1905 (d. 1905); Poliche, Dr. 1906 (d. 1910); La femme nue, Dr. 1908; Le scandale, Dr. 1909 (d. 1909); La vierge folle, Dr. 1910; La déclaration, Dr. 1910; L'enfant de l'amour, Dr. 1911; Les flambeaux, Dr. 1912; Le Phalène, Dr. 1913; L'amazone. Dr. 1916; La divine tragédie, G. 1916; Ecrits sur le théâtre, Ess. 1917; Sœurs d'amour, Dr. 1919; L'animateur, Dr. 1920; L'homme à la rose, Dr. 1920; La quadrature de l'amour, G. 1920; La tendresse, Dr. 1921; La possession, Dr. 1921; La chair humaine, Dr. 1922; L'enfance éternelle, Aut. 1922. – Théâtre complet, XII 1922–29; Vers préférés, 1923.

L: D. Amiel, 1909; P. Blanchart, 1922; G. de Catalogne, 1925; J. B. Besançon, 1928; J. L'Héritier, 1930; D. Hollier, 1974; C. Limousin, 1975; R. Sasso, 1978.

Bataille d' Aliscans → Aliscans

Bates, Herbert Ernest (Ps. Flying Officer X), engl. Schriftsteller, 16. 5. 1905 Rushden/Northampton – 29. 1. 1974 Canterbury. Kriegsdienst in der R. A. F. Journalist in der Provinz, schrieb 20jährig s. ersten Roman; sehr produktiv. – In England und Amerika viel gelesener, sensibler Schriftsteller. S. Romane und Kurzgeschichten schildern häufig engl. Landleben mit feinen Stimmungsnuancen, Kriegs- und Nachkriegsthemen oder exot. Milieu. Ferner Essays zur Lit.wiss. Schulte s. Beherrschung der Kurzform an Čechov und Maupassant. Spannende Erzähltechnik.

W: The Two Sisters, R. 1926; Day's End, Kgn. 1928; Seven Tales and Alexander, En. 1929; Catherine Foster, R. 1929; The Fallow Land, R. 1932; The Woman Who had Imagination, Kgn. 1934; Flowers and Faces, Ess. 1935; A House of Women, R. 1936 (d. 1955); Down the River, Ess. 1937; Spella Ho, R. 1938 (Frauen um Spella Ho, d. 1947); The Modern Short Story, St. 1942; The Greatest People in the World, Kgn. 1942; How Sleep the Brave, Kgn. 1943; Fair Stood the Wind for France, R. 1944 (In Frankreich notgelandet, d. 1945); The Day of Glory, Sch. 1945; The Purple Plain, R. 1947 (Rückkehr

ins Leben, d. 1948); The Jacaranda Tree, R. 1949 (Flucht, d. 1950); The Scarlet Sword, R. 1951 (d. 1951); The Face of England, Es. 1952; Love for Lydia, R. 1952 (d. 1953); The Feast of July, R. 1954; The Sleepless Moon, R. 1956 (d. 1956); A Breath of French Air, R. 1959; An Aspidistra in Babylon, Kgn. 1960; When the Green Woods Laugh, R. 1960; Oh! To be in England, R. 1963; The Fabulous Mrs. V., Kgn. 1964; The Wedding Party, Nn. 1965; The Vanished World, Aut. 1969.
L: D. Vannatta, 1983.

Batirai, Omarla → Batyrai, G,hjamarla

Batjuškov, Konstantin Nikolaevič, russ. Lyriker, 29. 5. 1787 Vologda – 19. 7. 1855 ebda. Vater Gutsbesitzer, von 1803 an emsige Beschäftigung mit russ. und franz. Lit. in Petersburg, dann Stud. klass. Lit., Bekanntschaft mit vielen Literaten; Beamter, 1807 Teilnahme am Feldzug in Preußen, Freundschaft mit Gnedič, später mit Žukovskij, Vjazemskij, Puškin, den Dichtern der Gruppe ›Arzamas‹. 1813/14 Teilnahme am Krieg, am Einzug in Paris, 1818 bei der diplomat. Mission in Italien, wo in ihm die von mütterl. Seite ererbte Geisteskrankheit ausbrach; Heilungsversuche erfolglos. Schied 1821 aus der Lit. aus. – Anakreont. Lyriker. Ging von der Poetik des Klassizismus aus, nahm mit Satiren gegen die ›Archaisten‹ an der Auseinandersetzung um die russ. Lit.sprache teil, machte die Elegie für längere Zeit in der russ. Lit. heimisch, beeinflußt bes. von Tibull, Tasso, Petrarca, Parny. Ließ die leichte Poesie, deren Formen er meisterhaft beherrschte, mehr und mehr vor den Eleg. zurücktreten. Gesamtwerk geringen Umfangs. Gab der russ. dichter. Sprache nach dem Vorbild des Ital. Leichtigkeit und Geschmeidigkeit und ebnete so Puškin den Weg.

A: Sočinenija, III 1885–87, 1934 (n. 1967); Stichotvorenija, G. 1949; Sočinenija (W), 1955; Polnoe sobranie stichotvorenij, Sämtl. G. 1964; Opyty v stichach i proze (GW), 1977.
L: L. Majkov, 1906 (n. 2001); N. V. Fridman, 1971; I. Serman, N.Y. 1974.

Batrachomyomachia (ursprüngl.: ›Batrachomachia‹), ›Frosch-Mäuse-Krieg‹, altgriech. Kleinepos (ca. 300 Hexameter), späthellenist. (?) Schilderung des Rachefeldzuges (Tod e. Artgenossin) der Mäuse gegen die Frösche (vgl. Äsopfabel ›Maus und Frosch‹) in parodist. Anspielung auf Szenen/Stil der homer. Epen. Die Antike hielt fälschl. Homer oder e. Pigres von Halikarnassos für den Vf.; große Nachwirkung, vgl. z.B. röm. Autoren (Martial, Statius), ›Katzen-Mäuse-Krieg‹ des Theodoros Prodromos (12. Jh.), ›Froschmeuseler‹ des G. Rollenhagen (1595), lat. Bearbeitung von J. Balde (5 Bücher, 1637), ›Krebs-Mäuse-Krieg‹ von J. Leopardi (1831–37).

A: R. F. Glei 1983 (m. Komm.); M. Fusillo 1988. –
Übs.: Chr. v. Stolberg 1784 (Nachdr. 1972); Th. v. Scheffer 1941.
L: H. Wölke, 1978; G. W. Most, W. Ax, R. F. Glei, hg. 1993.

Batsányi, János, ungar. Dichter, 9. 5. 1763 Tapolca – 12. 5. 1845 Linz. Stud. in Keszthely, Sopron, 1787 Beamter in Kassa, Redakteur der Zs. ›Magyar Museum‹, Teilnahme an e. jakobin. Verschwörung; 1794/96 Haft in Buda u. Kufstein. 1797 kleiner Beamter in Wien, 1805 ∞ Dichterin Gabriele Baumberg; schließt sich 1809 Napoleon an, 1815 wieder in Haft, nach Begnadigung Verbannung nach Linz. – Anhänger der Franz. Revolution, propagiert in s. Gedichten die fortschrittlichsten Ideen s. Zeit.

W: Összes művei, 1953.
L: D. Keresztury, Bevezető tanulmány B. J. vál. műveinek kiadásához, 1956, K. Kertész, hg. Elemzések, tanulmányok, 1995.

Batyrai, G,hjamarla, dargin.-dagestan. Dichter, 1820 Uraxi – 1902. Begründer der dargin. Lit. – Gedichte humanist. Prägung und sozial-philos. Inhalts. Sie waren lange Zeit durch mündl. Weitergabe bekannt. B. interessiert v.a. das Leben der Bauern (›Vom Leben‹). Ein weiterer Zyklus besingt den Volksrecken. B.s Verneigung gilt der Frau der Berge im Werk ›Von der Liebe‹. Die Gedichte sind durch Musikalität u. Nähe zur Volkspoesie gekennzeichnet. Systemat. Sammlung der Werke erst nach der Oktoberrevolution.
Übs.: Pesni, Lieder, 1959; Poetičeskoe nasledie, G. 1989.
L: Materialy nauč. sessii (russ.), 1977.

Baudelaire, Charles (eig. C.-Pierre), franz. Dichter, 9. 4. 1821 Paris – 31. 8. 1867 ebda. Unglückl. Kindheit durch frühen Tod des Vaters (1827) und Wiederverheiratung der Mutter (1828), Schulen: 1830 Collège Royal Lyon, 1836 Lycée Louis-le-Grand Paris, 1839 wegen psych. Krise entlassen. Privatunterricht. Stud. Jura Paris. 1841 mehrmonatige Reise auf die Inseln Mauritius und Réunion. 1842 Rückkehr nach Paris, lebte dort, revoltierend gegen bürgerl. Konventionen als Bohemien und Schriftsteller, mit väterl. Vermögen bekannt. B. entdeckt v.a. das Leben des reicher Dandy, deshalb von s. Familie seit 1844 finanziell bevormundet. Ständige Geldnöte und Schwierigkeiten mit Verlegern; Elendsquartiere. Seit 1842 bis zum Lebensende Liebesbund mit der Mulattin Jeanne Lemer (gen. Duval). Idealisierte Liebe zu Mme Sabatier; kurzes Liebesverhältnis mit H. de Balzac, T. Gautier, C. A. Ste.-Beuve, E. Delacroix, G. de Nerval. Trat 1845/46 als Kunstkritiker an die Öffentlichkeit. 1857 Verurteilung wegen Gefährdung der Sittlichkeit bei Erscheinen des Gedichtzyklus ›Les Fleurs du Mal‹. 1864–66 Vortragsreise in Belgien, März 1866 abgebrochen wegen Erkrankung. 1867 Tod durch Schlaganfall. – Bedeutender Dichter des 19. Jh. Durch s. Formkult den Parnassiens zugehörend, Patriarch der Lyrik des Symbolismus und des Surrealismus, von entscheidendem Einfluß u. a. auf Verlaine, Rimbaud, Mallarmé, Valéry, über Frankreich hinaus auf George, Rilke, d'Annunzio, Swinburne, Pound u. a. mit Lyrik, Prosa, kunstkrit. Schriften. Dichter mit dem Lebensgefühl der Dekadenz: eschatolog. Bewußtsein, Ekel vor der Banalität des Herkömmlichen, bewußter Abstand von der Wirklichkeit, Streben nach e. Reich der Künstlichkeit. Entdeckung des ästhet. Faszinosums des Abnormen, Bizarren, Unheimlichen, Verfallenden, Nächtlichen, Negativen, Bösen. Betonung des Satan. in der Ästhetik. Göttlicher Spannungspol verblaßt zu bloßer Idealität; Sympathie mit Sünde und Tod. Bilder der Dichtung geschöpft aus der Großstadt Paris, aus der Welt der Tropen und des Meeres (Reiseerinnerungen). Dichter. Schaffensprozeß bei strenger voluntativer Zucht und Helle des Bewußtseins, Entpersönlichung der Lyrik. Vorherrschen des Formwillens gegenüber dem Ausdruck. Streben nach makelloser Schönheit. ›Les Fleurs du Mal‹ von klass. architekton. Strenge und Einfachheit, durch Glut der Bilder, Rhythmus und Melodie von zuvor nicht gekannter suggestiver Sprachmagie. In s. dichtungstheoret. Aufsätzen geht B. noch weit über das im Gedicht Verwirklichte hinaus. Poet. Prosa der ›Petits Poèmes en Prose‹ von hoher Musikalität, grammatikalisch. Willkür hie gedankl. Prägnanz. Kunstkritiker von intuitiver Sicherheit, würdigte die zeitgenöss. Malerei, begeisterte sich für den wesensverwandten Delacroix. Als e. der ersten in Frankreich glühender Anhänger der Musik R. Wagners und scharfsinniger Deuter s. Ästhetik. Übs. von E. A. Poe und De Quincey.

W: Les Fleurs du Mal, G. 1857, 1861, 1868 (hg. J. Crépet, G. Blin 1942; d. S. George 1901, S. Zweig 1902, C. Schmid 1947, C. Fischer ³1960); Les Paradis artificiels, De Quincey-Übs. 1860 (d. 1972); Les Epaves, G. 1861 (d. C. Freund 1947); Nouvelles Fleurs du Mal, G. 1861; Petits Poèmes en Prose, 1869 (hg. D. Rops 1934, M. Zimmermann 1968, R. Corti 1969; d. D. Bassermann 1920, W. Küchler 1955, D. Roser, Le Spleen de Paris, 1960); Curiosités esthétiques, L'Art romantique, Aufs. 1869 (hg. H. Lemaître 1962; Ausw.: Aufsätze, d. C. Andres 1960); Sur la Belgique, 1890; Vers retrouvés, hg. J. Mouquet 1929; Manoël, Dr. hg. ders. 1929; Vers latins, hg. ders. 1933; Ecrits intimes, hg. J.-P. Sartre 1946. – Œuvres complètes, VII 1868–70 (Ed. Conard), hg. J. Crépet XIX 1922–53, C. Pichois 1966, M.-A. Ruff 1968, Y. Florenne III 1970; Œuvres posthumes et correspondance inédite, 1887–1907; Correspondance générale, hg. J. Crépet, C. Pichois VI 1947–53; Lettres 1841– 66, hg. 1906 (d. A. Förster 1909); Lettres à sa mère, hg. 1932; Selected Letters, hg. R. Lloyd 1986; Journaux intimes (Mon cœur mis à nu. Fusées), 1909, hg. J. Crépet, G. Blin 1949 (d. E. Oesterheld 1909, F. Kemp 1966). – *Übs.:* M. Bruns V ²1922; Ausw. F. Blei III 1925; W. Hausenstein 1949; W. Benjamin 1970; Jugendbriefe, 1969; Ein Leben im Widerspruch, Br. 1969; SW/Briefe, hg. R. Kopp X 1972ff.

L: E. Crépet, 1906; P. Valéry, Situation de B., 1924; F. Porché, La vie douloureuse de C. B., 1926 (d. 1930); E. Seillière, 1931; J. Pommier, La Mystique de B., 1932; E. Starkie, N. Y. 1933; G. Blin, 1939; F. Porché, 1944; J.-P. Sartre, 1947; G. Blin, Le sadisme de B., 1948; J. Segond, L'œuvre et la pensée de B., 1950; H. Peyre, Connaissance de B., 1951; P. M. Jones, Lond. 1952; M. Bonfantini II Neapel ²1954; W. T. Bandy, C. Pichois, B. devant ses contemporains, 1957, 1996 (d. 1969); P. Pia, 1958; P. Arnold, D. Geheimnis B., 1958; P. M. Jones, Lond. 1960; C. Borgal, 1961; H. Peyre, hg. N. Y. 1962; M. Bonfantini, 1963; A. E. Carter, B. et la crit. franç., 1963; M.-A. Ruff, ²1966; L. Decaunes, 1968; M. Turnell, N. Y. 1968; W. Benjamin, 1969; G. Poulet, R. Kopp, 1969; L. Cellier, 1970; J. J. Marchand, 1971; J. Rouger, 1971; P. Arnold, 1972; A. Moss, 1974; T. Bassim, 1975; J. Loncke, 1975; E. Crepet, 1980; R. Poggenburg, 1987; Ch. Asselineau, 1990; F. Nadar, 1994.

Baudoin, Pierre → Péguy, Charles Pierre

Baum, L(yman) Frank, amerik. Kinderbuchautor, 15. 5. 1856 Chittenango/NY – 6. 5. 1919 Hollywood. Aufgrund kränkl. Konstitution Privaterziehung; tätig u. a. als Journalist, Schauspieler, Filmproduzent, auch im Familien-Ölhandel, als Vertreter und Geflügelzüchter. – Bekannt als Kinderbuchautor, bes. von ›The Wonderful Wizard of Oz‹, e. volkstüml. Märchen über die Abenteuer des Mädchens Dorothy aus Kansas im Zauberland von Oz. Als Musical 1902 Bühnenerfolg, 1939 Filmerfolg (mit Judy Garland). Unter dem Spitznamen ›Royal Historian of Oz‹ serielle Publikation von Oz-Romanen; versch., auch weibl. Pseudonyme.

W: Mother Goose in Prose, Kdb. 1897 (illustriert M. Parrish); Father Goose: His Book, Kdb. 1899 (illustriert W. W. Denslow); The Wonderful Wizard of Oz, Kdb. 1900 (illustriert Denslow; d. 1964); The Marvelous Land of Oz, Kdb. 1904; The Road to Oz, Kdb. 1909 (Dorothy auf Zauberwegen, d. 2000); The Emerald City of Oz, Kdb. 1910 (Dorothy in der Smaragdstadt, d. 2001); The Patchwork Girl of Oz, Kdb. 1913 (Dorothy u. das Patchwork-Mädchen, d. 2002).

L: A. T. Ford, D. Martin, 1958; F. J. Baum, R. P. MacFall, 1961; A. S. Carpenter, J. Shirley, 1992; N. Earle, 1993; C. Greene, 1995; M. O'Neal Riley, 1997; J. C. Wheeler, 1997. – *Bibl.:* D. G. Greene, 1988.

Bausch, Richard (Carl), amerik. Erzähler, * 18. 4. 1945 Fort Benning/GA. Seit 1980 Prof. George Mason Univ., Fairfax/VA. – Vf. von gefühlsbetonten Familienromanen, die die alltägl. Tragödien des zeitgenöss. Amerika thematisieren

(Glaubenskrisen, Krankheiten, Erfolglosigkeit, familiäre Gewalt).
W: Real Presence, R. 1980; Take Me Back, R. 1981; The Last Good Time, R. 1984 (Eine unmögliche Liebe, d. 1995); Spirits, Kgn. 1987; Mr. Field's Daughter, R. 1989; The Fireman's Wife, Kgn. 1990; Violence, R. 1992 (d. 1993); Rebel Powers, R. 1993; Rare & Endangered Species, Kgn. 1994 (Die natürlichen Auswirkungen einer Scheidung, d. 1999); Good Evening Mr. and Mrs. America, R. 1996 (d. 1998); In the Night Season, R. 1998 (d. 2000); Someone to Watch Over Me, Kgn. 1999; Hello To the Cannibals, R. 2002. – Selected Stories, 1996.

Bawden, Nina, engl. Romanautorin, * 19. 1. 1925 London. Stud. Philos., Politik u. Wirtschaftswiss. Oxford. – Vf. von spannend erzählten Kinder- u. Jugendbüchern wie von Erwachsenenlit., in denen sie familiäre und Geschlechterkonflikte mit subtilem psycholog. Einfühlungsvermögen darstellt.
W: Devil by the Sea, R. 1957 (Der mit dem Pferdefuß, d. 1959); Just Like a Lady, R. 1960 (Eine Miss mit kleinen Fehlern, d. 1966); The Secret Passage, Kdb. 1963 (d. 1965); A Little Love, a Little Learning, R. 1966 (Mit Liebe und Geduld, d. 1968); A Woman of My Age, R. 1967 (d. 1969); The Runaway Summer, Kdb. 1969 (Versteck dich, sie kommen, d. 1972); Squib, Kdb. 1971; Anna Apparent, R. 1972; The Birds on the Trees, R. 1973 (Unter einem Dach, d. 1973); George Beneath a Paper Moon, R. 1974; Afternoon of a Good Woman, R. 1976; Rebel on a Rock, R. 1978; Familiar Passions, R. 1979; Walking Naked, R. 1981; Circles of Deceit, R. 1987 (Kunst der Täuschung, d. 1994); Family Money, R. 1991 (Ein Haus mit Garten, d. 1997); The Ice House, R. 1991 (d. 1993); The Outside Child, R. 1992 (Die versteckte Fotografie, d. 1993); Under the Skin, R. 1993 (Schwarzer Mann, d. 1996); A Nice Change, R. 1997 (Griechischer Kaffee, d. 1999); Ruffian of the Stair, R. 2001.

Baxter, James Keir, neuseeländ. Dichter u. Dramatiker, 29. 6. 1926 Brighton, Otago/Neuseeland – 22. 10. 1972 Auckland. Pazifist, unkonventionelles Außenseiterleben; gründete 1969 in der Wildnis die Kommune ›Jerusalem‹. – Wichtigster Dichter s. Landes; verbindet auf christl. Grundlage in myth. geprägten Gedichten u. Dramen Sozialkritik mit archetyp. Thematik: Stadt vs. Wildnis, geistige Wiedergeburt, Naturkreislauf; vielfältige Sprachregister. Auch lit.krit. Studien.
W: Blow, Wind of Fruitfulness, G. 1948; In Fires of No Return, G. 1958; Howrah Bridge, G. 1961; The Rock Woman, G. 1969; Jerusalem Sonnets, 1970; Jerusalem Daybook, G. u. Ess. 1971; Autumn Testament, G. u. Ess. 1972; The Labyrinth, G. 1974; The Bone Chanter, G. 1976; Selected Poems, 1982. – Collected Poems, 1979; Collected Plays, 1982; The Essential Baxter, hg. J. E. Weir 1993; New Selected Poems, 2001; Spark to a Waiting Fuse, J. K. B.'s correspondence with N. Ginn, hg. P. Millar 2001; Selections from The Tree House, G. 2002.

L: J. E. Weir, 1970; A. Taylor, hg. 1972; V. O'Sullivan, 1976; Ch. Doyle, 1976; F. M. McKay, 1987. – *Bibl.:* J. E. Weir, B. A. Lyon, 1979; F. McKay, 1990; M. Minehan, 2002.

Bayard, Jean, franz. Dramatiker, 17. 3. 1796 Charolles – 19. 2. 1853 Paris. Einer der aktivsten Mitarbeiter von Eugène Scribe. Theatermäzen. – Schrieb allein und mit anderen Autoren (Mélesville, Dumanoir, Duvert, Désaugiers, Théaulon, Varner, Decomberousse, Anicet-Bourgeois) über 200 geistreiche und liebenswürdige Stücke, zu deren bekanntesten ›Le gamin de Paris‹ (1836) gehört.
A: Théâtre, XII 1855–59.

Baykurt, Fakir, türk. Schriftsteller, 1929 Akçaköy – 11. 10. 1999 Essen. Bauernsohn; Lehrerseminar u. Pädagog. Hochschule, Lehrer auf dem Land, Beamter in der Schulverwaltung, Vorsitzender der türk. Lehrergewerkschaft, lebte nach 1979 in Dtl. als Lehrer. – Neben Yaşar Kemal und Kemal Tahir e. der erfolgreichsten Repräsentanten der ›Dörfler‹-Richtung, die in Roman u. Erzählung das anatol. Landleben in den Mittelpunkt stellt und e. Realismus mit folklorist. Einschlag pflegt; lit. Gestaltung der Binnenmigration in die Großstädte sowie der nach Dtl.
W: Çilli, En. 1955; Yilanlarin Öcü, R. 1959 (Die Rache der Schlangen, d. 1964); Efendilik Savaşi, En. 1959; Irazcanin Dirliği, R. 1961 (Mutter Jrazca und ihre Kinder, d. 1981); Efkar Tepesi, Ess. 1960; Onuncu Köy, R. 1961; Karin Ağrisi, En. 1961; Cüce Muhammet, En. 1964; Kerem Ile Asli, E. 1964; Amerikan Sargisi, R. 1967; Kaplumbagalar, R. 1967; Gece Vardiyasi, En. 1984 (Nachtschicht und andere Erzählungen aus Deutschland, d. 1984). – *Übs.:* Die Friedenstorte, 1980.

Bayle, Pierre, franz. Philosoph und Schriftsteller, 18. 11. 1647 Carla/Grafschaft Foix – 28. 12. 1706 Rotterdam. Sohn e. calvanist. Pfarrers; Collège von Puymorens, im Jesuitenkolleg von Toulouse 1669 zum Katholizismus bekehrt, 1670 Rückkehr zum Protestantismus, mußte deshalb nach Genf fliehen. Stud. ebda. Descartes, Hauslehrer in Paris, 1675–81 Prof. der Philos. Akad. Sedan, danach in Rotterdam, gründete 1684 die Zs. ›Nouvelles de la République des lettres‹. Wurde wegen s. freigeist. Thesen nach Auseinandersetzungen mit dem orthodoxen protestant. Geistlichen Jurieu 1693 abgesetzt, verbrachte letzte Lebensjahre in Holland. – Skept. Philosoph, irreligiöser Freigeist. Schrieb mit größerer Kühnheit als die meisten Philosophen des 18. Jh. über philos. und relig. Fragen. Brach mit dem Traditionalismus des 17. Jh. Wandte seine skept. Philos. auf die Religion an: verspottete Aberglauben, leugnete Übernatürliches und göttl. Vorsehung, begründete rational die Gewissensfreiheit und Toleranz auch gegenüber Atheisten. Bereitete die Trennung von Religion und Moral vor, forderte die Trennung von Kirche und Staat. In s. Hauptwerk ›Dictionnaire historique et critique‹ tarnte er seine damals provozierenden Gedanken durch e. geschicktes Verweissystem. B. übte starken Einfluß auf verschiedene Philosophen des 18. Jh., vor allem auf Voltaire aus; Geist und Methode s. Dictionnaire wirkten auf die Encyclopédie.

W: Pensées diverses sur la comète, 1682 (hg. A. Prat II ²1939); Critique générale de l'histoire du calvinisme de Mr. Maimbourg, IV 1684; Novelles de la république des lettres, Zs. 1684–87; Commentaire philosophique sur les paroles de Jésus Christ: Contrains-les d'entrer, III 1686 (d. D. Semerau 1771); Dictionnaire historique et critique, II 1695–97 (hg. Beuchot 1820–24; d. IV 1741–44, Faks. 1974). – Œuvres, hg. Des Maizeaux IX 1730; Œuvres diverses, IV 1727–31 (n. 1964f.); Choix de correspondance inédite, hg. E. Gigas 1890.

L: L. Feuerbach, ²1848; W. Bolin, 1905; A. Cases, 1905; E. Lacoste, 1929; E. B. Sugg, 1930; M. Robinson, 1931; P. Dibon, Amst. 1959; B. Talluri, 1963; E. Labrousse, II 1963f. u. 1965; D. Horn, 1965; P. Retat, 1972; J. Solé, 1972; I. Weibel, 1975; J. P. Jossua, 1975; M. T. Banbury, 1982; H. Bost, 1994; Actes de la journée de B., hg. O. Abel, 1995; H. Bost, 1999; A. Menenna, 2001; C. Bidniack, 2002.

Baylebridge, William (eig. Charles William Blocksidge), austral. Dichter und Schriftsteller, 12. 12. 1883 Brisbane – 7. 5. 1942 Sydney. – Vf. stellenweise dunkler u. weltanschaul.-philos. überladener Gedichte, Skizzen und Erzählungen; im Frühwerk aggressiv nationalist. S. Werk reflektiert Nietzsches Begriff des Übermenschentums und G. B. Shaws Gedanken von der ›life force‹. Am bedeutendsten die in der Shakespeare-Tradition stehende Sonettfolge ›Love Redeemed‹.

W: Moreton Miles, G. 1910; The New Life, G. 1910; National Notes, Ess. 1912; Life's Testament, G. 1914; An Anzac Muster, Skn. u. En. 1921; Love Redeemed, G. 1934; This Vital Flesh, G. 1939; Sextains, G. 1939.

Bažan, Mykola, ukrain. Dichter, 9. 10. 1904 Kamjaneć-Podil's'kyj – 23. 11. 1983 Kiev. Gymnas. Umań, 1921 Stud. Politik u. Ökonomie Kiev; 1949 Englandreise. 1951 Mitgl. der Ukrain. Akad., Chefredakteur der Ukrain. Sowjetenzyklopädie. – Als Lyriker anfangs unter Einfluß des Expressionismus, Futurismus und Konstruktivismus mit romant. Themen und preziöser Sprache; nach scharfer Kritik seit 1934 Wendung zum sozialist. Realismus. Im 2. Weltkrieg Kriegsgedichte. Trotz poet. Sprache und kühner Neuerung im Grunde abstrakt-intellektualist.

W: Simnadcjatyi patrul', G. 1926; Riz'blena tiń, G. 1927; Hofmanova nič', Ep. 1929; Budivli, Ep. 1929; Slipci, Ep. 1930; Trilohija prystrasti, Ep. 1933; Bezsmertja, Poem 1937; Stalinhrads'kyj zošyt, G. 1943; Anhlijs'ki vražennja, G. 1949; Bilja Spas'koji veži, G. 1952; Puti ljudej, Sk. 1969; Karby, G. 1978. – Tvory (W), II 1954, 1965, 1962, IV 1974/75; 1984/85.

L: S. Kryžanivs'kyj, 1954, 1964; J. Surovcev, 1970; N. V. Kostenko, 1971, 1978; J. Adel'hejm, 1974; Karbovanych sliv volodar, 1988; Kino Mykoly Bažana, Storinky istoriji ukrain.-rad.kino, 1986; Vospominanija o. M. B., Moskau 1989.

Bazin, Hervé (eig. Jean-Pierre Marie), franz. Erzähler und Lyriker, 17. 4. 1911 Angers – 17. 2. 1996 ebda. Schulen Angers und Redon, Stud. Rechte Angers, 7 Jahre Lit. Sorbonne. Finanzierte sein Stud. nach Bruch mit seiner Familie durch eigene Arbeit. Aktiv in der Résistance. Seit 1973 Präsident der Académie Goncourt. – Vf. provozierender, ätzend geschriebener, rückhaltlos offener und leidenschaftl. autobiograph. Romane über die Jugendjahre im Elternhaus. Hervorgegangen aus der Revolte der jungen Generation gegen die moral., gesellschaftl. und geist. Traditionen des bürgerl. Konformismus. Die späteren Romane, außer ›L'huile sur le feu‹, sind maßvoller im Ton. Elegante und bewegte Sprache.

W: Jour, G. 1947: Les Rezeau: 1. Vipère au poing, R. 1948 (d. 1956); 2. La mort du petit cheval, R. 1950 (Das Tischtuch ist zerschnitten, d. 1956); La tête contre les murs, R. 1949 (d. 1950); Le bureau des mariages, En. 1951 (d. 1960); Lève-toi et marche, R. 1952 (d. 1953); Humeurs, G. 1953; L'huile sur le feu, R. 1954 (Und brannte zu Asche, d. 1956); Qui j'ose aimer, R. 1956 (d. 1960); Miracle privé, R. 1956; Au nom du fils, R. 1961 (Mein Sohn, d. 1963); Chapeau bas, N. 1963; Plumons l'oiseau, Es. 1966; Actes du Colloque, 1966, 1987; Le matrimoine, R. 1967 (Die sanften Löwinnen, d. 1970); Les bienheureux de la désolation, R. 1970 (Glück auf dem Vulkan, d. 1971); Le cri de la chouette, R. 1972; Madame Ex, R. 1975 (d. 1976); L'église verte, R. 1981; Abécédaire, 1984; Le clémon de minuit, R. 1988; L'école des pères, R. 1991.

L: J. Anglade, 1962; C. Mace, 1971; R. Moustiers, 1973.

Bazin, René (Ps. B. Seigny), franz. Schriftsteller, 20. 12. 1853 Angers – 20. 7. 1932 Paris. Stud. Jura Univ. Angers, 1875 Prof. ebda. 1903 Mitgl. der Académie Française. – Vf. von Heimat- und Familienromanen mit den Stilmitteln des Realismus in kathol.-reaktionärem Geist, in denen das Milieu e. größere Rolle spielt als die Personen. Darstellung des Landlebens in Anjou, Poitou und Vendée. Leidenschaftl. Verbundenheit mit der Muttererde. Klage über die Industrialisierung und propagandist. Eintreten gegen die Landflucht. Sieht das Heil in Rückkehr zum Boden und zum Glauben der Vorfahren. Setzte sich als Patriot für e. franz. Elsaß-Lothringen ein. Reiseberichte in der ›Revue des deux mondes‹.

W: Stéphanette, R. 1884 (d. 1905); Ma tante Giron, R. 1886 (d. 1920); De toute son âme, R. 1887; Une tache d'encre, R. 1888; Les Noellet, R. 1890; La sarcelle bleue, R. 1892 (d. 1905); Madame Corentine, R. 1893 (d. 1909); Humble Amour, R. 1894; Les Italiens d'aujourd' hui, Reiseber. 1894; Terre d'Espagne, Reiseber. 1896; En province, Reiseber. 1896; Contes de la bonne Perrette, En. 1898; La terre qui meurt, R. 1899 (d. 1901), Dr. 1913; Les Oberlé, R. 1901 (d. 1904); Récits de la plaine et de la montagne, En. 1903; Donatienne, R. 1903; L'isolée, R. 1905 (d. 1920); Le blé qui lève, R. 1907; La barrière, R. 1910 (d. 1912); Davidée Birot, R. 1912 (d. 1913); Les nouveaux Oberlé, R. 1919; Charles de Foucauld, B. 1921 (d. 1930); Baltus le Lorrain, R. 1926; Magnificat, R. 1932 (d. 1947); Etapes de ma vie, Aut. 1936.

L: Ch. Baussan, 1925; F. Mauriac, 1931; J. S. Wood, 1934; G. Duhamel, 1935; T. Catta, 1936; P. Gourdon, 1942; M. Souriau, 1945; J. H. Leighton, R. B. et l'Alsace, 1953; L'Antoine, 1959; J. Galarneau, 1965; L. Harmattan, 2001.

Bažov, Pavel, Petrovič, russ. Erzähler, 27. 1. 1879 Sysertskij zavod b. Ekaterinburg – 3. 12. 1950 Moskau. Vater Hüttenmeister; bis 1899 Stud. Priesterseminar Perm', dann Volksschullehrer mit besonderem Interesse an Folklore. – Stellt in märchennahen, gleichsam mündl. Essays das überlieferte Leben im Ural dar.

W: Ural'skie byli, Sk. 1924 (Legenden aus dem Ural, d. 1948); Malachitovaja škatulka, En. 1939. – Sočinenija (W), III 1952. – *Übs.*: Die Herrin des Kupferberges, 1961.

Beaconsfield, Earl of → Disraeli, Benjamin, Earl of Beaconsfield

Beardsley, Aubrey Vincent, engl. Zeichner, Illustrator u. Schriftsteller, 21. 8. 1872 Brighton – 16. 3. 1898 Menton. Arbeitete nach Beendigung der Schulzeit in e. Architekturbüro, danach kurze Zeit als Versicherungsangestellter. Wurde schon als 18jähriger durch s. Zeichnungen bekannt. Hrsg. und Illustrator der Zsn. ›The Yellow Book‹ (1894–97) und ›The Savoy‹ (1896), zu denen er auch Gedichte und e. Prosafragment ›Under the Hill‹ (d. 1909 und 1965) beisteuerte. Eine der führenden Gestalten der engl. L'art-pour-l'art-Bewegung und des Kreises der Dekadenten. Eng befreundet mit O. Wilde, dessen ›Salomé‹ er illustrierte. Starb 25jährig an Tbc.

A: The letters, hg. H. Maas 1970; Literary Remains, hg. S. Calloway 1998.

L: E. Esswein, 1908; H. Macfall, 1927; R. Ross, 1932; B. Reade, 1967 (d. 1969); S. Weintraub, 1967 (d. 1968); M. Easton, 1973; S. Weintraub, 1976; M. J. Benkovitz, 1981; I. Fletcher, 1987; M. Sturgis, 1998.

Beatrijs, mittelniederländ. Marienlegende, paarweise gereimt, Vf. aus Ostflandern (Diederic van Assenede?), 13. Jh. Die Nonne Beatrijs, von der Liebe überwältigt, verläßt das Kloster und lebt 7 Jahre mit dem Geliebten zusammen. In der Armut von ihrem Geliebten verlassen, sinkt sie herab zur Dirne, um ihre 2 Kinder zu ernähren. E. Stimme mahnt sie zurückzukehren. Sie wurde im Kloster nicht vermißt, Maria hat ihre Stelle eingenommen. In der Zeit ihrer Erniedrigung hatte Beatrijs es nicht unterlassen, zu Maria zu beten. Stoff auch aufgezeichnet von Caesarius von Heisterbach um 1223 im ›Dialogus Miraculorum‹, später in ›Libri miraculorum octo‹. Diese Bearbeitung stoffl. näher der ›B.‹. Zahlr. lit. Neubearbeitungen im 19. u. 20. Jh.

A: A. L. Verhofstede, 1947; R. Roemans, H. van Assche, [11]1982, mit Bibl.; F. Lulolfs, 1963, [6]1983. – *Übs.*: W. Berg, 1870; F. M. Hübner, 1919.

L: D. A. Stracke, 1930; F. P. van Oostrom, 1983.

Beattie, Ann, amerik. Erzählerin, * 8. 9. 1947 Washington D. C. – Frühe Kurzgeschichten schildern emotionale Leere bei Drogen- u. Sex-Experimenten der 1960er Jahre (›Distortions‹), später suburbane Geschichten über Kontingenz des Lebens der Mittelklasse (›What Was Mine‹); Romane episod., multiperspektiv., minimalist., zunehmend realist. Stil, Familien- und Ehethematik (›Picturing Will‹).

W: Distortions, Kgn. 1976; Chilly Scenes of Winter, R. 1976; Secrets and Surprises, Kgn. 1979; Falling in Place, R. 1980 (Amerikanischer Sommer, d. 1981); The Burning House, Kgn. 1982; Love Always, R. 1985; Where You'll Find Me, Kgn. 1986; Alex Katz, Ess. 1987; Picturing Will, R. 1989; What Was Mine, Kgn. 1991; Another You, R. 1995; My Life, Starring Dara Falcon, R. 1997 (Mein fremdes Leben, d. 1999; Gefährliche Freundin, d. 2003); Park City, Kgn. 1998; Perfect Recall, Kgn. 2001; The Doctor's House, R. 2002.

L: C. Murphy, 1986; J. B. Montresor, hg. 1993.

Beattie, James, schott. Dichter und Essayist, 25. 10. 1735 Laurencekirk – 18. 8. 1803 Aberdeen. Sohn e. Kleinbauern u. Ladeninhabers, Stud. Aberdeen, 1753 M. A., Lehrer, 1760 Prof. der Moralphilos. Univ. Aberdeen. Griff 1770 in s. ›Essay on Truth‹ Humes philos. Skeptizismus an; großer Zeiterfolg, der zur Vorstellung am kgl. Hof und zu Auszeichnung durch die Univ. Oxford führte. – Durch Bischof Percys Sammlung alter schott. Volksballaden angeregt, wandte er sich der Dichtung zu, schrieb Oden und Elegien nach der Art Grays, ist insofern Vorläufer der Romantik, als hier bereits die romant. Elemente (Hügel und Täler, Ritter und Hexen) auftauchen. Errang weiteren großen Zeiterfolg durch s. Dichtung ›The Minstrel: or, The Progress of Genius‹, die Lebensgang und Entwicklung e. Barden in 123 Strophen schildert. Lit.hist. interessant als Versuch der Imitation Spensers.

W: Essay on Truth, 1770; The Minstrel: or, The Progress of Genius, G. II 1771–74; Essays, 1776; Dissertations Moral and Critical, Ess. 1783 (d. III 1789–91); Elements of Moral Science, Abh. 1790. – Poetical Works, hg. A. Dyce 1831; London Diary, 1773, hg. R. S. Walker 1946; The philosophical works, hg. F. O. Wolf 1970. *L:* M. Forbes, 1902; E. King, 1977.

Beauchamp, Kathleen → Mansfield, Katherine

Beaumarchais, Pierre Augustin Caron de, franz. Dramatiker, 24. 1. 1732 Paris – 18. 5. 1799 ebda. Sohn e. Uhrmachers; verschaffte sich früh Zugang zum königl. Hof. Harfenlehrer der Töchter Ludwigs XV. Dreimal verheiratet. Seit 1762 beteiligt an weitgespannten Geschäften des Finanzmanns Paris-Duverney. Wegen polit. Intrigen und geschäftl. Interessen auch im Ausland, 1764 Madrid (nach seiner Darstellung, um die vom Verlobten verlassene Schwester zu rächen: Stoff für s. 1. Drama und Goethes ›Clavigo‹). Bekannter durch Skandalprozesse als durch s. Stücke. Verlor wegen Fälschung 1770 die bürgerl. Ehrenrechte. Wurde in ganz Europa berühmt durch s. pamphletist. Memoiren, in denen er die Justiz (bes. den Richter Goezmann) der Korruption beschuldigt. Großer Erfolg 1775 mit ›Le barbier de Séville‹, triumphaler Beifall für die 6 Jahre der Zensur verbotene Komödie ›Le mariage de Figaro‹. Nach Rehabilitierung Geheimagent der Regierung, Gründer e. Gesellschaft von Dramatikern. Seit 1784 abfallende Glückskurve: 1792 Flucht vor der Revolution nach Hamburg. Ab 1796 verschuldet in Paris. – Begründete s. Ruhm nach 2 comédies larmoyantes mit 2 Intrigenkomödien um die Figur des Bedienteten, Figaro. Stücke nach alten Vorbildern, aber bedeutsam sowohl lit. durch Lebendigkeit und Originalität s. sprühenden Witzes als auch hist.-polit. durch die aktuelle Tendenz der Satire, die im 2. Stück noch an Schärfe zunimmt: die Adelsgesellschaft als Zielscheibe vernichtenden Spottes: Der Barbier zeigt sich im Intrigenspiel der höf. Gesellschaft überlegen und klagt offen Politik, Privilegien und Intoleranz des Adels an. B. ist e. der unmittelbaren geistigen Vorbereiter der Revolution. Die Opern ›Der Barbier von Sevilla‹ von Rossini (1816), Mozarts ›Hochzeit des Figaro‹ (1786) und D. Milhauds ›La mère coupable‹ (1966) gehen auf B. zurück.

W: Eugénie, Tr. 1767; Les deux amis, Tr. 1770; Le barbier de Séville, K. 1775 (d. J. Kainz 1907); La folle journée ou le mariage de Figaro, K. 1785 (d. J. Kainz 1906); Tarare, Opernlibr. 1787; La mère coupable, Tr. 1792; Mémoires, Pamphlete 1773/74 (hg. C. A. de Sainte-Beuve 1878, n. 1908). – Œuvres complètes, hg. P. P. Gudin de la Brenellerie VII 1809; E. Fournier 1876; Théâtre complet et Lettres relatives à son théâtre, hg. M. Allem 1934, 1957; Théâtre complet, hg. R. d'Hermies 1952; Théâtre, 1934. – *Übs.:* Sämtl. Schausp. d. M. Tenelli II 1826; Schmähschr. gegen Marie-Antoinette, franz./dt. hg. F. Reinöhl 1922; Lettres de jeunesse, 1745–1775, hg. L. Thomas 1923; Correspondance, hg. B. N. Morton III 1969ff.

L: L. de Loménie, B. et son temps, II [4]1880; E. Lintilhac, 1887; A. Hallays, 1897; A. Bettelheim, [2]1911; R. Dalsème, La vie de B., 1928; L. Latzarus, 1930; B. Frischauer, 1935; A. Bailly, 1945; G. Lemaître, 1949; P. van Tieghem, 1960; J. B. Ratermanis, W. R. Irwin, The Comic Style of B., Washington 1961; C. Cox, N. Y. 1962; R. Thomasset, 1966; R. Pomeau, [2]1967; B. Fay, 1971; C. Borgal, 1972; R. de Castries, 1972; F. Grendel, 1973; B. Fay, Die tollen Tage, 1973; M. Descotes, 1974; F. Grendel, 1977; P. Larthomas, 1978. – *Bibl.:* H. Cordier, 1883; P. Boussel, 1983; T. Bergner, 1990; M. Levier, 1999.

Beaumont, Francis, engl. Dramatiker, 1584 Grace Dieu/Leicestershire – 6. 3. 1616 London. Sohn e. Richters, Stud. Oxford u. London, schrieb sich dann jedoch ohne akad. Abschluß als Jurist am Inner Temple ein, befreundete sich mit Ben Jonson, Drayton u. a. Dramatikern. S. ersten dichter. Versuche: Ovid-Übs. u. einführende Verse zu Stükken von Ben Jonson. Aus der Freundschaft mit John Fletcher wurde ab 1605 eine der produktivsten lit. Gemeinschaften des frühneuzeitlichen England; diese dauerte bis zu B.s Heirat (1612/13) mit Ursula Isley, e. reichen Erbin. Starb 2 Jahre nach s. Verheiratung; in Westminster Abbey beigesetzt. – Die Zusammenarbeit mit Fletcher bescherte beiden Autoren in ihrer Zeit den Ruf als größte elisabethan. Dramatiker; ihr Erfolg überstieg den Shakespeares wohl bei weitem. Sie verfaßten gemeinsam zahlr. Komödien und Tragikomödien; die genaue Anzahl sowie der Anteil der beiden Autoren an den einzelnen Stücken ist jedoch ungeklärt (teilw. wurden beide auch als Autoren des meist Shakespeare zugeschriebenen Stücks ›The two Noble Kinsmen‹ genannt) und wird in der Forschung immer wieder neu verhandelt. Nach der Folioausgabe von 1647 handelt es sich um 34 gemeinsame Stücke, nach der Folioausgabe von 1679 um 52 Stücke. Beide ergänzten sich aufs beste, B. besaß konstruktive Fähigkeiten, Fletcher blühende Phantasie und viel Witz. Die Stücke waren zugkräftig und bühnenwirksam, in ihnen mischen sich Elemente der romant., der Charakter- und der Sittenkomödie sowie der pastoralen Romanze (›Philaster‹), sie sind unterhaltsam, witzig, teils burlesk (›The Knight of the Burning Pestle‹). Ausgeklügelte Verwechslungen, frivole Redegefechte, gute, jedoch hin und wieder indezente lyr. Verseinlagen in reicher Zahl. Quellen: meist franz. und span. Novellenstoffe. Thema meist die Liebe als witziges Spiel der Gesellschaft. Echte Kunstwerke sind die Dramen ›Philaster‹ und ›The Maid's Tragedy‹.

W: Beaumont: Salmacis and Hermaphroditus, Dicht. 1602; Woman Hater, K. 1606; Poems, 1640; The Faithful Friends, hg. H. Weber, 1812; Sir John Van Olden Barnavelt, hg. A. H. Bullen, 1883. – Beaumont und Fletcher: Four Plays in One, K. 1608; A King and No King, K. 1611; Cupid's Revenge, Tr. 1611; The Knight of the

Burning Pestle, K. 1611; Maid's Tragedy, Tr. 1611; Philaster, Dr. 1611; The Captain, K. 1612/13; The Coxcomb, K. 1612; Bonduca, Tr. 1614; Wits at Several Weapons, K. 1614; The Scornful Lady, 1616; The Knight of Malta, Tr.-K. 1619; Thierry and Theodoret, Tr. 1621; Rule a Wife and Have a Wife, K. 1624; Love's Cure, K. 1647. – The Works, hg. A. H. Bullen IV, 1904–12; hg. A. Glover, A. R. Waller X 1905–12 (n. 1969); The Dramatic Works, hg. F. Bowers X 1966ff.; The Shorter Poems, hg. R. D. Sell 1974. – *Übs.:* K. L. Kannegießer, II 1808; W. Baudissin (in ›Ben Jonson und s. Schule‹), II 1836; F. v. Bodenstedt (in ›Shakespeares Zeitgenossen‹), 1857.

L: G. C. Macauley, 1883; C. M. Gayley, 1914; O. L. Hatcher, 1905; A. C. Sprague, 1926; M. Chelli, 1926; E. H. C. Oliphant, 1927; J. J. Wilson, 1928; U. M. Ellis-Fermor, The Jacobean Drama, 1936; B. Maxwell, 1939; L. B. Wallis, 1947; E. M. Waith, The Pattern of Tragicomedy in B., 1952; W. W. Appleton, 1956. – *Bibl.:* A. C. Potter, 1890; S. A. Tannenbaum, III 1938; B. Maxwell, Studies In B., Fletcher and Massinger, 1969; L. Bliss, 1987.

Beauvoir, Simone de (eig. S. Lucie Ernestine Marie Bertrand), franz. Schriftstellerin, 9. 1. 1908 Paris – 14. 4. 1986 ebda. Aus kleinbürgerl. Elternhaus, Privatschulen, Stud. Philos. Sorbonne, Freundschaft mit Sartre, s. Lebensgefährtin. Lehrerin 1931/32 in Marseille, 1932–38 in Rouen, 1938–43 in Paris, seitdem freie Schriftstellerin. Viele Reisen: während des Stud. Italien, Griechenland, Mitteleuropa, 1944–47 Portugal, Tunesien, Schweiz, Italien, 1947 USA, Chinareise. 1954 Prix Goncourt für ›Les mandarins‹. Dieser Roman wie ›Le deuxième sexe‹ e. lebhaft diskutiertes Werk, von der kathol. Kirche indiziert. 1970/71 Hrsg. der linksextremen Zs. ›L'idiot international‹. – Schriftstellerin von scharfem analyt. Geist auf der Basis des materialist.-atheist. Existentialismus. Bedeutendste Sartre-Schülerin in Frankreich. Wesentl. Anteil an der Verbreitung des Existentialismus. Drama und Romane vorwiegend von Ideen bestimmt, als Gestaltung moralphilos. Thesen. Der Schlüsselroman ›Les mandarins‹ ist e. psycholog.-iron. Darstellung des Kreises Pariser Linksintellektueller um Sartre, mit herausfordernd freien sittl. Auffassungen. Gab in ihren Essays e. Apologie des lit. Existentialismus; erstmalige Formulierung e. existentialist. Ethik, die sie mit stoischen Elementen verbindet; Kritik am herrschenden Bürgertum. Analyse der Situation der Frau auf sexueller, soz. und intellektueller Ebene und Forderung ihrer radikalen Emanzipation. Kritik an der vom Mann geprägten Welt zieht sich durch das ganze Werk. Ferner autobiograph. Schriften und Reiseberichte.

W: L'invitée, R. 1943 (Sie kam und blieb, d. 1953); Pyrrhus et Cinéas, Es. 1944 (d. 1964); Le sang des autres, R. 1945 (d. 1963); Les bouches inutiles, Dr. 1945 (d. 1949); Tous les hommes sont mortels, R. 1946 (d. 1949); Pour une morale de l'ambiguïté, Es. 1947 (d. 1964); L'Amérique au jour le jour, 1948 (d. 1950); Le deuxième sexe, Unters. II 1949 (d. 1951); Les mandarins, R. 1954 (d. 1955); La longue marche, Reiseber. 1957 (China, das weitgesteckte Ziel, d. 1959); Mémoires d'une jeune fille rangée, Aut. 1958 (d. 1960); La force de l'âge, Aut. 1960 (In den besten Jahren, d. 1961); La force des choses, Aut. 1963 (Der Lauf der Dinge, d. 1966); Une mort très douce, E. 1964 (d. 1965); La femme rompue, E. 1967 (d. 1969); Les belles images, R. 1966 (d. 1968); La vieillesse, Schr. 1970 (d. 1972); Tout compte fait, Aut. 1972 (Alles in allem, d. 1974); La cérémoie des adieux, Aut. 1981 (d. 198?); Lettre de Sartre, II 1990. – *Übs.:* Auge um Auge, Aufs. 1987.

L: G. Gennari, 1958; A. M. Henry, 1961; G. Hourdin, 1962; D.Wasmud, 1963; F. Jeanson, 1966; L. Gagnebin, 1968; E. Schmalenberg, 1972; Ch. Monbachir, 1972; C. Cayron, 1973; M. Descubes, 1974; ders., 1978; C. Francis u. a., 1978; ders., F. Gontier, 1984 (d. 1986); J. Zephir, 1982; A. Schwarzer, S. de B. heute, 1986; J. Okeley, 1986; H. V. Wenzel, 1987; A.-C. Jaccard, 1968; F. Rétif, 1989; D. Bair, 1991; C. Monteil, 1995; C. Francis, 1997; dies., 1998.

Bebey, Francis, afrikan. Schriftsteller, 15. 7.1929 Douala/Kamerun – 28. 5. 2001 Paris. Studium in Frankreich und USA, Journalist in afrikan. Ländern, dann in Frankreich; von dort Arbeit bei der Unesco 1974. Schrieb in douales. und franz. Sprache, Musiker und Komponist zahlreicher Chansons, die er als ›Albums‹ publizierte. Fängt in seiner Musik den Facettenreichtum der afrikan. Kulturen ein. – Verfaßte mit s. Romanen sensible und humorist.-iron. Porträts des Generationenkonflikts, der in seinen Augen das alte und neue Afrika belastend trennte.

W: Le fils d'Agatha Moudio, R. 1967 (Eine Liebe in Duala, d. 1992); Embarras et Cie, Nn. 1969; La Poupée Ashanti, R. 1973; Le ministre et le griot, R. 1992; La lune dans un sceau tout rouge, R. 1989 (d. 1994).

Beccadelli, Antonio (Ps. Antonius Panormita), neulat. Dichter, 1394 Palermo – 19. 1. 1471 Neapel. Aus ritterl. Familie, humanist. gebildet; Stud. Jura Siena, Pavia, Bologna; am Hofe des Herzogs von Mailand; dann im Dienst der neapolitan. Könige als Inhaber versch. hoher Ämter; seit 1435 Vorleser, Hofhistoriograph und Berater Alfonsos V. des Großmütigen, Mittelpunkt der Akad. in Neapel. – Neulat. Dichter in der Nachfolge Martials und Catulls. S. Hauptwerk, der um 1420 entstandene ›Hermaphroditus‹, behandelt in rd. 70 erot. Epigrammen Arten u. Abarten der Sinnenlust. Einzelne Verse deuten auch auf das Grauen des Todes hin; sie erinnern an die Pest in Siena. S. königl. Herrn verherrlichte B. in 4 Büchern ›De dictis et factis Alphonsi regis Aragonum‹.

W: Hermaphroditus, G. 1425 (ed. D. Coppini 1990; d. F. C. Forberg 1824, n. 1991); De dictis ... (d. H. Hefele 1925); Epistolae familiares, Br. ca. 1475.

L: M. v. Wolff, 1894; A. Altamura, 1938; G. V. Resta, L'epistolario del P., 1954.

Beck, Béatrix, franz. Erzählerin, * 30. 7. 1914 Villars-sur-Ollon/Schweiz. Tochter des belg. Schriftstellers Christian B.; Stud. Jura; 1936 ∞ e. russ.-jüd. Flüchtling, der 1940 in den Ardennen fiel; bis 1945 Fabrikarbeiterin und Hilfslehrerin; 1947–49 Landhelferin in England; dann Rückkehr nach Frankreich; 1950 Sekretärin A. Gides. – Sachl.-nüchterne Erzählerin von autobiograph. Romanen über ihre Jugendzeit, ihre kurze Ehe und ihre Konversion zum röm-kathol. Glauben.

W: Barny, R. 1948 (d. 1953); Une mort irrégulière, R. 1950 (Der ordnungswidrige Tod, d. 1953; beide zus. u.d.T. Die Erde will uns wieder haben, d. 1956); Léon Morin, prêtre, R. 1952 (d. 1952); Contes à l'enfant né coiffé, Kdb. 1953; Des accommodements avec le ciel, R. 1954 (d. 1955); Le muet, R. 1963; L'épouvante, l'émerveillement, R. 1977; Noli, R. 1978; La décharge, R. 1979; Josée dite Nancy, R. 1981; L'enfant chat, R. 1984; Stella Corfou, R. 1988; Un(e), R. 1989; Une Liliputienne, R. 1993; Moi ou autres, R. 1994; Confidence de Gargouille, R. 1998; Guidé par le songe, N. 1998.

Becker, Knuth, dän. Lyriker und Erzähler, 21. 1. 1891 Hjørring/Nordjütland 30. 10. 1974 Vår b. Ålborg. Sohn e. Kleinhändlers; urspr. Schmied und Mechaniker. – Begann nach einigen Gedichten mit scharfer sozialer und antimilitarist. Tendenz und e. Schauspiel gegen die heuchler. bürgerl. Moral 1932 seine autobiograph. Romanreihe. Er zeigt am Beispiel der Hauptperson Kai Götsche den in der Begegnung mit der Umwelt unverschuldet leidenden Menschen, dessen tiefer Wille zum Leben jedoch alle Erniedrigungen überwindet. In s. scharfen Angriffen gegen autoritäre Erziehungsmethoden, Bigotterie und soziale Ausbeutung liegt stets e. Aufruf zur Toleranz, bes. den Kindern gegenüber. Zugleich zeichnet er ein Bild der polit., sozialen und wirtschaftl. Entwicklung Dänemarks.

W: Digte, G. 1916; Silhuetter, G. III 1921–28; I som præker, Sch. 1922; Det daglige brød, R. 1932 (Das tägliche Brot, d. 1948); Verden venter, R. II 1934; Uroligt forår, R. III 1938f.; Når toget kører, R. II 1944; Sind og stof, G.-Ausw. 1944; Marianne, R. 1956.

L: M. Kragh-Müller, 1946; G. Albeck, 1954; J. V. Sørensen, 1981.

Beckett, Samuel, ir. Dramatiker u. Erzähler franz. Sprache, 13. 4. 1906 Dublin – 22. 12. 1989 Paris. Portera Royal School Enniskillen, 1923–27 Stud. Trinity College Dublin, 1928–30 in Frankreich, 2 Jahre Lektor der engl. Sprache an der Ecole Normale Supérieure, 1931/32 Lektor der franz. Sprache am Trinity College Dublin, 1933–36 in London, 1936/37 Deutschland. Freund von J. Joyce, der ihn stark beeinflußte und den er ins Franz. übersetzte. Seit 1937 in s. Wahlheimat Frankreich, 1941 im Widerstand, 1942–45 Landarbeiter im Vaucluse; dann wieder Paris. 1951 entdeckten avantgardist. Kritiker s. Roman ›Molloy‹, s. 1. direkt franz. geschriebenes Werk. 1969 Nobelpreis für Lit. – Begann mit Romanen, schrieb dann Dramen, die ihn e. weiteren Kreis bekannt machten. Geprägt von absolutem Pessimismus und der Überzeugung von der Absurdität der menschl. Existenz. Stellt in den Romanen die Auflösung des Individuums bis zum Identitätsverlust und zur Austauschbarkeit der Personen dar. Demonstriert in den Dramen, deren bekanntestes ›En attendant Godot‹ ist, e. menschl. Endzustand, der von Lebensüberdruß, Langeweile und Sinnentleerung jegl. Tätigkeit bestimmt ist. Wählt die Form der Parabel; anstelle der Handlung tritt wie Clownerie wirkende, absurde, in sich kreisende Betriebsamkeit und leeres Geschwätz. Die Sprache ist abstrakt, sehr einfach, fast bilderlos, besitzt zuweilen verzweifeltes Pathos und trag. Humor. Die Personen, überhaupt kontaktlos, so auch ohne Beziehung zueinander, sind dadurch aufeinander angewiesen, daß sie sich gemeinsam in gleicher Situation befinden. Sie träumen dem Verfall entgegen.

W: Whoroscope, poem on time, 1930 (Gedichte, d. 1959); Proust, Es. 1931 (d. 1960); More Pricks than Kicks, Kgn. 1934; Echo's bones, G. 1935 (Gedichte, d. 1959); Murphy, R. engl. 1938, franz. 1947 (d. 1958); Molloy, R. franz. 1951 (d. 1955); Malone meurt, R. 1951 (d. 1958); Watt, R. 1953 (d. 1970); L'innommable, R. 1953 (d. 1959); En attendant Godot, Dr. 1953 (d. 1953); Nouvelles et textes pour rien, 1955 (d. 1962); Fin de partie, Dr. 1956 (d. 1957); All that fall, H. 1957, franz.: Ceux qui tombent (d. 1957); Acte sans paroles, 1957 (d. 1957); Embers, H. 1959 (Aschenglut, d. 1959); Krapps last tape, Dr. 1959, franz. La dernière bande (Das letzte Band, d. 1959); Comment c'est, R. 1961 (d. 1961); Poems in English, 1961; Happy Days, Dr. 1961 (d. 1961); Play, Dr. 1963 (d. 1963); Cascando, H. 1963 (d. 1966); Come and go, Dr. 1966 (d. 1966); Eh Joe, Sp. 1966 (d. 1968); Mercier et Camier, R. 1970 (d. 1972); Breath, Sp. (1970); Premier amour, E. 1970 (d. 1971); Residua, Prosa 1970; Le dépeupleur, E. 1970 (d. 1971); Not I, Sp. (1972). – The Complete Dramatic Works, 1986. – Übs.: Dramat. Dichtungen in 3 Sprachen, II 1963f.; Aus einem aufgegebenen Werk u. kurze Spiele, 1966; Ausw., 1967; Werke, I–X 1975, V, Supplementbd. I, 1986.

L: H. Kenner, 1961 (d. 1965); F. J. Hoffmann, 1962; R. Cohn, 1962; The Testament of S. B., hg. J. Jacobsen, W.-R. Mueller 1964; J. Fletcher, The Novels of S. B., 1964; W. J. Tindal, 1964; R. N. Coe, 1964; N. A. Scott, 1964; R. Federman, Journey to Chaos, 1965; S. B., hg. M. Esslin 1965; J.-J. Mayoux, Üb. B., 1966 (m. Bibl.); L. Janvier, 1966; P. Mélèse, 1966; U. Schramm, Fiktion u. Reflexion, 1966; K. Schoell, D. Theater, S. B.s, 1967; I. Hassan, The Literature of Silence, 1967; G. Hensel, 1968; J. Fletcher, S. B.'s Art, 1967 (d. 1969); O. Bernal, 1969; L. E. Harvey, 1970; U. Dreysse, Realität als Aufgabe, 1970; E. Webb, 1970; T. Reber, 1971; K. Birkenhauer, 1971; H. Breuer, 1973; A. Alvarez, 1974; H.

Ebert, 1974; B. Rojtmann, 1976; F. Saint-Martin, 1976; D. Sherzer, 1976; B.-T. Fitch, 1977; A. Tagliaferri, 1977; D. Bour, 1979; D. Bair, 1980; H. Laass, W. Schröder, 1984; R. Breuer u.a., 1986; E. Brater, hg. 1986; R. Ellmann, 1986; L. Ben-Zvi, 1986; D. Ledur, 1986; A. Higgins, 1996; Actes du Colloque S. B., Nice 1999; J. Krowison, 1999. – *Bibl.:* R. Federman, 1970; J. Davis u.a., 1971.

W: Vera Pavlodoljska, Ep. 1961; Metak lutalica, G. 1963; Tako je govorio Matija, G. 1965; Če, tragedija koja traje, Dr. 1968 (m. D. Radović); Dr. Janez Paćuka o medjuvremenu, Feuill. u. Sk. 1969; Reče mi jedan čovek, Ep. 1970; Medja Vuka Manitoga, G. 1976; Lele i kuku, G. 1978; Sabrane pesme (AW), VI 1990–92; Poslušanje, G. 2000.

L: D. Hamamović, 2002.

Beckford, William, engl. Schriftsteller, 1. 10. 1759 Fonthill/Gifford – 2. 5. 1844 Bath. Sohn von William B., Oberbürgermeister von London in der Zeit John Wilkes. Erbte 9jährig Millionenvermögen. Durch Privatlehrer unterrichtet; bereiste mit ihm jahrelang den Kontinent; auch später ausgedehnte Reisen. ∞ 1783 Lady Margaret Gordon. Mehrfach Parlamentsmitglied. Exot. Neigungen, leidenschaftl. Sammler von Kunstwerken und Kuriositäten. Extravagante Ausstattung s. Besitzes Fonthill, lebte dort jahrelang weltabgeschieden. – Vf. interessanter Reisetagebücher. S. lit. Ruhm beruht auf dem Schauerroman ›The History of Caliph Vathek‹, franz. geschrieben 1783, erster autorisierter Druck 1787 in Lausanne. E. Jahr zuvor erschien unautorisiert e. engl. Übersetzung durch den Geistlichen Samuel Henley, der den eigentl. Vf. nicht nannte. ›Vathek‹ ist charakterist. für B.s faustische, von allem Geheimnisvollen angezogene Natur und s. Hang zum Makabren. Die Titelgestalt, Kalif Vathek, Enkel Harun-al-Raschids, schließt e. Teufelspakt. Das Werk beginnt im spöttelnden Ton Voltaires, später Umschlag ins Ernsthafte. S. lit. Wert zeigt sich v. a. in der Schilderung des Infernos und der qualvollen Sühne Vatheks. Von Byron, Disraeli und Mallarmé geschätzt.

W: Biographical Memoirs of Extraordinary Painters, E. 1780; Dreams, Waking Thoughts and Incidents, Reisetg. 1783 (n. G. T. Bettamy 1891); Vathek (franz.), R. 1787 (n. Mallarmé ²1893, engl. Ausg. mit Episodes of Vathek, hg. G. Chapman II 1929; d. 1907, 1964); Recollections of an Excursion to the Monasteries of Alcobaca and Batalha, Reisetg. 1835 (u.d. T. Journal in Portugal and Spain, hg. B. Alexander 1954); The Episodes of Vathek, franz. u. engl., 1912; Travel Diaries, hg. G. Chapman II 1928; Life at Fonthill, Br. hg. B. Alexander 1957; W. B., hg. F. M. Mahmond 1960.

L: M. Jack, 1996; E. Heinemann, Babylonische Spiele, 2000 (m. Bibl.).

Bečković, Matija, serb. Dichter, * 29. 11. 1939 Senta. Stud. Philos. Belgrad, freier Schriftsteller; Mitgl. der serb. Akad. – Außer zarter Liebeslyrik u. Gedichten mit existentieller Problematik schreibt B. geistreiche humorist.-satir. Gedichte, Hörspiele u. Aphorismen, in denen er folklorist. u. mundartl. Elemente verwendet. Unterstützt nach Zerfall Jugoslawiens serb. Politik in publizist. Form.

Becque, Henri François, franz. Schriftsteller, 9. 4. 1837 Paris – 12. 5. 1899 ebda. Sohn e. Regierungsangestellten, aus bescheidenen Verhältnissen; nach Besuch des Lycée Bonaparte zunächst bei der Eisenbahn beschäftigt, wechselte danach mehrmals den Beruf, schrieb als Journalist für ›Le Peuple‹, ›Le Figaro‹, ›L'Union Républicaine‹, ›Le Gaulois‹, rief durch sein Stück ›Les corbeaux‹ e. Theaterskandal hervor. Umstritten, seine hohe Begabung als Dramatiker aber anerkannt. Lebenslange Armut. – Einer der bedeutendsten Dramatiker der 2. Hälfte des 19. Jh., Vorkämpfer des naturalist. Theaters (Flaubert des Theaters), Stücke mit lebenswahren Charakteren, konsequenter Handlungsführung, knappen, treffenden Dialogen. Starke szen. Wirksamkeit bei einfachen dramat. Mitteln. Prangerte unerbittl. die sittl. Mißstände s. Zeit an, brachte als erster Materialismus, Unmoral und Begehrlichkeit der Pariser Gesellschaft auf die Bühne. Zeigte, wie in der Wirklichkeit des Lebens der Schein des Rechten gewahrt wird, die durch unsittl. Handeln ausgelöste Tragik in der Alltäglichkeit untergeht und sich vielfach in Komik verwandelt. Seine Hauptwerke ›Les corbeaux‹ und ›La Parisienne‹. Auch Lyriker und Kritiker. Menschl. Wärme zeigen s. Gedichte, geistvolle Ironie seine theoret. Erörterungen.

W: Sardanapalus, Libr. 1867; L'enfant prodigue, Dr. 1868; Michel Pauper, Dr. 1871; La navette, Dr. 1878; Les honnêtes femmes, Dr. 1880; Les corbeaux, Dr. 1882 (d. 1967); La Parisienne, Dr. 1885 (d. 1901); Querelles littéraires, Ess. 1890; Souvenirs d'un auteur dramatique, 1895 (d. Ausz. 1924/25); Les Polichinelles, Dr.-Fragm., 1910; Notes d'album, G. 1926. – Théatre complet III 1899; Œuvres complètes, VII 1924–26.

L: A. Got, 1920; E. Dawson, 1923; J. Schilling, 1934; E. Sée, ⁴1926; A. Arnautovitch, III 1927; L. Treich, 1927; P. Blanchart, 1931; A. Behrens, H. B. als Kritiker, Diss. 1935; M. Descotes, 1962; L. B. Hyslop, 1972.

Bécquer, Gustavo Adolfo (eig. G. A. Claudio Domínguez Bastida), span. Dichter, 17. 2. 1836 Sevilla – 22. 12. 1870 Madrid. Fläm. Abstammung, früh verwaist, Besuch des Kollegs San Telmo in Sevilla, wo sich bald s. dichter. Berufung offenbarte. Glückl. Jahre im Hause s. Patin, die ihn zur Erlernung e. Berufes in e. Maleratelier schickte; B. bevorzugte jedoch Lektüre u. Spaziergänge an den Guadalquivir, Träume von Dichterruhm. Lieblingsautoren Horaz u. Zorrilla;

Freundschaft mit Campillo u. Nombela, mit denen er 1854 nach Madrid ging, um s. Glück als Dichter zu machen; entbehrungsreiches Leben, ständige Geldnot. Arbeit an e. grandiosen Projekt, ›Los templos de España‹, das er aus Geldmangel nicht weiterführen konnte. 1858 schwere Erkrankung, von der er sich nie mehr ganz erholte. Veröffentlichung der ersten ›Leyenda‹, günstige Aufnahme. Vorübergehend Anstellung im Staatsdienst, Mitarbeit an obskuren Zsn., Abfassung von ›zarzuelas‹. 1859 unglückl. Liebe zu Elisa Guillén, die ihren Niederschlag in den ›Rimas‹ findet. 1861 ∞ Casta Esteban, unglückl. Ehe, die 1868 zur Trennung führte. 1860 Redakteur der Zeitung ›El Contemporáneo‹; Veröffentlichung bedeutender lit. Arbeiten (›Cartas literarias a una mujer‹, ›Desde mi celda‹). S. journalist. Tätigkeit hatte großen Einfluß auf s. Prosawerk. Häufige Flucht in die Einsamkeit nach Toledo oder das Kloster von Veruela. Nach dem Tode s. Bruders Valeriano (1870), mit dem er s. besten Freund verlor, tiefe Melancholie u. Passivität; Versöhnung mit Casta, die ihm die letzten Tage erleichterte. B.s Leben war e. ständiger Kampf voller Niederlagen u. Enttäuschungen in stetigem Zwiespalt zwischen Traum u. Wirklichkeit. – Spätromantiker, strebte nach schlichter Form ohne Pathos, Einflüsse der dt. Romantik u. der span. Volksdichtung; viel diskutiert angebl. Einfluß Heines. Anfangs ungerechtfertigt als oberflächl. beurteilt, bis die ›Generation von 1898‹ (Unamuno, Machado) s. wahren Wert entdeckte u. ihn zum Vorbild nahm; auch die Modernisten (u. a. J. R. Jiménez) inspirierte er, gilt heute als e. der tiefsten, wertvollsten Vertreter der gesamten span. Dichtung. Die innigen, von tiefer Schwermut durchzogenen ›Rimas‹ sind e. Hymnus auf die Liebe, bringen allg. gültige Stimmungen u. Gefühle zum Ausdruck, daher ihr großer Erfolg; die berühmtesten der zarten, lyr. Prosalegenden sind ›Maese Pérez el organista‹, ›El rayo de luna‹, ›Los ojos verdes‹, ›El miserere‹. Die Briefe ›Desde mi celda‹ geben Aufschluß über die innere Welt des Dichters, die ›Cartas literarias a una mujer‹ enthalten s. Ansichten über Kunst u. Dichtung.

W: Cartas literarias a una mujer, Br. (1860f.); Leyendas, lyr. Prosa (1860–65; d. 1907, Ausw. 1946, 1954); Cartas desde mi celda, Br. (1864); Rimas, G. 1871 (d. 1893, 1913/14). – Obras completas, 1954, 1970; Obras, II 1871.

L: J. Guillén, N. Y. 1942; J. A. Tamayo, G. A. B. Teatro, 1949; M. G. Bertini, Venedig 1951; E. L. King, 1953; R. Brown, 1963; J. M. Díez Taboada, La mujer ideal, 1965; R. de Balbín, 1969; M. García Viñó, 1970; C. J. Bárbachano, 1970; J. P. Díaz, ³1971; F. López Estrada, 1972; M. Alonso, 1972; H. Carpintero, ²1972; R. Montesinos, 1977; R. Pageard, 1990; L. García Montero, 2001. – *Bibl.*: R. Benítez, 1961.

Beda, gen. B. Venerabilis, bedeutendster angelsächs. Theologe und Historiker, ca. 672 Northumberland – 26. 5. 735 Jarrow. Lebte und lehrte im Doppelkloster Monkwearmouth-Jarrow, beherrschte Latein, kannte Griech. und Hebräisch, schrieb über 40 Werke, vorwiegend relig. Inhalts, z. B. Predigten, Bibelkommentare, Heiligenlegenden, ein Martyrologium. S. Hauptwerk ›Historia Ecclesiastica‹ (731) ist der erste Versuch e. zusammenhängenden krit. Geschichtsdarstellung und bildet noch heute e. wertvolle Grundlage der frühen angelsächs. Geschichte; B. verfaßte es mit Hilfe vieler zeitgenöss. Gewährsleute. Abhandlungen zur Zeitrechnung ›De Temporibus‹ und ›De Temporum Ratione‹ führten anstelle der früheren Weltjahre die Rechnung nach Inkarnationsjahren ein, sie wurden dadurch Grundlage für die Annalenlit. und für spätere Verschroniken. Weitere Schriften B.s befaßten sich mit Metrik und mit Naturwiss. S. ›Brief an Egbert‹ zeigt, daß B. weit über die Mauern s. klösterl. Eingeschlossenheit hinaus lebhaften Anteil an der Gesamtheit des engl. Volkes nahm. B.s lat. Stil ist flüssig, klar und sachlich. B. zeigte sich als e. gewissenhafter Gelehrter, dem es weniger auf künstler. Eleganz als auf Wahrheitsliebe und sorgfältige Zusammentragung von Quellen ankam.

A: Opera Historica, hg. C. Plummer II 1896, hg. u. engl. J. E. King II 1930; GA, hg. J. A. Giles VI 1843ff. (abgedr. bei Migne, Patr. lat., Bd. 90–95, 1861f.), CCSL 118–123; Historia Ecclesiastica, hg. B. Colgrave, R. A. B. Mynors 1969 (m. Übs.); Kommentar dazu: J. M. Wallace-Hadrill 1988. – *Übs.*: Historia ecclesiastica, d. M. M. Wilden 1866.

L: G. F. Browne, ²1928; A. H. Thompson, 1935; K. Werner, 1963; P. H. Blair, 1970, n. 1990; G. Bonner, 1976; G. H. Brown, 1987; The Jarrow Lectures 1958–93, hg. M. Lapidge, II 1994.

Beddoes, Thomas Lovell, engl. Dichter und Dramatiker, 30. 6. 1803 Clifton – 26. 1. 1849 Basel. Sohn des Arztes Dr. Thomas B., Neffe von Mary Edgeworth. Erzogen in Charterhouse, Stud. Oxford. Schrieb 18jährig 1821 e. Gedichtband ›The Improvisatore‹ (später von ihm zurückgezogen), hatte ein Jahr später Zeiterfolg mit ›The Brides' Tragedy‹. Verließ England, Stud. Medizin in Göttingen, ließ sich in Zürich als Arzt nieder, beendete nach mehreren Selbstmordversuchen s. Leben durch Gift. – S. Werke zeigen Sinn für Makabres u. Übernatürliches. Schwermütige Grundhaltung. Gedankenreichtum, poet. Sprache. S. bedeutendstes Werk, ›Death's Jest-Book‹, Blankversdrama im elisabethan. Geist mit Anklängen an Webster und Tourneur, 1825 begonnen, vielfach von B. abgeändert, posthum durch s. Freund anonym veröffentlicht, enthält Totentanzphantasien, Stellen von mephistophel. Ironie, aber auch zahlr. lyr. Einlagen von hohem künstler.

Bednár

Wert. B.s Versuch der Wiederbelebung des poet. Dramas scheiterte an mangelnder Bühnenwirksamkeit.

W: The Improvisatore, G. 1821; The Brides' Tragedy, Dr. 1822; Death's Jest-Book, Sch. hg. T. F. Kelsall, 1850; Poems, hg. ders. II 1851; Letters, hg. E. Gosse 1894. – Poetical Works, hg. E. Gosse II ²1928; The Works, hg. H. W. Donner 1935; Plays and Poems, hg. ders. 1950; Selected Poems, hg. J. Higgens 1976.

L: H. W. Donner, 1935; J. R. Thompson, 1995; M. Bradshaw, 2001.

Bednár, Alfonz, slowak. Erzähler, 13. 10. 1914 Rožňová Neporadza – 9. 11. 1989 Bratislava. Stud. Philos. Prag u. Preßburg, Gymnasiallehrer; nach 1945 Redakteur, Dramaturg. – Romane u. Novellen über individ. Schicksale während des Krieges u. Probleme u. Spannungen im Zuge des sozialist. Aufbaus. In den 60er Jahren Prosa mit absurd-grotesken Elementen. Auch Drehbücher, Übs. aus dem Engl.

W: Sklený vrch, R. 1954; Hodiny a minúty, Nn. 1956; Novely, Nn. 1962; Hromový zub, R. 1964; Za hrsť drobných, R. III 1970, 1974, 1981. – Vybrané spisy (AW), III 1980.

L: P. Plutko, 1986.

Bednyj, Dem'jan (eig. Efim Aleksandrovič Pridvorov), russ. Lyriker, 13. 4. 1883 Gubovka/Gouv. Cherson – 25. 5. 1945 Moskau. Vater Bauer; Vf. von Agitationsversen in volksnaher Fabelform. – War nach der Revolution der offizielle Barde des Sowjetstaats, begleitete dessen Entwicklung gleichsam als Chronist in Fabeln, satir. Märchen und Erzählungen, versifizierten Feuilletons, Pamphleten, z. T. mit stark antirelig. Tendenz.

A: Polnoe sobranie sočinenij (GW), XIX 1925–33; Sobranie sočinenij (W), VIII 1963–65.

L: I. S. Ėventov, 1953, 1967, 1972, 1980.

Beecher Stowe, Harriet → Stowe, Harriet Beecher

Beerbohm, (Sir) Max, engl. Schriftsteller, Kritiker und Karikaturist, 24. 8. 1872 London – 20. 5. 1956 Rapallo. In Charterhouse erzogen, Stud. Oxford. Gehörte in den 1890er Jahren zum Wilde-Beardsley-Kreis. Gab 1895 als 23jähriger e. ersten Essayband heraus unter dem scherzhaft abschließenden Titel ›The Works of M. B.‹. Mitarbeiter am ›Yellow Book‹, ab 1898 Shaws Nachfolger als Theaterkritiker der ›Saturday Review‹; Shaw prägte damals den B. verbleibenden Scherznamen ›der unvergleichliche Max‹. Seit 1910 meist in Italien (Rapallo). 1939 durch Georg VI. geadelt. – Meister lit. Kurzformen: des Essays, der Kurzgeschichte, des witzig-geistvollen Bühnen- und Gesellschaftskritik. Geschliffene Diktion. Am bekanntesten s. in Oxforder Univ.-Kreisen spielender Roman ›Zuleika Dobson‹, e. geistvolle, spritzig-iron. Darstellung des Manierismus der akad. Jugend der 1890er Jahre. In ›A Christmas Garland‹ parodiert er zeitgenöss. Autoren. Betrieb Zeichnen als Liebhaberei, wurde aber als Karikaturist noch bekannter als durch s. etwas esoter. Prosa.

W: The Works of Max B., Ess. 1895; The Happy Hypocrite, Parabel 1897 (Der zärtl. Betrüger, d. 1957); More, Es. 1899; The Poet's Corner, Karik. 1904; Yet Again, Ess. 1909; Zuleika Dobson, R. 1911 (d. 1987); A Christmas Garland, Ess. 1912; A Book of Caricatures, 1917; Seven Men, Kgn. 1919; And Even Now, Ess. 1920; A Defence of Cosmetics, 1922; Rossetti and His Circle, 1922; Around Theatres, Ess. 1924; Observations, Ess. 1925; The Dreadful Dragon of Hay Hill, Ess. 1928; A Variety of Things, Ess. 1928; L. Strachey, Es. 1943; Mainly on the Air, Ess. 1946; Mainly on the Air, Slg. 1957; The Incomparable Max, Ausw. 1962 (d. 1975); Max in Verse, Ausw. 1964; More Theatres, Ess. 1968. – Works, X 1922–28; Letters of M. B.: 1892–1956, Br. hg. R. Hart-Davis 1988; Letters to R. Turner, 1964.

L: B. Lynch, 1921; J. G. Riewald, 1953; S. N. Behrman, Portrait of Max, 1960; D. Cecil, Max, 1964. – *Bibl.:* A. E. Gallatin, L. M. Oliver, 1952; N. J. Hall: M. B.: a kind of life, 2002; N. J. Hall: M. B.s Caricatures, 1997.

Beets, Nicolaas (Ps. Hildebrand), niederländ. Lyriker und Prosaist, 13. 9. 1814 Haarlem – 13. 3. 1903 Utrecht. Apothekerssohn, 1833–39 Stud. Theol. Leiden, 1839 Promotion, Umgang mit Kneppelhout und da Costa. Gehörte dem Réveil (relig. Erneuerungsbewegung) an. 1840 ∞ Aleida van Foreest; Pfarrer in Heemstede, 1854 Utrecht, 1859 2. Ehe mit der jüngeren Schwester Jacoba seiner 1856 verstorbenen Frau. 1875–84 Prof. der Theol. in Utrecht. Bewunderer von Scott, Byron, Sterne u. Tollens. – Begann mit gereimten ›romant.‹ Erzählungen. Erreichte s. Höhepunkt in der realist. Schilderung des Alltagslebens in Prosastücken, die mit trockenem Humor (Dickens) u. leichtem Spott über kleinbürgerl. Verhältnisse den Holländer treffend charakterisieren u. die er unter dem Titel ›Camera obscura‹ herausgab. Ferner Predigten, zahlr. Gelegenheitsgedichte und lit. Sketches.

W: José, G. 1834; De Maskerade, G. 1835; Kuser, 1835; Guy de Vlaming, Schr. 1837; Gedichten, 1838; Camera obscura, Sk. 1839 (endgült. Form ⁴1854, dazu Erläuterungen: Na 50 jaar, 1887); Stichtelijke uren, Pred. IX 1848–60; Korenbloemen, G. 1853; Nieuwe gedichten, G. 1858; Madelieven, G. 1869; Najaarsbladen, G. 1881; Winterloop, G. 1887; Dennennaalden, G. 1900. – Dichtwerken, V 1875–1900. – *Übs.:* (Ausw.) A. Glaser, 1865; E. Keller, 1883; W. Lange, o. J.

L: J. Dyserinck, 1903; P. D. Chantepie de la Saussaye, ²1906; G. van Rijn, J. J. Deetman, III 1911–16; H. E. van Gelder, 1956; G. Bomans, Merkwaardigheden …, 1989.

Beffroy de Reigny, Louis Abel (Ps. Cousin Jacques), franz. Schriftsteller, 6. 11. 1757 Laon – 17. 12. 1811 Paris. Sein Leben ist geprägt durch die Franz. Revolution, als deren Gegner er sich engagierte. Durch s. Bruder, der Mitglied des Konvents war, entging er der politischen Verfolgung durch Robespierre. In den letzten Jahren lebte er zurückgezogen. – Als Dichter und Schriftsteller wurde er unter dem Pseudonym des ›Cousin Jacques‹ bekannt. Unter diesem Namen gründete er die Zeitschrift ›Les Lunes‹. Seine Farcen und Komödien enthalten zahlreiche versteckte, krit. Anspielungen auf die polit. Bewegungen der Epoche. Verf. von Opernlibretti, zu denen er selbst die Musik komponierte.

W: Turlututu ou la science du bonheur, Dr. 1783; Nicomède dans la lune ou la révolution pacifique, Dr. 1790; Le club des bonnes gens, Dr. 1791; Histoire universelle, Dr. 1791;Testament d'un électeur de Paris, Dr. 1795; Les deux Nicomède, Dr. 1996; La petite Nanette, Dr. 1996; Turlututu, empereur de l'île verte, Dr. 1797; Dictionnaire néologique des hommes et des choses de la Révolution, 1999.

Begley, Louis (eig. Ludwik Begleiter), amerik. Erzähler, * 6. 10. 1933 Stryj/Polen. Seit 1948 in USA, 1953 naturalisiert; praktizierender Anwalt. – S. Romane thematisieren z. T. jüd. Verfolgung im NS-Regime u. kritisieren das heutige amerik. bürgerl. Geschäftsmilieu.

W: Wartime Lies, R. 1991 (d. 1994); The Man Who Was Late, R. 1993 (d. 1996); As Max Saw It, R. 1994 (d. 1995); About Schmidt, R. 1996 (d. 1997); Mistler's Exit, R. 1998 (d. 1998); Schmidt Delivered, R. 2000 (Schmidts Bewährung, d. 2001); Shipwreck, R. 2003 (d. 2003). – *Übs.*: Das gelobte Land, Aut. 2001; Venedig unter vier Augen, Aut. 2003 (m. A. Muhlstein).

Begović, Milan (Pse. Xeres de la Maraja, Stanko Dušić), kroat. Lyriker, Erzähler und Dramatiker, 19. 1. 1876 Vrlika – 13. 5. 1948 Zagreb. Stud. roman. und slaw. Philol. Zagreb und Wien; bis 1908 Lehrer in Split, dann Dramaturg in Hamburg (Deutsches Schauspielhaus 1901–12), Wien (Neue Wiener Bühne 1918), später im Kroat. Nationaltheater, Zagreb (1927–32). – Mit der kosmopolit., gefühlsbetonten Gedichtsammlung ›Boccadoro‹ wurde B. führender Dichter der kroat. Moderne, gleichzeitig durch zahlr. Übsn. aus dem Ital. u. Dt. und s. Aufgeschlossenheit für fremde Einflüsse (S. Freud) bedeutendster Mittler europ. Strömungen in der modernen kroat. Lit. S. teils psychoanalyt., teils romant. Dramen sind von Ibsen, Pirandello und D'Annunzio beeinflußt, verraten meisterhafte Beherrschung der Bühnentechnik. B. bereicherte die kroat. lit. Ausdrucksweise in Vers und Prosa und paßte s. Werke themat. der mitteleurop. Lit. an. Lyr. gestimmte Romane.

W: Gretchen, G. 1893; Pjesme, G. 1896; Knjiga Boccadoro, G. 1900; Myrrha, Dr. 1902; Vojislav Ilić, St. 1904; Gospodja Walewska, Dr. 1906; Stana, Dr. 1909; Bijeg, R. 1909; Male komedije, K. 1921; Svadbeni let, Dr. 1922; Dunja u kovčegu, R. 1921; Božji čovjek, Dr. 1924; Izabrane pjesme, G. 1925; Pustolov pred vratima, Dr. 1926; Hrvatski Diogenes, Sch. 1928; Amerikanska jahta u splitskoj luci, Dr. 1929 (d. 1930); Bez trećega, Dr. 1934 (Herzen im Sturm, d. 1940); Tri drame, 1934; Kvartet, R. 1936; Giga Barićeva, R. 1940; I Lela će nositi kapelin, Dr. 1941 (d. 1940); Sablasti u dvorcu, R. 1952. – Spisi (W), 1964ff.; Izabrana djela, hg. B. Hećimović 1964; Izabrana djela (AW), N. 1996.

L: A. Wenzelides, Književne studije, 1928; A. Barac, Savremenik, 1941; B. Senker (m. Bibl.), 1987; Zbornik radova, hg. A. Soldo 1997; Recepcija M. B. (hg. T. Maštrović), 1998.

Behan, Brendan, ir. Dramatiker und Erzähler, 9. 2. 1923 Dublin – 20. 3. 1964 ebda. Jugend in den Slums von Dublin. Erzogen bei den French Sisters of Charity ebda., 1936 Anstreicherlehrling. Wegen Aktivitäten im Zusammenhang mit der paramilitär. IRA 1939–41 in engl., 1942–46 in ir. Gefängnissen. Lebte dann als freier Autor in Dublin u. Paris. 1954 ∞ Beatrice Salkeld. – Am bedeutendsten s. Erinnerungen an die Zeit in engl. Jugendbesserungsanstalten in ›Borstal Boy‹. Internationale Erfolge mit Dramen aus dem ir. Gefängnis- u. Terroristenmilieu. Zunehmend gefangen in s. öffentl. Rolle als exzessiver Trinker u. Bohemien.

W: The Quare Fellow, Sch. 1956 (Der Mann von morgen früh, d. 1962, u.d.T. Der Spaßvogel, 1982); Borstal Boy, Aut. 1958 (d. 1963); The Hostage, Dr. 1958 (Die Geisel, d. 1982); The Big House, Dr. 1957 (Ein Gutshaus in Irland, d. 1962); B. s Island, Sk. 1962; Hold your Hour and have another, Kgn. 1963; The Scarperer, R. 1964 (Der Spanner, d. 1984); B. s New York, Sk. 1964; Confessions of an Irish Rebel, Aut. 1965 (d. 1978); Richard's Cork Leg, Dr. 1965 (d. 1982); Moving Out and A Garden Party, He. 1967; After the Wake, Pr. 1981. – Complete Plays, 1978; Letters, hg. E. H. Mikhail 1992. – *Übs.*: Stücke fürs Theater, M. u. H. Böll 1962.

L: A. Simpson, Beckett and B., 1962; D. Behan, 1965; R. Jeffs, 1966; T. E. Boyle, 1969; U. O'Connor, 1970; B. Behan, 1973; C. Kearney, 1974; J. Kaestner, 1978; E. H. Mikhail, 1979; J. Brannigan, 2002; M. O'Sullivan, 1997.

Behn, Aphra, geb. Johnson, engl. Romanschriftstellerin und Dramatikerin, 1640 Wye (getauft 10. 7.) – 16. 4. 1689 London. Tochter e. Friseurs, vom Pflegevater, westind. Gouverneur, der auf der Überfahrt starb, nach Surinam/Westindien gebracht; Kindheit und Jugend ebda. 1663/64 Rückkehr nach England, ∞ 1664 holländ. Kaufmann Behn, mit 26 Jahren Witwe, danach 1666 als Geheimagentin Charles' II. in Antwerpen. Lebte anschließend in London, dort befreundet mit zahlr. zeitgenöss. Dramatikern. In Westminster Abbey beigesetzt. – Erste engl. Berufsschriftstellerin, schrieb 1671–89 15 Bühnenstücke. B. war ab Ende des 17. Jh. an den intellektuellen Debatten ihrer Zeit beteiligt und übersetzte 1688 Bernard Fontenelles Traktat zur Kosmologie, ›Conversations on the Plurality of Worlds‹. Ihre Bühnenstücke im Stil der Comedy of Manners spiegeln bühnenwirksam die Sittenlosigkeit ihrer Zeit. Zahlr. Intrigenkomödien mit treffend kom. Schilderungen zeitgenöss. Londoner Lebens. Ihre Dramen thematisieren immer wieder unterschiedl. Aspekte der Ungleichheit der Geschlechter und setzen mit der ironisierenden Darstellung konventioneller Muster (z. B. die Figur des ›restoration rake‹) neue Akzente. B. greift v. a. in ihren Dramen männlich geprägte Stereotype und Genrekonventionen auf und entwirft diese neu, so z. b. in der Zeichnung einer weiblichen Rake-Figur (›The Rover‹). Ihr Roman ›Oroonoko‹ thematisiert als fiktiver Reisebericht Erfahrungen des Fremden und geißelt die Sklaverei; nimmt Rousseaus Doktrin des ›edlen Wilden‹ vorweg. Der erfolgreiche Schlüsselroman ›Letters between a Nobleman and His Sister‹ (1683–87) spielt immer wieder auf einen zeitgenöss. Skandal an und lieferte auch durch die unkonventionelle Darstellung der Figuren eine lit. Vorlage für die Romane Delarivier Manleys.

W: The Forced Marriage, Sch. 1671; The Dutch Lover, K. 1673; The Town Fopp, K. 1676; The Rover, Sch. 1677 (n. 1967); The Debauchee, Sch. 1677; The City Heiress, K. 1682; The Emperor of the Moon, Dr. 1687; Oroonoko, R. 1688 (d. 1966); Fair Jilt, R. 1688; The Dumb Virgin, R. 1697. – The Works of A. B., hg. J. Todd VII 1992–97; The Works, hg. M. Summers VI 1915; The Plays, Histories and Novels, hg. R. H. Shepherd VI 1871; The Novels, hg. E. A. Baker 1905; Selected Writings, 1950.

L: V. Sackville-West, The Incomparable Astrea, 1927; G. Woodcock, 1948; H. Hahn, 1951; F. M. Link, 1968; M. Duffy, The Passionate Sheperdess, 1977; A. Goreau, Reconstructing Aphra, 1980; H. Hutner, Rereading A. B., 1993; J. Todd, The Secret Life of A. B., 1996; J. Todd, The Critical Fortunes of A. B., 1998; J. Spencer, A. B.'s Afterlife, 2000; D. Hughes, The Theatre of A. B., 2001. – *Bibl.*: M. O'Donnell, 1986.

Behrman, Samuel Nathaniel, amerik. Dramatiker, 9. 6. 1893 Worcester/MA – 9. 9. 1973 New York. Univ. Harvard (in G. P. Bakers ›47 Workshop‹) und Columbia (unter B. Matthews), Buchkritiker und Drehbuchautor. – Vf. erfolgr., vom Inhalt her anspruchsvoller Gesellschaftskomödien. ›Jane‹ ist e. Dramatisierung von W. Somerset Maughams Kurzgeschichte.

W: The Second Man, K. 1928; Serena Blandish, K. (1929); Meteor, Sat. 1930; Brief Moment, K. 1931; Biography, K. 1933 (d. 1948); Rain from Heaven, K. 1935; End of Summer, K. 1936 (Haus Leonie, d. 1948); Amphitryon 38, K. 1938 (nach J. Giraudoux); No Time for Comedy, K. 1939 (Der Elfenbeinturm, d. 1947); The Talley Method, K. 1942; The Pirate, K. 1943; Jacobowsky and the Colonel, K. 1944 (nach F. Werfel; d. 1960); Dunnigan's Daughter, K. 1946; Duveen, B. 1952 (d. 1953); Jane, K. 1952 (nach W. S. Maugham; d. 1953); The Worcester Account, Aut. 1954 (als Dr. Cold Wind and the Warm, 1958); Fanny, Musical 1955 (m. J. Logan, nach M. Pagnol); Four Plays, 1955; Portrait of Max: M. Beerbohm, B. 1960; Lord Pengo, K. 1963; But for Whom Charlie, K. 1964; The Suspended Drawing Room, Ess. 1965; The Burning-Glass, R. 1968; People in a Diary, Mem. 1972; Tribulations and Laughter, Mem. 1972.

L: K. T. Reed, 1975; W. Klink, 1977; B. D. Joshi, 1989; R. F. Gross, 1992.

Bei Dao (eig. Zhao Zhenkai), chines. Dichter und Erzähler, * 2. 8. 1949 Peking. Prägend sind Kindheit und Jugend in Peking, ›Kulturrevolution‹ und Landverschickung ab 1969; ab 1978 Mithrsg. der inoffiziellen Lit.zs. ›Jintian‹; danach Redakteur und freier Schriftst. 1980 ∞ Malerin Shao Fei. Seit 1989 im Exil, dort Hrsg. der neuen, im Ausland erscheinenden Zs. ›Jintian‹. – Beeinflußt von Übersetzungen russ. und westl. Lit., ab 1972 Erzählungen und Gedichte; Pionier e. neuen, sich den Doktrinen des sozialist. Realismus verweigernden Lit., e. der Begründer der ›hermet. Schule‹; mit Gedichten wie ›Huida‹ (Antwort) (1976) Sprachrohr der durch die ›Kulturrevolution‹ entwurzelten Generation; s. neueren lyr. Werke reflektieren die Suche nach e. nicht korrumpierten Sprache und die Erfahrung des Exils.

W: Bodong, R. 1985 (Gezeiten, d. 1990); Bei Dao shixuan, G. 1986; Zai Tianya, G. 1993; Kaisuo, G. 1999. – *Übs.*: Notizen vom Sonnenstaat, G. 1991; Post Bellum, G. 2001.

Bek, Aleksandr Al'fredovič, russ. Erzähler, 3. 1. 1903 Saratov – 2. 11. 1972 Moskau. – Begann mit der Verherrlichung sozialist. Arbeit, wandte sich als Kriegsberichterstatter (1941–44) der Verteidigung Moskaus als Erzählstoff zu; die Veröffentlichung des Schlüsselromans ›Novoe naznačenie‹ war in der SU 1965–86 verboten.

W: Kurako, N. 1934; Volokolamskoe šosse, R. 1943 (Die Wolokolamsker Chaussee, d. 1947); Zerno stali, En. 1950; Timofej-otkrytoe serdce, En. 1955 (Timofei mit dem offenen Herzen, d. 1950); Žizn' Berežkova, R. 1956 (Höher und höher, d. 1958); Neskol'ko dnej, R. 1960; Reserv Generala Panfilova, R. 1960 (General Panfilows Reserve, d. 1965); Novoe naznačenie, R. Ffm. 1972 (Die Ernennung, d. 1972); Na svoem veku, R. 1975. – Sobranie sočinenij (GW), IV 1974–76; IV 1991–93.

Bekederemo, John Pepper Clark → Clark-Bekederemo, John Pepper

Bekker, Elisabeth → Wolff-Bekker, Elisabeth

Belasco, David, amerik. Dramatiker, 25. 7. 1853 San Francisco – 14. 5. 1931 New York. Aus jüd.-portugies. Schauspielerfamilie, schloß sich früh e. Wanderzirkus an, stand mit 11 Jahren auf der Bühne; ab 1882 in New York; ab 1902 eigenes Theater. Bedeutend als Theaterproduzent, Entdecker und Förderer von Schauspielern und techn. Erneuerer des Bühnenbilds. – S. oft in Zusammenarbeit mit anderen geschriebenen über 75 Stücke, meist Melodramen, dienten meist prakt. (Aufführungs-)Bedürfnissen. Librettist Puccinis.
W: Jim Black, Dr. (1865); La Belle Russe, Dr. (1881); Miss Helyett, Dr. (1891); The Heart of Maryland, K. (1895); Zaza, K. (1898); Madame Butterfly, K. (1900) (m. J. L. Long; Puccini-Oper); The Girl of the Golden West, K. (1905) (Puccini-Oper); The Return of Peter Grimm (K. 1911) (m. C. B. DeMille); Six Plays, hg. M. J. Moses 1928; The Heart of Maryland and Other Plays, hg. G. Hughes, G. Savage 1941; Theatre Through Its Stage Door, Aut. hg. L. V. Defoe 1919/68.
L: W. Winter, II 1918; C. Timberlake, 1954; L.-L. Marker, 1975.

Belbel, Sergi, katalan. Dramatiker, * 29. 5. 1963 Ferrussa/Barcelona. Stud. Romanistik ebda., seit 1988 Dozent für Theaterwiss. am Institut del Teatre, auch Regisseur u. Übs. (u. a. Racine, Koltès). – Schreibt s. Stücke auf Katalan. u. übersetzt sie selbst ins Span.; wichtigster Vertreter des jüngeren katalan. Autorentheaters u. e. der weltweit erfolgreichsten span. Dramatiker der Gegenwart.
W: A. G./V. W. Calidoscopios y faros de hoy, Dr. 1986; Caicias, Dr. 1991 (d. 1995); Después de la lluvia, Dr. 1994 (d. 1995); Morir (Un instante antes de morir), Dr. 1996 (d. 1998); La sang, Dr. 1998 (d. 2000).

Belcampo (eig. Herman Pieter Schönfeld Wichers), niederländ. Schriftsteller, 21. 7. 1902 Naarden – 2. 1. 1990 Groningen. Arzt. – Vf. phantast. Erzählungen, heiter, spött., weise-melanchol., skurril bis ins Absurde; Humor mit oft tiefsinniger oder gar philos. Grundlage.
W: Verhalen, En. 1935; De zwerftocht van Belcampo, En. 1938; Sprongen in de branding, En. 1950; Liefde's verbijstering, En. 1953; Luchtspiegelingen, En. 1963; Verborgenheden, En. 1964; De ideale dahlia, En. 1968; De filosofie van het belcampisme, Es. 1972; De toverlantaarn van het christendom, En. 1975; Rozen op de rails, En. 1979; De drie liefdes van tante Bertha, R. 1982. – Al zijn fantasieën, Gesamtausg., En. 1979.

Belcari, Feo, ital. Dichter, 4. 2. 1410 Florenz – 16. 8. 1484 ebda. Bekleidete versch. öffentl. Ämter in Florenz, u. a. das Priorat (1454); war der Familie Medici freundschaftl. verbunden. – Zeichnet sich in der Menge der Florentiner Dichter des 15. Jh. durch ursprüngl. Einfachheit u. Klarheit des Stils aus, der an gewisse Autoren aus dem 14. Jh. erinnert. Behandelt ausschließl. relig. Stoffe. Erster ital. Autor, der Mysterienspiele in Versen schrieb. In s. ›Vita del beato G. Colombini‹ schildert er das Leben des Gründers des Gesuatiordens. Übs. des ›Prato spirituale‹ des Johannes Moschos.
A: Prose edite e inedite, hg. O. Gigli 1843f.; Laudi spirituali, G. 1863; Il Prato spirituale de'santi padri, Übs. 1842; La vita del beato G. Colombini, hg. R. Chiarini 1914; Sacre rappresentazioni e laudi, komm. O. Allocco-Castellino 1926.
L: F. Ceccarelli, 1907.

Beleño, Joaquín, panamaischer Erzähler, * 5. 2. 1922 Panama Stadt. Hilfsarbeiter, Journalist, höherer Verwaltungsfunktionär. – Der von der Rassendiskriminierung in der Kanalzone handelnde Roman ›Luna verde‹ erzielte internationale Verbreitung. In s. nächsten Roman schuf er e. neues Kunstidiom zwischen dem Span. u. dem Engl.
W: Luna verde, R. 1951; Gamboa Road Gang (Los forzados de Gamboa), R. 1960; Curundú, R. 1963; Flor de banana, R. 1970.

Bell, Acton → Brontë, Anne

Bell, Currer → Brontë, Charlotte

Bell, Ellis → Brontë, Emily Jane

Bellamy, Edward, amerik. Schriftsteller, 26. 3. 1850 Chicopee Falls/MA – 22. 5. 1898 ebda. Pfarrerssohn, bereiste 1868 Europa, wo ihm bes. die städt. Armut auffiel. Journalist u. Romancier, als Nachfolger Hawthornes gefeiert. ∞ 1882 Emma Sanderson. – Begann 1886 unter dem Eindruck amerik. Krisen e. gerechtere Sozialordnung zu entwerfen, die er in e. der erfolgreichsten utop. Romane aller Zeiten, ›Looking Backward: 2000–1887‹, darstellte. B.s Philos. des ›Nationalism‹ sah e. verstaatlichte Wirtschaft, die Zerschlagung von Klassenunterschieden und e. einheitl. Verteilung von Gütern vor. Die Fortsetzung von ›Looking Backward‹, ›Equality‹, erschien kurz vor B.s frühem Tuberkulosetod u. erzielte nur geringes Interesse. Die Wurzeln von B.s Utopismus sind idealist. u. relig.; Diskrepanz zwischen christl.-egalitärem Idealismus Amerikas u. Industriewirklichkeit ist s. Antrieb. ›Looking Backward‹ provozierte zahlr. Fortsetzungen u. Entgegnungen.
W: Six to One: A Nantucket Idyl, E. 1878; Dr. Heidenhoff's Process, R. 1880; Miss Ludington's Sister, R. 1884; Looking Backward 2000–1887, R. 1888 (n. J. L. Thomas 1967; d. K. Zetkin [8]1949); Equality, R. 1897 (d. 1898); The Blindman's World, Kgn. 1898; The Duke of Stockbridge, R. 1900 (n. 1962); E. B. Speaks Again, hg. R. L. McBride 1937; The Religion of Solidarity, Abh. 1940; Selected Writings on Religion and Society, hg. J. Schiffman 1955.

L: A. E. Morgan, 1944; ders., The Philosophy of B., 1945; E. W. MacNair, 1957; S. E. Bowman, 1958; dies., E. B. Abroad, hg. 1962; M. E. Morgan, 1979; A. Lipow, 1982; S. E. Bowman, 1986; D. Patai, 1988. – *Bibl.:* N. S. Griffith, 1986; R. Widdicombe, 1988.

Bellamy, Jacobus (Ps. Zelandus), niederländ. Dichter u. Kritiker, 12. 11. 1757 Vlissingen – 11. 3. 1786 Utrecht. Vater Lakai, später Beamter, früh verstorben. Bäckergeselle. S. Gedichte veranlaßten e. Geistlichen, ihm 1782 die Wege zum Stud. der Theol. in Utrecht zu ebnen. Dort von van Alphen, C. van Lennep, Rh. Feith u. Kinker, die gleich ihm nach e. Erneuerung der Dichtkunst strebten, herzlich bewillkommnet. Freundschaftskult. – S. meist reimlosen Gedichte von einfacher Natürlichkeit stehen unter dem Einfluß dt. Dichter der Anakreontik. Veröffentlichte in ›Gezangen‹ seine Oden als Musterbeispiele. Er war ›Patriot‹, d. h. er gehörte der liberal-demokrat. Bewegung an, die sich gegen das Haus Oranien richtete. Infolge s. frühen Todes konnte sich s. Dichtertum nicht vollenden, konnte er sich auf der theoret. Ebene nicht durchsetzen. Wurde mit Hölty verglichen.

W: Gezangen mijner jeugd, G. 1782; Vaderlandsche gezangen, G. 1782 f.; Proeven voor het verstand, den smaak en het hart, II 1784 f.; Roosje, Vers-E. 1784 (d. 1834); Gezangen, G. 1785. – SW, hkA, hg. J. Aleida Nijland II 1917 (m. Biogr. u. Bibl.). – *Übs.:* II 1790/91.

Bellay, Joachim du → Du Bellay, Joachim

Belleau, Rémy, franz. Dichter, 1528 Nogent-le-Rotrou – 6. 3. 1577 Paris. Stud. mit Ronsard und Baïf im Collège Coqueret. Erzieher bei Marquis d'Elbeuf. Mitgl. der Pléiade. – Übertrug Anakreon, Vorbild s. eigenen Gedichte. Am bekanntesten die Hirtendichtung ›Bergerie‹, durch Prosadialoge verbundene Gedichte mit frischen Natureindrücken. B.s Verse sind zart und enthalten gelehrte Beschreibungen und minuziöse Detailschilderungen. Schrieb e. Komödie nach antikem Vorbild ›La reconnue‹.

W: Odes d'Anacréon, 1556; Petites inventions, G. 1556; Bergerie, G. u. Prosa 1565; La reconnue, K. 1565; Amours et nouveaux échanges des pierres précieuses, G. 1576 (n. A. Van Bever 1909). – Œuvres poétiques, II 1578, hg. C. Marty-Laveaux II 1877f.

L: A. Eckhardt, Budapest 1917.

Belli, Gioconda, nicaraguan. Schriftstellerin, * 9. 12. 1948 Managua. Kämpfte gegen die Somoza-Diktatur; nach dem Sieg Journalistin u. Abgeordnete. – Schrieb Gedichte, die Erotik u. Revolution verknüpfen, u. Romane über polit. aktive Frauen, Mythen u. Utopien.

W: Línea de fuego, G. 1978 (d. 1981); De la costilla de Eva, G. 1987 (d. 1989); La mujer habitada, R. 1988 (Be-wohnte Frau, d. 1988); Sofía de los presagios, R. 1990 (Tochter des Vulkans, d. 1990); Waslala, R. 1996 (d. 1996); El país bajo mi piel, Aut. 2000 (d. 2001). – *Übs.:* Wenn du mich lieben willst (ges. G.), 1985; Zauber gegen die Kälte, G. 1992 (span.-dt. Ausw.).

Belli, Giuseppe Gioachino, ital. Volksdichter, 7. 9. 1791 Rom – 21. 12. 1863 ebda. Wegen familiärer Zwistigkeiten unglückl. Jugend. Sprachstud.; versch. Berufe (Beamter, Sekretär adliger Herrschaften, u. a. bei Fürst Poniatowsky), von diesem Dienst unbefriedigt, nahm er Abschied u. lebte ab 1813 als Kopist u. Hauslehrer. 1816 ∞ die reiche Witwe Maria Conti. Weite Reisen, 1821 Freundschaft mit der Marchesa Vincenza Roberti. 1837 Tod s. Gattin. Neue finanzielle Schwierigkeiten. Trotz s. Angriffe gegen den Papst aufgrund s. Bitte in päpstl. Dienst genommen. Verbrachte s. Lebensabend mit der Kirche versöhnt. – Humorvoller satir. Mundartdichter, von C. Portas ›Poesie milanesi‹ angeregt. Anfangs Gedichte nach klass. Muster (Alfieri, Monti) mit wenig Erfolg. 1807 begann er s. 2279 Sonette in röm. Mundart zu schreiben. Hauptentstehungszeit 1830–37, 1843–47. Kräftige Bilder aus dem röm. Volksleben, die den Sittenverfall von Geistlichkeit u. Adel geißeln. S. lit. Nachfolger ist L. Ferretti in ›Duttrinella‹, ebenfalls polit. u. klerusfeindl.

W: I sonetti romaneschi, IV 1865/66 (hg. L. Morandi VI 1886–89, III 1923/24, II 1930/31, III 1953; d. teilweise von P. Heyse, 1889); Sonetti, 1984. – *Übs.:* Die Wahrheit packt dich …, Ausw. 1978.

L: C. Muscetta, Cultura e poesia di G. G. B., 1961; Convegno di Studi Belliani, 1965; G. E. Stenius, 1967; E. de Michelis, 1969; G. Samona, 1969; S. Rebecchini, ²1987. – *Bibl.:* L. Jannattoni, 1950.

Bellman, Carl Mikael, schwed. Dichter, 4. 2. 1740 Stockholm – 11. 2. 1795 ebda. Aus bürgerl. Familie, Vater Sekretär in der Schloßkanzlei; Erziehung durch Hauslehrer, 1758 Stud. in Uppsala, 1758 Anstellung bei der Reichsbank. Wegen drohender Schuldhaft 1763 Flucht nach Norwegen, nach Rückkehr versch. Beamtenstellungen. Gewann die Gunst Gustavs III., der ihm 1775 e. jährl. Pension, 1776 den Titel Hofsekretär u. als Sinekure e. Amt bei der Nummernlotterie gab. 1777 ∞ Lovisa Fredrika Grönlund. Verkehrte in Hof- u. Künstlerkreisen, beliebter Gesellschafter, wegen s. Schwäche für prächtige Kleider u. fröhl. Leben immer in wirtschaftl. Schwierigkeiten; nach Ermordung des Königs wieder in Not, Pfändungen u. Schuldhaft, schließl. lungenkrank. – Beliebtester schwed. Dichter s. Zeit. Schrieb zwar, dem Geschmack der Zeit entsprechend, auch relig. Poesie, Oden, Komödien, Hirtengesänge u., um die königl. Gunst zu erhalten, polit. Gedichte in klass. Stil, doch ab 1761 vornehml. Bibelparodien u. Gelegenheitsgedichte mit natürl. Talent zur

Improvisation. Sang als Gesellschaftsdichter nach dem Vorbild franz. Lieder, bes. Trinklieder, die er im ersten Zyklus ›Bacchanaliska ordenskapitlet‹ mit e. Parodie auf die zeitgenöss. Ritterorden verband. S. Hauptwerk sind die beiden Zyklen um Fredman u. s. Freunde, Trinker u. Freudenmädchen aus der unteren Schicht Stockholms, die durch Details u. bezaubernde Szenen außerordentl. anschaul. werden. Mit impressionist. Bildern der Mälarlandschaft u. Stockholms erster großer Naturschilderer der schwed. Dichtung. Stets verändert u. stilisiert er die Wirklichkeit. Die Rokokoformen der antiken Mythologie werden eigenartig vereint mit naturalist. Ausmalung von Menschen u. Ereignissen, schwankend zwischen Apotheose u. Parodie. S. Gestalten sind ebenso Nymphen u. Bacchuspriester wie biedere oder verkommene Stockholmer. Mit e. reichen Gefühlsskala, oft auch mit Humor, konnte B. die gegensätzlichsten Stimmungen vereinigen. Starkes Gefühl für die Schönheit des Lebens u. der Natur, aber auch aufrichtige Verzweiflung über das Elend des ird. Daseins. Der Genuß des Augenblicks erscheint als höchstes u. einziges Ziel, aber Vergänglichkeit u. Tod bilden den mächtigen Hintergrund für e. Genußphilos., die auch noch im Untergang stolz und ungebrochen ist. S. Verse sind virtuos in Reim, Rhythmus u. Wortwahl, nicht improvisiert, sondern mit größter Sorgfalt ausgearbeitet. Selbst s. bester Vortragskünstler, hat B. s. Texten teils bekannte, teils eigene Melodien angepaßt und weitgehend Einheit zwischen Musik u. Wort erzielt.

W: Bacchi tempel, G. 1783; Fredmans epistlar, G. 1790 (n. 1920, hg. Vitterhetssamfund 1916, komm. 1945, N. Afzelius u. E. Noreen 1940, L. Huldén 1994); Fredmans sånger, G. 1791. – Samlade skrifter (GW), hg. B.-Gesellschaft X 1921–42. – *Übs.* (Ausw.): A. v. Winterfeld 1856, J. P. Willatzen 1892, H. v. Gumppenberg 1909, F. Niedner 1909, C. Willmer 1941, G. Schwarz 1958; P. Hacks u.a. 1965; F. Grasshoff 1966.

L: N. Erdmann, 1898 (m. Bibl.); P. Friedrich, 1907; R. Steffens, 1908; Bellmansstudier, XV 1924 ff.; A. Blanck, 1941 u. 1948; O. Sylvan, 1943; T. Krogh, 1945; N. Afzelius, 1945 u. 1947, 1969; C. Elling, 1947; A. Stålhane, 1947; Kring B., hg. L. G. Eriksson 1964; P. Britten Austin, The Life and Songs of C. M. B., 1967; A. Kjellén, B. som bohem och parodiker, 1971; B. Nordstrand, B. och Bacchus, 1973; S. Thorén, 1986; L. Huldén, 1994.

Bello, Andrés, venezolan. Schriftsteller, 29. 11. 1781 Caracas – 15. 10. 1865 Santiago de Chile. Stud. Philos. u. Lat.; Lehrer Bolívars, befreundet mit A. v. Humboldt; ab 1810 in London, Veröffentlichung der Zsn. ›Biblioteca Americana‹ u. ›Repertorio Americano‹; 1829 Chile, das s. Wahlheimat wurde; wirkungsvolle erzieher. u. kulturelle Tätigkeit, u.a. Gründungsrektor der Univ. von Chile; vielseitiges Schaffen als Dichter, Philologe, Kritiker, Pädagoge, Philosoph u. Jurist; bedeutendster Humanist Lateinamerikas. – Als Lyriker folgte er anfangs den poet. Modeströmungen; klass. Anklänge als Frucht s. guten Lat.-Kenntnisse; später intimere romant., weniger lit. Poesie, stets frei von Übertreibungen; berühmt insbes. die unvollendete Dichtung ›La agricultura de la zona tórrida‹, Verherrlichung der Neuen Welt mit großartigen Landschaftsschilderungen. Hervorragender Übs. zahlr. Autoren.

W: Alocución a la poesía, Dicht. 1923; La agricultura de la zona tórrida, Dicht. 1826; Principios de Derecho internacional, Abh. 1832; Principios de la ortología y métrica de la lengua castellana, Abh. 1835; Filosofía del entendimiento, Abh. 1843; Gramática de la lengua castellana, 1847. – Obras Completas, hg. P. G. Ramírez, Santiago XV 1881–93, hg. M. A. Caro, Madrid VII 1882–1905, hg. R. Caldera, Caracas XXIV 1951 ff.

L: M. L. Amunátegui, 1885, 1902; R. Caldera, 1935, 1946, 1965; P. Grases, 1946, 1950, 1962, 1969, hg. 1972; E. Crema, 1948, 1956, 1963; A. Rosenblat, 1965, 1966, 1967; R. Castro Silva, 1965; C. A. Caparroso, 1966; J. C. Ghiano, 1967; E. Rodríguez Monegal, 1969; C. A. Millares, 1978; B. y Caracas, 1979; B. y Londres, II 1981; B. y Chile, II 1981; L. Cardozo, 1981; P. Grases, II 1981; J. Lynch, 1982; B. y la América Latina, 1982; J. Dorta, 1982; G. Ugarte Chamorro, 1986; A. Ardao, 1986; M. Gayol Mecías, hg. 1989.

Belloc, Hilaire (Joseph Pierre), engl. Schriftsteller, Historiker u. Politiker, 27. 7. 1870 St. Cloud b. Paris – 16. 7. 1953 Guildford/Surrey. Vater franz. Rechtsanwalt, Mutter engl. Fauenrechtlerin u. kathol. Konvertitin. Erziehung an der Oratoriums-Schule in Birmingham, wo Kardinal Newman s. Lehrer war. Geschichtsstudium Balliol College, Oxford. ∞ 1896 Elodie Agnes Hogan, 5 Kinder. Ab 1902 brit. Staatsangehörigkeit, 1906–10 liberaler Abgeordneter im Parlament; glänzender Redner. Aus Enttäuschung über polit. Korruption 1911 Gründung der Wochenzeitschrift ›The Eye-Witness‹, in der einflußreiche Autoren zu Wort kamen. Setzte sich mit s. Freund G. K. Chesterton (Illustrator vieler s. Bücher) für die Tradition der röm.-kathol. Kirche ein. Heftige Kontroversen mit den Sozialisten H. G. Wells und B. Shaw. – Außerordentl. produktiver u. vielseitiger Schriftsteller, dessen Lebenswerk 156 Bde. umfaßt. Zahlreiche hist. u. philos. gut fundierte Essays, geschichtl. Monographien, Berichte über s. häufigen Reisen auf den Kontinent, Romane u. Gedichtbände. In soziolog. Werken manchmal provozierend polemisch. Klassikerstatus erlangten s. frühen Nonsenseverse über ungezogene Kinder, deren Fehlverhalten katastrophale Konsequenzen zeitigt, im Stile des ›Struwwelpeter‹ (illustriert von B. T. B. u. N. Bentley).

W: Verses and Sonnets, G. 1895; The Bad Child's Book of Beasts, G. 1896 (d. 1999); More Beasts (For Worse Children), G. 1897 (d. 1999); The Modern Traveller, G. 1898; Danton, B. 1899; Robespierre, B. 1901; The Path to Rome, Reiseb. 1902 (d. 1964); The Old Road, Reiseb. 1904; Cautionary Tales for Children, Kdb. 1908; On Nothing, Ess. 1908; Mr. Clutterbuck's Election, R. 1908; On Everything, Ess. 1909; Marie Antoinette, B. 1909; On Anything, Ess. 1910; The Servile State, Schr. 1912 (d. 1925); Highlights of the French Revolution, 1915; Europe and the Faith, Schr. 1920; The Jews, Schr. 1922 (d. 1927); The Cruise of the Nona, Reiseber. 1925 (d. 1953); A History of England, IV 1925–31; Mr. Petre, R. 1925 (Millionär wider Willen, d. 1927); A Conversation with an Angel, Ess. 1928 (d. 1953); Richelieu, B. 1929; Wolsey, B. 1930; Oliver Cromwell, B. 1931 (d. 1935); A Conversation with a Cat, Schr. 1931 (d. 1940); Cautionary Verses, G. 1941 (H. B.s Klein-Kinder-Bewahr-Anstalt, d. 1998). – The Verse, 1954; Essays, 1955; Letters, 1958.

L: L. V. Raymond, Chesterton, B., Baring, 1938; J. B. Morton, 1955; R. Speaight, 1957; J. P. McCarthy, 1978; A. N. Wilson 1984; V. Feske, From B. to Churchill, 1996.

Bellow, Saul, amerik. Romanautor, * 10. 6. 1915 Lachine/Quebec. Sohn russ.-jüd. Einwanderer; lebt ab 1924 in Chicago, 1933–37 Stud. Anthropologie; 1944/45 Militärdienst; Prof. u. ›writer in residence‹ an versch. amerik. Univ., 1962–93 Univ. Chicago; vielfacher Ehrendoktor u. Preisträger, 1976 Nobelpreis, seit 1993 Univ. Boston. – Gestützt auf Dostoevskij, die jüd.-humorist. Erzähltradition u. Geschichtserfahrung, auf Schelmen- und Bildungsroman u. die Freiheitsu. Absurditätsphilos. des Existentialismus, schrieb B. parabelhaft-symbol. Romane u. Novellen über das Los amerik. Juden, das als paradigmat. für das Schicksal des moral. u. intellektuell bewußten Individuums in der mod. Gesellschaft interpretiert wird. ›The Adventures of Augie March‹ schildert in pikarescher Manier das Leben e. jüd. Jungen aus den Slums, dessen Wesen ›unendliche Bestimmbarkeit‹ ist, zwischen Chicago, Mexiko u. Europa, zwischen Arm und Reich, zwischen Festlegung u. Freiheit. ›Henderson the Rain King‹ behandelt die Selbstfindung e. amerik. Geschäftsmannes in der abenteuerl.-romant. Begegnung mit afrikan. Kulturen, das Hauptwerk ›Herzog‹ die Auseinandersetzungen e. jüd. Intellektuellen mit s. Vergangenheit u. mit der Ich-Philos. des 19. Jh. ›The Dean's December‹ kontrastiert im Erleben u. Bewußtsein des autobiograph. Protagonisten Ost u. West, Bukarest u. e. korruptes Chicago. In allen Werken geht es um die Behauptung von Identität, Spontaneität u. Freiheit, von sittl. u. kulturellen Normen gegen die Determinierung durch die Geschichte, e. Anstrengung, die teils als kom., teils als absurd erkannt wird.

W: Dangling Man, R. 1944 (Mann in der Schwebe, d. 1969); The Victim, R. 1947 (d. 1966); The Adventures of Augie March, R. 1953 (d. 1956); The Wreckers, Dr. 1954; Seize the Day, E. 1956 (Das Geschäft des Lebens, d. 1962); Henderson the Rain King, R. 1959 (d. 1960); Herzog, R. 1964 (d. 1965); The Last Analysis, Dr. 1965 (d. 1968); Mosby's Memoirs, Kgn. 1968 (d. 1973); Mr. Sammler's Planet, R. 1969 (d. 1971); Humboldt's Gift, R. 1975 (d. 1976); To Jerusalem and Back, Reiseb. 1976 (d. 1977); The Dean's December, R. 1982 (d. 1982); Him with His Foot in His Mouth, En. 1984 (d. 1985); More Die of Heartbreak, R. 1987; A Theft, R. 1989 (d. 1991); The Bellarosa Connection, R. 1989 (d. 1992); Something to Remember Me By, Nn. 1991 (d. 1993); It All Adds Up, Ess. 1994; The Actual, N. 1997 (Die einzig Wahre, d. 1998); Ravelstein, R. 2000 (d. 2000); Collected Stories, 2001.

L: T. Tanner, 1965; I. Malin, 1969; ders., hg. [2]1969; B. Scheer-Schäzler, 1972; S. B. Cohen, 1974; M. G. Porter, 1974; E. Rovit, hg. 1975; P. Bischoff, 1975; E. Schraepen, hg. 1978; W. Hasenclever, 1978; J. J. Clayton, [2]1979; M. Harris, 1980; H. Knop-Buhrmann, 1980; J. F. McCadden, 1980; H. Zapf, 1981; E. L. Rodrigues, 1981; R. R. Dutton, [2]1982; L. H. Goldman, 1983; D. Fuchs, 1984; J. Brahan, A Sort of Columbus, 1984; C. Maurer, 1984; J. Newman, 1984; J. Wilson, 1985; H. Bloom, hg. 1985; E. Pifer, 1990; L. H. Goldman, 1992; P. Hyland, 1992; K.-A. Kim, 1994; G. L. Cronin, B. Siegel, Conversations, hg. 1994; G. Bach, hg. 1995; E. Hollahan, hg. 1996; M. Friedrich, 1996; H. Wasserman, 1997; W. Bigler, 1998; G. Bach, G. L. Cronin, hg. 2000; G. L. Cronin, 2001. – *Bibl.:* B. A. Sokoloff, M. E. Posner, 1971; F. Lercangée, 1977; R. G. Norren, 1978.

Belloy, Dormont de (eig. Pierre-Laurent Buirette), franz. Dramatiker und Schauspieler, 17. 11. 1727 Saint-Flour – 5. 3. 1775 Paris. Mit 6 Jahren Waise; s. Onkel, Advokat am Pariser Parlament, ermöglichte ihm Jurastud.; B. gab gegen den Willen des Gönners die jurist. Laufbahn auf, wurde Schauspieler e. Wanderbühne, war sehr beliebt, gewann auf e. Tournee in Rußland die Gunst der Zarin Elisabeth. Konnte erst 1762 nach dem Tod des erzürnten Onkels nach Paris zurückkehren. – Löste mit eigenen Dramen über die franz. Geschichte die Mode des patriot. Dramas aus. Größter Erfolg mit ›Le siège de Calais‹.

W: Zelmire, Dr. 1762; Le siège de Calais, Tr. 1765; Gaston et Bayard, Dr. 1771; Pierre le cruel, Dr. 1772. – Œuvres complètes, hg. G. H. Gaillard VI 1779.

L: E. Zimmermann, 1911.

Belov, Vasilij Ivanovič, russ. Erzähler, * 23. 10. 1932 Timonicha/Gebiet Vologda. 1959–64 Stud. Lit.institut Moskau, seitdem Schriftsteller in Vologda. – Beschreibt in Erzählungen das Leben der Kolchozbauern, ohne die Schwere zu verschweigen. S. Hauptwerk ›Kanuny‹, zeigt die eth. gesunde russ. Dorfgemeinschaft vor der Zwangskollektivierung. In der Wiedergabe des Bewußtseinsstroms bäuerl. Denkens guter Psychologe u. Beherrscher der Volkssprache.

W: Znojnoe leto, En. 1961; Tiša da Griša, En 1966; Privyčnoe delo, N. 1966 (Sind wir ja gewohnt, d. 1978); Plotnickie rasskazy, En. 1968 (Zimmermannsgeschichten, d. 1974); Kanuny, R. 1976, vollst. 1987 (Vorabende, d. 1983); Sobranie sočinenij (GW), V 1991–93.
L: L. Wangler, 1985.

Belševica, Vizma, lett. Dichterin, * 30. 5. 1931 Riga. Arbeiterfamilie; 1939–45 Schulen; bis 1955 techn. Berufsschule; bis 1961 Lit.-Stud. Moskau; Journalistin, Schriftstellerverband. – Große Dichterin Sowjet-Lettlands; nach Veröffentlichung von ›Gadu gredzieni‹ Vorwürfe, ca. 7 Jahre Schreibverbot; satir.-krit. dichterischer Ausdruck; ab 1995 beachtenswerte Romantrilogie. über ›Bille‹ in Nachfolge von A. Brigadere; Übs. (ukrainische Dichter, Dante, Kipling, Poe).
W: Visu ziemu šogad pavasaris, G. 1955; Zemes siltums, G. 1959; Ķikuraga stāsti, Nn. 1965; Gadu gredzeni, G. 1969; Dzeltu laiks, G. 1987; Baltās paslēpes, G. 1991. – Raksti (W), III 1999f. – *Übs.:* Pielbeerbaum im Herbst u. a. En., 1984.

Beltramelli, Antonio, ital. Schriftsteller und Journalist, 11. 1. 1879 Forlì – 15. 3. 1930 Rom. Lebte bis auf s. Reisen durch Europa, Afrika und Asien, die in s. Reisebüchern ihren lit. Niederschlag fanden, meist isoliert auf s. Besitz in der Romagna, die den Hintergrund fast aller s. Werke bildet. Polit. stark interessiert, zunächst Nationalist, dann e. der ersten u. überzeugtesten Faschisten; schrieb 1923 e. Biographie Mussolinis, in der er dessen Persönlichkeit als Ausdruck s. romagnol. Herkunft begreift. 1929 ›Accademico d'Italia‹. – Neben zahlr. Romanen, Novellen und Gedichten auch Kinderbücher. Gründete 1912 die ›Rivista dei ragazzi‹ u. 1921 den ›Girotondo‹ (KinderZsn.).
W: Gli uomini rossi, R. 1904; L'ombra del mandorlo, R. 1921; Il Calvalier Mostardo, R. 1921; L'uomo nuovo, B. 1923; Tutti i romanzi, II 1940–43; Tutte le novelle, II 1941–44.
L: G. Pischedda, 1941.

Belyj, Andrej (eig. Boris Nikolaevič Bugaev), russ. Dichter, 26. 10. 1880 Moskau – 8. 1. 1934 ebda. Vater Prof. der Mathematik; Gymnas., 1899–1903 Stud. Naturwiss, dann Philos. Moskau; in der Jugend bes. beeinflußt von Dostoevskij, Ibsen, F. Nietzsche; persönl. Bekanntschaft mit V. Solov'ëv, dessen Lehre von der Sophia er viele Anregungen verdankte; Lektüre Kants und Schopenhauers, 1902 Erstlingswerk ›Dramatičeskaja sinfonija‹, mehrmals abgebrochene und erneuerte Freundschaft mit A. Blok. Um 1903 Begegnung mit Bal'mont, Brjusov, später mit Merežkovskij, Vjač. Ivanov, schloß sich der symbolist. Schule an, 1904–09 Mitarbeiter der Zs. ›Vesy‹, begrüßte 1905 die Revolution; enttäuscht über die myst. Ideen, geriet er 1908/09 unter den Einfluß von Theosophie und Okkultismus; 1911 ∞ Asja Turgeneva, Nichte des Dichters. 1912 bei Rudolf Steiner, dessen Anhänger er wurde; lebte bis 1916 im Ausland, in Dtl. Freundschaft mit Chr. Morgenstern, 1916 Rückkehr nach Rußland. Emigrierte 1921 nach Berlin, kehrte 1923 nach Rußland zurück, blieb bis zum Tod freier Schriftsteller. – Bedeutender Vertreter des russ. Symbolismus. S. formal eigenartige Versdichtung steht an Umfang und Bedeutung hinter dem Prosawerk zurück, ist anfangs optimist. gestimmt, nimmt später in Darstellung des russ. Lebens und Landes e. Ton von Enttäuschung und Verzweiflung an, ist großenteils aus dem Experiment in der Verstechnik hervorgegangen; B. ist auch Vf. theoret. Schriften über Fragen der Lyrik; überragt als Prosaiker die anderen russ. Symbolisten, betont die musikal. lautl. Bedeutung des Worts in der Kunstprosa, schafft, beeinflußt von R. Wagner, E. Grieg, Skrjabin, in den vier ›Symphonien‹ rhythm. Prosastilisierungen, gründet in s. ›ornamentalen Prosa‹ auf Gogol's Stil; kam über die Philos. V. Solov'ëvs, über die dt. Neukantianer u. Nietzsche zur Anthroposophie, von der er sich nach 1918 löste; setzt in s. in Sprache und Erzähltechnik kühnsten und darin mit J. Joyces ›Ulysses‹ vergleichbaren Roman ›Peterburg‹ und ›Kotik Letaev‹ anthroposoph. Ideen in Wortkunst um; war auch als Essayist und Lit.kritiker tätig.
W: Dramatičeskaja sinfonija, 1902; Severnaja sinfonija, 1904; Zoloto v lazuri, G. 1904; Vozvrat, 3–ja sinfonija, 1905; Kubok metelej, 4–ja sinfonija, 1908; Pepel, G. 1909; Urna, G. 1909; Serebrjanyj golub', R. 1909 (Die silberne Taube, d. 1961); Simvolizm, Abh. 1910; Arabeski, Ess. 1911; Peterburg, R. 1913 (letzte Fassg. 1922, d. 1959); Kotik Letaev, R. 1917/18; Kreščënyj kitaec, R. 1927; Vospominanija o A. A. Bloke, Mem. II 1922/23; Odna iz obitelej carstva tenej, Es. 1924 (Im Reich der Schatten, d. 1987); Moskva, R. II 1926; Maski, R. 1932; Na rubeže dvuch stoletij, Mem. 1930; Načalo veka, Mem. 1933; Meždu dvuch revoljucij, Mem. 1934; Masterstvo Gogolja, Abh. 1934; Četyre sinfonii, lyr. Prosa 1971; Vospominanija o Štejnere (1929), Paris 1982; Počemu ja stal simvolistom, B. 1982 gekürzt (Ich, ein Symbolist, d. 1987); Vospominanija, Mem. III 1989/ 90. – Stichotvorenija i poèmy, G. u. Poeme 1966; Stichotvorenija, Ges. G. III 1982–84; Sobranie sočinenij (GW), VI 1994–2000.
L: O. A. Maslenikov, The Frenzied Poets, Berkeley 1952; K. Močul'skij, Paris 1955; J. Holthusen, Stud. z. Ästhetik u. Poetik d. russ. Symbolismus, 1957; A. Hönig, A. B.s Romane, 1965; L. Hindley, Die Neologismen A. B.s, 1966; B. Christa, Amst. 1977; A. Steinberg, Word and Music, 1981; M. Deppermann, 1982; A. Zink, 1998.

Bembo, Pietro, ital. Dichter und Humanist, 20. 5. 1470 Venedig – 18. 1. 1547 Rom. Adliger Herkunft, Vater Bürgermeister von Ravenna; Stud. Griech. Venedig, dann Messina bei C. Lascaris. Hofleben 1478–80 in Florenz und 1498–

1500 Ferrara, hier freundschaftl. Verkehr mit der Herzogin Lucrezia Borgia, 1502 in Asolo bei der Königin Caterina Cornaro von Zypern, 1506–11 in Urbino. 1512 Sekretär Leos X. in Rom. Nach dessen Tod 1521 in Padua; eigenes Landhaus, wo er Handschriften und Altertümer sammelte. 1530 von Venedig zum letzten offiziellen Stadthistoriographen u. Bibliothekar der Bibliotheca Nicena (heute Marciana) ernannt. 1539 Priesterweihe und Kardinal, 1541 Bischof von Gubbio, 1544 Bischof von Bergamo, lebte aber weiter in Rom. – Fortsetzer und Erneuerer der klass. Tradition Petrarcas, zu s. Zeit allg. anerkannt und hochgeschätzt, sprach schönstes Latein. Briefwechsel u. a. mit Isabella d'Este, Vittoria Colonna. Schülerkreis mit F. M. Molza, G. Guidiccioni, G. Della Casa, A. Caro u. a. Petrarkisten. 1531 Lit.-Fehde mit A. Broccardo. Nach dem Vorbild von Platons ›Symposion‹ richten sich s. ›Asolani‹, Gespräche über die Liebe. In der Abhandlung ›Prose della volgar lingua‹ trat er kunsttheoret. für den Humanismus und das Prinzip der Imitatio ein. Petrarca ist ihm Vorbild für die Verskunst, Boccaccio für die Erzählkunst.

W: Carteggio d'amore, 1500f. (n. C. Dionisotti-Casalone 1950); Gli Asolani, Dial. 1505; Motti, 1507; De imitatione, Abh. 1512 (n. 1954); Prose, 1525; Prosa della volgar lingua, Abh. 1525 (n. C. Dionisotti-Casalone 1931, M. Marti 1967); Rime, 1530; De Urbini ducibus, St. 1548; Rerum venetarum historiae libri XII, Abh. 1551; Opere (lat. u. ital.), LV 1729, XII 1808–10; Opere in volgare, hg. M. Marti 1961; Asolani e Prose, hg. C. Dionisotti-Casalone 1932; Prose e rime, hg. ders. 1960.

L: G. Petrocchi, La dottrina linguistica del B., 1959; G. Santangelo, Il Petrarchismo del B., 1967; C. Berra, 1996; G. Della Casa, 1997.

Bemelmans, Ludwig, österr.-amerik. Schriftsteller, 27. 4. 1898 Meran/Südtirol – 1. 10. 1962 New York. Sohn e. belg. Malers und e. bayr. Brauereibesitzerstochter; Lyzeum Regensburg, Rothenburg o. d. Tauber, 1914 nach New York, ab 1918 amerik. Staatsbürger. Arbeit im Hotelfach (nebenher Illustrator), 1933 eigenes Restaurant, Kriegsteilnehmer als Sanitäter und Sprachlehrer. – Schrieb neben Kinderbüchern humorvolle halbautobiograph. Kurzgeschichten, Essays und Reisebücher sowie humorvolle Unterhaltungsromane.

W: My War with the United States, Aut. 1937; Life Class, Aut. 1938; Small Beer, Ess. 1939; Hotel Splendide, Kgn. 1941 (d. 1947); I Love You, E. 1942 (d. 1946); Now I Lay Me Down to Sleep, R. 1943; Dirty Eddie, R. 1947; The Eye of God, R. 1949; Father, Dear Father, Reiseb. 1953 (Mit Kind und Krümel nach Europa, d. 1953); The High World, R. 1954 (Alle Jahre wieder, d. 1960); To the One I Love the Best, R. 1955 (Alte Liebe rostet nicht, d. 1956); The Woman of My Life, R. 1957 (d. 1958); My Life in Art, Aut. 1958 (Mein Leben als Maler, dt. 1959); Are You Hungry, Are You Cold?, R. 1960 (Allons enfants, d. 1961); Italian Holiday, Reiseb. 1961; On Board Noah's Ark, R. 1962 (d. 1965); The Street Where the Heart Lies, R. 1963 (d. 1963); La Bonne Table, En. 1964. – Tell Them It Was Wonderful, Ausw. hg. M. Bemelmans 1987; Mad About Madeline: Complete Tales, 1993.

L: J. F. Fisher, 1996.

Benavente, Jacinto, span. Dramatiker, 12. 8. 1866 Madrid – 14. 7. 1954 ebda. Sohn e. angesehenen Kinderarztes, Stud. Rechte ohne Abschluß, nach dem Tode s. Vaters (1885) Reisen u. a. durch Frankreich, England u. Rußland, wo er mit den modernen lit. Strömungen in Berührung kam; konnte sich ohne materielle Sorgen s. lit. Neigungen widmen; 1899 Leitung der bedeutenden lit. Zs. ›Vida literaria‹ u. später des satir.-polit. ›Madrid Cómico‹; kurze Zeit Direktor des span. Nationaltheaters; 1922 Nobelpreis für Lit. – Führender span. Dramatiker der Jahrhundertwende, beherrschte die span. Bühne unumstritten mehrere Jahrzehnte lang, wurde auch im Ausland stark beachtet; außerordentl. fruchtbar (171 Bühnenwerke); ausgehend von der Tradition der ›alta comedia‹ schuf er e. eigenen Theaterstil, der den melodramat. Schauerdramen e. Echegaray den Gnadenstoß versetzte; Hauptstärke flüssiger, sprühender Dialog; schrieb geistvolle, iron. Komödien (›Die Ironie ist eine Traurigkeit, die, weil sie nicht weinen kann, lächelt‹), geißelte die bürgerl. Scheinmoral u. die Schwächen der span. Gesellschaft. S. Stücke sind kein Spiegel der Wirklichkeit, sondern e. Art krit. Philos. des Lebens, darum oft Mangel an Dramatik u. lebensechten Gestalten; Höhepunkt ›Los intereses creados‹. Schuf in der Gestalt des Dieners Crispín e. des klass. Theaters würdige Gracioso-Figur. Verlegte den Schauplatz einiger Stücke (u. a. ›La gobernadora‹ u. ›Pepa Doncel‹) nach Moraleda, e. imaginäre Stadt, die er, ähnl. wie Galdós s. Ficóbriga u. Orbajosa, zum Anlaß nahm, um das span. Provinzleben u. die Heuchelei der guten Gesellschaft zu kritisieren; offenbart in der Prosasammlung ›Cartas de mujeres‹ s. Kenntnis der weibl. Seele; schrieb auch Theaterstücke für Kinder.

W: Versos, G. 1893; Vilanos, Kgn. 1893; El nido ajeno, K. 1894; Gente conocida, Dr. 1896; Cartas de mujeres, Br. 1899; Sacrificios, Dr. 1901; La gobernadora, K. 1901; La noche del sábado, Dr. 1903; Lo cursi, K. 1904; Rosas de otoño, Dr. 1905; Los intereses creados, K. 1908 (Der tugendhafte Glücksritter, d. 1917); Señora mía, K. 1908; La fuerza bruta, Dr. 1908 (Liebe bewährt sich im Unglück, d. 1948); Ganarse la vida, K. 1909; La escuela de las princesas, K. 1909 (d. 1918); La malquerida, Dr. 1913; El collar de estrellas, K. 1915; La ciudad alegre y confiada, K. 1916 (d. 1919); El Príncipe que todo lo aprendió en los libros, K. 1919; El demonio antes fue ángel, K. 1928; Pepa Doncel, K. 1928; La honradez de la cerradura, K. 1942; La Infanzona, K. 1945; Su amante eposa, K. 1950. – Obras completas, XI 1950–58; Teatro,

XXXV ²1922ff. – *Übs.:* Kleine Ursachen ..., 1961 (3 Einakter).

L: F. Onís, N. Y. 1923; W. Starkie, Lond. 1924; A. Lázaro, Paris 1925; ders., 1964; R. Lemaire, 1937; J. Vila Selma, 1952; I. Sánchez Estevan, 1954; A. Guardiola, 1954; F. C. Sainz de Robles, 1954; S. Córdoba, 1954; E. Ivisi, 1954; A. Marquerie, 1960; K. Pörtl, Die Satire im Theater B.s von 1896 bis 1907, 1966; J. Montero Alonso, 1967; J. Mathías, 1969; M. C. Peñuelas, N. Y. 1969; H. Tzitsikas, 1982.

Benchley, Peter (eig. P. Bradford), amerik. Erzähler, * 8. 5. 1940 New York. Reporter für ›Washington Post‹, Mithrsg. des ›Newsweek Magazine‹; Fernsehmoderator. – Bestsellerautor spannender Abenteuerromane, die erfolgr. verfilmt wurden.

W: Jaws, R. 1974 (Der weiße Hai, d. 1974); The Deep, R. 1976 (Das Riff, d. 1977); The Island, R. 1979 (Freibeuter des Todes, d. 1980); The Girl of the Sea of Cortez, R. 1982 (Der Berg der Fische, d. 1982); Q Clearance, R. 1986 (d. 1987); Beast, R. 1991 (d. 1992); White Shark, R. 1994 (d. 1995); Ocean Planet (hg. m. J. Gradwohl), Ess. 1995; Peter Benchley's Creature, R. 1998; Shark Trouble, Dok. 2002.

Bencúr, Matej → Kukučín, Martin

Benda, Julien, franz. Philosoph und Schriftsteller, 26. 12. 1867 Paris – 7. 6. 1956 Fontenay-aux-Roses b. Paris. Aus unorthodoxem jüd. Familie; kurze Zeit Stud. Ecole Centrale des Arts et Manufactures, danach Stud. Lit. Schriftsteller. – In philos. Schriften und Romanen leidenschaftl., konsequenter Vertreter des reinen Intellekts und Verächter der Intuition und jedweder Emotion. Außergewöhnl. isolierte Gestalt. Beruft sich auf Erasmus, Spinoza, die Antike und die franz. Klassik, verdammt den Intuitionismus Bergsons und die Mehrzahl der zeitgenöss. Schriftsteller (darunter R. Rolland, P. Claudel, M. Barrès, C. Maurras, G. Sorel). Wirft ihnen verweichlichende Emotionalität und Verrat am Intellekt vor. Lehnt mit polem. Schärfe die geistige Rechtfertigung der zeitgenöss. nationalen Leidenschaften Frankreichs als pseudowiss., utilitarist. und demagog. ab. Vertrat während der dt. Besatzungszeit das demokrat. Prinzip.

W: Dialogues à Byzance, Abh. 1900; Dialogue d'Eleuthère, Abh. 1911; Ordination, R. 1912; Le Bergsonisme ou une philosophie de la mobilité, Abh. 1912; Une philosophie pathétique, Abh. 1913; Sur le succès du bergsonisme, Abh. 1914; Belphégor, Abh. 1918; Les amorandes, R. 1922; La croix des roses, E. 1923; Lettres à Mélisandre, Abh. 1925; Billets de Sirius, Abh. 1925; La trahison des clercs, Abh. 1927 (d. 1948); La fin de l'éternel, Abh. 1929; Esquisse d'une histoire des Français dans leur volonté d'être une nation, 1932; Discours à la nation européenne, 1933; Délices d' Eleuthère, Ess. 1935; Précision, Abh. 1937; La jeunesse d'un clerc, Aut. 1938; Un régulier dans le siècle, Aut. 1938; La grande épreuve des démocraties, Abh. 1942; La France byzantine, Es. 1945; Du style d'idées, Abh. 1948; Souvenirs d'infratombe, Mem. 1952.

L: H. E. Read, 1930; E. Bourquin, La trahison de J. B. 1931; C. Mauriac, La trahison d'un clerc, 1945; V. Hansen, 1950; R. J. Niess, Ann Arbor 1956; J. Sarocchi, 1968; R. Nichols, 1978; B. Mounier u.a., 1979; L.-A. Revah, 1991; S. Teroni, 1993.

Benedetti, Mario, uruguay. Schriftsteller, * 14. 9. 1920 Paso de los Toros; Angestellter, Journalist, Kulturfunktionär in Kuba, polit. sehr engagiert. – Schreibt in allen Gattungen, sogar Romane in Versen u. Liedertexte; als Lyriker Vertreter der ›Ästhetik des Alltäglichen‹. Vf. meisterhafter Erzählungen über den kleinen Angestellten; die Bourgeoisie von Montevideo wird in allen Lebenslagen (Schicksalswendungen, Militärdiktatur, Emigration) dargestellt; e. der wichtigsten Essayisten La.-ams. m. starkem Bezug zu zeitgenöss. Problemen.

W: La víspera indeleble, G. 1945; Esta mañana, En. 1949; Quién de nosotros, R. 1953; Poemas de la oficina, G. 1956; Ida y vuelta, Dr. 1958; Montevideanos, En. 1959; La tregua, R. 1960 (verfilmt; Die Gnadenfrist, d. 1984); Mejor es meneallo, humor. En. 1961; Poemas del hoyporhoy, G. 1963; Literatura uruguaya, siglo XX, Es. 1963; Gracias por el fuego, R. 1965 (verfilmt; d. 1987); Genio y figura de José Enrique Rodó, St. 1966; Letras del continente mestizo, Ess. 1967; La muerte y otras sorpresas, En. 1968; Cuaderno cubano, Ess. 1969; Cuentos completos, 1970; El cumpleaños de Juan Angel, R. 1971; Los poetas comunicantes, Rep. 1973; Daniel Viglietti, St. 1974; El escritor latinoamericano y la revolución posible, Ess. 1974 (Literatur u. Revolution, d. 1985); Pedro y el capitán, Sch. 1979; El recurso del supremo patriarca, Es. 1979; Todos los cuentos, 1980; Cuentos, 1982; Primavera con una esquina rota, R. 1982 (d. 1986); Viento del exilio, G. 1983; Inventario, Poesía 1950–1980, ⁴1984; Geografías, En. 1984; El desexilio y otras conjeturas, Chron. 1985; Preguntas al azar, G. 1986; Crítica cómplice, 1988; La borra del café, R., 1992; Lit. urug. Del s. XX, 1997; Andamios, R., 1997; Rincón de haikus, 1999. – Cuentos completos, 1986. – *Übs.:* Die Sterne und du, En. 1984; Verteidigung der Freude, G. 1985; Lit. u. Revolution, Es. 1985; Auf den Feldern der Zeit, En. 1990.

L: J. Huasi, 1971; T. C. Meehan, 1971; J. Ruffinelli, hg. 1973; A. Fornet, hg. 1976; M. Mansour, 1979; C. S. Mathieu, 1983; E. M. Zeitz, 1986; H. Alfaro, 1986; M. Paoletti, 1996; C. Alemany et al., hg. 1998.

Benedictis, Jacobus de → Jacopone da Todi

Benedictsson, Victoria → Ahlgren, Ernst

Benediktsson, Einar, isländ. Dichter u. Schriftsteller, 31. 10. 1864 Elliðavatn – 12. 1. 1940 Herdísarvík. Wohlhabendes Elternhaus, höhere Schule Reykjavík, 1884–92 Jurastud. Kopenhagen, 1896–98 Journalist (Hrsg. der Zeitung ›Dagskrá‹),

1898–1904 Landrat in Rangárvallasýsla; zog sich 1904 von öffentl. Ämtern zurück u. betätigte sich polit. u. lit. Weite Reisen; mehrjähr. Aufenthalt in England. – Hervorragender Impressionist u. Neuromantiker mit nachhaltigem lit. Einfluß. Vertreter des ›art pur‹ und künstler. Wiederentdecker der rímur-Dichtung. Führte als Wort- u. Formkünstler ersten Ranges isländ. Lyrik zu neuer Höhe. Schrieb aufrüttelnde u. prophet. patriot. Lyrik über die kontrastreiche Schönheit s. Heimat, die große Geschichte u. die bedeutenden Fähigkeiten s. Volkes (›Íslendingaljóð‹, ›Dettifoss‹, ›Aldamót‹ u.a.). Eindrücke von Auslandsaufenthalten finden in an treffenden Bildern reichen Gedichten Ausdruck (›Við Zuydersæ‹, ›Við dísarhöll‹ u.a.). S. Naturlyrik hat starken Symbolcharakter (›Útsær‹ u.a.). Myst. u. pantheist. Weltanschauung spricht aus s. philos. Gedichten, (›Jörð‹, ›Einræður Starkaðar‹ u.a.). Übs. Ibsen u.a.

W: Sögur og kvæði, En. u. G. 1897; Hafblik, G. 1906; Hrannir, G. 1913; Vogar, G. 1921; Hvammar, G. 1930; Ljóðmali, G., hg. P. Sigurðsson 1964, ²1994. – Ljóðasafn (GW), hg. K. Karlsson IV 1979; Óbundið mál (GW), hg. ders. 1980–82.

L: K. E. Andrésson, 1934; V. Benediktsson, 1942; S. Nordal, 1971; B. Th. Björnsson, 1982; G. Kreutzer, 1989.

Beneit (Benoît, Beneeit), anglonormann. Dichter, 12. Jh. Schrieb 1184 e. Leben des hl. Thomas Becket in Versen, das auf e. verlorenen lat. Biographie Roberts de Cricklade beruht.

A: La Vie de Thomas Becket, hg. B. Schlyter 1941.

Benelli, Sem, ital. Dramatiker, 10. 8. 1877 Filettole di Prato (Toscana) – 18. 12. 1949 Zoagli/Genua. In früherer Jugend Journalist an der ›Rassegna internazionale‹. Gab mit dem Futuristen F. T. Marinetti gemeinsam die Zs. ›Poema‹ heraus. Wandte sich dann dem Theater zu. Leiter e. Theatergruppe. 1915–18 Offizier, verwundet. 1918 mit D'Annunzio bei der Verwaltung Fiumes. Ab 1924 faschist. Abgeordneter. 1936 Teilnahme am Krieg in Äthiopien. – Vf. überschwengl. Dramen im Stile D'Annunzios. S. bestes Stück ›La cena delle beffe‹ nach e. Novelle A. F. Grazzinis schildert den Sieg der Schlauheit über die Kraft. Leere, posenhafte Tragik in den Dramen ›L'amorosa tragedia‹, ›Il ragno‹, ›L'orchidea‹. Schrieb für R. Bianchi das Textbuch zur Oper ›Proserpina‹ und für J. Montemezzi zur Oper ›L'amore dei tre re‹. Autobiograph. sind ›Io in Affrica‹, ›La mia leggenda‹ u. polit. gegen den Untergang des faschist. Regimes ›Schiavitù‹.

W: La maschera di Bruto, Tr. 1908; La cena delle beffe, Dr. 1909 (d. 1912); L'amore dei tre re, Dr. 1910; Tignola, K. 1911; Rosmunda, Dr. 1911; La gorgona, Dr. 1913; Le nozze dei Centauri, Dr. 1915; L'altare, G. 1916; Parole di Battaglia, Dr. 1918; La passione d'Italia, G. 1918; Le ali, Dr. 1920; L'arzigogolo, Dr. 1922; La Santa Primavera, Dr. 1923; L'amorosa tragedia, Dr. 1925; Il vezzo di perle, Dr. 1926; Con le stelle, Dr. 1927; Orfeo e Proserpina, Dr. 1929; Fiorenza, 1930; Il ragno, Dr. 1935; L'orchidea, Dr. 1938; Io in Affrica, R. 1938; La mia leggenda, R. 1939; Schiavitù, R. 1946. – Opere, XXX 1934ff.

L: F. Palazzi, 1913; Neri, Il teatro di S. B., 1913; C. Lari, 1928; I. Tragella-Monaro, 1953; D. Spoleti, 1956.

Beneš, Karel Josef (früher Ps. Jizerský), tschech. Schriftsteller, 21. 2. 1896 Prag – 27. 3. 1969 Rožmitál pod Třemšínem. Bibliothekar und Redakteur; im 2. Weltkrieg interniert. – In psycholog. durchdrungenen (oft verfilmten) Romanen u. Erzählungen behandelt B. Familien-, Gesellschafts- u. soziale Probleme, setzt sich mit metaphys. Fragen auseinander u. übt Kritik am Bürgertum; Vf. von Jugendlit.

W: Dobrý člověk, R. 1925; Uloupený život, R. 1935; Vítězný oblouk, R. 1937; Kouzelný dům, R. 1939; Červená pečet', R. 1940 (Das rote Siegel, d. 1960); Rudá v černé, En. 1948; Rodný hlas, R. 1953; Romantril.: Mezi dvěma břehy, 1954 (Zwischen zwei Ufern, d. 1961) – Dračí setba, 1957 (Drachensaat, d. 1962) – Útok, 1963 (Die Vergeltung, d. 1964); Setkání v Karlových Varech, E. 1959 (Die Begegnung, d. 1961); Cesta do nezráma, R. 1973. – Dílo (W), V 1957–61.

L: E. Brokešová, Ty a já, 1947 (1972 u.d.T. Žila jsem nadějí).

Benešová, Božena, geb. Zapletalová, tschech. Schriftstellerin, 30. 11. 1873 Nový Jičín – 8. 4. 1936 Prag. Vater Rechtsanwalt; verbrachte ihre Jugend im ethnograph. interessanten Napajedla; ∞ Bahnbeamten J. Beneš; seit 1908 Journalistin in Prag. – Begann mit impressionist. Gedichten u. Dramen, gelangte jedoch erst in ihren psychoanalyt. Novellen u. Romanen, anfangs unter Einfluß Dostoevskijs, zur vollen Entfaltung. Trag. Frauenschicksale u. der Konflikt zwischen Realität u. Illusion, den B. durch sittl. Läuterung zu überwinden sucht, bilden das Hauptthema ihrer Werke. In e. Kriegstril. wird der Kampf der Heimat im 1. Weltkrieg dargestellt.

W: Člověk, R. 1919 f.; Romantril.: Úder, 1926 – Podzemní plameny, 1933 – Tragická duha, 1933; Donhači a oblouzeni, En. 1933; Don Pablo, don Pedro a Věra Lukášová, E. 1936 (d. 1961); Divadelní hry, Drr. 1937; Verše, G. 1938. – Sebrané spisy (GW), X 1933–39; Dílo (W), V 1955–57.

L: M. Rutte, Skrytá tvář, 1925; M. Pujmanová, 1935; J. Pleskot, Sborník prací pedagog. inst. v. Ostravě, 1961; D. Moldanová, 1976.

Beneš Třebízský, Václav (eig. Václav Beneš), tschech. Erzähler, 27. 2. 1849 Třebíz – 20. 6. 1884 Marienbad. Stud. Theologie Prag; Kaplan in Klecany, starb an Schwindsucht. – Aus Chroniken u. der Volksüberlieferung schöpfend, schrieb der nach s. Geburtsort benannte B. hist. Erzählungen u. Romane, die er zu größeren Zyklen zusammenfaßte (›Pod doškovými střechami‹; ›Vервáncích kalicha‹; ›V záři kalicha‹; ›Pobělohorské elegie‹). Mit Pathos u. romant. Sentimentalität, jedoch stark schematisch behandelte er vor allem Hussitismus, Reformation u. Gegenreformation.

W: Anežka Přemyslovna, R. 1878; Bludné duše, R. 1879; Trnová koruna, R. 1883; Královna Dagmar, R. 1883; V podvečer pětilisté růže, R. 1885. – Sebrané spisy (GW), XVI 1923 f.; XVI 1946; Listy, Br. hg. J. Šach 1926; Historické romány a povídky, X 1929/30. – *Übs.*: Ausw., 1921.

L: K. V. Rais, 1885; J. Braun, 1890; J. Šach, F. Stuchlý, Nedokončená pout', 1959; B. Hofmeisterová, Osm let s T., 1969.

Benét, Stephen Vincent, amerik. Dichter und Erzähler, 22. 7. 1898 Bethlehem/PA – 13. 3. 1943 New York. Offizierssohn; Stud. Yale, Paris; Rückkehr nach New York 1921, Mitarbeit an lit. Zsn. – Balladeske Behandlung patriot.-hist. Themen: der amerik. Pionier, die Besiedlung Neuenglands; am bedeutendsten das vom Glauben an die Mission der Demokratie getragene ›John Brown's Body‹, e. an Charakterbildern reicher ep. Balladenkranz, der an erfundenen u. hist. Einzelschicksalen die Auseinandersetzung zwischen Nord und Süd zeigt; antifaschist. Dichtung. Kurzgeschichten, die Motive aus Sage, Legende und Geschichte mit phantast. Zügen, Volkshumor und psycholog. Eindringlichkeit verbinden.

W: Five Men and Pompey, G. 1915; Young Adventure, G. 1918; Heavens and Earth, G. 1920; The Beginning of Wisdom, R. 1921 (n. 1985); Young People's Pride, R. 1922; Jean Huguenot, R. 1923; King David, G. 1923; Tiger Joy, G. 1925; Spanish Bayonet, R. 1926; John Brown's Body, ep. G. 1928 (Er war ein Stein, d. 1964); Ballads and Poems, 1931; James Shore's Daughter, R. 1934; Burning City, G. 1936; Thirteen O'Clock, Kgn. 1937; The Devil and Daniel Webster, En. 1937 (n. 1999; als Oper 1939); Nightmare at Noon, G. 1940; Tales before Midnight, Kgn. 1939; They Burned the Books, Dr. 1942; Selected Works, II 1942; Western Star, G. 1943; America, Es. 1944 (d. 1946); The Bishop's Beggar, E. 1946 (d. 1952); The Last Circle, E. 1946. – Selected Stories, En. 1947; St. V. B. on Writing, hg. G. Abbe 1964; Selected Letters, hg. C. A. Fenton, 1960. – *Übs.*: Daniel Webster und die Seeschlange, Kgn.-Ausw. 1949; Die gute Wahl, En. 1959; Des Bischofs Bettler, En. 1976.

L: C. A. Fenton, 1958; P. Stroud, 1962; L. Benét, 1976; D. G. Izzo, 1999; ders., L. Konkle, hg. 2003.

Benet y Goitia, Juan, span. Schriftsteller, 7. 10. 1927 Madrid – 5. 1. 1993 ebda. Zeitlebens als Bauingenieur tätig. – Vf. einflußreicher, ästhet. anspruchsvoller Romane u. Erzählungen sowie bedeutender Essays. Zentrales Thema ist die hist. Erfahrung des Span. Bürgerkriegs. Ganz persönl., hermet. Erzählwelt, die um den myth.-fiktiven Ort Región kreist. Bewußte Subversion des realist. Romans durch labyrinth. Handlung, schemenhafte Figuren, ungewisse Raum- u. Zeitstrukturen. Experiment. Erzählweise mit wechselnden Perspektiven u. weit ausholenden, lyr.-virtuosen Satzperioden. Parallelen zu Faulkner, Proust, Borges, Kafka u. dem Nouveau Roman.

W: Nunca llegarás a nada, En. 1961 (d. 1992); La inspiración y el estilo, Ess. 1966; Volverás a Región, R. 1967; Una meditación, R. 1969; Teatro, Drn. 1971; Un viaje de invierno, R. 1972; ¿Qué fue la guerra civil?, Es. 1976; En el estado, R. 1977; El aire de un crimen, R. 1980; Trece fábulas y media, En. 1981; Sobre la incertidumbre, Es. 1982; Herrumbrosas lanzas, III 1983–86 (d. 1986–91); En la penumbra, R. 1989 (d. 1992). – Cuentos completos, 1998.

L: V. Cabrera, Boston 1983; K. Vernon, hg. 1986; E. Díaz, Del pasado incierto, 1992.

Bengtsson, Frans Gunnar, schwed. Dichter u. Essayist, 4. 10. 1894 Tossjö/Kristianstad – 19. 12. 1954 Stockholm. Sohn e. Gutsverwalters; 1912 Abitur, Stud. Lund, 1930 Lizentiat. ∞ 1939 Gerda Fineman. – Vf. formvollendeter Gedichte und unnachahml. persönl. Essays mit virtuoser Sprachbehandlung und kunstvoller Form; Vorliebe für hist. Motive und e. Zug zum Heroischen und Pittoresken, oft Kuriosen bei Schilderungen von Menschen und Milieus der Geschichte; geistreich, klug und elegant. Bes. stilist. Bravour in ›Karl XII.‹. S. Wikingerroman ›Röde orm‹ ist humorvoll u. von kräftiger Bildwirkung; Musical 1978 Malmö. Übs. Milton u. das Rolandslied.

W: Tärningskast, G. 1923; Legenden om Babel, G. 1925; Litteratör och militärer, Es. 1929; Silversköldarna, Es. 1931; De långhåriga merovingerna, Es. 1933; Karl XII.s levnad, B. II 1935 f. (d. 1957); Sällskap för en eremit, Es. 1938; Röde orm, R. II 1941–45 (d. 1951); För nöjes skull, Es. 1947; Dikter, 1950; Den lustgård som jag minns, Aut. 1953; Inför kvinnan ställd, G. 1964; Äreräddning för Campeadoren, Es. 1986. – Samlade skrifter (GW), X 1950–55; Breven till Tristan, Br. an S. Lindström 1985. – *Übs.*: Waffengänge, Ess. 1942.

L: E. Ehnmark, 1946; F. G. B., hg. G. Michanek 1956; I. Harrie, 1971.

Beniak, Valentín, slovak. Lyriker, 19. 2. 1894 Chynorany – 6. 11. 1973 Bratislava. Begann als Symbolist, inspirierte sich in s. weiteren Entwicklung stilist. u. thematisch an den europ. lit. Strömungen, blieb aber trotz schwüler Exotik u. suggestivem Lyrismus eng verbunden mit der Realität s. slovak. Heimat. Übs. aus Weltlit.

W: Tiahnime d'alej oblaky, G. 1928; Ozveny krokov, G. 1931; Král'ovská ret'az, G. 1933; Lunapark, G. 1936; Poštový holub, G. 1936; Bukvica, G. 1938; Vigília, G. 1939; Žofia, G. 1941; Druhá Vigília, G. 1942; Popolec, G. 1942; Igric, G. 1944 (n. erw. 1968); Hrachor, G. 1967; Plačúci amor, G. 1969; Sonety podvečerné, G.

1970; Medailóny a medailónky, G. 1971. – Vybrané spisy, Aus. III 1975–81.
L: J. Gregorec, Básnický svet V. B., 1970; V. B. Zborník štúdií k storočnici narodenia básnika, 1994.

Beniuc, Mihai, rumän. Dichter, 20. 11. 1907 Sebiş b. Arad – 24. 6. 1988 Bukarest. Stud. Philos. u. Psychol. Cluj u. Dtl., Dr. phil.; kommunist. Parteifunktionär, 1. Sekretär des rumän. Schriftstellerverbandes, 1958–66 Univ.-Prof. – Verfiel nach e. vielversprechenden Debüt in pittoreske Mittelmäßigkeit. Echte lyr. Akzente u. metaphys. Revolte weisen gelegentl. über den sozialist. Realismus hinaus.

W: Cântece de pierzanie, G. 1938; Poezii, G. 1943; Versuri, G. 1949; Azimă, G. 1956; Cântecele inimii, G. 1961; Lumini crepusculare, G. 1970. – Scrieri (GW), VIII 1972–79. – *Übs.:* Der Apfelbaum am Weg, 1957; Gedichte, hg. W. Aichelburg 1958, A. M. Sperber 1965.

Beniuševičiūtė-Žymantienė, Julija → Žemaitė

Ben Jelloun, Tahar (Taher), marokkan. Schriftsteller, * 1. 12. 1944 Fes. Philosophiestudium in Rabat; 1971 Emigration nach Frankreich; Psychotherapeut; Arbeit als Journalist bei ›Le Monde‹. – Erfolgreicher Vf. zahlreicher Essays, Gedichte, Romane und Theaterstücke. 1987 Prix Goncourt für den Roman ›La nuit sacrée‹. Zentrale Themen seines Werks sind Akkulturation, Kindheit, Jugend und Einsamkeit. Wesentliches Anliegen ist die Darstellung der Probleme des Individuums zwischen den Kulturen. Schildert v. a. in seinen Romanen das Leben maghrebinischer Familien und Einzelschicksale mit poetisch sensibler Ausdruckskraft. Transponiert die lyrischrealist. Feinsinnigkeit der arab. Mentalität in die franz. Sprache. Glaubt an die soziale Aufgabe und Kraft der Literatur. Appelliert an die Bejahung des Lebens, die er als Licht, Leidenschaft und Sieg über das Alltägliche definiert. Suche nach den Grenzen von Traum und Realität. In Ablehnung von Feindschaft und rassistischer Diskriminierung appelliert er an Freundschaft, die er mit einer Religion ohne Gott und Jüngstes Gericht vergleicht. Diese Religion sieht er als eine Form der Liebe, die Krieg und Haß verwirft. Kritik an der Korruption der Gesellschaft, exemplarisch dargestellt am Beispiel Marokkos. Seine Sprache tendiert zu aphoristischer Dichte.

W: Harrouda, R. 1973; La mémoire future, anthologie de la nouvelle poésie du Maroc, G. 1976; A l'insu du souvenir, G. 1980; La prière de l'absent, R. 1981; La fiancée de l'eau, Dr. 1984; La nuit sacrée, R. 1987 (d. 1988); L'ange aveugle, Nn. 1992; L'homme rompu, R. 1994 (d. 1995); Le premier amour est toujours le dernier, Nn. 1995; Les raisins de la galère, R. 1996; Le racisme expliqué à ma fille, 1997 (d. 1998); L'auberge des pauvres, R. 1999; Cette aveuglante absence de lumière, R. 2001. – Poésies complètes, 1995.
L: R. Bourkhis, 1995; R. Elbaz, 1996; M. Lindenhauf, 1996; Kamal-Trense, 1998.

Bennett, Alan, engl. Schriftsteller, * 9. 5. 1934 Leeds. Metzgersohn, 1954–57 Geschichtsstud. in Oxford, 1960–62 Dozent ebda. 1960 Darsteller u. Koautor der satir. Revue ›Beyond the Fringe‹. Gehört als Vf. von über 30 Bühnen-, Film- und Fernsehstücken, Schauspieler, Erzähler und Regisseur zu den profiliertesten Vertretern der engl. Gegenwartsdramatik. – Iron. Beleuchtung brit. Institutionen u. gesellschaftl. Hierarchien, bes. innerhalb der unteren Mittelklasse, deren Verhaltenscodes, Wertvorstellungen u. sprachl. Register er in realist. Charakterporträts vermittelt. Interesse für polit. Themen der Nachkriegszeit (Spionage, Landesverrat, Exil).

W: Forty Years On, Rev. 1969; Getting On, Dr. 1972; Habeas Corpus, Dr. 1973; The Old Country, Dr. 1978; An Englishman Abroad, Dr. 1982; A Private Function, Filmskript 1984; Kafka's Dick, Dr. 1987; A Question of Attribution, 1988; Talking Heads, FSsp. 1988, Dr. 1992; The Wind in the Willows, Dr.-Adapt. d. Kdbs. v. Grahame 1991; The Madness of George III, Dr. 1992, Filmskript 1994; Writing Home. Ess. 1994; erw. A. 1997; The Clothes They Stood Up In, E. 1998 (d. 1999).
L: R. Bergan, 1990; P. Wolfe, 1998.

Bennett, (Enoch) Arnold, engl. Erzähler und Dramatiker, 27. 5. 1867 Shelton b. Hanley – 27. 3. 1931 London. 1888 Stud. London, begann als Journalist, ab 1896 freier Schriftsteller. 1902–12 in Frankreich, ∞ dort 1907 die franz. Schauspielerin Marguerite Soulie-Hebrard. – Vf. zahlr. Romane, Essays und Bühnenstücke von unterschiedl. Wert; neben lit. bedeutsamen Werken viele Kolportageromane. Stark vom franz. Realismus her beeinflußt, insbes. von Balzac, Maupassant, Zola. Pessimist. Grundhaltung. Wiedergabe minuziöser Details ohne tieferen Hintergrund (von V. Woolf deshalb scharf angegriffen). Viele Romane schildern das kleinbürgerl. Leben der viktorian. Zeit. Er enthüllt erbarmungslos die Charakterschwächen s. Gestalten, dennoch fehlt es ihm nicht an verstehender Güte und Humor. In ›The Old Wives' Tale‹ wird der Ablauf der diskursiven Zeit zum eigentl. Hauptakteur, am Schicksal zweier verschiedenartiger Schwestern stellt B. die Veränderungen in e. provinziellen engl. Industriestadt und der Metropole Paris im ausgehenden 19. Jh. dar. ›Riceyman Steps‹ kontrastiert den Wert materieller Reichtümer mit dem lit. Güter im desolaten Nachkriegs-London der 1920er Jahre. Auch B.s Kolportageromane sind brillant geschrieben, der beste von ihnen die amüsante Erzählung ›The Grand Babylon Hotel‹, in dem e. der wichtigsten Themen B.s, die Darstellung des unbehausten modernen Menschen im Hotel, zum Tragen kommt. In s. anonym veröffentlichten Studie ›The Truth about an Author‹ schildert B. s. lit. Beginn und s. Ziele.

W: The Stepmother, Dr. 1889; Anna of the Five Towns, R. 1901; The Grand Babylon Hotel, R. 1902 (d. 1924 u. 1930); The Gates of Wrath, Sch. 1903 (Millionenjäger, d. 1926); The Truth about an Author, Aut. 1903; Tales of the Five Towns, En. 1905 (d. 1926 u. 1972); The Grim Smile of the Five Towns, Kgn. 1907; The Old Wives' Tale, R. 1908 (Konstanze und Sophie, d. II 1932); Buried Alive, R. 1908 (d. 1913); Clayhanger, R. 1910 (d. 1930); The Honeymoon, K. 1911; The Card, R. 1911 (Eine tolle Nummer, d. 1962); Hilda Lessways, R. 1911 (d. 1930); Milestones, Sch. 1912 (m. E. Knoblock); The Regent, R. 1913; The Great Adventure, Sch. 1913 (d. 1926); A Great Man, R. 1915; These Twain, R. 1916; Pretty Lady, R. 1918; Mrs. Prohack, R. 1922; Riceyman Steps, R. 1923 (Die Laster der kleinen Leute, d. 1927); How to Make the Best of Life, Ess. 1923 (d. 1926); The Bright Island, Dr. 1924; Lord Raingo, R. 1926 (d. 1928); The Strange Vanguard, R. 1928; Accident, R. 1929; Imperial Palace, R. 1930; The Night Visitor, R. 1931. – A. B. and H. G. Wells, Br. 1960; Letters, IV 1966–86; Letters to his Nephew, 1936; Journals 1896–1928, hg. Newman Flower III 1932f.

L: F. J. Harvey-Darton, 1915; M. Bennett, 1931; G. West, 1932; D. C. Bennett, 1935; J. B. Simons, 1936; M. Locherbie-Goff, 1939; G. Lafourcade, 1939; W. Allen, 1948; F. Swinnerton, 1950; ders., 1978; R. Pound, 1952; V. Sanna, Florenz 1953; J. Hall, 1959 (m. Bibl.); J. G. Hepburn, 1963 (m. Bibl.); D. Barker, Writer by Trade, 1966; J. Wain, 1967; M. Drabble, 1974; J. Lucas, 1975; O. Broomfield 1984.

Benni, Stefano, ital. Autor, * 12. 8. 1947 Bologna. Zunächst Journalist, dann Romanautor und Dichter. Auch als Regisseur, Drehbuchautor u. Dramatiker tätig. – Mit unwiderstehl. Komik u. reicher Phantasie karikiert er gesellschaftl. Mißstände.

W: Prima o poi l'amore arriva, G. 1981; Terra!, R. 1983 (d. 1990); I meravigliosi animali di Stranalandia, 1984 (d. 1999); Comici spaventati guerrieri, R. 1986 (d. 1991); Il bar sotto il mare, En. 1987 (d. 1994); Baol, R. 1990 (d. 1992); L'ultima lacrima, En. 1994 (d. 1996); Elianto, R. 1996; Bar Sport, En. 1997; Spiriti, R. 2000 (d. 2001); Saltatempo, R. 2001.

Benoit, Pierre (eig. Ferdinand Marie P.), franz. Romancier, 16. 7. 1886 Albi/Landes – 3. 3. 1962 Saint-Jean-de-Luz. Offizierssohn; Stud. Jura Algier, Lit. und Geschichte Montpellier und Paris, befreundet mit F. Carco, P. Mac Orlan, R. Dorgelès. Bibliothekar, nach dem 1. Weltkrieg freier Schriftsteller. Seit 1923 große Auslandsreisen. 1928/29 Weltreise. Erster großer Erfolg 1918, 1919 Weltruf und großer Romanpreis der Académie Française, deren Mitgl. er 1931 wird. – Vf. spannender Abenteuer- und Unterhaltungsromane, oft mit kriminalist. Elementen, deren Stil Klarheit und deren Charakterzeichnung psycholog. Feinheit besitzt.

W: Diadumène, G. 1914; Koenigsmarck, R. 1918 (d. 1924); L'Atlantide, R. 1919 (d. 1929); Pour Don Carlos, R. 1920; Le lac salé, R. 1921 (d. 1925); La chaussée des géants, R. 1922 (d. 1929); L'Oublié, R. 1922 (d. 1924); Mlle de la Ferté, R. 1923 (d. 1927); Le roman des quartre, 1923 (m. P. Bourget, G. d'Houville, H. Duvernois); La châtelaine du Liban, R. 1924 (d. 1928); Le puits de Jacob, R. 1925 (d. 1929); Alberte, R. 1926 (d. 1926); Le roi lépreux, R. 1927 (d. 1929); Axelle, R. 1929; Erromango, R. 1930 (d. 1930); Le soleil de minuit, R. 1930; Le déjeuner de Sousceyrac, R. 1930; L'île verte, R. 1932; Fort-de-France, R. 1933; M. de la Ferté, R. 1934; Boissière, R. 1935; L'homme qui était trop grand, R. 1936; La dame de l'Ouest, R. 1936 (d. 1937); Les environs d'Aden, R. 1940; Le désert de Gobi, R. 1941 (Alzira und der Tiger, d. 1948); Lunegarde, R. 1942; Aino, R. 1948; Montsalvat, R. 1957; Flamarens, R. 1959; Les amours mortes, R. 1962 (Allegria, d. 1963). – Œuvres romanesques, VII 1967ff.; Journal (Ausw.), 1965.

L: H. Martineau, 1922; L. Chaigne, ²1940; Ch. v. d. Borren, 1943; P. Douliez, 1954; P. B. u. P. Guimard, De Koenigsmarck à Montsalvat, 1958; R. Nicolle, 1963; J. Daisne, 1964; M. Austermann, 1968; J.-H. Bornecque, 1986; Actes du Colloque, 1992.

Benoît (Beneeit) de Sainte-More, altfranz. Dichter des 12. Jh. Sainte-Maure/Touraine (?). Schrieb für Heinrich II. von England im Anschluß an Wace die ›Chronique des Ducs de Normandie‹. Mit s. ›Roman de Troie‹ (um 1165; 30 000 Verse) beliebtester Bearbeiter antiker Epenstoffe im Mittelalter, getragen vom nationalen Interesse der Franzosen am Troervolk als angebl. Vorfahren. B. bevorzugt auch als Quelle die ›historia de excidio Troiae‹ des für die Troer Partei nehmenden Phrygiers Dares (Mitte 5. Jh. n. Chr.) gegenüber den ›Ephemeris belli Troiani‹ des Griechen Dictys (4. Jh.). B. kannte Homer nicht; er schließt sich im Großen und Ganzen der Überlieferung an, ist aber ausführlicher und ändert im einzelnen ab. Seine zahlr. und umfangreichen Beschreibungen von Schlachten wie die dargestellten Sitten entsprechen der ritterl.-höf. Gesellschaftsordnung des 12. Jh. Liebesepisoden spinnt er aus und schildert sie psycholog., bes. die wahrscheinl. von ihm erfundene Liebesgeschichte zwischen Troilus und Briséide. B.s Roman wurde durch Herbort von Fritzlar ins Mittelhochdt. übertragen, im 13. Jh. Quelle für s. niederländ. Bearbeitung und eine der Vorlagen für altnord. und span. Romane. Darüber hinaus war e. Bearbeitung des Sizilianers Guido de Columna in lat. Sprache weit verbreitet. Der Stoff der Troilusepisode wurde von Boccaccio und Shakespeare benutzt.

A: Chronique, hg. C. Fahlin ²1954; Roman de Troie (hg. A. Joly II 1870f.; L. Constans VI 1904–12; Ausw. hg. K. Reichenberger 1963).

Benserade

L: W. Greif, D. ma. Bearbeitungen d. Troianersage, I. B. d. S.-M., 1885; G. A. Beckmann, Trojaroman u. Normannenchronik, 1965; J. Hansen, Zw. Epos u. höf. Roman, 1971.

Benserade, Isaac de, franz. Dichter, 5. 11. 1613 Lyons-la-Forêt – 19. 10. 1691 Paris. Günstling Richelieus, danach Mazarins und Ludwigs XIV. Lieblingsdichter bei Hof. – Schrieb Gedichte für Hofballette, die zum großen Teil von Lully vertont wurden. Berühmt durch Diskussionen und Federkrieg um s. Sonett ›Job‹, das mit Voitures Sonett ›Uranie‹ verglichen wurde (1649/50). Sekretär der Korrespondenz von Mlle de la Vallière mit Ludwig XIV., 1674 Mitglied der Académie Française.

W: Cléopâtre, 1637; Iphis et Ianthe, 1936; La mort d'Achille et la dispute de ses armes, 1637; Gustaphe ou l'heureuse ambition, 1637; Meléagre, 1640. – Œuvres, II 1697; Poésies, hg. O. Uzanne ²1967.

L: O. Silin, B. and his ballets de cour, 1940.

Bentley, Edmund Clerihew, engl. Schriftsteller, 10. 7. 1875 Shepherd's Bush b. London – 30. 3. 1956 London. Stud. Jura Oxford u. London; Journalist, Redakteur des ›Daily Telegraph‹; Beiträge für die humorist. Zs. ›Punch‹. Freund von G. K. Chesterton. – 1913 großer Erfolg mit dem gattungsprägenden Detektivroman ›Trent's Last Case‹; Vf. weiterer, schwächerer Detektivromane. B. ist v. a. bekannt als Erfinder des nach s. 2. Vornamen benannten ›Clerihew‹, e. lapidaren und humorist., pseudo-biograph. Nonsens-Vierzeilers mit freirhythm. Gliederung.

W: Biography for Beginners, G. 1905; Trent's Last Case, R. 1913 (d. 1970); More Biography, G. 1929; Trent's Own Case, R. 1936 (m. H. Warner Allen); Trent Intervenes, R. 1938; Baseless Biography, G. 1939; Those Days, Aut. 1940; Elephant's Work, R. 1950; Clerihews Complete, G. 1951.

Beolco, Angelo → Ruzzante

Beowulf, größte erhalten gebliebene altengl. Dichtung, gleichzeitig erstes german. Versepos. Weltl. heroische Dichtung mit christl. Elementen in 3183 alliterierenden Langzeilen. Der anonyme christl. Dichter blickt auf die heidn.-german. Vergangenheit zurück. Die Handlung spielt nicht in England, sondern in Dänemark und Südschweden (Götland). Entstehungszeit sehr umstritten (möglicherweise 8. Jh.); erhaltene Handschrift um 1000 entstanden (Cotton Vitellius A. XV); wohl die westsächs. Abschrift e. angl. Originals. Die Daten der hist. Ereignisse der Handlung reichen in die 1. Hälfte des 6. Jh. zurück. Die sehr eindrucksvolle Dichtung gibt e. Bild held. Lebens, sie schildert 2 Episoden im Leben des starken jungen Gautenfürsten B.: in s. Jugend Fahrt nach Dänemark; dort Kampf gegen Grendel, e. Troll, und gegen dessen Mutter, Befreiung des Landes von den zwei Unholden. Danach lebt B. hochgeehrt, unternimmt dann im Alter in s. Heimat e. heldenhaften Befreiungskampf gegen e. Drachen, den er besiegt, der ihn aber zugleich tödl. verwundet. Das Epos klingt in ergreifender Totenklage aus. B. ist die Idealgestalt e. Herrschers jener Zeit, er kämpft nie aus krieger. Lust allein, vielmehr stets als Beschützer des Volkes. Eingehende Charakterisierung aller Hauptgestalten, anschaul. Schilderung des Lebens an Königshöfen. Zahlr. Episoden, Reden und Erzähllieder der Skops (u. a. das ›Finnsburg-Fragment‹) sind eingestreut.

A: B. hg. A. J. Wyatt, R. W. Chambers ²1920, hg. F. Holthausen II ⁸1948, hg. F. Klaeber ³1950, hg. E. v. Dobbie 1953, hg. Heyne-Schücking-Schaubert III ¹⁷1961 (m. Komm.), hg. G. Jack 1994; Faks. hg. J. Zupitza, N. Davis ²1959; The Electronic B., hg. K. Kiernan 1999. – Zahlr. engl. Übsn.; jetzt z. B. S. → Heaney 1999. – Dt. Übs. K. Simrock, 1859, M. Heyne, 1915, W. Gering, ³1929, F. Genzmer, ²1958, G. Nickel, 1976, M. Lehnert 1986.

L: J. Hoops, Kommentar zum B., 1932, ²1965; ders., B.-Stud., ²1968; R. Girvan, ²1940; R. W. Chambers, ³1959; A. G. Brodeur, The Art of B., ²1960; W. F. Lawrence, ²1961; Anthol. of B. Criticism, hg. L. E. Nicholson 1963; K. Sisam, The Structure of B., 1965; E. B. Irving, 1968; M. E. Goldsmith, 1970; R. Girvan, 1971; A B. Handbook, hg. R. E. Bjork, J. D. Niles 1996. – Bibl.: The Critical Heritage, hg. T. A. Shippey, A. Haarder 1998; A. Orchard, A Critical Companion to B., 2003.

Béranger, Pierre-Jean de, franz. Lyriker, 19. 8. 1780 Paris – 16. 7. 1857 ebda. Sohn e. armen Handwerkers; Kellner, Schriftsetzer, 1800–21 Sekretär an der Sorbonne. Protegiert von Lucien Bonaparte. Veröffentlichte nach unpolit. Liedern des Anfangs mit großem Erfolg polit. Chansons, deren Beliebtheit dadurch wuchs, daß B. 1821 und 1828 deswegen zu Gefängnisstrafen verurteilt wurde. 1848 Abgeordneter. Lehnte unter Louis Philippe öffentl. Ämter ab. Erhielt von Napoleon III. e. Staatsbegräbnis. – Populärster franz. Liederdichter des 19. Jh. Verstand es, mit sentimentalen, reimgewandten, bisweilen rührenden, manchmal auch ausschweifenden Liedern die Pariser Bourgeoisie unmittelbar anzusprechen. In Opposition gegen die Restauration hielt er die Erinnerung an Napoleon I. als Volkshelden wach. B. ist maßgebl. beteiligt an der Schaffung der Napoleonlegende. Ein Teil s. Werks ging verloren.

W: Chansons morales et autres, 1816 u. 1821; Chansons nouvelles, 1825; Chansons inédites suivies de procès, 1828; Chansons nouvelles et dernières, 1833; Ma biographie, 1857; Dernières chansons de 1834–51, 1858. – Œuvres complètes, hg. Garnier IV 1868–75; Œuvres inédites, hg. H. Lecomte 1909; Correspondance, IV 1859f. – Übs.: SW, L. Seeger ²1859; M. Remané 1959.

L: J. Janin, II 1866; A. Boule, 1908; S. Stowsky, 1913; J. Lucas-Dubreton, 1934; F. Brochon, 1956; J. O. Fischer, 1960; J. Touchard, 1968; S. Dillaz, 1971; V. Quintus, 1983. – *Bibl.:* J. Brivois, 1876.

Berberova, Nina Nikolaevna, russ. Schriftstellerin, 8. 8. 1901 Petersburg – 26. 9. 1993 Philadelphia. Stud. Archäolog. Rostov am Don, erste Gedichte 1921, 1922 ∞ V. Chodasevič u. Emigration (Bln. u. Italien bei M. Gor'kij, seit 1925 Paris), Mitarb. d. ›Poslednie novosti‹, dort erste Prosaveröfftl., olo 1932 u. zweite Ehe mit N. Makeev (olo 1947), 1950 Emigr. in die USA, arbeitete an versch. Univ. als Lektorin. – B.s Hauptwerk ist die Autobiographie ›Kursiv moj‹ mit zahlr., heftig diskutierten Urteilen über russ. Emigranten. B.s Themen sind von Anfang an das Leben in der Emigration, die weibl. Psyche sowie Zivilisationsprobleme; bes. Erfolg hatte sie mit der Biographie ›Čajkovskij‹, vorherrschend ist die negative, antitranszendente Darstellung; genaue Milieustudien, anspruchsvolle Handlungsführung, im Frühwerk Einfluß Dostoevskijs.

W: Poslednie i pervye, R. Paris 1930; Povelitel'nica, R. Bln. 1932; Čajkovskij, B. 1936; Bez zakata, R. Paris 1938; Obleg̃enie učasti, Nn. Paris 1949; Kursiv moj, Mem. 1972 (Ich komme aus St. Petersburg, d. 1990); Železnaja ženščina, B. N.Y. 1981; Stichi 1921–83, G. N.Y. 1984; Ljudi i loži, Abh. N.Y. 1986; Bijankurskie prazdniki, En. 1997; Blok i ego vremja, B. 1999. – Izbrannye sočinenija (Ausw.), III 1998.

Berceo, Gonzalo de, span. Dichter, um 1196 Berceo/La Rioja – nach 1252 ebda. Erziehung im Kloster San Millán de la Cogolla, e. damals sehr bedeutenden Kulturzentrum; Weltgeistlicher, erreichte anscheinend hohes Alter. – Ältester dem Namen nach bekannter span. Dichter, Vertreter des Mester de Clerecía; verfaßte s. Dichtungen in der typ. Strophenform dieser Schule, des ›cuaderna vía‹, e. 14silbigen Alexandriner in vierzeiligen, einreimigen Strophen; schrieb 3 Heiligenleben, 3 Mariendichtungen, 3 relig. Gedichte versch. Inhalts und übersetzte 3 liturg. Hymnen; griff fast immer auf lat. Quellen zurück, stimmte aber den gelehrten Urtext auf die Menschen u. Sitten s. Heimat ab u. bediente sich e. schlichten, volkstüml. Sprache, um dem einfachen Volk die alten Legenden nahezubringen. Hauptwerk ›Milagros de Nuestra Señora‹, 25 Marienwunder, in denen er die Hl. Jungfrau nach Art e. Gauklers/Spielmanns besingt u. sie als Mittlerin zum ewigen Heil darstellt; der allegor. Einleitung gehört zu s. schönsten Dichtungen.

W: La Vida de Santo Domingo de Silos (hg. J. D. Fitz-Gerald 1904, A. Andrés 1958); El Sacrificio de la Misa (hg. A. G. Solalinde 1913); La Vida de San Millán de la Cogolla; El martirio de San Lorenzo; Los loores de Nuestra Señora; Milagros de Nuestra Señora, G. (hg. A. G. Solalinde 1922, C. C. Marden 1929, D. Devoto 1957, C. Vian 1965; n. A. M. Ramoneda 1980, C. García Turza 1984, F. Baños 1997); La Vida de Santa Oria (hg. L. Uría Maqua 1981). – Obras (hg. F. Janer, in: ›Biblioteca de Autores Españoles‹, 1869); Obras completas V (hg. B. Dutton, Lond. 1967–81).

L: P. Corro del Rosario, o. J.; J. D. Fitz-Gerald, 1905; C. Guerrieri Crocetti, 1942; ders., 1947; J. B. Trend, 1952; D. Devoto, 1955; J. Artiles, 1964; C. Gariano, 1965; B. Dutton, 1967; T. A. Perry, 1968; A. Ruffinatto, La lingua di B., Pisa 1974; G. Giménez Resano, 1976; J. Sanguieux, 1982; J. A. Ruiz Dominguez, 1999; F. J. Grande Quejigo, 2001.

Berchet, Giovanni (Ps. Crisostomo), ital. Dichter, 23. 12. 1783 Mailand – 23. 12. 1851 Turin. Aus franz. Familie, Stud. Sprachen, 1810–21 österr. Verwaltungsbeamter in Mailand, 1818/19 Mitarbeiter der verbotenen ital.-patriot. Zs. ›Il conciliatore‹. 1821 Flucht nach London, dort Buchhalter. 1829 zusammen mit dem gleichfalls verbannten Mailänder Marchese G. Arconati Reisen durch Frankreich, Belgien u. Dtl. Liebe zur Marchesa Constanza Arconati. 1847 Rückkehr nach Mailand. Teilnahme an der Revolution von 1848, nach deren Scheitern in Turin Freundschaft mit Manzoni. – Patriot. Lyriker u. Romantiker. Durch Übs. von Fénelon, Schiller u. Goldsmith (1809/10) angeregt, schrieb er mit s. ›Lettera semiseria‹ in Anlehnung an G. A. Bürgers Balladen das Programm der ital. Romantik: Der Dichter soll volksbildend im nationalen Sinn wirken. Neben romant. Novellen haßerfüllte polit.-patriot. Lyrik gegen Österreich. Vorbild U. Foscolo. Tritt bes. in ›Romanze‹ für e. freies, geeintes Italien ein.

W: Lettera semiseria di Crisostomo sull ›Cacciatore feroce‹ e sulla ›Eleonora‹ di G. A. Bürger, Es. 1816 (n. hg. A. Galletti 1934); Romanze, 1822–24; I profughi di Parga, Dicht. 1824; Fantasie, G. 1829; All' armi, all' armi!, G. 1830. – Opere, hg. E. Bellorini III 1911f.; Liriche scelte, hg. u. komm. A. Momigliano 1926; Il conciliatore, hg. V. Branca III 1948–54.

L: G. Mazzoni, La poesia patriottica di G. B., 1898; F. Santono, 1915; E. Di Gotti, 1933; A. Gustarelli, 1934; E. Bellorini, ³1941; E. Petrini, 1951.

Berdyczewski, Micha Josef (Ps., späterer bürgerl. Name: Micha Josef bin Gorion), hebr. Schriftsteller, 7. 8. 1865 Międzyborz/Ukraine – 18. 11. 1921 Berlin. Vater orthodoxer chassid. Rabbiner, Stud. zuerst Talmudhochschule Woloszyn, dann Univ. Berlin, Breslau und Bern, wo er 1895 promovierte. – Erforscher der jüd. Sagenwelt, Folklorist und Kritiker, vertrat in der neuhebr. Lit. unter Einfluß Nietzsches e. Umwertung aller bisherigen jüd. Werte, wonach der lebenden Judenheit der Primat über das Judentum gebührt. Vf. realist. Novellen aus dem Alltag ostjüd. Kleinstädte und lit. Essays.

W: Me-haavar ha-karov, En. 1909; Baerev, Ess. 1910; Die Sagen der Juden, V 1913–27 (n. 1962); Der Born Judas, VI 1916–23 (Ausw. 1961, 1973); Batim, E. 1920; Garei Rehov, E. 1921; Sinai und Gerizim, 1926. – Kitve (GW), XX 1921–25.

L: Gedächtnisschrift, 1931; Y. Keshet, 1958; D. Almagor, Aspects of the Narratives of M. B., 1968; ders., S. Fishman, Nachalat, M. J. B., 1982; I. Bin-Gorion, Ginze M. J., 1980; ders., Reshut ha-jachid, 1980; ders., Qore ha-dorot, 1981; Z. Kagan, Hagut, 1981.

Berent, Wacław (Ps. Wacław Rawicz), poln. Romancier, 28. 9. 1873 Warschau – 20. 11. 1940 ebda. Sohn e. Optikers. Stud. Biologie Zürich u. München. Teilnahme an der poln. revolut. Bewegung 1905. Mitbegründer der Zs. ›Pamiętnik Warszawski‹ 1930. – Stark von Nietzsche u. Flaubert beeinflußt. Liebt die Darstellung des Brutalen u. Gesunden. Setzt sich mit feiner psycholog. Gestaltungskunst bereits in s. ersten Werken krit. mit den poln. Zuständen vor 1914 auseinander. Nach dem 1. Weltkrieg Wendung zur Historie. ›Żywe kamienie‹ ist e. Vagantenroman vor dem farbigen, lebensvollen Bild e. mittelalterl. Stadt an der Grenze zwischen sterbendem MA u. Renaissance. In ›Nurt‹ beschreibt er das Leben des progressiven Publizisten F. S. Jezierski u. des berühmten Generals der poln.-napoleon. Legionen J. Dąbrowski. S. Werke zeigen ihn als e. Vertreter der intellektuellen u. ästhet. Kultur, als e. der größten ›Meister e. zweckbewußten, stilisierten Kunstprosa‹.

W: Nauczyciel, E. 1894; Fachowiec, R. 1895; Próchno, R. 1903 (Edelfäule, d. 1908); Źródła i ujścia nietzscheanizmu, Aufs. 1906; Idea w ruchu rewolucyjnym, Aufs. 1906; Ozimina, R. 1911 (Wintersaat, d. 1985); Żywe kamienie, R. 1918 (Les pierres vivantes, franz. 1932); Nurt, R. III 1934–39, I: Pogrobowcy, 1934; II: Diogenes w kontuszu, 1937; III: Zmierzch wodzów, 1939. – Pisma, IX 1933–39; Dzieła wybrane (Ausw.), VI 1956–58.

L: W. Studencki, II 1968f.; P. Hultberg, 1969; J. T. Baer, 1974; J. Paszek, W. B. – pisarz elitarny, 1990.

Berg, Bengt (Magnus Kristoffer), schwed. Schriftsteller, 9. 1. 1885 Kalmar – 31. 7. 1967 Bokenäs b. Halltorp. Lehrersohn. 1903 Stud. Bonn, 1909–13 Assistent am Zoolog. Museum Bonn; Ornithologe; unternahm mehrere Expeditionen nach Afrika u. Indien. 1924 ∞ Carmen Louisa Nothman, 1929 Inger Illum. 1935 Dr. h. c. Bonn. Machte s. Landsitz zu e. Vogelparadies. – Nach ersten belletrist. Versuchen wandte er sich s. Fachgebiet auch schriftsteller. zu u. schrieb Bücher über das Leben der Vögel, die er mit eigenen Fotos illustrierte (bahnbrechend in der Tierfotografie). Mit s. ruhigen, klaren Stil, der anschaul. Schilderung auch der Landschaften u. der verständnisvoll einfühlenden, aber nicht übertreibenden Darstellung hat er weitgehend das Interesse der Allgemeinheit für Natur u. Tierleben geweckt.

W: Sjöfallsboken, R. 1910 (Der Seefall, d. 1911); Genezareth, R. 1912 (d. 1912); Måsekär, 1912; Tåkern, 1913 (Tookern, d. 1928); Stora Karlsö, 1915; Där kriget resar, Rep. 1915; En German, R. 1916 (Ein Germane, d. 1918); Min vän fjällpiparen, 1917 (Mein Freund der Regenpfeifer, d. 1925); Sällsynta fåglar, 1916–19; De rikas hunger, R. 1918; Hägrar och storkar, 1920; Med tranorna till Afrika, 1922 (Mit den Zugvögeln nach Afrika, d. 1924, 1941 u. ö.); De sista örnarna, 1923 (Die letzten Adler, d. 1927); Abu Markúb, 1924 (d. 1926); Tavlor av svenska fåglar, 1925; Arizona Charleys pojke, 1927 (d. 1928); Gypaëtus, den flygande draken i Himalaya, 1931 (Der Lämmergeier im Himalaya, d. 1936); Die Liebesgeschichte einer Wildgans, 1930; På jakt efter enhörningen, 1932 (Meine Jagd nach dem Einhorn, d. 1933); Tigrar, 1934 (Tiger und Mensch, d. 1934); Mina försök med vildgäss, 1937; Eyes in the Night, 1952 (d. 1952); Försök med hjortar, 1953; Meine Abenteuer bei Tieren, 1955; Äventyr med vildgäss, 1957; Farligt storvilt, 1959; Nio röda rosor i Reykjavik, G. 2003. – *Übs.*: Die seltsame Insel, 1929; Ivar Halling, 1935; Verlorenes Paradies, 1937.

Berg, Maimu, estn. Erzählerin, * 27. 8. 1945 Tallinn. 1963–68 Stud. estn. Philol. Tartu, 1982–86 Stud. Journalistik ebda. Kritikerin, Journalistin, Redakteurin. – B. behandelt das estn. Alltagsleben und Tabuthemen wie das Verhältnis der Nationalitäten, unkonventionelle Liebe, Aufarbeitung der sowjet. Vergangenheit.

W: Kirjutajad – Seisab üksi mäe peal, R. 1987 (Barbara von Tisenhusen, d. 1993); On läinud, En. 1991; Ma armastasin venelast – Nemad, R. 1994 (Ich liebte einen Russen, d. 1998); Ära, R. 1999.

Bergamín, José, span. Schriftsteller, 31. 12. 1895 Madrid – 28. 8. 1983 San Sebastián. Stud. Rechte, Gründer u. 1933–36 Leiter der Madrider Zs. ›Cruz y Raya‹; inspiriert vom Neukatholizismus Maritains, hochgeistige Persönlichkeit von umfassender Bildung und hoher Kultur; aufgeschlossen für alle neuen Geistesströmungen u. Kunstformen, ab 1939 im Ausland. Gründer der Zs. ›España peregrina‹ u. Prof. an versch. südamerik. Univ. Kehrte zeitweilig nach Spanien zurück (1956–64); lebte in Paris. – Bedeutend insbes. als Essayist; Kritiker von sicherem Urteil; brillante Prosa von fast barocker Struktur u. mit konzeptist. Wortspielen, kühner Ausdruck; scharfsinnige Ironie, Vorliebe für Paradoxa; bevorzugt aphorist. Form; gründl. Kenntnis der klass. span. Autoren. Vorbild Unamuno.

W: El cohete y la estrella, Aphor. 1923; Tres escenas en ángulo recto, Dr. 1924; Caracteres, Ess. 1926; Enemigo que huye, Dr. 1927; El pensamiento hermético de las artes. 1928; El arte de birlibirloque, Ess. 1930; La importancia del demonio, Ess. 1933; Mangas y capirotes, Ess. 1933; La cabeza a pájaros, Aphor. 1934; Disparadero español, Ess. III 1936–40; Melusina o el espejo, Dr. 1952; Medea la encantadora, Dr. 1954; Lázaro, Don Juan y Segismundo, Ess. 1959; Fronteras infernales de la poesía,

Ess. 1959; Al volver, Es. 1962; Rimas y sonetos rezagados, G. 1962; Duendecitos y coplas, G. 1963; Beltenebros, Es. 1969; La claridad desierta, G. 1973; Esperando la mano de nieve, G. 1982; Prólogos epilogales, Ess. 1985.
L: N. Dennis, 1983; ders., 1986; G. Peiralva, 1985; J. Sanz Barajas, 1998; J.-M. Mendiboure, 2001.

Bergelson, David, jidd. Schriftsteller, 24. 7. 1884 Sarne b. Kiev – 12. 8. 1952 Moskau. 1922–31 lebte er mit Unterbrechungen als Emigrant in Berlin, kehrte 1934 endgültig nach Rußland zurück, wo er führend am Aufbau e. ›sowjet-jiddischen‹ Kultur und Lit. beteiligt war und vor seiner Hinrichtung zu den meistgelesenen jidd. Autoren gehörte. – Schrieb urspr. russ., dann hebr. und schließl. jidd. Romane, Erzählungen und Theaterstücke. Die meisten s. Werke haben das Leben u. geistige Streben der jungen jüd. Intelligenz zum Thema u. das Bemühen um e. Verschmelzung vom jüd. u. marxist. Messianismus. B. galt als Schöpfer des psycholog. Romans in der jidd. Lit.
W: Arum woksal, R. 1909 (Rings um den Bahnhof, d. 1922); Mayse-Bichel, 1916; Eigens, 1918; Noch Alemen, R. 1919 (Das Ende vom Lied, d. 1923); Droib 1922; Opgang (Abgang), R. 1923; Sturmteg, 1927; Midas hadin, 1928; Bam Dniepr, 1932; Penek, 1933; Birobidschaner, 1934, Derzeilungen, En. 1941; Ch'wel lebn, 1942; Gewen is nacht un geworn is tog, E. 1943; Noveln, 1959. – Ale lider (SW), VI 1922; AW, 1961. – *Übs.:* Leben ohne Frühling, 2000.
L: S. Brianski, 1934; N. Maisel, 1940; E. Dobrushin, 1947; O. F. Best, 1973.

Berger, Johan Henning, schwed. Erzähler, 22. 4. 1872 Stockholm – 30. 3. 1924 Kopenhagen. Stud. an Techn. Hochschule (Zeichnen); 1890 Reise nach USA, 1892–99 Kontorist in Chicago. Nach Rückkehr Redaktionssekretär und Theaterkritiker an ›Dagens Nyheter‹. Seit 1909 in Kopenhagen. 1895 ⚭ Anna Elisabet Lindquist, 1909 Karen Vedel, 1918 Vibeke Elsass. – Vf. zahlr. Novellen u. Romane mit Stockholmer oder amerik. Motiven und impressionist., anschaul. u. naiver Schilderung der in Schweden noch unbekannten Wunderlichkeiten mod. Großstadtzivilisation, gut beobachtet u. mit charakterist. Details, aber meist bei Äußerlichkeiten bleibend. Der Inhalt ist recht seelenlos, mit Ausnahme von ›Drömlandet‹, wo B. Erinnerungen an die eigene Jugend verarbeitet u. das Kleinbürgerleben im Stockholm der 80er Jahre mit bissigem Humor wiedergibt. Hinter gehetzter Unruhe schimmert oft e. resignierende Wehmut durch, die später in Sehnsucht nach Frömmigkeit übergeht.
W: Nocturne, N. 1901 (Drüben, d. 1904); Ridå, N. 1903; Ysaïl, R. 1905 (d. 1908); Syndafloden, Sch. 1908; Aska, N. 1909; Drömlandet, R. 1909; Bendel & Co., R. 1910 (d. 1914); Fata morgana, R. 1911; Paus, N. 1911; Livets blommor, N. 1912; John Claudius' äventyr, N. 1912; Den andra sidan, R. 1915 (Die andere Seite, d.

1919); Gulaschbaronerna, R. 1916; Järntrappan, R. II 1918; Spöksekretären, N. 1919; Hjärtat på väggen, R. 1921. – Skrifter i urval, X 1922–24.
L: A. Möller, Boken om H. B., 1924; S. Lagerstedt, 1963.

Berger, John, engl. Schriftsteller, * 5. 11. 1926 London. Kunststud. ebda., Maler, Zeichenlehrer, engagierter Kunstkritiker der Wochenschrift ›New Statesman‹, Auslandsaufenthalte, vielfacher Lit.preisträger. – Vf. erfolgr. Filmdrehbücher (›Der Salamander‹; ›Jonah‹), Romane u. kunsthist. Essays.
W: A Painter of Our Time, R. 1959; The Foot of Clive, R. 1962; The Success and Failure of Picasso, Es. 1965 (d. 1975); A Fortunate Man (m. J. Mohr), R. 1967; The Moment of Cubism, Ess. 1969; Ways of Seeing, Es. 1972 (d. 1974); G., R. 1972 (d. 1990); A Seventh Man, Rep. 1975 (Arbeitsemigranten, d. 1976); Pig Earth, R. 1979 (d. 1982); And Our Faces, My Heart, Brief as Photos, R. 1984 (d. 1986); Lilac and Flag, R. 1990 (d. 1995); Into Their Labours, Tril. 1991 (d. 1995); Keeping a Rendezvous, R. 1992; To the Wedding, R. 1995 (d. 1996); King, R. 1999 (d. 1999). – The Selected Essays, 2001.

Berger, Thomas (eig. Thomas Louis), amerik. Schriftsteller, * 20. 7. 1924 Cincinnati/OH. 1943–46 Soldat in Europa; Stud. Univ. Cincinnati (B. A. 1948) und Columbia; Bibliothekar, Reporter, Redakteur, seit 1974 ›writer in residence‹ an versch. Univ. – Vf. pikaresker Romane mit ep. Figuren- u. Handlungsfülle, deren Welt aus der Perspektive e. menschenfreundl. Anti-Helden dargestellt wird. Vermittlungsmodus und Umkehrung lit. Klischees (›tall tale‹ in ›Little Big Man‹, Schlemihl-Gestalt in der Reinhart-Trilogie) führen zu e. sarkast.-desillusionierenden Grundhaltung.
W: Crazy in Berlin, R. 1958; Reinhart in Love, R. 1962; Little Big Man, R. 1964 (Der letzte Held, d. 1970); Killing Time, R. 1967 (d. 1970); Vital Parts, R. 1970; Other People, Dr. 1970; Regiment of Women, R. 1973; Sneaky People, R. 1975; Who Is Teddy Villanova?, R. 1977; Arthur Rex, R. 1978 (Die Geheimnisse von Camelot, d. 1986); Neighbors, R. 1980; Reinhart's Women, R. 1981; The Feud, R. 1983; Nowhere, R. 1984; Granted Whishes, En. 1984; Being Invisible, R. 1987; The Houseguest, R. 1988; Changing the Past, R. 1989; Orrie's Story, R. 1990; Meeting Evil, R. 1992 (Montag 9. 10., d. 1994); Robert Crews, R. 1994; Suspects, R. 1996; The Return of Little Big Man, R. 1999; Best Friends, R. 2003.
L: B. Landon, 1989; D. W. Madden, hg. 1995.

Berger, Yves (eig. Y. Autonin), franz. Schriftsteller, * 14. 1. 1931 Avignon. Arbeitersohn, Lehrer, Verlagsdirektor in Paris. – Schildert in s. poet. Roman ›Le sud‹ in an Proust erinnernder Rückblendungstechnik Kindheit und Katharsis e. Mädchens inmitten e. geheimnisvollen Natur.

W: Le sud, R. 1962 (d. 1964); Le fou d'Amérique, R. 1976 (d. 1978); Le Labéron Raconte aux enfants, 1980; Les matins du nouveau monde, R. 1987; L'attrapeur d'ombres, R. 1992; Immobile dans le courant du fleuve, R. 1994; Le monde après la pluie, R. 1998; Santa Fé, R. 2000.

Bergerac, Savinien Cyrano de → Cyrano de Bergerac, Savinien

Berggol'c (Bergholz), Ol'ga Fëdorovna, russ. Dichterin, 16. 5. 1910 Petersburg – 13. 11. 1975 Leningrad. Arzttochter; 1926–30 Stud. Philol. Leningrad; ∞ Boris Kornilov, war trotz Inhaftierung 1937–39 parteifreie Journalistin u. Lyrikerin, erlangte im Zweiten Weltkrieg während der Blokkade vom Leningrader Rundfunk aus große Beliebtheit. – Ihre halb erzählenden, halb reflektierenden Gedichte über das Kriegsleid zeugen von dichter. Kraft.

W: Dnevnye zvëzdy, lyr. Prosa 1959 (Tagessterne, d. 1963); Izbrannye proizvedenija, Ausw. II 1967, I 1983; Sobranie sočinenij (GW), III 1972/73, III 1988/89.

L: E.-M. Fiedler-Stolz, 1977; C. Tschöpl, 1988.

Bergh, Herman van den, niederländ. Lyriker, 30. 1. 1897 Amsterdam – 1. 8. 1967 Rom. Stud. Jura u. Musik (Geiger im Concertgebouw-Orchester). Journalist in Rom u. Paris. 1951 Dr. phil., ab 1952 Dozent für ital. Lit. Univ. Amsterdam. – Hat in den Niederlanden den lit. Expressionismus eingeführt (Zs. ›Het getij‹); großer Einfluß auf die jungen Dichter nach 1945. S. Wiederentdeckung durch die ›Vijftigers‹ folgte ab 1956 e. neue Schaffensperiode mit Werken von noch größerer Suggestivkraft.

W: De boog, 1917; De spiegel, 1925; Verzamelde gedichten, 1954; Het litteken van Odysseus, 1956; Kansen op een wrak, 1957; Verstandhouting met de vijand, 1958; Stenen tijdperk, 1960; Niet hier, niet heden, 1962.

Bergman, Bo (Hjalmar), schwed. Dichter, 6. 10. 1869 Stockholm – 17. 11. 1967 ebda. Sohn e. Postinspektors, Abitur 1888, Stud. Jura, seit 1892 im Postministerium tätig. Reisen 1900 nach Paris, 1913 Italien. Seit 1900 Lit.- u. Theaterkritiker, 1917–32 lit. Berater an ›Dramatiska teatern‹, 1925 Mitgl. der Schwed. Akad. 1935 pensioniert, 1945 Dr. h. c. 1905 ∞ Hildegard Hedén. – Erwies sich in Novellen als ausgezeichneter Schilderer der Natur und der Stadt Stockholm, in knapper Form u. einfacher, natürl. Sprache. Bedeutende melod. Lyrik voll innerl. Gefühls, v. a. Liebeslyrik in e. Mischung aus Melancholie, Resignation, Zartheit und Leidenschaft, ferner Kindergedichte. Persönl. enttäuscht, war er zunächst wie s. ganze Generation sozial u. relig. wurzellos, fühlte sich ohnmächtig u. fremd im Dasein. voller Mißtrauen gegen das Leben. E. illusionslose wiss. Lebensanschauung gibt s. Dichtung die Grundstimmung von Kälte und Melancholie; die Menschen erscheinen als Marionetten des Schicksals. Das Gegengewicht gegen diesen Pessimismus u. Fatalismus bilden Schönheitssinn, Wahrheitsliebe u. Glaube an die Persönlichkeit. Dies führt allmähl. zu positiverer, aktiver Einstellung u. Befreiung des Lebensgefühls; das Leben wird bejaht in der Schönheit von Natur u. Kunst, in der Persönlichkeit u. ihrer Freiheit, die mit Pathos vertreten wird. Scharfe Zeitkritik an Gewalt u. Lüge, bes. am Faschismus. Mehrere Einakter.

W: Marionetterna, G. 1903; Drömmen, N. 1904; En människa, G. 1908; Skeppet, N. 1915; Elden, G. 1917; Livets ögon, G. 1922; Min vän baronen, N. 1926; Trots allt, G. 1931; Skyar, Mem. 1936; Gamla gudar, G. 1939; Ett bokslut, R. 1942; Riket, G. 1944; Epiloger, N. 1946; Skulden, R. 1948; Stunder, G. 1952; Den förrymda själen, R. 1955; Väntan, G. 1957; Så länge spelet varar, R. 1958; Från den långa resan, Ess. 1959; Blott ett är ditt, G. 1960; Vi vandrare, R. 1961; Makter, G. 1962; Öden, N. 1963; Inför rätta, N. 1965; Kedjan, G. 1966; Predikare, Ess. 1967; Äventyret, G. 1969. – Valda dikter, 1919; Samlade dikter, II 1941; Stockholmsdikter, 1947; Valda noveller, 1950; Dikter 1903–69, G. 1986; Briefw. m. Hj. Söderberg, 1969. – *Übs.*: Gedichte, 1964.

L: S. Linder 1940; S. Arvidson, 1945; B. Liljenberg, 1985.

Bergman, Hjalmar (Fredrik Elgérus), schwed. Dichter, 19. 9. 1883 Örebro – 1. 1. 1931 Berlin. Sohn e. Bankdirektors; Abitur in Västerås 1900, 1 Jahr Stud. Gesch. u. Philos. Uppsala, 1898–1907 ausgedehnte Reisen durch ganz Europa bis in die Türkei und nach Nordafrika. Lebte 1909–11 in Rom, 1923/24 in Kalifornien. 1908 ∞ Kristina Lindberg. – Begann mit lyr. und gesellschaftskrit. Dramen für die Schauspielerfamilie Lindberg, Durchbruch mit ›Amourer‹ und ›Hans nåds testamente‹. Ungewöhnl. fruchtbarer Schriftsteller, bedeutender Dramatiker, bes. hervorragend in der Schilderung von Charakteren, bizarrem Humor, treffsicher, oft karikierend, die Motive meist aus dem Industriegebiet Bergslagen in Mittelschweden. Pessimist, der die Erinnerungen an s. verschüchterte u. hilflose Kindheit nie vergessen hat; menschenscheu. S. Hauptthemen sind Bedeutungslosigkeit u. Grausamkeit des Daseins, unbarmherziges Spiel des Schicksals, Mitleid mit Hilflosen, Haß gegen Gewalt. Schrecken und Angst als stärkste Inspirationsquellen. Unter dem Eindruck der Lebensangst während des 1. Weltkrieges u. der Nachkriegszeit verdüsterten sich s. Schriften, aber mit Erzählfreude u. Humor blieb er Menschenfreund und Moralist, der an das Gute glaubte. Visionäre Phantasie u. dramat. Fabulieren verbinden sich mit psycholog. Schärfe. Das Frühwerk kennzeichnen disharmon. Stimmungen. Die düsteren und bitteren ›Komedier i Bergslagen‹ zeigen brutalen Realismus u. groteske Komik. In ›Markurells‹ bricht dann ein hochlit. humorvoller Plauderstil durch, der für alle späteren Schriften, auch für die Dialoge in ›Swedenhielms‹, charakterist. ist. ›Clownen Jac‹, künstler. weniger gelungen, ist Selbstbekenntnis und Rechtfertigung s. Kunst.

W: Maria, Jesu moder, Sch. 1905; Solivro, N. 1906; Savonarola, R. 1909; Amourer, N. 1910 (Amouren, d. 1912); Hans nåds testamente, R. 1910 (Testament Sr. Gnaden, d. 1912); Vi Bookar, Krokar och Rothar, R. 1912; Loewenhistorier, R. 1913; Komedier i Bergslagen, N. 1914; Dansen på Frötjärn, N. 1915; Knutsmässo marknad, N. 1916; Sagor, 1916; Mor i Sutre, R. 1917; Marionettspel, Sch. 1917; En döds memoarer, R. 1918; Markurells i Wadköping, R. 1919 (Skandal in Wadköping, d. 1969); Herr von Hancken, R. 1920 (d. 1972); Farmor och Vår Herre, R. 1921 (Der Eindringling, d. 1928); Eros' begravning, R. 1921 (Eros' Begräbnis, d. 1934); Jag, Ljung och Medardus, R. 1923; Spelhuset, Sch. 1923; Vävaren i Bagdad, Dr. 1923; Porten, Sch. 1923; Chefen fru Ingeborg, R. 1924; Flickan i frack, R. 1925 (Katja im Frack, d. 1926); Swedenhielms, Lsp. 1925 (Der Nobelpreis, d. 1940); Jonas och Helen, R. 1926; Dollar, Sch. 1926; Patrasket, Sch. 1928; Kärlek genom fönstret, N. 1929; Clownen Jac, R. 1930. – Samlade Skrifter (GW), hg. J. Edfeldt XXX 1949–58; Brev, hg. ders. 1964.

L: H. Larsson, 1932; R. G. Berg, 1935; E. H. Linder, 1940, 1942 u. 1962; A. Häggqvist, 1943; Stina Bergman, 1940; H. Levander, 1957; G. Axberger, 1960; S. R. Ek, 1964; Kring H. B., 1965; K. Petherich, 1971. – *Bibl.:* E. Lund, 1939.

Bergman, (Ernst) Ingmar, * 14. 7. 1918 Uppsala. Pastorensohn. 1937–40 Stud. Literaturgesch. Stockholm; Regieassistent, Regisseur, 1944–46 künstler. Leiter des Stadttheaters Hälsingborg; erster Regisseur Göteborg, Gastregie an versch. Bühnen; 1952–60 Malmö, 1959 Regisseur, ab 1963 Direktor Kgl. Dramat. Theater Stockholm. Dr. h. c. 1975. Verläßt nach Schock über Anklage wegen Steuerhinterziehung fluchtartig Schweden (1976), kehrt jedoch auf Bitten der Behörden zurück. Regisseur in München (Residenztheater) bis 1984, seitdem Gastregisseur in Stockholm, lebt auf Fårö. ∞1943–45 Else Fisher, 1945–50 Ellen Lundström, 1951 Gun Hagberg († 1971), 1971 Ingrid von Rosen († 1995). – B.s von neurot. Gestalten u. metaphys. Grübeleien erfüllte Filmwelt ist international von vielen vorwiegend enthusiast. Kritikern gedeutet worden. Nach B. ist die Triebkraft s. Schaffens ›Angst, Schamgefühl, Demütigung, Zorn, Überdruß, Selbstverachtung‹. Häufige Motive: Erwähltheit u. Isoliertheit des Künstlers gegenüber e. anonymen, rätselvollen Gesellschaft; Aufruhr gegen Gott- u. Vatergestalt; schuldhafte erot. Abhängigkeitsbeziehungen; viele autobiograph. Anklänge in s. Werk.

W: Kaspers död, Sch. 1942; Hets, Drb. 1943 (Die Hörige); Moraliteter, 3 Sch. 1948; Staden, H. 1951; Gycklarnas afton, Drb. 1953 (Abend der Gaukler); En lektion i kärlek, 1954 (Lektion in Liebe); Kvinnodröm, 1955; Sommarnattens leende, 1955 (Das Lächeln einer Sommernacht); Trämålning, H. 1956; Det sjunde inseglet, 1957 (Das siebente Siegel, d. 1963); Smultronstället, 1957 (Wilde Erdbeeren, d. 1964); Nära livet, 1958; Ansiktet, 1958; Jungfrukällan, 1959 (Die Jungfrauenquelle); Djävulens öga, 1960 (Die Jungfrauenbrücke, d. 1966); Tril.: Såsom i en spegel 1961 (Wie in einem Spiegel, d. 1962); Nattvardsgästerna, 1963 (Licht im Winter, d. 1964); Tystnaden, 1963 (Das Schweigen, d. 1965); För att inte tala om alla dessa kvinnor, 1963 (Alle diese Frauen); Persona, 1966; En Passion, 1969 (Eine Leidenschaft); Vargtimmen, 1968 (Die Stunde des Wolfs, d. 1968); Skammen, 1968 (Schande, d. 1969); Riten, 1969 (Der Ritus, d. 1970); The Touch, 1971; Viskningar och rop, 1973; Scener ur äktenskap, FSsp. 1973; Höstsonaten, 1978; Fanny och Alexander, TV-Serie 1982; Laterna Magica, Mem. 1986 (Mein Leben, d. 1987); Bilder, 1990; Den goda viljan, FSsp. 1991; Söndagsbarn, FSsp. 1993; Enskilda samtal, FSsp. 1996; Föreställningar, 2000.

L: E. Weise, 1987.

Bergmann, Anton (Ps. Tony), fläm. Erzähler. 29. 6. 1835 Lier – 21. 1. 1874 Lier. Sohn e. Rechtsanwalts. Stud. Rechte Gent und Brüssel, 1858 Promotion, Rechtsanwalt in Lier. – Veröffentlichte in Studentenalmanachen Skizzen und Erzählungen, unter dem Ps. Tony, das er für s. lit. Veröffentlichungen beibehielt. S. Hauptwerk ist ›Ernest Staas, advocaat‹, der Entwicklungsgang e. Rechtsanwalts mit autobiograph. Zügen in Skizzenform im Stil der ›Camera obscura‹ von N. Beets, e. der volkstümlichsten fläm. Bücher; kurz vor s. Tod abgeschlossen. Er wurde von Felix Timmermans hoch geschätzt.

W: Twee Rhijnlandsche novellen, 1870; Geschiedenis der stad Lier, 1873; Ernest Staas, advocaat, R. 1874 (d. 1902); Verspreide schetsen en novellen, 1875.

L: A. W. Stellwagen, 1883; F. Verschoren, [2]1938.

Bergsøe, (Jørgen) Vilhelm, dän. Romanschriftsteller, 8. 2. 1835 Kopenhagen – 26. 1. 1911 ebda. Naturforscher. – Produktiver epigonal-romant. Erzähler in der Manier M. A. Goldschmidts, bes. bekannt durch s. volkstüml., farbigen Romane aus den Jahren um 1870.

W: Fra Piazza del Popolo, R. 1867 (d. III 1870f.); Fra den gamle fabrik, R. 1869 (Aus der alten Fabrik, d. 1870f.); I Sabinerbjergene, R. 1871; Bruden fra Rørvig, R. 1872; Erindringer, Erinn. VII 1898–1907. – Poetiske skrifter, VII 1905–08; Romaner og fortællinger, VI 1913f. – *Übs.:* Delila, N. 1890.

L: P. V. Rubow, 1948.

Bergsson, Guðbergur, isländ. Schriftsteller, * 16. 10. 1932 Grindavík. 1955 Examen an der Pädagog. Hochschule, danach Stud. Hispanistik u. Literaturwiss. in Barcelona (Examen 1958). – Er

war mit s. vom franz. Nouveau roman inspirierten gesellschaftskrit. Romanen in den 1960er Jahren einer der wichtigsten Erneuerer der isländ. Prosa u. machte durch s. zahlreichen Übersetzungen (Cervantes, Borges, García Márquez u.a.) die span. u. südamerikan. Literatur in Island bekannt.
W: Endurtekin orð, G. 1961; Músin sem læðist, R. 1961, ^{2}1994; Leikföng leiðans, Kgn. 1964; Tómas Jónsson: metsölubók, R. 1966, ^{2}1997; Ástir samlyndra hjóna, R. 1967, ^{2}1989; Anna, R. 1969; Hvað er eldi Guðs?, R. 1970; Það sefur í djúpinu, R. 1973; Það rís úr djúpinu, R. 1976; Flateyjar-Freyr, G. 1978; Hjartað býr enn í helli sínum, R. 1982 (Das Herz lebt noch in seiner Höhle, d. 1990); Hinsegin sögur, Kgn. 1984; Leitin að landinu fagra, R. 1985; Maðurinn er myndavél, Kgn. 1988; Svanurinn, R. 1991 (Der Schwan, d. 1998); Sú kvalda ást sem hugarfylgsnin geyma, R. 1993 (Liebe im Versteck der Seele, d. 2000); Ævinlega, R. 1994; Jólasögur úr nútímanum, Kgn. 1995 (Weihnachtsgeschichten aus der Jetztzeit, d. 2001); Faðir og móðir og dulmagn bernskunnar, Aut. 1997; Eins og steinn sem hafið fágar, Aut. 1998; Vorhænan og aðrar sögur, Kgn. 2000.

Berk, Ilhan, türk. Dichter, * 1918 Manisa. 1945 Stud. Pädagogik u. Franz.; Lehrer u. Übersetzer. – Konkrete Versprachlichung der Natur und des Lebens mit Bezug zu modernen Strömungen wie konkreter Poesie; wichtig auch s. poetolog. Reflexionen.
W: Güneşi Yakanların Selamı, G. 1935; Istanbul, G. 1947; Günaydın Yeryüzü, G. 1952, Galile Denizi, G. 1958; Çivi Yazısı, G. 1960; Mısırkalyoniğne, G. 1962; Aşıkane, G. 1968; Şenlikname, 1972; Taşbaskısı, G. 1975; Atlas, G. 1976; Kül, G. 1979; Istanbul Kitabı, G. 1980; Deniz Eskisi, G. 1981; Uzun Bir Adam, Aut. 1982; Şiirin Gizli Tarihi, G. 1983; Delta ve Çocuk, G. 1984; Galata, G. 1985; Güzel Irmak, G. 1988; Pera, G. 1990; Dün Dağlarda Dolaştım Evde Yoktum, G. 1993; Şeyler Kitabı Ev, G. 1997; Poetika, Ess. 1997.

Berl, Emmanuel, franz. Schriftsteller, 2. 8. 1892 Le Vésinet/Seine-et-Oise – 22. 9. 1976 Paris. – Essayist mit sarkast. Diatriben gegen das Bürgertum. Im Mittelpunkt stehen der eth.-intellektuelle Verfall der Gesellschaft und deren Unfähigkeit zu lieben. Lehnt in gleicher Weise auch revolutionäre Gewalttätigkeit ab. Vf. von psycholog., z.T. sentimentalen Romanen und e. ›Geschichte Europas‹.
W: Méditations sur un amour défunt, R. 1925; Mort de la pensée bourgeoise, Es. 1929; Mort de la morale bourgeoise, Es. 1930; Le bourgeois et l'amour, Es. 1931; Le fameux, Ess. 1937; Histoire de l'Europe, Abh. III 1945–47; La culture en péril, Ess. 1948; La France irréelle, Es. 1958; Rachel et autres grâces, R. 1965; Nasser tel qu'on loue, 1968; Un téléspectateur engagé, 1954–71; Sylvia, 1972; Le virage, Ess. 1972.

Bernadotte, Prins Wilhelm → Prins Wilhelm

Bernanos, (Paul Louis) Georges, franz. Erzähler, 20. 2. 1888 Paris – 6. 7. 1948 Neuilly. Vater (aus span. Familie) Dekorateur und Tapezier; Jesuitenkolleg, Gymnas. Bourges und Paris. 1906–08 Stud. Jura und Philol. Sorbonne, Mitglied der ›Action Française‹ bis zum Bruch 1919; 1913/14 Redakteur e. kleinen monarchist. Zeitung in Rouen, 1914 Kriegsfreiwilliger, seit 1919 Versicherungsagent. 1926 großer Erfolg des Romans ›Sous le Soleil de Satan‹, seitdem freier Schriftsteller, daneben Journalist und Hrsg., ∞ Jeanne Talbert d'Arc, häufiger Wechsel des Wohnortes, 1933 Invalide durch Motorradunfall, 1934–37 Mallorca, 1936 Großer Akademiepreis für ›Journal d'un curé de campagne‹, 1938 Auswanderung nach Brasilien, dort Farmer. 1945 Rückkehr, Vortragsreisen. Tod durch Leberkrebs. – Neuschöpfer des theolog. Romans, Vf. wirkungsvoller kulturpolit. Pamphlete, bedeutender Vertreter des ›Renouveau catholique‹. Im Mittelpunkt s. Schaffens steht der Kampf zwischen Gott und Satan im menschl. Herzen. Im 1. Roman leibhaftiges Auftreten Satans, in ›Monsieur Ouine‹ das Böse als hoffnungslose Gleichgültigkeit e. toten Gemeinde dargestellt. Zeigt meist Priester oder Heilige im Kampf mit dem Bösen, Lebens- und Todesangst bei kreatürl. Leiden, Überwindung nur durch Gnade. Metaphys. Ringen in die Wirklichkeit des Alltags hineingestellt, fast immer bäuerl. Milieu, e. dunkle, komplexe Realität, die weder psycholog. analysierend noch mit realist. Stilmitteln, sondern in Clair-obscur-Technik gezeichnet wird. Reifer Höhepunkt seines dichter. Schaffens ist der künstler. ausgewogene Priesterroman ›Journal d'un curé de campagne‹. Seltene Originalität s. Romane (nahe dem myst. Sensualismus Claudels, dem Sündenbegriff Mauriacs). Leidenschaftl.-visionäre polem. Schriften, z.T. von brutaler Heftigkeit (Geistesverwandtschaft mit Bloy und Péguy), vom Standpunkt e. militanten Christen, non-konformist. Katholiken, der erfüllt ist vom Glauben an die Würde des Menschen. Eintreten für Verantwortlichkeit und Verinnerlichung im christl. Geist. Lebhafte Anteilnahme am Zeitgeschehen und Meditation zu konkreten Anlässen: u.a. 1938 Kritik am span. Faschismus und Franco, am Münchener Abkommen, patriot., schmerzl. bewegte Aufrufe gegen Verzichtgeist von Vichy, scharfe Anklagen gegen Kulturzerfall durch fortschreitende Mechanisierung, gegen Lauheit, Opportunismus, Konformismus und Sattheit der bürgerl. Welt, eingeschlossen die Christen und Teile des kathol. Klerus, als Monarchist Kampfansage an Totalitarismus und programmat. Ideologien.
W: Sous le soleil de Satan, R. 1926 (d. 1927); Saint Dominique, B. 1926 (d. 1935); L'imposture, R. 1927 La joie, R. 1928 (beide zus. in: Der Abtrünnige, d. 1929);

Jeanne relapse et sainte, B. 1929 (d. 1934); La grande peur des bien-pensants, Prosa 1931; Un crime, R. 1935 (d. 1935); Journal d'un curé de campagne, R. 1936 (d. 1936); Nouvelle histoire de Mouchette, R. 1937 (d. 1937); Les grands cimetières sous la lune, Prosa 1938 (d. 1959); Nous autres Français, Prosa 1939; Scandale de la vérité, Prosa 1939; Lettres aux Anglais, Prosa 1942; Monsieur Ouine, R. 1943 (Die tote Gemeinde, d. 1946 u. 1973); Le chemin de la Croix des âmes, IV 1942–45 (dt. Ausw.: Gefährl. Wahrheiten, 1953); La France contre les Robots, Prosa 1944 (d. 1949); Les enfants humiliés, Prosa 1949 (Das Haus der Lebenden und der Toten, d. 1951); Dialogues des Carmélites, Drb., Dr. 1949 (Die begnadete Angst, d. 1951); Un mauvais rêve, R. 1950 (d. 1952); La liberté pour quoi faire?, Es. 1953 (d. 1956); Le crépuscule des vieux, Ess. 1956 (Von der Einsamkeit des modernen Menschen, Ausw. d. 1961); Français si vous saviez, Prosa 1961 (Europäer, wenn ihr wüßtet, d. 1962). – Œuvres, VI 1947; Œuvres complètes, VI 1950; Œuvres romanesques complètes, 1967; Essais et écrits de combat, hg. Y. Bridel u. a. 1972; Correspondance, hg. A. Béguin II 1971; Lettres retrouvées 1904–1948, 1983. – *Übs.:* Vorhut der Christenheit (Ausw. polem. Schriften), 1950; Briefe (Ausw.), 1951.

L: L. Estang, 1947; G. Picon, 1948; A. Béguin, hg. 1949; O. v. Nostitz, ²1954; H. U. v. Balthasar, ²1971; La Chaigne, 1955; J. Scheidegger, 1957; A. Béguin, 1958; P. Gordan, Freundschaft m. B., 1959; M. J. Gillespie, 1960; G. Gaucher, 1962; M. Padberg, D. Romanwerk v. G. B., 1963; A. Espiau de la Maëstre, 1963; J. de Fabrègues, 1963; H. Sing, 1964; P. Hebblethwaite, London 1964; B. Halda, 1965; H. Debluë, Les romans de G. B., 1965; M. Estève, 1965; G. Blumenthal, The Poetic Imagination of G. B., Baltimore 1965, W. Burhard, 1967; F. Brian, 1969; C. W. Nettelbeck, 1970; R. Speaight, 1973; H. Guillemin, 1976; P.-R. Leclercq, 1978; Y. Rivard, 1978; S. Albouy, 1980; J. Jourth, 1980; P. C. Coy, 1987; M. Estève, 1987; B. Gasser, 1994; G. Gaucher, 1994; P. Renard, 1994; F. de Saint-Chéron, 1998; R. Colonned'Istria, 1998; J. Bothorel, 1998. – *Bibl.:* 1926–48; 1949–61; 1962–71.

Bernard, Jean-Jacques, franz. Schriftsteller, 30. 7. 1888 Enghien-les-Bains – 12. 9. 1972 Montgeron/Essonne. Sohn von Tristan B.; als Jude 1941/42 im KZ Compiègne. Dramatiker, Romancier. – Ein Autor aus der Gruppe von Schriftstellern, nach deren Theorie das Drama ›Schule des Schweigens‹ sei. Sah entsprechend dieser Theorie s. künstler. Aufgabe darin, die eigentliche Wirklichkeit des Unausgesprochenen und Unbewußten im Drama spürbar zu machen. Schrieb mit Stilempfinden und Sensibilität von Rhetorik und Ideologie freie Dramen. Gestaltete starke, aber unterdrückte Leidenschaften, Wunschträume und Enttäuschungen einfacher, transparenter Charaktere, die, vom Leben verwirrt, sich in sich selbst zurückziehen.

W: L'épicier, N. 1914; Voyage à deux, Dr. 1917; La maison épargnée, Dr. 1919; Les enfants jouent, N. 1919; Le feu qui reprend mal, Dr. 1921; Martine, Dr. 1922; L'invitation au voyage, Dr. 1924; Le printemps des autres, Dr. 1924; Les tendresses menacées, En. 1924; L'âme en peine, Dr. 1926; Le secret d'Arvers, Dr. 1926; Le roman de Martine, R. 1929; Madeleine Landier, R. 1933; Témoignages, En. 1933; A la recherche des cœurs, Dr. 1934; Nationale 6, Dr. 1935; Le jardinier d'Isphahan, 1939; Le camp de la mort lente, KZ-Ber. 1944; Le pain rouge, R. 1947; L'intouchable, E. 1947 (Der Knabe mit dem gelben Stern, d. 1948); Marie et le vagabond, R. 1949; Notre-Dame d'en haut, Dr. 1950; Louise de la Vallière, 1952; Mon père Tristan B., B. 1955; Mon ami, le théâtre, Ess. 1958; De Tarse, en Cilicie, Dr. 1961. – Théâtre, VIII 1925–52.

Bernard, Marc, franz. Schriftsteller, 6. 9. 1900 Nîmes – 15. 11. 1983 Paris. – Romancier, Dramatiker und Essayist mit Stoffen aus dem südfranz. Alltag.

W: Zig-Zag, R. 1929; Au secours, R. 1931; Anny, R. 1934; Rencontres, En. 1936; Pareils à des enfants, Mem. 1936; Les exilés, R. 1939; Pareils à des enfants, Mem. 1936, 1941 (Bibl. 1942); Les voix, Dr. 1946; La cendre, R. 1949; Une journée toute simple, R. 1950; Zola, B. 1952; Salut, camarades, En. 1955; La bonne humeur, R. 1957; La carafon, Dr. 1961; Sarcellopolis, R. 1964; Les Marionnettes, R. 1977; Tril.: La mort de la bien-aimée, 1972, Au-delà de l'absence, 1976, Tout est bien ainsi, 1979.

Bernard, Tristan (eig. Paul B.), franz. Dramatiker und Romancier, 7. 9. 1866 Besançon – 7. 12. 1947 Paris. Sohn e. Unternehmers; Stud. Jura. Advokat, Mitarbeiter der ›Revue blanche‹. – Schrieb bei den Zeitgenossen sehr beliebte Romane, die von B.s Sinn für Komik zeugen und auf genauer Beobachtung beruhen. Sein Ruhm gründet vor allem auf Komödien, bes. Liebes- und Diebeskomödien, die, abseits von jeder Schule, eventuell Plautus verpflichtet, durch ihre Situationskomik wirkungsvoll sind. Seine späteren Stücke wurden in zunehmendem Maße leichter. Anerkennung beim anspruchsvolleren Publikum blieb ihm versagt. Doch wurde er oft als nationaler Humorist bezeichnet und genoß in der Pariser Gesellschaft und in lit. Kreisen wegen s. schlagfertigen Witzes großes Ansehen.

W: Les pieds nickelés, K. 1895; Allez messieurs, K. 1897; Le seul bandit du village, K. 1898; L'anglais tel qu'on le parle, K. 1899; Les mémoires d'un jeune homme rangé, R. 1899 (Ein Musterjüngling, d. 1902); L'affaire Mathieu, K. 1901; Un mari pacifique, R. 1901 (d. 1903); Daisy, K. 1902; La famille du brosseur, K. 1902; Le captif, K. 1904; Triplepatte, K. 1905; Amants et voleurs, R. 1905; L'ardent tirailleur, K. 1905; M. Godomat, K. 1907; Secrets d'état, R. 1908; Deux amateurs de femmes, R. 1908 (Jagdbares Wild, d. 1910); Le danseur inconnu, K. 1909; Le Costaud des épinettes, K. 1910; Le petit café, K. 1911; Mathilde et ses mitaines, R. 1912 (d. 1920); L'accord parfait, K. 1913; La gloire ambulancière, K. 1913; Jeanne Doré, K. 1914; Les deux canards, K. 1914; La volonté de l'homme, K. 1917; Les petites curieuses, K. 1920; Le prince charmant, K. 1921; La sœur, K. 1922; Corinne et Corentin, R. 1923; Féerie bourgeoise, R. 1924; L'esprit de B., Ausw. 1925; Le voyage

imprévu, R. 1928 (d. 1929); Jules, Juliette et Julien, K. 1929; Hirondelle de plages, R. 1929; Le sauvage, K. 1931; Paris secret, R. 1933. – Théâtre, VII 1908–49. – *Übs.:* Klage einer Gattin (Ausw.), 1966.
L: R. Blum, 1925; P. Blanchart, 1932; J. J. Bernard, 1955; Caradec, 1971; O. Merlin, 1989; A. Sauvy, 1990.

Bernard, Valère, provenzal. Schriftsteller und Maler, 10. 2. 1860 Marseille – 8. 10. 1936 ebda. Gehörte zur Félibrige-Bewegung. – Sozialist. Anschauungen und Pessimismus bestimmen s. Gedichte und Romane, die e. realist. Bild von der Landschaft und dem Leben in der Provence geben. Gehörte zur ›Escolo de la mar‹, die um 1880 das Ziel hatte, e. Poesie der am Meer gelegenen Provence zu schaffen.
W: La pauriho, G. 1889; Bagatouni, R. 1894; Lei Boumian, R. 1910.

Bernard de Clairvaux, Bernhard von C., franz. Theologe des Mittelalters, 1090 Schloß Fontaines bei Dijon – 20. 8. 1153 Clairvaux. Aus hohem burgund. Adel, 1112 Mönch des Klosters Cîteaux, 1115 Abt des von ihm gegründeten Tochterklosters Clairvaux, machte die Zisterzienser zum maßgebenden Orden s. Zeit. B. gründete insgesamt 350 Klöster. An der hist. Entwicklung des 12. Jh. entscheidend beteiligt. Ergriff im Schisma von Etampes (1130–38) Partei für Papst Innozenz II. Beeinflußte durch die Kraft s. Persönlichkeit und Frömmigkeit weltl. und geistl. Herren, so auch s. früheren Schüler Papst Eugen III. Veranlaßte als Prediger von überwältigender Beredsamkeit (deshalb ›doctor mellifluus‹ genannt) den 2. Kreuzzug (1147–49). 1174 heiliggesprochen. – Einer der größten Mystiker des Mittelalters. Verinnerlichte, gefühlsmäßige, orthodoxe Frömmigkeit machte ihn zum Gegner des dialekt. Theoretikers Abaelard. Anerkannte das Wissen nur insoweit, als es der Erbauung dient. Liebe und Demut sind Voraussetzung für die Erkenntnis in der myst. Schau, die in der Ekstase gipfelt, der vollen Aufgabe des Ich, wobei Gott zu allem in allem wird. Schreibt in Satzbau und Figurenreichtum künstler. Latein.
A: SW, hg. J. Mabillon VI 1667, zuletzt II 1839/40 (J. P. Migne, Patrologia lat. 182–183); Textes choisis, hg. A. Béguin, P. Zumthor 1944. – *Übs.:* A. Wolters, hg. E. Friedrich, XI 1934ff.; Sämtliche Werke (lat./dt.), hg. G. B. Winkler X 1999.
L: E. Vacandard, II ^{4}1910; W. v. d. Steinen, 1926; S. Gilson, D. Mystik d. hl. B. v. C., 1936; W. Williams, Manchester 1944; P. Rohbeck, 1949; K. A. Vogt, 1949; A. Menne, Im Bannkreis B.s v. C., 1953; E. v. Schmidt-Pauli, 1953; B. v. C., hg. J. Lortz, 1953; J. Leclercq, Rom II 1962–66; G. Duby, 1976; R. Thomas, 1980; P. Dinzelbacher. – *Bibl.:* L. Janauschek, 1891, ^{2}1959; J. de La Croix Boulton, 1958; O. Philippon, 1982; I. Vallery-Radot, 1990; Davy, M.-M., 1994; C. Stercal, 1998; F. Baudin, 1999, J. Brault, 2000.

Bernardes, Diogo (auch Bernardes Pimenta), portugies. Dichter, um 1530 Ponte de Barca – um 1595 Lissabon. Älterer Bruder des originelleren Frei Agostinho da Cruz, empfing die niederen Weihen, Verbindung zu bedeutenden Zeitgenossen (Sá de Miranda, António Ferreira), Ämter am Hof, 1566 Notar in Nóbrega, Sekretär des portugies. Gesandten in Madrid; 1578 Gefangennahme in der Schlacht von Alcácer-Quibir (Marokko), 1581 Freilassung mit Hilfe Philipps II. von Spanien; seitdem dessen Parteigänger. – Als typ. Vertreter des portugies. Manierismus kultivierte B. ebenso mod. (ital.) Formen (Sonette, Episteln, Kanzonen, Eklogen, Idyllen, Elegien) wie traditionelle (Redondilhas in der Art des Cancioneiro). Einfluß von Petrarca, Tasso, Garcilaso, Boscán u. lat. Klassikern. V. a. in der bukol. Dichtung durchbricht persönl. Naturempfinden die bloße Konvention. Sinn für das Eigenleben der Landschaft (heimatl. Fluß Lima). Fast realist. Züge neben gleichsam preziösen Spitzfindigkeiten. Nächst Camões ergiebigster u. begabtester Bukoliker der portugies. Renaissance, elegant trotz e. gewissen sterilen Formalismus.
W: Várias Rimas ao Bom Jesus e à Virgem Gloriosa Sua Mãe e a Santos Particulares, G. 1594; O Lima, G. 1596; Rimas Várias, Flores do Lima, G. 1596. – Obras Completas (GW), hg. Marques Braga III 1945/46.
L: V. Aguiar e Silva, 1971; J. A. Cardoso Bernardes, 1988.

Bernardes, Padre Manuel, portugies. Prediger, Moralist, Schriftsteller, 20. 8. 1644 Lissabon – 7. 8. 1710 ebda. Oratorianer in Lissabon. – Vf. asket.-moral. Traktate, lit. wichtig die ›Nova Floresta ou Silva de Vários Apotegmas‹, e. groß angelegte, nach Begriffen alphabet. geordnete, kommentierte Sentenzensammlung mit eingestreuten Erzählungen (bis J); erzählfreudiger u. stilist. gewandter Prosakünstler, verfeinerter Nachklang der MA, starker lat. u. auch kastil. Einfluß spürbar wie niederländ. u. span. Mystiker. Wandte sich gegen die Molinisten.
W: Pão Partido em Pequeninos, 1696 (n. 1940); Luz e Calor, 1696 (n. 1953); Nova Floresta, V 1706–28 (n. 1909–11); Exercícios Espirituais, 1706 (n. 1932); Sermões e Práticas, II 1711–33.
L: E. de Lima, 1969; J. D. Pinto Correia, 1978.

Bernardin de Saint-Pierre, Jacques Henri → Saint-Pierre, Jacques Henri Bernardin de

Bernari, Carlo (eig. Carlo Bernard), ital. Erzähler, 13. 10. 1909 Neapel – 1992 Rom. Versch. Berufe, Journalist, 1931/32 in Paris, Bekanntschaft mit A. Breton; Mitarbeiter versch. Zeitungen u. lit. Zsn. – Anfangs neorealist. Erzähler mit Themen bes. aus dem Arbeitermilieu, von reicher

Phantasie u. scharfer Beobachtungsgabe. In ›Vesuvio e pane‹ erster Versuch, die traurige Wirklichkeit des Alltags mit der immer heiteren Welt der Fabel zu vereinen.

W: Tre operai, R. 1934; Quasi un secolo, R. 1940; Napoli pace e guerra, R. 1946; Tre casi sospetti, R. 1946; Prologo alle tenebre, R. 1947; Speranzella, R. 1949 (d. 1962); Siamo tutti bambini, R. 1951; Vesuvio e pane, R. 1952 (Der Vesuv raucht nicht mehr, d. 1956); Domani e poi domani, R. 1957 (Das lichte Morgen, d. 1960); Amore amaro, R. 1958; Era l'anno del sole quieto, R. 1964; Le radiose giornate, R. 1969; Un foro nel parabrezza, R. 1971; Non gettate via la scala, R. 1973; Tanto la rivoluzione non scoppierà, R. 1976; Napoli silenzio e grida, R. 1977; 26 cose in versi, G. 1977; Il giorno degli assassini, R. 1980.

L: W. Mauri, 1968; R. Capozzi, 1984; S. Martelli, hg. 1993.

Bernart de Ventadour (von Ventadorn), provenzal. Troubadour, um 1125 Schloß Ventadorn/ Dép. Corrèze – um 1195. Sohn e. Knechtes und e. Magd. Von Eble II., Vizegraf von Ventadorn, zum Troubadour erzogen, besang dessen Gemahlin, Agnès de Montluçon, fiel – nach dem unhist. Bericht des Peire d'Alvernha – wegen s. Liebe zu ihr in Ungnade. Nach 1152 von Eleonore von Poitou, der kunstsinnigen Enkelin Wilhelms IX., an ihren Hof in die Normandie berufen, nach der Erhebung ihres Gatten Heinrich II. Plantagenet zum König (1154) am engl. Hof. Berühmte Minnelieder an Eleonore. Später wieder in Frankreich, wahrscheinl. am Hof Raimons V. von Toulouse, nach dessen Tod (1194) im Zisterzienserkloster Dalon. – Galt schon bei den Zeitgenossen als bedeutender Dichter, führte die Troubadourkunst auf e. ersten Gipfel. Von der Romantik bes. geschätzt. Einfache, ausdrucksvolle Sprache. Schildert mit psycholog. Verständnis die Empfindungen, die die Liebe auslöst, ohne maßlose Erotik und Derbsinnliches, wahrt die Konventionen der Troubadours; doch ist s. Dichtung beseelt und vergeistigt. Wärme, Feinheit, Eleganz, persönl. Empfinden, eigene Beobachtungen und Meinungen bestimmen s. Werk. 45 Minnelieder erhalten.

A: C. Appel, 1915; ders., Die Singweise des B. d. V., 1934; S. G. Nichols, Chapel Hill 1963; M. Lazar, 1966.

L: K. Vossler, 1918; M. D. Ghezzi, Genua 1948; R. P. Frank, 1967; M. Kaehne, 1982; M. Stenta, 1986; A. Ferrari, 1988; M. Perugi, 1995.

Bernhard von Clairvaux → Bernard de Clairvaux, Bernhard von C.

Berni, Francesco, ital. Dichter, 1497 (?) Lamporecchio di Val di Nievole/Toskana – 26. 5. 1535 Florenz. Geistlicher, lebte stets in Abhängigkeit an fürstl. Höfen, zuerst bei s. Verwandten, Kardinal Bernardo Dovizi, gen. Bibbiena, dann bei Angelo Dovizi, fiel dort in Ungnade; 1523 Versetzung in e. Abtei in den Abruzzen. 1524 nach Rom als Sekretär des hohen päpstl. Kurialbeamten G. Giberti, der Bischof von Verona wurde, wohin ihn B. begleitete. Des strengen Dienstes überdrüssig, ging er 1532 zu Kardinal Ippolito de'Medici nach Rom, dann zu Kardinal Alessandro de'Medici, der ihn in Florenz als Kanonikus einsetzte, wurde aber 3 Jahre später, wohl von Kardinal Cibo, vergiftet. – Vervollkommner der burlesken Dichtung, der nach ihm auch ›poesia bernesca‹ genannten parodist.-satir. Andichtung gewöhnl. Dinge in elegantem, erhabenem Stil mit kom. Wirkung und beabsichtigtem Nebensinn. Führte neue Strophenformen ein (Capitoli = 11silbige Terzinen). Als polit. Dichter griff B. versch. Päpste scharf an. Bearbeitete Boiardos ›Orlando innamorato‹ (1542, n. G. Albini 1911).

W: Dialogo contro i Poeti, 1527; La Catrina, Dr. 1567; Capitolo in laude d'Aristotele. – Rime, poesie, lettere, hg. A. Virgili 1885; Poesie e prose, hg. E. Chiorboli 1934; Le Rime, hg. G. Macchia 1945.

L: A. Sorrentino, 1933, H. Woodhouse, 1982; G. Giampieri, 1997.

Bernières, Louis de, engl. Erzähler, * 8. 12. 1954 London. Stud. Manchester, Leicester u. London. Versch. Gelegenheitsjobs, Lehrer, später Autor. – Postmoderne Romane mit Bestsellerqualität, häufig an entlegenen Schauplätzen. B. bezieht polit.-hist. Ereignisse mit ein u. setzt Satire u. Komik neben drast. Schilderungen von Krieg, Grausamkeit u. Gewalt.

W: The War of Don Emmanuel's Nether Parts, R. 1990 (d. 1998); Captain Corelli's Mandolin, R. 1994 (d. 1996); Red Dog, Kgn. 2001 (d. 2002).

Bernis, François Joachim de Pierres de, franz. Staatsmann, Kardinal und Dichter, 22. 5. 1715 St-Marcel-d'Ardèche – 2. 11. 1794 Rom. Fand als weltmänn. Priester Zugang zu lit. Kreisen von Paris und zum Hof. Günstling der Pompadour. 1744 Mitgl. der Académie Française. 1752–55 Gesandter in Venedig; wesentl. am Abschluß des Bündnisses mit Österreich 1756 beteiligt. 1757/ 58 Außenminister. 1758 Kardinal. Fiel nach dem für Frankreich unglückl. Ausgang des 7jährigen Krieges in Ungnade. Seit 1763 Erzbischof von Albi, 1769 Gesandter Frankreichs am Heiligen Stuhl. – Schrieb in s. Jugend anmutige, mondäne, entsprechend dem Geschmack des 18. Jh. galantmytholog. Verse. Von Voltaire als Dichter gelobt. Hörte seit Beginn s. polit.-kirchl. Laufbahn zu dichten auf. Posthum ist das Gedicht ›La religion vengée‹ überliefert.

A: Œuvres complètes, 1797–1825; Mémoires et lettres 1714–58, hg. F. Masson II 1878 (d. 1917); Poésies di-

Bernstein

verses, hg. F. Drujon 1882. – *Übs.*: Prosaische Werke, d. J. Schenk 1762.

L: F. Masson, 1884; K. Schäfer, 1939; M. des Ombiaux, 1944; P. Breillat, Albi 1946; R. Vailland, 1956; G. Frêhe u.a., 1969.

Bernstein, Henry Léon Gustave Charles, franz. Dramatiker, 20. 6. 1876 Paris – 27. 11. 1953 ebda. Sohn e. Finanzbeamten; zeigte früh Neigung zum Theater, wurde von dem der leichten Muse zugängl. Publikum in Frankreich und Europa beifällig aufgenommen. Floh 1940 als Jude vor der dt. Besatzung nach Amerika. Sprach nach s. Rückkehr 1946 die neue Generation nicht mehr an. – Seine Dramen sind zumeist frenet., fesselnde, techn. sehr geschickte (Einfluß von A. Dumas und V. Sardou) Satiren des mondänen Lebens. Geld und sinnl. Begehren stehen im Mittelpunkt. Die Personen sind vorwiegend gefühlsrohe und brutale, von wilder Leidenschaft getriebene Charaktere, harte Geschäftsleute, zyn. Abenteurer, die sich über die Schranken von Anstand und Moral hinwegsetzen. In einigen Stücken nach 1913 (›Le secret‹, ›La galerie des glaces‹) tritt die Handlung zurück hinter verfeinerter psycholog. Analyse.

W: Le marché, Dr. 1900; Le détour, Dr. 1902; Joujou, Dr. 1903; Le berçail, Dr. 1905; La rafale, Dr. 1905; La griffe, Dr. 1906; Le voleur, Dr. 1906 (d. 1907); Samson, Dr. 1907; Israël, Dr. 1908; Après moi, Dr. 1911; L'assaut, Dr. 1912; Le secret, Dr. 1913; Félix, Dr. 1916; Judith, Dr. 1922; La galerie des glaces, Dr. 1924; Le venin, Dr. 1927; Mélo, Dr. 1929; Le jour, Dr. 1930; Le bonheur, Dr. 1933; Le messager, Dr. 1933; Espoir, Dr. 1934; Le cœur, Dr. 1935; Le voyage, Dr. 1937; Le cap des tempêtes, Dr. 1937; La soif, Dr. 1949; Victor, Dr. 1950; Evangéline, Dr. 1950.

L: P. Bathille, 1931; L. Le Sidaner, 1931.

Béroalde de Verville (eig. Brouart), François Vatable, franz. Schriftsteller, 27. 4. 1556 Paris – nach 1623 Tours. Sohn e. Theologen und Historikers; Protestant, der zum Katholizismus konvertierte und Priester wurde (1583). In s. Jugend stark naturwiss. interessiert. Schrieb dann Gedichte, belehrende Werke und übersetzte. – Vorwiegend Erzähler, einige verwirrende Romane. Berühmt und einflußreich mit ›Le moyen de parvenir‹ in e. Sammlung von Erzählungen und Anekdoten, einem gut erzählten, derben und erot. Werk in spött. Ton. *Übs.*: Les ténèbres, 1599 (Klage des Jeremias), Songe de Poliphile, 1600 (Überarbeitung einer Übs. von F. Colonnas Hypnerotomachia).

W: Théâtre des instruments mathématiques et mécaniques de Jacques Besson Dauphinois, Schr. 1578; Les appréhensions spirituelles, G. 1583; Les aventures de Floride, R. 1593/94; Le cabinet de Minerve, R. 1596; Les amours d'Æsionne, R. 1597; La pucelle d'Orléans, R. 1599; Histoire d'Hérodias, R. 1600; Le voyage des princes fortunés, R. 1610; Le moyen de parvenir, En. 1610 (hg. C. Roger II 1896, H. Moreau 1984).

L: M. Renaud, Le moyen de parvenir, 1949; J. L. Pallister, 1971; J. Zingner, 1993; Actes du Colloque, 1996.

Bérol (od. Béroul), altfranz. Dichter, 2. Hälfte 12. Jh. Bretagne. – Verfaßte zwischen 1170 und 1191 e. Tristanroman, dessen mittlerer Teil von der von Marc belauschten Begegnung des Liebespaares an der Quelle bis zur Rückgabe Isoldes an den König überliefert ist. Das Bruchstück wurde ergänzt nach dem ›Tristan‹ Eilhards von Oberge, der im wesentl. mit dem erhaltenen Teil B.s übereinstimmt. In den Hauptzügen entspricht die Erzählung der des → Thomas d'Angleterre, doch im Gegensatz zu ihm ist B. weniger Psychologe als Darsteller der Ereignisse. Er erzählt sie anschaulich, spannend und mit Humor.

A: Roman de Tristan, hg. A. Ewert 1939, ²1946; L. M. Defourques 1947; M. Chrétien 1957; Ausw., hg. W. Newmann ²1968. – *Übs.*: U. Mölk, 1962; D. Grojnowski, 1971.

L: A. Vàrvaro, 1963; S. Sandquist, 1984; R. Pensom 1995; C. Gepner, 2000; E. Lavielle, 2000; Ph. Walter, 2000.

Berquin, Arnaud, franz. Schriftsteller, 25. 9. 1750 Bordeaux – 21. 12. 1791 Paris. – Vf. von Idyllen im Stil Geßners, Elegien und Romanzen sowie Kinderbüchern von naivem Optimismus; nach ihnen wurden fade Kinderbücher in Frankreich ›berquinades‹ genannt.

W: Idylles, VIII 1775; Romances, 1776; L'ami des enfants, VI 1784 (dt. Ausz. 1870); Contes et historiettes, II 1787; Lectures pour les enfants, En. 1803. – Œuvres complètes, XX 1803; Ausw., IV 1836.

Berrigan, Daniel, amerik. Schriftsteller, * 9. 5. 1921 Virginia/MN. 1939 Jesuit, 1952 Priesterweihe, 1953 in Frankreich Begegnung mit Arbeiterpriestern; ab 1954 Kaplan u. Lehrer (Franz., Theol.) an versch. amerik. Schulen u. Univ., seit 1972 Theol.-Prof. in Woodstock/NY; ausgedehnte Reisen in Osteuropa, Afrika, Vietnam. Anti-Vietnam-Aktionen bringen ihn 1970–72 ins Gefängnis. Engagement in Friedens- und Anti-Nuklear-Bewegungen und in der Aids-Hilfe. – Relig. inspirierte Protestlyrik u. meditative Werke; Dokumentardrama über s. Prozeß (1970).

W: Time Without Number, G. 1957; The Bride, Ess. 1959; Encounters, G. 1960; The World for Wedding Ring, G. 1962; No One Walks Waters, G. 1966; They Call Us Dead Men, Ess. 1966; False Gods, Real Men, G. 1966; Consequences: Truth and …, Ess. 1967; Go from Here: A Prison Diary, 1968; The Trial of the Catonsville Nine, Dr. 1970 (d. 1972); Trial Poems, 1970; Amerika Is Hard to Find, Ess. u. Br. 1972; Selected and New Poems, 1973; Prison Poems, G. II 1973–74; Lights On in the House of the Dead, Aut. 1974; The Raft Is Not the Shore (zus. m. Thich Nhat Hanh), Ess. 1975/2001 (d. 2001); Book of Parables, 1977; Beside the Sea of Glass, G. 1978; We Die Before We Live, Es. 1980; Ten Commandments

for the Long Haul, Ess. 1981 (d. 1983); Block Island, G. 1984; Journal of Peace and War in Central and North America, 1985; To Dwell in Peace, Aut. 1987: D. B., hg. M. True 1988; Jubilee!, G. 1990; And the Risen Bread, 1957–1997, G. 1998. – *Übs.:* Im Turm zu Babel ist der Aufzug kaputt, En. 1977.
L: H. J. Cargas, 1972; J. Deedy, 1981; R. Labrie, 1989; J. Dear, hg. 1996; J. O'Gardy, J. Polner, 1997. – *Bibl.:* A. Klejment, 1979.

Berrigan, Ted (eig. Edmund Joseph Michael B. Jr.), amerik. Lyriker, 15. 11. 1934 Providence/ RI – 4. 7. 1983 New York. Kathol. Schule, Berufssoldat, Stud. Univ. Tulsa/OK, Hrsg. und Mitarbeiter mehrerer Magazine, Zsn., Anthologien. Kunstkritiker und Dozent für Poetry-Workshops an versch. Univ. – Mit s. experimentellen Gedichten als Beschreibung sinnl. Erfahrungen Vertreter der Beat-Dichtung.
W: A Lily for My Love, G. 1959; The Sonnets, G. 1964; Many Happy Returns, G. 1969; In the Early Morning Rain, G. 1970; Memorial Day, G. 1971; Back in Boston Again (zus. m. R. Clark, R. Padgett), G. 1972; A Feeling for Leaving, G. 1975; Red Wagon, G. 1976; Clear the Range, R. 1977; So Going Around Cities, G. 1958–79, 1980. – Selected Poems, hg. A. Saroyan 1994. – *Übs.:* Guillaume Apollinaire ist tot, Ausw. 1970; Der Marktplatz der Worte, Gespräche 1983.
L: T. Clark, 1985; A. Waldman, 1991; S. Ratcliffe, L. Scalapino, Interviews 1991; R. Padgett, 1993; E. Foster, 1994.

Berryman, John (eig. Smith), amerik. Lyriker, 25. 10. 1914 Mac Alester/OK – 7. 1. 1972 Minneapolis. Stud. Columbia Univ. und Cambridge; Lehrtätigkeiten an versch. amerik. Univ., darunter Harvard und Princeton; Selbstmord durch Sprung in den Mississippi River. – Die frühen Gedichte stehen noch unter dem Einfluß von Yeats und Auden, ab ›The Dream Songs‹ Tendenz zum Langgedicht mit deutl. autobiograph. Anspielungen, z. T. eleg., auch humorist.-bekenntnishaft.
W: Poems, G. 1942; The Dispossessed, G. 1948; Stephen Crane, B. 1950; Homage to Mrs. Bradstreet, G. 1956 (d. 1967); His Thoughts Made Pockets & the Plane Buckt, G. 1958; 77 Dream Songs, G. 1964; Berryman's Sonnets, G. 1967; Short Poems, 1967; His Toy, His Dream, His Rest, G. 1968; The Dream Songs, G. 1969; Love and Fame, G. ^{2}1972; Delusions, Etc., G. 1972; Selected Poems 1938–68, 1972; Recovery, R. 1973; The Freedom of the Poet, Ess. 1976; Henry's Fate, G. 1967–72, 1977; We Dream of Honour, Br. 1988. – Collected Poems, 1937–1971, 1988.
L: J. M. Linebarger, 1974; J. Conarroe, 1977; G. Q. Arpin, 1978; J. Haffenden, 1982; B. Gustavsson, Uppsala 1984; P. L. Mariani, 1990; R. J. Kelly, 1999. – *Bibl.:* R. J. Kelly, 1972; E. C. Stefanik, 1974; G. Q. Arpin, 1976.

Bersezio, Vittorio (Ps. Carlo Nugelli), ital. Dichter u. Journalist, 1. 3. 1828 Peveragno (Cuneo) – 30. 1. 1900 Turin. Jurastud. Turin, 1848 Promotion, Teilnahme am Krieg 1848/49. Schon als Student journalist. Tätigkeit; gründete 1853 den ›Espero‹; 1854 Redakteur des ›Fischietto‹. 1857/58 in Paris, dann wieder Turin. Bis 1864 Feuilletonredakteur der ›Gazzetta ufficiale‹; gründete 1865 die ›Gazzetta piemontese‹, leitete bis 1880 deren Lit.-Teil, die ›Gazzetta letteraria‹. – Am originellsten in s. rd. 20 in piemontes. Dialekt geschriebenen Komödien, deren berühmteste, ›Le miserie d'monssù Travet‹, e. treffendes Bild des Kleinbürgertums gibt. Als typ. Vertreter des Risorgimento wollte er mit s. zahlr. Romanen u. Novellen erzieherisch auf s. Volk wirken u. damit die Einheit Italiens fördern. Wichtig für den Historiker ist s. umfassende Schilderung der Regierungszeit Viktor Emanuels II.
W: Amor di patria, R. 1856; Le miserie d'monssù Travet, K. (1863), Druck 1929 (ital. Übs.: Le miserie del signor Travetti, K. 1871); Il regno di Vittorio Emmanuele II, Schr. VIII 1878–95; Racconti popolari, Nn. 1898.
L: M. Mattalia, 1911 (m. Bibl.).

Bertaut, Jean, franz. Dichter, 1552 Donnay – 8. 6. 1611 Séez. Von Ronsard zum Dichten angeregt; Umgang mit Desportes. Abt und Hofdichter unter Heinrich III., genoß das größte Ansehen unter Heinrich IV. Ab 1607 Bischof von Séez. – Am besten s. relig. Dichtungen, geistl. Lieder und Psalmenparaphrasen, würdiger und kraftvoller als die Desportes'. Einige Stanzen besitzen rhetor. Glanz und myst. Kraft. Trug entscheidend zur Erneuerung der geistl. Beredsamkeit bei. Vorläufer Malherbes.
W: Œuvres poétiques, 1601–20; Vers amoureux, 1602. – Œuvres poétiques, hg. A. Chenevière 1891.
L: G. Grente, 1903.

Bertin, Antoine de, franz. Schriftsteller, 10. 10. 1752 Sainte Suzanne/Ile de Bourbon – 30. 6. 1790 Santo Domingo. Kam mit 19 Jahren als Student und Offizier nach Paris, wo er mit E. de Parny einen Dichterkreis gründete, in dem sich die in Paris ansässigen Kreolen trafen. Günstling von Marie-Antoinette, Inbegriff des Aristokraten, dessen Leben und Werte in jähem Gegensatz zu den polit. sozialen Umwälzungen seiner Zeit standen. Verf. einer dreibändigen eleg. Gedichtsammlung ›Les Amours‹, die seine unglückliche Liebe zu ›Eucharsis‹ (Pseudonym für seine Geliebte) darstellt: Sieg, Verrat, Eifersucht, Trostfindung bei einer anderen. Verf. von Liedtexten, die Hector Berlioz verwendete; sein ästhet. Prinzip der ›imitation inventrice‹ wurde von A. Chénier aufgegriffen und verteidigt.
W: Voyage de Bourgogne, 1777; Les Amours, G. III 1780.
L: R. Barquisseau, Les poètes créoles du XVIIIe siècle, Paris 1949; H. Foncque, Les poètes de l'île Bourbon, 1966.

Berto, Giuseppe, ital. Erzähler, 27. 12. 1914 Mogliano (Treviso) – 2. 11. 1978 Rom, 13 Jahre lang Soldat, im 2. Weltkrieg amerik. Kriegsgefangener in Texas; Stud. Lit. Padua. – Neorealist. Erzähler illusionslos-düsterer Romane vom Leiden der Jugend in Kriegs- und Nachkriegszeit in unpathet. Sprache.

W: Il cielo è rosso, R. 1947 (d. 1949); Le opere di Dio, R. 1948; Il brigante, R. 1951 (Mein Freund der Brigant, d. 1952); Guerra in camicia nera, R. 1955; Un po' di successo, En. 1963; Il male oscuro, R. 1964 (Meines Vaters langer Schatten, d. 1968); La cosa buffa, R. 1966.

L: C. Piancastrelli, ²1978; E. Artico, 1989; G. Pullini, 1991; D. Biagi, 1999; B. Bartolomeo, hg. 2000.

Bertola de'Giorgi, Aurelio, ital. Schriftsteller, 4. 8. 1753 Rimini – 30. 6. 1798 ebda. Olivetanermönch, später Prof. für Gesch. u. Geographie in Neapel, dann in Pavia. – In der Unmittelbarkeit der Naturwiedergabe Vorläufer der Romantik, bes. in der poet. Prosa ›Viaggi sul Reno‹; Vf. von geschichtsphilos. Werken u. Einführungen in die dt. Lit.; Übs. von Kleist, Geßner u. Wieland.

W: Le notti clementine, G. 1775; Versi e prose, 1776; Nuove poesie campestri e marittime, G. 1779; Viaggio sul Reno e nei suoi contorni, 1795 (hg. A. Baldini 1942); Poesie, VI 1815.

L: A. Piromalli, 1959; G. Cantarutti, 1998; A. Battistini, 2000.

Bertrana i Compte, Prudenci, katalan. Romanschriftsteller u. Dramatiker, 19. 1. 1867 Tordera – 1941 Barcelona. Ingenieurstud. ohne Abschluß, Besuch der Kunstakad., Maler und Zeichenlehrer, Theaterkritiker. – Vf. von Romanen in lebhaftem farbigem Stil mit guter Charakter- und Umweltzeichnung und feiner Ironie.

W: Josafat, R. 1906; Nàufrags, R. 1907; Ernestina, R. 1910; Enyorada solitud, Dr. 1918; Una agonía, Dr. 1924; El desig de pecar, Dr. 1924; Jo! Memòries d'un metge filòsof, R. 1925; Tieta Claudina, Dr. 1929; R.-Tril.: L'hereu, 1931, El vagabund, 1933, L'impenitent, 1948. – Obres completes, 1965.

L: J. Triadú, 1967; O. Cardona u.a., 1968.

Bertran de Born, vicomte d'Hautefort, provenzal. Troubadour, um 1140 – vor 1215 Kloster Dalon. Mit s. Bruder Constantin Schloßherr von Autafort, Périgord. Überschäumendes, auf Kampf und Zwist gerichtetes Temperament veranlaßte ihn, mit s. Liedern in das polit. Zeitgeschehen einzugreifen, nahm Anteil am Streit von Heinrich und Richard Löwenherz, den Söhnen Heinrichs II. Plantagenet mit ihrem Vater und untereinander, stellte sich auf die Seite des jungen Heinrich, dessen plötzl. Tod (1183) er in 2 schönen Klageliedern betrauerte. Richard verzieh ihm (Ballade Uhlands ›B. de B.‹ über die entstandene Legende). Für Raimon V., Graf von Toulouse, ergriff er Partei gegen König Alfons II. von Aragonien. Im Alter Mönch des Zisterzienserklosters Dalon. – Bedeutendster polit.-satir. Troubadour. Aus der Zeit von 1181–95 sind 27 polit. sirventés erhalten, Lieder von gnadenloser Wucht, die den Gegner empfindlich treffen, indem sie s. Schwächen ohne Erbarmen bloßlegen. Als unseliger Friedensstörer spricht ihn Dante im ›Inferno‹ der ›Divina Commedia‹ (XXVIII) an. Den krieger. Liedern stehen s. Minnelieder an Bedeutung nach. Die erhaltenen 7 Kanzonen widmete er Mahaut de Montignac, Mathilda, der Tochter Raimons II. von Turenne, u.a.

A: A. Stimming, 1879 (gr. Ausg.), ²1913 (kl. Ausg.); C. Appel, 1932; A. Stimming, 1975; R. Ehnert, 1976; G. Guiran, 1985; M. Danzier, 1986; P. H. Stäblein, 1986; G. Steinmüller, 1987.

L: C. Appel, 1931; Poésies Complètes, hg. A. Thomas, 1986; W. D. Paden u.a., hg. 1986.

Bertrand, Aloysius (eig. Jacques-Louis-Napoléon), franz. Dichter, 20. 4. 1807 Céva/Piemont – 29. 4. 1841 Paris. Sohn e. Lothringers und e. Italienerin; Schulbesuch und meiste Zeit s. Lebens in Dijon, seit 1828 Paris; lebte, fast unbekannt, in ärml. Verhältnissen, starb an Schwindsucht in e. Pariser Krankenhaus. – Begründete mit s. posthum veröffentlichten Gedicht ›Gaspard de la nuit‹, in Anlehnung an Prosaübersetzungen engl. und schott. Balladen, die Gattung des Prosagedichts in Frankreich, das später von Baudelaire gepflegt wurde. Mit s. an suggestiven Bildern reichen Stil und ausgefallenen Wortschatz versetzt B. den Leser in e. Traumwelt voller Spuk und Grauen, Mystik und Phantastik.

A: Gaspard de la nuit, fantaisies à la manière de Rembrandt et de Callot, hg. C.-A. Sainte-Beuve, D. d'Angers 1842 (n. B. Guégan 1925, J. Palou 1962; Junker Voland, d. P. Hansmann 1911). – Œuvres poétiques, hg. C. Sprietsma 1926, R. Picard 1945 (m. Bibl.).

L: C. Sprietsma, 1926; F. Rauhut, D. franz. Prosag. 1929; F. Banner, A. B.s G. de la n., Diss. Mchn. 1931; J. Barnier, 1957; S. Bernard, Le poème en prose, 1959; F. Nies, Poesie in prosaischer Welt, 1964; F. Rude, 1970; H. Cerbat, 1975; R. Blanc, 1986.

Bertrand, Louis Marie, franz. Schriftsteller, 20. 3. 1866 Spincourt/Meuse – 6. 12. 1941 Cap d'Antibes. Jugend in Lothringen (Metz). Stud. Ecole Normale Supérieure, bis 1900 Lehrer am Lycée Algier, seitdem in Paris. 1925 Mitgl. der Académie Française. – Zeichnet in realist. Romanen e. Bild des mod. Algerien sowie der Mittelmeerländer und ihrer Bewohner überhaupt. Schaltet in s. Reisebeschreibungen bewußt den Bezug auf vergangene Kulturstufen aus, zeichnet die Gestalt des hl. Augustin aus der Sicht des mod. jungen Arabers. Historiker und Hagiograph. Essays über Balzac, Flaubert.

W: Le sang des races, R. 1899; La Cina, R. 1900; Pépète le bien-aimé, R. 1904 (u.d.T. Pépète et Balthazar, 1920); L'invasion, R. 1907; La Grèce du soleil et des paysages, 1908; Le mirage oriental, Reiseber. 1909; Le livre de la Méditerranée, Reiseber. 1911; Saint-Augustin, B. 1913 (d. 1927); Mademoiselle de Jessincourt, R. 1917; L'infante, R. 1920; Le cycle africain, II 1921; G. Flaubert, Abh. 1923; La vie amoureuse de Louis XIV, Schr. 1924 (d. 1927); Ma Lorraine, Prosa 1926; Devant l'Islam, Abh. 1926; Idées et portraits, Ess. 1927; Ste Thérèse, B. 1927; Philippe II à l'Escorial, Schr. 1929.

L: M. Ricord, [10]1947; L.-A. Maugendre, 1971; S. Eugène, 1975.

Bertrand de Bar-sur-Aube, altfranz. Kleriker u. Dichter des 13. Jh. Über s. Leben ist nichts bekannt. – Die 2 von ihm überlieferten Epen ›Girart de Viane‹ (Anfang 13. Jh.) und ›Aymeri de Narbonne‹ (nach 1205) führen die Tradition des alten Heldenepos nach älteren Überlieferungen weiter. Beide gehören äußerlich zum Wilhelmszyklus, knüpfen aber auch an die ›geste royale‹ an. ›G. de V.‹ schildert e. Rebellion Girarts gegen Karl den Gr. wegen der Herzogin von Burgund, den Zweikampf Rolands mit Olivier und dessen Verlobung mit Alda. Während dieses Epos das Rolandslied einleitet, schließt ›A. d. N.‹ daran an: Es behandelt die Eroberung Narbonnes durch den jungen Aymeri, s. Heirat und Nachkommenschaft. Begabter Epiker mit ausgeprägtem Sinn für fesselnde Situationen und ergreifende Darstellung. Strenger, harter Stil mit Vorliebe für Sentenzen.

A: Girart de Viane, hg. G. Yeandle 1930, W. G. van Emden [2]1977; Aymeri de Narbonne, hg. L. Demaison 1887.

L: W. Scherping, 1911; R. Schönberg, Diss. Halle 1914.

Berwiński, Ryszard Wincenty, poln. Dichter, 28. 2. 1817 Polwica, Prov. Posen – 19. 11. 1879 Konstantinopel. Stud. Philos. Breslau u. Berlin, in konspirativer Mission nach Krakau und Galizien, deshalb 1845–47 Haft, u.a. in Moabit, 1848 aktiv, Teilnahme am Prager Slawenkongreß, 1852–54 Mitglied des preuß. Landtags, 1854 Paris, ab 1855 Offizier in türk.-poln. Kosakentruppe. – Schrieb Revolutionslyrik u. auf volkstüml. Überlieferung beruhende Erzählungen, wichtig durch Kritik am naiven romant. Volkstumsenthusiasmus in s. volkskundl. Schriften.

W: O dwunastu rozbójnikach, E. 1838; Bogunka na Gople, E. 1840; Don Juan poznański, Versdr. 1842f.; Poezje, II 1844; Studia o literaturze ludowej ze stanowiska historycznej i naukowej krytyki, II 1854. – Wybór (AW), II 1914; Księga życia i śmierci (AW), 1953.

Berzsenyi, Dániel, ungar. Lyriker, 7. 5. 1776 Egyházashetye – 24. 2. 1836 Nikla. Adelsfamilie. Stud. bis 1795 erst zu Hause, dann in Sopron. Klass. Bildung. 1799–1808 auf dem Besitz s. Frau in Sömjén, dann in Nikla. 1803 erste lit. Versuche, von denen Kazinczy begeistert war; seither im Briefwechsel miteinander. Wegen langwieriger Krankheit menschenscheu. 1830 Mitgl. der Ungar. Akad. der Wiss. – Patriot. und relig. Lyriker im romant. Stil; bes. Oden in antiken Versmaßen (Alkäische Strophe) nach Vorbild von Horaz.

W: Versei, G. 1813; Észrevételek Kölcsey recensiójára, St. 1825; Poétai harmonistika, St. 1833; A magyarországi mezei szorgalom némely akadályairul, St. 1833. – Összes művei, hg. O. Merényi 1956.

L: J. Váczy, 1895; O. Merényi, 1966; L. Orosz, 1976; Á. Bécsy, 2001.

Besant, Sir Walter, engl. Romanschriftsteller und Sozialreformer, 14. 8. 1836 Portsea (Portsmouth) – 9. 6. 1901 London. Ausbildung King's College, London u. Cambridge, einige Jahre Prof. in Mauritius, trat aus Gesundheitsrücksichten zurück. ∞ 1874 Mary Barham. 1868–86 Sekretär der Palästina-Forschungs-Stiftung. Betätigte sich sozialreformerisch und inspirierte 1887 die Gründung von ›The People's Palace‹, e. Volksbildungs- und Unterhaltungsstätte. Mitbegründer der engl. Society of Authors. – Vf. zahlr. gut erzählter Romane, vielfach um geschichtl. u. soziale Themen, z.T. aus den Londoner Elendsvierteln. In ›The Revolt of Man‹ Satire auf die Forderung der Frauenbewegung nach polit. Macht. S. bedeutendsten Romane ›All Sorts and Conditions of Men‹ und ›Children of Gibeon‹ machen auf soziale Notstände aufmerksam und sind e. Appell an das Gewissen des Volkes. S. geschichtl.-topograph. Werk ›Survey of London‹ blieb unvollendet. Heitere Romane mit J. Rice.

W: Jerusalem. The City of Herod and Saladin, Schr. 1871 (m. E. H. Palmer); Ready-Money Mortiboy, R. 1872 (m. J. Rice); The Golden Butterfly, R. 1876 (m. dems.); The Chaplain of the Fleet, R. III 1881 (m. dems.); All Sorts and Conditions of Men, R. 1882; The Revolt of Man, R. III 1882; Dorothy Forster, R. III 1884; Children of Gibeon, R. 1886; For Faith and Freedom, Ess. 1888; Autobiography, hg. S. S. Sprigge 1902; The Survey of London, X 1902–12. – Letters, hg. A. u. E. Gissing 1927.

Besiki (eig. Besarion Gabašvili), georg. Lyriker, 1750 – 6. 2. 1791 Jassy (Rumänien). Vater Dichter u. Beichtvater bei König T'eimuraz; am Hof erzogen; mit der Familie vertrieben; seit den 1770er Jahren als Sekretär, dann im diplomat. Dienst in St. Petersburg. – Bedeutender Lyriker, von starker Wirkung auf das Volk (Gedichte wurden gesungen) und Nachwirkung auf die georg. Lit. bis ins 19. Jh., bes. durch s. Liebeslyrik, in der aus persischem Geist wuchernder Formelreichtum farbig, lebendig, stilträchtig wird. Satir.-humorist. Werke (›Schwiegertochter u. Schwiegermutter‹) u. Epigramme, patriot. Oden (›Aspinja‹). Erfinder des georg. 14silbigen Verses mit 2 Zäsuren, später ›Besikuri‹ genannt. Über sein Leben wurde der hist. Roman ›Besiki‹ von Beliašvili geschrieben (1955).

W: Aspinja, G. 1771; Lek'sni, G. 1885. – T'xzulebani (GW), 1912, 1931, 1962. – *Übs.:* Ausw. in: Georg. Poesie aus 8 Jh., 1971.

L: A. Toraje, 1919; S. C'aišvili, 1962; V. Macaraje, 1968.

Bessa-Luís, Agustina, portugies. Schriftstellerin, * 15. 10. 1922 Vila Meã (Amarante). Entstammt e. Familie von Gutsbesitzern aus Entre Douro e Minho, wurde Direktorin des Nationaltheaters, lebt in Porto. – Ihr Erzählwerk ist vom span. Barock u. C. Castelo Branco, R. Brandão, Proust, Dostoevskij u. Th. Mann beeinflußt. In der Analyse der Gesellschaft von Entre Douro e Minho gibt B. dem Rätselhaften u. der Unvorhersehbarkeit der Gefühle Ausdruck, die Hauptfiguren beweisen Ironie u. e. sonderbare, fast perverse Weisheit. In ihrer aphorist. Prosa drückt B. e. komplexe u. ellipt., fast proustian. Zeit aus u. beschreitet die Wege der Vermutung und der Erinnerung.

W: A Sibila, R. 1954 (Die Sibylle, d. 1987); Fanny Owen, R. 1979 (d. 1993); Conversações com Dimitri e outras fantasias, R. 1981; Adivinhas de Pedro Inês, R. 1983; Os Meninos de Ouro, R. 1983; A Monja de Lisboa, R. 1985; Prazer e glória, R. 1988; Vale Abraão, R. 1991; O Princípio da Incerteza, R. 2001.

L: M. A. Barahona, 1968; A. M. Machado, 1979; Catherine Kong, 1984; L. F. Bulger, 1990; S. Rodrigues Lopes, 1992.

Bessa Victor, Geraldo, angolan. Lyriker und Erzähler, 20. 1. 1917 Luanda – 1990 Lissabon. Nach dem Gymnas. Bankangestellter in Luanda, später Stud. Jura u. Anwalt in Lissabon. Gab 1973 die Beendigung s. Schriftstellerlaufbahn bekannt. – In der Kolonialfrage reformist. Dichter, der unter Rückgriff auf klass. portugies. Formelemente die farbigen Angolaner u. ihre Traditionen besingt u. verteidigt.

W: Obra Poética (SW), 2001.

Bessenyei, György, ungar. Schriftsteller, 1747 Bercel – 24. 2. 1811 Pusztakovácsi. Adelsfamilie. 1755–60 Kolleg in Sárospatak. 1765 königl. Leibgardist. 1768 in Italien. 1773 Austritt aus der Leibgarde. Wurde 1779 kathol., um e. Gnadengehalt zu erhalten. Zog sich 1782 auf s. Gut Bercel, 1787 nach Pusztakovácsi zurück. Lebte u. schrieb völlig verlassen u. von der Welt abgeschnitten. – Begann als Übs. philos. Werke ins Ungar. Wegbereiter der sprachl., lit. u. nationalen Erneuerung Ungarns, bes. durch s. anfangs unter dem Eindruck der franz. Aufklärungslit. (Voltaire) stehenden Dichtungen. Präromantiker, Vf. meist philos., moral. u. ästhet. Arbeiten.

W: Ágis tragédiája, Tr. 1772; Hunyadi László tragédiája és elegyes versei, Tr. u. G. 1772; Az esterházi Vigasságok és Delfén, G. 1772; Buda tragédiája, Tr. 1773; A szent Apostol Tamás, St. 1774 zus. m. Der Amerikaner, N. (ungar. 1776); Lukánus első könyve, 1776; Anyai oktatás, 1777; A filozófus, Lsp. 1777; Die Geschäfte der Einsamkeit (Orig.), 1777; Magyarság, 1778; A Holmi, Ess. 1779; A hármas vitézek vagy Triumvirátus, Tr. 1779; Attila és Buda tragédiája, Tr. 1787; Lais avagy az erkölcsi makacs, Lsp. 1789; A bihari remete, avagy a világ így megyen, 1804. – Válogatott írásai (AW), 1961.

L: K. Závodszky, 1872; L. Vajthó, 1947; R. Gálos, 1951.

Bessette, Gérard, kanad. Schriftsteller u. Lit.-Wiss., * 25. 2. 1920 Sabrevois/Québec. Zunächst Französischlehrer, dann Dozent an kanad. Univ., Buchhändler. – Als Autor prämiert wegen s. Romane; sensible Analysen der sich um Umbruch befindl. kanad. Gesellschaft: Landflucht, Laizisierung, zerstörer. Allmacht eines seelenleeren industriellen Urbanismus. Seine Romanhelden sind gequälte, nonkonformist., an den Tabus leidende Menschen, deren innerste Fehlregungen und Komplexe B. minuziös seziert. Diese psycholog. Offenlegungen führen B. auch zu einer detaillierten Selbstanalyse in ›Mes romans et moi‹; fester Glaube an die befreiende Kraft des schriftsteller. Wortes. Darstellung von echter, von seinen Helden selbst geschaffener Realität, die sich von den Klischees des Klerus befreit und das Individuum in seiner persönl. Besonderheit zu Wort kommen läßt. Lösung von der belastenden Vergangenheit, Bejahung der Gegenwart als ›stille Revolution‹ gegen die Hypokrisie einer heuchler. Gesellschaft. Sprachlich Anlehnung an A. Camus.

W: Le coureur et autres poèmes, G. 1947; La bagarre, R. 1958; Le libraire, R. 1960; L'incubation, R. 1965; Une littérature en ébullition, Es. 1968; Le cycle, R. 1971; Les Anthropoïdes, R. 1977; Le sémestre, Abh. 1979; Mes romans et moi, Abh. 1979; Les dires d'Omar Marin, R. 1985.

L: A. Piette, 1983; R. Robidoux, 1987.

Bester, Alfred, amerik. Erzähler, 18. 12. 1913 New York – 30. 9. 1987 Doylestown/PA. Journalist, Librettist, Vf. von Drehbüchern u. Hörspielen, Hrsg. des ›Holiday‹-Magazins 1956–70. – Bekannt für s. SF-Romane, die in der traditionellen Form des Kriminalromans Zukunftsvisionen mit psycholog. Einsichten zeigen (›The Stars My Destination‹); Einfluß auf die Cyberpunk-SF der 1980er Jahre.

W: Who He?, R. 1953 (als The Rate Race 1956); The Demolished Man, R. 1953 (Sturm aufs Universum, d. 1962); Tiger! Tiger!, R. 1955 (als The Stars My Destination, 1957; Die Rache des Kosmonauten, d. 1965); Starburst, Kgn. 1958 (Hände weg von Zeitmaschinen, 1978); The Dark Side of Earth, Kgn. 1964; The Life and Death of a Satellite, St. 1966; The Computer Connection, R. 1975 (Der Computer und die Unsterblichen, d. 1976); Great Short Fiction, II 1976 (zus. als Starlight, 1977); Golem 100, R. 1980 (d. 1983); The Deceivers, R. 1982 (Alles oder Nichts, d. 1984); Virtual Unrealities, Kgn. 1997. – *Übs.*: Aller Glanz der Sterne, Kgn. 1991; Die Hölle ist ewig, Kgn. 1993.

L: C. Wendell, 1982.

Bestužev-Marlinskij, Aleksandr Aleksandrovič (eig. A. A. Bestužev), russ. Prosadichter, 3. 11. 1797 Petersburg – 19. 6. 1837 Adler/Kaukasus. Aus alter, verarmter Adelsfamilie; Schule für Bergingenieure, Offizier, lit. Debüt 1819 mit Gedichten und Erzählungen; gab 1823–25 mit K. Ryleev den Almanach ›Poljarnaja zvezda‹ heraus. 1825 Teilnahme an der Verschwörung der Dekabristen, daher nach Jakutsk in Sibirien verschickt. 1829 Soldat im Kaukasus, wo er an vielen Gefechten teilnahm, 1835 Offizier, fiel im Kampf mit Tscherkessen. Bei den russ. Lesern äußerst beliebt. – Bedeutender russ. Romantiker. Brachte in Novellen und Romanen, die von 1830 an unter dem Ps. Marlinskij erschienen, in blumiger, an ausgesuchten Vergleichen und rhetor. Floskeln reicher Sprache effektvolle, spannende Darstellungen des Lebens der oberen Schichten, schrieb hist. Romane, Gedichte, verbindet in s. besten Romanen, ›Ammalat-bek‹ und ›Mulla-Nur‹, die Handlung mit dem ethnograph. Element und der exot. Landschaft des Kaukasus.

W: Poezdka v Reval', E. 1821 (Eine Reise nach Reval, d. 1992); Roman i Ol'ga, E. 1823; Naezdy, E. 1824; Ispytanie, N. 1830; Zamok Venden, Zamok Nejgauzen, Zamok Ejzen, En. 1831; Lejtenant Belozor, R. 1831; Latnik, R. 1832; Ammalat-bek, R. 1832; Fregat ›Nadežda‹, R. 1833 (d. 1990); Mulla-Nur, R. 1835/36. – Polnoe sobranie sočinenij (GW), IV 1847; Izbrannye povesti, 1927; Sočinenija (W), II 1958; Polnoe sobranie stichotvorenij, 1961. – *Übs.:* GS, IV 1845.

L: H. v. Chmielewski, 1966; M. Becker-Nekvedavicius, 1994; L. Bagby, University Park/PA 1995.

Besymenski, Alexander → Bezymenskij, Aleksandr Il'ič

Beti, Mongo (eig. Alexandre Biyidi, Ps. Eza Boto), kamerun. Erzähler franz. Sprache, * 30. 6. 1932 M'Balmayo b. Jaundé/Kamerun. Schule in Jaundé, ab 1951 Stud. Lit.wiss. in Aix und Paris; Dozent der Sorbonne; 1979 Gründung und Direktion der Zs. ›Peuples noirs, Peuples africains‹. – Realist. Erzähler des Kameruner Volkslebens. Berichtet satir. und humorvoll vom Streben der Afrikaner nach Eigenständigkeit und der Unmöglichkeit, sich den Einflüssen der Weißen zu entziehen. Kritiker des Kolonialismus und der Missionsarbeit.

W: Ville cruelle, R. 1954 (d. 1963); Le pauvre Christ de Bomba, R. 1956 (d. 1980); Mission terminée, R. 1957 (Besuch in Kala, d. 1963); Le roi miracule, R. 1958 (Tam-Tam für den König, d. 1959); Remember Ruben, R. 1974 (d. 1982); Perpétue et l'habitude du malheur, R. 1974 (d. 1977); La Ruine presque cocasse d'un polichinelle, R. 1979; Dictionnaire de la négritude, 1989; Branle-bas en noir et blanc, R. 2000; Trop de soleil tue l'amour, R. 2001.

L: T. Melone, Paris 1971; B. Mouralis, 1981; A. Djiftack, 2000.

Betjeman, (Sir) John, engl. Dichter, 28. 8. 1906 London – 19. 5. 1984 Cornwall. Stud. Oxford, zusammen mit Auden und Mac Neice. Im 2. Weltkrieg beim Marineamt, anschließend vorübergehend beim British Council, dann freier Schriftsteller, Lit.kritiker am ›Daily Herald‹. 1969 geadelt, 1972 Poet Laureate. – Eleganter Exzentriker und kultivierter Gesellschafter in aristokrat. Kreisen mit Vorliebe für alles Vergangene, Altmod. Auch Kunstkritiker und Kenner viktorian. Architektur. Als Lyriker Sänger des alten, altmod. und gutbürgerl. England auch mit satir.-parodist. Zügen. Außerordentl. Breitenerfolg in der Mittelklasse.

W: Ghastly Good Taste, Es. 1933; Mount Zion, G. 1933; Continual Dew, G. 1937; An Oxford University Chest, Es. 1938; Antiquarian Prejudice, Es. 1939; New Bats in Old Belfries, G. 1940; Old Lights for New Chancels, G. 1945; Selected Poems, 1948; First and Late Loves, Prosa 1952; A Few Late Chryanthemums, G. 1954; Collected Poems, 1958; Summoned by Bells, Aut. 1960; A Ring of Bells, Ausw. 1963; High and Low, G. 1966; A Nip in the Air, G. 1974; The Best of B., Anth. hg. J. Guest 1978; Uncollected Poems, 1982.

L: D. Stanford, 1961; R. Schröder, Die Lyrik J. B.s, 1972; J. Press, 1974; A. Duncan, 1976; F. Delaney, B. Country, 1983; B. Hillier, 2002.

Bettelloni, Vittorio, ital. Dichter, 14. 6. 1840 Verona – 1. 9. 1910 ebda. Jurastud. in Pisa, 1862 Promotion, dann nach Verona zurück; lehrte dort ab 1893 ital. Lit. am Collegio degli Angeli. – Entschiedener Gegner der Romantik, schildert in s. Gedichten u. Versnovellen in realist. Weise kleine Dinge des Alltags. In den ›Impressioni critiche‹ vertritt er s. Auffassung von der Einheit von Kunst u. Leben. Übs. Goethes (›Hermann und Dorothea‹), Heines, Byrons (›Don Juan‹) u. Hamerlings.

W: In primavera, G. 1869; Nuovi versi, G. 1880; Stefania ed altri racconti poetici, Nn. 1894; Impressioni critiche e ricordi autobiografici, Prosa 1914; Poesie, 1914. – Opere complete, IV 1946–53.

L: E. Henrisch, 1924; F. Camozzini, 1928; A. Del Mastro, 1928; G. Brognoligo, 1938; C. Calcaterra, 1942.

Betti, Ugo, ital. Dramatiker u. Lyriker, 4. 2. 1892 Camerino (Macerata) – 9. 6. 1953 Rom. Freiwilliger im 1. Weltkrieg, in österr. Kriegsgefangenschaft erste dichter. Versuche (›Il re pensieroso‹). Abschluß des Rechtsstud., Richter in

Parma. 1931 nach Rom versetzt, zunächst Richter, dann Bibliothekar im Ministerio di Grazie e Giustizia. – Neben Pirandello bedeutendster mod. Dramatiker Italiens. In der Jugend Übs. Catulls u. Lyriker. Wandte sich dann dem Drama zu. Schrieb unter Einfluß des Existentialismus trag. Stücke von schicksalhafter und selbstverschuldeter menschl. Verstrickung in Schmutz und Verlogenheit und realist. Darstellungen des Elends der Mittelklasse, die zwar die Grundlosigkeit des Leidens, die Gleichgültigkeit Gottes gegenüber s. Schöpfung und die Vergeblichkeit menschl. Mühen aufzeigen, jedoch durch ihren Glauben an die menschl. Natur den Nihilismus überwinden.

W: Il re pensieroso, G. 1922; La padrona, Dr. 1927; Caino, N. 1928; La casa sull'acqua, Dr. 1929; L'isola meravigliosa, Dr. 1930; Canzonette – La morte, G. 1932; Le case, N. 1933; Un albergo sul porto, Dr. 1933; Frana allo scalo nord, Dr. 1936; Uomo e donna, G. 1937; Una bella domenica di settembre, Dr. 1937; Il cacciatore d'anitre, Dr. 1940; I nostri sogni, Dr. 1941 (d. 1950); Notte in casa del ricco, Dr. 1942; Il paese delle vacanze, Dr. 1942 (d. 1943); Il diluvio, Dr. 1943; Corruzione al Palazzo di Giustizia, Dr. 1944 (d. 1950); Il vento notturno, Dr. 1945; Marito e moglie, Dr. 1947; Ispezione, Dr. 1947; La Piera alta, R. 1948 (Im Schatten der Piera Alta, d. 1954); Delitto all'Isola delle Capre, Lotta fino all'alba, Dr. 1950 (Die Ziegeninsel, d. 1954); Irene innocente, Dr. 1950 (d. 1951); La regina e gli insorti, Dr. 1950 (d. 1957); L'aiuola bruciata, Dr. 1952; La fuggitiva, Dr. 1953 (d. 1956); Il giocatore, Dr. 1953. – Teatro, 1955; Teatro postumo, 1955; Poesie, 1957; Scritti inediti, 1964; Teatro completo, 1971.

L: E. De Michelis, Le poesie di U. B., 1937; N. D'Aloisio, 1952; A. Fiocco, 1954 (m. Bibl.); F. Cologni, 1960 (m. Bibl.); A. Alessio, 1963; F. Capecchi, 1963; G. Pellecchia, 1963; E. Betti, 1968; G. Fontanelli, 1985; E. Licastoro, 1985.

Bettinelli, Saverio, ital. Dichter, 18. 7. 1718 Mantua – 13. 12. 1808 ebda. Stud. Bologna, 1736 Jesuit. 1739–44 Prof. d. Rhetorik u. Klass. Lit. in Brescia, dann Bologna u. 1748 in Venedig, 1751–59 Direktor des Collegio dei Nobili in Parma. 1755 Reisen nach Dtl. u. Frankreich. Bekanntschaft mit Voltaire. Kurze Aufenthalte in Verona u. Modena, nach Aufhebung des Jesuitenordens 1773 in Mantua. Lit.kritiker, Mitgl. der ›Arcadia‹. – In den ›Lettere virgiliane‹ läßt B. Vergil aus dem Elysium Briefe an die ›Arcadia‹ schreiben, die Dante u.a. Dichter wissenschaftlich zensurieren. In Frankreich wurde B.s Kritik gehört, Voltaires Urteil über Dante ist davon beeinflußt, in Italien dagegen von Dante-Anhängern stark bekämpft (Accademia Granelleschi, G. Lami), so in G. Gozzis ›Difesa di Dante‹ (1758). B. setzte den Lit.streit mit ›Dodici lettere inglesi‹ fort. Mit eigenen Dramen im franz. Stil u. Hg. Gedichten hatte B. wenig Erfolg. Bekannt s. umfassende Kulturgesch. Italiens seit dem 11. Jh.

W: Lettere virgiliane, 1757 (n. V. E. Alfieri 1930); Versi scelti, G. 1765; Dodici lettere inglesi sopra vari argomenti e sopra la letteratura italiana principalmente, 1767; Dell' entusiasmo nelle belle arti, 1769 (d. 1778); Tragedie, 1771; Il risorgimento d'Italia negli studi, nelle arti, e nei costumi dopo il Mille, II 1775; 16 Dialoghi d'Amore, 1796. – Opere, XXIV 1799–1801; Ausw., hg. V. E. Alfieri 1930.

L: M. T. Marcialis, 1988; I. Crossi, hg. 1998.

Bevilacqua, Alberto, ital. Schriftsteller, * 27. 6. 1934 Parma. Lebt in Rom. Mitarbeiter an lit. Zsn. – Erzähler, Lyriker u. Lit.kritiker. In s. Romanen werden die zwischenmenschl. Beziehungen, insbes. im Bereich der Ehe, in effektvollem Stil e. scharfsinnigen Analyse unterzogen.

W: La polvere sull'erba, E. 1955; L'amicizia perduta, G. 1961; Una città in amore, R. 1962, 1970; La califfa, R. 1964 (d. 1967); Questa specie di amore, R. 1968 (d. 1968); L'occhio del gatto, R. 1968 (d. 1970); Umana avventura, R. 1974; La crudeltà, G. 1975; Una scandalosa giovinezza, R. 1978; L'ideologia letteraria del Decameron, Ess. 1978; Il viaggio misterioso, R. 1979 (d. 1979); La festa parmigiana, R. 1980 (d. 1984); La Donna delle meraviglie, R. 1984 (d. 1986); Vita mia, G. 1985; La Grande Giò, R. 1987; I sensi incantati, R. 1991; Messaggi segreti, G. 1992; Anima amante, R. 1996; Poesie d'amore, G. 1996; Giallo Parma, R. 1997; Sorrisi dal mistero, R. 1998; La polvere sull'erba, R. 2000.

L: G. Pullini, 1971; L. Scorrano, 1982.

Bevk, France, slowen. Schriftsteller, 17. 9. 1890 Zakojca – 17. 9. 1970 Ljubljana. Handwerkersohn, Lehrer, Journalist, Verlagsleiter, Publizist, Führer der slowen. Minderheit um Görz, deswegen öfters in Haft, während des 2. Weltkrieges Partisan, seit 1947 freier Schriftsteller in Ljubljana. – B.s Frühlyrik, vorwiegend in der Zs. ›Dom in svet‹ veröffentlicht, steht unter Einfluß der Moderne, dann überwindet B. den Folklorismus der Romantik u. die symbolist. Darstellungsweise u. nähert sich in s. zahlr. psycholog. durchdrungenen Erzählungen u. Romanen, die das schwere soz. Schicksal der Slowenen in Italien zum Gegenstand haben, dem Realismus; weniger gelungen sind s. hist. Romane und Dramen. Vf. zahlr. Jugendbücher.

W: Pastirčki pri kresu in plesu, G. 1920; Pesmi, G. 1921; Faraon, Nn. 1922; Kajn, Dr. 1925; Znamenja na nebu, R. III 1927/29; V zlabodah, R. 1929; Ljudje pod Osojnikom, Nn. 1934; Kaplan Martin Čedermac, R. 1938; Pot v svobodo, Mem. 1953. – Izbrani spisi (AW), XII 1951–65; Bevkova knjiga, 1970.

L: M. Brecelj, 1960 (Bibl.); H. Glušič, 1978.

Beyatli, Yahya Kemal, türk. Dichter, 2. 12. 1884 Üsküp – 1. 11. 1958 Istanbul. Aus alter balkantürk. Familie; Schulen in Üsküp, Saloniki u. Istanbul, ab 1903 Stud. Franz. u. Staatswiss. Paris, wo er bis 1912 blieb; 1915–23 Univ.-Lehrer in Istanbul,

1923 Parlamentsabgeordneter, 1926 Gesandter in Warschau, 1929 in Madrid; 1948 Botschafter in Karachi, 1949 Ruhestand. – Letzter türk. Lyriker, der sich fast ausschließlich der klass. metr. Formen bediente. In der faszinierenden Bildhaftigkeit u. Musikalität s. Dichtungen sind Einflüsse des franz. Symbolismus von Baudelaire bis Moréas zu erkennen. Zu s. Lebzeiten keine Buchausgaben.

W: Kendi Gök Kubbemiz, G. 1961; Eski Şiirin Rüzgariyle, G. 1962; Rubailer ve Hayyam Rübailerini Türkçe Söyleyiş, G. 1963; Aziz Istanbul, Ess. 1964; Eğil Dağlar, Ess. 1966; Siyasi Hikayeler, Mem. 1968; Siyasi ve Edebi Portreler, Mem. 1968; Edebiyata Dair, Ess. 1971; Bitmemiş Şiirler, G. 1976; Mektuplar-Makaleler, Br. 1977. – *Übs.:* in: Die Wasser sind weiser als wir, Anth. 1987.

L: Z. Güvemli, 1948; H. Sesli, 1963; M. Uyguner, 1964.

Beyle, Marie-Henri → Stendhal

Bèze (latinisiert Beza), Théodore de, franz. Humanist, reformierter Theologe u. Schriftsteller, 14. 6. 1519 Vezelay/Burgund – 13. 10. 1605 Genf. Aus verarmter burgund. Adelsfamilie. Lernte durch s. Lehrer, den Humanisten und glühenden Reformanhänger M. Wolmar, Calvin kennen. Stud. Rechte, kam 1539 als Jurist nach Paris, 1548 ∞ Claudine Desnoz. 1549 Prof. für Griech. an der Akad. Lausanne. Nahm 1561–63, zunächst als ›chancelier de Condé‹, später als Hauptmann, im hugenott. Heer an den Religionskriegen teil. Seit Kriegsende 1558 bei s. Freund Calvin in Genf. Treuester Verwalter des Erbes Calvins. Leitete nach dessen Tod die von Calvin 1559 gegründete Akademie. – Schrieb Calvins Biographie. Außerdem Vf. zahlr. relig. Schriften in lat. und franz. Sprache. Vervollständigte 1553 Marots Psalmen-Übs. Schrieb ein zwischen Mysterienspiel und Tragödie stehendes Drama ›Abraham sacrifiant‹.

W: Poemata, 1548; Novum testamentum latine, Übs. 1556; Pseaumes, 1553; Novum testamentum graece et latine, Übs. 1565; De francicae linguae vera pronuntiatione, 1584 (hg. A. Tobler 1868); Abraham sacrifiant, Dr. 1550 (n. K. Cameron 1967); Du droit des magistrats sur leurs sujets, 1574; Vie de Calvin, 1575 (hg. A. Franklin 1864); Histoires des églises réformées de France, III 1580 (hg. G. Baum, E. Cunitz, R. Reuss III 1883–89). – Correspondance, hg. v. H. Merlan u. a. XXI 1960–99.

L: H. M. Baird, N. Y. 1900; P. F. Geisendorf, 1949; H. Clavier, 1964; W. Kickel, 1967. – *Bibl.:* F. Gardy, 1960.

Bezruč, Petr (eig. Vladimír Vašek; Ps. auch Ratibor Suk), tschech. Dichter, 15. 9. 1867 Opava – 17. 2. 1958 Olomouc. Sohn des frühverstorbenen Philologen Antonín Vašek, der 1879 die Unechtheit der Königinhofer Hs. nachwies. Kindheit in Brünn. Konnte aus finanziellen Gründen das Stud. der klass. Philol. in Prag nicht abschließen, wurde Postbeamter in Brünn u. trat 1928 in Ruhestand. – Inhaltlich u. formal an den Balladen Erbens u. der polit. Lyrik Machars geschult, entfaltet sich B. zum großen Barden des wirtschaftl. u. national. unterdrückten schles. Volkes im Ostrauer Kohlenbecken. Leidenschaftl., trutzig, mit starkem Hang zur Dramatik, besingt er teils realist., teils visionär-pathet. die Not der Kumpel u. Häusler, sucht sie ihrer Lethargie zu entreißen, geißelt mit beißender Ironie die herrschenden Mißstände, verfällt aber immer wieder in stille Resignation, die auch den Grundton s. Liebeslyrik bildet. Wegbereiter der sog. ›proletar. Poesie‹ der 20er Jahre.

W: Studie z Café Lustig, Sk. 1889; Slezské číslo, G. 1903 (erw. u. d. T. Slezské písně, 1909; Die Schlesischen Lieder, d. 1916, 1926, 1931, 1937, 1963); Stužkonoska modrá, G. 1930; Lolo a druhové, Prosa 1938; Křivý úsměv ještěrský, Prosa 1942. – Písně (1899/1900), 1953; Povídky ze života, En. (Ausw.), 1957; Přátelům i nepř-/atelům, Ausw. polem. G. 1958; Labutinka, G. 1961.

L: V. Martínek, ²1924; A. Veselý, 1927; J. V. Sedlák, 1931; A. Cronia, 1932; J. Janů, 1947; F. Buriánek, 1957; O. Králík, Kapitoly o ›Slezských písních‹, 1957; Slezské písně P. B., 1967; Bezručiana, 1967 (Acta Univ. Palackiana Olomucensis, XII); J. Urbanec, Mladá, léta P. B. Život a dílo 1867–1903, 1969; J. Polák, 1977; J. Dvořák, Bezručovské studie, 1982. – *Bibl.:* V. Ficek, A. Kučík, 1958.

Bezymenskij, Aleksandr Il'ič, russ. Lyriker, 19. 1. 1898 in Žitomir/Gouv. Wolynien – 26. 6. 1973 Moskau. Gymnas. Vladimir, seit 1916 KP-Mitgl., Teilnahme Oktoberrevolution in Petrograd, Autor des Lieds ›Molodaja gvardija‹ u. Mitbegr. der gleichnamigen lit. Gruppierung, VAPP-Funktionär. – B.s kunstlose, an polit. Losungen orientierte Verse hatten v. a. bei der Jugend Erfolg, bekannt auch für gereimte ›Reden‹, in denen Poesie u. Politik gleichgesetzt sind.

W: Izbrannye proizvedenija (Ausw.), II 1989.

Bhagavadgītā, die, ›Der Gesang des Erhabenen‹; ind. relig.-philos. Lehrgedicht in 18 Gesängen in Sanskrit, das in das → Mahābhārata, unmittelbar vor der Schilderung des Kampfes zwischen den Pāṇḍavas und Kauravas, eingefügt ist; zählt zur heiligen Überlieferung (smṛti) oder dem ›fünften Veda‹; Entstehungszeit ungewiß. Die B. schildert in ca. 700 Versen in Form e. Dialogs die Weigerung des Pāṇḍava-Helden Arjuna, gegen die Kauravas zu kämpfen und sich dadurch des Verwandtenmordes schuldig zu machen, der Kṛṣṇa in Gestalt e. Wagenlenkers mit dem Hinweis auf s. Kriegerpflicht begegnet. Das Gespräch ist jedoch nur äußerer Anlaß für ausgedehnte philos. Unterweisungen, ihre Essenz ist das Gebot des pflichtbewußten, nicht auf Erfolg und Lohn sehenden Handelns, das über die Indifferenz allem Irdischen gegenüber zur Voraussetzung für die Meditation wird, die ihrerseits zur vollen Erkenntnis Kṛṣṇa-Viṣṇus als des Allgottes führt. Dessen Wesen als Gesamtheit aller Einzelwesen wird Arjuna in e. Theophanie verdeutlicht (11. Gesang). – Die B., wohl erst später in das ›Mahābhārata‹ aufgenommen, stellt e. Zusammenfassung der versch. damals herrschenden philos. Anschauungen dar und wurde und wird auch heute noch von zahlr. philos. und theolog. Schulen in ihrem jeweiligen Sinn kommentiert.

A: R. Boxberger 1870 (n. 1955); F. Edgerton, Cambr./MA II 1946; W. L. S. Pausikar [2]1978; J. A. B. van Buitenen 1981; A. Kuppuswamy 1983; S. L. Serv 1983; → Mahābhārata. – *Übs.:* dt.: R. Garbe 1905, [2]1921, 1978; P. Deussen 1911; L. v. Schroeder 1912 (n. 1965, [2]1980); Th. Springmann 1920; R. Otto 1935; E. Richter 1965; K. O. Schmidt [4]1984; K. Mylius 1980; E. Hagenmüller, W. Bischoff 1990; engl.: S. Radhakrishnan 1958, [11]1976; R. C. Zaehner 1969 (n. 1972).
L: F. Edgerton, Chicago 1925; E. Lamotte, Paris 1929; R. Otto, 1934; P. Hubert, Paris 1949; R. D. Ranade, 1959; M. D. Paradkar, hg. 1970; R. N. Minor, 1982; A. Sharma, 1987; F. Hartmann, Die Gottesliebe in der B., 1990.

Bhāgavata-Purāṇa → Purāṇas, die

Bhāminīvilāsa → Jagannātha Paṇḍita

Bhāravi, ind. Dichter, um 550 – um 600. Bereits in der Aihole-Inschrift von 634 n. Chr. als berühmt erwähnt. – Gilt neben Māgha als e. der bedeutendsten höf. Sanskrit-Epiker nach Kālidāsa; verfaßte das auf e. Episode des ›Mahābhārata‹ fußende Kunstepos (kāvya) ›Kirātārjunīya‹ über den Kampf zwischen Arjuna und dem Kirāta, e. wilden Bergbewohner, der sich schließl. Arjuna als Gott Śiva zu erkennen gibt und ihm die göttl. Waffe Pāśupata schenkt. Zählt neben Kālidāsas Epen ›Raghuvaṃśa‹ und ›Kumārasambhava‹, Māghas ›Śiśupālavadha‹, Bhaṭṭis ›Rāvaṇavadha‹ und Śrīharṣas ›Naiṣadha-carita‹ zu den sechs großen Epen (mahākāvya) der klass. ind. Lit. Während sich von den insgesamt 18 Gesängen (sarga) die Gesänge I – III u. XII – XVIII, wenngleich mit Ausschmückungen, ziemlich genau an die Erzählung des ›Mahābhārata‹ halten, sind die Gesänge IV – XI B.s eigene Dichtung, worin die Handlung gänzl. hinter die nach der Theorie der klass. ind. Kunstpoesie unerläßl. kunstvollen Beschreibungen, Bilder, Vergleiche und die meisterl. Handhabung der Sprache zurücktritt; dabei fällt B. nur in einigen Partien in Künstlichkeit. In Indien werden bes. s. dunkle Ausdrucksweise und s. Gedankentiefe (arthagaurava) geschätzt.

A: hg. J. Vidyāsāgara 1875, N. B. Godabole, K. P. Parab [11]1929 (m. Mallināthas Komm.), II 1959–62, M. R. Kale [4]1966 (m. engl. Übs.), B. Miśra 1987. – *Übs.:* d. C. Cappeller 1912.
L: S. Har, 1983; I. V. Peterson, 2003.

Bhartṛhari, ind. Dichter, möglicherweise im 7. Jh. n. Chr. lebend. Über s. Leben berichten ledigl. Legenden, demnach ist er e. Sohn des Brahmanen Candragupta und e. Śūdra-Frau. Wird in den Legenden als König (so die Hindi-Fassung der Märchensammlung ›Vetāla-pañcaviṃśati‹ [u.d.T. ›Baitālpaccīsī‹] und das Drama ›Bhartṛhari-nirveda‹ von Harihara) oder als buddhist. Mönch (so der chines. Pilger I-tsing) bezeichnet, die Texte versuchen auf versch. Weise zu erklären, weshalb der nach allen Überlieferungen in s. Jugend sehr lebenslustige B. schließl. zum Asketen wurde. Die ind. Tradition, die ihn mit dem Grammatiker Bhartṛhari, Vf. des ›Vākyapadīya‹, und mit → Bhaṭṭi identifiziert, ist bis jetzt nicht beweisbar. – B. werden drei Sammlungen von in Sanskrit abgefaßten, lyr.-gnom. Gedichten, ›Śṛṅgāra-śataka‹ (Hundert Strophen über die Liebe), ›Nīti-śataka‹ (›Hundert Strophen über die Lebensklugheit‹) und ›Vairāgya-śataka‹ (Hundert Strophen über die Weltentsagung) zugeschrieben; 200 dieser Strophen übersetzte der Missionar A. Roger 1651 ins Holländ. (im Anhang zu ›De Open-Deure To het Verborgen Heydendom‹, Leyden 1651; d. ›Offne Thür zu dem verborgenen Heydenthum‹, Nürnberg 1663); B. ist somit der erste ind. Dichter, der in e. europ. Sprache übersetzt worden ist. B.s ›Satakas‹, eher Betrachtungen als Beschreibungen, umfassen, in sehr durchsichtig-klarem Stil abgefaßt, das ganze menschl. Leben vom rein diesseitigen Lebensgenuß über weltkluges Verhalten zu strenger, allem entsagender Askese, e. widerspruchsvolle Vielfalt, die einige Gelehrte zur Ansicht gelangen ließ, in B. nicht den Dichter, sondern e. Kompilator zu sehen.

A: P. v. Bohlen 1833 (m. lat. Übs.); B. Stoler-Miller 1967 (m. engl. Übs.). – *Übs.:* P. v. Bohlen 1835; O. Böhtlingk, in: ›Ind. Sprüche‹, III [2]1870–73 (n. 1966); Ausw. F. Rückert, Ind. Liebeslyrik, hg. H. v. Glasenapp 1948 (n. 1980); D. D. Kosambi 1959.
L: R. Herzberger, Dordrecht 1986; G. Śāstrī, Delhi 1991.

Bhāsa, ind. Dramatiker, lebte im 3. oder 4. Jh. n. Chr. in Südindien. Lange Zeit nur aus Hinweisen in Werken anderer Dichter (z.B. Kālidāsas ›Mālavikāgnimitra‹) bekannt; 1909 entdeckte Gaṇapati Śāstrī im Kloster Manalikkara/Südindien e. Handschrift mit 11 anonym überlieferten Dramen in Sanskrit, später wurden 2 weitere Dramen gefunden; diese 13 Dramen wurden zunächst wegen übereinstimmender sprachl. und sonstiger Eigenarten dem B. zugeschrieben, bes. da Rājaśekhara das Drama ›Svapnavāsavadattā‹ als Werk B.s erwähnt; heute jedoch betrachtet man im allg. weder B. als Vf. aller 13 Dramen noch ›Svapnavāsavadattā‹ als s. Werk, sondern hält es allenfalls für die gekürzte Bearbeitung e. Dramas von B. – 6

der 13 Dramen behandeln Episoden des ›Mahābhārata‹, zwei solche des ›Rāmāyaṇa‹, e. die Jugend Kṛṣṇas, e. Dramen-Fragment die Geschichte des Cārudatta (in Übereinstimmung mit den ersten 4 Akten des ›Mṛcchakaṭika‹), drei märchenhafte Liebesgeschichten.
W: Bāla-carita (Die Abenteuer des Knaben Krischna, d. H. Weller 1922; hg. u. engl. S. R. Sehgal 1962, hg. u. engl. Bak Kunbae 1968); Pañcarātra (engl. A. u. B. G. Rao 1970); Ūru-bhaṅga (Eine indische Tragödie, d. H. Weller 1933); Karṇabhāra (engl. A. u. B. G. Rao 1970); Dūta-ghaṭotkaca; Dūta-vākya; Madhyama-vyāyoga; Abhiṣekha-nāṭaka; Pratima-nāṭaka (engl. A. u. B. G. Rao 1970); Pratijñā-yaugandharāyaṇa; Svapnavāsavadattā (d. H. Weller 1926; engl. A. C. Woolner, L. Sarup 1964); Avimāraka (d. H. Weller 1924; engl. J. L. Masson, D. D. Kosambi 1970, hg. u. engl. Bak Kunbae 1968); Cārudatta, Fragm. – Works, hg. Gaṇapati Śāstrī 1912, C. R. Devdhar 1937. – *Übs.:* Thirteen Trivandrum Plays, engl. A. C. Woolner, L. Sarup II 1930–31.
L: M. Lindenau, 1918; V. Sukthankar, 1924; G. Śāstrī, 1926; A. D. Pusalker, 1940, n. 1967; A. S. P. Ayyar, 1942, ²1957; C. R. Devadhar, Plays ascribed to B., ²1951; N. P. Unni, 1978.

Bhaṭṭācārya, Bhabānī, ind. Schriftsteller und Journalist engl. Sprache, * 22. 10. 1906 Bhagalpur. Stud. Patna und London; 1949/50 Presseattaché der ind. Botschaft in Washington, 1950–52 Mithrsg. von ›The Illustrated Weekly of India‹; freier Schriftsteller in Nāgpur. – Vf. von Romanen, häufig zu zeitgenöss. Problemen Indiens. Stellte in s. wirklichkeitsnahen Roman ›So Many Hungers‹ die Folgen der Hungersnot (1943) in Bengalen dar. Kritik am hinduist. Kastensystem; Eintreten für Gandhis Lehre der Gewaltlosigkeit; krit. Auseinandersetzung mit dem Konflikt zwischen traditionellem Leben und westl. Einflüssen und Neuerungen.
W: So Many Hungers, R. 1947; Indian Cavalcade, Es. 1948; Sanskrit Culture in a Changing World, Es. 1951; Music for Mohini, R. 1952; He who rides a Tiger, R. 1954 (d. 1957, u. d. T. Das Spiel mit dem Tempel, 1958); A Goddess named Gold, R. 1960 (Alle warten auf das Wunder, d. 1962); The Shadow of Ladakh, R. 1966; Steel Hawk, En. 1968; Gandhi the writer, B. 1969; A Dream in Hawaii, R. 1978.
L: K. R. Chandrasekharan, 1974; K. S. Sharma, 1979; Perspectives on B. B., hg. R. K. Srivastava 1982; M. Grover, 1991; N. M. Aston, 1994; S. Desai, 1995; Five contemporary Indian novelists, hg. P. K. Singh 2001 (m. Bibl.).

Bhaṭṭanārāyaṇa, ind. Dramatiker, wahrscheinl. 2. Hälfte des 7. oder 8. Jh. n. Chr. – Schrieb den auf e. Episode des ›Mahābhārata‹ fußenden ›Veṇīsaṃhāra‹ (Das Binden der Haarflechte), e. Drama (nāṭaka) in sechs Akten, das die Beleidigung Draupadīs durch Duryodhana und dessen Tod durch Bhīma zum Inhalt hat. Von der einheim. Kritik wurden als lose Zusammenhang der einzelnen Szenen, das Übermaß an langen Wörtern und übertriebenen Ausdrücken bemängelt, die das Drama für e. Aufführung ungeeignet machten, während B. in der westl. Philol. als e. der bemerkenswerten unter den späteren Sanskritdramatikern gesehen wird.
A: K. P. Parab 1898; F. Bourgeois 1971 (m. franz. Übs.), 1977 (m. engl. Übs.); hkA J. Grill 1871, K. N. Dravid 1922. – *Übs.:* engl. S. M. Tagore, 1880.
L: A. Chatterjee, Delhi 1986.

Bhaṭṭi, ind. Dichter und Grammatiker, lebte wahrscheinl. Ende des 6. oder Anfang des 7. Jh. n. Chr. – Schrieb in Sanskrit das Kunstepos (kāvya) ›Rāvaṇa-vadha‹ (Die Tötung des Rāvaṇa), nach s. Vf. meist einfach ›Bhaṭṭi-kāvya‹ genannt, das neben Kālidāsas ›Raghuvamśa‹ und ›Kumārasambhava‹, Māghas ›Śiśupālavadha‹, Bhāravis ›Kirātārjunīya‹ und Śrīharṣas ›Naiṣadhacarita‹ zu den sechs großen Epen (mahākāvya) der klass. ind. Lit. zählt; die wahrscheinl. auf Namensgleichheit (Prakrit: Bhaṭṭi = Sanskrit: Bhartṛ) beruhende ind. Tradition, B. u. Bhartṛhari seien ident., ist nicht zu beweisen. – Das aus vier Abteilungen (kāṇḍa) mit insgesamt 22 Gesängen bestehende ›Bhaṭṭi-kāvya‹ ist nicht nur e. kunstvolle poet. Darstellung der Rāma-Legende von Rāmas Geburt bis zu Rāvaṇas Tod; das Werk erfüllt vor allem e. didakt. Zweck, indem es Regeln der Grammatik und Dichtkunst exemplifiziert: Der 1. Abschnitt (Prakīrna-kāṇḍa, Gesänge I – IV) enthält verschiedenartige Regeln, der 2. (Prasannakāṇḍa, Gesänge VI – IX) die Hauptregeln der Grammatik → Pāṇinis, der 3. (Alaṅkāra-kāṇḍa, Gesänge X – XIII) die wichtigsten Redefiguren und der 4. Abschnitt (Tiṅanta-kāṇḍa, Gesänge XIV – XXII) die versch. Tempora und Modi; das Werk genießt darum in Indien nicht als Epos, sondern bes. auch als Autorität in grammat. Fragen hohes Ansehen.
A: G. Śaṅkara Śāstrī Bāpaṭa 1887, K. P. Trivedī II 1898, V. N. Joshī, W. L. Panśīkar [8]1934, C. Hooykas 1955, M. A. u. S. Karandikar 1982 (m. engl. Übs.). – *Übs.:* Gesänge XVIII – XXII, d. C. Schütz 1837; Gesänge I – IV, engl. V. G. Pradhan 1897, niederländ. V. G. Leonardi 1972.
L: S. P. Narang, Delhi 1969.

Bhavabhūti, ind. Dramatiker, lebte wahrscheinl. im 7. od. 8. Jh. n. Chr. Stammt aus vornehmer Brahmanenfamilie in Berar, wird in Kalhaṇas ›Rājataraṅgīya‹ als Dichter am Hof des Königs Yaśovarman (um 720–750) von Kanyakubja (Kanauj) genannt. – Gilt als größter Dramatiker nach Kālidāsa; schrieb drei Dramen: 1. ›Mahāvīra-carita‹, e. Nāṭaka (auf der hl. Überlieferung fußendes Drama) in 7 Akten, das die Geschichte Rāmas u. Sītās von ihrem ersten Zusammentreffen bis zu Sītās Heimkehr als Laṅkā behandelt; 2. ›Mālatī-mādhava‹, e. Prakarana (bürgerl. Schauspiel) in 10 Akten über die Liebe zwischen der Ministertochter Mālatī und dem Ministersohn Mādhava, kunstvoll mit e. Nebenhandlung über die Liebe zwischen Makaranda und Madayantikā verknüpft und 3. ›Uttararāma-carita‹, e. Nātaka in 7 Akten, das beste der drei Dramen B.s, das das spätere Leben Rāmas von Sītās Verbannung bis zu ihrer glückl. Wiedervereinigung mit Rāma zum Inhalt hat. B.s Dramen zeichnen sich v.a. durch ihren lyr. Gehalt aus, mit ihm erreicht das Sanskritdrama s. Höhepunkt.

A: Mahāvīra-carita, hg. K. P. Parab [2]1910, Todar Mall 1928 (engl. J. Pickford 1871; franz. F. Grimal 1989); Mālatī-mādhava, hg. R. G. Bhandarkar [2]1905, [3]1970, C. R. Devadhar 1935 (m. engl. Übs.; d. L. Fritze 1884); Uttararāma-carita, hg. S. K. Velvalkar 1915, T. R. R. Aiyar, K. P. Parab [2]1919, C. L. Joshi [5]1971 (engl. C. H. Tawney 1871, S. K. Belvalkar 1915, M. R. Kale [4]1934, n. 1982, C. N. Joshi 1964; franz. N. Stchoupak 1935).

L: A. Borooah, 1878; L. Kretzschmar, 1936; R. G. Harshe, 1974; V. V. Mirashi, 1974; R. Reichert, 1982.

Bhely-Quenum, Olympe, afrikan. Schriftsteller, 26. 9. 1928 Ouidah/Dahomey. Weiterführende Schule und Stud. in Frankreich, Franz.-Lehrer und Soziologe, Lit.kritiker und Diplomat, Chefredakteur von ›La vie africaine‹. – Sein lit. Werk ist zentriert auf die Konfrontation von Tradition und Moderne in Afrika. In beiden Welten konstatiert er die Einsamkeit des Individuums; inspiriert durch André Breton, bejaht er die Flucht in den Traum, setzt jedoch sein Vertrauen in die afrikan. Jugend, versteht sich als der volksnahe ›Historiker des alltäglichen Afrika‹.

W: Un piège sans fin, R. 1960; Liaison d'un été, Nn. 1968; Un enfant d'Afrique, R. 1970; Les appels du Voudou, R. 1994; La naissance d'Abikou, R. 1998.

L: M.-L. Yameogo, 1975; E. Apaloo, 1976; E. Kohl, Untersuchungen zum Romanwerk v. B.-Qu., Diss. o. J.; N. Bienniek, Die Nouvelles des O. B.-Qu., Magisterarbeit o. J.

Bialik, Chajim Nachman, hebr. Dichter, 9. 1. 1873 Radi/Wolhynien – 4. 7. 1934 Wien. Früh verwaist u. auf sich selbst angewiesen; Talmudhochschule von Woloszyn, von der er sich jedoch bald enttäuscht abwandte und sich der jüd. Aufklärung und dem Zionismus anschloß. Als Kaufmann und hebr. Lehrer in Sosnowiec, seit 1891 in Odessa tätig; gründete 1905 e. hebr. Verlag für Schulliteratur und fand hier Gelegenheit für e. ungemein vielseitige lit. Tätigkeit. 1921 durch die Russ. Revolution zur Flucht gezwungen; lebte bis 1924 in Berlin und Homburg v. d. H., wo er s. Verlagstätigkeit und sprach- und lit.wiss. Tätigkeit fortsetzte. Nach s. Übersiedlung nach Palästina wurde B. zum Mittelpunkt der kulturellen Renaissance der neuen jüd. Bevölkerung Israels, und ihm wird vor vielen anderen das Verdienst zugeschrieben, e. klass., aber tote Sprache dem unmittelbaren Erleben dienstbar gemacht zu haben. – Zentrale Persönlichkeit der jüd. Lit. des 20. Jh., und zwar sowohl der jidd. als auch hebr. geschriebenen. Verbindet Einflüsse aus jüd. Mystik, rationalem Talmudismus und Aufklärung. Gilt als der Schöpfer e. neuen jüd. Naturdichtung und des klass. Epos der hebr. Literatur. S. Lyrik gehört e. früheren Lebensepoche an. S. sprachl. Neuschöpfungen bildeten den Grundstock e. von ihm angeregten hebr. Sprachakademie; s. Wohnhaus in Tel Aviv wurde zum Museum, und s. Gesamtwerk wird von e. eigenen ›B.-Institut‹ betreut. Übs. von u. a. Cervantes und Schiller ins Hebr.

A: Kol Kitwej Bialik (SW), IV 1924 u. 1949; Ketawim Gnuzim, 1971; engl. Gesamtausg. New York 1948; Selected Poems, engl. 1999; Random Harvest: The Novellas, engl. 1999. – *Übs.:* Die hebr. Gedichte, [3]1935; Jidd. Gedichte, 1920; Ess. 1924.

L: E. Simon, 1926; ders., 1935; B. Klar, 1936; I. Efros, 1940; P. Lachower, III [2]1950; B. Kurzweil, B. we-Tschernichowsky, [3]1968; G. Shaked, 1974; J. Bacon, Ha-Prosodija shel shirat B., 1983; S. Shalom, 1984; D. Aberbach, 1988; S. D. Bredauer, 1991; D. Miron 2000.

Białoszewski, Miron, poln. Dichter, 30. 6. 1922 Warschau – 17. 6. 1983 ebda. Stud. Polonistik, Teilnahme am Warschauer Aufstand, nach Dtl. verschickt. – Bedeutender experimenteller Lyriker, 1955 Schöpfer des originellen Zimmertheaters ›Teatr na Tarczyńskiej‹, für das er auch Stücke schrieb. Zum s. Leben charakter. Mentalität des ›Aussteigers‹ prägt auch s. Schaffen.

W: Obroty rzeczy, G. 1956; Wyprawy krzyżowe, Dr. 1956 (Die Kreuzzüge, d. in ›Manuskripte‹ 12); Sześć sztuk, Dr. 1958; 14 pieśni na krzesło i głos, Dr. 1958; Rachunek zachciankowy, G. 1959; Mylne wzruszenia, G. 1961; Było i było, G. 1965; Pamiętnik z powstania warszawskiego, Erinn. 1970 (engl. 1977); Teatr osobny, 1971; Donosy rzeczywistości, En. 1973; Szumy, zlepy, ciągi, En. 1976; Zawał, R. 1977; Odczepić się, G. 1978; Rozkurz, G. u. Prosa 1980; Oho!, G. 1985; Obmapywanie Europy, Tg. 1986; Wiersze wybrane i dobrane, G. 1980; Trzydzieści lat wierszy, G. 1982. – Utwory zebrane (GW) VIII, 1987–88.

L: St. Barańczak, Język poetycki M. B., 1974; A. Sandauer, 1979; S. Burkot, 1992.

Bianciardi, Luciano, ital. Schriftsteller, 14. 12. 1922 Grosseto – 14. 11. 1971 Mailand. Nach 1945 zeitweilig Bibliotheksdirektor in Grosseto; lebte in Mailand und Rapallo. – Sozialkrit. Erzähler, der die soz. Wirklichkeit durch die Konfrontation mit Idealformen und Utopien parodiert; bekannt durch s. satir. Roman e. verhinderten Revolutionärs ›La vita agra‹; Übs. amerik. Autoren (W. Faulkner, J. Steinbeck, H. Miller, S. Bellow) ins Ital.

W: I minatori della Maremma, Ber. 1955 (m. C. Cassola); Il lavoro culturale, R. 1957; La vita agra, R. 1962 (d. 1967); La battaglia soda, R. 1964; Aprire il fuoco, R. 1969; La solita zuppa e altro storie, hg. L. Bianciardi, 1994.

L: M. C. Angelini, 1980; P. Corrias, B. a Milano, 1993; G. C. Ferretti, Ritratto critico di L. B., 2000. – *Bibl.*: J. Gambacorti, 2001.

Bianco, José, argentin. Erzähler, Kritiker u. Essayist, 21. 11. 1909 Buenos Aires – 24. 4. 1986 ebda. Redaktionschef der Zs. ›Sur‹, Hrsg. der Monographien-Serie ›Genio y figura‹; Übs. – In s. Novellen zwingt er den Leser, das Bild, das dieser von sich selbst hat, zu revidieren.

W: Sombras suele vestir, N. 1941; Las ratas, N. 1943; La pérdida del reino, R. 1972; Ficción y realidad, Ess. 1977; Ficción y reflexión, Ess. 1988.

Bian Zhilin, chines. Lyriker, 8. 12. 1910 Haimen (Jiangsu) – 2. 12. 2000 Peking. Stud. der engl. und franz. Lit. in Peking; 1938–40 in Yan'an, 1947–49 in Oxford. In der Volksrepublik als Hrsg. und Lit. wissenschaftler tätig. – 1930–37 Gedichte in mod. Schriftsprache, vom westl. Symbolismus beeinflußt; regelmäßige Metren, bilderreiche, oft dunkle Sprache; gilt als wichtigster Dichter des chines. Symbolismus. Nach Abkehr vom Modernismus Vf. patriot. Lyrik.

W: Yumu ji, 1935; Hanyuan ji, 1936. – *Übs.*: Nachrichten von der Hauptstadt der Sonne, hg. W. Kubin 1985.

L: L. Haft, Dordrecht 1983.

Bibbiena, Bernardo Dovizi da, ital. Dichter, 4. 8. 1470 Bibbiena (Casentino superiore) – 9. 11. 1520 Rom. Als Privatsekretär bei Giovanni de' Medici in Florenz, dem er auch ins Exil folgte. Sekretär u. Botschafter Papst Leos X., 1513 Kardinal in Rom; am Hof von Urbino Kontakt mit Bembo, Castiglione, Raffael u. a. 1516 Legat beim päpstl. Heer, 1518/19 Frankreich. – Vf. zahlr. hist. interessanter Briefe u. e. der bedeutendsten ital. Komödien, ›Calandria‹, in der B. das erot. Thema der ›Menaechmi‹ des Plautus originell u. lebendig im Geist der Renaissance gestaltet.

W: Calandria, K. (1513; krit. Ausg. in Commedie del Cinquecento I, hg. I. Sanesi 1912; d. P. Seliger 1903).

L: A. Santelli, 1931; G. L. Moncallero, 1953.

Bibesco, Marthe-Lucile, Fürstin, geb. Lahovary, franz. Schriftstellerin rumän. Abkunft, 28. 1. 1888 Bukarest – 29. 11. 1973 Paris. Tochter des rumän. Staatsmannes Jean Lahovary; 1905 ∞ Fürst Georges B. – Vf. von Romanen über die europ. Aristokratie und von Porträts bedeutender Persönlichkeiten der lit. und polit. Welt. Ihre Gestalten sind lebendig und mit seltenem psycholog. Einfühlungsvermögen gezeichnet. Bekannt wurde sie durch ›Le perroquet vert‹, e. Roman über die in Frankreich im Exil lebenden Russen. ›Catherine – Paris‹ ist ihre eleg. und doch heitere Autobiographie, das Leben e. kosmopolit. Rumänin in Paris, zugleich e. Bild der europ. Aristokratie vor dem 1. Weltkrieg.

W: Les huit Paradis, R. 1908; Alexandre asiatique ou l'histoire du plus grand bonheur possible, R. 1912; Isvor, le pays des saules, R. 1923; Le perroquet vert, R. 1924 (d. 1928); Une victoire royale: Ferdinand de Roumanie, Porträt 1927; Catherine – Paris, R. 1927 (d. 1928); Au bal avec M. Proust, Porträt 1928 (d. 1972); Quatre portraits, 1929; Egalité, R. 1935; Feuilles de calendrier, R. 1939; M. Proust, Porträt 1947; La duchesse de Guermantes, Laure de Sade, Comtesse de Chévigné, Porträt 1950; La vie d'une amitié, ma correspondance avec l'abbé Meugnier, 1951; Churchill ou le courage, Porträt 1956; Elisabeth II., Porträt 1957; Mes vies antérieures, R. 1961.

L: G. de Diesbach, 1957; C. Paris, 1990.

Bickerstaffe, Isaac, engl. Dramatiker und Librettist, 26. 9. 1733 Dublin – 1808 London (?). Zunächst Offizier, schrieb ab 1756 insges. 20 Stücke. Floh 1772 wegen angebl. homosexueller Vergehen aus England, lebte dann verarmt u. ignoriert auf dem Kontinent. – B. war maßgebl. beteiligt an der Entstehung der engl. kom. Oper, s. ›Love in a Village‹ (1762) gilt als das erste Stück der Gattung.

W: Love in a Village, Sch. 1762; The Maid of the Mill, Sch. 1765. – Plays, hg. P. A. Tasch III 1981.

L: P. A. Tasch, The Dramatic Cobbler, 1971.

Bidpai (Pilpay), die Fabeln des → Pañcatantra, das

Biebl, Konstantin, tschech. Dichter, 26. 2. 1898 Slavětín – 12. 11. 1951 Prag (Selbstmord). – Begann mit soz. Tendenzdichtung, die durch s. Reise auf Java neue Impulse erhielt, unterlag dann dem jeglich Tendenz ablehnenden sensualist. ›Poetismus‹ sowie dem Surrealismus, in dem Realität u. Traumwelt noch enger verschmelzen, u. kehrte nach dem Krieg zur sozial betonten Dichtung zurück.

W: Věrný hlas, G. 1924; Zlom, G. 1925; Zloděj z Bagdadu, G. 1925; Zlatými řetězy, G. 1926; S lodí, jež dováží čaj a kávu, G. 1927; Nový Ikaros, G. 1929; Nebe, peklo, ráj, G. 1931; Zrcadlo noci, G. 1939; Bez obav, G. 1951; Cesta na Jávu, En. 1958. – Dílo (W), V 1923–54.

L: K. Konrád, 1952; H. Bieblová, Můj syn K. B., 1955.

Bieńkowski, Zbigniew, poln. Lyriker u. Essayist, 31. 8. 1913 Warschau – 23. 2. 1994 ebda. Studierte in Warschau und Paris, während des Krieges im Untergrund. 1945–50 im Auslandskulturdienst. – Übs. von V. Hugo, M. Lermontov u. a.

W: Kryształy cienia, G. 1938; Sprawa wyobraźni, G. 1945; Trzy poematy, Dicht. 1959; Piekła i Orfeusze, Ess. 1960; Modelunki, Ess. 1966; Poezja i niepoezja, Ess. 1967; Nieskończność, G. 1973; Notatnik amerykański, Ess. 1983; W skali wyobraźni, Ess. 1983 – Liryki i poematy (GW), 1975; Poezje zebrane (GW), 1993. – *Übs.:* Einführung in die Poetik, 1961.

Bierce, Ambrose Gwinnett, amerik. Erzähler, 24. 6. 1842 Horse Cave Creek/OH – 11. 1. 1914(?) Ojinaga/Mexiko(?). Farmerssohn, Teilnahme am Bürgerkrieg, Journalist und Kritiker in San Francisco, England (1872–76) und Washington (1897, 1900–1910); Tod wahrscheinl. im mexikan. Bürgerkrieg in der Schlacht von Ojinaga. – Wegbereiter der mod. Kurzgeschichte. S. Erzählungen behandeln Episoden aus dem Bürgerkrieg und aus Kalifornien; realist. Analyse seel. Extremzustände wie Angst und Todesfurcht unter gleichzeitiger Verwendung surrealist.-makabrer Schreckenseffekte in der Tradition Poes; für die Entwicklung der Short Story wichtig ist die Technik der überraschenden Schlußwendung; charakterist. für das gesamte Werk sind Ironie und zyn.-sarkast. Witz. Kritik am Werteverlust spricht aus dem iron. ›Devil's Dictionary‹ (1911) und aus kulturkrit. Essays.

W: The Fiend's Delight, Skn. 1872; Nuggets and Dust, Skn. 1872; Cobwebs from an Empty Skull, Skn. 1874; The Dance of Death, En. 1877; Tales of Soldiers and Civilians, Kgn. 1891 (u. d. T. In the Midst of Life, 1898; d. 1920); Black Beetles in Amber, G. 1892; Can Such Things Be?, Kgn. 1893; Fantastic Fables, Skn. 1899 (d. 1998); The Cynic's Word Book, 1906 (u. d. T. The Devil's Dictionary, 1911, erw. Ausg. 1967; d. 1964, 1966); The Shadow on the Dial, Ess. 1909; Battle Sketches, 1930. – Collected Works, XII 1909–12 (n. 1966); Complete Short Stories, 1970; Selected Journalism 1898–1901, 1980; Skepticism and Dissent, Journalism 1898–1901, 1986; Civil War Stories, 1988 (d. 1989); Poems, 1995; A Sole Survivor, Aut. 1998; Letters, 1922 (n. 1967). – *Übs.:* Physiognomien des Todes, 1920; Die Spottdrossel, 1963; Mein Lieblingsmord, 1963; Katzenfracht, 1965; Bittere Stories, 1967; Der Mönch und die Henkerstochter, 1968; Das Spukhaus, 1969; Werke, IV 1986–89; Ausg. Werke, 1993; Ein Mann mit zwei Leben, 1999.

L: C. McWilliams, 1929, n. 1967; C. H. Grattan, 1929, n. 1966; F. Walker, San Francisco Literary Frontier, 1939; P. Fatout, 1951; S. C. Woodruff, The Short Stories of A. B., 1964; R. O'Connor, 1967; M. E. Grenander, 1971; Critical Essays on A. B., hg. C. N. Davidson 1982; ders., 1984; R. Saunders, 1985; R. Morris, 1995; D. Lindley, 1999; L. I. Berkove, 2002. – *Bibl.:* S. T. Joshi, 1999; R. L. Gale, 2001.

Biert, Cla, rätoroman. Erzähler, 26. 7. 1920 Scuol/Graubünden – 19. 3. 1981 Chur. Schulen in Scuol, Lehrerseminar Chur. Stud. in Zürich. Seit 1947 Sekundarlehrer in Ftan, dann in Zuoz, später in Chur. ∞ Schauspielerin Angelica Menzel. – Bedeutendster rätoroman. Erzähler. S. ungemein lebendigen u. anschaul. Novellen entspringen v. a. e. äußerst intensiven Erlebnis der Kindheit u. Jugend, dem erdhaften Duft der Natur wie auch dem dramat. Kampf zwischen uralter Bergbauerntradition u. eindringendem mod. Leben. Sie sind gewürzt mit frischem Humor u. kräftiger Sinnlichkeit. B. hat sich vor allem mit Men Rauch um die Schaffung e. rätoroman. Kabaretts ›La panaglia‹ und um das alte Volkslied verdient gemacht.

W: Amuras, En. 1956; Laina verda, En. 1957; La müdada, R. 1962 (d. 1984); Fain manü, En. 1969 (Bei den Teichen, d. 1963); Il descendent, En. 1981 (d. 1981); Las fluors dal desert, En. 1993 (posthum).

Biesheuvel, Maarten bzw. J. M. A. (eig. Jacobus Martinus Arend B.), niederländ. Erzähler, * 23. 5. 1939 Schiedam. Mehrmals als Matrose auf See. Stud. Jura u. Russ. in Leiden. Wurde ab 1966 einige Male in e. psychiatr. Klinik betreut. Einige Zeit Bibliothekar, danach v. a. schriftstellerisch tätig. – Die Erzählungen haben fast immer e. autobiograph. Basis. Zentrale Frage: Wie kann man überleben in e. wahnsinnig gewordenen Welt? Dieses existenzialist. Grundthema wird relativiert durch Ironie u. absurde Elemente. Gekonnter Umgang mit traditionellen Erzählmitteln (Parallelen zu den Romantikern des 19. Jh.), vielerlei literar. Anspielungen.

W: In de bovenkooi, En. 1972; Slechte mensen, En. 1973; De Weg naar het Licht, En. 1977; De verpletterende werkelijkheid, En. 1979; Duizend vlinders, En. 1981; Reis door mijn kamer, En. 1984; Carpe diem, En. 1989; Het wonder, En. 1995; Oude geschiedenis van Pa, En. 2002. – *Übs.:* Schrei aus dem Souterrain, En. 1986. – *Bibl.:* (1972–1985) A. Hoekman, 1985.

L: T. Lohman, 1986.

Biesymenski, Alexander → Bezymenskij, Aleksandr Il'ič

Bigiaretti, Libero, ital. Erzähler u. Lyriker, 16. 5. 1906 Matelica (Macerata) – 3. 5. 1993 Rom. Aus e. Familie kleiner Bauunternehmer. Übersiedlung nach Rom; Angestellter und techn. Zeichner, später Pressesprecher der Fa. Olivetti. – Autobiograph. Momente spiegeln sich in s. Romanen, deren vielfach erot. Handlungen er psycholog. überzeugend in realist. Stil zu schildern versteht.

W: Ore e stagioni, G. 1936; Care ombre, G. 1939; Esterina, R. 1942; Un'amicizia difficile, R. 1944; Il villino, R. 1946; Un discorso d'amore, R. 1948; Carlone, R. 1951 (d. 1955); La scuola dei ladri, E. 1955; I figli, R. 1955 (Die Söhne Adams, d. 1958); Lunodora, G. 1955; Disamore, R. 1956; Leopolda, E. 1959; Il congresso, R. 1963 (d. 1966); Le indulgenze, R. 1966; La controfigura, R. 1968 (Heiß, d. 1969); L'uomo che mangia il leone, R. 1974; Le stanze, R. 1976; Questa Roma, 1981; A memoria d'uomo, G. 1982; Il viaggiatore, R. 1984.

L: F. Virdia, 1968; G. Pullini, 1971; G. Baroni, 1980.

Bihārī Lāl → Bihārīlāl Caube

Bihārīlāl Caube, ind. Dichter, 1603 Govindpur b. Gwalior – 1662/63 Jaipur. Brahmane; ließ sich in Mathurā nieder; wurde später Hofdichter des Königs Jai Singh von Jaipur. – Schrieb um 1662 die ›Satsaīya‹, 726 im Grunde voneinander unabhängige Hindi-Strophen von großer dichter. Schönheit über die Liebe von Rādhā und Kṛṣṇa, worin er sämtl. Elemente der klass. ind. Poetik (alaṅkāra) in meisterhafter Kürze behandelt.

A: hkA R. Miśra o. J.; G. Grierson 1896; N. Jain 1969. – *Übs.*: Liebesgedichte, zweispr. Ausw. (dt./Hindi) L. Lutze 1984; engl.: G. K. Mathur 1973; Bihari, an anthology, hg. Nagendra 1981.

L: V. B. Miśra, Benares 1956.

Bijns, Anna, fläm. Dichterin der Rederijkerzeit, 1493 Antwerpen – 10. 4. 1575 ebda, 1536–73 Lehrerin, verfaßte (nach den Forschungsergebnissen van Mierlos) zwischen 1516 u. 1524 Volksbücher in Prosa u. → ›Mariken van Nieumeghen‹ (gedr. 1519), ferner polem. Gedichte (Refereinen) gegen die Reformation, vor allem gegen Luther. Erste gegenreformator. Dichterin, voll Betrübnis über Mißstände in der kath. Kirche. 3. Band (69 Gedichte) Ausdruck vertieften Glaubenslebens. Ihre Liebesgedichte klagen über verschmähte Liebe.

W: Refereinen, III 1528, 1548, 1567 (n. 1875); Nieuwe refereinen, hg. W. J. A. Jonckbloet, W. L. v. Helten 1886.

L: F. J. van den Branden, 1911; L. Roose, 1963 (m. Bibl.).

Bilac, Olavo Brás Martins dos Guimarães, brasilian. Lyriker, 16. 12. 1865 Rio de Janeiro – 28. 12. 1918 ebda. Stud. Medizin Rio, Jura São Paulo (beide abgebrochen), führende Figur des aufkommenden polit.-öffentl. Lebens in Rio, 1896 Mitglied und Mitbegründer der ›Academia Brasileira de Letras‹, 1897 Chronist der ›Gazeta de Notícias‹ in Nachfolge von Machado de Assis; 1900–18 viele Reisen, u. a. Argentinien, Europa, USA. – Verfaßt erste Gedichte 1884–87, die teils dem franz. Parnaß, teils der portugies. Lyriktradition verpflichtet sind; 1890 Publikation des anti-monarchist. Romans ›O esqueleto‹ unter Pseudonym (das u. a. Aluísio de Azevedo u. Coelho Neto benutzen), gilt als bedeutender Vertreter des Parnaß durch Einführung neuer poet. Techniken (Metrik und Ästhetik) ohne formale Orthodoxie.

W: Poesias, 1988 (erw. 1902); Crónicas e novelas, En. 1894; Crítica e Fantasia, Ess. 1904; Poesias infantis, En. 1904; Contos pátrios (m. Coelho Neto), 1904; Conferências literárias, Ess. 1906 (erw. 1912); A pátria brasileira (m. Coelho Neto), 1909; Ironia e piedade, Ess. 1916; A defesa nacional, Ess. 1917; Bocage, Ess. 1917; Tarde, G. (posthum) 1919; Ultimas conferências e discursos, Ess. 1924; Poesias completas, 1929; Vossa Insolência, Chronik 1996; Obra reunida, 1997; O esqueleto: mistério da Casa de Bragança, R. (unter Pseudonym Victor Leal) 2000.

L: J. do Rio, 1915; A. de Carvalho, 1942; E. Pontes, o. J.; M. Bandeira, 1944; T. Ataíde, 1947; F. Jorge, 1963; I. Junqueira, 1985, 1987.

Bilbaşar, Kemal, türk. Schriftsteller, 1910 Çanakkale – 21. 1. 1983 Izmir. Lehrer in Izmir. – Vf. realist.-iron., stilist. unkomplizierter Schilderungen des anatol. Landlebens.

W: Anadoludan Hikâyeler, En. 1939; Cevizli Bahçe, En. 1941; Denizin Çağrisi, R. 1943; Pazarlik, En. 1944; Pembe Kurt, En. 1953; Köyden Kentten Üç Buutlu Hikâyeler, En. 1956; Ay Tutulduğu Gece, R. 1961; Cemo, R. 1966; Memo, R. II 1968f.; Yeşil Gölge, R. 1970; Başka Olur Ağalarin Düğünü, R. 1972; Kölelik Dönemeci, R. 1977; Bedoş, R. 1980; Zühre Ninem, R. 1981.

L: R. Bayer, Diss. Tüb. 1948.

Bilderdijk, Willem, niederländ. Dichter, 7. 9. 1756 Amsterdam – 18. 12. 1831 Haarlem. Sohn e. Beamten, vom 6. bis 18. Jahr infolge e. Fußverletzung ans Haus gebunden; vielseitiger Unterricht von s. Vater. Buchhalter in dessen Steuerbüro. Stellte unter Einfluß Lessings die griech. Dichtkunst über die lat. und franz.-klass. 1780–82 Stud. Rechte Leiden. Rechtsanwalt im Haag. 1785 ∞ Catharina Rebecca Woesthoven. Da er 1795 nicht den Eid auf die Menschenrechte leisten wollte, mußte er als ›gefährlicher und schädlicher Mensch‹ die Niederlande verlassen. In London Bekanntschaft mit Katharina Wilhelmina Schweickhardt; erkannte sie 1797 als s. Gemahlin an. Sie war dichterisch begabt und wurde e. treue Lebensgefährtin. 1797 Übersiedlung nach Braunschweig, wo er wie in London s. Lebensunterhalt durch Erteilung von Privatunterricht erwarb. Übs. Ossians. Reiche lyr. Produktivität. Zu Dtl. konnte er kein bejahendes Verhältnis finden. 1806 Rückkehr nach den Niederlanden. Die monarch. Regierungsform entsprach s. polit. Anschauungen. Große Anerkennung wurde der Dichtung ›De ziekte der geleerden‹ zuteil. Unterrichtete König Ludwig Bonaparte in niederländ. Sprache und Lit. Ode auf Napoleon. S. Weltanschauung trug romant. Züge: Die Seele ist die Offenbarung Gottes. Das Gefühl entscheidet auf dem Gebiet der Erkenntnis, der Ethik und der Ästhetik. In ›De ondergang der eerste wareld‹ (durch die Sündflut) nahm er sich Homer zum Vorbild. In s. Abhandlung ›Het treurspel‹ ist er Bewunderer des franz. klass. Trauerspiels. In s. Trauerspielen ›Floris de Vijfde‹, ›Willem van Holland‹, ›Kormak‹ bekundet er sich als Gegner Shakespeares und Schillers. Im Gedicht ›Afscheid‹ kündigt er e. neue Glanzzeit der Niederlande an. Bei der Rückkehr des

Hauses Oranien enttäuscht über den liberalen Kurs. Nur der Glaube an Christus kann rationalen Zeitgeist überwinden. Gegner von Aufklärung, Revolution, Toleranz und Gleichheit. Ab 1817 hielt er in s. Wohnung in Leiden von Begeisterung getragene Vorlesungen über die vaterländ. Geschichte. Jene Zeit die fruchtbarste s. Lebens. 1827 nach Haarlem übergesiedelt. 1829 Tod s. Gemahlin. Selbst Alberdingk Thijm hielt ihn e. Zeitlang für den größten niederländ. Dichter, bis er Vondels Bedeutung erkannte. Kloos nannte ihn e. geniale Persönlichkeit. Verwey sagte, daß die ganze Dichtung B.s vom Verstand geformt sei. S. große Sprachbegabung verleitete ihn zu rhetor. Darstellungsweise.

W: Mijne verlustiging, G. 1781; Elius, G. 1785; Het buitenleven, G. 1803 (nach Delille); Napoleon, G. 1806; De ziekte der geleerden, G. II 1807; Floris V., Tr. 1808; De geestenwareld, 1811; Hollands Verlossing, G. 1813; De Dieren, G. 1817; De ondergang der eerste wareld, G. 1820 (d. 1993); Geschiedenis des Vaderlands, hg. H. W. Tydeman XIII 1832–53. – Dichtwerken, hg. I. Da Costa XVI 1856–59.

L: R. A. Kollewijn, II 1891; H. Bavinck, 1906; G. van Elring, 1908; A. Heyting, II 1931–40; M. J. G. de Jong, W. Zaal, 1960; M. J. G. de Jong, 1967 u. 1973; P. H. Schrijvers, 1980; W. v. d. Zwaag, 1991; J. van Eijnatten, Hogere sferen, 1999; Wie leert..., hg. P. Gerbrandy 2000.

Bilhaṇa, ind. Dichter, 11. Jh. Aus e. in Khonamukha/Kaschmir ansässigen Gelehrtenfamilie; verließ s. Heimat um 1065 (?), unternahm mehrere Reisen in Indien und besuchte Mathurā, Kanauj, Prayaga (Allahabad) und Banaras; verbrachte einige Zeit am Hof des Fürsten Karna von Dāhala; wurde schließl. Hofdichter des Cālukya-Fürsten Vikramāditya VI. von Kalyana/Dekkan (1076–1127). – Vf. der in versch., voneinander z. T. stark abweichenden Rezensionen erhaltenen ›Caurisuratapañcāśikā‹ (50 Strophen heiml. Liebe), auch ›Caurapañcāśikā‹, ›Corapañcāśikā‹ (50 Strophen des Diebes) oder einfach ›Bilhaṇa-kāvya‹ genannt; jede einzelne Strophe schildert, mit ›Noch heute gedenke ich...‹ beginnend, in kunstvoller Form, jedoch auch sehr realist. s. amourösen Erlebnisse mit e. Prinzessin. Das Werk inspirierte Bhāratacandra Rāy zu s. Epos ›Vidyāsundara‹; B.s ›Vikramāṅka-carita‹, e. hist. Kunstepos (kāvya) in 18 Gesängen, beschreibt die Geschichte der Cālukya-Dynastie von ihrem myth. Ursprung bis zu B.s Mäzen Vikramāditya VI.; die Darstellung ist allerdings nicht nur bei der myth. Vorgeschichte, sondern auch bei hist. Ereignissen stark legendenhaft; Gesang XVIII enthält die Autobiographie des Dichters; B. wird außerdem e. Drama ›Karṇasundarī‹ zugeschrieben.

A: Caurasuratapañcāśikā, hg. P. v. Bohlen 1833, E. Ariel 1848 (m. engl. Übs.), W. Solf 1886 (m. dt. Übs.), B. S. Miller 1971 (m. engl. Übs.; d. G. Gollwitzer 1953; dt. Ausw. u. d. T. ›Immer noch‹, 2001); Vikramāṅka-carita, hg. G. Bühler 1875, III 1958–64 (d. A. Haack 1897, S. Ch. Banerij, A. K. Cupka 1965); Karṇasundarī, hg. 1888, ²1932.

L: B. N. Misra, New Delhi 1976 (m. Bibl.); M. L. Nagar, 1991, n. ²1992.

Bill'-Belocerkovskij, Vladimir Naumovič (eig. V. N. Bill'), russ. Dramatiker, 9. 1. 1885 Aleksandrija (Ukraine) – 1. 3. 1970 Moskau. Erhielt keine systemat. Schulbildung u. führte ein unstetes Wanderleben als Matrose, Fensterputzer, Heizer usw., vorw. im Ausland (Afrika, Skandinavien, Japan, USA), nach Oktoberrevolution Rückkehr nach Rußland und Teilnahme am Bürgerkrieg, publizierte seit 1918, Mitgl. von ›Proletkul't‹ u. ›Kuznica‹, aktiver kommunist. Kulturfunktionär. – Autor polit. Theaterstücke, von denen nur ›Štorm‹, eine Aneinanderreihung von revolutionären Szenen im Sinne der bolschewist. Partei, Bedeutung erlangte.

W: P'esy (Stücke), 1955; Izbrannye proizvedenija (Ausw.), II 1976.

Bille, Sabine Corinna, franz.-schweizer. Erzählerin, 29. 8. 1912 Lausanne – 1979 Veyraz-sur-Sierre. Tochter des Glasmalers Edmond B., Schule bei den Dominikanerinnen von Stans. o|o mit 25 Jahren, später ∞ walliser. Schriftsteller M. Chappaz. Mehrfache Lit.preisträgerin. – Schildert in einfacher Sprache Stimmungen, Gefühle u. Leidenschaften der Menschen.

W: La fraise noire, En. 1968 (d. 1976); La demoiselle sauvage, En. 1974; Deux passions, En. 1979 (Zwei Mädchenleben, d. 1979); Emerentia 1713, En. 1979; Virginia 1891, En. 1979; Le bal double, 1980. – Correspondance 1923–58, 1995; L'œuvre dramatique complète, II 1996.

L: M. de Courten, 1989.

Billetdoux, François, franz. Schriftsteller, 7. 9. 1927 Paris – 26. 11. 1991 ebda. Stud. Filmhochschule; Schauspielschüler, Rezitator, Kabarettist, Regisseur, 1946 Sendeleiter beim Rundfunk, dann Mitarbeiter beim Fernsehen. – Eigenwilliger Bühnenautor und Romancier; in den absurden Dramen oft symbolhafte Darstellung vom Scheitern menschl. Gemeinschaft, brillante, humorvolle Dialoge.

W: A la nuit la nuit, Dr. 1955; L'animal, R. 1955; Royal garden blues, R. 1957; Tchin-Tchin, K. 1959; Va donc chez Törpe, Sch. 1961; Le comportement des époux Bredburry Dr. 1961; Brouillon d'un bourgeois, R. 1962; Comment va le monde, Môssieu; Dr. 1964; Il faut passer par les nuages, Dr. 1964; Pitchi Poi, FSsp. (1967); Silence! l'arbre remue encore, Dr. 1967; Quelqu'un devrait faire quelque chose, Dr. 1969; Les femmes parallèles, Dr. 1971; Rintru pa trou tar hin, Dr. 1971; Réveille-toi, Philadelphe, Dr. 1988; Va donc chez Törpe, Dr. 1989; Appel de personne à personne, Dr. 1992;

Ne m'attendez pas ce soir, Dr. 1994; La nostalgie, camarade, Dr. 1997. – Théâtre, II 1961–64.

Billy, André, franz. Schriftsteller, 13. 12. 1882 Saint-Quentin/Aisne – 11. 4. 1971 Fontainebleau. Aus mittlerem Bürgertum; Schulen Amiens, zunächst Jesuitenseminar ›Notre Dame de Liesse‹. Verschiedene Berufe. Redakteur und Mitarbeiter mehrerer Zeitungen, darunter ›Le Figaro Littéraire‹, für den er v.a. die ›Propos du samedi‹ verfaßte. Ab 1930 lebte er zurückgezogen in Barbizon/Seine-et-Marne. Ab 1944 Mitgl. der Académie Goncourt. – Vf. breitangelegter und bedeutsamer Literaturkritiken. Behandelte in anfangs naturalist. Romanen und Novellen zunächst relig., später psycholog. Gegenstände, bes. Darstellung des Glaubenszweifels.

W: Bénoni. Mœurs de l'église, R. 1907; La dérive, R. 1909; Scènes de la vie littéraire à Paris, Prose 1918; Apollinaire vivant, Ess. 1923; La trentaine, Nn. 1925; La littérature française contemporaine, Ess. 1927; Vie de Diderot, B. 1931; Intimités littéraires, Ess. 1931; La femme maquillée, R. 1932; Princesse folle, E. 1933; L'approbaniste, R. 1937; Introïbo, R. 1939; Le duc des Halles, R. 1943; La terrasse du Luxembourg, 1945; M. Jacob, Es. 1946; Apollinaire, B. 1947; Vie de Balzac, B. II 1947; Le narthex, R. 1950; Sainte-Beuve, B. II 1952; Les frères Goncourt, B. 1956 (erw. III 1957); Madame, E. 1954; Le cher Stendhal, B. 1958; Mérimée, B. 1959; Hortense et ses amants, B. 1961; Huysmans et Cie, B. 1963; La nuit de Paris, R. 1963; Du noir sur du blanc, Es. 1963; Propos du samedi (1936–1947), 1969.

L: J. Decreus, 1964.

Bing, Jon, norweg. Schriftsteller, * 30. 4. 1944 Tønsberg. Prof. für Rechtsinformatik an der Univ. Oslo u. bekannter Kulturpolitiker. – Vf. zahlr. Science-Fiction-Romane, auch zusammen mit Tor Åge Bringsværd. Rege Übs.-Tätigkeit und Vf. zahlr. Fachbücher.

W: Rundt solen i ring, R. 1967; Blindpassasjer, FSsp. 1979 (zus. m. T. Å. Bringsværd); Skyggen fra månen, R. 1988; Av støv er du kommet, Sch. 1990 (zus. m. T. Å. Bringsværd); Piken som ble borte, R. 1995.

Bin Gorion, Micha Josef → Berdyczewski, Micha Josef

Bingxin (eig. Xie Wanying), chines. Schriftstellerin und Lyrikerin, 5. 10. 1900 Minhou – 28. 2. 1999 Peking. Kind reicher Eltern, wuchs in Zhifu in der Provinz Shandong auf, Stud. 1918 Yenching-Univ. Peking; beteiligt an der revolutionären Studentenbewegung. 1923–26 in den USA, 1926–37 Prof. für Lit. an der Yen-ching-Univ., 1926 ∞ den Soziologen Wu Wenzao, ging 1946 nach Japan, 1951 Rückkehr nach China, 1954–59 Abgeordnete im Nationalen Volkskongreß. – Frühreif, im Umgang mit Lit. groß geworden; verkörpert die romant.-sentimentale Tradition der chines. Lit. Themen: Einsamkeit, Liebe, Konflikt zwischen Traum und Wirklichkeit, jugendl. Melancholie. Erfolgr. auch als Jugendschriftstellerin.

W: Bingxin xiaoshuo ji, En. 1932; Bingxin shi ji, G. 1932; Bingxin sanwen ji, Ess. 1933; Tao Qi de shuqi riji, Kdb. 1956; Guilai yihou, Aut. 1958.

Binkis, Kazys, litau. Lyriker, 16. 4. 1893 Gudeliai, Kr. Biržai – 27. 4. 1942 Kaunas. 1919–21 Stud. Lit.-Wiss. Berlin; Führer der litau. Futuristen, Hrsg. der futurist. Zs. ›Keturi vėjai‹; rastloses Leben. – Im ›Šimtas pavasarių‹ Suche nach neuen, originellen Formen; ›Vėjavaikis‹ kennzeichnet s. Weltanschauung und s. Schaffen. B. verkündet stets die Freude; der Schmerz verliert in s. Dichtung s. Tragik vor der Schönheit der Welt. Dieselbe Freude an der Schönheit verstrahlt s. Gedicht ›Gėlės iš šieno‹.

W: Eilėraščiai, G. 1920; Šimtas pavasarių, G. 1923; Tamošius Bekepuris, G. 1927; Atžalynas, Dr. (1938); Kriaučius Motiejus, G. 1947; Lyrika, G. 1952; Generalinė repeticija, Dr. 1940; Rinktinė, 1955; Poezija, 1963. – Raštai (W), II 1973.

L: V. Kuzmickas, 1977.

Binyon, Robert Laurence, engl. Dichter, 10. 8. 1869 Lancaster – 10. 3. 1943 Reading. Stud. Oxford. ∞ 1904 Cicely Margaret Powell. Gehörte von 1893 an 40 Jahre zum Stab des Brit. Museums, 1913–33 ebda. Konservator oriental. Drucke, 1933/34 Prof. für Lyrik in Harvard. Experte für chines. Kunst. Übs. 1933–43 Dante ins Engl. – Vf. formvollendeter, klass.-traditioneller Gedichte; einige davon Teil des Kanons der Lyrik des 1. Weltkriegs. Mehrere Versdramen.

W: Lyric Poems, G. 1894; London Visions, 1896; Porphyrion, G. 1898; Paris and Oenone, Tr. 1906; Attila, Sch. 1907; Auguries, G. 1913; The Anvil and other Poems, G. 1916; English Poetry in its Relation to Painting, Es. 1918; The Four Years, G. 1919; Arthur, Sch. 1923; Boadicea, Dr. 1927; Collected Poems, G. II 1931; The North Star, G. 1941; The Burning of the Leaves, G. 1944.

Bion von Smyrna, altgriech. Dichter, 2. (?)/1. (?) Jh. v. Chr. Kaum biograph. Nachrichten; angebl. Geburtsort Phlossa bei Smyrna. – Von der Sammlung von B.s Gedichten unter dem Namen ›Bukolika‹ (›Hirtengedichte‹, v.a. in der Nachfolge Theokrits) sind nur 17 Gedichte und Fragmente (zwischen 1–18 Verse) erhalten, darunter u.a. eine an den Hymnen des Kallimachos orientierte ›Totenklage um Adonis‹ (98 Hexameter, refrainartige Klageverse). In den nicht-bukol., erot. Gedichten dominiert e. Konzeption des Eros (unentrinnbar, mit starker phys. Komponente), wie sie in der Folgezeit für die lat. Liebesdichtung des 1. Jh. v. Chr. typ. wird. Noch in Byzanz wird B. zus. mit Theokrit und Moschos gerne gelesen.

A: A. S. F. Gow, Bucolici Graeci, 1952; H. Beckby, D. griech. Bukoliker, 1975 (m. Übs. u. Anm.); J. D. Reed 1997 (m. Komm.); M. Fantuzzi 1985 (Adon. epitaph.). – M. Campbell 1987 (Index). – *Übs.:* B. Effe, Theokrit und die griech. Bukolik, 1986.
L: W. Arland, Diss. 1937; V. A. Estevez, Maia 33, 1981, 35–42; R. J. H. Matthews, Antichthon 24, 1990, 32–52; J. D. Reed, Diss. Stanford 1993; F. Manakidou, Prometheus 20, 1994, 104–118.

Bioy Casares, Adolfo, argentin. Erzähler, 15. 9. 1914 Buenos Aires – 8. 3. 1999 ebda. Stud. Jura u. Lit.; ∞ Schriftstellerin Silvina Ocampo; seit 1935 in inniger Freundschaft mit J. L. Borges verbunden. – S. Texte über Liebe u. Abenteuer sind geistige Reisen zwischen Traum u. Wirklichkeit, wo das Wahre oft e. phantast. Roman gleicht.
W: La invención de Morel, R. 1940 (verfilmt, Grundlage einer Oper; d. 1965); Plan de evasión, R. 1945 (verfilmt; d. 1977); La trama celeste, En. 1948; El sueño de los héroes, R. 1954 (d. 1977); Historia prodigiosa, En. 1956; Guirnalda con amores, En. 1959; El lado de la sombra, En. 1962; El gran serafin, En. 1967; Adversos milagros, En. 1969; Diario de la guerra del cerdo, R. 1969 (verfilmt; d. 1971, 1978); Historias de amor, En. 1972 (verfilmt; d. 1987); Historias fantásticas, En. 1972 (d. 1983); Dormir al sol, R. 1973 (d. 1976); El héroe de las mujeres, En. 1978; Breve diccionario del argentino exquisito, Epigr. ²1978; La aventura de un fotógrafo en La Plata, 1985 (d. 1995); La invención y la trama. Obras escogidas, 1991; Memorias, 1994; En viaje (1967), 1996; Historias de amor, 1996; Historias fantásticas, 1997; De jardines ajenos, 1997; Historias desaforadas, 1998; Descanso de caminantes, Tg. 2001.
L: B. Curia, II 1986; E. Cross, F. Della Paolera, 1989; M. Camurati, 1990; D. Martino, 1990; N. Ulla, 1990; F. Sorrentino, 1992; L. Block de Behar, I. Solari de Muró, 1993; J. De Navascués, 1995; M. L. Snook, 1998; S. López, 2000; J. Iglesias, S. R. Arias, 2001.

Bird, Robert Montgomery, amerik. Dramatiker und Romancier, 5. 2. 1806 New Castle/DE – 23. 1. 1854 Philadelphia. Sohn e. Senators. Medizinstud. – Vf. hist. Dramen; erfolgr. in der Darstellung durch den berühmten Tragöden Edwin Forrest, der ihre Drucklegung verhinderte. Enttäuscht und in finanzieller Notlage schrieb B. hist. Romane mit realist. Hintergrund über die Eroberung Mexikos, das Pennsylvanien der Revolutionszeit und die Kentucky-Frontier von 1780 (Indianerkämpfe).
W: The Gladiator, Dr. (1831); Oralloossa, Dr. (1832); The Broker of Bogota, Dr. (1834); Calavar, R. 1834 (d. 1848); The Infidel, R. 1835; The Hawks of Hawk-Hollow, R. 1835; Sheppard Lee, R. 1836; Nick of the Woods, R. 1837 (d. 1928); Peter Pilgrim, or A Rambler's Recollections, Sk. 1838; The Adventures of Robin Day, R. 1839 (d. 1854); Life and Dramatic Works, hg. C. E. Foust, 1919; The Looking Glass, K. 1933; Cowled Lover & Other Plays, 1941.
L: C. E. Foust, 1919; C. Dahl, 1963.

Birgitta Birgersdotter, schwed. Heilige und Mystikerin, um 1303 Finsta/Uppland – 23. 7. 1373 Rom. Tochter e. Richters, 1316 ∞ Richter Ulf Gudmarsson, 8 Kinder. 1344 nach gemeinsamer Pilgerfahrt u. Tod des Mannes polit. u. relig. Wirksamkeit. Um die päpstl. Erlaubnis zur Stiftung e. Ordens zu erhalten (sie wurde erst 1370 erteilt), reiste sie 1349 nach Rom, wo sie mit kleineren Unterbrechungen bis zu ihrem Tode lebte u. mit den bedeutendsten geistl. Persönlichkeiten der Zeit in Kontakt stand. Starb auf der Rückreise von e. Wallfahrt nach Jerusalem u. Bethlehem; ihre Leiche wurde 1374 nach Schweden überführt. 1391 Heiligsprechung. – In über 600 visionären Offenbarungen behandelt sie die verschiedensten Themen von schwierigen Glaubensfragen bis zu den geringsten Alltagssorgen und gibt bestimmte Ansichten zu aktuellen polit. Fragen als göttl. Eingebungen wieder; sie scheut sich nicht, deutl. Ermahnungen und harte Urteile über Päpste u. regierende Fürsten auszusprechen. Ihre Gesichte sind stets mit dem prakt. Ziel der Besserung verbunden, nie überspannt, sondern nüchtern, weltgewandt u. zeugen von starkem Willen. Die Sprache ist teils realist., teils bildhaft symbol. Zwischen dogmat. Ergüssen, die der übl. ma. Form der Offenbarung entsprechen, tauchen als Eigenart oft plötzl. konkrete Details, pittoreske Wendungen, sogar Kraftworte auf. B. hat ihre Eingebungen in der Muttersprache aufgeschrieben; vor der Veröffentlichung wurden sie von Gelehrten ihrer Umgebung, meist ihren Beichtvätern (bes. Alfonso de Jaén), ins Lat. übersetzt.
A: Revelationes, Lübeck 1492 (Das puch der Himmlischen offenbarung der heiligen wittiben Birgitte von dem künigreich Sweden, d. 1502; IV 1882); Ausw. in schwed. Übs. hg. R. Steffen 1909, erw. 1947; vollst. schwed. Übs. T. Lundén IV 1957–59; B. Bergh: Sancta Birgitta, Revelaciones Lib. VII, 1967.
L: C. Flavigny, 1892; K. B. Westman, 1911; E. Fogelklou, 1919, ²1955 (d. 1929); S. Kraft, 1929; I. Collijn, 1924–31; T. Schmid, 1940; J. Jörgensen, II 1942–44; A. Lindblom, 1918, 1962; S. Stolpe, II 1973; H. Sundén, 1973; B. Klockars, 1973.

Bishop, Elizabeth, amerik. Lyrikerin, 8. 2. 1911 Worcester/MA – 6. 10. 1979 Boston. Stud. Vassar College, Freundschaft mit M. Moore u. R. Lowell; Reisen in Europa, Afrika u. Südamerika, lebte 1951–67 in Brasilien, 1970–77 ›poet in residence‹ Harvard Univ., zahlr. Preise u. akadem. Ehrungen. – Ihre beschreibenden u. phantast. Gedichte verbinden bei Zurückhaltung im Gefühlsausdruck ungezwungen Ironie mit exakter Beobachtung. Gegen Bekenntnislyrik. Auch Kurzgeschichten für ›The New Yorker‹; versch. Übsn. brasilian. Lit., bes. ›Anthology of 20th Century Brazil Poetry‹ (1972).

W: North and South, G. 1946; A Cold Spring, G. 1955; Questions of Travel, G. 1965; Ballad of the Burglar of Babylon, G. 1968; Geography III, G. 1976; Becoming a Poet, 1989; One Art, Br. 1994; Exchanging Hats: Thirty-nine Paintings, 1996; Conversations (m. G. Monteiro), 1996. – Complete Poems, 1969; Complete Poems 1927–1979, 1983; Collected Prose, hg. R. Giroux 1984 (Der stille Wahn, d. 1990).
L: A. Stevenson, 1966; E. B. and Her Art, hg. L. Schwartz, S. P. Estess 1983; A. M. Greenhalg, Concordance, 1985; H. Bloom, hg. 1985; D. E. Wyllie, 1983; B. Costello, 1991; L. Goldensohn, 1991; C. K. Doreski, 1993; C. B. Millier, 1993; V. Harrison, 1993; S. McCabe, 1994; G. Fountain, P. Brazeau, 1994; M. M. Lombardi, 1995; S. Barry, 1996; S. B. Shigley, 1997; A. Colwell, 1997; A. Stevenson, 1998; X. Zhou, 1999; M. Swenson, 2000; C. Roman, 2001. – *Bibl.:* C. W. MacMahon, 1980.

Bishop, John Peale, amerik. Dichter, 21. 5. 1892 Charles Town/WV – 4. 4. 1944 Hyannis/MD. Wohnsitz lange in Frankreich, dort im Kreis der ›expatriates‹ um F. S. Fitzgerald, dann auf Cape Cod. – S. Prosa erinnert mit eleg. Stimmung an die vergangene Südstaatenkultur; in s. Dichtung an romant. Vorbildern (Tennyson), stilist. auch an Pound u. Eliot orientiert.
W: Green Fruit, G. 1917; The Undertaker's Garland, G. 1922 (m. E. Wilson); Many Thousands Gone, Kgn. 1931; Now with His Love, G. 1933; Minute Particulars, G. 1935; Act of Darkness, R. 1935 (Jeder tötet, was er liebt, d. 1971). – Collected Poems, hg. A. Tate 1948 (n. 1975); Collected Essays, hg. E. Wilson 1948 (n. 1975); Letters A. Tate/J. P. B., 1981.
L: R. L. White, 1966.

Bitov, Andrej Georgievič, russ. Erzähler, * 27. 5. 1937 Leningrad. Bergbauing., publiziert seit 1959. – Sucht unter westeurop. Einfluß e. Erneuerung der russ. Erzähltechnik, gestaltet im Detail den inkonsequenten Bewußtseinsstrom, stellt zweifelnde, gestrauchelte Menschen ins Zentrum s. fragmentar. Prosa. S. Verzicht auf kommunist. Pädagogik wurde angegriffen. S. größtes Werk, der Roman ›Puškinskij dom‹, konnte vollständig zunächst nur in den USA erscheinen, 1987 auch in der UdSSR.
W: Bol'šoj šar, Nn. 1963; Dačnaja mestnost', Nn. 1967; Obraz žizni, Nn. 1972; Puškinskij dom, R. 1978 (Das Puschkinhaus, d. 1983). – Imperija v 4–ch izmerenijach (GW), IV 1996.
L: E. Chances, Cambridge 1993; S. Spieker, 1996; D. Kary, 1999.

Bizcarrondo Ureña, Indalecio (gen. Vilinch), bask. Dichter, 30. 4. 1831 San Sebastián – 21. 7. 1876 ebda. Ohne Schulbildung, Tischler, Hausmeister am Theater, Soldat; durch mehrere Unglücksfälle stark körperl. versehrt. – Volksdichter, Meister der humorist. Satire, aber auch intime, gefühlsstarke Verse, zahlr. Lieder.
L: Bilintx (1831–1876), 1978.

Bjadulja, Zmitrok (eig. Samuil Jafimovič Plaŭnik), weißruss. Dichter, 23. 4. 1886 Pasadzec – 3. 11. 1941. Sohn e. israelit. Kutschers. – Lyriker mit volkstüml. Motiven, Essayist und Erzähler vom Leben in s. Heimat. Erfolgr. mit dem nach amtl. Schema verfaßten Roman ›Jazep Krušynski‹.
W: Abrazki, Nn. 1914; Žydy na Belarusi, Ess. 1917; Pad rodnym nebam, G. 1922; Na začarovanych honjach, Nn. 1922; Salavej, E. 1928; Jazep Krušynski, R. II 1929–32; U drymučych ljasoch, E. 1939; Paėmy (Ausw.), 1947. – Zbor tvoraŭ (GW), IV 1951–53, V 1985–89.
L: V. Kavalenka, 1963; I. Navumenka, 1995.

Bjarnhof, Karl, dän. Romanschriftsteller, 28. 1. 1898 Vejle/Jütland – 19. 6. 1980 Kopenhagen. Organist, Journalist, Mitarbeiter am dän. Rundfunk und Fernsehen. Früh erblindet. – Vf. stark autobiograph. Romane aus dem Leben und der Problematik der Blinden in verhaltenem Stil.
W: Men hver sin vej, Nn. 1932; Møl og rust, R. 1935; Livets elskere, R. 1937; Stjernerne blegner, R. 1956 (Frühe Dämmerung, d. 1958); Det gode lys, R. 1957 (Das gute Licht, d. 1958); Den korte dag er lang nok, R. 1958 (Der kurze Tag ist lang genug, d. 1961); Jorim mit navn, R. 1960 (Jorim ist mein Name, d. 1960); Anonyme profiler, N. 1962; Uden retur, N. 1965; Æsops betroelser, Es. 1966; Denne sidste sommer, R. 1968; Tango jalousie, B. 1969; Romersk kvartet, R. 1970; Støv skal du blive. På spor af Niels Steensen, Sb. 1972; Timeslag, R. 1976; Nattefrost, R. 1979.

Bjelyj, Andrej → Belyj, Andrej

Bjerke, Jarl André (Ps. Bernhard Borge), norweg. Lyriker und Erzähler, 30. 1. 1918 Oslo – 10. 1. 1985 ebda. Stud. Mathematik ebda. – Formbegabter Lyriker u. glänzender Essayist, zeigte v. a. in s. Sonetten große sprachl. Gewandtheit, Formkunst und Klarheit der Aussage, die sich, zunehmend kontemplativ, der Anthroposophie R. Steiners annäherte. Auch Vf. von Kriminalromanen und bedeutender Übs. von Shakespeare, Goethe, Shelley, Heine u. Rilke.
W: Syngende jord, G. 1940; Fakkeltog, G. 1942; Regnbuen, G. 1946; Eskapader, G. 1948; Den hemmelige Sommer, G. 1951; Prinsessen spinner i berget, G. 1953; Slik frøet bærer skissen til tre, G. 1954; En jeger og hans hund, G. 1958; En kylling under stjernene, G. 1960; En skrift er rundt oss, G. 1966; Skyros, Egeerhavet, G. 1967; Det finnes ennu seil, G. 1968; En strå i vind, G. 1974. – Samlede dikt, II 1977. – *Übs.:* Tod im Blausee; Der Nachtmensch; Tote Männer gehen an Land, 3 Thriller 1981.
L: J. E. Hansen, 1985; V. Bjerke, Du visste om et land: om min far A. B., 2002.

Björling, Gunnar Olof, finnl.-schwed. Lyriker, 31. 5. 1887 Helsingfors – 11. 7. 1960 ebda. Entstammt der bürgerl. schwed.sprachigen Schicht. – Pionier des Modernismus. Bricht mit den konventionellen poet. Wertmaßstäben. Sucht die Komplexität des Lebens in syntaktisch freien Gedichtansätzen zu fassen, die nicht linear gelesen werden müssen. Getragen von der Idee der Grenzenlosigkeit des Daseins und e. niemals abgeschlossenen Entwicklung. Bewegliches Zusammenspiel von Einzelelementen korreliert mit relativistischer Weltanschauung. S. Aphorismen sind oft Proteste gegen Konventionalismus u. Indifferenz. Der bezwingende Ton s. Dichtung spielt zuerst ins Groteske, Mißtönende, schwingt aber später in Würde u. Harmonie aus.

W: Vilande dag, Aphor. 1922; Korset och löftet, Aphor. 1929; Kiri-ra!, G. 1930; Solgrönt, G. 1933; Fågel badar snart i vattnen, G. 1934; Men blåser violer på havet, G. 1936; O finns en dag, G. 1944; Luft är och ljus, G. 1946; Vårt kattliv timmar, G. 1949; Hund skenar glad, G. 1959; Allt vill jag falta i min hand, G. 1974; Jag viskar dig jord: Dikter 1956–60, G. 1991; Skrifter, Ess. 1995. – Ausw. Björlingurval, hg. R. Enckell 1937; Du jord du dag, G. 1957; Det storm enklas dag: dikt och prosa, 1986.

L: B. Carpelan, Studier i G. B.s diktning 1922–33, 1960; A. Olsson, Att skriva dagen, 1995.

Bjørneboe, Jens Ingvald, norweg. Lyriker und Erzähler, 9. 10. 1920 Kristiansand – 9. 5. 1976 Veierland. Gymnas., dann Versuche als Maler; Lehrer der Rudolf-Steiner-Schule in Oslo, freier Schriftsteller. – Sozialkrit. Romane u. Schauspiele in der Tradition B. Brechts. Kritiker des Schul- u. Gefängniswesens sowie staatl. Bevormundung. S. Trilogie über die Geschichte der menschl. Grausamkeit gilt als e. Hauptwerk der neueren norweg. Lit.

W: Dikt, G. 1951; Før hanen galer, R. 1952 (Ehe der Hahn kräht, d. 1970); Ariadne, G. 1953; Jonas, R. 1955 (Jonas und das Fräulein, d. 1958); Vinter i Bellapalma, R. 1958; Blåmann, R. 1959; Den onde hyrde, R. 1960 (Viel Glück, Tonnie, d. 1965); Drømmen og hjulet, R. 1964; Til lykke med dagen, Sch. 1965; Frihetens øyeblikk, R. 1966 (Der Augenblick der Freiheit, d. 1968); Fugleelskerne, Sch. 1966; Uten en tråd, R. 1967 (Nackt im Hemd, d. 1970); Semmelweis, Sch. 1968; Kruttårnet, R. 1969; Aske, vind og jord, G.-Ausw. 1968; Hertug Hans, R. 1972; Haiene, R. 1974 (Haie, d. 1984); Om Brecht, Ess. 1977; Om teater, Ess. 1978. – Samlede skuespill, 1973, 1978, 1998; Samlede dikt, 1977; Samlede essays, I – VI 1996.

L: Y. R. Otnes, 1974; C. Hambro, 1978; J. Garton, Westport/CT 1985; I. S. Kristiansen, 1989; F. Wandrup, 1990; J. Martin, N. Y. 1996.

Bjørnson, Bjørnstjerne, norweg. Dichter, 8. 12. 1832 Kvikne/Østerdalen – 26. 4. 1910 Paris. Sohn e. Pfarrers in Ostnorwegen, der 1837 nach Nesset/Romsdalsdistrikt zog. Schulbesuch in Molde, ab 1850 Vorbereitung zum Stud. in Oslo. Bekanntschaft mit dem jungen Ibsen. 1854 Aufgabe des Stud. zugunsten lit. und journalist. Tätigkeit. 1857–59 Direktor des Norweg. Theaters in Bergen, 1865–67 Leiter des Kristiania-Theaters, 1870–72 Führung des Møllergaten-Theaters Oslo. ∞ 1858 Karoline Reimers. Hrsg. zahlr. Zsn. (1866–71 ›Norsk Folkeblad‹; ›Bergensposten‹, ›Aftenbladet‹, ›Illustreret Folkebladet‹); längerer Aufenthalt in Kopenhagen, Eintreten für die Volkshochschulbewegung in zahlr. Vorträgen und Aufsätzen. Jahrelang im Ausland, 1860–63 und 1873–75 in Dtl. und Italien, 1880/81 in Amerika, 1882–87 in Paris. Ließ sich auf s. Gut Aulestad Gudbrandsdal nieder, das zu e. geistigen Zentrum Norwegens wurde. Setzte sich bes. für die Lösung der soz. und polit. Probleme des Landes ein. 1903 1. skandinav. Nobelpreisträger. – Wurde nach romant. Anfängen unter Einfluß von G. Brandes und der franz. Realisten zum Sprecher s. Generation u. Reformator der norweg. Lit. im Hinblick auf e. neue realist., Natur u. Dichtung als Einheit betrachtende Kunstauffassung fern von Ästhetizismus und Radikalismus. Am erfolgreichsten und von dauerhaftester Wirkung mit s. volkstüml. Bauerngeschichten von tiefer Heimatliebe, die die dt. ›Heimatkunst‹-Bewegung anregten, ebenso mit s. an die Sagas angelehnten Epen (›Arnljot Gelline‹) und Gedichten, unter ihnen die norweg. Nationalhymne ›Ja, vi elsker dette landet‹. Als Dramatiker im Schatten Ibsens, wirkte jedoch stark auf die Ausbildung e. eigenständigen norweg. Theaterkultur, anfangs mit hist. Schauspielen, dann mit schwach gebauten, heute themat. überholten soz. Dramen, schließl. mit s. psycholog. durchdrungenen Meisterwerken ›Over Ævne‹ und ›Paul Lange og Tora Parsberg‹. Als polit. einflußreichster Journalist u. Redner trat er für die Freiheit des Individuums und der kleinen Völker ein, insbes. für die nationale Selbständigkeit Norwegens und e. kulturelle Ausrichtung an Dtl.

W: Thrond, E. 1857; Synnøve Solbakken, E. 1857 (d. 1861); Mellem Slagene, Dr. 1857 (Zwischen den Schlachten, d. 1866); Arne, E. 1858 (d. 1860); Halte Hulda, Dr. 1858 (d. 1866); En glad gut, E. 1860 (Ein frischer Bursche, d. 1861); Smaastykker, Nn. 1860 (d. 1900); Kong Sverre, Dr. 1861; Sigurd Slembe, Dr. 1862 (d. 1903, u.d.T.. König Sigurd, 1866); Maria Stuart i Skottland, Dr. 1864 (d. 1866); Bergljot, Ep. 1865; De Nygifte, 1865 (Die Neuvermählten, d. 1871); Jernbanen og Kirkegarden, E. 1866 (Die Eisenbahn und der Kirchhof, d. 1867); Fiskerjenten, E. 1868 (Das Fischermädchen, d. 1868); Digte og Sange, G. 1870 (d. 1908); Sigurd Jorsalfar, Dr. 1872 (d. 1901); Brudeslaaten, R. 1873 (Der Brautmarsch, d. 1877); Redaktøren, Dr. 1874 (Der Redakteur, d. 1875); En Fallit, Dr. 1875 (Ein Fallissement, d. 1875); Arnljot Gelline, Ep. 1875 (d. 1904); Magnhild, E. 1877 (d. 1878); Kongen, Dr. 1877 (Der König, d. 1896); Kaptejn Mansana, E. 1879 (d. 1879); Det ny system, Dr. 1879 (d. 1880); Leonarda, Dr. 1879 (d. 1879); Støv, E. 1882 (Staub, d. 1900); En hanske, Dr. 1883 (Ein Handschuh, d. 1888); Over Ævne, Dr. II 1883–95 (Über die Kraft I, d. 1886, II, 1896); Det flager i byen og på havnen, R. 1884 (Flaggen über Stadt und

Hafen, d. 1904; u.d.T.. Das Haus Kurt, d. 1886, u.d.T.. Thomas Rendalen, d. 1886); Geografi og kjærlighed, Lsp. 1885 (Geographie und Liebe, d. 1893); På Guds veje, R. 1889 (Auf Gottes Wegen, d. 1892; u.d.T.. Ragni, d. 1891); Absalons haar, R. 1894 (d. 1894); Nye Fortællinger, En. 1894 (Neue Erzählungen, d. 1895); Paul Lange og Tora Parsberg, Dr. 1898 (d. 1899); Laboremus, Dr. 1901 (d. 1901); På Storhove, Dr. 1902 (d. 1903); Daglannet, Dr. 1904 (d. 1905); Mary, R. 1906 (d. 1907); Naar den ny vin blomstrer, Lsp. 1909 (Wenn der junge Wein blüht, d. 1909). – Samlede værker, X³ 1914, XIII 1932 f.; Samlede digterværker, hg. F. Bull IX 1919 f.; Artikler og taler, II 1920; Fortællinger, II ¹²1898; Briefe: Aulestadbreve, 1911; Gro-tid, II 1912 f.; Brytnings-år, II 1921; Kamp-liv, II 1932; Brev til Karoline, 1957; Brevveksling med danske, III 1953; Brevveksling med danske 1854–1874, III 1970–74; Brevveksling med svenske, III 1960 f.; Brevveksling mellem B. B. og Amalie Skram 1878–1904, 1982. – Übs.: GW, hg. J. Elias V ²⁹1927; T. Schäfer, III 1910; Erzählungen, IV 1904 f., 1921; Gedichte, 1908; Briefe, 1912; Legenden, 1913; Bauerngeschichten, II 1925, 1937.

L: G. Gran, Koph. 1910; Bjørnson-studier, 1911; G. Neckel, Ibsen und B., 1921; A. M. Holmgren, 1921; T. K. Strasser, 1922; J. Marstrand, Koph. 1923; C. Collin, II ²1924 (Bd. 1 d. 1903); C. Gierløff, 1932; J. Lescoffier, B., la seconde jeunesse, Paris 1932; F. Meyen, B. B. im dt. Schrifttum, 1933; J. Nome, B.s dikterproblem, 1934; H. Larson, N. Y. 1945; H. Noreng, 1954, 1967; P. Amdam, Den unge B., 1960, 1969; H. H. Höhne, 1960; H. Møller, 1968; H. Lervik, 1969; A. Tvinnereim, hg. 1970; E. Danielsen, 1973; G. Hummelvoll, 1973; E. Haugen, 1978; R. Myhre, 1978; P. Amdam, 1979; F. Bull, 1982; A. Keel, B. in Dtl., 1985. – *Bibl.:* A. Thuesen, V 1948–57; P. Amdam, B. B. 1832–1880, 1993; A. Keel, B. B. 1880–1910, 1999.

Bjørnvig, Thorkild, dän. Lyriker, * 2. 2. 1918 Aarhus. Seit 1938 Stud. Lit.-Wiss. Debüt als Lyriker 1947, 1948–50 Mitredakteur der Zs. ›Heretica‹. Enge Freundschaft mit K. Blixen. – Motive s. Lyrik sind Kindheit, Liebe, Kunst und Tod. Sieht das Leben als Auseinandersetzung mit den entscheidenden Erlebnissen der Kindheit, den Tod als den Prüfstein des menschl. Gehalts. Formkünstler in der dän. Tradition. Als Denker und Ästhetiker unter Einfluß Nietzsches, V. Grønbechs, Rilkes, T. S. Eliots und G. Ekelöfs; Übs. Rilkes.

W: R. M. Rilke og tysk tradition, Diss. 1946, gedr. 1959; Stjærnen bag gavlen, G. 1947; Martin A. Hansens digtning, St. 1949; Begyndelsen, Ess. 1960; Kains alter, Habil. 1964; Forsvar for Kains alter, Es. 1965; Udv. digte, G. 1970; Pagten 1974 (Meine Freundschaft m. T. Blixen, d. 1998); Solens have og skolegården, Erinn. 1918–33, 1983; Hjørnestuen og månehavet, Erinn. 1934–38, 1984; Jordens hjerte, Erinn. 1986; Ønsket, Erinn. 1987; Siv vand og måne, G. 1993. – Samlede digte, 1998.

L: P. Dahl, 1976; M. Barlyng u.a., I kentaurens tegn, 1993; E. Schütz, 1999.

Black, William, schott. Romanschriftsteller u. Journalist, 9. 11. 1841 Glasgow – 10. 12. 1898 Brighton. Stud. Landschaftsmalerei, Journalist in Glasgow, ab 1864 in London. 1870/71 Kriegskorrespondent, dann Redakteur der ›Daily News‹. – Vf. zahlr. Romane und romant.-sentimentaler Abenteuererzählungen. Vertraut mit dem Lokalkolorit der westl. Inseln.

W: James Merle, R. 1864; In Silk Attire, R. 1869; A Daughter of Heth, R. 1871; The Strange Adventures of a Phaeton, E. 1872; A Princess of Thule, R. 1874; Macleod of Dare, R. 1878; White Wings, R. 1880; Shandon Bells, R. 1879; Yolande, R. 1883; Judith Shakespeare, R. 1883; White Heather, R. 1886; Stand Fast, Craig-Royston, R. 1890; Green Pastures and Piccadilly, Kgn. 1898. – Novels, XXVIII 1892–98.

L: T. W. Reid, 1902.

Blackmore, Richard Doddridge, engl. Dichter u. Schriftsteller, 7. 6. 1825 Longworth/Berkshire – 20. 1. 1900 Teddington b. London. Stud. Oxford, vorübergehend Rechtsanwalt, gab s. Beruf aus Gesundheitsrücksichten auf, wurde Gärtner. – Veröffentlichte zunächst mehrere Gedichtbände, wandte sich dann der Prosa zu. S. bekanntester Roman ist die hist. Romanze ›Lorna Doone‹. Ausgeprägtes Naturempfinden; schildert in s. Romanen die maler. Wildheit der Devonshire-Moore.

W: Poems by Melanter, G. 1853; Epullia, G. 1855; The Bugle of the Black Sea, G. 1855; Clara Vaughan, R. III 1864; Cradock Nowell, R. III 1866; Lorna Doone, R. III 1869 (n. 1966; d. II 1894); The Maid of Sker, R. 1872 (n. 1968); Alice Lorraine, R. III 1875; Cripps, the Carrier, R. III 1876; Mary Anerley, R. III 1880; Christowell, R. III 1882; Springhaven, R. III 1887; Perlycross, R. III 1894; Fringilla, G. 1895.

L: F. J. Snell, The Blackmore Country, 1906; Q. G. Burris, 1930; W. H. Dunn, 1956; K. Budd, 1960.

Blackmur, Richard Palmer, amerik. Lit.kritiker u. Lyriker, 21. 1. 1904 Springfield/MA – 2. 2. 1965 Princeton/NJ. Buchhändler in Cambridge/MA, Mithrsg. von ›Hound and Horn‹ und ›Kenyon Review‹; ab 1940 Lehrtätigkeit an der Princeton Univ., 1951 Prof. für Engl. ebda. – Vf. krit. Essays über die wichtigsten Autoren der mod. Lit., deren Verständnis in der Gegenwart er entscheidend beeinflußte; Text- und Stilanalysen von Bedeutung für den New Criticism.

W: The Double Agent, Ess. 1935; From Jordan's Delight, G. 1937; The Expense of Greatness, Ess. 1940; Second World, G. 1942; The Good European, G. 1947; Language as Gesture, Ess. 1952; The Lion and the Honeycomb, Ess. 1955; Anni Mirabiles, 1921–25, Ess. 1956; Form and Value in Modern Poetry, Ess. 1957; Eleven Essays in the European Novel, 1964; A Primer of Ignorance, Ess. 1967; Poems, 1977; Selected Essays, 1986; Outsider at the Heart of Things, Ess. 1989.

L: R. Boyers, 1980; G. J. Pannick, 1981; R. Fraser, 1981; J. T. Jones, 1986; E. T. Cone, 1987.

Blaga, Lucian, rumän. Philosoph u. Dichter, 9. 5. 1895 Lancrăm/Alba – 6. 5. 1961 Cluj. Sohn e. orthodoxen Priesters. Stud. Theol. Sibiu, Philos. Wien. Hrsg. der Zs. ›Gândirea‹. Diplomat. Karriere, 1936 Mitgl. der Rumän. Akad., 1938 Prof. für Philos. Cluj. Unter dem kommunist. Regime Bibliotheksangestellter ebda. – S. Lyrik ist Illustration s. philos. Systems; für den im Organischen tief verwurzelten Menschen ist das Jenseits greifbare Wirklichkeit, die er durch kosm. Mysterien, Mythos und Magie erreicht. S. Dorf, die Ebene, die Landschaft verbindet sich kosm. mit der Ewigkeit von Zeit u. Raum. E. Mystik ohne Zwielicht, Heuchelei u. dumpfe Rhetorik, metaphys. Dichtung von starker Bildkraft. Auch s. expressionist. Dramen sind lyr. Das Denken, die Idee herrscht über die Handlung, die Personen verkörpern Symbole u. Mythen; ›Ideologie‹ wird durch aristokrat. Rhetorik zugängl. Goethe-Übs.

W: Poemele luminii, G. 1919; Zamolxe, Dr. 1921; Pașii profetului, G. 1921; În marea trecere, G. 1924; Meșterul Manole, Dr. 1927; Lauda somnului, G. 1929; Avram Iancu, Dr. 1934; La curțile dorului, Dicht. 1938; Trilogia Cunoașterii, Ess. III 1943; Trilogia Culturii, Ess. III 1944; Trilogia Valorilor, Ess. III 1946; Hronicul și cântecul vârstelor, Aut. 1966 (Chronik und Lied der Lebenszeiten, d. 1968). – Poezii, 1942 u. 1963; Opera dramatică, II 1942. – *Übs.:* Ausgew. Gedichte, 1967.

L: J. Brucăr, 1938; V. Băncilă, 1938; C. Fântâneru, 1940; D. Botta, 1941; P. Drăghici, 1943; O. Drîmba, 1944; B. Munteanu, 1951; H. Stamatu, 1962; O. S. Crohmălniceanu, 1963; D. Micu, 1968; M. Șora, 1970; M. Vaida, 1975; G. Ganä, 1976; D. Vatamaniuc, 1977; A. Alucăi, 1979; E. Todoran, II 1981–83; D. C. Mihăilescu, 1984.

Blahoslav, Jan, tschech. Schriftsteller u. Humanist, 20. 2. 1523 Přerov – 24. 11. 1571 Moravský Krumlov. Stud. Theol. Wittenberg, Königsberg, Basel, 1557 Bischof der Böhm. Brüderunität, deren bildungsfeindl. Einstellung er überwand; in s. Wohnsitz Ivančice (Eibenschütz) gründete B. 1562 e. Druckerei. – Gebildet und vielseitig interessiert, arbeitete B. am Wiederaufbau des verbrannten Brüderarchivs (Acta Unitatis Fratrum), das er um acht Bände bereicherte, verfaßte Schriften über den Ursprung der Unität, die Kunst der Kanzelrede, schrieb in Anlehnung an Václav Philomates e. musiktheoret. Abhandlung u. e. Grammatik, in der er auch Phraseologie u. Mundarten berücksichtigte, redigierte das nach dem poln. Druckort ›Kancionál šamotulský‹ benannte Gesangbuch der Unität, zu dem er etwa 70 eigene Lieder beisteuerte. S. Übs. des Neuen Testaments nach lat. u. griech. Vorlage wurde als Bd. VI der berühmten ›Kralitzer Bibel‹ (1579–94) zugrunde gelegt.

W: O původu Jednoty bratrské a řádu v ní, 1551 f. (n. O. Odložilík 1928); Musica, 1558; Písně chval božských, 1561, ²1564; Nový zákon, 1564, ²1568; Filipika proti misomusům, 1567; Grammatika česká, 1571 (n. J. Jireček 1857); Vady kazatelův, 1571.

L: Sborník Blahoslavův, 1923; J. Th. Müller, Gesch. d. Böhm. Brüder, II – III 1931; Ř. Říčan, Jednota bratrská, 1957; J. Janáček, 1966.

Blair, Eric → Orwell, George

Blair, Robert, schott. Dichter, 17. 4. 1699 Edinburgh – 4. 2. 1746 Athelstaneford. Stud. Edinburgh. Sohn e. Geistlichen, selbst ab 1731 Geistlicher in Athelstaneford/Haddingtonshire. – Schrieb e. Blankversdichtung von 767 Zeilen ›The Grave‹ (1743, von W. Blake 1808 illustriert), leistete damit e. Beitrag zu der um Mitte des 18. Jh. herrschenden Mode schwermütiger Friedhofspoesie. Die Verse zeigen stellenweise hohe dichter. Qualität, schlagen aber vielfach ins banal Lehrhafte um. Gedankl. verwandt mit Youngs ›Night Thoughts‹, die etwa gleichzeitig erschienen.

W: The Grave, G. 1743 (n. hg. R. Essick 1982).

Blair, Ron, austral. Dramatiker, * 1942 Sydney. Mitbegründer des Nimrod Street Theatre, arbeitete für den austral. Rundfunk (ABC) u. die südaustral. Theatre Company. – Weitgespanntes dramat. Werk, von der satir. Revue über den Thriller bis zum Geschichtsdrama.

W: Kabul, Dr. 1973; President Wilson in Paris, Dr. 1974; The Christian Brothers, Dr. 1976; Marx, Dr. 1983.

Blais, Marie-Claire, kanad. Schriftstellerin franz. Sprache, * 5. 10. 1939 Québec. Lebte im Wechsel in Frankreich, USA und China. Zahlr. Preise und Auszeichnungen. – Hatte großen Erfolg mit ihrem Roman ›Une saison dans la vie d'Emmanuel‹, in dem sie in realist.-drast. Form und in eigenwilliger Erzähltechnik die Misere e. kinderreichen Bauernfamilie schildert. Es folgten soz.krit. Romane, Theaterstücke und Lyriksammlungen, die sich die Bloßlegung verborgener dunkler Kräfte und Wahrheiten zum Ziel setzen.

W: La belle bête, R. 1959; Une saison dans la vie d'Emmanuel, R. 1966 (Schwarzer Winter, d. 1967); Une liaison parisienne, R. 1976; Visions d'Anna, R. 1979; Le sourd dans la ville, R. 1980; Les nuits de l'Underground, R. 1978; Pierre ou la guerre du printemps 81, R. 1984; L'Ange de la solitude, R. 1989; Soifs, R. 1995. – Œuvre poétique, 1997; Théâtre, 1998.

Blake, Nicholas → Day-Lewis, Cecil

Blake, William, engl. Dichter und Kupferstecher, 28. 11. 1757 London – 12. 8. 1827 ebda. Sohn e. Strumpfwirkers, Lehrling bei Basire, dem Kupferstecher der Society of Antiquaries; Weiterbildung St. Paul's Zeichenschule und Royal Academy of Arts, London. ∞ 1782 Catherine Boucher, glückl. Ehe. Illustrierte zahlr. Werke vergangener und zeitgenöss. Autoren, u.a. Dante, Vergil, Chaucer, das Buch Hiob, Youngs ›Night Thoughts‹, Blairs ›Grave‹, Grays Gedichte. S. Vorstellung vom Gesamtkunstwerk entsprechend schuf er eigene Illustrationen zu s. Dichtungen, da er Bild und Wort als Einheit empfand. – Als Dichter in vielem den Mystikern verwandt, beeinflußt von Swedenborg. Die Dinge waren ihm nicht Realität, sondern Symbole, er sah im Kreatürlichen e. höhere, dahinter verborgene Wirklichkeit. S. naturhaften Wesen waren Wolke und Wind, Erde und Käfer, vertraute Gestalten, mit denen er in inniger Aussprache Kontakt fand. Er begründete e. eigene Mythologie. S. frühesten, rein lyr. Gedichte, ›Poetical Sketches‹, wurden 1783 durch s. Freund und Gönner Flaxman gedruckt, ihr Ton ist schlicht und volksliedhaft. Den 1789 erschienenen ›Songs of Innocence‹ stellte er 1794 die ›Songs of Experience‹ antithet. gegenüber. ›Innocence‹ bedeutete für B. die Harmonie der Unschuld, die nur dem noch völlig unbewußt lebenden Kleinkind gegeben ist; sobald ›experience‹, die Erfahrung von Gut und Böse, an den Menschen herantritt, ist die Einheit der inneren Harmonie zerstört, verhängnisvolle Irrtümer lassen ihn schuldig werden. Der Mensch muß fortan ringen um Wiedergewinnung der verlorenen Harmonie. Aus diesen Gedankengängen entwikkelte B. die Symbolik s. späteren prophet. Bücher. Nicht im Menschen selbst, vielmehr in der auf ihn eindringenden Umwelt und in s. Anlagen liegt die Entscheidung über Gut und Böse. Vier Kräfte (Zoas) wirken in dem von B. aufgestellten System: Urizen: das Gesetz, der aufklärende Verstand, Luvah: die geistige Liebe, die sich auch in der Dichtkunst ausspricht, Tharmas: die körperl. Liebe und Urthona: der Instinkt. B.s Spätdichtungen tragen düstere Züge, sie sind durch Mystizismus u. übersteigerte Symbolik schwer zugängl. Wie B. sich gegen die herkömml. Art in der Malerei auflehnte, so äußerte sich s. revolutionäre Haltung auch in s. Dichtungen. Ch. Swinburne und später ausführlicher W. B. Yeats waren die ersten, die B.s myst.-allegor. Dichtungen interpretierten. B.s Bedeutung ist erst im 20. Jh. voll erkannt worden; viele mod. Dichter bezogen sich auf ihn.

W: Poetical Sketches, G. 1783; Songs of Innocence, G. 1789; Book of Thel, Dicht. 1789; The Marriage of Heaven and Hell, Dicht. 1790 (Ausw., d. 1987); The French Revolution, 1791; Visions of the Daughters of Albion, Dicht. 1793; America, Dicht. 1793; Songs of Experience, G. 1794 (d. W. Münch 1947); Europe: a Book of Prophecy, Dicht. 1794; The Book of Urizen, Dicht. 1794; Four Zoas, Ep. 1795-1804; The Song of Los, Ep. 1795; The Song of Ahania, Ep. 1795; Milton, Ep. 1804. – Works, hg. E. J. Ellis, W. B. Yeats III 1893; hg. G. Keynes III 1925 (vollst. einschl. Briefe); Poetical Works, hg. J. Sampson 1913; The Prophetic Writings, hg. D. J. Sloss, J. P. R. Wallis II 1926; Poetry and Prose, hg. G. Keynes ^{4}1961; The Complete Writings, hg. ders. 1957; The Letters, hg. ders. 1957; B.s Poetry and Designs, hg. M. L. Johnson, J. E. Grant 1979. – *Übs.:* T. Eichhorn 1998.

L: A. C. Swinburne, 1868; A. Symons, 1907; N. Frye, Fearful Symmetry, 1947; H. Bloom, 1963; The Critical Heritage, hg. G. E. Bentley 1977; J. A. Warner, 1984; S. F. Damon, B. Dictionary, 1988; M. Ferber, 1991; J. Mee, Dangerous Enthusiasm, 1992; V. N. Paananen, 1996; W. Richey, 1996; F. Sontag, Truth and Imagination, 1998; N. M. Williams, Ideology and Utopia, 1998; P. Ackroyd, 2001; G. E. Bentley, 2001. – *Bibl.:* G. Keynes, 1921; G. E. Bentley, M. K. Nurmi, ^{2}1977.

Blaman, Anna (eig. Johanna Petronella Vrugt), niederländ. Schriftstellerin, 31. 1. 1905 Rotterdam – 13. 7. 1960 ebda. Stud. Franz. School voor Taal-en Letterkunde Haag, war kurze Zeit Lehrerin. Auch Dramaturgin u. Theaterkritikerin. – Als Lyrikerin und Erzählerin e. der charakteristischsten Talente seit 1940. In ›Vrouw en vriend‹ werden das Dasein als öde, die Beziehungen zwischen Mann u. Frau als e. tieferen Sinnes entleert, nur bei geschwisterl. Liebe noch als mit Wärme erfüllt dargestellt. Behauptung der eigenen Persönlichkeit akzentuiert gesehen.

W: Vrouw en vriend, R. 1941; Eenzaam avontuur, R. 1948 (d. 1988); De kruisvaarder, Nn. 1950; Ram Horna, Nn. 1951; Op leven en dood, R. 1954 (d. 1990); Overdag, En. 1957; De verliezers, R. 1960; Verhalen, En. 1963; De gedichten, G. 1992; Dit tussen ons ..., Br., hg. A. Meinderts 1990.

L: H. M. A. Struyker, Speurtocht naar een onbekende, 1973; C. Lührs, 1976.

Blanche, August Theodor, schwed. Erzähler u. Dramatiker, 17. 9. 1811 Stockholm – 30. 11. 1868 ebda. Unehel. Sohn e. Pfarrers u. e. Dienstmädchens, Pflegesohn e. Hufschmieds; 1829–32 u. 1836–38 Stud. Jura Uppsala. 1832–36 u. 1838–42 Beamter am Hofgericht, dann nur noch Schriftsteller, seit 1838 auch Journalist. Ab 1859 liberaler Reichstagsabgeordneter. Reisen nach Kopenhagen, London, Paris und Italien. – Schrieb nach ausländ. Vorlagen in 7 Jahren 36 erfolgr. Theaterstücke. S. Romane (nach Sue u. Dumas) spielen meist in Stockholm u. sind e. unkünstler. Mischung aus Romantik u. Realismus, voller Sensationen u. Spannung, mit sozialer Tendenz u. liberalen Anschauungen. Am besten s. kurzen Erzählungen aus Stockholm, anekdotenreich u. unkompliziert, in denen sich der phrasenreiche patriot. Russenhaß, antiaristokrat. Radikalismus u. die sentimentale Naivität des Bürgertums s. Zeit spiegeln. Den Stoff boten oft eigene Erinnerungen u. Prozeßberichte. 1840 lit. Polemik gegen Almqvist.

W: Positivhataren, Sch. 1843; Rika morbror, Sch. 1845; Taflor och berättelser ur Stockholmslifvet, N. 1845; Flickan i Stadsgården, R. 1847; Herr Dardanell, Sch. 1847; Första älskarinnan, R. 1848; Ett resande teatersällskap, Sch. 1848; Sonen af Söder och Nord, R. II 1851; Berättelser efter klockaren i Danderyd, En. 1856; Bilder ur verkligheten, En. IV 1863–65. – Samlade skrifter (GW), XVIII 1870–77; Samlade verk, XIX 1890–92; Valda skrifter, X 1918–22.
L: N. Erdman, 1892; M. Lamm, ²1950.

Blanchot, Maurice, franz. Schriftsteller, 22. 9. 1907 Quain/Saône-et-Loire – 20. 2. 2003 b. Versailles. Stud. Straßburg und Sorbonne, ab 1940 freier Schriftsteller, Kritiker u. Essayist. Beeinflußt u. a. von Kierkegaard, Kafka, Valéry. – Gilt mit s. metaphys.-myst. Romanen als Vorläufer des Antiromans. Die Romane, die von den Essays nicht zu trennen sind, veranschaulichen s. Sprachmystik und Romantheorie: totale Verinnerlichung des Geschehens, Funktionalisierung alles Konkreten, Auflösung und Unterordnung unter die Leere, d. h. den ›lit. Raum‹ des Kritikers B., die Sprache. Das Schreiben führt zum Tode, ist wie bei Beckett Zustand des Schweigens. Glaube an die Welt zerstörende und Welt verändernde Kraft der Sprache. Auffassung des Romans als Sprachschöpfung.
W: Thomas l'obscur, R. 1941 (d. 1987); Aminadab, R. 1942; Les très-haut, R. 1948; L'arrêt de mort, R. 1948 (Die Frist, d. 1962); La part du feu, Es. 1949; Lautréamont et Sade, Es. 1949 (Sade, d. 1963); Au moment voulu, R. 1951; Thomas Mann, Es. 1955; L'espace littéraire, Es. 1955; La bête de Lascaux, Es. 1955; Le livre à venir, Es. 1959 (Der Gesang der Sirenen, d. 1962); L'attente l'oubli, R. 1962 (d. 1964); Les Amitiés, Es. 1971; L'Ecriture du désastre, R. 1980; De Kafka à Kafka, Es. 1981; Sade et Restif de la Bretonne, Es. 1986; Sur Lautréamont, Es. 1987.
L: G. Picon, La critique de B., 1955; B. Pingaud, 1960; F. Collin, 1971; R. Laporte u. a., 1973; E. Londyn, 1976; E. Lévinas, 1977; G. Préli, 1978; B. T. Fitch, 1992; A. Schulte-Nordhold, 1995; Ph. Mesnard, 1996; Ch. Michel, 1997; J.-Ph. Miraux, 1998.

Blanco y Crespo, José María (auch Blanco White), span. Dichter, 11. 6. 1775 Sevilla – 20. 5. 1841 Liverpool. Sohn e. engl. Vizekonsuls und e. Spanierin; Geistlicher, Kanonikus in Cádiz und Sevilla; ging während der franz. Besatzung nach England; Übertritt zum Protestantismus; Prof. in Oxford. Gehörte zu den ›ilustrados‹; tiefe krit. Analyse der span. Mentalität u. des relig. Geistes s. Zeitgenossen. Gründete die Zs. ›El Español‹, wo er für die Unabhängigkeit der Kolonien plädierte. – Lyriker des Übergangs zwischen Klassizismus u. Romantik; Vf. von relig. u. patriot. Dichtungen, Eklogen usw. in span. u. engl. Sprache; berühmt v. a. das Sonett ›Mysterious night‹.
W: Letters from Spain, Prosa 1822 (n. ›Cartas de España‹, 1972); The life of the Rev. J. Blanco White written by himself, Aut. III 1845 (n. 1971). – Poesías, in: ›Biblioteca de Autores Españoles‹, Bd. 67.
L: M. Méndez Bejarano, 1921; J. Goytisolo, hg. 1971; V. Lloréns, hg. 1971; K.-D. Ertler, Die Spanienkritik im Werke J. M. B. W.s, 1985; M. Moreno Alonso, 1998.

Blanco Fombona, Rufino, venezolan. Schriftsteller, 17. 6. 1874 Caracas – 16. 10. 1944 Buenos Aires. Turbulentes Leben mit Duellen, Gefängnisstrafen, 26 Jahren Exil. Diplomat, polit. Tätigkeit in Spanien. Setzte sich für die Verbreitung der lateinamerik. Kultur ein. – Kritiker u. Historiker, insbes. aber Dichter u. Romancier; Vorkämpfer des Modernismus in Venezuela; persönl., tiefempfundene Lyrik voll verhaltener Emotionen; verrät in s. Romanen starke Schöpferkraft; gelangte zum Naturalismus.
W: Trovadores y trovas, G. 1899; Pequeña ópera lírica, G. 1904; Cuentos americanos, En. 1904, erw. 1913; El hombre de hierro, R. 1907; La lámpara de Aladino, Aut. 1915; El hombre de oro, R. 1915; Cancionero del amor infeliz, G. 1918; La máscara heroica, R. 1923; La mitra en la mano, R. 1927; El modernismo, Es. 1929; Diario de mi vida, III 1929–42; La bella y la fiera, R. 1931; El secreto de la felicidad, R. 1933; Mazorca de oro, G. 1943; R. B. F. íntimo, 1975; Ensayos históricos, 1981. – Obras selectas, hg. E. Gabaldón Márquez 1958.
L: P. Pillepich, 1928; C. R. Monticone, Pittsburgh 1931; F. Carmona Nenclares, 1944; R. B. F., Caracas 1944; W. Stegmann, 1959 (m. Bibl.); R. R. Castellanos, 1975; A. Rama, 1975; R. A. Rivas Dugarte, 1979.

Bland, Edith → Nesbit, Edith

Blandiana, Ana (eig. Otilia-Valeria Coman), rumän. Dichterin, * 25. 3. 1942 Timişoara. Stud. Philol. Cluj. Seit 1968 in Bukarest Redakteurin. – Dichterin e. gezähmten Kosmos, rebelliert gegen die Heuchelei der Zeitgenossen, gegen Konformismus und Geistlosigkeit mit dem Impetus und der Reinheit der Adoleszenz, die auch in der späten, reifen Poesie beibehalten werden.
W: Persoana întâia plural, G. 1964; Călcâiul vulnerabil, G. 1967; A treia taină, G. 1970; Cincizeci de poeme, G. 1970; Octombrie, noiembrie, decembrie, G. 1972; Somnul din somn, G. 1977; Întâmplări din grădina mea, G. 1980; Proiecte de trecut, G. 1982; Ora de nisip, G. 1983; Poezii, G. 1989.
L: P. Poantă, 1975; C. Regman, 1988; N. Manolescu, 2002.

Blasco Ibáñez, Vicente, span. Romanschriftsteller, 29. 1. 1867 Valencia – 28. 1. 1928 Mentone. Aus einfachen Verhältnissen, frühe Neigung zur Schriftstellerei, e. Zeitlang Sekretär von Fernández y González; Stud. Rechte Valencia, rege polit. u. propagandist. Tätigkeit, wegen republikan. Gesinnung verschiedentl. Gefängnisstrafe; 1889 Flucht nach Paris, 1895 nach Italien. Gründete 1901 die Zs. ›El Pueblo‹, 1904–07 Abgeordneter in den Cortes, zog sich 1909 vom polit. Leben zurück, Reisen durch Frankreich u. Amerika, ergriff im 1. Weltkrieg entschieden Partei für die Alliierten, lebte bis zu s. Tod in großem Wohlstand an der Côte d'Azur. – E. der erfolgreichsten u. meistgelesenen span. Romanciers der neueren Zeit; ungeheure Beliebtheit, bes. in USA. Zielbewußter Mensch von rastlosem Tatendrang u. kämpfer. Geist, der auch s. Romanhelden kennzeichnet; Verfechter mod. Ideen, ideell dem 19. Jh. verhaftet, Einfluß Zolas; begann mit regionalist. Romanen in valencian. Milieu voller Dynamik u. Vehemenz, wandte sich dann antiklerikalen u. sozialist., später hist. u. kosmopolit. Themen zu, die aber an Vitalität u. Farbigkeit einbüßen u. häufig rhetor. u. oberflächl. wirken. S. Werke wurden in zahlr. Sprachen übersetzt, einige verfilmt u. für die Bühne bearbeitet.

W: Arroz y tartana, R. 1894; Flor de Mayo, R. 1895; La barraca, R. 1898; Entre naranjos, R. 1900; Sónnica la cortesana, R. 1901; Cañas y barro, R. 1902; La catedral, R. 1903; El intruso, R. 1904; La bodega, R. 1905; La horda, R. 1905; La maja desnuda, R. 1906; Sangre y arena, R. 1908 (d. [4]1971); Los muertos mandan, R. 1909; Los argonautas, R. 1914; Los cuatro jinetes del Apocalipsis, R. 1916; Mare nostrum, R. 1918; Los enemigos de la mujer, R. 1919; La tierra de todos, R. 1922; La reina Calafia, R. 1923; El Papa del mar, R. 1925; A los pies de Venus, R. 1926; En busca del gran Khan, R. 1929; Cristóbal Colón, R. 1929. – Obras completas, III 1946. – Übs.: Gesammelte Romane, 1928ff.

L: C. Pitollet, Paris 1921; M. Puccini, 1926; ders., 1967; Gascó Contell, 1957; E. Betoret, 1958; J. O. Swain, 1959; J. L. Léon Roca, 1967; C. Iglesias, 1985; R. Forgues, 1987.

Blatný, Ivan, tschech. Dichter, 21. 12. 1919 Brünn – 5. 8. 1990 Colchester/Essex. Sohn d. Schriftstellers Lev B., nach dem Abitur (1938) stud. er an der philos. Fak. der Masaryk-Univ. in Brünn, nach dem Schließen der tschech. Hochschulen während der NS-Okkupation arbeitete er in e. Optikgeschäft. Mitglied der Gruppe 42. Seit 1948 Exil in Großbrit., 1951–54 Mitarb. beim BBC u. Radio Free Europe, konnte nach 1954 bis zu s. Tod war er hospitalisiert in der psychiatr. Klinik im Ipswich; im Westeuropa bekannt v. a. nach e. Interview im ›Stern‹ (1981). – S. oft melanchol. gestimmten Gedichte entfalten bes. im Prinzip der Montage/Collage die Tradition der polythemat., imaginativ-assoziativen Lyrik u. betreffen elementare Fragen der menschl. Identität.

W: Paní jitřenka, G. 1940; Melancholické procházky, G. 1941; Tento večer, G. 1945; Hledání přítomného času, G. 1947; Stará bydliště, G. Toronto 1972; Pomocná škola Bixley, G. Toronto 1987; Verše 1933–1953, G. 1994. – Tento večer, G. (Ausw.) 1991.
L: J. M. Tomeš in ›Verše‹ 1933–1953.

Blatný, Lev, tschech. Schriftsteller, 11. 4. 1894 Brünn – 21. 6. 1930 Kvetnica. Bahnbeamter, 1925–1929 Lektor des Nationaltheaters in Brünn, starb an Schwindsucht. – Vf. grotesk-satir. Novellen, in denen irrationale Elemente in das menschl. Dasein eingreifen, ferner expressionist. Dramen. Ab 1927 psycholog. Durchdringung s. Prosa.

W: Tři, Dr. 1920; Kokokodák, K. 1922; Vystěhovalci, Dr. 1923; Vítr v ohradě, En. 1923; Provídky v kostkách, En. 1925; Regulace, En. 1927; Povídky z hor, En. 1927; Říše míru, Dr. 1927; Housle v mrakodrapu, En. 1928; Tajemství Louvru, N. 1928; Smrt na prodej, Dr. 1929.
L: F. Götz, Básnický dnešek, 1931; Č. Jeřábek, V paměti a srdci, 1961.

Blatty, William Peter, amerik. Erzähler u. Drehbuchautor, * 7. 1. 1928 New York. Sohn libanes. Einwanderer. – Welterfolg mit dem Horror-Thriller ›The Exorcist‹.

W: Which Way to Mecca, Jack?, R. 1959; John Goldvarb, Please Come Home!, R. 1963 (Drb. 1965, Eine zuviel im Harem, d. 1965); Twinkle, Twinkle, ›Killer‹ Kane, R. 1967 (Drb. 1980); The Exorcist, R. 1971 (Drb. 1973; d. 1972); The Ninth Configuration, R. 1978 (Drb. 1980); Legion, R. 1983 (Drb. als The Exorcist III, 1990; Das Zeichen, d. 1991); Demons Five, Exorcists Nothing, E. 1996.

Blaumanis, Rūdolfs Kārlis Leonīds, lett. Schriftsteller, 1. 1. 1863 Ērgļi/Lettl. – 4. 9. 1908 Takaharju/Finnland. Bedienstetenfamilie; 1872–81 Schulen Ogre und Handelsschule Riga, Landwirtschaftseleve auf Gut Koknese, Journalist ebda., 1887 Riga, Publizist, ›Zt. für Stadt u. Land‹; ab 1894 Kötter in Braki (Ērgļi); 1898–1904 Redakteur der Zt. ›Dienas Lapa‹ u. a.; ab 1907 Tbc-erkrankt, Sanatorium in Finnland. – Realistischer Autor, vielseitig; erste Veröffentlichung 1882 in Dtl., Dramen erst ab 1890; menschlich-psycholog. Probleme, Generations- u. gesellschaftl. Konflikte; vitaler Humor u. tiefe, unabwendbare Tragik; moderner Klassiker.

W: Zagļi, K. 1891; Ļaunais gars, Dr. 1892; Pazudušais dēls, Tr. 1893; Pie skala uguns, Nn. 1893; Purva bridējs, Nn. 1898; Nāves ēnā, N. 1899; Ceļa malā, G. 1900; Skroderdienas Silmačos, K. 1902; Indrāni, Tr. 1904 (d. 1921); Sestdienas vakars, Dr. 1909. – Kopoti raksti (GW), XII 1923–28, XII 1952–58, VIII 1958–60, IX 1993–99. – Übs.: Zehn lettische Novellen, 1953.
L: P. Zālīte, 1923; A. Vilsons, 1956; A. Ziedonis, A Study of R. B., 1979; I. Waak, 1981; V. Hausmanis, 1984; L. Volkova, 1988.

Blažek, Vratislav, tschech. Schriftsteller, 31. 8. 1925 Náchod – 28. 4. 1973 München. Mitarbeiter des Theaters ›Divadlo satiry‹, Filmdramaturg. Emigrierte 1968 nach Dtl. – In satir. Erzählungen, Komödien u. Hörspielen nimmt B. zu den Problemen der Gegenwart Stellung, übt soziale Kritik, verhöhnt das Spießertum und tritt gegen Gleichschaltung u. moral. Gleichgültigkeit auf. Sein Weg führt vom ep. Theater zur klass. Komödie.

W: Král nerad hovězí, H. 1947; Kde je Kut'ák, 1948; Pan Barnum přijímá, Varieté 1953; Prodá se Karlštejn, musik. Lsp. 1954 (m. F. Tetauer); Třetí přání, K. 1959; Příliš štědrý večer, K. 1960 (Und das am Heiligabend, d. 1961); Dáma na kolejích, musik. Lsp. 1966; Šeherezáda, musik. Lsp. 1967; Gabriel, FSsp. (1973).

Blažková, Jaroslava, slovak. Schriftstellerin, * 15. 11. 1933 Velké Meziříčí. Rundfunkredakteurin, Journalistin in Preßburg; lebt im Ausland. – B.s Prosa schildert die komplexe Gefühlswelt der jungen Generation u. ihre Suche nach e. neuen Lebensform. Das Jugendbuch ›Ohňostroj pre deduška‹ wurde in viele Sprachen übs.

W: Nylonový mesiac, En. 1962 (Nylonmond, d. 1962); Ohňostroj pre deduška, E. 1962 (Ein Feuerwerk für den Großvater, d. 1964), Jahniatko a grandi, En. 1964; Môj skvelý brat Robinson, R. 1967.

Blest Gana, Alberto, chilen. Schriftsteller, 4. 5. 1830 Santiago – 9. 11. 1920 Paris. Botschafter, lebte 54 Jahre in Europa. – Erster chilen. Romancier; beeinflußt von den franz. Realisten, versuchte er die Eigenart der chilen. Verhältnisse, das Auffallende am Alltägl. hervorzuheben; großartige Schilderungen des Landlebens mit s. starken soz. Gegensätzen; farbige hist. Romane vom heldenhaften Kampf gegen die span. Unterdrücker u. aus der dekadenten Welt der chilen. Gesellschaft s. Zeit.

W: Una escena social, R. 1853 (n. 1922); El primer amor, R. 1858; El jefe de la familia, Sch. 1858; La aritmética en el amor, R. 1860; Martín Rivas, R. 1862; El ideal de un calavera, R. 1863; Durante la reconquista, R. II 1897; Los trasplantados, R. 1904; El loco Estero, R. II 1909; Gladys Fairfield, R. 1912; Sus mejores páginas, hg. M. Rojas 1961.

L: A. Fuenzalida, 1921; H. Díaz Arrieta, 1940; R. Silva Castro, 1941, ^{2}1955; F. D. Miller, ^{2}1955; H. Poblete Varas, 1968; V. M. Valenzuela, 1971.

Blicher, St(een) St(eensen), dän. Lyriker u. Novellist, 11. 10. 1782 Vium/Jütland – 26. 3. 1848 Spentrup b. Randers. Pfarrerssohn; Lateinschule Randers, 1799 Abitur Kopenhagen, theol. Examen 1809, kurze Tätigkeit als Studienrat in Randers, unglückl. Ehe mit der Witwe e. Onkels, 1811 Pfarrenpächter in Randlev, 1819 Pfarrer in Torning, 1825 in Spentrup. Während s. ganzen Lebens Kampf mit wirtschaftl., häusl. und berufl. Sorgen; auf langen Wanderungen, Jagdtouren und im Trunk Trost suchend; 1848 wegen Vernachlässigung s. Dienstes fristlos entlassen. – Lyriker, anfangs unter Einfluß Ossians, den er 1807–09 übersetzte, dann mit eigenen Tönen voll Wehmut, Sehnsucht, stiller Resignation und warmem Humor. Größter jütländ. Heimatdichter in s. realist. Novellen von menschl. Wärme aus dem Leben des Volkes und dem Erlebnis der einsamen Heidelandschaft, z. T. unter Verwendung jütländ. Sagen u. ostjütländ. Dialekts. S. Tagebuchnovelle ›Brudstykker af en landsbydegns dagbog‹ (1824) wirkte durch ihre psycholog. Enthüllungen nachhaltig auf die dän. Lit.

W: Digte, G. 1814; Jyllandreise i 6 Døgn, G. 1817; Bautastene, G. 1823; Brudstykker af en landsbydegns dagbog, N. 1824 (Tagebuch eines Dorfkantors, d. 1977); Sneklokken, G. 1826; Samlede Digte, III 1835–40; Trækfuglene, G. 1838; E Bindstouw, En. VI 1842 (Ausw. Die Strickstube, d. II 1928). – Samlede skrifter (GW), XXXIII 1920–34; Samlede noveller og skitser, III 1905–07, V 1964, 1982; AW, V 1982ff.; Erindringer, Erinn. 1923; B. i breve, Br. 1959. – Übs.: Novellen, 1846, 1849, 1958.

L: 1902; J. Aakjær, III 1903f.; H. Brix, 1916; J. Nørvig, 1943; S. Undset, 1946; S. Baggesen, 1965, n. 1995; B. v. Törne, zwischen Loyalität und Servilität, 1980; K. Sørensen, 1984; W. Chraska, S. S. B. zwischen Dicht. u. Wirklichkeit, 1986; I. Ostenfeld, 1989; E. T. Kristensen 1991. – Bibl.: J. K. Bertelsen, 1933; H. Denman, 1983; A. Gjedde Jørgensen, 1993.

Blixen, Karen (Christentze) (Ps. Tania B., Karen B.-Finecke, Isak Dinesen, Pierre Andrézel), dän. Erzählerin, 17. 4. 1885 Rungstedlund b. Kopenhagen – 7. 9. 1962 ebda. Tochter des Hauptmanns und Schriftstellers W. Dinesen; Stud. Malerei Kopenhagen; Reisen nach England, Frankreich, Italien, 1913 Kenia, betrieb dort bis 1931 e. Kaffeefarm. 1914–21 ∞ Baron Bror B.-Finecke. Im Gefolge der Wirtschaftskrise 1931 Rückkehr nach Dänemark, seither freie Schriftstellerin auf dem väterl. Gut. – Vf. stimmungsvoller, oft phantast. Erzählungen und Novellen jenseits aller lit. Moden und Experimente, von reicher, gebändigter Fabulierkunst, unprätentiösem, musikal. Stil, konservativ-aristokrat. Haltung, eigenem Tiefgang u. kluger Lebensweisheit. Stoffe oft aus dem heroisch-galanten, ritterl. Adelsleben des 18. Jh. Verbindung von psycholog. Durchleuchtung mit skurrilem Humor, Märchen- und Spukphantasie mit dem frivol-iron. Weltton aufgeklärten Geistes, der das Hintergründige und Empfindsame elegant überspielt. Auch Erinnerungen aus Afrika, dem Leben der Einheimischen und der Natur. Schrieb e. Teil ihrer Werke zuerst englisch.

W: Seven Gothic Tales, En. N. Y. 1934 (dän. Syv fantastiske fortællinger, 1935; Die Sintflut von Norderney, d. 1937, erw. u. d. T. Die Träumer, 1955, daraus: Die Straßen um Pisa, 1967); Out of Africa, Erinn. 1937 (dän. 1937; Afrika, dunkel lockende Welt, d. 1938, n. 1986); Winter's Tales, Nn. 1942 (dän. 1942, d. 1942, u. d. T. Kamingeschichten, 1958); Gengældelsens Veje, R. 1944 (Die Rache der Engel, d. 1959, n. 1990); Daguerreotypier, Es. 1951; Babettes gæstebud, N. 1952 (d. 1970, n.

2001); Kardinalens tredie historie, N. 1952; En båltale, Es. 1953; Spøgelseshestene, N. 1955; Sidste fortællinger, Nn. 1957 (Widerhall, d. 1959); Skæbneanekdoter, Nn. 1955 (Schicksalsanekdoten, d. 1960; daraus einzeln: Die unsterbliche Geschichte, 1965); Skygger på græsset, Erinn. 1960 (Schatten wandern übers Gras, d. 1961, n. 1986); Osceola, N. 1962; Ehrengard, N. 1963 (d. 1965); Efterladte fortællinger, Nn. 1975 (n. u. d. T. Kongesønner 1985); Essays, 1985 (daraus: Moderne Ehe, d. 1985, n. 1992). – Værker, VII 1964; Breve fra Afrika, hg. F. Lasson II 1996; B. i Danmark, Breve 1931–62, hg. ders. II 1996.

L: A. Kabell, 1968; T. Dinesen, 1974, n. 1986; J. Thurman, 1983 (d. 1989); L. Henriksen, 1988, 1999; O. A. Pelensky, 1991; M. Pahuus, 1995; E. Brundbjerg, 1995 (engl. 1997); T. Selboe, Kunst og erfaring, 1996; F. Lasson, 1997; B. H. Jørgensen, Siden hen, 1999; U. Klünder, 2000; J. D. Bono, 2002. – *Bibl.*: L. Henriksen, 1977 (weitergef. i. Blixeniana 1976–86); Aa. Jørgensen 1993, n. 1998.

Bliziński, Józef, poln. Dramatiker, 10. 3. 1827 Warschau – 29. 4. 1893 Krakau. Aus Kleinadel. Beginnt spät zu schreiben. – Stark von der Adelskomödie Fredros im Stile Molières beeinflußt. Gestaltet die Welt des niederen Landadels krit., aber versöhnl., nur selten satir. S. Gestalten sind Ausdruck e. Lebens, das noch nicht von wirtschaftl. Umwälzungen erschüttert ist.

W: Marcowy kawaler, K. 1873; Pan Damazy, K. 1877; Rozbitki, K. 1881; Dzika różyczka, K. 1889. – Komedje, 1882; Dziwolagi i humoreski, 1962; Komedie, 1967; Listy, Br. 1975.

L: A. Dobrowolski, 1894.

Bloch, Jean-Richard, franz. Schriftsteller, 25. 5. 1884 Paris – 15. 3. 1947 ebda. Stud. Geschichte, Geographie in Paris. Einfluß von R. Rolland, E. Faure, G. Sorel. Bis 1914 Prof. in Florenz. Gründete 1910 die Zs. ›L'effort libre‹, 1925 mit Rolland ›Europe‹, Stimme des Antifaschismus, 1937 mit Aragon ›Ce soir‹. 1921 KP-Mitglied. Ging 1941 in die Sowjetunion; franz. Rundfunkkommentator in Moskau. – Bedeutender Romancier und polit.-ästhet. Kritiker von scharfer Intelligenz und lebendigem Stil. Polit. linksstehend, zuletzt Kommunist. Sein Hauptinteresse galt der Frage nach dem Verhältnis von Kunst und Gesellschaft. Romane über das Judentum: betrachtet es als revolutionären Gärstoff in der Welt, sieht s. Mission im Dienst der Gerechtigkeit. In Kritiken vertritt er e. marxist. Idealismus mit dem Grundgedanken, die Kunst habe eine aus Leiden und Hoffen des Volkes bestehende Kollektivseele; eine ästhet.-soziale Erneuerung könne nur vom Volk ausgehen, die Kunst müsse deshalb revolutionär werden. Versuchte, diese Forderung in Dramen für die Bühne zu verwirklichen.

W: L'inquiète, Dr. 1911; Lévy, R. 1912 (d. 1927); ... Et compagnie, R. 1917 (d. 1926); Essais pour mieux comprendre mon temps: Carnaval est mort, 1920; A la découverte du monde nouveau: Sur un cargo, En. 1924 (d. 1929); La nuit kurde, R. 1925 (d. 1927); Le dernier empereur, Dr. 1926; Forces du monde, Dr. 1927; Cacaouettes et bananes, R. 1929; Destin du théâtre, Es. 1930; Destin du siècle, Es. 1924–30 (d. 1932); Sibylla, R. 1932 (d. 1933); Offrande à la politique, Es. 1933; Naissance d'une culture, Es. 1936; Naissance d'une cité, Dr. 1937; Ce soir, Dr. 1937; Espagne! Espagne!, Prosa 1938; Toulon, Dr. 1945 (d. 1947); Moscou – Paris, Prosa 1947; L'homme du communisme, portrait de Staline, 1949. – Les plus belles pages, hg. L. Aragon 1948.

Blocksidge, Charles William → Baylebridge, William

Bloem, J(akobus) C(ornelis) gen. Jacques, niederländ. Lyriker, 10. 5. 1887 Oudshoorn – 10. 8. 1966 Kalenberg. Stud. Jura. Beamter und Journalist. – Lyriker, anfangs unter Einfluß des franz. Symbolismus, später des ›metaphysical poets‹, von gepflegter Sprache und Verskunst. Motive s. Lyrik sind Verlangen nach Glück, Erkenntnis der Unerfüllbarkeit s. Lebenswünsche, Haltlosigkeit in der Wirklichkeit, Leben in e. Traumwelt. Auch Essayist und Aphoristiker.

W: Het verlangen, G. 1921; Media vita, G. 1931; De nederlaag, G. 1937; Over poëzie, Es. 1942; Sintels, G. 1945; Quiet though sad, G. 1946; Verzamelde gedichten, 1947, 1965; Avond, G. 1950; Verzamelde beschouwingen, Es. 1950; Aforismen, 1952; Terugblik op de afgelegde weg, Es. 1954; Afscheid, G. 1957; Doorschenen wolkenranden, G. 1958. – Gedichten, hkA 1979.

L: A. L. Sötemann, 1976, ^{2}1979 u. 1979; C. Eggink, 1977; ›Bzzlletin‹, 1977; J. C. Kamerbeek, ^{2}1979; W. Kusters, 1987.

Blok, Aleksandr Aleksandrovič, russ. Lyriker, 28. 11. 1880 Petersburg – 7. 8. 1921 Petrograd. Vater Univ.-Prof.; nach Scheidung der Eltern Jugend in Petersburg und bei Moskau, 1901–06 Petersburg Stud. anfangs Rechte, dann Philol. und Lit.geschichte. ⚭ Tochter des Chemikers Mendeleev, Schauspielerin; freier Schriftsteller; 3 Reisen nach Westeuropa, zeitweilig Freundschaft mit A. Belyj; 1916 Wehrdienst, 1917 Revolutionär, 1919 Dramaturg am Großen dramat. Theater Moskau; Tod durch Herzleiden. – Größter Dichter der russ. Symbolisten, deren ›zweiter Generation‹ er angehörte, wurde als einziger von ihnen, bis 1910, in weiteren Kreisen populär; beeinflußt von Žukovskij, Fet, Brjusov, bes. von der Theosophie V. Solov'ëvs; der für ihn mit myst. Erwartungen verbundene Eros wird Hauptmotiv e. lyr. Monologs von hoher Formkunst, Symbolkraft und Musikalität, getragen von der unwiederholbaren lyr. Melodie, die Bloks gesamte Dichtung kennzeichnet; vor dem Eros versinkt die äußere Welt in Nebel, in Dämmerung; dann drängen sich Masken, Phantasmen, Visionen der Astralwelt vor das urspr. myst. Bild. Nach 1905 schwingt mehr und mehr e. sarkast.-iron. Ton mit; neue Rhythmen und Klänge in den Gedichten über Rußland; nimmt unter Einwirkung Dostoevskijs die dunkle Poesie der Großstadt, Petersburgs, zum Thema, stark metaphor. Dichtung; Natur und Großstadt werden zur Landschaft der Seele; in späteren Gedichten versgeschichtl. bedeutsamer Übergang zum freigefüllten Vers; seit 1909 zunehmender Realismus, nach 1917 Abwendung von Symbolismus und Erlahmen der Schöpferkraft. Lyr. Versdramen wie ›Balagančik‹, das poetischste Stück der russ. Neuromantik; lyr.-ep. Gedichte, das bedeutendste ›Dvenadcat'‹ (Szenen der Revolution, endend mit Christus an der Spitze von 12 Rotarmisten) mit äußerst wirkungsvoller rhythm. Konstruktion, auf Dissonanzen gründender Klangwirkung. Übs. von Byron, Jacobson, Heine, Grillparzer u. a.

W: Iz posvjaščenij, G. 1903; Stichi o Prekrasnoj Dame, G. 1904; Nečajannaja Radost', G. 1906; Balagančik, K. 1906; Korol' na ploščadi, Dr. 1906; Neznakomka, Dr. 1906; Snežnaja maska, G. 1907 (Schneegesicht, d. 1970); O lirike, Ess. 1907; O drame, Ess. 1907; Liričeskie dramy, Dr. 1908; O teatre, Es. 1908; Zemlja v snegu, G. 1908; O sovremennom sostojanii russkogo simvolizma, Es. 1910; Nočnye časy, G. 1911; Skazki, Kruglyj god, G. 1912; Roza i krest, Dr. 1913 (Rose und Kreuz, d. 1922); Stichi o Rossii, G. 1915; Solov'inyj sad, G. 1915; Vozmezdie, Ep. 1917; Skify, G. 1918 (Die Skythen, d. 1920); Dvenadcat', Ep. 1918 (Die Zwölf, d. 1921, 1958); Jamby, G. 1919; O romantizme, Es. 1919; Krušenie gumanizma, Es. 1919 (Der Untergang der Humanität, d. 1922); Za gran'ju pros̆lych dnej, G. 1920; Ramzes, Dr. 1921. – Sobranie sočinenij (GW), XII 1932–36, VIII 1960–63; Polnoe sobranie sočinenij i pisem (GW u. Br.), XX 1997. – *Übs.:* Die Stille blüht, 1947; Ges. Dichtungen, 1948; Ausgew. Aufsätze, 1964; Der Mystiker A. B., 1967; Der Sturz des Zarenreichs, 1971; Ausgew. Gedichte, 1973; AW, III 1978.

L: N. Berberova, Paris 1947; K. Močul'skij, Paris 1948; F. D. Reeve, N. Y. 1962; Z. G. Minc, IV 1965–75; I. T. Kruk, 1970; R. Kemball, Haag 1965; R.-D. Kluge, 1967; A. Pyman, Oxford II 1979/80; J. Peters, 1981; A. B. Centennial Conference, hg. W. Vickery, Columbus/ Ohio 1984; S. Schahadat, 1995.

Blomberg, Erik Axel, schwed. Lyriker und Essayist, 17. 8. 1894 Stockholm – 8. 4. 1965 Izmir. Kapitänssohn; 1912 Abitur, Stud. Kunstgesch. Uppsala, 1919 Lizentiat. 1920–26 Kunstkritiker an ›Stockholms-Tidningen‹, 1926/27 ›Stockholms Dagblad‹; 1930–39 Lit.- u. Theaterkritiker an ›Morgontidningen‹, Mitarbeiter versch. Zsn. 1921–33; Dr. h. c. Uppsala 1950. ∞ Marie Louise Idestam-Almquist. – E. der bedeutendsten Lyriker der 1920er Jahre, sowohl in ernster, hochgespannter Gedankenlyrik als auch in einfachen Liedern. Klare, strenge Form, bildhafte Sprache. Vor dem Hintergrund von Einsamkeit, Unruhe und Vergänglichkeitsgefühl stellt er der Grausamkeit und Bosheit der Menschen s. Glauben an den Wert des Daseins und der menschl. Gemeinschaft und an e. bessere Zukunft gegenüber. Relig., aber Kritik am Christentum. Als Kulturkritiker vertritt er e. sozialist. Humanismus. Ausgezeichnete Übs. von franz., dt., engl., amerik., pers. u. chines. Lyrik. Kunsthist. Arbeiten.

W: Ensamhetens sånger, G. 1918; Människan och guden, G. 1919; Jorden, G. 1920; Visor, G. 1924; Den fångne guden, G. 1927; Tidens romantik, Es. 1931; Stadens fångar, Es. 1933; Efter stormen – före stormen, Es. 1938; Mosaik, Es. 1940; Nattens ögon, G. 1943; Demokratin och kriget, Es. 1945; Öppna er, ögon!, G. 1962; Vem äventyrar freden?, Es. 1962. – Samlade dikter, 1944, II 1963.

L: V. Svanberg, 1944, 1956; J. Stenkvist, 1968.

Blomberg, Harry, schwed. Lyriker und Erzähler, 19. 12. 1893 Strängnäs – 1. 2. 1950 Borlänge. Kaufmannssohn, Vollwaise, bei Verwandten im Proletariermilieu freirelig. erzogen, 1907–16 Schriftsetzer, 1916/17 Volkshochschule Brunnsvik, 1919–21 Journalist. 1918 ∞ Anna Hagström. Mehrere Auslandsreisen. Gründete 1939 die Wallingesellschaft. – Nach schwungvollem Debüt als Lyriker von großer formaler Fertigkeit schrieb er soziale u. relig. Tendenzdichtung unter dem Eindruck s. Kindheitsmilieus u. der Volkshochschulbewegung. E. Krise führte ihn Anfang der 20er Jahre zu s. Kindheitsreligion zurück.

W: Fejd och famn, G. 1917; Stora orons män, G. 1918; Kap Horn, G. 1920; Tiden och en människa, R. 1921; Landkänning, G. 1922; Babels älvar, R. 1928 (Volk in der Fremde, d. 1936); Landets lågor, R. 1930; Molnens bröder, R. 1932; Floden stiger, R. 1933; Det brinner i snön, R. 1935; Vi måste börja om, Es. 1937; Än kommer dag, R. 1939; Hon hette Eva, R. 1940 (Eva, Lehrerin in Einöd, d. 1974); Vi på jorden, G. 1940; Mäster Jacob, R. 1942; Jacobs dröm, R. 1943; Mikaels dag, Sch. 1943; Sköna morgonstund, R. 1943; Paradisets port, R. 1946; Stackars vår kärlek, R. 1948. – Skrifter, VI 1937.

L: Kultur och kristendom, 1943; H. B. En minnesbok, hg. S. Stolpe 1950.

Blondel de Nesle (Ps.), pikard. Troubadour, um 1155 Nesle/Département Somme. Wahrscheinl. adliger Abstammung, befreundet mit Gace Brulé, sonst nichts über s. Leben bekannt. – Einer der bedeutendsten älteren Troubadours. 25. s. Lieder erhalten, die ausschließl. der konventionellen Minne gelten, höf. Minne und echte Liebe verherrlichen. Großen Raum nehmen die Leiden der unerwiderten Liebe ein. Eine große Zahl von Handschriften nahm s. Lieder auf. Bekannt durch die Legende, die ihn zum Befreier des auf Burg Trifels gefangenen Richard Löwenherz machte; der Spielmann Blondel der Legende ist jedoch nicht mit B. de N. identisch.

A: L. Wiese, 1904; Œuvres, hg. P. Tarbé 1978; Œuvre lyrique, 1996.
L: H. P. Dyggve, Trouvères et protecteurs, 1942; F. Marshall, Thèse Paris 1958; J. C. Scannone, Sein und Inkarnation, 1968.

Blondin, Antoine, franz. Schriftsteller, 11. 4. 1922 Paris – 6. 6. 1991 ebda. Stud. Lit. und Journalist ebda. Mitarbeiter der ›Paris-Presse‹ und der Kunstzs. ›Arts‹. – Dramatiker und Erzähler iron.-humorist. Romane aus e. phantasievoll anarchist. Bohemewelt.
W: L'Europe buissonière, R. 1949; Les enfants du Bon Dieu, R. 1952; L'humeur vagabonde, R. 1955; Un singe en hiver, R. 1959 (d. 1960); Un garçon d'honneur, K. 1960 (m. P. Guimard, nach O. Wilde); La fin de tout, R. 1963; Monsieur Jadis ou l'école du soir, Ber. 1971; Le flaneur de la rive gauche, 1988, Devoir de vacances, 1990; Un malin plaisir, 1993; La semaine buissonnière, 1999; Œuvre romanesque, 1988.

Bloom, Harry, südafrikan. Romanautor, 1913 Kapstadt – 28. 7. 1981 Canterbury. Anwalt in Johannesburg. – Vf. von Romanen über Rassenkonflikte in Südafrika u. jüd. Slumbewohner in Minneapolis. W.a bekannt für ›Episode in the Transvaal‹. Scharfe, realist. Darstellungsgabe.
W: Episode in the Transvaal, R. 1956 (Die lange Nacht, d. 1959); Sorrow Laughs, R. 1959; King Kong: An African Jazz Opera, Libr. 1961; Whittaker's Wife, R. 1962 (d. 1963).

Bloomfield, Robert, engl. Dichter, 3. 12. 1766 Honington – 19. 8. 1823 Shefford. Sohn e. Schneiders; Schuhmacher in London. – S. Gedichte hatten großen Erfolg, und er erhielt e. Zeitlang e. Stipendium durch den Herzog von Grafton. Erblindete, starb in großer Armut.
W: The Farmer's Boy, G. 1800 (Faks., hg. D. H. Reiman 1977); Rural Tales, 1802 (Faks., hg. ders. 1977); Good Tidings, G. 1804 (Faks., hg. ders. 1977); Wild Flowers, G. 1806; The Banks of the Wye, G. 1811; May Day with the Muses, G. 1822. – Poetical Works, hg. W. B. Rands 1855; Letters, 1871.
L: J. Lawson, 1980.

Bloy, Léon Henri Marc, franz. Schriftsteller, 11. 7. 1846 Périgueux – 3. 11. 1917 Bourg-la-Reine b. Paris. Vater Zolleinnehmer, antiklerikal und atheist., sehr fromme Mutter. Autodidakt. 1864 nach Paris, um Maler zu werden; unter Einfluß Barbey d'Aurevillys (1869 dessen Sekretär) Wendung zur Lit. 1870 Freischärler, später kleiner Bahnbeamter. Zeit s. Lebens hoffnungslos arm (2 Kinder im Elend gestorben); lebte zeitweise mit der Prostituierten A. Roulé (Heldin von ›Le désespéré‹), später ∞ Dänin Jeanne Molbeck. – B.s Werk spiegelt Leben und Persönlichkeit. Romane teils autobiograph., aufgewühlt durch den materialist. genußsücht. Zeitgeist, gegen den er das Mysterium der Armut predigt. Leidenschaftl., haßerfüllte Angriffe gegen menschl. und relig. Lauheit, Sattheit, gegen Reichtum, Bürgertum und Klerus. Schrieb heftige Pamphlete, richtete mit rücksichtslosem Mut, oft maßlos und ungerecht, aber aus tiefem Drang, Wahrheit zu erkennen und zu verkünden. Von fanat. Gläubigkeit. Sah sich als Propheten Gottes in e. gottlosen Welt; erwartete Einbruch der Apokalypse. Erhob hist. Gestalten wie Napoleon neben den frühen Christen zu Idealen. Höchste Leistung sind die Tagebücher, Niederschlag seines antibürgerl. absoluten Christentums. Einsichten und Bekenntnisse B.s sind nicht zu e. systemat. theolog. Lehre ausgebaut. Seine kraftvolle und ursprüngl. Sprache ist reich an neuen und kühnen (mit Vorliebe unflätigen) Metaphern. Zu Lebzeiten ohne größeren lit. Erfolg, aber von starkem persönl. Einfluß auf den ›Renouveau catholique‹, befreundet mit Bourget, Huysmans, Rouault, Einfluß auf J. Maritain.
W: Propos d'un entrepreneur de démolitions, Pamphlet 1883; Le révélateur du globe, Prosa 1884; Le désespéré, R. 1886 (d. 1954); Sueur de sang, Prosa 1893; La femme pauvre, R. 1897 (Die Armut und die Gier, d. 1950); Le mendiant ingrat, Tg. 1898 (d. 1949); Exégèse des lieux communs, St. II 1898 (d. 1949); Les dernières colonnes de l'église, Prosa 1903; Mon journal, 1904 (Die heilsame Verfolgung, d. 1958); Quatre ans de captivité à Cochons-sur-Marne, Tg. 1905 (d. 1958); L'invendable, Tg. 1909; Le sang du pauvre, Prosa 1909 (d. 1953); Le vieux de la montagne, Tg. 1911; Le pèlerin de l'absolu, Tg. 1914; Au seuil de l'Apocalypse, Tg. 1916; Méditations d'un solitaire, Prosa 1917; Dans les ténèbres, Prosa 1918; La porte des humbles, Tg. 1920. – Œuvre complète, XX 1947–49; Œuvres complètes, VI 1964ff. (Ausw.: Der beständige Zeuge Gottes, hg. R. Maritain, d. 1953); Lettres de jeunesse, 1920; Lettres à sa fiancée, 1922 (d. 1950); Correspondance de B. et de Villiers de l'Isle-Adam, 1927; Lettres à ses filleuls J. Maritain et P. van der Meer de Walcheren, 1928; Lettres à Véronique, 1933 (d. 1948); Lettres intimes à sa femme et à ses filles, 1952; Lettres à son ami Dupont, 1952; Lettres inédites à E. Bernaert, 1972; Journal, Tg. IV 1959–63.
L: R. Martineau, ²1924; M. Romeissen, 1935 (m. Bibl.); M. J. Lory, 1944; A. Béguin, 1944; J. Bollery, III 1947–54; A. Béguin, 1948; R. Heppenstall, 1953; S. Fumet u. a., 1955; J. Steinmann, 1956; H. Juin, 1957; R. Barbeau, 1957; G. Cattaui, ²1961; J. Petit, 1966; S. Fumet, 1967; R. Hager, 1967; M. Bardèche, 1966; G. Vigini, 1972; J. Vier, 1968; M. Fontane, 1998. – *Bibl*.: G. Dotoli, 1970.

Blümlein des heiligen Franz → Fioretti di San Francesco

Blum, Peter Emil Julius, afrikaanser Lyriker, 4. 5. 1925 Triest – 5. 12. 1990 Isleworth/England. Ging 1937 nach Südafrika. Schulen in Durban u. Johannesburg. Stud. Stellenbosch u. Kapstadt. Bibliothekar Kroonstad. Wohnte seit 1960 in England. – Schrieb die selbständigste Lyrik der 50er Jahre, über Abschied u. Entwurzelung, über die Relativität aller Dinge. Mehrere Essays über europ. Lit. Übs. aus dem Franz. u. Deutschen.

W: Steenbok tot poolster, G. 1955; Enklaves van die lig, G. 1958.

L: E. Lindenberg, 1965; A. P. Grové, 1978; J. C. Kanemeyer, 1993.

Blume, Die → Il fiore

Blunden, Edmund Charles, engl. Dichter und Lit.wissenschaftler, 2. 11. 1896 Yalding/Kent – 20. 1. 1974 Long Melford/Suffolk. Stud. in Oxford, gehörte zur Dichtergeneration des 1. Weltkriegs, an dem er in Frankreich teilnahm. Seit den 1920er Jahren Prof. für Lit. Univ. Tokio, Oxford und Hongkong, 1966–68 Prof. für Poetik Oxford. – Vf. versch. Dichterbiographien und lit. krit. Schriften. B.s Kriegseindrücke spiegeln sich in s. autobiograph. Kriegstagebüchern ›Undertones of War‹ und in s. Kriegsgedichten, die Ausdruck der Hoffnungslosigkeit und des menschl. Miterleidens sind. Bedeutsamer als die Kriegsgedichte sind B.s besinnl., tiefe u. schlichte Naturdichtungen aus einem tiefen Gefühl für die engl. Landschaft.

W: Pastorals, G. 1916; The Waggoner, G. 1920; The Shepherd, G. 1922; Masks of Time, G. 1925; Undertones of War, Tg. 1928; Near and Far, G. 1929; Nature in English Literature, Es. 1929; Poems 1914–30, 1930; Life of Leigh Hunt, St. 1931; An Elegy and other Poems, G. 1932; The Mind's Eye, Es. 1933; Charles Lamb, St. 1934; Keat's Publisher, St. 1936; Poems 1930–40, 1940; Th. Hardy, St. 1942; Shells by a Stream, G. 1944; Shelley, St. 1946 (d. 1948); After the Bombing, G. 1949; J. Keats, St. 1950; Poems of Many Years, G. 1957; A Hong Kong House, G. 1962. – A Selection, hg. K. Hopkins 1950; Selected Poems of E. B., hg. R. C. K. Ensor 1957. – *Bibl.:* B. J. Kirkpatrick, 1979.

Blunt, Wilfrid Scawen, engl. Lyriker, 17. 8. 1840 Petworth/Sussex – 10. 9. 1922 ebda. 1858–69 im diplomat. Dienst in Athen, Paris, Lissabon, Südamerika. Bereiste Ägypten, Arabien und Persien, veröffentlichte s. Ansichten über den Islam, Ägypten, Indien und Irland, wobei er als Anwalt der unterdrückten Völker den brit. Imperialismus heftig, obwohl nicht immer zuverlässig, kritisierte. Setzte sich für Home Rule Irlands ein. 1887 wegen polit. Agitation 2 Monate in Irland im Gefängnis. – S. Ruf als Dichter beruht auf s. Sonetten, s. kraftvollen Erlebnisdichtung und s. idyll. Naturlyrik.

W: Sonnets and Songs, G. 1875; Love Sonnets of Proteus, G. 1880; The Future of Islam, Schr. 1882; Satan Absolved, Schr. 1889; The Seven Golden Odes of Pagan Arabia, G. 1903; Secret History of the English Occupation of Egypt, Schr. 1907; India under Ripon, Schr.

1909; Gordon at Khartoum, Schr. 1911; Ireland, Schr. 1912; Last Poems, G. 1922. – Poetical Works, II 1914; My Diaries, II 1919f.

L: E. Finch, 1938; M. J. Reinehr, 1940; A. P. Thornton, 1959; N. A. S. Lytton, 1961; T. J. Assad 1964; E. Longford, A Pilgrimage of Passion, 1979.

Bly, Robert (Elwood), amerik. Dichter, * 23. 12. 1926 Madison/MN. Eltern norweg. Abstammung, Kindheit auf Farm, Stud. St. Olaf College, Harvard, Univ. Iowa; Marine-Kriegsdienst 1944–46; Übs., Hrsg. – Zunächst frei assoziative Naturlyrik in ›Silence in the Snowy Fields‹, zunehmend polit. und myst. in ›The Light Around the Body‹; Leitfigur der ritualist., myth. inspirierten Männerbewegung mit Bestseller ›Iron John‹.

W: Silence in the Snowy Fields, G. 1962; The Light Around the Body, G. 1967; Sleepers Joining Hands, G. 1973; Old Man Rubbing His Eyes, G. 1975; This Tree Will Be Here for a Thousand Years, G. 1979; The Man in the Black Coat Turns, G. 1981; Loving a Woman in Two Worlds, G. 1987; Iron John, St. 1990 (d. 1991); The Sibling Society, St. 1996 (d. 1997); Morning Poems, G. 1997; The Maiden King, St. 1998 (m. M. Woodman; Die ferne Zarin, d. 2000); Snowbanks North of the House, G. 1999; Eating the Honey of Words, G. 1999; The Night Abraham Called to the Stars, G. 2001; Jumping Out of Bed, G. 2002. – Selected Poems, 1986.

L: I. Friberg, 1977; K. Daniels, R. Jones, hg. 1982; R. Held, 1984; H. Nelson, 1984; J. Peseroff, hg. 1984; R. P. Sugg, 1986; W. V. Davis, 1988 u. 1994; V. F. Harris, 1992; T. R. Smith, hg. 1992. – *Bibl.:* W. H. Roberson, 1986.

Blyton, Enid (Mary) (Ps. Mary Pollock), engl. Kinderbuchautorin, 11. 8. 1896 Beckenham/Kent – 28. 11. 1968 London. Kindergärtnerin, Lehrerin. ∞ 1940 K. F. D. Waters. – Vf. von rd. 400 Kinderbüchern von beispielloser Popularität (60 Mill. Auflage in 63 Sprachen).

W: Real Fairies, G. 1923; The Twins at St. Clare's, Kdb. 1941 (Hanni u. Nanni sind immer dagegen, d. 1965); Five on a Treasure Island, Kdb. 1942 (d. 1953); Well Done, Secret Seven, Kdb. 1951 (d. 1958); The Story About My Life, Aut. 1952; You're a Good Friend, Noddy, Kdb. 1958 (Nicki u. der Zauberer, d. 1962).

L: B. Stoney, 1974; S. G. Ray, 1982; B. Mullan, 1987; I. Smallwood, A Childhood at Green Gedges, 1989.

Boal, Augusto, brasilian. Theaterautor und Regisseur, * 17. 3. 1931 Rio de Janeiro. Stud. Theaterwiss. Rio de Janeiro und New York. Mit dem Exil 1971–76, u. a. in Argentinien, Lissabon und Paris, exportierte er die unter dem Schlagwort ›Theater der Unterdrückten‹ zusammengefaßten Theaterpraktiken, Geschichte, Gegenwart und Alltag zu verknüpfen, v. a. nach Europa. 1986 Rückkehr nach Brasilien. Seit 1993 Parlamentsabgeordneter in Rio. – Entwickelte mit der Gruppe des Teatro de Arena in São Paulo seit Mitte der

1960er Jahre e. neues kollektiv konzipiertes Volkstheater in engem Zusammenhang und Austausch mit anderen kollektiven Projekten: auf nationaler Ebene mit der Alphabetisierungskampagne Paulo Freires, auf internationaler Ebene mit dem ›Théâtre du Soleil‹ von Ariane Mnouchkine; dazu e. eigenwillige Rezeption von Brechts Theater. Die Theaterstücke ›Arena conta Zumbi‹ (1965), ›Arena conta Tiradentes‹ (1967) und ›Arena conta Simon Bolívar‹ (mit Gianfrancesco Guarnieri) erzählen brasilian./lateinamerik. Geschichte mit unmittelbarem Bezug auf die Gegenwart.
W: Revolução na América do Sul, Dr. 1960 (d. 1979); Arena conta Zumbi, Dr. 1965 (d. 1985); Torquemada, Dr. 1967 (d. 1975); Teatro do Oprimido e outras poéticas políticas, Ess. 1976 (d. 1979); Milagre no Brasil, Ess. 1976; Crônicas de nuestra América, Chronik 1977; Murro em Ponto de Faca, Sch. 1977 (d. 1981); Técnicas latino-americanas de teatro popular, Ess. 1979; Stop c'est magique, Ess. 1980; Histórias de nuestra América, Dr. 1990 (d. 1993); O suicida com medo da morte, R. 1992; O arco-iris do desejo, Ess. 1996; Hamlet e o filho do padeiro: memórias imaginadas, Mem. 2000.
L: H. Thorau, 1982.

Boborykin, Pëtr Dmitrievič, russ. Schriftsteller, 27. 8. 1836 Nižnij Novgorod – 12. 8. 1921 Lugano. Aus Adelsfamilie, 1853 Stud. Rechte, Naturwiss. Kazan', Medizin Dorpat, Verwaltungswiss. Petersburg, widmete sich 1861 der Lit. 1863–65 Hrsg. der Zs. ›Biblioteka dlja čtenija‹; 1865–75 mit kurzen Unterbrechungen im Ausland (Paris, Wien, Italien, London), wo er in Zeitungen und Zss. viele krit. Studien, Theaterkritiken u. a. veröffentlichte, schrieb auch später fürs ausländ. Zss. in französ., ital. und engl. Sprache; emigrierte 1918. – E. der produktivsten russ. Schriftsteller, schrieb in s. 60jähr. lit. Tätigkeit über 20 Romane, viele Dramen, Novellen, Skizzen; hatte e. feines Gefühl für wesentl. Faktoren der geistigen und sozialen Entwicklung des zeitgenöss. Rußland, schilderte in s. Romanen mit leichter Feder die Wandlungen der russ. Gesellschaft von der Mitte des 19. bis ins 20. Jh., das Absinken des Adelsstandes, den Aufstieg der Mittelschichten, bes. der Kaufmannschaft, zeichnete z. B. im Roman ›Vasilij Tërkin‹ e. Kleinbürger bäuerl. Herkunft, der zu großem Reichtum gelangt.
W: Žertva večernjaja, R. 1868 (Abendliches Opfer, d. 1893); Del'cy, R. 1872; Kitaj-gorod, R. 1882 (d. 1895); Vasilij Tërkin, R. 1892; Pereval, R. 1894; Za polveka, Mem. 1929. – Sočinenija (W), XII 1884–86; Stolicy mira, Erinn. 1911; Sobranie romanov, povestej i rasskazov (W), XII 1897; Sočinenija (W), III 1993.
L: K. Blanck, 1990.

Bocage, Manuel Maria l'Hedoux de Barbosa du, portugies. Dichter, 15. 9. 1765 Setúbal – 21. 12. 1805 Lissabon. Mutter Französin; fühlte sich geistig u. biograph. Camões verwandt; Stud. Marineakad., abenteuerl. Leben. Seit 1786 Marineoffizier in Indien, China, 1790 Lissabon. Unter dem Künstlernamen Elmano Sadino bis zum Ausschluß 1794 Mitglied der Dichtergesellschaft Nova Arcádia; Gefängnis, Verfolgung durch die Inquisition wegen antimonarch. u. antikathol. Äußerungen, den Oratorianern übergeben, deren Kloster er als Konformist verläßt; verdiente mit Übsn. (Vergil, Ovid, Delille, Castel, Rosset, Lacroix, Saint-Pierre) den Unterhalt für sich u. s. Schwester. – Hervorragendster portugies. Dichter des 18. Jh. im Übergang von arkad.-klassizist. Kunstübung zur Romantik. Subjektivist. Unbändigkeit, romant. Persönlichkeitskult u. inneres Gespaltensein unter klass. Formen (Ode, Sonett, Kanzone, Idylle, Kantate), die das andrängende Gefühl (Einsamkeit, Tod, Grauen) beständig durchbricht.
W: Rimas, G. III 1791–1804; Poesias, G. hg. I. Francisco da Silva VI 1853, VIII ²1876; Poesias Inéditas, G. 1896; Obras Poéticas, III 1910; Sonetos Poesias Várias, G. II 1943.
L: H. Cidade, 1963; V. Nemésio, ³1970.

Boccaccio, Giovanni, ital. Dichter, 1313 Florenz oder Certaldo – 21. 12. 1375 Certaldo b. Florenz. Unehel. Sohn e. Florentiner Kaufmanns u. e. Unbekannten. Kindheit in Florenz, kaufmänn. Lehre. 1327 mit s. Vater im Auftrag des Bankhauses Bardi nach Neapel. Aus Widerwillen gegen den Kaufmannsberuf begann er 1330 das Rechtsstud., widmete sich jedoch v. a. humanist. Studien. Kam in Hofkreise, gewann nach höchst unsicherer Überlieferung für kurze Zeit 1336 Maria, angebl. e. natürl. Tochter König Roberts von Neapel, die mit e. Conte d'Aquino vermählt war, zur Geliebten. Sie wurde s. gefeierte ›Fiammetta‹. Um 1340 nach dem Bankrott der Bardi ins Vaterhaus zurückgerufen, sehnte er sich nach dem kunstsinnigen Hof in Neapel zurück. Auf e. Kriegszug 1344–46 (?) in Neapel, 1346 in Ravenna, 1347/48 in Forlì; 1348 Tod des Vaters an der Pest, Rückkehr nach Florenz. Lebte hier in bescheidenen Verhältnissen. Wichtige diplomat. Missionen. Erhielt 1351 den Auftrag, Petrarca zur Übernahme e. Professur in Florenz einzuladen. Beginn der Freundschaft, gemeinsame humanist. Studien. 1359 mit Petrarca in Mailand, 1361 auf Einladung s. einstigen Freundes N. Acciaiuoli in Neapel, doch durch schlechte Behandlung enttäuscht. 1362 durch den Kartäuser Giachino Ciani aus Siena zu frommem Leben bekehrt. 1363 bei Petrarcas Tochter in Venedig, ab 1371 zurückgezogenes Leben auf s. Landgut in Certaldo b. Florenz, unterbrochen von Gesandtschaftsreisen: 1365 zu Papst Urban V. nach Avignon, 1367 nach Rom.

Boccalini

1368 bei Petrarca in Padua. 1370/71 in Neapel, führte s. Plan, in e. Kloster einzutreten, nicht aus. Rückkehr nach Florenz, Krankheit, 1373 öffentl. Vorlesungen über Dantes ›Göttliche Komödie‹. Lebensabend auf s. Landgut Certaldo. – E. der bedeutendsten Erzähler der europ. Lit. Möglicherweise angeregt von Maria d'Aquino ist s. uneinheitl. Jugendroman ›Filocolo‹ über die Schicksale des Liebespaares Florio u. Biancofiore. Ebenfalls Fiammetta gewidmet sind ›Filostrato‹ u. ›Teseide‹, höfisch-ritterl. Stoffe in klass. Form, aber ital. Sprache. Die hier verwendeten 8zeiligen Stanzen wurden Vorbild für das ital. Epos. ›Filostrato‹ enthält die Erzählung von Troilos u. s. wankelmütigen Geliebten Griseida nach dem Roman von Benoît de Sainte-More. B.s weltberühmtes Hauptwerk ist das ›Decameron‹, nach dem Pestjahr 1348 entstanden. In e. Rahmenerzählung – Florentiner Adelige fliehen vor der Pest auf e. Landgut – werden 100 ernste u. heitere Novellen erzählt, neben erbaul. auch frivole. Berühmte Stoffe: z.B. die Fabel von den drei Ringen, Quelle für Lessings ›Nathan‹, u. die Novelle vom Falken, Grundlage für P. Heyses Falkentheorie. B.s weltlit. Leistung ist die lit. Fassung vieler Stoffe. Er bleibt lange Zeit Vorbild der ital. Prosa. Als Humanist schrieb B. auch lat. Werke über Mythologie u.a. Themen und das erste Schäfergedicht der Renaissance ›Ninfale fiesolano‹. Auf s. Veranlassung wurde Homer erstmalig vollständig ins Lat. übersetzt.

W: Caccia di Diana, 1334/35 (n. 1938); Filocolo, um 1336–40 (n. 1938); Teseìda, 1336–40 (n. 1938); Filostrato, 1338 (n. 1937; d. 1884); Ninfale d'Ameto, 1341/42 (n. 1938); Amorosa visione, 1342 (n. 1944); Elegia di Madonna Fiammetta, R. 1343 (n. 1939; d. 1806); Ninfale fiesolano, 1344 (n. 1913, d. R. Hagelstange 1957); Decamerone, 1348–53 (hg. A. F. Massèra II 1927, G. Petronio II 1950, C. S. Singleton II 1955, V. Branca 1960; d. um 1472 u.ö., bes. K. Witte [2]1974); De genealogiis deorum gentilium, 1350–60 (n. II 1951); Bucolicon carmen, 1351–56; Corbaccio, Sat. 1354/55 (n. 1940; d. 1923); De casibus virorum illustrium, IX 1355–60 (Faks. 1962; d. 1965); De montibus, silvis, 1355–64; De claris mulieribus, 1356–64 (n. 1836); Trattatello in laude di Dante, 1360; Commento alla Divina Commedia, 1373 (n. D. Guerri III 1918); Vita di Dante, 1373 (n. 1899; d. 1909). – Opere volgari, hg. J. Moutier XVII 1827–34, VI 1937–41; Tutte le opere, hg. V. Branca XII 1964ff.; Opere latine minori, hg. A. F. Massèra 1928; Opere in versi, hg. P. G. Ricci 1965. – Übs.: GW, III 1921, V 1924.

L: M. Landau, 1877; G. Körting, 1880; H. Hauvette, Paris 1914; U. Renda, 1938; V. Branca, Linee di una storia della critica al Decameron, 1939; C. Grabher, 1941 (m. Bibl., d. 1946); G. Billanovich, Restauri boccacceschi, 1945; V. Branca, 1956; B. Curato, 1961; Scritti su G. B., 1964; H.-J. Neuschäfer, B. u. d. Beginn d. Novelle, 1969; C. Muscetta, 1972; A. Tartaro, 1976; E. Flaig, 1984; R. G. Ricci, 1985. – Bibl.: F. Ferrari, 1888; G. Traversari, 1907; H. Hauvette, 1914; E. Esposito, 1976.

Boccalini, Traiano, ital. Kritiker u. polit. Theoretiker, 1556 Loreto – 29. 11. 1613 Venedig. Stud. Jura und Lit., im Dienst der Kurie unter versch. Päpsten hohe Staatsämter. Als er sich in Rom vor den Spaniern, deren Fremdherrschaft er leidenschaftl. bekämpfte, nicht mehr sicher fühlte, zog er sich nach Venedig zurück, dessen staatl. Ordnung s. polit. Idealen am nächsten kam. – In den ›Ragguagli di Parnaso‹ und der ›Pietra del paragone politico‹ berichtet er von den Diskussionen, die über Menschen und Dinge der Vergangenheit und Gegenwart in dem von Apollo regierten Königreich des Parnaß stattgefunden haben, und übt dabei in satir. Form Kritik an der zeitgenöss. Lit. und Politik. Die ›Commentari a Tacito‹ setzen sich mit dem Begriff der Staatsräson auseinander, wobei B. als erster die Unvermeidlichkeit des Handelns nach den Prinzipien der Staatsräson erkennt, diese zugleich aber moral. verabscheut. Im Begriff der ›buone lettere‹ glaubt er e. Möglichkeit zu e. Lösung der polit. Probleme gefunden zu haben.

W: Ragguagli di Parnaso, II 1612f. (n. L. Firpo III 1948; d. 1644); Pietra del paragone politico, 1615 (d. 1616); La bilancia politica di tutte le opere di T. B., III 1677f. (enth. die Commentari a Tacito).

L: A. Belloni, 1931; A. Rinaldi, 1933; G. Natali, 1934; A. Belloni, 1940; C. Varese, 1958; H. Hendrix, 1995.

Bocheński, Jacek, poln. Schriftsteller u. Publizist, * 29. 7. 1926 Lemberg. Stud. in Lublin u. Warschau. – S. Werke zeigen e. rationalist.-skept. Grundhaltung. In hist. Romanen Suche nach den Mechanismen der Macht. Schrieb auch Reiseberichte über die SU, die DDR u. Afrika.

W: Fiołki przynoszą nieszczęście, En. 1949; Boski Juliusz, R. 1961 (Göttlicher Julius, d. 1982); Tabu, R. 1965 (d. 1966); Nazo poeta, R. 1969 (Der Täter heißt Ovid, d. 1975); Stan po zapaści, R. 1987.

Bodel, Jehan, altfranz. Dichter, um 1165 Arras – 1210 ebda. Dort Stadtbeamter und Mitglied der ›Confrérie des jongleurs‹, erkrankte um 1205 an Lepra. Vielseitiger Epiker, Dramatiker und Lyriker. – ›Saisnes‹ (vor 1202) ist e. Epos über den Sachsenkrieg Karls d. Gr. gegen Guiteclin (Widukind), in das ältere Überlieferung, so die Erzählung von Chlotars Sachsenkrieg (im ›Liber historiae‹), hineinwirkt. B. gestaltete den Stoff sehr selbständig, weitete ihn aus und fügte neue Episoden hinzu. In ›Li jus de Saint-Nicolas‹ (um 1199/1201), e. Mirakelspiel, freie Stoffbehandlung. Im Mittelpunkt steht der Heilige, der e. heidn. König geraubte Schätze wieder verschafft und so e. Christen das Leben rettet. Der 1. Teil schildert e. Kampf von Kreuzfahrern gegen Heiden, der 2. bringt derb-realist. Wirtshausszenen mit den ersten Zeugnissen des franz. Argot. Durch die starken weltl. Elemente steht das Spiel dem weltl. Drama sehr nahe. Neben 5 Pastourelles ist das ergreifende Lied ›Li congié‹ erhalten, mit dem J. B. leprakrank Abschied von der Welt nahm. Er begründete damit e. Liedgattung, die bis ins 15. Jh. hinein viel nachgeahmt wurde. Unsicher ist s. Autorschaft bei 9 fables, als deren Verfasser e. Jean Bedel genannt wird.

A: Saisnes, hg. F. Menzel, E. Stengel II 1906–09; Le Jeu de Saint-Nicolas, hg. F. J. Warne 1951 (neufranz. A. Henry, 1962); Congés, hg. G. Raynaud 1913; Fabliaux, hg. P. Nardin 1959.

L: O. Rohnström, 1900; P. R. Vincent, The Jeu de St. N., Baltimore 1954; C. Foulon, 1957; Merl, H.-D., 1972; Annette Brasseur, 1990.

Bodelsen, Anders, dän. Erzähler, * 11. 2. 1937 Kopenhagen. Stud. Volkswirtschaft u. Lit., freier Mitarbeiter versch. Zeitungen. – Vf. realist. und gesellschaftskrit. Prosa; Hörspiele u. Fernsehstücke.

W: De lyse nætters tid, R. 1959; Villa Sunset, R. 1964 (d. 1971); Tænk på et tal, R. 1968; Frysepunktet, R. 1969 (Brunos tiefgekühlte Tage, d. 1971); Straus, R. 1971 (d. 1977); Operation Cobra, R. 1975; De gode tider, R. 1977 (Die guten Zeiten, d. 1982); Borte borte, R. 1980; Mørklægning, R. 1988; Byen uden ildebrande, R. 1989; Rød september, R. 1991; Den åbne dør, R. 1997.

L: G. A. Nielsen, 1978.

Bodor, Ádám, ungar. Schriftsteller, * 22. 2. 1936 Kolozsvár/Cluj (Rumänien). Stud. ref. Theol. Ab 1960 als Archivar, ab 1964 als Mitarbeiter eines Übersetzungsbüros tätig. Erste Novelle 1965 in der Zs. ›Utunk‹. Seit 1968 widmet er sich voll d. Lit. 1982 Übersiedl. nach Ungarn.

W: A tanú, En. 1969; Plusz-mínusz egy nap, En. 1974; Megérkezés északra, En. 1978; Sinistra körzet. Egy regény fejezetei, R. 1992 (Schutzgebiet Sinistra, d. 1994); Az érsek látogatása, R. 1999 (Der Besuch des Erzbischofs, d. 1999); A börtön szaga, R. 2003.

L: Gy. Pozsvai, 1998.

Bo Dschü-I → Bo Juyi

Boé, Jacques → Jasmin, Jacques

Bødker, Cecil, dän. Lyrikerin u. Erzählerin, * 27. 3. 1927 Fredericia. Tochter e. Schriftstellers, Silberschmiedlehre. – Die konkreten Details und abstrakten Bilder ihrer Lyrik zeigt auch die Prosa, die von der Angst des Menschen, s. Ruhelosigkeit und s. Gespaltensein erzählt. Erfolgr. Hörspiele und Kinderbücher über ›Silas‹ u. v. a. seit den 70er und 80er Jahren.

W: Øjet, Nn. 1961 (Der Widder, Ausw. d. 1966); Samlede digte, G. 1964; Tilstanden Harley, N. 1965 (Zustand Harley, d. 1969); Pap, R. 1967; Silas, Kdb. XIV 1967–2001 (daraus Silas, d. 1970); Salthandlerskens hus, R. 1972 (Das Haus der Salzhändlerin, d. 1977); Marias barn, E. II 1983f. (daraus Marias Kind, der Junge, d. 1986); Farmors Øre, Erinn. u. En. 1999. – *Übs.:* Der Geisterleopard, 1972; Zwölf Uhr Mitternacht, 1973; Timundlis, Kdb. 1976; Das Mädchen a. d. Meer, Kdb. 1999.

L: J. Gormsen, 1976; G. Jakobsen, 2001.

Böhl de Faber, Cecilia → Fernán Caballero

Boendale, Jan van (auch Jan de Clerc), niederländ. Reimchronist, 1279 Boendale b. Tervuren – um 1352 Antwerpen. Stadtschreiber ebda. – ›Die Brabantische Yeesten‹ gibt unter Benützung von Maerlants ›Spieghel historiael‹ e. Geschichte des Herzogtums Brabant bis 1347, ›Der leken spieghel‹ enthält Ausführungen über die Natur, Himmel, Hölle und Fegfeuer, e. Geschichte von der Schöpfung bis zu Karl d. Gr., e. Ethik und e. knappe Poetik, die erste in den Niederlanden, gibt e. Abhandlung über die versch. Arten der Liebe und endet mit e. Blick auf die Zukunft. ›Jans teesteye‹ (vor 1333), das den nüchternen Realismus des 14. Jh. verrät, steht unter dem Einfluß Maerlants. B.s Verfasserschaft des ›Melibeus, boec van troeste ende van rade‹ (1342) u. des ›Dietsche Doctrinael‹ steht nicht fest.

A: Die Brabantische Yeesten, hg. J. F. Willems, J. H. Bormans III 1839–43; Die Dietsche Doctrinael, hg. W. J. A. Jonckbloet 1842; Der leken spieghel, hg. M. de Vries IV 1844–48; Jans teesteye, hg. F. A. Snellaert 1869.

L: H. Haernynck, 1888; D. C. J. Kinable, Facetten van B., 1998.

Bønnelycke, Emil, dän. Lyriker und Erzähler, 21. 3. 1893 Aarhus – 27. 11. 1953 Söndrum b. Halmstad/Schweden. Sohn e. Lokomotivführers; bis 1915 Kontorist, dann Mitarbeiter der Zeitungen ›Politiken‹ und ›Berlingske Tidende‹; Gehörte nach Europa, Kleinasien und Amerika. – Gehörte nach dem 1. Weltkrieg e. expressionist.-futurist. Lyrikergruppe um T. Kristensen an, als deren explosivster und suggestivster Vertreter. S. Lyrik ist von W. Whitman beeinflußt und schildert lebendig und in glühenden Farben die mod. Technik und das Leben in der Großstadt. Später locker gebaute, christl.-moral. Romane.

W: Ild og ungdom, G. 1917; Asfaltens sange, Prosa-G. 1918; Tårer, G. 1918; Festerne, G. 1918; Buer og stål, G. 1919; Spartanerne, G. 1919; Gadens Legende, G. 1920; Aurora, R. 1920; Samlede Digte, 1922; Københavnske poesier, G. 1927; Historier om lokomotivførere, En. 1927 (Lokomotivführergeschichten, d. 1929); Ansgar, Sch. 1930; Lokomotivet, R. 1933; Udvalgte romaner 1938; Stilheden, En. 1938; Lovsang til Døden, G. 1939; Kristussonetter, G. 1940; Angreb, G. 1946.

Böök, (Martin) Fredrik (Christofferson), schwed. Lit.wiss., Essayist und Erzähler, 12. 5. 1883 Kristianstad – 2. 12. 1961 Lund. Sohn e. Schuhmachermeisters, Stud. Lund, 1907 Lizentiat, 1908 Dr., 1907 Dozent für Lit.-Gesch. in Lund, 1920– 23 Prof. Lit. Mitarbeiter versch. Zeitungen. 1922 Mitgl. der Schwed. Akad. 1931 Dr. h. c. Tübingen, 1931 ∞ Tora Olsson. – Neben e. außerordentl. großen Zahl von lit.wiss. Untersuchungen, Aufsätzen u. Editionen veröffentlichte B. e. Reihe von Reiseschilderungen, geistvoll und mit großen hist. Kenntnissen, in denen er sich vorwiegend mit den polit. Verhältnissen befaßte. Glänzender Polemiker, nahm Abstand vom Ästhetizismus u. trat für die bürgerl. Moral ein. Wirkte stark meinungsbildend in Schweden. Stets deutschfreundl., sympathisierte auch mit dem Nationalsozialismus.

W: Stridsmän och sångare, Es. 1910; Essayer och kritiker, VI 1913–23; Den romantiska tidsåldern, St. 1918; E. J. Stagnelius, Mon. 1919; Sveriges moderna litteratur, 1921; Fredrik Cederborgh, Mon. 1925; Resa kring svenska Parnassen, Es. 1926; Resa i Sverige, Reiseb. 1924; Sommarleken, R. 1927 (Sommerspuk, d. 1938); Resa till Schweiz, Reiseb. 1932; Historier från Hallandsåsen, N. 1934 (Der Meisterdieb, d. 1939); Viktor Lejon, R. 1935 (d. 1940); Det rika och fattiga Sverige, 1936 (Das reiche und das arme Schweden, d. 1938); H. C. Andersen, St. 1938 (d. 1943); Nya historier från Hallandsåsen och Helgeå, N. 1939; Storskolan, R. 1940; Danserskan i Aleppo, N. 1941; Holbergs visdom, Es. 1942; Levertin, St. 1944; V. v. Heidenstam, St. II 1945 f.; E. Tegnér, B. II 1946 f.; Livet på landet, 1948; Rannsakan, Es. 1953; Betraktelse, Es. 1954; Vandringar på Hallandsåsen, 1963. – Berättelser, VIII 1953.

L: L. Carlsson, 1965. – *Bibl.:* R. Arvidsson, 1970.

Boer, Lodewijk (Maria) de, niederländ. Dramatiker u. Regisseur, * 11. 2. 1937 Amsterdam. – S. Stücke (Einfluß von Pinter u. Beckett) entstehen in enger Zusammenarbeit mit den Schauspielern. Bekannt wurde er v. a. mit der tragikom. neorealist. vierteiligen Serie über Außenseiter-Existenzen ›The Family‹.

W: De kaalkop luistert, Dr. 1963; Het gat, Dr. 1964; Labyrinth, Op. 1966; Darts, Dr. 1968; The family, Dr. 4 Teile 1972–73 (d. 1975); De watergeuzen, FSsp. 1976; De pornograaf, Dr. 1978; Vrouw in het zand, Dr. 1983 (nach d. gleichnam. jap. R. von Kōbō Abe); Toneel, Drr. (GA) IV 1993.

Boëthius, Anicius Manlius Severinus, lat. Schriftsteller u. Philosoph, um 480 Rom – um 524 Pavia. B. erwarb sich früh e. Ruf als Gelehrter; unter Theoderich bekleidete er hohe Verwaltungsämter. In e. Zeit von Spannungen zwischen West- u. Ostreich wurde in e. Hochverratsprozeß hineingezogen, verhaftet u. schließl. hingerichtet. – S. Plan, die griech. Wiss., d.h. Arithmetik, Musik, Geometrie u. Astronomie (das von ihm zuerst so genannte Quadrivium) u. die Schriften Platons u. Aristoteles', in Übs. u. Kommentar dem lat. Westen zugänglich zu machen, konnte er nur z. T. ausführen; er verfaßte u. a.: Werke zur Arithmetik u. zur Musik, Übs. u. Kommentar zur Logik u. zu den Kategorien des Aristoteles, e. Kommentar zur ›Eisagoge‹ (Einleitung zu den Kategorien des Aristoteles) des Porphyrios. Zudem verfaßte B. e. Kommentar zur ›Topik‹ Ciceros u. eigene theolog. Schriften. Bes. bedeutend ist s. Werk ›De consolatione Philosophiae‹ (Vom Trost der Philosophie), e. zwischen Prosa u. Dichtung wechselnder Dialog über existentielle Grundfragen zwischen dem Verhafteten u. der ihm im Kerker erscheinenden personifizierten Philos.; ausgehend von Reflexionen über das polit. Scheitern werden Themen wie die Bedeutung der weltl. Glücksgüter u. die Frage nach der Willensfreiheit behandelt. Die ›Consolatio‹ wurde in MA u. Renaissance viel gelesen, häufig kommentiert und u. a. ins Griech. übersetzt u. mit ahd. Glossen versehen. – B. ist der wichtigste Vermittler griech. Philos. an die lat. Welt seit Cicero. S. Übs. u. Kommentare waren bis zur Wiederentdeckung der griech. Originale grundlegend.

A: Aristoteles latinus, hg. L. Minio-Paluello, Brügge 1961ff.; Porph. comm.: S. Brandt, Corp. Script. Eccl. Lat. 48, 1906; arithm., mus.: G. Friedlein, n. 1966; mus.: d. O. Paul, n. 1973; arithm.: m. franz. Übs. J.-Y. Guillaumin, Paris 1995; Cons.: L. Bieler, Corp. Chr. Ser. Lat., n. 1984; m. dt. Übs. E. Gegenschatz, O. Gigon, B., Trost der Philosophie, n. 1990; Cons. u. theol.: C. Moreschini, 2000; m. engl. Übs. H. F. Stewart, Lond. 1973.

L: H. Chadwick, Oxf. 1981; M. Gibson, hg., Oxf. 1981; M. Fuhrmann, J. Gruber, hg. 1984.

Boëx, Joseph Henri Honoré u. Séraphin Justin François → Rosny, Joseph Henri

Bogan, Louise, amerik. Lyrikerin und Kritikerin, 11. 8. 1897 Livermore Falls/ME – 4. 2. 1970 New York. Erziehung in Neuengland, 1916 Univ. Boston; hielt Vorlesungen über Dichtung an den Univ. Seattle, Chicago, Salzburg u. a. – Lyrikerin in der Tradition der Metaphysical Poets mit Darstellung komplizierter Seelenzustände, kunstvollen Formen und zunehmender Schlichtheit der Sprache. Rezensentin mod. Dichtung in ›The New Yorker‹.

W: Body of this Death, G. 1923; Dark Summer, G. 1929; The Sleeping Fury, G. 1937; Poems and New Poems, 1941; Achievement in American Poetry 1900– 50, St. 1951; Blue Estuaries, Poems: 1923–1968, 1968; Poet's Alphabet, St. 1970; What the Woman Lived, Br. 1920–1970, 1973; Journey around My Room, Aut. 1980; Our Thirty Year Old Friendship (m. M. Weston), Br. 1997. – Collected Poems, 1954; Selected Criticism, 1955.

L: J. Ridgeway, 1984; M. Collins, hg. 1984; E. Frank, 1985; G. Bowles, 1987; L. Upton, 1996. – *Bibl.:* C. E. Knox, 1990.

Bogdanov, Aleksandr Aleksandrovič (eig. A. A. Malinovskij), russ. Publizist u. Philosoph, 22. 8. 1873 Sokolka/Gouv. Grodno – 7. 4. 1928 Moskau. Gymnas. Tula, Fernstud. Medizin Char'kov 1899, wegen polit. Betätigung (Sozialdemokrat) mehrmals verbannt, enger Mitstreiter Lenins, Arbeit als Kulturfunktionär u. Arzt. – B. verfaßte neben polit. u. philos. Schriften (Organisationslehre) auch Science-fiction-Romane im Sinne des ›Proletkul't‹.

W: Empiriomonizm, Abh. III 1904–06; Krasnaja zvezda, R. 1908; Inžener Mėnni, R. 1913; Tektologija. Vseobščaja organizacionnaja nauka, Abh. III 1913–22.

L: J. Biggart u. a., A. B. and his Work. A guide to the published and unpublished works of A. A. B., Aldershot u. a. 1998.

Bogdanovič, Ippolit Fëdorovic, russ. Dichter, 3. 1. 1744 Perevoločnaja a. Dnepr – 18. 1. 1803 Kursk. Aus armer ukrain. Adelsfamilie, Stud. Moskau, von 1761 an versch. Ämter, 1766–69 Sekretär der russ. Botschaft in Dresden, 1780 im staatl. Archiv, 1788–95 dessen Vorstand. 1758 erschienen s. ersten Gedichte. Von 1763 an Mitarbeiter an Zss.; schrieb ›philos.‹ und kurze, leichte Gedichte, die schlichte Lebensweisheit aussagen; Hauptwerk, seinerzeit für die Lit. bedeutsam, das Märchenepos ›Dušen'ka‹, freie Bearbeitung von La Fontaines ›Les amours de Psyché et de Cupidon‹, in geistreicher, witzig-iron. Erzählung, ungezwungenem Gesprächston, mit Motiven aus dem russ. Volksmärchen und damit von der feierl. ep. und Odendichtung des Klassizismus sich abhebend, überraschte in Inhalt und Form, hatte auch beim Hof großen Erfolg und rief viele Nachahmungen hervor.

W: Dušen'ka, Ep. 1783. – Stichotvorenija i poėmy (W), 1957.

Bogusławski, Wojciech, poln. Schriftsteller, 9. 4. 1757 Glinno b. Posen – 23. 7. 1829 Warschau. Aus verarmtem poln. Landadel, Dienstzeit in der Garde. Ging 1775 zum Theater. Ab 1778 erfaßt er als Theaterdirektor u. Schauspieler den größten Teil des poln. Siedlungsgebietes. 1825 letztes Auftreten. – Schöpfer des poln. nationalen Theaters. S. Stücke u. s. Wirken tragen wesentl. zur Hebung des Nationalbewußtseins bei, damit auch Wegbereiter der Romantik. S. rund 80 Theaterstücke, großenteils Übsn. und Bearbeitungen, sind meist für die prakt. Bedürfnisse des Theaters geschrieben. Wichtigstes Werk ist das nach e. Komödie von Bohomolec verfaßte Libretto für die erste poln. Oper ›Cud mniemany czyli Krakowiacy i Górale‹, komponiert von M. Kamienski, uraufgeführt 1778.

A: Dzieła dramatyczne, XII, 1820–23 (unvollst.); Dzieje Teatru Narodowego, 1965.

L: L. Galle, 1925; E. Świerczewski, 1929; W. Brumer, 1929, ›W. B.‹, 1954; E. Szwankowski, 1954; Z. Hübner, 1958; Z. Raszewski, II 1972.

Boguszewska, Helena, poln. Schriftstellerin. 18. 10. 1883 Warschau – 11. 11. 1978 ebda. Stud. Naturwiss. Krakau. Schulbuchredakteurin. Mitbegründerin der Gruppe ›Przedmieście‹ in Warschau. – Gab in Zusammenarbeit mit J. Kornacki mosaikartige Bilder vom Leben am Rande der Großstadt und der Arbeit der Weichselschiffer mit Tendenz zum Naturalismus Zolas. Romanzyklus ›Polonez‹ gegen den Faschismus.

W: Za zielonym wałem, R. 1934 (Das Haus hinter dem Weichseldamm, d. 1949); Całe życie Sabiny, R. 1934; Jadą wozy z cegłą, R. 1935 (m. J. Kornacki); Wisła, R. 1935; Polonez, R.-Tril. III 1936–39; Żelazna kurtyna, R. 1949 (Die Trennung, d. 1950); Siostra z Wisły, R. 1956; Maria Elzelia, R. 1958; Poprzez ulice, Mem. 1961; Zwierzęta wśród ludzi, En. 1965. – Pisma wybrane (GW), II 1956.

Bogza, Geo, rumän. Schriftsteller, 6. 2. 1908 Ploieşti – 14. 9. 1993 Bukarest. Matrose, Reporter, Hrsg. mehrerer surrealist. Zsn., zuletzt wohlgutgetelltes Akad.mitgl. u. Mentor der zeitgenöss. rumän. Kultur. – Begann als Dadaist u. widmete sich immer mehr der Reportage. S. engagierter Sozialismus, der ihn zu feierl. Metaphern beflügelt, ist von Milde u. Menschlichkeit erfüllt, sobald er sich den Entrechteten u. Gedemütigten zuwendet.

W: Ţări de piatră, de foc şi de pământ, Rep. 1939 (u. d. T. Ţara de piatră, 1951; Das steinerne Land, d. 1954); Cartea Oltului, Rep. 1945 (Das Buch vom Alt, d. 1964); Anii împotrivirii, Rep. 1953 (Jahre des Widerstands, d. 1955). – Scrieri în proză (AW), V 1956–60; Lauda patriei, Ausw. 1960 (d. 1961); Jurnal de copilărie şi adolescenţa, Aut. 1987.

L: B. Elvin, 1955; L. Leonte, 1984.

Bohomolec, Franciszek, poln. Dramatiker, 29. 1. 1720 b. Witebsk – 24. 4. 1784 Warschau. Stud. in Wilna u. 1747–49 Rom. Eintritt in den Jesuitenorden. Lehrer in Wilna und 1752 Warschau; Verwalter der Jesuiten-Druckerei. Betreuung des Schultheaters, Bearbeitung von Molière. Annäherung an den kulturell aufgeschlossenen König Stanisław August. Schrieb Stücke auch für das öffentl. Theater. 1765–84 Redakteur der einflußr. Zs. ›Monitor‹, propagierte Reformgedanken u. Politik des Königs. – Komödiendichter nach franz. Vorbild, bes. (25) Schulkomödien u. a. in Nachahmung Molières, gegen Bildungsniveau und Laster des poln. Adels gerichtet. Neben dra-

mat. Arbeiten auch Bemühungen um die poln. Schriftsprache. Wirkt für e. nationale Selbstbesinnung im Sinne der gemäßigten Aufklärung.
W: Komedje, V 1755–60; Życie Jana Zamoyskiego, 1775. – Komedie konwiktowe, hg. J. Kott II 1959f.
L: H. Biegeleisen, Żywot ks. jez. F. B., 1879; A. Stender-Petersen, Die Schulkomödien des P. F. B., 1923; B. Kryda, Szkolna i literacka działalność F. B., 1979.

Boiardo, Matteo Maria, Conte di Scandiano, ital. Dichter, um 1441 Scandiano b. Reggio Emilia – 19. 12. 1494 Reggio Emilia. 1461 nach Ferrara, höf. Erziehung. Anregung durch s. Onkel Tito Strozzi zu humanist. Studien. 1469 Liebe zu Antonia Caprara. Ab 1469 stets im Dienst der Herzöge d'Este in Ferrara. Gesandtschaftsreisen: 1471 Rom, 1472 Neapel. 1476 Hofmann in Ferrara. 1479 ∞ Taddea Gonzaga, 1480–82 Gouverneur in Modena, Verdienste beim Einfall franz. Truppen unter Karl VII. 1487–94 Gouverneur in Reggio. – Humanist, der Herodot, Xenophon, Cornelius Nepos und Apuleius übersetzte, s. ersten Gedichte lat. schrieb u. mit mytholog. Pomp das Haus d'Este feierte. Für Ercole d'Este schrieb er nach dem Dialog Lukians e. Prunkschauspiel ›Timone‹, für die geliebte Antonia Caprara, die er 1469 in Reggio kennenlernte, ›Canzoniere o amorum libri‹ in Nachahmung der Lyrik Petrarcas, doch nicht rein formal wie die Petrarkisten, sondern mit echter Empfindung: im 1. Buch heiterer Liebesfrühling, im 2. Buch Trauer über unerwiderte Liebe, im 3. Buch Erinnerung schönerer Vergangenheit. Um 1472 begann er s. Hauptwerk, das romant.-höf. Ritterepos in Stanzen ›Orlando innamorato‹ (Der verliebte Roland). B. entnahm s. Personen dem Karls-Sagenkreis, doch Mittelpunkt des ritterl. Lebens ist hier nicht Kampf, sondern Frauendienst. Rolands Liebesabenteuer sind in unübersichtl., komplexen Nebenhandlungen eingesponnen. Infolge des franz. Krieges blieb das Gedicht unvollendet (69 Gesänge in 3 Büchern). Da B.s Werk mundartl. gefärbt u. stockend in den Reimen ist, wurde es bald überarbeitet (Berni 1541, Domenicho 1545). Das unvollendete Werk forderte zu Fortsetzungen heraus: Niccolò degli Agostini schrieb schon 1506 e. 4. Teil, dem 1514 e. 5., 1524 e. 6. folgten. Die unübertroffene Fortsetzung aber ist Ariostos ›Orlando furioso‹.
W: Carmina de laudibus Estensium, um 1462; Ecloghe, 1463–65; Orlando innamorato, Ep. 1495, 1513 (hg. F. Foffano III 1906f., A. Scaglione 1951; d. J. D. Gries III 1835–37, C. Regis 1840); Canzoniere o amorum libri, 1499 (n. C. Steiner 1927); Sonetti e Canzoni, 1499 (n. A. Scaglione II 1951); Timone, K. 1500; Sembola, K. 1580. – Tutte le opere, hg. A. Zottoli II 1936f.; Opere volgari, hg. P. V. Mengaldo 1962.
L: E. Santini, 1914; G. Reichenbach, 1929; F. Foffano, 1929; V. Procacci, 1931; A. Zottoli, 1937; E. Bigi,
1941; M. Renda, 1941; P. V. Mengaldo, La lingua del B. lirico, 1963; Il B. e la critica contemporanea, hg. G. Anceschi 1970; G. Ponte, 1972; A. Franceschetti, 1975; Micocci, 1987; Praloran, 1990.

Boileau, Pierre-Louis, franz. Schriftsteller, 28. 4. 1906 Paris – 16. 1. 1989 Beaulieu-sur-Mer. Stud. Ecole commerciale Paris. Erfolgr. Vf. psycholog. Kriminalromane, meist gemeinsam mit Th. Narcejac (3. 7. 1908 Rochefort-sur-Mer – Juni 1998 Nizza. Offizierssohn, Stud. Philos.). Theoret. Reflexionen über s. Metier.
W: Les louves, R. 1955 (Ich bin ein anderer, d. 1957); Et mon tout est un homme, R. 1964 (Mensch auf Raten, d. 1967); La porte au large, R. 1964 (Appartement für einen Selbstmörder, d. 1971); Le roman policier, Es. 1964 (d. 1967); La vie en miettes, R. 1972 (Das Leben ein Alptraum, d. 1974); Schuß, R. 1986; Tandem ou 35 ans de suspense, 1986; Champ clos, 1988; La main passe, 1991; Et mon tout est un homme, 2000; Cœur de glace, 2001.

Boileau-Despréaux (Beiname D. nach e. Familienbesitz), Nicolas, franz. Dichter u. Kunsttheoretiker, 1. 11. 1636 Paris – 13. 3. 1711 ebda. Sohn e. Kanzlisten; Collège d'Harcourt und Collège de Beauvais, 1647 Stud. ohne großes Interesse Theologie, dann Jura, 1660 Advokat, lebte aber materiell unabhängig, nur für die Lit., hatte Umgang mit s. Freunden Racine, Molière, Lafontaine, deren lit. Bedeutung B. erkannte. B. erhielt 1672 e. Pension vom König, wurde 1677 zusammen mit Racine königl. Historiograph, 1683 Mitgl. der Académie Française, kaufte 1687 e. Haus in Auteuil, bitte dort als Kranker (taub), ab 1705 wieder in Paris. Vom Publikum so hoch geschätzt wie selten e. Autor. – B. hatte großen Erfolg mit s. ersten Werk, den Satiren, in denen er, sich an Horaz, Juvenal und Régnier anlehnend, mittelmäßige Dichter kritisiert (Quinault, Pelletier, Mlle de Scudéry, Cotin u. a.) und Zeiterscheinungen der Lächerlichkeit preisgibt. Sein Witz trifft genau und ist scharf bis zur Grausamkeit. Die den Satiren in Form und Inhalt verwandten ›Epîtres‹, die auch unter Horaz' Einfluß entstanden, sind z. T. Huldigungsgedichte für Ludwig XIV., oder sie behandeln neben ästhet.-lit. Themen auch Fragen der prakt. Lebensführung. Im kom. heroischen Epos ›Le Lutrin‹, Nachahmung Tassonis, gestaltet er mit realist. Kraft e. Satire auf s. Milieu der Kleriker und Advokaten. In den ›Réflexions sur Longin‹ ergreift er in der ›Querelle des anciens et des modernes‹ Partei für die Alten. Am stärksten auf das lit. Leben hat s. ›Art poétique‹, e. lehrhafte Versepistel in 4 Gesängen, gewirkt, die an Horaz' ›Ars poetica‹ anknüpft und von Quintilian, Longinus und Aristoteles beeinflußt ist. Hierin faßt er knapp, klar, ohne Originalität die für den franz. Klassizismus geltenden späthumanist.-antibarocken Dichtungstheorien zusammen: Vernunft solle die Dichtung beherrschen, die er als Nachahmung der Natur definiert, die von den Alten vorbildl. geleistet worden sei. Er fordert deshalb Nachahmung der Alten, für die Form Maß, Klarheit, Folgerichtigkeit, inhaltl. Beschränkung auf das Geschmackvolle, Gesunde und Anpassung an die Normen des gesellschaftl. Lebens. Die Spitze in s. Hierarchie der Gattungen, deren jede e. eigenen Gesetz unterstehe, bildet die durch die 3 Einheiten bestimmte Tragödie, die er durch Racine am reinsten verwirklicht sieht. Der ›A. p.‹, als Ausdruck des Zeitgeschmacks zunächst überschätzt, ist den Meisterwerken unterlegen, die er zu rechtfertigen glaubte, wurde in der Romantik abgelehnt, vom Naturalismus aber in seinem Wert neu erkannt. Übs. von Longinus (1674).

W: Satires, XII 1666–1711 (hg. A. Cahen 1932, A. Adam 1941, d. E. Weyhe 1890); Epîtres, XII 1674–98 (hg. A. Cahen 1937); Le Lutrin, 1672–83; Art poétique, 1674 (hg. H. Bénac 1946, A. Buck 1970; d. P. Lang 1899, H. L. Arnold 1967, R. Schober 1968); Ode sur la prise de Namur, 1693; Réflexions sur Longin, 1693 u. 1713; Dialogue des héros de roman, 1713. – Œuvres complètes, hg. C.-H. Boudhors IV 1934–43, hg. F. Escal 1966; Lettres, hg. C.-H. Boudhors 1943.

L: G. Lanson, [7]1920; E. Faguet, 1931; G. Picard, 1937; M. Hervier, L'art p. de B., 1938; D. Mornet, 1941; R. Bray, 1942; R. Dumesnil, [10]1943; P. Clarac, 1965; J. E. White, 1969. – *Bibl.:* E. Magne, II 1929; P. Zoret, 1989.

Boisrobert, François Le Métel de, franz. Schriftsteller, 1. 8. 1592 Caen – 30. 3. 1662 Paris. Advokat. Seit 30. Lebensjahr in Paris. Erwarb sich die Gunst Richelieus, Begleiter von Herzog und Herzogin de Chevreuse nach England; 1630 Italienreise. Erhielt in Rom e. päpstl. Benefizium in der Bretagne; später Kanonikus in Rouen. Als Sekretär Richelieus s. beliebtester Ratgeber und lit. Mitarbeiter; später auch Ratgeber Mazarins. Spielte e. bedeutende Rolle bei der Gründung der Académie Française 1635. Gehörte zu den 5 von Richelieu ausgewählten Autoren, dadurch bei den Zeitgenossen berühmt. – Vf. von Gedichten, Romanen, Novellen, Epen und nach span. Vorbildern geschriebenen Komödien.

W: L'histoire indienne d'Alexandre et d'Orasie, R. 1629; La belle plaideuse, K. 1654; Epîtres en vers, 1646, 1659 (hg. M. Cauchie II 1921–27).

L: E. Magne, 1909; J. Carcopino, 1963; C. Delmas, 1992.

Boissard, Maurice → Léautaud, Paul Firmin Valentin

Boito, Arrigo (Ps. Tobia Gorrio), ital. Dichter, 24. 2. 1842 Padua – 10. 6. 1918 Mailand. Sohn e. ital. Miniaturenmalers und e. poln. Gräfin; Stud. Musik Venedig u. Mailand. Mit dem Dirigenten F. Faccio nach Paris, dort Freundschaft mit Rossini u. Verdi. Studienreisen nach Polen, Dtl., Belgien, England. In Mailand Dichter und Musikkritiker, im Kreise der Künstlergruppe ›Scapigliatura‹; intimer Freund Pragas u. Verdis. 1866 mit Garibaldi ins Trentino. Ab 1912 Senator, Friedensinterventionen 1915–18. – Doppelbegabung als Dichter u. Musiker. Lyriker in der Nachfolge V. Hugos und Baudelaires. Neuerwecker des Melodramas. Schrieb romant.-phantast. Libretti zu eigenen Opern: ›Mefistofele‹ bei der Uraufführung an der Scala abgelehnt, nach Umarbeitung 1875 triumphaler Erfolg in Bologna. Textdichter für Ponchiellis ›La Gioconda‹ (nach V. Hugo), Catalanis ›Falce‹, Bottesinis u. Mancinellis ›L'Ero e Leandro‹, Verdis ›Simone Boccanegra‹, ›Otello‹, ›Falstaff‹ u. a. Erster Wagnerianer unter den ital. Opernkomponisten, erstrebte vollendeten Ausdruck im Gesamtkunstwerk von Musik und Dichtung. Übs. von ›Der Freischütz‹, ›Rienzi‹, ›Tristan‹. Berühmt ist s. phantast. Erzählung ›L'alfier nero‹.

W: Critiche e cronache musicali, 1862–70 (n. R. De Rensis 1931); Le madri galanti, K. 1863; Re Orso, G. 1865; Amleto, Dr. 1865; Mefistofele, G. 1868 (n. bearb. 1875); La Falce, Dr. 1875; La Gioconda, Dr. 1876; Il libro dei versi, 1877 (n. 1902); L'Ero e Leandro, Dr. 1879; Otello, Dr. 1887; Pier Luigi Farnese, Dr. 1891; Falstaff, Dr. 1893; Nerone, Op. 1901. – Tutti gli scritti, hg. P. Nardi 1942; Novelle e riviste drammatiche, hg. G. Brognoligo 1920 (m. Bibl.); Pensieri critici giovanili, hg. G. Cesari 1924; Lettere, hg. R. De Rensis 1932.

L: C. Ricci, 1919; A. Pompeati, 1919; G. Borelli, 1924; F. Ballo, 1938; W. Pöschl, 1939; L. Napoletano, 1942; P. Nardi, 1942; L. Lazzaro, 1953; M. Vajro, 1955; V. Marini, 1968; H. Helbling, 1995.

Bojardo, Matteo → Boiardo, Matteo Maria, Conte di Scandiano

Bojer, Johan, norweg. Erzähler und Dramatiker, 6. 3. 1872 Orkdalsøra/Trondheim – 3. 7. 1959 Oslo. In s. Jugend Hütejunge und Fischer; später Unteroffizier und Agent. Reisen nach Frankreich (1895 Paris) und Italien. Seit 1919 freier Schriftsteller auf s. Landsitz in der Nähe von Oslo. – Von Bjørnson, Hamsun und den franz. Naturalisten beeinflußt. Durch Darstellung von polit. und relig. Ideen in s. Romanen und Erzählungen stark den Zeitströmungen verhaftet. Wesentl. Problem ist der Gegensatz zwischen Individualität und polit. Tätigkeit. Pessimistische Grundhaltung. ›Kongens Karer‹ ist e. Roman aus der Welt der norweg. Soldaten um 1900. Anschaul. und in leuchtenden Farben, mit großer Einfachheit des Stils schildert B. das Leben des norweg. Volkes, s. nüchterne Lebensanschauung und die Schönheit der Natur.

S. bekanntesten Werke sind ›Troens magt‹, ›Den store hunger‹ und ›Den siste viking‹; letzterer beschreibt am Beispiel norweg. Fischer das Ringen des Menschen um s. Existenz und s. Größe im Kampf mit der Natur. Im Ausland bekannter als in Norwegen.

W: Gravholmen, Dr. 1895; Et folketog, R. 1896 (Ein Mann des Volkes, d. 1915); Paa kirkevei, E. 1898; Rørfløiterne, En. 1898; Den evige krig, R. 1899; Moder Lea, R. 1900; Gamle historier, E. 1901; Theodora, Dr. 1902 (d. 1903); En pilgrimsgang, E. 1902 (Eine Pilgerfahrt, d. 1905); Troens magt, R. 1903 (Die Macht des Glaubens, d. 1904, u. d. T.. Die Macht der Lüge, 1922); Brutus, Dr. 1904; Hvide fugle, M. 1904; Vort rige, R. 1908 (Unser Reich, d. 1910); Liv, R. 1911 (Leben, d. 1913); Fangen som sang, E. 1913 (Der Gefangene, der sang, d. 1916, u. d. T. Der Mann mit den Masken, 1926); Den store hunger, R. 1916 (Der große Hunger, d. 1926); Verdens ansigt, R. 1917; Dyrendal, R. 1919 (d. 1922); Stille veir, En. 1920 (Der Verstrickte, d. 1932); Den siste viking, R. 1921 (Die Lofotfischer, d. 1923); Vor egen stamme, R. 1924 (Die Auswanderer, d. 1927); Sigurd Braa, Dr. 1927; Det nye tempel, R. 1927 (Der neue Tempel, d. 1929); Kjærlighetens øine, Dr. 1927; Folk ved sjøen, R. 1929 (Volk am Meer, d. 1930); Mens årene går, 1931; Maria Valevska, Dr. 1932; Huset og Havet, R. 1933; Dagen og natten, R. 1935; Kongens Karer, R. 1938 (Des Königs Kerle, d. 1939); Hustruen, Dr. 1941; Læregutt, Erinn. 1942; Svenn, Erinn. 1946; Skyld, E. 1948 (Die Schuld des Kirsten Fjelken, d. 1950); Lov og liv, R. 1952; Glimt og gleder, Erinn. 1960. – Samlede værker, VIII 1927; Samlede romaner, V 1942.

L: T. Friedemann Coduri, Florenz 1913; C. Gad, 1917, engl. 1920; P. G. la Chesnais, Paris 1930, norweg. 1932; T. Ræder, 1972; T. Vaa, Min far J. B., 1999.

Bojić, Milutin, serb. Dichter, 7. 5. 1892 Belgrad – 26. 10. 1917 Saloniki. Stud. Philos. Belgrad. – Überwindet den Pessimismus der vorhergehenden Dichtergeneration (Dučić, Rakić); Sänger der epikureischen Lebensfreude, der Liebe und Leidenschaft. Später patriot. Gedichte.

W: Pesme, G. 1914; Kain, G. 1915; Pesme bola i ponosa, G. 1917; Kraljeva jesen, Dr. 1918; Uroševa ženidba, Dr. 1920; Soneti, G. 1922; Pesme i drame, 1927. – Sabrana dela (GW), IV 1978, 1982.

L: B. Novaković, Poezija M. B., 1932; G. Kovijanić, 1969. – Bibl.: V. Vuković, 1967; M. Djordjević, 1985.

Bo Juyi, chines. Dichter, 1. 3. 772 Xinzhen (Henan) – Sept. 846 Luoyang (Henan). Aus Beamtenfamilie, nach Tod des Vaters 794 verarmt. 799 Provinzexamen. 806 Palastexamen, 808 Heirat, 802–810 auf versch. Posten in der Hauptstadt, 811–814 beurlaubt, anschließend Provinzposten, 820 wieder in der Hauptstadt, dort Bekanntschaft mit Han Yu; 822 Gouverneur von Hangzhou, 825 von Suzhou, 828 stellv. Justizminister, 830 Gouverneur von Luoyang, nach 833 Sinekure ebda., 841 mit dem Rang e. Justizministers pensioniert. Erfolgreich als Beamter; gewissenhafte Pflicht-

erfüllung, Anteilnahme am polit. Geschehen, dabei stets, wohl unter buddhist. Einfluß, Sinn für Leiden des Volkes. Häufiger Verkehr mit Zen-Mönchen. Enge Freundschaft mit Yuan Zhen, die schon zu Lebzeiten ein Legende war. Ausgeprägter Sinn für Musik und Ballett. – Als Dichter neben Li Bo und Du Fu Vollender der Tang-Lyrik. In s. Sprache meist schlicht und leicht verständl., weniger Archaismen und lit. Anspielungen, daher von den chines. Kritik manchmal als seicht abgewertet. Vielfach erzählende Dichtung, balladenartig, gegenwartsbezogen, starkes soz. Empfinden. Lyrik oft autobiograph., s. Gedichte sind daher auch als Quelle für s. Leben zu verwenden. In Japan schon im 9. Jh. bekannt, seitdem dort hoch geschätzt.

W: Bo shi liutie, lit. Enzyklopädie um 812. – Bo shi wenji (GW), um 1150 (Nachdr. 1955).

L u. Übs.: L. Woitsch, Peking 1908 u. Lpz. 1925; A. Waley, Chin. Poems, Lond. 1946; ders., Lond. 1949; E. Feifel, P. as a Censor, Haag 1958; A. Donath, 1960; H. S. Levy, H. W. Wells, N. Y. IV 1970–78. – Bibl. der Übs.: M. Davidson, A List of Published Translations from Chinese, New Haven/CT 1957.

Boker, George Henry, amerik. Dramatiker und Lyriker, 6. 10. 1823 Philadelphia – 2. 1. 1890 ebda. Bankierssohn, Stud. Jura in Princeton; 1871–75 Botschafter in der Türkei und 1875–79 in Rußland, öffentl. Ämter in Philadelphia. – Schrieb Lyrik, bes. Sonette und meist Dramen in Blankversen, romant. Tragödien, bes. bekannt ›Francesca da Rimini‹.

W: Calaynos, Dr. 1848; Anne Boleyn, Dr. 1850; Francesca da Rimini, Tr. 1855; The Betrothal, Dr. 1856; The World a Mask, Dr. 1856; Plays and Poems, 1856 (n. II 1967); Poems of the War, 1864; The Book of the Dead, G. 1882; Sonnets, hg. E. S. Bradley 1929; Glaucus and Other Plays, hg. ders. 1940.

L: E. S. Bradley, 1927; O. H. Evans, 1984; T. M. Kitts, 1994.

Bokov, Nikolaj Konstantinovič, russ. Prosaiker, * 1945 Moskau. Stud. Philol. Moskau, wegen Publ. im Westen von Univ. verwiesen, 1975 nach Paris emigriert, Hrsg. der Zs. ›Kovčeg‹. – Ursprünglich im Umfeld der satir. Untergrundlit. beheimatet, gab 1983 aus relig. Gründen das Schreiben auf, seit 1995 wieder schriftsteller. tätig.

W: Smuta novejšego vremeni, ili udivitel'nye pochožednija Vani Čmotanova, R. Paris 1970 (Wirren aus neuester Zeit oder Die erstaunlichen Abenteuer des Wanja Tschmotanow, d. 1983); Nikto. Disangelie ot Marii Dementnoj, R. Paris 1971; Bestseller i drugoe, En. Paris 1979; Čužezemec, R. 1983 (Der Fremdling, d. 1983).

Boland, Eavan, ir. Lyrikerin, * 24. 9. 1944 Dublin. Tochter e. Malerin und e. Diplomaten, Kindheit in London und New York, Stud. Dublin, nach versch. Lehrtätigkeiten in Irland u. USA seit 1995 Prof. und Direktorin des Creative Writing Program in Stanford. – Bezüge auf ir. Legenden und klass. Mythen bestimmen ihr frühestes, aber auch ihr jüngeres Werk; dazwischen liegt, v. a. in den 1980er Jahren, eine Phase zunächst aggressiv-gedrängter, später versöhnlicherer dichter. Auseinandersetzung mit der Rolle e. mod. ir. Frau und Mutter. In jüngerer Zeit thematisiert B. den Prozeß des Alterns, den sie poet. produktiv und emotional intensiv bewältigt.

W: New Territory, 1967; The War Horse, 1975; In Her Own Image, 1980; Night Feed, 1982; The Journey and Other Poems, 1987; Outside History, 1990; In A Time of Violence, 1994; Collected Poems, 1995; Object Lessons, Aut. 1995; The Lost Land, 1998; Code, 2001.
L: Irish Univ. Review Special Issue 23, 1, 1993; P. B. Haberstroh, Women Creating Women, 1996.

Bolaño, Roberto, chilen. Schriftsteller, 1953 Santiago – 15. 7. 2003 Barcelona. Lebte seit s. 15. Lebensjahr in versch. Ländern. – Nach Lyrikbänden gelang ihm der Durchbruch mit ›Los detectives salvajes‹. Typ. für ihn sind gescheiterte Helden, die Suche, das offene Ende. Wegen s. persönl. Stils, s. Genauigkeit, Kürze u. Ironie wurde er als e. der einfallsreichsten Autoren in span. Sprache gefeiert.

W: Literatura nazi en América, R. 1996 (d. 1999); Estrella distante, R. 1996 (d. 2000); Los detectives salvajes, R. 1998 (2002); Amuleto, R. 1999 (d. 2002); Nocturno de Chile, R. 2000; Putas asesinas, En. 2001; El gaucho insufrible, En. 2003.

Boldrewood, Rolf (eig. Thomas Alexander Browne), austral. Romanschriftsteller, 6. 8. 1826 London – 11. 3. 1915 Melbourne. Kam 1831 nach Australien, wuchs in ländl. Verhältnissen auf. Zunächst Farmer in Victoria, wenig erfolgr., dann Schafzüchter in New South Wales, danach Journalist, Polizeibeamter u. staatl. Kommissionär für die Goldfelder in Gulgong. – Schrieb aus genauer Kenntnis der Verhältnisse Romane u. Kurzgeschichten über die Zeit des Goldrauschs u. das Leben der Pioniere u. Siedler; war teilweise geistig noch an Europa u. an die Erzähltradition Walter Scotts gebunden, leitete jedoch über zu der Generation der austral.-nationalist. Schriftsteller.

W: Ups and Downs, R. 1878 (u. d. T.. The Squatter's Dream, 1890); Robbery under Arms, R. 1888 (Die Reiter vom Teufelsgrund, d. 1954, u. d. T. Die Buschreiter, 2000); The Miner's Right, R. 1890; Nevermore, R. 1892; Old Melbourne Memories, Sk. 1895; The Sphinx of Eaglehawk, R. 1895; My Run Home, autobiograph. R. 1897; A Romance of Canvas Town, Kgn. 1898; War to the Knife, R. 1899; In Bad Company, Kgn. 1901; The Ghost Camp, R. 1902; The Last Chance, R. 1905.

L: T. I. Moore, 1968; A. Brissenden, 1973; P. de Seville, 2000. – *Bibl.:* K. Burke, 1956.

Bolintineanu, Dimitrie (eig. D. Cosmad), rumän. Dichter, 1819(?) Bolintinul de Vale – 20. 8. 1872 Bukarest. Aus mazedorumän. Familie, Stud. St. Sava, Bukarest u. 1843 Paris. Teilnehmer an der Revolution von 1848; Verhaftung, Exil in Siebenbürgen, Samos u. Frankreich, ausgedehnte Orientreisen, nach 1857 wieder in der Heimat, 1863/64 Außenminister. Mitbegr. der Univ. Bukarest. Ab 1866 in Privatleben; starb in geistiger Umnachtung. – Romant. Lyriker mit patriot. Gedichten, Balladen und hist. Legenden; weniger erfolgr. als Dramatiker. Sozialkrit. Romane in romant.-realist. Stil.

W: Poezii, 1847; Poezii vechi și noi, 1855; Manoil, R. 1855; Elena, R. 1862; Poezii, 1865; Traianida, Ep. 1869f. – Opere complete (GW), 1905; Opere alese (AW), II 1961; Călătorii, Reiseb. 1856–67.

L: G. Popescu, 1876; S. Pavelescu, 1913; N. Petrașcu, 1932; D. Popovici, 1942; I. Roman, 1962; D. Păcurariu, 1962; T. Vârgolici, 1972.

Bolt, Robert (Oxton), engl. Dramatiker, 15. 8. 1924 Sale/Cheshire – 21. 2. 1995. Manchester Grammar School, 1943 Versicherungsagent, ab 1943 Stud. Univ. Manchester, 1943–46 Militärdienst. 1946–50 Stud. Philol. Manchester und Exeter, 1952–58 Lehrer in Millfield. – Vf. von erfolgr. bild- u. sprachstarken Schauspielen, Hör- u. Fernsehspielen mit hist. und zeitgenöss. Stoffen unter Einfluß Brechts (Verfremdung). Bekannt v. a. für s. Drehbücher berühmter Filme, u. a. ›Lawrence of Arabia‹, ›Dr. Zhivago‹, ›Ryan's Daughter‹, ›The Mission‹, ›The Bounty‹, ›Gandhi‹.

W: The Critic and the Heart, Es. 1957; Flowering Cherry, Sch. 1958; A Man for All Seasons, Sch. 1960 (Thomas Morus, d. ca. 1960); The Tiger and the Horse, Sch. 1961 (d. 1964); Gentle Jack, Sch. 1963; The Thwarting of Baron Bolligrew, Sch. 1965 (Der kleine dicke Ritter, d. 1965); Vivat! Vivat Regina!, Sch. 1971; State of Revolution, Sch. 1977.

L: R. Hayman, 1969; S. Prüfer, The Individual at the Crossroads, 1998.

Bólu-Hjálmar → Jónsson, Hjálmar

Bom, Emmanuel (Karel) de, fläm. Prosaist, 9. 11. 1868 Antwerpen – 14. 4. 1953 Kalmthout. Ab 1911 Oberbibliothekar in Antwerpen, Korrespondent des ›Nieuwe Rotterdamsche Courant‹ und nach dem 1. Weltkrieg Schriftleiter an ›De Volksgazet‹. Mitbegründer der Zss. ›Van nu en straks‹ (1893) und ›Vlaanderen‹ (1903). Setzte sich in Flandern für das Werk Ibsens ein. S. kleiner Roman ›Wrakken‹ (Hafenviertel-Milieu) ist e. der ersten psycholog. Romane in Flandern. Danach schrieb er stimmungsreiche Skizzen und Erzählungen.

W: Wrakken, R. 1898; Scheldelucht, Sk. 1941; Het land van Hambeloke, R. 1946; Tusschen licht en donker, En. 1947.
L: P. v. Tichelen, 1944; M. Gilliams, 1958.

Bomans, Godfried (Jan Arnold), niederländ. Schriftsteller, 2. 3. 1913 Den Haagh – 22. 12. 1971 Bloemendaal. Stud. Jura u. Philos. Redakteur bei ›De Volkskrant‹ (1945–48) u. ›Elseviers Weekblad‹ (ab 1945). – Autor vielgelesener humorist.-iron. Prosastücke. Auch Kinderbücher.

W: Memoires of gedenkschriften van minister Pieter Bas, 1937 (d. 1955); Erik of het klein insektenboek, 1940; Sprookjes, 1946; Kopstukken, 1947; Buitelingen, 1948; Avonturen van Bill Clifford, 1948; Capriolen, 1953; Wandelingen door Rome, Reiseb. 1956 (Römische Impressionen, d. 1956); Op het vinkentouw, 1957 (Ich liebe meinen Gartenzwerg, d. 1959); Noten kraken, 1961; Denkend aan Vlaanderen, 1965; Van de hak op de tak, 1965; Mijmeringen, 1968; Van dichtbij gezien, Es. 1970 (Der Jordan fließt nicht in den Tiber, d. 1972); Een Hollander ontdekt Vlaanderen, 1971; Aforismen, 1977. – Uit nagelaten werk, III 1973–74; Werken, VII 1996ff.; Brieven van B., 1991. – Übs.: Durch meine Brille, 1964; Handgepäck für Globetrotter, 1964; Die Prinzessin mit den Sommersprossen, Märchen 2000.
L: J. van Dyck, 1958; M. van der Plas u. a., Herinneringen aan G. B., 1972; J. Bomans, 1978; B. Aafjes, 1978; M. van der Plas, J. Brouwers, 1982.

Bombal, María Luisa, chilen. Erzählerin, 8. 6. 1910 Viña del Mar – 6. 5. 1980 Santiago. – Schrieb e. sehr elegante u. poet. Prosa. Ihre phantast. Schöpfungen schwanken zwischen dem Unterbewußten und dem Irrationalen; die Heldinnen erleben ihre Sehnsüchte in der Sublimierung oder im Tod.

W: La última niebla, R. 1935 (Die neuen Inseln, d. 1986); La amortajada, R. 1938; Mar, cielo y tierra, En. 1940; Trenzas, En. 1940; La historia de María Griselda, R. 1977.
L: L. Guerra, 1980; M. Agosín, 1983; A. Gligo, 1985; G. Gálvez Lira, 1986; M. Fernández, 1988; C. Miranda, 1988.

Bonaventura (eig. Johannes Fidanza, gen. doctor seraphicus), ma. Kirchenlehrer und Heiliger, 1221 Bagnoregio/Toskana – 15. 7. 1274 Lyon. Trat 1238 in den Franziskanerorden ein. Stud. in Paris unter Alexander de Hales; Magister der Theol. in Paris, 1257 General des Franziskanerordens, 1273 Kardinal. Starb beim Konzil von Lyon. 1587 unter die Kirchenlehrer aufgenommen, 1482 heiliggesprochen. – Bedeutendster Vertreter der an Augustin und den Victorinern orientierten Franziskanerschule im 13. Jh., geprägt von Augustin, neuplaton.-myst. Ideen und der Frömmigkeit des hl. Franziskus. Bedeutender als s. Hauptwerk, die ›Summa universae theologiae‹, in dem er nach der scholast. Methode theolog. Fragen behandelt, sind für die Geistesgeschichte s. kleineren Schriften, so ›Itinerarium mentis in Deum‹, e. Anweisung zu fortschreitender Vergeistlichung des Lebenswandels, vor allem die myst. Schrift ›Breviloquium‹, worin er im franziskan. Sinne den Spuren Gottes in s. Schöpfung nachgeht, e. der schönsten Werke ma. Frömmigkeit.

W: Summa universae theologiae; Speculum discipline (d. T. V. Guster 1934); Soliloquium (lat./dt. J. Hosse 1958); Itinerarium mentis in Deum (lat./dt. J. Kaup 1961); Breviloquium (d. in: Abriß d. Theol., F. Imle 1931); De reductione artium ad theologiam (lat./dt. J. Kaup 1961); Collationes in Hexaëmeron (Sechstagewerk, lat./dt. W. Nyssen 1964). – Opera omnia, hg. v. Franziskanern v. Quaracchi X 1882–1902; Opera theologica selecta, IV 1934–49; Œuvres choisies, hg. V.-M. Breton 1992. – Übs.: Werke, VIII, hg. E. Schulte, Bd. I 1923; Geistl. Übungen, d. S. Classen 1932.
L: F. Hohmann, B. u. d. existentielle Sein d. Menschen, 1935; J. Kaup, 1939; R. Lazzarini, 1946; K. Ruh, B. deutsch, 1956; J. Ratzinger, D. Gesch.theologie. d. hl. B., 1959; E. Gilson, D. Philos. d. hl. B., [2]1960; W. Rauch, D. Buch Gottes, 1961; J.-G. Bongerol, Paris 1961 u. 1963; E. Bettoni, Notre Dame 1964; M. Wiegels, Die Logik d. Spontaneität, 1969; H. F. Schallück, Armut u. Heil, 1971; W. Schachten, Intellectus Verbi, 1973; J. Schillemeit, 1973; E. Giusti, 1980; F. Corvino, 1980; H.-M. Crass, 1981; M. Menza, 1996.

Bonaviri, Giuseppe, ital. Autor, * Juli 1924 Mineo. Sohn e. Schneiders; Stud. Medizin in Catania, arbeitete als Kardiologe in Frosinone. – S. Stil entwickelt sich ausgehend vom Verismus und wird um e. träumerisch-märchenhafte Dimension erweitert. In ›Martedina‹ vermischen sich phantast. Science Fiction mit philos. Erzählung. Die Lyrik ist bei ihm von der Prosa nicht zu trennen.

W: Il sarto della stradalunga, R. 1954 (d. 1987); La contrada degli ulivi, E. 1956; Il fiume di pietra, R. 1964 (d. 1992); La divina foresta, R. 1969; Notti sull'altura, R. 1971; L'isola amorosa, R. 1973; La Beffària, R. 1975; Martedina, E. 1976; Dolcissimo, R. 1978; Il treno blu, E. 1978; Novelle saracene, En. 1980; O corpo sposiroso, G. 1982; L'incominciamento, G. 1983; E un rosseggiar di peschi e d'albicocchi, E. 1986; Il dormiveglia, R. 1988; Ghigò, E. 1990; Il re bambino, G. 1990; Il dire celeste, Sämtl. G. 1993; Il dottor Bilob, E. 1994.
L: R. Di Biasio, 1978; F. Zangrilli, B. e il tempo, 1986.

Bond, Edward, engl. Dramatiker, * 18. 7. 1934 London. Gelegenheitsarbeiter, Soldat, Bühnenautor. – Schreibt über Gewalt, Brutalität u. Terror, um e. bigotte, heuchler. Gesellschaft durch schockierende Effekte in Frage zu stellen u. zu reformieren. Die wilde Satire ›Early Morning‹ zeigt Königin Victoria u. a. in e. lesb. Liaison mit Florence Nightingale u. enthüllt in der kannibal. Szene im Himmel den ›Kannibalismus‹ e. korrupten

Leistungsgesellschaft, in der e. vom andern lebt. Die sinnlose Steinigung e. Babys durch e. Gruppe von Londoner Jugendlichen in ›Saved‹ demonstriert die Brutalität u. Indifferenz mod. Lebens. B.s Neufassung von Shakespeares ›King Lear‹ ist e. Schrei der Qual u. des Grauens über die Korrumpierbarkeit des Menschen durch die Macht. Kennzeichnend für B.s neuere Werke ab ›The Bundle‹ ist e. stärkeres Vertrauen in die Fähigkeit des Menschen, die Gesellschaft zum Bessern verändern zu können. Drehbücher zu ›Michael Kohlhaas‹, ›Blow Up‹ u. ›Laughter in the Dark‹; Libretto zur Oper ›We Come to the River‹ von Hans Werner Henze.

W: Saved, Dr. 1966 (d. 1967); Early Morning, Dr. 1968 (Trauer zu früh, d. 1969); Narrow Road to the Deep North, Dr. 1968 (d. 1969, n. 1975); The Pope's Wedding, Dr. 1971 (d. 1971); Lear, Dr. 1972 (d. 1972); The Sea, Dr. 1973 (d. 1974); Bingo, Dr. 1974; The Fool, Dr. 1976; We Come to the River, Libr. 1976; The Bundle, Dr. 1978; Theatre Poems and Songs, Slg. 1978; The Woman, Dr. 1989; ›The Worlds‹ with ›The Activists Papers‹, Dr. u. Ess. 1980; ›A-A-America!‹ and ›Stone‹ Drn. 1981; ›Restoration‹ and ›The Cat‹, Drn. 1982; ›Summer‹ and ›Fables‹, Drn. 1982; ›Derek‹ and Choruses from ›After the Assassinations‹, Slg. 1983; Human Cannon, Dr. 1985; Two Post-Modern Plays, 1990; September, Dr. 1990; The War Plays, Drn. 1991; Olly's Prison, Dr. 1993; Tuesday, Dr. 1993; Coffee, Dr. 1995; At the Inland Sea, Dr. 1997; ›Eleven Vests‹ & ›Tuesday‹, Drn. 1997; The Crime of the Twenty-First Century, Dr. 1999. – Bond Plays 1–6, 1977–1998; Ges. Stücke, II 1985; Theatre Poems and Songs, hg. M Hay, Ph. Roberts 1978; Poems 1978–1985, hg. dies. 1987; Letters 1–5, hg. I. Stuart 1994–2001.

L: E. Wendt, 1972, P. Iden, 1973; S. Trussler, 1976, R. Scharine, 1976; T. Coult, 1977, n. 1979; J. Franke, 1978; M. Hay, P. Roberts, E. B.: A Companion to the Plays, 1978; P. Hern, Lear, 1983; D. L. Hirst, 1985; Ph. Roberts, hg. 1985; L. Lappin, The Art and Politics of E. B., 1987; D. Buhmann, 1988; K. Herget, 1992; M. Mangan, 1998; M. Löschnigg, 1999.

Bondarev, Jurij Vasil'evič, russ. Prosaist, * 15. 3. 1924 Orsk/Region Orenburg. Kriegsdienst als Offizier, 1946–51 Stud. Lit.institut Moskau, ab 1970 höherer Lit.funktionär. – 1957–70 mehrere Kriegsromane, die durch Bemühen um ›Schützengräbenwahrheit‹ Beachtung fanden. Spätere Romane verbinden Kriegszeit u. Gegenwart u. spielen z. T. in e. verzerrt gesehenen Deutschland.

W: Batal'ony prosjat ognja, R. 1957 (Die Bataillone bitten um Feuer, d. 1989); Poslednie zalpy, R. 1959 (Die letzten Salven, d. 1961); Tišina, R. 1962 (Vergiß, wer du bist, d. 1962); Dvoe, R. 1964 (Die zwei, d. 1965); Bereg, R. 1975 (Das Ufer, d. 1978); Vybor, R. 1981 (Die Wahl, d. 1983); Bermudskij treugol'nik, R. 2000. – Sobranie sočinenij (GW), IV 1973/74, VIII 1993–96.

Bondeson, August (Leonard), schwed. Erzähler, * 2. 2. 1854 Vessige/Halland – 23. 9. 1906 Göteborg. Schuhmacherssohn, Stud. Medizin Uppsala, prakt. Arzt in Göteborg. – Studierte aus Liebhaberei das Volksleben in Halland, gab Märchen- u. Liedersammlungen heraus u. veröffentlichte, z. T. im Dialekt, Bauernerzählungen, die gründl. Kenntnisse, gute Erzählkunst und versöhnenden Humor, aber auch tiefen Ernst u. gelegentl. Schwermut zeigen. S. Hauptwerk ›Chronschough‹ ist nicht nur e. treffsichere Satire auf die selbstzufriedene Beschränktheit e. halbgebildeten Dorfschulmeisters, sondern zugleich e. klass. Zeitu. Milieuschilderung.

W: Allmogeberättelser, N. 1884; Historiegubbar på Dal, N. 1886; Skollärare John Chronschoughs memoarer, R. II 1897–1904; Visbok, G. 1903. – Samlade skrifter, hg. A. Sandklef VII 1939 f.

L: A. Mutén, 1947; A. Sandklef, 1956.

Bonnard, Abel, franz. Schriftsteller, 19. 3. 1883 Poitiers – 31. 5. 1968 Madrid. Kors. Familie; 1932–44 Mitgl. der Académie Française. Engagierte sich polit. 1942–44 als Erziehungsminister der Vichy-Regierung. Lebte in Spanien. – Lyriker, Romancier und Essayist. Seine Lyrik zeichnet sich durch Lebendigkeit, Spontaneität und Anmut aus. Begann mit dem Tiergedicht ›Les familiers‹ über die Tiere des Bauernhofes, in dem er virtuos aufmerksame und genaue Beobachtungen mit reicher Phantasie und subtiler Ironie verbindet; von J. Renards ›Histoires naturelles‹ beeinflußt. ›La vie et l'amour‹ ist e. psychoanalyt. Roman. Moralist. Schriften und biograph. Essays: Franz v. Assisi, Stendhal.

W: Les familiers, G. 1906; Les royautés, G. 1907; Les histoires, G. 1908; La France et ses morts, Es. 1908; La vie et l'amour, R. 1914; Eloge de l'ignorance, Es. 1926; En Chine, Reise-Tg. 1928; L'amitié, Prosa 1928 (d. 1943); L'argent, 1928; Le bouquet du monde, 1938; Pensées dans l'action, 1941.

Bonnefoy, Yves Jean, franz. Dichter u. Essayist, * 24. 6. 1923 Tours. Stud. Mathematik Tours und Poitiers, Philos. und Kunstgeschichte Sorbonne. Gastprof. am Brandeis College. Seit 1967 Redakteur für die lit. Zs. ›L'Éphémère‹; lit. und kunstgeschichtl. Forschungen. – Wurde durch e. einzelnes Gedicht ›Du mouvement et de l'immobilité de Douve‹ berühmt, das in e. an Valéry erinnernden Dichte Theorie und Absicht s. realist. Poesie formuliert. Im Husserlschen Sinne ist Dichtung Neuschaffung der Welt, Formgebung an e., naturphilos. bewertet, toten Materie, Vermählung des Konkreten mit dem Spirituellen. Der in der Abstraktion hohl gewordenen Sprache sieht er durch Hinwendung zur Realität neue Lebensinhalte eröffnet. Shakespeare-Übsn.

W: Du mouvement et de l'immobilité de Douve, G. 1953; Hier régnant désert, G. 1958 (d. 1969); Pierre écrite, G. 1959; L'improbable, Es. 1960; Rimbaud par lui-même, Ess. 1961; Un rêve fait à Mantoue, Ess. 1967; L'arrière-pays, R. 1972; Dans le leurre du seuil, G. 1975 (d. 1984); Le nuage rouge, Ess. 1977; Rue Traversière, Prosa 1977 (d. 1980); Entretiens sur la poésie, 1981; La présence et l'image, 1981; Sur les grands cercles de pierre, G. 1986; Le nuage rouge, 1992; Delacroix et Hamlet, 1993; Palézieux, 1994, L'amière-pays, 1998; Giacometti, 2001.

L: B. Arndt, 1957; J. Thélol, 1983; R. Vernier, 1985; G. Gasarian, 1986; O. Hirmy, 1993; Actes du Colloque, 1995, L. Pinet-Thélot, 1998.

Bontempelli, Massimo, ital. Schriftsteller, 12. 5. 1878 Como – 21. 7. 1960 Rom. Sohn e. Eisenbahningenieurs. Prof. für Lit. bis 1910, dann bis 1922 Journalist, gründete zusammen mit Malaparte die Zs. ›Novecento‹ (1926–29), dann ›Quadrante‹ mit P. M. Bardi, ›Città‹ mit Savinio u. Piovene. Scharfer Kritiker. 1927/28 Sekretär des faschist. Schriftstellerverbandes. 1930 Mitglied der Accademia d'Italia. 1948–50 Senator in Rom. Komponierte auch Symphonien u. Kammermusik. Vortragstätigkeit in Südamerika u. Ägypten. – Erzähler, Dramatiker, Lyriker und Kritiker, zuerst Klassizist im Gefolge Carduccis, dann stark beeinflußt von Pirandello, später Futurist im Stil des von ihm initiierten Novecentismo. Sehr wandlungsfähig u. experimentierfreudig. Schrulliger, bizarrer Humor und beißende Satire; vielfach auch als ›herzlose Gehirnkunst‹ bekämpft. In s. Erzählkunst Aufhebung und Mischung versch. Wirklichkeitsebenen in e. Art mag. Realismus. ›Il figlio di due madri‹ ist e. okkulter Roman, der den Kampf e. Mutter um ihr Kind schildert, das nach Gedächtnisverlust e. andere Frau als Mutter anerkennt. ›La famiglia del fabbro‹ schildert e. Kleinstädter, der unschuldig e. Mordes verdächtigt wird. Wie Kleists Kohlhaas wehrt er sich trotz des Freispruchs bis an s. Lebensende. Wieder im Sinne der Tradition das poet. Märchenspiel ›Cenerentola‹ mit eigener Bühnenmusik: Entgegen Grimms ›Aschenbrödel‹ heiratet die Heldin lieber e. armen Musikanten u. überläßt den Prinzen ihrer hoffärtigen Schwester.

W: Egloghe, G. 1904; Odi, G. 1910; Sette savi, R. 1912; Meditazioni intorno alla guerra d'Italia e d'Europa, Ess. 1917; Purosangue, G. 1919; La vita intensa, N. 1919; La vita operosa, R. 1921 (d. 1997); Viaggi e scoperte, G. 1922; La scacchiera davanti allo specchio, R. 1922; Eva ultima, R. 1923; La donna dei miei sogni, E. 1925; Nostra Dea, Dr. 1925; Il figlio di due madri, R. 1929 (d. 1930); Vita e morte di Adria e dei suoi figli, R. 1930; Valoria, Dr. 1931; La famiglia del Fabbro, R. 1932 (d. 1941); Gente nel tempo, R. 1937; Miracoli, Sk. 1938; L'Avventura novecentista, Ess. 1939; Viaggio d'Europa, R. 1941 (d. 1956); Giro del sole, R. 1941; Verga, L'Aretino, Scarlatti, Verdi, 1941 (Italienische Profile, d. 1943); L'Acqua, E. 1944; Notti, E. 1945; Venezia salva, Dr. 1949; La fame, Dr. 1949; L'amante fedele, R. 1953. – Tutto B. narratore, VII 1938ff.; Teatro, 1947; Racconti e romanzi, II 1961; Opere selecte, hg. L. Baldacci 1978.

L: C. Bo, 1943; M. T. Dazzi, B. narratore, 1943; G. Amoroso, Il realismo magico di B., 1964; F. Temepesti, 1974; A. Saccone, 1979; M. Piscopo, 2001.

Bonvesin de la Riva, ital. Dichter, zwischen 1240 u. 1243 Mailand – zwischen 1313 u. 1315 ebda. Doktor der Grammatik, bis 1290 in Legnano, dann in Mailand; gehörte dem dritten Orden an. – Bedeutendster lombard. Dichter des MA. Schrieb im lombard. Dialekt erbauliche ›contrasti‹, in denen er oft in satir.-grotesker Weise typ. Gegensätze darstellt (z. B. zwischen Satan u. der Madonna), u. beschrieb in e. Gedicht in traditioneller Art Qualen der Hölle, die Passion Christi u. Freuden des Paradieses. Pries im Stil des antiken Städtelobs in lat. Sprache die ›Wunder Mailands‹.

A: Poesie, hg. I. Bekker (in: Monatsber. d. Akad. d. Wiss.), Bln. 1850/51; De magnalibus urbis Mediolani, 1898; Il libro delle tre scritture, Ep. hg. V. De Bartholomaeis 1901; Traktat, hg. V. Novati (Arch. stor. lombardo, Bd. 42) 1915; Le opere volgari, hg. G. Contini 1941; Vita scholastica, Traktat, hg. E. Franceschini 1943.

L: B. Sasse Tateo, Diss. 1991.

Boon, Louis Paul (Albert), fläm. Schriftsteller, 15. 3. 1912 Aalst – 10. 5. 1979 Erembodegem. Zuerst Dekorationsmaler, dann Journalist. – Vf. realist., meist in proletar. Milieu spielender Romane u. Erzählungen. Oft grimmige Parteinahme für die sozial Schwachen. Psycholog. Einfühlungsvermögen, einfache u. originelle Sprache. Mischung von existentiellem Pessimismus mit trockenem Humor auch in s. Märchenparodien. Journalist.-essayist. Arbeiten in der Reihe ›Boontjes Reservaat‹. Im letzten Lebensjahrzehnt bildeten große ost.hist. Dokumentationen den Schwerpunkt s. Schaffens.

W: De voorstad groeit, R. 1942; Mijn kleine oorlog, R. 1946 (d. 1988); De kapellekensbaan, R. 1953 (d. 2002); Menuet, Nn. 1955 (d. 1975); Wapenbroeders, R. 1955; Zomer te Ter-Muren, R. 1956 (d. 1986); De bende van Jan de Lichte, R. 1957 (d. 1987); Grimmige sprookjes voor verdorven kinderen, M. 1957; De Paradijsvogel, R. 1958 (d. 1993); De zoon van Jan de Lichte, R. 1961; Het nieuwe onkruid, R. 1964; Geniaal maar met te korte beentjes, ness. 1969; Pieter Daens, soz.hist. Dok. 1971; Als het onkruid bloeit, R. 1972; De meisjes van Jesses, R. 1973 (d. 1977); De zwarte hand, Dok. 1976; Het jaar 1901, Dok. 1977; Het Geuzenboek, Dok. 1979; Eros en de eenzame man, R. 1980; Verzamelde gedichten, 1980; Ook de afbreker bauwt op, Feuill. 1982; Jaarboek van het L. P. B. Genootschap, Jb. seit 1983.

L: H. Claus, 1964; L. P. B., 1966; J. Weverbergh, H. Leus, 1972; L. Verhuyck, Th. Jochems, 1972; H. Postma-Nelemans, Het perspektief in Menuet, 1974; P. de Wispelaere, 1976; G. J. van Bork, Over de Kapellekensbaan ..., 1977; Een man zonder carrière, Interviews, hg. G. de Ley 1982. – *Bibl.:* G. J. van Bork, G. ten Houten-Biezeveld, 1977; F. J. Verdoot, 1984; J. Muyres, 1999.

Bopp, Léon, franz.-schweizer. Schriftsteller, 17. 5. 1896 La Chaux-de-Fonds – 29. 1. 1977 Genf. Stud. Philos. und Philol. Genf und Ecole Normale Supérieure Paris; Univ. Oxford. – Eigenwilliger Romanschriftsteller und Essayist, bemüht um e. geistige Gesamtschau s. Zeit. B.s Romane sind abstrakte und intellektuelle Konstruktionen, von dokumentar. Wert vor allem für die Jahre zwischen den beiden Weltkriegen. Versetzte sich in den einzelnen Romanen jeweils in den Vertreter e. bestimmten geistigen Berufes. Vertritt in ›La vie de Jésus‹ und zahlr. Essays e. sehr liberalen Protestantismus, will Wissenschaft, Kunst und Philosophie mit der Religion versöhnen.

W: Le crime d'Alexandre Lenoir, R. 1929; Est-il sage? Est-il fou?, R. 1931; Jacques Arnaut, R. 1933; Esquisse d'un traité du roman, Es. 1935; Liaisons du monde, R. II 1938–49; Napoléon, Es. 1942 (d. 1944); La vie de Jésus, 1945; Catalogisme, esquisse d'une philosophie de l'omnipotence, Es. 1946; Philosophie de l'art, Es. 1954; Impressions d'Amérique, 1959; La Psychologie des Fleurs du Mal, 1964–69.

L: C. Lang, 1936; C. Duckworth, 1955; R. Kiefter, 1959.

Bor, Matej (eig. Vladimir Pavšić), slowen. Schriftsteller, 14. 4. 1913 Grgar b. Gorica – 29. 9. 1993 Radovljica. Stud. Philol. Ljubljana. Gymnasiallehrer, Journalist, im 2. Weltkrieg Partisan, Theaterdirektor, dann freier Schriftsteller in Ljubljana. – Begann mit Lit.- u. Theaterkritiken, denen Liebesgedichte im Stil des franz. Symbolismus folgten; s. späteren Gedichte, Dramen u. Romane behandeln vorwiegend Partisanenthemen u. mod. soz. Probleme. Übsn. aus dem Dt. und Engl.

W: Previharimo viharje, G. 1942; Pesmi, G. 1946; Raztrganci – Težka ura, Drn. 1946; Bršljan nad jezom, G. 1951; Vrnitev Blažonovih – Kolesa teme, Drn. 1954; Daljave, R. 1961; Zvezde so večne, Dr. 1971; Baladni motivi, Ausw. 1971; Šola noči, Dr. 1971; Odloženi, R. 1980; Jonko in druge novele, Nn. 1984. – Izbrano delo (AW), IV 1973–77. – *Übs.:* Ein Wanderer zog durchs Atomzeitalter…, G. 1967.

L: F. Pibernik, Med tradicijo in modernizmom, 1978.

Boratynskij, Evgenij Abramovič → Baratynskij, Evgenij Abramovič

Borberg, Svend, dän. Dramatiker, 8. 4. 1888 Kopenhagen – 7. 10. 1947 ebda. Einflußr. Theater- und Lit.kritiker bei der Zeitung ›Politiken‹. Im Alter Besatzungskollaborateur. – Vf. philos.-psycholog. Dramen unter Einfluß Freuds und Pirandellos, zeigt in s. expressionist. Drama ›Ingen‹ am Beispiel der Heimkehr e. für tot erklärten Soldaten das Problem von Identität. Auch in s. späteren Stücken taucht dieses Thema wiederholt auf.

W: Ingen, Sch. 1920 (Niemand, d. 1923); Cirkus Juris, Sch. 1935; Synder og helgen, Sch. 1939 (Sünder und Heilige, d. 1943); Båden, 1943 (Das Boot, d. 1943).

L: I. Boye, Forfængelighedens pris, 1988.

Bordeaux, Henry, franz. Schriftsteller, 29. 1. 1870 Thonon-les-Bains/Haute-Savoie – 29. 3. 1963 Paris. Aus alter Beamtenfamilie, Stud. Jura Paris, Rechtsanwalt. Im 1. Weltkrieg Infanteriehauptmann und im Hauptquartier. Bereiste den Orient und Kanada. Mitarbeiter mehrerer bedeutender Zeitschriften, 1910–21 Theaterkritiker der ›Revue hebdomadaire‹. 1920 Mitgl. der Académie Française. – Sehr fruchtbarer, in allen Werken betont kathol. Schriftsteller. Beeinflußt von Vogüé, Brunetière und Bourget. Viele Essays, Monographien, Jugendbücher, Tiererzählungen, Kriegsbücher und e. große Reihe kathol. Familienromane über das konservative, kulturtragende Bürgertum der franz. Provinz des 19. Jh. Schauplatz zumeist Savoyen, liebevolle und genaue Schilderungen der Landschaft. Von großem sittl. Ernst zeugende Romane, in denen die Rolle der Frau betont wird. Als Dramatiker wenig erfolgreich. Auch Biograph.

W: Jeanne Michelin, R. 1896; Les écrivains et les mœurs, Ess. II 1900–02; Le pays natal, R. 1900; La peur de vivre, R. 1902 (d. 1904); L'amour en fuite, R. 1903; Vies intimes, Ess. 1904; La petite mademoiselle, R. 1905 (d. 1911); Les Roquevillard, R. 1906; Pèlerinages littéraires, Ess. 1906; Les yeux qui s'ouvrent, R. 1908 (Die Geschichte einer Ehe, d. 1912); La vie au théâtre, Ess. V 1910–21; La robe de laine, R. 1910; Carnet d'un stagiaire, Aut. 1911; La neige sur les pas, R. 1912; La maison, R. 1913 (Der Irrweg der Freiheit, d. 1915); Une honnête femme, R. 1919; La résurrection de la chair, R. 1920; La bataille devant Souville, Kriegsber. 1921; Le maréchal Fayolle, Kriegsber. 1921; La Chartreuse de Reposoir, R. 1924; Andromède et le monstre, R. 1928; Valombré, R. 1928 (Der Prozeß der Monica Descleaux, d. 1932); La revenante, R. 1932; Les déclassés, R. 1933; La cendre chaude, R. 1938; Romanciers et poètes, 1939; La sonate au clair de lune, R. 1941; L'ombre sur la maison, R. 1942; L'intruse, R. 1947; Les yeux accusateurs, R. 1949; Histoire d'une vie, Mem. XII 1951–70; La brebis égarée, R. 1953 (Die Magd, d. 1955); La vie pathétique d'Edith Stein, B. 1955; Le flambeau renversé, R. 1961; J. Ch. Naurras, 1955; Ph. Terreaux, La Savoie jadis et naguère, 1990; M. Quilet, 1993. – Œuvres complètes, 1938ff.

Übs.: Der Zeuge u. a. En., 1926.

L: M. Ligot, 1924; J. Bertrant, 1930 (m. Bibl.); P. Benoît, 1931.

Bordewijk, Ferdinand (Ps. Ton Ven, Emile Mandeau), niederländ. Schriftsteller, 10. 10. 1884 Amsterdam – 28. 4. 1965 Den Haag. Vater hoher Ministerialbeamter; ab 1894 Haag. Gymnas., Stud. Rechte Leiden, Rechtsanwalt. – Phantast., z. T. humorist. Erzähler mit sozialen und gesellschaftskrit. Zügen. Gehört keiner lit. Strömung an. Einflüsse: E. T. A. Hoffmann, Poe, Zola, A. France, A. Bertrand (›Gaspar de la nuit‹). Eindringl. konzentriert-intellektuelle Darstellungsweise mit dem Streben, das Geschehen in e. beklemmende Traumwelt zu transponieren. Ab 1946 okkultist. Elemente. Auch Lyrik u. Drama.

W: Paddestoelen, G. 1916; Fantastische vertellingen, En. III 1919–24; Blokken, R. 1931 (d. 1991); Bint, R. 1934; Rood paleis, R. 1936; Karakter, R. 1938 (Büro Rechtsanwalt Stroomkoning, d. 1939); Apollyon, R. 1941; Eiken van Dodona, R. 1946; Noorderlicht, R. 1948; Vertellingen van generzijds, En. 1950; Studiën in volksstructuur, Schr. 1951; Centrum van stilte, En. 1960; Tijding van ver, R. 1961; De Golbertons, R. 1965. – Verzameld werk, XIII 1982–91.

L: V. E. van Vriesland, 1949; P. H. Dubois, 1953; M. Dupuis, 1980; Th. Govaert, 1981; P. H. Dubois, hg. 1982; H. Anten, 1996; D. Cumps, De eenheid, 1998.

Bordone della Scala → Scaliger, Julius Caesar

Borel, Jacques, franz. Schriftsteller, * 17. 12. 1925 Paris. Stud. Sorbonne, Lehrer in Clermont und Paris. Mitarbeiter verschiedener Zeitschriften. – Verbindet in s. Erstlingswerk über e. psychopatholog. Fall von Mutterbindung die Form der Lebensbeichte mit der des Entwicklungsromans.

W: L'adoration, R. 1965 (d. 1967); Le retour, R. 1970; La dépossession, R. 1973; L'attente, 1989; Commémorations, 1990; Prospos sur l'autobiographie, 1994; L'aveu différé, 1997; L'effacement, 1998; L'imagination autobiographie, 2000; La mort de Maximilien Lepeige, 2001; Ombres et dieux, 2001.

Borel d'Hauterive, Pétrus (eig. Joseph Pierre B. d'H.), franz. Schriftsteller, 28. 6. 1809 Lyon – 14. 7. 1859 Mostaganem/Algerien. Vom Vater zum Architekturstud. gezwungen, schloß sich 1830 der romant. Bewegung an, Freund Gautiers und Nervals, besuchte die Zenakel, nahm an der 1. Hernani-Schlacht teil. Kurzer Ruhm; verbrachte die Jahre nach 1833 mit mühsamem Broterwerb. Gründete 1844 die Tageszeitung ›Satan‹, die schon 2 Monate später in ›Corsaire‹ aufging. Ab 1846 kurze Zeit Inspektor in Algerien, letzte Jahre im Elend. – Romantiker. Nannte sich ›Lycanthrope‹ (Wolfsmensch). Sein Werk ist bis in die Orthographie hinein e. verbale Revolte; debütierte mit Gedichten ›Rhapsodies‹, deren bizarrer Stil e. Skandal hervorrief. Schrieb dann Erzählungen ›Champavert‹ und den Roman ›Madame Putiphar‹ in bisweilen apokalypt. Stil. Ermüdet durch die Exzentrizität und das Raffinement s. makabren Phantasie, doch spürt mit erbitterter Konsequenz die Schwächen der Menschen und der Gesellschaft auf. Vorläufer Lautréamonts, Jarrys und der Surrealisten. Übs. von D. Defoes ›Robinson Crusoe‹.

W: Rhapsodies, G. 1831; Champavert, contes immoraux, En. 1833; Le livre de beauté, 1833; Madame Putiphar, R. 1839. – Œuvres complètes, hg. A. Marie II 1922.

L: J. Claretie, 1865; A. Marie, 1922; E. Starkie, P. B.en Algérie, 1950.

Borge, Bernhard → Bjerke, Jarl André

Borgen, Johan, norweg. Dramatiker, Erzähler und Lit.kritiker, 28. 4. 1902 Oslo – 16. 10. 1979 Hvaler. Redakteur; während der dt. Besetzung Internierung u. Flucht nach Schweden. Seit 1954 Redakteur der lit. Zs. ›Vinduet‹. E. der einflußreichsten norweg. Lit.kritiker. – Vf. von heiteren, im Plauderton gehaltenen Feuilletons, realist.-iron. Novellen u. gesellschaftskrit. Dramen. Die Lillelordtrilogie ist e. Entwicklungsroman über das Ich-Problem des Protagonisten Wilfred Sagen u. e. Darstellung des kulturellen Verfalls des Osloer Großbürgertums, dem B. entstammt; gilt als Hauptwerk der norweg. Lit. Psycholog. Beobachtung verbindet sich mit gesellschaftskrit. Tendenzen.

W: Mot mørket, N. 1925; Når alt kommer til alt, R. 1934; 60 Mumle Gåsegg, Feuill. 1936; Kontorsief Lie, Sch. 1936; Barnesinn, N. 1937; Høit var du elsket, Sch. 1937; Mens vi venter, Sch. 1938; Andersens, Sch. 1940; Ingen sommer, R. schwed. 1944 (norweg. 1946); Dager på Grini, Erinn. 1945; Kjærlighetsstien, R. 1946; Hvetebrøds dager, N. 1948; Eventyr, Sch. 1949; Vikinger, Sch. 1949; Noveller om kjærlighet, N. 1952; Natt og dag, N. 1954 (Ausw. Alles war anders geworden, d. 1970); Lillelord, R. 1955 (d. 1979); De mørke kilder, R. 1956 (Die dunklen Quellen, d. 1980); Vi har ham nå, R. 1957 (Wir haben ihn nun, d. 1981); ›Jeg‹, R. 1959; Blåtind, R. 1964 (Ein Mann namens Holmgraa, d. 1970); Nye noveller, N. 1965; Ord gjennom år, Ess. 1966; Den røde taken, R. 1967; Træer alene i skogen, N. 1969; Min arm min tarm, R. 1972; Eksempler, R. 1974; Lykke til, Nn. 1974; I dette rom, N. 1975. – Noveller i utvalg, 1961; Noveller 1961–65, 1977; Noveller 1969–77, 1977.

L: Festskrift J. B. 1902–62, 1962; R. Birn, 1977; K. C. Johansson, 1980; Festskrift J. B., 1987; H. Ringnes, 1993; E. Haavardsholm, Øst for Eden – en biografi om J. B., 2001.

Borges, Jorge Luis, argentin. Schriftsteller, 24. 8. 1899 Buenos Aires – 14. 6. 1986 Genf. Während des 1. Weltkrieges in der Schweiz, später in Spanien; 1921 Rückkehr nach Argentinien, setzte sich für die Verbreitung der mod. europ. Dichtung, des ›Ultraismus‹, in den Zsn. ›Prisma‹ u. ›Proa‹ u. dem lit. Zirkel ›Martín Fierro‹ ein; verfolgt vom Peronismus; nach dem Putsch 1955 Direktor der Nationalbibliothek. Vorlesungen über engl. u. amerik. Lit.; seit 1961 zahlr. Vorträge auch im Ausland. Übs. aus dem Engl. u. Franz. Seit 1955 zunehmende Erblindung. Viele internationale Preise u. Auszeichnungen. S. Witwe, María Kodama, hat 1989 die internationale Stiftung J. L. Borges ins Leben gerufen. Stilist. beispielhafter Autor; bedeutendster Schriftsteller Lateinamerikas. – Am Anfang s. lit. Laufbahn u. nach s. Erblindung schuf er Gedichte, melanchol. klingende, tiefe Reflexionen über philos. Probleme; ausdrucksvolle Metaphern, Einfallskraft u. geschickte Wortwahl; s. Essays zeugen von s. fundierten geschichtl. u. lit.geschichtl. Kenntnissen; Weltruhm durch s. fiktionales Erzählwerk, das sich durch überquellenden Ideenreichtum, Phantasie, Hintergründigkeit, Übertreibung, Raffinesse, Ironie u. das Herausarbeiten von Details auszeichnet. Verfaßte mit etwa 15 anderen Hrsg. mehrere Anthologien, Sammlungen und Essays; unter Pseudonym (H. Bustos Domecq, B. Suárez Lynch) schrieb er mit A. Bioy Casares Kriminalgeschichten und Drehbücher.

W: Fervor de Buenos Aires, G. 1923; Inquisiciones, Ess. 1925; Luna de enfrente, G. 1926; El tamaño de mi esperanza, Es. 1926; El idioma de los argentinos, Es. 1928; Cuaderno San Martín, G. 1929; Evaristo Carriego, Es. 1930; Discusión, Ess. 1932; Las kennigar, Es. 1933; Historia universal de la infamia, En. 1935 (d. 1961); Historia de la eternidad, Ess. 1936 (d. 1965); El jardín de senderos que se bifurcan, En. 1941; Seis problemas para don Isidro Parodi, En. 1942 (m. A. Bioy Casares; d. 1969, 1983); Poemas, 1943; Ficciónes, En. 1944, erw. 1956 (d. 1946); Nueva refutación del tiempo, Es. 1947; El Aleph, En. 1949; Otras inquisiciónes, Ess. 1952 (d. 1966); Manual de zoología fantástica, Es. 1957 (m. M. Guerrero; d. 1964); Leopoldo Lugones, Es. 1957; El hacedor, G. u. Prosa 1960 (Borges und Ich, d. 1969); Libro del cielo y del infierno, Anth. 1960 (m. A. Bioy Casares; d. 1983); Macedonio Fernández, Es. 1962; El otro, el mismo, G. 1964; Elogio de la sombra, Prosa 1969 (d. 1971); El informe de Brodie, En. 1970 (d. 1972); El oro de los tigres, G. 1972; El libro de arena, En. 1975 (d. 1977); La rosa profunda, G. 1975; La moneda de hierro, G. 1976; Libro de sueños, En. 1976 (d. 1981); La cifra, G. 1981; Veinticinco Agosto 1983 y otros cuentos, 1983 (d. 1983); Atlas, 1984; Los conjurados, 1985; Textos cautivos, 1986; Biblioteca personal, prólogos, 1988; Intr. a la lit. norteamericana, 1997; Textos recobrados 1919–29, 1997, 1931–55, 2002; Borges en Sur, 1999; Obras, reseñas y traduc. inéditas, 1999; Arte poética, Ess. 2000; Museo. Textos inéditos, 2002 (m. A. Bioy Casares); El circulo secreto, Vorworte 2003. – Obras completas, IV 1996, III 1989; Prosa completa, [2]1980; Obra poética, 1983; Obras completas en colaboración, [3]1997 (J. L. B. u. A. Bioy Casares, Gemeinsame Werke, II 1983–85); Cartas del fervor. Briefw. m. M. Abramowicz u. J. Sureda, 1999. – Übs. GW, IX 1980–83.

L: J. Alazraki, [2]1974, 1976, 1977, 1988; ders., hg. 1987; G. Massuh, 1980; M. E. Vázquez, [2]1980, 1985, 1996; M. L. Bastos, [2]1981; A. Echavarría, 1983; D. W. Foster, 1984; D. Balderston, 1985, 1986, 1993; J. G. Cobo Borda, hg. 1987; O. Ferrari, 1987 (d. 1990), 1999; N. T. di Giovanni, hg. 1988; R. Alifano, 1988; A. J. Pérez, 1988; C. R. Stortini, [2]1989; E. Canto, 1990; E. Fishburn, P. Hughes, 1990; N. Christian, 1990; E. Aizenberg, 1990, 1997; J. Woscoboinik, [2]1991; K. A. Blüher, A. de Toro, 1992; H. Salas, 1994; M. R. Barnatán, 1995; C. Cañeque, 1995; A. Huici, 1998; P. Bravo, M. Paoletti, 1999; G. Balderston u. a., 1999; L. C. García, 2000. – Bibl.: H. J. Becco, 1973; D. W. Foster, 1984; N. Helft, 1997; A. v. F. de Toro, II 1999; A. J. Bergero, 1999.

Borgese, Giuseppe Antonio, ital. Schriftsteller, 12. 11. 1882 Polizzi Generosa b. Palermo – 4. 12. 1952 Fiesole. Stud. Lit. Florenz, 1903 Diss. ›Storia della critica romantica in Italia‹. Zeitungskorrespondent in Berlin; 1909/10 Prof. für Lit. in Turin, 1910–17 Prof. für Germanistik in Rom und 1917–25 an der Accademia di scienze e lettere Mailand, später Lehrstuhl für Ästhetik Univ. Mailand. Emigrierte 1931 als Gegner des Faschismus in die USA. Prof. an der Univ. Chicago. 1938 amerik. Staatsbürger. ⚭ Elisabeth Mann, Tochter von Th. Mann. 1949 wieder an der Univ. Mailand. – Bedeutender Kritiker u. Schriftsteller. Interpretierte D'Annunzio, schrieb über Goethe. Gegen die Dekadenz D'Annunzios wenden sich s. Romane ›Rubè‹ und ›I vivi e i morti‹, die die Sinnlosigkeit e. unerfüllten Lebens zeigen. Häufige Stellungnahme zu Problemen der Weltpolitik. E. Reihe von Büchern schrieb er in engl. Sprache.

W: Storia della critica romantica in Italia, 1905; La nuova Germania, 1909; G. D'Annunzio, B. 1909, 1951; La vita e il libro, IV 1910–28; Italia e Germania, Schr. 1915; Studi di letterature moderne, 1915; La guerra delle idee, 1916; Rubè, R. 1921 (d. 1928); I vivi e i morti, R. 1923; L'arciduca, Dr. 1924; La tragedia di Mayerling, R. 1925; Lazzaro, Dr. 1925; Ottocento europeo, Schr. 1927; The city of man, R. 1940 (zus. mit Th. Mann); Goliath, the march of fascism, 1937 (d. 1938); Common Cause, 1943; Disegno preliminare mondiale, 1949; Le novelle, 1950; Tempesta nel nulla, 1950; The concept of Russia, 1950; Poetica dell'unità, 1952; Da Dante a Th. Mann, 1958. – Opere, XXX 1950ff.

L: I. Tosi, 1952; G. Genot, 1968; R. Schwaderer in: ›Arcadia‹ 35, 2000.

Born, Bertran de → Bertran de Born, vicomte d'Hautefort

Bornemisza, Péter, ungar. Schriftsteller, 22. 2. 1535 Pest – 1584 Rárbok. Stud. Theol. Wittenberg, Wien u. Padua, luther. Prediger u. Bischof. – Bedeutendster ungar. Prosaist des 16. Jh.; schrieb auch Gedichte, Kirchenlieder u. übersetzte 1558 die ›Elektra‹ von Sophokles.

W: Prédikációk, Pred. V 1573–79; Fejtegetés, Prosa 1577; Ördögi kísírtetekről, Prosa 1578. – Ördögi kísírtetek, 1955; Válogatott írások, 1955.

L: I. Nemeskürty, 1959.

Bornier, Etienne-Charles-Henry, Vicomte de, franz. Schriftsteller, 24. 12. 1825 Lunel – 28. 1. 1901 Paris. Lange Zeit Konservator, später Verwalter der Arsenals-Bibliothek in Paris. Mitarbeiter zahlr. Zeitungen und Zeitschriften. – Dramatiker, Romancier und Lyriker. Hielt während der Blütezeit des bürgerl. Dramas an der romant. Tradition des Versdramas fest. Sein Versdrama ›La fille de Roland‹ wurde 1875 mit dem Großen Literaturpreis der Académie Française ausgezeichnet, in die er 1893 aufgenommen wurde.

W: Poésies complètes, 1850–53; La cage du lion, Dr. 1862; Agamemnon, Dr. 1868; La fille de Roland, Dr. 1875 (d. 1880); Dimitri, Dr. 1876 (Musik v. Joncières); Les noces d'Attila, Dr. 1880; La Moabite, Dr. 1880; L'apôtre, Dr. 1881; Mahomet, Dr. 1890; Le fils de l'Aretin, Dr. 1895; France ... d'abord, Dr. 1900.

L: N. Stewart, 1935.

Borodin, Leonid Ivanovič, russ. Prosaiker, * 14. 4. 1938 Irkutsk. Wegen Mitarb. an Studentengruppe ›Svobodnoe slovo‹ von Univ. Irkutsk verwiesen, doch 1962 Abschl. des päd. Inst. als Externer, Lehrer u. später Schuldirektor, als Mitgl. der Sozialchristl. Union zur Volksbefreiung zu 6 Jahren verschärfter Lagerhaft verurteilt, dort Beginn der lit. Tätigkeit, 1982 wegen Publikation im Ausland erneut zu 10 Jahren Haft u. anschl. Verbannung verurteilt, 1987 entlassen, seit 1992 Chefredakteur der Zs. ›Moskva‹, lebt in Moskau. – B.s Werke sind geprägt von relig. u. russ.-nationaler Grundhaltung, die Sprache ist reich an Metaphern u. philos. Vergleichen.

W: Povest' strannogo vremeni, Nn. 1978 (Eine Geschichte aus sonderbarer Zeit, d. 1991); Rasstavanie, R. 1984; Lovuška dlja Adama, Nn. 1994.

Boron, Robert de → Robert de Boron

Borovský, Karel → Havlíček Borovský, Karel

Borowski, Tadeusz, poln. Dichter, 12. 11. 1922 Žitomir/Ukraine – 3. 7. 1951 Warschau (Selbstmord). Seit 1932 in Polen. Studium der Polonistik im Untergrund in Warschau, 1943–45 KZ Auschwitz u. Dachau, nach Rückkehr 1946 Redakteur in Warschau, 1949/50 Korrespondent in Berlin. – Klassischen Rang haben s. Erzählungen aus dem Lager-Inferno.

W: Gdziekolwiek ziemia, G. 1942; Imiona nurtu, G. 1945; Pożegnanie z Marią, En. 1948; Kamienny świat, Ess. 1948 (Die steinerne Welt, d. 1963); Opowiadania z książek i gazet, E. 1949. – Utwory zebrane (SW), V 1954 – *Übs.:* Bei uns in Auschwitz, En. 1982.

L: W. Woroszylski, 1955; A. Werner, Zwyczajna apokalipsa, 1971 u. 1981; T. Drewnowski, 1972, ³1992.

Borrow, George Henry, engl. Schriftsteller und Philologe, 5. 7. 1803 East Dereham – 26. 7. 1881 Oulton Broad/Norfolk. Sohn e. Werbeoffiziers, als Kind auf viele Reisen mitgenommen; setzte als Erwachsener das unstete Reiseleben fort. Bereiste den Kontinent u. zahlr. östl. Länder, um die Menschen fremder Länder, deren Sitten u. Sprachen kennenzulernen. Zeigte bes. Interesse für die Kultur der Sinti und Roma sowie für Leben und Sprache in Wales, sprach 35 Sprachen. Verfaßte e. ›Wörterbuch der Zigeunersprache‹, veröffentlichte in St. Petersburg e. Arbeit ›Targum‹, die eigene Übersetzungen aus 30 Sprachen enthielt. War einige Jahre in Spanien, zunächst als Agent der ›British and Foreign Bible Society‹, dann als Korrespondent der ›Times‹, schildert s. span. Abenteuer während der Karlistenkämpfe in ›The Bible in Spain‹, begründete damit s. lit. Ruf. Übersetzte das Neue Testament ins Mandschur. – S. heute meistgelesenen und höchst originellen Werke: ›Lavengro‹ (= ›Philologe‹) und ›The Romany Rye‹ (d. i. B.s Name in der Sinti- und Roma-Sprache) stellen e. interessante Mischung von Reisebericht, Autobiographie u. abenteuerl. Phantasterei dar.

W: The Zincali, or an Account of the Gypsies in Spain, Es. 1841; The Bible in Spain, Aut. III 1843 (5 Jahre in Spanien, d. 1844); Lavengro, R. III 1851 (d. 1987); The Romany Rye, R. II 1857 (beide zus. in Ausw. d. F. Güttinger 1959); Wild Wales, St. III 1862; Romano Lavo-Lil, word-book of the Romany, Wörterb. 1874. – Works, hg. C. K. Shorter XVI 1923f.

L: W. I. Knapp, II 1899 (m. Bibl.); H. Jenkins, 1912; E. Thomas, ²1920; R. Th. Hopkins, 1922; G. A. Stephen, 1927 (mit Bibl.); M. D. Armstrong, 1950; B. S. Vesey-Fitzgerald, Gypsy B., 1953; R. Fréchet, Paris 1956; R. R. Meyers, N. Y. 1966; M. Collie, 1982; D. Williams, A World of His Own, 1982. – *Bibl.:* T. J. Wise, ²1966.

Borum, Poul (Villiam), dän. Lyriker. u. Kritiker, 15. 10. 1934 Kopenhagen – 10. 5. 1996 ebda. Literaturstudium in Århus. 1959–76 ∞ der Lyrikerin Inger Christensen. – Nach psych. Zusammenbruch 1962 die erste Gedichtsammlung ›Livslinier‹, seitdem regelmäßige Veröffentlichungen knapper, alltagsnaher Lyrik. Wirkte v. a. als Kritiker, Herausgeber, Übersetzer, seit 1987 als Gründer u. Leiter der dän. ›forfatterskole‹.

W: Livslinier, G. 1962; Poetisk modernisme, Abh. 1966. – Valgte Digte 1987.

L: Bibl.: C. Rosenkilde (CD-Rom), hg. 1998.

Boruta, Kazys, litau. Dichter, 6. 1. 1905 Kūlokai – 9. 3. 1965 Vilnius. Universitäten Kaunas u. Wien. Wurde 1926–49 mehrfach wegen sozialist. polit. Aktivitäten inhaftiert und auch verbannt; ab 1941 Arbeit an der litau. Akad. der Wissenschaften. Übs. A. Tolstoj, H. Ibsen, Fr. Schiller. – Einer der wichtigsten Vertreter des litau. Avantgardismus. Gehörte zu Trečiasis Frontas. In s. ersten Gedichtsammlungen tobt ein junger Dichter gegen alle u. alles. S. spätere elegische, zarte, intime Naturlyrik gleicht expressionistischen Bildern. Von der urbanistischen Lyrik wendet er sich idealisierten, stark symbolischen Landschaftsschilderungen s. Heimat zu. In seinen Prosawerken herrscht bald der rebellierende Künstler ›Mediniai stebuklai‹, bald der Kampf des einzelnen gegen das Böse ›Baltaragio malūnas‹ vor, dabei häufig folkloristische Motive.

W: Dainos apie svyruojančius gluosnius, G. 1927; Kryžių Lietuva, G. 1927; Duona kasdieninė, G. 1934; Mediniai stabuklai, E. 1938; Saulę ant savo pečių parnešti išėjo, G. 1940; Baltaragio malūnas, E. 1945; Sunkūs paminklai, E. 1960; Suversti arimai, G. 1964.

L: V. Kubilius, 1985.

Bos, Charles du → Du Bos, Charles

Bosboom-Toussaint, Anna Louisa Geertruyda, niederländ. Romanschriftstellerin, 16. 9. 1812 Alkmaar – 13. 4. 1886 Den Haag. Hugenottenfamilie, Apothekerstochter, sorgfältige Erziehung, Lehrerin, Erzieherin. 1851 ∞ Jan Bosboom, Maler. – Vf. hist. Romane aus niederländ. Geschichte, unter Einfluß des ›Réveil‹, ging aus von W. Scott und van Lennep, betrieb gründl. Vorstudien, suchte im geschichtl. Geschehen den Menschen zu entdecken. Reiche Einbildungskraft, Tiefe des Gemüts und Vermögen, Leidenschaften darzustellen. Feurige Kalvinistin, stellt in christl. Sicht Geschichte dar als Entwicklung zu höherer Daseinsform und zur Freiheit. Sie flicht, den Faden des Geschehens verlassend, Betrachtungen ein, plaudert über ihre Quellen. Der bedeutendste ihrer mod. psycholog. Romane ist ›Majoor Frans‹, worin sie in ablehnender Weise zur Frauenemanzipation Stellung nimmt. Zahlr. Novellen und Kurzgeschichten in Almanachen.

W: Almagro, N. 1837; Het huis Lauernesse, R. II 1840 (d. 1842); De Graaf van Leycester in Nederland, R. III 1845 f.; Mejonkvrouwe De Mauléon, R. 1847; De vrouwen uit het Leycestersche tijdvak, R. 1850; Gideon Florensz, R. IV 1854 f.; hist. novellen, 1857; Graaf Pepoli, R. 1860; De Delftsche wonderdokter, R. III 1870 f.; Majoor Frans, R. 1874; Langs een omweg, R. II 1878. – Volledige romantische werken, XXV 1885–88.

L: J. Dyserinck, 1911; J. M. C. Bouvy, Idee en werkwijze van Mevrouw B.-T., 1935; H. Reeser, 1962.

Boscán Almogáver, Juan, span. Dichter, um 1490 Barcelona – April 1542 Perpignan. Aus katalan. Familie mit langer lit. Tradition; Erziehung in Kastilien, diente 1514 am Hof Ferdinands u. Isabellas, Mitglied der kgl. Leibwache unter Karl V., ein er auf Reisen u. Feldzügen begleitete, Erzieher des Herzogs von Alba, 1526 in Granada entscheidende Begegnung mit dem venezian. Gesandten Andrea Navagero, der s. Interesse für die ital. Vers- und Strophenformen weckte; eng befreundet mit Garcilaso de la Vega; 1539 ∞ Doña Ana Girón de Rebolledo, die die Werke der beiden Freunde nach deren Tod veröffentlichte. – Von großer Bedeutung für die gesamte klass. span. Lyrik durch Einführung bzw. Verbreitung ital. Metren (Sonett, Kanzone, Terzine, Stanze, freier Vers), v. a. des 11silbigen Verses, der von Garcilaso zur Vollendung geführt wurde; ihm selbst gelangen nur mittelmäßige Verse; s. 92 Sonette nach dem Vorbild Petrarcas sind kalte, starre Nachahmungen, heute nur noch von hist. Wert; hervorragende Übs. von Castigliones ›Cortegiano‹.

W: Los cuatro libros del Cortesano, 1534 (hg. A. M. Fabie 1873, A. González Palencia 1942). – Obras (zusammen mit denen Garcilasos), IV 1543 (n. 1944); Obras poéticas, hg. M. de Riquer u. a. 1957; Obras, hg. C. Clavería 1991.

L: M. de Riquer, 1945; D. H. Darst, Boston 1978; A. Armisen, 1982.

Bosch, Juan, dominikan. Schriftsteller und Essayist, 30. 6. 1909 La Vega – 11. 1. 2001 Santo Domingo. Historiker u. Soziologe. Kämpfte gegen die Diktatur Trujillos; verbrachte 25 Jahre im Exil. In freien Wahlen zum Präsidenten gewählt, nach sieben Monaten durch Militärputsch s. Amtes enthoben. – B. schrieb beispielhafte Erzählungen über das Leben u. die Probleme der Bauern, Arbeiter u. Fischer; s. soz. Kritik äußerte er auch in Tierfabeln.

W: Camino real, En. 1933; Indios, En. 1935; La mañosa, R. 1936; La muchacha de La Guaira, En. 1955 (d. 1990); Trujillo, Es. 1959; Cuentos escritos en el exilio, 1962; El pentagonismo, sustituto del imperialismo, Ess. 1967 (d. 1969); Oro y la paz, R. 1975; Cuentos, 1983. – Obras completas, IV 1989.

L: M. Fernández Olmos, 1982; B. Rosario Candelier, 1989; M. A. Ossers Cabrera, 1989.

Boschvogel, F. R. (eig. Frans Lodewijk Jozef Ramon), fläm. Schriftsteller, 22. 9. 1902 Aartrijke – 1994. – Vf. vielgelesener hist. Romane, romantisierter Biographien und Jugendbücher.

W: Als ich can, R. 1941; Het hof van de drie koningen, R. 1946 (d. 1957); Niet wanhopen, Maria Christina, R. 1948 (d. 1954); Uw glanzende vlechten, Amarilla, R. 1950 (d. 1956); Nasjenfoe de Tweede, R. 1961; De Brugse mastklimmer, R. 1971; Het Europese sagenboek, Jgb. 1978.

Bosco, Fernand Marius Joseph Henri, franz. Erzähler, 16. 11. 1888 Avignon – 4. 5. 1976 Nizza. Höhere Schule Avignon, Stud. Grenoble, ab 1912 Prof. am Franz. Institut Florenz, im 1. Weltkrieg in Balkanländern und Griechenland, 10 Jahre Prof. am Franz. Institut Neapel, ab 1930 Rabat. Lebte in der Provence. – Begann mit anmutigen Gedichten; bedeutender als Romancier. Wie bei s. Vorbildern Villiers de l'Isle-Adam, Alain-Fournier und G. de Nerval spielt bei B. das Übersinnliche, Geheimnisvolle, Märchen- und Zauberhafte, der Traum e. große Rolle. Rahmen s. Romane ist die Provence, deren Landschaft, Fauna und Flora B. arkadisch aus inniger Verbundenheit mit der Natur darstellt, mit wirkl. und irrealen Gestalten bevölkert, wobei er geheimnisvolle Beziehungen zwischen Natur und Menschen herstellt und alle Elemente symbolisch vertieft. Die späteren Romane beherrschen diabol., höll., heidn. Kräfte und Schwarze Magie.

W: Pierre Lampédouze, R. 1924; Les poètes, G. 1925 (m. Noël Vesper); Eglogues de la mer, G. 1928; Irénée, R. 1928; Le quartier de sagesse, R. 1929; Devant le mur de pierre, G. 1930; Le sanglier, R. 1932; Le Trestoulas, R. 1935; L'âne culotte, R. 1937 (d. 1954); Hyacinthe, R. 1940; Le mas Théotime, R. 1942 (d. 1953); Bucoliques de Provence, G. 1944; L'enfant et la rivière, R. 1945 (Die schlafenden Wasser, d. 1958); Le jardin d'Hyacinthe, R. 1945; Monsieur Carré Benoît à la campagne, R. 1947; La tempête, Ess. 1947; Pages marocaines, Ess. 1948; Malicroix, R. 1948 (d. 1955); Le roseau et la source, G. 1949; Des sables à la mer, G. u. Prosa 1950; Un rameau de la nuit, R. 1950; Antonin, R. 1952 (Der verzauberte Garten, d. 1957); L'antiquaire, R. 1954; Les Balesta, R. 1955; Sabinus, R. 1957; Barboche, Kdb. 1957; Saint Jean Bosco, B. 1960 (d. 1961); Un oubli moins profond, Erinn. 1961; Le chemin de Mondar, Erinn. 1962; L'épervier, Kdb. 1963; Le jardin des trinitaires, Mem. 1966; Mon compagnon des songes, Erinn. 1970; Tante Martine, E. 1972; Une ombre, R. 1978.

L: J. Lambert, Un voyageur des deux mondes, 1950; R. T. Sussex, 1966; M. Barbier, 1968; J. C. Godin, 1966; L. Poitras, 1971; J.-P. Cauvin, 1974; Actes du Colloque, 1979; J. Ballman, 1981, M. Guiomar, 1984; S. Becket, 1988, R. Ytier, 1996.

Bosman, Herman Charles, südafrikan. Erzähler, 5. 2. 1905 Kuils River/Südafrika – 14. 10. 1951 Johannesburg. – Vf. sehr populärer iron.-humorist. Geschichten über ländl. Buren; Romancier, Lyriker u. Essayist.

W: Jacaranda in the Night, R. 1947; Makefing Road, Kgn. 1947; Unto Dust, Kgn. 1963; Willemsdorp, R. 1977; Makapan's Caves, Kgn. hg. S. Gray 1987.

L: S. Gray, hg. 1986.

Bosquet, Alain (eig. Anatole Bisk), belg. Schriftsteller franz. Sprache, 28. 3. 1919 Odessa – 17. 3. 1998 Paris. Stud. Brüssel. Während des Krieges Hrsg. der gaullist. Zs. ›Voix de la France‹ in den USA. 1945–51 Verbindungsoffizier u. Dolmetscher der Viermächtekommission in Berlin, dort Gründer der Zs. ›Das Lot‹. Danach Paris. Mitarbeiter bei verschiedenen Zeitschriften, 1961 lit. Direktor e. Verlags. – Lyriker, Romancier u. Essayist. S. anfangs noch vom Surrealismus beeinflußten ep.-deskriptiven Dichtungen in klarer, klassizist., aber eindringl. Sprache sind ebenso wie s. Romane Ausdruck s. im Krieg u. durch die existentialist. Philos. gefestigten Pessimismus. Bestimmend ist der Glaube, daß allein Sprache und Dichtung die Absurdität der Welt überwinden können. Hervorragender Kenner der mod. amerik. und franz. Dichtung.

W: La vie est clandestine, G. 1945; A la mémoire de ma planète, G. 1948 (dt. Ausw. 1949); Langue morte, G. 1951; La grande éclipse, R. 1952; Ni singe ni Dieu, R. 1953; Premier testament, G. 1957; Deuxième testament, G. 1959; Un besoin de malheur, R. 1963; La confession mexicaine, R. 1965 (Die Sonne ist weiß wie die Zeit, wenn sie stillsteht, d. 1967); Quatre testaments et autres poèmes, G. 1967; Cent notes pour une Solitude, Es. 1970; Chicago, oignon sauvage, R. 1971; Alechinsky, R. 1972; Notes pour un amour, G. 1972; Monsieur Vaudeville, R. 1973; Notes pour un pluriel, Es. 1974; Vingt et une nature mortes ou mouvantes, Es. 1978; Une mère russe, Aut. 1978; Jean-Louis Trabard, médecin, R. 1980; Un jour après la vie, G. 1984 (d. 1984); Les têtes cruelles, 1984; Un besoin de malheur, 1991; Claudette, comme tout le monde, 1991; Un départ, 1999. – Poésies complètes, 1945–94.

L: Ch. Le Quintrec, 1964; S. G. Detlefsen, 1985; J. Kadaré, 1995; Y. Kemal, 1992.

Bossuet, Jacques-Bénigne, franz. Theologe, Kanzelredner und Schriftsteller, 27. 9. 1627 Dijon – 12. 4. 1704 Paris. Magistratsfamilie; Jesuitenkolleg, 1652 Priester u. Doktor der Theol., erwarb sich 1659–69 in Paris e. Ruf als Kanzelredner, 1669 Bischof von Condom, 1670–80 Erzieher des Dauphins, ab 1681 Bischof von Meaux (gen. L'Aigle de Meaux). – Berühmter Kanzelredner von mitreißender Sprachgewalt, klass. Bildung u. dank s. Menschenkenntnis e. guter Seelenführer, der, überzeugt von der hohen Aufgabe der Monarchie, selbst Ludwig XIV. zu maßregeln wagte. E. der ergreifendsten s. Trauerreden ist die auf Henriette Anne d'Angleterre. Verfaßte als Lehrer für den Dauphin philos., polit. u. hist. Schriften, darunter den ›Discours sur l'histoire universelle‹, die letzte große Geschichtsdeutung im Sinne der christl. Heilsgeschichte, das einzige größere geschichtl. Werk des 17. Jh. Unerschrokkener u. überzeugter Verteidiger der kathol. Kirche u. der Autorität: Er wendete sich in ›Histoire des variations des églises protestantes‹ gegen den Protestantismus, bemühte sich vergebl. um e. Kirchenunion (Briefwechsel mit Leibniz), war e. Feind der Lehre Malebranches, der Bibelexegese R. Simons, des polit. Liberalismus Jurieus u. bekämpfte in s. letzten Lebensjahren den Quietismus der Madame Guyon u. ihres Anhängers Fénelon. S. ›Defensio cleri gallicani‹ von 1682 ist e. erstes Manifest des Gallikanismus.

W: Panégyrique de St. Bernard, Rd. 1653; Sur l'éminente dignité des pauvres, Rd. 1659; Sur la providence, Rd. 1662; Oraisons funèbres, 1662–87 (hg. B. Velat 1936, J. Truchet 1961; d. H. Seyfarth 1893); Sur l'Unité de l'Eglise, Rd. 1681; Discours sur l'histoire universelle, Abh. 1681 (d. A. Brücher 1928); Defensio cleri gallicani, 1682; Histoire des variations des églises protestantes, Abh. 1688 (d. L. A. Mayer, 1823–25); Maximes et réflexions sur la comédie, Abh. 1694; Traité de la concupiscence, Abh. 1694 (beide hg. C. Urbain, E. Levesque 1927, 1930); Relations sur le quiétisme, Streitschr. 1698. – Œuvres complètes, hg. F. Lachat XXXI 1862–66; hg. Guilleaume X 1877–85; Œuvres, hg. B. Velat 1961; Œuvres oratoires, hg. J. Lebarq, C. Urbain, E. Levesque VII 1914–29; Correspondance, hg. C. Urbain, E. Levesque XV 1909–25. – *Übs.*: Ausgew. Predigten, 1893; Fastenpredigten, III 1905–08; Betrachtungen, 1925.

L: A. Réaume, III 1869f.; G. Lanson, 1890; F. Brunetière, [2]1914; E. K. Saunders, 1921; E. Baumann, 1929; J. Calvet, 1941. A. G. Martimort, Le gallicanisme de B., 1954; J. Truchet, III 1960–66; E. E. Reynolds, N. Y. 1963; F. Gaquere, 1963; Th. Goyet, L'humanisme de B., 1965; J. Le Brun, 1971; B. F. Alvarez, 1984; A. Richardt, 1992; H. Meyer, 1993; R. Lockwood, 1996. – *Bibl.:* C. Urbain, 1899.

Bost, Pierre, franz. Schriftsteller, 5. 9. 1901 Lasalle/Gard – 6. 12. 1975 Paris. Schulen Le Havre und Paris: Lycée Henri IV (Schüler Alains), Stud. Philos. Sorbonne. Mitarbeiter von ›Nouvelle Revue Française‹ und ›Gazette de France‹. – Schrieb 2 Theaterstücke, von denen er eines inszenierte. Novellen und Romane mit psycholog. und moral. Themen, e. mit Prix Interallié ausgezeichneten Roman ›Le scandale‹ über die Nachkriegsgeneration des 1. Weltkriegs. Regisseur und Drehbuchautor zahlr. Filme.

W: L'imbécile, Dr. 1923; Hercule et mademoiselle, N. 1924 (d. 1926; Deux paires d'amis, Dr. 1926; Faillite, E. 1928 (d. 1930); Le scandale, R. 1931; Porte-Malheur, R. 1932; Monsieur Ladmiral va bientôt mourir, R. 1945; Un nommé Judas, Dr. 1954 (m. C. A. Puget); Traité de navigation côtière, 1984; Etude sur l'Apocalypse de Saint Jean, 2000.

Boswell, James, schott. Biograph und Schriftsteller, 29. 10. 1740 Edinburgh – 19. 5. 1795 London. Sohn e. Juristen, Stud. Edinburgh, Glasgow und Utrecht. Ab 1760 in London, Verkehr in polit. u. lit. Kreisen. 1763 in London Dr. Johnson vorgestellt, wurde bald dessen intimer Freund. 1763–66 Reise auf den Kontinent, Begegnung mit Voltaire u. Rousseau. Versuchte mehrfach vergebl., e. polit. Laufbahn einzuschlagen. War einige Zeit in London und Edinburgh Advokat. ∞ 1769 Margaret Montgomerie. Bereiste 1773 mit Johnson Schottland und die Hebriden. 1773 zum Mitgl. des ›Literary Club‹ ernannt. Seit 1789 ständig in London. – Verfaßte versch. kleine Gedichte ohne Bedeutung. Nach Johnsons Tod, 1784, widmete er sich ganz der Arbeit an dessen Lebensgeschichte, die 1791 erschien und sofort Anerkennung fand. Ein höchst lebendiger, nach Jahreszahlen eingeteilter Erlebnisbericht, in den Gespräche, Anekdoten und Briefe hineingewoben wurden. Sie gilt als die beste Biographie in engl. Sprache. B. hatte menschl. viele Schwächen,

die er aber auch nie beschönigte. S. London-Tagebücher wurden 1925 auf dem Stammsitz der B.s entdeckt. Sie haben das Bild s. Persönlichkeit wesentl. zu B.s Gunsten verschoben, da die ehrl., amüsanten Eintragungen deutlich s. schriftsteller. Qualitäten beweisen.

W: An Account of Corsica, Es. 1768 (d. 1986); Essays in favour of the Corsicans, 1769; Journal of a Tour to the Hebrides, Tg. 1785 (hg. F. A. Pottle, C. H. Bennett 1936; d. 1786, Ausw. d. 1951); The Life of Samuel Johnson, III 1791–99 (hg. C. B. Hill 1887, n. hg. L. F. Powell 1934–50; d. Bd. I 1797, hg. F. Güttinger 1981); Private Papers from Malahide Castle, hg. J. B. Scott, F. A. Pottle 1928–34, Index 1937; The Research Edition of the Private Papers, 1966ff.; The Correspondence and other Papers of J. B. Relating to the ›Life of Johnson‹, hg. M. Waingrow 1969; Journals 1762–1795, hg. J. Wain 1991 (d. 1996).

L: P. H. Fitzgerald, 1891; C. B. Tinker, F. A. Pottle, 1927 u. 1941; F. A. Pottle, 1929 u. 1966 (m. Bibl.); C. C. Abbott, 1937; Johnson, B. and their circle, Fs. für L. Fitzroy, 1965; F. A. Pottle, 1966; K. Brinitzer, 1968; D. L. Passler, 1971; D. Daiches, 1976; A. Ingram, 1982; B.: The English Experiment, 1785–89, hg. I. S. Lustig, F. A. Pottle 1987; P. Martin, 2000.

Botev, Christo, bulgar. Dichter u. Publizist, 6. 1. 1848 Kalofer – 1. 6. 1876 Vola b. Vraca. Sohn eines aufklärerisch tätigen Lehrers. 1863 Reise nach Odessa. Geriet hier unter den Einfluß der russ. Anarchisten. Seit 1867 in Bukarest; als Vorsitzender des bulgar. Revolutionskomitees aktive Teilnahme am Befreiungskampf gegen die Türkenherrschaft, v. a. in Verbindung mit L. Karavelov, an dessen Zeitungen er mitarbeitete. 1871 gründete B. in Braila s. eigene Zt. ›Duma na bulgarskite emigranti‹, der später ›Budilnik‹ folgte. – Der größte bulgar. nationalrevolutionäre Dichter hat 20 Gedichte u. viele Artikel hinterlassen. S. Weltanschauung vereint in sich Ideen vom russ. Anarchismus bis zum Garibaldismus. Die von ihm vertretene Ideologie schließt scharfe Kritik am Sklavenbewußtsein, utopische Beschreibung des Freiheitskampfes u. Pathetisierung des Todes ein. Gefallen während des Aprilaufstandes 1876.

W: Pesni i stichotvorenija ot Botjova i Stambolova, G. 1875, GW 1888, SW III 1940, III 1979. – *Übs.:* Der Balkan singt sein wildes Lied, 1965; engl.: A Selection, 1948; Poems, 1955; franz.: Morceaux choisis, 1948; Poémes, 1952 u. 1955.

L: Z. Stojanov, 1888; A. Jensen, 1891; N. Načov, 1926; V. Ivanov, 1926; A. Burmov, 1945; M. Dimitrov, 1946; Ž. Natan, 1955; I. Undžiev, Z. Undžieva, 1975; I. Todorov, 1988; I. Peleva, 1998.

Boto, Eza → Beti, Mongo

Botta, Dan, rumän. Dichter, 26. 9. 1907 Adjud – 13. 1. 1958 Bukarest. Stud. Lit., Philos. und Jura Bukarest; freier Schriftsteller, Musikkritiker.

Nach 1945 langjähriger Gefängnisaufenthalt. – Bedeutender Essayist, Valéry-Deuter von seltener Tiefe, erstrebt die Unberührtheit der orph. Wortmagie und befreit die Dichtung aus den Ketten der Unterwürfigkeit, des Provinzlertums und des Ephemeren. Das Klassische ist der Maßstab s. Schaffens, die kristallene Sonorität Thrakiens und des wiederentdeckten Hellas; Uridee, Urform sind für ihn realer als die Alltagswirklichkeit. Jedes Wort s. Dichtung ist vielfältig drapiert mit semant. Inkursionen, die jedoch zum Unsagbaren führen.
W: Eulalii, G. 1931; Limite, Ess. 1936; Alkestis, Dr. 1939. – Scrieri (Schriften), IV 1968.
L: Prodromos 7, 1967.

Botto, Ján, slowak. Dichter, 27. 1. 1829 Vyšný Skalník – 28. 4. 1881 Banská Bystrica. Stud. Budapest, Ing. B. Bystrica. – Führender Romantiker der Schule Štúrs. S. z. T. patriot. Lieder u. Balladen wurzeln stilist. u. themat. in der Volksdichtung; erreicht im trag. Epos vom Räuber Jánošík, dem Rächer u. Helfer der Armen, s. künstler. Höhepunkt.
W: Smrť Jánošíkova, Ep. 1862; Spevy, G. 1880. – Súborné dielo (GW), 1955; Spevy (Ausw.), 1962; Listy, Br. 1983.
L: R. Brtáň, O Bottovej Smrti Jánošíkovej, 1942; V. Kochol, Poézia Štúrovcov, 1955; A. Matuška, Štúrovci, ²1970.

Botto, Ján → Krasko, Ivan

Bottomley, Gordon, engl. Lyriker und Dramatiker, 20. 2. 1874 Keighley/Yorkshire – 25. 8. 1948 Carnforth. ∞ 1905 Emily Burton. – Heroische Versepen über archaische Themen und Versdramen (u. a. Vorspiele zu Tragödien Shakespeares). Von Yeats beeinflußt. Eigenwillig-kühne, manchmal absichtl. primitive Sprache.
W: The Crier by Night, Dr. 1902; Chambers of Imagery, Dicht. II 1907–12; A Vision of Giorgione, Dr. 1910; King Lear's Wife, Sch. 1915; Gruach and Britain's Daughter, Sch. 1921; Poems of Thirty Years, G. 1925; Poems, 1927; Lyric Plays, 1932; Deirdre, Sch. 1944; Kate Kennedy, Sch. 1945. – Poems and Plays, Ausw. 1955; Poet and Painter, Briefw. m. P. Nash, 1955.

Bouchet, Jean, franz. Dichter, 30. 1. 1476 Poitiers – um 1557/59 ebda. Wie sein Vater Staatsanwalt, protegiert von der Familie La Trémoille, Erzieher des Fürsten Talmont. Freund von F. Rabelais. – Vf. zahlr. Prosa- und Versdichtungen, inhaltl. und stilist. in der Nachfolge der Rhétoriqueurs, berühmt wegen s. themat. Vielseitigkeit; bes. Fragen der Moral und Religion; verherrlicht kritiklos alles Französische. In hist. Werken ma. Geschichtsbetrachtung frei von Renaissance-Einflüssen.

W: Les Regnars traversans les périlleuses voyes des folles fiances du monde, 1500; L'amoureux transy sans espoir, 1502; Le labyrinthe de Fortune, um 1522; Epistres morales et familières, 1545. – Ausw. in Fleurs de Rhétorique, hg. K. Chesney 1950.
L: A. Hamon, Un grand rhétoriqueur poitevin, 1901; J. Helion, 1966; J. Britnell, 1986.

Bouchor, Maurice, franz. Dichter, 16. 11. 1855 Paris – 15. 1. 1929 ebda. Bekämpfte in s. Jugend den Formkult der herrschenden parnass. Dichtung. – Vf. philos.-relig. und moral. Gedichte, Sammler von Volksliedern; Übs. altfranz., engl. und buddhist. Dichtung. Verarbeitete diese und bibl. Stoffe zu Stücken für Marionettentheater nach Vorbild der ma. Mysterienspiele: kleine, geschickt aufgebaute, naive Dramen, bald ekstat. und enthusiast., bald von schelm. Heiterkeit.
W: Chanson joyeuse, G. 1874; Le Faust moderne, G. 1878; Les symboles, G. II 1888–95; Trois mystères, 1892; Chants populaires pour les écoles, III 1895–1909; Poèmes de l'amour et de la mer, 1896; Il faut mourir, G. 1907; Saynetes et farces, 1913; Mystères bibliques, 1921.
L: E. Dupuy, Poètes et critiques, 1913.

Boucicault, Dion, ir.-amerik. Dramatiker, Schauspieler und Theatermanager, 26. 12. 1820 (?) Dublin – 18. 9. 1890 New York. Emigrierte 1853 nach New York, 1860–72 London. – E. der populärsten Dramatiker s. Zeit, schrieb mind. 132, vielleicht über 200 Stücke: Melodramen, Bearbeitungen franz. Stücke, Dramatisierungen von Dickens' Romanen, musikal. Komödien, ir. Komödien wie ›The Colleen Bawn‹, ein melodramat. Problemstück über die Sklaverei ›The Octoroon‹ und e. ungemein erfolgr. Bühnenfassung von W. Irvings ›Rip Van Winkle‹.
W: London Assurance, 1841; The Octoroon: or; Life in Louisiana, 1859; The Colleen Bawn, 1860; Rip Van Winkle, 1865 (m. J. Jefferson); Arrahna-Pogue, 1865; After Dark, 1868; The Shaughraun, 1875. – Selected Plays, 1987.
L: T. Walsh, 1915; R. Hogan, 1970; R. Fawkes, 1979.

Boudier-Bakker, Ina (eig. Klaziena Bakker), niederländ. Schriftstellerin, 15. 4. 1875 Amsterdam – 26. 12. 1966 Utrecht. Tochter e. Oberbuchhalters, Stud. Amsterdam. 1902 ∞ e. Postdirektor. 1905–13 Utrecht, 1913–17 Aerdenhout, 1917–22 Vianen, 1922/23 Bussum, 1923–27 Utrecht, 1927/28 Groningen, ab 1929 Utrecht. Reisen in Dtl., Frankreich u. Schweiz. – Erzählerin von psycholog. Familien- und Entwicklungsromanen unter Einfluß von Emants (objektive Schilderung des Innenlebens) und Zola (Aufbau u. Romans), bemüht um Gestaltung der seel. Entwicklung, bes. des Untergangs edler Charaktere im Zivilisationsbetrieb.

W: Machten, En. 1902; Het beloofde land, Prosa 1903; Kinderen, En. 1905; Armoede, R. 1909; De ongeweten dingen, R. 1915; Het spiegeltje, R. 1917 (Der Spiegel, d. 1941); De straat, R. 1924; De klop op de deur, R. 1930 (Der Ruf aus der Tiefe, d. 1939); Vrouw Jacob, R. 1935; Aan den grooten weg, R. 1939; Goud uit stro, R. 1950; Kleine kruisvaart, R. 1955; Finale, R. 1957; Honger, N. 1962; Boeket uit het werk, 1965; Uit de kartonnen doos, N. 1967; Met de tanden op elkaar, Tg. 1975.

L: I. B.-B. Een album amicorum, 1955; H. Edinga, 1969, ²1975.

Boudjedra, Rachid, alger. Schriftsteller, * 1941 Aïn Beïda/Constantine. Studium in Tunis; seit 1959 Teilnahme an der Unabhängigkeitsbewegung s. Landes; verwundet, flieht nach Osteuropa, Spanien, wo er für die FLN kämpft. Nach seiner Rückkehr Studium in Frankreich, lebt in der Folge in Marokko, dann in Algier als Diplomat und Wissenschaftler. – Sein Werk befindet sich an der Schnittstelle der arabisch-europäischen Kultur, belastet mit dem Kindheitstrauma eines postkolonialen Algerien. Erregte Aufsehen mit seinem provokativen Roman ›La Répudiation‹, einer gnadenlosen Kritik an der von Totalitarismus und Integrismus dominierten algerischen Politik und Gesellschaft zwischen Tradition und Fortschritt. Auch in der Folge Ablehnung der überkommenen Tabus; heftige und kategorisch ausdrucksvolle Sprache.

W: La Répudiation, R. 1969 (d. 1970); Journal palestinien, Tg. 1972; Topographie idéale pour une agression caractérisée, Ess. 1975 (d. 1978); L'Escargot entêté, R. 1977; Les 1001 nuits de nostalgie, R. 1979; Le vainqueur de coupe, R. 1981 (d. 1985); La macération; R. 1985; La Pluie, R. 1987; Le désordre des choses, R. 1991; FIS de la haine, R. 1992; Timimoun, R. 1994 (d. 1998); Cinq fragments du désert, R. 2001.

L: M. Aldouni Chaaraouni, 1987; A. Bererki, 1988; J. F. Le Baccon, 1989; G. T. Rodinis, 1994; O. Lombardo, 1995; H. Gafaïti, 1999, 2000.

Boudou, Jean (eig. Joan Bodon), okzitan. Schriftsteller, 11. 12. 1920 Crespin/Rouergue – 24. 2. 1975 Algier. Bauernfamilie. – Bester u. meistgelesener okzitan. Autor des 20. Jh.; s. Romane handeln von Einsamkeit, Entfremdung u. der Bedrohung der okzitan. Sprache u. Kultur.

W: Contes del meu ostal, En. 1951; La grava sul camin, R. 1956; La Santa Estèla del Centenari, R. 1960; Lo libre dels grands jorns, R. 1964; Lo libre de Catòia, R. 1966; La Quimèra, R. 1974; Las domaisèlas, R. 1976. – Obras romanescas complètas, VII 1973–78 (franz. VII 1987ff.).

Bouhélier-Lepelletier, Stéphane-Georges de → Saint-Georges de Bouhélier

Boulanger, Daniel, franz. Schriftsteller, * 24. 1. 1922 Compiègne. Reisen durch Afrika, Brasilien, Europa. – Phantasievoller avantgardist. Erzähler aus der Schule des Nouveau roman. Bevorzugt ländl. Milieu, dominierend der Anteil des Absurden u. des Phantast. Vf. von Novellen u. zahlr. Drehbüchern.

W: L'ombre, R. 1958 (d. 1960); Le gouverneur polygame, R. 1960; La porte noire, R. 1961 (d. 1965); La rue froide, R. 1960; Le téméraire, R. 1962 (d. 1963); La mer à cheval, R. 1965; Les portes, R. 1966; Le chemin des caracoles, Nn. 1966; La nacelle, R. 1967; Le jardin d'Armide, En. 1969; Mémoires de la ville, Nn. 1970; Vessies et lanternes, Nn. 1971; Fouette Cocher, N. 1974; L'enfant de bohème, R. 1978; La dame de cœur, R. 1980; Le chant du coq, R. 1981; La rose et le reflet, R. 1986; Un arbre dans Babylone, 1993; Le dessous du ciel, 1997; Caporal supérieur, 1994; Clémence et Auguste, 2000; Choix de nouvelles, 2001.

L: U. Villanueva Nieves, 1998.

Boularan, Jacques → Deval, Jacques

Boulle, Pierre, franz. Erzähler, 20. 2. 1912 Avignon – 31. 1. 1994 Paris. 1936 Ingenieur in Malaysia, 1944 Flucht aus japan. Gefangenschaft. – Vf. zunächst spannender Romane, bes. aus dem malays. Dschungel, dann auch phantast. Novellen und Science-fiction-Romane; Apotheose fingierter Helden, bei der der Leib-Seele-Dualismus e. Rolle spielt.

W: William Coward, R. 1950; Le sacrilège malais, R. 1951; Le pont de la rivière Kwaï, R. 1952 (d. 1956); Contes de l'absurde, En. 1953; La face, R. 1953; Le bourreau, R. 1954; L'épreuve des hommes blancs, R. 1955; E = mc², Nn. 1957; Les voies du salut, R. 1958 (Die Kehrseite der Medaille, d. 1959); Un métier de seigneur, R. 1960 (d. 1962); La planète des singes, R. 1963 (d. 1965); Le jardin de Kanashima, R. 1964; Histoires charitables, Nn. 1965; Aux sources de la rivière Kwaï, R. 1966; Le photographe, R. 1967; L'étrange croisade de l'Empereur Frédéric II, 1968; Les vertus de l'enfer, R. 1974; Histoires perfides, Nn. 1976; Le bon Léviathan, R. 1978 (d. 1978); Miroitements, R. 1982; Le malheur des uns, 1989; Ilien, 1990, Etrange planète, 1998; Contes et histoires du futur, 2001.

L: P. Roy, Paris 1969; L. Becker, 1996.

Bourdet, Edouard, franz. Dramatiker, 26. 10. 1887 Saint-Germain-en-Laye/Seine-et-Oise – 17. 1. 1945 Paris. 1931–40 Direktor der Comédie Française, förderte avantgardist. Dramatiker. – Sehr erfolgreicher Vf. zumeist heiterer Sittenkomödien. Kritisierte unbarmherzig Laster und Schwächen seiner Zeit in technisch geschickten, auf genauer Beobachtung gründenden Dramen mit guter Dialogführung. Behandelte kühn, mit Anstand und Delikatesse, heikle Themen wie das der Homosexualität und der männl. Prostitution in kosmopolit. Milieu. Verspottete die zeitgenöss. Schriftsteller. Traf als kluger Moralist das richtige Mischungsverhältnis von ernsthaften und satir. Elementen.

Bourdouxhe

W: Le Rubicon, Dr. 1910; La cage ouverte, Dr. 1920; L'heure du berger, Dr. 1922; La prisonnière, Dr. 1926; L'homme enchaîné, Dr. 1927; Vient de paraître, Dr. 1927; Le sexe faible, Dr. 1929 (d. 1966); La fleur des pois, Dr. 1933; Les temps difficiles, Dr. 1934; Margot, Dr. 1936; Fric-frac, Dr. 1936; Hyménée, Dr. 1941; Père, Dr. 1944. – Théâtre, V 1948–61.
L: D. Bourdet, 1945.

Bourdouxhe, Madeleine, belg. Schriftstellerin, 1906 Lüttich – 16. 4. 1996 Brüssel. Heirat mit J. Müller. Abgebrochenes Philos.-Stud., gefördert von Paulhan, begann sie zu schreiben; lebte lange Zeit im Umkreis von Sartre. – Verfaßte Romane und Novellen. Wurde 1927 bekannt durch die Veröffentlichung des Eheromans ›Gilles' Frau‹, in dem sie eine dramatische Dreiecksgeschichte erzählt, an der nicht das Opfer Elisa, sondern letztlich der Ehemann zerbricht.

W: La femme de Gilles, R. 1927 (d. 1937); Vacances, R. 1936 (d. 2002); A la recherche de Marie, R. 1943 (d. 1997); Sous le pont Mirabeau, Ber. 1943; Sept nouvelles, 1985.

Bourges, Elémir, franz. Schriftsteller, 26. 3. 1852 Manosque – 13. 11. 1925 Auteuil. Völlig zurückgezogenes Leben, finanziell durch e. Erbschaft gesichert. Seit 1886 einsam im Wald in der Umgebung von Samois, doch in der Nähe s. Freunde Mallarmé, Rodenbach, Margueritte, seit 1902 in Versailles. 1900 Mitgl. der Académie Goncourt. Begründet die Zs. ›Revue des chefs-d'œuvre‹ (1881–86). – B.s ganzem philos. bestimmten Werk liegt e. Streben nach Außergewöhnlichem und Erhabenem zugrunde, das er im Leben vergebl. suchte. Der Umgang mit großen Toten wurde s. Ersatz. Beeinflußt von Mallarmé, R. Wagner, Shakespeare u. Aischylos. Stellt in düsteren Romanen außergewöhnl. Menschen dar, die unter trag. Schicksal leiden. Bemüht sich, hist. Tragik durch Philos. und Moral zu deuten. Sein größtes Werk, e. philos.-myth. Versepos ›La nef‹, ist e. freie Interpretation des Prometheus-Mythos, in dem er für e. asket. Pessimismus und Mitleid eintritt.

W: Le crépuscule des Dieux, R. 1884; Sous la hache, R. 1885; Les oiseaux s'envolent et les fleurs tombent, R. 1893; La nef, Ep. II 1904–22; L'enfant qui revient, R. 1905; Gonzalve, Dr. 1954. – Œuvres complètes, VII 1929; Lettres, 1942; Correspondance, 1962.
L: J. Variot, 1912; J. Muller, 1913; M. Schwob, Antécédents hongrois des romans d'E. B., 1927; R. Schwab, 1948; L. Buzzini, 1951; A. Lebois, 1952; ders., 1954; L. Buzzini, 1955; G. Marie, 1964; R. Seckold, 1968.

Bourget, Charles-Joseph-Paul, franz. Erzähler, 2. 9. 1852 Amiens – 25. 12. 1935 Paris. Lycée in Clermont-Ferrand, Lycée Louis-le-Grand und Ecole des Hautes Etudes in Paris, kurz Stud. Medizin, dann Journalist und Schriftsteller. 1894 Mitgl. der Académie Française. – Psycholog.-lit., zeitkrit. Essayist u. Romancier von großem Einfluß in s. Zeit, galt als Antagonist Zolas. Erregte Aufsehen durch s. Kritiken, die, von Taines These ausgehend, daß Lit. lebendige Psychologie sei, den Naturalismus zur Kunst minuziöser seel. Analyse weiterentwickeln. Untersuchungen aus determinist.-pessimist. Lebensauffassung über Leben und Werk von Persönlichkeiten der vorhergehenden und der zeitgenöss. Generation. Übertrug s. psychoanalyt. Methode auch auf Romane und Erzählungen, schilderte mit Vorliebe seel. Entwicklungen und Krisen, bes. von Parvenus der kosmopolit. Gesellschaft. Wandte sich mit ›Le disciple‹, e. äußerst wirksamen Roman, von der Methode des Positivismus ab, entwickelte sich vom weltmänn. Skeptiker zum relig. Moralisten, der in der engl. Aristokratie die ideale Regierungsform u. (ab 1903) in Zuflucht zum traditionellen Katholizismus die Rettung für s. Zeit sieht. S. Dramen sind Chroniken s. Zeit, zeichnen e. zuverlässiges Bild ihrer polit.-soz. Atmosphäre. Feinfühlige Reiseberichte in elegantem Stil. Vorherrschen des Gedanklichen vor der Inspiration und ab 1900 konservative polit.-moral. Tendenz beeinträchtigten B.s dichter. Leistung.

W: La vie inquiète, G. 1875; Essais de psychologie contemporaine, II 1883–86 (d. 1903); Poesies, G. 1885–87; Cruelle énigme, R. 1885 (d. 1897); Un crime d'amour, R. 1886 (d. 1899); Nouveaux essais, 1886; André Cornélis, R. 1887 (d. 1895); Mensonges, R. 1887 (d. 1891); Pastels, Ess. 1889 (d. 1895); Le disciple, R. 1889 (d. 1892); Un cœur de femme, R. 1890; Psychologie de l'amour moderne, 1891 (d. 1891); Cosmopolis, R. 1893; Œuvres complètes, LX 1899–1911; Drames de famille, R. 1900; L'étape, R. 1902; Un divorce, R. 1904 (d. 1905); L'émigré, R. 1907 (d. 1909); La barricade, Dr. 1910; Le tribun, Dr. 1911; Pages de critique et de doctrine, Ess. IV 1912–22; Le démon de midi, R. 1914; Le sens de la mort, R. 1915 (d. 1914); Lazarine, R. 1917 (d. 1923); Némésis, R. 1918; Laurence Albani, E. 1919; La geôle, E. 1923; Cœur pensif ne sait où il va, R. 1924 (d. 1924, u. d. T. Das Mädchen von heute, 1925); Nos actes nous suivent, E. II 1927; Quelques témoignages, Ess. II 1928–34; Au service de l'Ordre, Ess. II 1929–32; La rechute, E. 1931. – Œuvres, XXXIV 1920–28.
L: F. Hübner, P. B. als Psycholog, 1910; F. Carco, 1932; V. Giraud, 1934; J. Saueracker, B. u. d. Naturalismus, Diss. Breslau 1936; E. Seillière, 1937; A. Feuillerat, 1937; R. Raffetto, L'évolution du roman de P. B., 1938; L.-J. Austin, P. B., sa vie et son œuvre jusqu'en 1889, 1940; W. T. Secor, 1948; J. Laurent, 1951, M. Dessaintes, 1949f.; M. Mansuy, 1960; J.-P. de Nola, 1980; M. Gistucci, 1985.

Bourillon, Pierre → Hamp, Pierre

Bourjaily, Vance, amerik. Schriftsteller und Journalist, * 17. 9. 1922 Cleveland/OH. Teilnahme am 2. Weltkrieg, 1953–55 Hrsg. des lit.

Magazins ›Discovery‹, lehrte Kreatives Schreiben an der Univ. of Iowa (1957–80), Univ. of Arizona (1980–85), Louisiana State Univ. (seit 1985, emeritiert), lebt in New Orleans/LA. – Vf. stark autobiograph. geprägter, von Hemingway beeinflußter, romant.-fatalist. Romane über die Generation, die zwischen den beiden Weltkriegen zur Zeit der Depression heranwuchs u. deren Initiation dann maßgebl. durch den 2. Weltkrieg bestimmt wurde. Verfaßte auch Dramen u. Theaterkritiken, Kurzgeschichten, Fernsehskripten.

W: The End of My Life, R. 1947; The Hound of Earth, R. 1955; The Violated, R. 1958 (n. 1978; Die Ruhelosen, d. 1960); Confessions of a Spent Youth, R. 1960; The Unnatural Enemy, Ess. 1963 (n. 1984); The Man Who Knew Kennedy, R. 1967; Brill Among the Ruins, R. 1970; Country Matters, Ess. 1973; Now Playing at Canterbury, R. 1976; A Game Men Play, R. 1980; The Great Fake Book, R. 1986; Old Soldier, R. 1990.

Boursault, Edme, franz. Schriftsteller, Oktober 1638 Mussy-l'Evêque/Burgund – 15. 9. 1701 Paris. Sekretär des Herzogs von Angoulême, Steuereinnehmer in Montluçon. – Errang bei den Zeitgenossen großen Erfolg mit Tragödien, satir. Komödien und Epigrammen. Vorläufer der Comédie larmoyante. Romane in Nachfolge von Mme de La Fayette. Bekannt durch s. Polemiken, bes. durch ›Portrait du peintre‹, e. gegen Molière gerichteten Angriff, durch den er sich auch mit Boileau verfeindete. Wird heute nur noch im Zusammenhang mit Molière oder als Vf. der ›Lettres à Babet‹ (Briefe an s. ins Kloster verbannte Geliebte) genannt.

W: Le portrait du peintre, K. 1663; Lettres de respect, d'obligation et d'amour, 1666 (enth. Lettres à Babet, n. E. Colombey 1886; d. W. Printz ²1919, G. Barfuß 1958); Le prince de Condé, R. 1675; Le Mercure galant, K. 1679; Esope à la ville, K. 1690 (d. 1723); Esope à la cour, K. 1701 (d. 1725). – Théâtre, III 1725.

L: Ch. Révillout, 1888; A. Hoffmann, 1902.

Bousoño, Carlos, span. Schriftsteller, * 9. 5. 1923 Boal/Oviedo. Prof. an der Univ. Madrid; guter Kenner der span. Poesie u. beachteter Kritiker. – Dichter von klarer u. lebendiger Sprache; relig. Empfindsamkeit.

W: Subida al amor, G. 1945; Primavera de la muerte, G. 1946; La poesía de Vicente Aleixandre, Es. 1950; Seis calas en la expresión poética española (m. Dámaso Alonso), Es. 1951; Hacia otra luz, G. 1952; Teoría de la expresión poética, Es. 1952; Noche del sentido, G. 1957; Poesías completas, 1961; Invasión de la realidad, G. 1962; Oda en la ceniza, G. 1967; Las monedas contra la losa, G. 1973; Metáfora del desfuero, G. 1988.

L: G. Pulido Tirado, 1994.

Bousquet, Joë, franz. Schriftsteller, 19. 3. 1897 Narbonne/Aude – 30. 9. 1950 Carcassonne. Durch e. schwere Verwundung im 1. Weltkrieg gelähmt. – Symbolist. Erzähler, Lyriker und Essayist, beeinflußt durch Mystik und dt. Romantik. Verbindungen mit dem Surrealismus.

W: Il ne fait pas assez noir, Prosa 1932; Traduit du silence, Prosa 1941; Le meneur de lune, R. 1946; La tisane de sarments, Prosa 1946; De minuit à minuit, R. 1946 (dt. Ausz. 1947); La connaissance du soir, G. 1947; La neige d'un autre âge, R. 1952; Les capitales, Prosa 1955; Lettres à Poisson d'or, 1967; Mystique, Aufz. 1974; D'un regard l'autre, Journal 1948/49; Lettres à Ginette, 1980; Correspondance, S. Weil 1982; Œuvre romanesque complète, IV 1979–84.

L: S. André u.a., 1958; A. Robbe-Grillet (Pour un nouveau roman, 1963); A. Suzanne u.a., 1972; R. Nelli, 1975; G. Augier, 1979; G. Sarrante, 1981; Ch. Bachat, 1993; A. Laserra, 1994, F. Berquin, 2000.

Boutelleau, Jacques → Chardonne, Jacques

Boutens, Pieter Cornelis, niederländ. Lyriker, 20. 2. 1870 Middelburg – 14. 3. 1943 Den Haag. Stud. klass. Philol., Utrecht, bis 1904 Lehrer, dann freier Schriftsteller in Den Haag. – S. Lyrik, anfangs mit düsteren Tönen, später von klass. Reinheit u. Schönheit sowie vollendeter Verskunst u. Versmelodie, entstand aus der Spannung zwischen Idee u. Wirklichkeit. Die sichtbare Schönheit ist Ausdrucksform des Geistigen; Erscheinungsformen der Natur erfahren e. Beseelung. Die Sprache der streng strophisch gegliederten Gedichte ist zuchtvoll. ›Carmina‹ zeigt e. Einbeziehung der Kulturwelt der Antike, Abwendung von der unmittelbaren Gestaltung des Erlebnisses. Platon. Gedanken und christl. Glaubensgut streben nach Verschmelzung. In ›Lentemaan‹ wählt B. die einfache Liedform, in ›Liederen van Isoude‹ lebt der Gegensatz zwischen Wirklichkeit und Ideenwelt wieder auf. In ›Zomerwolken‹ gewinnt die Liebe zu Gott, der als Person erlebt wird, sprachl. Form. In ›Honderd Hollandsche kwatrijnen‹ gibt B. dem Bewußtsein der Auserwähltheit s. Dichtertums Ausdruck. Übs. von Plato (1919 ff.), Sappho (1928 ff.), Homer (1937, 1954), Aischylos, Sophokles, L. Labé, Goethe, Novalis u.a. Bearbeiter der Beatrijs-Legende.

W: Verzen, G. 1898; Praeludiën, G. 1902; Stemmen G. 1907; Beatrijs, G. 1908; Vergeten Liedjes, G. 1909; Carmina, G. 1912; Lentemaan, 1916; Liederen van Isoude, G. 1919; Sonnetten, G. 1920; Zomerwolken, G. 1922; Oud-Perzische kwatrijnen, 1930; Gedichten, Ausw. 1930; Bezonnen verzen, G. 1931; 100 Hollandsche kwatrijnen, 1932; Tusschenspelen, 1942. – Verzamelde werken, VII 1943–54.

L: H. J. C. Grierson, Two Dutch Poets, 1936; D. A. M. Binnendijk, Een protest tegen den tijd, 1945; K. de Clerck, 1964; A. A. M. Stols, 1978; W. Blok, 1983; De Boutens-collectie Middelburg, hg. R. M. Rijkse 1997. – *Bibl.:* A. A. M. Stols, 1926–30.

Bove, Emmanuel (eig. Emmanuel Bobovnikoff), franz. Romanschriftsteller, 20. 4. 1898 Paris – 13. 7. 1945 ebda. Stammt aus russ.-luxemburg. Mischehe; ärmliche Lebensführung; als Weltbürger heimatlos, während des Krieges antifaschist. Untergrundexistenz in Algerien. Lit. gefördert v. Colette. Bei s. Tod fast vergessen, Wiederentdeckung seit 1977. – Die Helden seiner Romane spiegeln sein persönliches Schicksal, sind Opfer einer Gesellschaft, an der sie zerbrechen wegen der Subjektivität jeder Wahrnehmung, Relativität der persönlichen Haltsuche, Unfähigkeit, den richtigen Weg zu erkennen und das Leben zu meistern. Mit seiner neuen Gewichtung der Sprache gegenüber der Thematik kündigt er die Innovationen des Nouveau roman an. In Dtl. bes. durch P. Handke bekannt.

W: Le crime d'une nuit, R. 1924; Mes amis, R. 1924 (d. 1981); Armand, R. 1925 (d. 1981); L'amour de Pierre Neuhart, R. 1928 (d. 1991); Henri Duchemin et ses ombres, R. 1928; Un père et sa fille, R. 1928; Une fugue, R. 1998 (d. o. J.); Un célibataire, R. 1932 (d. 1990); Le piège, R. 1945 (d. 1995); Non-lieu, R. 1946 posth; Un caractère de femme, R. 1999 (d. 2002).

Bowen, Elizabeth Dorothea Cole, anglo-ir. Schriftstellerin, 7. 6. 1899 Dublin – 22. 2. 1973 London. Früher Verlust der Mutter, als Kind nach England, freudlose Jugend, die sich in ihren Romanen oft spiegelt. Im 1. Weltkrieg Krankenschwester. ∞ 1923 A. Ch. Cameron († 1952). Dr. h.c. Lit. Lebte meist in London, später County Cork/Irland. – Schrieb zahlr. psycholog. Romane, Kurzgeschichten u. Essays von Rang. Gestaltet anschul.-lebendig in klarem Stil die anglo-ir. Gesellschaft der Zwischenkriegsjahre. Elegante, scharfsinnige Prosa u. psycholog. fundierte Schilderungen labiler junger Menschen in den Reifejahren und von Frauengestalten. Neben subtiler Charakterzeichnung in Dialogen versteht B. es meisterhaft, die eigenartige Atmosphäre von Räumen darzustellen, so daß man schon aus der Schilderung des Milieus zukünftiges Geschehen erahnen kann. Führt die Tradition des realist. Romans ins 20. Jh. fort u. verbindet experimentellen Modernismus mit dem sozialist. Roman der Nachkriegszeit.

W: Encounters, Kgn. 1923; Ann Lee's, Kgn. 1926; The Hotel, R. 1927; Joining Charles, Kgn. 1929; The Last September, R. 1929; Friends and Relations, R. 1931; To the North, R. 1932 (d. 1948); The Cat Jumps, Kgn. 1934; The House in Paris, R. 1935 (d. 1947); The Death of the Heart, R. 1938 (d. 1949); Bowen's Court, Aut. 1941; Look at all those Roses, Kgn. 1941; Seven Winters, Aut. 1942; English Novelists, Ess. 1942; The Demon Lover, Kgn. 1945 (d. 1947); Anthony Trollope, 1946; Selected Stories, 1946; The Heat of the Day, R. 1949; Collected Impressions, Ess. 1950; The Shelbourne, R. 1951; A World of Love, R. 1955 (d. 1958); A Time in Rome, Reiseb. 1960; Afterthought, Ess. 1962; The Little Girls, R. 1964 (d. 1965); A Day in the Dark, En. 1965; Eva Trout, R. 1968 (Seine einzige Tochter, d. 1973); Pictures and Conversations, hg. S. C. Brown 1975. – Works, XII 1948–55; The Mulberry Tree: Writings of E. B., hg. H. Lee 1986. – *Übs.*: Ein Abschied, Kgn. 1958; Efeu kroch übers Gestein, Ausgew. En. 1987.

L: J. Brooke, 1952; M. Moser, Diss. Wien 1955; W. Heath, 1961; V. Glendinning, 1977; P. Craig, 1986; H. Bloom, 1987; A. Austin, 1989; H. Jordan, 1992; R. Hoogland, 1994; A. Bennet, N. Royle, 1995; L. Christensen, 2001.

Bowles, Jane (Sydney), geb. Auer, amerik. Erzählerin, 22. 2. 1917 New York – 4. 5. 1973 Malaga. Bekannt mit und bewundert von vielen lit. Größen ihrer Zeit, bereiste Europa, Mittelamerika, Afrika, ∞ 1938 Komponisten u. Schriftsteller Paul B., lebte in New York, Paris, seit 1947 Tanger, 1957 Hirnschlag. – Erzählerin um Frauen, die sich mit Egozentrik gegen Moralvorstellungen u. Konventionen wehren.

W: Two Serious Ladies, R. 1943 (d. 1984 u. ö.); In the Summerhouse, Dr. 1954; Plain Pleasures, En. 1966 (d. 1985); Quarreling Pair, Dr. 1966. – Collected Works, 1966; Selected Letters, 1935–1970, hg. M. Dillon. 1985 (d. 1997).

L: M. Dillon, A Little Original Sin, 1981 (d. 1993); B. Schinzel, 1996; J. Skerl, 1997.

Bowles, Paul (Frederick), amerik. Schriftsteller u. Komponist, 30. 12. 1910 Long Island – 18. 11. 1999 Tanger. Stud. Musik New York, Berlin, Paris (Aaron Copland, Virgil Thomson), Bekanntschaft mit G. Stein, ∞ 1938 Schriftstellerin Jane Auer B., ausgedehnte Reisen (Asien, Zentralamerika), Wahlheimat Marokko. – Verf. düsterer Romane über Einsamkeit u. Traditionsverlust moderner Westeuropäer in der arab. Welt, bekannt bes. durch s. existentialist. Roman ›Himmel über der Wüste‹ (verfilmt 1990 von B. Bertolucci). Viele Übs. nordafrik. Literatur, Musikkritiker, schrieb Bühnen- u. Filmmusik (u. a. für Dramen von T. Williams).

W: The Sheltering Sky, R. 1949 (Himmel über der Wüste, d. 1952 u. ö.); The Delicate Prey, Kgn. 1950; A Little Stone, Kgn. 1950; Let It Come Down, R. 1952 (So mag er fallen, d. 1953); The Spider's House, R. 1955 (d. 1959); The Hours After Noon, Kgn. 1959 (d. 1989); A Hundred Camels in the Courtyard, Kgn. 1962; Their Heads are Green, Reiseb. 1963; Up Above the World, R. 1966 (Gesang der Insekten, d. 1988); The Time of Friendship, Kgn. 1967; Pages from Cold Point, Kgn. 1968; Thicket of Spring, G. 1926–69, 1972; Without Stopping, Aut. 1972 (Rastlos, d. 1990), Midnight Mass, Kgn. 1981 (d. 1989); Next to Nothing, G. 1926–77, 1981; Points in Time, 1983 (Zeitstellen, d. 1989); Unwelcome Words, Kgn. 1988. – Collected Stories 1939–76, 1980; Selected Writings, 1993; Stories, 2000; The Stories of P. B., 2001; Collected Stories and Later Writings, 2002; The Letters of P. B., 1994. – *Übs.*: Allal,

Kgn. 1983; Eisfelder, En. d. 1990; Der Ferne Kontinent, En. d. 1994.

L: L. D. Stewart, 1974; J. W. Bertens, 1979; W. Pounds, 1985; J. Miller, 1986; R. F. Patteson, 1987; Ch. Sawyer-Lauocanno, 1989; R. Briatte, 1991; A. Hibbard, 1993; G. D. Caponi, 1994; E. Stracke-Elbina, 1995; M. Dillon, 1998; G. D. Caponi, 1998. – *Bibl.:* C. R. McLeod, 1970.

Bowles, William Lisle, engl. Dichter d. Frühromantik, 24. 9. 1762 Kings Sutton – 7. 4. 1850 Salisbury. Klerikerfamilie, Stud. Trinity College, Oxford; seit 1828 Domherr in Salisbury. Nach S. T. Coleridge ›the first who combined natural thought with natural diction‹. Coleridge blieb der einzige dauerhafte u. uneingeschränkte Bewunderer B.s. – Poet. Erfolg durch ›14 Sonnets‹ (1789). Als Lit.kritiker entzündete B. heftige Kontroversen, z. B. durch s. Kritik an A. Pope in e. Werkausgabe 1806 sowie e. Reihe von Abhandlungen bis 1828. S. Kritik ist Vorläufer e. psycholog. Lit.wiss. u. scheint die Reibungspunkte zwischen neoklass. und romant. Kunstauffassung klar zu illustrieren – nur deshalb ist er bis heute für die Lit.wiss. von Interesse. Die eloquente Verteidigung Popes durch Byron u. a. relativiert jedoch derart klare Abgrenzungen.

W: Fourteen Sonnets, G. 1789 (Faks. 1991); Works of Pope, hg. X 1806; The Invariable Principles of Poetry, Abh. 1819. – Poetical Works, II 1855.

L: J. J. van Rennes, B., Byron and the Pope-Controversy, ²1966.

Boyd, Martin (Ps. Martin, Walter Beckett), austral. Romanschriftsteller, 10. 6. 1893 Luzern – 3. 6. 1972 Rom. Entstammt e. weitverzweigten austral. Künstlerfamilie mit Wurzeln in England, Irland u. Spanien. Traditionsbewußt, aristokrat. gesinnt u. kulturell distinguiert, studierte B. zunächst Theol., dann Architektur. Von engl. Autoritäten distanzierte er sich aufgrund s. Fronterfahrungen im 1. Weltkrieg, um fortan als Geistlicher und Romancier e. ›qualifizierten Pazifismus‹ zu verfolgen. – S. ersten Romane erschienen z. T. unter den Pseudonymen ›Martin Mills‹ und ›Walter Beckett‹. In ›The Montforts‹ (1928) schildert B. s. Familiengeschichte mütterlicherseits zwischen England und Australien. In ›Lucinda Brayford‹ untersucht er die Möglichkeit zu seel. Reifung u. Erfüllung angesichts trag. äußerer Umstände. In s. ›Langton-Tetralogie‹ (1952–62) zeigt B. das Überdauern standhafter aristokrat. Ideale anhand zweier Frauenfiguren inmitten des bürgerl. Materialismus in Australien.

W: Love Gods, R. 1925; The Montforts, R. 1928; A Single Flame, Aut. 1939; Nuns in Jeopardy, R. 1940; Lucinda Brayford, R. 1946; The Cardboard Crown, R. 1952; A Difficult Young Man, R. 1955; Outbreak of Love, R. 1957; Much Else in Italy, Sk. 1958; When Blackbirds Sing, R. 1962; A Day of Delight, Aut. 1965.

L: K. Fitzpatrick, 1963; B. Niall, 1974 u. 1988; B. McFarlane, 1980.

Boyd, William, brit. Romanschriftsteller, * 7. 3. 1952 Accra/Ghana. Stud. engl. Lit. Nizza, Glasgow u. Oxford. Dozent am St. Hilda's College/Oxford. – Die Kindheit in Afrika war prägend für B.s schriftsteller. Laufbahn. In zahlr. Texten setzt er sich auf krit. und humorvolle Weise mit dem postkolonialen Erbe in Afrika und anderen Teilen der Dritten Welt auseinander.

W: A Good Man in Africa, R. 1981 (d. 1994); On the Yankee Station, Kgn. 1981; An Ice-Cream War, R. 1982 (d. 1986); Stars and Bars, R. 1984 (d. 1988); The New Confessions, R. 1987 (d. 1989); Brazzaville Beach, R. 1990 (d. 1993); The Blue Afternoon, R. 1993 (d. 1995); The Destiny of Nathalie ›X‹, Kgn. 1995; Armadillo, R. 1998 (d. 1999); Any Human Heart, R. 2002.

Boye, Karin (Maria), schwed. Erzählerin und Lyrikerin, 26. 10. 1900 Göteborg – 24. 4. 1941 Alingsås (Selbstmord). Tochter e. Ingenieurs, Gymnas., 1921 Volksschullehrerexamen, 1921–26 Stud. Uppsala, 1928 Magister in Stockholm, 1929 Lehrerin in Motala, 1929–32 ∞ Leif Björck, 1936–38 Lehrerin in Viggbyholm, Mitarbeiterin an Zsn. u. Zeitungen, zeitweise Lit.kritikerin an linksgerichteten Blättern, gründete 1931 die psychoanalyt. Zs. ›Spektrum‹. – Mit ihrer knappen, symbol. Form zeigt sie e. ausgeprägte rhythm. Originalität. Hochgespannter Idealismus u. Sehnsucht nach persönl. Wahrheit veranlassen e. unablässige, leidenschaftl., mit hohem Ernst u. psychoanalyt. Schärfe ausgetragene Auseinandersetzung zwischen Idee u. Wirklichkeit, Pflicht u. Neigung, Konvention u. Lebensvertiefung. ›Kris‹, autobiograph., menschl. ergreifend u. künstler. bezwingend, zeigt ihre Lebensbejahung, Glaube an Jugend und Zukunft, Wahrheitsliebe u. Demut gegen das Leben, aber auch Unruhe u. Angst ihrer überempfindl. Frauenseele. Die Zukunftsvision ›Kallocain‹ zeigt das Bild des vollendeten totalitären Staates. Ihre Verse sind zunächst klass. einfach u. klar, entwickeln sich aber in surrealist. Richtung, erklärt im Essay ›Språket bortom logiken‹.

W: Moln, G. 1922; Gömda land, G. 1924; Härdarna, G. 1927; Astarte, R. 1931 (d. 1949); Merit vaknar, R. 1933; Kris, Aut. 1934 (Krisis, d. 1949); Uppgörelser, N. 1934; För trädets skull, G. 1935; För lite, R. 1936; Kallocain, R. 1940 (d. 1947); Ur funktion, N. 1940; De sju dödssynderna och andra efterlämnade dikter, hg. H. Gullberg 1941; Bebådelse, N. 1941. – Dikter 1942; Samlade dikter, 1943; Samlade skrifter, hg. M. Abenius XI 1947–49. – *Übs.:* Brennendes Silber, G. 1963.

L: M. Abenius u. O. Lagercrantz, 1942; M. Abenius, 1944; dies., Drabbad av renhet, ²1965; G. Domellöf, 1986.

Boyesen, Hjalmar Hjorth, norweg.-amerik. Schriftsteller, 23. 9. 1848 Frederiksvärn/Norwegen – 4. 10. 1895 New York. Stud. Univ. Leipzig u. Christiania; 1869 in die USA. Redakteur e. norweg. Wochenschrift in Chicago, Prof. f. Deutsch (ab 1874) Corell u. (seit 1881) Columbia Univ. – S. erster Roman, ›Gunnar‹, entstanden aus e. tiefen Freundschaft mit Howells u. beeinflußt durch s. Vorbild Turgenev, ist vom Heimweh nach Norwegen getragen; später realist.-satir. Bilder der zeitgenöss. amerik. Gesellschaft.

W: Gunnar, R. 1874 (d. 1880); Tales From Two Hemispheres, En. 1877 (n. 1969); Goethe and Schiller, St. 1879; Falconberg, R. 1879; Ilka on the hill-top, En. 1881; The modern Vikings, Kdb. 1887; The Mammon of Unrighteousness, R. 1891 (n. 1970); Boyhood in Norway, Kdb. 1892 (n. 1967); The golden Calf, R. 1892; The Social Strugglers, R. 1893; Literary and Social Silhouettes, Ess. 1894; Essays on Scandinavian Literature, 1895. – *Übs.:* Novellen v. H. H. B., 1885.

L: C. A. Glasrud, 1963; R. S. Fredrickson, 1980; P. Seyersted, 1984; Eckstein, 1990.

Boyle, Kay, amerik. Erzählerin, 19. 2. 1903 St. Paul/MN – 27. 12. 1992 Mill Valley/CA. Frühe Reisen in Europa, Kunst-, Musikstud. und journalist. Arbeit in Philadelphia, Cincinnati, New York; 1922–41 in Frankreich, Österreich, England; bekannt mit E. Hemingway, J. Joyce, G. Stein; 1947–53 Korresp. für die Zs. ›The New Yorker‹ in Deutschland. – Schriftstellerin mit moral.-gesellschaftskrit. Anspruch, schrieb impressionist. Kurzgeschichten u. Romane über persönl. (Frauen-)Schicksale, oft vor dem Hintergrund e. amerik.-europ. Gegensatzes.

W: Short Stories, 1929; Wedding Day, En. 1930 (n. 1972); Plagued by the Nightingale, R. 1931 (n. 1969, 1981; Das Schweigen der Nachtigall, d. 1993); Year Before Last, R. 1932 (n. 1969, d. 1994); First Lover, Kgn. 1933; Gentlemen, I Address You Privateley, R. 1933; My Next Bride, R. 1934 (n. 1986, d. 2000); The White Horses of Vienna, Kgn. 1936 (d. 1995); Death of a Man, R. 1936; Monday Night, R. 1938; The Youngest Camel, Kdb. 1939 (Das kleine Kamel, d. 1998); The Crazy Hunter, Kgn. 1940 (n. 1982); Primer for Combat, R. 1942; Avalanche, R. 1943; American Citizen, G. 1944; A Frenchman Must Die, R. 1946; Thirty Stories, 1946; His Human Majesty, En. 1949; Stories of Postwar Germany, 1951; The Smoking Mountain, Kgn. 1951 (d. 1992); Generation without Farewell, R. 1960 (d. 1962); Collected Poems, 1962; Nothing Ever Breaks Except the Heart, Kgn. 1966; Testament for my Students, G. 1970; The Long Walk at San Francisco State, Ess. 1970; The Underground Woman, R. 1975; Fifty Stories, 1980; Words that Must Somehow Be Said, Selected Ess. 1985; Life Being the Best and Other Stories, 1988; Process, R. 2001.

L: H. T. Moore, 1963; S. W. Spanier, 1986; E. S. Bell, 1992; M. R. Elkins, 1993; J. Mellen, 1994; Critical Essays on K. B., hg. M. R. Elkins 1997. – *Bibl.:* C. Chambers, 2002.

Boyle, T(homas) C(oraghessan) (eig. Thomas John B.), amerik. Erzähler, * 2. 12. 1948 Peekskill/NY. Eltern ir. Einwanderer; Engl.-Prof. Univ. of Southern California in Los Angeles seit 1977. – Vf. von virtuosen humorvollen, satir. Romanen und Kurzgeschichten, absurd-bizarre Handlungen, oft mit hist. Bezügen.

W: The Descent of Man, Kgn. 1979 (Tod durch Ertrinken, d. 1995); Water Music, R. 1981 (d. 1987); Budding Prospects, R. 1984 (Grün ist die Hoffnung, d. 1990); Greasy Lake, Kgn. 1985 (d. 1993); World's End, R. 1987 (d. 1989); If the River Was Whiskey, Kgn. 1990 (d. 1991); East Is East, R. 1991 (Der Samurai von Savannah, d. 1992); The Road to Wellville, R. 1993; Without a Hero, Kgn. 1994 (Fleischeslust, d. 1999); The Tortilla Curtain, R. 1995 (América, d. 1996); Riven Rock, R. 1998 (d. 1998); T. C. B. Stories, 1998; A Friend of the Earth, R. 2000 (d. 2001); After the Plague, Kgn. 2001 (Schluß mit cool, d. 2002); Drop City, R. 2003 (d. 2003). – *Übs.:* Der Fliegenmensch, Kgn. 2001.

L: A. J. Shelffo, 1998; W. Frenken, 2000; C. Dörr, 2003.

Boylesve, René, (eig. R. Tardiveau), franz. Romancier, 14. 4. 1867 La Haye-Descartes/Indre-et-Loire – 14. 1. 1926 Paris. Aus alter Notariatsfamilie; Stud. Jura und polit. Wiss. Paris. Durch Heirat und Erbschaft finanziell unabhängig. 1918 Mitgl. der Académie Française. – Aristokrat., mit sich selbst unzufriedene Natur aus der Diskrepanz zwischen mondänem Hedonismus und realist. Moralismus. Schilderte graziös, iron. und wollüstig zugleich erot. Libertinage. In erster Linie Romancier des Provinzlebens (Touraine) mit s. starken konservativen Kräften sowie des Kleinbürgertums aus intensiver persönl. Erfahrung als scharfer, sensibler Beobachter und Pessimist. Zeichnete vor allem die Schattenseiten des Provinzlebens, in dessen Enge auch starke Charaktere zum Kompromiß gezwungen sind, gestaltete verhalten innere, in Enttäuschung gipfelnde Kämpfe. S. in den Werken der ersten Schaffensperiode suggestiv lyr. Stil von emotionaler Klarheit verbindet ihn mit Proust, als dessen Vorläufer er gilt.

W: Proses rythmées, G. 1891; Le médecin des dames de Néans, 1896; Les bains de Bade, 1896; Sainte-Marie-des-Fleurs, 1897; Le parfum des îles Borromées, R. 1898; Mlle Cloque, R. 1899; La Becquée, Aut. 1901; La leçon d'amour dans un parc, R. 1902; L'enfant à la balustrade, R. 1903; Le bel avenir, R. 1905; Mon amour, 1908; La jeune fille bien élevée, 1909; Le meilleur ami, 1909; Elise, 1910; Madeleine jeune femme, 1912; Seringapatam, 1920; Les nouvelles leçons d'amour dans un parc, 1924; Souvenirs d'un jardin détruit, 1924; Opinions sur le roman, Ess. 1929; Quelques échanges et témoignages, Ess. 1931 (m. Proust); Les bonnets de dentelle, 1968. – Feuilles tombées, (Ausw. Tagebücher u. Briefe), hg. C. Du Bos 1947.

L: M. Revon, 1921; P. Valéry, 1926; R. Dunan, La philos. de R. B., 1933; A. Bourgeois, Genf 1945; ders., R. B. et le problème de l'amour, ebda. 1950; E. Lefort,

La Touraine de R. B., 1949; J. C. Wees, 1949; J. Ménard, 1956; A. Bourgeois, II 1958; G. Marchais (Bonnets de dentelle) 1966; P. Joulia, 1970; E. Gerard-Gaily, 1972; dies., 1973.

Boy-Żeleński, Tadeusz → Żeleński, Tadeusz

Božić, Mirko, kroat. Erzähler und Dramatiker, 21. 9. 1919 Sinj – 1. 8. 1995 Zagreb. Stud. Rechte Belgrad u. Zagreb, Partisan im 2. Weltkrieg, freier Schriftsteller; 1965 Direktor des Kroat. Nationaltheaters. – Schildert in ausdrucksreicher Sprache, teils humorvoll, teils psychologisierend den schweren Daseinskampf der dalmatin. Karstbevölkerung, der durch primitive Lebensart u. Aberglauben noch verschärft wird.

W: Most, Dr. 1947; Devet gomolja, Dr. 1948; Povlačenje, Dr. 1949; Kurlani, R. 1950; Skretnica, Dr. 1951; Novele, 1952; Neisplakani, R. 1955; Djevojka i hrast, Drb. 1955; Ljuljačka u tužnoj vrbi, Dr. 1957; Svilene papuče, Dr. 1960; Pravednik, Dr. 1960; Bubnjevi, H. 1963; Tijela i duhovi, Nn. 1981. – Izabrana djela (AW), hg. S. Vučetić 1980, VI 1985; Slavuji i šišmiši, R. 1990.

Braak, Menno ter, niederländ. Essayist und Romanschriftsteller, 26. 1. 1902 Eibergen – 15. 5. 1940 Den Haag. Arztsohn, Gymnas. Tiel, 1921–26 Stud. Geschichte u. niederländ. Lit. Amsterdam, 1928 Promotion (Dissertation über Kaiser Otto III., Ideal u. Praxis im frühen Mittelalter), 1928 Lehrer Oberrealschule in Amsterdam 1929 Oberrealschule Zaltbommel, 1929 Realgymnas. Rotterdam. Mitarbeiter an der Zs. ›De Vrije Bladen‹ seit Gründung 1924, Mithrsg. der Zs. ›Forum‹ (1931). Ab 1933 schrieb er als lit. Schriftleiter der Haager Tageszeitung ›Het Vaderland‹ scharfsinnige Kritiken. Beging nach dem d. Einmarsch Selbstmord. – Zeitkrit. und moralphilos. Essayist, kämpfte in ›Afscheid van Domineesland‹ gegen die überlieferten Formen des Christentums, suchte Bestehendes niederzureißen in der Erwartung, daß sich neue Normen bilden. Einfluß Nietzsches. S. Wunschbild war der natürl., intuitiv lebende Mensch.

W: Cinema militans, Es. 1929; Het carnaval der burgers, Es. 1930; Afscheid van Domineesland, Es. 1931; Man tegen man, Es. 1931; De absolute film, Es. 1931; Hampton Court, R. 1931; Démasqué der schoonheid, Schr. 1932; Dr. Dumay verliest, R. 1933; Politicus zonder partij, Schr. 1934; Van oude en nieuwe Christenen, Es. 1937; Het Christendom, mit Gegenschrift von Anton van Duinkerken, Schr. 1937; Het nationaalsocialisme als rancuneleer, Schr. 1937; In gesprek met de vorigen, Es. 1938; De nieuwe elite, Es. 1939; De duivelskunstenaar, Es. 1943; Reinaert op reis, 1944. – Verzameld werk, VII 1949–51.

L: H. Marsman, 1939; Over M.t.B., 1949; A. Borsboom, 1962; R. Henrard, 1963; Zs. Tirade (Braak-Nr.) 1974; S. van Faassen u. a., 1978; W. Bruls, 1990; M. van Nieuwstadt, 1997 (mit d. Zus.schr.); L. Hanssen, Want alle verlies is winst, Biogr. Bd. 1 (1902–30), 2000.

Braaten, Oskar Alexander, norweg. Erzähler und Dramatiker, 25. 11. 1881 Oslo – 17. 7. 1939 ebda. 1934–36 Direktor des Norske Teater ebda. – In objektiver Darstellung, ohne polit. oder soz. Hintergedanken, gibt B. in s. Romanen und Erzählungen von mundartl. Sprache Einblick in das Leben der Menschen im Armenviertel Oslos. Genaue Charakterzeichnung, realist.-derbe Darstellungsweise. Am besten s. Roman ›Ulvehiet‹ u. die Novellenbände ›Lilje-Gunda‹ u. ›Sorgenfri‹.

W: Kring fabrikken, En. 1910; Ungen, Sch. 1911; Stor-Anders, Sch. 1912; Lilje-Gunda, N. 1913; Sorgenfri, N. 1914; Borgen, Sch. 1915; Kammerset, R. 1917; Ulvehiet, R. 1919; Matilde, R. 1920; Den store barnedåpen, Sch. 1925; God-vakker Maren, R. 1927; Bra mennesker, R. 1930; Prinsesse Terese, R. 1931; Masken, R. 1933; Fugleburet, R. 1937. – Verker, VI 1941, ²1952; Samlede Verker, 1978.

L: A. Lind, 1962; B. Strandvold, 1981.

Brabander, Gerard den (eig. Jan Gerardus Jofriet), niederländ. Lyriker, 3. 7. 1900 Den Haag – 4. 2. 1968 Amsterdam. – Gedichte oft mit anekdotischem Einschlag u. zynischem Ton. Zusammenarbeit mit Van Hattum u. Hoornik: 3 gemeinsame Gedichtbände. Später milder u. melancholischer.

W: Vaart, 1932; Opus V, 1937; Drie op één perron, 1937, 1941, 1960 (mit Van Hattum u. Hoornik); Materieman, 1940; De holle man, 1945; De stenen minnaar, 1946; Morbide mei, G. 1948; Curve, 1950; Verzamelde gedichten, 1966; Verzamelde verzen, 1984 (hg. C. Bittremieux).

L: M. J. G. de Jong, Een perron maar drie treinen, 1970.

Bracciolini, Francesco, ital. Dichter, 26. 11. 1566 Pistoia – 31. 8. 1645 ebda. Stud. Jura u. Lit., lebte in Florenz, Rom, Neapel, Genua u. Mailand; dort 1595–1602 Sekretär des Kardinals F. Borromeo, dann in Rom bei Kardinal M. Barberini, 1601 mit diesem nach Frankreich. Nach Pistoia zurück u. erst bei Wahl Barberinis zum Papst wieder nach Rom. – Vf. zweier sich an Tasso inspirierender heroisch-kom. Epen u. einiger Theaterstücke und Melodramen; auch Lyriker. Von gewissem Interesse ist s. Dichtung über das bürgerl. Leben, in der er im Gegensatz zur humanist. Pädagogik den Utilitarismus zum beherrschenden Prinzip erhebt.

W: L'amoroso sdegno, Schäfersp. 1597 (m. G.); Della Croce racquistata, Ep. 1605 (vollst. 1611); Lo scherno degli Dei, Ep. 1618 (vollst. 1626); Istruzione alla vita civile, 1637. – Ausw.: M. Menghini, 1889.

L: M. Barbi, 1897; A. Davoli, Bibl. storica del poema piacevole ›Lo scherno degli Dei‹, 1930.

Bracciolini, Poggio → Poggio Bracciolini, Gian Francesco

Bracco, Roberto, ital. Dramatiker, 10. 11. 1861 Neapel – 20. 4. 1943 Sorrent. Verließ mit 16 Jahren die Schule, kurzfristig beim Zoll, 1882 bereits Mitarbeiter bei ›Corriere del mattino‹, ›Capitan Fracassa‹ u. Lit.kritiker beim ›Corriere di Napoli‹. 1887 s. erster Theatererfolg mit drei Einaktern. 1923 Parlamentsmitgl. Als liberaler Politiker vom faschist. Regime verfolgt; Bücherverbot. – Vertreter der mod. psycholog. Dramatik, von Ibsen und Maeterlinck beeinflußt, mit realist. u. psychoanalyt., z. T. geistreich-frivolen Dramen, tritt bes. für das Frauenrecht ein (›Una donna‹). S. Hauptwerk ist ›L'Infedele‹. ›Il piccolo santo‹ deckt das Unbewußte im Sinne Freuds auf.

W: Non fare ad altri, Dr. 1887; Lui, Lei, Lui, Dr. 1887; Un'avventura di viaggio, Dr. 1887; Una donna, Dr. 1892; L'Infedele, Dr. 1895 (d. 1900); Don Pietro Caruso, Dr. 1895; Trionfo, Dr. 1895; La fine dell'amore, Dr. 1896; Maschere, Dr. 1896; Tragedia dell'anima, Dr. 1899 (d. 1901); Il diritto di vivere, Dr. 1900; Uno degli onesti, Dr. 1900; Sperduti nel buio, Dr. 1901; Maternità, Dr. 1903; Il frutto acerbo, Dr. 1905 (d. 1905); Notte di neve, Dr. 1905; I fantasmi, Dr. 1906; La piccola fonte, Dr. 1906; Il' uocchie cunzacrate, Dr. 1906; Nellina, Dr. 1908; Smorfie gaie e smorfie tristi, Nn. V 1909; Il piccolo santo, Dr. 1910; Ad armi corte, Dr. 1910; Nemmeno un bacio, Dr. 1912; L'internazionale, Dr. 1915; L'amante lontano, Dr. 1916; I pazzi, Dr. 1922. – Teatro, X 1909–25; Tutte le opere, XXV 1935–42.

L: L. L. Russo, L'arte dialettale e R. B., 1913; P. Parisi, 1923; F. Biondolillo, 1923; L. Altomare, 1930; M. Gastaldi, 1945; V. La Rocca, 1945; A. Stäuble, 1959; I. Pasquale, L'intellettuale intransigente, 1992.

Brackenridge, Hugh Henry, amerik. Schriftsteller u. Politiker, 1748 bei Campbeltown/Argyll, Schottland – 25. 6. 1816 Carlisle/PA. Aus armer Einwandererfamilie, Autodidakt, dann Princeton Univ. (1768–71, Theologie bei J. Witherspoon), befreundet mit Ph. Freneau u. J. Madison; während des Revolutionskriegs Militärgeistl.; Dramatiker, Jurist u. Journalist; ging 1781 nach Pittsburgh, das er polit. u. kulturell entwickeln half (1787 Gründung P. Academy, später Univ. von Pittsburgh). Während der Whiskey-Rebellion 1794 gemäßigt, aber e. Untersuchung unterworfen, von A. Hamilton entlastet. Hohe Richterämter; seit 1805 in Carlisle. – Schrieb patriot. Gedichte, Predigten u. Dramen. Neben satir. Versen im Stil von S. Butlers ›Hudibras‹ u. vermischter Prosa arbeitete B. 1792–1815 an s. Hauptwerk, dem satir.-pikaresken Roman ›Modern Chivalry‹, in dem er in Manier von Cervantes, S. Butler u. Swift die Grenzerdemokratie kritisierte, bes. e. Betrauung Unfähiger mit polit. Ämtern.

W: A Poem on the Rising Glory of America, 1772 (m. Freneau); The Battle of Bunkers Hill, Dr. 1776; The Death of General Montgomery, Dr. 1777; Modern Chivalry, R. 1792–1815 (hg. C. M. Newlin [2]1963); Incidents of the Insurrection in the Western Parts of Pennsylvania in the Year 1794, Abh. 1795; Law Miscellanies, Abh. 1814. – A H. H. B. Reader, hg. D. Marder 1970.

L: C. M. Newlin, 1932 (n. 1971), D. Marder, 1967. – *Bibl.*: C. F. Heartman, 1917.

Bradbury, Malcolm (seit 2000 Sir), engl. Romanautor u. Kritiker, 7. 9. 1932 Sheffield – 27. 11. 2000 Norwich. Stud. London, Indiana, Manchester; 1959 Dozent für Engl. in Hull, 1961 Birmingham, 1970 Prof. Univ. East Anglia. – Vf. humorist. Univ.-Romane u. Essays von lässigbrillanter Komik.

W: Eating People Is Wrong, R. 1959; Evelyn Waugh, St. 1962; Stepping Westward, R. 1965; Possibilities: Essays on the State of the Novel, 1973; The History Man, R. 1975 (d. 1980); Rates of Exchange, R. 1983 (d. 1993); Why Come to Slaka?, R. 1986; No, Not Bloomsbury, Ess. 1987; Cuts, R. 1987; Ten Great Writers, Es. 1989; The Novel Today, Es. [2]1990; From Puritanism to Postmodernism, Es. 1991; Dr. Criminale, R. 1992 (d. 1995); To the Hermitage, R. 2000.

Bradbury, Ray (Douglas), amerik. Schriftsteller, * 22. 8. 1920 Waukega/IL. In Los Angeles Mitarbeiter von Sensationsmagazinen u. Vf. von Filmdrehbüchern (u. a. ›Moby Dick‹, 1956). – Sehr erfolgreicher Autor phantasievoller Erzählungen und Utopien, perfektionierte das Genre der Science-fiction in intellektualisierender und gesellschaftskrit. Richtung. Bekannt v.a. für sein frühes Werk ›The Martian Chronicles‹ u. den Roman ›Fahrenheit 451‹.

W: Dark Carnival, En. 1947; The Meadow, Dr. 1947; The Martian Chronicles, R. 1950 (brit. Titel: The Silver Locusts, 1951; d. 1972 u. ö.); The Illustrated Man, Kgn. 1951 (d. 1962); The Golden Apples of the Sun, Kgn. 1953 (Geh nicht zu Fuß durch stille Straßen, d. 1970); Fahrenheit 451, R. 1953 (d. 1955); Switch on the Night, Kdb. 1955; The October Country, R. 1955 (Familientreffen, d. 1986); Dandelion Wine, R. 1957 (d. 1983); The Day It Rained for Ever, Kgn. 1958; A Medicine for Melancholy, Kgn. 1959 (d. 1969); R Is for Rocket, S Is for Space, Kgn. 1962; Something Wicked This Way Comes, R. 1962 (Das Böse kommt auf leisen Sohlen, d. 1969); The Anthem Sprinters and Other Antics, Drr. 1963; The Machineries of Joy, Kgn. 1964; I Sing the Body Electric!, Kgn. 1969 (Gesänge des Computers, d. 1973); When Elephants Last in the Dooryard Bloomed, G. 1973; Death is a Lonely Business, R. 1985 (d. 1987); A Graveyard for Lunatics, R. 1990 (d. 1992); Quicker Than the Eye, R. 1996; Driving Blind, Kgn. 1997; Ahmed and the Oblivion Machines, Kdb. 1998; From the Dust Returned, R. 2001; One More For the Road, En. 2002. – The Wonderful Ice-Cream Suit and Other Plays, 1965; The Complete Poems, 1982; Collected Short Stories, 2001. – *Übs.*: Space Opera, IV 1981 (enth. Mars-Chroniken, Illustrierter Mann, Fahrenheit 451, Das Böse kommt auf leisen Sohlen, Medizin für Melancholie, Goldene Äpfel der Sonne).

L: G. Slusser, 1977; W. L. Johnson, 1980; W. F. Touponce, 1984; D. Mogan, 1986; W. F. Touponce, 1997; R. A. Reid, 2002.

Braddon, Mary Elizabeth, engl. Romanschriftstellerin, 4. 10. 1837 London – 4. 2. 1915 Richmond. Begann schon früh lit. Arbeit. 1874 ∞ Verleger John Maxwell. Ihr Roman ›Lady Audley's Secret‹ war e. Sensationserfolg. – B. veröffentlichte danach bis zu ihrem Tode 74 Unterhaltungsromane mit Neigung zu Melodrama und Sensationseffekten, auch Schauspiele.

W: Lady Audley's Secret, R. 1862; Aurora Floyd, R. 1863; Henry Dunbar, R. 1864; Dead-Sea Fruit, R. 1868; Ishmael, R. 1884; Rough Justice, R. 1898; The Green Curtain, R. 1911.
L: R. L. Wolff, Sensational Victorian, 1979; J. Carnell, 2000.

Bradfield, Scott (Michael), amerik. Erzähler, * 27. 4. 1955 San Francisco. Ph. D. Univ. of California, Prof. für Engl. Lit. 1989–96 Univ. of Connecticut. – Vf. satir. Romane und Erzählungen über das spießige Leben des amerik. Kleinbürgers; mit schwarzem Humor, auch anhand von Tierfabeln seziert er die ›political correctness‹ Amerikas.

W: The Secret Life of Houses, En. 1988 (erw. als Dream of the Wolf, 1990); The History of Luminous Motion, R. 1989 (d. 1993); Greetings from Earth, En. 1993 (Unzweifelhaft das Beste, d. 2001); Dreaming Revolution, St. 1993; What's Wrong with America, R. 1994 (d. 1994); Animal Planet, R. 1995 (d. 1997).

Bradford, William, amerik. Pionier u. Schriftsteller, 19. 3. 1590 Austerfield/Yorks. – 19. 5. 1657 Plymouth/Neuengl. Farmersohn; mit dem Separatistenkreis der Scrooby-Gemeinde um W. Brewster u. J. Robinson 1609 nach Holland geflüchtet, 1620 auf der ›Mayflower‹ nach Plymouth/Neuengl., seit 1621 bis kurz vor s. Tod mit nur kurzen Unterbrechungen Gouverneur. – Weltl. Verstand, relig. Ernst, mit Humor gepaart, zeichneten B. aus, der in zähem Kampf die neue Kolonie über die ersten schweren Jahrzehnte brachte. Um 1630 begann er, die Geschichte der Plymouth Colony zu schreiben, deren Ms. späteren Historiographen (wie W. Hubbard, C. Mather u. T. Hutchinson) als Quelle diente (›Of Plymouth Plantation, 1620–1647‹, ersch. 1856). B., der auch Gedichte, Dialoge u. Abhandlungen schrieb, erwies sich als Meister des ›einfachen‹, aber nicht kunstlosen puritan. Stils; s. Werk hinterläßt e. Eindruck von Aufrichtigkeit, Einsicht, Humor, aber auch Bitterkeit u. Melancholie, da wirtschaftl. bestimmte Pionierexistenz dem kirchl. Leben nicht förderlich war.

W: Mourt's Relation, Ber. 1622 (m. E. Winslow); Of Plymouth Plantation, Schr. 1856 (hg. W. C. Ford, 1912; S. E. Morison, 1952); Collected Verse, hg. M. G. Runyan 1974.
L: B. Smith, 1951; P. D. Westbrook, 1978; F. Ogburn, 1981; G. D. Schmidt, 1999. – *Bibl.*: E. J. Gallagher, Th. Werge, Early Puritan Writers, 1976.

Bradley, Marion Zimmer, amerik. Erzählerin, 3. 6. 1930 Albany/NY – 25. 9. 1999 Berkeley/CA. – Einflußreiche Figur in der zeitgenöss. Fantasy- u. Science-fiction-Lit.; allg. bekannt bes. für den Bestseller ›The Mists of Avalon‹, e. feminist. Neuerzählung der Artus-Sage; Begründerin der Zs. ›M. Z. B.'s Fantasy Magazine‹; Hrsg., versch. Pseudonyme.

W: The Door Through Space, R. 1961 (d. 1989); The Sword of Aldones, R. 1962 (erster Band des vielteiligen Darkover-Zyklus, d. 1985); The Shattered Chain, R. 1976 (d. 1991); The Mists of Avalon, R. 1982 (d. 1983); Thendara House, R. 1983 (d. 1986); Sword and Sorceress, hg. M. Z. B. (Kgn.-Reihe ab 1984; Magische Geschichten, d. ab 1986); The Firebrand, R. 1984 (Die Feuer von Troia, d. 1988); The Forest House, R. 1993 (Die Wälder von Albion, D. 1993); Lady of Avalon, R. 1997 (d. 1996).
L: H. J. Alpers, hg. 1983; R. Arbur, 1985; J. Roberson, hg. 1996. – *Bibl.*: G. Benson, 1994.

Bradstreet, Anne (geb. Dudley), amerik. Dichterin, 1612 (?) Northampton/Engl. – 16. 9. 1672 Andover/MA. In kultivierten puritan. Kreisen aufgewachsen, Mutter von 8 Kindern. Wanderte 1630 nach Massachusetts aus; Familie dort polit. führend. – Gebildete Puritanerin, die ihre persönl., oft verlustreiche Lebenserfahrung im Spannungsverhältnis mit den Glaubenssätzen ihrer Religion dichterisch zum Ausdruck brachte; gilt als e. der ersten amerik. Poetinnen, Vorläuferin von E. Dickinson. Schrieb in der puritan. Tradition der Meditation (›Contemplations‹) u. arbeitete regelgewandt mit Großformen wie der Verserzählung (z. B. ›The Four Monarchies‹, angelehnt an Sir W. Raleighs ›History of the World‹). Die von ihren Zeitgenossen hochgeschätzte Sammlung ›The Tenth Muse‹ erschien 1650 ohne B.s Zutun in England, eine erw. Ausgabe in Amerika posthum (1687). J. Berryman würdigte B., die auch e. Autobiographie verfaßte (›Religious Experiences‹), 1956 in s. Langgedicht ›Homage to Mistress Bradstreet‹.

W: The Tenth Muse, Lately Sprung up in America, G. 1650 (erw. 1678); Poems together with her Prose Remains, hg. C. E. Norton 1897. – Complete Works, hg. J. H. Ellis 1867, ^{3}1962; The Works, hg. J. Hensley 1967; Complete Works, hg. J. R. McElrath, A. P. Robb 1981.
L: J. K. Piercy, 1965; E. W. White, 1971; A. Stanford, 1974; Critical Essays on A. B., hg. P. Cowell, 1983; R. F. Dolle 1990, R. Rosenmeier 1991; D. Wilson 2001.

Bradūnas, Kazys, litau. Dichter, * 11. 2. 1917 Kiršai. Univ. Kaunas u. Vilnius. 1944 Emigration in die USA. Redigierte die Zsn. ›Aidai‹ u. ›Draugas‹ (1961–82). Gründer der Zs. ›Literatūros lankai‹ (1952–59). Gehört zur Dichtergruppe ›Žemininkai‹ (J. Kėkstas, A. Nika-Niliūnas, V. Mačernis, H. Nagys). – Die heimatliche Erde, ihre

Vergangenheit, das Heidentum und geschichtliche Ereignisse werden vom lyrischen Ich als Betrachter besungen. B.' Dichtung ist das Hohe Lied der heimatlichen Erde, die der höchste aller Werte ist. Vergangenheit und Gegenwart gehen Hand in Hand. Im Exil verliert diese Erde immer mehr an Realität, und seine Dichtung wird zum Mythos des litau. Stammes.

W: Vilniaus varpai, G. 1943; Pėdos arimuos, G. 1944; Svetimoji duona, G. 1945; Maras, G. 1947; Apeigos, G. 1948; Devynios baladės, G. 1955; Morėnų ugnys, G. 1958; Sidabrinės kamanos, G. 1964; Sonatos ir fugos, G. 1967; Donelaičio kapas, G. 1970; Užeigoje prie Vilniaus vieškelio, G. 1981; Krikšto vanduo Joninių naktį, G. 1987; Ĺaugom Nemuno upyne, G. 1990; Prie vieno stalo, G. 1990; Duona ir druska, G. 1992.

Braga, Joaquim Teófilo Fernandes, portugies. Gelehrter u. Schriftsteller, 24. 2. 1843 Ponta Delgada (Azoren) – 28. 1. 1924 Lissabon. 1861 Stud. Coimbra, 1864 erster dichter. Ruhm mit der an V. Hugo (Légende des Siècles) orientierten ›Visão dos Tempos‹; 1872 Prof. für Neuere Lit.; führender Kopf der ›Generation von 1870‹ (›Schule von Coimbra‹), 1910 und 1915 Präsident der Republik. – Lyriker u. Erzähler. Als Volkskundler u. Lit.wissenschaftler versuchte B., die portugies. Kultur als individuelles Phänomen in ihrer Gesamtheit einheitl. hist. zu deuten. Einfluß von Michelet, Vico, Quinet, Herder, Hegel, Grimm u. bes. Comte. Unternimmt es, die Entwicklung der portugies. Lit. aus dem Gegensatz von Autochthonem u. Fremdem (Mozaraber, Goten) zu erklären, antiaristokrat.-romant. Trotz Widersprüchen u. Unrichtigkeiten als Begründer der portugies. Volkskunde u. Lit.wiss. (Erschließung der Volksdichtung) bahnbrechend u. wegweisend, fruchtbar u. vielseitig.

W: Contos Phantásticos, En. 1865; História da Poesia Popular Portuguesa, Abh. 1867 (II ³1902 u. 1905); Cancioneiro Popular, hg. 1867; Cancioneiro e Romanceiro Geral, hg. V 1867–69; Floresta de Vários Romances, hg. 1868; Contos Populares do Arquipélago Açoriano, 1869; História do Teatro Português, Schr. III 1870f.; História da Literatura Portuguesa, Schr. XII 1871ff.; Teoria da História da Literatura Portuguesa, Schr. 1872; Contos Tradicionais, En. II 1883; O Povo Português, II 1885; As Modernas Ideias na Literatura Portuguesa, Schr. 1892; Romanceiro Geral Português, hg. III 1906–09.

L: A. do Prado Coelho, 1922; In Memoriam, 1924; M. Soares, 1950; J. Bruno Carreiro, 1955.

Bragg, Melvyn, engl. Schriftsteller, * 6. 10. 1939 Wigton/Cumbria. Stud. Oxford, Autor, Redakteur, Sprecher u. Produzent für die BBC. – Neben erfolgr. Fernseh- u. Radiokarriere Verf. zahlr. Sachbücher, Drehbücher u. Theaterstücke, v. a. aber realist. Romane in engl. Erzähltradition.

W: For Want of a Nail, R. 1965; The Hired Man, R. 1969; A Place in England, R. 1970; Kingdom Come, R. 1980; Rich: The Life of Richard Burton, B. 1988 (d. 1988); Credo, R. 1996 (d. 1997); On Giants' Shoulders, Sb. 1999 (d. 1999); The Soldier's Return, R. 1999 (d. 2001).

Bragi Boddason, altnorweg. Dichter, 1. Hälfte 9. Jh. – Ältester überlieferter norweg. Dichter. Von s. Dichtungen in äußerst kunstreichem Skaldenstil ist die in Resten erhaltene ›Ragnarsdrápa‹ am bekanntesten, e. Gesang auf e. Schild mit Bildern aus Mythologie u. Sage.

A: Kvæþa-brot Braga ens gamla Boddasonar, hg. H. Gering 1896; Den norsk-isländska skaldediktning II, hg. E. A. Kock 1946–49; Den norsk-islandsk Skjaldedigtning II, hg. F. Jónsson, n. 1967.

Brāhmaṇas, erklärende theolog. Werke der ved. Lit., um 1000 v. Chr. entstanden. Schließen sich unmittelbar an die Saṃhitās des → Veda an und enthalten in Sanskrit-Prosa abgefaßte, sehr ins Detail gehende Vorschriften (vidhi) für die Ausführung der heiligen Opfer und deren Erklärung (arthavāda), wozu neben der Begründung der genauen Vorschrift auch die Darstellung ihrer mytholog. Entstehungsgeschichte und ihrer Wirkungen gehört; sie enthalten außerdem kosmolog. Spekulationen verschiedenster, einander häufig widersprechender Form. Die B. sind als das Werk von Generationen von Priestern der versch. ved. Schulen zu betrachten; in ihnen vollzieht sich die Umwandlung des wed. Götterglaubens des Saṃhitās in e. reine Opfermystik, d. h., das Opfer wird zum Selbstzweck, es auszuführen steht nur dem Eingeweihten zu. Den B. eingefügt oder angehängt sind die → Āraṇyakas, denen wiederum die → Upaniṣaden eingefügt oder angehängt sind.

A: Śatapatha-B. (hg. A. Weber ²1964, W. Caland III 1983; engl. J. Eggeling, hg. M. Müller V 1963); Taittirīya-B. Bibliotheca Indica 1855–90); Adbhuta-B. (hg. u. d. A. Weber 1858); Aitareya-B. (hg. u. engl. M. Haug II 1863; hg. Th. Aufrecht n. 1975; engl. A. B. Keith ²1971); Kauṣītaki-B. od. Śāṅkhāyana-B. (hg. B. Lindner 1887; engl. A. B. Keith 1920); Ṣaḍviṃśa-B. (hg. H. F. Felsingh 1908; d. K. Klemm 1894; engl. W. B. Bollee 1956); Jaiminīya-B. (hg. R. Vira, L. Chandra 1954; engl. [Teil-]Übs. H. W. Bodewitz 1973 [m. Lit.]); Gopatha-B. (hg. D. Gaastra 1919); Pañcaviṃśa-B. (hg. W. Caland 1931); Chāndogya-B. (hg. D. M. Bhattacharyya 1958). – *Übs.:* Ausw. franz. J. Varenne 1967.

L: H. Oldenberg, 1917; ders., 1919; J. Gonda, 1975; G. Ehlers, 1988; C. Cavallin, 2002.

Braine, John, engl. Romanautor, 13. 4. 1922 Bradford/Yorkshire – 28. 10. 1986 London. Wuchs in ärml. Verhältnissen auf, arbeitete als Kind halbtägig in e. Wollspinnerei; 1933 Stipendium für Höhere Schule, ab 1938 Verkäufer, Laborant, im Krieg Telegraphist, 1949 Bibliothekar in Bingley/Yorkshire. Später freier Schriftsteller in London, zählt zu der Generation der ›Angry

Young Men‹. – S. erfolgr. Roman ›Room at the Top‹ handelt vom sozialen Aufstieg und gleichzeitigen moral. Abstieg e. Arbeitersohnes, der sich durch Liebesaffären rigoros den Weg nach oben bahnt. Hauptthemen der weiteren Werke sind die Versuche von Menschen, ihre Individualität voll auszubilden und zu bewahren. Zunehmend triviallit. Züge. ›The Crying Game‹ behandelt Themen wie Rassismus, Nationalismus und Geschlechtsidentität und wurde 1992 erfolgr. von Neil Jordan verfilmt.

W: Room at the Top, R. 1957 (Und nähme doch Schaden an seiner Seele, d. 1959, auch u. d. T. Der Weg nach oben, 1961); The Vodi, R. 1959 (Denn die einen sind im Dunkeln, d. 1960); Life at the Top, R. 1962 (Ein Mann der Gesellschaft, d. 1968); The Jealous God, R. 1964; The Crying Game, R. 1968; Stay With Me Till Morning, R. 1970; Writing a Novel, St. 1974; The Pious Agent, R. 1975; Waiting for Sheila, R. 1976; Finger of Fire, R. 1977; J. B. Priestley, St. 1978; One and Last Love, R. 1981; The Two of Us, R. 1984; These Golden Days, R. 1987.

L: K. Schlüter, Die Kunst des Erzählens in J. B.s Roman ›Room at the Top‹, 1965; J. W. Lee, 1969.

Brakman, Willem (Pieter Jacobus), niederländ. Schriftsteller, * 13. 6. 1922 Den Haag. Arzt. – Psycholog. Romane u. Erzählungen, zunächst von Vestdijk beeinflußt. Eigenwilliger ironischer u. anspielungsreicher Stil.

W: Een winterreis, R. 1961; Die ene mens, R. 1961; De weg naar huis, En. 1962; Water als water, R. 1965; Het godgeklaagde feest, R. 1967; Debielen en demonen, R. 1969; De biograaf, R. 1975; Zes subtiele verhalen, En. 1978; Come-back, R. 1980; Ansichten uit Amerika, R. 1981; Een weekend in Oostende, R. 1982; Een wak in het kroos, E. 1983; Nadere kennismaking, H. 1983; De bekentenis van de heer K., R. 1985; Het doodgezegde park, R. 1986; De vadermoorders, R. 1989; Inferno, R. 1991; Vincent, R. 1993; Een goede zaak, R. 1994; Een voortreffelijke ridder, N. 1995; De gelukzaligen, R. 1997; De sloop der dingen, R. 2000.

L: W. de Moor, Meester en leerling, 1978; ›Bzzletin‹ 85, 1981.

Brancati, Vitaliano, ital. Schriftsteller, 24. 7. 1907 Pachino (Syrakus) – 25. 9. 1954 Turin. Zunächst in Catania, dort jahrelang Lehrer an Oberschulen, später in Rom; nach 1945 freier Schriftsteller u. Journalist, auch Mitarbeit beim Film. – Gegenstand s. gesellschaftskrit. Romane, Erzählungen u. Dramen ist der sizilian. Mann u. s. Befangenheit in den (bes. erot.) Zwangsvorstellungen des bürgerl. Provinzlebens (›Don Giovanni in Sicilia‹). Nach anfängl. Nähe zum Faschismus ideolog. Krise um 1937, seit Kriegsende offene (humorist., moralist.) Kritik des Faschismus u. der ital. Männlichkeitsideologie aus liberaler u. individualist. Sicht.

W: Piave, Dr. 1932; Gli anni perduti, R. 1941; Don Giovanni in Sicilia, R. 1942 (d. 1958); I piaceri, Ess. 1943; Il bell' Antonio, R. 1949 (d. 1961); Paolo il caldo, R. 1955 (d. 1963); Teatro, 1957; Il vecchio con gli stivali, Ges. En. 1958. – Opere complete, VI 1957–60.

L: V. Gazzola Stacchini, La narrativa di V. B., 1970; dies., Il teatro di V. B., 1972; E. Lauretta, Invito alla lettura di B., 1973; L. Abrugiati, Il primo tempo di V. B., 1977; P. M. Sipala, 1978; F. Spera, 1981.

Brandão, Ignácio de Loyola → Loyola Brandão, Ignácio de

Brandão, Raul Germano, portugies. Schriftsteller, 12. 3. 1867 Foz do Douro – 5. 12. 1930 Lissabon. Infanterieoffizier, an polit.-soz. Problemen interessierter Journalist. – Als Erzähler u. Dramatiker stößt B., sich vom Naturalismus u. Symbolismus lösend, zu e. zwischen myst. Idealismus u. anarch. Ungebärdigkeit eingespannten pessimist. Lebens- und Bewußtseinsdeutung vor. Psycholog.-vieldeutige, grauenvoll-phantast. u. trag.-burleske, farcenhaft verfremdende Prosa, die dem geheimen Wesen der totalen Wirklichkeit hinter aller Vordergründigkeit der Erscheinungen u. Konventionen nachspürt (Einfluß von Poe, E. T. A. Hoffmann, Dostoevskij). Pantheist. Naturverehrung u. eindringl.-liebevolle Schilderung des einfachen Fischerlebens an der portugies. Küste u. auf den Azoren beherrschen die farbigen Reportagen ›Pescadores‹ u. ›Ilhas Desconhecidas‹. Typ. Vertreter des portugies. Fin de Siècle.

W: Impressões e Paisagens, En. 1890; História dum Palhaço, R. 1896 (2. Fassg. u. d. T. A Morte do Palhaço, 1926); A Farsa, N. 1903; Os Pobres, N. 1906; Húmus, N. 1917; Memórias, Erinn. III 1919–33; Teatro, Drn. 1923 (enth. O Gebo e a Sombra, O Rei Imaginário, O Doido e a Morte); Os Pescadores, Rep. 1923; Ilhas Desconhecidas, Rep. 1926; O Avejão, Dr. 1929; O Pobre de Pedir, R. 1931.

L: C. B. Chaves, 1934; J. P. de Andrade, 1963; G. de Castilho, 1979; A. M. Machado, 1984.

Brandes, (Carl) Edvard (Cohen), dän. Schriftsteller, 21. 10. 1847 Kopenhagen – 20. 12. 1931 ebda. Bruder von Georg B.; Philologe und Orientalist; seit 1871 führender Theaterkritiker und Dramaturg, unterstützte die radikalen Ideen s. Bruders; 1884 Mitgründer der 1. dän. radikalliberalen Zeitung ›Politiken‹, Mitglied des Folketings, seit 1880 als Vertreter der liberalen Bauernpartei, seit 1900 der neugegründeten ›Radikalen Linken‹, zweimal Finanzminister. – Als Dramatiker nicht von hohem künstler. Rang, aber der konsequenteste dän. Vertreter des naturalist. Problematik und der Technik Ibsens.

W: Dansk skuespilkunst, Ess. 1880; Fremmed skuespilkunst, Ess. 1881; Lægemidler, Sch. 1881; Et besøg, Sch. 1882 (Ein Besuch, d. 1889); En Politiker, R. 1889; Det unge blod, R. 1899; Om teater, Es.-Ausw. 1947. –

G. og E. B. Brevveksling med nordiske Forfattere og videnskabsmænd, Br. VIII 1939–42; E. og G. B.s brevveksling 1866–77, Br. 1972; Et venskab. Brevveksling ml. J. P. Jacobsen og E. B., Br. 1988; Finansministeren og lensgreven. En brevveksling mellem E. B. og Mogens Frijs 1909–22, Br. 1997.
L: J. Langsted, 1972; K. Hvidt, ²1992.

Brandes, Georg (eig. Morris Cohen), dän. Kritiker, 4. 2. 1842 Kopenhagen – 19. 2. 1927 ebda. Sohn e. jüd. Kaufmanns, aus kultivierter, unorthodoxer Familie, Bruder von Edvard B. Stud. Jura u. Philos., intensive Beschäftigung mit Lit. 1864 Magisterexamen, 1870 Dissertation über ›Die franz. Ästhetik unserer Zeit‹ (Abwendung von der formalist. Ästhetik Hegels zugunsten der Ideen Taines); 1870/71 längere Auslandsreise (England, Frankreich, Italien); Vorlesungen an der Univ. Kopenhagen über ›Hauptströmungen der europ. Lit. des 19. Jh.‹, Führer der national-radikalen Jugend. 1876 ∞ Juliane L. H. Strodtmann. Da er wegen s. radikalen Haltung 1872 den Lehrstuhl für Ästhetik nicht erhielt, zog er 1877 nach Berlin. 1883 Rückkehr nach Kopenhagen; Reisen nach Dtl., Rußland, Polen u. Frankreich. Geistiges Haupt von ›Det moderne gennembrud‹; erhielt erst 1902 e. staatl. Professur. – Anfangs Positivist, beeinflußt von Sainte-Beuve, A. Comte u. dem Utilitarismus J. S. Mills, dessen Hauptwerke er übersetzte. In Vorlesungen u. Kritiken Wegbereiter e. neuen Realismus in Skandinavien; europ. Blickpunkt, radikaler Grundton. Zog sich durch s. Angriffe auf die Stagnation der dän. Kultur und die idealist. Lit. des 19. Jh., die er durch Realismus und Naturalismus überwinden wollte, den Haß konservativer und kirchl. Kreise zu. Förderte in s. Schriften junge Dichter wie Bjørnson, Ibsen, Drachmann, Jacobsen, Schandorph, Skram. Führte Nietzsche in Skandinavien ein u. beeinflußte dadurch Strindberg und Hamsun. Bruch mit Kierkegaards Auffassung vom Christentum. Gilt noch heute in Dänemark und Norwegen als der Urheber der kulturradikalen, kosmopolitischen u. antiklerikalen Geistesströmung (Brandesianismus). Vf. e. großen Anzahl geistr., stilist. brillanter, einfühlsamer Monographien (Shakespeare, Goethe, Voltaire, Caesar, Michelangelo) u. Reisebücher.

W: Aestetiske Studier, 1868; Kritiker og Portraiter, 1870; Den franske Aesthetik, 1870; Hovedstrømninger i det 19. aarhundredes litteratur, VI 1872–90 (d. 1872ff., n. III 1924); Danske Digtere, G. 1877; Søren Kierkegaard, Mon. 1877 (d. 1879, n. 1992); Tegnér, Mon. 1878; Disraeli, Mon. 1878; Lord Beaconsfield, Mon. 1879; Ferdinand Lassalle, Mon. 1881; Ludvig Holberg, Mon. 1884; Berlin, 1885; Indtryk fra Polen, Reiseber. 1888; Indtryk fra Rusland, Reiseber. 1888; Essays, 1889; Shakespeare, Mon. III 1895f.; Levnet, Aut. III 1905–08; Fugleperspektiv, 1913; Goethe, Mon. II 1914f. (d. 1930); Voltaire, Mon. II 1916f.; Verdenskrigen, 1916; C. Julius Caesar, Mon. 1918; Tragediens anden del: Fredslutningen, 1919; Michelangelo, Mon. 1921; Danmark, Abh. III 1919; Taler, Rdn. 1920; Hellas, Reiseber. 1925. – Samlede Skrifter (GW), XVIII 1899–1909, III 1919; G. og E. B. Brevveksling med nordiske Forfattere og videnskabsmænd, VIII 1939–42; Correspondance, IV 1952–66; Briefw. m. A. Schnitzler, 1956; G. Brandes' Breve til Forældrene 1859–71, hg. M. Borup III 1978; G. Brandes og det nyere franske drama, hg. H. Fenger 1978; Brandes u. d. ›Dt. Rundschau‹, hg. K. Bohnen 1980; G. Brandes' Breve til Forældrene 1872–1904, Br. hg. T. Nielsen III 1994. – *Übs.:* GW, XX 1902–07; Essays, II 1919; Erinnerungen, 1907 (n. 1924); Berlin als Reichshauptstadt. Erinn. 1877–1883, 1989.
L: A. Ibsen, III 1902f.; P. V. Rubow, 1927, 1931, 1932; H. Nathansen, 1929, n. 1950 (d. 1931); H. Fenger, 1955, 1957; H. Hertel, S. Møller Kristensen 1973, 1980; J. Stender Clausen, 1984, 1994; J. Knudsen, VI 1985–98; L. P. Rømhild, 1996; W. Thierry, 1999.

Brandstaetter, Roman, poln. Dramatiker, 3. 1. 1906 Tarnów b. Krakau – 28. 9. 1987 Posen. Stud. Philos. u. Polonistik. Dr. phil. 1929–31 Parisaufenthalt. Emigration. Im 2. Weltkrieg im Vord. Orient; 1946 Kulturattaché in Rom. Seit 1948 freier Schriftsteller in Zakopane. – Anfangs Lyriker, dann Wendung zum Drama mit hist. und zeitgenöss. Stoffen. Setzt erfolgr. die Tradition der kathol. Dichtung fort. Auch Essayist.

W: Jarzma, G. 1928; Droga pod górę, G. 1931; Kroniki Assyżu, Reiseb. 1947 (Der Weg nach Assisi, d. 1959); Powrót syna marnotrawnego, Dr. 1948; Noce narodowe, Dr. 1948; Król i aktor, Dr. 1952; Znaki wolności, Dr. 1953; Marchołt, K. 1954; Noce narodowe, Drn. 1954 (enth. u. a. Ludzie z martwej winnicy, 1950; Die Leute vom toten Weinberg, d. 1973); Upadek kamiennego domu, Dr. (1958); Odys płaczący, Dr. 1956; Król Stanisław August, Dr. 1956; Milczenie, Dr. 1957 (Das Schweigen, d. 1958); Teatr świętego Franciszka oraz inne dramaty, Drn. 1958; Faust zwyciężony, G. 1958; Pieśń o moim Chrystusie, G. 1960 (Das Lied von meinem Christus, d. 1961); Śmierć na wybrzeżu Artemidy, Drn. u. G. 1962; Dzień gniewu, Dr. 1962 (Der Tag des Zorns, d. 1964); Hymny Maryjne, G. 1963; Dwie muzy, G. 1965; Jezus z Nazaretu, R. IV 1967–73; Krąg biblijny, 1975 (Die Bibel im Gepäck, d. 1983); Inne kwiatki św. Franciszka z Assyżu, Sk. 1976 (Assisi war ein neuer Anfang, d. 1982); Powrót syna marnotrawnego, Drn. 1979; Pokutnik i Osjaku, Orat. 1979; Krajobrazy włoskie, G. u. Sk. 1982; Bardzo krótkie i nieco dłuższe opowieści, En. 1984 (Sehr kurze Geschichten, d. 1982); Księga modlitw, G. 1985; Patriarchowie, En. 1986. – Dzieła wybrane (GW), 1980–86; Dramaty, Drn. 1986. – *Übs.:* Das Wunder im Theater, Drn. 1961.

Brandt, Geeraerdt, niederländ. Dichter und Historiker, 25. 7. 1626 Amsterdam – 12. 10. 1685 Rotterdam. Sohn e. Uhrmachers u. Mechanikers, zuerst in der Lehre s. Vaters. Dann Stud. am Remonstrantischen Seminar, 1652 Prediger in Nieuwkoop, 1660 Hoorn, 1667 Amsterdam. Sein Greuelstück ›De veinzende Torquatus‹ (Hamlet-

Stoff) wurde 1643 mit großem Erfolg in Amsterdam aufgeführt. Ferner Epigrammatiker, Biograph und Kirchenhistoriker.

W: De veinzende Torquatus, Dr. 1644; Gedichten, 1649; Stichtelijke gedichten, 1665; De historie der reformatie, Schr. IV 1671–1704; Het leven van P. C. Hooft, B. 1677 (n. 1932); Het leven van Joost v. d. Vondel, B. 1682 (n. 1932); Leven en bedrijf van Michiel de Ruyter, B. 1687 (n. o. J.); Poezy, 1688; Poëzy, III 1725–27.
L: Joan de Haes, 1740; G. M. C. Loeff, 1864.

Brandt, Jørgen Gustava, dän. Lyriker, * 13. 3. 1929 Kopenhagen. Sohn e. Lederhändlers. 1946 Debüt als bild. Künstler; Aufenthalt in Frankreich; 1949 lit. Debüt im Umfeld d. ›Eretica‹-Kreises. 1963–94 Radioredakteur, wichtiger Literaturvermittler. – E. der wichtigsten u. produktivsten Lyriker der dän. Moderne, der in langen Läufen Sinneseindrücke u. Assoziationen zu Augenblicken myst.-relig. Erlebens verdichtet. Auch Erzählungen u. Romane.

W: Digte i udvalg, G. 1963; Stof, En. 1968; Kvinden på Lüneburg hede, R. 1969; Pink Champagne, R. 1973; Den finske sømand, En. 1973; Tidens fylde, G. 1979; Denne kønne musik, G. 1998; Urolig meditation i et gammelt fæstningsanlæg, G. 1999; Velkendt og fremmed, G. 2000; Veje til Infantilia, G. 2001. – Digte 1946–96, III 1997.
L: Livstegn, hg. I. Holk 1979.

Brandt, Willem (eig. Willem Simon Brand Klooster), niederländ. Dichter, 6. 9. 1905 Groningen – 29. 4. 1981 Bussum. Lange als Journalist in Indonesien; seit 1954 wieder in den Niederlanden. – S. Lyrik, formal traditionell, spiegelt die Problematik von ›zwei Vaterländern‹ wider. Auch Prosa u. Kritiken.

W: Oostwaarts, G. 1937; Tussen steen en bamboe, G. 1956; Het geheim, N. 1960; Verzamelde gedichten, 1965; Pruik en provo, Prosa 1967; Het land van terugkomst, G. 1976.

Brandys, Kazimierz, poln. Schriftsteller, 27. 10. 1916 Łódź – 11. 3. 2000 Paris. 1934 Stud. Jura Warschau; Publizist ebda., zeitweilig in Krakau, 1946 Redakteur der Zs. ›Kuźnica‹ in Łódź, seit 1949 wieder Warschau, 1956–60 Redakteur der Zs. ›Nowa Kultura‹. Lebte in Paris. – Erzähler und Dramatiker. Setzt sich vorwiegend mit dem Krieg u. den daraus erwachsenden Problemen, bes. dem der Mitverantwortung des einzelnen, auseinander. Unter dem unmittelbaren Eindruck des 2. Weltkriegs entstand 1946 s. Roman ›Miasto niepokonane‹, der den Warschauer Aufstand behandelt. Der breitangelegte Romanzyklus ›Między wojnami‹ behandelt den Krieg in den verschied. Teilen der Erde aus den Jahren 1934–49, von Abessinien und Spanien bis China, Vietnam, Korea, und stellt die Geschehnisse immer unter versch. menschl. Aspekten dar. Lit. Einleitung der Tauwetter-Periode 1956 mit ›Obrona Grenady‹.

W: Miasto niepokonane, R. 1946; Drewniany koń, R. 1946; Między wojnami, R. IV 1948–51 (Samson, 1948; Antygona, 1949; Troja miasto otwarte, 1949; Człowiek nie umiera, 1951 (Der Mensch stirbt nicht, d. 1955); Sprawiedliwi ludzie, Dr. 1953; Obywatele, R. 1954; Hotel rzymski, R. 1955; Czerwona czapeczka, En. 1956; Obrona Grenady, E. 1956 (Die Verteidigung Granadas, d. 1959); Matka Królów, R. 1957 (Die Mutter der Könige, d. 1959); Listy do Pani Z, lit. Sk. III 1958–62 (Briefe an Frau Z., d. 1965); Wspomnienia z teraźniejszości, Ess. 1959; Romantyczność, En. 1960; Sposób bycia, R. 1963 (Die Art zu leben, d. 1970); Opowiadania, En. 1963; Dżoker, lit. Sk. 1966 (Joker, d. 1968); Rynek, Tg. 1968 (Der Marktplatz, d. 1971); Mała księga, Mem. 1970; Wariacje pocztowe, R. 1972 (d. 1975); Pomysł, R. 1974 (Der Einfall, d. 1991); Nowele filmowe, 1975; Nierzeczywistość, E. Paris 1978; Miesiące 1978–87, Tg. Paris 1981–87; Rondo, R. 1982. – *Übs.:* Die Kunst, geliebt zu werden, En. 1968; Die alten Beiden, En. 1971; Ruhige Jahre unter der Besatzung, En. 1979; Warschauer Tagebuch, 1978–81, 1984.
L: J. Ziomek, 1964 (m. Bibl.); W. Maciąg, 1990.

Branislav, František, tschech. Lyriker, 19. 6. 1900 Beroun – 25. 9. 1968 Komořany (heute Prag). Rundfunkreferent, Redakteur, Lektor f. skandinav. Lit. Ab 1958 freier Schriftsteller. – B.s Lyrik unterlag keinen tieferen Wandlungen. S. Gedichte sind melod., gefühlsbetont u. besingen vorwiegend Natur u. Heimat. Sie haben nicht die soziale Stoßkraft Wolkers oder Nezvals.

W: Bílý kruh, G. 1924; Na rozcestí, G. 1927; Větrná růžice, G. 1930; Na houslích jara, podzimu, G. 1933; Věčná země, G. 1939; Dým k hvězdám, G. 1940; Pozdrav Polsku, G. 1950; Milostný nápěv, G. 1951; Krásná láska, G. 1952; Večer u studny, G. 1955; Prstem na cestu, G. 1957; Věnec z trávy, G. 1960; Moře, G. 1961; Řecká sonatina, G. 1962; Sluneční kámen, G. 1969; Básně (Ausw.), 1953, 1968; Verše (Ausw.), 1960; Tiše sním Ausw. 1979.
L: A. M. Píša, Stopami poezie, 1962.

Branner, H(ans) C(hristian), dän. Schriftsteller, 23. 6. 1903 Ordrup b. Kopenhagen – 24. 4. 1966 Kopenhagen. Sohn e. Schulrektors, früh vaterlos. 1921 Stud.; 1923–31 Lagerverwalter in e. Verlag; mißlungener Versuch, Schauspieler zu werden; seit 1932 freier Schriftsteller. – Vf. von V. Woolf beeinflußter psycholog. Romane und Novellen in ›stream of consciousness‹-Technik, die die Einsamkeit des Menschen zeigen, s. Angst und den Konflikt zwischen Gewissen und Macht (›Drømmen om en kvinde‹, ›Rytteren‹). ›Historien om Børge‹ zeigte s. großes Einfühlungsvermögen in die kindl. Psyche. Ferner iron.-humorvolle, einfach aufgebaute Erzählungen und erfolgr. Dramen, die sich an die Technik Ibsens anlehnen. In Hörspielen wie in s. Essays tief

Brantenberg

engagierter ›kämpfender Humanist‹. Übs. von engl. und amerik. Romanen.
W: Legetøj, R. 1936 (Ein Dutzend Menschen, d. 1938); Barnet leger ved stranden, R. 1937; Om lidt er vi borte, Nn. 1939; Drømmen om en kvinde, R. 1941 (Traum um eine Frau, d. 1948); Historien om Børge, R. 1942 (Die Geschichte von Borge, d. 1948); To minutters stilhed, Nn. 1944 (Zwei Minuten Schweigen, d. 1952); Digteren og Pigen, G. 1945; Angst, N. 1947; Rytteren, R. 1949 (Der Reiter, d. 1951); Søskende, Sch. 1952 (Die Geschwister, d. 1952); Bjergene, N. 1953; Ingen kender natten, R. 1955; Vandring langs floden, Ess. u. Sk. 1956; Thermopylæ, Sch. 1958 (d. 1959); Et spil om kærligheden og døden, Sch. 1961; Ariel, N. 1963; Fem radiospil, H.e 1965; Tre skuespil, Drn. 1968. – *Übs.:* Die blauen Wellensittiche, N. 1950; Die drei Musketiere, N. 1953; Jedem sein Geheimnis, Nn. 1957; Erzählungen, 1967.
L: H. B. Fonsmark, 1951; J. Vosmar, 1959; E. Frederiksen, 1967; L. Ottosen, 1975; E. Skyum-Nielsen, 1980; J. Branner, Opbrud, 1999.

Brantenberg, Gerd, norweg. Schriftstellerin, * 27. 10. 1941 Oslo. Stud. Univ. Oslo, Lehrerin an versch. Gymnasien, seit 1982 freischaffende Autorin. – Feminist. engagierte Vf., die z. T. mit satir. Mitteln die Unterdrückungsmechanismen der patriarchalen Gesellschaft angreift. Der internationale Durchbruch gelang ihr mit dem Roman ›Egalias døttre‹, in dem das Phantasieland Egalia beschrieben wird, wo die Frauen die Macht haben und die Geschlechterrollen umgekehrt sind.
W: Opp alle jordens homofile, R. 1973 (Vom andern Ufer, d. 1989); Egalias døttre (1977); Sangen om St. Croix, R. 1985; På sporet av den tapte lyst, St. 1986; For alle vinder, R. 1989 (In alle Winde, d. 1991); Augusta og Bjørnstjerne, hist. R. 1997 (Augusta und ihr Dichter, d. 1998).

Brantôme, Pierre de Bourdeille, Seigneur de, franz. Schriftsteller, um 1540 Périgord – 15. 7. 1614 Brantôme. Verbrachte e. großen Teil s. Lebens im Kriegsdienst. Kämpfte im Gefolge des Herzogs von Guise in Italien, Spanien, Portugal, England, Nordafrika und Malta; Höfling Karls IX. und Heinrichs III.; 1582 vom Hof verbannt, 1584 Sturz vom Pferd, ab da Invalide, begann, auf s. Schloß Brantôme zurückgezogen, 1589 s. Memoiren zu schreiben, die zu den aufschlußreichsten der franz. Lit. gehören. Schöpfte aus s. an Abenteuern reichen Lebenserfahrung, dem Umgang mit der adligen Gesellschaft. – S. Werk ist weniger lit. als kulturgeschichtl. bedeutend, wenn auch als hist. Quelle unzuverlässig. In den Kriegs- und Skandalgeschichten, die weite Verbreitung fanden, spiegelt sich die gesamte franz. Gesellschaft des 16. Jh. Maßgebl. für das Geschichtsbild Frankreichs über diese Zeit.
W: Œuvres complètes, X 1666/67; hg. L. Lalanne XI 1864–82 (dt. Ausw. F. Schiller 1796f., A. Semerau 1911); Vie des dames galantes, 1666; hg. H. Longnon II 1928, M. v. Rat 1948 (d. G. Harsdörffer II 1905, E. T. Kauer 1930); Discours sur les colonels de l'infanterie de France, hg. E. Vaucheret 1969.
L: L. Lalanne, 1896; F. Crucy, 1934; L. C. Steven, La langue de B., 1939; J. Secret, 1948; F. de Clermont-Tonnerre, 1968; R. Cottrell, 1970; G. de Piaggi, Società militare, 1970; A. Grimaldi, 1971.

Brasillach, Robert, franz. Schriftsteller, 31. 3. 1909 Perpignan – 6. 2. 1945 Paris. Offizierssohn; Lycée Louis-le-Grand, Paris, Stud. Ecole Normale Supérieure, Journalist. Freund von Maurras und den Pitoëffs, 1932–39 Lit.kritiker der ›Action Française‹, 1937–43 Chefredakteur des aggressiv antisemit. und fanat. faschist. Wochenblatts ›Je suis partout‹, bemüht um polit. Annäherung Frankreichs an den Nationalsozialismus. 1945 als Kollaborateur zum Tod verurteilt und trotz e. von Aragon und Mauriac eingereichten Gnadengesuchs hingerichtet. – Schrieb glänzende, von differenzierter Geistigkeit zeugende Lit.kritiken, weitere persönl. Memoiren zu e. scharfsinnigen und lebendigen Chronik der Jahre 1930–45 aus, verfaßte unter dem Einfluß von Alain-Fournier mit feinem Stilempfinden in einfacher Sprache zarte Romane, aus denen die Sehnsucht nach der vergangenen Kindheit und die Poesie des Pariser Lebens sprechen.
W: Présence de Virgile, Es. 1931 (d. 1962); Le voleur d'étincelles, R. 1932; L'enfant de la nuit, R. 1934; Portraits, Ess. 1935; Histoire du cinéma, 1935 (m. M. Bardèche); Le marchand d'oiseaux, R. 1936 (Uns aber liebt Paris, d. 1953); Comme le temps passe, R. 1937 (Ein Leben lang, d. 1938); P. Corneille, Es. 1938; Les sept couleurs, R. 1939; La conquérante, R. 1943; Notre avant-guerre, Aut. 1943; Les quatre jeudis, Ess. 1944; Poèmes, 1944; Anthologie de la poésie grècque, 1948; Poèmes de Fresnes, 1949; Six heures à perdre, R. 1953 (Grüße für Marie-Ange, d. 1954); Bérénice, Es. 1954; Journal d'un homme occupé, Aut. 1955; La reine de Césarée, Dr. 1957; Ecrits à Fresnes, 1967. – Œuvres complètes, VIII 1963f.
L: J. Isorni, Le procèes de R. B., 1946; P. Vandromme, 1956; J. Madiran, 1958; P. Serant, Le romantisme fachiste, 1960. H. Massis, 1963; Hommage à B., hg. Ass. des amis de R. B. 1965; R. Pellegrin, 1965; B. George, 1968; C. Ambroise-Colin, 1971; T. Kunnas, 1972; G. Sthème de Joubécourt, 1972; L. Rosson, 1992; G. Simpriot, 2000; P. Tame, 2001.

Brassens, Georges, franz. Dichter u. Chansonnier, 22. 10. 1921 Sète/Hérault – 30. 10. 1981 Gély-du-Fesc. – Schrieb in z. T. archaischem Vokabular und ohne sich formalen Zwängen zu unterwerfen volkstüml., zunächst anarchist.-gesellschaftskrit., dann allg. moralisierende Balladen, die er selbst vertonte u. rezitierte. Mit Juliette Gréco große Erfolge am Théâtre National Populaire (1966).

W: Chansons, 1952–56; 1957–58; 1960–62. – *Übs.:* Texte, II 1963–65.

L: A. Bonnafé, 1963; R. Fallet, 1967; A. Larue, 1970; L. Hantrais, 1977; F. Ruy-Vidal, 1978; P. Berrner, 1981; J. P. Sermonte, 1990; M. Robine, 1991; F. Venturini, 1996; G. Lenne, 2001.

Brătescu-Voineşti, Ioan Alexandru, rumän. Erzähler, 1. 1. 1868 Târgovişte – 14. 12. 1946 Bukarest. Aus alter Bojarenfamilie, Stud. Jura Bukarest, Richter in Târgovişte, Abgeordneter, Mitgl. der Rumän. Akad. Anfangs Pazifist, später ultranationaler Pamphletist. – Vf. besinnl. Erzählungen von hohem moral. Wert. S. Helden werden vom Leben besiegt, weil sie das Vorrecht des Geistes über die Materie verteidigen, meist Städter, Bojaren, die vom Einbruch der Technik in e. patriarchal. Welt überrascht wurden; sie unterliegen den ›Tüchtigen‹, denen alle Mittel recht sind. Karger Dialog, subtile Beschreibungen seel. Konflikte.

W: În lumea dreptății, En. 1908; Întuneric și lumină, En. 1912; Sorana, Dr. 1915; În slujba păcii, En. 1920; Rătăcire, 1923. – *Übs.:* Die Wachtel, 1928.

L: G. Ibrăileanu, 1916; D. Caracostea, 1921, 1943 u. 1986; W. Roccato, Rom 1939.

Brathwaite, Kamau (eig. Lawson Edward B.), afrokarib. Dichter, * 11. 5. 1930 Bridgetown/ Barbados. Stud. Barbados u. England. Bildungsminister Ghana 1963–72, seit 1982 Prof. für vergl. Literaturwiss. New York Univ. – Bekanntheit als einer der innovativsten karib. Lyriker mit der autobiograph. Trilogie ›The Arrivants‹. S. Gedichte widmen sich karib. Identität; hybride Mischung formaler Einflüsse aus afrikan. Folklore/Jazz u. europ. Stilen, oft mit variierendem Format u. Schriftbild gedruckt. Umfassende kultur- und literaturkrit. Arbeiten.

W: The Arrivants: A New World Trilogy, G. 1973 (Rights of Passage, 1967; Masks, 1968; Islands, 1969); The Development of Creole Society in Jamaica, 1770–1820, Sb. 1971; Other Exiles, G. 1975; Mother Poem, 1977; Sun Poem, 1982; X/Self, G. 1987; Shar, G. 1990; Middle Passages, G. 1992; Trench Town Rock, G. 1994.

Bratny, Roman (eig. Mularczyk), poln. Schriftsteller, * 5. 8. 1921 Krakau. Während des Krieges im Untergrund Hrsg. der Zs. ›Dźwigary‹. Teilnahme am Warschauer Aufstand, dt. Kriegsgefangenschaft. Nach Rückkehr Absolvent der Akad. für polit. Wiss., Redakteur, seit 1963 stellv. Chefredakteur der Zt. ›Kultura‹. – Begann mit Kriegsund polit. Lyrik. Das Hauptwerk ›Kolumbowie‹ gestaltete die Tragödie der verlorenen Generation der jungen AK-Kämpfer. Der Titel wurde zum Eponymon. Zahlreiche Romane und Erzählungen, geschickt gebaut und spannend, über Gegenwartsprobleme.

W: Pogarda, G. 1944; Ślad, Nn. 1946; W karty z historią, G. 1948; Człowieku, żyć będziesz, G. 1951; Ile serce wytrzyma, En. 1953; Sześć godzin ciemności, Dr. 1953; Kryśka Brzytew, En. 1955; Krok ostateczny, R. 1955; Kolumbowie. Rocznik 20, R. III 1957 (Śmierć po raz pierwszy – Śmierć po raz drugi – Życie; Kolumbus. Jahrgang 20, d. 1961); Niespokojne tropy, Reiseb. 1959; Szczęśliwi torturowani, R. 1959; Spacer w Zoo, En. 1961; Sniegi płyną, R. 1961; Brulion, R. 1962; Nauka chodzenia, R. 1965; Ciągle wczoraj, En. 1968; Kontrybucja, En. u. Filmskripts 1969; Przesłuchanie Pana Boga, En. 1969; Opowiadania, En. 1969; Losy, R. 1973; Lot ku ziemi, R. 1976; Na bezdomne psy, R. 1977 (Die Hunde, d. 1983); Radość nagrobków, En. 1978; Pamiętnik moich książek, Mem. II 1978–83; Radość nagrobków, En. 1978; Rozstrzelane wesele, R. 1979; Trzech w linii prostej, Ile jest życia, En. 1981; Rok w trumnie, R. 1983; Dzieci Świętej, R. 1985; Cdn., R. 1986; Miłowanie kata, R. 1986; Upadek ›Ludowej‹, R. 1987; Nagi maj, R. 1988. – Opowieści współczesne (Ges. En.), II 1976; Wiersze i dramaty (GW), 1980.

L: W. Nawrocki, 1972; Z. Macużanka, 1982.

Braun, Andrzej, poln. Erzähler u. Lyriker, * 19. 8. 1923 Łódź. Stud. in Łódź u. Breslau, 1953/54 Aufenthalt in Korea. – Vieldiskutierter Erzähler um menschl. Konflikte in der kommunist. Gesellschaft.

W: Lewanty, R. 1952; Piekło wybrukowane, E. 1956 (Die gepflasterte Hölle, d. 1958); Noc długich nożyc, En. 1961; Zdobycie nieba, R. 1964; Próżnia, R. 1969; Próba ognia i wody, R. 1975; Bunt, R. 1976; Odskok, En. 1976; Rzeczpospolita chwilowa, R. 1982; Piekło wybrukowane, En. 1984; Wallenrod, R. 1990.

Brautigan, Richard (Gary), amerik. Schriftsteller, 30. 1. 1933 Tacoma/WA – 25. 10 1984 Bolinas/CA. Als Held der Untergrundkultur von San Francisco Ende der 60er Jahre Campus-Idol, s. erster Roman ›Trout Fishing in America‹ (geschr. 1961) wird zum Kultbuch der Jugendbewegung; ab Mitte der 70er Jahre vereinsamt; zunehmend depressiv, Selbstmord. – B.s Prosa besteht aus skizzenhaften Miniaturen, die sich nur selten zu erzählerischer Großstruktur zusammenfügen. Ihre sprachl. und emotionale Unterkühltheit erinnert an Hemingway; sie schildern phantast.-arkad. Traumwelten, Zufluchtsräume empfindsam-isolierter Individuen; Revolte wird zum Eskapismus. B.s Gedichte sind flüchtig-lapidare, oft haikuähnliche Augenblicksschöpfungen.

W: The Return of the Rivers, G. 1957; The Galilee Hitch Hiker, G. 1958; Lay the Marble Tea, G. 1959; A Confederate General from Big Sur, R. 1965 (d. 1979); Trout Fishing in America, R. 1967 (d. 1971); In Watermelon Sugar, R. 1968 (d. 1970); The Pill Versus the Springhill Mine Disaster, G. 1968 (d. 1978); Rommel Drives on Deep into Egypt, G. 1970; The Abortion, R. 1970 (d. 1978); Revenge of the Lawn, En. 1971 (d. 1978); The Hawkline Monster, R. 1974 (d. 1986); Willard and His Bowling Trophies, R. 1975 (d. 1981); Sombrero Fallout, R. 1976 (d. 1990); Loading Mercury with

a Pitchfork, G. 1976; June 30th, June 30th, G. 1977 (d. 1989); Dreaming of Babylon, R. 1977 (d. 1983); The Tokyo-Montana Express, R. 1980; So, the Wind Won't Blow It All Away, R. 1982 (Am Ende einer Kindheit, d. 1989).
L: M. Chénetier, 1983; E. H. Forster, 1983; C. Riedel, 1985; C. Großmann, 1986; J. Boyer, 1987; K. Abbott, 1989; A Horatschek, 1989. – *Bibl.*: J. F. Barber, 1990.

Braxatoris, Ondrej → Sládkovič, Andrej

Brazdžionis, Bernardas (Ps. Vytė Nemunėlis), litau. Lyriker, 14. 2. 1907 Stebeikėliai, Kr. Biržai – 11. 7. 2002 Los Angeles. 1929–34 Stud. Lit.wiss. Kaunas, Redakteur. 1944 Flucht nach Österreich; später Dtl., seit 1948 USA. – Dichter des litau. Symbolismus. Leitmotiv s. Lyrik ist die Reise des Menschen über die Erde zu Gott. Diese Sehnsucht ströme durch alle Zeiten als Ur-Sehnsucht nach der Ur-Gottheit. Tiefsinnige Gedanken in harter, strenger Form.
W: Baltosios dienos, 1926; Verkiantis vergas, 1928; Amžinas žydas, 1931; Krintančios žvaigždės, 1933; Ženklai ir stebuklai, 1936; Kunigaikščių miestas, 1939; Šaukiu aš savo tautą, 1941; Per pasaulį keliauja žmogus, 1943; Iš sudužusio laivo, 1943; Viešpaties žingsniai, 1944; Svetimi kalnai, 1945; Šiaurės pašvaistė, 1947; Didžioji Kryžkelė, 1953; Vidudienio sodai, 1961; Poezijos pilnatis, 1970; Po aukštaisiais skliautais, 1989.

Breban, Nicolae, rumän. Schriftsteller, * 1. 2. 1934 Baia Mare. Stud. Philos. u. Lit. unterbrochen, danach Dreher u. Chauffeur. Journalist, Chefredakteur versch. Kulturzsn. Vf. zahlr. Romane von üppiger Länge, die dem Leser e. Befreiung aus der Provinz versprechen mit dem Endziel der Situierung in der klass. Landschaft zwischen Dostoevskij u. Solochov. Doch gerade dieses Bestreben entfernt B. vom ›modernen Menschen‹, e. bei ihm häufiges Motiv, und verringert die Glaubwürdigkeit der stets in Paaren erscheinenden Protagonisten. B. glaubt, sich durch die Vielfältigkeit der Charaktere, durch Moralität u. Groteske von den allmächtigen ideolog. Fesseln des Regimes befreien zu können, aber es zeigt sich, daß die Hindernisse Werk seiner selbst sind, wie er in dem gleich nach der Wende veröffentlichten Roman ›Pândă și seducție‹ demonstriert.
W: Francisca, R. 1965; În absența stăpânilor, R. 1966; Animale bolnave (Kranke Tiere, d. 1973), R. 1968, 1992; Îngerul de gips, R. 1973; Bunavestire, R. 1977; Don Juan, R. 1981; Drumul la zid, Dicht. 1984; Pândă și seducție, R. 1991; Confesiuni violente, Mem. 1994.

Brébeuf, Georges de, franz. Dichter, 1618 Thorigny/Manche – 17. 12. 1661 Venoix b. Caen. Freund von P. Corneille. Hauslehrer; Gelegenheitsdichter der Pariser Salons. – Berühmt durch e. Versübs. von Lukians ›Pharsalia‹ mit z. T. kraftvollen, farbigen Versen; von Corneille bewundert, von Boileau kritisiert. Schrieb e. burleske Parodie auf die ›Aeneis‹, außerdem besinnl. geistl. Lyrik.
W: Parodie du septième livre de l'Enéide, 1650; Pharsale, Übs. 1954f.; Le premier livre de Lucain travesti, Parod. 1656; Poésies diverses, 1658 u. 1668; Panégyrique de la paix, 1660; Les entretiens solitaires, 1660 (hg. R. Harmand 1911); Eloges poétiques, 1661. – Œuvres, 1664.
L: R. Harmand, 1897.

Bredero, Gerbrand (oder Gerbrant) Adriaenszoon, niederländ. Lyriker u. Dramatiker, 16. 3. 1585 Amsterdam – 23. 8. 1618 ebda. Sohn e. wohlhabenden Schuhmachers, erwarb franz. Kenntnisse auf der Schule; Malunterricht; 1613 Mitgl. der Rederijkerskamer De Egelantier; lernte R. Visscher, Coster, Hooft, später auch Hugo de Groot kennen. – Lyriker, Dramatiker und Maler, genauer Beobachter und Schilderer des Amsterdamer Volkslebens. S. volkstüml. Lyrik von bildhafter, lebendiger Anschauung kreist um 3 miteinander verflochtene Themenkreise: treue und unglückl. Liebe, Stadt und Bauer, christl. Glauben. Drei ernste Dramen behandeln den Stoff der span. Palmerijn-Romane in der Amadîs-Mode, stilist. nicht einheitl., da B.s eigentl. Stärke in den realist. Szenen liegt wie in s. kulturhist. bedeutsamen Possen, Schwänken und Lustspielen mit ihren lebensnahen witzigen und lebendigen Szenen.
W: Rodderick ende Alphonsus, Dr. 1611; Griane, Dr. 1612; Klucht van de koe, K. 1612; Klucht van de molenaar, K. 1613; Het moortje, Lsp. 1615 (nach Terenz' ›Eunuchus‹); Lucelle, Lsp. 1616 (nach Boccaccio); De Spaansche Brabander, Lsp. 1618 (nach ›Lazarillo de Tormes‹); Stommen ridder, Dr. 1618; Amoureus, boertigh en eendachtigh Groot Liedt-Boeck, G. 1622 (n. A. A. v. Rijnbach 1944); Angeniet, Dr. 1623 (voll. v. Starter); Het daghet uyt den oosten, 1638. – De werken, hg. J. ten Brink III 1890; J. A. N. Knuttel IV 1918–27; G. Stuiveling 1968 ff.
L: J. ten Brink, III ²1887 f.; H. Poort, 1918; J. Prinsen, 1919; J. A. N. Knuttel, 1949; J. P. Naeff, 1960; A. G. H. Bachrach u.a., 1970; G. Stuiveling, 1970; J. P. Naeff, 1971; J. H. Cartens, 1972.

Bregendahl, Marie, dän. Heimatdichterin, 6. 11. 1867 Fly/Jütland – 22. 7. 1940 Kopenhagen. Tochter e. jütländ. Hofbesitzers; 1893–1900 ∞ Jeppe Aakjær. – Vf. von schlicht u. ohne großen Aufwand an Handlung erzählten stimmungshaften psycholog. Romanen von tiefer Verbundenheit mit der Heimat und der bäuerl. Bevölkerung. Stark und fest ist das Leben dieser Menschen, geprägt durch das Meer und die Arbeit. Ohne soziale Anklage bezieht B. die polit. Entwicklung ihres Landes und die zunehmende Verstädterung in ihr Werk ein und verbindet so Heimatbindung mit mod. Weltoffenheit.

W: Ved Lars Skrædders Sygeseng, 1902; Hendrik i Bakken, R. 1904; En dødsnat, R. 1912 (d. 1917, 1920); Billeder af Sødalsfolkenes liv, R. VII 1914–23 (u.d.T. Sødalsfolkene, II 1935; daraus: Jungvolk, d. 1927; Der Goldgräber-Peter, d. 1928); I håbets skær, Nn. 1924; Med åbne sind, Nn. 1926; Den blinde rytter, Nn. 1927; Holger Hauge og hans hustru, R. IV 1934f. (daraus: Holger und Kirstine, d. 1938); Møllen og andre fortællinger, En. 1936 (daraus: Die Mühle, d. 1943). – *Übs.:* Frau Anne Gram, 1933.

L: P. Hesselaa, 1939; P. M. Andersen, 1946; J.-L. Hjort-Vetlesen, [2]1981, Forlokkelse og familie, 1992.

Brekke, Paal Emanuel, norweg. Lyriker u. Lit. Kritiker, 17. 9. 1923 Røros – 2. 12. 1993 Oslo. Pfarrerssohn; hat sich als Lyriker, Übs. und Rezensent e. Namen gemacht. – Zentraler Autor des lyr. Modernismus, den er mit dem Gedichtband ›Skyggefektning‹ initiierte. S. anfängl. assoziative Bilderlyrik wird in den 1960er Jahren unter dem Eindruck e. Asienreise gesellschaftskrit. u. satir.

W: Skyggefektning, G. 1949; Aldrende Orfeus, R. 1951; Løft min krone, vind fra intet, G. 1957; Roerne fra Itaka, G. 1960; En munnfull Ganges, Reiseb. 1962; Det skjeve smil i rosa, G. 1965; Granatmannen kommer, G. 1968; Aftenen er stille, G. 1972; Syng Ugle, G. 1978; Til sin tid, Ess. 1979; Flimmer. Og strek, G. 1980; Farvel'ets rester, Ess. 1981; Men barnet i meg spør, G. 1992; Ostinato, G. 1994 (postum). – Samlede dikt I – II, G. 2001.

L: T. Seiler, På tross av, P. B.s Lyrik vor dem Hintergrund modernistischer Kunsttheorie, 1993; Lenkende fugler som evig letter, hg. O. Karlsen 2001; T. Brekke, 2002.

Brekke, Toril, norweg. Erzählerin, * 24. 6. 1949 Oslo. Tochter von Paal Brekke u. der Malerin Bjørg Rasmussen. – Schreibt gesellschaftspolit. engagierte Romane sowie Kinder- u. Jugendbücher. B. war Präsidentin des norweg. PEN-Klubs.

W: Jenny har fått sparken, R. 1976; Den gylne tonen, R. 1980; Mannen som hatet fotball, R. 1987; Granitt, R. 1994 (Linas Kinder, d. 1998); Aske, R. 1999 (Die Asche der Vergangenheit, d. 2000); Enkenes paradis, Nn. 2000; Sara, R. 2001; Paal Brekke: kunstner, et liv, B. 2002.

Brel, Jacques, belg. Autor, Komponist und Sänger, 14. 4. 1929 Schaerbeek/Brüssel – 9. 10. 1978 Paris. Verläßt früh das elterl. Unternehmen, um sein Glück als Liedermacher und Interpret in Paris zu suchen. Begegnet anfänglich Schwierigkeiten, verdankt erste Erfolge der Zusammenarbeit mit Jacques Canetti, der ihn entdeckte. – Schriftstellerisches Talent, stimmliche Begabung und darstellerische Fähigkeiten fügen sich in seinem Schaffen zu einem musikal. Feuerwerk zusammen; anfänglich kathol.-sozial engagiert, später nonkonformist. und antiklerikal, konzentriert auf das Thema des Todes; sprachlich Neologismen, Lautmalerei und Alliterationen.

L: A. Sallée, 1988; M. Monestier, 1993; L. Laffont, 1998; P. Vandromme, 1998; O. Todd, 1998; G. Lhote, 1998; E. Zimmermann, 1998; L. Schrauwen, 2000; T. Soulie, 2000; G. Lefebvre, 2001; J.-L. Petry, 2002.

Bremer, Fredrika, schwed. Schriftstellerin, 17. 8. 1801 Turku/Finnland – 31. 12. 1865 Årsta b. Stockholm. Tochter e. Bergwerksbesitzers. Vornehme, aber strenge Erziehung. Reisen nach Paris (1821/22), Nordamerika (1849–51), Italien, Schweiz u. Palästina (1856–61). – Schrieb zunächst romant. ausgeschmückte, humorvolle Schilderungen aus dem Alltagsleben. Als Reaktion gegen die eigene Erziehung u. die unterdrückte Stellung der Frau wurde sie zur Frauenrechtlerin u. wandte sich sozialen u. relig. Fragen zu. Führte nach engl. Muster den Familienroman in Schweden ein.

W: Teckningar utur hvardagslifvet N. 1828–31; Familjen H., R. 1829 (Familie H., d. 1841); Presidentens döttrar, R. 1834; Nina, R. 1835; Grannarne, R. 1837; Hemmet, R. 1839 (Das Haus, d. 1840); Hertha, R. 1856; Hemmen i den nya världen, III 1853 f. (Heimat in der neuen Welt. d. 1854 f.); Lifvet i gamla verlden, 1860– 62. – Skrifter, VI 1868–72; Brev, hg. K. Johanson u. E. Kleman IV 1915–20; Det unga Amerika, hg. K. Johanson 1927; Sjelfbiografiska anteckningar, Aut. hg. C. Quiding 1868 (n. 1912). – *Übs.:* GW, L 1857–70; Erzählungen, XXIV 1882.

L: S. Adlersparre, S. Leijonhufvud, 1896; S. Ek, 1912; E. Kleman, 1925; S. Rooth, F. B. and America, Chicago 1953; K. Carsten Montén, 1976, 1981; L. Wendelius, 1985; U. Törnqvist, 1986.

Brennan, Christopher John, austral. Dichter, 1. 11. 1870 Sydney – 5. 10. 1932 ebda. Ir. Abstammung. Stud. in Sydney u. 1892–94 in Berlin. Bibliotheksbeamter, 1897–1925 erst Lektor für klass. und mod. Sprachen, dann Prof. für Germanistik und vergleichende Lit.wiss. Univ. Sydney. Bedeutender Gelehrter. Vf. zahlr. lit. Essays in führenden austral. Zsn. Große Belesenheit in europ. Lit. S. unglückl. Ehe mit der Berlinerin Elisabeth Werth führte 1925 zur Entlassung aus dem Univ.-Dienst. Als ›geistig Verbannter‹ in s. eigenen Land starb er einsam u. mittellos. – In s. Lyrik beeinflußt von der dt. Romantik und vom franz. Symbolismus, bes. von Mallarmé. Höhepunkt s. Lyrik ist der Gedichtzyklus ›The Wanderer‹ (1913).

W: Poems, Towards the Source, 1897; Poems, 1913; A Chant of Doom and Other Verses, 1918. – The Verse, 1960; Prose, hg. A. R. Chisholm, J. J. Quinn 1962; C. B., hg. T. Sturm 1984.

L: A. G. Stephens, 1933; R. Hughes, 1934; H. M. Green, 1939; A. R. Chisholm, 1946; G. A. Wilkes, New Perspectives on B.'s Poetry, 1953; R. Pennington, 1970 u. 1978; J. McAuley, [2]1973; A. Clark, 1980. – *Bibl.:* W. W. Stone, H. Anderson, 1959; H. F. Chaplin, 1966.

Brenner, Arvid (eig. Fritz Helge Heerberger), schwed. Erzähler, 6. 7. 1907 Berlin – 3. 1. 1975 Spånga. Dt.-schwed. Herkunft, Schulen in Dtl. u. Schweden, seit 1933 ebda., 1938 eingebürgert. ∞ Eva Malmquist. – S. Roman ›Kompromiss‹ spielt in Berlin vor der nationalsozialist. Machtergreifung u. behandelt die Schwierigkeiten des Intellektuellen, außerhalb der polit. Strömung zu bleiben. In psycholog. eindringl. Schilderungen behandelt er dt. u. schwed. Bürgertum, bes. gefühlsgehemmte Gestalten.

W: Kompromiss, R. 1934; Jag har väntat på dig, N. 1935; Ny vardag, R. 1936; En dag som andra, R. 1939; Rum för ensam dam, R. 1941; Så går vi mot paradis, N. 1944; Vintervägen, R. 1945; Stjärnorna ser oss inte, N. 1947; Det orimliga, Sch. 1948; Hägringen, N. 1950; Stranden mitt emot, R. 1953; Fixeringsbild, N. 1955.

Brenner, Josef Chajim, hebr. Erzähler und Publizist, 11. 9. 1881 Novy Mlyny/Ukraine – 2. 5. 1921 Jaffa (von Arabern in der Nähe seines Hauses ermordet). In ärml. Verhältnissen aufgewachsen, Talmudstudent und Soldat. Lebte 1905–08 in London als Hrsg. der seinerzeit einzigen hebr. Monatsschrift ›Hameorer‹ (›Der Wecker‹) und als Druckereiarbeiter. Ließ sich 1908 im neugegründeten Tel Aviv nieder. – Übte von Tolstoj ausgehend anhaltend scharfe Kritik an der zur Phrase gewordenen zionist. Ideologie u. hatte großen Einfluß auf die jüd. Arbeiterbewegung. S. episodenhafter Romane aus dem Leben in Rußland, London und Palästina atmen e. starken Kulturpessimismus; die geistige Verwandtschaft zu G. Hauptmann, dessen Dramen er ins Hebr. übersetzte, ist offensichtlich.

W: Ba-choref, R. 1904 (Winter, engl. 1936); Misaviv la-Nekuda, R. 1904 (jidd. 1923); Atzabim, N. 1910 (Nerfs, franz. 1991); Schchol ve-Kishalon, R. 1920 (Breakdown and Bereavement, engl. 1971); Schchol hamejtzar (out of the Depths, engl. 1992); Kol kitwe, III 1955–67; Ketawim, IV 1978–85; Ketawim jidd. 1985; 'Iggrot, II 1940–41.

L: J. Lichtenbaum, 1967; A. Cohen, 1972; Y. Bakon, Brenner ha-tza'ir, II 1975; I. Lewin, Machbarot, 1975; Y. Ewen, Omanut ha-sippur, 1977; E. Ben Ezer, 2001.

Brenner, Sophia Elisabeth (geb. Weber), schwed. Dichterin, 29. 4. 1659 Stockholm – 14. 9. 1730 ebda. Tochter e. aus Dtl. eingewanderten Kaufmanns. – Vf. voluminöser, aber prosaischer (meist Gelegenheits-)Gedichte in schwed., dt., franz., lat. u. ital. Sprache; gepflegter Stil; altklug und moral., manchmal auch mit echtem Gefühl. Trat für Gleichberechtigung der Frau auf geist. Gebiet ein.

W: Uti åtskillige Språk, Tider och Tilfällen författade Poetiske Dikter, II 1713–32. – Samlade poetiska dikter, hg. P. Hanselli 1873.

Brenton, Howard, engl. Dramatiker, * 13. 12. 1942 Portsmouth/Hampshire. Stud. Cambridge, B. A. in Englisch 1965. Dramaturg am Royal Court Theatre. – Hauptthema der Dramen ist der Kontrast zwischen dem grausamen Sadismus menschl. Phantasien u. den irrelevanten, überholten, äußerl. Restriktionen der Gesellschaft, welche die Phantasien unterdrücken u. dadurch intensivieren.

W: Christie in Love, Dr. 1970; Revenge, Dr. 1970; Gum and Goo, Dr. 1972; Magnificence, Dr. 1973; Epson Downs, Dr. 1977; The Saliva Milkshake, Dr. 1977; The Romans in Britain, Dr. 1982; Sleeping Policeman, Dr. 1984; Pravda, Dr. 1985; Bloody Poetry, Dr. 1985; Greenland, 1988; H. i. D. (Hess is Dead), Dr. 1989; Berlin Bertie, Dr. 1992.

L: F. Fasse, (Diss.) 1983; T. Mitchell, 1988; R. Boon, 1991; A. Wilson, 1992.

Bret Harte → Harte, (Francis) Bret(t)

Breton, André, franz. Schriftsteller, 18. 2. 1896 Tinchebray/Orne – 28. 9. 1966 Paris. Eltern bescheidene Geschäftsleute; Stud. Medizin (vorwiegend Psychiatrie) Paris, stark beeindruckt durch Lektüre von Freuds psychoanalyt. Schriften; suchte Freud 1921 in Wien auf. Zunächst Dadaist. 1916 Begegnung mit Jacques Vaché. Gründete 1919 mit s. Freunden Aragon und Soupault die Zs. ›Littérature‹, in der das erste als surrealist. bezeichnete, von B. und Soupault verfaßte Schriftstück erschien. 1921 Bruch mit dem Dadaismus. Seit 1919 eng mit der Entwicklung der surrealist. Bewegung verbunden, die er 1924 als Schule begründete. Ihr Organ war die Zs. ›La Révolution surréaliste‹ (1924ff.) mit den Mitarbeitern B. Péret, L. Aragon, P. Eluard u. a. Politisch linksstehend, war er 1927–35 Mitgl. der kommunist. Partei. Eröffnete 1938 die internationale Ausstellung des Surrealismus in Paris, traf in Mexiko mit Diego Rivera und L. Trockij zusammen. 1940 nach USA emigriert, mit M. Duchamp, M. Ernst und P. Hare 1942 die Zs. ›VVV‹, kehrte nach Kriegsende nach Paris zurück und leitete 1947 in Paris die 2. internationale Ausstellung des Surrealismus. – Wurde, nachdem er e. hervorragende Rolle im Dadaismus gespielt hatte, Führer, Organisator, Theoretiker, Kritiker und Dichter des Surrealismus. Gab ihm in zwei Manifesten und mehreren krit. Schriften e. theoret. Begründung. Fordert, gegen überkommene Wertungen revoltierend, die Erforschung des Unbewußten in der Dichtung. Sieht im Okkulten und in der Analyse der Traumwelt Mittel zur Erkenntnis der eigentl. Wirklichkeit, in Reaktion auf die vom Intellekt geprägte, geheimnislose naturwiss. Welt. B.s Surrealismus sollte nicht nur ästhet. Schule, sondern auch Philos. des Lebens sein. Neben Freudschen

Ideen Elemente der marxist. Philos. Verwirklichte, nachdem er die einzig bedeutenden dadaist. Werke geschrieben hatte, die Theorien des Surrealismus in versförmig angeordneter Prosa von stark visionärem Gehalt, aber in klarer, maßvoller, klass. Form: Analysen krankhafter seel. Zustände, psychoanalyt. Traumdeutungen, Studien verschiedener Geisteskrankheiten. ›Nadja‹, s. eigenartigstes und als klass. Meisterstück des Surrealismus geltendes Werk, ist die Geschichte e. medial veranlagten Frau.

W: Mont de piété, G. 1919; Les champs magnétiques, G. 1920 (m. P. Soupault; d. 1987); Manifeste du surréalisme, Es. 1924; Poisson soluble, Es. 1924 (Schönheit heute, d. 1947); Les pas perdus, Ess. 1924; Un cadavre, Es. 1924; Nadja, R. 1928 (d. 1960); Le surréalisme de la peinture, Es. 1928, ²1965 (d. 1968); Second manifeste du surréalisme, Es. 1930; Ralentir travaux, G. 1930 (m. Eluard u. Char); L'immaculée conception, G. 1930 (m. Eluard; d. 1974); Le révolver à cheveux blancs, G. 1932; Les vases communicants, G. 1932 (m. Soupault; d. 1973); L'air et l'eau, G. 1934; Point du jour, Ess. 1934; Position politique du surréalisme, Es. 1935; De l'humeur noir, Es. 1937; L'amour fou, G. 1937 (d. 1970); Dictionnaire abrégé du surréalisme, 1938 (m. Eluard); Fata Morgana, G. 1940; Anthologie de l'humeur noir, hg. 1940 (d. 1971); Arcane 17, G. 1947; Ode à Charles Fourier, 1947; Poèmes 1919–48, 1948; La lampe dans l'horloge, Es. 1948; Entretiens, Es. 1952; La clé des champs, Ess. 1953; Les manifestes du surréalisme, Slg. 1955 (d. 1968); Perspectives cavalières, 1970.

L: G. Legrand, 1927; M. Carrouges, A. B. et les données fondamentales du surréalisme, 1948; M. Eigeldinger, 1949; V. Crastre, 1952; J. Gracq, ²1966; C. Browder, 1967; M. Carrouges, 1967; Ch. Duits, 1969; J.-L. Bédouin, ²1970; C. Mauriac, ²1970; E. Lenk, Der springende Narziß, 1971; A. Balakian, 1971; M. Bonnet, 1975; G. Legrand, 1976; A. Schwartz, B.-Trotsky, 1977; F. Rosemont, 1978; Ph. Lavergne, 1985; J. P. 1987; J. H. Matthews, Sketch for an early portrait, Amst. 1987; Ch. Duits, 1991; J.-L. Steinmetz, 1994; Ch. Graulle, 2001. –
Bibl.: M. Sheringham, hg. 1972; Elza Adamowicz, hg. 1972–1989, 1992.

Bretón de los Herreros, Manuel, span. Dramatiker, * 18. 12. 1796 Quel/Logroño – 8. 11. 1873 Madrid. Stud. in Madrid, Freiwilliger im Unabhängigkeitskrieg, Mitgl. des Literatenzirkels ›El Parnasillo‹, Redakteur und Theaterkritiker bei versch. Zeitungen, 1837 Aufnahme in die Span. Akad., seit 1847 Direktor der Staatsbibliothek. – Sehr fruchtbarer Bühnenautor (mehr als 200 Stükke) in der Nachfolge Moratíns, bes. erfolgr. mit Sittenkomödien, Bildern der Madrider Gesellschaft (Mittelklasse) u. Episoden aus dem Volksleben mit didakt.-satir. Tendenz. Große Leichtigkeit im Dichten, zierl. Verse, anmutige Dialoge, natürl. Sprache; Sinn für Komik u. Ironie, keine philos. u. psycholog. Tiefe; schrieb auch Gedichte in der Art Meléndez' Valdés; Übs. von Schillers ›Maria Stuart‹, von Werken Racines u. Voltaires;
Bearbeitungen span. Dramatiker der Blütezeit (u. a. Calderón, Lope de Vega, Alarcón).

W: A la vejez, viruelas, K. 1824; A Madrid me vuelvo, K. 1828; Marcela o ¿acuál de los tres?, K. 1831; Elena, Dr. 1834; Muérete y verás, K. 1837 (d. 1897); Don Fernando el Emplazado, Dr. 1837; Ella es él, K. 1838; Vellido Dolfos, Dr. 1839; El pelo de la dehesa, K. 1840; Escuela del matrimonio, K. 1852; Artículos de costumbres, 2000. – Obras, V 1883–85; Obra selecta, hg. M. A. Muro Munilla III 1999; Teatro, 1928.

L: Marqués de Molíns, 1883; G. Le Gentil, Paris 1909; G. Flynn, Boston 1978; P. Garelli, B. de los H. e la sua ›formula comica‹, Imola 1983.

Bretonne, Restif de la → Restif de la Bretonne

Brett, Lily (eig. Luba Brajsztajn), dt.-amerik. Schriftstellerin, * 1946 US-Lager für Displaced Persons in Dtl. 1948 nach Melbourne/Australien, mit ihren poln.-jüd. Eltern emigriert; ∞ Maler D. Rankin, lebt in Manhattan. – Ihre Texte handeln von Holocaust-Opfern, die in aller Welt verstreut neue Gemeinschaften bilden; Vergangenheitsbewältigung und Überlebenswille mischen sich mit der auch kom.-anekdot. Schilderung alltägl. Erlebnisse.

W: The Auschwitz Poems, 1986 (d. 2001); After the War, G. 1990; Things Could Be Worse, 1990 (d. 2002); What God Wants, En. 1992; Unintended Consequences, G. 1992; In Her Strapless Dresses, G. 1994; Just Like That, R. 1995 (d. 1998); In Full View, Ess. 1997 (Zu Sehen, d. 1999); Too Many Men, R. 2000 (d. 2001); New York, Ess. 2000; Von Mexiko nach Polen, R. 2003.

Brettner, Hildur → Dixelius, Hildur

Brett Young, Francis → Young, Francis Brett

Breytenbach, Breyten, afrikaanser Lyriker u. Prosaist, * 16. 9. 1939 Bonnievale/Kapprovinz. Stud. Kunst, Niederl. u. Afrik. Univ. Kapstadt. Seit 1960 Reisen in Europa. 1961 ∞ Vietnamesin Hoang Lien (Yolande). 1977–82 in Haft in Südafrika. Wohnt z. Z. in Paris und in Montagu (Provinz West-Kap). – Beeinflußt von Rimbaud, Éluard, den niederl. 50ern, der lateinamerik. Lyrik u. dem Zen-Buddhismus. Führender Erneuerer der afrikaansen Lyrik in den 60er Jahren. Surrealist, auch als Maler und Zeichner, protokollar. u. gesellschaftskrit. Prosatexte, auch in Engl.

W: Die ysterkoei moet sweet, G. 1964; Katastrofes, Geschn. 1964; Die huis van die dowe, G. 1967; Kouevuur, G. 1969; Lotus, G. 1970; Skryt: Om 'n sinkende skip blou te verf, G. 1972; Met ander woorde: Vrugte van die droom van stilte, G. 1973 (Kreuz des Südens, schwarzer Brand, d. 1973); 'n Seisoen in die paradys, Rep. 1976 (Augenblicke im Paradies, d. 1985); Voetskrif, G. 1976; Mouroir, R. 1983 (d. 1987); Buffalo Bill, G. 1984; The True Confessions of an Albino Terrorist,

Rep. 1984 (d. 1984); End Papers, Ess. 1985 (Schlußakte Südafrika, d. 1986); Lewendood, G. 1985; Return to paradise, Rep. 1993; Dog heart, Rep. 1998; Soms, CD (Musik/Rezitation), 2000; Balling, CD 2000.

L: André P. Brink, 1971; T. T. Cloete, 1980; J. Ferreira, Breyten: die simbool daar, 1985; F. Galloway, Breyten Breytenbach as openbare figuur, 1990; H. Viljoen, 1998.

Breza, Tadeusz, poln. Schriftsteller, 31. 12. 1905 Siekierzyńce – 19. 5. 1970 Warschau. Aus Landadel; Stud. Philos. Warschau und London, Dr. phil.; 1929–32 im diplomat. Dienst, 1933 Redakteur in Posen, dann Dramaturg in Warschau. Im 2. Weltkrieg in der Widerstandsbewegung. Nach 1945 Theaterleiter in Krakau, 1955–59 Kulturattaché in Rom. – Versucht in e. großen, anspruchsvollen Romanzyklus e. krit. Rückblick auf das Polen vor dem 2. Weltkrieg, bes. auf den poln. Faschismus, zu geben. Stark dem Psychologismus verbunden; gute Charakterzeichnung. Im späteren Werk realist. Darstellung Nachkriegspolens u. Analyse des Vatikans unter Pius XII.

W: Adam Grywałd, R. 1936; Mury Jerycha, R. 1946 (d. 1973); Niebo i ziemia, R. II 1950 (Himmel u. Erde, d. 1980); Uczta Baltazara, R. 1952 (Das Gastmahl des Balthasar, d. 1955); Notatnik literacki, Schr. 1956; Urząd, R. 1960 (Audienz in Rom, d. 1962); Spiżowa brama, Aut. 1960 (Das eherne Tor, d. 1962). Listy hawańskie, Reiseb. 1961: Nelly, Ess. 1970 (d. 1975); Zawiść, R. 1973 (Eifersucht, d. 1979). – Dzieła (AW), 1976–86.

L: T. Drewnowski, 1969; M. Dąbrowski, 1982.

Brězan, Jurij, sorb.-dt.. Schriftsteller, * 9. 6. 1916 Räckelwitz, Kreis Kamenz, Sohn e. Steinbruch- und Landarbeiters, nach 1933 im Widerstand, 1937/38 Exil in Prag und Polen, nach Rückkehr 1938/39 Haft in Dresden, zwangsweiser Wehrdienst, nach 1945 Jugendfunktionär, seit 1949 freier Schriftsteller in Bautzen. – Als Erzähler, Lyriker und Dramatiker in dt. und sorb. Sprache Hauptvertreter der staatl. geförderten mod. sorb. Literatur mit Stoffen aus dem Leben der sorb. Bevölkerung. In der DDR war s. Hanusch-Tril. weit verbreitet.

W: (d.): Auf dem Rain wächst Korn, En. u. G. 1951; 52 Wochen sind ein Jahr, R. 1953; Hochzeitsreise in die Heimat, Ber. 1953; Christa, E. 1957; Das Haus an der Grenze, E. 1957; Hanusch-Tril., I: Der Gymnasiast, R. 1958, II: Semester der verlorenen Zeit, R. 1960, III: Mannesjahre, R. 1964; Das Mädchen Trix und der Ochse Esau, En. 1959; Borbass und die Rute Gottes, En. 1959; Eine Liebesgeschichte, E. 1962; Der Elefant und die Pilze, Kdb. 1964; Reise nach Krakau, E. 1966; Der Mäuseturm, En. 1971; Ansichten und Einsichten, Prosa 1976; Krabat oder Die Verwandlung der Welt, R. 1976; Der Brautschmuck, En. 1979; Bild des Vaters, R. 1983.

L: Beobachtungen zum Werk. J. B.s, hg. J. Keil 1976 (m. Bibl.).

Březina, Otokar (eig. Václav Ignác Jebavý), tschech. Dichter, 13. 9. 1868 Počátky – 25. 3. 1929 Jaroměřice. Schuhmacherssohn, bis 1925 Volksschullehrer, ab 1901 in Jaroměřice. Dr. h. c. der Univ. Prag. – Führender tschech. Symbolist. Nach impressionist.-naturalist. u. psycholog. Anfängen wandte sich B. unter Einfluß Baudelaires u. der Ästhetik Schopenhauers in s. ersten Sammlung ›Tajemné dálky‹ dem Symbolismus zu, doch überwand er in den folgenden metaphys. Gedichten ›Svítání na západě‹ den jugendl. Pessimismus, um sich zum visionär-ekstat. Künder e. idealist. Mystik, zum Sänger e. hymn. Poesie durchzuringen, deren Inspirationsquellen neben der Antike u. der Mystik des MA im neuzeitl. Monismus zu suchen sind. Als ihre höchste Stufe schweben dem Dichter in ›Větry od pólů‹ u. ›Ruce‹ e. absolutes Zusammenwirken u. Verschmelzen aller Erscheinungen u. Ideen im Weltall zu e. harmon. Ganzen u. e. Weltverbrüderung vor, zu der es nach Auflösung aller Widersprüche, sozialen Gegensätze, Qualen u. Verfehlungen durch immerwährende Evolution kommen wird. B.s letzte Sammlung ›Země‹ blieb unvollendet. S. lit. Tätigkeit schloß B. mit philos. Essays ab, die er als lit. Gattung mit F. X. Šalda erstmals in die tschech. Lit. einführte. Schrieb formvollendete, melod. Gedichte in Strophen und freien Rhythmen u. e. Sprache, die durch ihren kühnen Metaphern- u. Symbolreichtum, durch Rhythmus u. Vers überrascht.

W: Tajemné dálky, G. 1895; Svítání na západě, G. 1896; Větry od pólů, G. 1897 (Winde von Mittag nach Mitternacht, d. F. Werfel 1920); Stavitelé chrámu, G. 1899 (Baumeister am Tempel, d. 1920); Ruce, G. 1901 (Hände, d. 1908); Hudba pramenů, Es. 1903, erw. ²1919 (Musik der Quellen, d. F. Werfel 1923). – Sebrané spisy (GW), III 1933; Básnické spisy (W), 1975; Básně, 1958; Básnické spisy, 1975.

L: E. Chalupný, Studie o O. B., 1912; F. X. Šalda, Duše a dílo, 1913; P. Selver, 1924; A. Veselý, 1928; A. Pospíšilová, 1936; P. Fraenkl, 1937; O. Králík, 1948; J. Zika, 1970; J. Vojvodík, Symbolismus im Spannungsfeld zwischen ästhetischer und eschatologischer Existenz, 1998. – *Bibl.:* in: ›Rozpravy Aventina‹ 1928 f.; Stavitelé chrámu. Sborník, 1941; M. Papírník, A. Zimundová, Knižní dílo O. B., 1969; J. Kubíček, Soupis literatury o leho životě a díle, 1971.

Brezovački, Tituš, kroat. Dichter, 4. 1. 1757 Agram – 29. 10. 1805 ebda. Pauliner. Stud. Humaniora Varaždin und Agram, Stud. Theol. Budapest, Prediger in Varaždin und Umgebung, ab 1800 Stadtpfarrer zu St. Markus in Agram. – Bester Dramatiker in kajkav. Mundart; schrieb außer der Dramatisierung der Alexiuslegende 2 Schauspiele im Stil der Aufklärung, e. originelle Satire auf die kroat. Zustände nach Art der zeitgenöss. Wiener Posse, dann e. kajkav. comédie larmoyante. Von lokaler Bedeutung ist s. lat. und volkssprachl. Versdichtung.

W: Sv. Aleksi, Dr. 1786; Mathias Grabantzias diak, Dr. 1804; Diogenesh ili szluga dveh zgublyeneh bratov, Dr. 1804/05. – Izabrana djela (AW), hg. B. Hećimović 1973.
L: Dj. Šurmin, 1938; S. Batušić, 1951; M. Ratković, 1951; B. Hećimović, 1971.

Bṛhadāraṇyaka Upaniṣad → Upaniṣad, die

Bṛhatkathā → Guṇāḍhya

Bridges, Robert (Seymour), engl. Dichter, 23. 10. 1844 Walmer/Kent – 21. 4. 1930 Chilswell. Stud. Oxford, wurde Arzt an Londoner Krankenhäusern, wandte sich ab 1882 ganz der Lit. zu. 1913 Poet laureate. Vertrauter Freund von Hopkins. – Klassizist. Formkünstler der viktorian. Zeit, der die romant.-präraffaelit. Kunstauffassung ablehnte. S. Verse sind Werke e. feinsinnigen Gelehrten. Interesse für Sprachen, Musik, Metrik, verfaßte auch lit.wiss. Essays. Gründer der ›Society for Pure English‹. ›The Testament of Beauty‹, ist e. ep. Dichtung in vier Büchern, in ›gelockerten‹ Alexandrinern geschrieben, die sich häufig rhythm. Prosa nähern; B. berücksichtigte gemäß s. eigenen metr. Theorie neben Akzenten auch Silbenwerte. Über Kunst und Leben philosophierende Dichtung, Schönheitskult; großer Zeiterfolg. Schrieb außerdem zahlr. Gedichte und poet. Lesedramen mit eingeflochtenen Chören, einige Blankversdramen, e. Homerbearbeitung ›The Return of Ulysses‹ und die Apuleius nachgebildete Prosaerzählung ›Eros and Psyche‹ in feingeschliffener Sprache.

W: Poems, G. 1873; The Growth of Love, Son. 1876; Prometheus, Sch. 1883; Nero I, Sch. 1885; Eros and Psyche, E. 1885; The Feast of Bacchus, 1889; Achilles in Scyros, Sch. 1890; The Return of Ulysses, Dr. 1890; The Christian Captives, Sch. 1890; The Shorter Poems, V 1890/94 (erw. 1931); Palicio, Sch. 1890; The Humours of the Court, Lsp. 1893; Milton's Prosody, Es. 1893; Nero II, Sch. 1894; John Keats, Es. 1895; Poetical Works, VI 1898–1905; New Poems, 1899; Demeter, a Masque, Sch. 1905; Poetical Works, 1912; The Necessity of Poetry, Es. 1918; October, G. 1920; New Verse, G. 1925. – Collected Essays, Papers etc., X 1927–36; The Testament of Beauty, Ep. 1929; Poetical Works, 1936; Poetry and Prose, hg. J. Sparrow 1955; The Correspondence of R. B. and W. B. Yeats, hg. R. J. Finneran 1977.
L: F. E. Brett Young, 1914; G. S. Gordon, 1931; A. J. Guérard, 1942; E. J. Thompson, 1944; J.-G. Ritz, R. B. and G. M. Hopkins, 1960; D. E. Standford, In the Classic Mode, 1979; C. Phillips, 1992. – *Bibl.*: L. T. Hamilton, 1991.

Bridie, James (eig. Osborne Henry Mavor), schott. Dramatiker, 3. 1. 1888 Glasgow – 29. 1. 1951 Edinburgh. Stud. Medizin, 1913–38 prakt. Arzt in Glasgow; Mitbegründer des Glasgow Citizens' Theatre. – S. zahlr., z. T. von Shaw beeinflußten, oft satir. Bühnenstücke sind bei ernstem, oft medizin. Hintergrund reich an witzigen Dialogen und grotesker Situationskomik. Sie zeigen e. eigenartige Mischung aus Phantasie und herbem Realismus. Häufig behandelt B. bibl. Stoffe anachronist. Er übt Zeitkritik und will durch s. Stücke, die er auch ›Moral Plays‹ nennt, zum Nachdenken anregen.

W: Some Talk of Alexander, E. 1926; The Switchback, Drn. 1930; The Anatomist, Sch. 1931; Tobias and the Angel, Sch. 1931 (d. 1946); Jonah and the Whale, Sch. 1932 (d. 1954); A Sleeping Clergyman, Sch. 1933 (d. 1956); Colonel Witherspoon, Drn. 1934; Moral Plays, 1936; Susannah and the Elders, Sch. (1937; d. 1947); One Way of Living, Aut. 1939; Plays for Plain People, Drn. 1944 (inkl. Mr. Bolfry [d. 1947]); Tedious and Brief, Dr. 1944; John Knox, Drn. 1949; Daphne Laureola, Sch. 1949 (d. 1950); Dr. Angelus, Sch. 1950; Mr. Gillie, Sch. 1950; The Queen's Comedy, Lsp. 1950; Meeting at Night, Sch. 1956.
L: W. Bannister, 1955; U. Gerber, 1961; H. L. Luyben, 1965; M. Nentwich, 1977; J. T. Low, 1980; T. Tobin, 1980; R. Marvor, 1988.

Briet, Marguerite de → Crenne, Hélisienne de

Brieux, Eugène, franz. Dramatiker, 19. 1. 1858 Paris – 6. 12. 1932 Nizza. Aus bescheidenen Verhältnissen, Autodidakt, zunächst Kaufmann, dann Journalist. Erfolgr. Bühnenautor. 1910 Mitgl. der Académie Française. Weltreisen (Indien, China, Japan). – Schrieb als guter Beobachter in einfachem Stil von moral. und sozialen Ideen bestimmte naturalist. Dramen. Moralist, unermüdl., oft grausam realist. Enthüller der Selbstsucht und Schwäche s. Zeitgenossen, bes. der bürgerl. Gesellschaft, der Justiz, Pädagogik, Politik usw. Griff ihre Institutionen und Vorurteile an und deckte Mißstände in ihren letzten Konsequenzen auf. Im Grunde konservativ. Wandte sich gegen den Egoismus der Eltern, die herangewachsenen Kindern ihren Willen aufzwingen wollen. Trat vor allem mit Nachdruck für die Rechte der Frau und des jungen Mädchens ein. Behandelte die Frage der Geburtenregelung und verlangte von e. Ehepaar mit Kindern Verzicht auf Scheidung. Forderte e. Reform der Kriminalgesetzgebung. Auch Reisebücher.

W: Ménages d'artistes, Dr. 1890; Blanchette, Dr. 1892; Monsieur Réboval, Dr. 1893; Mi-Ki-Ka, G. 1893; La couvée, Dr. 1893; L'engrenage, Dr. 1894; La rose bleue, Dr. 1895; L'évasion, Dr. 1896; Les trois filles de M. Dupont, Dr. 1897; Le résultat des courses, Dr. 1898; Le berceau, Dr. 1898; La robe rouge, Dr. 1900 (d. 1977); Les remplaçantes, Dr. 1901; Les avariés, Dr. 1901 (d. 1903); La petite amie, Dr. 1902; La maternité, Dr. 1903; La deserteuse, Dr. 1904; Les hannetons, Dr. 1906; La Française, Dr. 1907; Simone, Dr. 1908; Suzette, Dr. 1909; Voyage aux Indes et Indochine, Ber. 1910; Algérie, Ber. 1912; Tunesie, Ber. 1912; La foi, Dr. 1912; La femme seule, Dr. 1913; Les bourgeois aux champs, Dr. 1914; Américains chez nous, Dr. 1920; L'enfant, Dr.

1923; Pierrette et Galaor, Dr. 1923; La régence, Dr. 1927; L'amour se venge, Dr. 1936. – Théâtre complet, IX 1921–30.

L: A. Benoist, 1907; A. Bertrand, 1910; P. Vaughan Thomas, Boston 1915; C. Westland, s'-Gravenhage, 1915; W. H. Scheifley, 1917; A. Presas, 1930; M. P. Byrnus, Lond. 1967. – *Bibl.:* E. F. Santa Vicca, hg. 1974.

Brigadere, Anna, lett. Schriftstellerin, 1. 10. 1861 Kalnamuiža, jetzt Tērvete/Lettl. – 24. 6. 1933 ebda. Tochter e. Knechts; 1871–75 Schulen Kalnamuiža, Kroņauce; 1874 Tod des Vaters; Umzug nach Jelgava u. Ventspils, Näherin, Autodidaktin; 1880–82 Riga, Verkäuferin; 1882–84 Moskau, Erzieherin in dt. Fabrikantenfamilie, dann Hauslehrerin in Jaroslavl'/Russl.; ab 1884 Riga, Hauslehrerexamen an pädagog. Schule, Hauslehrerin in dt. Familie. – Populäre Autorin; verbindet romant., realist. u. symbolist. Elemente; folklorist. Motive, Beachtung der Rolle der Frau; autobiograph. Romantrilogie über Annele (1926–33, u.a. ›Dievs, daba, darbs‹), erzählerisch S. Lagerlöf nahe; moderne Klassikerin.

W: Sprīdītis, Dr. 1904 (Der Däumling 1922); Princese Gundega un karālis Brusubārda, Dr. 1912; Dzejas, G. 1913; Raudupiete, Dr. 1914; Maija un Paija, Dr. 1921; Paisums, G. 1921; Hetēras mantojums, Dr. 1924; Sievu kari ar Belcebulu, Dr. 1925; Lolitas brīnumputns, Dr. 1926; Kvēlošā lokā, R. 1928; Šuvējas sapnis, Dr. 1930. – Kopoti raksti (GW), XX 1912–39; Trīs pasaku lugas (AW), 1951.

L: P. Ērmanis, ²1934; A. Freijs, 1938.

Brillat-Savarin, Jean Anthelme, franz. Schriftsteller, 1. 4. 1755 Belley – 2. 2. 1826 Paris. Jurist, Bürgermeister von Belley, als Gegner der Revolution gezwungen, Frankreich zu verlassen, floh in die Schweiz und in die USA, wo er in bitterer Armut lebte. 1794 Rückkehr nach Frankreich. Während des Direktoriums Kommissar am Tribunal, 3 Jahre später Kanzler am Kassationsgerichtshof. – Vf. jurist. Werke. Berühmt durch s. Hauptwerk ›Physiologie du goût‹, geist- und humorvolle Meditationen über die Tafelfreuden. Zeigt s. Lebenskunst in liebenswürdigen Plaudereien, Lehren, Anekdoten und Beobachtungen, die er mit kulinar. Genüssen verbindet.

W: Vues et projets d'économie politique, 1802; Essai sur le duel, 1819; Fragments sur l'administration judiciaire, 1819; Physiologie du goût, ou méditations de gastronomie transcendente, II 1826 (d. 1865); Aphorismes et variétés, 1940.

L: M. Des Ombiaux, La physiologie du goût de B. S., 1937; H.-P. Pellaprat, 1942; Th. Boissel, 1989, G. MacDonogh, 1992.

Bringsværd, Tor Åge, norweg. Schriftsteller, * 16. 11. 1939 Skien. Stud. der Theol.; zusammen mit Jon Bing prägte der Vf. den Begriff ›Fabelprosa‹ als Bezeichnung für alle Arten phantast. Dichtung, deren Hauptvertreter er ist. S. Texte sind durch zahlr. Anspielungen auf Sagen, Mythen und Märchen gekennzeichnet; s. umfangreiches Werk umfaßt auch zahlr. Kinderbücher, gerne als Travestien auf bekannte Klassiker der Kinder- und Jugendlit. In ›Vår gamle gudelære‹ erzählt Bringsværd in 13 Bänden die Geschichte der nord. Mythologie.

W: BAZAR, En space-opera, R. 1970; Pinocchiopapirene, R. 1978; Minotauros, R. 1980; Da er jeg en klingende bjelle, Dr. 1980; Mowgli, Kdb. 1984; Barndommens måne, R. 1985 (Mond der Kindheit, d. 1993); Vår gamle gudelære, I – XIII, Sb. 1985–96; Alice lengter tilbake, Kdb. 1987; Odin, Dr. 1991.

L: R. G. Wiig, The Concept and Practice of ›Fabelprosa‹ in the works of T. Å. B., Ann Arbor 1993.

Brink, André Philippus, afrikaanser Romancier u. Dramatiker, * 29. 5. 1935 Vrede/Oranje Vrystaat. Stud. Phil. u. Lit. Potchefstroom u. Sorbonne; war Prof. der niederländ. u. afrikaansen Lit. an der Univ. Grahamstown und lehrt jetzt englische Lit. an der Univ. Kapstadt. – Schrieb z.T. unter dem Einfluß des Nouveau roman u. Sartres eindringl. psycholog. Analysen von Menschen in absurder Situation. S. Experimentieren mit neuen Techniken u. Themen in Roman u. Drama macht ihn zu e. der bekanntesten Schriftsteller in Afrikaans u. Englisch. In seinen Romanen zieht B. gegen Apartheid und Rassismus zu Felde. Sein Werk ist teilweise klischeehaft (besonders die Darstellung der Liebesverhältnisse), manchmal auch überraschend originell.

W: Lobola vir die lewe, R. 1962; Die Koffer, Dr. 1962; Die ambassadeur, R. 1963 (Nicolette und der Botschafter, d. 1966); Orgie, R. 1965; Bagasie, Drr. 1965; Elders mooi weer en warm, Dr. 1965; Miskien nooit, R. 1967; Aspekte van die nuwe prosa, Ess. 1967; Die Rebelle, Dr. 1970; Die verhoor, Dr. 1972; Kennis van die aand, R. 1973; 'n Oomblik in die wind, R. 1976 (d. 1981); Gerugte van reën, R. 1978; 'n Droë wit seisoen, R. 1979 (Weiße Zeit der Dürre, d. 1984); Houd-denbek, R. 1982 (Die Nilpferdpeitsche, d. 1985); Mapmakers, Writing in a Stage of Siege, Ess. 1983 (Stein des Anstoßes, d. 1987); Die muur van die pes, R. 1984; Waarom literatuur?, Ess. 1985; Literatuur in die strydperk, Ess. 1985; Die kreef raak gewoond daaraan, R. 1991; Inteendeel, R. 1993; Sandkastele, R. 1995; Duiwelskloof, R. 1998; Donkermaan, R. 2000; Anderkant die stilte, R. 2002.

L: A. J. Coetzee, 1980; A. Lindenberg, 1982.

Brinkel, Bernardus Gerardus Franciscus → Plas, Michel van der

Brion, Marcel, franz. Schriftsteller, 21. 11. 1895 Marseille – 23. 10. 1984 Paris. Außerordentlich vielseitige u. umfangreiche lit. Tätigkeit. Mitgl. der Académie Française seit 1964. – Kritiker, Essayist, Historiker u. Romancier. Schrieb über die

Malerei der Renaissance, die Dichtung u. die Musik der dt. Romantik. Characterist. für ihn Kunst- und Lit.geschichte anhand von Einzelmeistern, die Wahl der Biographie als Methode, die ihm häufig den Vorwurf des verzerrenden Eklektizismus einbringt. Beiträge zur früh- und hochma. Geschichte. Kunsttheoret. Schriften. S. Romane spielen in der geheimnisvoll supernaturalist., nachromant., teilw. hist. Welt e. Nerval.

W: Machiavel, Abh. 1943 (d. 1957); Château d'ombres, R. 1943; La folie Céladon, R. 1945 (Das grüne Schlößchen ›La Folie‹, d. 1959); Rembrandt, Abh. 1946; Goethe, Abh. 1949; De César à Charlemagne, Abh. 1949; Lumière de la Renaissance, Abh. 1950; R. Schumann et l'âme romantique, B. 1954 (d. 1955); Histoire de l'Egypte, Abh. 1954; Mozart, B. 1955 (Ausz. d. 1956); L'art abstrait, Es. 1956 (d. 1960); La ville de sable, R. 1958 (Es geschah in der 1002. Nacht, d. 1958); L'art fantastique, Es. 1962 (Jenseits der Wirklichkeit, d. 1962); L'Allemagne romantique, Abh. IV 1962f.; L'Art romantique, 1963; L'enchanteur, R. 1965; La peinture romantique, Abh. 1966; Les miroirs et les gouffres, R. 1968; Historie de la littérature allemande, 1968, L'ombre d'un arbre mort, R. 1970.

Bristow, Gwen, amerik. Romanautorin, 16. 9. 1903 Marion/SC – 16. 8. 1980 New Orleans. Stud. Journalistik Columbia Univ., 1925–33 Reporterin in New Orleans (›Times-Picayune‹), 1933 Arbeit für Hollywood; ∞ 1929 Schriftsteller Bruce Manning, mit dem zusammen sie Kriminalromane schrieb. – Weltberühmt mit ihrer hist. Louisiana-Tril. im Plantagenbesitzer-Milieu und mit ihren Kalifornien-Romanen.

W: The Invisible Host, 1930 (m. B. Manning, Der unsichtbare Gastgeber, d. 1957 u.ö.); Gutenberg Murders, 1931 (m. B. Manning); Two and Two Make Twenty-Two, 1932 (m. B. Manning); The Mardi Gras Murders, 1932 (m. B. Manning); Deep Summer, 1937 (n. 1979, Tiefer Süden, d. 1939 u.ö.); The Handsome Road, 1938 (n. 1979, Die noble Straße, d. 1950 u.ö.); This Side of Glory, 1940 (n. 1979; Am Ufer des Ruhmes, d. 1951 u.ö.); Tomorrow Is Forever, 1943 (n. 1976; Morgen ist die Ewigkeit, d. 1964 u.ö.); Jubilee Trail, 1950 (Kalifornische Sinfonie, d. 1951 u.ö.); Celia Garth, 1959 (d. 1959 u.ö.); Calico Palace, 1969 (Alles Gold der Erde, d. 1970 u.ö.); Golden Dreams, 1980 (Melodie der Leidenschaft, d. 1980).

Brittain, Vera Mary, engl. Schriftstellerin, 29. 12. 1893 Newcastle under Lyme – 29. 3. 1970 London. Stud. Oxford. Im 1. Weltkrieg beim Roten Kreuz in Frankreich. Ab 1919 Dozentin für Gesch. in Oxford, ab 1922 freie Schriftstellerin in London. ∞ 1925 George C. G. Catlin, Prof. für Staatswiss. an der Cornell Univ. 1934 und 1946 Vortragsreisen durch die USA. Durch die Erfahrung des 1. Weltkriegs zur überzeugten Pazifistin und Feministin geworden, Vorkämpferin der League of Nations. – Berühmt für drei autobiograph. Werke ›Testament of Youth‹, ›Testament of Friendship‹ und ›Testament of Experience‹, in denen sie Weltgeschichte aus feminist.-pazifist. Perspektive zeigt. Auch Romane mit guten Charakterskizzen und Darstellung neuer weibl. Lebensentwürfe sowie Essays, in denen sie die polit. und wirtschaftl. Gleichstellung der Frauen einfordert.

W: Verses, 1918; The Dark Tide, R. 1923; Anderby Wold, R. 1923; Not Without Honour, R. 1924; Poor Caroline, R. 1931; Testament of Youth, Tg. 1933 (n. 1978); Poems of the War and After, G. 1934; South Riding, Es. 1936; Letters to a Friend, hg. J. McWilliam 1937; Testament of Friendship, Tg. 1940; England's Hour, Es. 1940; Account Rendered, R. 1944; Search after Sunrise, Tg. 1945; Lady into Woman, St. 1953; Testament of Experience, Tg. 1957; Envoy Extraordinary, St. 1965.

L: H. Bailey, 1987; G. Catlin, 1987; D. Gorham, 1996; B. Zangen, 1996; E. Fattinger, 2000.

Brizeux, Auguste Julien Pélage, franz. Dichter, 12. 9. 1806 Lorient/Bretagne – 3. 5. 1858 Montpellier. Freund von Vigny und Barbier. Lebte bis 1824 in der Bretagne, danach abwechselnd in Paris, in der Bretagne und in Italien. – Melanchol. Lyriker, bemüht um differenzierte Darstellung von Gedanken und Empfindungen. S. besten Werke entstanden aus der engen Verbundenheit mit der Heimat. Trat zuerst mit ›Marie‹ hervor, e. Sammlung von Idyllen und Elegien, deren Hintergrund die breton. Landschaft ist; besingt mit Zartheit s. Liebe zu e. breton. Bauernmädchen. S. Epos ›Les Bretons‹, in dem er Sitte und Tradition der Bretagne behandelt, und die ›Histoires poétiques‹ wurden mit dem Literaturpreis der Académie Française ausgezeichnet. Dante-Übs. (1840).

W: Marie, G. 1831; Primel et Nola, G., 1842; Les Bretons, Ep. 1845; La poétique nouvelle, Schr. 1855; Les ternaires, 1841; La harpe d'Amorique, G. 1844; Histoires poétiques, 1841. – Œuvres complètes, hg. Saint-René Taillandier II 1860; Œuvres, hg. A. Dorchain IV 1910–12. – *Übs.:* Gedichte, d. S. Hasenclever 1874.

L: H. Finistère, 1888; Abbé Lecigue, 1898; L. Tiercelin, Bretons de lettres, 1903.

Brjusov, Valerij Jakovlevič, russ. Dichter, 13. 12. 1873 Moskau – 9. 10. 1924 ebda. Vater Kaufmann; Stud. Lit.-Wiss. Moskau 1899 beendet; früh beeinflußt von Nekrasov, dann von Nadson. Lektüre von Baudelaire, Verlaine, Mallarmé weckte in ihm den Entschluß, den Symbolismus in Rußland einzuführen; gab 1894/95 mit jungen Literaten 3 programmat. Bändchen ›Russkie simvolisty‹ heraus, die sich scharf von der epigonenhaften russ. Lyrik der 80er Jahre abhoben; erwarb sich dann mehr und mehr Anerkennung als Begründer und Theoretiker des Symbolismus in Rußland, redigierte 1904–09 die symbolist. Zs. ›Vesy‹; Reisen in Europa. S. Werke wurden in die wichtigsten europ., auch in slav. Sprachen übersetzt. 1919 Mitgl. der kommunist. Partei, gründete das Höhere Institut für schöne Lit., wurde Zensurbeamter, 1923 offizielle Ehrung seitens der Parteileitung. – Das Wesentliche im Symbolismus war für B. nicht weltanschaul., ideeller Art, sondern das Formproblem, e. neue Ordnung ästhet. Kriterien; s. Thematik bewegt sich letztlich um das Ästhetische selbst, verstanden als Wissen, Bewußtheit, Beobachtung; rang sich, auch von Goethe, Baratynskij angeregt, bald zu einem originalen Stil durch, in dem Malerei und Plastik wichtige Elemente sind, der das nüchterne Experimentieren am Wort verrät und in der durchsichtigen Rhetorik der wahrhaft formvollendeten s. Gedichte an roman. Dichtung erinnert; Poetisierung des Großstadtbilds, zuerst in ›Tertia vigilia‹, in Anlehnung an Verhaeren; wählt oft Vorwürfe aus der Vergangenheit, bes. der Antike; brachte vollendete Balladen in ›Urbi et orbi‹; fand auch als Prosaiker in dem bedeutenden hist. Roman ›Ognennyj angel‹ s. eigenen Stil. Übs. Vergil, Ausonius, Dante, V. Hugo, Verlaine, Verhaeren, Molière (›Amphitryon‹), Goethe (›Faust‹), Byron, E. A. Poe, armen. Dichter.

W: Russkie simvolisty, G. III 1894 f.; Chefs d'œuvre, G. 1895; Me eum esse, G. 1897; Tertia vigilia, G. 1901; Urbi et orbi, G. 1903; Stephanos, G. 1905; Ognennyj angel, R. 1908 (n. 1971; Der feurige Engel, d. 1909); Vse napevy, G. 1909; Altar' pobedy, R. 1911 (Der Siegesaltar, d. 1913); Zerkalo tenej, G. 1912; Stichi Nelli, G. 1913; Moj Puškin, Abh. 1929 (n. 1970). – Polnoe sobranie sočinenij (GW), XXI (ersch. 8 Bde.) 1913/14; Neizdannye stichotvorenija, G. 1935; Stichotvorenija i poėmy, G. u. Poeme 1961; Sobranie sočinenij (GW), VII 1973–75. – *Übs.:* Die Republik des Südkreuzes, Nn. 1908.

L: V. Žirmunskij, 1921; K. Močul'skij, Paris 1962; A. Schmidt, 1963; M. Rice, Ann Arbor 1975; J. D. Grossman, Berkeley u.a. 1985; S. Siwczyk-Lammers, 2002. – *Bibl.:* È. Danieljan, 1976.

Brlić-Mažuranić, Ivana, kroat. Schriftstellerin, 18. 4. 1874 Ogulin – 21. 9. 1938 Zagreb. Enkelin des Dichters I. Mažuranić, Vater Rechtsgelehrter, ∞ Politiker Dr. Vatroslav B; erstes weibl. Mitglied der jugoslaw. Akad. – Begründerin der mod. kroat. Kinderlit., schrieb Gedichte, Erzählungen und e. Roman mit Motiven aus der slaw. Mythologie u. dem Volksmärchen.

W: Slike, G. 1912; Čudnovate zgode šegrta Hlapića, Kdb. 1913 (d. 1983); Priče iz davnine, En. 1916 (d. 1933); Knjiga omladini, En. 1923; Jaša Dalmatin, R. 1937. – Izabrana djela (AW), hg. M. Šicel 1968.

L: I. Esih, Hrvatski pripovjedači, 1926; S.Ž. Marković, Proza za decu I. B.-M., 1957; Zbornik radova o I. B. M., hg. D. Jelčić u.a. 1970.

Brocchi, Virgilio, ital. Romanschriftsteller, 19. 1. 1876 Orvinio/Rieti – 7. 4. 1961 Nervi/ Genua. Zunächst Lehrer an e. Oberschule, dann freier Schriftsteller in Mailand. – Vf. von rd. 55 naturalist. Romanen; Einfluß Balzacs und Manzonis; etwas flache optimist. Lebensauffassung, vertritt das Ideal e. heilen Welt, gegen alle Dekadenzerscheinungen. Weitschweifiger Stil u. moralisierender Ton beeinträchtigen den künstler. Wert s. Werke.

W: La Gironda, R. 1909; L'isola sonante, R.-Tetralogie, 1911–20 u. 1945; Il labirinto, R. 1914; Miti, R. 1917; Netty, R. 1924; Il sapore della vita, R. 1928; Gli occhi limpidi, R. 1930; Il tramonto delle stelle, R. 1938; La gran voce, R. 1940; L'esca, En. 1961.

L: G. Cesini, 1928; P. Bonatelli, V. B. e A. Fogazzaro, 1936.

Brodber, Erna (May), afrokarib. Erzählerin, * 21. 4. 1940 Woodside/St. Mary (Jamaika). Stud. Soziologie u. Geschichte Univ. College of the West Indies. Versch. Lehrauftträge in Jamaica, den USA u. Europa. – Formal komplexe Romane untersuchen die psycholog. Folgen von Kolonialismus, Sklaverei u. Diskriminierung anhand insbes. weibl. Hauptfiguren; Betonung der Kraft afrokarib. Spiritualität u. sozialer Gemeinschaft.

W: Jane und Louisa Will Soon Come Home, R. 1980; Myal, R. 1988; Louisiana, R. 1997.

Brodkey, Harold (Roy) (eig. Aaron Roy Weintrub), amerik. Schriftsteller, 25. 10. 1930 Alton/ IL – 26. 1. 1996 New York. Sohn russ.-jüd. Einwanderer. – Vf. teilweise autobiograph. gefärbter, minutiös geschilderter Kindheitserlebnisse und mißlungener Liebesbeziehungen; bes. Beachtung fanden s. Aids-Memoiren ›This Wild Darkness‹.

W: First Love and Other Sorrows, Kgn. 1957 (d. 1968); Women and Angels, Kgn. 1985; A Poem About Testimony and Argument, G. 1986; Stories in an Almost Classical Mode, Kgn. 1988 (als The Abundant Dreamer, 1989; Nahezu klassische Stories, d. II 1990–91); The Runaway Soul, autobiograph. R. 1991 (d. 1995); Profane Friendship, R. 1994 (d. 1994); This Wild Darkness, Mem. 1996 (Die Geschichte meines Todes, d. 1996); The World Is the Home of Love and Death, Kgn. 1997 (Gast im Universum, d. 1998); My Venice, Anth. 1998; Sea Battles on Dry Land, Ess. 1999 (Liebeserklärungen und andere letzte Worte, d. 2001).

Brodskij, Iosif Aleksandrovič, russ. Dichter, 24. 5. 1940 Leningrad – 28. 1. 1996 New York. Vater Fotograf; schrieb etwa seit 1958 Gedichte, die wegen metaphys. Haltung nur im Untergrund kursierten, lebte seit Übs., 1964 zu 5 Jahren Zwangsarbeit verurteilt, seit 1972 in New York, 1987 Nobelpreis für Lit. – E. der führenden russ. Lyriker der 3. Emigration, zahlreiche Lyrikbände seit 1965. B.s Gedichte sind unpolit., reichen von persönl. Bekenntnislyrik über philos. Dichtung bis zum Erzählenden. Von klass. Form ausgehend reiche Metaphorik, Wortspiele, struktureller Reichtum. Schrieb auch engl.

W: Stichotvorenija i poėmy, G. N. Y. 1965; Ostanovka v pustyne, G. 1970; Čast' reči, G. 1977; Konec prekrasnoj ėpochi, G. 1977; Rimskie ėlegii, G. 1982 (Römische Elegien, d. 1985); Novye stansy k Avguste, G. 1983; Mramor, Dr. 1984; Neizdannoe i nesobrannoe, 1998; Pis'mo k Goraciju, Ess. 1998. – Sočinenija (GW), VII 1992–2001. – Übs.: Ausgew. G. 1966; Einem alten Architekten in Rom, G. 1978; Erinnerungen an Leningrad, 1987.

L: Poėtika B., Tenafly 1986; V. Polukhina, Cambridge 1989; D. M. Bethea, Princeton 1994; D. MacFayden, Liverpool 1998. – Bibl.: A. Lapidus, 1997.

Bródy, Sándor, ungar. Schriftsteller, 23. 7. 1863 Eger – 12. 8. 1924 Budapest. Mittelschule Eger u. Budapest. Journalist in Kolozsvár. 1888–90 Redakteur bei versch. Zeitungen. 1890 in Budapest bei der Zs. ›Magyar Hírlap‹. 1902 Gründer der Zs. ›Jövendő‹. – Außerordentl. fruchtbarer naturalist. Erzähler und Dramatiker. Scharfe Zeitkritik; starke Subjektivität und selbstbewußt verbreitete Weltanschauung. Führte in s. oft sentimentalromant. Werken das Alltagsleben Budapests in die Lit. ein.

W: Nyomor, N. 1884; Emberek, N. 1888; Faust orvos, R. 1888 (Ein ärztlicher Faust, d. 1893); Don Quixote kisasszony, E. 1889; Színészvér, Dr. 1891; A kétlelkű asszony, R. 1893; Hófehérke, E. 1894 (Schneewittchen, d. 1895); Két szőke asszony, E. 1895; Az asszonyi szépség, R. 1897; Az ezüst kecske, R. 1898; Egy férfi vallomásai, R. 1899; A dada, Sch. 1902; A nap lovagja, R. 1902 (Der Held des Tages, d. 1913); Egy rossz asszony természetrajza, R. 1905; A tanítónő, Sch. 1908 (Lehrerin, d. 1909); Rembrandt fejek, R. 1910; A medikus, Sch. 1911; Timár Liza, Dr. 1914. – Húsevők, ausgew. Nn. II 1960. – Übs.: Die Tote, R. 1895.

L: L. Hatvany, B. S. emlékezik, 1931; A. Földes, 1964; F. Juhász, 1971.

Brodziński, Kazimierz, poln. Dichter, 8. 3. 1791 Królówka (Kr. Bochnia/Galizien) – 10. 10. 1835 Dresden. Sohn e. verarmten Adligen, unter Bauern aufgewachsen. Gymnas. Tarnów u. Krakau. Beschäftigung mit Schiller, Goethe u. Herder. 1809 Soldat in den Napoleon. Feldzügen, preuß. Gefangenschaft. 1814 wieder in Warschau. Eintritt in die Freimaurerloge. Sekretär des Warschauer Theaters. 1822 Lehrstuhl für poln. Lit., Ästhetik, Stilistik Warschau. 1824 nach Karlsbad, Prag. Freundschaft mit F. L. Čelakovský. 1826 nach Italien, Schweiz u. Frankreich, bis 1829 noch als Prof. tätig. – Ständig um volksnahes Wirken bemüht; ›poln. Herder‹. Höhepunkt s. Dichtung ist das 1820 entstandene, von Goethes ›Hermann u. Dorothea‹ beeinflußte Bauernepos ›Wiesław‹. Durch s. zahlr. Übsn. meist dt. Werke bereicherte er die poln. Lit. Als patriot.-eleg. Lyriker e. Überwinder des poln. Pseudoklassizismus u. Vorläufer der Romantik: klass. Form u. volkstüml.-romant. Gehalt.

W: O klasycznosci i romantyczności, Schr. 1818; Pieśni rolników, G. 1819; Wiesław, Ep. 1820 (d. 1867); O satyrze, Schr. 1822; O elegii, Schr. 1822; O egzaltacji i entuzjazmie, Schr. 1830; Rok, G. 1830; Posłanie do braci wygnańców, G. 1838. – Dzieła (W), X 1842–44; VIII 1872–74; Poezje, II 1959; Pisma estetyczno-krytyczne, II 1934 u. 1964; Wybór pism (AW), 1966.

L: P. Chmielowski, 1903; C. Pecherski, B. a Herder, 1916; B. Gubrynowicz, 1917; A Łucki, 1917; R. Skręt, K. B. jako historyk literatury, 1962; A. Witkowska, 1968.

Brofeldt, Johan → Aho, Juhani

Brofferio, Angelo, ital. Dichter, 6. 12. 1802 Castelnuovo Calcea/Asti – 25. 5. 1866 La Verbanella/Locarno. Jurastudium in Turin, erfolgr. Anwalt, Theaterkritiker. 1831 wegen angebl. polit. Konspiration im Gefängnis. 1848 zum Abgeordneten gewählt; Führer der radikaldemokrat. Opposition gegen Cavour. – Patriot. Lyriker und Dramatiker, national gesinnter Historiker. Am bedeutendsten sind s. Gedichte im piemontes. Dialekt.

W: Commedie, IV 1835ff.; Raccolta completa delle canzoni piemontesi e dei poemetti di A. B., hg. L. De Mauri 1902.

L: A. Colombo, Nel centenario di A. B., 1902.

Broke, Arthur → Brooke

Brolsma, Reinder, westfries. Schriftsteller, 23. 5. 1882 Stiens – 23. 11. 1953 Leeuwarden. Sohn e. Schreibers; Maler und Journalist. – Volkstüml. Erzähler mit anschaul. Kleinmalerei aus dem Leben der fries. Bauern, Arbeiter und Kleinbürger, die er ironisch-liebevoll mit ihren Sorgen und Freuden darstellt.

W: It forgift, E. 1923; It Heechhôf, R. 1926 (^{3}1993); Spegels, En. 1927; De skarlún, R. 1929; Neisimmer, N. 1931; Sate Humalda, R. 1934; It Aldlân, R. 1938 (^{3}1999); Mame en de greate boer, R. 1940; Groun en minsken, R. 1940 (^{5}1999); It widdou's bern, R. 1941; Ypeus, N. 1942; Richt, R. 1947 (^{3}1999); Sa seach ik Fryslân, En. 1951; Folk fan Fryslân, En. 1952.

L: D. Sijens, Sa'n tûzen blauwe skriften, 2001.

Brome, Richard, engl. Dramatiker, um 1590 – 1652 London(?). Schüler und Freund Ben Jonsons. Schrieb in der Tradition elisabethan. Volksdramen (teils in Zusammenarbeit mit anderen) rd. 20 Bühnenstücke, von denen 15 erhalten sind. Kannte die Erfordernisse der Bühne, schrieb frisch und natürlich, gab realist. anschaul. Kulturbilder des damaligen Londoner Lebens. Teils Comedies of Humour, teils romant. Komödien und Intrigenstücke. 5 s. Spiele wurden zu Lebzeiten 1653, 5 weitere 1659 veröffentlicht. S. bestes Stück, das romantische Intrigenstück ›A Jovial Crew, or The Merry Beggars‹, wurde 1641 als letztes Stück vor Schließung der engl. Bühnen durch das Parlament (1642) aufgeführt.

W: A Fault in Friendship, Sch.; Late Lancashire Witches, Sch. (m. Heywood u. Dekker); The Northern Lass, Sch. 1632; The Antipodes, Sch. 1646; A Jovial Crew, Sch. 1965; City Wit, Sch. 1653; The English Moore, or The mock-marriage (UA 1637), hg. S. J. Steen 1983; Five New Plays, 1653 u. 1659. – The Dramatic Works, hg. R. H. Shepherd III 1873.
L: H. F. Allen, 1912; C. E. Andrews, 1913; R. J. Kaufmann, 1961; C. M. Shaw, 1980; J. Nania, The World as Theatre: A Study of the Plays of R. B., 1981; D. Swetland, R. B. as a Poetic Craftsman, 1984.

Bromfield, Louis, amerik. Schriftsteller und Agrarreformer, 27. 12. 1896 Mansfield/OH – 18. 3. 1956 Columbus/OH. Stud. Landwirtschaft Cornell Univ. und Journalismus Columbia Univ., Teilnahme am 1. Weltkrieg auf franz. Seite, 1919 Reporter und Essayist in New York, 1925 Umzug nach Frankreich; 1932 Reise nach Indien, Kosmopolit; ab 1939 auf e. experimentellen Farm (Malabar F.) in Ohio. – Autor erfolgr., spannender Gesellschaftsromane, die oft den Gegensatz zwischen e. Leben mit der Natur u. der Lebenserfahrung in den industrialisierten Städten thematisieren. ›The Rains Came‹, der erfolgreichste s. Indienromane, schildert Menschenschicksale angesichts e. großen Naturkatastrophe u. wurde mehrmals verfilmt.

W: The Green Bay Tree, R. 1924 (Das Leben der Lily Shane, d. 1954); Possession, R. 1925 (Die Besessenen, d. 1957); Early Autumn, R. 1926 (d. 1932 u. ö.); A Good Woman, R. 1927 (Welch eine Frau, d. 1956); The Strange Case of Miss Annie Spragg, R. 1928 (d. 1951); Awake and Rehearse, Kgn. 1929; Tabloid News, Kgn. 1930; Twenty-four Hours, R. 1930 (d. 1933); A Modern Hero, R. 1932 (d. 1953); The Farm, R. 1933; Here Today and Gone Tomorrow, Kgn. 1934; The Man Who Had Everything, R. 1935 (d. 1940); It Had to Happen, R. 1936 (d. 1943); The Rains Came, R. 1937 (Der große Regen, d. 1939); It Takes All Kinds, En. 1939 (daraus: Bitterer Lotos, d. 1940); Night in Bombay, R. 1940 (d. 1941); Wild is the River, R. 1941 (Traum in Louisiana, d. 1943); Mrs. Parkington, R. 1942 (d. 1944); Until the Day Break, R. 1942 (d. Beim Morgengrauen); What Became of Anna Bolton, R. 1944 (d. 1945); The World We Live In, Kgn. 1944 (So ist die Welt, d. 1946); Pleasant Valley, Aut. 1945 (d. 1952); Kenny, Nn. 1947 (d. 1948); Colorado, R. 1947 (d. 1948); Malabar Farm, Aut. 1948; The Wild Country, R. 1948 (Zwei Sommer, d. 1949); Out of the Earth, Aut. 1950; Mr. Smith, R. 1951 (d. 1952); New York Legend, Kgn. 1952 (d. 1952); Up Ferguson Way, Kgn. 1953 (Zenobia, d. 1957); A New Pattern for a Tired World, Schr. 1954 (Vom Unfug der Gewalt, d. 1955); Animals and Other People, Kgn. 1955 (d. 1958); You get what you give, R. (Jedem das Seine, d.

1955); From My Experience, Reiseb. 1955. – Yrs, Ever Affly: The Correspondence of E. Wharton and L. B., hg. D. Bratton 1999.
L: M. Brown, 1957; D. D. Anderson, 1963; J. T. Carter, 1995; E. Bromfield Geld, The Heritage: A Daughter's Memories of L. B., 1995; I. Scott, 1998.

Broniewski, Władysław, poln. Lyriker, 17. 12. 1897 Płock – 10. 2. 1962 Warschau. Als 17jähr. Eintritt in Legion Piłsudskis. 1919/20 Offizier im Russ.-Poln. Krieg, 1921–24 Stud. Warschau, seit 1921 aktiver Kommunist. 1940/41 in sowjet. Haft. 1941–43 in der poln. Armee, 1943–45 in Palästina. – Revolutionär-romant. Dichter von zunehmendem polit. Engagement. Gab 1925 e. Programm s. Dichtung im Manifest ›Trzy salwy‹ zusammen mit R. S. Stande u. W. Wandurski. Gedichte von klarer, einleuchtender Form in dynam., dichter. zupackender Sprache. Neben revolutionärer Dichtung steht zarte, intime Liebeslyrik. Verbindung zur Volkspoesie. Nahm in s. Dichtung starken Anteil an den großen polit. Ereignissen s. Zeit. Im Alter persönl., resignierende Lyrik. Übs. russ. Lit.

W: Wiatraki, G. 1925; Dymy nad miastem, G. 1927; Komuna Paryska, Ep. 1929 (Pariser Kommune, d. 1955); Troska i pieśńa, G. 1932; Krzyk ostateczny, G. 1938; Bagnet na broń, G. Jerusalem 1943; Drzewo rozpaczające, G. 1945; Anka, G. 1956; Pamiętnik 1918–22, Mem. 1984. – Wiersze zebrane, 1949; Wiersze i poematy, 1963, [4]1987; Poezje zebrane (hkA) IV, 1997. –
Übs.: Hoffnung, Ausw. 1953.
L: R. Matuszewski, 1955; F. Lichodziejewska, 1966 u. 1973; T. Bujnicki, 1974; J. Z. Jakubowski, 1975; Od bliskich i dalekich, Briefe an B., II 1981.

Brontë, Anne (Ps. Acton Bell), engl. Dichterin, 17. 1. 1820 Thornton – 28. 5. 1849 Scarborough. Jüngste der 3 Brontë-Schwestern. Über ihre Lebensumstände → Brontë, Charlotte. – A. B.s Werk erreichte zwar nicht ganz die künstler. Höhe der Romane ihrer Schwestern, doch besaß auch sie e. gute Beobachtungsgabe und Fähigkeit zur Charakterschilderung. Ihre Gedichte erschienen gemeinsam mit denen der Schwestern unter Ps.

W: Agnes Grey, R. 1847 (n. 1960; d. 1958); The Tenant of Wildfell Hall, R. III 1848 (n. 1960; d. IV 1850); → Brontë, Charlotte.
L: W. T. Hale, 1929; W. Gérin, 1959 (m. Bibl.); A. Harrison, D. Stanford, 1959; E. Chitham, The Poems of A. B., 1979; ders., A Life, 1991; → Brontë, Charlotte.

Brontë, Charlotte (Ps. Currer Bell), engl. Dichterin, 21. 4. 1816 Thornton – 31. 3. 1855 Haworth/Yorkshire. Tochter e. Geistlichen ir. Abstammung. Früher Tod der Mutter und der 2 ältesten Schwestern. C. B. übernahm die Fürsorge für die jüngeren Geschwister. Die Kinder wuchsen völlig abgeschlossen von der Außenwelt in der herben Moor- und Heidelandschaft von West Riding auf, führten jahrelang e. gemeinsames Tagebuch über ihre phantasievollen Tagträume. Alle 3 Schwestern dichter. begabt. B. veranlaßte 1845 den Druck der gesammelten Gedichte der 3 Schwestern unter Ps. Currer, Ellis und Acton Bell. 1847 veröffentlichten die 3 Schwestern gleichzeitig jede ihren 1. Roman. B. wurde als Lehrerin ausgebildet, war 1839–41 Gouvernante, 1842–44 engl. Sprachlehrerin in e. Brüsseler Internat. Lernte bei kürzeren Aufenthalten in London Thackeray, den sie hoch verehrte, und Mrs. Gaskell kennen. ∞ 1854 Arthur Bell Nicholls, den Vikar ihres Vaters; starb 1 Jahr danach an Tbc. – Einzelheiten ihres Lebens sind in die jeweils in Ich-Form von fiktiver Heldin erzählten Romane eingegangen. Gute Charakterdarstellung, lebenswahre Gestalten mit positiven und negativen Zügen. Wechsel zwischen Spannung und Empfindsamkeit. Hin und wieder melodramat. ›Jane Eyre‹, ihr 1. Roman, war sofort e. Welterfolg, auch in Dtl. viel gelesen. In ›Shirley‹ gibt sie e. kulturhist. interessante Beschreibung des Aufstandes der Yorkshirer Tucharbeiter z. Z. der Kontinentalsperre. In ›Villette‹ gingen ihre Brüsseler Erlebnisse mit ein. Ihr lit. Erstling, die Novelle ›The Professor‹, erschien posthum.

W: Poems by Currer, Ellis and Acton Bell, 1846; Jane Eyre, R. 1847 (d. 1980); Shirley, R. 1849 (d. 1850); Villette, R. 1853 (d. 1853); The Professor, N. 1857 (d. 1858); Letters, hg. M. Smith II 1995–2000. – *Gesamtausg. der 3 Schwestern:* Novels, hg. T. Scott XII 1901; Novels and Poems VII 1901–07; The Shakespeare Head Brontë, XX 1932–36; Novels (Clarendon Ed.), hg. I. Jack VII 1969–92; Letters, hg. M. Spark ²1966. – *Übs.:* Drei Romane, 1958.

L: E. Gaskell, II 1857; C. Shorter, 1896; R. Langbridge, 1929; C. Schulte, 1936; M. Crompton, Passionate Search, 1955; R. B. Martin, The Accents of Persuasion, 1966; W. Gérin, 1967; M. Peters, Unquiet Soul, 1975; L. Gordon, 1994. – *Über das Gesamtwerk der Schwestern:* F. A. Leyland, II 1886; A. M. Mackay, 1897; W. Yates, 1897; E. Dimnet, franz. 1910, engl. 1931; C. Bradby, 1932; T. J. Wise, J. A. Symington, IV 1932; E. M. Delafield, 1935; R. de Traz, 1939; F. E. Ratchford, 1941; Ph. Bentley, 1947; L. u. M. Hanson, 1949; W. S. Braithwaite, 1950; M. Lane, 1953; I. C. Willis, ²1957; I.-S. Ewbank, Their Proper Sphere, 1966; W. A. Craig, The B. Novels, 1968; N. B. Morrisson, 1969; C. Burkhart, 1973; The B.s: the critical heritage, hg. M. Allott 1974; F. B. Pinion, A. B. Companion, 1975; Die B.-Schwestern, hg. E. Maletzki, Ch. Schütz 1985; E. Chitham, The B.s' Irish Background, 1986; P. Nestor, 1987; W. Gérin, The Evolution of Genius, 1987; D. Orme, 1999; L. Miller, 2001 – *Bibl.:* ²1965.

Brontë, Emily Jane (Ps. Ellis Bell), engl. Dichterin, 30. 7. 1818 Thornton – 19. 12. 1848 Haworth. Schwester von Charlotte und Anne B. Lebensumstände → Brontë, Charlotte. Lebte, nur durch kurze Internatszeit unterbrochen, weltabgeschieden im väterl. Pfarrhaus in Yorkshire, starb 30jährig an Tbc. – Schuf in ›Wuthering Heights‹ e. Roman von hohem dichter. Rang, Gestalten von elementarer Wildheit und Leidenschaft, die eins sind mit der herben, sturmumbrausten Heidelandschaft Yorkshires. H. Read verglich ›Wuthering Heights‹ mit Recht mit den Meisterwerken der griech. Tragödie. Haß und Liebe sind hier von dämon. Natur. E. B. begründet alle Gefühle psycholog. Ein eigenartig packendes Werk von lyr. Intensität, das e. Sonderstellung in der viktorian. Dichtung einnimmt; s. Bedeutung wurde erst spät erkannt.

W: Poems by Currer, Ellis and Acton Bell, 1846 (Poems, hg. C. Shorter, C. W. Hatfield, 1924; Complete Poems, 1941); Wuthering Heights, R. III 1847 (hg. H. Marsden 1976; d. 1851, auch u.d.T. Die Sturmhöhe, 1983). – *Übs.:* Gedichte, 1987; → Brontë, Charlotte.

L: A. M. Robinson, 1883; A. Law, 1925; C. P. Sanger, 1926; Ch. Simpson, 1929; V. Moore, 1936; F. S. Dry, 1937; M. Spark, D. Stanford, 1953 (n. 1985); W. Gérin, 1971; A. Smith, 1976; E. Chitham, The B.s' Irish Background, 1986; ders., 1987; S. Vine, 1998. → Brontë, Charlotte.

Brooke (auch Broke), Arthur, engl. Schriftsteller, † 1563 (bei e. Schiffsunglück auf dem Kanal). Vf. e. Versübs. von Belleforests ›Histoire Tragique‹ (franz. Version der ital. Novelle von Bandello aus dem Jahr 1554), die Quelle für Shakespeares ›Romeo and Juliet‹ war. Die Übs. kann als Original angesehen werden, da B. vieles änderte und hinzufügte, vor allem auch die Gestalt der Amme erfand.

W: The Tragicall Historye of Romeus and Juliet, 1562 (hg. P. A. Daniel 1875, J. J. Munro 1908).

Brooke, Henry, ir. Dramatiker und Romanschriftsteller, 1703 Cavan – 10. 10. 1783 Dublin. Sohn e. Geistlichen; Trinity College, Dublin. Jurastud., jedoch als freiberufl. Schriftsteller tätig, 1724–40 in London, dann Irland. Freund von Swift, Pope, Garrick. – Vf. von Gedichten, Dramen und Romanen, von denen jedoch nur der empfindsame Erziehungsroman ›The Fool of Quality‹ von Bedeutung ist.

W: Universal Beauty, G. 1735; Gustavus Vasa, Sch. 1739; The Earl of Sussex, Sch. 1749; The Fool of Quality, R. V 1766–70 (n. 1906); The Earl of Moreland, Sch. 1766; Juliet Grenville, R. 1774; A collection of plays and poems, IV 1778. – Complete Works, hg. C. Brooke IV 1792.

L: I. D'Olier, 1816; H. M. Scurr, 1927.

Brooke, Rupert Chawner, engl. Dichter, 3. 8. 1887 Rugby – 23. 4. 1915 Skyros. Stud. Cambridge. 1911 Reise nach Dtl. und Italien, veröffentlichte 1911 s. ersten Gedichtband, kurz danach Nervenzusammenbruch. Bereiste 1913/14 Amerika, die Südsee und Neuseeland, nahm 1914 an der Verteidigung Antwerpens teil, starb an e. Blutvergiftung in den Dardanellen. – Durch s. Schönheit und s. frühen Tod ikon. Status als engl. Dichtergenie. In s. nostalg.-sentimentalen Gedichten ist er der Vorkriegstradition verpflichtet; s. patriot. Kriegsgedichte (1914 and Other Poems) verklären e. imperialist. England und den frühen Tod der Soldaten.

W: Poems, 1911; 1914, G. 1915; Letters from America, 1916; John Webster and the Elizabethan Drama, Ess. 1916; Collected Poems, hg. E. Marsh 1918; Lithuania, Dr. 1922; Complete Poems, 1932; Democracy and the Arts, Es. 1946. – Poetical Works, hg. G. Keynes 1949; The Prose, hg. Ch. Hassall 1956; The Letters, hg. G. Keynes 1968.

L: J. Drinkwater, 1916; W. de la Mare, 1919; A. Guibert, Genua 1933; K. Urmitzer, 1935; A. J. A. Stringer, 1948; Ch. Hassall, 1964; R. B. Pearsall, Amst. 1974; J. Lehmann, 1980; ders., The Strange Destiny of R. B., 1981; W. E. Laskowski, 1994; N. Jones, 1999. – *Bibl.*: G. Keynes, 1954.

Brooke-Rose, Christine, engl. Erzählerin u. Kritikerin, * 16. 1. 1923 Genf. Während des Kriegs Arbeit für den brit. Geheimdienst, Promotion Oxford 1954, Prof. für Lit. Paris 1975–88. – Nach ersten konventionellen Romanen entwickelte B. ihren experimentellen u. selbstreflexiven Stil unter Einfluß des franz. Nouveau roman (›Out‹, ›Between‹, ›Thru‹). Die späteren, stark sprachspieler. Romane des sog. Intercom Quartet (z. B. ›Amalgamemnon‹, ›Textermination‹) beschäftigen sich mit Medien u. Kommunikationstechnologie sowie mit der Rolle des Romans. Verfasserin von lit.wissenschaftl. Werken, v. a. über E. Pound.

W: The Languages of Love, R. 1957; The Dear Deceit, R. 1960; Out, R. 1964; Between, R. 1968; A ZBC of Ezra Pound, Es. 1971; Thru, R. 1975; Amalgamemnon, R. 1984; Xorandor, R. 1986; Verbivore, R. 1990; Textermination, R. 1991; Remake, Aut. 1996; Next, R. 1998; Subscript, R. 1999.

L: S. Birch, C. B. and Contemporary Fiction, 1994; Utterly Other Discourse, hg. E. Friedmann, R. Martin 1995; J. Little, The Experimental Self, 1996.

Brookner, Anita, engl. Schriftstellerin, * 16. 7. 1928 London. Stud. Kunstgesch. London. Bis 1988 Lehre und Forschung in Reading, Cambridge, London. Als erste Frau Slade Professor of Fine Arts in Cambridge. – B. zeigt Frauenfiguren in der Mitte ihres Lebens, die durch romant. Liebesaffären ihrer gesellschaftl. Isolation zu entfliehen versuchen. Ihr Scheitern führt zur positiven Entwicklung künstler. Kreativität, wie z. B. im durch den Booker Prize ausgezeichneten Roman ›Hotel du Lac‹. Formal neorealist. mit sehr verhaltener Genderkritik.

W: Watteau, Mon. 1968; Greuze, Mon. 1972; A Start in Life, R. 1981; Hotel du Lac, R. 1984; Family and Friends, R. 1985 (Tugend und Laster, d. 1985); A Misalliance, R. 1986 (Vergangenheit ist ein anderes Land, d. 1990); Latecomers, R. 1988; Brief Lives, R. 1990; A Closed Eye, R. 1991 (Verlorene Wünsche, d. 1993); A Family Romance, R. 1993; Incidents in the Rue Laugier, R. 1995; Visitors, R. 1997; The Next Big Thing, R. 2002.

L: J. Skinner, 1992; K. Fulbrook, 2000; C. A. Malcolm, 2002.

Brooks, Gwendolyn, afroamerik. Lyrikerin, 7. 6. 1917 Topeka/KS – 3. 12. 2000 Chicago. Jugend, Ehe, College, Arbeit ebda. Poeta laureata von Illinois, Consultant in Poetry for the Library of Congress. – Bedeutendste Lyrikerin der ›Second Black Renaissance‹. Verbindung traditioneller Modelle (Sonett) mit folklorist. und umgangssprachl. Elementen des schwarzen Amerika. Zunehmende Bemühungen um die Eigenständigkeit von Black Poetry.

W: A Street in Bronzeville, G. 1945; Annie Allen, G. 1949; Maud Martha, R. 1953; Bronzeville Boys and Girls, G. 1956; The Bean Eaters, G. 1960; Selected Poems, G. 1963; In the Mecca, G. 1968; The World of Gwendolyn Brooks, Anth. 1971; Riot, G. 1969; Familiy Pictures, G. 1970; Aloneness, G. 1971; Aurora, G. 1972; Report from Part One, Aut. 1972; Beckonings, G. 1975; To Disembark, G. 1981; The New-Johannesburg Boy, G. 1986; Children Coming Home, G. 1991; Report from Part Two, Aut. 1996. – Blacks (GW), 1987.

L: H. B. Shaw, 1980; M. K. Mootry, G. Smith, hg. 1987; D. H. Melhem, 1987; G. E. Kent, 1989; On G. B., hg. S. C. Wright, 1996.

Brophy, Brigid (Antonia), engl. Romanautorin und Essayistin, 12. 6. 1929 London – 7. 8. 1995 ebda. Tochter des Romanciers J. Brophy. Stud. Altphilol. Oxford. ∞ 1954 Kunsthistoriker Sir M. Levey. – Interesse an Gender u. Sprache, Musik, gesellschaftl. Moral u. sexueller Freiheit. Teils distanziert-unsentimentale Erzählweise, teils ›camp‹-Stil; experimentelle Sprecherpositionen. Maßgebl. Studien zu Mozart, A. Beardsley u. R. Firbank.

W: Hackenfeller's Ape, R. 1953; The King of a Rainy Country, R. 1956; Flesh, R. 1962; Black Ship to Hell, St. 1962; The Finishing Touch, R. 1963; The Snow Ball, R. 1964 (d. 1966); Mozart the Dramatist, St. 1964; The Waste Disposal Unit, Dr. 1964; The Burglar, Dr. 1968; In Transit, R. 1969; Confessions of a Writer, Aut. 1970; Prancing Novelist, St. 1972; The Adventures of God in His Search for the Black Girl, Slg. 1973; Beardsley and His World, B. 1976; Palace Without Chairs, R. 1978; The Prince and the Wild Geese, Kgn. 1983; Baroque n'Roll, Ess. 1986; Reads, Ess. 1989.

L: M. Miller, 1996.

Brorson, H(ans) A(dolph), dän. Dichter, 20. 7. 1694 Randerup/Nordschleswig – 3. 6. 1764 Ribe. Pfarrerssohn; Lateinschule Ribe, 1712 Stud. Theol. Kopenhagen; mußte wegen seel. Krise und körperl. Krankheit in s. Heimat zurückkehren u. kam dort mit dem aus Dtl. kommenden Pietismus in Berührung; 1721 theol. Examen. Pfarrer in der Heimatgemeinde, 1729 in Tondern, dort Begegnung mit dem pietist. dt. Probst Schrader. 1737 Superintendent, 1741 Bischof von Ribe. – Dichtete und übersetzte pietist. Kirchenlieder für s. Gemeinde, e. Hauptwerk der dän. Kirchenlieddichtung. Starke Symbolkraft wie e. musikal. Rhythmus verleihen s. Kirchenliedern großen künstler. Wert. In der posthumen Sammlung ›Svanesang‹ Abwendung von dieser Welt und Sehnsucht nach dem Tod.

W: Troens rare Klenodie, G. 1739; Svanesang, G. 1765. – Samlede skrifter (GW), III 1951–56; Visitatsberetninger og breve, Br. 1960.

L: A. D. Jørgensen, 1887; C. Koch, 1920; L. J. Koch, 1931; S. Arndal, 1989, 1994; J. U. Dyrkjøb, 1994; A. M. Petersen, 2000.

Brosbøl, Johan Carl Chr. → Etlar, Carit

Brossa, Joan, katalan. Schriftsteller, 19. 1. 1919 Barcelona – 30. 12. 1998 ebda. Handwerkerfamilie, widmete s. Leben der Dichtung. – Neben J. V. Foix bedeutender katalan. Avantgarde-Lyriker des 20. Jh., zugleich bedeutender katalan. Dramatiker der Gegenwart; über 80 Gedichtbände u. 300 Theaterstücke. S. Werk ignoriert traditionelle Gattungsregeln, Gattungs- u. Kunstgrenzen. In der Lyrik verbinden sich surreale Elemente mit traditionellen Formen (Sonett, Sextine). Öffnung der Lyrik zum visuellen Gedicht u. Objektgedicht, des Theaters zu Pantomime, Ballett, Konzert, Zirkus. Zusammenarbeit mit J. Miró u. A. Tàpies.

W: Em va fer J. B., G. 1951 (d. 1998); Poesia rasa, 1970; Poemes de seny i cabell, 1977; Antologia de poemes de revolta 1943–1978, 1979; Rua de llibres, G. 1980; Ball de sang, G. 1982. – Teatre complet, VI 1973–83.

L: G. Bordons, Introducció a la poesia de J. B., 1988; I. Vallés, 1996.

Broszkiewicz, Jerzy, poln. Schriftsteller, 6. 6. 1922 Lemberg – 4. 10. 1993 Krakau. Stud. Musik; begann als Pianist u. Musikkritiker. 1953–63 Mitredakteur des ›Przegląd Kulturalny‹, ab 1959 Dramaturg in Nowa Huta. – In s. erfolgr. Dramen behandelte er zeitgenöss. polit. u. moral. Themen. Auch Erzählungen und Jugendbücher.

W: Oczekiwania, R. 1948; Obcy Iudzie, R. 1948; Kształt miłości, R. 1950; Powrót do Jasnej Polany E., 1953; Zaczyna się dzień, Dr. 1955; Sześć sztuk scenicznych (Imiona władzy u. a.), Drn. 1962; Pięć komedii różnych, Drn. 1967; Przepis ze starej kroniki, 1968; Mój księżycowy pech, Kdb. 1970 (d. 1977); Samotny podróżny, R. 1973; Dziesięc rozdziałów, R. II 1970 f.; Doktor Twardowski, R. II 1977–79; Mały seans spirytystyczny, Ess. 1979.

L: M. Fik, 1971.

Brouart, François Vatable → Béroalde de Verville

Broughton, Rhoda, engl. Romanschriftstellerin, 29. 11. 1840 b. Denbigh/Wales – 5. 6. 1920 Headington Hill b. Oxford. Tochter e. Geistlichen, lebte später in Oxford. – Gab anschaul., unterhaltsame Schilderungen des ihr vertrauten ländl. Lebens mit lebendigen Dialogen. Ihre freimütige Schilderung ländl. Sitten galt in der viktorian. Zeit als gewagt.

W: Cometh up as a Flower, R. 1867; Not Wisely, but too Well, R. 1867; Red as a Rose is She, R. 1870; ›Good-Bye, Sweetheart!‹, R. 1872; Belinda, R. 1883; Doctor Cupid, R. 1886; A Waif's Progress, R. 1905; The Devil and the Deep Sea, 1910.

L: M. Wood, 1993.

Broŭka, Pjatrus', weißruss. Dichter, * 25. 6. 1905 Pucilkavičy – 24. 3. 1980 Minsk. Vater Bauer, 1928–31 Stud. Lit. und Linguistik Minsk; Erstlingswerk 1926; seit 1948 Leiter des Verbandes sowjet. Schriftsteller der BSSR. – In s. stark lyr. gestimmten Frühwerk (bis 1931) kehrt das Motiv des zeitgenöss. Gegensatzes zwischen Stadt u. Land wieder; die späteren Verse, patriot. getönt, werden den Prinzipien des sozialist. Realismus gerecht; in ›Praz hory i stèp‹ z. B. ist Heroik der Revolution und des Bürgerkriegs das Thema.

W: Horad, G. 1927; Cěchavyja budni, G. 1930; Kalandary, E. 1931; Paèzija, G. 1932; Praz hory i stèp, G. 1932; Prychod heroja, G. 1935; Vjasna radzimy, G. 1937; Belarus', G. 1943; Dalëka ad domu, G. 1960; Vysokija chvali, G. 1962; Kali zlivajucca rèki, R. 1956. – Vybranyja tvory, Ausw. 1951; Zbor tvoraŭ (GW), IV 1965/66, VII 1975–77, IX 1987–92.

Brousek, Antonín, tschech. Dichter u. Publizist, * 25. 9. 1941 Prag. Sohn e. Eisenbahnbeamten, nach dem Abitur (1958) Stud. an der philos. Fak. der Karls-Univ. in Prag, dann Redakteur; nach 1969 Exil in der BRD, seit Ende der 70er Jahre Hochschuldozent. – In s. Lyrik zeigte sich bald e. zunehmende Tendenz zur gnadenlosen, antiillusionist. u. sarkast. Entblößung allg. wie auch persönl. Lebensprobleme, begleitet von e. sachlichdepoetisierenden Metaphorik. Schuf mehrere krit. Ess. in denen die offizielle Kultur des realen Sozialismus angeprangert wird.

W: Spodní vody, G. 1963; Netrpělivost, G. 1966; Nouzový východ, G. 1969; Na brigádě, St. Toronto 1979; Zimní spánek, G. Toronto 1980, erw. 1991; Vteřinové smrti, Ldn. 1987, erw. 1995; Podřezávání větve, St., Ess. (Ausw., m. Bibl.), hg. M. Špirit 1999. – Übs.:

Wunderschöne Sträflingkugel, G. (Ausw.), Darmstadt 1969.
L: K. Hvížďala in ›Dialogy‹, 1993.

Brouwers, Jeroen (Godfried Maria), niederländ. Erzähler u. Kritiker, * 30. 4. 1940 Batavia. Ab 1948 in den Niederlanden, 1964–76 Verlagstätigkeit in Brüssel, danach freier Schriftsteller in den Niederlanden. – Romane u. Erzählungen, Autobiographisches, lit. u. gesellschaftl. Polemik; die Grenzen zwischen diesen Gattungen sind bei B. fließend.
W: Joris Ockeloen en het wachten, R. 1967; De toeteltuin, En. 1968; Zachtjes knetteren de letteren, lit. Anekdoten 1975; Zonsopgangen boven zee, R. 1977; Mijn Vlaamse jaren, Aut. 1978; Het verzonkene, R. 1979; Bezonken rood R. 1981 (Versunkenes Rot, d. 1984); De laatste deur, biogr.-autobiograph. Ess. 1983; Winterlicht, R. 1984; De zondvloed, R. 1988; Zomervlucht, R. 1990; De versierde dood, Ess. 1994; Adolf & Eva & de Dood, Es. 1995; De zwarte zon, Ess. 1999; Geheime kamers, R. 2000. – Vollständ. Bibl. unter: www.jeroen brouwers.be.
L: J. Goedegebuure, Tegendraadse schoonheid, 1982; Bzzlletin 98, 1982; H. Dütting, hg. 1987; K. Hageraats, Het symfonion van J. B., 1988; G. Debergh, hg. 2000.

Brovka, Pëtr Ustinovič → Broŭka, Pjatrus'

Browallius, Irja Agnes, schwed. Erzählerin, 13. 10. 1901 Helsingfors – 9. 12. 1968 Lidingö. Tochter e. Schauspielers, bis 1921 Gymnas. Stockholm, Stud. 1922/23 Medizin, 1924/25 Malerei, 1927 Lehrerinnenexamen; 1927–37 Lehrerin in Glottra/Svennevad. – Ihre Romane u. Novellen, vorwiegend aus dem Bauernmilieu von Närke, sind realist., objektiv und anfangs ohne jede soziale Tendenz, folgerichtig im Handlungsablauf, mit trag. Unterton trotz e. gewissen Humors, fein beobachtet u. psycholog. durchdacht. Die Sprache ist klar, sachl., oft etwas farblos.
W: Vid byvägar och älgstigar, N. 1934; Josef gipsmakare, R. 1935; Plats på scenen!, R. 1936; Synden på Struke, R. 1937; Elida från gårdar, R. 1938 (Elida von den Höfen, d. 1939); Två slår den tredje, R. 1939; Marméns, R. 1940; Någon gång skall det ljusna, R. 1941 (Einmal wird es tagen, d. 1945); Ringar på vattnet; R. 1942 (Ringe auf dem Wasser, d. 1944); Mot gryningen, R. 1943; Den stora boten, Sch. 1943; Eldvakt, R. 1945; Ljuva barndomstid, R. 1946; Jord och himmel, R. 1947; Karusellen, R. 1949; Vänd ryggen åt Sivert, R. 1951; En fågel i handen, R. 1952; Torplyckan, N. 1953; Ung, R. 1954; Tril.: Paradisets dagg, R. 1957 (Singen möchte Sippa, d. 1965), Vårbräckning, R. 1959 (Die fremde Mutter, d. 1967), Om sommaren sköna, R. 1961; Ut ur lustgården, R. 1963; Skur på gröna knoppar, R. 1965; Instängd, R. 1967.

Brown, Charles Brockden, amerik. Schriftsteller, 17. 1. 1771 Philadelphia/PA – 22. 2. 1810 ebda. Sohn e. Quäkerfamilie; zarte Gesundheit, zunächst Rechtsanwalt, dann e. der ersten amerik. Berufsschriftsteller, gilt als Begründer e. eigenständ. amerik. Erzählkunst. Beste Schaffenszeit 1798–1801 in New York; Rückkehr nach Philadelphia, nachlassende Gesundheit, wachsende Familie (∞ 1804 Elizabeth Linn, 4 Kinder); Broterwerb durch Handel u. Journalismus. – Frühe Pläne für e. Nationalepos; Essayist u. Pamphletist, von radikalen Ideen der Zeit beeinflußt (W. Godwin, M. Wollstonecraft, z. B. ›Alcuin‹: Frauenemanzipation). In 4 fast gleichzeitig entstandenen Romanen behandelte B. mit e. Mischung von Empfindsamkeit u. Schauerromantik Themen relig. Wahns (›Wieland‹), verfolgter Unschuld (›Ormond‹, ›Arthur Mervyn‹) und verwendete in s. Darstellung psych. Grenzsituationen heim. Material (Gelbes Fieber in den beiden letztgen., Indianer in ›Edgar Huntly‹). Trotz schwachen Aufbaus u. latinisierter Diktion packende Seelendramen mit Diskussion e. neuen Moral; tiefer Eindruck auf Shelley u. a. Romantiker; Vorläufer Poes u. Hawthornes. Bedeutender Kritiker u. Lit. theoretiker.
W: Alcuin, Abh. 1798; Wieland, R. 1798 (d. 1973); Ormond, R. 1799; Arthur Mervyn, R. II 1799/1800 (d. 1859, n. 1992); Edgar Huntly, R. 1799, hg. D. L. Clark 1928 (d. 1857); Memoirs of Stephen Calvert, R.-Fragm. 1799/1800, hg. Borchers 1978; Clara Howard, R. 1801; Jane Talbot, R. 1801; Carwin the Biloquist ..., En. III 1822; The Rhapsodist ..., Ess. hg. Warfel ²1977; Somnambulism and Other Stories, hg. A. Weber 1987. – Novels, VII 1827, VI 1887; hkA., hg. S. Krause, S. W. Reid VI 1977–86.
L: W. Dunlap, II 1815; H. R. Warfel, 1949; D. L. Clark, 1952; H. R. Warfel, 1974; N. S. Grabo, 1981; B. Rosenthal, hg. 1981; F. Fleischmann, 1983; A. Axelrod, 1983; D. A. Ringe, ²1991; W. Schäfer, 1991; B. Christophersen, 1993; H. Metz, 1994; W. Watts, 1994; E. J. Wall Hinds, 1997; J. Glasenapp, 2000. – Bibl.: P. Parker, 1980.

Brown, Dee, amerik. Erzähler u. Historiker, 28. 2. 1908 Alberta/LA – 12. 12. 2002 Little Rock/AR. Aufgewachsen in Arkansas, Bibliothekar u. Prof. für Bibliothekswiss. Univ. von Illinois. – Schrieb Romane u. nichtfiktionale Werke über das Schicksal der Indianer u. des amerik. Westens; bes. bekannt für s. Buch ›Bury My Heart at Wounded Knee: An Indian History of the American West‹.
W: Yellowhorse, R. 1956 (d. 1973); The Girl From Fort Wicked, R. 1964; Bury My Heart at Wounded Knee, R. 1970 (d. 1972); The Westerners, R. 1974 (Im Westen ging die Sonne auf, d. 1976); Hear That Lonesome Whistle Blow, R. 1977 (Das Feuerroß erreicht das Große Wasser im Westen, d. 1981); Creek Mary's Blood, R. 1980 (Du folgtest dem Falken, Amayi, d. 1981); Killdeer Mountain, R. 1983 (Der Major, d. 1984). – Best of D. B.'s West, Anth. hg. S. Banash 1997; D. B.'s Civil War Anthology, hg. S. Banash 1998.

Brown, George Mackay, schott. Schriftsteller, 17. 10. 1921 Stromness/Orkney – 13. 4. 1996 ebda. Stud. Philol. in Edinburgh (Einfluß von E. Muir u. G. Manley Hopkins), lebte als Autor u. Journalist vorwiegend auf den Orkney-Inseln, deren (auch skandinav. geprägte) Geschichte u. Mythen s. Werke nachhaltig beeinflußten. – In B.s von tiefer Religiosität geprägten Gedichten, Erzählungen u. Romanen erhalten die Natur, Geschichte u. Bevölkerung der Inseln eine zeitlose u. universelle Relevanz, die dem mod. Fortschrittsdenken entgegengesetzt wird.

W: Loaves and Fishes, G. 1959; An Orkney Tapestry, En. 1969; Greenvoe, R. 1972 (d. 1994); Magnus, R. 1973 (d. 1998); Selected Poems, 1954–1983, G. 1991; Beside the Ocean of Time, R. 1994 (Taugenichts und Dichter Traum, d. 1995); Autobiography, 1997 (d. 1999).

L: A. Bold, 1978; B. Schoene, The Making of Orcadia, 1995; H. Spear, hg. 2000.

Brown, Sterling A(llen), afroamerik. Lyriker u. Literaturwiss., 1. 5. 1901 Washington, D.C. – 13. 1. 1989 Takoma Park/MD. Studium in Harvard, lehrt Lit. an Univ. im Süden, ab 1929 an der Howard Univ., leitet das Sammeln afroamerik. Kulturzeugnisse im Federal Writers' Project. – Nach wirkungsvoller Verwendung schwarzer Folklore u. Idiome im Gedichtband ›Southern Road‹ weitete B. seinen Einfluß durch lit.wiss. Studien 1937, durch Herausgebertätigkeit 1941 u. durch inspirierende Essays u. Lehre aus. Neben L. Hughes u. a. der wichtigsten Verbreiter u. Verfechter afroamerik. Folklore u. Kultur.

W: Southern Road, G. 1932; The Negro in American Fiction, Negro Poetry and Drama, Unterss. 1937. – The Collected Poems (WA), 1980; A Son's Return: Selected Ess. 1996. – *Hg.* (zus. m. anderen): The Negro Caravan, Anth. 1941.

L: J. V. Gabbin, 1994.

Brown, William Hill, amerik. Schriftsteller, 1765 Boston – 2. 9. 1793 Mufresborough/NC. – Aus wohlhabender Uhrmacherfamilie stammend, wird ihm der (heute z.T. bestrittene) Ruhm zuteil, mit ›The Power of Sympathy‹ nach dem Modell des europ. sentimentalen Romans (Richardson, Sterne, Goethe) den ersten amerik. Roman, basierend auf e. stadtbekannten Familienskandal, geschrieben zu haben. Zu Lebzeiten bekannter als Dichter und Dramatiker.

W: The Power of Sympathy, R. II 1789; The Better Sort, K. 1789; West Point Preserved or the Treason of Arnold, Tr. 1797; Ira and Isabella, R. 1807. – Selected Poems and Verse Fables, hg. R. Walser 1982.

Brown, William Wells, afroamerik. Schriftsteller, ca. 1814 b. Lexington/KY – 6. 11. 1884 Chelsea/MA. Sklave, Autodidakt, nach Flucht 1834 in den Norden Redner für die Antisklavereibewegung, auch in England (1849–54). – B. schreibt 1847 e. der anschaulichsten u. lehrreichsten fugitive slave narratives (Berichte geflohener Sklaven), 1853 mit ›Clotel, or the President's Daughter‹ den ersten afroamerik. Roman u. 1858 mit ›The Escape‹ das erste afroamerik. Theaterstück. Neben weiteren Versionen s. Romanes, die Fiktionales u. Dokumentar. verquicken, verfaßte B. eine Reisebeschreibung, zwei historiograph. Bücher u. e. späte Autobiographie. Er war der erste afroamerik. Berufsschriftsteller u. zeit s. Lebens unermüdlich im Verfechten der Anliegen der Schwarzen in den USA.

W: Narrative of W. W. B., a Fugitive Slave 1847; Three Years in Europe, Reiseb. 1852; Clotel, R. 1853 (Miralda 1860–61; Clotelle: A Tale of the Southern States 1864; Clotelle, or the Colored Heroine 1867); The Black Man, Ess. 1863; The Negro in the American Rebellion 1867; My Southern Home, Aut. 1880.

L: W. E. Farrison 1969; W. L. Andrews, To Tell a Free Story, 1986.

Browne, Charles Farrar (Ps. Artemus Ward), amerik. Humorist, 26. 4. 1834 Waterford/ME – 6. 3. 1867 Southampton. Druckerlehre, schrieb ab 1857 für den Cleveland ›Plain Dealer‹ die Kolumne ›Artemus Ward's Sayings‹, dann ähnliche humorist. Schilderungen von Hinterwäldlern, mit denen er sich über die Unaufrichtigkeit und Sentimentalität s. Zeit lustig machte (Einfluß auf Mark Twain), ab 1859 für die New Yorker Zs. ›Vanity Fair‹, zuletzt für den Londoner ›Punch‹. Starb an Tbc auf e. Vortragsreise in England.

W: A. W.: His Book, Sk. 1862; A. W.: His Travels, Sk. 1865. – The Complete Works, 1871, ²1913; A. W.'s Best Stories, hg. C. Johnson 1912; Selected Works, 1924.

L: D. C. Seitz, 1919 (n. 1974, m. Bibl.); C. Martyn, 1921; J. C. Austin, 1963; J. J. Pullen, Comic Relief, 1983.

Browne, Thomas Alexander → Boldrewood, Rolf

Browne, William, engl. Dichter, 1591 Tavistock/Devonshire – 1643 Oxford. Stud. Oxford. Jurist. – Schrieb anmutige Elegien, Sonette, Allegorien und Pastoraldichtungen im Stil Spensers, mit eingehenden Beschreibungen der Naturschönheiten von Devonshire. V.a. sein Hauptwerk ›Britannia's Pastorals‹ beeinflußte das Frühwerk von Milton u. Keats.

W: Britannia's Pastorals, II 1613–16 (3. Bd. hg. T. C. Croker 1852); The Shepheard's Pipe, G. 1614; The Inner Temple Masque, Sch. (1772); Works, III 1772; The Whole Works, hg. W. C. Hazlitt II 1868f.; Poetical Works, hg. G. Goodwin II 1894.

L: F. W. Moorman, 1897; I. Schabert, Die Lyrik der Spenserianer, 1977.

Browning, Elizabeth Barrett, geb. Barrett Moulton, engl. Dichterin, 6. 3. 1806 Coxhoe Hall/Durham – 29. 6. 1861 Florenz. Früher Verlust der Mutter. Nahm an der klass. Bildung der Brüder teil. Jahrelanges Krankenlager während der Jugendjahre infolge Rückgratverletzung und danach Lungenaffektion, daher einsames Leben mit Büchern. Nervenschock nach dem Tode ihres Lieblingsbruders durch Ertrinken. Neigung zu Schwermut. Völlige Wendung in ihrem Leben 1846 durch Heirat mit dem Dichter Robert Browning, der sie entführen mußte, da ihr Vater keinem s. Kinder e. Ehe gestattete. Lebte mit B. in Italien, vorwiegend in Florenz, gesundete dort. – Schrieb schon als Kind e. Epos ›Battle of Marathon‹, das der Vater drucken ließ. Ihr bestes Werk, ›Sonnets from the Portuguese‹, erschien 1847 zunächst als Privatdruck anonym und unter dem irreleitenden Titel, da die Gedichte das späte Erwachen ihres Frauentums in ihrer Liebe zu Robert B. spiegeln. Formschön und von leidenschaftl. Glut erfüllt. Rilke übertrug e. Teil der Sonette ins Dt. Ihre Blankversdichtung ›Aurora Leigh‹, damals besonders geschätzt, ist allzulang und überladen mit theoret. Erörterungen. Nahm in Italien an den liberalen Strömungen Europas lebhaften Anteil und verfaßte versch. soziale und polit. Dichtungen, so das erschütternde ›The Cry of the Children‹.

W: The Battle of Marathon, G. 1820; An Essay on Mind, with other Poems, G. 1826; Prometheus Bound, Übs. 1833; The Seraphim and other Poems, G. 1838; The Cry of the Children, Dicht., 1841; Poems, II 1844; The Runaway Slave at Pilgrim's Point, G. 1849; Sonnets from the Portuguese, G. 1847 (dt. 1903, R. M. Rilke 1908); Casa Guidi Windows, 1851; Aurora Leigh, Dicht. 1857 (d. 1907); Poems before Congress, G. 1860; Last Poems, hg. R. Browning, 1862; The Greek Christian Poets and the English Poets, St. 1863. – The Poetical Works, 1904; Letters, hg. F. G. Kenyon 1897; Letters of Rob. B. and E. B. B., II 1899 (d. 1905); Letters to her Sister, hg. L. Huxley 1929; Letters to Miss Mitford, 1954; Letters to Mr. Boyd, 1955; Letters to Mary Russell Mitford, hg. B. R. Meredith, M. R. Sullivan III 1983; The Early Diaries of E. B. B., hg. E. Berridge 1975. – *Übs.:* Gedichte, 1960.

L: J. H. Ingram, 1888; P. Lubbock, 1906; O. Burdett, 1928; I. C. Clarke, 1929; D. Hewlett, 1953; G. B. Taplin, 1957; A. Hayter, 1962; R. Mander, 1980; M. Stone, 1995; M. Forster, 1998. – *Bibl.:* W. Barnes, 1967.

Browning, Robert, engl. Dichter, 7. 5. 1812 Camberwell b. London – 12. 12. 1889 Venedig. Sohn e. reichen Londoner Bankbeamten. Umfangreiche, vorwiegend autodidakt. Bildung, Stud. Griech. London, ∞ 1846 die Dichterin Elizabeth Barrett, lebte bis zu ihrem Tode mit ihr in Italien, meist in Florenz, kehrte dann nach England zurück. S. Talent wurde erst spät anerkannt, B. erfuhr jedoch gegen Ende s. Lebens Auszeichnungen durch die Univ. London, Edinburgh und Glasgow, erlebte die Gründung der ›Browning Society‹. Starb im Hause s. Sohnes in Venedig. In Westminster Abbey beigesetzt. – B.s Dichtung ist schwer zugänglich, häufig unklar; er machte Gedankensprünge und überließ es dem Leser, die Synthese zu finden. Starkes psycholog. Interesse. Reiche Verwendung des dramat. Monologs. B. schrieb sehr viel, u. a. auch 9 Bühnendichtungen, die er unter dem Sammelnamen ›Bells and Pomegranates‹ 1841–46 veröffentl., zu ihnen gehört ›Pippa Passes‹ (1841), das G. Hauptmann zu ›Und Pippa tanzt‹ anregte. Dem Andenken s. verstorbenen Frau widmete B. die lange Blankversdichtung ›The Ring and the Book‹, die e. röm. Mordprozeß aus dem Jahr 1698 in 12 Monologen von den verschiedensten Seiten her beleuchtet.

W: Pauline, 1833; Paracelsus, Dr. 1835 (d. 1904); Strafford, 1837; Sordello, Ep. 1840; Bells and Pomegranates, Sch. VIII 1841–46 (darin: Pippa Passes; d. 1903); Dramatic Lyrics, 1842; Dramatic Romances, 1845; Men and Women, II 1855; Dramatis Personae, 1864; The Ring and the Book, IV 1868/69 (d. 1927, n. 1971); Balaustion's Adventure, Dicht. 1871; Aristophanes' Apology, Dicht. 1871; Fifine at the Fair, 1872; Red Cotton Nightcap Country, 1873; The Inn Album, 1875; Pacchiarotto, 1876; Dramatic Idylls, 2 Serien, 1879, 1880; Jocoseria, 1883; Ferishtah's Fancies, 1884; Asolando, 1890. – Works, hg. F. G. Kenyon X 1912, ²1966; The Complete Works, hg. R. A. King XVII 1969ff.; Poetical Works, hg. I. Jack V 1983–95; Poems, hg. J. Pettigrew II 1981, hg. J. Woolford, D. Karlin II 1991; Letters of R. B. and E. B. B., II 1899, hg. E. Kinter 1969; Letters, hg. T. J. Wise, L. T. Hood 1933; New Letters, hg. W. C. De Vane 1950; Correspondence, hg. Ph. Kelley, R. Hudson III 1985; Letters from R. B. to Mrs. T. FitzGerald, hg. E. C. McAleer 1966 (d. 1905).

L: A. Orr, ²1887; G. K. Chesterton, 1903; E. Dowden, 1904; Ch. H. Herford, 1905; O. Burdett, 1928; F. G. R. Duckworth, 1931; W. H. Griffin, H. C. Minchin, ³1938; B. Miller, 1952; W. C. De Vane, ²1955; H. Ch. Duffin, Amphibian, 1956; R. A. King, The Bow and the Lyre, 1957; P. Honan, B.'s Characters, 1961; E. Berdoe, The B. Cyclopaedia, ¹⁵1964; Ph. Drew, hg. 1966; M. Ward, II 1967–69; Th. Blackburn, 1967; W. D. Shaw, The Dialectical Temper, 1968; R. A. King, The Focusing Artifice, 1968; I. Jack, B.'s Major Poetry, 1973; R. B., hg. I. Armstrong 1974; W. Irvine, P. Honan, The Book, the Ring, and the Poet, 1974; B. S. Flowers, B. and the Modern Tradition, 1976; D. Thomas, 1982; R. B., hg. H. Bloom 1985; C. de L. Ryals, 1993; A. C. Roberts, 1996; S. Hawlin, 2001. – *Bibl.:* L. N. Broughton u. a., 1953.

Brownjohn, Alan, engl. Lyriker, * 28. 7. 1931 London. Stud. Oxford, zunächst Lehrer, dann Dozent an versch. Univ., seit 1979 freier Autor, Mitarbeit beim Rundfunk u. versch. Zeitungen; aktives Labour-Mitglied, leitendes Mitglied der ›Poetry Society‹. – Stilist. sehr individuelle Lyrik mit moralischem Anspruch u. großem Sozialbewußtsein, beeinflußt u. a. durch Larkin u. Graves, diese jedoch transzendierend (›post-Movement‹-Stil). Inhaltlich politisch, teilweise auch eskapistisch, Verf. zahlr. Liebesgedichte. Auch Übs. (Goethe, Corneille).

W: The Railings, 1961; The Lions' Mouths, 1966; Sandgrains on a Tray, 1969; Warrior's Career, 1972; A Song of Good Life, 1975; A Night in the Gazebo, 1980; The Old Flea Pit, 1987; The Observation Car, 1990; The Way You Tell Them, R. 1990; The Long Shadows, R. 1997 (zuerst rumän., Umbre Lungi, 1976); In the Cruel Arcade, 1994; A Funny Old Year, R. 2001; The Cat Without E-Mail, 2001. – Collected Poems, 1983, 1988.

Brú, Heðin (eig. Hans Jakob Jacobsen), färöischer Erzähler, 17. 8. 1901 Skálavík – 18. 5. 1987. Arbeit in Landwirtschaft und Fischerei, seit 1942 Landwirtschaftsberater für die Färöer. – B. gibt realist. Bilder vom Seemanns- u. Fischerleben, vermittelt einfühlsame Porträts der Menschen s. Heimat.

W: Lognbrá, R. 1930; Fastatøkur, R. 1935; Fjallaskuggin, E. 1936; Feðgar á ferð, E. 1940 (Des armen Mannes Ehre, d. 1966); Flókatrøll, Kgn. 1948; Leikum fagurt, R. 1963; Purkhús, Kgn. 1966; Men lívið lær, R. 1970; Búravnurin, Kgn. 1971; Tað stóra takið, R. 1972; Endurminningar, Erinn. 1980. – *Übs.:* Ketil und die Wale, 1971.

L: J. Isaksen, 1993.

Bruant, Aristide, franz. Dichter, 6. 5. 1851 Courtenay/Loiret – 11. 2. 1925 Paris. – Vf. von Chansons und Erzählungen, Fortsetzungsromanen, bes. zeitdokumentar. interessanten realist.-satir. Gossenliedern, die er zuerst im Pariser Cabaret ›Chat Noir‹, dann in s. eigenen ›Le Mirliton‹ vortrug.

W: Les bas-fonds de Paris, R. 1897; Dans la rue, G. III 1898(?)–1904 (Ausw., 1962; Chansons, d. II 1965f.); Chansons et monologues, 1896–97; Sur la route, G. 1899; L'Argot au XXe siècle, Schr. 1901; La loupiote, R. 1909; Les amours de la pouliche, R. 1911; La princesse du trottoir, R. 1925.

L: J. Landre, 1930; A. Zévaès, 1943; F. Carco, 1954; B. Knapp, 1968; M. Mouloudji, 1972.

Brudziński, Wiesław Leon, poln. Satiriker, 20. 2. 1920 Lodz – 20. 3. 1996 Warschau. 1938 Abitur Lodz. Seit 1945 in Red. der satir. Wochenschrift ›Szpilki‹, 1956–80 ihr stellv. Chefredakteur. Übersiedlung nach Warschau. – Bekannt durch s. Humoresken, v. a. aber Aphorismen, die aktuelle Realien kritisch hinterfragen.

W: Zatrute strzały. Humoresken, 1949; Humoreski i fraszki, 1955; Nowe zmyślenia, Aphor. 1967. – *Übs.:* Katzenjammer, Aphor. 1966; Die rote Katz, Aphor.-Ausw. 1970.

Bruggen, Carolina Lea van, gen. Carry van, geb. de Haan, niederländ. Romanschriftstellerin, 1. 1. 1881 Smilde (Provinz Drente) – 16. 11. 1932 Laren. Tochter e. jüd. Kantors; Schwester von J. I. de Haan; Jugend in Zaandam; Ausbildung zur Volksschullehrerin. 1904 ∞ Kees van Bruggen. Übersiedlung nach Indonesien. Nach Scheidung ∞ Kunsthistoriker Dr. A. Pit. Starb in geistiger Zerrüttung. – Die unbewältigte Gegensätzlichkeit zwischen seel. Liebe u. Sinnlichkeit führte zu von der Öffentlichkeit teilweise abgelehnter Enthüllung erot. Erlebens. In keiner weltanschaul. Deutung fand sie die Überbrückung, Unausgeglichenheit kennzeichnet ihr Werk. Wird als Vorläuferin des Existentialismus betrachtet. In dem Roman ›De verlatene‹ schildert sie den seel. Untergang e. jüd. Kindes, das nicht zur Selbstentfaltung gelangen konnte. ›Een coquette vrouw‹ ist die Geschichte ihrer gescheiterten Ehe, ›Eva‹ e. Lebensbeichte.

W: De verlatene, 1910; Heleen, 1913; Bladen uit Heleen's dagboek, 1919; Een coquette vrouw, 1915; Prometheus, Es. 1919; Het huisje aan de sloot, En. 1921 (^{26}1994); Avontuurtjes, En. 1922; Eva, 1925; Tegen de dwang, En. Ausw. 1981.

L: M. de Haan, 1960; M. A. Jacobs, 1962; J. Fontijn, D. Schouten, 1978, ^{2}1985; J. M. J. Sicking, 1993.

Brulez, Raymond, fläm. Erzähler, 18. 10. 1895 Blankenberge – 17. 8. 1972 Brüssel. Stud. Philos. u. Lit. Brüssel, 1936–60 am belg. Rundfunk u. Fernsehen tätig. – S. Romane, Erzählungen u. Dramen sind spieler.-iron. Ausdruck s. Enttäuschung über den Menschen.

W: André Terval, R. 1930; Sheherazade, En. 1932; De laatste verzoeking van Antonius, E. 1933; De schoone slaapster, Dr. 1935; Écrivains flamands d'aujourd'hui, Ess. 1937; Eén mei, N. 1937; De klok, N. 1937; Mijn woningen, Aut. IV 1950–54; De verschijning te Kallista, N. 1953; De toren van Lynkeus, Aut. 1969.

L: K. Jonckheere, 1961.

Bruller, Jean → Vercors

Brun, Johan Nordahl, norweg. Dichter u. Bischof, 21. 3. 1745 Byneset/Trondheim – 26. 7. 1816 Bergen. Bischof in Bergen ab 1804; aus bäuerl. Milieu stammend, wurde Brun Kathedralschüler in Trondheim, später dort Hauslehrer; Stud. Theol., war zwischen Heimatliebe und Treue gegenüber dem König des dän.-norweg. Reiches hin und her gerissen, gehörte zum Kreis der norweg. Gesellschaft in Kopenhagen (Det Norske Selskab). – Vf. zahlr. Dramen nach franz. klassizist. Vorbild, von Singspielen sowie Psalmen und Gedichten.

W: Zarine. Et Sørgespil i fem Optog, Dr. 1772; Evangeliske Sange over Højmessetexter, G. 1786; Endres og Sigrids Brøllop. Et Syngestykke i tre Handlinger, Sgsp. 1791; Hellige Taler I – II, Pred. 1797/98.

L: A. H. Winsnes, 1919.

Bruni, Leonardo (gen. Aretino), ital. Humanist, 1370 od. 1374 (?) Arezzo – 9. 3. 1444 Florenz. Stud. Rechte Florenz; klass. Stud. unter Chrysoloras; bis 1404 bei den Medici; 1405 apostol. Sekretär, 1415 auf dem Konzil zu Konstanz, 1415 in Florenz, dort 1427 Kanzler der Republik. – E. der bedeutendsten Vertreter des Florentiner Bürgerhumanismus. Förderte durch s. lat. Übs. griech. Klassiker entscheidend die Verbreitung der antiken Lit. (Platon, Aristoteles, Demosthenes, Plutarch). Vf. e. Reihe hist. Schriften, darunter e. ›Geschichte Florenz'‹ (vom Anfang bis 1402), e. wichtigen humanist. Bildungsprogramms u. der (ital. geschriebenen) Biographien von Dante u. Petrarca. Fordert die Vereinigung von humanist. Bildung mit den Bürgertugenden, e. Forderung, die er selbst beispielhaft verwirklicht hat.

W: De studiis et litteris, 1422–25; De bello Italico adversus Gothos, 1471; Libellus de temporibus suis, 1485; Historiarum Florentini populi libri XII, 1610 (hg. E. Santini 1914–1926); Epistolarum libri VIII, hg. L. Mehus II 1741; Vita di Dante, 1847 (d. F. v. Falkenhausen 1939); Dialogi ad Petrum Paulum Histrum, hg. E. Kirner 1889. – Humanist.-philos. Schriften, hg. H. Baron 1928.

L: G. Monteleone, 1901; F. Beck, Studie zu L. B., 1912; F. P. Luiso, Studi sull' epistolario di L. B., 1980; P. Viti, L. B. e Firenze, 1992.

Brunner, John, engl. Science-fiction-Autor, 24. 9. 1934 Preston Crowmarsh/Oxfordshire – 25. 8. 1995 Glasgow. B. veröffentl. seine ersten Romane mit 17, Dienst in der brit. Luftwaffe, frühes Engagement in der Friedens- und Ökologiebewegung. – Neben etwa 30 klass. Weltraumabenteuern e. Reihe von eindrucksvollen Dystopien, die um die Themen Überbevölkerung, Umweltverschmutzung und Überwachungsstaat kreisen.

W: Stand on Zansibar, 1968 (d. Morgenwelt, 1980); The Jagged Orbit, 1969 (Morgen geht die Welt aus den Angeln, d. 1970); The Sheep look up, 1972 (d. 1978); The Shockwave Rider, 1975 (d. 1979).

L: J. de Bolt, 1975.

Bruno, Giordano (eig. Filippo), ital. Philosoph, 1548 Nola – 17. 2. 1600 Rom. 1563 Eintritt in den Dominikanerorden in Neapel; da s. Auffassungen vom Dogma abwichen, mußte er den Orden 1576 wieder verlassen. Von der Inquisition bedroht, floh er 1577 nach Genf, hier Berührung mit Calvinisten. 1583–85 Vorlesungen in London, Prag, Marburg, Wittenberg (1586), Frankfurt/M. Trat für die Lehre Luthers ein, 1591 Rückkehr nach Venedig, von Mocenigo verraten, von der Inquisition wegen Zauberei verhaftet, 1593 nach Rom gebracht u. nach 7jähriger Kerkerhaft auf dem Campo dei Fiori als Ketzer verbrannt. – Naturphilosoph der Renaissance, stark beeinflußt von den Vorsokratikern und spätantiker hermet. Tradition, großer Verehrer des Kopernikus, dessen naturwiss. Erkenntnisse er dichter. zu e. pantheist. Weltschau gestaltete. Elemente der Welt sind unteilbare Substanzen, Minima oder Monaden. Diese können sich zu höheren Einheiten vereinigen, wodurch e. geordneter Stufenbau der Welt entsteht. Die höchste, unfaßbare Einheit ist Gott (Monas monadum), daraus ergibt sich die Gleichartigkeit u. Göttlichkeit aller Wesen. Beeinflußt von Nikolaus von Kues. S. philos. u. moral. Dialoge sind in der Sprache dunkel u. eigenwillig. S. philos. Glaubensbekenntnis zeigen dichter. die 10 Dialoge ›De gl'heroici furori‹ in Sonettenform. Neben vielen philos. Schriften in lat. u. ital. Sprache verfaßte er e. Komödie ›Il candelaio‹, welche Alchemie u. Aberglauben s. Zeit verspottet. Einfluß s. Philos. auf Goethe, Spinoza, Leibniz u. Schelling (Dialog ›Bruno‹, 1802).

W: Il candelaio, K. Paris 1582 (n. V. Spampanato 1909); Spaccio della bestia trionfante, 1584; La Cena delle ceneri, Dial. 1584 (n. 1955; Das Aschermittwochsmahl, d. 1969); De la causa principio et uno, 1584 (n. 1941; d. 1909, 1977); Dell' infinito universo e mondi, 1584; Degli eroici furori, 1585 (n. hg. F. Flora 1928, Ausw. hg. E. Grassi 1947, erw. 1957, d. 1989). – Opere italiane, hg. P. de Lagarde II 1888f., hg. G. Gentile, V. Spampanato III 1907f., II 1925–27; Opera latine conscripta, hg. F. Fiorentino 1889–91, n. 1962; Le opere latine, hg. R. Sturlese 1991ff.; Le opere italiane, hg. G. Aquitecchia 1993ff.; Über die Monas, die Zahl und die Figur als Elemente einer sehr geheimen Physik, Mathematik und Metaphysik, 1991. – *Übs.:* Ges. philos. Schriften, hg. L. Kuhlenbeck KV 1904–09; Vertreibung der triumphierenden Bestie, 1904; Ausw. E. Grassi 1947.

L: F. Tocco, 1886; D. Berti, 1889; G. Gentile, 1920; V. Spampanato, II 1922; L. Limentani, 1924; M. Bergfeld, 1929; A. Guzzo, I dialoghi del B., 1932; E. Fenu, 1938; A. Corsano, 1940; D. W. Singer, 1950; W. Badaloni, 1955; A. Guzzo, 1960; A. C. Gorfunkel, 1965; E. Namer, 1966; S. Boyanov, 1969; F. Yates, 1969; A. Groce, II 1972ff.; A. Ingegno, 1978; J. Kirchhoff, 1980; M. Ciliberto, 1986; N. Ordine, 1987; E. v. Samsonow, 1995.

Brutus, Dennis, südafrikan. Lyriker, * 28. 11. 1924 Salisbury/Rhodesien. Lehrer in Port Elizabeth, dann Journalist. Aktives Engagement gegen die Apartheid; 1963 verhaftet u. bei Fluchtversuch angeschossen; 18 Monate Haft. Ging 1966 ins engl. Exil; ab 1970 Prof. an amerik. Univ. – B.' Lyrik zeichnet sich durch das dichte Nebeneinander von Politischem u. Persönlichem aus u. bietet eindringl. Bilder der Apartheid als Gefängnis des menschl. Geistes.

W: Sirens, Knuckles, Boots, 1963; Letters to Martha, 1968; Poems from Algiers, 1970; Thoughts Abroad, 1970; A Simple Lust, 1973; China Poems, 1975; Strains, 1975; Stubborn Hope, 1978; Salutes & Censures, 1984; Airs & Tributes, hg. G. Ott 1989; Still the Sirens, 1993.

L: Critical Perspectives on D. B., hg. C. W. McLukkie, P. Colbert 1995.

Bruun, Laurids, dän. Erzähler, 25. 6. 1864 Odense – 6. 11. 1935 Kopenhagen. Einkäufer für das Handelshaus s. Onkels in Batavia; in den 1890er Jahren Reisen und Studienaufenthalte in Europa, Nahem und Fernem Osten und der Südsee. – Produktiver neuromant.-exot. Vf. von spannenden hist. und relig. Familienromanen (Van-Zanten-Zyklus aus der Südsee), Problemromanen sowie phantasievollen, oft stark erot. Erzählungen, z. T. im Rückgriff auf Saga-Stoffe. Neuromant. Europamüdigkeit, Sehnsucht nach Ferne und Vergangenheit. Auch Reise- und Kriegsbücher.

W: Emma Jonsson, R. 1890; Kronen, R. 1902 (Die Krone, d. 1904); Alle Synderes Konge, R. 1903 (Der König alle Sünder, d. 1904); Absalons Saga, R. 1904; Den Evige, R. 1905 (Der Ewige, d. 1907); Pan, R. 1906 (Eine seltsame Nacht, d. 1928); Midnatssolen, R. 1907 (Die Mitternachtssonne, d. 1908); Van Zantens lykkelige Tid, R. 1908 (Van Zantens glückliche Zeit, d. 1911, n. 1981); Af Bygernes Slægt, R. 1909 (Aus dem Geschlecht der Byge, d. 1918); Danskernes Eventyr, R. III 1909–12; Den forjættede Ø, R. (Van Zantens Insel der Verheißung, d. 1911); Den signede Død, R. 1912; Fra Bosporus til Van Zantens Ø, Reiseb. 1912 (Vom Bosporus bis zu van Zantens Insel, d. 1914); Den ukendte Gud, R. 1913 (Der unbekannte Gott, d. 1920); Den glædelose Enke, R. (Die freudlose Witwe, d. 1915); Oanda, R. (d. 1921); Tvillingerne, R. 1923 (Die Zwillinge, d. 1927); Van Zantens eventyr, R. (Van Zantens Abenteuer, d. 1926); Van Zantens mærkelige langfart over de vide vande, R. (Van Zantens wundersame Reise, d. 1928); Hvem var van Zanten, R. 1930 (Van Zantens törichte Liebe, d. 1930).

Bruyère, Jean de la → La Bruyère, Jean de

Bryant, William Cullen, amerik. Lyriker und Publizist; 3. 11. 1794 Cummington/MA – 12. 6. 1878 New York. Sohn e. Landarztes; humanist. Bildung, Kenntnis der engl. und franz. Autoren des 18. Jh.; 1811–15 jurist. Ausbildung; 1817 Veröffentlichung der ersten Gedichte in der ›North American Review‹; lit. Ruhm; seit 1826 erfolgr. Hrsg. der N.Y. ›Evening Post‹ und publizist. Tätigkeit zugunsten der Demokraten, dann der Anti-Sklaverei-Partei (Republikaner, Lincoln); Europareisen seit 1834; öffentl. Reden und Essays über Zeitgenossen. – Erster erfolgreicher nationaler amerik. Dichter. Schrieb nach e. Satire auf Jeffersons Präsidentschaft meditative und deskriptive, pantheist. angehauchte Naturlyrik; 1811 entstand die von heidn.-deist. Stimmung getragene Totenelegie ›Thanatopsis‹. Hauptthemen s. romant., an Gray, Young und Wordsworth erinnernden Lyrik sind die Einwirkung der Natur auf den Menschen, die Existenz e. göttl. Wesens, die Vergänglichkeit des Irdischen, Grab und Tod. Wie bei W. Irving und Cooper genaue Beschreibung der amerik. Natur (Beziehungen zur Landschaftsmalerei der ›Hudson River Schule‹). Eth. Pathos in klangvoll majestät. Blankversen. Ferner spekulative geschichtsphilos. Gedichte und Blankversübs. der ›Ilias‹ (1870) und der ›Odyssee‹ (1871 f.).

W: The Embargo, Sat. 1808; Poems, 1821; Poems, 1832, 1834, 1836, 1839; The Fountain, G. 1842; The White-Footed Deer, G. 1844; Letters of a Traveller, Reiseb. 1850; A Forest Hymn, G. 1860; Thirty Poems, 1864; Orations and Addresses, 1873; The Flood of Years, G. 1878. – Poetical Works, II 1883, n. 1967; Prose Writings, II 1884 (n. 1964); Representative Selections, hg. McDowell 1935; The W. C. B. Collection, hg. M. F. Deakin 1986; Letters, IV 1975–84. – *Übs.:* Gedichte, 1855.

L: P. Godwin, II 1883 (n. 1967); J. Bigelow, 1890 (n. 1970); A. McLean, 1964 (n. 1989); J. T. Callow, Kindred Spirits, 1967; C. H. Brown, 1971; W. C. B. and His America, hg. S. Brodwin u. a. 1983; N. Krapf, hg. 1987. – *Bibl.:* J. T. Phair, 1975.

Bryce Echenique, Alfredo, peruan. Erzähler, * 19. 2. 1939 Lima. Jura- u. Lit.-Stud., Prof., Journalist. Mit e. Unterbrechung lebt er seit 1964 in Europa. – Vielfältig interessiert, beschreibt mit Humor, Übertreibung u. Abschweifungen, manchmal in metalit. Kontexten das Milieu der Millionäre von Lima, Paris, Kuba, die Freundschaft, die Schlaflosigkeit. Viele s. Figuren sind Gegenhelden, die ihre eigene Sprache benutzen.

W: Un mundo para Julius, R. 1970 (d. 2002); La felicidad, ja, ja, En. 1974; La vida exagerada de Martín Romaña, R. 1981; El hombre que hablaba de Octavio de Cádiz, R. 1985; La última mudanza de Felipe Carrillo, R. 1988; Dos señoras conversan, Nn. 1990; Permiso para vivir, Aut. 1993; No me esperen en abril, R. 1995; Reo de nocturnidad, R. 1997; La amigdalitis de Tarzán, R. 1999 (d. Küss mich, du Idiot, 2000); Guía triste de París, En. 1999; Crónicas perdidas, 2002; El huerto de mi amada, R. 2002. – Cuentos completos, 1985, 1988, 1995.

L: W. A. Luchting, 1975; A. L. Barrios, 1986; C. Ferreira, I. P. Márquez, hg. 1994.

Bryll, Ernest (Ps. Włodzimierz Ocieski), poln. Dichter, Prosaist, Dramatiker, * 1. 3. 1935 Warschau. Stud. Polonistik, Filmwiss. Warschau. Publiziert nach Verhängung des Kriegsrechts 1981 im Untergrund. 1991–96 Botschafter in Irland. – Grundtendenz s. Dichtung: Krit. und polem. Abrechnung mit traditionellen poln., aber auch erst im Sozialismus entstandenen Denkgewohnheiten und Haltungen. B. stellt die patriotisch motivierte Schönfärberei der Geschichte und auch der sog. sozialist. Errungenschaften bloß. Er gehört der Generation an, die im Glauben an den Sozialismus, an Stalin erzogen und maßlos enttäuscht wurde. S. Gedichte sind anfangs von der Neigung getragen, das Widerwärtige, Häßliche im Leben zu zeigen. Danach eine vom Sarkasmus geprägte Phase; schließlich die Hinwendung zur Dorfthematik, insbes. zum vom Religiösen und Metaphysischen durchdrungenen Volksglauben und s. folklorist. Traditionen.

W: Studium, R. 1963; Twarz nie odsłonięta, G. 1963; Mazowsze, G. 1967; Po górach, po chmurach, Weihnachtsspiel 1969; Rzecz listopadowa, Dr. 1966; Na szkle malowane, Sgsp. 1969; Sadza, G. 1982; G.-Ausw. 1988 (eigentl. 1989).

Brzękowski, Jan (Ps. Jan Jarmott u.a.), poln. Dichter, Prosaist und Literaturtheoretiker, 18. 12. 1903 Wiśnicz Nowy b. Bochnia – 3. 8. 1983 Paris. Stud. Pharmazie, Romanistik, Polonistik Krakau. 1928 zum Stud. nach Paris. Mitarbeit in versch. franz. u. poln. Kulturinstitutionen u. Redaktionen. Auch nach 1945. Lebte seit 1964 ständig in Paris. – Futuristisch motivierte Ablehnung traditioneller lit. Konventionen. 1924 Kontaktaufnahme zur Gruppe der sog. Krakauer Avantgarde. Prägt maßgeblich ihr antiromant. PoesieVerständnis. Überwindet den avantgardist. Kult der Zivilisation u. tritt für eine ›integrale Poesie‹ ein. Später surrealist. Tendenzen u. Neigung zu myst. Motiven.

W: Tętno, G. 1925; Poezja integralna, Lit.krit. 1933; Dwudziestu czterech kochanków Perdity Loost, R. ca. 1939, erschienen 1961; Szkice literackie i artystyczne 1925–70; Sk.-Ausw. 1978; G.-Ausw. 1980.

Brzozowski, Stanisław (Ps. Adam Czepiel), poln. Literaturkritiker u. Schriftsteller, 28. 6. 1878 Maziarnia, Bez. Chełm – 30. 4. 1911 Florenz. Russ. Gymnasium, Univ. Warschau, 1897 relegiert u. 1898 verhaftet, lebte später wegen Tbc in Italien. Als Verräter u. Provokateur denunziert, kämpfte B. in sozialist. Kreisen vergeblich um Rehabilitierung. – Bedeutendster Literaturkritiker s. Generation, lehnt Sienkiewicz u. die dekadente Moderne ab. Stark vom russ. revolut. Denken, später von den russ. Neukantianern geprägt. Zuletzt Reformkatholik, Übs. Newmans. Entwickelt e. eigenständige Philos. der Arbeit, teilweise Vorwegnahme des Existentialismus. Auch Romane, u.a. über russ. Revolutionäre.

W: Mocarz, Dr. 1903; Wiry, R. 1905; O Stefanie Żeromskim, Schr. 1905; Współczesna powieść polska, Krit. 1906; Teodor Dostojewski, Dicht. 1906; Kultura i życie, Schr. 1907; Fryderyk Nietzsche, Schr. 1907; Współczesna krytyka literacka w Polsce, Schr. 1907; Płomienie, R. 1908 (Flammen, d. II 1920); Idee, Schr. 1910; Sam wśród ludzi, R. 1911; Głosy wśród nocy, Schr. 1912; Pamiętnik, Mem. 1913; Filozofia romantyzmu polskiego, Schr. 1924. – Dzieława wszystkie (SW), IV 1936–38 (unvollst.); Listy (Br.), II 1970; Kultura i życie (AW), 1974; Współczesna powieść i krytyka (AW), 1984; hkA, hg. M. Sroka XIV 1985 ff.

L: B. Suchodolski, 1933; J. Braun, Metafizyka pracy i życia, 1934; J. Spytkowski, 1939; A. Stawar, 1961, H. Bieder, St. B. u. d. russ. Lit., Diss. Wien 1969; Cz. Miłosz, Człowiek wśród skorpionów, Paris 1961; J. Z. Maciejewski, 1974; A. Mencwel, 1976; A. Walicki, 1977; W. Mackiewicz, 1979; M. Wyka, 1981; I. Bittner, 1981; A. Chmielewski, Teoria wiedzy St. B., 1984.

Bubnys, Vytautas, litau. Erzähler, * 9. 9. 1932 Čiudiškiai. Stud. Pädag. in Vilnius, Lehrer (1976–81), stellvertr. Leiter des Schriftstellerverbandes. – In s. Romanen im klassischen Stil wird die Entstehung der sowjet. Ordnung u. deren Folgen für den litau. Bauern geschildert. Der Romanzyklus ›Alkana žemė‹ (1971), ›Po vasaros dangum‹ (1976) und ›Nesėtų rugių žydėjimas‹ (1976) schildert die soziale und psycholog. Lage litau. Bauern, im Kampf um den Boden bis zum Verzicht auf denselben und den Umzug in die Stadt, in der sich ein Bauer nicht eingewöhnen kann.

W: Beržai svyruokliai, E. 1959; Ramūnas, E. 1964; Lapams krintant, E. 1966; Ajerai kvepia, E. 1967; Gegužio nemiga, E. 1969; Alkana žemė, R. 1971; Po vasaros dangum, R. 1973; Baltas vėjas, E. 1974; Nesėtų rugių žydėjimas, R. 1976; Pilnaties valanda, R. 1980; Kvietimas, R. 1983; Rudens ekvinokcija, R. 1985; Žalios supuoklės, R. 1992; Balandžio plastėjime, R. 2002.

Buchan, John, 1. Baron Tweedsmuir, schott. Romanschriftsteller u. Historiker, 26. 8. 1875 Perth – 11. 2. 1940 Montreal. Stud. Glasgow und Oxford. Jurist. 1927 Parlamentsmitgl., 1935 geadelt und Gouverneur von Kanada. – Vf. zahlr. heute z. T. rassist. wirkender Abenteuer-Romane, sowie hist. und biograph. Schriften.

W: Prester John, R. 1910; The Thirty-Nine Steps, R. 1915 (d. 1975); Greenmantle, R. 1916 (d. 1980); Mr. Standfast, R. 1919 (Im Westen was Neues, d. 1980); History of the Great War, St. IV 1921f.; The Three Hostages, R. 1924 (d. 1980); The Dancing Floor, R. 1926 (Basilissa, d. 1985); The Courts of the Morning, R. 1929; The Gap in the Curtain, R. 1932; The House of the Four Winds, R. 1935; The Island of Sheep, R. 1936; Sick Heart River, R. 1941; Memory Hold-the-Door, Aut. 1941. – The Best Short Stories of J. B., hg. D. Daniell II 1980–82.

L: C. B. Susan, 1947; S. C. Buchan, [2]1949; J. A. Smith, 1979; W. Buchan, 1982; D. Daniell, The Interpreter's House, 1975. – Bibl.: A. Hanna, 1953; A Checklist, 1961.

Buchanan, George, schott. Dichter und Gelehrter, Febr. 1506 KillearnMoss/Stirlingshire – 29. 9. 1582 Edinburgh. Sohn armer Eltern, studierte mit Unterstützung s. Onkels in Paris, hier Kontakt mit den Ideen der Renaissance und Reformation, später eifriger Verfechter reformator. Gedanken. Wechselte häufig den Aufenthalt zwischen Paris, England und Schottland, diente u.a. als Soldat. 1537 von James V. als Hauslehrer s. illegitimen

Sohnes nach Edinburgh berufen, schrieb dort auf Anregung des Königs lat. Verssatiren über die Laster der Geistlichkeit (>Somnium< und >Franciscanus<), die heftigen Zorn des Klerus weckten; er wurde der Häresie angeklagt und floh nach England und später nach Paris. Versch. akad. Lehrstühle auf dem Kontinent, 1539–44 in Bordeaux (Lehrer Montaignes). 1549–51 von der Inquisition gefangengenommen, schrieb im Kerker s. ausgezeichneten lat. Psalmen-Paraphrasen. Kehrte nach weiterer Lehrtätigkeit in Frankreich 1561 für den Rest s. Lebens nach Schottland zurück, wurde 1562 Protestant und war Lehrer von Maria Stuart (ca. 1561–66) und von James VI.; 1568 Mitgl. des Gerichts über Maria Stuart; war 1570–78 Lordsiegelbewahrer, schrieb 1571 s. >Detectio Mariae Reginae< über das Verhältnis Maria Stuarts zu Darnley. B. galt als einer der größten Latinisten seiner Zeit und verfaßte u. a. auch eine Geschichte Schottlands in 20 Bdn. Starb in Armut.

W: Somnium, Sat. 1537; Franciscanus, Sat. 1537/38; Translations of Euripides, 1544; Baptistes, Tr. 1554; Jephtes, Tr. 1578; Latin Paraphrase of the Psalms, 1566; Detectio Mariae Reginae, Es. 1571; De Jure Regni apud Scotos, St. 1579; Rerum Scoticarum Historia, St. 1582. – Works, hg. P. Burmann 1725; Vernacular Writings, hg. P. H. Brown 1892.

L: D. Irving, 1817; P. H. Brown, 1890, 1906; D. Macmillan, 1906; I. D. MacFarlane, 1981; P. Ford, G. B.: Prince of Poets, 1982. – *Bibl.:* J. Durkan, 1994.

Buchanan, Robert William, engl. Dichter, Romanschriftsteller und Dramatiker, 18. 8. 1841 Caverswall/Staffordshire – 10. 6. 1901 Streatham. Lehrerssohn. Stud. Glasgow. Freund von D. Gray, mit dem er nach London ging, um Ruhm zu suchen; vielfach enttäuscht. – S. 1. Gedichtband >Undertones< erfolgreich. Nach 2 weiteren Gedichtbänden veröffentlichte er Prosaschriften und Dramen von geringem lit. Wert. Wurde bekannt durch die scharfe Kontroverse mit den Präraffeliten aufgrund s. drast. Kritik >Fleshly School of Poetry< in der >Contemporary Review<. Verarmte infolge Fehlspekulation, starb an Folgen e. Schlaganfalls.

W: Undertones, G. 1863; Idylls of Inverburne, G. 1865; London Poems, G. 1866; The Fleshly School of Poetry, Es. 1872; The shadow of the sword, R. 1876; A Child of Nature, R. 1879; A Nine Days' Queen, Sch. 1880; God and the Man, R. III 1881. – Complete Poetical Works, H. III 1901.

L: H. Murray, 1901; A. S. Walker, 1901; H. Jay, 1903 (n. 1970).

Buch der Beispiele (Kalila wa Dimna) → Pañcatantra, das

Buch der Lieder → Shijing

Buch der Urkunden → Shujing

Buch der Wandlungen → Yijing, >Buch der Wandlungen<

Buch der Weisheit (Kalila wa Dimna) → Pañcatantra, das

Buchholtz, Johannes, dän. Erzähler, 22. 2. 1882 Odense – 5. 8. 1940 Struer. Jugend in Middelfart, Eisenbahnbeamter in Struer. – In s. von Hamsun, J. V. Jensen und H. Bang beeinflußten unterhaltenden realist. Romanen schildert er, oft mit skurrilem Humor und mit bes. Sinn für wunderl. Eigenarten des Menschen, das Leben in der dän. Kleinstadt. Auch Dramatiker.

W: Egholms Gud, R. 1915 (Egholms Gott, d. 1920); Clara van Haags mirakler, R. 1916 (Die Wunder der Klara van Haag, d. 1928); Urolige hjerte, R. 1919 (Das unruhige Herz, d. 1920); De små pile, R. 1923; Under det gyldne træ, R. 1925 (Unter dem goldenen Baum, d. 1925); Kvindesind – og andet sind, En. 1926; Gudrun og Simon, R. 1927; Susanne, R. 1931 (d. 1932); Frank Dovers ansigt, R. 1933; Mennesker vil være guder, R. 1935; Dr. Malthes hus, R. 1936 (Dr. Malthes Haus, d. 1939); God lille by, R. 1937 (Gute kleine Stadt, d. 1939); Fugle paa taget, En. 1938; Vanda Wenzel, R. 1939 (d. 1940); De hvide spurve, E. 1944.

L: E. Thomsen, ²1982; M. Winge, hg. 1989; B. N. Brovst, 1994; H. Fibæk Jensen, Det egentlige liv, 1995.

Buck, Pearl S(ydenstricker) (Ps. John Sedges), amerik. Schriftstellerin, 26. 6. 1892 Hillsboro/WV – 6. 3. 1973 Danby/VT. Tochter e. Missionars in China, lebte die meiste Zeit ihres Lebens in China; Stud. in USA, 1915 ∞ Missionar J. L. Buck, 1922–32 Prof. für engl. Lit. Nanking; nach Scheidung (wegen Meinungsverschiedenheiten über die Missionsarbeit) 1935 ∞ ihren Verleger Richard J. Walsh, mit dem sie in Pennsylvania lebte. – Ihre sehr erfolgr. Romane handeln meist von China und dem West-Ost-Gegensatz und vertreten e. auf Menschenliebe gegründete Gleichberechtigung aller Völker. Bes. gerühmt für ihren frühen Roman >The Good Earth<, der den Lebensweg e. armen chines. Bauern erzählt, wie auch für die beiden Biographien ihrer Eltern, >The Exile< u. >Fighting Angel<.

W: East Wind: West Wind, R. 1930 (d. 1934); The Good Earth, R. 1931 (d. 1933); The Young Revolutionist, Kdb. 1932 (d. 1933, u. d. T. Die Wandlung des jungen Ko-sen, 1957); Sons, R. 1932 (d. 1933); The First Wife and Other Stories, 1933 (d. 1935); A House Divided, R. 1935 (d. 1935); The Mother, R. 1934 (d. 1934); Fighting Angel, B. 1936 (Gottesstreiter in fernem Land, d. 1937, u. d. T. Der Engel mit dem Schwert, 1956); The Exile, B. 1936 (Die Frau des Missionars, d. 1936); This Proud Heart, R. 1938 (d. 1938); The Patriot, R. 1939 (Land der Hoffnung, Land der Trauer, d. 1940); Other Gods, R. 1940 (Wie Götter werden, d. 1942); Dragon

Seed, R. 1941 (d. 1942); Today and Forever, Kgn. 1941 (d. 1950); Portrait of a Marriage, R. 1945 (Eine Liebesehe, d. 1962); How it Happens, Dial. 1946 (m. E. v. Pustau; So kommt's dazu, d. 1948); Pavilion of Women, R. 1946 (Die Frauen des Hauses Wu, d. 1948); Far and Near, Kgn. 1948 (Zurück in den Himmel, d. 1954); The Angry Wife, R. 1948 (d. 1954); Kinfolk, R. 1949 (d. 1950, u.d.T. Fremd in fernem Land, 1966); The Child Who Never Grew, Aut. 1950 (Geliebtes unglückliches Kind, d. 1952); Love and the Morning Calm, R. 1951 (Die beiden Schwestern, d. 1958); The Hidden Flower, R. 1952 (d. 1952); Bright Procession, R. 1952 (Der Weg ins Licht, d. 1956); The Townsman, R. 1952 (Und weiter führt der Weg nach Westen, d. 1952); One Bright Day, R. 1952 (d. 1952); Come My Beloved, R. 1953 (Und fände die Liebe nicht, d. 1954); Voices in the House, R. 1953 (Wer Wind säet, d. 1956); My Several Worlds, Aut. 1954 (Mein Leben, meine Welten, d. 1955, u.d.T. Ruf des Lebens, 1958); Imperial Woman, R. 1956 (Das Mädchen Orchidee, d. 1956); Letter from Peking, R. 1957 (Über allem die Liebe, d. 1957); A Desert Incident, Dr. 1959; Command the Morning, R. 1959 (d. 1959); Satan Never Sleeps, R. 1961 (Das Mädchen von Kwangtung, d. 1962); A Bridge for Passing, Aut. 1962 (Zuflucht im Herzen, d. 1963); The Living Reed, R. 1963 (Lebendiger Bambus, d. 1964); Death in the Castle, R. 1966; The Time is Noon, R. 1967 (Des Lebens ganze Fülle, d. 1967); The New Year, R. 1968 (Wo die Sonne aufgeht, d. 1969); The Three Daughters of Madame Liang, R. 1969 (d. 1971); Mandala, R. 1970 (d. 1973); The Kennedy Women, St. 1970 (Die Frauen des Hauses K., d. 1970); The Goddess Abides, R. 1972 (Letzte große Liebe, d. 1972); All Under Heaven, R. 1972 (d. 1973). − A P. B. Reader, Anth. II 1985. − *Übs.*: Von Morgen bis Mitternacht, Anth. 1974.

L: R. J. Walsh, 1936; P. A. Doyle, 1965; Th. F. Harris, 1969; N. Stirling, 1983; B. Rizzon, 1989; W. Sherk, 1992; N. Loewen, 1995; P. J. Conn, 1996; K. Liao, 1997; X. Gao, 2000.

Buckinx, Pieter Geert, fläm. Lyriker, 6. 2. 1903 Kortessem − 21. 1. 1987 Jette. Mitbegründer u. Redakteur versch. Zss. Entwicklung von expressionist. zu formal u. inhaltl. strafferer, persönlicherer, sehr musikal. Lyrik. Auch Dramen u. Essays.

W: Wachtvuren, G. 1929; Droomvuur, G. 1940; De vleugelen van Icarus, G. 1944; De verzoeking der armoede, G. 1950; De zevende dag, G. 1961; Het ligt voor de hand, Aut. 1969; Bijna aan de grens, G. 1975; Paul Lebeau, Es. 1979; Verzamelde gedichten, 1982.

L: R. Verbeeck, 1964; Zs. ›'t Kofschip‹, Buckinx-Nr. 1978.

Buczkowski, Leopold (Ps. Paweł Makutra), poln. Schriftsteller und Maler, 15. 11. 1905 Nakwasza/Podolien − 27. 4. 1989 Warschau. Stud. Polonistik Krakau und Kunstakad. Warschau abgebrochen. 1944 Flucht vor ukrain. Nationalisten nach Warschau. Lebte seit 1950 in Konstancin bei Warschau. − Die Prosa ist originell und einzigartig, sie hat Kritiker, aber seit den 70er Jahren auch große Bewunderer. Ihr experimenteller Status fordert die traditionellen Lesegewohnheiten heraus. Die Romane u. Erzählungen sind in den ehemaligen ostpoln. Provinzen Podolien u. Wolhynien angesiedelt u. fast alle behandeln die Zeit des 2. Weltkriegs, sie sind eine Chronik der Vernichtung und der Unmenschlichkeit. B. will die grausamen Mechanismen des Bösen aufspüren, die der Krieg verursacht.

W: Czarny potok, R. 1954 (Die schwarze Flut, d. 1964), 1946 v. Zensur beschlagnahmt; Dorycki krużganek, R. 1957; Młody poeta w zamku, En. 1960; Pierwsza świetność, R. 1966.

L: M. Indyk, Granice spójności narracji, 1987; Z. Trziszka, 1987; T. Błażejewski, Przemoc świata, 1991.

Budai-Deleanu, Ioan, rumän. Schriftsteller, 6. 1. 1760 Cigmău/Hunedoara − 24. 8. 1820 Lemberg. Stud. Theol. Blaj u. Wien, Dr. theol.; Studienprof. in Blaj, nach Schwierigkeiten mit dem dortigen Klerus seit 1788 Beamter in Lemberg. − Genialer Dichter, schuf das erste rumän. kom. Heldenepos, in Anlehnung an klass. Vorbilder, jedoch von bestechender Originalität, e. Satire auf s. Zeitgenossen mit beißender Ironie u. tiefsinnigem, an Cervantes erinnerndem Humor.

W: Țiganiada, Ep. (1800−12), Druck 1925; Trei viteji, Poem, hg. Cardaș 1928; Opere, hg. F. Fugariu II 1974/75.

L: G. Cardaș, H. Stamatu, 1957; L. Protopopescu, 1967; M. Mitu, 1971; I. Petrescu, 1974; M. Vaida, 1977; M. Anghelescu, 1982; E. Sorohan, 1984.

Budak, Mile, kroat. Erzähler, 30. 8. 1889 Sveti Rok − 7. 6. 1945 Belgrad. Zwischen den Weltkriegen Anwalt in Belgrad, Verfechter des kroat. Separatismus. Nach hohen Staatsämtern unter A. Pavelić als Kriegsverbrecher hingerichtet. − Empfindsamer Lyriker und meisterhafter Prosaist; gibt in ›Ognjište‹ e. lebendiges Bild des Bauernlebens in s. Heimat.

W: Pod gorom, N. 1930; Razpeće, R. 1931; Na ponorima, R. 1932; Opanci dida Vidurine, Nn. 1933; Ognjište, R. IV 1938 (Herdfeuer, d. 1943); Rascvjetana trešnja, R. IV 1939; Na Veliki petak, En. 1939; Na vulkanima, R. 1941; San o sreći, R. II 1942; Izabrana djela, I−III, SHK, 1995. − *Übs.*: Novellen, 1942.

Budancev, Sergej Fëdorovič, russ. Schriftsteller, 10. 12. 1896 Glebkovo/Gouv. Rjazan' − 6. 2. 1940 (in Haft). Stud. 1 Jahr Moskau, begann 1913 lit. Tätigkeit, wurde durch den Roman ›Mjatež‹ 1923 bekannt. Fand mit weiteren Erzählungen u. Romanen gewisse Beachtung. Opfer des Terrors, rehabilitiert um 1957. − B.s zeitgeschichtl. Prosa, die den seel. Bereich genügend Raum läßt, ist zunächst um Aufrichtigkeit bemüht, in den 30er Jahren polit. konform.

W: Mjatež, R. 1923; Saranča, R. 1927; Rasskazy, En. 1929; Povest' o stradanijach uma, R. 1929; Zenit, En. 1933; Ljubov' k žizni, R. 1935. – Sobranie sočinenij (W), III 1928/29; Izbrannoe, Ausw. 1936; Pisatel'nica, R. u. En. 1959.

Buddhavaṃsa → Tipiṭaka, das

Buddingh', Cees (eig. Cornelis B.), niederländ. Schriftsteller, 7. 8. 1918 Dordrecht – 24. 11. 1985 ebda. Mitarbeiter der Zss. ›Podium‹ u. ›Gard Sivik‹. Bekannt insbes. durch s. ›Gorgelrijmen‹ (Verwandtschaft mit Chr. Morgenstern). Auch Romane, Erzählungen, Essays u. Übersetzungen; außerdem Objektmontagen als ›visualisierte Gedichte‹.

W: Het geïrriteerde lied, G. 1941; De laarzen van de Mohikanen, G. 1944; Gorgelrijmen, G. 1953; West coast, G. 1959; Zo is het dan ook nog weer eens een keer, G. 1963; Deze kant boven, G. 1965; De avonturen van Bazip Zeehok, R. 1969; Wat je zegt ben je zelf, Tg. 1970; Gedichten 1938–1970, 1971; Het houdt op met zachtjes regenen, G. 1976; Een mooie tijd om later te worden, Tg. 1978; Een rookwolkje voor God, En. 1982; Nieuwe Gorgelrijmen, G. 1985; Gedichten 1974–1985, G. 1986. – *Übs.*: Reptilien wieder erhältlich, G. 1973.

L: F. Auwera, 1980; A. Koopman, 1983; Een stem om niet te vergeten, hg. J. van Halen 1986.

Buero Vallejo, Antonio, span. Dramatiker, 29. 9. 1916 Guadalajara – 28. 4. 2000 Madrid. Stud. Kunstakad. Madrid, im Span. Bürgerkrieg Offizier auf republikan. Seite, danach langjährige Gefängnishaft. 1971 Mitglied der Span. Akad. – E. der bedeutendsten span. Dramatiker der Nachkriegszeit. Nach e. symbolist. u. abstrakten Periode widmete er sich der aktuellen Problematik des Menschen in der Gesellschaft, oft mit didakt. u. moralisierendem Ton; zentrales Thema ist die Bemühung des Menschen, die Mittelmäßigkeit des grauen Alltags zu überwinden. Errang mit dem 1949 uraufgeführten Drama ›Historia de una escalera‹ e. durchschlagenden Erfolg. In s. letzten Stücken greift B. hist. Gestalten auf (Esquilache, Velázquez, Goya), die auch mit dieser Problematik konfrontiert werden.

W: Las palabras en la arena, Tr. 1949; Historia de una escalera, Dr. 1950; En la ardiente oscuridad, Dr. 1950; La tejedora de sueños, Dr. 1952; Casi un cuento de hadas, Dr. 1953; Madrugada, Dr. 1953; Hoy es fiesta, K. 1956; Las cartas boca abajo, Dr. 1957; Un soñador para un pueblo, Dr. 1958; Las Meninas, Dr. 1960; El concierto de San Ovidio, Dr. 1962 (d. 1977); Aventura en lo gris, Dr. 1964; El tragaluz, Dr. 1965; The double case history of Dr. Valmy, Dr. 1969; El sueño de la razón, Dr. 1970; Llegada de los dioses, Dr. 1971; Tres maestros ante el público (Valle-Inclán, Velázquez, Lorca), Ess. 1973; La Fundación, Dr. 1974 (d. 1975); La detonación, Dr. 1977; Jueces en la noche, Dr. 1979 (d. 1982); Caimán, Dr. 1981; Diálogo secreto, Dr. 1984; Las trampas del azar, Dr. 1994; Misión al pueblo desierto, Dr. 1999. – Obra completa, II 1994.

L: R. L. Nicholas, 1969; R. Müller, 1970; R. Doménech, 1973; J. Verdú de Gregorio, 1977; L. Iglesias Feijoo, 1982; E. Pajón, 1991; H. Härtinger, Wilhelmsfeld 1997.

Bufalino, Gesualdo, ital. Autor, 15. 11. 1920 Comiso – 14. 6. 1996 ebda. 1943 in dt. Kriegsgefangenschaft. Nach dem Krieg Lehrer, einige Jahre auch Schuldirektor. Nach s. Pensionierung publizierte er neben Romanen auch Übsn. und Essays zur Gesellschaft und Kultur Siziliens. – Angesichts des Todes ist für B. das Schreiben e. Akt der ständigen Erinnerung.

W: Diceria dell'untore, R. 1981 (Das Pesthaus, d. 1989); Museo d'ombre, En. 1982 (d. 1982); L'amaro miele, G. 1982; Argo il cieco ovvero i sogni della memoria, R. 1984; Cere perse, R. 1985; L'uomo invaso e altre invenzioni, R. 1986 (Der Ingenieur von Babel, d. 1989); Il malpensante, R. 1987; Le menzogne della notte, R. ^{5}1988 (d. 1992); La luce e il lutto, R. 1988; Saldi d'autunno, R. 1990; Calende greche, E. 1990; Qui pro quo, R. 1991; Tommaso e il fotografo cieco ovvero il patatràc, R. 1996.

L: G. Bufalino, 1987.

Buğra, Tarık, türk. Schriftsteller, 1918 Akşehir – 26. 2. 1994 Istanbul. Stud. ohne Abschluß. – Erzähler, Dramatiker u. Kolumnist; richtet den Blick analytisch auf Hintergründe der Ereignisse u. Beziehungen; ethisch-moral. Traditionalist.

W: Oğlumuz, En. 1949; Yarın Diye Bir Şey Yoktur, En. 1952; İki Uyku Arasında, En. 1954; Siyah Kehribar, R. 1955; Küçük Ağa, R. 1964; Küçük Ağa Ankara'da, R. 1966; Ayakta Durmak İstiyorum, Sch. 1966; İbiş'in Rüyası, R. 1970; Firavun İmanı, R. 1975; Dönemeçte, R. 1978; Gençliğim Eyvah, R. 1979; Yağmur Beklerken, R. 1981; Yalnızlar, R. 1981; Dört Yumruk, Yüzlerce Çiçek Birden Açtı, Sch. 1981; Osmancık, R. 1983; Dünyanın En Pis Sokağı, R. 1989.

al-Buḥturī, arab. Dichter und Gedichtsammler, um 821 Manbiǧ/Syrien – 897 ebda. oder Aleppo. Frühe befruchtende Begegnung mit Abū Tammām; Lobdichter in Maʿarrat an-Nuʿmān; Hofdichter in Bagdad. – Vf. zahlr. durch Bezugnahme auf Zeitgenöss. auch hist. wertvoller Gedichte, die sich durch Leichtigkeit des Stils sowie Eleganz der (rhetor.) Form auszeichnen und mehrfach mit den Gedichten s. Vorbildes Abū Tammām verglichen worden sind. Gleich diesem hat auch B. e. Sammlung altarab. Gedichte unter dem Titel ›Ḥamāsa‹ (Tapferkeit) hinterlassen, die zwar inhaltl. straffer gefaßt, jedoch nicht so berühmt geworden ist.

W: Dīwān, mehrfach gedruckt; Ḥamāsa, 1910.

Buirette, Pierre-Laurent → Belloy, Dormont de

Bukowski, Charles, amerik. Schriftsteller, 16. 8. 1920 Andernach – 9. 3. 1994 San Pedro/CA. Dt.-poln. Eltern, seit 1922 in den Slums ostamerik. Großstädte, Außenseiter, abgebrochenes Jurastud., Mitgl. jugendl. Banden, Gefängnis u. Nervenheilanstalt, Gelegenheitsjobs. – Lyriker u. Erzähler, gibt in einfacher, z.T. brutaler Sprache realist. Einblick in die vulgäre amerik. Subkultur; Kultfigur des lit. Underground.

W: Flower, Fist and Bestial Wail, G. 1959; Poems Written Before Jumping out of an Eighth Story Window, G. 1968 (d. 1974); Post Office, R. 1971 (Der Mann mit der Ledertasche, d. 1974) Erections, Ejaculations, Exhibitions, Kgn. 1972 (Fuck Machine, d. 1977); South of No North: Stories of a Buried Life, Kgn. 1973 (d. 1983); Dangling in the Tournefortia, G. 1981 (Gedichte vom südlichen Ende der Couch, d. 1984); Ham on Rye, R. 1982 (Das Schlimmste kommt noch oder Fast eine Jugend, d. 1983); Woman, R. 1982 (Das Liebesleben der Hyäne, d. 1984); Hot Water Music, Kgn. 1983 (d. 1985); The Last Night of the Earth Poems, G. 1992 (Auf dem Stahlroß ins Nirwana, d. 1996). – Run with the Hunted, hg. J. Martin, Anth. 1996; What Matters Most is How Well You Walk through the Fire, G. 1999; Open All Night: New Poems, G. 2000. – *Übs.*: Aufzeichnungen eines Außenseiters, En. 1970; Stories und Romane, 1977; Western Avenue, G. 1979; Nicht mit sechzig, Honey, G. 1986.

L.: G. S. Richmond, 1996; Brewer, 1997; H. Sounes, 1998. – *Bibl.:* A. Krumhansl, 1999.

Bulatović, Miodrag, serb. Schriftsteller, 20. 2. 1930 Okladi b. Bijelo Polje/Montenegro – 1991 Igalo. Ärml. Jugend, lange Analphabet, 1950 Stud. Philos. Belgrad, freier Schriftsteller ebda. 1965/66 nach Zensurschwierigkeiten Aufenthalt in Paris. – E. der bekanntesten Vertreter der mod. jugoslaw. Schriftstellergeneration. Expressive Sprachgewalt, originelle Phantasie u. Symbolreichtum kennzeichnen B.' Romane u. Erzählungen, die aus jüngster Vergangenheit und der Volksüberlieferung schöpfen und das Problem von Gut u. Böse in den Mittelpunkt stellen. Als Dramatiker in der Nachfolge S. Becketts. Unterstützt nach Zerfall Jugoslawiens serb. Politik in journalist. Form.

W: Djavoli dolaze, En. 1955 (dt. Ausw.: Die Liebenden, 1962; Der Schwarze, 1963; Die Geschichte vom Glück und Unglück, 1967); Vuk i zvono, En. 1958 (d. 1962); Crveni petao leti prema nebu, R. 1959 (d. 1960); Heroj na magarcu, R. 1964 (Der Held auf dem Rücken des Esels, d. 1965); Godo je došao, Dr. 1965 (Godot ist gekommen, d. 1966); Rat je bio bolji, R. 1968 (Der Krieg war besser, d. 1968); Ljudi sa četiri prsta, R. 1975 (Die Daumenlosen, d. 1975).

L: D. M. Jeremić, 1965.

Bulgakov, Michail Afanas'evič, russ. Schriftsteller, 15. 5. 1891 Kiev – 10. 3. 1940 Moskau. Vater Prof. an der Geistl. Akademie Kiev, Stud. Medizin Kiev bis 1916, bis 1920 Arzt, erste Veröffentlichung 1919, in der Provinzpresse tätig; ab 1921 in Moskau, erfolgreiche aber unterdrückte Aufführungen s. Satiren; einziges zu Lebzeiten genehmigtes Buch ›D'javoliada‹ 1925; Ausreisegenehmigung 1930 verweigert, unter Stalins persönl. Einfluß Regieassistent am Moskauer Künstlertheater, notdürftige Existenz als Opernlibrettist u. Übs.; ab 1955 allmähl. u. zurückhaltende Genehmigung zum Abdruck s. Werke in der SU, zahlreiche Werke nur oder nur ohne Zensurstriche im Westen. – E. der bedeutendsten russ. Erzähler u. Dramatiker des 20. Jh. Die führende Rolle, die er als Satiriker einnimmt, steht in konsequentem Widerspruch zur mangelnden Beachtung bei der sowjet. Lit.Wiss. Vier wesentl. Themenbereiche: ›Ärztl. Erfahrung‹ (z.B. ›Morfij‹, Stadien e. Morphiumsüchtigen; ›Sobač'e serdce‹, Organtransplantation u. Sozialkritik am Idealproletarier), ›Dichter u. Staat im Konflikt‹ (hist. z.B. im Puškin-Drama ›Poslednie dni‹, zeitkrit. im Hauptwerk, dem relig. Doppelroman ›Master i Margarita‹ 1928–40, veröffentl. 1966/67, ohne Zensurstriche 1973), ›Die Weißen im Bürgerkrieg‹ (z.B. im Roman ›Die weiße Garde‹, der die idealist. Haltung der Kämpfer gegen die Bolschewiken anerkennt, als Drama mit Zensureingriffen ›Die Tage der Turbins‹, Urfass. erst 1983 in München ediert), ›Moskau in der NÖP-Periode der 20er Jahre‹ (z.B. in Komödie wie ›Zojkina kvartira‹ u. vieler Kurzprosa). Typ. für B., e. Verehrer Gogol's, ist groteske Vermengung von Realistik u. Phantastik.

W: Belaja gvardija, R. 1924, Lond. 1969 (Die weiße Garde, d. 1928); D'javoliada, En. 1925, Lond. 1970; Sobač'e serdce, R. (1925), Lond. 1968 (Hundeherz, d. 1968); Belaja gvardija, Dr. (1926), Mchn. 1983, zensurgem. veränderte 3. Fassg.; Dni Turbinych, Dr. 1926 (Die Tage der Geschwister Turbin, d. 1928); Zojkina kvartira, K. 1926 (Sojkas Wohnung, d. 1929); Zapiski junogo vrača, En. (1925–27), Letchworth 1963 (Aufzeichnungen e. jungen Arztes, d. 1972); Žizn' gospodina de Mol'era, B. (1933), 1962 (Das Leben des Herrn de Molière, d. 1971); Master i Margarita, R. (1928–40), Ffm. 1969 (Der Meister u. Margarita, d. 1968); Teatral'nyj roman, R. (1936/37), Letchworth 1972 (Aufzeichnungen e. Toten, d. 1967). – P'esy, Drr. 1962; Dramy i komedii, Drr. 1965; Izbrannaja proza (AW), 1966; Zabytoe, En. IV Mchn. 1976–83; Sobranie sočinenij (W), X Ann Arbor 1982–88 (ersch. Bd. 1–4, 8); SS 1995–2000. – *Übs.:* GW, hg. R. Schröder, XIII 1992–96.

L: V. Levin, 1975; A Wright, Toronto 1978; E. Proffer, Ann Arbor 1984; L. Milne, Cambridge 1990; W. Schöller, 1996; L. Milne, Amsterdam 1998.

Bull, Jacob Breda, norweg. Schriftsteller, 28. 3. 1853 Rendalen/Hedmark – 7. 1. 1930 Kopenhagen. Pfarrerssohn; 1868 Gymnas. in Christiania (Oslo), Stud. Theol., übte den Pfarrerberuf jedoch nie aus. Journalist. Tätigkeit; 1914 siedelte er nach Kopenhagen über. Vater des Lyrikers Olaf

B. – Vf. hist. Romane und gesellschaftskrit. Tendenzlit.; am bekanntesten sind jedoch s. volkskundl. Arbeiten.

W: Uden Ansvar, Sch. 1890; Eventyr og Historier, En. 1892; Dyveke i Norge, En. 1901; Hans Nielsen Hauge, B. 1908; Rendalen, dens historie og bebyggelse, I – III, Sb. 1916–40.

L: G. Salvesen, E. F. Kåresen, I – II 1987.

Bull, Olaf (Jacob Martin Luther), norweg. Lyriker, 10. 11. 1883 Oslo – 23. 6. 1933 ebda. Sohn von Jacob B.; 1902 Stud. Lit. und Sprachwiss. 1907/08 Journalist in Oslo, Reisen nach Paris und Rom. – Bedeutender norweg. Lyriker des 20. Jh.; Individualist ohne feste Bindung an lit. Richtungen; melanchol. Grundton in allen Gedichten. Schuf e. introvertierte Dichtung von dunkler Bildkraft, mied polit. u. soz. Themen. Meisterhaft dargestellte Einheit von Natur und seel. Bereich, psycholog. Einfühlungsvermögen bes. in s. erot. Gedichten. Formkünstler von äußerst strenger Selbstkritik; in manchen Werken Auseinandersetzung mit den Regeln der Poetik u. der Phantasie, im Alterswerk zunehmende Reflexion. Darstellung des späten nord. Frühlings war e. seiner Lieblingsthemen. Nur e. Teil s. Werke erhalten, da er vieles nach strenger Selbstprüfung verwarf.

W: Digte, 1909; Nye Digte, 1913; Digte og noveller, 1916; Kjærlighedens farce, 1919 (m. H. Krog); Stjernerne, G. 1924; Metope, G. 1927; De hundrede aar, G. 1928; Ignis ardens, G. 1929; Oinos og Eros, G. 1930; Oslohus, G. 1931. – Samlede Digte, 1943, 1996.

L: T. Greiff, 1952; O. B., hg. P. Hougen, K. Lervik 1954 (m. Bibl.); E. Ofstad, 1955; E. A. Wyller, 1959; S. Bull, 1974; A. G. Lombnæs, Natur-subjekt-språk: lesninger i O. B.s forfatterskap, 1997.

Bullins, Ed (eig. Edward Artie), afroamerik. Dramatiker, * 2. 7. 1935 Philadelphia. Nach gefährl. Jugend ebda. High School-Abbruch, Dienst in der Marine, ab 1958 in Los Angeles; Wanderjahre, ab 1964 in San Francisco, erste Dramen, Mitgl. der militanten Gruppe Black Arts West; leitet Black House Theater in Oakland; Kulturminister der Black Panther Party; ab 1968 am New Lafayette Theater in New York, das seine Stücke berühmt macht; gründet 1978 das Bullins Memorial Theater u. schließl. den Bullins/Woodward Theater Workshop in San Francisco; seit 1995 Prof. an der Northeastern Univ., Boston. – Autor von weit über 50 Theaterstücken (davon 40 veröffentlicht), die meist konzentrierte, eigengewichtige Bilder vom afroamerik. Großstadtalltag – mit Musik, Straßenidiom, kriminellen, depressiven u. poetischen Elementen – anbieten (z.B. ›Goin' a Buffalo‹), manchmal auch absurdistische Überhöhungen u. polit. Themen u. Personen, konzeptuell einer Black Aesthetic verpflichtet. Übergreifender Werkplan eines ›Zyklus des 20. Jh.‹. B. dominierte in den 70er Jahren das amerik. Off-Broadway-Theater u. förderte und beeinflußte jüngere schwarze Dramatiker nachhaltig.

W: Five Plays 1968; The Electronic Nigger, and Other Plays, London 1970; The Hungered One, Kgn. 1971; Four Dynamite Plays 1972; The Reluctant Rapist, R. 1973; New/Lost Plays by E. B., 1993. *Hg.:* New Plays from the Black Theater 1969; The Theme is Blackness, Drr. 1973.

L: G. Fabre, Drumbeats, Masks and Metaphor 1983; S. A. Hay 1997. – *Bibl.:* D. T. Turner, Black Drama in America, 1994.

Bulwer, Edward George, I. Lord Lytton, engl. Romanschriftsteller, Dramatiker und Staatsmann, 25. 5. 1803 London – 18. 1. 1873 Torquay. Stud. Cambridge und Bonn; Privatsekretär s. Onkels Sir H. B. (später Lord Dalling) in Washington, schlug diplomat. Laufbahn ein, kam dadurch in versch. europ. Städte; Parlamentsabgeordneter 1831–41 der Liberalen, 1852–66 der Konservativen; 1858/59 Kolonialminister. – Außerordentl. produktiver Schriftsteller, versuchte sich außer im hist. Roman auch in Schreckens-, Kriminal-, Familien- und Bildungsromanen, außerdem Essays, ep. und satir. Verse und Bühnenstücke, die zu s. Zeit sehr erfolgreich waren. S. Werk leidet unter Zersplitterung, erreichte keine große künstler. Höhe, nur manche s. Romane, die ›Caxton Novels‹ und ›The Last Days of Pompeii‹, besitzen gewisse Anziehungskraft.

W: Ishmael and other Poems, G. 1820; Falkland, R. 1827; Pelham, R. 1828 (d. 1904); Paul Clifford, R. 1830; Eugene Aram, R. 1832; The Pilgrims of the Rhine, 1834 (d. 1936); The Last Days of Pompeii, R. 1834 (d. 1834); Rienzi, R. 1835 (d. 1920); The Lady of Lyons, Sch. 1838; Richelieu, Sch. 1839; Money, Sch. 1840; Zanoni, R. 1842 (d. 1845); The Last of the Barons, R. 1843; Harold, R. 1848; King Arthur, Dicht. 1849, rev. 1870; The Caxtons, R. 1849; My Novel, R. 1853 (d. 1973); What will he do with it?, R. 1859 (d. 1971); The Haunted and the Haunters, R. 1859; A Strange Story, Kgn. 1862; The Coming Race, R. 1870 (Vril, d. 1958); Kenelm Chillingly, R. 1873. – The Works, XXVI ²1877–78; The Novels, XXIX 1895–98; The Dramatic Works, 1841. – *Übs.:* Werke, XXII 1861–67.

L: V. A. G. Earl Lytton, II 1883 u. 1913; E. G. Bell, 1914; M. Sadleir, 1931 u. 1946; R. A. Zipser, B. and Germany, 1974; A. C. Christensen, 1976; J. L. Campbell, 1986; W. Göbel, 1993.

Bumi-Papa, Rita, griech. Dichterin, 28. 12. 1905 Syros – 8. 7. 1984 Athen. – Schrieb ausdrucksstarke, revolutionäre Lyrik u. trat mit sozialpolit. Engagement für Freiheit u. Menschenrechte ein.

W: Hoi sphygmoi tēs sigēs mu, G. 1935; To pathos tōn seirenōn, G. 1938; Kainurgia chloē, G. 1949; Ho paranomos lychnos, G. 1952; To rodo tes hypapantēs, G. 1960; Lambro phthinopōro, G. 1961; Anthophoria stēn erēmo, G. 1962; Chilia skotōmena koritsia, G. 1963;

Den hyparchei allē doxa, G. 1964; Hē magikē phlogera, G. 1964; Hē sklerē amazona, G. 1964; Phōs hilaron, G. 1966; Hotan peinusame kai polemusame, En. 1975; Morgan-Iōannēs – ho gyalinos pringipas kai hoi metamorphōseis tu, Dicht. 1976; To paramythi tēs megikēs phlogeras, G. 1996. – Hapanta, V 1981–83. – *Übs.:* Zwölf Gedichte an die Freiheit, griech./dt. 1982.

Bunčák, Pavol, slovak. Dichter, * 4. 3. 1915 Skalica. Stud. Philos. Preßburg; Redakteur; ab 1955 Dozent des Höheren pädagog. Instituts, ab 1971 an der Comenius-Univ. – Vom Surrealismus ging B. zur meditativen Lyrik über, in der nach 1948 immer häufiger soziale Töne erklingen. Übs. aus dem Franz. u. Poln.

W: Neusínaj, zažni slnko, G. 1941; S tebou a sám, G. 1946; Zomierat' zakázané, G. 1948; Pierkom holubice, G. 1954; Prostá reč, G. 1963; Je to pravda, je to sen, G. 1966; Hrdá samota, G. 1971; Útek a návrat, G. 1973; Hriešna mladosť, En. 1973. – Básne, Ausw. 1975.

Bunić-Vučić, Ivan, kroat. Dichter, 1591 Ragusa – 6. 3. 1658 ebda. Adeliger, Stud. Humaniora Ragusa, fünfmal Rektor der Stadtrepublik. – Neben Gundulić bedeutendster Vertreter der ragus. Barocklit., die er mit s. reflexiven Liebeslyrik, bes. s. Schäferspielen, inhaltl. u. formal bereicherte; die barocke Antithese relig.-myst. u. erot.-sinnl. Elemente erreicht in dem geistl. Epos ›Mandaljena pokornica‹ ihren Höhepunkt.

W: Plandovanja, G. (1611–24); Mandaljena pokornica, Ep. 1630. – Gedichte, hg. R. Lachmann 1965; Izabrana djela, hg. F. Švelec 1975; Djela (W), 1995.

L: D. Pavlović, Marinizam u ljubavnoj lirici Ivana Bunića, Glas SKA, 1940; M. Pantić, Nekoliko novih prinosa poznavanju D. B., 1960; Fališevac, I. B. V. (m. Bibl.), 1987; Z. Kravar, d. 1991.

Bunin, Ivan Alekseevič, russ. Dichter, 22. 10. 1870 Voronež – 8. 11. 1953 Paris. Vater Gutsbesitzer; Gymnas., 1889–95 Journalist in Char'kov und Orël und Bibliothekar in Poltava; zeitweise unter Einfluß der moralphilos. Gedanken L. Tolstojs, dessen Kunst ihm stets Vorbild war; mit Čechov befreundet, Mitgl. der Znanie-Gruppe um Gor'kij; erstes Gedicht 1887, erste Erzählung 1893 gedruckt; 1909 Ehrenmitgl. der russ. Akad.; Reisen nach Griechenland, der Türkei, Palästina, Ägypten, Indien; 1920 nach Frankreich emigriert, bedeutendster Dichter der russ. Emigranten, erhielt 1933 den Nobelpreis für Lit. – S. Lyrik, von geringerem Umfang als das Prosawerk, nicht ohne Zusammenhang mit diesem, zeigt klare Struktur und strengen Stil, ist kühler, beherrschter als s. bisweilen überschwengl., bes. in der Landschaftszeichnung zu reicher Entfaltung neigende Prosa. Brachte, auch von Gončarov und I. Turgenev angeregt, in Kurzgeschichten, Novellen und Romanen die mit Puškin beginnende Tradition großer realist. Erzählkunst zu e. späten Höhepunkt; s. Prosastil zeigt die Einwirkung der franz. Realisten, bes. Flauberts, s. reifsten Erzählungen wurden mit dem Werk G. Vergas verglichen; zu s. besten Novellen zählt ›Gospodin iz San Francisko‹ mit dem Thema vom Tode e. Reichen; der s. künstler. Originalität am stärksten offenbarende Roman ›Suchodol‹, worin er den Verfall e. russ. Adelsfamilie darstellt, ist in echtem dichter. Symbolismus gehalten. Schuf in der Emigration Meisterwerke wie die Novelle ›Mitina ljubov'‹. ›Žizn' Arsen'eva‹ verbindet autobiograph. Todeserfahrung, Adelszerfall u. Naturerlebnisse. Seit 1955 wurde B.s Werk auch in der U geduldet. Übs. ›Hiawatha‹ von Longfellow.

W: Derevnja, R. 1910 (Das Dorf, d. 1936); Suchodol, R. 1912 (d. 1966); Ivan Rydalec, En. 1913; Čaša žizni, En. 1914; Grammatika ljubvi, Nn. 1915 (Grammatik der Liebe, d. 1935); Gospodin iz San Francisko, N. 1916 (Der Herr aus San Franzisko, d. 1922); Roza Ierichona, En. 1924 (Die Rose von Jericho, d. 1934); Mitina ljubov', N. 1925 (Mitjas Liebe, d. 1925); Solnečnyj udar, En. 1927; Žizn' Arsen'eva, R. 1930 (n. 1952) (Das Leben Arsenjews, d. 1980); Tëmnye allei, En. 1943 (Dunkle Alleen, d. 1959); Vospominanija, Mem. 1950; O Čechove, Abh. 1955. – Sobranie sočinenij (GW), XII Berlin 1934–39, IX 1965–67, VIII 1993–2000.

L: B. Zajcev, 1934; V. N. Muromceva-Bunina, 1960; S. Kryzytski, 1971; A. Elbel, 1975; I. B. Woodward, 1980; I. Zielke, 2001.

Buning → Werumeus Buning, Johan Willem Frederik

Bunting, Basil, engl. Dichter, 1. 3. 1900 Scotswood on Tyne – 19. 4. 1985 Hexam. Wuchs in e. Quäker-Familie auf, während des 1. Weltkriegs wegen Wehrdienstverweigerung in Haft, 1920 Stud. London School of Economics ohne Abschluß, 1923 in Paris Begegnung mit E. Pound, der ihn zum poet. Schaffen animierte, zusammen mit F. Madox Ford Hrsg. e. lit. Zs., Reisen in Europa u. USA, dort Bekanntschaft mit W. C. Williams u. L. Zukofsky, im 2. Weltkrieg militär. Übs. in Persien, dort 1949/50 u. 1951/52 Korrespondent für die ›Times‹, journalist. und universitäre Tätigkeiten (Durham, Sheffield, auch Nordamerika), 1972 Präsident der ›Poetry Society‹ sowie 1974–77 von ›Northern Arts‹. – Lange vernachlässigt, gilt B. heute als e. der bedeutendsten brit. modernist. Dichter, dessen Werk in freien Versen die dichte, situationsbezogene, odenhafte Kurzform sowie die hist. u. autobiograph. Langform gleichermaßen umfaßt (v. a. ›Briggflatts‹). Auch Übs. (Horaz).

W: Redimiculum Matellarum, 1930; Poems, 1950; First Book of Odes, 1965; Loquitur, 1965; Briggflatts, 1966; Two Poems, 1967; What the Chairman Told Tom, 1967; Complete Poems, 1994.

L: K. Müller, Diss. 1975; C. F. Terrell, hg. 1981; D. Davie, Under Briggflatts, 1989; V. Forde, 1991; P. Makin, 1992 u. hg. 1999; Durham Univ. Journal Special Issue, hg. R. Caddell 1995; K. Alldritt, The Poet as Spy, 1998; The Star You Steer By, hg. J. McGonigal, R. Price 2000. – *Bibl.:* R. Guedalla, 1973.

Bunyan, John, engl. relig. Schriftsteller und Laienprediger, 28. 11. 1628 Elstow b. Bedford – 31. 8. 1688 London. Aus einfachen Kreisen; wurde wie s. Vater Kesselflicker, 1644–47 in der Armee. Durch s. 1656 verstorbene 1. Frau wurde s. relig. Interesse geweckt; B. rang sich erst nach schweren inneren Konflikten zur Glaubenserkenntnis durch. Wurde 1653 in Giffords puritan. Glaubensgemeinschaft aufgenommen, 1657 als Laienpriester anerkannt. 1659 2. Ehe. Wegen Verstoß gegen das Predigtverbot 1660 verhaftet, zunächst freigesprochen, dann aber wegen s. puritan. Glaubenstreue für 12 Jahre ins Gefängnis geworfen, schrieb dort den erst 1678 veröffentlichten ersten Teil von ›The Pilgrim's Progress‹, s. Hauptwerk, die größte engl. Allegorie. – ›Pilgrim's Progress‹ stellt in spätma. Anschauungsweise den Weg eines Christen zur Erlösung und die dase bedrohenden Anfechtungen dar, wie sie e. schlichtgläubiger Mann des Volkes sieht. Christian als Allegorie des bekehrten Sünders flieht aus der Stadt der Zerstörung, tritt e. Pilgerfahrt zur Unsterblichkeit an, die ihn durch das Tal der Demütigung und das der Todesschatten, durch die Stadt der Eitelkeit und die Feste der Verzweiflung führt. Ihm begegnen auf s. Wege mannigfache allegor. Gestalten, die (ähnlich wie in den ›morality plays‹ des MA) Laster, Tugenden und menschl. Gemütszustände darstellen. Schmucklose Sprache von vollendeter Schlichtheit, eindrucksvolle, anschaul. Darstellungsweise, Sinn für Humor. Sehr starke Verbreitung des Werkes, das in 108 Sprachen und Dialekte übersetzt wurde und noch heute viel gelesen wird. B. beweist hier mythenbildende Kraft. ›The Life and Death of Mr. Badman‹ ist e. Art Gegenstück zu ›Pilgrim's Progress‹, schildert den Weg e. Gottlosen zur Verdammnis. Vorläufer der Charakterromane des folgenden Jahrhunderts. Seine Autobiographie ›Grace Abounding to the Chief of Sinners‹ zeigt, ebenfalls stark allegorisierend, seine Bekehrung vom Sünder zum Prediger, der durch Gottes Gnade aus seiner Glaubenskrise herausgeführt wird.

W: Some Gospel-Truths Opened, 1656; A Few Sighs from Hell, 1658; The Doctrine of the Law and Grace Unfolded, 1659; The Holy City, 1665; Grace Abounding, 1666, 1668 (n. R. Sharrock 1962); The Pilgrim's Progress, 1678, 1679, 2. Teil 1684 (hg. J. Brown 1907, J. Wharey ^{2}1960; d. 1928); The Life and Death of Mr. Badman, 1680 (hg. J. Brown 1905, G. B. Harrison 1928); The Holy War, 1682 (hg. M. Peacock 1892, J. F. Forrest 1967, R. Sharrock 1980); The Heavenly Footman, 1698 (hg. M. Peacock 1892). – Works, 1692, 1736f.; hg. G. Offor III 1853; H. Stebbing, IV 1859; J. Brown, II 1905–07; Miscellaneous Works, hg. R. Sharrock 1977ff.

L: J. Brown, rev. F. M. Harrison, 1928; G. B. Harrison, 1928; W. Y. Tindall, 1934; J. Lindsay, 1937; H. Talon, Paris 1948, engl. 1951; A. Sann, B. i. Dtl., 1951; O. E. Winslow, 1961; B. Haferkamp, 1963; M. Kaufmann, The Pilgrim's Progress, 1966; R. Sharrock, ^{2}1968; R. L. Greaves, 1969; M. Furlong, Puritan's Progress, 1975; Pilgrim's Progress: A Casebook, hg. R. Sharrock 1976; L. V. Sadler, 1979; The Pilgrim's Progress. Critical and Historical Views, hg. V. Newey 1980; E. Batson, J. B. Allegory and Imagination, 1984; T. Spargo, The Writing of J. B., 1997; D. Gay, Awakening Words. J. B. and the Language of Communion, 2000; M. Davies, Graceful Reading. Theology and Narrative in the Works of J. B., 2002; R. Greaves, Glimpses of Glory. J. B. and English Dissent, 2002. – *Bibl.:* F. M. Harrison, 1932.

Buonarroti, Michelangelo (eig. M. di Ludovico Buonarroti-Simoni), ital. Dichter, 6. 3. 1475 Caprese b. Arezzo – 18. 2. 1564 Rom. Aus e. armen Adelsfamilie. Bildhauer u. Maler, 1488 Schüler Ghirlandaios. Lorenzo de'Medici nahm ihn zu sich, Unterricht bei Bertoldo, e. Schüler Donatellos. 1494 Bologna, 1496 Rom (Pietà), 1500 Florenz (David). 1505 Rom, berufen von Papst Julius II. (Grabmal Julius' II., Moses, Sixtinische Kapelle), 1522 Florenz (Mediceergräber), 1534 Rom im Auftrag Papst Pauls III. (Jüngstes Gericht in der Sixtinischen Kapelle). Ab 1546 Arbeiten an der Peterskirche. Um 1540 lernte er Vittoria Colonna kennen, ideale Freundschaft. – Neben s. künstler. Schaffen dichtete M. in der Nachfolge Petrarcas. Abhängig auch von den Gedichten Lorenzos de' Medici u. Dantes, den M. sehr verehrte und dessen Andenken er Sonette widmete. Relig. Gedichte, neuplaton. Meist sehr schwermütige Liebessonette für V. Colonna, im manierist. Stil, Hauptentstehungszeit in Rom 1534–64, während der Arbeit flüchtig hingeworfen. Von s. Schüler Ascanio Condivi gesammelt, von s. Urenkel überarbeitet und 1623 hg., erst Ende des 19. Jh. in ursprüngl. Form erschienen. Wertvoll und aufschlußreich für s. Persönlichkeit sind auch s. Briefe.

W: Le rime, hg. C. Guasti 1863, C. Frey 1897, ^{2}1964; A. Foratti 1921, E. N. Girardi 1960. – Opere varie, hg. P. Fanfani 1863; Die Aufzeichnungen des M. B., hg. W. Maurenbrecher 1938; Lettere, hg. G. Milanesi 1875, G. Papini II 1910. – *Übs.:* Gedichte, ab S. Hasenclever 1875, W. Roberttornow 1896, H. Krüger 1897, H. Nelson 1909, H. Thode 1914, M. Kommerell 1931, R. M. Rilke 1936, H. Kehrli 1945, E. Redslob 1948 u. 1964; Briefe, K. Frey ^{3}1961 (Ausw.); Lebensberichte, Gedichte u. Briefe, H. Hinderberger 1946; Ich, M., hg. F. Erpel 1964, 1968.

L: H. Grimm, II 1901; C. Frey, 1907; A. Foratti 1921; E. Steinmann, 1930 u. 1936; G. Ferrero, Il petrarchismo del Bembo e le rime di M., 1935; V. Mariani, 1941; H. Mackowsky, ^{8}1947; C. de Tolnay, VI Princeton 1947ff.; G. Papini, 1952; M., 1963; R. J. Clements, M.s Theory of Art, N. Y. 1963; V. Mariani, 1964; R. J. Clements, The Poetry of M., N. Y. 1965; G. Zamboni, 1965; H. Koch, 1966; M., 1966. – *Bibl.:* E. Steinmann, R. Wittkower, 1927; L. Dussler, 1974.

Burak, Sevim, türk. Schriftstellerin, 1931 Istanbul – 31. 12. 1983 ebda. Dt. Gymnas. bis Mittlere Reife; Mannequin, Schneiderin, Buchhändlerin; Auslandsaufenthalte, u.a. in Afrika. – Psychol. verschlüsselte, sprachlich kunstvolle u. atmosphärisch verdichtete Erzählungen u. Schriften.

W: Yanık Saraylar, En. 1965, 1983; Sahibinin Sesi, Sch. 1982; Afrika Dansı, En. 1982; Everest My Lord / İşte Baş İşte Gövde İşte Kanatlar, Sch. 1984.

Burchiello, Domenico di Giovanni, il, ital. Dichter, 1404 Florenz – 1449 Rom. Barbier in Florenz, Mittelpunkt e. Freundeskreises krit. Intellektueller, als Feind der Medici 1434 verbannt, in Siena 1439 Gefängnis wegen skandalösen Lebenswandels, 1445 Rom. – Vf. von rd. 150 satir. Sonetten mit zahlr. Anspielungen auf Zeitumstände, daher z.T. nur Zeitgenossen verständl., z.T. auch damals unverständl. Bedeutendster Vertreter des Dichtens ›alla burchia‹ (d.h. Reimen ohne Sinn), hinter dem sich e. scharfe antihumanist. Polemik verbirgt.

A: Sonetti del B., del Bellincioni e d'altri poeti fiorentini alla burchiellesca, G. 1757; Le più belle pagine del B. e dei Burchielleschi, hg. U. Giovannetti 1923; Sonetti inediti, hg. M. Messina 1952.

Burgess, Anthony, eig. John Anthony Burgess Wilson (Ps. Joseph Kell), engl. Schriftsteller, Kritiker u. Komponist, 25. 2. 1917 Manchester – 25. 11. 1993 London. Schule u. Studium in Manchester, 5 Jahre Armee, Sprachlehrer, 6 Jahre Education Officer in Malaya u. Brunei, seit 1959 freier Schriftsteller in England, dann Malta, Italien, USA u. Schweiz. – Mit über 30 Romanen, zahlr. Lit.-studien, Filmskripts, Opernlibrettos, 2 Symphonien u.a. Kompositionen äußerst produktiv u. vielseitig. S. Romane sind Meisterwerke der Satire, des schwarzen Humors u. der grotesken Charakterstudie. Hauptthema ist der sündige Mensch in manichäist. Weltanschauung.

W: The Malayan Trilogy: Time for a Tiger, R. 1956, The Enemy in the Blanket, R. 1958, Beds in the East, R. 1959; The Doctor Is Sick, R. 1960 (d. 1968); A Clockwork Orange, R. 1962 (d. 1972); The Wanting Seed, R. 1962; Honey for the Bears, R. 1963 (d. 1967); Inside Mr. Enderby, R. 1963; Nothing Like the Sun, R. 1964 (d. 1984); Here Comes Everybody, St. 1965 (Ein Mann in Dublin namens James Joyce, d. 1968); Tremor of Intent, R. 1966 (d. 1980); Enderby Outside, R. 1968; Urgent Copy, Ess. 1968; MF, R. 1971; Joysprick, St. 1972; Napoleon Symphony, R. 1974 (d. 1982); The Clockwork Testament, R. 1974 (d. 1974); Abba Abba, St. 1977; Ernest Hemingway, St. 1978 (d. 1980); 1985, St. 1978 (d. 1982); Earthly Powers, R. 1980 (Der Fürst der Phantome, d. 1984); This Man and Music, Ess. 1982; The End of the World News, R. 1982; Enderby's Dark Lady, R. 1984; The Kingdom of the Wicked, R. 1985; Any Old Iron, R. 1985; The Pianoplayers, R. 1986; Little Wilson and Big God, Aut. 1987; The Devil's Mode, Kgn. 1989; You've had Your Time, Aut. 1990; A Dead Man in Deptford, St. 1995; Byrne, R. 1995; One Man's Chorus, Ess. 1999.

L: R. K. Morris, 1971; C. M. Dix, 1972; A. A. DeVitis, 1972; R. Matthews, 1978; G. Aggeler, 1979; G. Hanselmann, Die Zukunftsromane von A. B., 1985; G. Aggeler, hg. 1986; M. Gosh-Schellhorn, 1986; J. J. Stinson, 1991; H. Bloom, hg. 1991; M. Schellhorn, 1998; A. Meccanica, 1998; R. Lewis, 2002; A. Biswell, 2003. – *Bibl.:* P. W. Boytinck, 1973; J. Brewer, 1980.

Burian, Emil František, tschech. Schriftsteller, Dramatiker u. Regisseur, 14. 6. 1904 Plzeň – 9. 8. 1959 Prag. Gründer u. langjähriger Direktor des antibürgerl.-revolutionären Theaters D 34, für das B. im Stil des ep. Theaters zahlr. Werke dramatisierte. – S. Dramen, Erzählungen, Gedichte u. Romane setzen sich mit menschl. Problemen u. dem Aufbau der mod. Gesellschaft auseinander. Komponierte auch Singspiele, Lieder u. Filmmusik.

W: Jeden ze všech, R. in Versen 1947; Hráze mezi námi, Dr. 1947; Viděno slzami, G. 1947; Láska ze všech nejkrásnější, Dr. 1948; Není pozdě na štěstí, Dr. 1948; Krčma na břehu, Dr. 1948; Pařeniště, Dr. 1949; Atomový mír, Dr. 1950; Horkým srdcem, G. 1950; Osm odtamtud, En. 1954; Vojna, G. 1955; Vítězové, R. 1955; Básně, G. 1955; Opera z pouti, Pantomime 1956; Račte odpustit, Sgsp. 1956; Trosečníci z Cap Arcony, Ber. 1976.

L: Armádní umělecké divadlo k padesátinám E. F. B., 1954; M. Obst, A. Scherl, K dějinám české divadelní avantgardy, 1962; B. Srba, Poetické divadlo E. F. B., 1971; ders., Inscenační tvorba E. F. B. 1939–1941, 1980.

Burla, Jehuda, hebr. Erzähler, 25. 8. 1886 Jerusalem – 7. 11. 1969 Tel Aviv. Aus sephard. Rabbinergeschlecht. Lehrerseminar, Lehrer in Jerusalem, dann Tel Aviv. – Behandelt in Erzählungen Leben und Tradition der Sepharden und Konflikte zwischen Juden und Arabern in einfach-ursprüngl. Sprache, analysierender Psychol.; später hist. Romane.

W: Kol Kitwey, 1962; Kitwey..., VIII o. J. – *Übs.:* In den Sternen geschrieben, 1937; In Darkness Striving, 1968.

L: A. Barshai, 1975.

Burliuk (auch Burljuk), David (Davidovic), russ.-amerik. Dichter u. Künstler, 22. 7. 1882 Semirotovscina/Ukraine – 15. 1. 1967 Long Island/NY. Stud. in Rußland, Deutschland u. Frankreich; 1922 Ankunft in New York, ab 1930 amerik. Staatsbürger; journalist. Tätigkeit, 1937–66 Publikation der Zeitschrift ›Color & Rhyme‹. –

Gilt als ›Vater des Russ. Futurismus‹, war u.a. Mitglied der russ. Avantgardegruppe ›Gileja‹, deren kompromißloses Manifest ›Eine Ohrfeige dem allgemeinen Geschmack‹ dem lit. Symbolismus und Realismus e. klare Absage erteilte; Vf. von multimedialer, Bild u. Klang vereinender Lyrik.

W: Cityfrau, G. 1998.

L: M. S. Kalet, 1982; J. E. Bowlt, hg. 1986; E. N. Petrova, I. Kiblickij, 2000.

Burman, Ben Lucien, amerik. Schriftsteller, 12. 12. 1895 Covington/KY – 12. 11. 1984. Stud. Harvard, Journalist in Boston, Cincinnati, New York, 1941 in Franz.-Afrika. – Schrieb Romane über das Leben am und auf dem Mississippi, später über s. afrikan. Erlebnisse, bekannt bes. für s. ›Catfish Bend‹-Reihe satir. Tierfabeln.

W: Minstrels of the Mist, R. 1929; Mississippi, R. 1929; Steamboat Round the Bend, R. 1933; Blow for a Landing, R. 1938 (Der große Strom, d. 1939); Big River to Cross, R. 1940; Rooster Crows for Day, R. 1945 (Hahnenschrei, der den Morgen ruft, d. 1956); Everywhere I Roam, R. 1949 (Land der Sehnsucht d. 1950); High Water at Catfish Bend, Fabeln 1952 (d. 1989); The Four Lives of Mundy Tolliver, R. 1953; Seven Stars for Catfish Bend, Fabeln 1956 (d. 1989); The Street of the Laughing Camel, R. 1959 (d. 1962); It's a Big Continent, Reiseb. 1961; The Owl Hoots Twice at Catfish Bend, Fabeln 1961; Blow a Wild Bugle for Catfish Bend, Fabeln 1967 (Kojoten in der Katzfischbucht, d. 1990); High Treason at Catfish Bend, Fabeln 1977 (d. 1990); The Strange Invasion of Catfish Bend, Fabeln 1980 (Friedensfest in der Katzfischbucht, d. 1982); Thunderbolt at Catfish Bend, Fabeln 1984.

Burnett, Frances (Eliza) Hodgson, engl.-amerik. Schriftstellerin, 24. 11. 1849 Manchester, Engl. – 29. 10. 1924 Plandome Park, Long Island. In den Slums von Manchester aufgewachsen, 1865 nach Amerika (Knoxville/TN), später wiederholte England-Aufenthalte. – Erfolgreiche Roman- u. Kinderbuchautorin, bekannt für ihre z. T. mehrfach verfilmten Werke ›Little Lord Fauntleroy‹, ›A Little Princess‹ u. ›The Secret Garden‹.

W: That Lass o' Lowrie's, R. 1877, Dr. 1878; Through One Administration, R. 1883; Little Lord Fauntleroy, R. 1886 (Der kleine Lord, d. 1949 u.ö.), Dr. 1888; Sara Crewe, R. 1888; Editha's Burglar, Kdb. 1888; The One I Knew Best of All, Aut. 1893; A little Princess, Kdb. 1905 (Die Lumpenprinzessin, d. 1984, u.d.T. Sara, die kleine Prinzessin, 1986); The Secret Garden, E. 1911 (d. 1967).

L: V. Burnett, The Romantic Lady, 1927; M. Laski, Mrs. Ewing, Mrs. Molesworth and Mrs. H. B., 1960; A. Thwaite, B. 1974; P. Bixler, 1984; C. Greene, 1995; P. Bixler, The Secret Garden, 1996.

Burnett, W(illiam) R(iley), amerik. Erzähler u. Drehbuchautor, 25. 11. 1899 Springfield/OH – 25. 4. 1982 Santa Monica/CA. – In zahlr. Kriminalromanen begründete B. die Genrefigur d. ›tough guy‹; mit s. Arbeit in Hollywood nahm er Einfluß auf die Entwicklung des Gangsterfilms.

W: Little Caesar, R. 1929 (d. 1955); Iron Man, R. 1930; Dark Hazard, R. 1933; High Sierra, R. 1940; Nobody Lives Forever, R. 1943; The Asphalt Jungle, R. 1949 (d. 1963); The Goldseekers, R. 1962; The Widow Barony, R. 1963; The Cool Man, R. 1968; Goodbye Chicago, R. 1981.

Burney, Fanny (Frances d'Arblay), engl. Schriftstellerin, 13. 6. 1752 King's Lynn/Norfolk – 6. 1. 1840 London. Tochter des Musikologen Charles B., dessen Memoiren sie später veröffentlichte. Gehörte in ihrer Jugend zu den lit. Zirkeln um Dr. Johnson und E. Burke, errang durch ihren Erstlingsroman ›Evelina‹ großen Zeiterfolg, wurde 1786 Hofdame der Königin, ∞ 1793 den franz. Emigranten General d'Arblay, lebte 1802–12 in Frankreich. – Schrieb 4 Romane, in denen sie das gesellschaftl. Leben der gehobenen Bürgerschicht darstellt: gute Charakterzeichnung, leicht boshaft gefärbte, amüsante Plaudereien. Die beiden ersten Romane bedeutend besser als die folgenden. Vor allem berühmt durch ihre flott geschriebenen Tagebücher, in denen sie gute Porträtskizzen ihrer Zeit (u.a. Dr. Johnson, Garrick) und Einblick in das Leben am damaligen engl. Hof gab. 2 Bühnenstücke waren Mißerfolge.

W: Evelina, R. III 1778 (hg. E. A. Bloom 1967, K. Straub 1997); Cecilia, R. V 1782; Camilla, R. V 1796, hg. E. A. u. L. D. Bloom 1972; The Wanderer, R. V 1814; Memoirs of Dr. Burney, B. III 1832; Diary and Letters, VII 1842–46; The Early Diary of Fanny B. 1768–78, hg. A. R. Ellis II 1889; Diary and Letters 1778–1840, hg. A. Dobson VI 1904, A Selection, hg. J. Wain 1961; The Queeney Letters, hg. Lord Lansdowne 1934; Journals and Letters, hg. J. Hemlow XII 1972–84; Complete Plays, hg. P. Sabor, II 1995.

L: A. Dobson, 1903; C. Lloyd, 1936; J. Hemlow, 1958; E. White, 1960; P. A. Scholes, II 1948 (m. Bibl.); M. E. Adelstein, 1968; J. Simons, 1987; K. Straub, 1987; K. Chisholm, 1998; C. Harman, 2000.

Burnier, Andreas (eig. Catharina Irma Dessaur), niederländ. Schriftstellerin, 3. 7. 1931 Den Haag – 18. 9. 2002 Amsterdam. Stud. Philos. u. Jura; Kriminologin, 1971 Prof. Univ. Nijmegen, 1988 emeritiert. – Romane u. Erzählungen, z.T. mit autobiograph. Zügen. Wesentliche Themen sind das Bewußtwerden u. Akzeptieren der eigenen (Homo-)Sexualität sowie die Emanzipation der Frau.

W: Een tevreden lach, R. 1965; De verschrikkingen van het noorden, En. 1967 (d. 1968); Het jongensuur, R. 1969 (Knabenzeit, d. 1993); De huilende libertijn, R. 1970; Poëzie, jongens en het gezelschap van geleerde vrouwen, Ess., En., G. 1974; De reis naar Kíthira, R. 1976; De zwembadmentaliteit, Ess. 1979; Na de laatste keer, G. 1981; De literaire salon, R. 1983; Belletrie

1965–1981, 1985; Essays 1968–1985, 1985; De trein naar Tarascon, R. 1986; De achtste scheppingsdag, Essays 1987–1990, 1990; De wereld is van glas, R. 1997.
L: S. Bakker u. a., Hoe ouwer, hoe kouwer, 1976; T. Vos, S. Bakker, 1980; S. Bakker, T. Vos, 1981; ›Bzzlletin‹ 159, 1988; Liber amicorum A. B., Zs. ›Lust & Gratie‹, Nr. 30, 1991.

Burns, Alan, engl. Schriftsteller, * 29. 12. 1929 London. Früher Tod der Mutter u. des Bruders; Stud. Jura London, 1954–58 Anwalt London, 1959–62 Hausjustitiar beim ›Daily Express‹; ab 1974 Dozent für Engl. u. Creative Writing in Australien und Minneapolis/MN; 1993 Rückkehr nach England. – Bekannt als Vf. von Romanen, die chaot., widrige Situationen, oft durch Tod, Störung des Familienlebens oder e. brutale Umgebung, zeigen und experimentelle, surrealist. Verfahren wie Fragmentierung u. Collage aufweisen; Bilder von M. Ernst u. Pieter Breughel d. Ä. haben für einige Romane große Bedeutung; auch Vf. von Sachbüchern und Beiträgen für Anthologien und Zsn.
W: Buster, R. 1961, 1972; Europe after the Rain, R. 1965; Celebrations, R. 1967; Babel, R. 1969; Palach, Dr. (1970; d. 1972); Dreamerika! A Surrealistic Fantasy, R. 1972; The Angry Brigade. A Documentary Novel, 1973; The Day Daddy Died, R. 1981; Revolutions of the Night, R. 1986.
L: W. Harris, A. B., hg. J. O'Brian 1997.

Burns, Robert, schott. Dichter, 25. 1. 1759 Alloway b. Ayr – 21. 7. 1796 Dumfries. Sohn e. Kleinbauern, wuchs in großer Armut in streng calvinist. Atmosphäre auf. Autodidakt. Bildung mit Unterstützung durch den Vater. Nach dessen Tod versuchte B. mit s. Bruder vergebl., den Bauernhof zu erhalten. Zahlr. berufl. Fehlschläge und durch e. Liebesaffäre entstandene Schwierigkeiten ließen ihn an Auswanderung nach Jamaika denken, da errang er unerwartet Ruhm durch s. 1786 veröffentlichten ersten Gedichtband. Wurde nach Edinburgh eingeladen, dort als bäuerl. Genie bestaunt. Auch Scott, damals 15jährig, begegnete ihm. ∞ 1788 Jean Armour, s. frühere Geliebte. Übernahm für kurze Zeit den Bauernhof Ellisland bei Dumfries, wurde dann Steuereinnehmer. Angebote als Journalist nach London und als Dozent für Landwirtschaft nach Edinburgh lehnte B. ab. Zog nach Dumfries, schrieb Texte zu ›The Melodies of Scotland‹, die v. a. s. Ruhm begründeten. Zeigte Sympathie für die Ideen der Franz. Revolution und schrieb scharfe Satiren gegen die Geistlichkeit. B. alterte frühzeitig, starb 37jährig. – Größter schott. Dichter nach Scott. Vorläufer der engl. Romantik, hatte e. offenes Auge für Naturschönheiten. Scott, Byron und Goethe schätzten ihn sehr. S. schott. Lieder in volksliedhaftem Ton wurden echtes Volkseigentum (wie etwa ›Auld Lang Syne‹, ›John Anderson‹, ›A Red, Red Rose‹ und ›My Heart's in the Highlands‹). Einzelne s. Gedichte wurden von Herder und Freiligrath ins Dt. übersetzt.
W: Tam o'Shanter, Verssatire, 1790; Poems Chiefly in the Scottish Dialect, 1786, 1787, 1793, 1794. – Works, hg. J. Currie, 1800; Complete Works, hg. J. Mackay 1987; Letters, hg. J. De Ferguson II 1931 (n. 1986). – *Übs.:* Lieder und Balladen, K. Bartsch 1865, 1886; A. Laun ³1885; W. Prinzhorn 1896; Ausgew. Gedichte, hg. R. Camerer u. a. 1984.
L: J. G. Lockhart, 1828; J. S. Shairp, 1897; A. Angellier, II 1898; J. Wilson, 1923; C. Carswell, 1930; F. B. Snyder, 1932; H. Hecht, ²1936 (m. Bibl.); D. Daiches, ²1957, rev. ²1966; Th. Crawford, 1960; L. M. Angus-Butterworth, 1969; R. T. Fitzhugh, 1970; Critical Essays on R. B., hg. D. A. Low 1975; A. Bold, 1991; M. Lindsay, 1995. – *Bibl.:* J. C. Ewing, 1909; J. W. Egerer, 1964.

Burroughs, Edgar Rice, amerik. Schriftsteller, 1. 9. 1875 Chicago – 19. 3. 1950 Encino/CA. Erfolglos in versch. Berufen, bis er als Vf. von Science-Fiction- u. Abenteuerliteratur schnellen u. nachhaltigen Ruhm erlangte. Erfinder der Tarzan-Gestalt; schrieb zahlreiche Romane, Erzählungen u. Verfilmungen.
W: Tarzan of the Apes, R. 1914 (d. 1950); The Return of Tarzan, R. 1915 (d. 1950); The Beasts of Tarzan, R. 1916 (d. 1951); The Son of Tarzan, R. 1917 (d. 1951); A Princess of Mars, R. 1917; The Gods of Mars, R. 1918; Tarzan and the Jewels of Opar, R. 1918 (d. 1952); Jungle Tales of Tarzan, En. 1919 (d. 1952); The Warlords of Mars, R. 1919; Tarzan the Untamed, R. 1920 (Tarzans Rache, d. 1954); Tarzan the Terrible, R. 1921 (Tarzan in Gefahr, d. 1954); The Chessmen of Mars, R. 1922; The Bandit of Hell's Bend, R. 1925; Tarzan and the Lost Empire, R. 1929; Tarzan and the City of Gold, R. 1933 (d. 1955); Lost on Venus, R. 1935 (d. 1970); Tarzan the Magnificent, R. 1939 (Tarzan im Land des Schreckens, d. 1954); Back to the Stone Age, R. 1937; Land of Terror, R. 1944; Escape on Venus, R. 1946; Tarzan and the Foreign Legion, R. 1947; Llana of Gathol, R. 1948; The People that Time Forgot, R. 1963; Tarzan and the Madman, R. 1964; The Efficiency Expert, R. 1966. – *Bibl.:* R. B. Zeuschner, 1998.
L: R. A. Lupoff, 1965; I. Porges, 1975; E. B. Holtsmark, 1986; C. A. Brady, The B. Cyclopedia, 1996; J. Taliaferro, Tarzan Forever, B. 1999.

Burroughs, William S(eward) (Ps. William Lee), amerik. Romancier, 5. 2. 1914 St. Louis – 2. 8. 1997 Lawrence/KS. Stud. Anthropologie Harvard, nach Europaaufenthalt abgebrochen; unstetes Leben im Drogenrausch in Tanger, Paris, London, Mexiko und New York. – Aus den im autobiograph. Frühwerk ›Junkie‹ dargelegten Erfahrungen mit Rauschgift bezieht B. Typen, Situationen u. sprachl. Bildfelder der späteren Werke. Als Prophet e. erst durch weltimmanente, dann durch kosm. Mächte ausgelösten Apokalypse wie als Satiriker e. wertentleerten, sich entropisch niedrigeren Lebensformen zubewegenden Gesellschaft, zeigt er den Menschen in der Extremsituation metaphorisch verstandener ›Süchtigkeit‹. In ›Naked Lunch‹ u. ›Soft Machine‹ diagnostiziert er diese als identitätsvernichtende Bewußtseinsentstellung, in ›Ticket That Exploded‹ u. ›Nova Express‹ bietet er als Therapie ihre Bewußtmachung u. die durch spontane Akte mögliche Befreiung aus der dämonisierten Realität an. Die Forderung nach der Annihilation des Logos durch s. ›cut-up‹-Methode führt zur Submersion der Lit. im Schweigen. Der Autor als Registrierinstrument, daher Auflösung der Form zugunsten e. fragmentar. Mythologie des Raumzeitalters. Exponent e. Lit. des Post-Humanen.

W: Junkie, R. 1953 (d. 1972, 1999); Naked Lunch, R. 1959 (n. 2001; d. 1962); The Exterminator, Prosa 1960; Minutes to Go, Prosa 1960; The Soft Machine, R. 1961 (d. 1971); The Ticket That Exploded, R. 1962; Dead Fingers Talk, R. 1963; The Yage Letters, Br. (mit A. Ginsberg) 1963 (d. 1964); Nova Express, R. 1964 (d. 1970, 2000); The Last Words of Dutch Schultz, R. 1970 (d. 1971); The Third Mind, Prosa 1970; Electronic Revolution, Prosa 1971 (d. 1972, 2001); The Wild Boys, R. 1971; Exterminator!, R. 1973; Port of Saints, R. 1973; The Book of Breething, Prosa 1974 (d. 1982); Ah Book Is Here, En. 1979; Blade Runner, R. 1979 (d. 1980); Cities of Red Night, R. 1981; Letters to A. Ginsberg, Br. 1981; The Place of Dead Roads, R. 1983 (d. 1985); The Adding Machine, Ess. 1985; Queer, R. 1985; The Western Lands, R. 1987 (d. 1988); Interzone, R. 1989 (d. 1991).

L: D. Odier, The Job, 1970 (d. 1973); E. Mottram, 1977; The B.s File, 1984; V. Bockris, 1996 (d. 1998); G. Caveney, 1998; T. S. Murphy, 1998. – Bibl.: M. B. Goodman, 1975; J. Maynard, B. Miles 1978.

Burssens, Gaston (Charles Mathilde), fläm. Lyriker, 18. 2. 1896 Dendermonde – 29. 1. 1965 Ekeren. Stud. germ. Philol., dann Fabrikant in Antwerpen. – Zusammen mit s. Freund P. v. Ostaijen e. der frühesten u. wichtigsten Vertreter des Expressionismus in der niederländ. Lit. Späte Anerkennung u. neue schöpfer. Periode nach dem 2. Weltkrieg; formal nun traditioneller, aber immer noch voll spieler.-iron. Nonsens. Auch Essays.

W: Verzen, G. 1918; Piano, G. 1924; Enzovoort, G. 1926; Klemmen voor zangvogels, G. 1930; Elegie, G. 1943; Fabula rasa, En. 1945; Pegasos van Troja, G. 1952; Paul van Ostaijen, Es. 1956; Adieu, G. 1958. – Verzamelde dichtbundels, II 1970; Verzameld proza, 1980.

L: J. Walravens, 1960; K. Jonckheere u.a., 1972; J. Brouwers, J. Uytterhoeven, Met G. B. in de cel, 1981.

Burton, Sir Richard (Francis), engl. Schriftsteller u. Übersetzer, 19. 3. 1821 Torquay – 20. 10. 1890 Triest. Diplomat, Forschungsreisender und Orientalist – Verf. von Reisebüchern, Übersetzer oriental. Literatur (insbes. ›The Kama Sutra of Vatsyayana‹ 1883, ›The Ananga Ranga‹ 1885, ›The Perfumed Garden‹ 1886, jeweils mit F. F. Arbuthnot). S. äußerst freie Übersetzung der Geschichten aus 1001 Nacht (1885), häufiger für ihre fehlende Werktreue gescholten wie für ihre innovative Sprache gelobt (J. L. Borges), prägte das engl. Orientbild des 20. Jh. wie kaum ein zweiter fiktionaler Text.

W: Personal Narrative of a Pilgrimage to El-Medinah and Meccah, III 1855. – Übs.: Arabian Nights' Entertainments, X 1885, XVI 1886–88.

L: M. S. Lovell, A Rage to Live: A Biography of R. and Isabel B., 1998.

Burton, Robert (Ps. Democritus Junior), engl. Schriftsteller, 8. 2. 1577 Lindlexy/Leicestershire – 25. 1. 1640 Oxford. Stud. Theol. Oxford, lehrte ebda.; medizin. Interessen; schrieb als Heilmittel gegen eigene und fremde Schwermut ›The Anatomy of Melancholy‹. – Typ. Renaissancewerk, schildert die Melancholie als Zeiterscheinung und gelangt dadurch zu einer Betrachtung versch. Absonderlichkeiten, will zeigen, wie die Welt voller Torheit sei und wie man die Narrheit der Menschen heilen könne. Im Kontext der ›Humours‹-Lehre der Renaissance wird die Melancholie als Überschuß an schwarzer Galle definiert; B. beschreibt sie allerdings eher als Symptom einer vom Sittenverfall bedrohten Gesellschaft denn als individualpsychol. Disposition. Überreich an Zitaten aus Bibel und Kirchenvätern, lat. und griech. Klassikern sowie Werken zeitgenöss. engl. Schriftsteller. Wurde e. Lieblingsbuch Dr. Johnsons. B.s akad. Schauspiel ›Philosophaster‹ und s. lat. Verse sind bedeutungslos.

W: The Anatomy of Melancholy, 1621 (hg. F. Dill, P. Jordan-Smith 1929, H. Jackson 1932 u. 1961, D. George 1962; J. Bamborough, 1998; Schwermut der Liebe, d. 1952); Philosophaster and Minor Writings, hg. W. E. Buckley 1826, Jordan-Smith 1931.

L: B. Evans, 1944; W. R. Mueller, 1952; L. Babb, 1960; J. R. Simon, Paris 1964; A. R. Fox, The Tangled Chain, 1976; M. O'Connell, 1986; N. Kiessling, The Library of R. B., 1988. – Bibl.: P. Jordan-Smith, 1931; J. Conn, 1988.

Busi, Aldo, ital. Autor, * 25. 2. 1948 Montichiari/Brescia. Nach unruhiger Jugend Stud. in Verona. – Seit 1984 neben Übersetzertätigkeit aus dem Engl. u. Dt. Verfasser von sehr erfolgr., wegen ihrer unverblümten Sprache und sexuellen Anspielungen provokanten Romanen. Scharfer Kritiker der ital. gesellschaftl. Verhältnisse.

W: Seminario sulla gioventù, R. 1984; Vita standard di un venditore provvisorio di collant, R. 1985; La delfina bizantina, R. 1986; Sodomie in corpo 11, R. 1988; Altri abusi, R. 1989; L'amore è una budella gentile, R. 1991; Le persone normali, R. 1992; Vendita galline km.2, R. 1993; Cazzi e canguri (pochissimi i canguri), R. 1994;

Madre Asdrubala, R. 1995; La vergine Alatile, R. 1996; Suicidi dovuti, R. 1996; L'amore trasparente, G. 1997; Aloha!!!!!, R. 1998; Casanova di se stessi, R. 2000; Sentire le donne, Ess. 2002.

al-Būṣīrī, Muḥammad ibn Saʿīd, arab.-islam. Dichter von berber. Abkunft, 7. 3. 1212 Abūṣīr – um 1295 Alexandria. Aufenthalt in Jerusalem, Medina, Koranleser in Mekka und Beamter in Bilbais; erwarb sich den Ruf e. gelehrten Kenners der relig. Tradition. – Vf. zahlr. geistl. Dichtungen, darunter e. glänzendes, teilweise an alte Modelle anknüpfendes Lobgedicht auf den Propheten Mohammed, die sog. ›Burda‹ (›Mantel‹). Dieses hochberühmte, in arab., pers., türk. und berber. Sprache häufig kommentierte Gedicht, dessen Versen mag. Kraft zugeschrieben wurde, verfaßte B., als er schwer gelähmt war und der Prophet ihn heilte, indem er ihm, wie einst dem Kaʿb ibn Zuhair, s. Mantel überwarf.

W: Burda, hg. C. A. Ralfs 1860 (mit dt. Übs.); Hamzīya, Kairo 1884 u. ö. (d. O. Rescher 1963f.).

Busken Huet, Conrad, niederländ. Kritiker und Erzähler, 28. 12. 1826 Den Haag – 6. 5. 1886 Paris. Aus hugenott. Beamtenfamilie; Stud. seit 1844 kalvin. Theol. Leiden; 1849 Kandidatsexamen; 1851 Geistlicher in Haarlem; legte 1862 s. Amt als Prediger bei der wallon. Gemeinde nieder, erkannte schließl. nur noch die Entscheidungen der Ratio als bindend an; Mitarbeiter der Tageszeitung ›Opregte Haarlemmer Courant‹ und der Zs. ›De Gids‹; mußte 1865 aus polit. Gründen aus der Redaktion ausscheiden; lebte bis 1868 in Haarlem; ging dann nach Niederländ.-Indien; Redakteur des ›Java-bode‹ in Batavia; 1872 Gründer des ›Allgemeen Dagblad van Nederlandsch-Indië‹; siedelte 1876 nach Paris über. – Aufsehenerreg. ›Brieven over den bijbel‹ in der Nachfolge des Theologen Strauß und der Tübinger Schule; griff kompromißbereites Christentum scharf an. S. lit. Kritik legte strenge Maßstäbe an die zeitgenöss. Dichter und richtete sich bes. gegen J. Cats, dessen Popularität er e. nationale Katastrophe nannte. Vorbild als Kritiker war ihm Sainte-Beuve; anerkannte Potgieter, G. Bosboom-Toussaint und Multatuli. Gab in ›Het land van Rembrand‹ e. kulturgeschichtl. Darstellung des 17. Jh. Als Erzähler suchte B. H. die in der zeitgenöss. Lit. vermißte Leidenschaft als treibende Kraft des Lebens in s. Roman ›Lidewyde‹ zu gestalten.

W: Brieven over den bijbel, 1858; Overdrukjes, schetsen en verhalen, En. 1858; Lidewyde, R. 1868 (d. 1874); Het land van Rubens, 1879; Litteraire fantasiën en kritieken, XXV 1873–1903; Het land van Rembrand, III 1882–84 (d. 1886). – Verzamelde werken, XL 1913; Brieven, II 1890; Brieven en E. J. Potgieter, hg. A. Verwey, III 1925.

L: A. G. van Hamel, 1886; J. B. Meerkerk, 1911; G. Colmjon, 1944; C. G. N. de Vooys, 1949; H. J. Polak, 1956.

Buson (eig. Taniguchi Yosa B.), jap. haikai-Dichter u. Maler, 1716 Osaka – 25. 12. 1783 Kyoto. Sohn e. Bauern, wandte sich früh der Malerei und dem haikai zu, studierte unter Uchida Tenzan u. Hayano Bajin. Erweckte den Stil des Bashô zu neuer Blüte, forderte für das haikai im Sinne der Literaturmalerei Abkehr vom Gewöhnlichen (kyozoku), Sprachwitz. Was sich im Herzen gestaltet, die künstler. Intention (isho), trägt das Gedicht.

W: Ichiya-shikase, haikai-Slg. 1773; Yahanraku, G. Slg. 1777 (d. 1958); Momo-sumomo, haikai-Slg. 1780 (d. 1964); Shin-hanatsumi, haikai-Slg. u. haikai-Prosa 1797. – B. zenshû (GW), 1948. – *Übs.:* Gesang vom Roß-Damm, d. L. Frank 1989; Dichterlandschaften, d. G. Dombrady 1992.

L: S. Dombrady (NOAG 83), 1958; ders. (Oriens Extremus 7), 1960; ders. (Asien – Tradition und Fortschritt, Fs. Hammitzsch), 1971; C. French, The Poet Painters, 1974; S. Yuti, E. M. Schiffert, Haiku Master B., 1978; M. Ueda, The path of flowering thorn, Stanford 1998.

Bussy, Roger de Rabutin (gen. Bussy-Rabutin), Graf von, franz. General und Schriftsteller, 13. 4. 1618 Epiry b. Autun – 9. 4. 1693 Autun. Aus sehr alter burgund. Adelsfamilie. Vetter der Mme de Sévigné. Stieg schnell zum General auf, bewährte sich als Soldat in den Kämpfen von 1634–65. Ab 1659 am Hof. Leichtsinn, galante Abenteuer und Zynismus sowie die Veröffentlichung s. ›Histoire amoureuse des Gaules‹, e. skandalösen, die Hofdamen kompromittierenden Werkes, führten zu s. Gefängnishaft in der Bastille 1665/66, zum Exil auf s. burgund. Schloß und zur 17jährigen Verbannung vom Hof. Gewann aber durch das weitverbreitete Buch großen lit. Ruhm, 1665 Mitgl. der Académie Française. Übs. Briefwechsel zwischen Abaelard u. Héloïse.

W: Histoire amoureuse des Gaules, 1665 (hg. P. Boiteau IV 1856–76, G. Mongrédien II 1930, F. Cleirens 1961f.; d. 1666); Discours sur le bon usage des adversitez, 1694; Mémoires, III 1696 (hg. M. L. C. Lalanne 1856); Histoire en abrégé de Louis le Grand, 1699 (d. F. v. Schiller 1801); Correspondance, 1696 (hg. M. L. C. Lalanne VI 1856–59).

L: E. Gérard-Gailly, 1909; J. Drieux, 1966; C. Rouben, 1975.

Butler, (Frederic) Guy, südafrikan. Lyriker u. Dramatiker, * 21. 1. 1918 Cradock/Südafrika. Bis 1983 Prof. für Engl. an südafrikan. Univ. – Behandelt v. a. die Identitätsproblematik des Europäers in Afrika.

W: Stranger to Europe, G. 1952; The Dam, Dr. 1953; The Dove Returns, Dr. 1956; South of the Zambesi, G. 1966; Cape Charade, Dr. 1968; Take Root or Die, Dr.

1970; Selected Poems, 1975; Karoo Morning, Aut. 1977; Richard Gush of Salem, Dr. 1982; Bursting World, Aut. 1983; Demea, Dr. 1990; A Local Habitation, Aut. 1991; Collected Poems, 1999.

L: J. Eve, hg. 1994.

Butler, Samuel, der Ältere, engl. Verssatiriker, 3. 2. 1612 Strensham/Worcestershire – 25. 9. 1680 London. Bauernsohn; Grammar School in Worcester, königstreu erzogen; Page im Hause der Gräfin Elizabeth von Kent, bildete sich autodidaktisch in deren Bibliothek. Während der Herrschaft Cromwells Sekretär des Puritaners Sir Samuel Luke, Landrats von Bedfordshire, nach der Restauration Sekretär des Lordpräsidenten von Wales Carberry, der ihm 1661/62 die Verwaltung von Ludlow Castle übertrug. 1670 begleitete er die Gesandtschaft George Villiers nach Frankreich. Starb in Armut. – S. Hauptwerk, das kom. Heldenepos ›Hudibras‹, ist e. scharfe Satire auf die Puritaner, im ›mock heroic‹-Stil geschrieben. Der Name Hudibras wurde Spensers ›Faerie Queen‹ entnommen. Dem äußeren Aufbau nach, v. a. in der Figurenkonstellation von Ritter und Diener, geformt am ›Don Quijote‹. Burlesker Humor in der Art Rabelais'. Verspottet alle ›Presbyterians and other caterwauling brethren‹, die sich zu Unrecht den Anschein der Heiligkeit geben wollen. Enthält viele willkürl. Knittelverse. Das Werk zeigt eine erstaunl. ep. Breite, entbehrt jedoch einer kohärenten Handlung; es genoß zu B.s Zeiten hohe Popularität, seine kulturhist. Bedeutung wurde von der Literaturkritik allerdings erst später anerkannt. ›Hudibras‹ leitete die Blütezeit des ›mock heroic‹-Genres in England ein. Schrieb auch ›Characters‹, satir. Prosa-Charakterskizzen; s. Ruhm beruht jedoch allein auf der Verssatire, die ihn als Mann von Geist und Witz zeigt.

W: Hudibras, Ep. III 1663–78 (n. J. Wilders, 1967; d. J. J. Bodmer 1765, J. Eiselein ²1846); Genuine Remains in Verse and Prose, hg. R. Thyrer 1759. – The Collected Works, hg. A. R. Waller, R. Lamar III 1905–28; Characters and Passages from Notebooks, 1908; Characters, hg. C. W. Daves 1970.

L: J. Veldkamp, Hilversum 1923; E. A. Richards, Hudibras in the burlesque tradition, 1937; G. R. Wassermann, 1976; A. Snider, Origin and Authority in 17th Century England: Bacon, Milton, B., 1994.

Butler, Samuel, der Jüngere, engl. satir. Schriftsteller, 4. 12. 1835 Langar/Nottinghamshire – 18. 6. 1902 London. Sohn e. Geistlichen, Stud. Theol. Cambridge, brach das Stud. ab, weigerte sich, der Familientradition folgend, Geistlicher zu werden. 1859–63 Schafzüchter in Neuseeland. Ab 1865 Leben in mönch. Abgeschlossenheit in London; widmete sich der Malerei, Musik und Lit. – Vf. zahlr. Essays, in denen er sich mit dem Darwinismus auseinandersetzt und den Mechanismus der Evolution ablehnt (Wille als Schöpferkraft; Gedächtnis als Verbindung der Generationen), ferner Prosa-Übs. der ›Ilias‹ und ›Odyssee‹ und e. geist- und humorvolles Reisetagebuch über Piemont, das s. offenes Auge für Naturschönheiten beweist. S. Hauptwerk sind die satir.-utop. Romane ›Erewhon‹ und ›Erewhon Revisited‹. Der Titel ›Erewhon‹ ist die Umkehrung von Nowhere, dem Land, in dem alles auf dem Kopf steht, alle sittl. Werte verkehrt sind. E. groteske zeitsatir. Zukunftsphantasie, in vielem Swift verpflichtet. Von Shaw sehr geschätzt. 1872–84 entstand der autobiograph. Roman ›The Way of All Flesh‹. B. zeigt sich hier als scharfer Kritiker der Konventionen der viktorian. Zeit, wendet sich gegen die Unterdrückung der Individualität in der Erziehung. Mit psycholog. Einsicht zeichnet er den Kampf der Generationen.

W: Erewhon, R. 1872 (d. 1961); Life and Habit, Es. 1877; Evolution, Old and New, Es. 1879; Unconscious Memory, Es. 1880; Alps and Sanctuaries of Piedmont, Tg., 1881; Luck or Cunning, Es. 1886; Ex Voto, Es. 1888; Shakespeare's Sonnets Reconsidered, Es. 1899; Erewhon Revisited, R. 1901; The Way of All Flesh, R. 1903 (n. D. F. Howard 1964; d. 1960); Essay on Life, Art and Science, Es. 1904; Sonnets, 1904; God the Known and God the Unknown, Es. 1909. – Complete Works, hg. A. T. Bartholomew, H. F. Jones, XX 1923–26; Notebooks, hg. H. F. Jones 1902 (n. 1985); Notebooks, hg. H.-P. Breuer 1984ff.; Correspondence with his Sister May, hg. D. F. Howard 1962; Family Letters, hg. A. Silver 1962.

L: J. F. Harris, 1916; C. E. M. Joad, 1924; P. Meißner, 1931; A. T. Bartholomew, 1932; C. G. Stillman, 1932; M. Muggeridge, The Earnest Atheist, 1936; P. N. Furbank, 1948; B. Willey, Darwin and B., 1960; P. Henderson, ²1967; Th. L. Jeffers, S. B. Revalued, 1981; P. Raby, 1991. – *Bibl.:* S. B. Harkness, 1956; H.-P. Breuer, R. Parsell, 1990.

Butler Yeats, William → Yeats, William Butler

Butor, Michel Marie François, franz. Romanschriftsteller, * 14. 9. 1926 Mons-en-Barœul/Lille. Stud. Philos. und Philol. Paris; Französischlehrer im Ausland (Ägypten, Manchester, Saloniki, Genf, USA); Verlagslektor bei Gallimard in Paris, Prof. in Vincennes u. Albuquerque. – Kritiker, Lyriker u. Hörspielautor; berühmt als Vertreter des avantgardist. Nouveau roman in Frankreich. Beeinflußt von J. Joyce, M. Proust u. insbes. W. Faulkner; Begegnung mit Sartre u. dem Surrealismus; versucht wie Robbe-Grillet und Nathalie Sarraute die Wirklichkeit unabhängig von den menschl. Deutungen darzustellen. S. Romane zeichnen sich durch dramat. Dichte und bewußtes Erleben der menschl. Existenz aus. Stellt die Wirklichkeit mit traditionellen Mitteln minuziös in den Einzelheiten dar, entlarvt das dargestellte Geschehen aber als falschen Schein. In s. Romanen geschieht nichts, obwohl es scheint, daß Dinge geschehen. B. schafft durch diese Interpretation e. neue Ordnung, die Gegenwelt des Romans. Der Roman B.s, der Zeit, Raum u. Individuum in e. bewegl. Kollektivbezogenheit darstellt – vor allem verdeutlicht durch das Thema der Reise –, ist insbes. Experiment philos. Daseinserhellung, der die Medien Malerei, Musik, Radiophonie untergeordnet sind, u. gleichzeitig auch der konsequenteste Versuch e. theoret. Reflexion über den Nouveau roman.

W: Passage de Milan, R. 1954 (d. 1967); L'emploi du temps, R. 1956 (Der Zeitplan, d. 1960); La modification, R. 1957 (Paris – Rom oder Die Modifikation, d. 1958); Le génie du lieu, R. 1958 (d. 1962); Répertoire Ess. III 1960–68, d. 1963–68); Degrés, R. 1960 (d. 1964); Histoire extraordinaire, R. 1961 (d. 1964); Mobile, R. 1962 (d. in: Orte, 1966); Votre Faust, Op. 1962 (d. 1964); Réseau aérien, H. 1962 (Fluglinien, d. 1965); Description de San Marco, G. 1963 (d. in: Orte, 1966); Litanie d'eau, G. 1964 (d. 1967); Illustrations, G. 1964 (d. 1969); 6 810 000 litres d'eau, par seconde, H. 1965; Portrait de l'artiste en jeune singe, R. 1967 (d. 1967); La rose des vents, Es. 1970; Les mots dans la peinture, Ess. 1969 (Aufsätze zur Malerei, d. 1970); Dialogue avec trente trois variations de Ludwig van Beethoven sur une valse de Diabelli, Dial. 1971; Intervalle, E. 1973. – *Übs.:* Essays zur mod. Literatur u. Musik, 1972; Kreuzfahrten durch die mod. Literatur, Aufs. 1984; Fenster auf die Innere Passage, Ess. 1986.

L: R. M. Albérès, 1964; J. Roudaut, 1964; L. Roudiez, N. Y. 1965; G. Charbonnier, Entretiens avec M. B., 1967; G. Raillard, 1968; F. Wolfzettel, 1970; F. Van Rossum-Guyon, 1971; L. Dallenbach, 1972; M. Speacer, 1974; Alchimie et littérature, 1975; A. Helbo, 1975. J. Waelti-Walters, J.-M. Le Sidaner, 1979, G. Godin, 1981; M. Palmer, 1981; J. L. Lamothe, L'architecture du rêve, 1999; B. Valette, 1999.

Butti, Enrico Annibale, ital. Schriftsteller, 18. 2. 1868 Mailand – 29. 11. 1912 ebda. Stud. Mathematik und Jura. – Schrieb zunächst psycholog. Romane mit relig.-spiritualist. Tendenz wie ›L'automa‹, wechselt dann unter Ibsens Einfluß zum Drama über; thematisierte den Konflikt zwischen Vaterliebe und der Leidenschaft für die Forschung (›L'utopia‹) sowie zwischen bürgerl. Moral und freier Liebe (›Fine di un ideale‹). Im Spätwerk dramat. Verwendung von Traumelementen.

W: L'automa R. 1892; L'anima R. 1893; Il vortice, Dr. 1893; L'utopia, Dr. 1894; L'incantesimo R. 1897; La fine di un ideale, Dr. 1900; Gli atei, Drn.-Trilogie 1900ff. (Lucifer, d. 1904); Il castello del sogno, Dr. 1910; Nel paese della fortuna, Dr. 1911.

L: E. Flori, 1902; P. P. Ferrari: E. A. B. e il teatro del secondo ottocento, 1971; S. Briziarelli, 1994.

Buysse, Cyriel, fläm. Schriftsteller, 20. 9. 1859 Nevele b. Gent – 25. 7. 1932 Afsnee. Anfangs in der Fabrik s. Vaters tätig. 1893 Mitbegründer der Zs. ›Van Nu en Straks‹; 1903 in der Redaktion von ›Groot-Nederland‹. Lebte im Winter in Den Haag, im Sommer bei Gent. – Bedeutendster fläm. Naturalist nach Vorbild Zolas und Maupassants. Schildert in etwa 20 Romanen, zahlr. Novellen und einigen Dramen das Bürgertum und die Aristokratie, später weniger pessimistisch, unstilisiert in der Erfassung der Wirklichkeit und ohne Ansprüche in sprachl. Hinsicht die untersten Schichten der fläm. Bevölkerung zwischen Leie und Schelde.

W: Het recht van den sterkste, R. 1893; Sursum Corda, R. 1894; Schoppenboer, R. 1898; 'n Leeuw van Vlaanderen, R. 1900 (d. 1917); Van arme Menschen, En. 1901 (Arme Leute, d. 1918); Het gezin van Paemel, Dr. 1903; Het leven van Rozeke van Dalen, R. II 1905 (Rose van Dalen, d. 1918); 't Bolleken, R. 1906; Lente, Nn. 1907; Het ezelken, R. 1910; Stemmingen, Nn. 1911; De nachtelijke aanranding, E. 1912 (Der nächtliche Überfall, d. 1916); Zomerleven, En. 1915; De roman van den schaatsenrijder, R. 1918; Tantes, R. 1924; Uleken, R. 1926; Kerels, 1927; De schandpaal, R. 1928. – Verzameld werk, VII 1974–82. – *Übs.:* Holländische Dorfgeschichten, 1909.

L: D. B. Steyns, 1911; H. van Puymbroek, [2]1929; A. Mussche, 1929; R. Minne, 1959; A. van Elslander, II 1960 f.; M. Galle, 1966; K. Jonckheere, 1974; A. M. Musschoot, hg. 1996. – *Bibl.:* R. Roemans, 1931.

Buzo, Alex(ander John), austral. Dramatiker, * 23. 7. 1944 Sydney. – Vf. meist satir., sozialkrit. Dramen. Im Frühwerk Auseinandersetzung mit multikultureller austral. Gesellschaft. Später vermehrt Beschäftigung mit Problemen des Individuums in e. sinnentleerten Welt. Insbes. ›Norm and Ahmed‹ gilt als Meilenstein des mod. austral. Theaters.

W: Norm and Ahmed, 1969; Front Room Boys, 1970; Macquarie, 1971; Rooted, 1973; Roy Murphy Show, 1973; Big River, 1985; Marginal Farm, 1985; Prue Flies North, 1991; Pacific Union, 1995.

L: J. McCallum, hg. 1987.

Buzzati, Dino, ital. Dichter, 16. 10. 1906 Belluno – 28. 1. 1972 Mailand. Stud. Rechtswiss. (Dr. jur.). Im 2. Weltkrieg Marineoffizier u. Kriegsberichterstatter auf Sizilien. Aufenthalt in Südafrika. Chefredakteur des ›Corriere della sera‹, Mitarbeiter bei ›Domenica del Corriere‹. – Finden sich in s. 1. Roman ›Bàrnabo delle montagne‹ noch realist., traditionelle Züge, so zeigen die folgenden Romane u. Theaterstücke e. hintergründigen Surrealismus. Rationalismus u. Phantastik durchdringen sich. Im Roman ›Il segreto del bosco vecchio‹ kämpfen die Waldgeister gegen den geizigen Waldbesitzer, der den Wald schlagen lassen will. Pessimist.-trag. Weltgefühl bes. im Roman ›Il deserto dei Tartari‹: E. Major wartet e. ganzes Leben in e. entlegenen Grenzfestung auf den Feind; als der ersehnte Angriff endlich kommt, ereilen ihn Krankheit u. Tod. Die Fragwürdigkeit des menschl. Seins wird in 7 symbol. Schauspielen dargestellt. ›Un caso clinico‹ zeigt den Menschen e. bürokratischen Spitalsapparat ausgeliefert. B. zeigt Einflüsse F. Kafkas, M. Maeterlincks u. steht dem skurrilen Humor E. T. A. Hoffmanns nahe. B. illustrierte s. Erzählungen u. Märchen selbst.

W: Bàrnabo delle montagne, R. 1933 (Die Männer vom Gravetal, d. 1936); Il segreto del bosco vecchio, R. 1935 (d. 1948); Il deserto dei Tartari, R. 1940 (Im vergessenen Fort, d. 1942, u.d.T. Die Festung, 1954); Piccola passeggiata, Dr. 1942; I sette messaggeri, R. 1942; (d. 1957); La famosa invasione degli orsi in Sicilia, Kdb. 1945 (Das Königreich der Bären, d. 1962); La rivolta contro i poveri, Dr. 1946; Paura alla Scala, R. 1949 (Panik in der Scala, d. 1952); In quel preciso momento, Nn. 1950; Un caso clinico, Dr. 1953 (Das Haus mit den sieben Stockwerken, d. 1954); Il crollo della Baliverna, R. 1954 (Des Schicksals roter Faden, d. 1955); Drammatica fine di un noto musicista, Dr. 1955; Sessanta racconti, En. 1958; Esperimento di magia, E. 1958; Un verme al ministero, Dr. 1960; Il grande ritratto, R. 1960; Il mantello, Dr. 1960; L'uomo che andrà in America, Dr. 1962; Un amore, R. 1963 (d. 1963); Poema a fumetti, Comics 1969 (Orphi ed Eura, d. 1970); Le notti difficili, En. 1971. – Übs.: Der Hund, der Gott gesehen hatte, Nn. 1956; Die Lektion des Jahres 1980, En. 1962; Die Versuchung des hl. Domenico, En. 1964; Schlachtschiff Tod, En. 1964; Eine Frau von Welt, En. 1966.

L: C.-D. Sutter, Diss. Zür. 1970; U. Stempel, 1977; B. Baumann, 1980; A. Laganà Gion, 1983; G. Joli, 1988.

Buzzi, Paolo, ital. Dichter, 1874 Mailand – 1956 ebda. Jurastudium in Pavia, später im höheren Verwaltungsdienst. – Frühes Interesse an Lyrik in der Nachfolge von Carducci und D'Annunzio. Ab 1905 Kontakt mit F. T. Marinetti, mit dem er die Zs. ›Poesia‹ begründet, Wendung zur Avantgardedichtung. – Mit s. experimentellen, die moderne Technik feiernden Texten ›L'elisse e la spirale‹ und ›Aeroplani‹ prominenter Vertreter des Futurismus. Kehrt ab 1920 wieder zu e. gemäßigt mod. Formensprache zurück. In der Frage des Verhältnisses des Futurismus zum Faschismus, den er bejahte, bestand er im Gegensatz zu Marinetti auf e. eigenständigen, revolutionären Position.

W: Rapsodie leopardiane, G. 1898; L'esilio, Prosa-G. 1906; Aeroplani, G. 1909; L'elisse e la spirale, film + parole in libertà 1915; La luminaria azzurra, R. 1919; Popolo, canta così, G. 1920; Il poema dei quarantanni, Prosa-G. 1922; Canto quotidiano, G. 1933; Poema del Golfo di Napoli, G. 1937; Poema di radio-onde, Prosa-G. 1940; Atomiche, 1952. – Poesie scelte, hg. E. Mariano 1961.

L: Omaggio a P. B., mit Vorwort F. Flora, 1958.

Byatt, A(ntonia) S(usan), engl. Schriftstellerin, * 24. 8. 1936 Sheffield. Engl.-Stud. Cambridge/PA u. Oxford; Dozentin u.a. am Univ. College, London; ab 1983 freie Schriftstellerin; Lit.kritikerin. – B.s Werk zeichnet sich durch Sprachbewußtsein, Detailgenauigkeit, Referenzen auf die europ. Philos., Malerei und Lit. und e. komplexe Handlungsführung aus. Weil B. mit intertextuellen Verweisen spielt, die Grenzen zwischen Fakten und Fiktion auslotet und poststrukturalist. Theorien diskutiert, ihre Plots aber die Transparenz der lit. Sprache und den eth. Wert von Geschichtsschreibung behaupten, wird sie auch als post-postmod. Autorin bezeichnet.

W: Shadows of a Sun, R. 1964; The Game, R. 1967; Iris Murdoch, St. 1976; The Virgin in the Garden, R. 1978 (d. 1998); Still Life, R. 1985 (d. 2000); Sugar and Other Stories, En. 1987 (d. 1995); Possession, R. 1990 (d. 1993); Passions of the Mind, Ess. 1991; Angels and Insects, Nn. 1992 (Morpho Eugenia, d. 1994; Geisterbeschwörung, d. 1995); The Matisse Stories, En. 1993 (d. 1996); The Djinn in the Nightingale's Eye, M. 1994 (d. 1995); (m. Ignes Sodré) Imagining Characters, Ess. 1995; Babel Tower, R. 1996; Elementals, Kgn. 1998 (Geschichten von Feuer und Eis, d. 2002); The Biographer's Tale, R. 2000 (d. 2001); On Histories and Stories, Ess. 2000; A Whistling Woman, R. 2002; Little Black Book of Short Stories, Kgn. 2003.

L: K. C. Kelly, 1996; C. Franken, Multiple Mythologies, Diss. 1997; C. Franken, 2001; A. Alfer, M. Noble, hg. 2001.

Bykaŭ, Vasil' Ŭladzimiravič, weißruss. Prosaist, 19. 6. 1924 Čerenovščina/Gebiet Vitebsk – 22. 6. 2003 Minsk. Stud. Bildhauerkunst, Teilnahme am Krieg, später Redakteur weißruss. Zeitungen in Grodno, lebt seit Feb. 2000 in Berlin. – E. der namhaftesten, aufrichtigen Prosaisten nach dem 20. Parteikongreß von 1956. S. Erzählwerk, im Stil einfach, handelt vornehmlich von Menschen, deren Charakter in der Kriegszeit geprägt u. in Entscheidungssituationen enthüllt wird.

W: Žuraŭliny kryk, Nn. u. En. 1960; Chod kanëm, En. 1960; Zdrada, N. 1962; Trecjaja raketa, E. 1962 (Die dritte Leuchtkugel, d. 1964); Al'pijskaja balada, N. 1964 (Alpenballade, d. 1970); Mërtvym ne balic', R. 1966 (Die Toten haben keine Schmerzen, d. 1967); Sotnikaŭ, R. 1970 (Die Schlinge, d. 1972); Pajsci i ne vjarnucca, R. 1980; Na kryžach, En. u. Interviews 1992. – Zbor tvoraŭ (GW), IV 1980–82; VI 1992–94.

Bykov, Vasilij Vladimirovič → Bykaŭ, Vasil' Ŭladzimiravič

Byns, Anna → Bijns, Anna

Byron, George Gordon Noel, 6. Baron von, engl. Dichter, 22. 1. 1788 London – 19. 4. 1824 Missolunghi. Verlor 3jährig den Vater. Im schott. Hochland, der mütterl. Heimat, erzogen. 1798 starb ein Großonkel; B., der bis dahin unter Armut gelitten hatte, erbte unerwartet Titel und Vermögen. 1805 Stud. Cambridge, erste Dichtungen schon während der Schul- und Univ.-Zeit veröf-

Caballero Calderón

fentl. 1807 ›Hours of Idleness‹; e. herabsetzende Kritik in der ›Edinburgh Review‹ beantwortete B. 1809 mit der köstl. Satire ›English Bards and Scotch Reviewers‹. Nach Abschluß des Stud. Eintritt ins Oberhaus, nach Mißerfolgen dort Reisen nach Spanien, Portugal und dem Balkan, die dichter. Niederschlag in den ersten 2 Gesängen von ›Childe Harold's Pilgrimage‹ fanden und ihn schlagartig berühmt machten. S. freimütiger Ausdruck menschl. Gefühle sprach die Zeit besonders an. ∞ 1815 Anne Isabella Milbanke, ein Jahr später, kurz nach Geburt e. Kindes, plötzliche Trennung. Von Skandalgeschichten umwittert, verließ B. England für immer. o|o 1816. Reiste nach der Schweiz und Italien, lernte am Genfer See Shelley kennen, zunächst enge Freundschaft, später Entzweiung. Zog nach Venedig, da der Süden ihm Verkörperung der Romantik zu sein schien. Lebte dort erst zusammen mit Claire Clairmont, der Tochter von Godwins 2. Frau, ab 1816 mit Gräfin Guiccioli. 1817 vorübergehender Romaufenthalt, dann zurück nach Venedig, wo er den 4. Gesang von ›Childe Harold‹, ferner ›Manfred‹, ›Cain‹ und ›The Deformed Transformed‹ schrieb. Th. Moore besuchte B. in Venedig, B. gab ihm das Ms. s. Autobiographie, die Moore nach B.s Tod verbrannte, da er Diskretion zugesichert hatte. B. zog nach Ravenna, wo er versch. Dramen schrieb, 1821 beendete er in Pisa s. ›Don Juan‹ und ›The Vision of Judgment‹, lebte dann bis 1823 in Genua. 1824 begeisterte er sich für die griech. Freiheitskämpfe, wollte selbst eingreifen, bewies sich in Griechenland als prakt. Staatsmann, bekam jedoch nach e. Überfahrt im offenen Boot heftiges Fieber und starb. – Dichter von kosmopolit. Bedeutung: S. Ruhm war auf dem Kontinent noch größer als in England. Zwischen ihm und Goethe bestand gegenseitige hohe Wertschätzung, Goethe errichtete ihm in der Gestalt des Euphorion im 2. Teil s. ›Faust‹ ein lit. Denkmal. In B.s Dichtung mischen sich schwermütige Grundtöne mit Leidenschaft, Ironie, bitterer Satire und Stimmungen von sinnl. Schönheit. S. Werk spiegelt die Ruhelosigkeit und Zerrissenheit s. Lebens. Formal gewisse Anklänge an den von ihm hochgeschätzten Klassizismus. S. erste große Dichtung ›Childe Harold‹ (Spenserstrophe) gibt anschaul. bildhafte Schilderungen von Reiseeindrücken in lockerer autobiograph. Art. Der 4. Gesang bringt e. imaginäre Pilgerfahrt, die ihn vergangenen Größen Italiens gegenüberstellt, u.a. Petrarca, Tasso, Boccaccio. Die romant. Dramendichtungen ›Manfred‹ und ›Cain‹ verzichten auf feste dramat. Struktur, in ihre Handlung wirken übersinnl. Kräfte mit hinein; ›The Lament of Tasso‹ und ›The Prophecy of Dante‹ sind dramat. Versmonologe, während ›Marino Faliero‹, ›The Two Foscari‹ und ›Sardanapalus‹ neoklassizist. Dramen nach Vorbild Racines sind. S. großes Meisterwerk ›Don Juan‹ ist e. unvollendete Verssatire im Ottave Rime, e. außerordentl. keckes Werk, in dem sich lyr. Elemente mit Ironie, Satire und Witz paaren; die einzelnen Begebenheiten sind nur lose zusammengehalten durch die zentrale Gestalt des Don Juan.

W: Hours of Idleness, G. 1807; English Bards and Scotch Reviewers, Sat. 1809; Childe Harold's Pilgrimage, Dicht. Canto I u. II: 1812, III: 1816; IV: 1818 (hg. S. C. Chew 1936); The Giaour, Dicht. 1813; The Bride of Abydos, 1813; The Corsair, G. 1814; Lara, G. 1814; The Siege of Corinth. Parisina, Dicht. 1816; The Prisoner of Chillon, G. 1816; Manfred, Dr. 1817; Beppo, Dicht. 1818; Mazeppa, Dicht. 1819; Don Juan, Dicht. 1819–24 (hg. T. G. Steffen 1977); Marino Faliero, Dr., The Prophecy of Dante, Dicht. 1821; The Two Foscari Dr. 1821; Sardanapalus, Dr. 1821; Cain, Dr. 1821; Heaven and Earth, Dr. 1823; The Vision of Judgment, Sat. 1822; The Deformed Transformed, 1824. – Works, hg. E. H. Coleridge, R. E. Prothero XIII ³1967; The Poetical Works, hg. E. H. Coleridge 1905; Poems, hg. H. J. C. Grierson 1923; Complete Poetical Works, hg. J. J. McGann VIII 1980–93; Letters and Journals, hg. R. E. Prothero VI 1898–1904; P. Quennell II 1950 (d. J. Jessen 1907, hg. L. A. Marchand XII 1973–1982, Suppl. 1994); B. in s. Briefen und Tagebüchern, hg. C. Gigon 1963; Conversations, hg. E. J. Lovell III 1954–68. – *Übs.:* O. Gildemeister, VI ⁵1903; F. Brie, IV 1912; A. v. Bernus, 1958.

L: A. Maurois, II 1930; W. J. Calvert, 1935; P. Quennell, ²1967; I. Origo, The Last Attachment, 1949; H. Read, 1951; L. A. Marchand, 1957; A. Rutherford, 1961; P. L. Thorslev, The Byronic Hero, 1962; W. H. Marshall, The Structure of B.'s Major Poems, 1962; P. West (hg.), 1963; L. A. Marchand, B.s Poetry, 1965; R. F. Gleckner, B. and the Ruins of Paradise, 1967; D. Parker, 1968; J. J. McGann, Fiery Dust, 1968; ders., hg. 1987; Critical Heritage, hg. A. Rutherford, 1970; D. L. Moore, Lord B.'s Accounts Rendered, 1974; B. Blackstone, B. a Survey, 1975; J. D. Jump, hg. 1975; E. Longford, 1976; Ch. E. Robinson, Shelley and B., 1976; P. W. Martin, 1982; G. Martineau, Paris 1984; E. J. Trelawny, Letzte Sommer – Mit Shelley u. B. an den Küsten des Mittelmeers, 1986; N. Page, hg. 1987; M. Kelsall, B.'s Politics, 1987; J. Christensen, 1993; A. Elfenbein, B. and the Victorians, 1995; M. Simpson, Closet Performances, 1998; P. W. Graham, 1998; B. Eisler, 1999. – *Bibl.:* Th. J. Wise, II 1932f. (n. 1964); O. J. Santucho, 1977; R. B. Hearn, 1980. Konkordanz: I. D. Young, IV 1975.

Caballero, Fernán → Fernán Caballero

Caballero Calderón, Eduardo, kolumbian. Schriftsteller, 6. 3. 1910 Bogotá – 3. 4. 1993 ebda. Journalist, Diplomat, Politiker. – Vf. zahlr. kulturkrit. u. hist. Essays. In s. Romanen behandelt er die berüchtigte kolumbian. ›violencia‹, das karge, von soz. Unrecht bestimmte Leben auf dem Lande. Viele s. Schriften befassen sich mit dem Andendorf Tipacoque, in dem s. Familie Ländereien besaß.

W: Cervantes en Colombia, Es. 1948; El Cristo de espaldas, R. 1952; Siervo sin tierra, R. 1955; Manuel Pacho, R. 1962; El buen salvaje, R. 1966; Caín, R. 1969; Yo, el alcalde, R. 1971. – Obras, III 1963/64.
L: L. I. Bedoya, A. Escobar, 1984.

Cabanis, José, franz. Schriftsteller, 22. 3. 1922 Toulouse – 6. 10. 2000 ebda. Stud. Theol. bei Jesuiten, dann Philos., im Krieg Arbeitsdienst in Dtl. Staatsrechtl. Diss. Romancier und Essayist, Mitarbeiter verschiedener Zeitschriften. Lebte als Rechtsanwalt bei Toulouse. – Gilt als e. der erfolgreichsten Vertreter des traditionellen realist. Romans. S. oft autobiograph. Romane, die sich mit der psych. Situation Jugendlicher und alternder Männer befassen, liefern ein reiches Szenarium an Personen, Episoden und Schauplätzen aus der Provinz.
W: L'âge ingrat, R. 1952; Le fils, R. 1956; Les mariages de raison, R. 1958; Jouhandeau, Es. 1959; Le bonheur du jour, R. 1960 (Schlage doch, gewünschte Stunde, d. 1962); Les cartes du temps, R. 1962; Les jeux de la nuit, R. 1964 (Trugbild der Nacht, d. 1964); Plaisir et lectures, Es. 1964; La bataille de Toulouse, R. 1966 (Gabrielle und die Schlacht von Toulouse, d. 1968); Les jardins en Espagne, R. 1969; Napoléon, Es. 1970; Charles X, roi ultra, Es. 1972; Saint-Simon, l'admirable, Es. 1975; Les profondes années, Tg. 1976; Journal intime, 1980. – *Übs.:* Die Gärten der Nacht, 5 Romane, 1971.
L: M. Stamm, 1980. – *Bibl.:* 1989.

Cabell, James Branch, amerik. Schriftsteller, 14. 4. 1879 Richmond/VA – 5. 5. 1958 ebda. Aus e. der ›ersten Familien Virginias‹, William and Mary College, 1899–1901 Reporter in New York, dann zehn Jahre genealog. Forschungen, u. a. in USA, Frankreich, England und Irland; 1911–13 in den Bergwerken Westvirginias, schließlich als Genealoge u. Gentleman in Richmond lebend. – Als romant. Autor in e. Zeit des Naturalismus und der realist.-moralisierenden Gesellschaftskritik gepriesen u. getadelt; erlangte Ruhm u. Bekanntheit mit s. im myth., mittelalterl. Königreich Poictesme (in Südfrankreich) angesiedelten Serie von Romanen um das phantast. Schicksal Manuels, der vom Schweinehirten zum Grafen aufsteigt (›The Biography of the Life of Manuel‹).
W: The Eagle's Shadow, R. 1904; The Line of Love, Kgn. 1905; Gallantry, Kgn. 1907; Chivalry, R. 1909; The Certain Hour, Kgn. 1916; The Cream of the Jest, R. 1917; Jurgen, R. 1919 (d. 1928); Figures of Earth, R. 1921; The Music From Behind the Moon, Kgn. 1926; The Silver Stallion, R. 1926; These Restless Heads, Ess. 1932; Smirt, R. 1934; Smith, R. 1935; Smire, R. 1937; The St. Johns, R. 1943 (m. A. J. Hanna); Hamlet Had an Uncle, R. 1940; Let Me Lie, Ess. 1947. – The Works, XVIII 1927–30; Between Friends, Br. 1962.
L: H. Walpole, 1920; H. L. Mencken, 1927; C. van Doren, ²1932; L. D. Rubin Jr., No Place on Earth, 1959; J. L. Davis, 1962; A. R. Wells, Jesting Moses, 1963; D. Tarrant, 1967; D. B. Schlegel, 1975; J. D. Riemer, 1989; E. E. MacDonald, 1993. – *Bibl.:* I. R. Brussel, 1932; M. Duke, 1979.

Cabet, Etienne, franz. Schriftsteller, 1. 1. 1788 Lyon – 9. 11. 1856 Saint-Louis/MO. Wirkte zunächst als Rechtsanwalt in Lyon und Korsika. Ursprünglich radikaler Jakobiner, 1830 unterstützte er Louis-Philippe, fiel jedoch durch s. Zeitung ›Le Populaire‹ in Ungnade (1834). Emigration nach Belgien u. England. Versuchte nach der Revolution von 1848 vergeblich, s. Theorien zunächst in Texas, dann in Illinois in die Praxis umzusetzen. – Sog. utop. Sozialist. Unter dem Einfluß von Thomas Morus' ›Utopia‹ u. als Schüler R. Owens entwirft s. Hauptwerk ›Voyage en Icarie‹ ein auf Kommunismus, Egalitarismus und Brüderlichkeit aufgebautes gesellschaftl. Idealbild.
W: Voyage et aventures de Lord Williams Carisdall en Icarie, 1839; Histoire populaire de la Révolution française de 1789 à 1830, 1840.
L: E. Webber, Escape to Utopia, 1959; E. Manuel, French utopias, 1971; C. H. Johnson, Utopian Communism in France, 1974; A. Dilas, L'utopie ou la mémoire du futur, 2000.

Cable, George Washington, amerik. Schriftsteller, 12. 10. 1844 New Orleans/LA – 31. 1. 1925 St. Petersburg/FL. Aus alter Familie Virginias, mußte aber schon mit 14 Jahren die Familie allein ernähren; Teilnahme am Bürgerkrieg auf seiten des Südens; Angestellter e. Baumwollfabrik in New Orleans; wurde wegen s. Eintretens gegen die Rassentrennung u. für die Rechte der Schwarzen in s. Heimat angefeindet und zog 1885 für den Rest s. Lebens in den Norden (Northampton/MA); Freundschaft mit Mark Twain. – S. Erzählungen aus dem Leben der Kreolen (dem franz.sprachigen Bevölkerungsteil Louisianas) und s. Beschreibungen des Charmes der Gesellschaft New Orleans' machten ihn zu e. führenden Vertreter der ›local-color‹-Schule. C.s bekanntester Roman ›The Grandissimes‹ bietet ein komplexes Bild der Rassenfrage im amerik. Süden.
W: Old Creole Days, Kgn. 1879 (n. 1990, d. 1900); The Grandissimes, R. 1880 (d. 1881, 1976); Madame Delphine, R. 1881 (d. 1981); Dr. Sevier, R. 1884 (n. 1970); The Silent South, St. 1885; Strange True Stories of Louisiana, En. 1889; The Negro Question, St. 1890 (komm. A. Turner, 1958); John March, Southerner, R. 1894; The Cavalier, R. 1901; Lovers of Louisiana, En. 1918. – Collected Works, hg. D. Pizer und A. Turner, XVIII 1970.
L: P. Butcher, 1959; A. Turner (B.), ²1966; L. D. Rubin, 1969; Critical Essays on G. W. C., hg. A. Turner 1980; A. H. Petry, 1988; J. Cleman, 1996. – *Bibl.:* W. H. Roberson, 1982.

Cabral de Melo Neto, João → Melo Neto, João Cabral de

Cabrera Infante, Guillermo, kuban. Schriftsteller, * 22. 4. 1929 Gibara. Journalist, Filmkritiker, 1951–56 Präsident des ›Cinemateca de Cuba‹; Direktor der Kulturzs. ›Lunes de Revolución‹ bis zu deren Verbot 1961; Diplomat, Exil in London. – Greift die Normen der lit. Konventionen mit themat. u. linguist. gewagten avantgardist. Experimenten an, um im Verflüchtigungsprozeß befindl. Ausdrücke, Gesten, Geräusche zu verewigen; eigenwilliges Modellieren der Sprache.

W: Así en la paz como en la guerra, En. 1960; Tres tristes tigres, R. 1967 (d. 1987); Vista del amanecer en el trópico, En. 1974 (d. 1992); O, Ess. 1975; Exorcismos de esti(l)o, Ess. 1976; Arcadia todas las noches, Filmchronik 1978; La Habana para un infante difunto, R. 1979; Holy Smoke (in engl.), 1985 (d. 1987); Mea Cuba, Ess. 1992; Un oficio del siglo XX, Filmkrit. ³1994; Delito por bailar el chachachá, En. 1995; Ella cantaba boleros, R. 1996; Cine o sardina, Ess. 1997; El libro de las ciudades, Ess. 1999; Todo está hecho con espejos, En. 1999.

L: I. Alvarez-Borland, Gaithersburg 1982; A. L. Nelson, Newark 1983; K. E. Hall, 1989; D. Hernández Lima, 1990; J. Machover, 1996.

Cadalso y Vázquez, José, span. Schriftsteller, 8. 10. 1741 Cádiz – 27. 2. 1782 Gibraltar. Erziehung im Jesuitenkolleg Cádiz u. im Adelsseminar Madrid, eignete sich auf zahlr. Reisen durch ganz Europa gründl. Lit.kenntnisse an, beherrschte mehrere Sprachen; ab 1762 militär. Laufbahn, kämpfte als Kavallerieoffizier in Portugal; 1766 Aufnahme in den Santiago-Orden; heftige Liebe zu der Schauspielerin María Ignacia Ibáñez, deren Tod 1771 ihn an den Rand des Wahnsinns trieb; Mitgl. des Literatenzirkels ›La Fonda de San Sebastián‹, fiel als Oberst bei der Blockade von Gibraltar. – E. der interessantesten u. originellsten Gestalten des span. 18. Jh.; Klassizist in s. lit. Werken, Romantiker im Leben, Verfechter fortschrittl. Ideen; als Lyriker von großem Einfluß auf die Dichterschule von Salamanca, insbes. Meléndez Valdés; Wiederbelebung des verspielten Schäfertums nach dem Vorbild Garcilasos u. Einleiten der anakreont. Strömung; bedeutender als Satiriker, v. a. in den ›Cartas marruecas‹, in denen er in Anlehnung an Montesquieus ›Lettres persanes‹ geistreiche Kritik an den span. Mißständen übt.

W: Sancho García, Tr. 1771; Los eruditos a la violeta, Sat. 1772 (n. 1967); Ocios de mi juventud, G. 1773; El buen militar a la violeta, Sat. 1790; Cartas marruecas, Sat. 1793 (n. 1935, 1966, 1978, 1989); Noches lúgubres, Prosa 1798 (n. 1961, 1993); Papel en defensa de la nación española, Abh. 1970; Escritos autobiográficos y epistolario, 1979; Solaya o los circasianos, Tr. 1982. – Obras, III 1821; in: ›Biblioteca de Autores Españoles‹, Bd. 13 u. 61.

L: E. Lunardi, Genua 1948; N. Glendinning, 1962; J. B. Hugues, 1969; H. J. Lope, 1973; R. P. Sebold, 1974; J. K. Edwards, 1976.

Cadou, René-Guy, franz. Dichter, 15. 2. 1920 Sainte-Reine-de-Bretagne – 4. 3. 1951 Louisfert. Lehrer, Schüler von Max Jacob, Begründer der Dichterschule von Rochefort. – S. Dichtungen sprechen insbesondere über Liebe und Tod, bewegt von humanem Ethos. Zunächst stark beeinflußt von Reverdy und dem Surrealismus, dann trotz Metaphernreichtum von klassizist. Klarheit.

W: Les brancardies de l'aube, G. 1937; Retour de flamme, G. 1940; Morte-saison, G. 1942; La vie rêvée, G. 1944; Hélène ou le règne végétal, G. II 1945–55; Les visages de solitude, G. 1947; La maison d'été, R. 1955; Le cœur définitif, G. 1961; Mon enfance est à tout le monde, Erinn. 1969; Correspondance, 1941–1951, 1979. – Œuvres poétiques complètes, II 1973.

L: M. Manoll, 1954; M. T. Banbury, 1982.

Caecilius Statius, röm. Komödiendichter, um 220 v. Chr. Oberitalien – 168/167 v. Chr. Rom. Kelte, kam um 200 v. Chr. als Sklave nach Rom, später freigelassen. – E. der Hauptvertreter der Palliata, mußte lange um dichter. Anerkennung kämpfen, setzte sich aber dann durch u. wurde später von Varro, Cicero, Horaz u. Quintilian über Plautus u. Terenz gestellt. 42 Titel u. etwa 300 Verse von ihm erhalten. Die Vorlagen für s. Stücke stammen größtenteils von Menander. Im Gegensatz zu Terenz u. Plautus hat er nicht kontaminiert. Gellius gibt e. Vergleich e. längeren C.-Stelle mit dem menandr. Vorbild, der die kom. u. dramat. Kunst des C. gut veranschaulicht.

A: Comic. Rom. fragm., hg. O. Ribbeck ³1898 (n. 1962); E. Warmington, Remains of Old Latin 1, 1935 (m. engl. Übs.); T. Guardí 1974.

L: C. W. Ooms, 1977.

Caecilius von Kaleakte → Kaikilios von Kaleakte

Caedmon, erster namentl. bekannter angelsächs. Dichter der christl. Zeit, 7. Jh. († 680?). Der Name ist vermutl. kelt. Herkunft. C. war nordhumbr. Hirte, trat zwischen 658–679 als Laienbruder in das Kloster Whitby ein. Beda schildert in ›Ecclesiastical History‹ (731), wie C. im späten Mannesalter durch göttl. Erleuchtung die Gabe der Dichtkunst im Traum geschenkt wurde. Die Äbtissin Hild von Whitby nahm ihn darauf als Mönch auf und veranlaßte ihn, Bibelparaphrasen in angelsächs. Versen zu dichten. – Die 1655 von Franziscus Junius als C.s Dichtung veröffentlichten Hsn. ›Genesis‹, ›Exodus‹ und ›Daniel‹ sind C. irrtümlich zugeschrieben worden, sie entstanden später. Das einzig noch erhaltene authent. Werk C.s ist e.

Fragment von 9 Langzeilen im freien Zeilenstil, e. Preislied des Schöpfers, der Himmel und Erde schuf und den Menschen e. Wohnstätte schenkte.
A: Three Northumbrian Poems, hg. A. H. Smith 1933; The MS of C's Hymn, hg. E. van K. Dobbie 1937. – *Übs.:* neuengl.: The C. Poems, Ch. W. Kennedy 1916.
L: C. L. Wrenn 1947; U. Schwab, 1972.

Caeiro, Alberto → Pessoa, Fernando António Nogueira de Seabra

Caesar, Gaius Iulius, röm. Schriftsteller, 13. 7. 100 v. Chr. Rom – 15. 3. 44 v. Chr. ebda. Aus patriz. Geschlecht; 82 als Schwiegersohn Cinnas von Sulla zunächst geächtet, dann begnadigt. 81–78 Kriegsdienst in Asien, dann Rückkehr nach Rom. Nach Prozessen gegen den Sullaner Dolabella (77) u. C. Antonius (76) Reise nach Rhodos, um den Rhetor Molon zu hören. S. Ämterlaufbahn begann 69 mit der Quästur; 65 Ädil (prunkvolle Spiele), 63 Pontifex Maximus, 62 Prätor, 61 Proprätor in der Provinz Hispania Ulterior. Bildete 60 mit Pompeius u. Crassus das 1. gegen den Senat gerichtete Triumvirat (erneuert 56 in Lucca). 59 Konsul, führte 58–51 den gall. Krieg; nach Unterwerfung Ariovists 58 u. der Belger 57 sowie des Südwestens von Gallien 56 sicherte er die eroberten Gebiete u. warf 52 Vercingetorix' Aufstand nieder. S. Machtstellung sicherte C. durch Besiegung des Pompeius (bei Pharsalus 48) u. Festigung s. Macht in den Randgebieten des Röm. Reiches (Schlacht bei Zela 47 gegen Pharnaces, 46 bei Thapsus u. 45 bei Munda gegen Pompeianer). Als er Anfang 44 die Diktatur annahm, wurde er durch e. Verschwörergruppe (C. Cassius, M. Brutus u. a.) in der Kurie ermordet. – C.s schriftsteller. Werk hängt eng mit s. polit. Tätigkeit zusammen. ›De bello Gallico‹ in 7 Büchern (ein 8. gilt als spätere Hinzufügung s. Sekretärs A. Hirtius) verfaßte er im Winter 52/51, ohne weitere Berücksichtigung der Ereignisse von 51 u. 50. Sein 2. Werk ›De bello civili‹ in 3 Büchern, an das sich Schriften anonymer Autoren über die Kriege in Alexandria, Afrika u. Spanien anschließen, handelt von den Ereignissen der Jahre 49 u. 48. Weitere Werke (›De analogia‹), Streitschriften (›Anticato‹), Reden, Briefe u. Gedichte sind verloren. Früher sah man in C.s Kommentaren e. Nachahmung s. Dienstberichte; heute erkennt man in ihnen den Anspruch e. eigenen lit. Gattung. C. faßt s. Stoff einheitl. zusammen u. formt ihn zur mögl. Nachbereitung durch e. Historiker als lit. ›Commentarius‹ vor. Durch Verschweigen u. Hervorheben einzelner Umstände erreicht er die s. Absicht gemäße Wirkung. Einfache Wortwahl, wenig rhetor. Figuren u. direkte Rede sowie Zurücktreten des Vf. erwecken den Eindruck nüchterner Kriegsberichterstattung.

A: A. Klotz III [2]1961–69; Komm.: F. Kraner, W. Dittenberger u. a. IV [18]1960 (n. 1999); De bello Gallico, hg. O. Seel [3]1977; G. Dorminger [8]1986 (m. Übs.); W. Hering 1987; De bello civili, hg. A. La Penna 1954; Anticato (Fragm.), hg. H. J. Tschiedel 1981. – *Übs.:* O. Schönberger [2]1999 (Gall.), [2]1990 (civ.); M. Deissmann [2]2001; Gall. Krieg, V. Stegemann [8]1990; C. Woyte [5]1988; Bürgerkrieg, H. Simon 1964, G. Wirth 1966.
L: F. Gundolf, [2]1925, n. 1968; H. Oppermann, 1933; M. Rambaud, L'art de la déformation historique dans les commentaires de C., 1953; ders., [4]1983; G. Walser, C. und die Germanen, 1956; M. Gelzer, [6]1960; F. E. Adcock, [2]1962; J. P. V. D. Balsdon, 1967; O. Seel, 1967; H. Gesche, 1976; W. Richter, 1977; D. Rasmussen, [3]1980; C. Meier, 1982; S. L. Uttschenko, 1982; J. Carcopino, [6]1990; W. Will, 1992; K. Christ, 1994; M. Jehne, 1997; L. Canfora, 1999 (d. 2001); H. Meusel, Lexicon Caesarianum, III [2]1958; H. Merguet, Lexikon zu den Schriften C.s, II [2]1963.

Cahan, Abraham, jüdisch-amerik. Schriftsteller, Journalist u. polit. Aktivist, 7. 7. 1860 Podberez/Litauen – 31. 8. 1951 New York. Flieht 1882 vor zarist. Verfolgung nach New York, schreibt für jiddische Zeitungen u. Gewerkschaften. – C. begründet mit ›Yekl‹ und ›The Rise of David Levinsky‹ auf eindringl. Weise eine jüd. Erzähltradition in der Neuen Welt u. dramatisiert wie kein anderer die Probleme der sozialen, kulturellen und sprachlichen Assimilierung dieser Einwanderergruppe.

W: Yekl: A Tale of the New York Ghetto, Kgn. 1896; The Rise of David Levinsky, R. 1917 (d. 1962); Bleter fun mein Leben, Aut. V 1926–31.
L: J. Chametzky, 1977; S. E. Marovitz, 1996.

Cahit Sitki Taranci → Taranci, Cahit Sitki

Caillavet, Gaston Arman de, franz. Dramatiker, 13. 3. 1869 Paris – 14. 1. 1915 Essendiéras/Dordogne. Wuchs heran im berühmten Salon s. Mutter, Madame de C., die mit A. France befreundet war. Freundschaft mit Proust. – Schrieb mit großem Erfolg glänzende leichte Komödien, seit 1900 in lit. Partnerschaft mit Robert de Flers auch Opernlibretti, Ballettkomödien, Journalist und Redakteur des ›Figaro‹. Oberflächl., jeweils optimist. endende, aber bühnentechn. vollkommene Lit.- u. Zeitsatiren mit spritzigen Dialogen, die iron., witzig und frech, aber immer geschmackund maßvoll und von verfeinerter Eleganz sind.

W: Colombine, K. 1891; La loi de l'ombre, K. 1897 (m. A. Marck); P'tit Loulou, K. 1900; Les travaux d'Hercule, K. 1901 (m. R. de Flers); Le sire de Vergy, K. 1903 (m. de F.); Les sentiers de la vertu, K. 1904; L'ange du foyer, K. 1905 (m. de F.); La chance du mari, K. 1906; Miquette et sa mère, K. 1906 (m. de F.); L'amour vieille, K. 1908; Le roi, K. 1909 (m. de F. u. E. Arène); L'âne de Buridan, K. 1909 (m. de F.); Le bois sacré, K. 1911 (m. de F.); Primerose, K. 1912; L'habit vert, K. 1913; La belle aventure, K. 1920 (m. de F. u. E. Rey); M. Brotonneau, K. 1923 (m. de F.).

Caillois, Roger, franz. Schriftsteller, 3. 3. 1913 Reims – 21. 12. 1978 Paris. Schüler der Ecole Normale Supérieure. Stud. Lit., Soziologie, Philos., 1941–45 in Buenos Aires. Nach dem Krieg Mitarbeiter der Unesco. Soziologe, Philosoph, Essayist und Kritiker. Hrsg. der Zs. ›Diogène‹. 1971 Mitgl. der Académie Française. – Philos. Betrachter des dichter. Prozesses. E. Vielzahl von naturwiss., theolog. und lit.ästhet. Abhandlungen und zahlr. krit. Editionen und Anthologien beweisen s. umfassende Bildung und Begabung.

W: Le procès intellectuel de l'art, Es. 1936; Le mythe et l'homme, Es. 1938; L'homme et le sacré, Es. 1939 (d. 1983); Les impostures de la poésie, Es. 1945; Vocabulaire esthétique, Es. 1946; Babel, orgueil, confusion et ruine de la littérature, Es. 1948; Les jeux et les hommes, Es. 1958 (d. 1960); Art poétique, Es. 1958 (d. 1968); Ponce Pilate, E. 1961 (d. 1963); Au cœur du fantastique, Es. 1965; Pierres, Ess. 1966; Cases d'un échiquier, Ess. 1970; La Pieuvre, Es. 1973 (d. 1986); La dissymétrie, Es. 1974; Approches de l'imaginaire, ges. St. 1974; Mais le fleuve Alphée, Ess. 1978.

L: A. Bosquet, 1971; P. Gascar, 1981; H. Boullier, 1992; O. Felgine, 1994.

Cain, James Mallahan, amerik. Schriftsteller, 1. 7. 1892 Annapolis/MD – 27. 10. 1977 University Park/MD. Stud. Washington College; im 1. Weltkrieg in Frankreich, Journalist, Bekanntschaft mit H. L. Mencken, 1923/24 Prof. für Journalistik in Baltimore, Drehbuchautor in Hollywood. – Romane mit naturalist. Milieuschilderung und zwingenden psycholog. Studien triebbestimmter, amoral. Charaktere; spannende, oft kriminalist. Handlung; starke Wirkung auf die ›tough-guy‹-Schule.

W: The Postman Always Rings Twice, R. 1934 (Die Rechnung ohne den Wirt, d. 1950, u.d.T. Wenn der Postmann zweimal klingelt, 1981); Serenade, R. 1937 (d. 1938); Mildred Pierce, R. 1941 (Der Haß kann nicht schlafen, d. 1970); Love's Lovely Counterfeit, R. 1942 (Die andere Macht, d. 1959); Three of a Kind, R.e 1943; Past All Dishonor, R. 1946; Butterfly, R. 1947 (d. 1971); The Moth, R. 1948; Jealous Woman, R. 1950 (Mord in Reno, d. 1975); The Root of His Evil, R. 1951; Galatea, R. 1953; Mignon, R. 1962; The Magician's Wife, R. 1965 (Tödliche Begierde, d. 1970); Rainbow's End, R. 1975; The Institute, R. 1976 (Zarte Hände hat der Tod, d. 1981).

L: D. Madden, 1970; R. Hoopes, B. 1982; R. Fine, 1992.

Caine, (Thomas Henry) Hall, (seit 1918) Sir, engl. Erzähler, 14. 5. 1853 Runcorn/Cheshire – 31. 8. 1931 Greeba Castle, Isle of Man. Zunächst Journalist, später freier Schriftsteller. ∞ 1882 Mary Chandler. Eng befreundet mit D. G. Rossetti, e. Zeitlang dessen Hausgenosse. – Schrieb Essays und realist. Romane, häufig vor dem Hintergrund s. Heimat, der Isle of Man. S. Romane sind vielfach melodramat., z.T. reine Kolportage durch Verbindung sozialreformer. u. kulturkämpfer. Tendenz mit Abenteuerstoffen. Großer Zeiterfolg. Einzelne Romane wurden für die Bühne bearbeitet.

W: Recollections of D. G. Rossetti, St. 1882; The Shadow of a Crime, R. III 1885; The Deemster, R. 1887 (Der Oberrichter, d. 1907); The Bondman, R. III 1890; The Manxman, R. 1894 (d. III 1897); The Christian, R. 1897; The Eternal City, R. 1901; My Story, Aut. 1908; The Master of Man, R. 1921; The Woman of Knockaloe, R. 1923.

L: C. F. Kenyon, 1901; S. Norris, Two Men of Manxland, 1947; V. Allen, 1997.

Čajak, Ján, slovak. Schriftsteller, 19. 12. 1863 Liptovský Ján – 29. 5. 1944 Báčsky Petrovec/Jugoslav. Sohn des Schriftstellers Janko Č., Stud. Theol. u. am Lehrerinst., dann Lehrer, seit 1899 in Petrovec, wo er das Kulturleben der slovak. Minderheit organisierte. – Schuf didakt., aber auch romant.-sentimental. Prosa mit Sinn für das realist. Detail u. soz. Kritik.

W: Predaj hory, E. 1902; Pred oltárom, N. 1903; Z povinnosti, N. 1905; Báťa Kalinský, E. 1906; Vohlady, E. 1908; Pán richtár, E. 1909; Rodina Rovesných, R. 1909; Uječkov Mikušov posledný deň, E. 1912; Ecce homo!, E. 1913; Cholera, E. 1914; Zápisky z rukojemstva, Erinn. 1923.

L: A. Šimkovič, Dielo J. Č., 1964.

Čajupi → Zako

Çako → Zako

Čakovskij, Aleksandr Borisovič, russ. Schriftsteller, 26. 8. 1913 Petersburg – 17. 2. 1994 Moskau. Seit 1967 e. der führenden Lit.funktionäre, auch in s. Werken um Rückführung Stalins bemüht.

W: Blokada, R. 1969–79 (Die Blockade III, d. 1977); Pobeda, R. 1981. – Sobranie sočinenij (GW), VI 1974–77; VII 1989–91.

Cakravartī, Mukundarām → Mukundarām Cakravartī

Čaks, Aleksandrs (eig. A. Čadarainis), lett. Dichter, 21. 10. 1902 Riga – 8. 2. 1950 ebda. Sohn e. Schneiders; 1911–18 Gymnas. Riga, kriegsevakuiert nach Moskau, Saransk; 1918 Stud. Medizin Moskau, dort literarische Abende mit Futuristen u. Imaginisten; 1919 Sanitäter in Sibirien, Turkestan; 1919–22 Russl., Arzt, kommunist. Aktivist; ab 1922 Lettl., Stud., Lehrer; ab 1944 sowjet. Schriftsteller. – Gedichte erst unter Einfluß Majakovskijs, später bedeutende eigene Werke mit der Thematik soz. Probleme u. der krassen Wirklichkeit; bildreich, witzige Vergleiche, ausgefallene Sichtweisen bei formalem Können.

W: Es un šis laiks, G. 1928; Sirds uz trotuāra, G. 1928; Apašs frakā, G. 1929; Pasaules krogs, G. 1929. – Raksti (W), V 1971–76; Kopoti raksti (GW), VI 1991–2002.

Calasso, Roberto, ital. Autor, * 1941 Florenz. Direktor des Verlags ›Adelphi‹ in Mailand. – Sein Werk hält kunstvoll das Gleichgewicht zwischen Lit. u. Essay. Assoziativ ein Bild an das nächste reihend entfaltet er seine Sicht der griech. Mythologie, der ind. Vorstellungswelt u. der mod. europ. Literatur.

W: L'impuro folle, Prosa 1974; La rovina di Kasch, Prosa 1983 (d. 1997); Le nozze di Cadmo e Armonia, Prosa 1988 (d. 1990); I quarantanove gradini, Prosa 1991; Ka, Prosa 1999 (d. 1999); La letteratura e gli dei, 2001 (d. 2003); Cento lettere a uno sconosciuto, Ess. 2003.

Calderón → Estébanez Calderón, Serafín

Calderón → García Calderón, Ventura

Calderón de la Barca, Pedro, span. Dramatiker, 17. 1. 1600 Madrid – 25. 5. 1681 ebda. Aus adliger Familie, zeigte schon als Kind Stolz und Zurückhaltung, zwei s. typ. Eigenschaften. 1608–13 kaiserl. Jesuitenkolleg Madrid, 1614 Stud. in Alcalá de Henares, 1615–20 Humaniora u. Theol. in Salamanca; Rückkehr nach Madrid u. Abbruch der geistl. Laufbahn. 1620–22 Teilnahme an Dichterwettkämpfen anläßl. der Kanonisation versch. Heiliger, empfing Prämien und Auszeichnungen. 1623 erstes Bühnenwerk ›Amor, honor y poder‹; 1623–25 vermutl. Reisen durch Italien u. Flandern; verteidigte 1629 e. seiner Brüder bei e. Streit u. verfolgte den Angreifer in e. Trinitarierkloster unter Verletzung des kirchl. Asylrechts, wurde daraufhin von dem berühmten Kanzelredner Paravicino angegriffen, iron. Entgegnung in ›El príncipe constante‹. 1637 Ernennung zum Ritter des Santiago-Ordens; großes Ansehen bei Hofe, Ehren u. Auszeichnungen durch Philipp IV.; 1640 Teilnahme am katalan. Feldzug, wo er Mut u. Tapferkeit bewies; Enttäuschung über Soldatenleben u. span. Heer findet Ausdruck in ›El alcalde de Zalamea‹; um 1646 Geburt e. unehel. Sohnes, über dessen Mutter nichts bekannt ist; 1651 Empfang der Priesterweihen, 1653 Kaplan an der Kathedrale von Toledo, seit 1663 Ehrenkaplan des Königs in Madrid, mehr u. mehr Absonderung vom weltl. Leben, allein s. dramat. Schaffen gewidmet; wenige biograph. Daten sind über diese Zeit bekannt; starb während der Abfassung der ›autos‹ für 1681. – E. der größten span. Dramatiker aller Zeiten, Höhepunkt der span. Bühnenkunst. Heute noch 120 comedias, 80 autos u. 20 kleinere Stücke bekannt. In s. zurückhaltenden, aristokrat. Art Gegenteil von Lope de Vega; s. Werke sind weniger spontan u. natürl., dafür gedankl. tiefer u. philosophischer. Höhepunkt barocken Geistes, vollendete Beherrschung der Bühnentechnik, geschickte Verknüpfung der Intrigen, große dramat. Intensität, Dynamik der Handlung u. Personen, dabei stets Kontrolle des Verstandes, der über die Gefühle siegt. S. Gestalten sind fähig, sich für e. Idee zu opfern, häufig abstrakte Charaktere, subjektive Schöpfungen, Verkörperung der von ihm erträumten idealen Menschheit. In den Jugendwerken Vorliebe für gewaltsame Fälle u. starken Individualismus der Personen (insbes. ›El purgatorio de San Patricio‹ u. ›La devoción de la cruz‹). S. berühmtestes relig. Drama ›El mágico prodigioso‹ wurde von der dt. Romantik als Vorläufer des ›Faust‹ angesehen; von bes. Interesse sind s. Eifersuchtsdramen (u. a. ›El medico de su honra‹, ›El pintor de su deshonra‹, ›A secreto agravio, secreta venganza‹), die Eifersucht ist Frucht log. Gedankenführung, nicht Aufruhr menschl. Gefühle, alle Leidenschaft muß nach C. durch den Verstand legitimiert sein. Streben nach Allgemeingültigkeit, nicht nach Darstellung konkreter Fälle, Negierung des Menschl. zugunsten der universellen Bedeutung s. Themen; berühmtestes Ehrenstück ›El alcalde de Zalamea‹ (1643?), Sühne verletzter Ehre, Rivalität zwischen Bauern und Herren; fand weniger Geschmack an ›soz.‹ Themen u. Mantel- u. Degenstücken (am bekanntesten wegen der feingesponnenen Intrige ›La dama duende‹); Höhepunkt s. Schaffens u. von großer geistesgeschichtl. Bedeutung ist das philos. Drama ›La vida es sueño‹; unterschiedl. gedeutet: Triumph der Freiheit gegen astrolog. Fatalismus, Aufbäumen des Menschen gegen Unerbittlichkeit des Schicksals, Gleichnis des menschl. Lebens usw.; Einfluß auf Grillparzers ›Der Traum ein Leben‹; nach 1651 mehr und mehr Vergeistigung, Flucht in e. idealisierte Welt, Gefahr e. gewissen scholast. Starrheit, Gipfelpunkt e. aristokrat.-manierierten Kunst, die dem Volk nicht zugänglich war. S. comedias waren für den Hof bestimmt, kurz hö. Atmosphäre und Personenwelt; C. führte die ›Autos sacramentales‹, die allegor. Sakramentsspiele (v. a. für die Fronleichnamsfeiern), zu höchster Vollendung u. gab ihnen ihr endgültiges Gepräge; ihre abstrakte theolog. Welt kam s. Art bes. entgegen; berühmt insbes. ›El gran teatro del mundo‹, Darstellung des Lebens als Theaterstück, in dem die Menschen ihre von Gott zugeteilte Rolle spielen (Einfluß auf Hofmannsthal; häufig Verarbeitung von comedias zu autos, mit gleichem oder anderem Titel; nach dem großen Triumph zu s. Lebzeiten geriet C. im 18. Jh. in Vergessenheit (1765 Aufführungsverbot der ›autos‹) u. wurde erst durch Lessing u. die dt. Romantik (Herder, Schlegel) wiederentdeckt.

W (außer oben genannten): Comedias: La hija del aire (d. H. M. Enzensberger 1992); Amar después de la muerte; Luis Pérez el gallego; Los dos amantes del cielo; La estatua de Prometeo; La cisma de Inglaterra; El mayor monstruo, los celos (krit. hg. u. komm. E. W. Hesse 1955; auch u.d.T. El Tetrarca de Jerusalén); El príncipe constante; El secreto a voces; Guárdate del agua mansa; La niña de Gómez Arias; La puente de Mantible. – Autos: Los encantos de la culpa; El Año Santo de Roma; El indulto general; El Sacro Parnaso; La cena del rey Baltasar (krit. hg. u. komm. G. Hofmann 1971); El veneno y la triaca; El pleito matrimonial del cuerpo y el alma (krit. hg. u. komm. M. Engelbert 1969). – Obras, V 1636–77, n. J. de Vera Tassis y Villarroel IX 1682–91; Autos sacramentales, hg. P. Pando Mier VI 1717, A. Valbuena Prat 1926/27; Comedias completas, hg. J. E. Hartzenbusch IV 1848–50, n. 1944/45; Obras completas, hg. A. Valbuena Briones, A. Valbuena Prat III 1952–60. – *Übs.*: Comedias (d. A. W. Schlegel II 1803–09, ²1845; J. D. Gries X 1840–50; Ausw. in: ›Span. Welttheater‹, d. W. von Scholz 1961); Autos (d. J. v. Eichendorff II ²1864; F. Lorinser XIII ²1882–87); Dramen, Ausw. in: ›Span. Theater I‹, 1963.

L: F. Picatoste, 1881; M. Menéndez y Pelayo, 1881; F. Sánchez de Castro, 1881; C. Pérez Pastor, 1905; B. de los Ríos, 1914; E. Cotarelo Mori, 1924; H. W. Hilborn, A Chronology of the Plays of C., Toronto 1938; A. Valbuena Prat, 1941; E. W. Hesse, 1941; A. A. Parker, Oxf. 1943; ders., 1968; M. Kommerell, Beiträge zu einem deutschen C., II 1946 (m. Übs.); A. Potthoff, 1949; E. Frutos Cortés, 1949; ders., La filosofía de C. en sus Autos Sacramentales, 1952; A. L. Constandse, Amst. 1951; F. Ammer, 1952; A. E. Sloman, Oxf. 1958; M. Sauvage, Paris 1958; J. A. Molinar, J. H. Parker, E. Rugy, 1959; E. Schwarz, Hofmannsthal und C., Cambr./MA 1962; H. Lund, 1963; A. Valbuena Briones, 1965; Critical Essays on the Theatre of C., hg. B. W. Wardropper, N. Y. 1965; H. Friedrich, 1966; E. W. Hesse, 1967; C., hg. H. Flasche 1971; E. Honig, 1972; U. Ahmed, 1974; M. Durán, R. González Echevarría, C. y la crítica, II 1976; S. Neumeister, 1978; ders., 1981; H. Flasche, 1980; J. Küpper, 1990; A. Egidio, 1995; J. Aparicio Maydeu, 1999; V. Martin, 2000; ders., 2002; I. Arellano, 2001; C. Strosetzki, 2001. – *Bibl*.: K. Reichenberger IV, 1979, 1981, 1999, 2000.

Caldwell, Erskine (Preston), amerik. Schriftsteller, 17. 12. 1903 Coweta County b. White Oak/GA – 11. 4. 1987 Paradise Valley/AZ. Bereiste als Sohn e. Geistlichen, der mit s. Familie von Gemeinde zu Gemeinde zog, den ganzen amerik. Süden, Schule in Virginia, Tennessee, Georgia; Univ. Virginia, Pennsylvania, ständig Gelegenheitsarbeiten; fünf Jahre in Maine, um zu schreiben; seitdem erfolgr. Autor, Drehbuchvf., Kriegskorrespondent, gleichzeitig e. der meistzensierten Schriftsteller der USA. – C.s grausam-brutaler Realismus schildert mit dem Ton sozialer Anklage und gelegentl. bitterem Humor die Verkommenheit des Daseins in den Südstaaten, Borniertheit, Armut, Ehrgeizlosigkeit u. bes. geistige und sexuelle Perversität der Entrechteten und Besitzlosen. Die Bühnenfassung von ›Tobacco Road‹ erzielte die längste Laufzeit eines Stückes am Broadway.

W: Poor Fool, R. 1929 (n. 1994); American Earth, Kgn. 1931; Tobacco Road, R. 1932 (n. 1995, d. 1948); God's Little Acre, R. 1933 (n. 1995, d. 1948); We are the Living, Kgn. 1933; Journeyman, R. 1935 (n. 1995, Der Wanderprediger, d. 1953); Kneel to the Rising Sun, Kgn. 1935; Trouble in July, R. 1940 (Ein heißer Tag, d. 1952); Jackpot, Kgn. 1940; Georgia Boy, Kgn. 1943 (n. 1995); Tragic Ground, R. 1944 (Sonnenstadt ohne Sterne, d. 1947); A House in the Uplands, R. 1946 (d. 1951); The Sure Hand of God, R. 1947 (d. 1949); This Very Earth, R. 1948 (Opossum, d. 1952); A Place Called Estherville, R. 1949 (d. 1953); Episode in Palmetto, R. 1950; Call It Experience, Aut. 1951; A Lamp for Nightfall, R. 1952 (Licht in der Dämmerung, d. 1957); Love and Money, R. 1954; Certain Women, Kgn. 1958 (d. 1958); Claudelle Inglish, R. 1959 (d. 1959); Men and Women, Kgn. 1961 (d. 1967); Jenny By Nature, R. 1961 (Jenny wie sie ist, d. 1961); Close to Home, R. 1962 (... und schwarz für die Nacht, d. 1963); The Last Night of Summer, R. 1963 (d. 1967); Miss Mamma Aimee, R. 1967 (Geschichte der lebenslustigen Witwe Mangrum, d. 1968); Deep South, Reiseb. 1968; Summertime Island, R. 1968 (Mississippi-Insel, d. 1971); The Weather Shelter, R. 1969; Annette, R. 1973; With all My Might, Aut. 1987. – The Complete Stories of E. C., 1953 (Onkel Henrys Liebesnest, d. 1973); The Stories of E. C., 1996; Selected Letters, 1999.

L: J. Korges, 1969; J. E. Devlin, 1984; E. T. Arnold, 1990; S. J. Cook, 1991; H. L. Klevar, B. 1993; R. L. McDonald, 1997.

Caldwell (Janet Miriam) Taylor (Ps. Max Reiner), amerik. Romanautorin engl. Herkunft, 7. 9. 1900 Manchester – 30. 8. 1985 Greenwich/CT. Kam 1907 in die USA, lebte seitdem in Buffalo/NY, wo sie auch die Univ. besuchte. – Unterhaltungsschriftstellerin; mit Bestsellern, meist Familienromanen, die zugleich die Entwicklung der USA vom Agrar- zum Industriestaat aufzeichnen.

W: Dynasty of Death, 1938 (Einst wird kommen der Tag, d. 1939); The Eagles Gather, 1940; The Earth is the Lord's, 1941 (n. 1975, d. 1974); The Turnbulls, 1943 (n. 1975, d. 1949); The Arm and the Darkness, 1943 (n. 1975, Alle Macht dieser Welt, d. 1977); The Final Hour, 1944; The Wide House, 1945 (d. 1965); This Side of Innocence, 1946 (n. 1975, Die andere Seite von Eden, d. 1984, Der Unschuld andere Seite, d. 1956); Melissa, 1948 (d. 1950); Let Love Come Last, 1949 (Wo Licht und Finsternis sich scheiden, d. 1951); The Devil's Advocate, 1952 (d. 1979); Maggie – Her Marriage, 1953 (d. 1969); Never Victorious, Never Defeated, 1954 (d. 1955); Tender Victory, 1956 (Das Größte aber ist die Liebe, d. 1960); The Sound of Thunder, 1958 (Alle Tage meines Lebens, d. 1958); Dear and Glorious Physician, 1959 (d. 1960); Your Sins and Mine, 1959 (Und vergib uns unsere Schuld, d. 1982); The Listener, 1960 (Ist niemand da, der mich hört?, d. 1964); A Prologue to Love, 1961 (d. 1962); Grandmother and the Priests, 1963 (Um deines Namens willen, d. 1963); A Pillar of Iron, 1965 (d. 1965); Wicked Angel, 1965 (d. 1971); No one Hears But Him, 1966 (Einer gibt Antwort, d. 1976); Testimony of Two Men, 1968 (Doctor Ferrier, d. 1968); Great Lion of God, 1970 (Mit dem Herz eines Löwen, d. 1970); Captains and the kings, 1971 (Die Armaghs, d. 1972, u.d.T.

Der Preis der Macht, 1999); To look and pass, 1973 (Ewigkeit will meine Liebe, d. 1974); Ceremony of the Innocent, 1976; Answer As a Man, 1981 (d. 1984).

L: J. Stearn, 1974.

Calgari, Guido, Autor der ital. Schweiz, 13. 12. 1905 Biasca/Tessin – 8. 9. 1969 Montecatini. Stud. Philos. in Bologna, Prof. für italien. Lit. in Zürich. – Vf. von Erzählungen, Dramaturg u. Lyriker, besonders aber Lit.kritiker und polit. Essayist. Im Klima der 30er Jahre tat er sich durch s. antifaschist. Engagement hervor. Als unermüdlicher Reisender und Kenner der Schweiz schrieb er über die Lit. aller vier Landessprachen.

W: Le porte del mistero, R. 1929; Quando tutto va male, R. 1933; Nicolao della Flüe, R. 1935; Il campo del sangue, R. 1936; San Gottardo, R. 1937; Sacra terra del Ticino, R. 1939; Racconti sgradevoli, En. 1957; Storia delle quattro letterature della Svizzera, 1958 (d. 1966); Quando tutto va male ... e altri racconti tristi dell'alto Ticino, En. 1968.

L: F. Calgari Intra,1990.

Călinescu, G(eorge), rumän. Schriftsteller, 19. 6. 1899 Bukarest – 12. 3. 1965 ebda. Stud. Lit. u. Philos. Italien u. Bukarest, Dozent in Jassy, Prof. in Bukarest, kommunist. Abgeordneter. – Vf. e. monumentalen rumän. Lit.geschichte, auch Biograph und Erzähler. S. erfrischenden Romane, s. Monographien über Nicolae Filimon, Grigore Alexandrescu, Ion Creangă u. Eminescu sowie s. Übs. von Horaz, Carducci, Foscolo, Gozzi, Metastasio u.a. ital. Klassikern öffneten der Leserschaft die Pforten zu e. befreiten Lit.betrachtung.

W: Cartea Nunții 1933; Scrinul negru, R. 1960 (Schicksal einer Lebedame, d. 1965). – Opere (W), XV 1965–79; Enigma Otiliei, R. 1938 (d. 1961); Istoria literaturii române de la origini până în prezent, 1941; Bietul Ioanide, R. 1954.

L: A. Piru, 1965; Viața Românească, 1965; A. Marino, V. Nicolescu, 1967; I. Negoițescu, 1985.

Calisher, Hortense, amerik. Erzählerin, * 20. 12. 1911 New York. Stud. Barnard College. Lecturer u. Prof. for Engl. in versch. Colleges u. Universitäten. – Jüdische Autorin u. überzeugte New Yorkerin, die sich in ihren modernen Werken über zwischenmenschl. Beziehungen immer wieder mit ihrer jüd. Herkunft u. den Besonderheiten ihrer Heimatstadt auseinandersetzt. Kritikerin, Essayistin u. Erzählerin anspruchsvoller Romane u. Kurzgeschichten.

W: In the Absence of Angels, Kgn. 1951; False Entry, R. 1961 (Der Eindringling, d. 1965); Tale for the Mirror, Kgn. 1962; Textures of Life, R. 1963; Extreme Magic, Kgn. 1964; Journal from Ellipsia, R. 1965; The Railway Police and The Last Trolley Ride, Nn. 1966; The New Yorkers, R. 1969; Queenie, R. 1971; Eagle Eye, R. 1973; Collected Stories, 1975; On Keeping Women, R. 1977; Herself, Aut. 1972; Saratoga Hot, Kgn. 1985; The Bobby Soxer, R. 1986; Age, R. 1987; In the Palace of the Movie King, R. 1993; Novellas, 1997; In the Slammer With Carol Smith, R. 1997; Sunday Jews, R. 2002.

L: K. Snodgrass, 1993.

Calisto y Melibea → Celestina, La

Callado, Antônio Carlos, brasilian. Schriftsteller u. Journalist, 26. 1. 1917 Niterói/Rio de Janeiro – 28. 1. 1997 ebda. Stud. Jura, seit 1937 journalist. tätig, Chefredakteur der Zeitung ›Correio da Manhã‹, übersiedelt 1941 nach London, verantwortl. für das brasilian. Programm bei der BBC, 1947 Rückkehr nach Rio. – Mit Reisereportagen über e. Expedition in das Innere des Xingú (1953) u. über die Bauern-Ligen in Pernambuco (1959), dortige Reformversuche des demokrat. Gouverneurs sowie über Vietnam (1968) wird s. Stimme in Lateinamerika polit. gewichtig, auch als Dramatiker. Internationale Bedeutung seit ›Quarup‹; der ethnograph. Roman, der zudem e. dialog. Auseinandersetzung mit der aktuellen Alphabetisierungskampagne, der Theologie der Befreiung u. der Militärdiktatur darstellt. Neuschreiben von Geschichte mit Fokus auf dem Lokalen, dem Alltag, dem Populären, jenseits ideolog. Positionen, aber mit direktem Bezug auf aktuelle Ereignisse u. Fragen; thematisiert Körperlichkeit, Erotik, Liebe u. Sexualität u.a. in ›Sempreviva‹. Mit ›Memórias de Aldenham House‹ schreibt er die Gattung gothic novel neu, schreibt sich ein in den neuen hist. Roman.

W: Esqueleto na lagoa verde, B. 1953; Assunção de Salviano, R. 1954; A Cidade Assassinada, Dr. 1954; Pedro Mico, Dr. 1957; Quarup, R. 1967 (d. 1988); Bar Don Juan, R. 1971; Reflexos do Baile, R. 1976; Vietnã do norte, Chronik 1977; Tempo de Arraes: a revolução sem violência, 1979; Sempreviva, R. 1981 (Lucinda, d. 1985); Expedição Montaigne, R. 1982 (d. 1991); A revolta da cachaça, Ges. Drn. 1983; Concerto carioca, R. 1984; Entre o Deus e a vasilha, Ess. 1985; Memórias de Aldenham House, R. 1989; O homem cordial & outras histórias, En. 1993; Crônicas de fim do milênio, 1997.

L: A. Houaiss, 1960; Ferreira Gullar, 1967; C. H. Cony, 1971; D. Arrigucci, 1979.

Callaghan, Morley (Edward), kanad. Erzähler, 22. 9. 1903 Toronto – 25. 8. 1990 ebda. Ir. Herkunft. St. Michael's College, Toronto; Stud. Jura, Journalist, in den 20er Jahren in Paris, dann Toronto, Freund Hemingways. – S. Werk verbindet realist. Beobachtung mit moralisierendem Symbolismus.

W: Strange Fugitive, R. 1928; Such Is My Beloved, R. 1934; They Shall Inherit the Earth, R. 1935; More Joy in Heaven, R. 1937; The Loved and the Lost, R. 1951; Stories, En. 1959, 1967; That Summer in Paris, Aut. 1963; A Fine and Private Place, R. 1975; A Time for Judas, R. 1983; Lost and Found Stories, En. 1983.

L: P. Morley, 1978; G. A. Boire, 1991; B. Callaghan, 1997.

Callenbach, Ernest, amerik. Erzähler, * 3. 4. 1929 Williamsport/PA. Hrsg. von ›Film Quarterly‹ (1958–91), lebt und unterricht in Berkeley/ CA. – Vf. des utop. Kultromans ›Ecotopia‹, e. humanist. Gesellschaftsvision mit alternativen Energiesystemen u. eigenverantwortl., dezentralisierten Regierungsformen.
W: Ecotopia, R. 1975 (d. 1978); Ecotopia Emerging, R. 1981 (d. 1983); Living Cheaply with Style, Sb. 1993 (d. 1995); Ecology, Sb. 1998 (d. 2000).

Calpurnius Siculus, lat. Dichter, (wahrscheinl.) Zeit Kaiser Neros. – Von C. stammt e. Gedichtbuch mit 7 bukolischen Gedichten in der Nachfolge von Vergils ›Bucolica‹ (Hirtengedichte). In 3 Gedichten (1; 4; 7) bilden bukol. Motive den Rahmen für den Lobpreis von Hirten auf den Herrscher u. das neue Zeitalter. Themen der übrigen Gedichte sind: e. Wettsingen, mit dem um e. Mädchen geworben wird; Liebeskummer u. e. Lied an die untreue Geliebte; Belehrung über Schafzucht; Streit zwischen zwei Hirten.
A: C. Giarratano, n. 1967; m. engl. Übs. J. W. Duff, Minor Latin Poets, n. 1954; m. dt. Übs. D. Korzeniewski, Hirtengedichte aus neron. Zeit, n. 1987; mit franz. Übs. J. Amat, Paris 1991.
L: B. Effe, G. Binder, Die antike Bukolik, 1989; B. Schröder, Carmina non quae nemorale resultent, Komm. zur 4. Ekl., 1991.

Calvin (eig. Cauvin), Jean, franz. Reformator, 10. 7. 1509 Noyon/Picardie – 27. 5. 1564 Genf. 1523–31 humanist. Stud. Paris, Stud. Jura Orléans und Bourges; frühe Beziehung zu reformierten Kreisen, intensives Bibelstudium. Plötzliche Bekehrung (1527/28 oder 1533), mußte wegen s. protestant. Glaubens 1533 aus Paris, 1535 aus Frankreich fliehen. Veröffentlichte 1536 in Basel s. Hauptwerk, ›Christianae religionis institutio‹. 1536 Prediger in Genf, 1538 ausgewiesen, in Straßburg 1540 ∞ Idelette de Bure, 1541 endgültige Rückkehr nach Genf, begründete dort neue Form der protestant. Kirche, 1559 e. protestant. Priesterakademie. – Systematiker und Organisator der Reformation. Verfasser e. systemat., an Luther anschließenden protestant. Glaubenslehre, die mit strenger Konsequenz allein auf das Bibelwort baut. Verwirklichte die neue christl. Ordnung mit bis zu Grausamkeit reichender Härte. Calvinismus mit dem zentralen Begriff der Prädestination ist e. aktiver, einsatzfreudiger Typ protestant. Frömmigkeit, der Westeuropa und Nordamerika religiös und ökonom.-sozial gestaltete. Die franz. Übs. der ›Institutio‹ ist e. umwälzende schriftsteller. Leistung Calvins. Schrieb das erste theolog. Werk in franz. Sprache in ungekünstelt einfacher und klarer, nur dem Gedanken dienender Prosa. Schuf den protestant. Predigtstil. Führte e. weitgespannten Briefwechsel im Dienst der Reformation. Ferner zahlr. Bibelkommentare und polem. Schriften.
W: Christianae religionis institutio, 1536, ²1559, (franz.: Institution de la religion chrestienne, 1541, 1566, hg. P. Barth II 1928–31, J. D. Benoit 1957ff.; d. O. Weber III ³1963). – Opera quae supersunt omnia, hg. J. W. Baum, E. Cunitz, E. Reuss LIX 1863–1900 (n. 1964); Opera selecta, hg. P. Barth V 1926–36. – *Übs.* (Ausw.): E. Mengin 1933; F. Blanke u.a. 1946ff.; Predigten: E. Müller 1934; D. Scheuner 1943; Kl. Schr.: M. Simon 1924; Briefe: Ausg. franz. B. J. Bonnet II 1854; C.s Lebenswerk i. s. Briefen. E. Ausw., d. R. Schwarz II ²1961; Des scandales, hg. O. Fabio 1984.
L: E. Doumergue, VII 1899–1927; ders., C.s Wesen, 1932; H. Y. Reyburn, 1914; A. de Quervain, C.s Lehren u. Kämpfen, Amsterdam 1926; A. Lefranc, 1927; H. Hoffmann, 1929; E. Stickelberger, 1931; P. Imbart de la Tour, 1936; K. Barth, 1936; J. Cadier, 1959; W. F. Dankbaar, 1959; J. Boisset, 1964; A. Ganoczy, Le jeune C., 1966; E. Mouter, 1967; K. McDonnell, Princeton 1967; W. Neuser, 1971. – *Bibl.:* A. Erichson, 1900; W. Niesel, 1961; C.-M. Badwin, 1984; J. F. Gilmont, 1997; R. Teissier, 1999; D. Cronzet, 2000.

Calvino, Italo, ital. Erzähler, 15. 10. 1923 Santiago de las Vegas/Kuba – 19. 9. 1985 Siena. Jugend in San Remo; 1943 Partisan; Stud. Lit. Turin, Lektor ebda. – Begann 1947 als polit. engagierter Neorealist mit dem Roman ›Il sentiero dei nidi di ragno‹ und ging mit den Romanen ›Il visconte dimezzato‹ u. ›Il barone rampante‹ zum Phantast. über. Vf. spieler. moral.-iron. mod. Märchen, die Phantasie und Wirklichkeit verbinden. In s. Spätwerk bedeutender experimenteller Erzähler.
W: Il sentiero dei nidi di ragno, R. 1947 (Wo Spinnen ihre Nester bauen, d. 1965); Ultimo viene il corvo, En. 1949; Il visconte dimezzato, R. 1952 (d. 1957); L'entrata in guerra, En. 1952; Fiabe italiane, 1956; Il barone rampante, R. 1957 (Der Baron auf den Bäumen, d. 1960); I ragazzi del Po, En. 1957; La formica argentina, E. 1958 (d. 1972); I racconti, En. 1958 (d. 1964); Il cavaliere inesistente, R. 1959 (d. 1963); La giornata di uno scrutatore, E. 1960 (d. 1964); La speculazione edilizia, E. 1960; Marcovaldo, R. 1963 (d. 1967); Le cosmocomiche, En. 1965 (d. 1969); Ti con zero, En. 1967; Il castello dei destini incrociati, En. 1974 (d. 1978); Il principe granchio e altre fiabe, En. 1974; Le città invisibili, R. 1974 (d. 1977); Cocchiara e le fiabe italiane, En. 1974; Il gigante irripilante, R. 1975; L'uomo di Neanderthal, E. 1975; Se una notte d'inverno un viaggatore, R. 1979 (d. 1985); Frammento di romanzo, 1980; La foresta-radice-labirinto, 1981 (d. 1982); Palomar, 1983 (d. 1985); Collezione di sabbia, 1984; Cosmocomiche vecchie e nuove, En. 1985 (Unter der Sonne des Jaguar, d. 1987).
L: G. Pescio Bottino, 1967; C. Calligaris, 1973; S. Eversmann, 1979; G. Falaschi, 1987; G. Bertone, 1988; C. Milanini, 1990; U. Musarra Schroeder, 1996; D. Scarpa, 1999.

Calvo Sotelo, Joaquín, span. Dramatiker, 5. 3. 1905 La Coruña – 7. 4. 1993 Madrid. Stud. Rechte, ausgedehnte Vortragsreisen, rege journalist. Tätigkeit. – E. der erfolgreichsten zeitgenöss. span. Bühnenautoren; von feinem Humor, guter Charakterzeichnung und sicherer Beherrschung der Bühnentechnik; neigt zu oberflächl. Thematik: Evasionstheater. Mitglied der Span. Akad. (1955).

W: El rebelde, Sch. 1934; Cuando llegue la noche, Sch. 1943; La cárcel infinita, Sch. 1945; Plaza de Oriente, Sch. 1947; La visita que no tocó el timbre, K. 1949; Criminal de guerra, Sch. 1951; Maria Antonieta, Sch. 1952; La mariposa y el ingeniero, K. 1953; La muralla, Dr. 1954; Historia de un resentido, Dr. 1956; La herencia, K. 1957; Una muchachita de Valladolid, K. 1957; Cartas credenciales, K. 1960; El glorioso plumero, K. 1960; El proceso del arzobispo Carranza, Dr. 1964; La amante, K. 1969; Teatro, Anth. 1974; La pasión de amar, Dr. 1991.

Calvus, Gaius Licinius Macer, röm. Dichter, 82 v. Chr. – vor 47 v. Chr. Sohn des Annalisten C. Licinius Macer. – Vf. von 21 Büchern sorgsam ausgefeilter, aber verlorener Reden, daneben von scherzhaften kleineren Gedichten, Pasquillen, Liebesgedichten, e. Epithalamiums u. e. Epyllions ›Io‹. Neoteriker wie s. Freund Catullus, mit dem er von Horaz, Properz u. Ovid in e. Atemzug genannt wird.

A: Fragm. poet. Lat., hg. W. Morel ³1995 (hg. J. Blänsdorf); Fragmentary Latin Poets, hg. E. Courtney 1993; Orat. Rom. fragm. 3, hg. E. Malcovati 1955.

Calzabigi, Ranieri, ital. Literat, 23. 12. 1714 Livorno – Juli 1795 Neapel. Als junger Mann in Neapel, 1757 Lotteriedirektor in Paris, dort Begegnung mit Casanova; 1761 Finanzbeamter in Wien, um 1774 nach Pisa, 1780 wieder nach Neapel. Mitgl. der ›Arcadia‹. – In Zusammenarbeit mit Gluck, für den er auch einige Libretti schrieb, bekämpfte C. den Verfall des Melodramas nach Metastasio u. setzte sich in dem Streit um die Vorherrschaft von Dichtung u. Musik für die Dichtung ein. Mit s. sehr einfach gehaltenen Komödien er die prakt. Anwendung s. Theorien vor. Wichtig ist auch s. Briefwechsel mit Alfieri über Fragen des Dramas.

W: Dissertazione su le poesie drammatiche del sig. Abate P. Metastasio, 1755; Orfeo ed Euridice, Libr. 1762; Alceste, Libr. 1766; Paride ed Elena, Libr. 1770; Poesie, 1774; L'Opera seria, 1775; Poesie e prose diverse, II 1793.

L: G. Lazzeri, 1907; F. Marri, La figura e l'opera di R. C., 1989; ders., hg. 1997.

Camaj, Martin, alban. Dichter u. Prosaiker, auch Sprachwissenschaftler, 21. 7. 1925 Dushman-Temal/Dukagjin (Nordalbanien) – 12. 3. 1992 München. Jesuitengymn. Shkodër, 1949 aus polit. Gründen emigriert; Stud. Philol. Belgrad, Lit. u. Philos. Rom, Begegnung mit E. Koliqi u. G. Ungaretti, Dr. phil.; 1964 Privat-Doz. f. Albanologie Univ. München, 1971 Prof. ebda. – C.s Meisterschaft liegt in ausdrucksstarker feierl.-rauher Lyrik, die themat. der Welt der nordalban. Berge verhaftet ist, sich durch die Kraft der Sprache u. die Vielfalt der Formen u. Motive auszeichnet. C., in Albanien in kommunist. Zeit verfemt, hat das Verdienst, die alban. Lyrik von der Emigration aus erneuert u. ihr in der europäischen Lit. Geltung verschafft zu haben.

W: Nji fyell ndër male, G. 1953; Kanga e vërrinit, G. 1954; Djella, lyr. R. m. V.einlagen, 1958; Legjenda, G. 1964; Lirika mes dy moteve, G. 1967 (n. 1995); Njeriu më vete e me tjerë, G. 1978; Rrathë, R. 1978; Dranja, Madrigale, G. in Prosa, 1981; Karpa, R., 1987. – Ausw.: Poesie, alban./ital. 1985; Gedichte, alban./d. 1991. – Vepra letrare (SW), hg. A. Klosi V 1996.

L: M. C., tradita e bashkëkohësia, Simpozium 24. 6. 1993, hg. S. Çapaliku 1994; K. Petriti, Në poetikën e M. C.t., 1997.

Câmara, Dom João Gonçalves Zarco da, portugies. Dramatiker, Schriftsteller u. Journalist, 27. 12. 1852 Lissabon – 2. 1. 1908 ebda. Eisenbahningenieur. – Versuchte das symbolist. Drama in Portugal einzuführen, verfaßte jedoch v. a. erfolgr. realist. Theaterstücke u. Operetten.

W: Os Gatos, Dr. 1888; Dom Afonso VI, Dr. 1890; Alcácer-Quibir, Dr. 1891; O Pântano, Dr. 1891; A Triste Viuvinha, Dr. 1892; Os Velhos, Dr. 1893; Meia Noite, Dr. (1900); Contos, En. 1900; Auto do Menino Jesus, Dr. 1903.

L: L. Francisco Rebelo, 1961.

Camara Laye → Laye, Camara

Cambridger Lieder (Carmina Cantabrigiensia), überliefert in der Handschrift Cambridge, UL Gg. 5.35, e. Sammlung kecker lat. Vagabundenlieder aus dem 11. Jh., auch ›goliardische Dichtung‹ genannt, wobei der Name Golias nicht auf e. Persönlichkeit, sondern e. Schule zu beziehen ist. An der antiken Dichtung geschulte Lieder fröhl. akadem. Jugend: Liebes-, Trink-, Tanz- und Wanderlieder, auch heitere Spottverse, Schwänke und Satiren auf geldgierige Pfaffen und tölp.-dumme Bauern, aber auch relig. Gedichte und Totenklagen. Melodie und Strophik stammen aus der geistl. Dichtung (Sequenz). Die Verse sind flüssig, die Rhythmen zwingend. Die anonymen Dichter der Verse entstammen den versch. europ. Ländern. → Carmina Burana.

A: K. Strecker ³1966 (Mon. Germ. Hist.); J. M. Ziolkowski ²1998 (m. engl. Übs.).

L: F. J. E. Raby, ²1957, I, 291–306; P. Dronke, 1965, I, 271–277.

Camilleri, Andrea, ital. Erzähler, * 6. 9. 1925 Porto Empedocle/Agrigent. Lebt in Rom. Zunächst Drehbuchautor und Regisseur (Theater, Fernsehen), später auch Dozent für Regie, seit 1978 freier Schriftsteller. – Steht in der Tradition von Leonardo Sciascia und Luigi Pirandello. Seit den 90er Jahren sehr erfolgr. mit Kriminalromanen um die von ihm geschaffene Figur des Kommissars Montalbano aus dem fiktiven Vigáta, die sprachl. und themat. die Atmosphäre des kleinstädt. Sizilien vermitteln.

W: Il corso delle corse, R. 1978 (d. 2000); Un filo di fumo, R. 1980 (d. 2001); La stagione della caccia, R. 1992 (d. 2001); La forma dell'acqua, R. 1994 (d. 1999); Il birraio di Preston, R. 1995 (d. 2000); Il cane di terracotta, R. 1996 (d. 1999); Il ladro di merendine, R. 1996 (d. 2001); La voce del violino, R. 1997 (d. 2000); La concessione del telefono, R. 1998 (d. 1999); Un mese con Montalbano, En. 1998 (d. 2001); Gli arancini di Montalbano, R. 1999 (d. 2002); La mossa del cavallo, R. 1999 (d. 2000); La gita a Tindari, R. 2000 (d. 2001); L'odore della notte, R. 2001 (d. 2002); Storie di Montalbano, (Werkausg.) 2002.

L: Letteratura e storia. Il caso Camilleri, 2003.

Camino Galicia, León Felipe → Felipe, León

Cammelli, Antonio → Pistoia, Il

Camões, Luís Vaz de, portugies. Dichter, 1524 (?) Lissabon (oder Coimbra) – 10. 6. 1580 Lissabon. Aus niederem, unbemitteltem Adel, Stud. Coimbra bis 1542, in Lissabon wohl auch am Hofe. Ungestümes Leben u. Händel schufen ihm häufig Schwierigkeiten u. ließen ihn 1549–51 an Feldzügen in Afrika teilnehmen (Verlust des rechten Auges vor Ceuta); 1551 wieder in Lissabon. Streit mit e. Hofangehörigen 1552 führt zu 1jähriger Haft u. anschließender Entsendung in den Fernen Osten: Pers. Golf, Rotes Meer, 1555 Goa, seit 1558 in Macao als Verwaltungsbeamter. Unregelmäßigkeiten s. Amtsführung erzwingen die Rückkehr nach Goa zur Rechtfertigung. Während der Reise Schiffbruch, aus dem er angebl. das in der Heimat begonnene, jedoch erst in Indien ausgeführte und noch nicht abgeschlossene Manuskript der ›Lusiaden‹ rettet. Malakka, 1567 Rückkehr nach Lissabon. Ständige Geldsorgen, 2 Jahre Moçambique, 1570 wieder in Lissabon, 1571/72 Veröffentlichung der ›Lusiaden‹. Trotz (allerdings unregelmäßig ausgezahlter) königl. Pension, als Anerkennung für s. Epos gedacht, starb er wahrscheinl. in Armut, wohl an der Pest. – C.' Werk gilt als bedeutendster Beitrag Portugals zur Weltlit. S. vielfältiges Schaffen spiegelt die verschiedensten künstler. u. geistigen Strömungen des portugies. 16. Jh. wider, berühmt v. a. durch s. erhabenes nationales Epos ›Os Lusíadas‹ (›Die Lusiaden‹, aus e. pseudo-aeneischen Stammvater Lusus gebildeter Neologismus für ›die Portugiesen‹), das Vasco da Gamas Fahrt nach Ostindien, eingebettet in e. überwältigende Gesamtschau portugies. Geschichte u. von mytholog. Rahmen umschlossen, feiert u. in Beziehung setzt zu antiken Vorbildern (Odyssee, Aeneis). Typ. Renaissancewerk, getragen vom Sendungsbewußtsein des eigenen Landes. Quellen: Chroniken, Tagebücher, Bordbücher, Reiseberichte, mündl. Tradition; formale Übernahme aus der ital. Epik: Stanzen. Verflechtung mit der Mythologie schafft psycholog. Dynamik u. stärkere Handlungseinheit, künstler. Wert weniger im eigentl. Epischen als vielmehr in der außerordentl. sprachl.-stilist. Meisterschaft; beachtl. Realismus der Beschreibung. Noch bedeutsamer als Lyriker, Gipfel des Renaissancestils, vollendeter Beherrscher verschiedenster Formen (Sonett, Oktave, Terzine, Sestine, Ekloge, Ode, Elegie, Kanzone – auch älterer wie der ›Redondilha‹), bei aller Makellosigkeit u. Ausgewogenheit der Form von intensivstem persönl. Erleben durchglüht, Einfluß von Vergil, Horaz, Petrarca, Sannazaro. S. 3 Komödien (›Anfitriões‹, vor 1549, ›El-rei Seleuco‹, nach 1544, u. ›Filodemo‹, um 1544–46) treten in der Wirkung etwas zurück.

W: Os Lusíadas, Ep. 1572 (hg. E. da Silva Dias 1910, J. M. Rodrigues 1921, J. Mendes dos Remédios [4]1924, J. Agostinho 1926, A. Lopes Vieira 1928, C. Basto [2]1935, R. Bismut 1954, A. J. da Costa Pimpão 1972); Theater (hg. Marques Braga 1928); Lyrik (hg. A. de Campos III 1923–25, J. M. Rodrigues 1932, H. Cidade 1946–47, A. J. da Costa Pimpão 1953). – Obras. Hg. Visconde de Juromenha VI 1860–69; Obras Completas (GW), V 1945–47, 1956. – *Übs.:* GW, d. W. Storck VI 1874–85; Die Lusiaden, d. H. J. Schaeffer 1999; Sonette, d. O. v. Taube 1959.

L: C. Castelo-Branco, 1880; O. Martins, 1891; W. Storck, 1897; T. Braga, 1907 u. 1911, 1880 (Bibl.); J. M. Rodrigues, 1913; A. F. G. Bell, Oxf. 1923; A. Rüegg, 1925; H. Meier, 1948; A. Ribeiro, II 1950; H. Cidade (III): I [2]1952, II [2]1954, III 1956; ders., 1961; Le Gentil, Paris 1954; F. da Costa Marques, 1954; R. Schneider, [2]1957; H. H. Hart, Normom 1962; A. J. Saraiva, 1963; J. de Sena, 1966; J. M. Coelho, 1985; A. P. Azevedo, 1995.

Camoletti, Marc, franz. Dramatiker, * 16. 11. 1923 Genf. Architekt, Maler, dann Schriftsteller in Paris. – Vf. erfolgr. Boulevardstücke. Stellt mit ›Boeing-Boeing‹ brillant und spritzig die amüsante Geschichte e. Heiratsschwindlers dar, der sich die Formen der mod. Verkehrswesens zunutze macht.

W: La bonne Anna, K. 1958; Boeing-Boeing, Dr. 1960 (d. 1975); Secretissimo, Dr. 1965; La bonne adresse, K. 1966 (d. 1968); L'amour propre, K. 1968 (Kein bißchen Angst vor Eifersucht, d. 1968); Duos sur canapé, K. 1971; Pyjama pour six, Dr. 1993; Sexe et jalousie, K. 1995.

Camon, Ferdinando, ital. Romancier u. Lyriker, * 1935 San Salvano d'Urbana/Padua. Bauernfamilie. – Thematisiert Randgesellschaften, ideolog. Krise der Gegenwart, Gewalt, Jugend.

W: Il quinto stato, R. 1970 (d. 1979); La vita eterna, R. 1972 (d. 1976); Liberare l'animale, G. 1973; Occidente, R. 1975; Un altare per la madre, R. 1978; La malattia chiamata uomo, R. 1981; Storia di Sirio, R. 1984; La donna dei fili, R. 1986; Il canto delle balene, R. 1989; Il Super-Baby, R. 1991; Mai visti sole e luna, R. 1994; La terra è di tutti, R. 1996; Dal silenzio delle campagne, G. 1998.

L: A. Moravia, conversazioni critiche con F. C., 1988; P. Levi, Gespräch mit F. C., 1993.

Campana, Dino, ital. Lyriker, 20. 8. 1885 Marradi/Toskana – 1. 3. 1932 Castel Pulci/Florenz. Brach s. in Bologna u. Florenz begonnenes Chemiestud. früh ab, führte e. unruhiges Leben, lange Reisen durch Europa u. Südamerika. 1906 erster Klinikaufenthalt, ab 1918 in der Nervenheilanstalt Castel Pulci. Mitarbeiter an den lit. Zsn. ›Voce‹ u. ›Lacerba‹. – Bedeutender, aber zu Lebzeiten nicht anerkannter Dichter, in dessen Lyrik u. Prosagedichten sich z. T. Einflüsse Nietzsches, Rimbauds u. der ›Crepuscolari‹ zeigen. Häufig erot. Motive, daneben auch sehr expressive Landschafts- und Großstadtlyrik (›Genova‹). C. zählt zu den wichtigsten Wegbereitern der mod. ital. Lyrik; bewegender Briefwechsel mit der Schriftstellerin Sibilla Aleramo.

W: Canti Orfici, G. 1914; Canti Orfici ed altri scritti (GW), hg. E. Falqui [6]1962; Lettere (Carteggio d'amore D. C. – S. Aleramo), 1958; Taccuinetto faentino, hg. D. De Robertis 1960; Opere e contributi, hg. E. Falqui 1974; Il più lungo giorno, hg. 1974; Le mie lettere sono fatte per essere bruciate, Br. 1978.

L: G. Bonalumi, Cultura e poesia di C., 1953; E. Falqui, Per una cronistoria del ›Canti orfici‹, 1960; C. Galimberti, 1967; D. C. oggi, hg. E. Falqui 1973; M. Del Serra, 1973; R. Jacobbi, 1976; N. Bonifazi, [2]1978; S. Vassalli, La notte della cometa. Il romanzo di D. C., 1984; T. Ferri, 1985.

Campanella, Tommaso, ital. Philosoph und Dichter, 5. 9. 1568 Stilo/Kalabrien – 21. 5. 1639 Paris. 15jährig Dominikanermönch in Neapel, Schüler des Telesios von Cosenza, der ebda. e. Akad. leitete. Verteidigte die Philos. s. Lehrers in e. populärwiss. Schrift, die ihm viel Feindschaft brachte. Reisen nach Rom, Florenz u. Padua. Vf. der ›Teocrazia solare‹, e. soz. u. relig. Utopie e. Staates, in dem anstelle der kathol. Religion e. Vernunftreligion tritt. 1594 wegen Verdachts der Häresie in Rom eingekerkert. Freigelassen, versuchte er 1598 in Kalabrien e. prakt. Reformversuch nach s. Lehre, der zum Aufstand gegen die span. Herrschaft führte. Verhaftung. Anklage wegen Aufruhr u. Häresie. 1599–1625 Kerkerhaft in Neapel, bis 1629 in Rom. Vom Kerker aus verteidigte er 1616 G. Galilei. Verfaßte s. Schriften unter schwierigsten Umständen. Trotzdem Einfluß auf Papst Urban VIII., der ihn freiließ. Von der span. Regierung erneut bedroht, floh C. 1634 nach Paris, wo er in Richelieu und Ludwig XIII. Gönner fand. Hier Umgang mit P. Gassendi, R. Descartes u. Th. Hobbes. – Naturphilosoph der Renaissance. Nimmt nach Telesios 2 Erkenntnisquellen an: den Codex scriptus (bibl. Offenbarung Gottes) u. den Codex vivus (Wahrnehmung aus der Natur). Wissen als Schau göttl. Ideen in den Dingen. Der menschl. Geist partizipiert am absoluten Geist Gottes (pantheisierende Ideen, die Spinoza beeinflussen). Von Th. More beeinflußt, schrieb C. 1623 im Kerker s. Hauptwerk ›Città del sole‹; er entwirft darin in Umbildung s. früheren Schrift mehr im kirchl. Sinne e. dem Staat Platons nachgebildeten sozialist. Zukunftsstaat, der von Priesterphilosophen geleitet wird. In weiterem Schriften entwirft er e. theokrat. Universalreich, an dessen Spitze der Papst steht. Daneben dunkle, gefühlsgetragene Lyrik von kräftiger, ungeglätteter Form.

W: Philosophia sensibus demonstrata, 1590; De sensu rerum et magia, 1620; Poesie, 1622 (hg. G. G. Orelli 1834; hg. G. Gentile 1939); Apologia pro Galileo, 1622; Civitas solis, 1623 (hg. E. Solmi 1904, N. Bobbio 1941; d. 1900); Astrologicorum libri, 1629; Monarchia Messiae, 1633; Della libertà e della felice suggezzione allo stato ecclesiastico, 1633; Triumphatus atheismus, 1636; Disputationum philosophiae realis libri IV, 1637. – Opere, hg. A. d'Ancona II 1854; Lettere, hg. V. Spampanato 1927; La Poetica, hg. L. Firpo 1944; Tutte le opere, hg. ders. II 1954ff.; Theologicorum liber XXIII, hg. R. Amerio 1969 (m. ital. Übs.).

L: R. de Mattei, 1934; L. de Caroli Pilotti, 1942; G. di Napoli, 1947; L. Firpo, 1947; R. Amerio, 1947; A. Corsano, [2]1961; N. Badaloni, 1965; M. Josavio, 1965; A. Testa, [2]1965; L. Firpo, 1969; P. Tuscano, 1969; F. Hiebel, 1972; G. Bock, 1974; R. Ahrbeck, 1977; R. Hagengruber, 1994; V. Paladino, L'opera poetica di T. C., 1994; S. Zoppi Garampi, 1999; G. Formichetti, 1999.

Campanile, Achille, ital. Humorist, 28. 9. 1900 Rom – 4. 1. 1977 ebda. Redakteur u. Mitarbeiter mehrerer Zeitungen u. Zsn. – S. ausgesprochen kom. Begabung zeigt sich in s. Komödien ebenso wie in den Romanen und Erzählungen. Besonders hervorzuheben ist s. Fähigkeit, Menschen u. Situationen zu karikieren.

W: L'inventore del cavallo, K. 1925; Ma che cosa è questo amore, R. 1927; Se la luna mi porta fortuna, En. 1927; Agosto, moglie mia non ti conosco, R. 1930; Cantilena all'angolo della strada, En. 1933; Chiarastella, En. 1934; Il povero Piero, E. 1959; Manuele di conversazione, 1973; Gli asparagi e l'immortalità dell'anima, R. 1974. – Opere 1924–1933, 1989; Opere 1932–1974, 1994.

L: C. DeCaprio, A. C. e l'alea della scrittura, 1990; G. Canvallini, Estro invertivo e tecnica narrativa in A. C., 2000.

Campbell, David, austral. Dichter; 16. 7. 1915 Adelong/NSW – 29. 7. 1979 Queanbeyan/NSW. Stud. Cambridge (B.A. 1937), Pilot im 2. Weltkrieg, nach 1946 Farmer in NSW. – Umgangsspr. Naturlyrik, aber auch myth. u. sozialkrit. Gedichte sowie Reisedichtung u. leichte Satiren. Übs. russ. Dichter.
W: Speak with the Sun, G. 1949; The Miracle of Mullion Hill, G. 1956; Evening under Lamplight, Kgn. 1959; Poems, 1962; The Branch of Dodona, G. 1970; Selected Poems 1942–1970, 1973; Devil's Rock, G. 1970–1972, 1974; Flame and Shadow, Kgn. 1976; Words with a Black Orpington, G. 1978; The Man in the Honeysuckle, G. 1979.
L: A Tribute to D. C., hg. H. Heseltine 1987.

Campbell, Joseph (Ps. Ultach, ir. Seosamh MacCathmaoil), ir. Dichter, 15. 7. 1879 Belfast – 13. 7. 1944 Lackan/Wicklow. Seit 1902 Beiträge zur ir. lit. Renaissance u. polit. Engagement. Lebte 1925–39 in New York u. lehrte an der Fordham Univ. – Vf. beachtl. volksliedhafter Dichtungen, Schauspiele und impressionist. Prosastudien über ir. Leben.
W: The Garden of the Bees, G. 1905; Rushlight, G. 1906; The Mountainy Singer, G. 1909; Mearing Stones, Sk. 1911; Judgment, Sch. 1912; Irishry, G. 1913; Earth of Cualann, G. 1917; Poems, hg. A. Clarke 1963.
L: N. u. K. Saunders, 1988. – *Bibl.:* P. S. O'Hegarty, 1940.

Campbell, (Ignatius) Roy(ston) (Dunnachie), engl.-südafrikan. Dichter, 2. 10. 1901 Durban/Südafrika – 22. 4. 1957 b. Setúbal/Portugal. Schott.-ir. Ahnen; Hrsg. der satir. Zs. ›Voorslag‹. Verließ Südafrika 1927, lebte 1928–36 in Spanien und Südfrankreich. Sympathisierte mit Franco im Span. Bürgerkrieg, nahm auf alliierter Seite am 2. Weltkrieg teil. Rundfunkansager u. freier Schriftsteller in London, ab 1952 in Portugal. – Romant. Lyriker und Erzähler von echter Originalität und reichem Witz. In ›The Georgiad‹ schuf C. e. scharfe Satire auf s. lit. Zeitgenossen. Auch Essayist und Übs. (Juan de la Cruz, Baudelaire, Calderón, Lope de Vega, García Lorca, Eça de Queiróz). S. autobiograph. Werke feiern vor allem s. eigene Männlichkeit.
W: The Flaming Terrapin, G. 1924; The Wayzgoose, Sat. 1928; Adamastor, G. 1930; Poems, 1930; The Gum Trees, G. 1930; Choosing a Mast, G. 1931; The Georgiad, Sat. 1931; 19 Poems, 1931; Pomegranates, G. 1932; Taurine Provence, Es. 1932; Flowering Reeds, G. 1933; Broken Record, Aut. 1934; Mithraic Emblems, G. 1936; Flowering Rifle, G. 1939; 19 Poems, 1941; Talking Bronco, G. 1946; Collected Poems, III 1949–60; Light on a Dark Horse, Aut. 1951 (Ritter ohne Furcht und Tadel, dt. 1953); Lorca, Es. 1952; The Mamba's Precipice, E. 1953; Portugal, Es. 1958; Wyndham Lewis, Es. hg. J. Myers 1985. – Collected Works, hg. P. Alexander 1985–88; Selected Poetry, hg. J. M. Lalley 1968; Selected Poems, hg. P. Alexander 1982.

L: Hommage à R. C., hg. F.-L. Temple, Paris 1960; D. Wright, 1961; R. Smith, Montreal 1973; J. Povey, 1977; P. Alexander, 1982; A. Kershaw, hg. 1984.

Campbell, Thomas, schott. Dichter und Journalist, 27. 7. 1777 Glasgow – 15. 6. 1844 Boulogne. Kaufmannssohn. Jurist, später freier Schriftsteller. Bereiste mehrfach Deutschland, Stud. in Göttingen griech. Lit., beschäftigte sich viel mit dt. Philos. ∞ 1803 Mathilda Sinclair. Mitarbeiter an der ›Edinburgh Encyclopaedia‹, 1821–30 Hrsg. des ›New Monthly Magazine‹. 1826–29 Lord Rector der Univ. Glasgow. Ab 1803 vorwiegend in London. In Westminster Abbey beigesetzt. – Vorwiegend Lyriker, berühmt durch s. 1. Dichtung ›The Pleasures of Hope‹, die die Freiheitsideale verherrlicht. Die Verserzählung ›Gertrude of Wyoming‹, in Pennsylvania spielend, steht der Romantik nahe. S. lyr. Begabung zeigt sich am deutlichsten in kürzeren Dichtungen, wie ›Ye Mariners of England‹, der Elegie ›Hohenlinden‹ und in Balladen wie ›Lord Ullin's Daughter‹.
W: Pleasures of Hope, G. 1799 (d. 1838); Poems, G. 1803; Gertrude of Wyoming, Dicht. 1809 (d. 1882); Poems, 1810; Specimens of the British Poets, Anthol. VII 1819; Theodric, Dicht. 1824; Life of Mrs. Siddons, Es. 1834; Life of Petrarch, Es. II 1841; Pilgrim of Glencoe, Dicht. 1842. – Works, hg. W. M. Rossetti 1871; J. L. Robertson 1907.
L: W. Beattie, III 1849 (n. 2002); C. Redding, II 1860; J. C. Hadden, 1899; W. M. Dixon, 1928; M. R. Miller, 1978.

Campbell, William Edward March → March, William

Campert, Jan (Remco Theodoor), niederländ. Schriftsteller, 15. 8. 1902 Spijkenisse – 12. 1. 1943 Neuengamme. Journalist u. Theaterkritiker. Wegen Unterstützung von Juden 1942 verhaftet; starb im KZ. – S. wehmütigen Gedichte gewinnen in den späteren Werken an Aussagekraft. Die nach ihm benannte Stiftung verleiht jährl. versch. lit. Preise.
W: Refereinen, G. 1922 (m. H. Scholte); Verzen, G. 1925; De bron, G. 1927; Het verliefde lied, G. 1928; Die in het donker…, R. 1934; Verwilderd landschap, G. 1936; Slordig beheer, N. 1941; Huis en herberg, G. 1941; Sonnetten voor Cynara, G. 1942. – Verzamelde gedichten, 1947.
L: H. G. Hoekstra, 1946.

Campert, Remco (Wouter), niederländ. Schriftsteller, * 28. 7. 1929 Den Haag. Sohn von Jan Campert. – Sehr gemäßigter Vertreter der experimentellen Richtung; s. Lyrik ist leichter zu verstehen als die der Generationsgenossen, dadurch großer Leserkreis. Spieler. Ironie u. scharfe Beobachtung mit e. Untergrund von Ernst u. Melancholie, wie in der Lyrik so auch in s. Erzählungen u. Romanen. Übs.

W: Vogels vliegen toch, G. 1951; Bij hoog en bij laag, G. 1959; Het leven is vurrukkulluk, R. 1961; Liefdes schijnbewegingen, R. 1963; Nacht op de kale dwerg, En, 1964; Het gangstermeisje, R. 1964 (d. 1966); Hoera hoera, G. 1965; Tjeempie!, R. 1968; Hoe ik mijn verjaardag vierde, En. 1969; Verzamelde verhalen, En. 1971; Alle bundels gedichten, 1976; Theater, G. 1979; Na de troonrede, En. 1980; Scènes in Hotel Morandi, G. 1983; De Harm en Miepje Kurk Story, R. 1983; Somberman's actie, R. 1985; Collega's, G. 1986; Tot zoens, En. 1986; Graag gedaan, En. 1990; Een mooie jonge vriendin, En. 1998; Als in een droom, E. 2000. – Dichter, alle G. 1950–1994, 1995.

L: H. Scholten, Een aanslag op de ouderdom, 1979; ›De Vlaamse Gids‹, Campert-Nr., 1980; D. Cartens, hg. 2000.

Camphuyzen, Didericus (Dirk Rafaelszoon), niederländ. Dichter u. Theologe, 1586 Gorkum – 19. 7. 1627 Dokkum. Stud. Theol. Leiden, ohne Abschluß. Sekretär u. Hauslehrer, 1617–19 Prediger in Vleuten. 1619 von den strenggläubigen Kalvinisten als Arminianer verbannt. Schließlich Flachshändler in Dokkum. – Gegner jeglicher kirchl. Gemeinschaft. Bergpredigt als Richtschnur des Glaubens u. Dichtens. Freie Bearbeitung der Psalmen unter Einfluß der Renaissance-Formsprache.

W: Stichtelijke rijmen, G. II 1624 (3. Bd. mit früheren Gedichten posthum hg.); Uytbreiding over de psalmen, 1630. – Ausw., hg. J. C. v. d. Does 1934, K. Heeroma 1935, H. G. van den Doel 1969.

L: L. A. Rademaker, 1898; H. G. van den Doel, 1967.

Campion, Thomas, engl. Dichter und Musiker, 12. 2. 1567 London – 1. 3. 1620 ebda. Stud. Jura Cambridge, auf dem Kontinent Medizin; Arzt in London. – Schrieb zahlr. anmutige, flüssige lyr. Verse in Lat. und Engl. von metr. Vollendung, zu denen er vielfach selbst Melodien komponierte; zu einigen s. Liederbücher schrieb Rosseter die Musik. C.s Maskenspiele sind nur wegen der eingestreuten Lieder interessant. Verfaßte ferner lat. Epigramme und Verse sowie e. lit.krit. Schrift ›Observations in the Art of English Poesie‹; setzt sich gegen Verwendung des Reimes in der Dichtung zugunsten skandierender Verse ein; Samuel Daniel erwiderte durch s. ›Defence of Rhyme‹.

W: Poemata (lat.), G. 1595; Ayres, G. IV 1601–17; Observations in the Art of English Poesie, Es. 1602; The Discription of a Maske, Sch. 1607 (hg. K. Talbot 1924); Songs of Mourning, G. 1613. – Works, hg. P. S. Vivian 1909, W. R. Davis 1967.

L: P. Reyther, Les Masques Anglais, 1909; T. MacDonagh, 1913; M. M. Kastendieck, 1938; E. J. L. Lowbury, 1970; D. Lindley, 1986; W. Davis, 1987; S. Ratcliffe, 1981; C. Wilson, Words and Notes Coupled Lovingly Together: T.C., a Critical Study, 1989.

Campistron, Jean Gualbert de, franz. Dramatiker, 1656(?) Toulouse – 11. 5. 1723 ebda. Aus Adelsfamilie in Armagnac, protegiert von der Herzogin von Bouillon, befreundet mit Schauspielern und Racine, den er verehrte und nachahmte. 1701 Mitgl. der Académie Française. – Klassizist. Tragiker nach dem Vorbild Racines, mit Häufung trauriger Ereignisse statt innerer Tragik in s. höf. Stücken. Schrieb ferner Libretti für Lully u. a. sowie 2 Komödien.

W: Virginie, Tr. 1683; Arminius, Tr. 1684; L'Amante amant, K. 1684; Andronic, Tr. 1685; Alcibiade, Tr. 1685; Acis et Galatee, Op. 1686; Achille et Polixène, Op. 1687; Phocion, Tr. 1688; Adrien, Tr. 1690; Triridate, Tr. 1691; Alcide, Op. 1683; Le Jaloux désabusé, K. 1709. – Œuvres, III 1750.

L: C. Hausding, Diss. Lpz. 1903; D. F. Jones, Providence 1963f.; D. Jones, 1993.

Campo, Estanislao del → Del Campo, Estanislao

Campoamor y Campoosorio, Ramón de, span. Lyriker, 24. 9. 1817 Navia/Asturien – 12. 2. 1901 Madrid. Früh verwaist, begann 1837 Medizinstud. in Madrid, wandte sich aber bald ganz der Lit. u. Politik zu, 1845 Redakteur der Zeitung ›El Español‹, Mitgl. der konservativen Partei, 1854 Zivilgouverneur von Alicante; ∞ Irin Guillermina O'Gorman; 1856 Gouverneur von Valencia, Staatsrat, Senator, Abgeordneter in den Cortes; 1861 Aufnahme in die Span. Akad.; wurde zu s. Zeit sehr geschätzt u. genoß großes Ansehen am Königshof. – Begann mit romant. Gedichten im Stil s. Zeit u. in Anlehnung an V. Hugo u. Lamartine, wandte sich dann e. philos., der Wirklichkeit verhafteten Richtung zu u. führte e. krit. rationellen Zug in s. Poesie ein (insbes. ›Doloras‹); setzte sich in s. ›Poética‹ für e. natürl. Sprache in der Dichtkunst ein, suchte von der Idee her zur Kunst zu gelangen, bediente sich e. übertrieben schlichten Sprache als Reaktion gegen die Schwülstigkeit u. Rhetorik der Romantik, verfiel aber häufig in Nüchternheit u. Monotonie. Iron.-gutmütige Betrachtung des Lebens u. der menschl. Schwächen, Skeptizismus als Frucht s. persönl. u. zeitbedingten Desillusion; Grundgedanken s. Gedichte sind alltägl. Erkenntnisse, die häufig irrtüml. für Philos. gehalten wurden; Vorliebe für Kontrasttechnik.

W: Ternezas y Flores, G. 1840; Ayes del alma, G. 1842; Doloras, G. 1846 (dt. Ausw. 1901); Colón, Dicht. 1854; El drama universal, Dicht. 1869; Pequeños poemas, G. 1873–92; Poética, Abh. 1883; Humoradas, G. 1886–88; El licenciado Torralba, Dicht. 1888. – Obras completas, VIII 1901–03; Obras poéticas completas, 1932; Poesías, 1966.

L: A. Sánchez Pérez, 1899; A. González Blanco, 1912; R. Hilton, Toronto 1940; H. Rodríguez de la Peña,

1947; J. Romano, 1948; V. Gaos, La poética de C., ²1969; C. Borja, 1983.

Campos, Álvaro de → Pessoa, Fernando António Nogueira de Seabra

Campos, Haroldo de, brasilian. Dichter, Essayist u. Übs., 1929 São Paulo – 16. 8. 2003 ebda. Stud. Rechts- und Sozialwiss., Prof. für Lit.wiss. São Paulo, Gastprof. in den USA. – Hauptvertreter der konkreten Poesie (mit A. De Campos u. D. Pignatari), Mitgründer der Zs. ›Noigandres‹; programmat. Zuwendung auch der opt.-räuml. Seite der Schrift in ihrer graph. Erscheinung; als Besonderheit trop.-barocke Züge; schreibt Farbengedichte in Unterscheidung zur asket. Strenge (Gomringer); Verdienst, durch Übsn. (Majakowski, Pound, Joyce) die Verbindung zur hist. Avantgarde hergestellt zu haben; konzeptuelle Annäherung zwischen poet., lit., bildender Kunst wird prägnant im Design der Zeitung und populärer Musik (Samba-, Bossa-Nova-Lieder).

W: Thálassa Thálassa, G. 1952; Poemas concretos, G. 1958; Teoria da poesia concreta, Abh. 1965; Balanço da bossa, Ess. 1968; Xadrez de estrêlas, G. 1976; Signantia: Quase Coelum, G. 1979; Ode, G. 1981; Deus e o diabo no Fausto de Goethe, Abh. 1981; Galáxias, G.-Prosa, 1984; A educação dos cinco sentidos, G. 1985; Transblanco (m. O. Paz), G. ²1994; A máquina do mundo repensada, G. 2000.

L: C. De Araújo Medina, 1985; E. Spielmann, 1994; C. A. Perrone, 1996; C. Veloso, 1997.

Camus, Albert, franz. Schriftsteller, 7. 11. 1913 Mondovi/Algerien – 4. 1. 1960 Villeblevin (Autounfall). Aus Arbeiterfamilie; glückliche Kindheit. Stud. Philos. (Werkstudent) Algier, nach Promotion Schauspieler und Bühnenautor. Reisen nach Afrika, Spanien, Italien, Tschechoslowakei. Während des 2. Weltkriegs Angehöriger der Résistance, Mitbegründer und Leitartikler des ›Combat‹; 1957 Nobelpreis. Zuletzt Verlagsleiter bei Gallimard. – Philos. Dichter; seinem Werk (Romane, Dramen, Essays) liegt die Philosophie des Absurden zugrunde, die nicht als Sartrescher Existentialismus verstanden werden darf. Sie beruht auf der rationalen Erkenntnis der absoluten Sinnlosigkeit menschl. Daseins und schließt e. Entrinnen in metaphys. oder ideolog. Bindungen aus. C. verharrt jedoch nicht im nihilist. Ansatz, sondern will trotz der Absurdität das natürl. Glücksverlangen des Menschen erfüllt wissen. E. Schlüssel zu s. Werk ist der Essay ›Le mythe de Sisyphe‹ mit der Forderung, daß der von Gott verlassene und deshalb hilf- und hoffnungslos auf sich selbst zurückgeworfene Mensch in tapferem und bewußtem Hinnehmen der absurden ›condition humaine‹ trotzdem glücklich sein müsse. Nach Jugendwerken über sinnenhaftes Glückserleben in s. Heimat verkörpert er s. Idee des Absurden in Figuren wie Caligula, der nach dem Erlebnis der Absurdität in despot. Grausamkeit das Unmögliche zu erreichen sucht, und Meursault (›L'étranger‹), e. unbewußten, amoral. Sisyphus, dessen Leben von Zufällen getrieben und der sich seiner selbst erst kurz vor der Hinrichtung bewußt wird. In späteren Werken entwickelt C. e. Ethik aus e. Revoltehaltung gegen die Absurdität, theoret. in ›L'homme révolté‹, indem er nach krit. Auseinandersetzung mit Christentum, Mythen und Ideologien e. echte Bewältigung der Daseinsabsurdität fordert. Diese Möglichkeit sieht er gegeben im opferbereiten Einsatz für die, die ihr Glück nicht aus eigener Kraft verwirklichen können. Dichterischer gestaltet ist der Gedanke der Solidarität im Symbolroman ›La peste‹ in der Figur des Arztes Rieux; der Sühnegedanke aus Schuldbewußtsein findet sich verwirklicht im Drama ›Les justes‹. Der Roman ›La chute‹ ist e. iron. Beichte. Der Held stellt sich selbst bloß und meint zugleich sich selbst, wenn er die Welt anklagt. C.s Stil spiegelt seine Entwicklung. Er begann unter dem Einfluß von Gides ›Nourritures terrestres‹ mit einem reichen, aber gezügelten Lyrismus. Der Stil der absurden Periode ist voller Spannung und Unruhe, in ›Caligula‹ zügellos, in ›L'étranger‹, der stilist. an Kafkas ›Prozeß‹ erinnert, drückt C. durch Juxtaposition und Inkohärenz die Zufälligkeit aus. Die Sprache von ›La peste‹ ist von bescheidener Einfachheit, während ›La chute‹ auf den Stil von ›L'étranger‹ zurückweist.

W: L'envers et l'endroit, En. 1937; Noces, En. 1938 (Hochzeit des Lichts, d. 1954); Le minotaure, Es. 1939 (d. 1967); Le mythe de Sisyphe, Es. 1942 (d. 1950); L'étranger, R. 1942 (d. 1948); Caligula, Dr. 1944 (d. 1947); Le malentendu, Dr. 1944 (d. 1950); Lettres à un ami allemand, 1944 (d. 1960); La peste, R. 1947 (d. 1949); L'état de siège, Dr. 1948 (d. 1950); Chroniques, 1948–53; Actuelles I–II, Ess. 1950–53; Les justes, Dr. 1950 (d. 1950); Actuelles III: Chronique algérienne 1939–58, 1950–58 (d. 1961); L'homme révolté, Ess. 1951 (d. 1953); L'été, Ess. 1954 (Heimkehr nach Tipasa, d. 1957); La chute, R. 1956 (d. 1957); L'exil et le royaume, Nn. 1957 (d. 1958); Discours de Suède, Prosa 1958, 1997; Récits et théâtre, 1958; Les possédés, Dr. 1959 (nach Dostoevskij, d. 1959); Carnets, Tg. III 1962ff., ²1984 (Tagebuch. d. 1963ff.); Cahiers A. C., Nachlaß 1971ff., 1: La mort heureuse, R. 1971 (d. 1972), 2: Le premier C. suivi d'écrits de jeunesse d'A. C., 1973; Journaux de voyage, 1978. – Œuvres complètes, VI 1961ff., hg. R. Grenier IX 1984; Théâtre, récits et nouvelles, 1962; Essais, 1965; Correspondance, 1932–1960, 1981. – *Übs.:* Dramen, 1959, 1967; Literarische Essays, 1959; Fragen der Zeit, Ess. 1960; Ges. Erzählungen, 1966; Kleine Prosa, 1966; Das Frühwerk, 1967; Ziel eines Lebens, Ess. 1974; Les muets (dt./franz.), Nn. 1975.

L: R. de Luppé, 1951; H. Perruchot, 1951; J.-C. Brisville, 1959; A. Maquet, Lond. 1959; Th. Hanna, N. Y. 1959; Hommage à A. C., 1960; M. Lebesque, 1960; R. Thieberger, 1961; G. Brée, 1961; J. Cruickshank, N. Y.

1961; C. Petersen, 1961; N. A. Scott, Lond. 1962; R. Thieburger, 1963; G. Brée, 1964; A. King, Edinb. 1964; P. Thody, 1964; B. T. Fitch, 1965; E. Parker, Madison 1965; J. Onimus, 1965; R. F. Roeming, Madison 1968; B. T. Fitch u. P. C. Hoy, 1970ff.; L. Pollmann, Sartre u. C., ²1971; F. H. Willhoite, Beyond Nihilism, Baton Rouge 1968; P. Kampits, D. Mythos v. Menschen, 1968; P. H. Rhein, N. Y. 1969; Ch. Melchinger, ²1970; C. C. O'Brien, 1970; R. Quilliot, La mer et les prisons, ²1970; B. T. Fitch, 1971; E. Freemann, Lond. 1971; P. Hoy, 1971; U. Timm, 1971; B. T. Fitch, 1973; A. Costes, 1973; B. T. Fitch, 1982; F. Bartfeld, 1982; Actes du Colloque, A. C. Cérisy-la-Salle, 1982; P. v. Zima, 1982; C. u. J. Broyelle, 1982; J. Hengelbrock, 1982; A. M. Hennen, 1983; M. Louble, 1984; K. Bahners, 1984; H. R. Lottman, 1986; R. Grenier, 1991; Castex, 1992; P. G. Weddington, 1995; José Lenzini, Mail. 1996; F. Chavanes, 1996; B. T. Fitch, 1999. – *Bibl.:* R. Bollinger, 1957.

Cānakya (Ps. Kautilya, Viṣṇugupta), um 360 v. Chr. – um 300 v. Chr. Ind. Staatsmann u. Kanzler des Kaisers Candragupta Maurya (322–298 v. Chr.). – Gilt als Vf. des jedoch wahrscheinl. später entstandenen ›Kauṭilīya-artha-śāstra‹, e. stark machiavellist. Handbuchs der Politik, das die Quintessenz altind. polit. Weisheit darstellt; ihm wird außerdem e. in mehreren Fassungen vorliegende Spruchsammlung im Stil von Bhartṛhara ›Nītiśataka‹ zugeschrieben; auch hinter Viṣṇuśarman, dem angebl. Vf. des ›Pañcatantra‹, soll sich C. verbergen.

A: Kauṭilīya-artha-śāstra, hg. J. Jolly, R. Schmidt 1923; R. Śāma Śāstrī ²1924 (Das altind. Buch vom Welt- und Staatsleben, d. J. J. Meyer 1925f., 1977; engl. R. P. Kangle III 1960–65, R. Shamasastry 1967); Cāṇakya-nīti-śataka, hg. E. Monseur 1887, L. Sternbach 1963, ders. III 1963–70 (Stimmen ind. Lebensklugheit, d. O. Kressler 1907).

L: O. Stein, 1922; B. Breloer, 1927–34, n. 1973; S. Konow, 1945; M. V. Krishna Rao, ²1958; F. Wilhelm, 1960; H. Scharfe, 1968; T. R. Trautmann, 1971; E. Ritschl, M. Schetelich, 1973.

Cancionero de Baena → Baena, Juan Alfonso de

Candel, Francisco, span. Schriftsteller, * 31. 5. 1925 Casas Altas/Valencia. Jugend im Elendsviertel Barcelonas, das Gegenstand von ›Donde la ciudad cambia su nombre‹ ist. – Schildert realist. u. mit sozialkrit. Anklage das Elend der aus der Gesellschaft Ausgestoßenen.

W: Donde la ciudad cambia su nombre, R. 1957 (Dort, wo die Stadt ihren Namen verliert, d. 1959); Han matado a un hombre, han roto un paisaje, R. 1959; Temperamentales, En. 1960; Pueblo, R. 1961; Los otros catalanes, R. 1963; Dios, la que se armó!, R. 1964; Parlemne, Ess. 1967; Viaje al Rincón de Ademuz, Reiseb. 1968; Algo más sobre los otros catalanes, R. 1971; Historia de una parroquia, R. 1971; Apuntes para una sociología del barrio, Es. 1972; Emigrantes y trabajadores, Ess. 1972; Diario para los que creen en la gente, R. 1973; A cuestas con mis personajes, Prosa 1975; Crónicas de marginados, Prosa 1976; El Candel contra Candel, En. 1981. – Obra completa, I 1969.

Cândido de Carvalho, José → Carvalho, José Cândido de

Cand Vardāī (Bardāī), ind. Epiker, 1126 Lahore – 1192 Tarain. Aus altem Bardengeschlecht, angebl. Hofdichter und Minister des Rājputen-Königs Prithvīrāj von Ajmer und Delhi, mit dem zusammen er in der 2. Schlacht von Tarain gegen Sultān Mohammed Ghorī fiel. – Schrieb um 1191 in West-Hindi (Pingal) den ›Pṛthvīrāj Rāsau‹, e. Epos in 69 Büchern mit mehr als 100 000 Versen in versch. Metren, das das ereignisreiche Leben s. Mäzens schildert, enthält darüber hinaus aber auch e. Darstellung von Geschichte, Leben und Denken der Rājputen. E. ind. traditionellen Vorstellung zufolge umfaßte das Werk ursprüngl. nur ca. 5000 Verse und wurde durch die vortragenden Sänger erweitert; erhielt angebl. von Amar Singh (II.) von Mevar (17. Jh. n. Chr.) s. heutige Form.

A: Prthvīrāj Rāsau, hg. M. V. Pandya, R. K. u. S. S. Das VI 1904–13, K. C. Agravāl 1971. – *Übs.:* engl. Ausw. J. Tod 1829–32, W. Brooke 1920, A. F. R. Hoernle 1886, G. Grierson 1923 (n. 1990).

Canfield, Dorothy (eig. Dorothea Frances C., verh. Fisher), amerik. Schriftstellerin, 17. 2. 1879 Lawrence/KS – 9. 11. 1958 Arlington/VT. Univ. Ohio State, Sorbonne (Paris), Columbia (Ph.D.), im 1. Weltkrieg Hilfseinsatz in Frankreich; lebenslanges Interesse am Erziehungswesen, etablierte die Methoden M. Montessoris in den USA. – Vf. erfolgr. Romane u. Kurzgeschichten über das ihr bekannte Leben von Professoren, franz. Bauern, Neuengländern, Kleinstadtfrauen; bekannt mit W. Cather. Auch pädagog. Schriften, erfolgr. Kinderbuchautorin.

W: A Montessori Mother, Es. 1912 (d. 1915); The Bent Twig, R. 1915 (n. 1949, 1997); Die schwingende Saite, d. 1948); Hillsboro People, Kgn. 1915; Understood Betsy, Kdb. 1917 (n. 1946 u. ö.); Ein glückliches Jahr für Betsy, d. 1972, u. d. T. Der allerbeste Apfelmus, 1984 u. ö.); The Brimming Cup, R. 1921 (n. 1987); The Home-Maker, R. 1924 (n. 2000); Made-to-Order Stories, Kdb. 1925; The Deepening Stream, R. 1930; Seasoned Timber, R. 1939; Paul Revere and the Minute Man, B. 1950; A Harvest of Stories, En. 1956; The Bedquilt and Other Stories, Kgn. 1997; Keeping Fires Night and Day, Selected Letters, hg. M. J. Madigan 1993.

Cankar, Ivan, slowen. Schriftsteller, 10. 5. 1876 Vrhnika – 11. 12. 1918 Laibach. Aus armer Handwerkerfamilie, Stud. Architektur u. Philos. Wien nicht beendet, widmete sich ganz der Lit.; freier Schriftsteller in Wien (1899–1909), bis zum Tod in Slowenien, meist Laibach. – Neben O. Župančič führende Persönlichkeit der slowen. Moderne; s. meisterhaften lit. Ausdruck fand C. in Romanen, Novellen u. Erzählungen, während s. Versdichtungen u. die dramat. Versuche etwas zurückstehen. Mit Vorliebe behandelt C. das Schicksal der Unterdrückten, das Mysterium der Mutterliebe, das Leiden der Kinder u. übt fast in jedem Werk Gesellschaftskritik an kleinbürgerl. Moral, soz. Ausbeutung und polit. Charakterlosigkeit. Durch Prägnanz u. Klarheit der Sprache wurde C. zum Schöpfer e. neuen slowen. Prosastils, zählt neben F. Prešeren zu den bedeutendsten Dichtern Sloweniens; s. Hauptwerke wurden in zahlr. europ. Sprachen übersetzt.

W: Romantične duše, Dr. 1897; Erotika, G. 1899; Vinjete, Nn. 1899; Jakob Ruda, Dr. 1900; Za narodov blagor, K. 1901; Knjiga za lahkomiselne ljudi, Nn. 1901; Tujci, R. 1901; Kralj na Betajnovi, Dr. 1902; Na klancu, R. 1902 (Am Steilweg, d. 1965); Hiša Marije Pomočnice, E. 1904 (Das Haus zur barmherzigen Mutter Gottes, d. 1930); Martin Kačur, E. 1906; Hlapec Jernej in njegova pravica, E. 1907 (Der Knecht Jernej, d. 1929); Zgodbe iz doline šentflorjanske, Sat. 1908 (Aus dem Florianital, d. 1947); Pohujšanje v dolini šentflorjanski, K. 1908 (Spuk im Florianital, d. 1953); Za križem, Nn. 1909; Hlapci, Dr. 1910; Lepa Vida, Dr. 1912; Podobe iz sanj, Nn. 1917; Moje življenje, Aufz. 1920. – Zbrano delo (GW), XXX 1967–76; Zbrani spisi, hg. Iz. Cankar XXI 1925–36; Ausw.: Izabrana dela, hg. B. Merhar X 1951–59; Pisma (Briefwechsel), III 1948.

L: I. Glonar, Cankarjev zbornik, 1921; B. Vodušek, 1937; M. Maleš, 1945; F. Petre, 1947; W. Walder, 1954; F. Dobrovoljc, 1956; ders., C. album, 1972; W. Heiliger, Lond. 1972; H. Bergner, 1974; J. Moder, I. C. v prevodih, 1977; D. Moravec, 1978. – Bibl.: F. Dobrovoljc, 1960 u. 1968; T. Kermauer, 1980; P. Kozak, 1980; F. Bernik, 1983 (d. 1997).

Cansever, Edip, türk. Dichter, 8. 8. 1928 Istanbul – 28. 5. 1986 ebda. Höhere Handelsschule, Antiquitätenhändler im Großen Basar; Hrsg. der Zs. ›Nokta‹ (8 Nrn.); in den 50ern Mitbegründer der ›Zweiten Neuen‹ in der türk. Lyrik. – Betonung der Imagination durch ungewohnte Bilder und Metaphern, existentielle Bedrückung des Ich im monotonen Wust der Großstadt.

W: İkindi Üstü, G. 1947; Dirlik-Düzenlik, G. 1954; Yerçekimli Karanfil, G. 1957; Umutsuzlar Parkı, G. 1958; Petrol, G. 1959; Nerde Antigone, G. 1961; Tragedyalar, G. 1964; Çağrılmayan Yakup, G. 1969; Kirli Ağustos, G. 1970; Sonrası Kalır, G. 1974; Ben Ruhi Bey Nasılım, G. 1976; Sevda İle Sevgi, G. 1977; Şairin Seyir Defteri, G. 1980; Yeniden (GW), 1981; Bezik Oynayan Kadınlar, G. 1982; İlkyaz Şikayetçileri, G. 1984; Oteller Kenti, G. 1985.

L: H. Cöntürk-A. Bezirci, Turgut Uyar – Edip Cansever, 1961.

Cantar de Mío Cid → Cid, Poema del

Cantemir, Dimitrie, Fürst der Moldau, rumän. Humanist, 26. 10. 1673 Jași – 21. 8. 1723 Dimitrovka/Rußland. S. Vater mußte ihn als Geisel nach Konstantinopel schicken, wo der junge Fürst e. vorzügl. Erziehung genoß. Musiker u. Historiograph, beherrschte 14 Sprachen. Bestieg 1710 den moldauischen Thron, mußte jedoch 1 Jahr später mit Peter dem Großen aus türk. Umzingelung nach Rußland fliehen, wo er bis zu s. Tode blieb. Im Auftrag des Zaren diplomat. Missionen u. wiss. Reisen ins Ausland, 1714 Mitgl. der Berliner Akad. der Wiss. – C. schrieb viel u. in vielen Sprachen. ›Istoria ieroglifică‹, der erste Versuch e. Sittenromans in Rumänien, in erstaunl. expressiver Sprache, bedient sich der Allegorie, um Zustände in den rumän. Fürstentümern u. Konstantinopel satir. u. voller Dramatik zu beschreiben. Die ›Descriptio Moldaviae‹, e. für die Berliner Akad. verfaßte Monographie, ist e. Kompendium der Volkskunde. Übs. den Koran ins Lat. u. Russ., schrieb e. Musiktraktat in türk., e. Katechismus in pers., versch. geschichtl. Werke in russ. und philos. Werke in lat. Sprache.

W: Divanul sau gâlceava înțeleptului cu lumea sau giudețul sufletului cu trupul, 1698; Istoria ieroglifică, R. 1705; Historia incrementorum atque decrementorum aulae ottomanicae, 1714–16 (d. 1745); Descriptio Moldaviae, Mon. 1716 (d. 1769–71); Hronicul vechimii a Romano-Moldo-Vlahilor, Abh. 1718 (d. 1745). – Operele Principelui D. C., VIII 1872–1901; Opere (Werke), hg. P. P. Panaitescu, I. Verdeș 1965ff.

L: C. Pascu, 1924; Ș. Ciobanu, 1925; I. Minea, 1926; P. P. Panaitescu, 1958; C. Măciucă, 1962; D. Bădărău, 1964; S. Callimachi, 1966; V. Cândea, 1973; P. Miron, 1974; Dacoromania, 1974; S. Sorohan, 1978.

Canth, Minna (eig. Ulrika Wilhelmina, geb. Johnsson), finn. Schriftstellerin, 19. 3. 1844 Tampere – 12. 5. 1897 Kuopio. ∞ 1865 J. F. Canth, 1879 Witwe; lit. Produktion erst spät (1882/84 eig. Lehrjahre – Ibsen, Bjørnson, Maupassant, Zola). – Vorkämpferin des Realismus in Finnland. Zuerst idyll. Schilderungen aus dem Volksleben, später Entwicklung zur scharfsichtigen Kritikerin an sozialen Mißständen ihrer Zeit, kämpft für Frauenemanzipation u. soziale Gerechtigkeit. Naturalist. Tendenzdramen u. –novellen (›Työmiehen vaimo‹, ›Kovan onnen lapsia‹), Primat der gesellschaftskrit. Aussage. Ab 1890 durch Tolstojs Ideen versöhnl. Ton (›Papin perhe‹), zunehmendes Interesse an der Psychologie weibl. Figuren (›Anna Liisa‹). Löste in ihrer Zeit heftige Diskussionen aus.

W: Työmiehen vaimo, Tr. 1885; Hanna, E. 1886; Köyhää kansaa, N. 1886; Kovan onnen lapsia, Dr. 1888; Kauppa-Lopo, N. 1889 (Trödel-Lopo, d. 1910); Papin perhe, Tr. 1891; Novelleja, Nn. 1892 (dt. Ausw. M. Buch 1894, E. Brausewetter 1909, J. J. Meyer 1910); Sylvi, Dr. 1893 (Blinde Klippen, d. E. Stine [Emilie Stein]

1907); Anna-Liisa, Tr. 1895. – Kootut teokset (GW), V 1917–44.

L: L. Hagmann, M. C. Elämänkerta, II 1906–11; H. Setälä, 1910; V. Tarkiainen, 1921; H. Vilkemaa, 1931; G. v. Frenckell-Thesleff, M. C. och ›Det unga Finland‹, 1942; H. Asp, M. C. Läheltä nähtynä, 1948; H. Kannila, M. C. kirjallinen tuotanto, 1967; R. Nieminen, M. C., Kirjailija ja kauppias, 1990; K. Mäkinen u. T. Uusi-Hallila, M. C.-Taiteilija ja taistelija, 2003.

Cantilène de Sainte Eulalie → Eulaliasequenz

Cantoni, Alberto, ital. Erzähler, 16. 11. 1841 Pomponesco b. Mantua – 11. 4. 1904 Mantua. – Vf. gefühlvoll-humorist. Grotesken, Romane, Kurzgeschichten u. Memoiren in klass. Prosa. Von Pirandello als s. Vorläufer bezeichnet.

W: Il demonio dello stile, Nn. 1887; Un re umorista, Mem. 1891; L'altalena delle antipatie, N. 1893; Pietro e Paolo, R. 1897; Scaricalasino, Groteske 1901; L'illustrissimo, R. 1906 (d. 1991); Lettere di A. C. a L. A. Villari, hg. E. Providenti 1993.

L: E. Gianelli, 1909.

Cantù, Cesare, ital. Historiker u. Literat, 5. 12. 1804 Brivio (Como) – 11. 3. 1895 Mailand. Lehrer in Sondrio, Como u. Mailand. 1833/34 von Österreichern wegen angebl. Hochverrats gefangengesetzt, dann freigesprochen, aber mit Lehrverbot. 1848 aus polit. Gründen Flucht nach Turin. Leiter des Mailänder Staatsarchivs, 1. Präsident der 1874 gegründeten ›Società Storica Lombarda‹. – Als Freund u. Bewunderer Manzonis kommentierte C. dessen Werke u. ahmte ihn in s. eigenen erzählenden Werken nach, mit denen er im patriot. Geist erzieher. auf die Jugend wirken wollte. Als kathol. Historiker sehr fruchtbar, am bedeutendsten s. 35bändige, auf langer Forschungsarbeit beruhende, aber sehr moralisierende Universalgeschichte.

W: Margherita Pusterla, R. 1838 (d. 1841); Storia universale, XXXV 1838–46 (d. XIII 1858–69); L'abate Parini e la Lombardia del secolo passato, St. 1854; Storia della letteratura italiana, 1865; Poesie, G. 1870; Racconti storici e morali, 1871; Novelle brianzuole, 1883.

L: P. Manfredi, 1905; G. Casati, 1927; G. B. Viganò, 1960.

Cao Pi, chines. Dichter und Literaturtheoret., 187–226, älterer Bruder des Dichters → Cao Zhi; erster Herrscher der Wei-Dynastie. – Vf. von Gedichten (shi- und yuefu-Lieder) sowie Rhapsodien (fu), oft von Trauer über Vergänglichkeit geprägt. Bedeutend v.a. durch s. Beitrag zu Lit. kritik und Genre-Kategorisierung (›Lun wen‹, Über Lit.); betont ästhet. Wert der Lit. und individuellen Stil, gegen didakt. Funktion und Nachahmung.

W: Wei Wendi shizhu (GW), 1958; Lun wen (On Literature, engl. in: D. Holzman, Literary Criticism in China, Asiat. Studien 28/2, 1974).

L: W. Schulte, 1973.

Cao Xuequin → Cao Zhan

Cao Yu (eig. Wan Jiabao), chines. Bühnenautor, 24. 9. 1910 Qianjiang (Hubei) – 13. 12. 1996. 1930–33 Stud. Tsinghua-Univ. Peking; 1935 Leiter der Nationalen Akad. für Bühnenkunst Nanking. 1946 USA-Besuch mit Lao She. 1950 Direktor des Pekinger Volkstheaters. – Vf. zahlr. Bühnenwerke: realist. Darstellung der Konflikte im traditionellen chines. Familiensystem. Führender Bühnenautor des mod. China, bes. erfolgr. mit ›Leiyu‹ (Gewitter). Übersetzte Shakespeares ›Romeo und Julia‹.

W: Leiyu, Dr. 1936 (Gewitter, d. 1980); Richu, Dr. 1936 (Sonnenaufgang, d. 1981); Yuanye, Dr. 1937 (The Wilderness, engl. 1980); Beijingren, Dr. 1947 (Peking Man, engl. 1985); Minglang de tian, Dr. 1956 (Bright Skies, engl. 1960); Yingchun ji, Ess. 1958.

L: J. S. M. Lau, Ts'ao Yü, Hongkong 1970; J. Y. H. Hu, N. Y. 1972.

Cao Zhan (auch Cao Xueqin), chines. Romanautor, um 1715 Nanking – 1. 2. 1764 Peking. Aus reicher Beamtenfamilie, verarmte 1728 nach Konfiskation des Vermögens wegen Verschuldung s. Vaters; Umzug nach Peking, dort in ärml. Verhältnissen lebend. – Der Verfall s. Familie war wohl maßgebl. Eindruck für die Abfassung s. Romans ›Hong lou meng‹ (Traum des roten Turmgebäudes), begonnen um 1744; Titel zunächst ›Shiton ji‹ (Geschichte eines Steins), geplant als Theaterstück. Die Textgeschichte des H. ist kompliziert; vermutl. zunächst 80–Kapitel-Fassung von C., später durch Gao E 1792 erweitert zu jetziger Fassung (120 Kapitel), aber auch umgearbeitet, wie Funde der ursprüngl. Fassung erkennen lassen. Gao milderte die allzu krasse Schilderung feudaler Dekadenz, beseitigte pessimist. Stellen, gab buddhist. Tönung. Beschreibung der Liebesaffären e. jungen Mannes aus vornehmer Familie; der Romanheld Baoyu ist wohl Selbstporträt C.s. Scharfe Beobachtung, realist. Schilderung, psycholog. feinfühlige Art, namentl. bei Frauengestalten, sprachl. den hauptstädt. Dialekt wiedergebend. Als unübertroffenes Meisterwerk chines. Romankunst gleich nach Erscheinen beliebt bis in die Gegenwart; gleichzeitig wichtige kulturhist. Quelle über chines. Familienleben.

A: o. O. 1792; Peking 1957; III, Peking 1982. – *Übs.:* Der Traum der roten Kammer, d. 1932 (n. 1956, gekürzt); The Story of the Stone, V Harmondsworth 1973–82; A Dream of Red Mansions, III Peking 1978–80.

L: H. Eggert, 1939; Wu Shih-ch'ang, Oxf. 1961; L. Miller, Tucson 1975; A. H. Plaks, Princeton 1976.

Cao Zhi, chines. Dichter, 192 Qiao (Anhui) – 232. Sohn des Cao Cao (155–220), des Begründers der Dynastie Wei. Überwarf sich mit s. Vater, 220 rehabilitiert, aber danach nicht mehr in polit. Stellung tätig. – Gleich s. Vater und s. älteren Bruder → Cao Pi (188–226) hervorragender Dichter; schrieb Gedichte in freiem Stil, daneben auch kunstvolle Reimprosa nach dem Vorbild der Chuci.

A: Wei Wudi Wei Wendi shizhu, 1961. – *Übs.:* E. v. Zach, Cambr./MA 1958; G. W. Kent, N. Y. 1969.

Capdevila, Arturo, argentin. Schriftsteller, 14. 3. 1889 Córdoba – 20. 12. 1967 Buenos Aires. Jurist, Lit.-Prof., publizierte mit großem Erfolg mehr als 100 Bücher aller lit. Gattungen.

W: Melpómene, G. 1912; La Sulamita, Dr. 1916; Córdoba del recuerdo, Ess. 1923; Babel y el castellano, St. 1928; El apocalipsis de San Lenin, G. 1929; Las invasiones inglesas, St. 1938; Obras escogidas, 1958.

L: F. Estrella Gutiérrez, 1961.

Čapek, Josef, tschech. Schriftsteller u. Maler, 25. 3. 1887 Hronov – zwischen 5. und 24. 4. 1945 KZ Bergen-Belsen. Arztsohn, älterer Bruder Karels; Stud. bildende Künste Prag u. Paris; Redakteur von ›Národní listy‹, ›Život‹, ›Světozor‹ u. a., 1920–39 Kritiker der Zt. ›Lidové noviny‹; starb nach langer Haft an Typhus im KZ. – Als Maler u. Graphiker Wegbereiter der nachimpressionist. Kunst, bes. des Kubismus, den er auch in theoret. Schriften vertrat. Als Schriftsteller gab Č. mit s. Bruder, dessen Bücher er illustrierte, 6 Bände neuklassizist. Erzählungen u. Dramen heraus. In s. eigenen, stark expressionist. Werken bricht Č. mit der pragmat. Philosophie, um sich erneut mit der ontolog. Frage nach dem Sinn des Seins zu befassen. Die Angst vor dem Chaos u. der Sinnlosigkeit des Lebens, das Bewußtsein des Fehlens eth. Werte bringen den Dichter an den Rand des Nihilismus, vor dem ihn nur die Liebe zur leidenden Menschheit rettet. Verf. geistreicher Feuilletons u. Essays sowie humorvoller Jugendbücher.

W: Zářivé hlubiny, En. 1916 (m. Karel; Lelio, En. 1917; Krakonošova zahrada, En. 1918 (m. Karel); Ze života hmyzu, Dr. 1921 (m. Karel; The Insect Play, engl. 1923); Pro delfína, En. 1923; Země mnoha jmen, Dr. 1923 (The Land of Many Names, engl. 1926); Umělý člověk, Feuill. 1924; Adam Stvořitel, Dr. 1927 (m. Karel); Ledacos, Feuill. 1928; Povídání o pejskovi a kočičce, M. 1929 (Geschichte vom Hündchen u. Kätzchen, 1958); Stín kapradiny, R. 1930 (Schatten der Farne, d. 1936); Kulhavý poutník, St. 1936; Básně z koncentračního tábora, G. 1946. – Spisy bratří Čapků (W), LI 1928–48; Psáno do mraků, 1936–39, Ausw. 1970; Dílo bratří Čapků (W), 1954–71.

L: V. Nezval, 1937; J. Pečírka, 1961; F. Langer, Byli a bylo, 1963; H. Čapková, Moji milí bratři, 1962, ³1986; V. Havel, V. Ptáčková, J. Č. Dramatik a jevištní výtvarník, 1963 (mit Bibl.); M. Halík, J. Slavík, Bojovné dílo J. Č., 1964; J. Opelík, 1980. – *Bibl.:* J. Č a kniha, hg. V. Thiele 1958.

Čapek, Karel, tschech. Schriftsteller, 9. 1. 1890 Malé Svatoňovice – 25. 12. 1938 Prag. Bruder Josefs. Stud. Philos. Prag, Berlin, Paris, wo er in pragmat. Philos. promovierte; 1917–20 Mitarbeiter der Zt. ›Národní listy‹, ab 1920 Feuilletonist der Zt. ›Lidové noviny‹, 1921–23 Dramaturg des Theaters auf den Weinbergen (Prag). – Begann mit geistreichen Causerien u. neuklassizist. Erzählungen, die er zusammen mit s. Bruder veröffentlichte, sowie der metaphys. Prosa ›Boží muka‹, in der er über den Sinn des Seins u. die Tiefen der menschl. Seele meditiert, erkennt jedoch die Unerreichbarkeit e. absoluten Lösung u. wendet sich als Vertreter des Pragmatismus und e. echten Humanitätsidee den Alltagssorgen des kleinen Mannes zu, die er mit nachsichtigem Humor, unter Anwendung der Umgangssprache u. versch. Stilmittel aus den niederen lit. Gattungen in realist.-genreartiger Kleinmalerei expressiv zur Darstellung bringt. In utop. Dramen mit vorwiegend aktueller Thematik, die Č. bald die europ. Bühnen eroberten, u. in Romanen, für die die Naturwiss. zahlr. Inspirationen gaben, übt Č. Kritik am absoluten Kult der Zivilisation u. des Titanismus, lehnt Krieg u. Gewalt ab u. stellt Evolution über Revolution. S. künstler. Höhepunkt erreichte er in der Romantril. ›Hordubal‹, ›Povětroň‹, ›Obyčejný život‹, in der jeweils e. Vorgang aus der Perspektive versch. Betrachter psycholog. durchdrungen wird. Als Feuilletonist e. würdiger Nachfolger Nerudas, reagiert Č. krit. auf alle Begebenheiten des tägl. Lebens. S. Reisen nach Holland, England, Italien, Spanien u. Skandinavien fanden ihren Niederschlag in scharfsinnigen Reiseberichten. Übs. aus dem Franz.

W: Zářivé hlubiny, En. 1916 (m. Josef); Boží muka, En. 1917 (Gottesmarter, d. 1918); Krakonošova zahrada, En. 1918 (m. Josef); Loupežník, Dr. 1920; R. U. R., Dr. 1920 (W. U. R., d. 1922); Trapné povídky, En. 1921; Ze života hmyzu, Dr. 1921 (m. Josef; d. Aus dem Leben der Insekten); Továrna na Absolutno, R. 1922 (Fabrik des Absoluten, d. 1924; u. d. T. Das Absolutum oder die Gottesfabrik, 1990); Věc Makropulos, Dr. 1922 (Die Sache Makropulos, d. 1922); Italské listy, Reiseber. 1923 (Was mir in Italien gefiel und nicht gefiel, d. 1961); Krakatit, R. 1924 (d. 1949, 1991); Anglické listy, Reiseber. 1924 (Seltsames England, d. 1953); Adam Stvořitel, Dr. 1927 (m. Josef); Hovory s T. G. Masarykem, Ess. III 1928–35; Povídky z jedné kapsy, En. 1929; Povídky z druhé kapsy, En. 1929 (Aus der einen Tasche in die andere, d. V. Schwarz 1929, G. Ebner-Eschenhaym 1957); Zahradníkův rok, Causerien 1929 (Das Jahr des Gärtners, d. 1937); Výlet do Španěl, Reiseber. 1930 (Ausflug nach Spanien, d. 1961); Dášeňka, E. 1932 (d. 1934, 1995); Obrázky z Holandska, Reiseber. 1932 (Liebenswertes Holland, d. 1957); Apokryfy, Causerien 1932 (Wie in alten Zeiten, d. 1958, u. d. T. Von Prometheus bis Napoleon, 1964); Hordubal, R. 1933 (d. 1934, 1999); Povětroň, R. 1934 (Meteor, d. 1999); Obyčejný život, R. 1934 (Ein gewöhnliches Leben, d. 1999); Mlčení s T. G. Masarykem, Es. 1935; Válka s mloky, R. 1936 (Der Krieg mit den Molchen, d. 1936, 1993); Cesta na sever, Reiseber. 1936 (Reise nach dem Norden, d. 1938); První parta, R. 1937 (Die erste Kolonne, d. 1938); Bílá nemoc, Dr. 1937 (Die weiße Krankheit, d. 1937); Matka, Dr. 1938 (The Mother, engl. 1939); Kalendář, Feuill. 1940 (Kalender, d. 1945); O lidech, Feuill. 1940 (Vom Menschen, d. 1947). – Spisy bratří Čapků (W), LI 1928–48; Dílo bratří Čapků (W), 1954–71; Výbor z díla (Ausw.), V 1958; Spisy, 1980 ff. – Übs.: Schriften d. Brüder K. u. J. Č., III 1936 f.

L: V. Nezval, 1937; A. v. Santen, 1949; W. E. Harkins, N. Y. 1962; I. Klíma, 1962; J. Branžovský, 1963; A. Matuška, Člověk proti skáze, 1963 (engl. 1964); O. Malevič, 1968; M. Halík, 1983; H. Čapková, Moji milí bratři, 1962, ³1986; F. Buriánek, Čapkovské variace, 1984; E. Thiele, 1988. – *Bibl.:* B. Mědílek u. a., Bibliografie K. Č. 1990.

Čapek-Chod, Karel Matěj, tschech. Schriftsteller u. Journalist, 21. 2. 1860 Domažlice – 3. 11. 1927 Prag. Bauernsohn, jahrelang Berichterstatter versch. Zss. auf dem Lande, ab 1900 Mitarbeiter der ›Národní listy‹. – Bedeutendster Vertreter des tschech. Naturalismus. Mit feinem Einfühlungsvermögen und scharfer Beobachtungsgabe analysiert Č.-Ch. die Lebensgewohnheiten u. das Milieu aller Gesellschaftsschichten, mit denen er durch s. Beruf in Berührung gekommen war, vom Künstler, Wissenschaftler u. Bürger bis zum einfachen Arbeiter u. den Ausgeburten der Unterwelt, wobei er als pessimist. Materialist die Abhängigkeit des Individuums von Umgebung u. Materie, die e. eth. Weiterentwicklung unmöglich macht, in barock-grotesker Art darstellt. Erst in s. späteren Werken überwindet Č.-Ch. diese Einstellung, indem er s. Helden e. Läuterung durchmachen läßt.

W: Povídky, En. 1892; V třetím dvoře, R. 1895; Patero novel, En. 1904; Kašpar Lén mstitel, R. 1908; Nové patero, En. 1910; Patero třetí, En. 1912; In articulo mortis, E. 1915; Turbína, R. 1916; Antonín Vondrejc, R. 1917/18; Jindrové, R. 1921; Vilém Rozkoč, R. 1923; Humoreska, R. 1924; Řešany, R. 1927. – Spisy (GW), VIII 1921–38; Dílo (W), VIII 1955–62.

L: M. Rutte, Doba a hlasy, 1929; F. Kovárna, 1936; V. Šach, 1949.

Capékerne, Jean → Le Goffic, Charles

Capellanus, Andreas → Andreas Capellanus, franz. André le Chapelain

Capmany, Maria Aurèlia, katalan. Schriftstellerin, 3. 8. 1918 Barcelona – 2. 10. 1991 ebda. Stud. Philos. u. Lit.wiss., Lehrerin, ab 1983 kulturpolit. Aufgaben. – Neben M. Rodereda bedeutendste katalan. Autorin der Gegenwart; Romane, Erzählungen, Essays (v. a. zu Frauenfragen), Theaterstücke, Fernseh- u. Hörspiele, Übs.

W: Betúlia, R. 1956; Un lloc entre els morts, R. 1967; Vent de garbí i una mica de por, Dr. 1968; Feliçment, jo sóc una dona, R. 1969; El feminisme a Catalunya, Es. 1973; Coses i noses, En. 1981; Mala memòria, Aut. 1987. – Obres completes, VI 1993–98.

Capote, Truman (eig. Truman Streckfus Persons), amerik. Schriftsteller, 30. 9. 1924 New Orleans – 25. 8. 1984 Los Angeles. Reisen nach Haiti und Europa; lebte in New York, anfangs als ›Wunderkind‹ gefeiert, später als Mitgl. des Jet-set mit Vorliebe Gegenstand der Klatschspalten. – S. an Proust und Joyce geschulte poet. Prosa fängt die exot. Atmosphäre und die Dekadenz des amerik. Südens erfolgreich ein. C.s Thema ist die seel. Not von Jugendlichen und Sonderlingen in einer meist stimmungsvoll geschilderten Umwelt (Süden, New York, Mittelwesten), etwa in ›Other Voices, Other Rooms‹ (Reifeprozeß eines Jungen aus New Orleans), ›The Grass Harp‹ (unschuldige Menschen fliehen vor der Gesellschaft in ein Baumhaus; von ihm auch erfolgreich dramatisiert) und ›Breakfast at Tiffany's‹ (ein Mädchen aus Texas in New York). C.s erfolgreichstes Werk ›In Cold Blood‹, der Bericht über einen Mordfall in Kansas und die Ermittlung sowie Verurteilung und Hinrichtung der beiden Täter, perfektionierte das relativ neue Genre des dokumentar. Sachromans und war von zentraler Bedeutung für den New Journalism.

W: Other Voices, Other Rooms, R. 1948 (d. 1950); Tree of Night, Kgn. 1949 (d. 1957); Local Color, Ess. 1950 (d. 1960); The Grass Harp, R. 1951 (d. 1952), Dr. 1952 (d. 1954); House of Flowers, Dr. 1955 (m. H. Arlen; d. 1959); A Christmas Memory, E. 1956 (d. 1967); The Muses Are Heard, Ess. 1957 (d. 1961); Breakfast at Tiffany's, R. 1958 (d. 1959); Observations, Bb. 1959; In Cold Blood, R. 1966 (d. 1966); The Thanksgiving Visitor, E. 1968 (Chrysanthemen sind wie Löwen, d. 1970); The Dogs Bark, En. 1974 (d. 1974); Answered Prayers, Fr. 1975 (d. 1987); Then It All Came Down, Ess. 1976; Music for Chameleons, Kgn. 1980 (d. 1981); Conversations with Capote, 1985 (Ich bin schwul. Ich bin süchtig. Ich bin ein Genie, d. 1986). – Selected Writings, 1963 (Haus auf den Höhen, d. 1963; Ausw. auch u. d. T. Viele Wege führen nach Eden, 1965). *Übs.:* – Ges. Erzählungen, 1970.

L: I. Malin, 1968; W. L. Nance, 1970; H. S. Garson, 1980; K. T. Reed, 1981; M. Rudisill, 1983; J. M. Brinnin, 1986; G. Clarke, 1988; M. Moates, 1989. – *Bibl.:* R. Stanton, 1980.

Capriolo, Paola, ital. Erzählerin, * 1962 Mailand. Stud. Germanistik, lebt in Mailand. Übs. dt. Lit. (Goethe, Keller, Th. Mann u.a.). Mitarbeit an versch. Zeitungen, u. a. ›Corriere della sera‹. – Stilist. der europ. Erzähltradition des Realismus und der klass. Moderne (Dostoevskij, Kafka, Th.

Caproni

Mann) verpflichtet. In ihren psycholog. orientierten Romanen dominiert e. mag.-onir. Atmosphäre.

W: La grande Eulalia, En. 1988; Il nocchiero, R. 1989; Il doppio regno, R. 1991; La ragazza dalla stella d'oro, Märchen 1991; Vissi d'amore, R. 1992 (d. 1995); La spettatrice, R. 1995; Un uomo di carattere, R. 1996; L'assoluto artificiale. Nichilismo e mondo dell'espressione nell'opera saggistica di Gottfried Benn, Es. 1996; Con i miei mille occhi, R. 1997; Barbara, R. 1998; Il sogno dell'agnello, R. 1999; Una di loro, R. 2001.

Caproni, Giorgio, ital. Lyriker, 7. 1. 1912 Livorno – 22. 1. 1990 Rom. In Genua Lehrerausbildung, gleichzeitig Stud. Philos. Schrieb für versch. Zeitungen, übs. Proust, Baudelaire u. a. Hielt sich fern von den lit. Salons der Hauptstadt. – S. Dichtung orientierte sich zunächst am Neoklassizismus Carduccis, nach dem Schock der Kriegserlebnisse Rückbesinnung auf das Wesentliche und Suche nach der einfachen Form.

W: Come un'allegoria, G. 1936; Ballo a Fontanigorda, G. 1938; Finzioni, G. 1941; Cronistoria, G. 1943; Il passaggio d'Enea, G. 1956; Il seme del piangere, G. 1959; Congedo del viaggiatore cerimonioso, G. 1965; Il muro della terra, G. 1975; Il franco cacciatore, G. 1982; Il Conte di Kevenhüller, G. 1986; Res Amissa, G. 1991; Tutte le Poesie, 1999. – *Übs.*: Gedichte, Ausw. H. Helbling 1990.

L: A. Dei, 1992 (m. Bibl.); B. Fabrotta, 1993; G. Leonelli, 1997.

Capuana, Luigi, ital. Schriftsteller, 29. 5. 1839 Mineo/Catania – 29. 11. 1915 Catania. Aus reicher Grundbesitzerfamilie, Stud. in Catania. Längerer Aufenthalt in Florenz u. Mailand. Journalist; ab 1902 Univ.-Prof. für Ästhetik u. Stilistik in Catania. Auch polit. tätig, 1875 Bürgermeister von Mineo. – Erzähler, Dramatiker, Kritiker u. Lit.historiker. Begr. des naturalist. Romans in Italien. Als Dramatiker ohne Erfolg, wurde er naturalist. Erzähler nach Vorbild Balzacs u. Zolas. Mit G. Verga Hauptvertreter der verist. (naturalist.) Schule Italiens. Von Hegel ausgehend die Forderung der Wissenschaftlichkeit auch in der Dichtung. Interesse am patholog. Fall. Einfluß Dostoevskijs bes. im Roman ›Il Marchese di Roccaverdina‹, in dem der Wahnsinn e. verbrecher. Marchese aus altem Geschlecht analysiert wird. Als Kritiker folgte er De Sanctis. D'Annunzio ahmt ihn in s. Novellensammlung ›Terra vergine‹ nach.

W: Profili di donne, Nn. 1877; Giacinta, R. 1879; Studi sulla letteratura contemporanea, V 1879–82; C'era una volta, Kdb. 1882; Profumo, R. 1890; Le appassionate, Nn. 1893; Le paesane, Nn. 1894; Il raccontafiabe, Kdb. 1894; Il drago, Kdb. 1895; Il braccialetto, 1897; Fausto Bragia, Nn. V 1897; Schiaccianoci, 1897; Gli ismi contemporanei, 1898; Scurpiddu, Kdb. 1898; Il Marchese di Roccaverdina, R. 1901 (d. 1967); Rassegnazione, R. 1907; State a sentire!, 1908; Passa l'amore, 1908;

Chi vuol fiabe, chi vuole?, 1908; Nel paese della zàgara, 1910; Teatro dialettale siciliano, V 1911–21; La voluttà di creare, Nn. 1911; Perdutamente!, 1911; Eh! ... La vita, 1913; Tirituf, R. 1915. – Le piu belle pagine (Ausw.), 1940; Racconti, hg. E. Ghichetti II 1974; Teatro italiano II, hg. G. Oliva 1999.

L: A. Pellizzari, 1919 (m. Bibl.); R. G. Ceriello, 1943; E. Scalia, N. Y. 1952; E. Petrini, 1954; C. di Blasi, 1954; G. Marchese, 1964; M. Zangara, 1964; V. P. Traversa, Den Haag 1968; C. A. Madrignani, 1970; S. Zapulla Muscarà, 1984. – *Bibl.*: G. Raya, 1969; J. Davies, 1979.

Capus, Vincent Marie Alfred, franz. Journalist, Romancier u. Dramatiker, 25. 11. 1858 Aix-en-Provence – 1. 11. 1922 Neuilly-sur-Seine. Ab 1894 bis Lebensende Redakteur des ›Figaro‹ u. Mitarbeiter an anderen Zsn.: ›Echo de Paris‹, ›Le Gaulois‹, ab 1914 e. s. Hrsg. Ab 1917 Mitgl. der Académie Française. – Vf. glänzender polit. Artikel von ätzender Schärfe. S. in der Vorkriegszeit sehr erfolgreichen Komödien entsprechen dem Geist des Bürgertums vor dem 1. Weltkrieg. Wie s. Romane sind sie mit nachsichtiger Ironie geschrieben und finden durchweg e. optimist. Ende. S. Helden sind Jedermannstypen in einer Krisensituation.

W: Les honnêtes gens, R. 1878 (m. L. Vonoven); Qui perd gagne, R. 1890 (d. H. Mann 1901); Faux départ, R. 1891; Années d'aventure, R. 1895; Brignol et sa fille, Dr. 1895; La bourse ou la vie, Dr. 1900; La veine, Dr. 1901; La petite fonctionnaire, Dr. 1901; Les deux écoles, Dr. 1902; Les maris de Léontine, Dr. 1903; Notre jeunesse, Dr. 1904; M. Piégeois, Dr. 1905; Les passagères, Dr. 1906; Robinson, Dr. 1910; Les favorites, Dr. 1911; Les mœurs du temps, Ess. II 1912f.; L'institut de beauté, Dr. 1913; La traversée, Dr. 1920; Scènes de la vie difficile, R. 1922; Les Pensées, 1988. – Théâtre complet, VIII 1910–23.

L: E. Quet, 1904; C. M. Noël, 1909; F. Vincent, Ames d'aujourd'hui, 1923.

Čapygin, Aleksej Pavlovič, russ. Schriftsteller, 17. 10. 1870 Bol'šoj ugol/Gouv. Olonec – 21. 10. 1937 Leningrad. Vater Bauer. – Ab 1903 Vf. von Erzählungen und Romanen über das Leben nordruss. Bauern; schrieb nach 1917 Tril. ›Razin Stepan‹ sowie ›Guljaščie ljudi‹, e. Roman über die Bauernschaft vor dem Aufstand Razins; versuchst künstl., die Sprache des 17. Jh. nachzuahmen.

W: Neljudimye, En. 1913; Belyj skit, R. 1913 (Das weiße Kloster, d. 1922); Razin Stepan, R. 1926/27 (d. 1953); Guljaščie ljudi, R. 1937. – Sobranie sočinenij (W), VII 1928; V 1967–69; III 1996.

Car, Emin Viktor, kroat. Dramatiker und Erzähler, 1. 11. 1870 Kraj b. Lovran – 17. 4. 1963 Opatija. Lehrer, 1945 freier Schriftsteller und Journalist in Opatija. – In realist. Romanen, Dramen u. Erzählungen sowie in s. publizist. Beiträgen behandelt C. den kulturellen u. nationalen Kampf s. istr. Heimat und schildert die wirtschaftl. u. soz. Probleme, die aus dem Verfall der Segelschiffahrt erwuchsen. Auch Kinderbücher.

W: Pusto ognjište, R. 1900; Zimsko sunce, R. 1903; Usahlo vrelo, R. 1904; Iza plime, R. 1913; Nevidljivi Jurić, Kdb. 1922; Novi Robinzoni, Kdb. 1922; Na straži, Dr. 1923; Nove borbe, R. 1926; Naša Mare, R. 1931; Oj more duboko, En. 1952. – Djela (W), II 1956; Izabrana djela, hg. B. Donat II 1977, 1981.

Caragiale, Ion Luca, rumän. Dramatiker u. Erzähler, 30. 1. 1852 Haimanalele, Prahova – 9. 6. 1912 Berlin; Schauspielersohn, Souffleur, Journalist, Privatlehrer, 1877 Redakteur bei ›Timpul‹ mit Eminescu u. Slavici, Übs.; Mitgl. der ›Junimea‹, Beamter, 1881–84 Schulinspektor, 1888/89 Direktor des Nationaltheaters, Gastwirt in Bukarest, ∞ 1894 Alexandrina Burelly. Anhänger versch. polit. Parteien, ging 1904 freiwillig ins Exil nach Berlin. – Größter rumän. Dramatiker. S. Komödien und Skizzen geißeln e. Bourgeoisie, die sich seriös gibt, verhöhnen die den Fremden nachgeahmten Formen mit nationalist. Intransigenz, ohne dabei bessere Lösungen vorzuschlagen; er verspottet so gründl., daß seitdem in Rumänien jede patriot. Rhetorik verdächtig wirkt. Unbarmherzig deckt er menschl. Schwächen auf, verzerrt u. übertreibt sie derart, daß man schließl. mit s. Opfern sympathisiert, auch wenn man sie belacht, weil sie der Willkür e. genialen Spötters preisgegeben sind. S. Trauerspiel ›Năpasta‹ (Das Unheil) u. s. trag. Novellen vereinen russ. Leidenschaft, roman. Klarheit u. oriental. Zauber; feinsinniger Beobachter.

W: O noapte furtunoasă, K. (1879; Stürmische Nacht, d. 1955); Conu Leonida față cu reacțiunea, K. 1880 (d. 1962); O scrisoare pierdută, K. (1884; Ein Brief ging verloren, d. 1952); D'ale Carnavalului, K. 1885; Teatru, 1889; O făclie de Paști, N. 1889 (Eine Osterkerze, d. 1892); Năpasta, Tr. 1890; Păcat, N. 1892; Note și schițe, Nn. 1892; Schițe, 1897; La Hanul lui Mânjoală, E. 1898; Momente, Sk. 1901; Nuvele și povestiri, 1908; Kir Ianulea, E. 1909 (franz. 1939); Schițe nouă, Nn. 1910. – Opere (Werke); hg. P. Zarifopol, Ș. Cioculescu VII 1930–42, hg. A. Rosetti u.a. IV 1959–65. – Übs.: AW, II 1953; Werke, 1962; Sünde, Nn. u. Sk. 1897; Der Erholungszug, N. 1944; Der verlorene Brief u. a. Lsp., 1952; Zu vermieten u.a. Skizzen, 1954; Dramen, 1954; Die Armen halten Gericht, Nn. 1955; Ein Glückspilz, Nn. 1960.

L: H. P. Petrescu, Diss. Lpz. 1911; G. Bertoni, La lingua di un umorista romeno, I. L. C., Florenz 1930; A. Colombo, Rom 1934; B. Iordan, L. Predescu, 1939; I. Roman, 1964; B. Elvin, Modernitatea clasicului I. L. C., 1967; Ș. Cazimir, 1967; Ș. Cioculescu, ²1969; E. D. Tappe, N. Y. 1974; A. Călinescu, 1976; M. Tomuș, 1977; M. Iorgulescu, 1988; M. Bucur, 1989.

Caragiale, Mateiu, rumän. Schriftsteller, 25. 3. 1885 Bukarest – 17. 1. 1936 ebda. Sohn des Dramatikers Ion Luca C.; humanist. Stud. Bukarest, längerer Aufenthalt in Berlin, Reisen in West- u. Südeuropa, Miniaturmaler, Heraldiker, hoher Beamter. – Aristokrat des Stils, beschreibt in einmalig schöner Sprache e. versunkene, irreale Welt, in der sich alles an der Grenze des Traumes bewegt.

W: Remember, R. 1924; Craii de Curtea Veche, R. 1929 (Die Ritter vom Alten Hof, d. 1963, in: Der Tod der Möwe, hg. J. P. Molin); Pajere, G. 1936. – Opere, 1936.

L: T. Vârgolici, 1970; O. Cotruș, E. Papu, 1977.

Caraion, Ion (eig. Stelian Diaconescu), rumän. Dichter, 24. 5. 1923 Viperești – 21. 7. 1986 Lausanne. Stud. Philos. Bukarest. S. radikalen polit. Konversionen brachten Gefängnis, Schreibverbot u. Todesurteil, beeinträchtigten aber nicht s. dichter. Kraft. Er verstand sich immer als der absolut einsame Kämpfer mit dem überwältigenden Kosmos. Trotz s. Bemühungen, die samtweiche Sprache Arghezis fortzusetzen, übernahm er bloß dessen Gefängnisjargon. Daher ›Cântece negre‹ (Schwarze Lieder) als Titel e. Gedichtbandes. Nach 11 Jahren Haft akzeptierte er die Haltung der vorgetäuschten Gnade des Regimes nicht u. verließ 1981 s. Heimat. Die letzten Jahre im Exil sind gekennzeichnet durch e. reiche lit. Aktivität in internationalen Zsn., wobei sich der Schwerpunkt von der Lyrik zur Sozialkritik u. sogar zum aufrüttelndem Pamphlet verlagert.

W: Panopticum, G. 1943; Cântece negre, G. 1946; Munții de os, G. 1972; Frunzele în Galaad, G. 1973; Insectele tovarășului Hitler, Ess. 1982.

L: Hommage à I. C., Lausanne 1984.

Carcano, Giulio, ital. Erzähler, 7. 8. 1812 Mailand – 30. 8. 1884 Lesa/Lago Maggiore. Adliger Herkunft, promovierte in Jura in Pavia; dann in Mailand als Vize-Bibliothekar. 1848–50 im polit. Exil in Piemont u. Schweiz. Ab 1859 Inhaber mehrerer hoher Ämter in der Regierung, 1876 Senator. – C. schrieb als typ. Romantiker s. Erzählungen u. Romane im Stil Manzonis, war aber auch dem Einfluß franz. u. engl. Romantiker zugänglich. Beschrieb mit Vorliebe das einfache, häusl. Milieu. Übs. Shakespeares (XII, 1875–82).

W: Ida della Torre, Vers-N. 1834; Angiola Maria, R. 1839; Armonie domestiche, G. 1841; Il manoscritto di un vicecurato, R. 1850; Damiano, R. 1850; Novelle campagnuole, Nn. 1871, 1984; Gabrio e Camilla, R. 1874; La Nunziata, Nn. 1984. – Opere complete, X 1892–96 (ohne Shakespeare-Übs.).

L: A. Bleyer, G. C.s Romane u. Prosanovellen, 1902; F. Bernetti, 1918; R. Schwaderer, 1987.

Carco, Francis (eig. François Carcopino-Tusoli), franz. Schriftsteller, 3. 7. 1886 Nouméa/Neukaledonien – 26. 5. 1958 Paris. Kors. Eltern, Vater Gefängnisbeamter; 9jährig in Frankreich, Gymnas. Agen, ab 1910 in Paris, gründet 1911 mit Toulet die Gruppe der ›Fantaisistes‹, ab 1937 Mitgl. der Académie Goncourt. – Berühmt durch Romane in argotnaher Sprache, die die Boheme, Halb- und Unterwelt des Montmartre vor dem 1. Weltkrieg objektiv und leidenschaftslos, aber doch mit Sympathie darstellen. Moralist; vertieft in den späteren Werken die psycholog. Analyse. S. Memoirenwerke sind bedeutende Dokumente für das zeitgenöss. künstler. Leben in Frankreich, erschließen gleichzeitig C.s Innenleben. Eigenständige Gedichte mit Anklängen an Baudelaire, Verlaine und Villon und Lieder in schlichtem, proletar.-bohemehaftem Ton. Scharf- und feinsinnige Kunst- und Literaturkritiken: Studien über Vlaminck, Utrillo, Verlaine u. a. m.

W: La Bohème et mon cœur, G. 1912; Jésus-la-Caille, R. 1914, 1985 (d. 1922); L'équipe, R. 1919, 1989; Au coin des rues, R. 1919 (d. 1925); L'homme traqué, R. 1922, 1986 (d. 1924); Rien qu'une femme, R. 1923; Le roman de F. Villon, B. 1926; Rue Pigalle, R. 1927; De Montmartre au Quartier latin, Mem. 1927; Prisons de femmes, R. 1931; Brumes, R. 1935; Les hommes en cage, R. 1936; Le Bain, 1936; Verlaine, B. 1939; Poésies complètes, 1939 u. 1955; La danse des morts, R. 1944; L'ami des peintres, Es. 1944; Mortefontaine, G. 1946; Poèmes en prose, 1948; Morsure, R. 1949; Surprenant procès d'un bourreau, R. V 1955; Utrillo, B. 1956 (d. 1958).

L: H. Mondor, 1921; J. Peyré, 1923; M. Roya, Au coin du bois sacré, 1929; E. Campion, 1934; P. Chabaneix, 1949 (m. Bibl.); S. S. Weiner, N. Y. 1952; A. Négis, 1953; J.-J. Bédu, 2001.

Cardarelli, Vincenzo (eig. Nazareno), ital. Dichter u. Kritiker, 1. 5. 1887 Corneto Tarquinia (Viterbo) – 18. 6. 1959 Rom. Gastwirtssohn; keine geregelte Ausbildung, 1906 Rom, u. a. journalist. tätig, Mitarbeiter von ›La Voce‹ u. ›Lirica‹. E. der Gründer der Zs. ›La Ronda‹ (1919), in der er s. lit. Programm verkündete, das in der Rückkehr zu strengem Klassizismus bestand u. Leopardi zum Ideal erhob. Seit 1949 Hrsg. der Zs. ›La Fiera Letteraria‹. – Starker Einfluß auf die Entwicklung der ital. Lit. zwischen den beiden Kriegen. Formvollendete, verfeinerte Lyrik und am Leopardi geschulte Prosa.

W: Prologhi, G. u. Prosa 1916; Viaggi nel tempo, Prosa 1920; Terra genitrice, Prosa 1924; Il sole a picco, G. u. Prosa 1929; Poesie, 1936, 1942, 1958; Il cielo sulle città, Prosa 1939 (erw. 1949); Solitario in Arcadia, Prosa 1947; Viaggio di un poeta in Russia, Ber. 1954. – Opere Complete, hg. G. Raimondi 1962; Opere, hg. Martignoni 1981.

L: B. Romani, 1943; R. Risi, 1951; G. Grasso, 1982; S. Vecchio, 1989; A. Benevento, 1996.

Cardenal, Ernesto, nicaraguan. Dichter, * 20. 1. 1925 Granada. Stud. Philos. u. Lit., Klosterleben in den USA, Mexiko u. Kolumbien; 1965 kath. Priesterweihe. Kämpfte gegen die Diktatur Somozas; Exil. Nach dem Triumph der Sandinisten Erziehungsminister; wegen s. polit. Amtes vom Papst suspendiert. – Antikonventionelle Haltung, versucht Christentum u. Marxismus in Einklang zu bringen. In s. Lyrik dominiert die Suche nach Gerechtigkeit, die Liebe zu den Mitmenschen u. die Bewunderung der Natur.

W: La ciudad deshabitada, 1946; La hora 0, 1960 (d. 1974); Getsemaní, Ky, 1960; Epigramas, 1961; Salmos, 1964 (d. 1967); Oración por Marilyn Monroe, 1965 (d. 1972); El estrecho dudoso, 1966 (d. 1985); Homenaje a los indios americanos, 1969 (d. 1973, 1981); En Cuba, Reiseber. 1970 (d. 1977); Vida en el amor, relig. Ess. 1971 (d. 1971, 1977); Canto Nacional, 1972 (d. 1974); Oráculo sobre Managua, 1973 (d. 1974); Evangelio en Solentiname, 1975 (d. 1976); La santidad de la revolución, 1976; Canto cósmico, 1989 (d. 1995); Telescopio en la noche oscura, 1993 (d. 1994); Vida perdida, Aut. 1999. – *Übs.:* Das poetische Werk, IX 1985–89.

L: J. Promis Ojeda u. a., 1975; J. I. González-Balado, 1978; E. Urdanivia Bertarelli, 1984; Paul W. Borgeson, 1984; R. Schopf, 1985; H. Koch, 1990. – *Bibl.:* J. L. Smith, 1979.

Cardinal, Marie, franz. Erzählerin, * 9. 3. 1929 Algier. Philos.-Stud., Journalistin, militante Feministin. – Stellt die psych. Gefährdung von Frauen sowie Familienkonflikte dar.

W: Ecoutez la mer, 1962; La mue du corbillard, 1964; La souricière, 1965 (d. 1983); La clé sur la porte, R. 1975 (d. 1980); Les mots pour le dire, R. 1975 (Schattenmund, d. 1977); Une vie pour deux, R. 1978 (Die Irlandreise, d. 1979); Au pays de mes racines, R. 1980 (Die Reise nach Algerien oder Im Garten meiner Kindheit, d. 1982); Le passé empiété, 1983; Amours … amours, R. 1998.

L: H. Dammann, 1993; C. T. Hall, 1994.

Cardoso Pires, José Augusto Neves → Pires, José Augusto Neves Cardoso

Carducci, Giosuè (Ps. Enotrio Romano), ital. Lyriker u. Schriftsteller, 27. 7. 1835 Val di Castello/Toskana – 16. 2. 1907 Bologna. Vater Gemeindearzt, Anhänger Manzonis. Ging 1838 nach Bólgheri in der Maremma pisana. 1849 Schule bei den Frati Scolopi in Florenz, 1853 Scuola normale Pisa, 1855 Studienabschluß in klass. Philol. Mit Freunden in e. die Romantik bekämpfende Gruppe ›Amici pedanti‹. S. Bewerbung um e. Stellung als Prof. für Griech. in Arezzo wurde wegen s. atheist. u. liberalen Einstellung abgelehnt. Nov. 1858 Tod des Vaters, die Familie lebte in großer Armut in Florenz, Mitarbeit bei der Herausgabe ital. Dichter. ∞ 1859 Elvira Menicucci. 1860 Prof. für Griech. in Pistoia, 1861–1903 Prof. für ital. Lit. Univ. Bologna. ›Nuove

Poesie< u. >Odi barbare< begründeten s. Ruhm als polit. Dichter des neuen Italien. Die Ode >Alla Regina d'Italia< (1878) zeigt die Wandlung vom Republikaner zum Monarchisten. Weitere polit. Tätigkeit, großer Redner und Volkserzieher. 1890 Senator, 1899 Schlaganfall, 1904 Rücktritt vom Lehramt. 1906 Nobelpreis für Lit. – Verherrlicher der heroischen Vergangenheit Italiens im Gegensatz zu der von ihm als dekadent empfundenen Kultur s. Zeit. 1850–60 Nachahmung klass. Vorbilder (Horaz, Petrarca, Alfieri, Monti) nach der Art des Neoklassizisten U. Foscolo. 1861–87 >Rime nuove<, Naturschilderungen. Die Sonette >Ça ira< verherrlichen die Franz. Revolution. Gegner Manzonis und der kathol. Kirche, bes. durch den unter Pseudonym geschriebenen >Inno a Satana< (1863), Gedichte, die an die altital. Tradition anknüpfen: >Alle fonti di Clitumno<, >Per il monumento di Dante a Trento<, >Scoglio di Quarto<. In der Altersperiode (1888–98) erschienen >Rime e ritmi< mit Themen aus der Geschichte Italiens, in feierl. Stil.

W: Rime, 1857; Juvenilia, G. 1857; Inno a Satana, G. 1865; Levia Gravia, G. 1868; Decennalia, G. 1871; Nuove poesie, 1873; Studi letterari, 1874; Nuova poesie, 1875; Bozzetti critici e discorsi letterari, 1876; Odi barbare, 1877 (d. 1913); Giambi ed Epodi, 1879; Satana e polemiche sataniche, 1879; Nuove odi barbare, 1882; Ça ira, G. 1883 (d. 1893); Terze odi barbare, 1889; Rime e ritmi, 1897/98. – Opere, XX 1889–1909; Opere complete, XXX 1939–41; Antologia, hg. G. Mazzoni, G. Picciola 1929; Tutte le poesie, 1971; Prose, 1933; Epistolario, XXI 1938–60. – *Übs.:* Gedichte in Ausw., 1905, 1937.

L: G. Chiarini, ²1907; M. Azzolini, 1910; A. Jeanroy, 1911; F. D'Ovidio, Odi barbare, 1913; E. Hunziker, C. und Dtl., 1927; D. Petrini, 1927; A. Galletti, 1929; F. Hefti, Diss. Bern 1933; P. Bianconi, 1935; B. Croce, 1937; L. Russo, 1957; N. Busetto, ²1958; F. Flora, 1959; G. Sozzi, 1961; E. Caccia, 1970; F. Mattesini, 1975; U. Carpi, hg. 1987; M. Saccenti, hg. 1988; A. Piromalli, 1988. – *Bibl.:* G. Rossi, 1928; W. F. Smith, Colorado 1942; G. Santangelo, 1960.

Čʿarencʿ, Ełiše (d.i. Sogomonean, Abgar), armen. Dichter, 13. 5. 1897 Kars (Westarmenien, seit 1920 Türkei) – 29. 11. 1937 Erevan (ermordet b. stalinist. Verfolgung). 1915 in armen. Freiwilligenverbänden Augenzeuge des türk. Völkermordes an Armeniern. 1916 Stud. Volksuniv. Moskau; 1918/19 Freiwilliger der Roten Armee im russ. Bürgerkrieg, Rückkehr nach Armenien u. 1920 Teilnahme am kommunist. Aufstand in Armenien. Ab 1922 Stud. Literatur- und Kunst-Institut Moskau, 1928–35 Leiter Kunstabt. Staatsverlag Moskau. – Anfangs Einfluß der armen. Symbolisten M. Mecarencʿ und W. Terean (Gedichte 1912 u. 1914 über die ideale Welt und das Leiden der Menschen; Gedichtzyklen >Tesilažamer< [1915], >Hro Erkir< [1913–16], >Ciacan< [1917]). >Vahagn< (1917) thematisiert Nationalgeschichte und Legenden, >Mahvan tesil< (1922) die aktuellen Verfolgungen der Armenier, >Dantʿeakan aṙaspel< (Poem, 1916) unmittelbar unter dem Eindruck der Kriegsgreuel. >Amboxnere xelagarwac< (Legende, 1919) preist den Freiheitskampf, fortgesetzt in den Poemen >Ogjakizwog krak< (1918–20), >Aṙavot< und >Bolorin, bolorin, bolorin< (1920); Höhepunkt der armen. Revolutionspoesie das >Amena-Poem< (1920/21) und >Čʿarencʿname< (autobiograph. Poem, 1922), beide aus dem Zyklus >Nair Erkricʿ<. Čʿ.s erster Roman >Erkir Nairi< (1926), eine originelle Politsatire über Ereignisse in Kars während des 1. Weltkriegs bis zur Eroberung durch die Türken, bildet Grundstein der sowjetarmen. Prosa. Die Gedichtzyklen >Taġaran< (1922) und >Es im anowš Hayastani< gelten als Höhepunkte mod. armen. patriot. Literatur. 1922 lit. Manifest >Erekʿi Deklaracʿian<, beeinflußt vom russ. Futurismus. 1923 erstes Bühnenstück >Kapkaz Tʿamašaʿ<. Die lyrischen Sammelbde. >Epikakan Lowsabacʿ< (1930) und >Girkʿ Čanaparhi< (1934) gelten als bedeutendste Leistungen der dritten, eigenständigsten Schaffensphase. >Haveržakan hangist< (1935–37) über die tragischen Schicksale des armen. Komponisten Komitas sowie des Prosaautors A. Bakowncʿ. Čʿ. bereicherte die armen. Dichtung um zahlreiche Verfahren der Weltliteratur sowie um eigenständige stilist. Neuerungen (bes. bei Poemen), Rückgriffe auch auf mittelalterl. armen. Dichtkunst u. auf Volksdichtung.

A: GW, II Moskau, Erevan 1932; GW, VI 1962–68; Unveröff. GW, 1983; GW, IV 1986/87. – *Übs.:* Erevan 1960; franz. 1973; engl. Ashod Pr. 1985, Ann Arbor (MI) 1986.

L: S. Hakobean, 1924; H. Salaxean, 1957; Hišogowtʿiwnner E. C. masin, 1961; A. Karinean, 1972; G. Mahari, 1968; H. Tʿamrazean, 1973, 1981; S. Agababean, 1973–77; A. Čʿarencʿ, 1978; G. Ananean, 1977, 1979; G. Goshgarian, 1983; Ē. Jrbašyan, 1982; D. Gasparean, 1983, 1990, 1994. – *Bibl.:* H. Salaxean, 1957.

Carette, Louis → Marceau, Félicien

Carew, Jan, westind. Erzähler, * 24. 9. 1922 Agricola Rome/Guyana. College in USA; Maler, Eisenarbeiter und Journalist; Schauspieler in England unter Sir L. Olivier. Regierungsbeamter, 1969 Dozent Princeton Univ. – Ursprünglich frischer Erzähler von Romanen mit autobiograph. Zügen.

W: Black Midas, R. 1958 (d. 1959); The Wild Coast, R. 1958 (d. 1961); The Last Barbarian, R. 1961; Moscow Is Not My Mecca, R. 1964 (d. 1965).

Carew, Thomas, engl. Kavaliersdichter, 1595 West Wickham – 22. 3. 1640 London. Stud. Oxford; Jurist und Höfling. 1612–16 als Botschaftssekretär in Venedig und Den Haag, 1618–24 an der Botschaft in Paris, lebte das leichtfertige Leben s. Zeit. Seit 1630 versch. Ämter am Hofe Charles' I., in dessen Auftrag er s. Hauptwerk, das Maskenspiel ›Coelum Britannicum‹ (1634), schrieb, einen philos. Dialog mit Giordano Bruno und, neben dem traditionellen Lob des Königs, v. a. moral.-gesellschaftl. Probleme darstellt. Typ. Vertreter der sog. Kavalierslyrik mit zahlr. kürzeren Gedichten über Themen der Galanterie in der von B. Jonson überkommenen klass. Tradition. Von ital. Dichtung beeinflußt. Sprachl. Glätte und Eleganz. In seinen Gedichten betont er v. a. eine in der Natur gründende Sinnlichkeit und tritt für eine Einheit von polit. Souverän und Untertanen ein. Schrieb e. Elegie auf John Donne, s. großes Vorbild, dessen schöpfer. Größe er jedoch nicht erreichte.

W: Poems, 1640 (Faks. 1970); Poems, with a Maske, 1651; The Poems with his Masque Coelum Britannicum, hg. R. Dunlap 1949.

L: E. I. Selig, The Flourishing Wrath, 1958; F. Halliday, 1967; L. L. Martz, The Wit of Love, 1969; L. Sadler, 1979.

Carey, Henry, engl. Dramatiker und Dichter, 1687 London – 4. 10. 1743 ebda. (Freitod). Wahrscheinl. illegitimer Sohn von George Savile, Marquis of Halifax. – Vf. zahlr. Burlesken, Farcen, Lieder (häufig zu eigenen Melodien) und der burlesken Oper ›The Dragon of Wantley‹, e. Komödie mit Gesangseinlagen. Bekannt durch s. noch heute gesungenes Lied ›Sally in our Alley‹. Auch Komponist.

W: Chrononhotonthologos, Burleske 1734; The Dragon of Wantley, Op. 1737; Dramatic Works, 1743. – Poems, hg. F. T. Wood 1930.

Carey, Peter (Philip), austral. Erzähler, * 7. 5. 1943 Bacchus Marsh/Victoria. Sohn e. Autohändlers, arbeitete in der Werbung, lit. Durchbruch mit ›Oscar and Lucinda‹, lebt seit 1990 in New York, unterrichtet gelegentl. an der New York Univ. Creative Writing. – Thema s. Romane, die oft surrealist. u. realist. Elemente kombinieren, ist meist die Suche nach nationaler Identität.

W: Fat Man in History, Kgn. 1974; War Crimes, Kgn. 1979; Bliss, R. 1981 (d. 1987); Illywhacker, R. 1985 (d. 1990); Oscar and Lucinda, R. 1988 (d. 1991); Tax Inspector, R. 1991 (d. 1993); Unusual Life of Tristam Smith, R. 1994 (d. 1996); Jack Maggs, R. 1997 (d. 1999); 30 Days in Sydney, Sk. 2001; True History of the Kelly Gang, R. 2001 (d. 2002).

L: K. Lamb, 1992; A. J. Hassall, Dancing on Hot Macadam, 1994; G. Huggan, 1996; B. Woodcock, 1996.

Cariteo, Il → Gareth, Benedetto

Cariyā-piṭaka → Tipiṭaka, das

Carlén, Emilie → Flygare-Carlén, Emilie, geb. Smith

Carleton, William, ir. Erzähler, 20. 2. 1794 Prillisk/Tyrone – 30. 1. 1869 Dublin. Farmerssohn, Jüngster von 14 Geschwistern. ⚭ 1820 Jane Anderson. Ließ sich in Dublin nieder, Mitarbeiter des ›Christian Examiner‹ und ›Dublin University Magazine‹. – S. bäuerl. Herkunft und die Erlebnisse s. Wanderjahre durch Irland gaben ihm Material für s. anschaul. Skizzen ir. Landschaft und ihrer Menschen. Am besten s. ›Traits and Stories of the Irish Peasantry‹ und der etwas düstere Roman ›Fardorougha, the Miser‹.

W: Traits and Stories of the Irish Peasantry, Kgn. II 1930; Fardorougha, the Miser, R. 1839; The Fawn of Spring-Vale, En. III 1841; Valentine M'Clutchy, R. III 1845; Parra Sastha, R. 1845; Rody the Rover, R. 1845; Art Maguire, R. 1845; The Black Prophet, R. 1847 (n. 1996); The Emigrants of Ahadarra, R. 1848; The Tithe Proctor, R. 1849; The Squanders of Castle Squander, R. II 1852; Willy Reilly, R. III 1855; The Evil Eye, R. 1860. – C.'s Stories, hg. D. Figgis 1918; Stories of Irish Life, 1936.

L: D. J. O'Donoghue, II 1896, hg. P. Kavanagh ²1968; B. Kiely, Poor Scholar, 1947.

Carling, Finn, norweg. Schriftsteller, * 1. 10. 1925 Oslo. 1945–49 Stud. Psychol. ebda.; 1957/58 Stud. Soziol., Gesch. u. Lit. in Washington. – E. zentrales Thema s. Werke ist das Außenseitertum u. die Einsamkeit aufgrund e. (phys.) Behinderung, von der der Vf. selbst betroffen ist. In ›Kilden og muren‹ erzählt er offen davon. Eintreten für diskriminierte Minderheiten mit zahlr. Reportagebüchern.

W: Piken og fuglen, R. 1952; Kilden og muren, Aut. 1958; De homofile, Rep. 1965; Gitrene, Sch. 1966; Fiendene, R. 1974; I et rom i et hus i en have, R. 1976; Visirene, R. 1981; Fabel X, R. 1984; Gjensyn fra en fremtid, R. 1988; Gjenskinn, R. 1994; Gepardene, R. 1998.

Carlino, Lewis John, amerik. Dramatiker, * 1. 1. 1932 New York. Stud. Univ. of Southern Cal.; lebt in New Jersey. – Haupterfolg mit ›Cages‹, zwei Einaktern über die Entfremdung zwischen Mann und Frau, die durch Flucht in die Vergangenheit überwunden werden soll. Auch Roman- und Drehbuchautor.

W: Junk Yard, Dr. 1959; Used Car for Sale, Dr. 1959; The Brick and the Rose, H. 1959; High sign and Sarah and the Sax, Dr. 1962; Telemachus Clay, H. (1963), 1967 (d. 1972); Doubletalk (Sarah and the Sax. The Dirty Old Man) Dr. 1964; Cages (Snowangel. Epiphany), Dr. 1963 (Käfige, d. 1964); Mr. Flannery's Ocean. Objective Case, Drr. 1967; The Exercise, Dr. 1968; The Brotherhood, R. 1968; The Mechanic, R. 1972 (Des Paten Nachtgesang, d. 1974).

Cârlova, Vasile, rumän. Dichter, 14. 2. 1809 Buzău – 18. 9. 1831 Craiova. Offizier. – Erster mod. Dichter Rumäniens, von den franz. Romantikern beeinflußt, beweist in den wenigen erhaltenen Poemen, die ihm e. Ehrenplatz in der rumän. Lit. zuweisen, Originalität, Tiefe u. Sensibilität.

W: Înserarea, Poem 1826; Păstorul întristat, Poem 1827; Ruinurile Târgoviștii, Poem 1828; Rugăciunea, Poem 1829; Marș, Poem 1830.

L: I. Rațiu, 1905; V. Mușat, 1981.

Carlyle, Thomas, schott. Schriftsteller, Historiker und Literaturkritiker, 4. 12. 1795 Ecclefechan/Dumfries – 5. 2. 1881 Chelsea. Sohn eines Maurers. 1809 Stud. Edinburgh, zeitweilig Lehrer in Kirkcaldy, lebte kurze Zeit in Dumfries und Craigenputtock, vorwiegend als freier Schriftsteller in Edinburgh. ⚭ 1826 Jane Baillie Welsh. 1826–34 Mitarbeiter der ›Edinburgh Review‹; ab 1834 ständig in Chelsea/London. 1837–40 öffentl. Vorlesungen ebda. 1865 Rektor der Universität Edinburgh. Lernte seit 1819 Deutsch, übersetzte ›Wilhelm Meister‹, verfaßte e. Schillerbiographie, zu deren dt. Ausgabe Goethe ein Vorwort schrieb. Reiste zweimal nach Dtl. und pflegte briefl. Kontakt mit Goethe. – Beschäftigte sich eingehend mit dt. Lit. und Philos. Geprägt von schott. Puritanismus und dt. Idealismus; nahm als Mittler zwischen dt. und engl. Geist höchsten Rang ein. Schrieb zahlr. Essays zur dt. Lit., bes. über Goethe, Jean Paul, Heine, das Nibelungenlied. S. späteren Werke zu eigenen Themen waren ebenfalls bedeutungsvoll; in ihnen zeigte er sich als polit. Reformer, als großer Gegner des materialist. Zeitgeistes und als Prophet e. Heiligung der Arbeit; deshalb oft als das mahnende Gewissen s. Landes im 19. Jh. bezeichnet. Aristokrat. Geschichtsauffassung (Persönlichkeiten als Träger der Geschichte) bes. in s. Anschauung von der Heldenverehrung und der Cromwellbiographie. Eigenwilliger, lebendig-bildhafter Stil auch in hist. Werken, zahlr. Biographien und Schriften zu sozialen Problemen s. Zeit.

W: The Life of Schiller, 1825 (d. 1830); German Romance, 1827; Wotton Reinfred, 1827; Essay on Burns, 1828; On History, Es. 1830; On History Again, Es. 1833; Sartor Resartus, Schr. 1834 (Der geflickte Flickschneider, d. 1882); The French Revolution, 1837 (d. 1898); Lectures on German Literature, 1837; Lectures on the History of Literature, 1838; Essay on Scott, 1838; Lectures on European Revolutions, 1839; Chartism, 1839; Collected Essays, 1839; On Heroes, Hero-worship and the Heroic in History, 1841 (d. 1853); Past and Present, 1843 (d. 1899); Oliver Cromwell's Letters and Speeches, 1845; Frederick the Great, VI 1858–65 (d. 1859–70); The Choice of Books, 1866; Early Kings of Norway, 1875; Reminiscences, hg. C. E. Norton 1887; Last Words, 1882. – Collected Works, hg. H. D. Traill XXX 1896–1901; Early Letters, hg. C. E. Norton 1888; The Collected Letters of T. C. and Jane Welsh C., hg. C. R. Sanders u. a. 1970ff.; Correspondence with Emerson, 1883; Correspondence with Goethe, hg. C. E. Norton 1887 (d. 1913); Letters to Mill, Sterling etc., hg. A. Carlyle 1923; Letters to his Brother Alexander, hg. E. W. Marrs 1968. – *Übs.:* AW, hg. A Kretzschmar VI 1855; Sozialpolit. Schriften, III 1895–99.

L: J. A. Froude, II 1882, II 1884, n. 1970; D. A. Wilson, VI 1923/34; J. Kedenburg, Teleolog. Geschichtsbild u. theokrat. Staatsauffassung, 1960; A. J. LaValley, C. and the Idea of the Modern, 1968; M. Goldberg, C. and Dickens, 1972; W. Witte, C. and Goethe, 1972; C. and His Contemporaries, hg. J. Clubbe 1976; C. Past and Present, hg. J. K. Fielding, R. L. Tarr 1976; F. W. Roe, T. C. as a Critic of Literature, 1976; E. M. Behnken, Calvinist without the Theology, 1978; A. L. Le Quesne, 1982; F. Kaplan, 1983; J. D. Rosenberg, C. and the Burden of History, 1985; S. Heffer, 1995. – *Bibl.:* I. W. Dyer, 1928, n. 1968; R. L. Tarr, 1972 u. 1976.

Carman, (William) Bliss, kanad. Dichter, 15. 4. 1861 Fredericton/New Brunswick – 8. 6. 1929 New Canaan/CT. Stud. u. a. in Harvard; lebte nach 1888 als Journalist in New York u. Neuengland. – Romant. Naturlyriker. Schrieb s. dreibändiges Hauptwerk zusammen mit R. Hovey (›Songs from Vagabondia‹). Auflehnung gegen die sog. Gelehrtenlyrik; einfacher, effektvoller Ton, Lebensverbundenheit; spontan, aber oft oberflächlich. 1928 Kanadas offizieller ›poet laureate‹.

W: Low Tide on Grand Pré, G. 1893; Songs from Vagabondia, G. III 1894, 1896, 1902 (m. R. Hovey); Ballads and Lyrics, 1902; Sappho, G. 1904; Pipes of Pan, G. 1906; Poems, II 1904; The Poetry of Life, Es. 1905; Later Poems, 1922; Talks on Poetry and Life, 1926; Poems, 1931.

L: O. Shepard, 1923; J. Hawthorne, 1929; J. Cappon, 1930; M. Miller, 1935; W. Morse, 1941; D. Stephens, 1966; G. Lynch, hg. 1990.

Carmiggelt, Simon (Johannes), niederländ. Schriftsteller, 7. 10. 1913 Den Haag – 30. 11. 1987 Amsterdam. Ab 1945 fester Mitarbeiter bei der Tageszeitung ›Het Parool‹, für die er von 1946 bis zu s. Pensionierung 1984 fast tägl., danach wöchentl. e. kleine Geschichte über Alltägliches schrieb (Ps. Kronkel); fast jedes Jahr erschien e. Auswahl davon in Buchform. Beste humorist. Prosa, bes. Sympathie für den ›kleinen Mann‹, warme Menschlichkeit mit e. melanchol. Unterton, nuancierter Sprachgebrauch; wirkungsvoller Radio-Vorleser seiner Texte. Auch Lyrik (Ps. Karel Bralleput).

W: Honderd dwaasheden, 1946; Klein beginnen, 1950 (Abenteuer mit Kindern, d. 1955); Poespas, 1952 (Alles für die Katz, d. 1954); Haasje over, 1957; Dag Opa, 1962 (Ausw. d. 1969); Kroeglopen, II 1962–65; Mijn moeder had gelijk, 1969; Gewoon maar doorgaan, 1971; Slenteren, 1975; Vroeger kon je lachen, 1977 (Heiteres aus Amsterdam, d. 1980); De rest van je leven, 1979; Met de neus in de boeken, 1983; Ik red me wel, 1984. – *Übs.:* Die Kunst, stillvergnügt zu sein, 1971.

L: M. Ros, G. Komrij, 1970; J. Florquin, 1973; Kijk, 1973; C. de Ruiter, 1979; S. Witteman, Th. den Bergh, 1998; H. v. Gelder, (Biogr.) 1999.

Carmina Cantabrigiensia → Cambridger Lieder

Carmontelle (eig. Carrogis), Louis, franz. Maler und Schriftsteller, 15. 8. 1717 Paris – 26. 12. 1806 ebda. Unregelmäßiges Stud., Vorleser des Herzogs von Orléans. – Sensibler Dramatiker ohne große Tiefe. Schrieb Lustspiele für Liebhaberbühnen und die vornehme Gesellschaft der Salons. Sehr geschickt in der Improvisation. Bes. beliebt s. dramatisierten Sprichwörter. Galt lange als Begründer dieser allerdings schon seit Ende des 17. Jh. bestehenden Gattung. Auffallend unstilisierte Sprache.

W: Proverbes dramatiques, VIII 1768–81, IV [2]1822; Théâtre de campagne, IV 1775; Nouveaux proverbes dramatiques, II 1811 (n. 1933–47); Proverbes et comédies posthumes, hg. Genlis III 1825; Comédies et proverbes, 1941. – *Übs.*: Ausw., d. W. Graf Baudissin II 1875.

L: A. Augustin-Thierry, Trois amuseurs d'autrefois, 1924; C. D. Brenner, Le développement du proverbe dramatique en France, Berkeley 1937; J.-H. Donnard, 1967; M. Herrmann, 1968.

Carneiro, Mário de Sá → Sá-Carneiro, Mário de

Carner, Josep, katalan. Lyriker, 9. 2. 1884 Barcelona – 4. 6. 1970 Ukkel. Stud. Rechte, Philos. u. Lit. ebda., mit 20 Jahren Doktorexamen, Mitarbeit an bedeutenden Zeitungen u. Zsn., erhielt mit 14 Jahren s. ersten Lit.-Preis; ab 1911 Mitglied der Akad. für Dichtung in Madrid u. des Instituts für katalan. Studien, Leiter der Zs. ›Orbe‹; Diplomat in Paris, Mexiko u. Belgien, 1939–54 Prof. Univ. Brüssel. – Hauptvertreter des katalan. Modernismus, Einflüsse des Symbolismus; anfangs wegen s. hellenist. Neigungen wichtigster Exponent des ›Noucentisme‹. Schöpfte Anregungen aus der engl. Lyrik u. bibl. Motiven; wandte sich später e. mehr und mehr persönl. Lyrik zu. Lösung von allen Vorbildern u. Annäherung an e. humorvollen, leicht iron. Ton. S. große Leichtigkeit im Dichten u. s. Streben nach Originalität um jeden Preis beeinträchtigten zuweilen die Qualität s. Verse. Übs. von Werken Molières u. Shakespeares.

W: L'Idilli dels nyanyos, G. 1904; Llibre dels poetes, G. 1904; Primer llibre de sonets, G. 1905; Els fruits saborosos, G. 1906; Segón llibre de sonets, G. 1907; La malvestat d'Oriana, G. 1910; Verger de les galaníes, G. 1911; Les monjoies, G. 1912; Auques i ventalls, G. 1914; La paraula en el vent, G. 1914; Bella terra, bella gent, G. 1918; L'oreig entre les canyes, G. 1920; La creació d'Eva i altres contes, En. 1922; La inútil ofrena, G. 1924; El cor quiet, G. 1925; Les bonhomies, Prosa 1925; El giravolt de maig, Sch. 1928; El veire encantat, G. 1933; La primavera al poblet, G. 1935; Nabí, G. 1941; Paliers, G. 1949; El ben cofat i l'altre, Sch. 1951; Llunyania, G. 1952; Arbres, G. 1954; Cop de vent, Sch. 1960; El tomb de l'any, G. 1966. – Obres completes, 1968; Poesias, 1957.

L: A. Plana, 1923; L'obra de J. C., 1959; A. Manent, 1969 (m. Bibl.); Carneriana, hg. J. Subirana 1995.

Caro, Annibale, ital. Autor, 19. 7. 1507 Civitanova (Ancona) – 21. 11. 1566 Rom. Stud. in Florenz; Hofmeister u. Sekretär des Herzogs von Parma. In Rom Mitgl. mehrerer Dichterakad. u. Inhaber geistl. Ämter. – Lyriker im Stil des Petrarkismus. Ausgezeichnete Übs. von Longos und Vergils ›Äneis‹, Komödien u. über 1000 hist. interessante u. elegant geschriebene Briefe.

W: Lettere familiari, II 1572–74 (Ausw. hg. M. Menghini 1920; hg. A. Greco III 1957–61); Rime, G. 1579; Eneide, 1581 (hg. G. Lipparini 1926; komm. A. Pompeati 1955); Gli Straccioni, K. 1582 (hg. E. Camerini 1863). – Opere (GW), VIII 1807–12, I 1912ff.; Scritti scelti, 1912.

L: F. Rizzi, 1931; F. Sarri, 1934; A. Greco, 1950.

Caro, José Eusebio, kolumbian. Dichter, 5. 3. 1817 Ocaña – 28. 1. 1853 Santa Marta. Abgeordneter, Finanzminister, Journalist; gründete die Zs. ›La Estrella Nacional‹, mit der die kathol. Reaktion eingeleitet wurde. Lebte jahrelang im Exil. – C. war der erste romant. Dichter Kolumbiens, gab persönl. Emotionen ohne Rührseligkeit wieder.

W: Poesías, 1857; Obras escogidas en prosa y verso, 1873; Epistolario, 1953; Poesías completas, 1973.

Caron, Pierre Augustin → Beaumarchais, Pierre Augustin Caron de

Carpelan, Bo Gustaf Bertelsson, finnl.-schwed. Dichter, * 25. 10. 1926 Helsingfors. Stud. Philos. Helsingfors, Dr. phil. 1960, Literaturkritiker, ab 1950 im Dienst der Stadtbibliothek Helsingfors, von 1964–80 stellv. Direktor, 1980–93 Künstlerprofessur. – S. frühen Gedichte sind unter dem Einfluß der modernist. schwed. Lyrik der 40er Jahre düstere, emotional unterkühlte, oft erstarrte Seelenlandschaften, s. Themen sind der kontaktlose Mensch, die Relativität der Werte, die Unfaßbarkeit des Wirklichen. Später weicht die abstrakte Logik der stilisierten Schattenwelt e. größeren Anschaulichkeit, die sterile Starre e. inneren Befreiung, die ihn in die Nähe Björlings u. Enckells rücken. Erst der Roman ›Rösterna ...‹ nimmt im Fatalismus der Menschen, die den Atomtod erwarten, die Stimmungslage der frühen Gedichte wieder auf. Immer aber bewahrt C. Kraft u. Eigenständigkeit s. bewußt u. gekonnt gesetzten Bildersprache.

W: Som en dunkel värme, G. 1946; Du mörka överlevande, G. 1947; Variationer, G. 1950; Minus sju, G. 1952; Objekt för ord, G. 1954; Variationer, G. 1956; Landskapets förvandlingar, G. 1957; Anders på ön, E. 1959 (Andreas, d. 1962); Den svala dagen, G. 1961; 73 dikter, G. 1966; Bågen, R. 1968; Gården, G. 1969; Rösterna i den sena timmen, R. 1971; Paradiset, E. 1973; Källan, G. 1973; Din gestalt bekom dörren, R. 1975; I de mörka rummen, i de ljusa, G. 1976; Vandrande skugga, R. 1977; Jag minns att jag drömde, En. 1979; Dikter från trettio år, G. 1980; Kesäkuu, Dr. 1981; Trosklar, Szn. 1982; Dagen vänder, G. 1983; Marginalia till grekisk och romersk diktning, G. 1984; Axel, R. 1986; År somlöv, G. 1989; Urwind, R. 1993; Idet sedda, G. 1995; Novembercredo, G. Ausw. 1996; Benjamins bok, R. 1997; Ögonblickets tusen årstider, G. 2001. – *Übs.*: Axel, R. 1997.

Carpenter, Edward, engl. Schriftsteller und Sozialreformer, 29. 8. 1844 Brighton – 28. 6. 1929 Guildford. Stud. Cambridge, lehnte kirchl. Laufbahn ab, lehrte Naturwiss. – Beeinflußt durch W. Whitman und W. Morris, wandte er sich sozialreformer. Ideen zu, versuchte, auf eigenem Grund e. einfaches Leben zu führen, kämpfte in zahlr. Schriften für eth. u. humanitäre Ideen, u.a. für Heilung von der Zivilisation. Schrieb auch Gedichte und e. Autobiographie.

W: Narcissus, G. 1873; Towards Democracy, Dicht. 1883 (d. 1909); England's Ideal, Es. 1887 (d. 1912); Civilization, its Cause and Cure, Es. 1889 (d. 1903); Love's Coming-of-Age, Es. 1896 (d. 1902); The Art of Creation, Es. 1904; My Days and Dreams, Aut. 1916.

L: E. Lewis, 1915; E. C., hg. G. Beith 1931; E. Delavenay, D. H. Lawrence and E. C., 1971; S. Rowbotham, J. Weeks, Socialism and the New Life, 1977; Ch. Tsuzuki, 1980; E. C. and Late Victorian Radicalism, hg. T. Brown, 1990.

Carpentier, Alejo, kuban. Erzähler, 26. 12. 1904 La Habana – 24. 4. 1980 Paris. Franz.-russ. Herkunft, Erziehung u. Stud. (Musik, Architektur) vorwiegend in Paris. Redaktionschef der Zs. ›Carteles‹ (1924) u. Mitgründer der ›Revista de Avance‹ (1927–30). 1928–39 in Frankreich, wo er mit den Surrealisten Kontakt aufnahm; 1939 Prof. für Musikgeschichte in La Habana; 1945–59 Exil in Venezuela; 1960 Rückkehr nach Kuba, Verlagsdirektor u. Prof. für Lit. in La Habana; seit 1966 bis zum Tod Kulturattaché in Paris. – Heimatlyrik u. Gedichte über Zeitprobleme, z.T. surrealist. S. Romane behandeln Künstlerschicksale u. das Verhältnis zwischen Mensch u. Zivilisation. Verwendet den Mag. Realismus als Formel s. Kunst, der auch etwas für die lateinamerik. Mentalität Charakteristisches repräsentiert.

W: Ecué-Yamba-O, R. 1933; Viaje a la semilla, E. 1944; La música en Cuba, St. 1946; El reino de este mundo, R. 1949 (d. 1964); Los pasos perdidos, R. 1953 (Die Flucht nach Manoa, d. 1958, u.d.T.. Die verlorenen Spuren, 1979); El acoso, R. 1956 (Finale auf Kuba, d. 1960, u.d.T.. Hetzjagd, 1966, [2]1976); Guerra del tiempo, En. 1958 (d. 1977); El siglo de las luces, R. 1962 (Explosion in der Kathedrale, d. 1964); El derecho de asilo, E. 1972; El recurso del método, R. 1974 (verfilmt; Staatsräson, d. 1976); Concierto barroco, N. 1974 (d. 1976); Crónicas II, 1976; La consagración de la primavera, R. 1978 (d. 1993); El arpa y la sombra, R. 1979 (d. 1979); Cuentos completos, [3]1980; La novela latinoamericaná, Ess. 1981. – Obras Completas, hg. M. L. Puga XV 1983–90. – *Übs.*: Stegreif und Kunstgriffe, Ess. 1980; Essays, 1985.

L: K. Müller-Bergh, N. Y. 1972; J. Narváez, 1972; N. Salomon, Bordeaux 1972; N. Raventós de Marín, 1973; M. Rein, 1974; E. P. Mocega-González, N. Y. 1975; R. González-Echevarría, N. Y. 1977; J. Barroso, Miami 1977; S. Arias, hg. 1977; J. Vila Selma, 1978; P. Ramírez Molas, 1978; C. S. S. de Chase, 1980; E. S. Speratti-Piñero, 1981; J. Frank, 1981; L. Acosta, 1981; C. Armbruster, 1982; A. Márquez Rodríguez, 1982; R. A. Young, 1983; R. Chao, 1984; A. u. J. García-Carranza, 1984. – *Bibl.*: G. Pogolotti, 1966; R. González-Echevarría, K. Müller-Bergh, 1983; A. García-Carranza, 1984; P. Rubio, R. A. Young, 1985.

Carr, John Dickson, amerik. Schriftsteller (Ps. Carr Dickson, Carter Dickson), 30. 11. 1906 Uniontown/PA – 27. 2. 1977 Greenville/SC. Lebte nach dem Studium in Paris, bis 1948 in England, wo er u.a. zum Conan-Doyle-Spezialisten wurde. – C.s zahlreiche Kriminalromane sind atmosphär. dichte, intellektuelle Puzzlespiele (das Rätsel des Mordes im verschlossenen Raum fasziniert C. bes.) mit makabren Untertönen, die das Repertoire der Krimi-Klischees ständig variieren und erweitern.

W: It Walks By Night, R. 1930; The Lost Gallows, R. 1931 (Die Straße des Schreckens, d. 1961); Poison in Jest, R. 1932; The Blind Barber, R. 1934; The Hollow Man, R. 1935; The Arabian Nights Murder, R. 1936; The Crooked Hinge, R. 1938; The Problem of the Green Capsule, R. 1939; The Case of the Constant Suicides, R. 1941 (Verwirrungen auf Schloß Shira, d. 1945); The Emperor's Snuff-Box, R. 1942; Till Death Do Us Part, R. 1944; The Life of Sir Arthur Conan Doyle, B. 1949; The Bride of Newgate, R. 1950; The Devil in Velvet, R. 1951 (Einen Namen für den Mörder, d. 1965); Nine Wrong Answers, R. 1952 (Die schuldige Antwort, d. 1964); Cavaliers Cup, R. 1953; Third Bullet, R. 1954; Patrick Butler for the Defense, R. 1956 (Der Zauberer, d. 1970); The Dead Man's Knock, R. 1958; In Spite of Thunder, R. 1960; The Demoniacs, R. 1962; Most Secret, R. 1964; Panic in Box C, R. 1966 (Vorhang auf für den Mörder, d. 1969); Dark of the Moon, R. 1967 (Roulett der Rächer, d. 1971); Papa La-Bas, R. 1968; The Ghosts' High Noon, R. 1969; Deadly Hall, R. 1971; The Door to Doom, Kgn. 1980; The Dead Sleep Lightly, R. 1983.

L: D. G. Greene, 1995; S. T. Joshi, 1990.

Carrasquilla, Tomás, kolumbian. Erzähler, 19. 1. 1858 Santo Domingo de Antioquia – 19. 12. 1940 Medellín. Regionaldichter. – Vf.

von Sittenromanen u. Erzählungen; realist. Darstellungen s. Heimat Antioquia mit Dialogen in Dialektsprache.

W: Frutos de mi tierra, R. 1896; En la diestra de Dios Padre, E. 1896; Salve, Regina, E. 1903; Entrañas de niño, E. 1906; El padre Casafús, E. 1914; El Zarco, R. 1925; La marquesa de Yolombó, R. 1928; Hace tiempos, R.-Tril.: Por aguas y pedrejones, 1935, Por cumbres y cañadas, 1935, Del campo a la ciudad, 1936; De tejas arriba, E. 1936. – Obras Completas, II 1958.

L: K. L. Levy, 1958, 1980; A. R. Rodríguez R., 1988; J. Mejía Duque, 1990; V. Pérez Silva, hg. 1991; F. A. Betancur Garcés, J. D. Londoño, 1995; L. I. Bedoya Montoya, 1996; M. Rodríguez-Arenas, hg. 2000. – Bibl.: E. de la Casa, 1944.

Carrer, Luigi, ital. Dichter, 12. 2. 1801 Venedig – 23. 12. 1850 ebda. Jurastud. Padua, 1832 Venedig, Lehrer u. Museumsdirektor. Philolog. Tätigkeit. Übs. von Lukrez, Hrsg. ital. Klassiker. – Dichter zwischen Klassik u. Romantik, unter Einfluß Foscolos und Byrons. Versuche in allen Lit.gattungen, bes. Balladen; geschickt, aber oberflächl.

W: Saggio di poesie, G. 1819; Clotaldo, Ep. 1826; Poesie, G. 1831; Ballate, G. 1834; L'Anello di sette gemme, o Venezia e la sua storia, Prosa 1838. – Opere (GW), komm. F. Prudenzano, 1852; Scritti critici, 1969.

L: M. Abbate, 1905; L. Lattes, 1916; A. Balduino, 1962.

Carrera Andrade, Jorge, ecuadorian. Lyriker, Essayist u. Übs., 28. 9. 1903 Quito – 7. 11. 1978 ebda. Stud. Jura, Philos. u. Lit.wiss.; Diplomat, Direktor der Zs. ›Correo de la UNESCO‹. – Symbolhafte, reimreiche Lyrik über polit. Fragen u. Probleme menschl. Gerechtigkeit sowie Schilderungen der Tropenlandschaft. Auch Essays über Zeitfragen u. Geschichte Lateinamerikas.

W: Estanque inefable, G. 1922; La guirnalda del silencio, G. 1926; Boletines de mar y tierra, G. 1930; Cartas de un emigrado, Ess. 1933; Biografía para uso de los pájaros, G. Paris 1937; Microgramas, G. Tokio 1940; Canto al Puente de Oakland, G. Stanford 1941; Rostros y climas, Ess. Paris 1948; La tierra siempre verde, Ess. 1955; Viajes por países libres, Ess. 1961; Floresta de los guacamayos, G. 1964; Poesía última, N. Y. 1968; El volcán y el colibrí, Mem. 1970. – Obra poética completa, 1976. – Übs.: Gedichte, 1980.

L: E. Ojeda, N. Y. 1972; Hernán Córdova, Jorge, 1986.

Carrere Moreno, Emilio, span. Schriftsteller, 18. 12. 1881 Madrid – 30. 4. 1947 ebda. Stud. Philos. u. Lit., Mitarbeiter bedeutender Zeitungen u. Zsn., Chronist der Stadt Madrid; Bohèmeleben. – Vf. e. Vielzahl von Gedichten, Erzählungen, Artikeln, Novellen usw., fand als Lyriker über e. musikal.-romant. Phase im modernist. Stil R. Daríos zu sehr persönl. Aussage. Bevorzugte Themen aus dem Leben Madrids, bes. der niederen Volksschichten. Die zuweilen morbid-dekadenten Töne erinnern an Rimbaud u. Verlaine, dessen Gedichte er u. d. T. ›Poemas saturnianos‹ (1921) übersetzte.

W: El caballero de la muerte, G. 1909; La canción de la farándula, K. 1912; Del amor, del dolor y del misterio, G. 1915; Dietario sentimental, G. 1916; Nocturnos de otoño, G. 1920; La canción de las horas, G. 1923. – Obras completas, XV 1919–22.

Carrier, Roch, kanad. Schriftsteller, * 13. 5. 1937 Sainte-Justine/Dorchester. Studium in Montréal und Paris. Diss. über Blaise Cendrars; Literaturdozent, Journalist, Leiter der kanad. Nationalbibliothek. – Vf. von Dramen, Gedichten Romanen, Novellen und Kinderbüchern. Drehbuchautor. Sein favorisiertes Genre sind jedoch Kurzgeschichten. Seine Erzählungen sind häufig rustikal, voller Lebenskraft, Ironie und grotesken Elementen, im Stile von Rabelais. Sein Werk trägt oft autobiograph. Züge. Bezieht krit. Stellung zu den Problemen seines Landes: das Landleben in Québec, Krieg, Gewalt, Grausamkeit und Sexualität.

W: Les jeux incompris, G. 1956; Jolis deuils, N. 1964; La guerre, Yes Sir!, Dr. 1970; Il est par là le soleil, R. 1970; Floralie, Dr. 1974; Les enfants du bonhomme dans la lune, 1980; Le cirque noir, Dr. 1982; Prières d'un enfant très très sage, 1988; L'homme dans le placard, R. 1991.

Carrière, Jean Claude, franz. Schriftsteller, * 6. 8. 1928 Nîmes. Ab 1945 in Paris, ab 1953 Schüler der Ecole Normale St.-Cloud. – Schrieb Filmdrehbücher (u. a. für Buñuel u. Louis Malle) u. Romane nach Filmen; auch Boulevardtheater.

W: Les vacances de Monsieur Hulot, R. 1958 (d. 1959); Mon oncle, R. (d. 1960); Viva Maria, R. 1966 (d. 1966); Retour à Uzès, R. 1967; L'épervier de Maheux, R. 1972 (d. 1980).

L: R. Prédal, 1994

Carrington, Leonora, engl. Erzählerin, mexikan. Malerin, * 6. 4. 1917 Clayton Green/Lancashire. 1936 Kunststud., 1937 Bekanntschaft mit Max Ernst, folgte ihm nach Paris; Mitglied der Surrealisten, 1939 Ausstellungen, Erzählungen und Dramen; nach der Verhaftung von Ernst 1940 Flucht nach Andorra und Spanien, Aug. 1940 Aufenthalt in Nervenheilanstalt Santander, autobiograph. Roman ›En bas (Down Below)‹ verarbeitet das Erlebnis; Juli 1941 ∞ mexikan. Diplomaten R. Leduc, Flucht nach New York, 1943 Übersiedlung nach Mexiko, Scheidung; 1946 ∞ ungar. Fotografen E. Weisz. Freundschaft mit mexikan. Malerin Remedios Varos. Lebt heute in Mexico City. – Vf. mag.-realist. bis phantast.-surrealist. Texte; thematisiert Konflikte weibl. Identität und übt iron. Kritik an patriarchal. Gesellschaft. Stark beeinflußt durch Mythen, Alchemie und Magie. Intertextuelle Bezüge zwischen Texten und Bildern.

W: La dame ovale, E. 1939 (d. 1982); En bas, R. 1945 (d. 1981); Une chemise de nuit de flanelle, Dr. 1951 (d. 1985); La debutante, En. 1975; The Hearing Trumpet, R. 1976 (d. 1980); The house of fear, En. 1988; The seventh horse and other tales, En. 1988.

Carrogis, Louis → Carmontelle

Carroll, Lewis (eig. Charles Lutwidge Dodgson), engl. humorist. Dichter, Mathematiker, Zeichner, Fotograf, 27. 1. 1832 Daresbury/Chesire. – 14. 1. 1898 Guildford. Stud. Oxford, lehrte ebda. am Christ College Mathematik und Logik, verbrachte e. äußerl. ereignisloses Leben als Junggeselle und Sonderling in Oxford. – Um die Kinder s. Oxforder Freundes Dekan Liddell zu erfreuen, erdachte u. illustrierte er die Nonsense-Märchen ›Alice's Adventures in Wonderland‹ (1862, gedruckt 1865) und ›Through the Looking-Glass‹, die unter streng gehütetem Pseudonym erschienen und sofort große Beliebtheit errangen. Diese köstlich humorvollen Traumdichtungen sprechen Erwachsene ebenso an wie Kinder. C. schrieb außerdem versch. Nonsense-Gedichte, insbes. ›The Hunting of the Snark‹, und einige weitere Nonsense-Erzählungen. Er besaß wortschöpferische Begabung; s. unerschöpfl. Phantasie erfand skurrile Phantasiewesen.

W: Alice's Adventures in Wonderland, E. 1865 (d. 1869, 1999); Phantasmagoria and other Poems, G. 1869; Through the Looking-Glass, E. 1872 (d. 1948, 1974, 1999); The Hunting of the Snark, G. 1876 (d. 1968); Euclid and his Modern Rivals, Abh. 1879; Rhyme? and Reason?, G. 1883; Sylvie and Bruno, E. 1889; Sylvie and Bruno Concluded, E. 1893. – Complete Works, hg. A. Woollcott 1939; Works, hg. R. L. Green 1965; A Selection from the Letters, hg. E. M. Hatch 1933 (Briefe an kleine Mädchen, d. 1966); The Letters, hg. M. N. Cohen und R. L. Green II 1979; Diaries, hg. ders. II 1953; hg. E. Wakeling IX 1993ff.

L: S. D. Collingwood, 1898; L. Reed, 1932; A. L. Taylor, The White Knight, 1952; E. Sewell, The Field of Nonsense, 1952; D. Hudson, 1954; F. B. Lennon, [2]1962; H. Gernsheim, 1969; Aspects of Alice, hg. R. Phillips 1974; J. Gattegno, Paris 1974; K. Reichert, 1974; K. Blake, Play, Games, and Sport, 1974; D. Hudson, 1976; A. Clark, 1979. – *Bibl.:* S. H. Williams, F. Madan, The L. C. Handbook, [3]1979; M. Cohen, 1996; D. Thomas, 1996.

Carroll, Paul Vincent, ir. Dramatiker, 10. 7. 1900 Blackrock/Co. Louth – 20. 10. 1968 Bromley/Kent. Vater Lehrer. Erzogen in Dublin und Glasgow. 1921–37 Lehrer an schott. Staatsschulen, danach freier Schriftsteller. Lit. beeinflußt durch Swift, Yeats, Ibsen, Synge. – S. besten Dramen vereinen e. realist. Darstellung der Probleme ir. Menschen mit skurrilem Humor.

W: The Things That Are Caesar's, Sch. 1932; Shadow and Substance, Dr. 1937 (Quell unter Steinen, d. 1951); The White Steed, Sch. 1939; Plays for My Children, Sch. 1945; The Old Foolishness, Sch. 1945 (d. 1951); The Strings, My Lord, Are False, Dr. 1945; The Wise Have not Spoken, Sch. 1947; Plays for Young and Old, Sch. 1947; The Devil Came from Dublin, Dr. 1952; The Wayward Saint, Sch. 1955 (d. 1957); Irish Stories and Plays, 1958.

L: P. A. Doyle, 1971.

Carroll, Susanna → Centlivre, Susanna

Carson, Anne, kanad. Dichterin, * 1950 Toronto/Ontario. Stud. Univ. Toronto, 1980 Ph. D. in Altphil. C. ist seit 1988 Prof. an Mc Gill Univ., Montréal. – Verfaßt Lyrik, aber auch Prosa und krit. Essays, zeigt e. Spektrum narrativ. Genres – von der Mischung ders., über Fragmente zu wissenschaftl. Artikeln – zur Darstellung romant. Liebe, familiärer Verpflichtung, der Mystik zwischen Selbst u. Gott. Auch Übs. Sappho (If Not, Winter, 2001).

W: Eros, the Bittersweet, Es. 1986; Plainwater, Slg. 1995; Glas, Irony and God, Slg. 1995 (d. 2000); Autobiography of Red, G. 1998 (d. 2001); Men in the Off Hours, G. 2000.

L: R. Hexter u. D. Selden, 1992.

Carson, Ciaran, ir. Schriftsteller, * 9. 10. 1948 Belfast/Nordirland. Stud. Queen's Univ. Belfast, 1974/75 Lehrer in Belfast, 1975–98 Referent beim ›Arts Council of Northern Ireland‹, freier Autor, Musiker (Flöte). – Anspielungsreiche, musikal. Lyrik, die ir. mündl. Erzähltradition mit postmodernen stilist. Mitteln vereint. Thematischer Mittelpunkt sind Nordirland, insbes. Belfast, u. die dortigen Unruhen; v. a. die Romane tragen Züge des Phantastischen. Auch Übs.: Ovid, Rimbaud, Baudelaire, zuletzt Dantes ›Inferno‹.

W: The New Estate, G. 1976; The Pocket Guide to Irish Traditional Music, St. 1986; The Irish for No, G. 1987; The New Estate, G. 1988; Belfast Confetti, G. 1989; First Language, G. 1993; Letters from the Alphabet, G. 1995; Opera et cetera, G. 1996; Last Night's Fun, Ess. 1996; The Star Factory, R. 1998; The Twelfth of Never, G. 1998; The Ballad of HMS Belfast, G. 1999; Fishing for Amber, R. 2000; Shamrock Tea, R. 2001; Selected Poems, G. 2001.

Cărtărescu, Mircea, rumän. Schriftsteller, * 1. 6. 1956 Bukarest. Stud. Philol. ebda. Verbrachte die Lehrjahre im lit. ›Montagszirkel‹ von Nicolae Manolescu, der s. Begabung erkannte. Entschied sich für Lehrtätigkeit, Univ.dozent. – An e. Wendepunkt der rumän. Dichtung, die sich selbst zerrieb zwischen Mystik und Deklamation, setzte er neue Akzente, vereinte in s. Werken in harmon. Ausdruck die Sprache der Avantgarde mit der e. milden Tradition. Er selbst distanziert sich von den Modellen s. Schaffens, um in e. intelligent aufgebauten Schein s. spektakulären Metamorphosen anzubieten. Dabei ist er e. Meister der Sprache, sei es im Diskurs zur Erotik oder in s. Widerstand gegen Schablonen u. Konventionen. S. Wirkung auf die zeitgenössische Lit. ist außergewöhnlich groß, so daß die Abkehr von der ›hölzernen‹ Sprache und von falschen Mythen allmählich sichtbar wird.

W: Faruri, vitrine, fotografii, G. 1980; Poeme de amor, G. 1983; Visul, N. 1989; Levantul, G. 1990; Orbitor, R. I 1996, II 2002 (Nostalgia, d. 1997). – Übs.:Selbstporträt in einer Streichholzflamme, G. Berlin 2002.

L: N. Manolescu, 1983; M. Mihăeş, 1989; A. Bodiu, 2002.

Carter, Angela (Olive), geb. Stalker, engl. Erzählerin, 8. 5. 1940 Eastbourne/Sussex – 16. 2. 1992 London. Im Krieg evakuiert zur Großmutter nach Yorkshire; nach Rückkehr zur Mutter Anorexie; arbeitete ab 1959 als Journalistin; ∞ 1960 P. Carter; Engl.-Stud. an Univ. Bristol; 1972 Scheidung; 2 Jahre in Tokio, arbeitete als Bardame; lange Reisen durch Asien u. USA; ∞ 1977 M. Pearce; 1980/81 u. 1984 Lehre an Univ. in USA u. Australien; starb an Krebs. – Vf. postmodern-feminist., mag.-realist. u. phantast. Kurzgeschichten, Erzählungen, Romane sowie journalist. u. kulturkrit. Essays, Filmdrehbücher u. Gedichte. Bearbeitete Mythen u. Märchen aus feminist. Perspektive; zentrale Themen sind performativ-theatrale Aspekte von Gewalt u. Erotik; De-/Konstruktion von Gender u. Geschlechterverhältnis; bevorzugte offene, z. T. hybride Textformen.

W: Shadow Dance, R. 1965; The Magic Toyshop, R. 1967; Love, R. 1971; The Infernal Desire Machines of Dr Hoffman, R. 1972; The Passion of New Eve, R. 1977; The Bloody Chamber, Kgn. 1979; The Sadeian Women, Es. 1979; Nights at the Circus, R. 1984; Black Venus, Kgn. 1986; Wise Children, R. 1991.

L: S. Gamble, 1997; P. Linden, 1998; A. Day, 1998; A. C., hg. A. Easton 2000.

Carteromaco, Niccolò → Forteguerri, Niccolò

Cartland, Barbara, engl. Schriftstellerin, 9. 7. 1901 Edgbaston – 21. 5. 2000 London. Malvern Girls College, in den 1920er Jahren Klatschkolumnistin für den Daily Express, ∞ 1927 Alexander George McCorquodale; Stiefgroßmutter von Lady Diana Spencer; 1991 D. B. E., Präsidentin des National Association of Health. – Vf. von über 700 Romanzen im meist aristokrat. Milieu des 19. Jh.; Verzicht auf komplizierte Handlungen oder Beschreibungen.

W: Jigsaw, R. 1925; We Danced All Night: 1919–1929, Erinn. 1970; I Reach for the Stars, Aut. 1995 (d. 1998); Barbara Cartland's Guide to Romance Writing, Sb. (1999).

L: H. Cloud, Crusader in Pink, 1979; G. Robyns, 1985.

Carvalho, José Cândido de, brasilian. Schriftsteller, 5. 8. 1914 Campos/São Paulo – 1. 8. 1989 Niterói/Rio de Janeiro. Schule in Campos, Jurastud. in Rio, Journalist, Mitglied der Academia Brasileira de Letras, 1976–81 Präsident der nationalen Kulturstiftung. Journalist und lit.wiss. tätig. – Schafft mit ›O Coronel e o lobishomem‹ e. einzigartige Fiktion der Geschichte der Region Rio de Janeiro aus der Zeit der Zuckerrohrplantagen, e. mag. Welt des Sakralen u. des Profanen unter Einbindung des Lokalen u. oraler Erzählformen. Übs. Stefan Zweig.

W: Olha para o céu, Frederico, R. 1939; O Coronel e o lobishomem, R. 1964 (d. 1976); Por que Lulu Bergantim não atravessou o Rubicon, E. 1972; Um ninho de mafagafes cheio de mafaginhos, En. 1972; Ninguém mata o arco-iris, Chronik 1972; Manequinho e o anjo de procissão, E. 1974; Os mágicos municipais: contados, astuciados, sucedidos e descobertos do povinho do Brasil, Ess. 1984.

L: M. Cavalcanti Proença, 1971; H. M. Jofre Barrosos, 1976; M. A. Bacega, 1983.

Carvalho, Maria Judite de, portugies. Schriftstellerin, 18. 9. 1921 Lissabon – 18. 1. 1998 ebda. Stud. Germanistik, ∞ Urbano Tavares Rodrigues. – Kurzgeschichte als paradigmat. Form, phänomenolog. geprägte Metaphorik, Hauptfiguren sind zumeist Frauen aus der städt. oberen Mittelschicht, die unter dem Korsett der patriarchal. Familie u. gesellschaftl. Zwängen, der Einsamkeit und Ereignislosigkeit leiden.

W: Tanta Gente, Mariana, Kgn. 1959; As Palavras Poupadas, Kgn. 1961; Paisagem sem Barcos, Kgn. 1963; Os Armários Vazios, R. 1966; Seta Despedida, Kgn. 1995.

L: M. Barroso, 1999.

Carvalho, Mário Costa Martins de, portugies. Erzähler, * 25. 9. 1944 Lissabon. Stud. Jura, Schriftsteller u. Journalist. – Mit s. humorvolliron. u. phantast. Erzählungen gehört C. zu den signifikantesten Prosa-Stilisten des heutigen Portugal.

W: A Inaudita Guerra na Avenida Gago Coutinho, En. 1983 (Der unglaubliche Krieg in der Av. G. C., d. 1997); Era Bom que Trocássemos umas Idéias sobre o Assunto, R. 1995 (Wir sollten darüber reden, d. 1997).

Carvalho e Araújo, Alexandre Herculano de → Herculano de Carvalho e Araújo, Alexandre

Carver, Raymond, amerik. Erzähler, 25. 5. 1938 Clatskanie/OR – 2. 8. 1988 Port Angeles/WA. Ärml. Kindheit; Humboldt State College u. Univ. of Iowa; Arbeit als Handwerker, Hrsg., Engl.-Prof. – Bedeutsamer Innovator der Short Story in der Tradition Hemingways, minimalist. Stil, lakon., realitätsbezogene Darstellung bes. unterer soz. Gesellschaftsschichten; ›Short Cuts‹ von R. Altman verfilmt; auch Lyrik.

W: Will You Please Be Quite, Please?, Kgn. 1976 (d. 2000); What We Talk about When We Talk about Love, Kgn. 1981 (d. 1989); Cathedral, Kgn. 1983 (d. 1985); Fires, Slg. 1983; Where I'm Calling From, Kgn. 1988; A New Path to the Waterfall, G. 1989; Conversations, hg. M. B. Gentry, W. L. Stull 1990; No Heroics, Please, Slg. 1992; Short Cuts, Kgn. 1993; All of Us, G. 1997; Call if you Need Me, Slg. 2001. – *Übs.:* Erste und letzte Erzählungen, 2002.

L: A. M. Saltzman, 1988; E. Campbell, 1992; W. L. Stull, hg. 1993; A. Meyer, 1994; S. Halpert, 1995; K. Nesset, 1995; U. Jäggle, 1999; A. F. Bethea, 2001.

Cary, Elizabeth, geb. Tanfield, engl. Dichterin u. Dramatikerin, 1585/86 Oxford – 1639 ebda. Eignete sich dennoch eine breite humanist. Bildung an; 1602 ∞ Sir Henry Cary, Viscount of Falkland (1620); lebte dennoch bei ihren Eltern und zog 1604 nach Hertfordshire zu Carys Eltern. Die Ehe scheiterte, die beiden lebten ab 1626 getrennt. C. gehörte zum lit. Kreis um die Countess of Pembroke, entwickelte dort Interesse für das Drama im Stile Senecas. – Schrieb 1606 (veröffentl. 1613) das Lesedrama ›The Tragedy of Mariam‹, die einzige Tragödie einer Autorin aus dieser Zeit und von bedeutendem Einfluß auf Shakespeares ›Othello‹ sowie auf das anonyme Stück ›The Second Maiden's Tragedy‹. Das Stück ist bewußt als Lesedrama konzipiert und entfaltet sich nach Senecas Muster in rhetorisch ausgefeilten Dialogen der Hauptfiguren; zeigt die der Rolle der Frau inhärente Problematik u. Widersprüchlichkeit der Renaissance, die schließlich im Tod d. Heldin 'aufgelöst' wird. Vf. zahlreicher Biographien weibl. Heiliger sowie Übs. einer polit. Schrift Jacques Davy du Perrons und eine Geschichte der Regierung unter Edward II.

W: The Reply of the Most Illustrious Cardinall of Perron, Übs. 1630; The History of the Life, Reign and Death of Edward II, Hist. 1627; The Tragedy of Mariam, T. 1613. – Works, hg. M. Ferguson 1997.

L: A. Shapiro, 1984; G. Kennedy, Feminine Subjectivity in the Renaissance, 1989; D. Purkiss, Renaissance Women: The Plays of E. C., the Poems of Aemilia Lanyer, 1994; D. Glew, 1995; G. R. Brackett, 1996; F. Dolan, Recusant Translators, 2000.

Cary, (Arthur) Joyce (Lunel), anglo-ir. Schriftsteller, 7. 12. 1888 Londonderry – 29. 3. 1957 Oxford. Aufgewachsen in London, in den Ferien auf dem Familiensitz in Donegal/Irland. Stud. Kunstakad. Edinburg und Paris; 1909–12 Oxford; 1912/13 Rotkreuzhelfer im Balkankrieg; im 1. Weltkrieg schwer verwundet; polit. Laufbahn, schloß sich dem nigerian. polit. Dienst an. Kehrte 1920, da er das Tropenklima nicht vertrug, nach England zurück, begann 1944 mit s. schriftsteller. Laufbahn. – S. Romane spielen in Afrika, England oder Irland und unterscheiden sich in Ton u. Inhalt sehr voneinander. C. läßt fast immer e. fiktive Gestalt in der Ich-Form die Geschehnisse berichten, gewinnt dadurch unmittelbare Anschaulichkeit. In der Trilogie ›Herself Surprised‹, ›To Be a Pilgrim‹ und ›The Horse's Mouth‹ werden die gleichen Begebenheiten in jedem der Bände von e. anderen Gestalt berichtet und so jeweils in andere Perspektive gerückt. C. schildert oft Szenen von überwältigender Komik, trotzdem ist der Grundton s. Bücher tragisch. Er gilt als e. der großen Erzähler seiner Zeit. Einzelne Romane verfilmt.

W: Aissa Saved, R. 1932 (d. 1955); An American Visitor, R. 1933; The African Witch, R. 1936 (Ein schwarzer Prinz, d. 1955); Castle Corner, R. 1938; Mr. Johnson, R. 1939 (d. 1954); Power in Men, Es. 1939; Charley Is My Darling, R. 1940 (d. 1962); A House of Children, R. 1941; The Case for African Freedom, Es. 1941; Herself Surprised, R. 1941 (Frau Mondays Verwandlung, d. 1948); To Be a Pilgrim, R. 1942 (Im Schatten des Lebens, d. 1949); Process of Real Freedom, Es. 1943; The Horse's Mouth, R. 1944 (Des Pudels Kern, d. 1976); Marching Soldier, G. 1945; The Moonlight, R. 1946 (Schwestern, d. 1950); The Drunken Sailor, G. 1947; A Fearful Joy, R. 1949 (Banges Glück, d. 1952); Prisoner of Grace, R. 1952 (Auf Gnade und Ungnade, d. 1954); Except the Lord, R. 1953 (Chester Nimmo, d. 1956); Not Honour More, R. 1955 (Spiel ohne Ehre, d. 1956); Art and Reality, Es. 1958; The Captive and the Free, R. 1959; Spring Song, En. 1960; Memoir of the Bobotes, Aut. 1964; Cock Jarvis, R. 1974.

L: W. Allen, 1953; A. Wright, 1958; R. Bloom, The Indeterminate World, 1962; C. G. Hoffmann, 1964; G. L. Larsen, The Dark Descent, 1965; W. V. O'Connor, 1966; J. Wolkenfeld, 1968; M. Foster, ²1968; R. Noble, 1973; M. J. C. Echeruo, 1973; 1979; B. Fisher, 1980; H. Adams, 1983; D. Hall, 1983; K. E. Roby, 1984; A. Bishop, Gentleman Rider, 1988; C. J. O'Brien, 1990. – *Bibl.:* M. Makinen, 1989.

Casa, Giovanni della → Della Casa, Giovanni

Casaccia, Gabriel, paraguay. Erzähler, 20. 4. 1907 Asunción – 24. 11. 1980 Buenos Aires. Rechtsanwalt, Jahrzehnte im argentin. Exil. – Der Moralist C. analysiert die individuellen Leidenschaften u. die wirtschaftl. u. soz. Umgebung s. Figuren, die in Areguá leben, e. kolonialen Kleinstadt, die C. zum lit. Purgatorium Paraguays stilisiert hat.

W: Hombres, mujeres y fantoches, R. 1930; El bandolero, Dr. 1932; El pozo, En. 1947; La Babosa, R. 1952; Los exiliados, R. 1966; Cuentos completos, 1984.
L: F. E. Feito, 1977; E. Marini Palmieri, 1988.

Casanova, Giovanni Giacomo, Chevalier de Seingalt, ital. Schriftsteller, 2. 4. 1725 Venedig – 4. 6. 1798 Dux/Böhmen. Stud. Theol. u. Jura Padua, 1753 Reisen in Europa, 1755 in Venedig wegen Gottlosigkeit eingekerkert, 1756 Flucht aus den Bleikammern. 1757 Lotteriedirektor in Paris. Reisen nach Polen u. Spanien. Mußte wiederholt fliehen. 1763 bot ihm Friedrich II. e. Erzieherstelle im Kadettenkorps an; C. lehnte ab. 1774 Polizeiagent (Spion) in Venedig. Ab 1785 Bibliothekar des Grafen Waldstein in Dux, dort 1791–98 Niederschrift s. Memoiren. – Abenteurer u. Frauenheld, berühmt durch die Beschreibung s. Flucht aus den Bleikammern. Schrieb im Alter in franz. Sprache s. Memoiren, die weniger wegen ihres lit. und zeitdokumentar. Werts als wegen der Beschreibung zahlr. Liebesabenteuer e. großen Leserkreis fanden. In dem utop. Roman ›L'Icosameron‹ wurde er Vorläufer von J. Verne u. H. G. Wells. Verkehrte mit Voltaire, A. v. Haller u. Friedrich d. Gr.
W: L'Icosameron, R. V 1788 (n. 1928; Eduard und Elisabeth, d. III 1968f.); Histoire de ma fuite, 1788 (d. 1923); Mémoires, 1826–38 (hg. R. Vèze XII 1924–35; d. H. Conrad XV 1907–13, VI 1957; Edition intégrale nach den Hss.: Histoire de ma vie, VI 1960–62; d. H. v. Sauter XII 1964–67); Carteggi, hg. P. Molmenti II 1917–19 (Briefw., d. 1913, II 1969f.). – *Übs.:* Vermischte Schriften, 1971.
L: E. Mayniai, 1910; G. Gugitz, 1921; E. v. Schmidt-Pauli, 1930; J. Le Gras, R. Vèze, Paris 1930; A. Zottoli, Rom II 1945; H. Glaser, 1946; P. Nettl, 1949; H. Kesten, 1952; J. R. Childs, 1960 u. 1961; R. Abirached, 1961; M. Ramperti, 1963; F. Ribadeau Dumas, 1963; C. González-Ruano, ²1964; F. Marceau, 1983, d. 1985; H. von Sauter, 1987. – *Bibl.:* F. Roustang, 1984.

Caselli, Jean → Cazalis, Henri

Casona, Alejandro (eig. A. Rodríguez Álvarez), span. Dramatiker, 23. 3. 1903 Besullo/Asturien – 17. 9. 1965 Madrid. Stud. Philos. u. Lit. in Oviedo u. Murcia, 1928 Landschullehrer im Valle de Arán, starke Neigung zum Theater, Gründung e. Kindertheaters, ab 1931 Leitung e. bedeutenden Wanderbühne. Ging 1939 ins Exil; Reisen durch Frankreich, Mittel- u. Südamerika; ab 1939 Dramaturg und Drehbuchautor in Buenos Aires; ab 1962 wieder in Spanien. – E. der bedeutendsten span. Bühnenautoren der Gegenwart, wirkl. Erneuerer des zeitgenöss. Theaters durch Einführung lyr. u. zugleich humorist. Elemente, Verbindung von Poesie u. Gedankentiefe; s. sehr menschl. Gestalten leben häufig in e. poet. Traumwelt, bleiben aber der Realität verbunden.

W: Flor de leyendas, En. 1932; La sirena varada, K. 1934; Otra vez el diablo, K. 1935; Nuestra Natacha, K. 1936; Prohibido suicidarse en primavera, K. 1937; Romance en tres noches, K. 1938; Las tres perfectas casadas, K. 1941; La dama del alba, Dr. 1944; La barca sin pescador, K. 1945; Los árboles mueren de pie, K. 1949; La llave en el desván, Dr. 1951; Siete gritos en el mar, Dr. 1952; La tercera palabra, K. 1953; Corona de amor y muerte, Dr. 1955; La casa de los siete balcones, Dr. 1957; El caballero de las espuelas de oro, Sch. 1964. – Obras completas, II 1954–59, ⁶1967.
L: J. Rodríguez Richart, 1963; E. Gurza, 1968; H. Bernal Labrada, 1972; E. Schmidkonz, 1977; H. K. Moon, Boston 1985; C. Díaz Castañón, 1990.

Cassavetes, John, amerik. Regisseur, Darsteller u. Drehbuchautor, 9. 12. 1929 New York – 3. 2. 1989 Los Angeles. ∞ Schauspielerin Gena Rowlands; innovativer u. eigenwilliger Filmemacher (›Shadows‹ 1961; ›Husbands‹ 1970; ›A Woman Under the Influence‹ 1974; ›The Killing of a Chinese Bookie‹ 1976; ›Gloria‹ 1980; ›Big Trouble‹ 1986), vorbildhaft für europ. Independentfilm u. Dogma-Bewegung.
W: Faces, Drb. 1970; Minnie and Moskowitz, Drb. 1971; C. on C., hg. R. Carney 2001 (d. 2003).
L: R. Carney, 1985, 1994; L. Gavron, 1986; A. Lang, B. Seiter, 1993; G. Kouvaros, 2004.

Cassiodorus, Flavius Magnus Aurelius, lat. Schriftsteller, um 485 Squillace/Kalabrien – um 580. C., aus senator. Adel, war u.a. 507–511 Quaestor mit der Aufgabe, die amtl. Schreiben Theoderichs stilist. zu bearbeiten, 514 Konsul, 533–537 Praefectus Praetorio. Nach dem Ende der Gotenherrschaft zog er sich zurück, widmete sich geistl. Studien u. gründete das Kloster Vivarium; bes. wichtig war C. die Bibliothek, die er durch Abschreiben u. Übs. ständig erweitern ließ. – Von s. Tätigkeit in der polit. Verwaltung zeugen die 12 Bücher ›Variae‹, 468 stilist. ausgefeilte Briefe, Urkunden u. Erlasse, die C. während s. Amtszeit für die Gotenkönige u. selbst als Amtsinhaber verfaßte. In 2 hist. Werken (›Chronica‹ u. ›Gotengeschichte‹, die nur im Auszug des Jordanes erhalten ist) zeigt C. die Goten in der Nachfolge der Römer. Nach s. Rückzug verfaßte er ›De anima‹ (Über das Wesen der Seele), e. Psalmenkommentar u. weitere theolog. u. auch grammat. Schriften. Einflußreich im MA u. heute bes. bekannt sind die 2 Bücher ›Institutiones divinarum et saecularium litterarum‹, e. Anleitung zur Lektüre der Heiligen Schrift mit e. Einführung in die Freien Künste, soweit sie für das Verständnis der Bibeltexte von Bedeutung sind.
A: J. P. Migne, PL 69–70 (GS), 1865; Th. Mommsen, MGH auct. ant. V (Goth.), XI (Chron.) u. XII (Var.), 1894, n. 1981; Corp. Chr. Ser. Lat. 96, 1973, Å. J. Fridh (Var.) u. J. W. Halporn (anim.); in psalm.: M. Adriaen, Corp. Chr. Ser. Lat. 97f., 1958; Inst.: R. A. B. Mynors, Oxf. n. 1961.

L: J. J. O'Donnell, Berkeley 1979; R. Schlieben, C.s Psalmenexegese, 1979; S. Krautschick, C. und die Politik s. Zeit, 1983; R. Macpherson, Rome in Involution, Poznań 1989; S. J. B. Barnish, C. Variae (m. engl. Ausw.), Liverpool 1992; B. Meyer-Flügel, Das Bild der ostgot.-röm. Geschichte bei C., 1992.

Cassius Dio → Dion Cassius aus Nikaia

Cassola, Carlo, ital. Erzähler, 17. 3. 1917 Rom – 29. 1. 1987 Montecarlo di Lucca. Wahlheimat Toskana, lebte lange in Volterra; Mitgl. der Widerstandsbewegung; Gymnasiallehrer für Gesch. u. Philos. in Grosseto. – Vf. realist. Romane mit lyrischen u. folklorist. Elementen aus der Toskana. Wurde berühmt durch den Roman ›La ragazza di Bube‹, e. Liebesgeschichte im Chaos des Zusammenbruchs.

W: Alla periferia, En. 1941; La visita, En. 1942; Fausto e Anna, R. 1952; I vecchi compagni, R. 1953; Il taglio del bosco, En. 1955; La casa di via Valadier, R. 1956; Viaggio in Cina, Ess. 1956; Un matrimonio del dopoguerra, R. 1957; La ragazza di Bube, R. 1960 (Mara, d. 1961); Un cuore arido, R. 1961 (Ein sprödes Herz, d. 1963); Il cacciatore, R. 1964; Tempi memorabili, R. 1966 (Erinnerung an ein Mädchen, d. 1970); Storia di Ada, E. 1966; Una relazione, R. 1969; Paura e tristezza, R. 1970; Monte Mario, R. 1973; Gisella, R. 1974; Fogli di diario, Tg. 1974; Troppo tardi, R. 1975; L'antagonista, R. 1976; La disavventura, R. 1977; Il superstite, R. 1978; Un uomo solo, R. 1978; Ferragosto di morte, R. 1980; La morale del branco, R. 1980; Vita d'artista, R. 1980; Il ribelle, R. 1980; La zampa d'oca, R. 1981; Gli anni passano, 1982; La rivoluzione disarmata, 1983; Mio padre, R. 1983.

L: R. Macchioni Jodi, 1967, [4]1982; M. Grillandi, 1969; G. Pullini, 1971; M. Luzi, 1979; G. Falaschi, hg. 1993.

Cassou, Jean (Ps. Jean Noir), franz. Schriftsteller, 9. 7. 1897 Deusto b. Bilbao – 15. 1. 1986 Paris. Mutter Spanierin; Stud. span. Lit. Sorbonne. Nahm 1944 in führender Stellung an der Befreiung von Toulouse teil. Konservator und Direktor des Musée d'Art Moderne in Paris, 1965 Prof. für Kunstsoziol. Ecole Pratique des Hautes Etudes ebda. – Kunst- und Lit.kritiker, Erzähler, Lyriker. Beeinflußt von der span. Literatur. Übs. von Unamuno, Blasco Ibáñez und D'Ors. Theoret. Schriften über mod. Kunst und span. Kultur. Lit.kritiken vom Standpunkt des polit. linksstehenden Intellektuellen (Volksmythos). Erfolgreich mit zahlr. von dt. Romantik beeinflußten, halb realist., halb spekulativ-surrealist. Romanen u. Erzählungen, deren Helden vorwiegend Phantasten sind, von Lebenshunger und zugleich von Lebensangst erfüllt. Von span. Lyrik beeinflußte Sonette in klass. Form mit persönl. Gehalt, während dt. Besatzung im Gefängnis entstanden.

W: Eloge de la folie, R. 1925; Les harmonies viennoises, R. 1926 (Das Schloß Esterhazy, d. 1927); La clef des songes, R. 1929; Panorama de la littérature espagnole contemporaine, 1929; Le Greco, Es. 1931; Sarah, En. 1931; Pour la poésie, Es. 1933; Souvenirs de la terre, R. 1933; De l'Étoile au Jardin des Plantes, En. 1935; Les massacres de Paris, R. 1935 (d. 1948); Picasso, Es. 1937 (d. 1952); Quarante-huit, Es. 1939; Légion, R. 1939; Matisse, Ess. 1939; 33 sonnets composés au secret, 1943 (d. 1953); Le centre du monde, R. 1945; R. Dufy, Es. 1946; Les enfants sans âge, En. 1946 (d. 1948); Le bel automne, R. 1950; Situation de l'art moderne, Es. 1951; Le nu dans la peinture, Es. 1952 (d. 1952); Les impressionnistes et leur époque, Es. 1953 (d. 1953); La rose et le vin, G. 1953; Trois poètes: Rilke, Milosz, Machado, Es. 1954; Le livre de Lazare, R. 1955; Ballades, G. 1956; L'art de l'Amérique latine, Es. 1956; La tapisserie française et les peintres-cartonniers, Es. 1959; Le temps d'aimer, R. 1959; Chagall, Es. 1965 (d. 1966); Entretiens avec J. Rousselot, Es. 1965; Le voisinage des cavernes, 1971; Les inconnus dans la cave, R. 1964; La découverte du nouveau monde, Es. 1966; Musique mise en paroles, G. 1976; Une vie pour la liberté, Es. 1981; Les sources du XXe siècle, Es. 1990. – Choix de textes, hg. P. Georgel 1967; Œuvre lyrique/Das lyr. Werk, franz./dt. II 1972.

Castaneda, Carlos, amerik. Erzähler, 25. 12. 1931 São Paulo (?) – 27. 4. 1998 Westwood/CA. Angebl. langjähr. Lehrzeit bei e. trad. Hexer in Arizona und Mexiko. Durch den ersten Band s. Don-Juan-Zyklus Dr. für Ethnologie in Kalifornien. – Bestsellerautor der Fantasy-Szene. Im Mittelpunkt steht der indian. Zauberkult, der ethnolog. fundiert geschildert u. durch die Abenteuer der Hauptperson Don Juan zu e. Stück imaginärer Realität wird.

W: The Teachings of Don Juan, R. 1968 (d. 1972); A Separate Reality, R. 1971 (d. 1973); Journey to Ixtlan, R. 1972 (d. 1975); Tales of Power, R. 1974 (d. 1977); The Second Ring of Power, R. 1977 (d. 1978); The Eagle's Gift, R. 1981 (Die Kunst des Pirschens, d. 1981); The Fire from Within, R. 1984 (d. 1985); The Power of Silence, R. 1987 (d. 1988); El Arte de Ensonar, R. 1995 (d. 1998); Silent Knowledge, R. 1996; The Active Side of Infinity, R. 1999 (d. 1998).

Castel-Bloom, Orly, hebr. Schriftstellerin, * 26. 11. 1960 Tel Aviv. Gilt als die wichtigste Autorin der postmodernen Welle in Israel. Seit 1987 veröffentlicht sie Erzählungen und Romane sowie Theaterstücke, die allesamt auch in mehrere Sprachen übersetzt wurden. Als ihr erster Roman ›Dolly City‹ 1992 erschien, wurde sie als ›literarischer Punk‹ bezeichnet. – Ihre experimentierfreudige Prosa, die mit beißendem schwarzem Humor und schrillen, aggressiven Bildern durchsetzt ist, schildert die Yuppie-Gesellschaft wie auch den Underdog der israel. Alltags und setzt sich krit. mit Staatsmythen und Werten der zionist. Ideologie auseinander. Die zionist. Utopie, die in Israel zur Wirklichkeit wurde, zeigt sich in ihrer Prosa als eine surrealist. Dystopie.

W: Lo rachok mimerkaz ha-ir, En. 1987; Sviva oyenet, En. 1989; Heichan ani nimtzet, R. 1990 (franz. 1995); Dolly City, R. 1992 (d. 1995); Ha-Minna Lisa, R. 1995 (Minna Lisa, d. 1998); Ha-sefer ha-chadash shel Orly Castel-Bloom, R. 1998; Radikalim chofshiyim, En. 2000; Chalakim enoshiyim, R. 2002 (Das Meer im Rücken, d. 2004).

Castelein, Matthijs de, niederländ. Rederijker, um 1488 Pamele b. Oudenaarde – April 1550 ebda. 1512 Priester u. 1530 notarius apostolicus. S. 31 ›Diversche liedekens‹, Geschichts-, Liebes- u. Trinklieder, zeichnen sich durch melodiösen Charakter aus. Von s. über 100 Spielen ist nur e. (von geringem dichter. Wert) erhalten, es veranschaulicht den Lehrsatz ›Ohne gute Werke ist der Glaube tot‹. Am bedeutsamsten ist e. gereimte Ästhetik der Rederijker: ›De conste van rhetoriken‹, die e. echte Beziehung zur Kunst verrät (Vorlage Jehan Molinet, ›L'art de rhétorique vulgaire‹, De Roovere, griech. u. lat. Poetiken). Befürwortet noch den freien ma. Vers.

W: De conste van rhetoriken, Schr. 1555; Diversche liedekens, 1573 f. (n. K. Goossens 1943).

L: J. van Leeuwen, 1894; S. Jansen, Verkenningen ..., 1971.

Castellanos, Rosario, mexikan. Schriftstellerin, 25. 5. 1925 Mexiko Stadt – 7. 8. 1974 Tel Aviv. Stud. Philos., Prof. am Institut für Kunst u. Wiss. von Chiapas; kämpfte für die Rechte der Frauen u. der Indios. – Ihre Romane behandeln mit intellektuellem Anspruch vorwiegend einheim. Themen.

W: Trayectoria del polvo, G. 1948; Apuntes para una declaración de fe, G. 1949; De la vigilia estéril, G. 1950; Sobre cultura femenina, Ess. 1950; Poemas, 1935–55, G. 1957; Balún Canán, R. 1957 (d. 1962); Al pie de la letra, G. 1959; Livida luz, G. 1960; Ciudad Real, En. 1960; Oficio de tinieblas, R. 1962 (d. 1993); Rito de iniciación, R. 1964; Los convidados de agosto, En. 1964; Juicios sumarios, Ess. 1966; Materia memorable, G. 1969; Album de familia, En. 1971; Mujer que sabe latín, St. 1973; El uso de la palabra, Ess. 1974; El mar y sus pescaditos, Ess. 1975. – Obras, II 1989–98; Poesía no eres tú. Obra poética 1948–71, 1972; El eterno femenino, Dr. 1975.

L: M. R. Fiscal, 1980; B. Miller, 1983; N. Magged, 1984; M. E. Franco, 1985; O. Bonifaz, 1990; N. Alarcón, 1992.

Castelnuovo, Enrico, ital. Autor, 18. 2. 1839 Florenz – 22. 6. 1915 Venedig. Lebte fast ständig in Venedig, zunächst als Lehrer, dann als Direktor des ›Istituto superiore di Commercio‹. – Ohne den Anspruch zu erheben, als großer Dichter zu gelten, begnügt sich C. damit, in s. populären Romanen u. Novellen das venezian. Milieu ansprechend u. in sprachl. eleganter Form zu schildern, wobei er soz. Probleme durchaus krit. darstellt.

W: Il quaderno della zia, R. 1872; Il professor Romualdo, R. 1878; Nella lotta, R. 1880; Alla finestra, Nn. 1885 (An venezian. Fenstern, d. 1901); Reminiscenze e fantasie, En. 1885; Prima di partire, E. 1890; L'onorevole Paolo Leonforte, R. 1894; Il ritorno dell'Aretusa, R. 1901; I Moncalvo, R. 1908. – *Übs.:* Ausgew. Novellen, 1884.

L: C. Bordiga, 1916; B. Croce, 1939.

Castelo Branco, Camilo (seit 1885: Visconde de Correia Botelho), portugies. Schriftsteller, 16. 3. 1825 Lissabon – 1. 6. 1890 São Miguel de Seide (Minho). Verlor früh Mutter u. Vater, wuchs bei versch. Verwandten auf dem Lande heran; Stud. Medizin Porto u. Coimbra, wenig geordnetes Leben. Seit 1848 meist in Porto (Journalist, Satiriker). Erster Ruhm als Novellist; Gefängnis (Ehebruchsaffäre) u. Freispruch 1861, seit 1864 mit geringfügigen Unterbrechungen in S. Miguel de Seide, von schriftsteller. Arbeit lebend; Geldsorgen, schwierige familiäre Verhältnisse, zunehmende Erblindung. Selbstmord 1890. – Äußerst fruchtbarer u. erfolgr. Novellist u. Romanschriftsteller von zunächst soz.-romant. u. später fast naturalist. Haltung, eingängige Darstellung mit volkstüml. Personenkreis, lebhafter Stil mit umgangssprachl. Einschlag. Das eigene leidenschaftl. Leben fand Einlaß ins Schaffen, häufig allzusehr auf melodramat. Effekte u. sentimentale Rhetorik bedacht, Abhängigkeit von Publikums- u. Verlegerwünschen, oft auch kleinbürgerl. eng u. rückwärtsgewandt. Ultraromant. Lyrik bedeutungslos. Einfluß von A. Herculano, V. Hugo, E. Sue. Die reifsten Leistungen (›Amor de Perdição‹) steigern Leidenschaften u. Situationen in dichtem Handlungsablauf zu trag. Größe.

W: Carlota Ângela, R. 1858; Romance dum Homem Rico, R. 1861; Doze Casamentos Felizes, En. 1861; Coração, Cabeça e Estômago, R. 1862; Amor de Perdição, R. 1862; O Bem e o Mal, R. 1863; Amor de Salvação, R. 1864; A Queda dum Anjo, R. 1866; Novelas do Minho, En. XII 1875–77, krit. Ausg. hg. M. H. Mira Mateus 1961; Eusébio Macário, R. 1879; Corja, R. 1880; A Brasileira de Prazins, R. 1882; Vulcões de Lama, R. 1886. – Obras, LXXX 1887ff., 1902, 1946ff., 1972ff.; Teatro, V 1908; Cartas, II 1918–23; Dispersos, V 1924–29.

L: J. do Prado Coelho, 1946 (^{2}1983); A. Ribeiro, 1961; A. Cabral, 1989.

Casti, Giambattista, ital. Autor, 29. 8. 1724 Acquapendente (Viterbo) – 5. 2. 1803 Paris. Priesterweihe; 1740 bis um 1764 Lehrer für Eloquenz am Seminar von Montefiascone. Mitgl. der Arcadia, aber wegen leichtsinnigen Lebenswandels u. zu freier Verse aus Rom verbannt. Sehr bewegtes Leben, zunächst Florenz, 1769 Wien bei Josef II., 1778–84 Petersburg bei Katharina II., wieder Wien, Konstantinopel, Mailand. 1790 in Wien von Franz I. zum Hofdichter ernannt, 1798 nach

Paris. – Schrieb erot. Novellen, e. Spottgedicht auf Katharina II. u. e. Epos, in dem er den Konflikt zwischen dem Ancien régime u. der neuen Republik in die Tierwelt verlegte, ferner ›opere buffe‹ in ital. Sprache.

W: Poema Tartaro, Sat. 1787; Novelle galanti, 1793 (erw. III 1804); Gli Animali Parlanti, Ep. III 1802 (hg. Ruspantini 1893, hg. Muresu 1978); Melodrammi giocosi, 1824. – Opere Complete (GW), 1838; Novelle, hg. Germont IV 1925.

L: G. Sindona, 1925; H. von Bergh, 1951; K. Zaboklicki, La poesia narrativa di G. C., 1974.

Castiglione, Baldassarre, Graf, ital. Dichter, 6. 12. 1478 Casatico b. Mantua – 7. 2. 1529 Toledo. Humanist. Stud. bei G. Merulat u. D. Chalcondyla in Mailand. 1503 mit F. Gonzaga Teilnahme an der Schlacht von Gareglianο. 1504–13 in Urbino, im Dienst von Guidobaldo di Montefeltro u. Francesco Maria Della Rovere. 1515 in Mantua, 1516 ∞ Ippolita Torello († 1520). Gesandtschaftsreisen nach England, Frankreich, Rom; befreundet mit Raffael, der ihn malte. 1525 päpstl. Gesandter in Toledo. 1527 nach der Plünderung Roms durch die Söldner Karls V. traf C. der Vorwurf Papst Clemens' VII., die Plünderung durch ungenügende Berichterstattung über die militär. Absichten der Spanier nicht verhindert zu haben. Vollendeter Hofmann der Renaissance. – C.s Hauptwerk ›Il cortegiano‹, nach Vorbild von Ciceros ›De oratore‹, ist e. höf. Bildungslehre. C. läßt berühmte Zeitgenossen (P. Bembo, L. da Canossa, B. da Bibbiena, O. Fregoso, G. de'Medici) über Sitten und Eigenschaften der vollkommenen Edelmannes sprechen. Das Werk wurde 1508/09 in Urbino begonnen, 1513–15 in Rom fortgesetzt, 1518 einigen Freunden (Bembo) zur Prüfung übersandt, 1528 veröffentlicht. Das hier entworfene Ideal der Ergänzung humanist. Bildung mit ritterl. Tugenden weist ins Zentrum der ital. Renaissancekultur. In geistiger Nachfolge steht G. della Casas ›Il Galateo, ovvero de' costumi‹ (1551–55). Auch Gedichte im Stile des Petrarkismus, lat. Epigramme u. Elegien. Berühmt ist die lat. Grabinschrift für s. Frau. Bekannt mit vielen Persönlichkeiten führte C. e. zeitgeschichtl. interessanten Briefwechsel. Für Bibbienas ›Calandria‹ schrieb er die Vorrede.

W: Il Libro del cortegiano, 1528 (hg. V. Cian [3]1929, 1947; hg. B. Maier 1955; d. A. Wesselski, II 1907, F. Baumgart 1960). – Opere volgari e latine, hg. G. A. u. G. Volpi 1733; Opere, Ausw., hg. G. Prezzolini 1937; Opere, hg. C. Cordié 1960; Tutte le opere, 1978; Lettere, hg. P. A. Serassi II 1769–71. – Übs.: Frauenspiegel der Renaissance, P. Seliger 1903 (= Cortegiano III).

L: J. Cartwright, II 1908; W. Schrinner, C. u. d. engl. Renaissance, Diss. Bresl. 1939; M. Rossi, 1946; V. Cian, Un illustre nunzio, 1951; E. Loos, B. C.s ›Libro del C.‹, 1955; R. Roeder, The Man of the Renaissance, [3]1960;

C. Ossola, A. Prosperi, hg. 1980; E. Bonora, hg. 1980; C. Ossola, 1988; P. Burke, 1998; C. Scarpati, hg. 2002.

Castilho, António Feliciano (seit 1870: Visconde de), portugies. Dichter, 28. 1. 1800 Lissabon – 18. 6. 1875 ebda. Seit 6. Lebensjahr erblindet; mit Unterstützung des Bruders klass. Ausbildung u. Stud. Theol. Coimbra. – Weniger Romantiker als akadem.-eklektizist.-formalist. Klassizist, e. Haltung, die sich außer in s. bukol.-arkadisierenden Dichtungen auch in umfangreichen Übsn. niederschlägt (Ovid, Vergil, Anakreon); später umstrittene Übsn. von Molière, Shakespeare, Goethe, Cervantes; auch Vf. pädagog.-didakt. Werke (Verslehre). Starke Einwirkung auf die frühe portugies. Romantik.

W: Epicédio na Morte da augustíssima senhora D. Maria I., G. 1816; A faustíssima aclamação de S. M. o Sr. D. João VI, G. 1818; Ode à morte de Gomes Freire e seus sócios, G. 1820; A Liberdade, Dr. 1820; Cartas de Eco e Narciso, G. 1822; Primavera, G. 1822; Amor e Melancolia, G. 1826; A Noite do Castelo, G. 1836; Os Ciúmes do Bardo, G. 1838; Escavações Poéticas, G. 1844. – Obras Completas (GW), LXXX 1903–10.

L: J. de Castilho, II 1881; J. Castelo Branco Chaves, 1935.

Castillejo, Cristóbal de, span. Dichter, um 1490 Ciudad Rodrigo – 12. 6. 1550 Wien. Lebte ab s. 15. Lebensjahr am Königshof, Page des Erzherzogs Ferdinand, 1515 Eintritt in den Zisterzienserorden; ab 1525 Sekretär Ferdinands I., des Bruders Karls V., in Wien; unglückl. Liebe zu Anna von Schaumburg. Ungeregeltes, fröhl. Leben; heiteres Gemüt trotz ständiger Geldnot. – Verteidigte die traditionellen span. Metren (8silbigen Vers, Cancionero-Strophen usw.) gegen die ital. Neuerungen der Petrarkisten, war aber geistig der Renaissance verbunden; Vf. von Liebesgedichten, Glossen über Volkslieder u. Romanzen, Satiren u. moral.-philos. Dichtungen; häufig ma. Thematik, teils frechdreiste Sprache, bes. im von der Inquisition beanstandeten ›Sermón de amores‹.

W: Diálogo entre el autor y su pluma, Dicht. o. J.; Sermón de amores, Dicht. 1542 (n. R. Foulché-Delbosc, 1916); Diálogo de las condiciones de las mujeres, Sat. Venedig 1544 (n. L. Pfandl, 1921; R. Reyes Cano, 1986); Diálogo y discurso de la vida de Corte, Dicht. o. J.; Diálogo entre la memoria y el olvido, Dicht. o. J. – Obras, hg. J. López de Velasco 1573, hg. J. Domínguez Bordona IV 1926–28; Poesías, hg. A. de Castro 1832.

L: R. Reyes Cano 1980; ders., 2000; M. D. Beccaria Lago, 1997.

Castro, José Maria Ferreira de, portugies. Romanschriftsteller, 24. 5. 1898 Salgueiros (Oliveira-de-Azemeis) – 29. 6. 1974 Madrid. Aus einfachen Verhältnissen, verlor mit 8 Jahren den Vater, wanderte mit 12 nach Brasilien aus, schrieb mit 14 in Belém (Brasilien) s. 1. Roman, verdiente durch Mitarbeit an Zsn. den Unterhalt, um schreiben zu können, 1919 Rückkehr nach Portugal, Hrsg. u. Redakteur versch. Blätter, 1939 Weltreise. – Erstes bedeutendes Werk sind die schonungslos sozialkrit. ›Emigrantes‹, danach Höhepunkt mit ›A Selva‹ (packende Schilderung des Lebens am Amazonas in trag. Verflechtung mit der Natur, errang Weltruhm), in späteren Romanen heimatl. Landschaft als Hintergrund, einfache Menschen in schicksalhaften Konflikten.

W: Emigrantes, R. 1928 (Die Auswanderer, d. 1953); A Selva, R. 1930 (Die Kautschukzapfer, d. 1933, u.d.T. In den Urwäldern, 1946); Terra Fria, R. 1934 (Karge Erde, d. 1955); A Tempestade, R. 1940; A Lã e a Neve, R. 1947 (Wolle und Schnee, d. 1954); A Missão, N. 1954; O Instinto Supremo, R. 1968.

L: J. Brasil, Biografia, 1933; A. Cabral, 1940; A. Linhares, 1959; Livro do Cinquentenário da Vida Literária de F. de C., 1967; A. Salema, 1974.

Castro, Rosalía de, span. Lyrikerin, 21. 2. 1837 Santiago de Compostela – 15. 7. 1885 Padrón/Galicien. Tochter e. Priesters, litt ihr Leben lang unter dem Makel ihrer illegitimen Herkunft, 1858 ∞ Manuel Murguía, galic. Historiker. Lebte nach kurzem Aufenthalt in Kastilien ständig in ihrer Heimat Galicien. Starb an Krebs. – Ihre tief empfundenen, sehr persönl. Gedichte sind der Spiegel ihres schwermütigen, von steter Traurigkeit erfüllten Wesens u. ihrer empfindsamen, schmerzerfüllten Seele. In ihrer Schlichtheit u. Aufrichtigkeit Bécquer vergleichbar. Die starke Verbundenheit mit ihrer galic. Heimaterde findet Niederschlag in den ›Cantares gallegos‹, zarten Liedern, die das Wesen der Landschaft u. der Menschen mit großem Einfühlungsvermögen einfangen. Gilt wegen metr. Neuerungen als Vorläuferin der von Rubén Darío geleiteten Umwälzung in der span. Dichtung.

W: La hija del mar, R. 1859; Flavio, R. 1861; Cantares Gallegos, G. 1863; Ruinas, R. 1864; El caballero de las botas azules, R. 1867; Follas Novas, G. 1880; En las orillas del Sar, G. 1884 (d. 1987). – Obras completas, IV 1909–11, I 1944, III 1983.

L: C. Arabena, 1930; A. Santaella Murias, 1942; L. Carnosa, 1946; J. Fernández de la Vega u.a., 1951; L. Pimentel u.a., 1952; D. Briesemeister, Diss. Mchn. 1959; R. Carballo Calero, 1959; A. Lázaro, 1966; M. A. Nogales de Muñiz, 1966; J. Costa Clavell, 1967; X. Alonso Montero, 1972; M. Mayoral, 1974; En torno a R. de C., hg. X. Alonso Montero, 1985; E. Montero, 1985; C. Baliñas, 1987; C. Davies, 1987; J. Courteau, Lewiston 1995. – *Bibl.:* R. Carballo Calero, 1965; A. López, A. Pociña, II 1991.

Castro e Almeida, Eugénio de, portugies. Dichter, 4. 3. 1869 Coimbra – 17. 8. 1944 ebda. Stud. Coimbra, Diplomat, gründete 1895 mit M. da Silva Gaio die internationale Zs. ›Arte‹; auf der Höhe dichter. Ruhms 1914–39 Prof. für franz. Lit. Coimbra. – Setzte den Symbolismus, dessen Vertreter er seit 1889 in Paris kennengelernt hatte, in Portugal durch, indirekt durch Übs. s. Werke auch in Spanien, wobei er von Verlaine, Verhaeren, Kahn, Ghil, Moréas, Régnier u. Barrès ausging; Baudelaire, Rimbaud, Mallarmé treten demgegenüber fast völlig zurück. S. Gedichtsammlungen mit programmat. Vorreden lösten heftige Diskussionen aus u. brachen hierdurch den neuen ästhet. Auffassungen Bahn, esoter.-erlesene Wort u. Klangkunst für e. Elite, später zunehmende formale Zucht u. Hinwendung zu fast klassizist. Ästhetizismus, nationalem Mythos, Folklore u. horaz. getönten Themen, schrieb e. Reihe lyr. Dramen u. übertrug einige Gedichte Goethes (1909) ins Portugies.

W: Cristalizações da Morte, G. 1884; Canções de Abril, G. 1884; Jesus de Nazaré, G. 1885; Per Umbram, G. 1887; Horas tristes, G. 1888; Oaristos, G. 1890; Horas, G. 1891; Silva, G. 1894; Interlúnio, G. 1894; Belkiss, Dr. 1894; Sagramor, Dr. 1895; Salomé, Dr. 1896 (d. 1934); A nereida de Harlem, G. 1896; O rei Galaor, G. 1897; Saudades do céu, G. 1899; Constança, Dr. 1900 (d. 1935); Depois da Ceifa, G. 1901; O Anel de Polícrates, Dr. 1907; Eclogas, G. 1929; Últimos Versos, G. 1938. – Obras poéticas, X 1927–44.

L: F. Ramos, 1943; J. de Barros, 1945; G. Battelli, Florenz 1950.

Castro Alves, Antônio de, brasilian. Dichter, 14. 3. 1847 b. Curalinho/Bahia – 6. 7. 1871 Salvador/Bahia. Schule in Salvador, Stud. Jura Recife; 1867 mit Eugênia Câmera, s. Geliebten, e. Schauspielerin, auf Tournee in den Süden; in Rio de Janeiro Bekanntschaft mit Machado de Assis u. José de Alencar, öffentl. Auftritte mit republikan. Kompositionen u. Gedichten gegen die Sklaverei, z.B. ›O Navio Negreiro‹, 1869 Rückkehr nach Bahia, veröffentlicht ›Espumas Flutuantes‹ (1870), das Verse mit Themen öffentl. Interesses (›O Livro e a América‹), aber auch spätromant. Sonette enthält. S. lyr. Hauptwerk ›Os Escravos‹ (enthält u.a. ›O navio negreiro‹, ›Vozes de África‹ u. Liebeslyrik) bleibt unvollendet. – Gilt als wichtigster u. populärer Vertreter der ausgehenden Romantik, durch die Präsenz von Körper u. Stimme, e. Bildsprache von suggestiver Kraft, erzielte er spektakuläre Effekte. Geprägt von der Zivilisation der Sklavenhaltergesellschaft schafft er die stilisierte Figur des gutmütigen, wilden, affektiven Schwarzen, gleichzeitig wird sie in e. Prozeß der Weißwerdung als leidende Figur zum Identifikationsobjekt für das bürgerl. Publikum.

W: Espumas Flutuantes, G. 1870; Gonzaga ou a Revolução de Minas, Dr. 1875; A cachoeira de Paulo Affonso, G. 1876; Vozes de África, G. 1880; Os Escravos, G. 1883; Tragédia no mar (O navio negreiro), G. hg. J. Chediak 2000. – Obras completas (GW), hg. A. Peixoto II ³1944.

L: J. Amado, 1941; Fs. zum 100. Geburtstag, 1971; J. G. Merquior, 1977; Cancioneiro de C. A., interpretiert von Andréa Daltro, Audio-CD 1996.

Castro y Bellvis, Guillén de, span. Dramatiker, 1569 Valencia – 28. 7. 1631 Madrid. Aus vornehmer Literatenfamilie, Reiterhauptmann, versch. militär. Posten, lebte ab 1619 in Madrid, 1623 Aufnahme in den Santiago-Orden. Glühender Bewunderer Lope de Vegas, Freundschaft mit allen großen Schriftstellern s. Zeit. – E. der bedeutendsten Vertreter der Lope-Schule, großes dramat. Talent, sehr geschickt in der Dramatisierung heroisch-volkstüml. Themen und der Verwendung alter Romanzen, insbes. ›Las mocedades del Cid‹; objektive Darstellung des Nationalhelden als edle, würdige Gestalt, Schwerpunkt auf der Hochzeit mit Jimena, Wiederaufleben der ma. Welt, von starker ep.-dramat. Wirkung, Vorlage für Corneilles Cid-Drama. Schrieb auch Mantel- und Degenstücke, bibl., mytholog. u. Ritterdramen, behandelte als erster Themen aus dem ›Quijote‹; Vorliebe für Ehekonflikte mit negativer Lösung. Gestalt des ›Graciosos‹ wird vielfach wieder zum Hanswurst und Possenreißer.

W: Las mocedades del Cid, Dr. (2. Teil auch u.d.T. ›Las hazañas del Cid‹; n. V. Said Armesto, 1913, S. Arata, 1996); El Narciso en su opinión, K.; Los malcasados de Valencia, K.; El curioso impertinente, K.; El conde de Alarcos, Dr.; Progne y Filomena, Dr.; Los amores de Dido y Eneas, Dr.; Don Quijote de la Mancha, Dr. – Comedias, II 1618–25; Obras completas, hg. E. Juliá Martínez III 1925–27, hg. J. Oleza I 1997.

L: W. Floeck, 1968; L. García Lorenzo, 1976; Ch. Faliu-Lacourt, 1984; M. Delgado, 1984.

Castro Soromenho, Fernando Monteiro de
→ Soromenho, Fernando Monteiro de Castro

Caterina da Siena, Santa, ital. Dichterin und Mystikerin, 25. 3. 1347 Siena – 29. 4. 1380 Rom. 25. Kind des wohlhabenden Färbers Giacomo Benincasa. Mit 6 Jahren erste Vision, 1364 Eintritt bei den Mantellate (Bußschwestern des hl. Dominikus) in Siena. Schwere asket. Übungen. 1374 aufopfernde Krankenpflege in der Pestzeit, erkrankte selbst. Sehergabe, 1375 Stigmatisierung, bald im Rufe der Heiligkeit, in Streitfällen angerufen. 1376 von der Signoria der Stadt Florenz nach Avignon entsandt, um im Streit mit Papst Gregor XI. zu vermitteln. Mahnte zu Kirchenreform, Kreuzzug u. Rückkehr des Papstes nach Rom. Auf Wunsch Papst Urbans VI. 1378 nach Rom. 1461 heiliggesprochen. Wegen ihrer Bemühungen um Frieden u. Eintracht wurde sie zur Patronin Italiens erhoben. – Tiefes relig. Empfinden mit Natürlichkeit u. soz. Tat verbunden. Ihre 388 Briefe sind ohne Standesunterschied der Empfänger einfach, klar; Grundgedanke: das Jenseits als unsere einzige, wahre Heimat. E. bedeutendes Zeugnis der Mystik ist der 1378 vollendete Traktat ›Libro della divina provvidenza‹, auch ›Il dialogo‹ genannt. Zwiegespräche e. Seele mit Gott.

W: Dialogo, 1472 (hg. M. Fiorilli 1912, 1928, hg. J. Taurisano 1947; d. 1951); Gebete, hg. J. Taurisano 1920. – Opere, hg. G. Gigli IV 1707–26; Lettere, 1492, hg. P. Misciatelli VI 1913–21, hg. L. Ferretti V 1922–30 (Ausw. der Briefe, d. A. Kolb ²1919; Polit. Briefe, d. F. Strobel 1944).

L: R. Fawtier, II 1921–30; J. Jørgensen, 1928; G. Dolezich, 1947; M. de La Bedoyère, 1953; A. Grion, 1953; H.-Ch. Chéry, 1967; H. R. Laurien, 1980; G. Anodal, 1995; L. Ferretti, 1997.

Cather, Willa Sibert, amerik. Schriftstellerin, 7. 12. 1873 Winchester/VA – 24. 4. 1947 New York. Aus alter Familie Virginias, aber im Westen (Nebraska) aufgewachsen, Stud. 1890–95 Journalistik Univ. Nebraska, journalist. Tätigkeit in Pittsburgh und New York, ab 1911 freiberufl.; Europareisen (Frankreich), kath. Konvertitin, Freundschaft mit S. O. Jewett, H. James. – Neben Gedichten u. Kurzgeschichten Verfasserin bedeutender psycholog.-realist. Romane, die sich in drei Gruppen einteilen lassen: Schilderungen des Westens, in deren Mittelpunkt meist Immigrantenschicksale stehen und die z.T. auf persönl. Kindheitserinnerungen beruhen; Romane und Erzählungen, die den Einfluß E. Whartons und H. James' erkennen lassen und das Problem des Künstlers zum Inhalt haben; Romane, die das Interesse der Autorin am Katholizismus zum Ausdruck bringen; Grundthema ihres Schaffens ist das wehmütige Erinnern e. ›heilen‹ Welt, d.h. ihrer Kindheit, der Pionierzeit des Westens. Ihr Stil ist sehr bewußt und wohlausgewogen. 1923 Pulitzer-Preis für ›One of Ours‹, Schilderung e. jungen Mannes, der dem Mittelwesten entflieht und im 1. Weltkrieg den Tod findet. ›Death Comes for the Archbishop‹ ist der Höhepunkt ihres Romanschaffens und verherrlicht die Rolle der kath. Kirche bei der Besiedlung des amerik. Südwestens.

W: April Twilights, G. 1903 (erw. 1933); The Troll Garden, En. 1905; Alexander's Bridge, R. 1912 (Traum vergangener Zeit, d. 1964, u.d.T. Alexanders Brücke, 1992); O Pioneers!, R. 1913 (Neue Erde, d. 1946, u.d.T. Zwei Frauen, 1948, u.d.T. Unter den Hügeln die kommende Zeit, 1991); The Song of the Lark, R. 1915 (d. 1991); My Antonia, R. 1918 (d. 1928); Youth and the Bright Medusa, Kgn. 1920; One of Ours, R. 1922 (d. 1930, u.d.T. Sei leise wenn Du gehst, 1992); A Lost Lady, R. 1923 (d. 1949, u.d.T. Die Frau, die sich verlor, 1989); The Professor's House, R. 1925 (d. 1961); My mortal Enemy, R. 1926 (Eine alte Geschichte, d. 1962; Mein ärgster Feind, d. 1992); Death Comes for the Archbishop, R. 1927 (d. 1940); Shadows on the Rock, R. 1931 (d. 1956); Obscure Destinies, E. 1932; Lucy Gayheart, R. 1935 (d. 1957); Not Under Forty, Ess. 1936; Sapphira and the Slave Girl, R. 1940 (d. 1955);

The Old Beauty and Others, En. 1948; W. C. on Writing, 1949; Five Stories, 1956; W. C. in Europe, 1956; Collected Short Fiction, 1965 (n. 1970); The Kingdom of Art, hg. B. Sloth 1967; The World and the Parish: Articles and Reviews, 1893–1902, II 1970; Uncollected Short Fiction, 1915–1925, 1973. – The Novels and Stories, XIII 1937–41. – *Übs.*: Vor dem Frühstück, Ausw. 1963.
L: R. Rapin, 1930; D. Daiches, 1951; E. K. Brown, L. Edel, 1953; E. Lewis, 1953; L. Edel, 1960; J. H. Randall, The Landscape and the Looking Glass, 1960; M. R. Bennett, 1961; E. A. u. L. D. Bloom, 1962; D. van Ghent, 1964; B. Bonham, 1970; J. Woodress, 1970; P. C. Robinson, 1983; J. J. Murphy, 1984; S. O'Brien, The Emerging Voice, 1987; B. Bohlke, hg. 1987; J. Ambrose, 1988; H. Lee, 1989; G. Brienzo, 1995; P. Gerber, 1995; M. Lindemann, 1999; J. P. Scout, 2000.

Cato, Marcus Porcius, gen. Maior oder Censorius, röm. Schriftsteller, 234 v. Chr. Tusculum – 149 v. Chr. Aus dem Landadel Latiums, kam früh nach Rom. 204 Quästor des P. Scipio in Sizilien und Afrika, 198 Prätor in Sardinien, 195 Konsul (Krieg in Spanien). 184 Zensor (Beiname ›Censorius‹). Als Politiker trat er gegen die Aristokraten, bes. gegen die Scipionen auf, als Vertreter altröm. Sitte bekämpfte er hartnäckig den vermeintl. dekadenten Einfluß des Griechentums. – C.s ›Unterweisungen‹ für s. Sohn, wohl eher e. bunte Sammlung von Ratschlägen aus versch. Fachgebieten (Ackerbau, Rhetorik, Medizin) als e. enzyklopäd. aufgebautes Werk, sind wie das ›Carmen de moribus‹ nur fragmentar. bekannt. Die Schrift ›De agricultura‹, Über den Ackerbau, ist die älteste erhaltene Prosaschrift der röm. Lit. Sie diente als Wirtschaftsratgeber, daneben finden sich in ihr Hinweise auf Heilmittel, Kochrezepte, Zauberformeln u. relig. Vorschriften. Die (verlorenen) 7 Bücher ›Origines‹ (168), die 1. röm. Geschichte in lat. Sprache, Beginn der lat. Historiographie, reichte von der röm. Vorgeschichte bis 149 v. Chr. C. verband Elemente versch. von den Griechen entwickelter historiograph. Gattungen (Annalistik, Genealogie, Kolonialgeschichte, Ethnographie u. a.). C.s zahlr. Reden, Briefe, Aussprüche sind eng mit s. staatsmänn. Tätigkeit verbunden. S. Stil galt später als Modell des Attizismus u. Muster altröm. Klarheit u. Strenge. In s. ›Origines‹ ist er Vorbild für Sallust; Cicero beschäftigte sich mit s. Reden. E. spätere Sammlung röm. Spruchweisheit hielt sich als ›Monita oder Disticha Catonis‹ bis ins MA. Nepos u. Plutarch verfaßten Biographien über ihn.
A: P. Cugusi, M. T. Sblendorio Cugusi 2001, 2002; De agricultura, hg. P. Thielscher 1963 (m. Komm. u. Übs.); A. Mazzarino ²1982; Fragmente übriger Werke, hg. J. Jordan 1860 (n. 1967); O. Schönberger 1980 (m. Übs.); Origines, Reste in: H. Peter, Hist. Rom. reliquiae I, ²1914 (n. 1967); M. Chassignet 1986; Reden, hg. M. T. Sblendorio Cugusi 1982; Disticha Catonis, hg. M. Boas 1952 (d. E. Stengel 1886).

L: D. Kienast, 1954, n. 1979; F. Della Corte, ²1969; N. W. Forde, 1975; A. E. Astin, 1978; J.-N. Robert, 2002.

Cats, Jacob, niederländ. Dichter, 10. 11. 1577 Brouwershaven – 12. 9. 1660 Sorghvliet bei Den Haag. Stud. Lit.- und Rechtswiss. Leiden. Reise nach Frankreich. Promotion Dr. jur. Orléans. Rechtsanwalt in Den Haag. Mitgl. der kalvinist. Kirche. Verschiedene jurist. u. polit. Ämter, zuletzt 1636–52 Raadpensionaris (Kanzler u. Außenminister) von Holland; dann auf Landgut Sorghvliet. – In ›Sinne – en minnebeelden‹ hat C. die Kupferstiche von Adriaan van de Venne mit Texten versehen u. sie so zu barocken ›Emblemata‹ gemacht. In ›Houwelijck‹ und ›Trouringh‹ gibt er in gereimter Form Anweisungen u. Beispiele für e. glückl. Ehe- u. Familienleben. Als väterl. Freund und von tiefer Gläubigkeit getragen wirkte er erzieherisch auf die breite Masse des Volkes. S. Popularität strahlte auch bis nach Dtl. aus.
W: Sinne- en minnebeelden, G. u. Prosa 1618; Houwelijck, G. 1625; Spiegel van den ouden ende nieuwen tydt, 1632; 's Werelts begin, midden, eynde besloten in den trouringh, G. 1637; Ouderdom, buytenleven en hofgedachten, Aut. 1655. – Alle de wercken, XIX 1655 hg. J. v. Vloten 1855–62, W. Wolterink 1880. – *Übs.:* VIII 1710–17.
L: G. Derudder, 1898; G. Kalff, 1901; S. Schroeter, C.' Beziehungen zur dt. Lit., Diss. Hdlbg. 1905; H. Smilde, C. in Dordrecht, 1938; P. Minderaa u.a., 1962; L. Strengholt u. a., 1977; D. ten Berge, 1980. – *Bibl.:* Cats catalogus, hg. J. Bos, J. A. Gruys 1996.

Cāttanār → Sāttanār

Cattopādhyāya (Chatterjee), Baṅkimcandra, ind. Schriftsteller, 26. 6. 1838 Kantalpara/Westbengalen – 8. 4. 1894 Kalkutta. Beamtensohn, College u. Univ. Kalkutta; 1858 erster bengal. B. A. der Univ. Kalkutta; ab 1858 in Landesverwaltung. – Gilt als ›Vater des bengal. Romans‹; s. Romane und Erzählungen befassen sich zumeist mit hist. und soz. Themen, s. Spätwerke, größtenteils Essays, dagegen mit der Deutung der ›Bhagavadgītā‹ und des Kṛṣṇakults. Hauptwerk dieser Periode ist ›Kṛṣṇa Caritra‹, e. rationalist. Biographie Kṛṣṇas. ›Ānanda Maṭh‹, s. bekanntester Roman, enthält das zum bengal. Nationallied gewordene ›Bande Mātaram‹.
W: Rajmohan's wife, R. 1864; Durgeśanandinī, R. 1865 (The Chieftain's Daughter, engl. 1880); Kapālkuṇḍalā, R. (ed. 1886; engl. 1885); Mṛṇālinī, R. 1869; Viṣavṛkṣa, R. 1873 (The Poison Tree, engl. 1884); Candraśekhar, R. 1877 (engl. 1904); Rajanī, R. 1877 (engl. 1928); Kṛṣṇakānter Uil, R. 1878 (Krishna Kanta's Will, engl. 1895); Ānanda Maṭh, R. 1881/82 (The Abbey of Bliss, engl. ⁵1906); Kṛṣṇa-caritra, B. 1882 (n. 1892); Devī Caudhurāṇī, R. 1884 (engl. 1946); Kamalākānta, Sk.

1885; Sītārām, R. 1886 (engl. 1903); Vividha Prabandha, Ess. 1887, 1892; Dharmatattva, Abh. 1888; Essays and Letters, 1940. – Baṅkimcandrer Racanāvalī (GW), 1938–42, hg. J. C. Bāgal 1969.
L: J. Das Gupta, Diss. Kalkutta 1937; W. Ruben, 1964; S. K. Banerjee, 1968; V. A. Novikova, 1976; S. Das, 1984; R. R. van Meter, Diss. 1997.

Catullus, Gaius Valerius, röm. Lyriker, um 84/82 v. Chr. Verona – um 54/52 v. Chr. Rom. Aus angesehener, vermögender Familie, Vater mit Caesar bekannt. Einziges datierbares Ereignis s. Lebens ist e. Reise mit dem Proprätor C. Memmius nach Bithynien 57/56. Scheint in jungen Jahren nach Rom gekommen zu sein, wo er die längste Zeit s. Lebens als Mitgl. der mondänen Oberschicht u. Freund vieler Literaten u. Dichter verbrachte. – Die in e. Buch erhaltene, an hellenist. Vorbildern orientierte Sammlung s. Gedichte enthält einige Kleinepen nach dem Vorbild des Kallimachos, darum gruppiert lyr. u. epigrammat. Gedichte unterschiedl. Inhalts: Freundschafts- u. Trinklieder, polit. u. Schmähgedichte. Die größte Wirkung hatte bis heute s. Liebesdichtung, die Darstellung der leidenschaftl., aber enttäuschten Liebe zu Lesbia, zu identifizieren wohl mit e. der drei Schwestern des Volkstribunen P. Clodius Pulcher-Gedichte von stark persönl. Prägung, tiefer Empfindung u. impulsiver Leidenschaftlichkeit, die einzigartig in der röm. Dichtung sind. C. ist durch Weiterentwicklung der hellenist. Dichtung, deren Neigung zu Dunkelheit u. Überladung mit gelehrtem Beiwerk er meidet, Begründer der röm. Elegie. Nachwirkungen bei Properz u. Ovid, Einfluß auf Martial. Dann verschollen bis zur Auffindung e. Hs. im 14. Jh. Seither Einflüsse auf ital. Lyriker, dt. Humanisten, Anakreontiker u. a. (Lessing, Mörike). Auch im 20. Jh. noch künstler. Anregungen (E. Pound, Th. Wilder, C. Orff, A. E. Radke).
A: R. Ellis [8]1950 (m. Komm.); R. A. B. Mynors 1958; C. J. Fordyce 1961 (m. Komm.); W. Kroll [5]1968 (m. Komm.); H. Bardon 1973; F. Della Corte 1977; W. Eisenhut 1983; D. F. S. Thomson 1997 (m. Komm.). – Übs.: C. Fischer 1949 (n. 1983); O. Weinreich 1960; R. Helm 1963; M. v. Albrecht 1995; W. Eisenhut [11]2000.
L: A. L. Wheeler, 1934, n. 1964; L. Ferrero, Interpretazione di C., 1955; K. Quinn, The Catullan Revolution, 1959; ders., 1972; E. Schäfer, Das Verhältnis von Erleben und Kunstgestalt bei C., 1966; E. A. Havelock, [2]1967; J. Granarolo, 1967; ders., 1982; T. P. Wiseman, Catullan Questions, 1969; ders., 1985; D. O. Ross Jr., 1969; R. Heine, hg. 1975; H. P. Syndikus, III 1984–90; E. A. Schmidt, 1985; P. Fedeli, Introduzione a C., 1990; J. K. Newman, Roman C., 1990; W. Fitzgerald, Catullan Provocations, 1995; N. Holzberg, 2002.

Cau, Jean, franz. Erzähler, 8. 7. 1925 Bram b. Carcassonne – 18. 6. 1993 Paris. Sohn e. Landarbeiters; Stud. Paris; 1945–57 Sekretär Sartres, dann Redakteur der Wochenschrift ›Express‹. 1961 Prix Goncourt. – Kühl sezierender, die Dekadenz der westl. Welt hervorkehrender Erzähler im Gefolge des Expressionismus. S. Roman ›La pitié de Dieu‹ schildert Gedanken u. Probleme von vier in e. Zelle eingeschlossenen Mördern. Auch Drama und Hörspiel.
W: Le fort intérieur, R. 1948; Les paroissiens, R. 1958; Mon village, En. 1958 (Bei uns zu Lande, d. 1965); La pitié de Dieu, R. 1961 (d. 1962); Les parachutistes, Dr. 1963 (d. 1963, 1964); Les oreilles et la queue, Ber. 1961; Meurtre d'un enfant, R. 1965; Lettre ouverte au têtes de chiens occidentaux, Ess. 1967; Le spectre de l'amour, R. 1968; Les yeux crevés, Dr. 1968 (d. 1969); L'agonie de la vieille, 1970; Les entrailles du taureau, R. 1971; Pauvre France, K. (1971); Les Enfants, 1975; Lettre ouverte à tout le monde, 1976; Les otages, R. 1976; Une nuit à Saint-Germain-des-Prés, R. 1977; Discours de la décadence, 1978; La conquête de Zanzibar, 1980, Nouvelles du Paradies, 1980; Brasilien, 1981, Réflexions dures sur une époque molle, 1981; L'innocent, R. 1982; La barbe et la rose, 1982, L'innocent, 1982; Une rose à la mer, 1983; Proust, le chat et moi, R. 1984; Brésil, 1988; Le choc de 1940, 1990, Le roman de Carmen, 1990; La follie corrida, 1990.

Caute, (John) David (Ps. John Salisbury), engl. Schriftsteller, Historiker und Journalist, * 16. 12. 1936 Alexandria/Ägypten. Stud. Oxford; 1955/56 Wehrpflichtige in Afrika; Dr. phil. 1963, 1959–65 Dozent Oxford, dann an versch. Univ. in England und USA; Redakteur für den ›New Statesman‹ und Journalist, lebt in London. – Vf. e. z. T. kontrovers diskutierten Werkes aus Romanen, Dramen, Hör- u. Fernsehspielen, Essays sowie hist. Werken; im gesamten Œuvre Interesse am Konflikt zwischen Persönl. und Polit., an der Beziehung zwischen Erster u. Dritter Welt. Experimentelle Romane, die vielfältige Formen des Erzählens enthalten; themat. Schwerpunkte sind der Kampf gegen den Kolonialismus in Afrika (z. B. in ›At Fever Pitch‹ und ›The Decline of the West‹), Kapitalismuskritik und in ›Fatmia's Scarf‹ zur über S. Rushdie verhängten Fatwa.
W: At Fever Pitch, R. 1959; Comrade Jacob, R. 1961 (Film 1975: Winstanley); Songs for an Autumn Rifle, Dr. (1961); The Decline of the West, R. 1966; The Confrontation, Tril.: I The Demonstration, Dr. 1970 (Uraufführung 1969), II The Illusion, Es. 1971, III The Occupation, R. 1971; The Fourth World, Dr. (1973); Fallout, H. 1973; Collisions. Essays and Reviews, 1974; The K-Factor, R. 1983; The Zimbabwe Tapes, H. 1983; Henry and the Dogs, H. 1986; News from Nowhere, R. 1986; Sanctions, H. 1988; Veronica or The Two Nations, H. 1989; The Women's Hour, H. 1991; Dr. Orwell and Mr. Blair, R. 1994; Joseph Losey. A Revenge on Life, B. 1994; Animal Fun Park, H. 1995; Fatmia's Scarf, R. 1998. – Unter Ps. John Salisbury: The Baby-Sitters, R. 1978 (u. d. T. The Hour before Midnight, 1980); Moscow Gold, R. 1980.

L: N. Tredell, C.'s Confrontations. A Study of the Novels of D. C., 1994.

Cauwelaert, August(inus) Justinus) van, fläm. Dichter, 31. 12. 1885 O. L. Vrouw-Lombeek – 4. 7. 1945 Antwerpen. Richter in Antwerpen, Schriftleiter der ›Vlaamsche Arbeid‹ und ›Dietsche Warande en Belfort‹. – Vf. vorwiegend relig. Gedichte. In dem Roman ›Het licht achter den heuvel‹ schildert er die Lage in e. Brabanter Dorfes nach dem 1. Weltkrieg.

W: Verzen, G. 1909; Verzen, nieuwe reeks, G. 1913; Liederen van droom en daad, G. 1918; Liederen voor Maria, G. 1924; Het licht achter den heuvel, R. 1929; Harry, R. 1934 (Der Gang auf den Hügel, d. 1937); Verzen van het leven en de overvaart, G. 1940; K. v. d. Woestijne, Es. 1943; De romancier en zijn jeugd, Es. 1944. – *Übs.:* Das Mädchen Roberta, En. 1948.

L: Herdenking van A. v. C., 1951; J. Rombouts, 1951; G. Walschap, 1959; M. Gijsen 1968.

Cavalcanti, Guido, ital. Dichter, nach 1255 Florenz – 27. (oder 28.) 8. 1300 ebda. Aus alter Florentiner Guelfenfamilie. Sorgfältige Erziehung, Pilgerfahrt nach Santiago de Compostela, Liebe zu Mandetta, e. Dame in Toulouse, die er in mehreren Sonetten besingt. In Florenz Freundschaft mit Dante, der ihm s. ›Vita nuova‹ widmete. Lebte zeitweilig zurückgezogen, dann Teilnahme am polit. Leben in Florenz. Wegen hervorragender Stellung in den Unruhen 1300 nach Sarzana verbannt. Dort an Malaria erkrankt u. kurz nach der Heimkehr in Florenz gestorben. – Neben Dante bedeutendster florentin. Dichter s. Zeit. Vollendeter Ritter u. Philosoph. S. Auffassung von der Liebe hat er in e. philos. Kanzone niedergelegt. Die Liebe setzt e. edles Herz voraus, die Geliebte ist e. Idealgestalt, deren Besitz nicht erstrebt wird. Die Liebe zu ihr führt zur reinen Tugend. C. sucht die seel. Vorgänge zu ergründen. Von Aristoteles u. der arab. Philos. stark beeinflußt. Mitbegr. des ›Dolce stil nuovo‹. Stark grübler. u. dialekt. Züge, in anderen Liedern zart u. gefühlvoll. S. berühmtesten Kanzonen sind: ›Perch' i'non spero di tornar giammai‹, 1300 in der Verbannung geschrieben, u. ›Donna mi priega, perch'io voglia dire‹.

A: Le rime, hg. G. Favati 1957; D. De Robertis, 1986; Ausw. in: Rimatori del dolce stil nuovo e G. C., hg. L. Di Benedetto 1939. – *Übs.:* H. Feist, L. Vincenti, Frühe ital. Dichtung, 1922.

L: J. E. Shaw, Toronto 1949; C. Calenda, 1976; M. Corti, 1983; E. Fenzi, La canzone d'amore de G. C., 1999; A. Gagliardi, 2001.

Cavaleiro de Oliveira → Oliveira, Francisco Xavier de, gen. Cavaleiro de Oliveira

Čavčavaje, Alek'sandre, Fürst, georg. Lyriker, 1786 St. Petersburg – 18. 11. 1846 T'bilisi (Tiflis). Sohn des georg. Gesandten in St. Petersburg; Militärlaufbahn, 1812 und 1826 Adjutant; zweimal verbannt: 1805 u. 1832, 1846 trag. Tod durch Unfall. – Formgewandter anakreont. Lyriker, 1. Vertreter der westl. orientierten georg. Lyrik im 19. Jh. Besingt Liebe u. Wein, manchmal noch oriental.-formelhaft; zeigt zugleich Lebenslust u. Melancholie der westl. Romantik, Romantisierung der georg. Vergangenheit, patriot. Gedichte (Unabhängigkeit Georgiens) und soziale Problematik. Meisterhaft: ›Der See Gogč'a‹. Übs. Puškin, Odoevskij, Corneille, La Fontaine, Hugo, Racine, Voltaire ins Georgische.

W: Gogča, um 1841; Lek'sebi, G. 1881. – T'xzulebani (GW), 1940, 1986. – *Übs.:* Gedichte, in: A. Leist, Georg. Dichter, ²1900; Georg. Poesie aus 8 Jh., 1971.

L: D. Gamezardašvili, 1948; A. Kenčošvili, 1953; A. Č. K'art'ul, lit. kritikaši 1852–1921, 1956; Syny Gruzii 3: A. C., 1961; G. Abašije, 1986.

Čavčavaje, Ilia, Fürst, georg. Autor, 8. 11. 1837 Qvareli – 12. 9. 1907 Cicamuri (ermordet). Gymnas. T'bilisi (Tiflis), Stud. bis 1861 Jura in St. Petersburg; 1868–74 Friedensrichter in Šušet'i. 1874–1905 Direktor der Adelsbank T'bilisi; ab 1877–1902 Hrsg. der Zeitschrift, später Zeitung ›Iveria‹; allg. unter ›Ilia‹ oder ›Vater der Nation‹ bekannt. – Einfluß der russ. revolutionären Demokraten. Stand als Dichter u. Redakteur im Mittelpunkt des georg. lit. Lebens der Jahrhundertwende. Realistisch erzählend, vertritt er e. fortschrittl. Gesellschaftsbild mit manchmal idealisiertem Menschheitsglauben. Lyriker, Versepiker und Begründer des realist. georg. Sittenromans. Übs. Schiller, Heine, Rückert, Byron, Scott, Puškin, Lermontov ins Georgische.

W: Koc'ia adamiani?!, (1859)–1863 (2 Redaktionen) (Die vertauschte Braut, d. 1995); K'art'vlis deda, 1860, 1881; Kako Qač'aǧi, 1860; Gandegili, G. 1883; Bazalet'is tba, G. 1883; Ot'araant K'vrivi, 1887. – T'xzulebani (GW), IV 1892, hkA 1915 ff.; X 1925–29; T'xzulebat'a sruli krebuli (GW), X 1951–61; T'xzulebat'a sruli krebuli (GW), XX 1979–89. – *Übs.:* Saxrč'obelzed – Am Galgen, T'bilisi 1986; Gedichte, T'bilisi 1986.

L: M. Javaxišvili, 1938; B. Žgenti, 1957; A. Kenčošvili, 1962; G. Jiblaje, II 1983–84, J. Č'umburije, 1994; L. Minašvili, 1995; T. Kvančilašvili, III 1995. – *Bibl.:* T. Nakašije, N. Korjaia, 1966; I. Gorgaje, 1987; T. Sart'ania, 2000.

Cavendish, Margaret, geb. Lucas, Duchess of Newcastle, engl. Schriftstellerin, 1623 Colchester/Essex – 15. 12. 1673. Wuchs in einer adligen Familie auf, begann früh zu schreiben. Als Royalisten flohen sie und ihre Familie während des Bürgerkriegs 1642 nach Oxford, hielten sich dort direkt am Königshof auf. C. begleitete als Kammerzofe die Königin 1644 nach Paris, 1645 ∞ William Cavendish, Marquis of Newcastle; die beiden lebten bis zur Restauration 1660 in Antwerpen. – C. ist in ihrer Zeit eine der bekanntesten, sicher auch eine der am heftigsten diskutierten Schriftstellerinnen mit außerordentlich breitangelegtem Œuvre: vom Gedichtband ›Poems and Fancies‹ über Abhandlungen zu Naturphilosophie u. -wissenschaft, die sich als zentrales Motiv in allen ihren Schriften findet, bis zum bekanntesten Werk, der Utopie ›The Blazing World‹. Hierin sowie in den ›Observations Upon Experimental Philosophy‹ verbindet C. den Entwurf einer ›neuen Welt‹, die Freundschaft u. Solidarität zwischen Frauen als konstitutives Merkmal einführt, mit naturphilos. Betrachtungen zum Ort des Menschen und satir. Bemerkungen über die ›alte Welt‹. Der Ort des Menschen ist für C. nicht denkbar ohne mannigfaltige Reflexionen über den spezif. Ort der Frau in einer Kultur; diese Reflexionen finden sich nicht nur in der Konzeption weiblicher, autonomer Heldinnen in ihren zahlreichen Dramen, sondern auch in der Imagination einer intellektuell orientierten Frauengemeinschaft (›The Convent of Pleasure‹) oder in den zeitkrit. Dialogen zwischen Frauen in den ›Sociable Letters‹.

W: Nature's pictures drawn by fancies pencil to the life, Schr. 1656; Poems and Fancies, G. 1653; Philosophical Phancies, 1653; The World's Olio, Schr. 1655; Philosophical and Physical Opinions, Schr. 1663; Nature's Pictures, 1656; Plays, Sch. 1662; Orations of Divers Sorts, Schr. 1662; CCXI Sociable Letters, Schr. 1664; Philosophical Letters, Schr. 1664; Observations Upon Experimental Philosophy. To Which is Added, The Description of a New World Called The Blazing World, Schr. 1666 (hg. E. O'Neill, 2001); The Life of William Cavendish, B. 1667; Plays, Never Before Printed, Sch. 1668. – The Blazing World and Other Writings, hg. K. Lilley, 1992; The Convent of Pleasure and Other Plays, hg. A. Shaver, 1999. – *Übs.:* Die gleissende Welt, übs. V. Richter, 2001.

L: H. Perry, 1918; D. Grant, 1957; K. Jones, 1988; U. Hansen, Poetik und Poesie bei M. C. und Aphra Behn, 1997; A. Battigelli, M. C. and the Exiles of the Mind, 1998; E. Strauss, Die Arithmetik der Leidenschaften. M. C.s Naturphilosophie, 1999; K. Whitaker, Mad Madge, 2002; S. Clucas, A Princely Brave Woman: Essays on M. C., 2003; L. Cottegnies, Authorial Conquests: Essays on Genre in the Writings of M. C., 2003; E. Rees, 2003.

Caviceo, Jacopo, ital. Autor, 1. 5. 1443 Parma – 3. 6. 1511 Montecchio/Emilia. Abenteurerfigur, Priester, berühmter Prediger, mehrfach wegen Rebellion gegen die Kirchenleitung verbannt, ab 1492 Generalvikar der Bischöfe von Rimini, Ferrara, Florenz u. Siena. – Vf. einiger Werke in lat. Sprache u. e. L. Borgia gewidmeten Liebesromans ›Il peregrino‹.

W: Il peregrino, R. 1508.
L: L. Vignali, 2001.

Cayrol, Jean, franz. Lyriker u. Erzähler, * 6. 6. 1911 Bordeaux. Stud. Jura und Philol., 1937 Bibliothekar. 1939/40 im Geheimdienst, seit 1941 in der franz. Widerstandsbewegung, 1942–45 im KZ Mauthausen. Seit 1945 in Paris. – Vf. myst. u. visionärer, auf Rimbaud zurückweisender Gedichte von reicher Metaphorik, die zugleich metaphys. Frage und Prophetie sind. Verwendet oft den Bibelvers Claudels. S. Romane stellen nüchtern und unerbittlich e. tote Welt mit leeren Seelen und sinnentleerten Dingen dar, behandeln die Beziehungslosigkeit des Menschen zu s. Umwelt, die Entfremdung einst vertrauter Gegenstände und Personen und das Bemühen um e. neue Sinngebung. Christl. Vertreter des Nouveau roman. Auch Drehbuchautor u. Filmproduzent.

W: Le Hollandais volant, G. 1936; Les poèmes du pasteur Grimm, G. 1936; Le dernier homme, G. 1939; Les phénomènes célestes, G. 1939; Miroir de la rédemption, G. 1943; Poèmes de la nuit et du brouillard, G. 1945 (d. 1948); Je vivrai l'amour des autres, R.-Tril. (On vous parle, 1946; Les premiers jours, 1947; Le feu qui prend, 1947); Passe-temps de l'homme et des oiseaux, G. 1947; La vie répond, G. 1948; La noire, E. 1949; La couronne clu Chrétien, 1949; Lazare parmi nous, Es. 1950 (d. 1959); Les mots sont aussi des demeures, G. 1952; Le vent de la mémoire, E. 1952; L'espace d'une nuit, R. 1954 (d. 1961); Pour tous les temps, G. 1955; Le déménagement, R. 1956 (d. 1958); La gaffe, R. 1957 (d. 1957); Les corps étrangers, 1959 (d. 1959); Les pleins et les déliés, E. 1960; Muriel, Drb. 1903 (d. 1965); Le froid du soleil, R. 1963 (d. 1965); Le droit de regard, E. 1963; Le coup de grâce, Film 1965; Midi-Minuit, R. 1966 (d. 1968); Poésie-Journal, 1968; Histoire d'une prairie, 1970; Histoire d'un désert, R. 1972; Histoire de la mer, R. 1973; Lectures, Ess. 1974; Le froid du soleil, R. 1974; Histoire de la forêt, R. 1975; Histoire d'une maison, R. 1976; Histoire du ciel, R. 1979; Exposés au soleil, R. 1980; L'homme dans le réhoviseur, 1981; Il était une fois Jean Cayrol, Aut. 1982; Un mot d'auteur, R. 1983; La noir, R. 1983; Qui suis-je?, Es. 1984; Les châteignes, 1987; Des nuits plus blanches que nature, 1987; Les enfants pillards, 1989; A voix haute, 1990; De vive voix, 1991; Le déménagement, 1993; D'une voix céleste, 1994; Hongkong dans la gueule du dragon, 1997; Alerte aux arbres, 1997; Nuit et brouillard, R. 1997.

L: D. Oster, 1967; J. C. Poètes d'aujourd'hui, 1973; Ph. S. Day, 1974.

Cazalis, Henri (Ps. Jean Caselli, Jean Lahor), franz. Lyriker, 9. 3. 1840 Cormeilles-en-Parisis/Seine-et-Oise – 1. 7. 1909 Genf. Stud. oriental. Lit. Enger Freund von Mallarmé und Maupassant. Gehörte zum ›Parnasse‹. Vertrat neben Sully Prudhomme dessen philos. Tendenzen. – Vf. klangvoller, formstrenger Verse nach Vorbild von Leconte de Lisle. Am besten von ind. Philos. inspirierte, pessimist. Gedichte in der Sammlung ›L'illusion‹.

W: Vita tristis, rêveries fantasques, romances sans musique, 1865; Melancholia, G. 1868; Le livre du néant, G.

1872; L'illusion, 1875; Le cantique des cantiques, 1885; Poésies complètes, G. 1888; Histoire de la littérature hindoue, Schr. 1888; Les quatrains d'Al-Gazali, 1896. – Œuvres, 1907.
L: J. P. Crouzet-Benaben, 1908; A. Joseph, 1972.

Cazotte, Jacques, franz. Schriftsteller, 17. 10. 1719 Dijon – 25. 9. 1792 Paris. Jesuitenkolleg. Ab 1740 in Paris. 1747 Angestellter der Marineverwaltung auf Martinique. 1761 Rückkehr nach Paris. Freier Schriftsteller. Starb als überzeugter Monarchist u. Feind der Revolution durch die Guillotine. – Vf. von bizarr-phantast. Feenmärchen u. Teufelsgeschichten in verspielt-humorvollem Ton und e. parodist. Prosaepos ›Olivier‹ im StilAriosts. Geistreicher Gesellschafter. Gehörte zu okkultist. Kreisen (1775 Illuminaten, Kreis um die Marquise de la Croix). In s. bedeutendsten Werk ›Le diable amoureux‹ spiegelt sich s. Neigung zum Kabbalistischen. Vorläufer E. T. A. Hoffmanns.
W: La patte du chat, 1741; Les mille et une fadaises, 1742; Olivier, Ep. 1762; Le Lord impromptu, 1767; Le diable amoureux, 1772 (d. F. Blei 1924); Rachel ou la belle juive, N. 1778; La continuation des mille et une nuits, Nn. 1788. – Œuvres badines et morales, IV 1816f. (d. G. Schatz IV 1789–91); Correspondance, hg. G. Decote 1982.
L: J. S. Cazotte, Témoignage d'un royaliste, 1839; A. Bourgeois, Pages inédites sur C., 1911; E. Charmant, 1939; E. P. Shaw, Cambridge/Mass. 1942; R. Trintzius, Matérialisme et spiritualisme, J. C. ou le XVIIIe sc. inconnu, 1944; D. Rieger, 1969; A. L. Bottacin, 1984.

Céard, Henry, franz. Erzähler und Dramatiker, 18. 11. 1851 Bercy – 24. 8. 1924 Paris. Staatsbeamter. 1883 stellvertretender Direktor des Städt. Museums in Paris. Lange Jahre aktiver Journalist und Kritiker. Freund Zolas, gehörte zum Kreis von Médan (Zola, Goncourt, Daudet). – Anfangs überzeugter Naturalist, bemühte er sich um fotograf. genaue Wiedergabe der Realität. Sein 1. Werk, e. Novelle, erschien in der Sammlung ›Les Soirées de Médan‹. Schrieb später iron. und tief pessimist. Romane. Wandte sich 1888 dem naturalist. Drama zu, ließ ab 1889 alle Stücke im Théatre-Libre von Antoine aufführen. 1918 Mitgl. der Académie Goncourt.
W: La saignée, N. (in: Les soirées de Médan, 1880); Une belle journée, R. 1881; Tout pour l'honneur, Dr. 1887; Renée Mauperin, Dr. 1888; Les résignés, Dr. 1889; La pêche, Dr. 1890; Tout pour l'honneur, Dr. 1890; Terrains à vendre au bord de la mer, R. 1906; Laurent, Dr. 1909; Sonnets de guerre, 1914–18, 1920; Le mauvais livre et quelques autres comédies, Drn. 1923; Lettres inédites à Emile Zola, 1958.
L: L. Deffoux, E. Zavie, Le groupe de Médan, 1920; P. Cogny, 1957; R. Frazee, 1963; C. A. Burns, 1982.

Cebetis Tabula (griech. ›Pinax‹, dt. ›Tafel des Kebes‹), moralphilos. Dialog in griech. Sprache, wohl aus dem 1. Jh. n. Chr., der fälschl. dem Kebes aus Theben, e. Freund des Sokrates (einer der Hauptunterredner in Platons ›Phaidon‹) zugeschrieben wurde (so bereits Lukian im 2. Jh. n. Chr.), von dessen Schriften nichts erhalten ist: In e. anonymen Ich-Erzählung wird berichtet, wie e. anonymer Greis dem Erzähler e. Gemälde (daher der Titel) zum Heiligtum des Kronos erklärt, auf dem e. labyrinth. Anlage allegorisch richtige u. falsche Lebenswege darstellt; geprägt v. philos. Synkretismus, daher kaum eindeutig e. einzelnen Richtung zuzuordnen. – Die C. T. war in der frühen Neuzeit bis ins 18. Jh. hinein ungemein beliebt und fand zahlr. Übs., lit. Nachahmungen und bildl. Darstellungen.
A: K. Praechter 1893; D. Pesce 1982 (m. ital. Übs. u. Komm.); J. T. Fitzgerald, L. M. White 1983 (m. engl. Übs., Komm. u. ausf. Lit.hinw.).
L: R. Joly, Le Tableau, Bruxelles-Berchem 1963; R. Schleier, T. C. Studien zur Rezeption, 1973 [Rezeption 16./17. Jh.]; St. Benedetti, Itinerari di Cebete, Roma 2001 [Rezeption in Italien, 15.–18. Jh.].

Cecchi, Emilio (Ps. Il tarlo), ital. Schriftsteller, 14. 7. 1884 Florenz – 5. 9. 1966 Rom. Journalist bei ›La Voce‹, ›Corriere della sera‹, 1910–32 Lit.-kritiker der ›Tribuna‹. 1919 Mitbegr. der Zs. ›La Ronda‹, des Organs e. Dichtergruppe, die nach dem Vorbild Leopardis u. Manzonis das ital. Schrifttum zu klass. Formen zurückführen wollte. Auslandsreisen im Auftrag von Verlagen nach Holland, Griechenland, Mexiko, Mozambique u. USA. Prof. für ital. Sprache u. Lit. an der Univ. Berkeley, USA. – Bedeutender Essayist. Berühmt durch die Gedichtsammlung ›Pesci rossi‹. Beeinflußt von B. Croces Ästhetik. Zahlr. lit.- u. kunstkrit. Studien bes. zur engl. u. amerik. Lit. Auch Reisebücher.
W: Inno, 1910; Kipling, Abh. 1911; Note d'arte a Valle Giulia, Abh. 1911; Studi critici, 1912; La poesia di G. Pascoli, Abh. 1912; Storia della letteratura inglese nel secolo XIX, Abh. 1915; Pesci rossi, G. 1920; La giornata delle belle donne, 1924; La pittura italiana dell'Ottocento, Abh. 1926; L'osteria del cattivo tempo, 1927; Pietro Lorenzetti, Abh. 1930; Qualche cosa, Reiseb. 1931; Messico, Reiseb. 1932; Scrittori inglesi e americani, Abh. 1935; Et in Arcadia ego, Abh. 1936 (d. 1949); Corse al trotto, G. 1936; Giotto, Abh. 1937; America amara, Reiseb. 1939 (d. 1942); Donatello, Abh. 1942; Libri nuovi e usati, Abh. 1947–58; Corse al trotto vecchie e nuove, 1947; Corse al trotto e altre cose, 1952; Appunti per un periplo dell'Africa, Reiseb. 1954; Di giorno in giorno, Abh. 1954; Ritratti e profili, Abh. 1957; Nuovo continente, Reiseb. 1959; I grandi romantici inglesi, Abh. 1961; Saggi e vagabondaggi, Ess. 1962; Storia della letteratura italiana, IX 1965–69 (hg. mit N. Sapegno). – *Übs.:* Goldfische, Ausw. 1973.

L: C. DiBiase, 1982; R. Macchioni Jodi, 1983; A. Gnesa, L'arte di E. C., 1997. – *Bibl.:* G. Scudder, 1970.

Cecchi, Giovan Maria, ital. Dichter, 15. 5. 1518 Florenz – 18. 10. 1587 Gangalandi. Notar, Wollhändler u. Inhaber anderer öffentl. Ämter. – S. Bedeutung liegt v. a. in den Neuerungen, die er in den dramat. Gattungen einführte. Während er das geistl. Drama durch Einfügung weltl. Szenen auflockerte, den traditionellen Gestalten der Bibel Personen aus dem Bereich des antiken Theaters hinzufügte, hat er im Bereich der Komödie die volkstüml. Farce zur lit. Form entwickelt, verfolgte aber dabei nicht satir., sondern lediglich unterhaltende Absichten.

W: L'Assiuolo, K. 1550 (hg. u. komm. E. Camerini, 1863); Commedie, hg. Milanesi II 1865, hg. Guerrini 1883; Poesie, hg. Dello Russo 1866; Farse in scelta di curiosità letterarie, 1882; I drammi spirituali, hg. R. Rocchi II 1889–1901.

L: F. Rizzi, 1904 u. 1907; D. Radcliff-Umstead, The Renaissance Drama of G. M. C., 1986.

Čech, Svatopluk, tschech. Dichter, 21. 2. 1846 Ostředek – 23. 2. 1908 Prag. Sohn e. landwirtschaftl. Verwalters, Jurastud. Prag, bis 1878 Rechtsanwaltskonzipient; lebte seit 1895 zurückgezogen auf dem Lande. Redakteur der Zss. ›Světozor‹ (1870 f.), ›Lumír‹ (1873 f.), ›Květy‹ (1878 f.). Bereiste 1874 den Vorderen Orient, 1882 Dänemark, Frankreich u. Italien. – Populärster Dichter der national. orientierten Gruppe ›Ruch‹. S. lit. Werk, das Lyrik, Epik, Prosa, Reiseberichte u. Feuilletons umfaßt, wurzelt mit s. Anfängen in der Romantik, jedoch überwindet Č. den byronist. Subjektivismus u. versteht es, die ep. Handlung mit modernen sozialen, nationalen u. panslavist. Ideen zu durchdringen u. ihr e. tendenziösen Charakter zu geben. Zu s. breitangelegten Verserzählungen mit relig., sozialen, national., polit. u. hist. Motiven, vorwiegend aus der Zeit der tschech. Reformation (›Adamité‹, ›Evropa‹, ›Žižka‹, ›Václav z Michalovic‹, ›Slavie‹, ›Dagmar‹, ›Roháč na Sioně‹), u. ländl. Idyllen, oft mit sozialem Unterton (›Ve stínu lípy‹, ›Lešetínský kovář‹), gesellen sich launige satir. Märchen u. e. Tierepos (›Petrklíče‹, ›Hanuman‹). S. polit. Gedichte, die in pathet. Form oder im Volksliedstil die liberal-demokrat. Gesinnung der Jungtschechen zum Ausdruck bringen (›Jitřní písně‹, ›Nové písně‹, ›Písně otroka‹), sowie s. meditative, pantheist. Lyrik (›Modlitby k Neznámému‹) werden durch die humorist., imaginären Reisen des Prager Spießers M. Brouček ergänzt.

W: Adamité, Vers-E. 1874 (d. 1913); Evropa, Vers-E. 1878; Ve stínu lípy, Vers-E. 1879 (Im Schatten der Linde, d. 1897); Žižka, Vers-E. 1879; Václav z Michalovic, Vers-E. 1882; Petrklíče, M. 1883 (Himmelsschlüssel, d. 1892); Hanuman, Tier-Ep. 1884; Slavie, Vers-E. 1884; Dagmar, Vers-E. 1885 (d. 1923); Jitřní písně, G. 1887; Nové písně, G. 1888; Pravý výlet pana Broučka do měsíce, E. 1888; Nový epochální výlet pana Broučka tentokrát do patnáctého století, E. 1888; Písně otroka, G. 1895 (Lieder des Sklaven, d. ²1934); Modlitby k Neznámému, G. 1896; Roháč na Sioně, Vers-E. 1898/99; Lešetínský kovář, Vers-E. 1899; Václav Živsa, Vers-E. 1901; Sekáči, G. 1903. – Sebrané spisy (GW), XXX 1899–1913, XXXI 1907–15.

L: J. Sutnar, 1898; V. Flajšhans, 1906 (m. Bibl.); K. Novotný, 1912; A. Novák, II 1921–23; F. Strejček, Živé dílo S. Č. 1946; Sv. Č. 1946; K. Polák, 1949; W. Giusti, Triest 1950; L. S. Kiškin, Moskau 1959. – *Bibl.:* V. Bitnar, Bibliografie literatury o životě a díle S. Č., 1946.

Čechov, Anton Pavlovič (Ps. Antoša Čechonte), russ. Prosadichter, 29. 1. 1860 Taganrog – 15. 7. 1904 Badenweiler. Vater Kaufmann; Gymnas. Taganrog, Stud. Medizin Moskau 1879–84 (1879 erste Erzählung gedruckt); übte den Arztberuf nur kurze Zeit aus, dann vorwiegend lit. Tätigkeit, schrieb zunächst meist humorist. kleine Erzählungen u. Anekdoten für Zeitungen und Zss. (1. Band Erzählungen 1884 unter Ps. hg.); Wendung in s. lit. Laufbahn 1886 durch Bekanntschaft mit D. V. Grigorovič und dem Verleger A. S. Suvorin; schrieb nicht mehr unter Ps., erlangte wachsenden Ruhm; von 1884, bes. von 1887 an mehr und mehr ernste und trag. Erzählungen und Kurzgeschichten; 1884 Ausbruch e. Lungenkrankheit; 1887 1. Drama ›Ivanov‹ erfolgreich aufgeführt; 1890 Reise zur Strafkolonie auf der Insel Sachalin; 1892–97 vorwiegend auf s. Landgut Melichovo b. Moskau; Reisen nach Westeuropa; von 1898 an meist in Jalta; 1898 erfolgr. Aufführung von ›Čajka‹ im Moskauer Künstlertheater; 1901 ∞ Schauspielerin Ol'ga K. Knipper; schätzte bes. Flaubert, Maupassant, L. Tolstoj, in späteren Jahren Freundschaft mit Gor'kij; verzichtete 1902 mit Korolenko auf die 1900 verliehene Ehrenmitgliedschaft der Petersburger Akad. der Wiss., als sie Gor'kij nach kurzer Zeit wieder entzogen wurde; Tod durch Lungenschwindsucht. – S. Neigung gilt von Anfang an der kleinen Erzählung, für die ihm Maupassant vollendete Muster gab; gründet auf Feuilleton, milieuschildernder russ. Anekdote, den kurzen, skizzenart. Geschichten Gorbunovs, Lejkins u.a. Die erste umfangr. Erzählung ›Step'‹ zeugt von Mühen um die große Form des Romans, die er nie bewältigt hat; wurde e. der größten Meister der Kurzgeschichte. Grundlegende Züge s. Erzählens sind Einfachheit der Fabel, Handlungsarmut, Verhaltenheit, Abneigung gegen Steigerungen; unübertroffen in Darstellung von Stimmungen, die aber nicht für sich selbst stehen, sondern jeweils mittelbar den Grundgedanken erhellen; Mittelpunkt der Thematik, abgesehen vom Frühwerk, sind die versch. Arten menschl. Bedrängnis: innere Verlassenheit, seel. Leid durch Gleichgültigkeit seitens der Mitmenschen, Lebensangst, Lebensmüdigkeit. S. Dramen ähneln in Aufbau und Stil den Erzählungen, sind handlungsarm, einzigartig in Schilderung von Stimmung u. Milieu, undramat., vergl. mit dem bislang gepflegten Bühnenstil, jedoch voll innerer Dramatik. Ihre Aufführung im Moskauer Künstlertheater war bedeutsam für die Geschichte dieser Bühne; beeinflußte K. Mansfield, V. Woolf, E. Hemingway, D. Parker, M. Gor'kij (›Na dne‹) u.a.

W: Skazki Mel'pomeny, En. 1884; Pëstrye rasskazy, En. 1886; Step', E. 1888 (Die Steppe); Ivanov, Dr. 1888; V sumerkach, En. 1890; Nevinnye reči, En. 1890; Palata No 6, E. 1892 (Krankensaal Nr. 6); Ostrov Sachalin, Abh. 1895; Moja žizn', E. 1896 (Mein Leben); Čajka, Dr. 1896 (Die Möwe); Mužiki, E. 1897 (Die Bauern); Djadja Vanja, Dr. 1897 (Onkel Vanja); V ovrage, E. 1900 (In der Schlucht); Tri sestry, Dr. 1901 (Drei Schwestern); Višnëvyj sad, Dr. 1904 (Der Kirschgarten). – Polnoe sobranie sočinenij i pisem (GW u. Br.), XXX 1974–83. – *Übs.:* Dramen, 1902, 1960, VIII 1973–80; Ges. Romane u. Nn., V 1920; Meisternovellen, 1946; GW, IV 1950, III 1963; Das erzähl. Werk, X 1968–71; Briefe, V 1979; Tagebücher, 1983.

L: D. Magarshack, Lond. 1972; ders., 1980; W. H. Bruford, C., Lond. 1956; H. Auzinger, Die Pointe bei C., 1956; dies., A. T., 1960; A. Č., Some Ess. hg. T. Eekman, Leiden 1960; S. Laffitte, 1960; N. A. Toumanova, Berkeley 1961; E. J. Simmons, Boston 1962; M. Valency, The Breaking String, N. Y. 1966; P. M. Bicilli, 1966; K. D. Kramer, The Chameleon and the Dream, 1970; G. Selge, A. Č.s Menschenbild, 1970; J. L. Styan, Chekhov in Performance, 1970; S. Melchinger, 1969; P. Urban, Chronik, 1981; ders., hg. 1987; E. Wolffheim, 1982; H. Troyat, 1984 (d. 1987); K. Hielscher, 1987; V. T. Bill, 1987; R. D. Kluge, II 1990; M. Freise, Amst. 1997; A. Č. Philosophie u. Religion in Leben u. Werk, hg. V. Kataev u.a., 1997; Č. Then and Now, hg. J. P. Clayton, N.Y. u.a. 1997; A. Tippner, Alterität, Übersetzung u. Kultur. Č's Prosa zw. Rußl. u. Deutschland, 1997; G. Bauer, 2000. – *Bibl.:* Ė. Polockaja, 1955; T. Ošarova, 1979.

Cederborgh, Fredrik, schwed. Erzähler, 17. 6. 1784 Lindesberg – 17. 1. 1835 Dalkarlshyttan. Sohn e. Bergwerksbesitzers in Bergslagen, 1794 Stud. Uppsala, 1801 Examen in Lund, 20 Jahre Beamter, Buchdrucker u. liberaler Journalist in Stockholm, kehrte dann zum väterl. Beruf in die Heimat zurück. – Vf. kleiner Erzählungen aus der ihm bekannten Wirklichkeit, den heimatl. Herrenhöfen u. der Stockholmer Gesellschaft, teils satir., teils idyll., immer fröhl. u. mit gutartigem Humor u. Selbstironie, zuweilen gegen den Übermut des Adels gerichtet. Im Gegensatz zu s. Zeitgenossen keine Neigung für romant. Spekulation u. Lyrik.

W: Uno von Trasenberg, R. III 1809 f.; Ottar Trallings lefnadsmålning, R. IV 1810–18; Herr öfverdirektören C. A. Grevesmöhlens porträt, 1815; Grefve Jaques Pancrace von Himmel och Jord, R. 1819. – Ungdoms tidsfördrif (GW), III 1834; Epigrammer, satirer och berättelser, hg. A. Ahnfeldt 1882.

L: F. Böök, 1925.

Ceiriog → Hughes, John

Cela, Camilo José, span. Schriftsteller, 11. 5. 1916 Iria-Flavia/Galicien – 17. 1. 2002 Madrid. Sohn e. Spaniers und e. Engländerin, Stud. Rechte England u. Madrid, 1957 Mitglied der Span. Akad. 1989 Nobelpreis für Lit. – Erfolgr. Romancier u. Lyriker unter Einfluß der klass.-span. Lit., bes. des Schelmenromans, und mod. naturalist. Romanformen; Neigung zu lit. Experimenten und Sprachartistik. S. besten Werke sind ›La familia de Pascual Duarte‹ u. ›La colmena‹. Auch Vf. von Reisebüchern in meisterhafter Prosa. 1956 Gründer der lit. Zs. ›Papeles de Son Armandans‹.

W: La familia de Pascual Duarte, R. 1942 (d. 1949); Nuevas andanzas y desventuras de Lazarillo de Tormes, R. 1944; Pabellón de reposo, R. 1944; Esas nubes que pasan, En. 1945; Mesa revuelta, Ess. 1945; Pisando la dudosa luz del día, G. 1945; El bonito crimen del carabinero y otras invenciones, En. 1947; Viaje a la Alcarria, Reiseber. 1948; El gallego y su cuadrilla y otros apuntes carpetovetónicos, Prosa 1949; La colmena, R. 1951 (d. 1964); Del Miño al Bidasoa, Reiseber. 1952; Baraja de invenciones, Ess. 1953; Mrs. Caldwell habla con su hijo, R. 1953 (d. 1961); La Catira, R. 1955; Judíos, moros y cristianos, Reiseber. 1956; Cajón de sastre, Ess. 1957; Historias de España, En. 1958; Los viejos amigos, Prosa II 1960; Tobogán de hambrientos, En. 1962; Viaje al Pirineo de Lérida, Reiseber. 1965; El ciudadano Iscariote Reclús, En. 1966; San Camilo 1936, R. 1969; Al servicio de algo, Ess. 1969; La cucaña, Mem. I 1969; El carro de heno, Sch. 1970; Diccionario secreto, II 1971; Oficio de Tinieblas 5, R. 1973; El molino de viento, En. 1977; Mazurca para dos muertos, R. 1983 (d. 1991); Cristo versus Arizona, R. 1988; La cruz de San Andrés, R. 1994; Madera de boj, R. 1999. – Obras completas, XXXVII 1962ff.

L: O. Prjevalinsky, 1960; A. Zamora Vicente, 1962; P. Ilie, 1963; R. Kirsner, Chapel Hill 1963; D. W. Foster, Columbia/MO 1967; D. W. McPheeters, N. Y. 1969; S. Suárez, El léxico de C. J. C., 1969; J. L. Giménez-Frontin, 1985; A. Cantos Pérez, 2000.

Čelakovský, František Ladislav, tschech. Dichter u. Philologe, 7. 3. 1799 Strakonice – 5. 8. 1852 Prag. Zimmermannssohn. Nach Abschluß des philos. Stud. Linz und Prag 1821–29 Hauslehrer, dann Dichter und Redakteur der Zs. ›Časopis pro katolické duchovenstvo‹ und der ›Pražské Noviny‹; 1835 der Russenfeindlichkeit bezichtigt und entlassen, 1838–42 Bibliothekar beim Fürsten Kinsky, 1842–49 Prof. für Slavistik Breslau, 1849–52 Prof. Prag. – An der Schwelle von Klassizismus u. Romantik stehend, sammelte Č. unter Herders Einfluß slav. Sprichwörter und Volkslieder, die er inhaltlich und formal meisterhaft nachahmte, schrieb galante Schäferidyllen, scharfsinnige Epigramme und lit. Satiren; s. Liebeslyrik, gewidmet s. Frau M. Ventová, ist unpersönlich u. ohne Leidenschaft. Übs. von Herder, Goethe, Scott und Augustinus. Philolog. Arbeiten nicht abgeschlossen.

W: Smíšené básně, G. 1822; Slovanské národní písně, Volkslieder-Slg. III 1822–27; Ohlas písní ruských, G. 1829 (Widerhall russ. Lieder, d. 1833); Ohlas písní českých, G. 1839 (n. O. Fischer 1933; Widerhall tschech. Lieder, d. 1919); Růže stolistá, G. 1840; Mudrosloví národu slovanského v příslovích, Sprichw. 1851. – Spisy básnické (GW), hg. J. Jakubec VI 1913–16; Korespondence a zápisky, V 1907–39; Dílo (W), III 1946–50.

L: J. Jakubec, 1917 (Literatura Česká 19. st. II); J. Dolanský, 1952; Stopami buditelů, 1963; A. Závodský, 1982.

Celano, Tommaso da → Tommaso da Celano

Celati, Gianni, ital. Schriftsteller, * 1937 Sondrio. Stud. Anglistik in Bologna. Nach Auslandsaufenthalten seit 1975 Dozent für engl. Lit. ebda. sowie an amerik. Univ. Übs. von engl. und amerik. Lit. Auch Fotograf und Dokumentarfilmer. – Von Italo Calvino gefördert, begann er mit witzigen Gesellschaftssatiren, um ab etwa 1980 in kleinen, minimalist. Texten, zum Teil auch als Begleitung von Fotografien, die triste norditai. Industrielandschaft exakt zu beschreiben. Diese stark zum Dokumentarischen tendierende Thematik behielt er bei, erweiterte sie aber um Figuren, die die Einsamkeit des mod. Menschen verkörpern.

W: Comiche, R. 1971; Le avventure di Guizzardi, R. 1973; Finzioni occidentali. Fabulazione, comicità, scrittura, Es. 1975; La banda dei sospiri, R. 1976; Lunario del paradiso, R. 1978 (d. 1999); Narratori delle pianure, En. 1985 (d. 1987); Quattro novelle sulle apparenze, En. 1987 (d. 1987); Verso la foce, Reisebericht 1989 (d. 1993); Il profilo delle nuvole, Prosa zu Fotografien von L. Ghirri 1989; Avventure in Africa, Reisebericht 1998; Cinema naturale, En. 2001.

L: R. West, 2000.

Celaya, Gabriel → Múgica, Rafael

Çelebi, Asaf Halet, türk. Dichter, 29. 12. 1907 Istanbul – 15. 10. 1958 ebda. Stud. Kunst u. Jura; Gerichtssekretär, Bankangestellter, Beamter der staatl. Seefahrt, zuletzt Bibliothekar Univ. Istanbul. – Als hervorragender Kenner der Ost- u. Westliteratur ergänzte er die Neuerungsbewegung durch Nazim Hikmet und Orhan Veli um e. krit.-myst. Dimension.

W: Mevlana, Mon. 1940; Molla Cami, Mon. 1940; He, G. 1942; Lamelif, G. 1945; Naima, Mon. 1953; Ömer Hayyam, Mon. 1954. – Om Mani Padme Hum (ges. G.), 1953, 1983; Bütün Şiirleri (ges. G.), 1998; Bütün Yazıları (GS), 1998.

Celestina, La, auch ›(Tragi-)Comedia de Calisto y Melibea‹ (vor 1499), e. der interessantesten Werke des span. MA, erste Tragödie des span. Theaters, obwohl wegen Länge u. Charakter vermutl. nicht für Aufführung gedacht; Vf. (umstritten) Fernando de Rojas; Frage nach evtl. weiteren Autoren, Entstehungszeit u. Schauplatz noch nicht geklärt. Handelt von der trag. endenden Liebe zwischen Calisto u. Melibea, die von der Kupplerin Celestina zusammengeführt werden; zwei getrennte Ebenen verkörpern Geist des MA u. der Renaissance: die vornehme, poet. Welt der Liebenden mit ihrer gewählten Sprache u. edlen Haltung u. die niedere, realist. Welt Celestinas u. des gemeinen Volkes mit s. vulgären, derben Ausdrucksweise. Glänzende Charakterzeichnung, bes. der alten Kupplerin C., die zu e. der unsterbl. Gestalten der Weltlit. wurde; vielfach nachgeahmt u. übersetzt, großer Einfluß auf spätere Lit. Moralisierende Tendenz neben künstler. Vollkommenheit; Ausdruck e. Welt, die nicht mehr den traditionellen Werten Kastiliens entspricht (›converso‹-Perspektive).

A: Erste bekannte: Burgos 1499 (Faks. A. M. Huntington, N. Y. 1909); Toledo 1500 (Faks. D. Poyán, Coligny/Genf 1961); Sevilla 1501; erw. Sevilla 1502 (Faks. A. Pérez Gómez 1958); M. Menéndez Pelayo II 1899f.; R. Foulché-Delbosc 1900; F. Holle 1911; J. Cejador II [2]1931; F. C. Sáinz de Robles 1944; R. de Maeztu, Don Quijote, Don Juan y La C., [6]1948; L. Escobar, H. Perez de la Ossa (mod. Bühnenfassung) 1959; M. Criado de Val, G. D. Trotter [2]1965; D. S. Severin 1969; M. Marciales, Urbana II 1985. – Übs.: Ch. Wirsung 1520, verb. 1534 (Faks. Augsburg 1920, n. 1984); E. v. Bülow 1843 (hg. L. Schmid 1909); E. Hartmann, F. R. Fries 1959; F. Vogelsang 1989, 1990.

L: J. Soravilla, 1895; F. Castro Guisasola, 1925; S. Gilman, The Art of La C., Madison 1956; M. Bataillon, Paris 1961; M. R. Lida de Malkiel, 1962, [2]1970; J. A. Maravall, 1964; J. H. Herriot, Madison 1964; A. Castro, 1965; D. C. Clarke, Berkeley 1968; D. S. Severin, 1970; dies., 1989; E. Gurza, 1977; E. Rubio García, Estudios sobre L. C., [2]1985; L. Fothergill-Payne, 1988; J. R. Stamm, 1988; J. C. Arce, 1991; J. G. García Valdecasas, 2000.

Céline, Louis-Ferdinand (eig. Louis Destouches), franz. Erzähler, 27. 5. 1894 Courbevoie – 1. 7. 1961 Meudon b. Paris. Breton. Abkunft, aus elenden Verhältnissen, 12jährig Fabrikarbeiter, nahm am 1. Weltkrieg teil. Stud. Medizin. Armenarzt in e. Pariser Vorstadt; Mitglied der hygien. Kommission des Völkerbunds; als Schiffsarzt Reisen nach Afrika und Amerika; 1936 Rußlandreise. 1944 Flucht nach Dänemark, da zu 1 Jahr Gefängnis wegen geistiger Kollaboration mit Dtl. verurteilt. Nach Aufhebung des Urteils Rückkehr nach Frankreich. – Romancier u. polit. Essayist, gab in s. Werk e. Dokument der absoluten Hoffnungslosigkeit und e. zersetzenden Nihilismus. Ätzende

Menschenfeindlichkeit und Katastrophenstimmung bei Unflätigkeit u. Derbheit s. aus dem Argot genährten Sprache (darin Rabelais verwandt, ohne dessen seel. Gesundheit zu besitzen): ›Voyage au bout de la nuit‹ e. erfolgr. Roman über Welterfahrung u. Desillusionierung des Helden, gleichzeitig Satire auf Europa und Amerika. Zwei Romane über das Ende der Vichy-Regierung und den inneren und äußeren Zusammenbruch Dtl.s, makabre, grausige Farcen. Nach Enttäuschung beim Rußlandaufenthalt e. bissiges Pamphlet; nahm Zuflucht in Antisemitismus und Faschismus; während dt. Okkupation wütende, haßerfüllte Polemik gegen das degenerierte Frankreich. C.s Genialität, s. Offenheit und die Monumentalität s. vielfach als skandalös empfundenen Werkes (Vorwurf der Pornographie) sind unbestritten.

W: La vie et l'œuvre de Philippe-Ignace Semmelweis, Diss. 1924; Voyage au bout de la nuit, R. 1932 (d. 1933); L'église, K. 1933 (d. 1970); Mort à credit, R. 1936 (d. 1937); Mea culpa, Pamphlet 1936 (d. 1937); Bagatelles pour un massacre, Pamphlet 1937 (Judenverschwörung in Frankreich, d. 1938); L'école des cadavres, Pamphlet 1938; Les beaux draps, Pamphlet 1941; Guignol's Band, R. 1944; Casse-Pipe, R. 1948; Féerie pour une autre fois, R. 1952; Normance, R. 1954; Entretiens avec le Professeur Y, Ess. 1955 (d. 1986); D'un château l'autre, R. 1957 (d. 1960); Nord, R. 1960 (d. 1969); Le pont de Londres, R. 1964; Rigodon, R. 1969. – Œuvres, hg. J. A. Ducorneau 1966ff.; F. Vitoux, hg. 1982ff.

L: R. Poulet, Entretiens familiers avec L.-F. C., 1958; N. Debrie-Panel, 1961; M. Hanrez, 1961; P. Vandromme, 1963; L'Herne, 1963; D. Hayman, N. Y. 1965; D. de Roux, 1966; E. Ostrovsky, N. Y. 1966 (franz. 1973); P. Carile, 1969; M. Hindus, 1969; A. Thiher, 1972; G. Holtus, 1972; J.-P. Richard, 1973; A. Smith, 1973; F. Vitoux, 1973; ders., 1978; I. Noble, 1987; F. Gibault, III 1977ff.; P. Muray, 1984, R. Aimeras, 1994; M. Donley, 2000.

Celliers, Jan François Elias, afrikaanser Lyriker, 12. 1. 1865 Wagenmakersvallei/Südafrika – 1. 6. 1940 Stellenbosch. Vater Journalist. 1887–90 Stud. Delft u. Leiden, 1894 Staatsbibliothek in Pretoria; nach dem Burenkrieg Flucht in die Schweiz; 1907 wieder in Südafrika, 1909 Beamter, 1919 Prof. Univ. Stellenbosch. – Lyriker und Dramatiker in der Tradition des 19. Jh. unter Einfluß von niederländ. u. dt. Dichtern mit Motiven aus der vaterländ. Geschichte.

W: Die Vlakte, 1908; Die Rivier, 1909; Unie Kantate, 1910; Martjie, 1911; Die Saaier, 1918; Jopie Fourie, 1920; Die Lewenstuin, 1923; Die groot Geheim, 1924; Liefdelewe, 1924.

L: F. C. L. Bosman, 1940; P. J. Nienaber, 1951; J. C. Kannemeyer, 1978; N. Snyman, 1998.

Cellini, Benvenuto, ital. Goldschmied, Bildhauer u. Dichter, 3. 11. 1500 Florenz – 13. 2. 1571 ebda. Goldschmiedlehre, unstetes Wanderleben, Aufenthalt in Pisa, Siena, Florenz u. Rom. 1527 unter Papst Clemens VII. bei der Verteidigung Roms. Wegen Mordes an e. Goldschmied Flucht nach Florenz. Dort Münzmeister Herzog Alessandros. Von Clemens VII. nach Rom zurückgerufen, wegen Verdacht des Diebstahls päpstl. Juwelen eingekerkert, Fluchtversuch, durch Vermittlung des Königs Franz I. 1539 befreit u. 1540–45 nach Fontainebleau berufen. Hier Arbeit am Tor des Schlosses. 1546 in Florenz im Dienste Herzog Cosimos I. de'Medici. 1554 Fertigstellung der Statue des Perseus in der Loggia de' Lanzi (Hauptwerk). 1558 Beginn der Arbeit an s. ›Vita‹, welche er während der Arbeit e. s. Gesellen diktierte. 1562 für kurze Zeit Eintritt in e. Kloster. ∞ 1565 Piera de Parigi. Starb in Armut. – Genialer Renaissancekünstler. Im Vollbewußtsein s. Künstlertums sich über alle Moral u. Sitte stellend, erzählt er s. ›Vita‹ als Held inmitten von Mord, Rache, Verfolgung u. Flucht. Echte u. erdichtete Abenteuer in e. persönl. Prosastil in Florentiner Umgangssprache. Durch Goethes Übs. in Dtl. bekannt.

W: Vita, begonnen 1558, hg. 1728, O. Bacci 1901, A. Padovan [2]1925, E. Carrara II 1927, M. Gorra 1954 (d. J. W. Goethe 1796f., H. Conrad II 1908, A. Semerau 1925); Due trattati dell' oreficeria e della scultura, 1568, hg. C. Milanesi 1857, L. de Mauri 1927 (d. 1867); Discorsi e ricordi intorno all'arte, 1857; Rime, hg. A. Mabellini 1891. – Opere, hg. E. Camesasca 1955, [2]1980.

L: K. Voßler, 1899; J. B. Supino, 1901; P. de Bouchand, 1903; A. Darvai, 1907; E. Allodoli, 1930; E. Carrara, 1938; H. Klapsia, 1943. – *Bibl.:* B. Maier, 1952; V. Gatto, 2001.

Cemal Süreya (Seber, Cemal Süreya), türk. Dichter, 1931 Erzincan – 9. 1. 1990 Istanbul. Stud. Politikwiss., Prüfer im Finanzministerium, Direktor der Münzprägeanstalt bis zur Pension; Hrsg. der Zs. ›Papirüs‹ (1960/61, 1966–70 u. 1980); durch ihn klarte sich die Poesie der ›Zweiten Neuen‹ auf, neue Bildschöpfungen überwanden ihre Esoterik, C. S. schöpfte aus der Tradition für die Erneuerung der lyr. Rede; auch s. krit. Reflexionen (teilweise unter dem Ps. Osman Mazlum) zeigten Wirkung.

W: Üvercinka, G. 1958; Göçebe, G. 1965; Şapkam Dolu Çiçekle, Ess. 1976; Beni Öp Sonra Doğur Beni, G. 1979; Günü Birlik, Ess. 1982; Sevda Sözleri, G. 1984; Güz Bittiği, G. 1988; Sıcak Nal, G. 1988; Onüç Günün Mektupları, Br. 1990; 99 Yüz, Ess. 1990.

Cena, Giovanni, ital. Dichter, 12. 1. 1870 Montanaro Canavese – 6. 12. 1917 Rom. Priesterseminar, Stud. in Turin; starkes soz. Interesse, gründete 70 Schulen u. Kindergärten für arme Bauern der röm. Campagna u. Pontin. Sümpfe. – S. Gedichte u. Romane, in denen e. melanchol. Ton vorherrscht, enthalten autobiograph. Elemente u.

zeichnen sich durch soz. Mitleid u. beredte Schilderung des leidenden Volkes aus.

W: Madre, G. 1897; In umbra, 1899; Gli ammonitori, R. 1904; Homo, 1907; Opere complete, V 1928/29.

L: B. Brugioni, 1937; G. Spanò, 1939; S. Melchiorri, 1954; G. De Rienzo, 1972.

Cendrars, Blaise (eig. Frédéric Louis Sauser-Hall), franz. Lyriker und Erzähler, 1. 9. 1887 La Chaux-de-Fonds, Schweiz – 21. 1. 1961 Paris. Vater Schweizer, Mutter Schottin. Ging 15jährig von zu Hause weg, zog bis nach Asien. Kurze Zeit Stud. Medizin Bern. Imker und Jongleur in Paris, reiste über Rußland nach Amerika, Landarbeiter in Kanada, 1916 Fremdenlegionär (verlor die rechte Hand). Danach schriftsteller. Arbeiten in Paris, unterbrochen von Reisen. Freundschaft mit G. Apollinaire. – S. Werk (Lyrik, Romane, Erzählungen, Autobiographisches und Essays) schöpft aus s. kosmopolit. Vagabundieren wie s. vielseitigen berufl. Betätigungen und besitzt suggestive Kraft. Gedichte in freien Rhythmen; lange, spannungsvolle, monotone Verse. Charakterist. der oft unmittelbare Bruch zwischen kühnen kosm. Bildern und persönl.-iron. Geständnis, zwischen liebevoll dargestellter Idylle und brutalem Abschluß und die Einbeziehung aller techn. Neuheiten s. Zeit. Überschäumend vitale Sprache von großer Bildkraft. Die Personen s. Romane sind Exzentriker und Abenteurer. Neben exot. Milieu Darstellung der amerikanisierten Zivilisation in ihren hekt.-hyster. Aspekten. Romantechnik ist verwandt mit der musikal. Komposition des Jazz. Großer Einfluß auf die lit. Kubismus.

W: La légende de Novgorode, 1909; Les Pâques à New York, 1912; Séquences, G. 1912: La prose du Transsibérien, Reiseb. 1913; J'ai tué, Aut. 1918; Le Panama ou les aventures de mes sept oncles, G. 1918; Du monde entier, G. 1919; Poèmes élastiques, G. 1919; J'ai saigné, Aut. 1920; Anthologie nègre, Prosa 1922; Feuilles de route, G. 1924; L'or, R. 1925 (d. 1960); Moravagine, R. 1926 (d. 1928, u.d.T. Moloch, 1961); L'éloge de la vie dangereuse, Aut. 1926; Petits contes nègres pour les enfants des blancs, M. 1928 (Kleine Negermärchen, d. 1961); Une nuit dans la forêt, Aut. 1929; Les confessions de Dan Yack, Aut. 1929 (Mireilles kleines Tagebuch, d. 1930, u.d.T. Dan Yack, 1963); Le plan de l'aiguille, Prosa 1929; Rhum, Prosa 1930; Aujourd'hui, Ess. 1931; Hollywood, Aut. 1935; Histoires vraies, Prosa 1937 (d. 1968); Poésies complètes, 1944 (dt. Ausw. 1962); L'homme foudroyé, Aut. 1945 (daraus: Zigeuner-Rhapsodien, d. 1963, Der alte Hafen, d. 1964); La main coupée, Prosa 1946; Bourlinguer, Prosa 1948 (Ausw. in: Der alte Hafen, d. 1964); Œuvres choisies, 1948; Le lotissement du ciel, Prosa 1949; Emmène-moi au bout du monde, R. 1956 (Madame Thérèse, d. 1962); Trop, c'est trop, Prosa 1957; Du monde entier au cœur du monde, G. 1957; A l'aventure, Prosa (Wind der Welt, d. 1960); Inédits secrets, 1969. – Œuvres complètes, IX, 1924ff., VIII 1947ff.; Poésies complètes, 1967. – *Übs.:* Hörspiele, 1965.

L: J. H. Lévesque, 1947 (m. Bibl.); H. Miller, 1950; J. Rousselot, 1955; J. Buhler, 1960; R. M. Payne, 1960; W. E. Albert, 1961; L. Erba, 1961; J. C. Lovey, 1965; L. Parrot, [7]1971; A. Serstevens, 1972; Y. Bozon-Scalzitti, 1972; P. A. Bossel, Les œuvres nègres de C., 1972; J. Chadourne, 1973; M. Decaudin, 1977; M. Steins, 1977; Jay Bochner, 1978; M. Cendrars, 1984 (d. 1986); J. Rousselof, 1985; F. Ferney, 1993; C. Leroy, 1995; M. Cendrars, 1996; M. Touret, 1998.

Cenowa (Ceynowa), Florian Stanislaw, kaschub. Schriftsteller, 4. 5. 1817 Slawoschin, Kreis Putzig – 26. 3. 1881 Bukowitz, Kreis Schwetz. Aus politischen Gründen 1847 zum Tode verurteilt. Arzt. – Versuchte e. eigenes Volksschrifttum in kaschub. Sprache zu schaffen, scharfer Gegner des poln. Adels und der Kirche. Schrieb auch eine kaschub. Grammatik.

W: Die Germanisierung der Kaschuben, 1843; De Terrae Pucensis incolarum superstitione in re medica, Diss. Berlin 1850; Skôrb kaszébskosłovjnskjé mové, XIII 1866–1868; Zares do Grammatikji kasebskosłovjnskjè move, 1879.

L: A. Bukowski, Regionalizm kaszubski, 1950.

Centlivre, Susanna, engl. Schauspielerin u. Dramatikerin, 1669 Holbeach/Lincolnshire – 1. 12. 1723 London. ∞ 1706 in 3. Ehe Joseph C., Koch Königin Annes. C. war zunächst Provinzschauspielerin, begann 1700 unter dem Namen Susanna Carroll Stücke zu schreiben, von denen 19, v. a. Intrigen- und Sittenkomödien, mit großem Erfolg aufgeführt wurden u. in denen sie oft selber auftrat. Ab 1712 in London; befreundet mit Farquhar, Steele u. Rowe. Anhängerin der Whigs u. Gegnerin Popes, auf den sie auch Satiren schrieb. Einige ihrer Komödien blieben bis ins 20. Jh. beliebt.

W: The Gamester, K. 1705; The Busy Body, K. 1709; The Wonder! A Woman keeps a Secret, K. (1714); A Bold Stroke for a Wife, K. 1718 (n. 1969). – Dramatic Works, III 1760–61, III 1872 (n. 1968).

L: J. W. Bowyer, 1952; F. P. Lock, 1979.

Cent Nouvelles Nouvelles → Antoine de la Sale

Cento novelle antiche → Novellino, oder ›Le Cento novelle, antiche‹

Čep, Jan, tschech. Schriftsteller, 31. 12. 1902 Myšlichovice – 25. 1. 1974 Paris. Stud. Philologie Prag, Verlagsredakteur u. Übs. Lebte ab 1948 im Exil in Paris. – Den sinnl. Naturalismus ablehnend, vertritt C. in Novellen u. Romanen die myst.-relig. Richtung des sog. ›Ruralismus‹. Im Mittelpunkt s. Werke stehen nicht Zeitprobleme, nicht der Kampf der Generationen oder die Jagd nach Besitz, sondern der intellektuelle Mensch, der auf der Suche nach Gott zur Scholle zurückfindet. Meisterhafte Übsn. aus dem Franz., Dt. u. Engl.

W: Dvojí domov, En. 1926; Vigilie, En. 1928; Zeměžluč, En. 1931; Letnice, En. 1932; Děravý plášť, En. 1934; Hranice stínu, R. 1935. (Ruf der Heimat, d. 1935); Modrá a zlatá, En. 1938; Tvář pod pavučinou, En. 1941; Lístky z alba, En. 1944; Polní tráva, En. 1946; Cikáni, N. 1953; Malé řeči sváteční, Ess. 1959; Samomluvy a nozhovory, Ess. 1959 (Zeit und Wiederkehr, d. 1962); Poutník na zemi, Ess. 1965, 1975; Sestra úzkost, Erinn. 1976. – Spisy (W), IV 1947/48.

Ceret'eli, Akaki, georg. Dichter, 21. 6. 1860 Sxvitori – 8. 2. 1915 ebda. Fürstl. Abkunft; nach kaukas. Sitte bis zum 6. Jahr von e. Ziehmutter erzogen; Gymnas. Kutaisi; 1859 Stud. St. Petersburg, ab 1863 als freier Dichter in Georgien. – Neben → I. Čavčavaje der georg. Dichterfürst des 19. Jh., allg. unter ›Akaki‹ oder ›Nachtigall Georgiens‹ bekannt; volkstüml. u. vielseitig; erreicht im formvollendeten lyr. Gedicht klass. Höhe. Autor des bekannten Liedes ›Suliko‹ (1895). Hist. Themen gestaltet er in Epos u. Drama. Er schildert das Los der Bauern, ist Realist u. bewahrt die ausgewogene Form u. mus. Sprache. Übs. Lermontov, Ševčenko, Krylov.

W: T'ornike Erist'avi, Ep. 1883; Baši-Ač'uki, Ep. 1896; Nat'ela, Ep. 1887; Patara Kaxi, Dr. 1890; Č'emi nacerebi, II 1912. – T'xzulebata sruli krebuli (GW), XV 1950–63, XVIII 1991. – *Übs.:* Gedichte, in: A. Leist, Georg. Dichter, ²1900; Georg. Poesie aus 8 Jh., 1971; Aus meinem Leben, 1990.
L: A. Garsevanov, 1915; L. Asat'iani, 1940, 1965; M. Moniava, 1991. – *Bibl.:* N. Gurgenije, 1989.

Cernuda, Luis (eig. Cernuda y Bidón), span. Lyriker, 21. 9. 1902 Sevilla – 6. 11. 1963 Mexico City. Abitur u. Stud. Rechte Sevilla, Mitarbeit an versch. Zeitungen, Univ.-Lektor in Toulouse (1928/1929), Glasgow (1939–43) u. Cambridge (1943–45); 1945–47 Prof. für span. Lit. am Span. Institut in London; 1947–1952 Lehrtätigkeit in USA, 1952–1960 in Mexiko, dann wieder USA. – S. Lyrik bewegt sich zwischen den beiden Polen Wunsch und Wirklichkeit, zwei Begriffen, die er dem Sammelband s. Gedichte als Titel gab u. die den geistigen Gehalt s. Lyrik umreißen. Folgte anfangs der Zeitströmung der ›poésie pure‹, gelangte über e. klass. Phase zu e. Art neuromant. Lyrik, die in ihrer melanchol. Zartheit an Bécquer erinnert, fand zuletzt e. sehr persönl., menschl. Linie, v. a. in ›Ocnos‹, e. Art Bekenntnis zu s. dichter. Aufgabe u. Erklärung s. poet. Ziele. Hauptthemen: Einsamkeit, Vergänglichkeit der Schönheit, Liebe, Sehnsucht nach dem heimatl. Andalusien u. dem antiken Griechenland. Essays über García Lorca; Übs. von Gedichten Hölderlins (1942) u. engl. Werken, u. a. Shakespeares ›Troilus u. Cressida‹.

W: Perfil del aire, G. 1927; Egloga, Elegía, Oda, G. 1928; Un río, un amor, G. 1929; Los placeres prohibidos, G. 1931; Donde habite el olvido, G. 1934; La realidad y el deseo, G. 1936, erw. ⁴1964 (d. E. Arendt 1978); Ocnos, lyr. Prosa 1942; Las nubes, G. 1943; Como quien espera el alba, G. 1947; Vivir sin estar viviendo, G. 1949; Tres narraciones, En. 1949; Variaciones sobre tema mexicano, lyr. Prosa 1952; Estudios sobre poesía española contemporanea, St. 1957; Poesía y literatura, St. II 1960; Desolación de la quimera, G. 1962. – Obra completa, hg. D. Harris III 1994; Obra poética completa, 1965; Poesías completas, 1977; Crítica, ensayos y evocaciones, St. 1970. – *Übs.:* Gedichte 1992.
L: E. Müller, Genf 1962; Ph. Silver, Et in Arcadia ego, Lond. 1965; A. Coleman, 1969; E. de Zulueta, 1971; J. Ancet, 1972; J. A. Bellón Cazabán, 1973; D. Harris, 1973; ders., hg. 1977; A. Delgado, 1975; J. Taléns, 1975; J. M. Capote Benot, 1976; L. C., hg. D. Harris 1977; C. Ruiz Silva, 1979; M. Ulacia, 1986; M. V. Utrera Torremocha, 1994; N. C. MacKinlay, Lond. 1995; E. Barón, 2000; L. A. de Villena, 2002.

Černyj, Saša (eig. Aleksandr Michajlovič Glikberg), russ. Schriftsteller, 13. 10. 1880 Odessa – 5. 8. 1932 La Lavandou. Vater Provisor. Ab 1910 in St. Petersburg als Satiriker u. Kinderbuchautor bekannt. Emigrierte 1920 nach Berlin, wo er viel publizierte u. edierte. 1924 nach Paris übersiedelt, festigte er s. guten Namen durch weitere Kinderbücher u. s. ›Soldatskie skazki‹ 1933. – Hervorragender russ. Stilist in Vers u. Prosa.

W: Satiry, G. 1910; Satiry i lirika, G. 1911, ⁵1978; Rumjanaja kniga, En. 1929 (n. 1978); Soldatskie skazki, En. 1933 (n. 1978); Stichotvorenija, G. 1960; Stichotvorenija, G. 1982; Sobranie sočinenij (GW), V 1996.

Černyševskij, Nikolaj Gavrilovič, russ. Publizist, 24. 7. 1828 Saratov – 29. 10. 1889 ebda. Vater Geistlicher; Priesterseminar, 1846–50 an der Hist.-Philol. Fakultät der Univ. Petersburg, wurde Anhänger des utop. Sozialismus (Fourier), Lehrer, Redakteur der Zs. ›Sovremennik‹, 1864–83 als Gefangener bzw. Verbannter in Sibirien. – S. Denken gründet auf dem vulgär-naturwiss. Materialismus s. Zeit; Lit.kritiker unter dem Eindruck der Gedankengänge Belinskijs; Rationalist; die Magisterarb. über ›Die ästhet. Beziehungen der Kunst zur Wirklichkeit‹ ist Versuch e. realist. Ästhetik; s. Utilitarismus läßt ihn e. zweckfreie, sich selbst genügende Kunst ablehnen, die Wirklichkeit stehe über der Kunst; s. Roman ›Čto delat'?‹ ist soziale Utopie ohne lit. Wert, übte aber auf die revolutionäre ›Intelligenzija‹ stärkste Wirkung aus. Führender Theoretiker des russ. Nihilismus.

W: Estetičeskie otnošenija iskusstva k dejstvitel'nosti, Magisterarb. 1855 (d. 1954); Očerki gogolevskogo perioda russkoj literatury, Abh. 1855/56; Lessing, Abh. 1856 f. (d. 1957); Čto delat'?, R. 1863 (Was tun?, d. 1947). – Polnoe sobranie sočinenij (GW), XVI 1939–53. – *Übs.:* Ausgew. philos. Schriften, 1953; Das anthropologische Prinzip, 1956; Das Schöne ist das Leben, Ausw. 1989.

L: N. V. Bogoslovskij, 1957; E. I. Pokusaev, 1960; W. F. Woehrlin, Cambridge 1971; N. Pereira, Haag 1975; U. Gural'nik, 1980; I. Paperno, Stanford 1988.

Cervantes Saavedra, Miguel de, span. Dichter, 29. 9. 1547 Alcalá de Henares – 23. 4. 1616 Madrid. Sohn e. mittellosen Arztes, wuchs in dürftigen Verhältnissen auf, Kindheit in versch. span. Städten, keine geregelte Ausbildung, 1568 Unterricht bei dem Humanisten Lopez de Hoyos in Madrid, ging 1569 mit Kardinal Aquaviva nach Italien, 1570 Soldat, 1571 b. Lepanto linke Hand verstümmelt, 1573 Teilnahme am tunes. Feldzug, fiel 1575 auf der Rückreise nach Spanien alger. Piraten in die Hände, 5 Jahre Gefangenschaft, mehrere Fluchtversuche, 1580 losgekauft, Rückkehr nach Spanien, 1584 ∞ 18jährige Catalina de Salazar y Palacios; Proviantkommissar der Armada in Andalusien, 1594 Steuereinnehmer in Granada, 1597 Gefängnishaft, da e. Bank, der er amtl. Gelder anvertraut hatte, Bankrott machte, 1602 wegen Schulden erneut im Gefängnis, 1604 in Valladolid, um Druckerlaubnis für den ›Don Quijote‹ zu erlangen, Protektion des Grafen von Lemos, führte ab 1608 e. armseliges Leben in Madrid, starb an Wassersucht. – E. der genialsten Erzähler aller Zeiten, schuf mit s. ›Don Quijote‹ e. unsterbl. Meisterwerk der Weltlit., unübertroffen auf dem Gebiet des Romans u. der Novelle. Die ›Novelas ejemplares‹ sind realist. Sittenbilder mit farbigen Milieuschilderungen, lebendiger Sprache, Reichtum an Personen u. Handlung (insbes. ›Rinconete y Cortadillo‹, ›El coloquio de los perros‹). ›La Galatea‹ e. Schäferroman im Stil der Zeit, schwache Verse, aber vollendete Prosa; letztes Werk ›Los trabajos de Persiles y Sigismunda‹ spielt in nördl. Ländern, als mod. Ritter- u. Abenteuerroman gedacht, Anlehnung an Heliodors ›Aithiopika‹, dank des anmutigen, reinen Stils große Beliebtheit in s. Zeit. Als Dramatiker u. Lyriker weniger bedeutend, Lyrik meist in Dramen u. Novellen eingestreut; ›Viaje del Parnaso‹ satir. Kritik an der Lit. s. Zeit. Die Bühnenwerke konnten sich nicht gegen Lope de Vegas neue Theatertechnik durchsetzen, die Frühwerke ›Los tratos de Argel‹ u. ›La Numancia‹ bergen Erinnerungen an die alger. Gefangenschaft bzw. an hist. Gegebenheiten; die ›Ocho comedias‹ behandeln vorwiegend Ritteru. Maurenthemen; am wertvollsten die ›Entremeses‹ (Zwischenspiele), einaktige, lebensvolle Zeitbilder, meist in Prosa, Spiegel der Gesellschaft s. Zeit. S. Meisterwerk, der ›Don Quijote‹, wird nur von der Bibel an Volkstümlichkeit übertroffen, zahllose Übsn. u. Kommentare; aus der ursprüngl. geplanten Satire gegen die Ritterbücher wurde e. umfassendes Bild der span. Gesellschaft u. des menschl. Lebens überhaupt; C. macht s. Helden zum Sprecher s. eigenen Nöte u. Enttäuschungen; die Mißgeschicke Don Quijotes sind die Projektion vom Scheitern s. eigenen idealist. Bestrebungen; Komik liegt in der Verfolgung hoher Ziele mit zu schwachen Kräften u. unzulängl. Mitteln; Ausgleich u. Gegenpol bildet Sancho Panza mit s. materialist. Einstellung, s. Mutterwitz u. realist. Sinn. Tiefere Bedeutung: Ausdruck der span. Dekadenz, der Kampf gegen Verlust der Ideale u. den Verfall des span. Volkes ist vergebl., Gegensatz von Schein und Sein. 1614 erschien e. 2. Teil, dessen Vf., der wahrscheinl. aus dem Umkreis Lope de Vegas stammt, sich hinter dem Pseudonym Alonso Fernández de Avellaneda verbirgt u. C. im Prolog heftig angreift, worauf C. mit seinem eigenen 2. Teil reagierte.

W: La Numancia, Dr. 1584 (d. F. de la Motte-Fouqué 1809); La Galatea, R. 1585; El Ingenioso Hidalgo Don Quijote de la Mancha, R. 1. Teil 1605, 2. Teil 1615 (n. F. Rodríguez Marín VIII 1911–13 u. ö.; F. Navarro y Ledesma ³1960; V. Gaos III 1987; dt. Ausz. P. Basteln von der Sohle 1621; L. Tieck IV 1799–1801, D. W. Soltau 1800/01, L. Braunfels IV 1883); Novelas ejemplares, Nn. 1613 (n. F. Rodríguez Marín II 1914–17; S. Fernández 1961; d. F. J. H. v. Soden 1779, D. W. Soltau 1801, G. v. Uslar II 1948); Viaje del Parnaso, Sat. 1614; Ocho comedias y ocho entremeses, 1615 (n. F. Sevilla Arroyo 1995); Los trabajos de Persiles y Sigismunda, R. 1617. – Obras completas, hg. A. Bonilla y San Martín, R. Schevill XVIII 1914–41; Span. Akademie VII 1917; A. Valbuena Prat 1943. – *Übs.:* Romane und Novellen, F. Forster 1825; A. Keller, F. Notter XII 1839–42; K. Thorer II 1920; Zwischenspiele, H. Kurz in: M. Rapp, Span. Theater 2, 1868 (n. 1961), F. R. Fries, H. Kurz 1967; SW, A. M. Rothbauer IV 1963–70 (m. Komm.).

L: M. Fernández de Navarrete, 1819; Azorín, La ruta de ›Don Quijote‹, 1906; J. Fitzmaurice-Kelly, Oxf. 1913; J. Ortega y Gasset, Meditaciones del ›Quijote‹, 1914 (d. 1959); P. Savj-López, Neapel 1914; A. Bonilla y San Martín, 1916; R. Schevill, N. Y. 1919; A. Castro, El pensamiento de C., 1925; ders., C., Paris 1931; ders., Hacia C., ²1960; S. de Madariaga, Guía del lector del ›Quijote‹, 1926, n. 1961 (d. 1966); M. de Unamuno, 1926; R. de Maeztu, Don Quijote, Don Juan y La Celestina, 1926; H. Hatzfeld, ›Don Quijote‹ als Wortkunstwerk, 1927; Don Quijote, hg. ders. 1969; F. A. de Icaza, Las ›Novelas ejemplares‹ de C., 1928; P. Hazard, Don Quijote de C., Paris 1931; J. Cassou, Paris 1936; M. Marković, Belgrad 1937; J. Casalduero, Sentido y forma de las ›Novelas ejemplares‹, 1943, ²1962; ders., Sentido y forma del ›Quijote‹, 1949, ²1966; ders., Sentido y forma del teatro de C., 1951; A. Espina, Paris 1943; R. de Garciasol, 1944; M. Daireaux, Paris 1945; C. Across the Centuries, hg. A. Flores, M. F. Benardete, N. Y. 1947; F. Rodríguez Marín, Estudios cervantinos, 1947; F. G. Olmedo, El Amadís y el ›Quijote‹, 1947; F. Schürr, 1947; A. Maldonado Ruiz, 1947; A. F. G. Bell, Norman/OK 1947; L. Astrana Marín, VII 1948–58; Homenaje a C., 1948, hg. F. Sánchez-Castañer II 1950; O. Osvaldo, Camões y C., 1948; A. Rüegg, 1949; J. Mañach, Examen del Quijotismo, 1950; R. del Arco Garay, La sociedad española en las obras de C., 1951; S. Gilman, C. y Avellaneda, 1951; A. Marasso, La invención del Quijote, 1954; S. J. Arbó, ³1956 (d. 1952); H. Weinrich, Das Ingenium ›Don Quijotes‹, 1956; A. González de Amezúa y Mayo, II 1956–58; K. Togeby, La composition du roman ›Don Quijote‹, Koph. 1957; Estudios cervantinos, Santiago de Chile 1958; W. Brüggemann, C. und die Figur des Don Quijote in Kunstanschauung und Dichtung der deutschen Romantik, 1958; M. de Riquer, 1960; L. Rosales, C. y la libertad, II 1960; D. B. Wyndham Lewis, Lond. 1962; E. L. C. Riley, C.' Theory of the Novel, Oxf. 1962; H.-J. Neuschäfer, Der Sinn der Parodie im ›Don Quijote‹, 1963; W. J. Entwistle, Oxf. ²1965; G. B. Palacín Iglesias, En torno al Quijote, ²1965; C., hg. L. Nelson, Lond. 1965; W. Krauss, 1966; J. L. Alborg, 1966; ›Beiträge zur roman. Philologie‹, Sondernummer C., 1967; R. L. Predmore, The World of Don Quijote, Cambr./MA 1967; ders., C., Lond. 1973; E. Moreno Báez, 1971; M. Duran, 1974; J. Percas de Ponseti, 1975; J. Campos, 1980; M. McKendrick, 1980; A. J. Duffield, 1980; M. García Martín, C. y la comedia española en el siglo XVII, 1980; W. Byron, Mchn. 1982; J. Hartau, 1982; P. E. Russel, 1985; S. Gilman, Berkeley 1989; J. Canavaggio, Zür. 1989; C. Strosetzki, 1991; S. Simic, 1992; G. Güntert, 1993; C. Schmauser, 1996; D. L. Finello, Lond. 1998; J. González Maestro, 2000; M. A. Sacchetti, Woodbridge 2001; S. Hutchinson, 2001. – *Bibl.:* L. Rius, III 1895–1904; J. Sedó Peris-Menchneta, Catálogo bibliográfico de la biblioteca cervantina, 1935; R. L. Grismer, N. Y. 1946; Anales cervantinos, 1951ff.; A. Sánchez, 1961; A. Murillo, 1978; D. B. Drake, 1980.

Césaire, Aimé Fernand, afrokarib. Dichter, * 25. 6. 1913 Basse-Pointe/Martinique. Stud. Ecole Normale Supérieure, Paris, Agrégé der Lit. 1939 Lehrer, 1945 Bürgermeister in Fort-de-France/Martinique, Generalkonsul, Abgeordneter von Martinique in der Franz. Nationalversammlung, bis 1956 KP-Mitglied. – Verbindet das Erbe afrikan. Dichtung mit franz. Einflüssen. Sein Freund A. Breton sieht in ihm e. Erben der Surrealisten. Lyrik ohne Bindung an traditionelle Versformen und mit großer sprachl. Freiheit. Heftiger, polem. Ausdruck des neuerworbenen Selbstbewußtseins der Afrikaner. Vom Glauben an e. in der Zukunft verwirklichte Welt ohne Gegensätze erfüllt. Bekenntnis zur afrikan. Kultur. Wendet sich auch im Drama gegen die weiße Kolonialherrschaft, ebenso in polit. einflußreichen Essays. Starke Wirkung auf mod. neoafrikan. Lyrik und franz. Surrealismus.

W: Cahier d'un retour au pays natal, G. 1947 (d. 1961); Les armes miraculeuses, G. 1946; Et les chiens se taisaient, Dr. 1946 (d. 1956); Soleil cou coupé, G. 1948; Corps perdu, G. 1950; Discours sur le colonialisme, Es. 1951 (d. 1969); Lettre à Maurice Thorez, 1956; Ferrements, G. 1960; Toussaint Louverture, B. 1960; Cadastre, G. 1961; La tragédie du roi Christophe, Dr. 1963 (d. 1964); Une saison au Congo, Dr. 1966 (d. 1966). – *Übs.:* Sonnendolche, G. 1956; An Afrika, G. 1968; Gedichte, 1987.

L: H. Juin, 1958; L. Kesteloot, 1962 (m. Ausw.); R. Piquion, Les trois ›grands‹ de la négritude, 1964; C. F. Ivor, 1973; K. L. Walker, 1979; A. J. Arnold, 1981; A. M. Chambers, 1981; J. Marta, 1981; H. Songolo, 1985; E. P. Ruhe, 1990; D. Combe, 1993; E. Moutoussamy, 1993; N. Ngal, 1993; J. Leiner, 1993; D. Delas, 1995; H. Junin, 1995; R. Hénane, 1999.

Cesarec, August (Ps. Budislav Mirković), kroat. Schriftsteller, 4. 12. 1893 Agram – 17. 7. 1941 ebda. In der Arbeiterbewegung tätig, Mitglied der KP, mehrfach im Gefängnis. Mit M. Krleža Hrsg. der lit. Zs. ›Plamen‹, ab 1928 Hrsg. der Zs. ›Zaštita čovjeka‹; im Laufe des 2. Weltkriegs von Anhängern Pavelić' erschossen. – Lyriker und psycholog. Erzähler; schildert aus einseitig marxist. Sicht die Sorgen und Nöte des einfachen Volkes; Essayist, Reiseschriftsteller, polem. Kritiker und Übs.

W: Stihovi, G. 1919; Sudite me, E. 1925; Za novim putem, En. 1926; Careva kraljevina, R. 1926; Zlatni mladić i njegove žrtve, R. 1928; Tonkina jedina ljubav, R. 1931; Bjegunci, R. 1934; Novele, N. 1939; Sin domovine, Dr. 1940; Majka božja bistrička, R. 1955. – Izabrana djela, hg. V. Popović 1966; Sabrana djela, XX 1982.

L: M. Krleža, slučaj A. C., 1923; V. Zaninović (m. Bibl.), 1964; Z. Stipetić, 1982; A. Flaker, 1982.

Cesarić, Dobriša, kroat. Lyriker, 10. 1. 1902 Slavonska Požega – 18. 12. 1980 Zagreb. Lebte seit 1917 in Zagreb, Beamter und zeitweilig Theaterdirektor ebda. – Lyriker von knapper und beherrschter Ausdrucksform, meisterhafter Übs. von Goethe, Heine, Rilke, Kleist, Puškin, Lermontov.

W: Lirika, G. 1931; Spasena svijetla, G. 1938; Izabrani stihovi, G. 1942; Pjesme, G. 1951; Osvijetljeni put, G. 1953; Goli časovi, G. 1956. – Izabrane pjesme (Ausw.), 1960; Slap, Ausw. 1970; Pjesme, Memoarska proza, hg. M. Franičević 1976.

L: M. Bogdanović, Lirika D. C., 1932; J. Kaštelan, Doživljaj i riječ, 1953; D. M. Jeremić, 1963; V. Brešić, 1984; Zborvikradova, 1992; Z. Kravar, 1997.

Cesariny de Vasconcelos, Mário → Vasconcelos, Mário Cesariny de

Cesário Verde, José Joaquim → Verde, José Joaquim Cesário

Cesarotti, Melchiorre, ital. Schriftsteller u. Kritiker, 15. 5. 1730 Padua – 4. 11. 1808 Selvazzano/Padua. Stud. Priesterseminar Padua, dort Lehrer für Rhetorik; 1761 Hofmeister in Venedig; 1768 Prof. für Griech. u. Hebräisch Univ. Padua, ab 1779 Sekretär der venezian. Akad. Mitgl. der ›Arcadia‹. Übs. Ossians, Homers u. a. – Bedeutend als Übs. u. als Sprachtheoretiker. Im Streit zwischen ›Anciens et Modernes‹ auf seiten der ›Modernes‹. Wie Herder zeigte er Interesse an primitiver Dichtung. Übte bedeutenden Einfluß auf die ital. Frühromantik aus.

W: Saggio sulla filosofia delle lingue, 1785 (hg. R. Spongano 1943); Le poesie di Ossian, Übs. 1763–72 (hg. G. Balsamo Crivelli 1924, mit Bibl., hg. F. Bigi 1976, hg. E. Mattioda 2000). – Opere, XL 1800–13; Opere scelte, hg. G. Ortolani II 1945f.

L: V. Alemanni, Un filosofo delle lettere, 1894; G. Rossi, 1923; W. Binni, 1941; G. Marzot, 1949; P. Ranzini, L'estetica ›tragica‹ di M. C., 1998.

Cesbron, Gilbert-Pierre François, franz. Schriftsteller, 13. 1. 1913 Paris – 12. 8. 1979 ebda. Lycée Condorcet. Stud. Jura und an der Ecole Libre des Sciences Politiques. – Bekannt durch z. T. reportagehafte Romane mit aktuellen sozialen Themen: Arbeiterpriester und die kriminell gefährdete Jugend.

W: Torrent, G. 1934; Les innocents de Paris, R. 1944; La tradition Fontquernie, R. 1947; Notre prison est un royaume, R. 1948; Les saints vont en enfer, R. 1952 (d. 1953); Chiens perdus sans collier, R. 1954 (d. 1954); Le siècle appelle au secours, Ess. 1955 (d. 1956); Vous verrez le ciel ouvert, Ess. 1956 (d. 1958); Libérez Barabbas, Ess. 1957 (d. 1958); Il est plus tard que tu ne penses, R. 1958 (d. 1959); Il suffit d'aimer, R. 1959 (Der Spiegel der Heiligkeit, d. 1961); Tout dort et je veille, En. 1959 (d. 1961); Avoir Été, R. 1960 (Die Zeit geht weiter, d. 1961); Journal sans date, Ess. II 1963–67; Une abeille contre la vitre, R. 1964 (Du bist du, Isabelle, d. 1966); C'est Mozart qu'on assassine, R. 1966 (Winterpaläste des Glücks, d. 1968); Des enfants aux cheveux gris, E. 1967 (Ein Affenbrotbaum mitten in der Stadt, d. 1969); Ce que je crois, Es. 1970.

L: M. Barlow, 1965; M. Detry, 1978; M. Barlow, 1989; Actes du Colloque, Angers 1993.

Česmički, Ivan → Janus Pannonius

Céspedes, Alba de, ital. Erzählerin, 11. 3. 1911 Rom – 1997 Paris. Tochter des kuban. Botschafters u. e. Italienerin. Mitarbeiterin an ›Epoca‹ u. ›La Stampa‹. Antifaschistin, 1944–48 Leiterin der von ihr gegründeten Zs. ›Mercurio‹, lebte in Rom u. Paris. – Vf. von Erzählungen u. Romanen mit großem psycholog. Einfühlungsvermögen in alle Lebensprobleme, bes. in die der Frauen innerhalb der Familie wie auch im Alltagskampf in der berufl. Sphäre.

W: L'anima degli altri, R. 1935; Prigionie, G. 1936; Io, suo padre, R. 1936; Concerto, En. 1937; Nessuno torna indietro, R. 1938 (Der Ruf als einer kehrt, d. 1938); Fuga, En. 1941 (d. 1947); Il libro del forestiero, 1946; Dalla parte di lei, R. 1949 (Alexandra, d. 1950); Quaderno proibito, R. 1952 (Das verbotene Tagebuch, d. 1955, u. d. T. Allein in diesem Haus, 1973), als Dr. 1953; Invito a pranzo, En. 1955; Prima e dopo, 1956; Il rimorso, R. 1963 (d. 1965); La bambolona, R. 1967 (d. 1970).

L: C. C. Gallucci, Writing beyond fascism: cultural resistance in the life and works of A. d. C., 2000.

Céspedes, Augusto, bolivian. Erzähler, * 6. 2. 1904 Cochabamba. Rechtsanwalt, Soldat, Politiker, Diplomat, Journalist, Mitbegründer des ›Movimiento Nacionalista Revolucionario‹. – C. beschreibt die Absurdität des Chaco-Krieges; klagt e. Zinnmagnaten an, der durch Bestechung u. Gewalt s. Imperium aufbaute; in journalist. Chroniken widmet er sich der Geschichte Boliviens.

W: Sangre de mestizos, En. 1936; Metal del diablo: la vida de un rey del estaño, R. 1946 (d. 1964); El dictador suicida, Chronik 1956; El presidente colgado, Chronik 1966; Trópico enamorado, R. 1968; Crónicas heroicas de una guerra estúpida, 1975.

Céspedes y Meneses, Gonzalo de, span. Schriftsteller, 1585 Talavera de la Reina/Toledo (?) – 1638 Madrid. Adelsfamilie. – Vf. polem. Geschichtswerke u. dreier barocker Romane mit zumeist trag. Liebesabenteuern; origineller Erzähler, aber gekünstelt-überladene Sprache.

W: Poema trágico del español Gerardo y desengaño del amor lascivo, 1615 (Teil 1), 1617 (Teil 2); Historias peregrinas y ejemplares, 1623; Varia fortuna del soldado Píndaro, 1626.

Cetina, Gutierre de, span. Dichter, um 1514/17 (?) Sevilla – vor 1557 Mexiko. Adliger Abstammung, verkehrte in Hofkreisen; Soldat in Italien u. Dtl., ging nach 1550 nach Mexiko. – Vertreter der petrarkist. Richtung in der Nachfolge Garcilasos, dem er in s. Sonetten sehr nahe kommt. Vf. von Kanzonen, Episteln u. bes. Madrigalen (›Ojos claros, serenos‹) von großer Feinfühligkeit u. Zartheit.

A: Obras, hg. J. Hazañas y La Rua II 1895; Sonetos y madrigales completos, hg. B. Lópes Bueno 1981.

L: P. Savj-López, Trani 1896; A. M. Withers, Philadelphia 1923; N. Alonso Cortés, E. Mele, 1930; B. López Bueno, 1978.

Ceuppens, Henri → Michiels, Ivo

Cevat Fehmi Başkut → Başkut, Cevat Fehmi

Ceyhun, Demirtaş, türk. Schriftsteller, * 1934 Adana. Architekt, Bauderzernent der Stadtverwaltung Adana, Buchhandlung in Istanbul (1972–76), Gründer der jährl. Istanbuler Buchmesse Tüyap (1985). – Die Soziopsychol. Sicht gesellschaftl., zwischenmenschl. Zustände sowie soz. und psych. Folgen im Stadtleben der Landflüchtigen hoben s. Werk über den gängigen soz. Realismus der 60er u. 70er Jahre hinaus. Mit essayist. Prosa wurde er später zu e. Bestsellerautor, darin fragt er nach hist. Gründen der Identitätsfrage u. erklärt die Widersprüche der Gegenwart.

W: Tanrıgillerden Biri, En. 1961; Sansaryan Hanı, En. 1967; Asya, R. 1970; Çamasan, En. 1972; Yağmur Sıcağı, R. 1976; Cadı Fırtınası, R. 1983; Çağımızın Nasrettin Hoca'sı Aziz Nesin, Mem. 1984; Babam Ve Oğlum, En. 1985; Eylül Hikâyeleri, En. 1987; Ah, Şu Biz Karabıyıklı Türkler, Ess. 1992: Ah, Şu Biz Göçebeler, Ess. 1994; Kod Adı: Ulu Hakan, Ess. 1998; Ah, Şu Osmanlılar, Ess. 2000; Belki Yarın Anlarlar (En.-Ausw.), 2003.

Chabon, Michael, amerik. Erzähler, * 24. 5. 1963 Washington, D.C. Univ. Pittsburgh und California, Irvine, lebt in Los Angeles. – Erfolg mit ›coming-of-age‹, Romanerstichting; zunehmend kom.-pikaresk in ›Wonder Boys‹ und ›The Amazing Adventures of Kavalier and Clay‹; Darstellung gesellschaftl. Außenseiter, Künstler und Homosexueller.

W: The Mysteries of Pittsburgh, R. 1988 (d. 1990); A Model World, En. 1991 (Ocean Avenue, d. 1995); Wonder Boys, R. 1995 (d. 1996); Werewolves in Their Youth, En. 1999 (d. 2003); The Amazing Adventures of Kavalier and Clay, R. 2000 (d. 2002); Summerland, 2002.

Chabrol, Jean-Pierre, franz. Schriftsteller, * 11. 6. 1925 Chamborigaud/Département Gard. Widerstandskämpfer, Journalist. – Vf. außerordentl. pittoresker hist. Romane, die bes. an den Beispielen der Rebellion der ›Camisards‹ in s. heimatl. Landschaft der Cevennen und der Erhebung einzelner gegen die dt. Besatzung die Rechtsansprüche der Unterdrückten demonstrieren. Häufig Übernahme von Dialektalismen.

W: La dernière cartouche, R. 1953 (d. 1955); Les boutgaleux, R. 1956 (Die Clique aus dem Krätzeviertel, d. 1957); Fleur d'épine, R. 1957 (d. 1959); Un homme de trop, R. 1958; Les innocents de mars, R. 1959; Les fous de Dieu, R. 1961 (d. 1963); La chatte rouge, R. 1963 (d. 1968); Les rebelles, R. 1965; La gueuse, R. 1966; Le canon Fraternité, R. 1971; Contes d'outre temps, 1971; Les chevaux l'aimaient, R. 1972; Le Crèvecévenne, Es. 1972; Le bouc du désert, R. 1975; La folie des miens, 1977; La felouque des copains, 1987.

Chacel, Rosa, span. Schriftstellerin, 3. 7. 1898 Valladolid – 27. 7. 1994 Madrid. 1915 Bildhauerstud. Madrid, 1921 ∞ T. Pérez Rubio, Maler, ab 1937 Exil Buenos Aires u. Rio de Janeiro, 1974 Rückkehr nach Spanien. – Romane, Erzählungen, Gedichte, Essays, Memoiren. Themen: Kindheit, Zeit, Erinnerung. Introspektive Darstellung, avantgardist. Erzähltechnik; Einfluß von Ortega y Gasset u. Joyce.

W: Estación. Ida y vuelta, R. 1930; A la orilla de un pozo, G. 1936; Teresa, R. 1941 (d. 1996); Memorias de Leticia Valle, R. 1945 (d. 1991); La sinrazón, R. 1960; Icada, Nevada, Diada, En. 1971; Barrio de Maravillas, R. 1976; Versos prohibidos, G. 1978; Novelas antes de tiempo, R. 1981; Acrópolis, R. 1984; Ciencias naturales, R. 1988. – Obra completa, II 1989; Poesía 1931–1991, 1992.

L: I. Foncea Hierro, 1999.

C,hadasa, Hamzat, awar.-dagestan. Dichter, 21. 8. 1877 Cada – 11. 6. 1951 ebda. Vater Kleinbauer; nach Besuch der Moscheeschule Landarbeiter, Bezirksschreiber in Cada. – Schrieb ab 1891 Gedichte u. Epen mit Stoffen aus der awar. Geschichte. Schilderung der Bergwelt u. der Not des Volkes. Begrüßte pathetisch den Fortschritt nach den revolutionären Veränderungen. Vielfach geehrt. Vater von → Hamzatov, Rasul. Übs. Puškin (›Ruslan u. Lûdmila‹), Krylov.

W: G,humrujalqul darsal, 1963 (n. 1977); T,hasa ri'scaral kuc,hdul, Machackala o. J. – *Übs.:* russ.: Stichotvorenija i poemy, Leningrad 1958 (n. 1978); Uroki zizni, Moskau 1967; Zizn'i rodina, 1977; Asaral, thasarixaral kuchdul, 1977; Lirika, Moskau 1977; Stichi: per. s avar. Moskau 1986. – Izbrannoe (ausgew. G.), Moskau 1977.

Chairil Anwar, indones. Lyriker, 26. 7. 1922 Medan – 28. 4. 1949 Jakarta. Beendete zwar vorzeitig den Schulbesuch (Mulo), eignete sich aber infolge e. ganz bes. Begabung e. umfangr. Wissen an. Geistiger Mittelpunkt e. Künstlerkreises u. wichtiger Begründer der Gruppe Angkatan '45. Gründete 1946 mit anderen Schriftstellern u. Malern die Vereinigung Gelanggang und e. Zs. gleichen Namens. – Beeinflußt durch niederländ. Schriftsteller (H. Marsman, J. J. Slauerhoff) u. Rilke. Er nahm als Dichter e. Vorrangstellung ein, gab der indones. Dichtkunst u. der indones. Sprache durch s. intensives Gefühlsleben und s. Vitalität völlig neue Impulse. Übs. E. Du Perron (1946), J. Steinbeck (1947), A. Gide (1948), R. M. Rilke (1948), J. Cornford (1948), Hsü Chih-Mo (1948), W. H. Auden (1949), E. Hemingway (1949).

W: Deru Tjampur Debu, G. 1949; Kerikil Tadjam dan Jang Terampas dan Jang Putus, G. 1949; Tiga Menguak Takdir, G. 1950 (m. Asrul Sani u. Rivai Apin). – *Übs.:* Feuer und Asche, 1978.

L: H. B. Jassin, Ch. A., Pelopor Angkatan 45, [3]1968; Bara Api Kesusasteraan Indonesia Ch. A., Bagian Kesenian Djawatan Kebudajaan Kem. P. P. dan K., Jogjakarta 1953.

Chajjam, Omar → 'Umar Ḥaiyām, Abū Ḥafṣ

Chalupka, Ján, slovak. Dramatiker, 28. 10. 1791 Horná Mičiná – 15. 7. 1871 Brezno. Aus Dichterfamilie; 1818 Lehrer der Rhetorik in Käsmark, 1824 evangel. Pfarrer in Brezno. – Geschult an der Wiener Posse; übt in satir. Lustspielen Kritik an der nationalen, polit. u. kulturellen Gleichgültigkeit der Spießer. Tadelt in der anonymen Broschüre ›Schreiben des Grafen Zay an die Prof. zu Leutchau‹ die kirchl. Unionsbestrebungen.

W: Kocourkovo, Lsp. 1830; Všecko naopak, Lsp. 1832; Trasoŕitka, Lsp. 1833; Staroŭs plesnivec, Lsp. 1837; Huk a Fuk, Lsp. 1862. – Dramatické spisy, V 1871–75; Výber z diela, Ausw. II 1953/54.

L: A. Matuška, Štúrovci, ²1970; A. Noskovič, 1955; J. Ch. 1871–1971, Slg. 1973.

Chalupka, Samo, slovak. Dichter, 27. 2. 1812 Horná Lehota – 19. 5. 1883 ebda. Bruder von Ján Ch. Stud. Preßburg, Wien, evangel. Pfarrer in Lehota. – Gelangte nach klassizist. Anfängen unter den Einfluß des Romantikers Štúr u. der Volksdichtung, schrieb patriot. Gedichte u. hist. Balladen, von denen viele vertont wurden.
W: Spevy, G. 1868. – Básnické dielo (GW), 1952; 1973; Dielo, 1979.
L: J. Durovič, Tvorba Jána a Sama Ch., 1947; A. Matuška, Štúrovci, ²1970.

Chamfort, Nicolas (eig. Sébastien Roch), franz. Schriftsteller, 6. 4. 1741 bei Clermont – 13. 4. 1794 Paris. Unehel. Kind; Schüler des Collège des Grassins, Hauslehrer und Sekretär reicher Herren, kam auch nach Dtl. Am königl. Hof sehr geschätzt. Inhaber e. königl. Pension, verstand es, sich trotzdem Unabhängigkeit zu bewahren. 1781 Mitgl. der Académie Française, bekannt durch s. Lobreden auf franz. Autoren, Molière, La Fontaine u. a. Anfangs für die Revolution begeistert, beging er, wegen des Nachlassens s. polit. Aktivität verdächtigt, Selbstmord. – Moralist, e. der großen franz. Maximenautoren. Berühmt durch s. posthum erschienenen Anekdoten und Aphorismen, in denen er schonungslos, mit Witz und Geist die Korruption und Heuchelei s. Zeit angriff. Hinter s. Einsichten steht e. bitterer Pessimismus. Schrieb auch Fabeln und leichtere Gedichte, Komödien, Ballette und lit.krit. Arbeiten.
W: La jeune indienne, K. 1764 (n. Princeton 1945; d. F. E. Jester 1766); Eloge de Molière, Schr. 1766; Le marchand de Smyrne, K. 1770; Eloge de La Fontaine, Schr. 1774; Mustapha et Zéangir, Tr. 1776; Discours sur les Académies, Rd. 1791; Maximes et pensées, caractères et anecdotes, 1803 (hg. A. Van Bever 1923–26, hg. L. Cucro 1997; d. F. Schalk 1938; Anekdoten in: H. Meister, Der König amüsiert sich, d. 1946). – Œuvres, hg. C. Roy 1960.
L: M. Pellisson, Diss. Paris 1895; L. Treich, L'esprit de C., 1927; E. Dousset, 1943; J. Teppe, 1950; P. J. Richard 1959; R. List-Marzolff, 1966.

Chamoiseau, Patrick, kreol. Schriftsteller, * 3. 12. 1953 Fort-de-France/Martinique. Jurastud. in Paris, lebt auf den Antillen. – Vf. von Dramen, Romanen und lit.krit. Abhandlungen. Sein Werk beschreibt v. a. das Schicksal von Kindern auf den Antillen und preist die kreol. Kultur. Gleichzeitig strebt er an Stelle von Haß und Nationalismus den Dialog der Kontinente und konträren kulturellen Identitäten an, eine ›concordia discors‹ und Solidarität von Mentalitäten, Traditionen und Sprachen.

W: Chronique des sept misères, R. 1986; Eloge de la créolité, Abh. 1988; Antan d'enfance, 1990; Une enfance créole, 1990; Solibo magnifique, R. 1991; Texaco, R. 1992; Chemin d'école, R. 1994; Ecrire en pays dominé, Ess. 1997.
L: C. Jerger, 1996.

Champfleury, Jules (eig. Jules François Félix Husson), franz. Schriftsteller, 10. 9. 1821 Laon/Aisne – 5. 12. 1889 Sèvres. Sohn e. städt. Angestellten; Buchhändler in Paris. Umgang mit damals führenden Literaten. Mitarbeiter verschiedener Zeitschriften (›Corsaire Satan‹, ›Artiste‹, ›Gazette des Beaux Arts‹, ›Revue des deux mondes‹). Begründer der Zs. ›Le Réaliste‹. Ab 1887 Direktor des Manufakturmuseums in Sèvres. – Als Romancier und Kritiker e. der Vorkämpfer des Realismus. S. Romane sind nicht von künstler., aber von dokumentar. Wert durch genaue Darstellung des kleinbürgerl. Provinzlebens in s. lächerl. Aspekten. Als Kritiker militanter Realist; verteidigte die Malerei Courbets. Verfaßte als Fachautorität Arbeiten über Volkskunst und Keramik. Auch Pantomimen.
W: Chien Caillou, E. 1847 (n. 1965); Les confessions de Sylvius, E. 1849; Essai sur la vie et l'œuvre des Le Nain, peintres laonnais, 1850; Les excentriques, E. 1852; Contes domestiques, 1852; Contes du printemps. Les aventures de mademoiselle Mariette, En. 1853; Contes d'été, Les souffrances du professeur Delteil, E. 1853; Les bourgeois de Molinchart, R. III 1855; Monsieur de Boisdhyver, R. V 1857; La succession Le Camus, R. 1857; Le réalisme, Manifest 1857; Les amis de la nature, R. 1859; Les amoureux de Saint-Périne, E. 1859; Histoire de la caricature, 1866; Histoire des faïences patriotiques sous la Révolution, 1866; Histoire de l'imagerie populaire, Es. 1869; Fanny Minoret, R. 1882; Musée secret de la caricature, Es. 1888; Claire Couturier, E. 1892.
L: P. Eudel, 1891; M. Clouard, 1891f.; J. Schultz, 1995.

Chamson, André, franz. Schriftsteller, Geograph, Archäologe, Politiker, 6. 6. 1900 Nîmes – 1. 11. 1983 Paris. Altprotestant. Familie aus Cevennen; Bauerntum. Schulen Alès und Montpellier, Stud. Geschichte Sorbonne, Promotion Ecole des Chartes, kurze Zeit Bibliothekar der Nationalbibliothek Paris, 1933–35 Kurator des Nationalmuseums Versailles. 1934 Mitgl. des Kabinetts von Daladier, 1935–38 Hrsg. der fortschrittl. Wochenschrift ›Vendredi‹. Im 2. Weltkrieg im Stab der 5. Armee, später Widerstandskämpfer. Ab 1945 Direktor des ›Petit Palais‹ des Louvre, ab 1956 Mitgl. der Académie Française, 1959 Direktor der Archives de France. – Begann als Heimatdichter, später Werke über allg. Zeitprobleme. Erzähler und Essayist. Bauern- und Dorfromane, die allg. menschl. Nöte der Cevennenbevölkerung mit echtem Gefühl für das einfache Volk darstellen. Chronist s. Zeit: u. a. antifaschist. Bericht über Tirol, e. Bild Dtl.s am Anfang der Hitlerzeit, der franz. Besatzungsjahre, Frankreichs Niederlage. E. Roman über die europ. Nachkriegsjugend, die er als gefährdete, nicht als verlorene Jugend zeichnet. Nüchternheit des Stils und gute Sachkenntnis.

W: Roux le bandit, R. 1925 (Der nicht mit den andern ging, d. 1949); Les hommes de la route, R. 1927; L'homme contre l'histoire, Ess. 1927; Tabusse, R. 1928; Le crime des justes, R. 1928 (d. 1930); La révolution de Dixneuf, Es. 1930; Tyrol en cordée avec la jeunesse allemande, Ber. 1930; Héritages, R. 1932; L'auberge de l'abîme, R. 1933 (Die Herberge in den Cevennen, d. 1934); L'année des vaincus, Prosa 1934; Les quatre éléments, En. 1934 (erw. Bergwasser, d. 1961); Rien qu'un témoignage, Ber. 1937; La galère, Ber. 1939; Ecrit en 40, Prosa 1945; Fragments d'un liber veritatis, Prosa 1946; Le dernier village, R. 1946; Le puits des miracles, R. 1946 (d. 1950); L'homme qui marchait devant moi, R. 1948; La neige et la fleur, R. 1951 (d. 1953); On ne voit pas les cœurs, Dr. 1952; Le chiffre de nos jours, R. 1954; Adeline Venician, E. 1956 (d. 1957); Nos ancêtres les Gaulois, R. 1958; Le rendez-vous des espérances, R. 1961; Comme une pierre qui tombe, R. 1964; La petite Odyssée, R. 1965; La superbe, R. 1967; La tour de Constance, R. 1970; Les taillons, R. 1974.

L: E. Bendz, 1952; L. Mazauric, II 1972; R. Gelly, 1972; M. Berry, 1977; G. Castel, 1980; M. Cellier-Gelly, 2001.

Chančev, Veselin, bulgar. Dichter, 4. 4. 1919 Stara Zagora – 4. 11. 1966 Sofia. Jurastud. Sofia. Erste Veröffentlichungen 1934. Werke von bes. dichter. Wert nach dem 2. Weltkrieg. – In s. Lyrik sucht er nach den psycholog. Dimensionen des Menschen während des Krieges; strebt nach aphorist. Ausdruck der lyr. Sprache bei der Schilderung existentieller Probleme.

W: Ispanija na krŭst, G. 1937; Stichove v palaskite, G. 1954; Lirika, G. 1961; Za da ostaneš, G. 1965.

L: S. Pravčanov, 1971; S. Staev u.a., 1989.

Chançun de Willame → Chanson de Guillaume, Wilhelmslied

Chandler, Raymond Thornton, amerik. Kriminalschriftsteller, 23. 7. 1888 Chicago – 26. 3. 1959 La Jolla/CA. Erziehung in Europa, bes. England; Geschäftsmann, schrieb seit 1933 Detektivgeschichten; wichtigster Vertreter der ›hard boiled school‹. Lebte in Südkalifornien. – Im Anschluß an Hammett psycholog. interessante Studien triebhafter Verbrecher, realist. Darstellung von Gewalt und Korruption im Los Angeles s. Zeit. Der Detektiv Philip Marlowe, Protagonist aller Romane von C., kämpft gegen Bedrohungen des gesellschaftl. Wohls. Spannende Handlung, harter, sachl. Dialog. Erfolgr. Drehbuchautor in Hollywood.

W: The Big Sleep, R. 1939 (d. 1956); Farewell, My Lovely, R. 1940 (d. 1953, u.d.T. Betrogen und gesühnt 1958); The High Window, R. 1942 (d. 1975); The Lady in the Lake, R. 1943 (Einer weiß mehr, d. 1955); Five Murderers, Kgn. 1944; Five Sinister Characters, Kgn. 1945; Red Wind, Kgn. 1946; The Little Sister, R. 1949 (d. 1956); The Simple Art of Murder, Ess. u. Br. 1950 (d. 1975); The Long Goodbye, R. 1954 (d. 1973); Playback, R. 1958 (d. 1976); R. C. Speaking, En. u. Br. 1962 (C. über C., d. 1965); C. Before Marlowe: Early Prose and Poetry, hg. M. Bruccoli 1973; Notebooks, hg. F. McShane 1976; Blue Dahlia, Dr. 1977; Selected Letters, hg. F. McShane 1981.

L: P. Durham, Down These Mean Streets a Man Must Go, 1968; Tough Guy Writers of the Thirties, hg. D. Madden 1968; F. McShane, 1976, (d. 1985); R. Giudice, 1979; W. Luhr, R. C. and Film, 1982; P. Wolfe, Something More than Night, 1985; K. Newlin, Hardboiled Burlesque, 1986; C. Lutze, 1991; T. Hiney, 1997; G. D. Phillips, 2000. – *Bibl.:* M. J. Bruccoli, 1968; R. E. Skinner, Hard-Boiled Explicator, 1985.

Chāndogya → Brāhmaṇas

Chāndogya → Upaniṣad, die

Chang, Eileen → Zhang Ailing

Channing, William Ellery, amerik. Schriftsteller, 29. 11. 1817 Boston – 23. 12. 1901 Concord/ MA. Lyriker und Essayist der ›Transcendentalists‹; Freund und Biograph Thoreaus.

W: Poems, G. 1843 u. 1857; Conversation in Rome, 1847; John Brown and the Heroes of Harper's, 1886; Thoreau, B. 1873 (erw. 1902). – Collected Poems, Faks. 1967.

L: F. T. McGill, 1967 (m. Bibl.); R. N. Hudspeth, 1973; A. Delbanco, 1981.

Chanson de Guillaume, Wilhelmslied, altfranz. Heldenlied über e. bekannten karoling. Grafen und anerkannten Heiligen, Verteidiger des unmündigen Königs Ludwig; behandelt den Tod Vivians, e. jungen Verwandten von Wilhelm auf dem Archamp. Enger Zusammenhang der C. de G. mit der ›Geste de Guillaume d'Orange‹ (›Archanz‹, ›Aliscans‹, ›Couronnement Louis‹); Züge weiterer Träger des Namens Wilhelm (vor allem Wilhelms von Aquitanien) wurden in der Folge auf die Gestalt des Epos übertragen. Daraus entstanden die Epen der Wilhelm-Geste: ›Charroi de Nîmes‹, ›Prise d'Orange‹, ›Moniage Guillaume‹, ›Girart de Vienne‹, ›Aimeri de Narbonne‹.

A: D. McMillan, II 1949; N. V. Isely, Chapel Hill ²1961.

L: J. Frappier, Les Chansons de geste du cycle de G. d'Orange, I 1955; W. Buhr, Diss. Hamburg 1963; H. S. Robertson, Chapel Hill 1966; J. Wathelet-Willem, 1976; B. Guidot, 1986; P. Tuffrau, 1999.

Chanson de Roland, Rolandslied, älteste altfranz. Chanson de Geste, Vorbild u. Richtschnur für die ep. Dichtung des 12. Jh. Originaltext nicht erhalten, nur mehrere Handschriften, von denen die älteste u. beste die Mitte des 12. Jh. entstandene Oxforder Digby 23 in anglonormann. Mundart ist, 4002 Zehnsilber in 298 assonierenden Laissen. Die Autorschaft des im letzten Vers gen. Turoldus ist nicht erwiesen. Als Vf. wird wegen der Geschlossenheit des Werkes e. einzige Dichterpersönlichkeit, e. Geistlicher, angenommen, als Entstehungszeit des Originaltextes das Jahr 1100 u. als Entstehungsort Nordfrankreich. Dem Epos liegt e. geschichtl. Ereignis zugrunde: Basken überfielen u. vernichteten 778 die Nachhut des Heers Karls des Großen bei s. Feldzug in Spanien. Die Dichtung vereinfacht, bereichert u. steigert die Bedeutung dieses Ereignisses, das Einhard nur kurz erwähnt (›Vita Caroli magni‹). Roland, e. einfacher breton. Graf, wird im Epos Pair, Neffe Karls des Großen u. Hauptperson. Aus den Basken werden Heiden, Sarazenen; die hist. Niederlage wird durch Verrat erklärt: Ganelon, Stiefvater u. persönl. Feind Rolands, verrät die Nachhut unter Roland an die Heiden. Im aussichtslosen Kampf gegen mehrfache Übermacht fallen Tausende von Christen. Der Kampf wird dadurch erst tragisch, daß Roland aus maßlosem Stolz so spät ins Horn Olifant stößt, um Hilfe zu rufen. Der heldenhafte Kampf der Pairs, vor allem der Rolands mit s. Schwert Durendal, steht im Mittelpunkt des Epos, dessen Höhepunkt Rolands Tod bildet. Der letzte, künstlerisch schwächere Teil, stellt Karls Rache an den Sarazenen u. an Ganelon dar. Glühende Begeisterung für Vaterland und Christenglauben, Lehenswesen u. Kreuzzugsidee bestimmen den Geist des Epos. Dagegen tritt die Liebe zurück, wenn auch das seel. Empfinden der Gestalten stark ausgeprägt ist. Die Sprache ist einfach, gedrungen u. paratakt. angeordnet, sie wiederholt Laissen u. ep. Formeln. Die C. de R. wirkte auf die europ. Lit. des MA. Um 1170 übersetzte der Pfaffe Konrad sie erstmals ins Dt. Sie wurde Ausgangspunkt für das altspan. Epos ›Roncesvalles‹, für altnord., engl., niederländ., kymr. Übsn., die altfranz. Abenteuer- u. Heldenromane des 13. u. 14. Jh., schließl. für die romant. Epen der ital. Renaissance, von Pulcis ›Morgante maggiore‹, Boiardos ›Orlando innamorato‹ u. Ariosts ›Orlando furioso‹.

A: E. Stengel, 1900; J. Bédier, ⁶1937; E. Lerch, ²1952; Y. Bonnefoy, 1968; W. Calin, 1969; G. Moignet, 1969; G. Jonas, 1971; A. Hilka, G. Rohlfs, ⁷1974. – *Übs.:* W. Hertz, 1861, ²1914; W. Schwartzkopf, 1910; O. Hauser, 1930; H. W. Klein, 1963; R. Besthorn, 1972; P. Jouin, 1979; H. v. Dijk, 1981.
L: E. Winkler, 1919; J. Bédier, 1927; R. Fawtier, 1933; E. Faral, 1934; E. Mireaux, La C. de R. et l'histoire de France, 1943; J. Horrent, 1951; M. Delbouille, Sur la genèse de la C. de R., 1954; P. Le Gentil, 1955; R. Menéndez Pidal, Madrid 1959; G. F. Jones, Baltimore 1963; M. Waltz, Rolandslied, Wilhelmslied, Alexiuslied, 1965; F. Stefenelli-Fürst, 1965; E. Köhler, 1968; P. Le Gentil, 1969; M.-H. Augeard, 1969; M. Wendt, 1970; R. Rütten, 1970; P. Aebischer, 1972; D. D. D. Owen, The Legend of Roland, 1973. – *Bibl.:* E. Seelmann, 1886; R. M. Penson, 1982; H.-E. Keller, 1989.

Chantal, Marie de → Sévigné, Marie de Rabutin-Chantal, Marquise de

Chapalajew, Happalaev, Jusup → Chappalaev, Jusup

Chapelain, Jean, franz. Kritiker und Schriftsteller, 4. 12. 1595 Paris – 22. 2. 1674 ebda. Umfassend gebildet. Erhob im engen Anschluß an Malherbe formale Anpassung an die unverrückbar festliegenden Regeln jeder Dichtungsgattung zum Hauptmaßstab der Literaturkritik. Sehr einflußreich als Freund und Berater Richelieus, Colberts und als Gründungsmitgl. der Académie Française, deren erste Statuten er bearbeitete und die er zur Herausgabe des Wörterbuches anregte. Vorläufer des Klassizismus und Boileaus, der ihn nicht wegen Meinungsverschiedenheiten, sondern aus Rivalität verspottete. Übs. von M. Alemáns ›Guzman de Alfarache‹ (1619) und Marinos ›Adonis‹ (1623).
W: Lettre sur les vingt-quatre heures, St. 1630; De la poésie représentative, Schr. 1635; Sentiments de l'Académie sur le ›Cid‹, Schr. 1636; La pucelle d'Orléans, Ep. 1656f. u. 1682. – Opuscules critiques, hg. A. C. Hunter 1936; Lettres, hg. T. de Larroque II 1880–83; Lettere inedite a correspondenti italiani, hg. P. Ciureanu 1964.
L: A. Mühlan, 1892; G. Collas, 1912; R. Bray, La formation de la doctrine classique, 1927; A. C. Hunter, 1967; N. Accaputo, Neapel 1971.

Chapelle (eig. Claude Emmanuel L'Huillier), franz. Dichter, 1616 La Chapelle-Saint-Denis b. Paris – 12. 9. 1686 Paris. Unehel. Sohn e. Parlamentsrates. Mehrmals in der Besserungsanstalt von Saint-Lazare. Schüler von Gassendi. Sehr ungebundenes Leben; zog die Pariser Schenken den Salons vor. Freund von La Fontaine, Boileau, Racine, Vertrauter Molières. – Schrieb zusammen mit Bachaumont poet. Reisebeschreibungen in unbekümmertem, Vers und Prosa mischendem Plauderton.
W: Voyage en Provence et en Languedoc, Reisebeschr. 1663 (m. Bachaumont; n. 1927); Voyage d'Encausse fait par messieurs C. et Bachaumont, hg. Souriau 1901. – Œuvres, 1755 (m. Bachaumonts Werken).
L: C.-A. Sainte-Beuve, Causeries du lundi, 1852; O. Raggio 1990.

Chapman, George, engl. Lyriker u. Dramatiker, 1559 (?) Hitchin/Hertford – 12. 5. 1634 London. Zunächst Sekretär, ab 1583 in London. Stand als Freund Marlowes u. Roydons in Verbindung mit dem Kreis um Raleigh. 1600 vorübergehend im Schuldgefängnis. 1605 brachte die gemeinsam mit Marston und Ben Jonson verfaßte Komödie ›Eastward Hoe‹, e. Satire auf die Ritterkrönungen James' I., die 3 Autoren zeitweilig ins Gefängnis. Lebte seit dem Tod s. 1. Gönners, Prinz Henry, u. dem Sturz des 2. Gönners, des Grafen Somerset, in ärml. Verhältnissen. – Berühmt wegen s. ausgezeichneten Homer-Übs. Vf. zahlr. unterhaltsamer realist. Komödien mit witzigen Dialogen, gut gezeichneten kom. Figuren und kom. Handlung; brachte 1596 die ›comedy of humours‹ in Mode. S. Blankversdramen und blutrünstigen Tragödien sind deklamatorisch und nach Stoffen der engl. und franz. Geschichte modelliert. S. beste Tragödie ›Bussy d'Ambois‹ mit e. Stoff aus der zeitgenöss. franz. Geschichte erörtert philos. Probleme (stoische Lebenshaltung). Von Dryden angegriffen. In seinem Sonettzyklus ›A Coronet for his Mistresse Philosophie‹ (1595) werden Erkenntnis und Wahrheit in Bildern von Weiblichkeit imaginiert und ihre ›Eroberung‹ als entscheidendes Moment für die Konstitution des männlichen Ichs dargestellt.

W: The Blinde Begger of Alexandria, K. 1598; An Humorous Dayes Myrth, K. 1599; Al Fooles, K. 1605; Eastward Hoe, K. 1605 (m. Jonson u. Marston, n. E. Wain 1979); The Gentleman Usher, K. 1606; Monsieur d'Olive, K. 1606; Bussy D'Ambois, Tr. 1607 (n. N. Brooke 1963); The Conspiracie and Tragedie of Charles Duke of Byron, Tr. 1608; May-Day, K. 1611; The Revenge of Bussy D'Ambois, Tr. 1613; The Whole Works of Homer, Übs. 1616 (n. A. Nicoll II 1956); Hymns, Übs. 1624 (n. Hymns and Epigrams, hg. R. Hooper 1888); Caesar and Pompey, Tr. 1631; The Tragedie of Chabot, Tr. 1639 (m. J. Shirly). – Works, hg. R. H. Shepherd III 1874–75; Plays, hg. T. M. Parrott II 1910–14, ²1961; Poems, hg. P. B. Bartlett 1941, ²1962; Plays, hg. A. Holaday 1970; Plays, hg. G. Blakemore Evans, 1987.

L: H. Ellis, 1934; N. v. Pogrell, Diss. Hdlbg. 1939; J. W. Wieler, 1949; J. Jacquot, 1951; E. S. Rees, 1954; G. de F. Lord, Homeric Renaissance, 1956; M. MacLure, 1966; C. Spivack, 1967; R. Goldstein, II 1975; G. Snare, The Mystification of G. C., 1989; A. Braunmuller, Natural Fictions: The major tragedies of G. C., 1998. – *Bibl.*: S. A. Tannenbaum, 1938; V. Beach, 1995.

Chappalaev, Jusup, lakisch-dagestan. Dichter, * 22. 6. 1916 Xurukra. Aus Bauernfamilie; Lehrer; Literaturkurse; Schriftstellerverband bis 1967. – Veröffentlicht seit 1932. Themen: Veränderungen in Dagestan, Ausmerzung der Zwistigkeiten zwischen den Stämmen, z. B. in ›Udrida‹. Schuf neue Rhythmen in der lak. Lit. Übs. von russ. u. kaukas. Autoren ins Lakische.

W: Jazi burg°iumi, Ausw. 1965. – *Übs.*: russ.: Izbrannoe (AW), 1986.

L: K. Sultanov, in: Pevcy razn. narodov, 1971.

Chappaz, Maurice, schweizer. Schriftsteller, * 21. 12. 1916 Lausanne. Kindheit im Wallis, klass.-humanist. Ausbildung; Jurastud.; Vergil- und Demokrit-Übs. Umweltengagement, Arbeit als Winzer. – Als Schriftsteller preist er die Frauen und bes. die Natur. In s. Meditationen über das Leben auf dem Lande zeigt er sich seiner Walliser Heimat sehr verbunden. Ebenso prägen seine Reisen nach Asien, Skandinavien und Amerika sein Werk, das v. a. in den Romanen autobiograph. Züge trägt. Die Gedichte sind z. T. burlesken Charakters. Sein Stil ist iron., satir. und häufig sehr krit.

W: Un homme qui vivait couché sur un banc; 1940; Les grands journées de printemps, 1944; Testament du Haut Rhône, G. 1953; Portrait des Valaisiens en légende et en vérité, 1965 (d. 1968) Le match valais-judée, 1968; L'Office des morts, G. 1966; Tendres campagnes, G. 1966; La tentation de l'Orient, 1970; L'apprentissage, R. 1977; A rire et à mourir, G. 1983; Le garçon qui croyait au paradis, R. 1989; L'océan, 1993; L'Evangile selon Judas, 2001. – Poésie, 1980–82; Correspond. a. G. Roud 1939–1976, 1993; Pages choisies et journal, II 1988–95 (mit Bibl.).

L: J. Paccolet, 1982; J. Darbellay, 1986

Char, René, franz. Lyriker, 14. 6. 1907 L'Isle-sur-la Sorgue/Vaucluse – 19. 2. 1988 Paris. Gehörte in s. Jugend bis 1938 dem Surrealismus an. – Einsame, reservierte Gestalt, Vf. e. anerkannten, esoter. Werks. S. Dichtung kreist um die Landschaft s. heimatl. Provence, um den Krieg, um Tod, um e. nicht metaphys. gebundene menschl. Reinheit, Würde und Größe. Verinnerlicht die Wirklichkeitserfahrung in noch weitergehendem Maße als Surrealisten u. Symbolisten, macht sie zu flüchtiger, traumhafter Erscheinung; teilt aber nicht den spontanen Irrationalismus der surrealist. Dichtung. S. Bildhaftigkeit ist Ergebnis innerer Schau, zugleich aber nach langem Prozeß der Verdichtung entstanden. Sie vereinigt syntakt. Strenge mit sibyllin. Dunkelheit. Große Popularität mit Résistance-Lyrik, die das geistige Klima von Brüderlichkeit und Dienst an gemeinsamer Sache verherrlicht.

W: Arsenal, G. 1929; Artine, G. 1930; Le marteau sans maître, G. 1934; Et puis, j'ai tué, G. 1937; Pacard pour un des chemin des écoliers, G. 1937; Dehors la nuit est gouvernée, G. 1938; Seuls demeurent, G. 1945; Feuillets d'Hypnos, G. 1946 (d. 1963); Le poème pulvérisé, G. 1947; Fureur et mystère, G. 1948; Claire, Dr. 1949; Le soleil des eaux, Dr. 1949; Les matinaux, G. 1950; Art bref, G. 1950; A une sérénité crispée, G. 1951; Lettera amorosa, G. 1953; Recherche de la base et du sommet – pauvreté et privilège, G. 1955; En trente-trois morceaux, G. 1956; La bibliothèque est en feu et d'autres poèmes,

G. 1956; Poèmes et proses choisies, 1957; Sur la poésie, 1958; La parole en archipel, G. 1962; Commune présence, G. 1964; L'âge cassant, Prosa 1965; Dans la pluie giboyeuse, G. 1966; Retour amont, 1966; Trois coups sous les arbres, R. 1967; Tel un perdu, G. 1971; La nuit talismanique, 1972; Fenêtres dormantes et portes sur le toit, G. 1979. – Œuvres complètes, 1983. – *Übs.:* Poésies – Dichtungen, II 1959–68; Gedichte. Schriften zur bildenden Kunst, 1963; Draußen die Nacht wird regiert (G.-Ausw.), 1986.

L: G. Mounin, Avez-vous lu R. C.?, 1946; G. Lély, 1948; K. Douglas, New Haven 1948; P. Berger, 1951; G. Rau, 1957; A. Gascht, 1957; J. P. Richard, 1962; P. Guerre, 1968; V. A. La Charité, Chapel Hill 1968; F. Mayer, Diss. Salzb. 1972; D. Fourcade, 1971; B. A. Caws, 1981; N. F. Kline Piore, 1981; L. Bourgeois, 1984, G. L. Godeau, Avec F. Ch., 1989; W. Schneider, 1998; M. Viegnes, 2000. – *Bibl.:* P. A. Benoît, 1964.

Chardonne, Jacques (eig. Jacques Boutelleau), franz. Romancier, 2. 1. 1884 Barbezieux/Charente – 30. 5. 1968 La Frette/Val-d'Oise. Schule Barbezieux, Stud. Jura Paris. Seit 1915 5jähriger Aufenthalt in Chardonne/Schweiz. Begann dort 35jährig zu schreiben. 1920–43 Verlagsleiter bei Stock in Paris. S. Kollaboration mit der dt. Besatzung trug mit dazu bei, daß C. gegenwärtig e. vergessener Autor ist. – Schrieb poet., auf guter Beobachtung gründende psycholog. Romane. Moralist. Leitmotiv des ganzen Werkes ist das Problem der ehel. Liebe und die aus ihr entstehenden unlösbaren seel. Konflikte. Nur s. Romantrilogie weitet er zu e. Bild der franz. Familie und der Gesellschaft der franz. Provinz aus. In den letzten Schriften bevorzugt er die Technik von locker zusammenhängenden Tableaus und Aphorismen. Autobiograph. Werke.

W: L'épithalame, R. 1921; Le chant du bienheureux, R. 1927; Les Varais, R. 1928; Eva, ou le journal interrompu, R. 1930 (d. 1932); Claire, R. 1931; Les destinées sentimentales, R. III 1934–36 (La femme de Jean Barnéry, Pauline, Porcelaine de Limoges); Romanesques, 1937; Le bonheur de Barbezieux, Aut. 1938; Chronique privée de l'an 1940, Aut. 1941; Voir la figure, Aut. 1941; Chimériques, E. 1948; Vivre à Madère, Aut. 1952; Matinales, E. 1956; Demi-jour, Prosa 1964; Détachements, 1969; Propos comme ça, Prosa 1966; Ce que je voulais vous dire aujourd'hui, 1970; Correspond. a. Paulhan, 1928–1962; a. Nimier, 1950–62. – Œuvres complètes, VI 1952–55, VII 1959.

L: G. Guitard-Auviste, 1953; P. Vandromme, 1962; B. Rothmund, 1966, L. E. Elmer, 1969; R. Poulet, 1978; G. Gitard-Auviste, 1983.

Charef, Mehdi, alger. Schriftsteller, * 1952 Maghnia. Kam mit 10 Jahren nach Frankreich, Ausbildung als Mechaniker. Als Schriftsteller Autodidakt und zum großen Teil Autobiograph. Von Costa Gavras als Filmemacher entdeckt. – Seine Romane und Drehbücher spielen in Frankreich und Algerien. Sie schildern das Elend von Immigrantenkindern in den Vorstädten, der sozial Schwächsten und die Probleme der Integration der arab. Jugend, die trotz der heim. Armut die Suche nach der Welt ihrer Kindheit in den afrikan. Familien nicht aufgibt.

W: Le thé au harem d'Archi Ahmed, R. 1984 (d. 1986); Miss Mona, R. 1984; Camomille, R. 1988; La maison d'Alexina, 1999; Marie-Line, R. 2000; La fille de Keltoum, Drb. 2001.

Charis, Petros (eig. I. Marmariadis), griech. Schriftsteller, Lit.kritiker und Essayist, 26. 8. 1902 Athen – 1998 ebda. Direktor der Zs. ›Nea Hestia‹. – Erzähler symbolist. Richtung. Klare Darstellungskunst, psycholog. Vertiefung in die seel. Konflikte, plast. Sprache und zarte Andeutung der Vorgänge charakterisieren s. Erzählungen.

W: Hē teleutaia nychta tēs gēs, E. 1924; Makrynos kosmos, En. 1944; Krisimē hōra, Ess. 1944; Hotan hē zōē ginetai oneiro, Ess. 1945; Eleutheroi pneumatikoi anthrōpoi, Schr. 1947; Hyparchun theoi?, Ess. 1948; Phōta sto pelagos, En. 1958; Metapolemikos kosmos, Ess. 1962; Dromos hekato metrōn, En. 1962; Hē zōē kai hē technē, Ess. 1963; Mikrē pinakothēkē, Stn. 1963; Hotan hoi hagioi katebainun stē gē, En. 1965; Hē megalē nychta, En. 1969 (d. 1980); Hēmeres orges, R. 1979; Rembasmos sto charti, En. 1982; Ston aphro kai sta elata, Reiseb. 1988; Ta dentra, En. 1991; Anemostrobilos, R. 1992.

L: D. K. Papakonstantinu, I 1969, II 1984; T. D. Frangopulos, Charēstērion, 1990; K. Chrysanthis, Logos gia ton P. C., 1993. – *Bibl.:* M. Charitatos, I 1924–81, 1981.

Chariton von Aphrodisias (Karien), altgriech. Romanautor, vermutl. Mitte 1. Jh. n. Chr. Bezeichnet sich selbst als ›Sekretär‹, sonst keine biograph. Nachrichten. – S. ›Chaireas und Kallirhoe‹ (8 Bücher), wahrscheinl. der älteste uns vollständig erhaltene antike Roman, folgt dem Schema des idealisierenden Liebesromans (Liebe entsteht, Trennung/Abenteuer, Happy-End). Im geschichtl. Kolorit des 5. Jh. v. Chr. siedelt Ch. seine Handlung in unterschiedl. Milieus an und zeichnet auch Nebencharaktere mit psycholog. Interesse. S. an Xenophon von Athen orientierter Stil verbindet sich mit typ. Elementen des Romans (z. B. Scheintode) sowie kaiserzeitl. Bildung (Zitate aus Homer, Komödie, Historiographie etc.). ›Chaireas und Kallirhoe‹ bleibt noch in Byzanz beliebt und beeinflußt im Barock den europ. Roman.

A: G. Molinié 1979. – *Übs.:* K. Plepelits 1976; G. P. Goold 1995 (engl.).

L: Th. Hägg, 1971; C. Ruiz-Montero, ANRW II 34.2, 1994; B. P. Reardon, in: S. Swain, hg. Oxf. 1999.

al-Charizi, Juda ben Salomo, hebr. Dichter, 1170 Granada – um 1235. Letzter Vertreter der span.-

jüd. Dichtkunst; führte e. unstetes Wanderleben, bereiste Palästina, Griechenland, Ägypten, Persien und Frankreich. – Schöpfer e. sehr eigenwilligen bibl. Stils; übernahm von dem arab. Dichter Harīrī die Makamenform. S. beißenden Epigramme und s. satir.-poet. Roman ›Tachkemoni‹ bieten tiefe Einblicke in die Zeitgeschichte und damalige Lit. Übs. gelehrter Werke aus dem Arab. ins Hebr., darunter den ›Führer der Verirrten‹ von Maimonides.

W: J. Peretz, Machberet Itiel, 1951; J. Toporowski, Sefer Tachkemoni, 1952. – *Übs.:* V. E. Reichert, II 1965–73 (engl.).

L: A. Percikowitsch, 1932.

Charles, J. B. (eig. Willem Hendrik Nagel), niederländ. Schriftsteller, 25. 8. 1910 Zwolle – 29. 7. 1983 Oegstgeest. Jurastud. Prof. für Kriminologie Leiden. – Wurde bekannt mit zwei unversöhnl.-aggressiven autobiograph. Kriegsbüchern. Daneben Lyrik. (Viel Fachlit. unter s. eig. Namen.)

W: Zendstation, G. 1949; Volg het spoor terug, R. 1953; Van het kleine koude front, R. 1962; De gedichten tot 1963, G. 1963; Topeka, G. 1966; De warme slager, G. 1973; Turner Court, G. 1983.

Charles d'Orléans, franz. Dichter, 24. 11. 1394 Paris – 5. 1. 1465 Amboise. Sohn des Herzogs Louis d'Orléans u. der Mailänder Herzogstochter Valentine Visconti. Nach der Ermordung s. Vaters e. Führer der Armagnac-Partei. 1415 Gefangener in Azincourt. 25 Jahre engl. Kriegsgefangenschaft. Bemühte sich nach s. Rückkehr vergeblich um Frieden zwischen beiden Ländern. Lebte nach 1450, von der Politik zurückgezogen, in s. Schlössern in Blois und Tours, genoß mondäne und lit. Zerstreuungen, zuletzt körperlich schwer leidend. – Schrieb kurze Gedichte, mit Vorliebe Rondeaus und Balladen, allegor. Gedichte (Personifizierung von Gedanken und Träumen) von Frische und Lebendigkeit, Zartheit, Eleganz und e. ausgefeilten Versform. Bes. glücklich bei der Wiedergabe von Natureindrücken. Gedichte aus der Zeit der Gefangenschaft (darunter einige engl.) über s. Sehnsucht nach Frankreich, Liebschaften und den angestrebten Frieden. Schrieb nach der Heimkehr über die Freuden, aber auch mit Bitterkeit über die Enttäuschungen s. Lebens.

A: Poésies, hg. P. Champion II 1923–27; The English poems, hg. R. Steele 1941; Chansons, hg. V. Valkhoff, Rotterdam 1932; L'opera poetica, hg. R. de Cesare, Mailand 1960.

L: P. Champion, Vie de C. d'O., 1911; J. Charpier, 1958; C. Pasquali, Modena 1958; S. Cigada, Mailand 1960; N. Y. Macmillan, 1963; D. Poirion, 1965; N. L. Goodrich, 1967; J. Choffel, 1968; J. Fox, Oxf. 1968; E. McLeod, Lond. 1969; P. Tucci, Mailand 1970.

Charles-Roux, Edmonde, franz. Schriftstellerin, * 17. 4. 1920 Neuilly-sur-Seine. Tochter e. Diplomaten, Jugend in Italien, 1954–66 Chefredakteurin der Zs. ›Vogue‹ in Paris und New York, Mitgl. der Académie Goncourt. – Bekannt durch e. in traditioneller Technik verbleibenden, z. T. sentimental-autobiograph. Liebesroman.

W: Oublier Palerme, R. 1966 (d. 1967); Elle, Adrienne, R. 1971 (d. 1972).

Charms, Daniil Ivanovič (eig. Juvačëv), russ. Dichter, 12. 1. 1906 St. Petersburg – 2. 2. 1942 Leningrad, (in Haft). Trat 1925–30 als wichtigstes Mitgl. der Gruppe Obėriu (Vereinigung für reale Kunst) bei öffentl. Darbietungen auf. S. absurden, nachfuturist. Werke wurden unterdrückt. Ch. wich in die Kinderlit. als Existenzgrundlage aus. 1941 verhaftet, 1942 hingerichtet, 1956 rehabilitiert. S. eig. Werk erschien bis 1988 nur im Westen. – Als Autor von Kürzestprosa, dramat. Szenenfolgen wie ›Elizaveta Bam‹ u. Gedichten, die das Grausame u. Sinnentleerte menschl. Handelns in absurder Reduktion veranschaulichen, erweist sich Ch. als führender russ. Autor der absurden Kunst.

W: Izbrannoe, Ausw. 1974; Sobranie proizvedenij (GW), IV 1978–88; Polnoe sobranie sočinenij (GW), IV 1997–2001. – *Übs.:* Fälle, 1970, 1984; Fallen, 1985; Die Kunst ist ein Schrank, Notizen 1992; Theater!, Stücke 1997.

L: A. Stone Nakhimovsky, 1982; L. Stoimenoff, 1984; N. Cornwell, N.Y. 1991; J.-P. Jaccard, 1991; Th. Grob, 1994.

Charrière, Henri-Antoine, franz. Schriftsteller, 16. 11. 1906 Saint-de-Lugdarès/Ardèche – 28. 7. 1973 Madrid. Großer Erfolg mit ›Papillon‹, dem Bericht s. Sträflingshaft auf der Teufelsinsel vor Franz.-Guyana u. der Flucht durch die lateinamerik. Staaten, dessen Authentizität heftig diskutiert wurde.

W: Papillon, Ber. 1969 (d. 1970); Banco – suite de Papillon, Ber. 1972 (d. 1973).

L: P. Armelle, G. Psuquey, Le chien de Papillon, 1970.

Charrière, Isabelle Agnès Elisabeth de, geb. van Tuyll van Serooskerken van Zuylen (gen. Belle de Zuylen, Ps. Abbé de la Tour), schweizer. Schriftstellerin niederländ. Abkunft, 20. 10. 1740 Schloß Zuylen b. Utrecht – 27. 12. 1805 Colombier/Schweiz. Aus sehr vornehmer Familie; ∞ 1761 Charles-Emmanuel de Charrière de Penthaz, lebte ab da in der Schweiz. 1787–94 die große Liebe von B. Constant vor Mme de Staël, die Ch. kannte. – Originelle, etwas skept. Schriftstellerin mit lebhaftem, natürl. Stil. Analysiert in von philanthrop. Philos. beeinflußten, meist Briefromanen

Leidenschaften und das alltägl. Leben. ›Caliste‹ ist e. kühner Roman über im Geistigen und Seelischen bewahrte Unschuld. Ihr ganzes Werk (e. Komödie, e. lyr. Tragödie, musikal. Kompositionen, polit. und Gelegenheitsschriften), vor allem die Briefe, ist e. kulturgeschichtl. Dokument über die intellektuelle Frau des 18. Jh.

W: Lettres neuchâteloises, R. 1784 (n. 1904); Caliste ou lettres de Lausanne, R. 1787 (n. 1907). – Œuvres, 1801; Lettres à Constant d'Hermenches, 1909; Correspond. B. Constant, 1996.
L: P. Godet, Mme de C. et ses amis, II Genf 1906, ²1927; A. de Kerchove, Une amie de B. Constant: Belle de Z., 1937; C. Kimstedt, 1938; C. P. Courtney, 1993, Y. Went-Daoust, 1995; R. Trousson, 1995; J. Letzter, 1998.

Charteris, Leslie (eig. L. Charles Bowyer Yin), engl. Kriminalschriftsteller, 12. 5. 1907 Singapur – 15. 4. 1993 Windsor. Sohn e. chines. Chirurgen und e. engl. Mutter. Während der Kinderjahre mehrere Weltreisen mit den Eltern. 1 Jahr Stud. Cambridge, in den 1930/40er Jahren Drehbuchautor in Hollywood. – Verfasser zahlr. Kriminalromane, deren Held ›The Saint‹ eine Art mod. Robin Hood ist, der durch eigene Gewalttaten Verbrecher bestraft und Arme belohnt.

W: Meet the Tiger, R. 1928; The Avenging Saint, R. 1930 (d. 1984); Enter the Saint, Kgn. 1930; The Saint Meets His Match, R. 1931 (Der Heilige und die Dame Jill, d. 1981); The Saint in New York, R. 1935 (d. 1982); The Saint Overboard, R. 1936 (d. 1982); Follow the Saint, Kgn. 1938; The Happy Highwayman, Kgn. 1939; The First Saint Omnibus, Kgn. 1939; The Saint in Miami, R. 1940; Saint Errant, Kgn. 1948; The Saint around the World, Kgn. 1956; The Saint to the Rescue, Kgn. 1959; The Saint in the Sun, Kgn. 1963; Vendetta for the Saint, R. 1964; The Saint and the Fiction Makers, R. 1968; The Saint in Pursuit, R. 1970 (m. F. Lee); The Saint and the People Importers, R. 1971 (m. F. Lee).

Chartier, Alain, franz. Dichter, um 1385 Bayeux – zwischen 1430 u. vor 1446. Bürgersohn, jüngerer Bruder des Pariser Bischofs Guillaume; Stud. Paris, Sekretär Karls VI. u. Karls VII., verhandelte als Diplomat mit Kaiser Sigismund in Böhmen (1423/24) u. am schott. Hof (1428). – Ch.s Werk ist e. Dokument der tiefen Depression u. des Pessimismus, die zu s. Zeit in Frankreich herrschten. Großen Erfolg brachte ihm die höf. Versgeschichte (8 Achtzeiler mit 3 Reimen) ›La belle dame sans mercy‹; sie rief viele Nachahmungen u. Gegenschriften hervor, wurde in engl., schwed., ital. Sprache übersetzt, war bestimmt für den wegen der engl. Invasion nach Bourges verlegten franz. Hof u. zeigt dessen weltfremde Interessen. Im Gedicht ›Livre des quatre dames‹, bes. aber in dem Streitgespräch in Prosa ›Quadrilogue invectif‹, nimmt A. bewegten Anteil am nationalen Unglück Frankreichs. Hier versuchen die Stände, sich gegenseitig die Schuld daran zuzuschieben. Ch.s Prosastil ist allegor.-rhetor., neigt zur Abstraktion, steht unter dem Einfluß Ciceros, Suetons u. Senecas u. ist von echtem patriot. Empfinden getragen.

W: Le livre des quatre dames, G. 1416; Quadrilogue invectif, Dial. 1422 (n. E. Droz ²1950); Le livre de l'espérance, 1424 (n. F. Rouy 1968); La belle dame sans merci, G. 1426 (n. A. Piaget ²1949); Consolation des trois vertus, 1429; Tractatus de vita curiali / Le Curial, hg. F. Heuckenkamp 1899 (lat./franz.). – Œuvres, hg. A. Duchesne 1617.
L: J. E. Hoffmann, N. Y. 1942 (m. Bibl.), ²1975; F. Rouy, 1980; R. Meyenberg, 1992.

Chartier, Emile Auguste → Alain de Lille, lat. Alanus ab Insulis

Chasanow, Boris → Chazanov, Boris

Chase, James Hadley (eig. René Raymond, Pse. auch James L. Docherty, Ambrose Grant, Raymond Marshall), engl. Krimi-Autor, 1906 – 6. 2. 1985 Corseause-sur-Vevey. Buchhändlerlehre, Vertreter e. Buchgroßhandelsfirma, freier Schriftsteller nach dem sensationellen Erfolg s. Erstlings ›No Orchids for Miss Blandish‹; lebte zurückgezogen in Montreux/Schweiz. – Initiator u. Hauptvertreter e. Schule des Kriminalromans, deren Kennzeichen die fast nur aus Spannungsmomenten bestehende Handlung von außergewöhnl. Härte u. Grausamkeit ist.

W: No Orchids for Miss Blandish, 1939 (d. 1954); He Won't Need It Now, 1939 (Bedarf gedeckt, d. 1968); The Dead Stay Dumb, 1940 (Rollendes Dynamit, d. 1969); Lady, Here's Your Wreath, 1940 (Nach Mitternacht, d. 1954, u.d.T. Ein Ticket für die Todeszelle, 1971); The Flesh of the Orchid, 1948 (Die Erbschaft der Carol Blandish, d. 1954, u.d.T. Ein Grab voll roter Orchideen, 1971); Lay Her Among the Lilies, 1950 (Die Katze im Sack, d. 1960); The Wary Transgressor, 1952 (Der scharlachrote Mund, d. 1960); Mission to Venice, 1954 (Mord am Canale Grande, d. 1964); There's Always a Price Tag, 1956 (d. 1959); You Find Him – I'll Fix Him, 1956 (Die Kanaille, d. 1960); A Lotus for Miss Quon, 1961 (d. 1963); A Coffin from Hong Kong, 1962 (d. 1963); You Have Yourself a Deal, 1966 (Schwarze Perle aus Peking, d. 1967); There's a Hippie on the Highway, 1970 (Jacht der Toten, d. 1970).

Chase, Mary, geb. Coyle, amerik. Dramatikerin, 25. 2. 1907 Denver/CO – Okt. 1981 ebda. Irischer Abstammung, 1921–23 Colorado Univ., 1923/24 Univ. of Denver; seit 1924 Journalistin. – Vf. phantasie- und humorvoller Komödien mit satir. Einschlag. Größter Erfolg mit ›Harvey‹, der um die Phantasiegestalt des Helden, einen mannsgroßen weißen Hasen kreist.

W: Me, third, K. (1937, Neufassung: Now You've done it, 1937); Sorority House, Dr. 1939; Too much

Business, K. 1940; Next Half Hour, 1945; Harvey, K. 1945 (Mein Freund Harvey, d. 1950); Mrs. McThing, Dr. 1952; Bernardine, K. 1953; The Dog Sitters, K. 1953; The Prize Play, Sat. 1961; Midgie Purvis, K. 1963.

Chase, Mary Ellen, amerik. Schriftstellerin, 24. 2. 1887 Blue Hill/ME – 28. 7. 1973 Northampton/MA. Univ. Maine, Prof. für Engl. Univ. Minnesota und (seit 1926) Smith College, Mass.; viele Englandaufenthalte. – Schrieb in der Nachfolge ihrer Freundin S. O. Jewett über ihre Heimat, die Küste Neuenglands, und deren Seefahrerfamilien wirklichkeitsnahe Unterhaltungsromane neuromant. Charakters; außerdem relig. und populärwiss. Kinderschriften.

W: A Goodly Heritage, Aut. 1932 (Genien der Kindheit, d. 1948); Mary Peters, 1934 (d. 1947); Silas Crockett, 1935; Dawn in Lyonesse, 1938 (Frühlicht über Cornwall, d. 1938); Windswept, 1941 (d. 1944); The Bible and the Common Reader, Ess. 1944 (Das Buch der Bücher, d. 1951); Life and Language in the Old Testament, Abh. 1955 (d. 1957); The Edge of Darkness, R. 1957 (d. 1964); The Lovely Ambition, R. 1960 (Die größere Liebe, d. 1961); A Journey to Boston, R. 1965 (d. 1966); Sailing the Seven Seas, Abh. 1967.

L: P. D. Westbrook, 1965; E. H. Chase, Feminist Convert, 1988; E. Squire, A Lantern in the Wind, 1995.

Chastelain de Coucy, franz. Dichter, Ende 12. Jh. Identisch entweder mit Gui de Thurotte, (1186–1203); Kastellan von Coucy, oder mit Kastellan Renaut de Magny (1207–18). – Vf. von Minneliedern in höf.-konventionellem, zärtl. klagendem Ton (15 erhalten, bei 10 weiteren Liedern Autorschaft unsicher). Der ›Roman du Ch. de C. et de la dame Fayel‹ von Jakemes Sakesep über die Sage vom Herzen des Dichters, das der Frau durch den eifersüchtigen Gatten vorgesetzt wurde, ist unhistorisch und wurde auf die Person Ch.s übertragen.

A: F. Fath, 1883.
L: A. M. Babbi, 1994.

Chastellain (auch Châtelain), Georges, gen. ›l'Aventureux‹, franz. Chronist u. Dichter, 1404/05 Aalst/Flandern – 20. 3. 1475 Valenciennes. Ab 1434 im Dienst der Herzöge von Burgund, 1473 Historiograph Herzog Karls des Kühnen, Träger des Ordens vom Goldenen Vlies. Mit verschiedenen administrativen und polit. Aufgaben betraut. – Bedeutendster Chronist s. Zeit am Hof Karls des Kühnen. Wertvoll die nur fragmentar. überlieferte, nach Vorbild von Sallust und Livius geschriebene Chronik über die westeurop., bes. burgund. und franz. Geschichte 1420–74. Schöpft aus guten Informationen, stellt die polit. Fakten, wenn auch um Objektivität bemüht, vom burgund. Standpunkt aus in emphat. Sprache dar. Auch allegorisierende und moralisierende Hof-

dichtung. Galt als Meister der burgund. Rhétoriqueurs.

A: Œuvres, hg. K. de Lettenhove VIII 1863–66.
L: G. Pérouse, 1910; K. Urwin, 1937; K. Hemmer, o. J.

Chateaubriand, François-René, Vicomte de, franz. Schriftsteller, 4. 9. 1768 Château de Combourg/Saint Malo – 4. 7. 1848 Paris. Aus sehr altem Adelsgeschlecht; einsame, freudlose Jugend mit e. psychopath. Schwester in der düsterschwermütigen Bretagne. Nach kurzem Militärdienst Reise nach Nordamerika (1791), Rückkehr zur Teilnahme an Kämpfen des Emigrantenheeres unter Prinz Conde, Verwundung, kümmerl. Leben als Emigrant in Brüssel und London, 1798 Bekehrung zum christl. Glauben nach anfängl. freigeistiger Haltung, ausgelöst durch Tod von Mutter und Schwester. 1800 Rückkehr nach Frankreich, 1803 Gesandtschaftssekretär und Minister Napoleons, 1804 Bruch mit ihm (Erschießung Duc d'Enghien), 1806/07 Reisen nach Griechenland, Palästina, Ägypten, Spanien. 1811 Mitglied der Académie Française. Bei der Restauration wieder polit. Engagement, Pair von Frankreich, 1821 Gesandter in Berlin, 1822 London, 1823 Minister des Auswärtigen, 1828 Gesandter in Rom. 1830 Rückzug vom polit. Leben. Umgang mit Madame Récamier. – Der führende u. einflußreichste franz. Frühromantiker, gleichzeitig Politiker: im Kern aristokrat. Legitimist. Nicht Darsteller der Wirklichkeit, sondern als Dichter von träumer. Melancholie u. übermächtigem Empfindungsdrang auf Kosten des Erkenntniswillens. Überzeugender Gestalter des Zwiespalts zwischen Gefühl und Realität in poet. Prosa von großer Formkunst: lyr. Überschwang, neuer Rhythmus u. neue Wortmelodie. Begeisterung für Ossian, Shakespeare. Vf. von Romanen, Novellen, Reiseschilderungen, Schriften relig., polit., hist. Inhalts – darunter e. vergleichende Geschichte der Revolutionen mit freigeistigen Ideen und rousseauscher Verehrung des Naturzustands –, Memoiren. ›Le Génie du christianisme‹ wendet sich gegen die Ideen der Aufklärung u. zeigt mit apologet. Absicht die Bereicherung des ästhet. Sinnes (Förderung von Dichtung u. bildender Kunst) und des menschl. Gefühlslebens durch das Christentum in s. sinnlicheren Form, dem Katholizismus, faßt es aber nicht aus der Tiefe des Glaubens, sondern als Stimmungsreligion auf. Die eingeschobene Novelle ›René‹, der franz. ›Werther‹, führt ›le mal du siècle‹, den Weltschmerz, in die franz. Literatur ein. ›Les Martyrs‹ enthält die für C. charakterist. Vermischung von Erotischem und Sakralem. ›Les Natchez‹ ist e. Schilderung der untergehenden Indianerrasse. In Reiseberichten maler. exot. Schilderungen, oft mehr aus Phantasie und Lektüre als aus Erleben. ›Mémoires d'Outre-Tombe‹ sind e. aufschlußreiches Zeitdokument, mehr Wunsch- als Realbild s. Lebens, in ausgereifter Prosa.

W: Essai sur les Révolutions, 1797; Atala, N. 1801 (n. G. Chinard 1930 m. ›René‹); Le Génie du christianisme (m. ›René‹ u. ›Atala‹), Es. 1802 (n. V. Giraud II 1925–28); René, N. 1805 (n. A. Weil ²1947); Les Martyrs, R. 1809; Itinéraire de Paris à Jérusalem, Reiseb. 1811; De Buonaparte et des Bourbons, 1814; La Monarchie selon la Charte, 1816; Le Congrès de Vérone, 1823; La Guerre d'Espagne, 1824; Les Natchez, R. 1826 (n. G. Chinard 1932); Les Aventures du dernier Abencérage, N. 1826 (n. P. Hazard, J. Durry 1926); Voyage en Italie, Reiseber. 1826; Voyage en Amérique, 1826; Mélanges politiques et polémiques, 1826; Poésies, 1828; Mélanges littéraires, 1828; Etudes historiques, 1831; Essai sur la littérature anglaise, 1836; Vie de Rancé, B. 1844 (d. 1844); Mémoires d'Outre-Tombe, 1849f. (n. M. Levaillant 1948; d. 1923, 1968). – Œuvres complètes, XXVIII 1826–31, hg. C. A. Sainte-Beuve XII 1859–61; Œuvres romanesques et voyages, hg. M. Regard II 1969; Œuvres, hg. A. Mannois, 1970; Correspondance générale, V 1912–14. – *Übs.:* SW, L. v. Kronfels u.a. LXVI 1827–38.

L: C. A. Sainte-Beuve, II 1860; J. Lemaître, 1912; V. Giraud, Le christianisme de C., II 1925–28; M. Rouff, La vie de C., 1929; M. J. Durry, La vieillesse de C., II 1933; H. Gillot, 1934; H. Diem, Das Bild Dtl.s in C.s Werk, 1935; A. Maurois, 1938; L. Martin-Chauffier, C. et l'obsession de la pureté, 1944; M. Levaillant, Splendeurs, chimères et misères de C., ²1948, 1951; J. Bertaut, 1952; H. Guillemin, 1956 u. 1965; F. Sieburg, 1959; M. de Diéguez, 1963; A. Vial, 1963; V.-L. Tapié, 1965; P. Moreau, ³1965; G. Bazin, 1969; P. Barbéris, 1974; P. Benichon, 1977; G. D. Painter, 1977ff.; C. A. Porter, 1978; J. de Ormesson, 1982, H. P. Lund, 1986; A. Jamaux, 1998. – *Bibl.:* P. H. Dubé, 1988; R. Keviler, 1995.

Châteaubriant, Alphonse de Brédenbec de, franz. Schriftsteller, 25. 3. 1877 Rennes – 2. 5. 1951 Kitzbühel. Lebte als Landedelmann auf Schloß La Motte Saint-Sulpice/Vendée. Kollaborierte mit der dt. Besatzung. Hrsg. der nazist. Zs. ›La gerbe‹. 1948 in Frankreich verurteilt, lebte er unter falschem Namen in Tirol. – Zivilisationsfeind wie J. Giono, schrieb er regionalist. Romane und Erzählungen. Wurde bekannt durch ›La Brière‹, e. Roman, in dem er überzeugend Landschaft, Leute, Sitten, Gebräuche, Ängste, Aberglauben in der Bretagne darstellt. Mehrere Romane über das Leben breton. Landedelleute. In den Erzählungen wechselt er zwischen objektiv nüchterner Gestaltung und poet. subjektiver Schilderung. Als traditionalist. Vertreter des Rasse- und Bodengedankens verherrlicht er die SS-Erziehung in der Propagandaschrift ›La gerbe des forces‹.

W: Monsieur des Lourdines, R. 1911 (d. 1943); La Brière, R. 1923 (Schwarzes Land, d. 1925); La Meute, En. 1927 (d. 1938); Instantanés aux Pays-Bas, 1927; La réponse du Seigneur, R. 1933 (d. 1936); La gerbe des forces, Aufs. 1937 (Geballte Kraft, d. 1938); Les pas ont chanté, Aut. 1938; Ecrits de l'autre rive, Ess. 1950; Lettre à la chrétienté mourante, Es. 1951; Lettres des années de guerre, 1914–18, 1952; Fragments d'une confession, 1953; Itinerarium ad lumen divinum, Es. 1955; Cahiers 1906–51, 1955.

L: L. A. Maugendre, 1977.

Châtelain, Georges → Chastellain, Georges

Chatrian, Alexandre → Erckmann-Chatrian

Chatterjee → Caṭṭopādhyāya

Chatterton, Thomas, engl. Dichter, 20. 11. 1752 Bristol – 24. 8. 1770 London. Sohn e. Lehrers, s. Familie stellte über 2 Jhe. die Küster von St. Mary Redcliffe. 1767 Anwaltsangestellter. – Fasziniert vom MA, versetzte er sich ganz in die Welt der Barden des 15. Jh., machte sich aus e. Chaucer-Glossar e. altertüml. Orthographie zurecht, schrieb Prosa und Dichtungen im Stil des MA in got. Lettern auf bemalte Pergamente, gab sie als Originale e. von ihm erfundenen Mönchs und Dichters des 15. Jh., Thomas Rowley, aus, die er in St. Mary Redcliffe gefunden habe. Die Dichtungen waren äußerst reizvoll, von altertüml. Sprachkraft, s. Nachahmung der Spenserstrophe ausgezeichnet geglückt. Zunächst gelang die Fälschung; die Dichtungen wurden auch von Kennern begeistert aufgenommen. 1770 reiste C. nach London, schickte die Hsn. an Horace Walpole, bei dem sie als Fälschungen erkannt wurden. Versuche, sich in London durch schriftsteller. Arbeit zu erhalten, schlugen fehl. Verarmte u. vergiftete sich 17jährig mit Arsen. Armenbegräbnis. Von der Nachwelt als trag. Genie beklagt. C. besaß Originalität, reiche schöpfer. Phantasie, echte dichter. Begabung. Vorläufer der Romantik. Keats widmete ihm s. ›Endymion‹. S. Tod wurde dichter. behandelt von A. de Vigny (1835), E. Penzoldt (1928), H. H. Jahnn (1955), P. Ackroyd (1987).

W: Poems supposed to have been written at Bristol by Th. Rowley and others in the 15th Century, hg. T. Tyrwhitt, 1777 (Faks. 1969). – Works, hg. R. Southey, J. Cottle III 1803; Complete Works, hg. D. S. Taylor II 1971. – *Übs.:* A. Püttmann II, 1840.

L: D. Wilson, 1869; H. Richter, 1900; E. P. Ellinger, 1930; E. H. W. Meyerstein, 1930; B. Cottle, 1963; J. C. Nevill, ²1970; G. Lindop, 1972; D. S. Taylor, Th. C.s Art, 1979; I. Haywood, The Making of History, 1987; N. Groom, 1999. – *Bibl.:* M. Warren, 1979.

Chatwin, Bruce, engl. Roman- u. Reiseschriftsteller, 13. 5. 1940 Sheffield – 18. 1. 1989 Nizza. Stud. Marlborough College, arbeitete von 1958–66 bei Sotheby's in der Abteilung für impressionist. Malerei; 1972–75 als freiberufl. Journalist bei der Sunday Times. ⚭ 1965 Elizabeth Chanler.

1966 erste Reise in den Sudan, später ausgedehnte Reisen in die Sowjetunion, Vorder- und Zentralasien, USA, Afrika u. Südamerika. – 1977 Welterfolg mit ›In Patagonia‹. Der brillante Stilist Chatwin beschreibt das Land in e. kunstvollen Verbindung erzähler. Miniaturen; mit vielen Anekdoten, biograph. Abrissen von Personen, fiktionalen u. faktualen Skizzen, in teilweise widersprüchl. Versionen u. multiperspektiv. Darstellung. In ›The Songlines‹, e. als Sammlung mosaikhafter u. lose verbundener Vignetten gestalteten Reisebuch über Australien, entwickelt er s. grundlegende Theorie von Nomadentum als Ursprung aller Kultur.

W: In Patagonia, Reiseb. 1977 (d. 1981); The Viceroy of Ouidah, R. 1980 (d. 1982); On the Black Hill, R. 1982 (d. 1986); Patagonia Revisited (zus. m. Paul Theroux), Reiseb. 1985 (d. 1992); The Songlines, Reiseb. 1987 (Traumpfade, d. 1990); Utz, R. 1988 (d. 1989); What Am I Doing Here?, Slg. 1989 (d. 1991); Photographs and Notebooks, 1993 (Auf Reisen, d. 1993); Anatomy of Restlessness: Uncollected Writings, Slg. 1996 (d. 1998).

L: N. Murray, 1993; S. Clapp, 1997; J. Raithel, 1999; N. Shakespeare, B. 1999; H. J. Balmes, 2002.

Chatzis, Dimitris → Hadzis, Dimitrios

Chatzopulos, Kostas (Ps. Petros Vasilikos), griech. Dichter, 1868 Agrinion – 12. 8. 1920 auf einem Schiff zwischen Korfu u. Brindisi. Stud. Jura Athen; zuerst Advokat, dann Schriftsteller, 1898/99 Hrsg. der Zs. ›Technē‹, 1900–14 in Dtl.; Wendung zum Sozialismus. – Lyriker, zuerst im Bann der neugriech. Volksdichtung, später begeisterter Anhänger des dt. Symbolismus und von dessen Vertretern in Griechenland; melod. Sprache, Erzählungen von seltsamen, faszinierenden Erlebnissen, die sich überwiegend im inneren Leben abspielen. Meisterhafte Übsn. europ. Dichtung (Goethe, Hofmannsthal).

W: Tragudia tēs Erēmias, G. 1898; Ta elegeia kai ta eidyllia, G. 1898; Agapē sto chōrio, E. 1910; Ho Pyrgos tu Aspropotamu, R. 1915; Ho hyperanthrōpos, R. 1915; Tassō sto skotadi kai alla diēgēmata, En. 1916; To Phthinopōro, R. 1917; Anniō kai alla diēgēmata, En. 1917; Haploi tropoi, G. 1920; Bradynoi Thryloi, G. 1920. – Peza, hg. A. Sepheriadu 1988; Ta diēgēmata, hg. E. Stavropulu 1989; Ta poiēmata, hg. G. Veludi 1992; Kritika keimena, hg. K. Anemudi-Arzoglu 1996.

L: K. G. Panitsas, 1994; T. Karvelis, 1998.

Chaucer, Geoffrey, engl. Dichter, Hofmann, Diplomat und Gelehrter, 1340(?) London – 25. 10. 1400 ebda. Sohn e. reichen Weinhändlers. Genoß als Page der Gräfin von Ulster höf. Erziehung. Umfassende Bildung, vielleicht Stud. an e. Londoner Juristenschule. Ca. 1357–74 im Hofstaat des Königs und s. Söhne. 1359 Militärdienst in Frankreich, dort Gefangener, 1360 ausgelöst. ∞ 1366 Philippa De Roet, Hofdame der Königin; ihre Schwester Blanche war zunächst Geliebte, später 3. Frau John v. Gaunts, der Ch.s Gönner wurde. Zwischen 1368 und 1373 mit versch. diplomat. Missionen in Frankreich, Florenz und Genua. Lernte in Italien wahrscheinl. Petrarca, Boccaccio, möglicherweise auch Froissart kennen. Ab 1374 fester Wohnsitz im eigenen Haus in Aldgate; 1374–86 Oberzollaufseher des Londoner Hafens, e. angesehenes u. einträgl. Amt, das ihm Zeit für s. Dichtungen ließ u. ihm Kontakt mit allen Bevölkerungsschichten gewährte. Führte 1377 in Flandern die Friedensverhandlungen zwischen der engl. und franz. König. Hofdichter Richards II., verfaßte anläßl. dessen Vermählung mit Anna von Böhmen s. Dichtung ›The Parlement of Foules‹ (Vogelparlament). 1385 Friedensrichter in Kent, 1386 Parlamentsmitgl. für Kent. Da das Parlament gegen die Macht Richards II. kämpfte, wurde Ch. vorübergehend gefangengenommen, verlor s. Ämter und erlitt Vermögensverluste. 1389–91 Baurat der königl. Schloßverwaltung. Später Pension vom König, die Heinrich IV. sofort nach s. Thronbesteigung 1399 erhöhte. Erwarb e. Haus in Westminster, starb aber schon 1 Jahr danach. In der Westminster-Abbey beigesetzt. – Bedeutendster mittelengl. Dichter; machte die engl. Sprache hoffähig. S. frühes Werk zeigt Einflüsse der franz. Lit.: Übs. von Teilen des ›Roman de la rose‹ aus dem Franz., schuf Rondels, Balladen, Villanellen, Virelays und Marienverse. Übs. Boëthius ›De Consolatione Philosophiae‹ (1384) in engl. Prosa. Später zeigten sich ital. Einflüsse, insbes. Dantes und Boccaccios, in s. Dichtung. In dieser Periode entstanden die Traumvisionen ›The Booke of the Duchesse‹ anläßl. des Todes von Blanche, John v. Gaunts Frau, ›The Parlement of Foules‹ anläßl. der Vermählung Richards II., ›The House of Fame‹ und später ›The Legend of Good Women‹. S. bedeutendsten Werken zählt das große Versepos ›Troilus and Criseyde‹; es behandelt e. von Benoît de Sainte Maure erdichtete Episode des Trojan. Krieges als freie Übs. nach Boccaccios ›Filostrato‹; Ch. änderte vieles ab, s. iron.-humorvoller Ton schuf trotz Anlehnung an s. Vorbilder e. völlig neuartiges Werk. Von Boccaccio entnahm Ch. auch zahlr. Quellen für einzelne der ›Canterbury Tales‹, die den Glanzpunkt s. dichter. Leistung und s. heute populärstes Werk darstellen. Weitere Quellen sind franz. Contes und Fabliaux, ferner Legenden u. a. Das Ganze ist e. Zyklus von Verserzählungen in Rahmentechnik. Zentralgestalt ist der Wirt der Herberge zum Heroldsrock in Southwark, in dessen Haus 29 Pilger zusammentreffen, die zum Schrein des hl. Thomas von Canterbury wandern. Hier zeigt sich die ma. Welt in bunter

Fülle: Vertreter des Adels, der hohen und niederen Geistlichkeit neben derben volkstüml. Gestalten. Jeder erzählt e. Geschichte, durch die er sich oft zugleich selbst charakterisiert. Das Werk bietet e. Querschnitt durch ma. Erzählgattungen (Romanzen, Fabliaux, Heiligenlegenden, Tierfabeln, Predigt und Exemplum etc.); es ist von feinem, alles Menschliche verstehendem Humor durchdrungen, zugleich kulturgeschichtl. äußerst interessant. Von 120 geplanten Erzählungen sind nur 24 ausgeführt. Mit ›Treatise on the Astrolabe‹ und ›Equatorie of the Planets‹ verfaßte Ch. daneben zwei Schriften zur Astronomie.

W: (meist in Versform): The Booke of the Duchesse, Dicht. ca. 1369; House of Fame, ca. 1380; The Parlement of Foules, ca. 1382; Troilus and Criseyde, ca. 1385 (hg. B. A. Windeatt 1984); The Legend of Good Women, zwischen 1372–87; The Canterbury Tales, ca. 1385–1400. – Complete Works, hg. W. W. Skeat VII 1894–97; Complete Works, hg. F. N. Robinson 1933, ²1957, ³1987 = The Riverside Chaucer, hg. L. D. Benson. – *Übs.:* Die Canterbury-Erzählungen, hg. F. Kemmler, O. Fichte III 1989; Troilus und Criseyde, hg. W. Obst, F. Schleburg 2000.

L: B. ten Brink, 1870 (n. 1970); G. L. Kittredge, 1915 (n. 1970); Ch.-Hdb., hg. M. Kaluza ²1931; G. K. Chesterton, ²1934; E. Rickert, 1948; J. S. P. Tatlock, 1950; K. Malone, 1951; P. F. Baum, 1958; H. S. Bennet, ²1958; E. Wagenknecht, hg. 1959; Ch. Criticism, hg. R. Schoeck, J. Taylor II 1960–62; J. Speirs, ²1960; D. S. Brewer, ²1961; D. W. Robertson, A Preface to Ch., 1962; W. Clemen, Ch.s frühe Dichtung, 1963; G. G. Coulton, Ch. and his English, ⁹1963; M. Bowden, A Reader's Guide to Ch., 1964; M. Hussey u.a., An Introduction to G. Ch., 1965; A. C. Baugh, 1968; N. Coghill, ²1968; Ch. und seine Zeit, hg. A. Esch 1968; J. Lawlor, 1968; H. S. Corsa, ²1969; J. L. Lowes, ²1970; C. D. Wood, 1970; D. Mehl, 1973; J. Lawlor, 1973; J. Mann, 1973; D. Brewer, hg. 1974; A. S. Miskimin, The Renaissance Ch., 1974; A. David, The Strumpet Muse, 1976; J. Gardner, The Poetry of Ch., 1977; Ch.: Sources and Backgrounds, hg. R. P. Miller 1977; D. Brewer, 1978; J. O. Fichte, Ch.s ›Art Poetical‹, 1980; S. S. Hussey, ²1981; W. Erzgräber, hg. 1983; D. R. Howard, 1987; L. Patterson, 1991; D. Pearsall, 1992; A. J. Johnston, 2001. – *Bibl.:* D. D. Griffith, 1955; W. R. Crawford, 1967; The Ch. Bibliographies, 1983ff.; The Oxford Guides to Ch., 1989ff. – Konkordanz: J. S. P. Tatlock, A. G. Kennedy, ²1963; L. Y. Baird, 1977.

Chaulieu, Guillaume Amfrye, Abbé de, franz. Dichter, um 1639 Fontenay-en-Vexin – 27. 6. 1720 Paris. Aus reicher Familie engl. Abkunft. Collège de Navarre in Paris. Freund der Söhne von La Rochefoucauld. Reiste im Gefolge des Marquis de Béthune nach Polen, wurde Intendant des Hauses Vendôme. Lebte im Kreis von Pariser Schöngeistern. – Begann spät, von Chapelle ermuntert, Gedichte zu schreiben, originelle und formal elegante anakreont., später auch ernstere Lieder, so über den Tod des Freundes La Fare und die verlorene Jugend.

A: Poésies, 1724 (m. G. de La Fare); Mémoires, 1745. – Œuvres, II 1774, ²1825; Lettres inédites, hg. R. de Bérenger 1850.

L: F. Schwarzkopf, Coulanges, Ch. u. La Fare, 1909; F. Lachèvre, Les derniers libertins, 1924; J.-C. Niel, L'édition princeps des poésies de l'abbé de C., 1932; J. Bouriquet, 1972.

Chaussée, Pierre Claude Nivelle de la → Nivelle de la Chaussée, Pierre Claude

Chayefsky, Paddy (eig. Sidney), amerik. Dramatiker, 29. 1. 1923 Bronx/NY – 1. 8. 1981 New York. Erfolgr. Fernseh- u. Filmautor, schrieb 1956–67 auch fürs Theater. Dramatisiert das jüd. Unterschicht-Milieu New Yorks, z. T. auch religiöse Probleme und polit. Themen. Steht in der Tradition von C. Odets u. A. Miller.

W: Marty, Dr. 1954; Television Plays, 1955; Middle of the Night, Dr. 1956; The Tenth Man, Dr. 1959 (d. 1963); Gideon, Dr. 1961 (d. 1963); The Passion of Joseph D., Dr. 1964; The Latent Heterosexual, Dr. 1967; The Hospital, 1971; Network, Dr. 1975; Altered States, R. 1978 (d. 1979).

L: J. M. Clum, 1976; S. Considine, 1994.

Chayyam, Omar → ʿUmar Ḫaiyām, Abū Ḥafṣ

Chazanov, Boris (eig. Gennadij Moiseevič Fajbusovič), russ. Prosaiker, * 16. 1. 1928 Leningrad. Wuchs in Moskau auf, 1945–49 Stud. Klass. Philol. ebda., 1949–55 Lagerhaft, Stud. Medizin in Kalinin (Abschl. 1961), danach 15 Jahre als Arzt tätig, verfaßte unter Ps. Gennadij Šingarëv Kinderbücher, die lit. Werke kursierten nur im Samizdat, mußte 1982 emigrieren u. ließ sich in München nieder. – Ch.s Werke kreisen in oft rückblickender Sicht um nationale u. relig. Spannungen sowie die Stellung der russ.-jüd. Intelligenz. Sein Hauptwerk, ›Antivremja‹, schildert e. Kindheit im stalinist. Moskau.

W: Zapach zvëzd, Nn. Tel Aviv 1977; Iduščij po vode, Ess. u. Br. 1985; Čas Korolja. Ja Voskresenie i Žizn'. Antivremja, Moskovskij roman, Ausw. N. Y. 1985; Nagl'far v okeane vremën, R. 1993.

L: M. Munz, 1994.

Chédid, Andrée (geb. A. Saab), ägypt.-libanes. Dichterin und Schriftstellerin, * 20. 3. 1920 Kairo. Stud. Lit.; lebte vorübergehend im Libanon, ab 1946 in Paris. – Beginnt ihre lit. Tätigkeit 1943 mit einer Gedichtsammlung in engl. Sprache (›On the trails of my fancy‹); brilliert in der Folge mit in Franz. verfaßten Gedichtsammlungen, meist mit ›Textes . . .‹ überschrieben, die die fortwährende Suche der Dichterin nach kosmischem Weitblick, Befreiung, Lebenskraft, weltweiter Solidarität und Brüderlichkeit sowie der Macht des Wortes zum Ausdruck bringen. In den Romanen widmet sich Chédid begrenzter der exot. Welt des Vorderen Orients, wobei sie, ohne feminist. Intentionen, v. a. Frauenschicksale verfolgt. Ferner bekannt durch oriental. Dramen und zahlr. journalist. Arbeiten.

W: Textes pour une figure, G. 1949; Textes pour un poème. G. 1950; Le sommeil vivant, R. 1952; Textes pour le vivant, G. 1953; Textes pour la terre aimée, G. 1955; Jonathan, R. 1955; Bérénice d'Egypte, Dr. 1969; Lucie, la femme verticale, R. 1998; Territoires du souffle, G. 1999; Le message, R. 2000. – Théâtre I, 1981, II, 1993.

Cheever, John, amerik. Schriftsteller, 27. 5. 1912 Quincy/MA – 18. 6. 1982 Ossining/NY. Nach kurzer Schulausbildung und Militärdienst Lehrer und freier Schriftsteller; zahlreiche Preise u. Ehrungen. – Chronist und Kritiker des gehobenen Mittelstandes der amerik. Vorstädte; in der Durchbrechung gesellschaftl. Fassaden, die den Menschen als Zentrum e. Systems gesellschaftl. Verpflichtungen erkennen läßt, zeigt er deutlich moral. Tendenzen, e. Verherrlichung der Werte des anständigen Lebens und des positiven Denkens. Aus der Schule des ›New Yorker‹ hervorgegangen, beherrscht Ch. die Form der short story meisterhaft.

W: The Way Some People Live, Kgn. 1943; The Enormous Radio, Kgn. 1953; The Wapshot Chronicle, R. 1957 (Die lieben Wapshots, d. 1958); The Housebreaker of Shady Hill, Kgn. 1958; Some People, Places and Things That Will Not Appear in My Next Novel, Kgn. 1961; The Wapshot Scandal, R. 1964 (Die schlimmen Wapshots, d. 1966); The Brigadier and the Golf Widow, Kgn. 1964; Bullet Park, R. 1969 (d. 1972); The World of Apples, Kgn. 1973; Falconer, R. 1977 (d. 1978); O What a Paradise It Seems, R. 1982; Angels of the Bridge, Kgn. 1987; Thirteen Uncollected Stories, Kgn. 1994; The Letters of John Cheever, hg. B. Cheever 1988.

L: S. Coale, 1977; L. Waldeland, 1979; G. W. Hunt, 1983; S. Cheever, Home Before Dark, 1984; S. Donaldson, 1988; P. Meanor, 1995. – Bibl.: F. Bosha, 1981.

Chelčický, Petr, tschech. Moralist, Schriftsteller u. Religionsdenker, um 1390 Chelčice – 1460 ebda. Südböhm. Landedelmann, in s. Jugend eifriger Anhänger von Hus, wandte sich dann jedoch von dem widerhaften Hussitentum ab u. meditierte auf s. Gut über neue Möglichkeiten e. Reform des Christentums. Geistiger Begründer der Brüderunität. – In polem. u. dogmat. Traktaten u. den beiden Hauptschriften ›Postilla‹ u. ›Siet' viery‹, die zu den besten Leistungen der tschech. Reformation zählen, predigt Ch. in kernigem Stil die Rückkehr zum Urchristentum, die Besitzlosigkeit des Klerus, lehnt jegliche Gewaltanwendung ab u. übt Kritik an Staat u. Kirche. S. Ideen begeisterten noch 1893 L. N. Tolstoj.

W: Postilla 1434–41 (hg. E. Smetánka II 1900–03); Siet' viery 1440–43 (hg. E. Smetánka ^{2}1929; Das Netz des Glaubens, d. 1924); Kl. Schriften (hg. J. Karásek 1891/92); Traktáty (hg. R. Holinka 1940); Drobné spisy (hg. E. Petrů 1966).

L: J. Goll, 1916; C. Vogl, 1926; F. O. Navrátil, 1929; A. Míka, 1963; M. L. Wagner, P. Ch. A Radical Separatist in Hussite Bohemia, Pennsylvania-Ontario 1983. – Bibl.: E. Petrů, Soupis díla P. Ch., 1957.

Chemnicer, Ivan Ivanovič, russ. Fabeldichter, 16. 1. 1745 Enotaevsk/Gouv. Astrachan' – 30. 3. 1784 Smyrna. Vater gebürtiger Sachse; Stabsarzt, 1755 Übersiedlung nach Petersburg, 12 Jahre Militärdienst, dann im Bergbauamt, 1779 1. Bd. Fabeln, 1782 Vizekonsul in Smyrna. – Schrieb 104 Fabeln, ein Drittel Übsn. u. a. aus La Fontaine, Voltaire, Gellert, dem er neben vielen Stoffen wichtige Elemente des Fabelstils verdankt; in volkstüml. Sprache, satir. getönt, gegen menschl. Schwächen gerichtet; e. der Wegbereiter Krylovs; hatte bei den Zeitgenossen Erfolg, 33 Auflagen bis 1855.

W: Sočinenija (W), 1873; Polnoe sobranie stichotvorenij (GW), 1963.

L: M. v. Beguelin, 1886 (m. Bibl.).

Ch'en, Jo-hsi → Chen Ruoxi

Chenevière, Jacques (eig. Alexandre Guérin), franz.-schweizer. Schriftsteller, 17. 4. 1886 Paris – 22. 4. 1976 Genf. Mitbegründer der Zs. ›Revue de Genève‹. – Lyriker und oft heiter-iron. Erzähler. Stellt irreal-phantast. Stoffe dar, ist aber in erster Linie psycholog. Porträtist mit ausgezeichneten Analysen naiver, aber leicht perverser Gefühle. S. Romane u. Novellen spielen meist in Genf oder Paris.

W: Les beaux jours, G. 1909; La fôret bleue, G. 1910; La chambre et le jardin, G. 1913; L'île déserte, R. 1918 (d. 1927); Jouvence ou la chimère, R. 1922; Innocences, R. 1924; Les messagers inutiles, R. 1926; La jeune fille de neige, R. 1929; Les aveux complets, Nn. 1931; Connais ton cœur, R. 1935 (d. 1939); Valet, roi, dame, En. 1938 (d. 1939); Les captives, R. 1943 (Herbe Frucht, d. 1949); Le bouquet de la mariée, R. 1955.

Chénier, André-Marie, franz. Dichter, 30. 10. 1762 Galata b. Konstantinopel – 25. 7. 1794 Paris. Vater franz. Generalkonsul. Ab 1765 in Paris. Wuchs heran im Salon s. Mutter, e. hochgebildeten Griechin. Collège de Navarre. Kurze Zeit beim Militär. 1783/84 Schweiz- und Italienreise. 1785–87 intensive geistige Weiterbildung. 1787–90 Sekretär der franz. Botschaft in London. Anfänglich für die Revolution begeistert, wurde er wegen der Auswüchse Feind der Jakobiner, Mitverfasser der Verteidigungsrede Ludwigs XVI. Starb als e. der letzten Opfer Robespierres unter der Guillotine. Veröffentlichte zu Lebzeiten nur 2 Gedichte (›Hymne à la France‹, ›Le jeu de Paume‹) u. polit. Artikel. Die Erstausgabe s. Werke von 1819 war e. Sensation für die jungen Romantiker. – Der einzige wirkliche Dichter Frankreichs im 18. Jh. Bewußter Formkünstler. Geschult am Vorbild griech. Dichtung, strebte er deren schöpferische, die persönl. Eigenart bewahrende Nachahmung an. In den ›Idylles‹ oder ›Bucoliques‹, größeren Gedichten neben kleinen Genrebildern, verband er in für die franz. Lit. einzigartiger Weise Elemente griech. Mythologie mit griech. Geist: Seine musikal., rhythm.-geschmeidigen Verse sind erfüllt von Harmonie, Maß, Anmut, Einfachheit und bildhaft-plast. Schönheit. Überwiegend konventionelle, für das 18. Jh. charakterist. Züge prägen s. Liebesgedichte ›Elégies‹, ebenso ›L'Hermès‹ und ›L'Amérique‹, unvollendet gebliebene wiss. Lehrgedichte im Sinne des ›Siècle philosophique‹. Während der Revolution schrieb er persönl. Liebesgedichte, im Gefängnis von leidenschaftl. Revolte erfüllte polit. ›Iambes‹. C. erfaßte mit instinktiver Sicherheit das Geheimnis poet. Wirkung. Er überwand die Monotonie des klass. Verses, wurde deshalb von den Romantikern als Vorläufer begrüßt. Deutet jedoch durch s. bewußten Kult der Form mehr auf den Parnaß hin, nimmt bereits theoret. und dichter. die ›poésie pure‹ vorweg, indem er versucht, durch die Form, nicht den Stoff zu wirken.

A: Œuvres complètes, hg. H. de Latouche 1819, P. Dimoff A. ²1966; G. Walter ²1967; Œuvres inédites, 1914. – *Übs.:* Iambes, d. J. R. Kohr 1946.
L: P. Morillot, 1894; K. A. M. Hartmann, C.-Studien, 1894; E. Faguet, 1902; C. Perroud, 1913; P. Dimoff, II 1936; G. Walter, 1947; E. Herbillon, 1949; J. M. Gerbault, 1959; J. Gausseron, 1964; V. Loggins, Athen 1965; F. Scarfe, Oxf. 1965; J. Fabre, ²1966; J. M. Gerbault, 1966; G. Venzac, 1967; G. d'Aubarède, 1970; U. Töns, 1970; J. Starobinski, 1978; E. Quillen, 1982; E. Guitton, 1982.

Chénier, Marie-Joseph-Blaise de, franz. Dramatiker und Lyriker, 28. 8. 1764 Konstantinopel – 10. 1. 1811 Paris. Jüngerer Bruder von André C.; Anhänger der Revolution und Bonapartes, später gegen dessen Diktatur gewandt, deshalb aus jedem Staatsamt entfernt. S. polit. Tragödien und Satiren fanden begeisterte Aufnahme. Verherrlichte in den Revolutionsjahren die Revolution in sehr erfolgr. hist. Tragödien und auch patriot. Hymnen.

W: Charles IX, Dr. 1789 (d. J. J. C. v. Reck 1790); Jean Calas, Dr. 1791; Henri VIII, Dr. 1791; Caius Gracchus, Dr. 1792; Fenelon, Dr. 1793; Timoléon, Dr. 1794; Rapport de la Convention nationale, 1794; Le chant du départ, Hymne de guerre, G. 1794; Tableau historique de l'état et des progrès de la littérature française depuis 1789, Abh. 1808. – Œuvres, VIII 1823–27; Théâtre, II 1901.

L: W. Küchler, Diss. Lpz. 1900; A. Liéby, 1901; C. Peters, Diss. Lpz. 1911; A. J. Bingham, N. Y. 1939.

Chen Ruoxi (eig. Chen Xiumei), chines. Schriftstellerin, * 15. 11. 1938 Taibei. Stud. in Taiwan und USA; 1960 Mitbegründerin der Zs. ›Xiandai wenxue‹, dem Forum für mod. Lit. in Taiwan. 1961 zum Stud. in die USA; 1966 aus polit. Gründen Übersiedlung in die Volksrepublik China. Nach sieben Jahren desillusioniert, Ausreise nach Hongkong. Heute als amerik. Staatsbürgerin in den USA. – Zunächst in Taiwan zur Gruppe der Avantgarde-Schriftsteller zählend, verstummt Ch. ab 1966. Nach 1973 in rascher Folge Erzählungen, die eine »mikroskopische und unvergeßliche ›comédie humaine‹« (S. Leys) des Lebens unter Mao präsentieren. Neuere Erzählungen und Romane hinterfragen die gespaltenen Identitäten und Loyalitäten chines. Intellektueller im Ausland zwischen Taiwan, chines. Festl. und der neuen Heimat.

W: Yin xianzhang, En. 1976 (Die Exekution des Landrats Yin, d. 1979); Gui, R. 1979 (Heimkehr in die Fremde, d. 1991); Er Hu, R. 1985; Zhihun, R. 1987.

Cheraskov, Michail Matveevič, russ. Dichter, 5. 11. 1733 Perejaslavl'/Gouv. Poltava – 9. 10. 1807 Moskau. Aus altruss. Adelsgeschlecht, beendete 1751 das Adlige Kadettenkorps, bis 1755 in der Armee, dann im Dienst der Univ. Moskau, ab 1763 als Direktor, 1778–1802 als Kurator. – In der russ. Lit. gegen 1770–80 führend, gab einige Zss. heraus; als Dichter noch Klassizist, erkannte er Sumarokov als Vorbild an, zeigt aber bereits Züge des Sentimentalismus. Sehr vielseitiger Lyriker, der die Darstellung des reinen lyr. Empfindens durch Gedankenlyrik zu ersetzen bzw. die Lyrik ins Epische oder Dramat. zu wenden bestrebt ist. Hauptwerk das heroisch-klassizist., von Homer, Vergil und Tasso beeinflußte Epos ›Rossijada‹. Freimaurer, bringt in s. Tril. klassizist. Romane und in Gedichten freimaurer. Gedankengänge in allegor. Form.

W: Novye pesni, G. 1762; Nravoučitel'nye basni, Fabeln 1764; Numa Pompilij, R. 1768 (Numa Pompilius oder Das blühende Rom, d. 1782); Filosofskie ody ili pesni, G. 1769; Rossijada, Ep. 1779; Vladimir vozrož-dennyj, Ep. 1785; Kadm i Garmonija, R. 1786; Polidor, R. 1794. – Tvorenija (W), XII 1807–12 (unvollst.); Izbrannye proizvedenija, Ausw. 1961.
L: P. Thiergen, Diss. Bonn 1970.

Chérau, Gaston, franz. Erzähler, 6. 11. 1872 Niort/Deux-Sèvres – 20. 4. 1937 Boston. – Setzte in Romanen und Erzählungen die naturalist. Tradition fort; v. a. Epigone Flauberts. Schildert mit düsterem Realismus und bisweilen bedrückendem Pessimismus Charaktere aus dem Kleinbürgertum s. heimatl. Provinz, dem Poitou, das primitive Leben der Hirten des Landes und blutige Bauernrevolten. S. Meisterwerk ›Valentine Pacquault‹, die Geschichte e. neuen Bovary, die e. vergebl. Kampf gegen die heuchler. Konventionen des provinziellen Lebens führt.

W: Les grandes époques de M. Thébault, R. 1901; La saison balnéaire de M. Thébault, R. 1902; Monseigneur voyage, 1903; Champi-Tortu, R. 1906; La part du feu, R. 1909; La prison de verre, R. 1911; Le monstre, R. 1913; L'oiseau de proie, R. 1913; Le remous, R. 1914; Valentine Pacquaud, R. 1921; Le Despélouquéro, R. 1923; Le flambeau des Riffault, R. 1923; La maison de Patrice Perrier, R. 1924; Le vent du destin, R. 1926; L'ombre du maître, R. 1928; La volupté du mal, R. 1929; Celui du bois Jacqueline, R. 1932; L'enfant du pays, R. 1932. – Œuvres complètes, 1987.

Cherbuliez, Victor (Ps. G. Valbert), franz.-schweizer. Schriftsteller, 19. 7. 1829 Genf – 2. 7. 1899 Combes-la-Ville/Seine-et-Marne. 1881 Mitglied der Académie Française. – Vf. kosmopolit.-mondäner und humorvoller Unterhaltungsromane für e. vornehmes Publikum. Im Gegensatz zum herrschenden Realismus Vertreter des idealist.-aristokrat. Romans. Anfangs beeinflußt von G. Sand. Seine Psychol. bleibt konventionell, C. paßt sich, auf Wirkung bedacht, dem Publikumsgeschmack stark an. Schrieb außerdem archäolog., lit.- und kunstkrit. Studien.

W: Le comte Kostia, R. 1863 (d. 1887); Paule Méré, R. 1864; Le roman d'une honnête femme, R. 1866 (Isabella, d. 1867); L'aventure de Ladislas Bolski, R. 1869 (d. 1872); L'Allemagne politique depuis la paix de Prague, Schr. 1870 (d. 1870); Miss Rovel, R. 1875; Le fiancé de Mlle de Saint-Maur, R. 1876 (d. 1881); Hommes et choses d'Allemagne, Schr. 1877; L'idée de Jean Téterol, R. 1878; L'art et la nature, St. 1892 (d. 1905); La ferme du Choquard, hg. Ch. de Bartikat 1982; La vocation du comte Ghilain, [10]1918.

L: A. Celières, 1936; M. A. Istrati, 1937; W. Hanhart, Diss. Zürich 1941.

Chesnutt, Charles Waddell, afroamerik. Schriftsteller, 20. 6. 1858 Cleveland – 15. 11. 1932 ebda. Lehrer und Schulleiter in North Carolina, Gerichtsstenograph in New York, schließlich einige Jahre Berufsschriftsteller, zugelassener Rechtsanwalt in Cleveland. – C. schrieb mit klarem didaktischem Konzept gegen stereotyp verklärende Bilder des alten und neuen Südens (im Stil von Thomas Nelson Page und Joel Chandler Harris' Uncle-Remus-Geschichten) an, thematisierte mit ironischer Brillanz und psychologisch subtil die Konflikte der color line zwischen Schwarz und Weiß sowie den Hautschattierungsdünkel in der eigenen Gruppe und scheute auch nicht vor direkter Behandlung polit. Konflikte zurück (s. die Dramatisierung eines zeitgenössischen Aufstands der Weißen in ›The Marrow of Tradition‹, seine Essays und seine erfolgreiche Kampagne 1916 gegen den rassistischen Film ›The Birth of a Nation‹).

W: The Conjure Woman, Kgn. 1899; Frederick Douglass, B. 1899; The Wife of His Youth, Kgn. 1899; The House Behind the Cedars, E. 1900; The Marrow of Tradition, E. 1901; The Colonel's Dream, R. 1905; The Short Stories of C. W. C., Kgn. 1974; The Journals of C. W. C., 1993; Letters, 1997; Mandy Oxendine, R. 1997; Paul Marchand, F. M. C., R. 1998; The Quarry, R. 1999; Essays and Speeches, Ess. 1999.

L: H. M. Chesnutt, 1952; W. L. Andrews, 1980; S. L. Render, 1980; C. Duncan, 1998; H. B. Wonham, 1998.

Chessex, Jacques, franz. Erzähler, * 1. 3. 1934 Payerne. Gymnasiallehrer in Lausanne, als Schriftsteller von Jean Paulhan entdeckt, Mitarbeiter des ›Nouvelle Revue Française‹. – Vf. von Gesellschaftsromanen. Wiederkehrendes Thema der Mythos vom Menschenfresser zur Veranschaulichung des Vater-Sohn-Konflikts; Essays (Maupassant, Flaubert).

W: La tête ouverte, 1962; La confession du pasteur Burg, 1967; L'ogre, R. 1973 (d. 1975); L'ardent royaume, R. 1975 (Mona, d. 1978); Le breviaire, 1976; Les yeux jaunes, R. 1979 (d. 1979); L'imitation, R. 1998; Incarnata, En. 1999.

L: Ch.-E. Racine, 1997.

Chesterfield, Philip Dormer Stanhope, 4. Earl of, engl. Staatsmann u. Schriftsteller, 22. 9. 1694 London – 24. 3. 1773 ebda. Stud. Cambridge, ∞ 1733 Melusina de Schulenburg, e. natürl. Tochter König Georges II. 1728–32 Gesandter in Holland, 1745/46 Vizekönig von Irland, 1746–48 Staatssekretär. Skeptiker, ausgezeichneter Gesellschafter, witziger Meister der Konversation. Dr. Johnson sandte ihm den Plan s. ›Dictionary‹; da Ch. zunächst nicht darauf einging, entstand e. Verstimmung. – Vf. polit. Schriften ohne Bedeutung; s. lit. Ruhm beruht allein auf s. posthum veröffentlichten Briefen an s. natürl. Sohn Philip Dormer Stanhope und an s. Enkel. Die Briefe umfassen die Jahre 1738–68, in denen Ch. unter George II. und III. hohe Ämter innehatte. Ch. gibt in den Briefen Ratschläge über guten Ton in allen Lebenslagen, zeigt, wie man sich verhalten müsse, um gesellschaftl. erfolgr. zu werden. Kluge Briefe voller Weltkenntnis.

W: Letters to his Son, hg. E. Stanhope II 1774 (n. C. Strachey, A. Calthrop II 1901, Navarre Society 1926, B. Dobrée VI 1932; d. VI 1774–77); Miscellaneous Works with Memoirs, hg. M. Maty, II 1777. – Works, hg. Lord Mahon V 1845–53; Letters, hg. B. Dobrée VI 1932 (d. Feigl II 1912; Ausw. hg. F. Berger 1984).

L: R. Coxon, 1925; S. Shellabarger, 1935, [2]1951; W. Connely, 1939; S. M. Brewer, Design for a Gentleman, 1963; R. Barrell, 1968. – Bibl.: S. L. Gulick, [2]1979.

Chesterton, Gilbert Keith, engl. Essayist und Romanschriftsteller, 29. 5. 1874 London – 14. 6. 1936 Beaconsfield. Sohn e. Auktionators, Kunstschule; zeichnete Karikaturen für Bentleys ›Clerihews‹ u. Bellocs satir. Romane. Später Journalist, ab 1900 hauptberufl. Schriftsteller; 1901 ∞ Frances Blogg; betätigte sich in allen lit. Sparten, schrieb Romane, Kurzgeschichten, Essays, lit. krit. Studien, e. Komödie. Konvertierte 1922 zur röm.-kathol. Kirche. Eng befreundet mit H. Belloc; kathol. Gegenspieler Shaws. – Witzige Argumentation m. paradoxen Formulierungen; Vorliebe für Verblüffungstechnik und groteske Übertreibungen. Zeigte die Dinge in ungewöhnl. Aspekt. Geistreicher Stil. Verteidigte die Werte des Christentums. S. dichterisch besten Leistungen sind s. Balladen u. sonstigen Gedichte, bes. Trinklieder, sowie einzelne s. lit.krit. Essays und die Naturschilderungen s. Prosa. Seine Father-Brown-Stories in zahlr. Fortsetzungen sind halb parodistische Detektivgeschichten, in denen sich e. unscheinbarer kathol. Geistlicher als genialer Detektiv erweist.

W: Twelve Types, Ess. 1902; R. Browning, St. 1903; The Napoleon of Notting Hill, R. 1904 (d. 1927, n. 1981); Heretics, Ess. 1905 (d. 1912); The Club of Queer Trades, Kgn. 1905 (Der geheimnisvolle Klub, d. 1928); Dickens, St. 1906 (d. 1916); Orthodoxy, Es. 1908 (d. 1909); The Man Who Was Thursday, R. 1908 (d. 1910; n. 1982); G. B. Shaw, St. 1909 (d. 1925); A Defense of Nonsense, Ess. 1909 (d. 1917); What's Wrong with the World, Es. 1910 (d. 1924); The Ball and the Cross, R. 1910; The Innocence of Father Brown, Kgn. 1911 (Priester und Detektiv, d. 1920, u.d.T. Die Einfalt des Pater Brown, d. 1975); Magic, K. 1913 (d. 1914); The Literature of the Victorian Age, St. 1913; The Flying Inn, R. 1914 (d. 1922); The Wisdom of Father Brown, R. 1914 (Das Paradies der Diebe, d. 1927, u.d.T. Die Weisheit des Pater Brown, d. 1975); The Man Who Knew Too Much, R. 1922 (d. 1925); St. Francis, B. 1923 (d. 1927); The Everlasting Man, Es. 1925 (d. 1930); The Incredulity of Father Brown, R. 1926 (Ein Pfeil vom Himmel, d. 1927); The Secret of Father Brown, R. 1927 (d. 1929); Collected Poems, G. 1933; St. Thomas Aquinas, B. 1933 (Der stumme Ochse von Sizilien, d. 1949); The Scandal of Father Brown, Kgn. 1935 (d. 1958); Autobiography, 1936 (Der Mann mit dem goldenen Schlüssel, d. 1936); The Common Man, Ess. 1950 (d. 1962); A Selection from His Non-fictional Prose, hg. W. H. Auden 1970; Selected Stories, hg. K. Amis 1972; The Bodley Head G. K. C., hg. P. J. Kavanagh 1985. – GW, XLV 1986ff. – *Übs.*: Der Spiegel, Ess. 1959; Der Hammer Gottes, En. 1959.

L: J. O'Connor, 1937; E. Cammaerts, 1937; D. de Pauw, 1938; M. Evans, 1939; C. Clemens, 1939; H. Belloc, 1940; M. Ward, 1944 (d. 1956); C. Hollis, 1950; M. Ward, 1952; R. Browning, 1959; G. Wills, 1961; R. M. Fabritius, 1964; C. Hollis, 1969; D. Barker, 1973; J. Sullivan, hg. 1974; I. Boyd, 1975; D. E. Collins, hg. 1975; L. Hunter, 1979; M. Ffinch, 1986; D. J. Conlon, hg. 1987; J. Pearle, 1996; R. Sparkes, 1997. – *Bibl.*: J. Sullivan, 1958, Suppl. 1968; J. W. Sprug, hg. 1966.

Chetägkaty, K"osta (Konstantin Chetagurov), osset. Dichter, Maler u. Publizist, 15. 10. 1859 Nar – 1. 4. 1906 Georgievsko-Osetinskoe. Sohn e. Offiziers; 1881–85 Kunstakad. St. Petersburg, danach in Ossetien; Revolutionär, wegen s. Freiheitsliebe verhaftet u. verbannt 1891–96, 1899–1902; Publizist. Tätigkeit in Stavropol u. in Vladikavkaz; ab 1904 Lebensabend in Georgevsk. – Bedeutendster osset. Dichter u. Begründer der osset. Lit., Schöpfer der osset. Lit.sprache. Gedichte über Griboedov, Lermontov, Ostrovskij u.a. Liebesgedichte. Gab die Not der unfreien Bauern u. ihren Haß gegen die russ. Herrschaft in s. Liedern wieder, die auch gesungen wurden. Zeichnete eine Galerie der verschiedenen Typen der ›verlorenen Intelligenz‹. Auch Erzählungen, satir. Parabeln u. das Stück ›Dunia‹. Schrieb in Ossetisch u. Russisch. Über s. Leben erschien 1969 ein Roman von Dzatiev.

W: Wacmysty ämyrd (GW), III 1956; Sobr. Sočinenij (GW), III 1951, V 1959–61, III 1974.

L: G. Baiev, 1922; A. Malinkin, 1939; A. Fadeev, 1941; V. Korzun, 1956, 1957; N. Dzusojty, 1958; S. Gabaraev, 1959; Z. Salagaeva, 1959; V. Abaev, 1960; G. Apresjan, 1962; E. Kabačenko, 1970; A. Kučiev, 1981. – *Bibl.*: N. Eremeeva u.a., 1979.

Chetagurow, Konstantin → Chetägkaty, K"osta

Cheti (früher auch Dua-Cheti), Sohn des Duauf, Verfasser einer im 20. Jh. v. Chr. entstandenen altägyptischen Lehre für seinen Sohn. Die sehr zahlreich erhaltenen, meist aus dem Schulbetrieb stammenden Handschriften zeigen, daß dieser Text eine der bekanntesten Schriften in Ägypten gewesen sein muß und vor allem für die Schreiber-Ausbildung verwendet wurde. Er dient der Idealisierung des Schreiber-(= Beamten-)Berufs und verfolgt dieses Ziel auf zweierlei Weise: Im ersten Teil werden insgesamt 20 Handwerkerberufe in außerordentlich negativer Weise, mehr zynisch-arrogant als, wie oft vermutet, satirisch, beschrieben. Im zweiten Teil wird demgegenüber der Beruf des Beamten sehr positiv geschildert; außerdem werden hier allgemeine Verhaltensregeln gegeben. Diese ›Lehre des Cheti‹ war das Vorbild für viele später entstandene ähnliche Texte, insbesondere in der Ramessidenzeit (13.–11. Jh. v. Chr.). Eine ramessidische Überlieferung (P. Chester Beatty IV) schreibt dem Cheti auch die Verfasserschaft der Lehre des Amenemhet I. zu.

A: H. Brunner, Die Lehre des Cheti, Sohnes des Duauf, 1944; W. Helck, Die Lehre des Dwȝ-Ḫtj, 1970.

L: P. Seibert, Die Charakteristik, 1967.

Chettle, Henry, engl. Dramatiker, 1564 London – 1607 (?) London? Sohn e. Färbers, zeitweise Drukker. Verbindung zu R. Greene und Th. Nashe. Druckte R. Greenes ›Groatsworth of Wit‹ (1592), wo Shakespeare als ›upstart crow‹ bezeichnet wird, und wurde teilw. auch als Verfasser gehandelt; bot Entschuldigung an. Bis 1598 hatte Ch. so viele Stücke geschrieben, daß er als e. der besten Komödienautoren galt. Zusammen mit Dekker, Munday u. Nashe hat C. an ca. 49 Stücken mitgearbeitet; ca. 13 Stücke werden ihm allein zugeschrieben, von denen allerdings nur ›The Tragedy of Hoffman‹ gedruckt wurde. Veröffentl. ferner 2 Satiren und e. Elegie auf den Tod der Königin Elisabeth, ›Englandes Mourning Garment‹, 1603.

W: Kind-harts Dreame, Sat. 1592; Piers Plainnes seauen yeres Prentiship ..., Sat. 1595; The Tragedy of Hoffman, or, A Revenge for a Father, Dr. 1631 (hg. H. Jenkins 1951).

L: H. Jenkins, 1934; F. T. Bowers, Elizabethan Revenge Tragedy, 1940.

Chevallier, Gabriel Marie Emile Régis, franz. Romancier, 3. 5. 1895 Lyon – 5. 4. 1969 Cannes. Kunstschule ebda., 5 Jahre Soldat, Handelsvertreter, Zeichner, Journalist. – Hatte ersten Erfolg mit ›Clarisse Vernon‹, e. Roman über das Leben in Lyon. S. erfolgreichstes und bestes Werk ›Clochemerle‹ ist e. humorvolle Darstellung der Gesellschaft in e. Weinort der Bourgogne. Unvoreingenommener, respektloser Geist; beißender Ton, der bisweilen zu heftigem Sarkasmus wird. S. Sozialsatire erinnert an J. Romains.

W: La peur, R. 1930; Clarisse Vernon, R. 1933; Durand, voyageur de commerce, R. 1934; Clochemerle, R. 1934 (d. 1951); Propre à rien, R. 1936; Sainte-Colline, R. 1937 (Flegeljahre in Sainte-Colline, d. 1959, auch u. d. T. Pauker, Priester und Pennäler); Le guerrier désœuvré, R. 1945; Les héritiers Euffe, R. 1945 (Traurige Scherben – lachende Erben, d. 1954, auch u. d. T. Papas Erben); Ma petite amie Pomme, R. 1946; Le petit général, R. 1951; Clochemerle-Babylone, R. 1951 (d. 1956); Le ravageur, Dr. 1953; Carrefours des hasards, Es. 1956; Souvenirs apaisés, II 1959; Les filles sont libres, R. 1960 (d. 1961); Clochemerle-les-Bains, 1963 (d. 1964); Brume-rives, R. 1968 (Liebeskarussell, d. 1969).

Chiabrera, Gabriello, ital. Dichter, 18. 6. 1552 Savona b. Genua – 14. 10. 1638 ebda. In Rom bei s. Onkel, dann in e. Jesuitenkolleg erzogen. Dienst bei Kardinal Cornaro. 1576 wegen e. Racheaktes nach Savona verbannt, führte fern von den Höfen Italiens e. ländl., geruhsames Leben. – Er ahmte in klaren Formen Pindar, Anakreon, Theokrit u. Horaz nach. Von Zeitgenossen als neuer Pindar gefeiert. In den ›Canzoni eroiche‹ bedichtet er große Vorfahren wie Trivulzio, F. Gonzaga. In den ›Canzoni sacre‹, für Urban VIII. geschrieben, gegen Luther u. Calvin. Lebendiges Naturgefühl in den ›Canzoni morali‹, deren Versmaß er den franz. Dichtern der ›Pléiade‹ entlehnt. In ›Amedeide‹ besingt er in 23 Gesängen den Sieg Amedeos I. von Savoyen über die Türken bei Rhodos. Schrieb für Herzog Ferdinand II. e. Gründungsgeschichte von Florenz. S. Melodrama ›Rapimento di Cefalo‹ mit viel Effekten u. Ausstattungen, wurde zum Vorläufer der barocken Prunkoper.

W: Gotiade, G. 1582; Alcippo, G. 1604; Firenze, G. 1615; Amedeide, Ep. 1620; Erminia, Dr. 1622; Foresto, G. 1653. – Opere, hg. A. Geremia V 1757; Opere, hg. M. Turchi, 1984; Poesie liriche, 1781; Autobiografia, dialoghi e lettere, hg. G. Agnino 1912; Liriche, hg. F. L. Mannucci 1926; Canzonette, rime varie, dialoghi, hg. L. Negri 1952.

L: F. Neri, 1920; G. Taccetta, 1921; F. L. Mannucci, 1925; A. Belloni, 1931; A. Viviani, 1939; E. N. Girardi 1950.

Chiara, Piero, ital. Schriftsteller, 23. 3. 1913 Luino/Varese – 31. 12. 1986 Varese. Jahrelang Justizbeamter in Venetien. Wegen subversiver Tätigkeit 1943 Flucht in die Schweiz; Italienischlehrer in Zug. Nach dem Krieg Journalist u. Übs. (Góngora, Casanova, Petronius). – 1962 Erfolg mit dem Roman ›Il piatto piange‹. S. Romane u. Erzählungen schildern Provinzmilieu meist aus der Zeit des Faschismus. Steht in der Tradition des ital. Realismus des 19. Jh.

W: Incantavi, G. 1945; Itinerario svizzero, Prosa-St. 1950; Quarta generazione, Anth. 1954; Dolore nel tempo, Prosa-St. 1960; L'opera grafica di Giuseppe Viviani, Abh. 1960; Il piatto piange, R. 1962; La spartizione, R. 1964 (Schwestern teilen alles, d. 1965); Ti sento, Giuditta, E. 1965; I ladri, E. 1967; Il balordo, R. 1967 (Der brave Riesenpinsel, d. 1971); L'uovo al cianuro e altre storie, E. 1969; I giovedì della signora Giulia, R. 1970; Il pretore di Cuvio, R. 1973; Sotto la Sua mano, En. 1974; La stanza del vescovo, R. 1976 (Das Zimmer in der Villa Cleofe, d. 1979); Il vero Casanova, Es. 1977; Il cappotto di astrakan, R. 1978 (d. 1981); Vita di G. D'Annunzio, Es. 1978; Vedrò Singapore?, R. 1981; Viva Migliavacca, En. 1982; Saluti notturni dal Passo della Cisa, R. 1986.

L: E. Ghidetti, Invito alla lettura di C., 1977; G. Tesio 1983; D. Lajolo, Parole con P. C., 1984.

Chiarelli, Luigi, ital. Dramatiker, 7. 7. 1880 Trani b. Bari – 20. 12. 1947 Rom. Mußte nach Verlust des Vaters auf Stud. verzichten; Angestellter im Rechnungshof, Journalist, Redakteur am ›Secolo‹ in Mailand. 1913 schrieb er in 20 Tagen ›La maschera e il volto‹, 1916 in Rom uraufgeführt, s. größter Theatererfolg. 1918 Kriegsdienst. Dann Theaterkritiker bei ›Corriere italiano‹, ›Comoedia‹, ›Tempo‹. Schloß sich Theatergruppen an. Seit 1928 Maler, lebte ab 1937 in Rom. – Begr. des ›grotesken Theaters‹, das die Konflikte des verist. Dramas parodiert. Übersetzte auch Lustspiele von Plautus und Shakespeare. Alterswerke hauptsächl. Novellen.

W: La maschera e il volto, Sch. 1917; La scala di seta, Dr. 1917; Le lacrime e le stelle, Dr. 1919; Chimere, Dr. 1920; La morte degli amanti, Dr. 1921; Fuochi d'artificio, Dr. 1923; Les tripes à la mode de Caen, Dr. (1925); Extra dry, Dr. 1926; La reginetta, Dr. 1929; Jolly, Dr. 1929; Ninon, Dr. 1929; K. 41, Dr. 1930; Un uomo da rifare, Dr. 1932; Carne bianca, Dr. 1934; Una più due, Dr. 1935; La mano di venere, N. 1935; Enea come oggi, Dr. 1938; La figlia dell' aria, N. 1939; Il cerchio magico, Dr. 1939; Pulcinella, Dr. 1939; Essere, Dr. (1953). – Varietà (Ausw.), II 1934.
L: M. Lo Vecchio Musti, 1942.

Chiari, Pietro, ital. Autor, 25. 12. 1712 Brescia – 31. 8. 1785 ebda. Jesuit und Prof. für Rhetorik in Modena (1736/37), dann freier Schriftsteller in Parma, Imola u. Venedig. – Erhob Anspruch, zweiter Reformator des ital. Theaters zu sein, daher jahrelanger Streit mit Goldoni, den er skrupellos nachahmte. 1761 Versöhnung mit Goldoni u. Zusammenschluß gegen den gemeinsamen Feind Gozzi. Gewisses Verdienst um Neubelebung des ital. Romans im 18. Jh., rd. 40 fast ausschließl. erot. u. Abenteuerromane in Anlehnung an engl. u. franz. Vorbilder; hierin manchmal treffende Darstellung zeitgenöss. Lebens.
W: La filosofessa italiana, R. 1753; Il Filosofo veneziano, K. 1754; Commedie in versi, X 1756–62; Nuova raccolta, 1763f.; Le memorie di Madama Tolot, K. 1764 (hg. A. Consiglio 1960); Tragedie, 1774; Sulle Americhe, hg. C. A. Madrignani, 1991; La schiara cinese, hg. M. Catucci 1999.
L: C. F. Sommi Picendari, Un rivale del Goldoni, 1902.

Chi Chün-hsiang → Ji Junxiang

Chiesa, Francesco, ital. Dichter, 1. 7. 1871 Sagno/Tessin – 10. 6. 1973 Lugano. Bis 1894 Stud. Jura Pavia; 1897 Lehrer für ital. Sprache u. Lit. am Lyzeum in Lugano. 1914 Direktor ebda. – Gilt als der mod. Klassiker des Tessins. Zuerst Bildungsschriftsteller in der Nachfolge Carduccis, von klass. Vorbildern abhängig. Der Sonettzyklus ›Calliope‹ schildert den Entwicklungsgang der Menschheit vom MA bis zur mod. Zivilisation. Heimatgebundene Erzählungen, die an J. Gotthelf erinnern. Von Gläubigkeit erfüllt ist der Roman ›Sant' Amarillide‹. E. stark autobiograph. psycholog. Jugendroman ist ›Tempo di marzo‹.
W: Preludio, G. 1887; La cattedrale, G. 1903; La reggia, G. 1904; Calliope, G. III 1907 (d. 1959); La Città, G. 1907; I viali d'oro, G. 1911; Istorie e favole, Nn. 1913 (d. 1914); Blätter unter der Asche, N. 1915; Fuochi di primavera, G. 1919; Racconti puerili, Nn. 1920 (d. 1922); Consolazioni, G. 1921; Vite e miracoli di santi e profani, Nn. 1922; Tempo di marzo, R. 1925 (d. 1927); Villadorna, 1928 (d. 1941); Racconti del mio orto, Nn. 1929 (d. 1942); Compagni di viaggio, N. 1931 (Zwei Novellen, Ausw. d. 1941); La Stellata sera, G. 1933; Sant' Amarillide, R. 1938 (d. 1939); Passeggiate, E. 1939; Racconti del passato prossimo, En. 1941 (Schicksal auf schmalen Wegen, d. 1949); Io e i miei, E. 1944; Ricordi dell'età minore, E. 1948; L'artefice malcontento, G. 1950; La zia Lucrezia, En. 1956.
L: R. Amerio, 1974; P. Codiroli, La narrativa di F. C., 1974.

Chikamatsu Monzaemon (eig. Sugimori Nobumori), jap. Dramatiker, 1653 Echizen(?) – 21. 11. 1724 Osaka. Sohn e. Samurai; hist. u. lit. gut gebildet. – Volkstümlichster u. berühmtester jap. Dramatiker. Beginn frühzeitig (um 1673), Textbücher für kabuki- u. jôruri (Puppen-)Spiele zu schreiben, wandte sich dann v. a. dem letzteren zu, das ihm s. Entwicklung zur dramat. Kunst verdankt. Meister der Sprache, zeichnet er Milieuschilderungen von seltener Eindringlichkeit. S. hist. (jidaimono) u. bürgerl. (sewamono) Stücke erhalten durch das Gegenspiel von giri, sozialer Verpflichtung, u. ninjô, natürlichem Gefühl, ihre Spannung; Liebesfreitod, shinjû, löst die Konflikte. – S. fruchtbares Wirken (an die 160 Stücke) beeinflußte die Entwicklung des jap. Schauspiels nachhaltig. S. Kunst steht auf der Grenzlinie zwischen Sein und Schein (›Naniwa-miyage‹), ist also keinesfalls realistisch. Aus diesem Grund ergibt sich die Hinneigung zum Puppenspiel, wo das Wort Gewicht hat und der Puppe Leben gibt, e. selbstbezogenes Agieren des Schauspielers somit ausgeschaltet wird.
W: Shusse Kagekiyo, hist. Sch. 1686; Sonezaki shinjû, bürg. Sch. 1703 (engl. 1955); Yukionna-gomai-hakoita, hist. Sch. 1705; Naniwa no yosaku, bürg. Sch. 1708; Meido no hisayaku, bürg. Sch. 1711; Kokusenya-gassen, hist. Sch. 1715 (engl. 1951); Yari no Gonza kasane-katabira, bürg. Sch. 1717 (Gonza mit der Lanze, d. 1999); Sogo-keikezan, hist. Sch. 1718 (engl. 1926); Hakata-kojorô namimakura, bürg. Sch. 1718 (engl. 1926); Sinjû Ten to Amijima, bürg. Sch. 1720 (engl. 1953); Onna koroshi abura no jigoku 1721 (Höllenqual in Öl, d. 1985); Kanhasshû tsunagi-uma, hist. Sch. 1724 (The tethered steed, engl. A. Miyamori 1926). – Ch. zenshû (GW), 1925–28; Ch. sewamono-zenshû (GW), 1943f. – *Übs.*: A. Miyamori, Masterpieces of Ch., Lond. 1926; D. L. Keene, Major Plays of Ch., Berkeley 1961; D. Schauwecker, Ein Doppelliebesselbstmord, 1975; R. Sieffert, Les tragèdies bourgeoises, franz. 1991; A. Gerstle, Five Late Plays, 2001; J. Brandon Kabuki Plays on Stage 1697–1770, Honolulu 2002.
L: D. L. Keene, 1951; L. Brüll (Oriens Extremus 8), 1961; E. May (Poetica 4/4), 1971; T. Kawatake, Ch. M., 1984; D. Schauwecker, Studien zu Ch. M., 1975; M. Schönbein, Die Michiyuki-Passagen in d. Sewa-Jôruri d. Dramatikers Ch. M., 1994.

Child, Lydia Maria, amerik. Schriftstellerin, 11. 2. 1802 Medford/MA – 20. 10. 1880 Wayland/MA. Privatlehrerin, 1828 ∞ D. L. Child, Rechtsanwalt; 1840–43 Hrsg. des ›National Anti-Slavery Standard‹. – Erzählerin nach histor. Stoffen und einflußreiche Propagandistin der Antisklaverei- u. Frauenbewegung.

W: Hobomok, R. 1824; The Rebels, R. 1825; The First Settlers of New England, Abh. 1829; The Condition of Women, Abh. II 1835; Philothea, R. 1836; An Appeal in Favor of that Class of Americans Called Africans, Abh. 1833; Letters from New York, II 1843–45; Progress of Religious Ideas, Schr. II 1855; A Romance of the Republic, R. 1867; An Appeal for the Indians, 1868; Letters, 1883; Hobomok and Other Writings on Indians, 1991.
L: H. G. Baer, 1964; M. Meltzer, 1965; W. S. Osborne, 1979; C. L. Karcher, 1994.

Childra, Jean de → Rachilde, Jean de

Chin-ku ch'i-kuan → Jingu qiguan

Chin P'ing Mei → Jin Ping Mei

Chirbes, Rafael, span. Erzähler, * 27. 6. 1949 Tabernes de Valldigna/Valencia. Stud. Neuere Geschichte Madrid. – Vf. international erfolgr. Romane; einfühlsame Darstellung persönl. Schicksale im Kontext der span. Geschichte seit dem Bürgerkrieg.
W: Mimoun, R. 1988 (d. 1990); En la lucha final, R. 1991; La buena letra, R. 1992 (d. 1999); Los disparos del cazador, R. 1994 (d. 1994); La larga marcha, R. 1996 (d. 1998); La caída de Madrid, R. 2000 (d. 2000).

Chirico, Andrea de → Savinio, Alberto

Chivers, Thomas Holley, amerik. Lyriker, 18. 10. 1809 b. Washington/GA – 18. 12. 1858 Decatur/GA. Kurze Zeit Arzt, bekannt durch s. Freundschaft mit Poe, dessen Biographie er schrieb. S. melod. Lyrik im Stil Poes besticht durch hohe Originalität der Bilder.
W: Conrad und Eudora, G. 1834; Nacoochee, G. 1837; The Lost Pleiad, G. 1845; Eonchs of Ruby, G. 1851; Virginalia, G. 1853 (n. 1942); The Unpublished Plays, hg. C. M. Lombard 1980. – A Selection, hg. E. L. Chase 1929; Life of Poe, hg. R. B. Davis 1952; The Correspondence, 1838–1858, hg. E. L. Chase, L. F. Parks 1957.
L: S. F. Damon, 1930; L. C. Bell, 1931; C. H. Watts, 1956; C. M. Lombard, 1979.

Chlebnikov, Velemir (eig. Viktor Vladimirovič Ch.) russ. Lyriker, 9. 11. 1885 Tundutovo (ehem. Gouv. Astrachan') – 28. 6. 1922 Korostec (ehem. Gouv. Novgorod). Stud. Mathematik Kazan', Biologie, Slawistik Petersburg, mit V. Ivanov und M. Kuzmin bekannt. Erste Gedichte 1908 gedruckt; anfangs unter Einfluß des Symbolismus; begründete mit D. Burljuk und A. Kručenych in Anlehnung an Marinetti den russ. Futurismus. S. auf einer einzigen sprachl. Wurzel aufgebautes Gedicht ›Zakljatie smechom‹ (1910) wurde viel diskutiert. Gab 1912 mit Majakovskij u. a. das Manifest der russ. Futuristen heraus. Lebte in Moskau u. a. Orten in Armut, 1921 mit kommunist. Truppen in Persien. – Betrachtete die ›Übersinnsprache‹ (›zaumnyj jazyk‹, ›transsense language‹) – e. nicht primär auf der Bedeutung gründende Kombination von Lauten und Worten – als das der Dichtung angemessene sprachl. Mittel; viele s. Gedichte, aus diesem Experiment entstanden, sind für die Mehrzahl der Leser unverständlich; die Poesie nähert sich in den Methoden der Wiss.; in s. Erzählungen aber ist die Sprache semantisch klar. E. der originellsten und profiliertesten Figuren der nachsymbolist. Dichtung, bereitete e. neue dichter. Sprache vor, deren Entwicklung vielleicht in der Zukunft liegt. Beeinflußte viele zeitgenöss. russ. Dichter wie Tichonov, Bagrickij, Pasternak.
A: Sobranie proizvedenij (GW), V 1928–33; Tvorenija (GW), 1986; Sobranie sočinenji, VI 2000; Neizdannye proizvedenija, 1940. – Übs.: Werke, II 1972.
L: V. Markov, Berkeley 1962; Natal'ja Percova, Wien 1995; B. Lennkvist, St. Petersburg 1999; V. V. Ivanov, 2000.

Chłędowski, Kazimierz Ritter von, poln. Kulturhistoriker und Schriftsteller, 23. 2. 1843 Lubatówka/Galizien – 26. 3. 1920 Wien. Diente sich in Wien bis zum Minister für Galizien (1899) empor. – Vf. vielfach übersetzter Schriften zur Kulturgesch. Italiens. Die 30 Jahre nach s. Tode freigewordenen Tagebücher sind kulturhist. bedeutsam.
W: Z przeszłości naszej i obcej, G. u. Schr. 1935; Pamiętniki, Tg. II 1951. – Wiederveröffentlicht: Album fotograficzne, Sat. 1951; Rzym, II 1957 (Rom, d. III 1912f.); Ostatni Walezjusze, 1958 (Die letzten Valois, d. 1922); Historie neapolitańskie, 1959 (Neapolitanische Kulturbilder, d. 1918); Rokoko we Włoszech, 1959 (Das Rokoko in Italien, d. [4]1925); Królowa Bona, 1960; Siena, 1960 (d. 1905).

Chmel'nickij, Nikolaj Ivanovič, russ. Dramatiker, 22. 8. 1791 Petersburg – 20. 9. 1845 ebda. Aus Adelsfamilie, Stud. Bergbau, Beamter. – Vf. von Komödien und Vaudevilles, freien Bearbeitungen franz. Vorbilder, bes. erfolgr. zwischen 1810 und 1820 mit s. leichten, des didakt. Elements entbehrenden, auf e. Liebesintrige aufgebauten Komödie aus der großen Welt; schrieb mit A. S. Griboedov und A. A. Šachovskoj die Komödie ›Svoja sem'ja‹. Übs. ›Tartuffe‹ und ›Ecole des femmes‹ von Molière.
W: Govorun, K. 1817; Šalosti vljublennych, K. 1817; Vozdušnye zamki, K. 1818; Babuškiny popugai, K. 1819. – Sočinenija (W), III 1849.
L: C. Baumgarten, München 1998.

Chocano, José Santos, peruan. Dichter, 15. 5. 1875 Lima – 13. 12. 1934 Santiago de Chile. Grundschule im dt. Gymnas.; in Haft wegen Veröffentlichungen revolutionärer Schriften; Reisen u. diplomat. Missionen; unstetes, abenteuerl. Leben; wurde erdolcht. – Besang Lateinamerika, nahm s. Themen aus Motiven u. Sagen über die Anden, die Kondore, Wälder u. Pampas; z.T. Poesie der Wut u. des Hasses; Diatriben u. revolutionäre Hymnen; stilist. modernist. Elemente, metr. Neuerungen, Übernahme der Sprache der Parnassiens; Gipfelpunkt s. Schaffens ›Alma América‹.

W: En la aldea, 1895; Iras santas, 1895; Selva virgen, 1898; La epopeya del Morro, 1899; El canto del siglo, 1901; Los cantos del Pacífico, 1904; Alma América, 1906; Fiat Lux, 1908; Primicias de oro de Indias, 1934; Oro de Indias, Anth. 1940/41; Memorias, 1940. – Obras Completas, hg. L. A. Sánchez 1954.

L: L. Bernisone, 1938; L. A. Sánchez, 1960; M. Aguilar Machado, 1964; P. W. Rodríguez-Peralta, N. Y. 1970; A. Cuadrado Muñiz, 1976.

Chocholoušek, Prokop, tschech. Schriftsteller und Journalist, 18. 2. 1819 Sedlec – 5. 7. 1864 Nadějkov. Stud. in Italien, bereiste den Balkan; 1848 als radikaler Demokrat polit. tätig u. interniert. – Schrieb im Geiste W. Scotts romant.-hist. Erzählungen u. Romane, in denen er die Vergangenheit s. Volkes verherrlichte. Führte als erster südslav. Themen in die tschech. Lit. ein, bes. den Befreiungskampf gegen die Türken.

W: Černohorci, E. 1843; Templáři v Čechách, R. III 1843; Dcera Otakarova, E. 1844; Jiřina, E. 1846; Palcéřík, E. 1847; Křižáci, E. 1849; Jih, En. III 1862/63. – Sebrané spisy (GW), VIII 1866–68; XV 1900/01; Humoresky a satiry, Ausw. 1920.

L: K. Dobeš, 1949.

Chodasevič, Vladislav Felicianovič, russ. Lyriker, 28. 5. 1886 Moskau – 14. 6. 1939 Billancourt b. Paris. Poln. Vater, jüd. Mutter; Stud. Moskau, emigrierte 1922 über Berlin nach Paris; in der SU erst 1986 anerkannt. – S. Dichtung steht ihrem Geist nach der russ. Symbolismus der ›jüngeren Generation‹ nahe, gemahnt im Stil an die Lyrik der Zeit Puškins; Thematik gründet auf dem Gegensatz zwischen Freiheit der Seele und Notwendigkeit; in den späteren Bänden, bes. in ›Evropejskaja noč'‹ macht sich, freilich nicht unmittelbar ausgesprochen, die bestürzende Wirkung zeitgenöss. Geschehens geltend; s. 5 schmalen Gedichtbände machen ihn zu e. der bedeutendsten Dichter der russ. Emigration; namhafter Lit.kritiker.

W: Molodost', G. 1908; Ščastlivyj domik, G. 1914; Putěm zerna, G. 1920; Tjažělaja lira, G. 1923; Evropejskaja noč', G. 1927; Sobranie stichov, G. 1927; Deržavin, B. 1931; Nekropol', Mem. 1939. – Sobranie sočinenij, IV 1996f.

L: D. M. Bethea, Princet. 1983; I. Zacharovna Surat, 1994.

Choderlos de Laclos, Pierre Ambroise François, franz. Schriftsteller, 18. 10. 1741 Amiens – 5. 9. 1803 Tarent. ∞ 1786 Marie Du Perré. Verlor 1786 s. Offizierspatent wegen Kritik an Vaubans Befestigungsanlagen, war einige Jahre Sekretär des Duc d'Orleans. In der Revolution Jakobiner, arbeitete Robespierres Reden aus. Unter Napoleon Artillerieoffizier, schließl. General der franz. Südarmee. – Vf. von Gedichten, strateg. Werken, e. Buches über die weibl. Erziehung. Berühmt durch s. frivolen Briefroman ›Les liaisons dangereuses‹, mit dem er rückhaltlos die Verderbtheit der Gesellschaft des Ancien Régime kurz vor Ausbruch der Revolution darstellte und große Empörung auslöste. Zeigt zyn. Personen, die das Böse, erot. Verführung, mit kalt berechnender Systematik ausführen. Gibt kühle psycholog. Analysen und paßt mit raffinierter Geschmeidigkeit den Stil dem Charakter der verschiedenen Personen an. Die moral. Absicht des Werkes ist gegen Rousseaus Bejahung der natürl. Leidenschaft gerichtet; will die Gefährlichkeit der These Rousseaus bei ihrer Wirkung auf moral. indifferente oder amoral. Menschen zeigen.

W: Les liaisons dangereuses, R. 1782 (n. A. van Bever 1908, R. Abirached 1976; d. H. Mann 1905, n. 1958); Lettre à Messieurs de l'Académie Française sur l'Eloge de M. le Maréchal de Vauban, 1786; De l'éducation des femmes, 1903; Poésies, hg. A. Symon u. L. Thomas 1909. – Œuvres complètes, hg. M. Allen 1943, hg. L. Versini 1979; Lettres inédites, 1904.

L: A. Augustin-Thierry, Les liaisons dangereuses, 1930; E. Dard, ³1936; H. Friedrich, Immoralismus und Tugendideal in den Liaisons dangereuses (Roman. Forschg. 49), 1935; J. Faurie, Essai sur la séduction, 1948; E. Koppen, L.' ›Liaisons‹ i. d. Kritik, 1961; D. R. Thelander, 1963; H. Knufmann, Das Böse i. d. Liaisons dangereuses, 1965; R. Vailland, 1965; L. Versini, 1968; D. Leger, 1970; Ph. Tody, 1970; Y. Belaval, 1972; M. Therrien, 1973; G. Kenwright, 1982; G. Poisson, Ch. de L., ou l'obstination, 1986; E. Lièvre, 1998.

Choirilos aus Athen, altgriech. Tragiker, 6. Jh. v. Chr. Nahm 523/20 erstmals am trag. Agon teil, war 499/496 Konkurrent des Aischylos. Soll mit s. angebl. 160 Dramen 13 Siege errungen sowie Neuerungen bei Masken und Kostümen eingeführt haben. Erhalten sind nur 3 Fragmente sowie 1 Titel (›Alope‹: eleusin. Lokalmythos). Ob e. Musterers für das Metrum ›Choirileum‹ auf ihn zu beziehen ist, ist unsicher.

A: TrGF 2.

L: P. Gauly, 1991.

Choirilos von Samos, altgriech. Dichter, 5. Jh. v. Chr. Nur unsichere biograph. Nachrichten, angebl. 404 Teilnahme an Agon zu Ehren des Lysander auf Samos, gestorben am Hof des Makedonenkönigs Archelaos. – Ältester uns bekannter

Autor von hist. Epen mit zeitgenöss. Thematik, so z.B. über Kämpfe der Athener gegen Xerxes. Ch.' Hauptwerk ›Persika‹ (oder ›Perseis‹?) ähnelte inhaltl. wohl Herodot, gestaltet den hist. Stoff aber mit den Mitteln des homer. Epos. Ch. scheint in keinen der Dichterkanones Aufnahme gefunden zu haben, keiner s. Texte ist nach dem Ende der Kaiserzeit nachweisbar, so daß es nicht verwundert, daß von s. wohl umfangreichen Werken nur wenige Fragmente erhalten sind.

A: P. Radici Colace 1979 (m. Komm.); Suppl. Hellenisticum 1983, PEG I 1987.

L: G. Huxley, GRBS 10, 1969, 12–29; R. Häussler, Hist. Epos I, 1976, 12–29; A. S. Hollis, ZPE 130, 2000, 13–15.

Cholodenko, Marc, franz. Schriftsteller, * 11. 2. 1950 Paris. Widmete sich nach abgebrochener Ausbildung ganz seiner schriftsteller. Laufbahn. – Schuf als Roman- und Drehbuchautor (Zusammenarbeit mit Philippe Garel), Lyriker und Übersetzer amerik. Lit. bereits ein umfangreiches Œuvre. Sein Romanheld Mordechai Schamz erforscht sich selbst und verliert sich mit seinen Fehlern und Schwächen in dem von den absurden Klischees der Gesellschaft aufgebauten Labyrinth. Inhaltlich verwandt mit Flauberts ›Bouvard et Pécuchet‹.

W: Parcs, G. 1972; Le prince, G. 1973; Les Etats du désert, R. 1976; Odes, 1981; Mordechai Schamz, 1982; La tentation du trajet Rimbaud, G. 1984; Bela Jai, 1989; Quelques petits portraits de ce monde, R. 1997; Le roi des fées, 1997; Un rêve ou un rêve, R. 1999; Mon héros, R. 2000.

Chômei → Kamo

Chomjakov, Aleksej Stepanovič, russ. Publizist, 13. 5. 1804 Moskau – 5. 10. 1860 Ternovskoe (ehem. Gouv. Kazan'). Vater Gutsbesitzer, Stud. Mathematik und Lit. Moskau, befreundet mit D. V. Venevitinov, 1822–25 Militärdienst, 1825–27 in Westeuropa, 1828 als Offizier im Krieg mit der Türkei, lebte dann auf s. Gütern, im Winter in Moskau; 1836 ∞ Schwester des Dichters Jazykov; bekannt mit Karamzin, Vl. Odoevskij, befreundet mit I. V. Kireevskij. Tod durch Cholera. – Dichter (Dramatiker) und Kulturphilosoph; führender Ideologe der russ. Slawophilen, v.a. in theolog. Fragen; vielseitig gebildet, e. wichtige Figur in den Moskauer philos. Salons der 1830er und 1840er Jahre; Anhänger Schellings, Bewunderer Hegels; legte in vielen Abhandlungen s. Auffassung von der östl. Orthodoxie dar, zeigt sich darin als namhafter Stilist; schrieb relig. und polit. Gedichte. E. Beispiel für ihr hohes Niveau ist ›Rossija‹, verfaßt 1854, seinerzeit weit verbreitet, e. Klage in beredten Worten darüber, daß Rußland s. hohen Sendung unwürdig sei.

A: Polnoe sobranie sočinenij (GW), VIII 1900–07; Sočinenija (W), II 1994; Izbrannye sočinenija (AW), N. Y. 1955; Stichotvorenija i dramy, G. u. Drn. 1969; Stichotvorenija, G. 1934. – *Übs.:* Einige Worte e. orthodoxen Christen über die abendländ. Glaubenserkenntnisse, 1856–59; Ausgew. hist. Schriften (in: Russ. Fragmente 2), hg. F. Bodenstedt 1862.

L: N. Berdjaev, 1912; X. A. Gratieux, II 1939; P. K. Christoff, The Hague, 1961; A. Bezwiński, Wrocław 1976.

Chŏng Ch'ŏl (Ps. Songgang), korean. Dichter, 17. (o. 27.) 1. 1537 Sŏul – 7. 2. 1594 Kanghwado. Entstammte lit. gebildeter Beamtenschicht (Yangban), 1562 höchste Stufe der Beamtenprüfung, hohe Posten im Staatsdienst, mehrmals verbannt durch Verwicklungen in Partenkämpfe. – Gedichte in Chines. und Korean., gilt als e. der korean. Meister der ›kasa‹, strophenloser beschreibender und didakt. Gedichte.

W: Sŏngsan pyŏlgok; Kwandong pyŏlgok; Sami in'gok; Songmi in'gok u.a., ges. in: Songgang chŏnjip, 1964.

L u. Übs.: P. H. Lee, Anthology of Korean Poetry, 1964; ders., Pine River and Lone Park, Anth. 1991.

Chopin, Kate, amerik. Erzählerin, 8. 2. 1850 St. Louis/MO. – 22. 8. 1904 ebda.. Wächst in irischkreol. Elternhaus auf, heiratet 1870 nach New Orleans, managt nach Tod des Mannes Laden u. Plantage, zahlt Schulden ab u. verkauft Besitz, zieht nach St. Louis u. beginnt zu schreiben; Mutter von 6 Kindern. – C. schrieb neben Gedichten, Ess. e. Theaterstück vor allem etwa 100 Kurzgeschichten u. 2 Romane. Sie wurde durch das intensive Lokalkolorit ihrer Kurzgeschichten-Bände ›Bayou Folk‹ 1894 u. ›A Night in Acadie‹ 1897 berühmt, verspielte aber mit ihrem als skandalös beurteilten Hauptwerk, dem Roman ›The Awakening‹ von 1899, allen Kredit u. verstummte daraufhin. – Neben kühnen Momentaufnahmen weibl. Erfahrung in den Kurzgeschichten (etwa ›The Story of an Hour‹ u. ›A Pair of Silk Stockings‹) begründet die revolutionäre Kompromißlosigkeit von Edna Pontellier in ›The Awakening‹ – einer Ehefrau, die aus konventioneller Passivität zu sinnl. Eigenleben u. e. selbstverantworteten Künstlertätigkeit ausbricht, nach der Zurückweisung durch e. Geliebten aber radikal den Freitod durch Ertrinken wählt – C.s hohen Rang in e. frauenzentrierten Schreibtradition zu Beginn des 20. Jh.

W: The Complete Works of K. C., hg. P. Seyersted II 1969.

L: P. Seyersted, K. C.: A Critical Biography, 1969; B. C. Ewell, 1986; New Essays on The Awakening, hg. W. Martin 1988; E. Toth, 1990.

Chopinel, Jean → Roman de la Rose, Rosenroman

Chorell, Walentin, finnl.-schwed. Dramatiker u. Erzähler, 8. 4. 1912 Åbo/Turku – 18. 11. 1983 Helsingfors. Kellnersohn, cand.phil. 1934. Beamter, dann freier Schriftsteller. – Schildert mit illusionslosem Pessimismus oft Menschen in tiefer Bedrängnis oder Erniedrigung im Konflikt mit der Wirklichkeit. Später Streben nach Lebensbejahung u. Menschentypen, die die Schwierigkeiten des Lebens zu meistern versuchen. Der Gegensatz zwischen ›normalen‹ u. sozial außenstehenden Menschen taucht jedoch immer wieder auf. Dramat. Dialog in Prosa u. ähnl. gelagerte Konflikte in den zahlr. Dramen, Fernseh- u. Hörspielen.

W: Vinet och lägeln, G. 1941; Spegling, G. 1943; Lektion för döden, Dicht. 1947; Jörgen Hemmelinks stora augusti, R. 1947; Calibans dag, R. 1948; Ensam sökan, R. 1948; Fabian öppnar portarna, Sch. 1949; Blindtrappan, R. 1949; Intim journal, R. 1951; Sträv gryning, R. 1952; Tril.: Miriam, R. 1954, Främlingen, R. 1956, Kvinnan, R. 1958 (Das Mädchen Mirjam, d. 1963); Madame, Sch. 1951; Vandringsman, Sch. 1954; Systrarna, Sch. 1955; Guldkust, Sch. 1957; Gräset, Sch. 1958; Stölden, R. 1960; Kattorna, Sch. 1961; Dialog vid ett fönster, H. 1961; De barmhärtiga, H. 1963; Saltkaret, E. 1963; Grodan, E. 1966; Agneta och lumpsamlaren, E. 1968; Åtta radiopjäser-Haman, H. 1952; Fem spel, H. 1967; Sista leken, R. 1970; Lavendel, R. 1972; Äggskalet, R. 1973; Knoppen, R. 1974; Livstycket, R. 1976; Rävsaxen, R. 1980; Lekhagen, R. 1981; Kvarteret Barmhärtigheten, R. 1982.

L: L. Hamberg, 1963; J. Salminen, 1963, 1968.

Chorenazi → Movsês Xorenac‛i

Chorier, Nicolas, franz. Schriftsteller, 1. 9. 1612 Vienne/Isère – 1692 Grenoble. Rechtsanwalt. Lokalhistoriker. – Lit. bekannt als der wahrscheinl. Vf. der erot. Dialoge ›Aloysiae Sygeae Toletanae satira sotadica de arcanis Amoris et Veneris‹, die er als Übs. des von Aloisia Sigea in Toledo geschriebenen Originals durch Johannes Meursius ausgab.

W: De arcanis Amoris et Veneris, Dial. um 1659 (n. Catania 1935; d. 1971); Recherches sur les antiquitez de Vienne, Abh. 1659; Histoire générale du Dauphiné, III 1661–72; Carmina, G. 1680; Nobiliaire du Dauphiné, 1697.

Choromański, Michał, poln. Schriftsteller, 22. 6. 1904 Elisavetgrad/Ukraine – 24. 5. 1972 Warschau. Verbrachte fast s. ganze Jugend in Rußland, lebte 1943–57 in Kanada. – Vf. realist. Novellen u. Romane von neuartiger, überschattender Struktur; s. Hauptwerk ›Zazdrość i medycyna‹ beginnt mit dem Ende u. rollt die Handlung rückblendend auf. In diesem Werk neigt Ch. zum Psychologismus u. zur Groteske. Auch Dramatiker und anfangs Übs. ins Russ.

W: Biali bracia, R. 1931 (Die weißen Brüder, d. 1935); Zazdrość i medycyna, R. 1933 (Eifersucht und Medizin, d. 1934, u.d.T. Die Eifersüchtigen, 1964), Opowiadania dwuznaczne, En. 1934 (Eine verrückte Geschichte, d. 1935); Człowiek czynu, Dr. 1935; Quand le marbre s'anime, Dr. 1946 (Szkoła marmuru poln. 1959); Prolegomena do wszelkich nauk hermetycznych, R. 1958; Szpital Czerwonego Krzyża, R. 1959; Cztery sztuki bez znaczenia, Drn. 1959; Kobieta i mężczyzna, En. 1959; Largactil, Dr. 1961; Warianty, En. 1964; Dygresje na temat kaloszy, R. 1966 (Die Affären des Leutnants Z., d. 1979); Schodami w górę, schodami w dół, R. 1967; Makumba czyli Drzewo gadające, R. 1968; W rzecz wstąpić, R. 1968; Różowe krowy i szare scandalie, R. 1970 (Rosa Kühe u. graue Skandale, d. 1976); Głownictwo, moglitwa i praktyporke, II R. 1971 (Die blaßgrüne Loge, d. 1975); Miłosny atlas anatomiczny, R. 1974; Polowanie na Freuda, En. 1976 (Es oder der Einstieg, d. 1986); Memuary, 1976.

L: S. Wysłouch, 1977; A. Konkowski, 1980.

Chortatzis, Georgis, griech. Dramatiker, Ende 16. Jh. – Anfang 17. Jh. Rethymnon/Kreta. – Gilt als Vf. des Anfang des 17. Jh. entstandenen kret. Liebesdramas ›Erōphilē‹, das, wie ›Erōtokritos‹ von V. Kornaros u.a. Dichtungen u. Dramen des 17. Jh. zu den Werken gehört, die den Ruf der kret. Roman- u. Theaterlit. des 17. Jh. begründeten. Das ›Kret. Theater‹ des 17. Jh. war zwar von ital. u. franz. Vorbildern beeinflußt, doch gab ihm das Vorherrschen der lyr. Passagen e. neues Gesicht. Es war lange Zeit fast die einzige Lit. des unter türk. Herrschaft lebenden griech. Volkes. Nach neuer Forschung ist C. auch Vf. der Komödie ›Katsurbos‹.

A: Erōphilē, Dr., hg. M. Cigala 1637, hg. K. N. Sathas (Krētikon Theatron 1879, ²1963), hg. S. Xantudides 1928; hg. A. Solomos 1966; Katsurbos, hg. L. Politis 1964.

L: J. M. Manussakas, Kritikē bibliographia tu krētiku theatru, ²1964.

Chotkevyč, Hnat, ukrain. Musik- und Theaterwissenschaftler, Prosaist, 31. 12. 1877 Charkiv – 8. 10. 1938 liquidiert im Straflager. Stud. Techn. Institut Charkov. Emigrierte nach 1905/06 in den öster.-ungar. Galizien, wo er sich zeitweise in den Karpaten aufhielt. Lit. und Theatertätigkeit seit 1897. – Schrieb hist. Erzählungen und Dramen mit symbolistischem Einschlag. Bedeutung erlangten seine neuromantische Prosa und die Dramen aus dem Leben des ukrain. Bergstammes der Huzulen. Übs. dt., engl., franz. dramat. Dichtung ins Ukrain.

W: Dovbuš, Dr. 1909; Hucul's'kyj rik, Dr. 1910; Kaminna duša, R. 1911 (dt. Räubersommer 1969); Hucul's'ki obrazky, En. 1913; Hirs'ki akvareli, En. 1914. – Tvory (GW), VIII 1928–32; II 1966.

Choukri, Mohamed, marokkan. Schriftsteller, 1935 Cheikr/Rifgebirge – 15. 11. 2003 Rabat. Aus bäuerl. Familie, zieht nach Tanger, wird Kleinkrimineller. Mit zwanzig alphabetisiert, Ausbildung zum Arab.-Lehrer, schreibt Lit.kritik für Presse und Rundfunk. Freundschaft mit in Marokko ansässigem Literatenzirkel um Paul Bowles, dem er s. pikareske Autobiographie ›al-Hubz al-ḥāfī‹ (Das nackte Brot) diktiert; sie erscheint zunächst auf Engl., erst später auf Arab.; Forts. in ›al-Šuttār‹.

W: al-Hubz al-ḥāfī (Das nackte Brot, d. 1986); al-Šuttār, 1992 (Zeit der Fehler, d. 1994).

L: B. Sigge, 1997.

Chraïbi, Driss, frankophoner marokkan. Romancier, * 1926 al-Jadida. Vater Teehändler. Umzug nach Casablanca, Besuch des franz. Lyceé, 1945 nach Frankreich, ab 1952 Tätigkeit als Journalist und Autor. Gilt als der Begr. des mod. marokkan. Romans. – C.s Stil reicht vom ep. bis zum komödienhaften, die frühen Texte tragen stark autobiograph. Züge. Themen sind der Zusammenprall zwischen Orient und Okzident, Arabern und Franzosen, Erforschung und Kritik patriarchaler Machtausübung. Erstlingsroman ›Le Passé simple‹ (1954) über das Straßenleben des durch Familie und Tradition unterdrückten Helden. ›Le Boucs‹ (1955) thematisiert die Situation arab. Migranten in Frankreich. Mit ›Une enquête au pays‹ (1981) beginnt eine Trilogie über die Berber. C. nutzt zunehmend das Genre des Kriminalromans zur gesellschaftl. Introspektion.

W: Le Passé simple, 1954; Les Boucs, 1955 (Sündenböcke, d. 1994); L'âne, 1956; De tous les Horizons, 1958; La foule, 1961; Succession ouverte, 1962; Un ami viendra vous voir, 1966; La civilisation, ma mère 324, 1972 (Die Zivilisation, Mutter 324, d. 1982); Mort au Canada, 1974; Une enquête au pays, 1981 (Ermittlungen im Landesinnern, d. 1992); La Mère du Printemps, 1982; Naissance à l'aube, 1986; D'autres voix, 1986; L'inspecteur Ali, 1991; Les aventures de l'âne Khal, 1992; L'homme du livre, 1992; Une place au soleil, 1993; L'inspecteur Ali à Trinity College, 1996; L'inspecteur Ali et la C. I. A., 1998; Le monde à côté, 2001.

L: E. Seidenfaden, 1991; L. Benchama, 1994.

Chrestien de Troyes, altfranz. Epiker, vor 1150 – vor 1190. Vermutl. aus Troyes; Ausbildung e. Gelehrten, Dichter an Höfen, wahrscheinl. bei Gräfin Marie von Champagne u. Graf Philipp von Flandern. – Vf. der bedeutendsten höf. Versepen, die durch ihn die charakterist. franz. Dichtungsgattung des MA wurden. Verbindet den provenzal. Frauendienst, das Rittertum u. abenteuerl. phantast. Elemente mit Stoffen aus dem breton. Sagenkreis, erfolgreichster Bearbeiter des breton. Sagengutes. Die Ritter in den überlieferten 5 großen Romanen ›Erec et Enide‹, ›Cligès‹, ›Lancelot‹, ›Yvain‹, ›Perceval‹ gehören alle zur Tafelrunde des Königs Artus. Den Kern der Handlung bilden in der höf. Umwelt sich ergebende sittl. oder psycholog. Konflikte. C. gibt durchdachte u. dichter. wirkungsvolle Analysen der seel. Vorgänge. Kunstvoll ist s. Dialogführung, der Aufbau straff, die Erzählweise spannend u. unterhaltend. Stil, Vers u. Reim besitzen bei ihm e. zuvor in franz. Sprache noch nicht gekannte Geschmeidigkeit. ›Erec et Enide‹ knüpft an e. breton. conte d'aventure an, behandelt das ›sich Verliegen‹ des Ritters, s. Vernachlässigung des Ritterdienstes der Minne wegen. In ›Cligès‹ verbindet C. e. oriental.-byzantin. Stoff mit der Artussage, gestaltet e. Gegentristan durch das Motiv der uneingeschränkten ehel. Treue der Frau. Die Anregung zu ›Lancelot‹ erhielt er durch Marie de Champagne. Stoff und Idee übersteigern das höf. Ideal des Frauendienstes. Der Held vollbringt s. Dame zuliebe die größten Heldentaten, opfert ihr aber auch s. Ehre. ›Yvain‹, der Löwenritter, ist das Gegenstück zu ›Erec‹. Der Held vergißt über dem Ritterdienst die Minnepflicht u. muß dies bis zum Wahnsinn büßen. Der Einleitung liegt e. kelt. Märchen zugrunde. Es spielt das Motiv der leicht getrösteten Witwe von Ephesus mit hinein, ebenfalls das antike Androclusmotiv in ma. Gestalt. ›Iwein‹ ragt unter den anderen Romanen C.s durch die psycholog. verfeinerte Gestaltung der Handlung u. der Charaktere hervor. ›Perceval‹, C.s letztes großes Werk, ist unvollendet, doch in sich geschlossen. Hiermit geht C. über das überkommene ritterl. Tugendsystem hinaus. Der Gral als christl. Symbol e. Ideals jenseits des höf. u. weltl. Lebens, ist Ziel des irrenden u. sich läuternden Ritters Perceval, e. Figur aus dem kelt.-ir. Sagenkreis. Die Verbindung dieser Gestalt mit der Gralslegende ist die dichter. Leistung C.s. Fortsetzer, darunter Wauchier de Denain, Manecier u. Gerbert de Montreuil, erhöhten den Umfang des ›Perceval‹ von etwa 9000 Versen bei C. auf rund 60 000. C.s Werke wurden Vorbild für franz. u. ausländ. Bearbeitungen: Auf den ›Erec‹ C.s gehen das gleichnamige Epos Hartmanns von Aue u. die altnord. Erexsaga (Ende 13. Jh.) zurück, auf C.s ›Yvain‹ Hartmann v. Aues ›Iwain‹, außerdem Übs. ins Altnord. (um 1300), ins Mittelengl. u. Kymr. Von ›Cligès‹ gibt es e. franz. Prosafassung aus dem 15., von ›Lancelot‹ aus dem 13. Jh. Aus ›Perceval‹ schöpfen e. franz. Prosaroman, kymr., mittelengl., altnord. Bearbeitungen. Die bedeutendste spätere Bearbeitung ist Wolframs von Eschenbach ›Parzival‹. Im Schatten der großen Epen C.s steht ›Guillaume d'Angleterre‹, e. Abenteuerroman nach dem Vorbild des ›Apollonios von Tyros‹. Wie einige erhaltene Lieder zeigen, bahnte C. die Nachahmung der provenzal. Minnelyrik an. Ebenso wie Anfangswerke, Übs. u. Bearbeitungen lat. Stoffe (Ovid), ist e. Dichtung über Marc u. Isolde, vermutlich e. Tristandichtung, verlorengegangen.

W: Philomela, Ovidbearb. (hg. Ch. de Boer 1909); Erec et Enide, R. 1165? (hg. J. Fourquet 1944; d. S. O. Fistes ²1854); Cligès, R. um 1164/70 (hg. H. Breuer 1934, A. Micha 1958); Lancelot oder La Charrette, R. um 1170 (hg. M. Roques 1958); Yvain, R. 1175? (hg. T. B. W. Reid ⁴1961; d. I. Nolting-Hauff 1962); Guillaume d'Angleterre, R. (hg. M. Wilmotte 1927); Contes de Graal oder Perceval li Galois, R. vor 1191 (hg. A. Hilka 1932, kl. Ausg. 1935; d. K. Sandkühler 1929). – Sämtl. erh. Werke, hg. W. Foerster V 1884–1932 (Roman. Bibliothek).

L: W. Foerster, Wörterbuch zu K. v. T.s sämtl. W., 1914 (n. H. Breuer, ⁵1973); W. Kellermann, Aufbaustil u. Weltbild C. v. T., 1936; R. R. Bezzola, Le Sens de l'aventure et de l'amour, 1947; G. Cohen, ²1948; R. S. Loomis, Arthurian tradition and C., 1949; W. A. Nitze, Perceval and the Holy Grail, Berkeley 1949; S. Hofer, 1954; F. E. Guyer, N. Y. 1957; B. Brunner, 1962; L. Pollmann, 1965; A. Micha, La tradition manuscrite, ²1966; L. Maranini, 1966; B. J. Stone, 1966; C. Weisbuch, 1966; W. Kellermann, ²1967; J. Frappier, ²1968; P. Haidu, Aesthetic distance, 1968; W. Brand, 1972; Z. P. Zaddy, Glasgow 1973; A. Fontaine-Lauve, 1974; S. Gallien, 1975; B. Woledge, 1979; L. T. Topsfield, 1981; A. Klenke, 1981; G. Chandis, 1982; A. M. Freemann, 1982; N. C. Zah, 1983. – *Bibl.:* J. R. Reinhard, 1932; D. Kelly, 1977; F. Pomel, 1996; Ph. Walter, 1997; Y. Cazal, 1997. – *Bibl.:* D. Kelly, 1976.

Christensen, Inger, dän. Lyrikerin, * 16. 1. 1935 Vejle. Abitur 1954, Lehrerausbildung, ∞ 1959–76 mit dem Schriftsteller Poul Borum. – Ihre Gedichte u. prosalyr. Arbeiten in äußerst konzentrierter, symbolhaltiger Sprache handeln von den Urerfahrungen menschl. Existenz; eine der bedeutendsten mod. dän. Lyrikerinnen. Auch Hörspiele, Dramen und Erzählungen.

W: Azorno, R. 1967 (n. 1991; d. 1972); Det, G. 1969; Masser af sne til de trængende får, H. 1971 (Massenhaft Schnee für die darbenden Schafe); Det malede værelse: en fortælling fra Mantua, E. 1976 (Das gemalte Zimmer, d. 1990); Brev i april, G. 1979 (n. 1993; d. 1990); Alfabet, G. 1981 (d. 2001); Sommerfugledalen. Et requiem, G. 1991 (Das Schmetterlingstal, d. 1995); Hemmelighedstilstanden, Ess. 2000 (Der Geheimniszustand, d. 1999). – Samlede digte, 1998. – *Übs.:* Gedicht vom Tod, Es. 1991.

L: I. Holk, 1983; Sprogskygger, hg. L. W. Pape 1995.

Christensen, Lars Saabye, norweg. Schriftsteller, * 21. 9. 1953 Oslo. Stud. Lit.wiss. u. Kunstgesch. Oslo, Redaktionsmitglied der lit. Zs. ›Dikt & Datt‹. – E. der vielseitigsten u. populärsten Schriftsteller des Landes. Großen Erfolg hatte er mit dem iron. Generationenroman ›Beatles‹. Betätigt sich auch als Rezitator in der Sparte Jazz & Poetry.

W: Amatøren, R. 1977; Billettene, R. 1980; Beatles, R. 1984 (Yesterday, d. 1989); Dikt i utvalg, G. 1991; Jubel, R. 1995 (Der Alleinunterhalter, d. 1997); Den misunnelige frisøren, Nn. 1997 (Der eifersüchtige Friseur u. andere Helden, d. 1998); Noen som elsket hverandre, Nn. 1999; Halvbroren, R. 2001 (Der Halbbruder, d. 2003).

L: K. Kverndokken, 2001.

Christie, Agatha (Ps. Mary Westmacott, geb. A. Mary Clarissa Miller), engl. Kriminalschriftstellerin, 15. 9. 1890 Torquay – 12. 1. 1976 Wullingford. Erziehung durch die Mutter; sollte Sängerin werden. ∞ 1914 Archibald Christie, o|o 1928, ∞ 1930 den Archäologen M. E. L. Mallowan. Stud. Musik Paris, war während des 1. Weltkriegs beim Roten Kreuz; gemeinsam mit ihrem Mann zahlr. Orientreisen. – Vf. von rd. 70 sehr beliebten Detektivromanen, die spannend geschrieben u. psycholog. verschlüsselt sind. Schuf die Detektivgestalten Hercule Poirot und Miss Marple. Die Gesamtauflage ihrer Werke beläuft sich auf über 200 Millionen, das ununterbrochen seit 1952 in London tägl. aufgeführte Stück ›The Mousetrap‹ hält mit weitem Abstand den Rekord der längsten Spielsaison.

W: The Mysterious Affair at Styles, R. 1920 (Das geheimnisvolle Verbrechen in Styles, d. 1929, u. d. T. Das fehlende Glied in der Kette, 1959); The Secret Adversary, R. 1922 (Ein gefährlicher Gegner, d. 1959); The Murder on the Links, R. 1923 (Der Mord auf dem Golfplatz, d. 1927); The Murder of Roger Ackroyd, R. 1926 (d. 1928); The Big Four, R. 1927 (d. 1963); The Murder at the Vicarage, R. 1930 (Mord im Pfarrhaus, d. 1952); Lord Edgware Dies, R. 1933 (Dreizehn bei Tisch, d. 1934); The ABC Murders, R. 1936 (Der ABC-Fahrplan, d. 1937); Death on the Nile, R. 1937 (d. 1959); Ten Little Niggers, R. 1939 (Letztes Weekend, d. 1944, u. d. T. Zehn kleine Negerlein 1951); The Sad Cypress, R. 1940 (Morphium, d. 1943); The Body in the Library, R. 1942 (d. 1943); Death Comes as the End, R. 1944 (Rächende Geister, d. 1947); Come Tell Me How You Live, Aut. 1946 (Erinnerung an glückliche Tage, d. 1980); A Murder is Announced, R. 1950 (d. 1977); Murder with Mirrors, R. 1952 (d. 1983); The Mousetrap, Dr. 1952 (Fuchsjagd, d. 1953); Witness for the Prosecution, Dr. 1954 (d. 1959); The Spider's Web, Dr. 1957 (d. 1965); 4⁵⁰ from Paddington, R. 1957 (d. 1960); The Unexpected Guest, Dr. 1958 (d. 1985); The Pale Horse, R. 1961 (d. 1962); At Bertram's Hotel, R. 1965, Dr. 1967 (d. 1967); By the Pricking of My Thumb, R. 1968 (Lauter reizende alte Damen, d. 1970); Nemesis, R. 1971 (Das Schicksal in Person, d. 1972); Elephants Can Remember, R. 1972 (d. 1973); Postern of Fate, R. 1973; An Autobiography, Aut. 1977 (Meine gute alte Zeit, d. 1978). – Miss Marple: the Complete Short Stories, 1985. – *Übs.:* Aller guten Morde sind drei, 1969; Ausgew. Geschichten, 1971; Villa Nachtigall, Kgn. 1974.

L: F. Behre, Stockh. 1967; G. C. Ramsey, 1968; G. Egloff, Detektivroman und engl. Bürgertum, 1974; H. R. F. Keating, hg. 1977; R. Barnard, A Talent to Deceive, 1980; C. Osborne, 1982 and 2001; D. Sanders, L. Lavallo, 1985; J. Morgan, 1985 (d. 1986); A. Hart, 1985 (d. 1991); D. Sova, 1997.

Christine de Pisan, franz. Dichterin, 1364 Venedig – 1431. Tochter des Astrologen Karls V., ab 1368 am franz. Hof, 1379 ∞ Etienne Castel, 1389 Witwe, widmete ihre Werke ihren Gönnern Ludwig von Orléans u. Philipp dem Kühnen von Burgund, sorgte so für ihre Kinder. Ab 1418 im Kloster. – Erste franz. Humanistin, schrieb Balladen und Rondeaux in höf. Stil, sentimentale Verserzählungen, biograph., didakt., moral. und hist. Schriften. In ihren prunkvoll ausgeschmückten Versen Schülerin von E. Deschamps. Starke Anteilnahme an der polit. Zerrissenheit Frankreichs: Im ›Livre de la Paix‹ setzte sie sich für Frieden und Einigkeit ein. 1429 begrüßte sie mit dem Gedicht ›Ditie de Jeanne d'Arc‹ die Jungfrau als Heldin. Bedeutende Biographie über Karl V. In ›Epistre au dieu d'Amours‹ entschlossene Wendung gegen frauenfeindl. Tendenzen. Griff in den Streit um den Rosenroman mit e. ihrer persönlichsten Werke, dem ›Dit de la Rose‹, ein; Verteidigung der Frauenehre gegenüber den Anfeindungen durch Jean de Meung.

W: Epistre au dieu d'Amours, G. 1399; Dit de la Rose, G. 1402; Chemin de long estude, G. 1403; La Pastoure, G. 1403; La vision Christine, Prosa 1405 (hg. M. L. Towner, Washington 1932); Livre de la mutation de la fortune, 1410 (hg. S. Solente II 1959); Livre de la paix, 1413 (n. C. C. Willard, Haag 1958); Ditie de Jeanne d'Arc, G. 1429; Livre des fais et bonnes mœurs du sage roi Charles V, B. (hg. S. Solente II 1936–41). – Œuvres poétiques, hg. M. Roy III 1886–96; Ballades, rondeaux, virelais, hg. K. Varty 1965.
L: E. Nyss, 1914; M.-J. Pinet, 1927; M. Rohrbach, Diss. Münster 1934; J. Moulin, 1962; M. Favier, 1966; S. Solente, 1970; Du Castel, 1972; G. Arnoud, 1982; R. Pernoud, 1982; M. M. Thiollier, 1998.

Christophoros von Mytilene (Mytilenaios), byzantin. Dichter, um 1000–1050. Patrikios, kaiserl. Sekretär u. Oberster Richter, verbrachte die meiste Zeit s. Lebens in Konstantinopel. – Dichtete in jamb. Trimetern u. Hexametern Epigramme u.a. Gedichte profanen Inhalts u. verfaßte e. Kalender in jamb. Distichen auf die Heiligen des ganzen Jahres, e. Synaxar für den Sonntag der Hl. Väter in Versen u.a. Elegante Sprache u. Sicherheit des Ausdrucks sowie zu jener Zeit ungewöhnl. Mut zu e. eigenen Meinung.
A: E. Kurtz 1903; Kalender, II, hg. E. Follieri, Brüssel 1980. – *Übs.*: R. Cantarella, Poeti bizantini, II 1948.
L: T. Xydes, 1964; E. Follieri, Le poesie di C. M. come fonte storica, Belgrad 1964.

Christov, Kiril, bulgar. Dichter, 29. 6. 1875 Stara Zagora – 7. 11. 1944 Sofia. Matrosen-Schule Triest, Abitur in Sofia, Jurastud. Brüssel. Aufenthalte in Neapel, Leipzig. 1901 Gymnas.-Lehrer in Bulgarien, Bibliotheksdirektor. 1906/07 Dienstreisen nach Berlin u. Paris, danach kurze Zeit Prof. in Sofia, dann 15 Jahre in Dtl. (1923–30) u. der Tschechoslowakei (Prag), dort bis 1938 Lektor für bulgar. Lit. – C.s Begegnungen mit dem Westen sind bedeutungsvoll für s. dichter. Entwicklung. S. ersten Gedichtsammlungen machten ihn zu einem der populärsten bulgar. Dichter am Ende des 20. Jh. S. schwungvoll-vitale Gefühlslyrik ist streng individualist. mit eigenartigen impressionist. Elementen, die anfangs mancherorts epikureisch-erot. und wie e. Absage an die traditionellen patriarchalen Werte klingen. Diese Ideologie wird auch in s. Romanen, Dramen und meisterhaften lyr. Balladen ausgedrückt. C.s Werk wird bis heute widerspruchsvoll bewertet. Übs. von Puškin, Lermontov, Rostand u.a.

W: Pesni i vŭzdiški, G. 1896; Trepeti, G. 1896; Večerni senki, G. 1899; Na krŭstoput, G. 1901; Himni na zorata, G. 1911; Na nož, G. 1913; Bojan Magesnikat, Dr. 1914; Ognen pŭt, En. 1917; Tumni zori, R. 1920; Čeda na Balkana, Ep. 1928; Vŭlnolom, G. 1937; Zatrupana Sofia, Mem. 1944.
L: V. Vasilev, 1914; K. Kujumdžiev, 1974.

Chrobák, Dobroslav, slovak. Schriftsteller u. Lit. historiker, 16. 2. 1907 Hybe – 16. 5. 1951 Bratislava. Ingenieur; Direktor des Preßburger Rundfunks. – In stark lyrisierter Prosa behandelt Ch. den Konflikt zwischen Stadt u. Land sowie die Unausgeglichenheit des mod. Menschen u. s. Rebellion gegen die Eintönigkeit des Alltags.
W: Rukovät' dejín slov. literatúry, St. 1932; Kamarát Jašek, En. 1937; Drak sa vracia, Nr. 1943 (Der Drache kehrt wieder, d. 1964); Cesta za umením, Es. 1957. – Dielo (W), II 1956/57; Červený jarok a iné prózy (Ausw.), 1980.
L: J. Bob, Moderný tradicionalista D. Ch., 1964; Poézia Chrobákovej prózy (Slg.), 1977; Biografické štúdie 9, 1980.

Chrysostomos → Iohannes Chrysostomos

Chuang-tzu → Zhuangzi

Chuci (Elegien von Chu), chines. Anthologie, im 2. Jh. n. Chr. zusammengestellt aus lyr. Dichtungen des 3. Jh. v. Chr. bis 1. Jh. n. Chr., sämtl. im ›südl.‹ Stil des alten Königreichs Chu am mittleren Yangtse. Entstehungszeit und Autorschaft vieler Stücke sind strittig. Im Gegensatz zur stroph. Lieddichtung des ›Shijing‹ sind die Ch. längere rhapsod. Dichtungen mit meist zu Distichen zusammengefaßten Versen von 5 oder 6 Worten. Sprachl. schwierig wegen vieler südl. Dialektwörter und Realien. Das die Sammlung eröffnende ›Lisao‹ des Qu Yuan ist typ. für diese Dichtungsart. Früheste chines. Lyrik mit persönl. Aussage, melancholl. Grundhaltung: Ungenügen an der Welt, Verlassenheit. Viele Gesänge sind schamanist. Ursprungs mit Schilderung von Trancezuständen

(Seelenfahrt ins Jenseits) und Einladung an Gottheiten, sich mit dem (männl. oder weibl.) Sänger in Ekstase zu vereinen. Inhaltl. und formal abseits steht das ›Tianwen‹ (Himmelsfragen), Rätselfragen in archaischer Sprache über Mythen und Legenden, vielleicht mit rituellem Hintergrund. Für Religion und Mythologie des alten China sind die Ch. eine wichtige Quelle.

Übs.: A. Waley, The Nine Songs, Lond. 1955 (d. 1957); D. Hawkes, Oxf. 1959 (n. 1985).

L: F. Tökei, Paris 1967.

Ch'ü Yu → Qu You

Ch'ü Yüan → Qu Yuan

Chughtai, Ismat, indische Schriftstellerin, 1915 Badayun – 1991 Mumbay. Setzte gegen ihre Eltern eine höhere Schulbildung durch, Stud. Univ. Aligarh, Lehrerin. – Veröffentlichte ab 1939 Kurzgeschichten und Romane in Urdu, die vor allem das Leben muslim. Mädchen und Frauen der unteren Mittelschicht gestalten; einen Skandal löste die Kurzgeschichte ›Liḥāf‹ (Die Steppdecke) aus, die das Tabu weiblicher Homosexualität anspricht; unter den Romanen ist von besonderer Bedeutung ›Terḥī lakīr‹ (Eine krumme Linie), der den mühsamen Weg einer Frau zu einem emanzipierten Leben schildert.

W: 'Ismat Cuġtāī ke sau afsāne (100 ausgew. En.), 1992; Terḥī lakīr, R. 1944 (The crooked Line, engl. hg. T. Naqvi 1995). – *Übs.:* The Quilt and other stories, 1990; The heart breaks free. Two novellas, 1993; My friend, my enemy. Essays, reminiscences, portraits, hg. T. Naqvi 2001; Lifting the veil. Selected writings of I. C., hg. u. übs. M. Asaduddin 2001.

L: Ismat: Her Life, Her Times, hg. S. P. Kumar 2000.

Ch'un-ch'in → Chunqiu

Chunqiu (Frühling und Herbst), chines. Chronik des 5. Jh. v. Chr., angebl. von Konfuzius selbst verfaßt. E. der 5 kanon. Bücher des Konfuzianismus. Enthält in Form karger annalist. Notizen Ereignisse von 721–481 v. Chr. Galt als staatseth. Handbuch, das polit. Handeln durch entsprechende Wortwahl beurteilte. Im 2. Jh. v. Chr. entstanden die Kommentare ›Guliang zhuan‹ und ›Gong yang zhuan‹, Exegesen in Katechismusform. Der ›Kommentar‹ Zuo zhuan stellte vermutl. e. eigenständiges hist. und erzählendes Werk dar.

Übs.: J. Legge, Lond. 1872; S. Couvreur, Paris ²1951.

L: O. Franke, Studien zur Geschichte des konfuzian. Dogmas, 1920; G. Malmqvist, Studies on the Gongyang and Gunliang commentaries (BMFEA 43 (1971), 47 (1975), 49 (19770)).

Churchill, Caryl, engl. Dramatikerin, * 3. 9. 1938 London. Engl.-Stud. Oxford. – Erfolgreichste brit. Dramatikerin des 20. Jh. Ch.s Dramen verbinden Feminismus und Sozialismus und entlarven v.a. ›gender‹-Stereotype als soziokulturelle, hist. gewachsene Konstrukte. ›Top Girls‹ lotet die Schwierigkeiten weibl. Emanzipationsbestrebungen aus und kritisiert (wie ›Serious Money‹) den menschenverachtenden Kapitalismus der Thatcher-Ära, dem auch Karrierefrauen erliegen. Spätere, z.T. surreale Stücke prangern die eth.-moral. Haltlosigkeit des Menschen in der postmod. Gesellschaft an. Ch.s Stücke involvieren durch offene Enden und Experimente mit der Raum- und Zeitstruktur den Zuschauer in die Suche nach Lösungen. Typ. für die Dialogführung ist das Übereinandersprechen mehrerer Figuren.

W: Owners, Dr. 1973 (d. 1973); Traps, Dr. 1978; Vinegar Tom, Dr. 1978; Cloud Nine, Dr. 1979 (d. Der siebte Himmel); Top Girls, Dr. 1982 (d. 1983); Fen (d. 1983), Dr. 1983 (d. 1983); Softcops, Dr. 1984; Objections to Sex and Violence, Dr. 1985; A Mouthful of Birds, Dr. 1986 (d. ›Io!‹, 1987); Serious Money, Dr. 1987 (d. 1987); Ice Cream, Dr. 1989 (d. 1989); Mad Forest, Dr. 1990; Loves of the Great Poisoners, Dr. 1993; The Skriker, Dr. 1994; Blue Heart, Dr. 1997; Hotel, Dr. 1997; This is a Chair, Dr. 1999; Far Away, Dr. 2000 (d. In weiter Ferne); A Number, Dr. 2002 (Die Kopien oder Eine Anzahl, d. ca 2002).

L: Ph. R. Randall, hg. 1988; A. H. Kritzer, 1991; K.-H. Stoll, Postmoderner Feminismus, 1995; A. Bartels, 1996; Sh. Rabillard, hg. 1998; E. Aston, ²2001.

Churchill, Charles, engl. Geistlicher und satir. Dichter, Febr. 1731 Westminster – 4. 11. 1764 Boulogne. Stud. Cambridge, brach das Stud. ab, als er 1748 heiratete. Wurde Geistlicher. – Satiriker der Dryden-Pope-Schule. S. scharfe Schauspielsatire ›Rosciad‹ machte ihn berühmt und gefürchtet. Ferner Satiren auf Lord Bute, Dr. Johnson, Hogarth; letzterer rächte sich durch e. bissige Karikatur. Befreundet mit J. Wilkes.

W: Rosciad, Sat. 1761; Apology, Sat. 1761; Ghosts, Sat. (auf Johnson) 1762; Prophecy in Famine, Sat. (auf Lord Bute) 1763; Epistle to Hogarth, Sat. 1763; The Duellist, Sat. 1764. – Collected Poems, hg. W. Tooke III 1804; Poems, hg. J. Laver ²1970; Poetical Works, hg. D. Grant II 1956; The Correspondence of John Wilkes and Ch. Ch., hg. J. Wilkes 1954.

L: F. Putschi, 1909; W. C. Brown, 1953; T. F. Lockwood, 1967; R. J. Smith, 1977.

Churchill, Winston, amerik. Schriftsteller, 10. 11. 1871 St. Louis – 12. 3. 1947 Winter Park/FL. Aus alter Familie Neuenglands (Jonathan Edwards unter den Vorfahren), Stud. Marineakademie Annapolis, ohne je in der Marine zu dienen, freier Schriftsteller, lebte seit 1899 auf e. Farm bei Cornish/NH. – Vf. ungewöhnl. erfolgr. hist. Romane, die u.a. vom Unabhängigkeitskrieg, vom Bürgerkrieg und von der Besiedlung des amerik. Westens handeln und gründl. Kenntnis der hist. Kräfte und Ideale der USA zeigen; aber auch Tagesprobleme sind Themen s. Romane.

W: Richard Carvel, R. 1899; The Crisis, R. 1901; The Crossing, R. 1904; Coniston, R. 1906; A Modern Chronicle, R. 1910; The Inside of the Cup, R. 1913; The Dwelling-Place of Light, R. 1917; The Uncharted Way, Aut. 1940.

L: W. I. Titus, 1963; R. W. Schneider, 1976; E. Steinbaugh, 1985.

Churchill, Sir Winston Leonard Spencer, engl. Politiker, Historiker u. Schriftsteller, 30. 11. 1874 Blenheim Palace – 24. 1. 1965 London. Urenkel Marlboroughs, ∞ 1908 Clementine Hozier. Wurde entsprechend der Familientradition Soldat u. Politiker, hatte zahlr. hohe Staatsstellen inne, 1940–45 und 1951–55 Premierminister. – Betätigte sich schon früh schriftsteller., verfaßte Bücher über Kriegsfragen, schrieb den Lebenslauf s. Vaters und e. Biographie s. Vorfahren Marlborough. Schuf bedeutende hist. Werke, u.a. über den 1. und den 2. Weltkrieg, die sich durch s. umfassende Schau und s. große Darstellungsgabe auszeichnen. Hielt zahlr. Rundfunkreden. 1953 Nobelpreis für Lit.

W: The River War, St. 1899; From London to Ladysmith via Pretoria, St. 1900; Savrola, R. 1900; Lord Randolph Churchill, B. II 1906; Liberalism and the Social Problem, St. 1909; The World Crisis, VI 1923–31 (d. 1925ff.); My Early Life, Aut. 1930 (Meine frühen Jahre, d. 1965, u.d.T. Weltabenteuer im Dienst, 1931); The Eastern Front, St. 1931; Thoughts and Adventures, Ess. 1932 (d. 1944); Marlborough, B. IV 1933–38 (d. II 1968 f.); Great Contemporaries, St. 1937 (d. 1938); Step by Step, 1939 (d. 1940); The Second World War, VI 1948–53 (d. XII 1950–54); History of the English-Speaking Peoples, St. VI 1956–65 (Ausz. u.d.T. The Island Race, 1964; Aufzeichnungen zur europäischen Geschichte, d. 1968); The American Civil War, Gesch. 1961; Frontiers and Wars, Ausw. 1962. – GW, XXXV 1973ff.

L: L. Broad, EI 1953–64; G. Bocca, 1965; C. W. Moran, 1966; R. S. Churchill, II 1966f.; M. Gilbert, III – V 1967–76; S. Haffner, 1967; M. Ashley, Ch. as Historian, 1968; R. R. James, 1970; P. Stansky, hg. 1973; A. Roberts, 1994 (d. 1998); Ch. Krockow, 1999. – *Bibl.:* F. Woods, ²1968.

Ch'u-tz'u → Chuci

Chvyl'ovyj, Mykola (eig. Fitil'ov), ukrain. Schriftsteller, 13. 12. 1893 Trostjanec' – 13. 5. 1933 Charkiv. 1918–21 Revolutionär und Klassenkämpfer, Begründer der Freien Akad. der proletar. Lit. ›VAPLITE‹; strebte unter Einfluß Spenglers nach e. Führungsrolle der Ukraine in e. asiat. Renaissance. – Erzähler, Lyriker, Essayist und Pamphletist unter Einfluß des Futurismus.

Zeigt in s. Erzählungen s. Enttäuschung über die Unterdrückung s. Heimat nach der Oktoberrevolution.

W: Syni ėtjudy, En. 1922; Osin', En. 1924; Synij Lystopad, En. 1926; Val'dšnepy, R.-Fragm. 1927; Syni ėtjudy, En. 1986; Novelty, 1995; Ukrajina čy Malorossija?, Pamphlete 1995. – Tvory (GW), III 1927–30, V New York 1978–86; Tvory, II 1990f.

L: O. Han, 1948; I. Mychajlin, Harmatija M. C., 1993.

Chwin, Stefan, poln. Prosaist und Literaturhistoriker, * 11. 4. 1949 Danzig. Studium Polonistik. Seit 1972 wiss. Mitarbeiter Univ. Danzig. – Führender Vertreter der sog. Literatur der ›kleinen Vaterländer‹. Realien der dt.-poln. Lebensgemeinschaft in Danzig vergegenwärtigen im Kontext des 2. Weltkriegs die Erfahrung des Vergänglichen, der Ausgrenzung und der Entfremdung.

W: Krótka historia pewnego żartu, R. 1991; Haneman, R. 1995 (Tod in Danzig, d. 1997, 1999); Esther, R. 1999 (Die Gouvernante, d. 2000); Złoty pelikan, R. 2002.

Cialente, Fausta, ital. Schriftstellerin, 29. 11. 1898 Cagliari – 1994 Pangbourne/England. Lebte nach der Verheiratung mit dem Komponisten E. Terni 1921 in Ägypten; dort als Journalistin gegen das faschist. Regime tätig. Seit 1947 in Rom. – Erfolg mit den Romanen ›Cortile a Cleopatra‹ und ›Ballata levantina‹: unsentimentale, stilist. ausgefeilte Darstellungen des kosmopolit. Milieus in Alexandrien und Kairo v.a. im Sinne weibl. Emanzipation.

W: Natalia, R. 1930; Pamela o la bella estate, E. 1935; Cortile a Cleopatra, R. 1936 (d. 1973); Ballata levantina, R. 1961 (d. 1964); Un inverno freddissimo, R. 1966; Il vento sulla sabbia, R. 1972; Le quattro ragazze Wieselberger, R. 1976 (d. 1977); Interno con figure, R. 1976.

L: R. Asquer, 1998.

Ciardi, John, amerik. Lyriker, 24. 6. 1916 Boston – 30. 3. 1986 Edison/NJ. Stud. Michigan Univ., 1942–45 bei der Luftwaffe; Dozent an versch. Univ. (u.a. Harvard, Rutgers), Romaufenthalt. – Lehrer, Kritiker u. subjektiv-autobiograph. Dichter, umgangssprachl. Dante-Übs. (1954–77); Gedichtbände f. Kinder.

W: Homeward to America, G. 1940; Other Skies, G. 1947; From Time to Time, G. 1951; As If, G. 1955; I Marry You, G. 1958; 39 Poems, 1959; How Does a Poem Mean?, St. 1959, ²1975; In the Stoneworks, G. 1961; In Fact, G. 1962; Dialogue with an Audience, Ess. 1963; Person to Person, G. 1964; This Strangest Everything, G. 1966; An Alphabestiary, G. 1967; Lives of X, G. 1971; Manner of Speaking, Ess. 1972; The Little That Is All, G. 1974; Limericks: Too Gross, G. 1978 (m. I. Asimov); The Birds of Pompeii, G. 1985; Echoes: Poems Left Behind, G. 1989. – The Collected Poems of J. C., 1997.

L: E. Krickel, 1980; E. M. Cifelli, 1997.

Cibber, Colley, engl. Schauspieler und Dramatiker, 6. 11. 1671 London – 12. 12. 1757 ebda. Sohn e. Bildhauers, wurde 1688 Soldat, 1690 Schauspieler. Mittelmäßiger Dichter, jedoch hervorragender Bühnenfachmann und Kritiker. Leitete 1708–32 das Drury Lane Theatre. Wurde 1730 Poet laureate, daraufhin vielfach scharf angegriffen, insbes. von Swift, Fielding und Pope, der ihn zum ›Helden‹ der revidierten Ausgabe s. ›Dunciad‹ (1742) machte. – C.s ›Apology‹ gab gute Porträtskizzen bedeutender Schauspieler s. Zeit. Vf. bühnenwirksamer, aber lit. unbedeutender ›sentimental comedies‹, s. Komödie ›Love's Last Shift‹ (1696) gilt als erstes Stück dieser Gattung.

W: Love's Last Shift, Sch. 1696; The Careless Husband, K. 1705 (n. W. W. Appleton 1966); The Lady's Last Stake, K. 1707; The Nonjuror, Sch. 1718; The Provok'd Husband, K. 1728; Apology for the Life of Mr. C. C., Comedian, Aut. 1740 (n. L. R. N. Ashley II 1968); Dramatic Works, V 1777.

L: F. Senior, 1928; D. M. E. Habbema, 1928; R. Barker, Diss. Amst. 1939 (m. Bibl.); L. R. N. Ashley, 1965.

Cicero, Marcus Tullius, röm. Redner u. Schriftsteller, 3. 1. 106 v. Chr. Arpinum – 7. 12. 43 v. Chr. Caieta (ermordet). Aus röm. Ritterfamilie. Stud. Redekunst, Rechtswiss. und Philos. Trat 81 zum 1. Mal als Anwalt in Zivil- u. Strafprozessen auf; 80 erfolgr. Verteidigung des Roscius. 79–77 Studienreise nach Rhodos u. Athen. 75 Quästor in Sizilien. Auf Bitten der Sizilier nahm er 70 ihre Interessen im Prozeß gegen den erpresser. Statthalter Verres wahr. Durch s. Erfolg wurde er zum anerkannt ersten Redner Roms. 69 Ädil, 66 Prätor, 63 Konsul; deckte die catilinar. Verschwörung auf, ließ die in Rom gefangenen Rädelsführer hinrichten. Diese umstrittene Maßnahme benutzte 58 s. polit. Gegner Clodius, um ihn in die Verbannung zu treiben. Ende 57 Rückkehr nach Rom. Durch das Triumvirat von Caesar, Crassus u. Pompeius zu polit. Untätigkeit gezwungen, begann er 55 mit philos. Schriften. 51/50 Prokonsul in Kilikien. Im Bürgerkrieg auf seiten des Pompeius, aber nach dessen Tod von Caesar begnadigt. Unter Caesars Diktatur 2. Periode s. philos. Schriften. Nach dessen Tod glaubte C. s. Zeit noch einmal gekommen: In den 14 Philipp. Reden kämpfte er erbittert gegen M. Antonius, fiel aber den Proskriptionen zum Opfer. – C. sah sich in erster Linie als Politiker. Mit Hilfe s. redner. Begabung, vervollkommnet durch Stud. bei dem griech. Redelehrer Molon von Rhodos, gelang ihm der Aufstieg vom ›homo novus‹ aus der Provinz zu den höchsten Ämtern im röm. Staat. Mit dem formvollendeten Bau ihrer weit ausschwingenden Perioden, mit ihrem klangvollen Rhythmus stellen C.s Reden den Höhepunkt lat. Kunstprosa dar. 58 Reden (davon einige unvollständig) sind erhalten, 48 verloren. Sie verteilen sich auf 4 Schaffensperioden: 81–67 Reden in Strafprozessen; 66–59 große Staatsreden (u. a. 4 Reden gegen Catilina); nach der Verbannung ab 57 Reden in eigener Sache u. Prozeßreden; 46–44 vor Caesar gehaltene Reden u. 44/43 Philipp. Reden. – C.s philos. Schriften bieten keine systemat. Darstellung e. philos. Systems. Er stellt vielmehr in der von Platon u. Aristoteles übernommenen Form des Dialogs die einzelnen griech. philos. Systeme einander gegenüber u. läßt sie miteinander streiten. Auf diese Weise gelingt C. e. Verschmelzung griech. u. röm. Bildungsguts. Er ermöglicht es der lat. Sprache überhaupt erst, sublimiertes u. differenziertes griech. Gedankengut in sich aufzunehmen, indem er ihr e. philos. Terminologie schafft. Wichtigste philos. Werke sind 1) als Einführung in die Philos.: ›Hortensius‹ (verloren, aber noch in Umrissen zu rekonstruieren), von großer Bedeutung für die spätere röm. Lit., Nachwirkung bes. auf Augustin; 2) erkenntnistheoret. Schriften: ›Academici libri‹, zum großen Teil verloren, über Probleme der Logik u. Erkenntnistheorie vom Standpunkt der skept. Akad.; 3) staatsphilos. Schriften: ›De re publica‹ (in 6 Büchern, davon die Bücher 1–5 nur teilweise erhalten; lückenlos der Schluß, das sog. ›Somnium Scipionis‹ im 6. Buch). C.s Vorbild ist die ›Politeia‹ Platons; aber auch Aristoteles u. s. Schule sowie der Stoa ist er verpflichtet. Fortsetzung ›De legibus‹ in 3 Büchern, unvollendet; 4) eth. Schriften: ›De finibus bonorum et malorum‹ in 5 Büchern. Die ebenfalls 5 Bücher ›Tusculanae disputationes‹ ergänzen in e. mehr popularphilos., stoisch gefärbten Kasuistik die grundsätzl. Darlegungen von ›De finibus‹. ›De officiis‹ in 3 Büchern ist e. röm. Pflichtenlehre, an s. Sohn Marcus gerichtet; 5) religionsphilos. Schriften: ›De natura deorum‹ widerlegt den theolog. Standpunkt der Stoa u. den Epikureismus von der akadem. Skepsis aus. ›De divinatione‹ behandelt, ebenfalls skept., die Möglichkeiten e. Zukunftsvoraussage als Erkenntnis des Götterwillens. Die Briefe C.s geben e. tiefen Einblick in die Persönlichkeit ihres Vf. (ihre Entdeckung erschütterte 1345 Petrarca tief u. zerstörte s. Bild von dem ›Weisen C.‹) u. in die Zeitgeschichte. 4 Briefsammlungen sind überliefert: die Briefe an den Bruder Quintus in 3 Büchern (60–54), die Briefe an Atticus in 16 Büchern (68–44), die Briefe an Freunde u. Bekannte, ›Ad familiares‹, in 16 Büchern (62–43) u. die Briefe an Brutus in 2 Büchern (43). In s. rhetor. Schriften, bes. in dem 3 Bücher umfassenden Dialog ›De oratore‹ (55) u. im ›Orator‹ (46), entwickelt C. s. Idealbild vom Redner, der neben der rhetor. u. rechtswiss. Ausbildung über e. gründl. Kenntnis der Philos.

verfügen muß. Im ›Brutus‹ gibt C. e. Geschichte der röm. Beredsamkeit, die in ihm selber gipfelt.

A: De inventione, Schr. 84 (hg. E. Stroebel 1915; d. T. Nüßlein 1998); Pro Quinctio, Rd. 81 (hg. M. D. Reeve 1992); Pro Sex. Roscio Amerino, Rd. 80; Pro Q. Roscio Comoedo, Rd. 77/75 (hg. J. Axen 1976); In Verrem, Rdn. 70; Pro Caecina, Rd. 69; Pro Fonteio, Rd. (Fragm.) 69/68 (hg. F. Schoell 1923); Pro A. Cluentio Habito, Rd. 66 (hg. S. Rizzo 1991); De lege Manilia, Rd. 66 (hg. P. Reis 1927); De lege agraria contra Rullum, Rdn. 64 (hg. V. Marek 1983); Pro C. Rabirio perduellionis reo, Rd. 63 (hg. T. Guardi 1979); In L. Catilinam, Rdn. 63; Pro Murena, Rd. 63; Pro P. Sulla, Rd. 62 (hg. D. H. Berry 1996); Pro A. Licinio Archia Poeta, Rd. 62 (hg. H. Kasten [3]1966); Pro L. Flacco, Rd. 59 (hg. L. Fruechtel 1932); Cum senatui gratias egit, Rd. 57 (hg. T. Maslowski 1981); Cum populo gratias egit, Rd. 57 (hg. ders. 1981); De domo sua, Rd. 57 (hg. ders. 1981); Pro P. Sestio, Rd. 56 (hg. ders. 1981); In P. Vatinium testem interrogatio, Rd. 56 (hg. ders. 1995); Pro M. Caelio, Rd. 56 (hg. ders. 1995); De provinciis consularibus, Rd. 56; De haruspicum responso, Rd. 56 (hg. T. Maslowski 1981); Pro L. Cornelio Balbo, Rd. 56 (hg. Giardina 1971); In L. Pisonem, Rd. 55 (hg. R. G. M. Nisbet 1961); De oratore, Schr. 55 (hg. K. Kumaniecki 1969; d. H. Merklin 1978); Pro M. Scauro, Rd. (Fragm.) 54; Pro Cn. Plancio, Rd. 54 (hg. E. Olechowska 1981); Pro C. Rabirio Postumo, Rd. 54 (hg. ders. 1981, Komm. C. Klodt 1992); Pro T. Annio Milone, Rd. 52; De re publica, Schr. 51 (hg. K. Ziegler [7]1969; E. Bréguet 1980; d. K. Büchner [5]1993); De legibus, Schr. nach 51? (hg. K. Ziegler [3]1979; d. R. Nickel 1994); Brutus, Schr. 46 (hg. O. Jahn, W. Kroll, B. Kytzler [7]1964; E. Malcovati [2]1970; d. B. Kytzler [5]2000); Orator, Schr. 46 (hg. O. Seel [2]1962, R. Westman 1980; d. B. Kytzler [3]1988); Paradoxa Stoicorum, Schr. 46 (hg. O. Plasberg 1908; d. R. Nickel 1994, Komm. M. Ronnich 1991); Pro M. Marcello, Rd. 46; Pro Q. Ligario, Rd. 46; Hortensius, Schr. (Fragm.) 45 (hg. L. Straume-Zimmermann 1976; d. dies. [2]1997); Academici libri, Schr. (Fragm.) 45 (hg. O. Plasberg 1922, n. 1966; d. O. Gigon [2]1997); De finibus bonorum et malorum, Schr. 45 (hg. T. Schiche 1915, n. 1966; d. O. Gigon 1988); Tusculanae disputationes, Schr. 45 (hg. M. Pohlenz 1918, n. 1967, M. Giusta 1984; d. O. Gigon [7]1998; Komm. M. Pohlenz 1912, n. 1957, K. Büchner 1984); Pro rege Deiotaro, Rd. 45; De fato, Schr. (Fragm.) 44 (hg. W. Ax 1938, n. 1975, R. Giomini 1975; d. K. Bayer [4]2000); De divinatione, Schr. 44 (hg. W. Ax 1938, n. 1975, R. Giomini 1979, C. Schäublin 1991, m. dt. Übs.); De natura deorum, Schr. 44 (hg. W. Ax 1933, n. 1968; d. W. Gerlach, K. Bayer [3]1990, O. Gigon 1996); Cato Maior, Schr. 44 (hg. R. Simbeck 1917, n. 1966, J. G. F. Powell 1988; d. M. Faltner [3]1999); Topica, Schr. 44 (hg. G. Di Maria 1994; d. K. Bayer 1993); Laelius, Schr. 44 (hg. K. Simbeck 1917, C. Atzert [4]1963; d. M. Faltner [3]1999); De officiis, Schr. 44 (hg. C. Atzert [4]1963, M. Winterbottom 1994; d. K. Büchner [4]1994, Komm. A. R. Dyck 1996); Philippicae orationes, Rdn. 44/43 (hg. P. Fedeli 1982, D. R. Shackleton Bailey 1986, m. engl. Übs.); Ad familiares, Br. (hg. D. R. Shackleton Bailey 1977, ders. 1988; d. H. Kasten [5]1997); Ad Atticum, Br. (hg. D. R. Shackleton Bailey, VII 1965–70, m. engl. Übs., ders. 1987; d. H. Kasten [5]1998); Ad Quintum fratrem, Br. (hg. D. R. Shackleton Bailey 1980; d. H. Kasten 1965); Ad M. Brutum, Br. (hg. D. R. Shackleton Bailey 1980; d. H. Kasten 1965). – Orationes, hg. A. C. Clark, W. Peterson VI 1905–18; Discours, hg. H. de la Ville de Mirmont u. a. XX 1918ff. (m. franz. Übs.); Rhetorica, hg. A. S. Wilkins II 1902–03; Correspondance, hg. L.-A.Constans, J. Bayet, J. Beaujeu XI 1950–96; Fragm. ex libris philos., hg. I. Garbarino 1984. – Übs.: Reden, M. Fuhrmann, VII 1978–85.

L: O. Plasberg, 1926, n. 1964; R. E. Smith, C. the Statesman, 1966; O. Seel, [3]1967; G. Radke, hg. 1968; M. Gelzer, 1969; T. Stockton, 1971; T. N. Mitchell, II 1979/1991; E. Rawson, [2]1983; P. Grimal, 1986 (d. 1988); M. Fuhrmann, 1989; C. Habicht, 1990; C. Lévy, C. Academicus, 1992; E. Narducci, C. e l'eloquenza romana, 1997.

Cicognani, Bruno, ital. Erzähler, 10. 10. 1879 Florenz – 16. 11. 1971 ebda. Dr. jur., ab 1904 Rechtsanwalt in Florenz; Mitarbeiter mehrerer Zeitungen. – Nach allzu enger Anlehnung an D'Annunzio fand er ab 1917 zu e. psycholog. Naturalismus, der charakterist. für s. zum großen Teil in der Toskana und im Florenz der Jahrhundertwende spielenden Romane u. Novellen ist. Schon in dem autobiograph. Roman ›L'età favolosa‹ kündigt sich e. Wendung zum Spiritualismus an, der s. späten Romane u. Theaterstücke kennzeichnet.

W: Sei storielle di nuovo conio, Nn. 1917; Gente di conoscenza, R. 1918; La Velia, R. 1923; Bellinda e il mostro, Dr. 1927; Strada facendo, R. 1930; Villa Beatrice, 1931 (d. 1941 u. 1949); L'età favolosa, Aut. 1940; La nuora, R. 1954 (Drei Kerne in einer Schale, d. 1955); Le novelle, II 1955–58; Il teatro, 1960; Le prose, 1963.

L: A. Rommel, Berlin 1938.

Cicognini, Giacinto Andrea, ital. Dramatiker, 13. 11. 1606 Florenz – 1660 Venedig. Sohn des Lyrikers u. Dramatikers Iacopo C.; Wanderleben mit Theatertruppen. – Führte die Nachahmung des span. Theaters ein, schrieb rd. 40 Komödien u. Melodramen von geringer Originalität; zu Lebzeiten sehr bewundert, heute fast vergessen.

W: La forza del fato, Tr. 1652; Adamira, Dr. 1657; La forza dell'amicizia, Tr. 1658.

L: A. Lisoni, 1896; L. Grashey, 1909. – Bibl.: F. Cancedda, S. Castelli, 2001.

Cid, Poema del, auch ›Cantar de Mío Cid‹, ältestes überliefertes Heldenepos der span. Lit., entstanden um 1140, erhalten in e. Hs. von Per Abbat (1307), erzählt Episoden aus dem Leben des span. Nationalhelden Rodrigo (Ruy) Díaz de Vivar (1043–1099), genannt Cid ›el Campeador‹ (der Kämpfer), Vasall König Sanchos II. von Kastilien, nach dessen Ermordung in Zamora im Dienst s. Bruders Alfons VI. von León; zeichnete sich im Kampf gegen die Mauren aus. Das Epos zerfällt in 3 Teile: Verbannung des C., Vermählung s. Töchter mit den Infanten von Carrión, Schändung in

Corpes u. Rache des C.; Haupt- u. Nebenfiguren sowie geograph. Angaben sind streng hist.; der C. erscheint nicht nur als Held u. ruhmreicher Krieger, sondern auch sehr menschl. als Gatte u. Vater. Hohes moral. Niveau, von großem poet. u. ästhet. Wert; e. der bedeutendsten Epen des MA, realist., lebendige Darstellung z.T. in direkter Rede u. Dialogform, in unregelmäßig durch Assonanz verbundenen Versen verfaßt, vorwiegend im 14silbigen Rhythmus. Gewisse Einflüsse der franz. Epik (chansons de geste) sind nachzuweisen; zahlr. Umarbeitungen, Erweiterungen u. Prosaauflösungen (z.B. in der ›Crónica general‹ Alfons' des Weisen), daneben entstanden jüngere, doch hist. entstellte Epen (u.a. ›Las Mocedades de Rodrigo‹ über die Jugend des C.) u. der Zyklus der C.-Romanzen. Das Epos fand zu s. Zeit starke Verbreitung, geriet dann in Vergessenheit u. wurde erst im 18. Jh. von T. A. Sánchez wiederentdeckt u. neu hg.; die Gestalt des C. lebt in der gesamten europ. Lit. fort, v.a. in Bühnenwerken (u.a. Guillén de Castro, Corneille, Lope de Vega, E. Marquina).

A: T. A. Sánchez 1779; R. Menéndez Pidal III 1908– 11, ²1944–46; in: ›Clásicos Castellanos‹, 1913 u.ö.; in modernem Span.: P. Salinas 1926; L. Guarner 1940; F. Lopez Estrada 1955. – Obra completa, hg. T. Riaño Rodríguez, M. d. C. Gutiérrez Aja III 1999. – *Übs.:* O. L. B. Wolf 1850; J. Adam 1912; H.-J. Neuschäfer 1964; F. Eggarter 1968.

L: A. Hämel, Der C. im span. Drama des 15. und 16. Jh., 1910; R. Menendez Pidal, El C. en la historia, 1921; ders., La España del C., II ⁵1950 (d. 1936/37); ders., Entorno al poema del C., ²1964; B. Matulka, The C. as a Courtly Hero From the Amadis to Corneille, N. Y. 1928; E. de Chasca, Estructura y forma en el Poema de Mío C., 1955; ders., El arte juglaresco en el Cantar de Mío C., 1967; R. S. Picciotti, Dramatic and Lyrical Unity in the ›C.‹ and the ›Roland‹, Diss. Bloomington 1964; C. Bandera Gómez, 1969; A. Ubieto, 1973; J. Horrent, 1974; C. Smith, La creación del Poema de mío Cid, 1985; A. Deyermond, 1987; J. J. Duggan, Cambr. 1989; C. Rodiek, 1990; J. Zaderenko, 1998.

Cieco d'Adria, Il → Groto, Luigi

Cienfuegos, Nicasio → Álvarez de Cienfuegos, Nicasio

Čietek, Ján → Smrek, Ján

Cíger, Jozef → Hronský, eig. Jozef Cíger

Č'ik'ovani, Simon, georg. Dichter, 9. 1. 1903 Naesakao – 24. 4. 1966 T'bilisi (Tiflis). Aus Bauernfamilie, mit 15 Jahren Vollwaise; Gymnas. Kutaisi bis 1922; Stud. T'bilisi. Ab 1934 im Schriftstellerverband Georgiens, 1944–51 dessen Vorsitzender; 1954–60 Redakteur der Zs. ›Mnat'obi‹. – In s. ersten Gedichtbänden starkes innovatives u. formales Experimentieren. In den weiteren 13 Gedicht- und Epenbänden – sein ›Gespräch‹ mit georg. Klassikern, einfühlsame Naturgedichte, Lyrik u.a. über Ukraine, Armenien, Polen u. Deutschland – sind Natur, Geschichte und der einzelne Mensch, Gemütsbewegung und Gegenständlichkeit stets im engen Zusammenhang zu erleben. Lit.krit. Aufsätze, Essays u. Übsn. ins Georgische.

W: Lek'sebi 1924, 1930; Simqera davit' guramišvilze, 1942–46. – T'xzulebebi (GW), III 1963, 1967, IV 1982– 85. – *Übs.:* russ.: Sobr. Sočinenij (GW), II 1976; dt.: Im Ornament der Platanen, G. 1970.

L: G. Asatiani, 1963; G. Margvelašvili, 1960, 1976; G. Asatiani, in: Lit. Gruziâ 4, 1978 (russ.).

Čilaje, Otar, georg. Autor, * 20. 3. 1933 Signagi. Journalistikstud. in T'bilisi (Tiflis) 1956. – In den 1950er und 60er Jahren mehrere Gedichtbände, die in Georgien sofort Anerkennung finden; ab 1973 folgen Romane, die jeweils einen jungen Mann auf seinem Lebensweg begleiten und seine Katastrophe nachzeichnen, wobei psycholog.- philos., eth. tiefgreifenden Fragestellungen nachgegangen wird. Die 5 Romane, die in der Vergangenheit spielen (›Avelumi‹ jedoch im 20. Jh.), erfordern einen mitdenkenden Leser, der sich im Labyrinth der Bewußtseinsströme der Gestalten zurechtfindet. Übsn. ins Georgische: Puškin, Longfellow, Racine.

W: T'ixis pirpitebi, G. 1962; Gzaze ert'i kac'i midioda, R. 1972; Qovelman č'emman mpovnelman, R. 1976; Rkinis t'eatri, R. 1981; Martis mamali, R. 1987; Avelumi, R. 1995. – Rčeuli t'xzulebani (AW), III 1986–87. – *Übs.:* russ.: Stichi i poemy 1983; Izbannoe, Ausw. 1988; dt. ... daß mich totschlage, wer mich findet, 1983; Das Eiserne Theater, 1988; Awelum 1999.

L: St. Chotiwari-Jünger, in: Die Entwicklung des georg. hist. Romans, 1993.

Cilappatikāram → Ilaṅgōvadigal

Cilhana → Śilhana

Čilingirov, Stilijan, bulgar. Schriftsteller, 26. 10. 1881 Šumen – 23. 11. 1962 Sofia. Stud. Pädagogik, später Lit.gesch. an dt. Univ. Gymnasiallehrer, Bibliotheksdirektor, Redakteur, Parlamentsmitglied, Organisator von Lesehallen als Mittel der Volksbildung. Begann 1898 mit einzelnen Gedichten u. Erzählungen. – S. von romant.- realist. Gefühlen getragenen Romane schildern die Entwicklung des kleinstädt. Lebens u. der Zünfte seit der Befreiung des Landes 1878. Am bedeutendsten zu jener Zeit war s. Versroman ›Vlado Bulatov‹. Auch Dramatiker.

W: Bljanove I tŭgi, G. 1901; Pesen za seliaka, G. 1914; Za rod I čest, G. 1916; Vlado Bulatov, Ep. 1922; Hleb naš nasuštni, R. 1926; Šinel bez pagoni, R. 1928; Neviždan vrag, R. 1936; Ivan Vazov otblizo I daleč, St. 1953; Moite süvremennici, Mem. 1955.

L: B. Penev, 1923; St. Ilčev, 1932.

Cingria, Charles-Albert, schweizer. Schriftsteller, 10. 2. 1883 Genf – 1. 8. 1954 ebda. Sohn einer ital.-poln.-franz. Familie, christl. Erziehung; lebte in verschiedenen Hauptstädten Europas, kosmopolit. Gesinnung, enge Beziehung zu den großen Künstlern s. Zeit. – In s. Schriften dominieren der freie Umgang mit der Sprache und eine Mobilität, wie er sie auf s. Reisen praktizierte; intensive Teilhabe an der realen Welt gepaart mit leidenschaftl. Sehnsucht nach der Vergangenheit.

W: Civilisation de Saint Gall, Abh. 1929; Pétrarque, Abh. 1932; La Reine Berthe, Abh. 1947; Stalactites, 1941; Musique de Fribourg, 1945; Bois sec bois vert, 1948; La grande ourse, R. posth. 2000. – Œuvres complètes, XVII 1967–81.

L: J. Chessex, 1967; P.-O. Walzer, 1993; M. Weber-Perret, 1993; P.-O. Walzer, L'âme antique, 1997; Actes du Colloque, 2000; Ch. Linsmayer, 2002. – Bibl.: G. Peyron, hg. 1981.

Cinna, Gaius Helvius, röm. Dichter, † 20. 3. 44 v. Chr. Rom (ermordet), Freund Caesars u. Catulls. 44 v. Chr. Volkstribun. – Vf. e. in 9jähriger Arbeit entstandenen (verlorenen) Gedichts ›Zmyrna‹ über die inzestuöse Leidenschaft der Zmyrna (= Myrrha) zu ihrem Vater Kinyras in alexandrin. Manier nach Vorbild von Parthenios.

A: Fragmentary Latin Poets, hg. E. Courtney 1993; Fragm. poet. Lat., hg. W. Morel [3]1995 (hg. J. Blänsdorf).

L: T. P. Wiseman, 1974; H. Dahlmann, 1977.

Činnov, Igor' Vladimirovič, russ. Lyriker, 25. 9. 1909 bei Riga – 21. 5. 1996 Daytona Beach. Stud. Jura in Riga, 1944 nach Dtl., 1947 nach Paris, 1953 zurück nach Dtl. u. 1962 in die USA, bis 1976 an versch. Lehrstühlen als Prof. für Slavistik tätig. – Č.s Lyrik ist geprägt von existentiellem Zweifel, entwickelt sich von regelmäßigen Versen zu oft reimlosen, metrisch vielfältigen Gedichten mit zunehmend iron. u. grotesken Momenten.

W: Monolog, G. Paris 1950; Linii, G. Paris 1960; Metafory, G. N. Y. 1968; Ėmpirei, G. 1995.

Cino da Pistoia (Guittoncino de' Sighibuldi), ital. Dichter, um 1270 Pistoia – 1336 oder 1337 ebda. Aus alter Adelsfamilie, sorgfältige Erziehung, Stud. Jura Bologna bei Francesco d'Accursio. 1304 Baccalaureus. 1310 mit Herzog Ludwig von Savoyen nach Rom, um sich als Ghibelline für die Kaiserkrönung Heinrichs VII. einzusetzen. 1314 Doktortitel in Bologna für s. umfangreiches Werk ›Lectura in codicem‹ (1294–98), e. Kommentar zu den Digesten Justinians. Wanderleben in der Lombardei u. Provence. Als e. der bedeutendsten Rechtslehrer s. Zeit 1321–32 in Siena, Neapel u. Perugia. 1332 Rückkehr nach Pistoia. – Mit fast 300 Gedichten bedeutender Vertreter des ›dolce stil nuovo‹, der den ritterl. Minnesang unter Einfluß der Scholastik in geistige Liebe sublimiert. Die Geliebte wird in läuternder Sehnsucht als Abbild des Vollkommenen besungen; dunkel u. gesucht im Ausdruck. Schrieb auch e. Kanzone auf den Tod Dantes, Petrarcas u. Beatrices sowie polit. Gedichte für Heinrich VII.

A: Rime, hg. G. Zaccagnini 1925; Rimatori del dolce stil nuovo, hg. L. di Benedetto 1925; Poeti del duecento, hg. G. Contini 1960.

L: G. Zaccagnini, 1919; L. di Benedetto, 1923; G. M. Monti, 1942; C. Cordié, Dolce stil nuovo, 1942; Accad. Naz. dei Lincei (Kongreß), 1976.

Cinzio → Giraldi, Giovanni Battista Cinzio

Ćipiko (ital. Cippico), Ivo, serb. Schriftsteller kroat. Herkunft, 13. 1. 1869 Kaštel Novi b. Trogir – 23. 9. 1923 ebda. Stud. Forstwirtschaft in Križevci. Förster in Dalmatien, ging 1912 nach Serbien. – In realist. psycholog. Novellen u. Romanen behandelt C. das schwere Leben der dalmatin. Bauern, verherrlicht das freie Leben auf dem Meer u. lehnt sich gegen jegl. Druck durch Gesetz u. Obrigkeit auf.

W: Primorske duše, En. 1899; Sa jadranskih obala, Nn. 1900; Sa ostrva, Nn. 1903; Za kruhom, R. 1904; Pauci, R. 1909; Kraj mora, Nn. 1911; Utisci iz rata, Mem. 1912; Preljub, E. 1914; Iz ratnih dana, Mem. 1917. – Sabrana dela (GW), IV 1951.

L: M. Jovanović, 1980 (m. Bibl.).

Ciprian, George (eig. G. Constantinescu), rumän. Dramatiker, 30. 5. 1883 Buzău – 7. 5. 1968 Bukarest. Stud. Jura ebda.; berühmter Schauspieler (Mephisto). – Humaner, tiefer Vorgänger E. Ionescos, von dem letzterer inspiriert wurde. Geglückte Mischung von realist. u. symbolist. Theater; myst. Elemente, Glaube an göttl. Vorsehung. Versuch durch Phantasie u. phantast. Elemente dem Alltag zu entrinnen.

W: Omul cu mârțoaga, Dr. 1928; Capul de rățoi, Dr. 1940. – Scrieri (AW), 1965.

L: P. Pintilie, 1965; J. Masoff, 1978.

Čirikov, Evgenij Nikolaevič, russ. Prosaiker u. Dramatiker, 5. 8. 1864 Kazan' – 18. 1. 1932 Prag. Stud. Mathematik Kazan', wegen Nähe zu den ›Narodniki‹ ausgeschl., publ. zunächst in marxist. Zss., war aber gegen die bolschew. Umsturz, emigr. nach Prag (1921). – Č. stellt v. a. das Provinzleben des Durchschnittsbürgers dar u. zeigt objektiv die Schrecken der Zeit, so im Drama

›Evrei‹ (1903) die Pogrome, im Roman ›Zver' iz bezdny‹ (1926) die Verbrechen der Roten wie auch der Weißen Armee.

W: Sobranie sočinenij (GW), XVII 1910–16.

Čišinski, Jakub → Bart, Jakub

Cisneros, Sandra, amerik. Schriftstellerin, * 20. 12. 1954 Chicago. Tochter e. Mexikaners und e. Chicana. – Armut, kulturelle Unterdrükkung und Geschlechterfragen werden in ihren Texten eindrucksvoll anhand von Latino/a-Figuren dargestellt, die von der amerik. Mainstream-Kultur isoliert sind, so in ›The House on Mango Street‹ mittels lyr.-evokativer, teils bilingualer Prosa.

W: Bad Boys, G. 1980; The House on Mango Street, R. 1984 (d. 1992); The Rodrigo Poems, 1985; My Wicked, Wicked Ways, G. 1987 (Verrückt nach Dir, d. 1993); Woman Hollering Creek, Kgn. 1991 (Kleine Wunder, d. 1992); Hairs: Pelitos, Jgb. 1994; Loose Woman, G. 1994; Caramelo, R. 2002 (d. 2003).

L: E. L. Chesla, 1996; C. Mirriam-Goldberg, 1998.

Cixous, Hélène, franz. Schriftstellerin, * 5. 6. 1937 Oran. Stud. Lit. in Algier, Promotion über Joyce. Dozentin für Engl. Univ. Nanterre, später Vincennes. – Vf. autobiograph., myth.-symbol. Romane u. Novellen und engagierter Dramen. Psychoanalyt. Ansätze verbunden mit der Suche nach neuen sprachl. Mitteln, zuletzt stark feminist. Engagement.

W: Les prénoms de Dieu, Nn. 1967; L'exil de J. Joyce, Abh. 1969; Dedans, R. 1969 (d. 1971); Commencements, R. 1969; Le troisième corps, R. 1970; Neutre, R. 1972; Le pupille, R. 1972; Tombe, R. 1973; Portrait du soleil, R. 1974; Prénoms de personne, R. 1974; La, R. 1976; Angst, R. 1977; Préparatifs de noces au-delà de l'abîme, R. 1978; Le nom d'Oedipe, Dr. 1978; Anankè, R. 1979; Limonade toujours était si infini, R. 1982; La prise de l'école de Macubai, Dr. 1984; L'histoire tragique mais inachevée de Norodom Sihanouk, Dr. 1985.

L: C. G. Fisher, 1988; M. Motand-Noar, 1991; M. Shiach, 1991; B. Heymann, 1991; V. A. Conley, 1992; L. Cremonese, 1997; Ch. Stevens, 1999, M. Calle-Gruber, 2000. – *Bibl.:* J. Nordquist, 1996.

Cladel, Léon-Alpinien, franz. Erzähler, 22. 3. 1834 Montauban/Quercy – 20. 7. 1892 Sèvres. Schule Montauban u. Moissac, Stud. Jura Toulouse. Advokat. – Vf. realist. Romane und Novellen, die entweder s. Heimat schildern oder soziale und polit. Fragen behandeln. Schrieb über die Kehrseite des Bohemelebens s. 1. Roman ›Les martyrs ridicules‹, für den Baudelaire das Vorwort verfaßte. Die als unmoral. angeprangerte Novelle ›Une maudite‹ trug ihm 1 Monat Gefängnishaft ein. Schrieb e. Bauernroman, erntete den meisten Erfolg mit ›Les va-nu-pieds‹, e. Novellensammlung, in der er die soz. Ungerechtigkeit aufdeckt.

W: Les martyrs ridicules, R. 1862; Mes paysans, R. (I: Le bouscassié, 1869, II: La fête votive de Saint-Bartolomé-Porte-Glaive, 1872); Les va-nu-pieds, R. 1873; L'homme de la Croix-aux-Bœufs, R. 1878; Ompdrailles, le tombeau des lutteurs, R. 1879; Bonshommes, R. 1879; Raca, R. 1888; L'ancien, Dr. 1889. – Poésies, 1936.

L: R. Bernier, 1893; J. Cladel, 1905 (m. Bibl.); ders., Maître et disciple. C. Baudelaire et L. C., 1951; P. Saunier, 1993.

Claes, Ernest (André Jozef) (Ps. G. van Hasselt), fläm. Schriftsteller, 24.10. 1885 Zighem – 2. 9. 1968 Brüssel. Bäuerl. Herkunft, 1906–10 Stud. german. Philol. Löwen, 1910–13 in der polit. Aktion der fläm. Sprachbewegung, 1913 Beamter der Kammer der Volksvertretung, Aug. 1914 bei Namur schwer verwundet; Kriegsgefangener Erfurt bis Febr. 1915, zurück als Sanitäter ins engl. Heer am Yser, verwundet, 1916 aus dem Heer ausgeschieden, 1946 als Beamter pensioniert. Reisen in Europa, Afrika, Südamerika. – Erfolgr. realist. Heimaterzähler aus dem fläm. Dorf- und Kleinstadtleben mit frischem, gemütvollem Humor und Blick für das Typische; Novellenkunst u. Autobiographie.

W: Uit mijn dorpken, 1906; Namen 1914; Oorlogsnovellen, 1919; Bei uns in Deutschland, 1919; De Witte, R. 1920 (Flachskopf, d. 1930); Zichemsche novellen, 1921; De vulgaire geschiedenis van Charelke Dop, R. 1923 (d. 1950); De fanfare ›De Sint Jansvrienden‹, E. 1924 (Die Dorfmusik, d. 1939); Kiki, R. 1925 (Bubi, d. 1931, u.d.T. Kiki 1955); Wannes Raps, E. 1926 (d. 1932); De heiligen van Sichem, R. 1931 (d. 1936); De geschiedenis van Black, E. 1932 (d. 1934); Kobeke, R. 1933 (Bruder Jakobus, d. 1935); Pastoor Campens zaliger, R. 1935 (Der Pfarrer aus dem Kempenland, d. 1939); De moeder en de drie soldaten, E. 1939 (d. 1958); Jeugd, Aut. 1940 (Jugend, d. 1942); Clementine, R. 1940 (d. 1965); De oude klok, Aut. 1947 (Die alte Uhr, d. 1950); Daar is een mens verdronken, R. 1950; Het leven en de dood van Victalis van Gille, E. 1951 (d. 1953); Het was lente, 1953; Ik en De Witte, 1960. – Uit de dagboeken van E. C., Tg. II 1981–83.

L: A. Boni, 1948; L. Sourie, 1948; A. van Hageland, 1959 u. 1960; A. Demedts, 1961; H. Noé, 1974 u. 1977; P. Vandevoort, 1978.

Claesson, Stig J., schwed. Schriftsteller u. Maler, * 2. 6. 1928 Stockholm. Kunstakad. 1947–52. Dr. h. c. 1974. – S. Bücher, von ihm selbst illustriert, schwanken zw. Reportage u. Fiktion, mit Sinn für Bizarres ebenso wie mit klarem Blick für Natürliches in heimatl. Landschaft u. fremden Ländern.

W: Vem älskar Yngve Frej, 1968 (Wer liebt Y. F., d. 1979); Henriette skall du också glömma, 1977; Sagor för barn och vuxna, Kdb. 1983 (Igelprinz und Blumendiebe, d. II 1986/87); Ekå av en vår, 1995 (Echo eines Frühlings, d. 1997); Svart asfalt, grön gräs, 2000; Efter oss syndafloden, 2002.

Clampitt, Amy, amerik. Dichterin, 15. 6. 1920 New Providence/IA – 10. 8. 1994 Lenox/MA. Auf e. Farm aufgewachsen, Stud. Columbia Univ. u. New School for Social Research, versch. Tätigkeiten. – Später Ruhm für anspielungsreiche, musikal. u. eloquente Lyrik; idiosynkrat. Stil in romant. Tradition (Keats).

W: Multitudes, Multitudes, G. 1974; The Isthmus, G. 1981; The Summer Solstice, G. 1983; The Kingfisher, G. 1983; A Homage to John Keats, G. 1984; What the Light Was Like, G. 1985; Archaic Figure, G. 1987; Westward, G. 1990; Manhattan, G. 1990; Predecessors, Et Cetera, Ess. 1991; A Silence Opens, G. 1994; Collected Poems, G. 1997.

Clancier, Georges Emmanuel, franz. Erzähler, * 3. 5. 1914 Limoges. Lit.kritiker; 1955 Programmdirektor der franz. Rundfunkgesellschaft R.T.F. – Erfolgr. Erzähler in der Tradition des franz. Familienromans. Lyriker und Essayist.

W: Le paysan céleste, G. 1944; La couronne de vie, R. 1946; Terre secrète, G. 1951; Vrai visage, G. 1953; Une voix, G. 1956; Le pain noir, R. 1956, La fabrique du roi, R. 1957 (zus. Mein Acker, die Zeit, d. 1959); Evidences, G. 1960; Les arènes de Verone, Nn. 1964; Terres de mémoires, G. 1965; L'éternité plus un jour, R. 1969; Les incertains, R. 1970 (Das Haus auf der Insel, d. 1972); Peut-être une demeure, G. 1972; La poésie et ses environs, Ess. 1973; L'enfant double, R. 1984.

L: J.-M. Baude, 2001. – *Bibl.:* M.-G. Bernarel, 1967.

Clancy, Tom (Thomas L., Jr.), amerik. Bestseller-Autor, * 12. 4. 1947 Baltimore. – S. Techno-Thriller spielen im Militär- u. Spionagemilieu, so bereits der Erstlingsroman ›The Hunt for Red October‹, der die Jagd von US- und Sowjet-Streitkräften auf e. außer Kontrolle geratenes russ. U-Boot beschreibt; erfolgr. Verfilmungen.

W: The Hunt for Red October, R. 1984 (d. 1986); Red Storm Rising, R. 1986 (Im Sturm, d. 1994); Patriot Games, R. 1987 (d. 1988); The Cardinal of the Kremlin, R. 1988 (d. 1989); Clear and Present Danger, R. 1989 (Der Schattenkrieg, d. 1990); The Sum of All Fears, R. 1991 (d. 1992); Without Remorse, R. 1994 (d. 1995); Debt of Honor, R. 1994 (d. 1996); Op-Center (m. S. Pieczenik), R. 1995 (d. 1996); Into the Storm (m. F. Franks, Jr.), Rep. 1997; Rainbow Six, R. 1998 (d. 1999); Future War (m. J. B. Alexander), Rep. 1999; The Bear and the Dragon, R. 2000 (d. 2000); The Teeth of the Tiger, R. 2003 (d. 2003).

L: T. Clancy, M. H. Greenberg, R. J. Green, hg. 1992; H. S. Garson, 1996.

Clanvowe, Sir Thomas, engl. Dichter, † um 1410. Über s. Leben ist nichts bekannt. – Möglicherweise Vf. e. früher Chaucer zugeschriebenen Dichtung von 300 Zeilen ›The Cuckoo and the Nightingale, or Boke of Cupide‹ (um 1400), e. allegor. Gedicht von metr. und sprachl. Schönheit.

A: Chaucerian and other Pieces, hg. W. W. Skeat 1897; Das mittelengl. Gedicht ›The Boke of Cupide‹, hg. E. Vollmer 1898. – Works (Werke), hg. V. J. Scattergood 1975; Middle English Debate Poetry, hg. J. W. Conlee 1991.

L: Bibl.: Manual ME 3. VII, 1972, Nr. 47.

Clare, John, engl. Dichter, 13. 7. 1793 Helpston – 20. 5. 1864 Northampton. Sohn e. Landarbeiters. Konnte als Kleinbauer seine 7 Kinder u. den kranken Vater kaum ernähren. In London Bekanntschaft mit Ch. Lamb und Reynolds. Von 1841 bis zu s. Tod in Heilanstalt. Nur s. erster Gedichtband war erfolgreich. – Vf. beschreibender Landschaftsgedichte von ausgesprochenem Naturgefühl und eigenartigem Reiz.

W: Poems Descriptive of Rural Life and Scenery, 1820; The Village Minstrel, G. 1821; The Shepherd's Calendar, G. 1827 (n. 1964); The Rural Muse, G. 1835. – The Life and Remains of J. C., hg. J. L. Cherry 1873; Poems chiefly from the Manuscript, hg. E. Blunden u. a. Porter 1920; Madrigals and Chronicles, hg. E. Blunden 1924; Sketches in the Life of J. C., Written by Himself, Aut. hg. E. Blunden 1931. – Selected Poems, hg. G. Grigson 1950, Y. Reeves 1957; The Later Poems, hg. E. Robinson, II 1984; Letters, hg. M. Storey 1985; Prose, hg. J. W. u. A. Tibble [2]1970.

L: F. Martin, 1865 (1964); J. Wilson, Green Shadows, 1951; J. W. und A. Tibble, [2]1972; M. Storey, The Poetry of J. C., 1974; H. O. Dendurent, J. C.: a Reference Guide, 1978; R. Sales, 2002.

Clarétie, Jules, franz. Schriftsteller und Lit.wissenschaftler, 3. 12. 1840 Limoges – 23. 12. 1913 Paris. 1885 Verwaltungschef der Comédie Française, Zusammenarbeit mit Zeitungen (›Le Figaro‹, ›Le Temps‹ …). – Versuchte sich als Schriftsteller in versch. Gattungen unter Verwendung mehrerer Pseudonyme. Als Historiker Vf. einer Geschichte der Pariser Commune, als Lit.kritiker in der Zs. ›Diogène‹ tätig.

W: La revanche des morts, R. 1862; Une drôlesse, R. 1863; Les contemporains oubliés, R. 1864; Les victimes de Paris, R. 1864; Histoires cousues de fil blanc, N. 1866; Mademoiselle Cachemire, R. 1867; La famille des gueux, R. 1869; Histoire de la Révolution de 1870–1871, V 1872; Les Ingrats, R. 1874; Le Père, R. 1877; Le Million, R. 1882; Le prince Zilah, R. 1884; L'Américaine, R. 1891; La Divette, R. 1896; Victor Hugo, Es. 1902; Quarante ans après, Ber. 1910.

Clarín (eig. Leopoldo Alas y Ureña), span. Schriftsteller, 25. 4. 1852 Zamora – 13. 6. 1901 Oviedo. Astur. Abstammung, Prof. für röm. Recht u. Wirtschaftspolitik in Oviedo, lebte e. Zeitlang in Madrid, meist jedoch in Oviedo (Vetusta in s. Büchern). – Glänzender Erzähler u. Romancier, gefürchteter, geistvoller Kritiker, bedeutender Essayist; s. krit. Schriften zeugen von hoher Kultur, Geistesschärfe u. europ. Denken. Folgte in s. Romanen anfangs dem franz. Naturalismus, später mehr idealist. Tendenzen. S. Meisterwerk ›La Regenta‹ gehört zu den grundlegenden Romanen des span. 19. Jh., hervorragende Milieu- u. Sittenschilderungen e. span. Provinzstadt, psycholog. Durchdringung der Hauptfiguren. Gehörte als Erzähler zu den großen Gestalten s. Zeit.

W: Solos de Clarín, Ess. 1881–98; La Regenta, R. II 1884/85 (hg. F. Durand 1988, d. 1985); Sermón perdido, Ess. 1885; Pipá, Nn. 1886; Mezclilla, Ess. 1889; Su único hijo, R. 1890; Superchería, E. 1892; Doña Berta, N. 1892; Ensayos y revistas, 1892; Paliques, Ess. 1893; El Señor y lo demás son cuentos, N. 1893; Teresa, Dr. 1895; Cuentos morales, En. 1896; El gallo de Sócrates, En. 1901. – Obras completas, IV 1913–29, hg. J. M. Martínez Cachero 1963ff.; Obras selectas, 1947; Obra olvidada. Artículos de crítica, hg. A. Ramos Gascón 1973; Epistolario, Br. 1941. – *Übs.*: Das Begräbnis der Sardine, En. 1968; Der Rabe und andere Erzählungen, 1991.

L: J. A. Cabezas, 1936 u. 1962; A. Posada, 1946; R. Gullón, 1949; E. Clochiatti, Quebec 1949; A. Brent, Columbia/MO 1951; M. Gómez Santos, 1952; F. Meregalli, 1956; W. Küpper, 1958; E. J. Gramberg, Fondo y forma del humorismo de L. A., 1958; W. E. Bull, V. A. Chamberlain, 1963; L. de los Ríos, 1965; S. Beser, 1968; S. Ortiz Aponte, 1971; F. García Sarriá, 1975; J. M. Martínez Cachero, hg. 1978; G. Sobejano, 1985; D. Torres, N. Y. 1987; A. Vilanova, 2001.a+

Clark, John Pepper → Clark-Bekederemo, John Pepper

Clark, Walter Van Tilburg, amerik. Schriftsteller, 3. 8. 1909 East Orland/ME – 10. 11. 1971 Reno/NV. In Nevada aufgewachsen, Univ. Nevada und Vermont. – Schrieb im amerik. Westen angesiedelte Romane und Kurzgeschichten.

W: The Ox-Bow Incident, R. 1940 (Ritt zum Oxbow, d. 1966); The City of Trembling Leaves, R. 1945; The Track of the Cat, R. 1949 (Der schwarze Panther, d. 1951); The Watchful Gods, Kgn. 1950. W. v. T. C.: Critiques (GS), 1983.

L: M. Westbrook, 1969; L. L. Lee, 1973; L. Charlton, 1983.

Clark-Bekederemo, John Pepper, nigerian. Dichter engl. Sprache, * 6. 4. 1935 Kiagbodo/Nigeria. Stud. Ibadan u. 1962/63 Princeton, Engl.-Dozent Univ. Lagos. – Von den sehr krit. Princeton-Impressionen ›America, Their America‹ abgesehen, behandelt er afrikan. Themen wie die Wirkung e. Fluchs über Generationen hinweg, den Tod von Holzfällern im Nigerdelta oder den nigerian. Bürgerkrieg.

W: Poems, 1962; Three Plays, 1964 (Song of a Goat, The Masquerade, The Raft); America, Their America, St. 1964; A Reed in the Tide, G. 1965; Ozidi, Dr. 1966; Casualties: Poems 1966–68, 1970; The Example of Shakespeare, Ess. 1970; The Ozidi Saga, Dr. 1975; The Hero as a Villain, St. 1978; Urhobo Poetry, 1980; A Decade of Tongues, G. 1981.

L: I. Elimimian, 1989.

Clarke, Arthur C(harles), engl. Science-fiction-Autor u. naturwiss. Schriftsteller, * 16. 12. 1917 Minehead/Somerset. Bauernsohn; 1941–46 Radarspezialist bei der brit. Luftwaffe, 1946/47 u. 1950–53 Direktor der British Interplanetary Society, 1946–48 naturwiss. Stud. Univ. London. Seit 1950 freier Schriftsteller u. Wissenschaftsjournalist. Lebt seit 1956 in Sri Lanka, 1998 zum Ritter geschlagen. – S. wiss. fundierte Science-fiction entwickelt in klarer Sprache Ideen über die techn. u. gesellschaftl. Zukunft. Mit dem Drehbuch zum Film ›2001‹ (m. Stanley Kubrick, 1968) wurde C. zum Inbegriff der mod. Science-fiction.

W: Childhood's End, R. 1953 (Die letzte Generation, d. 1960); The City and the Stars, R. 1956 (Die sieben Sonnen, d. 1960); The Deep Range, R. 1957 (d. 1957); A Fall of Moondust, R. 1961 (d. 1962); 2001: A Space Odyssey, R. 1968 (d. 1969); Rendezvous with Rama, R. 1973 (d. 1975); The Foundations of Paradise, R. 1979 (d. 1979); 2010: Odyssey Two, R. 1982 (d. 1985); 2061: Odyssey Three, R. 1988 (d. 1988); The Ghost from the Grand Banks, R. 1990 (Aus einem anderen Jahrtausend, d. 1992); More than One Universe: The Collected Stories of Arthur C. Clarke, Kgn. 1991; The Hammer of God, R. 1993 (d. 2000); 3001: The Final Odyssey, R. 1997 (d. 1998).

L: N. McAleer, 1992; R. A. Reid, 1997.

Clarke, Austin (eig. Augustine Joseph C.), ir. Dichter, 9. 5. 1896 Dublin – 19. 3. 1974 ebda. 1917–21 Dozent für engl. Lit. Dublin, danach freier Schriftsteller in Dublin u. London. Mitbegründer der ›Irish Academy of Letters‹ (1952–54 Präsident) und der ›Irish Lyric Theatre Company‹. – Vf. von Gedichten, Epen, Versdramen und Erzählungen von untersch. Qualität. Merkmale sind prosod. Experimente nach gäl. Vorbildern, Vorliebe für hist. Stoffe u. häufige Hinwendung zur Innerlichkeit.

W: The Vengeance of Fionn, G. 1917; The Cattledrive in Connaught, G. 1925; The Son of Learning, Dr. 1927; The Flame, Dr. 1930; The Bright Temptation, R. 1932; The Singing Men at Cashel, R. 1936; Collected Poems, 1936; Night and Morning, G. 1938; Sister Eucharia, Dr. 1939; The Black Fast, Dr. 1941; The Viscount of Blarney, Drn. 1944; The Sun Dances at Easter, R. 1952; The Moment Next to Nothing, Dr. 1953; Ancient Lights, G. 1955; Too Great a Vine, G. 1957; Later Poems, 1961; Twice Round the Black Church, Mem. 1962; Collected Plays, 1963; Flight to Africa, G. 1963; Mnemosyne Lay in Dust, G. 1966; A Penny in the Clouds, Mem. 1968; Celtic Twilight and the Nineties, St. 1969; Tiresias, G. 1972. – Collected Poems, hg. L. Miller 1974; Reviews and Essays, 1992.

L: S. Halpern, 1974; G. C. Tapping, 1981; G. A. Schirmer, 1983; M. Harmon, 1989; L. Ricigliano, 1993; S. Algoo-Baksh, 1994.

Clarke, Marcus Andrew Hislop, austral. Journalist, Kritiker und Romanschriftsteller, 24. 4. 1846 London – 2. 8. 1881 Melbourne. Sohn e. Rechtsanwalts; nach dem frühen Tod s. Eltern 1863 Emigration nach Australien, wo er vom Rest s. ererbten Vermögens als Bohemien lebte; danach wenig erfolgr. Lehre in Landwirtschaft. ⚭ 1869 Marion Dunn. Später Journalist und Hrsg. von Zsn., zeitweilig Bibliothekar. Kunst- und Lit.kritiker. Ständige finanzielle Sorgen. – Vf. versch. Komödien, die fast alle verlorengingen, sowie einiger erfolgr. Romane, die s. dramat. Begabung erkennen lassen. S. bedeutendstes Werk, der Roman ›His Natural Life‹, ist e. spektakuläre Darstellung des Systems austral. Sträflingswesens.

W: Long Odds, R. 1869; Old Tales of a Young Country, Kgn. 1871; Holiday Peak, Kgn. 1873; His Natural Life, R. 1874 (Deportiert auf Lebenszeit, d. 1974, u.d.T. Lebenslänglich, 1963); 'Twixt Shadow and Shine, R. 1875. – Selected Works, hg. H. MacKinnon 1890; A Colonial City, Sel. Journalism, hg. L. T. Hergenhan 1972; Reverses, a Comedy, hg. D. Davison 1981; Stories, hg. M. Wilding 1982.

L: H. MacKinnon, 1884; B. R. Elliot, ²1969; M. Wilding, 1977. – *Bibl.:* S. R. Simmons, 1975; I. F. McLaren, 1982.

Claudel, Paul-Louis-Charles-Marie, franz. Dichter, 6. 8. 1868 Villeneuve-sur-Fère/Aisne – 23. 2. 1955 Paris. Sohn e. Verwaltungsjuristen; in Paris 1881 klass.-philos. Bildung im Lycée Louis-le-Grand; aufgerüttelt durch die Dichtung Rimbauds in der Weihnachtsnacht 1886 Bekehrung und endgültige Rückkehr zum kathol. Glauben; Umgang mit Mallarmé und Schwob; Stud. Jura und Politik. Ab 1898 Diplomat. 1906 ⚭ Reine Sainte-Marie Perrin. 1893–1934 meist außerhalb Frankreichs: Vizekonsul in Amerika, China, Dtl., Italien, Minister in Rio de Janeiro, Gesandter in Tokio, Washington, Brüssel. Lebte danach zurückgezogen im Schloß von Brangues in der Dauphiné und in Paris. Fand sehr spät äußere Anerkennung, 1947 Mitglied der Académie Française. – Repräsentativer Dichter des ›renouveau catholique‹, Schöpfer e. auf uneingeschränkter Katholizität gründenden, außerhalb von Konvention und Tradition stehenden Werkes von elementarer Größe. Isolierte Gestalt, vom Symbolismus herkommend, von Rimbaud beeinflußt, aber zu keiner Schule gehörend. Lyrik, Dramen, Essays und Prosaschriften. Myth.-metaphys. Auffassung vom Dichten: Neuschöpfung der Welt durch das Wort, ermöglicht durch Gemeinschaft, Zusammengeborensein allen Lebens (›co-naissance‹). Auf Totalität des menschl. Seins zielende Vielschichtigkeit: Nebeneinander von Historischem und Zeitlosem, Gewöhnlichem, Groteskem und Komischem. Zentrales Thema: Konflikt zwischen Materie und Geist, zwischen Hochmut, ird. Liebe und Hingabe an Gott. Darstellung des Unendlichen auf dem Grund des Endlichen und Sieg des Spiritualen. Sakral-Symboldramen, die von schöpfer. Einbildungskraft und architekton. Begabung zeugen. Neue Form des christl. Welttheaters. Das theatral. Gesamtkunstwerk ›Le Soulier de Satin‹ bezieht Tanz, Musik und alle anderen Mittel der mod. Bühne mit ein, bricht die Schranken von Zeit und Ort, bringt e. Vielzahl verschiedenartiger Personen, Gegenden und Geschehnisse, ist zeitlich und zeitlos: Ausdruck der Universalität der kathol. Idee. Lyrische, wenig zur Bühnenaufführung geeigneten Dramen, meist im von C. geschaffenen ›verset claudelien‹, mehrzeilige reimlose Prosa in freien Rhythmen, dem Bibelvers ähnlich. Vieltönige Lyrik: unpersönl. Verse über Schönheit der Schöpfung neben persönl., leidenschaftl.-pathet. mit großartigen Bildern neben bescheidenem Gebet. S. Briefwechsel mit A. Gide e. Dokument s. unnachgiebigen, vergebl. Ringens um Gides Bekehrung. Essays und Prosaschriften dichtungstheoret., krit., exeget. Inhalts, über Gegenwartsprobleme, Darstellung der Kultur des Fernen Ostens. Heftig diskutiertes Werk. Der kompromißlos vertretene Katholizismus beschränkt trotz s. großen Bedeutung den Einfluß des Werkes.

W: Tête d'or, Dr. 1891 (d. 1915); La ville, Dr. 1893 (d. 1943); Connaissance de l'est, Schr. 1900 (d. 1914); L'arbre, Dr. 1901; L'échange, Dr. 1901 (d. 1956); Le repos du septième jour, Dr. 1901 (d. 1916); Partage du midi, Dr. 1906 (d. 1918); Art poétique, Prosa 1907 (d. 1930); Cinq grandes odes, 1910 (d. 1939); L'otage, Dr. 1911 (d. 1926); L'annonce faite à Marie, Dr. 1912 (3. Fassung von ›La jeune fille Violaine‹; 1. 1892, 2. 1899; d. J. Hegner 1912, 1954; H. U. von Balthasar 1946); Cantate à trois voix, G. 1913 (d. 1919); Le chemin de la croix, G. 1915 (d. 1943); Corona benignitatis anni Dei, G. 1915; L'homme et son desir, Dr. 1917 (d. 1924); Le pain dur, Dr. 1918 (d. 1956); La messe là-bas, G. 1919 (d. 1956); L'ours et la lune, Dr. 1919; Le père humilie, Dr. 1920; L'oiseau noir dans le soleil levant, Prosa 1927; Positions et Propositions, Prosa II 1928–34; Le livre de Christophe Colomb, Dr. 1929; Conversations dans le Loir-et-Cher, Prosa 1929 (d. 1936); Le soulier de satin, Dr. 1930 (d. 1939); Fragment d'un drame, 1931; Figures et paraboles, Prosa 1936 (d. 1950); Toi, qui es-tu?, Prosa 1936; Jeanne au bûcher, Dr. 1938 (d. 1938); L'histoire de Tobie et de Sara, Prosa 1939 (d. 1953); L'introduction à l'Apocalypse, Prosa 1947 (d. 1950); Accompagnements, Prosa 1949; Mémoires improvises, Gespr. 1954; Journal, II 1968f.; Richard Wagner, 1970. – Œuvres complètes, hg. R. Mallet XXVI 1950–67; Théâtre, II 1956; Œuvre poétique, 1957; Poésies, 1970; Correspondance avec J. Rivière 1907–14, 1926 (d. 1928); avec A. Gide 1899–1926; 1949 (d. 1952); avec L. Massignon 1908–14, 1974; avec J.-L. Barrault, 1974. – *Übs.:* G. (Ausw.), 1948; Ausgew. Prosa, 1949; GW, VI 1958–62.

L: H. Dieckmann, Die Kunstanschauung C.s, 1931; J. Madaule, Le génie de C., 1933 u. 1951; P. Resal, 1941; E. Friche, Etudes claudéliennes, 1943; R. Jouve, 1946;

R. Grosche, 1947; J. Thomas, 1947; F. Mauriac, Réponse à C., 1947; M. Ryan, 1951; L. Barjon, 1953; H. Guillemin, C. et son art d'écrire, 1955; W. Fowlie, Lond. 1957; S. Fumet, 1958; J. Amrouche, Gespräche m. P. C., 1958; E. Roberto, Visions de C., 1959; B. Mennemeier, 1959; H. Mondor, 1960; L. Chaigne, 1961; P. A. Lesort, 1963; W. Willems, 1963; J. P. Mordaule, ^{3}1964; P. Claudel, 1965; M. J. Gillet-Mandot, 1966; E. M. Landan, 1966; H. Guillemin, 1968; A. Espiau de la Maestre, D. göttl. Abenteuer, 1968; C., hg. R. Griffiths, Lond. 1968; P. Ganne, 1968; E. Francis, 1973; J. Theisen, 1973; J. Bastaire u. H. de Lubac, C. et Péguy, 1974; J.-C. Morisot, 1976; A. Espiau de la Maestre, 1977; B. Hue, 1978; P. Roberto, 1978; M. Malicet, III 1978–79; J.-B. Barrère, 1979; E. M. Landau, 1986; M. J. Guers, 1987; G. Antoine, 1988; V. Amoroso, 1994. – *Bibl.*: L. Perche, 1948; J. Petit, 1973.

Claudianus, Claudius, griech.-lat. Dichter, um 370 n. Chr. Alexandria – nach 404. Seit ca. 394 in Rom, ab 396 überwiegend als ›Hofdichter‹ am Kaiserhof in Mailand. C.' griech. Werke sind bis auf weniges verloren. Die sog. ›Carmina Maiora‹ (Größere Gedichte) betreffen Personen u. Ereignisse s. Zeit (Lob anläßlich der Konsulate des Kaisers Honorius oder des Regenten Stilicho, Schmähungen ihrer Gegner, Hochzeitsgedichte, Kurzepen über Kriege), wobei C. an vielen Stellen polit. Anliegen Stilichos formuliert. ›Der Raub der Proserpina‹ (›De raptu P.‹) ist e. rein myth. Epos (unvollendet). Die 53 sog. ›Carmina Minora‹ (Kleinere G.) bieten verschiedenes, z. B.: Beschreibungen (z. B. des Nils, des Magneten, des Phoenix), Briefe (z. B. an Stilichos Frau), Epigramme, e. Hochzeitsgedicht, e. christl. Gebet.

A: Th. Birt, MGH auct. ant. X, 1892; m. engl. Übs. M. Platnauer, 2 Bde., Lond. n. 1963; J. B. Hall, 1985; kleine Ausw. m. dt. Übs. B. Kytzler, Roma Aeterna, n. 1984.

L: A. Cameron, Oxf. 1970; S. Döpp, Zeitgeschichte in Dichtungen C.', 1980.

Claus, Hugo (Maurice Julien), fläm. Schriftsteller, * 5. 4. 1929 Brügge. Zwischen 1948 u. 1955 Auslandsaufenthalte, bes. Paris u. Rom. Redakteur versch. Zss. 1950 Mitgl. d. internat. Künstlergruppe Cobra. – E. der bedeutendsten Autoren s. Generation in Belgien. Vielseit. u. fruchtbare lit. Tätigkeit; Lyrik, Romane u. Erzählungen, Theaterstücke unterschiedlichster Art (poetisch, realist., burlesk oder satirisch), Bearbeitungen antiker Dramen, Drehbücher, Übersetzungen. Vielschichtigkeit: Der Roman ›Het verdriet van België‹ z. B. ist zugleich Entwicklungs-, Familien- u. Gesellschaftsroman; aus dem Roman ›Omtrent Deedee‹ entwickelt er das Bühnenstück ›Interieur‹, daraus später den Film ›Het sacrament‹. Auch Maler u. Grafiker, Film- u. Theaterregisseur.

W: Registreren, G. 1948; De Metsiers, R. 1950; De hondsdagen, R. 1952; Een bruid in de morgen, Dr. 1955 (Die Reise nach England, d. 1960); De Oostakkerse gedichten, G. 1955; De koele minnaar, R. 1956; De zwarte keizer, En. 1958; Suiker, Dr. 1958 (Zucker, d. 1959); Mama, kijk zonder handen, Dr. 1959; Een geverfde ruiter, G. 1961; De verwondering, R. 1962 (d. 1979); Omtrent Deedee, R. 1963 (Das Sakrament, d. 1989); Thyestes, Dr.-Bearb. 1966; Masscheroen, Dr. 1967; Natuurgetrouwer, En. 1969; Vrijdag, Dr. 1969 (d. 1972); Dag, jij, G. 1971; Heer Everzwijn, G. 1970; Schaamte, R. 1972; Het jaar van de kreeft, R. 1972; Oedipus, Dr.-Bearb. 1971; Interieur, Dr. 1971; Pas de deux, Dr. 1973; Thuis, Dr. 1975; Orestes, Dr.-Bearb. 1976; Jessica!, Dr. u. R. 1977; Het verlangen, R. 1978 (Jakobs Verlangen, d. 1993); De verzoeking, E. 1980; Almanac, G. 1982; Het verdriet van België, R. 1983 (Der Kummer von Flandern, d. 1986); Blindeman, Dr. 1985; Bewegen, G. 1986; Sonnetten, G. 1988; Het schommelpaard, Dr. 1988; Een zachte vernieling, R. 1988; De zwaardvis, R. 1989 (d. 1992); Het sacrament, Film 1989; Onder de torens, Dr. 1993; Belladonna, R. 1994 (d. 1996); De verlossing, Dr. 1996, selbst verfilmt 2002; De geruchten, R. 1996 (Das Stillschweigen, d. 1998); Onvoltooid verleden, R. 1997 (Unvollendete Vergangenheit, d. 2001); Borgerocco, Libr. 1998; Wreed geluk, G. 1999; Een andere keer, En. 2000; Een slaapwandeling, N. 2001. – *Übs.:* Gedichte, 2000.

L: J. Weisgerber, 1970 (m. Bibl.); J. de Decker, 1971; F. de Vree, 1976; ›Bzzletin‹ 113, 1983/84; P. Claes, De mot zit in de mythe, 1984; ders., Claus-reading, 1984; G. Verschoten, 1986; P. Claes, 1987; Het spiegelpalais van H. C., hg. D. Cartens, H. C. de Vree 1991; F. de Vree, H. C., Beeldend werk 1950–1990, 1991; J. Thielemans, Het Paard Begeerte, 1994; G. Wildermeersch, G. Debergh, hg. 1999.

Clausen, Sven, dän. Dramatiker, 30. 10. 1893 Holsted/Sønderjylland – 19. 11. 1961 ebda. Sohn e. Justizrats, Stud. Jura; 1932 Dr. jur., Begründer e. Bewegung für gegenseitige Annäherung der nord. Sprachen, 1950 Prof. der Rechte in Kopenhagen. – Vf. scharfsinniger, satir. Schauspiele gegen Bürokratie und Protektionismus, oft mehr Lesedramen; andere subtil. und psychoanalyt. Stükke; in späteren Jahren Essayist.

W: Vore egne mandariner, Sch. 1920; Bureauslaven, Sch. 1922; Paladsrevolutionen, Sch. 1923; Nævningen, Sch. 1929; I rosenlænker, Sch. 1933; Kivfuglen, Sch. 1933; Årbog for nordisk målstrøv, Abh. IX 1938–49; Dikte, G. 1940; Skuespillets teknik, Ess. 1952; Komedier, 1958; Narcissus i Helvede og andre skuespil (Sch.-Ausw.), 1976.

Claussen, Sophus, dän. Lyriker und Erzähler, 12. 9. 1865 Helletoft/Langeland – 11. 4. 1931 Gentofte b. Kopenhagen. Sohn e. Provinzredakteurs u. Politikers, 1884 Abitur Maribo, 1887 Debüt als Lyriker, 1890 Journalist am radikalliberalen Tagblatt ›Politiken‹, Mitarbeiter der symbolist. Zs. ›Tårnet‹, nach dem Tod s. Vaters Mithrsg. von dessen großem Provinztagblatt. Ökonom. unabhängig, lebte er bis 1911 zeitweilig in Paris und Italien. – Bedeutendster dän. Symbolist; gehörte zur Gruppe der dän. Lyriker von 1890 um J. Jørgensens ›Tårnet‹, die e. neuromant. Reaktion gegen den naturalist. Brandesianismus vertraten. Während andere sich zum Naturalismus zurückoder dem Christentum zuwandten, blieb C. der Poesie treu und war bemüht, die Phantasie an allen Klippen der Skepsis, des materialist. Darwinismus und des relig. Eskapismus vorbeizuführen; verteidigte in Lyrik wie in Prosa die Poesie als e. der Wiss. und Religion gleichwertige Erkenntnis. S. Gedichte gehören zu den verfeinertsten, dunkelsten und klarsten der dän. Lyrik. Schrieb Zeitgedichte, satir. und erot. Verse sowie pantheist.-symbolist. Naturlyrik und essayist. Reiseplaudereien neben meisterhaften Novellen. S. Vorbilder sind Aarestrup, Heine, Baudelaire, Verlaine und Mallarmé; die dän. Lyrikergeneration der 1920er und der 40er Jahre ist von ihm beeinflußt. Übs. Shelley, Baudelaire, Heine.

W: Naturbørn, G. 1887; Unge bander, En. 1894; Frøken Regnvejr, Sp. 1894; Kitty, En. 1895; Antonius i Paris, Reiseber. 1896; Valfart, Reiseber. 1896; Arbejdersken, En. 1898; Pilefløjter, G. 1899; Djævlerier, G. 1904; Danske vers, G. 1912; Fabler, G. 1917; Løvetandsfnug, Ess. 1918; Den danske sommer, G. 1921; Heroica, G. 1925; Forårstaler, Ess. 1927; Hvededynger, G. 1930; Jord og sjæl, Prosa 1962. – Samlede Værker, VIII 1918; Digte, IV 1929f.; Udvalgte digte, G. 1952; S. C. Lyrik, IX 1982–84; Notater og skitser, hg. K. Zeruneith 1993; V. Stuckenberg – S. C., Br. hg. J. Brøndum-Nielsen 1963; S. C. og hans kreds, Br. hg. F. Lasson II 1984.

L: E. Frandsen, II 1950; K. Zeruneith, 1992; J. Hunosøe, Gift m. d. sidste engel?, 1994; P. E. Sørensen, Udløb i uendeligheden, 1997; D. Ringgaard, Den poetiske lækage, 2000. – *Bibl.*: T. Engelbrecht, R. Herring, 1982.

Clavel, Bernard Charles Henri, franz. Erzähler und Dramatiker, * 29. 5. 1923 Lons-le-Saunier. Journalist und Maler; Mitglied der Résistance; lebt in Lyon. – Schildert in schlichter Sprache teils autobiograph. die Schicksale erdverbundener Menschen in s. burgund. Heimat.

W: L'ouvrier de la nuit, R. 1956; Pirates du Rhône, R. 1957 (Tochter des Stroms, d. 1959); Qui m'emporte, R. 1958 (Das offene Haus, d. 1961); L'Espagnol, R. 1959 (Der Fremde im Weinberg, d. 1961); Malataverne, R. 1960 (d. 1982); Le temps de Chartres, R. 1960; La maison des autres, R. 1962; Celui qui voulait voir la mer, R. 1963; Le cœur des vivants, R. 1964; Les fruits de l'hiver, R. 1968; Le seigneur du fleuve, R. 1972; Les colonnes du ciel, R. 1976; La Bourelle, R. 1980; Critique de Kant, Es. 1980. – Œuvres, II 1975f.

L: M. Ragon, 1975; M. Chavardès, 1977; A.-N. Boichat, 1994.

Clavel, Maurice Jean Marie, franz. Dramatiker und Erzähler, 10. 11. 1920 Frontignan/Hérault – 23. 4. 1979 Asquins/Yonne. Mitgl. der Résistance, Gymnasialprof. in Paris, Journalist in Presse, Funk und Fernsehen. – Versuchte die Tragödie Racines (›Les incendiaires‹), das Shakespeare-Drama (›La terrasse du midi‹) und das Versdrama (›La Maguelonne‹) zu erneuern. Übs. Shakespeares ›Heinrich IV.‹ und ›Julius Caesar‹, Strindberg u. a., Vf. von Romanen mit oriental.-jüd. Thematik und krit. anklagenden Essays. Inhaltlich mit s. philos. Ansätzen in der Nähe der ›nouvelle philosophie‹.

W: Dernière saison, Dr. 1945; Les incendiaires, Dr. 1947; La terrasse du midi, Dr. 1949; Pas d'amour, Dr. 1949; La Maguelonne, Dr. 1951; Balmaseda, Dr. 1954; Les Albigeois, Dr. 1955; Une fille pour l'été, Dr. 1957; Le jardin de Djémila, R. 1957; Le temps de Chartres, R. 1960; Saint Euloge de Cordoue, Dr. 1965; La pourpre de Judée, R. 1966; La perte et le fracas, R. 1971; Le tiers des étoiles, R. 1972; Ce que je crois, Ess. 1975; Dieu est Dieu, nom de Dieu, Ess. 1976; Nous l'avons tous tué ou ce juif de Socrate …, Ess. 1977; Deux siècles chez Lucifer, Ess. 1977.

L: F. Gachoud, 1982.

Clavell, James, engl. Erzähler, 10. 10. 1924 Australien – 6. 9. 1994 Gstaad. 1940–46 in brit. Armee. 1942 in japan. Kriegsgefangenschaft – begründet lebenslanges Interesse an Japan. Später amerik. Staatsbürger; Fernostreisen. Drehbuchautor, Filmregisseur. – Vf. realist. Reportageromane über das brit. Empire u. von Bestsellern mit Neigung zum Reißerischen, behandelt die Beziehung zwischen Asien und Europa bzw. Amerika in all s. Werken; auch in hist. Perspektive. Der Bestseller ›Shogun‹ über das ma. Japan eröffnet dem westl. Leser die japan. Welt.

W: King Rat, R. 1962 (d. 1964); Tai-Pan, R. 1966 (d. 1967); Countdown at Armageddon, Sch. 1966; Shogun, R. 1975 (d. 1976); Noble House Hongkong, R. 1981 (d. 1982); The Children's Story, E. 1983; Whirlwind, R. 1986 (d. 1989); Gai-Jin, R. 1993 (d. 1995); Escape, R. 1995.

L: G. Macdonald, 1996.

Cleary, Jon (eig. Stephen), austral. Erzähler, * 22. 11. 1917 Sydney. Mit 15 Jahren Schulabgang, versch. Jobs, 1940 Soldat, ∞1948 Joy Lucas, Auslandsreisen. – Vf. zahlr. Gesellschafts-, Abenteuer- u. Kriminalromane mit weltläufigem Hintergrund. Auch Drehbücher für Fernsehen u. Radio.

W: You Can't See Round Corners, R. 1947; The High Commissioner, R. 1966 (Der Haftbefehl, d. 1973, u. d. T.. Der Hochkommissar, 1970); Mask of the Andes, R. 1971 (Ein Tropfen Liebe, d. 1973); Man's Estate, R. 1972 (Das Glück von Aiden Hall, d. 1973); The Safe House, R. 1975 (Der Treffpunkt, d. 1976); High Road to China, R. 1977 (Unternehmen Drachenritt, d. 1978); Vortex, R. 1979 (Im Auge des Hurrikan, d. 1980); The Golden Sabre, R. 1981 (Aber Towaristsch … doch nicht mit einem geklauten Rolls-Royce, d. 1983);

Cleland, John, engl. Schriftsteller, getauft 24. 9. 1710 Kingston-upon-Thames – 23. 1. 1789 Petty France. Sohn e. Freundes von A. Pope; Konsul in Smyrna, im Dienst der ostind. Gesellschaft in Bombay, zog mehrere Jahre ohne Beschäftigung durch Europa. Wegen ›Fanny Hill‹ vor das Privy Council zitiert, aber nicht bestraft. Lord Granville engagierte C. als Dramatiker und Journalist. Veröffentlichte auch philolog. Studien zum Keltischen. – C.s Romane stehen in der Tradition des Schelmenromans. ›Fanny Hill‹ zählt zu den Klassikern der erot. Lit.

W: Memoirs of a Woman of Pleasure, R. 1749 (n. 1963 u.d.T. Fanny Hill; d. 1906 u.ö.); Memoirs of a Coxcomb, R. 1751; Titus Vespasian, Dr. 1755; The Ladies, Dr. 1755; Memoirs of the Celebrated Miss Maria Brown, R. 1766 (n. 1981); The Woman of Honour, R. 1768.

L: D. F. Foxon, Libertine Literature, 1964; C. Rembar, The End of Obscenity, [2]1970; W. H. Eppstein, 1974.

Clemens, Samuel Langhorne → Mark Twain

Clemens von Alexandria (Titus Flavius Clemens), altgriech. Kirchenschriftsteller; 140/150 n. Chr. Athen (?) – um 215/220 n. Chr. – Aus paganer Familie, später Christ, ausgedehnte Reisen, schließl. Übernahme der Katechetenschule in Alexandria, ab 202 Priester in Jerusalem, ab 212/213 in Antiochien. – Von C.' lit. anspruchsvollem, themat. vielseitigem Werk sind außer e. homilet. Traktat nur 3 Schriften erhalten: 1) ›Mahnrede an die Hellenen‹ (›Protreptikos‹, um 195); 2) ›Der Pädagoge‹ (›Paidagogos‹, 3 Bücher): Einweisung in die christl. Ethik mit Christus als ›Erzieher‹; 3) ›Teppiche‹ (›Stromateis‹, 7 Bücher, verfaßt 208–211, unvollendet): Wissenswertes und kurze Abhandlungen aus versch. Gebieten ohne systemat. Anordnung, Zitate aus ca. 360 Autoren als Auslese der in C.' Augen für e. Christen ›richtigen‹ Erkenntnisse paganer Autoren. C. schreibt in der Überzeugung, daß die paganen Philosophen (mit Ausnahme rein materialist. Richtungen) durch den göttl. Logos geleitete ›Christen vor Christus‹ seien; er selbst sieht zeittypisch in Platon den größten Philos., steht aber inhaltl. auch stark unter stoischem Einfluß. Neben der rein pragmat. Bedeutung der ›Stromata‹ als Zitatenträger vieler ansonsten verlorener Werke der griech. Lit. liegt C.' Bedeutung v.a. in s. Weiterentwicklung der vom hellenist. Judentum bzw. den Apologeten geleisteten Synthese von bibl. Glauben und griech. Denken.

A: O. Stählin, L. Früchtel, U. Treu, III [2]1970, [3]1972, [4]1984; C. Mondésert, A. Plassart [2]1949 (Protr.). – *Übs.*: O. Stählin, BKV 2, 1934 (Protr.); O. Stählin, U. Treu, SC 70, [3]1972 (Paid.); F. Overbeck 1936; O. Stählin, BKV[2], 1934–38 (Strom.).

L: E. F. Osborn, Cambr. 1957; H. v. Campenhausen, [2]1963; A. Mehat, Paris 1966; D. Wyrwa, 1983; M. Pohlenz, [4]1984; A. Le Boullec, Paris 1985; A. van den Hoeck, Leiden 1988; C. Scholten, JAC 38, 1995.

Clercq, René de, fläm. Dichter, 14. 11. 1877 Deerlijk – 12. 6. 1932 Bussum. Stud. Lit. Gent, Dr. phil., Lehrer u. später Konservator. Mußte 1918 als fläm. Aktivist in die Niederlande fliehen. – Lyriker mit volksliednahen, später auch kämpfer. fläm.-nationalist. Gedichten. Auch Romane u. Dramen.

W: Natuur, G. 1903; Gedichten, 1907; Toortsen, G. 1909; Harmen Riels, R. 1913; De zware kroon, G. 1915; Van aarde en hemel, G. 1915; De Noordhoorn, G. 1916 (d. 1917); Maria Magdalena, G. 1919; Het boek der liefde, G. 1921; Meidoorn, G. 1925; Kain, Saul en David, Absalom, 3 Trr. 1934.

L: J. J. Wijnstroom, 1938.

Cloete, (Edward Fairie) Stuart, südafrikan. Romanschriftsteller, 23. 7. 1897 Paris – 20. 3. 1976 Kapstadt. Schulbildung in England. Teilnehmer am 1. Weltkrieg, 1926–35 Farmer in Südafrika, dann freier Schriftsteller in England u. Südafrika. – Vf. von erfolgr. hist. Romanen, die e. anschaul. Bild des Lebens südafrikan. Siedler geben. Am bekanntesten ist s. erster Roman ›Turning Wheels‹, der den großen Treck der Buren schildert.

W: Turning Wheels, R. 1937 (Wandernde Wagen, d. 1947); Watch for the Dawn, R. 1939 (Wetterleuchten, d. 1949); Yesterday is Dead, St. 1940; The Young Man and the Old, G. 1941; The Hill of Doves, R. 1941; Christmas in Matabeleland, R. 1942; Congo Song, R. 1943; Against these Three: Paul Kruger, Cecil Rhodes and Lobengula, B. 1945 (u.d.T. African Portraits, 1946); The Third Way, R. 1947; The Curve and the Tusk, R. 1952 (Afrikan. Ballade, d. 1957); The African Giant, R. 1955; Mamba, R. 1956 (d. 1958); The Mask, R. 1957 (Der Jäger mit der Maske, d. 1964); Gazella, R. 1958 (d. 1963); The Soldiers' Peaches, En. 1959; The Fiercest Heart, R. 1960 (d. 1961); The Silver Trumpet, Kgn. 1961 (d. 1963); The Looking Glass, Kgn. 1963; Rags of Glory, R. 1963 (d. 1965); The 1001 Nights of Jean Macaque, R. 1965; The Writing on the Wall, Kgn. 1967; The Abductors, R. 1970; Three White Swans, Kgn. 1971; A Victorian Son, Aut. 1973; The Company with the Heart of Gold, Kgn. 1973; The Gambler, Aut. 1973.

Clopinel, Jean → Roman de la Rose, Rosenroman

Clough, Arthur Hugh, engl. Dichter, 1. 1. 1819 Liverpool – 13. 11. 1861 Florenz. Sohn e. Baumwollkaufmanns; Kindheit in Amerika, Schule in Rugby, Stud. Oxford, Dozent ebda., zunächst von Kardinal Newman beeinflußt, später Skeptiker; gab 1848 s. Lehrstuhl wegen Gewissensskrupeln auf. Mehrjährige Reisen auf dem Kontinent. 1849 mit Verwaltung der Univ. London betraut.

1851 Reise in die USA, ab 1854 Beamter des Kulturministeriums, ∞ 1854 Blanche Smith, e. Base von Florence Nightingale. Besuchte als Prüfungskommissar für militär. Schulen häufig den Kontinent. – Aufrechte, geistvolle Persönlichkeit, von Carlyle und Emerson sehr geschätzt. Enge Freundschaft mit M. Arnold, der s. Dichtung ›Thyrsis‹ s. Gedenken widmet. C.s Dichtungen spiegeln s. inneren Kämpfe, er diskutiert geistige Probleme geistreich und mit feiner Ironie, vor allem in dem dialog. Faustdrama ›Dipsychus‹. Die Pastoraldichtung ›The Bothie‹ ist leichter zugänglich.

W: The Bothie of Toper-na-Fuosich, Dicht. 1848; Amours de Voyage, Vers-E. 1849; Dipsychus, Dr. 1850; Poems and Prose Remains, II 1869f. – Poems, hg. A. L. Norrington 1968, hg. F. L. Mulhauser [2]1974; Selected Prose Works, hg. B. B. Trawick 1964; Correspondence, hg. F. L. Mulhauser II 1957; Oxford Diaries, hg. A. Kenny 1990.

L: S. Waddington, 1883; J. I. Osborne, 1920; G. Levy, 1938; K. Chorley, 1962; W. E. Houghton, 1963; P. Veyriras, 1964; M. Timko, Innocent Victorian, 1966; W. V. Harris, 1970; R. K. Biswas, 1972; Critical Heritage, hg. M. Thorpe [2]1995.

Coccai, Merlin → Folengo, Teofilo

Coccioli, Carlo, ital. Schriftsteller, * 15. 5. 1920 Livorno. Kindheit in Afrika, Übersiedlung nach Rom. Teilnahme an der Resistenza. Stud. der Orientalistik in Neapel. Freier Schriftsteller in Arcetri/Florenz, dann Mexiko u. Paris. – S. erster Roman ›Il migliore e l'ultimo‹ ist die Geschichte e. Mannes, der den letzten Sinn des Lebens sucht u. stirbt, ohne ihn gefunden zu haben. S. Bücher sind von relig. Themen geprägt u. kreisen oft um das Problem der Homosexualität. Schreibt auch franz. u. span.

W: Il migliore e l'ultimo, R. 1946; La difficile speranza, R. 1947; La piccola valle di Dio, R. 1948; Il giuoco, R. 1950 (d. 1952); Il cielo e la terra, R. 1950 (d. 1951); Fabrizio Lupo, R. 1952; L'immagine e le stagioni, R. 1954 (d. 1955); Manuel le Mexicain, R. 1956 (d. 1958); La pietra bianca, R. 1956; Un suicide, R. 1959 (d. 1970); L'erede di Montezuma, R. 1964; Soleil, R. 1965 (d. 1966); L'affaire de la colline de lune, Dr. (1969); Uomini in fuga, E. 1973; Davide, R. 1976; Requiem per un cane, E. 1977; Le case del lago, R. 1980; La casa di Tacubaya, R. 1982.

Cocteau, Jean Marie Eugène Clément, franz. Dichter und Schriftsteller, 5. 7. 1889 Maisons-Laffitte bei Paris – 11. 10. 1963 Milly-la-Forêt. Aus wohlhabender Juristenfamilie; besuchte Lycée Condorcet, wurde Journalist und Zeichner. Im 1. Weltkrieg Sanitäter an der Front, nahm an Versuchsflügen des Piloten R. Garros teil. S. Schaffen beeinflußte alle Kunstströmungen s. Zeit, A. de Noailles, P. Rostand, C. Mendès, J. Lemaitre; Freundschaft mit Radiguet, Gide, Rilke, Proust. Entscheidende Impulse durch Stravinskij, die Komponisten der ›Groupe des Six‹, S. Diaghilev und G. de Chirico. Umgang mit G. Apollinaire, A. Salmon und M. Jacob. Durch den Tod R. Radiguets erschüttert, rauschgiftsüchtig; Entziehungskur unter Einfluß des Thomisten J. Maritain, dem die Bekehrung C.s letztlich nicht gelang. Reisen um die Welt (wegen Wette), in den Orient, nach USA und Dtl. 1955 Mitglied der Académie Française und der Académie Belge. – E. der brillantesten und eigenartigsten Persönlichkeiten im künstler. Leben Frankreichs des 20. Jh. Von proteushafter Vielseitigkeit: Lyrik, Romane, Ballette, Theater (neben Tragödien in Alexandrinern Boulevardstücke), Choreographien, Autobiographie, Kritiken, Graphiken. Förderte mit sicherem Geschmack die avantgardist. Strömungen Dadaismus und Surrealismus, die mod. Malerei und Musik, den Jazz, das russ. Ballett und Chaplins Filmkunst; wandte den Surrealismus auf s. Dichtungen und Filme an. Schwer zu fassende Persönlichkeit, die sich hinter den verschiedenartigsten Masken verbarg. S. Inspiration schöpfte stark aus Kindheit und Jugend, kreiste um das trag. Verfallensein des Menschen an den Tod. C. bekannte sich zum Wagnis, wollte schockieren, Skandal hervorrufen, weil er s. Aufgabe als Dichter darin sah, Unbewußtes und Bruchstücke der ›inneren Nacht‹, das Ungewohnte, hervorzuholen. S. Lyrik ist ›poésie pure‹ in klass. Form, deren Gehalt aber ›bezaubernd unvernünftig‹ ist. Dramen und Ballette in Zusammenarbeit mit Picasso, E. Satie, Poulenc, Milhaud: seltsame Mischung von Theater, Varieté, Jazz und russ. Ballett, Kubismus und nihilist. Dadaismus. In späteren Romanen Gegensatz der kultivierten und sensiblen Seele Jugendlicher und der Brutalität der Welt. Kalte nihilist. Psychologie auch in Dramen mit z. T. gesellschaftskrit. Themen und in s. ›respektlosen‹ Modernisierung antiker Mythen und vorgeprägter klass. Stoffe. S. Sprache ist elegant, schmucklos, verzichtet auf Bilder und Pathos. C. verfilmte e. Teil s. Dramen, schrieb auch eigens Filmskripte, übernahm meist die Regie, stellte in kühler Beherrschung der film. Ausdrucksmittel mit Raffinement film. Tricks in den Dienst s. surrealist. Kunst.

W: Parade, Ballett, Dr. 1917 (m. Picasso u. E. Satie); Le coq et l'arlequin, Schr. 1919 (d. 1958); Le Potomak, R. 1919; Ode à Picasso, 1919; Le Cap de Bonne-Espérance, G. 1919; Le bœuf sur le toit, Ballett 1920 (m. D. Milhaud. 1954); Poésies 1917–20, 1920; Vocabulaire, G. 1922; Discours du grand sommeil, G. 1922; Plain-Chant, G. 1923; Le grand écart, R. 1923 (d. 1956); Thomas l'imposteur, E. 1923 (d. 1954); Picasso, St. 1923; Poésie, 1924; Les mariés de la Tour Eiffel, Ballettdr. 1924; Les biches, Ballett 1924 (m. F. Poulenc u. D. Milhaud); Les fâcheux, Ballettdr. (m. G. Auric, Calvy u. L.

Laloy) 1924; Cri écrit, G. 1925; Lettre à J. Maritain, 1926; Rappel à l'ordre, Schr. 1926; L'ange Heurtebise, G. 1926; Opéra, G. 1927; Orphée, Dr. 1927 (d. 1951); Oedipe-Roi, Dr. 1927 (d. 1928); Antigone, Dr. 1928; Roméo et Juliette, Dr. 1928; Les enfants terribles, R. 1929 (Kinder der Nacht, d. 1953); La voix humaine, Dr. 1930 (Geliebte Stimme, d. 1933); Opium, Tg. 1930 (d. 1966); Essai de critique indirecte, 1932 (Versuche, d. 1956); Le sang d'un poète, Film 1932; Le fantôme de Marseille, R. 1933; Mythologie, G. 1934; La machine infernale, Dr. 1934 (d. 1951); Mon premier voyage, Reiseber. 1937 (d. 1967); Les parents terribles, Dr. 1938 (Nein, diese Eltern, d. 1946); Les chevaliers de la Table Ronde, Dr. 1939 (d. 1953); La fin du Potomak, R. 1940; Les monstres sacrés, Dr. 1940 (d. 1950); Le bel indifférent, Dr. 1940; Allégories, G. 1941; La machine à écrire, Dr. 1941 (d. 1947); Renaud et Armide, Dr. 1943; L'éternel retour, Film 1944; Poèmes, 1945; Léone, G. 1945; L'aigle à deux têtes, Ballett 1946 (d. 1947); La belle et la bête, Film 1946; La difficulté d'être, Es. 1947 (d. 1958); La crucifixion, G. 1947; Poésies, 1948; Maalesh, Ber. 1949; Théâtre de poche, Drr. 1949 (d. 1952); Lettre aux Américains, Es. 1949 (Der goldene Vorhang, d. 1949); Orphée, Film 1950; Entretiens autour du cinématographe, 1951 (d. 1953); Journal d'un inconnu, 1952 (d. 1957); Bacchus, Dr. 1952 (d. 1952); Le chiffre sept, G. 1952; Démarche d'un poète, Aut. 1953 (d. 1953); Clair-Obscur, G. 1954; Poésie critique, II 1959f.; Le testament d'Orphée, Drb. (1960); Cérémonial espagnol du Phénix, G. 1961; L'impromptu du Palais-Royal, Dr. 1962; Le cordon ombilical, Erinn. 1962; Le requiem, G. 1962. – Œuvres complètes, XI 1947–52, Poèmes 1916–55, 1956; Poèmes 1922–1962, 1969; Théâtre, II 1957; Lettres à Gide, 1970. – *Übs.:* Ausw., F. Hagen II 1961; Dramen, 1959; Ausgew. G., 1959.

L: C. Mauriac, 1945; J.-P. Millecam, L'étoile de J. C., 1952; P. Dubourg, Dramaturgie de J. C., 1954; R. Lannes, 1955; M. Crosland, 1956; N. Oxenhandler, Scandale et parade, 1957; K. G. Simon, J. C. od. D. Poesie im Film, 1959; F. Hagen, II 1961; A. Fraigneau, 1961; F. Hellens, 1963; W. Fowlie, Bloomington 1966; C. Borgal, 1968; J. M. Magnan, 1968; F. Brown, N. Y. 1968; J. Brosse, 1970; H. R. Kautz, 1970; C. Mauriac, 1970; J.-J. Kihm, 1970; O. Wirtz, 1972; F. Steegmüller, 1973; W. Fifield, 1973; J.-L. Major u.a., 1978; A. K. Peters, 1987; E. Espinosa, 1988; Ch. Soleil, 1989; A. Skirchi, 1991; A. Gidel, 1998; P. Caizergues, 2000.

Coelho, Joaquim Guilherme Gomes → Dinis, Júlio

Coelho, José Francisco de Trindade (Ps. Belisário), portugies. Schriftsteller u. Journalist, 18. 6. 1861 Mogadouro/Trás-os-Montes – 9. 6. 1908 Lissabon. Sohn e. Kaufmanns, Stud. Jura Coimbra, Staatsanwalt in Portalegre u. Lissabon, wählte den Freitod nach der Ermordung Dom Carlos' 1908. – Beschwört mit romant. Grundhaltung in s. vielgelesenen Erzählungen die schlichte, dörfl., idyll.-patriarchal. Welt s. Heimat, der er das unnatürl. Großstadtleben entgegensetzt. Mustergültiger Stilist, auch Vf. von jurist., sozialpädagog. u. polit. Schriften (Kampf gegen das Analphabetentum).

W: Os Meus Amores, En. 1891; In Illo Tempore, Erinn. 1902; Autobiografia e Cartas, hg. H. Trindade Coelho 1910; Cartas Inéditas, Br. 1915.

L: L. Ey, 1918; F. Ramos, 1947; J. de Lemos, 1949; R. Fernandes, 1961; A. R. Lopes, 1969.

Coelho, Paulo, brasilian. Schriftsteller, * 24. 8. 1947 Rio de Janeiro. Begann s. Karriere in den 1970er Jahren als Songtexter für Popmusik (R. Seixas, R. Lee), für Bossa Nova (E. Regina, M. Bethânia); 1968 inhaftiert; Direktor von Polygram u. CBS; Reisen (Japan, Rußland, Indien). – Schreibt seit Anfang der 1980er Jahre Prosa, erhielt internationale Preise; ›O Alquimista‹ mischt traditionelle Genres, z.B. Hirtenroman, setzt Erkenntnisse ma. Künstler, etwa das Bukolisch-Obskure, als Kunstgriff ein; s. Figuren sind Pilger, Abenteurer, Entdecker, Touristen u. Bildungsreisende; greift zurück auf Zauber- u. Orakelsprüche, Segens- u. Gebetsformeln, auf Texte u. Bilder aus den drei monotheist. Religionen, die er in e. mod. westl. Sprache u. in Bilder überträgt u. zu e. Pastiche verarbeitet.

W: Arquivos do inferno, Prosa 1982; O Manual Prático do Vampirismo, Abh. 1985; O diário de um mago, R. 1987 (d. 1989); O Alquimista, R. 1988 (d. 1991); Brida, R. 1990; As Valkíras, R. 1992; Na margem do rio Piedra eu sentei e chorei, R. 1994 (d. 1997); Maktub, Ess. 1994; Rockbook Raul Seixas (Vorwort P. Coelho), Liedtexte 1994; Frases, Prosa 1995; O Monte Cinco, R. 1996 (1998); O manual de um guerreiro da luz, R. 1997 (d. 2001); Veronika decide morrer, R. 1998 (d. 2000); O Demônio e a Srta Prym, R. 2000 (d. 2001); Histórias para pais, filhos e netos, En. 2001; Onze minutos, R. 2003 (d. 2003).

Coelho Neto, Henrique Maximiliano da Fonseca, brasilian. Erzähler, Romanschriftsteller u. Dramatiker, 21. 2. 1864 Caxias/Maranhão – 28. 11. 1934 Rio de Janeiro. Medizin- u. Jurastud. Rio u. São Paulo; Gelehrter; Antimonarchist, Abgeordneter in Rio. – Bedeutender Vertreter des Realismus, erfolgr. als satir. u. humorvoller Chronist Rios, vom Erstling ›A capital federal‹ (1893) bis zum Roman ›Rei negro‹ (1914) sowie als Erzähler ländl. Lebens mit den Bänden ›Sertão‹ (1896), ›Treva‹ (1905), ›Banzo‹ (1912). Die darauffolgende Wendung zum ›Parnaß‹ und die Produktion von mehr als einhundert Erzählbänden, Romanen u. Theaterstücken bewirkte, daß er mit dem Aufkommen des Modernismus als unbedeutend und lit. überholt gilt.

W: A capital federal, R. 1893; Miragem, R. 1895; Sertão, En. 1896; O Morto, R. 1898, 1994; Turbilião, R. 1906; Teatro, VI 1911–42.

L: P. Coelho Neto, 1942, 1956; L. Barreto, 1956; J. Amado, 1981.

Coetzee, John M., engl.-südafrikan. Romancier, * 9. 2. 1940 Kapstadt. Stud. in Südafrika u. USA, Prof. New York State, Kapstadt, Harvard, Johns Hopkins, Chicago, seit 2002 in Adelaide, Australien. Nobelpreis für Lit. 2003. – In karger, spröder, doch kraftvoller Sprache schildert C. das durch Unterdrückung verursachte psych. Leiden.

W: Dusklands, Kgn. 1974; In the Heart of the Country, R. 1977 (d. 1987); Waiting for the Barbarians, R. 1980 (d. 1984, neu 2001); The Life and Times of Michael K., R. 1983 (d. 1986); Foe, R. 1986 (Mr. Cruso, Mrs. Barton & Mr. Foe, d. 1990); White Writing, St. 1988; Age of Iron, R. 1990 (Eiserne Zeit, d. 1995); Doubling the Point, Ess. 1992; The Master of Petersburg, R. 1994 (d. 1996); Giving Offense, Ess. 1996; Boyhood, Mem. 1997 (Der Junge, d. 1998); Disgrace, R. 1999 (Schande, d. 2001); Stranger Shores, Ess. 2002; Youth, 2002 (Die jungen Jahre, d. 2002); Elizabeth Costello, R. 2003.

L: T. Dovey, 1988; D. Penner, 1989; S. V. Gallagher, 1991; A. Menneke, 1991; D. Attwell, 1993; G. Huggan, S. Watson, hg. 1996; S. Kossew, Pen and Power, 1996; dies., hg. 1998; D. Head, 1997; A. Viola, 1999; S. Durrant, 2003. – *Bibl.:* K. Goddard, J. Read, T. Dovey, 1990.

Cohen, Albert (eig. Leonard), franz.-schweizer. Lyriker u. Erzähler, 16. 7. 1895 Korfu – 7. 10. 1981 Genf. Jüd. Eltern, Schulzeit in Marseille, Stud. Jura in Genf, Diplomat u. Vertreter der zionist. Organisation im Völkerbund. – Schildert in Form des Schelmenromans die Spannung zw. Individuum und Alltagswelt.

W: Paroles juives, G. 1921; Solal, R. 1930 (d. 1932; n. 1986); Ezéchiel, Dr. 1933; Mangeclous, R. 1938 (Eisenbeißer, d. 1984); Le livre de ma mère, Aut. 1954 (d. 1971); Belle du seigneur, R. 1968 (d. 1983); Carnets, 1979. – Œuvres, 1993.

L: Cahier C., 1991ff.; A. Schaffner, 1999; R. Elbaz, 2000.

Cohen, Leonard, kanad. Romancier, Lyriker, Komponist u. Sänger, * 21. 9. 1934 Montreal, aus e. emigrierten russ.-jüd. Familie, lebt auf der griech. Insel Hydra, auf e. Farm b. Nashville/TN und in Montreal. – Selbststilisierung als prophet. Außenseiter in melanchol., metaphernreichen Gedichten u. Songs. Pop-Ikone der 68er. ›Beautiful Losers‹ ist der Versuch, in der Rekonstruktion der Legende e. Irokesenmädchens durch e. mod. Anthropologen die gesamte Erfahrung von e. Land wie Kanada einzufangen.

W: Let Us Compare Mythologies, G. 1956; The SpiceBox of Earth, G. 1961; The Favourite Game, R. 1963 (d. 1972); Flowers for Hitler, G. 1964 (d. 1971); Parasites of Heaven, G. 1966; Beautiful Losers, R. 1966 (d. 1970); Selected Poems, 1968; The Energy of Slaves, G. 1972; Two Views, G. 1980; Book of Mercy, G. 1984.

L: S. Scobie, 1978; Ch. Graf, 1996 u. 2002; I. B. Nadel, 1999 u. 2000; J. Devlin, 2002.

Coleridge, Hartley, engl. Dichter und Journalist, 19. 9. 1796 Clevedon b. Bristol – 6. 1. 1849 Grasmere. Ältester Sohn von S. T. C., wuchs in der Gemeinschaft der ›lake poets‹ auf; Stud. Oxford, erhielt ebda. e. Dozentur, die er wegen Neigung zur Trunksucht wieder verlor. Versuchte vergeblich, sich als Journalist und als Lehrer e. Existenz zu gründen, lebte ab 1833 einsiedlerisch in Grasmere. – Schrieb einige gute Sonette, e. unvollendetes Drama ›Prometheus‹.

W: Biographia Borealis, or Lives of Distinguished Northerns, 1833 (n. D. Coleridge III 1852). – Poems, II 1851; Essays and Marginalia, hg. D. Coleridge II 1851; The Complete Poetical Works, hg. R. Colles 1908; Letters, hg. G. E. und E. L. Griggs 1937; New Poems, hg. E. L. Griggs 1942.

L: E. L. Griggs, 1929; H. Hartmann, 1931 (m. Bibl.).

Coleridge, Mary Elizabeth, engl. Lyrikerin und Romanschriftstellerin, 23. 9. 1861 London – 25. 8. 1907 Harrogate. Großnichte von S. T. C. – Schrieb 1897 e. hist. Romanze über Gustav III. von Schweden ›The King with two Faces‹. Ihre beachtl., teils etwas düsteren Gedichte erschienen anonym.

W: The Seven Sleepers of Ephesus, R. 1893; The King with two Faces, R. 1897; Non Sequitur, Ess. 1900; The Fiery Dawn, R. 1901; The Shadow on the Wall, R. 1904; The Lady on the Drawing-Room Floor, R. 1906. – Gathered Leaves from the Prose of M. E. C., hg. E. Sichel 1910; Collected Essays, Papers, etc., hg. R. Bridges 1927; Collected Poems, hg. Th. Whistler 1954.

L: W. de la Mare, 1907.

Coleridge, Samuel Taylor, engl. Dichter, Philos. und Kritiker, 21. 10. 1772 Ottery St. Mary/Devonshire – 25. 7. 1834 London. Jüngstes von 13 Kindern; Vater Geistlicher. Erzogen Christ's Hospital, dort Beginn der lebenslängl. Freundschaft mit Charles Lamb. Stud. Cambridge, aus ungeklärten Gründen vorzeitig abgebrochen; Eintritt bei e. Dragonerregiment, von dort durch Freunde wieder freigekauft. 1794 Rückkehr nach Cambridge. Freundschaft mit Southey. C. schrieb e. Revolutionsdrama ›The Fall of Robespierre‹, zu dem Southey 2 Akte beisteuerte. Beide begeisterten sich für Errichtung e. ›Pantisocracy‹, e. Gemeinschaft, in der alles Privateigentum aufgehoben sein soll; der Plan wurde jedoch bereits 1795 fallengelassen. Auf Southeys Vorschlag 1795 ∞ Sara Fricker; die Freunde Southey und Lovell heirateten deren Schwestern, da sie sie für bes. geeignet für die Gemeinschaft hielten. Bald darauf enge, dichter. fruchtbare Freundschaft mit Wordsworth, 1 Jahr in Nether-Stowey in dessen nächster Nähe. Sie veröffentlichten gemeinsam die ›Lyrical Ballads‹, die einige der wichtigsten Dichtungen C.s enthalten. Die Freunde vereinbarten, daß C. in s. Dichtung das Übernatürliche als natürlich erscheinend darstellen solle, während Wordsworth das Vertraute und die diesem geheim innewohnende Schönheit aufzeigen wollte. 1798/99 längerer Aufenthalt in Dtl.; vielfache Anregung durch die Philosophie Kants und Schellings, durch die Dichtung des jungen Schiller, insbes. dessen ›Räuber‹, und durch Bürgers ›Lenore‹. Kurze Zeit unitar. Geistlicher in Shrewsbury. 1799 Mitarbeiter der Londoner ›Morning Post‹. 1800 Übs. von Schillers ›Wallenstein‹. Zog nach Greta Hall b. Keswick. Schwere Krankheit führte zum Opiumgenuß, dem er zunehmend verfiel und damit s. körperl. und geistigen Kräfte zerstörte. 1804–06 Aufenthalt in Malta zur Wiederherstellung s. Gesundheit. Auf der Rückreise lernte er in Rom Tieck und W. v. Humboldt kennen. Ende 1806 Rückkehr nach England. Hielt Vorlesungen über Shakespeare im Royal Institute, zog dann nach Grasmere; begründete die philos. Zs. ›The Friend‹ (1809/10). Endgültige Trennung von Frau und Familie, weitere Vorlesungen in London. 1813 erfolgr. Aufführung s. Dramas ›Remorse‹. 1818 Aufnahme in den Haushalt des Arztes Gillman in Highgate, London, da s. Nervensystem völlig zerrüttet war. 1824 zum Mitglied der Royal Society of Literature ernannt unter Gewährung e. jährl. Pension. Unter s. Zeitgenossen berühmt wegen s. nimmermüden Beredsamkeit. Engl. Romantiker der ›lake school‹. – In s. Dichtung Darsteller des Übernatürl. und Übersinnl. in suggestiver, melod. und bilderreicher Sprache. S. Schaffen zerfällt in 4 völlig voneinander versch. Perioden: e. revolutionäre, e. lit., e. ästhet.-krit. und e. der Beschäftigung mit Metaphysik. S. eigenes dichter. Werk ist fragmentarisch und von kleinem Umfang, es enthält jedoch Kunstwerke von großer Schönheit, zu denen v. a. auch die Ballade ›The Ancient Mariner‹, 1798 (dt. F. Freiligrath), und ›Kubla Khan‹ gehören. In s. Essays Philosoph unter Einfluß des dt. Idealismus, bes. Kants, Psychologe, Ästhetiker, Poetiker und Theologe (Bibelkritik).

W: The Fall of Robespierre, Dr. 1794 (m. Southey); Poems on Various Subjects, G. 1796; Lyrical Ballads (m. Wordsworth) 1798, ²1800, ³1802, ⁴1805 (n. R. L. Brett, A. R. Jones 1963); Essay on Taste, 1814; Sibylline Leaves, G. 1817; Biographia Literaria, 1817 (n. J. Shawcross II 1907, ²1954; G. Watson ²1975); Lay Sermon, 1817; On Method, Es. 1818; Aids to Reflection, Es. 1825; On the Constitution of Church and State, 1830; Table Talk, hg. H. N. Coleridge, II 1835; Confessions of an Enquiring Spirit, hg. H. N. Coleridge, 1840; Shakespearian Criticism, hg. T. M. Raysor, II 1930, ²1960; Miscellaneous Criticism, hg. ders. 1936. – The Poetical Works, II 1828; The Literary Remains, hg. H. N. Coleridge IV 1836–39; Anima Poetae, hg. E. H. Coleridge 1895; Philosophical Lectures, hg. K. Coburn, 1949; Inquiring Spirit, hg. dies. 1951; Collected Works, Bollingen Edition, XVI 1969ff.; Notebooks, hg. K. Coburn 1957ff.; Collected Letters, hg. E. L. Griggs, IV 1956ff. – Übs.: Gedichte, Ausw. engl./dt. 1973.

L: J. D. Campbell, 1894, ²1970; H. l'A. Fausset, 1926; J. L. Lowes, The Road to Xanadu, 1927, ²1951; I. A. Richards, C. on Imagination, 1934, ²1950; S. Potter, 1935; E. K. Chambers, 1938, ²1950; A. H. Nethercote, Road to Tryermaine, 1939; H. House, 1953; E. Schneider, 1954; J. B. Beer, C. the Visionary, 1959; J. Colmer, C., Critic of Society, 1959; M. Suther, The Dark Night of S. T. C., 1960; J. D. Boulger, C. as Religious Thinker, 1961; M. Suther, Visions of Xanadu, 1965; J. A. Appleyard, 1965; G. Watson, 1966; P. M. Adair, The Waking Dream, 1967; W. Walsh, 1967; C., hg. K. Coburn 1967; W. J. Bate, 1968 (n. 1987); G. N. G. Orsini, 1969; R. Haven, Pattern of Consciousness, 1969; N. Fruman, 1972; J. Cornwell, 1973; A. Hayter, A Voyage in Vain, 1973; R. L. Brett, 1974; C.s Variety, hg. J. Beer 1974; J. R. Barth, The Symbolic Imagination, 1977; J. Beer, C.s Poetic Intelligence, 1977; L. S. Lockridge, C. the Moralist, 1977; K. Cooke, 1979; J. Pym, C.s Metaphor of Being, 1979; J. Christensen, 1981; Th. McFarland, Romanticism and the Forms of Ruin, 1981; R. Holmes, 1982; J.-P. Mileur, Vision and Revision, 1982; P. Hamilton, C.s Poetics, 1983; D. Jasper, C. as Poet and Religious Thinker, 1985; R. Modiano, C. and the Concept of Nature, 1985; N. Leask, 1988; R. Holmes, 1989 u. 1998; J. Stillinger, C. and Textual Instability, 1994; R. Ashton, 1996; M. D. Paley, 1996; C.: Interviews and Recollections, hg. S. Perry, 2000. – Bibl.: V. W. Kennedy u. M. N. Barton, 1935; R. Haven u. a. 1976ff.; J. D. Caskey, M. M. Stapper, 1978; W. B. Crawford, 1983; Konkordanz: E. Logan, 1940.

Coleridge, Sara, engl. Schriftstellerin und Übersetzerin, 23. 12. 1802 Greta Hall b. Keswick – 3. 5. 1852 London. Einzige Tochter S. T. Coleridges. ∞ 1829 ihren Vetter Henry Nelson Coleridge. – Schrieb seinerzeit beliebte Gedichte und e. reizvolles poet. Märchen ›Phantasmion‹, in das zahlr. Gedichte eingefügt sind. Hrsg. ihres Vaters.

W: Pretty Lessons in Verse, G. 1834; Phantasmion, M. 1837; Memoir and Letters, hg. E. Coleridge II 1873.

L: E. L. Towle, A Poet's Children, 1912; E. L. Griggs, 1940; B. K. Mudge, 1989.

Colet, Louise, de (geb. Louise Revoil), franz. Schriftstellerin, 1810 (?) Révoil/Aix en Provence – 8. 3. 1876 Paris. C. beginnt ihr umfangreiches lit. Werk auf dem elterl. Gut in der Provence; kommt im Zuge der Heirat mit dem Musikprof. H. Colet nach Paris; unterhält einen lit. Salon, den die geistige Elite Frankreichs frequentiert. Liebschaften mit zeitgenöss. Autoren, v. a. mit Flaubert, der sie als ›la muse‹ verehrt. Liberale Feministin. – Vf. von Gedichten und Romanen. Ihre dichter. Sensibilität wird viermal von der Académie Française prämiert. Die Korrespondenz mit Flaubert, der Emma Bovary an ihrem Wesen orientiert, verrät die schriftsteller. Grundsätze beider Autoren. Ihr

Roman ›Lui‹ beschreibt die Beziehung zwischen Musset und George Sand.

W: Le poème de la femme, G. 1856; Lui, R. 1859. – Correspondance, hg. L. Bouiliet 1973; G. Flaubert, Premières lettres à L. C., 1957 (d. 1995).
L: E. Gérard-Gally, 1934; J. F. Jackson, 1937; S. Grand, M. Bood, 1986; J.-P. Clébert, 1986; P. Barillet, 1991.

Colette, Sidonie-Gabrielle, franz. Schriftstellerin, 28. 1. 1873 Saint-Sauveur-en-Puisaye/Yonne – 3. 8. 1954 Paris. Offizierstochter, 1893 ∞ den 15 Jahre älteren Schriftsteller Henry Gauthier-Villars (Ps. Willy), von ihm aus finanziellen Gründen zum Schreiben angeregt. Nach Scheidung 1906 wechselvolles Leben als Kabarettistin, Chansonette und Tänzerin in Paris. 1912 ∞ Journalist Henri de Jouvenel; schrieb 1913–23 Theaterkritiken; 1924 Scheidung, 1935 ∞ Schriftsteller Maurice Goudeket, Auslandsreisen, 1935 in die Académie Belge, 1944 in die Académie Goncourt gewählt. Letztes Lebensjahrzehnt an den Rollstuhl gefesselt. – Bedeutende, sehr erfolgr. Erzählerin: kunstvolle Prosa von transparenter Bildlichkeit, Frische und maßvoller Einfachheit. Dichterin der Natur und der Instinkte, der Tiere, der kleinen ird. Dinge und Genüsse. Priesterin der Sinne und des Körpers, lebenskluge intuitive Psychologin der Erotik, rückhaltlose Darstellung der erot. Empfindungen in feinsten Nuancen. Begegnen, Sichfinden und Abschied Liebender als zentrales Thema. Melanchol. Wissen um das naturgegebene Gezwungensein zur Liebe, um Abschied und Zerbrechlichkeit des ird. Glücks. Reine Diesseitigkeit. Teilweise autobiograph. Werke.

W: Claudine à l'école, B. 1900 (C. erwacht, d. 1958); Claudine à Paris, R. 1901 (d. 1959); C. en ménage, R. 1902 (Renauds Weib, d. 1927, u.d.T. C. in der Ehe, 1959); Claudine s'en va, R. 1903 (d. 1957); Minne, R. 1904; Les égarements de Minne, R. 1905 (alle bisher gen. Werke m. Willy); Sept dialogues de bêtes, 1905 (d. 1928); La retraite sentimentale, R. 1907 (d. 1958); L'ingénue libertine, R. 1909 (Geträumte Sünden, d. 1949); La Vagabonde, R. 1910 (Renée Nerée, d. 1927); L'entrave, R. 1913 (d. 1928); L'envers du music-hall, Aut. 1913 (Wir Komödianten, d. 1931); La paix chez les bêtes, En. 1916 (d. 1931); Mitsou, R. 1919 (d. 1927); Chéri, R. 1920 (d. 1927); Le voyage égoïste, R. 1922; La maison de Claudine, Aut. 1922 (Mein Elternhaus, d. 1929, u.d.T. Claudines Mädchenjahre, 1960); Le blé en herbe, R. 1923 (Erwachende Herzen, d. 1952); La fin de Chéri, R. 1926 (d. 1927); La naissance du jour, R. 1928 (d. 1928, u.d.T. Die Freuden des Lebens, 1961); La vagabonde, Dr. 1928; La seconde, R. 1929 (d. 1930); Sido, Aut. 1929 (d. 1963); La chatte, R. 1933 (d. 1936, u.d.T. Eifersucht, 1959); Duo, R. 1934 (d. 1948); Mes apprentissages, Aut. 1936; Bella-Vista, En. 1937 (d. 1964); Chambre d'hôtel, R. 1940 (d. 1963); Julie de Carneilhan, R. 1941 (d. 1950, u.d.T. Die erste Madame d'Espivant, 1960); Paris de ma fenêtre, Aut. 1944 (d. 1945); Gigi, R. 1945 (d. 1953); Trois – six – neuf, R. 1947 (d. 1950); Pour un herbier, Prosa 1948 (Zwiesprache mit Blumen, d. 1959); Le fanal bleu, R. 1949; En pays connu, Aut. 1950; Chéri, Dr. 1952. – Œuvres complètes, XV 1950ff.; Correspondance de C. et de F. Jammes, 1945; Lettres à Moréno, 1959; Lettres de la vagabonde, 1961; Lettres au petit corsaire, 1963; Lettres à ses pairs, hg. C. Pichois u. R. Forbin 1973.
L: J. Larnac, 1927; W. Voigt, 1934; P. Trahard, L'Art de C., 1941; G. Truc, ³1941; C. Boncompain, 1944; T. Maulnier, Intr. à C., 1954; M. le Hardouin, 1956; M. Goudeket, 1956; G. Beaumont, A. Parinaud, 1958; E. Marks, New Brunswick 1960; M. Davies, Edinb. 1961; M. Raaphorst-Rousseau, 1964 (m. Bibl.); R. Phelps, Autobiographie de C. 1966 (d. 1967); M. Goudeket, 1965; A. A. Ketchum, 1968; N. W. Jouve, 1987; C. Pichois, 1999; F. Claude, 1999; H. Lottman, 2002.

Colin, Muset, franz. Dichter, 1210 Haute-Marne – 12?. Wirkte als Troubadour um die Mitte des 13. Jh. an den Höfen der Champagne und Lothringens. – Erhalten sind etwa 20 Dichtungen, die in sehr persönl. und temperamentvoller Parodie die platon. Ideale des höf. Lebens mit den Mitteln der Ironie und Satire zugunsten e. unverblümten Epikureertums in Frage stellen.

A: Les chansons de Colin Muset, hg. J. Bédier 1912, 1938.

Colin du Bocage, Louis → Verneuil, Louis

Collett, Jacobine Camilla, geb. Wergeland, norweg. Schriftstellerin, 23. 1. 1813 Kristiansand – 6. 3. 1895 Oslo. Pfarrerstochter, Schwester von Henrik Wergeland; Jugend in Eidsvold, dann Oslo. Unerwiderte Liebe zu dem Dichter J. S. Welhaven. Reisen nach Paris (1834) und Hamburg. 1841 ∞ Peter Jonas C. († 1851). Erste Frauenrechtlerin Norwegens. – C. war mit ihrem Hauptwerk ›Amtmandens Døttre‹ die Begründerin des realist.-psycholog. Romans in Norwegen. Darin werden die unwürdige Verheiratungspraxis u. die Abhängigkeit der Frau in der Ehe wie die sexuelle Doppelmoral kritisiert.

W: Amtmandens Døttre, R. 1854 f. (Die Amtmanns-Töchter, d. II 1864); Fortællinger, En. 1860; I de lange nætter, Mem. 1862; Sidste Blade, Ess. 1868–73; Fra de Stummes Leir, Ess. 1877; Mod Strømmen, Ess. II 1879–85; Optegnelser fra ungdomsaarene, Aut. 1926; Brev fra ungdomsaarene, Aut. 1930; Frigjørelsens aar, Aut. 1932; Før brylluppet, Aut. 1933; Studenteraar, Aut. 1934. – Samlede værker, III 1912 f.; Skrifter, XI 1892–94; Dagbøker og Breve, hg. L. Amundsen V 1932–34.
L: C. Bergsøe, 1902; A. Collett, 1911; L. Heber, 1913; A. Benterud, 1947; E. Steen, 1947, 1954; K. Skjønsberg, 1976; E. Møller Jensen, 1987; T. Steinfeld, 1996; K. Ørjasæter, 2003.

Colliander, Tito (eig. Frithiof T.), finnl.-schwed. Erzähler, 10. 2. 1904 St. Petersburg – 21. 5. 1989 Helsinki. Vater Oberst der zarist. Armee; 1922–24 Kunststud., 1924–28 Zeichenlehrer, ab 1950 russ.-orthodoxer Religionslehrer in Helsingfors. – Die Kindheitseindrücke in Rußland bestimmen s. dichter. Werk, das sich durch Gefühlsintensität und Affektgeladenheit von der skept.-kühlen finnl.-schwed. Lit. abhebt. S. Menschen sind Besessene, von Dämonen Gepeinigte, deren stellvertretendes Leiden oft relig. Züge trägt. Angst, Opfer, Leid und Versöhnung sind die Stationen zur inneren Wandlung und Erweckung, wie sie den zentralen Gestalten s. Romane geschieht. S. Novellen fehlt der strenge Stilwille. Als s. Hauptwerk gelten heute s. Memoiren, die s. beschwerl. Weg zu Frieden und Harmonie nachzeichnen.

W: Taina, E. 1935 (d. 1938); Ljuset, Nn. 1936; Korståget, R. 1937 (Der Versprengte, d. 1939); Förbarma dig, R. 1939 (d. 1945); Dagen är, G. 1940; Grottan, R. 1942 (Die Höhle, d. 1960); Två timmar, Nn. 1944; Bliv till, R. 1945; Träsnittet, G. 1946; Samtal med smärtan, Mem. 1956; Fönster, Nn.-Ausw. 1956 (Fenster, d. 1961); Glädjes möte, G. 1957; Vi som är kvar, R. 1959; Med öppna händer, Nn. 1960; Bevarat, Mem. 1964; Gripen, R. 1965; Vidare, R. 1967; Givet, R. 1968; Vaka, Mem. 1969; Nära, Mem. 1971; Måltia, Mem. 1973; Nya Valamo, R. 1974; Motiv, Refl. 1977; Början, Refl. 1979; Sju sagor, Sagen 1981; Blick, Ess.-Ausw. 1960–80, 1981. – Farled 1936–53 (ges. Ess.), 1954; På en trappa, Dikter 1941–61 (ges. G.), 1961.

L: E. Hernberg, Aitoa ihmistä etsimässä, 1989.

Collin d'Harleville (eig. Jean-François Collin), franz. Dramatiker und Lyriker, 30. 5. 1755 Maintenon/Eure-et-Loire – 24. 2. 1806 Paris. Angestellter im Anwaltsbüro des Pariser Parlaments. – Begann mit leichten Versen, dann Komödien voller Anmut und Witz in der Tradition von Régnard. Anfangs kleinere Stücke ›L'optimiste‹, ›Châteaux en Espagne‹. S. Hauptwerk ›Le vieux célibataire‹. Später hist. Schriften.

W: L'inconstant, K. 1786; L'optimiste, K. 1788 (d. G. W. Freytag 1927); Les Châteaux en Espagne, K. 1789; M. de Crac dans son petit castel, K. 1791; Le vieux célibataire, K. 1792; Théâtre et poésies fugitives, 1805, ²1828, 1997.

L: H. Skinner, 1933; A. Tissier, Diss. 1956; ders., 1963.

Collins, Tom → Furphy, Joseph

Collins, (William) Wilkie, engl. Romanschriftsteller, 8. 1. 1824 London – 23. 9. 1889 ebda. Sohn e. Landschaftsmalers, begann nach kurzer jurist. Tätigkeit die Schriftstellerlaufbahn mit der Biographie s. Vaters. Ab 1851 Freundschaft mit Dickens. – Schrieb e. Reihe spannender, melodramat. Romane, die äußerst geschickt konstruiert, die Leser auf falsche Spuren locken: e. neue Abart des Schauerromans, Vorläufer mod. Detektivromane, die geheimnisvoll-unheiml. Stimmungen erzeugen. In späteren Werken soziale Problematik. Dickens' Mitarbeiter an dessen Familienblatt ›Household Words‹ und an dem Drama ›A Message from the Sea‹.

W: Memoirs of the Life of W. C., B. II 1848; Antonina, or The Fall of Rome, R. III 1850; The Dead Secret, R. II 1857; The Woman in White, R. III 1860 (d. 1965); A Message from the Sea, Dr. 1861 (m. Dickens); No Name, R. III 1862; Armadale, R. II 1866 (Der rote Schal, d. 1967); The Moonstone, R. III 1868 (d. 1949); Poor Miss Finch, R. II 1872 (Lucilla, d. 1969); The New Magdalen, R. II 1873; The Law and the Lady, R. III 1875. – *Übs.*: Ein schauerliches fremdes Bett, En. 1968; Gruselgeschichten, 1974.

L: W. C. Phillips, 1919; K. Robinson, 1951; N. P. Davis, 1956; S. Lonoff, 1982; J. B. Taylor, 1988; C. Peters, 1991; L. Nayder, 1997.

Collins, William, engl. Lyriker, 25. 12. 1721 Chichester – 12. 6. 1759 ebda. Stud. Oxford; freier Schriftsteller in London. Von schwermütigem Temperament, litt ab 1750 an schwerer Melancholie. Erst die Nachwelt erkannte die große Schönheit s. Verse, bes. der Oden. – Vorromantiker, der klass. Streben nach äußerer Formvollendung verband mit e. neuen Bewertung der dichter. Einbildungskraft. Zu s. schönsten Dichtungen gehören die ›Ode to Evening‹ (1746), ›How sleep the Brave‹ (1746), ›The Passions‹, ›To Simplicity‹ und ›Ode on the popular Superstitions of the Highlands‹.

W: Persian Eclogues, G. 1742 (u. d. T. Oriental Eclogues, 1759); Odes on Several Descriptive and Allegorical Subjects, G. 1747; An Ode on the popular Superstitions of the Highlands of Scotland, G. 1788. – Works, hg. R. Wendorf, C. Ryskamp 1979; Poems, hg. E. Blunden 1929 (m. Bibl.), hg. C. Stone, A. Lane Poole 1937.

L: J. M. Mackail, 1926; H. W. Garrod, 1928; E. G. Ainsworth, 1937; O. Doughty, 1964; P. L. Carver, 1967; R. Wendorf, 1981; and 18th century English Poetry, 1981; S. Jung, 2000. Konkordanz: B. A. Booth, C. E. Jones, Concordance, 1939.

Collodi, Carlo (eig. Carlo Lorenzini), ital. Schriftsteller, 24. 11. 1826 Florenz – 26. 10. 1890 ebda. Teilnahme an den Kriegen 1848 u. 1859. Nach 1861 Gründer der satir.-polit. Zeitung ›Il lampione‹. Journalist, Reiseschriftsteller und Angestellter bei der Präfektur. – Vf. des berühmtesten ital. Kinderbuches ›Pinocchio‹, in dem er, wie auch in s. übrigen Werken, abweichend von der übl. Figur der Musterknaben e. neuen Typ des wirkl. ›Jungen‹ schafft. Übs. Perrault (›I racconti delle fate‹, 1875).

W: Le avventure di Pinocchio, Kdb. 1883 (Zäpfelkerns Abenteuer, d. 1905; u. d. T. P.s Abenteuer, ⁵1959; u. d. T. Die Geschichte vom hölzernen Bengele, ⁸⁶1970). – Tutto Collodi (SW), hg. P. Pancrazi 1948.

L: E. Canni, Significato del comico e sua espressione in ›P.‹, 1923; A. Michieli, Commenti a ›P.‹, 1933; S. Desideri, 1948; T. Morganti, 1952; P. Lorenzini, 1954; I. Marchetti, 1959; L. Santucci, 1961; R. Bertacchini, 1961; E. Garroni, 1975; La simbologia di ›P.‹, hg. Fondazione Nazionale C. C. 1981. – *Bibl.:* L. Volpicelli, 1980.

Colman, George, d. Ä., engl. Dramendichter und Theaterleiter, 18. 4. 1732 Florenz – 14. 8. 1794 Paddington. Sohn des brit. Gesandten in Florenz. Stud. Oxford. Besitzer und Leiter versch. Bühnen, Freund Garricks. – Gelehrter Autor, übersetzte Terenz und die ›Ars poetica‹ des Horaz, schrieb zahllose Prologe und Epiloge und gab die Schauspiele von B. Jonson und Beaumont-Fletcher heraus. Verfaßte über 30 erfolgr. Bühnenstücke, in denen er die sentimentale Richtung der Lit. s. Zeit verspottete.
W: Polly Honeycombe, Sch. 1760; The Jealous Wife, Sch. 1761 (d. 1764); The Clandestine Marriage, K. 1766 (m. Garrick); The English Merchant, Sch. 1767; The Man of Business, Sch. 1774. – Dramatic Works, IV 1777; Prose on Several Occasions, III 1787; Plays, hg. K. Burnim VI 1983.
L: E. R. Page, 1935 (m. Bibl.).

Colman, George, d. J., engl. Dramatiker u. Regisseur, 21. 10. 1762 London – 17. 10. 1836 ebda. 1789 Nachfolger s. Vaters als Leiter des Haymarkettheaters. Günstling Georges IV., ab 1824 Theaterzensor. – Dramatisierte Romane von Fielding, Smollett, Godwin, schrieb romant. Komödien, Opern- und Singspiellibretti und hist. Tragödien.
W: Inkle and Yarico, K. 1787; The Iron Chest, Tr. 1796; The Heir at Law, K. 1797; Bluebeard, Tr. 1798; The Poor Gentleman, K. 1801; John Bull, K. 1803. – Dramatic Works, hg. J. W. Lake IV 1827; Random Records, Aut. II 1830; Poetical Works, 1840; Plays, hg. P. A. Tasch II 1981.
L: J. F. Bagster-Collins, 1946.

Coloma y Roldán, Luis, span. Schriftsteller, 9. 1. 1851 Jerez de la Frontera – 11. 6. 1915 Madrid. Mit 12 Jahren Marineschule, Stud. Rechte in Sevilla, Beginn schriftsteller. Tätigkeit auf Anregung von Fernán Caballero, Mitarbeit an Zeitungen, nach Genesung von e. schweren Verletzung 1874 Eintritt in den Jesuitenorden, 1908 Aufnahme in die Span. Akad. – Wurde bekannt durch s. satir. Roman ›Pequeñeces‹, dessen Erscheinen zu e. Skandal führte; Kritik am lasterhaften Leben der Madrider Aristokratie vor der Restauration, wurde für e. Schlüsselroman gehalten. Verdienstvoll durch lebhafte, realist. Sittenschilderungen u. gefälligen, iron.-humorvollen Stil; oberflächl. u. wenig überzeugend in Charakterzeichnung u. psycholog. Erfassung von Menschen u. Umwelt.
W: Lecturas recreativas, En. 1884; Pequeñeces, R. 1890 (n. 1975; Lappalien, d. 1897); Retratos de antaño, En. 1895; La reina mártir, R. 1898 (d. ca. 1900); Nuevas lecturas, En. 1902; El Marqués de Mora, R. 1903; Jeromín, R. II 1905–07 (d. 1930); Boy, R. 1910 (d. 1910); Recuerdos de Fernán Caballero, Aufs. 1910; Fray Francisco, R. 1914. – Obras completas, IX 1940–42.
L: E. Pardo Bazán, 1891; A. Alcala Galiano, 1922; P. Pérez Clotet, 1940; G. Flynn, Boston 1987.

Colonna, Francesco, ital. Dichter, 1433 Venedig (?) –1527 ebda. Dominikaner, Stud. in Padua. Zeitweise aus dem Orden ausgeschlossen. Auch als Architekt u. Goldschmied tätig. – S. Hauptwerk, die ›Hypnerotomachia Poliphili‹, ist e. allegor. Erzählung über die Liebe, die sich im Traum des Protagonisten abspielt.
W: Hypnerotomachia Poliphili, hkA G. Pozzi, L. A. Capponi, ²1980.
L: M. T. Casella, 1959; M. Calvesi, 1996.

Colonna, Vittoria, ital. Dichterin, 1492 Marino b. Rom – 25. 2. 1547 Rom. Aus altadligem röm. Geschlecht, ∞ 1509 den Marchese von Pescara, Ferrante d'Avalos, Feldherrn Karls V., der auf seiten der Spanier bei Pavia 1525 siegte, aber tödl. verwundet starb. Witwensitz bis 1537 in Ischia, dann in asket. Zurückgezogenheit im Kloster San Silvestro in Rom, 1541–44 im Kloster Santa Caterina in Viterbo, danach wieder in Rom, gefeierter Mittelpunkt e. Künstler- u. Gelehrtenkreises. Ideelle Freundschaft mit Galeazzo di Tarsia u. bes. mit dem 60jährigen Michelangelo Buonaroti. – Sonett-Dichterin der Renaissance im Stile Petrarcas. Liebeslyrik in Trauer um den toten Gatten; relig. Lyrik im Ringen um sittl. Läuterung im christl. Sinne. In ihren tief empfundenen Sonetten u. Kanzonen auch theolog. u. philos. Erörterungen. Neben Michelangelos Gedichten feierten sie auch Castiglione im ›Cortegiano‹ als weibl. Idealbild u. Ariosto, der ihr im 37. Gesang des ›Orlando furioso‹ e. Strophe widmete.
W: Rime, 1538, 1982; Rime e lettere, hg. E. Saltini 1860; Carteggio, hg. E. Ferrero, G. Müller 1889, Ergänzung von D. Tordi 1892; Il codice delle Rime, hg. D. Tordi 1900; Rime, hg. A. Bullock 1982. – *Übs.:* B. Arndts, II 1858; H. Mühlestein, 1935 (zweisprachig 1951); L. Lanckoronski, 1943.
L: A. v. Reumont, ²1892; J. J. Wyss, 1916; A. A. Bernardy, ²1931 (m. Bibl.); K. Pfister, 1950; G. Kranz, 1976; S. Ferino Pagden, 1997; T. R. Toscano, 1998.

Colum, Padraic (McCormac), ir. Literat, 8. 12. 1881 Longford/Irland – 11. 1. 1972 Enfield/CT. 1898–1903 Eisenbahnangestellter in Dublin. Verbindungen zur ir. lit. Renaissance (Yeats, Synge, Lady Gregory). Frühe Erfolge am Abbey Theatre mit ›The Land‹, ›The Fiddler's House‹, ›Thomas Muskerry‹. Begründete mit Freunden die ›Irish Review‹, war einige Zeit deren Herausgeber. ∞ 1912 Mary Maguire. Läßt sich 1914 in den USA nieder. Studierte 1923 auf Einladung der Regierung von Hawaii dortige Folklore, schilderte sie 1924/25 in 2 Bänden. – Vf. von Dramen, Gedichten, Kinderbüchern, folklorist. Studien, Romanen, Biographien, Hrsg. von Anthologien ir. Gedichte und Folklore. Begabter Lyriker. Schlichte, natürl., sehr melod. Sprache. Bühnenwirksame, realist. Schauspiele aus dem ir. Alltagsleben.

W: Broken Soil, Sch. 1903 (auch u.d.T. The Fiddler's House, 1907); The Land, Dr. 1905; Wild Earth, G. 1907, II 1916; Thomas Muskerry, Dr. 1910; My Irish Year, Aut. 1912; A Boy in Eirinn, R. 1913; Three Plays, 1916; The King of Ireland's Son, Kdb. 1916 (d. 1980); Dramatic Legends, Dicht. 1922; Castle Conquer, R. 1923; At the Gateways of the Day, St. 1924; The Bright Islands, St. 1925; The Road round Ireland, Reiseb. 1926; Creatures, Dicht. 1927; Balloon, Dr. 1929; Old Pastures, G. 1930; Poems, 1932; The Story of Lowry Maen, G. 1937; Flower Pieces, G. 1938; The Frenzied Prince, En. 1943 (Die Barden und der Prinz, d. 1981); The Flying Swans, E. 1957 (d. 1960); Our Friend J. Joyce, Erinn. 1959; Ourselves Alone!, B. 1959; Orpheus, Ess. 1960; The Poet's Circuits, G. 1960; Moytura, Dr. 1963; Three Plays, 1963; Irish Elegies, G. 1964; Roofs of Gold, Kdb. 1965; Images of Departures, G. 1969.

L: Z. Bowen, 1970; S. Sternlicht, 1985.

Columella, Lucius Iunius Moderatus, röm. Autor, 1. Jh. n. Chr., geb. in Spanien. Militärtribun in Kilikien u. Syrien, Gutsbesitzer in Italien. – C.s Lehrbuch über die Landwirtschaft ›De re rustica‹ in 12 Büchern nimmt nicht nur durch den Umfang e. Spitzenstellung innerhalb der betreffenden antiken Fachlit. ein: Die Sachinformationen werden auf hohem lit. Niveau präsentiert; die angesprochenen Großgrundbesitzer sollen anhand e. angenehmen Lektüre nützl. Wissen zur Profitsteigerung erhalten u. die Krise in der ital. Agrikultur überwinden. C. behandelt u.a. Aufgaben des Besitzers, Umgang mit Sklaven, Ackerbau, Baumpflanzung, Weinbau, Tierhaltung. Das 10. Buch über Gartenbau ist e. hexametr. Gedicht. Erhalten ist zudem e. Buch ›de arboribus‹ (Über Baumzucht), vermutl. e. Jugendwerk.

A: V. Lundström u.a., Uppsala 1897ff.; mit engl. Übs. H. B. Ash, 3 Bde., Lond. 1948ff.; m. dt. Übs. W. Richter, 3 Bde., 1981–83.

L: K. D. White, Roman Farming, Ithaca 1970; R. Martin, Recherches sur les agronomes latins, Paris 1971.

Comber, Elizabeth → Han Su-yin

Comenius, Johann Amos → Komenský, Jan Amos

Comfort, Alex(ander), engl. Schriftsteller und Sachbuchautor, 10. 2. 1920 London – 26. 3. 2000 ebda. Stud. Medizin und Naturwiss. Cambridge; Arzt, Psychologe, Sozialtheoretiker, gerontolog. Forscher. – Vielseitiger Vf. von Essays,

Hörberichten, gerontolog. und sexualwiss. Schriften, zoolog., chem., sozial-psycholog. Studien, Schauspielen, Romanen und Gedichten. Pazifist. u. anarchist. Lit., beeinflußt durch A. Camus. S. intellektuell konstruierten naturalist. Romane kämpfen leidenschaftl. gegen jede Art der Unterdrückung und Mechanisierung, gegen Kommunismus ebenso wie gegen die westl. Demokratien. Bekannt v.a. in den 1970er Jahren durch s. humorvolles, anwendungsorientiertes Aufklärungswerk ›The Joy of Sex‹.

W: The Silver River, R. 1937; No Such Liberty, R. 1941; France and other Poems, G. 1941; Into Egypt, Sch. 1942; A Wreath for the Living, G. 1942; The Almond Tree, R. 1942; Cities of the Plain, Sch. 1943; The Powerhouse, R. 1944; Elegies, G. 1944; The Song of Lazarus, G. 1945; The Signal to Engage, G. 1946; Art and Social Responsibility, Ess. 1947; Letters from an Outpost, Kgn. 1947; The Novel and Our Time, Es. 1948; On This Side Nothing, R. 1948; Sexual Behaviour in Society, Es. 1950; And All But He Departed, G. 1951; A Giant's Strength, R. 1952; The Biology of Ageing, St. 1956; Darwin and the Naked Lady, Ess. 1961; Come out to Play, R. 1961; Haste to the Wedding, G. 1962; Sex in Society, Es. 1963 (Der aufgeklärte Eros, d. 1964); Nature and Human Nature, St. 1966 (d. 1970); The Anxiety-Makers, St. 1967; All But a Rib, G. 1973; The Joy of Sex, St. 1973 (d. 1976); More Joy, St. 1974 (d. 1978); Tetrarch, R. 1980; Imperial Patient, R. 1987.

L: A. E. Salmon, 1978.

Comisso, Giovanni, ital. Dichter, 3. 10. 1895 Treviso – 21. 1. 1969 ebda. Nahm am 1. Weltkrieg teil, folgte dann D'Annunzio nach Fiume. Stud. Jura; Rechtsanwalt u. Journalist. In dieser Eigenschaft Reisen nach Nordeuropa, Afrika u. dem Fernen Osten. Korrespondent u. Mitarbeiter zahlr. Zeitungen. – C. löste sich schon bald von dem in s. frühen Gedichten noch spürbaren Einfluß D'Annunzios. S. erzählenden Werke, bes. s. Seefahrergeschichten, kennzeichnen Lebenslust u. Freude am Abenteuer.

W: Poesie, G. 1916; Il porto dell'amore, Nn. 1925; Gente di mare, Nn. 1928; Storia di un patrimonio, R. 1933; I due compagni, R. 1936; Un inganno d'amore, R. 1942; Gioventù che muore, R. 1949; Poesie, G. 1954; Un gatto attraversa la strada, Ess. 1954; Attraverso il tempo, R. 1968; Il sereno dopo la nebbia, R. 1974; Opere, hg. R. Damiani 2002.

L: G. Pullini, 1969, ³1982; ders., hg. 1983; N. Naldini, 1985; R. Esposito, 1990.

Commodianus, wahrscheinl. erster lat. christl. Dichter, wahrscheinl. 3. Jh. n. Chr. Nach s. Bekehrung zum Christentum verfaßte er 2 Bücher ›Instructiones‹ (Unterweisung), die aus 80 Gedichten mit Argumenten gegen Nichtchristen u. Verhaltensregeln für Christen bestehen, u. das sog. ›Carmen Apologeticum‹, das die christl. Heilsgeschichte darstellt. Beide Werke sind apologet.-polem. u. katechet. u. haben sozialkrit. Züge. Form u. Sprache sind dezidiert unklass.

A: J. Martin, Corp. Chr. Ser. Lat. 128, 1960; mit ital. Übs. A. Salvatore, Instr., 2 Bde., Neapel 1965–68, u. Carmen, Turin 1977.

L: E. Heck, Handbuch der lat. Lit. der Antike 4, 1997, § 498.

Commynes (Commines, lat. Cominäus), Philippe de, franz. Geschichtsschreiber, um 1447 Schloß Commines in Flandern – 18. 10. 1511 Schloß Argenton. Aus altem Adel; diente 1464 Karl dem Kühnen, verließ ihn 1472, diente dem mächtigeren König Ludwig XI., ∞ 1473 die reiche Schloßerbin von Argenton, Hélène de Chambes. Stand in hoher Gunst bei Ludwig, war s. Diplomat, schwierige Missionen in Italien und England, erhielt das Fürstentum Talmont als Geschenk. Unter Karl VIII. und Ludwig XII. jahrelang in Ungnade und Gefängnishaft. 1491 Gesandter in Venedig. Zog sich um 1506 endgültig von der Politik zurück. – Einige Briefe und s. Memoiren über die Jahre 1464–98 sind erhalten; mit ihnen beginnt die mod. Geschichtsschreibung in Frankreich. C. steht Machiavelli näher als den ma. Historikern. Gibt mit Klugheit e. abwägende Beurteilung der Ereignisse, e. psycholog. differenzierte Analyse der Charaktere der führenden Staatsmänner und stellt e. Beziehung zwischen ihrer Eigenart und dem Ablauf der Ereignisse her. S. Absicht ist didakt. C. bejaht e. Erfolgsmoral, verurteilt aber den Mißbrauch der Macht und glaubt an das Walten der Vorsehung. Starke Wirkung.

A: Chronique de Louis XI et de Charles VIII, II 1524–28, hg. B. de Mandrot II 1901–03, J. Calmette III 1924f. (Memoiren, d. F. Ernst 1952).

L: G. Charlier, 1945; K. Bittmann, 1964; J. Dufournet, 1966; ders., 1969; J. Liniger, 1978; R. Bertrand, 1982.

Compagni, Dino, ital. Dichter, um 1260 Florenz – 26. 2. 1324 ebda. Aus Guelfenfamilie, Seidenhändler, Inhaber hoher öffentl. Ämter, 1293 Gonfaloniere della giustizia, Verfechter der demokrat. Ideen von Gian della Bella, zwischen Guelfen u. Ghibellinen. – In s. an persönl. Erfahrungen reichen Chronik der Parteikämpfe 1280–1312 beklagt er wie Dante die Verderbtheit s. Zeit u. preist die Vergangenheit. Ihm wurden auch das allegor. Gedicht ›L'intelligenzia‹ u.a. Verse zugeschrieben.

W: Cronica delle cose occorrenti ne' tempi suoi, 1729. – *A:* I. Del Lungo (s. u.) u. Rerum ital. Script, 9, 2, 1913; R. Piccoli, 1911 (m. G. u. Intelligenzia); G. Parazzoli, 1942; G. Bezzola, 1995. – *Übs.:* I. Schwarz, 1914 (Das Zeitalter der Renaissance, II. Serie, Bd. 1).

L: I. Del Lungo, D. C. e la sua cronica, III 1879–87; D. Guerri, 1932; E. Roon-Bassermann, 1954.

Compton-Burnett, Ivy, engl. Romanschriftstellerin, 5. 6. 1884 Pinner/Middlesex – 27. 8. 1969 London. Privaterziehung, Stud. klass. Philol. Royal Holloway College, London. – Vf. zahlr. Romane, die das Familienleben der engl. Mittel- und Oberklasse aus der Zeit vor dem 1. Weltkrieg schildern. Mit diesem klass. Setting und den melodramat. Motiven (Familiengeheimnisse, illegitime Kinder, zerstörte Testamente, Generationenkonflikte) kontrastiert die formal innovative indirekte Darstellung der Charaktere, da die Romane fast durchgehend szen. in brillant witzigen Dialogen geschrieben sind und sich auf knappste Regieanmerkungen beschränken. Unheiml. und klaustrophob. Stimmung; intelligente und unsentimentale Darstellung menschl. Schwächen; Kontrast zwischen den eleganten Manieren der Oberschicht und ihren rücksichtslosen Egoismen. Keine moral. Besserung der Figuren, keine poet. Gerechtigkeit.

W: Dolores, R. 1911; Pastors and Masters, R. 1924; Brothers and Sisters, R. 1929; Men and Wives, R. 1931 (d. 1987); More Women than Men, R. 1933; A House and Its Head, R. 1935; Daughters and Sons, R. 1937; A Family and a Fortune, R. 1939 (d. 1966); Parents and Children, R. 1941; Elders and Betters, R. 1944; Manservant and Maidservant, R. 1947; Two Worlds and Their Ways, R. 1949; Darkness and Day, R. 1951; The Present and the Past, R. 1953; Mother and Son, R. 1955; A Father and His Fate, R. 1957; A Heritage and Its History, R. 1959; The Mighty and Their Fall, R. 1961; A God and His Gifts, R. 1963; The Last and the First, R. 1970.

L: P. H. Johnson, 1951; R. Liddell, 1955; F. Baldanza, 1964; C. Burkhart, 1965; B. Nevins, 1970; C. Greig, 1972; E. Sprigge, 1973; A C.-B. Compendium, hg. V. Powell 1973; H. Spurling, II 1974 u. 1984; R. Liddell, Elizabeth and Ivy, 1986; K. J. Gentile, 1991.

Conachi, Costache, rumän. Dichter, 14. 10. 1777 Țigănești – 4. 2. 1849 ebda. Gebildeter moldauischer Bojar, ∞ Zulnia Negri, bekleidete versch. hohe Ämter in der Verwaltung des Landes, 1834 Thronkandidat, lebte dann zurückgezogen auf s. Gütern. – Sehr originelle Liebeslyrik, die an Villon erinnert; der Dichter verzehrt sich in endlosen Seufzern an s. unzähligen Geliebten, die er selbst oft durcheinanderbringt; daraus erwächst e. gewisse Monotonie, jedoch immer voll offenherziger Leidenschaftlichkeit.

A: Poesii, 1856; Scrieri alese (AW), hg. E. u. A. Teodorescu 1963.

Conan Doyle, Sir Arthur → Doyle, Sir Arthur Conan

Conchon, Georges, franz. Schriftsteller, 1925 Saint-Avit – 29. 7. 1990 Paris. Beginnt als hoher Beamter eine Schriftsteller- und Journalistenlaufbahn. – In seinem lit. Werk befaßt er sich mit Länderporträts, z. B. in ›Le Canada‹, mit der Erkundung exot. Traditionen und Kulturen, so Afrika in ›L'état sauvage‹ oder mit der Entwicklung von Sozialstrukturen in besonderen hist. Kontexten; ›La banquière‹, Darstellung einer Erfolgsfrau, orientiert an dem authent. Fall der Marthe Hanau, die das luxuriöse Leben der 1930er Jahre repräsentiert. Viele seiner Romane erwarben ihren Erfolg durch film. Darstellungen.

W: Les grandes lessives, R. 1953; L'état sauvage, R. 1964; Le Canada, Ber. 1966; Nous, la Gauche devant Louis-Napoléon, Abh. 1969; Le sucre, 1977; Le bel avenir, R. 1983; Colette Stern, R. 1987; Lacenaire, R. 1990.

Conde, Carmen, span. Lyrikerin und Erzählerin, 15. 8. 1907 Cartagena – 8. 1. 1996 Madrid. Gefühlvolle, leidenschaftl. Lyrik mit impressionist. Zügen, beeinflußt von J. Ramón Jiménez, Miró u. G. Mistral, lebendige Frauenromane. Mitglied der Span. Akad. 1978.

W: Pasión del verbo, G. 1944; Vidas contra su espejo, R. 1944; Ansia de la gracia, G. 1945; Mujer sin edén, G. 1947; Sea la luz, G. 1947; Mi fin en el viento, G. 1947; Iluminada tierra, G. 1951; Las oscuras raíces, R. 1954; Derribado arcángel, G. 1960; Los poemas del Mar Menor, G. 1962; Su voz le doy a la noche, G. 1962; Acompañando a Francisca Sánchez, B. 1964; Devorante arcilla, G. 1967; Enajenado mirar, G. 1967; Cancionero de la enamorada, G. 1971; Cita con la vida, G. 1976; Días por la tierra, Anth. 1977; La Rambla, R. 1977; Soy la madre, R. 1980. – Obra poética 1929–1966, 1967; Obra juvenil, hg. J. M. Rubio Paredes 1990.

L: J. Granados, Mail. 1953; L. de Luis, 1982.

Condé, Maryse, afrikan. Schriftstellerin, * 11. 4. 1937 Pointe-à-Pitre/Guadeloupe. Stud. vergleichender Lit.wiss. an der Sorbonne, Diss. über ›Stéréotypes du noir dans la littérature antillaise‹. Kehrte in die Heimat zurück, lehrt heute an einer amerik. Univ. – Schrieb zunächst Dramen, später in Frankreich prämierte Romane, gekennzeichnet durch Mischung von Realität und Fiktion, Wissensinformationen und poet. Imagination und Kreativität. Ihre ›Saga Afrikas‹, teilweise auf sich selbst bezogen, ist Ergebnis zahlr. Reiseerfahrungen und spiegelt das polit. und soz. Bewußtsein des Kontinents.

W: Dieu nous l'a donné, Dr. 1972; Pourquoi la négritude, Es. 1973; La morne de Massabielle, Dr. 1974; Heremakhonen, R. 1976; Ségou, R. II 1984–85; La vie scélérate, 1987; Desirada, R. 1997; Célanire cou-coupé, R. 2000; La belle créole, R. 2001.

Conegliano, Emanuele → Ponte, Lorenzo da

Congreve, William, engl. Dramatiker, 1670 Bardsey/Yorkshire – 19. 1. 1729 London. Jugendjahre in Irland, Stud. Dublin, kehrte 1688 nach England zurück. Befreundet mit Dryden, Swift, Pope, Gay und Steele, Liebhaber der Herzogin Henrietta von Marlborough, hatte, nachdem er als 30jähriger plötzl. s. glanzvolle schriftsteller. Laufbahn abbrach, versch. hochbezahlte Regierungsstellen inne. Im Alter erblindet. – Verfaßte lyr. Gedichte, Opern, e. Maskenspiel, e. klassizist. Tragödie ›The Mourning Bride‹; s. überragende lit. Leistung lag jedoch auf dem Gebiet der ›Comedy of Manners‹, die er vollendet beherrschte. Sprühende Dialoge geben Einblick in das Menschliche s. Charaktere. S. Humor ist nie derb, sondern weckt das feine Lächeln. Jedes Wort ist abgewogen. S. besten Komödien sind ›Love for Love‹ und ›The Way of the World‹. Letztere fand bei den Zeitgenossen wenig Widerhall, heute gilt sie unbestritten als s. Meisterwerk. 1698 veröffentlichte J. Collier e. Flugschrift ›Short View of the Immorality and Profaneness of the English Stage‹, in der C. scharf angegriffen wurde und die zu C.s Abwendung vom Theater beitrug.

W: Incognita, R. 1692 (n. H. F. B. Brett-Smith 1922); The Old Batchelour, K. 1693 (d. 1770); The Double-Dealer, K. 1694 (Der Arglistige, d. 1771); Love for Love, K. 1695 (d. 1754; n. 1977); The Mourning Bride, Tr. 1697; The Way of the World, K. 1700 (d. 1787; n. 1986); The Judgment of Paris, K. 1701. – Works, hg. M. Summers IV 1923, B. Dobree II 1925–28, F. W. Bateson 1930; Complete Plays, hg. H. Davis 1967; Letters and Documents, hg. J. C. Hodges 1964.

L: E. Gosse, ^{2}1924; D. Protopopesco, Paris 1924; D. C. Taylor, 1931; J. C. Hodges, 1941; B. Dobrée, 1963; W. H. Van Voris, The Cultivated Stance, 1965; A. L. Williams, 1979; D. Thomas, 1992. – *Bibl.:* A. M. Lyles, J. H. Dobson, 1970. Konkordanz: D. Mann, 1973.

Connelly, Marc(us Cook), amerik. Dramatiker, 13. 12. 1890 McKeesport/PA – 21. 12. 1980 New York. 1910–15 Reporter in Pittsburgh, dann freiberufl. in New York. Vf. zahlreiche satir. Komödien, meist mit G. S. Kaufman; bekannt durch ›The Green Pastures‹, e. Darstellung des Alten Testaments aus der Perspektive von Farbigen.

W: Dulcy, K. 1921 (m. Kaufman); To the Ladies, K. 1922 (m. Kaufman); Beggar on Horseback, K. 1924 (m. Kaufman; nach P. Apel); The Green Pastures, Dr. 1929 (d. 1964); A Souvenir from Qam, R. 1965; Voices Offstage, Aut. 1968.

L: P. T. Nolan, 1969.

Connor, Ralph → Gordon, Charles William

Conon de Béthune, altfranz. Lyriker, um 1150 – 17. 12. 1219 oder 1220 Konstantinopel. Aus berühmter pikard. Familie; nahm am 3. (1189) u. 4. Kreuzzug (1202–04) teil. Spielte nach der Chronik Villehardouins beim 4. Kreuzzug e. große Rolle, verhandelte mit dem byzantin. Kaisern

Alexius III. u. IV.; 1217 Seneschall, 1219 Reichsregent des Byzantin. Reiches. – Schrieb Lieder nach dem Vorbild der Provenzalen, bes. unter Einfluß von Bertran de Born. Überliefert sind etwa 10 Lieder: neben konventioneller höf. Minnelyrik 2 Kreuzzugslieder, aus denen persönl. Empfinden spricht. C. verbindet hier erstmalig Kreuzzugsbegeisterung mit dem Abschied von e. Dame. Originell außerdem e. Dialoglied: Die ehemals spröde Dame ist im Alter nachgiebig, ihr Liebhaber aber spröde geworden.

A: A. Wallensköld, ²1921.
L: A. Olivennes, 1990.

Conquest, (George) Robert (Acworth), engl. Schriftsteller, * 15. 7. 1917 Great Malvern/Worcestershire. Stud. Oxford, 1939–45 Soldat, Diplomat, Redakteur, Dozent für engl. u. russ. Lit. – Schreibt Lyrik, Romane, Literaturstudien u. krit. Bücher über Sowjetpolitik u. Marxismus. Hrsg. d. ›Movement‹-Anthologien ›New Lines‹ (I 1956, II 1963).

W: Poems, 1955; A World of Difference, R. 1955; Courage of Genius: The Pasternak Affair, St. 1961; Between Mars and Venus, G. 1962; The Egyptologists, R. 1965 (m. K. Amis); Arias from a Love Opera, G. 1969; Lenin, B. 1972; The Great Terror, St. ²1973 (d. 1970); Kolyma. The Arctic Death Camps, Ess. 1978; The Abomination of Moab, Ess. 1979; Present Danger, St. 1979; The Harvest of Sorrow, St. 1986 (d. 1988); Stalin and the Kirov Murder, St. 1989; Reflections on a Ravaged Country, St. 1999; Demons Don't, G. 1999. – New and Collected Poems, 1988.

Conrad, Joseph (eig. Teodor Józef Konrad Korzeniowski), engl. Romanschriftsteller, 3. 12. 1857 Berdiczew/Ukraine – 3. 8. 1924 Bishopsbourne/Kent. Sohn poln. Eltern; C.s Vater war lit. interessiert, übersetzte u. a. Shakespeare u. Hugo. Wegen Teilnahme am mißglückten poln. Aufstand von 1863 wurde er nach Wologda/Sibirien verbannt, die Familie durfte ihn begleiten. Die Mutter starb noch in der Verbannung, der Vater kurz nach s. Freilassung in Krakau. C. wuchs bei s. Onkel Tadeusz Bobrowski in Krakau auf, ging gegen dessen Willen 1874 als Offiziersanwärter bei der Marine nach Marseille, da zeitlebens von der Liebe zum Meer besessen. Bereiste u. a. den Kongo und die malaiischen Inseln, die Schauplätze vieler s. späteren Romane. Trat 1878 in den Dienst der brit. Handelsmarine, erwarb 1886 brit. Staatsangehörigkeit. Befuhr ab 1886 als Kapitän e. brit. Schiffes die Meere des Fernen Ostens. Aus gesundheitl. Gründen gab er 1893 den Seemannsberuf auf; ab da freier Schriftsteller. ∞ 1896 Jessie George. 1895 veröffentlichte er s. lange vorbereiteten 1. Roman ›Almayer's Folly‹. Zahlr. weitere Werke folgten. – Schrieb insgesamt 13 Romane und 28 Kurzgeschichten im Stil e. romant. Rea-lismus. Meister der engl. Sprache, die er erst als Erwachsener erlernte. Charakterdarstellung durch H. James beeinflußt. C.s Gestalten werden vor immer neue Bewährungsproben gestellt, losgelöst von Kultur und Zivilisation müssen sie ihre menschl. Qualitäten beweisen. Die geograph. Räume sind symbol. aufgeladen; so steht das Innere Afrikas in ›Heart of Darkness‹ für die dunkle Seite des Menschen. C. bevorzugt indirekte Erzählweise und Standpunkttechnik: E. oder auch mehrere fiktive Beobachter, hinter denen sich der Autor verbirgt, berichten und deuten die Geschehnisse. C.s Darstellung des brit. Imperialismus ist in jüngster Zeit umstritten, bes. seit der afrikan. Autor Ch. Achebe den Vorwurf des Rassismus erhob.

W: Almayer's Folly, R. 1895 (d. 1935); An Outcast of the Islands, R. 1896 (d. 1934); The Nigger of the Narcissus, R. 1897 (d. 1912); Tales of Unrest, Kgn. 1898 (d. 1963); Lord Jim, R. 1900 (d. 1927); Youth and other Stories, Kgn. 1902 (d. 1926); Romance, 1903 (m. F. M. Ford); Typhoon, Kg. 1903 (d. 1908); Nostromo, R. 1904 (d. 1927); The Mirror of the Sea, Aut. 1906 (d. 1939); The Secret Agent, R. 1907 (d. 1927); A Set of Six, En. 1908 (d. 1963); Under Western Eyes, R. 1911 (d. 1913); Some Reminiscences, Aut. 1912 (Über mich selbst, d. 1965); 'Twixt Land and Sea, En. 1912; Chance, R. 1913 (Spiel des Zufalls, d. 1926); Within the Tides, En. 1915; Victory, R. 1915 (d. 1927); The Shadow Line, E. 1917 (d. 1926); The Arrow of Gold, R. 1919 (d. 1966); The Rescue, R. 1920 (d. 1935); The Rover, R. 1923 (Der Freibeuter, d. 1931); Suspense, Fragm. 1925 (d. 1936); Tales of Hearsay, Kgn. 1925 (d. 1938); Life and Letters, hg. G. Jean-Aubry II 1927. – Works, XXII 1923–28, XII 1946–52; Collected Letters, hg. F. R. Karl, L. Davies 1861–97, 1983, 1898–1902, 1986; Letters, hg. E. Garnett 1928; Letters to his Wife, 1927; Letters to R. Curle, 1928; Letters to Cunninghame Graham, hg. C. T. Watts 1969. – Übs.: GW, 1962ff.

L: R. Curle, 1914 u. 1928 (n. 1957); F. M. Ford, 1924; R. L. Mégroz, 1931; W. W. Bancroft, 1933; J. D. Gordan, 1941; H. Stresau, ²1947; F. R. Leavis, The Great Tradition, 1948; O. Warner, 1951; D. Hewitt, 1952; G. Jean-Aubry, ²1957; R. F. Haugh, 1957; Th. Moser, 1957; A. J. Guerard, 1958; R. Las Vergnas, Paris 1959; R. Spoerri-Müller, 1959; J. Baines, 1960; L. Krzyżanowski, Centennial Essay, 1960; R. W. Stallman, hg. 1960; L. Gurko, Giant in Exile, 1962; E. K. Hay, 1963; Z. Nadjer, 1964; R. Jabłowska, Warschau ³1964; T. E. Boyle, Symbol and Meaning, 1965; N. Sherry, 1966; E. W. Said, 1966; M. Mudrick, hg. 1966; A. Fleishman, 1967; B. C. Meyer, 1967; J. A. Palmer, 1968; J. I. M. Stewart, 1968; L. Graver, 1968; F. R. Karl, ²1969; J. Allen, 1969; S. Hoffman, 1969; J. Conrad, ³1970; B. Conrad, My Father, 1970; C. B. Cox, 1974; W. T. Zyla, hg. 1974; E. Crankshaw, ²1975; H. M. Daleski, 1976; P. J. Glassman, Language and Being, 1976; M. Tucker, 1976; J. Berthoud, 1978; R. A. Gekoski, 1978; F. R. Karl, 1978, d. 1983; J. Hawthorn, 1979; F. Schunck, 1979; I. Watt, 1979; W. W. Bonney, Thorns and Arabesques, 1980; R. Tennant, 1981; A. Gillon, 1982; T. Petterson, Consciousness and Time, Abo 1982; Z. Najder, 1983; B. Parry, 1983; D. C. R. A. Goonetilleke, 1990; J. Batchelor,

1994; J. Griem, Brüchiges Seemannsgarn, 1995; W. Erzgräber, 1998; L. Orr, hg. 1999; L. Dryden, 2000. – *Bibl.:* K. A. Lohf, 1957; T. J. Wise, ²1964; Th. Ehrsam, 1969; O. Knowles, 1992.

Conrart, Valentin, franz. Schriftsteller, 1603 Valenciennes – 23. 9. 1675 Paris. Sohn e. hugenottischen Kaufmanns aus Valencia; förderte und versammelte seit 1629 Schriftsteller in s. Haus um sich. Daraus entwickelte sich auf Veranlassung Richelieus 1635 die Académie Française, deren 1. ständiger Sekretär er war. – Schrieb einige Gedichte, stilist. wertvolle Briefe und Memoiren, Hrsg.

W: Traité de l'action de l'orateur, 1637; Les sentiments de l'Académie française sur la tragi-comédie du Ciel (1638, m. Chapelain; Mémoires, hg. J. Mommerquè 1825).

L: A. Mabille de Poncheville, 1935.

Conscience, Hendrik, fläm. Erzähler und Mitbegründer der neufläm. Lit., 3. 12. 1812 Antwerpen – 10. 9. 1883 Elsene. Sohn e. napoleon. Schiffahrtsbeamten und e. fläm. Mutter; zuerst Lehrer; trat 1830 beim Aufstand der wallon. Belgier gegen die niederländ. Herren als Freiwilliger in das belg. Heer ein, beendete s. Dienstzeit 1836 als Feldwebel; schloß sich mit aller Energie der fläm. Sprachbewegung an, die s. Wirken wesentlich förderte. S. erster Roman ›In't wonderjaer, 1566‹ erregte großes Aufsehen als das erste in fläm. Sprache erschienene Werk der neuen Literaturepoche. 1838 fand ›De leeuw van Vlaenderen‹ der Inhalts wegen größte Beachtung als Verherrlichung des ›Goldenen Sporenschlacht‹, der flandr. Kämpfe gegen Frankreich Anfang des 14. Jh. Der Roman machte C. weit über die belg. Grenzen hinaus berühmt; er erhielt vom König des neuerrichteten Staates e. Unterstützung. 1841 Sekretär der Kunstakademie Antwerpen; 1845 Prof. Univ. Gent; seit 1854 freier Schriftsteller in Antwerpen; 1857 Kreiskommissar in Kortrijk, 1868 Konservator des Museums Wiertz in Brüssel. – Begründer der fläm. Romantik und volkstümlichster Autor s. Zeit. Äußerst fruchtbarer Erzähler (über 100 Romane), von bedeutendem erzieher. Einfluß auf breite Schichten s. Volkes durch einfache, lebendige und gefühlvolle Erzählform. Maßgebend für die Entwicklung des fläm. Kulturbewußtseins. Neben den Romanen, in denen er in Nachfolge W. Scotts wichtige Ereignisse aus der fläm. Geschichte aufgriff, zeigen ihn bes. die vielen kleinen idyll. Geschichten aus dem fläm. Stilleben, s. Schilderungen der Natur, aber auch der verschiedensten Gestalten des dörfl. und städt. Milieus s. Tage und des fläm.-wallon. Gegensatzes, als Meister der Darstellung.

W: In't wonderjaer, 1566; R. 1837; Phantazy, En. 1837; De leeuw van Vlaenderen, R. 1838 (Der Löwe von Flandern, d. 1905); Gedichten, 1840; Siska van Roosemael, E. 1844; Wat eene moeder lyden kan, E. 1844; Graef Hugo van Craenhove, E. 1845; Jacob van Artevelde, R. 1849 (d. 1917); De loteling, E. 1850; Houten Clara, E. 1850; Blinde Rosa, E. 1850; Baes Gansendonck, E. 1850; Rikke-tikke-tak, E. 1851; De arme edelman, E. 1851; De grootmoeder, E. 1852; De boerenkrijg, R. 1853; Hlodwig en Clotildis, R. 1854; De plaeg der dorpen, E. 1855; Het geluk van ryk te zyn, E. 1856; Simon Turchi, R. 1858; De geldduivel, E. 1859; De jonge doctor, E. 1860; Moederliefde, E. 1862; De koopman van Antwerpen, E. 1863; De burgemeester van Luik, R. 1866; Everard T'Serclaes, R. 1874; Het wassen beeld, R. 1879; Histoire et tendances de la littérature flamande, 1881; Geschiedenis mijner jeugd, Aut. 1888. – Volledige werken, X 1867–79; Romantische werken, XVI 1867–79, XLI 1878–81. Briefwisseling 1837–51, hg. A. Jacob II 1913–22. – *Übs.:* Romane, LXXV 1846–84; Ausw., hg. O. v. Schaching IV 1916–23.

L: P. de Mont, 1912; F. Jostes, 1917; H. Hugon, 1923; O. Wattez, 1926; R. de Graeve, 1934; E. de Bock, ²1944; F. Smits, 1943; E. Willekens, 1961 u. 1983; A. Westerlinck, 1983; G. François, 1983; M. de Bruyne, 1983.

Consolo, Vincenzo, ital. Autor, * 1933 Sant Agata di Militello. Aus kleinbürgerl. Milieu, Stud. Jura. Lebt heute in Mailand. – Er reiht sich in die Tradition der großen sizilian. Erzähler ein, besonders L. Sciascias. S. experimentelle Sprache knüpft an die ›dialettalità‹ Vergas an. S. Bedeutung als Schriftsteller sieht er darin, Menschen am Rand der Gesellschaft e. Stimme zu geben.

W: La ferita dell'aprile, R. 1963 (d. 1990); Il sorriso dell'ignoto marinaio, R. 1976 (d. 1990); Lunaria, R. 1985; Retablo, R. 1987; Le pietre di Pantélica, En. 1988; Nottetempo, casa per casa, R. 1992; Neró metallicó, R. 1994; L'olivo e l'olivastro, R. 1994.

L: G. Traina, 2002.

Constant, Benjamin (eig. Henri B. de C.-Rebecque), franz. Schriftsteller, 25. 10. 1767 Lausanne – 8. 12. 1830 Paris. Von Geburt schweizer. Hugenotte; Stud. in England und Dtl., Reisen im Ausland, diente am braunschweig. Hof. Unglückliche Ehe, ∞ 1789 Wilhelmina v. Cramm. Begeistert für die Revolution, seit 1796 in Paris, 1799 Sitz im Tribunat. 1802 von Napoleon verbannt. Teilte das Exil s. Gönnerin und Freundin Mme de Staël in Dtl., 1805–07 mit ihr in Coppet, ∞ 1808 heimlich Charlotte von Hardenberg, Bruch mit Mme de Staël; Aufenthalt in Dtl. und England, 1816 endgültiger Aufenthalt in Paris: Abgeordneter, e. der Führer der liberalen Partei, 1830 Staatsrat. – Begabter Schriftsteller, Politiker, Redner. Verfasser glänzender, s. Zeit überdauernder polit. Werke, mit denen er, für die engl. konstitutionelle Monarchie eintretend, e. der Begründer des franz. Liberalismus wurde. Von s. lit. Werken ist das bedeutendste der analyt. Roman ›Adolphe‹ (daneben Tagebücher und der autobiograph. Roman ›Cecile‹ über C.s Stellung zwischen Mme de Staël und C. v. Hardenberg), künstler. Gestaltung s. qualvollen Liebe (bis zu deren Erlöschen) zu Mme de Staël. Meisterhafte psycholog. Analyse der Vielschichtigkeit der beiden Charaktere und ihrer Beziehungen, bis zur Peinlichkeit schonungslose, selbstquälerische persönl. Enthüllung mit bisweilen grausamen Details. Zeichnet sich selbst labil und energielos zwischen Kälte und Gefühl zerrissen, von der tyrann. Geliebten gefesselt. S. Prosa ist schmucklos, präzise, nüchtern, von klass. Klarheit und Transparenz.

W: De l'esprit de conquête et de l'usurpation, Abh. 1814 (d. H. Zbinden 1948); Adolphe, anecdote trouvée dans les papiers d'un inconnu, R. 1816 (n. G. Rudler 1919f., F. Baldensperger 1946; d. O. Flake 1910, W. J. Guggenheim 1944, J. H. Bornecque 1982); Cours de politique constitutionnelle, IV 1816–20 (n. L. de Laboulaye II ²1872; d. W. Lüthi 1946); Principes de politique, 1818; De la religion, V 1824–31 (d. 1824ff.); Mélanges de littérature, et de politique, 1829; Du polythéisme romain, II 1833; Œuvres politiques, 1874 (d. J. F. v. Buß 1934f.); Journaux intimes, 1895 (n. A. Roulin u. C. Roth 1952; dt. Ausz. F. Schwarz 1919); Le cahier rouge, Tg. 1907; Cécile, R. hg. A. Roulin 1951 (d. 1955); Ecrits et discours politiques, 1964; Wallstein, Dr. 1965. – Œuvres, hg. A. Roulin 1957; Lettres à sa famille (1775–1830), 1931; Lettres à Mme de Récamier (1807–30), hg. Mme Lenormant 1882; Mme de Staël and B. C.: unpubl. letters, engl. 1907, 1928; B. C. et Mme de Staël, 1949 (d. Strodtmann 1877); Correspondance de B. C. et d'A. Lindsay, 1933; Journaux intimes (1804–07), 2002. – *Übs.:* Werke, IV 1971f.

L: L. Ettlinger, 1909; G. Rudler, La jeunesse de B. C. (1767–94), 1909; P. Mortier, 1930; F. Wagner, 1932; A. Fabre-Luce, 1939; C. Du Bos, Grandeur et misère de B. C., 1946; H. Nicolson, Lond. 1949; M. Levaillant, Les Amours de B. C., 1958; W. W. Holdheim, Lond. 1961; L. Gall, 1963; P. Bastid, II 1966; H. Gouhier, 1967; G. Poulet, 1968; P. Delbouille, Genèse, structure et destin d'Adolphe, 1973; K. Klooke, 1984; M. Winkler, 1984. – *Bibl.:* G. Rudler, 1909; C. P. Courtrey, 1981; D. M. Wood, 1993; Holmes, 1994.

Constantin-Weyer, Maurice, franz. Schriftsteller, 24. 4. 1881 Bourbonne-les-Bains – 24. 4. 1964 Vichy. Stud. in Frankreich, ging 1902 nach Kanada, lebte dort als Cowboy, Farmer, Holzfäller, Trapper, Holz-, Fellhändler und Journalist. Im 1. Weltkrieg an der Front. Provinzjournalist in Nevers und Poitiers. – Schrieb über das abenteuerl. Leben, dessen Reiz er erfahren hatte, die ›Epopée canadienne‹, die mehrere Werke über das Leben in Kanada enthält. Übs. von Shakespeare u. Swift. Verarbeitete Erinnerungen, ruhmreiche Taten aus der franz. Vergangenheit in dem Buch ›Un homme se penche sur son passé‹, e. trag. Liebesgeschichte, deren eig. Held die Natur in ihrer ungezähmten Wildheit ist. C.-W. ist erfüllt vom Bewußtsein der menschl. Kräfte. S. Beschreibungen sind nüchtern, doch lebendig.

W: Epopée canadienne: Vers l'ouest, 1922; Manitoba, 1924; La bourrasque, 1925; Cinq éclats de silex, 1927 (d. 1929); Un homme se penche sur son passé, 1928 (d. 1929; La vie du général Yusuf, R. 1930; Du sang sur la neige, 1931; Naundorff ou Louis XVII, R. 1950; La vie privée des poissons, 1954; Les tragiques amours de Bianca, 1958.

Conti, Antonio, ital. Autor, 22. 1. 1677 Padua – 6. 4. 1749 ebda. Zunächst Geistlicher, dann Beschäftigung mit Philos. u. Naturwiss. 1713 in Paris Begegnung mit Malebranche, 1715 in London bei Newton, in Hannover Bekanntschaft mit Leibniz. 1718–26 in Paris, dann Rückkehr nach Italien. – Enzyklopäd. Wissen; beschäftigte sich mit Philos., Ästhetik u. Dichtung; wichtig v. a. als Anreger. Erkannte die Bedeutung der ausländ. (vor allem franz. u. engl.) Lit., aus der er viel übersetzte. S. Tragödien, in denen er Themen aus der röm. Geschichte gestaltete, fehlt die dramat. Kraft, sie dienten jedoch Alfieri als Modell.

W: Prose e poesie, II 1739–56; Le quattro tragedie, 1751; Versioni poetiche, hg. G. Gronda 1966; La rivale, Dr. 2000.

L: A. Salza, L'ab. A. C. e le sue tragedie, 1898; Quella maschera, A. C. per il teatro, hg. A. T. Ossani 2000.

Conti, Haroldo, argentin. Erzähler, 25. 5. 1925 Chacabuco – 4. 5. 1976 verschleppt u. ermordet. – ›Mascaró‹ handelt von e. Wanderzirkus, der Symbol für Freiheit, Phantasie u. Solidarität ist.

W: Sudeste, R. 1962; Alrededor de la jaula, R. 1966 (verfilmt); Con otra gente, En. 1967; En vida, R. 1971; Mascaró, el cazador americano, R. 1975 (verfilmt; 1985); La balada del álamo carolina, En. 1975. – Cuentos completos, 2003.

L: E. Benasso, 1969; G. Ringmann, 1991; L. Díaz, 1994.

Cooke, John Esten, amerik. Romanautor, 3. 11. 1830 b. Winchester/VA – 27. 9. 1886 The Briars/VA. Enthusiast. Teilnahme am Bürgerkrieg auf seiten des Südens. – S. Romane aus der Geschichte Virginias sind idealisierte, sentimentale Nachahmungen Coopers und verherrlichen das Leben im Süden vor dem Bürgerkrieg.

W: Leather Stocking and Silk, R. 1854; The Virginia Comedians, R. 1854; Henry St. John, Gentleman, R. 1859; Surry of Eagle's Nest, R. 1866; The Heir of Graymont, R. 1870.

L: J. O. Beaty, 1922. – *Bibl.:* D. Call, 1938; O. Wegelin, ²1941.

Cookson, Catherine (Ps. Catherine Marchant), engl. Schriftstellerin, 27. 6. 1906 Tyne Dock – 11. 6. 1998 Newcastle-upon-Tyne. Stammt aus ärml. Verhältnissen, kaum Schulbildung, arbeitete als Wäscherin und Hausmädchen. 1940 ∞ Tom Cookson. Veröffentlichte den 1. Roman erst in den 1950er Jahren. 1993 D.B.E. Starb als e. der reichsten Frauen u. bekanntesten Schriftstellerinnen Englands; die Gegend von South Tyneside heißt heute offiziell Cookson Country. – Vf. von über 70 leichten Romanen und Serienromanen; meist im 19. Jh. u. im verarmten Industrie- und Bergarbeitermilieu Nordenglands angesiedelt. Verbindung von engl. Sozialgeschichte mit romant. Frauenschicksalen.

W: Kate Hannigan, R. 1950; The Mallen Streak, R. 1973 (Stunde des Sturms, d. 1977); The Mallen Girl, R. 1974 (Verhängnisvolles Erbe, d. 1978); The Mallen Lot, R. 1974 (Tag der Versöhnung, d. 1978); The Silent Lady, R. 2001 (Zeit ohne Worte, d. 2003).

L: K. Jones, B. 1999.

Coolen, Antoon, niederländ. Erzähler, 17. 4. 1897 Wijlre/Südlimburg – 9. 11. 1961 Eindhoven. Gymnas. Heeswijk/Nordbrabant; einige Jahre Journalist und Feuilletonredakteur in Hilversum; 1932 freier Schriftsteller in Deurne; seit 1938 in Waalre. – Beliebter kath. Heimatdichter. Stellt in den Mittelpunkt s. weitverbreiteten Romane den dörfl. Lebenskreis, schildert bes. das harte Leben der Bauern s. Heimat. S. Erzählungen sind unkompliziert und ohne psycholog. Tiefe, aber ursprüngl.-kräftig, lebensnah. Steht Claes und Timmermans nahe, doch werden im Gegensatz zu diesen s. Werke oft vom Tragischen und Dämonischen berührt.

W: De rouwe grond, E. 1926; Jantje den schoenlapper en zijn Weensch kiendje, E. 1927 (d. 1936); Hun grond verwaait, R. 1927; Kinderen van ons volk, R. 1928 (Brabanter Volk, d. 1933); Het donkere licht, E. 1929; Peelwerkers, E. 1930; De goede moordenaar, E. 1932; De schoone voleinding, R. 1932; Dorp aan de rivier, R. 1935 (d. 1936); Peerke den haas, E. 1935 (d. 1941); De drie gebroeders, R. 1936 (d. 1937); Kerstmis in de Kempen, En. 1937 (d. 1938); Herberg in't misverstand, 1938 (d. 1940); Uit het kleine rijk, E. 1939 (Aus der kleinen Welt, d. 1950); De vrouw met de zes slapers, R. 1953 (d. 1955); Stad aan de Maas, R. 1960. – *Übs.:* Ländl. Weihnacht, En. 1963.

L: A. van Duinkerken, 1949; P. Oomes, 1959; Th. Pollemans, 1978; B. Beulens, 1980; T. Kools, 1986; C. Swinkels, God help me de brug over, 1990; G. Jansink, hg. 1997; C. Bertrand, hg. 1997 (mit Bibl.). – *Bibl.:* T. Renes, 1957, ²1961.

Cooper, Anthony Ashley → Shaftesbury, Anthony Ashley Cooper, 3rd Earl of

Cooper, James Fenimore, amerik. Erzähler, 15. 9. 1789 Burlington/NJ – 14. 9. 1851 Cooperstown/NY. 12. Kind des Landbesitzers William C.; Begründer von Cooperstown am Otsego-See, New York, wo C. aufwuchs. 1801 Schule in Albany, 1803 Yale College, 1806/07 bei der Handels-, 1808–10 Kriegsmarine. ∞ 1. 1. 1811 Susan DeLancey. 1814 in Cooperstown, 1817 bei Scarsdale Gutsbesitzer u. Unternehmer, 1822–26 in New York, 1826–33 Europareise als scharfsinn. Beobachter polit.-sozialer Zustände u. Verteidiger amerik. Prinzipien. Nach Rückkehr wachsende Kritik an Amerika, Fehde mit Nachbarn in Cooperstown (wo C. bis zu s. Tod lebte) um Nutzungsrechte s. Landes, jahrelanger Kampf mit der Presse vor Gerichten. – Spät Romancier, versuchte sich an engl. Sittenroman, danach zögernd an nationalem Stoff (›The Spy‹), dessen Bewältigung ihn berühmt machte. Auf Jugenderinnerungen basiert ›The Pioneers‹ (Templeton = Cooperstown, erstes Auftreten Lederstrumpfs). E. Plan der ›Legenden der 13 Republiken‹ blieb bis auf ›Lionel Lincoln‹ unausgeführt. Nach Rückkehr aus Europa verfaßte C. polit. Schriften, Reisebücher, sozialkrit. Romane (mit satir. Tendenz, z.B. ›Home as Found‹) u. e. Gesch. der amerik. Marine. Wiederaufnahme u. Abschluß der Lederstrumpfserie, deren ins Myth. gesteigerte Hauptfigur, Inbegriff des amerik. Pioniers als sittl.-autonomer Person, Wegbereiter der Zivilisation, aber aus ihr flüchtend, C.s größte Schöpfung ist. An 2. Stelle stehen die zunächst romant.-verklärenden, aber zunehmend realist. Seeromane, mit denen C. Wegbereiter für Melville u. Conrad wurde. C.s Alterswerke spiegeln e. wachsenden sozialen u. relig. Konservativismus (z.B. die m. ›Satanstoe‹ beginnende ›Littlepage-Trilogie‹). Formal oft unbeholfen, aber die großen Themen der Zeit (Zivilisationsgrenzen Amerikas im Westen u. zur See, Demokratie u. Besitzrechte, Gottesnatur u. menschl. Fortschritt) im Griff, wurde C. der erste, vielseitige Meister des amerik. Romans.

W: Precaution, R. 1820 (Mosely Hall, d. 1826); The Spy, R. 1821 (hg. W. S. Walker 1960, d. 1824); The Pioneers, R. 1823 (hg. L. Howard 1959, d. 1824); The Pilot, R. 1824 (hg. K. S. House 1986, d. 1824); Lionel Lincoln, R. 1825 (hg. D. A. Ringe 1984); The Last of the Mohicans, R. 1826 (hg. W. Charvat 1958, d. 1826); The Prairie, R. 1827 (hg. H. N. Smith 1950, d. 1827); The Red Rover, R. 1827 (hg. W. S. Walker 1963, d. 1828); Notions of the Americans, Abh. 1828 (hg. R. E. Spiller II 1963, d. 1828); The Wept of Wish-ton-Wish, R. 1829 (hg. R. B. Davis 1970, Conanchet, d. 1962); The Water Witch, R. 1830; The Bravo, R. 1831 (d. 1832); The Heidenmauer, R. 1832 (d. 1832); The Headsman, R. 1833 (d. 1833); A Letter To His Countrymen, Abh. 1834; The Monikins, R. 1835 (d. 1835); Gleanings in Europe, 1836–38 (hg. J. F. Beard VI 1980–86); The American Democrat, Abh. 1838 (hg. R. E. Spiller 1955); Homeward Bound, R. 1838 (d. 1838); Home As Found, R. 1838 (d. 1839); The History of the Navy of the United States of America, Abh. 1839 (d. 1840); The Pathfinder, R. 1840 (hg. R. D. Rust 1982, d. 1840); The Deerslayer, R. 1841 (d. 1841); The Two Admirals, R. 1842; The Wing-and-Wing, R. 1842; Wyandotté, R.

1843 (hg. T. Philbrick 1982); Afloat and Ashore, R. 1844 (d. 1844); Miles Wallingford, R. 1844 (Lucy Harding, d. 1845); Satanstoe, R. 1845 (hg. R. E. Spiller u. J. D. Coppock 1937, R. L. Hough 1962, d. 1845); The Chainbearer, R. 1845 (d. 1846); The Redskins, R. 1846 (d. 1846); The Crater, St. 1847 (n. 1962, d. 1848); The Sea Lions, R. 1849 (hg. W. S. Walker 1965, d. 1849); The Ways of the Hour, R. 1850; New York, Schr. 1930; Early Critical Ess. hg. J. F. Beard 1955. – Novels, XXXII 1859–61; Writings, hg. J. F. Beard 1980 ff.; Letters and Journals, hg. J. F. Beard VI 1960–68. – *Übs.*: Amerikanische Romane, XXX 1840–50; Die Lederstrumpferzählungen, V 1936.

L: E. R. Outland, 1929; R. E. Spiller, 1931; M. Clavel, II 1938; J. Grossmann, 1949; T. Philbrick, 1961; K. S. House, 1965; G. Dekker, 1967; J. P. McWilliams, 1972; G. Dekker, J. P. McWilliams, hg. 1973; O. Överland, 1973; B. Nevius, 1976; H. D. Peck, 1977; S. Railton, 1978; W. Franklin, 1982; W. P. Kelly, 1983; J. D. Wallace, Early C. and His Audience, 1986; R. Clark, hg. 1986; D. A. Ringe, 1998; C. H. Adams, 1990; B. Dudensing, 1993. – *Bibl.:* R. E. Spiller, Ph. C. Blackburn, 1934.

Cooplandt, Arij → Prins, Arij

Coornhert, Dirck Volckertszoon, niederländ. Dichter und Kupferstecher, 1522 Amsterdam – 29. 10. 1590 Gouda. Tuchhändlerssohn. Reise nach Spanien und Portugal. Trotz Stellungnahme gegen die Bilderstürmer 1567 vor den Rat der Unruhen geladen, aber freigesprochen. Wiederholt nach Dtl. geflohen. 1572 Staatssekretär von Holland im Dienst Wilhelms von Oranien. 1577 in Cleve. 1577–87 Notar in Haarlem, dann Aufenthalt in Den Haag, 1588 in Delft und Gouda. Unermüdl. Kämpfer gegen die Intoleranz, aber wegen Ablehnung der Autoritätsauffassung auf der Ebene des Glaubens viel angefeindet. Vorläufer der Remonstranten. – In s. Werk ist der Inhalt wichtiger als ästhet. Ziele. ›Coornherts liedboek‹ enthält Liebeslieder aus der Jugend, Gedichte mit erzieher. Zielen. Vf. von 7 Komödien, die bedeutendste ›Comedie van lief en leedt‹. ›Zedekunst, dat is wellevenskunste‹ ist e. erste untheolog. Ethik: Die Vernunft könne den Menschen mit Gottes Gnade zu e. sittl.-guten Leben führen. Der Einzelmensch bedürfe bei s. Beziehung zu Gott nicht der kirchl. Vermittlung. Streben nach innerer Ruhe. C.s sprachl. Verdienst ist der neue Prosastil. ›Dolinghe van Ulysse‹ nach e. lat. Prosa-Ausgabe des Homer das erste gelungene niederländ. Epos, mit moral. Tendenz. C.s Vers besteht aus 5 oder 6 Hebungen mit e. nicht gleichen Anzahl Senkungen. Erst im Alter hat er die Forderung nach regelmäßigem Versbau unter Beachtung der Betonung anerkannt. Übs. Senecas, Ciceros, Boccaccios.

W: Verschooninghe van de Roomsche afgoderije, Schr. 1560; Dolinghe van Ulysse, Ep. 1561 (n. Th. Weevers 1939); Coornherts liedboek, G. 1575; Comedie van lief en leedt, K. (1567) 1582; Zedekunst, dat is wellevenskunste, Schr. 1586 (n. B. Becker 1942). – Wercken, III 1633; De comedies van C. 1946.

L: C. Lorentzen, Diss. Jena 1886; O. Rinck-Wagner, Diss. Freib. 1919; B. Becker, 1928; H. Bonger, 1941; ders., 1954; ders. 1978.

Coover, Robert (Lowell), amerik. Schriftsteller, * 4. 2. 1932 Charles City/IA. B. A. Indiana Univ. Bloomington 1953, M. A. Univ. Chicago 1965; Marinewehrdienst 1953–57; versch. Lehrtätigkeiten, seit 1981 Brown Univ.; ausgedehnte Europareisen, lebt in Providence/RI. – Konventionalisierte, populärkulturelle Erfahrenswelt des Mittleren Westens mischt sich mit europ., hochlit. Erzähltradition zu komplexen, überbordenden postmod. Textgebilden, so in ›The Public Burning‹ mit zahllosen Anspielungen z. B. auf die Hinrichtung der Rosenbergs, R. Nixon, die Marx Brothers, Vietnam und Watergate.

W: The Origin of the Brunists, R. 1966 (d. 1996); The Universal Baseball Association, Inc., J. Henry Waugh, Prop., R. 1968; Pricksongs & Descants, Kgn. 1969 (Schräge Töne, d. 1994); The Public Burning, R. 1977 (d. 1983); Charlie in the House of Rue, E. 1980; Spanking the Maid, R. 1981; In Bed One Night and Other Brief Encounters, Kgn. 1983; Gerald's Party, R. 1986 (d. 1987); Aesop's Forest, Kgn. 1986; A Night at the Movies, Kgn. 1987 (Casablanca, Spätvorstellung, d. 1990); Whatever Happened to Gloomy Gus of the Chicago Bears?, R. 1987; Pinocchio in Venice, R. 1991 (d. 1994); John's Wife, R. 1996 (d. 1999); Briar Rose, M. 1996 (Die schöne Schlafende, d. 1999); Ghost Town, R. 1998 (d. 2002).

L: R. Anderson, 1981; L. G. Gordon, 1983; J. I. Cope, 1986; T. E. Kennedy, 1992; B. Evenson, 2003.

Cope, Jack, südafrikan. Erzähler, 3. 6. 1913 Mooi River/Natal – 1991. Journalist. – Vf. von Romanen u. Kurzgeschichten über die vielfältigen trag. Konflikte zwischen europ. u. afrikan. Kultur, die er allerdings meist beschönigend oder melodramat. darstellt.

W: The Fair House, R. 1955 (Inkosana, d. 1963, u. d. T. Aufstand der Speere, 1966); The Golden Oriole, R. 1958; The Road to Ysterberg, R. 1959; The Tame Ox, Kgn. 1960 (Der braune Büffel, d. 1976); Albino, R. 1963; The Rain-Maker, R. 1971; The Student of Zend, R. 1972; Alley Cat, Kgn. 1973; My Son Max, R. 1977; Selected Stories, 1986.

Cope, Wendy, engl. Lyrikerin, * 21. 7. 1945 Erith/Kent. Stud. in Oxford, zunächst Lehrerin an versch. Grundschulen, Redakteurin bei der Zt. ›Contact‹, seit 1986 freie Autorin, bis 1990 Fernsehkritikerin beim ›Spectator‹. – Humorist. Lyrik, scharfsinnige lit. Parodien versch. Dichter, v. a. der Moderne (Eliot, Larkin, Hughes), sowie versch. Gedichtformen (Sonett, Villanelle etc.).

Häufiges Ziel ihrer spöttischen Attacken ist die Männerwelt. Im späteren Werk finden sich auch ernstere Untertöne. Verf. zweier Gedichtbände für Kinder sowie Hrsg. mehrerer Sammlungen komischer Lyrik.

W: Making Cocoa for Kingsley Amis, 1986; Does She Like Word-Games?, 1988; Men and Their Boring Arguments, 1988; Twiddling Your Thumbs, 1988; The River Girl, 1991; Serious Concerns, 1992; If I Don't Know, 2001.

Copeau, Jacques, franz. Theaterregisseur, 4. 2. 1879 Paris – 20. 10. 1949 Beaune. 1jähriger Aufenthalt in Dänemark; Fabrikbesitzer in den Ardennen, Verkäufer mod. Gemälde in Paris. 1909 Mitbegründer der ›Nouvelle Revue Française‹, 1912–14 deren Chefhrsg. Gründete 1913 und leitete bis 1924 das ›Théâtre du Vieux-Colombier‹. – E. der bedeutendsten Theaterregisseure der Moderne. Schöpfer e. neuen Inszenierungsstils. Führte das franz. Theater zu neuer Einfachheit. Bemühte sich im Gegensatz zu Antoines realist. Theater um e. poet. Deutung des Lebens. Hatte e. glänzende starlose Truppe, zu der L. Jouvet und C. Dullin gehörten, spielte e. ausgedehntes Programm, darunter viele mod. Stücke. Ab 1936 Regisseur der ›Comédie Française‹, deren Direktor er 1940 wurde.

W: Les frères Karamazov, Dr. 1911 (m. J. Croué); La maison natale, Dr. 1923; Etudes d'art dramatique. Critiques d'un autre temps, 1923; Souvenirs du Vieux-Colombier, 1931; Le théâtre populaire, Ess. 1941; Le petit pauvre, Dr. 1946; Notes sur le métier de comédien, 1955. – Correspondance avec R. Martin du Gard, II 1913–1949; avec A. Gide, 1913–1949; avec M. Proust, hg. M. Raimond 1995.

L: L. Levaux, 1934; G. Lerminier, 1953; M. Doisy, 1954; C. Borgal, 1960; ders., Metteurs en scène: J. C., Jouvet, C. Dullin, G. Baty, G. Pitoëff, 1963. – *Bibl.:* N. H. Paul, 1979.

Ćopić, Branko, serb. Schriftsteller, 1. 1. 1915 Hašani – 26. 3. 1984 Belgrad. Stud. Philos. Belgrad. Nahm als Partisan am 2. Weltkrieg teil, freier Schriftsteller in Belgrad. Mitgl. der Akad. – Begann mit lyr. Gedichten u. Erzählungen, in denen er oft humorist.-satir. das schwere Leben der bosn. Bauern schildert u. die romant.-realist. Tradition fortsetzt; s. Schwerpunkt liegt jedoch in der Darstellung des Befreiungskampfes, wobei er sich nicht scheut, auch die negativen Seiten zu berühren.

W: Pod Grmečon, En. 1938; Borci i bjegunci, Nn. 1939; Planinci, Nn. 1940; U carstvu leptirova i medvjeda, Kdb. 1940; Ognjeno radjanje domovine, G. 1944; Priče partizanke, En. 1944; Pjesme, G. 1945; Prolom, R. 1952 (Freunde, Feinde und Verräter, d. 1964); Doživljaji Nikoletine Bursaća, E. 1955 (Die ungewöhnl. Abenteuer des Nikola Bursać, d. 1961); Gluvi barut, R. 1957; Ne tuguj bronzana stražo, R. 1958 (Sei nicht traurig, eherner Wachtposten, d. 1969); Gorki med., E. 1959; Stihovi, G. 1963; Osma ofanziva, R. 1964; Bašta sljezove boje, En. 1970; Delije na Bihaću, R. 1975. – Sabrana dela, XII 1966, XV 1983; Izabrane pesme (AW), G. 1990.

L: S. Marković, 1966; V. Marjanović, 1982, 1988.

Coppard, A(lfred) E(dgar), engl. Schriftsteller, 4. 1. 1878 Folkestone – 13. 1. 1957 London. – Bekannter als s. zahlreichen Dichtungen sind s. Kurzgeschichten (so ›The Higgler‹, 1925) in zumeist ländl. Szenerie.

W: Adam and Eve and Pinch Me, Kgn. 1921; Fishmonger's Fiddle, Kgn. 1925. – Collected Poems, 1928; Collected Tales, 1951; It's Me, O Lord!, Aut. 1957.

Coppée, François Joachim Édouard, franz. Lyriker, 12. 1. 1842 Paris – 17. 5. 1908 ebda. Sohn e. einfachen Beamten; konnte aus finanziellen Gründen s. Stud. nicht abschließen. 2 Jahre Bibliothekar im Palais du Luxembourg, danach lange Jahre Archivar des Théâtre Français. Große Anerkennung zu Lebzeiten. 1884 Mitgl. der Académie Française. – Vor allem Lyriker, aber auch Erzähler und erfolgr. Dramatiker. Gehörte seit 1866 zum Parnaß (C. Mendès überwachte s. dichter. Anfänge). Ist ihm verbunden durch techn. Qualität s. Verses, bleibt jedoch nur in den ersten Gedichtsammlungen dem Ideal entpersönlichter Dichtung treu. Charakteristisch für den späteren C. ist das Bewußtsein der Solidarität und sentimentales Empfinden mit dem einfachen Volk. Besang das Los der kleinen Bürger und das Leben der Armen in ihrer Alltäglichkeit. Nach s. Gedichtband ›Les intimités‹ wurden die Dichter des Kleinbürgertums Intimisten genannt. Zola schätzte C. als 1. Lyriker des Naturalismus, von den Symbolisten und den folgenden Strömungen wurde er wenig geachtet.

W: Le reliquaire, G. 1866; Les intimités, G. 1868; La grève des forgerons, G. 1869 (d. 1894); Les poèmes modernes, 1869; Le passant, Dr. 1869 (d. 1921); Les humbles, G. 1872; Promenades et interieurs, G. 1872; Le cahier rouge, G. 1874; Olivier, G. 1875 (d. 1882); Une idylle pendant le siège, R. 1875 (d. 1899); Elégies, 1876; Le Pater, Dr. 1876; Le luthier de Crémone, Dr. 1877 (d. 1880); Le trésor, Dr. 1878 (d. 1880); Madame de Maintenon, Dr. 1881; Les contes en vers, II 1881–87; Severo Torelli, Dr. 1883; Les Jacobites, Dr. 1885; Arrière-saison, G. 1887; Toute une jeunesse, Erinn. 1890; Les paroles sincères, G. 1890; Contes de Noël, 1893; Mon franc parler, Erinn. 1893–96; Contes tout simples, 1894 (d. 1908); Pour la couronne, Dr. 1895; La bonne souffrance, Erinn. 1898 (d. 1899); Dans la prière et dans la lutte, G. 1901; Souvenirs d'un parisien, 1910; Sonnets intimes et poèmes inédits, 1911; Poèmes d'amour et de tendresse, 1927. – Œuvres complètes, XVII 1885–1909; Théâtre complet, 1892; Poésies complètes, III 1923–25; Lettres à sa mère et à sa sœur, 1914. – *Übs.:* Die Freuden des Abbé Moulinet u. a. En., 1926.

L: M. de Lescure, 1889; Gauthier-Ferrières, 1908; H. Schoen, 1910; A. Crosnier, 1910; P. Buet, 1911; E. M. Vargier, Rom 1921; Le Meur, Diss. Paris 1932.

Coraï, Adamantios → Korais, Adamantios

Corazzini, Sergio, ital. Dichter, 6.2.1886 Rom – 18.6.1907 ebda. Bürgerl. Familie; Gymnas. in Spoleto, dann zurück nach Rom, Angestellter e. Versicherungsgesellschaft; starb an Tbc. – Wichtigster Vertreter der Dichterschule der ›Crepuscolari‹, deren Zs. ›Cronache latine‹ er mitbegründete. – S. sehr musikal. Lyrik ist fast immer vom Gedanken an den Tod überschattet u. von e. melanchol., aber auch selbstiron. Grundton durchzogen. Ihre Themen bilden v. a. die bis dahin von der Dichtung nicht beachteten ›kleinen Dinge‹.

W: L'amaro calice, G. 1905; Le aureole, G. 1905; Il piccolo libro inutile, 1906; Libro per la sera della domenica, G. 1906. – Liriche, hg. F. M. Martini ^{4}1959; Poesie edite e inedite, hg. S. Jacomuzzi 1968; Opere, Poesie e prose, 1999.

L: A. F. Donini, 1948 (m. Bibl.); S. Jacomuzzi, 1963; ›Io non sono un poeta‹. Atti convegno intern. di studi, 1989.

Corbière, Jean-Antoine-René-Edouard, franz. Schriftsteller, 1. 4. 1793 Brest – 27. 9. 1875 Morlaix. Marineoffizier, dann Kapitän e. Handelsschiffes, Direktor e. Dampfschiffgesellschaft. Vater von Tristan C. – Schrieb Gedichte, Lieder, zahlr. Seeromane und während der Restauration polit. kühne Artikel.

W: Les pilotes de l'Iroise, R. 1832; Le négier, R. IV 1832; La mer et les marins, R. 1833; Contes de bord, 1833; Les aspirants de marine, R. 1834; Les trois pirates, R. IV 1838; Les folles brises, R. 1838; Tribord et Bâbord, R. 1840; Cric-Crac, R. 1846.

Corbière, Tristan (eig. Edouard-Joachim C.), franz. Lyriker, 18. 7. 1845 Ploujean b. Morlaix – 1. 3. 1875 Morlaix. Sohn von J.-A. C. Marineschriftsteller. Schulen in Saint-Brieuc und Nantes. Seit 16. Lebensjahr Asthma und Gelenkrheumatismus. Fast immer in der Bretagne, kurze Zeit in der Provence, 1868 in Italien. 1872 Liebe zu e. ital. Schauspielerin, der er nach Paris folgte, wo er als Mitarbeiter versch. Zsn. e. elendes Leben führte. Zu Lebzeiten nicht beachtet, entdeckt von Verlaine, der ihn 1883 zum ersten s. ›poètes maudits‹ machte. – Nachfahr von François Villon. Revolte, Sarkasmus, Schmähung alles Geltenden und Überkommenen, Selbsterniedrigung, Farce und Gotteslästerung erfüllen s. Gedichte. Karikiert die romant. Ironie, den Parnaß und wohl die Dichtung überhaupt. In s. persönl. Gedichten steht neben dem Angstschrei immer bittere Melancholie. Gedichte über die negativen Aspekte von Land und Leuten der Bretagne, über die Seeleute und das Meer. Beeinflußte J. Laforgue und Verlaine; Vorläufer vieler mod. Lyriker.

W: Les amours jaunes, 1873 (vollst. 1891, n. 1950; d. G. Schneider 1948); Casino de trepassés, L'Américaine, Prosa 1941. – Choix de poèmes, 1949.

L: R. Martineau, ^{2}1925; A. Arnoux, Une âme et pas de violon, 1929; J. de Trigon, 1950; P. Rousselot, 1951; P. A. Jannini, 1959; A. Sonnenfeld, 1960; C. Angelet, 1962; F.-F. Busch, 1970; H. Thomas, 1972; J. Rousselot, 1973; M. Dansel, 1974; O. Gueslin, 1975; R. L. Mitchel, 1979; H. Laroche, 1997.

Cordelier, Maurice → Giraudoux, Hyppolyte-Jean

Corelli, Marie (eig. Mary Mackay) engl. Romanschriftstellerin, 1. 5. 1855 London – 21. 4. 1924 Stratford. Tochter d. schott. Schriftstellers Charles Mackay; in franz. Kloster erzogen, in Musik ausgebildet. Veröffentlichte 31jährig die sehr erfolgr. romant. Erzählung ›A Romance of Two Worlds‹, lebte seitdem als freie Schriftstellerin in Stratford-upon-Avon. – Um die Jahrhundertwende die populärste Vf. romant. Trivialromane. Bes. geschätzt wurden die überwältigende Rhetorik ihrer Landschaftsbeschreibungen u. der Edelmut ihrer Charaktere.

W: A Romance of Two Worlds, R. 1886 (d. 1894); Barrabas, R. 1893 (d. 1899); The Sorrows of Satan, R. 1895 (hg. P. Keating 1998); The Murder of Delicia, R. 1896; The Mighty Atom, R. 1896; The Master-Christian, R. 1900; My Little Bit, Aut. 1919; Open Confession, Br. 1924; Poems, hg. B. Vyver 1925.

L: B. Vyver, 1930; E. Bigland, 1953; W. S. Scott, 1955; T. Ransom, 1999.

Corippus, Flavius Cresconius, lat. Epiker, 6. Jh. n. Chr. Als ›wandering poet‹ kam C. von Afrika nach Konstantinopel. – Das in Karthago vorgetragene panegyr. Epos ›Iohannis‹ schildert in 8 Büchern die Kämpfe des oström. Feldherrn Johannes gegen die Mauren. E. weiteres panegyr. Epos (›In laudem Iustini‹) verherrlicht Kaiser Justinus II. Die Epen bieten nicht nur hist. wichtige Hinweise, sondern sind aufgrund der sprachl.-stilist. Form u. der in ihnen aufgezeigten Bildung kulturgeschichtl. interessant.

A: J. Partsch, MGH auct. ant. III, 2, 1879; Ioh.: J. Diggle, F. R. D. Goodyear, Cambr. 1970; Buch 2 m. franz. Übs. V. Zarini, Paris 1997; Buch 3 m. ital. Übs. u. Komm. C. O. Tommasi Moreschini, Florenz 2001; Iust.: m. engl. Übs. A. Cameron, Lond. 1976; m. franz. Übs. S. Antès, Paris 1981.

L: A. Cameron, Wandering Poets, in: Historia 14, 1965, 470–509; W. Ehlers, in: Philologus 124, 1980, 109–135.

Cornazzano, Antonio, ital. Autor, 1429 Piacenza – um 1484 Ferrara. Jugend in Siena, 1449 Parma, 1450 Rom; glänzende Laufbahn als Hofmann im Dienst der Sforza, Colleonis u. der Este. – Beliebter u. geschickter Stegreifdichter, neben Huldigungsgedichten, e. lat. Komödie, e. Abhandlung über die Tanzkunst u. erot. Novellen auch relig. Stoffe.

W: Libro dell'arte di danzare, Prosa 1455; La Sforzeide, Ep. 1466; Vita di nostra Donna, G. 1471; Sonetti e Canzoni, 1503; De proverbiorum origine opus, Nn. 1503 (d. A. Wesselski 1906, n. 1968); Proverbi di A. C. in facetie, Nn. 1525 (n. T. Landoni in: Scelta di curiosità letterarie 62, 1865); Il Manganello, hg. D. Zancani 1982; Vita di Bartolomeo Colleoni, hg. G. Crevatin, 1991.

L: C. Fany, 1964; M. Tomassini, 1985.

Corneille, Pierre, franz. Dramatiker, 6. 6. 1606 Rouen – 1. 10. 1684 Paris. Aus alter normannischer Juristenfamilie. Ab 1615 Jesuitenschule Rouen, 1622–24 Stud. Jura. Bis 1650 vielfach unterbrochene Tätigkeit als Advokat im Magistrat von Rouen. Gehörte zeitweise zu den 5 im Auftrag Richelieus dichtenden Autoren. Nach Beginn s. dramat. Laufbahn mit Lustspielen großer Erfolg und Beginn der Reihe s. Meisterwerke (1636–43) mit der Tragikomödie ›Le Cid‹ (1636), an die sich die ›Querelle du Cid‹, e. durch Neider (G. de Scudéry, Claveret, Mairet) ausgelöster Streit anschloß, die mit der Verurteilung des ›Cid‹ durch die Académie endete. Ab 1640 glückl. Familienleben, ∞ Marie de Lampérière. Ab 1647 Mitglied der Académie Française. 1643–52 Absinken des dramat. Genius und Mißerfolg mit ›Pertharite‹ 1652. Schrieb danach bis 1659 kein Drama, zog sich vorwiegend nach Rouen zurück. Ab 1662 in Paris, empfing e. königl. Gehalt. Die letzten Schaffensjahre beschattet durch Rivalität mit dem jungen Dramatiker Racine. – In Frankreich der Schöpfer des klass. Dramas, ein den Forderungen nach den 3 Einheiten genügendes, verinnerlichtes und vergeistigtes Drama, in dem Tragik und Komik streng geschieden sind, worin nicht Fatalität, sondern der große Mensch (nicht als Individuum, sondern als Typ), dessen Sprache feierlich und erhaben ist, die bestimmende Rolle spielt. Schrieb nach dem Vorbild span. Intrigenkomödien Lustspiele, die sich von den vorhergehenden franz. durch Verfeinerung der Komik, Verankerung der Handlung im Charakter der Helden und wirksame Einbeziehung des zeitgenöss. Lebens abheben. Mit der gelungentsten Komödie ›Le menteur‹ nach ›La Verdad sospechosa‹ des Alarcón setzt er den Beginn der klass. franz. Komödie. Die 1. klass. Tragödie Frankreichs, ›Le Cid‹, Tragikomödie nach der Vorlage der ›Mocedades del Cid‹ des Spaniers Guillén de Castro. In den folgenden Dramen ›Horace‹, ›Cinna‹, ›Polyeucte‹ unterwirft C. sich streng den Formgesetzen der Académie, die er im ›Cid‹ noch nicht völlig beachtet hatte. Diese Werke, die s. Ruhm begründeten, zeichnen sich durch klare Architektur und plast. Gestaltung der Charaktere aus. Die Helden verkörpern e. dem absolutist. Herrschertum s. Zeit gemäßen heroischen Idealismus, den Glauben an die absolute Macht des menschl. Willens und der Vernunft. Sie erwecken Bewunderung, indem sie Leidenschaften und das Natürliche (auch die Liebe) als unwürdig negieren, sie e. Ideal (Staat, Volk oder Gott) unterordnen und heroisch opfern. In ›Rodogune‹ durchbricht der maßlose Wille zu menschl. Größe die sittl. Ordnung. Dramenstoffe vorwiegend aus der röm. Geschichte. Der geistige Hintergrund nicht christl., sondern stoizist., auch im christl. Märtyrerdrama ›Polyeucte‹. Der Abwertung der Sinnlichkeit entspricht e. entsinnlichte, rational durchgeformte Sprache von bisweilen jurist. scharfer Diktion und hohem Pathos. Die Alterswerke sind komplizierte Melodramen, die ähnlich wie s. frühen Werke barock sind und e. Hang zum Abenteuerl. und Außergewöhnl. zeigen. S. während des Schweigens als Dramatiker entstandene Übs. der ›Imitatio Christi‹ des Thomas a Kempis ist e. Werk glühender persönl. Frömmigkeit von großer lyr. Schönheit.

W: Mélite ou les fausses lettres, K. 1629 (n. M. Roques 1950); Clitandre ou l'innocence délivrée, K. 1632; La veuve, K. 1633; La galerie du Palais, K. 1634; La suivante, K. 1634; La place royale, K. 1634; Médée, Tr. 1635; L'illusion comique, K. 1636 (n. J. Marks 1944); Le Cid, Tr. 1637 (n. M. Gauchie 1947); Horace, Tr. 1641; Cinna ou la clémence d'Auguste, Tr. 1643; Polyeucte, Tr. 1643; La mort de Pompée, Tr. 1643; Le menteur, K. 1644; La suite du menteur, K. 1644; Rodogune, Tr. 1644 (n. J. Scherer 1945); Théodore vierge et martyre, Tr. 1645; Héraclius, Tr. 1646; Don Sanche d'Aragon, K. 1650; Andromède, Tr. 1650; L'imitation de Jésus-Christ, Übs. 1651 (n. F. Ducard-Bourget 1941); Nicomède, Tr. 1651; Pertharite, Tr. 1652; Oedipe, Tr. 1659; Discours de l'utilité et des parties du poème dramatique, 1660; Discours de la tragédie, 1660; Discours des trois unités, 1660; La toison d'or, K. 1660; Sertorius, Tr. 1662; Sophonisbe, Tr. 1663; Othon, Tr. 1664; Louanges de la Sainte Vierge, G. 1665; Agésilas, Tr. 1665; Attila, Tr. 1667; L'office de la Sainte Vierge … et tous les hymnes du bréviaire romain, 1670; Tite et Bérénice, Tr. 1670; Psyché, K. 1671 (m. Molière u. Quinault); Pulchérie, K. 1672; Suréna, Tr. 1674. – Œuvres complètes, hg. C. Marty-Laveaux XII 1862–68, [2]1887, hg. A. Stegmann 1963; Théâtre complet, hg. P. Lièvre II 1942; Théâtre choisi, 1968. – *Übs.:* Sämtl. Schauspiele, J. J. Kummer, 1825; Dramen, E. von Jan (Franz. Klassiker) 1947.

L: G. Huszár, C. et le théâtre espagnol, 1903; A. Dorchain, 1918; G. Lanson, [5]1919; V. Klemperer, 1933; J. Schlumberger, Plaisir à C., 1936; W. Krauss, C. als polit. Dichter, 1936; R. Schneider, C.s Ethos in d. Ära Ludwigs XIV., [2]1940; R. Brasillach, [22]1941; L. Lemonnier, 1945; O. Nadal, Le sentiment de l'amour dans l'œuvre de C., 1948; G. C. May, Tragédie Cornélienne, tr. Racinienne, Illinois 1948; M.-O. Sweetser, Les conceptions dramatiques de C., 1962; R. J. Nelson, Philadelphia 1963; P. J. Yarrow, Lond. 1963; S. Doubrovsky, 1964; J.

Maurens, La tragédie sans tragique, 1966; H. Vogel, 1967; H. Scholten, Diss. Münster 1967; C. Muller, 1967; A. Stegmann, 1969; P. Bürger, D. frühen Komödien C.s, 1971; T. G. Pavel, 1976; H. Verkoeff, 1979; A. T. Litmann, 1981. – *Bibl.*: E. Picot, 1875, Nachtr. P. Le Verdier, E. Pelay, 1908; G. Couton, 1956; M. Prigent, 1986; G. Conesa, 1989; L. Phyllis, 1996.

Corneille, Thomas, franz. Schriftsteller, 20. 8. 1625 Rouen – 8. 12. 1709 Les Andelys. Jüngerer Bruder von Pierre C.; nach kurzem Jurastud. widmete C. sich Lit. und Theater; ab 1685 Mitgl. der Académie Française, für die er lexikograph. Arbeiten übernahm. – Vf. von 18 Tragödien und 19 Komödien. Schrieb 1647–55 Intrigenkomödien nach span. Vorbild, anschließend von s. Bruder und Racine beeinflußte Tragödien, von denen bes. ›Timocrate‹ erfolgreich war. Nach Molières Tod 1673 Hauptautor von dessen Theatertruppe. S. ›Don Juan‹ ist e. Versversion von Molières Komödie. Im elisabethan. Zeitalter spielt die Tragödie ›Le comte d'Essex‹. Schrieb zwischen 1678 und 1686 mehrere Opernlibretti für Lully. Gab mit Donneau de Visé, mit dem zusammen er auch Dramen schrieb, ab 1684 ›Le Mercure galant‹ heraus. Setzte sich in klassizist. Sinn mit den Sprachregelungen Vaugelas' auseinander, gab dessen Werk heraus.

W: Les engagements du hasard, K. 1647; Don Bertrand de Cigarral, K. 1650; Le geôlier de soi-même, K. 1655 (d. 1680); Timocrate, Tr. 1656; Bérénice, Tr. 1657; Stilicon, Tr. 1660; Camma, la reine de Galatie, Tr. 1661; Maximilian, Tr. 1662; Antiochus, Tr. 1666 (d. 1670); Laodice, Tr. 1668; La mort d'Annibal, Tr. 1669; Ariane, Tr. 1672; Circé, Tr. 1675; Don Juan, K. 1677; Le comte d'Essex, Tr. 1678 (d. 1747); Observations de l'Académie sur les remarques de Vaugelas, 1687 (n. J. Streicher 1934); Dictionnaire des termes d'arts et de sciences, 1694; Dictionnaire géographique et historique, 1708. – Œuvres, V 1722; Théâtre complet, 1880.

L: G. Reynier, 1892; L. Lockert, 1958; L. van Renynghe de Voxrie, 1959; D. A. Collins, 1966.

Cornelius Nepos → Nepos, Cornelius

Čorny, Koz'ma (eig. Mikalaj Ramanoŭski), weißruss. Schriftsteller, 24. 6. 1900 Borki b. Minsk – 22. 11. 1944 Minsk. Sohn e. Tagelöhners; Stud. Philol. Minsk; 1928 freier Schriftsteller, erst Antibolschewist; nach e. Haftzeit linientreu. – In Erzählungen, sozial-psycholog. Romanen, Dramen und Feuilletons Schilderer des weißruss. Nationalcharakters.

W: Zjamlja, R. 1928; Ljavon Bušmar, R. 1929; Bac'kaŭšcyna, R. 1932; Trecjae pakalenne, R. 1935; Ljuba Luk'janskaja, R. 1936; Irynka, R. 1940. – Zbor tvoraŭ (GW), VI 1954–56; Zbor tvoraŭ (GW), 1972–75.

Coromines, Pere (Ps. Enrique Mercader), katalan. Schriftsteller, 6. 5. 1870 Barcelona – 1. 12. 1939 Buenos Aires. Freiheitskämpfer, Sozialist, Politiker u. Wissenschaftler. – Vf. philos., hist. u. polit. Schriften. In s. lit. Werken Vertreter e. weltl. Mystizismus.

W: Les hores d'amor serenes, G. 1912; Les gràcies de l'Empordà, R. 1919; A recés dels tamarius, E. 1925; Les dites i facècies de l'estrenu filàntrop en Tomàs de Bajalta, R.-Tril. 1925–34; Putxinel-lis, Dr. 1927; L'avi dels mussols, Dr. 1927; La mort de Joan Apòstol, R. 1928. – Obres completes, 1972 (span. 1975).

L: J. Pous i Pagès, 1969; A. Duarte i Montserrat, 1988.

Ćorović, Svetozar, serb. Schriftsteller, 29. 5. 1857 Mostar – 17. 4. 1919 ebda. Handelsschule ebda.; gründete die Zs. ›Zora‹, Redakteur der Zt. ›Narod‹. – Als e. der schöpferischsten Autoren s. Zeit erzählt er realist. über das Leben in der Herzegowina.

W: Majčina Sultanija, R. 1906; Stojan Mutikaša, R. 1907; Moji poznanici, Nn. 1909; U časovima odmora, Nn. IV 1910; Jarani, R. 1911; Zulumćar, Dr. 1911; Komšije, Nn. 1912; U ćelijama, R. 1913; Brđani, N. 1919; Među svojima, R. 1921. – Celokupna dela (GW), IV 1932; Sabrana djela, X 1967.

Corpus Theognideum → Theognis

Corradini, Enrico, ital. Schriftsteller, 20. 7. 1865 Samminiatello/Florenz – 10. 12. 1931 Rom. Stud. Florenz. Beeinflußt von D'Annunzio gründet er die Zsn. ›Germinal‹ u. 1896 ›Marzocco‹. 1903 Gründung e. nationalist. Bewegung mit der Zs. ›Il Regno‹ (1911ff. u. d. T. ›L'Idea nazionale‹); Mitarbeiter: A. Borgese, G. Papini, G. Prezzolini. 1909 Reise nach Brasilien, 1923 Senator, 1928 Staatsminister. Stand in regem Gedankenaustausch mit D'Annunzio. – Als Dramatiker von Ibsen beeinflußt. Als Politiker Theoretiker des Imperialismus u. des ital. Nationalismus; wichtiger Exponent der faschist. Ideologie. Übs. Sallusts (1928).

W: Dopo la morte, Dr. 1896; La Leonessa, Dr. 1899; Giulio Cesare, Dr. 1902 (umgearb. 1926); L'apologo delle due sorelle, Dr. 1904; Maria Salvestri, Dr. 1907; La vita nazionale, Aufs. 1907; L'Ombra della vita, Aufs. 1908; Carlotta Corday, Dr. 1908; La Patria lontana, R. 1910; La guerra lontana, R. 1911; Il Volere d'Italia, Schr. 1911; La conquista di Tripoli, Ess. 1912; Le vie dell' Oceano, Dr. 1913; L'unità e la potenza delle nazioni, Schr. 1922; Discorsi politici, Schr. 1923; Diario postbellico, 1924; Riforma politica d'Europa, Schr. 1929; La Rinascita nazionale, GS hg. G. Bellonci 1929; L'aurea leggenda di Madonna Chigi, Dr. 1931.

L: C. Pavoni, 1930; L. Amoruso, 1930; A. Basiriany, Die Ideologie und Politik von E. C., 1985; F. Filippi, una vita pagana, 1989.

Corrêa d'Oliveira, António → Oliveira, António Corrêa d'

Correia, Clara Pinto, portugies. Schriftstellerin, Journalistin, * 1960 Angola. Stud. Portugal u. USA, Biologin mit Schwerpunkt Embryologie, Hyperrealismus (Einfluß aus den USA). – Handlung von ›Adeus, Princesa‹ basiert auf e. fait-divers, ›Ponto Pé de Flor‹ thematisiert Aspekte des von Banalität geprägten alltägl. Lebens der Frauen in Lissabon.

W: Agrião!, R. 1984; Adeus, Princesa, R. 1987 (Auf Wiedersehen, Princesa, d. 1995); Ponto Pé de Flor, R. 1990 (Alphabet der Frauen, d. 1992, 1996); Os Mensageiros Secundários, R. 2000 (Stumme Boten, d. 1999).

Correia, Natália de Oliveira, portugies. Schriftstellerin, 13. 9. 1923 Fajã de Baixo (São Miguel, Azoren) – 16. 3. 1993 Lissabon. Seit den 1950er Jahren Schriftstellerin, Verlegerin, Journalistin, Malerin, Schauspielerin. Während der Salazar-Diktatur von der Zensur verfolgt u. wegen ›Mißbrauchs der Pressefreiheit‹ zu Zuchthaus verurteilt. Nach 1974 Parlamentsabgeordnete u. Fernsehmoderatorin. – C.s breitgestreutes Werk erwächst dem späten portugies. Surrealismus, oszilliert zwischen romant. Subjektivismus u. objektivem Realismus u. wirkt mythen- u. ideologiekrit. Die lyr. Werke u. Dramen folgen klass. Mustern (Auto, klass. Tragödie, Sonett etc.) u. nutzen das Spiel mit der lit. Überlieferung für die Suche nach Lösungen bei der Begründung des Selbst.

W: Anoiteceu no Bairro, R. 1946; Poesia de Arte e Realismo Poético, Es. 1958; O Encoberto, Dr. 1969; As Núpcias, R. 1992; O Sol nas Noites e o Luar nos Dias, sämtl. G. 1992–93.

Correia, Raimundo da Mota Azevedo, brasilian. Lyriker, 13. 5. 1859 b. Maguncia/Maranhão – 13. 9. 1911 Paris. Schule Rio de Janeiro, Stud. Jura São Paulo, Bundesrichter, Prof. für Rechtswiss., 1897–99 Diplomat Lissabon, 1903 Richter in Rio, 1897 e. der Mitbegründer der Academia Brasileira de Letras. – Schreibt erste romant. Gedichte während der Studienzeit, die Rezeption des Naturalismus ist während der Anti-Romantik-Kampagne ebenso prägend wie die Ideen des Realismus u. Sozialismus; bildet mit Alberto de Oliveira und Olavo Bilac das Dreigestirn des brasilian. Parnaß.

W: Primeiros Sonhos, G. 1879; Sinfonias, G. 1883; Versos e Versões, G. 1887; Aleluias, G. 1891; Poesias, G. 1906, 1910, 1922; Poesia, G. 1958; Poesias, 1976. – Poesias Completas, II 1948; Poesia completa e prosa, 1961.

L: O. Bilac, 1887; M. Bandeira, 1946, 1961; A. Meyer, 1956; L. Ivo, 1958; W. Ribeiro do Val, 1960.

Correia Botelho, Visconde de → Castelo Branco, Camilo

Correia Garção, Pedro Antonio → Garção y Salema, Pedro António Correia

Correira da Rocha, Adolfo → Torga, Miguel

Corsari, Willy (eig. Wilhelmina Angela Douwes-Schmidt), niederländ. Schriftstellerin, 26. 12. 1897 St.-Pieters-Jette b. Brüssel – 11. 5. 1998 Amstelveen. Schauspielschule Amsterdam, Gesangsunterricht u. a. in Berlin, Kabarettistin. – Vf. volkstüml. Mädchenbücher, Unterhaltungs- u. Detektivromane sowie Bühnenstücke.

W: De misdaad zonder fouten, R. 1927; Jij en ik, Jgb. 1928; De man zonder uniform, R. 1933 (d. 1938); Het mysterie van de Mondscheinsonate, R. 1934; Schip zonder haven, R. 1938 (d. 1943); Die van ons, R. 1945; Moorden en marionetten, R. 1955 (d. 1962); De man die er niet was, R. 1959 (d. 1961); Door een noodlottig ongeval, R. 1963; Oude mensen hebben geheimen, R. 1968; Isabelle, R. 1971.

L: H. van Eyk u. a., 1949; L. Th. Vermij, 1993.

Corso, Gregory, amerik. Lyriker, 26. 3. 1930 New York – 17. 1. 2001 Minneapolis. Sohn ital. Einwanderer; Jugend in den Slums, Erziehungsanstalt, wurde im Gefängnis zum Dichter. Begegnung mit A. Ginsberg; Reporter, Matrose, Stud. Harvard Univ., 1956 in San Francisco als Mitgl. der Beat Generation; lebte ab 1969 in New York. – Zeitkrit., aggressiv-satir. Lyriker von gelegentl. surreal-groteskem Humor in z. T. drast. Sprache; stark rhythmisierte Schock-Rhetorik.

W: The Vestal Lady on Brattle, G. 1955; Gasoline, G. 1958; Bomb, G. 1958; Marriage, G. 1959; The Happy Birthday of Death, G. 1960; The American Express, R. 1961; Long Live Man, G. 1962; There Is Yet Time ..., G. 1965; Elegiac Feelings American, G. 1970; Poesy: Heirlooms from the Future, G. 1978; Herald of the Autochthonic Spirit, G. 1981. – Mindfield: New and Selected Poems, 1989. – *Übs.*: In der flüchtigen Hand der Zeit, 1963.

L: T. Parkinson, Casebook on the Beat, 1961; B. Cook, The Beat Generation, 1971; L. Bartlett, The Beats: Essays in Criticism, 1981.

Cortázar, Julio, argentin. Schriftsteller, 26. 8. 1914 Brüssel – 12. 2. 1984 Paris. Prof. für franz. Lit. an der Univ. Mendoza; seit 1951 Übs. bei der UNESCO in Paris. Kämpfte für die kuban. Revolution, Allende u. die Sandinisten in Nicaragua. – Vf. von Romanen mit gewagter Erzähltechnik, ohne chronolog. u. räuml. Ordnung; das Irrationale als Ausdruck der Suche nach der wahren Realität. Experimentierfreudige u. phantasievolle Erzählungen von teils groteskem, teils allegor. Charakter. Übs. aus dem Franz. u. Engl. (Poe u. a.).

W: Los reyes, G. 1949; Bestiario, En. 1951 (d. 1979); Final de juego, En. 1956 (d. 1977); Las armas secretas, En. 1959 (d. 1980); Los premios, R. 1960 (d. 1966); Historias de cronopios y de famas, Prosa 1962 (d. 1965); Rayuela, R. 1963 (d. 1981); Todos los fuegos el fuego, En. 1966 (d. 1976); La vuelta al día en ochenta mundos, Prosa 1967

(d. 1980); 62 Modelo para armar, R. 1968 (d. 1993); Ultimo round, Prosa 1969 (d. 1982); Libro de Manuel, R. 1973 (d. 1976); Octaedro, En. 1974; Fantomas contra los vampiros internacionales, Comic 1975; Alguien que anda por ahi, En. 1977; Un tal Lucas, En. 1979 (d. 1987); Queremos tanto a Glenda, En. 1981; Deshoras, En. 1982 (d. 1990); Los autonautas en la cosmopista, Reiseb. 1983; Nicaragua tan violentamente dulce, Ess. 1984 (d. 1984); Argentina: años de alambradas culturales, Ess. 1984; Nada a Pehuajó, Sch. 1984; Salvo el crepúsculo, G. 1984; Adiós Robinson, Dr. 1984; Divertimento, N. 1986; El examen, R. 1986; Diario de Andrés Faba, R. 1995; Imagen de John Keats, St. 1996. – Obra crítica, III 1994; Obras Completas, hg. S. Yurkievich, bisher: Cuentos, I 2003; Cuentos completos, II 1994; Cartas, III 2000. – *Übs.*: Das besetzte Haus, En. 1963; Der andere Himmel, En. 1973; Der Verfolger, En. 1978; Das Manuskript aus dem Täschchen, En. 1980; Geschichten, die ich mir erzähle, En. 1985; Passatwinde, En. 1987.

L: C. de Mor-Valcárcel, 1982; J. C. u. M. Barrenechea, 1983; J. Alazraki, 1983, 1994; H. Niño, hg. 1984; O. Prego, 1985; E. González Bermejo, 1986; P. Lastra, hg. [4]1986; F. Burgos, hg. 1987; S. Yurkievich, 1987, 1994; M. Lichtblau, 1988; J. G. Cruz, 1988; B. Anderson, 1990; T. J. Peavler, 1990; W. B. Berg, 1991; C. Ortiz, 1994; P. Fröhlicher, 1995; P. Montanaro, 2001. – *Bibl.*: S. de Mundo Lo, 1985; J. Poulet, hg. 1986.

Corte-Real, Jerónimo, portugies. Dichter, um 1530 (Lissabon oder Azoren?) – vor 12. 5. 1590 b. Évora. Aus e. Familie berühmter Seefahrer, kämpfte in Indien u. Marokko, geriet bei Alcácer-Quibir in Gefangenschaft. – Erster bekannterer Camões-Epigone, besang in einigen von ihm selbst illustrierten Versepen durchaus mäßiger Inspiration u. Ausführung Ereignisse der Zeit. Auch Vf. e. ›Auto‹, daneben musikal. tätig.

W: Sucesso do Segundo Cerco de Diu, Ep. 1574; Austríada, G. 1578; Naufrágio, Ep. 1594.

L: A. F. Barata, 1889.

Cortês, Alfredo, portugies. Dramatiker, 29. 7. 1880 Estremoz – 7. 4. 1946 Oliveira de Azeméis. Stud. Jura Coimbra. – Gilt als Virtuose der Gattung Drama, mitunter kühne Thematik u. Stoffbehandlung, weite Skala des Ausdrucks: chthon.-diabol., volkstüml., gesellschaftskrit., spött.-zyn.

W: Zilda, Dr. 1921; O Lodo, Dr. 1923; A la Fé, Dr. 1924; Lourdes, Dr. 1927; O Ouro, Dr. 1928; Domus, Dr. 1931; Gladiadores, Dr. 1934; Tá-Mar, Dr. 1936; Saias, Dr. 1938; Bâton, Dr. 1939; Lá-lás, Dr. 1944.

Corvo, Baron → Rolfe, Frederick William

Coșbuc, Gheorghe, rumän. Dichter, 20. 9. 1866 Hordou/Siebenbürgen – 9. 5. 1918 Bukarest. Sohn e. Landpfarrers, Stud. in Năsăud, Gasthörer in Cluj, Mitarbeiter an der ›Tribuna‹ u. ›Familia‹, nach 1890 in Alt-Rumänien, Beamter in Bukarest, gründete mit Slavici, Caragiale u. Vlahuță versch. Zsn. – Vom dt. Neoklassizismus geprägt, doch walach.-bäuerl. geblieben; besingt die lebendige Dorfgemeinschaft inmitten der Natur im Rhythmus der Jahreszeiten, froh, ungebeugt, anmutig, zuversichtl., selten lyr. oder ichbezogen. Balladen mit märchenhaftem oder held. Inhalt, echte soz. Akzente; spieler. grazile Erotik, erstaunlich flüssige Sprache, eigene Kadenz nach dem Muster des Volksversmaßes; Expressivität, Neigung zu Lautmalerei. Bedeutend auch als Übersetzer.

W: Balade și idile, G. 1893; Fire de tort, G. 1896; Cântece de vitejie, G. 1904. – Versuri, 1961; Poezii, 1964; Opere alese (AW), 1966. – *Übs.*: Ausgew. Gedichte, 1955, bearb. 1962.

L: O. Goga, 1923; C. Marinescu, 1924; L. Santangelo, Rom 1934; G. Scridon, 1957; B. Lapadat, Mexiko 1960; G. Scridon, I. Domșa, 1965 (m. Bibl.); D. Micu, 1966; D. Vatamaniuc, 1967; E. Todoran, 1973; L. Valea, 1986.

Ćosić, Bora, serb. Schriftsteller, * 5. 1. 1932 Zagreb. Wächst in Belgrad (ab 1937) auf, ab 1992 im kroat. Exil in Rovinj, lebt seit 1995 in Berlin. – S. ep. Werk zeichnet sich durch Hang zu Humor, Satire u. Parodie aus. S. mehrschichtigen Texte, einige davon in Kroat., sind e. virtuose Mixtur aus tragikom. u. vielfältigen stilist. Elementen.

W: Kuća lopova, R. 1956; Andjeo je došao po svoje, R. 1959; Sodoma i Gomora, Ess. 1963; Uloga moje porodice u svetskoj revoluciji, R. 1969 (d. 1994); Mixed-Media, Ess. 1970; Bel tempo, R. 1982 (d. 1998); Tutori, R. 1988; Doktor Krleža, R. 1988; Intervju na Ciriškom jezeru, R. 1988 (Interview am Zürichsee, d. 1995); Musilov notes, Ess. 1989 (d. 1994); Dnevnik apatrida, R. 1993; Das barocke Auge, Ess. 1994; Carinska deklaracija, R. 2000 (Die Zollerklärung, d. 2001); Die Toten, G. 2001.

Ćosić, Branimir, serb. Schriftsteller, 13. 9. 1903 Štitar – 29. 1. 1934 Belgrad, Lehrersohn, Jurastud. abgebrochen, Mitarbeit bei mehreren Belgrader Zeitungen. – Trotz Krankheit umfangreiches Werk, mod. urbaner Realismus.

W: Priče o Boškoviću, Nn. 1924; Vrzino kolo, R. 1925; Egipćanka i druge pripovetke, Nn. 1927; Dva carstva, R. 1928; Deset pisaca – deset razgovora, Ess. 1931; Kao protekle vode, Nn. 1933; Pokošeno polje, R. 1934.

Ćosić, Dobrica, serb. Schriftsteller, * 29. 12. 1921 Velika Drenova. Im 2. Weltkrieg Partisan, danach zeitweise polit. tätig, freier Schriftsteller. Mitglied der Serb. Akad., 1986 Mitarbeit an deren Memorandum, 1992 für kurze Zeit 1. Präsident der BR Jugoslawien. – S. psycholog. Romane über Partisanenkampf, die soz. Umgestaltung u. die Rolle der Bauern im 19. Jh. zeichnen sich durch straffe Formulierung, Unmittelbarkeit u. meisterhafte Sprache aus.

W: Daleko je sunce, R. 1951 (Die Sonne ist fern, d. 1957); Koreni, R. 1954 (d. 1958); Deobe, R. III 1961–

63; Akcija, Ess. 1964; Bajka, R. 1966; Moć i strepnje, Ess. 1971; Vreme smrti, R. IV 1972–79; Grešnik, R. 1985; Otpadnik, R. 1986; Vernik, R. 1990; Vreme vlasti, R. 1996.
L: Radulović, 1998; Popović (B.), 2000; M. Egerić, 2001.

Cossa, Pietro, ital. Dichter u. Dramatiker, 25. 1. 1830 Rom – 1881 Livorno. 1849 kämpfte er für die Republik; emigrierte dann nach Südamerika, kehrte nach Italien zurück. – Er verschmolz in s. Theater die klass. Tradition mit der Romantik und dem beginnenden franz. Naturalismus. S. Hauptwerk ist ›Nerone‹, das den Anstoß gab für die gleichnamige Oper von Mascagni.
W: Nerone; Messalina, Drr. 1876.

Cossa, Roberto, argentin. Dramatiker, * 30. 6. 1934 Buenos Aires. – Schrieb über die Identität, die Kommunikationsunfähigkeit zwischen Ehepaaren, die Einwanderer, den Tango sowie das alltägl. Leben mit s. Absurditäten. Viele s. Stücke wurden verfilmt.
W: Nuestro fin de semana, 1964; La pata de la sota, 1967; El avión negro, 1970; La nona, 1977 (d. 1993); Los compadritos, 1984; Yepeto, 1987; Teatro 1–4, 1987–91.

Costa, Isaac da, niederländ. Dichter, 14. 1. 1798 Amsterdam – 28. 4. 1860 ebda. Entstammte e. portugies.-jüd. Adelsfamilie von Kaufleuten; Lateinschule Amsterdam; ab 1816 Stud. Leiden, wo er auch die Privatvorlesungen Bilderdijks besuchte. 1818 Dr. jur., 1821 Dr. phil., ∞ Anna Belmonte. Begrüßte in der Jugend die durch die Franz. Revolution bewirkte Emanzipierung der Juden, befürwortete später e. Rückkehr zur Isolierung. 1822 Übertritt zum Kalvinismus. Seit 1828 Teilnehmer der Réveil-Bewegung, die sich gegen den Rationalismus und die Ideen der Franz. Revolution wandte und die Verwirklichung e. vom Gefühl durchdrungenen, streng kalvinist. Glaubenslebens erstrebte. Hielt in Amsterdam Vorträge über Religion, Geschichte und Philol. – In s. Gedichtbänden ›Poëzij‹ sind s. Forderungen, die er an Dichtungen stellte, erkennbar: sie müssen Ausdruck des Gefühls sein, der Phantasie Rechte einräumen und Heldenmut verherrlichen. Bedeutsam ist s. oft bekämpfte Schrift ›Bezwaren tegen den geest der eeuw‹: Zeitgenossen hätten mißverständl. jedes Verlangen nach Freiheit als Auswirkung der Franz. Revolution und die Pflege der wiss. als Bejahung des Rationalismus interpretiert. In den Dichtungen nach 1840 sind die Ideen dieser Schrift in variierter Form gestaltet.
W: De verlossing van Nederland, 1814; Alfonsus I, Tr. 1819; Poëzij, II 1821 f.; Bezwaren tegen den geest der eeuw, Schr. 1823; Over taal en poëzij, 1836; Lezingen tegen Dr. Strauß en diens Leben Jesu, 1839/40; Vijf en twintig jaren, G. 1840 (n. 1894); Aan Nederland in de lente van 1844; Hagar, Dicht. 1847 (n. 1894); Wachter! wat is er van den nacht?, G. 1847; 1648 en 1848, G. 1848; Israël en de volken, Schr. 1848 f. (d. 1855); De chaos en het licht, Dicht. 1850–53; Bilderdijk herdacht, B. 1856; De slag bij Nieuwpoort, Dicht. 1859; De mensch en dichter W. Bilderdijk, B. 1859. – Komplete Dichtwerken, hg. J. P. Hasebroek III 1861 f.; Brieven, hg. G. Groen III 1872–76.
L: P. F. Th. van Hoogstraten, 1875; W. G. C. Byvanck, II 1894–96, J. C. Rullmann, 1915; J. G. Bomhoff u. a., 1961; O. W. Dubios, 1997.

Costa, Maria de Fátima Bivar Velho da, portugies. Erzählerin u. Essayistin, * 26. 6. 1938 Lissabon. Stud. Germanistik Lissabon; Kulturattaché auf den Kapverden. – C.s experimentelle Prosa – e. der entscheidenden innovator. Impulse für die portugies. Lit. der 1970er Jahre – steht trotz Fragmentarität u. Diskontinuität im Geist des antibürgerl.-feminist. Kampfes. C. war mit M. T. Horta u. M. I. Barreno Vf. der ›Novas Cartas Portuguesas‹, e. Anklage gegen die Unterdrückung der Frau u. des Landes, die zu e. spektakulären Prozeß des diktator. Regimes gegen die drei Frauen führte.
W: Maina Mendes, R. 1969; Novas Cartas Portuguesas, R. 1972 (Neue portugies. Briefe, d. 1976); Missa in Albis, R. 1988; Dores, En. 1995.

Costain, Thomas Bertram, amerik. Erzähler, 8. 5. 1885 Brantford, Kanada – 8. 10. 1965 New York. Stud. Univ. of Western Ontario. Seit 1920 US-Bürger. – Schrieb populäre hist. Romane aus den versch. Epochen, deren Figuren in der Regel hist. bekannte Persönlichkeiten sind.
W: For My Great Folly, R. 1942; Ride With Me, R. 1943; The Black Rose, R. 1945; The Moneyman, R. 1947 (Goldmacher und Kurtisane, d. 1969); High Towers, R. 1949; The Silver Chalice, R. 1952 (d. 1955); The Tontine, R. II 1955 (Die große Chance, d. 1958); Below the Salt, R. 1957; The Darkness and the Dawn, R. 1959 (Die Geißel Gottes, d. 1960); The Last Love, R. 1963 (Napoleons letzte Liebe, d. 1965).

Costa i Llobera, Miquel, katalan. Dichter, 4. 2. 1854 Pollença/Mallorca – 16. 11. 1922 Palma de Mallorca. Bis 1876 Stud. Rechte Barcelona u. Madrid; Theol.-Stud. Rom, 1888 Priesterweihe, 1889 Dr. theol.; 1890 Rückkehr in s. Heimatstadt, 1909 Kanonikus in Palma. – Aus s. Dichtung spricht Heiterkeit, Ausgeglichenheit u. Gemütsruhe; klar u. ebenmäßig in Form u. Inhalt nach dem Muster der griech.-lat. Klassiker, relig. Hintergrund. Großer Einfluß auf die spätere katalan. Dichtung. S. Gedicht ›El pi de Formentor‹ ist e. der berühmtesten in katalan. Sprache. Übs. von Prudentius.
W: Poesies, G. 1885 u. 1907; De l'agre de la terra, G. 1897; Líricas, G. 1899; Tradicions i fantasies, G. 1903; Horacianes, G. 1906; Visions de Palestina, Prosa 1908. – Obres completes, IV 1924, 1947; Anth., 1999.

Costanzo

L: G. Zanné, 1905; A. Masriera, 1906; A. Plana, 1922; B. Torres, 1936; M. Batllori, 1955; M. Gayà, 1956; B. Torres Gost, 1971; J. Sureda I Blanes, 1980.

Costanzo, Angelo di, ital. Dichter u. Historiker um 1507 Neapel – 1591 (?) ebda. Adliger Herkunft, 1527 Flucht vor Pest nach Sonna, 1546 nach Cantalupo verbannt, 1549 wieder in Neapel; Freund Sannazaros. – Schrieb in 20 Büchern e. Geschichte des Königreichs Neapel von 1250 bis 1486; daneben auch lange bei Dichtern der Arcadia als musterhaft geltende Verse auf V. Colonna (?).

W: Istoria del Regno di Napoli, 1572, vollst. 1581 (n. 1805); Rime, G. 1709. – Poesie italiane e latine e prose, hg. A. Gallo 1843.

L: M. Bufano, 1899; B. Croce, 1927.

Coste, Gautier de → La Calprenède, Gautier de Coste, Sieur de

Coster, Charles Théodore Henri de, belg. Schriftsteller, 20. 8. 1827 München – 7. 5. 1879 Ixelles. Ab früher Kindheit in Brüssel; Stud. Jura ebda., Examen in Lit. 1856–64 Mithrsg. der Zs. ›Uylenspiegel‹. Ohne Interesse an bürgerl. Beruf, ohne finanzielle Sicherheit; zeitweilig Bankbeamter; erst seit 1870 Deutschlehrer an der Militärschule in Brüssel. Unglückl. Liebe zu Eliza van Spruyt. Erst nach s. Tod berühmt. – Erstrebte und erreichte als Erzähler e. Erneuerung der belg. Lit. In s. nach der Vorlage alter flandr. Volkserzählungen entstandenen erzählenden Werken ließ er die Volkstradition des Vorbilds wiederaufleben, indem er sie mit mod. Empfinden neu gestaltete. Sympathie und Verständnis für den geistig-sittl. Eigenwert des einfachen Volks kennzeichnen s. Werke. E. nationales Epos des flandr. Volkes, ›La légende d'Ulenspiegel‹ über den derben Spötter und Tyrannenfeind, an dem er mehr als 10 Jahre schrieb, ist s. Meisterwerk, e. Verherrlichung von Sinnenfreude und Freiheitskampf des Volkes und e. Satire auf die span. Unterdrücker, absichtlich in altertüml. Franz., in farbiger, bildkräftiger und robuster Sprache geschrieben. De C. übte großen Einfluß v. a. auf die erzählende, aber auch die dramat. Lit. Belgiens aus.

W: Légendes flamandes, 1858 (d. 1919); Contes brabançons, 1861 (d. 1917); La légende et les aventures héroïques, joyeuses et glorieuses d'Ulenspiegel et de Lamme Goedzak au pays de Flandres et ailleurs, R. 1868 (d. K. Wolfskehl 1926, W. Widmer 1955); Le voyage de noce, 1872 (d. 1939); Le mariage de Toulet (m. M. Meurant) 1880; Lettres à Elisa, 1894 (dt. Ausz. 1946); Stéphanie, Dr. 1927; Sire Halewyne, Dr. 1929; Pages choisies, 1942; La légende de la terre de Flandre, 1946.

L: H. Liebrecht, La vie et le rêve de C. de C., 1927; J. Hanse, 1928; U. v. d. Voorde, 1930; L. L. Sosset, 1937 u. 1938; J.-M. Klinkenberg, 1985; R. Trousson, 1990. – *Bibl.:* W. Koninckx, 1927; R. Gheyselinck, 1969.

Coster, Dirk, niederländ. Schriftsteller, 7. 7. 1887 Delft – 8. 10. 1956 ebda. Stud. niederländ. Lit. Leiden. Gründete 1921 zus. mit J. Havelaar die Monatsschrift ›De Stem‹. Bekämpfte die Überbewertung der ästhet. Forderungen der Dichter in dem Jahrzehnt nach 1880 u. den Intellektualismus in der Dichtung und betonte die eigenschöpfer. Leistung der Kunstkritik. Von E. du Perron bekämpft.

W: Uren met Novalis, 1915 (mit P. C. Boutens); Marginalia, Aphor. II 1919–39 (Wege zum Leben, d. II 1923–39); Dostojewsky, B. 1920; De nieuwe Europeesche geest in kunst en letteren, Schr. 1920; Nieuwe geluiden, G. 1925; Verzameld proza, II 1925–27; Mensen, tijden, boeken, Schr. 1942; Het leven en sterven van Willem van Oranje, Dr. 1948; Het dagboek van de Heer van der Putten, 1961. – Verzamelde werken, XII 1961–70; Brieven 1905–56, III 1961.

L: E. du Perron, Uren met D. C., 1933.

Coster, Samuel, niederländ. Dramatiker, 16. 9. 1579 Amsterdam – 1665 ebda. Zimmermannssohn, ab 1607 Lit.- und Medizinstud. Leiden, 1610 Dr. med., Arzt am Krankenhaus und Gefängnis in Amsterdam. Gründete 1617 zusammen mit Hooft und Bredero die ›Nederduytsche Academie‹ zur Pflege der Wissenschaften und Veranstaltung von Theateraufführungen. 1619 wurde der Akademie unter dem Druck kalvinist. Geistlicher die wiss. Betätigung verboten. Nach 1621 erlahmte s. Aktivität. – C.s Lustspiel ›Teeuwis de boer‹, e. realist. dargestellte Handlung aus dem Volksleben, eröffnete e. lange Reihe von Lustspielen in der niederländ. Lit. Klass. Stoffe: ›Ithys‹, ›Iphigenia‹, ›Polyxena‹ unter Einfluß Senecas; folgte den Richtlinien J. C. Scaligers und Heinsius'. Geschickter Theatertechniker.

W: De Boere-klucht van Teeuwis de boer en Juffer van Grevelinckhuysen, Posse (1612), 1627; Ithys, Dr. 1615; Spel van de rijcke-man, Dr. 1615; Spel van Tüsken van der Schilden, Dr. 1617; Iphigenia, Dr. 1617; Isabella, Dr. 1619; Polyxena, Dr. 1619. – Werken, hg. R. A. Kollewijn 1883.

L: Th. Hammes, 1950.

Costin, Miron, rumän. humanist. Dichter, 1633 – Dez. 1691 Roman. Aus alter Adelsfamilie, Jugend in Polen; Stud. Jesuitenkollegium Bar/Polen, nach 1652 mehrfach moldauischer Minister u. Botschafter. Auf Veranlassung des Fürsten Constantin Cantemir als Parteigänger der Polen ermordet. – S. Schriften von hohem lit. Wert betonen die röm. Deszendenz der Rumänen. Schrieb in mehreren Sprachen.

A: Letopisețul țărei Moldovei dela Aron Vodă încoace, hg. M. Kogălniceanu 1852, n. 1984. – Opere complete, hg. V. A. Urechia II 1886–88; Opere, hg. P. P. Panaitescu 1958, n. 1965.

L: G. Pascu, 1921; D. Almaş, 1939; I. C. Chiţimia, 1972; Al. Andriescu, 1977.

Cota de Maguaque, Rodrigo, span. Dichter, um 1450 Toledo – 1504 ebda. Getaufter Jude. – S. Ruhm gründet sich auf den ›Diálogo‹, e. Art Miniaturdrama menschl.-philos. Themas von großer Bedeutung für Ursprung u. Entwicklung des span. Dramas; 1. Teil in Form e. der beliebten ma. Dispute, 2. Teil ausgesprochen dramat.
W: Diálogo entre el amor y un viejo, Dial. 1511 (n. E. Aragone, Florenz 1961). – Obras, in: ›Nueva Biblioteca de Autores Españoles‹, Bd. 22.
L: F. Cantera Burgos, 1970.

Cotin, Charles, franz. Prediger, Dichter und Philosoph, 1604 Paris – Dez. 1681 ebda. 1655 Mitglied der Académie Française, erhielt 1664 e. königl. Pension und die Abtei Montfronchal. – Kanzelredner von großer Beredsamkeit, weltmänn. Gast der Salons, wo s. preziös-galanten Dichtungen, kleine Verse, Rätsel und Rondeaux, bewundert wurden. Vf. von moralphilos., theolog. und auch satir. Schriften. Von Boileau in den Satiren und von Molière in den ›Femmes savantes‹ (als Trissotin) verspottet.
W: Recueil des énigmes de ce temps, Schr. 1646; Vie du philosophe chrétien, Schr. 1654; Traité de l'âme immortelle, Schr. 1655; Poésies chrétiennes, G. 1657; Œuvres mêlées, 1659; Paraphrase du cantique des cantiques, 1660; Réflexions sur la conduite du roi, 1663. – Œuvres galantes, II 1663–65.
L: C. Kunckel, Diss. Ffm. 1913.

Cotruş, Aron, rumän. Dichter, 2. 1. 1891 Hăşag/Sibiu – 1. 11. 1961 Long Beach/USA. Gymnas. Blaj in Braşov, Stud. Lit. Wien; Journalist, später Diplomat, nach 1944 im Exil: Spanien, dann USA. – Leidenschaftl. bewegte Lyrik zwischen Esenin und Whitman, die sich zu Kampfruf u. Fluch steigert; robuster, trockener Vers, oft onomatopoet.; gegen soz. Ausbeutung u. Ungerechtigkeit, hymnenartige Gedichte an die Freiheit und thrak. Gottheiten.
W: Poezii, G. 1911; Neguri albe, G. 1920; Versuri, G. 1925; În robia lor, G. 1926; Mâine, G. 1928; Ţară, G. 1937; Eminescu, G. 1939; Rapsodia Valahă, G. 1940; Rapsodia Dacă, G. 1942; Drumuri prin furtună, G. 1951.
L: I. D. Bălan, 1981.

Couchoro, Felix, togoles. Schriftsteller, 1900 – 1968 Lomé. – Verfaßte ca. 20 durch das Lokalkolorit der afrikan. Westküste geprägte Romane, die er unter dem Druck der kolonialen und postkolonialen Zensur seines Landes als Fortsetzungsromane in der Zeitschrift ›La dépêche africaine‹ in Paris publizierte. Gruppierte sein Romanwerk in ›romans romantiques‹, ›romans mystérieux‹, ›romans fictifs et documentaires‹ und ›romans sociaux‹. Sein Erstlingsroman ›L'esclave‹ thematisiert den unüberbrückbaren Nord-Süd-Gegensatz seines Landes.
W: L'esclave, R. 1929.

Coucy, Katellan von → Chastelain de Coucy

Couperus, Louis (Marie Anne), niederländ. Romanschriftsteller, 10. 6. 1863 Den Haag – 16. 7. 1923 De Steeg b. Arnhem. Aus hoher niederländ.-ind. Beamtenfamilie, wuchs unter der Obhut s. Mutter auf. 1872–78 Aufenthalt der Familie in Niederländ.-Indien. Wenig erfolgr. Besuch der Oberrealschule. In Holland Unterricht zur Erwerbung der Unterrichtsberechtigung für Niederländ. durch Jan ten Brink. E. Jahr nach s. Heirat ständig auf Reisen, 1915 aus Florenz nach Holland, 1921 Afrika, Japan. – Naturalist. und psycholog. Erzähler mit Vorliebe für dekadente, kraft- u. willenlose Charaktere in Gegenwart und Altertum; sorgfältige glatte, z. T. manierierte Prosa. S. Werk gliedert sich in 4 Gruppen: 1. Familien- und Gegenwartsromane aus Den Haag, 2. phantast.-symbol. Romane aus z. T. oriental. Sagenwelt, 3. Tyrannenromane aus dem Altertum, 4. Nn. Skizzen und Reisebücher. Lebt in all s. Gestalten; sie sind nicht der Wirklichkeit nachgebildet.
W: In het huis bij den Dom (1882); Een lent van vaerzen, G. 1884; Orchideen, G. 1886; Eline Vere, R. III 1889; Noodlot, R. 1890 (Schicksal, d. 1892); Extaze, N. 1892 (d. 1894); Een illuzie, Nn. 1892; Majesteit, R. 1893 (d. 1895); Wereldvrede, R. 1895 (d. 1895); Hooge troeven, Nn. 1896 (zus. mit Een illuzie in Nn. d. II 1897); Metamorfoze, R. 1897; Psyche, E. 1898 (d. 1924); Fidessa, 1899; De stille kracht, R. 1900 (Stille Kraft, d. 1902); Langs lijnen van geleidelijkheid, 1900 (Die Lebenskurve, d. 1921); Babel, R. 1901 (d. 1919); De boeken der kleine zielen, R. IV 1901–03; Over lichtende drempels, 1902; Jahve, 1902; God en goden, 1903; Dionyzos, 1904 (d. 1920); De berg van licht, R. III 1905f. (Heliogabal, d. 1916); Van oude menschen, de dingen die voorbijgaan, R. 1906; Aan den weg der vreugde, 1906 (d. 1920); Van en over mijzelf en anderen, N. IV 1910–17; Antieke verhalen, 1911; Korte Arabesken, En. 1911; Antiek tourisme, 1911 (Aphrodite in Ägypten, d. 1920); Herakles 1913 (d. 1923); De ongelukkige 1915 (Der Unglückliche, d. 1921); Van en over alles en iedereen, Nn. V 1915; De komedianten, R. 1917 (d. 1919); Het zwevende schaakbord, 1917 (Das schwebende Schachbrett, d. 1921); De verliefde ezel, 1918 (Der verliebte Esel, d. 1920); Xerxes of de hoogmoed, R. 1919 (Xerxes oder der Hochmut, d. 1919); Iskander, R. 1920 (d. 1925); Proza, III 1923; Het snoer der ontferming, 1924; Oostwaarts, 1924; Nippon, 1925. – Verzamelde werken, XII 1952–57; Volledige werken, 1987ff.
L: A. de Ridder, 1917; J. L. Walch, 1921; H. van Booven, 1933; F. Bordewijk, 1952; H. W. van Tricht, 1960; W. J. Simons, 1965 (m. Bibl.); A. Vogel, [2]1980; F. L. Bastet, Een zuil in de mist, 1980; Eenheid in verscheidenheid, hg. H. T. M. van Vliet 1996; M. Klein, Noodlot en wederkeer, 2000.

Cour, Paul Arvid Dornonville de la → La Cour, Paul Arvid Dornonville de

Courier de Méré, Paul-Louis, franz. Schriftsteller, 4. 1. 1772 Paris – 10. 4. 1825 Véretz. Aus reicher Familie der Touraine; zuerst Militärlaufbahn (Artillerieoffizier); mehrere Italienaufenthalte (1809 Florenz), lebte ab 1812 in der Touraine und widmete sich dem Weinbau und dem Stud. der antiken Klassiker. Wurde 1821 mehrmals eingekerkert. Von s. Förster aus Eifersucht ermordet. Gegner der Restauration, gegen die er seit 1816 heftig polemisierte. – Schrieb in klarem Stil Pamphlete gegen Monarchie und Kirche, trat ein für die Belange des einfachen Volkes in s. Umgebung. Longos-Übs. (hg. 1911).

A: Œuvres complètes, IV 1834, II 1925, I 1941; Mémoires, correspondance et opuscules inédits, Erinn. 1828.

L: R. Gaschet, La jeunesse de P. L. C., 1911; ders., P. L. C. et la Restauration, 1913; Les aventures d'un écrivain, 1928; L. Desternes, 1962.

Courouble, Léopold (Ps. Maitre Chamaillac), belg. Schriftsteller, 3. 2. 1861 Brüssel – 24. 3. 1937 ebda. Rechtsanwalt, 1889–1903 Richter in Belg.-Kongo. – Schrieb Romane, Novellen, Essays u. Reiseberichte. Karikiert ähnl. Dickens das Leben des einfachen Volkes in Belgien.

W: Contes et Souvenirs, 1893; Notre Langue, Schr. 1898; La famille Kaekebroek, R. 1902; Pauline Platbrood, R. 1903; Images d'outre-mer, Erinn. 1904; Les noces d'or de M. et de Mme van Poppel, R. 1905; Les cadets de Brabant, R. 1925; Mme Kaekebroek à Paris, R. 1926; Les deux croisières, R. 1928; L'étoile de Prosper Claes, R. 1929; Profils blancs et frimousses noires, N. 1930; Mes pandectes, Tg. 1930.

L: G. Ramekers, 1913.

Courteline, Georges-Victor-Marcel Moinaux (eig. Georges M.), franz. Dramatiker, 25. 6. 1858 Tours – 25. 6. 1929 Paris. Sohn des Erzählers und Humoristen Jules Moineaux; höhere Schulen Meaux und Paris, kurze Zeit Militärdienst, dann Beamter. In letzten Jahren schwere Leiden (Amputation beider Beine). Von Anfang an außerordentl. beliebter Bühnenschriftsteller, auch in Literatenkreisen geachtet. Ab 1926 Mitglied der Académie Goncourt. – Schrieb zuerst Romane und Kurzgeschichten, dann s. erfolgr. Lustspiele. Gehört wie J. Renard zu der 2. Generation der Naturalisten, die bei strenger Pflege der Form ihre Darstellung auf e. kleinen Umkreis eingrenzen. Große Begabung als Komödienschreiber, v. a. Wortkomik, erreicht in ›Boubouroche‹ fast das Format Molières. Verspottet, ohne sich dabei sittlich zu entrüsten, als Pessimist, ja als Skeptizist s. Personen, durchweg Kleinbürger, fast ausnahmslos Junggesellen, die ihm mißliebigen Einrichtungen wie Militärdienst, Polizei, Finanzamt und Bürokratie, die ihnen das Leben erschweren. Gewinnt daraus bittere Komik. Versch. s. Typen sind in Frankreich sprichwörtl. geworden.

W: Les gaietés de l'escadron, R. 1886; Le train de 8 h 47, R. 1888; Lidoire et la biscotte, K. 1891; Messieurs les Ronds-de-cuir, R. 1893; Boubouroche, K. 1893 (d. 1901); La peur des coups, K. 1894; Hortense, couchetoi, K. 1897; Théodore cherche des allumettes, K. 1898; Les Boulingrin, K. 1898; Un client sérieux, K. 1898; Le commissaire est bon enfant, K. 1899; Le gendarme est sans pitié, K. 1899; Les marionnettes de la vie, K. 1901 (d. 1902); L'article 330, K. 1901; La paix chez soi, K. 1903 (d. 1961); La conversion d'Alceste, K. 1905; Les Linottes, R. 1912. – Œuvres complètes, XI 1947–49; Théâtre, III 1933–38, 1955; Théâtre complet, 1961. – *Übs.:* Ausw., 1901; Alltagskomödien, 1912.

L: F. Turpin, 1925; J. Portail, 1928; G. Pez, D. Komische b. C., Diss. Hdlbg. 1945; A. Dubeux, La curieuse vie de G. C., 1949; M. L. Richards, Le comique de C., Montreal 1950; R. Dorgelès, 1958; P. Bornecque, Le théâtre de C., 1969.

Courtenay, (Arthur) Bryce, austral. Erzähler, * 14. 8. 1933 Südafrika. Stud. in England, Verweigerung der Rückkehr nach Südafrika wegen Regimekritik, Exil in Australien, begann erst mit 55 Jahren zu schreiben, lebt heute in Sydney. – Vf. meist hist. Romane über Australien u. Apartheid-Südafrika.

W: The Power of One, 1989 (Der Glanz der Sonne, d. 1991); Tandia, 1992; Potato Factory, 1995; Tommo and Hawk, 1997; Solomon's Song, 1999.

Couto, Mia (eig. António E. Leite Couto), mosambikan. Erzähler, Lyriker u. Dramaturg, * 5. 7. 1955 Beira (Moçambique). Portugies. Eltern. Nach 1974 Journalist, Direktor der staatl. Nachrichtenagentur u. Biologe. – Gilt als Neuerer der mosambikan. Erzählkunst nach 1974. In s. Prosa mischen sich realist. u. phantast.-myth. Elemente, die an afrikan. Tradition der mündlichen Überlieferung anknüpfen u. sowohl durch Amalgamierung versch. Sprachen als auch Neuschöpfung Wege der Identitätsfindung erkunden.

W: Vozes Anoitecidas, En. 1986; Terra Sonâmbula, R. 1992 (Das schlafwandelnde Land, d. 1994).

Cowan, Peter (Walkinshaw), austral. Erzähler, * 14. 11. 1914 Perth/Westaustralien. Zunächst Landarbeiter, ab 1938 Stud. in Perth, nach 2. Weltkrieg Lehrer für Engl. u. Geographie, seit 1964 Mitgl. der Univ. of Western Australia. – Zentrales Thema s. Romane ist die phys., im späteren Werk auch die psych. Isolation des Individuums.

W: Drift, Kgn. 1944; Summer, R. 1964; Seed, R. 1966; Mobiles, Kgn. 1979; Color of the Sky, R. 1986; Voices, Kgn. 1988; Hills of Apollo Bay, R. 1989; Tenants, R. 1994.

L: B. Bennett, New Critical Essays, 1992.

Coward, Sir Noël (Pierce), engl. Schauspieler, Dramatiker und Musicalkomponist, 16. 12. 1899 Teddington – 26. 3. 1973 Jamaika. Sohn e. kinderreichen Musikers; stand schon 10jährig auf der Bühne. In Croydon privat erzogen. 1970 geadelt. – Vielseitige Begabung als Schauspieler, Musicaldichter und -komponist und Vf. zahlr. Bühnenstücke. E. der international erfolgreichsten Autoren der engl. Bühne, ›enfant terrible‹. Liebte es, durch frechen, oft iron.-frivolen, zyn. Witz zu verblüffen. Vollendete techn. Routine, brillante Einfälle. S. Begabung lag v. a. auf dem Gebiet der Neubelebung der ›Comedy of manners‹. C.s pikante Gesellschaftskomödien sind desillusionist., sehr bühnenwirksame Zeitsatiren, doch mehr schockierend und skandalisierend als eig. sozial- und gesellschaftskrit. In s. Londoner Uraufführungen war er meist zugleich Autor, Inszenator, Hauptdarsteller, Komponist und Chansonsänger. Auch Revue- und Filmautor.

W: The Young Idea, K. 1922; The Vortex, Sch. 1925; Fallen Angels, K. 1925 (d. 1926); Hay Fever, Sch. 1925 (d. 1926); Easy Virtue, K. 1926; The Queen Was in the Parlour, K. 1926; Bitter Sweet, Opte., 1929; Private Lives, K. 1930 (Intimitäten, d. 1931); Cavalcade, Sch. 1931; Post mortem, Sch. 1931; Words and Music, Rev. 1932; Design for Living, K. 1933 (Unter uns Vieren, d. 1952); Conversation Piece, Opte. 1934; Point Valaine, Tr. 1935; To-night at 8,30, Drn. 1936 (d. 1949); Present Indicative, Aut. 1937; Operette, K. 1938; To Step Aside, Kgn. 1939; Blithe Spirit, K. 1941 (Geisterkomödie, d. 1949, u.d.T. High Spirits, Musical 1964); Present Laughter, K. 1942 (Nach Afrika, d. 1951); Peace in Our Time, K. 1948; Relative Values, K. 1951 (Wechselkurs der Liebe, d. 1952); Star Quality, Kgn. 1951 (Theater, Theater, d. 1952, u.d.T. Eine Klasse für sich, 1962); Quadrille, K. 1952; Future Indefinite, Aut. 1954; South Sea Bubble, K. 1954; Nude with Violin, K. 1956 (d. 1958); Still Life, Sz. 1960; Pomp and Circumstance, R. 1960 (Palmen, Pomp und Paukenschlag, d. 1961); Sail Away, Rev. 1961; Waiting in the Wings, K. 1961; The Collected Short Stories, 1962; The Girl Who Came to Supper, Sch. 1963; Pretty Polly Barlow, Kgn. 1964; The Lyrics, G. 1965; Suite in Three Keys, Drn. 1966; Not Yet the Dodo, G. 1967; Bon Voyage, Kgn. 1967; Cowardy Custard, Slg. hg. J. Hadfield 1973; The N. C. Diaries, hg. G. Payn, S. Morley 1982; Autobiography, 1986. – Play Parade, VI 1933–62; The Collected Short Stories, II 1985; Collected Verse, 1985; The Complete Lyrics, 1998.

L: R. Greacen, 1953; R. Mander, J. Mitcheson, 1957; M. Levin, 1968; C. Lesley, 1976; P. Hoare, 1995.

Cowley, Abraham, engl. Dichter und Essayist, 1618 London – 28. 7. 1667 Chertsey/Surrey. Kaufmannssohn, als Kind durch Lektüre Spensers zu eigenen Dichtung angeregt, schrieb schon als 10jähriger e. ep. Romanze, die 1633 zusammen mit e. 2 Jahre später entstandenen Dichtung als ›Poeticall Blossomes‹ veröffentlicht wurde. Stud. Cambridge, zeichnete sich durch gute Übs. klass. Dichter aus. Nahm auf seiten der Royalisten am Bürgerkrieg teil, deshalb von Cambridge verwiesen, folgte der Königin 1646 nach Paris, blieb 10–12 Jahre dort im Dienst der königl. Familie, 1655 Spion der Royalisten in England, kurze Zeit deshalb im Gefängnis. Erhielt nach der Restauration vom Hofe e. Landlehen und zog sich 1660 aufs Land zurück. In Westminster Abbey beigesetzt. – Galt zu Lebzeiten als größter Dichter s. Jh. Schrieb e. unvollendetes bibl. Versepos ›Davideis‹ nach dem Muster der ›Aeneis‹; Essays in klarer Prosa, preziöse Liebeslyrik und gelehrte Oden, vielfach geprägt von ausgefallenen ›conceits‹ im Stil der metaphys. Dichtung; imitierte anakreont. Verse. S. bedeutendste dichter. Leistung war die Schaffung e. neuen Odenform, wurde vielfach verwendet, u. a. von Dryden, Coleridge, Wordsworth, Shelley, Keats. Eines seiner berühmtesten Gedichte ist die ›Ode to the Royal Society‹, in der er die Philos. als strikt männliches Genre entwirft und imaginiert.

W: Poeticall Blossomes, Dicht. 1633; The Mistress, Dicht. 1647; Poems, 1656 (enth. Pindarique Odes); The Advancement of Experimental Philosophy, Es. 1661; Oliver Cromwell, R. 1661; Verses on Several Occasions, 1663; Select Discourses, 1668; Works, hg. T. Sprat, 1668. – Complete Works, II 1881; English Writings, hg. A. R. Waller II 1905f.; Essays, hg. A. B. Gough 1915; The Mistress etc., hg. J. Sparrow 1926; Selected Poetry and Prose, hg. J. G. Taaffe 1970; Cutter of Coleman Street, hg. D. Gravett, 1987; Davideis, hg. G. Shadduck 1987.

L: J. Loiseau, Diss. Paris 1931; A. H. Nethercot, 1931, ²1967; R. B. Hinman, 1960; D. Trotter, The Poetry of A. C., 1979. – *Bibl.:* M. R. Perkin, 1977; Konkordanz: R. M. Cooper, 1981.

Cowley, Malcolm, amerik. Dichter und Kritiker, 24. 8. 1898 b. Belsano/PA – 17. 3. 1989 New Milford/CT. 1917 als Kriegsfreiwilliger in Paris; Stud. Harvard; 1921–23 in Frankreich; 1929–44 Redakteur der Zs. ›New Republic‹. Vielfacher Ehrendoktor u. Gastprof. an versch. Univ. – Lyriker, Erzähler und Vf. literarhist. Studien über die sozialen und geistigen Strömungen Amerikas seit 1918, bes. die ›verlorene Generation‹, der er angehört, Literatur- u. Gesellschaftskritik. In den 30er Jahren der marxist.-kommunist. Linken nahestehend.

W: Blue Juniata, G. 1929 (erw. 1968); The Lost Generation, Es. 1931; Exile's Return, St. 1934; After the Genteel Tradition, St. hg. 1937; A Dry Season, G. 1941; The Literary Situation, Es. 1954 (Literatur in Amerika, d. 1963); Think Back On Us, Krit. 1967; A Second Flowering, Ess. 1973; And I Worked at the Writer's Trade, Ess. 1978; The Dream of the Golden Mountains, Aut. 1980; The Flower and the Leaf, Ess. 1985; The Portable M. C., hg. D. W. Falkner 1990.

L: J. M. Kempf, 1995; H. Bak, 1993. – *Bibl.:* D. U. Eisenberg, 1975.

Cowper, William, engl. Dichter, 26. 11. 1731 Great Berkhampstead – 25. 4. 1800 East Dereham. Jurist, sollte Stelle im Oberhaus erhalten, mußte s. Laufbahn abbrechen wegen Nervenzusammenbruch und krankhafter Schwermut. Zog aufs Land zu s. Freund M. Unwin, wo er sich wieder erholte. Erkrankte noch mehrmals an Schwermut, war aber in guten Zeiten heiter und humorvoll. Nach Unwins Tod blieb er bei dessen Witwe Mary Unwin, beide zogen nach Olney, wo er s. ›Olney Hymns‹ schrieb, von denen viele bekannte Kirchenlieder wurden. Nach Mary Unwins Tod 1794 versank er völlig in Schwermut, starb in geistiger Umnachtung. – C. gehörte nicht zu den Vorläufern der Romantik, stand eher dem Klassizismus nahe, doch s. Stil ist schlichter und natürlicher als der Popes. S. nüchtern-lehrhaften Dichtungen zeigen dennoch feines Empfinden für Naturschönheiten, Weltflucht, Entsagung und Weltschmerz. S. bedeutendstes Werk ›The Task‹, e. ep. didakt. Dichtung, preist die Liebe zu allen lebenden Kreaturen, sie zeigt den Einfluß J.-J. Rousseaus. Vf. e. Blankvers-Übs. Homers. Sehr bekannt s. ausgelassen lustige Ballade ›John Gilpin‹, 1782. Kurz vor s. Tod entstand die düster-schöne Dichtung ›The Castaway‹. C.s Briefe zeigen s. schlichte, wahrhaft humane Persönlichkeit.

W: Olney Hymns, 1779; Anti-Thelyphthora, 1781; Poems, 1782; The Task, 1785 (enth. John Gilpin); Homers Iliad and Odyssee, Übs. II 1791; Poems, 1798; Life and Posthumous Writings, hg. W. Hayley 1803. – The Works, hg. R. Southey XV 1835–37, VIII 1853–55; Poetical Works, hg. J. Bruce III 1865; hg. H. S. Milford, rev. N. Russel [4]1967; Poems, hg. J. D. Baird, Ch. Ryskamp 1980ff.; Correspondence, hg. Th. Wright IV 1904; Verse and Letters, hg. B. Spiller 1968; Letters and Prose Writings, hg. J. King, Ch. Ryskamp 1979ff. – *Übs.:* Ausgew. Dichtungen, 1870; Die Aufgabe, 1998.

L: H. I'. A. Fausset, 1928; G. O. Thomas, [2]1949; R. Huang, 1957; M. J. Quinlan, [2]1970; M. Golden, In Search of Stability, 1960, N. Nicholson, 1960; V. Newey, C.s Poetry, 1982; J. King, 1986. – *Bibl.:* L. Hartley, 1961; N. Russell, 1963; J. Neve, Concordance, 1969.

Cox, William Trevor → Trevor, William

Cozzens, James Gould, amerik. Romanautor, 19. 8. 1903 Chicago – 9. 8. 1978 Stuart/FL. Stud. Harvard; 1925 in Kuba, 1926 Europa, seit 1933 in New Jersey. – Vf. gehobener Gesellschaftsromane aus dem Milieu des weißen, angelsächs.-protestant. Bürgertums des Nordostens der USA, verbunden mit psychologisierender Gesellschaftskritik. Ideal des kontemplativen Menschen, der in einer irrationalen Welt die Ratio vertritt. Interessante Technik: Aus einer Fülle von Handlungssträngen ergibt sich durch das Nebeneinander von wichtigem und unwichtigem Detail ein mosaikartiges Gesamtbild des tätigen Lebens der handelnden Personen.

W: Confusion, R. 1924; The Son of Perdition, R. 1929; S. S. San Pedro, R. 1931 (Ein Schiff geht unter, d. 1933); The Last Adam, R. 1933; Castaway, R. 1934; Men and Brethren, R. 1936; Ask Me Tomorrow, R. 1940; The Just and the Unjust, R. 1942 (d. 1946); Guard of Honor, R. 1948; By Love Possessed, R. 1958 (d. 1959); Children and Others, Kgn. 1964 (d. 1966); Morning Noon and Night, R. 1968; Just Representations, Slg. hg. M. J. Bruccoli 1978.

L: F. Bracher, 1959; H. J. Mooney, 1963; D. E. S. Maxwell, 1964; G. Hicks, 1966. – *Bibl.:* M. J. Bruccoli, 1981.

Crabbe, George, engl. Dichter, 24. 12. 1754 Aldeburgh/Suffolk – 3. 2. 1832 Trowbridge/Wiltshire. Sohn e. Zollbeamten; Jugendjahre in Suffolk. E. Versuch, sich als Arzt zu betätigen, schlug fehl. Ab 1780 freier Schriftsteller in London. ∞ 1783 Sarah Elmy. Freund von Burke, der ihn in Dr. Johnsons Kreis einführte. Wurde unter Burkes Einfluß Geistlicher, 1782–85 Kaplan des Herzogs von Rutland, später Pfarrer von Trowbridge. Besuchte 1822 W. Scott in Edinburgh. – Formte s. Stil an Pope, dessen Tradition er in bitter satir. Verserzählungen (Kleinepen) fortsetzte als letzter Vertreter der klassizist. Schule. S. Dichtung ›The Village‹ stand in Opposition zu Goldsmiths idealisierender Dorfidylle, der C. den echten rauhen Alltag entgegensetzte. Versuchte sich auch, jedoch weniger erfolgr., an Balladen. C.s Stärke liegt in der streng realist. Schilderung der Wirklichkeit; er beschreibt Leben und Landschaft Suffolks mit kleinsten Details. Tragikom. und pessimist.-satir. Töne herrschen vor. Einflechten zahlr. Anekdoten. Verachtung jeder Sentimentalität.

W: The Library, G. 1781; The Village, G. 1783; The News-paper, G. 1785 (d. 1856); Poems, 1807; The Borough, G. 1810; Tales in Verse, 1812; Tales of the Hall, Dicht. II 1819; The Poetical Works, Letters, Journals, Life by His Son, VIII 1834/1934. – Complete Poetical Works, III 1987; Selected Letters and Journals, hg. T. C. Faulkner 1985.

L: A. Ainger, 1903; H. Bär, 1929; J. H. Evans, 1933; L. Haddakin, 1955; R. L. Brett, 1956; R. L. Huchon, [2]1968; R. B. Hatch, 1976; P. New, 1976; T. Bareham, 1977; F. Whitehead, 1995. – *Bibl.:* T. Bareham, S. Gatrell, 1978.

Crace, Jim, engl. Erzähler, * 1. 3. 1946 Lemsford. B. A. London 1968, arbeitete 1968–70 in Sudan u. Botswana, Journalist. – C. schafft in seinen vielfältigen Romanen realist. Welten, die parallel zur Wirklichkeit verlaufen. Die Szenerie wird dabei v. a. der Untersuchung kommunalen Verhaltens in der Spannung zw. Tradition u. Neuerung untergeordnet.

W: Continent, Kgn. 1986 (d. 1988); The Gift of Stones, R. 1988 (d. 1989); Signals of Distress, R. 1995 (d. 1997); Being Dead, R. 2000 (d. 2000); The Devil's Larder, R. 2001 (d. 2002).

Craddock, Charles Egbert → Murfree, Mary Noailles

Crainic, Nichifor (eig. Ion Dobre), rumän. Lyriker und Essayist, 22. 12. 1889 Bulbucata/Vlaşca – 21. 8. 1972 Bukarest. Bauernsohn, Stud. Theol. Bukarest u. Wien. Prof. in Kischinew u. Bukarest, Publizist, Abgeordneter, 1941–44 Propagandaminister; Mitbegr. (1921) u. Leiter (1926–44) der Zs. ›Gândirea‹, die e. entscheidenden Einfluß auf die rumän. Kultur ausübte; langjähriger Gefängnisaufenthalt. – Traditionalist (Unamuno), erstrebte e. schöpfer. Byzanz-Renaissance (Kayserling); militanter Christ, überzeugter Anhänger der Ostkirche. S. Weltanschauung spiegelt sich in s. umfangr. Lyrik, deren Form an die Gesänge der orthodoxen Kirche erinnert. Lebende u. Tote treffen sich voll Zuversicht in e. Gemeinschaft der Liebe; Gott und der ganze Himmel sind greifbar nahe; Vergangenheit u. Zukunft scheinen organ. verbunden, der Rhythmus der Liturgie bewegt das All. Rilke-Übs.

W: Şesuri natale, G. 1916; Icoanele vremii, Ess. 1919; Darurile pământului, G. 1920; Ţara de peste veac, G. 1931; Puncte cardinale în haos, Ess. 1936; Nostalgia paradisului, Ess. 1940; Zile albe, zile negre, Mem. 1991; Efemeride peste veac, Ess. 1992.

L: L. Blaga, 1941; T. Vianu, 1941; M. Braga, 1987.

Crane, (Harold) Hart, amerik. Lyriker, 21. 7. 1899 Garretsville/OH – 27. 4. 1932 Golf von Mexiko (Selbstmord). Unglückl. Jugend; ab 1916 in New York, Autodidakt, Reisen in Europa u. Mexiko. – Erstlingswerk ohne einheitl. Thematik bedeutend durch den an Rimbaud, Poe, Eliot und W. Stevens orientierten ›verbalen Absolutismus‹: suggestive Wortfügungen, Idee und Anschauung, kühn verschmelzender Bilder und ellipt. Symbole durchbrechen die log.-grammat. Struktur der Sprache zugunsten e. ›Logik der Metapher‹. Die in dem myst. Gedicht ›The Bridge‹ versuchte Schaffung e. ›Mythos von Amerika‹ gelingt nur in bildstarken Einzelpassagen von brillanter, oft von Jazz und indian. Tanz beeinflußter Vielfalt der Rhythmen und Tempi. Legendäre Figuren, die von Columbus und Pocahontas bis Poe und Whitman reichen, und techn. Schöpfungen wie Maschine, Untergrundbahn und Brooklyn Bridge als zeitlose Symbole.

W: White Buildings, 1926 (d. 1960); The Bridge, G. 1930 (n. 1970). – Collected Poems, hg. W. Frank 1933, 1958; Letters, hg. B. Weber 1952; Complete Poems and Selected Letters and Prose, hg. W. Weber 1966; Family Letters, hg. T. S. W. Lewis 1974; H. C. and I. Winters: Their Lit. Correspondence, hg. T. Parkinson 1978; The Poems of H. C., hg. M. Simon 1986; O My Land, My Friends: The Selected Letters of H. C., 1997.

L: P. Horton, 1937, [2]1957; B. Weber, 1948, [2]1970; L. S. Dembo, 1960; V. Quinn, 1963; S. Hazo, 1963, [2]1977; R. W. B. Lewis, 1967; H. A. Leibowitz, 1968; J. Unterecker, Voyager, 1969; R. W. Butterfield, Broken Arc, 1969; H. Ickstadt, 1970; S. Paul, 1972; R. Combs, Vision of the Voyage, 1978; H. N. Nilsen, Oslo 1980; E. Brunner, Splendid Failure, 1985; W. Berthoff, 1989; T. Yingling, 1990; C. Fischer, 2002; H. Bloom, hg. 1986. – Bibl.: J. Schwartz, 1970; ders., R. C. Schweik, 1972.

Crane, Stephen, amerik. Erzähler, 1. 11. 1871 Newark/NJ – 5. 6. 1900 Badenweiler. Sohn e. Methodistenpfarrers, College, Reporter, 1890–95 Armut und Boheme in New York; nach dem Erfolg s. Kriegsromans Korrespondent in Texas und Mexiko, dann Kriegsberichterstatter in Griechenland und Kuba; seit 1898 vor allem in Brede, Sussex; Freundschaft mit J. Conrad, H. James u. H. G. Wells; gesundheitl. Verfall und früher Tod durch Tbc. – Erster naturalist. Erzähler Amerikas. Die von den Verlegern abgelehnte, von C. unter Ps. privat gedruckte Novelle ›Maggie‹ schildert naturalist., aber bei melodramat. Handlung Aufstieg und Fall e. Mädchens im Milieu von Zuhältern, Prostituierten und Trinkern in den Slums von New York. Von H. Garland und W. D. Howells ermutigt, schrieb C. ohne eigene Erfahrung auf Grund von Lektüre den Bürgerkriegsroman ›The Red Badge of Courage‹, der die psych. Reaktionen, insbes. Angst und Schrecken, e. jungen Rekruten im Chaos des Krieges analysiert und heroische Klischees demaskiert. S. von E. Dickinson angeregten, ungereimten Kurzgedichte wirken durch gnom. Strenge, impressionist. Farbsymbolismus und iron.-sardon. Pessimismus. S. Kurzgeschichten, darunter ›The Open Boat‹, ›The Monster‹, ›The Blue Hotel‹, weisen in ihrem impressionist. und zugleich symbol. Realismus auf Hemingway; sie konfrontieren den auf Wahrung s. Würde und Integrität bedachten Menschen mit e. feindl. Universum und behandeln in e. Mischung von Satire und wehmütiger Erinnerung das Leben in der amerik. Kleinstadt.

W: Maggie: A Girl of the Streets, N. 1892 (d. 1897); The Red Badge of Courage, R. 1895 (hg. H. Binder 1979; Das Blutmal, d. 1954); The Black Riders, G. 1895; George's Mother, R. 1896; The Open Boat, Kgn. 1898 (Im Rettungsboot, d. 1948); Active Service, R. 1899; The Monster, Kgn. 1899 (d. 1962); War Is Kind, G. 1899; Wounds in the Rain, Sk. u. Kgn. 1900; Whilomville Stories, Kgn. 1900; Men, Women and Boats, Kgn. 1921. – Works, hg. W. Follett XII 1925/26, hg. F. Bowers X 1969–75; Letters, hg. Stallman, L. Gilkes 1960; Uncollected Writings, hg. O. W. Fryckstedt Stockh 1963; The War Dispatches, hg. Stallman, Hagemann 1964; New York City Sketches, hg. Stallman, Hagemann 1966; Notebook, hg. D. J. Greiner 1969; The Blue Hotel and Selected Works, 1991 – Übs.: Ausw. 1937, 1955; Meistererzählungen, 1985.

L: T. Beer, 1923; J. Berryman, 1950, [2]1962, [3]2001; D. G. Hoffman, 1957; L. Gilkes, Cora Crane 1960; E. H. Cady, 1962, [2]1980; E. Solomon, S. C. in England, 1964;

R. W. Stallman, 1968; D. B. Gibson, 1968; J. Katz, S. C. in the West, 1970; M. La France, 1971; S. C.s Career, hg. T. A. Gullason 1972; M. Holton, Cylinder of Vision, 1972; F. Bergon, 1975; G. Milne, S. C. at Brede, 1980; J. Nagel, 1980; C. L. Wolford, 1983; J. B. Colvert, 1984; S. Wertheim, 1997. – *Bibl.:* R. W. Stallman, 1972; P. K. Dooley, 1992.

Crashaw, Richard, engl. Dichter, 1613(?) London – 21. 8. 1649 Loreto. Schulzeit in Charterhouse, Stud. Cambridge, 1635–43 Dozent ebda., ab 1639 Priester. Mußte wegen des 1643 in Cambridge wütenden puritan. Bildersturms als Anglikaner s. Lehrstuhl aufgeben. Floh 1643–45 nach Leiden und Paris und trat dort 1645 der kathol. Kirche bei. S. Freund Cowley stellte ihn in Paris der Königin Henrietta Maria vor, die ihn mit Kardinal Palloto, Gouverneur von Rom, bekannt machte, wurde dessen Sekretär, erhielt schließl. 1649 Pfründe in der Basilika-Kirche von Loreto, starb kurz nach s. Ankunft dort. – Begann mit Liebeslyrik und humanist. Versen, schrieb schon auf der Univ. ausgezeichnete lat. Verse. Diese aus der Cambridge Zeit stammenden ›Epigrammata Sacra‹ zeigen spieler. Haltung und sind vom Stil jesuitischer Epigramme beeinflußt. S. relig. Dichtung ›Steps to the Temple‹ benennt er in Anlehnung an G. Herberts ›Temple‹; ihr Inhalt ist jedoch vorwiegend von span. u. ital. Mystik beeinflußt, die Gedichte zeugen von ekstat.-leidenschaftl. Heiligenverehrung. S. relig. Dichtung unterscheidet sich von anderer relig. Lyrik seiner Zeit, weil sie stark von den Traditionen des Katholizismus beeinflußt ist und den Versuch darstellt, zu einem sinnl. Erleben des Spirituellen zu gelangen. C.s weltl. Dichtung ›Delights of the Muses‹ erschien als Anhang zu den ›Steps to the Temple‹ u. enthält einige s. berühmtesten Gedichte, u. a. ›Music's Duel‹ und die Liebesdichtung ›Wishes, To his (supposed) Mistress‹. Weitere geistl. Gedichte posthum in ›Carmen Deo Nostro‹, hierin auch Abdruck früherer Gedichte. Als Dichter Schüler J. Donnes, doch von durchaus anderer Gefühlshaltung, da er nicht dessen Neigung zum Grübeln zeigt.

W: Epigrammatum Sacrorum Liber, 1634; Steps to the Temple, 1646 (verm. 1648); Carmen Deo Nostro, 1652. – Works, hg. L. C. Martin, ²1957; Complete Poetry, hg. G. W. Williams 1970; Poems, hg. R. A. Waller 1904; Religious Poems, hg. R. A. E. Shepherd 1914.

L: I. Bennett, Four metaphysical Poets, 1934; R. C. Wallerstein, 1935; A. Warren, 1939; B. Willey, 1949; G. W. Williams, 1963; R. T. Peterson, The Art of Ecstasy, 1970; M. Cayley, 1972; Essays on R. C., hg. R. M. Cooper 1979; P. A. Parrish, 1980; T. F. Healy, 1987; M. Sabine, Feminine Engendered Faith: The Poetry of John Donne and R. C., 1992; J. Roberts, New Perspectives on the Life and Art of R. C., 1990. – *Bibl.:* J. R. Roberts, 1985; Konkordanz: R. Cooper, 1981.

Craveirinha, José João, mosambikan. Lyriker u. Erzähler, 28. 5. 1922 Lourenço Marques – 6. 2. 2003 Johannesburg. Sohn e. Mosambikanerin u. e. Portugiesen. Journalist, aktiv im Widerstand, wegen ›antiportugies. Aktivitäten‹ inhaftiert. Nach 1975 stellv. Leiter der staatl. Presse u. Präsident der afrikan.-asiat. Vereinigung. – C. gehört zu den bedeutendsten Dichtern der portugies. Négritude u. des afrikan. Neorealismus. S. Dichtung übt aus marxist. Sicht Kritik an der Kolonialgesellschaft u. sucht durch Afrikanismen u. Besinnung auf orale Traditionen nationale sprachl. Einheit herzustellen.

W: Karingana ua Karingana, G. 1974; Hamina e Outros Contos, En. 1997.

Crawford, Francis Marion, amerik. Erzähler, 2. 8. 1854 Bagni di Lucca/Toscana – 9. 4. 1909 Sorrent. Sohn e. Bildhauers, Stud. d., Schwed., Span. in Cambridge, Sanskrit in Rom u. Harvard. 1879/80 Indienreise. – Vf. von 45 romant.-kosmopolit. Unterhaltungsromanen, z. T. nach hist. Stoffen, bes. 15 Studien ital. Lebens.

W: Mr. Isaacs, R. 1882 (d. 1892); Dr. Claudius, R. 1883; A Roman Singer, R. 1884; Zoroaster, R. 1885; Saracinesca, R. 1887 (d. 1892); Sant' Ilario, R. 1889 (d. 1893); Greifenstein, R. 1889; A Cigarette Maker's Romance, R. 1890; Don Orsino, R. 1892 (d. 1894); The Novel: What It Is, St. 1893; The White Sister, R. 1909.

L: M. H. Elliott, My Cousin, 1934; J. Pilkington, 1964; C. Companion, hg. J. C. Moran 1981.

Crayencour, Marguerite → Yourcenar, Marguerite

Creangă, Ion, rumän. Erzähler, 1. 3. 1837 Humuleşti – 31. 12. 1889 Jassy. Bauernsohn, lernte beim Dorfkantor lesen u. schreiben, später Priesterseminar in Fălticeni u. Jassy, 1859 Diakon; 1872 aus dem Klerus entlassen, weil er Krähen vom Kirchturm schoß; eröffnete e. Tabakladen; nach 1874 Volksschullehrer, Schulinspektor; Lesebuchautor. Befreundet mit Eminescu, der ihn in den ›Junimea‹-Kreis einführte. – Größter rumän. Erzähler, einmalige Erscheinung in der rumän. Lit.; im Gegensatz zu s. Zeitgenossen von keiner lit. Strömung beeinflußt; erzählte einfach u. lebendig wie e. Bauer, doch voll genialer Ausdruckskraft. S. Märchenhelden haben klass.-mytholog. Züge. Die in flüssigem Stil mit viel Dialog geschriebenen Geschichten ergötzen durch ihr Lokalkolorit und feinen Humor, die Kindheitserinnerungen, nicht so lyr. wie die Roseggers, ergreifen durch ungekünstelte Frische u. strahlenden Zauber. Obwohl C. in der Sprache s. Dorfes schrieb, wirkt er nicht provinziell; s. Dialektformen wurden im Gegenteil zum Allgemeingut der lit. Sprache.

W: Amintiri din copilărie, Erinn. 1880f.; (Erinnerungen aus der Kindheit, d. 1951; u.d.T. Kindheitserinnerungen, 1956, Der Lausejunge aus Humulești, 1958). – Scrieri (Schriften), II 1890–92; Opere complete, IV 1902, III 1939; Opere, hg. G. T. Kirileanu 1939, G. Călinescu 1963 (m. franz. Übs.); Povești, amintiri, povestiri, 1964. – *Übs.*: Harap Alb, 1910; Die Ziege mit den drei Zicklein, 1928; Der weiße Mohr, Ausw. 1952; Prinz Stutensohn, Ausw. 1954; Märchen, 1956.

L: D. Furtună, 1914; N. Iorga, 1919; E. Precup, 1921; J. Boutière, Paris 1930; L. Salvini, Rom 1932; L. Predescu, II 1932; N. Țimiraș, 1932; G. Ungureanu, 1940; L. Petrović, Belgrad 1940; Shan San, Shanghai 1954; M. Sadoveanu, 1954; P. Caraion, 1955; A. L. Lloyd, Lond. 1956; Z. Dumitrescu-Bușulenga, 1963; G. Călinescu, ²1964; N. Vainer, Rio de Janeiro 1964; O. Bârlea, 1967; S. Bratu, 1968; M. Apostolescu, 1978.

Crébillon (fils), Claude-Prosper-Jolyot de, franz. Erzähler, 14. 2. 1707 Paris – 12. 4. 1777 ebda. Sohn des Dramatikers C.; ∞ 1748 Henrietta Maria Stafford. – Begabter Erzähler zügellos erot. Romane über die Libertiner der zeitgenöss. vornehmen Gesellschaft in heiter-witzigem, z.T. zyn. Stil. S. Romane zeigen bereits psycholog.-analyt. Beobachtungsgabe; sie sind Vorläufer der Erzählungen Voltaires.

W: L'écumoire, ou Tanzaï et Néardarné, R. 1733 (d. W. C. S. Mylius 1926); Les égarements, du cœur et de l'esprit, R. 1736 (d. 1887); Le sopha, R. 1745 (d. R. Bergmann 1904); Les heureux orphelins, R. 1754 (d. 1756); La nuit et le moment, R. 1755 (Die Verführung, d. P. Bevelius 1948); Le hasard du coin du feu, R. 1763 (d. K. Brand 1905); Lettres Athéniennes, 1771; Lettres de la Marquise de M*** au comte de R***, hg. E. Sturm 1970. – Œuvres complètes, VII 1772. – *Übs.*: Das Gesamtwerk, hg. E. Loos VIII 1968–70.

L: O. Uzanne, Les conteurs du 18e sc., 1879; O. Nöckler, Diss. Lpz. 1911; C. C. Cherpack, Durham 1962; B. Bray, 1963; R. Etiemble, 1964; P. Ciuraneanu, 1965; E. Sturm, C. et le libertinage, 1970; H.-G. Funke, 1973; J. R. Joseph, 1984; R. Wald-Lasowski, 1984; C. Dornier, 1994, C. Cazenobe, 1997.

Crébillon (père), Prosper-Jolyot de, Sieur de Crais-Billon, franz. Dramatiker, 13. 2. 1674 Dijon – 17. 6. 1762 Paris. Notarssohn; zu seiner Zeit hochgeschätzter Tragiker, gen. ›Le terrible‹. Geehrt von Ludwig XV. durch e. Prachtausgabe s. Werke. 1734 Mitglied der Académie Française. Ab 1718 war Voltaire, der wesentl. begabtere Schriftsteller, s. gefährl. Rivale. – Gestaltet in s. psycholog. völlig unmotivierten und jeglicher Tragik entbehrenden Stücken e. Atmosphäre des Schreckens, indem er brutale und entsetzl. Szenen sowie unnatürl. Taten aus antiker Geschichte und Mythologie mit Pathos auf die Bühne bringt. Ragt weder durch s. Sprache, die emphat. und ungeschickt ist, noch durch s. dürftige Verskunst hervor.

W: Idoménée, Tr. 1705 (d. 1752); Atrée et Thyeste, Tr. 1707; Electre, Tr. 1709 (d. 1774); Rhadamiste et Zénobie, Tr. 1711 (d. 1750); Xerxes, Tr. 1714; Sémiramis, Tr. 1717; Pyrrhus, Tr. 1726; Catilina, Tr. 1748 (d. G. E. Lessing 1749); Le Triumvirat, Tr. 1754; Cromwell, Fragm. – Œuvres, II 1750; Théâtre, hg. M. Parrelle V 1832; Théâtre complet, hg. A. Vitu 1885, 1923.

L: Voltaire, Eloge de Crébillon, 1762; M. Dutrait, Diss. Bordeaux 1895; J. Langenfeld, Diss. Köln 1967; M. Alcover, 1970; P. O. Le-Clerc, 1973; R.-M. Carré, 1977; J. Prévôt, 1977.

Creeley, Robert (eig. Robert White), amerik. Lyriker, * 21. 5. 1926 Arlington/MA. 1945–47 Stud. Harvard, lebte in New Hampshire, Frankreich, auf Mallorca; befreundet mit Ch. Olson; Hrsg. der ›Black Mountain Review‹; 1956–59 Taos/New Mexico, San Francisco, seit 1967 Prof. N. Y. State Univ., Buffalo. – Vf. von Gedichten über das Fragwürdige u. Komische menschl. Beziehungen in epigrammat. geschliffenen, lakon.-knappen Formulierungen u. Strophen; pointillist. nebeneinanderstehende, scharf gesehene, oft surreale Bilder.

W: Le Fou, G. 1952; The Immoral Proposition, G. 1953; The Kind of Act of, G. 1953; The Gold Diggers, En. 1954 (erw. 1965; Mr. Blue, d. 1964); All That Is Lovely in Men, G. 1955; If You, G. 1956; The Whip, G. 1957; A Form of Women, G. 1959; The Island, R. 1963 (d. 1965); Poems 1950–1965, 1966; Words G. 1967; Pieces, G. 1969; The Charm, G. 1969; A Quick Graph: Collected Notes and Ess. 1970; A Sense of Measure, Ess. 1973; Thirty Things, G. 1974; Away, G. 1976; Mabel, E. 1976; Hello, G. 1978; Was That A Real Poem, Ess. 1979; Mirrors, G. 1983; Memory Gardens, G. 1986; Places, G. 1990; Thinking, G. 2000. – Collected Poems 1945–1975, 1983; Collected Prose, 1984, 2001[2]; Just in Time: Poems, 1984–1994, 2001; Correspondence R. C. – Ch. Olson, V 1980–83.

L: C. D. Edelberg, 1978; A. Ford, 1978; S. Paul, Lost America of Love, 1981; R. C.: The Poet's Workshop, hg. C. F. Terrell 1984; T. Clark, 1993. – *Bibl.:* M. Novik, 1973.

Crémazie, Joseph-Octave, frankokanad. Dichter, 16. 4. 1827 Québec – 16. 1. 1879 Le Havre. Ab 1848 Buchhändler in Québec; s. Geschäft war e. Mittelpunkt für die stark an der franz. Romantik interessierten kanad. Literaten. 1868 wegen geschäftl. Mißerfolgs gezwungen, nach Frankreich zu fliehen, wo er als Jules Fontaine lebte. – Schrieb patriot. Gedichte, die posthum gesammelt, im franz. Kanada großen Anklang fanden und starken Einfluß ausübten.

W: Chant du vieux soldat canadien, G. 1855; Le drapeau de Carillon, G. 1858. – Œuvres complètes, 1883.

L: H. R. Casgrain, 1912.

Cremer, Jacobus Jan, niederländ. Erzähler, 1. 9. 1827 Arnhem – 5. 6. 1880 Den Haag. Wuchs auf dem Landgut s. Eltern in Driel bei Arnhem auf.

Anfangs Maler. – Vf. erfolgr. Dorferzählungen, z.T. in Dialekt; Land-Tugend der Stadt-Verdorbenheit gegenübergestellt. Einfluß von Dickens; auch sozialkrit. Tendenzen. Schwache Charakterzeichnung.

W: Betuwsche novellen, 1856 (Holländische Novellen, d. 1875); Anna Rooze, R. 1868; Doktor Helmond en zijn vrouw, R. 1869 (d. 1874); Overbetuwsche novellen, 1856–77. – Romantische werken, XIV 1877–81.
L: H. Sanders, 1952; J. Elemans, De muze op klompen, 1972.

Cremer, Jan, niederländ. Schriftsteller, * 20. 4. 1940 Enschede. Kunstakademie. Ausgedehnte Reisen. – ›Ik, Jan Cremer‹ wurde e. ungewöhnl. Erfolg, auch in Übs. Barocke Mischung aus Erlebtem und Wunschträumen von Sex, Abenteuer und Gewalt; mitreißend erzählter Schelmenroman in der unfrisierten Sprache der modernen Stadtjugend. Auch Drama, Hörspiele, Reiseberichte; zudem Malerei u. Grafik.

W: Ik, Jan Cremer, R. 1964 (d. 1964); Ik, Jan Cremer, tweede boek, R. 1967 (d. 1967); Made in U.S.A., R. 1969 (d. 1969); The Late Late Show & Oklahoma Motel, Drr. 1969; Sneeuw, Rep. 1977; Jan Cremer's logboek, Rep. 1978; Tropen, Reisebr. 1980; De Hunnen, R.-Tril. 1984; Wolf: het autobiografisch verhaal uit De Hunnen, hg. M. Bril, H. Sleutelaar, Aut. 1993; De Venus van Montparnasse, Rep. (1987–99), 1999.
L: D. Arnolds, 1965; J. Heymans, Oorlog op Pathmos, 1998.

Crenne, Hélisienne de (eig. Marguerite de Briet, dame Fournet de Cresne), franz. Schriftstellerin, um 1510 in der Picardie – nach Aug. 1552 ebda. – Schrieb unter Einfluß von Boccaccios ›Fiammetta‹ in an Latinismen reicher Sprache die Geschichte ihrer eigenen Ehe. Ihr Hauptwerk ›Les angoysses douloureuses‹ gilt als der erste sentimentale Roman in Frankreich. Übs. Vergils ›Aeneis‹, Buch I–IV (1541).

W: Les angoysses douloureuses qui procèdent d'amours, R. 1538 (n. hg. P. Desmats, J. Vercruysse, 1968); Epistres familières et invectives, 1539; Le songe de Madame Hélisienne, 1540. – Œuvres, 1550.

Crestien de Troyes → Chrestien de Troyes

Crétin, Guillaume Dubois, franz. Dichter und Chronist, um 1465 Paris – 30. 11. 1525. 1476 Kaplan der Sainte-Chapelle und Prediger Ludwigs XII. – Rhétoriqueur; verfaßte kurze, meist relig. Gedichte und e. 12 Bände umfassende Reimchronik über Franz I.
L: Œuvres poétiques, hg. K. Chesney 1932.

Creutz, Gustaf Philip, Graf, schwed. Lyriker, Mai 1731 Anjala/Finnland – 30. 10. 1785 Stockholm. 1748–51 Stud. Åbo, Beamter in Stockholm, frühzeitig am Hof. 1763 Gesandter in Madrid; 1766–83 in Paris, nach seiner Rückkehr nach Schweden Kanzleipräsident und Kanzler der Univ. Uppsala. Seit 1753 Mitgl. des Tankebyggare-Ordens um Frau Nordenflycht. – Schrieb Landschaftsgedichte in formvollendeten, musikal. Versen, voller Naturschwärmerei u. Schäferidyllik in Rokokoform, die dennoch echte Liebesdichtung sind. Epikureer, skept. gegen alles außer Genuß und verfeinerter Lebensfreude. Bewunderer der Aufklärungskultur. Als Dichter lange populär, obwohl er nur wenig schrieb.

W: Lögnens försvar, Sat. 1759; Över begärelsers bedräglighet, G. 1759; Atis och Camilla, Ep. 1761; Daphne, G. 1762; Kärlekens nöjen och kval, G. 1762. – Vittra skrifter, hg. A. Hultin 1913; Dikter i urval, 1909; Dikter, 1950.
L: G. Castrén, 1917, ^{2}1949.

Creuze de Lesser, Augustin-François, Baron de, franz. Epiker und Dramatiker, 2. 10. 1771 Paris – 14. 8. 1839 Magny-en-Vexin/Seine-et-Oise. Mitglied der Legislative im 1. Kaiserreich, in der Restauration Präfekt. – Indirekter Wegbereiter der Romantik. In s. lit. Neigungen konservativ, der klass. Tradition verbunden. Schrieb Komödien und Opernlibretti, bes. ep. Gedichte vom ritterl. Leben. Übersetzte Juvenal, den ›Cid‹ und Schillers ›Räuber‹. Stand den ästhet. Auffassungen Herders und dem Kreis um Mme de Staël nahe.

W: Le secret du ménage, Dr. 1809; Voyage en Italie, Reiseber. 1809; Les chevaliers de la table ronde, Ep. 1812; Amadis de Gaule, Ep. 1813; Roland, Ep. 1814; De la liberté, 1831.

Crèvecœur, Michel-Guillaume Jean de (Ps. J. Hector St. John), frankoamerik. Essayist, 31. 1. 1735 Caen/Normandie – 12. 11. 1813 Sarcelles b. Paris. 1754 nach England, 1755–59 Kanada, Kartograph, Leutnant unter Montcalm, nach Entlassung aus Franz. Armee Reisen in brit. Kolonien, 1765 in New York naturalisiert, 1769 Ehe und Farm im Orange Cy., N. Y. Idyll. Jahre jäh von amerik. Revolution zerstört, Trennung von Familie, nach London und Paris. Im Frieden Rückkehr nach New York (Konsul), zog sich 1790 in die Normandie zurück und verbrachte s. Alter zurückgezogen in Frankreich u. Dtl. – S. ›Letters from an American Farmer‹ enthalten Lob des zur Idylle stilisierten amerik. Landlebens u. des ›neuen‹ amerik. Menschen, 1784 u. 1787 unter Einfluß franz. Salons übersetzt, erweitert u. sentimentalisiert; erst 1925 aus handschriftl. Nachlaß weitere Stücke, die C. auch als wütenden Gegner der amerik. Revolution zeigen; friedliebend, verzweifelt, in zeittyp. Widersprüche verwickelt u. zwischen s. alten u. neuen Heimat stehend.

W: Letters from an American Farmer, Ess. 1782 (franz. II 1784, III 1787); Voyages dans la Haute-Pennsylvanie, Reiseb. III 1801 (engl. 1964; Ausw. hg. P. G. Adams 1961 u.d.T. Eighteenth Century Travels in Pennsylvania); Sketches of Eighteenth-Century America, 1925 (zus. mit Letters 1963, hg. A. E. Stone).

L: R. de Crèvecœur, 1883; J. P. Mitchell, 1916; H. C. Rice, 1933; Th. Philbrick, 1970; D. Eisermann, 1985; G. W. Allen, 1987. – *Bibl.:* R. U. Cutting, 1976.

Crevel, René, franz. Schriftsteller, 10. 8. 1900 Paris – 18. 6. 1935 ebda. Gründete 1924 mit Y. Goll, J. Delteil u.a. e. eigene surrealist. Gruppe. Verkörperte das ›mal du siècle‹ s. Generation. Gehörte später zur Gruppe um A. Breton. Beging Selbstmord, angebl. wegen Abfalls s. surrealist. Freunde vom Kommunismus. – Vf. langatmiger Lyrik, philos. und kunstkrit. Studien und Romane sowie bisweilen extrem sarkast. Satiren auf das Bürgertum und den aufkommenden Faschismus.

W: Détours, G. 1924; Mon corps et moi, G. 1925; La mort difficile, R. 1926 (d. 1930); Babylone, R. 1927 (d. 1930); L'Esprit contre la raison, Ess. 1927; Etes-vous fous?, R. 1929; Paul Klee, St. 1930; R. Sintenis, St. 1930; S. Dali, St. 1931; Les pieds dans le plat, R. 1933.

L: C. Courtot, 1969; E. Batache, 1976; E. Zammit-Berg, 1977; M. B. Rochester, 1978; D. Schöneborn, 1990; F. Buot, 1991; J. M. De vésa, 1993. – *Bibl.:* C. Courtot, 1969.

Crichton, Michael (Ps. Jeffery Hudson, John Lange, Michael Douglas), amerik. Schriftsteller u. Filmregisseur, * 23. 10. 1942 Chicago. Stud. Medizin in Harvard; Dr. med. 1969. Arbeitete in einem Krankenhaus in Boston und als Bakteriologe in La Jolla/CA; lebt z.Z. in Beverly Hills/CA. Zwischen 1966 und 1971 neun unter Ps. veröffentl. Spionagethriller und Abenteuerromane aus der Medizinwelt. C.s erster Erfolg war ›The Andromeda Strain‹, der ihn wie zahlreiche weitere mit hohem wiss. Rechercheaufwand verfaßte Romane zum Vater des ›Techno Thrillers‹ machte. C.s Bestseller nehmen aktuelle Themen wie die Gendebatte (›Jurassic Park‹) und sexuelle Belästigung (›Disclosure‹) auf. Fast alle neueren Romane wurden verfilmt, auch erfolgr. nichtfiktionale Publikationen.

W: The Venom Business, R. 1969; The Andromeda Strain, R. 1969 (d. 1969); Five Patients: The Hospital Examined, Sb. 1970 (Notaufnahme, d. 1972; u.d.T. Fünf Patienten, d. 1995); Drug of Choice, R. 1970 (Die Teufelsdroge, d. 1971); Grave Descend, R. 1970; The Terminal Man, R. 1972 (Endstation, d. 1973); Binary, R. 1971 (Giftglocke über San Diego, d. 1973); The Great Train Robbery, R. 1975 (d. 1976); Eaters of the Dead, R. 1976; Jasper Johns, Sb. 1977 (d. 1978); Congo, R. 1980 (d. 1981); Electronic Life, Sb. 1983 (d. 1984); Jurassic Park, R. 1990 (DinoPark, d. 1991); Rising Sun, R. 1992 (Nippon Connection, d. 1992); Disclosure, R. 1994 (Enthüllung, d. 1994); The Lost World, R. 1995 (Vergessene Welt, d. 1996); Airframe, R. 1996 (d. 1997); Timeline, R. 1999 (d. 2000); Prey, R. 2002 (d. 2002).

L: E. A. Trembley, 1996.

Crimp, Martin, engl. Dramatiker, * 14. 2. 1956 Dartford/Kent. Lit.-Stud. Cambridge. – C.s bittere Komödien demaskieren in pointierten Alltagsdialogen jede bürgerl. Gewißheit und entlarven die Abhängigkeiten und Lebenslügen, die e. scheinbare Ordnung aufrechterhalten; metadramat. Elemente u. formale Experimente v. a. in den Stücken, die um Identitätssuche oder Konstruktion von Biographien kreisen. Auch Hörspiele.

W: Living Remains, Dr. (1982); Four Attempted Acts, Dr. (1984); Definitely the Bahamas, Dr. (1987); Dealing With Clair, Dr. 1988; Play With Repeats, Dr. 1990; No One Sees the Video, Dr. 1991; Getting Attention, Dr. 1991 (d. Das stille Kind); The Treatment, Dr. 1993 (d. Der Dreh); The Misanthrop, Bearb. 1996; Attempts on Her Life, Dr. 1997 (Angriffe auf Anne, in: Playspotting, d. 1998); The Chairs, Bearb. 1997; The Country, Dr. 2000 (d. 2000); Face to the Wall, Dr. 2002. – *Übs.:* Auf dem Land und andere Stücke, 2003.

Crisfal → Falcão, Cristóvão

Crnjanski, Miloš, serb. Schriftsteller, 26. 10. 1893 Čongrad – 30. 11. 1977 Belgrad. 1914–19 Stud. Philos. Belgrad u. Wien. Publizist, Diplomat, lebte bis 1965 als Emigrant in London, dann Belgrad. – Vertreter des serb. Expressionismus. S. Gedichte, Erzählungen u. autobiograph. Romane zeichnen sich durch starken Lyrismus, neue Ausdrucksformen u. kühne Inspiration aus.

W: Maska, poet. K. 1918; Lirika Itake, G. 1919; Priče o muškom, lyr. Prosa 1920; Dnevnik o Čarnojeviću, R. 1921; Antologija kineske lirike, G. 1924; Pesme starog Japana, G. 1928; Seobe, R. 1929 (Panduren, d. 1963); Ljubav u Toskani, Reiseb. 1930; Knjiga o Nemačkoj, Reiseb. 1931; Ambahade, R. 1950; Odabrani stihovi, G. 1954; Itaka i komentari, Aut. 1959 (d. 1967); Lament nad Beogradom, G. 1962; Seobe i druga knjiga Seoba, R. II 1962; Roman o Londonu, R. 1971. – Sabrana dela (GW), II 1930, X 1966; Lirika, Proza, Eseji, Ausw. 1965; Sabrane pesme, Ausw. 1978 (m. Bibl.).

L: N. Milošević, Roman M. C., 1970; S. Leovac 1981; D. Norris, 1988 (m. Bibl.); M. Lompar, 2000.

Croisset, Francis, de (eig. Franz Wiener), franz. Dramatiker, 28. 1. 1877 Brüssel – 8. 11. 1937 Neuilly-sur-Seine. E. der bedeutendsten Vertreter des Boulevardtheaters. – Schrieb lebendige, leichte Komödien, in denen sprühender Witz den Mangel an Tiefgang verhüllt, auch e. Charakterkomödie über den Typ des mod. Gesellschaftsabenteurers. Arbeitete zusammen mit E. Arène, M. Leblanc, mehrfach mit R. De Flers. Auch einige Romane, Reisebücher, Gedichte, Essays über dramat. Lit. und Aphorismen.

Crommelynck

W: Les nuits de quinze ans, G. 1898; Chérubin, Dr. 1901; Le Paon, Dr. 1904; Le bonheur, mesdames!, Dr. 1906; Tour de main, 1906; Paris–New York, Dr. 1907; Arsène Lupin, Dr. 1909; L'épervier, Dr. 1914; La Bonne Intention, Dr. 1916; D'un jour à l'autre, Dr. 1917; L'Ephémère, Dr. 1919; Le retour, Dr. 1921; Les vignes du Seigneur, Dr. 1923; La féerie cinghalaise, R. 1926, L'invasion au théâtre, Es. 1928; Nos marionnettes, Es. 1928; La vie parisienne au théâtre, Es. 1929; Le souvenir de R. De Flers, Es. 1929; Le docteur Miracle, Dr. 1929; Nous avons fait un beau voyage, R. 1930; Pierre et Jack, Dr. 1932; Le vol nuptial, Dr. 1932; La dame de Malacca, R. 1935; Le dragon blessé, R. 1936; La côte de jade, R. 1938. – Œuvres complètes, V 1922–25; Théâtre, VIII 1918–38.

Crommelynck, Fernand, belg. Dramatiker, 12. 11. 1888 Paris – 17. 3. 1970 Saint-Germain-en-Laye b. Paris. Schauspielerfamilie aus bescheidenen Verhältnissen. Selbst Schauspieler. Debütierte 1906 in Brüssel erfolgr. als Dramatiker mit ›Nous n'irons plus au bois‹; Welterfolg mit ›Le cocu magnifique‹. Zog danach als freier Schriftsteller von Brüssel nach Saint-Cloud b. Paris. – Schrieb in bilderreicher Sprache volkstüml. derbe Dramen, in denen heitere neben trag., irreale neben symbol. Elementen stehen, Milieu und Atmosphäre suggestiv gestaltet sind. Gespenstererscheinungen, Geisterhandlungen zeigen s. Sinn für das Geheimnisvolle. S. Meisterwerk ›Le cocu magnifique‹, e. der repräsentativen Stücke zwischen den beiden Weltkriegen, ist e. Farce, deren echt C.sche Poesie auf e. bis ins Irreale reichenden Steigerung der Eifersucht des Helden beruht: nicht kom. oder grotesk, sondern lyr. dargestellte Verstiegenheit, e. unbarmherzige Untersuchung der Eifersucht. In späteren Dramen u. a. soziale Satire auf Wohlstand und Kapitalismus (›Tripes d'or‹).

W: Nous n'irons plus au bois, Dr. 1906; Le sculpteur de masques, Dr. 1908 (d. 1920); Le marchand de regrets, Dr. 1913; Le cocu magnifique, Dr. 1921 (Der Hahnrei, d. 1922); Les amants puérils, Dr. 1921; Carine ou la jeune fille folle de son âme, Dr. 1930; Tripes d'or, Dr. 1930; Une femme qui a le cœur trop petit, Dr. 1934; Chaud et froid, Dr. 1941; Là est la question, Dr. 1947. – Théâtre, III 1967f.

L: A. Berger, A la rencontre de F. C., Lüttich 1946; J. Moulin, 1974; dies., 1978; G. Feal, 1976; P. Piret, 1999.

Cronin, Archibald Joseph, schott. Romanschriftsteller, 19. 7. 1896 Cardross/Schottland – 6. 1. 1981 Buagy-sur-Clarens/Waadt. Aus ärml. Verhältnissen. 1914–19 Stud. Medizin Glasgow. Vielseitige ärztl. Tätigkeit: in Nervenheilanstalt, als Schiffsarzt, Armenarzt und ›Gesellschaftsarzt‹ in London; begann 1930 während e. Erholungsurlaubs nach e. Erkrankung zu schreiben; ab 1931 freier Schriftsteller. Bereiste nach dem 2. Weltkrieg Europa, lebte mit s. Familie in den USA und der Schweiz. – Vf. zahlr. beliebter sozialkrit. Romane. S. erster Welterfolg war der auf den Spuren von Zolas ›Germinal‹ wandelnde Roman ›The Stars Look Down‹, der im Bergbaugebiet von Wales spielt und sich gegen die skrupellose Ausbeutung der Arbeiter durch den Kapitalismus wendet. C.s Romane decken stets soziale Mißstände auf. Vielfach kritisiert er das brit. Ärztewesen (›The Citadel‹). Guter Schauspieler und spannender Erzähler; viele s. Romane wurden erfolgr. verfilmt.

W: Hatter's Castle, R. 1931 (Der Tyrann, d. 1938, u. d. T. James Brodie, 1948, auch u. d. T. Der Hutmacher und sein Schloß, 1979); Three Loves, R. 1932 (d. 1933, u. d. T. Lucy Moore, 1947); Grand Canary, R. 1933 (Das Haus der Schwäne, d. 1985); The Stars Look Down, R. 1935 (d. 1983); The Citadel, R. 1937 (d. 1981); Lady with Carnations, R. 1939 (Die Dame mit den Nelken, d. 1981); Jupiter Laughs, Sch. 1940; The Keys of the Kingdom, R. 1941 (d. 1982); The Green Years, R. 1944 (d. 1980); The Adventures of a Black Bag, R. 1946 (Der neue Assistent, d. 1983); Shannon's Way, R. 1948 (d. 1983); The Spanish Gardener, R. 1950 (d. 1982); Adventures in Two Worlds, Aut. 1952 (d. 1953); Beyond this Place, R. 1953 (d. 1983); The Northern Light, R. 1958 (d. 1981); The Native Doctor, R. 1959 (Doktor Murrays Auftrag, d. 1982); The Innkeeper's Wife, R. 1962 (Weihnachtsgeschichte, d. 1964, u. d. T. Die Frau des Wirts, 1977); A Song of Sixpence, R. 1964 (Geh auf den Markt, d. 1964, u. d. T. Bunter Vogel Sehnsucht, 1984); A Pocketful of Rye, R. 1969 (Kinderarzt Dr. Carroll, d. 1982); Enchanted Snow, R. 1971 (Ein Professor aus Heidelberg, d. 1982); The Minstrel Boy, R. 1975; Gracie Lindsay, R. 1978.

Cros, Charles, franz. Lyriker, 1. 10. 1842 Fabrezan/Aude – 9. 8. 1888 Paris. Gab jung Sanskrit-, 1860 Chemie- und Physikunterricht in Paris. Erfinder der Farbfotografie und des Phonographen. Gab das 1862 begonnene Stud. der Medizin zugunsten der Dichtung auf. Besuchte eifrig die dekadenten lit. Zirkel, führte e. maßloses s. dichter. Leistung abträgl. Bohemeleben. Mitarbeiter versch. Zsn., 1874 Chefredakteur der ›Revue du Monde Nouveau‹. – Vorläufer des Symbolismus, schrieb Gedichte, die von feiner Sensibilität e. innerl. zerrissenen, myst. Geistes zeugen. Eig. interessant nur s. ›Monologues‹, die in e. Jarry vorwegnehmenden Logik des Absurden sprechen. Verlaine schätzte ihn hoch.

W: Le hareng saur, G. 1867; Le fleuve, G. 1875; Le coffret de santal, G. 1879; La vision du Grand Canal des deux mers, G. 1888; Le collier de griffes, G. 1908. – Œuvres complètes, 1954, 1970; Poèmes et proses, hg. H. Parisot, M. Saisset 1944. – *Übs.:* Ausw., L. Harig 1974.

L: J. Brenner, J. Lockerbie, 1955; L. Forestier, 1969, ²1988; D. Kranz, 1973; E. Dardani, 1981.

Cross, Ian, neuseeländ. Journalist u. Romanschriftsteller, * 1925 Wanganui. – Der beste s. vier Romane, ›The God Boy‹, präsentiert e. 13jähri-

gen Protagonisten in der neuseeländ. Provinz u. s. Entwicklung zwischen Konformität, Ehrgeiz, Gewaltausbrüchen u. unverarbeiteten trag. Erfahrungen.
W: The God Boy, R. 1957; The Backward Sex, R. 1960; After Anzac Day, R. 1961; The Family Man, R. 1993.

Crottet, Robert, franz./dt. Erzähler schweizer.-russ. Herkunft, 23. 11. 1908 Petersburg – Mai 1987 Hamburg. Jugend in Finnland und Genf. Stud. Philos. Basel. Lebte in Paris, London, Genf, Hamburg und alljährl. einige Monate bei finn. Lappen. – Zuerst Dramatiker; dann naturverbundener Erzähler über die finn. Landschaft. Beliebt ist s. Tagebuch e. Katze ›Negri‹. ›La vache qui pleure‹ ist e. Parodie des Kriminalromans.
W: Forêts de la lune, En. 1949 (Mondwald, d. 1949, u.d.T. Verzauberte Wälder, 1955); Maoune de Finlande, E. 1951 (Mein Freund Maouno, d. 1956); Negri, Tierb. 1954 (d. 1954); La vache qui pleure, R. 1957 (Heute in 14 Tagen, 1957); Le lunaire, E. 1959 (Der Mondgarten, 1960); Nordlicht, En. 1963; Am Rande der Tundra, Tg. 1966; Alexander und Jörg, R. 1979; Laponie 1969 (Lappland, d. 1980); Begegnungen, 1983.

Crouse, Russel → Lindsay, Howard

Crudeli, Tommaso, ital. Dichter, 1703 Poppi/Casentino – 27. 3. 1745 ebda. 1722 Dr. jur. in Pisa; Reisen durch Italien, dann Sprachlehrer in Florenz. 1739 als Freimaurer von der Inquisition in s. Heimatort verbannt. – Vf. erot. sehr freier, galanter Gedichte; nur in einigen Idyllen wie etwa ›In lode del non far nulla‹ realist. Ton. Origineller in s. nach La Fontaines Vorbild verfaßten Lehrfabeln z.T. polit. Charakters. C. sah die bald darauf einsetzende Reform des ital. Theaters voraus, als er die ›Commedia dell'arte‹ die ›Commedia regolare‹ entgegenstellte.
W: Poesie, G. 1746; L'arte di piacere alle donne, G. 1762; Rime e prose, 1805; Favole di tre autori toscani, 1886. – Opere, hg. M. Catucci 1989.
L: F. Sbigoli, 1884; E. Castellani, L'influenza di La Fontaine sui favolisti italiani del secolo XVIII, 1914; M. A. Morelli Timpanaro, 2000.

Cruz, San Juan de la → Juan de la Cruz, San

Cruz Cano y Olmedilla, Ramón de → La Cruz Cano y Olmedilla, Ramón de

Cruz e Silva, António Dinis da → Silva, António Dinis da Cruz e

Cruz-Smith, Martin (Ps. Simon Quinn, Jake Logan), amerik. Krimiautor, * 3. 11. 1942 Reading/PA. Zunächst Journalist. – Revolutionierte mit seinem Roman ›Gorky Park‹ 1981 den etablierten Kriminalroman; Meister des intelligenten, detailreichen Thrillers an fremden Schauplätzen (z.B. Rußland, Kuba).
W: Nightwing, R. 1977 (d. 1987); Gorky Park, R. 1981 (d. 1982); Polar Star, R. 1989 (d. 1990); Red Square, R. 1992 (d. 1993); Rose, R. 1996 (d. 1996); Havana Bay, R. 1999 (d. 1999); December 6, R. 2002 (d. 2003).

Cruz e Sousa, João da, brasilian. Lyriker, 24. 11. 1861 Desterro/Santa Catarina – 19. 3. 1898 Estação de Sítio/Minas Gerais. Sohn schwarzer Sklaven, wird von s. weißen Herren adoptiert, bis zum 9. Lebensjahr aristokrat.-patriarchal. Erziehung, 20jährig reist er mit e. Theatertruppe zwei Jahre u.a. nach Salvador und Recife, übersiedelt nach Rio de Janeiro, gewinnt Reputation als Dichter in kleinen Kreisen. – Die Veröffentlichung von ›Missal‹ u. ›Broquéis‹ gilt als Initialzündung des ›Symbolismus‹, schafft neue ästhet. Werte (musikal. Duktus, virtuose Metrik, nicht absehbare Kadenzen), erreicht unvergleichl. verbale Symbolisierung, s. Dichtung oszilliert zwischen experimentellem Parnaß und Symbolismus; 25 Jahre nach s. Tod erste Versuche, s. Werk zu publizieren, bleibt bis in die 1990er Jahre unvollständig.
W: Missal, G. 1893; Broquéis, G. 1893; Evocações, G. 1898; Faróis, G. 1900; Últimos Sonetos, 1905. – Obras Completas, II 1923f., II 1945, 1961, erw. u. aktualisiert 1995.
L: N. Victor, 1899; J. Pinto da Silva, 1914; R. Bastide, 1943; E. Portella, 1959; Andrade Murici, 1961; J. G. Merquior, 1977; I. Soares, Z. L. Muzart, 1994.

Csiky, Gergely, ungar. Dramatiker, 8. 12. 1842 Pankota – 19. 11. 1891 Budapest. Stud. Theol. Temesvár; 1865 kathol. Priester. 1870–78 Prof. der Theol. in Temesvár. 1878 in Budapest; 1879 e. Jahr in Paris. 1879 Mitgl. der Kisfaludy-Gesellschaft u. der Ungar. Akad. der Wiss. 1881 Übertritt zur evangel. Kirche. Lebte seit dieser Zeit in Budapest nur von der Lit. – Populärster ungar. Dramatiker s. Zeit mit leichten Stücken aus der ungar. Gesellschaft. Übs. Sophokles u. Plautus.
W: A proletárok, Sch. 1880 (Schmarotzer, d. 1952); Cifra nyomorúság, Sch. 1881; Buborékok, Lsp. 1884; Vasember, Dr. 1886; Atlasz család, R. 1889; Az atyafiak, R. 1891; Nagymama, Lsp. 1891 (Großmama, d. 1892). – Színművei, XVIII 1882–94.
L: J. Janovics, Cs. G. élete és művei, II 1900–02; G. Hegedüs, 1954.

Csokonai Vitéz, Mihály, ungar. Dichter, 17. 11. 1773 Debrecen – 28. 1. 1805 ebda. Bürgerfamilie. Stud. in Debrecen u. Sárospatak. Gründete 1796, um die Aufmerksamkeit der Adligen auf dem Preßburger Reichstag auf sich zu lenken, die Zeitung ›Diétai Magyar Múzsa‹, ohne Erfolg. Als s. Geliebte e. anderen heiratete, reagierte Cs. erst mit Melancholie, später, als Rückwirkung, mit übertriebener Lustigkeit. In dieser Zeit (er lebte damals in Transdanubien) schrieb er s. bestes Werk, das kom. Epos ›Dorottya‹; er kehrte dann nach Debrecen zurück und suchte Hrsg. für s. Werke. Lebte in sehr armen Verhältnissen u. starb an Schwindsucht. Zu s. Lebzeiten erschien nur das kom. Epos ›Dorottya‹. – Erster Lyriker der mod. ungar. Lit. unter Einfluß dt. und ital. Dichtungsformen sowie ungar. Volksdichtung. Lebendige, elegante Lyrik; kom. Epik.

W: Békaegérharc, kom. Ep. 1791; Cultura, Lsp. 1793; Tempefői, Dr. 1793; Lilla, G. III 1793–1802; Ódák, G. II 1794–1804; Gerson du Malheureux, Lsp. 1795; Diétai Magyar Múzsa, G. 1796; Dorottya, kom. Ep. 1799 (Dorothea, d. 1814); A magyar verscsinálásról közönségesen, St; Az epopeáról közönségesen, St.; A magyarok ősi vallásáról, St.; Anakreon, St.; Az özvegy Karnyóné és két szeleburdiak, Lsp. 1799; Anakreoni dalok, G. 1802; Jegyzések és említések a Dayka verseire, St. 1803. – Összes művei, hg. Harsányi, Gulyás 1942. – *Übs.:* Ausgew. Gedichte, 1984.

L: B. Vargha, 1954, 1971.

Csoóri, Sándor, ungar. Schriftsteller, * 3. 2. 1930 Zámoly. Ref. Kolleg. in Pápa. Stud. im Russischen Inst. Slav. u. Gesch. 1953–63 Mitarbeiter div. Zeitschriften. Ab 1968 als Dramaturg tätig. Ab 1988 Vorsitzender des Red.ausschusses der Zs. ›Hitel‹, ab 1992 Chefred. ders. Zs. 1981 Herder-Preis. – Thematisiert in Gedichten Kindheitserinnerungen. Hauptmotive s. durch Existentialismus geprägten Lyrik: Vergänglichkeit, Künstlerschicksal u. Generationsproblematik. Vf. soziograph. Prosa u. zahlr. Drehbücher.

W: Felröppen a madár, G. 1955; Menekülés a magányból, G. 1962; Tudósítás a toronyból, Soziogr. 1963; Második születésem, G. 1967; Párbeszéd, sötétben, G. 1973; Utazás félálomban, Ess. 1974; A tizedik este, G. 1980; A félig bevallott élet, Ess. 1982; Kezemben zöld ág, G. 1985; Nappali hold, Ess. 1991; A jövő szökevénye, G. 2000; Csöndes tériszony, G. 2001; Forgácsok a földön, Ess. 2001; Elveszett utak, Ess. 2003. – *Übs.:* Prophezeiung für deine Zeit, G. (Ausw.) 1984; Feuerschatten, G. (Ausw.) 1999.

L: F. Kiss, 1990; A. Görömbei, 2003.

Csurka, István, ungar. Schriftsteller, polit. Publizist, * 27. 3. 1934 Budapest. Stud. Dramaturgie in Budapest. Freischaff. Schriftsteller. Schrieb 1973–85 Feuill. in der Zs. ›Magyar Nemzet‹. Ab 1988 Red.mitgl. der Zs. ›Hitel‹. 1990–94 Abgeordneter. – Schrieb zahlr. Dramen und Erzählungen, die durch stark iron.-distanzierende Haltung gekennzeichnet sind.

W: Tűzugratás, En. 1956; Hamis tanú, R. 1959; Moór és Pál, R. 1965; Ki lesz a bálanya?, Dr. 1969, Hét tonna dollár, Film-R. 1971 (Wenn wir alle reich sind, d. 1984); Kint az életben, En. 1972; Eredeti helyszín, Dr. 1976, Nagytakarítás, Dr. 1977, Utasok, En. 1981; A kard, R. 1983, Vasárnapi menü, Feuill. 1989, Vasárnapi jegyzetek, publ. Schrn. 1991.

Cuadra, José de la, ecuadorian. Erzähler, 3. 9. 1903 Guayaquil – 26. 2. 1941 ebda. Rechtsanwalt, Prof., höherer Funktionär, Konsul. – Stellt die Schicksale der Küstenbewohner, deren Laster u. Aberglauben in tragikom. Schilderung dar. Vorläufer des Mag. Realismus.

W: El amor que dormía, En. 1930; Doce siluetas, Ess. 1934; Los Sangurimas, R. 1934 (d. 1995); El montuvio ecuatoriano, Ess. 1937; Los monos enloquecidos, R. 1951; Cuentos (Anth.), o. J.; Obras completas, 1958.

L: H. E. Robles (1976).

Čūbak, Ṣādeq, pers. Schriftsteller, 1916 Bušehr – 1995 Berkeley/CA. Bibliothekar bei der iran. Ölgesellschaft, 1974 Emigration in die USA. – Kurzgeschichten in realist.-naturalist. Stil. In s. Roman ›Tangsīr‹ geht es um e. süd-iran. Lokalhelden, der sich gegen Betrug durch die Notabeln auflehnt, in ›Sang-e Ṣabūr‹ (Geduldsstein) um e. relig. Fanatiker, der Prostituierte ermordet – hier erstmalig in der iran. Lit. Verwendung der Bewußtseinsstromtechnik.

W: Tangsīr, R. 1963; Sang-e Ṣabūr, R. 1966. – *Übs.:* The Patient Stone, 1989.

Čuchoncev, Oleg Grigor'evič, russ. Dichter, * 8. 3. 1938 Pavlovskij Posad/Gebiet Moskau. Abschluß Stud. Philol. 1962, veröffentlicht seit 1958 gelegentl. Gedichte, konnte Bücher nur 1976 u. 1983 veröffentlichen. Lebt in Moskau. – E. der bedeutendsten Lyriker in der SU, der, auf religiöser Grundlage stehend, in großer Achtung vor den Hiobsgestalten unserer Welt, um die Überwindung des Bösen ringt. S. Sprache ruht auf der Tradition u. trägt ihre Wortbewußtheit nicht zur Schau.

W: Iz trech tetradej, G. 1976; Sluchovoe okno, G. 1983; Stichotvorenja, 1989.

Čudomir (eig. Dimitur Christov Čorbadžijski), bulgar. humorist. Schriftsteller, 25. 3. 1890 Turija – 26. 12. 1967 Sofia. Schuf kurze humorist. Erzählungen u. Feuilletons, in denen er die Lebensformen des Provinzmenschen und der modernen Welt einander gegenüberstellte.

W: Ne sŭm ot tjach. Veseli razkazi, En. 1935; Našenci. Veseli razkazi I draskulki, En. 1936; Alaminut, en. 1938; Koj kakto ja naredi, En. 1940; Konsul na Golo Bŭrdo, En. 1947. – *Übs.:* Das Begräbnis, 1962; Humor in Opanken, ges. 1970.

Cueva, Juan de la → La Cueva, Juan de

Cuevas, Plotino → Pérez de Ayala, Ramón

Čukovskaja, Lidija Korneeva, russ. Prosaschriftstellerin, 24. 3. 1907 Helsingfors – 7. 2. 1996 Peredelkino, Gebiet Moskau. Tochter des Schriftstellers Kornej Č. Bekannt durch den Roman ›Opustelyj dom‹ über den Verhaftungsterror. 1974 aus dem Schriftstellerverband der UdSSR ausgeschlossen. – Als Einblick in das unterdrückte Geistesleben in der UdSSR haben Č.s ›Zapiski ob Anne Achmatovoj‹, Originaltagebücher mit Kommentaren, größte Bedeutung.

W: V laboratorii redaktora, Abh. Moskau 1960; Opustelyj dom, R. Paris 1965 (Ein leeres Haus, d. 1967); Spusk pod vodu, R. N. Y. 1972 (Untertauchen, d. 1975); Zapiski ob Anne Achmatovoj, Tg. Paris II 1976–80 (Aufzeichnungen über Anna Achmatova, d. 1987); Process izključenija, Ess. Paris 1979; Sočinenija, II 2000.

L: A. Yulius – L. Č. Leben und Werk, 1955.

Čukovskij, Kornej Ivanovič (eig. N. V. Kornečukov), russ. Schriftsteller, 31. 3. 1882 Petersburg – 28. 10. 1969 Kuncevo b. Moskau. Jugend in Südrußland, Autodidakt. Sprach- u. Lit.-Stud.; 1903 Korrespondent in London, 1905–07 Hrsg. der Zs. ›Signal‹, Leiter e. Kinderbuchverlags. – Äußerst beliebt durch s. Geschichten in Prosa u. Vers für Kinder; schrieb e. theoret. Werk über Kinderlit.; Vf. namhafter literarhist. Arbeiten (über Nekrasov, Čechov, Blok, Majakovskij), Übs. aus engl. u. amerik. Lit.

W: Priključenija Krokodila Krokodiloviča, Vers-M. 1919; Ot dvuch do pjati (1. Ausg. u. d. T. Malen'kie deti), Abh. 1925; Blok kak čelovek i poët, Abh. 1924; Ljudi i knigi šestidesjatych godov, Abh. 1934; Masterstvo Nekrasova, Abh. 1952. – Sobranie sočinenij (W), VI 1965–69, V 2001ff.

L: M. S. Petrovskij, 1966; Vospominanija o Č., 1977.

Čulkov, Michail Dmitrievič, russ. Literat, 1744 Moskau – 4. 11. 1792 ebda. Aus nichtadl. Familie, 1770–92 Beamter im Senat, erhielt 1789 erbl. Adelstitel. – Sehr vielseitiger und produktiver Schriftsteller, Hrsg. satir. Zsn.; bemerkenswert s. seinerzeit vielgelesener Band märchenhafter und realistisch-milieuschildernder Erzählungen und Anekdoten in der Art von ›Tausendundeine Nacht‹ ›Peresmešnik, ili Slavenskie skazki‹ und der realist. Roman ›Prigozaja povaricha‹, Werke von gewisser Bedeutung für den russ. Schelmenroman; spielte e. bedeutsame Rolle in der Geschichte der russ. Folkloristik als Sammler von Volksliedern und Vf. e. Wörterbuchs des russ. Aberglaubens.

W: Peresmešnik, ili Slavenskie skazki, En. 1766–68; Prigožaja povaricha, ili Pochožděnija razvratnoj ženščiny, R. 1770; Sobranie raznych pesen, G. 1770–74; Slovar' russkich sueverij, Wörterb. 1782; Istoričeskoe opisanie rossijskoj kommercii, Schr. VII 1781–88.

L: J. G. Garrard, 1970.

Cullen, Countee (eig. Countée Porter), afroamerik. Dichter, 30. 5. 1903 Louisville/KY – 9. 1. 1946 New York. Stud. Harvard. – Vf. lyr. sangbarer Verse unter dem Einfluß von Keats und traditioneller Prosodie. Wichtiger Vertreter der ›Harlem Renaissance‹; wenig emanzipator., sentimentale, aber ästhet. hochwertige Behandlung des Alltags der Schwarzen; Kühnheit der Metaphern und techn. Versiertheit.

W: Color, G. 1925; Copper Sun, G. 1927; The Black Christ, G. 1929; One Way to Heaven, R. 1932; The Medea and Some Poems, 1935; On These I Stand, G.-Ausw. 1947; My Soul's High Song. The Collected Writings of C. C., 1991.

L: B. E. Ferguson, 1966; E. Margolies, Native Sons, 1968; H. A. Baker, Many-Colored Coat of Dreams, 1974; A. R. Shucard, 1984. – *Bibl.:* M. Perry, 1971; M. Perry, Harlem Renaissance, 1982.

Cumalı, Necati, türk. Dichter, 1921 Florina – 10. 1. 2001 Istanbul. Jurastud., Rechtsanwalt (1950–57), danach freier Schriftsteller, längere Aufenthalte in Paris u. Israel. – Klarheit der Rede herrscht in s. Gedichten, Erzählungen u. Dramen, die vornehmlich von der Welt des kleinen Mannes und soz. Fragen handeln.

W: Kızılçullu Yolu, G. 1943; Harbe Gidenin Şarkıları, G. 1945; İmbatla Gelen, G. 1955; Tütün Zamanı, R. 1959; Susuz Yaz, En. 1962 (danach verfilmt: Trockener Sommer, Silberner Bär, Berlin 1963); Ay Büyürken Uyuyamam, En. 1969; Başaklar Gebe, G. 1970; Ceylan Ağdı, G. 1974; Acı Tütün, R. 1974; Ges. Drn. I – III, 1983–85; Aşklar Yalnızlıklar (ges. G.), I 1985; Kısmeti Kapalı Gençlik (ges. G.), II 1986. – *Übs.:* Auf d. Wache, 1957; Holzpantinen, Sch. 1993.

Cumberland, Richard, engl. Dramatiker und Romanschriftsteller, 19. 2. 1732 Cambridge – 7. 5. 1811 Tunbridge Wells. Sohn des Bischofs von Kilmore. Privatsekretär des Handelsministers Earl of Halifax. ∞ Elizabeth Ridge. 1780 in geh. Mission in Madrid, widmete sich dann ausschließl. schriftsteller. Arbeit. Schrieb jedes Jahr 1 bis 3 Stücke. – Hauptvertreter des empfindsamen Lustspiels in England mit Tendenz zum Melodram. Thema ist fast durchweg e. rührender Sieg der Tugend, Bestrafung des Lasters. S. Roman ›Henry‹ imitiert Fielding, Sheridan verspottete C. in ›The Critic‹ als Sir Fretful Plagiary. Hrsg. von ›The British Drama‹ (XIV 1817).

W: The Summer's Tale, K. 1765; The Brothers, K. 1770; West Indian, K. 1771 (d. 1772); Arundel, R. 1789; The Jew, Sch. 1794 (d. 1798); The Wheel of Fortune, K. 1795; Henry, R. 1795; Memoirs, Aut. II 1806f. (n. H. Flanders 1856); Posthumous Dramatick Works, II 1813; Letters, hg. R. J. Dircks 1988.

L: S. T. Williams, 1917 (m. Bibl.); R. J. Dircks, 1976; B. Masters, Now Barbara was a Rotter, 1978.

Cummings, E(dward) E(stlin), amerik. Dichter, 14. 10. 1894 Cambridge/MA – 3. 9. 1962 North Conway/NH. Stud. Harvard; 1917 Freiwilliger beim amerik. Sanitätskorps an der Westfront; in den 20er Jahren malender u. schreibender ›expatriate‹ in Paris. 1931 Rußlandreise, später in Greenwich Village/New York. – Die von tiefer Entrüstung geprägte stilisierte Aut. ›The Enormous Room‹ beruht auf den Erlebnissen nach C.s Verhaftung wegen Spionageverdachts in Frankreich 1917. Sie richtet sich gegen den Geist von Krieg und Gewalt und prägte entscheidend die desillusionierte Stimmung der verlorenen Generation. C.s Lyrik ist beherrscht vom Ideal der romant.-anarch. Liebe; bei konventioneller Thematik und oft sentimentalem Ton avantgardist. Experimente in der Form: grammat. Neuerungen, typographisch bizarre Arrangements und Verzicht auf Interpunktion sollen die erstarrte Kruste der verwalteten Sprache aufbrechen und den Zugang zur verschütteten Erlebnisspontaneität freilegen.

W: The Enormous Room, R. 1922, ²1978 (Der endlose Raum, d. 1954); Tulips and Chimneys, G. 1923; Is 5, G. 1926; Him, Dr. 1927; Vi Va, G. 1931; CIOPW, G. 1931; Eimi, Reieskn. 1933; No Thanks, G. 1935; Collected Poems, 1938; 50 Poems, G. 1940; I X I, G. 1944; Santa Claus, Dr. 1946; χαῖρε, G. 1950; i, Ess. 1953; Poems 1923–54, 1954; e. e. cummings, Ess., 1958; 95 Poems, 1958; 73 Poems, 1963; Fairy Tales, M. 1965 (d. 1981); A Miscellany Revised, Ess. 1965; Three Plays and a Ballet, 1968; Complete Poems, II 1968; Selected Letters, 1969; Etcetera: Unpublished Poems, hg. G. J. Firmage, R. S. Kennedy 1983. – *Übs.:* Gedichte, Ausw. 1958, 1982.

L: Ch. Norman, 1958; N. Friedman, 1960; ders., 1964; B. Marks, 1964; R. E. Wegner, 1965; N. Friedman, hg. 1972; B. K. Dumas, 1974; I. R. Fairley, 1975; G. Lane, I Am, 1976; R. M. Kidder, 1979; R. S. Kennedy, Dreams in the Mirror, B. 1980; M. A. Cohen, E. E. C.'s Paintings, 1982; Critical Essays on E. E. C., hg. G. Rotella 1984; M. Heusser, 1987. – *Bibl.:* G. J. Firmage, 1960; G. L. Rotella, 1979.

Cunha, Euclides Rodrigues Pimenta da, brasilian. Schriftsteller, Journalist, 20. 1. 1866 Cantagalo/Rio de Janeiro – 15. 8. 1909 Rio. Frühwaise, Besuch der Polytechnik- u. Militärschule, Ausschluß aus dem Heer, journalist. Laufbahn, Ingenieur, leitet Expedition zum Amazonas (1904–08), Mitarbeiter im Außenministerium, Prof. für Logik in Rio, stirbt im Duell. – Veröffentlicht 1897 zwei Artikel über die aufkommende relig., monarchist. Revolte im Hinterland von Bahia, reist als Kriegsberichterstatter dorthin, um über das Niederschlagen der Bewegung durch das Bundesheer zu berichten. Diese Arbeit ist Basis für s. erfolgr. Hauptwerk ›Os Sertões‹ (1902), e. Mischung aus wiss. Essay, Pamphlet u. lit. Bericht, es faßt die Ereignisse in e. große Geschichtserzählung, die sich für die Herausbildung nationaler Identität eignet; s. Schriften gehören zur Grundlektüre der extrem rechtsgerichteten Militärakad., in den 1930er Jahren gilt er als Vorbild für die Milizen der am europ. Faschismus orientierten Integralisten u. bis in jüngste Zeit als Repräsentant nationaler Essenz, guter Lit. u. Geschichtsschreibung; Neulektüren der 1990er Jahre setzten dem Dilemma der jahrzehntelangen Verklärung der Figur e. Ende, das Scheitern s. Geschichtsschreibung wird erkannt.

W: Os Sertões, Abh. 1902 (n. 1985; d. 1994); Peru versus Bolívia, Abh. 1907; Contrastes e Confrontos, Abh. 1907; À Margem da História, Abh. 1909; Canudos, Tg. 1939; Diário de uma expedição, 2000. – Obras completas, II 1995.

L: J. G. Merquior, 1977; W. N. Galvão, 1994; L. C. Lima, 1997.

Cunningham, E. V. → Fast, Howard Melvin

Cunqueiro, Álvaro, span. Schriftsteller, 22. 12. 1911 Mondoñedo/Galicien – 28. 2. 1981 Vigo. Stud. Univ. Santiago de Compostela; in Madrid rege journalist. Tätigkeit. – S. lit. Welt hat nur phantast. Dimensionen, durchsetzt mit sehr persönl. klass. u. ma. Reminiszenzen. Lyr. Humor in e. kraftvollen, musikal., täuschend leichten Prosa, die es ihm erlaubt, das freie Spiel s. eigenartigen Phantasie voll zu entfalten. Schrieb auch in s. galic. Muttersprache. Übs. Hölderlins.

W: Mar ao Norde, G. 1932; Cantiga nova que se chama Riveira, G. 1933; Poemas de si e non, G. 1933; Poemas. Antología de inéditos, G. 1934; Elegías y canciones, G. 1940; Rogelia en Finisterre, Dr. 1940; Merlín e familia, Dr. 1957; Don Hamlet, príncipe de Dinamarca, Dr. 1957; As crónicas do sochantre, En. 1959; Si o vello Simbad volvese ás illas, En. 1962; Un hombre que se parecía a Orestes, R. 1968; Vida y fugas de Fanto Fantini, R. 1972; El año del cometa, En. 1973; Herba aqui ou acolá, G. 1979. – Obras completas, II 1982.

L: C. de la Torre, 1988; A. Tarrío, 1989; A. S. Pérez, 1991.

Curel, François Vicomte de, franz. Dramatiker, 10. 6. 1854 Metz – 26. 4. 1928 Paris. Aus lothringischer Adelsfamilie. Schulen Metz (Jesuiten) und Nancy. Stud. Ecole des Arts et Manufactures Paris. Urspr. zum Industriellen bestimmt, durch dt. Behörden an der Ausübung des Berufs gehindert, entschloß er sich zum Schreiben. Hatte mit s. wenig populären Dramen (von ›L'âme en folie‹ abgesehen) keinen großen Bühnenerfolg. 1919 Mitgl. der Académie Française. – Begann mit psycholog. Romanen. Schrieb nach einigen psycholog. Bühnenstücken, die noch unter dem Einfluß Ibsens und Zolas stehen, für e. avantgardist. Privattheater Ideendramen, in denen nicht Abstraktionen dramatisiert, sondern in den Personen durch Ideen ausgelöste Konflikte dargestellt werden: Aufopferung für die Idee des Fortschritts der Wiss., für die sozialist. Idee u. ä. Die aufgeworfenen Fragen bleiben zumeist ungelöst.

W: L'été des fruits secs, R. 1885; Le sauvetage du Grand-Duc, R. 1889; Sauvé des eaux, Dr. 1889; L'envers d'une sainte, Dr. 1891; Les fossiles, Dr. 1892; L'invitée, Dr. 1893; Le repas du lion, Dr. 1897; La nouvelle idole, Dr. 1899; La fille sauvage, Dr. 1902; Le coup d'aile, Dr. 1906; La danse devant le miroir, Dr. 1914; La comédie du génie, Dr. 1918; L'âme en folie, Dr. 1920; Terre inhumaine, Dr. 1922; Ivresse du sage, Dr. 1922; La viveuse et le moribond, Dr. 1925; Orage mystique, Dr. 1927; L'orphelinat de Gaëtan, R. 1927. – Théâtre complet, VI 1919–24.

L: C. Weller, 1921; P. Blanchart, 1926; E. Pronier, 1934; K. Richter, Diss. Lpz. 1934; J. Conrady, Lüttich 1938; B. P. Velázquez, 1948; E. Braunstein, 1954; ders., 1963.

Curnow, (Thomas) Allen (Monro), neuseeländ. Lyriker, 17. 6. 1911 Timaru/Neuseeland – 28. 9. 2001 Auckland. Journalist in Christchurch u. London, 1951–76 Dozent für Engl., Univ. Auckland. – Schreibt mit virtuoser Technik u. subtiler Intensität vor e. kulturell umfassenden Horizont über spezif. neuseeländ. Themen.

W: Not in Narrow Seas, G. 1939; Island and Time, G. 1941; Sailing or Drowning, G. 1943; Jack without Magic, G. 1946; At Dead Low Water, G. 1949; The Axe, Versdr. 1949; Poems, 1957; A Small Room with Large Windows, G. 1962; Four Plays, 1972; Trees, Effigies, Moving Objects, G. 1972; An Abominable Temper, G. 1973; An Incorrigible Music, G. 1979; You Will Know When You Get There, G. 1982; Look Back Harder, Ess. 1987; Early Days Yet, G. 1997; The Bells of Saint Babel's, G. 2001.

L: A. Roddick, 1980.

Curros Enríquez, Manuel, span. Lyriker, 15. 9. 1851 Celanova/Orense – 7. 3. 1908 La Habana. Stud. Rechte, ab 1870 Journalist in Madrid, veröffentlichte Chroniken über den Karlistenkrieg in ›El Imparcial‹. 1904 Dichterkrönung in La Coruña; emigrierte nach Kuba. – Bedeutendster Vertreter der galic. Heimatdichtung neben Rosalía de Castro; Lyrik von großer Empfindsamkeit, Gefühlstiefe und Musikalität; schrieb in s. heimatl. Mundart und auf Span.

W: Aires da miña terra, G. 1880; O divino sainete, G. 1888; El maestre de Santiago, G. 1892; Collar de perlas, R. o. J. – Obras completas, VI 1908–12; Obras completas, 1979; Obras escogidas, 1956; Obra poetica completa, 1977; Poesías escogidas, G.-Ausw. 1909f.; Poesía galega completa, 1992; Artículos escogidos, Ausw. 1911.

L: D. Gamallo Fierros, 1951; A. González Besada, F. Melendo, 1952; L. Carré Alvarellos, 1953; A Vilanova Rodríguez, 1953.

C'urtaveli, Iakob, georg. Autor, 484 K'art'li. Vermutl. Priester am Hofe des Pitiachsch von K'art'li Varsken. – Schrieb zwischen 475 und 484 das einzige von ihm erhaltene Werk ›Das Leben der hl. Königin Šušanik‹, das als das erste Werk der georg. Lit. überliefert ist. Es war als Heiligen- und Märtyrergeschichte geplant (Leben, Leiden u. Tod der armenischen Christin, die vom georg. Mann zum Mazdaismus bekehrt werden soll), enthält jedoch auch viele philos., ökonom., hist., ethnolog. Informationen. Es zeichnet eine hohe lit. Qualität aus, die auf georg. Vorgänger in der Literatur schließen lassen.

W: Martvilobaj Šušanikisi 1938; 1978. – *Übs.*: russ.: Mučeničestvo Šušanik, Tbilisi 1978; Šušanikis cameba (Text in verschied. Sprachen, u.a. dt.), T'bilisi 1983.

L: S. Oniani, 1978; 4 Autoren, in: Družba narodov 9 (1987); N. Ĭanašia, 1988.

Curtis, Jean-Louis (eig. Louis Laffitte), franz. Erzähler, 22. 5. 1917 Orthez/Basses-Pyrenees – 11. 11. 1995 Paris. 1943 Gymnasiallehrer; dann in der Résistance; 1986 Mitglied der Académie Française. – Schildert abseits von den neuen Erzähltechniken in breitangelegten, dokumentar. Zeitromanen geistreich-iron. und verständnisvoll franz. Charaktere während und nach der dt. Besetzung. Scharfer Kritiker der zeitgenöss. Lit. Seit 1961 auch Fernsehspiele.

W: Les jeunes hommes, R. 1946; Siegfried, R. 1946 (dt. Ausz. 1948); Les forêts de la nuit, R. 1947 (Labyrinthe der Nacht, 1947); Gibier de potence, R. 1949; Haute école, Ess. 1950; Chers corbeaux, R. 1951; Les justes causes, R. 1954; L'échelle de soie, R. 1956 (d. 1958); A la recherche du temps posthume, Ess. 1957; La parade, R. 1960; Cygne sauvage, R. 1962; Les forêts de la nuit, 1963; La quarantaine, R. 1966; Un jeune couple, R. 1967; Un miroir le long du chemin, Tg. 1969; Le thé sous les cyprès, Nn. 1969; Le roseau pensant, Nn. 1971; La Chine m'inquiète, Ess. 1973; L'horizon dérobé, R. III 1979–81 (I: J'ai lu, 1979, II: La moitié du chemin, 1980, III: Le battement de mon cœur, 1981); Le mauvais choix, R. 1984; Un rien m'agite, R. 1985.

L: P. Rey, 1971.

Curtius Rufus, Quintus, röm. Historiker, wahrscheinl. 1. Jh. n. Chr. Vf. der lat. Geschichte(n) Alexanders des Großen (›Historiae Alexandri Magni Macedonis‹) in 10 Büchern (unvollständig erhalten). – C. gestaltet den Stoff im Sinne der sog. ›trag. Geschichtsschreibung‹ lit. effektvoll, indem er z.B. Szenen ausmalt u. geograph. Hintergründe der Stimmung der Handlung anpaßt. C. wurde, wie insgesamt der Alexanderstoff (vgl. Alexanderroman), stark rezipiert, z.B. von Walther von Châtillon u. Petrarca.

A: E. Hedicke, n. 1919; m. engl. Übs. J. C. Rolfe, Lond. n. 1985; m. dt. Übs. K. Müller, H. Schönfeld, 1954; d. G. John, 1987.

L: J. E. Atkinson, Komm. zu Buch 3–4, Amst. 1980; R. Porod, Der Literat C., 1987.

Cusack, (Ellen) Dymphna, austral. Erzählerin, 22. 9. 1902 Wyalong/New South Wales – 19. 10. 1981. Stud. Sydney, 1926–43 Lehrerin, lebt in

Sydney. – Vf. sozialkrit. Romane mit spezif. austral. Themen, z.B. Darstellungen der Sträflingszeit oder krit. Sittengemälde austral. Städte. ›Say No to Death‹ gilt als e. der schönsten Liebesgeschichten der mod. austral. Lit.

W: Jungfrau, R. 1936; Red Sky at Morning, Dr. 1942; Morning Sacrifice, Dr. 1943; Say No to Death, R. 1951 (Und jeden Morgen neue Hoffnung, d. 1961); Come in Spinner, R. 1951 (d. 1953); Southern Steel, R. 1953; The Sun in Exile, R. 1955; Chinese Women Speak, Ber. 1959 (Auf eigenen Füßen, d. 1961); Heatwave in Berlin, R. 1961; Picnic Races, R. 1962; Black Lightning, R. 1964; A Bough in Hell, R. 1971; The Half-Burnt Tree, R. 1971 (d. 1972).

L: N. Freehill, 1975.

Cussons, Sheila, afrikaanse Lyrikerin und Malerin, * 9. 8. 1922 Piketberg/Kapprovinz. Abitur in Pretoria. Stud. Kunst in Pietermaritzburg, London, Amsterdam. 1943–50 ∞ C. J. M. Nienaber. 1948–55 Journalistin Radio Nederland Wereldomroep in Hilversum. 1955 Konversion zum Katholizismus, ∞ Juan de Saladrigas. 1974 schwere Brandverletzung. Wohnt seit 1982 in Kapstadt. – Beeinflußt durch Van Wyk Louw, Opperman u. die niederl. Mystik.

W: Plektrum, G. 1970; Die swart kombuis, G. 1978; Verf en Vlam, G. 1978; Die skitterende wond, G. 1979; Die sagte sprong, G. 1979; Die Somerjood, G. 1980; Die woedende brood, G. 1981; Gestaltes 1947, Geschn. 1982; Verwikkelde lyn, G. 1983; Membraan, G. 1984; Poems, G. 1985; Die heilige modder, G. 1988; 'n Engel deur my kop, G. 1998; Die asem wat ekstase is, G. 2000.

L: T. T. Cloete, 1980; W. van Zyl, 1982; J. C. Kannemeyer, 1983; F. R. Gilfillan, Geel grammofoon, 1984; W. van Zyl, 1998.

Cvetaeva, Marina Ivanovna, russ. Lyrikerin, 8. 10. 1892 Moskau – 31. 8. 1941 Elabuga. Vater Univ.-Prof. in Moskau, Stud. Prag; erster Gedichtband 1910; 1912 ∞ S. Efron; emigrierte 1922, lebte in Prag, Berlin und ab 1925 in Paris, wo sie nur e. einzigen Gedichtband 1928 veröffentlichen konnte, kehrte 1939 in die Sowjetunion zurück; begang Selbstmord, erst nach 1956 allmähl. Anerkennung in der SU. – Ihr Ruf als namhafte Dichterin gründet bes. auf dem in der Emigration entstandenen Werk; ist bes. Hölderlin, Goethe, Puškin, Rimbaud als Vorbildern verpflichtet. Sie steht in ihrer idealist. Haltung der dt. Dichtung der Jahre nach 1800 nahe; ihre Dichtung zeigt romant. Züge, ist gekennzeichnet durch lebhafte Rhythmen; mit der Art der Instrumentierung des Worts erzielt sie in ihrer Poesie und Prosa besondere klangl. Wirkungen; neigt zum Experimentieren mit Lauten und Semantik; zeigt nicht nur in ihren Märchenpoemen Anklänge an den Volkslied- u. Märchenstil; erfaßt in persönl. Erinnerungen u. Gedanken über zeitgenöss. Dichter [Brjusov, Pasternak [lebenslange Freundschaft], Vološin] das Wesentl. dieser Künstlerpersönlichkeiten.

W: Večernij al'bom, G. 1910; Vološebnyj fonar', G. 1912; Versty, G. 1922; Razluka, G. 1922; Stichi k Bloku, G. 1922; Car'-Devica, Poèm 1922; Remeslo, G. 1923; Molodec, Poem 1924; Posle Rossii, G. 1928. – Proza, N. Y. 1953; Izbrannye proizvedenija, Ausw. 1965; Proza, Letchworth 1969; Izbrannaja proza, II 1979; Stichotvorenija, Letchworth 1969; Nesobrannye proizvedenija, hg. G. Wytrzens 1971; Pis'ma k A. Teskovoj, Br. Prag 1969; Neizdannye pis'ma, Br. 1972. – *Übs.:* Gedichte, 1968; Prosa, 1973; Mutter und die Musik, Prosa 1986; Auf eigenen Wegen, Erinn. 1987; Liebesgedichte, Zürich 2002.

L: S. Karlinsky, Berkeley 1966 (m. Bibl.); ders., 1986; A. Cvetaeva, Vospominanija, 1971; A. Efron, Stranicy vospominanij, 1979; dies., Pis'ma iz ssylki, 1982 (d. 1986); Rilke-Zwetajewa-Pasternak, Briefw. 1983; Ein Gespräch in Briefen. R. M. Rilke u. M. Zwetajewa, 1992.

Cvirka, Petras, litau. Erzähler, 25. 3. 1909 Klangiai – 2. 5. 1947 Vilnius. Kunststudium in Kaunas u. Paris. Mitarbeit bei den Zeitschriften ›Raštai‹ und ›Pergalė‹. Leiter des Schriftstellerverbandes. – Vertreter des klass. Realismus. Einfluß von G. Maupassant und G. Flaubert. C. beginnt im poetischen, expressionistischen Stil zu schreiben. Tragisches Zerbrechen des Menschen ist fast immer der Höhepunkt seiner Erzählungen. S. erster Roman ist eine Satire über das kapitalist. Litauen der Vorkriegszeit (›Frank Kruk‹). In ›Meisteris ir sūnūs‹ werden das ländliche Leben, Hochzeiten, Taufen, Arbeitsfeste voll litau. Folklore geschildert. ›Žemė maitintoja‹ ist ein Dialog der handelnden Personen mit ihrer Umwelt. S. Romane handeln vom Kampf gegen die bestehende Ordnung, doch stets unterliegt der Arme. Sanfte Sprache, langsames Reifen des Gedankens und der Handlung, was für den litau. Bauern sehr charakteristisch ist.

W: Saulėlydis Nykos valsčiuje, E. 1930; Frank Kruk, R. 1934; Žemė maitintoja, R. 1935; Meisteris ir sūnūs, R. 1936; Kasdienės istorijos, E. 1938; Ažuolo šaknys, E. 1945.

L: D. Judelevičius, 1958; J. Jasaitis, 1979.

Cynddelw, gen. Brydydd Mawr (= der große Dichter), walis.-kymr. Dichter, um 1155–1200. Bedeutendster walis. Vertreter der höf. Dichtung. – Vf. von relig. Gedichten, Elegien, Kriegs- und Preisliedern in archaischer Sprache und schwierigen Gedicht- u. Strophenformen. 49 der ihm zugeschriebenen Dichtungen sind erhalten. Viele sind an den Prinzen von Powys und dessen Tochter Eva gerichtet. Berühmt wegen der grausigen Details s. Kampflieder.

A: The Myvyrian Archaiology of Wales, [2]1870; The Black Book of Carmarthen, hg. J. G. Evans 1907; The Poetry of the Red Book of Hergest, hg. J. G. Evans 1911; Poetry by Medieval Welsh Bards, hg. ders. II 1926; Llawysgrif Hendregadredd, hg. Morris-Jones, Parry-Williams 1933; Gwaith Cynddelw Brydydd Mawr, hg. N. A. Jones, A. P. Owen, II 1991–95.

L: P. Busse.

Cynewulf, angelsächs. Dichter, um 800, wahrscheinl. aus Nordhumbrien. Mönch; über s. Leben ist nichts bekannt. – Seine Legenden-Dichtungen zeigen bewußtes künstler. Wollen, in ihnen verschmelzen der Geist des Volksepos und der des Christentums. 4 Dichtungen sind ihm mit Gewißheit zuzuschreiben: ›Juliana‹ und ›The Ascension‹ (Christ II) im Exeter-Book; ›The Fates of the Apostles‹ und ›Elene‹ im Vercelli-Book. C. fügte Akrostichen und runische Signaturen in s. Dichtungen ein. ›Elene‹ schildert das Auffinden des Kreuzes durch Kaiserin Helena, die Mutter Konstantins des Großen. C.s Dichtung bedeutete merkl. Fortschritt gegenüber der Dichtung der Caedmon-Schule. Lat. Quellen sind nachweisbar, die Werke zeigen aber originale Stoffbehandlung, lyr. Sprache, persönl. Stellungnahme zum Leben. Naturbeschreibungen von großer Schönheit.

A: The Christ of Cynewulf: A Poem in Three Parts, hg. A. S. Cook 1900; Juliana, hg. R. Woolf 1955; Elene, hg. P. O. E. Gradon 1958. – *Übs.:* neuengl.: C. W. Kennedy, 1910.

L: M. Trautmann, 1898; K. Jansen, 1908; K. Sisam, 1933; C. Schaar, Lund, 1949; D. G. Calder, 1981; E. R. Anderson, 1983; A. H. Olsen, 1984.

Cyprianus, Caecilius (Thascius), lat. Kirchenschriftsteller, um 200 – 258 Karthago. Erster Bischof der Westkirche, von dem Schriften (lat.) überliefert sind; Rhetor bis zur Bekehrung zum Christentum (nach 240); 248/249 Bischof von Karthago, Tod als Märtyrer. – Die 81 Briefe (von u. an C. als Bischof) geben Einblick in aktuelle Probleme der Kirche, z.B.: die Verfolgung unter Kaiser Decius (einige der Briefe schrieb C. im Versteck) u. ihre Nachwirkungen (die Behandlung der Abgefallenen) u. die Taufe bekehrter Häretiker. Auch die 13 Traktate behandeln prakt. u. aktuelle Themen: C.' Bekehrung (›Ad Donatum‹, ›An D.‹), e. Verteidigung gegen den Vorwurf, die Christen seien schuld an gegenwärtigen Krisen (›Ad Demetrianum‹), die Einheit der Kirche (›De catholicae ecclesiae unitate‹), das Vaterunser (›De dominica oratione‹) u. a.

A: W. Hartel, Corp. Script. Eccl. Lat. 3, 1–3, 1868–71; G. F. Diercks u.a., Corp. Chr. Ser. Lat. 3–3D, 5 Bde., 1972ff.; Briefe: engl. Übs. G. W. Clarke, 4 Bde., N.Y. 1984ff.

L: M. M. Sage, Cambr., Mass. 1975; Ch. Saumagne, Paris 1975.

Cyrano de Bergerac, Savinien (eig. Hector-Savinien Cyrano), 6. 3. 1619 Paris – 28. 7. 1655 Sannois. Aus jungem Amtsadel; Collège Beauvais, Paris. 1640 als Soldat schwer verwundet. Stud. Paris zusammen mit Molière bei Gassendi. Gast der Pariser libertinist. Zirkel. – Vorläufer der Aufklärung. Schrieb e. Tragödie, e. Komödie, e. physikal. Abhandlung, wurde bekannt durch s. phantast. Reiseerzählungen mit stark satir. Einschlag: stellte mit burlesken Einfällen Flugreisen auf Sonne und Mond dar. Konnte, da der Schauplatz der menschl. Erkenntnis unzugängl. ist, mit großer Kühnheit damals geltende philos. und relig. Lehrmeinungen angreifen. S. Tragödie ›La mort d'Agrippine‹ fiel wegen antikirchl. Tendenz durch. Swift (›Gulliver‹) und Voltaire (›Micromégas‹) schöpften aus C.s Berichten. Die Komödie ›Le pédant joué‹ diente als Vorlage für 2 Szenen von Molières ›Les Fourberies de Scapin‹. Romantisch verklärt erscheint C. 1897 als Held von Rostands Schauspiel ›C. de B.‹.

W: La mort d'Agrippine, Tr. 1653; Le pédant joué, K. 1654; L'autre monde, L'Histoire comique des états et empires de la lune, E. 1656 (n. L. Jordan 1910, C. Mettra, J. Sugeux 1962; d. M. Schimper 1913); Histoire comique des états et empires du soleil, E. 1662 (n. H. Weber 1959, C. Mettra, J. Sugeux 1962; d. A. Kreyes 1909). – Œuvres complètes, II 1874; Œuvres comiques, galantes et littéraires, hg. P. L. Jakob 1858, ²1900; Les œuvres libertines, hg. F. Lachèvre II 1921; Lettres d'amour et lettres satiriques, 1932; Ausw., 1944; A. Blanc, hg. III 2001.

L: H. Dübi, Bern 1906; P.-A. Brun, 1909; J. Lemoine, Le patrimoine de C. de B., 1911; F. Lachèvre, Le libertinage au XVIIe siècle, C. de B., 1920; L. R. Lefèvre 1927; Ch. Pujos, 1951; G. Mongrédien, 1964; E. W. Lanius, 1967; E. Harth, 1970; W. H. v. Vledder, 1976; D. Toma, 1982.

Czaczkes, Shmuel Yoseph → Agnon, Samuel Josef

Czajkowski, Michał, poln. Schriftsteller, 29. 9. 1804 Halczyniec/Ukraine – 18. 1. 1886 Borki/Gouv. Černigov. Stud. in Warschau, Anschluß an russ. Kreise. Teilnahme am Aufstand von 1830. 1831 Emigration nach Paris, ausgewiesen, Türkei, 1853 Übertritt zum Islam. Unter dem Namen Sadyk-Pascha im Krimkrieg Organisator e. Regiments ottoman. Kosaken. 1860 ∞ Ludwika Śniadecka. 1872 russ. Staatsbürgerschaft. Konversion zum griech.-orthodoxen Glauben. Ließ sich in Kiev nieder; Selbstmord wegen Anfeindung durch s. Landsleute. – S. lit. Arbeit war nur Nebenbeschäftigung. Die meisten s. Erzählungen u. Romane, die mit nationalem Pathos das Leben u. die Geschichte der Ukraine schildern u. Kosakentypen idealisieren, sind um 1840 in Paris entstanden.

W: Powieści kozackie, E. 1837 (Nationalsagen der Kosaken, d. 1838); Wernyhora, R. 1838 (d. II 1841); Kirdżali, R. 1839 (d. 1843 u. 1957); Stefan Czarniecki, R. 1840; Hetman Ukrainy, R. II 1841 (Der Hetman der Ukraine, d. 1845); Owruczanin, R. 1841; Ukrainki, En. 1841; Moje wspomnienia o wojnie 1854 roku, Mem. 1962. – Pisma, XII 1862–85. – *Übs.:* Ausgew. Romane, VI 1842 f.

L: J. Chudzikowska, Dziwne życie Sadyk Paszy, 1971; W. Smochowska-Petrowa, 1973; Z. Wójcicka, Paryski okres działalności M. Cz., 1986.

Czechowicz, Józef, poln. Dichter, 15. 3. 1903 Lublin – 9. 9. 1939 ebda. Zuerst Lehrer in der Provinz, ab 1930 Journalist und Schriftsteller in Warschau. Starb bei Bombenangriff. – S. auf Satzzeichen verzichtende, von kommenden Katastrophen geprägte Lyrik ist extrem verknappt. Von stärkstem Einfluß auf die Struktur der poln. Verssprache nach 1945.

W: Kamień, G. 1927; dzień jak codzień, G. 1930; ballada z tamtej strony, G. 1932; nic więcej, G. 1936; Bez nieba, Dr. 1938; Wyobraźnia stwarzająca, Ess. 1972. – Utwory dramatyczne, Drn. 1978; Poezje (ges. G.), 1989; Koń rydzy. Utwory prozą, En. u. Sk. 1990.
L: T. Kłak, 1973; St. Gawliński, 1983; A. K. Waśkiewicz, 1991.

Czeszko, Bohdan (Ps. Agawa), poln. Schriftsteller, 1. 4. 1923 Warschau – 21. 12. 1988 ebda. 1942 Soldat in der prosowjetischen Volksgarde (GL), Teilnahme am Warschauer Aufstand, Offizier in der poln. Armee. Stud. Akademie der Künste Warschau. 1954/55 Korrespondent in Moskau. 1965–89 Sejm-Abgeordneter. Mehrere Staatspreise. – Seine Biographie und s. polit. Einstellung spiegeln sich in s. Werk. Es ist die Erfahrung s. Generation: Konspiration gegen die dt. Besatzer, Soldat an der Seite der Roten Armee und gesellschaftlich-polit. Engagement beim Aufbau e. sozialist. Polen. Die Protagonisten s. Werke stammen in der Regel aus dem Proletariat und kämpfen im antideutschen Widerstand, an der Front oder an den Vorposten der neuen, sozialist. Gesellschaftsordnung. Bekannt wurde er durch den Roman ›Pokolenie‹, der als e. der besten Realisierungen der sozialist. Postulate gilt. Bis kurz vor der Wende (1988) hatte er 20 Auflagen. Eine Abrechnung mit der staatl. Administration der Kunst ist der Roman ›Przygoda w kolorach‹. Als nachhaltigstes Zeugnis s. Generation wird die Erzählung ›Tren‹ angesehen: Sie konfrontiert die Pflicht und Tapferkeit des Soldaten mit den tragischen Implikationen des Krieges.

W: Pokolenie, R. 1951 (Lehrjahre der Freiheit, d. 1953); Przygoda w kolorach, R. 1959; Makata z jeleniem, En. 1961; Tren, E. 1961; Powódź, R. 1975 (Hochwasser, d. 1978). – Wybór opowiadań (En.-Ausw.), 1979; Utwory zebrane (GW), III 1983.
L: A. Z. Makowiecki, 1972.

Czyżewski, Tytus, poln. Dichter, 28. 12. 1880 Berdychow, Bez. Limanowa – 6. 5. 1945 Krakau. Maler und Zeichenlehrer, Zeitschriftenredakteur in Krakau; Gründer der Krakauer Künstlergruppe ›Formisten‹. 1922–25 in Paris. – S. futurist. Lyrik ist z. T. von der Maschinenwelt, z. T. von der poln. Volksdichtung inspiriert. Daneben auch Mikrodramen.

W: Śmierć fauna, Dr. 1907; Zielone oko, G. 1920; Osioł i słońce w metamorfozie, Dr. 1922; Noc-Dzień, G. 1922; Wąż, Orfeusz i Eurydika, Dr. 1922; Pastorałki, G. 1925 u. 1985; Robespierre, Ep. 1927; Lajkonik w chmurach, G. 1936. – Poezje i próby dramatyczne (AW), 1992.
L: J. Pollakówna, 1971.

Dabit, Eugène, franz. Romancier, 21. 9. 1898 Paris – 21. 8. 1936 Sevastopol. Arbeitersohn; zunächst Schlosser, dann Maler, 1916–18 Frontsoldat. Abendschulen, Mal- und Zeichenkurse. Großer Erfolg 1929: Preisträger des Populismus mit ›L'Hôtel du nord‹. Danach freier Schriftsteller, Mitarbeiter versch. Zsn. (›Europe‹, ›Le Nouvel Age littéraire‹, ›La Nouvelle Revue Française‹). Reisen nach Spanien, Österreich, Tschechoslowakei, Schweiz; zusammen mit s. Freund und Ratgeber A. Gide 1936 nach Sowjetrußland. – Schrieb mit ›L'Hôtel du Nord‹ e. realist. Roman über die armen Gäste des schmutzigen kleinen Hotels s. Eltern, das charakterist. Werk des Populismus, verwahrte sich jedoch dagegen, Populist zu sein. Auch die späteren Romane und Novellen von echter Anteilnahme für das um s. Existenz ringende Volk erfüllt.

W: L'Hôtel du Nord, R. 1929 (d. 1931); Petit-Louis, R. 1930 (Der Kleine, d. 1932); Villa Oasis ou les faux bourgeois, R. 1932; Faubourgs de Paris, R. 1933; L'île, R. 1934; Un mort tout neuf, R. 1934; La zone verte, R. 1935; Trains de vie, R. 1936; Le mal de vivre, R. 1937; Les maîtres de la peinture espagnole, Ess. 1937; Journal intime 1928–36, Tg. 1939; Corr. Martin Du Gard, hg. P. Bardel 1986.
L: L. Le Sidaner, 1938; Hommage à E. D., 1939; M. Dubourg, E. D. et A. Gide, 1953.

Dąbrowska (geb. Szumska), Maria, poln. Schriftstellerin, 6. 10. 1889 Russów b. Kalisch – 19. 5. 1965 Warschau. Adelsfamilie. Stud. Naturwiss., Soziologie, Volkswirtschaft Brüssel, Lausanne, London; Aufenthalt in Frankreich u. Finnland. Publizist. tätig. Kämpfte für die poln. Unabhängigkeit. Sozialpolit. Arbeit. Lebte in Warschau. 1957 Dr. h.c. Univ. Warschau. – Bedeutendste poln. Erzählerin des 20. Jh. in der Tradition des poln. realist. Romans. Klass. einfache Darstellungen des poln. Alltags in Bauern- und Generationsromanen. Auch hist. Drama. Übs.

W: Gałąź czereśni, Nn. 1922; Uśmiech dzieciństwa, Erinn. 1923; Ludzie stamtąd, R. 1925 (Die Landlosen, d. 1937); Marcin Kozera, En. 1927; Noce i dnie, R. IV 1932–36 (Nächte und Tage, d. 1938–57); Geniusz sierocy, Dr. 1939; Stanisław i Bogumił, Dr. 1945; Trzecia jesień, R. 1954; Gwiazda zaranna, En. 1955 (hier u.a. Trzecia jesień, Na wsi wesele); Opowiadania, 1972; Dramaty, 1957; Domowe progi, R. 1969; Przygody człowieka myślącego, R. 1970; Dzienniki, V 1988 (Tagebücher, Ausw. d. 1989). – Übs.: Der dritte Herbst, En. 1961; Nacht über der Erde, En. 1978.
L: Z. Libera, ³1975; A. Kijowski, 1964; Z. Folejewski, N. Y. 1967, E. Korzeniewska, 1971; T. Drewnowski, Rzecz russowska, 1981.

Dabydeen, David, indokarib.-engl. Lyriker u. Erzähler, * 9. 12. 1955 Berbice/Guyana. 1969 Emigration nach England. Stud. Cambridge, London u. Oxford; Prof. für karib. Lit. in Warwick. – Innovative Gedichte u. Romane behandeln Sehnsüchte u. Erinnerungen der asiat. u. afrikan. Diaspora in Guyana u. England. Z. T. Dialog der Texte mit visueller Kunst.

W: Slave Song, G. 1984; Coolie Odyssey, G. 1988; The Intended, R. 1992 (d. 1994); Disappearance, R. 1993; Turner, G. 1994; The Counting House, R. 1996; A Harlot's Progress, R. 1999.

Dacier, Anne (geb. Lefèvre), franz. Schriftstellerin, März 1654 Saumur – 17. 8. 1720 Paris. Übs. und Hrsg. antiker Dichter. Stellte sich im Streit um alte und neue Lit. auf die Seite der alten. Übs. Homers ›Ilias‹ (1699; im Vorwort dazu Stellungnahme zum Literaturstreit). Verteidigt Homer gegen Houdar de la Motte u. a.

W: Des causes de la corruption du goût, 1714 (erw. 1716).

Dadaloğlu, Veli, türk. Dichter, um 1785 – um 1868 Süd-Anatolien. Aus dem nomad. Turkstamm Avşar. – Er schrieb in der Tradition der Volkslyrik; s. Gedichte sind gleichzeitig soziolog. Zeugnisse s. Zeit. In ihnen kommt der Kampf des nomad. Stammes gegen Regierungstruppen zum Ausdruck, die den Stamm zu Ansässigkeit zwangen.

A: T. Toros, 1940; C. Öztelli, Köroğlu ve Dadaloğlu, 1953; H. N. Okay, Köroğlu ve Dadaloğlu.

Dadié, Bernard Binlin, afrikan. Schriftsteller franz. Sprache, * 1916 Assinie/Elfenbeinküste. 1936–47 Mitarbeiter am Institut Français in Dakar, dann in Abidjan. Ressortleiter im Erziehungsministerium. Mitbegründer der ›Présence africaine‹. – Lyriker und Romancier. Preist in stark naturbezogener, apologet.-patriot. Dichtung s. afrikan. Heimat. Satir. Anklagen der abendländ. Zivilisation in den Romanen.

W: Afrique debout, G. 1950; Légendes africaines, E. 1954 (Das Krokodil und der Königsfischer, d. 1975); Le pagne noir, En. 1955; La ronde des jours, G. 1956; Climbié, R. 1956; Un nègre à Paris, R. 1959; Patron de New York, Reiseber. 1964; La ville où nul ne meurt, R. 1968; Béatrice du Congo, Dr. 1970; Les voix dans le vent, Dr. 1970; Iles de tempête, Dr. 1973; Carnet de prison, G. 1981.

L: C. Quillateau, 1967.

Dafydd ap Gwilym, walis.-kymr. Dichter, um 1340 Bro Ginin/Cardiganshire – um 1370. Aus altadl. Familie aus Südwales, deren Vorfahren in Pembrokeshire lebten und dort einflußr. Ämter innehatten. Verbrachte den größten Teil s. Lebens im Heim s. Gönners Ivor Hael in Morgannwg. – Bedeutendster Vertreter der kymr. Dichtung im MA. Verwarf die damals übl. archaische Schreibweise, dichtete in der gewöhnl. Sprache des gebildeten Walisers s. Zeit und schuf damit die Voraussetzungen für die spätere kymr. Dichtung. Meisterl. Beherrschung von Sprache u. Metrik. Vor allem Liebes- und Naturdichtungen, wählte teils neue Themen, teils empfing er Anregungen durch die franz. Vagantenlit. u. die Lieder der Troubadours. Übs. europ. Dichtungen ins Kymrische.

A: Gwaith D. a. G., hg. T. Parry 1952. – *Übs.:* Selected Poems of D. a. G., R. Bromwich 1985.

L: I. Williams, 1935; W. J. Gruffydd, 1935; R. Bromwich, 1986.

Dafydd Nanmor, walis.-kymr. Dichter, um 1420 Nanmor/Merionetshire – um 1485. Lebte in Südwestwales. – Vf. von Liebesliedern, Elegien und Preisliedern (u. a. auf Henry Tudor) in formvollendeten Versen von aristokrat. Gesinnung.

A: Poetical Works, hg. T. Roberts, I. Williams 1923.

Dağcı, Cengiz, krimtatar.-türk. Schriftsteller, * 9. 3. 1920 Kızıltaş/Jalta. Pädagog. Institut wegen Kriegsausbruch abgebrochen, wurde eingezogen; Panzeroffizier an der ukrainischen Front, dt. Gefangenschaft (1941), Flucht aus den Gefangenlager; emigrierte 1946 nach London u. lebt seither dort. – Mit großer Intensität beschreibt er das Leben der Krimtataren in den 30er, 40er Jahren u. den Kampf des Menschen im großen Krieg zwischen den Fronten ums Überleben.

W: Korkunç Yıllar, R. 1956; Yurdunu Kaybeden Adam, R. 1957; Onlar da İnsandı, R. 1958; Ölüm ve Korku Günleri, R. 1962; O Topraklar Bizimdi, R. 1966; Dönüş, R. 1968; Genç Temuçin, R. 1969; Badem Dalına Asılı Bebekler, R. 1970; Üşüyen Sokak, R. 1972.

Dagerman (eig. Jansson), Stig (Halvard), schwed. Erzähler u. Dramatiker, 5. 10. 1923 Älvkarleby/Uppsala – 4. 11. 1954 Danderyd (Freitod). Unehel., von der Mutter sofort verlassenes Kind, aufgew. bei Großeltern, die 1940 bei e. Mordanschlag starben; Stud. Kunst- und Literaturgeschichte Stockholm, Journalist, seit 1941 Mitarbeiter an ›Arbetaren‹, 1944–46 Kulturredakteur, 1946/47 Redakteur von ›40-tal‹, 1948–50 von ›Prisma‹, seit 1951 an ›Dagens Nyheter‹. – Unter dem Einfluß von Hj. Bergman, Lagerkvist, Kafka u. Faulkner sind s. ersten Werke traumhafte Allegorien um die Angst, die Möglichkeiten, ihr zu entfliehen oder mit ihr zu leben. Z. Z. des span. Bürgerkriegs überzeugter Anarchosyndikalist. Er behandelt Menschen, die unter dem Druck von polit. Systemen oder familiären Sorgen leben müssen; Angst u. Schrecken werden Mittel zur Erlösung. Später griff er in drast. Weise moral.

Dağlarca

Probleme an u. entwickelte e. realistischere u. zugleich psych. analysierende Technik. Nach hekt. Produktion 1945–49 plötzl. gehemmt; die späteren Werke blieben Fragment.

W: Ormen, R. 1945 (Die Schlange, d. 1985); De dömdas ö, R. 1946 (Die Insel der Verdammten, d. 1987); Tysk höst, Rep. 1947 (Deutscher Herbst, d. 1979); Nattens lekar, Nn. 1947 (Spiele der Nacht, d. 1961); Den dödsdömde, Dr. 1947; Dramer om dömda, Dr. 1948; Bränt barn, R. 1948 (Gebranntes Kind, d. 1983); Judasdramer, Drn. 1949; Bröllopsbesvär, R. 1949 (Schwedische Hochzeitsnacht, d. 1965); Den yttersta dagen, Sch. 1952; Tusen år hos Gud, R.-Fragm. 1954; Dagsedlar, G. 1954; Vårt behov av tröst, Prosa, hg. O. Lagercrantz 1955. – GW, hg. O. Lagercrantz 1955. – *Übs.:* Die Kälte der Mittsommernacht, En. 1986.

L: O. Lagercrantz, ²1967; G. Werner, 1986; K. Laitinen, 1986.

Dağlarca, Fazil Hüsnü, türk. Dichter, * 1914 Istanbul. Bis 1950 Berufssoldat, dann Beamter, 1960–70 Buchhändler u. Verleger. – Errang schon als Schüler 1927 den Lyrikpreis e. Zeitung u. gilt mit s. vielseitigen, nationale, weltbürgerl. u. komische Gefühle vereinigenden Schaffen als der fruchtbarste Repräsentant der türk. Lyrik seit der ›Tanzimat‹-Epoche.

W: Havaya Çizilen Dünya, G. 1935; Çocuk ve Allah, G. 1940; Daha, G. 1943; Çakirin Destani, 1945; Taş Devri, G. 1945; Üç Sehitler Destani, G. 1949; Toprak Ana, G. 1950; Aç Yazi, G. 1951; Sivali Karinca, G. 1951; Istanbul – Fetih Destani, G. 1953; Âsû, G. 1955; Delice Böcek, G. 1957; Bati Acisi, G. 1958; Özgürlük Alani, G. 1960; Cezayir Türküsü, G. 1961; Aylam, G. 1962; Vietnam Savaşimiz, G. 1966; Haydi, 1968; Vietnam Körü, Sch. 1970; Kinali Kuzu Ağidi, G. 1972; Horoz, G. 1977; Çiplak, G. 1981; Uzaklarla, Giyinmek, G. 1990; GW, 1998–2000. – *Übs.:* Komm endlich her nach Anatolien (G.-Ausw.), 1981; Brot u. Taube, G. 1984; Steintaube, G. 1999.

L: G. Kraft, 1978.

D'Aguiar, Fred, brit.-karib. Schriftsteller, * 2. 2. 1960 London. Kindheit in Guyana, Stud. in Kent, Cambridge u. Amherst, seit 1995 Prof. in Miami. – Zunächst lyr. Arbeiten, seit 1994 auch Romane. Texte über das Erbe von Sklaverei u. Kolonialismus sowie Visionen multiethnischen Zusammenlebens auf der Basis der geschichtl. Erfahrungen.

W: Mama Dot, G. 1985; Airy Hall, G. 1989; British Subjects, G. 1993; The Longest Memory, R. 1994 (d. 1995); A Jamaican Airman Foresees His Death, Dr. 1995; Dear Future, R. 1996; Feeding the Ghosts, R. 1997 (d. 1998); Bill of Rights, G. 1998; Bloodlines G. 2000; An English Sampler, G. 2001; Bethany Bettany, R. 2003.

Dahl, Roald, engl. Erzähler, 13. 9. 1916 Llandaff/Südwales – 23. 11. 1990 Oxford. 1932–37 in Ostafrika, im 2. Weltkrieg bei der brit. Luftwaffe, dann freier Schriftsteller in England u. USA. ∞ 1953 Schauspielerin Patricia Neal, ∞1983 Felicity Ann Crosland. – Nach realist. Beschreibungen s. Kriegserlebnisse als Pilot wurde D. v. a. mit s. makabren Erzählungen, Meisterwerken des schwarzen Humors, bekannt. Ab 1960 verfaßte er vorwiegend Kinderbücher (ab 1980 meist kongenial von Quentin Blake illustriert), deren originelle Mischung von Alltagssituationen u. phantast., bizarren Elementen begeistert aufgenommen wurde.

W: Over to you, En. 1946 (d. 1966); Someone like you, En. 1953 (d. 1963); Kiss, Kiss, En. 1960 (d. 1963); James and the Giant Peach, Kdb. 1964, erw. A. 1973 (d. 1969); Switch Bitch, Kgn. 1974 (Kuschelmuschel, d. 1975); Tales of the Unexpected, Kgn. 1979 (d. 1983); The BFG, Kdb. 1982 (Sophiechen und der Riese, d. 1984); Dirty Beasts, G. 1983; The Witches, Kdb. 1983 (d. 1986); Going Solo, Mem. 1986 (d. 1988); Boy, Mem. 1985 (d. 1986); Matilda, Kdb. 1988 (d. 1989); The Minpins, Kdb. 1991.

L: M. I. West, 1992; J. Treglown, 1994; A. Shavick, 1998.

Dahl, Tora (Armida), schwed. Erzählerin, 9. 6. 1886 Stockholm – 30. 1. 1982 ebda. Vater Architekt, 1903–08 Stud. Stockholm, 1908–13 Lehrerin. ∞ 1914 Kritiker Knut Jaensson. – Ihre Romane sind meist mit psycholog. Feinsinn behandelte Frauenschilderungen, in denen die freie Entfaltung des inneren Lebens gegenüber bürgerl. Hemmnissen betont wird. Nach Satiren über totalitäre Ideologien u. Gewalt in jeder Form, eingekleidet in Tier- u. Zauberfabeln, realist. Entwicklungsromane e. sensiblen Kindes inmitten streng konventioneller Bürgerlichkeit.

W: Generalsgatan 8, R. 1935; Inkvartering, R. 1937; Den befriade än, R. 1939; De sju gånger dömda, R. 1941; Sådan hemlighet, N. 1944; Avdelning II, sal 3, R. 1948; Det som har varit, R. 1952; Fosterbarn, R. 1954; Långt bort härifrån, R. 1956; I främmande land, R. 1957; Dörrar som öppnas, R. 1958; Besynnerliga värld, R. 1960; Inte riktig kärlek, R. 1963; Sommar och vinter, R. 1964; Vargar och får, Ess. 1961; ... när du kommer ut i livet, R. 1966; Tuppen och solfågeln, Fabeln 1965; En bit på våg, R. 1968; Vid sidan om, Aut. 1969; När jag var sjuk, Ber. 1973.

Dahlgren, Fredrik August, schwed. Dialektdichter, 20. 9. 1816 Taberg/Värmland – 16. 2. 1895 Djursholm. Sohn e. Grubenbesitzers, 1835–39 Stud. Sprach- u. Literaturwiss. Uppsala, ab 1841 im Reichsarchiv, 1861–82 im Kultusministerium tätig. 1871 Mitgl. der Schwed. Akad. – Schrieb Lieder u. Lustspiele voll Kraft u. Realismus im värmländ. Dialekt, ohne poet. Manier. Bahnbrechend in Dialektdichtung, schildert ungekünstelt bes. Menschen u. Tiere, kaum die Natur. Auch Bibliograph u. Philologe. Übs. von Shakespeare, Calderón, Lessing.

W: Wermlänningarne, Sch. 1846; Viser på Värmlanske Tongmåle, deckta åttå Fredrek på Ransätt, G. 1875; Speller nye viser, G. 1876.

L: H. Hildebrand, 1896; G. Fröding, 1921.

Dahlquist-Ljungberg, Ann Margret, schwed. Dichterin u. Graphikerin, 8. 1. 1915 Ulricehamn – 26. 4. 2002 Ljungby Tochter e. Bahnhofsvorstehers. Stud. TH Stockholm 1931–33, Zeichenschule 1936–41. Kunstausstellungen seit 1942. ∞ 1942 den Künstler S. Ljungberg. – Feinsinnige, reiche Bild- u. Symbolsprache. Beunruhigt über die Entwicklung in der Welt, bes. der Atomkraft, wendet sie sich dem Science Fiction-Genre zu. Dem Sehnen nach Klarheit entspringt e. Hinwendung zu griech. u. fernöstl. Philos.; trotzdem herbe Zeitkritik. Übs. E. Waugh. Auch TV-Spiele.

W: Jungfrun i berget, G. 1947; Djävulsdans, G. 1950; Brudbuketten, Prosa 1954; Rapport om öar, G. 1957; Strålen, R. 1958; Att lära gamla hundar sitta, Ess. 1962; Anaphe, G. 1964; Ja eller nej, en kärlekssaga, R. 1966; Öppna brev till Olof Palme, Ess. 1966; Syster och bror, R. 1970; Isöga – Dikter 1964–78, G. 1978; Homo Atomicus, G. 1980; Barnen i stenen, G. 1983; Hiroshima – Nagasaki – och vår morgondag?, 1983; Tyngdlagen eller Nedstörtead ängel, Ess. 1987; Glömskans barn – ett lyriskt drama, en kärleksthriller, R. 1993; Hjälplös Gud – och lika hjälplös satan, Ess. 1995.

L: E. Bergssten, 1984.

Dahlstierna (eig. Eurelius), Gunno, schwed. Dichter, 7. 9. 1661 Ör/Dalsland – 7. 10. 1709 Pommern. Pfarrerssohn, Stud. 1677 Uppsala u. 1686 Leipzig; 1681 Landvermesser in Livland u. Pommern, 1699 Direktor der schwed. Landvermessung, 1702 mit Namen D. geadelt. – Vf. pompöser, orator., manchmal schwülstiger Verse, wo er den echten Volkston trifft; s. Weisen sind als Volkslieder verbreitet. Meist jedoch typ. Barockdichter mit allen Schwächen des Manierismus. Aufrichtige Heimatliebe macht ihn zum ersten schwed. Heimatdichter.

W: Kunga Skald, G. 1698; Giöta Kiämpa-Wisa om Kåningen å Herr Pädar, G. 1701; Swea landz frijdz frögd i Saxen, G. 1707. – Samlade dikter, hg. E. Noreen VII 1920–28.

L: M. Lamm, 1946; K. Johannesson, I polstjärnans tekken, 1968.

al-Daʿīf, Rašīd, Romanautor, * 6. 8. 1945 Ehden/Libanon. Dr. phil. Linguistik Paris, nach Traumatisierung im libanes. Bürgerkrieg postmod. Romane über latente Gewalt in Gesellschaft u. Tradition u. die Auswirkungen von Krieg auf das Individuum.

W: ʿAzīzī al-Sayyid Kawābātā, 1995 (Lieber Herr Kawabata, d. 1998)

L: E.Weber, L'univers romanesque de Rachid el-Daif et la guerre du Liban, Paris 2001.

Daisne, Johan (eig. Herman Thiery), fläm. Schriftsteller, 2. 9. 1912 Gent – 9. 8. 1978 ebda. Bis 1936 Stud. Volkswirtschaft Gent, dann Lehrer, 1945–77 Leiter der Stadtbibliothek Gent. Mitgründer und Schriftleiter der Zs. für Poesie ›Klaverendrie‹, Redaktionsmitgl. von ›Nieuw Vlaams Tijdschrift‹. – Lyriker, Erzähler, Dramatiker (auch Hörspiele u. Film-Drehbücher), Essayist von großer Produktivität, Phantasie u. Virtuosität. Vertreter des mag. Realismus. Intensive Beschäftigung mit dem Medium Film, Publikationen dazu.

W: Verzen, G. 1935; De trap van steen en wolken, R. 1942 (d. 1960); De liefde is een schepping van vergoding, Dr. III 1944–46; De man die zijn haar kort liet knippen, R. 1948 (d. 1959); Met dertien aan tafel, En. 1950; Het kruid-aan-de-balk, G. 1953; Filmatiek, Es. 1956; Lago Maggiore, R. 1957 (d. 1957); De neusvleugel der muze, R. 1959 (d. 1968); Hoe schoon was mijn school, R. 1961 (d. 1962); De nacht komt gauw genoeg, G. 1961; Baratzeartea, R. 1962 (d. 1965); Als kantwerk aan de kim, R. 1964 (Montmirail, d. 1965); Ontmoeting in de zonnekeer, R. 1967; De engelse groetenis, G. 1967; Bloed op het witte doek, Es. 1978.

L: J. Schepens, 1946; R. Lanckrock, 1956; A. Demedts, 1962; B. Kemp, 1974; De pool van de droom, H. Speliers 1983.

Dai Wangshu, chines. Lyriker und Übersetzer, 1905 Hangzhou – 1950 Peking. Stud. in Shanghai. Mithrsg. versch. Lit.zsn., 1932–35 Aufenthalt in Frankreich; während des Kriegs in Hongkong, zeitweise interniert. – Beeinflußt von Verlaine, Baudelaire u. a., deren Werke er übersetzte, ist D.s Lyrik zunächst gekennzeichnet von Melancholie, Musikalität und Verwendung traditioneller Symbolik; nach 1929 prosaische Sprache; Themen sind Natur, Einsamkeit, Orientierungslosigkeit; späte Gedichte mit optimist., patriot. Ton.

W: Wode jiyi, 1929; Wangshu cao, 1936; Wangshu shigao, 1937; Zainan de suiyue, 1948. – Dai Wangshu shixuan (GW), 1957 (n. 1974).

L: G. Lee, Hongkong 1989; I. Krüßmann-Ren, Lit. Symbolismus in China, 1991.

Dakiki → Daqīqī, Abū Manṣūr Muḥammad ibn Aḥmad

Dal, I. Güney, türk. Schriftsteller, * 11. 8. 1944 Çanakkale. Stud. Romanistik, Synchronsprecher, Rundfunkjournalist u. a. Arbeiten; lebt seit 1972 in Berlin als freier Schriftsteller. – Variabel angelegte, postmoderne Romane, durchwirkt von naiv anmutendem Humor.

W: İş Sürgünleri, R. 1976 (Wenn Ali die Glocken läuten hört, d. 1979); E-5, R. 1979 (Europastraße 5, d. 1981); Buzul Döneminden Haberler, En. 1983; Yanlış

Cennetin Kuşları, En. 1985 (Die Vögel des falschen Paradieses, d. 1985) Kılları Yolunmuş Maymun, R. 1988 (Der enthaarte Affe, d. 1988, u.d.T. Janitscharenmusik, 1999); Gelibolu'ya Kısa Bir Yolculuk, R. 1994 (Eine kurze Reise nach Gallipoli, d. 1994); Aşk Ve Boks Ya Da Sabri Mahir'in Ring Kıyısı Akşamları, R. 1998 (Teestunden am Ring, d. 1999); Küçük ›g‹ Adında Biri, R. 2003.

Dal', Vladimir Ivanovič (Ps. Kazak Luganskij), russ. Folklorist, 22. 11. 1801 Lugansk/ehemal. Gouv. Ekaterinoslav – 4. 10. 1872 Moskau. Vater gebürtiger Däne, Theologe und Arzt; Dienst in der Marine, dann Stud. Medizin Dorpat, Militärarzt, 7 Jahre Beamter im Gouv. Orenburg, ab 1859 in Moskau. – Trat 1846 mit s. folklorist. stilisierten Skizzen und Genrebildern aus dem Volksleben hervor. Bekannt als Vf. des ersten erklärenden Wörterbuchs der russ. Sprache.

W: Russkie skazki, Sk. 1832, Sočinenija Kazaka Luganskogo, En. 1846; Tolkovyj slovar' živogo velikorusskogo jazyka, Wörterb. IV 1861–67 (n. 2001). – Polnoe sobranie sočinenij (GW), X 1897f.; Povesti, rasskazy, očerki, skazki, Ausw. 1961; Polnoe sobranie sočinenij, VIII 1995ff.; Ėnciklopedija russkogo slova, 2002.

Dalčev, Atanas, bulgar. Dichter, 12. 6. 1904 Saloniki – 17. 1. 1978 Sofia. Stud. Jura u. Lit. Sofia u. Paris. – Antagonist des bulgar. Symbolismus in der 1920er Jahren. Setzt ihm die sog. Gegenstandsästhetik entgegen. In s. Lyrik wird zugleich das Gegenstandsbezogene u. das Metaphysische am Detail vertreten. Meisterhafte Übersetzungen aus dem Russ., Franz., Spanischen u. Dt.

W: Prozorec, G. 1926; Stichotvorenija, G. 1928; Pariž, G. 1930; Angelŭt na Šartur, 1943; Stichotvorenija. Fragmenti, G. u. Ess. 1974 (Fragmente, d. 1980).

Daley, Victor James William Patrick, austral. Dichter, 5. 9. 1858 Navan/Irland – 29. 12. 1905 Sydney. Emigrierte 1878 nach Australien, dort meist als Journalist tätig. S. Gedichte erschienen zuerst in dem damals radikalen ›Bulletin‹. Starb an Tbc. – S. Dichtung ist ir.-kelt. gefärbt. Leichtflüssige, musikal., oft kunstvolle Verse mit Freude an Wortspielen. Als bestes Gedicht gilt ›Dream‹.

W: At Dawn and Dusk, G. 1898; Wine and Roses, G. 1911; Creeve Roe, G., hg. H. J. Oliver 1963.
L: A. G. Stephens, 1905.

Dalimil, Anfang 14. Jh., irrtüml. Bezeichnung des Vf.s der ältesten tschech. Reimchronik durch die Historiker T. Pešina z Čechorodu u. B. Balbín, die sich auf die Chronik des V. Hájek z Libočan berufen. Der Vf., der dem niederen Adel angehörte u. die Ereignisse vom Turmbau zu Babel bis zur Herrschaft König Johanns von Luxemburg schildert, zeichnet sich durch ein ausgeprägtes staatsrechtl. u. Nationalbewußtsein aus, das sich gegen alles Fremde, vor allem die Vorrechte der Deutschen richtet. Als Vorlage dienten ihm die Chronik des Cosmas von Prag u. die dt. Reimchroniken. Das Werk erfreute sich großer Beliebtheit, wurde laufend fortgesetzt u. im 14. u. 15. Jh. ins Dt. übs.

A: J. Jireček, Fontes rer. bohem., III 1882; V. E. Mourek, ^{2}1910; B. Havránek, J. Daňhelka, Z. Kristen, ^{2}1958 (n. 1981); Kronika takřečeného Dalimila, III 1977–90.

Dalin (eig. Dahlin), Olof von, schwed. Dichter, 29. 8. 1708 Vinberg/Halland – 12. 8. 1763 Drottningholm. Pfarrerssohn, 1721 Stud. Lund, 1727 Hauslehrer in Stockholm, Kanzlist in der Reichskanzlei, 1737–50 Bibliothekar der Kgl. Bibliothek, 1739/40 Parisreise, 1750 Prinzenerzieher u. Hofpoet, 1751 geadelt, 1753 Mitgl. u. Sekretär der Schöngeist. Akad., Reichshistoriograph, wegen Beteiligung am mißglückten Staatsstreich 1756–61 vom Hof verwiesen, 1763 Hofkanzler. – Geschickter Stilimitator u. Parodist, schrieb moralsatir. Prosa, Rokoko-Gesellschaftspoesie, Lyrik u. populäre Geschichtsdarstellung, auch Dramen nach franz. Mustern. In oft wörtl. Anschluß an ›Spectator‹ u. ›Tatler‹ begann er 1732 mit der Herausgabe der moral. Wochenschrift ›Then Swänska Argus‹. Populär durch Volksdichtung, Lieder u. Prosasagen; durch das Alexandrinerepos ›Svenska friheten‹ wurde er zum Nationaldichter. S. ›Historia‹, obwohl dilettant., wurde bahnbrechend für die Geschichtsschreibung; er verwarf die Fabeln von Rudbeck u. stellte zusammenhängend, klar u. übersichtlich dar, mit Ausblicken auf die Kulturgeschichte. Selbst wenig originell, war er impulsgebender Wegbereiter. Sprachhist. beginnt mit ihm das moderne Schwedisch.

W: Then Swänska Argus, 1732–34 (n. B. Hesselman u. M. Lamm, III 1910–19); Den avundsjuke, K. 1738; Brynhilda, Tr. 1738; Herr Arngrim Berserks förträffelige tankar öfwer et fynd i jorden, 1739; Sagen om hästen 1740 (hg. J. Mjöberg 1920); Svenska friheten, Ep. 1742; Svea rikes historia, III 1747–62; Witterhetsarbeten, hg. J. C. Bökman VI 1767; Poetiska arbeten, II 1782 f.
L: K. Warburg, 1884; M. Lamm, 1908; R. Wikander, 1924; N.-O. Dyberg, 1946; I. Carlsson, 1966.

Dall'Ongaro, Francesco, ital. Autor, 19. 6. 1808 Mansuè/Treviso – 10. 1. 1873 Neapel. Gab die zunächst in Padua begonnene Priesterlaufbahn wieder auf u. wurde Journalist in Triest. Nahm an den nationalen Bewegungen 1848 in Venedig u. 1849 in Rom unter Garibaldi teil. 1849–59 Exil, zunächst Schweiz, dann Frankreich. Später Prof. für dramat. Lit. in Florenz und Neapel. Bekannte sich schließl. zur monarch. Staatsform. – In s. zahlr., populär gewordenen Gedichten, Komödien (einige im venezian. Dialekt) u. Tragödien

herrscht der patriot. Gedanke vor. Die Novellen schildern v. a. die Gegensätze in der Gesellschaft.
W: Poesie, G. 1840; Opere (Ausw.), III 1846f.; II fornaretto, Dr. 1861; Fantasie drammatiche e liriche, 1866; Racconti e novelle, 1869; Stornelli, poemetti ed altre poesie, hg. N. Schileo 1918.
L: M. Trabaudi Foscarini, 1925.

Dalmatin, Jurij, slowen. protestant. Schriftsteller, um 1547 Krško – 31. 8. 1589 Laibach. Stud. Humaniora u. Theol. Tübingen, 1569 Magister, ab 1572 in Laibach Prediger u. Organisator des protestant. Kirchenwesens. – Nach Veröffentlichung einzelner Teile des AT u. NT druckte D. mit Spenden s. Landsleute 1584 in Wittenberg die vollständige Bibelübs., deren Sprache die Grundlage der slowen. Schriftsprache bildet. Mit Trubar Schöpfer des slowen. Kirchenliedes.
W: De catholica et catholicis disputatio, Abh. 1572; Tri duhovske pejsni, G. 1575; Jezus Sirah, 1575 (FAKS 1974); Pasijon, 1576; Biblie, tu je vsiga svetiga pisma prvi dejl, Bibel-Übs. I. Teil 1578; Ta celi catehismus, eni psalmi inu... pejsni, 1579; Salomonove pripuvisti, E. 1580; Biblija..., 1584 (FAKS 1976). – Abhandlungen, 1976.
L: M. Rupel, Zgodovina slovenskega slovstva, Reformacija, 1956; Reformacijsko slovstvo, hg. J. Pogačnik 1971.

Dalos, György, ungar. Schriftsteller u. Übersetzer, * 23. 9. 1943 Budapest. Stud. Geschichte an der Moskauer Univ. 1968 Berufs- und Publikationsverbot wegen ›staatsfeindlicher Aktivitäten‹. 1984 mit DAAD-Stipendium an der Univ. Bremen. Lebte 1987–95 abwechselnd in Wien u. Budapest, arbeitete als Journalist. Seit 1992 Vorstandsmitgl. der Heinrich-Böll-Stiftung. 1995–99 Direktor des Ungar. Kulturinstituts in Berlin. 1995 Adalbert-von-Chamisso-Preis.
W: Meine Lage in der Lage, G., Geschn. 1979; Archipel Gulasch, Ess. 1986; Hosszú menetelés, rövid tanfolyam, R. 1989 (Kurzer Lehrgang, Langer Marsch, d. 1985); A körülmetélés, R. 1990 (Die Beschneidung, d. 1997); A kulcsfigura, R. 1995 (Der Versteckspieler, d. 1997); Az istenkereső, R. 1999 (Der Gottsucher, d. 1999); Die Reise nach Sachalin. Auf den Spuren von Anton Tschechow, Reiseber. d. 2001 (zahalin – Csehov zigete, ung. 2003).

Dalton, Roque, salvadorian. Dichter, 14. 5. 1935 San Salvador – 10. 5. 1975 ebda. Rechtsanwalt, Ethnologe, Essayist. Wegen polit. Aktivitäten eingesperrt und verbannt. Aufgrund e. falschen Vermutung wurde er von Gesinnungsgenossen ›hingerichtet‹. – Klagte die Oberschicht u. das Militär direkt an. Erhielt dreimal den Zentralamerik. Lyrik-Preis.
W: La ventana en el rostro, 1961; César Vallejo, Es. 1963; Taberna y otros lugares, 1969 (d. 1981); Los pequeños infiernos, 1970; Miguel Mármol, B. 1972 (d. 1989, 1997); Las historias prohibidas del Pulgarcito, Ver-

mischtes 1974 (d. 1989); Pobrecito poeta que era yo, R. 1976 (d. 1986); El Salvador, Es. 1979; Poesía escogida, 1983; Poemas clandestinos, 1999; La ternura no basta, Anth. 1999.
L: H. García Verzi, hg. 1986.

Damas, Léon-Gontran, afrokarib. Dichter franz. Sprache, 28. 3. 1912 Cayenne/Guyana – 23. 1. 1978 Washington, D. C. – E. der Hauptvertreter der mod. karib. Lyrik. Schrieb iron., oft stark emotionale, mit häufigen Antithesen arbeitende Dichtungen nach den Rhythmen karib. Tänze.
W: Pigments, G. 1937 (erw. 1962); Retour de Guyane, Ber. 1938; Veillées noires, En. 1943; Poèmes nègres sur des airs africains, G. 1948; Graffiti, G. 1952; Black-Label, G. 1956; Névralgie, G. 1966; Somme de poésie du monde noir, 1966.

Dāmodaragupta, ind. Dichter, 2. Hälfte 8. Jh. n. Chr., Minister des kaschmir. Königs Jayāpīda (772–813). – Schrieb die erot.-didakt. Dichtung ›Kuttanī-mata‹ oder ›Śambhalī-mata‹ (Lehren einer Kupplerin), worin e. Kurtisane von e. Kupplerin in der Kunst unterwiesen wird, Schmeicheleien und vorgetäuschte Liebe in Gold zu verwandeln. Das Werk gehört nach Form und Stil zu den Kunstdichtungen (kāvya) und ist durch die Beschreibung e. Aufführung von Harṣas ›Ratnavai‹ lit.hist. bedeutsam.
A: Kuttanī-mata, hg. in: Kāvyamālā, Bd. 3, 1887, hg. T. M. Tripathi 1924. – Übs.: J. J. Meyer u. d. T. Lehren einer Kupplerin, 1903.
L: A. M. Shastri, Delhi 1979; A. K. Warder, Indian kāvya literature, Bd. 4, 1983, 1994.

Dāmodaramiśra → Mahānāṭaka, das

Dana, Richard Henry, Sr., amerik. Journalist und Lyriker, 15. 11. 1787 Cambridge/MA – 2. 2. 1879 Boston. Harvard College, Anwalt, Mitbegründer und -hrsg. der ›North American Review‹. – S. einfache, kraftvolle Lyrik steht unter Einfluß von Wordsworth und Coleridge.
W: The Buccaneer, G. 1827; Poems and Prose Writings, 1833.
L: C. F. Adams, II 1890; D. M. Hunter, 1987.

Dana, Richard Henry, Jr., amerik. Jurist und Schriftsteller, 1. 8. 1815 Cambridge/MA – 6. 1. 1882 Rom. Sohn von R. H. Dana, Sr.; Univ. Harvard, machte 1834 als einfacher Seemann eine Fahrt um das Kap Hoorn nach Kalifornien; auf s. Erlebnissen während dieser Fahrt beruht s. berühmter Roman ›Two Years Before the Mast‹, der die ganze folgende Lit. dieser Art beeinflußte; ab 1840 Anwalt; viele Reisen.
W: Two Years Before the Mast, Ber. 1840; The Seaman's Friend, 1841; To Cuba and Back, Ber. 1859 (n. 1965); Speeches in Stirring Times, 1910. – Journal, hg. R. F. Lucid III 1968.

Danarto

L: C. F. Adams, II 1890; J. S. Johnson, 1936; S. Shapiro, 1961; R. L. Gale, 1969.

Danarto, indones. Schriftsteller, * 27. 6. 1940 Sragen/Zentraljava. – Verwendet in seiner Prosa Motive des altjavan. Pantheismus wie orgiast. Riten auf Friedhöfen, Höllenszenen u. dämon. Figuren. Dabei vereinigen sich Extreme, u. das Absurde wird zur Realität. S. innovative Gestaltung traditioneller kultureller Elemente hat der indones. Lit. neue Impulse gegeben.

W: Abracadabra, Kgn. 1978; Adam Ma'rifat, Kgn. 1982; Godlob, Kgn. 1987; Berhala, Kgn. 1987; Gergasi, Kgn. 1993; Begitu ya begitu tapi Mbok jangan begitu, Ess. 1996; Cermin yang menguap, Kgn. 1999; Asmaraloka, R. 1999; Setangkai melati di Sayap Jibril, Kgn. 2001.

Dancourt, Florent Carton (eig. Carton, sieur d'Ancourt), franz. Dramatiker, 1. 11. 1661 Fontainebleau – 6. 12. 1725 Courcelles-le-Roi/Loiret. Jesuitenschüler, Advokat, ∞ 1680 Thérèse Le Noir, Tochter des Schauspielers La Thorillière; 1685–1718 Schauspieler an der Comédie Française. – Schrieb etwa 50 Sitten- und Charakter-Komödien und Vaudevillestücke (viele Einakter), deren Leichtigkeit und Fröhlichkeit die zugrundeliegende realist. Satire auf die Laster der zeitgenöss. Gesellschaft mildert: wendet sich u.a. gegen Betrüger und in Adel vernarrte Bürgerinnen, gegen Dünkel und Raffgier der Geldleute.

W: Le chevalier à la mode, K. 1687; La maison de campagne, K. 1688; Les femmes d'intrigues, K. 1692; Les bourgeoises à la mode, K. 1693; Les vendanges de Suresnes, K. 1694; La foire de Bezons, K. 1695; Les bourgeoises de qualité, K. 1700; Le diable boiteux, K. 1707; Madame Artus, K. 1708; Les agioteurs, K. 1710. – Œuvres, XII 1760; Théâtre choisi, hg. F. Sarcey V 1884, ²1921.

L: C. Barthélemy, La comédie de C., 1882; J. Lemaître, La comédie après Molière et le théâtre de D., ²1903; J. Brütting, D. Bauernfranz. i. D.s Lustsp., Diss. Erlangen 1911; W. H. Lakin, Diss. Sheffield 1967; A. Blanc, II 1977.

Dandin, ind. Dichter, 7./Anfang 8. Jh., lebte wahrscheinl. in Südindien. – Schrieb das ›Daśakumāra-carita‹ (Die Taten der zehn Prinzen), e. Kunstroman in Sanskrit, d.h. e. im Stil der klass. ind. Kunstdichtung (kāvya) gehaltenes Märchenbuch, das sehr humorvoll die Abenteuer von zehn Prinzen und Ministersöhnen, ihre Streiche auf Kosten der Dummheit anderer Menschen schildert; Anfang (Pūrvapīṭikā) und Ende (Uttarapīṭikā) des Werkes, das e. Eindruck von den damals herrschenden gesellschaftl. Verhältnissen vermittelt, stammen von zweiter Hand. D. ist außerdem der Vf. des ›Kāvyādarśa‹ (Spiegel der Dichtung), e. oft kommentierten und zitierten Kompendiums der klass. ind. Dichtkunst; als drittes Werk wird D. die ›Avantisundarīkathā‹ (Erzählung von Avantīsundarī) zugeschrieben, die den Anfang s. ›Daśakumāra-carita‹ gebildet haben soll.

A: Daśakumāra-carita, hg. G. Bühler, P. Petersen 1887, hg. G. J. Agashe ²1919, P. Banerji 1888, N. B. Godabole, K. P. Parab ²1910, N. R. Acharya 1951, M. R. Kale ⁴1966, 1986 (d. J. J. Meyer 1902, J. Hertel III 1922, n. 1985, Nacherzählung 1971, W. Ruben 1952); Kāvyādarśa, hg. O. Böhtlingk 1890 (m. dt. Übs.), A. Thakur, V. Jha 1957; Avantisundarī-kathā, hg. M. R. Kavi 1924.

L: M. Collius, Diss. Lpz. 1908; A. Gawronski, Diss. Lpz. 1908; H. Jacobi, 1969; D. K. Gupta, 1970; M. Singh, 1979.

Dane, Clemence (eig. Winifred Ashton), engl. Romanschriftstellerin, Dramatikerin und Essayistin, 21. 2. 1888 Blackheath – 28. 3. 1965 London. Anfangs Lehrerin, dann bildende Künstlerin, 1913–18 Schauspielerin (Ps. Diana Portis). – 1917 veröffentlichte sie ihren 1. Roman ›Regiment of Women‹, die naturalist. Schilderung des Lebens an e. Mädchenschule. 1921 folgte das 1. Bühnenstück ›A Bill of Divorcement‹, bühnenwirksam, frisch geschrieben, mit zeitnaher Problemstellung. Zahlr. weitere leidenschaftl. bewegte Familien- und Generationsromane, Boulevard-Dramen, Drehbücher sowie Adaptionen von Dramen für TV und Radio.

W: Regiment of Women, R. 1917; A Bill of Divorcement, Sch. 1921; Will Shakespeare, Sch. 1921; Naboth's Vineyard, Sch. 1925; Granite, Sch. 1926; Mariners, Sch. 1927; The Women's Side, Es. 1927; Adam's Opera, Sch. 1928; The Babyons, R. 1928; Tradition and Hugh Walpole, Es. 1929; Broome Stages, R. 1931 (Der Zauber der Broomes; Das Königreich der Broomes, d. 1958f.); Wild Decembers, Sch. 1932; The Moon is Feminine, R. 1938; Cousin Muriel, Sch. 1940; The Lion and the Unicorn, Sch. 1943; Call Home the Heart, Sch. 1947; The Flower Girls, R. 1954; Eighty in the Shade, Sch. 1959; Approaches to Drama, Ess. 1961; Collected Plays I, 1961; The Godson, Kgn. 1964; London Has a Garden, St. 1964.

Daněk, Oldřich, tschech. Schriftsteller, 16. 1. 1927 Ostrava – 3. 9. 2000 Prag. Regisseur. – Schrieb Dramen, Hörspiele u. Drehbücher, die auf versch. Zeitebenen den Konflikt zwischen Individuum u. Gesellschaft variieren. Bemühte sich um neue künstler. Ausdrucksform u. Durchdringung des Stoffes.

W: Večerní fronta, Dr. 1950; Nad Orebem kalich, Dr. 1953; Steelfordův objev, Dr. 1954; Umění odejít, Dr. 1956; Čtyřicátý osmý, Dr. 1956; Pohled do očí, Dr. 1960; Svatba sňatkového podvodníka, Dr. 1962; Máte rádi blázny?, Dr. 1962; Lov na mamuta, Dr. 1963; Podvod se svatbou, Dr. 1965; Čtyřicet zlosynů a jedno neviňátko, Dr. 1966; Král utíká z boje, R. 1967; Pařížský kat, H. 1970; Král bez přilby, R. 1971; Vražda v Olomouci, R. 1972; Hvězda jménem Praha, Dr. 1973; Válka vypukne po přestávce, Dr. 1976; Vávodkyně valdštejnských vojsk, dr. 1980; Příští léto v Locarnu, Dr. 1982; Dvojdetail, Dr. 1987; Jak je snadné vládnout aneb Karel IV. – autoportrét, Dr. 1991. – *Übs.:* Dialog am Vorabend einer Gerichtsverhandlung, H. 1967.

Danel-Sage (Aqhat-Mythos), kanaanäisches Epos, aus Ugarit (Ras Schamra, syr. Küstenstadt), 15. Jh. v. Chr. Aqhat, Sohn des Königs Dan-El (Namensvariante des hebr. Daniel), wird wegen s. vom Handwerkergott Kothar-wa-Khasis hergestellten Bogens, den die Liebes- und Kriegsgöttin Anat für sich begehrt, getötet.
L: B. Margalit, The Ugaritic Poem of AQHT, 1989 (m. engl. Übs.).

Dānešwar, Sīmīn, bekannteste pers. Schriftstellerin, * 1921 Sīrāz. Lit.-Stud. in Teheran, Arbeit beim Rundfunk u. bei der Zeitung ›Irān‹. 1952–54 Stud. in Stanford, USA, 1961–81 Dozentin an der Univ. Teheran. 1968 als erste Frau Vorsitzende des iran. Schriftstellerverbandes. – Kurzgeschichten über Frauenthemen. Ihr krit. Roman ›Savūšūn‹ (Drama der Trauer) über die Besetzung Irans im Zweiten Weltkrieg wurde e. Bestseller.
W: Savūšūn, R. 1969; Ğazire-ye Sargardāni, R. 1993; Sārbān Sargardān, R. 2001. – *Übs.:* Drama der Trauer, 1997.

Daniel, Arnaut → Arnaut Daniel

Danièl', Julij → Aržak, Nikolaj

Daniel, Samuel, engl. Lyriker, Dramatiker und Kritiker, 1562(?) Taunton/Somerset – Okt. 1619 Beckington/Somerset. Stud. ab 1581 in Oxford, übersetzte Jovius für Sir Edward Dymoke, an engl. Botschaft in Paris, Reise nach Italien, wo er Guarini traf, Mitgl. der lit. Zirkel der Gräfinnen Pembroke und Bedford. Ab 1604 im Dienst von Queen Anne, in deren Auftrag er das Maskenspiel ›Vision of the Twelve Goddesses‹ schrieb, bei dem sie selbst als Tänzerin auftrat. – D.s unvollendetes Epos ›Ciuile Warrs‹ über die Rosenkriege will Englands Aufstieg zur Größe darstellen, zeigt die enge Bindung von Politik und Dichtung. Scharfe Kritik durch Ben Jonson. Die Delia-Sonette sind modelliert nach dem Bild der Gräfin von Pembroke und nehmen auch auf diese als Auftraggeberin des Zyklus Bezug. Verfaßte im Stil von Ovids Heroiden ›The Complaint of Rosamond‹, ein Werk, das in der Tradition der ma. Frauenklage die lit. Klage leidender Frauenfiguren imaginiert. Ferner weitere Maskenspiele, Pastoralstücke sowie Sonette, Episteln, Ars poetica.
W: Paulus Jovius, 1585; Sonnets to Delia, 1592; The Complaint of Rosamund, 1592 (n. Delia u. Rosamund, 1969); Cleopatra, Dr. 1594; Ciuile Warrs, Ep. 1595–1609; Musopholus, 1599; A Defence of Ryme, Abh. 1602; The Vision of the 12 Goddesses, Dr. 1604 (n. E. Law 1880); The Queenes Arcadia, Dr. 1606; The Tragedie of Philotas, Dr. 1605 (n. L. Michel 1970); History of England, Schr. 1612. – The Complete Works in Verse and Prose, hg. A. B. Grosart V 1885–96, ²1963; Poems and A Defence of Ryme, hg. A. C. Sprague 1930, ²1965.
L: C. Schaar, 1960; J. Rees, 1964; C. Sersony, 1967; P. Spriet, 1968; J. Rees, 1964; J. L. Harner, S. D. and M. Drayton, 1980; L. Svensson, Silent Art, 1980; D. Galbraith, Architectonics of Imitation in Spenser, Daniel and Drayton, 2000. – *Bibl.:* H. Sellers (Proc. Oxf. Biblio. Soc., 2, 1930), S. A. Tannenbaum, 1937.

Daniel-Rops (eig. Jean Charles Henri Petiot), franz. Schriftsteller, 19. 1. 1901 Épinal – 27. 7. 1965 Chambéry. Offizierssohn; Stud. Geschichte, Geographie, Jura Grenoble, Lyon. Geschichtslehrer in Chambéry, Amiens, Neuilly-sur-Seine. Auslandsreisen. Ab 1944 freier Schriftsteller. 1946 großer Literaturpreis der Académie Française, in die er 1955 gewählt wurde. – Leidenschaftl. Moralist im Geist des ›renouveau catholique‹, gen. ›aventurier de Dieu‹. Anhänger von Péguys Idee vom christl.-nationalen Frankreich. Schrieb Romane, Erzählungen, lit.-biograph., polit. und philos. Essays, hist. Werke, Heiligenbiographien. Auseinandersetzung mit geistig-seel. Entwurzelung und Glaubenslosigkeit der zeitgenöss. Generation. Weg zur Erlösung über Erkenntnis der menschl. Schuld und Nächstenliebe. Setzt gegen die vom Nihilismus bedrohte mod. Gesellschaft und ihre Wirtschaftsformen kathol. Glauben und christl. Gemeinschaft. Hist. fundierte gewissenhafte Erforschung der polit.-ökonom. und kulturellen Gegebenheiten zur bibl. Zeit als Ergänzung des bibl. Berichts.
W: Notre inquiétude, Es. 1927; Carte d'Europe, Ess. 1928; L'Ame obscure, R. 1929; Deux hommes en moi, Nn. 1930; Le monde sans âme, Es. 1932; Péguy, Es. 1933; Éléments de notre destin, Es. 1934; Mort, où est ta victoire?, R. 1934 (d. 1935); La misère et nous, Es. 1935; Rimbaud, Es. 1936; Ce qui meurt et ce qui naît, Es. 1937; Le Communisme et les Chrétiens, 1937; La maladie des sentiments, R. 1938; L'épée de feu, R. 1939 (d. 1948); Vouloir, Es. 1941; Où passent les anges, Es. 1942; Psichari, Es. 1942; Par delà de notre nuit, Es. 1943; Histoire Sainte: Le peuple de la Bible, 1943 (Geschichte des Gottesvolkes, d. 1950); Jésus en son temps, 1945 (d. 1950); Lourdes, Es. 1947; L'histoire de l'église du Christ, VIII 1948ff. (d. 1952ff.); Les aventuriers de Dieu, 1951 (d. 1953); Nocturnes, Es. 1956 (Das Geheimnis des Geistes, d. 1958); Qu'est-ce que la Bible?, Es. 1956; La vie quotidienne en Palestine au temps de Jésus, St. 1961 (Er kam in sein Eigentum, d. 1963); Chant pour un roi lépreux, d. 1964.
L: P. Dournes, D. ou le réalisme de l'esprit, 1949; D. Feuerwerker, D. et le peuple de Dieu, 1951; M. Dooley, Diss. Paris 1968.

Daniels, Sarah, engl. Dramatikerin, * 1957. – Vf. von radikal-feminist., kontroversen, preisgekrönten Dramen, die Formen von psych., phys. und strukturellen Gewalt gegen Frauen verhandeln; so thematisiert ›Masterpieces‹ die verheerende Wirkung von Pornographie. ›Neaptide‹ ist das erste von e. Frau verfaßte Stück über e. lesb. Beziehung, das am ›Royal National Theatre‹ aufgeführt wurde. Ausgeprägter schwarzer Humor, bes. in ›Morning Glory‹.

W: Penumbra, Dr. (1981); Masterpieces, Dr. 1984; Ripen Our Darkness, Dr. 1986; The Devil's Gateway, Dr. 1986; Neaptide, Dr. 1986; Byrthrite, Dr. 1987; The Gut Girls, Dr. 1989; Beside Herself, Dr. 1991; Head-Rot Holiday, Dr. 1994; The Madness Of Esme and Shaz, Dr. 1994; Taking Breath, Dr. (1999); Best Mates, Dr. (2000); Morning Glory, Dr. 2001; Dust, Dr. (2003).

Daníelsson, Guðmundur, island. Dichter, * 4. 10. 1910 Guttormshagi. Sohn wohlhabender Bauern, 1933/34 Lehrerseminar Reykjavík, 1936 u. 1948/49 Europareisen, 1945 in Amerika, Lehrer. – Schrieb nach vielversprechenden Erstlingswerken der nationalen Romantik nahestehende, z.T. ep. breitangelegte, nicht straff durchkomponierte Romane, die e. gewissen Primitivismus huldigen, aber Partien von hoher poet. Schönheit besitzen.

W: Ég heilsa þér, G. 1933; Bræðurnir í Grashaga, R. 1935; Ilmur dagarina, R. 1936; Gegnum lystigarðinn, R. 1938; Á bökkum Bolafljóts, R. 1940; Af jörðu ertu kominn, R.-Tril.: Eldur, 1941, Sandur, 1942, Landið handan landsins, 1944; Heldrimenn á húsgangi, Kgn. 1944; Kveðið á glugga, G. 1946; Mannspilin og ásinn, R. 1948; Á langferðaleiðum, Reiseb. 1948; Sumar í Suðurlöndum, Reiseb. 1950; Í fjallskugganum, R. 1950; Musteri óttans, R. 1953; Blindingsleikur, R. 1955; Vængjaðir hestar, Kgn. 1955; Hrafnhetta, R. 1958; Í Husi náungans, Mem. 1959; Sonur minn Sinfjötli, R. 1961; Húsið, R. 1963; Drengur á fjalli, Kgn. 1964; Þjóð í önn, Erinn. u. Prosa 1965; Turninn og teningurinn, R. 1966; Landshornamenn, R. 1967; Staðir og stefnumót, Erinn. u. Prosa 1968; Spítalasaga, R. 1971; Járnblómið, R. 1972; Oratoria, R. 1975; Bróðir minn Húni, R. 1976; Vestangúlpur garró, R. 1977; Dómsdagur, R. 1979; Jarlinn af Sigtúnum og fleira fólk, B. 1980; Bókin um Daníel, R. 1981; Dagbók úr Húsinu, Erinn. 1982; Vatnið, R. 1987. – Ritsafn (GW), XI 1981.

Danilevskij, Grigorij Petrovič, russ. Erzähler, 26. 4. 1829 Gut Danilovka b. Char'kov – 18. 12. 1890 Petersburg. Stud. Jura Petersburg; ab 1850 hoher Staatsbeamter; arbeitete in Klosterarchiven; 1856 vom Marineministerium mit der Unters. der Küsten des Asowschen Meers beauftragt; nahm 1857 s. Abschied; zog sich für 12 Jahre auf s. Besitzungen zurück; 1869–90 Direktor des amtl. Regierungsanzeigers ›Pravitel'stvennyj Vestnik‹ in Petersburg. – Erzähler von Gesellschaftsw. Sittenromanen um den Verfall des Adels und die Ausbeutung der Bauern. Auch hist. Romane und Abenteuerromane.

W: Beglye v Novorossii, R. 1862; Volja (Beglye vorotilis'), R. 1863; Novye mesta, R. 1867; Devjatyj val, R. 1874; Mirovič, R. 1879; Sožžennaja Moskva, R. 1886 (Brennendes Moskau, d. 1958). – Sočinenija (W), IX 1892f., XXIV ⁹1901; Istoričeskie romany, 1993; Sočinenija, X 1995.

Daninos, Pierre, franz. Erzähler, * 26. 5. 1913 Paris. Schüler des Lycée Janson-de-Sailly. Journalist an mehreren Zeitungen, darunter ›Le Figaro‹, 1934 in USA, 1939 in England Verbindungsoffizier der brit. Armee. – Schrieb Romane und Essays in Romanform meist zu sozialen Fragen. Treffliche Komik. Großer Erfolg der ›Carnets du Major Thompson‹, der Sammlung lebendiger und humorvoller Beobachtungen e. Briten in Frankreich.

W: Méridiens, 1945; Eurique et Amérope, 1946; Passeport pour la nuit ou le Roi Sommeil, 1946; Le carnet du Bon Dieu, 1947; L'éternel second, 1949; Sonia, les autres et moi, ou le dictionnaire des maux courants, 1952 (d. 1956); Les carnets du Major Thompson, 1954 (M. T. entdeckt die Franzosen, d. 1955); Le Secret du Major Thompson, R. 1956 (d. 1957); Vacances à tout prix, 1958 (Ferien um jeden Preis, d. 1959); Un certain M. Blot, R. 1960 (d. 1961); Le jacassin, R. 1962 (Bla-Bla, d. 1964); Daninoscope, R. 1963; Snobissimo, R. 1964 (d. 1966); Le major tricolore, 1966; Le 36ième dessous, R. 1967 (Die schwarze Couch, d. 1968); Ludovic Morateur ou le plus parfait, R. 1970; Les touristocrates, R. 1974; Made in France, 1977; La composition d'histoire, R. 1979; La galerie des glaces, R. 1983; La France dans tous ses états, 1985; Ler derniers carnets du major Thomson, 2000.

Dannay, Frederic → Queen, Ellery

D'Annunzio, Gabriele → Annunzio, Gabriele d'

Dantas, Júlio, portugies. Schriftsteller, 19. 5. 1876 Lagos – 25. 5. 1962 Lissabon. Vielseitige lit. Interessen (u. a. Lyriker, Erzähler, Essayist, Arzt, Politiker); bedeutende Rolle im öffentl. Leben, Leiter des Konservatoriums, Bibliotheks- u. Archivdirektor, Außen- und Unterrichtsminister; wiederholt Präsident der Akad. der Wiss. Lissabon. – Hauptthemen s. fruchtbaren, stilist. z.T. von Eça de Queiros beeinflußten Schaffens sind (nach e. mehr naturalist. Periode: ›A Severa‹) in den reifen Werken das Heroische, die Eleganz u. die Liebe (etwa im Welterfolg ›Das Nachtmahl der Kardinäle‹) als verfeinertes Gefallenfinden u. graziöse Haltung. Leichte, z.T. frivole Unterhaltungsstücke. Kenner des 18. Jh., dem er sich verwandt fühlte und das ihm als Hintergrund versch. Werke diente; hochentwickeltes Formempfinden.

W: Nada, G. 1896; Viriato trágico, Dr. 1900; A Severa, Dr. 1901; A Ceia dos Cardeais, Dr. 1902 (Das

Nachtmahl der Kardinäle, d. 1904); O Paço de Veiros, Dr. 1903; Santa Inquisição, Dr. 1910; Pátria Pequena, Es. 1914; O Amor em Portugal no Século XVIII, Es. 1915; Sonetos, Son. 1916; O Heroísmo, a Elegância, o Amor, Prosa 1923; Antígona, Dr. 1946; Frei António das Chagas, Dr. 1947; Marcha Triunfal, Es. 1954. – *Übs.:* Dramat. Dichtungen in Prosa und Versen, mit Anm. hg. Luise Ey 1920.

L: W. Giese, 1941; V. Nemésio, 1966.

Dante Alighieri (eig. Alaghieri), ital. Dichter, zwischen 18. 5. u. 17. 6. 1265 Florenz – 14. 9. 1321 Ravenna. Ahnherr des adligen Geschlechtes war Cacciaguida, der während des 2. Kreuzzuges starb. Alighieri hieß e. Familie in Ferrara, der Cacciaguidas Frau entstammte. Der Vater Alighiero u. die Mutter Bella ließen D. (Abkürzung für Durante) die für Kinder aus adliger Familie übl. Erziehung geben: Poesie, Musik, Latein, Franz., Reiten, Fechten u.a.; Rhetoriklehrer war Brunetto Latini. Mit 9 Jahren sah D. erstmals Beatrice, e. Tochter des Folco dei Portinari, die Simone de'Bardi heiratete; Freundschaft mit Guido Cavalcanti u. dem Maler Giotto. Mit den Guelfen kämpfte er 1289 in der Schlacht bei Campaldino gegen das ghibellin. Arezzo. 1290 nach dem Tod der angebeteten Beatrice philos. u. theolog. Studien. ∞ (1292?) Gemma Donati. Ab 1295 polit. tätig als Anhänger der ›weißen‹ Guelfen, 1296 im ›Consiglio dei Cento‹ in Florenz. 1300 e. der 6 Priori, die für 2 Monate die Stadt verwalteten, Gegner der von den ›Schwarzen‹ unterstützten Ansprüche Bonifaz' VIII., Florenz unter den Einfluß des Kirchenstaates zu bekommen. Als Karl von Valois vom Papst zu Hilfe kam, ging D. als Gesandter der Weißen nach Rom. 27. 1. 1302 Prozeß gegen Dante. Man warf ihm unbegründet betrüger. Amtsführung vor u. verurteilte ihn zu 5000 Fiorini Geldstrafe, zum Verlust der Bürgerrechte u. zu 2 Jahren Verbannung. D. befolgte die Aufforderung nicht, persönl. vor Gericht zu erscheinen; daher am 10. 3. 1302 geächtet u. zum Tode auf dem Scheiterhaufen verurteilt. 2 Jahre lang kämpfte er gemeinsam mit verbannten Weißen u. Ghibellinen um s. Rückkehr nach Florenz. Dann zog er allein von Stadt zu Stadt. Zuflucht bei Bartolomeo della Scala in Verona, 1306 bei den Malaspina in Lucca, die ihn als Gesandten zum Bischof von Luni schickten. Nach dem Tode Heinrichs VII. verlor D. jede Hoffnung auf Rückkehr in s. Heimatstadt. 1315 lehnte er e. Amnestie, die ihm die Rückkehr ermöglicht hätte, ab, da sie e. Erniedrigung u. nicht den Beweis s. Unschuld gebracht hätte. Letzte Jahre bei Cangrande della Scala in Verona u. bei Guido Novello da Polenta in Ravenna. Nach e. Gesandtschaftsreise nach Venedig starb er wahrscheinl. an der Malaria. In der Franziskanerkirche in Ravenna bestattet. – Größter Dichter Italiens. S. Entwicklung führt von der Liebespoesie u. den ritterl. Idealen (›Vita nuova‹) über s. begeistertes Eintreten für die Wiss. in der gelehrten Dichtung (›Convivio‹, ›De vulgari eloquentia‹) zu s. polit. u. relig. Reformbestrebungen (›Monarchia‹, ›Commedia‹). Cavalcanti inspirierte ihn zu den Gedichten der ›Vita nuova‹, in der er s. Jugendliebe zu Beatrice schildert. Im ›Canzoniere‹ wurden posthum s. Liebeslyrik u. allegor.-lehrhaften Gedichte aus der Zeit der ›Vita nuova‹ und aus dem Exil gesammelt. Im ›Convivio‹ erklärt D. den wahren Sinn s. Liebeslyrik. In scholast. Art behandelt er dabei auch viele Gebiete der Wiss. u. bringt so e. moral. u. philos. Enzyklopädie. Das Gastmahl ist e. Lehrwerk, in dem ganz entgegen den Gewohnheiten der Zeit die Volkssprache verwendet wird. ›De vulgari eloquentia‹ in lat. Sprache ist e. philolog. Abhandlung über die ital. Volkssprache. S. Ideal ist e. Hof- oder Kurialsprache, die von den Dialekten das Beste auswählen soll. Dieser am nächsten kommen die Sprache der sizilian. Dichterschule u. der ›Dolce stil nuovo‹, also die Sprache s. eigenen Jugendlyrik. Die ›Monarchia‹ ist e. polit. Traktat in lat. Sprache, der für e. Universalmonarchie eintritt. Da die kaiserl. Macht von der des Papstes unabhängig sein soll, verurteilt er die weltl. Herrschaft der Kirche. S. größtes Werk ist die ›Divina Commedia‹, e. allegor.-lehrhaftes Gedicht in 100 Gesängen mit 14230 Versen in Terzinen. Sie ist in toskan. Mundart geschrieben und bildet die Grundlage für e. ital. Schriftsprache. Die ›Commedia‹ ist e. Vision vom Jenseits, e. Gleichnis der Seele auf ihrem Weg von der Sünde zum Heil u. zur Anschauung Gottes. Dante, allegor. gesehen die Seele, befindet sich in e. dunklen Wald im Zustand der Unwissenheit und Sünde. Allein kann er nicht den Weg des Heiles finden. Er wird bestürmt von wilden Tieren, den Leidenschaften und sinnl. Begierden. Da erscheint Vergil, die Verkörperung von Vernunft, Wiss. u. Philos., u. führt ihn durch die Hölle u. das Fegefeuer. Durch das Bekenntnis s. Sünden u. durch s. Reue wird er frei für den Weg ins Paradies. Vergil, der heidn. Vertreter von Vernunft u. Wiss., muß zurückbleiben, die Führung übernimmt Beatrice, das Sinnbild des christl. Glaubens u. der Gnade. Von Stufe zu Stufe gelangt er zur Erkenntnis der göttl. Liebe u. findet in der Anschauung Gottes die ewige Glückseligkeit. Diese Vision vom Jenseits zeigt die Erlösung der ird. Welt: Solange die Menschheit von Unwissenheit u. Leidenschaften beherrscht wird u. nur das Diesseits im Auge hat, ist sie verdammt. Erst durch die Vernunft u. durch die Wiss. kommt sie zur Läuterung. Durch den Glauben an Gott u. durch die Gnade gelangt sie zum Heil. Auf s. Wanderung spricht D. mit den Seelen berühmter Verstorbener aus allen Epochen über tiefsinnige Fragen der Theol. u. Philos., über die Kirche, den Staat u. über Italien. Die ›Divina Commedia‹ umfaßt enzyklopäd. das ganze MA, Mystik, Scholastik, Metaphysik, Moral, Politik, Kultur, Geschichte, Physik, Astronomie. Diese Jenseitswanderung der Seele ist zugleich Vision u. Allegorie, Traktat u. Legende, Lauda u. Hymne. Die ›Commedia‹ ist das als reine Kunstform verwirklichte MA.

W: Vita nuova, G. um 1293 (komm. A. D'Ancona 1872, krit. hg. M. Barbi 1932; d. K. Federn 1897, H. Hinderberger 1947, S. Hildebrandt 1957); Le Rime (hg. G. Contini 1939; d. 1966); De vulgari eloquentia, zwischen 1304 u. 1308 (ital. 1529, komm. A. Marigo 1938; d. 1925); Convivio, zwischen 1304 u. 1309 (hg. Busnelli, Vandelli, M. Barbi II 1934–37; d. 1965); De monarchia, zwischen 1310 und 1315 (hg. G. Vinay 1950; d. 1559, 1923, 1930); Divina Commedia, 1307(?)–1321(?) (hg. Casini 1913, komm. M. Porena III 1949; zweisprachig u. komm. J. Gmelin VI 1949–57; d. K. Vossler ³1969, A. Vezin 1956, B. Geiger 1960, W. v. Wartburg 1961; Konkordanz, hg. E. H. Wilkins u.a. 1965). – Opere, hg. E. Moore, ⁴1944, M. Barbi XII 1948ff.; Opere, hg. Società Dantesca Italiana ²1960ff. – Übs.: Poetische Werke, IV 1908; Werke, 1974.

L: K. Federn, 1916; B. Croce, 1921; H. Hatzfeld, 1921; N. Zingarelli, 1931; T. Gallarati-Scotti, 1939; E. Gilson, 1939; M. Barbi, 1940 (d. 1943); B. Nardi, 1942, ²1985; H. Gmelin, 1943; U. Cosmo, 1947; W. Stadler, 1948; L. Gillet, Paris 1948; A. Buck, 1949; A. Vezin, 1949; F. v. Falkenhausen, 1951; J. Haller, 1954; D. L. Sayers, 1954; B. Conca, 1956; U. Leo, 1957; P. Renucci, 1958; F. Montanari, 1959; F. Schneider, ⁵1960; A. Gilbert, N. Y. 1963; Th. Spoerri, 1963; T. G. Bergin, Lond. 1965; O. Lagercrantz, Von d. Hölle z. Paradies, 1965; J. Freccero, hg. Englewood Cliffs 1965; C. H. Grandgent, N. Y. 1965; S. Battaglia, 1967; H. Friedrich, hg. 1968; E. Auerbach, ²1969; G. Cambon, Minneapolis 1969; H. Felten, 1972; M. Hardt, 1973; H. Rheinfelder, 1975; P. Herde, 1976; G. Rabuse, 1976; H. Lausberg, II 1976/77; M. Lochbrunner, 1978; M. Bambeck, 1979; A. Schult, 1979; W. F. Veltmann, 1979; H. Heintze, 1981; K. Leonhard, 1981; W. Wehle, 1986; A. Altomonte, 1987; E. Pasquini, 2001. – Bibl.: T. W. Kock, Catalogue of the D.-Collection, 1898–1900, Forts. M. Fowler 1921; T. Ostermann, D. in Dtl., D.-Lit. 1416–1927, 1929; G. Mambelli, Gli annali delle ediz. Dantesche, 1931; N. D. Evola, Bibliografia Dantesca 1920–1930, 1932; A. Vallone, Gli studi Danteschi 1940–49, 1950.

Dantiscus, Joannes de Curiis → Dantyszek

Dantyszek (lat. Dantiscus, eig. Flachsbinder), Jan, poln. Dichter, 1. 11. 1485 Danzig – 27. 10. 1548 Heilsberg. Aus dt. Bürgerfamilie in Danzig. Reisen durch fast alle europ. Länder. Teilnahme an diplomat. Missionen u. Kongressen. 1516 von Kaiser Maximilian I. zum Poeta laureatus gekrönt. Später Bischof von Ermland. – Höf. Gelegenheitsdichter der Renaissance. Wandte sich in polem. Gedichten und Epigrammen gegen die Einführung der Lehre Luthers. Jugendwerk zunächst heitere Darstellung erot. Abenteuer. Dann ernster u. eindringl. Aufruf an Kaiser u. Papst wider die Türken. Als Bischof in bußfertigen Elegien Darstellung s. leichtsinn. u. abenteuerl. Lebens. Abwendung von weltl. Dichtung; fromme Marienhymnen. Schrieb nur lateinisch.

W: Congressus trium regum, 1515; De clade Moschorum, 1515; Ad Grineam, 1519; De nostrorum temporum calamitatibus, 1530 (n. Z. Celichowski 1902); Jonas propheta de interitu civitatis Gedanensis, 1577 (1538?); Hymni aliquot ecclesiastici, 1548. – Carmina, hkA hg. S. Skimina 1950.

L: S. Skimina, 1948.

Daponte, Lorenzo → Ponte, Lorenzo da

Daqīqī, Abū Mansūr Muhammad ibn Ahmad, pers. Epiker, nach 932 Tus/Ostiran – um 976 (ermordet). Trotz e. Zarathustra preisenden Verses Muslim, vermutlich Schiit, als Lyriker hochgeschätzt. – D. ist lit.geschichtl. bedeutsam als Vf. des ersten, wenigstens teilweise erhaltenen pers. Nationalepos, darin Vorläufer von → Firdausī, der rund 1000 Doppelverse D.s (beginnend mit der Regierung des Guštāsp) in s. eigenes ›Šāh-Nāma‹ (›Buch der Könige‹) übernahm; mehr ist nicht erhalten.

Dares Phrygius (›der Phryger Dares‹), fikt. Vf. e. angebl. zeitgenöss. Schilderung des Trojan. Krieges. Der anonyme lat. Autor (5. Jh. n. Chr.?) sagt, er habe den Bericht des D. gefunden u. übersetzt, um Homers Darstellung zu korrigieren. Die knappe Chronik wurde im MA sehr geschätzt u. poet. ausgestaltet.

A: F. Meister, n. 1991; engl. R. M. Frazer, The Trojan War, Bloomington 1966.

L: S. Merkle, Die Ephemeris belli Troiani des Diktys von Kreta, 1989; A. Beschorner, Untersuchung zu D., 1992 (m. dt. Übs.).

Darío, Rubén (eig. Felix Ruben García Sarmiento), nicaraguan. Lyriker, 18. 1. 1867 Metapa – 6. 2. 1916 León/Nicaragua. 1879 erste in Zss. veröffentlichte Gedichte; der Nationalrat von Nicaragua finanzierte s. Ausbildung (1882); 1886 Zollbeamter in Chile; 1889 Korrespondent von ›La Nación‹ in Buenos Aires; 1890 ⚭ Rafaela Contreras; ging 1892 im Auftrag Nicaraguas nach Spanien, herzl. Aufnahme von Valera, Núñez de Arce u. Menéndez y Pelayo; Tod s. ersten Frau, 3 Monate später (1893) ⚭ Rosario Murillo, unglückl. Ehe; Konsul für Kolumbien in Buenos Aires; Reisen nach New York u. Paris, Bekanntschaft mit Verlaine u. Moréas; in Buenos Aires Mitbegründer der ›Revista de América‹, rege lit. Tätigkeit; Freundschaft mit Benavente, Azorín, Unamuno, Machado, Villaespesa, Valle-Inclán u. J. R. Jiménez, die ihn als Meister priesen; Reisen durch Europa u. Amerika; 1904 Konsul in Paris, 1908 Gesandter in Spanien; ging 1914 als Friedenspropagandist nach Amerika, erkrankte in New York, kehrte vom Tode gezeichnet nach Nicaragua zurück; Einsamkeit, Trunksucht, starb am Rande des Wahnsinns. – Übte als Hauptvertreter des span.-sprachigen Modernismus entscheidenden Einfluß auf die gesamte span. u. lateinamerika. Lyrik des 20. Jh. aus; führte durchgreifende metr. u. stilist. Neuerungen ein u. gilt als Bahnbrecher der neuen dichter. Formen u. Ausgangspunkt der jungen Dichtergenerationen. Feines Empfinden für Rhythmus u. Metrik; greift in s. Lyrik auf die verschiedensten Stilarten zurück; in s. reichen Werk spiegeln sich starke Leidenschaftlichkeit u. zügellose Sinnlichkeit. Meisterhafte Beherrschung der Form, metaphor. Üppigkeit, exot. Charakter, schwellende Klangfülle. Anregung aus dem indian. Element; Einflüsse der franz. Parnassiens u. Symbolisten; geschickte Anpassung des Neuen an die span. Art. Zwischen 1888 u. 1905 entstanden s. besten Gedichte; erreichte den Höhepunkt s. Lyrik mit den ›Cantos de vida y esperanza‹. Strebte nach e. unabhängigen Ästhetik ohne Regeln u. Vorbilder, e. persönl. Kunst mit Lösung vom Zeitlichen.

W: Abrojos, G. 1887; Rimas, G. 1887; Azul, G. u. Prosa 1888; Los raros, Ess. 1896; Prosas profanas, G. 1896; Cantos de vida y esperanza, G. 1905; Oda a Mitre, G. 1906; El canto errante, G. 1907; Poema del otoño y otros poemas, G. 1910; Canto a la Argentina, G. 1914; La vida de R. D., escrita por él mismo, Aut. 1915. – Obras Completas, XII 1917–19, VII 1921/22, XXII 1923–29, V 1950–53; Obras Poéticas Completas, 1932; Cuentos Completos, 1950; Poesías Completas, 1952, 1967; Poesía, 1977. – *Übs.*: Gedichte, 1983.

L: E. Torres, 1980; C. L. Jrade, 1983; R. Lida, 1984; C. Ferreira, [6]1985; J. Larrea, 1987; T. Fernández, 1987; A. Augier, 1988; A. J. Pérez, 1992; A. Acereda, 1992; J. E. Arellano, 1993; J. M. Martínez Domínguez, 1997. – *Bibl.*: H. Grattan Doyle, 1935; J. Jirón Terán, 1967; C. Lozano, 1968; A. A. Del Greco, 1969; H. C. Woodbridge, 1975.

Dark, Eleanor (Pse. Patricia O'Rane, P. O'R.), austral. Erzählerin, 26. 8. 1901 Burwood/New South Wales – 11. 9. 1985 Katoomba/New South Wales. Tochter des Schriftstellers u. Politikers Dowell O'Reilly. ∞ 1923 Dr. E. Payten Dark. – Vf. hist. Romane u. Kurzgeschichten, die oft von feminist. u. sozialist. Gedankengut geprägt sind. Insbes. bekannt für ihren experimentellen Umgang mit Erzähltechniken.

W: Slow Dawning, R. 1932; Return to Coolami, R. 1936; Waterway, R. 1938; Timeless Land, R. 1941 (Der erste Gouverneur, d. o. J.); Storm of Time, R. 1948; No Barrier, R. 1953; Lantana Lane, R. 1959.

L: A. G. Day, 1976; B. Brooks, J. Clark, 1998.

Darley, George, ir. Dichter und Kritiker, 1795 Dublin – 23. 11. 1846 London. Stud. Trinity College, Dublin. Theater- und Kunstkritiker des ›London Magazine‹ und des ›Athenaeum‹; Hrsg. mathemat. Schriften. – Schrieb lyr. Dichtungen von großer Klangschönheit. Vorläufer der Symbolisten. S. Dichtung fand zu s. Lebzeiten keine Beachtung; deshalb zurückgezogen und verbittert.

W: The Errors of Ecstasie, G. 1822; Labours of Idleness, Ess. 1826; Sylvia, G. 1827; A System of Popular Algebra, St. 1827; Nepenthe, G. 1835 (n. R. A. Streatfeild 1897); Thomas à Becket, Dr. 1840; Ethelstan, Dr. 1841. – Complete Poetical Works, hg. R. Colles 1908; Selected Poems, hg. A. Ridler 1979.

L: C. C. Abbott, 1928 (n. 1967).

Darms, Flurin, rätoroman. Dichter u. Erzähler, * 13. 11. 1918 Flond/Graubünden. Theol.- Stud. Zürich. Evangel. Pfarrer in Pontresina, Trin u. Domat/Ems. 20 Jahre Redakteur des Kalenders ›Per mintga di‹. – Beschreibt in Lyrik u. Prosa die überschaubare Bergbauerngemeinschaft, wobei das Verhältnis des Menschen zur Natur themat. dominiert. In der Tradition sucht er den kollektiven Hintergrund des einzelnen.

W: Pervesiders jeu e ti, G. 1960; Schi gitg che la cazzola arda, G. 1968; Sut il Pinut, En. 1972; D'ina riv' a lautra, G. 1978; Per auters curtgins, En. u. Übs. 1996. – Ovras rimnadas, I – III 1985/86.

Darvas, József, ungar. Schriftsteller, Journalist, Politiker, 10. 2. 1912 Orosháza – 3. 12. 1973 Budapest. Päd. Hochschule in Kiskunfélegyháza. Mitarbeiter div. Zeitschriften. 1945 Abgeordneter, 1951–53 Minister für Unterrichtswesen, 1953–56 Kultusmin. 1951–53 u. ab 1959 Vorsitzender des Ungar. Schriftstellerverbands. Red. der Zs. ›Kortárs‹. – In s. Romanen schildert er mit ungeschliffenem Naturalismus u. dokumentar. Authentizität das bäuerl. Elend auf dem Dorf. Schrieb hist. u. soziograph. Romane.

W: Fekete kenyér, R. 1934; Vízkereszttől Szilveszterig, R. 1934 (Verdingt bis Silvester, d. 1964); A legnagyobb magyar falu, R. 1937; A törökverő, R. 1938 (Der Türkenbezwinger, d. 1961); Részeg eső, R. 1963.

Darwin, Erasmus, engl. Schriftsteller und Arzt, 12. 12. 1731 Elton/Nottinghamshire – 18. 4. 1802 Breadsall Priory. Stud. Cambridge und Edinburgh. Arzt in Lichfield, begründete dort e. botan. Garten, korrespondierte mit Rousseau u. Priestley. ∞ 1757 Mary Howard, ∞ 1781 Mrs. Chandos-Pole. Vorausdeuter der Evolutionstheorie s. großen Enkels Charles D. mit ›Zoonomia‹. – D. baut auf dem Materialismus Lockes u. Humes auf. S. Prosa ist klar, naturwiss. Lehrgedichte in Reimpaaren dagegen steif, brachte Linnés botan. System in Verse, behandelte die Metamorphose der Pflanzen, die er als Liebhaber und Geliebte darstellt. Erfuhr scharfe Verspottung s. Pflanzenliebschaften in Cannings ›Loves of the Triangles‹ im ›Anti-Jacobin‹. Weitere naturwiss. Lehrgedichte und Prosaschriften.

W: The Botanic Garden, G. I: Economy of Vegetation, 1791, II: Loves of the Plants, 1789; Zoonomia, G. 1794 (d. III 1795-99); Female Education in Boarding Schools, 1797 (n. 1968); Phytologia, G. 1799. - Poetical Works, III 1806; Essential Writings, hg. D. King-Hele 1968; Letters, hg. ders. 1981.
L: S. Butler, 1879; C. Darwin, 1887; L. Brandl, 1902; D. King-Hele, 1986; M. MacNeil, 1987.

Darwīš, Maḥmūd, palästinens. Dichter, * 13. 3. 1941 Barwa b. Akka (heute Israel). Ab 1970 Exil. – Zunächst ›Widerstandsdichter‹ schlechthin, später Tendenz zu Lang- u. Prosagedichten, deren komplexe symbol. u. mytholog. Sprache existentielle u. universale Aussagekraft hat.

W: Dīwān Maḥmūd Darwīš (SW), Beirut 1984, Bd. 2 1994; Li-māḏā tarakta l-ḥiṣān waḥīdan, 1999 (Warum hast Du das Pferd allein gelassen?, d. 2000). - Ḏākira li n-nisyān (Ein Gedächtnis für das Vergessen, d. 2001).
L: B. Embaló u.a., Kulturelle Selbstbehauptung der Palästinenser, 2002.

Dashwood, Edmée Elizabeth Monica → Delafield, E. M.

Daskalov, Stojan, bulgar. Erzähler, 22. 8. 1909 Liliače – 18. 5. 1985 Sofia. Dorfschullehrer. – Schildert im Stil des sozialist. Realismus das ländl. Leben in Bulgarien mit s. wirtschaftl., sozialen und polit. Problemen und s. Veränderungen durch die beiden Weltkriege.

W: Mŭka, E. 1935; Kolovoz E. 1937; Magdina čuka, E. 1940; Pod jamurluka, E. 1941; Dvor, E. 1943; Pŭt, R. III 1945-50; Pri svoite, E. 1946; Bez mežda, E. 1949; Devojkata ot prochoda, En. 1949 (Das Mädchen vom Paß, d. 1953).

Dass, Petter, norweg. Dichter, 1647 Nord-Herøy – Aug. 1707 Alstahaug/Nordlands fylke. Stud. Theolog. Kopenhagen; 1677 Pfarrer, zuerst in Nesna, seit 1689 in Alstahaug. – Bedeutendster norweg. Dichter des 17. Jh., noch heute populär. In s. Gedichten und geistl. Liedern verzichtete er weitgehend auf die rhetor. Figuren und Stilformen der Barockdichtung. Im Hauptwerk ›Nordlands Trompet‹ lebendige, z. T. humorvolle Beschreibung der Lebensgewohnheiten der nordnorweg. Fischer u. der Landesnatur in reizvollen, frischen Versen u. kräftiger Sprache.

W: Nordske Dale-Viise, G. 1683; Aandelig Tidsfordriv eller Bibelske Viisebog, G. 1711; Dr. M. Luthers lille Catechismus, 1715; Trende Bibelske Bøger, 1723; Nordlands Trompet, G. 1739 (hg. D. A. Seip 1927; n. 1958; d. 1897). - Samlede verker, III 1980; Samlede Skrifter, hg. A. Eriksen III 1874-77; Dassiana, 1891; Viser og Rim, hg. D. A. Seip 1934, 1950, 1980; Alle Evangelia Sangviis forfattet, 1960.
L: A. Eriksen, 1874; L. Passarge, 1880; R. Sveen, 1912; H. Midbøe, 1947; Fs. P. D. 1647-1947, 1947; A. Jakobsen, 1952; S. I. Apenes, 1978; A. Jaklin, 1999.

Daštī, ʿAlī, pers. Schriftsteller und Essayist, 1896 – 1981. Parlamentsabgeordneter unter Reżā Šāh, Botschafter in Kairo, Senator. – In den 1920er Jahren als brillanter Stilist gefeiert, verwendet zahlr. franz. und arab. Termini. Schrieb über Femmes fatales der aristokrat. Bourgeoisie, die europ. Romane lesen und sich in erot. Abenteuern gegen gesellschaftl. Zwänge auflehnen. Schauplätze sind Vergnügungsorte in den wohlhabenden Vierteln Teherans.

W: Fitne, 1945; Sāye, Nn. 1949; Ǧādū, 1952; Hendū, 1955.

Dathenus, Petrus (lat. für Pieter Datheen oder Da[e]ten, Ps. Pieter van Berghen), fläm. Dichter u. Psalmenübersetzer, 1531 oder 1532 Mont-Cassel (heute franz. Flandern) – 17. 3. 1588 Elbing b. Danzig. Verließ mit etwa 18 Jahren das Karmeliterkloster in Ypern, trat zum Kalvinismus über. Prediger in versch. europ. Ländern, zuletzt in Staden b. Danzig. – S. gereimte Übs. der Psalmen ins Niederländ. für den Gebrauch als Kirchenlieder ›De psalmen Davids ende ander lofsanghen‹ (1566) hat trotz sprachl. Unbeholfenheiten alle anderen verdrängt.

L: T. Ruys (Jr.), 1919.

Datta, Maikal Madhusūdan (engl.: Dutt, Michael M.), ind. Dichter u. Dramatiker, 25. 1. 1824 Sagardari/Jessore (Ostbengalen) – 29. 6. 1873 Kalkutta. Sohn e. Rechtsanwalts; 1837–43 Hindu College Kalkutta; trat 1843 zum Christentum über und nahm den Vornamen Michael an; Stud. Jura 1843-48 Bishop's College Kalkutta, Rechtsanwalt; lebte 1848-56 in Madras, danach in Kalkutta; 1862-67 in Europa; beherrschte mehrere ind. und europ. Sprachen; durchlebte psych. Krisen, starb völlig verarmt. – Schrieb zunächst engl. Gedichte, darunter ›The Captive Lady‹ über die Geschichte des Königs Pṛthvīrāj von Kanauj und s. Geliebten Samyuktā sowie das dramat. Gedicht ›Rizia, Empress of Ind‹; begann 1856 nach westl. Vorbild bengal. Dramen zu schreiben, wandte sich jedoch schließl. dem bengal. Epos zu; s. erstes Werk dieser Gattung, der ›Tilottamāsambhab‹, stieß wegen des darin verwendeten, von D. selbst geschaffenen ›amitrākṣar chanda‹ (reimloses Metrum) auf heftige Ablehnung; s. späteren Dichtungen ›Meghanād-badh‹ und ›Bīrāṅganā‹ fanden jedoch, obwohl im gleichen Metrum verfaßt, großen Beifall. D. gilt als Erneuerer der bengal. Epik, dessen Werke traditionelle ind. und westl. lit. Einflüsse oft glückl. vereinen.

W: The Captive Lady, G. 1849; Śarmiṣṭhā, Dr. 1858 (engl. 1859); Padmāvatī, Dr. 1859; Kṛṣṇakumārī, Dr. 1860; Tilottamāsambhava, Ep. 1860 (engl. N. Mukerjee o. J.); Meghanād-badh, Ep. 1861 (n. ²1929; engl. U. C. Sen 1907); Bīrāṅganā (-kāvya), Ep. 1862. – GW, II 1943–46.
L: S. Sen, ²1959.

D'Aubigné Théodore Agrippa → Aubigné, Théodore Agrippa d'

Daudet, Alphonse, franz. Dichter, 13. 5. 1840 Nîmes – 16. 12. 1897 Paris. Fabrikantensohn; nach Verarmung der Familie Umzug nach Lyon, dort Schule, 1856 Repetitor am Gymnas. Alais, 1857 Paris; Beginn der lit. Karriere. Zugang zu Salons, 1860–65 Privatsekretär des Herzogs von Morny, der ihm Reisen (mehrere nach Südfrankreich, 1861 2 nach Algerien und 1863/64 nach Korsika) ermöglichte. Seit Mornys Tod 1865 freier Schriftsteller. 1867 ∞ Julia Allard. Einer der erfolgreichsten Schriftsteller s. Zeit. – Bedeutend als Erzähler von heiterer Ironie, liebenswürdigem Humor, e. der wenigen franz. Humoristen s. Jahrhunderts. Realist. durch naturgetreue Darstellung von Milieu und Kolorit, aber getrennt von den zeitgenöss. Naturalisten durch menschl. Wärme und gefühlsmäßige Anteilnahme an s. Gestalten. Verwandtschaft mit C. Dickens. Begann unter dem Einfluß s. Freundes Mistral und des Félibrige-Kreises als Erzähler s. Heimat, der Provence. ›Les lettres de mon moulin‹ sind e. locker aneinandergefügte Folge von anmutigen Stimmungsbildern und Skizzen, die die Provence in ihrer Sinnenhaftigkeit erstehen lassen. ›Tartarin de Tarascon‹ e. gutmütige Burleske auf Großsprecherei und Phantasieüberschwang des südfranz. Kleinbürgertums. Große Romane unter Einfluß Zolas, Flauberts und der Brüder Goncourt, meist aus dem zeitgenöss. Leben. Verarbeitete oft Zeitungsnachrichten und wählte Figuren aus s. persönl. Bekanntenkreis. S. Personen sind die versch. Vertreter des Bürgertums. Das Schwergewicht liegt nicht auf Milieuschilderung, sondern auf der oft sehr dramat., an das Tragische grenzenden Handlung und der Entwicklung der Charaktere. Einziger Theatererfolg war die von G. Bizet vertonte Tragödie ›L'Arlésienne‹.

W: Les Amoureuses, G. 1857; Le petit chose, Aut. 1868; Les Lettres de mon moulin, En. 1869 (m. P. Arène; n. 1934); L'Arlésienne, Dr. 1872; Les Aventures prodigieuses de Tartarin de Tarascon, R. 1872; Contes du lundi, 1873; Fromont jeune et Risler aîné, R. 1874; Jack, R. 1876; Le Nabab, R. 1877; Les rois en exil, R. 1879; Numa Roumestan, R. 1881 (d. 1985); L'Evangéliste, R. 1883; Sapho, R. 1884; Tartarin sur les Alpes, R. 1885; Trente ans de Paris, Aut. 1888; L'Immortel, R. 1888; Souvenir d'un homme de lettres, Aut. 1888; Port Tarascon, R. 1890; La petite Paroisse, R. 1895; Soutien de famille, R. 1898; Notes sur ma vie, Aut. 1899; Premier Voyage, premier mensonge, Aut. 1900. – Œuvres complètes, XVIII 1899–1901, XX 1929–31. – *Übs.:* Romane, H. Brand u.a. X 1892, GW, F. Meyer VII 1928; Meistererzählungen, B. Jolles 1959.

L: A. Gerstmann, D. bis 1883, II 1883; R. H. Sherard, 1894; L. A. Daudet, 1898; B. Diederich, 1900; M. Burns, La langue d'A. D., Lond. 1916; E. Mertens, Autobiographie in D.s Werken, 1935; E. Fricker, D. et la société du Second Empire, 1938; L. Daudet, 1941; G. Benoit-Guyod, 1947; G. V. Dobbie, Lond. 1949; J. H. Bornecque, Les années d'aprentissage d'A. D., 1951; M. Bruyère, La jeunesse d'A. D., 1955; U. Damska-Prokop, 1960; I. Michel, 1962. M. Sachs, Cambr./MA 1965; M. Andry, 1985.

Daudet, Léon, franz. Schriftsteller und Politiker, 16. 11. 1867 Paris – 30. 6. 1942 Saint-Rémy. Sohn von Alphonse D.; kurze Zeit Stud. Medizin, dann Schriftsteller, 1891 ∞ Jeanne, Nichte von V. Hugo, 1895 Scheidung, ∞ Schriftstellerin Marthe Allard. 1900 Mitglied der Académie Goncourt, 1907 mit Maurras Leiter des monarchist. Organs ›Action Française‹, 1919–24 Abgeordneter des Parlaments. – S. bedeutendste Leistung sind Memoirenwerke mit lebendigen Bildern und Porträts von Zeitgenossen. Romane mit psychoanalyt. und sozialer Tendenz. In polit. Ideen abhängig von C. Maurras: radikale Polemiken von großer Schärfe, oft ungerecht, von Haß und Vorurteilen getragen, meiden weder Vulgäres noch Obszönes. Neigung zu Karikatur und Paradox zieht sich durch s. ganzes Werk. Scharfe polit. Pamphlete. Interessant s. aus dem Werk selbst konstruierte Shakespeare-Biographie.

W: Les morticoles, R. 1894; Le voyage de Shakespeare, B. 1896; Les deux étreintes, R. 1909; Fantômes et vivants, Ess. 1914; Souvenirs de milieux littéraires, politiques, artistiques et médicaux, VI 1914–21; L'hérédo, Prosa 1919; Le stupide XIXe siècle, Polemik 1922; L'Hécatombe, R. 1923; Ecrivains et artistes, VIII 1927f.; Paris vécu, II 1928–30 (d. 1931); Les nouveaux châtiments, Ess. III 1930; Les universaux, Ess. 1935; Panorama de la IIIe République, 1936; La tragique histoire de Victor Hugo, Ess. 1937; La vie orageuse de Clemenceau, 1938 (d. 1939); Mes idées esthétiques, 1939; Quand vivait mon père, Ess. 1940.

L: R. Guillou, 1918; E. Mas, 1928; J. Sauvenier, Brüssel 1933; P. Dresse, L. D. vivant 1948; G. Courage, 1954; R. Joseph, 1962; P. Dominique, 1964; J.-N. Margue, 1971.

Daumal, René, franz. Schriftsteller, 16. 3. 1908 Boulzicourt/Ardennes – 21. 5. 1944 Paris. Sohn e. Volksschullehrers; Philologe; Amerikareise. Morphinist. – Dichter im Gefolge des Surrealismus. Darsteller des Okkulten und Unterbewußten. Strebt Erkenntnis der absoluten und übersinnl. Erfahrung an. Revoltiert gegen Intellektualismus und mod. Wissenschaftlichkeit; setzt dagegen die Weisheit östl. Religion.

W: La grande beuverie, Prosa 1938; Le Contreciel, 1952; Le mont analogue, R. 1952 (Der Analog, d. 1964); Chaque fois que l'aube paraît, Ess. 1953; Poésie noire, poésie blanche, G. 1954; Lettres à ses amis, 1916–1932, 1958; Correspondance I, 1959; Tu t' es toujours trompé, Ess. 1970.

L: J. Biès, 1967; M. Randon, 1970.

Dautzenberg, Johan Michiel, fläm. Dichter, 6. 12. 1808 Heerlen – 4. 2. 1869 Elsene. – Um Kultivierung der Form bemüht (Bewunderer Rückerts u. Platens), richtete D. sich gegen romant. Überschwang, baute Strophen nach griech. u. lat. Modell u. wollte den Hexameter in die niederländ. Dichtung einführen.

W: Gedichten, 1850; Beknopte prosodie der Nederduitsche taal, 1859; Verspreide en nagelatene gedichten, 1869.

L: A.-E. van Beughem, 1935 (m. Bibl.).

Davanzati, Chiaro, ital. Dichter, zwischen 1230 u. 1240 Florenz – vor 1304. Nahm an der Schlacht von Montaperti (1260) teil. Verleiht in s. polit. Gedichten s. Vaterlandsliebe Ausdruck u. besingt in s. Liebesgedichten in Anlehnung an die Provenzalen u. den ›dolce stil nuovo‹ die ›donna angelicata‹ (Engelsfrau).

W: Rime, hg. A. Menichetti 1965.

L: C. Mascetta Caracci, La poesia politica di Ch. D., 1925.

Davenant (D'Avenant), Sir William, engl. Dichter und Dramatiker, 1605/06(?) Oxford – 7. 4. 1668 London. Angebl. unehel. Sohn (vermutl. Patensohn) Shakespeares. Stud. Oxford, Jurist. Tötete 1633 e. Gaststättenangestellten, floh nach Holland. Nach Ben Jonsons Tod 1638 zum Poet laureate ernannt. Während der Regierungszeit Charles' I. Hofmann, kämpfte im Bürgerkrieg auf seiten der Royalisten. 1643 von Charles I. geadelt, 1649 zum Gouverneur von Maryland ernannt, auf dem Weg dorthin 1650 gefangengenommen, im Tower; auf Fürsprache Miltons 1654 begnadigt. Bemühte sich während der Zeit des puritan. Theaterverbots erfolgr. um Aufrechterhaltung der engl. dramat. Tradition, veranstaltete in Privathäusern Aufführungen eigener musikal. Schauspiele und legte damit den Grundstein für die Entwicklung der Oper. War während der Restauration Leiter zweier Theatergesellschaften und führte dort erstmals überhaupt Stücke mit Schauspielerinnen auf. Modernisierte die engl. Bühne, führte Bühnenmaschinerie ein, eröffnete e. Schauspielschule. – Schrieb insges. 25 Dramen, vorwiegend über Liebes- und Ehrenkonflikte, insofern Vorläufer von Drydens heroischen Dramen. Handlungsarm, wenig Spannung, häufige Unterbrechungen des Geschehens durch philos. Diskussionen. Verfaßte e. Versepos ›Gondibert‹, e. um Verona spielende Kriegs- und Liebesgeschichte. Lit. ist D. bedeutsam, da er die Oper als neue Gattung in England einführte: gereimtes Libretto, wechselnde Versmaße, dem Inhalt (Rezitativ oder Arie) angepaßt. S. bedeutendstes Werk ist ›The Siege of Rhodes‹, e. heroische Restaurationstragödie mit Musik. Bearbeitete, teilw. auch mit Dryden (›The Tempest‹, ca. 1670), versch. Shakespeare-Stücke für die Restaurationsbühne (u. a. ›Measure for Measure‹, ›Macbeth‹, ›The Two Noble Kinsmen‹) nach den Vorgaben klassizist. Symmetrie- und Gattungskonventionen.

W: The Tragedy of Albovine, Tr. 1629; The Cruell Brother, Tr. 1630; The Platonick Lovers, Tr.-K. 1636; The Witts, K. 1636; Madagascar, G. 1638; The Unfortunate Lovers, Sch. 1643; Love and Honour, Sch. 1649 (n. J. W. Tupper 1909, zus. mit Siege of Rhodes); Gondibert, Ep. 1651 (n. R. Southey 1831); The Siege of Rhodes, musik. Tr. 1656; The Cruelty of the Spaniards in Peru, Sch. m. Musik, 1658; The History of Sir Francis Drake, Sch. m. Musik, 1659. – Dramatic Works, hg. J. Maidment, W. H. Logan V 1872–74; Selected Poems, hg. D. Bush 1943; Works, II 1968.

L: A. Harbage, 1935 (m. Bibl.); E. C. Marchant, 1936; A. H. Nethercot, 1938; L. Hönnighausen, 1965; H. S. Collins, 1967; Ph. Bordinat, S. B. Blaydes 1981; M. Edmond, 1987.

Davičo, Oskar, serb. Dichter, 18. 1. 1909 Šabac – 1. 10. 1989 Belgrad. Stud. franz. und südslaw. Lit. Belgrad u. Paris, Gymnasiallehrer, 1932 als Kommunist entlassen und zu 5 Jahren Gefängnis verurteilt, Partisan im 2. Weltkrieg, Redakteur der lit. Zs. ›Delo‹. – Schrieb als Surrealist irrationale Gedichte, wandte sich ganz dem Marxismus zu. S. stark subjektive Prosa schildert Werdegang u. Mentalität der neuen Gesellschaft. Übs. Th. Mann (›Buddenbrooks‹).

W: Anatomija, G. 1930; Pesme, G. 1938; Zrenjanin, G. 1949; Višnja za zidom, G. 1950; Hana, G. 1951; Pesma, R. 1952 (Die Libelle, d. 1956); Poezija i otpori, Prosa 1952; Nastanjene oči, G. 1954; Flora, G. 1955; Beton i svici, R. 1956; Radni naslov beskraja, R. 1958; Kairos, G. 1959; Tropi, G. 1959; Pre podne, Ess. 1960; Generalbas, R. 1963; Snimci, G. 1963; Romanpentalogie: Ćutnje, 1963, Gladi, 1963, Tajne, 1964, Bekstva, 1966, Zavičaji, 1971; Telo telu, G. 1975; Gospodar zaborava, R. 1980; Nežne priče, N. 1984. – Sabrana dela (GW), XX 1969; Izabrana poezija, G.-Ausw. VIII 1979 (m. Bibl.). – *Übs.:* Gedichte, 1965.

David, Janina (eig. J. Dawidowicz), poln.-austral.-engl. Schriftstellerin, * 19. 3. 1930 Kalisch. Als Kind aus dem Warschauer Ghetto geflüchtet, emigrierte D. bei Kriegsende nach Paris u. 1948 nach Australien. Studierte in Melbourne u. lebt seit 1958 in London. Verfaßte 1965–82 ihre erfolgr. verfilmte autobiograph. Trilogie vom

Überleben inmitten des Genozids sowie e. Roman.

W: A Square of the Sky, Aut. 1965 (Ein Stück Himmel, d. 1981); A Touch of Earth, Aut. 1969 (Ein Stück Erde, d. 1982); A Part of the Main, R. 1969 (Ein Teil des Ganzen, d. 1985); Light over the Water, Aut. 1982 (Ein Stück Fremde, d. 1983).

David, König von Juda und Israel (ca. 1. Hälfte des 10. Jh. v. Chr.) und Held eines im AT (1 Sam 16 – 1 Kön 2) erhaltenen hist. Romans (mit Textschichten vom 10. bis zum 7. Jh. v. Chr.). Aufgrund seiner (ihm später zugeschriebenen?) Position als Sauls Hofmusikant und des (authentischen?) Klageliedes auf Saul und Jonatan (2 Sam 1,19–27) wurde er seit dem 5. Jh. v. Chr. zum ›Patron‹ der jüd. kultischen Musik und Dichtung (vgl. 1 Chronik 25) und zum paradigmatischen ›Psalmen-Dichter‹, deren redaktionelle Überschriften häufig an Stationen seiner Vita anschließen. Nach einem Qumran-Text galt schon im 2. Jh. v. Chr. der ganze (damalige) Psalter als ›Buch Davids‹.

L: B. Halpern, D.'s secret demons: messiah, murderer, traitor, king, 2001; M. Kleer, ›Der liebliche Sänger der Psalmen Israels‹. Untersuchungen zu D. als Richter und Beter der Psalmen, 1996.

Davidescu, Nicolae, rumän. Schriftsteller, 24. 10. 1888 Bukarest – 12. 6. 1954 ebda. Stud. Philos. Bukarest, Publizist. – Vf. phantast. Erzählungen in der Art von Poe u. Villiers de l'Isle-Adam u. gewollt ästhet., etwas zu konstruierter Gesellschaftsromane. Lyrik von bleibendem Wert, symbolist. Gedichte (Einfluß von Baudelaire); Essays über franz. Schriftsteller.

W: La fântâna Castaliei, G. 1910; Inscripţii, G. 1916; Câtecul Omului, G. IV 1927–37; Vioara mută, R. 1928; Fântâna cu chipuri, R. 1933.

L: C. Davidescu, 1986.

Davie, Donald (Alfred), engl. Lyriker, 17. 7. 1922 Barnsley/South Yorkshire – 18. 9. 1995 Exeter. Univ.-Dozent Dublin, Cambridge, Colchester, Stanford, Nashville. – Zunächst kühle, urbane Lyrik von klassizist., nüchterner Intellektualität, in späteren Werken mehr Betonung symbolist., transzendentaler, aber auch anekdot. Aspekte.

W: Brides of Reason, 1955; A Winter Talent, 1957; New and Selected Poems, 1961; Events and Wisdoms, 1964; Essex Poems, 1969; Six Epistles to Eva Hesse, 1970; Thomas Hardy and British Poetry, St. 1973; The Shires, 1974; Pound, St. 1975; The Poet in the Imaginary Museum, Ess. 1977; In the Stopping Train, 1977; A Gathered Church, St. 1978; These the Companions, Mem. 1982; Essays in Dissent, St. 1995; Poems and Melodramas, 1996. – Collected Poems 1950–70, 1972; 1970–83, 1983; Selected Poems, 1985, 1997.

L: G. Dekker, hg. 1984.

Davies, Sir John, engl. Dichter, April 1569 Tisbury/Wiltshire – 8. 12. 1626. 1585 Stud. Oxford. Als Jurist ab 1588 am Middle Temple, ab 1601 Parlamentsmitglied, 1609 ∞ Eleanor Touchet. Hatte bis zu seinem Rücktritt 1619 versch. polit. Ämter inne. Starb 1626, bevor er das ihm verliehene Amt des Lord Chief Justice of England antreten konnte. – Die Elisabeth I. zugeeignete Gedichtsequenz ›Hymnes to Astraea‹ zeigt Elisabeth als göttlich schöpfende und regenerierende Kraft für ihr Land, ein von männlicher Imagination geformtes Bild, und agiert das auch in ihrem Namen in Form eines aus den Anfangsbuchstaben der Gedichte gebildeten Akrostichons immer wieder aus; in den ›Orchestra‹-Gedichten erscheint dieses Motiv in der Darstellung von Elisabeths Körper als Ver-Körperung der 9 Sphären der Welt. Verfaßte später eine Parodie der stark ritualisierten und narzißt. petrarkist. Liebeslyrik (›Gulling Sonnets‹) sowie das philos. Gedicht ›Nosce Teipsum‹.

W: Epigrammes (ca. 1590), Orchestra (1596), Gulling Sonnets (1597), Nosce Teipsum (1599), Hymns to Astraea (1599), Ten Sonnets to Philomel (1602), Yet Other Twelve Wonders of the World (1608), A Lottery (1608), A Contention betwixt a Wife, a Widow and a Maid (1608).

L: E. Sneath, 1930; J. Sanderson, 1975; H. Pawlisch, 1985; F. Klemp, A Reference Guide, 1985.

Davies, (William) Robertson, kanad. Schriftsteller, 28. 8. 1913 Thamesville/Ontario – 2. 12. 1995 Orangeville/Ontario. Stud. Belfast u. Oxford. Schauspieler, Redakteur, Verleger, Univ.-Dozent. – Neben intensivem Theaterschaffen satir. Attacken gegen kanad. Kleingeisterei (›Salterton Trilogy‹, 1951–58); später beeinflußt von C. G. Jung (›Deptford Trilogy‹, 1970–75); kulturhist. Interesse (›Cornish Trilogy‹, 1981–1988). Erzählstil erinnert an den Viktorianismus.

W: Eros at Breakfast, Drr. 1949; Fortune My Foe, Dr. 1949; Tempest Tost, R. 1951; Leaven of Malice, R. 1954; A Mixture of Frailties, R. 1958 (Glanz und Schwäche, d. 1960); Fifth Business, R. 1970 (Der Fünfte im Spiel, d. 1984); The Manticore, R. 1972 (Das Fabelsen, d. 1985); World of Wonders, R. 1975 (d. 1986); Question Time, Dr. 1975; The Rebel Angels, R. 1981 (d. 1987); What's Bred in the Bone, R. 1985 (Was du ererbt von deinen Vätern, d. 1990); The Papers of Samuel Marchbanks, Ess. 1985; The Lyre of Orpheus, R. 1988; Murther and Walking Spirits, R. 1991 (Wandelnde Schatten, d. 1992); The Cunning Man, R. 1994 (Engel im Kopf, d. 1995).

L: M. Peterman, 1986; E. Cameron, 1991; L. Diamond-Nigh, 1997; C. R. La Bossière, L. M. Morra, hg. 2001.

Davies, William Henry, anglowalis. Dichter und Schriftsteller, 20. 4. 1871 Newport/Wales – 26. 9. 1940 Nailsworth/Gloucestershire. Früh verwaist; Erziehung durch Großeltern. Geringe

Davignon

Schulbildung. Lehrzeit als Bilderrahmer. Lebte 1893–1901 als Vagabund, Gelegenheitsarbeiter und Viehhirt in den USA. Beinamputation nach Absprung von e. fahrenden Lokomotive. Rückkehr nach England. Von G. B. Shaw entdeckt und gefördert. – Naturtalent. S. bedeutendstes Werk ›The Autobiography of a Super-Tramp‹ ist die Verherrlichung des freien Vagabundenlebens im Zeichen soz. Massenelends.

W: The Soul's Destroyer, G. 1905; The Autobiography of a Super-Tramp, 1908 (d. 1985); Nature Poems, 1908; A Weak Woman, R. 1911; Songs of Joy, G. 1911; The Bird of Paradise, G. 1914; Raptures, G. 1918; True Travellers, Opern-Libr. 1923; Moss and Feather, G. 1928; Poems, 1934; Love Poems, 1935. – Collected Poems, 1942; The Essential W. H. D., Ausw. hg. B. Waters 1951; The Complete Poems, 1963.

L: T. Moult, 1934; R. J. Stonesifer, 1963; L. Normand, 2001.

Davignon, Henri, Vicomte, belg. Schriftsteller, 23. 8. 1879 Saint-Josse-ten-Noode/Brüssel – 14. 11. 1964 Woluwe-Saint Pierre/Brüssel. Mitgl. der Königl. Akad. für franz. Sprache und Lit. Brüssel. Leiter der ›Revue Generale‹, des großen kathol. Organs in Belgien, Mitarbeiter u. a. von ›Figaro‹ und der ›Revue des deux mondes‹. Umfassende Kenntnis der ethn., hist., sozialen und relig. Gegebenheiten s. Landes. – Kathol. und traditionalist. gesinnt, geht D. in Romanen bes. relig. Fragen im Zusammenhang mit dem wallon. und fläm. Volkstum und mit der geistig-sittl. Situation nach dem 1. Weltkrieg nach.

W: Le courage d'aimer, R. 1906; Le prix de la vie, R. 1909; Un Belge, R. 1913; Les procédés de guerre des Allemands en Belgique, Abh. 1915; Jan Swalue, R. 1919; Le visage de mon pays, Es. 1921; Aimée Collinet, R. 1922; Un pénitent de Furnes, R. 1925; La vie et les idées, Es. 1925; Vent du nord, R. 1932; Bérinzenne, R. 1934; Tout le reste est littérature, Ess. 1938; La première tourmente, Es. 1949–50; Un Pénitent de Furnes, Es. 1949–50; Paelinc et Beauvau, R. 1951; Charles Van Lerberghe et ses amis, R. 1953; Petite béguine, voulez-vous danser, G. 1954; Souvenirs d'un écrivain belge, Tg. 1954.

L: M. F. Inial, Washington 1948; G. Sion, 1961.

Davila, Alexandru, rumän. Dramatiker, 12. 2. 1862 Goleşti/Muscel – 20. 10. 1929 Bukarest. Sohn e. berühmten Arztes, Stud. Bukarest u. Paris, Diplomat, Polizeiinspektor, Verwaltungsbeamter, später freier Schriftsteller, nach e. Attentat die letzten 14 Jahre gelähmt. – Schrieb Gedichte und Novellen; erwähnenswert s. romant. angehauchtes (V. Hugo) hist. Drama ›Fürst Vlaicu‹ mit Shakespeareschem Konfliktaufbau und großer dramat. Kraft.

W: Vlaicu Vodă, Dr. 1902. – Din torsul firelor (GW), II 1928.

L: E. Perticari, 1935; M. Vasiliu, 1966; D. Modola, 1983.

Davis, Jack (Leonard), austral. Dramatiker u. Lyriker, 11. 3. 1917 Perth/Westaustralien – 17. 3. 2000. Nyoongah-Aborigine, zunächst Rindertreiber, Boxer u. Pferdezüchter, später Aktivist für die polit. u. gesellschaftl. Rechte der austral. Ureinwohner. – S. Werk markiert den Wendepunkt von traditioneller mündl. hin zu mod. schriftl. Überlieferung der (Leidens-)Geschichte der Aborigines.

W: Dreamers, Dr. 1982; No Sugar, Dr. 1986; Black Life, G. 1992.

L: K. Chesson, 1988; G. Turcotte, 1994.

Davis, Richard Harding, amerik. Reporter und Schriftsteller, 18. 4. 1864 Philadelphia – 11. 4. 1916 Mount Kisco/NY. Sohn von Rebecca H. Davis, bekanntester Reporter s. Zeit, berichtete von sechs Kriegen; als Autor sehr vielseitig; Sinn für das Dramat.-Sensationelle und das Oberflächliche im Leben, mit Neuigkeitswert.

W: Gallegher and Other Stories, 1891 (n. 1968); The Exiles, Kgn. 1894 (n. 1968); Our English Cousins, Ber. 1894; Soldiers of Fortune, R. 1897; Ranson's Folly, Kgn. 1902 (Dr. 1904); The Dictator, Dr. 1904.

L: C. B. Davis, 1917; S. C. Osborn, R. L. Phillips, 1978; A. Lubow, 1992. – *Bibl.:* H. C. Quimby, 1924; G. Langford, 1961.

Davtʻean, Vahagn Armēnaki, armen. Lyriker, Publizist, Übersetzer, 15. 8. 1922 Arabkir (Westarmenien/Türkei) – 27. 2. 1996 Erevan. Teilnahme am 2. Weltkrieg; 1948 Stud. Philol., 1962–81 Redakteur der Literaturzs. ›Grakan Tʻertʻ‹, 1981–90 Chefredakteur der Monatszs. ›Veracnvac Hayastan‹, 1990–94 Vorsitzender Schriftstellerverband. – Verfaßte Liebes-, Natur- und Gedankenlyrik, Balladen, Legenden sowie Poeme über dramat. Abschnitte der armen. Geschichte (›Aṙajin sēr‹ [Erste Liebe], 1947; ›Ašxarhi aṙavotc‹ [Der Morgen der Welt], 1950; ›Čanaparh srti mijov‹ [Weg in die Mitte des Herzens], 1953; ›Tʻondrakecʻiner‹ [Thondraken], 1961; ›Amaṙayin amprop‹ [Sommergewitter], 1964; ›Ginow erge‹ [Das Lied des Weins], 1966; ›Cowx Cxani‹, 1969; ›Ankěcʻ moreni‹ [Seit dem Brombeerbusch], 1972; ›Askʻ siroy‹ [Nation der Liebe], 1982 u.a.). Die Bühnenstücke ›Mheri dowṙ‹ (Die Mherpforte) und ›Cirani Car‹ (Aprikosenbaum) wurden in Erevan aufgeführt. – Übs. Puschkin, Lermontow, Jessenin, Blok, Byron, Petőfi.

A: Žoġovacov erkeri (GW), II 1973–75; Erker (W), II 1985. – *Übs.:* franz. 4 Gedichte, Paris 1973.

L: H. Galstean, 1987.

Davydov, Denis Vasil'evič, russ. Dichter, 27. 7. 1784 Moskau – 4. 5. 1839 Verchnjaja Maza/Gebiet Simbirsk, aus altem Adel, 1801–23 Militär; Reiterführer und Organisator der Partisanenkämpfe im Krieg von 1812; Mitgl. des ›Arzamas‹. – Wird zur ›Puškinschen Plejade‹ gezählt; schrieb Husarenlieder, die fröhl. Zechen und Liebe preisen; bemerkenswert s. intime Erlebnisse schildernden Gedichte; Puskin schätzte die Originalität s. Lieder.

A: Sočinenija (W), 1962; Polnoe sobranie stichotvorenij, G. 1933; Voennye zapiski, Mem. 1940; Stichotvorenija, G. 1959.
L: V. V. Žerve, 1913; M. Ja. Popov, 1971.

Dawtjan, Wahagn → Davt'ean, Vahagn Armēnaki

Day, Clarence (Shepard), amerik. Humorist, 18. 11. 1874 New York – 28. 12. 1935 ebda. Sohn e. Börsenmaklers, Stud. Yale, lebenslang gelähmt und ans Bett gefesselt, von wo aus er journalist. und lit. tätig war. – Vf. autobiograph. Familienromane aus dem New York des ausgehenden 19. Jh. in heiter-besinnl. Stil. S. ›Life With Father‹ wurde 1939 von H. Lindsay und R. Course dramatisiert und erzielte e. der größten Erfolge in der Geschichte des Broadway.

W: God and My Father, R. 1932; Life With Father, R. 1935 (Unser Herr Vater, d. 1936); Life With Mother, R. 1937 (Unsere Frau Mama, d. 1938); Father and I, R. 1940. – The Best of C. D., 1948.

Day, Lewis Cecil → Day-Lewis, Cecil

Day, Thomas, engl. Schriftsteller, 22. 6. 1748 London – 28. 9. 1789 Wargrave. Schule Charterhouse, Stud. Oxford. Jurist und Sozialreformer. ∞ 1778 Esther Milne. – Schrieb, beeinflußt durch Rousseau, den Erziehungsroman ›The History of Sandford and Merton‹; sucht darin Rousseaus Naturalismus mit Tugend- und Moralbegriffen zu verbinden. ›The Dying Negro‹ steht am Anfang der Antisklaverei-Bewegung.

W: The Dying Negro, G. 1773 (d. 1798); History of Sandford and Merton, R. III 1783–89 (n. 1969); History of Little Jack, R. 1788 (n. 1977; d. 1831).
L: J. Blackman, 1862; M. Sadler, 1928; G. W. Gignilliat, 1932; S. H. Scott, 1935; M. Jaeger, Adventures in Living, 1970; P. Rowland, 1996.

Day-Lewis, Cecil (Ps. Nicholas Blake), anglo-ir. Dichter, 27. 4. 1904 Ballintubber/Irland – 22. 5. 1972 London. Kindheit in Nottinghamshire; erzogen in Sherborne, Stud. Wadham College Oxford. Bis 1935 Lehrer, dann freier Schriftsteller; 1950–55 Lehrstuhl für Dichtkunst in Oxford, 1964–65 in Harvard. 1968 Poet laureate. – Stark traditionalist. Lyriker unter versch. Stileinflüssen. Gehörte mit St. Spender in den 1930er Jahren zur Gruppe um W. H. Auden; schrieb e. Versepos über den Span. Bürgerkrieg, verherrlichte kommunist.-idealist. Tendenzen in der visionären Dichtung ›The Magnetic Mountain‹ mit Bildern aus der mod. Technik. Besingt in reiner, sehr musikal. Sprache die Schönheiten und Besonderheiten der engl. Landschaft. S. späte Dichtung steht in der Tradition Hardys und de la Mares. Die Sonettenfolge ›O Dreams, O Destinations‹, die das Erleben e. Kindes widerspiegelt, gehört zu s. besten Dichtungen. Außerdem Vf. von krit. Schriften, Jugendbüchern und Romanen sowie von Detektivromanen unter s. Pseudonym. Übs. von Vergil (III 1940–63) und P. Valéry (1947).

W: Beechen Vigil, G. 1925; Country Comets, G. 1928; Transitional Poem, G. 1929; From Feathers to Iron, G. 1931; The Magnetic Mountain, G. 1933; A Hope for Poetry, Es. 1934; Collected Poems, 1929–33, 1935; A Time to Dance, G. 1935; The Friendly Tree, R. 1936; The Loss of Nabara, Ep. 1936–39; Starting Point, R. 1937; Overtures to Death, G. 1938; Anatomy of Oxford, Es. 1938; Malice in Wonderland, R. 1940; Word Over All, G. 1943; The Poetic Image, Es. 1947; Enjoying Poetry, Es. 1947; Poems 1943–47, 1948; The Grand Manner, Es. 1952; An Italian Visit, G. 1953; Collected Poems, 1954; Pegasus, G. 1957; The Buried Day, Aut. 1960; The Worm of Death, R. 1961 (d. 1964); The Gate, G. 1962; The Room, G. 1965; The Lyric Impulse, Es. 1965; The Deadly Joker, R. 1966 (d. 1966); The Otterbury Incident, Jgb. 1966 (Johnny Sharp und die Detektive, d. 1969); The Morning after Death, R. 1966 (d. 1968); The Private Wound, R. 1968; A Mind Awake, Slg. 1968; The Whispering Roots, G. 1970; Never Look Back, Aut. 1974. – Complete Poems, 1992. – *Übs.:* Gedichte, Ausw. 1959.
L: C. Dyment, 1955; J. N. C. Riddel, 1971; S. Day-Lewis, 1980; A. Gelpi, Living in Time, 1998. – *Bibl.:* G. Handley-Taylor, T. d'Arch Smith, 1968.

Dazai, Osamu (eig. Tsuhima Shūji), jap. Schriftsteller, 19. 6. 1909 Kanagi – 13. 6. 1948 Tokyo (Selbstmord). Sohn e. wohlhabenden Großgrundbesitzers. Stud. 1930 franz. Lit. Tokyo, nach frühzeitigem Ausscheiden regelloses Leben. Anhänger der kommunist. Bewegung. 1930–37 drei Selbstmordversuche mit bleibender Gesundheitsschädigung. Bekanntschaft mit Ibuse Masuji, Sato Haruo, Dan Kazuo; Hinwendung zur Romantik. Mithrsg. der Zs. ›Aoi Hana‹ (Blaue Blume). Gewann 1935 lit. Anerkennung. 1939 Ishihara Michiko; Periode neuen Lebensmutes u. Aufschwungs. Während der Nachkriegswirren wieder nihilist. u. verzweifelt; Gefühl der Verpflichtung gegenüber der Menschheit, soziale Gedanken, andrerseits e. schicksalhaftes Nachuntentreiben, Dunkelheit u. Dekadenz, doch mit Hoffnung auf Erneuerung. Auch Theaterstücke.

W: Omoide, E. 1933; Gyakkô, E. 1935; Dôke no hana, E. 1935; Sôseiki, E. 1936; Bannen, En. 1936; Ningen shikkaku, R. 1948 (engl. 1958; Gezeichnet, d. 1997); Fugaku hyakkei, En. 1939; Fuyu no hanabi, Sch. 1946; Haru no kareha, Sch. 1947; Viyon no tsuma, E. 1947 (Die Frau Villons, in: Träume aus zehn Nächten, d. ²1980); Shayô, R. 1947 (Die sinkende Sonne, d. 1958). – D. O. zenshû (GW), 1978–79. – *Übs.:* J. Stalph, Warten 1983; S. Schaarschmidt, Von Frauen, 1990; J. O'Brien, Crackling mountain and other stories, 1989; Das Gemeine u.a. Erzählungen, d. St. Wundt 1992.

L: M. Scalise, Romanzieri giapponesi moderni: O. D., Mailand 1967; D. Brudnoy, The Immuable Despair of D. O. (MN 23/1968); J. O'Brien, 1975; M. Scalise, La produzione teatrale di D. O., Roma 1977; Ph. Lyons, The Saga of D. O., Stanford 1985; A. Wolfe, Suicidal narrative in modern Japan, Princeton 1990.

D'Azeglio, Massimo Taparelli Marchese → Azeglio, Massimo Taparelli Marchese d'

D'Eaubonne, Françoise → Eaubonne, Françoise Marie-Thérèse d'

Debeljanov, Dimčo (eig. Dinčo D.), bulgar. Lyriker, 28. 3. 1887 Koprivštica – 2. 10. 1916 b. Demirchisar. Dienst im meteorolog. Amt, Journalist u. Stenograph im bulgar. Parlament, später Berichterstatter im obersten Rechnungshof. D. meldete sich 1916 freiwillig zum Fronteinsatz, wo er bald fiel. Erste Veröffentlichungen seit 1906 in Zeitschriften u. Zeitungen. Gedichtsammlungen erst nach s. Tod. Zusammen mit N. → Liliev u. D. Podvursačov Mitglied des Lit.kreises ›Zveno‹, dessen gleichnamige Zeitschrift (1914) eine der repräsentativen des bulgar. Symbolismus ist. – S. Lyrik ist ein Meisterwerk der bulgar. Elegie. Sie trägt einige Züge der symbolist. u. romant. Konventionen, ohne zu ihnen zu gehören. Zusammen mit Podvursačov gab er ›Bulgarska antologija. Našata poesija ot Vasova nasam‹ heraus, einer der ersten Versuche zur Konzipierung der bulgar. Dichtkunst. Übsn. aus dem Franz.

W: Stichotvorenija, G. 1920; Zlatna pepel, G. 1924. – SW II 1969. – *Übs.:* Bulgar. Jb. 1938.

L: L. Stojanov, 1926; S. Karolev, 1961; S. Iliev, 1985.

Debi, Mahasveta → Devī, Mahāsvetā

De Bosis, Adolfo, ital. Lyriker, 3. 1. 1863 Ancona – 28. 8. 1924 Pietralacroce/Ancona. Stud. Jura Rom. Bewunderer D'Annunzios, 1895–1907 Hrsg. der Zs. ›Il Convito‹ in Rom. – Klassizist. Lyriker und Übs. aus dem Griech. (Homer) u. Engl. (Shelley, Whitman).

W: Amori ac silentio sacrum, G. 1914; Le rime sparse, G. 1914; Saluto d'Italia, G. 1922.

L: C. Crocioni, 1927.

De Carlo, Andrea, ital. Schriftsteller, * 1952 Mailand. Stud. Gesch. ebda. Nach dem Abschluß längere Auslandsaufenthalte (USA, Australien). Danach Regieassistent bei F. Fellini u. M. Antonioni. Lebt in Urbino und im Ausland. – Auf Empfehlung Italo Calvinos wurde s. erster, stark autobiograph. geprägter Roman veröffentlicht. Der pikareske Held erzählt s. initiator. Amerikaerlebnis mit einem kühlen, gleichsam fotograf. Blick, e. Schreibweise, die von der Kritik mit dem Hyperrealismus der amerik. mod. Malerei verglichen wurde. Nach der Phase des modischen Exotismus kehrte D. C. themat. nach Italien zurück; dabei wählte er e. bewährte Mischung aus Politik und Erotik ohne weitere stilist. Experimente, die ihm stets die Gunst des Publikums sicherte. S. ersten Roman verfilmte er selbst 1991.

W: Treno di panna, R. 1981 (d. 1984); Uccelli da gabbia e da voliera, R. 1982 (d. 1986); Macno, R. 1984 (d. 1987); Yucatan, R. 1986 (d. 1988); Due di due, R. 1989 (d. 1993); Tecniche di seduzione, R. 1991 (d. 1993); Arcodamore, R. 1993 (d. 1997); Uto, R. 1995 (d. 1996); Di noi tre, R. 1997 (d. 2001); Nel momento, R. 1999 (d. 2001); Pura vita, R. 2001; I veri nomi, R. 2002.

Decker, Thomas → Dekker, Thomas

Decorte, Bert (eig. Joannes Martinus Albert D.), fläm. Lyriker, * 2. 7. 1915 Retie. Verwaltungsbeamter. – Vitalist. Lyrik mit überraschendem Formenreichtum, kräftigem Rhythmus u. sprechenden Bildern. Auch Übs. u. Nachdichtungen.

W: Germinal, 1937; Orfeus gaat voorbij, 1940; Een stillere dag, 1942; Nieuwe gedichten, 1944; Aards gebedenboek, 1948; Japanse motieven, 1956; Kruis of Munt, 1970; Kortom, Aut. 1971; Verzamelde gedichten, 1974; Knobbelgeschiedenis, Aut. 1986; De nieuwe rederijkerij, 1989; Tot meerdere eer en glorie van het alfabet, Aphor. 1991.

L: E. van Ruysbeek, 1966.

De Crescenzo, Luciano, ital. Romanautor und Essayist, * 1928 Neapel. In s. Heimatstadt Stud. zum Ingenieur, war bis zur Veröffentlichung s. erfolgr. Romans ›Così parlò Bellavista‹ leitender Angestellter bei der IBM Italia. – S. Aufmerksamkeit gilt kleinen Begebenheiten des neapolitan. Alltags. Bemerkenswert ist auch s. ohne Narzißmus erzählte Autobiographie. S. Geschichte der griech. Philos. ist ein amüsantes und gleichzeitig ernstzunehmendes Handbuch.

W: Così parlò Bellavista, R. 1977 (d. 1986); Zio Cardellino, R. 1981 (d. 1988); Storia della filosofa greca, 1984 (d. 1985); Oi dialogoi, En. 1985 (d. 1987); La domenica del villaggio, 1989; Vita di Luciano De Crescenzo scritto da lui medesimo, Aut. 1989 (d. 1992); Elena, Elena, amore mio, R. 1991; Sokrates, Es. 1993; Croce e delizia, R. 1993 (d. 1994); Panta rei, Es. 1994; Nessuno, Es. 1997; Sembra ieri, Aut. 1997 (d. 2001); Il tempo e la felicità, Es. 1998 (d. 2000); La distrazione, R. 2000; Tale quale, R. 2001; Storia della filosofia medievale, 2002.

Dede Korkut (Qorqud Ata), legendärer türk. Rhapsode, nach dem das Volksepos der oghus. Stämme (>Kitāb-i-Dede Qorqud<) benannt ist. Das vermutl. im 15. Jh. niedergeschriebene Werk spiegelt die Kämpfe der Stämme untereinander u. gegen ihre christl. Nachbarn wider. Einige s. 12 Erzählungen, in denen Prosa mit Versen wechselt, enthalten vorislam. (schamanist.) Elemente u. Parallelen zu anderen Volksepen zentralasiat.-türk. Ursprungs (>Alpamyš<-Zyklus).
 A: Kilisli Rifat 1916 (Dresdner Hs.); E. Rossi 1952 (Hs. d. Vatikan. Bibl., m. ital. Übs. u. Komm.); M. Ergin II 1958–63; O. S. Gökyay 1938 (mod. türk.); A. Binyazar 1991. – *Übs.:* J. Hein 1958; H. A. Schmiede 1995.

Dedinac, Milan, serb. Dichter, 27. 9. 1902 Kragujevac – 26. 9. 1966 Opatija. Schule teilweise in Frankreich. Redakteur u. Korrespondent der Zt. >Politika<. Nach dem 2. Weltkrieg Hauptredakteur der Ztn. >Politika< u. >Književne novine<, Theaterdirektor. – Surrealist. Lyrik, von franz. Lit. geprägt. Übs. aus dem Franz., Theaterkritiker.
 W: Javna ptica, G. 1926; Jedan čovek na prozoru, G. 1937; Pesme iz dnevnika zarobljenika broj 60211, G. 1947; Pozorišne hronike, 1950; Poziv na putovanje, G. 1965; Sabrane pesme, G. 1982.
 L: P. Palavestra, 1972.

Deeping, Warwick, engl. Romanschriftsteller, 28. 5. 1877 Southend/Essex – 20. 4. 1950 Weybridge/Surrey. Medizinstud. Cambridge, 1 Jahr ärztl. Praxis, danach freier Schriftsteller. – Begann mit romant.-hist. Erzählungen über Themen der engl. Geschichte. Nach Teilnahme am 1. Weltkrieg erschien s. populärster Roman, >Captain Sorrell and Son<, der die Generationsprobleme durch e. echte Vater-Sohn-Kameradschaft löst u. s. Autor in ganz Europa bekannt machte. Schrieb (insgesamt über 60) Unterhaltungsromane über Gegenwartsfragen und soz. Probleme. Neigung zu Schwarzweißmalerei und Sentimentalität. Optimist. Weltanschauung. Viel gelesen, zahlr. Übsn.
 W: Uther and Ingraine, R. 1903; The Strong Hand, R. 1912; Bridge of Desire, R. 1916; Second Youth, R. 1919; The Prophetic Marriage, R. 1920; Orchards, R. 1922; Three Rooms, R. 1924; Captain Sorrell and Son, R. 1925 (d. 1927); Doomsday, R. 1927 (Der Schicksalshof, d. 1928); Kitty, R. 1927 (d. 1920); Old Pybus, R. 1928 (d. 1932); Roper's Row, R. 1929 (Außenseiter der Gesellschaft, d. 1930); Stories of Love, Kgn. 1930; Sincerity, R. 1930 (Dr. Wolfe greift ein, d. 1951); Exiles, R. 1930; The Road, R. 1931 (Der Weg nach Tindaro, d. 1942); The Eyes of Love, R. 1933; Two Black Sheep, R. 1933 (Zwei Gezeichnete, d. 1941); The Man on the White Horse, R. 1934; Sackcloth into Silk, R. 1935; No Hero This, R. 1936 (Dr. Brents Wandlung, d. 1949); Blind Man's Year, R. 1937 (Licht im Dunkel, d. 1952); The House of Spies, R. 1938 (d. 1952); The Malice of Men, R. 1938; Bluewater, R. 1939; Folly Island, R. 1939; The Man Who Went Back, R. 1940; The Dark House, R. 1941; Corn in Egypt, R. 1942; Slade, R. 1943; Laughing House, R. 1946; Fox Farm, R. 1946 (Der Träumer, d. 1954); Old Mischief, R. 1950 (Wege der Liebe, d. 1956); Time to Heal, R. 1950 (Sibylla, d. 1953); The Serpent's Tooth, R. 1961 (In den Fängen der Nacht, d. 1961).

Defoe, Daniel (eig. Foe), engl. Romanschriftsteller und Journalist, 1660 Cripplegate – 26. 4. 1731 Moorgate. Sohn e. Fleischers. ∞ 1684 Mary Tuffley. Handelsmann, Agent, Journalist, Gründer und Hrsg. mehrerer Zsn., Vf. zahlr. Flugschriften. In >The True-Born Englishman< (1701) verteidigte er die Thronbesteigung Wilhelms von Oranien gegenüber denjenigen, die den König als Ausländer ablehnten. 1702 griff er in >The Shortest Way with the Dissenters< die Kirche von England und deren Unduldsamkeit in Glaubensdingen mit scharfer Ironie an, mußte dafür am Pranger stehen. Dieses Erlebnis nutzte er, um s. >Hymn to the Pillory< 1703 gleichzeitig verkaufen zu lassen. Verbüßte wegen s. Flugschriften auch e. Gefängnisstrafe, wurde aber nach Freilassung von der Regierung als Geheimagent eingestellt. 1704–11 veröffentlichte er >The Review< (n. A. W. Secord 1950; >The Best of Defoe's >Review<<, hg. W. F. Payne 1970), e. Art Vorläufer der >Moral Weeklies< von Addison und Steele. – Schrieb als 60jähriger s. ersten Roman >Robinson Crusoe<, dessen großer Erfolg ihn veranlaßte, zahlr. weitere Romane folgen zu lassen. >Robinson Crusoe< ist eig. die phantasievolle Ausschmückung e. Tatsachenberichts über das Leben e. damaligen Schiffbrüchigen, Alexander Selkirk, auf e. einsamen Insel. Abenteuerroman, der zugleich den puritan. Idealen entspricht, da er das einfache Leben e. ganz auf sich gestellten Mannes schildert, der sich über jede Tat genau Rechenschaft ablegt. >Moll Flanders< und >Roxana< sind Schelmenromane mit weibl. Heldinnen. Das >Journal of the Plague Year< gibt sehr anschaul. Bericht von den Schrecknissen des Londoner Pestjahres; D. legte Zeitdokumente zugrunde, die er zum fiktiven Gesamtbild vereinte. S. >Memoirs of a Cavalier<, von ihm als Geschichtsschreibung ausgegeben, sind der erste hist. Roman. D. schrieb, einschließl. s. Flugschriften, insges. rd. 250 Werke, darunter e. dreibändigen Reiseführer >Tour through the Whole Island of Great Britain<. Mit s. Romanen verband D. stets moralisierende und didakt. Absichten. Begründer des realist. fiktiv-autobiograph. Romans, erreichte große Wirklichkeitstreue, indem er s. Hauptpersonen gewissermaßen als Augenzeugen die Geschehnisse in Ich-Form erzählen ließ. Fesselnde Darstellungsweise, klarer sachl. Stil.

Defresne

W: An Essay upon Projects, 1697 (Fragen vor 200 Jahren, d. 1890); The True-Born Englishman, 1701; The Shortest Way with the Dissenters, 1702; The Life and Strange Surprizing Adventures of Robinson Crusoe, R. 1719 (d. H. Ulrich 1905, Hübner 1922, Rütgers 1922); The Farther Adventures of Robinson Crusoe, R. 1719 (d. dies.); The History of the Life and Adventures of Mr. Duncan Campbell, R. 1720; Memoirs of a Cavalier, R. 1720; The Life, Adventures and Pyracies of the Famous Captain Singleton, R. 1720 (d. 1919); Serious Reflections during the Life and Surprizing Adventures of R. Crusoe, 1720; The Fortunes and Misfortunes of the Famous Moll Flanders, R. 1722 (d. 1956); A Journal of the Plague Year, 1722 (d. 1925); The History and Remarkable Life of the Truly Honourable Colonel Jacque, R. 1722 (d. 1919); The Fortunate Mistress: Roxana, R. 1724 (d. 1966); Robberies, Escapes etc. of John Sheppard, R. 1724; A Tour thro' the Whole Island of Great Britain, III 1724–26; The Life of Jonathan Wild, R. 1725; The Complete English Tradesman, 1725; The Political History of the Devil, 1726. – Romances and Narratives, hg. G. A. Aitken XVI 1895; Works, hg. G. H. Maynadier XVI 1903f.; Novels and Selected Writings, XIV 1927f.; The Versatile D.: An Anthology of Uncollected Writings, hg. L. A. Curtis 1979; Letters, hg. G. H. Healey 1955. – *Übs.:* Romane, J. Grabisch, IV 1919, II 1967ff.

L: T. Wright, ²1931; R. Stamm, 1936; I. Watt, The Rise of the Novel, 1957; R. Weimann, 1962; M. E. Novak, 1963; J. J. Richetti, D.s Narratives, 1975; E. Zimmermann, D. and the Novel, 1975; P. Earle, 1976; D. Blewett, D.s Art of Fiction, 1979; F. Bastian, D.s Early Life, 1981; G. M. Sill, D. and the Idea of Fiction, 1983; I. A. Bell, D.s Fiction, 1986; P. R. Backscheider, 1989; M. Schonhorn, 1991. – *Bibl.:* J. R. Moore, 1960; P. N. Furbank, 1998.

Defresne, August (Marie August André Antoine), niederländ. Dramatiker und Erzähler, 6. 11. 1893 Maastricht – 2. 4. 1961 Amsterdam. Stud. niederländ. Lit. Amsterdam, Regisseur und Theaterleiter ebda. – In Dramen, Romanen u. Essays anfangs Vorkämpfer des Expressionismus, später psycholog. Motive unter Einfluß Freuds.

W: Moordromance, Dr. 1921; De woonschuit, Dr. 1924; Lord Lister legende, Dr. 1925; De uitvreter, Dr. 1926; De wonderlijke familie, R. 1937; Het onbewoonde eiland, Dr. 1941; De naamloozen van 1942, Dr. 1945; Een avond in Amsterdam, R. 1946; De inbreker, R. 1961; Het toneel tusschen waarheid en schoonheid, Es. 1964.

L: W. P. Pos, 1971 (m. Bibl.).

Deglavs, Augusts, lett. Erzähler, 9. 8. 1862 Šķibe b. Jelgava/Lettl. – 3. 4. 1922 Riga. Sohn e. Hofbesitzers; brach für seine künstler. Neigungen 1887 mit dem traditionellen Leben; Schwerarbeiter; 1888–90 Beamter; Autodidakt; ab 1891 Publizist; Tbc. – Realist; monumentale, kulturhist. Romane; Übs. (Ibsen, Sienkiewicz).

W: Starp divām ugunīm, R. 1891; Jaunā pasaule, R. III 1897–99; Mazais dekadents, E. 1904; Rīga, R. II 1912– 21. – Kopoti raksti (GW), VII 1926–35; Izlase (AW), 1965.

Degli Uberti, Fazio (Bonifazio), ital. Dichter, um 1307 Pisa – um 1368 Verona. Aus vornehmer, florentin. Familie, Urenkel von Farinata. Ghibelline, lebte in Verbannung an versch. ital. Höfen. – Vf. des unvollendeten Werkes ›Il Dittamondo‹ (1346–67), e. allegor. Abhandlung in ›terza rima‹ über e. imaginäre Reise durch die 3 damals bekannten Weltteile Europa, Afrika u. Asien unter Führung des lat. Geographen Caius Julius Solinus, von dessen im MA viel gelesenem Werk er inspiriert war. Auch ›Rime amorose‹, Sonette u. polit. ›canzoni‹ gegen die Florentiner Guelfen.

A: Il Dittamondo, Le Rime, hg. G. Corsi II 1952; Le liriche, hg. R. Renier 1883.

L: A. Pellizzari, Il Dittamondo e la Divina Commedia, 1903; G. Corsi, Appunti sul Dittamondo di F. d. U., 1917; A. Fascetti, 2001.

Degutytė, Janina, litau. Lyrikerin, 6. 7. 1928 Kaunas – 8. 2. 1990 Santariškės. Stud. Philol. Vilnius, 1955–58 Lehrerin Tauragė und Nemenčinė, 1958–60 Verlagstätigkeit, seit 1960 freie Schriftstellerin. – Das Leben ist ihr e. endloses Wunder; Liebe und tiefste Verehrung allem Lebenden gegenüber, Verlangen nach reiner Menschlichkeit, Synthese von Gefühl u. Gedanken.

W: Ugnies lašai, 1959; Dienos – dovanos, 1960; Ant žemės delno, 1963; Šiaurės vasaros, 1966; Pilnatis, 1967; Mėlynos deltos, 1968; Šviečia sniegas, 1970; Prieblandų sodai, 1974; Tylos valandos, 1978; Tarp saulės ir netekties, 1980; Purpuru atsivėrusi, 1984; Rinktiniai Raštai, II 1988.

L: V. Daujotytė, 1984.

Deguy, Michel, franz. Schriftsteller und Journalist, * 1930 Paris. Univ.-Prof. zunächst für Philos., dann Lit. Übs. von Hölderlin, Heidegger, Celan. Gründet und leitet mehrere Zeitschriften: ›Revue de Poésie‹ (1964–1971), ›Poésie‹ (1977), Präsident des ›Collège International de Philosophie‹ (1989–92) und der ›Maison des Ecrivains‹ (1992–98). – Verfaßt v.a. Gedichte und theoret. Abhandlungen. Dichtung wird verstanden als orphische Suche nach der Zeit, dem Anderen sowie nach den Gemeinsamkeiten in den Verästelungen der poet. Schöpfung.

W: Les meurtrières, G. 1959; Fragments du cadastre, G. 1960; Poèmes de la presqu'île, G. 1962; Le monde de Thomas Mann, Abh. 1962; Ouï dire, G. 1966; Actes, G. 1966; Tombeau de Du Bellay, G. 1973; Donnant Donnant, G. 1981; Brevets, G. 1986; Choses de la poésie et affaire culturelle, Abh. 1987; Aux heures d'affluence, G. 1993; A ce qui n'en finit pas, G. 1995; L'énergie du désespoir ou d'une poétique par tous les moyens, Abh. 1998; La raison poétique, Abh. 2000; L'Impair, G. 2000. – Poèmes I, 1960–70, 1973; Poèmes II, 1970–80, 1986; Poèmes III, 2000.

L: P. Quignard, 1975; M. Loreau, 1980; M. Bishop, 1988; J.-P. Moussaron, 1992. – *Bibl.:* R. Harvey, hg. 1960–2000, 2000.

Deinarchos, griech. Redner, um 360 v. Chr. – nach 292 v. Chr. Kam um 342 nach Athen, Stud. Philos. und Rhetorik. Nach der Vertreibung s. Freundes Demetrios von Phaleron ging er 307 nach Chalkis (Euboia) und kehrte 292 auf Theophrasts Bemühungen hin zurück. – Von s. 64 (60?) Reden im Stil des Demosthenes sind 3 erhalten: gegen Demosthenes, Aristogeiton, Philokles. Über D. liegt e. Schrift des Dionysios von Halikarnassos und des Hermogenes vor.
A: F. Blass ²1888 (n. 1967); J. O. Burtt, Minor Attic Orators 2, Lond. 1954 (m. engl. Übs.).

Deken, Agatha, gen. Aagje, niederländ. Schriftstellerin, 10. 12. 1741 Amstelveen – 14. 11. 1804 Den Haag. Herkunft, bis 1767 in e. kalvinist. Waisenhaus in Rijnsburg. – Schrieb relig. Gedichte um die Seelenfreundschaft mit e. gleichaltrigen Mädchen. Nach dem Tod ihrer Freundin lernte sie E. → Wolff-Bekker kennen u. lebte nach dem Tod von E. Wolffs Mann mit ihr zusammen in De Rijp, ab 1782 in Beverwijk zu gemeinsamer lit. Arbeit. – Vf. patriot. u. relig. Lyrik.
W: (außer den Gemeinschaftsproduktionen, diese bei → Wolff-Bekker): Stichtelijke Gedichten, 1775; Mijn offerande aan het vaderland, G. 1799; Liederen voor den boerenstand, G. 1804; Liederen voor ouders en kinderen, G. 1805.
L: → Wolff-Bekker.

Dekker, Eduard Douwes → Multatuli

Dekker, Maurits (Rudolph Joël, Ps. Boris Robazki), niederländ. Romancier und Dramatiker, 16. 7. 1896 Amsterdam – 7. 10. 1962 ebda. – S. Werke mit psycholog. behandelten Stoffen aus Geschichte u. Gegenwart sind Ausdruck s. Kampfes gegen soziale Ungerechtigkeit.
W: Doodenstad, R. 1923; Waarom ik niet krankzinnig ben, R. 1929; Amsterdam, R. 1931; De laatste minuut, Dr. 1933; De menschen meenen het goed met de menschen, R. 1934; Oranjetril., R. III 1935–38; Willem van Oranje, Dr. 1937; De laars op de nek, R. 1945; De knopenman, En. 1947; De wereld heeft geen wachtkamer, Dr. 1950 (d. 1956); De afgrond is vlak voor uw voeten, R. 1952; Het andre, R. 1957.
L: D. de Jong, 1946.

Dekker, Thomas, engl. Schriftsteller und Dramatiker, 1572 London – 25. 8.? 1632 ebda. Lebte in großer Armut, wird erstmals 1598 in Henslowes Tagebuch erwähnt, 1613–19 im Schuldgefängnis; soll an 44 Stücken zusammen mit Middleton, Rowley und Webster mitgearbeitet haben. – Vielseitiges Bühnenschaffen; ›Old Fortunatus‹ geht auf e. Stück von Hans Sachs zurück, einige Stücke, vor allem s. bedeutendstes Drama ›The Honest Whore‹, das am Beginn einer lit.-polit. Polarisierung der Geschlechter steht, sind Vorläufer des bürgerl. Trauerspiels. Verfaßte außerdem zahlr. iron.-witzige Prosaschriften, die Zeitsitten schildern und ein sehr krit. Bild des Londoner Alltagslebens der Shakespeare-Zeit zeichnen. ›The guls hornebooke‹ beschreibt anschaulich das Benehmen der Stutzer, es ist in der Schilderung e. bestimmten Menschentyps Vorläufer von Addison und Steele, v. a. aber von Thackerays ›Book of Snobs‹. In s. Dramen und Prosaschriften verbindet D. vielfach Alltag und Romantik. S. besondere Stärke liegt in der gutmütig-kom. Schilderung kleinbürgerl. Alltagslebens. ›The Wonderful Yeare‹ beschreibt London während der Pest, mit Defoes ›Plague Year‹ zu vergleichen. B. Jonson verspottete D. in ›The Poetaster‹ (1601); D. erwiderte die Satire mit s. Komödie ›Satiro-mastix‹; bekannt geworden als ›War of the Theatres‹, in dem Decker, Marston und Jonson einander in ironisierend-satir. Darstellung als dramat. Figuren auf die Bühne brachten.
W: The Shoemaker's Holiday, K. 1600 (n. P. G. Davies 1968, R. L. Smallwood, S. Wells 1979); Old Fortunatus, K. 1600 (n. O. Smeaton 1904); Satiro-mastix, K. 1602 (n. J. H. Penniman 1913); The Wonderful Yeare, Es. 1603; The Honest Whore, K. II 1604–30; The Seuen Deadly Sinnes of London, Es. 1606 (n. Brett-Smith 1922); Westward Hoe!, Sch. 1607 (m. Webster); The Whore of Babylon, Sch. 1607; The Bellman of London, Es. 1608; The Guls Horne-Booke, Es. 1609 (n. 1969). – Non-Dramatic Works, hg. A. B. Grosart V 1884–86; Plague Pamphlets, hg. F. P. Wilson 1925; Dramatic Works, hg. R. H. Shepherd IV 1873; hg. F. Bowers IV 1953–61; Ausw., hg. E. Rhys 1887 (n. 1949), E. Pendry 1968.
L: F. E. Pierce, 1909; M. L. Hunt, 1911; K. L. Gregg, 1924; A. Maugeri, Studi su T. D., 1958; M. T. Jones-Davies, Paris 1958; G. R. Price, 1968; J. H. Conover, 1969; D. Adler, T. D. A Reference Guide, 1983; L. S. Champion, Th. D. and the Traditions of English Drama, ²1987; J. Gasper, The Dragon and the Dove: The Plays of T. D., 1990. – *Bibl.:* S. A. Tannenbaum, 1937; Konkordanz: V. A. Small u. a., V 1984.

Dekobra, Maurice (eig. Ernest-M. Tessier), franz. Schriftsteller, 26. 5. 1888 Paris – Juni 2. 6. 1973 ebda. Stud. Paris. Journalist. Im 1. Weltkrieg Kontaktoffizier in England. – Vf. scharfer Satiren auf Sitten und Charakter der Engländer. Hrsg. e. Anthologie engl. und amerik. Humoristen. Hatte nach dem 1. Weltkrieg internationalen Erfolg mit zahlr. Romanen und Erzählungen, flüssig geschriebener, mondäner, kosmopolit. Unterhaltungslit.
W: Messieurs les Tommies, Sat. 1917; Le rire dans le brouillard, Anth. 1923; Mon cœur au ralenti, R. 1924; La Madone des sleepings, R. 1925 (d. 1926); La Vénus à

Roulettes, R. 1925; La gondole aux chimères, R. 1926; Le sphinx a parlé, R. 1930; Tigres parfumés, R. 1930; Satan refuse du monde, R. 1947; Lune de ma ciel à Shanghai, 1947; Le Sphinx a parlé, 1968; Mon cœur au ralenti, 1969.

L: M. Roya, Au coin du bois sacré, 1929; J. D'Hariel, E. Gerber, ²1934.

Delafield, E. M. (eig. Edmée Elizabeth Monica de la Pasture bzw. E. M. Dashwood), engl. Schriftstellerin, 9. 6. 1890 Steyning/Sussex – 2. 12. 1943 Cullompton/Devonshire. ∞ 1919 Sir George Dashwood. Während des Krieges für das Ministry of National Service tätig. – Vf. zahlr. Unterhaltungsromane u. Kurzgeschichten, die satir. das Leben der middle class in der Provinz beleuchten, daneben Schauspiele und krit. Essays.

W: Zella Sees Herself, R. 1917; Consequences, R. 1919; Messalina of the Suburbs, R. 1924; Mrs. Harter, R. 1924; The Chip and the Block, R. 1925; Jill, R. 1926; The Entertainment, R. 1927; The Way Things Are, R. 1927; What Is Love?, R. 1928; Women Are Like That, R. 1929; To See Ourselves, Sch. 1930; The Diary of a Provincial Lady, R. 1930; Challenge to Clarissa, R. 1931; The Provincial Lady Goes Further, R. 1932; The Glass Wall, Sch. 1933; The Provincial Lady in America, R. 1934; The Mulberry Bush, Sch. 1935; Ladies and Gentlemen in Victorian Fiction, Es. 1937; The Brontës, Es. 1938; Three Marriages, Kgn. 1939; The Provincial Lady in Wartime, R. 1940; Late and Soon, R. 1943.

L: V. Powell, 1988.

Del Alcázar, Baltasar, span. Dichter, 1530 Sevilla – 16. 1. 1606 Ronda. Adliger Abstammung, militär. Laufbahn, Stud. Humaniora Sevilla; 1565 ∞ s. Cousine María de Aguilera; versch. Beamtenposten. – Satiriker, Vf. von Epigrammen, scherzhaften u. burlesken Gedichten, abweichend von der poet. Tradition s. Zeit (Schule von Sevilla); besang in anmutigen, beschwingten Versen die heitere Seite des Lebens, die Tafelfreuden, den materiellen Genuß (›Cena jocosa‹), Ausdruck s. optimist. Veranlagung; große Volkstümlichkeit, Vorbilder Martial u. Horaz; schrieb auch Liebesgedichte nach petrark. Manier sowie Sonette in korrekter Form.

A: Poesías, hg. F. Rodríguez Marín 1910.

Deland, Margaret(ta) (Wade Campbell), amerik. Schriftstellerin, 23. 2. 1857 Allegheny/PA – 13. 1. 1945 Boston. – Vf. von populären Romanen über amerik. Kleinstadtleben; lit. Engagement in Frauenfragen auch durch privat geleistete Unterstützung unverheirateter Mütter verfolgt.

W: Old Garden, G. 1886; John Ward, Preacher, R. 1888; Old Chester Tales, Kgn. 1898; Dr. Lavendar's People, Kgn. 1903; The Awakening of Helena Richie, R. 1906; The Iron Woman, R. 1911; If This Be I, As I Suppoose It Be, Aut. 1935; Old Chester Days, Kgn. 1937; Golden Yesterdays, Aut. 1941.

L: D. C. Reep, 1985.

Delaney, Shelagh, engl. Dramatikerin, * 25. 11. 1939 Salford. Aus e. Arbeiterfamilie aus Lancashire. Verließ 16jährig die Schule, arbeitete u.a. in e. Maschinenfabrik. – Verfaßte 19jährig e. sehr erfolgr. Schauspiel, e. weibl. Antithese zu Osbornes ›Look Back in Anger‹. G. Greene rühmte am Stück ›all the freshness of Osborne ... and a greater maturity‹. Ihr 2. Bühnenstück ›The Lion in Love‹, dessen Titel e. Fabel Äsops entnommen ist, schildert nordengl. Slumleben. Seitdem konzentriert sich D. auf das Schreiben von Fernsehspielen.

W: A Taste of Honey, Dr. 1959; The Lion in Love, Dr. 1960; Sweetly Sings the Donkey, Kgn. 1964 (Wodka und kleine Goldstücke, d. 1966).

Delany, Samuel R(ay), Jr., amerik. Schriftsteller u. Kritiker, * 1. 4. 1942 New York. Folk-Sänger, Schauspieler, Fischer, Filmemacher, versch. Lehrtätigkeiten, seit 1988 Univ. of Massachusetts, Amherst; lebt in New York. – Innovativer, Mythologie, Anthropologie u. Psychologie vereinender Vf. von Science-fiction und Fantasy-Romanen, später Hinwendung zu Lit.kritik u. Thematisierung randständiger Gruppen (Homosexuelle, Afro-Amerikaner, Obdachlose).

W: The Jewels of Aptor, R. 1962; Babel-17, R. 1966 (d. 1982); The Einstein Intersection, R. 1967 (d. 1972); Nova, R. 1968 (d. 1973); Dhalgren, R. 1975 (d. 1980); Triton, R. 1976 (d. 1981); The Jewel-hinged Jaw, St. 1977; The American Shore, St. 1978; Nèveryön-Serie, R. IV 1979–94; Stars in My Pocket like Grains of Sand, R. 1984 (d. 1985); Starboard Wine, St. 1984; The Motion of Light in Water, Mem. 1988; Silent Interviews, 1994; The Mad Man, R. 1994; Atlantis, En. 1995; Longer Views, Ess. 1996; Hogg, R. 1998; Bread and Wine, autobiograph. R. 1998; Shorter Views, Ess. 1999; Times Square Red, Times Square Blue, St. 1999; 1984, Br. 2000.

L: G. E. Slusser, 1977; J. B. Weedman, 1982; S. McEvoy, 1984; J. Sallis, 1996. – Bibl.: M. W. Peplow, R. S. Bravard, 1980.

Delarue-Mardrus, Lucie (geb. Delarue), franz. Schriftstellerin, 3. 11. 1880 Honfleur – 26. 4. 1945 Château-Gontier. Als Dichterin von Sully-Prudhomme entdeckt. Gefeiert im lit. Zirkel um R. de Montesquiou. Freundschaft mit vielen Dichtern, darunter D'Annunzio. Mitarbeiterin mehrerer Zsn. Mitglied der Jury des Prix Fémina. 1900 ∞ J.-C. Mardrus (Übs. von ›1001 Nacht‹). 1904 Reise nach Ägypten und Nordafrika. – Schrieb Gedichte, Romane, Dramen, Essays. Begann mit persönl., gewagten Geständnissen Ausdruck gebenden Gedichten, schrieb danach Lyrik von dionys. Trunkenheit über ihre Heimat, die Normandie, und das Meer, philos.-melanchol. Gedichte über Reiseeindrücke. In Romanen untersucht sie das weibl. Gefühlsleben. Die Memoiren entwerfen e. lebendiges Sittenbild ihrer Zeit.

W: Occident, G. 1901; Ferveur, G. 1902; Horizons, G. 1904; Sapho désespérée, Dr. 1906; La figure de proue, G. 1908; Marie, fille-mère, R. 1908; La prêtresse de Tanit, Dr. 1909; Le roman de six petites filles, R. 1909; Par vents et marées, G. 1910; L'acharnée, R. 1910; Comme tout le monde, R. 1910; Souffles de tempête, G. 1918; A maman, G. 1920; L'ex-voto, R. 1922; Mes mémoires, 1938; Derniers vers inédits, 1951.
L: E. Siriyex de Villers, 1923; M. Harry, Mon amie L. D. M., 1946; R. Chouard, 1994.

Delavigne, Jean François Casimir, franz. Schriftsteller 4. 4. 1793 Le Havre – 11. 12. 1843 Lyon. Sohn e. Kaufmanns; Bibliothekar am Palais Royal. Befreundet mit E. Scribe. 1825 Mitglied der Académie Française. – Lyriker und Dramatiker. Zunächst Klassizist, dann Annäherung an die Romantik. Wurde berühmt mit ›Les Messéniennes‹, e. Sammlung patriot. Elegien über Schmerz und verletzten Nationalstolz der Franzosen nach dem Sturz Napoleons; bezieht auf das zeitgeschichtl. Ereignis parallele Situationen aus der Weltgeschichte. Verherrlicht in weiteren Gedichten die Freiheitskämpfe anderer Völker. S. Ziel, die Zeitgenossen aufzurütteln und für liberale Ideen zu begeistern, verfolgt er auch in s. hist. Verstragödien.
W: Dithyrambe sur la naissance du Roi de Rome, G. 1811; Trois Messéniennes, G. 1818–30 (d. 1832); Les vêpres siciliennes, Dr. 1819 (d. 1845); Les comédiens, Dr. 1820; Le paria, Tr. 1821 (d. 1825); L'école des vieillards, Dr. 1823 (d. 1880); La princesse Aurélie, Dr. 1828 (d. 1858); Marino Faliero, Dr. 1829; Louis XI., Dr. 1832; Les enfants d'Édouard, Dr. 1833 (d. 1879–84); Don Juan d'Autriche, Dr. 1835 (d. 1836); Une famille au temps de Luther, Dr. 1836; La popularité, Dr. 1838; La fille du Cid, Dr. 1839; Charles VII, Libr. 1843. – Œuvres complètes, IV 1870; Œuvres poétiques, II 1874.
L: F. Vuacheux, 1893; A. Favrot, 1894; R. Wetzig, Stud. üb. d. Tragödien C. D., Diss. Lpz. 1900; M. Milter, D. u. d. Romantik, Diss. Graz 1965.

Delavrancea, Barbu (eig. Barbu Ştefănescu), rumän. Schriftsteller, 11. 4. 1858 Delea Nouă b. Bukarest – 29. 4. 1918 Jassy. Stud. Medizin u. Jura Bukarest u. Paris, Rechtsanwalt, begabter Maler, konservativer Abgeordneter, Minister, Bürgermeister von Bukarest, Mitgl. der Rumän. Akad., enge Freundschaft mit Caragiale u. Vlăhuţă. – Vf. mehrerer romant. Dramen mit unwahrscheinl. Konfliktführung; ausgezeichneter Novellist, feiner Beobachter der menschl. Psyche, bemüht sich, sehr realist. zu schreiben, ohne jedoch den Verlockungen der Romantik widerstehen zu können. Vorzügl. Stilist, Landschaftsbeschreiber, leidenschaftl. Eloquenz.
W: Sultănica, Nn. II 1885; Trubadurul, Nn. 1887; Paraziţii, Nn. 1893; Între vis şi viaţă, Nn. 1893; Hagi Tudose, N. 1903; Apus de Soare, Dr. 1909; Viforul, Dr. 1910; Luceafărul, Dr. 1910. – Scrieri alese (AW), hg. A. Săndulescu II 1958; Opere, hg. E. S. Milicescu II 1966. – Übs.: Novellen und Erzählungen, 1955.
L: O. Densusianu, 1919; I. G. Perieţanu, 1934; L. Predescu, 1937; A. Săndulescu, 1970; E. Milicescu, 1986.

Delblanc, Sven (Herman Axel), schwed. Schriftsteller, 25. 5. 1931 Swan River/Kanada – 15. 12. 1992 Stockholm. Landwirtssohn, Rückkehr nach Schweden, 1965 Dr. phil. Uppsala, Dozent, 1968 Gastprof. in Berkeley/CA. – Vielschichtige Problemstellungen: persönl. Freiheit oder Unterwerfung u. passive Hinnahme der geltenden Normen in der westl. Welt; das Recht des Künstlers u. Wissenschaftlers auf Selbstverwirklichung bei zunehmender polit. Brutalität u. wachsendem Hunger in der Welt. Anprangern von Korruption u. auf Gewalt sich gründenden Machtkämpfen. Vorliebe für Darstellung nach Art des Schelmenromans; drast., geistreiche Formulierungen. Andere wiss. Publ. sowie Mitarbeit an vielen Zsn.; Hörspiele.
W: Eremitkräftan, R. 1962; Prästkappan, R. 1963 (Waldstein, d. 1981); Ära och minne, Diss. 1965; Homunculus, R. 1965; Göm dig i livets träd, Sch. 1965; Nattresa, R. 1967; Åsnebrygga, Tg. 1969; Åminne, R. 1970; Zahák – Persiska brev, 1971; Trampa vatten, Prosa 1972; Stenfågel, R. 1973; Vinteride, R. 1974; Kastrater 1975 (Kastraten, d. 1977); Stadsporten, R. 1976; Speranza, R. 1980 (d. 1982); Samuels bok, R. 1981 (d. 1984); Samuels döttrar, R. 1982 (Samuels Töchter, d. 1986); Minnen från Kanada, Aut. 1984; Maria ensam, R. 1985; Fågelfrö, Ess. 1986; Änkan, R. 1988; Damiens, Dr. 1988; Agnar, Mem. 1992.
L: B. Fritzdorf, 1980; B. Agrell, 1982.

Del Campo, Estanislao (Ps. Anastasio el Pollo), argentin. Dichter, 7. 2. 1834 Buenos Aires – 6. 11. 1880 ebda. Adliger Abstammung, rege polit. Tätigkeit, bekleidete angesehene Ämter. – Bedeutender Vertreter der Gaucho-Dichtung. S. Hauptwerk ›Fausto‹ behandelt humorvoll den Kontrast zwischen den Realitäten des Gauchos u. der europ. Kultur.
W: Camila, E. 1856; Fausto, Dicht. 1866; Poesías, G. 1870.
L: M. Mujica Lainez, 1948; R. A. Arrieta, 1959; J. Lucero, 1963; E. Anderson Imbert, 1968; L. E. Otamendi, 1970.

Del Castillo, Michel, franz. Schriftsteller, * 2. 8. 1933 Madrid. Mutter Spanierin; erlebt den Bürgerkrieg in Barcelona, flieht nach dem Tod des Vaters mit der Mutter nach Frankreich, wird von den Nazis deportiert. Gerettet und nach Paris zurückgekehrt, beginnt er zu schreiben. – Vf. von zahlr. Romanen und Erzählungen, widmet s. Schriften Dostoevskij und Colette, verwirft die polit. Ideologie gegenüber dem reinen Denken,

Deledda

begegnet Sartre, Fidel Castro und der polit. Intellektualität mit krit. Ironie; bringt die polit. Geschehnisse s. Zeit thematisch in sein Erzählwerk ein: Skandale, Attentate, Kriege, den Protektionismus der USA sowie die maroden Verhältnisse in Rußland.

W: Tanguy, R. 1957, La guitare, R. 1958; Le vent et la nuit, R. 1973; Le silence des pierres, R. 1975; La nuit du décret, R. 1981; Une femme en soi, R. 1991; Le crime des Pères, R. 1994; Mon frère l'idiot, Es. 1995; Colette, une certaine Franc., Es. 1999; L'adieu au siècle, Es. 1999.

Deledda, Grazia, ital. Erzählerin, 28. 9. 1871 Nuoro/Sardinien – 16. 8. 1936 Rom. Kein geregelter Unterricht, Autodidaktin, vielseitige Lektüre (V. Hugo, G. Sand u.a.). Begann mit 15 Jahren zu schreiben. Gefördert durch De Gubernatis, Capuana u. Bonghi. 1900 ∞ Palmerio Madesani, lebte in Cagliari, dann in Rom. 1926 Nobelpreis. – E. der bedeutendsten ital. Erzählerinnen, schildert die Landschaft und das Leben in Sardinien. D. unterscheidet sich vom Verismus durch starke psycholog. Züge, ist aber bes. durch G. Verga stark beeinflußt. Sard. Sitten und Gebräuche, mag. Vorstellungen aus der Seele des einfachen, noch wenig von der festländ. Zivilisation berührten Volkes inmitten e. großartigen Natur sind in ihrem Werk lebendig. Primitivität u. Fatalismus, starke Leidenschaften, Sinnlichkeit, Religiosität, Schuld und Sühne bestimmen ihre Erzählungen. Ihre Sprache ist leidenschaftl. u. dramat.; manche Romane gleichen e. Tragödie, in der sich e. Menschenschicksal unerbittl. erfüllt. In den späteren Romanen, wie in ›Il Dio dei viventi‹, wendet sie sich von ihrer sard. Heimat ab. Schauplatz der Handlung wird Italien, die Personen kommen aus dem bürgerl. Ambiente, die Psychologie der Menschen bleibt aber doch sardisch.

W: Amore regale, N. 1891; Fior di Sardegna, R. 1892; Racconti sardi, 1894; Anime oneste, R. 1896 (d. 1911); Il tesoro, R. 1897; La giustizia, R. 1899; Il vecchio della montagna, R. 1900; Dopo il divorzio, R. 1902 (u.d.T. Naufraghi in porto, 1920; d. 1926); Elias Portolu, R. 1903 (d. 1906); Cenere, Dr. 1904 (d. 1907); Nostalgie, R. 1905 (d. 1912); L'edera, R. 1906 (d. 1907); L'ombra del passato, R. 1907; Sino al confine, R. 1910; Chiaroscuro, Nn. 1912; Canne al vento, R. 1913 (d. 1951); Marianna Sirca, R. 1915 (d. 1938); L'incendio nell'oliveto, R. 1918; La Madre, R. 1920 (d. 1922); Il segreto dell'uomo solitario, R. 1921 (d. 1929); Il Dio dei viventi, R. 1922; La fuga in Egitto, R. 1925 (d. 1927); Annalena Bilsini, R. 1927 (d. 1944); Il vecchio e i fanciulli, R. 1929 (d. 1929); Cosima, Aut. 1937 (d. 1942). – Romanzi e novelle, hg. E. Cecchi V 1941–69, ^{2}1957; Opere scelte, II 1964; Romanzi sardi, 1981.

L: E. de Michelis, 1938; L. Roncarati, 1949; J. Voglhuber, Die Kunstform d. Romans bei G. D., Diss. Graz 1963; A. Piramalli, 1968; M. Giacobbe, 1973; M. Miccinesi, 1973; O. Lombardi, 1979; A. Dolfi, 1979. – *Bibl.*: R. Branca, 1938.

Del Encina, Juan, span. Schriftsteller, 1468 (?) La Encina b. Salamanca – 1529/30 León. Sohn des Schuhmachers Juan de Fermoselles, Stud. in Salamanca, wahrscheinl. bei Antonio de Nebrija, trat 1492 als Musiker in den Dienst des Herzogs von Alba, ging 1498 nach Rom, wo er den geeigneten Boden für s. künstler. Entfaltung fand u. großen Erfolg als Dichter, Musiker, Dramatiker u. Schauspieler hatte; vorübergehend Aufenthalt in Spanien, um e. Amt im Erzdekanat von Málaga zu übernehmen; 1512 Rückkehr nach Rom, 1519 Prior an der Kathedrale von León, Empfang der Priesterweihen, Pilgerfahrt nach Jerusalem, lebte ab 1523 in León. – Entscheidend für die Entwicklung des span. Theaters, Wegbereiter der späteren großen Dramatiker (Gil Vicente, Lope de Vega usw.); verfaßte 14 Stücke, die er ›Eglogas‹, ›Representaciones‹ u. ›Autos‹ nannte, teils relig. Charakters, der Tradition des ma. liturg. Dramas folgend, teils profaner Art, unter Hirten oder mythologischen. Gestalten spielend; Stücke von ungezwungener Fröhlichkeit u. jugendl. Frische, wenn auch dramat. oft primitiv; prächtige Schilderungen des ländl. Milieus u. der Hirtenwelt. Als Lyriker hervorragend in den kurzen metr. Formen s. Volkslieder, Glossen u. v.a. Hirtenlieder, die zu den schönsten Zeugnissen der span. Bukolik gehören; Liebesdichtungen in Nachahmung Petrarcas, Dantes, Santillanas usw.; Übs. von Psalmen u. freie Übertragung von Vergils ›Bucolica‹.

W: Cancionero, G. u. Dr. 1496 (n. Span. Akad. 1928); Égloga de Plácida y Victoriano, 1503 (n. E. Giménez Caballero 1940); El auto del Repelón, 1509 (n. A. Alvarez de la Villa 1910); Égloga de tres pastores o de Fileno, Zambardo y Cardonio, 1509; Égloga de Cristino y Febea, 1509?; Trivagia, Dicht. 1521. – Obras completas, hg. A. M. Rambaldo IV 1977; Teatro completo, hg. M. Cañete, F. Asenjo Barbieri 1893, n. 1941; Teatro completo, hg. M. A. Pérez Priego 1991; Teatro y poesía, hg. S. Zimic 1977; Poesías, hg. F. Asenjo Barbieri 1893; Representaciones, hg. E. Kohler 1913.

L: R. Mitjana, 1895; E. Díaz Jiménez y Molleda, 1909; M. García Blanco, 1944; J. R. Andrews, Berkeley 1959; P. Teyssier, 1959; A. M. Rambaldo, 1972; E. W. Sullivan, Boston 1976; R. Gimeno, 1982.

Delgado, Francisco → Delicado, Francisco, auch F. Delgado

Del Giudice, Daniele, ital. Autor, * 1943 Rom. Mitarbeiter bei Zeitungen u. Zsn. als Lit.kritiker. – Bevorzugt das Thema der Reise als Angelpunkt s. lit. Tätigkeit; damit nähert er sich auf dem zurückgelegten Weg der (Selbst-)Erkenntnis dem Phänomen des Schreibens an sich. Die Hauptfigur s. Erstlingsromans, ›Lo stadio di Wimbledon‹, ist die hist. Gestalt e. Intellektuellen aus Triest, der hier als Symbol e. gedachten, aber nicht geschriebenen Lit. erscheint. Der zweite Roman ›Atlante occidentale‹ ist e. Reise zwischen den Konflikten und Berührungspunkten zweier Kulturen: der Wiss. und der Lit. E. junger ital. Physiker, der an e. riesigen Teilchenbeschleuniger arbeitet, und ein alter Schriftsteller, der e. Bilanz s. Lebens um die Idee des ›Sehens jenseits der Form‹ zieht, versuchen e. Weg zur Vereinigung des menschl. Wissens zu finden.

W: Lo stadio di Wimbledon, R. 1983 (d. 1986); Atlante occidentale, R. 1985 (d. 1987); Dillon bay, E. 1985; Nel museo di Reims, Es. 1988; Staccando l'ombra dalla terra, R. 1994 (d. 1997); Mania, R. 1997.

Delibes, Miguel, span. Romanschriftsteller, * 17. 10. 1920 Valladolid. Rechtsanwalt, Dr. jur., Lehrer für Handelsrecht; Journalist, Chefredakteur der Zeitung ›El Norte de Castilla‹ (Valladolid); seit 1975 Mitglied der Span. Akad. – E. der bedeutendsten span. Romanciers der 2. Hälfte des 20. Jh.; s. Bücher zeichnen sich durch feinen Humor, Aufrichtigkeit, Menschlichkeit u. poet. Naturempfinden aus; klare, direkte Sprache, ungekünstelt u. ausdrucksstark.

W: La sombra del ciprés es alargada, R. 1948; Aún es de día, R. 1949; El camino, R. 1950 (Und zur Erinnerung Sommersprossen, d. 1960); Mi idolatrado hijo Sisí, R. 1953; Diario de un cazador, R. 1955 (Tagebuch eines Jägers, d. 1964); Siestas con viento Sur, En. 1957; Diario de un emigrante, R. 1958; La hoja roja, R. 1959 (Wie der Herr befehlen, d. 1961); Por esos mundos, Reiseber. 1961; Las ratas, R. 1962 (d. 1992); Europa: parada y fonda, Reiseb. 1963; Viejas historias de Castilla la Vieja, Prosa 1964; USA y yo, Reiseber. 1966; Cinco horas con Mario, R. 1966 (d. 1976); Vivir al día, Prosa 1968; Parábola de un naúfrago, R. 1969; Con la escopeta al hombro, Es. 1970; La mortaja, En. 1970; Un año de mi vida, Prosa 1972; El príncipe destronado, R. 1973; Las guerras de nuestros antepasados, R. 1975; El disputado voto del señor Cayo, R. 1978; Los santos inocentes, R. 1981 (d. 1987); Cartas de amor de un sexagenario voluptuoso, R. 1983; El tesoro, R. 1985; Madera de héroe, R. 1987 (d. 1990); Señora de rojo sobre fondo gris, R. 1991; El hereje, R. 1998 (d. 2000). – Obra completa, V 1964–75ff.

L: F. Umbral, 1970; J. W. Díaz, 1971; C. Alonso de los Ríos, 1971; L. López Martínez, 1973; E. Pauk, 1975; A. Rey, 1975; A. Gullón, 1981; M. Alvar, 1987; J. Rodríguez, 1989; G. Wogatzke-Luckow, 1991; C. Zabía Lasala, 1999.

Delicado, Francisco, auch F. Delgado, span. Schriftsteller, um 1485 b. Córdoba – um 1535 Venedig. Schüler Nebrijas, Geistlicher, 1523–27 in Rom, dann Venedig, ausschweifendes Leben. – Vf. e. Schelmenromans, z. T. in Dialogform, aufschlußreiches Sittenbild über das korrupte röm. Leben der Renaissance, realist. u. obszön; lebendige, farbige Sprache.

W: Retrato de la lozana andaluza, R. Venedig 1528 (n. Rodríguez Serra 1899, B. M. Damiani 1969, ders., G.

Allegra 1975, C. Allaigre 1985; d. II 1919, 1965, A. Semerau 1989).

L: T. Bubnova, México 1987; G. Folke, Köln 1999.

Delille, Jacques, franz. Dichter, 22. 6. 1738 Aigueperse/Auvergne – 1. 5. 1813 Paris. Unehel. Sohn e. bekannten Pariser Advokaten; erzogen im Collège Libieux. Lehrer am Collège La Marche in Paris, 1774 Mitglied der Académie Française. Prof. für lat. Dichtung am Collège de France. Erhielt e. Benefizium, wurde Abt von Saint-Séverin. 1786 als Begleiter des Grafen von Choiseul in Griechenland und in der Türkei. Gehörte zum Kreis von Marie-Antoinette, die ihn bewunderte. Während der Revolution verhaftet, 1794 Flucht in die Schweiz, nach Dtl. und England, 1802 Rückkehr nach Paris; wurde rehabilitiert. Galt bei s. Zeitgenossen als bester Dichter nach Voltaire, von Rivarol verspottet. – Schrieb in klassizist. Geschmack idyll.-deskriptive und didakt. Gedichte mit kunstvollen rhetor. Figuren; s. Naturbeschreibungen sind frei von emotionalen Elementen. Berühmt durch s. Vergilübs., die von Voltaire gelobt wurden. Übs. Vergils ›Georgica‹ (1769), ›Aeneis‹ (1804), Miltons ›Paradise lost‹ (III 1805), Popes ›Essay on man‹ (1820).

W: Epître sur la ressource que offre la culture des arts et des lettres, 1761; Les jardins ou l'art d'embellir les paysages, 1782 (n. 1801); L'homme des champs ou les Géorgiques françaises, 1800 (d. K. L. M. Müller 1801); Les jardins, 1801; La pitié, 1803; L'imagination, 1785–1794, 1806ff.; Les trois règnes de la nature, II 1808; La conversation, 1812. – Œuvres, XVI 1824, X 1832, II 1840.

L: L. Audiat, Un poète abbé, 1903; M. Henriet, 1914; V. Zehi Ots, 1936; V. Klemperer, D.s ›Gärten‹, 1954; D. est-il mort?, hg. Clermont-Ferrand 1967; E. Guitton, 1974.

DeLillo, Don, amerik. Erzähler, * 20. 11. 1936 New York. Stud. Fordham Univ.; Arbeit als Werbetexter. – Monumentalereignisse (Sport, Politik), Massenhysterie (Umweltkatastrophen, Verschwörungen) und banale Alltäglichkeit (Einkaufszentren, Fernsehen) werden bei D. in Sprachspielen, Müllmetaphorik, Montagetechnik und intermedialen Bezügen zum Ausdruck der amerik. Gegenwart als Verhandlungsort der Konfliktfelder von Masse und Individuum, populärer und elitärer Kunst, Autonomie und Kontrollverlust.

W: Americana, R. 1971 (d. 1995); End Zone, R. 1972; Great Jones Street, R. 1973; Ratner's Star, R. 1976; Players, R. 1977 (d. 1995); Running Dog, R. 1978 (Bluthunde, d. 1999); The Names, R. 1982 (d. 1994); White Noise, R. 1985 (d. 1987); The Day Room, Dr. 1987; Libra, R. 1988 (Sieben Sekunden, d. 1991); Mao II, R. 1991 (d. 1992); Underworld, R. 1997 (d. 1998); Valparaiso, Dr. 1999; The Body Artist, R. 2001 (Körperzeit, d. 2001); Cosmopolis, R. 2003 (d. 2003).

Dell

L: T. LeClair, 1988; F. Lentricchia, 1991; D. Keesey, 1993; M. Osteen, 2000; H. M. Ruppersburg, T. Engles, hg. 2000; D. Cowart, 2001; H. Bloom, 2003; J. Kavadlo, 2004.

Dell, Floyd, amerik. Schriftsteller, 28. 6. 1887 Barry/IL – 23. 7. 1969 Bethesda/MD. Aus verarmter Familie, früh Reporter, in Chicago ab 1909 Redakteur der ›Literary Review‹ der ›Evening Post‹, ab 1913 in New York Redakteur sozialist. Zsn., zur Bohème von Greenwich Village gehörig, seit 1924 unabhängig. – S. Werk schildert die enttäuschte Nachkriegsjugend; anfangs polit.-radikale Ablehnung aller Konvention, später gemäßigterer Ton.

W: Moon-Calf, R. 1920; Upton Sinclair, St. 1927; Little Accident, Dr. 1928 (mit T. Mitchell); Homecoming, Aut. 1933.

L: J. E. Hart, 1971.

Della Casa, Giovanni, ital. Dichter, 28. 7. 1503 La Casa del Mugello – 14. 11. 1556 Rom. Stud. Bologna, Florenz u. Padua. Päpstl. Gesandter in Venedig, 1554 Erzbischof von Benevent, 1549–55 in der Abtei von Collalto b. Treviso, zuletzt Staatssekretär des Papstes Paul IV. – Übs. aus dem Griech. u. Lat. Als Dichter e. der besten Petrarkisten des Cinquecento; verfaßte ›Rime‹ u. in Prosa den ›Galateo‹, e. Abhandlung über die guten Manieren u. die höf. Ideale.

W: Opere, IV 1806; Scritti inediti, hg. G. Cugnoni 1889; Il Galateo, hg. C. Steiner 1910, G. Prezzolini 1937; Le Rime, hg. A. Seroni 1944; Prose scelte, hg. S. Ferrari 1957.

L: E. Bonora, 1964; A. Sole, Cognizione del reale e letteratura in G. D. C., 1981. – *Bibl.:* A. Santosuosso, 1979.

Della Mirandola, Giovanni Pico → Pico della Mirandola, Giovanni

Della Porta, Giovan Battista, ital. Autor, 1. 11. 1535 Vico Equense/Neapel – 4. 2. 1615 Neapel. Physiker; interessiert auch an der in der Renaissance in Blüte stehenden Magie. Geriet deswegen in den Verdacht, mag. Künste auszuüben, wurde jedoch von der Inquisition freigesprochen. E. von ihm gegründete naturwiss. ›Accademia dei Segreti‹ wurde verboten. – Die 14 erhaltenen von den 29 ihm zugeschriebenen Komödien (meist Nachahmungen lat. Vorbilder) zeichnen sich durch klare Handlungsführung u. gewandte Sprache aus.

W: La Cintia, K. 1601; I due fratelli rivali, K. 1601; Giorgio, Tr. 1611; Commedie, hkA hg. V. Spampanato, II 1910/11; Teatro, hg. R. Sirri 1978, ²2002. – Edizione nazionale delle opere di G. B. D. P., 1996.

L: L. G. Clubb, Princeton 1965; M. Torrini, G. B. D. P. nell'Europa del suo tempo, 1990; L. Balbani, La magia naturalis di G. B. D. P., 2001.

Della Valle, Federico, ital. Tragiker, um 1560 Asti – 1628 Mailand. 1586–99 am Hof in Turin, um 1605 nach Mailand zum span. Gouverneur. – Entnahm die Stoffe s. Tragödien, die zu den bedeutendsten Schöpfungen dieser Gattung in der ital. Lit. zählen, meist der Bibel. Die Charaktere s. Tragödien spiegeln s. düstere Lebensauffassung wider. Bedeutend ist v. a. s. Maria-Stuart-Tragödie ›La reina di Scotia‹.

W: Judith, Tr. 1628; Esther, Tr. 1628; La reina di Scotia, Tr. 1628; Adelonda di Frigia, Tragikom. 1629. – Tragedie, hkA hg. C. Filosa 1939 (m. Bibl.); Prose, hg. L. Firpo 1964; Tutte le opere, hg. P. Cazzani 1955. – Opere scelte, hg. M. G. Stassi 1995.

L: C. Trombatore, Saggi critici, 1950; G. Cianflone, 1961; F. Croce, 1965; L. Sanguineti White, Dal detto alla figura. Le tragedie di F. D. V., 1992.

Deloire, Pierre → Péguy, Charles Pierre

Deloney, Thomas, engl. Balladendichter und Romancier, 1543(?) – 1600 Norwich. Seidenweber, ab ca. 1586 als Dichter in London. Schrieb bis 1590 mehr als 50 ›Broadside ballads‹ (= Straßenballaden) zu volkstüml. Melodien. Nachdem er in e. Ballade über den Getreidemangel gespottet hatte, kam er in Schwierigkeit, wandte sich deshalb der Prosa zu. – Erster Schriftsteller, der fiktive Erzählungen aus dem kleinbürgerl. Alltagsmilieu schrieb. Neben seinen lyr. Texten gewinnen in der neueren Forschung v. a. seine Prosatexte als farbige Sozial- u. Charakterporträts der Londoner Gesellschaft an Bedeutung. Schilderungen des Lebens der Londoner Tuchmacher, Weber und Schuhmacher der elisabethan. Zeit. Realist. Darstellungsweise und Sprache; Dialog z. T. in Dialekt. Einflechtung zahlr. Schwänke, gute Charakterstudien der ›elisabethan. Dickens‹. Erhielt Anregungen durch die Fabliaux. ›The Gentle Craft‹, s. Schuhmachergeschichte, enthält versch. kürzere Erzählungen, darunter den Bericht vom Schuhmacherlehrling Simon Eyre, der Oberbürgermeister von London wurde; Dekker verwertete den Stoff in s. Komödie ›Shoemaker's Holiday‹.

W: Jack of Newberrie, E. 1597; The Gentle Craft, E. II 1597f.; Thomas of Reading, E. 1600 (Faks. 1969); Strange Histories, G. 1602; The Garland of Good-Will, G. 1618. – Works, hg. F. O. Mann 1912 (n. 1967); Novels, hg. M. E. Lawlis 1961. – *Übs.:* E. Hirschberg, Tage des alten England, 1928.

L: R. Sievers, 1904; A. Chevalley, Paris ³1926; M. E. Hablützel, 1946; R. G. Howarth, Two Elizabethan Writers of Fiction, 1956; M. E. Lawlis, Apology for the Middle Class, 1960; K.-M. Pätzold, Hist. Roman u. Realismus, 1973; E. Wright, 1981; O. Reuter, Proverbs, Proverbial Sentences and Phrases in T. D.'s works, 1986; C. Lapart, 1989.

Delorko, Olinko, kroat. Dichter, 30. 1. 1910 Split – 18. 2. 2000 Zagreb. Stud. Philos. Zagreb, Paris, Florenz, Rom; ab 1950 am Institut für Volkskunde Zagreb. – D.s Lyrik ist stimmungsvoll, melod. u. formvollendet. Auch Kurzprosa, Volksliedersammlung u. Übs.

W: Pjesme, G. 1934; Rastužena Euterpa, G. 1937; Razigrani vodoskoci, G. 1940; Zgode poremećene sreće, Prosa 1942; Uznosite slutnje, G. 1944; Izgaranja, G. 1958; Svijetli i tamni sati, G. 1961; Lirski Eden, G. 1965; Dolaze oblaci, G. 1978; Rasudbe i domišljaji, Ess. 1988; Sve tišim glasom, G. 1995; Dnevnik bez nadnevaka, Prosa 1996. – Izabrana djela (SW), hg. V. Brešić 2000; (AW), hg. M. Šicel 1982.

L: N. Mihanović, 1987.

Del Padrón, Rodríguez → Rodríguez de la Cámara, Juan

Del Paso, Fernando, mexikan. Erzähler, * 1. 4. 1935 Mexiko Stadt. Nach Studium der Biologie u. Wirtschaft als Maler u. Designer tätig; arbeitete 14 Jahre für die BBC in London; Guggenheim-Stipendium; Diplomat. – In s. ersten Roman hat er das Anekdotische u. die Universalgeschichte verbunden. Im folgenden zeichnete er unter Anwendung von Intertextualität u. der Sorge um das richtige Wort u. die Wiedergewinnung der Bedeutung große Fresken der Geschichte Mexikos auf, die Studentenrevolte von 1968 u. die Herrschaft von Kaiser Maximilian. Die Fiktion u. die Wirklichkeit erklären sich dabei gegenseitig.

W: Sonetos de lo diario, G. 1958; José Trigo, R. 1966; Palinuro de México, R. 1979 (d. 1992); Noticias del Imperio, R. 1987 (d. 1996); Linda 67: historia de un crimen, R. 1996; La muerte se va a Granada, Versdrama 1998. – Obras, II 2000.

L: I. Sáenz, 1994.

Delteil, Joseph, franz. Erzähler, 20. 4. 1894 Villar-en-Val/Aude – 11. 4. 1978 Montpellier. – Begann mit Gedichten. Romane anfangs unter Einfluß von Mac-Orlan. Fand dann ganz zum eigenen Ton, verbindet kraftvollen Schwung, grelle Übertreibung, Derbheit und anmaßendes Gelärme. Erinnert bisweilen an Rabelais. Großer Erfolg mit ›Jeanne d'Arc‹, e. breitangelegten und derb gezeichneten Gemälde, worin Jeanne vor allem als Mensch, weniger als Heilige erscheint. Gestaltet in weiteren Werken, Erzählungen und Biographien vergröbernd und sehr lebendig u. a. La Fayette, Napoleon und Don Juan. Das nach jahrelangem Schweigen veröffentlichte Buch ›Jésus II‹ war e. Mißerfolg.

W: Sur le fleuve Amour, R. 1923; Choléra, R. 1923 (n. 1970); Les cinq sens, R. 1929; Jeanne d'Arc, B. 1925 (dt. Ausz. 1926); Les poilus, R. 1926; Don Juan, B. 1930; Jésus II, 1947; François d'Assise, 1960; Actes du Colloque de 1994, 1995; Corr. m. Henri Miller, 1980. – Œuvres complètes, 1962.

L: A. Lebois, 1961; ders., 1969; D. Pelayo, 1969; J. N. Orot, 1974; C. Schmitt, 1979; R. Briatte, 1989.

Del Valle-Inclán, Ramón María (eig. Ramón del Valle y Peña), span. Schriftsteller, 29. 10. 1866 Villanueva de Arosa/Pontevedra – 5. 1. 1936 Santiago de Compostela. Kindheit in Galicien; 1892 als Soldat u. Journalist in Mexiko, ab 1895 in Madrid, Bohèmeleben, extravagante Erscheinung, Stammgast in Madrider Kaffeehäusern u. lit. Zirkeln; 1910 als Leiter e. Theatergruppe in Südamerika; 1929 wegen Angriff gegen die Diktatur kurze Gefängnishaft unter Primo de Rivera; 1931 Direktor der Kunstakad. in Rom; 1932 Präsident der Gesellschaft ›Ateneo‹; verbrachte s. letzten Lebensjahre zurückgezogen in s. galic. Heimat. – Interessantester u. originellster Vertreter des span. Modernismus. Erste Gedichte unter dem Einfluß R. Daríos u. D'Annunzios. Ließ in Lyrik, Novellen u. Romanen den Geist s. galic. Heimat lebendig werden. Die in ›Comedias bárbaras‹ u. ›La pipa de Kif‹ eingeleitete Stilwandlung führte zu den eigenwilligen ›esperpentos‹, karikaturenhaft-satir. Theaterstücken mit neuer Sicht der menschl. Realität. Derber Wortschatz der Madrider Unterwelt findet Eingang in dichter. Sprache. Ständiges Bemühen um stilist. Vollendung; reiche, kraftvolle Prosasprache von starker Bildhaftigkeit.

W: Femeninas, E. 1895; Epitalamio, N. 1897; Sonatas, Re. IV 1902–05 (II: Sommersonate, d. 1958; Wintersonate, d. 1985); Jardín umbrío, E. 1903; Flor de Santidad, N. 1904 (Adega, d. 1986); Aromas de leyenda, G. 1907; El Marqués de Bradomín, Dr. 1907; El yermo de las almas, Prosa 1908; La guerra carlista, Dr.-Tril. 1908f. (d. 1981); Cuento de abril, Dr. 1910; La Marquesa Rosalinda, K. 1911; Voces de gesta, Sch. 1912; La lámpara maravillosa, Es. 1916; La pipa de Kif, G. 1919; Divinas palabras, Tragikom. 1920 (d. 1983); Farsa y licencia de la reina Castiza, Dr. 1920; El pasajero, G. 1920; Comedias bárbaras, Drn.-Tril. 1923 (Águila de blasón, 1907, Romance de lobos, 1908, Cara de plata, 1922; d. 1984); Luces de Bohemia, Dr. 1924 (d. 1983); Tirano Banderas, R. 1926 (d. 1961, 1991); El ruedo ibérico, R.-Tril. 1927f.; Martes de Carnaval, Drn. 1930 (enth. u. a. Los cuernos de don Friolera, 1921; d. 1982); Claves líricas, G. 1930. – Opera omnia, XXX 1909ff., 1942ff.; Obras completas, II 1944.

L: J. J. Domenchina, 1937; G. Heinrich, Diss. Rost. 1938; M. Fernández Almagro, 1943; F. Madrid, 1945; R. Gómez de la Serna, ²1948; A. del Saz, El teatro de V.-I., 1950; A. Zamora Vicente, Las ›Sonatas‹ de V.-I., 1951; ders., 1955 u. 1972; F. Meregalli, Venedig 1958; M. Borelli, Sulla poesia di V.-I., 1961; R. J. Sender, 1965; G. Díaz-Plaja; Las estéticas de V.-I., 1965; M. Fernández Almagro, 1966; A. Risco, 1966; J. A. Gómez Marín, 1967; E. González López, 1967; R. Gullón u.a., 1968; M. E. March, 1969; E. S. Speratti Piñero, 1969; A. R. Castelao, 1971; J. Marías, 1971; J. Alfaya, 1972; M. Bermejo, 1972; S. M. Greenfield, 1972; F. Umbral, 1972; A. Matilla Rivas, 1972; H. Wentzlaff-Eggebert, 1988; R.

Doménech, hg. 1989; M. Bernhofer, 1992; M. N. Fernández García, 1993; P. Cabañas Vacas, 1995; A. de Juan Bolufer, 2000. – *Bibl.*: J. Rubia Barcia, Berkeley 1960; R. Lima, University Park/PA 1972; J. Serrano Alonso, 1995.

Del Valle Rossi, Adriano, span. Dichter, 19. 1. 1895 Sevilla – 1. 10. 1957 Madrid. – Vertreter des Avantgardismus in den 1920er Jahren, beeinflußt von García Lorca. Bilderreiche, barock anmutende Gedichte in volkstüml. Sprache, oft relig. Themen gewidmet.
W: Primavera portátil, G. 1934; Lira sacra, G. 1939; Los gozos del río, G. 1940; Arpa fiel, G. 1941; Sonetos a Italia, G. 1942; El carillón y la pavana de estrellas, G. 1944; La Innombrable, G. 1954; Alabanzas de la coronación, G. 1955; Égloga de Gabriel Miró y Fábula del Peñón de Ifach, G. 1957. – Obra poética, 1977; Las mejores poesías, hg. F. Gutiérrez 1955; Anth., hg. M. García Ramírez 1992.

Del'vig, Anton Antonovič, Baron, russ. Lyriker, 17. 8. 1798 Moskau – 26. 1. 1831 Petersburg. Beamtensohn; dt. Vorfahren; versch. Ämter, zuletzt im Ministerium des Inneren; erstes Gedicht 1814 gedruckt; gab ab 1825 den Almanach ›Severnye cvety‹ und 1830/31 die ›Literaturnaja gazeta‹ heraus; Freund Puškins, Dichter der ›Plejade‹. – Verfügt über mannigfaltige dichter. Formen, s. Verstechnik zeigt hohes Niveau, s. im Umfang kleines Gesamtwerk kennt nur wenige Themen wie eleg. Klage über entschwundene Jugend. Wendet sich später in der Idylle gern der griech. Mythologie zu. S. Nachahmungen russ. Volkslieder waren sehr beliebt, wurden z. T. von Glinka u. a. vertont.
A: Polnoe sobranie stichotvorenij, G. 1959; Stichotvorenija, G. 1963; Stichotvorenija, G. 1983; Sočinenija, 1986.
L: L. Koehler, 1970.

De la Mare, Walter John → La Mare, Walter John de

De'Medici → Medici, Lorenzo de', gen. Il Magnifico

Demedts, André (Ps. Koen Lisarde), fläm. Schriftsteller, 8. 8. 1906 Sint-Baafs-Vijve/Westflandern – 4. 11. 1992 Oudenaarde. Bäuerl. Herkunft, Stud. Handelswiss., bis 1937 Landwirt, 1937–49 Handelsschullehrer in Waregem, seit 1949 Leiter des Rundfunks und Fernsehens in Westflandern. Redakteur bei versch. Zeitschriften. – Melanchol. Lyriker, psycholog. Erzähler, Essayist. Frühwerk unter Einfluß des Expressionismus. Entwicklung zu schlichtem Realismus mit starkem Gedankengehalt, bes. um relig. Fragen; auch Jugendbücher (unter Ps.).

W: Jasmijnen, G. 1929; Geploegde aarde, G. 1931; Het leven drijft, R. 1936 (d. 1939); Afrekening, R. 1938 (d. 1941); Voorbijgang, E. 1939 (Die Ruhelosen, d. 1942); Vaarwel, G. 1940; Geen tweede maal, R. 1941 (Niemals wieder, d. 1948); Het heeft geen belang, R. 1944; De Vlaamsche poëzie tusschen 1918 en 1941, Ess. 1941; Kringloop het geluk ..., R. III 1947–51 (Die Herren von Schoendaele, d. 1957); De levenden en de doden, R. 1959 (Die Freiheit und das Recht, d. 1960); Nog lange tijd, R. 1961 (Eine Nußschale voll Hoffnung, d. 1962); De eer van ons volk, R. IV 1973–78; Jaargetijden, G. 1979; Geluk voor iedereen, R. 1981; Wintertijd, R. 1982; Veertien-achttien, R. 1985. – Verzamelde gedichten, 1995.
L: A. Westerlinck, Het lied van Tantalus, 1943; A. van Wilderode, 1965; R. van de Perre, 1984 u. 1986.

Demeter, Dimitrija, kroat. Dramatiker und Theaterkritiker, 21. 7. 1811 Agram – 24. 6. 1872 ebda. Kaufmannssohn, griech. Abstammung. Stud. Philos. Graz, Wien; Dr. med. in Padua, übte s. Beruf nicht aus; Redakteur versch. Zsn., bis 1868 Direktor des Nationaltheaters. – Als Romantiker und Anhänger des Illyrismus verherrlichte D. in s. Dramen die kroat. Vergangenheit, tadelte Streit u. Egoismus der Volksführer, besang, inspiriert von Byron, den Sieg über die Mongolen im 13. Jh. (›Grobničko polje‹); verfaßte Libretti für die ersten kroat. Opern und bereicherte das Repertoire durch zahlreiche Übsn.
W: Ljubav i dužnost, Dr. 1838; Ilirski Teater, St. 1840; Grobničko polje, Ep. 1842; Teuta, Dr. 1844; Ljubav i zloba, Libr. 1846; Porin, Libr. 1850–51. – Djela (W), 1958; Izabrana djela (AW), hg. J. Ravlić 1968.
L: V. Gudel, 1936; S. Ježić, 1958 (m. Bibl.); Š. Jurić, Novogrčke pjesme, D. D., 1963; M. Živančević, 1973; N. Batušić, 1997.

Deml, Jakub, tschech. Dichter, 20. 8. 1878 Tasov – 10. 2. 1961 Třebíč. Kath. Priester, wegen s. schriftsteller. Tätigkeit vom Konsistorium 1909 pensioniert. – D.s Lyrik u. Prosa, auf die die Freundschaft mit O. Březina u. die ›kath. Moderne‹ nicht ohne Einfluß waren, erschienen ab 1917 nach dem Vorbild L. Bloys u. d. T. ›Šlépěje‹. Sie offenbaren deutlich die zwiespältige Natur des Dichters, der teils in franziskan. Demut Liebe u. Gnade besingt, teils in scharfen Polemiken s. Belange verteidigt.
W: Notantur lumina, G. 1907; Hrad smrti, Prosa 1912; Moji přátelé, G. 1913; Miriam, Prosa 1916; Šlépěje, XXVI 1917–41; Mé svědectví o O. Březinovi, Aut. 1931; Verše české, G. 1938; Rodný kraj, Ausw. 1968; Tasov, Ausw. 1971; Sen jeden svítí, Ausw. 1991. – *Übs.:* Unheilige Visionen aus Tasov, 1993.
L: J. Bartoš, Znáte, J. D., 1932; F. X. Šalda, Časové a nadčasové, 1936; V. Nezval, Z mého života, 1959; Básníku J. D. k devadesátinám, 1968; Listy přátel dedictví J. D., II 1992; A Plichta, Tajemství času, 1993; J. Olič, Čtení o J. D., 1993.

Demokritos von Abdera, griech. Philosoph; 5./4. Jh. (460–370?) v. Chr. Schon früh starke biograph. Legendenbildung. – Noch im Hellenismus kannte man 60 versch. Schriften D.', die über Physik und Logik bis hin zu Politik, Rhetorik und Ethik e. weites themat. Spektrum abdecken; aus ca. 300 Fragmenten lassen sich nur noch Grundzüge s. atomist. Lehre rekonstruieren. D. genoß die gesamte Antike hindurch hohes Ansehen, was v. a. auch e. riesiges Corpus an ›Pseudo-Democritea‹ bezeugt. S. physikal. Theorien wurden noch lange diskutiert und fanden durch die vermittelnde Weiterentwicklung der philos. Schulen des Hellenismus ihren Weg bis nach Rom (Lucretius). Im MA verdrängen die ›Ps.-Dem.‹ mit ihrer mag. Tendenz zeitweise D. selbst, bis ihn die Neuzeit wiederentdeckt. D.' Atomismus bleibt als Konzept bis in die Physik des 19. Jh. hinein präsent, der ›lachende Philos.‹ in der Lit. der Zeit (z. B. 1774 Chr. M. Wielands ›Geschichte der Abderiten‹, 1832–40 K. J. Webers ›Hinterlassene Papiere e. lachenden Philosophen‹ etc.).

A: Diels/Kranz, II Nr. 68; S. Luria 1970 (m. russ. Übs. u. Komm.).

L: S. Luria, 1964; T. Cole, 1967; D. J. Furley, Princeton 1967, Cambridge 1987; A. P. D. Mourelatos, hg. Princeton ²1993; C. C. W. Taylor, in: A. A. Long, hg. 2001.

Demolder, Eugène-Ghislain-Alfred, belg. Schriftsteller, 16. 12. 1862 Molenbeek-Saint-Jean/Brüssel – 8. 10. 1919 Essonnes. Dr. jur. 10 Jahre im Magistrat in Brüssel. Stand in Verbindung mit intellektuellen und künstler. Kreisen Belgiens und Frankreichs, mit ›Art moderne‹ und der ›Jeune Belgique‹ gen. Gruppe. 1895 Gründer der Zs. ›Coq rouge‹; ∞ Tochter von Félicien Rops. Lebte ab da in Frankreich (Essonnes). – Inspiriert durch holländ. und flandr. Malerei; versuchte, sie in s. erzählenden Werke zu übertragen, indem er ihre äußerl. Elemente gewissenhaft, minutiös und feinfühlig in malerisch beschreibenden, farbigen Worten rekonstruierte. Die Gestaltung von Personen steht dabei im Hintergrund. S. Ziel ist es, das Milieu und die künstler. Atmosphäre zu fassen. S. Hauptwerk ›La route d'émeraude‹ ist e. Rekonstruktion des Jahrhunderts von Rembrandt.

W: Impressions d'art, Ess. 1889; Contes d'Yperdamme, 1891 (d. 1920); Les récits de Nazareth, 1893; La légende d'Yperdamme, R. 1897 (d. 1916); Sous la robe, E. 1897; Quattuor, E. 1897; La mort aux berceaux, Dr. 1898; La route d'émeraude, R. 1899 (d. 1916); Les patins de la reine d'Hollande, R. 1901; Le jardinier de la Pompadour, R. 1904; L'arche de M. Cheunus, E. 1904; L'Espagne en auto, Reiseber. 1906; Contes de chez nous, En. 1913. – Anthologie, G. 1931.

L: G. Remaekers, 1920; C. Govaert, 1932; C. Callwaert, 1943.

Demophilos, altgriech. Komödiendichter (sog. ›Neue Komödie‹), 3. Jh. v. Chr. – Ausschließl. bekannt durch Erwähnung im Prolog der Komödie ›Asinaria‹ des → Plautus, der D.' ›Onagos‹ adaptiert haben will.

L: G. Vogt-Spira, in: ders., E. Lefèvre, E. Stark: Plautus, 1991, 11–69.

de Moraes, Wenceslau → Morais, Venceslau José de Sousa

Demosthenes, altgriech. Redner u. Politiker; 384/383 v. Chr. Athen – 322 v. Chr. Kalauria. Sohn e. Waffenfabrikanten, Studium bei Isaios und Isokrates; 1. öffentl. Rede ›Gegen Leptines‹, ab 355 polit. Karriere: D. warnt in s. ›Symmorien-Rede‹ vor e. Verwicklung Athens in den Krieg gegen die Perser; spätere Außenpolitik v. a. vom Kampf gegen Makedonien (ab 340 im Krieg mit Athen) bestimmt: Zwischen 351 und 341 hält D. 4 Reden gegen Philipp II. (sog. ›Philippiken‹) und plädiert für e. Unterstützung des 348 von diesem eroberten Olynth (sog. ›Olynth. Reden‹). Nach Philipps Tod (336) Gegnerschaft zu dessen Sohn Alexander. Innenpolit. erringt D. 330 mit der ›Kranzrede‹ e. entscheidenden Sieg über s. langjährigen (v. a. seit 336) Gegner Aischines. Später wird D. in e. Skandal verwickelt, 323 als Hauptangeklagter verurteilt, kehrt aber nach kurzem Exil nach Athen zurück. Nach der Niederlage des von ihm unterstützten Hellenenbundes muß er erneut fliehen, wird in Abwesenheit zum Tode verurteilt und begeht im Poseidonheiligtum auf Kalauria Selbstmord. – Unter D.' Namen sind 60 Reden (1–17: vor der Volksversammlung, 18–26: für polit. Prozesse, 27–59: für Privatprozesse, 60–61: epideiktisch), 56 Vorreden, 6 Briefe sowie 1 Brief Philipps II. überliefert, e. Sammlung, die wohl bereits aus dem 3. Jh. v. Chr. stammt. Die ›Vorreden‹ und ›Briefe‹ sowie manche Reden sind in ihrer Echtheit umstritten, andere sicher unecht (z. B. Orr. 7, 11, 17, 25, 26, 58, 61) bzw. 1 Redengruppe vermutl. von e. anderen Autor (›Apollodoros-Reden‹, von diesem selbst verfaßt?). D.' eng an s. Lehrern orientierter Stil schöpft in s. reifen Reden (v. a. ›Kranzrede‹) durch flexibles Vokabular (von Alltagssprache bis hin zu Poetizismen), den Abwechslungsreichtum der syntakt. Einheiten, rhetor. Figuren, anschaul. Metaphern, hyperbatareiche, freie Wortstellung einerseits und stärkere Reglementierung der Rhythmisierung andererseits das volle Spektrum der Prosastilistik aus. D. galt der Antike als einer der wichtigsten, seit dem Sieg des attizist. Stilideals als der bedeutendste griech. Redner überhaupt, noch Cicero wird s. ›Kranzrede‹ ins Lat. übersetzen und s. eigenen Reden gegen Antonius (43 v. Chr.) als ›Philippicae‹ bezeichnen. D. ist Schulautor u. Studienobjekt (Dionysios von Halikarnass, Ps.-Longin, Quintilian, Plutarch, Lukian) bis in die Spätantike (Libanios) und Byzanz. Im Westen wirkt D. dann v. a. in lat. Übsn., teilweise wird er für aktuelle polit. Probleme instrumentalisiert; letzteres, obwohl D.' polit. Haltung seit der Antike bis heute umstritten ist.

A: S. H. Butcher, W. Rennie 1903–31 (zahlr. Nachdr.); M. Croiset, O. Navarre, P. Orsini, J. Humbert, L. Gernet, G. Nathieu, R. Clavaud 1924–87. – Zahlr. Einzeleditionen, -komm., -übers. (Ausw.): Orr. 1–3: A. Sakellariou 1988; 4: P. Collin 1965, N. D. Vasilopoulos 1969; 9: L. Canfora 1992; 11–12: L. J. Bliquez 1968; 15: J. Radicke 1995; 16: L. Canfora 1974; 18 (›Kranzrd.‹): G. Ballaira 1971, H. Wankel 1976, W. Zuercher 1983, S. Usher 1993, Y. Harvey 2001; 19: Th. Paulsen 1999, D. M. MacDowell 2000; 21: ders., G. Xanthakis Karamanos; 23: L. Volpis 1936; 27–28, 30–32, 34: L. Pearson 1972; 30: M. Kertsch 1971; 34–37, 39f., 45f., 53–56: F. A. Paley, J. E. Sandys 1896–98 (Nachdr. 1979); 35: U. Albini, S. Aprosio 1957; 37, 39, 54, 56: C. Carey, R. A. Reid 1985; 50: T. N. Ballin; 59: A. J. Patteson 1978, E. Avezzù 1986, C. Carey 1992, K. A. Kapparis 1999. – Briefe: J. A. Goldstein 1968. – Fragm. auf Papyrus: B. Hausmann 1978, 1981.

L: G. Barthold, 1962; U. Schindel, 1963; W. Jaeger, ²1963; M. Lossau, 1964; A. A. Anastassiou, 1965; L. Canfora, Bari 1968; L. Pearson, Meisenheim 1976 (Nachdr. 1981); D. F. McCabe, N. Y. 1981; H. Montgomery, Bergen u. a. 1983; U. Schindel, 1987; P. Carlier, Paris 1990; J. Trevett, Oxf. 1992; R. Sealey, N. Y. 1993; Cl. Mossé, Paris 1994; J. Witte, 1995; I. Worthington, Lond. u. a. 2000; C. A. Gibson, Berkeley u. a. 2002; Chr. Kavounis, 2002.

Denham, Sir John, engl. Dichter, 1615 Dublin – 10. 3. 1669 London. Sohn eines ir. Richters, 1631 Stud. Oxford u. Jurastud. im Lincoln's Inn. 1639 Anwalt. Im Bürgerkrieg auf seiten der Royalisten, begleitete 1648 Prinz Charles nach Frankreich, nach der Restauration geadelt, offizieller Architekt von London. Mitglied der Royal Society u. des Parlaments, wo er sich mit e. Rede für den Republikaner Milton einsetzte. – Gilt als Vorläufer des engl. Klassizismus. S. bedeutendstes Werk ›Cooper's Hill‹, e. Verbindung von Naturbeschreibung und moralisierender Gedankendichtung, gab Pope Anregung zu ›Windsor Forest‹ u. beeinflußte zahlr. weitere deskript.-didakt. Gedichte im 18. Jh. Außerdem Vf. e. mittelmäßigen hist. Tragödie, der ›Epistle to Sir R. Fanshawe‹, und des hist. Trauerspiels ›The Sophy‹ sowie e. Art ›ars poetica‹ in Reimpaaren: der Elegie ›On Mr. Cowley's Death‹, e. Auseinandersetzung mit der engl. Dichtung, ferner von Satiren und e. Aeneis-Paraphrase.

W: The Sophy, Tr. 1642; Cooper's Hill, Ep. 1642; The Destruction of Troy, Übs. 1656. – Poetical Works, hg. T. H. Banks 1928, ²1969; Cooper's Hill, hg. B. O'Hehir, 1969.

L: C. Armster, 1884; B. O'Hehir, Harmony from Discords, 1968.

Dennis, John, engl. Kritiker und Dramatiker, 1657 London – 6. 1. 1734 ebda. Sohn e. Sattlers, in Harrow erzogen, Stud. Cambridge. 1688 Reise nach Frankreich und Italien. Nachdem er s. Vermögen vergeudet hatte, Berufsschriftsteller. Von Marlborough gefördert. Früher Bewunderer Miltons. Mitgl. der polit. Partei der Whigs, für die er beißende Flugschriften verfaßte. Polit. motivierte Fehde mit Pope, lit. Auseinandersetzung mit Addison und Steele. – Angesehener Kritiker s. Zeit, mit s. Tragödien und Komödien jedoch erfolglos.

W: Letters upon Several Occasions, Ess. 1696; A Plot and no Plot, Sch. 1697; The Usefulness of the Stage, Es. 1698; Miscellany Poems, G. 1697; Rinaldo and Armida, Tr. 1699; Iphigenia, Sch. 1700; The Advancement and Reformation of Poetry, Es. 1701; The Grounds of Criticism in Poetry, Es. 1704; Liberty Asserted, Tr. 1704; Gibraltar, K. 1705; Appius and Virginia, Tr. 1709; An Essay on the Genius and Writings of Shakespeare, 1712. – Critical Works, hg. E. N. Hooker II 1939–43 (n. 1965).

L: H. G. Paul, 1911 (m. Bibl.); H. Lenz, 1913; A. J. Murphy, 1984.

Dennis, Nigel (Forbes), engl. Romanautor, Dramatiker u. Kritiker, 16. 1. 1912 Bletchingley/ Surrey – 19. 7. 1989 London. Jugend in Rhodesien und Dtl., 1934 USA, Journalist, ab 1949 in London. – Vf. geistreich-satir., oft gesellschaftskrit., experimentierfreudiger Romane u. Dramen über das Problem der Identität. In ›Cards of Identity‹, e. hintergründigen Satire auf psycholog. Identitätstheorien, liefert e. ›Identity Club‹ s. Mitgliedern statt der vagen eigenen Identität e. nach Wunsch.

W: Boys and Girls Come Out to Play, R. 1949; Cards of Identity, R. 1955; Dr. 1958; The Making of Moo, K. 1958; August for the People, Dr. 1962; Dramatic Essays, 1962; Jonathan Swift, St. 1964; A House in Order, R. 1966; Exotics, G. 1970; An Essay on Malta, 1972.

Denon, Dominique-Vivant, franz. Schriftsteller, 4. 1. 1747 Givry b. Chalon-sur-Saône – 27. 4. 1825 Paris. Maler und Kunstgelehrter; Gesandter in der Schweiz; längere Zeit in Italien; unter Napoleon I. Generaldirektor der Museen Frankreichs und der kaiserl. Münze; wegen Teilnahme an Napoleons Kunstraub von den Verbündeten in Paris inhaftiert, danach zurückgezogenes Leben. – S. amouröse Novelle ›Point de lendemain‹ ist e. anmutiges Meisterwerk des Rokoko.

W: Point de lendemain, N. 1776 (Nur eine Nacht, d. 1961); Voyage pittoresque et description du royaume de Naples et de Sicile, Dr. 1787; Voyage dans la Basse et Haute Egypte, Reiseb. II 1802; Correspondance 1782–85, hg. H. Toso Rodinis 1977.

L: J. Nowinsk, 1970; J. Chatelain, 1973; Actes du Colloque, hg. D. Gallo 1999.

Densusianu, Ovid, rumän. Schriftsteller u. Kritiker, 29. 12. 1873 Satu Lung-Săcele – 8. 6. 1938 Bukarest. Gelehrtenfamilie, Stud. Jassy, Paris, Berlin, Dr. phil., Prof. für Roman. Philol. Bukarest, Mitgl. der Rumän. Akad., Leiter mehrerer lit. u. wiss. Zsn.; größter rumän. Linguist. – Neben vielen grundlegenden wiss. Werken zur Philol., Geschichte u. Volkskunde schrieb er Kritiken u. Gedichte; Verfechter des Latinitätsgedankens als zivilisator. Kraft. Sah im Symbolismus e. typ. roman. Ausdrucksform, die er leidenschaftl. gegen die Traditionalisten propagierte. S. Gedichte nach dem Muster der großen franz. Meister sind zu intellektuell, jedoch musikal. anmutig u. distanziertvornehm.

W: Limanuri albe, G. 1912; Heroica, G. 1918; Raze peste lespezi, G. 1924; Literatura română modernă, III 1921–33, 1985.

L: A. Popescu-Telega, 1934; A. Vasiliu, Al. Rosetti 1939; D. Şandru, 1939; B. Munteanu, 1945; M. Bucur, 1967.

Denti di Pirajno, Alberto, ital. Erzähler, 7. 3. 1886 La Spezia – 1969 Rom. Aus sizilian. Adel (1942 Herzog), Stud. Medizin Florenz, 1910 Dr. med., 1925 Leibarzt des Herzogs von Aosta in Libyen, 1930 im ital. Kolonialdienst, Statthalter, dann Kabinettschef in Abessinien, 1939–43 Gouverneur von Tripolis, 3 Jahre Internierung in Afrika, ab 1946 freier Schriftsteller in Rom. – Vf. von Erinnerungsbüchern und Erzählungen in ital. und engl. Sprache und figuren- und handlungsreichen Gesellschaftsromanen traditionellen Stils über außergewöhnl. Frauengestalten.

W: Un medico in Africa, Erinn. 1952 (Überlistete Dämonen, d. 1955); A Grave for a Dolphin, En. 1956 (Das Mädchen auf dem Delphin, d. 1957); Ippolita, R. 1960 (d. 1962); The Love Song of Mara Lumera, R. 1964 (d. 1965).

Déon, Michel, franz. Erzähler, * 4. 8. 1919 Paris. Jugend in Monaco, Stud. Jura Paris, Journalist; 1939 Redakteur der ›Action française‹, lange Auslandsaufenthalte in USA und Südeuropa; lebt in Irland und Griechenland. – Vf. formal konservativer Romane u. Erzählungen aus pittoresken Milieus. Auch Hörspiele und Reisebücher.

W: Je ne veux pas l'oublier, R. 1950 (Flamme, die der Wind nicht löscht, d. 1959), La corrida, R. 1952; Le dieu pâle, R. 1954; Les trompeuses espérances, R. 1956; Les gens de la nuit, R. 1958; La carotte et le bâton, R. 1960; Le balcon de Spetsai, Reiseb. 1961; Le rendez-vous de Patmos, R. 1965; Un parfum de jasmin, En. 1967; Les poneys sauvages, R. 1970 (d. 1973); Un taxi mauve, R. 1973 (Irisches Intermezzo, d. 1981); Le jeune homme vert, R. 1975 (Jean oder die Lust zu leben, d. 1977), Un déjeuner de soleil, R. 1981 (Alles geben die Götter, d. 1985); P. Vandromme, 1990; Ariane ou l'oubli, Dr. 1992; E. Neuhoff, 1994; Madame Rose, 1998; Th. Laurent, 1999.

De la Pasture, Edmée E. M. → Delafield, E. M.

Depauw, Valère, fläm. Erzähler, 7. 4. 1912 Ronse – 2. 8. 1994 Sint-Job-in't-Goor. Zunächst volkstüml. Geschichten; daneben aber auch soziale, hist. u. polit. Romane.

W: Tavi, E. 1935 (d. 1941); Het kerstvisioen in het Stalag, E. 1943 (Und Friede auf Erden, d. 1953); De geschiedenis van Mathias Wieringer, R. III 1946–49 (d. 1949, u. d. T. Die Tuchweber von Flandern 1952); Die van't ganske, R. 1949 (Die himmelblaue Gasse, d. 1950); Hebben die vogels hun nest, R. 1951 (d. 1960); Nevels over 't moerven, R. 1955 (d. 1958); Opdracht in Guernika, R. 1965 (d. 1967); Op weg naar Montségur, R. 1976; Bijwijlen lief bijwijlen leed, R.-Tril. 1981; Bevrijd van alle nood, R. 1984.

L: A. Demedts, 1978.

Depestre, René, haitian. Schriftsteller, * 29. 8. 1926 Jacmel. Nimmt in der Jugend an der revolutionären Bewegung ›La Ruche‹ teil, opponiert aus marxistischer Sicht gegen das Duvalierregime, lebt im Exil. – Analysiert den kompromißlosen, skrupellosen Rassismus seines Landes.

W: L'amour à métisser, 1998.

Deplazes, Gion, rätoroman. Schriftsteller, * 22. 3. 1918 Surrein/Graubünden. Stud. Gesch. Univ. Fribourg u. Zürich, Dr. phil. 1949–83 Lehrer für Deutsch u. Gesch. in Chur. Lehraufträge für rätoroman. Sprache u. Lit. Univ. Zürich u. St. Gallen. – Fruchtbarster rätoroman. Erzähler mit weit gespanntem themat. Bogen. In s. Erzählungen u. Romanen greift er hist. Themen auf, stellt sich aber auch den Problemen, die sich aus der Konfrontation von stat. Bergbauernkultur mit der Industriegesellschaft ergeben.

W: Marietta, R. 1951; Per taviarnas, E. 1952; Rugada, G. 1957; Il cavrer da Vigliuz, E. 1957 (Der Geisshirt von V., d. 1966); La davosa untgida, R. 1958; Paun casa, R. 1960; Levzas petras, E. 1961 (Bittere Lippen, d. 1975); Passiun, R. 1963; La bargia dil tschéss, R. 1964; Schibettas, G. 1965; Igl ei uras, H. 1965; Sentupadas, En. 1968; La scappada, Tg. 1972; Purginas, G. 1976; Marlengia, R. 1980; Clavs, En. 1985; Funtaunas, Sb. IV 1988–93; Die Rätoromanen – Ihre Identität in der Literatur, Sb. 1991; La spina ella spatla, Sb. 2001. – Ovras (SW), XII 1994, XIII 2003.

Derème, Tristan (eig. Philippe Huc), franz. Lyriker, 13. 2. 1889 Marmande/Lot-et-Garonne – 24. 10. 1941 Oloron-Sainte-Marie. Lernte auf der höheren Schule in Agen 1903 F. Carco und Robert de la Vaissière kennen. Frühe Dichtsuche. – Gehörte zur Gruppe der ›Fantaisistes‹. Schrieb mit großer Gewandtheit in einfacher, natürl. Sprache anmutige Verse, hinter deren spieler., iron. Leichtigkeit sich Melancholie und Sensibilität verbergen. Vers- und Prosachroniken; reizende Kindergeschichten.

W: Le renard et le corbeau, G. 1905; Le tiroir secret, G. 1906; Petit cahier, G. 1911; Le poème de la pipe et de l'escargot, 1912; La verdure dorée, D. 1922; L'enlèvement sans clair de lune, G. 1924; Poèmes des colombes, G. 1928; Patachou, petit garçon, E. 1929; Les histoires de Patachou, 1932; Le poisson rouge, Prosa 1934; Le violon des Muses, Prosa 1935; L'escargot bleu, Prosa 1936; La tortue indigne, Prosa 1937; Poème des griffons, Prosa 1938; Tourments, caprices et délices, Prosa 1941.

L: N. Ruet, 1925; H. Martineau, 1927; D. Aranjo, 1984.

Derennes, Charles, franz. Schriftsteller, 4. 8. 1882 Villeneuve-sur-Lot – 28. 4. 1930 Paris. Kam früh nach Paris. – Naturverbundener Erzähler bes. von Tiergeschichten, Lyriker, z. T. in provenzal. Sprache, und Essayist.

W: L'enivrante angoisse, G. 1904; La tempête, G. 1906; L'amour fessé, R. 1906; Les caprices de Nouche, R. 1909; Le béguin des Muses, G. 1912; La petite faunesse, R. 1918; Perséphone, G. 1920; Le renard bleu, R. 1921; La fontaine Jouvence, G. 1923; Emile et les autres, Tiergeschn. 1924; La fortune et le jeu, Ess. 1926; Le pays basque, Abh. 1927; Amours basques, E. 1928; La mort du prince impérial, 1928.

Derleth, August (William), amerik. Schriftsteller, 24. 2. 1909 Sauk City/WI – 4. 7. 1971 ebda. – Vf. von nostalg.-humorvollen, teils hist.-dokumentar. Natur- u. Prärieromanen sowie ebensolcher Lyrik; Detektivromane mit der Sherlock Holmes nachempfundenen Figur Solar Pons; bekannt auch als Science-fiction- u. Fantasy-Autor (z. T. gemeinsam mit oder im Andenken an s. Freund H. P. Lovecraft); auch unter diversen Pseudonymen (Tally Mason, Stephen Grendon).

W: Place of Hawks, Kgn. 1935; Still Is the Summer Night, R. 1937; The Lurker at the Threshold, R. 1945 (Das Tor des Verderbens, d. 1973); Sac Prairie People, Kgn. 1948; Walden West, Dok. 1961; The Trail of Cthulhu, R. 1962 (R. 1972); Forest Orphans, R. 1964; Collected Poems, 1967; The Watchers Out of Time, Kgn. 1974 (Die dunkle Brüderschaft, d. 1987); Return to Derleth, Ess. II 1993; The Lost Sac Prairie Novels, 2000.

L: A. M. Wilson, 1983.

Dermoût, Maria (eig. Helena Anthonia Maria Elisabeth Dermoût-Ingerman), niederländ. Erzählerin, 15. 6. 1888 Pekalongan/Java – 27. 6. 1962 Den Haag. Jugend in Niederländ.-Ostindien, 4 Jahre Gymnas. Haarlem. – Schildert in ihren exot. Werken in suggestiver Sprache Erlebnisse aus ihrer Jugend auf Java, Celebes u. den Molukken.

W: Nog pas gisteren, R. 1951 (Erst gestern noch, d. 1957); Spel van tifa-gongs, Sk. 1954; De tienduizend dingen, R. 1955 (Die Harfe Amoret, d. 1958); De juwelen haarkam, En. 1956; De kist en enige verhalen, En. 1958; De sirenen, E. 1963; Donker van uiterlijk, En. 1964; Zo luidt het verhaal, En. 1964. – Verzameld werk, 1970.

L: J. van der Woude, 1973; K. Freriks, Geheim Indië, 2000.

Dèr Mouw, Johan Andreas (Ps. Adwaita, d. h. zweilos), niederländ. Dichter, 24. 7. 1863 Westervoort – 8. 7. 1919 Den Haag. Stud. Altphilol. Leiden, bis 1903 Lehrer am Gymnas. Doetinchem, dann Privatlehrer in Den Haag. Ausgedehnte u. vielseit. wiss. Interessen. – Philos. Lyrik, überwiegend in Sonettform, orientiert an der ind. myst. Philos. Besonderer Humor durch Gegensatz zwischen erhabenem Inhalt u. alltägl. Sprache.

W: Het absoluut idealisme, Es. 1905; krit. studies over psychologisch monisme en nieuw Hegelianisme, Es. 1906; Brahman, G. II 1919 f.; Nagelaten verzen, 1934. – Verzamelde werken, VI 1947–51.

L: A. M. Cram-Magré, 1962; M. F. Fresco, II 1971; ders., hg. 1985.

De Roberto, Federico, ital. Erzähler, 16. 1. 1861 Neapel – 26. 7. 1927 Catania. Um 1890 in Mailand im Kreis der Dichter des ›scapigliatura‹; Kunstkritiker am ›Corriere della sera‹; ging dann nach Catania. – Bewunderer u. Freund Vergas u. wie dieser in s. lit. Schaffen eng mit s. sizilian. Heimat verbunden, wählte er diese Heimat als Schauplatz für s. Novellen u. Romane. Kennzeichnend für s. klar aufgebaute Prosa sind die gute Milieuschilderung u. die psycholog. eindringl. Gestaltung der Charaktere.

W: Documenti umani, Nn. 1888; Processi verbali, En. 1889; L'albero della scienza, En. 1890; L'illusione, R. 1891; I Vicerè, R. II 1894 (d. 1959); L'Imperio, R. 1929. – Opere scelte, hg. L. Russo 1950.

L: V. Spinazzola, 1961; J.-P. de Nola, F. D. R. et la France, Paris 1975; S. Zapulla Muscarà, 1988; A. Di Grado, 1998.

De la Roche, Mazo → La Roche, Mazo de

D'Errico, Ezio, ital. Roman- u. Bühnenautor, 1892 Agrigent – 1972 Rom. Unverheiratet lebte er mit s. Schwester in Paris als Schriftsteller, Maler, Lehrer u. Journalist. – Verfaßte Kriminalromane nach dem Vorbild von G. Simenon. Gilt als einziger Vertreter des ital. absurden Theaters.

W: La famiglia Morel, R. 1938; Plenilunio allo zoo, R. 1939; L'affare Jefferson, R. 1940; Un grido nella nebbia, R. 1940; I superstiti dell'Hirondelle, R. 1940; La notte del 14 luglio, R. 1941; Segni particolari nessuno, R. 1941; La scomparsa del Delfino, R. 1941; La casa inabitabile, R. 1941; La tipografia dei due orsi, R. 1942; La nota della lavandaia, R. 1947; Teatro dell'assurdo, 1968.

L: C. Guastalla, Il teatro di E. d'E., in: Biblioteca teatrale 53 (2000).

Dertli, Ibrahim, türk. Dichter, 1772 Şahnalar – 1845 Ankara. Als Kind Hirte, unstetes Wanderleben, kam bis nach Ägypten. – Einer der großen Vertreter der türk. Volkslyrik, ausgesprochen lyr. Tonlage, sein Divan erlebte zu Lebzeiten mehrere Steindrucke.
A: Aşık Dertli, Hayatı, Divanı, hg. A. Talat 1928; Bolulu Dertli, Divanı – Hayatı ve Şiirleri, hg. H. N. Okay 1954; Dertli ve Seyrani'den Seçmeler, hg. C. Öztelli 1953.

Déry, Tibor, ungar. Schriftsteller, 18. 10. 1894 Budapest – 18. 8. 1977 ebda. Anwaltssohn aus wohlhabender Familie, Stud. Volkswirtschaft. Arbeitete in der Fabrik s. Onkels. Früh Verbindung zur kommunist. Arbeiterbewegung. Teilnahme am Aufstand von 1918/19; seit 1919 KP-Mitgl.; 1920–36 im Exil in Wien, Paris, Perugia; 1931/32 Journalist in Berlin; unter Horthy 1938 Freiheitsstrafe. Noch 1945 als kommunist.-revolutionärer Volksdichter gefeiert. 1952 Eintreten für Gedankenfreiheit. 1953 aus der Partei ausgeschlossen. Bis 1956 Revisionist, nach dem Aufstand 1957 zu 9 Jahren Zuchthaus verurteilt, doch 1960 entlassen. – Anfangs Naturalist; schreibt auch surrealist. Gedichte, s. Lebenswerk schuf er jedoch mit s. expressionist., polit. motivierten Romanen.
W: A befejezetlen mondat, R. 1947 (Der unvollendete Satz, d. 1952); Felelet, R. II 1948–52 (Die Antwort, d. II 1952–65); Az óriás, E. 1948 (Der Riese, d. 1958); Niki, R. 1956 (d. 1958); Számadás, E. 1962 (Rechenschaft, d. 1964); Szerelem, En. 1963; G. A. úr X-ben, R. 1964 (Herr G. A. in X, d. 1966); Bécs 1934, Dr. 1966; A kiközösítő, R. 1966 (Ambrosius, d. 1968); Ítélet nincs, Aut. 1969 (Kein Urteil, d. 1972); Képzelt riport egy amerikai popfesztiválról, Rep. 1972 (Erdachter Report über ein amerikanisches Pop-Festival, d. 1974); Kedves bópeer, 1973 (Lieber Schwiegervater, d. 1976). – *Übs.:* Die portugiesische Königstochter, En. 1959; Ein fröhliches Begräbnis, En. 1963; Spiele der Unterwelt, En. 1968.
L: M. Szenessy, 1970. – *Bibl.:* Gy. Lukács 1969; B. Pomogáts, 1974.

Deržavin, Gavriil Romanovič, russ. Dichter, 14. 7. 1743 ehem. Gouv. Kazan' – 20. 7. 1816 Zvanka (im ehem. Gouv. Novgorod). Offizierssohn, erlernte als Kind das Dt., 1759–62 Gymnas. Kazan', 1762 Soldat, 1773 Offizier, nahm an Kämpfen gegen Pugačëv teil. Begann sehr früh zu dichten, 1776 erster Band übersetzter und originaler Oden. 1777 Beamter in Petersburg, hier Beziehungen zu L'vov, Kapnist und Chemnicer. Wurde als Dichter durch Ode ›Felica‹ (1783) bekannt, 1784 von Katharina II. zum Gouverneur von Olonec, später von Tambov ernannt, 1791 ihr Sekretär; 1793 Senator, 1802 Justizminister, 1803 im Ruhestand. – Größter russ. Dichter des 18. Jh., dessen Lyrik, eng mit dem realen Leben verbunden, aus mannigfaltigen Anlässen entstand; läßt, anders als der zur älteren Generation gehörende M. V. Lomonosov, das Konkrete, sinnl. Faßbare hervortreten, bedient sich des ganzen Reichtums des kirchenslaw. und russ. Wortschatzes; bringt in die traditionelle feierl. Preisode scherzhaft-iron. Töne; findet neue Stilmittel, verwendet viele Bilder, Metaphern, auch emblemat. Exempla und Epitheta; setzt gern bunte, leuchtende Farben, nicht nur, wenn er den Glanz der Ära Katharinas II. schildert; entfaltet nicht selten, angeregt durch dt. Barockdichter, das Motiv des stets drohenden Todes, der Vergänglichkeit des Irdischen; die berühmte Ode ›Bog‹, Betrachtung über die Größe Gottes in ihrem Verhältnis zum Menschen, zeigt Einfluß Hallers und Klopstocks; wirkt in der Dichtung Puškins, Tjutčevs, Majakovskijs weiter.
W: Ody, perevedennye i sočinennye pri gore Čitalagae, G. 1776; Bog, G. 1784 (Gott, d. 1845). – Sočinenija (W), IX 1864–83; Stichotvorenija, 1957; Sočinenija, 2002. – *Übs.:* A. v. Kotzebue, Ausw. 1793.
L: N. Valzenberg, 1916; V. F. Chodasevič, Paris 1931; D. D. Blagoj, 1944; H. Kölle, Farbe, Licht und Klang in der malenden Poesie D.s, 1966; O. Midajlov, 1977; P. R. Hart, Columbus 1978.

Desai, Anita (bis 1958: A. Mazumdar), ind. Schriftstellerin engl. Sprache, * 24. 6. 1937 Mussoorie/Indien. Bengal. Vater, dt.-jüd. Mutter; begann schon als Kind zu schreiben, Schule und Stud. engl. Lit. Delhi; lebte in Delhi, Kalkutta, Bombay; Dozentin in England, ab 1993 Dozentin für Creative Writing Cambridge/MA, lebt in USA u. Indien; zahlr. Auszeichnungen. – Vf. von Romanen, Kinderbüchern sowie Kurzgeschichten und Essays. Thema, v. a. ihrer frühen Romane, die meist in der Mittelschicht der ind. Großstädte angesiedelt sind, ist die Vereinsamung, Isolation der Frau innerhalb der Familie bzw. ihre Unterdrückung im zeitgenöss. Indien, später wird auch das zwiespältige Verhältnis zwischen Indien und England bzw. dem Westen thematisiert. Ihre Romane zeigen Interesse an der genauen Beschreibung der Gefühlswelt ihrer meist weibl. Protagonisten und v. a. dabei e. ausgeprägte Bildsprache und Symbolik, häufig aus der Natur; bes. erfolgr. waren der Roman ›Clear Light of Day‹ und das Kinderbuch ›The Village by the Sea‹.
W: Cry the Peacock, 1963; Voices in the City, 1965; Bye-Bye Blackbird, 1971; The Peacock Garden, Kdb. 1974; Where Shall We Go this Summer?, 1975; Fire on the Mountain, 1977 (d. 1986); Games at Twilight, En. 1978 (d. 1988); Clear Light of Day, 1980 (d. 1982); The Village by the Sea, Kdb. 1982 (d. 1987); In Custody, 1984 (Drb. Film 1993; Der Hüter der wahren Freund-

schaft, d. 1987); Baumgartner's Bombay, 1988 (d. 1989); Journey to Ithaca, 1995 (d. 1996); Fasting, Feasting, 1999; Diamonds, Dust and other Stories, En. 2000.

L: M. Belliappa, 1971; R. S. Sharma, 1981; Perspectives on A. D., hg. R. K. Srivastava 1985; J. Jain, 1987; K. Sharma, Symbolism in A. D.'s Novels, 1991; B. Choudhury, Women and Society in the Novels of A. D., 1995; N. R. Gopal, A Critical Study of the Novels of A. D., 1995; M. Chakranarayan, 2000; Critical Essays on A. D.'s Fiction, hg. J. Dodiya 2000; O. P. Budholia, 2001; A. Anand, 2002; The Fiction of A. D., hg. S. Bala u. a. II 2002; N. Chakravertty, Quest for Self-Fulfilment in the Novels of A. D., Diss. New Delhi 2003.

Desbordes-Valmore, Marceline-Félicité-Josèphe, dame Lanchantin (geb. Desbordes), franz. Dichterin, 20. 8. 1786 Douai/Franz.-Flandern – 23. 7. 1859 Paris. Tochter e. durch die Revolution ruinierten Malers; reiste als Kind 1789 mit der Mutter wegen Erbschaftsangelegenheiten nach Guadeloupe. Nach Rückkehr völlig verarmt. Schneiderin und Sängerin in Lille, Douai und Rouen, Schauspielerin in Paris, ∞ 1817 Schauspieler François Lanchantin, gen. Valmore. – Die in der Tradition Lamartines stehenden, sehr persönlichen Verse spiegeln ihre harte Jugend, ihre starke unerfüllte Leidenschaft zu dem Schriftsteller Henri de Latouche, das unglückl. Eheleben und zärtl. Muttergefühl. Sehr musikal., überaus einfache, durch tiefes und echtes Empfinden ergreifende Gedichte, die in ihrer Mischung von Traum u. Realität bisweilen geheimnisvolle Atmosphäre besitzen. Ihr künstler. Wert wurde erst lange nach ihrem Tod von Sainte-Beuve erkannt. Sie wurden von Romantikern u. Symbolisten gefeiert. Verlaine, der bes. ihre kurzen Verse schätzte, nahm sie unter die ›poètes maudits‹ auf.

W: Elégies, Marie et romances, G. 1818; Poésies, G. 1820; Les pleurs, G. 1833; L'atelier d'un peintre, R. 1833; Une raillerie de l'amour, R. 1833; Violette, R. 1839; Pauvres fleurs, G. 1839; Bouquets et prières, G. 1843; Contes et scènes de la vie de famille, II 1865. – Œuvres complètes, III 1886f.; Poésies complètes, hg. B. Guégan IV 1932ff.; Poèmes choisis, 1950 (m. Bibl.); Œuvres poétiques, hg. M. Bertrand II 1973; Correspondance intime, hg. B. Rivière II 1896; Lettres inédites, hg. H. Valmore 1912. – *Übs.:* S. Zweig 1927; Ausgew. G., K. Schwedhelm 1947.

L: C.-A. Sainte-Beuve, 1870; L. Descaves, La vie douloureuse de M. D.-V., 1911; J. Boulenger, ²1926; S. Zweig, 1927; M. G. Sesma, 1945; P. Grosclaude, Sainte-Beuve et M. D., 1948; J. Moulin, 1955; E. Jasenas, 1962. – *Bibl.:* G. Cavalucci, Neapel II 1930–42.

Descaves, Lucien Alexandre, franz. Erzähler und Dramatiker, 18. 3. 1861 Montrouge b. Paris – 6. 9. 1949 Paris. Sohn eines Graveurs; Bankangestellter, 4 Jahre Soldat, danach befreundet mit E. de Goncourt, A. Daudet, J.-K. Huysmans, E. Zola. Mitunterzeichner des gegen Auswüchse des Naturalismus gerichteten ›Manifeste des cinq‹ von 1887, rief 1889 mit ›Sous-offs‹, e. heftigen Satire auf das militär. Leben, e. Skandal hervor, wurde angeklagt, freigesprochen, von der bürgerl. Meinung aber geächtet. Ab 1900 Mitglied der Académie Goncourt, 1944 ihr Präsident. – Fruchtbarer und vielseitiger Autor, von scharfer Beobachtungsgabe. S. Hauptinteresse gilt dem alltägl. Leben, s. Sympathie dem einfachen Volk und s. Sorgen. Nach brutal-naturalist. Anfängen entwickelte er e. zugleich zärtl.-sentimentalen und krit.-iron. Ton. In Dramen und erzählenden Werken soziale und moral. Themen. Mehrere tausend oft sehr aggressiver Zeitungsartikel, mit denen er sich lebenslang Feinde machte. S. Schriften propagieren z. T. das Ideengut der Kommune von Paris.

W: Le calvaire d'Héloïse Pajadou, E. 1882; Une vieille rate, E. 1883; La teigne, E. 1886; La caserne, E. 1887; Misères du sabre, E. 1887; Sous-offs, R. 1889; La pelote, Dr. 1889; Les emmurés, E. 1894; En villégiature, E. 1896; La cage, Dr. 1898; La clairière, Dr. 1900 (m. M. Donnay); La colonne, E. 1901; Oiseaux de passage, Dr. 1904 (m. M. Donnay); L'attentat, Dr. 1906 (m. A. Capus); La préférée, Dr. 1906; La vie douloureuse de M. Desbordes-Valmore, B. 1911; Atelier d'aveugles, Dr. 1912; Philémon, vieux de la vieille, E. 1913; La saignée, Dr. 1913 (m. F. Nozière); Barrabas, E. 1914; L'imagier d'Epinal, E. 1919; L'as de cœur, Dr. 1920; Pierre Dupont, Dr. 1922; L'hirondelle sous le toit, Dr. 1924; Le cœur ébloui, Dr. 1926; Les fruits de l'amour, Dr. 1928; Regarde autour de toi, R. 1930; Les dernières années de Huysmans, B. 1941; Souvenirs d'un ours, Aut. 1946.

L: E. Moselly, 1910; L. Deffoux, 1930; P. Descaves, 1944.

Deschamps, Anne Louis Frédéric Emile de Saint-Amand, franz. Schriftsteller, 20. 2. 1791 Bourges – 22. 4. 1871 Versailles. Gründete mit V. Hugo 1824 ›La muse française‹, das Organ der romant. Bewegung, deren überzeugter Anhänger er als einer der ersten war, trat für sie ein in e. Manifest, das er als Vorwort zu s. ›Etudes‹ veröffentlichte. Lyriker, Dramatiker (Librettist), Novellist, Kritiker und Übs. dt. und span. Dichtung (Schiller, Goethes Gedichte, ›Cid‹).

W: Ode patriotique, G. 1812; Le tour de faveur, Dr. 1818; Le jeune moraliste du XIXe siècle, Nn. 1826; Etudes françaises et étrangères, St. 1828; Stradella, Libr. 1837; Contes physiologiques, En. 1854. – Œuvres complètes, IV 1872f.

L: H. Girard, Un bourgeois dilettante à l'époque romantique, II 1921; H. Douzery, Deux romantiques, 1929.

Deschamps, Antoine François Marie de Saint-Amaud (gen. Anton D.), franz. Lyriker, 12. 3. 1800 Paris – 29. 10. 1869 Passy. Jüngerer Bruder von Emile D. Ab 40. Lebensjahr geisteskrank, lebte meist in e. Heilanstalt. Zählte zum ›Cénacle‹ von V. Hugo. – S. Gedichte sind erschütternder

Ausdruck der Angstzustände und der qualvollen Verzweiflung während s. Geisteskrankheit. Übs. Dante ›Divina commedia‹ (1829).
W: Les Italiennes, 1831; Satires, 1834; Dernières paroles, G. 1835; Etudes sur l'Italie, 1835; Résignation, G. 1839; Poésies, 1841.

Deschamps, Eustache, gen. Morel, franz. Dichter, um 1346 Vertus/Champagne – um 1406. Stud. Kathedralschule Reims, Univ. Orléans; Amtmann im Valois, seit 1368 Diplomat Karls V., später Karls VI. und des Herzogs von Orléans, lebte im königl. Haushalt, reiste in diplomat. Auftrag nach Italien, Böhmen und Ungarn; schließl. Finanzdirektor. – Vielseitiger und bedeutendster franz. Dichter des 14. Jh., bedeutendster Schüler Machauts. Schrieb rd. 1000 Balladen, mehrere hundert Rondeaux und Virelais, Liebes- und Gelegenheitsgedichte. Ausgezeichneter Theoretiker: ›Art de dictier‹, älteste franz. Poetik. S. Gedichte spiegeln s. Zeit und s. Persönlichkeit. Stellt offen und realist. das krieger. Zeitgeschehen und die Großen s. Zeit dar, ebenso Erfahrungen aus s. eigenen bewegten Leben, Eindrücke, Stimmungen und Meditationen.
W: Dit des quatre offices de l'ostel du roi, Dr. 1360; Art de dictier et de fere chançons, Poetik 1392; Miroir de mariage, Sat. o. J., Fiction du lyon, G. o. J.; Maistre Trubert, Dr. o. J. – Œuvres complètes, hg. Queux de Saint-Hilaire, G. Raynaud XI 1878–1904.
L: E. Hoepffner, Diss. Straßb. 1904; A. Dickmann, E. D. als Schilderer d. Sitten s. Zeit, Diss. Münster 1936; U. Nyström, Poèmes français sur les biens d'un ménage, Helsinki, 1940; I. S. Laurie, Diss. Cambr. 1962; D. Poirion, Le poète et le prince, 1965; D. M. Sinnreich-Levi, 1998.

Des Forêts, Louis-René, franz. Schriftsteller, 21. 1. 1918 Paris – 30. 12. 2000. Stud. Jura Paris; lebte ab 1941 auf dem Land. – Vf. e. Reihe von psycholog. feinsinnigen u. gedankl. schwierigen Romanen über die Wirklichkeitsverzerrung durch den subjektiven Eindruck.
W: Les mendiants, R. 1943; Le bavard, R. 1946 (d. 1968); Une mémoire démentielle, E. 1946; La chambre des enfants, Nn. 1960; Un malade en forêts, R. 1985.
L: P. Quignard, 1985; D. Rabaté, 1991; M. Blanchot, 1992; J. T. Naughton, 1933, J.-B. Puech, 2000.

Deshoulières, Antoinette, geb. Du Ligier de la Garde, franz. Lyrikerin, 1. 1. 1638 Paris – 17. 2. 1694 ebda. Schülerin von Gassendi, Ménage, Hesnault; gute lat., ital. und span. Sprachkenntnisse, ∞ 1651 Guillaume D. Hielt treu zu Corneille, unterstützte 1677 die Intrige gegen Racines ›Phèdre‹. Vertrat den Standpunkt der ›Modernes‹. Letzte Jahre schwer erkrankt. – Schrieb zahlr. Gedichte: Idyllen, Eklogen, Episteln und Madrigale, im allg. konventionelle Dichtungen von künstl. Geziertheit, die aber, v. a. in ihren letzten Schaffensjahren, e. für ihre Zeit ungewöhnl. starke persönl. Melancholie und z. T. echtes Naturgefühl ausdrücken. Boileau verspottete sie in s. 10. Satire.
A: Poésies, 1688; Œuvres complètes, 1829; Œuvres choisies, hg. M. de Lescure 1882.
L: C.-A. Sainte Beuve, Portraits de femmes, [3]1869.

Desmarets de Saint-Sorlin, Jean, franz. Schriftsteller, 1595 Paris – 28. 10. 1676 ebda. Ab 1632 Zugang zum Hôtel de Rambouillet. Günstling Richelieus. Inhaber einiger bedeutender staatl. Verwaltungsposten. E. der ersten Mitglieder der Académie Française. 1637 großer Erfolg mit der Sittenkomödie ›Les visionnaires‹. – Vf. von Dramen, Gedichten, Kritiken. Entwickelte sich in mittlerem Alter zu relig. Fanatiker: Feind der Jansenisten, forderte heiligen Krieg gegen die Ketzer, ausschließl. christl., nicht (wie Boileau) heidn., griech. oder lat. Motive für die franz. Literatur, arbeitete s. Epos ›Clovis‹ entsprechend um. Löste die ›Querelle des anciens et modernes‹ aus.
W: Ariane, R. X 1632; Marie Magdaleine, G. 1669; Ariane, Dr. 1639; Les visionnaires, K. 1637 (n. H. G. Hall 1963); Mirame, Dr. 1640; Europe, 1642; Défense du poème héroïque, 1647; Clovis ou la France chrétienne, Ep. 1657, 1673; Les délices de l'esprit, 1658; Esther, G. 1670; La comparaison de la langue et de la poésie française et la grecque et latine, 1670; Défense de la poésie et de la langue française, 1675; Scipion l'Africain, Dr. o. J.; Roxane, Dr. o. J.
L: R. Kerviler, 1879; A. Reibetanz, Diss. Lpz. 1910; R. Gebhardt, Diss. Lpz. 1912; M.-A. Caillet, Un visionnaire du XVIIe sc., 1935; J. H. Stellwagen, 1944; J. Dryhurst, Diss. Liverpool 1963.

Desmaretz, Jean → Marot, Jean

Desnica, Vladan, kroat. Schriftsteller serb. Herkunft, 17. 9. 1905 Zadar – 4. 3. 1967 Zagreb. Stud. ebda., Paris. Rechtsanwalt, im 2. Weltkrieg Partisan, ab 1950 freier Schriftsteller. 1934 Hrsg. der Zs. ›Magacin Sjeverne Dalmacije‹.- Neben realist. Erzählungen, die das bunte Leben in Städten u. Dörfern des dalmatin. Hinterlandes schildern, schrieb D. psycholog. Erzählungen u. Romane, deren assoziative Erzähltechnik an M. Proust erinnert. In s. ausgeprägtesten Roman ›Proljeća Ivana Galeba‹ lebt der Held, e. sterbender Künstler, noch einmal s. erfolgloses Leben nach.
W: Zimsko ljetovanje, R. 1950; Olupine na suncu, En. 1952; Koncert, Drb. 1954; Proljeće u Badrovcu, En. 1955; Slijepac na žalu, G. 1956; Tu, odmah pored nas, En. 1956; Proljeća Ivana Galeba, R. 1957; Fratar sa zelenom bradom, En. 1959 (Der Mönch mit dem grünen Bart, d. 1964). – Sabrana djela (GW), IV 1975.
L: Pavletić, 1968; D. Jelčić, 1969; K. Nemec, 1988; D. Rapo, 1989.

Desnos, Robert Pierre, franz. Lyriker, 4. 7. 1900 Alençon – 8. 6. 1945 KZ Theresienstadt. Gehörte als e. der ersten Anhänger bis 1930 zur surrealist. Bewegung, in deren Organ ›Littérature‹ er s. ersten Gedichte veröffentlichte. – Hatte innerhalb dieser Bewegung besondere Bedeutung als Meister des hypnot. Schlafs, dessen Gedichte, zumeist schmerzvoll-melanchol. Traumvisionen, mit zu den schönsten des Surrealismus zählen. Verfaßte während der dt. Besetzung leidenschaftliche Résistance-Gedichte in Argot; hoffnungsvolle Lyrik als Häftling.

W: Deuil pour deuil, G. 1924; La liberté ou l'amour, G. 1927 (Die Abenteuer des Freibeuters Sanglot, d. 1973); Corps et biens, G. 1930; Les sans cou, G. 1934; Etat de veille, G. 1943; Le vin est tiré, R. 1943; Le bain avec Andromède, G. 1944; Contrée, G. 1944; La place de l'Etoile, G. 1945; Fortunes, G. 1946; Choix de poèmes, G. 1946; Chantefables et Chantefleurs, En. 1952; Destinée arbitraire, En. 1975; Nouvelles Hébrides 1922–1930, En. 1978. – Œuvres posthumes, 1947; Domaine public (Ausw.), 1953. – *Übs.:* Poesiealbum, 1970; Das Traumschiff mit den goldenen Blüten, G. 1971.

L: R. Buchole, L'évolution poétique de R. D., Brüssel 1956; P. Berger, 1956; ders. ²1970 (d. 1968); H. Grubenmann, 1972; P. Laborie, 1975; R. Pohl, Die Metamorphosen des negativen Helden, 1977; M. A. Caws, 1977; M.-C. Dumas, 1980; ders., 1984; H. L. Davis, 1981; M. Murat, 1988; A. Chitrit, 1996; C. Vásquez, 1999; D. Desanti, 1999.

Despériers, Bonaventure (Ps. Sarcomoros), franz. Schriftsteller, um 1510 Arnay-le-Duc/ Burgund – Anfang 1544 Südwestfrankreich. Seit 1536 Kammerdiener und Sekretär der Marguerite de Valois. – Humanist und Erzähler. Schrieb zur Unterhaltung des Hofes ›Nouvelles récréations et joyeux devis‹, volkstüml. Schwänke und kleine Geschichten in heiterem und köstl. frischem ›esprit gaulois‹, entwarf zugleich e. Sittenbild des 16. Jh. Die 4 geistvollen Dialoge ›Cymbalum mundi‹ sind e. kühne, wenn auch verschleierte Satire auf die christl. Religion. Gegner jeder dogmat. Gebundenheit, verfeindete sich mit Katholiken und Protestanten; das Buch wurde vom Parlament verurteilt. Übs. Plato, Horaz und 1535 mit Olivetan die Bibel.

W: Cymbalum mundi, Dial. 1537 (n. H. P. Nurse, Manchester 1958; P. Hampshire 1983); Prognostication des prognostications, Prosa 1537; Nouvelles récréations et joyeux devis, En. 1558 (hg. L. Lacour II 1856, n. 1932, hg. V. J. Sirot 1961; d. H. Floerke 1910). – Œuvres françaises, hg. L. Lacour II 1856, P. L. Jacob 1858, P. P. Plan 1914.

L: P. A. Becker, 1924; H. Just, La pensée secrète de D., Casablanca 1948; L. Sozzi, Turin 1965; J. W. Hassell, Sources and analogues of the ›Nouvelles récréations‹, II Chapel Hill 1957–70; W. Boerner, 1980; Ch. Nodier, ²1995.

Desportes, Philippe, franz. Dichter, 1546 Chartres – 5. 10. 1606 Paris. Abt und Höfling, Lieblingsdichter Heinrichs III., auch unter Heinrich IV. sehr einflußreich. Gehörte zur 2. Generation der Pléiade. Begründer der ›Académie du Palais‹. – Besaß weder die hohe Konzeption noch die Ambitionen Ronsards, doch s. Gedichte sind anmutiger und geistvoller. Schrieb Sonette, Oden, Chansons und Elegien in flüssiger, verfeinerter Sprache. Lehnte sich bisweilen eng an s. Vorbilder, die ›Pléiade‹, Ariosto, Petrarca und span. Dichtung an, deshalb heftig angegriffen. Nach 1580 geistl. Lieder und e. berühmte Psalmenübs.

W: Premières œuvres, 1573; Dernières amours, G. 1583; Psaumes, Übs. 1591–1603. – Œuvres (hkA), hg. V. E. Graham VII 1958–63; Œuvres complètes, hg. A. Michiels 1858; Les amours d'Hippolyte, hg. H. Vaganay 1925; Les XLI Chansons, hg. ders. 1925; Imitations de l'Arioste, 1572, hg. J. Lavaud 1936.

L: P. Gröbedinkel, Der Versbau bei Ph. D., 1880; J. Lavaud, 1936; M. T. Marchand-Roques, 1949.

Dessì, Giuseppe, ital. Erzähler, 7. 8. 1909 Cagliari – 6. 7. 1977 Rom. Sohn e. Offiziers. Lit.-Stud. Pisa. Lehrer. Lit.- u. Kunstkritiker; Mitarbeiter versch. Zeitungen u. Zsn. – Vf. von Erzählungen, Romanen u. Dramen im Stil der Verismo-Nachfolge über s. Heimat Sardinien.

W: La sposa in città, En. 1939; San Silvano, R. 1939; Michele Boschino, R. 1942; Racconti vecchi e nuovi, En. 1943; Storia del principe Lui, R. 1949; I passeri, R. 1955; Isola dell'Angelo, E. 1957; La ballerina di carta, En. 1957; Introduzione alla vita di Giacomo Scarbo, R. 1959; Racconti drammatici, Drr. 1959; La giustizia, Dr. 1959; Il disertore, R. 1961 (Das Lösegeld, d. 1962); Lei era l'acqua, E. 1966; Paese d'ombre, R. 1972; La scelta, R. 1987; Diari 1926–31, Tg. 1993; Diari 1931–48, Tg. 1998.

L: C. Toscani, 1973; M. Miccinesi, Invito alla lettura di G. D., 1976; M. Schläfer, Studien zur (modernen) sardischen Literatur, Diss. Saarbrücken 1986.

Destouches, Louis → Céline, Louis-Ferdinand

Destouches, Philippe Néricault, franz. Dramatiker, 22. 8. 1680 Tours – 4. 7. 1754 Fortoiseau/ Seine-et-Marne. Wanderbühnen-Schauspieler, Sekretär des Herrn von Puysieux, 1717 Begleiter des Abtes Dubois nach England, bis 1723 franz. Gesandter in London. 1723 Mitglied der Académie Française. – Schrieb, in s. Abtei zurückgezogen, etwa 25 Lustspiele: moral. Charakterkomödien unter engl. Einfluß mit lehrhafter Tendenz. Guter Beobachter; von Lessing anerkannt. Wahrscheinl. der 1. franz. Übs. von Shakespeare-Szenen.

W: Le curieux impertinent, 1710; L'ingrat, 1712 (d. J. F. Jünger 1789); Calirrhoé, Dr. 1712; L'irrésolu, 1713 (d. K. F. Romanus 1778); Le médisant, 1715 (d. K. F. Romanus 1778); Le philosophe marié, 1727 (d. 1765); L'envieux, 1727; Le glorieux, 1732 (Der Ruhmredige, d. 1745); Le dissipateur, 1736 (Der Verschwender, d. L. A. V. Gottsched 1742); Le tambour nocturne, 1736 (d. L. A. V. Gottsched 1765); L'ambitieux, 1737. – Œuvres complètes, VI 1822; Œuvres choisis, 1841; Théâtre choisi, 1884.

L: W. Wetz, D. Anfänge d. ersten bürgerl. Dichtg. d. 18. Jh., 1885; J. Hankiss, Debrecen 1918, [2]1981; D. Jonas, Diss. Köln 1969.

Deus Ramos, João de, portugies. Lyriker, 8. 3. 1830 São Bartolomeu de Messines (Algarve) – 11. 1. 1896 Lissabon. Sohn e. kleinen Kaufmanns, 1849–59 Stud. Jura Coimbra; 1862–64 Leiter e. Zeitung in Beja, 1869 Abgeordneter. Als Dichter von T. Braga u. Antero de Quental gefeiert, Erfinder e. neuen Lernmethode für das Lesen, 1895 nationale Ehrung. – Schrieb myst.-verehrende Liebeslyrik, Fabeln, auch Epigramme und Satiren. Fällt deutl. aus dem Rahmen der ultraromant. Dichtungspraxis s. Zeit; meist schlicht, natürl., volksnah, improvisierend, dennoch stroph. u. metr. sehr variiert; ungekünstelte rhythm. Expressivität.

W: Flores do Campo, G. 1869; Ramo de Flores, G. 1869; Folhas Soltas, G. 1876; Campo de Flores, G. 1893; Prosas, 1898.

L: A. Padula, Neapel 1929; M. da Silva Gaio, G. 1930; F. Ramos, 1933; Ch. Oulmont, 1948; N. Sáfady, 1961.

Deval, Jacques (eig. Abel Boularan), franz. Dramatiker, 27. 6. 1899 Paris – 19. 12. 1972 ebda. – Vf. erfolgr., lebendiger und frischer Boulevard-Komödien mit schnellem, bisweilen bissigem Dialog, z. T. satir. Sittenbilder. Glänzendes Debüt mit ›Une faible femme‹. ›Tovaritch‹, e. Vaudeville-Stück, schöpft stoffl. aus dem unglückl. Schicksal russ. Emigranten. Übs. zahlr. Dramen aus dem Engl.

W: Une faible femme, K. 1920; Une tant belle fille, K. 1925; Ventôse, K. 1928; Etienne, K. 1930; Mademoiselle, K. 1932; Dans sa candeur naïve, K. 1931; Prière pour les vivants, K. 1933; Tovaritch, K. 1934; La manière forte, K. 1946; Ce soir à Samarcande, K. 1950; Demeure chaste et pure, K. 1953; Charmante soirée, K. 1955; La Prétentaine, K. 1957; Romancero, R. 1958 (Die Fegefeuer-Romanze, d. 1960); La Venus de Milo, K. 1962; Et l'enfer, Isabelle?, K. 1963; Les voyageurs, R. 1963: Un homme comble, K. 1964; Les voyageurs, K. 1964 (Die lange Reise der jungen Couronne, d. 1967); Xavier, K. 1967 (Weiblichkeit ist eine Zier, d. 1968).

Devaulx, Noël (eig. René Forgeot), franz. Schriftsteller, 9. 12. 1905 Brest – 9. 6. 1995 Saint-Romain-de-Lerps/Ardèche. Trat 1934 zur kathol. Kirche über. – Erzähler phantast. Kurzgeschichten eigenwilligen Stils aus e. fremden, myst., teilweise phantast. Alltagswelt, die mit dem Diesseits nur durch den Tod in Verbindung steht.

W: L'Auberge Papillon, E. 1945; Le pressoir mystique, E. 1948; Compère, vous mentez!, E. 1948; Sainte Barbegrise, E. 1952; Bal chez Alfioni, 1956; La Dame de Murcie, En. 1961; La plume et la racine, E. 1979; Le manuscrit inachevé, E. 1981; Le bal masqué, E. 1984; Visite au Palais pompéien, 1994.

Devī, Mahāsvetā, ind. Schriftstellerin, * 14. 1. 1926 Dacca/Ost-Bengalen. Eltern Schriftsteller; Stud. engl. Lit. Santiniketan und Kalkutta bis B. A., ∞ 1947 den Schauspieler und Dramatiker Bijan Bhattacharya (olo 1961); Lehrerin, Journalistin; Fortsetzung Stud. bis M. A.; 1964–84 Dozentin Kalkutta; 1982–84 Reporterin für e. Bengali-Tageszeitung; Hrsg. der Zs. ›Vartika‹, Beiträge für versch. Zsn. u. Ztn.; Engagement für ethn. Minderheiten und Stammesgesellschaften (wie der Adivāsi) in Indien; zahlr. Auszeichnungen. – Schreibt in Bengali. Vf. e. umfangreichen Werks in versch. Gattungen, v. a. Romane und Kurzgeschichten sowie Dramen, Kinderbücher und Essays; Thema ihres gesamten Werks ist die Auseinandersetzung mit gesellschaftl. und polit. Fragen der Frau, der Schuldknechtschaft v. a. der Adivāsis in unsentimentaler, nüchterner, auch satir.-iron. Darstellung; in Dialogen oft Verwendung von Alltagssprache und versch. Dialekten; außerdem Hrsg. zahlr. Lesebücher für die Schule.

W: Jhansir Rani, B. 1956 (The Queen of Jhansi, engl. 2000); Nati, R. 1957; Hāzār Churashir Mā, R. 1974 (Mother of 1084, engl. 1997; Mutter von 1084, d. 2003); Aranyer Adhikār, R. 1979; Byādhatkhanda, R. 1980 (The Book of the Hunter, engl. 2002); Cotti Mundā ebam tāra tīra, R. 1980 (Chotti Munda and his Arrow, engl. hg. G. Spivak, 2002); Āsṛīāsṛīgaoneāsa, R. 1981 (The Glory of Sri Sri Ganesh, engl. 2003); Daulati, R. 1985 (d. 2002); Terodaktil, R. 1987 (Pterodaktyl, d. 2000). – The Selected Works of M. D., (bisher) XX 1997ff. – *Übs.:* Five Plays, 1986; In Other Worlds. Essays in Cultural Politics, 1987; Of Women, Outcasts, Peasants, and Rebels, En. 1990; Bashai Tudu, En. 1990 (n. 1993); Imaginary Maps, En. hg. u. eingeleitet G. Spivak 1993, 1995; Breast Stories, En. hg. G. Spivak 1997 (m. Bibl.); Dust on the Road. The Activist Writings of M. D., hg. M. Ghatak 1997 (n. 2000); Five Plays, 1997; Rudali. From Fiction to Performance, E. u. Dr. 1997, [2]1999; The Armenian Champa Tree, Kdb. 1998; Bitter Soil, En. 1998; Our non-veg Cow, Kdb. 1998; Old Women, En. 1999; Titu Mir, R. 2000; Till Death Do us Apart, En. 2001; The Book of the Hunter, R. 2002; Outcast, En. 2002; Romtha, E. 2004; Bait, En. 2004; Dewana, Khoimala and the Holy Banyan Tree, E. 2004.

L: S. Arya, Tribal Activism. Voices of Protest, Jaipur 1998; E. Satyanarayana, The Plays of M. D., Delhi 2000.

Devkota, Laxmiprasad nepales. Schriftsteller, 1909 Bikram Sambat – 1959 ebda. Vielseitigster und bedeutendster nepales. Dichter des 20. Jh.; lebte die meiste Zeit unter prekären materiellen

Bedingungen, z. T. im polit. Exil in Indien, körperlich und psychisch schwer angeschlagen; schrieb in Nepali. – Das lyr. Werk reicht von der im Volkston gehaltenen tragischen Liebes-Ballade ›Munā-Madan‹ (1936) über in ihrem gesellschaftl. Realismus beeindruckende Gedichte und freie Aneignungen klass. Stoffe (›Śakuntalā‹, 1945) bis zu dem in seinem humanist. Pathos P. B. Shelley verpflichteten Spätwerk ›Pramithas‹ (›Prometheus‹, posthum 1971); daneben steht ein umfangreiches essayist. Werk und ein erst in jüngster Zeit rezipierter Roman (›Campā‹, 1945).

A: Lakṣmī kavitā saṅgrah (ges. Lyrik), 1976; Lakṣmī nibandh saṅgrah (ges. Ess.), 1946. – *Übs.:* engl.: Nepali Visions, Nepali Dreams, übs. u. hg. D. Rubin (Lyrik) 1980; D.'s Muna-Madan, übs. u. hg. M. Hutt 1996.

L: C. B. Shrestha, My Reminiscence of the Great Poet L. D., 1981.

Devlin, Denis, ir. Lyriker, 15. 4. 1908 Greenock/Schottland – 21. 8. 1959 Dublin. Ab 1918 in Irland, studierte in Dublin, München und Paris, 1935–59 im diplomatischen Dienst. – Herausragend der Band ›Lough Derg and Other Poems‹ und besonders das nach einem ir. Wallfahrtsort benannte Titelgedicht, in dem der Dichter Pilgerstrom und relig. Menschheitsgeschichte zu einer Vision myst. Einheit verschmelzen läßt, die gegen die in kriegerischer Zerstörung zerbrochene moderne Existenz gesetzt wird. Auch bedeutender Lyrikübersetzer.

W: Poems, 1930 (mit B. Coffey); Intercessions, G. 1937; Lough Derg and Other Poems, 1946. – Collected Poems, hg. B. Coffey 1964; Collected Poems, hg. J. C. C. Mays 1989.

De Vries, Abraham Hermanus, afrikaanser Prosaschriftsteller, * 9. 2. 1937 Ladysmith/West-Kap, Stud. Niederl. in Stellenbosch u. Amsterdam, Dozent an den Univ. in Port Elizabeth, Grahamstad, Durban u. zuletzt Leiter der Sprachabteilung des Technikons in Kapstadt. – Trat besonders als Autor von Kurzgeschichten und Novellen hervor. In s. Werken kombiniert er ein feines Sensorium für die lokalen Gepflogenheiten mit tiefer Einsicht in die psychische Komplexität des Menschen. Wichtig sind ihm der Spielcharakter der Sprache und die Verarbeitung von mündlich überlieferten Texten. S. Realismus ist eng mit der Landschaft des Klein-Karoo in der Provinz West-Kap verbunden, erweist sich jedoch oft als geheimnisvoll und mehrdeutig.

W: Hoog teen de heuningkrans, E. 1956; Verlore erwe, E. 1958; Vetkers en neonlig, E. 1961; Dubbeldoor, E. 1963; Vliegoog, E. 1965; Dorp in die Klein Karoo, E. 1966; Kruispad, Nn. 1966; Joernaal uit 'n gragtehuis, Rep./Aut. 1968; Tweemaal om die son, E. 1969; Briekwa, E. 1973; Bliksoldate bloei nie, E. 1975; Die uur van die idiote, E. 1980; Nag van die clown, E. 1989; 'n Plaaswinkel naby Oral, E. 1994; Skaduwees tussen skaduwees, E. 1997; Kort vertel. Aspekte van die kortverhaal, Wiss. Ess. 1998; Tot verhaal kom, E. 2003.

L: J. C. Kannemeyer, 1983; P. A. du Toit, 1986; H. van der Merwe Scholtz, 1988; E. van Heerden, 1997; P. A. du Toit, 1998.

Deyssel, Lodewijk van (eig. Karel Joan Lodewijk Alberdingk Thijm), niederländ. Schriftsteller, 22. 9. 1864 Amsterdam – 26. 1. 1952 Haarlem. Sohn des Schriftstellers und Kunsthistorikers J. A. Alberdingk Thijm; kath. Gymnas. Rolduc und Katwijk-Binnen. Mitbegründer u. 1885–94 Redakteur der Zs. ›De Nieuwe Gids‹, dann bei ›Tweemaandelijksch Tijdschrift‹ und ›De XXste eeuw‹, ab 1909 wieder bei ›De Nieuwe Gids‹. – E. der führenden Vertreter der ›80er‹-Bewegung, Stellungnahme gegen die Beurteilung von Kunstwerken nach eth. Maßstäben. S. beiden Romane zeichnen sich durch naturalist., ins Detail gehende und ungeschminkte Darstellung aus. Nach 1890 Abwendung vom Naturalismus, myst. Tendenzen mit Einflüssen von M. Maeterlinck, Ruusbroec, J. Böhme u. a. Durch s. sog. ›Scheldkritieken‹ an zeitgenöss. Autoren maßgebl. Einfluß auf die Entwicklung der mod. niederländ. Lit. Auch namhafter Rembrandt-Forscher.

W: Een liefde, R. 1886; De kleine republiek, R. 1889; Multatuli, B. 1891; I. A. Alberdingk Thijm, B. 1893; Verzamelde opstellen, XI 1894–1912; Kind-leven, Prosa 1903; Rembrandt-studies, 1906; Uit het leven van Frank Rozeloer, R. 1911 (vollst. 1956); Kunst en Kritiek, II 1922; Gedenkschriften, 1924; Nieuwe kritieken, 1929; Aanteekeningen bij lectuur, Es. 1950. – Verzamelde werken, VIII 1920–22; De briefwisseling tussen F. van Eeden en L. v. D., hg. W. H. van Tricht, H. G. M. Prick 1964. – *Übs.:* Prosagedichte, 1923.

L: P. H. Ritter, 1912, (n. 1921); B. J. Stokvis, 1921; Haighton, 1941; F. Jansonius, 1942; ders. 1954; H. G. M. Prick, 1964, 1979 u. 1980; ders., B. II 1997 u. 2003.

Dhammapada, der (Worte der Lehre), buddhist. Sammlung von 423 in Pali verfaßten Sprüchen, zum ›Khuddaka-nikāya‹ des ›Sutta-pitaka‹ (→ Tipitaka) gehörend, die in einprägsamer poet. Form die Lehre des Buddha veranschaulichen. Der D. gehört zu den schönsten und reichsten buddhist. Spruchsammlungen und ist das am häufigsten übersetzte Werk der buddhist. Lit. überhaupt; es gibt Parallelversionen, u. a. Gāndhārī-D. und Udāna(-varga).

A: V. Fausboll 1855 (m. lat. Übs.; n. 1974); S. Sumangala Thera 1914; J. Brough 1962 (Gāndhārī-D.); Buddharakkhita Thera 1966 (m. engl. Übs.). – *Übs.:* L. v. Schroeder 1892; K. E. Neumann 1893, [4]1984; R. O. Franke 1923; engl. I. Babbit 1965; P. Lal 1967; S. Radhakrishnan [7]1982.

L: C. Willemen, 1974.

Dhammasaṅgaṇi → Tipiṭaka, das

Dhātukathā → Tipiṭaka, das

Dhlomo, H(erbert) I(saac) E(rnest), südafrikan. Dramatiker, 26. 2. 1903 Siyamu b. Pietermaritzburg/Südafrika − 20. 10. 1956 Durban. Aus dem Volk der Zulu, Lehrer, Bibliothekar in Johannesburg und Durban, Journalist ebda., aktiv im ANC. − Seine Dramen in engl. Sprache behandeln Stoffe aus der südafrikan. Gesch. in strenger Kunstform.
W: The Girl Who Killed to Save, Dr. 1935; The Valley of a Thousand Hills, Ep. 1941. − Collected Works, hg. T. Couzens, N. Vasser 1985.
L: T. Couzens, The New African, 1975.

Dhlomo, R(olfes) R(obert) R(eginald), südafrikan. Erzähler, 1901 b. Pietermaritzburg/Südafrika – 8. 5. 1971 Siyamu/Südafrika. Journalist u. Hrsg. der einflußreichen Zeitung ›Ilanga Lase Natal‹. − Vf. von Kurzprosa auf Engl. über die Goldminenarbeiter von Johannesburg u. von hist. Romanen auf Zulu über die Zulukönige des 19. Jh.
W: An African Tragedy, N. 1928; U-Dingane, R. 1936; U-Shaka, R. 1937 (d. 1994); U-Mpande, R. 1949; U-Cetshwayo, R. 1952; U-Dinizulu, R. 1968; 20 Short Stories, hg. T. Couzens 1996.

Dhôtel, André, franz. Schriftsteller, 1. 9. 1900 Attigny/Ardennen − 22. 7. 1991 Paris. Stud. Philos., Lit.geschichte und klass. Sprachen; ab 1924 Lehrer. − Fruchtbarer, gefühlvoller Erzähler, Lyriker und Dramatiker. Wendet sich unter Einfluß alter kelt. Märchen, Fabeln u. Legenden von der Wirklichkeitswelt ab, dem Traumhaften, Legendären, Phantast. zu. Studien über Rimbaud.
W: Le petit livre clair, G. 1928; L'homme de la scierie, R. 1943; Le village pathétique, R. 1947; Le plateau de Mazargan, R. 1947; David, R. 1949 (d. 1957); Les chemins du long voyage, R. 1949; Bernard le paresseux, R. 1952; Rimbaud et la révolte moderne, Abh. 1953; Maître de pension, R. 1954; Chronique fabuleuse, 1955; Le pays où l'on n'arrive jamais, R. 1955 (d. 1957); Les mémoires de Sébastien, R. 1957; Le ciel du faubourg, R. 1957; Les voyages fantastiques de Julien Grainebis, 1958; Idylles, En. 1961; Ma chère âme, R. 1961; Les mystères de Charlien-sur-Bar, R. 1962; La tribu bécaille, R. 1963; Le mont Damion, R. 1964; L'honorable M. Jacques, R. 1972; Le train du matin, R. 1975; Bonne nuit, Barbara, R. 1978; Des trottoirs et des fleurs, R. 1981; Je ne suis pas d'ici, R. 1982; Histoire d'un fonctionnaire, R. 1984; Retour, 1990; Rhétorique fabuleuse, 1990; Poèmes comme ça, 2000.
L: G. Krause, M. Aymé, A. D., 1963; P. Reaumaux d'Equainville, 1976; K. Obrist, 1974; J.-L.Cornuz, 1981. − *Bibl.:* J. Follain, hg. 1956.

Diagoras von Melos, altgriech. lyr. Dichter, spätes 5. Jh. v. Chr. Von D.' Dichtung (Dithyramben, Paian, Skolia) ist fast nichts erhalten, v. a. durch Aristophanes' Spott (in den ›Vögeln‹) als Gottesleugner bekannt; schon in der Antike erhielt D. den Beinamen ›Atheos‹ (›Gottloser‹) und wurde zum Typus des Atheisten, was durch die wenigen von ihm erhaltenen Verse nicht bestätigt wird. Die Zuschreibung atheist. Prosaschriften an D. gilt heute als unecht.
A: D. A. Campbell 1992.
L: M. Winiarczyk, Eos 67, 1979, Eos 68, 1980.

Diamante, Juan Bautista, span. Dramatiker, 29. 8. 1625 Madrid − 2. 11. 1687 ebda. Griech.-sizilian. Abstammung, Stud. in Alcalá de Henares; turbulentes Leben. − Vf. von Theaterstücken in der Nachfolge Calderóns. Geringe Phantasie u. Originalität, dafür geschickte Bearbeitung herkömml. Themen (z. B. Cid-Sage) u. zahlr. Werke der großen Dramatiker der Blütezeit.
W: El honrador de su padre, Tr. 1658; La judía de Toledo, Dr. 1673; La reina María Estuardo, Dr. 1674 (hg. M. G. Paulson 1989); El cerco de Zamora, Dr. o. J.; Santa Teresa de Jesús, Dr. o. J. − Obras, II 1670–74 (n. in: ›Biblioteca de Autores Españoles‹, Bd. 49, 1859).
L: E. Cotarelo y Mori, 1916; J. Hibicht, 1970.

Dias, Antônio Gonçalves, brasilian. Lyriker, 10. 8. 1823 Boa Vista b. Caxias/Maranhão − 3. 11. 1864 auf See b. Guimarães/Maranhão durch Schiffbruch. Jurastud. Coimbra, Examen 1844, im Ministerium für Außenhandel; Prof. für Lat. u. brasilian. Geschichte, 1856 mit e. Regierungspension nach Europa; europ.-humanist. gebildet. − Bedeutendster Romantiker s. Landes; begründet die Nationallit., Indianismus durch Selbstexotisierung (Indio u. Natur).
W: Primeiros Cantos, G. 1846; Leonor de Mendonça, Dr. 1847; Segundos Cantos e Sextilhas de Frei Antão, G. 1848; Ultimos Cantos, G. 1851; Os Timbiras, Ep. 1857; Cantos, G. 1857; Obras póstumas, 1868f. − Poesias Completas, hg. J. Montelo II 1944; Obras Poéticas, hkA hg. M. Bandeira II 1944; Poesia indianista: Obra indianista completa, hg. M. L. Guidin 2000.
L: F. Ackermann, 1938, 1940, 1964; J. Montelo, 1943; M. Nogueira da Silva, 1943; L. M. Pereira, 1943; M. Bandeira, 1952, 1962; O. Moacyr Garcia, 1956. − *Bibl.:* M. Nogueira da Silva, 1942; L. F. Telles, 1958; L. Malard, 1998.

Díaz, Jesús, kuban. Schriftsteller, 7. 10. 1941 Havanna − 2. 5. 2002 Madrid. Engagiert beim Sturz Batistas; Dozent, Journalist, Filmemacher. Seit 1990 im Exil. − Beschrieb bzw. parodierte die Situation Kubas u. das Exil mit bitterem Humor, raffinierten sprachl. Mitteln u. gerafften Zeiteinstellungen.
W: Canto de amor y guerra, En. 1978; Las iniciales de la tierra, R. 1987 (d. 1990); Las palabras perdidas, R. 1991 (d. 1993); La piel y la máscara, R. 1996; Las cuatro fugas de Manuel, R. 2002.
L: L. Oliva Collmann, 1999.

Díaz, Jorge, chilen. Dramatiker, * 20. 2. 1930 Rosario/Argentinien. Architekt, Maler, Schauspieler, viele Reisen, lebt seit 1965 in Spanien. – Vf. von Dramen, absurden Beschreibungen der mod. Welt; mit Zorn, schwarzem Humor u. hoffnungslosem Nihilismus bringt er durch unartikulierte Sprache Bestürzung über das Gefangensein des Individuums u. den kollektiven Schiffbruch zum Ausdruck.

W: El cepillo de dientes, 1961; Réquiem para un girasol, 1961; Un hombre llamado isla, 1961; El velero en la botella, 1962; El lugar donde mueren los mamíferos, 1963; Topografía de un desnudo, 1966; Mata a tu prójimo como a ti mismo, 1977 (d. 1983); Fulgor y muerte de Pablo Neruda, 1979 (d. 1983); Esplendor carnal de la ceniza, 1984; Los cicatrices de la memoria, 1985 (d. 1988). – Teatro, 1967; Teatro. Ceremonias de la soledad, 1978.

Díaz Mirón, Salvador, mexikan. Lyriker, 14. 12. 1853 Veracruz – 12. 6. 1928 ebda. Bewegtes abenteuerl. Leben; verschiedentl. Gefängnishaft aus polit. Gründen; Direktor der Zeitung ›El Imparcial‹, Aufenthalt in Spanien u. Kuba. – Begann als Romantiker, später heroische, feurige Dichtung; um 1894 erneut Richtungswechsel zu e. nüchternen, sorgfältig ausgefeilten Poesie mit Anklängen an Góngora; anfangs ausgesprochen populär; esoter. Spätwerke für e. Minderheit.

W: Poesías, 1886; Lascas, 1901; Poemas escogidos, 1919; Prosas, hg. L. Pasquel 1954. – Poesías Completas, hg. A. Castro Leal ⁵1966.

L: R. Meza Fuentes, 1940; C. Calderón Cabrera, 1951; A. Méndez Plancarte, 1954; J. Carrillo, 1954; P. Caffarel Peralta, 1956; F. Monterde, 1956, 1984; J. Almoina, 1958; A. Castro Leal, 1970; M. R. Rey, 1974; L. Pasquel, 1983. – *Bibl.:* ders., 1966.

Díaz Rodríguez, Manuel, venezolan. Erzähler, 28. 2. 1871 b. Caracas – 24. 8. 1927 New York. Lebte in Paris, später Grundbesitzerwalter, höherer Staatsfunktionär. – E. der größten Prosaautoren des Modernismus. Befaßte sich mit dem Konflikt zwischen der künstler. Sensibilität u. der verständnislosen Umwelt u. mit psychot. Einbildungen.

W: Idolos rotos, R. 1901; Sangre patricia, R. 1902; Peregrina, R. 1921. – Obras completas, II 1951–52; Narrativa y ensayo, 1982.

L: O. Araújo, La palabra estéril, 1966; E. Subero u. a., Bibliografía de M. D. R., 1970.

Díaz Sánchez, Ramón, venezolan. Schriftsteller, 14. 8. 1903 Puerto Cabello – 8. 11. 1968 Caracas. Journalist, polit. aktiv, Diplomat, lebte e. Zeitlang in Erdölförderungsgebieten. – Namhafter Romancier, Erzähler, Essayist u. Biograph, mehrfach ausgezeichnet; s. Erstlingsroman ›Mene‹ behandelt die Probleme der Erdölgewinnung. Reportagetechnik, doch mit psycholog. Tiefe.

W: Mene, R. 1936; Caminos del amanecer, En. 1941; Cumboto, R. 1950; Guzmán, B. 1950; La Virgen no tiene cara, En. 1951; La casa, Sch. 1955 (d. 1959); Evolución de la historiografía en Venezuela, Es. 1956; Casandra, R. 1957; La casa, Dr. 1957 (d. 1958); Borburata, R. 1960; Dos rostros de Venezuela, Prosa 1964. – Obras selectas, 1967.

L: O. Sambrano Urdaneta, 1952. – *Bibl.:* D. Bonet de Sotillo, hg. 1967; E. Subero u. a., 1970.

Dib, Mohammed, alger. Schriftsteller, 21. 7. 1920 Tlemcen – 2. 5. 2003 La Celle-Saint-Cloud b. Paris. Teppichfabrikant, Lehrer und Journalist, später in Paris. – Heimatverbundener Erzähler und symbolist.-surrealist. Lyriker. Bekannt v. a. durch s. ›Algerische Trilogie‹ (III 1952–57) vom Leben und von der Entwicklung e. jungen Algeriers und vom Schicksal des alger. Volks, mit stummer Anklage gegen den franz. Kolonialismus.

W: La grande maison, R. 1952 (d. 1956); L'incendie, R. 1954 (d. 1956); Au Café, Nn. 1956; Le métier à tisser, R. 1957 (Der Webstuhl, d. 1959); Un été africain, R. 1959; Ombre gardienne, G. 1961; Qui se souvient de la mer, R. 1962; Le talisman, Nn. 1966; Formulaires, G. 1970; Le Maître de chasse, R. 1973; Feu beau feu, G. 1978; Mille Hourras pour une gueuse, Nn. 1980; Les terrasses d'orsol, R. 1985; Le sommeil d'Eve, R. 1989; L'infante Maure, 1994; L'arbre à diré, R. 1998.

L: J. Dejeux, 1973; G. Daninos, 1985; Naget, Khadda, 1986; Ch. Bonn, 1988; B. Adjil, 1995.

Di Benedetto, Antonio, argentin. Erzähler, 2. 11. 1922 Mendoza – 10. 10. 1986 Buenos Aires. Journalist, Auslandskorrespondent; als Stipendiat Reisen nach Frankreich u. USA; von Militärs verschleppt u. gefoltert; dank internationaler Proteste in Spanien im Exil. – Beschreibt mit Ironie den Mißklang zwischen Gegebenem und Streben. S. Hauptwerk ›Zama‹ erzählt vom 10jährigen Warten in e. verhängnisvollen Welt, in der Wirklichkeit u. Wunsch verwechselt werden.

W: Mundo animal, En. 1953; El Pentágono, R. 1955 (u. d. T. Annabella, 1974); Zama, R. 1956 (Und Zama wartet, d. 1967); Grot, En. 1957 (u. d. T. Cuentos claros, 1969); Declinación y Angel, En. 1958; El cariño de los tontos, En. 1961; El silenciero, R. 1964 (Stille, d. 1964); Two stories, En. 1965; Los suicidas, R. 1969; El juicio de Dios, En. 1975; Absurdos, En. 1978; Caballo en el salitral, En. 1981; Cuentos del exilio, En. 1983; Sombras, nada más, R. 1985.

L: G. Ricci, 1974; M. Filer, 1982; N. Cattarossi Arana, 1991.

Dicenta, Joaquín, span. Dramatiker u. Romancier, 3. 2. 1862 Calatayud – 21. 2. 1917 Alicante. Erster Unterricht bei den Piaristen, Abitur in Alicante, ging nach dem Tod s. Vaters nach Madrid, journalist. Tätigkeit, Bohèmeleben. – War anfangs aufgrund s. leidenschaftl. Temperaments ausgesprochen romant. orientiert, Nachfolger

Echegarays, den er in der Effekthascherei u. Übertreibung imitierte; bringt in s. Dramen erstmals den Arbeiter auf die Bühne. Behandlung klass. Themen (z.B. Rache für geschändete Ehre) aus mod. Sicht u. in proletar. Milieu; Eintreten für soz. Gerechtigkeit; Sinn für bühnenwirksame Situationen, Personen häufig zu stark idealisiert. Größter Erfolg ›Juan José‹, Probleme zwischen Arbeitern u. Arbeitgebern. Weniger bedeutend in s. Romanen u. Erzählungen.

W: El suicidio de Werther, Dr. 1887; Honra y vida, Dr. 1891; Luciano, Dr. 1894; Juan José, Dr. 1895 (d. 1919); El señor feudal, Dr. 1896; Aurora, Dr. 1902; Daniel, Dr. 1906; Sobrevivirse, Dr. 1911; Galerna, R. 1911; Los bárbaros, R. 1912; Encarnación, R. 1913; De la vida que pasa, En. 1914; El lobo, Dr. 1914.

L: J. Mas Ferrer, 1978.

Dičev, Stefan, bulgar. Schriftsteller, 9. 1. 1920 Veliko Turnovo – 26. 1. 1996 Sofia. Ingenieurstud. in der Tschechoslowakei, Jurastud. Sofia. Dr. rer. pol. – Autor von Geschichtsromanen u. -novellen bes. über die Wiedergeburt der bulgar. Nation u. die Befreiung des Landes von der Türkenherrschaft. Schildert sowohl das alltägliche Leben als auch das Heldenhafte im geschichtlichen Kontext vor der Befreiung. Dramatiker u. Drehbuchautor.

W: Za svobodata, R. 1954–56; Pŭtjat kŭm Sofia, R. 1962; Eskadronŭt, R. 1968; Srešta na silite, R. 1978.

Dick, Eisik Meir, jidd. Schriftsteller, 1807 Wilna – 24. 1. 1893 ebda. Lehrer der ersten von der Regierung gegründeten Schule (1841). – Anhänger der Haskala, Begründer der jidd. Belletristik, gründl. Kenner und scharfer, gemütstiefer Schilderer des jidd. Volkslebens. In s. der Haskala gewidmeten Schriften versuchte D. das Volk zu belehren u. vom Aberglauben zu befreien. Über 100 Unterhaltungsromane und Novellen von hohem geschichtl. und folklorist. Wert.

W: Massechet Anijut, 1848; Witzen und Spitzen oder Anekdoten, 1873; Witzen über Witzen, 1874. – GW, II 1922, I 1954.

L: S. Niger, 1921; O. F. Best, 1923; Sch. Lastik, di jidd. Lit. bis di klassik, 1950.

Dick, Philip K(indred), amerik. Schriftsteller, 16. 12. 1928 Chicago – 2. 3. 1982 Santa Ana/CA. Stud. Univ. Berkeley; Kriegsgegner, Radiosprecher, Schallplattenverkäufer, Sozialarbeit. – Vf. von Science-fiction-Romanen, in denen gewöhnl. Menschen mit außergewöhnl. Situationen (Drogen, Religion, Simulakra, Androiden) konfrontiert werden u. den Realitätssinn verlieren; Verfilmungen: ›Blade Runner‹, ›Total Recall‹, ›Minority Report‹.

W: Eye in the Sky, R. 1957 (Und die Erde steht still, d. 1971); Time Out of Joint, R. 1959 (d. 1978); The Man in the High Castle, R. 1962 (Das Orakel vom Berge, d. 1973); The Three Stigmata of Palmer Eldritch, R. 1965 (LSD-Astronauten, d. 1969); Now Wait for Last Year, R. 1966 (d. 1981); Do Androids Dream of Electric Sheep?, R. 1968 (als Blade Runner 1982, d. 1969); Flow My Tears, the Policeman Said, R. 1974 (Eine andere Welt, d. 1977); A Scanner Darkly, R. 1977 (d. 1980); The Golden Man, Kgn. 1980 (d. 1980); VALIS, R. 1981 (d. 1984); The Divine Invasion, R. 1981 (d. 1984); The Trasmigration of Timothy Archer, R. 1982 (d. 1984); Mary and the Giant, R. 1987; The Broken Bubble, R. 1988 (d. 1993); The Shifting Realities, Ess. hg. L. Sutin 1995. – Collected Stories, V 1987; Selected Letters, 1997. – *Übs.:* Sämtliche Erzählungen, 1993ff.

L: B. Gillespie, hg. 1975; A. Taylor, 1975; H. Pierce, 1982; M. H. Greenberg, J. D. Olander, hg. 1983; U. Anton, hg. 1984 u. 1990; G. Rickman, 1984; K. S. Robinson, 1984; D. A. Mackey, 1988; U. Anton, 1993; S. J. Umland, 1995; A. R. Dick, 1996. – *Bibl.:* D. J. H. Levack, S. O. Godersky, 1981; P. Stephensen-Payne, B. Gordon Jr., o. J.

Dickens, Charles (Ps. Boz), engl. Romanschriftsteller, 7. 2. 1812 New Town/Mile End (Portsmouth) – 9. 6. 1870 Gad's Hill. Vater war bei der Besoldungsstelle der Marine angestellt. Anglikan. Familie. Die Großmutter hatte als Haushälterin in e. Adelshaus gedient, sie erzählte den Enkeln fesselnde Geschichten. Kurz nach D.s Geburt zogen die Eltern nach Chatham bei London, dort glückliche Kinderjahre, die jäh endeten, nachdem der Vater 1823 wegen nicht eingelöster Schuldscheine in das Marshalsea-Schuldgefängnis kam, wohin ihm die Familie folgte. Mußte s. Lebensunterhalt in e. Schuhcremefabrik verdienen. Das bedrückende Leben als Arbeiter im Hafenviertel Londons, der Abbruch im Besuch der höheren Schule, die tägl. Besuche im Schuldgefängnis waren Demütigungen, die er nie ganz verwinden konnte. Nach einigen Monaten gelang es dem Vater, s. Schuld zu tilgen, und D. durfte bis zu s. 15. Lebensjahr e. mittelmäßige Schule besuchen. 1826 begann er s. berufl. Laufbahn als Gehilfe in e. Rechtsanwaltbüro; stenographierte daneben Prozeßberichte; stieg bald dank s. schnellen Reaktionsfähigkeit zum besten Parlamentsstenographen s. Zeit auf. Über 4 Jahre lang unglückl. Jugendliebe zu Maria Beadnell, der Tochter e. Rechtsanwalts. Wechselte zum Journalistenberuf über, wurde Reporter des ›Morning Chronicle‹, schrieb u.a. ausgezeichnete Reportagen aus Edinburgh und Westengland. S. ersten Skizzen des Londoner Lebens erschienen im Zeitungsfeuilleton, dann als ›Sketches by Boz‹ in Buchform. Ihr großer Erfolg brachte ihm den Auftrag von Chapman & Hall, Texte zu Skizzen des bekannten Graphikers R. Seymour über Gestalten des fiktiven ›Pickwick Clubs‹ zu schreiben. Nach Seymour wurde Browne (Phiz) Illustrator zu D.s Texten; das Werk erschien in monatl. Lieferungen, deren Absatz rapide stieg und D. mit 25 Jahren weltberühmt machte. ∞ 1836 Catherine Hogarth, Tochter des Hrsg. des ›Morning Chronicle‹; s. Ehe erwies sich als wenig glücklich (1856 verließ D. s. Frau und lebte mit der Schauspielerin Ellen Ternan). 1836–41 arbeitete D. an zahlr. Romanen, die zunächst in 18 Monatslieferungen erschienen; verschiedene der Romane entstanden gleichzeitig, 1842 und später nochmals 1867/68 Amerikareise. 1842 veröffentlichte D. s. ›American Notes‹ und den Roman ›Martin Chuzzlewit‹. Anschließend gönnte er sich e. Zeit der Ruhe in Genua. Nach Rückkehr wurde D. Hrsg. der großen radikalliberalen Zeitung ›Daily News‹. Während die ersten Romane in fieberhaftem Tempo entstanden waren, da der Künstler von der Fülle s. Gesichte bedrängt worden war, legte er in s. mittleren Schaffensperiode die Romane mit Vorbedacht an. 1848/49 entstand ›David Copperfield‹, der viel autobiograph. Material enthält. 1849–52 folgte e. Ruhepause, danach schrieb er s. großen Spätromane. 1868 kaufte er Gad's Hill Place, das von 1860 an s. ständiger Wohnsitz war. D., der von außergewöhnl. Vitalität erfüllt war, wurde zum gefeiertsten Dichter s. Zeit. In s. Haus verkehrte e. großer Freundeskreis, darunter W. Collins; er veranstaltete zahlr. Vorlesungen aus s. Werken, die begeisterten Beifall fanden und ihm, zugleich mit s. Büchern, e. hohes Einkommen sicherten. D. starb 58jährig an e. Schlaganfall. – Begründer des sozialen Romans und e. der großen Meister des Humors. Aus der Sympathie des Verfassers mit s. Gestalten und aus s. Freude an grotesken Übertreibungen entsprang auch s. gelegentl. Neigung zu Melodrama und Pathos. S. große künstler. Leistung liegt in s. Beschreibungen, in der Stärke s. schöpfer. Phantasie, die zahlr. unvergeßl. Gestalten von ausgeprägter Eigenart schuf, deren Schwächen er nie verspottete, vielmehr mit gutmütigem Humor schilderte. S. Romane geben ausgezeichnete Schilderungen der unteren und mittleren Londoner Bevölkerungsschichten. Da D. Moralist war und in vielen s. Romane soziale Mißstände darstellte, mit denen er an die Herzen s. zahlr. Leser appellierte, gab s. Werk zugleich Anstoß zu mannigfachen soz. Reformen.

W: Sketches by Boz, En. II 1836; Pickwick Papers, II 1837; Oliver Twist, R. III 1838; Nicholas Nickleby, R. 1839; Master Humphrey's Clock, En. 1840f. (darin: The Old Curiosity Shop, 1841); Barnaby Rudge, R. 1841; American Notes, Es. II 1842; A Christmas Carol, Kgn. 1843; Martin Chuzzlewit, R. 1844; The Chimes, Kgn. 1844; The Cricket on the Hearth, Kgn. 1845; Dombey and Son, R. 1848; David Copperfield, R. 1850; Bleak House, R. 1853; Hard Times, R. 1854; Little Dorrit, R. 1857; A Tale of Two Cities, R. 1859; Great Expectations, R. III 1861; Our Mutual Friend, R. II 1865; The Mystery of Edwin Drood, Fragm. 1870. – Collected Works, XII 1847–58; Library Ed., XXII 1858ff.; Gadshill Ed., hg. A. Lang XXXVI 1897; National Ed., XXXX 1906–08; The New Oxford Illustrated D., 1957–58; The Clarendon D., 1966ff.; Uncollected Writings from ›Household Words‹, hg. H. Stone II 1968; The Speeches, hg. K. J. Fielding 1960; Letters, Pilgrim Ed., hg. M. House u. G. Storey XII 1965–2002; Letters to A. Burdett-Coutts 1841–65, hg. E. Johnson 1953. – *Übs.:* SW, XXVII 1860–78; GW in Einzelausg., 1954ff.

L: J. Forster, III 1872–74, n. 1966; G. K. Chesterton, 1906; S. J. A. Fitz-Gerald, 1910; A. C. Swinburne, 1913; F. Delattre, 1927; U. Pope-Hennessy, 1945; H. Pearson, 1949; J. Butt, K. Tillotson, 1957; J. H. Miller, 1959; G. Seehase, 1961; E. Davis, The Flint and the Flame, 1963; P. Collins, D. and Crime, ²1965; A. O. J. Cockshut, The Imagination of C. D. ²1965; K. J. Fielding, ²1965; E. Wagenknecht, ²1966; A. C. Coolidge, D. as a Serial Novelist, 1967; M. Price, hg. 1967; S. Monod, 1968; S. Marcus, ²1968; H. Reinhold, hg. 1969; E. D. H. Johnson, ³1969; J. B. Priestley, 1969; G. L. Brook, 1970; A. E. Dyson, 1970; H. P. Sucksmith, 1970; A. Wilson, The World of C. D., 1970; Critical Heritage, hg. P. Collins 1971; M. Fido, 1971; F. R. Leavis, 1971; P. Hobsbaum, A. Reader's Guide to C. D., 1972; M. Goldberg, Carlyle and D., 1972; N. M. Lary, Dostoevsky and D., 1973; J. Carey, The Violent Effigy, 1973; G. Stewart, D. and the Trials of Imagination, 1974; G. Thurley, The D. Myth, 1976; E. Johnson, ²1977; J. Romano, D. and Reality, 1978; G. J. Worth, Dickensian Melodrama, 1978; N. u. J. Mackenzie, 1979; J. Lucas, The Melancholy Man, ²1980; H. S. Nelson, 1981; D. Walder, D. and Religion, 1981; J. M. Brown, 1982; The Changing World of Ch. D., hg. R. Giddings 1983; M. Slater, D. and Women, 1983; L. Frank, Ch. D. and the Romantic Self, 1986; G. Daldry, Ch. D. and the Form of the Novel, 1986; J. Watkins, D. in Search of Himself, 1987; J. McMaster, 1987; P. Ackroyd, 1990; C. Waters, 1997; J. Bowen, 2000; R. Newsom, 2000; J. John, 2001. – N. Page, A D. Companion, 1984; A. J. Philip, W. L. Gadd, A D. Dictionary, 1970. – *Bibl.:* J. C. Eckel, ²1932; T. Hatton, 1934; R. C. Churchill, 1975; J. J. Fenstermaker, 1979.

Dickens, Monica (Enid), engl. Romanschriftstellerin, 10. 5. 1915 London – 25. 12. 1992. Tochter e. Rechtsanwalts, Urenkelin von Charles D. Ausbildung St. Paul's School, London, danach Auslandsreisen und Besuch e. Schauspielschule. Journalistin, arbeitete zwischendurch als Köchin, Munitionsarbeiterin, Kinder- und Krankenpflegerin, um Erfahrungen zu sammeln, die sie lit. auswertete. ∞ 1951 Roy Stratton. – Vf. leichtflüssiger, heiterer Unterhaltungsromane; bekannt v. a. die ›Follyfoot‹-Pferdegeschichten für Kinder. Ab ›Man Overboard‹ Akzent mehr auf ernster und grotesker Behandlung soz. und emotionaler Probleme.

W: One Pair of Hands, Aut. 1939; Mariana, R. 1940 (d. 1966); One Pair of Feet, Aut. 1942 (Schwester Dickens, d. 1953); The Fancy, R. 1943; Thursday Afternoons, E. 1945 (Jeden Donnerstag, d. 1952); The Happy Prisoner, R. 1946 (Zwölf um ein Bett, d. 1951); Joy and Josephine, R. 1948 (d. 1952); Flowers on the Grass, R.

1949; My Turn to Make the Tea, Aut. 1951; No More Meadows, R. 1953 (Dein Weg sei mein Weg, d. 1956); The Winds of Heaven, R. 1955 (Immer wehte der Wind, d. 1958); The Angel in the Corner, R. 1956 (d. 1961); Man Overboard, R. 1958 (An Land ist alles anders, d. 1959); The Heart of London, R. 1961 (d. 1963); Cobbler's Dream, R. 1964 (Auch Pferde brauchen Liebe, d. 1964); Kate and Emma, R. 1964; The Room Upstairs, R. 1966 (d. 1967); The Landlord's Daughter, R. 1968 (Das Geheimnis um Peter Clive, d. 1969); The Listeners, R. 1970 (Ich werde warten, d. 1972); Last Year When I Was Young, R. 1974; An Open Book, Aut. 1978; A Celebration, R. 1984; Enchantment, R. 1989; Closed at Dusk, R. 1990; Scarred, R. 1991.

Dickey, James (eig. J. Lafayette), amerik. Lyriker, * 2. 2. 1923 Atlanta. Stud. Vanderbilt Univ., B. A. 1949, M. A. 1950; Flieger in Korea; 1955–60 Werbefachmann, dann Schriftsteller; ›Poet in Residence‹ an versch. am. Univ.; seit 1968 Prof. Univ. of South Carolina. – In den sehr oft autobiograph. Gedichten Versuche, das Natürliche und das Mechanische zur Einheit zu bringen, um hinter der fragmentar. Einzelexistenz e. Sinn zu entdecken. Robuste, metaphernreiche Sprache, die nie zum experimentellen Selbstzweck wird. Der latente Erzähler kam in s. hintergründig-spannenden Action-Roman ›Deliverance‹ zum Durchbruch. Essays hauptsächl. als Selbstausdruck.

W: Into the Stone, G. 1960; Drowning with Others, G. 1962; Helmets, G. 1964; Two Poems of the Air, 1964; The Suspect in Poetry, Es. 1964; Buckdancer's Choice, G. 1965; Poems 1957–67, 1967; Babel to Byzantium, Ess. 1968; Deliverance, R. 1970 (Flußfahrt, d. 1971); Self-Interviews, 1970; The Eyebeaters, Blood, Victory, Madness, Buckhead and Mercy, G. 1970; Sorties, Journals and New Essays, 1971; Exchanges, G. 1971; Jericho: The South Beheld, Sk. 1974; The Zodiac, G. 1976; God's Images, Ess. 1977; The Strength of Fields, G. 1979; Puella, G. 1982; Night-Hurdling, G. u. Ess. 1983; The Central Motion, G. 1968–79, 1983; Bronwen, the Traw, and the Shape Shifter: A Poem in Four Parts, 1986; Of Prisons and Ideas, G. 1987; Alnilam, R. 1987; Summons, G. 1988; Wayfarer: A Voice from the Southern Mountains, G. 1988; The Eagle's Mile, G. 1990; Southern Light, G. 1991; To the White Sea, R. 1993; Striking In: The Early Notebooks, 1996; The James Dickey Reader, 1999. – The Whole Motion: Collected Poems, 1945–92, G. 1992; The Selected Poems, G. 1998; Crux: The Letters, 1999.

L: R. J. Calhoun (Hrsg.), 1973; ders., R. W. Hill, 1983; The Imagination as Glory, hg. B. Weigl, T. R. Hummer 1984; N. Bowers, 1985; R. Baughman, 1985; H. Bloom, 1987; M. J. Bruccoli, S. Baughman, 1990; G. von Ness, 1992; E. Suarez, 1993; R. Kirschten, hg. 1994; ders., 1997; C. Dickey, 1998; H. Hart, 2000.

Dickinson, Emily Elizabeth, amerik. Lyrikerin, 10. 12. 1830 Amherst/MA – 15. 5. 1886 ebda. Vater Rechtsanwalt; Amherst Academy, ausgedehnte Korrespondenz und Geistesfreundschaft mit gebildeten Männern; lebte seit etwa 1856 völlig abgeschlossen in Zimmer und Garten des väterl. Hauses, vielleicht infolge e. unglückl. Liebeserfahrung; dort entstanden rd. 1800 nicht für die Veröffentlichung bestimmte Gedichte, vielfach als Gelegenheits- und Briefgedichte. – Geniale Erbin der Philos. und Lyrik Emersons. Ihre enge private Welt wird zum Mikrokosmos, in dem selbst Triviales unerwartete Bedeutung erlangt und myst.-ekstat. Gefühlserlebnisse vermittelt. Die Jahreszeiten, e. Vogel, Insekten und Blumen sind oft auslösende Faktoren für tiefe Einsichten in den eigenen Seelenzustand, in Not, Verlassenheit, Angst des einsamen Ichs. Spekulationen über Zeit, Tod und Liebe zeigen D. als ›metaphysische Dichterin‹ im Zwiespalt zwischen dem Glauben an e. persönl. Gott und der Angst vor e. leeren Kosmos; ungelöstes Schweben des Bewußtseins zwischen intensiver, sinnenhafter Daseinsfreude und myst. Sehnsucht nach Erlösung. Daher bevorzugt D. Antithese, Ironie und Paradox als Ausdrucksweisen; Humor und leichtester Witz überspielen oft die Schwere von Idee und Gefühl. Die meist kurzen Gedichte zeichnen sich formal durch subtile, ausdrucksstarke Unregelmäßigkeiten in Metrum und Reim aus, durch gnom.-epigrammat. Gedrängtheit der Formulierung u. kühn-präzise Metaphern. Alle Gedichte, außer sieben, erschienen erst nach ihrem Tod, oft entstellt ediert von T. W. Higginson, M. L. Todd und M. D. Bianchi. 1924 entdeckt C. Aiken E. D. für die Gegenwart.

W: Poems, III 1890–96, ^{2}1967; The Single Hound, 1914; Selected Poems, hg. C. Aiken 1924; Further Poems, 1929; Poems: Centenary Edition, 1930; Unpublished Poems, 1936; Bolts of Melody, 1945. – The Poems, hkA hg. Th. H. Johnson III 1955; Letters, III 1958; Manuscript Books, hg. R. W. Franklin II 1981; W. Shurr, New Poems of Emily Dickinson, 1993 (n. 1997). – Übs.: Der Engel in Grau, Ausw. 1956; Gedichte, Ausw. 1959, 1970; Dichtungen, Ausw. 1995.

L: M. D. Bianchi, 1924, ^{2}1971; G. Taggard, 1930; G. F. Whicher, 1938; H. W. Wells, 1947; R. Chase, 1951; Th. H. Johnson, 1955; J. Leyda, II 1960; Ch. R. Anderson, 1960; C. Griffith, 1964; C. R. Blake, C F. Wells, hg. 1964; A. J. Gelpi, 1965; D. T. Porter, 1966; W. R. Sherwood, 1967; D. Higgins, 1967; R. Miller, 1968; K. Lubbers, 1968; Lindberg-Seyersted, 1968; J. Cody, 1971; R. B. Sewall, II 1974; J. M. Mudge, 1975; R. Weisbuch, 1975; P. J. Ferlazzo, 1976; Sh. Cameron, Lyric Time, 1979; R. Patterson, 1979; K. Keller, The Only Kangaroo, 1979; J. F. Diehl, 1981; D. Porter, 1981; G. Grabher, 1981; B. A. C. Mossberg, 1982; W. H. Shurr, 1983; S. Juhasz, Undiscovered Continent, 1983; Feminist Critics Read E. D., hg. ders. 1983; V. R. Pollak, 1984; B. L. St. Armand, 1984; S. Wolosky, 1984; P. J. Ferlazzo, hg. 1984; C. E. G. Benfey, 1984; D. Dickenson, 1985; J. D. Eberwein, 1985; E. M. Budick, 1986; H. McNeil, 1986; C. G. Wolff, 1986; H. Bloom, hg. 1986; J. Loving, 1987; W. J. Buckingham, 1989; P. Bennett, 1990; J. Fuller, 1993; J. D. Eberwein, 1998; G. Grabher,

1998; A. Habegger, 2001. – *Bibl.:* S. T. Clendenning, 1968; W. J. Buckingham, 1970; J. Boswell, 1989.

Dickson, Carter → Carr, John Dickson

Diderot, Denis, franz. Schriftsteller, 5. 10. 1713 Langres – 30. 7. 1784 Paris. Sohn e. Messerschmieds; Jesuitenschulen Langres und Paris. Zum Theologen bestimmt, gegen den Willen der Eltern Schriftsteller, lebte 10 Jahre von unregelmäßigen Einkünften, ∞ 1743 Antoinette Champion. Umgang mit Holbach, Condillac, Rousseau, d'Alembert. 1746 von Verleger Le Breton mit Leitung der Übs. der engl. Enzyklopädie von E. Chambers beauftragt. D. weitete sie zu einem Kompendium des gesamten Wissens s. Zeit aus, bearbeitete selbst versch. Gebiete, leitete sie ab Bd. 8 allein (vorher mit d'Alembert); bis 1766 hauptsächl. damit beschäftigt. Schrieb nebenher und danach s. z. T. erst posthum veröffentlichten Werke. Juli – November 1749 Haft in Vincennes wegen Verbreitung atheist.-materialist. Gedanken (›Lettre sur les aveugles‹). Begegnete 1755 Sophie Volland, mit der ihn e. lebenslanger, für s. persönl. Leben sehr aufschlußreicher Briefwechsel verband. 1773/74 in Rußland auf Einladung von Katharina II., die ihn protegierte. Die letzten Lebensjahre in Paris. Starb an Schlaganfall. – Vielseitig aufgeschlossener genialer Geist (Philosoph, Mathematiker, Musiker, Erzähler, Dramatiker, Dichtungstheoretiker und Kunstkritiker). Hatte sich autodidaktisch in unermüdl. Arbeit e. ungeheures Wissen erworben. Außerordentl. aufnahmebereit und zugleich großer Anreger. Gehörte zu den kühnsten Geistern s. Zeit. S. impulsives, dynam.-enthusiast. Temperament spiegelt sich in s. Werk, für das weniger Resultate als Denkvorgänge bezeichnend sind und in dem e. dialog. Aufbau von sprudelnder dramat. Lebendigkeit vorherrscht. Philos. Dialoge zeigen s. atheist.-materialist. Weltbild. Mit s. ›Paradoxe sur le comédien‹ gibt er e. Theorie der Schauspielkunst, verlangt vom guten Schauspieler e. durch Vernunft gezügelte Sensibilität. S. künstlerisch wenig bedeutenden bürgerl. Rührstücke bereiten das realist. Theater des 19. Jh. vor. Das berühmteste s. erzählenden Werke ist neben ›Jacques le fataliste‹ der erst 1821 als Rückübersetzung von Goethes dt. Fassung bekannt gewordene Dialog ›Le neveu de Rameau‹, der nach mehr als 12jähriger Arbeit entstand, die dichter. Gestaltung s. Geniebegriffs als naturhafter Kraft, Sehertum, leidenschaftl. Besessenheit e. Menschen, der im Gegensatz zu dem auf die höf. Gesellschaft bezogenen homme de lettres des 17. Jh. weder an Regeln der landläufigen Moral noch an log. Gesetze gebunden ist. Kunsttheoretiker von schöpfer. Weitblick und Kritiker von höchstem Rang. D. durchbricht die Starre der Aufklärung durch den starken Anteil des Gefühls an s. Schaffen. Er setzt sich für das Recht des Einzelnen, Originellen gegenüber dem Allgemeinen, Konventionellen ein. S. letzte philos. Entwicklung gipfelt in der Annahme, daß auch die unbelebte Materie Sensibilität besitze. D. übte starken Einfluß auf Lessing aus und wirkte stark auf das 19. Jh.

W: Essai sur le mérite et la vertu, Shaftesbury, Übs. 1745; Pensées philosophiques, 1746 (hg. R. Niklaus 1950; d. I. Lange, M. Bense 1948); Les bijoux indiscrets, R. 1747 (d. L. Schmidt 1921); Lettre sur les aveugles, 1749; Lettre sur les sourdmuets, 1751; Pensées sur l'interprétation de la nature, 1754; Entretiens sur le fils naturel, 1757 (hg. F. G. Green, in: D.s writings on the theatre, 1936); Discours sur la poésie dramatique, 1758; Salons, Ess. 1759–1781 (n. J. Seznec, J. Adhémar, Oxf. 1957ff.); Le père de famille, Dr. (1761, d. G. E. Lessing); Eloge de Richardson, 1761; Réflexions sur Térence, 1762; Essais sur la peinture, 1765 (hg. J. Chouillet u. a. 1984); Entretien entre D'Alembert et D., Dial. 1769; De la suffisance et de la religion naturelle, Abh. 1770; Le fils naturel, Dr. (1771); Les deux amis de Bourbonne, E. 1773; Entretien d'un philosophe avec la maréchale de ..., 1776; Essai sur les règnes de Claude et de Néron, 1778; La religieuse, R. 1790 (hg. J. Chouillet 1983; d. E. T. Kauer 1928); Jacques le fataliste, R. 1796 (Jakob u. s. Herr, d. L. W. Meyer 1792, W. Sch. S. Mylius 1959, I. Perker, E. Sander 1972; Le rêve de D'Alembert, Prosa 1830 (hg. J. Chouillet u. a. 1984; d. C. S. Gutkind 1923); Supplément au voyage de Bougainville, Abh. 1830 (d. 1965); Paradoxe sur le comédien, Abh. 1830 (hg. J. Copeau 1929; d. 1964); Est-il bon, est-il méchant, Dr. (1834); Le neveu de Rameau, R. hg. J. Fabre 1950, R. Dené u. a. 1984 (d. J. W. v. Goethe 1805, O. v. Gemmingen 1925); Ecrits de Jeunesse, hg. J. Th. de Booy 1979. – Œuvres complètes, hg. J. Assézat, M. Tourneux XX 1875–77 (m. Briefen), Soc. encyclop. frce. V 1970, R. Lewinter XII 1970–72, hg. H. Dieckmann u. a. XVIII 1984; Œuvres, hg. A. Billy 1935; Œuvres philos. hg. P. Vernière 1956; Œuvres romanesques, hg. H. Bénac u. a. 1981; Romans, hg. A. Billy IV 1929f.; Lettres à S. Volland, hg. A. Babelon III 1930 (d. V. Wygodzinsky 1904); Correspondance inédite, hg. A. Babelon II 1931; Correspondance, hg. G. Roth XVI 1955ff. – *Übs.:* Romane u. Erzählungen, H. Jakob, E. von Hollander III 1920; Mylius-Floerke, V 1921; Das erzählerische Gesamtwerk, IV 1966f.; Erzählungen u. Gespräche, K. Scheinfuss 1953; Theater, G. E. Lessing II 1760, ²1781; Philosophische Schriften, II 1967; Ästhetische Schriften, II 1968.

L: K. Rosenkranz, II 1866; R. Kaßner, 1906; J. Le Gras, D. et l'encyclopédie, 1928; H. Dieckmann, Stand u. Probleme der D.-Forschung, 1931; M. Löpelmann, Der junge D., 1934; H. Gillot, 1937; J. Thomas, L'humanisme de D., 1938; J. Luc, 1938; D. Mornet, 1941; A. Lerel, D.s Naturphilosophie, 1950; H. Dieckmann, Inventaire du fonds Vandeul et inédits de D., 1951; ders., 5 leçons sur D., 1959; A. M. Wilson, N. Y. 1957; ders. 1972; J. Mayer, 1960; G. Faure, 1960; P. Casini, 1962; J. Proust, 1963; R. Kempf, 1964; M.-L. Roy, D. Poetik D.s, 1966; R. Mortier, D. in Dtl., 1966; L. G. Crocker, ²1966; J. Cartrysse, 1967; M. Cartwright, 1969; Y. Benot, 1970; A. Miher, The annexation of a ›philosophe‹,

1971; P. O'Gormon, 1971; J. Scherer, Le cardinal et l'orang-outan, 1972; U. Winter, 1972; H. Dieckmann, D. u. d. Aufkl., 1972; J. Chouillet, 1973; J.-M. Dolle, 1973; J.-M. Barolez, 1975; R. Morin, 1975; A. G. Raymond, 1977; F. A. Spear, 1980; E. de Fontenay, 1981; G. Bremmer, 1983; S. S. Bryson, 1983; J. Domenech, 1983; M.-H. Chabut, 1984; Ch. V. Mc Donald, 1984; J. Schouillet, D., poète de l'énergie, 1984; Actes du colloque, 1984; J. Chouillet, D. D. et Sophie Volland, 1986; D. Harth, 1987; F. W. Kantzenbach, 1988; J. Floch, 1991; m. H. Chabut, 1998; Ch. W. Paek, 1999. – *Bibl.:* D. Clark Cabeen, IV Syracuse 1951; F. Spear, 1983; D. Adams, II 2000.

Didion, Joan, amerik. Schriftstellerin, * 5. 12. 1934 Sacramento/CA. Journalistin und Redakteurin New York (u. a. Vogue), freie Autorin in Malibu bei Los Angeles, Drehbücher zusammen mit ihrem Mann, John Gregory Dunne. – Stilist. perfekte, kulturkrit. engagierte Schilderung des kaliforn. Lebensgefühls der 1960er und 1970er Jahre (Feminismus, Jugendsekten, Bürgerrechtsbewegung).

W: Run River, R. 1963 (Menschen am Fluß, d. 1995); Slouching Towards Bethlehem, Ess. 1968 (Stunde der Bestie, d. 1996); Play It As It Lays, R. 1971 (d. 1980); A Book of Common Prayer, R. 1977 (Wie die Vögel unter dem Himmel, d. 1978); The White Album, Ess. 1979 (d. 1983); Salvador, Ess. 1983 (d. 1988); Democracy, R. 1984 (d. 1986); Essays and Conversations, 1984; Miami, Es. 1987; After Henry, Ess. 1992 (d. 1995); New York: Sentimental Journeys, Fallstudie 1993 (Überfall im Central Park, d. 1991); The Last Thing He Wanted, R. 1996; Political Fictions, Ess. 2001.

L: M. R. Winchell, 1989; S. Felton, hg. 1994.

Didring, Ernst, schwed. Dramatiker u. Erzähler, 18. 10. 1868 Stockholm – 13. 10. 1931 ebda. Büroangestellter bis 1914, dann Theaterkritiker u. Schriftsteller. ∞ 1899 Malerin Jeanne Rye. – Schrieb spannende Prosa mit sozialem Pathos u. stillem Humor, in der moral. Tendenz anknüpfend an Ibsen; einfache u. willensstarke Menschen; wirtschaftl. Interessen dominieren über Traditionen.

W: Malm (Männen som gjorde det – Bergets sång – Spelarna), R.-Tril. 1914–19; Elma Hall, Dr. 1917; På väg till friheten, Dr. 1919; Stormens öar, R. 1925; Dyningar, R. 1927; Vilddjuret, Dr. 1929.

Diego Cendoya, Gerardo, span. Lyriker, 3. 10. 1896 Santander – 8. 7. 1987 Madrid. Stud. Philos. u. Lit. Deusto (Bilbao), Salamanca u. Madrid, seit 1920 Lehrtätigkeit in Soria, Gijón, Santander u. Madrid, Reisen durch Frankreich, Portugal u. Südamerika, ab 1947 Mitglied der Span. Akad. Auch angesehener Musiker. Lebte in Madrid. – Bedeutender Vertreter des zeitgenöss. span. Lyrik, war anfangs vielen Einflüssen zugängl. (Ultraismus, Creacionismus, A. Machado, J. R. Jiménez u. a.), bis er über e. Phase enthumanisierter ›poésie pure‹ u. neogongorist. Manier eigene Wege fand zu e. musikal.-beschwingten, menschl. u. aufrichtigen Poesie. S. Sonette ›Alondra de verdad‹ gelten als grundlegend für die span. Dichtung der Gegenwart. Hrsg. e. interessanten Anthologie mod. span. Lyrik (1932).

W: El romancero de la novia, G. 1920; Imagen, G. 1922; Soria, G. 1923; Manual de espumas, G. 1924; Versos humanos, G. 1925; Via crucis, G. 1931; Fábula de Equis y Zeda, G. 1932; Poemas adrede, G. 1932; Ángeles de Compostela, G. 1940; Alondra de verdad, Son. 1941; La sorpresa, G. 1944; La luna en el desierto y otros poemas, G. 1948; Hasta siempre, G. 1949; Biografía incompleta, G. 1953; Variación, G. 1954; Paisaje con figuras, G. 1956; Amor solo, G. 1958; Nocturnos de Chopin, G. 1962; La suerte o la muerte, G. 1963; El cerezo y la palmera, G. 1964; El jándalo, G. 1965; Odas morales, G. 1966; Versos escogidos, 1970; Cementerio civil, G. 1972; Poesía de creación, G. 1974. – Crítica y poesía, 1984; Poesía, hg. F. J. Díez de Revenga II 1989. – *Übs.:* Ausw. span./dt., 1965.

L: N. C. D'Arrigo, Turin 1955; A. Gallego Morell, 1956; J. G. Manrique de Lara, 1970; A. del Villar, 1984; J. Bernardo Pérez, 1989.

Dierx, Léon, franz. Lyriker, 31. 3. 1838 St.-Denis/Réunion – 11. 6. 1912 Paris. Stud. Ecole Centrale. Beamter in Paris. Freund und beeinflußt von Leconte de Lisle. S. kleines Werk, das er z. T. mit anderen Dichtern und in der Sammlung ›Parnasse contemporain‹ veröffentlichte, wurde von Zeitgenossen sehr geschätzt. 1898 Dichterfürst. – Durch Reinheit der Form, Präzision und stilist. Ausgewogenheit dem Parnaß zugehörig. Pessimist und ekstat. Schönheitssucher. Vorliebe für Geheimnis, clair-obscur, e. zärtl., bisweilen wollüstige Anmut s. Liebesgedichte verbinden ihn mit dem Symbolismus. Der Gedichtband ›Les amants‹ zeigt deutlich den Einfluß Baudelaires.

W: Aspirations poétiques, G. 1858; Poèmes et poésies, G. 1864; Les lèvres closes, G. 1867; Les paroles d'un vaincu, G. 1871; La rencontre, Dr. 1875; Les amants, G. 1879. – Œuvres complètes, III 1894–1912; Poésies complètes, II 1889f.; Poésies posthumes, 1912.

L: E. Noulet, 1925; M.-L. Camus-Clavier, Diss. Paris 1942; E. Boyer, 1988.

Diest, Pieter van (Petrus Diesthemius) → Elckerlijc

Díez-Canedo, Enrique, span. Schriftsteller, 7. 1. 1879 Badajoz – 7. 6. 1944 Cuernavaca/Mexiko. Stud. Rechte, lebte in Madrid, Barcelona u. nach dem Span. Bürgerkrieg in Amerika, von großem Einfluß im Madrider Geistesleben: Vorträge, Lit.- u. Theaterkritik, Prof. u. Direktor der Escuela Central de Idiomas, Diplomat; ab 1935 Mitglied der Span. Akad. – Lyriker unter Einfluß des Modernismus (R. Darío u. J. R. Jiménez), folgte ideell der ›Generation von 1898‹; Resonanzen der mod. ausländ. Lit., bes. der franz., ital. u. angelsächs.; z. T. archaisierende Sprache. Bedeutend bes. durch s. lit.krit. Arbeiten, die von umfassender Bildung, objektivem Denken u. treffendem Urteil zeugen. Übs. F. Jammes', Verlaines u. Heines.

W: Versos de las horas, G. 1906; La visita del sol, G. 1907; La sombra del ensueño, G. 1910; Conversaciones literarias, Ess. 1921; Algunos versos, G. 1924; Epigramas americanos, G. 1928; Azorín, B. 1930; Los dioses en el Prado, Ess. 1931; El desterrado, G. 1940; Juan Ramón Jiménez en su obra, St. 1944; Artículos de crítica teatral. El teatro español 1914–1936, Aufse. IV 1968. – Obras completas, 1964f.

L: J. M. Fernández Gutiérrez, 1984.

Digenís Akrítas, griech. Epos, 10. Jh. n. Chr. Erhalten sind 5 Bearbeitungen (12. Jh. u. später), offensichtl. von e. gelehrten Dichter aufgrund der vielen über das ganze byzantin. Reich verbreiteten Volkslieder verfaßt, die noch heute überall in Griechenland lebendig sind u. von denen über 1700 Varianten gesammelt wurden. In ihnen pries das Volk die Heldentaten des D. A., der den idealen Typus e. jugendl. Helden bildete, stark wie Achill u. ruhmreich wie Alexander. Diese Gedichte, in der Volkssprache geschrieben, gelten als der Anfang der neuen griech. Lit., als der Beginn e. neuen Sprach- u. Dichtungsbewußtseins innerhalb Griechenlands. Das Epos ist e. Auswahl der wichtigsten Abenteuer, ergänzt durch Lehrsätze des Vf.; es ist in dem auch beim Volkslied verwendeten 15silbigen reimlosen Versmaß, jedoch in gelehrter Sprache geschrieben u. gilt als das wichtigste Zeugnis der frühma. griech. Profanlit.

A: C. Sathas, E. Legrand, Paris 1875; altruss. Version, hg. P. Odorico, Florenz 1995 (m. ital. Übs.), hg. E. Jeffreys, Cambr. 1998 (m. engl. Übs.); V. D. Kuz'min, Moskau 1962; E. Trapp, 1971.

L: H. Gregoire, N. Y. II 1942; J. Karajannis, Ho D. A. tu Escorial, 1976; St. Alexiu, 1979.

Dīgha-nikāya → Tipiṭaka, das

Dijkstra, Waling, westfries. Schriftsteller, 14. 8. 1821 Vrouwenparochie – 15. 1. 1914 Holwerd. Bäckerssohn; zunächst selbst Bäcker, dann Buchhändler und Journalist, Hrsg. von ›De Bijekoer‹ (1846–95), ›De Fryske Húsfrjeon‹ (1851–69), ›Fryske winterjounenocht‹ (1860–85), ›De Fryske Nijsboade‹ (1864/85), ›Sljucht en Rjucht‹ (1897–1914). Beschäftigte sich mit fries. Volkskunde, Sprach- und Literaturwiss. Redaktor des ›Friesch woordenboek‹ (1885–1911). Schrieb selbst volkstüml. Gedichte, Erzählungen und Schauspiele und übersetzte aus dem Hochdt., Niederdt. und Niederländ.

W: De sulveren rinkelbel, R. 1856; De Fryske Thyl Ulespegel, R. 1860; Uit Frieslands Volksleven, Volkskunde 1892–96; In dei fan plezier, En. 1971.

L: J. Piebenga, Koarte skiednis fan de Fryske skriftekennisse, ^{2}1957; F. Dam u. a., Mar ik sil stride ..., 1971; Tr. Riemersma, Proza van het platteland, 1984.

Dikaiarchos, altgriech. Philosoph (Peripatos), 2. Hälfte 4. Jh. (* ca. 375 v. Chr.?). Schüler des Aristoteles. – D.' Werk, das verschiedenste Wissensgebiete umfaßte, ist nur in Fragmenten erhalten. So schrieb er neben Biographien, literarhist. u. geograph. Werken z. B. auch e. umfassende Kulturgeschichte Griechenlands (›Bios Hellados‹). Im Denken des Peripatos ist v. a. D.'s Seelenlehre (u. a. Leugnung der Unsterblichkeit der Seele) wirksam. Von s. polit. Theorien lebte die im ›Tripolitikos‹ entwickelte Lehre von der Überlegenheit der gemischten Verfassungsform bei Polybios und Cicero in Anwendung auf Rom fort.

L: F. Wehrli, Schule des Aristoteles I, ^{2}1967 (m. Komm.); W. W. Fortenbough, E. Schütrumpf, hg. Lond. 2001 (Text, Übs., Komm., Ess., Bibl.).

Diktāos, Aris (eig. Kostas Konstantulakis), griech. Lyriker, Kritiker u. lit. Übs., * 29. 12. 1919 Heraklion/Kreta. Hg. der Zs. ›Ho Aiōnas mas‹ 1947–51, ›Anagennēsē‹ 1953, Kritiker der Zs. ›Kainuria Epochē‹ 1956–59. Mitbegr. des griech. Schriftstellerverbandes. – Bes. Bedeutung kommt s. introvertierten mod. Lyrik u. s. scharfsinnigen Lit. kritik zu. Zahlr. Übsn. aus dem Dt., Franz., Engl., Span. u. a. Sprachen (Rilke, T. Mann u. v. a.).

W: Dōdeka ephialtikes biniētes, G. 1936; Hagneia, G. 1938; Ho antiphatikos anthrōpos, G. 1938; Elusova, G. 1945; Ta tetradia tu Ari Diktaiu, I 1948, II 1949; Hepta anthrōpina schēmata, Ess. 1961; Theōria Poiēseōs, Es. 1962; Anoichtoi logariasmoi me to chrono, Ess. 1963; Anazētētes prosōpu, Ess. 1963; Poiēmata 1934–65, G. 1974; To taxidi gia ta Kythēra, G. 1980.

L: K. Mitsakis, 1962.

Diktonius, Elmer Rafael, finnl.-schwed. Dichter, 20. 1. 1896 Helsingfors – 23. 9. 1961 ebda. Nach Musikstud. in Helsingfors, London, Paris und Prag wandte er sich 1920 dem lit. Schaffen zu. Hrsg. der Zsn. ›Ultra‹ (1922) und ›Quosego‹ (1928 f.). – Als Lyriker u. Erzähler verhalf er dem finnl.-schwed. Modernismus z. Durchbruch. Begann als lautstarker Umstürzler. S. Lust am Schockieren bricht sich in sicher und lakon. formulierten Aphorismen Bahn. S. linkstendierende revolutionäre Lyrik (›Stenkol‹) fasziniert durch expressiven Stil, durch kraftvolle Bilder in schnellen Abfolgen. Im späteren Werk weicht der heftige Revolutionswille stärker meditativen, betrachtenden Stimmungen. Der Roman ›Janne Kubik‹ u. die Novellensammlung ›Medborgare‹ sind zentrale Werke des Modernismus. Statt im Sinn des Realismus strikter Chronologie zu folgen, setzen sie episodische Schwerpunkte.

W: Min dikt, G. 1921; Hårda sånger, G. 1922; Brödet och elden, Aphor. 1923; Taggiga lågor, G. 1924; Onnela, E. 1925; Stenkol, G. 1927 (d. Ausz. O. Manninen); Stark men mörk, G. 1930; Janne Kubik, R. 1932; Mull och moln, E. 1934; Medborgare i republiken Finland, Nn. II 1935–40; Gräs och granit, G. Ausw. 1936; Jordisk ömhet, G. 1938; Varsel, G. 1942; Höstlig bastu, E. 1943; Annorlunda, G. 1948; Novembervår, G. 1951; Ringar i stubben. – G. 1954; Dikter 1912–1942, 1955; Prosa 1925–1943, 1955; Meningar, Aphor., Ess. 1957; Runoja, (ges. G.), 1963; Min dikt, G.-Ausw. 1971; Frysom: Lysom! E. D. och Gunnar Ekelöf brevväxlar, Br. 1984.

L: O. Enckell: Den unge D. 1946; M. Vainio, D.: modernis ja säveltäjä, 1976.

Diktys von Kreta, angebl. Vf. e. ›Tagebuches des Troischen Krieges‹ (›Ephemeris‹) in phöniz. Sprache als Teilnehmer am Trojan. Krieg auf seiten der Griechen. – Wie es im Prolog heißt, soll D. das ›Tagebuch‹ mit ins Grab genommen haben, unter Neros Regierung habe man es dann dort gefunden, e. (sonst unbekannter) L. Septimius soll es schließlich ins Lat. übersetzt haben. Diese lat. Darstellung stammt wohl aus dem 4. Jh. n. Chr., das griech. Original (seit 1907 Reste auf Papyrus bekannt), ist wahrscheinlich im 1. Jh. n. Chr. entstanden. Das griech. Original wirkte fast nur auf die byzantin. Welt, die lat. Fassung wirkte über den lat. Westen das ganze MA hindurch, noch Goethe benutzte die ›Ephemeris‹ als Vorbild für s. ›Achilleis‹.

A: W. Eisenhut [2]1973 (Nachdr. 1994). – *Übs.:* R. M. Frazer 1966; H. J. Marblestone 1970 (engl.).

L: W. Schetter, Hermes 116, 1988, 94–109; St. Merkle, 1989; A. Pavano, Cassiodorus 2, 1996, 305–321; N. Holzberg, [2]2001.

Dilong, Rudolf, slovak. Dichter, 1. 8. 1905 Trstená – 7. 4. 1986 Pittsburgh/USA. Kath. Priester, 1945 Exil. – Vom Volkslied ausgehend, unterlag D. bei der Gestaltung s. Gefühle u. Erlebnisse der ›Poésie pure‹ u. dem Surrealismus; wird dann zum Vertreter der ›kath. Moderne‹.

W: Budúci l'udia, G. 1931; Slávne na holiach, G. 1932; Helena nosí l'aliu, G. 1935; Mladý svadobník, G. 1936; Ja, svätý František, E. 1938; Mesto s ružou, G. 1939; Bez matky, R. 1951; Stopy v ohni, G. 1956; V zábleskou vekov, G. 1959; Na hrudách času, G. 1966; Pod krížom, G. 1967; Minuty zeme, G. 1969; Matka celá krásna, G. 1970; Pokora vína, lyr. Prosa 1973; Na polhodinku, lyr. Prosa 1974; Stlmené slovíčko, Epigr. 1974; Srdce nás bije, G. 1975; Vidím otvorené nebo, G. 1976; Stretával som ludí a svety, Mem. 1976.

Dimitrova, Blaga, bulgar. Dichterin, * 2. 1. 1922 Bjala Slatina. Stud. slav. Philol. 1945 Sofia; Lit.wiss. Moskau; erste Veröffentlichungen 1938. – Vertreterin der Dichtergeneration der 1940er. In ihren Gedichtsammlungen seit den 60ern strebt sie nach Experimenten in der dichter. Form u. Weltanschauung. In ihren Romanen bricht sie mit dem Pathos des Kollektivismus u. kehrt in das individuelle Leben zurück. Der Roman ›Lice‹ ist eine Herausforderung an die Methode des sozialist. Realismus. Übs. altgriech. Klassiker u. aus dt., poln. u. russ. Sprache.

W: Do utre, G. 1959; Obratno vreme, G. 1965; Pŭtuvane kum sebe si, R. 1965; Osudeni na ljubov, G. 1967 (Verurteilt zur Liebe, d. 1981); Otklonenie, R. 1967 (Liebe auf Umwegen, d. 1980); Lavina, R. 1971 (Die Lawine, d. 1981); Impulsi, Ausw. 1972; Prostranstva, G. 1980; Lice, R. 1981.

Dimov, Dimitŭr, bulgar. Romancier, 25. 6. 1909 Loveč – 1. 4. 1966 Bukarest. Prof. der Anatomie in Sofia. – Erfolgr. Autor von Romanen bes. aus der bulgar. Gesellschaft des 20. Jh. über die soziale u. polit. Krise während des 2. Weltkriegs.

W: Poručik Benz, R. 1938; Osŭdeni duši, R. 1945 (Verdammte Seelen, d. 1971); Tjutjun, R. 1951 (n. 1954; Tabak, d. 1957); Ženi s minalo, Dr. 1960; Vinovniijat, Dr. 1961; Počivka v Arko Iris, Dr. 1963.

Dimov, Leonid, rumän. Dichter, 11. 1. 1926 Ismail – 5. 12. 1987 Bukarest. Stud. Philos., Theol., Philol. u. Biologie, jeweils nicht beendet. Freier Publizist. – D. gefällt sich in der Rolle e. oriental. Weisen, e. Zauberers bunter balkan. Träumereien; s. munteren Verse enthalten geistreiche Empfehlungen für die Überwindung von Raum u. Zeit.

W: Poezii, 1967; 7 poeme, 1968; Pe malul Stixului, G. 1968; Carte de vise, G. 1969; Semne cerești, G. 1970; Deschideri, G. 1972; A. B. C., G. 1973; Spectacol, G. 1979.

L: V. Cristea, 1984.

Dinamo, Hasan İzzettin, türk. Schriftsteller, 1909 Akçaabat – 20. 6. 1989 Istanbul. Nach zwei Jahren als Lehrer Stud. an der Pädagog. Hochschule abgebrochen, gab Privatunterricht u. machte Übersetzungen. – Sein Werk wird dem sozialist. Realismus zugeordnet, in s. Romanen bearbeitet er Themen aus dem türk. Befreiungskampf (1919–22).

W: Deniz Feneri, G. 1937; Kutsal İsyan, R. XIII 1966–68; Özgürlük Türküsü, G. 1971; Kutsal Barış, R. VII 1972–76; Mapusanemden Şiirler, G. 1974; Gecekondumdan Şiirler, G. 1976; Savaşta Çocuklar, En. 1981; 2. Dünya Savaşından Edebiyat Anıları, Mem. 1984; TKP ve Aydınlar, Mem. 1989; Nâzım'dan Meltemler, 1989; Tuyuğlar, G. 1990.

L: M. Seyda, Edebiyat Dostları, 1970.

Dinarte, Sýlvio → Taunay, Alfredo d'Escragnolle

Dinescu, Mircea, rumän. Lyriker; * 11. 11. 1950 Slobozia. Arbeitete als Redakteur, veröffentlicht daneben erfolgr. Gedichtbände, erhielt mit 21 Jahren den bedeutendsten Literaturpreis des Landes. Nach e. Interview mit ›La Libération‹, in dem er die Zumutungen des Regimes anprangerte, erhielt er Schreibverbot und Hausarrest. 1989 an der Revolution beteiligt, danach Wechsel von der Lyrik zur Satire.

W: Elegii de când eram mai tânăr, 1973; Proprietarul de poduri, 1976 (²1990); Moartea citeşte ziarul, 1990. – *Übs.:* Exil im Pfefferkorn, G. 1989; Ein Maulkorb fürs Gras, 1990.

L: M. Iorgulescu, 1973; N. Manolescu, 1976; Şt. A. Doinaş, 1980.

Dinesen, Isak → Blixen, Karen Christentze

Ding Ling (eig. Jiang Bingzhi), chines. Schriftstellerin, 12. 4. 1904 Linli (Hu'nan) – 4. 3. 1986 Peking. Stammt aus ehem. einflußreicher, aber verarmter Familie; beeinflußt von der Bewegung für neue Kultur und ihrer aufgeschlossen-progressiven Mutter. 1922 zum Stud. nach Shanghai; ab 1927 Schriftstellerin mit Sympathie für Anarchismus. In der Volksrepublik zunächst sehr angesehen (Stalinpreis), Chefredakteurin der Zs. ›Renmin wenxue‹. – In den Erzählungen der Frühphase (1927–29) einfühlsame und für die Zeit schockierend offene Schilderung des Seelenlebens junger Frauen. Dann Wende zur Sozialkritik; v. a. nach Selbstkritik in Yan'an 1942 linientreue Lit. Dennoch 1958–79 als Rechtsabweichlerin in Verbannung.

W: Zai heian zhong, En. 1928; Yige nüren, En. 1930; Shui, En. 1933; Wo zai Xiacun de shihou, En. o. J.; Taiyang zhao zai Sanggan he shang, R. 1948 (Sonne über dem Sanggan, d. 1952). – *Übs.:* Das Tagebuch der Sophia, d. 1980; Hirsekorn im blauen Meer, En. 1987.

L: Y. M. Feuerwerker, Cambr./MA 1982; A. Gerstlacher, 1984; Ch. J. Alber, Westport/CT 2002.

Dini, Nh. (Nurhajati Suhardini), indones. Dichterin, * 29. 2. 1936 Semarang/Mittel-Java. Lebt seit ihrer Heirat mit e. Franzosen 1960 in Paris. – Vf. stimmungsvoller Erzählungen mit sozialkrit. Hintergrund. Ihr wichtigstes Anliegen besteht in der Darstellung des Gefühlslebens der Charaktere, insbes. der weibl.

W: Dua Dunia, Kgn. 1956; Hati jang Damai, E. 1960; Pada Sebuah Kapal, Kgn. 1973; La Barka, R. 1976; Namaku Hiroko, Kgn. 1977; Keberangkatan, R. 1977; Sebuah Lorong di Kotaku, Erinn. 1978; Padang Ilalang di Belakang Rumah, Erinn. 1979; Orang-orang Tran, R. 1985.

Dinis, Dom, König von Portugal, portugies. Lyriker, 9. 10. 1261 Lissabon – 7. 1. 1325 Santarém. König seit 1279 als Sohn u. Nachfolger von Dom Afonso III.; herausragender Herrscher, ∞ Isabella von Aragón; stiftete 1290 die Univ. Lissabon (seit 1308 in Coimbra), förderte die Abfassung offizieller Dokumente in portugies. Sprache, ließ lat., span. und arab. Werke übersetzen u. dämmte die kirchl. Übermacht im weltl. Bereich erfolgr. ein. – Fruchtbarster portugies. Troubador; 138 Lieder z. T. bedeutenden dichter. Wertes sind ihm zugeschrieben worden.

A: Das Liederbuch des Königs Denis von Portugal, hg. H. R. Lang 1894; Chronica d'el-rei D. Diniz, por Ruy de Pina, II 1907.

Dinis, Júlio (eig. Joaquim Guilherme Gomes Coelho), portugies. Romanschriftsteller, 14. 11. 1839 Porto – 12. 9. 1871 ebda. Engl. Herkunft, Stud. Medizin Porto; Unterbrechung der aussichtsreichen Prof.-Laufbahn wegen schwacher Gesundheit; Kuren b. Ovar u. auf Madeira. – Meisterl. Romancier, verwandte Stilmittel des engl. realist. Romans u. der engl. Novellistik, von Herculano beeinflußt. Knappe, klare Darstellung, glänzende Beobachtung u. Milieuschilderung, sozialpädagog.-philanthrop. (Rousseau), liberal, fortschrittsgläubig. Feiert optimist. die bürgerl. Tugenden. Zarte Frauengestalten, elegante Verkörperung s. Ideale des Schönen, Wahren u. Guten. Fand bis heute e. breites Publikum. Auch Lyriker u. Dramatiker. – S. Romane sind eine geschichtl. Quellen wichtig.

W: As Pupilas do Senhor Reitor, R. 1867; Uma Família Inglesa, R. 1868; A Morgadinha dos Canaviais, R. 1868; Serões de Província, N. 1870; Os Fidalgos da Casa Mourisca, R. 1871; Poesias, G. 1873f.; Inéditos e Esparsos, II 1910; Teatro Inédito, III 1946/47.

L: E. Moniz, II 1924; H. Woischnik, 1940; J. Gaspar Simões, 1963; M. A. Santilli, 1967.

Dinis da Cruz e Silva, António → Silva, António Dinis da Cruz e

Diodoros, (D. Siculus) aus Agyrion auf Sizilien, altgriech. Universalhistoriker, 1. Jh. v. Chr.; zwischen 60 und 57 in Ägypten, dann längere Zeit in Rom, keine weiteren Lebensdaten. – Mit s. Universalgeschichte ›Bibliotheke‹ in 40 Büchern wollte D. die gesamte Historie von der myth. Vorzeit bis zu e. Synchronisierung der griech. und röm. Geschichte e. breiteren Publikum zugängl. machen: Nach e. Kulturentstehungstheorie, der Vorgeschichte der nicht-griech. Völker sowie der versch. griech. Stämme (Bücher 1–6) behandelte D. die Ereignisse vom Trojan. Krieg bis zum Tod Alexanders des Großen (7–17), um schließl. über die Diadochen bis hin zu s. eigenen Zeit zu gelangen (18–40; bis 54 v. Chr.: Caesars britann. Expedition). Vollständig erhalten sind die Bücher 1–5, 11–20 (die einzige fortlaufende Darstellung der Jahre 480–302 v. Chr.), in Exzerpten und Zitaten 21–26 sowie Teile von 31–40. Trotz e. überzeugenden Gesamtkonzeption hängt der hist. Informationsgehalt an der Zuverlässigkeit bzw. Ausführlichkeit der benutzten Quellen; das Werk enthält trotzdem chronolog. Fehler auch dort, wo D. zuverlässige Hilfsmittel angibt. Die Abhängigkeit von den Quellen zeigt sich bis in einzelne Schwankungen des Stils, der freilich immer verständl. bleibt.

A: E. Vogel, K. Fischer 1888–1906; C. H. Oldfather u.a. 1933–67 (m. engl. Übs.); E. Chamoux u.a. 1972ff. (m. franz. Übs.). – *Übs.:* O. Veh, G. Wirth 1992–2001 (dt. Übs., bisher Bücher 1–15).

L: J. Palm, Lund 1955; K. Meister, Diss. 1967; F. Cassola, ANRW II 30.1, 1982, 724–733; K. S. Sacks, Princeton 1990; E. Galvagno, C. Molè Ventura, Catania 1991.

Diogenes Laërtios, altgriech. Schriftsteller, wahrscheinl. Mitte 3. Jh. n. Chr., keine biograph. Nachrichten. – S. Hauptwerk ist ›Leben der Philosophen‹ (auch: ›Philosophenleben und -lehren‹). In diesen ›Bioi‹ unternimmt D., v.a. fußend auf älterer ›Diadochai‹-Lit. (Lehrer-Schüler-Abfolge), e. Gesamtdarstellung der griech. Philos. in 10 Büchern; dabei folgt er zwar meist e. bestimmten Schema (Patronym und Herkunft, Lehrer, Anekdoten, Maximen, homonyme Personen), dem er teilweise Werklisten, Testamente, Briefe etc. beifügt; insgesamt scheint er Biographisch-Anekdotisches, Antiquarisches und Doxographisches jedoch zu mischen, da er nicht Philos.geschichte im engeren Sinn schreiben, sondern den Zusammenhang zwischen Lehre und Leben e. Philosophen transparent machen will. Die ›Bioi‹ sind für uns die einzige erhaltene umfassende Darstellung der griech. Philos. in hist. Abfolge bis um die Zeitenwende und somit trotz enormer quellenkrit. Probleme unverzichtbar für jede Beschäftigung mit griech. Philos.geschichte.

A: M. Marcovich II 1999 (dazu: H. Gärtner, Indices, 2002); G. Marcello 1986 (m. ital. Übs.) – *Übs.:* O. Apelt ³1990 (n. 1998).

L: J. Mejer, 1978; ders., ANRW II 36.4–5, 1990–92, 3556–4307; B. A. Desbordes, Utrecht 1990; C. Natali, Rom u.a. 1999.

Dion Cassius aus Nikaia (Bithynien), altgriech. Historiker, 2./3. Jh. (ungefähr 164–229) n. Chr. Aus provinzieller Oberschicht, ca. 180 in Rom, polit. Karriere, dann Rückzug nach Bithynien (der Zusatz ›Cocceianus‹ zu s. Namen geht wahrscheinl. auf e. späte Verwechslung mit Dion von Prusa zurück). – S. Hauptwerk ist die ›Röm. Geschichte‹ in 80 Büchern, vom Anlanden des Äneas bis 211 n. Chr. D. verbindet in ihr typ. griech. Elemente (z.B. Thukydides' Interesse an e. Differenzierung von Schein und Sein) mit röm. (z.B. annalist. Grundstruktur), um so große Entwicklungslinien sichtbar zu machen. Zu diesem Zweck setzt er auch Reden und Gespräche ein, die in bisweilen stark rhetorisierter, dramat. Form e. Reflexion über Geschehenszusammenhänge ermöglichen. D.s archaisierende Sprache korrespondiert mit s. konservativen Grundhaltung: S. Blick auf die Geschichte ist die e. loyalen senator. Befürworters der Monarchie. Erhalten sind von s. Werk nur die Bücher 36–60 (= 69 v. Chr.–47 n. Chr.; lückenhaft) sowie Reste aus 79–80.

A: U. P. Boissevain 1895–1931; E. Cary 1914–27 (m. engl. Übs.); Fr. Hinard, P. Cordier, M.-L. Freyburger-Galland 1991–2002 (Budé GA, noch nicht vollst.). – M. Reinhold 1988 (Bücher 49–52, Komm.); M.-L. Freyburger, J.-M. Roddaz 1991 (Bücher 50–51); J. W. Rich 1990, A. Gowing 1992 (Bücher 53–55,9; m. engl. Übs. u. Komm.); J. Edmondson 1992 (Bücher 58–63 Ausw.); Ch. L. Murison 1999 (Bücher 63–67).

L: G. Zecchini, Mailand 1978; M. Manuwald, 1979; D. Fechner, 1986; C. A. Mills, Lond. 1989; A. M. Gowing, Ann Arbor 1992; M. Hose, 1994; W. Ameling, ANRW II 34.3, 1997, 2472–2496; M.-L. Freyburger-Galland, Paris 1997; G. Martinelli, Genua 1999; B. Kuhn-Chen, 2001.

Dion Chrysostomos → Dion Cocceianus von Prusa

Dion Cocceianus von Prusa (Bithynien), altgriech. Redner u. (Popular-)Philosoph, 40 n. Chr. – nach 112 n. Chr. Als Mitglied der provinziellen Elite soll sich D. zunächst als Sophist betätigt, dann aber zur Philos. (v.a. stoischer bzw. kyn.-stoischer Prägung) ›bekehrt‹ haben. – Erhalten sind 80 sog. ›Reden‹ unterschiedl. Themen und Gattungen: Neben sophist. Chrien und Deklamationen, lit.krit. Essays, kleinen Dialogen und romanhaften (Kurz-)Novellen stehen moralphilos. Predigten, theolog.-kosmolog. Vorträge und polit. Mahnreden, denen die zeittyp. Rückwendung zur ›großen klass.‹ Vergangenheit Griechenlands gemeinsam ist. Je nach Redeanlaß gewichtet D. die sokrat.-platon., stoischen bzw. kyn. Tendenzen s. Denkens unterschiedl., s. eigentl. Stärke liegt weniger im rein inhaltl. als im literar.-ästhet. Bereich, wo er e. gemäßigt attizist. Sprache zu e. flexiblen Instrument verschiedenster ›personae‹ macht. Die Frühwerke sind verloren, die unter s. Namen überlieferten 6 Briefe vermutl. unecht. Spätere Zeiten schätzten v.a. s. stilist. Virtuosität, so daß man ihm den Beinamen ›Goldmund‹ (›Chrysostomos‹) beilegte.

A: H. v. Arnim 1893–96 (Nachdr. 1962); G. de Budé 1916–19; J. W. Cohoon, H. Lamar Crosby 1932–51; D. A. Russell 1992 (orr. 7, 12, 36 m. Komm.); H.-J. Klauck, B. Bäbler 2000 (Olymp.). – *Übs.:* W. Elliger 1967.

L: H. v. Arnim, 1898; P. Desideri, Florenz 1978; C. P. Jones, Cambr./MA, 1978; A. Brancacci, o. O. 1985; B. F. Harris, ANRW II 33.5, 1991, 3853–3881; S. Swain, hg. Oxf. 2000.

Dion von Prusa → Dion Cocceianus von Prusa, Iohannes Chrysostomos

Dionysios von Halikarnassos, altgriech. Lit. kritiker u. Historiker, 1. Jh. v. Chr./1. Jh. n. Chr.(?) Kam 30 v. Chr. nach Rom, dort bis 8 v. Chr., erteilte nach Erlernen der lat. Sprache Rhetorikunterricht, parallel dazu Arbeit an e. 7 v. Chr. veröffentlichten ›Röm. Urgeschichte‹ (griech.: ›Rhomaïke arkhaiologia‹, lat.: ›Antiquitates Romanae‹), von der Gründung Roms 753 v. Chr. bis zum 1. Pun. Krieg (264 v. Chr.) in 20 Büchern (1–10 vollständig erhalten, 11 lückenhaft, Rest fragmentar.). Zeitl. ergänzen die ›Antiquitates‹ Polybios; inhaltl. wollen sie e. griech. Publikum die Leistung und Berechtigung der röm. Herrschaft vermitteln. Stilist. verwirklicht D. vieles, was er in s. lit.krit. Schriften fordert. Die ›Antiquitates‹ wurden in der Folgezeit viel benutzt; spätestens ab dem 3. Jh. galten s. Kriterien für den griech. Prosastil als verbindlich.

A: Antiquitates: C. Jacoby 1885–1925 (Nachdr. 1967–97); E. Cary 1937–50 (m. engl. Übs.); V. Fromentin 1998–99; S. Pittia 2002. – *Opuscula:* H. Usener, L. Radermacher 1899–1929 (Nachdr. 1997); G. Aujac 1978–92 (rhetor. Werke, m. franz. Übs.).

L: M. Fuhrmann, 1973; E. Gabba, Berkeley 1991; Th. Hidber, 1996; S. Fornaro, 1997.

Dionysios Periegetes, altgriech. Schriftsteller, 2. Jh. n. Chr. Neben kaum mehr faßbaren, ihm zugeschriebenen verlorenen Werken (›Ornithiaka‹, über Vögel, in Prosaparaphrase erhalten) ist D. v.a. für s. ›Perihegesis tes oikumenes‹, e. Beschreibung der gesamten bekannten Welt in 1185 Hexametern, berühmt. Stilist.-formal folgt D. der Tradition des kallimacheischen Lehrgedichts, inhaltl. beschränkt er sich auf den Kenntnisstand des Eratosthenes, wobei im kulturgeschichtl. Bereich auch stoischer Einfluß (v.a. Poseidonios) feststellbar ist. D.' ›Perihegesis‹ ist sofort erfolgr. und bleibt für Jahrhunderte e. Schulbuch; sie wird mehrfach kommentiert, nacherzählt und ins Lat. übersetzt (Avienus, Priscian).

A: A. Garzya 1963 (Ornith.); D. Marcotte 1990 (Periheg., m. franz. Übs. u. Komm.); I. Tsabare 1990 (Periheg., m. franz. Übs. u. Komm.). – *Übs.:* K. Brodersent 1994 (griech.-dt.).

L: D. Davidson Greaves, Diss. Ann Arbor 1994.

Diop, Birago, senegales. Dichter franz. Sprache, 11. 12. 1906 Ouakam b. Dakar – 25. 11. 1989 Dakar. Stud. Toulouse; Tierarzt; 1960–1965 Botschafter Senegals in Tunis. – Lyriker und Erzähler. Schuf bildhafte und sprachl. ausdrucksvolle Dichtungen und Novellen aus Realität u. Legende s. afrikan. Heimat.

W: Les contes d'Amadou Koumba, En. 1947; Nouveaux contes d'Amadou Koumba, En. 1958 (d. 1974, Geistertöchter, d. 1998); Leurres et lueurs, G. 1960; Contes et lavanes, En. 1963; Contes d'Awa, En. 1977; Mem. (versch. Titel), 1978–89.

L: R. Mercier u.a., 1964; M. Kane, Les contes d'A. K., 1968, 1970; M. Tollerson, Mythology and Cosmology in the Narratives of B. Dadié & B. D., 1984.

Diop, David, senegales. Schriftsteller in franz. Sprache, 9. 7. 1927 Bordeaux – 1960. Früher Tod durch Flugzeugabsturz; wächst in Frankreich auf, Lehrer in Frankreich, krit. Distanz zur europäischen Gesellschaft; beeinflußt von Césaire, kämpft für die Unabhängigkeit von Schwarzafrika. – Vf. von sensiblen Gedichten und Essays; behauptet trotz seiner Jugend einen wichtigen Platz in der Bewegung der Négritude.

A: Coups de pilon, G. 1973.

Diop, Ousmane Socé → Socé Diop, Ousmane

Dīpavamsa, der (Chronik der Insel), in Pali verfaßtes poet. Werk, vor Mitte des 5. Jh. n. Chr., Vf. unbekannt. – Es enthält die geschichtl. Überlieferungen der Buddhisten Sri Lankas bis z.Z. des Königs Mahāsena (4. Jh. n. Chr.); s. 22 Kapitel fußen hauptsächl. auf dem hist. Abschnitt e. singhales. ›Atthakathā‹ (Kommentar zum buddhist. Kanon); als e. Art Kommentar zum D. betrachten die Singhalesen e. ähnl., jedoch weitaus kunstvolleres Werk, den ›Mahāvamsa‹ (Große Chronik) des Mahānāma (6. Jh. n. Chr.).

A und Übs.: H. Oldenberg 1879 (n. 1982); B. C. Law 1959 (engl./Pali). – Mahāvamsa, hg. W. Geiger 1908 (engl. ders. 1912, n. 1964).

L: W. Geiger, 1905, Nachdr. 1973.

Diphilos von Sinope (Pontos), altgriech. Komödiendichter; 360/350 v. Chr. – Anfang 3. Jh. v. Chr. Smyrna. Lebte v.a. in Athen. Aus der umfangreichen Produktion sind ca. 60 Titel und 130 Fragmente bekannt. D. stellt v.a. Charaktertypen mit ihren alltägl. Problemen dar, daneben erscheinen auch myth. (z.B. ›Danaides‹, ›Herakles‹, ›Hekate‹) und hist. (›Sappho‹) Figuren als Titelhelden. Sprachl. zeigen die Fragmente e. reiche Ausdrucksskala, die von hohem Pathos (v.a. in lit. Parodie) bis zu derber Alltagssprache reicht. Obwohl D. zu s. Lebzeiten offenbar nicht bes. erfolgr. war, fand er insbesondere in der röm. Komödie e. reiches Nachleben: Plautus adaptiert ganze Stücke (vgl. v.a. ›Casina‹, ›Rudens‹, ›Vidularia‹), auch bei Terenz (›Adelphoe‹) läßt sich die Übernahme e. Szene nachweisen.

L: L. Webster, ²1970; R. Calderon, 1982; J. A. Astorga, Diss. Berkeley 1990.

Dirceu → Gonzaga, Tomás Antônio

Direitinho, José Riço, portugies. Erzähler, * 9. 7. 1965 Lissabon. Agronom. – Gilt mit s. aus der poet. Welt der nordportugies. Volksmagie schöpfenden phantast. Erzählungen u. Romanen als e. der herausragendsten neuen Stimmen der portugies. Lit. der 1990er Jahre.
W: Casa do Fim, En. 1992 (Das Haus am Rande des Dorfes, d. 1997).

Dische, Irene, dt.-amerik. Schriftstellerin, * 13. 2. 1952 New York. Tochter dt.-stämmiger jüd. Emigranten, Vater Biochemiker, Mutter Gerichtsmedizinerin, kathol. Erziehung; Cembalo-Stud. in Salzburg, Anthropologie u. Lit. Harvard Univ., Aufenthalte in Afrika, Arbeit als Journalistin, seit 1980 in Berlin. – Sich z.T. an musikal. Rhythmen orientierende Romane (›Sad Strains of a Gay Waltz‹), Krimis (›A Job‹), Kinderbücher.
W: Zacharias, Drb. 1986; The Doctor Needs a Home, E. 1990 (d. 1990); Pious Secrets, En. 1991 (d. 1989); The Jewess, Kgn. 1992; Sad Strains of a Gay Waltz, R. 1994 (Ein fremdes Gefühl, d. 1993); Esterhazy, Kdb. 1994 (m. H. M. Enzensberger, d. 1993); Die intimen Geständnisse des Oliver Weinstock, En. 1994; Das zweite Leben des Domenico Scarlatti, En. 1995; Strange Traffic, Kgn. 1995; Der Palast, Libr. zu A. Salliens Oper 1995 (m. H. M. Enzensberger); Between Two Seasons of Happiness, Jgb. 1999 (Zwischen zwei Scheiben Glück, d. 1997); A Job, R. 2000 (d. 2000).

Disraeli, Benjamin, Earl of Beaconsfield, engl. Erzähler, 21. 12. 1804 London – 19. 4. 1881 ebda. Aus jüd.-ital. Familie, Sohn e. Literaturhistorikers. Stud. Jura, Kaufmann, wandte sich bald polit. und journalist. Arbeit zu. Schrieb 22jährig s. 1. Roman ›Vivian Grey‹, der Aufsehen erregte, da s. Hauptgestalten nur wenig verhüllte Porträts lebender Persönlichkeiten waren. Trat 1817 mit s. Vater der anglikan. Kirche bei. ∞ 1839 Mary Ann Evans, Witwe von Wyndham Lewis. Kandidierte zunächst mehrfach erfolglos für das Parlament (zuerst als Radikaler, später als Tory). Kam 1837 ins Unterhaus. Erreichte nach anfängl. Mißerfolgen e. führende Stellung im Parlament, 1848 Führer der Konservativen, war 3mal Schatzkanzler (1852, 1858/59, 1866–68), dann 1868 und erneut 1874–80 Premierminister. 1876 zum Earl of Beaconsfield ernannt. Verleihung des Hosenbandordens. Vertrat England 1878 auf dem Berliner Kongreß. In s. späteren Jahren vertrauter Berater von Queen Victoria. Brachte es ohne Familienprotektion oder polit. Beeinflussung zu höchsten Ehren, obschon damals in breiten Schichten Englands Vorurteile gegen s. jüd. Abstammung herrschten. Zeichnete sich durch Geduld, Ausdauer, starkes Selbstvertrauen und Gewandtheit im Debattieren aus. Fortschrittl. Politiker. Begründer der ›Young England Group‹. Anwalt demokrat. Ideale, gilt als Vater des brit. Imperialismus. 1880 zum Rücktritt gezwungen. In Westminster Abbey beigesetzt. – D.s schriftsteller. Bedeutung stand in engem Zusammenhang mit s. polit. Laufbahn. Von s. romant.-realist. Gesellschaftsromanen geißelte ›Coningsby‹ die selbstsüchtige Politik der Whigs, die die Nöte des Volkes unbeachtet ließ. In ›Sybil‹ schilderte er, auf amtl. Dokumenten fußend, soziale Ungerechtigkeiten im Industriebezirk von Lancashire, in ›Tancred‹ forderte er Gerechtigkeit für das Judentum, aus dem der christl. Glaube hervorging. S. Romane kommentieren in geistvoll-witziger Art die sozialen Verhältnisse.
W: Vivian Grey, R. V 1826f.; The Young Duke, R. III 1831; Contarini Fleming, R. IV 1832 (d. 1909); The Wondrous Tale of Alroy, R. III 1833; Henrietta Temple, R. III 1837; Venetia, R. III 1837 (Der tolle Lord, d. 1930); Coningsby, R. III 1844 (hg. W. Allen 1948; d. 1845); Sybil; or, The Two Nations, R. III 1845 (d. 1846, 1888); Tancred: or, The New Crusade, R. III 1847 (d. 1936); Lord George Bentinck, B. 1852; Lothair, R. III 1870 (d. 1874); Endymion, R. III 1880. – Novels and Tales, Bradenham Ed., XII 1926f.; Selected Speeches, hg. T. E. Kebbel II 1882; Young England, Ausw. hg. B. N. Langdon-Davies IV 1904; Letters, hg. M. G. Wiebe 1982ff.
L: W. F. Monypenny, G. E. Buckle, VI 1910–20, II ^{2}1929; A. Maurois, Paris 1927 (d. 1928); M. Masefield, Peacocks and Primroses, 1953; B. R. Jerman, The Young D., 1960; H. Pearson, ^{3}1960; P. Bloomfield, 1961; R. Maître, Paris 1963; R. Blake, 1966 (n. 1998); R. A. Levine, 1968; D.s Novels Reviewed 1826–1968, hg. R. W. Stewart 1975; R. W. Davis, 1976; D. R. Schwarz, D.'s Fiction, 1979; R. Blake, 1980; Th. Braun, 1981; S. Bradford, 1982; S. Weintraub, 1993; E. J. Feuchtwanger, 2000.

Ditlevsen, Tove (Irma Margit), dän. Dichterin, 14. 12. 1917 Kopenhagen – 7. 3. 1976 ebda. Aus Arbeitermilieu. – Gab in Romanen, Novellen und Gedichten e. feinfühlige psycholog. Analyse der reifenden Jugend und bes. der Erfahrungen mod. Großstadtfrauen, mit z. T. sozialkrit. Zügen. Der halb autobiograph. Roman ›Barndommens gade‹ gibt e. suggestive Schilderung der ›Straße‹ als Schicksal.
W: Pigesind, G. 1939; Man gjorde et barn fortræd, R. 1941; Lille verden, G. 1942; Barndommens gade, R. 1943 (Straße der Kindheit, d. 1953); Den fulde frihed, En. 1944; For barnets skyld, R. 1946; Blinkende lygter, G. 1947; Dommeren, Nn. 1948; Kærlighedsdigte, G. 1949; Udvalgte digte, G.-Ausw. 1954; Kvindesind, G. 1955; Foraar, Nn. 1956; Annelise – tretten år, Kdb. 1959 (Als Annelise dreizehn war, d. 1965); Flugten fra opvasken, Es. 1959; Hvad nu Annelise?, Kdb. 1960; To som elsker hinanden, R. 1960; Den hemmelige rude, G. 1961; Den onde lykke, En. 1963; Der var engang en lille hest, Kdb. 1963; Digte i udvalg, G. 1964; Digte om børn, G. 1965; Erindringer II, Erinn. 1967; Ansigterne, R.

1968 (Die Gesichter, d. 1983); De volksne, G. 1969; Gift, Erinn. 1971 (Sucht, d. 1980, n. 1999); Parenteser, Aphor. 1973; Det runde værelse, G. 1973; Vilhelms værelse, R. 1975 (Wilhelms Zimmer, d. 1981); Till en lille pige: efterladte digte, G. 1978. – Digte (Ausw.), 1979; Udvalgte værker, 1979ff.; Samlede digte, 1996; Samlede noveller, 1998.

L: H. Morgensen, 1976; K. Syberg, 1997; J. Andersen, 1997.

Diviš, Ivan, tschech. Dichter, 18. 9. 1924 Prag – 7. 4. 1999 München. Stud. Philos. u. Ästhetik Prag, 1960–68 Redakteur des Verlags Mladá fronta; emigrierte 1969 in die BRD. – Besingt optimistisch den aufreibenden grauen Alltag der Großstadt, den er durch das Positive im Menschen aufzulockern sucht. Berührt aber auch die elementaren Probleme des Menschen in einer fremd gewordenen Welt.

W: První hudba bratřím, G. 1947; Uzlové písmo, G. 1960; Morality, G. 1963; Chrlení krve, G. 1964; Umbriana, G. 1965; Průhledná hlava, G.-Ausw. 1965; Sursum, G. 1967; Thanathea, G. 1968; Noé vypouští krkavce, G. (1969), Toronto 1975; Přece jen…, G. 1977; Křížatky, G. 1978; Beránek na sněhu, G. 1980; Obelst, G. Zürich 1981; Odchod z Čech, G. München 1981; Obrať koně!, G. Tessin 1987; Konec štěstí, G. Toronto 1989; Moje oči musely vidět, G. Prag 1991; Jedna loď, G. 1994; Kateřina Rynglová, G. 1996.

Dixelius, Hildur (Emma Eufrosyne), schwed. Schriftstellerin, 14. 10. 1879 Nederkalix/Norrbotten – 19. 8. 1969 Finja/Skåne. Pfarrerstochter. ⚭ 1902–10 Johan Brettner, 1923 Ernst von Aster. – Schrieb (bis 1916 unter dem Namen Brettner) Erzählungen aus dem bäuerl. Milieu ihrer Heimat, die ernsthafte Auffassung und e. natürl., klaren Blick zeigen und in der Darstellung landschaftl. Volkstums manchmal von kulturhist. Interesse sind. Später wandte sie sich psychoanalysierender Darstellung zu. Auch Vf. e. sozialkrit. Dramas.

W: Barnet, R. 1909; En mesallians, N. II 1916; Drömmen, N. 1917; Far och son, N. 1918; Prästdottern, Prästdotterns son, Sonsonen, R.-Tril. III 1920–22 (Sara Alelia, d. 1929); Synderskan, R. 1925 (Die Sünderin, d. 1953); I bojor, R. 1926; Mördaren, Dr. 1928; Ragnar och Lola, R. 1929; Skohandlare Sandin och hans barn, R. 1936 (Schuhhändler Sandin, d. 1939); Ankaret på fjället, R. 1937; Stormansfru och helgon, R. 1951. – *Übs.:* Das Größte ist die Liebe, En. 1954; Die Überwältigten, Nn. 1957; Ein fröhliches Herz, E. 1959.

Dizdar, Mak (Mehmedalija), bosn. Dichter, 17. 10. 1917 Stolac – 14. 7. 1971 Sarajevo. Gymnas. ebda., Korrespondent, Redakteur der Zt. ›Oslobodjenje‹ u. der Zs. ›Život‹. – D. schreibt suggestive Lyrik expressionist. Prägung. Von vielen inspirativen Impulsen ist Bogumilenerbe bes. spürbar.

W: Vidovopoljska noć, 1936; Plivačica, R. 1954; Povratak, G. 1958; Okrutnosti kruga, 1961; Koljena za Madonu, 1963; Poezija, G. 1968; Kameni spavač, 1985 (d. 1995). – Izabrana djela I–III (AW), 1981; Zapis o vremenu (G.-Ausw.), 1999.

L: E. Duraković, 1979.

Djalālu'd-Dīn Rūmī → Rūmī, Ǧalālu'd-Dīn, Maulānā

Djamal-zadé → Ǧamāl-zādé, Sayyed Moḥammad ʿAlī

Djarīr ibn ʿAṭīya, arab. Dichter, vor 661 Irak – um 728 Yamāma. Günstling des omaiyad. Statthalters al-Ḥaǧǧāǧ. Vergebl. Bemühungen um e. Dauerstellung als Hofdichter der Omaiyaden in Damaskus. – Größter arab. Satiriker s. Zeit, der mit über 40 Dichtern im Streit lag. Die dichter. Fehde mit dem bedeutendsten s. Kontrahenten, dem zeitweise von al-Aḫṭal unterstützten al-Farazdaq, während Jahrzehnte und zog das Interesse weiter Kreise auf sich. Neben Schmähgedichten auch Lob- und einzelne ergreifende Trauerdichte. Hohe Nachblüte altarab. Dichtung.

W: Dīwān, Kairo 1895 u. ö.; Naqāʾiḍ Ǧarīr wa-l-Farazdaq, III Leiden 1905–12; Naqāʾiḍ Ǧarīr wa-l-Aḫṭal, Beirut 1922.

L: A. Schaade (Beilage zur dt. Ausg. der Enzyklopädie des Islam).

Djébar, Assia, alger. Schriftstellerin in franz. Sprache, * 1935 Cherchell. Historikerin an der Univ. Algier, lebt in New York und Paris. Nimmt 1956/57 in Oaris an der alger. Freiheitsbewegung teil. – Verfaßt Romane, Gedichte und Drehbücher. Im Zentrum ihrer Interessen steht feminist. Engagement für den Maghreb.

W: La soif, R. 1957 (Die Zweifelnde, d. 1993); Les impatients, R. 1958; Femmes d'Alger dans leur appartement, R. 1980 (d. 1994); L'amour la fantasia, R. 1985 (d. 1990); Vaste est la prison, R. 1995 (Wein ist mein Gefängnis, d. 1997).

L: E. Winkelmann, 2000.

Djerassi, Carl, österr.-amerik. Schriftsteller, * 29. 10. 1923 Wien. Stud. Kenyon College u. Univ. Wisconsin, Madison; Chemieprof. Stanford Univ. seit 1959. – Vf. der ›science in fiction‹-Tetralogie ›Secrets of the Tribe‹ über die Machenschaften der zeitgenöss. ›Stammeskultur‹ von Naturwissenschaftlern.

W: The Politics of Contraception, St. 1979; The Futurist, Kgn. 1988 (d. 1991); Steroids Made It Possible, Aut. 1990; The Pill, Pygmy Chimps, and Degas' Horse, Aut. 1991 (Die Mutter der Pille, d. 1992); The Clock Runs Backward, G. 1991; From the Lab into the World, Ess. 1994; Marx, Deceased, R. 1996 (d. 1994); Secrets of the Tribe, R. IV: Cantor's Dilemma, 1989 (d. 1991), The Bourbaki Gambit, 1994 (d. 1993), Menachem's Seed, 1997 (d. 1996), NO, 1998 (d. 1998).

Djian, Philippe, franz. Schriftsteller, * 3. 6. 1949 Paris. Vater Armenier; Stud. Lit.wiss., vorübergehend Arbeit als Docker in Le Havre, Reisen nach Amerika. Seine journalist. Arbeit über Kolumbien findet wenig Resonanz. Seit den 1980er Jahren Romanerfolge. – Seine Gestalten, meist männl. Antihelden, tragen autobiograph. Züge, spiegeln die Entwicklung, die Selbstsuche, die Probleme und die Leiden der jungen Generation, die und deren Innenleben der Leser mit dem Autor beobachtet und analysiert. Brutale, erbarmungslos klare Sprache, vermischt mit Elementen aus dem Argot, darauf ausgerichtet, Stimmungen und Emotionen zu erzeugen. Drei Romane als Trilogie zusammengefaßt.

W: 50 contre 1, N. 1981; Bleu comme l'enfer, R. 1983 (d. 1990); Zone erogène, R. 1984 (d. 1987); Betty Blue – 37. 2 le matin, R. 1985 (d. 1986); Maudit manège, R. 1986; Crocodiles, N. 1989 (d. 1993); Lorsque Lou, R. 1992; Sotos, R. 1993; Assassins, R. 1994 (Ich arbeitete für einen Mörder, d. 1996); Criminels, R. 1997 (d. 1998); Sainte-Bob, R. 1998; Ça, c'est un baiser, R. 2002.
L: M. Boujedra, 1992; C. Libal, 1999; C. Moreau, 2000.

Djilas, Milovan, serb. Schriftsteller, Publizist u. Politiker, 12. 6. 1911 Podbišće b. Kolašin/Montenegro – 20. 4. 1995 Belgrad. Stud. Jura, 1932 KP-Mitglied, 1932–35 in Haft, 1938 ZK-, 1940 Politbüromitglied. Im Krieg Organisator der montenegrin. Partisanen, 1945 Minister, 1953 Vizepräsident Jugoslawiens; 1954 wegen Artikelserie (d. ›Anatomie einer Moral‹) Schreibverbot u. 18 Monate Haft. Seither erschienen s. Bücher aus den Msn. übersetzt im Ausland. 1956–59 Gefängnis wegen Billigung des ungar. Aufstands. Nach Veröffentlichung s. ›Gespräche mit Stalin‹ 1961 erneut inhaftiert, 1966 begnadigt. – Chronist der montenegrin. Freiheitskämpfe, anti-stalinist. Systemkritiker; in Auseinandersetzung mit den sowjet. und jugoslaw. Varianten des Sozialismus nachhaltige Polemik gegen autoritäre Strukturen und moral. Korruption durch die Macht.

W: Die neue Klasse, St. d. 1958; Land ohne Recht, Aut. d. 1958; Anatomie einer Moral, Ess. d. 1961; Gespräche mit Stalin, d. 1962; Die Exekution, En. d. 1966; Njegoš und Dichter zwischen Kirche und Staat, B. d. 1968; Die unvollkommene Gesellschaft, Ess. d. 1969; Verlorene Schlacht, R. d. 1971. – *Übs.:* Der Wolf in der Falle, En. 1973; Der junge Revolutionär, Mem. 1976.
L: G. Bartsch, 1971; A. Hetzer, Spontaneität und Gewalt, 1980; D. Reinhartz, 1981; S. Clissold, 1983.

Djurdjānī → Gurgānī, Faḫru'd-Dīn Asʿad

Djurhuus, Hans Andrias, färöischer Dichter, 20. 10. 1883 Kallafjørður/Streymoy – 6. 5. 1951. Bauernsohn; 1919–51 Lehrer an verschied. färöischen Schulen. – Wie s. Bruder Jens H. O. D. zentrale Gestalt der färöischen Lit. des 20. Jh. Volkstüml. Erzähler, Lyriker und Dramatiker unter Einfluß der Romantiker Winther, Oehlenschläger, Lie und Kielland.

W: Hin gamla søgan, G. 1905; Marita, Tr. 1908; Hildarljóð, G. 1916; Annika, Dr. 1917; Søgumál, G. 1922; Barnabókin, Kdb. 1922, ²1927; Sjómansrímur, G. 1925; Beinta, R. 1927; Ævintýr, E. 1929; Álvaleikur, Dr. 1930; Traðarbøndur, Dr. 1933; Undir viðum lofti, G. 1934; Yvir teigar og tún, G. 1936; Havet sang, G. 1936; Løgmansdótturin á Steig, Dr. 1936; Leygarkvøld í Bringsnagøtu, Dr. 1947.

Djurhuus, Jens Hendrik Oliver (gen. Janus), färöischer Lyriker und Übersetzer, 26. 2. 1881 Kollafjørður/Streymoy – 1. 9. 1948. Bruder von H. A. D., aus altem Dichtergeschlecht bäuerl. Abstammung. Stud. Medizin, Sprachwiss., Jura; Rechtsanwalt in Kopenhagen. – Vf. formvollendeter bilderreicher Gedichte u. Lieder. Übersetzer mod. und klass. Dichter (Platon, Homer, Goethe, Schiller, Heine, Poe, Ibsen u.a.). Berühmt s. färöischen Verhältnissen angepaßte Übs. von Goethes ›Wanderers Nachtlied‹.

W: Yrkingar, G. 1914, erw. ²1923; Nyggjar Yrkingar, G. 1941.

Dmitriev, Ivan Ivanovič, russ. Dichter, 21. 9. 1760 Bogorodskoe (im ehem. Gouv. Simbirsk) – 15. 10. 1837 Moskau. Vater Gutsbesitzer; diente in Petersburg im Garderegiment; stand Derzavin nahe, mit Karamzin befreundet; 1795 erster Gedichtband; unter Paul I. Oberprokurator des Senats, unter Alexander I. Justizminister. – Seinerzeit beliebter Vertreter des Sentimentalismus, schrieb satir. Verse gegen die Anhänger des Klassizismus, so die Satire ›Cužoj tolk‹; mit s. Fabeln e. der Vorgänger I. Krylovs; versuchte als e. der ersten, Elemente der Volkspoesie in die Dichtung einzuführen.

W: I moi bezdelki, G. 1795. – Sočinenija (W), II 1893; Polnoe sobranie stichotvorenij (sämtl. G.), 1967; Stichotvorenija k zire, 1987.

Dmitrij Rostovskij (vor Eintritt ins Kloster: Daniil Savič Tuptalo), russ. kirchl. Schriftsteller, Dez. 1651 b. Kiew – 28. 10./8. 11. 1709. Vater Kosak; Zögling der Kiewer Brüderschule, 1668 Mönch, 1701/02 Metropolit von Sibirien, 1702–09 Bischof von Rostov. – Weithin bekannt durch s. ›Čet'i-Minei‹ (Lesemenäen), welche die auf die 12 Monate des Jahres verteilten Vitae der Heiligen enthalten; nahm s. dafür die Vitae des poln. Jesuiten P. Skarga zum Vorbild. Schrieb geistl. Dramen in Anlehnung bes. an Simeon Polockij; wirkte mit s. schlichten und volkstüml. Art der Predigt auf Dostoevskij.

W: Čet'i-Minei, 1684–1705. – Sobranie sočinenij (W), 1849.
L: I. A. Šljapkin, 1891.

Dmochowski, Franciszek Ksawery, poln. Dichter u. Publizist 2. 12. 1762 Oprawczyki – 20. 6. 1808 b. Błonie/Warschau. Urspr. Mönch, nach Befreiung vom Gelübde Publizist. Schrieb e. Biographie Konarskis, polemisierte gegen Rousseaus Erziehungstheorie. Der ehemal. Piaristenprof. stellt dogmat. Moral e. weltl. gegenüber. Klassizist. Übs. von E. Young, Milton, Homer u. der polem. Schrift der Mme de Genlis gegen die Deisten. Arbeitet in Kołłątajs radikaler Dichtergruppe ›Kuźnica‹ mit, folgt ihm nach Dresden, dort Hrsg. der ›Konstitution vom 3. Mai‹. Im Kościuszko-Aufstand Mitgl. des ›Höchsten Nationalrates‹, Emigration nach Paris. Nach Rückkehr Übertritt zum Protestantismus u. Heirat; nur noch Übs. u. Hrsg. der Zs. ›Nowy Pamiętnik Warszawski‹. – Hauptwerk ist die freie Bearbeitung der ›Art poétique‹ des Boileau ›Sztuka rymotwórcza‹, der ästhet. Kodex des poln. Klassizismus.

W: Sztuka rymotwórcza, Lehrdicht. 1788; Iliada, Übs. 1800–01 (n. T. Sinko 1922); Eneida, Übs. 1809. – Pisma rozmaite, II 1826; Sztuka rymotwórcza, krit. Ausg. 1956.
L: K. L. Zalewski, 1910.

Dobles, Fabián, costarican. Erzähler, 7. 1. 1918 San Antonio de Belén – 22. 3. 1997 San José. – Die im ländl. Milieu spielenden Handlungen prangern die Allmacht u. Willkür der Großgrundbesitzer an, schildern die zeitl. Veränderungen, die Arbeitskämpfe auf den Bananenplantagen u. das Unglück e. Waffenschmugglers.

W: Ese que llaman pueblo, R. 1942; Aguas turbias, R. 1943; Tú, voz de sombra, R. 1945; Una burbuja en el limbo, R. 1946; El sitio de las abras, R. 1950; Historias de Tata Mundo, En. 1955; Yerbamar, G. 1965; En el San Juan hay tiburón, R. 1967.

Dobraczyński, Jan, poln. Erzähler und Essayist, 20. 4. 1910 Warschau – 5. 3. 1994 ebda. Handelshochschule ebda., während des Krieges im Untergrund. Nach Teilnahme am Warschauer Aufstand in dt. Kriegsgefangenschaft; Redakteur, 1952–57 Sejm-Abgeordneter der Pax-Gruppe. – Sehr fruchtbarer, erfolgr. u. vielübersetzter Erzähler mit kathol. Tendenz. Bevorzugt bibl. u. hist. Themen.

W: W. rozwalonym domu, 1946; Najeźdcy, 1947; Wybrańcy gwiazd, R. 1948 (Die Botschaft der Sterne, d. 1955); Święty miecz, R. 1949 (Das heilige Schwert, d. 1956); Klucz mądrości, 1951; Gwałtownicy, Ess. 1951 (Die Gewalttätigen, d. 1961); Listy Nikodema, R. 1952 (Gib mir deine Sorgen, d. 1955 u. [23]1989); Kościół w Chochołowie, R. 1954 (Die Kirche von Chocholow, d. 1961); Pustynia, R. 1955 (Die Wüste, d. 1957); Dwudziesta brygada, R. 1956 (Kreuz und Bajonett, d. 1959); Przyszedłem rozłączyć, B. 1959 (Elisabeth von Thüringen, d. 1962); Niezwyciężona armada, R. 1960 (Die unüberwindliche Armada, d. 1963); Wyczerpać morze, R. 1961 (Unendlich wie das Meer, d. 1963); Piąty akt, R. 1962 (Der fünfte Akt, d. 1964); Gra w wybijanego, Aut.

1962; Niepotrzebni, R. 1964 (Die Überflüssigen, d. 1969); Truciciele, R. 1974; Bramy Lipska, R. 1976 (Vor den Toren Leipzigs, d. 1985); Cień ojca, R. 1977 (Nimm das Kind und seine Mutter, d. 1978); Tylko w jednym życiu, Mem. 1977; Samson i Dalila, R. 1979; Grom uderza po raz trzeci, R. 1985; Kto was zabije, R. 1985. –
Übs.: Maximilian Kolbe, 1977.
L: Z. Lichniak, Szkice do portretu J. D., 1962; A. Rogalski, 1969 (d. 1970).

Dobre, Ion → Crainic, Nichifor

Dobroljubov, Aleksandr Michajlovič, russ. Lyriker, 1876 Warschau – 1944(?). Aus Beamtenfamilie. In s. Jugend einflußr. Vertreter der lit. Dekadenz, Prediger okkultist. u. satanist. Ideen (machte V. Brjusov mit den franz. Symbolisten bekannt). Erlebte 1898 e. relig. Bekehrung u. wurde zum Bekenner d. Christentums franziskan. Prägung. Abkehr von der Intelligentia, Klosteraufenthalt, dann Wanderleben ›im Volk‹ als einfacher Pilger, schließl. Gründung e. eigenen Sekte. Als Kriegsdienstverweigerer zeitweilig in Sanatorien interniert u. im Gefängnis. Während der Revolutionswirren tauchte D. endgültig in die Anonymität unter. – S. späten Gedichte behandeln mit bibl. Metaphorik u. volksliedhafter Intonation vorwiegend relig. Themen; sie beeinflußten russ. Symbolisten.

W: Natura naturans. Natura naturata, 1895; Sobranie stichotvorenij 1895–98, hg. V. Brjusov 1900; Iz knigi nevidimoj, 1905.

Dobson, Henry Austin, engl. Dichter, 18. 1. 1840 Plymouth – 2. 9. 1921 Ealing. Erzogen in Beaumaris Grammar School/Anglesey und Gymnas. Straßburg. 1884–1901 Leiter der Seehandelsabteilung der Handelskammer. ⚭ 1868 Frances Beardmore. – Bemühte sich, franz. Dichtungsformen in engl. Lit. zu übertragen, schrieb anmutig leichte Gedichte, Kenner u. Verehrer des 18. Jh.; hervorragende Biographien der Größen des 18. Jh.

W: Vignettes in Rhyme, G. 1873; Proverbs in Porcelain, G. 1877; Hogarth, B. 1879; Fielding, B. 1883; At the Sign of the Lyre, G. 1885; R. Steele, B. 1885; O. Goldsmith, B. 1888; H. Walpole, B. 1890; 18th-Century Vignettes, III 1892–96; S. Richardson, B. 1902; F. Burney, B. 1903. – Collected Poems, 1897; Complete poetical works, hg. Alban Dobson 1923.
L: Alban Dobson, 1928. – *Bibl.:* F. E. Murray, 1900; Alban Dobson, 1960.

Dobyčin, Leonid Ivanovič, russ. Prosaiker, 17. 6. 1894 Ljucin/Gouv. Vitebsk – nicht vor 28. 3. 1936 Leningrad. Stud. BWL u. Statistik in Petersburg, ab 1915 Kriegsdienst, von bolschewist. Umsturz enttäuscht, führte 1918–34 ein zurückgezogenes Leben in Brjansk, danach in Leningrad, als

›Formalist‹ für s. Roman ›Gorod Ėn‹ heftig angefeindet, beging wahrscheinl. Selbstmord. – Typisch für D. ist ein chronikartiger Erzählstil mit collageartig montierten Momentaufnahmen, die e. Welt im ständigen Fluß zeigen.

W: Gorod Ėn, R. 1935 (Die Stadt N, d. 1989). – Polnoe sobranie sočinenij i pisem (GW u. Br.), 1999.
L: C. Schramm, 1999.

Doctorow, Edgar Laurence, am. Erzähler, * 6. 1. 1931 New York City. Lektor u. Hrsg. bei Verlagen, seit 1969 akadem. Lehrer an Universitäten. – Neubelebung u. Ausweitung traditioneller Gattungen (Western, Science Fiction, hist. Roman); anhand von Ereignissen u. Personen der amerik. Geschichte thematisiert D. mittels erzähltechn. Experimente die Beziehung zwischen hist. Realität u. künstler. Imagination sowie die Diskrepanz zwischen idealist. Anspruch u. Realität in Amerika.

W: Welcome to Hard Times, R. 1960 (d. 1987); Big as Life, R. 1966; The Book of Daniel, R. 1971 (d. 1974); Ragtime, R. 1975 (d. 1976); Loon Lake, R. 1980 (d. 1982); Lives of the Poets, En. 1984 (d. 1985); World's Fair, R. 1985 (d. 1987); Billy Bathgate R. 1989 (d. 1997); The Waterworks, R. 1994 (d. 1995); City of God, R. 2000 (d. 2001).
L: R. Trenner, hg. 1983; P. Levine, 1985; J. Williams, 1996.

Dodgson, Charles Lutwidge → Carroll, Lewis

Dodsley, Robert, engl. Lyriker und Dramatiker, 13. 2. 1703 Mansfield – 25. 12. 1764 Durham. Lehrling bei e. Strumpfwirker, lief aus der Lehre, wurde Lakai, veröffentlichte als solcher s. 1. Gedichtband. Von Pope gefördert; Buchhändler und Verleger, gab 1744 e. 12bändige Sammlung alter Schauspiele heraus (›A Select Collection of Old Plays‹), ferner 1748–58 6 Bände versch. älterer Autoren. Begründete 1758 mit Edmund Burke das ›Annual Register‹, veröffentlichte Werke von Pope, Johnson, Akenside, Young, Goldsmith, Gray.

W: Servitude, G. 1729; The Muse in Livery, G. 1732; The Toy-Shop, Dr. 1735; The King and the Miller of Mansfield, K. 1737; The Blind Beggar of Bethnal Green, K. 1741; Cleone, Tr. 1758.
L: R. Straus, 1910 (m. Bibl., n. 1968); W. P. Courtney, 1910; H. M. Solomon, 1996.

Doinaş, Ştefan Augustin (eig. Ştefan Popa), rumän. Dichter u. Essayist, 26. 4. 1922 Caporal Alexe/Arad – 25. 5. 2002 Bukarest. Stud. Philos. u. Philol. Cluj, Studienrat, Redakteur ›Secolul XX‹. ∞ Tänzerin Irinel Liciu. – E. verspäteter Klassiker, dessen Gediegenheit sich nur schwer gegenüber der zeitgenöss. Lust an grellen Effekten zu behaupten vermag; s. Standort: zwischen Hölderlin u. Valéry. Emsiger Übs. von Emmanuel, Mallarmé, Valéry, Hölderlin, Goethe (Faust) u. von Psalmen.

W: Cartea mareelor, G. 1964; Omul cu compasul, G. 1966; Seminţia lui Laokoon, G. 1967; Ipostaze, G. 1968; Alter ego, G. 1970; Lampa lui Diogene, Ess. 1970; Ce mi s-a întâmplat cu două cuvinte, G. 1972; Poezie si modă poetică, Ess. 1972; Papirus, G. 1974; Cai în ploaie, G. 1974; Anotimpul discret, G. 1975; Alfabet poetic, G. 1978; Hesperia, G. 1979; Lectura poeziei, Tragic şi demonic, Ess. 1980; Vânătoare cu şoim, G. 1986; Lamentaţii, G. 1993; Psalmi, G. 1997. – *Übs.:* Die Geschichte von den zehn Brüdern, 1979.
L: I. Negoiţescu, 1971; C. Regman, 1978; O. Cotruş, 1983; Alex. Ştefănescu, 2002.

Dolce, Lodovico, ital. Autor, 1508 Venedig – 1568 ebda. Aus verarmter Adelsfamilie, verdiente sich s. Stud. in Padua durch Übs. aus dem Lat., Griech. und Span., Kommentare (zu ›Decamerone‹, ›Orlando furioso‹) u. Schreibarbeiten für e. Buchhändler. – Versuchte sich auf vielen Gebieten (Tragödie, Epos, Satire, Komödie, Bearbeitung antiker Stoffe, wiss. Traktat), ohne jedoch wirkliche Originalität zu erreichen. Am geglücktesten sind s. Komödien durch ihre lebendige Personendarstellung. Befaßte sich, wie fast alle ital. Autoren des 16. Jh., auch mit Problemen der Sprache.

W: Dialogo dell'istitutione della donna, 1545; Osservazioni sulla volgar lingua, Schr. 1550; L'Aretino, Dial. 1557 (hg. D. Ciampoli 1912; d. 1871); Palmerino d'Olivia, Ep. 1561; Primaleone, Ep. 1562; Le prime imprese del conte Orlando, Ep. 1572; I ragazzi, K. (hg. I. Sanesi in: Commedie del Cinquecento, 1912); Dialogo della pittura (hg. L. Ciampoli 1913).
L: R. H. Terpenning, L. D., Renaissance man of letters, 1997; A. Neuschäfer, ›Ma vorrei sol dipingervi il mio core‹, 2001.

Dolée, Roland → Vercors

Doležal, Augustin, slovak. Schriftsteller, 23. 7. 1737 Skalica – 21. 3. 1802 Sučany. Stud. in mehreren slovak. Städten u. an der Univ. in Altdorf, evangel. Geistlicher u. Lehrer. – Repräsentant des Spätbarocks u. frühen Klassizismus, als Anhänger der tschech.-slovak. Spracheinheit pflegte er das bibl. Tschechisch. Schrieb theolog.-philos. Poesie wie auch Gelegenheitsgedichte.

W: Veselost roli Boží Hybské pod rakouským skřivánkem, G. 1781; Pamětná celému světu tragoedia, G. 1791.
L: J. B. Čapek, A. D. a jeho Tragoedie, 1931; E. Fordinálová, Stretnutie so starším pánom alebo Tragédia A. D., 1993.

Domanović, Radoje, serb. Schriftsteller, 17. 2. 1873 Ovsište – 17. 8. 1908 Belgrad. Stud. Philos. ebda., Gymnasiallehrer, wegen oppositioneller Tätigkeit gegen die Regierung entlassen. Journalist. – Schrieb anfangs Dorf- und Kindergeschichten. Fand s. eigentl. Betätigungsfeld in der humorist. Erzählung u. der allegor. Satire, für die er Themen aus dem polit. u. gesellschaftl. Leben Serbiens wählte; die von ihm gegeißelten soz. Mißstände s. Zeit verlegte D. in e. allegor. Land ›Stradija‹, das zugleich Titel s. besten Satire ist.

W: Pripovetke, En. II 1899; Danga, Sat. 1901 (Das Brandmal, d. 1953); Vodja, Sat. 1901; Kraljević Marko po drugi put medju Srbima, Sat. 1901; Stradija, Sat. 1902; Razmišljanje jednog običnog srpskog vola, Sat. 1902; Tri priče za omladinu, En. 1903; Pripovetke, En. 1905. – Celokupna dela (GW), II 1928; Sabrana dela (GW), III 1964; Izabrana dela (AW), II 1989; Satire (Ausw.), 1960.
L: D. Vučenov, 1959.

Dombrovskij, Jurij Osipovič, russ. Prosaist, 12. 5. 1909 Moskau – 27. 5. 1978 ebda. 1926–32 Stud. Höhere Lit. Moskau, ab 1933 nach Alma Ata verbannt, bis 1957 3mal zu KZ-Haft (über 12 Jahre) verurteilt, in den Zwischenzeiten Arbeit in kulturellen Institutionen u. Beginn lit. Tätigkeit. Lebte die letzten 20 Jahre nach Rehabilitierung in Moskau. – Einige Werke D.s erschienen in der SU, von s. Hauptwerk (zweibändig) ›Chranitel' drevnostej‹ u. ›Fakul'tet nenyžnych veščej‹ der erste Teil nur zensiert, der zweite Teil dann in Paris. D. hat damit e. der bleibend gültigen Werke über die Stalinzeit mit dem Ausgeliefertsein des Einzelnen an den Terror, dem Spannungsfeld zwischen Unterdrückern u. Unterdrückten u. der unauslöschl. Verantwortung des Menschen für s. Tun geschaffen.

W: Obez'jana prichodit za svoim čerepom, R. 1959; Chranitel' drevnostej, R. 1966, Paris 1978; Fakul'tet nenyžnych veščej, R. Paris 1978 (d. 1990). – Sobranie sočinenij, VI 1992f.

Domenchina, Juan José, span. Schriftsteller, 18. 5. 1898 Madrid – 27. 10. 1959 Mexico City. Volksschullehrer, wandte sich früh der Lit. zu, rege journalist. und polit. Tätigkeit. Emigrierte nach dem Span. Bürgerkrieg nach Mexiko. – Dichter, Romancier u. Kritiker; Vertreter der ›poésie pure‹, abstrakt u. verstandesbetont, barokke Form; Einfluß J. R. Jiménez', Valérys u. der Klassiker, insbes. Quevedos. Rilke-Übs.

W: Del poema eterno, G. 1917; Las interrogaciones del silencio, G. 1918; El hábito, N. 1926; La corporeidad de lo abstracto, G. 1929; La túnica de Neso, R. 1929; El tacto fervoroso, G. 1930; Dédalo, R. 1932; Margen, G. 1933; Crónicas de Gerardo Rivera, Ess. 1935; Destierro, G. 1942; Tercera elegía jubilar, G. 1944; Pasión de sombra, G. 1944; Exul umbra, G. 1948; La sombra desterrada, G. 1950; El extrañado, G. 1958. – Poesías completas, 1936; Poemas y fragmentos inéditos, 1964; Poesía 1942–1958, 1975; Obra poética, hg. A. de Paz II 1995.
L: C. G. Bellver, 1979.

Domjanić, Dragutin, kroat. Dichter, 12. 9. 1875 Krče – 7. 6. 1933 Zagreb. Aus verarmtem Landadel, Stud. Rechte Zagreb, Richter. – Die Gedichte s. Frühzeit besingen die Vergänglichkeit alles Irdischen; während des 1. Weltkriegs überwindet D. den tiefen Pessimismus u. wendet sich konkreteren Themen zu. In s. kajkav. Dialekt preist er mit naiv herzl. Anmut die Schönheit des Zagreber Hügellandes u. das Wesen s. Bewohner; s. musikal. Verse wurden oft vertont u. trugen zu s. Popularität bei.

W: Pjesme, G. 1909; Kipci i popevke, G. 1917; Petrica Kerempuh, Kdb. 1924; Izabrane pjesme, G. 1924; V suncu i senci, G. 1927; V dragomu kraju, G. 1933. – Pjesme, Ausw. 1924; Pjesme, hg. B. Donat 1970. – *Übs.:* Heiden blüht, 1943.
L: I. Kalinski, 1988; M. Šicel, 1996.

Domostroj, russ. Schriftdenkmal, entstanden wohl im 15. Jh. im Kreis der Novgoroder Bojaren- und Kaufmannschaft; Quellen sind neben der Bibel altostslaw., im 14. Jh. in Rußland bekannte Predigtsammlungen wie ›Izmaragd‹ und ›Zlatoust‹, ferner ma. Werke über Wirtschaftsführung; letzte Fassung um 1550 vom Popen Sil'vestr (Silvester) in Moskau geschrieben, gibt Verhaltensregeln für das gesellschaft., relig. und familiäre Leben des russ. orthodoxen Christen, versucht aus e. engen Frömmigkeitsbegriff heraus das häusl. Leben in e. bestimmte Bahn zu lenken. Großenteils in russ. Umgangssprache, fast ohne kirchenslaw. Beimischung gehalten, stellenweise in schönem, bildhaftem Stil.

A: Domostroj po Konšinskomu spisku i podobnym II 1908–10 (franz. m. Komm.: Duchesne, 1910); Ausg. von 1882 (n. Lond. 1971). – *Übs.:* Domostroj. Christliche Lebensformen, Haushaltung u. Ökonomie im alten Rußland, 1998.
L: A. S. Orlov, 1917, n. 1967; A. I. Sobolevskij, Pop Sil'vestr i Domostroj, Izv. po russk. jaz. i slowen. Ak. nauk SSSR 1929 t. 2 kn. I. R. Winkler, Diss. Lpz. 1950; Domostroj, 1994.

Donalitius, Christian → Donelaitis, Kristijonas

Dončev, Anton, bulgar. Schriftsteller, * 14. 9. 1930 Burgas. Jurastud. Sofia. – Begann mit Erzählungen, widmete sich ganz den großen Ereignissen der bulgar. Vergangenheit. S. erfolgreichster Roman ›Vreme razdelno‹ schildert die Islamisierung der Rodoparegion im 17. Jh. Erfolgreicher Drehbuchautor. Übs. in viele Sprachen.

W: Probuždane, R. 1956; Skazanie za vremeto na Samuila …, R. 1961; Vreme Razdelno, R. 1964. – *Übs.:* Manol u. seine hundert Brüder, R. 1969; Schwur unter dem Halbmond, 1969.

Donelaitis, Kristijonas (Ps. Donalitius), litau. Dichter, 1. 1. 1714 Lazdynėliai, Kr. Gumbinė –

18. 2. 1780 Tolminkiemis. Sohn e. freien Bauern, Schule Königsberg, dann Stud. protestant. Theol. ebda. 1740 Volksschullehrer und Chorleiter in Stalupėnai. 1743–80 Pfarrer in Tolminkiemis. – S. Hexameter-Dichtung ›Metai‹ ist von außergewöhnl. Schönheit. Eingebettet in die herrl. Naturschilderungen wird vom schweren Los, der kargen Freude und der unendl. Not der litau. Leibeigenen unter dem schweren Joch der dt. Gutsbesitzer im 18. Jh. in Kleinlitauen erzählt. Lebendige Schilderung von Natur und Bauern; dynamische, in Musik übergehende Sprache.

W: Metai, Poem 1818 (m. Übs.; Die Jahreszeiten, d. A. Schleicher 1865, H. Buddensieg 1966); Aisopus, Fabeln 1824. – GW, 1950, 1956; D. rankraščiai, 1955; Raštai, 1977.

L: M. Biržiška, 1927; L. Gineitis, 1954; J. Kabelka, D. raštų leksika, 1964. – *Bibl.:* E. Lebedienė, 1964.

Doni, Anton Francesco, ital. Schriftsteller, 16. 5. 1513 Florenz – Sept. 1574 Monselice. Sohn e. Scherenmachers, zunächst Mönch, 1540 Weltgeistlicher; vagabundierte durch Italien, eröffnete e. Druckerei in Florenz; da erfolglos, ging er nach Venedig, wo er für Verleger arbeitete. Bekannt v. a. durch e. Sammlung fingierter Gespräche, in denen er e. lebendiges Bild des zeitgenöss. Florenz gibt; schrieb außerdem moralist. Novellen, Epen u. Komödien, von denen ›Lo stufaiolo‹ das Vorbild für Molières ›Avare‹ wurde, u. Traktate über Dichtung, Musik u. bildende Kunst. Begr. der ital. Bibliographie.

W: La zucca, Dial. 1551; I mondi, Dial. 1552; I marmi, Dial. 1553 (hkA E. Chiorboli, II 1928); Lo stufaiolo, K. (1559); Novelle, hkA G. Petraglione 1907; Scritti vari, hg. F. Palazzi 1913; Scritti scelti, hg. G. G. Ferrero 1951; Opere, hg. ders. 1954; Opere, hg. C. Cordié 1976.

L: C. Ricottini Marsili-Libelli, 1960; G. Candela, Manierismo e condizioni della letteratura di A. F. D., 1993; A. Comi, Vom Glanz und Elend des Menschen: Untersuchungen zum Weltbild von A. F. D., Tüb. 1998.

Donker, Anthonie (eig. Nicolaas Anthonie Donkersloot), niederländ. Dichter, 8. 9. 1902 Rotterdam – 26. 12. 1965 Amsterdam. Lehrerssohn, altsprachl. Gymnas. Rotterdam, Stud. Niederländ. Leiden, Promotion 1929, 1930 Lehrer in Zuoz/Schweiz, 1931–37 ∞ M. P. Magani, 1936 Prof. für niederländ. Lit. Univ. Amsterdam, 1937–40 Schriftleiter des ›Critisch Bulletin‹ und der Monatsschrift ›De Stem‹, 1942 Inhaftierung wegen Tätigkeit im Widerstand, 1945–49 Mitgl. der 1. Kammer. – Mit s. oft elegischen Gedichten e. der bedeutendsten niederländ. Lyriker s. Zeit. Gehört keiner lit. Strömung an. In s. Roman ›Schaduw der bergen‹ schildert er die Haltung der Patienten (Lungenheilsanatorium) dem Tod gegenüber. Übs. von Goethes ›Faust‹ (1931) und von Coleridge.

W: Acheron, G. 1926; Grenzen, G. 1928; Kruistochten, G. 1929; De episode van de vernieuwing onzer poëzie 1880–94, Es. 1929, De draad van Ariadne, G. 1930; Fausten en faunen, Es. 1930; Schaduw der bergen, R. 1935; Karaktertrekken der vaderlandsche letterkunde, Ess. 1945; De einder, G. 1947; De grondtoon, G. 1963; V in vers, G. 1965.

Donleavy, J(ames) P(atrick), amerik.-ir. Schriftsteller, * 23. 4. 1926 Brooklyn. Marine, Stud. Trinity College Dublin, lebt in Irland. – Der Roman ›The Ginger Man‹, der D. berühmt gemacht und als frühen Vorläufer der ›Underground‹-Lit. der 1960er Jahre ausgewiesen hat, konfrontiert den puritan.-materialist. American Dream mit dem kathol. freizügigen Irland, in dem der pikareske Anti-Held und Ex-GI Sebastian Dangerfield Sex- und Alkoholorgien feiern und sorglos in den Tag hineinleben kann. Nicht nur die ›stream of consciousness‹-Imitation erinnert an Joyce.

W: The Ginger Man, R. 1955, Dr. 1961 (d. 1965); Fairy Tales of New York, Dr. 1961; A Singular Man, R. 1963, Dr. 1965 (d. 1968); Meet My Maker, The Mad Molecule, Kge. 1964 (Das tollgewordene Molekül, d. 1970); The Saddest Summer of Samuel S., R. 1966 (d. 1970); The Beastly Beatitudes of Balthazar B., R. 1968 (d. 1971); The Onion Eaters, R. 1971; The Plays, 1972; A Fairy Tale of New York, R. 1973; The Destinies of Darcy Dancer, Gentleman, R. 1978; Schultz, R. 1980; Leila: Further in the Destinies of Darcy Dancer, Gentleman, R. 1983; J. P. D.'s Ireland, St. 1986; Are You Listening Rabbi Lowe, R. 1987; That Darcy, That Dancer, That Gentleman, R. 1990; The Lady Who Liked Clean Rest Rooms, N. 1997 (Eine Dame in Nöten, d. 1999); An Author and his Image, Slg. 1997; Wrong Information Is Being Given out at Princeton, N. 1998.

L: Ch. G. Masinton, 1975; R. K. Sharma, 1983.

Donnay, Charles-Maurice, franz. Dramatiker, 12. 10. 1859 Paris – 31. 3. 1945 ebda. 1885 Ingenieurexamen an der Ecole Centrale Paris. Ab 1890 Mitglied des Montmartre-Cabarets ›Le chat noir‹, schrieb dafür einige ›pièces d'ombre‹ gen. kleine Komödien. S. eigentl. dramat. Laufbahn begann 1892. 1907 Mitglied der Académie Française. – Mit s. leichten Komödien typ. Repräsentant des Boulevard-Theaters. Schrieb auch Problemstücke über ideolog., moral. und soz. Fragen: Judenthematik, das rassist. Vorurteil der zeitgenöss. Gesellschaft, Frauenemanzipation. S. Meisterwerk ist das psycholog. vertiefte Drama ›Amants‹. Von Skepsis erfüllte Stücke, die aber poet., humorvoll und ohne Bitterkeit sind. Einige Werke in Zusammenarbeit mit H. Duvernois und J. Lemaître. Ferner Texte für musikal. Werke, e. Biographie A. de Mussets, autobiograph. Schriften.

W: Amants, 1895 (d. 1906); La douloureuse, 1897; Le torrent, 1898; L'affranchie, 1898; Education de Prince, 1900; La clairière, 1900 (m. L. Descaves); L'autre danger,

1902; Oiseaux de passage, 1904 (m. L. Descaves); Le retour de Jérusalem, 1904 (d. 1905); Paraître, 1906; La patronne, 1908; Le mariage de Télémaque, 1910 (m. J. Lemaître); Les éclaireuses, 1913; Pendant qu'ils sont à Noyon, Aut. 1917; La chasse à l'homme, 1920; Le Roi Candaule, 1920; La belle Angevine, 1922 (m. A. Rivoire); Le geste, 1924 (m. H. Duvernois); Autour du chat noir, Aut. 1926; Vie amoureuse d'A. de Musset, B. 1926; Mes débuts à Paris, Aut. 1937; Mon journal, 1919–1939, Tg. 1953. – Œuvres complètes, VIII 1908–27; Œuvres choisies, 1911.

L: H. Duvernois, 1928; P. Bathille, 1931.

Donne, John, engl. Dichter u. Geistlicher, 22. 1. (2.?) 1572 London – 31. 3. 1631 ebda. Enkel des Dramatikers John Heywood. Stud. 1584 Oxford, wegen kathol. Glaubens kein Abschlußexamen; Jurastud. ab 1591 Thavie's Inn u. Lincoln's Inn. Begleitete Essex 1596/97 nach Cadiz u. auf die Azoren (lit. Niederschlag in ›The Storm‹, ›The Calm‹). Konvertierte zur engl. Staatskirche, wurde 1598 Sekretär des Lordsiegelverwalters Sir Th. Egerton; verlor dessen Gunst durch geheime Heirat mit dessen Nichte 1601, wurde entlassen, vorübergehend im Gefängnis, geriet danach in wirtschaftl. Not. 1614 im Parlament, 1615 auf Drängen des Königs Geistlicher (D. hätte weltl. Karriere vorgezogen); 1619 zur Schlichtung des relig. Streits in Dtl., ab 1621 Dekan an St. Paul's Cathedral. – Heirat ist Wendepunkt in s. Leben. Krankheit, zeitweilige Trennung von s. Frau und deren früher Tod (1617) bewirkten e. tiefe Niedergeschlagenheit. In dieser Situation entstand das Gedicht ›An Anatomy of the World‹, in dem Donne auch der kopernikan. Wende und um die Epoche kennzeichnende Gefühl der Orientierungslosigkeit und der mangelnden Einheit Ausdruck verleiht. D. gilt als berühmtester Prediger seiner Zeit und greift mit s. Schriften in die Auseinandersetzung mit den Katholiken ein; in ›Pseudo-Martyr‹ (1610) kritisiert er die Mythenbildung um kathol. Märtyrer, ›Ignatius his Conclave‹ (1611) wendet sich gegen Jesuiten. D. ist der wichtigste Vertreter der Metaphysical Poets und bedeutender Kanzelredner, s. Predigten zählen zu den besten des 17. Jh. Die Liebesdichtungen s. Jugend suchen nach Realität, sie wollen nicht ein Idol verherrlichen; sie zeigen zudem ein Spannungsverhältnis Donnes zur Countess of Pembroke als seiner Patronin; zugleich spiegeln sie s. Zerrissenheit: In D.s Welt herrschen Chaos, Zweifel u. tiefe Sehnsucht nach verlorener Harmonie. Spätere Lyrik wendet sich hauptsächlich einer relig. Thematik zu; sie ist persönl. Aussprache e. um und mit Gott ringenden Menschen. Neben Liebeslyrik, relig. u. meditierenden Versen finden sich bei ihm auch satir. Dichtungen und philos. Traktate, so z.B. eine Verteidigung des Selbstmords (›Biathanatos‹) und eine Darstellung der Seelenwanderung. D.s Verse sind eigenwillig und dissonanzenreich, zeigen asymmetrischen, geistreichen Stil, Neigung zu Paradoxa, Vorliebe für widersprüchliche und unvermutete Vergleiche (conceits), sie drücken e. heute modern anmutenden Hang zur Selbstzergliederung aus. Im 18. Jh. geriet D. in Vergessenheit und wurde erst durch eine krit. Ausgabe seiner Gedichte 1922 wiederentdeckt und von mod. Schriftstellern wie Virginia Woolf und T. S. Eliot neu gelesen. D.s Lyrik wurde erst nach s. Tode veröffentlicht; seine Liebesdichtung hatte großen Einfluß auf Katherine Philips und deren Dichtung.

W: Progress of the Soul, 1601; An Anatomy of the World, 1611; Epithalamium, 1613. – The Works, hg. H. Alford VI 1839; Complete Poems and Selected Prose, hg. J. Hayward [2]1962; Poems, hg. u. komm. H. J. C. Grierson II [2]1961; Songs and Sonnets, hg. T. Redpath 1959; Devotions upon Emergent Occasions, hg. J. Sparrow 1923, E. Savage II 1975; Juvenilia, hg. G. Keynes 1923; The Divine Poems, hg. H. Gardner [2]1978; The Sermons, hg. G. R. Potter, E. M. Simpson X 1953–62. – *Übs.:* Metaphys. Dichtungen, W. Vortriede 1961; A. Schimmel, 1969.

L: E. Gosse, 1899; M. P. Legouis, D. the Craftsman, 1928 (n. 1962); T. Spencer, A Garland for J. D., 1931; A. Alvarez, The School of J. D., 1961; W. R. Mueller, 1962; A. Stein, 1962; F. Kermode, hg. 1962; F. Kermode, 1962; J. B. Leishman, The Monarch of Wit, [8]1967; K. W. Grandsen, [2]1969; R. C. Bald, 1970; J. L. Stampfer, 1971; W. Sanders, 1971; M. Roston, The Soul of Wit, 1974; D. Cathcart, Doubting Conscience, 1975; Essential Articles, hg. J. R. Roberts 1975; Critical Heritage, hg. A. J. Smith 1975; A. C. Partridge, 1978; D. Novarr, The Disinterred Muse, 1980; J. Carey, 1981; J. Winny, [2]1981; W. Zunder, The Poetry of J. D., 1982; H. Bloom, J. D. and the 17th-Century Metaphysical Poets, 1986; F. J. Warnke, 1987; B. Estrin, Laura: Uncovering Gender and Genre in Wyatt, Donne, and Marvell, 1994; R. Corthell, Ideology and Desire in Renaissance Poetry. The Subject of J. D., 1997; A. Mousley et al., 1999; Konkordanz: H. C. Combs, Z. R. Sullens [2]1969. – *Bibl.:* G. Keynes, [4]1973; J. R. Roberts, 1973, 1982.

Donnelly, Ignatius, amerik. Schriftsteller, 3. 11. 1831 Philadelphia – 1. 1. 1901 Minneapolis. Sohn e. ir. Arztes; Jura-Stud. Ging 1856 nach Minnesota; nach Zusammenbruch s. Landspekulation polit. Karriere als Republikaner, später Populist. – Vf. exzentr. Prosaschriften (Atlantis; Bacon-Theorie). Mit dem Breitenerfolg von Bellamys ›Looking Backward‹ wetteifernd pessimist. Zukunftsroman ›Caesar's Column‹, nach s. polit. Niederlage geschrieben. Als Redner, Gastgeber u. ›Weiser von Nininger‹ berühmt.

W: Atlantis: The Antediluvian World, Schr. 1882; Ragnarok: The Age of Fire and Gravel, Schr. 1883; The Great Cryptogram, Schr. II 1888; Caesar's Column, a Story of the 20th Century, R. 1890 (n. 1960); Doctor Huguet, R. 1891; The Golden Bottle, R. 1892 (n. 1968); The Cipher in the Plays and on the Tombstone, Schr. 1899.

L: E. W. Fish, 1892; O. M. Sullivan, 1953; M. Ridge, 1962; D. D. Anderson, 1980.

Donoso, José, chilen. Schriftsteller, 5. 10. 1925 Santiago de Chile – 7. 12. 1996 ebda. Gutbürgerl. Elternhaus, Prof. für engl. Lit. in Chile u. den USA, Redakteur, Kritiker, Übs., bis 1980 im Ausland. – Mit sparsamen Erzählmitteln beschreibt der Vf. groteske Figuren, die moral. Schäbigkeit u. den Verfall der etablierten Ordnung; schöpfer. Phantasie gepaart mit phantast. Elementen. Meister der Zweideutigkeit, s. lit. Anziehungskraft liegt in den Widersprüchen, Allegorien u. offenen Enden.

W: Veraneo y otros cuentos, 1955; Coronación, R. 1958 (verfilmt; d. 1989); Este domingo, R. 1966; El lugar sin límites, R. 1966 (verfilmt; d. 1976); El obsceno pájaro de la noche, R. 1970 (d. 1975); Historia personal del boom, Mem. 1972; Casa de campo, R. 1978 (d. 1986); La misteriosa desaparición de la marquesita de Loria, R. 1980 (d. 1991); Poemas de un novelista, G. 1981; El jardín de al lado, R. 1981; Cuatro para Delfina, En. 1982; La desesperanza, R. 1984 (d. 1987); Donde van a morir los elefantes, R. 1995; Conjeturas sobre la memoria de mi tribu, Aut. 1996; Nueve novelas breves, 1996; El mocho, R. 1997.

L: The creative process in the works of J. C., hg. G. I. Castillo Feliú, Rock Hill/SC 1982; R. Gutiérrez-Muat, Gaithersburg 1983; H. R. Morell, 1986, 1990; M. del C. Cerezo, 1988; P. Swanson, 1988; P. M. Finnegan, 1992; I. M. v. Koerber, 1996; E. Edwards, 1997. – *Bibl.:* S. Arriagada-Berríos, 1970.

Dons, Aage (Bergishagen), dän. Romancier, 19. 8. 1903 Svanholm/Horns herred – 13. 10. 1993 Kopenhagen. Gymnas., Musikstud., viele Reisen in Europa, Übs. zahlr. engl. u. amerik. Romane. – Vf. psycholog. Romane mit reichlich konstruierten Enthüllungen über das Seelenleben, bes. einsamer Menschen.

W: Koncerten, R. 1935; Soldaterbrønden, R. 1938; De uønskede, R. 1938; Her mødes alle veje, R. 1941; Frosten på ruderne, R. 1948; – og alt blev drøm, R. 1949; Den svundne tid er ej forbi, R. 1950; Afskedsgaven, R. 1952 (Umweg nach Paris, d. 1955); Farvel min anger, R. 1954; Den uendelige sø. Hvis jeg turde, N. 1954; Dydens løn, R. 1956; De åbne arme, R. 1957; I løvens gab, N. 1959; Vilddyret under sneen, R. 1960; Brænde til mit bål, R. 1965 (Holz für meinen Scheiterhaufen, d. 1967); Glemte gaader, R. 1971; Hvor er de nu?, R. 1972; Nødstedt i natten, R. 1973; Et behageligt opholdssted, R. 1974; Febertræet, Nn. 1975; Den arabiske prinsesse, Sk. 1976; Rosa og det bizarre liv, R. 1979.

Doolaard, A. den (eig. Cornelis Johannes George Spoelstra), niederländ. Schriftsteller, 7. 2. 1901 Zwolle – 26. 6. 1994 Hoenderloo. Buchhalter, später Journalist. Ausgedehnte Reisen. – Begann als Lyriker; großen Publikumserfolg brachten ihm s. vielen spannend geschriebenen Abenteuerromane, die oft in den Balkanländern spielen. Auch Reportagen u. Reiseberichte.

W: De verliefde betonwerker, G. 1926; De druivenplukkers, R. 1931; De herberg met het hoefijzer, R. 1933 (d. 1955); Oriënt-Expreß, R. 1934 (d. 1935); De grote verwildering, R. 1936 (Am Fuße des Himmels, d. 1962); De bruiloft der zeven zigeuners, R. 1939 (d. 1956); Het verjaagde water, R. 1947 (Besiegtes Wasser, d. 1949); Kleine mensen in de grote wereld, R. 1953 (d. 1954); Het leven van een landloper, Aut. 1958; Grieken zijn geen goden, R. 1960; De goden gaan naar huis, R. 1966; Ontsporingen, Nn. 1967; Ogen op de rug, Aut. 1971; Samen is twee keer alleen, R. 1976; Na mijn dood geschreven, Feuill. 1989.

L: H. van den Waarsenburg, 1982.

Doolittle, Hilda (gen. H. D.), amerik. Lyrikerin, 10. 9. 1886 Bethlehem/PA – 27. 9. 1961 Zürich. Professorentochter; Stud. Bryn Mawr, nach Reisen in Frankreich lebte sie in London, wo sie mit E. Pound die Gruppe der Imagisten, deren bedeutendste Vertreterin sie ist, begründete; ∞ 1913 R. Aldington (1938 o|o); seit 1911 in Wien, England und der Schweiz; Patientin Freuds. – Formstreng ziselierte Gedichte in freien, unregelmäßigen Kurzzeilen von großer rhythm. Subtilität; Sparsamkeit des Worts, Präzision der Epitheta; Evokation griech. Dichtung und Kunst. Hingabe an e. Welt der Schönheit und der Dinge, Konzentration auf den leidenschaftl. erfahrenen Augenblick, aber zugleich Zurückhaltung und Kälte im Ausdruck persönl. Empfindung. Später Lockerung imagist. Strenge und unmittelbares Empfinden; Einfluß G. Steins. Euripides-Übsn. (›John‹, 1937).

W: Sea Garden, G. 1916; Hymen, G. 1921; Heliodora, G. 1924; Palimpsest, R. 1926; Hippolytos Temporizes, Dr. 1927; Hedylus, R. 1928; Red Roses for Bronze, G. 1931; The Walls Do Not Fall, G. 1944; Tribute to the Angels, G. 1945; The Flowering of the Rod, G. 1946; By Avon River, G. 1949 (d. 1955); Tribute to Freud, Es. 1956 (d. 1976); Bid Me to Live, R. 1960; Helen in Egypt, G. 1961; Hermetic Definition, G. 1972; Trilogy, G. 1973; End to Torment: A Memoir of Ezra Pound, 1979 (d. 1985); Her, R. 1981. – Collected Poems, 1925, ²1940; Selected Poems, 1957; Collected Poems 1912–44, hg. L. Martz 1983; A great admiration. H. D. – Robert Duncan: correspondence 1950–61, hg. R. J. Bertholf 1992; Richard Aldington and H. D.: The early years in letters, hg. C. Zilborg 1992; The later years in letters, 1995; Between History and Poetry: The Letters of H. D. and Norman Holmes Pearson, hg. D. K. Hollenberg 1997. – *Übs.:* Trilogie, II 1978.

L: Th. B. Swann, 1962; V. Quinn, 1967; S. S. Friedman, Psyche Reborn, 1981; J. S. Robinson, 1982; B. Guest, 1984.

Dorat, Claude-Joseph, franz. Schriftsteller, 31. 12. 1734 Paris – 29. 4. 1780 ebda. Zuerst Advokat, dann Musketier. Begründete das ›Journal des Dames‹ und schrieb für den ›Almanach des Muses‹. – S. Werke sind oberflächlich, dem Zeitgeschmack angepaßt, sentimental und gedankenarm: 6 Tragödien, 7 Komödien, erot. und deskriptive heroische und sentimentale Gedichte, flüssig und elegant geschriebene, preziös affektierte Romane und etwa 100 Fabeln.

W: Héroïde, réponse d'Abailard à Héloïse, Br. 1759; Zulica, Dr. 1760; La déclamation théâtrale, G. 1766; Sélim et Sélima, 1768; Les baisers, 1770 (n. 1947); Victimes de l'amour ou lettres de quelques amants célèbres, 1776; Les prôneurs ou le Tartuffe littéraire, Dr. 1777; Le chevalier français à Turin, Dr. 1778. – Œuvres, XX 1764–80; Œuvres choisies, 1888.

L: G. Desnoiresterres, Le chevalier C. D. et les poètes légers au 18e siècle, 1887; J. Biossac, 1930; A. Raitière, 1969; G. Demerson, 1983.

Dorat, Jean (eig. Jean Dinemandi), franz. Dichter, 1508 Limoges – 1. 11. 1588 Paris. Humanist, ab 1547 Leiter des Collège de Coqueret, Vorläufer der Pléiade, Lehrer von Baïf, Ronsard, Du Bellay. – Als begeisterter Kenner der Antike vermittelt er die antiken Gattungen (Satire, Elegie), die die ma. Formen verdrängen. Verfolgt die Idee der Schaffung einer franz. Nationalliteratur in Nachahmung der Antike. Selbst v. a. bekannt durch philolog. Schriften. Vf. einer nur kleinen lat. Gedichtsammlung ›Poematica‹. Von Ronsard mit in die Pléiade aufgenommen.

W: Poematica, G. 1586.

Dorfman, Ariel, chilen. Erzähler u. Essayist, * 6. 5. 1942 Buenos Aires. – Kritisiert die Ausbeutung der Dritten Welt u. die Manipulation durch die von amerik. Geldgebern beherrschten Medien.

W: Para leer el pato Donald, Es. 1972 (d. 1977); La última aventura del Llanero solitario, Es. 1979 (d. 1988); Kultur u. Widerstand in Chile, Dokumente 1979); Desaparecer. Aus den Augen verlieren, G. (span.-dt.) 1979; Der Tyrann geht vorüber, En. (d. 1981); Edipo entre los árboles, in: Revista de la Univ. de México; 34. 11, 1980 (Ödipus zwischen den Bäumen, d. 1982); La muerte y la doncella, Dr. 1991 (d. 1992; verfilmt); Terapia, R. 2001; Den Terror bezwingen, Sb. 2003.

L: S. Oropesa, 1992.

Dorgelès, Roland (eig. R. Lécavelé), franz. Schriftsteller, 15. 6. 1886 Amiens – 18. 3. 1973 Paris. Kurze Zeit Ecole des Arts Décoratifs Paris. Journalist bei ›Sourire‹, ›Fantasio‹, ›Paris-Journal‹. Umgang mit den Künstlern von Montmartre: Jacob, Carco, Mac Orlan, Picasso und Utrillo. Kriegsfreiwilliger des 1. Weltkriegs. Schrieb danach gleichzeitig für rechte und extrem linke Zeitungen. 1929 in die Académie Goncourt gewählt. – Erzähler, schrieb mehrere Kriegsbücher, die unmittelbar aus dem Kriegs- oder aus dem Nachkriegserleben gestaltet sind. Davon das bekannteste und sein erfolgreichstes Buch ›Les croix de bois‹, worin er, von Barbusse angeregt, ohne dessen brutalen Realismus zu teilen, das Grauen des Krieges realist. in lose aneinandergereihten Bildern darstellt, dabei ebenso wie in ›Le cabaret de la belle femme‹ e. humorvollen Grundton wahrt. Den größten Teil s. Werks bilden originelle Bücher voller Humor und Wehmut über die Montmartre-Boheme vor dem 1. Weltkrieg. Reisebücher vornehml. über Ostasien.

W: Les croix de bois, R. 1919 (d. 1930); Le cabaret de la belle femme, R. 1919 (d. 1930); Saint Magloire l'Africain, R. 1922; Le réveil des morts, R. 1923; Sur la route mandarine, R. 1925; Partir, R. 1926; Montmartre, mon pays, R. 1928 (Ich hab dich sehr geliebt, Vivette, d. 1948); La caravane sans chameaux, R. 1928; Souvenirs sur ›Les croix de bois‹, Es. 1929 (d. 1930); Entre le ciel et l'eau, R. 1930; Le château des brouillards, R. 1932; Quand j'étais Montmartrois, En. 1933 (Geschichten vom Montmartre, d. 1952); Si c'était vrai, R. 1934 (Das Paradies öffnet seine Pforten, d. 1948); Vive la liberté, R. 1937; Retour au front, R. 1940; Sous le casque blanc, R. 1941; Route des tropiques, R. 1944; Carte d'identité, Reiseb. 1945; Bouquet de bohème, R. 1947; Bleu horizon, Reiseb. 1949; Au temps de la butte, Erinn. 1950; Portraits sans retouche, Erinn. 1952; Tombeau des poètes, Ess. 1954; Tout est à vendre, Ess. 1956; La drôle de guerre, R. 1958; A bas l'argent, R. 1965 (d. 1967); Lettres inédites, 1970; Le marquis de la Dèche, R. 1971.

L: A. Dubeux, 1930; W. Dasen, 1941; J. Lynn-Johnston, 1975; M. Dupray, 1996.

Dorlant, Petrus (Pieter Doorlant) → Elckerlijc

Dormann, Geneviève, franz. Schriftstellerin, * 24. 8. 1933 Paris. Entdeckt von Jean Cayrol, führt sie ein vom Schreiben erfülltes Leben. Journalistin und Romanautorin. – In ihren formal traditionellen und z. T. sprunghaften Romanen thematisiert sie das Verhältnis junger Mädchen zu ihren Familien: der ungestüm egoist. Freiheitsdrang, das nostalg. exot. Interesse an der familiären Vergangenheit. Einzelschicksale bindet sie ein in interkulturelle Assimilationsprozesse.

W: La fanfaronne, R. 1959; Le chemin des dames, R. 1964; La passion selon Saint-Jules, R. 1967; Je t'apporterai des oranges, R. 1967; Le roman de Sophie Trébuchet, 1982; Amoureuse Colette, R. 1985; Adieu, phénomène, R. 1999.

Doroš, Efim Jakovlevič (eig. E. Ja. Gol'berg), russ. Prosaiker, 25. 12. 1908 Elizavetgrad (Gouv. Cherson) – 20. 8. 1972 Moskau. Nach d. Kindheit in Odessa Kunststudium in Moskau 1925–30, erste Einakter u. Erzählungen, nach dem Krieg Korrespondent d. ›Lit. gazeta‹, danach Red.-Mitgl. mehrerer Lit.zeitschriften – Hauptthema von D.s Schaffen sind das Kolchozleben u. die bäuerl. Tradition; wurde für die Darstellung der Fehler der rigiden Zentralverwaltung kritisiert, gab insb. mit ›Derevenskij dnevnik‹, dessen Teile unter versch. Titeln erschienen, eine genaue realist. Schilderung des russ. Dorfes.

W: Maršal'skie zvëzdy, En. 1939; Derevenskij dnevnik, En. 1958.

D'Ors, Eugenio → Ors y Rovira, Eugenio d'

Dosoftei (eig. Dimitrie Barila), rumän. Metropolit u. Gelehrter, 1624 – 13. 12. 1692 in e. Gefängnis in Jolcov/Polen. 1658 Bischof zu Huși, 1671 Erzbischof zu Jassy, mußte mehrfach aus polit. Gründen fliehen. – Vf. kirchl. Texte, übertrug nach dem Muster des Polen J. Kochanowski den Psalter ins Rumän., e. Meisterwerk der Dichtung. Originelle, bilderreiche, ausdrucksvolle Sprache. Durch Anlehnungen an Volksdichtung ermöglichte er der Kirchensprache den Eintritt in die Literatur.

W: Psaltirea, 1673; Opere I, hg. N. A. Ursu, A. Andriescu 1978.

L: Ș. Ciobanu, 1920; D. Găzdaru, 1927; A. Elian, 1967; N. Ursu, 1974; I. C. Chițimia, 1974.

Dos Passos, John Roderigo, amerik. Romancier, 14. 1. 1896 Chicago – 28. 9. 1970 Baltimore. Enkel e. portugies. Einwanderers, Sohn e. Anwalts, 1 Jahr Schule in England, Reisen in Mexiko u. Belgien, 1912–16 Harvard; dann Architektur-Stud. in Spanien; Sanitätsfreiwilliger in Frankreich u. Italien; nach dem 1. Weltkrieg Zeitungskorrespondent in Spanien, Mexiko und Nahost u. freier Schriftsteller. Linksradikales, aber parteiungebundenes Engagement machte positiver Einstellung zu Amerika u. wachsendem Konservativismus Platz. – Durch desillusionierende Kriegsromane berühmt, suchte D. P. neue Ausdrucksmittel: kaleidoskop. Querschnitte durch alle Schichten u. e. Generation New Yorker Lebens (›Manhattan Transfer‹); Wechsel von parallelen, repräsentativ-fiktiven Lebensläufen, epitaph-ähnl., oft satir. Kurzbiographien hist. Personen, Wochenschau (›Newsreel‹) und impressionist.-assoziativen Vignetten (›Camera Eye‹) in ›USA‹. Bei allem modernist. Bemühen, e. mechanist.-kollektive Welt zu erfassen, blieb D. Individualist mit ästhetisierenden Neigungen; s. typischer Held ist isoliert u. im Angesicht des Todes so einsam wie die Helden Hemingways. Tiefer Einfluß auf die Romankunst in Amerika, Frankreich (J.-P. Sartre) und Dtl. (Döblin, ›Berlin Alexanderplatz‹); spätere Romane vergleichsweise enttäuschend.

W: One Man's Initiation, R. 1920 (u. d. T. First Encounter, 1945; Urfassg. 1959); Three Soldiers, R. 1921 (d. 1922); A Pushcart at the Curb, G. 1922; Rosinante to the Road Again, Reiseb. 1922; Streets of Night, R. 1923; Manhattan Transfer, R. 1925 (d. 1927); Orient Express, Reiseb. 1927; Facing the Chair, Streitschr. 1927; In all Countries, Reiseb. 1934; Three Plays, Drn.

1934 (The Garbage Man, 1926; Airways, Inc., 1928; Fortune Heights, 1934); USA, R.-Tril. III 1937 (The 42nd Parallel, 1930, d. 1930, bearb. 1961; Nineteen-nineteen, 1932, Auf den Trümmern, d. 1932, bearb. u. d. T. ›1919‹, 1962; The Big Money, 1936, Die Hochfinanz, d. 1962); The Living Thoughts of Tom Paine, Es. 1940; The Ground We Stand On, Es. 1941; State of Nation, Es. 1944; Tour of Duty, Es. 1946; The Prospect Before Us, Es. 1950; District of Columbia, R.-Tril. III 1952 (Adventures of a Young Man, 1939, d. 1939; Number One, 1943; The Grand Design, 1949, Das hohe Ziel, d. 1950); The Head and Heart of Thomas Jefferson, Es. 1954; Theme in Freedom, Es. 1956; The Men Who Made the Nation, Es. 1957; Great Days, R. 1958 (d. 1960); Midcentury, R. 1961 (d. 1963); Mr. Wilson's War, Rep. 1962 (Wilsons verlorener Friede, d. 1964); Occasions and Protests, Ess. 1964; The Best Times, Erinn. 1966 (d. 1969). – Journeys Between Wars, Reiseb.-Ausw. 1938; The Fourteenth Chronicle: Letters and Diaries, hg. T. Ludington 1973.

L: G. A. Astre, Thèmes et structures dans l'œuvre de J. D. P., Paris II 1956; V. Klotz, Die erzählte Stadt, 1969; A. Belkind, 1971; M. Landsberg, 1972; L. Wagner, 1979; T. Ludington, 1980; R. C. Rosen, 1981. – *Bibl.:* J. Potter, 1950; J. Rohrkemper, 1980.

Dossi, Carlo (eig. Carlo Alberto Pisani-Dossi), ital. Schriftsteller, 27. 3. 1849 Zenevredo/Pavia – 16. 11. 1910 Cardina/Como. Sohn e. adligen Grundbesitzers; trat nach Jurastud. in den diplomat. Dienst ein, 1892 Generalkonsul in Bogotá, 1895 Gesandter in Athen; zog sich dann als Hobbyarchäologe ins Privatleben zurück. – Die für ihn charakterist. Neigung zur psycholog. Analyse u. zum stilist. Experiment zeigt sich bes. in s. beiden autobiograph. Werken ›L'altrieri‹ u. ›Vita di A. Pisani‹. Im Zyklus ›Ritratti umani‹ gibt er e. satir. Bild der zeitgenöss. Gesellschaft, während der utop. Roman ›La colonia felice‹ die Schicksale e. Gruppe von Deportierten schildert, die sich unter dem Zwang der Not als e. Gesellschaft konstituieren.

W: L'altrieri, R. 1868; Vita di Alberto Pisani, R. 1870; La colonia felice, R. 1874; La desinenza in A, En. 1878. – Opere, V 1910–27 (unvollst.); Note azzurre, Ess. ²1964; Opere, Ausw. 1995.

L: G. P. Lucini, L'ora topica di C. D., 1911, ²1973; L. Torelli, 1914; L. Chadourne, 1914; A. Zagaria, 1935; R. Schira, 1949; D. Isella, La lingua e lo stile di C. D., 1958; C. D. Mostra di documenti sulla vita e l'opera, 1965; La critica e D., hg. L. Avellini 1978.

Dostoevskij, Fedor Michajlovič, russ. Prosadichter, 11. 11. 1821 Moskau – 9. 2. 1881 Petersburg. Vater Arzt, Kindheit und Jugend vorwiegend in Moskau; Stud. Militär-Ingenieurschule Petersburg 1838–42, 1842 Leutnant, 1843 aus der Ing.-schule ausgeschieden, Anstellung im Ing.-Departement; verließ diese Stellung 1844, um freier Schriftsteller zu werden; 1845 für ihn folgenreiche Bekanntschaft mit Belinskij; 1846 Erstlingswerk: Briefroman ›Bednye ljudi‹, der großen Erfolg brachte; am 5. 5. 1849 wegen Teilnahme an Zusammenkünften des Kreises um den utop. Sozialisten Petraševskij in Petersburg verhaftet; am 3. 1. 1850 wurde ihm auf der Hinrichtungsstätte Umwandlung des Todesurteils in vierjähr. Zwangsarbeit in Sibirien verkündet; 1854 aus dem Zuchthaus Omsk entlassen; diente dann als Soldat in Sibirien, 1856 Offizier, ∞ 1857 Marija D. Isaeva; kehrte 1859 innerlich gewandelt, als überzeugter Christ, nach Rußland zurück, von nun an Gegner des atheist. Sozialismus, den ihm Belinskij nahegebracht hatte; 1861 Bekanntschaft mit Gončarov, Černyševskij, Dobroljubov, A. Ostrovskij, Saltykov-Ščedrin; versuchte s. lit. Ruf wieder zu festigen; 1861–63 mit s. Bruder Michail Hrsg. der Zs. ›Vremja‹, 1864/65 der ›Epocha‹; mehrere Reisen in Europa, häufiger Aufenthalt in Dtl., in Baden-Baden großer Verlust durch Spielleidenschaft; 1864 Tod der Gattin und des Bruders Michail; am 27. 2. 1867 ∞ Anna G. Snitkina, mit der er bald darauf, nicht zuletzt um den Gläubigern zu entgehen, ins Ausland reiste; Rückkehr 1871; Besserung s. wirtschaftl. Lage; 1873 Bekanntschaft mit Vl. Solov'ëv; Annäherung an die Slawophilen; auch publizist. tätig, so 1876/77 als Hrsg. (ohne Mitarbeiter) der Monatsschrift ›Dnevnik pisatelja‹. Wachsender Ruhm, der am 20. Juni 1880 anläßl. s. Rede bei Enthüllung des Puškindenkmals in Moskau s. äußeren Höhepunkt fand. – Empfing aus ständiger, umfassender Lektüre bedeutsame Anregungen, bes. von Schiller, Balzac, V. Hugo, G. Sand, Voltaire, Cervantes, Puškin, Gogol'; knüpfte themat. und stilist. an Gogol' an, führte die poet. Lehre der ›natürl. Schule‹ der 40er Jahre zu e. sentimentalen Naturalismus hin weiter, ließ den von den franz. utop. Sozialisten übernommenen Gedanken vom ›Goldenen Zeitalter‹ zum wiederkehrenden Motiv werden; war befähigt, in innerste Bereiche des seel. Lebens einzudringen und sie dichter. zu gestalten; schuf u. a. auf dem ›freien Roman‹ von G. Sand gründend e. neue, komplizierte Form des Romans, in der e. bedeutungsvoller relig.-philos. oder polit.-gesellschaftl. Grundgedanke mit Elementen des Kriminal-, Boulevard- und Feuilletonromans verbunden ist; e. erhabene oder dämon. Idee wird im zentralen Helden konkretisiert, zieht s. Umwelt in ihren Bann, und wird, insofern sind dem Roman D.s dramat. Züge eigen, dramatisiert. E. der größten Romandichter der Weltlit., beginnt er in ›Uniżennye i oskorblennye‹ s. Romantragödie zu formen; erst nach s. Rückkehr aus Sibirien tritt die relig. Frage in den Vordergrund, die großen Themen sind Atheismus und Sozialismus, als Einheit empfunden; zwar klingt e. Teil s. späteren Themen schon im Frühwerk an, doch bezeichnet erst ›Zapiski iz podpol'ja‹ die Wendung zu neuer geist. Haltung. Die relig. Dialektik, hervorgehend aus dem Gegensatz zwischen Glauben und Unglauben, ist voll entfaltet in ›Prestuplenie i nakazanie‹, hier hervorragende Beispiele für D.s aufs höchste entwickelte Kunst der Dialogführung. Daß die moral. Krise der Gesellschaft des 19. Jh. e. religiöse sei, ist Grundgedanke des ›Idiot‹. In ›Podrostok‹ ist das Thema des Verfalls der Familie entfaltet, den ›Brat'ja Karamazovy‹ liegt die Überzeugung von der verderbl. Wirkung des eth. Rationalismus zugrunde, im Mittelpunkt die ›Legende vom Großinquisitor‹, die großart. dichter. Gestaltung des Problems der geist. Freiheit. Auch einige Novellen sind für Betrachtung des Gesamtwerks D.s von großer Bedeutung, so ›Son smešnogo čeloveka‹, Auseinandersetzung mit den Gedanken der utop. Sozialisten vom organisierten Glück der Menschheit, ›Krotkaja‹ mit kühner, Errungenschaften von Proust, Joyce und Symbolisten vorwegnehmender stilist. Neuerung im inneren Monolog. S. publizist. Werk gibt großenteils Meinungsäußerung, erreicht nicht das Niveau der großen Romane. D. übte in Rußland stärkste Wirkung aus, bes. auf die Symbolisten, beeinflußte Gor'kij; wirkte auf die europ. Dichtung, auf dt. Dichter bes. des 20. Jh., auf den dt. Naturalismus, auf Nietzsche, K. Barth (Dialekt. Theologie) u. a.

W: Bednye ljudi, R. 1846 (Arme Leute); Dvojnik, N. 1846 (Der Doppelgänger); Gospodin Procharčin, E. 1846 (Herr P.); Chozjajka, N. 1847 (Die Wirtin); Slaboe serdce, E. 1848 (Das schwache Herz); Belye noči, E. 1848 (Weiße Nächte); Netočka Nezvanova, E. 1849; Selo Stepančikovo i ego obitateli, R. 1859 (Das Dorf Stepančikovo u. seine Bewohner); Zapiski iz mertvogo doma, Mem. 1861/62 (Aufzeichnungen aus dem Totenhaus); Uniżennye i oskorblennye, R. 1861 (Die Erniedrigten u. Beleidigten); Zapiski iz podpol'ja, N. 1864 (Aufzeichnungen aus e. Kellerloch); Prestuplenie i nakazanie, R. 1866 (Schuld u. Sühne), Igrok, R. 1868 (Der Spieler); Idiot, R. 1868 (Der Idiot); Večnyj muž, N. 1870 (Der ewige Gatte); Besy, R. 1872 (Die Dämonen); Podrostok, R. 1875 (Der Jüngling); Dnevnik pisatelja, Zs. 1876/77 (Tagebuch e. Schriftstellers); Krotkaja, N. 1876 (Die Sanfte); Son smešnogo čeloveka, N. 1877 (Traum e. lächerl. Menschen); Brat'ja Karamazovy, R. 1879/80 (Die Brüder Karamazov). – Polnoe sobranie sočinenij (GW), XXIII 1911–18; XXX, 1972ff. – *Übs.*: H. Röhl u.a. XXI 1921; A. Luther XVIII 1927ff.; GW, E. K. Rahsin X. 1952–60, 1980; Ges. Briefe 1833–81, d. 1966; Die Briefe an Anna 1866–1880, 1986.

L: A. Gide, 1923 (d. 1952); N. Berdjajev, Die Weltanschauung D.s, 1924; K. Nötzel, 1925; L. Grossman, Put' Dostoevskogo, 1925; J. Meier-Gräfe, D. der Dichter, 1926; V. Ivanov, 1932; L. Grossman, Žizn' i trudy F. M. Dostoevskogo, 1935; A. S. Steinberg, D. Idee d. Freiheit, 1936; A. Bem, U istokov tvorcestva Dostoevskogo, Prag 1936; D. Gerhardt, D. u. Gogol', 1941; K. Močul'kij, D., Žizn' i tvorčestvo, Paris 1947 (franz. 1963, engl. 1967); R. Guardini, Relig. Gestalten in D.s Werk, 1947; E. J. Simmons, 1950; F. Stepun, 1950; R. Lauth, Die Philos. D.s, 1950; A. Yarmolinsky, N. Y. ²1957; H.

Troyat, Paris 1957; Z. Maurina, ²1960; K. Onasch, 1960; V. Kirpotkin, F. M. D., Tvorčeskij put' (1821–1859), 1960; E. H. Carr, Lond. ²1962; R. Wellek, hg. 1962; D. Magarshack, Lond. 1962; J. Lavrin, 1963; M. Bachtin, ²1963 (d. 1971); S. S. Dolinin, 1963; G. M. Fridlender, 1964; N. S. Trubétzkoy, Den Haag 1964; H.-J. Gerigk, Versuch üb. D.s ›Jüngling‹, 1965; R. L. Jackson, New Haven 1966; T. Proctor, Den Haag 1969; R. Lord, Lond. 1970; W. Schmid, 1972; A. Boyce Gibson, Lond. 1973; W. Müller-Lauter, 1974; M. Braun, 1976; L. Müller, 1982; G. Kjetsaa, 1986; W. Kasack, 1998; Enciklopedičeskij slovar', Hg. S. V. Belov, 2001; A. Grigor'evna Dostoevskaja, 2002.

Doughty, Charles Montagu, engl. Forscher, Schriftsteller und Dichter, 19. 8. 1843 Theberton Hall/Suffolk – 20. 1. 1926 Sissinghurst/Kent. Stud. Cambridge. ∞ 1886 Caroline Amelia MacMurdo. Bereiste als Sprachforscher 1875–77 Arabien, fand engen Kontakt zu den Arabern. – S. Reisebericht ›Travels in Arabia Deserta‹ inspirierte Morris und T. E. Lawrence. Schrieb in späteren Jahren auch mehrere Bände Gedichte und Dramen, die infolge archaischer Sprache und unbekannter Mythologie dunkel und schwer zugänglich sind.

W: Travels in Arabia Deserta, Reiseber. II 1888 (n. T. E. Lawrence 1921); Under Arms, G. 1900; The Dawn in Britain, G. VI 1906; Adam Cast Forth, Dr. 1908; The Cliffs, Dr. 1909; The Clouds, Dr. 1912; The Titans, G. 1916; Mansoul, G. 1920.

L: B. Fairley, 1927; D. G. Hogarth, 1928; A. Treneer 1935; S. E. Tabachnick, 1981; A. Taylor, God's Fugitive, 1999.

Douglas, Alfred Bruce Lord, engl. Dichter, 22. 10. 1870 Ham Hill – 20. 3. 1945 Hove/Sussex. Stud. Oxford. Intimer Freund O. Wildes, in dessen Prozeß er verwickelt war, legt Rechenschaft darüber ab in ›O. Wilde – The Summing Up‹. Wilde zeichnet s. Bild in ›De Profundis‹. – Vf. einiger Essays und Gedichte.

W: The City of the Soul, G. 1899; Sonnets, 1909; O. Wilde and Myself, Schr. 1914; Collected Poems, 1919; In Excelsis, G. 1924; Collected Satires, 1927; Complete Poems, 1928; Autobiography, 1929; The True History of Shakespeare's Sonnets, 1933; Sonnets, 1935; Lyrics, 1935; O. Wilde – The Summing Up, B. 1940. – *Übs.:* Seien Sie nicht so undankbar, mir zu antworten, Briefw. m. B. Shaw, 1986.

L: P. Braybrook, 1931; W. Freeman, 1948; M. C. Stopes, 1949; R. Croft-Cooke, Bosie 1963; H. M. Hyde, 1984.

Douglas, Gavin (Gawin), schott. Dichter, 1475? Tantallon Castle/Schottl. – Sept. 1522? London. Bischof von Dunkeld, mit Margarete Tudor verwandt; starb an der Pest. – Vf. versch. allegor. Dichtungen: ›King Hart‹ und ›The Palace of Honour‹ (1501), letzteres in der Tradition von Chaucers ›House of Fame‹. D. übersetzte erstmals Vergils ›Aeneis‹ (1513); Beginn des Humanismus in Schottl.

A: Poetical Works, hg. J. Small, IV 1874; Selections, hg. D. F. C. Coldwell 1964; Shorter Poems, hg. P. J. Bawcutt 1968; Poems, hg. J. A. Tasioulas 1999.

L: J. Small, 1874; L. M. Watt, 1920; J. Hofmann, 1925; P. Bawcutt, 1976.

Douglas, Keith, engl. Dichter, 24. 1. 1920 Tunbridge Wells – 9. 6. 1944 Normandie (gefallen). Stud. Oxford. Teilnahme am 2. Weltkrieg. – Schrieb schon 15jährig Gedichte von überraschender Reife, Sprach- und Formsicherheit. Humanitäre Kriegslyrik ohne Enthusiasmus, gelegentl. mit bitter-satir. Einschlag. In den 1960er Jahren als Kriegsdichter wiederentdeckt.

W: From Alamein to Zem-Zem, Tg. 1946. – Collected Poems, hg. J. Waller, G. S. Fraser 1961; Complete Poems, hg. D. Graham 1983; A Prose Miscellany, hg. ders. 1985.

L: D. Graham, 1974.

Douglas, Lloyd C(assel), amerik. Schriftsteller, 27. 8. 1877 Columbia City/IN – 13. 2. 1951 Los Angeles. Lutheran. Geistlicher. – Vf. von Unterhaltungsromanen mit ›moral. Nutzeffekt‹.

W: Magnificent Obsession, R. 1929 (Wunderbare Macht, d. 1938); Forgive Us Our Trespasses, R. 1932 (d. 1952); Green Light, R. 1935; White Banners, R. 1936; Home for Christmas, R. 1937; Doctor Hudson's Secret Journal, R. 1939 (d. 1951); Disputed Passage, R. 1939 (Rauhe Laufbahn, d. 1947); Invitation to Live, R. 1940 (d. 1953); The Robe, R. 1942 (verfilmt; Das Gewand des Erlösers, d. 1946); The Big Fisherman, R. 1948 (d. 1948).

L: V. D. Dawson, B. A. Wilson, The Shape of Sunday, 1952.

Douglas, Michael → Crichton, Michael

Douglas, (George) Norman (Ps. Normyx), schott. Schriftsteller, 8. 12. 1868 Tillquhillie/Deeside – 9. 2. 1952 Capri. 1883–89 Gymnas. Karlsruhe. Trat 1893 in diplomat. Dienst ein, 1894–96 in St. Petersburg. War e. Zeitlang Mithrsg. der ›Engl. Review‹. Reisen in Kleinasien und Indien. Lebte seit 1896 vorwiegend in Italien, ab 1948 auf Capri; eng vertraut mit der Kultur des Mittelmeerraumes. – Vf. witzig-iron. Romane und Kurzgeschichten, daneben auch wiss. Essays, Reisebücher von enthusiast. Kennerschaft, zoolog., geolog. und archäolog. Schriften.

W: Unprofessional Tales, Kgn. 1901; Old Calabria, Reiseber. 1915; South Wind, R. 1917 (Sirocco, d. 1937, u. d. T. Südwind, 1966); They Went, R. 1920; Alone, Es. 1921; Together, Es. 1923; Birds and Beasts of the Greek Anthology, St. 1927; In the Beginning, R. 1928; Good Bye to Western Culture, Es. 1929; Capri: Materials for a Description of the Island, 1930; How About Europe?, Es. 1930; Summer Islands, Reiseb. 1931; Looking Back,

Aut. II 1933; Late Harvest, Aut. 1946; Footnote on Capri, Sk. 1952; Venus in the Kitchen, R. 1952; A Selection, 1955.
L: H. M. Tomlinson, 1931; R. McGillivray, 1933; L. Golding, Terrace in Capri, 1934; R. M. Dawkins, ²1952; C. Fitzgibbon, 1953; N. Cunard, 1954; I. Greenless, 1957; R. D. Lindemann, 1965; L. Leary, 1968. – *Bibl.:* C. Woolf, 1953; M. Holloway, 1976.

Doulatābādī, Mahmūd, pers. Schriftsteller, * 1940 Doulatābād, NO-Iran. Verschiedenste Brotberufe, Schauspielausbildung. 1975–77 polit. Haft. Bekanntester Romancier in den 1980er Jahren, bes. durch s. Opus magnum ›Kelīdar‹. – Schreibt über harte Lebensbedingungen der Bauern u. Nomaden im Nordosten Irans u. ihre Konflikte mit den korrupten Autoritäten. Dabei Rückgriff auf Stoffe u. Sprache der lokalen Folklore sowie der iran. heroischen Epik. Neben poet. Landschaftsschilderungen eindringl. psycholog. Porträts, auch der Frauenfiguren. Als auktorialer Erzähler ist D. traditionell, mitunter weitschweifig. Wie viele iran. Autoren läßt er reichl. Elemente der Lokalsprache, in s. Fall aus der nordostiran. Provinz Horasān, einfließen.
W: Safar, 1969; Gā-ye ḫāli-ye Solūč, R. 1979; Kelīdar, R. X 1979–84; Rūzgār-e separi šode-ye mardomān-e sālḫorde, R. 1990. – *Übs.:* Der leere Platz von Solutsch, R. 1991; Die Reise, N. 1992; Kelidar, R. 1997.

Dourado, Valdomiro Freitas Autran, brasilian. Schriftsteller, * 18. 1. 1926 Patos de Minas/Minas Gerais. Stud. Jura Belo Horizonte, Journalist, Kabinettsmitglied, zieht 1954 nach Rio de Janeiro, Privatsekretär u. Pressereferent des Präsidenten J. Kubitschek (1955–61), Anwalt. – Nach existentialist. Ausrichtung (›Teia‹, 1947, u. ›Sombra e exílio‹, 1950) Charakterstudien, Höhepunkt die Novelle ›Uma Vida em Segrêdo‹; Romanprojekte (›Tempo de Amar‹, ›Ópera dos mortos‹) u. Erzählungen (›Violetas e caracóis‹) rekonstruieren die Geschichte der Kolonialzeit, der Gold- u. Diamantenfunde, greifen überlieferte Legenden wieder auf, so daß e. Saga von Minas Gerais entsteht; Bildungsromane ›O Risco do bordado‹ u. ›Um artista aprendiz‹; ›A Serviço Del-Rei‹, der als Erinnerungsbuch konzipierte Bericht über s. Erfahrungen mit Politik u. Bürokratie, Fortsetzung ›Gaiola aberta Tempos de JK e Schmidt‹ (2000).
W: Teia, E. 1947; Sombra e Exílio, R. 1950; Tempo de Amar, R. 1952; A Barca dos Homens, R. 1961 (Brandung, d. 1964); Uma Vida em Segrêdo, E. 1964 (d. 1967); Ópera dos mortos, R. 1967 (d. 1986); O Risco do bardado, R. 1970; Uma Poética do Romance, Ess. 1973; Os sinos da agonia, R. 1974; Novelário de Donga Novais, En. 1978; Armas e corações, En. 1978; As Imaginações Pecaminosas, En. 1981; O meu mestre imaginário, Ess. 1982; A Serviço Del-Rei, R. 1984; Lucas Procópio, En. 1985; Um artista aprendiz, En. 1989; Monte de alegria, En. 1990; Gaiola aberta Tempos de JK e Schmidt, Mem. 2000.
L: M. L. Lepecki, 1976; E. v. Steen, 1981; S. Santiago, 1985; E. Spielmann, 1990.

Douwes Dekker, Eduard → Multatuli

Dove, Rita (Frances), amerik. Lyrikerin, * 28. 8. 1952 Akron/OH. Studium u. a. Univ. of Iowa und in Tübingen, Lehrtätigkeit in Arizona und an der Univ. of Virginia. – Vf. von zahlr. Gedichtbänden, aber auch Erzählungen, einem Roman und einem Theaterstück, die z. T. autobiograph. verankerte Themen aus der afroamerik. Geschichte aufnehmen und zugleich in der sprachl. Komposition über diesen Bezugsrahmen hinausgehen. Kennzeichnend sind Perspektivenwechsel, z. T. minimalist. Stil u. Auseinandersetzung mit dem Verhältnis von Sprachkunst und Gesellschaft. 1987 Pulitzer-Preis, 1993–95 Poet Laureate of the United States.
W: Ten Poems, G. 1977; Museum, G. 1983 (d. 1989); Fifth Sunday, En. 1985; Thomas and Beulah, G. 1986 (Die morgenländische Tänzerin, d. 1988); Through the Iron Gate, R. 1992; The Darker Face of the Earth, Dr. 1994, überarb. ³2000; Mother Love, G. 1995; On the Bus with Rosa Parks, G. 1999. – Conversations with R. D., hg. E. G. Ingersoll 2003. – *Übs.:* Die gläserne Stirn der Gegenwart, G. 1989.
L: T. Steffen, Crossing Color, 2001; M. Pereira, R. D.s Cosmopolitanism, 2003.

Dovizi, Bernardo → Bibbiena, Bernardo Dovizi da

Dovydėnas, Liudas, litau. Romancier, 14. 1. 1906 Trumpiškiai – 4. 7. 2000 Vilnius. 1944 Flucht nach Dtl., 1949 Emigration in die USA. – Vf. von düsteren Bauernromanen mit realist. Alltagsdarstellung in derbem, einfachem Stil.
W: Cenzūros leista, E. 1931; Buvo žmogus be kojų, E. 1932; Ješkau gyvenimo draugo, R. II 1934–35; Broliai Domeikos, R. 1936 (The Domeika brothers, engl. 1976); Kortų namelis, E. 1937; Mes ieškom pavasario, R. 1948; Žmonės prie vieškelio, R. 1949; Tūkstantis ir viena vasara, R. 1954; Naktys Karališkiuose, R. 1955; Pašiurpo mano velnias, E. 1974; Vasaros vidudienis, R. 1979.

Dovženko, Olexander, ukrain. Dichterregisseur, Begründer der ukrain. Filmkunst, 10. 9. 1894 Sosnycja – 2. 11. 1956 Moskau. Bauernsohn aus der Nordukraine. In seinen Filmerzählungen werden die kulturelle Eigenständigkeit, das Festhalten der Menschen an alten Bräuchen und Werten betont. Die Filmprosa wie auch die Tagebücher, die die Kriegsereignisse von 1941–44 in der Ukraine widerspiegeln, wurden in der Sowjetzeit heftiger Kritik ausgesetzt und nur stark zensiert zum Druck zugelassen. D. hat großen Einfluß auf die lit. Erneuerergeneration in der Ukraine ausgeübt.

W: Ukrajina v ohni, 1942–47; Povist' polumjanych lit, 1944/45; Začarovana Desna, 1954, 1957; Poema pro more, En. 1956 (Verzauberte Desna, d. 1959); Pro krasu, 1968.

Dowson, Ernest Christopher, engl. Lyriker und Schriftsteller, 2. 8. 1867 Belmont Hill/Kent – 23. 2. 1900 Catford. S. Mutter beging Selbstmord; D. lebte nach Tod des Vaters (1894) jahrelang bis 1899 als Bohemien und Übersetzer in Frankreich. Befreundet mit W. B. Yeats, L. Johnson und A. Beardsley, in dessen Zss. ›Yellow Book‹ und ›The Savoy‹ viele s. Gedichte erschienen. Starb früh an Tbc. – Hauptvertreter der engl. Dekadenzlyrik. S. dichter. Ruf gründet sich auf s. formvollendeten, an klass. Dichtung, Verlaine, Rimbaud u. a. franz. Symbolisten geschulten lyr. Gedichte. Auch Romane, Kurzgeschichten und e. dramat. Phantasie.

W: A Comedy of Masks, R. III 1893 (m. A. Moore); Dilemmas, R. 1895; Verses, 1896; The Pierrot of the Minute, Dr. 1897; Decorations, G. 1899; Adrian Rome, R. 1899 (m. A. Moore). – Collected Poems, hg. A. Symons 1905; Poetical Works, hg. D. Flower 1934 (n. 1967); The Stories, 1949; The Poems, hg. M. Longaker 1963; The Letters, hg. D. Flower, H. Maas 1967.

L: T. B. Swann, 1964; M. Longaker, ³1967; J. Adams, 2000.

Doyle, Sir Arthur Conan, engl. Romanschriftsteller, 22. 5. 1859 Edinburgh – 7. 7. 1930 Crowborough/Sussex. Stud. Medizin Edinburgh. 1882–1890 prakt. Arzt in Southsea. ∞ 1885 Louise Hawkins († 1906), ∞ 1907 Jean Leckie. Bereiste Westafrika und die Polargegend. Trat im Burenkrieg für die Buren ein: ›The Great Boer War‹. – Lit. beeinflußt durch E. A. Poe. Lernte als Mediziner bei Psychiater J. Bell die Kunst, Patienten auf ihre Vergangenheit und ihren Charakter hin abzuschätzen, gewann daraus Anregung für s. Detektivgeschichten. Schuf die Gestalt des exzentr.-nonchalanten Meisterdetektivs Sherlock Holmes und s. Freundes Dr. Watson, wurde damit Inspirator des mod. Detektivromans. Ab 1891 erschienen s. Sherlock-Holmes-Geschichten auch in Reihen im ›Strand Magazine‹. In ihnen verbindet sich Intellekt mit Phantasie. Verfaßte außerdem (wenig gelesene) Gesellschaftsromane und hist. Romane. Wandte sich in späteren Lebensjahren dem Spiritismus zu, über den er Studien schrieb.

W: A Study in Scarlet, R. 1887; Micah Clarke, R. 1889; The White Company, R. III 1891; Rodney Stone, R. 1896; The Great Boer War, Schr. 1900 (d. 1902); The Hound of the Baskervilles, R. 1902; Sir Nigel, R. 1906; History of Spiritualism, St. II 1926; The Land of Mist, 1926 (d. 1926). – *Übs.:* GW, XVIII 1959–68; Sämtl. Sh. Holmes Stories, 1969; Sämtl. Sh. Holmes Romane, 1967.

L: J. Lamond, 1931; A. C. Doyle, 1945; J. D. Carr, 1949; H. Pearson, ²1961; P. Nordon, 1965; Ch. Higham, The Adventures of C. D., 1976; J. A. Jaffe, 1987; Critical Essays on A. C. D., hg. H. Orel, 1992; M. Booth, 1997; D. Stashower, 1999. – *Bibl.:* R. L. Green, J. M. Gibson 1983.

Doyle, Roddy, ir. Erzähler, * 8. 5. 1958 Dublin. Arbeiterkind, Stud. Dublin, B.A. 1979, Lehrer. – Für seine Romane, die das Leben der ir. Arbeiter beschreiben, hat D. den ebenso fiktiven wie repräsentativen Dubliner Stadtteil Barrytown erfunden. D. gelingt es, aus einfacher, in den Dialogen exakt beobachteter Sprache komplexe Erzählungen zu formen, wie sein doppelter Erfolg bei Publikum und Kritik zeigt. D.s Figuren schwanken zwischen Humor u. Verzweiflung, Arbeitslosigkeit, Gewalt u. Hoffnung. Verfasser von Drehbüchern u. Theaterstücken.

W: The Commitments, R. 1988 (d. 1991); The Snapper, R. 1990 (d. 1992); Paddy Clarke, Ha-Ha-Ha, R. 1993 (d. 1994); The Woman Who Walked Into Doors, R. 1996 (d. 1996); A Star Called Henry, R. 1999 (d. 2000); Rory & Ita, R. 2002.

Drabble, Margaret, engl. Romanautorin, * 5. 6. 1939 Sheffield. ∞ 1960 Schauspieler C. Swift, o|o 1975, ∞ 1982 Biograph M. Holroyd. – Seziert mit intellektueller Ehrlichkeit u. aus sehr feminist. Perspektive in iron., kühlem Stil die Lebensprobleme total emanzipierter Frauengestalten. Seit 1979 Hrsg. des Oxford Companion to English Literature.

W: A Summer Bird-Cage, R. 1963 (d. 1988); The Garrick Year, R. 1964; The Millstone, R. 1966 (d. 1966); Jerusalem the Golden, R. 1968 (d. 1988); The Waterfall, R. 1969; The Needle's Eye, R. 1972; Arnold Bennett, B. 1974; The Realms of Gold, R. 1975 (Gold unterm Sand, d. 1978); The Ice Age, R. 1977; The Middle Ground, R. 1980 (Portrait der Tüchtigen, d. 1982); The Radiant Way, R. 1987 (Die Elite nach dem Fest, d. 1988); A Natural Curiosity, R. 1989 (d. 1990); The Gates of Ivory, R. 1991 (d. 1993); The Witch of Exmoor, R. 1996 (d. 1998); The Peppered Moth, R. 2001; The Seven Sisters, R. 2002.

L: V. G. Myer, 1974; V. Grosvenor, 1974; E. C. Rose, 1980; S. Roxman, 1984; J. V. Creighton, 1985; B. Gaisbaner, 1995; R. Wittlinger, 2002.

Drač, Ivan, * 17. 10. 1936 Teližynci/Gebiet Kiev. Stud. Philol. Kiev, Filmstudien Moskau. Vertreter der ukrain. lit. Erneuerergeneration nach dem Tauwetter. – Seine Gedichte und Balladen, reich an Assoziationen, Metaphern und symbolträchtigen Bildern, haben dazu beigetragen, die versteinerte sowjetische Ästhetik zu sprengen und der ukrain. Lyrik eine neue Stimme zu geben. Als Drehbuchautor und Filmerzähler tätig.

W: Sonjašnyk, G. 1962; Protuberanci sercja, G. 1965; Bal'ady budniv, G. 1965; Krynycja dl'a sprahlych, Film-E. 1967; Zona 1988, Tvory (W), II 1986.

Drachmann, Holger (Hendrik Herholdt), dän. Lyriker, 9. 10. 1846 Kopenhagen – 14. 1. 1908 Hornbæk/Seeland. Sohn e. Marinearztes, früh mutterlos, 1865 Abitur. Metropolitanschule Kopenhagen, Maler. Revolutionäre Tendenzen in Reisebriefen von e. Londonaufenthalt während des Aufstands der Pariser. Kommune. In Kopenhagen unter Einfluß von G. Brandes, 1872 dichter. Debüt mit antibürgerl. Tendenz; 1871–74 ∞ Vilhelmine Erichsen, s. Muse auch nach Scheitern der Ehe (s. das Gedicht ›Sakuntala‹); entfernte sich in mehreren Gedichtsammlungen und Prosaskizzen Ende der 1870er Jahre von dem Brandesianismus und der Antibürgerlichkeit. Innigere Lyrik, patriot. Prosa, in ›Skyggebilleder‹ 1883 Bruch mit alten Weggenossen. Höhepunkt s. antinaturalist. Dichtungen in dem Märchenspiel ›Der var engang‹ 1885; 1879–1905 ∞ Emmy Culmsee, leitete damit e. bürgerl. Leben ein, nun von konservativen Kreisen als nationaler Dichter anerkannt. Neue Gedichtsammlungen Anfang der 1880er Jahre in traditionellem Stil. Ende der 80er Jahre e. neue, unbürgerl. Liebe zu e. Sängerin, die er in vielen Gedichtsammlungen und in s. großen (gegen Konservativismus und Brandesianismus gerichteten) Roman ›Forskrevet‹ 1890, hier unter dem Namen Edith, verherrlicht; nähert sich nun wieder den Radikalliberalen, von keiner der Parteien mehr ernst genommen, triumphierte jedoch stets als Lyriker und verscherzte niemals s. Popularität. Auch die 3. Ehe mit der Norwegerin Sophie Drewsen konnte s. Leben nicht in ruhigere Bahnen lenken. – Erneuerer der dän. Lyrik wie Oehlenschläger um 1800, der Elemente aus Lied und Alltagssprache, königl. Pracht und Zünftigkeit der Handwerksburschen und Fischer symphon. instrumentiert. Angeborene Musikalität und e. elementarer rhythm. Instinkt lassen ihn über die traditionelle Prosodie hinauswachsen, aber immer ahnt man das klass. Muster. S. Prosa (Erzählungen, Skizzen, Artikel) ist flüssig, D. selbst ist immer, posierend oder demütig, zwischen den Zeilen zugegen. Die Frau steht im Mittelpunkt s. Lyrik, ein anderes Motiv ist das Meer, mit dessen elementarem und schwankendem Wesen er s. Seele identifiziert. – Übs. Byrons.

W: Digte, 1872; I storm og stille, Sk. 1874 (d. 1905); Dæmpede melodier, G. 1875; En overkomplet, R. 1876; Derovre fra grænsen, Reiseb. 1877; Sange ved havet, G. 1877; Paa sømands tro og love, Sk. 1878; Prinsessen og det halve kongerige, Msp. 1878; Ranker og roser, G. 1879; Ungdom i Digt og sang, G. 1879; Østen for sol og vesten for måne, Msp. 1880; Vildt og tæmmet, Prosa 1881; Gamle guder og nye, G. 1881; Skyggebilleder, Reiseb. 1883; Dybe strenge, G. 1884; Der var engang, Msp. 1885 (d. 1895); Sangenes bog, G. 1889; Forskrevet, R. II 1890 (n. 2000; Verschrieben, d. II 1904); Unge viser, G. 1892; Vølund Smed, Dr. 1894; Renæssance, Dr. 1894; Den hellige ild, Prosa 1899; Broget løv, G. 1901; Kirke og orgel, E. 1904; Hr. Oluf han rider, Dr. 1906; Vagabundus, G. 1910. – Samlede poetiske skrifter, XII 1906–09; Poetiske skrifter i udvalg, X 1911f. (n. u.d.T. Skrifter, 1921, 1927); H. D. i breve til hans fædrenehjem, Br. hg. H. Bentzon 1932; Skitsbog – på rejse, Reiseb. 1996. – Übs.: Strand-Novellen, 1881; See- und Strandgeschichten, 1888; Meerbilder, 1890; Gedichte, 1917; Es war einmal, Sch. ⁵1922.

L: E. Drachmann, Erindringer, 1925; P. V. Rubow, III 1940–50; J. Ursin, II 1953; J. Fafner, 1953; P. Bernth, 1989; M. v. Haven, 1996. – Bibl.: J. Ursin, 1956, 1959.

Dracontius, Blossius Aemilius, lat. Dichter, Ende 5.Jh. n. Chr. in Karthago unter der Herrschaft der Vandalen. Angehöriger der provinzialröm. Oberschicht; Anwalt; kam wegen e. (nicht überlieferten) Lobgedichtes auf e. fremden Herrscher in Haft. – Die Werke zeigen D.' Kenntnis klass. u. christl. Autoren. Sie sind z.T. traditionell-röm. Inhalts: e. Sammlung von 10 Gedichten (u.a. Hochzeitsgedichte u. Gedichte über myth. Stoffe) unter dem Titel ›Romulea‹ (Römisches), 2 kurze Gedichte ›De mensibus‹ (Die Monate) u. ›De origine rosarum‹ (Die Entstehung der Rosen) u. die ›Orestis tragoedia‹ in ep. Form. Christl. Gedanken bestimmen die 2 Werke, die in der Haft entstanden: ›Satisfactio‹ (Buße), ein poet. Gnadengesuch, in dem D. s. Schuld vor Gott u. dem König eingesteht, u. s. Hauptwerk ›De laudibus Dei‹ (Der Ruhm Gottes) über Gottes Gnade gegenüber der Menschheit.

A: F. Vollmer, MGH auct. ant. XIV, 1, n. 1961; m. franz. Übs. C. Moussy u.a., 4 Bde., Paris 1985–96.

L: D. F. Bright, The Miniature Epic, Norman 1987; B. Weber, Der Hylas des D., 1995 (m. dt. Übs.).

Draj-Chmara, Mychajlo, ukrain. Dichter und Kritiker, 10. 10. 1889 Mali Kanivci/Podolien – 19. 1. 1939 Kolyma. 1935 zu Zwangsarbeiten in den Fernen Osten deportiert; starb vermutl. an Entkräftung. – Lyriker aus dem Neoklassikerkreis von Kiev mit ausdrucksvoller, farbiger Sprache. Übs. franz. und weißruss. Dichter ins Ukrain.

W: Prorosten', G. 1926; Poeziji, G. 1964; Vybrane, G.-Ausw. 1969; Vybrane, 1989; Literaturno-krytyčni statti, K. 1991.

L: L. O. Asher, 1975; H. Kočur, Pro M. D.-C., 1988; V. Ivanysenko in: Pys'mennyky radjans'koji Ukrajiny. 1920–30–ti roky, 1989.

Drake, Joseph Rodman, amerik. Lyriker; 7. 8. 1795 New York – 21. 9. 1820 ebda. Stud. Med., Reisen durch Europa. – Verfaßte mit Fitz-Greene Halleck polit. Satiren in Gedichtform, die unter dem Pseudonym Croaker veröffentlicht wurden. In seinen bekanntesten Gedichten Übertragung europ. Sagenstoffe nach Amerika.

W: Poems, 1819 (Ps. Croaker, Croaker and Co, and Croaker jun.); The American Flag, 1819; The Culprit Fay, hg. 1835; The Croakers, hg. 1860.

Drake-Brockman, Henrietta, geb. Jull (Ps. Henry Drake), austral. Erzählerin u. Dramatikerin, 27. 7. 1901 Perth/Westaustralien – 8. 3. 1968. – Verarbeitet ihre jahrelangen Erfahrungen im Outback in Werken, deren Protagonisten meist gestärkt aus der Auseinandersetzung mit e. lebensfeindl. Umgebung hervorgehen u. somit den spezif. austral. Unternehmungsgeist beschwören. Setzt bahnbrechende Recherchen über die ersten Siedler in Westaustralien in den Romanen ›The Wicked and the Fair‹ u. ›Voyage to Disaster‹ um.

W: Blue North, R. 1934; Sheba Lane, R. 1936; Dampier's Ghost, Dr. 1937; Younger Sons, R. 1937; Men Without Wives, Dr. 1938; Fatal Days, R. 1947; Sydney or the Bush, Kgn. 1948; The Wicked and the Fair, R. 1957; Voyage to Disaster, B. 1963; Katharine Susannah Prichard, B. 1967.

Drayton, Michael, engl. Dichter, 1563 Hartshill/Warwickshire – 23. 12. 1631 London. Über s. Leben ist wenig bekannt; das Patronatsverhältnis zur Countess of Bedford endete um 1603 recht abrupt. S. Dichtung ›The Harmonie of Church‹ wurde auf behördl. Anordnung vernichtet. – Vielseitiger und produktiver Dichter. S. Hauptwerk ›Poly-olbion‹ gibt exakte topograph. und hist. Schilderungen Englands, wollte in s. Landsleuten die Liebe zu den Schönheiten seines Landes wachrufen. In s. Werk spiegeln sich versch. Strömungen s. Zeit. Schrieb hist. und relig. Gedichte, Eklogen, Sonette, Balladen, lyr. Dichtungen und e. anmutige Märchenphantasie ›Nymphidia‹, ferner e. fiktiven Briefwechsel berühmter Liebespaare, ›England's Heroical Epistles‹, der in der Darstellung dieser Paarungen von großer polit. Brisanz und zu seiner Zeit äußerst erfolgreich war. In ›Endimion and Phoebe‹ formuliert er eine Klage über die festgefahrene Hierarchie und Abhängigkeit in einem Patronatsverhältnis, die wohl in Teilen auch mit autobiograph. ist. Mit seinem mehrfach revidierten Sonettzyklus ›Ideas Mirrour‹ steht Drayton in der Tradition männlich-petrarkist. Liebeslyrik der Renaissance, die eine weibliche Instanz besingt und diese durch idealisierende und allegorisierende Darstellung entrealisiert und als Produkt männlicher Imagination, nicht als reale Person, erscheinen läßt.

W: The Harmonie of the Church, Dicht. 1591; Idea, the Shepheard's Garland, G. 1593 (später u.d.T. Eclogues); Peirs Gaveston, Ep. 1593; Ideas Mirrour, G. 1594; Matilda, Ep. 1594; Endimion and Phoebe, Dicht. 1595; Robert, Duke of Normandie, Ep. 1596; England's Heroical Epistles, 1597; The Barron's War, 1603; The Owle, Sat. 1604; Poemes Lyrick and Pastorall, G. 1605; The Bataile of Agincourt, Ep. 1627; Poly-olbion, Dicht. 1622 (Nachdr. 1970); Nymphidia, Dicht. 1627; Muses Elizium, Dicht. 1630. – Works, hg. J. W. Hebel VI 1931–41, ²1962; Poems, hg. J. Buxton II 1953; Sonette 1594–1619, hg. I. Schabert 1969; Selected Poems, hg. V. Thomas 1977; Minor Poems, hg. C. Brett 1907.

L: O. Elton, 1905 (n. 1966); B. H. Newdigate, 1941; P. G. Buchloh, 1964; J. A. Berthelot, 1967; R. Hardin, M. D. and the Passing of Eliz. England, 1973; L. Westling, The Evolution of M. D.'s Idea, 1974; J. L. Harner, S. Daniel and M. D., 1980; J. Brink, M. D. revisited, 1990.

Drda, Jan, tschech. Schriftsteller u. Journalist, 4. 4. 1915 Dobříš – 28. 11. 1970 Prag. Stud. slav. u. klass. Philol. Prag. Ab 1948 Redakteur der Zt. ›Svobodné noviny‹, anschließend ›Lidové noviny‹. 1949–62 Vorsitzender des Schriftstellerverbands, 1948–60 KPČ-Abgeordneter, 1949–62 Mitgl. des ZK. – In Romanen, Erzählungen, Dramen u. Feuilletons schildert D. mit nachsichtigem Humor u. feiner psycholog. Durchdringung die Alltagssorgen des kleinen Mannes in der Stadt u. auf dem Land, wobei es oft zur Verschmelzung von Phantasie u. Realität kommt. Nach dem Krieg beschäftigen ihn vorwiegend Kriegs- u. Nachkriegsprobleme.

W: Městečko na dlani, R. 1940 (Das Städtchen Gotteshand, d. 1950); Živá voda, R. 1941 (Wasser des Lebens, d. 1960); Putování Petra Sedmilháře, R. 1943; Svět viděný zpomaloučka, Feuill. 1943; Němá barikáda, En. 1946 (Die stumme Barrikade, d. 1951); Hrátky s čertem, Msp. 1945; Krásná Tortiza, En. 1952 (Die schöne T., d. 1956); Horká půda, Rep. 1955; České pohádky, M. 1958; Dalskabáty, hříšná ves, aneb Zapomenutý čert, K. 1959.

L: J. Voráček, České pohádky J. D. a jejich vztah k lidové tradici, 1962; J. Nejedlá, Dvě studie o stylu v próze J. D., 1970. – Bibl.: Z. Šmídová, 1990.

Drei Reiche, Geschichte der → Sanguo zhi yanyi

Dreiser, Theodore (Herman Albert), amerik. Romanschriftsteller, 27. 8. 1871 Terre Haute/IN – 28. 12. 1945 Hollywood. 12. von 13 Kindern e. 1844 aus Dtl. ausgewanderten, in USA verarmten, streng kathol. Webers (ältester Bruder der Komponist Paul Dresser, 1857–1911); in Indiana aufgewachsen, 1889/90 Stud., Journalist in Chicago, St. Louis, Pittsburgh, New York. ∞ 1898 Sara White (getrennt seit 1910, † 1942), ∞ Helen Richardson 1944. Beschrieb das Schicksal s. Schwester in s. ersten, von F. Norris dem Verleger empfohlenen Roman, der ihn auf Drängen s. Frau als unmoral. nicht förderte. War auf s. Tätigkeit als Journalist angewiesen, bis e. Neuausgabe von ›Sister Carrie‹ u. der Erfolg von ›Jennie Gerhardt‹ ihn unabhängig machten. 1916 stellte s. anderer Verleger auf Androhung gerichtl. Schritte den Verkauf von ›The »Genius«‹ ein; Kampagne für lit. Freiheit unter D.s Freund Mencken. Höhepunkt von D.s Kunst u. Ruhm mit ›An American Tragedy‹. – Bedeutender Romancier des am. Realismus. S. erster Roman ›Sister Carrie‹ schockierte durch Mißachtung des konventionellen Urteils, daß Sünde gerechten Lohn finde. ›Jennie Gerhardt‹ ist die warmherzige Darstellung e. Frau, die den Lohn für ihre Hingabe weder sucht noch findet. Ein nach C. T. Yerkes gezeichneter, jenseits von Gut u. Böse lebender Unternehmer ist Gegenstand e. wenig gelungenen, vor dem Tod noch mühsam vollendeten Trilogie. Nach e. Vorstudie im Drama ›The Hand of the Potter‹ u. e. 20 Jahre zurückliegenden Kriminalfall erschien s. Meisterwerk ›An American Tragedy‹, in dem e. halbherziger Mörder seiner Geliebten als Opfer biolog. Triebe u. falscher Werte der Gesellschaft auf dem elektr. Stuhl endet. Nach s. Rußlandreise 1927/28 engagierte sich D. in den 1930er Jahren polit. links. Auf der Suche nach Einordnung u. Lebensbejahung ging D. in s. letzten Monaten zur Kommunion u. trat in die Kommunist. Partei ein; s. lange vorher iron.-antirelig. konzipierter Quäkerroman wurde bejahend u. damit zur Aussöhnung mit s. Vaterbild. D., einmal als ›schlechtester großer Schriftsteller‹ bezeichnet, schrieb e. schweren, aber kumulativ wirksamen Stil; mutig, ehrlich, dem ›Mysterium, Wunder u. Schrecken des Lebens‹ aufgetan; Schrittmacher für die mod. am. Romanlit.

W: Sister Carrie, R. 1900 (hg. N. M. Westlake 1981, d. 1929); Jennie Gerhardt, R. 1911 (d. 1928); The Financier, R. 1912, The Titan, R. 1914 (beide zus. u. d. T. Der Titan, d. 1928); A Traveller at Forty, Aut. 1913; The ›Genius‹, R. 1915 (revidiert 1923, d. II 1929); Plays of the Natural and the Supernatural, Dr. 1916; A Hoosier Holiday, Aut. 1916; Free and Other Stories, 1918; The Hand of the Potter, Dr. 1918 (Ton in des Schöpfers Hand, d. 1928); Twelve Men, Nn. 1919; Hey Rub-a-Dub-Dub, Ess. 1920; A Book about Myself, Aut. 1922 (u. d. T. A History of Myself, II 1931, Bd. I Dawn, Bd. II Newspaper Days, d. II 1931); The Color of a Great City, Rep. 1923; An American Tragedy, R. 1925 (d. 1927); Moods, Cadenced and Declaimed, G. 1926 (erw. 1935); Chains, N. 1927; Dreiser Looks at Russia, Rep. 1928; A Gallery of Women, Nn. II 1929 (Die Frau, d. II 1930); Epitaph, G. 1929; My City, Rep. 1929; Tragic America, Es. 1931 (d. 1932); Living Thoughts of Thoreau, Es. 1939; America is Worth Saving, Es. 1941; The Bulwark, R. 1946 (Solon der Quäker, d. d. T. Das Bollwerk); The Stoic, R. 1947 (Der Unentwegte, d. 1953); The Best Short Stories, hg. H. Fast 1947 (d. 1950); Notes on Life, hg. M. Tjader, J. J. McAleer 1974; A Selection of Uncollected Prose, hg. D. Pizer 1977. – GW, 1981ff.; American Diaries 1902–26, hg. T. P. Riggio 1982; The Letters, hg. R. H. Elias III 1959; Letters to Louise, hg. L. Campbell 1959; Correspondence of T. D. and H. L. Mencken, 1987.

L: R. H. Elias, 1949; F. O. Matthiessen, 1951; A. Kazin, Ch. Shapiro, hg. 1955; Ch. Shapiro, 1963; Ph. L. Gerber, 1964; W. Swanberg, 1965; J. J. McAleer, 1968; R. Lehan, 1969; E. Moers, 1969; R. P. Warren, 1971; D. Pizer, 1976; ders., hg. 1981. – *Bibl.:* D. Pizer, Dowell, Rusch 1975; R. Lingeman, 1986 u. 1990; K. Müller, 1991; P. Gerber, 1992; L. J. Zanine, 1993; M. Tjader, 1998.

Drenova, Aleks Stavre → Asdren(i),

Drieu la Rochelle, Pierre-Eugène, franz. Schriftsteller, 3. 1. 1893 Paris – 16. 3. 1945 ebda. Claudels Dichtung und der Nationalismus Barrès' beeinflußten s. Erziehung. Erhielt entscheidenden Anstoß zum Schreiben als Soldat des 1. Weltkriegs; kollaborierte nach 1940 als Anhänger des Faschismus mit der dt. Besatzung; 1940–44 Hrsg. der ›Nouvelle Revue Française‹. Desillusioniert beging er 1945 Selbstmord. – S. ersten Gedichte, Novellen und Essays behandeln die geistige Situation jugendl. Kriegsteilnehmer in der Nachkriegszeit. Verteidigte, obwohl stolzer Nationalist, die westl. europ. Zivilisation allgemein, erträumte e. konservatives Europa, wandte sich als aristokrat. Individualist gegen amerik. Technisierung und russ. Materialismus. Verherrlichte in zur Mystik neigenden Romanen heroische Kraft und Macht des Mannes, s. erot. Egoismus, entwarf in romant. zerrissenen Figuren e. Bild s. selbst.

W: Interrogation, G. 1917; Fond de cantine, G. 1920; Etat-civil, R. 1921; Mesure de la France, Ess. 1923; Plainte contre un inconnu, Nn. 1924; L'homme couvert de femmes, R. 1925 (d. 1972); Le jeune Européen, Es. 1927; Genève ou Moscou, Es. 1928 (Vaterland und Freiheit, d. 1929); Blèche, R. 1928; Une femme à sa fenêtre, R. 1930; L'Europe contre les patries, Schr. 1931; Le feu follet, R. 1931 (Das Irrlicht, d. 1968); Drôle de voyage, R. 1933; Socialisme fasciste, Es. 1934; La comédie de Charleroi, Nn. 1934; Beloukia, R. 1936; Rêveuse bourgeoisie, R. 1937 (d. 1969); Gilles, R. 1939 (Die Unzulänglichen, d. 1966); Ecrits de jeunesse, Ess. 1941; L'Homme à cheval, R. 1942 (Der bolivianische Traum, d. 1981); Chronique politique 1934–42, 1943; Charlotte Corday. Le Chef, Drr. 1944; Le Français d'Europe, Es. 1944; Les chiens de paille, R. 1944; Récit secret, Es. 1951 (d. 1986); Sur les écrivains, Ess. 1964; Mémoires de Dirk Raspe, R. 1966 (d. 1970); Histoires déplaisantes, 1969.

L: P. Andreu, 1952; P. Vandromme, 1959; F. Grover, Berkeley 1962; J. Mabire, 1963; A. Pfeil, Diss. Marburg 1968; B. Pomphili, 1969; J. Hervier, II 1974; D. Desanti, 1978; P. Andreu u. a., 1979; M. Zimmermann, 1979; M. Ebel, 1986.

Drinkwater, John, engl. Lyriker und Dramatiker, 1. 6. 1882 Leytonstone/Essex – 25. 3. 1937 London. Stud. Oxford, 12 Jahre Versicherungsangestellter, später freier Schriftsteller. Mitbegr. der ›Pilgrim Players‹ und Spielleiter des ›Birmingham Repertory Theatre‹. Seit 1919 in London. – Lyrik in Nachfolge der Präraffaeliten. Unternahm 1911–17 den Versuch e. Neubelebung imaginärer

Versdramen mit sprachl. Anklängen an Swinburne. Wandte sich später Prosadramen (›Abraham Lincoln‹) zu und begründete mit ihnen e. neue Historienart, indem er in loser Bilderfolge mit lyr. Zwischenstücken dramat.-psycholog. Charakterbilder hist. Persönlichkeiten lieferte. Bühnenwirksame Bildtechnik. Vf. krit. Studien über Swinburne und W. Morris, ferner e. Lebensgeschichte von Pepys.

W: Cophetua, Dr. 1911; W. Morris, St. 1912; Swinburne, St. 1913 (n. 1969); Rebellion, Dr. 1914; The Storm, Sch. 1915; The God of Quiet, Versdr. 1916; O = X: A Night of the Trojan War, Versdr. 1917; Abraham Lincoln, Sch. 1918 (n. 1961); Mary Stuart, Sch. 1921; Oliver Cromwell, Sch. 1922; Collected Poems, III 1923–37; Robert E. Lee, Sch. 1923; The Muse in Council, Ess. 1925 (n. 1970); Collected Plays, II 1925; Bird in Hand, K. 1927; Inheritence, Aut. 1931; Discovery, Aut. 1932; Summer Harvest, G. 1933; Shakespeare, St. 1933; Prose Papers, 1969.

L: G. Mathews, 1925; A. W. Roeder, 1927; G. Chidelli, 1937; E. Svoboda, Diss. Wien 1950; J. Bösch, Die Chronikdramen J. D.s, Diss. Innsbr. 1953; J. D., 1882–1937. Catalogue of an Exhibition of Books ... to Mark the 25th Anniversary of his Death, hg. Th. d'Arch Smith 1962. – *Bibl.:* M. Pearce, 1977.

Droguett, Carlos, chilen. Schriftsteller, 15. 10. 1912 Santiago – 2. 7. 1996 Genf. Beamter, Journalist; versch. Auszeichnungen. – Beschreibt symbolhafte Menschenschicksale in Ausnahmesituationen, die Poetik des Leidens als läuternde Kraft.

W: Sesenta muertos en la escalera, R. 1953; Eloy, R. 1960 (d. 1966); Cien gotas de sangre y doscientas de sudor, R. 1961; Patas de perro, R. 1965; El compadre, R. 1967; Supay el cristiano, R. 1967; Los mejores cuentos, hg. A. Calderón 1967; El hombre que había olvidado, R. 1968; Todas esas muertes, R. 1971; El cementerio de los elefantes, En. 1971; Después del diluvio, Sch. 1971; Escrito en el aire, Ess. 1972; El hombre que trasladaba las ciudades, R. 1973. – *Übs.:* Die Einsamkeit des anderen, E. 1982.

L: A. Lomelí, 1983; T. A. Noriega 1983.

Drosinis, Georgios, griech. Schriftsteller, 1859 Athen – 1951 Kifissia/Athen. – Die Verwendung der Volkssprache und e. einfache Ausdrucksweise charakterisieren s. Gedichte sowie s. Prosa, die Sitten u. Volksbräuche thematisiert.

W: Histoi arachnēs, G. 1880; Stalaktitai, G. 1881; Agrotikai epistolai, En. 1882; Ho Mparmpa Dēmos, En. 1884; Eidyllia, G. 1884; Amaryllis, N. 1886; Amaranta, G. 1890; To botani tēs agapēs, En. 1901; Galēnē, G. 1902; Diēgēmata tōn agrōn kai tēs poleōs, En. 1904; Fotera skotadia, G. 1915; Kleista blephara, G. 1918; Purinē Romphaia – Alkyonides, G. 1921; Ersē, En. 1922; To myroloi tēs Omorphes, G. 1927; Tha bradiazei, G. 1930; Eipe, 1932; Pheugata chelidonia, G. 1936; Spithes stē stachtē, G. 1940; Lampades, G. 1947; Skorpia phylla tēs zōēs mou, Aut. IV 1982–86. – GW, X 1995–97.

Drost, Aarnout, niederländ. Romanschriftsteller, 15. 3. 1810 Amsterdam – 5. 11. 1834 ebda. Stud. Theologie. Gründete mit Bakhuizen u. Potgieter 1834 die Zs. ›De Muzen‹. – Tiefrelig., romant. Erzähler mit Stoffen aus der niederländ. Vergangenheit, bes. dem 17. Jh. S. Roman ›Hermingard van de Eikenterpen‹ ist der erste niederländ. hist. Roman von künstler. Bedeutung. Hermingard ist Repräsentantin e. evangel. undogmat. Christentums ohne Streben nach weltl. Macht. S. Fragment gebliebenen weiteren Romane wurden von s. Freunden vollendet.

W: Hermingard van de Eikenterpen, R. 1832; Schetsen en verhalen, En. II 1835 f.

L: E. J. Potgieter, 1885; J. M. de Waal, 1918; P. N. van Eyck, Einl. zu Hermingard v. d. E., 1939, ²1949.

Drucė, Ion Panteleevič, russ. Schriftsteller, rumän. Abstammung, * 3. 9. 1928 Horodişte, Bez. Ataki/Rumänien. Schrieb ab 1950 rumän. Erzählungen, wurde 1958 in russ. Sprache durch Prosa u. szen. beachtl. Theaterstücke bekannt. – D.s Werke sind von hohem eth.-religiösem Bewußtsein u. Achtung vor der moldauischen Tradition bestimmt. ›Svjataja svjatych‹ zeigt in der Verbindung von realist. u. surrealist. Dialogen hohes szen. Können.

W: List'ja grusti, N. u. En. 1965; Casa mare, Dr. 1965; Bremja našej dobroty, R. 1968; Svjataja svjatych, Dr. 1977; Belaja cerkov', R. 1982 (Die weiße Kirche, d. 1985). – Izbrannoe, Ausw. II 1984.

Drumev, Vasil (Erzbischof Kliment Turnovski), bulgar. Belletrist u. Dramatiker, 23. 2. 1840 Šumen – 10. 7. 1901 Sofia. Theolog. Seminar Odessa, wo er bereits bulgar. Revolutionäre kennenlernte; Stud. Theol. Akad. Kiev. Trotz Priesterweihe (1873) setzte er s. lit. u. polit. Bestrebungen fort. Parlamentspräsident, Ministerpräsident, 1884 Wahl zum Erzbischof von Turnovo. Wegen scharfer Kritik an ausländ. Missionaren und an der Einführung der Monarchie 1887 Verbannung im Kloster. – Schon im Seminar schrieb D. s. ersten Novellen, die in der period. Presse erschienen. Bedeutender Vertreter der bulgar. Novelle der Wiedergeburtsphase der nationalen Literatur. Mitbegründer des bulgar. Dramas durch sein bedeutungsvolles dramat. Werk ›Ivanko, ubiezǔt na Asenja I‹.

W: Neštastna familija, N. 1860; Učenik I blagodeteli, N. 1865; Ivanko, ubiezǔt na Asenja I, Dr., 1872. – Sučinenija (SW), II 1926–43.

L: J. Trifonov, 1926; M. Arnaudov, 1927; P. Dinekov, 1958.

Drummond, William Henry, ir.-kanad. Dichter. 13. 4. 1854 Mohill Leitrim/Irland – 6. 4. 1907 Cobalt, Ontario. Die Familie emigrierte 1864 nach Toronto/Kanada. Stud. Medizin Lennoxville, Arzt, 1895–1905 Prof. für Gerichtsmedizin u. Bergwerksbesitzer. – Schrieb volkstüml. schlichte Gedichte über frankokanad. Bauern.

W: The Habitant, G. 1897; Phil-o-Rum's Canoe, G. 1898; Johnnie Courteau, G. 1901; The Voyageur, G. 1905; The Great Fight, G. 1908. – Complete Poems, 1926.

L: J. F. MacDonald, 1925; J. B. Lyons, 1994.

Drummond de Andrade, Carlos → Andrade, Carlos Drummond de

Drummond of Hawthornden, William, schott. Dichter und Schriftsteller, 13. 12. 1585 Hawthornden – 4. 12. 1649 ebda. Stud. Rechte Edinburgh, Bourges und Paris. Zog sich 1610 nach Hawthornden zurück und widmete sich ausschließl. lit. Arbeiten. Befreundet mit Drayton und Ben Jonson, dessen Besuch 1618 in Hawthornden D. in s. ›Conversations‹ schildert. ∞ 1632 E. Logan. Stand auf seiten der Royalisten, zu deren Gunsten er Flugschriften verfaßte. – S. Dichtung ›Forthfeasting‹, die James VI. verherrlicht, gehört zu s. besten Werken. D. schrieb Elegien, Sonette, relig. Gedichte und Satiren. S. Lyrik stand noch ganz in der elisabethan. Tradition und der Nachfolge Spensers. Vielseitig klass. gebildet. Harmon. Sprache; vorzügl. Beherrschung der Sonettform.

W: Teares on the Death of Meliades, G. 1613; Poems, 1616 (Faks. 1969); Forthfeasting, G. 1617; Flowers of Sion, G. 1623; History of Scotland 1423–1542, St. 1655; Poems, 1656. – Poetical Works, hg. L. E. Kastner II 1913 (n. 1968); Jonson's Conversations with W. D., hg. R. F. Patterson 1923 (n. 1974); Poems and Prose, hg. R. H. MacDonald 1971.

L: D. Masson, 1873 (n. 1969); A. Joly, 1934; F. R. Fogle, 1952; R. Erickson, 1969; E. Paganelli, 1972.

Druon, Maurice (eig. M. Kessel), franz. Romancier, * 23. 4. 1918 Paris. Stud. Philol. und an der Ecole des Sciences Politiques. Widerstandskämpfer, Kriegsberichterstatter, Journalist. 1966 Mitglied der Académie Française, 1973 Kultusminister; konservativ-restaurative Haltung. – Vf. naturalist., satir. u. breitangelegter Sittenromane über die Dekadenz der Pariser Hautevolee zwischen den beiden Weltkriegen mit einseitiger und schockierender, aber psycholog. und gesellschaftskrit. gelungener Darstellung. A. Dumas war Vorbild des 2. Zyklus ›Les rois maudits‹ über das Königshaus der Valois, den er mit 4 Mitarbeitern schrieb. Vf. iron. Memoiren.

W: Mégarée, Dr. 1942; Lettres d'un Européen, Ess. 1944; La dernière brigade, R. 1946; La fin des hommes, R. III 1948–51: I Les grandes familles, 1948 (Wer goldene Ketten trägt, d. 1949), II La chute des corps, 1950 (d. 1951), III Rendez-vous aux enfers, 1951 (d. 1952); alle 3 zus. u. d. T. Die großen Familien, 1971); Remarques, Ess. 1952; Un voyageur, K. 1953; La volupté d'être, R. 1954 (Und ist doch längst dahin, d. 1954, u. d. T. Die Contessa, 1963); Les rois maudits, R. VI 1955–60 (I–IV Die unseligen Könige, d. 1958, V/VI Die Wölfin von Frankreich, d. 1960); L'hôtel de Mondez, R. 1956 (d. 1968); Tistou les pouces verts, Kdb. 1957 (d. 1959); Alexandre le Grand, B. 1958 (d. 1962); Les mémoires de Zeus, R. II 1963–68 (d. 1969); Paris de César à Saint Louis, St. 1964 (d. 1966); Le pouvoir, Ess. 1965; Quand un roi perd la France, R. 1977 (d. 1979); Rois maudits VII, R. 1977. – Œuvres complètes, XXIII 1972ff.

L: K. D. Drissen, 1992.

Drury, Allen Stuart, amerik. Erzähler u. Journalist, 2. 9. 1918 Houston – 2. 9. 1998 San Fancisco. Stud. Stanford. Korrespondent u. Mitarbeiter zahlr. Zsn. (New York Times 1954–59). – S. Romane, in denen bisweilen dieselben Charaktere auftreten, schildern Vorgänge und Auseinandersetzungen auf höchster polit. Ebene in Washington.

W: Advise and Consent, R. 1959 (Macht und Recht, d. 1961); A Shade of Difference, R. 1962; That Summer, R. 1965; Three Kids in a Cart, Ess. 1965; Capable of Honor, R. 1966 (Macht und Ehre, d. 1967); Preserve and Protect, R. 1968; The Throne of Saturn, R. 1971; The Promise of Joy, R. 1975; The Hill of Summer, R. 1981; Decision, R. 1983; The Roads of Earth, R. 1984; Pentagon, R. 1986; Toward What Bright Glory?, R. 1990; Into What Far Harbor?, R. 1993; A Thing of State, R. 1995.

L: T. Kemme, 1987.

Druskin, Lev Savel'evič, russ. Lyriker, 8. 2. 1921 Petrograd – 26. 11. 1990 Tübingen. Aufgewachsen in Leningrad, litt an Folgen e. Kinderlähmung, veröfftl. 6 Gedichtbde. u. übersetzte viel aus den Lit. der U, bis er 1980 wegen s. beschlagnahmten Tagebuchs ausgewiesen wurde, lebte in Dtl., 1989 rehabilitiert. – D. verfaßte klare, oft erzählende Lyrik, in der persönl. Erleben u. relig. Gedanken sowie das Leben in der Emigration u. die Sehnsucht nach Rußland im Mittelpunkt stehen.

W: Ledochod, G. 1961; Spasënnaja kniga, Erinn. London 1984 (Der Neckar fließt nach Leningrad, d. 1986). – Übs.: Mein Garten ist zerstört, G. 1983.

Druten, John William van, engl. Dramatiker und Erzähler, 1. 6. 1901 London – 19. 12. 1957 New York. Jurastud. London, 1923–26 Dozent für Rechtswiss. Wales, ab 1926 freier Schriftsteller; häufige USA-Reisen. Ab 1944 amerik. Staatsgehörigkeit. – Erfolgr. Vf. zahlr. bühnenwirksamer Schauspiele, Roman- und Drehbuchautor. S. unterhaltsamen, bisweilen melodramat. und moralisierenden Stücke sind geprägt von e. realist. Darstellungsweise, gekonnter Dialogführung und lebenswahren Charakteren. Auch s. z. T. sentimentalen, realist. Romane behandeln einfühlsam zwischenmenschl. Beziehungen.

W: The Return Half, Sch. (1924); Young Woodley, Sch. 1926; Chance Acquaintances, Sch. (1927); Diversion, Sch. 1928; After All, Sch. 1929; A Woman on Her Way, R. 1930; London Wall, Sch. 1931; There's Always Juliet, Sch. 1931; Somebody Knows, Sch. 1932; Behold, We Live!, Sch. 1932; The Distaff Side, Sch. 1933; Flowers of the Forest, Sch. 1934; Most of the Game, Sch. 1936; And Then You Wish, R. 1937; Gertie Maude, Sch. 1937; The Way to the Present, Aut. 1938; Leave Her to Heaven, Sch. 1941; Old Acquaintance, Sch. 1941; The Voice of the Turtle, Sch. 1944; I Remember Mama, Sch. 1945; Bell, Book and Candle, Sch. 1951; I Am a Camera, Sch. 1952; The Vicarious Years, R. 1955 (Der Strom der frühen Jahre, d. 1956).

Drużbacka, Elżbieta, geb. Kowalska, poln. Dichterin, 1698 oder 1699 Großpolen (?) – 14. 3. 1765 Tarnów. Aus adl. Familie, lebte auf dem Landgut des Gatten, später auf Magnatenhöfen, nach Tod der Angehörigen im Kloster. – Erste poln. Schriftstellerin. Ihre Dichtung entstand vorwiegend im höheren Alter und ist Ausdruck der streng relig. Moral ihrer Umgebung. Das Leben von Sündern u. ihr erfolgr. Kampf gegen die Versuchung, bes. gegen sündige Liebe, geben den Inhalt ab. Die beste, von der Vorstellung des ›memento mori‹ getragene Dichtung ist ›Fabula o książęciu Adolfie‹. Ihr Werk wurde 1752 zum ersten Mal von Załuski herausgegeben: ›Zbiór rytmów duchownych, panegirycznych, moralnych i światowych‹, darin auch die beschreibenden Dichtungen ›Opisanie czterech części roku‹ u. ›Pochwała lasów‹.
A: Poezje, Leipzig II 1837; Ausw. 1903.
L: W. Stasiewicz, 1992.

Družinin, Aleksandr Vasil'evič, russ. Schriftsteller, 20. 10. 1824 Petersburg – 31. 1. 1864 ebda. Vater Beamter, trat 1840 ins Pagenkorps ein, Offizier, dann in der Kanzlei des Kriegsministeriums; verließ 1851 den Dienst, um sich der lit. Tätigkeit zu widmen. Tod durch Schwindsucht. – Hatte 1847 großen Erfolg mit der Novelle ›Polin'ka Saks‹, worin er, nach dem Vorbild des Romans ›Jacques‹ von George Sand, die Frauenfrage als e. moral. Problem im Sinne des Rechts der Frau auf die Freiheit ihrer Gefühle lit. gestaltet. S. weiteren belletrist. Werke sind unbedeutend. Wandte sich v. a. der Kritik und Lit.geschichte zu; namhafter Kritiker, welcher der ›didakt.‹ Theorie Černyševskijs und Dobroljubovs e. ›artist.‹ Theorie e. reinen, nicht utilitarist. Kunst gegenüberstellte. Schrieb e. Reihe von Essays über engl. Dichter; pflegte das humorist. Feuilleton. Shakespeare-Übs.
W: Sobranie sočinenij (W), VIII 1865–67; Povesti, dnevnik, 1986; Polin'ka Saks. Dnevnik, 1989.

Dryden, John, engl. Dramatiker, Dichter, Satiriker und Kritiker, 9. 8. 1631 Aldwincle/Northamptonshire – 1. 5. 1700 London. Erzogen in Westminster School, Stud. Cambridge. Lebte ab 1657 in London. Mitgl. der Royal Society. Ab 1654 als Sekretär für Milton und Marvell tätig. ∞ 1663 Lady Elizabeth Howard. Verließ London während der Pest, lebte bei s. Schwiegervater in Charleton. Veröffentl. nach der Rückkehr s. große Dichtung über die Pest, das Londoner Großfeuer und den Seekrieg mit Holland in ›Annus Mirabilis‹ (im heroischen Versmaß). Wurde 1668 zum Poet laureate und ›Historiographer Royal‹ mit Jahrespension ernannt. Während der Revolution 1683 wurden ihm Pension und Titel entzogen. In Westminster beigesetzt. – Bedeutendster engl. Schriftsteller s. Zeit, als solcher auch bes. heftig angegriffen, da s. Schrifttum alle Zeitströmungen spiegelte. In der Zeit des Commonwealth verherrlichte er den Tod Cromwells in s. ›Heroic Stanzas‹, 18 Monate später, nach der Restauration, feierte er Charles II. in ›Astraea Redux‹, was ihm sowohl von Zeitgenossen als auch in der Forschung den Vorwurf des Opportunismus einbrachte. In ›A Layman's Religion‹ setzte er sich für die Kirche von England ein, konvertierte aber 1886 zum Katholizismus u. pries James II. und die röm.-kathol. Kirche in ›The Hind and the Panther‹. Beschäftigte sich mit fast allen Dichtungsgattungen. Hatte während der Restauration Kontakt mit den ›King's Players‹, für die er 28 Bühnenstücke verfaßte, u.a. die Tragikomödie ›The Rival Ladies‹ und die Komödie ›Marriage a la Mode‹, mit der er die neue Lustspielgattung Englands, die ›comedy of manners‹, begründete. Sein Stück ›All for Love‹ gilt als eines der berühmtesten Restaurationsdramen; es handelt sich um eine nach klassizist. Regeln gestaltete Adaption von Shakespeares ›Anthony and Cleopatra‹, die auch die Figur der Cleopatra verharmlost darstellt. Von Frankreich (bes. Davenant) beeinflußt, war D. auch Schöpfer des heroischen Dramas in England, wobei Drama für ihn dramatisierte heroische Epik bedeutete. S. Dramen bringen pathet.-lebensferne Stilisierungen des Liebe-Ehre-Begriffes. D. legte s. künstler. Absichten zum heroischen Drama in 2 Essays dar: ›On Dramatick Poesie‹ und ›On Heroic Plays‹. Die Tragödien sind im heroischen Reimpaar geschrieben, strenge Einhaltung der 3 Einheiten. Zugleich auch e. brillanter Kritiker und erbarmungsloser Satiriker. Verfaßte formvollendete Satiren, mit denen er versch. Aspekte des polit. und gesellschaftl. Lebens aufs Korn nahm und damit auch in das polit. Geschehen eingriff. Berühmt v.a. seine Satire ›MacFlecknoe‹, die auf einen Streit mit dem Dramatiker Thomas Shadwell zurückgeht. Er begründete die Verwendung des Reimpaares als Metrum für engl. satir. und epigrammat. Dichtung. S. geistreichen Essays gewannen ihm den Beinamen ›Vater der engl. Prosa‹. S. Kritik und Literaturauffassung legten den Grundstein für die klassizistisch-rationalistische Poetik in England. Schrieb auch vorzügl. Gedichte, so die von Händel vertonte ›Ode von St. Cecily's Day‹. Übs. Vergils.

W: A Poem upon the Death of Oliver, Lord Protector, 1659 (auch u.d.T. ›Heroique Stanzas‹); Astraea Redux, Dicht. 1660; The Rival Ladies, Tragikom. 1664; Annus Mirabilis, Dicht., 1667; An Essay of Dramatick Poesie, 1668 (n. T. Arnold ³1904); Tyrannick Love, Dr. 1669; Marriage à la Mode, K. 1673 (n. M. S. Auburn 1981); Aurengzebe, Dr. 1676 (n. F. M. Link 1971); All for Love, Dr. 1678 (n. N. J. Andrew 1975); Absalom and Achitophel, Sat. 1681 (n. W. D. Christie ⁵1911); Mac Flecknoe, Sat. 1682; Religio Laici, Dicht. 1682; The Hind and the Panther, Dicht. 1687; The Works, Drn. 1691; Virgil, Übs. 1697; Alexander's Feast, 1697 (auch u.d.T. ›Ode on St. Cecily's Day‹); Fables, Ancient and Modern, 1700; Original Poems, 1701; Comedies, Tragical Works and Operas, II 1701. – Works, hg. W. Scott XVIII 1808, rev. G. Saintsbury 1882–93; hg. E. N. Hooker, H. T. Swedenberg 1956ff.; Major Works, hg. K. Walker, 2003; Poet. Works, hg. G. R. Noyes ²1950; hg. J. Kinsley IV 1958; Dramatic Works, hg. M. Summers VI 1931f.; Essays, hg. W. Ker II ²1926; hg. G. Watson II 1962; Letters, hg. C. E. Ward 1942.

L: W. Scott, The Life of J. D., 1826; A. W. Verrall, 1914; T. S. Eliot, 1932, M. van Doren, ²1946; K. Young, 1954; W. Bleuer, 1957; C. E. Ward, 1961; F. H. Moore, The Nobler Pleasure, 1963; B. N. Schilling, hg. 1963; A. C. Kirsch, D.'s Heroic Dr., 1964; S. A. Zebouni, 1965; R. Wasserman, 1965; J. M. Osborne, ²1965; B. King, 1966; E. Miner, 1967; P. Harth, 1968; P. Ramsey, 1969; K. G. Hamilton, 1969; E. Späth, D. als poeta laur., 1969; R. D. Hume, 1970; J. D., hg. E. Miner 1974; J. Garrison, D. and the Tradition of Panegyric, 1975; G. McFadden, 1978; G. D. Atkins, 1980; D. Hopkins, 1986; H. Bloom, 1987; D. Bywaters, D. in Revolutionary England, 1991; M. Gelber, The Just and the Lively: The Literary Criticism of J. D., 1999; S. Gillespie, 2001. – *Bibl.:* S. H. Monk, 1950; H. Mcdonald, ²1967; J. A. Zamonski, 1975; D. J. Latts, S. H. Monk, 1976; Konkordanz: G. Montgomery, 1967.

Držić, Džore, kroat. Dichter, 6. 2. 1461 Ragusa – 26. 9. 1501 ebda. Bürgerl. Abstammung, Dr. jur. Geistlicher. – Mit Š. Menčetić bedeutendster Vertreter der südslaw. Troubadourlyrik; s. im Stil Petrarcas gedichteten Liebeslieder, die oft an das Volkslied anklingen, preisen nicht die weltl., sondern die geistl. Liebe.

A: Stari pisci hrvatski 2, hg. V. Jagić 1870, hg. M. Rešatar 1937, hg. J. Hamm 1965; Zbornik stihova 15. i 16. st., hg. R. Bogišić 1968.

Držić, Marin, kroat. Dramatiker, um 1508 Ragusa – 2. 5. 1576 Venedig. Stud. Theol. Ragusa und Siena, hier erwachte s. Vorliebe fürs Theater (bis 1545), reiste nach Wien und Konstantinopel, ab 1562 im Dienst des Bischofs von Venedig; suchte als Bürgerlicher 1566 mit Hilfe des Fürsten von Toscana die ragus. Adelsherrschaft zu stürzen. – Mit s. gereimten Schäferspielen und Lustspielen in Prosa, die an Plautus und Boccaccio erinnern, Schöpfer der ragus. Renaissancekomödie. Ausgeprägter Sinn für kom. Situationen. Übs. Euripides.

W: Pomet, K. (1548); Tirena, Dr. (1549); Novela od Stanca, K. (1550); Dundo Maroje, K. (1551); Venera i Adon, Dr. 1551; Skup, K. (1553); Plakir, Dr. (um 1553–55); Hekuba, Übs. 1559; Mande, K.; Arkulin, K.; Pjerin, K. (alle nach 1559). – Djela (Stari pisci hrvatski 7, hg. M. Rešetar, ²1930; Izabrana djela (AW), hg. M. Ratković 1962; Djela, 1979, 1987.

L: J. Torbarina, Italian Influence on the Poets of the Ragusan republic, Lond. 1931; M. Savković, 1932; M. Krleža, 1949; C. van den Berk, Den Haag 1955; M. Pantić, 1964; F. Švelec, Komički teatar M. D., 1968; Zbornik radova, 1969; F. Čale, 1978; R. Bogišić, 1996; S. P. Novak, ²1996.

Dscha… → Dja

Dschajadewa → Jayadeva

Dschalāl-ad-Dīn-Rūmī → Rūmī, Ğalālu'd-Dīn, Maulānā

Dschamâlzâde → Ğamāl-zādé, Sayyed Moḥammad ʿAlī

Dschāmī → Ğāmī, Maulānā Nūru'd-Dīn ʿAbdu'r-Raḥmān

Dschatakas → Jātakas, die

Ds(c)hawachischwili, Micheil → Javaxišvili, Mixeil

Dschelāl-ed-Dīn Rūmī → Rūmī, Ğalālu'd-Dīn, Maulānā

Dschuang Dsī → Zhuangzi

Dschurdschānī → Gurgānī, Faḫru'd-Dīn Asʿad

Dsida, Jenő, ungar. Dichter, 17. 5. 1907 Szatmárnémeti/Satu Mare (Rumänien) – 7. 6. 1938 Kolozsvár/Cluj (Rumänien). 1925 Abitur in Szatmárnémeti. Jurastud. in Kolozsvár. Erste Gedichte 1924 in der Kinderzs. ›Cimbora‹. 1928/29 Hauslehrer. 1930 Mitgl. d. Siebenbürgischen Literaturgesellsch. (Erdélyi Irodalmi Társaság) 1931 Mitgl. u. Sekretär der Siebenbürg. kathol. Akad. Ab 1934 Red. d. Zs. ›Keleti Újság‹, Lektor beim Verlag Erdélyi Szépmíves Céh. Häufige Erkrankungen; 1938 früher Tod. – Exzellenter Formkünstler. Synthetisierte in s. Lyrik die klass. Traditionen der Poesie u. die Errungenschaften der Avantgarde.

Früh stark assoziative Metaphorik, in späten bukolischen Idyllen christl. Stoizismus.

W: Leselkedő magány, G. 1928; Nagycsütörtök, G. 1933; Angyalok citeráján, G. 1938, Összegyűjtött versek és műfordítások, ges. G. 1983.

L: B. Pomogáts, Tükör előtt, 1998.

Duarte, Fausto, kapverdian. Erzähler, 28. 10. 1903 Praia (Santiago, Cabo Verde) – 9. 5. 1953 Lissabon. Agronom, lebte in Portugal u. Dtl.; später Verwaltungsangestellter in Portugies.-Guinea. – Trotz s. kapverdian. Herkunft gilt D. als guineischer Schriftsteller, da s. Werke aufgrund ihrer positiven Darstellung der Afrikaner dort identitätsstiftend wirkten. Zentrale Themen sind der Zivilisationskonflikt zwischen Europa u. Afrika sowie die Folgen des Kolonisationsprozesses, die aus leicht paternalist. Perspektive dargestellt werden.

W: Auá, R. 1934; O Negro Sem Alma, R. 1935; Foram Estes os Vencidos, En. 1945.

Du Bartas, Guillaume de Salluste, seigneur, franz. Dichter, 1544 Montfort/Gascogne – Juli 1590 Paris. Kaufmannssohn; sorgfältig gebildet. Im diplomat. Dienst Heinrichs IV. von Navarra. 1587 in England und Schottland. – Der kraftvollste und schöpferischste Dichter unter den Ronsard-Schülern. Behandelte als überzeugter Hugenotte nicht antike, sondern bibl. Stoffe; bereits s. ersten langen Gedichte sind religiös und lehrhaft. Bekannt und bei den Zeitgenossen berühmt mit s. unvollendeten großen Hauptwerk, e. ep. Gedicht über die Geschichte des Universums, ›La Sepmaine‹, 6000 Alexandrinerverse über die Schöpfung der Welt. Vollendete von 7 geplanten Gesängen nur den 1., plante, in den Fortsetzungen bis zu der Zeit Christi vorzudringen. Das Werk, das unter der Länge der eingeschobenen theoret. Erörterungen, oft verworrenem und geschwollenem Stil sowie übermäßigem Gebrauch zusammengesetzter Wörter leidet, zeichnet sich durch kraftvolle Phantasie aus. Es wurde sehr oft aufgelegt, nachgeahmt und in viele europ. Sprachen übersetzt.

W: Judith, Ep. 1573 (n. A. Baïche 1971); La sepmaine ou création du monde, Ep. 1578 (n. K. Reichenberger 1963); La seconde sepmaine, Ep. 1584–93. – Les Œuvres, hg. S. Goulart 1610; The Works, hg. U. T. Holmes, J. C. Lyons, R. W. Linker, Chapel Hill III 1935–40.

L: G. Pellissier, 1882; G. C. Taylor, Milton's use of Du B., Lond. 1934; M. Braspart, 1947; K. Reichenberger, 1962 u. 1963; J. Dauphiné, 1981.

Du Bellay, Joachim, franz. Dichter, 1522 Liré/Anjou – 1. 1. 1560 Paris. Aus berühmtem Adelsgeschlecht; ab 1547 Stud. Jura, Studienkollege von Ronsard und Baïf am Collège Coqueret in Paris. 1553–57 als Sekretär s. Onkels, des Kardinals Jean Du B., berufl. und persönl. enttäuschender Rom-Aufenthalt. Letzte Jahre in Paris als Hofdichter neben Ronsard. – Bedeutendster Vertreter der Pléiade neben Ronsard. Maßgebl. Verfasser des 1. Manifestes der Pléiade, der Poetik ›Défense et illustration de la langue française‹, worin er für e. Dichtung in franz. Nationalsprache eintrat, die aus künstler. Nacherleben antiker und ital. Lit. entstehen sollte. Verwirklichte als erster die Regeln der neuen Poetik. Meister des Sonetts. Die 1. franz. Sonettfolge, ›L'Olive‹, 115 petrarkisierende Sonette, an e. wahrscheinl. nur erdachte Frau gerichtet. S. besten Werke sind die in Rom entstandenen ›Les antiquitez de Rome‹, e. gelehrte Darstellung der Größe Roms in der Antike und melanchol. Meditationen über s. Niedergang, und ›Regrets‹, ganz persönl. eleg.-satir. Sonette über den als Exil empfundenen Rom-Aufenthalt, voller Heimweh und enttäuschter Hoffnung, mit iron.-satir. Teilen über das röm. Leben. Neben ›Jeux rustiques‹ auch lat. Gedichte und Übsn. von Teilen der ›Aeneis‹.

W: Défense et illustration de la langue française, Schr. 1549 (n. H. Chamard 1948; d. E. Lommatzsch 1920); L'Olive, I u. Vers lyriques, 1549; Recueil de poésie, 1549, 1553; L'Olive II u. Musagnœomachie, 1550; Divers poèmes, 1552; Les jeux rustiques, 1558 (n. V.-L. Saulnier ²1966); Les regrets, 1558 (n. E. Droz 1945; J. Jotifte, 1966; Ausz. dt. R. Frh. v. Ungern-Sternberg, 1925f.); Les antiquitez de Rome, Sdn. 1558 (n. E. Droz 1945); Poemata, 1558; Le poète courtisan, Sat. 1559; Discours, 1558–67; Les amours, 1568; Xénia, Epigr. 1569. – Œuvres poétiques, hg. H. Chamard VI 1908–31; E. Courbet II 1918; Poésies, hg. H. Longnon 1927; Concordance des œuvres poétiques, hg. K. Cameron 1988; Lettres, 1883, 1918.

L: H. Chamard, 1900; J. Vianey, Les regrets de Du B., 1930; F. Ambrière, ³1933; F. M. Boyer, 1958; G. Dickinson, Du B. in Rome, 1960; G. Saba, Florenz 1962; V.-L. Saulnier, ⁴1968; R. Schwaderer, 1968; R. Griffin, 1969; W. Bots, 1970; F. Boyer, 1973; M. Smith, 1974; D. G. Coleman, 1980; P. Galand-Hallyn, 1995; F. Roudot, 1995; R. Brevet, 1995; G. Demarson, 1996.

DuBois, William Edward Burghardt, afroamerik. Schriftsteller, 23. 2. 1868 Great Barrington/MA – 27. 8. 1963 Accra/Ghana. Stud. u. Ph.D. Harvard (1895). Prof. an zahlr. Univ. Vf. hist. und soziolog. Werke, Hrsg. (›Crisis‹, 1910–34) u. Verleger. Wanderte später nach Ghana aus. – Pionier der ›Civil-Rights‹-Bewegung. Mitbegründer der NAACP. Scharfer Kritiker der Rassendiskriminierung u. der Anpassung der Schwarzen im Sinne e. Booker T. Washington.

W: The Souls of Black Folk, Ess. 1903; John Brown, 1909; The Quest of the Silver Fleece, R. 1911; The Negro, 1915; Darkwater, Ess. 1920; The Craft of Black Folk, 1924; Dark Princess, R. 1928; Black Reconstruction, 1935; Dusk of Dawn, Ess. 1940; The Black Flame,

R.-Tril. 1957–61. – Selected Poems, G. 1964; The Autobiography of W. E. B. D., hg. H. Aptheker 1968; Correspondence, III 1979; Complete Published Works, XXXV 1973–85; Writings, 1986; DuBois Reader, hg. D. L. Lewis 1995; DuBois Reader, hg. E. J. Sundquist 1996.

L: R. A. Bone, 1958; F. L. Broderick, 1959; E. M. Rudwick, 1960; H. Aptheker, 1968; Rampersad, 1976; W. L. Andrews, hg. 1985; A. Rampersad, 1989; D. L. Lewis, 1993; A. L. Reed, 1997. – Bibl.: H. Aptheker, hg. 1973.

Du Bos, Charles, franz. Schriftsteller, 27. 10. 1882 Paris – 5. 8. 1939 Celle-Saint-Cloud. Vater Präsident e. exklusiven Jockey-Clubs; 1900/01 Stud. Lit. Oxford, wiederholte Aufenthalte in Florenz, längere Zeit in Berlin. Freundschaft mit A. Gide. In den letzten 20 Lebensjahren schwere Krankheit. 1927 Rückkehr zum kathol. Glauben. – Schöpfer. Kritiker, Hrsg. und Übs. ausländ. Lit. Außergewöhnl. Kenner der europ. Lit. In lit. Studien und Vorträgen lange Untersuchungen über franz. und ausländ. Autoren. Feind des Rationalismus. Intuitiver Denker von großer Einfühlungsgabe und tiefer Religiosität. Erfaßte, sich dem Werk von mehreren Seiten her nähernd, mit Sicherheit die Individualität des jeweiligen Autors in ihrer Einmaligkeit, bemühte sich, das Werk aus der Einheit der betreffenden schöpfer. Persönlichkeit zu erklären, dies bei ständiger selbstkrit. Reflexion, stellte gleichzeitig die Beziehung zum weiteren geistigen Zusammenhang her.

W: Notes sur Mérimée, 1921; Approximations, VII 1922–37; Extraits d'un journal, 1928, 1931; Byron et le besoin de la fatalité, 1929; Le dialogue avec A. Gide, 1929 (d. 1961); F. Mauriac et le problème du romancier catholique, 1933; Qu'est-ce que la littérature?, Vortr. 1938 (d. 1949); Fragments inédits du journal, 1946; Grandeur et misère de B. Constant, 1946; Commentaires, 1946; Journal, IX 1946–61; Bernanos, essais et témoignages, 1949; Goethe, 1949; La comtesse de Noailles et le climat du génie, 1949; Lettres de C. Du B. et réponses d'A. Gide, 1950.

L: M.-A. Gouhier, 1951; J. Hérissay, 1952; J. Mouton, 1955; Ch. Dédéyan, Le cosmopolitisme litt. de D., III 1965–71; B. Halda, 1966; C. J. Mertens, Diss. Nijmegen 1967; M. Lelen, 1976; G. Poulet, 1977; M.-J. Cambieri Tosi, 1979; M. Crépu, 1990.

Du Bouchet, André, franz. Lyriker, 7. 3. 1924 Paris – 19. 4. 2001 Truinas/Drôme. Stud. Amherst und Harvard. – Vf. ellipt. verkürzter, betont wortkarger u. abstrakter, die Realität punktuell verdichtender Verse. Übs. Hölderlin, Shakespeare, Joyce.

W: Le moteur blanc, G. 1946; Ajournement, G. 1960; Dans la chaleur vacante, G. 1961 (d. 1968); Laisses, G. 1979; L'incohérence, G. 1979; Rapides, 1980; Ici en deux, 1986; ... désarcodée comme par de la neige, 1989; Axiales, 1992.

L: P. Chappuis, 1979; Y. Peyré, 1999.

Duboŭka, Uladzimir Mikalaevič, weißruss. Lyriker, 15. 7. 1900 Ogorodniki/Gebiet Vitebsk – 20. 3. 1976. Arbeitete als Dorfschullehrer, 1924 Abschluß am Brjusov-Lit.institut, erste Gedichte 1921, Ende der 40er Jahre zu Verbannung u. Lagerhaft verurteilt, übers. Puškin u. Byron ins Weißruss. – D.s Gedichte orientieren sich am Vorbild Ja. Kupalas, weisen zahlr. Motive aus der Folklore auf, thematisieren v. a. das Leben im westl. Weißrußl., die anfängl. romant. Stimmungen machen allmähl. ernsteren Überlegungen Platz.

W: Tryscë, G. 1925; Tam, dze kiparysy, G. 1925; Credo, G. 1926; Cudoŭnaja znachodka, G. 1960; Milovica, G. 1962. – Vybranyja tvory (Ausw.), II 1965.

Dubus, André, amerik. Schriftsteller, 11. 8. 1936 Lake Charles/LA – 24. 2. 1999 Haverhill/MA. U.S. Marine Corps 1958–64, danach Studium, 1966–84 Hochschullehrer in Bradford/MA, Gastprofessor an renommierten Universitäten. – Vf. von Erzählungen und Romanen, die sich in naturalist. Stil Alltagsereignissen widmen und dabei anhand von vereinsamten Figuren insbes. die Geschlechterverhältnisse beleuchten.

W: The Lieutenant, R. 1967; Separate Flights, En. 1975; Adultery and Other Choices, En. 1977 (Ehebruch und anderes, d. 1988); Finding a Girl in America, En. 1980; We Don't Live Here Anymore, En. 1984 (Sie leben jetzt in Texas, d. 1991); The Last Worthless Evening, En. 1986; Blessings, R. 1987; Bluesman, R. 1993; Dancing After Hours: Stories, En. 1996; Meditations from a Movable Chair, Ess. 1998. – Selected Stories, 1988.

L: T. E. Kennedy, A. D.: A Study of the Short Fiction, 1988.

Ducamp, Maxime, franz. Schriftsteller, 8. 2. 1822 Paris – 8. 2. 1894 Baden-Baden. Mitarbeiter von ›Revue des deux mondes‹ und ›Revue de Paris‹. Auslandsreisen: Algerien, Holland, in den Orient zusammen mit Flaubert, mit dem er begrenzte Zeit befreundet war. – Erzähler, glänzender Kritiker, Lyriker, Vf. von Reiseberichten und aufschlußreichen sozialpolit. Werken bes. über die Kommune von Paris. Von bes. Interesse s. Erinnerungen an die gemeinsam mit Baudelaire, G. de Nerval und Th. Gautier verbrachte Jugend.

W: Souvenirs et paysages d'Orient, 1848; Le livre posthume. Mémoires d'un suicidé, Aut. 1853; Les chants modernes, G. 1855; Les convictions, G. 1858; En Hollande, 1859; Paris, ses organes, ses fonctions et sa vie dans la seconde moitie du XIXe siècle, VI 1869–75; Souvenirs de l'année 1848; 1876; Les ancêtres de la commune, L'attentat de Fieschi, 1877; Les convulsions de Paris, IV 1878f.; Souvenirs littéraires, II 1882f. (n. 1962); Th. Gautier, B. 1890; Mémoires, 1960.

L: E. Seillière, 1928; A. Finot, 1949.

Ducasse, Isidore-Lucien Comte de → Lautréamont,

Ducharme, Réjean, frankokanad. Schriftsteller, * 1941 Saint-Félix-de-Valois/Quebec. Kaufmann, zahlr. Reisen außerhalb Kanadas, Maler und Bildhauer (unter dem Pseudonym Roch Plante). – Vf. von Drehbüchern, Romanen und Dramen, mit denen er an der polit. Entwicklung seines Landes teilnimmt.

W: L'Avalée des avalées, R. 1966; Le Ne qui voque, R. 1967; L'Océantume, R. 1968; Le Cid maghané, Dr. 1968; Ines Pérée et Inat Tendu, Dr. 1968; Les Bons Débarras, Drb. 1979; Ha ha!, Dr. 1982; Dévadé, R. 1990; Va savoir, R. 1994.

Dučić, Jovan, serb. Dichter, 17. 2. 1874 Trebinje – 7. 4. 1943 Gary/USA. Lehrer, Stud. Rechte Genf u. Paris; Diplomat in Rom, Athen, Madrid, Genf u. Kairo, Mitglied der Akad. Emigrierte im 2. Weltkrieg in die USA. – Bewegte sich zunächst in den Fußstapfen V. Ilić', dessen Stimmungslyrik er in Rhythmus u. Wortschatz nachahmte, erreichte jedoch in s. Suchen nach ›allg. menschl. Werten‹ unter dem Einfluß der Symbolisten s. künstler. Höhepunkt. Hauptmerkmale s. Lyrik u. Essays sind geschlossene Form, bildhafte, musikal. Sprache.

W: Pjesme, G. 1901; Pjesme u prozi, G. in Prosa, 1902; Jadranski soneti, G. 1906; Pesme, G. 1908; Blago cara Radovana, Ess. 1931; Grof Sava Vladislavić, B. 1942; Lirika, G. 1943; Staza pored puta – Moji saputnici – Jutra sa Leutara, G., Prosa 1951; Pesme, putopisi, eseji, G., Reiseb., Ess. 1957. – Sabrana dela (GW), X 1929–51, 1989; Stihovi i Proza, Ausw. 1952 (m. Bibl.); Izabrana dela (AW), V 1982. – Übs.: Die blauen Legenden, 1948.

L: P. Slijepčević, Sabrani ogledi I, 1956; K. St. Pavlović, Mail. 1967; S. Vitanović, 1990.

Ducis, Jean-François, franz. Lyriker, Übersetzer und Dramatiker, 22. 8. 1733 Versailles – 31. 3. 1816 ebda. 1779 Mitglied der Académie Française. – Hatte großen Erfolg mit Übsn. von Shakespeare-Dramen nach bereits vorliegenden Übsn., wenig getreue Übertragungen, die Shakespeares Realismus und Charakterdarstellung unterdrükken, sich auf die Wiedergabe der Handlung beschränken, die D. gemäß den Regeln des klassizist. Geschmacks nach dem Vorbild der Voltaire-Dramen darstellt. Von Voltaire scharf angegriffen. S. Verdienst liegt darin, Shakespeare als erster auf die franz. Bühne gebracht und so die Entwicklung zum roman. Drama gefördert zu haben. S. eigenen Stücke sind farblos, s. Gedichte mit Naturbeschreibungen und moral. Betrachtungen werden teilweise heute noch gelesen.

W: Hamlet, Übs. 1769; Roméo et Juliette, Übs. 1772; Œdipe chez Admete, Dr. 1778; Le roi Lear, Übs. 1783; Macbeth, Übs. 1784; Othello, Übs. 1792; Abufar ou la feuille arabe, Dr. 1795. – Œuvres, IV 1819–26; Œuvres posthumes, 1827; Lettres, hg. P. Albert 1879.

L: O. Leroy, ²1835; J. Jusserand, Shakespeare en France, 1898; J. Golder, 1992.

Duclos (eig. Pinot, Pineau), Charles, franz. Schriftsteller, 12. 2. 1704 Dinan – 26. 3. 1772 Paris. Zog in Paris dem Jurastud. Besuch der Cafés vor. 1744 Mitgl. der Académie Française, deren ständiger Sekretär; 1750 in Nachfolge Voltaires königl. Historiograph. Protegiert von Ludwig XV. und Mme de Pompadour. – Erzähler; begann mit Romanen über heikle Themen. S. Hauptwerk ›Considérations sur les mœurs de ce siècle‹, das während s. Tätigkeit bei Hof entstand, e. lebendiges u. psycholog. gutentwickeltes Bild von Sitten und Persönlichkeiten s. Zeit.

W: Les confessions du comte de ..., R. 1742 (n. L. Versini 1969; d. um 1793); Acajou et Zirphile, R. 1744; Histoire de Louis XI, 1745; Considérations sur les mœurs de ce siècle, 1751 (n. F. C. Green, Cambr. 1939; d. 1758, 1924); Mémoires secrets sur les règnes de Louis XIV, la régence et le règne de Louis XV, 1791 (d. L. F. Huber 1792f.). – Œuvres complètes, X 1806, 1855; Correspondance, hg. J. Breugues 1970.

L: J. M. Peigné, 1867; L. le Bourgo, 1902; P. Meister, 1956; K. Radieke, Diss. 1975; J. Brengues, 1995.

Dudek, Louis, kanad. Lyriker, 6. 2. 1918 Montreal – 22. 3. 2001 ebda. Poln. Herkunft. Stud. Montreal u. New York; Hrsg., Verleger, Kritiker. – Frühe marxist.-realist. Lyrik, mit ›Europe‹ Hinwendung zu e. vom Modernismus beeinflußten meditativ-introvertierten Schreibweise; zentrale Themen sind Kunst u. kreativer Prozeß.

W: East of the City, G. 1946; Europe, G. 1955; The Transparent Sea, G. 1956; En México, G. 1958; Atlantis, G. 1967; Collected Poetry, G. 1971; The Poetry of Louis Dudek, G. 1998; Continuation, G. I 1981, II 1990, III in: The Caged Tiger, 1997; The Surface of Time, G. 2000.

L: F. Davey, 1980; S. Stromberg-Stein, 1983; G. Hildebrand, 2001.

Dudincev, Vladimir Dmitrievič, russ. Erzähler, 29. 7. 1918 Kupjansk, Ukraine – 23. 7. 1998. Stud. Rechte Moskau; wurde 1956 durch den ersten, das kommunist. System entlarvenden Roman ›Ne chlebom edinym‹ international bekannt, lebte in Moskau. – D.s Roman stellt die sowjet. Oberschicht als privilegierte Klasse den unteren Schichten gegenüber, zeigt das beharrl. Ringen e. idealist. Erfinders mit dem Widerstand der Bürokraten u. der offiziellen Vertreter der Wiss. Auch s. zweiter Roman, ›Belye odeždy‹, der nach 20jähriger Unterdrückung 1987 erschien u. die Verfolgung der Genetiker 1948 angreift, hat mehr polit. als lit. Bedeutung.

W: Ne chlebom edinym, R. 1956 (Der Mensch lebt nicht vom Brot allein, d. 1957); Novogodnjaja skazka, E.

(Ein Neujahrsmärchen, d. 1960); Belye odeždy, R. 1987; Meždu dvumja romanami: Povest', R. 2000.

Duffy, Maureen, engl. Schriftstellerin, * 21. 10. 1933 Worthing. Bis 1960 Lehrerin in Neapel u. London. – Als gesellschaftl. Außenseiter stehen ihre Figuren zwischen der Macht des Wissens u. der erlösenden Kraft der Liebe. Spiel mit Wahrheit von Mythen, das sich in narrativer Form spiegelt. Großer Reichtum an Details u. raffinierten Metaphern.

W: That's How It Was, R. 1962; The Single Eye, R. 1964; The Microcosm, R. 1966; The Silk Room, Dr. (1966); Lyrics for the Dog Hour, G. 1968; Rites, Dr. 1969; Love Child, R. 1971; The Erotic World of Faery, St. 1972; Actaeon, G. 1973; Evesong, G. 1975; Capital, R. 1975; The Passionate Shepherdess Aphra Behn 1640–89, B. 1977; Housespy, R. 1978 (Die Lady ist fürs Feuer, d. 1979); Memorials of the Quick and the Dead, G. 1979; Inherit the Earth, St. 1980; Gor Saga, R. 1981; Londoners: An Elegy, R. 1983; Change, R. 1987; Illuminations, R. 1992; England, Mon. 2001. – Collected Poems, 1985.

Dufresny, Charles (gen. Rivière), franz. Dramatiker, 1648 Paris – 6. 10. 1724 ebda. Günstling Ludwigs XIV., von dem er Pensionen und Privilegien erhielt. Kontrolleur der königl. Gärten. 1710–13 Redakteur des ›Mercure galant‹. Musiker u. Zeichner. – Schrieb teilweise kompositionell schlechte, aber einfallsreiche u. geistvolle Charakterkomödien. S. Prosawerk ›Les amusements sérieux et comiques d'un Siamois à Paris‹, das dem Interesse der Zeitgenossen für den Orient entgegenkam, galt als Vorläufer der ›Lettres Persanes‹ von Montesquieu.

W: Le chevalier joueur, K. 1697; La noce interrompue, K. 1699; Le malade sans maladie, K. 1699; Les amusements sérieux et comiques d'un Siamois à Paris, E. 1699 (n. 1922); L'esprit de contradiction, K. 1700 (d. L. A. V. Gottsched 1746); Le double veuvage, 1702; Le jaloux honteux de l'être, K. 1708; La joueuse, 1709 (d. G. B. Strauben 1746); Le lot supposé ou la coquette du village, K. 1715; La réconciliation normande, K. 1719; Le mariage fait et rompu, K. 1721. – Œuvres, 1731, 1747.

L: W. Domann, D.s Lustspiele, 1904; G. Jamati, La querelle du joueur, 1937.

Du Fu, chines. Dichter, 712 Duling (Shensi) – 770 b. Changsha. Nach Mißerfolg bei der Beamtenprüfung längere Reisen, erst ab 755 Sinekure; 756 Flucht vor Aufstand, dann kleinere Ämter in Chang'an, Huazhou und Chengdu. Krankheit, Unsicherheit und Reisen kennzeichnen s. letzten Jahre ab 765. – D. gilt neben Li Bo als größter Dichter der mittleren Tang-Zeit; v. a. seine Gedichte im alten Stil (gu shi), aber auch die formal strengeren Regeln unterworfenen Gedichte im neuen Stil begründen s. Ruhm. Mit konfuzian. Ethos polit.-soz. engagierte Lyrik, Schilderung der Leiden des Volks unter Krieg und Bürgerkrieg; aber auch Freundschaft, Abschied und Erinnerungen sind Themen s. umfangreichen lyr. Werks.

A: Du Gongbu shiji, G.; Du gongbu wenji, Prosa. – Übs.: F. Ayscough, Tu Fu: The Autobiography, London 1929; dies., Travels of a Chinese Poet, London 1934; E. von Zach, Cambr./MA 1952; W. Hung, Cambr./MA 1952. – Bibl. d. Übs.: S. S. K. Fung, S. T. Lai, 25 Tang Poets, Hongkong 1984.

L: W. D. Hawkes, Oxf. 1967; A. R. Davis, N. Y. 1971.

Du Gard, Roger Martin → Martin du Gard, Roger

Dugonics, András, ungar. Schriftsteller, Mathematiker, 18. 10. 1740 Szeged – 26. 7. 1818 ebda. Ab 1756 Piaristenmönch. Stud. Theol. u. Philos. Schrieb erste Schuldramen u. Gedichte als Gymnasiallehrer. Ab 1774 Mathematikprof. an Univ. in Nagyszombat, dann Pest. Rückkehr 1808 nach Szeged. – Schrieb episch-narrative Dramen in lat., dt. u. ungar. Sprache, folgte im Stil des Spätbarock den Traditionen von Plautus u. Moliére. Bevorzugt Liebesthemen mit moralischen Reflexionen. 1820 posthum Sprichwörterslg. (Magyar példabeszédek és jeles mondások).

W: Actio Dialogica, Dr. 1762; Opimius, Dr. 1769; Etelka, R. 1788; Jolánka, Etelkának leánya, R. 1802–04; Cserei, R. 1808.

L: Gy. Gyuris, D. A. bibliográfiája, 1969.

Duhamel, Georges (Ps. Denis Thévenin), franz. Schriftsteller, 30. 6. 1884 Paris – 13. 4. 1966 Valmondois. Arztsohn; Stud. Medizin; Chirurg und Forscher. Gründete 1906 mit C. Vildrac u. a. in Crétail die ›Abbaye‹ gen., nur 15 Monate bestehende Künstlergemeinschaft, von der der Unanimismus ausging. Ab 1913 einflußreicher Lit.kritiker des ›Mercure de France‹. Als Arzt im 1. Weltkrieg. 1918 Prix Goncourt. 1919 kurze Zeit Anhänger der Antikriegsbewegung ›Clarté‹. Reisen durch Afrika, Europa, Amerika und Asien. 1935–37 Leiter des ›Mercure de France‹. 1930 Großer Literaturpreis, ab 1936 Mitglied der Académie Française. – Dichter des zeitgenöss. Bürgertums und s. seel. Situation. Scharfer Beobachter und feinfühliger Psychologe, erfüllt von Menschenliebe und Sehnsucht nach e. friedl., auf Humanität und Verinnerlichung gegründeten Welt. Unsentimentales Werk ohne Pathos, mit Humor und (in der Tradition Balzacs und Stendhals) in einfachem klarem Stil geschrieben: Romane, Erzählungen, Dramen, Gedichte, Essays und Kritiken. Europ. Ruf durch unmittelbar unter dem Eindruck s. Erlebnisse als Frontarzt entstandene sachl. Kriegsbücher, die erschüttern und aus tiefem Mitleid zum Frieden mahnen, 2 Romanzyklen: ›Vie et aventures de Salavin‹, die Geschichte der das ganze Leben währenden Krisis e. zu sensiblen Durchschnittsbürgers, dem e. Anpassung an die Wirklichkeit nicht gelingt, und ›Chronique des Pasquier‹, e. Familienchronik von 1890 bis nach dem 1. Weltkrieg. Als ›Realist der Seele‹ nimmt D. wenig Interesse an Zeitgeschichte, im Vordergrund steht das rein Menschliche. In Prosaschriften Stellungnahme gegen Materialismus, Technisierung und Vermassung, Bekämpfung des Nationalsozialismus. Erfolgreicher Bühnenschriftsteller.

W: Des légendes, des batailles, G. 1907; La lumière, Dr. 1911 (d. 1921); Compagnons, G. 1912; Le combat, Dr. 1913; Paul Claudel, Es. 1913; Vie des martyrs 1914 à 1916, Nn. 1917 (d. 1919); Civilisation 1914–1917, Nn. 1918; La possession du monde, Es. 1919 (d. 1922); Elégies, 1920 (d. 1933); L'œuvre des athlètes, K. 1920 (d. 1921); Vie et aventures de Salavin, R.-Zykl. V 1920–32: Confession de minuit, 1920 (d. 1948), Deux hommes, 1924 (d. 1924), Journal de Salavin, 1927, Le club des Lyonnais, 1929, Tel qu'en lui-même, 1932 (die beiden letzten u. d. T. Dir kannst du nicht entfliehen, d. 1933); Les hommes abandonnés, R. 1921 (d. 1925); Les plaisirs et les jeux, Aut. 1922 (Vaterfreuden, d. 1927); Le prince Jaffar, Nn. 1924 (d. 1926); Lettres au Patagon, Ess. 1926 (d. 1927); La nuit d'orage, R. 1928 (d. 1928); Scènes de la vie future, Es. 1930 (d. 1931); Géographie cordiale de l'Europe, Es. 1931 (d. 1948); Querelles de famille, Es. 1932; La Chronique des Pasquier, R.-Zykl. X 1933–45 (d. 1952–55): Le notaire du Havre, 1933, Le jardin des bêtes sauvages, 1934, Vue de la terre promise, 1934, La nuit de Saint-Jean, 1935, Le désert de Bièvres, 1937, Les maîtres, 1937, Cécile parmi nous, 1938, Le combat contre les ombres, 1939, Suzanne et les jeunes hommes, 1941, La Passion de Joseph P., 1945; L'humaniste et l'automate, Es. 1933; Fables de mon jardin, En. 1936 (d. 1947); Lumières ma vie, Aut. 1945–53; Le voyage de Patrice Périot, R. 1950 (d. 1953); Cri de profondeur, R. 1951 (d. 1953); Le Japon entre la tradition et l'avenir, Es. 1953; Le complexe de Théophile, R. 1958 (d. 1960); Nouvelles du sombre empire, 1960.

L: A. Thérive, 1926; H. Zehrer, Diss. 1928; L. Wehrli, Mensch u. Stil im Werk, G. D., Diss. Zürich 1937; J. Preveire, Lüttich 1938; C. Santelli, 1947 (m. Bibl.); P. H. Simon, 1948; A. Terrisse, 1951; M. Vox, Sur les pas de Salavin, 1955; L. C. Keating, Lexington 1965; J. J. Zéphir, 1970. – Bibl.: M. Saurin, 1951; J. J. Zephir, 1972; B. Knapp, 1972; A. Sanchez-Huet Olcina, 1996; Nassis, 1997; Actes du Colloque, 1988.

Duinkerken, Anton van (eig. Wilhelmus Johannes Maria Antonius Asselbergs, Ps. Andries van Doorn), niederländ. Schriftsteller, 2. 1. 1903 Bergen op Zoom – 27. 7. 1968 Nijmegen. Stud. kath. Theologie; 1940 Prof. in Leiden; 1948 Maastricht; 1952 Prof. für niederländ. und allg. Lit. Nijmegen. – Zentrale Gestalt der kath. Erneuerungsbewegung. Christ. Humanist. S. umfangr. u. vielseitiges Werk umfaßt neben teils wehmütiger, teils polem. Lyrik bes. Kritiken, Ess. kulturhist. Betrachtungen u. lit.hist. Studien.

W: Onder Gods ogen, G. 1927; Lyrisch labyrinth, G. 1930; Achter de vuurlijn, Ess. 1930; Hart van Brabant, G. 1936; Verscheurde christenheid, Es. 1937; Legende van den tijd, 1941; Verzen uit St. Michielsgestel, G. 1946; De mensen hebben hun gebreken, Es. 1953; Brabantse herinneringen, Aut. 1964. – Verzamelde gedichten, 1957; Verzamelde geschriften, III 1962.

L: P. Brachin, 1961; Th. Kroon, 1983; A. Roes, 1984; M. v. d. Plas, Daarom ..., (Biogr.) 2000.

Dujardin, Edouard, franz. Schriftsteller, 10. 11. 1861 Saint-Gervais/Loir-et-Cher – 31. 10. 1949 Paris. Schüler und Freund Mallarmés, aktiver Anhänger der ersten Symbolistengruppe. Machte die Poetik R. Wagners als e. der ersten in Frankreich bekannt. Gründete 1885 die ›Revue Wagnérienne‹, die die substantielle Einheit aller Künste vertrat und unter deren Mitarbeitern Mallarmé, Villiers de l'Isle-Adam, C. Mendès, der Religionshistoriker Schuré und der Musikwissenschaftler Lamoureux waren. Begründete 1886 die ›Revue indépendante‹; 1904–13 Chefredakteur der ›Revue des idées‹, nach 1917 der ›Cahiers idéalistes‹. Lehrte 1913–22 Religionsgeschichte an der Sorbonne. Gründer und erster Präsident der Académie Mallarmé. Anhänger e. unter den zeitgenöss. Intellektuellen verbreiteten theosoph.-ästhet. Mystizismus. – Schrieb Essays, Gedichte, Dramen, phantast. Novellen und e. Roman, in dem er bereits die durch J. Joyces' ›Ulysses‹ bekannt gewordene Technik des inneren Monologs vorwegnimmt.

W: Les hantises, E. 1886; Les lauriers sont coupés, R. 1887 (d. 1966); L'initiation au péché et à l'amour, E. 1898; Théâtre, II 1899–1924; La source du fleuve chrétien, Es. 1906; Les prédécesseurs de Daniel, Es. 1908; Poésies, 1913; De St. Mallarmé au prophète Ezéchiel, Es. 1920; Mari Magno, R. 1922; Les premiers poètes du vers libre, Es. 1923; Le Dieu Jésus, 1927; Le monologue intérieur, Es. 1931; Histoire ancienne du Dieu Jésus, III 1931–45; Le retour éternel, Dr. 1934; Mallarmé par un des siens, Es. 1936; De l'ancêtre mythique au chef moderne, Es. 1943; Rencontres avec H.-St. Chamberlain, Es. 1943.

L: P. Maurice, 1919; J. Rivière, 1933; M. Dujardin, 1950; S. Buck, 1987.

Dukus Horant, Fragmente e. Brautwerbungsepos des 14. Jh. in ostmitteldt. Dialekt von ca. 280 Zeilen in hebr. Schrift, datiert 1382; Hauptteil e. Lieder-Slg., die 1896 aus der Genisa (Aufbewahrungsort) der Esra-Synagoge in Kairo zusammen mit rd. 100 000 Hsn. nach Cambridge gebracht u. dort 1953 entdeckt wurde. Vf. unbekannt, wahrscheinl. bürgerl., nichtjüd. Herkunft. – Mit Motiven aus Hilde-Kudrun-Sage, ›König Rother‹ u. ›Þiðreks saga‹ Verbindung höfischer u. spielmänn. Züge; formale Nähe zum ›Rabenschlacht-Epos‹; ungewandte Strophenform, einfacher Wortschatz. Vorlage war vermutl. e. rheinfränk.

Kurzepos des 13. Jh. Durch Niederschrift im ostjüd. Sprachraum gleichzeitig ältestes Zeugnis jidd. Lit. Die Sage unterscheidet sich wenig vom gleichzeitigen Mittelhochdeutsch u. ist weitgehend ihrer christl. Akzente beraubt.

A: L. Fuks, The oldest known literary documents of Yiddish literature, Leiden II 1957; P. F. Ganz, F. Norman, W. Schwarz, 1964.
L: M. Caliebe, 1973.

Dumarchey, Pierre → Mac Orlan, Pierre

Dumas, Alexandre, Davy de la Pailleterie (père), franz. Schriftsteller, 24.7.1802 Villers-Cotterêts – 5.12.1870 Puy b. Dieppe. Sohn e. Generals der Revolutionszeit. Wuchs als Naturkind heran, arbeitete anfangs in e. Advokatenbüro, seit 1822 in Paris beim Herzog von Orléans. 1829 plötzlich berühmt mit ›Henry III et sa cour‹, dem ersten aufgeführten romant. Drama. Begeisterte Aufnahme s. weiteren Stücke (›La tour de Nesle‹ 800mal nacheinander gespielt). Große Verbreitung und Beliebtheit s. Romane. ∞ 1840 Ida Ferrier. Erwarb beträchtl. Vermögen, verschwendete es, floh 1851-54 vor Gläubigern nach Brüssel; 1858 Rußland- und Kaukasusreise; kämpfte als glühender Republikaner 1860 für die ital. Unabhängigkeit, lebte 4 Jahre in Neapel. Starb fast arm und vergessen, vom herrschenden Realismus überschattet. – Außerordentlich fruchtbarer Erzähler und Dramatiker. Schuf mit s. oberflächl. und bunten Dramen und Romanen keine Kunstwerke, verdankt die große Anziehungskraft auf die Jugend und breite Volksschichten naturhafter Vitalität und Naivität, dem mitreißenden Schwung s. ungezähmten Einbildungskraft. Stellt lebendig dar, verstrickt Leser oder Zuschauer in Wirbel von wilden Abenteuern, fesselt bis zum Schluß. S. Helden sind hochherzige Naturburschen voller Mut und Kraft. Schrieb nach pathet. Gedichten und unbedeutenden Vaudeville-Stükken des Anfangs abwechselnd Tragödien, Dramen, Melodramen, auch kleine Komödien. S. Romanwerk umfaßt über 300 Bände, bes. hist. Abenteuerromane (Bewunderer W. Scotts), die er zu e. lebendigen, malerischen, das Volk ansprechenden Wirklichkeit machte. Mit s. größter Erfolg ›Les trois mousquetaires‹ mit 2 Fortsetzungen. Schrieb zusammen mit e. Mitarbeiterstab, zu dem u.a. der Historiker A. Maquet gehörte.

W: La chasse et l'amour, Dr. 1825; Henri III et sa cour, Dr. 1829; Antony, Dr. 1831 (d. 1836); Napoléon Bonaparte, Dr. 1831 (d. 1841); Charles VII chez ses grands vassaux, Dr. 1831; La tour de Nesle, Dr. 1832; Madame et la Vendée, R. 1832; Térésa, Dr. 1832; Impressions de voyage, 1833; Angèle, Dr. 1833; Catherine Howard, Dr. 1834; Kean, Dr. 1836 (d. 1839); Caligula, Dr. 1837; Mlle de Belle-Isle, Dr. 1839; Acte, R. 1839; Les crimes célèbres, R. XV 1839ff.; Excursions sur les bords du Rhin, Reiseber. 1841f.; Les demoiselles de Saint-Cyr, Dr. 1843 (d. 1843); Les trois mousquetaires, R. VIII 1844 (n. II 1931; d. H. Kehrli 1949), 1. Forts.: Vingt ans après, R. X 1845 (n. II 1931; d. E. T. Kauer 1924), 2. Forts.: Vicomte de Bragelonne, R. 1847; Le comte de Monte-Cristo, R. XVIII 1845/46 (n. VI 1922; d. E. T. Kauer 1936); La reine Margot, R. 1845 (d. 1962); De Paris à Cadix, Reisebeschr. V 1846-48 (d. 1969); Joseph Balsamo, R. 1846; Le chevalier de Maison-Rouge, R. 1847; Monte-Cristo, Dr. 1848, Le collier de la reine, Dr. 1849 (n. 1965; d. 1965); Mes mémoires, XXII 1852-54 (n. P. Josserand IV 1954-68; D. stille u. bunte Welt, d. H. Conrad III 1913f.); Les Mohicans de Paris, R. 1854; Le verrou de la reine; Dr. 1856; L'Orestie, Dr. 1856; La dame de Montsoreau, Dr. 1860; Les Garibaldiens, Schr. 1861; Souvenirs dramatiques, II 1868; Histoire de mes bêtes, R. II 1868 (d. 1926); Lettres à Mélanie Waldor, hg. C. Schopp 1982. – Œuvres complètes, CCCI 1846-76, XXXV 1922ff. – *Übs.*: F. Wencker XVIII 1927-29.

L: C. Glinel, 1884; H. Blaze de Bury, Mes études et mes souvenirs, 1885; A.-P. Davidson, 1902; H. Lecomte, 1903; J. Lucas-Dubreton, La vie d'A. D. père, 1928; H. S. Gorman, The incredible marquis, N. Y. 1929; J. Charpentier, 1947; S. Duriline, 1947; A. Craig Bell, 1950; H. Clouard, 1955; A. Maurois, Les trois D., 1957 (d. 1959); Ch. Samaran, ²1966; F. Bassan, S. Chevalley, A. D. père et la Comédie Française, 1972; J. Lamaze, 1972; M. Bouvier-Ajam, 1973; J. Jan, 1973; F. Bessan, 1974; R. S. Stowe, 1976; M. Ullrichová, 1976. – *Bibl.*: F. W. Reed, Lond. 1933; ders., Whangarei 1942; D. Munro, 1981.

Dumas, Alexandre (fils), franz. Schriftsteller, 27.7.1824 Paris – 27.11.1895 Marly-le-Roi b. Paris. Unehel. Sohn von Alexandre D. (père), der ihm e. gute Erziehung gab und frühen Zugang zu den Pariser lit. Kreisen sowie Reisen nach Afrika und Spanien ermöglichte. Erster Erfolg 1848 mit dem Roman ›La dame aux camélias‹, dessen Dramatisierung ihm 1852 triumphalen Beifall brachte und s. Ruhm in Europa verbreitete. 1874 Mitglied der Académie Française. – Schöpfer des mod. Gesellschaftsdramas. Schrieb nach romant.-subjektivist. Romanen (die er z.T. dramatisierte) auf unpersönl. Beobachtung der zeitgenöss. Gesellschaft gegründete, meisterhaft konstruierte, lebendige Thesendramen. Moralist mit dem Ziel, die Gesellschaft zu bessern. Unterstrich die Tendenz s. Stükke durch Einschaltung des philos. begründenden ›raisonneurs‹ sowie durch zumeist polem. Vorworte. Kämpfte für Gleichheit von Mann und Frau auf sittl. und sozialer Ebene, setzte sich für die unehel. Mutter und ihr Kind ein, behandelte Ehebruch, Prostitution, wandte sich gegen die Geldgier des Bürgertums. Schuf sprichwörtl. gewordene Situationen und Begriffe, z.B. ›demi-monde‹.

W: Les aventures de quatre femmes et d'un perroquet, R. VI 1846f.; La dame aux camélias, R. II 1848 (d. 1946); Dr. 1852 (d. 1875); Le roman d'une femme, R. 1849 (d. um 1855); La vie à vingt ans, R. 1850; Diane de Lys, Dr.

1853 (d. um 1856); La dame aux perles, R. 1854 (d. 1940); Le demi-monde, Dr. 1855 (d. 1875); La question d'argent, Dr. 1857 (d. um 1857); Le fils naturel, Dr. 1858 (d. um 1880); Le père prodigue, Dr. 1859; L'ami des femmes, Dr. 1864 (d. 1891); L'affaire Clémenceau, R. 1866 (d. 1890), Dr. 1890; Les idées de Madame Aubray, Dr. 1867; Une visite de noces, Dr. 1871; La princesse Georges, Dr. 1871; L'homme-femme, Es. 1872 (d. 1872); La femme de Claude, Dr. 1873; Monsieur Alphonse, Dr. 1875; L'Etrangère, Dr. 1876; Les femmes qui tuent et les femmes qui votent, Es. 1880; La question du divorce, Es. 1880; La princesse de Bagdad, Dr. 1883 (d. 1883); Denise, Dr. 1885; Francillon, Dr. 1887 (d. um 1880). – Théâtre complet, VII 1868–92, X 1923.

L: C. M. Noël, Les idées sociales dans le théâtre de A. D. f., 1912; H. S. Schwartz, 1927; P. Lamy, Le théâtre de A. D. f., 1928; M. O. Georghiu, Le théâtre de A. D. fils et la société contemp., 1932; ders: Les romans de D., 1935; F. A. Taylor, 1937; N. C. Arvin, 1939; A. Maurois, Les trois D., 1957 (d. 1959); M. d'Hartoy, 1964; A. Lebois, 1969.

Du Maurier, Daphne, engl. Romanschriftstellerin, 13. 5. 1907 London – 19. 4. 1989 Par/Cornwall. Aus alter franz. Familie. Enkelin des Schriftstellers und Karikaturisten George Du M. In Paris erzogen. ⚭ 1932 General Sir Frederick Browning. – Vf. zahlr. Erfolgsromane. Am bekanntesten ist ihr neogot. Roman ›Rebecca‹ sowie ihre Kurzgeschichte ›The Birds‹, beide von A. Hitchcock verfilmt. Neben psycholog. Thrillern verfaßte sie auch hist. Romane, die in ihrer Heimat Cornwall spielen.

W: The Loving Spirit, R. 1931 (Der Geist von Plyn, d. 1947); I'll Never Be Young Again, R. 1932 (d. 1951); Jamaica Inn, R. 1936 (d. 1949); The Du Mauriers, B. 1937 (Kehrt wieder, die ich liebe, d. 1954); Rebecca, R. 1938 (d. 1940), Dr. 1940; Frenchman's Creek, R. 1941 (d. 1949); Hungry Hill, R. 1943 (Die Erben von Clonmere, d. 1944); The King's General, R. 1946 (d. 1947); The Parasites, R. 1949 (d. 1950); My Cousin Rachel, R. 1951 (d. 1952); The Apple Tree, En. 1952 (Küß mich noch einmal, Fremder, d. 1954); The Scapegoat, R. 1957 (d. 1959); The Breaking Point, En. 1959 (Ganymed, d. 1959, u.d.T. Das Alibi, 1962); The Infernal World of Branwell Brontë, B. 1960 (d. 1961); The Treasury of D. M. Short Stories, 1960; The Glass Blowers, R. 1963 (d. 1963); The Flight of the Falcon, R. 1965 (d. 1965); Vanishing Cornwall, St. 1966 (d. 1968); The House on the Strand, R. 1969 (Ein Tropfen Zeit, d. 1970); Not After Midnight, En. 1971 (Spätestens in Venedig, d. 1971); Rule Britannia, R. 1972; The Winding Stair, B. 1976; Growing Pains, Aut. 1977; The Rebecca Notebook, Mem. 1980; The Rendezvous, Kgn. 1980.

L: A. Horner, S. Zlosnik, 1988; N. Auerbach, 2000.

Du Maurier, George Louis Palmella Busson, engl. Karikaturist und Schriftsteller, 6. 3. 1834 Paris – 6. 10. 1896 London. Aus alter franz. Familie, die während der Franz. Revolution nach England emigrierte. In Paris erzogen, Stud. ebda. und Kunstakademie Antwerpen. Ab 1860 in London, 1874–94 Hampstead. S. satir. Zeichnungen sind bedeutsamer als s. lit. Schaffen. – Karikaturenzeichner (seit 1856) des ›Punch‹, dessen Schriftleitung er schließl. übernahm. S. Satire ist vorwiegend gegen die oberen und mittleren Klassen gerichtet (in der Art Thackerays). Steuerte zum ›Punch‹ auch Verse und Prosa bei, einschließl. ›The History of the Jack Sprats‹. Verfaßte etwas melodramat. Romane, die zuerst in ›Harper's Magazine‹ erschienen.

W: English Society at Home, 1880; Peter Ibbetson, R. II 1891 (d. 1968); Trilby, R. III 1894 (d. 1897); The Martian, R. 1897. – Novels, 1947; The Young G. Du M.: Letters, hg. D. Du Maurier 1951.

L: T. M. Wood, 1913; D. P. Whiteley, 1948; L. Ormond, 1969; R. M. Kelly, 1983; ders., 1995.

Dumbadse (Dumbadze), Nodar → Dumbaje, Nodar

Dumbaje, Nodar, georg. Erzähler, 14. 7. 1928 T'bilisi (Tiflis) – 14. 9. 1984 ebda. – Stud. Ökonomie T'bilisi, 1967–72 Redakteur versch. lit. Zeitschriften. Seit 1972 bis zum Tod im Schriftstellerverband Georgiens, zuletzt als Vorsitzender. – Beginnt mit Lyrik und satir. Feuilletons. Es folgen Erzählungsbände wie ›Sop'leli Biči‹ (1960) und Romane, die sich durch Humor und Lebensoptimismus auszeichnen u. großen Zuspruch finden, oft als Stücke aufgeführt oder verfilmt. Im Bilanzroman ›Maradisobis kanoni‹ (Leninpreis 1980) wird D. viel nachdenklicher, er zeigt Mißentwicklungen des Sozialismus in Georgien auf.

W: Me, bebia, iliko da ilarioni, R. 1960; Nu gešinia, deda; R. 1971; Ot'xi romani 1973; Maradisobis kanoni, R. 1978 (Das Gesetz der Ewigkeit, d. 1983); T'xzulebani (GW), IV 1988–90. – *Übs.:* russ.: Zakon večnosti: romany, povest', rasskazy 1986; dt.: Ich sehe die Sonne 1968, 1970.

L: St. Chotiwari-Jünger, in: Georgica 1983; C. Gnadt, Diss. Potsdam 1988; N. Kotinov, 1990.

Dumitrescu, Geo, rumän. Dichter, * 18. 5. 1920 Bukarest. Stud. Philol. ebda., dann publizist. Tätigkeit. – Aggressive, pathet. Lyrik, mit umgangssprachl. Elementen durchsetzt. D. besingt die Freiheit ohne den Absolutheitsanspruch u. die Starrheit e. Propheten; dafür um so mehr Selbstironie, Freude am Mitteilen u. bewegl., gewinnende Intelligenz. Übs. franz., ital. u. angelsächs. Lyrik.

W: Libertatea de a trage cu pușca, G. 1946; Aventuri lirice, G. 1963; Nevoia de cercuri, G. 1966; Jurnal de campanie, G. 1974.

L: N. Manolescu, 1981, 1983 (RL).

Dumitriu, Petru, rumän. Schriftsteller, 8. 5. 1924 Bazias – 6. 4. 2002 Metz. Stud. Phil. Bukarest u. München ohne Abschluß. Als Mitläufer in kommunist. Zeit, wurde er in wenigen Jahren zum Lieblingsschriftsteller des Regimes mit hohen Ämtern. Verherrlichte in e. sozialist.-realist. Roman (›Drum fără pulbere‹) die Zwangsarbeit in den kommunist. KZ-Lagern der Stalin-Ära. 1960 überraschende Flucht in den Westen (Frankfurt, Paris, Metz). – Begabter Erzähler in der Nachfolge der franz. Romanciers mit Zügen des sozialist. Realismus. E. seiner interessanten Romane, ›Bijuterii de familie‹, erschien in drei Versionen: e. ›linientreuen‹ rumän., e. franz. ›frisierten‹ u. e. milderen dt. Nach s. Umsiedlung veröffentlichte er scharfe Abrechnungen mit den Bukarester Machthabern (›Rendez-vous au jugement dernier‹ oder ›Incognito‹), doch allmähl. versiegte s. Erzählkraft. Auch S. Wendung zur spekulativ. Philos. u. die erklärte Konvertierung zu e. eigenen Christentum konnten dies nicht wettmachen.

W: Bijuterii de familie, R. 1950 (Der Familienschmuck, d. 1951; u.d.T. Saat und Ernte, 1952); Drum fără pulbere, R. 1954; Cronică de familie, R. 1954 (Freuden der Jugend, d. 1962; zus. u.d.T. Die Bojaren, II 1960–62); Rendez-vous au jugement dernier, R. 1961 (Treffpunkt Jüngstes Gericht, d. 1962); Incognito, R. 1962 (d. 1963); L'extrême-occident, R. 1964 (Fernwest, d. 1965); Transmoderne, Es. 1965; Les initiés, R. 1966; Le sourire sarde, R. 1967 (d. 1967); L'homme aux yeux gris, R. 1968 (d. 1969); Le beau voyage, R. 1969; Au Dieu inconnu, Es. 1979; La liberté, Es. 1983; Mon semblable, mon frère, Es. 1983.

Du Mu, chines. Lyriker, 803 Chang'an – 852 ebda. Aus aristokrat. Familie mit hohen hauptstädt. Ämtern stammend, gelingt es D. bis an s. Lebensende nicht, ein s. Ansprüchen adäquates Amt zu erlangen. Die Unzufriedenheit über niedrige Posten in der Provinz findet Ausdruck in s. Gedichten. – D. gilt bis heute als e. der bedeutendsten Dichter der späten Tang-Zeit. Beliebt v. a. s. Vierzeiler oft autobiograph. Inhalts (Abschied, Verbitterung über fehlende Anerkennung), aber auch mit romant.-erot. Thematik. D.s Stil gilt als flüssig, elegant, auch iron.; die Anspielungen sind meist hist. und leicht zu deuten; verfaßte auch bedeutende erzählende Gedichte und Prosa mit polit. Themen aus konfuzian. Perspektive.

A: Fanchuan shiji zhu, G. Nachdr. 1962 (Ed. SBBY); Fanchuan wenji, Prosa Nachdr. 1965 (Ed. SBCK).

L (u. Übs.): W. Kubin, 1976.

Dunbar, Paul Laurence, afroamerik. Dichter u. Erzähler, 27. 6. 1872 Dayton/OH – 9. 2. 1906 ebda. Sohn nach dem Norden geflüchteter Sklaven; Liftboy, Journalist, Bibliothekar. – Verarbeitet im Stil des Regionalisten Dialekt, Rhythmen, Religion u. Alltag der Afroamerikaner zu erzählenden, oft humorvollen, auch lyr., immer sehr klangvollen Gedichten u. zu teils gesellschaftskrit. Erzähltexten. Auch Essayist u. Musical-Librettist. Galt früh als ›Negro National Poet‹.

W: Oak and Ivy, G. 1893; Majors and Minors, G. 1895; Lyrics of Lowly Life, G. 1896; The Uncalled, R. 1898; Folks from Dixie, Kgn. 1898; Lyrics of the Hearthside, G. 1899; The Strength of Gideon, Kgn. 1900; The Love of Landry, R. 1900; The Fanatics, R. 1901; The Sport of the Gods, R. 1902; Lyrics of Love and Laughter, G. 1903; In Old Plantation Days, Kgn. 1903; The Heart of Happy Hollow, Kgn. 1904; Lyrics of Sunshine and Shadow, G. 1905. – Complete Poems, 1913; Dunbar Reader, hg. J. Martin 1975; Collected Poetry, hg. J. M. Braxton 1993.

L: B. G. Brawley, 1936; V. Cunningham, 1947; A. Gayle, 1971; J. Wagner, 1973; A Singer in the Dawn, hg. J. Martin 1975; P. Revell, 1979; L. K. Wiggins, 1992. – *Bibl.:* E. W. Metcalf, 1975.

Dunbar, William, erster bedeutender schott. Dichter, 1460? – 1520?. Vornehme Herkunft, vorübergehend Franziskanermönch, Hofdichter und Ratgeber König Jakobs IV. – Beeinflußt durch F. Villon; bedeutendster Schüler Chaucers. S. kraftvollen lyr. Dichtungen zeigen satir. Humor in der Art Rabelais'. 1501 in Engl. zu Verhandlungen über die Hochzeit von Margret Tudor u. Jakob IV., die er nach Art von Chaucers Vogelparlament in ›The Thrissil and the Rois‹ besingt. ›The Goldyn Targe‹, e. Traumallegorie, zeigt den Dichter am Hofe der Venus, vom Pfeil der Schönheit trotz des Schutzschildes der Vernunft verwundet. ›The Dance of the Sevin Deidly Synnis‹ (Tanz der sieben Todsünden, 1503–08) gibt makabre Tanzvision, die in kräftigen, satir. gefärbten Bildern den Tanz Ausgestoßener, denen keine Absolution zuteil wurde, darstellt. ›The Lament for the Makaris‹ ist e. eleg. Dichtung, die die Vergänglichkeit alles Irdischen beklagt und den Tod zeitgenöss. Dichter beweint, die namentlich genannt werden (makaris = maker = Dichter). ›The Freiris of Berwick‹ ist schönstes Fabliaux seit Chaucer.

W: Poems, hg. W. M. Mackenzie ³1970; hg. P. Bawcutt II 1998.

L: J. Schipper, 1884; F. Mebus, 1902; J. W. Baxter, 1952; T. Scott, 1966; R. A. Taylor, 1970; E. Reiss, 1979; I. S. Ross, 1981; P. Bawcutt, 1992; S. Mapstone, 2001.

Duncan, Robert, amerik. Lyriker, * 7. 1. 1919 Oakland/CA. Schüler von E. Kantorowicz u. Freund C. Olsons, mit dem er die ›Black Mountain Review‹ gründete, von Einfluß auf die Poetry Renaissance von San Francisco u. die Beat Generation. – Dichtung ist für D. Ausdruck des phantast. Lebens des Unbewußten u. gleichzeitig Intensivierung des Wirklichen; sie spiegelt e. metaphys. ganzheitl. Lebensordnung; offene Form, idiomat. Sprache; Themen: Dichtung, Imagination, die Immanenz des Göttlichen.

W: Heavenly City, Earthly City, G. 1947; Poems 1948/49, 1949; Medieval Scenes, G. 1950; Caesar's Gate, G. 1955; Letters: Poems 1953–56, G. 1958; Selected

Poems 1942–50, 1959; The Opening of the Field, G. 1960; Roots and Branches, G. 1964; Of the War: Passages 22–27, G. 1966; The Years as Catches, G. 1939–1946, 1966; A Book of Resemblances, G. 1950–53, 1966; Bending the Bow, G. 1968; Derivations, G. 1968; Dante, G. 1974. – Selected Poems 1940–50, 1968; Tribunals: Passages 31–35, G. 1970; Selected Poems, 1993 u. 1997.

L: R. J. Bertholf, 1992; M. Rumaker, 1996.

Duncan, Ronald, Frederick Henry, engl. Dramatiker und Lyriker, 6. 8. 1914 Salisbury/Rhodesien – 3. 6. 1982 Barnstaple/England. Schulbildung in Yorkshire u. der Schweiz; Stud. Cambridge. Seit 1939 in Devonshire. Von T. S. Eliot beeinflußt. – s. brillant und witzig geschriebenen Versdramen behandeln ernste Themen, denen sie paradoxe Wendungen geben. Am erfolgreichsten ›The Death of Satan‹ und ›Don Juan‹. S. neoromant., oft myst. Lyrik ist virtuos u. musikal. Die Kurzgeschichten bieten packend dargestellte, tiefschürfende Psychogramme, oft zeigen sie e. Tendenz zum Makabren. Übs. franz. Dramen, u.a. Cocteaus.

W: The Dull Ass's Hoof, 3 Drn. 1940; Journal of a Husbandman, Aut. 1944; This Way to the Tomb, Dr. 1946 (d. 1947); The Rape of Lucretia, Libr. 1946; Ben Jonson, Es. 1947; The Typewriter, Sch. 1948; Stratton, Sch. 1948; The Cardinal, 1949; Nothing Up My Sleeve, Sch. 1950; The Mongrel and Other Poems, 1950; Our Lady's Tumbler, Dr. 1951; The Blue Fox, Sch. 1951; Don Juan, Dr. 1954; The Death of Satan, Dr. 1955; Selected Poems, 1959; The Solitudes, G. 1960; Judas, G. 1960; Abelard and Heloise, Dr. 1961; Roots and Branches, G. 1964; The Catalyst, Dr. 1964; All Men Are Islands, Aut. 1964; O-B-A-F-G, Sch. 1964; The Rebel, Libr. 1965; How to Make Enemies, Aut. 1968; The Perfect Mistress, Kgn. 1969; Unpopular Poems, 1969; Collected Plays, 1971; A Kettle of Fish, Kgn. 1971; Man, Aut. V 1971ff.; For the Few, G. 1977; A Memoir of Benjamin Britten, 1981.

L: M. Haveter, 1969; W. B. Wahl, 1973.

Dunin-Marcinkevič, Vikencij Ivanavič, weißruss. Lyriker u. Dramatiker, 4. 2. 1807 Kreis Bobrujsk – 17. 12. 1884. Stud. Medizin Petersburg, dann Beamter, lebte ab 1840 auf s. Landgut b. Minsk. – Schrieb erst sentiment.-didakt. Verspoeme mit idealisierender Darst. des Landlebens, dann satir. Komödien über die Beamtenschaft (›Pinskaja šljachta‹); s. Werke wurden zu Lebzeiten nicht gedruckt.

W: Zbor tvoraŭ (GW), 1958.

Dun Karm (eig. Carmelo Psaila), maltes. Dichter u. Übs., 8. 10. 1871 Żebbug – 13. 10. 1961 St. Julians/Malta. Sohn e. Seemanns, theolog. Seminar, 1894 Priester, Gymnasiallehrer, 1921–36 stellv. Direktor der maltes. Nationalbibliothek. – Nationaldichter der Insel Malta, von hohem künstler. Niveau, Empfindungskraft und Ausdrucksreichtum. Schrieb zuerst ital. Lyrik, ab 1912 maltes. Am bedeutendsten mit ›L-Jien u Lilhinn Minnu‹, e. Philos. über die letzten Dinge menschl. Lebens in poet. Form. Die große Vergangenheit Maltas feiert ›Il-Musbith tal-Muzew‹.

W: Il-Musbith tal-Muzew, 1920; L-O-qbra, Foscolo-Übs. 1936; L-Jien u Lilhinn Minnu, 1938. – Ausw. hg. A. J. Arberry, Cambr. 1961 (m. engl. Übs.).

Dunlap, William, amerik. Maler und Schriftsteller, 19. 2. 1766 Perth Amboy/NJ – 28. 9. 1839 New York. Porträtmaler, 1784–87 Ausbildung bei B. West in London; Interesse am Theater; 1796–1805 eigenes Theater in New York, das finanziell scheiterte; für den Rest s. Lebens wieder Maler und gelegentl. Vf. diverser Gebrauchslit.; 1826 Mitbegründer der National Academy of Design. – S. (romant.) Stücke sind die ersten professionell in Amerika geschriebenen Dramen; s. Bearbeitungen franz. und dt. Stücke (Kotzebue und Schiller) waren große Erfolge.

W: The Father or, American Shandyism, Dr. 1789; The Stranger, Dr. 1798 (nach Kotzebue); André, Dr. 1798; The Italian Father, Dr. 1799; Life of Charles Brockden Brown, B. 1815; The History of the American Theatre, Schr. 1832; History of the Rise and Progress of the Arts of Design in the United States, 1834 (n. 1918, 1969). – Diary, hg. D. C. Barck 1930.

L: O. S. Coad, 1917; R. H. Canary, 1971; Strohschrank, 1992.

Dunn, Douglas (Eaglesham), schott. Dichter, * 23. 10. 1942 Inchinnan. Stud. Hull, Bibliothekar in USA u. Glasgow, 1987–89 Gastprof. für Anglistik Dundee, seit 1991 Prof. St. Andrews. – Berühmt wurde D. durch die Gedichtsammlung ›Terry Street‹, die den symbolist. angehauchten Realismus des ›Movement‹ auf schott. Terrain trägt, u. die ›Elegies‹ (auf s. verstorbene erste Frau) mit ihren höchst wirkungsvollen emotionalen (u. poet.) Zuspitzungen. Ehrlichkeit u. (gesellschafts-)polit. Kritik in zwingender poet. Form verbinden sich in s. späteren Gedichten mit erweiterter geograph. u. hist. Perspektive, u.a. in ›The Donkey's Ears‹, e. Langgedicht über den russ.-japan. Krieg. Auch Übs. (Racine).

W: Terry Street, 1969; The Happier Life, 1972; Love or Nothing, 1974; Barbarians, 1979; St. Kilda's Parliament, 1981; Elegies, 1985 (d. 1991); Secret Villages, Kgn. 1985; Northlight, 1988; Dante's Drum-Kit, 1993; Boyfriends and Girlfriends, Kgn. 1995; The Donkey's Ears, 2000; The Year's Afternoon, 2000; New Selected Poems 1964–99, 2003.

L: Reading D. D., hg. R. Crawford, D. Kinlock 1992.

Dunne, Finley Peter, amerik. Schriftsteller, 10. 7. 1867 Chicago – 24. 4. 1936. Journalist in Chicago. Vf. erfolgr. soz. Satiren, in denen der ir. Gastwirt Mr. Dooley zeitgenöss. Ereignisse mit scharfsichtiger Lebensphilosophie kommentiert.

W: Mr. Dooley in Peace and in War, Sat. 1898; Mr. Dooley on Making a Will, Sat. 1919; Mr. Dooley Remembers, Aut. 1963.

L: E. Ellis, 1941.

Duoduo (eig. Li Shizheng), chines. Schriftsteller, * 28. 8. 1951 Peking. Ausbildung durch die ›Kulturrevolution‹ unterbrochen, daher Autodidakt. Erste Gedichte 1972, ohne Chance auf Veröffentlichung. Ab 1980 Journalist; seit 1989 im Exil. – D.s Gedichte verstören durch kühne Metaphorik und drast. Alltagssprache. Distanziert und in freien Versen behandeln sie Themen wie Verlust der Jugend, polit. und sexuellen Unterdrückung, Körperlichkeit. Nach 1989 entstandene Gedichte, Erzählungen (meist in der Exil-Zs. ›Jintian‹ veröffentlicht) sowie Essays thematisieren das Leben im Exil und Sprachverlust.

W: Licheng – Duoduo shixuan 1972–1988, 1988. – Übs.: Der Mann im Käfig, Ess. 1990; Wegstrecken, G. 1994; Heimkehr, En. 1997; G. Lee, The Boy Who Catches Wasps, G. Brookline/MA 2002.

L: M. van Crevel, Language Shattered, Leiden 1996.

Du Parc, Jean → Putman, Willem

Du Perron, Charles Edgar (Ps. Duko Perkens u. a.), niederländ. Dichter u. Schriftsteller, 2. 11. 1899 Meester Cornelis b. Batavia – 14. 5. 1940 Bergen/Holland. Aus franz. Grundbesitzerfamilie, Oberrealschule in Batavia u. Bandung, 1921 nach Europa, Brüssel, Paris, Gistoux/Belgien, Journalist, später wieder einige Jahre in Indonesien. 1929 ∞ Simone Sechez. Gründete 1931 mit M. ter Braak u. M. Rollants die Zs. ›Forum‹. – Lyriker im Parlando-Stil, stark autobiograph. Erzähler u. aggressiver, antibürgerl. Essayist von individualist. Lebensauffassung und zyn. Einstellung zur Umwelt; Verächter der Rhetorik, Romantik und prunkenden Wortkunst wie heimatl. Traditionen. Zu Beginn der 30er Jahre großer Einfluß auf die jungen Schriftsteller.

W: Bij gebrek aan ernst, En. 1926; Een voorbereiding, R. 1927; Cahiers van een lezer, Ess. VIII 1928–33; Parlando, G. 1930; Nutteloos verzet, En. 1929; Mikrochaos, G. 1932; Uren met Dirk Coster, Es. 1933; De smalle mens, Ess. 1934; Het land van herkomst, R. 1935; De man van Lebak, Multatuli-B. 1937; Schandaal in Holland, E. 1939; Parlando, Ges. G. 1941. – Verzameld werk, VII 1955–59; Brievenwisseling, IV 1962–69 (m. M. ter Braak); Brieven aan H. Marsman, 1970.

L: G. H. 's-Gravesande, 1947; J. van Nijlen, 1955; A. Deprez, 1960; J. H. W. Veenstra, 1972; ›Tirade‹, Sondernr. Ch. E. du P., 1973; P. Pascal, 1979; F. Bulhof, 1980; ›Bzzlletin‹ 125, 1985; D. van der Meulen, 1990; K. Snoek, 1990; Ph. Noble, 1994.

Dupin, Aurore → Sand, George

Dupont, Pierre-Antoine, franz. Liederdichter, 23. 4. 1821 Lyon – 24. 7. 1870 St.-Etienne. Vorfahren Schmiede. Früh Waise; erst Arbeiter, dann einfacher Angestellter. – Dichtete und komponierte beliebte Lieder und Romanzen über das Landleben, in denen er Größe und Schönheit der einfachen Aufgaben, Brot, Familie und Vaterland verherrlicht. Begleitete die Lieder mit einfachen Melodien, die stark auf das Volk wirkten. Nach der Februarrevolution schrieb er sozialist. Pamphlete.

W: Des ruines de Provins, G. 1842; Les deux anges, G. 1844; Le chant des ouvriers, G. 1848; Le chant des paysans, G. 1849; Muse populaire, G. 1851; Chants et chansons, III 1852–54.

Durante Ser → Il fiore

Duranti, Francesca, ital. Schriftstellerin, * 1935 Genua. Bis zum Erscheinen ihres ersten Romans ›La bambina‹ war sie Hausfrau und Mutter. – Beschreibt humorvoll e. kleine, ländl. Welt in der Gegend von Lucca. In ›Il comune senso delle proporzioni‹ verläßt sie deren Grenzen in e. Roman über die Selbstfindung e. Frau zwischen Rom und New York. Übersetzt Erzählungen von V. Woolf.

W: La bambina, R. 1976; Piazza, mia bella piazza, R. 1978; La casa sul lago della luna, R. 1984 (d. 1986); Lieto fine, R. 1987; Effetti personali, R. 1989; Ultima stesura, R. 1991; Operazione Burlamacchi, R. 1994; Sogni mancini, R. 1996; Il comune senso delle proporzioni, R. 2000.

Durão, Frei José de Santa Rita, brasilian. Augustinermönch u. Dichter, um 1718–20 Cata Preta/Minas Gerais – 24. 1. 1784 Lissabon. Jesuitenzögling in Rio de Janeiro, Prozeß als Grazianer in Lissabon, Dr. theol. (Coimbra), Mitarbeiter des Bischofs von Leiria u. späteren Kardinals da Cunha, für den er e. Hirtenbrief gegen die Jesuiten verfaßte; Exil in Italien, vom zukünftigen Papst Clemens XIV. gefördert; Universitätslehrer in Coimbra, ebda. seit 1778 Arbeit am im Kloster zu Lissabon abgeschlossenen, an Camões orientierten Gedicht ›Caramuru‹: schenkt indigener Kultur Aufmerksamkeit, Vorläufer der Ethnographie. Aufgrund der Länge u. Verschrobenheit nur in s. dramat. u. pathet. Teilen überliefert.

W: Caramuru, Ep. 1781; Ausw., hg. H. Cidade 1957.

L: A. Viegas (A. Vieira S. J.), 1914.

Duras, Marguerite Donnadieu, franz. Erzählerin, 4. 4. 1914 Giadinh/Indochina – 3. 3. 1996 Paris. 1932 nach Frankreich; Stud. Jura, Staatswiss. und Mathematik Paris; jurist. Staatsexamen; Mitglied der Résistance, nach Dtl. deportiert; nach dem

Krieg Journalistin beim ›Observateur‹. – Als Erzählerin beeinflußt durch die mod. amerik. Lit., bes. Hemingway und Steinbeck. Autobiograph. Züge trägt ihr Roman ›Un barrage contre le Pacifique‹ vom hoffnungslosen Ringen mit den Naturgewalten in ihrer indochines. Heimat. Menschl. Begegnungen und Beziehungen gestaltet sie in ›Les petits chevaux de Tarquinia‹ und ›Moderato cantabile‹. Geht in den späteren Romanen zur Technik der Objektivität des Nouveau roman über. Ihre Bühnenstücke sind weniger bekannt. Auch Drehbuchautorin (›Hiroshima mon amour‹). Versteht sich als ›poète engagé‹.

W: Les impudents, R. 1942; La vie tranquille, R. 1944 (d. 1962); Un barrage contre le Pacifique, R. 1950 (Heiße Küste, d. 1952); Le marin de Gibraltar, R. 1952 (d. 1956); Les petits chevaux de Tarquinia, R. 1953 (d. 1960); Des journées entières dans les arbres, Nn. 1954, als Dr. 1965 (d. 1964); Le square, R. 1955, als Dr. 1956 (Im Park, d. 1987); Moderato cantabile, R. 1958 (d. 1959); Hiroshima mon amour, Drb. 1959 (d. 1963); Les viaducs de Seine-et-Oise, Dr. 1960 (d. 1962); Dix heures et demie du soir en été, R. 1960 (d. 1965); Une aussi longue absence, Drb. 1961; L'après-midi de M. Andesmas, E. 1962 (d. 1963); Le ravissement de Lola V. Stein, R. 1964 (d. 1966); La musica, Dr. 1965 (d. 1966); Des eaux et forêts, Dr. 1965; Le vice-consul, R. 1965 (d. 1967); L'amante anglaise, R. 1967 (d. 1984); Yes, peut-être, Dr. 1968; Le Shaga, Dr. 1968; Suzanne Andler, Dr. 1969; Un homme est venu me voir, Dr. 1969; Détruire dit-elle, R. 1969 (d. 1970); Abahn Sabana David, 1970 (d. 1986); L'amour, R. 1971 (d. 1986); Le camion, Dr. 1977 (d. 1986); L'été 80, Tg. 1980 (d. 1984); Les plages de L'Atlantique, 1980 (Vera Baxter, d. 1986); L'amant, R. 1984 (d. 1985); Les yeux bleus cheveux noires, R. 1985 (d. 1987). – Théâtre, II 1965–68. – *Übs.:* Dialoge, Drn. 1966; Der Schmerz, Tg. 1985.

L: Y. Berger, 1960; J.-L. Seylaz, 1963; A. Cismaru, 1971; A. Vircondet, 1972; F. Skutta, 1981; A. Steiner, 1982; C. J. Murphy, 1982; C. Gidouard, 1982; S. Willis, 1987; L. Papin, 1988, C. Cerasi, 1991; M. Th. Ligot, 1992; U. W. Schneider, 1995; B. L. Knapp, 1998; J. Bardet, 1998; V. Best, 2000; D. Noguez, 2001.

Durbridge, Francis (Ps. Paul Temple), Fernseh-, Radio- und Kriminalautor, 24. 11. 1912 Hull/Yorkshire – 11. 4. 1998 London. Stud. Anglistik Univ. Birmingham, arbeitete kurze Zeit als Börsenmakler, bevor er Schriftsteller wurde. Einen Teil seiner Werke schrieb er zus. mit anderen Autoren wie John Thewes, Douglas Rutherford, Charles Hatton. – D. verfaßte klass., überaus populäre Detektivgeschichten, die sich durch die virtuos geschaltete Spannung und die individuell geprägte Charakterisierung der Hauptfiguren auszeichnen.

W: Send for Paul Temple, R. 1938; The Black Room Girl, R. 1950; Beware of Johnny Washington, R. 1951; Design for Murder, R. 1951; The Other Man, R. 1958.

Đurđević (Đorđić), Ignjat, kroat. Dichter u. Historiker, 13. 2. 1675 Dubrovnik – 21. 1. 1717 ebda. Stammt aus angesehener Patrizierfamilie, Jesuitengymnas. ebda., wo er auch diverse administrative Ämter versah, 1679 trat er in Rom dem Jesuitenorden bei, ab 1704 Benediktiner. – Aufgrund der Ausdruckskraft s. umfangreichen Gesamtwerks, der Reinheit der Sprache u. der lyr. Könnerschaft gilt er als letzter wichtiger kroat. Barockdichter. Die erste Lit.geschichte Dubrovniks stammt aus s. Feder, ebenso zahlr. Übsn.

W: Saltier slovinski i Život kralja Davida, G. 1729; Uzdasi Mandalijene pokornice, G. 1748; Marunko, G. 1839; Pjesni razlike, G. 1855; Djela Injacija Džordži, I (Hr. M. Rešetar) 1918.

L: R. Lachmann-Schmohl, 1964; V. Bogišić, 1993.

Đurđević, Stijepo, kroat. Dichter, 1579 Dubrovnik – 8. 9. 1632 ebda. Patriziersohn, vier Jahre im ital. Exil, bekleidet kommunale Ämter. – Vom Barockdichter sind nur wenige Werke im Stil der neuen manierist. Lyrik erhalten, Abkehr vom Petrarkismus; als Hauptwerk gilt humorist. Poem ›Derviš‹. Übs. von Psalmen.

W: Sedam salama pokornijeh kralja Davida, G. 1686; Derviscijata, 1839.

L: M. Petković, 1950; R. Bogišić, 1967.

D'Urfé, Honoré → Urfé, Honoré d'

Duribreux, Gaston, fläm. Schriftsteller, 28. 5. 1903 Ostende – 27. 5. 1986 ebda. Hotelier. – S. dramat. Romane um psychol. Probleme spielen meist an der fläm. Küste. Seit ›Schipper Jarvis‹ christl. Problemromane mit heldenhaftem Ton.

W: Bruun, R. 1939; De laatste visschers, R. 1940 (d. 1941); De grote hemme, R. 1950; De zure druiven, R. 1952; Schipper Jarvis, R. 1954; Het wrede spel, R. 1960; Ballade van de hopeloze zuiverheid, R. 1971.

L: P. Hardy, 1963.

Duris von Samos, altgriech. Historiker, etwa 340 v. Chr. – 270/260 v. Chr., Tyrann der Insel seit 301. Vermutl. aus e. führenden sam. Famile, angebl. Schüler des Theophrast. – Neben kleineren philolog., kulturgeschichtl., biograph. und lokalhist. Werken verfaßte er v. a. auch e. mindestens 23 Bücher umfassendes hist. Werk über Makedonien. Die Fragmente vermitteln nur e. unteutl. Bild von D.' Art von Historiographie, doch präsentierte er das Material wohl im Sinn der sog. ›trag. Geschichtsschreibung‹ in effektvollen Einzelszenen u. suggestiven Spannungsbögen.

A: FGrH 76.

L: R. B. Kebric, 1977; L. Torraca, Salerno 1988; Fr. Landucci Gattioni, Rom 1997.

Durrell, Lawrence (George) (Ps. Charles Norden), angloir. Dichter, 27. 2. 1912 Julundur/Indien – 7. 11. 1990 Sommières/Frankreich. Schulen in Darjeeling u. 1923–28 in England. Barpianist u. Grundstücksmakler. Ab 1931 Reisen u. längere Aufenthalte auf Korfu, in Paris u. Athen. 1941–44 Presseattaché in Kairo, 1944/45 in Alexandrien, dann auf Rhodos, in Belgrad u. auf Zypern. Dazwischen (1947/48) Direktor des Brit. Council Institute in Córdoba/Argentinien. Ab 1957 als freier Schriftsteller in der Nähe von Nîmes. Freund Henry Millers. – S. Werk zeichnet sich durch eigenwilligen, anschaul. Stil, starke Sinnlichkeit u. besondere Intensität der Atmosphäre von Städten u. Inseln des östl. Mittelmeerraums aus; es umfaßt Romane, melod.-bildstarke Lyrik, deftige Balladen, Versdramen aus der dekadenten antiken Welt, Essays, Reiseimpressionen u. satir. Skizzen aus dem Diplomatenleben. S. zentrales Thema ist die menschl. Suche nach e. Lebenssinn, nach Identität. Das ›Alexandria Quartet‹ gestaltet die Identitätssuche u. -findung e. Künstlers. Der chaot., pervertierte, trüger. Charakter der Liebe ist Symptom e. desintegrierten Wirklichkeit. Die Tetralogie entwickelt in e. von der Relativitätstheorie beeinflußten Zeitstruktur e. komplexes Gewebe von verschiedenartigen Erzähltechniken u. Perspektiven u. deutet so die Vielfalt nebeneinander bestehender ›Wahrheiten‹ u. die Relativität menschl. Erkenntnis an. ›The Revolt of Aphrodite‹ zeigt e. neue gesellschaftskrit. Tendenz bei gleichzeitigem Rückgriff auf archetyp. u. myth. Figuren. Das ›Avignon Quintet‹ kehrt wieder zu den narratolog. u. epistemolog. Experimenten u. existentialist. Fragestellungen der Tetralogie zurück.

W: Pied Piper of Lovers, R. 1935; Panic Spring, R. 1937; The Black Book, Sat. 1938 (Die schwarze Chronik, d. 1962); A Private Country, G. 1943; Prospero's Cell, Reiseb. 1945 (Schwarze Oliven, d. 1963); Cities, Plains and People, G. 1946; Cefalû, R. 1947 (u. d. T. The Dark Labyrinth, 1961, d. 1962); On Seeming to Presume, G. 1948; Sappho, Dr. 1950 (d. 1959); Key to Modern Poetry, Es. 1952; Reflections on a Marine Venus, Reiseb. 1953 (Leuchtende Orangen, d. 1964); The Tree of Idleness, G. 1955; Esprit de Corps, Sk. 1957 (d. 1968); Bitter Lemons, Reiseb. 1957 (d. 1962); White Eagles Over Serbia, R. 1957 (d. 1966); The Alexandria Quartet, 4 Re. (d. 1977): I Justine, 1957 (d. 1958), II Balthazar, 1958 (d. 1959), III Mountolive, 1958 (d. 1960), IV Clea, 1960 (d. 1961); Stiff Upper Lip, Sk. 1958; An Irish Faustus, Dr. 1963 (d. 1964); Acté, D. 1964 (d. 1964); Sauve Qui Peut, Sk. 1966; The Ikons, G. 1966; Collected Poems, ²1968; Spirit of Place, Slg. 1969; Ulysses Come Home, Libr. 1970; The Red Limbo Lingo, G. 1971; Vega, G. 1973; The Revolt of Aphrodite, 2 Re. 1974: I Tunc, 1968 (d. 1969), II Nunquam, 1970; The Best of Antrobus, Kgn. 1974; Selected Poems, 1977; The Greek Islands, Reiseb. 1978 (d. 1978); Collected Poems 1931–74, 1980; Antrobus Complete, Kgn. 1985; The Avignon Quintet, 5 Re. 1992: I Monsieur, Or, The Prince of Darkness, 1974 (d. 1977), II Livia, Or, Buried Alive, 1978 (d. 1980), III Constance, Or, Solitary Practices, 1982 (d. 1984), IV Sebastian, Or, Ruling Passions, 1983 (d. 1986), V Quinx, Or, The Ripper's Tale 1985 (d. 1989); Caesar's Vast Ghost, Reiseber. 1990; Art and Outrage, Briefw. mit A. Perlès u. H. Miller, 1959; Briefw. mit Gustav Gründgens, d. 1961; L. D. and H. Miller, Br. 1963; Literary Lifelines: The Richard Aldington – L. D. Correspondence, hg. H. T. Moore, I. S. MacNiven, 1981; The D.-Miller Letters 1935–80, hg. ders. 1988.

L: A. Perlès, 1961; H. T. Moore, hg. 1962; J. Unterecker, 1964; J. A. Weigel, 1965; G. S. Fraser, 1968, ²1973; H. Isernhagen, Sensation, Vision, and Imagination, 1969; G. S. Fraser, 1970, ²1973; A. W. Friedman, 1970 u. hg. 1986; J. Lagoudis, 1977; Into the Labyrinth, hg. F. L. Kersnowski 1989; J. A. Weigel, K. E. Roby, hg. 1989; On Miracle Ground, hg. M. H. Begnal 1990; R. Pine, 1994; J. R. Raper, M. L. Enscore, P. M. Bynum, hg. 1995; D. P. Kaczvinsky, 1997; G. Bowker, Through the Dark Labyrinth, B. 1997; Conversations, hg. E. A. Ingersoll 1998; I. S. MacNiven, B. 1998; S. Herbrechter, 1999. – *Bibl.:* R. A. Potter, B. Whiting, 1961; A. G. Thomas, J. A. Brigham, 1983.

Durtain, Luc (eig. André Nepveu), franz. Schriftsteller, 10. 3. 1881 Paris – 29. 1. 1959 ebda. Sohn e. Bakteriologen; Stud. Lit. und Naturwiss., stand einige Zeit den Unanimisten der ›Abbaye‹, bes. J. Romains nahe. – S. ganzes Werk (Lyrik und Prosa) durchdringt der Gedanke von der Brüderlichkeit der Menschheit. S. umfangr. lyr. Werk ist anfangs in freien Rhythmen, später in e. individuellen Abwandlung des Alexandriners geschrieben. Bedeutender s. Romane und Reiseberichte, die neue Erscheinungen der Zivilisation in den verschiedensten Ländern der Erde darstellen: handelt von Amerika, Hollywood, der indochines. Situation, Afrika, Eroberung des Luftraums. S. Offenheit für alles Neue schlägt sich nieder im Stil, der Wendungen aus der mod. Technik aufnimmt.

W: L'étape nécessaire, Ess. 1907; Pégase, G. 1908; Kong Harald, G. 1914; Lise, G. 1918; Le retour des hommes, G. 1920; Douze cent mille, En. 1922; La source rouge, E. 1924; Ma Kimbell, E. 1925; Quarantième étage, E. 1927 (d. 1928); Hollywood dépassé, Prosa 1928; L'autre Europe, Moscou et sa foi, Prosa 1928; Le donneur de sang, Prosa 1929; Dieux blancs, hommes jaunes, En. 1930; Captain O. K., E. 1931; D'homme à homme, Ess. 1932; Vers la ville kilomètre 3, Prosa 1933; Frank et Marjorie, E. 1934; Quatre continents, G. 1935; Voyage au pays des Bohohom, Reiseb. 1938; Mémoires de votre vie, IV 1946–50 (Navire sans pelote, 1946, La fuite des sirènes, 1948, Première bourrasque, 1949, Victoire de l'abîme, 1950).

L: Y. Chatelain, 1933; T. Wessely, 1933; M. L. Richli-Bidal, 1938.

Durych, Jaroslav, tschech. Schriftsteller, 2. 12. 1886 Hradec Králové – 7. 4. 1962 Prag. Sohn e.

Publizisten, Stud. Medizin, Militärarzt in Olomouc u. Prag, Akademiemitgl. – Mit s. am Volkslied u. den Balladen Erbens geschulten Lyrik u. Epik, in deren Mittelpunkt die den Menschen erlösende göttl. Gnade steht, s. ekstat., das Martyrium verherrlichenden Dramen u. s. irrational-visionären Erzählungen u. Romanen, deren Themen der Gegenwart u. dem Zeitalter des Barock entnommen sind u. die in der Wallensteintril. ›Bloudění‹ gipfeln, zählt D. zu den bedeutendsten Vertretern des symbol.-myst. Typs der ›kath. Moderne‹. In s. idealist. Welt der Zucht u. Ordnung melden sich jedoch auch die Stimmungen der Nachkriegszeit, die berauschende Sinnesfreude, der grausame Naturalismus, das Auflehnen gegen jegliche Autorität. S. Reisen nach Dtl., Italien u. Spanien beschrieb D. in suggestiven Reiseberichten.

W: Svatý Jiří, Dr. 1915; Cikánčina smrt, Ball. 1916; Tři dukáty, En. 1919; Na horách, R. 1919; Svatý Vojtěch, Dr. 1921; Panenky, G. 1923; Tři troníčky, En. 1923; Žebrácké písně, G. 1925; Svatý Václav, Dr. 1925; Sedmikráska, R. 1925; Balady, 1925; Beskydy, G. 1926; Bloudění, R. III 1929 (Friedland, d. 1933); Rekviem, R. III 1930 (Die Kartause von Walditz, d. 1934); Masopust, R. 1938; Služebníci neužiteční, R.-Tetral.: Země, 1940 – Moře, 1969 – Krev, 1969 – Oheň, 1969; Boží duha, R. 1969 (Gottes Regenbogen, d. 1975). – Spisy (W), XII 1933–40.

L: J. Bartoš, 1930; J. Otradovicová, 1943.

Du Toit, Jacob Daniel → Totius

Dutourd, Jean, franz. Schriftsteller, * 14. 1. 1920 Paris. Debütierte 1946 mit e. biograph.-phänomenolog. Essay über die Macht ›Le complexe de César‹. Mitglied der Académie Française 1978. – S. Romane sind satir.-realist., zeitpolit. orientiert (Résistance), später auch ideolog. und eth. engagiert; klass. Erzählstil. Nähe zu Stendhal.

W: Le complexe de César, Es. 1946; Le déjeuner du lundi, R. 1948; Une tête de chien, R. 1950; Au bon beurre, R. 1952; Les taxis de la Marne, Es. 1957; Les dupes, Es. 1959; Les horreurs de l'amour, R. 1963; Le demi-solde, Aut. 1965; Le fond et la forme, Es. 1965; Pour mériter des noix de coco, Aut. 1967; Petit journal (1965/1966), 1969; Le crépuscule des loups, Ber. 1971; Le paradoxe du critique, Es. 1971; Le printemps de la vie, R. 1972; Le bonheur et autres idées, Es. 1980; Un ami qui vous veut du bien, R. 1980; Henri ou l'éducation nationale, R. 1983; Le séminaire de Bordeaux, R. 1987; A la recherche du français, 1999; Jeannot, mémoires d'un enfant, 2000; Le siècle des lumières éteintes, 2001. – Œuvres romanesques, 1979.

L: P. Gofman, 1994.

Dutt, Michael Madhusūdan → Datta, Maikal Madhusūdan

Dutton, Geoffrey, austral. Dichter, Erzähler, Biograph, Kunst- und Lit.kritiker, * 2. 8. 1922 Anlaby/Südaustralien. Machte s. lit. Debüt in Adelaide im Kreis der Herausgeber des modernist. Magazins ›Angry Penguins‹. Nach s. Studium in Oxford Dozent in Adelaide. Mitbegründer u. Hrsg. des ›Australian Book Review‹ u. anderer Lit.-Zsn. sowie mehrerer Anthologien. – Als Dichter hat D. e. Wandel vollzogen von s. frühen modernist. Experimenten zu reflektiver Lyrik, in der die Sinnlichkeit von Landschaften u. zwischenmenschl. Beziehungen konkret wird. Als Romancier hat er e. weites Feld von hist., nationalen und exot. Konflikten humorvoll gestaltet. Dazu kommen wegweisende Werkbiographien von Literaten, Künstlern sowie austral. Entdeckungsreisenden.

W: Night Flight and Sunrise, G. 1944; The Mortal and the Marble, R. 1950; Antipodes in Shoes, G. 1958; Patrick White, B. 1961; Walt Whitman, B. 1961; S. T. Gill, B. 1962; Russell Drysdale, B. 1964; John Eyre, B. 1967; Andy, R. 1968; Ernest Giles, B. 1970; Findings and Keepings, G. 1970; Queen Emma of the South Seas, R. 1976; A Body of Words, G. 1977; Patterns of Australia, Es. 1980; Snow on the Saltbush, St. 1984; New and Selected Poems, G. 1993; Out in the Open, Aut. 1994; Collected Poems, G. 1994.

L: K. Slessor, 1991.

Duun, Olav, norweg. Dichter, 21. 11. 1876 Fosnes auf der Insel Jøa b. Namdalen/Nord-Trøndelag – 13. 9. 1939 Botne b. Holmestrand/Tønsberg. Bauernsohn; Bauer und Fischer; daneben intensive Beschäftigung mit der skandinav. Lit.; verließ 1902 den väterl. Hof; Stud., dann Lehrtätigkeit; 1904–27 Lehrer in Botne, schließl. freier Schriftsteller auf dem Rambergfjelle b. Holmestrand. – Bedeutender norweg. Epiker. Schrieb in der dem Landsmål nahestehenden Mundart s. engeren Heimat; mit s. Sagastil in der Nachfolge der isländ. Sagas und der altnorweg. Königsgeschichten. Schilderte fast ausschließl. Menschen s. Heimat und deren Schicksale. Oft grübler., schwerblütig-herb; daneben aber auch humorvoll, farbig und von großer Gestaltungskraft und Natürlichkeit, wandte sich gegen alles Künstliche. Ausgezeichneter psycholog. Scharfblick, der sich vornehml. in den Entwicklungsromanen äußerte. Die in s. Jugend selbst erfahrene, später genau beobachtete Tätigkeit der Fjordbewohner zeigte O. D. anfangs v. a. in ihrer Abhängigkeit von Naturgewalten. Neben das Wirken äußerl. Mächte stellte er das menschl. Handeln und als dessen bedeutende Faktoren sittl. Triebkräfte in positivem wie negativem Sinne, auch den Kampf guter und böser Mächte im Menschen und soz. Momente, bes. in der Lebenschronik e. Fjordbäuerin, der ›Ragnhild‹-Trilogie. Berühmtheit weit über die Grenzen s. Heimat hinaus brachte die großartige Geschlechtersaga ›Juvikfolke‹. Das an den Bauernerzählungen Bjørnsons geschulte Romanwerk erwuchs zu e. der größten Werke norweg. Erzählkunst. Die Chronik e. alten, kraftvollen norweg. Bauerngeschlechts und s. Bestehens im harten Lebenskampf führt über mehrere Generationen von etwa 1800 bis 1920, über die Familiengeschichte hinaus zugleich e. Geschichte der norweg. bäuerl. Gesellschaft dieser Zeit.

W: Løglege skruvar og anna folk, En. 1907; Marjane, E. 1908; Paa tvert, R. 1909; Nøkksjølia, R. 1910 (Forts. Sigyn, 1913); Gamal jord, En. 1911; Hilderøja, E. 1912; Tre venner, R. 1914; Harald, R. 1915; Det gode Samvite, R. 1916; Paa Lyngsøya, E. 1917; Juvikfolke, R. VI 1918–23 (Die Juwikinger, 1. Per Anders und sein Geschlecht, 2. Odin, II d. 1927 f.); Blind-Anders, Nn. 1924; Straumen og evja, R. 1926; Olsøy-gutane, R. 1927 (Die Olsöyburschen, d. 1930); Carolus Magnus, R. 1928; Medmenneske-Ragnhild-Siste leveåre, R. III (Ragnhild, I, d. 1948); Vegar og villstig, E. 1930; Ettermæle, R. 1932 (Der Gang durch die Nacht, d. 1936); Gud smiler, R. 1935 (Gott lächelt, d. 1939); Samtid, R. 1936; Menneske og Maktene, R. 1938 (Der Mensch und die Mächte, d. 1941). – Skrifter, hg. R. Thesen XII 1949; Sager og forteljinger, IV 1976; Skrifter i samling, XII 1981, ²1995.

L: A. Øverland, 1928, ²1955; R. Thesen, Mennesket og maktene, O. D.s dikting i vokster og fullening, 1942; A. Schjelderup, 1945; E. Gullveng, 1947; D. Haakonsen, 1949; Seks unge om O. D., hg. R. Thesen 1950; P. E. Johnson, 1973; B. Birkeland, 1976; M. E. Møster, 1976; L. Fetveit, 1979. – Bibl.: K. Haukaas, 1954; H. J. Zumsteg, 1984; O. Hageberg, 1996.

Duval, Alexandre-Vincent, franz. Schriftsteller, 6. 4. 1767 Rennes – 9. 1. 1842. Vielseitige Tätigkeiten: Matrose, Architekt, Soldat, Schauspieler, Vf. von Komödien, Direktor des ›Théâtre de l'Odéon‹ (1810–15) und des ›Théâtre Louvois‹. Inhaftiert während der Revolution, geriet in den Verdacht, Royalist zu sein, Exil. Zurückgekehrt, wurde er 1812 in die Académie Française gewählt. – Sein Werk, bestehend aus Komödien, Dramen und Opernlibretti, entsprach dem konservativen Geschmack der Zeit. Hartnäckiger Gegner der Romantik.

W: Le Maire, Dr. 1791; Le dîner des peuples, 1792; Une aventure de Saint-Foix, 1802; Edouard en Ecosse, 1802; Shakespeare amoureux, 1804; Joseph, 1807 (d. 1911); Le prince troubadour, 1813; La manie des grandeurs, 1816; Réflexions sur l'art de la comédie, Es. 1820; Observations sur la question de la propriété littéraire, Es. 1826; De la littérature romantique, Es. 1833; Le testament, Dr. 1836. – Œuvres complètes (1822–25).

L: Ch. Bellier-Dumaine, 1905.

Duval, Paul → Lorrain, Jean

Duvernois, Henri (eig. Simon Schwabacher), franz. Schriftsteller, 4. 3. 1875 Paris – 30. 1. 1937 ebda. Journalist. – Verwertete s. Kenntnisse des Pariser Lebens in Romanen, Novellen und Dramen, in denen er das Pariser Kleinbürgertum und die Atmosphäre von Montmartre zeichnet. Charakterist. für D. ist e. schalkhaft-spött. Ton, Heiterkeit und mitreißender Schwung, bisweilen auch gefühlsmäßige Anteilnahme und Mitleid. Romancier unter Einfluß Maupassants. Guter Beobachter und Analytiker der menschl. Psyche. Am meisten lagen ihm erzähler. und dramat. Kurzformen, Novellen und Einakter. Seinem erzähler. Werk entnahmen Dramatiker wie Donnay, Wolff und Dieudonné ihre Stoffe.

W: Le roseau de fer, R. 1902; Nane ou le lit conjugal, R. 1904; Crapotte, R. 1908; Les marchandes d'oubli, R. 1909; Le chien qui parle, N. 1911; Le veau gras, R. 1912; Faubourg Montmartre, R. 1914; La maison de confidence, N. 1919; Gisèle, R. 1920; La lune de miel, N. 1921; Maxime, R. 1927; Comédies en un acte, 1928; Les sœurs Hortensia, R. 1931. – Übs.: Humorist. Nn., d. N. Collin 1926.

L: L. Treich, 1928; A. Taffel, N. Y. 1951.

Duyse, Prudens van, fläm. Schriftsteller, 17. 9. 1804 Dendermonde – 13. 11. 1859 Gent. Stud. Jura; Lehrer, dann Stadtarchivar in Gent. – Hatte wichtigen Anteil an der erwachenden fläm. Bewegung. Mit lyr., ep. u. dramat. Gedichten fruchtbarster, temperamentvollster u. vielseitigster Vertreter der fläm. Romantik. Wegen mangelnder Selbstkritik kam s. großes Talent jedoch nicht voll zum Tragen. Unerschöpfl. Improvisator mit besonderem Geschick für biedermeierl. Gelegenheitsdichtung. Auch vaterländ. u. häusl. Gedichte.

W: Lofdicht op de Nederlandsche tael, G. 1829; Verhandeling over den Nederlandschen versbouw, 1854; Nazomer, G. 1859; Nagelaten gedichten, X 1882–85.

L: J. Micheels, 1893; J. Crick, 1945; W. van Eeghen, 1963.

Dvijendralāl Rāy → Rāy, Dvijendralāl

Dwight, Timothy, amerik. Dichter, 14. 5. 1752 Northampton/MA – 11. 1. 1817 New Haven/CT. Bekannte puritan. Vorfahren, Studium Yale College, Theologe, Vertreter der kalvinist. Orthodoxie, 1795–1817 Präsident des Yale College. – Autor der später als ›Connecticut Wits‹ bekannten Gruppe, die sich u. a. an Alexander Pope anlehnte und versuchte, bes. mittels des Epos die nationale Identitätsbildung zu befördern. D. schrieb nach eigener Einschätzung das ›erste epische Poem‹ Amerikas: ›The Conquest of Canaan‹ (1785). Auch Verf. von satir. Gedichten, polit. Schriften u. Hymnen sowie posthum veröffentl. Predigten u. Reiseberichten.

W: The Conquest of Canaan, G. 1785; The Triumph of Infidelity, G. 1788; Greenfield Hill, G. 1794; Theology Explained and Defended, Pred. V 1818f.; Travels in New England and New York, Ber. IV 1821f. – The Major Poems, II hg. W. J. McTaggart u. W. Bottorff 1969.

L: C. E. Cuningham, 1942; K. Silverman, 1969; E. Elliot, Revolutionary Writers, 1982.

Dwijendra Lal Rey → Rāy, Dvijendralāl

Dyer, John, engl. Dichter, getauft 13. 8. 1699 Aberglasney/Wales – begraben 15. 12. 1757 Coningsby. Landschaftsmaler, 1741 Geistlicher in Catthorpe/Leicestershire; als Maler in Italien, ∞ Miss Ensor. – S. frühen, in Achtsilbern geschriebenen Gedichte geben landschaftl. Stimmungsbilder. Am bekanntesten das Gedicht ›Grongar Hill‹ (1726), das den weiten Blick über das walis. Towystal beschreibt. Spätere didakt. Gedichte im Blankvers (›The Ruins of Rome‹ und, im Stile von Vergils ›Georgica‹ geschrieben, ›The Fleece‹) von geringerer Bedeutung.

W: Grongar Hill, G. 1726 (n. R. C. Boys 1941); Miscellaneous Poems, hg. J. D. A. Savage 1726 (n. 1963); The Ruins of Rome, G. 1740; The Fleece, Dicht. IV 1757; Poetical Works, 1765; The Poetical Works of Armstrong, Dyer, and Green, hg. G. Gilfillan [2]1880; Poems, hg. E. Thomas 1903; Minor Poets of the 18th Century, hg. H. I'. A. Fausset 1930.
L: R. M. Williams, 1956; B. Humfrey, 1980; S. Jung, Forming Thought, 2000.

Dygasiński, Tomasz Adolf (Ps. Dygas), poln. Schriftsteller, 7. 3. 1839 Niegosławice a. d. Nida – 3. 6. 1902 Grodzisk b. Warschau. Schule in Kielce u. Warschau. Teilnahme am Januaraufstand 1863. Buchhändler, Verleger u. Redakteur, Besitzer e. pädagog. Pensionats, Lehrer in Krakau, Warschau u. auf dem Lande. 1890/91 Reise nach Brasilien. – Als Publizist schrieb er für die wichtigste positivist. Zeitschrift, übersetzte die von den Positivisten propagierten Autoren (z.B. J. Stuart Mill), beschäftigte sich mit Naturwiss., bes. Darwinismus. Blieb aber Naturalist, später vom Symbolismus beeinflußt. Sehr fruchtbarer Erzähler, mit Stoffen aus poln. Dorfleben und dem Leben der Deklassierten Warschaus. Darstellung von Gesellschaftsproblemen in Tiergeschichten.

W: Z ogniw życia, Nn. II 1886; Z siół, pól i lasów, Nn. II 1887; Na pańskim dworze, En. 1884 (Auf dem Edelhofe, d. 1885); Beldonek, E. 1888; Pan Jędrzej Piszczalski, R. II 1890; Bracia Tatary, E. 1894; Przyjaciel koni, 1895; Zając, E. 1900; Wielkie łowy, E. 1901; Margieli i Margielka, 1901; Gody życia, En. 1902 (Lebensfreuden, d. 1903). – Werke, hg. W. Wolert 1926 ff. (unvollendet), Pisma, 1939; Pisma wybrane (AW), XXIV 1949–54; Listy, Br. 1972.
L: Z. Szweykowski, 1938; K. Czachowski, 1939; A. Górski, II 1958–60; J. Z. Jakubowski, Zapomniane ogniwo, 1978; A. Wysokińska, Nowelistyka chłopska A. D., 1980.

Dygat, Stanisław, poln. Schriftsteller, 5. 12. 1914 Warschau – 29. 1. 1978 ebda. Franz. Abstammung. Stud. Architektur TH Warschau. Während des 2. Weltkriegs zeitweise im dt. KZ, Journalist und freier Schriftsteller. – Schrieb zunächst, von W. Gombrowicz beeinflußt, surrealist. Erzählungen. In s. 1. Roman mit stark autobiograph. Zügen Darstellung e. dt. Internierungslagers. Später satir. Gestaltung der Abkehr der jungen poln. Intelligenz von der bürgerl. Vergangenheit. Subtile Gestaltung, Ironie u. intellektueller Humor.

W: Jezioro Bodeńskie, R. 1946; Pożegnania, R. 1948; Pola Elizejskie, En. 1949; Podróż, R. 1957 (Verwehte Träume, d. 1962); Słotne wieczory, En. 1957; Rozmyślania przy goleniu, En. 1959; Disneyland, R. 1965 (Ich kann Jowitas Augen nicht vergessen, d. 1967); Karnawał, E. 1968; Dworzec w Monachium, R. 1973; Kołonotatnik, Feuill. 1979; Upiór, En. 1983. – Utwory rozproszone, Schr. II 1991.
L: Z. Skwarczyński, 1976.

Dyk, Viktor, tschech. Dichter, 31. 12. 1877 Pšov b. Mělník – 14. 5. 1931 Lopud/Jugoslawien. Gutsverwalterssohn, Stud. Rechte Prag, wo er sich der radikalsozialist. Bewegung anschloß, für die er als Feuilletonist arbeitete. Im 1. Weltkrieg in Wien verhaftet, nach 1918 Politiker, Parlamentsmitgl. der nationaldemokrat. Partei u. Journalist der Zt. ›Národní listy‹; ertrank b. Dubrovnik. – Die düstere Stimmung der Dekadenz bekämpfte D. in Lyrik, Verserzählungen, Prosa u. Dramen mit Ironie u. Sarkasmus, die jedoch auch s. intime Gefühlslyrik zersetzen u. s. Werken oft polem. Charakter geben. Die Erkenntnis, daß die Tiefen der Seele unergründlich bleiben, führte den Dichter nicht dem Nihilismus zu, sondern stellte ihn in den Dienst des Volkes, das er durch s. Kritik der herrschenden polit. u. sozialen Zustände der geistigen u. nationalen Lethargie zu entreißen sucht.

W: A porta inferi, G. 1897; Marnosti, G. 1900; Hučí jez, En. 1903; Buřiči, Vers-E. 1903; Konec Hackenschmidův, R. 1904; Prosinec, R. 1906; Milá sedmi loupežníků, Vers-E. 1906; Podhádky z naší vesnice, G. 1910; Krysař, N. 1911/12 (Die Ballade vom Rattenfänger, d. 1962); Zmoudření Dona Quijota, Dr. 1913; Lehké a těžké kroky, G. 1915; Anebo, G. 1918; Zápas Jiřího Macků, Vers-E. 1918; Okno, G. 1920; Revoluční trilogie, Dr. 1921; Poslední rok, G. 1922; Prsty Habakukovy, R. 1925; Můj přítel Čehona, R. 1925; Soykovy děti, R. 1929; Devátá vlna, G. 1930. – Sebrané spisy (GW), VII 1918–24; Spisy (W), 1947 ff.; Korresp. 1905–1918, 1962.
L: M. Rutte, 1931; H. Jelínek, 1932; A. Novák (Postavy a Dílo IX) 1936; V. Jirát, O smyslu formy, 1946; F. Buriánek, Generace buřičů, 1968; Z. Myšička, 1971 (m. Bibl.).

Dykstra, Waling Gerrits → Dijkstra, Waling

Dylan, Bob (eig. Robert Zimmermann), amerik. Sänger, Komponist, Dichter, * 24. 5. 1941 Duluth/MN. Kunststudium abgebrochen, Musiker, Künstlername durch Dylan Thomas inspiriert. –

D.s oftmals poet. Lieder sind von Blues u. Westernmusik beeinflußt u. erheben Anklage gegen soz. Mißstände. D. gilt als Begründer des Folkrock, Lieder wie ›Blowin in the Wind‹ (1962) und ›The Times are A-Changin'‹ (1964) sind mit der amerik. Bürgerrechtsbewegung verknüpft. 1964 wurde ›Mr. Tambourine Man‹ zum Welterfolg. Kompositionen der späten 1970er Jahre wenden sich auch relig. Themen zu. Verf. von Gedichten, deren Symbolik, Mystizismus und hoffnungsvoller Existentialismus zum Vergleich mit Allen Ginsberg und Walt Whitman anregte. Auch Prosa und ein Drehbuch.

W: Tarantula, G. 1971 (n. 1994; d. 1995); Poem to Joanie, G. 1972; Words, G. 1973; Renaldo and Clara, Drb. 1978; Lyrics 1962–1999, Liedtexte 1999 (d. 2003); Man Gave Names to All the Animals, Kdb. 1999.

L: D. Kramer, 1967, ²1992; A. Scaduto, 1971; K. Beal, 1974; M. Gross, R. Alexander, 1978; C. Heylin, 1988, 1991, 2000, 2001; G. Blumenstein, Mr. Tambourine Man, 1991; P. Williams, 1991 u. 2000; R. Shelton, No Direction Home, 2003.

Dymov, Osip, (eig. Osip Isidorovič Perel'man), russ. Erzähler, 16. 2. 1878 Białystok – 1. 2. 1959 New York. Emigrierte nach der Oktoberrevolution 1917 nach Amerika, später Berlin, dann wieder Amerika. – Schrieb, z.T. auch in jidd. Sprache, Erzählungen, Romane und Schauspiele mit starkem Einschlag des Erotischen; der Mehrzahl der Figuren sind krankhafte Züge eigen. S. Erzählungen, impressionist. Miniaturen, sind gekennzeichnet durch bruchstückhafte Episoden, nicht zu Ende gesprochene Worte und Sätze, Teile von Erlebnissen; sie zeigen e. Reichtum an überraschenden Vergleichen, effektvollen Wortkombinationen, was nicht selten zur Manier wird. War nach 1910 bei bürgerl. und kleinbürgerl. Lesern sehr beliebt.

W: Golos krovi, Dr. 1905; Zemlja cvetet, E. 1908; Nju, Tr. 1908 (d. 1908); Vlas, R. 1909 (Der Knabe Wlas, d. 1910); Rasskazy, En. 1911; Tomlenie ducha, R. 1912 (Haschen nach dem Wind, d. ca. 1920).

Džagarov, Georgi, bulgar. Dichter u. Dramatiker, 14. 7. 1925 Bjala – 30. 11. 1995 Sofia. Stud. Lit.wiss. Moskau. Redakteur, Dramaturg u. Staatsmann. – In s. ersten Gedichtband ›Moite pesni‹ drückt er s. Gefühle u. Erlebnisse aus dem Widerstand aus. Vaterlandsliebe u. Zivilcourage im Sinne des kommunist. Moralkodexes bilden den Grundton s. Werke. Übs. in vielen Sprachen.

W: Moite pesni, G. 1954; V minuti na mŭlčanie, G. 1958; I utre e den, Dr. 1963; Prokurorat, Dr. 1965 (Der Staatsanwalt, d. 1970); Ot Botev do Botev, Ess. 1982; Poniakoga, G. 1975; Izpoved, Ausw. 1984.

Dziļums, Alfreds, lett. Romancier, 2. 5. 1907 Dole, jetzt Ķekava b. Riga/Lettl. – 31. 5. 1976 im Mangensee, Värmland/Schweden. Waise; Handwerker; Schule Riga, Autodidakt; Landarbeiter in Baldone u. a.; 1944 Soldat, Flucht nach Lübeck; ab 1950 Schweden, Arbeiter; tätig im kulturellen Exilleben; 1970–76 Redakteur Zt. ›Latvija‹. – Frühwerk Teil des sog. lett. Positivismus, Verherrlichung ländl. Lebens; Humorist, Realist.

W: Raženā audze, R. 1938; Saplēstā krūze, R. 1942; Celmenieki, R. Tril. 1948; Mežlejas taurētājs, R. 1956; Beigu sākums, Sch. 1964; Tiesas svētdienas, R. 1970; Gaidi mani!, R. 1975; Kurzemīte, sērdienīte, R. 1976.

Earle, John, engl. Geistlicher u. Schriftsteller, 1601(?) York – 17. 11. 1665 Oxford. Stud. ab 1618 in Oxford, Abschluß 1624, ab 1641 Lehrer des Prince of Wales, 1646 mit Charles I. im Exil in Frankreich. 1662 Bischof von Worcester, 1663 von Salisbury. – S. populäre ›Micro-cosmographie‹ enthält ca. 78 scharfgezeichnete, moralisierende Charakterskizzen im Stil J. Halls u. Th. Overburys, jedoch weniger typisierend und in einem eher spieler. denn streng satir. Ton. Am bekanntesten ›A Critic‹ und ›A Child‹.

W: Micro-cosmographie, 1628, erw. ²1629 (n. 1966); hg. P. Bliss, 1811; H. Osborne, 1933.

L: B. Boyce, The Theophrastan Character in England to 1642, 1947.

Eastlake, William, amerik. Schriftsteller, 14. 7. 1917 New York – 1. 6. 1997 Bisbee/AZ. Militärdienst im 2. Weltkrieg, Studium, Korrespondent in Vietnam 1968, Lehrtätigkeit an Universitäten. – Verf. von Romanen, die hauptsächl. in seiner Wahlheimat, dem Südwesten, angesiedelt sind. Auch Kriegsromane und hist. Romane, die in Neuengland und Vietnam spielen. Stilistisch häufig mit Hemingway und Faulkner verglichen.

W: Go in Beauty, R. 1956; The Bronc People, R. 1958; Portrait of an Artist with Twenty-Six Horses, R. 1963; Castle Keep, R. 1965; The Bamboo Bed, R. 1969; A Child's Garden of Verses for the Revolution, G. u. Ess. 1970; Dancers in the Scalp House, R. 1975; The Long Naked Descent into Boston, R. 1977; Long John Dunn of Taos, B. 1992.

Eastman, Max Forrester, amerik. Kritiker, 4. 1. 1883 Canandaigua/NY – 25. 3. 1969 Bridgetown/Barbados. Stud. Psychol. Schüler Deweys; 1912–17 Hrsg. der sozialist. ›The Masses‹, 1918–22 des pro-russ. ›Liberator‹. – Marxist. Lit.- und Gesellschaftskritiker, Übs. von Marx und Trotzkij; erfolgr. mit s. pragmat.-hedonist. Ästhetik ›Enjoyment of Poetry‹; wichtig in den ideolog. Kontroversen der Linken in den 1930er Jahren.

W: Enjoyment of Poetry, St. 1913; Marx and Lenin, the Science of Revolution, St. 1926; The Literary Mind, St. 1931; Artists in Uniform, Es. 1934; Enjoyment of Laughter, St. 1936; Marxism, Is it Science?, St. 1940; Stalin's Russia, St. 1940; Enjoyment of Living, Aut. 1948;

Poems of Five Decades, G. 1954; Reflections on the Failure of Socialism, St. 1955; Great Companions, Es. 1959; Love and Revolution, Aut. 1965.

L: M. Cantor, 1970.

Eaubonne, Françoise Marie-Thérèse d', franz. Romanschriftstellerin, * 12. 3. 1920 Paris. Abwechselnd Volksschullehrerin, Landarbeiterin und Journalistin. – Vf. von hist. Romanen und Künstlerviten. ›Comme un vol de gerfauts‹ e. Epos über den Augustinerorden des 16. Jh., mit Phantasie und zugleich humanist. Gelehrsamkeit geschrieben, und ›Indomptable Murcie‹ aus der Atmosphäre des 18. Jh. Bezieht eindeutig Position gegen die feminist. Bewegung in zahlr. Schriften nach 1970; kunst- und literarhist. Arbeiten; setzt sich polit. für Friede und Freiheit ein.

W: Comme un vol de gerfauts, R. 1947; Indomptable Murcie, R. 1948 (d. 1950); La vie passionnée de Rimbaud, B. 1957 (Rebell Rimbaud, d. 1959); Les tricheurs, R. 1959 (Die sich selbst betrügen, d. 1959); La vie passionnée de Verlaine, B. 1960; La vie de Franz Liszt, B. 1963; Bonne nuit, cher prince, R. 1963; Y-a-t-il encore des hommes?, 1964; Mémoires d'une fille enragée, Aut. 1965; La couronne de sable, vie d'Isabelle Eberhardt, B. 1967; Le satellite de l'amande, R. 1974 (d. 1978); Le féminisme ou la mort, Es. 1974 (d. 1975); Les femmes avant le patriarcat, Es. 1977; Les bergères de l'Apocalypse, 1978; L'impératrice rouge, R. 1981; Les obsèques de Jean-Paul Sartre, I: Les enfants de l'horreur, 1984, II: La mort du prophète, 1985; Gustave Flaubert, B. 1986; La vie d'Isabelle Eberhardt, 1992; Toutes les sirènes sont mortes, 1992; La plume et le baillon, R. 2000; Mémoires d'une extré uniste, 2001; Simone du Beauvoir, 2001.

Eberhart, Richard (Ghormley), amerik. Lyriker, * 5. 4. 1904 Austin/MN. Stud. Dartmouth u. Cambridge, England. Industriekaufmann, dann Lit.dozent versch. Universitäten, seit 1956 Dartmouth College. – Unter Einfluß von W. Empson und I. A. Richards entstand s. formenreiche Lyrik, die intellektuell geschliffene Formulierungen mit Gefühlsaussage in oft umgangssprachl. Ton miteinander verbindet.

W: A Bravery of Earth, G. 1930; Reading the Spirit, G. 1937; Song and Idea, G. 1942; Burr Oaks, G. 1947; Undercliff, G. 1953; Great Praises, G. 1957; Collected Poems, 1960; Collected Verse Plays, Dr. 1962; The Quarry, G. 1964; Thirty-One Sonnets, 1967; Shifts of Being, G. 1968; Fields of Grace, G. 1972; Of Poetry and Poets, Ess. 1979; Ways of Light, G. 1972–80, 1980; New Hampshire, G. 1980; The Long Reach, G. 1948–84. – Selected Poems 1930–65, 1966; Collected Poems 1930–86, 1988; Maine Poems, 1989; New and Selected Poems 1930–90, 1990.

L: R. J. Mills, 1966; B. F. Engel, 1971; J. Roache, 1971; S. Lea u.a., hg. 1980; S. T. Wright, 1989.

Ebreo, Leone → Abarbanel, Giuda

Eça de Queirós, José Maria → Queirós, José Maria Eça de

Ece, Ayhan → Ayhan, Ece

Ecevit, Bülent, türk. Dichter, * 28. 5. 1925 Istanbul. 1944 Stud. engl. Philol. u. Lit. in Ankara, Sanskrit in London, dort Presseattaché 1947. 1957–80 Abgeordneter, Generalsekretär u. Vorsitzender der Republikan. Volkspartei (C.H.P.), dreimaliger Ministerpräsident; nach Militäreingriff (12. 9. 1980) Politikverbot, 1987 durch Volksabstimmung aufgehoben, Gründung der Demokratischen Linkspartei (D.S.P.), 1985; 1991–2002 wieder im Parlament u. 1998–Nov. 2002 zum 4. Mal Ministerpräsident. – Dichter u. Übs. (Tagore, T. S. Eliot u.a.), Essays, polem. Schriften.

W: Şiirler, G. 1976 (Ich meißelte Licht aus Stein, d. 1978); Elele Büyüttük Sevigiyi, G. u. Ess. 1997.

Echegaray y Eizaguirre, José, span. Dramatiker, 19. 4. 1832 Madrid – 14. 9. 1916 ebda. Bask. Abstammung, erster Unterricht in Murcia, starke mathemat. Begabung, in Madrid Ausbildung zum Ingenieur, wirtschaftl. u. mathemat. Studien, glänzende Laufbahn als Wissenschaftler, Politiker und Wirtschaftler, vielseitige Persönlichkeit von überragender Intelligenz, 1854–68 Mathematik-Prof. Madrid, 1868 Finanzminister, wegen polit. Wirren 1873 in Paris. Ab 1883 Mitglied der Span. Akad., 1904 Nobelpreis für Lit. zusammen mit F. Mistral. – Neuromantiker, große Verdienste um das span. Theater, das durch ihn in ganz Europa bekannt wurde; beeinflußt von Ibsen, Sudermann, Bjørnson u.a.; schrieb über 60 phantasievolle Dramen von starker innerer Spannung u. mitreißendem Schwung, basierend auf Legenden, Mantel- und Degenepisoden oder e. Gewissenskonflikt; Verschmelzung von traditionellen Elementen (Ehrgefühl, Duelle usw.) u. mod. Zügen. Begeisterte das Publikum s. Zeit durch pathet. Sprache, Effekthascherei, schnellen Szenenwechsel, atemberaubenden Wirbel der Handlung u. Intensität der menschl. Leidenschaften; wegen fehlender Wirklichkeitsnähe u. maßloser Übertreibung von der späteren Kritik verurteilt, durch Benavente u. die neue dramat. Konzeption s. Stücke von der Bühne verdrängt.

W: La esposa del vengador, Dr. 1874 (d. 1883); O locura o santidad, Dr. 1877 (d. 1889); En el seno de la muerte, Dr. 1879 (d. 1882); El gran Galeoto, Dr. 1881 (d. 1901 u. 1902); Mariana, Dr. 1892; El hijo de D. Juan, Dr. 1892; Mancha que limpia, Dr. 1895; El loco Dios, Dr. 1900; Recuerdos, Aut. 1917. – Obras dramaticas, IX 1874–98; Teatro escogido, ³1959. – *Übs.:* Dramen 1974.

L: F. Herrán, 1880; H. de Curzon, Paris 1912; L. Antón del Olmet, A. García Carraffa, 1912; J. R. Young, Urbana 1936; R. W. Kuykendall, A Study of E.'s Popularity, Diss. Raleigh 1937; A. Martínez Olmedilla,

1949; J. Terlingen, Hasselt 1958; J. Mathías, 1970; M. Esgueva, 1977; J. Fornieles Alcaraz, 1989.

Echenoz, Jean, franz. Schriftsteller, * 4. 8.1946 Valenciennes. Gelangt mit dem Stud. nach Paris; folgt, angeregt durch sein Elternhaus, mit dem Beruf des Schriftstellers dem eigenen Verlangen nach Exotismus, geograph. Erkundung und geheimnisvoller Entdeckung; besondere Beziehung zu Indien und zum Baskenland. – Weltreisen, Schatzsuche oder Naturkatastrophen sind Themen der Romane. Seine Bücher sind Liebesgeschichten in stets variierter Gestaltung. E. erlangte internationalen Ruhm 1999 mit dem Roman ›Je m'en vais‹, der Geschichte eines Kunsthändlers, der die Frauen, die seinen Weg kreuzen, verläßt, um einen Kunstschatz zu bergen, den er sich wieder stehlen läßt. Neugestaltung des Kriminalromans.

W: Cherokee, R. 1983; L'Equipé malaise, R. 1987; L'occupation des sols, R. 1988; Lac, R. 1989; Nous trois, R. 1992; Les grandes blondes, R. 1995; Un an, R. 1997; Je m'en vais, R. 1999 (d. 2000); Jérôme Lindon, R. 2001.

L: Ch. Jérusalem, Géographies de Jean Echenoz, 2002.

Echeverría, Esteban, argentin. Schriftsteller, 2. 9. 1805 Buenos Aires – 19. 1. 1851 Montevideo. Früh verwaist, keine geregelte Ausbildung, ausschweifendes Leben; 1825–30 in Frankreich; 1840 Emigration aus polit. Gründen. – Romant. Lyriker, pessimist. Note, metr. Vielfalt; wurde mit der Erzählung ›El matadero‹, e. Episode aus den Bürgerkriegen, richtungsweisend für die argentin. Prosalit. ›Elvira‹ war das erste romant. Werk in span. Sprache.

W: Elvira o la novia del Plata, G. 1832; Los consuelos, G. 1834; Rimas, G. 1837 (enth. La cautiva, d. 1861); El dogma socialista, Abh. 1846; El matadero, E. 1871. – Obras Completas, hg. J. M. Gutiérrez V 1870–74; Obras completas, 1951; Obras escogidas, 1991.

L: N. Lamarque, 1951; A. L. Palacios, 1951; H. P. Agosti, 1951; J. L. Lanuza, 1951; T. Halperín Donghi, 1951; P. Rojas Paz, 1951; A. Cháneton, 1954; E. W. Alzaga, 1955; M. García Puertas, 1957; A. Palcos, 1960; A. M. Zubiria, 1961; N. Jitrik, 1967; J. C. Ghiano, 1968; E. C. Knowlton, 1986; F. Burgos, 1992. – *Bibl.:* N. Kisnerman, 1960.

Echnaton (Amenophis IV.), 1351–34 v. Chr., ägypt. König, der radikale Neuerungen in Religion (Aton, die Sonnenscheibe, als alleiniger Gott), Kunst (neuartiger Darstellungskanon) und Sprache (Verschriftlichung von Umgangssprache) einführte. Gründete Achet-Aton (Tell el-Amarna) in Mittelägypten als neue Residenzstadt. Nach s. Tod wurde E. verfemt. – Zentrale Urkunde s. rein diesseitsbezogenen ›Theologie des Lichts‹ ist der ›Große Sonnenhymnus‹, erhalten in einem Grab in Achet-Aton. Seine Verwandtschaft mit dem 104. Psalm bis in Einzelheiten hinein ist oft bemerkt worden.

L: E. Hornung, 2000 (m. Übs. des Sonnenhymnus).

Eckeren, Gerard van (eig. Maurits Esser), niederländ. Schriftsteller, 29. 11. 1876 Haarlem – 22. 10. 1951 Wassenaar. Sohn e. Lehrers u. Dichters. 1904 Druckereidirektor in Baarn, 1906–29 Schriftleiter der Monatszs. ›Den Gulden Winckel‹, seit 1947 in der Redaktion von ›Het Boek van Nu‹. – Schrieb neben Kritiken zahlr. realist. Romane; am bekanntesten ›De paarden van Holst‹, e. lebendiges Bild der jüngeren Generation am Vorabend des 2. Weltkriegs.

W: Ontwijding, R. 1900; Ida Westermann, R. 1908; De late dorst, R. 1921; De oogen in den spiegel, R. 1934; Parade gaat door, R. 1937; De paarden van Holst, R. 1946; Klopsymfonie, R. 1950.

Eckmar, F. R. → Hartog, Jan de

Ecloga Theoduli → Theodulus

Eco, Umberto, ital. Schriftsteller, * 5. 1. 1932 Alessandria. Prof. für Semiotik in Bologna, umfangreiche Lehrtätigkeit auch in den USA, lebt in Mailand, ∞ 1962 Renate Ramge. – E. der Protagonisten der kulturellen Avantgarde im Italien der 60er Jahre. Wendet nach der strukturalist. Methode Elemente der Informationstheorie auf die Ästhetik an. Lit. bekannt durch s. Roman ›Il nome della rosa‹.

W: Opera aperta, St. 1962 (d. 1973); Apocalittici e integrati, Ess. 1964 (d. 1984); La struttura assente, 1968 (Einführung in die Semiotik, d. 1972); Il segno, 1973 (d. 1977); Lector in fabula, 1979 (d. 1987); Il nome della rosa, R. 1980 (d. 1982); Semiotica e filosofia del linguaggio, 1984 (d. 1985); Sugli specchi e altri saggi, Ess. 1985 (d. 1988); Arte e bellezza nell'estetica medievale, 1987 (d. 1991); Il pendolo di Foucault, R. 1988 (d. 1989); La ricerca della lingua perfetta nella cultura europa, 1993 (d. 1994); L'isola del giorno prima, F. 1994 (d. 1995); Kant e l'ornitorinco, 1997 (d. 2000); Baudolino, R. 2001 (d. 2002). – *Übs.:* Über Gott und die Welt, Ess. u. Glossen 1986; Die Bibliothek, 1987.

L: D. Mersch, 1993; D. S. Schiffer, 1998; M. Caesar, 1999; T. Brenner, Schwerpunkt U. E., 2002.

Edda, Sammlung altisländ. Dichtungen, um 1240. Der Name ›Edda‹ war urspr. auf das Werk von → Snorri Sturluson bezgen und wurde bei Entdeckung der Hs. im 17. Jh. auf diese Sammlung übertragen, die irrtüml. Sæmundr inn fróði zugeschrieben u. als ›Sæmundar Edda‹ mit der Snorra Edda in Zusammenhang gebracht wurde. Sie wird ›Lieder-E.‹ oder ›Ältere E.‹ im Gegensatz zur ›Prosa-E.‹ oder ›Jüngeren E.‹ Snorris genannt. ›Eddica minora‹ sind in andere Denkmäler eingestreute Gedichte edd. Charakters. Der Name ist sprachl. abgeleitet von óðr ›Gedicht, Dichtung‹ im Sinne von ›Poetik‹ oder vom Ortsnamen Oddi ›Buch von Oddi‹. – Die E. besteht inhaltl. aus zwei großen Gruppen: 1. mytholog. u. didakt. Dichtungen, 2. Heldendichtungen. Die Götterdichtung, beginnend mit der ›Völuspá‹, enthält Gedichte aus der german.-nord. Götterwelt, die z. T. schon mit christl. Zügen durchsetzt sind. Der Themenkreis der Heldendichtungen steht im Zusammenhang mit den Sagen von Wieland, Gudrun und dem Sagenkreis der Nibelungen (u. a. Atlakviða und Atlamál über den Zug der Niflungen an Atlis Hof, den Tod Gunnars und Högnis und die Rache Gudruns an Atli). Der Inhalt dieser Sagen erscheint in den Eddaliedern in ausgeprägt nord. Gewand u. in e. eigenartigen poet. Verdichtung mit auch inhaltl. von den entsprechenden südgerman. Sagen abweichenden Zügen. Die wiss. Diskussion um die Bestimmung von Ursprungsort und -alter der einzelnen Teile der Sammlung ist noch im Fluß. Mit Vorbehalt läßt sich sagen, daß die einzelnen Gedichte der E. zwischen 800 und 1200 in Norwegen und auf Island entstanden sind.

A: G. Magnússon u. a., Koph. III 1787–1828 (n. 1967) ›Arnamagnæan. Ausg.‹; F. W. v. d. Hagen 1812; J. u. W. Grimm I 1815; E. C. Rask, A. A. Afzelius, Stockh. 1818; P. A. Munch, K. R. Unger, Christiania 1847; H. Lüning 1847; Th. Möbius 1860; S. Bugge, Christiania 1867; K. Hildebrand 1876 (n. H. Gering [4]1922); F. Jónsson II 1888f., Reykjavík 1905, [2]1926, Koph. 1932; B. Sijmons, H. Gering III 1888–1927; F. Detter, R. Heinzel II 1903; G. Neckel II 1914–27 (n. H. Kuhn [3]1961–69); R. C. Boer, Haarlem II 1922; G. Jónsson II 1949; J. Helgason, Koph. III 1951f.; B. Kummer (m. Übs. u. Komm.) 1,1: 1961, 2,1: 1959; U. Dronke, 1: Oxf. 1969. – Faks.: L. F. A. Wimmer, F. Jónsson, Koph. 1891; A. Heusler, Koph. 1937. – Einzelne Gedichte bis 1787: P. J. Resenius (Völuspá, Hávamál), Koph. 1665; Th. Bartolin (Vegtamskv.), Koph. 1689; J. Göransson (Völuspá), Stockh. 1750; G. J. Thorkelin (Vafþrúðnismál), Koph. 1779. – Eddica minora: A. Heusler, W. Ranisch 1903. – *Übs.:* K. Simrock 1851 (n. H. Kuhn 1960); H. Gering 1892; F. Genzmer, A. Heusler II 1912–20 (n. 1963); R. J. Gorsleben 1922, [6]1940; A. Häny 1987.
L: K. v. See u. a., Komm. zu den Liedern der E., 1997ff. – *Bibl.:* H. Hermannsson, Ithaca 1920; Suppl. J. Hannesson, Ithaca 1955.

Eddison, E(ric) R(ucker), engl. Schriftsteller, 24. 11. 1882 Adel/Yorkshire – 18. 8. 1945 Marlborough/Wiltshire. Hoher Verwaltungsbeamter u. Gelehrter für Altnordisch. – Seine phantast. Romane mit ästhet. Stilisierung des Kampfes Gut gegen Böse, archaischen Sprachelementen u. antimod. Subtext unterscheiden sich v. a. durch das intellektuelle Zelebrieren von Erotik und Hedonismus von anderen Fantasy-Klassikern.

W: The Worm Ouroboros, 1922 (d. 1981); Styrbiron the Strong, 1926 (d. 1996); Mistress of Mistresses, 1935 (d. 1982); A Fish Dinner in Memison, 1941 (d. 1982); The Mezetian Gate, 1958 (d. 1983).

Edfelt, (Bo) Johannes, schwed. Lyriker, 21. 12. 1904 Kyrkefalla/Skaraborg – 27. 8. 1997. Offizierssohn, bis 1923 Gymnas. Skara, Stud. Uppsala, 1930 Magister, bis 1934 Lehrer, Mitarbeiter an versch. Zeitungen u. Zsn. 1952 Lic. phil., 1960 Dr. phil. h. c. Stockholm, 1957–67 Präs. des PEN-Clubs, 1969 Mitgl. der Schwed. Akad.; Korr. Mitgl. Dt. Akad. für Sprache u. Dichtung seit 1957, Korr. Mitgl. Akad. der Wiss. u. Lit. Mainz seit 1973. – S. konzentrierte, fest geformte Lyrik erreicht mit sparsamsten Mitteln größte Effekte. Die suggestive Bildsprache hat e. dunklen Grundton von Fremdheit u. Kälte, auch in ›Högmässa‹, wo e. durchgeistigtes Liebeserlebnis von ungewöhnl. Stärke s. bes. Wert durch den bitteren Unterton gewinnt. Die polit. Weltkrise, der von ihm scharf bekämpfte Nationalsozialismus u. die Nachkriegsdesillusion rufen wieder persönl. Angst, manchmal Zynismus hervor. Essays über dt. Kultur; Übs. dt., engl. u. amerik. Lyrik, Studien über russ. Lit. u. Anthologien.

W: Gryningsröster, G. 1923; Unga dagar, G. 1925; Ansikten, G. 1929; Aftonunderhållning, G. 1932; Högmässa, G. 1934; I denna natt, G. 1936; Järnålder, G. 1937; Vintern är lång, G. 1939; Sång för reskamrater, G. 1941; Strövtåg, Ess. 1941; Elden och klyftan, G. 1943; Bråddjupt eko, G. 1947; Hemliga slagfält, G. 1952; Heinrich Heine, Es. 1955; Under Saturnus, G. 1956; Utblick, Es. 1958; Insyn, G. 1962; Årens spegel, Mem. 1963; Ådernät, G. 1968; Minnesteckning över Erik Lindegren, 1969; Minnesteckning över Birger Sjöberg, 1971; Profiler och episoder, Ess. 1973; Brev från en ateljé, G. 1976; Dagar och nätter, G. 1983; Klara Johanson, minnesteckning, 1984; Ekolodning, G. 1986; Följeslagare, G. 1989; Mötesplatser, G. 1992. – Dikter i urval, 1944; Dikter, III 1949; Samlade skrifter, hg. A. von Crusenstjerna 1944–46; hg. H. Bergman 1949–59 (m. Brev i urval, 1964); Antologier: Tidens tyska klassiker, hg. 1949 ff. – *Übs.:* Der Schattenfischer, Ausw. 1958; Gedichte, 1963; Fieberbrief, Prosag. 1984.
L: En bok till J. E., 1954; En bok om J. E., 1960; Perspektiv på J. E., 1969. – *Bibl.:* E. Eriksson, 1975; B. Landgren, 1979.

Edgar, David, engl. Dramatiker, * 26. 2. 1948 Birmingham. Stud. Manchester Univ. (B. A. 1969), Journalist, Resident Playwright an versch. Theatern. – Sehr produktiver und erfolgr. polit. Dramatiker, der die ganze Bandbreite von Agitprop über sozialkrit. Dokumentationen und Parabeln beherrscht.

W: Dick Deterred, 1974; Destiny, 1976; Wreckers, 1977; Mary Barnes, 1979; Teendreams, 1979; Nicholas Nickleby, 1982; Maydays, 1983; Entertaining Strangers, 1986; That Summer, 1987; Plays 1–3 (1987, 1990, 1991); The Strange Case of Dr. Jekyll and Mr. Hyde,

1991 (Drb. 1996); Pentecost, 1994; Albert Speer, Drb. 2000.

L: E. Swain, 1986 (m. Bibl.); R. Schäffner, 1988; M. Page, S. Trussler, 1991.

Edgeworth, Maria, ir. Romanschriftstellerin, 1. 1. 1768 (?) Blackbourton b. Reading – 22. 5. 1849 Edgeworthstown/Longford. Tochter des Schriftstellers und Parlamentsmitgl. Richard Lovell E. Half ihrem Vater bei der Gutsverwaltung u. verfaßte mit ihm e. von Rousseau beeinflußte pädagog. Schrift ›Practical Education‹ (1798). Befreundet mit W. Scott, der ihr Werk sehr schätzte. – Begann ihre schriftsteller. Laufbahn mit Kinder- und Jugendbüchern für die große Familie ihres Vaters, der viermal verheiratet war. Schildert darin erstmalig Kinder so, wie sie wirklich sind. Verfaßte später Kurzgeschichten und erste heimatgebundene Romane, in denen sie mit feinem Humor ir. Nationalcharaktere zeichnete. Beeinflußte damit Turgenev und regte Scott zu s. Waverley-Romanen an. Wollte durch ihre Bücher Verständnis für Irland und ir. Wesen wecken. Ihre Romane sind zwar etwas lehrhaft und gestelzt, geben aber gute Charakterbilder und anschaul. Berichte über das Leben ihrer Zeit.

W: Castle Rackrent, R. 1800 (n. G. Watson 1965; Meine hochgeborene Herrschaft, d. 1957); Moral Tales, 1801; Belinda, R. 1801; Popular Tales, Kgn. III 1804; Leonora, R. II 1806; Tales of Fashionable Life, VI 1809–12; The Absentee, R. 1812; Ormond, R. 1817; Frank, Jgb. 1822; Helen, R. 1834. – Tales and Novels, XVIII 1832f.; The Novels, XII 1893; Novels and Selected Works, XII 1999ff.; Chosen Letters hg. F. V. Barry, 1931; Letters, hg. W. S. Scott 1953. – *Übs.:* Ausgew. Erzählungen, IV 1840.

L: I. C. Clarke, 1949; P. H. Newby, 1950; E. Inglis-Jones, 1959; M. Hurst, 1969; M. Butler, 1972; O. E. McWhorter Harden, 1984.

Edgü, Ferit, türk. Schriftsteller, * 1936 Istanbul. Stud. Malerei, lebte 1958–64 in Paris, nach Rückkehr in die Türkei führte er e. Werbefirma, e. Galerie u. e. Verlag. – Vertreter des Existentialismus, Entfremdung zwischen städt. Intellektuellen u. dem Volk, Flucht nach innen zählen zu s. Themen, trotz Verdichtung klarer Stil.

W: Kaçkınlar, En. 1959; Bozgun, En. 1962; Av, En. 1968; Kimse, R. 1976; O, R. 1977; Bir Gemide, En. 1978; Ah Min-el Aşk, G. 1978; Ders Notları, Ess. 1978; Yazmak Eylemi, Ess. 1980; Çığlık, En. 1982; Şimdi Saat Kaç, Ess. 1986; Eylülün Gölgesinde Bir Yazdı, En. Nov. 1988; Binbir Hece, G. 1991. – *Übs.:* Ein Winter in Hakkari, 1987; Ein Sommer im Septemberschatten, 1990.

Edib, Halide → Adivar, Halide Edib

Edmonds, Walter D(umaux), amerik. Romanautor, 15. 7. 1903 Boonville/NY – 24. 1. 1998 Concord/MA. Wuchs im Staat New York auf, in dem er fast ständig lebte; Stud. Harvard. – Vf. erfolgr. Romane über hist. Stoffe s. Heimatstaates, bes. den Bau des Erie-Kanals. Ferner Novellen und Jugendbücher.

W: Rome Haul, R. 1929; Erie Water, R. 1933; Drums along the Mohawk, R. 1936 (Pfauenfeder und Kokarde, d. 1938); Young Ames, R. 1942; In the Hands of the Senecas, R. 1947; The Boyds of Black River, R. 1953 (d. 1957); The South African Quirt, R. 1985; Tales My Father Never Told, Aut. 1995.

Edqvist, Dagmar Ingeborg, geb. Jansson, schwed. Schriftstellerin, 20. 4. 1903 Visby – 21. 1. 2000. Vater Lektor, 1927 Stud. Dijon. 1923 ∞ Torgny E., 1969 ∞ Olof Hasslöf. – Ihre intelligenten Unterhaltungsromane unter Einfluß radikaler polit. u. sozialer Ideen behandeln mit Verständnis u. Einfühlungsvermögen meist die mod. Ehe, die Freiheit u. Gleichberechtigung der Gatten, die erot. Verwicklungen der berufstätigen Frau und die Probleme der Geschiedenen. Klarer, unpersönlicher, korrekter Stil.

W: Kamrathustru, R. 1932 (Frau und Kamerad, d. 1954); Rymlingen fast, R. 1933; Tre män och Cecilia, R. 1935 (Drei Männer um C., d. 1961); Fallet Ingegerd Bremssen, R. 1937; Andra äktenskapet, R. 1939; Hjärtat söker nödhamn, R. 1942 (Not des Herzens, d. 1953); Osynliga stängsel, R. 1944 (Stud. med. Weronius, d. 1954); Musik i mörker, R. 1946 (Musik im Dunkeln, d. 1954); Romeo i stallet och andra noveller, Nn. 1948; Trolldryck, R. 1949 (Der Zaubertrank, d. 1950); Penelope väntar inte, R. 1951 (d. 1952); Angela Teresas gäster, R. 1953 (d. 1953); Paradisets portar, R. 1956 (Die Pforte des Paradieses, d. 1956); Skuggan blir kortare, R. 1958 (Der Schatten wird kürzer, d. 1959); Den svarta systern, R. 1961 (Die schwarze Freundin, d. 1962); Eldflugorna, R. 1964 (Die Feuerfliegen, d. 1965); Mannen från havet, R. 1967 (Mann vom Meer, d. 1968); Mannen som kom hem, R. 1969; Människor på en ö, R. 1971; Möten i Marocko, R. 1974; Efter flykten, R. 1977; Varför kom du på ängen?, R. 1980; Vänta på vind, R. 1985.

Edson, Margaret, amerik. Dramatikerin, * 4. 7. 1961 Washington, D. C. Lehrerin, seit 1998 Erzieherin in Atlanta/GA. – E. erhielt für ihr erstes Theaterstück ›Wit‹ (1999) den Pulitzer-Preis. Das Stück, verfilmt 2001, verfolgt den Leidensweg einer an Unterleibskrebs erkrankten Professorin.

W: Wit, Dr. (1995) 1999.

Edwards, Jorge, chilen. Erzähler, * 29. 7. 1931 Santiago. Rechtsanwalt, Journalist u. Diplomat. Lebte im Exil in Spanien. – Behandelt mit Humor die Schwäche der chilen. Mittelschicht, die empfundene Leere u. den Schmerz der Bewohner von Santiago, s. eigene Ausweisung als Botschafter von Kuba, die Geschichte Chiles, die Probleme des Exils.

W: El patio, En. 1952; Gente de la ciudad, En. 1961; El peso de la noche, R. 1965; Las máscaras, En. 1967; Persona non grata, Aut. 1973, erw. 1982; Desde la cola del dragón, Ess. 1977; Los convidados de piedra, R. 1978; El museo de cera, R. 1981; La mujer imaginaria, R. 1985; El anfitrión, R. 1987; Adiós poeta..., B. 1990; Fantasmas de carne y hueso, En. 1993; El origen del mundo, R. 1996; El sueño de la historia, R. 2000. – Cuentos completos, 1990.

L: B. Schultz Cruz, 1994.

Edwards, Sir Owen Morgan, walis. Schriftsteller, 25. 12. 1858 Llanuwchllyn – 15. 5. 1920 ebda. Stud. Oxford, 1889–1907 Dozent für moderne Geschichte ebda. Ab 1907 Inspektor des walis. Schulwesens. – Vf. zahlreicher Bücher, Essays und Gedichte. Gründer und Hrsg. der Zsn. ›Cymru‹, ›Y Llenor‹, ›Wales‹. Durch seine Schriften förderte er wesentlich die Wiederbelebung walis. Lit. und das nationalen Selbstbewußtseins in Wales.

W: Tro yn Llydaw, Reiseb. 1888; Tro yn yr Eidal, Reiseb. 1888; Celtic Britain, Social England, Ess. 1893; Stories from Welsh History, En. 1894; Wales, 1902; A Short History of Wales, Abh. 1906.

L: J. L. Williams, 1959; H. Davies, 1988.

Edwards, Richard, engl. Lyriker und Dramatiker, 1523(?) Somerset – 31. 10. 1556 London. Stud. Oxford ab 1540, 1546 Dozent; Leiter der Kinder-Schauspiel- und Gesangstruppe der Chapel Royal, als solcher verantwortl. für deren Theateraufführungen. – Stellte e. Anthologie von Gedichten des 16. Jh. zusammen: ›The Paradyse of Daynty Devises‹ (1576), in der sich auch einige seiner eigenen Gedichte finden. Vf. von Madrigalen und Bühnenstücken, von denen nur die Tragikomödie ›Damon and Phythias‹, die sich wiederholt auf Thomas Elyots ›Book of the Governor‹ bezieht, erhalten blieb. S. Schauspiel ›Palamon and Arcite‹ wurde 1566 vor Königin Elisabeth I. aufgeführt. Auch Komponist.

W: Damon and Pithias, Tragikom. 1571. – Works, hg. D. White 1977; The Works of R. E.: Politics, Poetry and Performance in Sixteenth Century England, hg. R. King 2001.

L: L. Bradner, 1927.

Edwards Bello, Joaquín, chilen. Erzähler, 10. 5. 1887 Valparaíso – 19. 2. 1968 Freitod, Santiago. Journalist, viel gereist. – Schildert in s. vom franz. Realismus u. Naturalismus beeinflußten Romanen Gestalten der unteren Klasse, die er idealisiert.

W: El inútil, R. 1910; El monstruo, R. 1912; La cuna de Esmeraldo, R. Paris 1918; El roto, R. 1920; Un chileno en Madrid, R. 1928; Valparaíso, la ciudad del viento, R. 1931 (erw. u. d. T.: En el viejo almendral, 1943); Criollos en París, R. 1933; La chica del Crillón, R. 1935; Crónicas del tiempo viejo, 1977. – Obras Completas, XIV 1934.

L: P. N. Cruz, 1920; E. Coll, 1947; J. Orlandi, A. Ramírez Cid, 1958 (m. Bibl.).

Eeden, Frederik (Willem) van (Ps. Cornelis Paradijs), niederländ. Dichter, 3. 4. 1860 Haarlem – 16. 6. 1932 Bussum. Sohn e. Botanikers; Stud. Medizin Amsterdam, 1885/86 Psychopathologie Paris; 1886 Promotion. ∞ Martha van Vloten. Arzt in Bussum. Bis 1893 an der Psychotherapeut. Klinik Amsterdam, deren Mitgründer er war. Mitgründer und bis 1883 Redakteur von ›De Nieuwe Gids‹. Aus Mitleid mit der Arbeiterklasse suchte er uneigennützig sozialist. Ideen in die Tat umzusetzen. S. Bemühungen um die Schaffung sozialer Einrichtungen (Gründung der Siedlung ›Walden‹) schlugen fehl. Trat 1922 zum Katholizismus über. Ab 1927 fortschreitender Verfall s. geistigen Kräfte. – Sehr produktiver Lyriker, Dramatiker, Romanschriftsteller. Löste sich von der Dichtergruppe der 80er Jahre, verurteilte e. rein individualist.-ästhet. Haltung. In s. Entwicklungsroman mit autobiograph. Zügen ›De kleine Johannes‹ geht es um die Entwicklung e. jungen Menschen und den Aufbau e. neuen Ordnung. – Übs. R. Tagores.

W: Het sonnet, Dr. 1884; Grassprietjes, G.-Parodie, 1885 (unter Ps. Cornelis Paradijs); De kleine Johannes, R. III 1887–1906 (d. 1891–1906); Studies, VI 1890–1908; Ellen, G. 1891 (d. 1905); Johannes Viator, R. 1892 (d. 1908); De broeders, Dr. 1894; Het lied van schijn en wezen, Dicht. III 1895–1922; De broeders, tragedie van het recht, 1897; Lioba, Dr. 1897 (d. 1912); Enkele verzen, 1898; Van de koele meren des doods, R. 1900 (Wie Stürme segnen, d. 1907); Van de passieloze lelie, G. 1901 (Mystische Gesänge, d. 1920); Brieven 1889–99, 1907; Minnestraal, Dr. 1907; Ijsbrand, Dr. 1908 (d. 1908); Happy Humanity, Aut. 1908 (d. 1913); Dante en Beatrice, G. 1908; De nachtbruid, R. 1909; Sirius en Siderius, R. III 1912–24 (d. II 1912–14); Pauls ontwaken, Aufz. 1913 (d. 1916); De heks van Haarlem, Dr. 1915; Aan mijn Engelbewaarder en andere gedichten, 1922; Langs den weg, Ess. 1925; De legende van Santa Sura, Dr. 1926; Jeugdverzen, 1926; Werken, 1927; Mijn dagboek, IX 1932–46; Over dromen, Ess. 1956.

L: L. J. M. Feber, 1922; H. Padberg, 1926; G. Kalff jr., 1927; H. W. van Tricht, 1934; A. Verwey, 1939; W. J. Simons, 1960; H. C. Rümke, 1964; J. Fontijn, (Biogr.), II: Tweespalt, 1990 u. Troost verbrijzeld, 1996.

Eekhoud, Georges-Jean-Henri, belg. Romanschriftsteller, 27. 5. 1854 Antwerpen – 29. 5. 1927 Brüssel. Lebte einige Zeit als Gutsherr in der Umgebung von Antwerpen. Später militär. Laufbahn; unsichere Existenz als Journalist in Brüssel, Lehrer der Lit. an der Ecole des Beaux Arts Brüssel. Gehörte 1881–93 zur Jeune-Belgique-Bewegung. Gründete 1895 die avantgardist. Zs. ›Le coq rouge‹. – Fanat. Unabhängigkeitsliebe und Revolte gegen die Einförmigkeit und Unwahrheit des bürgerl. Lebens charakterisieren s. Werk. Verflucht Fortschritt und Geldkultur. Stellt das ländl. Leben und die Parias der bürgerlichen Gesellschaft, Landstreicher und Kriminelle dar, in denen er verkannte Heilige sieht. S. Figuren, z. T. realist. gezeichnet, sind meist Symbole s. Visionen. S. Stil ist leidenschaftl. und von großer Aufrichtigkeit, kraftvoll bis zur Maßlosigkeit, Spiegel s. robusten Individualität.

W: Kees Doorik, R. II 1883 (d. 1893); Kermesses, En. 1884; Les milices de Saint-François, R. 1886; Nouvelles Kermesses, En. 1887; La nouvelle Carthage, R. 1888 (d. 1917); Les fusillés de Malines, R. 1891; Le cycle patibulaire, 1892; Mes communions, En. 1895; Le siècle de Shakespeare, St. 1895; Le coq rouge, R. 1895; Escal-Vigor, R. 1899 (d. 1903); Peintres animaliers belges, St. 1911; Libertins d'Anvers, R. 1912; E. Verhaeren, St. 1919; Dernières Kermesses, En. 1920; Proses plastiques, 1929.

L: M. Bladel, 1922; G. Rency, 1942; J. Deladoes, 1956. – *Bibl.:* G. Black, 1931.

Eekhout, Jan Hendrik, niederländ. Schriftsteller, 10. 1. 1900 Sluis – 6. 3. 1978 Amsterdam. – Romane, Gedichte, Übs. (›Gilgamesch‹, ›Kalevala‹). Relig. u. vaterländ. Motive. In der Besatzungszeit deutschgesinnt, nach Ende des Publikationsverbots Schuldbekenntnis (›Vlucht naar de vijand‹, 1954).

W: De boer zonder God, R. 1933; Aarde en brood, R. 1936 (d. 1939); Warden, een koning, R. 1937 (d. 1938); De ondergang van Waerdycke, R. 1957.

Effen, Justus van, niederländ. Schriftsteller, 21. 2. 1684 Utrecht – 18. 9. 1735 's-Hertogenbosch. Stud. Lit. Utrecht, Hauslehrer. 1727 Dr. jur. Leiden; 1715 und 1727 Gesandtschaftssekretär in England; lernte Swift und Pope kennen. Dann in Den Haag, 1732 Staatsbeamter an den Kriegsmagazinen 's-Hertogenbosch. – Journalist. Prosa, auch in franz. Sprache. E. festen Platz in der niederländ. Lit. verschaffte ihm s. Mitarbeit an der Zs. ›De Hollandsche spectator‹: lebendige Umgangssprache, die sich vom steifen Stil der Zeit abhob.

W: De Hollandsche Spectator (1731–35), n. XII 1756; Ausw. A. W. Stellwagen 1889, J. Koopmans 1907, J. J. Borger 1967, P. Maassen 1980.

L: W. Bisschop, 1859; W. Zuydam, 1922; J. L. Schorr, The life and works of J. v. E., 1982; P. J. Buijnsters, 1992.

Efremov, Ivan Antonovič, russ. Prosaiker, 22. 6. 1907 Vyrica/Gouv. St. Petersburg – 5. 10. 1972 Moskau. Nach Marineschule externes Stud. Biologie u. Paläontologie, 1940 Dr. der Biologie. – Schrieb zunächst auf wiss. Hypothesen basierende utop. Prosa, s. erfolgreichstes Werk, ›Tumannost' Andromedy‹, zeichnet das Bild einer in ferner Zukunft verwirklichten kommunist. Weltordnung mit intergalakt. Beziehungen, der Roman ›Čas Byka‹, der eine grausame Oligarchie der Zukunft beschreibt, konnte erst 1988 erscheinen.

W: Tumannost' Andromedy, R. 1958 (Der Andromedanebel, d. 1983). – Sobranie sočinenij (GW), VI 1992/93.

Eftaliotis, Argiris → Ephtaliotis, Argyris

Eftimiu, Victor, rumän. Dramatiker, 24. 1. 1889 Boboshtitza/Albanien – 27. 11. 1972 Bukarest. Gymnas. Bukarest, Publizist, 1929 Direktor der rumän. staatl. Theater. Langjähriger Präsident des rumän. PEN-Clubs. – Vf. zahlr. Werke in allen lit. Gattungen; erwähnenswert sind s. an Maeterlinck erinnernden Märchenspiele.

W: Inşir'te mărgărite, Dr. 1911; Cocoşul negru, Dr. 1913; Prometeu, Dr. 1919 (d. 1923); Omul care a văzut moartea, K. 1928; Tengri, R. 1970; Omul, G. 1973. – Opere (GS), VIII 1969–80.

Eggleston, Edward, amerik. Schriftsteller, 10. 12. 1837 Vevay/IN – 2. 9. 1902 Joshua's Rock/NY. Streng methodist. erzogen. Geistlicher im Mittelwesten und in New York, später Historiker und Vf. von Erbauungslit. für Jugendliche. – S. sentimentalen, in der Beschreibung des hinterwäldler. Indiana aber auch realist. Romane stehen an wichtiger Stelle in der ›local color‹-Tradition.

W: The Hoosier Schoolmaster, R. 1871 (n. 1928; d. 1877); The End of the World, R. 1872; The Mystery of Metropolisville, R. 1873; The Circuit Rider, R. 1874 (n. W. P. Randel 1966); Roxy, R. 1878; The Beginners of a Nation, Schr. 1896. – Collected Works, hg. D. Pizer XI 1970.

L: W. P. Randel, 1946; ders., 1963.

Egill Skallagrímsson, isländ. Skalde, um 900 – um 982. – Meister der altisländ. Skaldendichtung. Verwendete zum erstenmal den Endreim in der ›Höfuðlausn‹, e. Preislied, durch das er sich, in die Gewalt s. ärgsten Feindes geraten, der Saga nach vor dem sicheren Tode rettete. Das ›Sonatorrek‹, in dem E. den Tod s. Söhne beklagt, gehört zu den wenigen altnord. Dichtungen, in denen sich Schmerz und Trostlosigkeit in ergreifend-unmittelbarer Art aussprechen. E.s Leben ist Gegenstand der biographieähnl. ›Egils saga‹ aus dem 13. Jh.

A: F. Jónsson, in: Skjaldedigtning A 1, 34–95; B 1, 42–53; Kock 1, 19–33; K. Reichardt 1934.

L: S. Nordal, 1924.

Egils saga Skallagrímssonar, isländ. Saga aus der Zeit um 1230. Sie erzählt die Lebensgeschichte des Wikinger-Bauern u. Dichters → Egill Skallagrímsson, die in die polit. Geschichte von der Mitte des 9. Jh. bis zum Ende des 10. Jh. eingebettet ist. Sie beginnt in Norwegen u. schildert die Auseinandersetzungen von Egils Familie mit dem norweg. König, die zu Egils Auswanderung nach Island führen. Später begibt sich Egil auf abenteuerl. und gefährl. Reisen nach Skandinavien, ins Baltikum u. nach England. Er verliert s. besten Freund u. s. Söhne, ist am Ende hinfällig u. blind. Mehrere Gedichte u. zahlreiche Gelegenheitsstrophen sind in die Saga eingefügt. – Indizien deuten auf → Snorri Sturluson als Autor der anonym überlieferten Saga, ohne daß letztlich ein Beweis möglich wäre.

A: F. Jónsson, Koph. 1886–88; ders. 1924; S. Nordal, Reykjavík 1933 (Ísl. Fornrit 2). – *Übs.:* F. Niedner 1911, 1923, 1963; K. Schier 1978; ders. 1996.
L: P. Wieselgren, Författerskapet till Eigla, 1927; P. Hallberg, Snorri Sturluson och E. s. S., 1962; H. Pálsson, E. s. S., 1984; R. Simek, H. Pálsson, Lex. d. altnord. Lit., 1987.

Ełiše, armen. Geistlicher, Historiograph und Philosoph, um 410/415 – 470/475. Schüler des Mesrop Maštocʿ und Sahak Partʿew u. herausragender Vertreter der von ihnen begründeten Gelehrten- und Übersetzerschule. 434–441 Studium in Alexandria, danach Leiter der Kanzlei des Heerführers Vardan Mamikonean. Teilnehmer an der armen.-pers. Glaubensschlacht von Avarayr (451), danach Einsiedlermönch in Südostarmenien; am Vansee (Kloster Sowrb Astvacacin) beerdigt. – Sein vermutl. 458–465 abgefaßtes Hauptwerk ›Vasn Vardanay ew Hayocʿ paterazmin‹ (neuarmen.: Vardani ew Hayocʿ paterazmi masin, Über den Krieg Wardans und der Armenier) richtet sich gegen die Eroberungspolitik der pers. Sassaniden und gilt als wichtigste, weil glaubhafte Quelle zum armen. Volksbefreiungskrieg von 428–64. Das Werk (3 Teile) schildert in bildhafter, reicher Sprache den von Vardan Mamikonean und seinem Geschlecht angeführten Krieg zur Verteidigung der armen. Glaubensfreiheit und staatl. Unabhängigkeit. Bis heute Vorbild armen. patriot. Denkens, erlebte seit 1764 über 40 Buchveröff. sowie Übersetzungen.

Übs.: Cambridge/MA 1983.
L: H. Babaean 1977; T. G. Xrlopean, 1978.

Eglītis, Andrejs, lett. Lyriker, * 21. 10. 1912 Ļaudona b. Madona/Lettl. Sohn e. Knechts; 1922–35 Schule Ļaudona, Technikum Riga; 1937–45 Reporter, Nachrichtenredakteur beim Rundfunk, Kriegsberichterstatter; 1945 Emigration nach Schweden; organisiert u. leitet 1947 den Lett. Nationalfonds; Gründer u. 1948–80 Redakteur der Zs. ›Ceļa Zīmes‹. – Neben Aspazija, Rainis, Akuraters u. Leimane lett. revolutionärer Dichter u. Freiheitskämpfer; Frühwerk romantisch oder Skalbe u. Akuraters nahe; mit Krieg und Exil expressive, expressionistische Verskunst auf der Grundlage der Apokalypse u. der lett. Volkslieder; pathetische Gedichte über das Ringen des lett. Volkes um Freiheit u. Existenz, scharfe Anklage der freien Welt u. düstere Niedergeschlagenheit eines Exilierten.

W: Kristus un mila, G. 1934; Zelta vālodze, G. 1939; Varavīksna, G. 1939; Nīcība, G. 1942; Uz vairoga, G. 1946; Nesaule, G. 1953; Otranto, G. 1956; Lāsts, G. 1961; Audiet man karogā sarkanbaltisarkanā, G. 1972; Caur daudzām zemju zemēm, caur daudzām debesīm, G. 1982; Svešais cirvis cērt un cērt, G. 1986. – *Übs.:* Gebt mir einen anderen Himmel, G. 1964.
L: E. Zirnītis, 1980.

Eglītis, Anšlavs, lett. Romancier, 14. 10. 1906 Riga – 4. 3. 1993 USA. Vater Schriftsteller, Mutter Übersetzerin; ∞ Schriftstellerin u. Malerin V. Janelsiņa; Schule Riga; 1915–18 kriegsevakuiert in Russl.; 1918 Schulen Alūksne, Riga; Tbc, Kur in der Schweiz; 1924 Schulabschluß Riga; 1930–35 Schüler der Kunstakademie, danach Kunstlehrer; ab 1938 Mitarbeiter verschiedener Zeitungen und Zeitschriften; 1944 Flucht nach Dtl.; Emigration in Tailfingen/Süddtl., ab 1950 in den USA, ab 1952 Los Angelos; Arbeiter, später Journalist, Publizist. – Führender Prosaist der Gegenwart; Meister des Humors u. der Ironie; Frühwerk durch die Kriegserlebnisse beeinflußt; Exilschaffen mit annähernd 50 Büchern überwiegt; Romane haben spannende Handlungen, treffende Sujets u. autobiograph. Momente, sowie oft reflektive histor. Retrospektiven.

W: Maestro, En. 1938; Par purna tiesu, Sch. (1943) 1955; Homo novus, R. 1946; Čingishana gals, E. 1948 (d. 1968); Švābu kapričio, En. 1951; Cilvēks no Mēness, R. 1954; Misters Sorrijs, R. 1956; Malahīta dievs, R. 1960; Pēdējais mohikānis, En. 1969; Māris un Baiba, Sch. (1971); Piecas dienas, R. 1976; Vai izni zemi, citronas kur zied?, R. 1980; Mana banka, Nn. 1982; Spēle ar brāļiem, Sch. (1986). – Lugas (AW Drn.), 1990.

Eguren, José María, peruan. Dichter, 7. 7. 1874 Lima – 19. 4. 1942 ebda. – Der erste Dichter, der sich dem Symbolismus verpflichtet fühlt, begabt mit e. seltsamen u. blendenden Einbildungskraft, in der stets e. gewisse Traurigkeit dominiert.

W: Simbólicas, 1911; La canción de las figuras, 1916; Poesías, 1929; Poesías completas, 1952, 1961, 1970; Obras completas, 1974.
L: E. Núñez, 1932, 1961, 1964; E. Armaza, 1959; X. Abril, 1970; J. L. Rouillon Arróspide, 1974; C. de Barbieri, 1975; R. Silva-Santisteban, 1977; R. Sandoval B., 1988; G. Areta Marigó, 1994.

Ehrenburg, Ilja → Ėrenburg, Il'ja Grigor'evič

Eichelbaum, Samuel, argentin. Dramatiker u. Erzähler, 14. 11. 1894 Domínguez – 4. 5. 1967 Buenos Aires. Von russ.-jüd. Abstammung; Journalist, Kulturattaché. S. erstes Werk wurde aufgeführt, als er 18 Jahre alt war. Schrieb mehr als 30 Theaterstücke. – Den größten Erfolg erzielte er mit ›Un guapo del 900‹ in dem der Held trotz aller Widrigkeiten s. Prinzipien treu bleibt.

W: La quietud del pueblo, 1919; La mala sed, 1920; Nadie la conoció nunca, 1926; Un guapo del 900, 1940 (verfilmt 1952, 1960 u. 1971); Un tal Servando Gómez, 1942 (verfilmt 1950).
L: J. Cruz, 1962; P. D. Karavellas, 1976.

Eidem, Odd, norweg. Schriftsteller u. Journalist, 23. 10. 1913 Kristiania/Oslo – 10. 6. 1988 Nesodden/Akershus. Stud. Lit. in Oslo, journalist. Tätigkeit bei versch. Osloer Zeitungen; bekannt für s. Theaterkritiken und s. Artikel e. Flaneurs, e. Mischform zwischen Journalistik und Belletristik.
W: Uten fane, R. 1939; Kefir og chianti, Ess. 1958; Zikzak, Ess. 1967; Det var en kone på landet, Sch. 1968; Flaskepost, Ess. 1973; Tilskueren, [Theaterkritiken] 1976; Con amore. Erindringshistorier, Erinn. 1983.

Eiga-monogatari, jap. hist. Erzählungen (rekishi-monogatari) in 40 Bdn., das Geschichtsgeschehen, anschließend an die Reichsannalen ›Rikko kushi‹, von 887 bis 1092 darstellend, mit dem Leben und Wirken des Fujiwara Michinaga (966–1027), der Glanzzeit (eiga) der Fujiwara-Herrschaft, im Mittelpunkt. Nach Bd. 30 klafft e. spürbare Lücke; beide Teile zeigen darstellerisch, stilistisch, im Quellenmaterial u. in der Genauigkeit auffallende Unterschiede. Über Vf. besteht Unklarheit, man schreibt es teils der → Akazome Emon, teils der Dewa no Ben zu. Wenn man der Zweiteilung folgt, dürfte der 1. Teil um 1030, der 2. Teil nach 1092 entstanden sein.
Übs.: W. u. H. MacCullough, A Tale of flowering fortunes, Stanford 1980.

Einarsson, Indriði, isländ. Dramatiker, 30. 4. 1851 Húsabakki – 31. 3. 1939 Reykjavík. 1865–72 höhere Schule Reykjavík, hier lit. Anregungen, 1872–77 Volkswirtschaftsstud. Kopenhagen, 1jähr. Studienaufenthalt in Edinburgh; als Wirtschafts- u. Finanzfachmann 1880–1918 in leitenden Staatsstellen (1909–18 Finanzminister), bedeutender Förderer des isländ. Theaters. – S. spätromant. Stücke sind wertvolle Versuche auf dem Weg zu e. eigenständ. isländ. Schauspielkunst. Ihre Stoffe sind der einheim. Folklore entnommen, erinnern in Einzelzügen an Shakespeare u. Schiller. S. einziges realist. Drama, ›Skipið sekkur‹, steht Ibsen nahe. Übs. Shakespeare u. a.
W: Nýjársnóttin, Dr. 1872 (Die Neujahrsnacht, Dr. 1910); Hellismenn, Dr. 1873; Sverð og bagall, Dr. 1899 (Schwert und Krummstab, Dr. 1900); Skipið sekkur, Dr. 1902; Stúlkan frá Tungu, Dr. 1909; Dansinn í Hruna, Dr. 1925; Síðasti víkingurinn, Dr. 1936; Séð og lifað, Aut. 1936, ²1972; Greinar um menn og listir, Abh. u. Ess. hg. H. Pálsson 1959.

Eisherz und Edeljaspis → Haoqiu zhuan

Ekelöf, Bengt Gunnar, schwed. Lyriker und Kritiker, 15. 9. 1907 Stockholm – 16. 3. 1968 Sigtuna. Sohn e. Maklers, Gymnas. Stockholm, Stud. Orientalistik London, Uppsala u. Paris; Mitredakteur der radikalen lit. Zsn. ›Spektrum‹, ›Karavan‹; Kunst- u. Lit.kritiker, 1958 Dr. h. c. u. Mitgl. der Schwed. Akad. – S. phantasievolle, symbol. Dichtung war anfangs vom franz. Surrealismus beeinflußt, wurde aber später persönlicher. S. Nichtigkeitsgefühl wurde von e. Erlebnis ind. Mystik verdrängt: Das Ich, Geschehen u. Begriffe sind Illusion, nur der Tod ist wirklich u. befreiend. Harmon., klare, musikal. u. gelegentl. volksliedhafte Sprache. Skepsis gegenüber der materialist. Gesellschaft. Übs. von T. S. Eliot u. franz. Lyrik, bes. Baudelaire.
W: Sent på jorden, G. 1932; Dedikation, G. 1934; Sorgen och stjärnan, G. 1936; Köp den blindes sång, G. 1938; Färjesång, G. 1941; Promenader, Es. 1941 (Spaziergänge, d. 1966); Non serviam, G. 1945; Utflykter, Es. 1947 (Ausflüge, d. 1966); Om hösten, G. 1951; Strountes, G. 1955; Blandade kort, Es. 1957; Verklighetsflykt, Es. 1958; Opus incertum, G. 1959; En Mölnaelegi, G. 1961; En natt i Otočac, G. 1961; Sent på jorden med Appendix, G. 1962; Tril.: Diwan över fursten av Emgión, Vägvisare till underjorden, Sagan om Fatumeh, G. 1965–67; Partitur, G. 1969; Lägga patience, Es. 1969; En självbiografi, Aut. 1971; Variationer, G. 1986. – Dikter, III 1949; Samlad småprosa, 1963; Dikter 1928–68; ›Frysom: Lysom!‹, Briefw. m. E. Diktonius 1984. – *Übs.:* Poesie, 1962.
L: R. Enckell, 1956; B. Landgren, 1971; C. Perner, 1974; P. Hellström, 1976; E. G. Thygesen, 1985. – *Bibl.*: R. Ekner, 1967.

Ekelund, (Otto) Vilhelm, schwed. Lyriker u. Essayist, 14. 10. 1880 Stehag – 3. 9. 1949 Saltsjöbaden. Sohn e. Schmieds, Stud. Lund 1898–1902. Lebte 1902–09 in Dtl., meist in Berlin, 1909–21 und 1930–35 in Dänemark. 1914 ⚭ Anna Margareta Hov. 1937 Dr. h. c. – Begann mit impressionist. Naturbildern in nuancenreicher Stimmungsmalerei u. melanchol. Gefühlskult, später dithyramb., ekstat. Liebes- und Naturlyrik, übergehend in Kampfstellung, die Tragik des Lebens bejahend u. schließl. in Harmonie überwindend. Statt Lyrik bald Essays u. Aphorismen. Verehrte die Antike, äußerl. u. seel. Schönheit, heroische Haltung, Diszipin, Wille zum Kampf gegen Schmerz u. Leiden, später maßvoll u. harmon. S. Sprache ist klass. klar u. konzentriert, von melod. Schönheit; oft freie Verse, bahnbrechend für die schwed. Moderne. Übs. griech. Gedichte.
W: Vårbris, G. 1900; Syner, G. 1901; Melodier i skymning, G. 1902; Elegier, G. 1903; In Candidum, G. 1905; Dithyramber i aftonglans, G. 1906; Havets stjärna, G. 1906; Antikt ideal, Ess. 1909; Böcker och vandringar, Prosa 1910; Båge och lyra, Es. 1912; Tyska utsikter, Es.

1913; Valda dikter, G. 1913; Nordiskt och klassiskt, Ess. 1914; Veri Similia, Es. II 1915 f.; Metron, Es. 1918; Attiskt i fågelperspektiv, Es. 1919; Sak och sken, Es. 1922; På havsstranden, Es. 1922; Levnadsstämning, Es. 1925; Väst-Östligt, Es. 1925; Passioner emellan, Es. 1927; Lyra och Hades, Es. 1930; Spår och tecken, Es. 1930; Det andra ljuset, Es. 1935; Elpidi, Es. 1939; Concordia Animi, Es. 1942; Atticism – Humanism, Es. 1943; Plus Salis, Aphor. 1945. – Dikter, III 1921; Valda sidor och essays 1908–30, 1933; Dikter, 1951; Prosa, II 1952; Brev, II 1968–70.

L: R. Ekman, V. E. och Nietzsche, 1951; K. A. Svensson, ²1958; A. Werin, II 1960 f.; N. G. Valdén, 1961, 1965; S. Lindqvist, 1966; P. E. Ljung, 1980.

Ekman, Kerstin L., schwed. Dichterin, * 27. 8. 1933 Risinge/Östergötland. Stud. Uppsala Literaturgesch., Deutsch u. nord. Sprachen, mag. phil. 1957. Lehrerin in der Erwachsenenbildung 1965–70, schrieb Drehbücher für Unterrichtsfilme u. Literaturkritiken. Dr. h.c. 1998. – Kriminalfälle sind in den Romanen Anlaß zu klugen Milieu- u. Charakterstudien; e. anderes Thema sind Frauengestalten, die vergebl. aus ihrem vorgegebenen Rollenschema ausbrechen wollen, oft mit autobiograph. Bezug.

W: De tre små mästarna, R. 1961 (Die drei kleinen Meister, d. 1962); Den brinnande ugnen, R. 1962 (Der brennende Ofen, d. 1963); Dödsklockan, R. 1963 (Die Totenglocke, d. 1974); Häxringarna, 1974 – Springkällan, 1976 – Änglahuset, 1979, R.-Tril. (Bannkreise, d. 1988 – Springquelle, d. 1989 – Das Engelhaus, d. 1990); En stad av ljus, R. 1983 (Stadt aus Licht, d. 1992); Händelser vid vatten, R. 1993 (Geschehnisse am Wasser, d. 1995); Rätten att häda, R. 1994 (Winter der Lügen, d. 1997); Gör mig levande igen, R. 1996 (Zum Leben erweckt, d. 1998); Guds barmhärtighet, R. 1999; Urminnes tecken, R. 2000.

Ekrem, Mahmud Recaizade → Recai-zade, Mahmud Ekrem

Ekwensi, Cyprian (Odiatu Duaka), nigerian. Autor, * 26. 11. 1921 Minna/Nordnigeria. Angehöriger des Igbo-Stamms. Stud. in Ibadan u. London. 1949 Dozent für Biologie, Chemie, Pharmazie u. Engl. in Lagos, 1957 Mitarbeiter des nigerian. Rundfunks, ab 1961 im Informationsministerium. – Romane, Kurzgeschichten u. Jugendbücher meist über das hekt. Leben in der Hafenstadt Lagos, aber auch über die Stämme in Nordnigeria.

W: People of the City, R. 1954; Jagua Nana, R. 1961 (d. 1965); Burning Grass, R. 1962 (Der Wanderzauber. d. 1994); Beautiful Feathers, R. 1963; Lokotown, Kgn. 1966; Iska, R. 1966; Juju Rock, R. 1966; Restless City and Christmas Gold, Kgn. 1975; Survive the Peace, R. 1976; Divided We Stand, R. 1980; Jagua Nana's Daughter, R. 1986; King for Ever!, R. 1992; Masquerade Time, R. 1992.

L: E. Emenyonu, 1974, 1987; K.-H. Stoll, 2003.

Elagin, Ivan Venediktovič (eig. Matveev), russ. Dichter, 1. 12. 1918 Vladivostok – 8. 2. 1987 Pittsburgh. Stud. Medizin in Kiew, 1937–50 ∞ O. → Anstey, 1943 gemeinsame Emigration, 1946–50 München, ab 1950 USA (ab 1970 Prof. für russ. Lit. Univ. Pittsburgh). Veröffentlichte regelmäßig Gedichte in der Zs. ›Novyj žurnal‹ u. mehrere eigene Sammlungen, übersetzte amerik. Lyrik, u.a. St. V. Benéts großen ep. Balladenkranz ›John Brown's Body‹. – Einer der aktiven russ. Lyriker der 2. Emigrationswelle. S. Lyrik ist relativ breit, im Polit. u. Publizist. gut durch treffende Wortwahl, auf ständiger Suche nach dem rechten Platz des in der techn. Welt bedrohten Menschen. Liebe groteske Verfremdung, Wortwiederholung, Wortspiel.

W: Po doroge ottuda, G. 1953; Otsvety nočnye, G. 1963; Kosoj polët, G. 1967; Drakon na kryše, G. 1973. – Pod sozvezdiem topora. Izbrannoe, Ausw. 1976; St. V. Bene (Benét), Telo Džona Brauna, Übs. Ann Arbor 1979.

Elckerlijc, mittelniederländ. Moralität, wahrscheinlich von Pieter Doorlant/Petrus Dorlandus, 1454–1507, der wohl identisch ist mit Petrus Diesthemius/P. van Diest. Allegor. geistl. Spiel um den Jedermann-Stoff (→ Everyman) in rd. 900 Versen, um 1485 in Antwerpen aufgeführt und 1495 in Delft gedruckt. Humanist. neulat. Bearbeitungen durch Christian Ischyrius (›Homulus‹, 1536) und Georg Macropedius (›Hecastus‹, 1539), erstere d. 1540 durch Jaspar von Gennep. Neugestaltung 1911 durch H. von Hofmannsthal.

A: H. Logeman 1892; H. J. E. Endepols ⁶1955, A. von Elslander ⁷1979 (m. Bibl.): M. J. M. de Haan 1979.

L: H. Logeman, 1902; L. Willems, 1934; H. de Vocht, Everyman, 1947; J. v. Mierlo, De prioriteit van E. tegenover Everyman, 1948; A. van Duinkerken, 1968.

Elegien von Ch'u → Chuci

Eliade, Mircea, rumän. Schriftsteller u. Gelehrter, 9. 3. 1907 Bukarest – 22. 4. 1986 Chicago. 1925–31 Stud. Philos. Bukarest u. Kalkutta, dann in e. Ashram im Himalaja-Gebiet, ausgedehnte Asienreisen, 1933 Ruf an die Bukarester Univ., 1938 polit. Haft, 1940–45 Kulturattaché in London u. Lissabon, dann Exil; Gastvorlesungen in Europa und Japan. Mithrsg. von ›Antaios‹, Prof. in Chicago, mehrfacher Ehrendoktor. – Markante Kulturpersönlichkeit unserer Zeit; schrieb neben zahlr. wiss. Abhandlungen zur Religionswiss. u. Kulturphilos. Essays, Novellen u. Romane. Bereits in den 1930er Jahren e. der meistgelesenen Autoren Rumäniens. S. existentiell handelnden Helden leben in e. scheinbar ›fremden‹ Welt, fern der Wirklichkeit, e. von Archetypen beseelten Welt, in der die großen Mythen der Menschheit

Gestalt annehmen, so daß das Phantastische ebensowenig stört wie das Erotische (›Fräulein Christina‹). Allzu oft hat man E. mit Gide verglichen, mit dem er jedoch nur die scharfe Intelligenz gemein hat. Die Problematik s. Bücher erinnert an Sartre, doch plädiert er nicht für e. Unterwerfung unter die Zeitlichkeit, sondern zeigt den Weg e. myst. Befreiung: e. weniger schwerer Hamsun, e. durchsichtigerer Dostoevskij.

W (außer wiss.): Soliloquii, Ess. 1932; Maitreyi, R. 1933 (d. 1948); Întoarcerea din Rai, R. 1934; Şantier, Tg. 1935; Huliganii, R. 1935; Domnişoara Christina, R. 1936; Şarpele, R. 1938 (Andronic und die Schlange, d. 1949); Nopţi la Serampore, R. 1939 (Nächte in Serampore, d. 1953); Nuntă în cer, R. 1939; Oceanografie, Ess. o. J.; Isabel şi apele Diavolului, E. o. J.; Forêt interdite, 1955; Pe Strada Mântuleasa, R. 1967 (d. 1972); La ţigănci, En. 1969; Die Pelerine, E. 1976; În curte la Dionis, Nn. 1977; Nouăsprezece trandafiri, R. 1980 (Neunzehn Rosen, d. 1982); Dayan. La umbra unui crin, En. 1981–83 (Dayan. Im Schatten einer Lilie, d. 1984); Opere, 1991; Memorii, Erinn. 1991; Jurnal, Tg. 1993. – *Übs.:* Ewige Bilder und Sinnbilder, Ess. 1986; Erinnerungen 1907–37, 1987.

L: R. Reschika, 1997.

Eliade-Radulescu → Heliade-Rădulescu, Ion

Elia Levi ben Ascher, gen. Baruch → Levita, Elia

Elíasson, Gyrðir, isländ. Autor, * 4. 4. 1961 Reykjavík. Wuchs in Sauðarkrókur (Nordisland) auf, brach 1982 das Stud. an der Pädagog. Hochschule ab, um sich ganz der Schriftstellerei zu widmen. – Neben Gedichten schrieb er v. a. Kurzprosa. Mit s. suggestiven Texten, die dem Magischen Realismus nahestehen u. in denen auch das Übernatürliche als Teil der Alltagserfahrung fungiert, gehört er zu den besten Stilisten in isländ. Sprache. Auch Übsn. aus dem Engl. (Brautigan, Saroyan u. a.).

W: Tvíbreitt (svig)rúm, G. 1984; Bak við maríuglerið, G. 1985; Einskonar höfuðlausn, G. 1985; Blindfugl/ Svartflug, G. 1986; Gangandi íkorni, R. 1987, ²1990; Bréfbátarigningin, En. 1988, ²1991 (Papierbooteregen, d. 1996); Tvö tungl, G. 1989; Svefnhjólið, R. 1990 (Das Schlafrad, d. 1996); Heykvísl og gúmmískór, Kgn. 1991; Vetraráform um sumarferðalag, G. 1991; Mold í Skuggadal, G. 1992; Tregahornið, Kgn. 1993 (Das Blueshorn, d. 2002); Kvöld í ljósturninum, Kgn. 1995; Indíánasumar, G. 1996; Vatnsfólkið, Kgn. 1997; Trésmíði í eilífðinni og fleiri sögur, Kgn. 1998; Hugarfjallið, G. 1999; Gula húsið, Kgn. 2000; Undir leslampa, Ess. 2000; Tvífundnaland, G. 2003; Hótelsumar, R. 2003.

Eliès, Yann-Fañch → Abeozen

Elijahu Germanus → Levita, Elia

Elijahu Levi → Levita, Elia

Elijahu Tischbi → Levita, Elia

Elin Pelin (eig. Dimitur Ivanov Stojanov), bulgar. Erzähler, 18. 7. 1877 Bajlovo – 3. 12. 1949 Sofia. Vorübergehend Dorfschullehrer, ab 1899 Journalist in Sofia, hier Zugang zu lit. Kreisen; seit 1903 Univ.-Bibliothekar, 1906/07 Stud. als Stipendiat in Paris; Beamter der Nationalbibliothek Sofia, später Kustos am Vasov-Museum. 1895 erste Veröffentlichungen. – Schildert in realist.-psycholog. Novellen u. Erzählungen das ihm aus seiner Jugend bekannte bäuerl.-patriarchal. Leben, die vormoderne Gebundenheit zwischen Mensch u. Land. Zahlr. humorvolle Kindererzählungen, -gedichte u. -märchen. Präziser Ausdruck, guter Beobachter, führender bulgar. Belletrist.

W: Razkazi, En. II 1904–11; Pižo i Pendo, G. 1917; Gori Tililejski, G. 1919; Zemja, N. 1922; Černi rozi, G. 1928; Geracite, N. 1911 (Die Geraks, d. 1955); Potočeta bistri, G. 1931; Jan Bibijan, R. 1933 (d. 1961); Az, ti, toi, Ess. 1936; Pod manastirskata loza, En. 1936 (Die Liebe ist aber das Größte, d. 1959). – SW, X 1958–59. – *Übs.:* Die Begegnung, En. 1959; Die Versuchung, En. 1959; Die Windmühle, En. 1963.

L: D. Mitov, 1939; P. Rusev, 1954; K. Genov, 1956; I. Bogdanov, 1964; I. Panova, 1967; R. Kolarov, 1987.

Eliot, George (eig. Mary Ann Evans), engl. Romanschriftstellerin, 22. 11. 1819 Arbury Farm/ Warwickshire – 22. 12. 1880 London. Wuchs in ländl. Abgeschiedenheit als Tochter e. strenggläubigen Methodisten auf. Schulzeit in Coventry. Führte bis zum Tod des Vaters 1849 dessen Haushalt u. unterstützte ihn in s. Geschäften als Landagent. Zog 1841 mit dem Vater nach Coventry, wurde dort bekannt mit dem Phrenologen Ch. Bray und dessen Schwager Ch. Hennett, e. rationalist. Schriftsteller, unter deren Einfluß sie sich dem Freidenkertum zuwandte. Ihre 1. lit. Arbeit war die Übs. von D. F. Strauß' ›Leben Jesu‹. Begann 1850 für die ›Westminster Review‹ zu schreiben, war 1851–53 deren Mithrsg., lernte dadurch Carlyle, J. Chapman u. H. Spencer kennen. Lebte in freier Ehe mit dem Kritiker und Freidenker G. H. Lewes von 1854 bis zu dessen Tod 1878. Er regte sie zu eigenen schriftsteller. Arbeiten an. Veröffentlichte 1858 in ›Blackwood's Magazine‹ erstmalig 3 Erzählungen, die sich durch Frische der Darstellung auszeichneten. Ihr erster großer Erfolg war ›Adam Bede‹ (1859). Wurde nach Lewes' Tod 1878 schwermütig; ∞ 1880 J. W. Cross, der mit beiden befreundet war. Starb im gleichen Jahr. – Gehört zu den ersten bedeutenden Vertretern des psycholog.-soz. Romans. Schauplatz der frühen Romane ist das provinzielle Mittelengland mit s. Landbewohnern, die sie mit feinem psycholog. Verständnis analysierte. Breite Skala verschiedenartiger Charaktere. Durch ihr ausgeprägtes Moralempfinden gelang ihr die Zeichnung von Menschen in seel. Kämpfen u. Gewissensnöten besonders gut. Ihre Romane zeugen von Toleranz, Ernst u. dramat. Intensität. Sie vermochte Charakterentwicklungen glaubhaft darzustellen. In die Tragik des Geschehens mischen sich auch humorist. Beiklänge. Während ihre frühen Romane aus der Unmittelbarkeit eigener Anschauung Frische u. Lebendigkeit schöpften, sind ihre Spätwerke allzu stark gedankl. konstruiert, in ihnen wollte sie Lebenshaltungen kritisieren u. maß die Gestalten an Idealforderungen. Von diesen Spätromanen ist nur ›Middlemarch‹ e. echtes Kunstwerk, es ist zugleich e. Studie des viktorian. Zeitalters.

W: Scenes of Clerical Life, Kgn. II 1858 (d. 1885); Adam Bede, R. III 1859 (n. G. S. Haight 1948, d. II 1887); The Mill on the Floss, R. III 1860 (d. 1889); Silas Marner, R. 1861 (d. 1963); Romola, R. III 1863 (d. 1909); Felix Holt, the Radical, R. III 1866 (d. 1867); The Spanish Gypsy, Dr. 1868; Middlemarch, R. IV 1871 f. (n. G. S. Haight 1956, d. 1962); The Legend of Jubal, G. 1874; Daniel Deronda, R. VI 1876 (d. 1876); Essays and Leaves from a Notebook, hg. C. L. Lewes 1884. – Collected Works, XX 1878–80; Illustrated Copyright Ed. XXI, 1908–11; Clarendon Ed. of the Novels, hg. G. S. Haight 1980ff.; Essays, hg. T. C. Pinney 1963; A Writer's Notebook 1864–1879 and Uncollected Writing, hg. J. Wiesenfarth 1981; The Letters, hg. G. S. Haight 1954ff.

L: J. W. Cross, III 1885; L. Stephen, 1902; C. S. Olcott, 1910; E. S. Haldane, 1927; G. S. Haight, 1940; G. Bullett, 1947; F. Leavis, The Great Tradition, 1948; L. u. E. Hanson, 1952; J. Thale, 1959; B. Hardy, 1959; M. Crompton, 1960; J. Bennett, [2]1962; W. Allen, 1964; W. J. Harvey, [3]1968; R. Speaight, [2]1968; R. Sprague, 1968; G. S. Haight, 1968; K. C. Knoepflmacher, 1968; J. C. Brown, 1969; J. Adam, 1970; F. W. Kenyon, The Consuming Flame, 1970; The Critical Heritage, hg. D. Carroll 1971; M. Lasky, 1973; W. Baker, 1973; R. V. Redinger, 1975; L. C. Emery, 1976; C. M. Fulmer, G. E.: A Reference Guide, 1977; F. Bonaparte, The Triptych and the Cross, 1979; H. Witemeyer, 1979; K. M. Newton, 1981; F. B. Pinion, 1981; R. Ashton, 1983; K. B. Mann, 1983; M. W. Carpenter, 1986; J. Uglow, 1987; R. Ashton, 1996.

Eliot, Thomas Stearns, engl. Lyriker, Dramatiker, Essayist und Kritiker, 26. 9. 1888 St. Louis/Missouri – 4. 1. 1965 London. Aus angesehener altengl. (Bostoner) Familie, wuchs im Nordosten der Staaten auf; puritan. relig. Erziehung. Vater Unitarier, Mutter Schriftstellerin. Smith Academy, Stud. Harvard, dort 1909/10 Hrsg. des ›Harvard Advocate‹. Führende Lehrerpersönlichkeiten: I. Babbitt, Santayana sowie der Danteforscher Ch. Grangent. Stud. Philos., Psychol., ind. Philos., Sanskrit. Dann Stud. franz. Lit. und Philos. an der Sorbonne. 1913/14 Gastdozent in Harvard. 1914 e. Reisestipendium nach Dtl., Leibniz-Studien in Marburg; bei Kriegsausbruch nach England, setzte s. Studien am Merton College, Oxford, fort. Vorübergehend Lehrer an engl. höherer Schule, dann Bankbeamter. ∞ 1915 Vivienne Haigh Wood. Im gleichen Jahr erschien s. erstes bedeutendes Gedicht ›The Love Song of J. Alfred Prufrock‹ in der Zs. ›Poetry‹. Meldete sich freiwillig zum Dienst in der Marine, als die USA in den 1. Weltkrieg eintraten, wurde jedoch zurückgewiesen. 1917–19 Mithrsg. des ›Egoist‹, der Zs. der Imagisten. In den 1920er Jahren, eingeführt durch E. Pound, Wortführer der jungen Dichtergeneration. Gewann 1922 den Dial-Preis von 2000 Dollar für s. Dichtung ›Waste Land‹; damit schlagartig berühmt. Begründete 1922 s. eigene Zs. ›Criterion‹, die bis 1939 fortbestand. Erwarb 1927 die brit. Staatsangehörigkeit, machte im gleichen Jahr e. Amerikareise, nahm e. 2jährige Gastprofessur für Poetry in Harvard an. 1928 Übertritt zur anglikan. Hochkirche. Seit 1926 Mitarbeiter, später Direktor des Verlagshauses Faber and Faber. 23facher Ehrendoktor, 1948 Nobelpreis für Lit.; Träger des ›Order of Merit‹ und des ›Pour le mérite‹. E. war zugleich Amerikaner und Engländer, er wurzelte in der geistigen Tradition beider Länder und stand in enger Berührung mit den führenden Geistern Europas. Echter Humanist, der ernste Sprachstudien der Antike sowie der außereurop. Sprachen und Traditionen (insbes. Indiens) trieb. – Überragende Dichterpersönlichkeit seiner Zeit, geprägt vom christl. Humanismus. E. zieht die Metaphysical Poets den Romantikern u. Viktorianern vor; Vergil, Dante und Shakespeare als große Vorbilder, Kritik an Goethe. Kern s. Werkes ist die Lyrik; machte freie Rhythmen in England populär. Am bedeutendsten ›The Four Tuartets‹: Thema ist die Aussöhnung mit den puritan. Vorfahren, Ringen um Wiedergeburt des Geistes, um Sinngebung der Zeit durch das zeitlose Sein; Meditationen über Zeit und Ewigkeit; abstrakte Dichtung mit musikal. Kompositionselementen. E.s durch Yeats inspirierte Dramatik betont den Vorrang des Verses über die Prosa. Statt zeitgenöss. Realismus und Naturalismus Hinwendung zur griech. u. ma. Dramatik; im Auftrag der Kirche geschrieben: ›Murder in the Cathedral‹, mod. christl. Mysterienspiel, Anlehnung an ›Everyman‹. Erfolgreich auch mit Gesellschaftsstücken, in denen das Christentum als höhere Ordnung die Katastrophe verhindert; späte Stücke in freien Rhythmen, mit Analogien zum antiken Trauerspiel. In lit.krit. Studien und Essays Eintreten für Wiederbelebung des poet. Dramas; Anklänge an M. Arnold; Sozial-, Kultur- und Religionskritik.

W: Prufrock and Other Observations, G. 1917 (d. 1948); E. Pound, St. 1917; Poems, 1919; The Sacred

Wood, Ess. 1920; The Waste Land, Dicht. 1922 (vollst. Faks. d. Ms. 1970; d. 1957, n. 1975); The Hollow Men, Dicht. 1925; Dialogue on Dramatic Poetry, Es. 1928; Ash-Wednesday, G. 1930; Sweeney Agonistes, Melodr. 1932; Selected Essays, 1917–32, 1932 (n. 1951); The Rock, Dr. 1934; Murder in the Cathedral, Dr. 1935 (d. R. A. Schröder 1946); Essays Ancient and Modern, 1936; Collected Poems 1909–35, 1936; Old Possum's Book of Practical Cats, G. 1939 (d. 1952); The Family Reunion, Dr. 1939 (d. R. A. Schröder 1947); The Idea of a Christian Society, Es. 1939 (d. 1949); Four Quartets, Dicht. 1944 (d. N. Wydenbruck 1951); Notes Towards the Definition of Culture, Es. 1948 (d. 1949); The Cocktail Party, K. 1949 (d. N. Wydenbruck 1950); Poetry and Drama, Ess. 1951; Selected Essays, 1951 (erw. 1957); The Confidential Clerk, Dr. 1953 (d. N. Wydenbruck 1954); Selected Poems, 1954; On Poetry and Poets, Ess. 1957 (d. 1959); The Elder Statesman, Dr. 1959 (d. E. Fried 1959); George Herbert, B. 1962; Knowledge and Experience in the Philosophy of F. H. Bradley, Diss. 1964. – The Complete Poems and Plays, 1969; Collected Poems 1909–62, 1963; Poems Written in Early Youth, G. 1967; The waste land: authoritative text, contexts, criticism, hg. M. North, Dicht. 2001; Collected Plays, 1962; To Criticize the Critic, St. 1965; The letters of T. S. Eliot, hg. Valerie Eliot 1988 (d. 1996). – Übs.: Gedichte, 1964; Werke, IV 1967–72; Dramen, 1974; Briefe, W. Held 1996.

L: H. R. Williamson, 1932; E. M. Stephenson, 1944–1948; Gr. u. H. H. Schaeder, 1948; B. Rajan, hg. 1948; B. March, Tambimuttu, 1948; L. Unger, hg. 1948; H. Gardner, 1949; H. Viebrock, 1950; M. C. Bradbrook, 1950; S. Gamberini, Genua 1954; E. Drew, ²1954; G. Smith, ²1956; H. Gardner, 1958; T. S. E., hg. N. Braybrooke 1958; F. O. Matthiessen, ³1958; L. Unger, 1961; H. Howarth, 1962; H. Kenner, hg. 1962; J. Seyppel, 1963; E. Thompson, 1963; C. H. Smith, T. S. E.s Dram. Theory and Practice, 1963; N. Frye, 1963; A. G. George, 1963; E. Thompson, 1963; C. Brooks, The Hidden God, 1963; P. R. Headings, 1964; G. Williamson, ²1965; H. Kenner, The Invisible Poet, ²1965; K. Schlüter, D. Mensch als Schauspieler, ²1966; R. Germer, T. S. E.s Anfänge als Lyriker, 1966; L. Unger, hg. 1966; D. E. S. Maxwell, ⁵1966; G. Cattaui, 1966; J. Kleinstück, 1966; A. Tate, hg. 1966; A. F. Cahill, 1967; T. S. Pearce 1967; F. Kuna, 1968; E. M. Browne, 1969; B. C. Southham, 1969; D. E. Jones, ³1969; M. Montgomery, 1969; B. Gunter, 1970; G. Patterson, 1971; R. Sencourt, 1971; B. Bergonzi, 1972; E. Hesse, 1973; S. Sullivan, hg. 1973; A. W. Litz, hg. 1973; D. Ward, 1973; T. S. Matthews, Great Tom, 1974; T. R. Rees, 1974; L. W. Wagner, hg. 1974; K. Habedank, 1974; E. W. Schneider, 1975; B. Rajan, The Overwhelming Question, 1976; S. Spender, 1976; D. Traversi, 1976; The Literary Criticism of T. S. E., hg. D. Newton-De Molina 1977; L. Gordon, 1977; A. D. Moody, 1979; B. Lee, 1979; The Critical Heritage, hg. M. Grant II 1982; P. Ackroyd, 1984; F. B. Pinion, 1986; L. Menand, 1986; A. Calder, 1987; A concordance to the complete poems and plays of T. S. E., hg. J. L. Dawson 1995; T. S. E.: comprehensive research and study guide, hg. H. Bloom 1999; H. Davidson: T. S. E., 1999; D. Donoghue: Words alone: the poet T. S. E., 2000; T. S. E., poeta doctus, Tradition und die Konstituierung der klassischen Moderne, hg. J. Klein 2003. – Bibl.: D. Gallup, ²1969; M. Martin, 1972.

Eliseus → Egiše

Elísio, Filinto (eig. Pater Francisco Manuel do Nascimento), portugies. Lyriker, 23. 12. 1734 Lissabon – 25. 2. 1819 Paris. Einfacher Herkunft, stieß als Ordensmann zu e. Kreis lit. hochgebildeter Kaufleute, darunter Franzosen, die ihn in s. aufklärer.-liberalen Haltung bestimmten; Dissident der Arcádia Lusitana, Lehrer der Marquesa de Alorna im Kloster Chelas; vor die Inquisition gestellt, abenteuerl. Flucht nach Frankreich, 4jähriger Holland-Aufenthalt, mit Freunden in Paris, Bekanntschaft Lamartines; schwierige äußere Lebensumstände. – S. Lyrik umfaßt Oden, Episteln, Epigramme u. Satiren, Übs. zahlr. lat. u. franz. (La Fontaine) Autoren, auch von Wielands ›Oberon‹. Letzter Vertreter des arkad. Formalismus in Portugal, archaisierender Stil, auch purist. Theoretiker (Horaz verpflichtete Epistel ›Da Arte Poética Portuguesa‹), in manchen s. Anschauungen Vorläufer der Romantik.

A: Obras Completas (GW), XI Paris ²1817–19, XXII 1836–40.

L: J. M. Pereira da Silva, 1891; T. Braga, 1901; X. da Cunha, 1912.

Elissamburu, Jean Baptiste (zahlr. Pse.), bask. Dichter, 14. 8. 1828 Sara – 2. 1. 1891 ebda. Priesterseminar, 1849–70 Karriere im franz. Heer, 1870 Heirat u. Friedensrichter in Sara. – Erfolgr., beliebter, lit. gebildeter volkstüml. Dichter.

W: Emazte edalea, 1855; Tan tan tan rataplan, 1858; Gazte hiltzerat doana, 1860; Nere etxea, 1861; Apexa eta lorea, 1862; Solferin'ko itsua, 1864; Eskalduna, 1867; Xori berriketaria, 1871.

Elizondo, Salvador, mexikan. Schriftsteller, * 19. 12. 1932 Mexiko Stadt. – S. Romane u. Erzählungen beschreiben e. Welt der Halluzinationen; Mischung von Wahnsinn u. log. Genauigkeit, von Natürlichem u. Übernatürlichem, von Symbolen u. Metaphern. Glanzvoller Stil u. starke Einbildungskraft.

W: Poemas, G. 1960; Farabeuf o la crónica de un instante, R. 1965 (d. 1969); Narda o el verano, En. 1966; Salvador Elizondo, Aut. 1966; El hipogeo secreto, R. 1968; Cuadernos de escritura, G. 1969; El retrato de Zoe y otras mentiras, En. 1969; El grafógrafo, En. 1972; Contextos, Ess. 1973; Miscast, Sch. 1981; Camera lucida, Ess. 1983; Elsinore, N. 1988; Teoría del infierno, Ess. 1992. – Obras, 1992.

L: M. Durán, 1973; O. Mata, 1980; D. F. Curley, 1990.

Elkin, Stanley, amerik. Schriftsteller, 11. 5. 1930 New York – 31. 5. 1995 St. Louis/MO. Stud., 1955–57 Militärdienst, Promotion, Lehrtätigkeit, v. a. an der Washington Univ. in St. Louis. – E.s Romane u. Kurzgeschichten nehmen in postmodernem Erzählstil Themen wie Popkultur u. Konsumgesellschaft auf. E.s z.T. autobiograph. geprägte, auch satir. Milieuschilderungen verarbeiten, insbes. im Frühwerk, die jüd.-amerik. hist. Erfahrung.

W: Boswell: A Modern Comedy, R. 1964; The Dick Gibson Show, R. 1971; The Franchiser, R. 1976; The Living End, R. 1979 (Himmel und Hölle: Auch eine göttliche Komödie, d. 1981, Zappenduster: Ein höllischkomischer Roman, d. 1988); Stanley Elkin's Greatest Hits, En. 1980; George Mills, R. 1982; The Magic Kingdom, R. 1985; Rabbi of Lud, R. 1987; Pieces of Soap, Ess. 1992; Van Gogh's Room at Arles, En. 1993; Mrs. Ted Bliss, R. 1995. – Early Elkin, En. 1985

L: D. G. Bargen, The Fiction of S. E., 1980; P. J. Bailey, Reading S. E., 1985; D. C. Dougherty, 1991; T. Pughe, 1998.

Ellin, Stanley, amerik. Erzähler, 6. 10. 1916 New York – 31. 7. 1986 ebda. Versch. Berufe; Soldat, dann freier Schriftsteller in Brooklyn. – Vf. von Kriminalromanen mit schwarzem Humor und grotesken Schauergeschichten vom Einbruch des Dämonischen in den Alltag.

W: Dreadful Summit, R. 1948 (Befehl des Bösen, d. 1961); The Key to Nicholas Street, R. 1951 (Rache der Unschuld, d. 1995); Mystery Stories, En. 1956 (Sanfter Schrecken, d. 1961); The Eighth Circle, R. 1958 (Das dicke Ding, d. 1994); The Winter after This Summer, R. 1960; The Panama Portrait, R. 1962; The Blessington Method, En. 1964 (Die Segensreich-Methode, d. 1966, 1982); House of Cards, R. 1967 (d. 1969); The Valentine Estate, R. 1968 (d. 1970, u.d.T. Spiel, Satz und Mord, 1996); The Bind, R. 1970 (In der Klemme, d. 1973); Mirror, Mirror on the Wall, R. 1973; Stronghold, R. 1974 (Der Zweck heiligt die Mittel, d. 1977); The Luxembourg Run, R. 1977 (König im 9. Haus, d. 1979); The Specialty of the House, En. 1980 (d. 1981); The Dark Fantastic, R. 1983 (Die Zeitbombe, d. 1986, 1992); Very Old Money, R. 1985.

Elliott, Ebenezer, engl. Dichter, 17. 3. 1781 Masborough/Yorkshire – 1. 12. 1849 Great Houghton. In s. Jugend Schmied. – Wurde vor allem bekannt durch leidenschaftl. Anklageverse gegen die Korngesetze, auf die er alles Unglück s. Volkes zurückführte, stimulierte damit die soziale Dichtung s. Zeit. Verfaßte auch lyr. Landschaftsbeschreibungen von großer Frische und Natürlichkeit sowie e. polit. Dichtung ›The Battle‹.

W: The Vernal Walk, G. 1801; Night, G. 1818; The Village Patriarch, G. 1829; Corn Law Rhymes, G. 1831; Love, G. 1831; The Splendid Village, G. II 1850. – Poetical Works, hg. Edwin Elliot II 1876.

L: J. Searle, ²1852; K. S. Wolven, Diss. 1997.

Elliott, Sumner Locke, amerik. u. austral. Schriftsteller, 17. 10. 1917 Kogarah/Australien – 24. 6. 1991 New York. Schwierige Kindheit in Australien, 1948 Übersiedelung in die USA, Einbürgerung 1955. – Frühe Erfolge mit Theaterstücken und Hörspielen, später am Broadway, sowie mit Stücken für das Fernsehen. Sein erster Roman ›Careful, He Might Hear You‹ (1963) brachte internationale Anerkennung. Erfahrungen der Kindheit u. des Heranwachsens bilden häufige Themen.

W: Interval, Dr. 1942; Buy Me Blue Ribbons, K. 1952; Careful, He Might Hear You, R. 1963 (d. 1965); Edens Lost, R. 1969 (Die Äpfel röten sich in Eden, d. 1977); Waiting for Childhood, R. 1987 (d. 1989); Fairyland, R. 1990 (d. 1994); Radio Days, hg. S. Clarke 1993.

L: S. Clarke, 1996.

Ellis, Bret Easton, amerik. Schriftsteller, * 7. 3. 1964 Los Angeles/CA. Studium, frühe lit. Erfolge. – E.' Realismus verzichtet auf klar markierte ethische Kommentierung. Der kontrovers rezipierte Roman ›American Psycho‹ konfrontiert den Leser mit schonungslosen Gewaltdarstellungen. Die von R. Carvers Minimalismus beeinflußte Darstellung von Sexualität, hedonist. Jugendkultur und Schönheitskult findet sich in allen Romanen des Autors, allerdings lassen die neueren deutlicher ethische Positionen erkennen.

W: Less Than Zero, R. 1985 (Unter Null, d. 1988); The Rules of Attraction, R. 1987 (Einfach unwiderstehlich, d. 1988); American Psycho, R. 1991 (d. 1993); Informers, En. 1994; Glamorama, R. 1998 (d. 1999).

Ellison, Ralph (Waldo), afroamerik. Schriftsteller, 1. 3. 1914 Oklahoma City – 16. 4. 1994 New York. Stud. Musik Tuskegee, Alabama, und New York. Setzte sich in zahlr. Veröffentlichungen für die kulturelle u. soziale Anerkennung der Afroamerikaner ein. – S. halbautobiograph. ›Invisible Man‹ über das Schicksal e. Afroamerikaners in der weißen Gesellschaft gilt allg. als e. der kunstvollsten u. komplexesten Erzähltexte der afroamerik. Lit. Im Gegensatz zu J. Baldwins kolportagehaftem Naturalismus symbolist. lit. Behandlung der Rassenproblematik mit existentialist. Grundaussage. S. Erzählwerk (darunter auch einige kraftvolle Kurzgeschichten) wird ergänzt durch brillante Essays zu Lit., Musik u. Politik, die E.s ungebrochenen Drang nach Integration belegen.

W: Invisible Man, R. 1952 (Unsichtbar, d. 1954); Shadow and Act, Ess. 1964; Going to the Territory, Ess. 1986; Collected Ess. 1995; Juneteenth, R. 1999.

L: A Collection of Critical Ess. hg. J. M. Reilly 1970; R. G. O'Meally, 1980; R. F. Dietze, 1982; K. W. Benston, 1987; K. McSweeney, 1988; A. Nadel, 1988; O'Meally, hg. 1988; M. Busby, 1991; E. J. Sundquist, 1995.

Ellroy, James, amerik. Kriminalschriftsteller, * 4. 3. 1948 Los Angeles. Früher Tod der Eltern, Schulabbruch, Militär, Gelegenheitsarbeiter, Straßenkrimineller, Haftstrafe. – E.s Romane sind fast

Elskamp

ausschließlich in Los Angeles angesiedelt und beleuchten die kriminelle Unterwelt, häufig in den 1940er und 50er Jahren, z.T. autobiograph. Aspekte.
W: Brown's Requiem, R. 1981 (Browns Grabgesang, d. 2000); Clandestine, R. 1982 (Heimlich, d. 1986); Blood on the Moon, R. 1984; Suicide Hill, R. 1986; The Black Dahlia, R. 1987 (d. 2001); The Big Nowhere, R. 1988; L. A. Confidential, R. 1990 (Stadt der Teufel, d. 1991, 2003); White Jazz, R. 1992 (d. 1992); Hollywood Nocturnes, R. 1994 (d. 2002); American Tabloid, R. 1995; My Dark Places: An L. A. Crime Memoir, Mem. 1996 (Die Rothaarige, d. 2000); L. A. Noir, R. 1998 (In der Tiefe der Nacht, d. 1999).

Elskamp, Max (eig. Maximilien-Antoine-Marie), belg. Dichter, 5. 5. 1862 Antwerpen − 10. 12. 1931 ebda. Aus Großbürgertum, verbrachte s. ganzes Leben, außer 4 Kriegsjahren in Holland, in e. proletar. Viertel Antwerpens. Gründete, an Volkskunde interessiert, das ›Musée de la tradition populaire‹ ebda. − Schrieb Gedichte von Verlainescher Zartheit, bewußt einfach und bis zur Kindlichkeit linkisch in der Form, erfüllt von inbrünstiger Frömmigkeit. Musikal. Rhythmus. E. verwendet die archaischen Stilmittel der Wiederholung und der Alliteration. S. Thema ist das einfache Leben des Volkes in s. Nachbarschaft: Glaube, Arbeit, Spiel und Feste. Einfluß auf Péguy, Claudel und Apollinaire. Von den franz. Symbolisten sehr geschätzt.
W: Dominicales, G. 1892; En symbole vers l'Apostolat, 1895; Six chansons de pauvre homme, G. 1895; Enluminures, G. 1898; La louange de la vie, G. 1898; L'alphabet de Notre-Dame, la Vierge, G. 1901; Sous les tentes de l'exode, G. 1921; La chanson de la rue Saint-Paul, G. 1922; Chansons désabusees, G. 1922; Les délectations moroses, Aut. 1923, Remembrances, Aut. 1924; Aegri somnia, G. 1924; Les joies blondes, 1934. − Œuvres complètes, 1967.
L: J. de Bosschère, 1914; L. Piérard, 1914; M. Schiltz, 1937; R. Guiette, 1955; A. Salmon, 1962; P. de Sadeleer, 1985; M. Ch. Berg, E. et le bouddhisme, 1969.

Elsschot, Willem (eig. Alfons Jozef de Ridder), fläm. Erzähler, 7. 5. 1882 Antwerpen − 31. 5. 1960 ebda. Bäckerssohn. Gymnas. und Handelshochschule. Reklameagent in Paris, Rotterdam, Brüssel. 1910−12 Mitarb. der Zs. ›De Boomgaard‹; ab 1914 Leiter e. Reklamebüros in Antwerpen. − Vf. unpathetisch-ehrl. naturalist. Großstadtromane in sachl., schlichter Sprache, die mit mildem Humor das Leben der Kleinbürger, ihre Sorgen, Wünsche und Ängste und ihren Kampf um sozialen Aufstieg schildern und hinter Zynismus und Ironie Enttäuschung und echtes Mitleid verbergen. Überwand die fläm. Heimatdichtung durch neue Stoffbereiche. Auch Lyriker und Literaturhistoriker.

W: Villa des Roses, R. 1913; Een ontgoocheling, E. 1921; De verlossing, E. 1921; Lijmen, R. 1924; Kaas, R. 1933 (d. 1952); Verzen van vroeger, G. 1934; Tsjip, R. 1934 (d. 1936); Pensioen, R. 1937; Het been, R. 1938; De leeuwentemmer, R. 1940; Het tankschip, E. 1942; Het dwaallicht, E. 1946. Zwijgen kan niet verbeterd worden, Prosa u. G. 1979. − Verzameld werk, 1957.
L: F. Buyens, 1951; F. Smits, ²1952; B.-F. van Vlierden, 1958; G. Stuiveling, 1960; B. Kemp, 1962; Kijk, Willem Elsschot, Bild-Mon. 1970; S. Carmiggelt, 1975; Over W. E., hg. A. Keuls-Vree 1982; B. Rousseeuw, Van hier tot Peking, 1983; M. Somers, 1983; S. Carmiggelt, 1985; V. van de Reijt, 1985; F. Auwera, 1999.

Elster, Kristian d. J., norweg. Erzähler, 17. 3. 1881 Trondheim − 6. 11. 1947 Oslo. Sohn von Kristian Mandrup E., 1900 Stud. Jura, 1906−18 Justizbeamter, seit 1919 Lit.- und Theaterkritiker. − Vf. stark intellektueller Romane und Erzählungen über soz. und menschl. Probleme, bes. über den Gegensatz zwischen träumer. Ästhetizismus und aktiver soz. Tätigkeit in sachl. Stil. Objektiver Kritiker, geistvoller Essayist und Vf. e. norweg. Lit.geschichte; auch Jugendschriftsteller.
W: Fortellinger, E. 1907; I lære, Landeveien, Mester, R.-Tril. 1911−13; Min bror Harris, R. 1917; Av skyggernes slegt, R. 1919 (Das Amtsrichterhaus am Fjord, d. 1929); Den ensomme ø, R. 1921 (Drei Jungen auf einer Insel, d. 1932); Den skjønne ungdom, R. 1923; Illustr. litteratur-hist., II 1923 f., VI ²1934 f.; Den hellige Andreas, R. 1925; Livet og digtningen, 1928; Bonde Veirskjæg, R. 1930 (Jon Maar und die Juristen, d. 1938); Helg, R. 1937; Teater, Ess. 1941; Paradisets have, R. 1945; Fortellinger, E. 1945. − Verker, VI 1945.
L: E. Kielland, Min ven K. E., 1950; W. Dahl, 1977.

Elster, Kristian Mandrup, norweg. Schriftsteller u. Lit.kritiker, 4. 3. 1841 Overhalla − 11. 4. 1881 Trondheim. Vater von Kristian E. d. J.; 1867 reiste E. nach Gießen u. bildete sich zum Förster aus; seit 1869 in Christiania, wo er sich e. Namen als Lit.- und Theaterkritiker machte, gilt als Bahnbrecher für die realist. Lit., in der durch die Figuren erzählt wird statt über diese, Vorbild Turgenev.
W: Om Modsætningen mellem det østlige og vestlige Norge, Es. 1872; Tora Trondal, R. 1879; Farlige Folk, R. 1881. − Samlede Skrifter I − II, 1898, 1903, 1904.
L: J. Nilsson, 1941; W. Dahl, 1977.

Eluard, Paul (eig. Eugène Emile P. Grindel), franz. Dichter, 14. 12. 1895 Saint-Denis − 18. 11. 1952 Charenton-le-Pont. Ab 1908 in e. Pariser Vorstadt; freudlose Jugend, Lycée Colbert, 1912 lungenkrank in Davos. Ab 1914 Soldat. 1918 Kontakt mit Paulhan, Breton, Aragon, Soupault, begründete mit ihnen die surrealist. Bewegung. 1924 7monatige Reise nach Indien, Ceylon, Antillen, Neuseeland, Australien. Galt ab 1926 als bedeutendster Dichter des Surrealismus. Dichter der Widerstandsbewegung, dessen Ruf über intellektuelle Kreise hinausdrang; Mithrsg. der illegalen Zs. ›Les lettres françaises‹. 1942 Mitglied der kommunist. Partei. Nach 1944 Reisen nach Italien, Jugoslawien, Griechenland, Polen, Tschechoslowakei. – Begann als wirklichkeitsfremder Dadaist und Surrealist, entwickelte sich zum Dichter der Résistance und der kommunist. Partei, ohne geistig und formal den s. Wesen gemäßen Surrealismus aufzugeben. Sprache von großer Einfachheit, Bedeutungsschwere und kristallklarer Transparenz; harmon. Versrhythmus. Ein echter Dichter von ursprüngl. Vertrautheit mit Natur, Dingen und Menschen. Angeregt von den surrealist. Malern und s. Freund Picasso. Bedürfnis nach Zärtlichkeit und Glück in s. ganzen Werk. Fast das einzige Thema s. ersten Gedichte (›Capitale de la douleur‹) die Liebe: Versinken im Anschauen der inneren Welt, Gedanke der existentiellen und ideellen Einheit von Mann und Frau. Frucht s. außereurop. Reisen sind schöne Liebesgedichte von klass. Einfachheit und kühler Herbheit (›L'amour, la poésie‹, ›La vie immédiate‹; ›La rose publique‹). Nach 1930 Übergang zur militanten Anteilnahme am aktuellen polit. Geschehen, auf der Suche nach dem Glück in der Realität: im span. Bürgerkrieg auf der Seite der Republikaner (›Au rendez-vous allemand‹), neben Aragon der bedeutendste Dichter in der Widerstandsbewegung (›Livre ouvert‹, ›Poésie et vérité‹, Gedicht ›Liberté‹, auf Flugblatt). Im Dienst des Kommunismus Gedichte (›Poèmes politiques‹), Reden und Aufsätze.

W: Le devoir et l'inquiétude, G. 1917; Les nécessités et les conséquences des rêves, G. 1921; Répétitions, G. 1922; Les malheurs des immortels, G. 1922 (m. M. Ernst); Mourir de ne pas mourir, G. 1924; Capitale de la douleur, G. 1926 (d. 1959); Les dessous d'une vie ou la pyramide humaine, G. 1926; L'amour, la poésie, G. 1929; L'immaculée conception, G. 1930 (m. A. Breton, d. 1973); A toute épreuve, G. 1930; La vie immédiate, G. 1932; La rose publique, G. 1934; Facile, G. 1935; Les yeux fertiles, G. 1936; Les mains libres, G. 1937; Cours naturel, G. 1938; Donner à voir, G. u. Ess. 1939; Chanson complète, 1939; Le livre ouvert (1938–40), G. 1940; Choix de poèmes (1914–41), 1941, 1947; Poésie et vérité, G. 1942; Poésie involuntaire et poésie intentionnelle, St. 1942; A Pablo Picasso, G. 1944; Le lit, la table, G. 1944; Médieuses, G. 1944; Dignes de vivre, G. 1944; Au rendez-vous allemand, G. 1944; Doubles d'ombre, G. 1945; Souvenirs de la maison de fous, G. 1946; Poésie ininterrompue, 1946; A l'intérieur de la vue, G. 1948; Corps mémorable, G. 1948 (d. 1964); Poèmes politiques, 1948 (d. 1949); Le bestiaire, G. 1949; Une leçon de morale, G. 1949; Le dur désir de durer, G. 1950; Le Phénix, G. 1952; Lettres de jeunesse, hrsg. 1962; Le poète et son ombre, G. u. Ess. 1963; Lettres à Gala, hrsg. P. Dreyfus 1984 (d. 1987). – Œuvres complètes, 1968, 1990. – Übs.: G.Ausw., d. S. Hermlin 1947; F. Hagen 1956, J. Hübner 1963.

L: R. Gaffé, 1945; M. Carrouges, E. et Claudel, 1945; F. Hagen, 1949; L. Parrot, ²1953 (d. 1966); R. Pantanella, 1962; L. Perche, 1964; L. Decaunes, 1965; H. Eglin, 1965; J. Papenbruck, 1965; R. Jean, 1968; E. Sallager, 1967; R. D. Valette, 1967; ›Europe‹, Sondernr. P. E., 1972; M. R. Guyard, 1974; J. Y. Debreuille, 1977; A. Mingelgrün, 1977; D. Bergez, 1982; J. Ch. Gateau, 1982; J.-P. Jacques, 1982; J. Ch. Llinares, 1988; J.-H. Son, 1989; M. Seo, 1992; V. Vanoyeke, 1995, E. Reboul, 1997; A. Tsatskon, 2000.

Elvestad, Sven (Ps. Stein Riverton), norweg. Erzähler, 7. 9. 1884 Frederikshald – 18. 12. 1934 Oslo. Journalist, Mitarbeiter versch. Zeitungen in Oslo. – Vf. e. Vielzahl phantasievoller Kriminal- u. Detektivromane, erster bedeutender Vertreter dieses Genres in Norwegen. Die Hauptfigur der Romane, Asbjörn Krag, war e. populäre Gestalt. Witz und Phantasie zeigen auch die z. T. polem. gesellschaftskrit. Aufsätze.

W: Jernvognen, R. 1909 (Der eiserne Wagen, d. 1913); Angsten, R. 1910; De fortapede hus, R. 1911 (Das gestohlene Haus, d. 1913); Aar og dag – Stemninger og skildringer, Feuill. 1913; Fædrelandets have, N. 1915; Professor Umbrosus, R. 1922; Himmel og hav, N. 1922; Færgestedet, R. 1925; 13 mennesker, Interviews 1932. – Fra jernvognens århundre, Ess.-Ausw. 1978. – Übs.: Der Gast, der mit der Fähre kam, R. 1929; Der Mann, der die Stadt plünderte, R. 1978.

L: O. M. Syversen, så gikk det sånn passeling skjevt – en beretning om S. E., 1986.

Elyot, Thomas Sir, engl. Gelehrter und Schriftsteller, 1490(?) Wiltshire – 26. 3. 1546 Carleton. Friedensrichter, Mitgl. des Parlaments, als Gesandter bei Karl V. in Spanien, gehörte zum Kreis um Thomas Morus, von Henry VIII. mit der Auflösung der Klöster beauftragt. ∞ nach 1522 Margaret Abarrow. – Veröffentlichte e. Fürstenspiegel ›The Governor‹: entwirft darin das Ideal eines höfischen und humanistisch gebildeten Gentleman, der sich und seine Fähigkeiten ganz in den Dienst des Staatswesens stellt. S. Tugendbegriff beruht auf inneren Qualitäten, nicht auf Vorrechten des Ranges und der Abstammung. Verfaßte um 1540 die ›Defence of Good Women‹, in Rückgriff auf Boccaccios ›De claris mulieribus‹, in der E. die Königin Zenobia als dem humanist. Ideal verpflichtete Frau entwirft, die in diesem Genre sodann modellbildende Funktion hat; das Werk ist als Lob auf Catherine of Aragon konzipiert. Von der Antike her beeinflußt, insbes. von Plato und Plutarch. Übs. versch. klass. griech. Werke ins Engl. Vf. des ersten lat.-engl. Wörterbuchs (1538).

W: The boke named the Gouvernour, 1531 (hg. H. H. S. Croft II 1880, S. E. Lehmberg 1970, D. Rude 1992; d. H. Studniczka 1931); Of the knowledg whiche maketh a wise man, 1533 (hg. E. J. Howard 1946); The Bankette of Sapience, 1539; The Castel of Helth, Es., 1539 (Faks.

1936); The Defence of Good Women, Es. 1545; Letters, hg. K. Wilson, 1976.

L: D. T. Starnes, 1933; J. Major, T. E. and Renaissance Humanism, 1964; P. Hogrefe, 1967; S. E. Lehmberg, ²1969; J. Dees, T. E. and Roger Ascham, 1981.

Elytis, Odysseas (eig. Odysseas Alepudelis), griech. Dichter, 2. 11. 1911 Heraklion/Kreta – 18. 3. 1996 Athen. Jugend und Jurastud. ebda.; Reisen (1948 Paris). 1979 Nobelpreis für Lit. Lebt in Athen. – Anhänger des Surrealismus mit starker Naturverbundenheit, durch die E. mit Hilfe auch s. wahren dichter. Gehalts die Grenze der reinen Dichtung e. ›absoluten‹ Wirklichkeit überschreiten konnte, um s. Gedichten konkreteren Inhalt und gepflegtere Form zu geben. Aber auch in dieser zweiten reiferen, sozusagen neosurrealist. Phase s. Schaffens leuchtet durch s. Verse der transparente, nicht ganz faßbare Zauber s. Jugendgedichte. Übs. von P. Éluard, Lautréamont, Jouve, García Lorca.

W: Prosanatolismoi, G. 1936; Hoi Klepsydres tu agnōstu, G. 1937; Sporades, G. 1938; Hēlios ho prōtos, G. 1943; Asma hērōiko kai penthimo ..., G. 1945; Albaniada, G. 1946; To axion esti, G. 1959 (d. 1969); To phōtodentro kai hē dekatē omorphia, G. 1971; Ho helios ho hēliatoras, G. 1971; To Monogramma, G. 1972; Ta rō tu erōta, G. 1972 (Lieder der Liebe, d. 1981); Ta hetherothalē, G. 1974; Anoichta Chartia, Ess. 1974 (d. 1986); Maria Nephelē, G. 1978 (d. 1981); Anaphora ston A. Empiriko, Es. 1979; Hēmerologion henos atheatu Apriliu, G. 1984 (d. 1991); Ho mikros Nautilos, G. 1985; Juliu logos, G. 1991; Ta elegia tēs oxōpetras, G. 1991 (d. 2001); Dytika tēs lypēs, G. 1995 (d. 2001); Ek tu plēsion, G. 1998. – *Übs.:* Körper des Sommers, d. 1960; Sieben nächtliche Siebenzeiler, d. 1966; Glänzender Tag, Muschel der Stimme, 1982; Neue Gedichte, 1984; Köder für Niemand, 1988.

L: T. Lignadis, To Axion esti tu E., 1971; L. Zōgraphu, Ho hēliopotēs E., 1971; A. Karantōnis, 1980; D. N. Maronitis, Horoi tu Lyrismu ston E., 1980; M. Vitti, 1984; A. Dekavalles, 1990; A. Argyriu, Anoichtoi logariasmoi stēn poiēsē tu O. E., 1998. – *Bibl.:* M. Vitti, 1993.

Emants, Marcellus, niederländ. Dichter, 12. 8. 1848 Voorburg b. Den Haag – 14. 10. 1923 Baden/Schweiz. Sohn eines Richters, Rechtsstud. in Leiden, 1871 nach dem Tod s. Vaters abgebrochen. Reisen in Süddtl., der Schweiz und Italien, 1875–80 Hrsg. der Zs. ›De Banier‹. – Wegbereiter des niederländ. Naturalismus im Kampf gegen romant. Verfälschung der Wirklichkeit u. verbürgerl. Christentum. S. Werk ist Ausdruck e. unversöhnl. Haltung gegen jeden Gottesglauben. Einfluß Schopenhauers. – Vf. pessimist. psycholog. Romane um sensible Charaktere unter Einfluß von Zola und Turgenev. S. ep. Gedicht ›Lilith‹ rief e. heftige Polemik hervor, da es die Liebe zur Frau als wollüstige Neigung interpretiert. ›Godenschemering‹ sucht das Ende aller Religion anzukündigen.

W: Juliaan de afvallige, Dr. 1874; Een drietal novellen, 1879; Lilith, Ep. 1879 (d. 1892); Jong Holland, R. 1881; Godenschemering, Ep. 1883 (d. 1895); Adolf van Gelre, Dr. 1888; Dood, N. 1892; Een nagelaten bekentenis, N. 1894 (Bekenntnisse e. Dekadenten, d. 1906); Loevestijn, Dr. 1898; Inwijding, R. 1901; Domheidsmacht, Dr. 1904; Waan, R. 1905 (d. 1908); Liefdeleven, R. 1915; Huwelijksgeluk, En., hg. N. Maas 1989.

L: F. Boerwinkel, 1943; P. H. Dubois, 1964; T. Anbeek, 1981.

Embirikos, Andreas, griech. Lyriker, 1901 Brăila/Rumänien – 11. 8. 1975 Athen. Stud. Paris, wo er mit den surrealist. Dichtern Breton, Éluard u. a. zusammenkam. E. gilt als der Begr. des orthodoxen Surrealismus in Griechenland. Er gehört zu der Gruppe (Seferis, Elytis, Karantonis, Katsimbalis), die mit der Zs. ›Nea Grammata‹ (1935) die mod. Dichtung in Griechenland einführte.

W: Hypsikaminos, G. 1935; Endochōra, G. 1945; Grapta ē prosōpikē mythologia, Ess. 1960; Oktana, E. 1980; Argō hē plus Aerostatu, E. 1980; Hai geneai pasai, Hē sēmeron hōs aurion kai hōs chtes, G. 1984; Ho Megas Anatolikas, R. hg. G. Jatromanolakis VIII 1990–92.

L: G. Jatromanolakis, 1983; N. Valaoritis, 1989; P. Vuturis, 1997. – *Bibl.:* I. M. Vurtsis, 1984.

Emecheta, Buchi, nigerian. Romanautorin, * 21. 7. 1944 Lagos. Bibliothekarin, 1962 zu ihrem Mann nach England, 5 Kinder, nach Scheitern der Ehe Abendstud. Soziologie an der London University, Sozialarbeiterin u. Lehrerin. 1982–87 Visiting Prof. an US-Univ., seit 1986 Dozentin Univ. London. – Kernthema sind die Beschränkungen im Leben von Afrikanerinnen durch Diskriminierung als Ehefrau u. Wohlfahrtsabhängige in England, Sklaverei, Tabus u. arrangierte Ehen in den traditionellen Igbo-Gesellschaft sowie Abhängigkeit u. Erniedrigung durch Polygamie u. soz. Mißstände im mod. Nigeria.

W: In the Ditch, R. 1972; Second-Class Citizen, R. 1974 (beide d. als Die Geschichte der Adah, 1987); The Bride Price, R. 1976; The Slave Girl, R. 1977 (d. 1997); The Joys of Motherhood, R. 1979 (d. Die Freuden der Mutter, 1983, Nnu Ego – Zwanzig Säcke Muschelgeld, 1983); The Wrestling Match, R. 1980 (d. 1989); Destination Biafra, R. 1981; Naira Power, R. 1981; Double Yoke, R. 1983; The Moonlight Bride, R. 1983; The Rape of Shavi, R. 1983; A Kind of Marriage, R. 1986; Head above Water, Aut. 1986; Gwendolen, R. 1989 (d. 1991); The Family, R. 1990; Kehinde, R. 1994 (d. 1996); The New Tribe, R. 2000.

L: T. Oladele, Female Novelists in Modern Africa, 1984; Nigerian Female Writers, hg. H. C. Otokunefor, O. C. Nwodo 1989; P. Bittner, 1997.

Emerson, Ralph Waldo, amerik. Dichter und Essayist, 25. 5. 1803 Boston – 27. 4. 1882 Concord/MA. Aus alter Pastorenfamilie Concords,

Sohn e. Geistlichen; 1812 Latin School, 1817–21 Stud. Harvard; Lehrer u. Prediger, 1829 ∞ Ellen Tucker († 1831), 1829–32 Pastor in Boston, 1833 Europareise (Begegnung mit Coleridge, Wordsworth, Carlyle, mit diesem langer Briefwechsel), 1835 ∞ Lydia Jackson, seither in Concord. Vorlesungen als Broterwerb, Gründung des Transzendentalisten-Klubs, 1837 Phi-Beta-Kappa-Ansprache über ›The American Scholar‹ (Aufruf zu persönl. und nationaler Selbstachtung), 1838 Divinity School Address, deren relig. Liberalismus Anstoß erregte. 1840–44 Mitarbeiter der Zs. ›The Dial‹. 1847/48 Reise nach England und Frankreich. Unterstützung der Abolitionisten. – Sein seit 1820 geführtes Journal ist Grundlage der Vorlesungen, deren Gedanken in den geschliffenen Essays konzentriert werden. Puritanismus, Platonismus, dt. Idealismus und ind. Philos. fließen bei E. zusammen, doch auf der Grundlage e. nüchternen Yankee-Individualismus; der berüchtigte Optimismus ist trüben Erfahrungen (früher Tod s. Brüder, der ersten Frau und e. Sohns) abgerungen. Befreiung des Individuums aus den Fesseln der Tradition im Vertrauen auf das Wirken des Geistes, ohne sozialreformer. Pathos, ist Kern der Lehre, die über den Transzendentalistenkreis (A. B. Alcott, M. Fuller, H. D. Thoreau u.a.) hinaus auf Pragmatisten (W. James), Kulturkritiker (F. Nietzsche) u.a. wirkte. Als Prosaist Meister des vollkommenen einzelnen Satzes, unbekümmert um scheinbaren Selbstwiderspruch, als Dichter Symbolist, von s. Zeitgenossen (z.B. M. Arnold) unterschätzt. Als Mentor Thoreaus und Erwecker Whitmans nimmt E. e. zentrale Stelle in der amerik. Geistesgeschichte ein.

W: Nature, 1836 (hg. M. M. Sealts, A. R. Ferguson 1969; d. 1868); The American Scholar, 1837; Essays, 1841 (hkA 1979, d. 1858); Essays: Second Series, 1844 (hkA 1983); Orations, Lectures, and Addresses, 1845; Poems, 1847; Representative Men, 1850 (d. 1895); English Traits, 1856 (hg. H. M. Jones 1966; d. F. Spielhagen 1857); The Conduct of Life, 1860 (d. 1862); May-Day, G. 1867; Society and Solitude, 1870 (d. 1875); Letters and Social Aims, 1876 (Neue Essays, d. 1876); Selected Poems, 1876; Lectures and Biographical Sketches, 1883; Natural History of the Intellect and Other Papers, 1893; The Early Lectures, hg. S. E. Whicher, R. E. Spiller III 1959–72. – Complete Works, hg. E. W. Emerson XII 1903f.; Journals, hg. E. W. Emerson, W. E. Forbes X 1909–14; The Journals and Miscellaneous Notebooks, hg. W. H. Gilman u.a. XVI 1960–82; Coll. Works, 1971ff.; The Correspondence of Carlyle und E., hg. J. Slater 1964; Correspondence between E. and H. Grimm, hg. F. W. Holls 1903; The Letters, hg. R. L. Rusk VI 1939. – Übs.: GW, 1907 (d. Tagebücher, Ausw. 1954; The Complete Sermons, Schriften hg. A. J. Frank 1989–92; The Collected Works Bd. 5, Schriften hg. J. Slater 1994; Collected Poems and Translations, hg. H. Bloom 1994; The Selected Letters, Schriften hg. J. Myerson 1997.

L: J. E. Cabot, II 1887, n. 1965; E. Baumgarten, 1938; K. W. Cameron, II 1945; V. C. Hopkins, 1951; Sh. Paul, 1952; F. I. Carpenter, 1953; S. E. Whicher, 1953; R. L. Rusk, ²1957; S. Hubbard, 1958; J. Bishop, 1964; J. Gonnaud, 1964; J. Porte, 1966; M. H. Cowan, 1967; H. H. Waggoner, 1975; J. Porte, 1979; G. W. Allen, 1981; J. Porte, hg. 1982; B. L. Packer, 1982; L. Neufeldt 1982; L. James, 1990; D. L. Gelpi, 1991; R. G. Geldard, 1993; R. E. Burkholder, J. Myerson, 1994; R. R. O'Keefe, 1995; L. Gougeon, 1995; L. Rohler, 1995; J. Myersen, 2000; S. Acharya, 2001. – Bibl.: J. Myerson, 1981; R. E. Burkholder, J. Myerson 1985; M. Pütz, 1987.

Ėmin, Fedor Aleksandrovič, russ. Schriftsteller, 1735 Konstantinopel – 29. 4. 1770 Petersburg. Bereiste europ. und asiat. Länder, nahm 1761 in London den griech.-orthodoxen Glauben an und siedelte nach Rußland über, wurde Lehrer am Kadettenkorps, dann Übs. – Schrieb 19 Bände russ., teils eigene, teils übersetzte Romane, darunter den nach dem Vorbild von Rousseaus ›La Nouvelle Héloïse‹ verfaßten umfangr. Briefroman ›Pis'ma Ernesta i Doravry‹, literarhist. bedeutsam als erster Versuch e. empfindsamen Romans in russ. Lit.

W: Pis'ma Ernesta i Doravry, 1766; Rossijskaja istorija, III 1767–69.

Emin, Mehmed → Yurdakul, Mehmed Emin

Eminescu, Mihai, rumän. Dichter, 15. 1. 1850 Ipoteşti b. Botoşani – 15. 6. 1889 Bukarest. 7. Kind e. Kleinadligen, dt. Volksschule u. 2 Klassen Gymnas. in Czernowitz, lief mit 14 Jahren aus dem Elternhaus davon, um Souffleur bei e. Wanderbühne zu werden, 1864/65 Schreiber am Amtsgericht Botoşani, danach Wanderschaft durch alle rumän. Provinzen, 1865/66 erneut Schulbesuch in Czernowitz, dann bis 1869 abermals Vagant. Stud. Philos. u. Philol. 1869–72 Wien u. 1872–74 Berlin, kehrte jedoch nach Rumänien zurück, ohne e. Diplom erworben zu haben. 1874–76 Bibliothekar u. Schulinspektor in Jassy, 1877–83 Schriftleiter der konservativen Zeitung ›Timpul‹. Nach 1883 geistig umnachtet; mehrere Aufenthalte in Heilanstalten brachten keine anhaltende Besserung. Unglückl. Liebe zu Veronica Micle, Freundschaft mit Creangă. – Größter rumän. Dichter von universellem Rang; verzehrte sich in Pessimismus u. unendl. Weltschmerz. S. Nachlaß gibt Aufschluß über s. großartigen Pläne, von denen er nur e. Bruchteil realisiert hat: 2 philos. Erzählungen, einige Märchen, etwa 70 Gedichte, einige hundert polit. Artikel, Essays u. Meditationen. Fruchtbarer Einfluß dt. Kultur (Kant u. Schopenhauer, Goethe, Novalis, Jean Paul u. bes. Schiller) u. rumän. Geistigkeit haben s. Werk geprägt; die romant. Vorstellung von der Welt als Schein sowie der bibl. Lehrsatz über die Eitelkeit aller Dinge bewegen s. Schaffen; die quälende metaphys. Unruhe, die Frage nach dem Endsinn des Seins lassen ihn von e. Nirwana träumen. S. ideenreiche philos. Dichtung mit eng ineinandergewobenen Gedanken machen s. Einreihung in e. philos. Schule schwer; die Liebeslyrik fasziniert durch unnachahml. Wohllaut u. Melancholie; die bitteren polit. Artikel geißeln die Ohnmacht e. Demokratie, in der e. fremde soz. Oberschicht absolut herrscht. Mit E., dessen trag. Existenz den rumän. Genius verkörpert, beginnt e. neue Epoche in der rumän. Lit., der er Weltgeltung verschafft hat.

W: Poezii, G. 1883. – Opere complete (GW), hg. A. C. Cuza 1914; Perpessicius u. a., I–XV 1939–93; Poezii de dragoste, hg. M. Dragomirescu 1916, G. Adamescu 1938, L. Daus 1939; Scrieri literare, hg. D. Murărașu 1939; Proza literară, hg. E. Simion, F. Șuteu 1964, II 1989. – Übs.: Der Abendstern, G. 1893 u. 1964; Gedichte und Novellen, 1913; Märchen und Novellen, 1927; Gedichte, 1931f., 1937, 1955, 1957, 1961, 1965, 1968, 1971, 1976, 1982.

L: A. Vlahuță, 1890; I. Scurtu, Leipzig 1904; I. Pătrășcoiu, 1905; G. Ibrăileanu, 1909; O. Minar, 1909; N. Zaharia, 1912 (m. Bibl.); T. V. Stefanelli, 1914; I. Grămadă, 1914; N. Zaharia, 1923; G. Galaction, 1924; G. Bogdan-Duică, 1925; M. Dragomirescu, ³1926; D. Caracostea, 1926; T. Chiricuță, 1927; F. Lang, 1928; T. Vianu, 1930; G. B. Shaw, Lond. 1930; C. Papacostea, 1932; D. Murărașu, 1932; N. Petrașcu, 1933; A. Dima, 1934; G. Călinescu, Opera lui M. E., V 1935–38; ders., Viața lui M. E., 1964 (Das Leben M. E.s, d. 1967); I. Sân-Giorgiu, 1936; D. Caracostea, 1938; G. Călinescu, 1938; D. Murărașu, 1939; U. Cianciòlo, Modena 1941; G. Lupi, Rom 1943; P. Ciureanu, Genua 1946; J. Zoltan, Budapest 1947; M. P. Mattis, Stockh. 1950; N. Eliade, Lissabon 1950; J. Tan Pai, Jerusalem 1954; G. Abasidze, Tiflis 1956; H. Juin, Paris 1958; S. Dobrolowski, Warschau 1960; R. Del Conte, Modena 1962; A. Z. N. Pop, 1962; A. Guillermou, Paris 1963; Z. Dumitrescu-Bușulenga, 1963; L. Gáldi, 1964; M. Ruffini, Turin 1964; E. Simion, Proza lui E., 1964; G. Tohăneanu, 1965; I. Rotaru, 1965; Studii eminesciene, hg. M. Simionescu 1965; I. D. Bălan, Rio de Janeiro 1966; I. Iordan, Amst. 1968; G. C. Nicolescu, 1968; I. Negoițescu, 1968; D. Popovici, 1969; A. Ray, Calcutta 1969; J. Dumitrescu, 1972; C. Noica, 1975; E. Tetsch, P. Miron, Slgn. 1977; E. Papu, ²1979; M. Cimpoi, Kischinew 1979; M. Drăgan, 1982; G. Cuțitaru, 1983; T. Codreanu, 1984; S. Chițanu, 1985; S.-K. Kim, 1985.

Emmanuel, Pierre (eig. Noël Jean Mathieu), franz. Schriftsteller, 3. 3. 1916 Gan b. Pau/Basses-Pyrénées – 25. 9. 1984 Paris. Stud. Mathematik u. Philos.; Mathematiklehrer in der Provinz, 1968 Mitgl. der Académie Française, 1969–71 Präsident des Internat. PEN-Clubs. – Schrieb, von revolutionärem und christl. Geist beseelt, leidenschaftl. realist. und zugleich myst. Gedichte. Beeinflußt von Baudelaire und Mallarmé. Barokke, bilder- und wortreiche, ungestüme, bisweilen dunkle Lyrik, zu der er den Zugang durch Vorworte und Aufsätze erleichtert. Autor einiger der schönsten Gedichte der franz. Widerstandsbewegung. Hervorragend ›La liberté guide nos pas‹. Inspirierte sich nach dem Krieg an den großen christl. und heidn. Mythen. Wie für Claudel und Jouve ist Poesie für E. ein relig. Anliegen. Sein einziger Roman steht in christl. Gedankenwelt.

W: Elégies, G. 1940; Tombeau d'Orphée, G. 1940; Le poète et son Christ, Ess. 1942; Jour de colère, G. 1942 (dt. Ausz. 1947); Orphiques, G. 1942; Combats avec tes défenseurs, G. 1942; Cantos, G. 1942; La colombe, G. 1943; Prière d'Abraham, G. 1943; Hymne à la France, G. 1944; Le poète fou, G. 1944; Sodome, G. 1944; La liberté guide nos pas, G. 1945 (dt. Ausz. 1947); Tristesse, ô ma patrie, G. 1946; Memento des vivants, G. 1946; Qui est cet homme?, 1948; Le singulier universel, Aut. 1947; Chansons du dé à coudre, G. 1947; Poésie, raison ardente Ess. 1948 (d. 1948); Car enfin je vous aime, R. 1950; Babel poème à deux voix, 1951; L'ouvrier de la onzième heure, Aut. 1953; Visage nuage, G. 1955; Versant de l'âge, G. 1958; Evangéliaire, G. 1961; La nouvelle naissance, G. 1963; La face humaine, Es. 1965; Vigne de faite, G. 1966; Le monde est intérieur, G. 1967; Baudelaire, 1967; Autobiographies, 1970; Jacob, G. 1970; La révolution parallèle, G. 1975; Tu, G. 1978; Duel, G. 1979; L'autre, G. 1980; L'Arbre et le vent, 1981; Une année de grâce, 1983; Cosmogonie, 1984; Le grand œuvre, 1984.

L: A. Bosquet, 1959; A. Marissel, 1974; E. Chakal, 1977; H. Gillessen, 1979.

Empedokles von Akragas (Sizilien), altgriech. Philosoph; 5. Jh. v. Chr. Zog wohl als Dichter-Philosoph durch Sizilien, Unteritalien und Griechenland; schon früh reiche Legendenbildung um s. Leben, berühmt ist v. a. sein angebl. Tod durch Sprung in den Ätna bzw. s. Entrückung in die Gefilde der Seligen. – Von E.' in Hexametern verfaßtem Werk (nur fragmentar. erhalten, durch Papyrusfunde ergänzt) sind zwei Titel überliefert: ›Katharmoi‹ (›Reinigungen‹) und ›Über die Natur‹; heute versteht man diese meist als zwei getrennte Gedichte, in denen einerseits anknüpfend an orph.-pythagoreische Vorstellungen der Weg der Seele in Reinkarnationen durch Buße und Läuterung und andererseits e. umfassende physikal. Lehre entwickelt wird. E.' lit. Form des philos. Lehrgedichtes findet in Sallust e. Übersetzer und wirkt weiter bis hin zu Lucretius. Seine Lehre von den vier Grundstoffen wird von Aristoteles übernommen und lebt so bis ins MA weiter. In der Neuzeit bezieht sich F. Hölderlin (Tragödienfragment 1798) v. a. auf e. hist. kaum begründete schamanenhaft-schillernde Seite von E.

A: J. Bollack 1965–69; M. R. Wright 1981 (Nachdr. 1995); B. Inwood 1992; A. Martin, O. Primavesi 1998 (für die Papyrus-Fragm.).

L: D. O'Brien, Cambr. 1969; A. P. D. Mourelatos, hg. Princeton ²1993; D. W. Graham, in: A. A. Long, hg. 2001 (Einführung u. Bibl.).

Empson, (Sir) William, engl. Lyriker und Kritiker, 27. 9. 1906 Yokefleet Hall, Howdon/Yorkshire – 15. 4. 1984 Londres. In Winchester erzogen, Stud. Mathematik und Anglistik Cambridge. Lehrte 1931–34 in Tokio und 1937–39 u. 1947–52 in Peking. 1941–47 Leiter der China-Abt. des BBC, 1953–71 Prof. für engl. Lit. in Sheffield. – Gehört als Dichter der Gruppe um Auden an, wurde von den Dichtern des ›Movement‹ der 1950er Jahre sehr geschätzt. Scharfer, problemat. Geist, empfing viele Anregungen durch Buddhismus u. Relativitätstheorie; beeinflußt durch B. Russell und A. Einstein. S. kühle, esoter. Lyrik ist dunkel, oft paradox und voller Rätsel, die trotz zahlr. Anmerkungen kaum zu lösen sind. S. krit. Schriften beleuchten das Problem der Vieldeutigkeit der Sprache und ihrer Wirkungen. Wie s. Lehrer I. A. Richards war er e. Wegbereiter des New Criticism.

W: Seven Types of Ambiguity, St. 1930 (n. 1947); Poems, 1935; Some Versions of Pastoral, Ess. 1935; The Gathering Storm, G. 1940; The Structure of Complex Words, St. 1951; Collected Poems, 1955; Milton's God, St. 1961; Using Biography, Ess. 1984.
L: J. H. Willis Jr., 1969; H. Meller, Das Gedicht als Einübung, 1971; W. E., hg. R. Gill 1974; C. Norris, W. E. and the Philosophy of Literary Criticism, 1978; P. u. A. Gardner, The God Approached, 1978; W. E., hg. C. Norris 1993. – *Bibl.*: F. Day: Sir W. E.: an annotated bibliography, 1984.

Emre, Yunus → Yunus Emre

Enchi, Fumiko, jap. Schriftstellerin, 2. 10. 1905 Tokyo – 14. 11. 1986 ebda. Vater Linguistikprofessor. Privatstudium. Tätigkeit als Bühnenautorin. Ab 1935 auch Erzählprosa, Durchbruch erst 1953. 1958–76 Präsidentin des jap. Schriftstellerinnenverbandes. – E. ist eine der bedeutendsten jap. Autorinnen des 20. Jh. Ihre Romane und Erzählungen verbinden Bezüge auf klass. Lit. u. Mythologie mit realistischer Darstellung.

W: Onnazaka, R. 1957 (Die Wartejahre, d. 1985); Onnamen, R. 1958 (Frauen, Masken, d. 1996); Namamiko monogatari, R. 1965 (A Tale of False Fortunes, engl. 2000). – E. F. zenshû (SW), XVI 1976–77.
L: N. A. Rieger, E. F.'s Literature, 1986; N. Cornyetz, Dangerous women, deadly words, 1999; H. Kinjo, E. F.'s Literature and her Contemporaries, 1999; I. North, Double-speak, 2000.

Encina, Juan del → Del Encina, Juan

Enckell, Olof, finnl.-schwed. Erzähler, 12. 3. 1900 Kurkijoki – 11. 6. 1989 Grankulla. Prof. für schwed. Lit. – Elaborierte Prosa, anfangs mit myst. Schimmer, später skeptisch gegenüber urbaner Gesellschaft; Reiseschilderungen.

W: Ett klosteräventyr, R. 1930; Halmstacken, En. 1931; Vårt hjärta, R. 1933; Guldketjan, R. 1934; Olivparadiset på banditernas ö, Reiseb. 1934; Tre (3) månader à dato, R. 1935; De klagande vindarnas ö, Reiseb. 1937; Rapport från ödemarken, Reiseb. 1942; Solnedgång, R. 1945.

Enckell, Rabbe Arnfinn, finnl.-schwed. Dichter, Maler u. Kritiker, 3. 3. 1903 Tammela/Finnl. – 17. 6. 1974 Helsingfors. Kunststudium in Italien u. Frankreich. 1928/29 Mitarbeiter der modernist. Zs. ›Quosego‹. – Unter den Modernisten der Meister der Miniaturkunst, der Sinnesempfindungen exakt u. subtil beschreibt. Will alle Dinge, auch die eigenen Gefühle, aus der Distanz sehen. Die spätere Lyrik überblendet eigenes Erleben mit griech. Mythen. Durch Wortwahl u. schreitenden Versablauf gewinnt sie an Glanz u. sprachl. Schönheit, verliert aber an Unmittelbarkeit. Auch in den antikisierenden lyr. Dramen sucht er die Unruhe s. Zeit in der klass. Form aufzufangen.

W: Dikter, G. 1923; Flöjtblåsarlycka, G. 1925; Vårens cistern, G. 1931; Herrar till natt och dag, Nn. 1937; Valvet, G. 1937; Orfeus och Eurydike, Dr. 1938; Iokasta, Dr. 1939; Lutad över brunnen, G. 1942; Andedräkt av koppar, G. 1946; Agamemnon, Dr. 1949; Sett och återbördat, G. 1950; Relation i det personliga, Ess. 1950; Hekuba, Dr. 1952; Skuggors lysen, G. 1953; Mordet på Kiron, Dr. 1954; Strån över backen, G. 1957; Alkman, Dr. 1959; Kärnor av ögonblick, G. 1959; Essay om livets framfart, 1961; Kalender i fragment, G. 1962; Det är dags, G. 1965; Och sanning?, Ess. 1966; Tapetdörren, Ess. 1968; Resonören med fågelfoten, G. u. Prosa 1971; Flyande spegel, G. 1974. – Nike flyr i vindens klädnad (ges. G.), 1947; Dikter i urval (Ausw.), 1957; Landskapet med den dunkla skuggen, Prosa-Ausw. 1958; Dikt, G. 1966; Dikter, G.-Ausw. 1971.
L: M. Enckell, Under beständighetens stjärna, 1986; ders., Dess ljus lyse!, 1994.

Endô, Shûsaku, jap. Schriftsteller, 27. 3. 1923 Tokyo – 29. 9. 1996 ebda. 1934 kathol. getauft; graduierte der Keio-Univ. in franz. Lit. u. studierte 1950–53 in Lyon. Besonders beeindruckt von J. Maritain u. F. Mauriac. – S. Werke behandeln vornehml. religiös-humanist. Probleme. Auch Kritiker, Dramatiker u. Verf. humorist. Werke.

W: Shiroi hito, E. 1955; Kiiroi hito, E. 1955; Umi to dokuyaku, R. 1958 (Meer und Gift, d. 1982); Obakasan, R. 1959 (engl. 1974); Kazan, R. 1959 (engl. 1979; Der Vulkan, d. 1992); Otoko to kyûkanchô, E. 1963 (D. Männer u. e. Vogel, R. in: Träume aus zehn Nächten, d. ^{2}1980); Chinmoku, R. 1966 (Schweigen, d. 1977); Ōgon no kuni, Sch. 1969 (engl. 1970); Shikai no hotori, R. 1973; Iesu no shôgai, Sch. 1973 (engl. 1979); Kuchibue wo fuku toki, R. 1974 (Eine Klinik in Tokyo, d. 1982); Samurai, R. 1980 (engl. 1982, d. 1987); Osanajimitachi, 1979 (Alte Freunde, d. 1989); Sukyandaru, 1986 (Sünde, d. 1990); Fukai kawa, 1993 (Wiedergeburt am Ganges, d. 1995). – E. Sh. bungaku zenshû (GW), 1975.

L: F. Mathy (Thought 42, 1967); M. Saito, (Modern Drama 10, 1968); C. v. Gessel (MN. 37, 4, 1982); M. Williams, E. S. – A Literature of Reconciliation, 1999; L. Gebhardt, Japans neue Spiritualität, 2001.

Enéas, Roman d' → Aeneisroman, Roman d'Enéas, Enéide

Enea Silvio Piccolomini → Piccolomini, Enea Silvio

Engelbretsdatter, Dorothe, norweg. Dichterin, 16. 1. 1634 Bergen – 19. 2. 1716 ebda. Pfarrersfrau, e. der populärsten Dichterinnen der Zeit, u. a. von Holberg hoch geschätzt. – Vf. von Gelegenheitsgedichten u. Kirchenliedern mit z. T. braut- u. passionsmyst. Zügen unter starker Akzentuierung des Bußgedankens. Sie mußte ihre Dichtung gegen männl. Vorurteile verteidigen.
W: Siælens Sang-Offer, G. 1678 (24 Aufl.); Taare-Offer, G. 1685. – Samlede Skrifter I – II, hg. K. Valkner 1955–56, 1999.
L: L. A. Kvalbein, Feminin barokk, 1970; L. Akslen, Norsk barokk, 1997.

Engelman, Jan (Johannes Aloysius Antonius), niederländ. Dichter, 7. 6. 1900 Utrecht – 20. 3. 1972 Amsterdam. Kaufmannssohn; Oberrealschule Utrecht, Reisen nach Italien und Griechenland. 1953–55 Prof. für neuere Kunstgesch. und Ästhetik in Maastricht; Mitgründer und Schriftleiter versch. Zss., ab 1925 Redakteur von ›De Gemeenschap‹. – Entwickelte sich vom Bewußtsein der Verbundenheit mit s. Mitmenschen, das s. Ausdruck in expressionist. Versen fand, über vitalist. Daseinsform zum christl. Humanismus.
W: Het roosvenster, G. 1927; Sine nomine, G. 1930; De tuin van Eros, G. 1932; Prinses Turandot, Dr. 1934; De dijk, G. 1937; Het bezegeld hart, G. 1937; Jan Klaassen komt waer huis, Dr. 1938; Sint Willibrord, Dr. 1939; Noodweer, G. 1942; Vrijheid, G. 1945; Tweemaal Apollo, Reiseb. 1955; Verzamelde gedichten, 1960; Het bittermeer, G. 1969.
L: J. H. Cartens, 1960, [2]1967 u. 1966; Op gezang en vlees belust, hg. L. Feikema 2000.

Engonopulos, Nikos, griech. Lyriker, Maler u. Bühnenbildner, 21. 10. 1910 Athen – 2. 11. 1985 ebda. Stud. Hochschule für schöne Künste ebda. – Führender Vertreter des Surrealismus in Griechenland.
W: Mēn homileite eis ton hodēgon, G. 1938; Ta kleidokimbala tēs siōpēs, G. 1939; Hepta poiēmata, G. 1944; Bolivar, G. 1944; Hē epistrophē tōn puliōn, G. 1946; Eleusis, G. 1948; En anthērō hellēni logō, G. 1957. – *Übs.:* Poet's Corner 18, 1993; Gedichte aus dem griech. Surrealismus, 2001.
L: F. Ambazopulu, 1988; R. Zamari, Ho poiētēs N. E., 1993.

Engström, Albert (Laurentius Johannes), schwed. Humorist, 12. 5. 1869 Lönneberga/Kalmar – 16. 11. 1940 Stockholm. Sohn e. Eisenbahninspektors; Gymnas. Norrköping, Stud. Uppsala u. Göteborg, 1894–96 Zeichner bei Söndags-Nisse, 1897 Gründer und seither Hauptredakteur der Zs. ›Strix‹ (ab 1924 ›Söndagsnisse-Strix‹). 1919 Mitgl. der Kunstakad., 1922 der Schwed. Akad., 1925–35 Prof. der Kunsthochschule Stockholm. 1894 ∞ Sigrid Fredrika Sparre. – Schilderte in Wort u. Bild Natur u. Unnatur der Schweden mit Blick für das Charakterist., üppigem Humor u. romant. Freude am Primitiven. S. Modelle waren Bauern aus Schonen, Roslagen und Småland, Gelehrte, Bürger und Strolche, von denen ›Kolingen‹ e. klass. Figur wurde. Auch Reiseschilderungen, Kritiken u. Plaudereien in kraftvoller, breit malender Sprache, intensive Naturschilderung.
W: En gyldenne Book, 1897; Medmänniskor, 1899; Bland kolingar, bönder och herremän, 1900; Mitt liv och leverne, 1907; Genom mina guldbågade glasögon, 1911; Kryss och landkänning, N. 1912; Åt Häcklefjäll, 1913; Bläck och saltvatten, N. 1914; Hemma och på luffen, N. 1916; Medan du jäser, N. 1918; Hemspånad och taggtråd, N. 1921; Adel, präster, smugglare, bönder, N. 1923; August Strindberg och jag, 1923; Gotska sandön, 1926; Med penna och tallpipa, N. 1927; Ur mina memoarer och annat, 1927; Anders Zorn, B. 1928; Bouppteckning, N. 1930; Mot aftonglöden, N. 1932; Naket o. s. v., N. 1934; Läsebok för svenska folket, 1938. – Samlade berättelser, XXII 1915–35: Skrifter i nationalupplaga, XXVIII 1941. – *Übs.:* Gestalten, II 1925.
L: T. Fogelqvist, 1933; Mest om A. E., hg. E. Malmberg 1941; M. Engström, 1956; H. Lång, [3]1966.

Engström, Clas E., schwed. Schriftsteller, * 19. 3. 1927 Härnösand. Lehrerexamen 1953. ∞ 1951 Bildhauerin Pye Nanneson. – S. humorvollen Romane behandeln d. schwed. Wohlfahrtsstaat u. s. Schwächen; auch Reiseberichte, Jugendbücher und TV-Stücke.
W: Is, 1961; Är dom vuxna inte riktigt kloka?, Jgb. 1971; Vad bråkar dom om?, 1976; Två uppdrag, 1977; Banianträdet, 1979; Mördarleken, 1980; Sagan om Sita, 1982; Talmannen gick ut i kylan, 1984; Svarta handen, 1985; En lätt stöt, 1995; Grundlagen, 1998.

En-ḫedu-ana, Tochter Sargons v. Akkade (2334–2279 v. Chr.), Hohepriesterin des Mondgottes Nanna-Su'en in Ur mit enger Bindung an die Venus-Göttin Inana (Stadtgöttin von Akkade), durch Sphragis gesichert als Dichterin kurzer sumer. Lieder an den Mondgott und umfangreicher Kompositionen. Ihre Inana-Hymnen (Hsn. 18. Jh. v. Chr.) erwähnen die Unterwerfung des Gebirges Ebeḫ (→ Inana-Mythen). In ›Herrin mit großem Herzen‹ (274 Verse; z. T. unortograph., mit akkad. Interlinearübersetzung) e. Litanei von Eigenschaften der Göttin m. kult. Refrain. – In

›Herrin über die unzähligen göttl. Amtsmächte (me)‹ argumentiert E. subtil, um Inana als Anwältin im Revisionsprozeß vor dem Himmelsgott An gegen den Usurpator Lugal-ane zu gewinnen, den E.s Dienstherr, der Mondgott, unterstützt. Kunstvolle Rhetorik und kompositor. Technik; konzentrischer Aufbau: zentrale Aussage (Vers 77) genau im Zentrum des Textes, davor und danach je 3 Verse mit Aussagen über Lugal-ane und über E. selbst., gerahmt von je 73 Versen. – Die ›Tempelhymnen-Sammlung‹ (Hsn.: 21./18. Jh.) besingt 42 Tempel im südl. Mesopotamien; 2 Redaktionen spiegeln verschiedene hist. Zustände wider (z. T. auch Lieder auf Bauten nach der Zeit der E.); alle enden mit derselben Formel über Bau und Inbesitznahme des Tempels durch die Gottheit. Kunstvoll gestalteter Rahmen und Aufbau mit polit. Botschaft über die wiederholt gefährdete Einheit des Reiches; Hymne 42 sagt, E. habe die Sammlung geschaffen.

A: Å. W. Sjöberg (ZA), 1975; ders. et al. 1969; J. Goodnick-Westenholz (Fs. Å. W. Sjöberg), 1989; A. Zgoll 1997; http://2280www-etcsl.orient.ox.ac.uk/edition2/etcslbycat.html.

Enlil-Mythen, sumer. und akkad. mytholog. Dichtungen und Rangstreitlit. des 3.–2. Jt. v. Chr. vom Götterherrscher Enlil (z. B. sumer. Enki/Ea–, → Inana-, → Ninurta-Mythen, → Königslieder; akkad. → Atra-ḫasīs-Epos). Er bricht bei s. Brautwerbung Tabus: In ›E. und Ninlil‹ (Hsn.: 18. Jh. und 1. Jt. v. Chr.) schwängert er die badende, jungfräul. Ninlil mit dem Mondgott Su'en. Sie folgt den von den großen Göttern in die Unterwelt Verbannten. Unterwegs zeugt er mit ihr inkognito 3 Götter (als seine, Ninlils und Su'ens Rückkehr ermöglichenden Ersatz für die Unterwelt). Die Dichtung preist Enlil als Herrscher und Garant landwirtschaftl. Überflusses, legitimiert den Mondgott als s. Erstgeborenen und Ur als Königsstadt. – ›E. und Sud‹ (Hsn.: 18. Jh. aus Babylonien, ca. 16. Jh. aus Susa) erzählt von einer Gabe mit der linken Hand beim Werben um Sud (= Ninlil), Tochter einer Getreidegöttin. Ninlil wird Getreidegöttin (Ätiologie?). – Im sumer. ›Lied von der Hacke‹ (Hsn.: 18. Jh. v. Chr.), einem Dokument differenzierter Reflexion über Sprache, Lautung, Graphie und Bedeutungen, trennt Enlil mit dem Allzweckgerät für Erdarbeiten (sumer. *al*, ›Hacke‹) Himmel und Erde und sät die Menschen aus. Es findet den Namen ›al‹ in kunstvoller Etymologie in sumer. und akkad. Wörtern. – Im polit.-polem. ›Fluch über Akkade‹ geht das blühende Weltreich von Akkade (2334–2154 v. Chr.) paradigmat. für herrscherl. Fehlverhalten wegen eines Frevels seines Königs Narām-Su'en (2254–2218 v. Chr.) an Enlils Tempel durch einen Fluch aller Götter unter.

A: H. Behrens, E. u. Ninlil, 1978; M. Civil, (Journ. Am. Oriental Soc. 103) 1983; J. Cooper, The Curse of Akkade, 1983; P. Attinger, (RA 78) 1984; http://2291www-etcsl.orient.ox.ac.uk/edition2/etcslbycat.html. – *Übs.:* Th. Jacobsen, The Harps that Once ..., 1987; J. Bottéro, S. N. Kramer, Lorsque les dieux faisaient l'homme, 1989; W. H. Ph. Römer, (TUAT III/3) 1993.

L: V. Afanasieva, (ZA 70), 1980; C. Wilcke, (RlA 4/1) 1972; ders., (La femme dans le Proche Orient Antique, hg. J. M. Durand) 1987.

Enmerkar-Epen, (sog.), zwei szenisch aufgeführte(?) sumer. Dichtungen der Rangstreitlit., Hsn.: 18. Jh. v. Chr. Der Streit des Vorzeitkönigs und Keilschrift-Erfinders Enmerkar von Uruk mit dem Herrscher des myth., iran. Aratta um die Gunst der Göttin Inana spiegelt polit.-wirtschaftl. Kämpfe Mesopotamiens mit Iran im 3. Jt. – In ›Enmerkar und der Herr von Aratta‹ löst E. scheinbar unlösbare Aufgaben. – ›E. und En-suḫgir-ana‹ ist eine ironische Komödie. Es geht um Haus und Bett, um Traum und Realität beim Verkehr mit Inana, um Gänsemast, um ein Mahl mit Provinzgouverneuren. Ethn. Witz mit Landesname Ḫamazu. Doppeldeutige Worte zum Trinkgeld für den Magier aus Ḫamazu erfüllen sich als Omen des Scheiterns im folgenden Magierwettstreit.

A: S. N. Kramer, E. and the Lord of Aratta, 1952; S. Cohen, E. and the Lord of Aratta, Diss. Philad. 1973; A. Berlin, E. and Ensuhkešdanna, 1979; http://2293www-etcsl.orient.ox.ac.uk/edition2/etcslbycat.html. – *Übs.:* Th. Jacobsen, The Harps that Once ..., 1987.

L: C. Wilcke, (Geschlechtsreife u. Legitimation zur Zeugung, hg. E. W. Müller) 1985.

Ennius, Quintus, röm. Dichter, 239 v. Chr. Rudiae/Kalabrien – 169 v. Chr. Rom. Kam 204 v. Chr. mit Cato nach Rom, wo er als Lehrer für Latein u. Griech. auf dem Aventin lebte. Mit s. Gönner M. Fulvius Nobilior nahm er 189 am Ätol. Krieg teil u. erhielt von dessen Sohn 184 das röm. Bürgerrecht. Stand wohl dem älteren Scipio nahe. War in 3 Sprachen zu Hause (Griech., Osk., Lat.). – E.' Hauptwerke sind die ›Annales‹ in 18 Büchern, e. in homer. Hexametern (statt des bisher übl. Saturniers) abgefaßte ep. Darstellung der röm. Geschichte von Aeneas bis zum 2. Pun. Krieg. An Beispielen bedeutender Männer will er die Größe Roms aufzeigen. Wie s. auch für Stil, Sprache u. Bilder verbindl. Vorbild Homer läßt E. die Götter am Geschehen mitwirken; er archaisiert u. bereichert die lat. Sprache durch Neubildungen. Ferner bedeutende Tragödien, Bearbeitungen griech. Originale, meist von Euripides (über 400 Verse aus mindestens 20 Tragödien erhalten), u. wenige, ohne Erfolg aufgeführte Komödien sowie kleinere Werke: ›Epicharmus‹, e. freigeistiges Lehrgedicht; ›Euhemerus‹ behandelt

e. ähnl. Thematik in Prosa; ›Hedyphagetica‹, Übertragung des gastronom. Lehrgedichts des Archestratos von Gela; das Preisgedicht ›Scipio‹, Epigramme u. 4 Bücher ›Saturae‹, noch nicht Satiren im eigentl. Sinn, sondern vermischte Dichtungen. Nur Fragmente bei Cicero, Varro u. Gellius erhalten. Großer Einfluß auf die spätere röm. Dichtung, in s. Geltung als röm. Nationaldichter jedoch durch Vergil abgelöst. Nach Ablehnung durch die Neoteriker u. Dichter der augusteischen Zeit u. Nachblüte im 2. Jh. n. Chr. allmähl. vergessen.

A: J. Vahlen ²1928 (n. 1963); E. H. Warmington, Remains of Old Latin 1, ²1956 (m. engl. Übs.); Annales: hg. E. M. Steuart 1925 (n. 1976); O. Skutsch 1985 (m. Komm.); komm. L. Valmaggi 1900 (n. 1962); Dramen: O. Ribbeck, Scaenicae Rom. poesis fragm. 1962; Tragödien: D. H. Jocelyn 1967 (m. Komm.). – *Übs.:* R. Engelsing 1983.

L: E. Norden, E. u. Vergilius, 1915, n. 1966; P. Brooks, E. and Roman Tragedy, 1949, n. 1981; O. Skutsch, The Annals of Q. E., 1951; S. Mariotti, Lezioni su E., 1951; N. Catone, Grammatica enniana, 1964; A. Grilli, Studi enniani, 1965; O. Skutsch, 1968; M. Bettini, Studi e note su E., 1979; P. Magno, 1979; H. Prinzen, E. im Urteil der Antike, 1998.

Ennodius, Magnus Felix, lat. Schriftsteller, 473/ 474 n. Chr. (vermutl.) Arles – 521 Pavia. E. war Diakon in Mailand, seit 513 Bischof von Pavia u. 515 u. 517 päpstl. Gesandter in Konstantinopel. – E.' inhaltl. vielfältiges u. sprachl.-stilist. sehr anspruchsvolles Werk, das vor s. Antritt des Bischofsamtes entstand, umfaßt u. a.: e. nach der Palmensynode von 502 verfaßte Verteidigungsschrift für den Papst, 2 Heiligenviten, e. Lobrede auf den Ostgotenkönig Theoderich, Reden zu kirchl. u. schul. Anlässen (z. B. Einweihung e. Basilika; Dankrede an e. Lehrer), Epigramme (Spottepigramme; Beschreibungen), christl. Hymnen, ca. 300 Briefe an geistl. u. weltl. Amtsträger, Freunde u. Verwandte u. e. Studienplan für junge Adlige, der christl. Haltung u. weltl. Inhalte verbindet.

A: W. Hartel, Corp. Script. Eccl. Lat. 6, 1882; F. Vogel, MGH auct. ant. 7, 1885; m. dt. Übs. Ch. Rohr, Der Theoderich-Panegyricus des E., 1995.

L: F. Magani, Pavia 1886; S. A. H. Kennell, Ann Arbor 2000; F. Gasti, hg., Atti della prima Giornata Ennodiana, Pavia 2001; Atti della seconda Giornata Ennodiana, hg. E. D'Angelo Neapel 2003.

Enquist, Anna (eig. Christa Broer), niederländ. Schriftstellerin, * 19. 7. 1945 Amsterdam. Stud. klinische Psychologie, dann Klavier. 1988–2000 als Psychoanalytikerin tätig. – Die berufl. Erfahrungen fließen auch in die lit. Produktion ein. Zunächst mit Lyrik bekannt geworden, in der Angst, Liebe, Schmerz u. Tod zentrale Themen sind. Auch in ihren Romanen sind Verlust u. Abschied Schlüsselworte.

W: Soldatenliederen, G. 1991; Jachtscènes, G. 1992; Een nieuw afscheid, G. 1994 (niederländ. u. d. 1999); Het meesterstuk, R. 1994 (d. 1995); Het geheim, R. 1997 (Die Erbschaft des Herrn de Leon, d. 1997); De kwetsuur, En. 1999 (Die Verletzung, d. 2001); De ijsdragers, R. 2002 (d. 2002).

Enquist, Per Olov, schwed. Schriftsteller, * 23. 9. 1934 Hjoggböle/Västerbotten. Magister phil. Uppsala, Literaturkritiker, Journalist für ›Expressen‹. – Vf. dokumentar. Romane, mit gewisser Skepsis aufgenommen. International bekannt durch die Dramentrilogie ›Tribadernas natt‹, ›Till Fedra‹, ›Från regnormarnas liv‹. Etliche Preise. Übs. u. a. Schiller (Maria Stuart), Ibsen.

W: Magnetisörens femte vinter, R. 1964 (Der fünfte Winter des Magnetiseurs, d. 1966); Bröderna Casey, Collage-R. 1964 (m. L. Nylén, T. Ekbom); Sextiotalskritik, Ausw. 1966; Hess, R. 1966; Legionärerna, R. 1968 (Die Ausgelieferten, d. 1969); Sekonden, R. 1971 (Der Sekundant, d. 1979); Katedralen i München, En. 1972; Berättelser från de inställda upprorens tid, En. 1974; Tribadernas natt, 1975 (d. 1976) – Till Fedra, 1980 (Verdunklung, d. 1981) – Från regnormarnas liv, 1981 (Aus dem Leben der Regenwürmer, d. 1982), Drn.-Tril.; Musikanternas uttåg, R. 1978 (Der Auszug der Musikanten, d. 1982); Strindberg. Ett liv, 1984 (TV-Serie, d. 1985); Nedstörtad ängel, R. 1985 (Gestürzter Engel, d. 1987); Två reportage om idrott, Rep. 1986; I lodjurets timma, Dr. 1988; Kapten Nemos bibliotek, R. 1991; Kartritarna, R. 1992 (Die Kartenzeichner, d. 1997); Bildmakarna, Dr. 1998; Livläkarens besök, R. 1999 (Der Besuch des Leibarztes, d. 2001); Lewis resa, R. 2001 (Lewis Reise, d. 2003).

L: C. Ekholm, Diss. 1984.

Enright, Dennis Joseph, engl. Schriftsteller, 11. 3. 1920 Leamington/Warwickshire – 31. 12. 2002 London. Stud. Cambridge, Dozent in Alexandria, Birmingham, Kobe/Japan, Berlin, Bangkok, Singapur, Leeds, Coventry. – Trockener, präziser, intellektuell klarer Dichter u. Prosaist von iron. Ausgeglichenheit. Starkes soziales Bewußtsein.

W: Season Ticket, G. 1948; The Laughing Hyena, G. 1953; Academic Year, R. 1955; Bread Rather Than Blossoms, G. 1956; Heaven Knows Where, R. 1957; Insufficient Poppy, R. 1960; Some Men Are Brothers, G. 1960; Figures of Speech, R. 1965; The Old Adam, G. 1965; Unlawful Assembly, G. 1968; Selected Poems, G. 1969; Memoirs of a Mendicant Professor, Aut. 1969; The Typewriter Revolution, G. 1971; Man Is an Onion, Ess. 1972; The Terrible Shears, G. 1973; Paradise Illustrated, G. 1978; A Faust Book, G. 1979; A Mania for Sentences, St. 1983; Instant Chronicles, Aut. 1985; The Alluring Problem, Ess. 1986; Selected Poems, G. 1990; Old Men and Comets, G. 1993. – Collected Poems, 1981; Collected Poems 1948–1998, 1998. – *Übs.:* Gedichte, 1996.

L: W. Walsh, 1974; J. Simms, 1990.

Enríquez Gómez, Antonio, span. Dichter, 1600 Segovia – 1663 Sevilla. Portugies. Herkunft, Sohn e. getauften Juden, 1636–49 Exil in Frankreich, Offizier, ab 1661 von der Inquisition inhaftiert. – Dramen, Versepen, Pamphlete u. Lyrik. Am bekanntesten ist der Roman in Vers u. Prosa ›El siglo pitagórico y vida de don Gregorio Guadaña‹ (1644, n. 1991), die Geschichte e. Seelenwanderung mit pikaresken, höf. u. satir. Elementen.

A: Comedias. Poesías, hg. B. C. Aribau 1857.
L: C. de Fez, La estructura barroca de ›E. s. p.‹, 1978.

Enuma elisch → Weltschöpfungsepos

Enweri → Anwarī, Auḥadud'-Dīn Muḥammad

Eörsi, István, ungar. Schriftsteller, * 16. 6. 1931 Budapest. Stud. Hungarologie u. Anglistik in Budapest. Arbeitete als Lehrer u. Journalist. 1956–60 aus polit. Gründen im Gefängnis, 1960 amnestiert. Ab 1967 Mitarbeiter der lit. Zs. ›Élet és Irodalom‹. 1977–82 Dramaturg am Theater in Kaposvár. Ab 1982 freier Schriftsteller. – Vf. zahlr. polit. Essays. S. Gedichte u. Dramen weisen typ. Züge der osteuropäischen Groteske auf. S. zeitgeschichtl. Werke zeugen von ausgeprägter soz. Sensibilität u. Engagement.

W: Fiatal szemmel, G. 1953; Változatok egy közhelyre, G. 1968; A nemek és az igenek, G. 1976; A derülátás esélyei, Ess. 1981; Emlékezés a régi szép időkre, Ess. 1989 (Erinnerungen an die schönen alten Zeiten, d. 1991); Üzenet mélyvörös levélpapíron, Ess. 1993; Én és az Isten, G. 1994; Időm Gombrowiczcsal, Ess. 1994 (Tage mit Gombrowicz, d. 1997), A szabadság titokzatos bája, Ess. 1997; Versdokumentumok magyarázatokkal. 1949–56, G. 2001. – *Übs.:* Hiob und Heine, Ess. 1999.

Eötvös, József Baron, ungar. Schriftsteller, 3. 9. 1813 Buda – 2. 2. 1871 Pest. Dt. Mutter. 1826–31 Stud. Jura u. Philos. Pest. Freundschaft mit L. Szalay. 1833 Rechtsdiplom. 1834 Vizenotar im Komitat Fejér. 1835 Dienst in der Königl. Ungar. Kanzlei. 1836/37 Auslandsreise. 1840 Gründer der Zs. ›Budapesti Szemle‹. ∞ 1842. 1847 Präsident der Kisfaludy-Gesellschaft, 1848 Kulturminister. 1848–50 im Ausland, bes. München. 1861 Abgeordneter. 1866 Präsident der Ungar. Akad. der Wiss. 1867 Kulturminister. Verdient um das ungar. Schulwesen. – Verfechter nationaler u. demokrat. Ideen, stand mit s. mäßigenden, liberalen Auffassung zwischen Széchenyi u. Kossuth. Schildert in s. mit kultur- u. sozialpolit. Gedanken und philos. Betrachtungen durchsetzten Romanen die soz. Verhältnisse Ungarns.

W: A karthausi, R. II 1838–41 (Der Karthäuser, d. II 1839–42); Éljen az egyenlőség!, Lsp. 1844; A falu jegyzője, R. III 1845 (Der Dorfnotar, d. 1846); Magyarország 1514-ben, R. III 1847 (Der Bauernkrieg in Ungarn, d. 1850); Über die Gleichberechtigung der Nationalitäten in Österreich, St. 1850; A XIX. század uralkodó eszméinek befolyása az államra, St. II 1851–54 (Der Einfluß der herrschenden Ideen des 19. Jahrhunderts auf den Staat, d. 1854); A nővérek, R. 1857; Die Garantien der Macht und Einheit Österreichs, St. 1859; Die Sonderstellung Ungarns vom Standpunkte der Einheit Deutschlands, St. 1860. – Munkái, XX 1901–03.

L: Z. Ferenczi, 1903; G. Voinovich, 1904; I. Sőtér, ²1967.

Ephoros aus Kyme (Aiolis), altgriech. Historiker, 405 v. Chr. – 330(?) v. Chr. Schüler des Isokrates, sonst kaum biograph. Nachrichten. – Alle Werke des E. sind nur in Fragmenten erhalten, sowohl die kleineren (Lob der Heimatstadt; ›Über Stilfragen‹, ›Über Erfindungen‹, 2 Bücher) als auch s. Universalgeschichte. Diese ›Historiai‹ (30 Bücher) setzten mit der Rückkehr der Herakliden und der Eroberung des Peloponnes ein und bewegten sich dann nach den Anfängen der Staatenbildung (Bücher 1–3), über e. Geographie der bekannten Welt (4–5), die Perserkriege (6–10), die spartan. (11–20) bzw. theban. (21–25) Hegemonie bis hin zur Zeitgeschichte (ab 26, v. a. Philipp der Große); die Ereignisse in Buch 30 (341/340, bis zur Niederlage von Perinth) wurden von E.' Sohn ergänzt. E. ordnet nicht streng chronolog., sondern auch sachl., s. bes. Interesse gilt Wanderungsbewegungen, Städtegründungen und Familiengeschichten. Obwohl bereits Polybios E.' unkrit. Umgang mit s. Quellen tadelt, werden die ›Hist.‹ schnell zu e. Standardwerk, das später benutzt und exzerpiert wird; am deutlichsten sichtbar ist dies bei Diodoros Siculus.

A: FGrHist 70.
L: G. L. Barber, Oxf. 1934 (Nachdr. N. Y. 1979); W. R. Connor, Princeton 1961; M. A. Flower, ClQ 48, 1998.

Ephräm der Syrer (syr. Afrēm = bibl. Ephraim), größte Gestalt der christl. syr. Lit., um 306 Nisibis – 9. 6. 373 Edessa; Sohn e. heidn. Priesters und e. Christin; als Erwachsener getauft; früh Schüler und Gehilfe des Bischofs Jaʿqōb von Nisibis, den er 325 zum Konzil nach Nizäa begleitet haben soll; brachte nach Abtretung der Stadt Nisibis an die Perser 363 der Katechetenschule in Edessa als ›Schule der Perser‹ einen Aufschwung; starb als Diakon. – Einflußreicher, fruchtbarer Dichter und Kirchenlehrer. S. in syr. dogmat. Richtung von Basileios abhängig. S. in syr. Sprache geschriebenen Schriften wurden schon sehr früh ins Griech., Armen. u. a. Sprachen übersetzt. Schwierige Echtheitsfrage. Das dichter. Werk unterscheidet Hymnen (syr. Madrāšē, stroph. gegliederte Lieder zum Singen) und rhythm. Predigten (syr. Mēmrē, d. h. metr. Reden). Unter den ersteren ragen vier 363 entstandene Hymnen gegen Kaiser Julianus durch ihre hist. Bedeutsamkeit hervor. Die ›Nisibenischen Gedichte‹ sind teils zeitgeschichtl., teils relig. Inhalts. Die Mēmrē befassen sich meist mit dem christl. Glauben; sie richten sich gegen Irrlehren, haben teilweise den Charakter von Bußpredigten oder behandeln liturg. Fragen. Von den Prosaschriften, die größtenteils verlorengegangen sind, sind syr. erhalten: Kommentare zu Genesis u. Exodus, fragmentar. zum Diatessaron; Kommentare zum NT in armen. Übs. Ferner existieren noch e. lange Prosapredigt ›Über unseren Herrn‹ und bruchstückhaft polem. Prosaschriften gegen die Heterodoxien des Bardaisān, Markion und Mani, die wichtiges Material über die frühchristl. Glaubensspaltungen enthalten.

A: J. J. Overbeck, 1865; T. J. Lamy, 1882–1902; C. W. Mitchell, 1912–21; E. Beck seit 1955 (m. Übs.). – *Übs.:* Ausw. P. Zingerle 1870–76, S. Euringer, A. Rücker 1919–28, E. Beck 1967; Hymns, hg. u. engl. K. McVey 1989.

L: G. Ricciotti, 1925; E. Beck, 1949 u. 1953; A. Vööbus, 1958; J. Martikainen, 1978, 1981; S. Brock, 1994; Hugoye (Zs.) 1.2 u. 2.1, 1998/99.

Ephtaliotis, Argyris (eig. Kleanthis Michailidis), griech. Erzähler, 13. 7. 1849 Molyvos/Lesbos – 1923 Antibes. – Sittenschilderer, Anhänger der Volkssprache (Demotike). Übs. der ›Odyssee‹ ins Neugriech.

W: Nēsiōtikes histories, En. 1894; Phylades tu Gerodēmu, Geschn. 1897; Hē mazōchtra, En. 1900 (d. 1955); Historia tēs Romiōsynēs, 1901; Palioi skopoi, G. 1909; Eklechtes selides, G. 1921. – Hapanta (GW), III 1952–1973; Briefe an A. Pallis, hg. V. Karajannis 1993.

Epicharmos, altgriech. Komödiendichter, 6./ 5. Jh. v. Chr. vermutl. aus Syrakus (Sizilien). – Von s. in sizil. Dorisch verfaßten Komödien sind nur 37 Titel sowie Fragmente erhalten, die e. bes. Vorliebe für mytholog. Stoffe (Mythenparodie?) erkennen lassen (Herakles, Odysseus als kom. Helden). Daneben treten auch allegor. Figuren (›Herr und Frau Rede‹) sowie Charaktertypen in Alltagsszenen auf. Dramaturgie und Szenerie bleiben aufgrund der Überlieferung unklar, E. verfolgte wohl noch keine feste dramat. Form: Vermutlich setzte er 3 Schauspieler ein, Titel im Plural (z.B. ›Inseln‹, ›Sirenen‹, ›Perser‹) scheinen auf e. Chor zu weisen, doch sind keine lyr. Verse erhalten. Trotz teilweise derber Drastik setzt E. ein gebildetes Publikum voraus (lit. Anspielungen); s. Wortspiele, Antithesen und Sinnsprüche gehen in Lexika, Anthologien und Sprüchesammlungen ein. Aufgrund der großen Popularität wurden ihm schon bald auch philos. und populär-naturwiss. Werke untergeschoben, so daß er auch als Gelehrter galt; schon im 4. Jh. v. Chr. weiß man um die Existenz dieser ›Pseudoepicharmeia‹. Lit. wirksam wird E. kaum.

A: C. Austin 1973; A. Pickard-Cambridge ²1962, 230–288.

L: R. Kerkhof, 2001.

Epiktetos, altgriech. Philosoph (Stoa), um 50 n. Chr. Hierapolis (Syrien) –125 n. Chr. Nikopolis. Stud. Philos. bei Musonios Rufus (Stoa), nach eigener Freilassung in Rom Unterrichtstätigkeit bis 89 n. Chr. (Philosophenvertreibung), dann in Nikopolis. – E. hinterließ keine Schriften, s. Schüler Arrianos veröffentlichte Vorlesungsmitschriften (›Diatribai‹, ›Lehrvorträge‹, Bücher 1–4 erhalten), die zusammen mit dem ›Encheiridion‹ (›Handbüchlein‹, Zusammenfassung) die Grundzüge von E.' Lehre erkennen lassen: E.' eigentl. Anliegen ist die Ethik. Wie die traditionelle Stoa unterscheidet auch er zwischen unserem Einfluß unterworfenen und somit für die Ethik zu berücksichtigenden Werten (z.B. Tugend, Schlechtigkeit) und unserem Willen entzogenen Indifferentia (z.B. äußerer Reichtum, Gesundheit). Doch verfügt s. Individuum über angeborene Meinungen (›prolepseis‹), die zusammen mit dem richtigen, nicht von bloßen Eindrücken irritierten Gebrauch des Verstandes e. zuverlässige moral. Entscheidung und somit e. verstärkte moral. Autonomie ermöglichen. E. teilt s. Lehren entsprechend nach den versch. Gebieten ein, in denen moral. Übung (›askesis‹) stattfinden soll (sog. ›topoi‹: Beherrschung von Begierden, Entscheidungen, Vorstellungen). Garant e. zwar vorbestimmten, aber auf Vernunft beruhenden Weltordnung ist e. vernünftiger Gott (die Natur oder e. stoischer Zeus), an den sich E. auch in persönl. Gebet wenden kann. – E.' Ausprägung des Stoizismus bleibt durch die gesamte Antike bis in die Neuzeit präsent. S. Denken beeinflußt Mark Aurel; im Neuplatonismus kommentiert Simplikios (6. Jh.) das ›Handbüchlein‹, im Christentum erscheint es in christl. Überarbeitung.

A: H. Schenkl 1894 (Diss.); W. Oldfather 1925/28; M. Billerbeck 1978 (Vom Kynismus). – *Übs.:* G. Wöhrle 2002.

L: A. Bonhöffer, 1890 (Nachdr. 1968), 1894, 1911 (Nachdr. 1964); G. Germain, Paris 1964; M. Billerbeck, 1978; J. C. Gretenkord, 1981; R. R. Roberto, Mail. 1982; J.-J. Duhot, Paris 1996; J. Barnes, Leiden u.a. 1997; A. A. Long, Oxf. 2000. – *Bibl.:* W. A. Oldfather 1927.

Epikuros, altgriech. Philosoph, 342/341 v. Chr. Samos – 270/271 v. Chr. Athen. Soll zuerst unter platon.-akadem. Einfluß gestanden haben, adaptiert dann aber v.a. Demokrits Denken als Grundlage s. Philos. 311/310 Gründung e. eigenen philos. Schule, 306 Übersiedlung der Schule nach Athen in e. Haus mit ›Garten‹ (griech. ›Kepos‹: später für die gesamte epikureische Philos. namengebend). – Von s. Werk sind v.a. 3 Briefe (über Physik/Meteorologie, Ethik, Theol.) sowie 120 Aphorismen erhalten. E.' Philos. zielt darauf ab, den Menschen von seiner ›Furcht vor dem Tod und den Göttern zu befreien‹ und ihm im asket. Rückzug in die philosoph. Gemeinschaft (Grundsatz der ›Lathe biosas‹ = ›Leben im Verborgenen‹) gleichgesinnter Freunde der Glückseligkeit als eigentl. Lebensziel zuzuführen. Physikal. Grundlage hierfür ist der Atomismus, so daß auch die Seele rein materiell, damit sterblich, nach dem Tod nicht mehr existent und somit auch keinen Strafen o. ä. mehr ausgesetzt ist. Die Existenz der Götter leugnet E. nicht, doch leben diese in Intermundien, ohne weiteren positiven oder negativen Einfluß auf das Weltgeschehen zu nehmen. Als e. den Gründer nahezu kult. verehrende Gemeinschaft bleibt die epikureische Schule bis in die Kaiserzeit erhalten; auch in Italien findet der Epikureismus rasch Anhänger (u. a. Vergil, Horaz) und wird schließlich im Gedicht des Lucretius mit missionar. Eifer weiter verkündet. Als materialist. Irrlehre von Platonismus und Christentum verdammt, erlebt er ab dem 15. Jh. noch einmal eine kurze Blüte.

A: H. Usener 1887 (n. 1966); P. v. d. Mühll 1922 (n. 1966); C. Bailey 1926; A. Vogliano 1928; C. Diano 1946; G. Arrighetti ²1973 (m. ital. Übs., Komm., Anm.); J. Bollack, A. Laks 1978.

L: A. J. Festugière, ²1968; A. Manuwald, 1972; J. M. Rist, 1972; C. Diano, 1974; B. Frischer, 1982; R. Philippson, 1983; W. Englert, 1987; P. Mitsis, 1988; M. Hossenfelder, 1991; R. Müller, 1991; M. Erler, in: H. Flashar, hg. 1994, 29–490.

Epinay, Louise Florence Pétronille de la Live d', franz. Schriftstellerin, 11. 3. 1726 Valenciennes – 17. 4. 1783 La Briche/Val de Montmorency. Gelangte durch Heirat mit ihrem Vetter zu Vermögen, protegierte Rousseau, dem sie das ›Hermitage‹ einrichtete; ab 1755 jedoch Beziehung zum Baron v. Grimm; pflegte Kontakte zu den namhaften Aufklärern der Zeit, die sie in ihrem Landschloß empfing; setzte von 1775–77 Diderots Korrespondenz mit den europ. Fürstenhöfen fort. – Verfaßte, angeregt durch Rousseaus ›Emile‹, einen Traktat über Mädchenerziehung; hinterläßt Memoiren und zwei anonym veröffentlichte autobiograph. Schriften. Ihr Briefnachlaß vermittelt einen lebendigen Eindruck von den philos. Zirkeln der Epoche.

W: Lettres à mon fils, 1758; Mes moments heureux, 1759; Les conversations d'Emile, 1775.

Epischer Kyklos (›Epischer [sc. Sagen-]Kreis‹), altgriech. Epen-Sammlung, vermutlich zwischen 800 und 500 v. Chr. entstanden. Aus versch. Sagenkreisen, meist nur spärl. Fragmente bzw. Titel erhalten, umfaßt Ereignisse seit Weltentstehung bis Tod des Odysseus bzw. vor und nach den Epen Homers: 1) Göttermythen: ›Götterentstehung‹, ›Titanenkampf‹; 2) theban. Sagen: ›Oidipussage‹, ›Thebaïs‹, ›Nachkommen [sc. die 7 gegen Theben]‹; 3) trojan. Sagen: a) ›Kypria‹: Vorgeschichte der Ilias (sog. ›Antehomerica‹), b) ›Aithiopis‹: Achilleus' Kampf mit Pentesilea und Memnon, s. Tod, c) ›Kleine Ilias‹: Ereignisse nach Hektors Tod bis zur Einnahme Trojas, d) ›Iliupersis‹ = ›Zerstörung Trojas‹ (evtl. bildeten c – d ursprüngl. e. Einheit als ›Posthomerica‹ = ›Nachhomerisches‹), e) ›Heimkehrergeschichten‹ (außer Odysseus), f) ›Telegonia‹: Schicksal des Odysseus nach s. Heimkehr, s. Tod, g) weitere Epen außerhalb dieser Sagenkreise, wie z. B. ›Einnahme von Oichalia‹ (Heraklessage) etc. Insgesamt standen die Epen des Kyklos wohl Homer v. a. sprachl. nahe, verzichteten aber zugunsten der Vollständigkeit auf kompositor. Geschlossenheit und zeigten e. Vorliebe für Erotik, Brutalität und Aberglauben. Autoren einzelner Epen waren schon in der Antike unklar, genannt wurden u. a. ein Arktinos von Milet (8. Jh. v. Chr.) als Vf. von ›Titanom.‹, ›Aithiopis‹, ›Iliupersis‹, e. Lesches von Pyrrha (Lesbos, 7. Jh. v. Chr.) als Vf. der ›Kl. Ilias‹ sowie teilweise auch von ›Kypria‹ und ›Iliupersis‹ sowie ein Eugam(m)on von Kyrene (6. Jh. v. Chr.) als Vf. der ›Telegonia‹. Viele Epen des Kyklos wurden durch spätere Werke verdrängt, so z. B. (1) durch Hesiod (›Theogonie‹); wann sie im einzelnen verloren gingen ist unklar, bereits Proklos scheint der gesamte ep. K. nicht mehr vorzuliegen.

A: A. Bernabé, Poetarum epicorum testimonia et fragmenta 1987; M. Davies, Epicorum Graecorum fragmenta 1988.

L: F. G. Welcker, ²1865–82 (Nachdr. 1981); W. Kullmann, 1960; A. Sadurska, Warschau 1964; G. L. Huxley, Lond. 1969; W. C. Lawton, N. Y. 1969; E. Handschur, 1970; M. Davies, Bristol 1989 (Nachdr. 2001); J. S. Burgess, Baltimore u. a. 2001.

Epístola moral a Fabio, e. der berühmtesten Dichtungen der span. Lit.; Rioja, Medrano, Rodrigo Caro u. a. zugeschrieben, nach Dámaso Alonso aber von dem fast unbekannten Andrés Fernández de Andrada (* um 1575 Sevilla). – Die ›E.‹, e. Elegie in 205 Versen (Terzinen mit Kettenreim, als Abschluß e. Serventese), beschreibt die typ. ›desengaño‹-Stimmung, Vergänglichkeit aller Dinge, Verachtung der höf. Lebens, Gelassenheit des Gerechten angesichts der Wechselfälle des Lebens, Lob der ›aurea mediocritas‹ usw. Lyr. Kleinod des span. ›Goldenen Zeitalters‹; wundervolle Verse von höchster Reinheit der Form u. klass. Ebenmaß; hoher geistiger Gehalt, zeugt von tiefer Meditation über e. Reihe von Themen von der Bibel bis zu Horaz, Seneca, Epiktet, Marc Aurel u. a.; in ihrer sanften Traurigkeit der berühmten Elegie Jorge Manriques vergleichbar.

L: A. de Castro, 1875; A. Baig Baños, 1932; D. Alonso, 1960 (m. Bibl.); ders., La ›E. m. a F.‹ de Andrés Fernández de Andrada, 1978.

'Erāqī → 'Irāqī, Faḫru'd-Dīn Ibrāhīm

Eratosthenes von Kyrene, altgriech. Grammatiker u. Universalgelehrter, 284 v. Chr. – 202 v. Chr. (?). Soll nach Studien in Athen nach 246 v. Chr. zum Leiter der Bibliothek in Alexandria berufen worden sein. – Von E.' äußerst vielseitigem Werk sind nur Fragmente erhalten. Obwohl E. sowohl philolog. (v.a. ›Über die Alte Komödie‹, 12 Bücher, in Scholien eingegangen) und philolog.-mytholog. Werke (›Katasterismoi‹, zu Sternbildern gehörende Sagen, Auszug erhalten) als auch Dichtung (traditionelle Verarbeitung mytholog. Stoffe im Gefolge des Kallimachos) verfaßte, liegt s. eigentl. Bedeutung auf den Gebieten (a) Historiographie, (b) Geographie und (c) Mathematik: a) ›Chronographiai‹ (›Zeitbeschreibungen‹, 9 Bücher): Aus e. Kombination von Olympioniken- und spartan. Königslisten, Ansetzung e. ›akme‹ (›Blütezeit‹ = 40. Lebensjahr) und e. mittleren Generationenabstandes von 33,5 Jahren entwickelt E. e. chronolog. Gerüst, das für Chroniken der Folgezeit grundlegend wird. b) ›Geographika‹ (3 Bücher): Geschichte der Geographie sowie eigene Forschungen (u.a. Einteilung in Zonen, Koordinatensystem, Erdkarte); ›Untersuchung über den Umfang der Erdkugel‹: Mit Hilfe der Differenz des Einfallswinkels der Sonne in den ca. auf dem gleichen Meridian liegenden Städten Alexandreia und Syene errechnet E. relativ korrekt den Erdumfang. c) Behandlung zahlr. Einzelprobleme, wie z.B. das sog. ›Sieb des E.‹ (Verfahren zur Bestimmung von Primzahlen), Forschungen zur Verdoppelung des Würfels, der mittleren Proportionen etc. Reiches Nachleben hatten v.a. die geograph. und mathemat. Erkenntnisse des E. (Archimedes wird ihm s. ›Methodos‹ widmen).

A: H. Berger 1880 (geograph. Fragm.; Nachdr. 1964); K. Strecker 1884 (›Alte Kom.‹); A. Olivieri 1897 (Katast.); FGrH 241; Suppl. Hell. 397–399; A. Rosokoki 1995 (Erigone).

L: G. Dragoni, Bologna 1979; G. Aujac, Paris 2001 (Geographie); K. Geus, 2001.

Erben, Karel Jaromír, tschech. Dichter u. Gelehrter, 7. 11. 1811 Miletín – 21. 11. 1870 Prag. Stud. Rechte Prag. 1844 am Böhm. Museum Prag, 1848 polit. tätig, 1851–70 Archivar in Prag. – An Čelakovský anknüpfend, sammelte E. slav. Volkslieder, -märchen, -sagen u. Sprichwörter, die er im Geiste der Romantik als Zeugnisse des slav. Geistes- u. Kulturlebens deutete; gab alttschech. lit. u. urkundl. Denkmäler heraus (Hus, Štítný, Bartoš, Harant z Polžic, Regesta diplomatica), übs. das altruss. Igorlied u. die Nestorchronik. S. künstler. Höhepunkt erreichte E. in der Balladen- u. Legendensammlung ›Kytice‹, die im Hinblick auf Rhythmik u. poet. Diktion e. Meisterwerk der tschech. Lit. Wie Goethe, Herder ist E. Bürger läßt auch E. s. Helden infolge ihrer Leidenschaft oder e. Schuld in die Gewalt überird. dunkler Mächte geraten, findet dann aber meist e. versöhnliche Lösung.

W: Písně národní v Čechách, Volkslieder III 1841–45 (u.d.T. Prostonárodní české písně a říkadla ³1862–64); Kytice z pověstí národních, G. 1853 (Blumenstrauß, d. F. Albert 1900; n. O. Fischer ⁴1947); Sto prostonárodních pohádek a pověstí slovanských..., M. 1864. – Dílo, hg. A. Grund V 1938–40; Korrespondenz, hg. V. Bechyňová, J. Jirásek 1971.

L: A. Grund, 1935; V. Jirát, 1944; J. Polák, 1949; J. Dolanský, 1970. – *Bibl.:* J. Kuncová, 1962.

Erbil, Leylâ, türk. Erzählerin, * 1931 Istanbul. Nach dem Abitur arbeitete sie einige Jahre als Sekretärin u. Übersetzerin. – Von Anfang an bemüht, die Konventionen der Schriftsprache aus bewußten und unterbewußten Schichten ihrer Personen heraus zu durchbrechen u. e. eigene Erzählsprache u. -welt zu erschaffen.

W: Hallaç, En. 1961; Gecede, En. 1971; Esk Sevgili, En. 1977; Karanlığın Gülü, R. 1985; Mektup Aşkları, R. 1988; Zihin Kuşları, Ess. 1997; Cüce, R. 2001.

L: A. Bezirci, 1950; Sonrasında Hikâyecilerimiz, 1980.

Ercilla y Zúñiga, Alonso de, span. Epiker, 7. 8. 1533 Madrid – 29. 11. 1594 ebda. Adliger Abstammung, Page u. Vertrauter des späteren Philipp II., ging 1555 nach Chile u. nahm als Freiwilliger an den Kämpfen gegen die Araukaner teil. 1563 Rückkehr nach Spanien, 1566 Reise durch Dtl., 1570 ∞ María de Bazán. 1571 Ritter des Santiago-Ordens. Verbrachte den Rest s. Lebens in großem Wohlstand in Madrid. – Vf. der ›Araucana‹, des besten span. Epos des 16. Jh.; es berichtet in 37 Gesängen in Stanzen von der Eroberung Chiles (Arauco) durch die Spanier; Einflüsse lat. Klassiker (Vergil u. Lukan), insbes. Ariost, auf dessen Stilmittel er häufig zurückgriff.

W: La Araucana, Ep. III, 1569, 1578, 1589 (n. J. Toribio Medina V 1910–18, ³1960, Caillet-Bois 1945, M. A. Morínigo, I. Lerner II 1980). – *Übs.:* C. M. Winterling II 1831.

L: C. Pérez Pastor, 1915; P. Bilbao y Sevilla, 1917; W. Strohmeyer, Studie über die Araukana des Don A. de E., Diss. Bonn 1929; A. Aragonés de la Encarnación, 1934; J. Toribio Medina, 1948; S. Dinamarca, 1953; L. Morales Oliver, 1955; Homenaje a E., hg. L. Muñoz 1969; B. Held, Ffm. 1983; F. Pierce, Amst. 1984. – *Bibl.:* A. J. Aquila, Lond. 1975.

Erckmann, Emile → Erckmann-Chatrian

Erckmann-Chatrian, Sammelname der beiden franz. Erzähler Emile Erckmann, 20. 5. 1822 Pfalzburg/Elsaß – 14. 3. 1899 Lunéville, und Alexandre Chatrian, 18.12.1826 Aberschweiler – 3. 9. 1890 Villemomble b. Paris. Lernten einander 1847 kennen, schrieben gemeinsam und veröffentlichten unter gemeinsamem Namen E.-C., waren nach 1859 erfolgreich. Trennten sich 1889 nach e. Streit um Urheberrechte. – Zahlr. regionalist. Romane, die im Elsaß z.Z. der Napoleon. Kriege spielen, gute, oft idealisierende Schilderungen von Sitte, Milieu und Charakteren enthalten und bei den Zeitgenossen sehr beliebt waren. Nicht hist. Ereignisse, sondern das Leben des einfachen Volkes im Mittelpunkt. Dramatisierung einiger Romane.

W: L'illustre Docteur Mathéus, R. 1859 (d. 1897); Contes fantastiques, En. 1860; Contes de la montagne, En. 1860; Maître Daniel Rock, R. 1861; Contes des bords du Rhin, En. 1862 (d. 1877); Madame Thérèse ou les volontaires de 1792, R. 1863 (d. 1865); L'ami Fritz, R. 1864 (d. 1920); Histoire d'un conscrit de 1813, R. 1864 (d. 1891); Waterloo, R. 1865 (d. 1867); Le blocus, R. 1867 (d. 1893); Romans nationaux, II 1867; Contes et romans populaires, II 1867; Histoire d'un paysan, R. IV 1868–70; Nouveaux romans nationaux, 1872; Les deux frères, R. 1873 (d. 1877); Le brigadier Frédéric, R. 1874; Maître Gaspard Fux, R. 1876; Contes et romans alsaciens illustrés, 1876; L'ami Fritz, Dr. 1876 (v. E. allein); Contes vosgiens, En. 1877; Le grand-père Lebigue, R. 1880; Les Rantzau, Dr. 1882 (nach Deux frères, v. E. allein; d. 1899); Madame Thérèse, Dr. 1882 (v. E. allein; d. 1939). – *Übs.:* Ausw., d. L. Pfau XII 1882.

L: J. Claretie, 1883; L. Schoumaker, 1933; G. Benoit-Guyod, 1963; W. Schneider, Mainz 1969; J.-P. Michaud, 1977; J.-P. Rioux, 1989. – *Bibl.:* St. J. Foster, 2000.

Erdman, Nikolaj Robertovič, russ. Dramatiker, 16. 11. 1902 Moskau – 11. 8. 1970 ebda. Anfang der 1920er Jahre bekannter Satiriker, nach 1928 unterdrückt, zeitweilig verbannt, Existenz als Drehbuchautor. – È.s Komödie ›Mandat‹, die den Mißbrauch der Privilegien von Parteimitgliedern in der SU brandmarkt, wurde von Mejerchol'd erfolgreich inszeniert, aber Ende der 20er Jahre verboten. Sie erschien nur im Westen.

W: Mandat, Dr. (1924), Mchn. 1976 (Das Mandat, d. o. J.); Samoubijca, Dr. (1928), 1980 (Der Selbstmörder, d. o. J.).

Erdrich, Louise, amerik. Schriftstellerin, * 6. 7. 1954 Little Falls/MN. Kind von deutsch-indian. (Chippewa) Eltern; M.A. in Lit., seit 1981 mit dem Schriftsteller Michael Dorris verheiratet, enge Zus.arbeit mit diesem. – E. gilt als bedeutendste indianische Autorin der USA. Neben 2 Gedichtbänden, Kinderbüchern, Essays u. e. autobiograph. Buch gründet ihr Rang vor allem auf 6 Romanen, die mit vielstimmiger Erzählstruktur ganze Netzwerke von Beziehungen indianischer Familien, ihrer Wohnorte (im Chippewa-Reservat von North Dakota) u. geschichtl. Erinnerung dramatisieren u. in ihren spezif. sozialpsycholog. Konflikten in der eigenen Kultur u. zur weißen Welt durchleuchten.

W: Love Medicine, R. 1984 (erw. 1993, Liebeszauber, d. 1989 u. 1999); Jacklight, G. 1984; The Beet Queen, R. 1986 (Die Rübenkönigin, d. 1991); Tracks, R. 1988 (Spuren, d. 1992); Baptism of Desire, G. 1989; (mit M. Dorris) The Crown of Columbus, R. 1991 (d. 1991); The Bingo Palace, R. 1994 (d. 1995); Tales of Burning Love, R. 1996 (d. 1998); The Antelope Wife, R. 1998 (d. 2001).

L: P. G. Beidler, G. Barton, A Reader's Guide to the Novels of L. E., 1999.

Èrenburg, Il'ja Grigor'evič, russ. Schriftsteller, 27. 1. 1891 Kiew – 31. 8. 1967 Moskau. 1908 verhaftet und emigriert, gab 1910 in Paris s. 1. Gedichtband heraus; im 1. Weltkrieg Frontkorrespondent e. russ. Zeitung, kehrte 1917 nach Rußland zurück; 1921 Korrespondent in Paris, dann in Belgien, wo s. 1. Roman entstand; von 1923 an zeitweise, von ca. 1930 an ständig in der Sowjetunion, Reisen in viele Länder Europas, Asiens und Amerikas; 1936 Kriegsberichterstatter in Spanien, schrieb von 1940 an für ›Pravda‹ und ›Krasnaja Zvezda‹, gab regelmäßig stark patriot., deutschfeindl. Feuilletons u. Kriegsberichte heraus; s. Erzählung ›Ottepel'‹ läßt den Wandel nach Stalins Tod erkennen, wurde mit ihrem Titel (›Tauwetter‹) zur Bezeichnung der Periode 1953–64, in der È. sich für die Rehabilitierung verfolgter und verschwiegener Schriftsteller einsetzte. Ab 1934 in Kulturpolitik und polit. Führungsgremien. – S. lit. Werk ist von der europ. Lit. beeinflußt, s. erster, wohl bester Roman ist e. geistreiche Satire auf die europ. Zivilisation. Schrieb viele weitgehend journalist. Romane und Erzählungen, unter denen sich ›Leto 1925 goda‹ mit dem Thema der Einsamkeit des Menschen heraushebt; paßte sich in den 1930er Jahren dem sozialist. Realismus an. S. Werk zeigt nicht selten oberflächl., tendenziöse Zeichnung der Charaktere, Überlastung mit Stoff. S. Memoiren ›Ljudi, gody, žizn'‹ versuchen, dem sowjet. Leser e. der Wahrheit angenähertes Bild des kult. Lebens der 1. Hälfte des 20. Jh. zu vermitteln. Äußerte in den letzten Jahren, so im Buch ›Francuzskie tetradi‹, unabhängige Gedanken über Kunst.

W: Stichi, G. 1910; Molitva o Rossii, G. 1918; Neobyčajnye pochoždenija Chulio Churenito, R. 1922 (Die ungewöhnlichen Abenteuer des Julio Jurenito, d. 1923 u. 1967); Žizn'i gibel' Nikolaja Kurbova, R. 1923 (Leben und Untergang Nikolaj Kurbovs, d. 1923); Trest D. E., R. 1923 (Trust D. E., d. 1925); Trinadcat' trubok, R. 1923 (13 Pfeifen, d. 1930); Ljubov' Žanny Nej, R. 1924 (Die Liebe der Jeanne Nej, d. 1926); Rvač, R. 1925

(Michael Lykow, d. 1927); Leto 1925 goda, R. 1926; V Protočnom pereulke, R. 1927 (Die Gasse am Moskaufluß, d. 1928); Zagovor ravnych, R. 1928 (Verschwörung der Gleichen, d. 1928); Burnaja žizn' Lazika Rojtšvaneca, R. 1929 (Das bewegte Leben des Lasik Roitschwantz, d. 1969); Chronika našego vremeni, R. 1929 (Das Leben der Autos, d. 1958); Jediny front, R. 1930 (Die heiligsten Güter, d. 1931); Fabrika snov, R. 1931 (Die Traumfabrik, d. 1931); Moskva slezam ne verit, R. 1933 (Moskau glaubt nicht an Tränen, d. 1932); Vtoroj den', R. 1933 (Der zweite Tag, d. 1935); Ne perevodja dychanija, R. 1935 (Ohne Atempause, d. 1936); No pasarán, R. 1937 (Sie kommen nicht durch, d. 1937); Padenie Pariža, R. 1941 (Der Fall von Paris, d. 1945); Burja, R. 1947 (Der Sturm, d. 1948); Devjatyj val, R. 1951 (Die neunte Woge, d. II 1953); Ottepel', E. II 1954–56 (Tauwetter, d. 1957); O rabote pisatelja, Ess. 1953 (Über die Arbeit des Schriftstellers, d. 1954); Francuzskie tetradi, Ess. 1958; Ljudi, Gody, Žizn', Aut. III 1961–65 (Menschen, Jahre, Leben, d. 1962). – Sobranie sočinenij (GW), IX 1962–67, VIII 1990–2000; Sočinenija (W), V 1952–54. – Übs.: AW, 1930ff.

L: B. Amoudru, Dostoievsky et E., Lille 1945; T. K. Trifonova, 1952; R.-R. Hammermann, 1978.

Ericson, Walter → Fast, Howard Melvin

Erinna, altgriech. Dichterin; Mitte 4. Jh. v. Chr. E. soll auf Telos gelebt haben und jung gestorben sein. – Außer 3 vollständigen Epigrammen (in → Anth. Graeca) und Einzelversen ist nur das Kleinepos ›Die Spindel‹ (›Alakate‹, 300 Hexameter, in dor. Dialekt) rekonstruierbar: E. beklagt dort den frühen Tod der Freundin Baukis.

Übs.: H. Homeyer 1979.

L: K. Latte, 1953; M. L. West, ZPE 25, 1977.

Erist'avi, Giorgi, georg. Dichter u. Dramatiker, 1813 Ojisi – 22. 9. 1864 Gori. Fürstl. Herkunft, Schulen in T'bilisi (Tiflis) u. Moskau; Verwaltungsdienst in T'bilisi; wegen Teilnahme an Adelsverschwörung 1832 für 4½ Jahre nach Vilno verbannt; dadurch Bekanntschaft mit westl. Lit.; Staatsdienst in Georgien, 1852 Gründung u. für 2 Jahre Leitung der später bedeutenden Kulturzeitschrift ›C'iskari‹. – Erneuerung des nationalen georg. Theaters, zudem der bürgerl. Komödie in der Volkssprache u. erster Realist der georg. Lit., der gern die Mißstände im Adel belacht. Mit s. Komödie ›Die Scheidung‹ wurde 1850 das Theater in T'bilisi eröffnet. Übs. Puškin, Mieckiewicz, Racine, Molière, Petrarca, Schiller.

W: Osuri mot'xroba, P. 1832; Šešlili, Kom. 1839; Gaqra, Kom. 1849. – T'xzulebani (GW), 1867, 1884, 1936, 1966. – *Übs.:* Gedichte, in: Leist: Georgische Dichter, Leipzig 1887.

L: D. Gamezardašvili, 1949, 1974. – *Bibl.:* J. Nuc'ubije, 1987.

Erlingsson, Þorsteinn, isländ. Dichter, 27. 9. 1858 Stóramörk (Rangárvallasýsla) – 28. 9. 1914 Reykjavík. Bauernsohn, höhere Schule Reykjavík, 1883–96 Stud. Jura u. altnord. Philol. sowie lit. u. akad. Tätigkeit Kopenhagen, 1896–1904 Journalist in Island, 1904–14 Privatlehrer in Reykjavík. Einflüsse Byrons u. des dän. Realismus. – Bedeutender Dichter zwischen Romantik u. Realismus; schuf sprachl. u. formal vollendete Lyrik, gesellschaftskrit.-satir. Gedichte im Sinne des Realismus (›Örbirgð og auður‹, ›Vestmenn‹, ›Á spítalanum‹, ›Eden‹ u.a.), pflegte daneben unter Einfluß von Steingrímur → Thorsteinsson die romant. Natur-, Liebes- u. Vaterlandslyrik, die er um bedeutende Schöpfungen bereicherte, (›Við fossinn‹, ›Jól‹, ›Aldaslagur‹ u.a.). In ›Eiðurinn‹ ist zarte Liebeslyrik mit sozialer Kritik in eigentüml. Weise kombiniert.

W: Þyrnar, G. 1897 (n. S. Nordal [4]1974); Eiðurinn, G. 1913 (n. 1974); Málleysingjar, En. 1928. – Rit (SW), hg. T. Guðmundsson III 1958.

L: B. Benediktsson, 1958.

Ernaux, Annie, franz. Schriftstellerin, * 1. 9.1940 Lillebonne/Seine-Maritime. Kindheit bei den Großeltern in bäuerlichem Umgebung. Ein Stipendium ermöglicht ein Lit.stud. in Rouen, Französischlehrerin, zunächst in der Provinz, dann in Paris. – Ihr Romanwerk, ausgeprägt autobiograph., dient weitgehend der Bewältigung der Probleme ihrer Kindheit und familiären Vergangenheit. Inhaltlich und sprachlich sensible minutiöse Aufdeckung der Erinnerungen im Stile von Marcel Proust, anspruchsvoll und durchgängig puristisch.

W: Les armoires vides, R. 1974; Ce qu'ils disent ou rien, R. 1977; La femme gelée, R. 1981; La place, R. 1984; Une femme, R. 1984; Les armoires vides, R. 1985; Je ne suis pas sortie de ma nuit, R. 1997; La honte, 1997; Se perdre, R. 2001.

L: D. F. Récatala, 1994; C.-L. Tondeur, R. 1996; M. Bacholle, 2000; S. McIlvanney, A. E.: the return to origins, 2001.

Erofeev, Venedikt Vasil'evič, russ. Prosaiker, 24. 10. 1938 Čupa/Karel. ASSR – 11. 5. 1990 Moskau. Aus kinderreicher Familie; Gymn. mit Auszeichnung, von Moskauer Univ. verwiesen, danach Wanderleben durch zahlr. Provinzuniv., ohne Abschluß, aber überdurchschnittl. gebildet, lebte als Hilfsarbeiter in versch. Städten der SU. – E. wurde v.a. mit s. Kurzroman ›Moskva – Petuški‹ zu einem der Begründer der russ. ›Underground‹, zeigte in allusions- u. zitatreichen, exaltierten Texten die Paradoxien d. sowjet. Lebens auf.

W: Moskva – Petuški, R. Paris 1977 (Die Reise nach Petuschki, d. 1978). – Ostav'te moju dušu v pokoe (GW), 1995.

Erofeev, Viktor Vladimirovič, russ. Schriftsteller, * 19. 9. 1947 Moskau. Diplomatensohn; Stud. Philol. Moskau (1970) u. Inst. f. Weltlit. (1973), publ. seit 1989 Essays, Romane, Erzählungen. – E.s belletrist. Werk ist bestimmt von erot. Motiven, dem Spiel mit klass. lit. Schablonen u. der Überwindung von Stereotypen, die lit.-wiss. Essays provozieren mit kühnen Thesen.
W: Russkaja krasavica, R. 1990 (Die Moskauer Schönheit, d. 1990); V labirinte prokljatych voprosov, Ess. 1990 (Im Labyrinth der verfluchten Fragen, d. 1993); Strašnyj sud, R. 1996 (Das jüngste Gericht, d. 1997); Mužčiny, En. 1997 (Männer, d. 2000); Ènciklopedija russkoj duši, R. 2002; Labirint Odin, Ess. 2002; Labirint Dva, Ess. 2002; Najti čeloveka v čeloveke, Abh. 2003.

Erra-Epos, babylon. fragmentar. Dicht. (Hsn.: 1. Jt. v. Chr.) mit Sphragis des Autors Kabti-ilāni-Marduk; handelt vom Wüten des Pestgottes Erra (Irra) und der ihn begleitenden 7 Götter (Plejaden) gegen Völker, Städte, Mensch und Tier. Es preist Erras Wesir Išum, der Erras Zorn von Babylon ablenkt, die Menschheit errettet und so die Versorgung der Götter sichert. Erra habe den Tempel Išums, der das vom Dichter morgens ohne Fehl vorgetragene Epos nachts offenbarte, den Herrscher, der es singe(n lasse), den Sänger und das Haus, in dem man die Tontafel mit seinem Text aufbewahre, gesegnet.
A: L. Cagni, L'epopea di E., 1969. – *Übs.:* J. Bottéro, S. N. Kramer, Lorsque les dieux faisaient l'homme, 1989; B. R. Foster, Before the Muses, ²1996, G. Müller (TUAT III/4), 1994.
L: G. Müller in: Vom Alten Orient zum AT, Fs. W. von Soden 1995.

Erskine, John, amerik. Schriftsteller, 5. 10. 1879 New York – 2. 6. 1951 ebda. Stud. Columbia Univ., 1903 Englischlehrer in Amherst, 1909–37 mit großem Erfolg Dozent, seit 1916 Prof. für engl. Lit. Columbia. Entdeckte spät s. Talent als satir.-urbaner Romancier u. Konzertpianist. ∞ 1910 Pauline Ives (o|o 1945); ∞ 1945 Helen Worden. – E. füllte exakte Stoffe mit zeitgenöss. Problemen und ironisierte sie mit z. T. erot. Dialogen; populär in den 1920er Jahren. S. autobiograph. Schriften geben wertvolle Zeitbilder.
W: The Elizabethan Lyric, Abh. 1903; The Moral Obligation To Be Intelligent, Ess. 1915; Collected Poems 1907–22, 1922; The Private Life of Helen of Troy, R. 1925 (Ich, Helena von Troja, d. 1998); Galahad, R. 1926 (Lanzelots schwache Stunde, d. 1952); Adam and Eve, R. 1927 (d. 1928); Penelope's Man, R. 1928 (Odysseus ganz privat, d. 1959); Cinderella's Daughter, Kgn. 1930; Tristan and Isolde, R. 1932; Solomon, My Son, R. 1935; Forget If You Can, R. 1935 (d. 1938); A Musical Companion, Schr. 1935; The Brief Hour of François Villon, R. 1937 (d. 1939); The Start of the Road, R. 1938; Casanova, R. 1941; Memory of Certain Persons, Aut. 1947; My Life as a Teacher, Aut. 1948; My Life in Music, Aut. 1950.
L: H. M. Robinson, 1927. – *Bibl.:* R. R. Hawkins, 1930.

Eršov, Pëtr Pavlovič, russ. Märchendichter, 6. 3. 1815 Besrukovo/Sibirien – 30. 8. 1869 Tobol'sk. Stud. Petersburg, Direktor des Gymnas. in Tobol'sk. – S. gereimtes Märchen ›Konëk-Gorbunok‹ (1834), in weiten Kreisen beliebt, knüpft an Puškins Märchen an, übernahm vieles aus dem russ. Volksmärchen, auf das er auch zurückgewirkt hat.
W: Konëk-Gorbunok, M. 1834, vollst. 1856 (Gorbunok, das Wunderpferdchen, d. 1953). – Sočinenija (W), 1950.

Ersoy, Mehmed Akif, türk. Dichter, 1873 Istanbul – 27. 12. 1936 ebda. Genoß schon in früher Jugend hervorragende traditionell-islam. Bildung; Tierärztl. Akad. bis 1894, in Grenzprovinzen des Osman. Reiches tätig, während des 1. Weltkriegs in Dtl. Als Anhänger des panislam. Gedankens gegen ›Westlertum‹ und ›Turanismus‹ eingestellt, schloß sich nach der Niederlage jedoch der Freiheitsbewegung an u. wurde Abgeordneter im ersten republikan. Parlament. Von ihm stammt der Text der türk. Nationalhymne (›Istiklâl Marşi‹). Während s. letzten Lebensjahrzehnts lehrte er Lit. an der Univ. Kairo. – E. großer Formkünstler, bediente sich ausschließl. der klass. Metren (arūz), gestaltete s. Stoffe jedoch mit naturalist. Mitteln. E. wesentl. Rolle in s. Schaffen bes. der Frühzeit spielt die relig.-didakt. Lyrik.
W: Sefahat, G. 1911; Süleymaniye Kürsüsünde (Sefahat II), G. 1912; Hakkin Sesleri (Sefahat III), G. 1913; Fatih Kürsüsünde (Sefahat IV), G. 1914; Hâtiralar (Sefahat V), G. 1917; Asim (Sefahat VI), G. 1919; Gölgeler (Sefahat VII), G. 1933. – Ges. G., 1943, erw. 1977.
L: S. Nazif, 1924; F. Abdullah, 1945; S. Karakoç, 1968; N. Topçu, 1970.

Èrtel', Aleksandr Ivanovič, russ. Schriftsteller, 19. 7. 1855 Ksizovo (ehem. Gouv. Voronež) – 20. 2. 1908 Tver'. Vater Gutsverwalter; 1879 Buchhändler in Petersburg; 1884 wegen revolutionärer Tätigkeit verhaftet, nach Tver' verschickt; Gutsverwalter. – Schrieb 1879–96 Skizzen, Erzählungen und Romane über das dörfl. Leben nach 1861, über die volksfreundl. Intelligenz in ihrer Beziehung zum Bauern; gab 1889 e. Roman ›Gardeniny, ich dvornja, priveržency i vragi‹ heraus, der viel gelesen wurde; 2. Aufl. 1908 mit Vorwort L. Tolstojs, der die in der Volkssprache gehaltenen Dialoge hervorhebt; bemerkenswert sind auch differenzierte Personendarstellung und die Zeichnung der Landschaft.

Ertem

W: Zapiski stepnjaka, En. 1880–82; Gardeniny, ich dvornja, priverženey i vragi, R. 1889 (n. 1960); Smena, R. 1890. – Sobranie sočinenij (W), VII 1909; Pis'ma, Br. 1909.
L: G. A. Kostin, 1955.

Ertem, Sadri, türk. Schriftsteller, 1900 Istanbul – 12. 11. 1943 Ankara. Offizierssohn; Gymnas. Skutari, Stud. Istanbul (Diplom in Philos. 1920). Journalist, Dozent, Beamter in der Generaldirektion für das Pressewesen; 1939–43 Abgeordneter. – Vf. realist., von soziolog. Betrachtungsweise bestimmter Romane u. Erzählungen mit treffender Charakterisierung des durchgreifenden Strukturwandels im türk. Leben.
W: Çikriklar Durunca, R. 1931; Silindir Şapka Giyen Köylü, En. 1933; Bacayi Indir, Bacayi Kaldir, En. 1933, 1970; Düşkünler, R. 1935; Bir Şehrin Ruhu, En. 1938; Yol Arkadaşlari, R. 1945.

Ervine, St. John Greer, ir. Dramatiker, 28. 12. 1883 Belfast – 24. 1. 1971 Sussex/England. 1915/16 umstrittener Leiter des Abbey Theatre, Dublin, 1933–36 Prof. für dramat. Lit. ebda. – Am bedeutendsten die realist. Dramen um Intoleranz u. polit. u. relig. Fanatismus in Nordirland, die das Frühu. Spätwerk bestimmen. Verfaßte auch erfolgreiche Gesellschaftsstücke über Geld, das Verhältnis der Geschlechter und Generationen zueinander, sowie biograph. u. krit. Essays. Daneben Theaterkritiker (u. a. im ›Observer‹) u. -theoretiker mit Hang zur Kontroverse.
W: Jane Clegg, Sch. 1913; Four Irish Plays, 1914; John Ferguson, Sch. 1915; Anthony and Anna, K. 1926; Four One-Act Plays, 1928; The Mountain and other Stories, Kgn. 1928; The First Mrs. Fraser, K. 1928; People of Our Class, Sch. 1936; Boyd's Shop, 1936; Robert's Wife, Sch. 1937; Sophia, R. 1941; Friends and Relations, 1947; Private Enterprise, Sch. 1948; The Christies, Sch. 1949; Oscar Wilde, B. 1951; My Brother Tom, Sch. 1952; Ballyforland's Festival, Es. 1953; B. Shaw, B. 1956; Selected Plays, 1988.
L: S. H. Bell, Theatre in Ulster, 1972.

Escragnolle Taunay, Alfredo d' → Taunay, Alfredo d'Escragnolle

Esendal, Memduh Şevket, türk. Schriftsteller, 29. 3. 1883 Çorlu – 16. 5. 1952 Ankara. Autodidakt, trat in den Staatsdienst, u. a. Gesandter in Moskau, 1941–45 Generalsekretär der Volkspartei, wiederholt Abgeordneter. – Schlichte Sprachform, behaglicher Erzählton u. lebensnahe Thematik ließen E. zu e. v. a. mit s. Kurzgeschichten sehr beliebten Prosaisten werden.
W: Ayaşli ve Kiracilari, R. 1934; Hikâyeler, En. II 1946. – GW, XIV 1983–88.

Esenin, Sergej Aleksandrovič, russ. Lyriker, 3. 10. 1895 Konstantinovo (heute Esenino, im ehem. Gouv. Rjazan') – 28. 12. 1925 Leningrad. Vater Bauer, wuchs bei den Großeltern, Altgläubigen, in streng relig. Umgebung auf, besuchte die örtl. Kirchenschule; Bekanntschaft mit Blok in Petrograd 1915 veranlaßte ihn, dort zu bleiben und sich der Lit. zu widmen; nahm an den lit. Zusammenkünften der Symbolisten teil, die s. Lyrik schätzten; ist bes. Belyj, Blok und Kljuev verpflichtet. Erster Gedichtband ›Radunica‹ günstig aufgenommen; begrüßte die Revolution als myst. und relig. Ereignis; 1922 ∞ Tänzerin Isadora Duncan, mit der er durch die USA reiste, 1923 o|o. 1924 Persienreise; neue Eindrücke. Versuchte sich den neuen Lebensbedingungen anzupassen; über das Ergebnis der Revolution enttäuscht, e. ausschweifenden Lebenswandel verfallen (Kneipenlyrik), endete er durch Selbstmord. – Erlangte noch zu Lebzeiten bei den sowjet. Lesern und unter den russ. Emigranten als Bauerndichter großen Ruhm. S. vorrevolutionären Gedichte preisen die Schönheit des naturverbundenen bäuerl. Lebens, stellen die Natur in poet. Entsprechung zum Menschen im Zustand der Bewegung dar; e. mehr äußerl. Zug schlichter Volksfrömmigkeit ist vielen s. Bilder und Motive eigen, hat noch die Titel s. ersten nachrevolut. Versbücher geprägt. Anregungen aus Volkssprache und Volksdichtung. Der Reiz s. Gedichte über das Dorfleben beruht nicht zuletzt auf der Frische und Schönheit der Farben, er gibt das russ. Dorf, die Landschaft in ihren maler. Zügen, oft als Idyll wieder; schildert im Poem ›Inonija‹ nicht ohne Blasphemien den Traum vom Bauernparadies, dessen Verwirklichung im Gefolge der Revolution er erwartete; schloß sich dem 1918/19 im Widerstreit gegen den Futurismus entstandenen Imagismus an; noch in s. Stadtgedichten, wie in ›Ispoved' chuligana‹, greift E. auf das Motiv der dörfl. Heimat zurück; gibt in ›Rus' sovetskaja‹ s. Trauer über den Verlust der Bedingungen für s. dichter. Existenz im neuen Rußland künstler. Ausdruck.
W: Radunica, G. 1915 (n. 1990); Goluben', G. 1918; Inonija G. 1918; Sel'skij časoslov, G. 1919; Preobraženie, G. 1919; Ispoved' chuligana, G. 1920; Pugačev, G. 1922; Moskva kabackaja, G. 1924; Rus' sovetskaja, G. 1925; Persidskie motivy, G. 1925. – Sobranie sočinenij (W), IV 1926–28 (m. Bibl.), V 1961f.; Polnoe sočinenij, VII 1995–2002. – Übs.: Liebstes Land, das Herz träumt leise, d. A. Christoph, E. J. Bach 1958; Gedichte, d. P. Celan 1960; K. Dedecius 1961; Trauer der Felder, 1970; Gesammelte Werke, III 1995; Ein Fest der Freude, G. 2001.
L: J. Rozanov, 1926; G. Lelevič, 1926; V. Vol'pin 1926; E. F. Nikitin, 1926; F. de Graaff, Leiden 1933; Ch. Auras, 1965; J. Veyrenc, 1968; P. F. Jušin, 1969; V. Belouchov, S. E. Literaturnaja chronika II, 1969, 1970; V. V. Koržan, E. i narodnaja, 1969; L. Visson, 1979; V mire Esenina. Sbonik statej, 1986; Glitsch, 1996.

Espanca, Florbela de Alma da Conceição, portugies. Lyrikerin u. Erzählerin, 8. 12. 1894 Vila Viçosa – 8. 12. 1930 Matosinhos. Schule Évora, Stud. Jura Lissabon; unglückl. Privatleben; zu Lebzeiten als Schriftstellerin kaum wahrgenommen. – Grundlage des Poetischen in E.s spätsymbolist. Werk ist das aus der persönl. Erfahrung geschöpfte u. überhöhte Gefühl von Einsamkeit u. Schmerz.

W: Obras Completas (GW), 1986. – *Übs.:* Der Rest ist Parfüm, En., Br. 1994.

L: A. Bessa-Luís, 1979.

Espina, Antonio, span. Schriftsteller, 29. 10. 1894 Madrid – 15. 2. 1972 ebda. Abitur u. Medizinstud., Reisen u. a. durch Frankreich, Portugal u. Marokko; Redakteur an bedeutenden Zeitungen u. Zsn. (u. a. ›El Sol‹, ›Revista de Occidente‹). – Essayist, Lyriker, Biograph u. Erzähler; Vertreter des Ultraismus, Vf. von Romanen in bizarrem, barockem Stil. Neigung zu karikaturhafter Verzerrung, Skepsis u. bitterem Humor. Übs. u. a. von B. Constants ›Adolphe‹ (1924).

W: Umbrales, G. 1918; Divagaciones, Prosa 1920; Signario, G. 1923; Pájaro pinto, R. 1927 (n. 2001); Lo cómico contemporáneo, Ess. 1928; Luna de copas, R. 1928 (n. 2001); Luis Candelas, B. 1929; Romea o el comediante, B. 1934; El nuevo diantre, Ess. 1934; Ganivet, el hombre y la obra, St. 1942; El libro del aire, R. 1957; El libro de las montañas, R. 1958; Audaces y extravagantes, B. 1959; Seis vidas españolas, Ess. 1962; El genio cómico y otros ensayos, Ess. 1965. – Poesía completa y Prosa escogida, II 2000.

L: J. Weber, Bln. 1999; L. Más Ferrer, 2001.

Espina, Concha (eig. Concepción Espina y Taglé); span. Romanschriftstellerin, 15. 4. 1877 Mazcuerras/Santander – 19. 5. 1955 Madrid. Aus wohlhabender, kinderreicher Familie, Vater Kaufmann u. Reeder, ∞ mit 17 Jahren; veröffentlichte schon in früher Jugend Gedichte in der Zeitung ihrer Heimatstadt ›El Atlántico‹; wuchs in Chile auf; schrieb Gedichte u. später Chroniken für den ›Correo Español‹ von Buenos Aires, danach nur noch Prosa; publizierte nach ihrer Rückkehr nach Spanien in Madrider Zeitungen. – Vf. realist. Romane, die die Aufmerksamkeit des Publikums u. der Kritik erregten durch ihren gepflegten, kraftvollen, sehr persönl. Stil, die meisterhaften Personenbeschreibungen und Umweltschilderungen, die menschl. Substanz u. den melanchol.-sensiblen Zug. In viele Sprachen übersetzt.

W: Mis flores, G. 1904; La niña de Luzmela, R. 1909; La esfinge maragata, R. 1914 (d. 1924); La rosa de los vientos, R. 1916; Ruecas de marfil, En. 1917; El metal de los muertos, R. 1920 (d. 1922); Cuentos, En. 1922; Dulce nombre, R. 1922 (Das Mädchen aus der Mühle, d. 1943); El cáliz rojo, R. 1923; Altar mayor, R. 1926; La flor de ayer, R. 1932; Retaguardia, R. 1937; El más fuerte, R. 1947; Un valle en el mar, R. 1950; Una novela de amor, R. 1953. – Obras completas, II ²1955. – *Übs.:* Sechs Novellen, 1942.

L: R. Cansinos-Asséns, 1924; M. Rosenberg, Los Angeles 1927; M. Fría Lagoni, Toulouse 1929; Cuadernos de literatura contemporánea (Sondernummer, m. Bibl.), 1942; J. de la Maza, 1957; G. Diego, 1970; M. L. Bretz, 1980; A. Fucelli, 1986; G. Lavergne, 1986.

Espinel, Vicente, span. Schriftsteller (getauft 28. 12.) 1550 Ronda/Málaga – 4. 2. 1624 Madrid. Stud. in Salamanca, 1574–77 Knappe des Grafen von Lemos, Aufenthalt in Sevilla, fiel auf e. Reise nach Italien Piraten in die Hände, die ihn nach Algier in Gefangenschaft führten, kämpfte in Flandern unter Alexander Farnese; nach 3 Jahren Rückkehr nach Spanien, Priesterweihe, 1587 Pfründe in Ronda, 1591 Übersiedlung nach Madrid, seit 1599 Kaplan u. Kapellmeister e. Bischofs. Erfreute sich großer Beliebtheit u. stand am Hof in hohem Ansehen. – Großer Dichter u. Musiker, erfand die Strophenform der Dezime, nach ihm auch Espinela genannt, u. führte die 5. Saite der Gitarre ein; wurde berühmt durch s. stark autobiograph. Schelmenroman ›Marcos de Obregón‹, e. Art Erinnerungsbuch an s. Jugend; das pikar. Element trägt episod. Charakter, der Held ist weniger Schelm als Beobachter der ihn umgebenden Welt u. Menschen, bewegt sich in gehobener Gesellschaft; didakt. Tendenz, nachgeahmt von Lesage in ›Gil Blas‹; Übs. der Horaz-Epistel ›Ad Pisones‹.

W: Rimas, G. 1591 (n. D. C. Clarke 1956); Vida del escudero Marcos de Obregón, R. 1618 (n. S. Gili Gaya II 1922f.; A. Valbuena Prat, in: La novela picaresca española, ⁴1962; M. S. Carrosco Urgoiti, II 1972; d. L. Tieck II 1827, R. Specht, in: Span. Schelmenromane 2, 1965). – Poesías sueltas, 1985.

L: G. Calabritto, 1929; G. Haley, Providence 1959; F. Brun, Strukturwandel des Schelmenromans, Diss. Zür. 1962; A. A. Heathcote, 1977; A. Navarro Gonzáles, 1977.

Espínola, Francisco, uruguay. Erzähler, 4. 10. 1901 San José – 27. 6. 1973 Montevideo. Journalist, Lit.-Prof. – S. kleinen, wehrlosen Figuren aus dem ländl. Milieu, an der Grenze zwischen Natur u. Zivilisation, die er mit poet. Zärtlichkeit darstellt, stehen für die Verschmelzung von Wildheit u. Engelhaftem, von Tragischem u. Humoristischem.

W: Raza ciega, En. 1926; Saltoncito, Kdb. 1930; Sombras sobre la tierra, R. 1933; La fuga en el espejo, Dr. 1937; El rapto y otros cuentos, 1950; Milón o el ser del circo, Es. 1954; Don Juan, el Zorro, R. II 1984; Veladas en el fogón, En. 1985. – Raza ciega y otros cuentos, hg. E. de Cáceres, 1967; Cuentos completos, hg. A. S. Visca 1975.

L: D. Gil, 1986; M. Carriquiry, G. Martínez, 1987; S. Sclavo, 1987; G. Mántaras, 1988.

Espinosa, Pedro de, span. Schriftsteller, 1578 Antequera/Málaga – 21. 10. 1650 Sanlúcar de Barrameda/Cádiz. Theol.-Stud. vermutl. in Sevilla, Mitgl. der Granadiner Dichterakad., in Madrid befreundet mit den großen Schriftstellern s. Zeit, u. a. Quevedo, Lope, Tirso; wurde nach e. Liebesenttäuschung Geistlicher. – Bedeutend als Hrsg. der ›Flores de poetas ilustres‹, e. umfassenden, heute noch interessanten Anthologie der Lyrik s. Zeit. Als Lyriker von großer Feinheit, andalus. Farbenpracht u. Brillanz der Bilder.

W: Flores de poetas ilustres, Anth. 1605 (n. F. Rodríguez Marín, J. Quirós II 1896); Fábula del Genil, Dicht. o. J. (n. J. M. de Cossío 1935); El bosque de doña Ana, Prosa 1624; El perro y la calentura, R. 1625; Espejo de cristal, Prosa 1625; Panegírico de la ciudad de Antequera, Prosa 1626. – Obras, hg. F. Rodríguez Marín 1909; Poesías completas, hg. F. López Estrada 1975.

L: F. Rodríguez Marín, 1907; F. Requena, 1950; Homenaje a P. de E., 1953.

Espmark, Kjell, schwed. Dichter * 19. 2. 1930 Strömsund/Jämtland. Dr. phil. 1964, Prof. für Literaturwiss. Univ. Stockholm 1978–95. – Schreibt neben wiss. Abhandl. Gedichte u. Romane in kräftiger, formbewußter Bildsprache u. mit oft treffsicherer Ironie, in Essays sachbezogen kritisch reflektierend.

W: Mikrokosmos, G. 1961, Det offentliga samtalet, Es. 1968; Samtal under jorden, 1972; Sent i Sverige, Es. 1976; Försök till liv, R. 1979; Tecken till Europa, Es. 1982; Dialoger, Es. 1985; Den motsträviga skapelsen. Dikter 1956–84, G. 1987; Glömskan, R. 1987; Missförståndet, R. 1989; Föraktet, R. 1991; Lojaliteten, R. 1993; Revanschen, R. 1996, Det andra livet, R. 1998, Voltaires resa, Es. 2000.

Espriu, Salvador, katalan. Schriftsteller, 10. 6. 1913 Santa Coloma de Farners – 22. 2. 1985 Barcelona. Sohn e. begüterten Familie aus Arenys de Mar, kam frühzeitig nach Barcelona; Stud. Jura, klass. Philol. u. Alte Geschichte. Der Bürgerkrieg (1936–39) machte s. Univ.laufbahn zunichte u. hinterließ in ihm tiefe Spuren. – Drei Themen beherrschen s. lit. Welt: Tod, Sorge um das Schicksal des katalan. Volkes u. die Situation des Menschen in der mod. Welt. Guter Kenner der Mythologie. S. Prosa spiegelt e. synthet. Realismus von außergewöhnl. linguist. Reinheit.

W: Israel, En. 1931; Dr. Rip, R. 1931; Laia, R. 1932; Aspectes, En. 1934; Miratge à Citerea, N. 1935; Ariadna al laberint grotesc, E. 1935; Letizia i altres proses, En. u. Prosadicht. 1937; Cementiri de Sinera, G. 1946; Primera història d'Esther, Tr. 1948; Les cançons d'Ariadna, G. 1949; Tres sorores, N. 1951; La pluja, Prosadicht. 1952; Les hores, G. 1952; Mrs. Death, G. 1952; El caminant i el mur, G. 1954 (d. 1990); Antígona, Tr. 1955; Final del laberint, G. 1955 (d. 1987); Evocació de Rosselló-Pòrcel i altres notes, Prosa 1957; La pell de brau, G. 1960 (d. 1985); Llibre de Sinera, G. 1963; Fragments. Versots. Intencions. Matisos, G. 1968; Setmana Santa, G. 1970; Formes i paraules, G. 1975; Una altra Fedra, si us plau, Tr. 1978; Les roques i el mar, el blau, Prosa 1981; Per a la bona gent, G. 1984. – Obres completes, I 1968, III 1986; Obras completas, IV 1985; Obra poètica, 1963; Antologia poètica, 1978.

L: R. Doménech, 1968; J. Teixidor in ›Cinc poetes‹, 1969; M. A. Capmany, 1971; J. M. Castellet, ²1978; R. M. Delor i Muns, 1989; dies., 1993; M. J. Pijoan i Picas, 1991; J. Grau i Colell, 1992; J. Prats Sobrepere, 1992.

Espronceda y Delgado, José de, span. Dichter, 25. 3. 1808 Almendralejo/Badajoz – 23. 5. 1842 Madrid. Offizierssohn, Schüler von Alberto Lista in Madrid, frühe Neigung zur Dichtkunst, verfaßte e. Ode mit 14 Jahren. Mitgl. des Geheimbundes der ›Numantiner‹, Verbannung in e. Kloster bei Guadalajara, floh nach Gibraltar, ging 1826 nach Lissabon, wo er sich in Teresa Mancha verliebte. 1827 in London, 1828 Freiheitskämpfer in Holland, 1830 Teilnahme an den Barrikadenkämpfen in Paris, 1832 wieder in London, wo er Teresa als Frau e. anderen fand u. sie nach Spanien entführte; unstetes Leben als Verschwörer, Tribun, Gesandtschaftssekretär in Den Haag (1841), Abgeordneter für Almería usw.; Trennung von Teresa. Starb an e. Kehlkopfentzündung, als er s. Heirat mit Bernarda de Beruete vorbereitete. – Romantiker von großer Empfindsamkeit u. Ausdruckskraft, sehr subjektive Lyrik von starker Intensität; trotz gewisser Nachlässigkeit in der Form voller Leidenschaft, Anmut u. dichter. Schwung. Typ des Zerrissenen. Den Stoff lieferte ihm s. durch u. durch romant. Leben, stark beeinflußt von Byron, dem er in Leben u. Dichtung nacheiferte. Verfaßte zarte Liebesgedichte u. schwungvolle Gesänge auf die Freiheit (eines s. Lieblingsthemen) u. gegen gesellschaftl. Konventionen; wies typ. Zeichen des ›mal du siècle‹ auf. Konflikt zwischen Ideal und Wirklichkeit, Traum u. Leben. Gelungenstes Werk ist ›El estudiante de Salamanca‹, e. phantasievolle Version des Don-Juan-Themas mit Anklängen an ältere span. Lit. (Erlebnis des eigenen Begräbnisses usw.).

W: Sancho Saldaña o El castellano de Cuellar, R. 1834 (n. M. Antón Andrés II 1975, 1984); El estudiante de Salamanca. Dicht. 1839; Poesías líricas, G. 1840; El diablo mundo, Dicht. 1841. – Obras poéticas y escritos en prosa, 1884; Obras poéticas, 1900; Obras poéticas completas, hg. J. J. Domenchina 1945; Obras completas, hg. J. Campos 1954, ²1963.

L: E. Rodríguez Solís, 1883; J. Cascales y Muñoz, 1914; J. López Núñez, 1919; P. Mazzei, Florenz 1935; N. Alonso Cortés, 1942; M. García Blanco, 1943; J. Romano, 1949; E. Pujals, E. y Lord Byron, 1951; J. Campos, 1954; ders., 1963; R. Marrast, 1966; ders., 1970 u. 1974; D. Ynduráin, 1971; G. Carnero, 1974; J. Casalduero, ³1983; R. Landeira, Lincoln/NE 1985; S. Pallady, Lewiston u. a. 1999. – *Bibl.:* D. J. Billick, 1981.

Estang, Luc (eig. Lucien Bastard), franz. Schriftsteller, 12. 11. 1911 Paris – 1992. Breton. Herkunft, kathol. Internatsschulen in Frankreich (Artois) und Belgien; ab 1928 in Paris, 1934–51 Lit. kritiker der kathol. Tageszeitung ›La Croix‹, 1956 Verlagsdirektor in Paris. – Lyriker, Erzähler und Essayist des ›renouveau catholique‹. Begann mit Péguy und Claudel nahestehenden Gedichten in regelmäßigen Versen. S. bedeutendstes Werk, die Romantrilogie ›Charges d'âmes‹ mit e. großen Zahl zwielichtiger, durch Schuld gebrochener Personen, erweist E. als Romancier in der Tradition des Christentums augustin. Prägung, Vertreter e. ›evangel. Realismus‹: E. deckt schonungslos realist. und psychoanalyt. das innere Drama der Menschen auf: Unruhe und Qual, Schweben zwischen Verworfenheit und Gnade. Abkehr von Gott und Sehnsucht nach ihm.

W: Au-delà de moi-même, G. 1938; Transhumances, G. 1939; Puissance du matin, G. 1941; Le mystère apprivoisé, G. 1943; Invitation à la poésie, Ess. 1943; Les béatitudes, G. 1945; Le passage du Seigneur, Ess. 1945; Présence de Bernanos, Es. 1946; Temps d'amour, R. 1947; Charges d'âmes, R.-Tril.: Les stigmates, 1949 (d. 1953), Cherchant qui dévorer, 1951 (d. 1953), Les fontaines du grand abîme, 1954 (d. 1955); Les quatre éléments, G. 1956; Ce que je crois, Es. 1956 (d. 1958); L'interrogatoire, R. 1957 (d. 1958); A. de Saint-Exupéry, B. 1958 (d. 1958); L'horloger du cherche-midi, R. 1959 (Die Stunde des Uhrmachers, d. 1964); Le bonheur et le salut, R. 1961 (d. 1963); Que ces mots répondent, R. 1964 (d. 1965); Le jour de Caïn, Dr. 1967; L'apostat, R. 1968; La fille et l'oursin, R. 1970; Les déicides, R. 1980; Les femmes de M. Legouvé, R. 1983; Le loup meurt en silence, 1984; Celle qui venait du rêve, 1989.

L: M. E. Chalecka, 1952; K.-A. Götz, 1954; G. Wiesen, 1955.

Estaunié, Edouard, franz. Erzähler, 4. 2. 1862 Dijon – 3. 4. 1942 Paris. Jesuitenkolleg Dijon, 1882 Polytechnikum Paris, Ingenieur, später Generalinspekteur des franz. Telegrafenwesens. Mitarbeiter mehrerer Zsn. (›Revue des Deux Mondes‹, ›Revue de Paris‹ u. a.). 1908 Prix Fémina, 1923 Mitgl. der Académie Française. – Vf. psycholog. Romane. Begann mit stark autobiograph. Werken über die Nachteile der jesuit. Erziehung (›L'empreinte‹) und über das Problem des intellektuellen Proletariats (›Le ferment‹). Spätere Romane (vom Standpunkt des gläubigen Katholiken) über das hinter dem Alltagsleben liegende Geheimnis einfacher, unscheinbarer Menschen (vorwiegend Frauen) aus der Provinz. Grundthema ist die Leistung des Menschen im Leid. Bedient sich mehrfach e. kriminalist. Fabel, um das verborgene Leben s. Personen auszuleuchten.

W: Un simple, R. 1891; L'empreinte, R. 1895; Le ferment, R. 1899; L'épave, R. 1902; La vie secrète, R. 1908 (d. 1938); Les choses voient, R. 1913 (d. 1937); Solitudes, R. 1917; L'ascension de M. Baslèvre, R. 1921 (Segen der Liebe, d. 1936); L'appel de la route, R. 1921 (Schwester Therese, d. 1937); L'infirme aux mains de lumière, R. 1923; Le labyrinthe, R. 1924 (Das Testament der Frau v. Castérac, d. 1936); Tels qu'ils furent, R. 1927; Madame Clapain, R. 1932 (d. 1938); Roman et province, St. 1943.

L: A. Züblin, 1930; H. Daniel-Rops, 1931; J. Charpentier, 1932 (m. Bibl. v. F. Ambrière); H. Zapf, 1933; C. Cé, Regards sur l'œuvre de E., 1935; C. Schlötke, D. eigenart. lit. Technik E.s, 1938; R. C. Hok, N. Y. 1949; G. Cesbron, 1978; D. D'Andrea, 1997.

Estébanez Calderón, Serafín (Ps. El Solitario), span. Schriftsteller, 27. 12. 1799 Málaga – 5. 2. 1867 Madrid. Stud. Rechte Granada, Rechtsanwalt, Lehrer für Griech., Rhetorik u. Poetik in Granada, 1846 Abgeordneter, 1853 Senator, Staatsrat usw., von großem Einfluß auf das kulturelle Leben s. Zeit. – Angesehener Gelehrter, Literat u. Dichter, wurde berühmt durch s. unter dem Pseudonym ›El Solitario‹ veröffentlichten andalus. Sittenbilder, lebendige, anmutige Schilderungen des Volkslebens u. der maler. Menschentypen s. Heimat. Sorgfältiger Stil mit reichem Wortschatz; Bemühen um präzise u. zugleich volkstüml. Sprache; verfaßte auch Gedichte, v. a. scherzhafter Art, sowie hist. Romane.

W: Poesías, G. 1831; Los tesoros de la Alhambra, R. 1831; De la conquista y pérdida de Portugal, E. 1835; Cristianos y moriscos, R. 1837; Escenas andaluzas, Sk. 1847. – Obras completas (in: ›Biblioteca de Autores Españoles‹, Bd. 78 u. 79), 1955.

L: A. Cánovas del Castillo, II 1883; R. J. Quirk, N. Y. 1992.

Ester, Buch E. im AT, eine Diasporanovelle wie die Josefsgeschichte (Gen/1. Mose 37–50), die aramäischen Daniel-Erzählungen (Dan 2–6) und Tobit. Es geht in dieser Lit. um die Probleme hochrangiger Juden am Hofe heidnischer Herrscher und deren Lösungen. E., im 3. oder 2. Jh. v. Chr. entst., schildert, wie die jüd. Gemahlin des ›Xerxes‹ ein Pogrom der Perser an ihren Landsleuten verhindert, und wurde zur Kultlegende des Purim-Festes.

L: Kommentar: A. Loader, 1992. – A. Meinhold, in: Zeitschrift f. d. alttestamentl. Wissenschaft 88 (1976), 72 – 93; 87 (1975), 306 – 324; S. Niditch, in: The Feminist Companion to the Bible 7 (1995), 26–46.

Esterházy, Péter (Ps. Csokonai Lili), ungar. Schriftsteller, * 14. 4. 1950 Budapest. Dipl.-Mathematiker. 1974–78 im Informat. Inst. des Ministeriums für Hütten- u. Maschinenindustrie tätig. Ab 1978 freischaff. Schriftsteller. Seit 1981

Mitgl. der Deutschen Akademie der Dichtung. 1999 Österreichischer Staatspreis für Europäische Literatur. 2002 Herder-Stipendium der Töpfer-Stiftung. – Schreibt Gedichte, Erzählungen, Romane, Dramen u. Essays. Bed. Vertreter der ungar. postmod. Lit. Dezső Kosztolányi u. Géza Ottlik als lit. Vorbilder. Verwendet in s. Werken alle Merkmale der postmod. Prosa: Intertextualität, Selbstreflexionen u. Allusionstechnik. Gesten der klass. Avantgarde auch präsent. Durchbruch mit dem Roman ›Termelési-regény‹. Kisssregény‹, der aus e. Haupttext u. umfangr. Fußnoten besteht. In der intertext. Kommunikation beider Textteile wird dem Rezipienten e. eminente Rolle zugemessen.

W: Fancsikó és Pinta, En. 1976 (Fancsikó und Pinta, d. 2002); Pápai vizeken ne kalózkodj, En. 1977; Termelésiregény. Kisssregény, R. 1979; Ki szavatol a lady biztonságáért?, R. 1982 (Wer haftet für die Sicherheit der Lady?, d. 1986); Fuharosok, R. 1983 (Fuhrleute, d. 1988); Kis magyar pornográfia, R. 1984 (Kleine ungarische Pornographie, d. 1985); A szív segédigéi, R. 1985 (Die Hilfsverben des Herzens, d. 1985); Csokonai Lili: Tizenhét hattyúk, R. 1987; Hrabal könyve, R. 1990 (Das Buch Hrabals, d. 1991); Hahn-Hahn grófnő pillantása. Lefelé a Dunán, R. 1991 (Donau abwärts, d. 1992); Egy nő, R. 1993 (Eine Frau, d. 1996); Jegyzőkönyv, 1991; Élet és irodalom, (zus. m. Imre Kertész) 1993, (Eine Geschichte – zwei Geschichten, d. 1994); Harmonia Caelestis, R. 2000 (d. 2001); Javított kiadás, R. 2002 (Verbesserte Ausgabe, d. 2003); A szabadság nehéz mámora, Ess. 2003; Kalauz, Ess. (zus. m. Imre Kertész u. Péter Nádas) 2003. – Übs.: Thomas Mann mampft Kebab am Fuße des Holstentors, Ess. (Ausw.) 1999.

L: E. Kulcsár Szabó, 1996.

Estúñiga, Lope de → Stúñiga, Lope de

Etana-Epos, babylon. ep. Fragment, Hsn. aus dem 2./1. Jt. v. Chr. Es handelt von Freundschaft, Verrat und Kampf zwischen Adler und Schlange, bes. aber vom Streben des ersten Königs, Etana von Kiš, nach einem Kind: Der Sonnengott verspricht, der Adler werde Etana das Gebärkraut zeigen. Etana befreit den gefangenen Adler, der ihn zum Himmel zur (Venus- und Liebes-)Göttin Ištar trägt (Szene schon auf Siegelbildern um 2300 v. Chr.). Der 1. Versuch scheitert an Etanas Furcht in unendl. Höhe; der 2. Versuch ist (nach Traumbotschaft) erfolgreich. Der Schluß des Epos' fehlt, aber die sumer. Königsliste kennt einen Sohn Etanas. Nachhall des Textes in Alexander-Legende und Ikarussage? Das Epos nutzt kosm. Motive: ird. Schlange, himml. Adler, vermittelt moral. Maßstäbe: Strafe für treubrüchigen Adler; mögliche Erlösung durch gute Tat. Zentrales Motiv ist das menschl. Streben, das eigene Leben mit dem »Setzen eines Namens« (hier genealog.-dynast., anders bei → Gilgameš), zu überdauern.

A: M. Haul 2000; J. R. Novotny, The Standard Babylonian E., 2001. – Übs.: B. R. Foster, Before the Muses, ^{2}1996; K. Hecker, (TUAT III/Erg.lief.), 2001; R. Labat, Les religions du Proche-Orient asiatique, 1970.

L: A. Zgoll (Saeculum 54), 2003.

Etcherelli, Claire, franz. Schriftstellerin, * 1. 11. 1934 Bordeaux. Kriegswaise; Wanderleben, Klosterschule, Fabrikarbeiterin; Angestellte in Paris. – Vf. des teils autobiograph., in Ich-Form erzählten Romans einer jungen Waise und ihres Bruders in der Pariser Arbeiterwelt während der Unruhen des Algerienkrieges; detailliert realist. Schilderung, durchsetzt von lyr.-poet. Einschüben.

W: Elise ou la vraie vie, R. 1967 (d. 1968); À propos de Clémence, R. 1971 (d. 1973); Un arbre voyageur, 1983; Cent poèmes contre la racisme, 1990 (m. G. Manceron).

L: A. Ophir, Regards féminins, 1976.

E'tesāmī, Parwīn, pers. Dichterin, 16. 3. 1907 Tabriz – 4. 4. 1941 Teheran. Tochter e. Journalisten, Anhängerin der Bahai-Religion. Erziehung am amerik. Mädchen-College in Teheran, Ausbildung in arab. u. pers. Poesie. Ihre ersten dichter. Arbeiten erschienen in der von ihrem Vater herausgegebenen Zs. ›Bahār‹. – Sie bediente sich meist der klass. Formen Ghasel, Masnawi (bei ihr immer sehr kurz), füllte sie aber mit neuem Gehalt, bes. soz. Thematik. Sie nennt als Ursache des Leidens der Armen die Hartherzigkeit der Reichen und Herrschenden, vermeidet aber revolutionäre Agitation; keine spezif. Frauenthematik. E. ist e. der wenigen bekannt gewordenen pers. Dichterinnen des 20. Jh.

W: Diwān, 1935. – Übs.: A Nightingale's Lament, 1985.

Etherege (Etheredge), Sir George, engl. Dramatiker, 1635(?) Bermuda? – Jan./Febr. 1691 Paris. Stud. Cambridge, ⚭ 1679 Mary Arnold; während der Zeit des Commonwealth wahrschl. in Frankreich. Versch. diplomat. Posten, 1694 Bevollmächtigter auf dem Reichstag zu Regensburg; mußte Dtl. wegen skandalösen Lebenswandels verlassen und nach Paris fliehen. – Vf. von Lustspielen und Gelegenheitsgedichten, von Molière beeinflußt. Modellierte das Bild des ›restoration rake‹ in seinen Dramen, v.a. in ›The Man of Mode‹, als einem libertinist., intellektuellen Mann, der seine Person und seinen Lebenswandel bewußt inszeniert, und seine Faszinationskraft aus dem Oszillieren zwischen skeptisch-zynischer Betrachtung der Welt und der Lust an sinnlich-sexuellen Abenteuern gewinnt.

W: The Comical Revenge, or: Love in a Tub, K. 1664; She Wou'd if she Cou'd, K. 1668; The Man of Mode, or: Sir Fopling Flutter, K. 1676 (n. J. Barnard 1979); Plays and Poems, 1704. – Plays, hg. H. F. B. Brett-Smith II 1927; The Plays, hg. M. Co. 1982; Poems, hg. J.

Thorpe 1963; The Letterbook, hg. S. Rosenfeld 1928; Letters, hg. F. Bracher 1974.
L: V. Meindl, 1901 (n. 1965); F. S. MacCarnic, 1931; D. Underwood, 1957; N. N. Holland, The First Modern Comedies, 1967; N. Rigaud, 1980; A. Huseboe, 1987; D. M. Young, The Feminist Voices in Restauration Comedy: The Virtuous Women in the Play-Worlds of Etherege, Wycherley and Congreve, 1997. – *Bibl.:* D. D. Mann, 1981.

Etienne, Charles Guillaume, franz. Dramatiker und Journalist, 6. 7. 1777 Chamonilley/Haute-Marne – 13. 3. 1845 Paris. 1810 Generalzensor der Zeitungspolizei, 1811 Mitgl. der Académie Française, vorübergehend ausgeschlossen, 1829 wieder aufgenommen, 1822 Abgeordneter des Département Meuse, 1839 Pair von Frankreich. – Bei den Zeitgenossen berühmter, heute vergessener Autor kleiner Dramen und Libretti, einige zusammen mit Nanteuil. Erwarb sich die Gunst Napoleons mit ›Une journée au camp de Bruges‹.
W: Histoire du théâtre français depuis le commencement de la révolution jusqu'à la réunion générale, IV 1802 (m. Martainville); Les deux gendres, K. 1810 (d. 1813); L'intrigante, K. 1813. – Œuvres, hg. A. François V 1846–53.
L: L. Thiessé, 1853; C. B. Wicks, Baltimore 1940.

Etlar, Carit (eig. Johan Carl Chr. Brosbøl), dän. Schriftsteller, 7. 8. 1816 Fredericia – 9. 5. 1900 Gentofte. Sohn e. Kaufmanns, Kunstakad. Kopenhagen, gefördert von J. Collin. Lesesaalaufseher an der Kgl. Bibl., seit 1896 Titularprof. – Vf. unterhaltsamer hist. Romane, die ihm ein breites Publikum verschafften. Auch hist. Dramen.
W: (seit 1839 u. Ps.) Smuglerens søn, R. 1839; Gjøngehøvdingen, R. 1853; Dronningens vagtmester, R. 1855; Tordenskjold i Marstrand, Sch. 1872; Fangen på Kallø, R. 1877. – Skrifter, XIII 1898ff.

Eubulos, altgriech. Komödiendichter; 4. Jh. v. Chr. – Wohl seit den 370er Jahren Aufführungen in Athen, 58 Titel bekannt, die Hälfte davon myth., viele offenbar Parodien (v. a. von Tragödien des Euripides).
A: R. L. Hunter 1983.
L: H.-G. Nesselrath, 1990.

Eugam(m)on, altgriech. Epiker; 6. Jh. v. Chr., aus Kyrene; angebl. Vf. der Telegonie; → epischer Kyklos.

Eugenides, Jeffrey, amerik. Erzähler, * 8. 3. 1960 Detroit. Sohn griech. Einwanderer, Stud. Brown und Stanford Univ., versch. Tätigkeiten als Journalist, Taxifahrer und Volontär bei Mutter Teresa in Indien; lebt in Berlin. – Skurile, ums Erwachsenwerden kreisende Romane; ›The Virgin Suicides‹ handelt vom kollektiven Selbstmord von fünf Schwestern als Verweigerung kleinstädt., ultra-konservativer Familienideologie, ›Middlesex‹ von dem in e. griech.-amerik. Familie im Mittleren Westen aufwachsenden Hermaphroditen.
W: The Virgin Suicides, R. 1993 (d. 1993); Middlesex, R. 2002 (d. 2003).

Euhemeros von Messene (Sizilien), altgriech. Schriftsteller; ca. 340 v. Chr. – 260 v. Chr. – In der phantast. Reiseschilderung ›Hiera anagraphe‹ (›Heilige Aufzeichnung/Inschrift‹, lat. ›Sacra historia‹) beschreibt E. s. Besuch auf e. Insel Panchaia, auf der er nicht nur e. alternative Gesellschaftsform vorfindet, sondern auch e. Tempelinschrift, welche Uranos, Kronos u. Zeus als menschl., nur gottgleich verehrte Könige der Vorzeit bezeugt. Damit berührt E. die Gebiete von Staatsutopie und rationaler Mythenkritik. Als sog. ›Euhemerismus‹ wurde letztere zum Schlagwort, doch bleibt aufgrund der wenigen überlieferten Fragmente die Stoßrichtung von E.' Werk unsicher. Plausibel erscheint v. a. ein aktueller Zeitbezug auf den hellenist. Herrscherkult (Vergöttlichung des Herrschers). Kallimachos reagierte negativ auf E., doch bleibt E.' Werk wirkmächtig, die bekannteste neuzeitl. Rezeption sind wohl Voltaires ›Dialogues d'Euhémère‹.
A: FGrH 63; G. Vallauri 1956 (m. Komm.); M. Winiarczyk 1991. – *Übs.:* B. Kytzler 1983 (Teile).
L: Fr. Strunz, Forum classicum 1, 1997 (zu Voltaire u. E.); M. Winiarczyk, 2002.

Eulaliasequenz, ältestes franz. Literaturdenkmal, Ende des 9. Jh. wahrscheinl. in Saint-Amand b. Valenciennes geschrieben. Behandelt den Märtyrertod der hl. E. in Form e. älteren Sequenz in 14 assonierenden Verspaaren, deren im ersten Vers jeweils wechselnder Rhythmus sich im zweiten Vers wiederholt. Die Hs. wurde 1837 durch Hoffmann v. Fallersleben entdeckt. Metr. Vorbild die lat. Sequenz ›Cantica virginis E.‹, stoffl. Quelle neben dem Martyrologium des Beda e. Hymne des Prudentius auf E. Eine junge standhafte Christin wird von Kaiser Maximian zum Flammentod verdammt, brennt aber wegen ihrer Unschuld nicht und fliegt errettet als Taube zum Himmel, als man sie mit dem Schwert töten will. Wirkungsvoll durch knappe, schmucklos sachl. Darstellung, die durch rhythm. Parallelismus u. paratakt. Anordnung eindringlich wird.
A: K. Voretzsch, Altfranz. Lesebuch, [2]1932.
L: Actes du Colloque de Valenciennes, 1990.

Euphorion von Chalkis, altgriech. Gelehrter u. Dichter; 276/268 v. Chr. – um 200 v. Chr. Nach Studien in Athen Leiter der Bibliothek in Antiochia. – E. betätigte sich als ›Dichter-Gelehrter‹, bezeugt sind hist. und mytholog. Monographien, e. Lexikon zu Hippokrates; zwei Epigramme finden sich in der → Anthologia Graeca. Die Antike schätzte v. a. seine hexametr. Dichtungen, in spärl. Fragmenten kenntlich sind z.B. noch die ›Chiliades‹, e. Sammlung von Fluchgedichten. E. fand bis in die Spätantike hinein Nachahmer, am bedeutendsten ist wohl s. Wirkung auf die röm. Dichtung des 1. Jh. v. bzw. n. Chr., vgl. Catull, Cornelius Gallus, Vergil und den Autor der ›Ciris‹.

A: L. A. de Cuenca 1976 (m. span. Übs. u. Komm.); Coll. Alex. 28–117; Suppl. Hell. 413–453; Gow-Page Hellenistic Epigram 284–286. – *Komm.:* F. Scheidweiler 1908.

L: B. A. van Groningen, Amst. 1977 (m. CR 1979, 14–17); L. Watson, Leeds 1991; M. Dickie, Antike u. Abendland 44, 1998.

Eupolis, altgriech. Komödiendichter (sog. ›Alte Komödie‹), 5. Jh. v. Chr. Nimmt 429 erstmals am Agon in Athen teil, mehrere Siege; bekannt sind 19 Titel (alle datierbaren fallen in die 420er/410er Jahre) und ca. 500 Zitate (ergänzt durch Papyrusfragmente bzw. -kommentare). – E. nimmt mit satir. Spott auf tagespolit. Ereignisse Bezug, scheint dabei aber weniger zu persönl. Attacken oder phantast. Bildern gegriffen zu haben als sein Zeitgenosse Aristophanes, Spuren von Mythenparodie fehlen ganz. Für die antiken Leser bes. lange präsent blieb s. Komödie ›Demoi‹ (›Stadtgemeinden von Athen‹, 412), in der von den personifizierten Demen (Chor) in der Not des peloponnes. Krieges Politiker der ›großen alten Zeit‹ (Solon, Perikles etc.) aus der Unterwelt zurückgerufen werden. Direkte lit. Nachwirkung läßt sich kaum belegen, doch wurde E. noch in Kaiserzeit und Spätantike gelesen (vgl. Plutarch, Lukian, Galen; Papyrusfunde), in der Schrift ›Über das Erhabene‹ (→ Ps.-Longin) wird er zitiert.

L: Fr. Sartori, Rom 1975; D. Harvey, J. Wilkins, hg. Lond. 2000.

Eurelius, Gunno → Dahlstierna

Euripides, griech. Tragödiendichter, 485/480 v. Chr. Salamis – 406 v. Chr. Pella. Nur spärl. biograph. Nachrichten, u. a. 455 1. Teilnahme an großen Dionysien, 441 1. Sieg, geht 408 nach Pella (Hof des Archelaos), stirbt dort. – Vom umfangreichen Werk (etwa 90 Stücke) sind uns vollständig 19 Dramen (18 Tragödien und das einzige vollständige griech. Satyrspiel) sowie zahlr., z. T. umfangreiche Fragmente (ca. 1300) erhalten: ›Alkestis‹ (438, 2. Preis; als ›heitere‹ Tragödie wohl anstelle e. Satyrspiels), ›Medeia‹ (431, 3. Preis), ›Hippolytos‹ (428, 1. Preis), ›Hiketiden‹, ›Herakliden‹, ›Andromache‹, ›Elektra‹, ›Der wahnsinnige Herakles‹ (um 416), ›Hekabe‹ und ›Troerinnen‹ (415, 2. Preis), ›Phönizierinnen‹ (um 411), ›Orestes‹ (408), ›Iphigenie bei den Taurern‹ (um 414), ›Ion‹ (um 413), ›Helena‹ (412); 17) ›Bacchen‹ (zwischen 408 und 406), ›Iphigenie in Aulis‹ (zusammen mit ›Bacch.‹) postum aufgeführt, 405–400), ›Kyklops‹ (wohl 411–408), ›Rhesos‹, in Zuweisung an E. stark umstritten. E.' Bedeutung wurde bereits von s. Zeitgenossen erkannt, er überflügelte Aischylos und Sophokles an Beliebtheit. S. Hinterfragen des Heroischen durch die Verbürgerlichung s. Figuren, die sprachl. und gedankl. Nähe zur zeitgenöss. Sophistik, die expressive Darstellung weibl. Leidenschaft sowie kunstvoll angelegte Intrigen machten ihn zu e. stets präsenten ›Klassiker‹, der über die Tragödien Senecas bis in die Neuzeit (v. a. franz. Tragödien des 17. Jh.) wirkte. Schiller übersetzte E.' ›Iphigenie in Aulis‹ 1789, Goethe adaptierte den Stoff der ›Iphigenie auf Tauris‹ 1779 (Erstaufführung 1802). Nach kurzer Ablehnung im weiteren Verlauf des 19. Jh. (u. a. Nietzsche unter Rückgriff v. a. auf Schlegel) dauert der Erfolg E.' bis auf die Bühnen der Gegenwart an.

A: J. Diggle 1982–94 (mit J. Diggle Oxf. 1994). – *Fragm.:* C. Collard, M. Cropp, K. H. Lee: Sel. Fragmentary Plays, Warminster I 1995, R. Kannicht, TrGF V 2004; *Alc.:* A. M. Dale 1954, D. Conacher 1988; *Andr.:* P. T. Stevens 1971, M. Lloyd 1995; *Ba.:* E. R. Dodds ²1960, R. Seaford 1996; *Cycl.:* R. G. Ussher 1978, R. Seaford 1984; *Hcld.:* J. Wilkins 1993; *El.:* J. D. Denniston 1939, M. J. Cropp 1988; *Hec.:* M. Tierney 1979, C. Collard 1991; *Hel.:* A. M. Dale 1967, R. Kannicht 1969; *Her.:* G. W. Bond 1981, S. A. Barlow 1996; *Hipp.:* W. S. Barrett 1964, M. J. Halleran 1996; *Ion:* A. S. Owen 1939 (n. 1987); *Iph.:* A. W. Stockert 1992; *Iph.:* M. Platnauer 1938; *Med.:* D. L. Page 1938, A. Elliott 1969; *Or.:* C. W. Willink 1986, M. L. West 1987; *Phoen.:* E. Craik 1988, D. J. Mastronarde 1994; *Suppl.:* C. Collard 1975; *Tro.:* K. H. Lee 1976, S. A. Barlow 1986. – *Übs.:* D. Ebener 1972–80.

L: G. Murray, Lond. 1913; E. Delebecque, Paris 1951; W. H. Friedrich, 1954; H. Strohm, 1957; G. Zuntz, Manchester ²1963; T. B. L. Webster, Lond. 1967; V. di Benedetto, Turin 1971; A. P. Burnett, Oxf. 1971; A. Lesky: Die trag. Dichtung, ³1972; H. Kuch, 1974; U. Petersen: Goethe und E., 1974; P. Pucci, Ithaca 1980; C. Segal, Princeton 1982; ders., Durham u. a. 1993; M. McDonald, Philadelphia 1983; H. Erbse, 1984; H. P. Foley, Ithaca 1985; A. Michelini, Wisconsin 1987; H. Yunis, Gött. 1988; P. Berry, Lond. 1989; J. Gregory, Ann Arbor 1991; M. Hose, 1990/91; I. J. F. de Jong, Leiden 1991; A. Powell, hg. Lond. u. a. 1991; B. Zimmermann: Die griech. Tragödie, ²1992; M. Lloyd, Oxf. 1992; J. Latacz: Einführung in die griech. Tragödie, 1993; R. E. Harder, 1993; N. S. Rabinowitz, Ithaca u. a. 1993; R. Padel, Princeton 1995.

Eusebios, von Kaisareia (Palästina), altgriech. Kirchenschriftsteller; vor 264/265 n. Chr. – 339/340 n. Chr. Schüler des Origenes-Schülers Pamphilos, um 314 Bischofsweihe Kaisareia, wiederholt am Kaiserhof (vgl. s. ›Lob Konstantins‹ mit dem berühmten Bild von Kaiser und Bischöfen als Repräsentation des Reiches Christi), unterzeichnet nach kurzer Exkommunikation 325 Nizänum. – Neben apologet. (v. a. ›Praeparatio und Demonstratio evang.‹), exeget. (fast vollständig erhaltenen Kommentaren zu Jes. und Psalmen), christolog. (z. B. ›Gegen Marcell‹) Schriften und e. Verz. bibl. Ortsnamen (›Onomastikon‹) sowie Lehr-Briefen verfaßte E. v. a. hist. Werke: 1) ›Chronik‹ (vor 303, in armen. Version und lat. Übs. des Hieronymus erhalten): Unter Verwendung synchronist. Tabellen von 2106/05 v. Chr. (= Geburt Abrahams) bis 303 (bzw. in 2. Auflage 325) n. Chr. wird das höhere Alter der jüd. Religion und damit des Christentums nachgewiesen. 2) ›Kirchengeschichte‹ (mehrere Reden zwischen 290 und 325, insgesamt 10 Bücher): Theolog.-universalhist. Darstellung vom Anfang der Kirche bis zum 1. christl. Kaiser Konstantin (324), in dem sich durch Sieg des Christentums dessen Legitimität und Überlegenheit manifestiert. V. a. die ›Kirchengeschichte‹ macht E. zu e. der wichtigsten Historiker s. Zeit; sie erlangt bald nahezu kanon. Bedeutung. Zusammen mit den anderen hist. und apologet. Werken trägt sie E. den Beinamen ›Vater der Kirchengeschichte‹ ein.

A: *Chron.:* R. Helm, U. Treu (lat. Übs. des Hieronymus u. griech. Fragmente), J. Karst (dt. Übs. der armen. Übs.); *Hist. eccl.:* E. Schwartz, ²1955, G. Bardy 1960–62, H. Kraft, P. Haeuser ²1981 (Nachdr. 1997); *Praep. evang.:* E. H. Gifford 1903, É. des Places u. a. 1974–91; *C. Hierocl.:* M. Forrat, É. des Places 1986; *Dem. Ev.:* W. J. Ferrar 1981; *Onomast.:* E. Klostermann; *Vita Const.:* A. Cameron, St. G. Hall 1999.

L: A. Dempf, 1964; A. Weber, Rom 1964; R. Farina, Zür. 1966; H. A. Drake, Berkeley 1976; G. Fau, Paris 1976; A. A. Morshammer, Lond. 1977; R. M. Grant, Oxf. 1980; T. D. Barnes, Cambr. u. a. 1981; É. des Places, Paris 1982; G. F. Chesnut, Macon ²1986; M. Gödecke, 1987; H. W. Attridge, G. Hata, hg. Leiden u. a. 1992; U. Wacht, JAC 36, 1993, 110–128; G. Brugnoli, Pisa 1995; A. Raban, K. G. Holum, hg. Leiden 1996; R. W. Burgess, 1999; J. Ulrich, 1999; ders., in: LACL, ²1999, 209–214; D. Timpe, 2001.

Eustathios von Thessalonike, byzantin. Gelehrter und Dichter, 1125 Konstantinopel – zwischen 1193 und 1198. Nach gründl. philolog. Ausbildung Diakon und Lehrer der Beredsamkeit in der Patriarchatschule von Konstantinopel. 1174 Bischof, 1175 Erzbischof von Thessalonike. – Aus der Zeit s. Lehrtätigkeit stammen s. bekannten und den heutigen Philologen noch wertvollen Kommentare zur ›Ilias‹ und ›Odyssee‹ und zu Pindar, Scholien und e. Paraphrase des Dionysios Periegetes u. a. In der 2. Periode s. Lebens verfaßte E. mehrere Reden, e. Schrift zur Reform des Mönchslebens, s. Geschichte der Eroberung der Stadt Thessalonike durch die Normannen (1185), kleinere polem. Schriften, um das Niveau des Klerus zu heben, und schließl. Kanones. Bekannt s. Kanon auf den hl. Demetrios, den Patron von Thessalonike.

A: Commentari ad Homeri Iliadem et Odysseam, hg. G. Stallbaum VII 1827–30, n. IV 1960; Opuscula, hg. T. L. F. Tafel 1832, n. 1964; Prooim. zu Pindar, komm. u. hg. A. Kambylis 1991; De capta Thessalonica, hg. I. Bekker 1842; J. P. Migne, Patrol. Graeca 135 u. 136, 1864; Commentarii: M. van der Valk, I 1971, II Palermo 1976. – *Übs.:* T. L. F. Tafel 1847; Die Normannen in Thessalonike, H. Hunger ²1967.

L: P. Wirth, Eustathiana, Amst. 1980; A. Kambylis, E. über Pindars Epinikiendichtung, Gött. 1991.

Eutropius, lat. Historiker, 4. Jh. n. Chr. E. war zunächst Soldat u. später wahrschenl. ein hoher Beamter unter Kaiser Valens. – E. verfaßte e. 10bändiges ›Breviarium‹, e. knappe u. leicht verständl. Übersicht über die röm. Gesch. von der Gründung Roms bis 364 n. Chr. Das Werk wurde 2mal ins Griech. übersetzt; es wurde im MA fortgesetzt u. diente lange als Schulbuch.

A: H. Droysen, MGH auct. ant. II, n. 1961; C. Santini, n. 1992; m. dt. Übs. F. L. Müller, 1995; m. franz. Übs. J. Helleguar, Paris 1999.

L: G. Bonamente, Giuliano l'Apostata e il Breviario di Eutropio, Rom 1986.

Evander, Per Gunnar, schwed. Erzähler u. Dramatiker, * 25. 4. 1933 Ovansjö/Gästrikland. Magisterexamen, Volkshochschullehrer, Dramaturg am Hörspielstudio, TV-Produzent. – E. schreibt sicher komponierte Romane um das Thema der Angst, der Kontaktlosigkeit sowie Generationskonflikte, mit Humor, Ironie u. absurden Zügen.

W: Tjocka släkten, N. 1965; Bäste herr Evander, R. 1967; Fysiklärarens sorgsna ögon, R. 1968; Uppkomlingarna – en personundersökning, R. 1969; Det är söndagseftermiddag, min bror springer på åkern, H. 1966; Smultrontrollet, H. 1967; Medan dagen svalnar, H. 1968; Tegelmästare Lundin och stora världen, R. 1970; Sista dagen i Valle Hedmans liv, R. 1971; En kärleksroman, R. 1971; Berättelsen om Josef, R. 1972; Och alla min levnads dagar, Sch. 1972; Det sista äventyret, R. 1973; Måndagarna med Fanny, R. 1974; Härlig är jorden. R. 1975; Fallet Lillemor Holm, R. 1977; Judas Iskariots knutna händer, R. 1978; Se mig i mitt friska öga, R. 1980; Änglans boningar, R. 1980; Hundarnas himmel, R. 1982; Himmelriket är nära, R. 1986; Mörkrets leende, R. 1987; Fritt fall, R. 1988; Medan dagen svalnar, R. 1989; Fuskarna, R. 1991; Veronikas vrede, R. 1993; Samma sol som vår, R. 2000; Plötsligt medan din man lättar, R. 2002.

Evans, Mary Anne → Eliot, George

Evdokimov, Ivan Vasil'evič, russ. Prosaiker, 3. 2. 1887 Kronštadt – 28. 8. 1941 Moskau. War nach dem Stud. an der Hist.-Phil. Fak. in Petersburg zunächst Bibliothekar, dann Lehrer u. schließl. Lektor für Kunstgeschichte in Vologda, seit 1922 lebte er in Moskau, arbeitete im Staatsverlag. – Während die Werke E.s großteils zur Triviallit. zählen, fand der Roman ›Kolokola‹, der ein sorgfältiges Bild der russ. Provinz nach der Revolution 1905 entwirft, große Anerkennung.

W: Kolokola, R. 1926; Čistye prudy, R. 1927. – Sobranie sočinenij (GW), IV 1928–1931 (Bd. 2–4: R. Zaozer'e); Izbrannye proizvedenija (Ausw.), II 1983.

Evelyn, John, engl. Schriftsteller, 31. 10. 1620 Wotton/Surrey – 27. 2. 1706 ebda. Stud. Jura im Middle Temple und Oxford; 1641 in der Armee; 1643–46 Reisen in Italien, Frankreich und den Niederlanden; ∞ 1647 die 12jähr. Tochter des engl. Botschafters in Paris; seit 1653 in Sayes Court/Deptford. – Vf. e. kulturhist. interessanten Tagebuchs von 1640 bis zu s. Tode, mit eindrucksvollen Beschreibungen s. Reisen und anschaul. Bildern s. Zeitgenossen, das 1818 durch Zufall entdeckt wurde und zu den wichtigsten Beschreibungen dieser Zeit zählt.

W: Sculptura, Schr. 1662; Sylva, Schr. 1664; London Revived, Schr. 1666 (n. E. S. de Beer 1938); Life of Mrs. Godolphin, B. 1847; Diary, hg. E. S. de Beer VI 1955; J. E.'s translation of Titus Lucretius Carus' De Rerum Natura, hg. M. Repetzki 2000.

L: W. G. Hiscock, 1955; M. Willy, Engl. Diarists, 1963; F. Higham, 1968; J. Welcher, 1971; G. Bédoyère, Particular friends. The Correspondence of Samuel Pepys and J. E., 1997; G. Keynes, ²1968 (m. Bibl.).

Evensmo, Sigurd, norweg. Schriftsteller u. Journalist, 14. 2. 1912 Hamar – 17. 10. 1978 Oslo. Vf. des zentralen Romans ›Englandsfarere‹ über den norweg. Widerstand im 2. Weltkrieg u. langjähriger Filmkritiker beim staatl. Fernsehen. Die Romantrilogie ›Grenseland‹, ›Flaggermusene‹ u. ›Hjemover‹ mit dem Journalisten u. Sozialisten Karl Martin als Hauptperson ist e. Schilderung der norweg. Zwischenkriegs- und Okkupationszeit, sie gilt als e. Hauptwerk der Nachkriegslit. u. wurde als Fernsehserie verfilmt.

W: Englandsfarere, R. 1945 (Englandfahrer, d. 1946); Grenseland, R. 1947; Flaggermusene, R. 1949; Hjemover, R. 1951; Glassveggen, Nn. 1954; Gåten fra år null, R. 1957; Bare et liv – historien om Fridtjof Nansen, [Filmmanuskript] 1968; Inn i din tid, Mem. 1976; Ut i kulda, Mem. 1978; Ingen fred å finne, Ess. 1982.

Everaerts, Jan Nicolaas → Johannes

Everardi, Johannes Nicolai → Johannes

Everson, William (auch Brother Antoninus), amerik. Lyriker, 10. 9. 1912 Sacramento/CA – 3. 6. 1994 Santa Cruz/CA. 1951–69 Laienbruder der Dominikaner in Kentfield/CA, 1971–81 Poet-in-Residence Univ. of California, Santa Cruz; lebte bis zu s. Tod in Davenport/CA. – Lyriker der San-Francisco-Gruppe, leidenschaftl. myst. Liebes- u. Bekenntnisgedichte; Einfluß der span. Barockmystik u. von R. Jeffers.

W: The Crooked Lines of God, G. 1949–54, 1960; The Achievement of Brother Antoninus, hg. W. A. Stafford, G. 1967; The Rose of Solitude, G. 1967; The Residual Years, G. 1934–48, 1968; Man-Fate, G. 1974; Archetype West: The Pacific Coast as a Literary Region, St. 1976; The Veritable Years, G. 1949–66, 1978; The Masks of Drought, G. 1980; Earth Poetry, Ess. 1980; Birth of a Poet: The Santa Cruz Meditations, 1982. – Collected Forewords and Afterwords 1935–81, 1983; D. A. Carpenter, 1987; ders. 1988.

L: Benchmark and Blaze: The Emergence of W. E., hg. L. Bartlett 1979; ders., 1985.

Everyman, berühmteste und beste engl. Moralität. Entstanden um 1500. Lehnt sich eng an den holländ. ›Elckerlijc‹ des Petrus van Diest (Erstdruck 1495) an, ist daher eventuell e. freie Übs. Ähnl. Spiele entstanden unmittelbar vor Beginn der Reformation in Kärnten und Steiermark, es ist ungeklärt, inwieweit Zusammenhänge zwischen den alpenländ. Jedermann-Spielen und E. bestehen. Nebeneinander von realist. Gestalten und allegor. Personifikationen relig. Begriffe: Der Tod kommt, von Gott gesandt, E. zu holen; dieser sucht nach Gefährten, die mit ihm gehen, alle Freunde verlassen ihn, auch Wissen, Schönheit, Kameradschaft, die fünf Sinne, der Besitz weigern sich, ihm zu folgen. Er legt das Kleid der Reue an und ergibt sich in Gottes Willen. Erkenntnis begleitet ihn bis zum Grab, nur s. guten Taten folgen ihm über das Grab hinaus. Bedeutendste mod. Nachdichtung durch H. v. Hofmannsthal (1911), wird jedes Jahr bei den Salzburger Festspielen aufgeführt.

A: F. Sidgwick 1902; W. W. Greg, Löwen 1902; A. C. Cawley 1961 (viele Nachdrucke); J. P. Allen, Three Medieval Plays, 1970. – Übs.: H. Wiemken, 1965.

L: A. W. Pollard, Engl. Miracle Plays, Moralities and Interludes, 1923; A. M. Kinghorn, Medieval Drama 1968. – Bibl.: Manual ME 5. XII, 1975, Nr. 30.

Evliya Çelebi, türk. Schriftsteller, 25. 3. 1611 Istanbul – 1682 ebda. oder Ägypten. Verbrachte die ersten drei Jahrzehnte s. Lebens in Istanbul (u. a. am Hofe Sultan Murads IV.), bereiste dann während langer Jahre alle Provinzen des Osman. Reiches u. trug das Erlebte, mit vielem Dazuerfundenen, in s. 10bändigen Reisewerk ›Seyâhatnâme‹ zusammen. Das 1804 durch J. v. Hammer-Purgstall für das Abendland entdeckte Werk ist in klarem, der Volkssprache angenähertem Stil geschrieben u. stellt e. einzigartige Fundgrube für die hist. u. kulturkundl. Forschung dar. Chronist u. fabulierender Romanerzähler zugleich, ist E. der größte Prosaist der älteren osman. Lit.

A: Seyâhatnâme, X 1898–1938; sprachl. aktualisiert VIII 1982. – *Übs.:* Bd. I – IV: J. v. Hammer-Purgstall, Narrative of Travels in Europe, Asia and Africa, Lond. III 1834–50; Teilübs. Bd. VII: R. F. Kreutel, Im Reiche des Goldenen Apfels (Osman. Geschichtsschreiber Bd. 2), 1957.

Evreinov, Nikolaj Nikolaevič, russ. Dramatiker u. Lit.wissenschaftler, 25. 2. 1879 Moskau – 7. 9. 1953 Paris. Stud. Jura in Petersburg, danach Beamter, gleichzeitig Ausbildung zum Komponisten bei Rimskij-Korsakov, als Direktor versch. Theater inszenierte er auch eigene Stücke, verhielt sich der Revolution gegenüber ablehnend u. emigrierte 1925 nach Paris. – E. verfolgte in s. etwa 30 Stücken die Rückbesinnung auf das Theater zum Zweck der Selbsterfahrung u. Entspannung nach teilw. antiken u. ma. Vorbildern.

W: Samoe glavnoe, Dr. 1920 (Die Hauptsache, d. 1924); Istorija russkogo teatra, Abh. N.Y. 1955.

L: S. Golub, Ann Arbor 1984; S. M. Carnicke, N. Y. 1989.

Evtušenko, Evgenij Aleksandrovič, russ. Schriftsteller, * 18. 7. 1933 Zima/Rayon Irkutsk. 1951–54 Stud. Lit.inst. Moskau. Im ersten Jahrzehnt nach Stalins Tod (1953) durch aktuelle Thematik s. Gedichte u. öffentl. Auftritte im In- u. Ausland bekanntester sowjet. Lyriker. – E. ist e. zwischen konformen u. nichtkonformen Texten schwankender Dichter, der es versteht, auch mit Wortspielen die Aufmerksamkeit auf sich zu lenken. Die umfangreiche Produktion ist auch qualitativ unausgewogen. S. locker strukturierter Roman ›Jagodnye mesta‹ zeigt im Typ des Zynikers auch Kritisches.

W: Tretij sneg, G. 1955; Vzmach ruki, G. 1962; Avtobiografija, Aut. London 1964; Bratskaja ges, Vers-E. 1965; Idut belye snegi, G. 1969; Jagodnye mesta, R. 1982 (Wo die Beeren reifen, d. 1982). – Sobranie sočinenij (GW), III 1983f.; Pervoe sobranie sočinenij, VIII 1997ff.; Stichotvorenija, poėmy, 2000; Izbrannoe, Ausw. II 1975. – *Übs.:* Gedichte, 1963; Lyrik, Prosa, Dokumente, 1972; Ausgew. Gedichte, 1972.

Ewald, Johannes, dän. Dichter, 18. 11. 1743 Kopenhagen – 17. 3. 1781 ebda. Sohn e. pietist. Pfarrers, früh vaterlos. Schuljahre in Schleswig, 1758 Stud. Theol.; um zu Geld u. Ruhm zu kommen und s. Geliebte Arendse Hulegaard heiraten zu können, Flucht nach Dtl., 16jähr. Soldat im Siebenjährigen Krieg, Krankheit, Rückkehr nach Dänemark, theol. Staatsexamen 1762, s. unstetes Leben veranlaßt Arendse, die Verlobung zu lösen. Enttäuscht und unglückl. verfiel er immer hoffnungsloser der Trunksucht. – Gleichzeitig dichter. Entfaltung von s. traditionell-klassizist. Debüt über den Einfluß Klopstocks, Shakespeares und Ossians zu e. unerhörten lyr. Tiefe und Weite, seltsam gegen rationalist. Zeitgenossen konstrastierend. Unter Einfluß Klopstocks beschäftigte er sich mit der nord. Heldenzeit, fand dort das Äquivalent zu den eigenen großen Gefühlen und schrieb nach Stoffen von Saxo Grammaticus die Schauspiele ›Rolf Krage‹ und ›Balders Død‹, wie Shakespeare mit dem Alexandriner brechend. Dichtete s. eigenen Weltschmerz in den Halbgott Balder, der auf e. irdische Frau verzichten muß. Heroisierte in dem pathet. Singspiel ›Fiskerne‹ das Leben einfacher Menschen. Hier ist das Meer Symbol für die mutige dän. Seemannsseele (so auch in der darin enthaltenen dän. Königshymne ›Kong Christian‹). Auch s. Gelegenheitsgedichte sind immer Ausdruck s. eigenen brennenden Seele. In ›Rungsteds lyksaligheder‹ fühlt er sich als verstehender Betrachter der erhabenen Natur gottähnl. Am tiefsten gelangt er in ›Ode til sjælen‹, e. pietist. Abbitte für s. Vermessenheit. Auf dem Sterbebett diktierte er s. Kirchenlied ›Udrust dig, helt fra Golgatha‹. In s. nachgelassenen Erinnerungen findet sich e. Selbstcharakteristik von hohem Wert, aber auch – dank ihrer privaten Natur und deshalb ungebundenen Stils – e. Entfaltung von Humor und impressionist. Sprachkunst. E. vereint Gefühlsstärke und formale Klarheit des 18. Jh.

W: Adam og Ewa, Tr. 1769 (Der Fall der ersten Menschen, d. 1772); Rolf Krage, Tr. 1770 (d. 1772); Pebersvendene, Lsp. 1772; Harlekin Patriot, Lsp. 1772; Balders Død, Tr. 1773 (d. 1780); Fiskerne, Dr. 1779 (d. 1786; 1817); Levned og Meninger, Aut. 1804–08 (n. u. komm. L. Bobé 1911). – Samlede Skrifter, hg. H. Brix, V. Kuhr VI 1914–24.

L: M. Hammerich, [2]1882; H. Brix, 1913; E. Frandsen, 1939 (n. 1968); D. Smith, Oslo 1943; L. Bobé, 1943; S. Thomsen, 1943; H. Toldberg, 1944; A. Dam Jensen, 1984; K. Zeruneith, 1985; E. Oksbjerg, 1986; P. E. Sørensen, 1989, 1997. – *Bibl.:* C. Dumreicher, 1918.

Eybers, Elisabeth Françoise, afrikaanse Lyrikerin, * 26. 2. 1915 Klerksdorp/Transvaal. Pfarrerstochter; Stud. Univ. Witwatersrand; Journalistin, 1937 ∞ A. J. J. Wessels. Nach der Scheidung 1961 Emigration in die Niederlande. Wohnt in Amsterdam. – Beeinflußt von den Viktorianern u. Emily Dickinson; bedeutende Vertreterin des Individualismus. Exakte u. nüchterne Darstellung der Liebe, Ehe und Mutterschaft. Ab 1961 ständige poetische Auseinandersetzung mit den Eigenheiten der Niederländer und parallel dazu Verteidigung der Poesie gegenüber ihren Liebespartnern.

W: Belydenis in die Skemering, G. 1936; Die Stil Avontuur, G. 1939; Die Vrou, G. 1945; Die ander Dors, G. 1946; Tussensang, G. 1950; Die helder Halfjaar, G. 1956; Neerslag, G. 1958; Balans, G. 1962; Onderdak, G.

1968; Kruis of munt, G. 1973; Einder, G. 1977; Voetpad van verkenning, Ess. 1978; Dryfsand, G. 1985; Rymdwang, G. 1987; Noodluik, G. 1989; Teëspraak, Es./G. 1991; Respyt, G. 1993; Nuweling, G. 1995; Uit en tuis, G. 1995; Versamelde gedigte, G. 1995; Tydverdryf/Pastime, G. 1996; Verbruikersverse/Consumer's verse, G. 1997. – *Übs.*: Zwölf Gedichte, 1985.
L: R. Antonissen, 1961; M. Nienaber-Luitingh, 1975; P. H. Dubois, 1978; H. Ester, 1987, E. Jansen, 1996.

Eyck, Pieter Nicolaas van, niederländ. Dichter, 1. 10. 1887 Breukelen – 10. 4. 1954 Wassenaar. Stud. Rechte Leiden. 1914 Auslandskorrespondent des ›Nieuwe Rotterdamsche Courant‹ in Rom und 1920–35 London. Gründete mit Gossaert die Zweimonatsschrift ›Leiding‹ (1930/31). Seit 1935 Prof. für niederländ. Lit. in Leiden. – Lyriker e. stoischen Pessimismus mit hoher Auffassung des Dichterberufs. ›De getooide doolhof‹ gibt die Erkenntnis, daß Hingabe an ird. Schönheit unbefriedigt läßt. In ›Gedichten‹ Hinwendung zum pantheist. Gottesbegriff; in ›Inkeer‹ das Streben, Gott zu schauen: die Welt als schöne Selbstoffenbarung Gottes. In ›Medousa‹ Sehnsucht nach Glück, Ewigkeit, Schönheit. Auch Übs. (Mallarmé), Kritiker und Literarhistoriker.
W: De getooide doolhof, G. 1909; Getijden, G. 1910; Uitzichten, G. 1912; Het ronde perk, G. 1917; Lichtende golven, G. 1917; Gedichten, 1918; Inkeer, G. 1922; Herwaarts, G. 1939; Verzen, 1940; Meesters, G. 1945; De tuin, G. 1946; Medousa, Ep. 1947; Gedichten, 1949. – Verzameld werk, VII 1958–64.
L: C. Bittremieux, 1947; H. A. Wage, Dagend dichterschap, II 1967; K. Hellemans, Imaginatio Dei, 1978.

Eysselsteijn, Ben van (Ps. Frits Hagemann), niederländ. Schriftsteller, 22. 1. 1898 Hellevoetsluis – 13. 8. 1973 Sliedrecht. Journalist; viele Reisen. – Debüt mit Gedichten. Dann Novellen u. Romane, bes. aus dem niederländ. Bauernleben. Erfolgr. Bühnenstücke mit lebendigem Dialog.
W: Om 't hoge licht, G. 1923; De duivel op aarde, Dr. 1931; Dorre grond, R. 1942 (Harte Erde, d. 1959); Bazuinen om Jericho, Dr. 1950; De vliegende feeks, Lsp. 1953; Verweerde stenen, R. 1955 (Verwitterte Steine, d. 1958); De poort der genade, R. 1964 (Der König im Frauenturm, d. 1968); Wie pleit voor Ayolt, R. 1969.

Eysteinn Ásgrímsson, isländ. Geistlicher und Dichter, † 14. 3. 1361 Trondheim (Norwegen). Mönch im Kloster Þykkvibær/Island. – Bedeutender geistl. Dichter, dessen Hauptwerk ›Lilja‹ in 100 sorgfältig komponierten Strophen die gesamte Heilsgeschichte schildert. Bes. stark empfunden sind die Verse, in denen E. der Zerknirschung über s. Sündhaftigkeit Ausdruck verleiht. Die Sprache des Gedichtes ist klar u. mit leichtverständl. Bildern aus der Bibelsprache geschmückt.

Literarhist. bedeutsam ist, daß im Bruch mit der skald. Tradition auf Kenningar ganz verzichtet wird.
A: F. Jónsson, in: Skjaldedigtning A. 2, 363–395, B. 2, 390–460; Kock 2, 212–228; G. Jónsson 1951; G. Finnbogason 1974. – *Übs.*: R. Meissner 1922; W. Lange 1958.
L: F. Paasche, Kristendom og kvad, 1915; W. Lange, Studien z. christl. Dichtung d. Nordgerm., 1958; H. Schottmann, Die isländ. Mariendichtung, 1973.

Eyuboğlu, Bedri Rahmi, türk. Dichter u. Maler, 1913 Görele – 21. 9. 1975 Istanbul. Absolvierte Akad. der Schönen Künste, ging für zwei Jahre nach Paris, kehrte als Akad.-Lehrer nach Istanbul zurück, gründete die ›D-Gruppe‹ u. unterrichtete mit eigenem Atelier bis zu s. Tod. – Wie in seinen Bildern verarbeitete er auch in s. Gedichten folklorist. Motive.
W: Yaradana Mektuplar, G. 1941; Karadut, G. 1948; Tuz, G. 1952; Cânım Anadolu, Reiseb. 1953; Dol Kara Bakır Dol (ges. G.), 1974; Tezek, Reiseb. 1975; Delifişek, Ess. 1975. – GW, 1985.

Eyvindr Skáldaspillir (Dichterverderber, d. h. Tönedieb), norweg. Skalde, um 920 – um 990. Aus vornehmem Geschlecht in Halogaland, Verwandter König Harald Hárfagrs. – Letzter bekannter norweg. Skalde. Besang im ›Hákonarmál‹ König Hakon den Guten nach Vorbild des anonymen ›Eiríksmál‹ auf König Erik und im nur fragmentar. erhaltenen ›Háleygjatal‹ die Ahnen des Ladejarl Hákon. Versuchte die älteren Skalden an Sprachprunk und Kunstfertigkeit (verwickelte Kenningar) zu übertreffen. Nachahmungen bis ins 13. Jh.
A: F. Jónsson, Den norsk-islandske Skjaldedigtning I, 1908.

Ezekiel, Nissim, indo-engl. Dichter u. Dramatiker, * 16. 12. 1924 Bombay. Lehrte v. a. an der Univ. Bombay, daneben zeitweise in England u. in den USA. Entstammt der an der Malabarküste beheimateten altjüd. Glaubensgemeinschaft Ben Israel. – Iron. Modernist mit außergewöhnl. Versatilität in traditionellen u. experimentellen Formen. Existentielle Themen des ind. Großstadtlebens und der Auseinandersetzung mit Gott, oft als Rollenlyrik präsentiert.
W: A Time to Change, G. 1952; The Unfinished Man, G. 1960; The Exact Name, G. 1965; Three Plays, Drn. 1969; Hymns in Darkness, G. 1976; Latter-Day Psalms, G. 1982.
L: C. Karnani, 1974; A. Rahman, 1981; S. Dwivedi, 1989.

Ezera, Regīna (eig. R. Lasenberga, später Kindzule, geb. Šamreto), lett. Schriftstellerin, * 20. 12. 1930 Riga. Tischlerfamilie; 1944 nach

Dtl. entführt, 1945 Riga; bis 1950 Schule; bis 1955 Journalistikstud.; 1954–57 Mitarbeiterin bei verschiedenen Zeitungen; professionelle Schriftstellerin. – Wurde im sog. Tauwetter bekannt, im Frühwerk ›sozialistischer Realismus‹ mit psychologischen Momenten; dann Realismus mit ausführlichem Gefühlsleben, Phantastischem, Multiperspektiven, sog. Frauenthemen.

W: Viņas bija trīs, R. 1963; Aka, R. 1972 (Der Brunnen, d. 1986); Cilvēkam vajag suni, Nn. 1975; Zemdegas, R. 1977; Princeses fenomens, En. 1985; Pie klusiem ūdeņiem, En. 1987. – Raksti (W), III 2000. – *Übs.:* Sehnsucht n. Schnee, 1975; Die Schaukel, 1987.

L: B. Tabūns, 1980.

Ezeriņš, Jānis, lett. Novellist, 9. 4. 1891 Biksēre, jetzt Sarkaņi b. Madona/Lettl. – 24. 12. 1924 Riga. Sohn e. Hofbesitzers; 1899–1906 Schulen Vanagpakalne, Cesvaine, Lazdona; bis 1910 Lehrerausbildung Valka, dann Lehrer in Lazdona u.a.; öffentl. Auftritte als Mime, Geiger, Chorleiter; 1914 eingezogen, aber Tbc-erkrankt; 1916 Sanatorium in Abchasien/Kaukasus, Reise Charkov-Moskau–Lettl.; 1919–22 Zt.-Redakteur Riga; Rückzug nach Prauliena; 1924 Reise zu Ärzten ins Ausland. – Frühwerk Nachdichtungen diverser Autoren (Puškin, Mickiewicz, Baudelaire), Übergang zur Prosa; Meister der Novelle, anekdotische Novelle; typisch sind reichhaltiges Kolorit u. eine unerwartete Wendung der Handlung; Tragik wie Humor, vereinzelt Elemente der Gruselgesch.; Übs. (Wilde, Boccaccio, Stendhal, Moliere).

W: Dziesminieks un velns, Nn. 1920; Majestātes kazarmēs, Nn. 1922; Fantastiskās novele un citas, Nn. 1923; Leijerkaste, Nn. II 1922–25. – Kopoti raksti (GW), V 1955; Dzejas un prozas izlase (AW), 1978. – *Übs.:* Erzählung eines Flohs, Nn. 1971.

Fabbri, Diego, ital. Dramatiker, 2. 7. 1911 Forlì – 14. 8. 1980 Riccione. Stud. Jura Bologna, Dr. jur.; Schauspieler auf kathol. Laienbühnen; Verlagsangestellter in Rom, Leiter des vatikan. Filmbüros; Redakteur der Zeitung ›La Fiera Letteraria‹. – Stark relig. orientiert; Grundthema s. bühnenwirksamen Dramen ist die Einsamkeit des Menschen, von der er nur durch das Eingreifen der Vorsehung erlöst werden kann. S. effektvolles Diskussionsdrama ›Processo a Gesù‹ fragt nach der Rechtmäßigkeit von Christi Verurteilung. Daneben Komödien, Fernsehspiele und Drehbücher.

W: Orbite, Dr. 1941; Paludi, Dr. 1942; La libreria del sole, Dr. 1943; Rancore, Dr. 1950; Inquisizione, Dr. 1950; Il seduttore, K. 1952; Processo di famiglia, 1953 (d. 1958); Processo a Gesù, Dr. 1955 (d. 1957); La bugiarda, K. 1956; Veglia d'armi, Dr. 1956; Delirio, Dr. 1958; Figli d'arte, Dr. 1960; Ritratto d'ignoto, Dr. 1962; Qualcuno tra voi, Dr. 1963; Lo scoiattolo, Dr. 1963; Il confidente, Dr. 1964; L'avvenimento, Dr. 1968. – Teatro, III 1959–64; Tre commedie d'amore, 1972; Tutto il teatro, II 1984.

L: A. Alessio, Il teatro di D. F., 1970; G. Cappello, Invito alla lettura di D. F., 1979.

Faber, Cecilia Böhl de → Fernán Caballero

Fabius Pictor, Quintus, röm. Annalist, Ende 3. Jh. v. Chr. Aus vornehmem Geschlecht. 225 Teilnahme am Krieg gegen die Kelten, 216 nach der Schlacht bei Cannae als Gesandter des röm. Senats nach Delphi. Starb nach dem 2. Pun. Krieg. – S. Werk, in griech. Sprache verfaßt, ist die erste Darstellung röm. Geschichte, die von der Gründung Roms bis zum Ende des 2. Pun. Krieges reichte; nur in Fragmenten erhalten.

A: H. Peter, Historicorum Romanorum reliquiae I, ²1914, n. 1967; M. Chassignet, L'annalistique romaine 1, 1996 (m. franz. Übs.); H. Beck/U. Walter, Die frühen röm. Historiker I, 2001 (m. dt. Übs. u. Komm.).

L: P. Bung, 1950.

Fabre, Emile, franz. Dramatiker, 24. 3. 1869 Metz – 25. 9. 1955 Paris. Sohn e. Theaterdirektors; begann als Kaufmann, danach Journalist, 1914 Verwalter der Académie Française. – Vf. solider, gut aufgebauter satir.-pessimist., naturalist. Dramen mit straffem und klarem Dialog. Behandlung sozialer Themen ohne Sinn für die Vielschichtigkeit der menschl. Probleme: zersetzende Wirkung des Geldes auf e. Familie, Wahlkorruption in e. Provinzstadt, Einfluß der großen Finanzaktionen auf die Gesellschaft, Ausbeutung der Kolonien durch Funktionäre. Dramatisierung von Romanen Balzacs.

W: L'argent, Dr. 1895; Timon d'Athènes, Dr. 1899; La vie publique, Dr. 1901; Les ventres dorés, Dr. 1905 (d. 1906); La maison d'argile, Dr. 1907; Les vainqueurs, Dr. 1908; Les sauterelles, Dr. 1911; Un grand bourgeois, Dr. 1914; La maison sous l'orage, Dr. 1921. – Théâtre, V 1920–29.

L: E. Rouquié, 1936; E. Rivel, 1942.

Fabre, Ferdinand, franz. Romancier, 9. 6. 1827 Bédarieux/Hérault – 11. 2. 1898 Paris. Bauernsohn; brach s. Ausbildung im Priesterseminar Saint-Pons aus Gewissensgründen ab. – Stellt in Romanen realist., frisch, farbig und naturhah das Leben der Bauern in s. Heimat (Cevennen) und als erster die Psychologie des Priesters und s. Anfechtungen dar.

W: Les Courbezon, R. 1862; Julien Savignac, R. 1863; L'abbé Tigrane, R. 1873 (d. 1876); Le roman d'un peintre, R. 1878; Mon oncle Célestin, R. 1881; Lucifer, R. 1884; Ma vocation, Aut. 1889–1908; Mgr. Formose, R. 1929.

L: P. Franche, Le prêtre dans le roman français, 1902; F. Duviard, Diss. Cahors 1927; A. Eichhorn, Diss. Wien 1929; C. Cabrol, 1978.

Fabre d'Eglantine (eig. Philippe-François-Nazaire Fabre), franz. Lustspieldichter, 21. 7. 1755 Carcassonne – 5. 4. 1794 Paris. Stud. Toulouse, erhielt für s. Gedichte e. Preis bei den ›Jeux Floraux‹, deshalb Beiname d'E.; Priester, Schauspieler, spielte e. aktive Rolle in der Revolution ab 1789, Mitbegründer des ›Club des cordeliers‹, Abgeordneter des Konvents, Mitverfasser des Revolutionskalenders; Mitglied des ›Comité du salut public‹. Verdächtig durch s. Freundschaft mit Danton, guillotiniert. – Vf. von Gedichten (›Il pleut, bergère‹) und zur Revolutionszeit sehr beliebten Dramen. Sein bestes Stück ist ›Le Philinte de Molière‹, worin er in Übereinstimmung mit der Auffassung Rousseaus die Person des Alceste rehabilitiert.

W: Les gens de lettres, K. 1787; Augusta, Tr. 1787; L'aristocrate ou le convalescent de qualité, K. 1791; Le Philinte de Molière ou La suite du Misanthrope, K. 1791; L'intrigue épistolaire, K. 1791 (d. L. F. Huber 1797); Les précepteurs, K. 1800 (d. C. v. Kotzebue 1801). – Œuvres mêlées, II 1803; Œuvres choisies, 1825; Chefs-d'œuvres dramatiques, 1822–26; Œuvres politiques, hg. C. Vellay 1914.

L: A. Mathiez, 1918; C. Le Senne, 1920; G. de Froidcourt, 1941; L. Jacob, 1946.

Fabricius, Jan, niederländ. Schriftsteller, 30. 9. 1871 Assen – 23. 11. 1964 Broadstone/England. Als Journalist 14 Jahre in Indonesien, dann in Den Haag. Lebte ab 1938 in England. – Erfolgr. Bühnenstücke, die z. T. s. kolonialen Erfahrungen verarbeiten, z. T. in der Welt s. niederländ. Jugend spielen. Daneben Romane.

W: Met den handschoen getrouwd, Dr. 1907; Eenzaam, Dr. 1908; Dolle Hans, Dr. 1916 (Der Rotkopf, d. 1917); Sonna, Dr. 1916; Hein Roekoe, Dr. 1918; Inbreker gevraagd, Dr. 1935; Jeugdherinneringen van een Asser jongen, 1946; Diana, R. 1954; Mensen, die ik gekend heb, Erinn. 1960; Uit mijn tijd, Erinn. 1961.

L: K. Loos, 1923; J. F., De man en zijn werk, Einl. J. Spierdijk, 1971.

Fabricius, Johan, niederländ. Schriftsteller, 24. 8. 1899 Bandung/Java – 21. 6. 1981 Glimmen. Sohn des Schriftstellers Jan F.; 1916–19 Kunstakademie Den Haag, Kriegsmaler an der österr. Italienfront; Kunstakademie Amsterdam, seit 1939 in London. – Vf. flüssig geschriebener romant.-abenteuerl. Romane, Dramen u. Jungenbücher, von denen ›De scheepsjongen van Bontekoe‹ das erfolgreichste war. Gehört keiner lit. Gruppe an.

W: De scheepsjongens van Bontekoe, E. 1924 (d. 1938 u. ö.); Hans de klokkeluider, Sch. 1925 (d. 1925); Het meisje met de blauwe hoed, R. 1927 (d. 1928); Komedianten trokken voorbij, R. 1931 (Marietta, d. 1933); Melodie der verten, R. 1932; Flipje, E. 1936 (d. 1950); Halfbloed, R. 1946 (d. 1954); Eiland der demonen, R. 1948 (d. 1951); De grote geus, R. 1949 (Das Festmahl der Bettler, d. 1951); De grote beproeving, R. 1950 (Die große Heimsuchung, d. 1951); De heilige paarden, 1959 (d. 1961); Mijn Rosalia, R. 1961 (d. 1964); Dag Leidseplein, R. 1965 (Jungweibersommer, d. 1976); Weet je nog Yoshi, R. 1966; Wittebroodsweken met mama, R. 1969; Barcarolle, R. 1975; Dipanegara, R. 1977; Hop heisa in regen en wind, Aut. 1979.

L: R. Bulthuis, 1959; T. v. Verre, 1979.

Fabrio, Nedjeljko, kroat. Schriftsteller, * 14. 11. 1937 Split, Stud. Philol. Zagreb, Dramaturg, lehrt Theaterwiss., Vorsitzender (1989–95) des kroat. Schriftstellerverbands. – F. bearbeitet symbol. u. mytholog. polit. Themen der Gegenwart.

W: Odora Talije, Ess. 1963; Partite za prozu, Nn. 1966; Apeninski eseji, Ess. 1969; Labilni položaj, Nn. 1969; Drame, Dr. 1976; Vježbanje života, R. 1985; Berenikina kosa, R. 1989 (d. 1992); Izabrane pripovjetke, Ess. 1990; Smrt Vronskog, R. 1994; Koncert za pero i život, Ess. 1997.

L: Z. Zima, 1990.

Fabry, Rudolf, slovak. Lyriker, 8. 2. 1915 Budmerice – 11. 2. 1982 Bratislava. Redakteur versch. Zss. – Obwohl inhaltl., formal u. sprachl. Surrealist, eignete sich F. auch die Erfahrungen der anderen lit. Strömungen an u. reagierte auf eigene Art auf das Zeitgeschehen. Vf. von Reiseber. u. Drehbüchern.

W: Uťaté ruky, G. 1935; Vodné hodiny piesočné, G. 1938; Ja je niekto iný, G. 1946; Kytice tomuto životu, G. 1953; Perom chváľ', perom páľ', Rep. 1956; Salam alejkum, Reiseber. 1958; Každý se raz vráti, G. 1964; Nad hniezdami smrti vánok, G. 1969; Pozvanie nebies, Ep. 1977; Skala nekamenná bralo neskalnuté', G. 1973; Na štít ruža krváca, G. 1977; Metamorfózy metafor, G. 1978; Takým zvony nezvonia, En. 1978. – Vybrané spisy (AW), III 1972–80.

Fadeev, Aleksandr Aleksandrovič, russ. Schriftsteller, 24. 12. 1901 Kimry (im ehem. Gouv. Tver') – 13. 5. 1956 Moskau. Vater Lehrer; Teilnahme am Bürgerkrieg als Kommunist; s. erste Erzählung erschien 1923; ab 1926 e. der führenden Lit.funktionäre der Stalinzeit, angesichts unleugbar gewordener schwerer Schuld Selbstmord. – Die parteinahe Kritik rechnet s. Bürgerkriegsroman ›Razgrom‹ zu den klass. Werken der sowjet. Lit., ebenso den Roman ›Molodaja Gvardija‹ über Partisanenkämpfe im 2. Weltkrieg, den F. 1951, hist. die Rolle der Partei verfälschend, umschrieb.

W: Razgrom, R. 1927 (Die Neunzehn, d. 1947); Molodaja Gvardija, R. 1946 (umgearb. 2. Aufl. 1951; Die junge Garde, d. 1948). – Sobranie sočinenij (GW), VII 1969–71.

L: S. I. Šešukov, ²1973; V. Ozerov, ⁵1980; I. I. Zukov, 1989.

Faehlmann, Friedrich Robert, estn. Schriftsteller und Sprachwissenschaftler, 31. 12. 1798 Koeru – 22. 4. 1850 Tartu. 1817–27 Stud. Med. Tartu, seit 1824 als Arzt tätig, 1842–50 Lektor für Estn. in Tartu. – Mitbegründer der Gelehrten Estnischen Gesellschaft (1838–1950) und Initiator folklorist. Sammlungen. Publizierte auch Gedichte und Märchen.

A: Teosed, II 1999–2002.
L: Fr. R. Kreutzwald: Dr. Fr. R. F.s Leben, 1852; L. Tohver: F. R. F.i ja F.R. Kreutzwaldi elust ja loomingust, 1934.

Fagerberg, Sven (Gustav), schwed. Schriftsteller, * 17. 12. 1918 Nässjö. Stud. 1937–43, Dipl.- Ing. in Stockholm, ∞ 1947 Gunnel Lindberger; weite Reisen als Industrievertreter, 1966 Mitarbeit an ›Dagens Nyheter‹; Dr. h.c. Linköping 1977. – Veröffentlichte preisgekrönte Essays über Joyce u. T. S. Eliot, deren Einfluß auch in s. 1. Roman, Verbindung e. alten erot. Mythos mit e. mod. Familientragödie, spürbar ist; Wechsel zwischen Ironie u. metaphys. Ernst, von der Psychoanalyse bestimmte Symbolsprache bei teilweise surrealist. Handlungsführung. Zunehmend scharfer Gesellschaftskritiker.

W: Höknatt, R. 1957 (Habichtsnacht, d. 1959); Kostymbalen, R. 1961; Svärdfäktarna, R. 1963; Det vitmålade hjärtat, R. 1966 (d. 1970); Dialog i det fria, Ess. 1968; Revolt inifrån, R. 1969; Bronshästarna, Ess. 1973; Kassandra, R. 1976 (m. Madeleine v. Heland); Tal till Hermes, R. 1977; Maud Gonne och myterna om kvinnan, Mon. 1978; Det mänskliga uppdraget, Ess. 1981; De blindas rike, R. 1982; Friheten att älska, Ess. 1986; Ljuset är vår farkost, Aut. 1989; Sankta Pers nattklubb, R. 1990; Det gäller livet, R. 1993; Som en tättings öga, R. 1996; Tänd alla dina lampor, R. 1996; Pelagius, R. 1997.
L: T. Roennerstrand, 1976.

Fagiuoli, Giovanni Battista, ital. Autor, 24. 6. 1660 Florenz – 12. 7. 1742 ebda. Zunächst Schreiber, dann Schauspieler; 1687 Angestellter der erzbischöfl. Kurie; später im Dienst des Kardinals Medici, mit ihm 1700 nach Rom. Zuletzt bei Cosimo III. – Vf. zahlr. Gedichte, aber erfolgreicher mit s. 19 Komödien z. T. satir. Charakters, in denen der Einfluß Molières sehr spürbar ist.

W: Commedie, VII 1734–36; Rime piacevoli, G. VII 1733–45; Memorie e ricordi, Aut. 1672–86.
L: G. Baccini, 1886.

Fagundes Telles, Lygia, brasilian. Schriftstellerin, * 1923 São Paulo. Stammt aus e. alteingesessenen paulistaner Familie, Jurastud. São Paulo, ∞ in 2. Ehe mit dem brasilian. Filmkritiker u. Essayisten P. E. Sales Gomes, Mitglied der Academia Brasileira de Letras, trat öffentl. gegen die Zensur der Militärdiktatur (1964–81) auf. – Meisterhafte Erzählerin mimet.-realist. Tradition, mit ›Seminário dos ratos‹ wird e. Moment des Phantastisch-Imaginären ausschlaggebend, rückt sie in die Nähe zur hispanoamerik. Lit. ›As meninas‹ ist e. weibl. Erziehungs- u. Bildungsroman, ›As horas nuas‹ liefert großartige, iron.-krit. Einblicke in die paulistaner Gesellschaft und bricht das Tabu, Sexualität, Narzißmus u. Lüsternheit e. alternden Frau zu thematisieren. Verfaßte auch Drehbücher, lit. wiss. Arbeiten.

W: Praia viva, En. 1944; Histórias do desencontro, En. 1958; O jardim selvagem, En. 1965; Triologia da confissão, En. 1968; Antes do baile verde, En. 1969; As meninas, R. 1973 (d. 1984); Seminário dos ratos, En. 1977; Filhos pródigos, En. 1978 (d. 1993); A disciplina do amor, Prosa 1980; Mistérios, Prosa 1981; Venha ver o pôr-do-sol & outros contos, En. 1988; As horas nuas, R. 1989 (d. 1994); Capitu, Dr. 1993; A noite escura e mais eu, En. 1995; Oito contos de amor, En. ³1998; Durante aquêle estranho chá: perdidos e achados, Chronik 2002.
L: O. Lopes, 1971; E. Portella, N. Moutinho, 1985; E. Spielmann, 1994; P. Sobral, 1996.

Fagunwa, Daniel Olorunfemi, nigerian. Schriftsteller, um 1903 Oke-Igbo/Nigeria – 7. 12. 1963 Wuya/Nigeria. Yoruba-Chief, Lehrer, dann im Erziehungsministerium in Ibadan. – Seine einflußreichen und viel gelesenen Werke im oralen Erzählstil basieren auf Yoruba-Traditionen, Religion u. Mythen.

W: Ogboju Ode ninu Igbó Irunmale, R. 1938 (The Forest of a Thousand Daemons, engl. W. Soyinka 1968); Igbo Olódùmarè, R. 1949 (The Forest of God, engl. 1984; u. d. T. The Forest of the Almighty, 1986); Iréké-Oníbùdó, R. 1949; Irinkerindo ninu Igbo Elégbèje, R. 1954 (Expedition to the Mount of Thought, engl. 1994); Adìtú Olódùmarè, R. 1961.

Fagus (eig. Georges Eugène Faillet), franz. Schriftsteller, 22. 1. 1872 Brüssel – 9. 11. 1933 Paris. Ab 1880 in Paris, vorübergehend Verwaltungsangestellter, fanat. kathol.-reaktionärer Monarchist, Mitarbeiter verschiedener Zeitungen, ab 1925 Redakteur von ›L'Evénement‹. – Lyriker und Kritiker. Gedichte in der Tradition von Villon, Nerval und Verlaine, doch mehr als s. Vorbilder um Klarheit bemüht. Prosaschriften über hist., literarhist. und moralist. Themen.

W: Colloque sentimental entre E. Zola et F., G. 1898; F.: testament de sa vie première recueilli et expurgé, G. 1898; Ixion, G. 1903; Jeunes fleurs, G. 1906; Aphorismen, 1908; Politique de l'histoire de France, Es. 1910; Frère Tranquille, G. 1918; La danse macabre, G. 1920; La guirlande à l'épousée, G. 1921; Essai sur Shakespeare, 1923; Les éphémères, Ess. 1925; Clavecin, Ess. 1926; Pas perdus, Ess. 1926; Rythmes, G. 1926; Le sacre des innocents, G. 1927; Le mystère royal de Philippe-Auguste, Schr. 1930; Frère Tranquille à Elseneur, G. 1931. – Vers et prose (Ausw.), 1946.

Faidî → Faiżī

Faik, Sait → Abasiyanik, Sait Faik

Faillet, Georges Eugène → Fagus

Fair, A. A. → Gardner, Erle Stanley

Fairburn, Arthur Rex Dugard, neuseeländ. Lyriker, 2. 2. 1904 Auckland – 25. 3. 1957 ebda. Fand 1930–32 bei e. Englandaufenthalt Anschluß an die europ. Moderne. – In s. vielseitigen, anfängl. vom Symbolismus beeinflußten, sprachl. virtuosen Lyrik schuf er wegweisende modernist. Modelle zwischen lokaler Verwurzelung und universaler Weltläufigkeit.

W: He Shall Not Rise, G. 1930; Dominion, G. 1938; We New Zealanders: An Informal Essay, 1944; Strange Rendezvous, G. 1952; The Disadvantages of Being Dead, G. 1958; Collected Poems, 1966.

L: J. u. H. McNeish, 1983; D. Trussell, 1984. – *Bibl.:* O. A. Johnson, 1958.

Fairfield, Cecily Isabel → West, Rebecca

Faiz, Faiz Ahmad, pakistanischer Dichter, 13. 2. 1911 Sialkot/Punjab – 1984 Lahore. Stud. Lahore; Gründungsmitglied der Vereinigung progressiver Schriftsteller Indiens (1936); nach 1947 in Pakistan mehrfach wegen s. polit. Überzeugung im Gefängnis; ab 1977 bis kurz vor dem Tod Exil in Beirut. – Verbindet in s. Lyrik in Urdu die Tradition der klass. Liebesdichtung mit polit. Engagement, persönliche Sehnsucht und Melancholie mit antikolonialem, revolutionärem Pathos; zählt auf dem indischen Subkontinent zu den beliebtesten Dichtern des 20. Jh.; seine Ghazals werden von vielen Interpreten gesungen.

W: Nusḵẖahā-i vafā (ges. G.), 1984. – *Übs.:* Poems by Faiz, hg. V. G. Kiernan 1971; The True Subject, hg. N. Lazard 1988; The Unicorn and the Dancing Girl, hg. Kh. Hasan 1988; The Rebel's Silhouette, hg. A. S. Ali 1991; Poems, hg. M. Zakir, 1995; Selected Poems, hg. S. K. Kumar, 1995; Selected Poems (Urdu-Text, Hindi-Translit. u. engl. Übs.), hg. K. T. Mahmood 2002.

L: E. Dryland, F. A. F., 1911–1984, Urdu Poet of Social Realism, 1993.

Faiżī (eig. Abu'l-Faiż ibn Šaiḫ Mubārak), pers.-ind. Schriftsteller, 24. 9. 1547 Agra/Indien – 15. 10. 1595 Lahore. Berater u. Hofdichter des Moghul-Kaisers Akbar (reg. 1556–1605), der ihm 1576 den Titel ›Dichterkönig‹ verlieh; Lehrer der 3 Söhne Akbars, 1591/92 Gesandter im Deccan; gelehrt, Kenner des Sanskrit und Arabischen, großer Bücherliebhaber (Bibliothek mit 4600 Handschriften), freigebig und gastlich. – S. Diwan enthält hauptsächl. Qasiden und Ghaselen; verfaßte Elegien auf den Tod s. Mutter u. s. Sohnes. Von dem in Anlehnung an → Nizāmī geplanten ›Quintett‹ (›Ḥamsa‹) konnte F. nur zwei Epen vollenden; eines, ›Nal u Daman‹ (1594), ist e. pers. Bearbeitung der Episode Nala und Damayantī aus dem ind. ›Mahābhārata‹. Beträchtl. Einfluß auf die osman. Lyrik.

A: Nal u Daman, 1335/1956.

Fajko, Aleksej Michajlovič, russ. Dramatiker, 19. 9. 1893 Moskau – 25. 1. 1978 ebda. Stud. Moskau, ab 1921 Schauspieler und Regisseur; erstes Bühnenstück 1921. – Einige s. frühen Dramen spielen im revolutionären Milieu Westeuropas; s. Tendenzstück ›Čelovek s portfelem‹ von der Haltung der wiss. Intelligenz gegenüber dem sowjet. Staat wurde seinerzeit oft gespielt.

W: Ozero Ljul', 1923; Učitel' Bubus, 1925; Čelovek s portfelem, 1928; Neblagodarnaja rol', 1932; Koncert, 1935. – Dramy i komedii, 1958; Teatr, P'esy, Vospominanija, Dr. u. Erinn. 1971.

Fajzi, Mirchajdar Mustafovič (eig. M. M. Fajzullin), tatar. Dramatiker, 31. 10. 1891 Kuksel'/Gouv. Orenburg – 9. 7. 1928 Bajmak (Bašk. ASSR). Stud. Medrese in Orsk u. Orenburg, sammelte bašk. u. tatar. Folklore, hatte v. a. mit dem Melodr. ›Galijabanu‹ großen Erfolg. – F.s Stücke zeigen erst romant., nach der Revolution im Sinne des Regimes die gesellschaftl. Verhältnisse.

W: Sajlanma eserler (Ausw.), II 1957.

Fakhr ad-Dīn al-Djurdjānī → Gurgānī, Faḫru'd-Dīn Asʿad

Falcão, Cristóvão, Portugiese; nicht eindeutig zu identifizieren; 1. Hälfte 16. Jh. (kaum Cristóvão Falcão de Sousa, Portalegre um 1515–53 (?0)). – 1554 erscheint im Anschluß an e. Neuausgabe des Romans ›Menina e Moça‹ von B. Ribeiro die Ekloge ›Trovas de Crisfal‹, in der e. Hirt namens Cris(tóvão?) fal(cão?) spricht, mit dessen Auftritt e. seltsame Wandlung des Gedichts einsetzt: Crisfal (später als Schlüsselname für den eigentl. Vf. angenommen) erzählt ausführl. e. Traum, der ihn e. Vogel gleich über den Tejo nach Lorvão zur geliebten Hirtin Maria entführte; in der zeitgenöss. bukol. Lit. ohne Vergleich; Mischung lyr. u. erzähler. Komponenten, gefühlvoll, originell, psycholog. fein. Ribeiro selbst scheidet wohl als Vf. aus, da bislang angeführte Gründe nicht reichen, e. Autorschaft sicherzustellen.

A: Ekloge Crisfal, hg. A. J. Saraiva 1939, Rodrigues Lapa 1943, G. Oliveira Santos 1965 (m. Bibl.).

Falconer, William, engl. Lyriker, 11. 2. 1732 Edinburgh – Dezember 1769 auf See. Sohn e. Barbiers, Seemann, ab 1762 in der Royal Navy. S. einziges bedeutendes Gedicht, ›The Shipwreck‹,

beschreibt mit den Mitteln des neoklass. Epos das Leben auf See und e. Schiffsuntergang, weckt Sympathie für das rauhe Leben der Seeleute.
W: The Shipwreck, G. 1762; An Universal Dictionary of the Marine, Lex. 1769. – Poetical Works, 1854.

Faldbakken, Knut, norweg. Schriftsteller u. Lit.kritiker, * 31. 8. 1941 Oslo. Stud. Psychol. 1960–62, 1963 kam er als Seemann in die USA; zwischen 1965 u. 1975 Wohnorte in versch. europ. Ländern, seit 1965 freier Schriftsteller; 1975–80 Redakteur der lit. Zs. ›Vinduet‹; später Kritiker bei ›Dagbladet‹ und ›Verdens Gang‹. – Vf. psycholog. Romane über die Geschlechterrollen aus männl. Perspektive, z. T. in direktem Dialog mit der Frauenbewegung; der Roman ›Glahn‹ ist e. Neuversion von Hamsuns ›Pan‹, in der der hamsunsche Protagonist e. Neubewertung unterzogen wird. F.s Romane erzielen beim Publikum große Erfolge, skeptischer verhält sich die Lit.kritik.
W: Den grå regnbuen, R. 1967; Eventyr, Nn. 1970; Uår. Aftenlandet, R. 1974; Uår. Sweetwater, R. 1976 (Unjahre, d. 1983); Tyren og jomfruen, Sch. 1976; Adams dagbok, R. 1978; Glahn, R. 1985 (Pan in Oslo, d. 1987); Livet med Marilyn, Sch. 1987; Til verdens ende, R. 1991; Tør du være kreativ?, Ess. 1994; Alt hva hjertet begjærer, R. 1999; Frøken Snehvit, R. 2000.

Faleński, Felicjan Medard (Ps. Felicjan), poln. Dichter, 5. 6. 1825 Warschau – 11. 10. 1910 ebda. Lyriker, Dramatiker, Erzähler und Gelehrter. Vertreter des Positivismus. – Bedeutend als Übs., der in vielfältiger, fein durchgearbeiteter Form Meisterwerke der Weltlit. erschließt (Petrarca, Ariost, Hugo). Sein Bestes gab er in anspruchsvollen hist. Dramen (›Althea‹, ›Sofonisbe‹, ›Królowa‹, ›Ataulf‹, ›Brutus‹).
W: Kwiaty i kolce, G. 1856; Meandry, G. II 1892; Utwory powieściowe, En. 1884; Utwory dramatyczne, Drn. III 1896–99. – Wybór utworów (AW), 1971; Poezje wybrane (G.-Ausw.), 1980; Listy, Br. 1957.
L: Z. L. Zaleski, 1911; W. Przecławski, 1922.

Falkberget, Johan Petter (eig. J. P. Lillebakken), norweg. Erzähler, 30. 9. 1879 Rugeldalen b. Røros – 5. 4. 1967 Nordre-Rugel b. Røros. Schwed. Vorfahren, Sohn e. Grubenarbeiters, 1887 Arbeiter im Bergwerk von Røros, autodidakt. Bildung, 1906 Redakteur der Arbeiterzeitung ›Nybrot‹ in Ålesund, 1907 in Oslo. Übernahm 1922 den kleinen Hof s. Vaters, 1930–33 Parlamentsabgeordneter der Arbeiterpartei. 1940 Flucht vor den dt. Truppen nach Schweden. Lebte auf s. Hof Ratvolden. Dr. h. c. Uppsala. – S. meist hist., anfangs romant., später realist. Romane schildern die Lebensbedingungen der Bergarbeiter und Gebirgsbauern s. Heimat aus relig.-soz. Weltanschauung. Lyr., melod. Stil von herber Straffheit. Naturliebe und romant.-traumhafte Verklärung der Wirklichkeit.
W: Hauk Uglevatn, R. 1906; Svarte fjelde, R. 1907; Ved den evige sne, R. 1908; Mineskud, R. 1908; Fakkelbrand, R. 1909 (beide zus. u. d. T.. Minenschüsse und Fackelbrand, d. 1911); Urtidsnat, R. 1909 (In der äußersten Finsternis, d. 1912); Vargfjeldet, R. 1910; Fimbulvinter, Nn. 1911 (Fimbulwinter, d. 1914); Eli Sjursdotter, R. 1913; Av jarleæt, R. 1914; Lisbeth på Jarnfjeld, R. 1915 (engl. 1930); Helleristninger, R. 1916; Brændoffer, R. 1918 (Brandopfer, d. 1929); Barkebrødstider, R. 1919; Bør Børson jr., R. 1920; Den fjerde nattevakt, R. 1923 (Die vierte Nachtwache, d. 1927); Christianus Sextus, R.-Zyklus, III 1927–35 (daraus: Grube Christianus Sextus, d. 1937; Im Zeichen des Hammers. Der Turmwächter, d. 1938); Det høie fjeld, R. 1928; Nattens brød, R.-Zyklus 1940–52 (An-Magritt, 1940 [Brot der Nacht, d. 1953], Plogjernet, R. 1946 [Die Pflugschar, d. 1955], Johannes, R. 1952 [d. 1957], Kjærlighets veier, R. 1959 [Wege der Liebe, d. 1962]); Runer på fjellveggen, R. 1944; I lyset fra min bergmannslampe, En. 1948. – Verker, X 1940, XV 1969–79, [7]1996.
L: O. Øisang, 1929; Festskrift til J. F., 1939; E. Døhl, 1949; J. Kojen, 1949; R. Thesen, 1959; K. G. Rogstad, 1964; K. M. Kommandantvold, II 1971.

Fallaci, Oriana, ital. Journalistin u. Schriftstellerin, * 20. 6. 1929 Florenz. Gymnas., beginnt Medizin-Stud., doch bereits mit 17 Jahren journalist. Tätigkeit. Bereist zahlr. Länder, Korrespondentin in Vietnam, im Nahen Osten u. Südamerika. Mehrfach für lit. u. journalist. Arbeit ausgezeichnet. Erreichte Berühmtheit durch umstrittene Bestseller.
W: Il sesso inutile, 1961 (d. 1965); Niente e così sia, 1969 (Wir, Engel u. Bestien, d. 1974); Lettera un bambino mai nato, 1975 (d. 1977); Intervista con la storia, [2]1977; Un uomo, R. 1979 (d. 1980); Insciallah, R. 1990; La rabbia e l'orgoglio, 2001 (d. 2002).

Fallas, Carlos Luis, costarican. Erzähler, 21. 1. 1909 Alajuela – 7. 5. 1966 San José. Sohn armer Bauern, war Schusterlehrling, Lastträger im Hafen u. Arbeiter auf Bananenplantagen. Nach Organisation e. Streiks im Gefängnis. F. ist der meistübersetzte costarican. Autor. – Schrieb über die Ausbeutungspraktiken der ›Mamita Yunai‹ (Mütterchen United).
W: Mamita Yunai, R. 1941 (d. Die grüne Hölle, 1954); Marcos Ramírez, R. 1952 (d. 1955); Mi madrina, Aut. 1954; Narrativa de C. L. F., II 1984.
L: V. M. Arroyo, 1973; M. Aguilar, 1983.

Fallet, René, franz. Schriftsteller, 4. 12. 1927 Villeneuve-Saint-George/Bourbonnais – 25. 7. 1983 Paris. Sohn eines Eisenbahners, fand während der ›Occupation‹, gefördert von Blaise Cendrars, zu lit. Ausbildung und Schriftstellertum. Romanautor, Lyriker, Journalist, Lit.kritiker und Filmemacher. Freundschaft mit G. Brassens. –

Gibt sich in s. Romanen, die vielfach verfilmt wurden, mit bewußt einfach gehaltenen Handlungen und Themen lebensfreudig und volksnah, während die Lyrik eine esoter. Ebene sucht. Vf. zahlr. Kinderbücher.

W: Banlieue Sud-Est, R. 1947; Carol's, G. 1951; Les pas perdus, R. 1954; Un bout de marbre, G. 1955; Mozart assassiné, R. 1963; Brassens, Es. 1969; Dix-neuf poèmes pour Cérise, G. 1969; Au beau rivage, R. 1970; Bulle, 1970; Les Halles, Es. 1978; L'Angevine, R. 1982.

L: J.-P. Liégeois, 1978.

Falster, Christian, dän. Schriftsteller, 1. 1. 1690 Branderslev – 24. 10. 1752 Ribe. Pädagoge und bedeutender klass. Philologe, 1723 Direktor der Lateinschule in Ribe. – Vf. zahlr. philolog. Arbeiten in lat. Sprache sowie von 125 moral., gedankentiefen Essays und Satiren in Lat., die wie die Komödien s. Zeitgenossen Holbergs menschl. Schwächen zum Ziel ihres Spottes nehmen.

W: Disse Tiders onde Optugtelse, 1720; Daarers alamodiske Leve-Regler, 1721; Den daarlige udenlandske Rejse, 1721; Den utidige Rang-Syge, 1722; Amoenitates philologicae, III 1729–32 (Lærdoms Lystgaard, dän. III 1919/20); Verden som et Doll-Hus, 1730; Den latinske Skriverstue, 1742. – Satirer 1720–42, II 1982.

L: C. Bruun, 1869.

Faludi, Ferenc, ungar. Schriftsteller, 25. 3. 1704 Némétújvár – 18. 12. 1779 Rohonc. Stud. in Wien u. Graz. 1734 Jesuitenpriester. Lehrtätigkeit in Preßburg, Pécs, Wien, Graz u. Linz. 1740–45 Beichtvater in Rom. 1759 Bibliothekar der Jesuitenbibliothek Preßburg. Ging nach Aufhebung des Ordens 1773 nach Rohonc. – F. vertritt in der ungar. Lit. die für die Epoche charakterist. Rokoko-Dichtung nach ital. Vorbildern und unter Einfluß des Volksliedes. Früher Vertreter des eigenen ungar. Stils. Übersetzte Werke Dorrells u. Gracians.

A: Költeményes maradványi, G. II 1786 f.; Minden munkái, 1853; Versei, hg. L. Négyesy 1900.

L: A. Vitéz, F. F. élete és költészete, 1894; E. Graber, F. stílusáról, 1911.

Fan Chengda, chines. Dichter und Staatsmann, 1126 Suzhou – 1193. Nach Bestehen der obersten Staatsprüfung Rat im Ritenministerium, 1164 als Gesandter zu den Jurčen, zuletzt Vizekanzler. – Fruchtbarer Autor, Vf. mehrerer landeskundl. Werke, e. Gesandtschaftsberichts, e. Handbuchs über Chrysanthemen und Pflaumen und vieler Dichtungen. Bekannt für s. Schilderungen der Landschaft und des ländl.-schlichten Lebens in einfacher Sprache. Auch als Liederdichter vortreffl.

W: Wujunzhi; Guihai Yuheng zhi (Landeskunde); Jupu (Chrysanthemenhdb.); Meipu (Pflaumenhdb.); Lanpei lu (Bericht über Gesandtschaft), 1170; Shihu jushi shiji, G. – *Übs.:* G. Bullett, The Golden Year of F., Cambr. 1946 (n. Hongkong 1981).

Fan Ch'eng-ta → Fan Chengda

Fangen, Ronald August, norweg. Erzähler und Dramatiker, 29. 4. 1895 Kragerø – 22. 5. 1946 Fornebu b. Oslo. Ingenieurssohn; Schulbesuch in Bergen, ab 1914 Journalist, 1923–34 Redakteur der Zs. ›Vor Verden‹; seit 1934 führend in der Oxfordbewegung. Studienreisen nach Dtl., Frankreich und England. Kritiker und lit. Mitarbeiter versch. Zsn., 1940/41 in Gestapohaft. Tod bei e. Flugzeugunglück. – Vf. gedankenschwerer, wortreicher Romane über moral.-relig. Themen mit breiten weltanschaul. Dialogen, schemat. Charakteren und antimaterialist., zunehmend christl. Tendenz, sowie straff gebauter, z. T. vom dt. Expressionismus beeinflußter Dramen. Christl. Humanist und Antimarxist. Sucht als Kritiker e. Synthese von Radikalismus u. polit. Konservatismus. Auch Essayist.

W: De svake, R. 1915; Syndefald, Dr. 1920; Fienden, Dr. 1922; Den forjættede dag, Dr. 1926; Tegn og gjærninger, Ess. 1927; Nogen unge mennesker, R. 1929; Erik, R. 1931; Duel, R. 1932 (engl. 1934); En kvinnes vei, R. 1933; Dagen og veien, Es. 1934; Mannen som elsket rettferdigheten, R. 1934 (Der Mann, der die Gerechtigkeit liebte, d. 1936); Som det kunde ha gått, Dr. 1935; På bar bunn, R. 1936; Allerede nu, R. 1937; Kvernen som maler langsomt. Borgerfesten, R. II 1939–46; En lysets engel, R. 1945; I Nazistenes fengsel 1940–41, Tg. 1975. – Samlede verker, IX 1948 f.

L: C. F. Engelstad, 1946; B. T. Oftestad, 1971. – *Bibl.:* ders., 1945; E. Elseth, 1953; J. I. Sørbø, Over dype svelg, 1999.

Fantouré, Mohammed Alioum, afrikan. Schriftsteller, * 1938 Guinea. – Führt in s. vorwiegend polit. Romanen in Gestalt von fiktionalisierter Ideologie einen erbitterten Kampf gegen die postkolonialen Strukturen, Formen von Despotismus und überkommene Gewohnheiten der afrikan. Gesellschaft.

W: Le cercle der Tropiques, R. 1972; L'arc-en-ciel sur l'Afrique, R. 1975; Le voile ténébreux, R. 1985; Le gouverneur du territoire, R. 1995; L'homme du troupeau du Sahel, R. 1979; Le récit du cirque de la vallée des morts, R. 2001.

Farah, Nuruddin, somal. Romanautor, * 24. 11. 1945 Baidoa. Beamter im Erziehungsministerium, Stud. in Indien, 1969–74 Dozent Univ. Mogadischu, 1974–96 polit. Exil in Europa, USA u. Afrika; vom Regime Siyad Barre in Abwesenheit zum Tode verurteilt. – Experimentelle, perspektivenreiche Romane mit expliziter Kritik an afrikan. Diktaturen, Frauenbeschneidung u. Entwicklungshilfe.

W: From a Crooked Rib, R. 1970 (d. 1983); A Naked Needle, R. 1976 (d. 1984); Sweet & Sour Milk, R. 1979 (Staatseigentum, d. 1980, u.d.T. Bruder Zwilling, 2000); Sardines, R. 1981 (Tochter Frau, d. 2001); Close Sesame, R. 1983 (Vater Mensch, d. 2001); Maps, R. 1986 (d. 1992); Gifts, R. 1992 (Duniyas Gaben, d. 2001); Secrets, R. 1999 (d. 2000); Links, R. 2004.
L: A. J. Ahmed, 1990; D. Wright, 1994; P. Alden u.a. 1999; Emerging Perspectives on N. F., hg. D. Wright 2003.

al-Farazdaq, Tammām ibn Ġālib, arab. Dichter, um 641 Baṣra – um 728 ebda. Aus vornehmem, durch Freigebigkeit bekanntem Hause. Mußte Baṣra wegen Auseinandersetzungen mit dem omaiyad. Statthalter zeitweilig verlassen; zog später auf den Pfaden s. durch List zur Gattin gewonnenen Base Newar durch die Wüste, bis er sie schließl. freigab. In s. polit. Einstellung nicht einheitl. Ebenbürtiger Rivale des Satirikers Ǧarīr, mit dem er Jahrzehnte in dichter. Fehde lag. – Schrieb Schmäh-, Lob- und Bettelgedichte mit beachtl. Beherrschung der sprachl. Mittel u. unverkennbar originalen Zügen. Auffälliger Hang zu zügelloser, auch vor dem Obszönen nicht zurückschreckender Leidenschaft.
W: Dīwān: 1. Teil hg. R. Boucher II 1870–75 (m. franz. Übs.), 2. Teil hg. J. Hell 1900f. u. ö.; Naqā'id, Leiden III 1905–12. – *Übs.* (Ausw.): J. Hell, 1905f.; O. Rescher, 1954–58.
L: J. Hell, Diss. 1902.

Fargue, Léon-Paul, franz. Dichter, 4. 3. 1878 Paris – 25. 11. 1947 ebda. Schüler Mallarmés im Collège Rollin. Ohne bürgerl. Beruf. Gast Mallarmés an den Dienstagen in der Rue de Rome. Pflegte Umgang mit avantgardist. Malern und Musikern; Gründer der Zs. ›Commerce‹. Mit A. Gide u.a. 1912 e. der ersten Mitarbeiter der Zs. ›Nouvelle Revue Française‹. Förderte die surrealist. Dichter, besuchte oft ›Bœuf sur le Toit‹. – Dichter der Stadt Paris. Beeinflußt vom Symbolismus Mallarmés, Verlaines und Laforgues. Verbindet symbolist. mit surrealist. Elementen, doch die Klarheit s. Verse zeugt von Wachheit des Bewußtseins. F. gelang e. Synthese zwischen humanist. Tradition und mod. Leben. Schöpfte aus Eindrücken auf s. ständigen Wanderungen durch Paris (›Le piéton de Paris‹). Kleidet die mod. Großstadt mit ihrer Technisierung in zart-poet., märchenhafte Atmosphäre. S. Verse mit lebendigen Bildern von großer Dichte verraten Humor, Güte, auch Lebensüberdruß. Genaue Prosachroniken über Paris und das Leben der zeitgenöss. Künstler.
W: Tancrède, G. 1895; Poèmes, 1912; Pour la musique, G. 1914; Suite familière, G. 1928; Banalité, G. 1928; Volturne, G. 1928; Epaisseurs, G. 1929; Espaces, G. 1929; Sous la lampe, G. 1930 (d. 1970); Les ludions, G. 1930; D'après Paris, G. 1931; Le piéton de Paris, Sk. 1939 (d. 1967); Haute-Solitude, G. 1941; Refuges, G. 1942; Fantôme de Rilke, 1942; Déjeuners de soleil, G. 1942; Lanterne magique, G. 1944; Méandres, G. 1946–48; Portraits de famille, Erinn. 1947; Les grandes heures du Louvre, G. 1948; Dîners de lune, G. 1953; Pour la peinture, G. 1955. – Poésies, 1895–1930, 1963.
L: A. Beucler, Dimanche avec L. P. F., 1947; C. Chonez, 1950 (m. Bibl.); A. Beucler, Vingt ans avec L.-P. F., 1955; E. de la Rochefoucauld, 1958; V. Larbaud, 1964; L. Rybko-Schub, 1973; J.-C. Walter, 1973; J. Follain, 1978; J.-P. Goujon, 1997; B. Pascarel, 2000.

Faria, José Benigno Almeida, portugies. Romanschriftsteller, * 6. 5. 1943 Montemor-o-Novo. Ästhet. dem portugies. Neorealismus entgegengesetzt; lyr.-poet. im Ton, mit surreal-phantast. Einschlag; techn. an Joyce (Bewußtseinsstrom) u. Faulkner orientiert.
W: Rumor Branco, R. 1962; A. Paixão, R. 1965 (Passionstag, d. 1968); Cortes, R. 1978.

Farīd ad-Dīn ʿAṭṭār → ʿAṭṭār, Farīdu'd-Dīn ibn Muḥammad

Farigoule, Louis → Romains, Jules

Farina, Salvatore, ital. Schriftsteller, 10. 1. 1846 Sorso/Sassari – 15. 12. 1918 Mailand. Stud. Jura Pavia to. Turin (1868 Promotion), übte den Beruf jedoch nicht aus. In Mailand Leiter der ›Gazzetta musicale‹ (1871); ab 1873 intensive Mitarbeit an der ›Nuova Antologia‹. – Feind aller lit. Neuerungen, typ. Literat des bürgerl. 19. Jh. in der Art e. Dickens u. e. Amicis. Schildert in s. Romanen, Novellen u. Theaterstücken gefühlvoll u. erbaul. die enge Welt des Kleinbürgers.
W: Cuore e blasone, R. 1864; I due amori, R. 1869; Amore bendato, R. 1877; Mio figlio, Aut.-Fragm. 1881 (Ausw. M. Lombardo Lotti ²1939, mit Bibl.; d. 1884); Il signor Io, R. 1882 (d. 1893); Amore ha cent' occhi, R. 1883 (d. 1894); Il segreto del nevaio, R. 1908; False nozze, K. 1909; La mia giornata, Mem. III 1910–15. – Opere complete (SW), 1906–21.
L: V. Dendi, 1921; A. Balestrazzi, Il romanzo di S. F., 1933; B. Pischedda, Il feuilleton umoristico di S. F., 1997; D. Manca, hg. 2001.

Farquhar, George, anglo-ir. Dramatiker und Schauspieler, 1677/78 Londonderry – 29. 4. 1707 London. Sohn e. Geistlichen, Stud. Dublin. Schauspieler in Dublin (1696), London (1697), zog sich von der Bühne zurück; begann Komödien zu schreiben, nachdem er durch unglückl. Zufall e. Mitschauspieler fast erstochen hätte. Schloß sich 1704 der Armee an; s. Erfahrungen als Werbeoffizier fanden heitere Spiegelung in ›The Recruiting Officer‹. Gegen Ende s. Lebens in großer Armut. E. Geldgeschenk des Schauspielers R. Wilks ermöglichte es ihm, s. letzte und beste Komödie ›The Beaux' Stratagem‹ zu schreiben. – F.s Komödien sind sprühend, geistreich, z.T. zyn. und frivol, z.T. von Heiterkeit und Situationskomik erfüllt, teilweise auch voll derber Komik. Sie unterscheiden sich durch ihre Natürlichkeit von der zeitgenöss. ›comedy of manners‹. F. gibt anschaul. Bilder des Lebens s. Zeit. Sowohl in ›The Beaux Stratagem‹ als auch in ›The Recruiting Officer‹ wird ein Wandel in der Darstellung des ›rake‹ sichtbar: dieser gewinnt an Sensibilität und wird auch durch einen weibl. ›rake‹ gebrochen und neu fokussiert.

W: Love and a Bottle, K. 1698; The Constant Couple, or: A Trip to the Jubilee, K. 1699 (d. 1839); Sir Harry Wildair, K. 1701 (Die unglückl. Ehe durch Delikatesse, d. F. L. Schröder 1790); Love and Business in a Collection of Occasional Verse and Epistolary Prose. A Discourse likewise upon Comedy, 1702; The Twin Rivals, K. 1702; The Inconstant, K. 1703; The Stage Coach, K. 1704; The Recruiting Officer, K. 1706 (n. E. R. Wood 1969); The Beaux' Stratagem, K. 1707 (n. M. C. Benn 1976; d. 1839). – The Complete Works, hg. G. A. Stonehill II 1930; Works, hg. W. Archer 1906, 1949; The Works, hg. S. Kenny 1988; Familiar and Courtly Letters, II 1700–01. – Übs.: S. Frankenberg, 1839.

L: D. Schmid, 1904; H. T. E. Perry, The Comic Spirit in Restoration Drama, 1925; W. Connely, 1949; K. Spinner, 1956; A. J. Farmer, 1966; E. Rothstein, 1967; E. N. James, The Development of G. F. as a Comic Dramatist, 1972; Casebook, hg. R. A. Anselment 1977; E. James, G. F. A Reference Guide, 1986.

Farrell, George Gordon, engl. Schriftsteller, 25. 1. 1935 Liverpool – 11. 8. 1979 Bantry. Stud. Oxford, nach Polio-Infektion schwer körperbehindert. Ertrank beim Fischen vor der Küste Irlands. – Vf. postmoderner, metafiktionaler Geschichtsromane. Farrell ist e. satir. Chronist des Niedergangs des brit. Weltreichs, den er nicht als Tragödie, sondern als Farce darstellt, indem er mit kolonialen Klischees und bekannten Tropen imperialer Lit. spielt.

W: A Man from Elsewhere, R. 1963; The Lung, R. 1965; A Girl in the Head, R. 1967; The Empire Trilogy: Troubles, R. 1970; The Siege of Krishnapur, R. 1973; The Singapore Grip, R. 1978; The Hill Station: An Unfinished Novel and an Indian Diary, 1981.

L: R. Binns, 1986; A. Cichon, 1995; R. Crane, J. Levitt, Troubled Pleasures, 1997; R. Crane, 1998.

Farrell, James T(homas), amerik. Erzähler, 27. 2. 1904 Chicago – 22. 8. 1979 New York. Aus ir.-kathol. Familie, wuchs in ärml. Verhältnissen in Chicago auf, Gelegenheitsarbeiten ebda. und in New York; Univ. Chicago; versch. Berufe. Lebte nach lit. Erfolg in New York und Paris. – Gab fotograf. genaue Schilderungen des tristen Lebens ärmerer Großstadtbezirke (ir.-kathol. Milieu); in s. literaturkrit. Schriften bekannte er sich zu e. ›proletar. Naturalismus‹, wandte sich aber gegen den Marxismus als Kriterium der Lit.kritik. S. naturalist. ›stream of consciousness‹-Technik hat ihre Vorbilder in Dreiser, Joyce, Proust; die Überlänge s. Romane bewirkt e. gewisse Monotonie. Bekannt wurde s. ›Studs Lonigan‹-Trilogie über Aufwachsen und Ende e. jungen Mannes in Chicago. Die spätere, themat. ähnl. ›Danny O'Neill‹-Pentalogie ist optimistischer, aber weniger bedeutend.

W: Studs Lonigan, R.-Trilogie (d. I 1982, II 1983): Young Lonigan, 1932, The Young Manhood of Studs Lonigan, 1934, Judgment Day, 1935; Gas-House McGinty, R. 1933; Danny O'Neill, R.-Pentalogie: A World I Never Made, R. 1936 (Danny O'Neill, Die fremde Erde, Margaret, d. 1952f.); A Note on Literary Criticism, Es. 1936; Can All This Grandeur Perish?, En. 1937; Ellen Rogers, R. 1941; To Whom It May Concern, En. 1944; The League of Frightened Philistines, Es. 1945; Bernard Clare, R. 1946; Literature and Morality, Ess. 1947; The Road Between, R. 1949; An American Dream Girl, En. 1950; This Man and this Woman, R. 1951; Yet Other Waters, R. 1952; The Face of Time, R. 1953; Reflections at Fifty, Ess. 1954; French Girls are Vicious, R. 1955; An Omnibus of Short Stories, 1956; My Baseball Diary, Es. 1957; It Has Come to Pass, Reiseber. 1958; The Silence of History, R. 1963; What Time Collects, R. 1964; Boarding House Blues, R. 1965; Lonely for the Future, R. 1966; A Brand New Life, R. 1968; Invisible Swords, R. 1971; – The Dunne Family, R. 1976; Literary Essays 1954–74, 1976; The Death of Nora Ryan, R. 1978; On Irish Themes, Ess. 1982; Sam Holman, R. 1983. – Selected Essays, 1964; Collected Poems, 1965.

L: The Coming of Age of a Great Book, Slg. 1953; E. M. Branch, 1963; ders., 1971. – Bibl.: ders. 1959; ders., 1998.

Farrère, Claude (eig. Frédéric-Charles-Pierre-Edouard Bargone), franz. Romancier, 27. 4. 1876 Lyon – 21. 6. 1957 Paris. Viele Jahre Marineoffizier im Fernen Osten. 1935 Mitgl. der Académie Française. – Schüler Lotis. Galt zunächst als s. Nachfolger, erreichte aber bei weitem nicht dessen Format. Vf. von exot. Romanen u. Seemannsgeschichten, deren dramat. Spannung sich aus dem Zusammentreffen von Angehörigen sehr unterschiedl. Kulturstufen ergibt. Differenzierte Menschen- und Milieuschilderung. Größter Erfolg mit ›Les civilisés‹. Glitt bald ins Genre des Abenteuerromans ab.

W: Fumée d'opium, R. 1904 (d. 1911); Les civilisés, R. 1906 (d. 1906); L'homme qui assassina, R. 1907 (d. 1909); Mademoiselle Dax, jeune fille, R. 1907 (d. 1927); La bataille, R. 1909 (d. 1914); Les petites alliées, R. 1910 (d. 1918); La maison des hommes vivants, R. 1911 (Das Geheimnis der Lebenden, d. 1912); Thomas l'Agnelet, R. 1913; La dernière déesse, R. 1920; Les condamnés à mort, R. 1920 (d. 1921); Croquis d'Extrême Orient 1898, Es. 1921; Mes voyages, Es. II 1924–26; Le dernier dieu, R. 1926 (d. 1928); Loti, Es. 1929; Histoire de la marine française, Schr. 1934; Forces spirituelles de l'Orient, Es. 1937; L'homme seul, R. 1942; La seconde porte, R. 1945; Job, siècle XX, R. 1949; La sonate tragique, R. 1950; Souvenirs, 1953; Les petites cousines, R. 1953; Le juge assassin, R. 1954.

L: M. Revon, 1924; Th. L'Anglelet, 2001.

Farroḫzād, Forūġ, pers. Lyrikerin, 5. 1. 1935 – 13. 2. 1967. Begann unter Einfluß von N. Yūšīǧ früh zu dichten, kämpfte für die Befreiung der oriental. Frau aus ma. Fesseln und der Bevormundung durch die Männerwelt; starb 1967 infolge e. Unfalls. – Ihre Lyrik ist von hoher Musikalität, bilderreich, z. T. in Strophen, z. T. in freien Rhythmen gehalten. Liebesrausch u. -enttäuschung, Naturmystik, aber auch Einsamkeit und Identitätsverlust des mod. Menschen bilden die Hauptthemen. Sie gilt vielen Persern als die bedeutendste Repräsentantin mod. iran. Lyrik.

W: Asīr, 1952; Dīvār, 1956; Oṣyān, 1957; Tavallodī dīgar, 1964. – *Übs.:* Jene Tage, 1993.

L: M. C. Hillmann, 1987.

Farruḫī, Abu'l-Ḥasan ʿAlī ibn Ǧūlūǧ, pers. Hofdichter, aus Sistan/Ostiran, † 1038. Dichterkollege → ʿUnṣurīs, wurde über Nacht berühmt durch e. Qaside (Lobgedicht) auf Abu'l-Muẓaffar, Statthalter des Sultan Maḥmūd über die Provinz Čaġāniyān, mit Ausmalung des Füllen-Brennens (brachte ihm zahlr. Pferde als Lohn ein). Drang in Maḥmūds Hofkreis in dessen Hauptstadt Ghasna vor, wo er zu allg. Hochschätzung und zu Reichtum kam. – Beherrschte alle Kunstgriffe der Rhetorik, behielt in s. Gedichten (mehr als 9000 Verse erhalten) klaren, leicht faßl. Stil von musikal. Anmut bei; war ausgezeichneter Sänger und Lautenspieler, streute zwischen s. Qasiden zuweilen e. Ghasel (Liebesgedicht) ein, was Schule machte. E. lange Qaside schildert Maḥmūds Kriegszug nach Somnat (Indien) 1026; e. Elegie auf dessen Tod 1030 vorbildl. Meisterwerk.

A: Diwan, hg. M. Dabīr Siyāqī 1335/1957.

Fast, Howard Melvin (eig. Walter Ericson, Ps. E. V. Cunningham), amerik. Erzähler, * 11. 11. 1914 New York. Vagabundierte z. Z. der Depression lange durch die USA, Gelegenheitsarbeiten; bis 1957 Kommunist. – Schrieb hist. Romane über den amerik. Unabhängigkeitskrieg, das Schicksal der indian. Ureinwohner und der Schwarzen in Amerika. Unterhaltungs- und Kriminalromane unter Pseudonym.

W: Two Valleys, R. 1932; The Last Frontier, R. 1941 (d. 1951); The Unvanquished, R. 1942; Citizen Tom Paine, B. 1943 (d. 1951); Freedom Road, R. 1944 (d. 1951); The American, R. 1946 (d. 1950); Clarkton, R. 1947 (d. 1949); Literature and Reality, Ess. 1949 (d. 1953); The Proud and the Free, R. 1950 (d. 1957); My Glorious Brothers, R. 1950; Spartacus, R. 1952 (d. 1953); Silas Timberman, R. 1954 (d. 1955); The Naked God, Aut. 1957; Moses, Prince of Egypt, R. 1958; The Winston-Affair, R. 1959 (d. 1960); April Morning, R. 1961; Power, R. 1963 (Die Versuchung der Macht, d. 1965); Agrippa's Daughter, R. 1964; Torquemade, R. 1966; The Jews, St. 1968; Sally, R. 1970 (d. 1973); The Immigrants, R. 1972 (d. 1979); Milly, R. 1973 (d. 1974); The Hessian, R. 1973 (d. 1975); Second Generation, R. 1978 (d. 1980); The Establishment, R. 1979; The Legacy, R. 1981 (d. 1983); Max, R. 1982 (d. 1985); The Outsider, R. 1984 (d. 1985); The Immigrant's Daughter (d. 1987); The Dinner Party, R. 1987; The Pledge, R. 1988; The Confession of Joe Cullen, R. 1989 (d. 1992); Being Red, Aut. 1990; The Trial of Abigail Goodman, R. 1993; War and Peace: Observations on Our Times, Ess. 1993; Seven Days in June, R. 1994; The Bridge Builder's Story, R. 1995; An Independent Woman, R. 1997; Redemption, R. 1999; Greenwich, R. 2000.

Fattāḥī (eig. Muḥammad ibn Yaḥyā Sībak), pers. Dichter, ? Nischapur – 1448. Berühmt durch s. allegor. Epos ›Ḥusn u Dil‹ (›Schönheit u. Herz‹), das er auch in Prosa bearbeitete. Das Werk stellt e. Wende in der Entwicklung der pers. Lit. dar, indem F. erstmals stereotype Begriffe der pers. Liebespoesie wie Schönheit, Sehnsucht, Verstand, Hochmut, aber auch ständig besungene Körperteile wie Herz, Wange, Braue personifiziert und in dramat. Geschehen miteinander agieren läßt. Es übte bedeutenden Einfluß aus und wurde in anderen Sprachen des islam. Kulturkreises nachgeahmt.

A: Ḥusn u Dil, hg. Ġ. Farzānapūr 1351/1972; Dastur-i Ushshaq (= Ḥusn u Dil), hg. R. S. Greenshields, Lond. 1926; Ḥusn u Dil (Prosaversion), hg. R. Dvorak 1889 (m. Übs.)

Faulkner, William, amerik. Erzähler, 25. 9. 1897 New Albany/MS – 6. 7. 1962 Byhalia/MS. Aus alter Südstaatenfamilie; 1918 Pilot im Canadian Flying Corps ohne Kriegseinsatz; Stud. engl. u. franz. Lit. Oxford/MS; 1924 lit. folgenreiche Begegnung mit Sh. Anderson in New Orleans, 1925 in Italien u. Frankreich, seit 1926 fast ununterbrochen in Oxford ansässig, 1929 ∞ Estelle Oldham Franklin; Filmskripts für Hollywood (u. a. ›The Big Sleep‹); 1950 Nobelpreis. – Bedeutendster amerik. Romancier des 20. Jh., stark geprägt von Landschaft und Kultur s. Heimat. Jugendgedichte, die den Einfluß der Spätviktorianer, der franz. Symbolisten und Eliots verraten. Nach weltschmerzl.-iron. Heimkehrer- u. Künstlerromanen im Ton Fitzgeralds findet F. in ›Sartoris‹ und Kurzgeschichten s. eigene Form, die Motive des hist. und regionalen Romans und der grotesk-humorist. Erzählung des Südwestens vereinigt. Sie bereichert sich unter der Einwirkung des psycholog.-lyr. Bewußtseinsromans von J. Joyce und des symbol. Realismus von J. Conrad und Melville. Yoknapatawpha County ist der Schicksalsraum e. Anzahl Familien mit e. Fülle von Einzelgestalten, deren Geschichte bis zur Pionierzeit aufgerollt wird. Im Mittelpunkt steht oft die Zerstörung der aristokrat. Pflanzerkultur im Bürgerkrieg und die Bewältigung dieser Erfahrung im Chaos der Gegenwart. So wird F. zum Chronisten des Südens, dessen soziale, ethn. und psycholog. Eigenheiten er als stoffl. Grundlage für e. universale Thematik verwendet: den Gegensatz von Individuum und Gemeinschaft, Freiheit und Ordnung, Sitte und Sinnlichkeit, von leidvollem Ausharren und herrischer Selbstbehauptung gegen die Übermacht von Vergangenheit u. Geschichte. ›A Fable‹ erzählt in Form e. Christus-Parabel die Geschichte vom Leiden und Sterben e. Korporals im 1. Weltkrieg. Von Schuld und Angst gehetzte, den Zwängen der Natur u. der Geschichte unterworfene Charaktere, die sich ein Maß an Freiheit u. Integrität teils durch destruktive Gewalttätigkeit (Joe Christmas in ›Light in August‹), teils durch humorvollen Humanismus (V. K. Ratcliffe etwa in ›The Hamlet‹), teils durch Reflexion u. Rhetorik (Gavin Stevens z. B. in ›Intruder in the Dust‹) sichern. F.s Prosa entfaltet sich zwischen mundartl.-redenaher Sprache und weitschweifiger, psychologisch eindringender, bild- und metaphernreicher Rhetorik mit labyrinth. Satzbau. Form und Technik s. Romane sind oft bestimmt durch mehrere gegensätzl. Erzähler, die perspektivisch das Geschehen darstellen und es spekulativ zu deuten versuchen (Erkenntnisthematik in ›Absalom, Absalom!‹ u. ›The Sound and the Fury‹).

W: The Marble Faun, G. 1924; Soldier's Pay, R. 1926 (d. 1958); Mosquitoes, R. 1927 (d. 1960); Sartoris, R. 1929 (d. 1961); The Sound and the Fury, R. 1929 (hg. N. Polk 1984; d. 1956); As I Lay Dying, R. 1930 (d. 1961); Sanctuary, R. 1931 (hg. N. Polk 1981; d. 1951 u. 1973); Light in August, R. 1932 (d. 1935); A Green Bough, G. 1933 (d. 1957); Pylon, R. 1935 (d. 1936); Absalom, Absalom!, R. 1936 (d. 1938); The Unvanquished, En. 1938 (d. 1954); The Wild Palms, R. 1939 (d. 1957); Go Down, Moses, En. 1942 (Das verworfene Erbe, d. 1953); Intruder in the Dust, R. 1948 (d. 1951); Knight's Gambit, En. 1949 (Der Springer greift an, d. 1960); Collected Stories, 1950; Requiem for a Nun, Dr. 1951 (d. 1956); A Fable, R. 1954 (d. 1955); New Orleans Sketches, Sk. u. En. 1958 (erw. 1968, d. 1962); Snopes Trilogy: The Hamlet, 1940 (d. 1957), The Town, 1957 (d. 1958); The Mansion, 1959 (d. 1960); The Reivers, R. 1962 (Die Spitzbuben, d. 1963); The Wishing Tree, M. 1967 (d. 1969); The Marionettes, Dr. hg. N. Polk 1977; Mayday, E. 1977; Helen: A Courtship, G. 1981; MGM Screenplays, hg. B. F. Karwin 1982; Father Abraham, E. hg. J. B. Meriwether 1983 (d. 1987). – The Collected Short Stories, III 1958 f. (d. III 1965–67, V 1972); Early Prose and Poetry, hg. C. Collins 1962; Ess. Speeches and Public Letters, hg. J. B. Meriwether 1965; F. in the Univ., hg. F. L. Gwynn, J. Blotner [2]1965 (d. 1961); The Faulkner-Cowley File, hg. M. Cowley 1966; Lion in the Garden, hg. J. B. Meriwether, M. Millgate 1968; F. at Nagano, Interviews, hg. R. A. Jelliffe [2]1968; Selected Letters, hg. J. Blotner 1977 (d. 1982). – *Übs.:* SW, XXIX 1982.

L: H. M. Campbell u. R. E. Foster, 1951, n. 1970; I. Howe, 1952, [3]1975; W. Van O'Connor, 1954, [2]1968; I. Malin, 1957; W. Beck, Man in Motion, 1961; M. Christadler, 1962; C. Brooks, 1963; J. L. Longley, The Tragic Mask, 1963; F. J. Hoffmann, O. W. Vickery, hg. [2]1963; M. Millgate, 1966; F. J. Hoffmann, [2]1966; R. P. Warren, hg. 1966; H. Straumann, 1968; R. P. Adams, Myth and Motion, 1968; H. Bungert, 1971; E. M. Coindreau, 1971; G. Haffmans, hg. 1973; L. W. Wagner, hg. 1973; E. Boecker, 1973; J. Blotner, II 1974; D. Meindl, Bewußtsein als Schicksal, 1974; Critical Heritage, hg. J. Bassett 1975; W. Beck, 1976; Faulkner and Yoknapatawpha, hg. E. Harrington, A. J. Abadie, V 1976–79; L. G. Levins, 1976; J. V. Creighton, F.s Craft of Revision, 1977; H. Ziegler, Exist. Erleben, 1977; C. Brooks, Toward Yokn., 1978; A. F. Kinney, 1978; ders., hg. 1985; D. M. Kartiganer, Fragile Thread, 1979; E. M. Kerr, Gothic Domain, 1979; J. B. Wittenberg, 1979; D. Fowler, A. J. Abadie, hg. V 1980–84; L. H. Cox, Handbook, II 1982; M. Gresset, Paris 1982; ders., F. Chronology, 1985; J. Pikoulis, 1982; C. Brooks, First Encounters, 1983; G. L. Mortimer, Rhetoric of Loss, 1983; E. Sundquist, 1983; O. B. Emerson, F.s Early Lit. Reputation, 1984; H. H. Skei, Oslo 1985; M. Gresset, N. Polk, hg. 1985; M. Putzel, Genius of Place, 1985; F. J. Raddatz, Lügner von Beruf, 1987; D. Hoffmann, 1989; R. C. Moreland, 1990; A. Bleikasten, The Ink of Melancholy, 1990; J. Williamson, 1993; P. M. Weinstein, 1995, 1996 (Race in F. and Morrison); D. J. Singal, 1997; E. Guissant, 1997. – *Bibl.:* J. B. Meriwether, 1970; J. Bassett, II 1972–83; T. L. McHaney, 1976; B. Ricks, 1983; P. E. Sweeney, F.s Women Characters, 1985.

Favart, Charles-Simon, franz. Dramatiker, 13. 11. 1710 Paris – 12. 5. 1792 Belleville. Bäckersohn; selbst Bäcker. – Schrieb ab 1732 kleine Farcen für die Jahrmarktsbühne. Schrieb s. besten Stücke, operettenhafte ländliche Schwänke und Lustspiele (Musik z. T. von Gretry), für die 1713 gegründete ›Opéra Comique‹, die er einige Zeit leitete. Genoß ein halbes Jahrhundert große Beliebtheit. Führte das Vaudeville-Stück auf e. Höhepunkt. S. Frau, Marie-Justine-Benoîte du Ronceray (∞ 1745), e. ausgezeichnete Schauspielerin, war wahrscheinl. Mitverfasserin der Stücke.

W: La chercheuse d'esprit, 1741; Le coq du village, 1744 (Das große Los, d. F. W. Bertuch 1774); Bastien et Bastienne, 1753 (d. 1764); Ninette à la cour, 1755 (Lottchen am Hofe, d. 1769); Les trois sultans, 1761 (Soliman der Zweyte, d. R. E. Raspe 1765); Annette et Lubin, 1762; Les Anglais à Bordeaux, 1763; Les moissonneurs, 1768. – Œuvres, hg. L. Gozlan 1853; Œuvres choisies, III 1813; Les mémoires et la correspondance de C.-S. F., III 1808.

L: A. Font, 1894; A. Iacuzzi, The European vogue of F., N. Y. 1932.

Faye, Jean-Pierre, franz. Schriftsteller, * 19. 7. 1925 Paris. Stud. Jura und Philos.; 1951 Lehrer, 1960 in der Forschung; steht der Gruppe ›Tel Quel‹ nahe. – Schreibt dunkle, bewußt sinnlose Dingpoesie. Vertreter des ›antithéâtre‹. Romane deskriptiver u. handlungsgebundener, bekannt bes. ›L'écluse‹, die Geschichte e. durch e. polit. Mauer brutal getrennten Ehepaares. Begründer der Zs. ›Change‹ (1964). Bekannt durch sprachtheoret. und ideologiekrit. Essays. Beurteilt das 20. Jh. als ›Le siècle des idéologies‹; insbes. Auseinandersetzung mit der dt. Philosophie, Nietzsche, Heidegger, und der Ideologie des Nationalsozialismus.

W: Battements, R. 1962 (d. 1966); L'écluse, R. 1964 (d. 1967); Analogues, récit autocritique, Es. 1964; Théâtre, Drn. 1964; Couleurs pliées, G. 1965; Le récit hunique, Ess. 1967; Les Troyens, R. 1970; Langages totalitaires, Abh. 1974; Théorie du récit, St. 1974; Le Portugais d'Otalo, Ess. 1976; Verres, G. 1978; La révolution des conseils ouvriers, Ber. 1978; Les grandes journée du père Duchesne, R. 1989; Le livre de Lioube, G. 1992; La déraison antisémite et son langage, Abh. 1993; La philosophie heideggerienne et la nazisme, Abh. 1994; Le langage meurtier, Abh. 1996; Al Dante, G. 1997; Guerre trouvée, G. 1998; Le vrai Nietzsche, Abh. 1998; Nietzsche et Salomé, Abh. 2002.

L: K. Sharyari, 2000; M. Partouche, 2002.

Fayette, Marie-Madeleine → La Fayette, Marie-Madeleine, geb. Pioche de la Vergne, Comtesse de

Fazekas, Mihály, ungar. Dichter, 6. 1. 1766 Debrecen – 23. 2. 1828 ebda. Stud. Theol., Soldat, als Oberleutnant 1796 pensioniert. Botaniker (Vf. des ersten ungar. Pflanzenbuchs), Hrsg. von Volkskalendern. – S. kom. Versepos ›Lúdas Matyi‹ behandelt in heiteren, flüssigen Hexametern ein altes Motiv: die dreifache Rache des Bauernjungen an s. Gutsherrn, der ihn verprügeln ließ.

W: Lúdas Matyi, Ep. 1817 (Mathes der Gänsehirt, d. 1942). – Összes művei, II 1955.

L: V. Julow, ²1982.

Federman, Raymond, amerik. Schriftsteller, * 15. 5. 1928 Paris. Eltern und Geschwister werden 1942 nach Auschwitz deportiert und ermordet, F. emigriert 1947 in die USA. Soldat im Koreakrieg, später Stud., promoviert mit Arbeit über Samuel Beckett. – F. schreibt experimentelle Romane und Kurzprosa, z. T. bilingual, die Autobiographisches mit metafiktionalen Elementen verbinden und die er als ›surfiction‹ bezeichnet. Als Schlüsselroman gilt ›The Voice in the Closet‹ (1979, franz.-engl.), eine lit. Verarbeitung des Überlebens in einer Dachkammer in Paris. Spätere Werke verwenden stärker einen linearen Erzählstil.

W: Journey to Chaos, Abh. 1965; Double or Nothing, R. 1971 (Alles oder Nichts, d. 1986); Take It or Leave It, R. 1976 (d. 1998); The Voice in the Closet, R. 1979 (Die Stimme im Schrank, d. 1989); The Twofold Vibrations, R. 1982 (Die Nacht zum 21. Jahrhundert, d. 1988); To Whom It May Concern, R. 1990 (Betrifft: Sarahs Cousin, d. 1991); A Version of My Life, Aut. 1990 (d. 1990); Now Then/Nun denn, G. 1992; La Fourrure de ma tante Rachel, R. 1996 (Der Pelz meiner Tante Rachel, d. 1996). – *Übs.*: Surfiction: Der Weg der Literatur, Abh. 1992.

L: J. C. Schöpp, Ausbruch aus der Mimesis, 1990; J. Kutnik, The Novel as Performance, 1986.

Fedin, Konstantin Aleksandrovič, russ. Schriftsteller, 24. 2. 1892 Saratov – 15. 7. 1977 Moskau. Vater Kaufmann, 1911–14 Stud. Handelsinstitut Moskau, erste Erzählungen; 1914–18 in Dtl., meist in Nürnberg interniert, dann u. a. in der Roten Armee; in Petrograd Mitgl. der lit. Gruppe ›Serapionsbrüder‹; schrieb Romane, Novellen, Bühnenstücke, 1923 erster Sammelband; machte sich später Prinzipien des sozialist. Realismus zu eigen; ab 1934 in kulturpolit. u. staatl. Führungsgremien, 1959–77 Leitung des Schriftstellerverbandes der UdSSR. – F. trat mit dem Roman ›Goroda i gody‹ in die erste Reihe der sowjet. Prosaiker; im Mittelpunkt der Handlung steht die Wirkung der Revolution auf die jungen russ. Intellektuellen, auffallend die Konstruktion – die Ereignisse werden nicht in ihrer zeitl. Folge geschildert. Der Roman ›Brat'ja‹ mit dem Thema der Kunst in der Zeit der Revolution steht dem psycholog. Realismus noch näher; der 2bänd. Roman ›Pochiščenie Evropy‹ aber ist tendenziös, soll die ›Krise der kapitalist. Welt‹ darstellen. F., dessen Werk an die ep. Traditionen des 19. Jh. anknüpft, leistete mit ›Neobyknovennoe leto‹ einen Beitrag zum Stalinkult.

W: Goroda i gody, R. 1924 (Städte und Jahre, d. 1927, ³1982); Brat'ja, R. 1928 (Die Brüder, d. 1928); Pochiščenie Evropy, R. II 1933–35 (Der Raub der Europa, d. 1958); Sanatorij Arktur, N. 1936 (Sanatorium Arktur, d. 1956); Neobyknovennoe leto, R. II 1947–48 (Ein ungewöhnl. Sommer, d. 1950); Koster, R. 1967 (Die Flamme, d. 1963). – Sobranie socinenij (GW), IX 1959–62, X 1969–73, XII 1982–86. – *Übs.*: GW, X 1958–63.

L: F. u. Dtl., 1962; J. M. Blum, Den Haag, 1967; B. Brajnina, 1980; P. A. Bugaenko, 1981.

Fed'kovyč, Osyp Jurij, ukrain. Schriftsteller, 8. 8. 1834 Storonec'-Putyliv – 11. 1. 1888 Czernowitz. Nahm als österr. Offizier 1859 am Feldzug gegen Italien teil, dann Schulinspektor und Bürgermeister in der Bukovina; Mithrsg. der dortigen ersten ukrain. Zeitung; schrieb zuerst dt. Gedichte, s. ukrain. Gedichte zeigen Einflüsse der westeurop. Romantik u. T. Ševčenkos, in der Rhythmik und Bildhaftigkeit bes. die Anregung seitens Schillers und Uhlands, und Elemente der bukovin. Folklore; verfaßte neben Liedern, Erzählungen und Dramen huzulische Motive des fern von der engeren Heimat weilenden Soldaten,

der Wahlbruderschaft u.a.m. Die Prosawerke lassen die Einwirkung der romant. Erzählungen von Marko Vovčok erkennen.
A: Pysannja, IV 1902–38; Tvory, II 1960.
L: O. Makovej, 1911; M. P. Pyvovarov, 1958; ders. 1959; M. Nečytaljuk, 1963; N. Semanjuk, 1970; M. M. Pazjak, 1974; S. Jefremov: Ist. ukrain. Pys'menstva, vyp. 2, K. 1919, 1989, 122–128.

Feierberg, Mordechai Se'ev, hebr. Schriftsteller, 20. 9. 1874 Novygrad-Volhynsk/Ukraine – 2. 3. 1899 ebda. Glühender Anhänger von Achad Ha'ams geistigem Zionismus und jüd. Kosmopolitismus und in s. Heimat Mittelpunkt der revolutionären jüd. Jugend. – Schilderte in bedeutenden symbol. und myst. Erzählungen die Konflikte der Übergangsperiode vom Ghetto zur Neuzeit und vor allem die Problematik des jüd. Kindes.
W: Ketawim, 1941 (u. 1958); Werke, hg. J. Klausner, Krakau 1904, Tel Aviv [6]1959. – *Übs.:* Wither and Other Stories, engl. 1959.
L: S. Rawidowitz, 1923.

Feiffer, Jules (Ralph), amerik. Cartoonist u. Dramatiker, * 26. 1. 1929 New York. Stud. Pratt Institute ebda., 1951–53 Militärdienst. Als polit. Cartoonist Mitarbeiter mehrerer Zeitungen. – In s. Dramen behandelt er das Problem der Macht in der Politik.
W: Sick, Sick, Sick, Bb. 1959 (Plem, Plem, Plem, d. 1961); Passionella and Other Stories, En. 1960; Crawling Arnold, Dr. 1961; Boy, Girl, Boy, Girl, Bb. 1962; Hold Me!, Bb. 1962; Harry, The Rat With Women, R. 1963; Feiffer's Album, Ausw. 1963; The Unexpurgated Memoirs of Bernard Mergendeiler, Dial. u. Bb. 1965; The Great Comic Book Heroes, Es. 1965; Feiffer's Marriage Manual, Bb. 1967; Feiffer on Civil Rights, 1967; Little Murders, Dr. 1968; Feiffer's People, Sk. 1969; The White House Murder Case, Dr. 1970; Private, Dr. 1970; Carnal Knowledge, Film 1971; Pictures at a Prosecution, Bb. 1971; Feiffer on Nixon, Bb. 1974; Knock, Knock, Dr. 1976; Ackroyd, R. 1977; Hold me!, Dr. 1977; Popeye, Film 1980; Grownups, Dr. 1981; A Think Piece, Dr. 1982; Jules Feiffer's America: From Eisenhower to Reagan, hg. S. Heller 1982; Marriage Is an Invasion of Privacy and Other Dangerous Views, Dial. u. Bb. 1984; Feiffer's Children, Dial. u. Bb. 1986; Ronald Reagan in Movie America: A Jules Feiffer Production, Dial. u. Bb. 1988; Elliot Loves, Dr. 1989; The Complete Color Terry & the Pirates, Dial. u. Bb. 1990; Anthony Rose, Dr. 1990.

Feijó, António Joaquim de Castro, portugies. Dichter u. Diplomat, 1. 6. 1859 Ponte do Lima – 20. 6. 1917 Stockholm. Stud. Jura Coimbra; Diplomat. – Bedeutendster Vertreter des portugies. Parnaß von 1880, symbolist. Bilderwelt, Heimweh nach Portugal, Magie des Todes (Sonett auf die verstorbene Ehefrau: ›Pálida e Loira‹), auch düsterer Humor u. Selbstverspottung (die ›Bailatas‹ parodieren Symbolismus u. Décadence).

W: Poesias completas, hg. A. Lopes Vieira o. J. (1940); ›Sol de Inverno‹, Seguido de 20 Poesias Inéditas, 1981.
L: F. de Queirós, 1936; M. Anselmo, [2]1937; J. de Lemos, 1959; S. Duarte, 1961; M. de Andrade, 1965.

Feith, Rhijnvis, niederländ. Dichter, 7. 2. 1753 Zwolle – 8. 2. 1824 Boschwijk b. Zwolle. Sohn e. Juristen; Stud. Leiden, 1770 Dr. jur., Steuerbeamter, Jan. – Sept. 1787 Bürgermeister von Zwolle; als Anhänger der Patriotenbewegung s. Amtes enthoben. – Hauptvertreter der Empfindsamkeit in Holland, beeinflußt von Young, Baculard d'Arnaud, Ossian, Goethes ›Werther‹, Klopstock (den F. persönlich kannte) u. Rousseau; das Gefühl als Inspirationsquelle. Volkstümlichster Dichter s. Zeit. Grundideen s. Lyrik sind Religion, Liebe, Tugend. Im Briefroman ›Julia‹ Befürworter e. rein geistigen Liebe zur Frau, im Briefroman ›Ferdinand en Constantia‹ Erkenntnis dieses Selbstbetrugs. Für s. ›Dagboek mijner goede werken ...‹ war Lavater Vorbild.
W: De vergankelijkheid van het heelal, en de voortreffelijkheid van het verstand, G. 1777; Julia, R. 1783 (d. 1788); Thirsa of de zege von den godsdienst, Dr. 1784; Brieven over verscheidene onderwerpen, VI 1784–93; Ferdinand en Constantia, R. 1785; Dagboek mijner goede werken, Tg. 1785; Fanny, een fragment, G. 1787; Poëtisch mengelwerk, 1788; Lady Johanne Gray, Dr. 1791; Het graf, G. 1792 (d. 1821); Ines de Castro, Dr. 1793; C. Mucius Cordus of de verlossing van Rome, Dr. 1795; Oden en gedichten, V 1796–1814; De ouderdom, G. 1802; Brieven aan Sophie, 1806; Verlustiging van mijnen ouderdom, 1818. – Oden en gedichten, III 1824 f.; Dicht- en prozaïsche werken, XIX 1824–26.
L: H. G. ten Bruggencate, 1911 (m. Bibl.); P. J. A. M. Buijnsters, Tussen twee werelden, 1963; Catalogus tentoonstelling Mr. R. F., 1974.

Feiżī → Faiżī

Fejes, Endre, ungar. Schriftsteller, * 15. 9. 1923 Budapest. Arbeiterfamilie, selbst bis 1956 Arbeiter. – Schreibt Novellen, Romane, Bühnenstükke; vorzügl. Kenner des Arbeiterlebens. S. Hauptwerk ›Rozsdatemető‹ schildert zwei Generationen e. Arbeiterfamilie im 20. Jh.
W: A hazudós, Nn. 1958 (Der Lügner, d. 1972); Rozsdatemető, R. 1962 (Schrottplatz, d. 1966); Vidám cimborák, Nn. 1966; Mocorgó, Sch. 1966 (Dado oder das Leben eines armen Schluckers, d. 1967); Vonó Ignác, Dr. 1969; Jó estét nyár, jó estét szerelem, R. 1969 (Gute Nacht, Liebe, d. 1971).

Feldek, Ľubomír, slovak. Schriftsteller, * 9. 10. 1936 Žilina. Nach dem Abitur (1954) Stud. Pädadog. Hochschule in Bratislava, dann Arbeiter, Redakteur, Dramaturg, freier Schriftsteller, seit 1995 lebt er in Prag. – S. Lyrik, Prosa, Dramen u. Publizistik tendieren zu konkreter Darstellung des

Erlebten wie auch zu spielhafter Imagination, reflektieren aktuelle gesellschaftl. Probleme u. entzaubern zeitgenössische Mythen. Autor von Jugend- u. Kinderbüchern. Zahlr. Übs. u. publizist. Aufsätze.

W: Jediný slaný domov, G. 1961; Zlatúšik, E. f. Kinder 1965; Hlava, ktorú som mal vtedy, G. 1967; Rozprávky na niti, G. f. Kinder 1970; Kriedový kruh, G. 1970; Na motýlích krídlach, G. f. Kinder 1972; Paracelsus, G. 1973; Modrá kniha rozprávok, M. 1974; Dvaja okolo stola, G. 1976; Metafora, Dr. 1977; Jánošík podľa Vivaldiho 1979; Poznámky na epos, G. 1980; Van Stiphout, R. 1980; Homo scribens, Erinn. 1982; Zelená kniha rozprávok, M. 1983; Slovák na Mesiaci, Satir. G. 1986; 5 × Botafogo, Puppensp. 1987; Plakat je krásne, G. 1990; Usmiaty otec, G. 1991; Odzemok na rozlúčku, satir. G. 1992; Smrť v ružovom, Dr. 1995; Hurvínkovo okno, Dr. f. Kinder 1997; Hraj, noha, a ty, druhá, tancuj, Dr. 1999; Snehová královna, Dr. f. Kinder 1999.

Feldman, Miroslav, kroat. Lyriker und Dramatiker, 28. 12. 1899 Virovitica – 30. 5. 1976 Zagreb. Stud. Medizin Wien; Arzt; Widerstandskämpfer, 1955/56 Vorsitzender des kroat. Schriftstellerverbandes u. PEN-Clubs. – Neben soz. betonter Lyrik schrieb F. Dramen mit aktueller Gesellschaftsproblematik.

W: Iza sunca, G. 1920; Arhipelagsnova, G. 1927; U pozadini, Dr. 1951; Pjesme, G. 1955; Tri drame, Drn. 1955; Drame, Drn. 1964. – Izabrane pjesme, G. 1964; Pjesme i drame, hg. A. Stipčević 1965, B. Hećimović 1976, J. Bogner 1993.

Feldman, Wilhelm, poln. Schriftsteller u. Kritiker, 8. 4. 1868 Zbaraż – 25. 10. 1919 Krakau. Aus chassid. Familie; Stud. Heidelberg u. Berlin. Setzte sich als sozialist. Politiker für die Rechte der Juden in Polen ein. 1901–14 Redakteur der lit.krit. u. polit. Zs. ›Krytyka‹. Polit. Schriften in dt. Sprache. Verfaßte Romane, Erzählungen u. Dramen. S. literaturhist. Arbeit ist der erste Versuch e. Synthese der Strömungen des Jungen Polen. 1914 Parteigänger Piłsudskis, Chef des Pressebüros der Unabhängigkeitsbewegung, gab in Berlin die ›Poln. Blätter‹ heraus, 1918 erster Geschäftsträger Polens in Dtl.

W: Piękna żydówka, R. 1888; Nowele i obrazki, En. 1889; Ananke, R. 1898; Sądy boże, Dr. 1899; Piśmiennictwo polskie ostatnich lat dwudziestu, Abh. II 1902 (Die poln. Lit. der Gegenwart, d. 1925); Rok 1812, Dr. 1912; Dzieje polskiej myśli politycznej w okresie porozbiorowym, III 1914–20 (Geschichte der polit. Ideen in Polen seit dessen Teilungen, d. 1917); Zur Lösung der polnischen Frage, 1914; Deutschland, Polen und die russische Gefahr, 1915; Polen. Wege z. polnischen Seele, 1917.

L: Pamięci W. F., 1922; A. Jazowski, Poglądy W. F. jako krytyka lit., 1970.

Feliński, Alojzy, poln. Dichter, 1771 Łuck – 23. 2. 1820 Krzemieniec. Aus kleinadl.-bürgerl. Milieu. Angestellter des Reichstags. 1794 Eintritt in die Armee, Teilnahme am Aufstand, Sekretär Kościuszkos. 1819 Direktor des Lyzeums Krzemieniec. – Repräsentativer Dramatiker des Warschauer Klassizismus. Heute vergessen. Geblieben ist das Gedicht ›Boże coś Polskę‹, das seit 1816 die Hymne Kongreß-Polens war, und das pseudoklassizist. hist. Drama ›Barbara Radziwiłłówna‹.

W: Barbara Radziwiłłówna, Dr. (1811) (hg. M. Szyjkowski 1950; Fürstin R., d. J. Orion 1831). – Dzieła (GW), II 1840.

L: B. Zakrzewski, 1983.

Felipe, León (eig. L. F. Camino Galicia), span. Lyriker, 11. 4. 1884 Tábara/Zamora – 18. 9. 1968 Mexico City. Kindheit in Salamanca, Abitur in Santander, Pharmaziestud. Valladolid u. Madrid; Schauspieler; bereiste ganz Nord- u. Südamerika; Lektor für Span. an versch. amerik. Univ.; lebte zuletzt in Mexiko. – Verkörpert den Übergang zwischen Modernismus u. sog. ›Generation von 1927‹; Einflüsse Machados u. Unamunos, später surrealist. Tendenz; fand dann zu sehr persönl. Aussage mit Betonung des Inhalts u. sehr freier Behandlung der Form; Lyrik von großer Aufrichtigkeit u. Direktheit. Übs. von W. Whitman.

W: Versos y oraciones del caminante, G. II 1920–30; Drop a star, G. 1933; El hacha, G. 1939; Español del éxodo y del llanto, G. 1939; El gran responsable, G. 1940; Ganarás la luz, G. 1943; Parábola y poesía, G. 1944; Antología rota, G. 1947; Llamadme publicano, G. 1950; El ciervo, G. 1958. – Obras completas, 1963; El Bardo peregrino, Anth. 1983.

L: L. Ríus, L. F. poeta de barro, 1968; M. Murillo, ²1968; E. Arenal, 1970; A. Villatoro, 1975; M. L. Capella, 1975; A. Agostini de Del Rio, 1980; J. P. Ayuso, 1980; A. de Albornoz, E. Miró, L. de Luis, A. del Villar, El viejo, pobre poeta prodigio L. F., 1984; V. García de la Concha, 1986; J. A. Asunce Arrieta, 1988, 2000; M. Sananes, 1988.

Feliu i Codina, Josep, katalan. Schriftsteller, 11. 6. 1847 Barcelona – 2. 5. 1897 Madrid. Stud. Rechte Barcelona, Mitarbeit an versch. Zeitungen, v.a. polit. Satire, Leitung der satir. Wochenzsn. ›L' Pubilla‹ u. ›Lo Nunci‹; öffentl. Ämter; seit 1886 in Madrid. – Vf. von Bühnenwerken über span. Gegenden mit Herausstellung der Eigentümlichkeiten der betreffenden Region; errang großen Erfolg insbes. mit ›La Dolores‹, e. aragones. Sittendrama. Verfaßte auch Textbücher für Operetten; schrieb span. u. katalan.

W: La balada de la rosa, Dr. 1870; Los fadrins externs, K. 1871; Amor y nervios, K. 1872; Ocaso y aurora, K. 1874; La dida, K. 1875; Lo rector de Vallfogona, R. 1876; Las hadas del mar, En. 1879; Lo Bruc, R. 1880; A ca la sonàmbula, Sch. 1881; Lo gra de mesc, Sch. 1882; La

Dolores, Dr. 1892; Miel de la Alcarria, Dr. 1893; María del Carmen, Dr. 1896; La real moza, Dr. 1897; Boca de fraile, Dr. 1897.

Fénelon, François de Salignac de la Mothe-F., franz. Schriftsteller, 6. 8. 1651 Schloß Fénelon/Périgord – 7. 1. 1715 Cambrai. Stud. Theol. Cahors und Paris (Séminaire-Saint-Sulpice). Schüler Bossuets. 1675 Priester. Zeichnete sich, 1678 vom Pariser Erzbischof, 1686 vom König beauftragt, bei der Bekehrung von Protestanten aus. 1689–95 von Ludwig XIV. als Erzieher des Thronerben, Duc de Bourgogne, eingesetzt. 1693 Mitglied der Académie Française. 1695 zum Erzbischof von Cambrai ernannt. Wurde, ab 1688 mit Mme de Guyon verbunden, Anhänger und Verteidiger des Quietismus: S. Schrift ›Explication des maximes des Saints‹ wurde 1697 von Bossuet, 1699 vom Papst verurteilt. 1699 in Ungnade bei Ludwig XIV., wegen des gegen F.s Willen veröffentlichten ›Télémaque‹, nach Cambrai exiliert. – Vf. pädagog., theolog., polit. und lit.krit. Schriften. Komplexe, in sich gegensätzl. Persönlichkeit. Als stolzer Aristokrat von tiefer Liebe zum Volk erfüllt. Ehrgeizig, aber von gemütsinniger Frömmigkeit beseelt, ohne Bedenken für s. Karriere im Einsatz für den Quietismus. Als genialer Pädagoge zugleich Realist und Utopist. S. Hauptwerk, der für s. fürstl. Schüler bestimmte Erziehungsroman ›Télémaque‹, e. von tiefer humanist. Bildung zeugende Kompilation und moral.-polit. Lehrbuch zugleich. Wollte damit nach s. vom Erfolg bestätigten, auf Rousseau vorausweisenden pädagog. Methode des einschmeichelnden Zwanges, die er bereits in ›Traité de l'éducation des filles‹ entwikkelte, auf gefällige Weise belehren. Entwarf e. Bild vom Idealstaat, das sich mit dem Realbild der Monarchie Ludwigs XIV. nicht deckte. (Ungunst Ludwigs, weil einzelne Thesen als Kritik gedeutet wurden.) S. idealer Monarch ist nicht despotisch, sondern durch das moral. Gesetz gebunden, e. Feind von Luxus und Krieg. Revolutionäre und Philosophen des 18. Jh. sahen in ihm e. Vorbereiter ihrer Ideen. Die liebenswürdige Anmut, flüssige Harmonie, dichter. Einbildungskraft s. poet. Prosa machen ihn zu e. der ersten Vorläufer der Frühromantik. Auch s. letztes Werk, die bedeutende dichtungstheoret. Schrift ›Lettre à L'Académie‹, weist über das 17. Jh. hinaus.

W: Traité de l'éducation des filles, Schr. 1687 (n. A. Chérel 1920; d. E. v. Sallwürk 1886); Explication des maximes des Saints, Schr. 1697 (n. A. Chérel 1911); Les aventures de Télémaque, R. 1699 (n. A. Cahen II 1920; d. F. Rückert 1878); Dialogues des morts, 1700, 1712, 1718; Traité de l'existence de Dieu, 1713; Lettre à L'Académie, 1716; Dialogues sur l'éloquence, 1718; Fables, 1734; L'examen de conscience d'un roi, 1734. – Œuvres complètes, hg. P. Querbeuf IX 1787–92, hg. Gosselin, Caron XXXV 1820–30, X 1852ff.; Œuvres choisies, IV 1862; Lettres et écrits politiques, hg. C. Urbain 1921; Lettres spirituelles, hg. S. de Sacy III 1856; Les plus belles pages de F., hg. Bremond 1930; Pages nouvelles, hg. M. Langlois 1935; Correspondance, hg. Gosselin XI 1827–29. – *Übs.:* SW, V 1781/82; Relig. Schr., d. M. Claudius II 1800–09, ³1878; Ausw., B. v. Koskull 1951; Geistl. Werke, P. Manns 1961; Briefe an e. Stiftshauptmann, 1940.

L: J. Lemaître, 1900; E. K. Sanders, 1911; H. Bremond, 1910; A. Chérel, F. au 18. sc. en France, 1917; ders., F. ou la religion du pur amour, 1934; J. Janet, 1921; A. Delplanque, La pensée de F., 1930; E. Carcassonne, Etat présent des études sur F., 1939; ders., 1946; M. Barbano, Turin 1950; J. Kraus, J. Calvet, hg. 1953; J. L. Goré, L'itinéraire de F., 1957; R. Spaemann, Reflexion u. Spontaneität, 1963; F. Gallouédec-Genuys, Le prince selon F., 1963; M. Raymond, 1967; F. Ribadeau-Dumas, 1968; M. Haikant, 1969; H. Gouhier, 1977; F. Cuche, Une pensée sociale catholique, 1991; A. Richard, 1993; F. Cuche, 1994; D. Leduc-Fayette, 1996.

Feng Menglong, chines. Novellist und Romanautor, 1574 Suzhou – 1646. Nach Staatsexamen Landrat von Shouning (Fukien). – Vf. von Klassikerkommentaren, Gedichten, Essays u. Dramen. Am bedeutendsten als Roman- und Novellenautor. Setzte den hist. Roman ›Pingyao zhuan‹ des → Luo Guanzhong fort. Aus älteren Sammlungen stellte F. die drei Novellensammlungen ›Sanyan‹ zusammen, insgesamt 120 Novellen in der Umgangssprache, aus denen 29 in das → Jingu qi guan übernommen wurden. In vielen Fällen hat F. die älteren Vorlagen nur überarbeitet. Vf. erot. Volkslieder (Shan'ge).

W: Zhinang quanji, G. u. Ess.; Gujin xiaoshuo (d.i. Yushi mingyan), Nn. 1620–24; Jingshi tongyan, Nn. 1624; Xingshi hengyan, Nn. 1627. – *Übs.:* J. L. Bishop, The Colloquial Short Story, Cambr./MA 1956; Die schöne Konkubine, 1966; C. Töpelmann, Shan-ko, 1973.

L: P. Hanan, The Chinese Short Story, Cambr./MA 1973.

Feng Meng-lung → Feng Menglong

Feng Zhi (eig. Feng Chengzhi), chines. Dichter, Lit.wissenschaftler, Übersetzer, 17. 9. 1905 Zhuoxian (Hebei) – 22. 2. 1993 Peking. Aus wohlhabender Familie stammend, 1923–27 Stud. der Germanistik in Peking. 1930–35 Stud. in Berlin, Promotion in Heidelberg. Ab 1939 Prof. für dt. Lit. in Kunming. Nach 1949 Dekan, Universität Peking, Direktor, Institut für ausländ. Lit., Akad. der Wiss. – Romant. Gedichte, die Konfrontation des jungen Intellektuellen mit feindl. Umgebung, Armut und Niedergang reflektierend, kennzeichnen die frühe Schaffensperiode (1923–29). 1941 Sonette unter dem Einfluß Goethes und Rilkes die F.s Rang als großen metaphys. Dichter etablieren. Einflußreich auch als Übersetzer (Heine) und Lit.wissenschaftler (Goethe, Du Fu).

W: Zuori zhi ge, G. 1927; Beiyou ji qita, G. 1929; Shisi hang ji, G. 1942 (Sonette, in: W. Kubin, Nachrichten von der Hauptstadt der Sonne, d. 1985); Wu Zixu, R. 1946.

Fenoglio, Beppe, ital. Erzähler, 1. 3. 1922 Alba, Cuneo – 18. 2. 1963 ebda. Weinhändler. – Schildert in ep. breiten, realist. Romanen Faschismus, dt. Okkupation und das Partisanenleben in s. piemontes. Heimat mit Anklängen an Pavese, Hemingway und amerik. Western.

W: I ventitre giorni della città di Alba, R. 1952; La malora, R. 1954; Primavera di bellezza, R. 1959; Un giorno di fuoco, R. 1963 (daraus: Eine Privatsache, d. 1968); Il partigiano Johnny, R. 1968; La paga del sabato, R. 1969 (Eine feine Methode, d. 1971).

L: R. Bigazzi, 1983; E. Soletti, 1987; G. Ioli, B. F. oggi, 1991; G. Lagorio, 1998. – Bibl.: A. M. Mauceri, 1997.

Fenton, James, engl. Lyriker, * 25. 4. 1949 Lincoln. Stud. Oxford, Journalist, Rezensent u. Korrespondent für brit. Zeitungen in Dtl. (1978/79) und Asien (1986–88). – S. Bedeutung liegt v. a. in einigen sehr bekannten Gedichten zu den Traumata des 20. Jh. u. ihren atmosphär. Auswirkungen, die er in e. unpersönl., narrativ orientierten, aber sehr intensiven, bisweilen surrealist.-unheiml. Stil beschwört, wobei ›A German Requiem‹ als e. der eindringlichsten Gedichte über den Holocaust überhaupt gelten kann.

W: Terminal Moraine, 1972; A German Requiem, 1981; The Memory of War, 1982; Children in Exile, 1984; All the Wrong Places, Aut. 1988; Out of Danger, 1993; Children in Exile: Poems 1968–84, 1994; Leonardo's Nephew, Es. 1998; The Strength of Poetry, Es. 2001.

Feraoun, Mouloud, alger. Romancier franz. Sprache, 8. 3. 1912 Tizi-Hibel/Kabylei – 15. 3. 1962 El Biar b. Algier. Lehrer. Während der Befreiungskämpfe von Anhängern der OAS ermordet. – Beschreibt in erstaunl. objektiven sozialpsycholog. Romanen das Schicksal afrikan. Arbeiter in Frankreich.

W: Le fils du pauvre, Aut. 1950 (d. 1957); La terre et le sang, R. 1953 (Die Heimkehr des Amer-u-Kaci, d. 1956); Les chemins qui montent, R. 1955 (d. 1958); Journal (1955–1962), 1962; Lettres à ses amis (1949–1962), 1969.

L: M. H. Chèze, 1982; M. Djillali, 1983; J. Gleyze, 1990; E. Coupel, 1999; Ch. Achour, 2000; R. Elbaz, 2001.

Ferber, Edna, amerik. Erzählerin, 15. 8. 1885 Kalamazoo/MI – 16. 4. 1968 New York. Ungar. Herkunft; nach Schauspielstud. Reporterin in Milwaukee und Chicago, Reisen in Europa und Amerika, lebte in New York. – Vf. kulturhist. interessanter Romane aus dem amerik. Leben im Stil des beschreibenden Realismus; sozialkrit. Tendenz; meist um e. zentrale Frauengestalt angelegt und in wechselnden Milieus angesiedelt. Ausweitung zu Familien- und Heimatromanen, die e. Querschnitt durch die Geschichte der USA und ihrer Regionen geben: das untere Mississippigebiet im frühen 19. Jh., die Pelzhandelszeit in Seattle, den Ölboom in Oklahoma, die Besiedlung von Texas durch die Weißen. Außerdem erfolgr. Bühnenstücke, meist Gesellschaftskomödien, mit G. S. Kaufman.

W: Dawn O'Hara, R. 1911 (d. 1916); Buttered Side Down, En. 1912; Fanny Herself, R. 1917 (Das ist Fanny, d. 1930); Half Portions, Kgn. 1920; The Girls, R. 1921 (d. 1928); So Big, R. 1924 (d. 1927, u. d. T. Eine Frau allein, d. 1962); Show Boat, R. 1926 (Das Komödiantenschiff, d. 1929); Mother Knows Best, Kgn. 1927; The Royal Family, K. 1928 (d. 1931); Cimarron, R. 1930 (d. 1931); American Beauty, R. 1931 (d. 1933, u. d. T. Das Haus der Väter, d. 1957); Dinner at Eight, Dr. 1932; They Brought Their Women, Kgn. 1933; Come and Get it, R. 1935; Stage Door, K. 1936; A Peculiar Treasure, Aut. 1939; Saratoga Trunk, R. 1941 (d. 1947); The Land is Bright, K. 1941; Great Son, R. 1945 (d. 1950); Bravo, K. 1948; Giant, R. 1952 (d. 1954); Ice Palace, R. 1958 (Der weiße Palast, d. 1958); Kind of Magic, Aut. 1963.

L: M. R. Shaughnessy, 1976; J. G. Gilbert, 1978.

Ferdausī → Firdausī

Ferguson, Helen → Kavan, Anna

Ferguson, Sir Samuel, ir. Dichter und Altertumsforscher, 10. 3. 1810 Belfast – 9. 8. 1886 Howth b. Dublin. Eltern schott. Herkunft. Stud. Trinity College, Dublin, dort 1865 Ehrendoktor für Lit. Erfolgr. Rechtsanwalt, 1859 zum Berater der Königin ernannt. ∞ 1865 Mary Catherine Guiness. 1867 Archivar des ir. Staatsarchivs. 1878 zum Ritter geschlagen. – Vorzügl. Übersetzungen und Paraphrasen ir. Gedichte. Mitarbeit an ›Blackwood's Magazine‹. E. der Hauptförderer der gäl. Wiederbelebung ir. Lit. Vf. von Kurzgeschichten und Gedichten, Sammler alter kelt. Inschriften.

W: The Cromlech on Howth, G. 1841, 1864; Lays of the Western Gael, G. 1865; Congal, G. 1872; Poems, 1880; Hibernian Nights' Entertainments, Kgn. 1833–35, 1859, 1887; Ogham Inscriptions in Ireland, Wales and Scotland, 1887. – Poems, hg. A. P. Graves 1914; P. Colum 1963.

L: M. Ferguson, 1896; A. Deering, 1931; M. Brown, 1973; R. O'Driscoll, An Ascendancy of the Heart, 1976; T. Brown, B. Hayley, hg. 1987.

Fergusson, Robert, schott. Lyriker, 5. 9. 1750 Edinburgh – 17. 10. 1774 ebda. Sohn e. Bankbeamten, Stud. in St. Andrews, wurde nach dem Tod s. Vaters Schreiber in e. Anwaltsbüro. Frühe Begabung für humorvoll-satir. Dichtung, schrieb

Gedichtbeiträge für ›Ruddiman's Weekly Magazine‹, die später in Buchform erschienen. Wurde geisteskrank, starb im Elend in einer psychiatr. Anstalt. – Vertraut mit dem geselligen Leben Edinburghs, das er satir. schildert. Anschaul. Bilder von Volksszenen. Große Natürlichkeit. Lebhafter Gebrauch des heimatl. Dialekts. Wiederbelebung von Scots als Literatursprache. Beeinflußte Burns, der ihn sehr bewunderte.

W: Poetical Contributions to Ruddiman's Weekly Magazine or Edinb. Amusement, 1771/72; Auld Reikie, G. 1773; The Edinburgh Buck, Dr. 1777; The Farmer's Ingle, G. 1797; Poems, 1773 (n. R. Ford 1917); Scots Poems, hg. J. Telfer 1948; Poems, hg. M. P. MacDiarmid II 1954–56.

L: A. B. Grosart, 1898; F. C. Green, 1923; J. A. Roy, 1948; G. S. Smith, 1952; A. H. MacLaine, 1965; D. Daiches, 1982; F. W. Freeman, 1984; Robert Burns's Favourite Scottish Poet, 2003.

Farīd ed-Dīn ʿAṭṭār → ʿAṭṭār, Farīdu'd-Dīn ibn Muḥammad

Ferienčík, Mikuláš Štefan, slovak. Schriftsteller, 30. 7. 1825 Zvolen – 3. 3. 1881 Martin. Metzgerssohn, Beamter, Redakteur, Mitbegründer des Kulturvereins ›Matica slovenská‹. – Schrieb Gedichte, Gesellschaftsnovellen u. Possen mit vorwiegend fremden Stoffen unter Einfluß des russ. Realismus.

W: Irma, N. 1860; Jedlovský učitel, N. 1862; Bratia, N. 1862; Šefraník, N. 1880; Pravda predsa zvít'azí, Lsp. 1862; Samovraždou k ženbe, Lsp. 1878; Prekvapenie, Lsp. 1879; Pomluvy, Lsp. 1880.

L: A. Mráz, Literárny profil M. Š. F., 1959.

Ferlin, Nils Johan Einar, schwed. Lyriker, 11. 12. 1898 Karlstad – 21. 10. 1961 Uppsala. Sohn e. Redakteurs; versch. Berufe, bes. Seemann, Journalist, Schauspieler u. Coupletdichter. Frödingstipendium 1942. – S. an Fröding, D. Andersson, Lucidor u. Wivallius orientierte Boheme- und Vagabundendichtung wechselt zwischen Wehmut u. Galgenhumor. Sympathie für B. Brecht. In der Rolle des Narren u. Gauklers wendet er sich satir. gegen Wichtigtuer, Machtmenschen u. Unterdrücker u. ironisiert die Erfolgsverehrung wie die Amerikanisierung u. Mechanisierung der Zeit. Mitgefühl zeigt er mit den Armen, Entgleisten u. Übergangenen. Frage nach dem Sinn des Lebens, das er als Durcheinander ansieht. In s. nur scheinbar improvisierten Gedichten u. von versch. Komponisten vertonten Liedern knüpft er, auch grammat. u. orthograph., an die Umgangssprache an. Hörspielautor.

W: En döddansares visor, G. 1930; Barfotabarn, G. 1933; Goggles, G. 1938; Tio stycken splitter nya visor tryckta i år, G. 1941; Kanonfotografen, G. 1943; Yrkesvisor, G. 1944; Med många kulörta lyktor, G. 1944; Kejsarens papegoja, G. 1951; Från mitt ekorrhjul, G. 1957; En gammal cylinderhatt, G. 1962. – Dikter, 1964; Bröder under vindar sju (postum), G. 1982.

L: A. Häggqvist, 1942 u. 1956; Å. Runnqvist, 1958; H. Ferlin, 1971.

Ferlinghetti, Lawrence, amerik. Lyriker, * 24. 3. 1919 Yonkers/NY. Als Kind und später als Soldat in Frankreich; Stud. Columbia Univ. und Sorbonne; seit 1951 in San Francisco, wo seine Buchhandlung zum Mittelpunkt der lit. und geistigen Bewegung der ›Beat Generation‹ und der Poetry Renaissance von San Francisco wurde; in der von ihm gegründeten ›City Lights Press‹ verlegt er mod. avantgardist. Lyrik (›Pocket Poets Series‹); aktiv in der Anti-Vietnam-Bewegung. – Vf. zeitkrit., deskriptiver und satir. Gedichte, die in scharf gesehenen, oft von der Malerei inspirierten Bildern die Fülle des Diesseitigen einfangen sollen. An Whitman erinnernd. Bemühung um gesprochene, z.T. unter Jazzbegleitung vorgetragene Dichtung. Übs. J. Prévert (1958).

W: Pictures of the Gone World, G. 1955; A Coney Island of the Mind, G. 1958 (d. 1962); Her, R. 1960 (d. 1963); One Thousand Fearful Words for Fidel Castro, G. 1961; Starting from San Francisco, G. 1961 (n. 1967); Unfair Arguments with Existence, Dr. 1963; Routines, Dr. 1964; An Eye on the World, G. 1967; After the Cries of the Birds, G. u. Es. 1967; The Secret Meaning of Things, G. 1969; Tyrannus Nix?, Sat. 1969; Back Roads to Far Places, G. 1971; Open Eye, Open Heart, G. 1973; Who Are We Now?, G. 1976; Landscapes of Living and Dying, G. 1979; Literary San Francisco: A Pictorial History, 1980; Endless Life, G. 1981; Over All the Obscene Boundaries, G. 1984; Leaves of Life: Fifty Drawings from the Model, G. 1985; Inside the Trojan Horse, G. 1987; Love in the Days of Rage, R. 1988 (Die Liebe in den Stürmen der Revolution, d. 1991); When I Look at Pictures, G. 1990; These Are My Rivers: New & Selected Poems, 1955–93; The Cool Eye: Lawrence Ferlinghetti Talks to Alexis Lykiard, 1993; A Far Rockaway of the Heart, G. 1997; How to paint sunlight, Schr. 2001. – *Übs.:* Ausgew. Gedichte, 1972, 1980.

L: N. Cherkovski, 1979; L. Smith, 1983; C. Felver, Ferlinghetti: Portrait, 1998.

Fernán Caballero (eig. Cecilia Böhl de Faber), span. Schriftstellerin, 25. 12. 1796 Morges/Schweiz – 7. 4. 1877 Sevilla. Tochter des dt. Hispanisten J. N. Böhl von Faber u. e. aus Cádiz gebürtigen Spanierin, in Dtl. erzogen, dreimal verheiratet, lebte ab 1821 ganz in Spanien, vorwiegend in Dos Hermanas (Sevilla) auf e. Landgut ihres 2. Mannes, wo sie mit der andalus. Welt in enge Berührung kam u. entscheidende Anregungen für ihre schriftsteller. Arbeit empfing. – Wurde mit ihren realist. Sittenromanen wegbereitend für die späteren großen Romanciers der span. Lit. (u. a. Galdós, Alarcón, Valera, Palacio Valdés), galt vielfach als Begründerin der mod. span. Romans

(v. a. mit ihrem besten Werk ›La gaviota‹), verfolgte moral. u. relig. Tendenz; Angriffe gegen die neuen Strömungen ihrer Zeit (Enzyklopädismus, Progressismus usw.), verfügte über e. sehr reinen Stil u. feines dichter. Empfinden. Bevorzugte Andalusien als Schauplatz ihrer Romane u. Erzählungen; sammelte auch andalus. Lieder, Sprichwörter u. Volksmärchen u. gab damit den entscheidenden Anstoß für die Tätigkeit späterer Folkloristen.
W: La Gaviota, R. 1849 (n. 1972); Clemencia, R. 1852 (n. 1975); Cuadros de costumbres populares andaluzas, Sk. 1852; La familia de Alvareda, R. 1856; Relaciones, R. 1857; Un servilón y un liberalito, R. 1857; Un verano en Bornos, R. 1858. – Obras completas, XIX 1855, XIII 1859, XI 1893–1914, XVI 1902–16, V 1961. – Übs.: AW, 1859–64; Span. Dorfgeschichten, 1877; Novellen, 1878; Andalus. Novellen, 1891.
L: Comte Bonneau-Avenant, 1882; L. Coloma, 1912; B. de los Ríos, 1915; A. Palma, 1931; Th. Heinermann, 1944; J. Romano, La alondra y la tormenta. F. C., 1950; E. Haase, Der Realismus als Regionalismus bei F. C., Diss. Mainz 1953; J. M. Castro y Calvo, 1961; J. F. Montesinos, Berkeley 1962; J. Herrero, 1963; S. Montoto, 1973; G. Carnero, 1978.

Fernandez, Dominique, franz. Schriftsteller, * 28. 8. 1929 Neuilly sur Seine. Stud. Lit.wiss. mit Schwerpunkt Italienisch; Dissertation über die Gründe des Scheiterns von C. Pavese. Zahlr. Reisen prägen s. lit. Schaffen (Reisebücher mit F. Ferranti). Kenner der barocken Kunst; Romanautor, Essayist, Lit.kritiker und Übersetzer. – Analysiert in seinen Werken vor allem die Atmosphäre und die verdeckten Kulturverflechtungen der mediterranen Welt. Thematisiert die Probleme der Homosexualität und setzt sich für die Gleichberechtigung und Anerkennung der sexuellen Minderheiten ein. Vf. eines Opernlibrettos ›Le rapt de Perséphone‹.
W: L'échec de Pavese, Diss. 1967; Les enfants de Gogol, R. 1971; Porporino ou les mystères de Naples, R. 1974; Dans la main de l'ange, R. 1982 (d. 1985); L'amour, R. 1985; La gloire du paria, R. 1987; Le rapt de Perséphone, 1988; Porfirio et Constance, R. 1991; Tribunal d'honneur, R. 1996; Nicolas, R. 2000.

Fernández, Lucas, span. Schriftsteller, 1474 Salamanca – 1542 ebda. Prof. für Musikologie an der Univ., schrieb Theaterstücke relig. u. pastoralen Charakters nach dem Vorbild J. del Encinas.
W: Comedia de Bras Gil y Beringuella; Farsa o cuasicomedia de una doncella, un pastor y un caballero; Farsa o cuasicomedia de dos pastores, un soldado y una pastora; Égloga o farsa del Nascimiento de Nuestro Redemptor Jesucristo; Auto o farsa del Nascimiento de Nuestro Señor Jesucristo; Auto de la Pasión; Diálogo para cantar; Farsas y églogas al modo y estilo pastoril y castellano, 1514 (n. E. Cotarelo y Mori, 1929). – Farsas y églogas, hg. M. J. Canellada 1976.

L: R. Espinosa Maeso, 1923; E. Cotarelo y Mori, 1929; J. Lihani, El lenguaje de L. F., 1973; A. Hermenegildo, 1975; F. Maurizi, Aix-en-Provence 1994.

Fernández, Macedonio, argentin. Schriftsteller, 1. 6. 1874 Buenos Aires – 10. 2. 1952 ebda. Rechtsanwalt. – Vf. von grotesken Prosaschriften, Mischung von Humor u. Paradoxie in Anlehnung an Gómez de la Serna; Wortakrobatik an der Grenze des Absurden. Auch Lyriker.
W: No toda es vigilia la de los ojos abiertos, Prosa 1928; Papeles de recienvenido, Prosa 1930; Una novela que comienza, Prosa 1941; Destino de llorarte, G. 1941; Continuación de la nada, Prosa 1944; Poemas, 1953; Papeles de M. F., 1964; Museo de la novela de la eterna, Prosa 1967; Cuaderno de todo y nada, 1972; Adriana Buenos Aires, R. 1974; Textos selectos, 1999. – Obras completas, VIII 1981–90.
L: C. Foix, 1974; G. L. García, 1975; W. Flammersfeld, 1976; J. A. Engelbert, 1978; E. Fernández Latour, 1980; N. Lindstrom, 1981; J. Isaacson, 1981; F. H. Schiminovich, 1986; N. Salvador, 1986; A. Borinsky, 1987; R. Piglia, hg. 2000; A. Abós, 2002.

Fernández de Andrada, Andrés → Epístola moral a Fabio

Fernández Ardavín, Luis, span. Dichter u. Dramatiker, 16. 7. 1891 Madrid – 17. 12. 1962 ebda. Stud. Rechte ebda., rege kulturelle u. lit. Tätigkeit, Mitglied versch. Akad. – Als Lyriker ausgesprochen modernist. in der Nachfolge Rubén Daríos; besaß große Leichtigkeit im Dichten; erfolgreicher als Dramatiker durch absolute Beherrschung der Bühnentechnik u. starke Ausdruckskraft; bevorzugte hist. Themen. Übs. von Goethe, Balzac, Musset u. Verlaine.
W: La campana, Dr. 1919; La dama del armiño, Sch. 1921; El hijo, En. 1921; El bandido de la sierra, Dr. 1922; Lupa la malcasada, Dr. 1924; La estrella de Justina, K. 1925; Doña Diabla, Dr. 1925; La nave sin timón, Dr. 1925; La vidriera milagrosa, Dr. 1925; Rosa de Madrid, K. 1926; La cantaora del puerto, Dr. 1927; La hija de la Dolores, Dr. 1927; La eterna inquietud, G. 1927; La espada del hidalgo, Dr. 1930; Las llamas del convento, K. 1931; La florista de la reina, Dr. 1939.

Fernández de Avellaneda, Alonso, Pseudonym des unbekannten Vf. e. Fortsetzung des ›Don Quijote‹. Alle Vermutungen u. Forschungen der Kritiker nach dem wirkl. Autor blieben bisher erfolglos; zahlr. Schriftsteller wurden in Erwägung gezogen, u.a. Lope de Vega, Tirso de Molina, Guillén de Castro; schwache Imitation, die sich trotz einiger gelungenen Stellen von großer Komik u. Ursprünglichkeit nicht mit dem Meisterwerk Cervantes' vergleichen läßt.
W: Segundo tomo del Ingenioso hidalgo Don Quijote de la Mancha, R. 1614 (n. M. Menéndez y Pelayo 1905, III 1972; d. F. J. Bertuch 1781, n. 1968).

L: M. P. Groussac, Paris 1903; A. Baig Baños, 1915; E. Cotarelo y Mori, 1934; J. Espín Rael, Investigaciones sobre ›El Quijote‹ apócrifo, 1942; S. Gilman, Cervantes y A., 1951; J. Sánchez Pérez, ²1951; M. de Riquer, 1988.

Fernández Cubas, Cristina, span. Schriftstellerin, * Mai 1945 Arenys de Mar/Barcelona. Stud. Jura u. Journalistik, Reporterin in Südamerika u. Ägypten. – Originelle Romane u. Erzählungen zwischen Realität u. Phantastik.

W: Mi hermana Elba, En. 1980; Los altillos de Brumal, En. 1983; El año de Gracia, R. 1985 (d. 1989); El ángulo del horror, En. 1990; Con Agatha en Estambul, En. 1994; El columpio, R. 1995 (d. 1997); Hermanas de sangre, Dr. 1998.

Fernández Flórez, Wenceslao, span. Schriftsteller, 12. 2. 1885 La Coruña/Galicien – 29. 4. 1964 Madrid. Begann s. journalist. Tätigkeit 1903 als Redakteur an der ›Tierra Gallega‹, Mitarbeiter der wichtigsten Tageszeitungen u. Zsn., Mitglied der Span. Akad. (1945). – Sehr beliebter, im In- u. Ausland vielgelesener Romancier u. Humorist; Entwicklung von realist. Tendenz zu nachsichtiger Gesellschaftskritik; s. Werke sind von liebenswürdigem, teils skept., teils melanchol. Humor u. feiner, z. T. bitterer Ironie geprägt, e. Erbteil s. galic. Natur.

W: Volvoreta, R. 1917; Las gafas del diablo, Kgn. 1918; Ha entrado un ladrón, R. 1920; El secreto de Barba Azul, R. 1923; Visiones de neurastenia, En. 1924; Las siete columnas, R. 1926; Relato inmoral, R. 1927; Elladrón de glándulas, R. 1929; Los que no fuimos a la guerra, R. 1930; El malvado Carabel, R. 1931; Una isla en el mar rojo, R. 1940; El bosque animado, R. 1943; El toro, el torero y el gato, En. 1946; De portería a portería, R. 1949. – Obras completas, IX 1947ff.

L: M. Gómez-Santos, 1958; A. Mature, 1968; J. C. Mainer, 1976; R. M. Echeverría Pazos, 1987.

Fernández y González, Manuel, span. Romanschriftsteller, 6. 12. 1821 Sevilla – 5. 12. 1888 Madrid. Stud. Philos. u. Rechte Granada, Mitglied des Literatenzirkels ›La Cuerda granadina‹, Bohemeleben in Madrid, gelangte durch s. erfolgr. Fortsetzungsromane zu großem Reichtum. – Romancier von sagenhafter Fruchtbarkeit (mehr als 300 Romane) u. großer Beliebtheit zu s. Zeit; Bevorzugte hist. Themen; als Andalusier mit starker Phantasie u. Witz begabt; die Qualität s. Werke leidet unter der überstürzten Niederschrift u. mangelndem geistigen Gehalt; von großer Anschaulichkeit u. bewegter Handlung, aber Mangel an deskriptiven u. psycholog. Elementen.

W: El Condestable don Álvaro de Luna, R. 1851; Los siete infantes de Lara, R. 1853; Men Rodriguez de Sanabria, R. 1853; Enrique IV el Impotente, R. 1854; Martín Gil, R. 1854; El cocinero de Su Majestad, 1857; Los desheredados, R. 1865; Obispo, casado y rey, R. 1865; Los hijos perdidos, R. 1866; María, R. 1868; El alcalde Ronquillo, R. 1868; La princesa de los Ursinos, R. 1870; Don Miguel de Mañara, R. 1877.

L: F. Hernández-Girbal, 1931.

Fernández de Lizardi, José Joaquín, mexikan. Schriftsteller, 15. 11. 1776 Mexiko Stadt – 21. 6. 1827 ebda. Arztsohn, Stud. Theol. u. Philos., das er nach dem Tod des Vaters aus wirtschaftl. Not abbrechen mußte; polit. Tätigkeit; veröffentlichte die satir., antiklerikale Zeitung ›El Pensador Mexicano‹; Gefängnishaft, Exkommunikation u. Verbannung wegen versch. Aufsätze. – War in erster Linie Journalist polit.-moralisierender Tendenz; fand weite Verbreitung beim Volk; schlug auch in s. Romanen e. lehrhaft-dozierenden Ton an; s. ›Periquillo‹ steht dem Schelmenroman nahe; auch Lyriker u. Dramatiker.

W: El Periquillo Sarniento, R. 1816; Fábulas, G. 1817; La Quijotita y su prima, R. 1818; Noches tristes y día alegre, R. 1818; El negro sensible, Dr. 1825; Vida y hechos del famoso caballero don Catrín de la Fachenda, R. 1832. – Obras, X 1973–81.

L: J. R. Spell, Pennsylvania 1931; B. Godoy, 1938; L. González Obregón, 1938; F. Monterde, 1946; E. Solís, 1952; M. T. Dehesa, 1961. – *Bibl.:* P. Radin, Sacramento 1940; M. Palacios Sierra, 1965.

Fernández de Moratín, Leandro → Moratín, Leandro Fernández de

Fernández de la Reguera, Ricardo, span. Romanschriftsteller, 27. 4. 1916 Barcenillas/Santander – 2000 Barcelona. Kindheit in Chile, Stud. Philos. u. Lit., Prof. für span. Sprache u. Lit. an der Univ. Barcelona, ∞ Schriftstellerin Susana March; beide zusammen verfaßten die ›Episodios nacionales contemporáneos‹, e. Nachahmung u. Fortsetzung der ›Episodios nacionales‹ von Galdós. – Vertreter des traditionellen realist. Romans. Objektive, unpersönl. Darstellung, geschickte Technik, zügiges Fortschreiten der Handlung, keine detaillierten Beschreibungen.

W: Cuando voy a morir, R. 1950 (Schwarze Stiere meines Zorns, d. 1958); Cuerpo a tierra, R. 1954 (Wehrlos unter Waffen, d. 1962); Perdimos el Paraíso, R. 1955 (d. 1965); Bienaventurados los que aman, R. 1956 (Die Einfalt der Liebe, d. 1959); Vagabundos provisionales, R. 1959; Episodios nacionales contemporáneos (Héroes de Cuba, 1963; Héroes de Filipinas, 1966; Boda de Alfonso XIII, 1966; La Semana Trágica, 1966; Fin de una regencia, 1967; El desastre de Annual, 1971; La caída de un rey, 1972; La dictadura, 1973); Don Juan y Casanova, Ess. 1965; Un hombre llamado Roni, R. 1982.

Fernández Retamar, Roberto, kuban. Dichter u. Essayist, * 9. 6. 1930 Havanna. Prof. in Kuba u. in den Vereinigten Staaten; Direktor der Zs. ›Casa de las Américas‹. – S. zarte, brennende Lyrik besteht aus Bildern, die das Gesicht des Wirklichen kaum berühren. S. Essays sind wichtige Beiträge zur lateinamerik. Identitätssuche.

W: Elegía como un himno, G. 1950; La poesía contemporánea de Cuba, Es. 1954; Idea de la estilística, Es. 1958; A quien pueda interesar, G. 1970; Calibán. Apuntes sobre la cultura en nuestra América, Es. 1971 (d. 1988); El son de vuelo popular, Es. 1972; Fervor de la Argentina. Antología personal, G. 1993.

Fernández Santos, Jesús, span. Schriftsteller, 1926 Madrid – 2. 6. 1988 ebda. Stud. an der Philos. Fakultät u. an der Filmhochschule ebda. – Realist. Erzähler von lakon. Präzision unter Einfluß Hemingways u. Barojas. Drehte auch Dokumentarfilme.

W: Los bravos, R. 1954 (Die tapferen Toren, d. 1961); En la hoguera, R. 1957 (Die Zypresse, d. 1962); Laberintos, R. 1964; Cabeza rapada, En. 1965; El hombre de los santos, R. 1969; Las catedrales, En. 1970; Libro de las memorias de las cosas, R. 1970; Paraíso encerrado, R. 1973; En la hoguera, R. 1976; Cuentos completos, En. 1978; Extramuros, R. 1978; Cabrera, R. 1981; El reino de los niños, E. 1981; Jaque a la dama, R. 1982; Los jinetes del alba, R. 1982; El griego, R. 1985; Balada de amor y soledad, R. 1987. – Cuentos completos, 1978.

L: J. Rodríguez Padrón, 1981; D. K. Herzberger, 1983; C. Alborg, 1984; S. Pastor Cesteros, 1996.

Ferrari, Paolo, ital. Dramatiker, 5. 4. 1822 Modena – 9. 3. 1889 Mailand. Offizierssohn; Jura-Stud. in Massa, 1843 Promotion in Modena. Teilnahme an polit. Bewegungen 1848. Lehrer am Lyzeum in Modena. Ab 1861 Dozent für Geschichte an der Mailänder ›Accademia scientifico-letteraria‹. – Schrieb zunächst v.a. Komödien volkstüml. Charakters (darunter einige im Modenenser Dialekt), die er z.T. auch selbst inszenierte u. die in ihrer Frische u. Lebendigkeit oft an Goldoni erinnern. In s. späteren Werken macht er sich zum Vertreter des Ideals e. bürgerl.-einfachen, den herkömml. Moralgesetzen unterworfenen Familienlebens, der ›vita prosaica‹, die er der ›vita poetica‹, dem romant.-ungebundenen Leben, entgegenstellt, u. distanziert sich damit auch bewußt von dem damals die ital. Theater beherrschenden franz. Drama.

W: Baltromeo Calzolaro, K. (1847); Goldoni e le sue sedici commedie nuove, K. (1851); La satira e Parini, K. 1854; Il duello, Dr. (1868); Opere drammatiche, XV 1877–84, XXVI 1881; Teatro dialettale modenese, hg. T. Sorbelli 1922; Lettere edite ed inedite, hg. G. Morazzoni 1931.

L: N. de Bellis, Il teatro di P. F., 1922.

Ferrari, Severino, ital. Autor, 25. 3. 1856 Alberino/Bologna – 24. 12. 1905 Collegigliato/Pistoia. Zunächst Lehrer. Mit Pascoli befreundet u. Lieblingsschüler Carduccis, den er häufig an der Univ. vertrat u. dessen Mitarbeiter an lit.-hist. Arbeiten (v.a. am Kommentar zu Petrarcas ›Canzoniere‹) er war. Starb in geistiger Umnachtung. – Karikiert in s. geistreichen Satire ›Il Mago‹ e. Reihe von zeitgenöss. Persönlichkeiten. Thema s. einfachen, spontanen Lyrik ist v.a. die Liebe zur Landschaft der Romagna. Wichtig auch s. Tätigkeit als Hrsg. u. Kommentator klass. Autoren (u.a. Tasso u. Boiardo) u. der bis dahin wenig bekannten alten ital. Volksdichtung. Interessant sind s. in elegantem Stil geschriebenen Briefe.

W: Il Mago, Sat. 1884; Bordatini, G. II 1885f.; Versi, G. 1892; Sonetti, G. 1901; Versi – Il Mago (SW), hg. L. De Mauri 1906; Versi, G. (Ausw.) 1955; Tutte le poesie, hg. F. Felcini 1966; Lettere a G. Carducci, hg. D. Manetti 1933.

L: C. Scolari, 1936; G. Albergo, 1947; S. Comes, 1976. – Bibl.: C. Rivalta, 1915.

Ferrater i Soler, Gabriel, katalan. Lyriker, 20. 5. 1922 Reus – 27. 4. 1972 Sant Cugat del Vallès. Unvollendetes Univ.-Stud., 1963/64 Lektor bei Rowohlt, Verlagstätigkeit in Barcelona, ab 1967 Vorlesungen zur katalan. Lit. u. zur Linguistik, Selbstmord. – Das lyr. Werk beschränkt sich auf die 1960er Jahre; originelle, anspruchsvolle, der zeitgenöss. europ. Dichtung verpflichtete Verse. Auch Kunst- u. Lit.kritiker, Linguist u. Übs. aus dem Engl., Dt. (Kafka), Poln., Schwed.

W: Da nuces pueris, G. 1960; Menja't una cama, G. 1962; Teoria dels cossos, G. 1966; Les dones i els dies, G. 1968; Sobre literatura, Ess. 1979; Sobre el llenguatge, Ess. 1981.

L: N. Perpinyà, 1998.

Ferré, Rosario, puertorican. Schriftstellerin, * 28. 9. 1940 Ponce. Journalistin, Lit.kritikerin. Zweisprachige Autorin, die ihre eigenen Werke ins Engl. oder ins Span. übersetzt. – Ihr Hauptthema ist die Situation der Frau, speziell in Puerto Rico, dargestellt in konkreten Fällen oder in Mythen, Märchen u. in der Lit.

W: Papeles de Pandora, En. u. G. 1976; La caja de cristal, N. 1978; El medio pollito, Kdb. 1978 (d. 1990); Sitio a Eros, Ess. 1980; Fábulas de la garza desangrada, G. 1982; Maldito amor, N. u. En. 1986 (d. Kristallzucker, 1991); El árbol y sus sombras, Ess. 1989; Sonatinas, Kdb. u. Es. 1989; El coloquio de las perras, Es. 1990; Las dos vecinas, En. u. G. 1992; La casa de la laguna, R. 1995 (Isabel, d. 1997); Vecindarios excéntricos, En. 1998 (Die Stimmen der Träume, d. 1999).

L: S. S. Heintz, 1997.

Ferreira, António, portugies. Dichter, 1528 Lissabon – 29. 11. 1569 ebda. (an der Pest). Sohn e. herzogl. Beamten, Stud. Jura in Coimbra, als der Humanismus dort in höchster Blüte stand, erwarb gute Kenntnis der klass. Autoren, Schüler von Sá de Miranda, Obertribunalsrat in Lissabon, königl. Kammerherr. – Der humanist. umfassendst gebildete portugies. Autor s. Jh. führte endgültig die

Nachahmung der Antike als entscheidendes Element in die Lit. s. Landes ein u. legte mit Sá de Miranda den Grundstein der klass. portugies. Dichtung, pflegte aber im Gegensatz zu s. Lehrer ausschließl. die aus Italien importierten Formen Elegie, Epistel, Sonett, Epitaph, Epigramm; mit bes. Erfolg die Oden (empfindsam, ausdrucksvoll u. begeisternd), national gesinnt u. der staatsbürgerl. Aufgabe des Dichters bewußt (Ode ›Aos Reis Cristãos‹), beeinflußt von Horaz (Poetik), Vergil, Anakreon, Seneca und der lat. Komödie. Die Sonette zeigen starke Einwirkung Petrarcas u. kreisen um Jugendlieben u. s. beiden Frauen; bewegende Verse löste der Tod der ersten aus; gewisse formale Härte (Synkope, Krasis). Mit der vor 1567 verfaßten ›Tragédia mui sentida e elegante de D. Inez de Castro‹ schuf er die erste an der aristotel. Poetik orientierte Tragödie der portugies. Lit. u. e. der frühesten in Europa (inspiriert durch Stücke des in Coimbra lehrenden schott. Humanisten Buchanan, durch Diogo de Teive, Seneca, die Italiener Trissino u. Rucellai; den bis zu Montherlants ›Reine Morte‹ außerordentl. häufig aufgegriffenen Stoff hatte Garcia de Resende schon früher behandelt). Die Eifersuchtskomödie ›Comédia do Cioso‹ gehört zu den ältesten europ. Charakterkomödien, die ›Comédia do Bristo‹, in der zwei ›Milites Gloriosi‹ auftreten, lehnt sich noch enger als jene an Plautus u. Terenz an.

W: Inês de Castro, Tr. 1587 (n. J. Mendes dos Remédios 1915, F. Costa Marques 1961 m. Komm., engl. Musgrave 1825, franz. F. Denis 1835); Poemas Lusitanos, hg. M. Leite Ferreira 1598 (n. Marques Braga, II 1939f.); Bristo, K. 1622; O Cioso, K. 1622 (beide zus. m. den Lustspielen von Sá de Miranda veröffentlicht). – Obras completas, II 1771, ³1875.

L: J. de Castilho, III 1875; R. Lebègue, 1931; J. Fucilla, 1953; J. do Prado Coelho, 1961.

Ferreira, Vergílio António, portugies. Erzähler u. Essayist, 28. 1. 1916 Melo (Guarda) – 1. 3. 1996 Lissabon. Stud. Altphilol. Coimbra; Lehrer. – Anfänglich dem Neorealismus nahestehend, mit ›Aparição‹ Wendung zu e. eher subjektiven Ästhetik, Einfluß der dt. u. franz. Existenzphilos. Themen: Tod als Grenzerlebnis des Menschen, Suche nach Möglichkeiten der Daseinsbewältigung jenseits von Religion u. Ideologie, Stellung der Kunst im Leben. Komplexe Verknüpfung versch. Erzähltechniken, oft mit langen Exkursen. Fließende, poet. u. zeitweise expressive Sprache im Wechsel mit lakon.-minimalist. Stil. Intensive Auseinandersetzung mit philos. u. ästhet. Fragen im essayist. Werk.

W: O Caminho Fica Longe, R. 1943; Aparição, R. 1959; Alegria Breve, R. 1965; Espaço do Invisível, Ess. IV 1965–87; Contos, En. 1976; Em Nome da Terra, R. 1990; Pensar, Tg. 1992.

L: H. Godinho, 1985.

Ferreira de Castro, José Maria → Castro, José Maria Ferreira de

Ferreira de Vasconcelos, Jorge → Vasconcelos, Jorge Ferreira de

Ferreiro, Celso Emilio, span. (galic.) Lyriker, 6. 1. 1912 Celanova – 31. 8. 1979 Vigo/Galicien. Mitbegründer der ›Union de Pobo Galego‹, später Mitglied der ›Sozialist. Arbeiterpartei Spaniens‹, polit. engagiert. – Gedichte mit Metaphern polit. u. intellektuellen Inhalts, Übs. Rilkes ins Galic.

W: Al aire de tu vuelo, G. 1941; Baladas, cantigas y donaires, Slg. 1947; O sono sulagado, G. 1954; Longa noite de pedra, G. 1962; Viaje al país de los enanos, G. 1968. – Obra completa, 1975; Onde o mundo se chamsa Celanova, G.-Ausw. 1968.

Ferrier, Susan Edmonstone, schott. Romanschriftstellerin, 7. 9. 1782 Edinburgh – 5. 11. 1854 ebda. Tochter e. Juristen. Schrieb 3 ausgezeichnete Romane, die sie zunächst anonym veröffentlichte. Anschaul., amüsante Sittenbilder des Lebens der schott. Gesellschaft. Hatte wie J. Austen scharfen Blick für das Komische und gute Beobachtungsgabe. Von W. Scott sehr geschätzt (›my sister shadow‹).

W: Marriage, R. III 1818 (n. 1977); The Inheritance, R. 1824 (n. II 1903); Destiny, or The Chief's Daughter, R. 1831. – Works, VI 1882; hg. M. Sackville IV 1929; Memoir and Correspondence, hg. J. Ferrier, J. A. Doyle 1898.

L: A. Grant, 1957; W. M. Parker, 1965; M. Cullinan, 1984.

Ferron, Jacques, kanad. Schriftsteller franz. Sprache, 20. 1. 1921 Louisville – 22. 4. 1985 Longueuil. Sohn eines Notars, früher Tod der Mutter, praktizierender Arzt. Gründet als Pazifist und Sozialist die militante Zs. ›Rhinocéros‹, stellt sich gegen das Regime von Duplessis. – Vf. einer Vielzahl von dramat. und narrativen Genres, nennt sich selbst ›écrivain mineur‹. Seine Schriften tragen ausgeprägt autobiograph. Züge und sind z. T. Aufzeichnungen der oralen Erzähltradition seines Landes. Seine Helden, auf der Suche nach phys. und psych. Identität, bewegen sich in einer schillernden Welt zwischen Realität und Mythos des Quebec. Die Sprache ist reich an Registern und Stilebenen, häufig krit. und zyn. Beklagt den Niedergang des Franz. durch Überfremdung durch das Engl.

W: Le cheval de Don Juan, Dr. 1957; Contes du pays incertain, 1962; Le ciel de Québec, R. 1969; Les roses sauvages, R. 1971; Théâtre I, 1968; Théâtre II, 1975. – Contes (Gesamtausg.), 1968

L: P. l'Hérault, 1980; P. Cantin, 1984; J.-M. Paquette, 1991.

Fet, Afanasij Afanas'evič (ab 1873; eig. A. A. Šenšin), russ. Lyriker, 29. 10. (11.?) 1820 Novosëlki b. Mcensk (im ehem. Gouv. Orlov) – 3. 12. 1892 Moskau. Vater Gutsbesitzer A. N. Šenšin, Mutter Ch. Fet (Foeth); 1838–44, Stud. Lit. Moskau. Freundschaft mit A. Grigor'ev, 1840 Erstlingswerk Gedichtband ›Liričeskij panteon‹, 1845–58 Kavallerieoffizier, Bekanntschaft mit I. Turgenev, verwaltete später s. Gut, war als Friedensrichter tätig; in den 1860er Jahren von der liberalen Kritik befehdet und von 1865 an nicht mehr erwähnt, schwieg er lange als Dichter. Stand in engen Beziehungen zu L. Tolstoj. – Knüpft im Frühwerk an Stil und Thematik Batjuškovs, Del'vigs und anderer aus dem Kreis um Puskin an, nimmt die Ästhetik des harmon. Maßes als Richtschnur; geht von e. durch Anschaulichkeit, Deutlichkeit, klare Bildhaftigkeit gekennzeichneten Dichtung dazu über, gleichsam in zarten Pastellfarben intime seel. Zustände, durch äußeren Gegenstand veranlaßte flüchtige Emotionen, Unbewußtes, Träume, Phantasien in Poesie umzusetzen, läßt die Verse zu Improvisationen werden, verstärkt mit stilist. Mitteln, mit der Art der Verteilung von Hebungen und Senkungen im Satz das melod. Element, s. Vers ist überaus musikal. Setzt die Tradition Žukovskijs fort, beeinflußte bes. Bal'mont. S. Themen sind Liebe, Tod, v. a. die Natur, die er aus der Fülle der durch sie hervorgerufenen Empfindungen erstehen läßt. Wurde in den 70er Jahren begeisterter Anhänger Schopenhauers, gab in s. Lyrik dem philos. Gedanken Raum; die Verse s. letzten Jahre leiten bereits zu den Anfängen des Symbolismus hinüber. Hat auf den Dichter Vl. Solov'ev, auf Blok und F. Sologub gewirkt. E. der großen russ. Lyriker, auch als Übs. bedeutend; übersetzte Horaz, Ovid, Catull, Vergil, Goethes ›Faust‹ I und II in Versen, Schopenhauers ›Welt als Wille und Vorstellung‹.

W: Liričeskij panteon, G. 1840; Večernie ogni, G. I-IV 1883–91; Moi vospominanija, Mem. II 1890 (n. II 1971); Rannie gody moej žizni, Mem. 1893 (n. 1971); Večernie ogni, ²1979, 1984. – Polnoe sobranie stichotvorenij, G. II 1912, I 1959, II 1982. – *Übs.*: Gedichte, 1903, 1931; Quasi una fantasia: Gedichte russ.-dt., 1996.

L: V. I. Pokrovskij, ²1911; V. S. Fedina, 1915; R. D. Keil, Diss. Bonn 1955; R. F. Gustafson, The Imagination of Spring, New Haven 1966; B. Ja. Buchštab, 1974; S. Althaus-Schönbucher, K. D. Bal'mont Parallelen zu A. A. F., Diss. 1975; L. M. Lotman, Boston 1976; V. A. Sengina, 1998; E. N. Lebedev, 1999.

Feth-Ali Ahundzade → Aḥundzāde, Mîrzā Feth-Alî

Feuillet, Octave (Ps. Désiré Hazard), franz. Erzähler und Dramatiker, 11. 8. 1821 Saint-Lô – 29. 12. 1890 Paris. 1862 Mitglied der Académie Française. Von Kaiserin Eugénie 1868 zum Bibliothekar in Fontainebleau ernannt. Im letzten Jahrzehnt des 2. Kaiserreichs Modeschriftsteller von Hof und Salons, auch nach 1870 noch beliebt. – Begann mit leichten, liebenswürdigen und mondänen Stücken mit psycholog. Raffinesse u. moralisierender Tendenz, deshalb ›Musset des familles‹ genannt. Großer Erfolg der dem Geschmack des Bürgertums angepaßten Romane. Vertritt darin e. Idealismus, der weder fade wirkt noch die konventionelle Moral verletzt. Wandte sich gegen den moral. Verfall der Aristokratie.

W: Le grand vieillard, R. 1845 (m. Auber u. Bocage); La crise, Dr. 1848; Le pour et le contre, Dr. 1853 (Scylla und Charybdis, d. um 1890); Péril en la demeure, Dr. 1855 (d. 1874); Le village, Dr. 1856; Dalila, Dr. 1857 (d. um 1874); La petite comtesse, R. 1857; Le roman d'un jeune homme pauvre, R. 1858 (d. 1858); Le cheveu blanc, Dr. 1860 (d. um 1870); L'histoire de Sibylle, R. 1862 (d. 1863); Montjoie, Dr. 1863 (d. 1864); Monsieur de Camors, R. 1867; Julia de Trécœur, R. 1872 (d. 1910); Le sphinx, Dr. 1874; Un mariage dans le monde, R. 1875; Le journal d'une femme, 1878 (d. 1887); Histoire d'une Parisienne, R. 1881; La partie des dames, Dr. 1884 (d. um 1886); La morte, R. 1886 (d. 1886); Chamillac, Dr. 1886; Honneur d'artiste, R. 1890 (d. 1891); Théâtre complet, V 1892f.

L: L. Deriès, 1902; C. Lecigne, 1905; H. Bordeaux, La jeunesse d'O. F., 1922; A. Borressen, Le théâtre d'O. F., 1929.

Féval, Paul Henri Corentin, franz. Romanschriftsteller, 28. 11. 1817 Rennes – 8. 3. 1887 Paris. – Schrieb volkstüml. Fortsetzungsromane über Abenteuer in zivilisiertem Milieu, die mit zur Entwicklung des Detektivromans beitrugen. S. letzten Romane spiegeln s. Konversion zum Katholizismus (1876).

W: Le club des Phoques, 1841; Les mystères de Londres, XI 1844; Le fils du diable, 1847; Les couteaux d'or, 1856; Le bossu, 1858; Le capitaine Fantôme, 1862; Les habits noirs, 1863; Le poison d'or, 1863; Le château pauvre, 1877; Les étapes d'une conversion, 1877; Les merveilles du Mont Saint-Michel, 1879. – Œuvres, XXXVIII 1895. – *Übs.*: Werke, A. Diezmann XI 1846f.

L: C. Buet, 1883; A. Delaigue, 1890.

Feydeau, Ernest Aimé, franz. Romancier, 16. 3. 1821 Paris – 27. 10. 1873 ebda. Vater des Dramatikers Georges F., Journalist, Archäologe, Geschäftsmann, Freund von Sainte-Beuve und T. Gautier. – Löste durch ziemlich skandalösen Inhalt mit ›Fanny‹ e. Polemik über die Moral in der Kunst aus. In s. ersten Romanen zeichnet sich die Auseinandersetzung zwischen Romantik und Realismus ab. Überlebte s. Erfolg.

W: Fanny, 1858 (d. 1911); Daniel, 1859 (d. 1859); Catherine d'Overmeire, 1860 (d. 1860); Sylvie, 1861 (d. 1861); Monsieur de Saint-Bertrand, 1863; Le mari de la danseuse, 1863; Le secret du bonheur, 1867; La comtesse de Chalis, 1867.

Feydeau, Georges Léon Jules Marie, franz. Dramatiker, 8. 12. 1862 Paris – 5. 6. 1921 Rueil. Sohn des Romanciers Ernest A. F. – Vf. sehr erfolgr. Komödien. Galt bei den Zeitgenossen als bester Vertreter der leichten Komödie, ist auch heute noch äußerst wirkungsvoll und beliebt. S. Stücke zeichnen sich auch durch fast mathemat. Konstruktion der verwickelten und lustigen Handlung, die sich mit großer Schnelligkeit ereignet und deren überraschende Situationen sich in streng log. Folge voneinander ableiten.

W: La lycéenne, K. 1887; Tailleur pour dames, K. 1887; Chat en poche, K. 1888; Les fiancés de Loches, K. 1888; L'affaire Edouard, K. 1889; Le mariage de Barillon, K. 1890; Monsieur Chasse, K. 1892; Champignol malgré lui, K. 1892; Le système Ribadier, K. 1892; Un fil à la patte, K. 1894; Le ruban, K. 1894; L'hôtel du libre-échange, K. 1894 (m. Desvallières; d. 1973); Le dindon, K. 1896; La dame de chez Maxim, K. 1899; La puce à l'oreille, K. 1907; Occupe-toi d'Amélie, K. 1908; Feu la mère de Madame, K. 1908; On purge bébé, K. 1910 (d. 1978); Mais ne te promène donc pas toute nue, K. 1912 (d. 1973); Hortense a dit ›J'm'en fous‹, K. 1916. – Théâtre complet, IX 1948–56.

L: L. Treich, L'esprit de G. F., 1928; M. J. Shenfield, Diss. Manchester 1966; J. Lorcey, 1972; A. Shenkan, 1972; H. Gidel, 1978; ders., 1979; St. E. Baker, 1981; M. A. Esteban, 1983; H. Gidel, La dramaturgie de G. F., 1991.

Feylbrief, Jan Koos → Oudshoorn, J. van

Fialho de Almeida, José Valentim → Almeida, José Valentim Fialho de

Fichman, Jakob, hebr. Dichter, 25. 11. 1881 Bălți/Bessarabien – 1958 Tel Aviv. 1905–08 Lehrer in Kišinev und Liova; 1909 Verlagssekretär der ›Moriah‹ in Odessa, Freundschaft mit Bialik. Ging 1912 nach Palästina, Hrsg. lit. Zss. ebda. – Lyriker in der klass. Tradition mit Naturgedichten, bibl. Gedichten und Elegien von weicher Melodie und idyll. Bilderwelt. Bedeutender lit. Essayist und Hrsg.

W: Giv'olim, 1911; Babuot, Ess. 1919; Yemei Shemesh, G. 1934; Divre shira, G. 1934; Anshei Besora, Ess. 1938; Aviv ba-Shomron, G. 1943; Pe'at Sade, G. 1945; Yosi ha-Gelili, 1946; Shirat Bialik, Es. 1946; Dmuyot Kedumim, 1948; Layla ba-Yaar, 1951; Kitwey YF, 1960; Mivchar Shirim, G. 2001.

L: Y. Keshet, 1950.

Fidanza, Johannes → Bonaventura

Field, Eugene, amerik. Schriftsteller, 2. 9. 1850 St. Louis/MO – 4. 11. 1895 Chicago. Studium, Journalist in Missouri, Denver und hauptsächl. Chicago. – Verf. von humorvollen Kolumnen, die ihn populär machten. Erfolgreich u. noch heute bekannt bes. durch seine Kindergedichte, wie ›Little Boy Blue‹. Auch Satiren, humorvolle Sketche, sentimentale Kindererzählungen.

W: The Tribune Primer, Sat. 1881; Culture's Garland, Ess. 1887; A Little Book of Western Verse, G. 1889; With Trumpet and Drum, G. u. Kdb. 1892; Love-Songs of Childhood, Kdb. 1894; The House: An Episode in the Lives of Reuben Baker, Astronomer, and His Wife Alice, Kdb. 1896.

L: S. Thompson, 1901; C. H. Dennis, 1924; R. Conrow, 1974.

Field, Nathan, engl. Schauspieler und Dramatiker, getauft 17. 10. 1587 London – August 1619 ebda. Gehörte zur Schauspielgruppe der ›Children of the Queen's Revels‹, die u. a. Stücke von Ben Jonson aufführte, und wirkte wahrscheinl. mit an versch. Schauspielen von Shakespeare, Beaumont-Fletcher sowie an Massingers ›Fatal Dowry‹. Verfaßte selbst einige bühnenwirksame Schauspiele in Prosa und Blankvers.

W: A Woman is a Weathercocke, K. 1612; Amends for Ladies, K. 1618; The Fatal Dowry, Tr. 1632 (m. Massinger; n. T. A. Dunn 1969, C. Bishop 1976; d. 1836). – The Plays, hg. W. Peery 1950.

L: R. F. Brinkley, 1928; M. Williams, The Plays of N. F., 1983.

Field, Rachel (Lyman), amerik. Schriftstellerin, 19. 9. 1894 New York – 15. 3. 1942 Beverly Hills/CA. Stud. Radcliffe College, Redakteurin in New York. – Neben in ihrer Zeit vielgelesenen Romanen und Dramen schrieb F. zahlreiche beliebte Kinderbücher (Gedichte, Erzählungen u. Theaterstücke), die sie z. T. selbst illustrierte.

W: Three Pills in a Bottle, Kdb. 1918; The Pointed People: Verses and Silhouettes, Kdb. 1924; Taxis and Toadstools: Verses and Decorations, Kdb. 1926; Hitty, Kdb. 1929 (d. 1950); Calico Bush, Kdb. (Der Maibaum der Indianer: Kalikobusch, d. 1978; Hepatica Hawks, Kdb. 1932 (Die Tochter des Riesen, d. 1980); Time Out of Mind, R. 1935 (Seit Menschengedenken, d. 1948); All This and Heaven Too, R. 1938 (Hölle, wo ist dein Sieg, d. 1939); And Now Tomorrow, R. 1942 (Als wär es heut, d. 1942, u. d. T. Morgen wirst du vergessen, 1951).

Fielding, Henry, engl. Roman- und Bühnenschriftsteller, 22. 4. 1707 Sharpham Park b. Glastonbury – 8. 10. 1754 Lissabon. Entstammt alter Adelsfamilie, 1719–24 in Eton erzogen, dort Mitschüler von Pitt und Fox. Führte 1724–28 das ungebundene Leben e. jungen Edelmannes mit eigenem Diener, schrieb Bühnenstücke, ging kurz nach Aufführung s. 1. Komödie nach Leyden, studierte dort Jura und Lit. Kehrte nach anderthalb Jahren nach England zurück, um s. Lebensunterhalt zu verdienen, da s. Vater e. 2. Ehe einging u. ihn nicht länger unterstützte. In London journalist. Tätigkeit, schrieb daneben Komödien, Farcen, erfolgr. Umarbeitungen von Molière.

1734 Charlotte Cradock, um die er 4 Jahre geworben hatte. In der Gestalt Sophie Westerns in ›Tom Jones‹ schuf er e. Bild s. geliebten Frau, die schon 1742 starb. Erwarb das Haymarket Theatre, führte dort zahlr. eigene Bühnenwerke auf. F.s scharfe Satiren auf den Premierminister Walpole in s. Bühnenstück ›Pasquin‹ und der Flugschrift ›The Historical Register for 1736‹ führten zur Rache des Ministers durch den ›Licensing Act‹, der Zensur aller Aufführungen vorsah und F. 1737 zwang, s. Theater zu schließen. F. studierte hierauf erneut Jura und wurde schon 1740 als Anwalt zugelassen. 1739–41 Mithrsg. der Zs. ›Champion‹, in der er Essays und Geschichten veröffentlichte. 1740 erschien s. 1. Roman ›Joseph Andrews‹, zunächst begonnen als Parodie auf Richardsons ›Pamela‹; er wurde zum 1. großen kom. Roman Englands (nach Art von Cervantes). F. führte mit ihm die Don-Quijote-Tradition in die engl. Lit. ein: Wie Quijote in der Welt der Ritter, so lebt Parson Adams ganz in der Welt der Antike als e. gütiger Sonderling. 1749 erschien s. größter Roman ›Tom Jones‹, von ihm selbst als ›kom. ep. Dichtung in Prosa‹ bezeichnet. 5 Jahre hindurch wirkte F. in London als Magistratsrichter für die Armenbetreuung und sorgte v. a. unerschrocken und unbestechl. für Bekämpfung des Bandenunwesens. 1751 erschien der Roman ›Amelia‹. F.s Gesundheit war durch Asthma und Gicht angegriffen, viel zu spät fuhr er zu e. Kur nach Lissabon, starb dort 47jährig. S. letztes Werk, das Reisetagebuch nach Lissabon, ist e. Dokument s. liebenswerten Persönlichkeit und zeigt s. hervorragenden Essaystil. – Dramatiker u. Erzähler der Aufklärungszeit. Begann mit unterhaltenden Farcen und Charakterlustspielen unter Einfluß von Congreve, Wycherley und Molière. Vollendete in s. Charakter-, Bildungs- und soz. Romanen im Anschluß an Defoe und Richardson den engl. kom.-realist. Roman durch Abkehr von der Empfindsamkeit (zugunsten des Gentleman-Ideals), Bemühen um innere Wahrheit der Erzählung, zeitdokumentar. Echtheit und breite Weltentfaltung. S. Romane sind Meisterwerke engl. Humors.

W: Love in several Masques, K. 1728; The Temple Beau, K. 1730; The Tragedy of Tragedies: or the life and death of Tom Thumb the Great, Burleske 1730 (n. L. J. Morrissey 1969); Rape upon Rape, K. 1730; The Mock Doctor, K. 1732 (nach Molière); The Modern Husband, K. 1732; The Miser, K. 1733 (nach Molière); Don Quixote in England, K. 1734; Pasquin, K. 1736; The Historical Register for the year 1736, Dr. 1737 (n. W. W. Appleton 1967); The history of the Adventures of Joseph Andrews and of his Friend Mr. A. Adams, R. II 1742 (n. R. F. Brissenden 1977, D. Brooks-Davies 1980, d. 1765, 1955); Miscellanies, 1743 (enth. History of the Life of the Late Mr. Jonathan Wild the Great, R. d. 1945); The History of Tom Jones, a foundling, R. VI 1749 (n. S. Maugham 1963, F. Bowers, M. C. Battestin 1974, d. 1786ff., 1945); Amelia, R. IV 1751 (d. 1797, 1957); Covent Garden Journal, 1752; Journal of a Voyage to Lisbon, 1755. – Works, hg. A. Murphy XII 1766; Collected Works, hg. G. Saintsbury XII 1893, L. Stephen X 1882, hg. W. E. Henley XVI 1902f., ²1967. – Übs.: AW, VI 1964–67; Sämtl. Romane, IV 1965f.

L: W. L. Cross, III ²1926; F. T. Blanchard, 1926; M. Jösten, 1932; W. Iser, 1952; J. Butt, ²1959; I. Ehrenpreis, 1964; F. H. Dudden, II ²1966; F. T. Blanchard, ²1966; R. Alter, 1968; J. Williams 1970; M. Williams, 1973; B. Rojahn-Deyk, 1974; P. Rogers, 1979; J. R. Dircks, 1983; J. J. Peereboom, Diss. 1984; T. R. Cleary, 1986; K. G. Simpson, hg. 1986; M. C. Battestin, 1989. – *Bibl.*: H. G. Hahn, 1979.

Fielding, Sarah, engl. Romanautorin, 8. 11. 1710 East Stour – 9. 4. 1768 Bath. Schwester von Henry F.; lebte zurückgezogen; befreundet mit Richardson, der ihre Beobachtungsgabe lobte. – ›The Adventures of David Simple‹ verbindet ep. Breite mit empfindsamer Moral, ›The Governess‹ war wichtig für die Entwicklung der engl. Kinderlit.

W: The Adventures of David Simple, R. V 1744–53; The Governess, Kdb. 1749.

L: L. Bree, 1996.

Figes, Eva, geb. Unger, engl. Romanautorin, * 15. 4. 1932 Berlin. 1939 Flucht nach England. Stud. London, danach Verlagsarbeit; seit 1966 Schriftstellerin. – Erkundet spannungsreich den Zusammenhang von Identität, Sprache u. Wirklichkeit; Themen sind Holocaust, Isolation, spezif. weibl. Erfahrungen. Experimenteller Stil, beeinflußt von Beckett, Kafka, Woolf. Wichtige Studie zur gesellschaftl. Stellung der Frau (1970).

W: Equinox, R. 1966; Winter Journey, R. 1967; Konek Landing, R. 1969; Patriarchal Attitudes, St. 1970; B, R. 1972; Days, R. 1974; Tragedy and Social Evolution, St. 1976; Nelly's Version, R. 1977; Little Eden, Aut. 1978; Waking, R. 1981; Sex and Subterfuge, St. 1982; Light, R. 1983; The Seven Ages, R. 1986 (d. 1988); Ghosts, 1988; The Tree of Knowledge, R. 1990; The Tenancy, R. 1993; Tales of Innocence and Experience, St. 2003.

Figueroa, Francesco de (gen. ›el divino‹), span. Dichter, um 1530 Alcalá de Henares – 1589 Madrid. Stud. Alcalá, Soldat u. Diplomat in Italien, Kontakt mit ital. Dichtern, Reisen, Rückzug nach Alcalá, 1575 Heirat. – Sonette, Kanzonen, Elegien, Komödien u. Pastorellen auf Span. u. Ital. nach dem Vorbild Garcilaso de la Vegas u. Petrarcas. Themen: Liebe u. Abwesenheit der Geliebten; s. Werk existiert nur in Abschriften.

A: Obras, 1625/26 (n. N. Y. 1903); Poesía, hg. M. López Suárez 1989.

L: Ch. Maurer, Obra y vida de F. d. F., 1988.

Figuli, Margita, verh. Šustrová, slovak. Schriftstellerin, 2. 10. 1909 Vyšný Kubín – 27. 3. 1995 Bratislava. – In lyr. Novellen von höchster Dramatik behandelt F. vorwiegend erot. u. soziale Motive, in ihren Romanen verschmelzen Phantasie u. Symbole mit der Realität, werden auf hist. Hintergrund die vielgestaltigen Schicksale des mod. Menschen dargestellt. Vf. von Drehbüchern u. Jugendlit.

W: Pokušenie, Nn. 1938; Olovený vták, N. 1940; Tri gaštanové kone, R. 1940; Babylon, R. IV 1946 (d. 1968); Zuzana, R. 1949; Mladost, R. 1956; Ariadnina nit', R. 1964; Vichor v nás, R. 1974; Balada o Jurovi Jánošíkovi, Ep. 1980. – Vybrané spisy (AW), 1972.

L: A. Fischerová-Šebestová, 1970; J. Števček, Lyrizovaná próza, 1973.

Fikret, Tevfik → Tevfik Fikret

Filelfo, Francesco (lat. Philephus), ital. Humanist, 25. 7. 1398 Tolentino – 31. 7. 1481 Florenz. Stud. in Padua, dort (1454 u. 1455) u. später in Venedig u. Vicenza Lehrer für Rhetorik. 1420–27 in Konstantinopel; brachte zahlr. griech. Hss. nach Italien und übersetzte sie z. T. ins Lat. Lehrte nach s. Rückkehr vorübergehend in Bologna, dann in Florenz (1420). Nach Tätigkeit in Siena (1434–38) u. Bologna (1439) im Dienst F. M. Viscontis u. später dessen Nachfolgers F. Sforza. 1474 Rom, 1481 Lehrstuhl für Griech. in Florenz. Zunächst erbitterter Feind der Medici, bemühte er sich ab 1440 um e. Aussöhnung mit ihnen. – Skrupelloser Charakter, dem s. Feder oft nur zur Verherrlichung s. Gönner u. Beschimpfung s. Feinde diente. Verfaßte in elegantem Latein zahlr. Reden, Briefe, Epigramme, Oden, Satiren u. e. Epos u. in ital. Sprache einige Reden, Briefe, Lebensbeschreibungen (über Joh. den Täufer u. Federico v. Urbino) sowie e. Kommentar zu Petrarcas Gedichten.

W: Satyrarum hecatosticon ..., 1476; Odae, 1497; Epistolarum familiarum, 1502; Sphortias, Ep. hg. F. Lo Parco, La Sforziade di F. F., 1912.

L: C. De Rosmini, III 1808; G. Zippel, Il F. a Firenze, 1899; A. De Sanctis, 1981.

Filho, Adonias → Adonias Filho

Filicaia, Vincenzo da, ital. Dichter, 30. 12. 1642 Florenz – 24. 9. 1707 ebda. Stud. Jura Pisa, beschäftigte sich daneben auch mit Philos., Lit. u. Musik. Mitgl. der ›Accademia della Crusca‹ in Florenz (1664) u. der ›Arcadia‹. Von Cosimo III. zum Senator ernannt, Gouverneur von Volterra (1696) u. Pisa (1700). Zuletzt höherer Beamter in Florenz. – Vf. einiger Reden u. Briefe u. zahlr. Gedichte (z. T. in lat. Sprache). Bekannt v. a. durch s. ›Canzoni‹ auf die Belagerung Wiens durch die Türken u. die Befreiung der Stadt von ihnen, u. durch 6 Sonette, in denen er die Fremdherrschaft in Italien beklagt. F. gehört damit zu den wenigen ital. Dichtern, die in dieser Zeit dem patriot. Gedanken in ihren Werken Raum gaben.

W: Poesie toscane, G. hg. S. Filicaia 1707 (II 1793, vollständiger); Opere, II 1824; Poesie e lettere, hg. U. A. Amico 1864.

L: G. Caponi, 1901.

Filimon, Nicolae, rumän. Schriftsteller, 6. 9. 1819 Bukarest – 19. 3. 1865 ebda. Sohn e. orthodoxen Priesters, mit 11 Jahren verwaist; Kantorenschule. Sehr bewegtes Leben, Operntenor, Flötist, Musikkritiker, Reisen ins Ausland. – Vf. des ersten mod. rumän. Romans, e. meisterhafte soz. Kritik an den Zuständen in der Walachei unter der Herrschaft der Fanarioten im frühen 19. Jh. Moralisierende Tendenz und grelle Typisierung. S. Helden wurden zum Inbegriff der charakterl. Typen, die sie darstellen.

W: Escursiuni în Germania meridională, Reiseb. 1860; Nenorocirile unui slujnicar, N. 1861; Ciocoii vechi și noi, R. 1863 (n. G. Baiculescu 1931; Parvenüs der Schreibergilde, d. 1958). – Opere, hg. G. Baiculescu-Ivașcu II 1957.

L: H. Zalis, 1958; G. Călinescu, 1959; V. Cosma, 1966; A. Martin, 1973; G. Ivașcu, 1977.

Filip, Ota, tschech. Romanschriftsteller, * 9. 3. 1930 Ostrava. Journalist; 1960 nach einjähr. Mitgliedschaft aus der KP ausgeschlossen, bis 1968 zweimal zu Zwangsarbeit verurteilt, dazwischen in versch. Berufen tätig; 1968 Mitarbeiter bei Presse, Funk und Fernsehen, dann Verlagsredakteur; 1969 Verhaftung, November 1970 nach Interventionen aus dem Ausland vorzeitig aus der Haft entlassen; im Juli 1974 ausgebürgert, seitdem in Bayern. – In s. Romanen verarbeitet F. z. T. autobiograph. Material. Hauptsächl. in Form e. kontinuierl. Berichts aus der Perspektive e. Halbwüchsigen schildert ›Cesta ke hřbitovu‹ die Geschichte Böhmens u. Mährens im 20. Jh., bes. zur Zeit des Hitlerschen ›Reichsprotektorats‹. Kompliziertere Erzählerhaltung u. Handlungsaufbau gegenüber kraftvoll-komischer Szenendarstellung kennzeichnen ›Blázen ve městě‹, e. verzweifeltes Resümee der als ausweglos erscheinenden Enge des sozialist. Alltags.

W: Cesta ke hřbitovu, R. 1967 (Das Café an der Straße zum Friedhof, d. 1968); Blázen ve městě, R. Zürich 1975 (Ein Narr für jede Stadt, d. 1969); Nanebevstoupení Lojzy Lapáčka ze Slezské Ostravy, R. (Die Himmelfahrt des Lojzek Lapacek aus Schlesisch Ostrau, d. 1973); Poskvrněné početí, R. Toronto 1976 (Maiandacht, d. 1977); Valdštýn a Lukrecie, R. Toronto 1979 (Wallenstein und Lukretia, d. 1978); Děda a dělo, R. 1981 (Großvater und die Kanone, d. 1981); Café Slavia, R. 1985. – *Übs.*: Schwejk heute, 1977.

Filipowicz, Kornel, poln. Prosaist, 27. 10. 1913 Tarnopol – 28. 2. 1990 Krakau. Nach Gymnasium in Teschen u. Biologiestud. in Krakau seit 1936 sozialist. Publizist. 1940 Flucht aus dt. Kriegsgefangenschaft, 1944 KZ-Häftling. Freier Schriftsteller in Krakau. – In Romanen u. Erzählungen behandelt F. vor allem die Zeit der Okkupation mit psycholog. Vertiefung.

W: Krajobraz niewzruszony, En. 1947; Nauka o ziemi ojczystej, R. II 1950–55; Niepokój młodego serca, R. II 1955–58; Ciemoność i światło, En. 1959; Bialy ptak, En. 1960; Mężczyzna jak Dziecko, Jeniec i Dziewczyna, Romans prowincjonalny, 1960–66 (Männer sind wie Kinder, Drei Kurzromane, d. 1969); Pamiętnik antybohatera, R. 1961 (Tagebuch eines Antihelden, d. 1964); Mój przyjaciel i ryby, En. 1963; Ogród pana Nietschke, R. 1965 (Der Garten des Herrn N., d. 1968); Dziewczyna z lalką czyli o potrzebie smutku i samotności, En. 1968; Śmierć mojego antagonisty, En. 1972; Światło i dźwięk, czyli O niedoskonałości świata, En. 1975; Kot w mokrej trawie, En. 1977 (d. 1987); Między snem a snem, En. 1980; Koncert f-moll, En. 1982; Krajobraz, który przeżył śmierć (AE), 1986. – *Übs.:* Meine geliebte Provinz, En. 1976; Der Kater im nassen Gras (ausgew. En), 1987.

L: W. Maciąg, 1972.

Filippo, Eduardo De, ital. Schauspieler u. Bühnenautor, 24. 5. 1900 Neapel – 31. 10. 1984 Rom. Aus neapolitan. Schauspielerfamilie. Schon als Kind beim Theater, gehörte zahlr. Truppen an. Gründete 1930 mit s. Bruder Peppino u. s. Schwester Titina die ›Compagnia del Teatro Umoristico I De Filippo‹ u. nach Trennung von Peppino 1944 das ›Teatro di Eduardo‹, das er bis 1974 leitete. Auch beim Film tätig, Ehrendoktor der Univ. Birmingham u. Rom. 1981 Mitgl. des ital. Senats. Akadem. Lehrer an der Univ. Rom für Dramaturgie. Begann mit e. Reihe von Farcen im Stil E. Scarpettas. In den 30er Jahren Zusammenarbeit mit Pirandello, der ihn in dieser Zeit stark in s. Schaffen beeinflußte. Die Dramen der Nachkriegszeit, die, wie fast alle Werke De F.s, s. Heimatstadt zum Schauplatz haben, schildern die allg. moral. Verwirrung u. Lebensgier. Später wandte er sich wieder mehr der Komödie zu, die jedoch in den 60er Jahren zunehmend pessimist. u. lehrhafte Züge gewann. Vf. zahlr. Gedichte im neapolitan. Dialekt.

W: Sik Sik, L'artefice magico, Dr. 1929; Natale in casa Cupiello, Dr. (1931), 1943 (d. 1983); Napoli milionaria, K. (1945), 1950; Questi fantasmi, Dr. 1946 (Huh, diese Gespenster, d. 1977); Filumena Marturano, K. (1947), 1951 (d. 1979); Le voci di dentro, K. (1948) (d. 1980); Il paese di Pulcinella, K. 1951; Il sindaco del rione Sanità, K. (1960); L'arte della commedia, K. 1965 (d. 1982); Il contratto, K. 1970; Il monumento, K. 1971; Gli esami non finiscono mai, K. 1973; Le poesie di E. d. F., G. 1975. – Cantata dei giorni dispari, III 1951–66; Cantata dei giorni pari, 1959.

L: F. Frascani, Napoli amara di E. d. F., 1958; G. B. De Santis, 1959; G. Magliulo, 1960; F. Frascani, 1974; M. B. Mignone, Il teatro di E. d. F., 1974; F. Di Franco, Il teatro di E. d. F., 1975; C. Filosa, 1978; G. Antonucci, 1981; E. Giammattei, 1982; M. Ciolli, The theatre of E. d. F., 1993; B. DeMiro d'Ajeta, 1993.

Filloy, Juan, argentin. Erzähler, * 1. 8. 1896 Córdoba/Argentinien – 15. 7. 2000 ebda. Avantgardist. Autor seltsamer, an Surrealismus grenzender Romane mit minimaler Handlung, jongliert zwischen Philos. u. Wortwitz, Phantasie u. Realität, kunstvolle Obszönität u. polit. Anklage. Spielt virtuos mit der Sprache. Etwa 10 000 Palindrome gesammelt.

W: Periplo, 1931; Estafen, 1932; Balumba, G. 1933, Op Oloop, 1934; Aquende, 1936, Finesse, 1939; Yo, yo y yo, 1971; Los Ochoa, En. 1972; La potra, 1973; Usaland, G. 1973; Vil & Vil, 1974; La purga, 1993; Sexamor, 1996.

Findley, Timothy, kanad. Romanschriftsteller, Dramatiker u. Drehbuchautor, 30. 10. 1930 Toronto/Ontario – 20. 6. 2002 Südfrankreich. 1947–62 Schauspieler, gefördert von Sir Alec Guinness u. Th. Wilder. Lebenslange Verbindung mit dem kanad. Stratford Shakespeare Festival. – S. mit intertextuellen Bezügen durchsetztes Werk kreist um die Themenbereiche Geschichte, Krieg, Faschismus, Wahnsinn u. Wahrheit.

W: The Wars, R. 1977 (Der Krieg und die Kröte, d. 1978, n. 2004); Famous Last Words, R. 1981 (Mauberleys Ende, d. 2001); Not Wanted on the Voyage, R. 1984 (Die letzte Flut, d. 2002); The Telling of Lies, R. 1986 (Im Herzen der Lüge, d. 2000); Headhunter, R. 1993 (Das dunkle Herz, d. 2000); The Piano Man's Daughter, R. 1995 (d. 1998); From Stone Orchard, Aut. 1998; Pilgrim, R. 1999 (Der Gesandte, d. 2000); Elizabeth Rex, Dr. 2000; Spadework, R. 2001; Shadows, Dr. 2001.

L: C. Roberts, 1994; A. G. Bailey, 1998; D. Brydon, 1998.

Fink, Ida, poln.-jüd. Schriftstellerin, * 1. 11. 1921 Zbaraż/Ukraine. Stud. Konservatorium Lemberg; 1941/42 im Ghetto Zbaraż; Flucht. 1957 Ausreise aus Polen nach Israel. – Ihr nur in Poln. verfaßtes Prosawerk thematisiert Holocaust-Erfahrungen und die Ohnmacht gegenüber dem Verbrechen. F. ist in Westeuropa bekannter als in Polen.

W: Skrawek czasu, En. 1987 (Eine Spanne Zeit, d. 1992); Podróż, R. 1990 (Die Reise, d. 1991); Ślady, H. 1996 (Notizen zu Lebensläufen, d. 1998). – *Übs.:* Eine Spanne Zeit, En. u. Dr. 1983.

Finnsburglied, Fragment eines altengl. Heldenlieds von 48 Langzeilen, um 1000 aufgezeichnet, wahrscheinlich im 8. Jh. entstanden. Erzählt den Kampf zwischen Dänen, die als Gäste am friesischen Hof mit ihren Gastgebern in Streit geraten. Die Finnsburg-Episode im ›Beowulf‹, 1068–1159, wird beim Bankett nach Beowulfs Sieg über Grendel vorgetragen. Das Fragment stellt die Helden in den Vordergrund, die Episode betont die polit. Auseinandersetzung. Der hist. Hintergrund ist unbekannt.

A: Beowulf and the Fight at Finnsburg, hg. F. Klaeber ³1950. – *Übs.:* Beowulf u. d. kleineren Denkmäler d. altengl. Heldensage Waldere u. Finnsburg, I. Klegraf, W. Kühlwein, R. Zimmermann 1976.
L: K. Wais, Tüb. 1953; D. K. Fry, Finnsburg: Fragment and Episode, Lond. 1974.

Finžgar, Franc Saleški, slowen. Schriftsteller, 9. 2. 1871 Doslovičeb. Breznica – 2. 6. 1962 Ljubljana. Bauernsohn, Stud. Theol. Ljubljana, Pfarrer in versch. Orten, schließl. freier Schriftsteller, Sekretär u. 30 Jahre Redakteur der ›Mohorjeva družba‹. – Unbeeinflußt von den zeitgenöss. lit. Strömungen, schrieb F. Gedichte u. Dramen, lit. Kritiken, gelangte jedoch zu voller Entfaltung in s. Novellen u. (bes. hist.) Romanen, in denen er den soz. Wandel auf dem Lande schildert; rückhaltlos stellt sich F. auf die Seite der Armen u. Unterdrückten, lehnt jegl. moral. Kompromiß ab u. versteht es, die relig. Belange mit den ästhet. Forderungen in Einklang zu bringen.

W: Zaroka o polnoči, N. 1894; Triglav, Ep. 1896; Kvišku, N. 1899; Divji lovec, Dr. 1902; Iz modernega sveta, R. 1904; Pod svobodnim soncem, R. 1912 (d. 1963); Sama, E. 1912; Naša kri, Dr. 1912; Dekla Ančka, R. 1913 (Die Magd Anka, d. 1959); Veriga, Dr. 1914; Prerokovana, N. 1915; Razvalina življenja, Dr. 1921; Strici, N. 1927 (Lucia und die Brüder, d. 1959); Sibirija, N. 1935; Mirna pota, R. 1952; Leta mojega popotovanja, Aut. 1957. – Zbrani spisi (GW), XII 1912–43; Zbrano delo (GW), VI 1979ff.; Izbrana dela (Ausw.), VII 1959–62.
L: J. Toporišič, 1964; Finžgarjeva pisma F. Koledniku, 1971; J. Šifrer, 1983.

Fiore → Il fiore

Fiorentino, Giovanni → Il pecorone

Fioretti di San Francesco, ital. Legendensammlung, Umbrien, 1. Hälfte 14. Jh. Von unbekannten Autoren (wahrscheinl. Mönchen) nach dem lat. Vorbild der ›Actus beati Francisci et sociorum eius‹ des Ugolino da Montegiorgio in die toskan. Volkssprache übs. Sammlung von Erzählungen über das Leben u. Wirken des hl. Franziskus und s. Schüler. In schlichter, poesievoller Prosa u. mit gläubiger Einfalt wird e. Welt dargestellt, in der nur das Leben im Jenseits von Bedeutung ist. Das Erstrebenswerte ist der Sieg des Menschen über sich selbst, die vornehmsten Tugenden sind Demut, Verzeihen, Armut, Keuschheit u. Gehorsam. Als Unterhaltungs- u. Erbauungslektüre im Volke sehr beliebt.

A: (lat.) P. Sabatier, Paris 1902; (ital.) L. Manzoni, 1892; G. Pagnani, 1959; M. D'Alatri, 1984. – *Übs.:* R. G. Binding, 1911 u.ö.; H. Schönhöffer, 1921; O. Kunze, 1921; O. Karrer, 1945; H. Coubier, 1955; X. Schnieper, 1972.
L: A. Sodini, 1926; G. Avanzi, Le edizioni del sec. XV dei F. di S. F., 1940; M. D'Alatri, 1982.

Firbank, (Arthur Annesley) Ronald, engl. Romanschriftsteller, 4. 3. 1886 London – 21. 5. 1926 Rom. Sohn e. Eisenbahnmagnaten. Stud. Cambridge, 1908 Konversion zur kathol. Kirche, machte zeitlebens ausgedehnte Reisen nach Frankreich, Spanien, Italien, Nordafrika, Westindien und dem Nahen Osten, dazwischen längere Aufenthalte in London und Oxford, gehörte in Oxford zum Kreis der Literaten im Café Royal. Befreundet mit Sir O. Sitwell und S. Sassoon. Starb kaum 40jährig an Lungenentzündung. – S. Dichtung ist beeinflußt durch Gautier, Verlaine, W. Pater und Oscar Wilde. F. war Ästhet, Exzentriker und sozialer Snob. Die Romane spielen in e. glanzvollen Phantasieland, alles ist stilisiert. Virtuoser, impressionist. Stil. Innere Monologe wechseln mit kurzen, raschen Dialogen. Brillant groteske Szenen, lose aneinandergereiht. Explizit homosexuelle Thematik. Meister des ›high camp‹.

W: Odette d'Antrevernes, R. 1905; Vainglory, R. 1915; Inclinations, R. 1916; Caprice, R. 1917; Valmouth, R. 1919; The Princess Zoubaroff, Sch. 1920; Santal, R. 1921; The Flower Beneath the Foot, R. 1923; Sorrow in Sunlight, R. 1924 (auch u.d.T. Prancing Nigger; d. 1971); Concerning the Excentricities of Cardinal Pirelli, R. 1926 (d. 1970); The Artificial Princess, R. 1934. – Collected Works, V 1929; Five Novels, hg. O. Sitwell 1949; Three Novels, hg. E. Jones ²1951; The Complete R. F., 1961; The New Rhythm, Slg. 1961; Complete Short Stories, hg. S. Moore 1990.
L: J. Brooke, 1951; M. J. Benkovitz, 1968, ²1983; J. A. Kiechler, The Butterfly's Freckled Wings, 1969; E. M. Potoker, 1969; J. D. Merritt, 1969; B. Brophy, Prancing Novelist, 1973; M. Horder, hg. 1977. – *Bibl.:* M. J. Benkovitz, ²1982; S. Moore, 1996.

Firdausī (›der Paradiesische‹), Abu'l-Qāsim Mansūr ibn Ḥasan, pers. Epiker u. Nationaldichter, um 940 Dorf Bāž b. Tus (Mašhad)/Nordostiran – 1019 o. 1025 Tus. Sohn e. kleinadl. Grundbesitzers (Dihqān), in welchem Milieu nationales pers. Sagengut bewahrt wurde, wuchs leidlich wohlhabend auf. F. gewann die Gunst des Abū Mansūr, des Statthalters von Tus unter den Samanidenfürsten von Buchara, der ihn zu epischem Dichten ermunterte, 957 sogar selbst e. ›Buch der Könige‹ (›Šāh-Nāma‹) begonnen hatte. F. machte sich jedoch erst nach dem Tod von → Daqīqī (um 976), dessen gleichnamiges Eposbruchstück (rund 1000 Doppelverse) er in s. eigenes ›Šāh-Nāma‹ übernahm, ernstlich an s. monumentales Werk, woran er, von Freunden und Gönnern ideell u. wirtschaftl. unterstützt, etwa 30 Jahre arbeitete, meist in s. Heimatort Tus. Beim Untergang der Samaniden mit ihren national-pers. Renaissancebestrebungen, die auch s. Unternehmung getragen hatten, wandte er sich an den Eroberer von Chorassan, den Ghasnewiden-Sultan Maḥmūd (reg. 999–1030), von dem, obgleich türk. Abkunft, er ›Einigung und Wiedergeburt Irans‹ erhoffte und dem der Dichter in Abständen Teile s. Epos, von Lobesversen begleitet, nach dessen Hauptstadt Ghasna/Afghanistan sandte, s. wirtschaftl. Not beklagend. Als er um 1010 s. siebenbändiges Riesenwerk beendet hatte, brachte er es selbst an den Hof nach Ghasna. Sultan Maḥmud, dessen Wert verkennend, ließ ihm nur mäßiges Entgelt zukommen. In s. Enttäuschung verfaßte der Dichter angeblich e. Schmähgedicht auf den Sultan (Echtheit heute stark angezweifelt), suchte dann eilends Zuflucht beim Fürsten Sipahbud Šahriyār in Tabarestan (südl. d. Kaspischen Meeres). Hochbetagt nach Tus heimkehrend, starb er dort verarmt, gebeugt, schwerhörig, müde. Die Geschichte, man habe gerade durch das e. Stadttor s. Leichnam hinausgetragen, als durch das andere e. von Sultan Maḥmūd entsandte Geschenkkarawane in Tus eintraf, der s. Geiz bereut hatte, ist im Kern vielleicht hist. Ein fanat. Prediger verwehrte s. Beisetzung auf dem muslim. Friedhof (wegen der schiit. Glaubensrichtung des Dichters); über dem Gartengrab seit 1934 e. monumentales Mausoleum, beliebtes Ausflugsziel der Bevölkerung von Mašhad. – Unbestritten größter Nationaldichter Irans, bei s. Jahrtausendfeier 1934 in allen Ländern als Dichter der Weltlit. gerühmt, bis heute bei Persern aufs höchste geschätzt, die ihn als ihren Homer und Dante, als Symbol des Iranismus, als Vater des Vaterlandes betrachten. Das ›Šāh-Nāma‹ (›Buch der Könige‹), in Europa seit langem bekannt, zwischen 48 000 und 55 000 Doppelverse umfassend (je nach den Handschriften, noch keine endgültige Edition vorhanden), behandelt episch die Geschichte Irans von der Erschaffung der Welt bis zum Untergang der Sasaniden unter Verwertung mittelpers. Quellen, besonders des ›Ḥwatāy-Nāmak‹ (›Buch der Fürsten‹). 50 Abteilungen verschied. Länge für die einzelnen Herrscher seit sagenhafter Vorzeit, mit den Helden Zāl, Rustam, Suhrāb, Isfandiyār u.v.a. bis auf den Sasanidenkönig Yazdagird III. († 651 n. Chr.), nicht ganz unhist., aber von Legenden umsponnen, für die Iraner Spiegel ihrer großen Vergangenheit, ritterlich verklärt. Das F. lange zugeschriebene frühe relig. Epos ›Yūsuf u Zulaiḫā‹ stammt nicht von ihm.

A: Šāh-Nāma, hg. Dj. Khaleghi-Motlagh V 1988–1997, X 1313–15/1934/35, hg. S. Nafīsī, VII 1838–78, hg. u. franz. J. Mohl (franz. separat 1876–78), Moskau IX 1960–71, hg. E. Ė. Bertel's; d. (teilw.) F. Rückert III 1890–95, A. F. v. Schack III 1877, U. v. Witzleben 1960; engl. A. G. u. E. Warner IX 1905–25, R. Levy 1967 (teilw.).

L: Th. Nöldeke, D. iran. Nationalepos, ²1920; H. Massé, Les epopées persanes, 1935; K. H. Hansen, D. iran. Königsbuch, 1954; S. C. Welch, A King's Book of Kings, 1973.

Firenzuola, Agnolo (eig. Michelangelo Girolamo Giovannini), ital. Dichter, 28. 9. 1493 Florenz – 27. 6. 1543 Prato. Familie aus Firenzuola, daher der Name. Stud. Jura Siena u. Perugia. Führte e. freies Leben, dann Mönch, Abt versch. Klöster. In Rom Advokat bei der Kurie, gefördert durch Clemens VII. Mitgl. der Accademia dei Vignaiuoli. 1526 von s. Gelübden entbunden. Im Dienste der Orsini. 1534 Rückkehr nach Florenz. Gründer der lit. Accademia dell' Addiaccio. 1539 Pfarrer von S. Salvator in Vaiano b. Prato. Starb in Armut u. vergessen. – Beispiel e. Renaissancemenschen, bei dem sich die Liebe zum Schönen u. die Lebensfreude ohne bes. Tiefe äußern. Die spärl. Originalität des Denkens u. die fehlende Phantasie werden durch die heitere u. natürl. Lebendigkeit des Stils u. durch die Reinheit s. florentin. Sprache ausgeglichen (›Leuchte der toskan. Sprache‹). Die philolog. Abhandlung ›Discacciamento delle nuove lettere aggiunte‹ wendet sich gegen die orthograph. Neuerungen des Trissino. ›Ragionamenti d'amore‹ ist beeinflußt von Boccaccios ›Decamerone‹ u. Bembos ›Asolani‹: In e. kleinen Ort bei Florenz diskutieren 3 junge Damen u. Herren 6 Tage lang über Liebesfragen (unvollendet). ›Lucidi‹ geht auf Plautus zurück. Die Dialoge über die Schönheit der Frauen erinnern an den ›Cortegiano‹ des Castiglione. Übs. des Apuleius (1550).

W: Discacciamento delle nuove lettere aggiunte, 1524; La prima veste de discorsi degli animali, Sat. 1541; Della perfetta bellezza d'una donna, Dial. 1541 (d. P. Seliger 1903); Ragionamenti d'amore, Nn. 1548 (Novellen und Gespräche, d. 1910); Delle bellezze delle donne o Celso, Dial. 1548; Rime, 1549; La trinuzia, Dr. 1549; I Lucidi, Dr. 1549. – Opere, hg. B. Bianchi II 1848, hg. A. Seroni 1958.

L: G. Fatini, 1932; M. Olivieri, 1935; T. C. Rivello, A. F.: The androgynos vision, 1986. – *Bibl.:* A. Seroni, 1957.

Firmicus Maternus, Iulius, lat. Schriftsteller, 4. Jh. n. Chr. Syrakus. – Um 335 verfaßte F. die ›Matheseos libri‹ (Lehre), e. der wenigen erhaltenen lat. Werke über Astrologie. Nach s. Konversion zum Christentum entstand um 346 ›De errore profanarum religionum‹ (Über den Irrtum der heidn. Religionen), e. scharfer Angriff gegen die Heiden, in dem F. die Kaiser zur Vernichtung nichtchristl. Kulte aufruft.

A: Math.: W. Kroll, F. Skutsch, K. Ziegler, 2 Bde., n. 1968; engl. J. R. Bram, Park Ridge 1975; m. franz. Übs. P. Monat, 3 Bde., Paris 1992ff.; De err.: m. franz. Übs. R. Turcan, Paris 1982; m. dt. Übs. K. Ziegler, 1953.
L: K. Hoheisel, Das Urteil über die nichtchristl. Religionen im Traktat de errore, 1972.

Fischer, (Otto Peter) Leck, dän. Dramatiker und Erzähler, 26. 3. 1904 Kopenhagen – 17. 6. 1956 Gentofte b. Kopenhagen. Kaufmannssohn. Jugend in Slagelse. – Vertreter des Realismus der 30er Jahre; stellt in s. dokumentar., oft zykl. geordneten Zeitromanen ähnl. H. Fallada die Unsicherheit und Angst des Kleinbürgertums während der Wirtschaftskrise dar; künstlerisch glücklicher sind s. Novellen, wie unter s. Schauspielen die Einakter, da er die einzelne Situation mit scharf gezeichneten Figuren meistert.

W: Leif den Lykkelige, R. III 1928f.; Uværdighedens marked, R. 1929; En dag af året, R. 1929; Abehuset, R. 1931; En dreng fra gaden, R. 1932; Kontormennesker, R. 1933; Det må gerne blive mandag, R. 1934; Barnet, Sch. 1934; Hvordan i morgen, R. 1938; En kvinde på fyrre, R. 1940 (Eine Frau von 40 Jahren, d. 1942); Jeg vil være en anden, Sch. 1940; Kaptajnen, R. 1941; Karriere, R. 1942; Sidste sommer, R. 1943; Kongens ansigt, Nn. 1943; De røde tjørne, Sch. 1944; Feberdans, R. 1946; Ungdoms latter, R. 1947; Livet er skønt, Sch. 1947; Selskabsrejsen, Sch. 1948; Den evige krig, Sch. 1949; Skyggen kommer først, R. 1949; Det latterlige land, R. 1950; Kærlighedens narre, Sch. 1950; Det store bal, Sch. 1950; Manden i månen, Sch. 1951; Vores egen ø, Sch. 1954; Frisøndag, Sch. 1954 (Ausgangstag, d. 1956); Magtens brød, Sch. 1955 (Brot der Macht, d. 1957); Skyldig i synd, R. 1956; Et barn bliver voksen, Nn. 1957.

L: S. Hallar, 1937; E. Jørgensen, 1973.

Fischer, Otokar (Ps. Otokar Frey), tschech. Dichter u. Lit.historiker, 20. 5. 1883 Kolín – 12. 3. 1938 Prag. 1909 Prof. der dt. Lit. an der tschech. Univ. Prag; Theaterkritiker (1907 ff.), Dramaturg u. Intendant des Nationaltheaters (1911/12; 1935–38). – F.s an J. Vrchlický, O. Theer u. Nietzsche anknüpfende intime u. reflexive Lyrik sowie Dramen behandeln mit pathet. Trauer den inneren Zwiespalt, die Entwurzelung u. Skepsis des mod. Menschen u. s. Sehnsucht nach Geborgenheit. Als Lit.historiker schrieb F. Monographien über Kleist, Nietzsche, Heine, Studien zur tschech. Lit., vor allem meisterhafte psycholog.-ästhet. Essays. Übs. aus dem Dt. (u.a. 15 Bde. Goethe), Franz. und Engl.

W: H. v. Kleist a jeho dílo, Mon. 1912; F. Nietzsche, Mon. 1913; Ozářená okna, G. 1916; Hořící keř, G. 1918; Přemyslovci, Tr. 1918; Herakles, Tr. 1919; Kruhy, G. 1921; Orloj světa, K. 1921; Heine, Mon. II 1922–24; Hlasy, G. 1923; Otroci, Dr. 1925; Duše a slovo, Es. 1929; Peřeje, G. 1931; Poledne, G. 1934; Rok, G. 1935; Host, G. 1937; Slovo a svět, Es. 1937; Poslední básně, G. 1938. – Básně (Ausw.), 1956.

L: V. Jirát u. a., Kniha o jeho díle, 1933 (m. Bibl.); Pamáec O. F., 1948; B. Václavek, Od umění k tvorbě, ²1949; Literární studie a podobizny, 1962; A. M. Píša, Stopami poezie, 1962.

Fisher, Roy, engl. Lyriker und Musiker, * 11. 6. 1930 Handsworth b. Birmingham. Aus Arbeiterfamilie; seit 1946 Jazzpianist; Stud. Birmingham; ab 1953 Lehrer, dann Univ.-Dozent (Lit.) bis 1982, seitdem freier Schriftsteller und Musiker, lebt in Derbyshire. – Bekannt v. a. als bedeutender modernist. und postmod. Lyriker; Einfluß auf s. Werk durch mod. europ. und amerik. Dichtung (u. a. Black Mountain School); häufige Themen s. Dichtung, v. a. Prosa- und Langgedichte, sind die Landschaft und Menschen s. Heimat Birmingham und Umgebung bzw. ihre Wahrnehmung; Verfahren der Fragmentierung, Montage und Improvisation; wichtige Werke sind ›City‹, ›The Cut Pages‹, ›A Furnace‹.

W: City, 1961; The Ship's Orchestra, 1966; Collected Poems, 1968; The Ghost of a Paper Bag, 1969; Matrix, 1971; The Cut Pages, 1971; The Thing about Joe Sullivan: Poems 1971–1977, 1978; A Furnace, 1979; Turning the Prism, 1985; Nineteen Poems and an Interview, 1987; Top Down Bottom Up, 1990; Birds United, 1992; Birmingham River, 1994; It Follows That, 1994; Roller Roller Roller Roller, Dr. 1999. – Poems 1955–1980, 1980; Poems 1955–1987. Expanded Version, 1988; The Dow Low Drop. New and Selected Poems, 1996; R. F.: Interviews through Time, and Selected Prose, hg. T. Fraser 1999.

L: The Thing about R. F. Critical Studies, hg. J. Kerrigan, P. Robinson 2000; News for the Ear: A Hommage to R. F., hg. P. Robinson, R. Sheppard 2000.

Fishta, Gjergj (Ps. Gegë Toska, Castigat Ridendo u. a.), alban. Dichter, 23. 10. 1871 Fishtë (Nordalbanien) – 30. 12. 1940 Shkodër. Franziskanerschulen Shkodër u. Troshan, philos.-theolog. Stud. Sutjeska u. Livno (Hercegovina). 1894 Ordination, Pfarrer u. Lehrer, 1902 Direktor der Franziskanerschule in Shkodër. 1899 Mitbegründer der lit. Gesellschaft Bashkimi ebda., 1908 Vorsitzender der Alphabetkommission in Monastir, 1913 Begründer der Zs. ›Hylli i Dritës‹ (erschien bis 1944), 1916–18 Mitgl. der Komisija Letrare in Shkodër. 1921 Deputierter u. Vizepräsident im ersten alban. Parlament, 1935–38 Provinzial der alban. Franziskanerprovinz, 1939 Accademico d'Italia. – Von alban. Volksepik u. südslav. Dichtung beeinflußt, schuf F. in über 30 Jahren das alban. Großepos ›Lahuta e Malcis‹, e. herausragendes Werk der alban. Lit., das den Freiheitskampf der Albaner von 1858 bis 1912 besingt u. damit die entscheidende Epoche der alban. Nationalgesch. erstmals dichter. gestaltet. Darüber hinaus trat F. bes. als Satiriker u. Lyriker sowie als Übs. (Molière, Homer u. a.) hervor. Durch s. lit. Schaffen nahm er e. beachtl. Einfluß auf die Entwicklung der alban. Lit.sprache, zumal ihrer nordgegischen Variante. F., der u. a. Ital. u. Franz. fließend sprach, war auch ein glänzender Redner. F. zählt zu den bedeutendsten Vertretern der katholisch geprägten alban. Kultur in der ersten Hälfte des 20. Jh. Sein Name u. sein Werk waren in kommunist. Zeit in Albanien verfemt.

W: Lahuta e Malcís, Ep. III 1905–30, Endfassg. 1937 (n. 1958, 1997; Die Laute des Hochlandes, d. 1958); Ânzat e Parnasit, Sat. 1907 (n. 1969, 1998); Pika vœset, G. 1909; Mrizi i Zânavet, G. 1913 (n. 1969, 1994); Juda Makabé, Tr. 1918; Gomari i Babatasit, Sat. 1923 (n. 1969, 1994); Vallja e Parrizit, G. 1925 (n. 1969).

L: M. Lambertz, Gj. F. u. das alban. Heldenepos L. e M., 1949; Gedenkschr.: Shêjzat 5/11–12, 1961; I. Zamputi, F., koha, njeriu, vepra, 1993; St. Çapaliku, F. satirik, 1995; At Gj.F., Simpozium, hg. T. Osmani 1997.

Fitch, Clyde (William), amerik. Dramatiker, 2. 5. 1865 Elmira/NY – 4. 9. 1909 Châlons-sur-Marne. Stud. Amherst College, nach 2jährigem Europaaufenthalt (1888–90) vom Theater begeistert, seitdem populärer Theaterautor in New York; viele Theaterreisen nach Europa. – Schrieb Farcen, Gesellschafts-, Problemstücke, hist. Dramen, meist für e. bestimmten Schauspieler; bekannt für wirkungsvolle Details und s. getreue Wiedergabe amerik. Lebensweise. S. wichtigstes Stück, ›The Girl with the Green Eyes‹, ist e. psycholog. Studie der Eifersucht.

W: Beau Brummel, Dr. 1890; Nathan Hale, Dr. 1899; Captain Jinks of the Horse Marines, Dr. 1901; The Climbers, Dr. 1901; The Girl with the Green Eyes, Dr. 1905; The Truth, Dr. 1906; The City, Dr. 1909. – The Plays, hg. M. J. Moses 1915.

L: M. J. Moses, V. Gerson, 1924.

Fitil'ov, Mykola → Chvyl'ovyj, Mykola

Fitz Boodle, G. S. → Thackeray, William Makepeace

FitzGerald, Edward (geb. Purcell), engl. Schriftsteller und Übersetzer, 31. 3. 1809 Bredfield/Suffolk – 14. 6. 1883 Merton Rectory/Norfolk. Erzogen in Bury St. Edmunds, Stud. Cambridge. Lebte jahrelang in ländl. Abgeschiedenheit teils bei s. Eltern, teils an verschiedenen Orten Südenglands, hatte zahlr. Freunde, u. a. Tennyson und Carlyle. ∞ 1856 Tochter des Dichters B. Barton, die Ehe wurde jedoch bald geschieden. – Verfaßte e. Lebensgeschichte s. Schwiegervaters, die er s. Gedichtsammlung voranstellte. Vielseitige Sprachstudien, übersetzte 6 Dramen Calderóns (1853), versch. Dramen von Sophokles und Aischylos, s. ›Rubáiyát of Omar Khayyám‹ ist e. freie Versübertragung aus dem Pers., auf der sein Ruhm bis heute beruht. Ausgezeichneter Briefschreiber.

W: Euphranor: A Dialogue on Youth, 1851; Polonius, 1852; Rubáiyát, Übs. 1859 (hg. C. Decker 1997). – Poetical and Prose Writings, hg. G. Bentham VII 1902, 1967; The Letters and Literary Remains, hg. W. A. Wright VII 1902f.; Selected Works, hg. J. Richardson 1962; Selected Letters, hg. A. Hayter 1979; Letters, hg. A. M. und A. B. Terhune IV 1980.

L: T. Wright, II 1904; M. Adams, 1909; A. C. Benson, ^{2}1925; A. M. Terhune, 1947; A. J. Arberry, 1959; A. C. Benson, 1969; I. B. H. Jewett, 1977; R. B. Martin, With Friends Possessed, 1985. – *Bibl.:* W. F. Prideaux, 1968.

Fitzgerald, F(rancis) Scott (Key), amerik. Erzähler, 24. 9. 1896 St. Paul/MN – 21. 12. 1940 Hollywood. 1913–17 Stud. Princeton, ereignislose Militärzeit. Reporter in New York, nach frühem Erfolg luxuriöses Leben als Idol s. Generation; 1920 ∞ Zelda Sayre, die 1930 nervenkrank wurde; versch. Europareisen, 1925 Freundschaft mit Hemingway; die Verheißungen der Jugend gehen unter in Alkoholismus und finanziell-gesundheitl. Zerrüttung, in e. selbstankläger. Dasein als Magazin- und Drehbuchautor in Hollywood. – Als Historiker und Symbol des Jazz-Zeitalters schildert F. das inhaltlose, vom Geld beherrschte Gesellschaftsleben, dessen Glanz er fasziniert genießt und zugleich in skept., unerbittl. Luzidität analysiert. ›This Side of Paradise‹ leitet die Revolte der ›verlorenen Generation‹ der 1920er Jahre gegen die viktorian. Moral ein. In s. Hauptwerk ›The Great Gatsby‹ enthüllt er in der trag. Figur des neureichen Helden den glitzernden Karneval der Nachkriegszeit, das eigene Leben und – in symbol. Erweiterung s. Themas – die Entwicklung Amerikas einerseits als e. Traum von Schönheit und Glück, andererseits als Verrat an diesen und als banale Illusion. ›The Crack-Up‹ wirft als Bekenntnisbuch Licht auf F.s Zusammenbruch.

W: This Side of Paradise, R. 1920; Flappers and Philosophers, Kgn. 1920; Tales of the Jazz Age, Kgn. 1922; The Beautiful and Damned, R. 1922; The Vegetable, Dr. (1923); The Great Gatsby, R. 1925 (d. 1953); All the Sad Young Men, Kgn. 1926; Tender is the Night, R. 1934, bearb. 1951 (d. 1952); Taps at Reveille, Kgn. 1935; The Last Tycoon, R. 1941 (d. 1962); The Crack-Up, Aut. 1945 (d. 1985); The Pat Hobby Stories, En. 1962. – The Bodley Head S. F. (GW), VI 1958–63; Afternoon of an Author, Ess. u. Kgn., hg. A. Mizener 1958; The Apprentice Fiction, hg. J. Kuehl 1965; Bits of Paradise, hg. 1973 (m. Zelda F.); The Basil and Josephine Stories, 1973; St. Paul Plays, Drn. 1978; Notebooks, 1978; Price Wars High, Kgn. 1979; Poems, 1981. – The Letters, hg. A. Turnbull 1963; Letters to His Daughter, 1965; Briefw. mit Perkins, 1971, mit H. Ober, 1972; Correspondence, hg. M. J. Bruccoli, M. Duggan 1980; Dear Scott, dearest Zelda, hg. J. R. Bryer, C. W. Barks, Br. 2002; The Cambridge Edition of the Works, 1991, 1994, 1995, 2000. – *Übs.:* Ges. Erzählungen, V 1980.

L: A. Kazin, hg. 1951; A. Mizener, The Far Side of Paradise, ^{2}1958; ders., hg. 1963; A. Turnbull, 1962, d.

1986; W. Goldhurst, 1963; K. Eble, 1963, ²1977; J. E. Miller, 1964; A. D. Piper, 1965; S. Perosa, ²1965; R. D. Lehan, 1966; R. Sklar, 1967; H. G. Schitter, 1968; M. Stern, 1970; A. Latham, Crazy Sundays, 1971; J. A. Higgins, 1971; J. F. Callahan, Illusions of a Nation, 1972; S. Graham, The Real F., 1976; J. R. Bryer, hg. 1978; J. M. Allen, Candles and Carnival Lights, 1978; T. J. Stavola, 1979; B. Way, 1980; L. C. Stanley, 1980; M. J. Bruccoli, Some Sort of Epic Grandeur, 1982; A. LeVot, 1983 (1. amerik. Ausg.); J. R. Mellow, Invented Lives, 1984; K. E. Keimer, 1985; T. Buttitta, 1987, 1992; J. Meyers, 1994; T. Höss, 1994; R. u. H. H. Roulston, 1995; E. A. Weston, 1995; M. J. Bruccoli, 1996; A. Zhang, 1997; R. L. Gale, 1998; J. Cowley, 1999; J. R. Bryer, 2000; M. A. Gay, 2000; E. Hofmann, 2000; R. Prigozy, 2001; K. Taylor, 2001. – *Bibl.:* J. R. Bryer, II 1967–81; M. J. Bruccoli, II 1972–80; R. L. Gale, 1998.

Fitzgerald, Penelope, geb. Knox, engl. Romanautorin u. Biographin, 17. 12. 1916 Lincoln – 28. 4. 2000 London. Vater Hrsg. des ›Punch‹; ∞ 1941 Desmond F.; Stud. Oxford, dann Journalistin, Buchhändlern u. Schauspiellehrerin. Booker Prize 1979. – Sozialkrit. Romane über individuelle Integrität gegen kommerzielle Gesellschaft und Konformismus.

W: Edward Burne-Jones, B. 1975; The Golden Child, R. 1977; The Knox Brothers, B. 1977; The Bookshop, R. 1978 (d. 1998); Offshore, R. 1979; Human Voices, R. 1980; At Freddie's, R. 1982; Charlotte Mew and Her Friends, B. 1984; Innocence, R. 1986; The Beginning of Spring, R. 1988 (d. 1995); The Gate of Angels, R. 1990 (d. 1994); The Blue Flower, R. 1995 (d. 1999); The Means of Escape, R. 2000; Human Voices, R. 2001; A House of Air, R. 2003. – Selected Prose, 2002; The Afterlife, Ess. 2003; Selected Writings, 2004; Letters, 2004.

FitzGerald, Robert David, austral. Lyriker, 22. 2. 1902 Sydney – 1987 ebda. 1925–65 Landvermesser ebda. u. (1931–36) Fidschi. – Intellektueller Lyriker, behandelt vielfach metaphys. Themen. Reiche Metaphorik, manchmal Überfülle der Bilder. Im ›Essay on Memory‹ sinnbildhafte Darstellung des ewig sich erneuernden Stromes des Lebens, Gegenüberstellung der Vergänglichkeit des einzelnen und der Lebenskraft des Kosmos.

W: The Greater Apollo, G. 1927; To Meet the Sun, G. 1929; Moonlight Acre, G. 1938; Between Two Tides, G. 1952; This Night's Orbit, G. 1953; The Wind at Your Door, G. 1959; Southmost Twelve, G. 1962; Selected Poems, 1962; The Elements of Poetry, Ess. 1963; Fourty Years' Poems, 1965; Product, G. 1977.

L: G. Day, 1973; G. A. Wilkes, 1981.

Flaiano, Ennio, ital. Schriftsteller und Journalist, 5. 3. 1910 Pescara – 20. 11. 1972 Rom. Stud. Architektur Rom. 1939–41 Theater- u. Filmkritiker für ›Oggi‹, 1944–46 für ›Risorgimento Liberale‹. 1949–54 Chefredakteur der Zs. ›Il Mondo‹. – Vf. von Theaterstücken, Romanen, Erzählungen u. Drehbüchern (u. a. ›La dolce vita‹). ›Tempo d'uccidere‹ ist e. iron.-absurde Allegorie von menschl. Schuld und drohendem Untergang.

W: Tempo d'uccidere, R. 1947 (Frevel in Äthiopien, d. 1953, u. d. T. Alles hat seine Zeit, 1978); Diario notturno, En. 1956 (d. 1987); Una e una notte, En. 1959 (d. 1989); Le ombre bianche, En. 1972; Melampus, 1974. – Opere, hg. G. Cattaneo, S. Pautasso 1973.

L: L. Sergiacomo, 1996; V. Esposito, Vita e pensiero di E. F., 1996.

Flaška z Pardubic a Rychmburku, Smil, tschech. Schriftsteller, etwa 1349 – 13. 8. 1403 (während d. Kriegszugs gegen Kutná Hora). Mitgl. e. tschech. Hochadelgeschlechts, Stud. an der Karls-Univ. in Prag. E. bedeutende polit. Persönlichkeit u. der Oberste Landesschreiber im Königreich Böhmen, Autor e. tendenziösen, allegor.-didakt. dichter. Werks (›Nová rada‹ u. a.), das die auf aktuelle Probleme orientierte Lit. seiner Zeit wesentlich beeinflusste.

W: Nová rada, G. (Handschr. 1459) in ›Výbor z literatury českés‹, 1, 1845; 1876, 1950; 1940 (Neutschech. Übers.); Staročeské satiry Hradeckého rukopisu a Smilovy školy, hg. J. Hrabák 1962. – *Übs.:* Der Neue Rath des Herrn S. v. P., Leipzig 1885.

L: J. Gebauer, Úvahy o Nové radě S. F. a Radě zvířat, in ›Sborník věd. Musea Král. čes.‹ 1873; F. M. Bartoš, Zur Deutung der Nová rada des S. F. z P., in ›Slavische Rundschau‹ 1938; J. Hrabák, S. škola, 1941; E. Petrů, Zašifrovaná skutečnost, 1972; J. Hejnic, M. Horna, E. Petrů, Theriobulia, 1983.

Flaubert, Gustave, franz. Romancier, 12. 12. 1821 Rouen – 8. 5. 1880 Croisset b. Rouen. Sohn e. Chirurgen; höhere Schule in Rouen, 1841–43 lust- u. erfolgloses Stud. Jura in Paris. Nach 1843 durch Nervenleiden vom prakt. Berufsleben ausgeschlossen. Reisen nach Korsika, Italien, Griechenland, Nordafrika, Orient. In Croisset ab 1846 (Tod von Vater und Schwester) in selten unterbrochener Einsamkeit Schriftsteller mit method. Arbeitsprogramm. Befreundet mit L. Bouilhet und M. Ducamp; Maupassant s. Lieblingsschüler. – Meister des realist. Romans in Frankreich. In seiner Jugend Romantiker, Byron nahestehend, für Goethe und Hugo begeistert, vom Übersinnlichen und Unendlichen angezogen, von Philisterhaß erfüllt. S. Werk zeugt von s. Kampf zwischen romant. Wesen und der pessimist., Lebensekel erweckenden Einsicht in die Sinnlosigkeit romant. Sentimentalität. In s. Schaffen wechseln nüchtern-realist. Werke, die ihn berühmt machten, mit bildertrunkenen über hist. Vergangenheit, die s. heiml. romant. Ader entsprechen. Überwindet in unerhörter Willensanspannung den Lebensekel, der auch von s. Verachtung für die materialist.-kapitalist. Gesellschaft s. Zeit, von s. Einsicht in die Mittelmäßigkeit und

Banalität des Menschen überhaupt genährt wird, durch strenge wiss. Ästhetik, die er in entsagungsvoller, quälerischer Selbstdisziplin verwirklichte (dafür aufschlußreich s. Korrespondenz). Verbindet e. absolutes Schönheitsideal, die Übereinstimmung von Gehalt und Wort, mit der Forderung nach möglichst vollständiger Dokumentation, genauer Beobachtung und Darstellung typ. Erscheinungen, nach der strengen Objektivität des Anatomen. Verzicht auf persönl. Stellungnahme und e. Persönliches auslöschende Hingabe an das Tatsächliche. ›Madame Bovary‹, nach 53monatiger Arbeit entstanden (e. großer, zunächst Skandal-Erfolg löste e. Prozeß aus), behandelt mit grausamer Objektivität das in Selbstmord endende Leben e. jungen Frau der franz. Provinz, die, aus romant. Sehnsüchten zum Ehebruch getrieben, an dem Mißverhältnis zwischen ihrem Gefühl u. der materialist.-nüchternen Umwelt zerbricht. ›Salammbô‹ stellt e. Ausschnitt aus dem Kampf zwischen Rom und Karthago dar, ist nach sorgfältigen archäolog. und hist. Studien und e. Informationsreise (1858) mit suggestiven Bildern geschrieben und läßt die Einsicht in die Absurdität des Geschehens erkennen. ›L'Education sentimentale‹ ist der Roman der Desillusionierung s. von der Romantik herkommenden Generation. ›La Tentation de Saint-Antoine‹, durch e. Breughelsches Bild angeregte, mehrfach überarbeitete (1848, 1856, 1870, 1874), durch glutvolle Bilder versinnlichte Darstellung der versch. Religionen, deren Relativität deutlich wird. ›Trois contes‹ sind feinzisellierte Proben s. stilist. Meisterschaft, der unvollendete Roman ›Bouvart et Pécuchet‹ e. Satire auf die Dummheit und Selbstüberschätzung des zeitgenöss. Bürgertums. F. wurde das große Vorbild für die franz. und ausländ. Realisten.

W: Madame Bovary, R. 1857 (n. R. Dumesnil II 1958; d. R. Schickele 1907, 1986); Salammbô, R. 1863 (d. v. Oppeln-Bronikowski 1908, A. Schurig ^{30}1923); L'éducation sentimentale, histoire d'un jeune homme, R. 1870 (d. W. Widmer 1957); La tentation de Saint-Antoine, R. 1874 (d. 1967); Le château des cœurs, Dr. 1874; Le candidat, Dr. 1874; Trois contes, 1877 (n. R. Dumesnil 1936; d. 1948); Bouvard et Pécuchet, R. 1881 (n. A. Cento 1964; d. 1960); Par les champs et par les grèves, 1886; Mémoires d'un fou, E. 1901 (d. 1920, 1965); Novembre, E. 1901 (d. 1969); Dictionnaire des idées reçues, 1911 (Wörterbuch der Gemeinplätze, d. 1968); Souvenirs, notes et pensées intimes, Nl. 1965 (d. 1966); Une nuit de Don Juan, hg. U. Mölk 1984. – Œuvres complètes, XXII 1926–33, hg. R. Dumesnil, X 1945–48, Ed. de la Pléiade, II 1951; Correspondance, IX 1926–33, 4 Suppl.-Bde. 1953; Lettres à George Sand, 1884, ^{4}1889 (d. E. W. Fischer 1919); Lettres inédites à M. Levy, 1965; Les lettres d'Egypte, hg. A. Y. Naaman 1965; Correspondance F. – Sand, hg. A. Jacobs 1981; Correspondance Goncourt, 1998. – *Übs.:* GW, E. W. Fischer X 1907–09, IX 1922–26; W. Weigand VI 1923; Nachgelassene Werke, P. Zifferer 1910; Tagebücher, E.

W. Fischer III 1919 (daraus: Reisetagebuch aus Ägypten, 1963); Jugendbriefe, 1923; Reisebriefe, 1921; Briefe, 1964, 1977.

L: L. Le Sidaner, 1930; P. Binswanger, Die ästhetische Problematik F.s, 1934; A. Thibaudet, ^{2}1935; H. Stein, D. Gegenwartswelt i. Werk F.s, 1938; E. Maynial, 1943; R. Dumesnil, ^{3}1947; E. Merker, 1948; H. Friedrich, Drei Klassiker des franz. Romans, ^{2}1950; P. Spencer, 1952; J. de la Varende, 1958; J. Suffel, 1958; A. Thorlby, Lond. 1959; M. G. Tillett, Oxf. 1961; R. Giraud, hg. 1965; V. H. Brombert, Princeton 1966; S. Buck, N. Y. 1966; B. F. Bart, Syracuse 1967; J.-P. Sartre, II 1971; E. Starkie, 1971; K. D. Bertl, 1974; P. M. Wetherill, 1982; A. Green, 1982; D. La Capra, 1982; Marlee, 1982; Omnagio a F., hg. M. Colesanti 1983; L. Czyba, 1983; G. M. Schwab, 1983; G. Séginger, 1984; I. Spica, 1984; D. Knight, F.s Characters, 1985; L. M. Porter, hg. 1987; H. R. Lottmann, 1989; J. Bellemin-Noël, 1990; D. Rincé, 1990; J. L. Douchin, 1991; M. Maillard, 1992; L. Adert, 1996. – *Bibl.:* R. Dumesnil, D. L. Demorest, 1937.

Fléchier, Valentin-Esprit, franz. Kanzelredner und Schriftsteller, 10. 6. 1632 Pernes b. Carpentras – 16. 2. 1710 Montpellier. Aus adliger Familie. Stud. in Tarascon, Lehrer in Tarascon, Draguignan und Narbonne. Seit 1659 in Paris, Erzieher in adligen Familien, zugelassen zu Hôtel de Rambouillet, 1663 königl. Pension, 1668 Vorleser des Dauphin, 1673 Mitgl. der Académie Française, vom König 1685 zum Bischof von Lavaur, 1687 von Nîmes ernannt. – Weltmann und Kanzelredner mit elegantem und geistvollem Vortragsstil, Vf. von Memoiren und hist. Werken. Berühmt bes. durch s. Leichenreden auf hochgestellte Persönlichkeiten: die Gattin s. Gönners, Mme de Montausier (1672) und Marschall Turenne (1676), den er zu corneillescher Heldengestalt erhob. Geistvolle und kulturgeschichtl. interessante Memoiren.

W: Oraisons funèbres, 1681 (n. II 1842); Mémoires sur les grands jours d'Auvergne, 1685; Panégyriques des Saints, 1690; Histoire du Cardinal Ximenès, 1693; Lettres pastorales, 1826. – Œuvres complètes, X 1782, X 1825–28, II 1856f. (d. VI 1757–64); Œuvres choisies, hg. H. Bremond 1911. – *Übs.:* GW, VII 1758–60; Trauerreden, 1847, Auserlesene Briefe, III 1764.
L: Abbé Fabre, II ^{2}1886; G. Grente, 1934; D. Vidal, 1997; Y. M. Bercé, 1998.

Flecker, (Herman) James Elroy, engl. Dichter, 5. 11. 1884 Lewisham – 3. 1. 1915 Davos/Schweiz. ∞ 1911 Heele Skiadaressi. Stud. Oxford u. Cambridge oriental. Sprachen, im Auswärt. Dienst, 1910 Konstantinopel, 1911–13 Beirut. Starb jung an Tbc. – Gehörte zur Gruppe der Georgian Poets. S. Verse unter Einfluß der Parnassiens mit z. T. romant. Themen u. roman. Formen sind etwas gekünstelt, aber flüssig u. melodiös. Schrieb auch 2 Dramen des Weltschmerzes.

W: The Bridge of Fire, G. 1907; The Grecians, Dial. 1910; Forty-Two Poems, G. 1911; The Golden Journey to Samarkand, G. 1913; The King of Alsander, Kgn. 1914; The Old Ships, G. 1915; Hassan, Sch. 1922 (d. 1919); Don Juan, Sch. 1925. – Collected Poems, 1949; Some Letters from Abroad, 1930.

L: D. Goldring, 1922; G. E. Hodgson, 1925; Th. S. Mercer, 1952; T. E. Lawrence, 1988.

Fleg, Edmond (eig. Flegenheimer), franz. Schriftsteller, 26. 2. 1874 Genf – 15. 10. 1963 Paris. Jüd. Abstammung; lebte im Umkreis der zionist. Bewegung der 3. Republik: Zola, Herzl. – Vf. von Dramen, Gedichten und Essays. Alarmiert durch den wachsenden Antisemitismus in Europa (Dreyfus-Affäre), sind in seinen lit. und theoret. Werken die jüd. Kultur und deren Beitrag zur europäischen Geistesgeschichte thematisch dominierend.

W: Le démon, Dr. 1906; La bête, Dr. 1910; Macbeth, Opernlibr. 1910; Le trouble-fête, Dr. 1913; Ecoute, Israël, G. II 1913–21; Le juif du Pape, Dr. 1925; L'enfant prophète, R. 1926; Moïse, 1928 (d. 1940); Le marchand de Paris, Dr. 1928; Pourquoi je suis juif, Ess. 1928 (d. 1929); Jésus raconté par le juif errant, Ess. 1935; Faust, Dr. 1937; Oedipe, Opernlibr. 1937.

L: M. C. Fulea, 1993.

Fleming, Ian (Lancaster), engl. Romancier, 28. 5. 1908 London – 12. 8. 1964 Canterbury. Bankierssohn. Erziehung in Eton u. Sandhurst, Stud. Psychol. München u. Genf. Korrespondent in Moskau. Im 2. Weltkrieg Assistent beim Geheimdienstchef der brit. Marine. 1945–59 Auslandsdirektor der ›Sunday Times‹. – S. stets siegreicher, skrupelloser Superagent u. Frauenheld 007 James Bond arbeitet auf den Schauplätzen des kalten Krieges für den brit. Geheimdienst, wobei ihm die raffiniertesten techn. Spielereien zur Verfügung stehen. Ereignishäufung, Turbulenz, sadist. u. erot. Episoden sorgten für die weltweite Popularität der in mehr als zehn Millionen aufgelegten Romane u. der danach gedrehten Filme.

W: Casino Royale, R. 1953 (d. 1960); Live and Let Die, R. 1954 (d. 1961); Moonraker, R. 1955 (d. 1967); Diamonds Are Forever, R. 1956 (d. 1960); From Russia with Love, R. 1957 (d. 1961); Dr. No, R. 1958 (d. 1965); Goldfinger, R. 1959 (d. 1964); For Your Eyes Only, En. 1960 (d. 1965); Thunderball, R. 1961 (d. 1967); The Spy Who Loved Me, En. 1962 (d. 1966); On Her Majesty's Secret Service, R. 1963 (d. 1964); You Only Live Twice, R. 1964 (d. 1966); Chitty-Chitty-Bang-Bang, Kdb. 1964 (d. 1965); The Man with the Golden Gun, R. 1965 (d. 1966).

L: K. Amis, The J. Bond Dossier, 1965 (Geheimakte 007 J. B., d. 1966); J. Pearson, 1966; B. R. Rosenberg, 1989; A. Lycett, 1995; J. Black, The Politics of J. Bond, 2001.

Flers, Joseph-Marie-Louis-Camille-Robert Pellevé de la Motte-Ango, Marquis de, franz. Dramatiker, 25. 11. 1872 Pont-l'Evêque/Calvados – 30. 7. 1927 Vittel. ∞ Tochter V. Sardous. 1896 Journalist, zuerst am ›Soleil‹, dann ›Figaro‹. Befreundete sich mit G. A. de Caillavet, mit dem zusammen er s. Hauptwerke schrieb, die 1900–14 das Pariser Publikum begeisterten. Schrieb nach dem Tod Caillavets 1915 vor allem mit F. de Croisset zusammen. Nach dem 1. Weltkrieg Chefredakteur des ›Figaro‹. 1921 Journalist von ›Gaulois‹, seit 1921 Mitgl. der Académie Française. – Sehr geistreiche, satir. oder sentimentale, unterhaltende und gut aufgebaute kleine Lustspiele, einfallsreich, von lebhaftem Rhythmus und aristokrat. Nonchalance; nie bittere Parodien auf die Zeitgenossen. Die satir. Stücke (›Le roi‹ und ›L'habit vert‹), gelungener als die romanesken Dramen.

W: Vers l'orient, Reiseb. 1896; Les travaux d'Hercule, K. 1901; Le Sire de Vergy, K. 1903; L'ange du foyer, Dr. 1905; Miquette et sa mère, K. 1906; Le roi, K. 1908; Le bois sacré, K. 1910; Primerose, K. 1911; L'habit vert, K. 1913; La belle aventure, 1913; Le retour, K. 1921; Les vignes du Seigneur, K. 1924; Les nouveaux messieurs, K. 1926.

L: F. de Croisset, Le souvenir de R. de F., 1929; E. Chaumié, 1929f.

Fletcher, Giles (d. Ältere), engl. Diplomat und Dichter, 1549(?) Watford – 1611 London. Ab 1565 Stud. in Cambridge, bereiste 1568 Schottland, 1588 Dtl. und Rußland. ∞ 1581 Joan Sheaf. – Sein Gedichtzyklus ›Licia‹ weist eine dreigeteilte Struktur auf: konventionell petrarkist. Sonette, die in einem idealisierten Frauenbild unterschiedlichste Aspekte männlichen Begehrens vereinen und dies als Initialzündung männlicher Selbstkonstitution präsentieren; ferner Elegien und ein poet. Monolog. Verfaßte zudem versch. Essays.

W: Of the Russe Common Wealth, Es. 1591 (n. R. Pipes, J. V. A. Fine 1966); Licia, or Poemes of Love, 1593 (n. A. B. Grosart 1876). – The English Works, hg. L. E. Berry 1964.

Fletcher, John, engl. Dramatiker, Dez. 1579 Rye – 28. 8. 1625 London. Jüngster Sohn des Bischofs von London, Neffe von G. Fletcher, dem Ä., Vetter von Giles F. d. J. und Phineas F. Abbruch des Studiums in Cambridge nach dem Tod des Vaters. Schrieb ab 1605 zus. mit seinem Freund F. Beaumont mehrere äußerst erfolgreiche Dramen, war nach Beaumonts Rückzug vom Theater ab 1613 Autor für die Theatertruppe ›The King's Men‹, gemeinsame Verfasserschaft mit Field, Massinger, Shakespeare. – S. erstes Werk war e. Pastoralstück ›The Faithful Shepheardesse‹, das sich aber als Mißerfolg erwies. F.s dramat. Werk entstand ab 1606 in enger Zusammenarbeit mit Beaumont (Näheres → Beaumont). In ›The Woman's Prize; or The Tamer Tamed‹ bringt F. eine Fortsetzung von Shakespeares ›The Taming of the Shrew‹ auf die Bühne und versucht, dessen Geschlechterasymmetrie auszugleichen. Vielfach wird angenommen, daß Shakespeare an ›The Two Noble Kinsmen‹ mitarbeitete.

W: (außer mit → Beaumont) Faithful Shepheardesse, Dr. 1610; Wit without Money, K. 1614?; Rollo, Duke of Normandy, 1616; Valentinian, K. 1618/19; Loyal Subjects, 1618; The Mad Lover, 1618/19; The Humorous Lieutenant, K. 1618; Monsieur Thomas, 1619; The Chances, 1620; Women Pleased, K. 1620?; The Island Princess, 1621; The Pilgrim, 1621; Wild Goose Chase, K. 1621; A Wife for a Month, K. 1624; Rule a Wife and Have a Wife, 1624; The Two Noble Kinsmen, Sch. 1634; Woman's Prize, 1647? (n. G. B. Ferguson 1966).
L: C. Leech, The J. F. Plays, 1962; H. J. Makkink, 1966; N. Pearse, J. F.'s Chastity Plays, 1973; C. Squier, 1986; G. Macmullan, The Politics of Unease in the Plays of J. F., 1994; M. Livingston, Censorship in the Plays of J. F., 2000; ferner → Beaumont.

Fletcher, John Gould, amerik. Lyriker, 3. 1. 1886 Little Rock/AR – 10. 5. 1950 ebda. 1903–07 Stud. Harvard, lebte ab 1909 in England, ab 1933 in Amerika. Verübte Selbstmord. – Führender Vertreter des Imagismus, Vermittler der franz. Symbolisten. Nach assoziativen Farb- und Klangphantasien, sog. ›Farbsinfonien‹, wandte er sich Landschaft und Geschichte Amerikas und e. gefühlsbetonten, meditativen Lyrismus von gemäßigter Rhetorik zu.

W: The Dominant City, G. 1913; Fire and Wine, G. 1913; Irradiations, G. 1915; Goblins and Pagodas, G. 1916; Breakers and Granite, G. 1921; P. Gauguin, St. 1921; Parables, G. 1925; Branches of Adam, G. 1926; The Black Rock, G. 1928; John Smith – Also Pocahontas, St. 1928; XXIV Elegies, G. 1935; Life Is My Song, Aut. 1937; South Star, G. 1941; The Burning Mountain, G. 1946; Arkansas, St. 1947. – Selected Poems, 1938, hg. L. Carpenter 1988; Selected Essays, hg. ders. 1989; Selected Letters, hg. L. Rudolph 1996.
L: E. B. Stephens, 1967; G. Hergt, 1978; E. S. De Chasca, 1978; L. Carpenter, 1990; B. F. Johnson, 1994. – *Bibl.*: B. Morton, 1979.

Fletcher, Phineas, engl. Lyriker, 8. 4. 1582 Cranbrook/Kent – 1650 Hilgay. Bruder von Giles F. d. J. In Eton erzogen, Stud. in Cambridge, lehrte ebda. ∞ 1615 Elizabeth Vincent. 1621 Pfarrstelle in Hilgay/Norfolk, verbrachte dort den Rest s. Lebens. – Begann mit e. Fischerspiel für Cambridger Studenten (›Siceslides‹), später folgte e. Fischerekloge ›Piscatorie Edlogs‹ und e. allegor. Versepos ›Purple Island‹. Das Epos ›The Purple Island‹ beschreibt das Wesen des Menschen in allegorischer Sprache, setzt diesen gleich einer Insel und stellt in 12 Cantos Physis, Psyche sowie Tugenden und Laster umfassend dar. S. Dichtung ›Brittain's Ida‹ wurde lange für e. Werk Spensers gehalten.

W: Brittain's Ida, Dicht. 1628; Siceslides, A. Piscatory, Sch. 1631; Piscatorie Eclogs, 1633; The Purple Island and other Poetical Miscellanies, 1633. – The Poetical Works of Giles and Phineas F., hg. F. S. Boas II 1908f.; Venus and Anchises, hg. E. Seaton 1926.
L: H. E. Cory, Spenser, the School of the Fletchers, and Milton, 1912; A. B. Langdale, ^{2}1968; F. S. Kastor, Giles and Phineas F., 1978.

Fleury, Jules → Champfleury, Jules

Flint, F(rank) S(tuart), engl. Lyriker und Übs., 19. 12. 1885 London – 28. 2. 1960 Berkshire. Aufgewachsen in Armut, verließ im Alter von 13 Jahren die Schule und begann zu arbeiten; als Jugendlicher Begeisterung für Dichtung, bes. J. Keats; Arbeit als Schreibkraft; lernte als Autodidakt zahlr. Sprachen; Übsn. aus mehreren Sprachen, v. a. franz. Lit.; Vf. von Arbeiten zum ›Imagismus/Imagism‹ u. a. in den Zsn. ›Poetry‹ u. ›Egoiste‹ sowie zu franz. Lit.; nach 2. Weltkrieg Amt im Arbeitsministerium; Freundschaft mit T. E. Hulme und E. Pound. – Die Liebesgedichte s. 1. Gedichtbands ›In the Net of the Stars‹ (stark von Keats u. P. B. Shelley beeinflußt) unterscheiden sich deutl. von den freirhythm. Gedichten der beiden weiteren Werke, die F. als Vertreter des ›Imagismus/Imagism‹ zeigen; Einfluß der franz. Symbolisten.

W: In the Net of the Stars, 1909 (Mikrofilm Ann Arbor, 1983); Cadences, 1915 (n. 1982); Otherworld: Cadences, 1920.
L: A. Adinolfi, Tradition and Innovation in the Work of F. S. F., Mail. 1990.

Fløgstad, Kjartan, norweg. Schriftsteller u. Essayist, * 7. 6. 1944 Sauda/Rogaland. Stud. der Philol., cand. mag. 1971, wohnt in Oslo, mehrere Aufenthalte in Lateinamerika. – F. zählt zu den wichtigsten Autoren s. Generation. Vf. modernist. Romane, beeinflußt vom mag. Realismus südamerik. Provenienz (Julio Cortázar) mit e. sozialkrit. Anliegen; bevorzugt unreine, karnevalisierte Romanformen.

W: Den hemmelege jubel, Ess. 1970; Fangliner, En. 1972; Dalen Portland, R. 1977; Fyr og flamme, R. 1980; Loven vest for pecos og andre essays om populær kunst og kulturindustri, Ess. 1981; Det 7. klima, R. 1986; Portrett av eit magisk liv. Poeten Claes Gill, B. 1988; Arbeidets lys. Tungindustrien i Sauda gjennom 75 år, Sb. 1990; Fimbul, R. 1994; Kron og mynt. Eit veddemål, R. 1998; Sudamericana. Latinamerikanske reiser, Reiseb. 2000.

Flores, Juan de, span. Schriftsteller, 1470(?) – 1525. Salmant. Herkunft, 1476 Chronist der Kath. Könige. – Vf. der im 16. Jh. oft übersetzten u. in ganz Europa gelesenen, von Boccaccio beeinflußten Liebesromane ›Historia de Grisel y Mirabella con la disputa de Torrellas y Braçayda‹ (1495, n. 1983; ›Historia von Aurelio und Isabella‹, d. 1630) u. ›Grimalte y Gradissa‹ (1495) sowie der allegor. Erzählung ›Triunfo de Amor‹. Themen: Macht der Liebe u. Unterschied der Geschlechter.

L: B. Matulka, The Novels of J. d. F. and their European Diffusion, N. Y. 1931.

Flore und Blancheflur, alte, wohl über Byzanz von Italien bis Island verbreitete arab. Sage von der romant. Kinderminne des heidn. Königssohnes F. zu der mit ihm erzogenen Tochter e. christl. Kriegsgefangenen B. Diese wird von F.s Eltern zwecks Trennung der Liebenden in s. Abwesenheit verkauft; F. reist ihr nach Babylon nach, läßt sich in e. Rosenkorb versteckt zu ihr in den Haremsturm ziehen und wird vom Sultan entdeckt. Beim angedrohten Feuertod verzichtet einer um des anderen willen auf Errettung, so daß sie wegen ihres Opferwillens freigelassen werden. Die gemeinsame Tochter wurde Mutter Karls d. Gr. – Zuerst im franz. Liebesroman vor 1160/70 erhalten (›Li romanz de Floire et Blancheflur‹, hg. F. Krüger 1938, Pariser Hs. W. Wirtz 1937, M. Pelan 1937); dann dt. im ›Trierer Floyris‹ um 1170 (hg. A. Steinmeyer, Zs. für dt. Altertum 21) und von Konrad Fleck um 1220 (hg. E. Sommer 1846), mittelengl. um 1250 (hg. A. B. Taylor 1927), niederländ. um 1260 als ›Floris ende Blancefloer‹ von Diederic van Assenede (hg. P. Leendertz 1912, J. J. Mak ^{2}1964), niederdt. als ›Flos unde Blankeflos‹ Anfang 14. Jh. (hg. O. Decker 1913) und norweg. (hg. E. Kölbing 1896). Auf e. 2., roheren franz. Fassung vor 1200 (hg. F. Krüger, s. o.) beruht Boccaccios ›Filocolo‹ (1338–40), darauf das dt. Volksbuch ›Floris und Biancefiora‹ von 1499 und H. Sachs' Komödie ›Florio mit der Blancefiora‹ von 1551.

L: J. H. Reinhold, Paris 1906; L. Ernst, 1912; F. Stefan, 1913; E. Schad, Diss. Marb. 1941; J. J. Mak, ^{2}1964 (m. Bibl.).

Florian, Jean-Pierre Claris de, franz. Schriftsteller, 6. 3. 1755 Schloß Florian b. Anduze/Gard – 13. 9. 1794 Sceaux. Naturverbundene Kindheit, Page beim Herzog von Penthièvre. Zog sich von Militärlaufbahn (Kavallerie-Offizier) zum Schreiben zurück. Während des nachrevolutionären Terrors verhaftet, in der Thermidorrevolution befreit. 1788 Mitglied der Académie Française. – Sein Werk fand bei den Zeitgenossen großen Anklang. Schrieb idyll. Hirtenromane von naiver Zärtlichkeit und frische, sentimentale Komödien und Lieder. Sein Ruhm gründet vor allem auf schalkhaften und anmutigen Versfabeln in der Nachfolge La Fontaines mit rousseauschen Gedanken. Übs. Cervantes ›Don Quichote‹.

W: Les deux billets, K. 1779; Le bon ménage, K. 1782; Le bon père, K. 1783; Galatée, roman pastoral, imité de Cervantès, ft. 1783; La bonne mère, K. 1785; Le bon fils, K. 1785; Numa Pompilius, R. 1786; Estelle et Némorin, R. 1788; Gonzalve de Cordoue, R. 1791; Fables, 1792 (n. 1949); Mémoires d'un jeune Espagnol, Aut. 1807 (n. 1924); Nouvelles, 1755–1794, 1905. – Œuvres complètes, XVI 1820 (d. L. G. Förster 1827ff.); Œuvres inédites, IV 1824.

L: F. Claretie, 1898; W. Schwenke, F.s Beziehungen z. dt. Lit., 1909; G. Saillard, 1912.

Florian, Miroslav, tschech. Lyriker, * 10. 5. 1931 Kutná hora. Redakteur. – F.s Lyrik ist stark subjektiv, gefühlsbetont u. bildreich. Sie gleicht lyr. Miniaturen, in denen sich Leben u. Natur harmon. vereinen. Übs. aus dem Russ., Bulg. u. Dt.

W: Snubní prsten, G. 1948; Cestou k slunci, G. 1953; Blízký hlas, G. 1955; Otevřený dům, G. 1957; Závrať, G. 1957; Stopy, G. 1960; Záznam o potopě, G. 1963; Tichá pošta, G. 1965; Druhý dech, G. 1968; Černý med, G. 1969; Svatá pravda, G. 1971; Modré z nebe, G. 1976; Rozsvěcovaní květů, G. 1978; Pražský výběr, G. 1982; Verše do kapsy, G. 1984; Dráha blesku, G 1986; Sonetarium aneb Večer v kválikárně, G. München 1995. – Verše 1948–58 (Ausw.), 1959; Na každém kroku (Ausw.), 1962; Vybrané spisy (AW), III 1982/83.

L: M. Grygar, Jak číst poezii, 1963; M. Blahynka, 1981 (m. Bibl.).

Florus, Lucius Annaeus, lat. Historiker, 1. Hälfte 2. Jh. n. Chr. F. verfaßte ›Auszüge aus Livius über alle Kriege (Roms) aus 700 Jahren‹ (›Epitomae de Tito Livio bellorum omnium annorum DCC‹) in 2 Büchern. Er läßt die Zeit von der Gründung Roms bis zu Augustus mit den vier Phasen des Lebens (Kind – Greis) korrespondieren; der Stoff ist lit. gestaltet. F. war lange Schulautor u. wurde stark rezipiert.

A: m. engl. Übs. E. S. Forster, Lond. n. 1984; H. Malcovati, n. 1972; m. franz. Übs. P. Jal, Paris 1967.

L: J. M. Alonso-Núñez, Die polit. und soz. Ideologie des Geschichtsschreibers F., 1983; L. Bessone, La storia epitomata, Rom 1996.

Flygare-Carlén, Emilie, geb. Smith, schwed. Schriftstellerin, 8. 8. 1807 Strömstad – 5. 2. 1892 Stockholm. Tochter e. Kapitäns, den sie auf s. Fahrten in die Schären begleitete, daher vertraut mit Landschaft u. Menschen. Ohne jede Ausbildung. ∞ 1827–33 Arzt Axel Flygare, ab 1841 Schriftsteller J. G. Carlén, lebte dazwischen mit dem Juristen J. R. Dalin, der sie sehr beeinflußte. – Begann mit schwülstiger Romantik, entwickelte sich dann mehr in realist. Richtung. Schilderte gern die Verworfenheit der vornehmen Welt. Am stärksten ist ihre Erzählkunst in den Bürger- u. Bauernromanen, v. a. ›Rosen på Tistelön‹, wo sie

Menschen u. Natur frisch u. lebendig darstellt. Trotz Sentimentalität hat sie e. Zug zur Vernunft, behandelte auch Eheprobleme u. griff die Frömmelei an.

W: Rosen på Tistelön, R. II 1842; Enslingen på Johannis-skäret, R. III 1846; En natt vid Bullarsjön, R. III 1847; Ett köpmanshus i skärgården, R. II 1859/60; Minnen af svenskt författarlif 1840–60; Mem. 1878. – Romaner, XXIV 1882–90, XII 1942 f. – *Übs.:* SW, IC 1868–70.

L: H. Svanberg, 1912; M. Holmström, 1918; A. Kjellén, 1932; A. Janzén, 1946.

Fo, Dario, ital. Dramatiker, * 24. 3. 1926 Sangiano/Varese. Stud. Malerei und Architektur; bis 1963 in fast allen Theatersparten tätig, Showstar, Kabarettist, Schauspieler, Regisseur, Bühnenbildner und Bühnenautor; 1969 Gründer und Leiter des Theaterkollektivs ›La Comune‹ in Mailand, das vor Arbeitern und auf Tourneen in Fabrikhallen gesellschaftskrit. polit. Agitationstheater im Sinne des frühen Piscator macht und dazu Stilelemente aus allen Epochen der europ. Theatergeschichte vom Mysterienspiel über Commedia dell'arte und Marionetten bis zur Kabarett- u. Revueform in die satir.-burleske Darstellung voller szen. Gags einbezieht. 1997 Nobelpreis.

W: Sani da legare, Dr. 1956; Aveva due pistole con gli occhi bianchi e neri, Dr. 1960; La colpa è sempre del diavolo, Dr. 1965; Grande pantomima con bandieri e pupazzi piccoli e medi, Dr. 1968; Mistero buffo, Dr. 1969; Morte accidentale di un anarchico, Dr. 1970 (d. 1978); Agnelli ti vede! e ti punisce!, Dr. 1971; Morte e resurrezione di un pupazzo, Dr. 1971; Tutti uniti! Tutti insieme, Dr. 1971 (d. 1977); Quasi per caso una donna: Elisabetta, K. 1984 (d. 1985); Le commedie, 1984; Johan Padan a la descoverta de le Americhe, 1991 (d. 1992); Il papa e la strega e altre commedie, Drr., hg. F. Rame, 1994; Teatro, Drr., hg. ders. 2000. – *Übs.:* Dario Fo über Dario Fo, 1978; Lieder und Balladen, ital.-dt. 1984; Wer einen Fuß stiehlt, hat Glück in der Liebe, K. 1985; Elisabetta/Isabella, drei Karavellen und ein Possenreißer, Drr. 1986; Die dicke Frau, Drr. 1993; Kleines Handbuch des Schauspielers, Prosa 1997.

L: V. Chiara, La storia di D. F., 1997; R. Nepoti, M. Cappa, 1997; H. Klüver, 1998; B. Gysi, 2000.

Fodor, László, ungar. Dramatiker, 28. 3. 1896 Beregszász – 7. 2. 1978 New York. Journalist. – Hatte großen Erfolg mit s. erot. angehauchten Lustspielen, die auch im Ausland, bes. in London, Wien u. Berlin, gerne gespielt wurden.

W: Navarrai Margit, Lsp. 1915; Dr. Szabó Juci, Lsp. (1926); A templom egere, Lsp. (1927); Érettségi, Sch. 1935; Társasjáték, Sch. (1936); Születésnapi ajándék, Sch. (1939).

Fofanov, Konstantin Michajlovič, russ. Lyriker, 30. 5. 1862 Petersburg – 30. 5. 1911 ebda. Vater Kaufmann; erste Gedichte 1881 gedruckt. – Lyriker mit Motiven der Spätromantik; s. Verse geben, frei von jegl. Tendenz, auf impressionist. Art Stimmungen der Natur und Gemütsbewegungen wieder, sind nicht selten sehr melodiös. In der großen Zahl s. Gedichte findet sich freilich viel Unbedeutendes. Steht im Gegensatz zu den in der russ. Lit. der 1880er Jahre überwiegenden Bestrebungen und wurde von den Symbolisten als e. ihrer Vorläufer geachtet.

W: Teni i tajny, G. 1891; Stichotvorenija, G. 1896; Illjuzii, G. 1900; Stichotvorenija, G. 1939; Stichotvorenija i poémy, G. u. Poeme 1962. – *Übs.:* F. Fiedler, 1903.

L: V. Kranichfeld, 1912; I. Fenner, 1998.

Fogazzaro, Antonio, ital. Dichter, 25. 3. 1842 Vicenza – 7. 3. 1911 ebda. Aus wohlhabender Familie, finanziell unabhängig. Erster Unterricht durch Vater u. Onkel, dann Giacomo Zanella als Lehrer. Stud. Jura Padua u. Turin, wohin die Familie wegen polit. Verfolgung geflüchtet war. 1864 Promotion. Kurz Advokat, wieder in Vicenza, ∞ 1866 Gräfin Margherita Lampertico di Valmarana, seither teils in Vicenza, teils am Luganer See. 1896 Senator. – Ein seel. Zwiespalt bestimmt s. Leben u. Werk, er steht an der Wende vom Naturalismus zum Symbolismus. Der Akzent verschiebt sich vom Physischen zum Psychischen, in die unerforschten Regionen menschlichen Körper u. Seele. In F.s widerspruchsvoller u. ringender Persönlichkeit finden sich Katholizismus, Spiritismus, Symbolismus u. Realismus nebeneinander. Er wird zum Verfechter e. reformator. Modernismus. Als gläubiger Katholik will er die Lehren der Kirche mit mod. Denken verbinden u. reformieren, kam dadurch auf den Index. S. Bedeutung als Schriftsteller liegt in s. realist.-humorist. Charakterdarstellung, in der sorgfältigen Beobachtung des Bürgertums u. der Provinz-Aristokratie. Spätromant.-phantast. Züge weist der frühe Roman ›Malombra‹ auf. Aufgabe des Schriftstellers ist ihm, die edlen Anlagen im Menschen zu wecken, die Liebe ist dabei das wesentlichste Element zur moral. u. geistigen Entwicklung. Lyriker, Erzähler u. Dramatiker. Mittelpunkt des Romans ›Piccolo mondo antico‹ ist die geistige Auseinandersetzung des gläubigen Franco Maironi mit s. ungläubigen Frau; durch den Freiheitskampf finden sie wieder zueinander. Genaue Schilderungen der österr. Fremdherrschaft u. des Lebens in der lombard. Provinz. ›Piccolo mondo moderno‹ u. ›Il Santo‹ verkünden den reformator. Modernismus. Held beider Romane ist Piero, der Sohn des Franco Maironi, der nach schwerem Kampf zum Glauben findet u. Benediktiner wird.

W: Miranda, Ep. 1874 (d. 1882); Valsolda, G. 1876 (d. 1882); Malombra, R. 1881 (d. 1889); Daniele Cortis, R. 1885; Il mistero del poeta, R. 1887 (d. 1925); Fedele,

Nn. 1887 (d. 1907); Racconti brevi, En. 1894 (erw. u. d. T. Idillii spezzati, 1901); Piccolo mondo antico, R. 1896 (d. 1903); Piccolo mondo moderno, R. 1900 (d. 1903); Il garofalo rosso, Dr. 1902; Scene, Drr. 1903; Il Santo, R. 1905 (d. 1906); Le Poesie, G. 1908; Leila, R. 1911 (d. 1911). – Tutte le opere, hg. P. Nardi XIV 1931–41; Lettere scelte, hg. T. Gallarati-Scotti 1940; Epistolario, hg. J. Ingargiola 1955. – *Übs.:* GW, 1948ff.; Novellen, 1907 u. 1908; Gedichte, 1909.
L: S. Rumor, 1920; U. Leo, 1928; L. Portier, Paris 1937; E. Donadoni, ²1939; P. Nardi, ²1945; E. Balducci, 1952; A. Piromalli, 1952 u. 1959; G. Bonomelli, 1965; E. Ghidetti, 1974; T. Gallarati-Scotti, ³1982; G. De Rienzo, 1983.

Fogelström, Per Anders, schwed. Schriftsteller, 22. 8. 1917 Stockholm – 20. 6. 1998 ebda. Kaufmannssohn. Realschule, Buchhandlungsangestellter, Journalist; Dr. h. c. Stockholm 1976. ∞ 1943 Sara Södrén. – Schilderer Stockholms u. infolge genauer Studien Kenner s. Lebensbedingungen im 19. Jh. Starkes Interesse für Jugendliche. Betont eindringl. die Notwendigkeit der Zusammenarbeit u. des Verständnisses unter den Menschen. Berührt die Situation des Menschen angesichts der weltpolit. Lage; pazifist. Einstellung.
W: Orons giriga händer, G. 1947; Att en dag vakna, R. 1949; Ligister, R. 1949; Sommaren med Monika, R. 1951 (Die Zeit mit Monika, d. 1953); Möten i skymningen, R. 1952; En bok om Söder, 1953; I kvinnoland, 1954; En natt ur nuet, R. 1955; En borg av trygghet, R. 1957; Expedition Dolly, R. 1958; Mina drömmars stad, R. 1960 (Stadt meiner Träume, d. 1964); Barn av sin stad, R. 1962; Minns du den stad, R. 1964; I en förvandlad stad, R. 1966; Stad i världen, R. 1968; Café Utposten, R. 1970; Kampen för fred, 1971; Upptäckarna, R. 1972; Revoltörerna, R. 1973; Utsikt över stan, 1974; Erövrarna, R. 1975; Besittarna, R. 1977; En bok om Stockholm, 1978; Svenssons, R. 1979; Vävarnas barn, R. 1981; Krigens barn, R. 1985; Hem, til sist, R. 1993.
L: Ch. Kassman, 1986.

Foix, Josep Vicenç, katalan. Dichter, 28. 1. 1893 Sarrià/Barcelona – 29. 1. 1987 Barcelona. Jurastud. – Bedeutender Vertreter der katalan. Avantgarde, verbindet ma. Tradition u. Surrealismus.
W: Gertrudis, poet. Prosa 1927; Krtu, poet. Prosa 1947 (dt. Ausw. 1988); Sol, i de dol, G. 1936; On he deixat les clus..., G. 1953; Del ›Diari 1918‹, poet. Prosa 1956; Onze Nadals i un Cap d'Any, G. 1960; L'estrella d'en Perris, poet. Prosa 1963; Darrer comunicat, poet. Prosa 1970; Tocant a mà..., poet. Prosa 1972; Cròniques de l'ultrason, poet. Prosa 1985. – Obres completes, IV 1979–90.
L: M. Guerrero, 1996.

Folengo, Teofilo (Ps. Merlin Cocai), ital. Dichter, 8. 11. 1496 Cipada/Mantua – 9. 12. 1544 Campese di Bassano. Stud. Philos. Bologna. Trat 1508 ohne Berufung in den Benediktinerorden ein u. verließ 1524 das Kloster, da er die strenge Disziplin nicht ertragen konnte. Im Dienst versch. Fürsten, u. a. der Orsini. Nach abenteuerl. Leben 1534 Rückkehr in den Orden. 1538–43 Prior des Konvents Santa Maria in Palermo. – Bekämpfte die Manier s. Zeit, nur mehr die Klassik zu imitieren u. große Helden zu besingen. Meister der makkaronischen (macaron = dumm, albern) Poesie: S. Sprache hat lat. Endungen, Metrik u. Syntax, die Wurzeln der Wörter entstammen dem Ital. u. sogar den lombard. Dialekten. Wendet sich damit gegen die vielen lat. schreibenden Dichter. In dieser Sprache parodiert er in s. besten Werk ›Baldus‹ die Ritterepen. Der Titelheld, e. Nachkomme Karls d. Gr., vollführt mit s. dummen Gefährten s. Heldentaten in plebejischer Umgebung, auf Jahrmärkten, bei kleinen Kaufleuten, beim Dorfrichter. In der ›Zanitonella‹ macht er sich über die Schäferidyllen lustig. Nach s. relig. Umkehr asket. Schriften. Einfluß auf Rabelais u. Fischart.
W: Baldus, Ep. 1517 (erw. 1521, 1539; n. U. E. Paoli 1941, G. Dossena 1958); Moschaea, G. 1519 (Mückenkrieg, d. 1580, n. 1846); Zanitonella, Ep. 1519; Orlandino, Ep. 1526; Chaos del Triperuno, Aut. 1527; Atto della Pinta, Dr. 1539. – Opere italiane, hg. U. Renda III 1911–14; Le Maccheronee, hg. A. Luzio II 1927f.
L: G. Billanovich, 1948; C. F. Goffis, La poesia del Baldus, 1950; F. Salsano, 1953; E. Bonora, Le maccheronee di T. F., 1956; M. Chiesa, T. F. tra la cella e la piazza, 1988; L. Curti, 1994.

Folgore, Luciano (eig. Omero Vecchi), ital. Schriftsteller, 18. 6. 1888 Rom – 24. 5. 1966 ebda. Mitarbeiter der Zsn. ›Lacerba‹ u. ›La voce‹. – Zuerst Anhänger des Futurismus, schrieb später crepuscolarist. getönte Lyrik, Erzählungen, Essays, Dramen u. Parodien auf zeitgenöss. Schriftsteller.
W: Il canto dei motori, G. 1912; Città veloce, G. 1919; Poeti allo specchio, G. 1926; Mia cugina la Luna, En. 1926; Il mago moderno, Sch. 1938; Mamma voglio l'arcobaleno, G. 1947.
L: C. Salaris, L. F. e le avanguardie, 1997.

Folgore da San Gimignano (eig. Giacomo), ital. Dichter, vor 1285 – vor 1332. Leistete 1305/06 Kriegsdienst. Lebte wahrscheinl. an Fürstenhöfen. – In s. drei Sonettzyklen (über die Monate, die Woche u. den Ritter) beschreibt er im 1. in 14 Sonetten die Feste jedes Monats u. im 2. in 8 Sonetten die Jagd u. die übrigen Vergnügungen des jungen Ritters, während der 3. Zyklus (5 Sonette) die Entwicklung des Knappen zum Ritter behandelt. Außerdem polit. Gedichte u. e. Sonett über die ›cortesia‹ (die für ihn noch die Freigebigkeit der ›Herren‹ war), in dem er das Schwinden dieser Eigenschaft beklagt.

A: I Sonetti, hg. F. Neri 1925; Sonetti, hg. G. Caravaggi 1965. – *Übs.:* Die altbewährte Kunst, in der Toscana das Leben zu genießen = Sonetti dei mesi, 1997.
L: L. Santucci, 1942; G. Caravaggi, 1960.

Follain, Jean (René), franz. Dichter, 29. 8. 1903 Canisy/Manche – 10. 3. 1971 Paris. Anwalt, dann Richter. – Entwirft, mißtrauisch gegenüber gefühlsseliger Lyrik und intellektuellem Experiment, in kurzen Gedichten Bilder des ländl. und provinziellen Lebens. Gewinnt Größe und Pathos durch s. Sinn für die geheime Ordnung der Existenz, streift das Geheimnis an der Oberfläche der Realität.
W: La mélancolie, G. 1933; La main chaude, G. 1933; Chants terrestres, G. 1937; L'épicerie d'enfance, Prosa 1938; Inventaire, G. 1942; Le galant rouge, 1943; Exister, G. 1947; Chef-lieu, G. 1950; Territoires, G. 1953; Objets, G. 1955; Tout instant, G. 1958; Des heures, G. 1960; D'après tout, G. 1967; Espaces d'instant, Erinn. 1971; Collèges, Erinn. 1973; Présent jour, Erinn. 1978. – Poèmes et prose choisis (Ausw.), 1961. – *Übs.:* Gedichte, 1962.
L: J.-Y. Debreuille, 1995; F. Rouftiat, 1996; J. Rouffanche, 2001.

Follett, Ken(neth) (Martin), engl. Schriftsteller, * 5. 6. 1949 Cardiff/Wales. Stud. London, Journalist u. Musikredakteur. – Verf. höchst erfolgreicher hist. Thriller, die geschichtl.-polit. Ereignisse mit individuellen Schicksalen verknüpfen u. in 30 Sprachen übersetzt wurden.
W: Eye of the Needle, R. 1978 (Die Nadel, d. 1980); The Pillars of the Earth, R. 1989 (Die Säulen der Erde, d. 1990); The Third Twin, R. 1996 (Der dritte Zwilling, d. 1997); The Hammer of Eden, R. 1998 (d. 1999); Code to Zero, R. 2000 (Das zweite Gedächtnis, d. 2001); Hornet Flight, R. 2003 (Mitternachtsfalken, d. 2003).

Folquet de Marseille (auch F. de Toulouse), provenzal. Troubadour und Bischof von Toulouse, um 1155 – 25. 12. 1231 Toulouse. Reicher Kaufmannssohn aus Genua, gründlich humanist. und scholast.-dialekt. gebildet. Freund von Richard Löwenherz, Barral von Marseille und Alfons VIII. von Kastilien. Leidenschaftl. und verfeinerte Persönlichkeit. S. dichter. Schaffenszeit liegt zwischen 1180 und 1196. – S. Lyrik ist verstechn. geschickt, reich an Metaphern, Abstraktionen, Personifikationen und von dialekt. Diktion. Um 1180 in Marseille am Hof des Barral de Baux bezeugt, an dessen Gattin Azalais er Liebeslieder richtete, schrieb zum Tod s. Gönners e. bewegendes Klagelied. Richtete Liebeslieder an Eudoxia, Gemahlin des Guillaume de Montpellier, an dessen Hof er später lebte. Schrieb andere Gedichte hochgestellten Persönlichkeiten zu Ehren. Trat um 1200 als Mönch ins Zisterzienserkloster von Toronet ein, verwarf s. weltl. Dichtung, verfolgte, ab 1205 Bischof von Toulouse, die Ketzer, veranlaßte den Albigenserkreuzzug mit. 2 Kreuzzugslieder erhalten.
A: Œuvres, hg. S. Stronski 1910.
L: P. Belperron, 1942; E. Lommatzsoh, 1957.

Fondane, Benjamin → Fundoianu, Barbu

Fonseca, António José Branquinho da (Ps. António Madeira), portugies. Schriftsteller, 4. 5. 1905 Mortágua – 16. 5. 1974 Lissabon. Jurastud. Coimbra; Verwaltungsbeamter in Marvão u. Nazaré. Mitbegründer u. Hrsg. der Zsn. ›Presença‹, ›Tríptico‹, ›Manifesto‹ u. ›Sinal‹. – Lyriker, von Strindberg beeinflußter Dramatiker u. Erzähler von sachl. knappen, straffen Romanen über das Schicksal bes. passiver Helden. Künstler der Verfremdung; ›O Barão‹ gilt als Meisterwerk portugies. Novellistik.
W: Poemas, G. 1925; Posição de Guerra, Dr. 1928; Zonas, En. 1931; Mar Coalhado, G. 1932; Caminhos Magnéticos, En. 1938 (rev. 1959, n. 1967); Teatro I, 1939 (n. 1965, ²1973); O Barão, N. 1942 (n. 1969, ²1972; engl. 1996; franz. 1990); Rio Turvo (enth. ›O Barão‹), En. 1945 (n. 1969, 1997); Porta de Minerva, R. 1947 (n. 1968); Mar Santo, R. 1952 (n. 1964, 1971); Bandeira Preta, En. 1956 (n. 1966, 1970, 1986).
L: J. Mader-Herrmann, Diss. Toulouse 1993.

Fonseca, José Rubem, brasilian. Erzähler, * 11. 5. 1925 Juiz de Fora/Minas Gerais. Lebt seit s. Kindheit in Rio de Janeiro. Nach Jurastud. hoher Funktionär e. Elektrokonzerns, heute freier Autor. – Vertreter des (hist.) Kriminal- u. Detektivromans, Meister des Verwischens der Grenzen zwischen Fiktion u. Geschichtsschreibung, s. schriftsteller. Terrain ist die Megalopolis Rio im Zustand der Apokalypse, das soz. Gewebe ist zersetzt, es herrschen Kriminalität u. Korruption; verfaßte mit ›O selvagem da ópera‹ e. Roman-Biographie des brasilian. Opernkomponisten Antônio Carlos Gomes aus dem 19. Jh., ferner Kurzgeschichten, Drehbücher.
W: Os Prisoneiros, En. 1963; A Coleira do Cão, En. 1965; Lúcia McCartney, En. 1969; O caso Morel, R. 1973; Feliz Ano Novo, En. 1975; O Cobrador, En. 1979; A grande arte, R. 1983; Bufo & Spallanzani, R. 1985 (d. 1987); Vastas emoções e pensamentos imperfeitos, R. 1988 (d. 1994); Agosto, R. 1990 (d. 1991); Romance negro, En. 1992; O selvagem da ópera, R.-Biogr. 1994; Contos reunidos, hg. Boris Schnaideman 1994; O buraco na parede, En. 1995; E do meio no mundo prostituto só amores guardei ao meu charuto, R. 1997; Histórias de amor, En. 1997; A confraria dos espadas, En. 1998; Secretos, excreções e desatinos, R. 2001; Pequenas creaturas, En. 2002; Diário de um frescenino. – *Übs.:* Das vierte Siegel, En. 1989.
L: S. Sant'Anna, 1969; A. Pólvora, 1971; D. da Silva, 1983; E. Spielmann, 1994; P. Melo, 2003.

Fonseca, Manuel Dias da, portugies. Erzähler u. Lyriker, 15. 10. 1911 Santiago de Cacém (Alentejo) – 11. 3. 1993 Lissabon. Stud. Kunst Lissabon; Journalist; aktiv in der Opposition zum Salazarregime, 1965 Inhaftierung. – E. der zentralen Figuren des portugies. Neorealismus. F.s Werke sind nahezu alle im armen südportugies. Alentejo angesiedelt u. klagen die soz. Ungerechtigkeit in e. einfachen, jedoch nicht vereinfachenden Sprache an.

W: Rosa dos Ventos, G. 1941; Seara de Vento, R. 1958 (Gesäter Wind, d. 1967).

Fontainas, André, belg. Schriftsteller, 5. 2. 1865 Brüssel – 9. 12. 1948 Paris. Stud. Jura Brüssel. Gründete 1884/85 mit Freunden die Zs. ›La Basoche‹, gehörte 1885–91 zur Jeune-Belgique-Gruppe. Ab 1888 in Paris, 1896 Mitarbeiter des ›Mercure de France‹. – Dichter und Kritiker. Zarte Gedichte in Nachfolge Mallarmés. Vf. von kunst- und lit.hist. Werken, Romanen. Übsn. aus dem Engl. (Milton, De Quincey, Keats, Swinburne u. a.).

W: Le sang des fleurs, G. 1889; Les verges illusoires, G. 1892; Nuits d'Epiplane, G. 1894; Les estuaires d'ombre, G. 1895; Crépuscules, G. 1897; L'ornement de la solitude, R. 1899; Le jardin des îles claires, G. 1901; L'indécis, R. 1903; La nef désemparée, G. 1908; Les étangs noirs, R. 1912; La vie d'Edgar Poe, B. 1919; Courbet, G. 1920; Récits au soleil, 1922; Rops, 1925; Constable, Es. 1926; De Stéphane Mallarmé à Paul Valéry, Es. 1928; Mes souvenirs du symbolisme, Erinn. 1928; Dans la lignée de Baudelaire, Es. 1930; Bourdelle, 1930. – Choix de poèmes, 1950; Correspond. P. Valéry, 1893–45, 2002.

L: R. Kerdyk, 1927; M. Bervoets, 1949.

Fontaine, Jean de la → La Fontaine, Jean de

Fontana, Gian, rätoroman. Dichter und Schriftsteller, 16. 11. 1897 Fidaz/Graubünden – 30. 11. 1935 Flims/Graubünden. Schulen in Flims, 1914–17 Lehrerseminar Chur. Aufenthalt in Paris. 1917–35 Lehrer in Flims. – Veröffentlichte s. Gedichte, Erzählungen u. Kinderszenen in ›Casa paterna‹, ›Permintgagi‹ u. ›Dun da Nadal‹. Wohl der bedeutendste rätoroman. Lyriker mit erstaunl. Sinn für rhythm. Wiedergabe von Natur- u. Gemütsstimmungen. Meisterhafter Erzähler von schwerblütigen, schicksalsgeladenen und von innerer Dramatik bewegten Geschichten aus dem Bergbauernmilieu.

W: A casa, Per l'honur, E. 1922; La parlera, E. 1923; Nora, E. 1924; Gioder dil Run, E. 1926; Carstgauns, E. 1927; Il derschader, E. 1928; Crappa grossa, E. 1930; Poesias, G. 1931; Fumegl Martin, E. 1931; Sidonia Caplazi, E. 1932. – Ovras, V 1940–43. – *Übs.:* Der Präsident von Valdei, En. 1943.

L: R. R. Bezzola (Tiara Grischuna), 1943; O. Peer, Der dichter. Ausdruck im Werke G. F.s, 1964 (m. Bibl.).

Fontenelle, Bernard le Bovier de, franz. Schriftsteller, 11. 2. 1657 Rouen – 9. 1. 1757 Paris. Advokatensohn, Neffe von Pierre und Thomas Corneille; Jesuitenschule. Mitarbeiter an ›Le Mercure galant‹ des T. Corneille. Seit 1699 ständiger Sekretär der Académie des Sciences. – Umfassender Geist, Schriftsteller auf allen Gebieten: Dichtung, Philos., Naturwiss., Religion, Politik. Erster Mittler zwischen den Gebildeten der Salons und der Naturwiss. Erweckte Interesse für sie, befreite von Vorurteilen, verbreitete den Glauben an die Wiss. und ihren Fortschritt, durch s. Kritik an der Tradition Vorbereiter der Aufklärung. Schrieb Verse, Tragödien, Opernlibretti, knüpfte mit den ›Dialogues des morts‹ an Lukian an, stellte sich im Streit um moderne und alte Lit. auf die Seite der modernen. Erklärte mit den ›Entretiens sur la pluralité des mondes‹ in elegantem Salonton das neue astronom. Weltbild. Erschütterte den relig. Glauben, indem er die heidn. Orakel als Aberglauben deutete. Gründete im Dienst an der Naturwiss. Zeitungen, Akademien und hielt Vorträge. Schrieb als Sekretär ›Eloges Académiques‹, in denen er die Leistungen der damals führenden Philosophen darlegte. Verfaßte für wiss. Werke Vorworte, in denen er kühne Ideen vertrat.

W: Psyché, Op. 1678 (m. T. Corneille); Bellérophon, Op. 1679 (m. T. Corneille); Aspar, Tr. 1680; Dialogues des morts, 1683 (d. 1948); Entretiens sur la pluralité des mondes, Dial. 1686 (n. 1945; d. J. Ch. Gottsched, 1727); Histoire des oracles, 1687 (n. L. Maigron 1908; d. 1731); Digression sur les anciens et les modernes, 1688; Poésies pastorales, 1688; De l'origine des fables, 1689 (n. J. Carré 1932); Thétis et Pélée, Op. 1689; Enée et Lavinie, Op. 1690; Vie de P. Corneille, B. 1742; Nouveaux dialogues des morts, hg. D. Schier 1966. – Œuvres complètes, VIII 1790; Œuvres, III 1818; Textes choisis, 1913, 1967, 1995, 1999. – *Übs.:* Auserles. Schriften, J. C. Gottsched 1751.

L: L. Maigron, 1906; J. R. Carré, La philos. de F., 1932; F. Grégoire, 1947; J. W. Cosentini, F.s Art of Dialogue, N. Y. 1952; L. M. Marsak, 1959; A. Fayol, 1961; W. Krauss, F. u. d. Aufklärung, 1969; A. Niderst, 1972; M. F. Mortureux, 1983; C. Chesneau du Marsais, Nouvelles libertés de penser, 2000.

Fonvizin, Denis Ivanovič, russ. Dramatiker, 14. 4. 1745 Moskau – 12. 12. 1792 Petersburg. Aus Adelsfamilie, 1755 im Gymnas. bei der Univ. Moskau, trat 1762 in den Staatsdienst; erwarb sich 1766 mit der Komödie ›Brigadir‹ die Gunst des Hofs; 1769–83 Sekretär beim Minister des Auswärtigen Graf Panin; 1782 Uraufführung des ›Nedorosl'‹ mit großem Erfolg. Blieb nach Schlaganfall 1785 linksseitig gelähmt. – Schrieb s. Komödien, wie schon Sumarokov, in Prosa; ›Brigadir‹ bedeutet den Beginn e. russ. Dramatik; hält sich an das klassizist. Vorbild, beeinflußt von Molière und Holberg; geißelt Unbildung, Unmoral, Gallomanie in Kreisen der Gutsbesitzer und Beamten; die Fabel schwach entwickelt, die positiven Figuren unrealist., die negativen gemäß ihren Charakterzügen in ihrer Sprache individuell gekennzeichnet. Noch stärker hebt sich ›Nedorosl'‹ von den zeitgenöss. Komödien ab, gibt e. satir. getöntes Bild des Lebens der russ. Gutsbesitzer, bisweilen zu grotesker Übertreibung gesteigert; im Humor, im lebendigen Dialog, in der wirkungsvollen, z. T. auf sprachl. Charakterisierung beruhenden Darstellung negativer Gestalten liegen die Vorzüge des Stücks, das als einziges von allen Bühnenstücken des 18. Jh. noch heute auf der russ. Bühne gespielt wird. F.s Humor klingt nach bei Krylov, Puškin, Griboedov, Gogol', Saltykov-Ščedrin. Übs.: Holbergs Fabeln und Komödien, Tacitus.

W: Brigadir, K. 1766; Nedorosl', K. 1782 (Der Landjunker, d. 1889). – Polnoe sobranie sočinenij (GW), 1888; Sočinenija (W), II 1959; Izbrannye sočinenija (AW), 1946. – *Übs.:* Der Landjunker u. a. sat. Dicht., 1957.

L: A. Štejn, 1945; D. D. Blagoj, 1945; G. P. Makogonenko, 1950; K. V. Pigarev, 1954; G. P. Makogonenko, 1961; M. Kantor, 1974; A. Strycek, Paris 1976 (russ. 1994); S. B. Rassadin, 1980; P. Hiller, 1985.

Foote, Samuel, engl. Schauspieler und Dichter, (getauft 27. 1.) 1720 Truro – 21. 10. 1777 Dover. Stud. Oxford ohne Abschluß, dann Jurastud. in London; 1744 Schauspieler. Begann 1752 Bühnenstücke zu schreiben, nachdem er durch Extravaganzen s. beträchtl. Vermögen verloren hatte. – Scharfer Beobachter zeitgenöss. Lebens mit ausgeprägtem Sinn für Komik. Die Gestalten s. Stücke sind häufig boshafte Karikaturen s. Zeitgenossen, dadurch entstanden manche Schwierigkeiten. Sinn für Bühnenwirksamkeit. Einzelne Stücke sind noch heute lebendig.

W: Taste, K. 1752; The Englishman in Paris, K. 1753; The Englishman returned from Paris, K. 1753; The Author, K. 1757; The Minor, K. 1760; The Patron, K. 1764; The Lyar, K. 1764; The Lame Lover, K. 1770; The Capuchin, K. 1778; The Nabob, K. 1779. – The Works, IV 1757–87 (n. 1969; d. III 1796f.).

L: P. Fitzgerald, 1910; M. M. Belden, 1929; J. W. Wilkinson, 1936; E. N. Chatten, 1980.

Forbes, Esther, amerik. Schriftstellerin, 28. 6. 1891 Westborough/MA – 12. 8. 1967 Worcester/MA. Univ. Wisconsin, 1920–26 im Verlag Houghton Mifflin in Boston tätig; lebte in Worcester/MA. – Schrieb neben hist. Romanen, die in ihrem Heimatstaat spielen, e. Biographie Paul Reveres, des Helden im amerik. Unabhängigkeitskrieg.

W: O. Genteel Lady, R. 1926; A Mirror for Witches, R. 1928; Miss Marrel, R. 1935; Paradise, R. 1937 (Wölfe im Paradies, d. 1939); The General's Lady, R. 1938 (d. 1950); The Running of the Tide, R. 1938 (d. 1954); Paul Revere and the World He Lived In, B. 1942; Johnny Tremain, R. 1943 (Johnny reitet, d. 1947); Rainbow on the Road, R. 1954 (d. 1956).

L: J. Bales, 1998.

Ford, Ford Madox (eig. Ford Hermann Madox Hueffer, Ps. Daniel Chaucer), engl. Romanschriftsteller, Dichter und Kritiker, 17. 12. 1873 Merton/Surrey – 26. 6. 1939 Deauville. Sohn e. dt. Musikkritikers. Im Kreise der Präraffaeliten aufgewachsen. ∞ 1894 Elsie Martindale. Gründete 1908 die ›English Review‹, um die er u. a. D. H. Lawrence, H. James, H. G. Wells, E. Pound, W. B. Yeats und J. Galsworthy versammelte. Während des 1. Weltkriegs Militärdienst in Frankreich; aus dieser Erfahrung entstand die Serie von 4 Romanen ›No More Parades‹, e. Familiengeschichte vor dem Hintergrund des als im Grunde sinnlos dargestellten Weltkrieges, gleichzeitig Schilderung des langsamen Zerfalls des Alten und Bildung e. neuen sozialen Ordnung. Der Roman begründete F.s lit. Ruf. Versammelte um s. 1924 gegr. Zs. ›Transatlantic Review‹ u. a. E. Pound, G. Stein, J. Joyce und E. Hemingway. Verbrachte s. letzten Lebensjahre vorwiegend in Frankreich und Amerika. 1937 Lit.dozent in Michigan. S. im Stil von H. James beeinflußten, meist hist. Romane zeigen Ironie und Abstand. Befreundet mit J. Conrad, mit dem er zwei Romane gemeinsam verfaßte. Ausgezeichnete lit. Studien.

W: The Inheritors, R. 1901 (m. J. Conrad); Romance, R. 1903 (m. J. Conrad); The Fifth Queen, R. 1906; Privy Seal, R. 1907; The Fifth Queen Crowned, R. 1908; The Half Moon, R. 1909; The Critical Attitude, Ess. 1911; H. James, Es. 1914; Collected Poems, 1914; The Good Soldier, R. 1915 (Die allertraurigste Geschichte, d. 1962); Thus to Revisit, Aut. 1921; J. Conrad, Es. 1924; Some Do Not, R. 1924; No More Parades, R. 1925; A Man Could Stand Up, R. 1926; The Last Post, R. 1928; The English Novel, St. 1929; Return to Yesterday, Reminiscences (1894–1914), 1931; Memoirs and Criticism, Ess. 1938; The March of Literature, St. 1938; Mightier than the Sword, Aut. 1938. – The Bodley Head F. M. F., V 1962–72; Critical Writings, hg. F. MacShane 1964; Letters, hg. M. Ludwig 1965; Your Mirror to My Times, Aut. hg. M. Kiligrew 1971; Selected Poems, hg. B. Bunting 1972; Critical Essays, 2002.

L: D. Goldring, The Last of the Pre-Raphaelites, 1948; K. Young, 1956; R. A. Cassell, 1962; P. L. Wiley, 1962; J. A. Meixner, 1962; C. B. Ohmann, 1964; R. W. Lid, 1964; F. MacShane, 1965; C. G. Hoffmann, 1967; R. H. Huntley, 1970; K. Young, 1970; A. Mizener, 1971; F. MacShane, 1971; F. M. F.: The Critical Heritage, 1972; R. A. Cassell, hg. 1972; T. Weiss, 1984; S. J. Stang, 1986; R. A. Cassell: Critical essays on F. M. F., 1987; F. M. F.: the critical heritage, hg. F. McShane 1997; J. Rademacher Tracing a Biographical habit, 2002. – *Bibl.:* D. D. Harvey, 1962.

Ford, John, engl. Lyriker und Dramatiker, (getauft) 17. 4. 1586 Islington/Devonshire – 1640(?). Aus alter Devonshire-Familie. 1601 Stud. in Oxford, 1602 im Middle Temple. – Dichter der Spätrenaissance mit Versen, Elegien, Flugschriften und Dramen, die er zuerst in Zusammenarbeit mit Dekker, Rowley und Webster, später allein schrieb. F.s Dramen zeigen den Einfluß von Burtons ›Anatomy of Melancholy‹, sie schildern vorwiegend Leiden und sexuelle Devianzen und zeigen versch. Aspekte der Schwermut. Zahlreiche seiner Dramen behandeln Konflikte zwischen gesellschaftlichen Konventionen, romant. Liebe und sexuellem Begehren. Dabei erscheint, wie z.B. in ›'Tis Pity she's a Whore‹, ein Bild frühmoderner Männlichkeit im Spannungsfeld von Machtstrategien, inzestuösem Begehren und den Konventionen einer patriarchalisch strukturierten Gesellschaft. S. bedeutendstes Drama ›The Broken Heart‹ zeigt s. trag.-pessimist. Begabung.

W: Fame's Memoriall, G. 1606; A Line of Life, Es. 1621; The Witch of Edmontone, Sch. 1624 (m. Dekker u. Rowley); The Lover's Melancholy, Dr. 1629; 'Tis a Pitty she's a Whore, Tr. 1633 (n. A. K. MacIlwraith 1953, B. Morris 1965; Giovanni und Arabella, d. 1918); The Broken Heart, Dr. 1633 (n. S. P. Sherman 1926, B. Morris 1964; d. 1848); Love's Sacrifice, Tr. 1633; Perkin Warbeck, Tr. 1634 (n. M. C. Struble 1926, P. Ure 1968; d. 1904); The Fancies, Chaste and Noble, K. 1638; The Ladies Triall, Dr. 1639. – Works, hg. A. Dyce III ²1965; Dramatic Works, hg. H. Weber II 1811; The Selected Plays, hg. C. Gibson 1987. – *Übs.:* F. M. Bodenstedt 1860.

L: E. Köppel, 1897; R. Davril, Paris 1954; G. F. Sensabaugh, ³1965; M. J. Sargeaunt, ²1966; C. Leech, ²1966; M. Stavig, 1968; S. B. Ewing, 1970; F. Ali, Opposing Absolutes, 1974; R. Huebert, 1977; D. M. Farr, J. F. and the Caroline Theatre, 1979; Concord and Discord, hg. D. K. Anderson 1987; L. Hopkins, J. F.'s Political Theatre, 1994; R. Wymer, Webster and F., 1995; B. Vickers, Counterfeiting Shakespeare. Evidence, Authorship, and J. F.'s Funerall Elegye, 2002. – *Bibl.:* K. Tucker, J. F. and C. Tourneur, 1977.

Ford, Richard, amerik.. Schriftsteller, * 16. 2. 1944 Jackson/MS. Nach dem Studium der Literatur in Irvine/CA Journalist und Hochschuldozent. – Verf. von erfolgreichen Kurzgeschichten und Romanen, deren minimalistischer Realismus multiperspektivisch bes. das Leben der amerik. Mittelschicht betrachtet. Häufig als Neo-Faulknerismus beschrieben, was F. selbst ablehnt. Pulitzer- und PEN/Faulkner-Preis für ›Independence Day‹ (1995).

W: A Piece of My Heart, R. 1976 (d. 1989); The Ultimate Good Luck, R. 1981; American Tropical, Dr. 1983; The Sportswriter, R. 1986 (Der Sportreporter, d. 1989); Rock Springs, En. 1987 (d. 1989); Wildlife, R. 1990 (d. 1991); Independence Day, R. 1995 (d. 1995); Women with Men: Three Stories, En. 1997; A Multitude of Sins, En. 2001 (d. 2002).

Forest, John W(illiam) de, amerik. Erzähler, 31. 5. 1826 Seymour/CT – 17. 7. 1906 New Haven/CT. Sohn e. erfolgr. Kaufmanns und Baumwollfabrikanten; frühe Reisen in Europa und Nahem Osten, Teilnahme am Bürgerkrieg. – Neben Reisebüchern schrieb er den ersten realist. Roman über den Bürgerkrieg, der sich durch subtile Charakterschilderungen auszeichnet, ›Miss Ravenel's Conversion‹.

W: History of the Indians of Connecticut, 1851; Witching Times, R. 1857 (n. 1967); European Acquaintance, Sk. 1858; Miss Ravenel's Conversion from Secession to Loyalty, R. 1867 (n. 1939, 1969); Kate Beaumont, R. 1872; Honest John Vane, R. 1875 (n. 1960); A Volunteer's Adventures: A Union Captain's Record of the Civil War, Aut. 1946; A Union Officer in the Reconstruction, Aufs. hg. J. H. Croushore, D. M. Potter 1948. – Collected Works, hg. J. F. Light XIX 1970.

L: J. F. Light, 1965; F. Bergmann, 1972; J. W. Gargano, 1981.

Forester, Cecil Scott, engl. Schriftsteller, 27. 8. 1899 Kairo – 2. 4. 1966 Fullerton/Kalifornien. Sohn e. Regierungsbeamten, in England erzogen. Brach Medizinstud. vorzeitig ab, um freier Schriftsteller zu werden. Korrespondent der Londoner ›Times‹. Bereiste Spanien, Korsika, Frankreich, nahm am Span. Bürgerkrieg teil, lebte vorübergehend in Prag, befuhr zahlr. Flüsse u. Kanäle Mitteleuropas. Veröffentlichte 24jährig e. psycholog. Kriminalroman. Seit 1932 vielfach als Filmautor in Hollywood. Lebte in USA. – Vf. erfolgr. Kriegserzählungen, See- u. Abenteuerromane, Reiseschilderungen u. Biographien. S. Romane sind abenteuerl. u. spannend geschrieben, sie schildern Mut u. Ausdauer tapferer Menschen in Gefahren u. Schwierigkeiten. Gute Charakterbeobachtung, flüssiger Stil. Schlichte, unpathet. Darstellung des Heldentums. Hauptwerk ist der Horatio-Hornblower-Zyklus aus der brit. Marine in der Napoleonzeit.

W: Victor Emmanuel II., R. 1922; Love Lies Dreaming, R. 1923; Payment Deferred, R. 1926 (Zahlungsaufschub, d. 1951); Louis XIV., R. 1928; Brown on Resolution, R. 1929 (Ein Matrose, d. 1945); The Voyage of the ›Annie Marble‹, R. 1929; The ›Annie Marble‹ in Germany, R. 1930 (Bootsfahrt in Deutschland, d. 1936); U 97, Dr. 1931 (d. 1931); Death of the French, R. 1932; The Gun, R. 1933 (Die Kanone, d. 1936, u.d.T. Stolz und Leidenschaft 1957); The African Queen, R. 1935 (Die ›African Queen‹, d. 1948); The General, R. 1936 (d. 1937); The Happy Return, R. 1937 (Der Kapitän, d. 1938); A Ship of the Line, R. 1938 (An Spaniens Küsten, d. 1939); Flying Colours, R. 1938 (Unter wehenden Flaggen, d. 1940); Captain Hornblower, R. 1938 (d. 1938); The Earthly Paradise, R. 1940 (Das verlorene Paradies, d. 1941); The Captain from Connecticut, R. 1941 (d. 1943); The Ship, R. 1943 (Seeschlacht 1941, d. 1944); Nelson, R. 1944 (d. 1944); The Commodore, 1945 (d. 1946); Lord Hornblower, R. 1946 (d. 1963); The Sky and the Forest, R. 1948; Mr. Midshipman Hornblower, R. 1950 (Fähnrich zur See Hornblower, d. 1950); Randall and the River of Time, R. 1951 (d. 1952); Lieutenant Hornblower, R. 1952 (d. 1953); Hornblower and the Atropos, R. 1953 (H. wird Kommandant, d. 1960); The Nightmare, En. 1954; The Good Shepherd, R. 1955 (Konvoi 1943, d. 1957); Hornblower in the West Indies, R. 1958 (d. 1960); Hunting the Bismarck, R. 1959 (Die letzte Fahrt der Bismarck, d. 1960); Hornblower and the Hotspur, R. 1962 (d. 1964); The Hornblower Companion, Slg. 1964 (Hornblower Lotse, d. 1965); Hornblower During the Crisis, En. 1967 (Zapfenstreich, d. 1968); Long Before Forty, Aut. 1967. – *Übs.:* Horatio Hornblower, XI 1967f.

L: J. Forester, 1996.

Forner, Juan Pablo (eig. J. Bautista Pablo F. y Segarra), span. Schriftsteller, 17. 2. 1756 Mérida – 16. 3. 1797 Madrid. Arztsohn, Stud. Philos. u. Rechte in Salamanca, 1785 Veröffentlichungsverbot wegen s. ausfallenden Polemiken; 1791 ∞ María del Carmen Carassa; 1790 Staatsanwalt in Sevilla, 1796 Berufung an den obersten Gerichtshof von Madrid. – Polemiker u. Satiriker von ungewöhnl. Schärfe, verfaßte zahlr. Pamphlete selbst gegen die bedeutendsten und verdienstvollsten Schriftsteller. Lit. wertvollstes Werk ›Exequias de la lengua castellana‹, e. lit. Lehrwerk in allegor. Form, krit. Überblick über die Entwicklung der span. Lit. u. Verteidigung der span. lit. Tradition mit interessanten, fundierten Urteilen über Lit. u. Autoren s. Zeit.

W: Oración apologética por la España y su mérito literario, Abh. 1786 (n. A. Zamora Vicente 1945; Faks. 1992, hg. J. Cañas Murillo 1997); Discursos filosóficos sobre el hombre, Sat. 1787; Exequias de la lengua castellana, Sat. 1788 (n. P. Sáinz Rodríguez ²1956; J. Jurado 2000); Discurso sobre el modo de escribir y mejorar la historia de España, Abh. 1792 (hg. F. López 1973); La escuela de la amistad, o el filósofo enamorado, K. 1796; Los gramáticos, historia chinesca, Sat. 1970. – Obras, hg. L. Villanueva 1844; Antología, hg. N. González Ruiz 1942.

L: M. Jiménez Salas, 1944; G. Smith, Boston 1976; F. López, Bordeaux 1976; J. Cañas Murillo, 1987; ders., M. Ángel Lama, hg. 1998.

Fornes, Maria Irene, am. Dramatikerin, * 14. 5. 1930 Havanna/Kuba. Immigration in die USA 1945, Staatsbürgerschaft 1951, zunächst bildende Künstlerin u. Stoffdesignerin in New York. – F.' zahlreiche Theaterstücke und Musicals verbinden dramat. Realismus mit experimentellen Ausdrucksformen, die, z. T. dem Film und der bildenden Kunst entnommen, die Bühnensprache erweitern.

W: La Viuda, 1961; Promenade and Other Plays, 1971; Fefu an Her Friends, 1981; The Danube, 1982 (d. 1991); Mud, 1983 (d. 1991); Maria Irene Fornes: Plays, 1986; Hunger, 1989.

L: A. B. Kent, 1996; D. L. Moroff, 1996; M. Robinson, 1999.

Forš, Ol'ga Dmitrievna (Ps. A. Terek), russ. Schriftstellerin, 28. 5. 1873 Festung Gunib (Daghestan) – 17. 7. 1961 Leningrad. Vater Offizier, Kindheit im Kaukasus, Kunstakad.; Malerin, bis 1917 Zeichenlehrerin. – Begann 1908 lit. Tätigkeit mit Erzählungen, die vor dem Krieg unter Pseudonym erschienen; schrieb ab 1924 bedeutende hist. Romane mit Anklängen an Merežkovskij und den Symbolismus, dessen Bedeutung für die Zeitgenossen sie herausstellt. Verbindet mit dem Hist. im Roman das revolutionäre Element, so in ›Odety kamnem‹; versucht in der Trilogie über A. Radiščev den Geist der Zeit darzustellen, die ihn veranlaßt hat, in seiner berühmten ›Reise‹ revolutionäre Gedanken niederzuschreiben. Veröffentlichte 1953 e. Roman über die Dekabristen.

W: Odety kamnem, R. 1925 (In Stein gehüllt, d. 1926); Sovremenniki, R. 1927; Gorjačij cech, R. 1927; Sumasšedšij korabl', R. 1930; Simvolisty, R. 1933; Voron, R. 1934; Radiščev-Trilogie: I Jakobinskij zakvas, 1934, II Kazanskaja pomeščica, 1936, III Pagubnaja kniga, 1939 (Die Kaiserin und der Rebell, d. 1957); Pervency svobody, R. 1953 (1825, d. 1966). – Sobranie sočinenij (GW), VIII 1962–64; Sočinenija (W), VII 1928–30, IV 1956.

L: R. D. Messer, 1955; N. P. Lugovcov, 1964; A. Tamarčenko, ²1974.

Forsnäs, Veikko Antero → Koskenniemi, Veikko Antero

Forssell, Lars (Hans Carl Abraham), schwed. Lyriker und Dramatiker, * 14. 1. 1928 Stockholm. Sohn e. Stadtarchivars. 1947/48 Stud. USA, 1948 B. A., 1952 cand. phil. Uppsala, Kritiker u. Mitarb. mehrerer Zsn. 1971 Mitgl. der Schwed. Akademie. ∞ 1951 Kerstin Hane. – Anfangs beeindruckt von T. S. Eliot u. E. Pound, dessen Gedichte er ins Schwed. übs.; ästhet. bewußt u. intellektuell, erstrebt F. später Vereinfachung in liedhaften Zeitsatiren nach Art der franz. Kabarettkunst. Themen sind das Verhältnis des Menschen zu Furcht u. Mut, daher oft Antihelden in s. Dramen. Polit. Engagement. Veröffentl. s. Gedichte seit 1997 über Intenet (Print on demand). Übs. Ibsen, Molière.

W: Narren, G. 1952; Chaplin, Mon. 1953; F. C. Tietjens, G. 1954; Kröningen, Sch. 1956; Telegram, G. 1957; Mary Lou, Sch. 1962; Söndagspromenaden, Sch. 1963; Röster, Sch. 1964; Galenpannan, Sch. 1964; Upptåg, Sch. 1967; Christina Alexandra, Sch. 1968; Ändå, G. 1968; Show, Sch. 1971; Oktoberdikter, G. 1971; Försök, G. 1972; Visor svarta och röda, G. 1972; Det möjliga, G. 1974; En bok för alla människor, G. 1975; Teater, II 1977; Haren och vråken, Sch. 1978; Jag står här på ett torg, G. 1979; Stenar, G. 1980; Axplockerskan eller

Den främmande kvinnan, Sch. 1984; Sånger, G. 1986; Poesi, G. 1986; Dagbrott, G. 1988; Sorgen och munterheten, G. 1989; Vänner, Ess. 1991; Rörliga bilder, Es. 1992; Loggbok, Es. 1996; Rimfrost, G. 1997; Förtroenden, G. 2000.

L: G. Syréhn, 1979, 1985.

Forster, E(dward) M(organ), engl. Romanschriftsteller, Kritiker und Essayist, 1. 1. 1879 London – 8. 6. 1970 Coventry. Stud. klass. Philol. und Geschichte Cambridge, lehrte ebda. Lit. Bereiste 1901/02 Mittelmeerländer, den Nahen Osten, 1912 und 1922 Indien; während des 1. Weltkriegs in Ägypten, wo er Liebesbeziehung mit e. einheim. Schaffner eingeht. Seine Reiseeindrücke ebenso wie seine Homosexualität spiegeln sich vielfach in s. Werk. Erhält 1968 den ›Order of Merit‹. – Liberaler Humanist und Individualist. F. haßte Heuchelei und gesellschaftl. Zwänge, kämpfte für geistige Freiheit und Toleranz. In ›Howard's End‹ zeigt er den Gegensatz zwischen philisterhaften Menschen, deren Herz ›unentwickelt‹ ist, und lebendigen, einfühlungsfähigen Naturen. Er entwickelt den Begriff der ›human relationship‹ zum sozialen Problem: Nur Kontakte von Mensch zu Mensch können die Gegensätze überbrücken; deshalb das vorangestellte Motto ›Only connect‹. In ›A Passage to India‹ ist es der fast unüberbrückbare Gegensatz zwischen West und Ost, zwischen Kulturen und Weltanschauungen, den allein ›human relationship‹ wenigstens teilweise überwinden könne. In ›Maurice‹ (1913/14), wegen seiner positiven Darstellung homosexueller Liebe erst 1971 veröffentlicht, gelingt die Überwindung von Klassengrenzen durch die emotional und sexuell erfüllende Beziehung zwischen dem Helden und dem Wildhütergehilfen Alec. Das Manuskript zirkulierte in F.s Freundeskreis und diente vermutl. als Vorlage für D. H. Lawrences' (heteronormativen) Roman ›Lady Chatterley's Lover‹. Kurzgeschichten in ›The Life to Come‹ mit explizit homosexueller Thematik. Auch ausgezeichnete lit. Studien und Essays.

W: Where Angels Fear to Tread, R. 1905 (Engel und Narren, d. 1948); The Longest Journey, R. 1907; A Room with a View, R. 1908 (d. 1986); Howard's End, R. 1910 (d. 1949); The Celestial Omnibus, Kgn. 1914; The Story of the Siren, Kgn. 1920; Alexandria, Es. 1922; Pharos and Pharillon, St. 1923; A Passage to India, R. 1924 (d. 1932); Aspects of the Novel, Es. 1927 (d. 1949); The Eternal Moment, Kgn. 1928 (d. 1953); G. L. Dickinson, B. 1934; Abinger Harvest, Ess. 1936; What I Believe, Ess. 1939; Development of English Prose Between 1918 and 1939, Es. 1945; Collected Short Stories, 1948; Two Cheers for Democracy, Ess. 1951; The Hill of Devi, Slg. 1953 (d. 1955); Marianne Thornton, B. 1956; Maurice, R. 1971 (d. 1988); Albergo Empedocle, Slg. hg. G. H. Thomson 1971; The Life to Come, Kgn. 1972; E. M. F.'s Commonplace Book, Mem. hg. P. Gardner 1984. – The New Collected Short Stories, 1985; The Short Narratives, hg. J. Herz 1988; Selected Letters, hg. M. Lago, P. N. Furbank II 1983 u. 1985; The Collected Letters, hg. F. R. Karl, L. Davies VII 1983 ff.

L: R. Macaulay, 1938; R. Warner, 1950; J. McConkey, 1957; K. W. Gransden, 1962; H. T. Moore, 1965; G. H. Thomson, 1967; L. Brander, 1968; D. Godfrey, 1968; F. P. McDowell, 1969; O. Stallybrass, hg. 1969; D. Zeh, 1970; R. Macaulay, 1970; T. W. Reid, 1970; J. R. Ackerley, 1971; A. Borello, An E. M. F. Dictionary, 1971; A. Borello, An E. M. F. Glossary, 1972; R. Martin, 1974; J. Colmer, 1975; B. B. Finkelstein, F's. Women, 1975; V. A. Shahane, 1975; J. S. Martin, 1976; P. Widdowson, 1977; G. K. Das, 1977; N. Page, 1977; P. N. Furbank, II 1977 u. 1978; ders., 1979; G. Cavaliero, 1979; R. J. Lewis, 1979; J. Beer, hg. 1979; V. A. Shahane, hg. 1981; J. S. Herz, R. K. Martin, 1982; C. J. Summers, 1983; P. Gardner, hg. 1984; R. Advani, 1984; P. Scott, 1984; M. Lago, hg. 1985; A. Wilde, hg. 1985; H. Bloom, hg. 1987; N. Page, 1988; S. Land, 1990; A. M. Duckworth, 1992; J. Stape, hg. 1993; N. Rapport, 1994; S. Banerjee, 1995; M. Lago, 1995; A. Lavin, 1995; J. Tambling, hg. 1995; P. K. Bakshi, 1996; P. Gardner, hg. Critical Heritage, ²1997; B. May, 1997; C. Lanone, 1998; D. Medalie, 2002. – *Bibl.:* B. J. A. Kirkpatrick, ³1985; C. J. Summers, 1991.

Forsyth, Frederick, engl. Erzähler, * 25. 8. 1938 Kent. Vater Kaufmann; Korrespondent für die Nachrichtenagentur Reuters Ltd., Fernsehjournalist, 1967–69 Reporter der BBC in Biafra. – Bestsellerautor spannender Politthriller u. Erzählungen. S. Romane sind e. Produkt aus Zeitgeschichte u. Fiktion.

W: The Biafra Story, Ber. 1969 (d. 1976); The Day of the Jackal, R. 1971 (Der Schakal, d. 1972); The Odessa File, R. 1972 (d. 1973); The Dogs of War, R. 1974 (d. 1978); The Devil's Alternative, R. 1979 (d. 1979); No Comebacks, Kgn. 1982; The Fourth Protocol, R. 1984 (d. 1984); The Negotiator, R. 1991; The Deceiver, En. 1991; The Fist of God, R. 1994 (d. 1996); Icon, R. 1996; The Veteran, En. 2001.

Forsyth, James (Law), schott. Dramatiker, * 5. 3. 1913 Glasgow/Schottland. Stud. Glasgow, Maler u. Bildhauer, freier Dramatiker. – Verf. von teilw. unveröffentl. Theaterstücken u. Drehbüchern mit häufig religiöser Thematik. Konzeption des Theaters als Ort, der alle Künste vereint.

W: Heloise, Dr. 1958; Joshua, Libr. 1960; Dear Wormwood, Dr. 1961; Emmanuel, Dr. 1963; The Other Heart, Dr. 1964; Cyrano de Bergerac, Dr. 1968; If My Wings Heal, Dr. 1968; The Road to Emmaus, Dr. 1975; Defiant Island, Dr. 1975; No Crown for Herod, Dr. 1977.

Fort, Paul, franz. Dichter, 1. 2. 1872 Reims – 22. 4. 1960 Montlhery. Gründete 1890 das für unbekannte und unkonventionelle Tendenzen aufgeschlossene ›Théâtre d'Art‹, in dem symbolist. Stücke aufgeführt wurden. Leitete 1905–14 die Vierteljahrsschrift ›Vers et prose‹. 1912 zum ›Prince des poètes‹ ernannt. – Vorkämpfer des Symbolismus. Bekannt durch Balladen genannte Gedichte (Eklogen, Hymnen, Oden, antike und mytholog. Idyllen, kleine Epen) in rhythm., z.T. durch Reim und Assonanz gebundener Prosa, in der auch die eingestreuten Verse wie Prosa angeordnet sind. Vorwiegend Dichter s. Heimatlandschaft, um die Oise und von Paris. Bezieht auch die hist. und legendäre Vergangenheit in s. lebendigen, bisweilen humorvollen Gedichte ein. Besingt Liebe, Enthusiasmus und Brüderlichkeit. Neben der Dramatisierung e. hist. Romans ›Le Roman de Louis XI‹ Dramen, die nicht, wie er beabsichtigte, Volksstücke sind, sondern dem Gedicht nahestehende Lesedramen ohne dramat. Handlung. Fruchtbares, durch gewollte Dunkelheit des Stils typ. symbolist. Werk von großer musikal. Kraft, doch bedroht von Oberflächlichkeit.

W: La petite bête, Dr. 1890; Ballades françaises, XXXVIII 1897–1940 (Ausw. 1946, 1963); Louis XI, curieux homme, Dr. 1922; L'or, Dr. 1924; Ysabeau, Dr. 1925; Ruggieri, Dr. 1925; Le camp du drap d'or, Dr. 1926; Histoire de la poésie française depuis 1850, 1926 (m. L. Mandin); Les compères du Roi Louis, Dr. 1927; L'Arlequin de plomb, Dr. 1936; Joies désolées et tristesses consolées, 1937; Mes mémoires, toute la vie d'un poète, 1944. – Œuvres complètes u.d.T. Ballades françaises et chroniques de France, XVII 1922–58; Ballades du beau hasard, poèmes inédit, 1985.

L: P. Béarn, 1902; G. A. Masson, 1922; R. Clauzel, 1925; Hommage à P. F., 1954; M.-Th. Connay, 1961; P. Béarn, ⁴1970, P. G. Hawkins, Diss. Lond. 1967; P. F. Catalogue d'exposition, 1972; R. Dautemer, 1996; B. Heitz, 2002.

Forteguerri, Niccolò (Ps. N. Carteromaco), ital. Autor, 6. 11. 1674 Pistoia – 17. 2. 1735 Rom. Adliger Herkunft, Stud. Jura Pistoia, Siena u. Pisa. Ab 1705 bei Kurie in Rom beschäftigt, 1710 Eintritt in die Arcadia unter dem Namen Nidalmo Triseo. – Bekannt durch s. satir. Epos ›Ricciardetto‹, in dem er die Ritterepen Pulcis, Boiardos u. Ariosts parodiert. Daneben Lyrik u. Briefe in Versform.

W: Ricciardetto, Ep. II 1738 (n. F. Bianchi 1932; d. J. D. Gries III 1831–33); Capitoli, G. II 1765–77.

L: F. Camici, Notizie della vita e delle opere di N. F., 1895; C. Vita, 1911.

Fortini, Franco (eig. Franco Lattes), ital. Dichter, Übersetzer und Essayist, 1917 Florenz –1994 Mailand. Stud. Jura und Lit. in Florenz, währenddessen erste Kontakte mit den dortigen Lyrikern des ermetismo; 1943 emigrierte er in die Schweiz, danach Partisan; 1945 Redakteur der Zs. ›Politecnico‹, 1955 Mitbegr. der polit.-lit. Zs. ›Ragionamenti‹, auch Mitarbeiter an zahlr. lit.-Zsn. Prof. für Ital. Lit. an der Univ. Siena. – Zunächst als Mitgl. des PSI, später als Linksunabhängiger, reflektiert er in s. dichter. Produktion seit 1946 den Marxismus im Verhältnis von Politik und Kultur. Formal entwickelte er sich vom Hermetismus zum Neorealismus. S. Gedichtsammlung ›Una volta per sempre‹ ist e. Anklage gegen die Gesellschaft des Neokapitalismus. Übs. u.a. Éluard, Proust, Brecht u. Goethe. Verfaßte seit 1956 auch zahlr. Essays zur Lit. und gesellschaftspolit. Situation Italiens.

W: Foglio di via e altri versi, G. 1946; Una facile allegoria, G. 1954; Dieci inverni 1947–1957, Ess. 1957; Poesia ed errore, G. 1959; La poesia delle rose, G. 1963; Una volte per sempre, G. 1963; Verifica dei poteri, Ess. 1965; Profezie e realtà del nostro secolo, Ess. 1965; Questo muro, G. 1973; Poesie scelte (1938–1973), hg. P. V. Mengaldo 1974; Paesaggio con serpente. Poesie 1973–1983, G. 1984; Insistenze, Ess. 1985; Versi primi e distanti 1937–1957, G. 1987; Versi scelti 1939–1989, G. 1989; Diario tedesco 1949, G. 1991; Composita solvantur, G. 1994 (d. 2001); Poesie inedite, G. 1995; Disobbedienze, Ess., 2 Bde., 1997/98. – *Übs.*: Poesie, Ausw. H. M. Enzensberger, 1963; Die Vollmacht: Literatur von heute und ihr sozialer Auftrag, 1968.

L: A. Berardinelli, F. F., 1974; E.-M. Thüne, Dichtung als Widerspruch, Heidelberg 1990; V. Abati u.a., Uomini usciti di pianto in ragione, 1996.

Fortini, Pietro, ital. Schriftsteller, 1500 Siena – 1562 ebda. Mitgl. der ›Accademia dei Rozzi‹. – Knüpft mit s. zwischen 1555 u. 1561 geschriebenen Novellensammlungen an die Tradition der sienes. Novelle an.

A: Le giornate delle novelle de' novizi, hg. F. Orlando, G. Baccini II 1888–90; Piacevoli e amorevoli notti, Ausw. hg. T. Rughi 1923. – *Übs.*: Die acht Tage der Liebe, 1966.

L: R. Scrivano, 1966.

Fortunatus, Venantius Honorius Clementianus → Venantius Fortunatus, Honorius Clementianus

Forzano, Giovacchino, ital. Dramatiker, 19. 11. 1884 Borgo San Lorenzo/Florenz – 28. 10. 1970 Rom. Stud. Medizin, Jura u. Gesang. Erfolge als Bariton in ›La serva padrona‹ in Vicchio u. im ›Werther‹ in Pistoia. Dann Journalist. Gründer der humorist. Wochenzeitung ›Cirano‹ in Florenz, Redakteur des ›Giornale apuano‹ in Carrara u. der ›Nazione‹ in Florenz. 1920–30 Regisseur an der Mailänder Scala u. der Kgl. Oper in Rom. Seit 1933 Filmautor u. –regisseur. Richtete das erste Tonfilmstudio in Italien ein. – In s. erfolgr. Dramen mehr auf Bühnenwirkung als auf künstler. Wert bedacht: techn. Vollendung, lebhafte Sprache u. schneller Dialog. S. Themen kommen aus dem MA, der Renaissance, der Franz. Revolution u. aus versch. Ländern. Von bes. Bedeutung s. Opernlibretti für Mascagni, Leoncavallo, Puccini (›Suor Angelica‹ u. ›Gianni Schicchi‹), A. Pedrollo, A. Franchetti, E. Wolf-Ferrari u.a.

Foscolo

W: Le campane di S. Lucio, Dr. 1916; Madonna Oretta, Dr. 1918 (d. 1921); Suor Angelica, Libr. 1918 (d. 1945); Gianni Schicchi, Libr. 1918 (d. 1920); Il piccolo Marat, Dr. 1920; Tien-Hoa, Dr. 1922; Lorenzino, Dr. 1922; Il Conte di Brechard, Dr. 1923 (d. 1940); I fiordalisi d'oro, Dr. 1924; Maestro Landi, Dr. 1925; Ginevra degli Almieri, Dr. 1926; Madame Roland, Dr. 1926; Jack Broder, Dr. 1928; Danton, Dr. 1930; Napoleone e le donne, Dr. 1930 (d. 1943); Campo di Maggio, Dr. 1931 (d. 1933); Villafranca, Dr. 1931 (Cavour, d. 1940); G. Cesare, Dr. 1938.
L: C. E. J. Griffiths, The theatrical works of G. F., 2000.

Foscolo, Ugo (eig. Niccolò), ital. Dichter, 6. 2. 1778 Insel Zante – 10. 9. 1827 Turnham Green b. London. Vater Venezianer, Mutter Griechin. Jugend in Spalato u. Padua. Autodidakt. Nach dem Tod des Vaters 1788 mit der Familie nach Venedig. Bis 1796 Stud.: griech. u. lat. Klassiker, Alfieri, Cesarottis ›Ossian‹. Fand Zugang zum lit. Leben u. in aristokrat. Salons. 1797 nach Bologna, wurde Offizier. Im Mai Rückkehr; Stadtsekretär. Glühender Patriot u. Gegner Napoleons, der Venedig an Österreich ausliefert. Ging verbittert nach Mailand u. schrieb Artikel für den ›Monitore italiano‹; nach dem Verbot der Zeitung Kanzleisekretär; lernte Parini u. Monti kennen. Im 2. Koalitionskrieg kämpfte er als Hauptmann bei Cento, Trebbia, Novi u. Genua gegen die Österreicher u. Russen, zweimal verwundert. 1804–06 in der ital. Nationalmiliz in Frankreich. 1806 Rückkehr nach Mailand. 1808 Prof. der Rhetorik an der Univ. Pavia. Wegen lit. Mißerfolgen u. polit. Anfeindung nach Florenz. 1813 nach der Niederlage Napoleons wieder in Mailand, wieder Offizier. 1814 boten die Österreicher dem bereits berühmten Dichter e. Redakteurstelle bei e. lit. Zeitung. Als Patriot lehnte er ab u. ging über die Schweiz 1815 nach England. Dort lebte er mit s. natürl. Tochter Floriana u. schrieb polit. u. lit.-krit. Artikel. Geriet in große Armut, wegen Schulden eingekerkert. – Dichter des Neoklassizismus, der die Lit. von fremden Einflüssen befreien wollte. Im Kampf für die Freiheit der ital. Nation tritt er auch in der Lit. für die Verteidigung der ital. Sprache, die Reinheit des Stils u. die Pflege der Tradition ein. ›I Sepolcri‹, e. Werk nach dem Vorbild Pindars, begründete s. Ruhm. Aus tiefer Trauer u. Hoffnungslosigkeit beim Anblick der verlassenen Gräber wird e. Hymnus auf die ital. ›virtù‹, die Verherrlichung der toten Helden wird zur Mahnung für die Lebenden, gegen Unterdrückung u. Erniedrigung für e. freies Italien zu kämpfen. Auch in den ›Ultime lettere di Jacopo Ortis‹ überwiegt die polit. Tendenz. In diesem autobiograph. Roman, inspiriert von Goethes ›Leiden des jungen Werther‹ u. den Gedichten Ossians, erzählt Jacopo s. Freund Lorenzo Alderani s. unglückliche Liebe zu Teresa. Alles ist überschattet von Weltschmerz, finsteren Todesahnungen u. der Verzweiflung über die Not u. Knechtschaft der Nation. Dieses Werk kündet die Romantik, aber auch das Risorgimento an. Die Tragödie ›Tieste‹ schrieb F. in Anlehnung an den verehrten Alfieri, ›Aiace‹ folgt Sophokles. Übs. lat., griech. u. mod. Autoren.
W: Tieste, Tr. 1797; Ultime lettere di Jacopo Ortis, R. 1802 (d. H. T. Kröber 1912); I sepolcri, G. 1807 (d. P. Heyse 1880); Aiace, Tr. 1811; Ricciarda, Dr. 1813; Le Grazie, G. 1823; Saggi sul Petrarca, 1824; Discorso sul testo di Dante, 1826. – Opere, hg. F. S. Orlandini u. a. XI 1850–59, XII 1938–40; Edizione nazionale, hg. E. Santini XXII 1933ff.; Epistolario, V 1949–56.
L: G. Tecchio, 1914; G. Chiarini, [2]1927; A. Caraccio, Paris 1934; G. Dolci, 1936; A. De Donno, 1939; F. Flora, 1940; C. Varese, 1941; C. F. Goffis, 1942; L. Russo, 1946; F. Allevi, 1948; G. Parente, 1949; R. Belvederi, 1951; D. Bulferetti, 1952; M. Saponaro, 1953; E. R. Vincent, Lond. 1953; G. Munafò, 1956; F. Sarri, 1958; E. Donadoni, [3]1964; G. Marchese, 1964; M. Martelli, 1968; M. Fubini, [4]1978; W. Binni, 1982. – Bibl.: A. Ottolini, 1921; R. Frattarolo, II 1954–56.

Fosse, Jon, norweg. Schriftsteller, * 29. 9. 1959 Haugesund. Wuchs in e. pietist. Milieu auf, Stud. Lit.wiss. in Bergen, bedeutendster Gegenwartsdramatiker Norwegens. – Vf. stark rhythmisierter Texte mit der Wiederholung als Grundfigur, wodurch die Rezeption auf die textuelle Verfaßtheit gelenkt wird. Mit s. Dramen hat der Autor großen internationalen Erfolg.
W: Raudt, svart, R. 1983; Stengd gitar, R. 1985; Frå telling via showing til writing, Ess. 1989; Melancholia I – II, R. 1995–96; Nokon kjem til å komme, Dr. 1996; Natta syng sine songar, Dr. 1997; Ein sommars dag, Dr. 1998; Draum om hausten, Dr. 1999; Gnostiske Essays, Ess. 1999; Morgon og kveld, R. 2000 (Morgen und Abend, d. 2002). – Übs.: Traum im Herbst und andere Stücke, 2001.

Foster, Stephen (Collins), amerik. Liederdichter u. Komponist, 4. 7. 1826 Pittsburgh – 13. 1. 1864 New York. Aufgewachsen in Pittsburgh, Buchhalter in Cincinnati, 1852 Reise in den Süden (New Orleans), in Pittsburgh lebend, starb verarmt und als Alkoholiker. – S. besten Lieder, wie ›Swannee River‹ und ›O Susanna‹, gaben der nostalg. Melancholie der Schwarzen Ausdruck und sind e. bedeutender Beitrag zur amerik. volkstüml. Musik. Andere bekannte Lieder von F. sind: ›Camptown Races‹, ›Old Black Joe‹, ›My Old Kentucky Home‹, ›Jeannie With the Light Brown Hair‹.
W: Songs of the Sable Harmonists, 1848; Ethiopian Melodies, 1849; Old Folks at Home, 1851.
L: H. V. Milligan, 1920; J. T. Howard, 1935; C. L. Purdy, He Heard America Sing, 1940; J. J. Fuld, 1957; F. Hodges, 1958; H. V. Milligan, 1977; C. Elliker, 1988. – Bibl.: J. T. Howard, 1944.

Fouchet, Max-Pol, franz. Lyriker, 1. 5. 1913 Saint-Vaast-la-Hougue/Normandie – 24. 8. 1980 Vézelay. Ab 15. Lebensjahr in Algerien, Mitschüler von A. Camus. Leitete 1939–47 die Zs. ›Fontaine‹, hielt 1950 vor Afrikanern Vorträge über Kunst und Dichtung. Reiste 1952/53 durch Indianerreservate Amerikas. Prof. der Kunstgeschichte und Ästhetik an der amerik. Univ. in Paris. – Schrieb symbolist., an Metaphorik reiche Gedichte und Lit.kritiken für ›Combat‹, ›Arts‹ und ›Carrefour‹.

W: Vent profond, G. 1938; Les limites de l'amour, G. 1942; Les peuples nus, Es. 1953; Terres indiennes, Reiseb. 1955; Demeure le secret, G. 1961; Les appels, Ess. 1967; La rencontre de Santa-Cruz, R. 1976; Heraklès, G. 1978; La relevée des herbes, R. 1980. – Œuvres complètes, IV 1965.
L: J. Queval, 1963 (m. Bibl.); J. Roy, 1980.

Fournier, Henri-Alban → Alain-Fournier

Fournier, Pierre → Gascar, Pierre

Fowles, John, engl. Romancier, * 31. 3. 1926 Leigh-on-Sea/Essex. Stud. Oxford, Lehrer in Griechenland u. London; seit 1963 freier Schriftsteller in Lyme Regis/Dorset. – S. raffiniert erzählten, symbol- u. allegorienreichen Romane lassen e. verwirrende Vielschichtigkeit u. Unerklärlichkeit der Realität aufleuchten.

W: The Collector, R. 1963 (d. 1964); The Aristos, St. 1965; The Magus, R. 1966 (d. 1969); The French Lieutenant's Woman, R. 1969 (Dies Herz für Liebe nicht gezähmt, d. 1970, u.d.T.. Die Geliebte des franz. Leutnants, 1974); The Ebony Tower, Nn. 1974; Daniel Martin, R. 1977 (d. 1980); Conditional, G. 1979; Mantissa, Dial. 1982 (d. 1984); A Maggot, R. 1985 (d. 1987); The Tree, Mem. 1992; Wormholes, Slg. 1998.
L: W. J. Palmer, 1974; P. Wolfe, 1976; J. Chevalier, 1977; B. N. Olshen, 1978; R. Huffaker, 1980; M. Thorpe, 1982; P. Conradi, 1982; S. Loveday, 1985; C. M. Barnum, 1988; Ch. Garard, 1991; T. C. Foster, 1994; J. Aubrey, 1999; ders., hg. 1999; D. L. Vipond, 1999.

Fracastoro, Gerolamo, ital. Dichter, 1478 Verona – 8. 8. 1553 ebda. In der Astronomie als e. der Vorläufer des kopernikan. Systems angesehen. Ebenso als Arzt führend in der Medizin. Papst Paul III. ernannte ihn zum Arzt des Tridentinischen Konzils. – E. der bedeutendsten neulat. Lehrdichter s. Zeit. In dem lat. Dialog ›Naugerius‹ untersucht er das Wesen der Poesie; s. Gesprächspartner ist Navagero. S. größtes Werk sind die drei Bücher in Hexametern ›De morbo gallico‹. Der Dichter u. Arzt berichtet von der Syphilis an dem Beispiel e. jungen Mannes, der von Nymphen geheilt wird. Auch Eklogen, Elegien und Briefe in lat. Versen.

W: Syphilis sive de morbo gallico, G. 1530 (d. Oppenheimer 1902, E. A. Seckendorf 1960, ital. G. Lentini 1930); Homocentrica sive de stellis, G. 1538; De contagione et contagiosis morbis, G. 1546; Naugerius, Dial. (ca. 1550) 1555. – Opera omnia, 1555; Poemata omnia, 1739.
L: E. Barbarani, 1894; A. Castiglioni, Il poema ›Morbus gallicus‹ di G. F., 1930; E. Di Leo, Scienza e umanesimo in G. F., 1937.

Fracchia, Umberto, ital. Erzähler, 5. 4. 1889 Lucca – 5. 12. 1930 Rom. Journalist bei der ›Tribuna‹ u. beim ›Corriere della Sera‹, unternahm weite Reisen durch Europa. 1925 gründete er in Mailand die Wochenzeitung ›La Fiera Letteraria‹, die er bis 1927 leitete. – Neben Romanen von verfremdeter Realistik über Charaktere von verborgener Leidenschaftlichkeit verfaßte er Reiseberichte, polit. u. krit. Schriften.

W: Le vergini, R. 1908; La favola dell'innocenza, R. 1910; Il perduto amore, R. 1921; Angela, R. 1923; Piccola gente di città, En. 1925; La stella del nord, R. 1930; Gente e scene di campagna, En. 1931; Il perduto amore, R. 1933; Romanzi e racconti, 1949.
L: F. Bianchi, 1933; Atti del convegno su U. F., 1982.

Frame, Janet, engl. Erzählerin, 28. 8. 1924 Dunedin/Neuseeland – 29. 1. 2004 ebda. Stud. Otago-Univ. ebda. Verbrachte mehrere Jahre auf den Balearen, in London u. den USA. Lebte danach in Wanganni, Neuseeland. – Vf. lit. anspruchsvoller, handlungsarmer, zwischen Realität u. Visionärem wechselnder Romane.

W: The Lagoon, Kgn. 1951 (d. 1962); Owls Do Cry, R. 1957 (Wenn Eulen schrein, d. 1961); Faces in the Water, R. 1961 (d. 1994); The Edge of the Alphabet, R. 1962 (d. 1963); Scented Gardens for the Blind, R. 1963; The Adaptable Man, R. 1965; The Reservoir, En. 1966; State of Siege, R. 1966; The Rainbirds, R. 1968; Yellow Flowers in the Antipodean Room, R. 1969; Intensive Care, R. 1970; Daughter Buffalo, R. 1972; Living in the Maniototo, R. 1979 (d. 1986); Faces in the Water, R. 1980; The Edge of the Alphabet, R. 1981; Scented Gardens for the Blind, R. 1982; To the Is-Land, Aut. 1983; An Angel at My Table, Aut. 1984 (d. 1993); You Are Now Entering the Human Heart, Kgn. 1984; The Envoy from Mirror City, Aut. 1985 (d. 1994); The Carpathians, R. 1988; An Autobiography III, 1991 (d. 1996); Snowman Snowman: Fables and Fantasies, 1993.
L: P. Evans, An Inward Sun, 1971; ders., 1977; Bird, Hawk, Bogie, hg. J. Delbaere 1978; M. Dalziel, 1980; The Ring of Fire, hg. J. Delbaere 1992; J. D. Panny, 1992; G. Mercer, 1994; M. King, 2002.

France, Anatole (eig. Jacques-Anatole Thibault), franz. Schriftsteller, 16. 4. 1844 Paris – 12. 10. 1924 Gut La Bechellerie b. Tours. Sohn e. Buchhändlers und Antiquars; Collège Stanislas, Paris. Lektor im Verlag Lemerre, etwa 10 Jahre Bibliothekar, ⚭ 1877 Valérie Guérin, 1892 geschieden. 20 Jahre unter dem Einfluß s. Freundin Mme Arman de Caillavet fruchtbarste Schaffensperiode. 1888–93 Lit.kritiker von ›Temps‹. 1896 Mitglied der Académie Française. 1909 Reise nach Südamerika, 1921 nach England. 1921 Nobelpreis. Länger als 2 Jahrzehnte die maßgebende lit. Autorität in Frankreich, auch im Ausland viel bewundert und gelesen. Zog sich 70jährig nach La Bechellerie zurück. Prunkvolles Staatsbegräbnis. – Repräsentant der franz. Fin-de-siècle-Kultur, doch frei von Morbidität. Verbindet aus großer Belesenheit gewonnene Bildung, scharfe Intelligenz, verfeinerte Geistigkeit und Genußfreudigkeit, subtilen Ästhetizismus mit feinem psycholog. Einfühlungsvermögen. E. in der humanist. Tradition stehender, vom Glauben an den Wert der Vernunft erfüllter, dem Dogmatismus und Fanatismus feindl. atheist., doch für die Poesie der relig. Mythen zugänglicher, für die geistigen, polit. und sozialen Strömungen s. Zeit und der Vergangenheit aufgeschlossener, doch kontemplativer und abgeklärter Weiser und Skeptiker. Geistiger Nachfahr von Montaigne, Diderot und Voltaire. Ausgezeichneter Stilist: schrieb e. klare, graziöse, durch Ironie und Esprit vergeistigte Prosa von klass. Vollendung. Erzähler, Lit.kritiker, Essayist, Aphoristiker und Redner. Begann mit Gedichten im Geist des Parnasse. Bevorzugt in s. Romanen Stoffe aus der durch ihre Überreife mit der zeitgenöss. Epoche verwandten Spätantike, so in ›Thaïs‹, s. 1. großen Erfolg. ›Histoire contemporaine‹ e. Reihe überlegen und scharf iron. Romane über die Gesellschaft der 3. Republik. ›L'île des Pingouins‹ e. bittere Satire auf die franz. Geschichte, ›Les dieux ont soif‹ e. Zeitgemälde Frankreichs in der Revolution, das in e. Verdammung des polit. Fanatismus als zerstörer. Kraft gipfelt. Bedeutende Rolle des um Wahrheitsfindung bemühten, sich jedoch auf keine Lösung festlegenden Dialogs in s. Roman. ›La Vie de Jeanne d'Arc‹, e. nach eingehendem Quellenstudium entstandene sachl. Darstellung der franz. Nationalheiligen. Literarkrit. Aufsätze ›La vie littéraire‹ und ›Le génie latin‹. Polit. Polemiker (›Vers les temps meilleurs‹) und Nonkonformist, zuletzt Sozialist. F., stets erbitterter Gegner des Symbolismus sowie des philos. und polit. Irrationalismus, wurde nach s. Tod von den Vertretern der mod. Strömungen heftig angegriffen.

W: Les poèmes dorés, G. 1873; Les noces corinthiennes, G. 1876; Idylles et légendes, G. 1876; Jocaste et le chat maigre, E. 1879; Le crime de Sylvestre Bonnard, R. 1881; Les désirs de Jean Servien, R. 1882; Le livre de mon ami, Aut. 1885; Marguerite, E. 1886; La vie littéraire, Ess. IV 1888–92; Balthasar, E. 1889; Thaïs, R. 1890; L'étui de nacre, E. 1892; Le procurateur de Judée, N. 1892; La rôtisserie de la Reine Pédauque, R. 1893; Les opinions de Jérôme Coignard, Aphor. 1893; Le lys rouge, R. 1894; Au petit bonheur, Dr. 1894; Le jardin d'Epicure, Aphor. 1895; Le puits de Sainte-Claire, E. 1895; L'histoire contemporaine, R. IV 1896–1901 (L'orme du mail, 1896, Le mannequin d'osier, 1897, L'anneau d'améthyste, 1899, M. Bergeret à Paris, 1901); Pierre Nozier, Aut. 1899; L'affaire Crainquebille, Nn. 1901 (d. 1978), u. d. T. Crainquebille, Dr. 1902; Histoire comique, E. 1903; Sur la pierre blanche, E. 1905; Vers les temps meilleurs, Ess. u. Rdn. 1906 (hg. C. Aveline 1949); L'île des Pingouins, R. 1908; La Vie de Jeanne d'Arc, II 1908; Les contes de Jacques Tournebroche, 1908; La comédie de celui qui épousa une femme muette, R. 1912; Les sept femmes de Barbe-Bleue, E. 1909; Les dieux ont soif, R. 1912; Le génie latin, Ess. 1913; La révolte des anges, R. 1914; Le petit Pierre, Aut. 1918; La vie en fleur, Aut. 1922; Dernières pages inédites, hg. M. Corday 1925. – Œuvres complètes, XXV 1925–35; Œuvres complètes, hg. J. Suffel XIX 1968; Œuvres, hg. M.-C. Bancquart 1984; Romans et contes, X 1967. – Übs.: GW, XV 1916–26; Erzählungen, 1971.

L: P. Wiegler, 1920; G. Michaut, [2]1922; J.-L. May, Lond. 1924; G. Truc, 1924; J.-J. Brousson, A. F. en pantoufles, 1924; M. Corday, 1927; E. Seillière, 1935; V. Giraud, 1935; C. Braibant, Le secret d'A. F., 1935; A. Boensch, A. F. u. d. 18. Jh., 1938; J. Suffel, [8]1954; A. Vandegans, 1954; J. Marvaud, 1962; M.-C. Bancquart, F. polémiste, 1962; J. Levaillant, 1964; A. C. Jefferson, New Brunswick 1965; D. Schlumbohm, Diss. Hbg. 1966; D. Tylden-Wright, N. Y. 1967; R. Virtanen, N. Y. 1968; D. Bresky, 1969; M.-C. Bancquart, 1984; A. Gier, Der Skeptiker im Gespräch mit dem Leser, 1985. – Bibl.: G. A. Masson, 1923; J. Lion, 1936; M.-C. Bancquart, 1984; A. Gier, 1985; Actes du Congrès, 1994; J.-J. Brousson, 1994; H. Massis, 1997; E. Tendron, 1998.

Francesco d'Assisi, San (eig. Giovanni di Bernardone), ital. Heiliger, 1182 Assisi – 3. 10. 1226 ebda. Sohn e. Tuchhändlers, aus wohlhabender Familie; sorglose u. fröhliche Jugend, Ausbildung in der Pfarrschule bei S. Giorgio. Bis 1202 im Geschäft des Vaters. 1204 während des Krieges zwischen Perugia u. Assisi in Gefangenschaft. Nach Heimkehr 1205 durch e. Vision vollkommen umgewandelt. Er lebte seither in Armut nur für das Gebet, die Nächstenliebe u. die Buße. Die Jahre 1206–08 verbrachte er als Einsiedler u. arbeitete an der Wiederherstellung mehrerer Kirchen. 1208 hörte er in der Kirche Porziuncola in Santa Maria degli Angeli bei Assisi die Worte Jesu Christi über die Aussendung der Jünger, folgte diesem Ruf u. zog predigend durch das Land. Fand bald Gleichgesinnte (Bernardo da Quintavalle, Pietro Cattani, Egidio d'Assisi), die sich ihm anschlossen und von Ugolino di Segni, dem späteren Papst Gregor IX., zum Franziskanerorden organisiert wurden. 1210 bestätigte Innozenz III. die erste Regel für die Fratres minores. F. wanderte durch ganz Italien u. kam auf s. Missionsreisen bis nach Ägypten u. in den Orient. 1212 gab er der von Chiara d'Assisi begründeten Schwesternschaft der Klarissinnen e. Regel. 1221 führte er den 3. Orden der Terziaren ein. 1223 bestätigte Papst Honorius III. s. neue Regel für den Franziskanerorden. Am 17. 9. 1224 erlebte er die Vision des gekreuzigten Seraphs u. empfing die Wundmale Christi. S. ganzes

Streben galt der Nachfolge Christi. Am 16. 7. 1228 heiliggesprochen. 1939 von P. Pius XII. zum Schutzheiligen von Italien erhoben. – Dichter des ›Cantico delle creature‹ (Sonnengesang) in rhythm. Prosa, in dem s. tiefe Liebe zur Natur u. zu den Geschöpfen Gottes zum Ausdruck kommt. Inhalt ist der 148. Psalm, in dem der Psalmist die Geschöpfe auffordert, den Herrn zu preisen. Dieser Lobpreis ist e. Gebet, das zur Dichtung wird. Es ist das erste Zeugnis ital. Poesie in volkstüml. u. einfacher Sprache, der Anfang der eigenständigen Lyrik ohne provenzal. u. franz. Einfluß (vgl. → Fioretti di San Francesco).

A: Opuscula, hg. L. Lemmens 1904; Gli scritti, hg. V. Vicinelle 1955, V. Facchinetti [5]1957; H. Böhmer, Analekten z. Geschichte des S. F., 1904; Il cantico del sole, hg. V. Facchinetti 1921, L. F. Benedetto 1941, V. Branca 1950. – *Übs.:* Schriften, O. Bormann 1940, K. Esser, L. Hardick 1951, E. Hug, A. Rotzetter 1984; Legenden u. Laude, O. Karrer [2]1951; Sonnengesang, W. Meyer [3]1930, M. Lehrs [7]1948 u. ö., E.-W. Platzeck 1956, W. v. d. Steinen, M. Kirschstein 1958.

L: G. Schnürer, [2]1907; L. Salvatorelli, 1921; P. L. Cuthbert, 1931; H. Felder, [4]1935; P. Sabatier, [8]1935; L. F. Benedetto, 1940; J. R. H. Moorman, Sources for the Life of S. F., 1940; J. Bernhart, 1944; L. Küppers, 1947; P. Bargellini, [2]1952; J. Jörgensen, 1952; A. Fortini, IV 1960; E. Goudge, 1961; M. de la Bedoyre, 1962; J. Gobry, [2]1965; J. E. M. Almendingen, Lond. 1968; M. v. Gall, 1971; J. Holland Smith, 1973; J. Gobry, 1978; L. Renggli, 1978; N. G. M. Doornik, 1979; H. Fink, 1981; R. Czjzek, 1982; J. Green, 1983 (d. 1984); P. Mansellini, 1984. – *Bibl.:* V. Facchinetti, 1928.

Francesco da Barberino, ital. Autor, 1264 Barberino/Valdelsa – 1348 Florenz. Stud. der sieben Künste in Florenz, in Bologna Jura-Stud., dort als Notar tätig, später wieder Florenz (1297–1303). Zeitweilig im polit. Exil. Verfaßt nach dem Vorbild Dantes u. Cavalcantis Liebesgedichte. Bekannt durch s. sittengeschichtl. interessanten Werke über die Liebe u. die Erziehung der Frau. Die eingestreuten Novellen u. Anekdoten enthalten hist. wertvolle Hinweise auf Persönlichkeiten u. Politiker s. Zeit.

W: Documenti d'Amore, 1314 (hkA F. Egidi, IV 1905–27); Del reggimento e costumi di donna, um 1314 (hg. C. Baudi Di Vesme 1875; hkA G. E. Sansone 1957).

L: Thomas, 1883; G. B. Festa, Un galateo femminile italiano del Trecento, 1910; R. Ortiz, F. d. B. e la letteratura didattica neolatina, 1948.

Francis, Dick, engl. Krimiautor, * 31. 10. 1920 Tenby/Wales. 1948–57 Jockey, 1957–73 Reporter für Pferderennsport beim ›Sunday Express‹. – Verf. erfolgreicher, im Jahresrhythmus veröffentl. Kriminalromane, die in 34 Sprachen übersetzt wurden. Grundthema sämtl. Werke sind Pferderennen. Bei aller Schablonenhaftigkeit u. Vorhersehbarkeit sowie gewaltbetonten Schilderungen überzeugen die Werke durch Variationsreichtum bezügl. Handlung, Protagonisten sowie überzeugender Charaktergestaltung. Nach dem Tod seiner Frau Mary Francis im Jahr 2000 wurde ihr großer Anteil am Schaffensprozeß bekannt.

W: Dead Cert, R. 1962 (Todsicher, d. 1962); Nerve, R. 1964 (Rufmord, d. 1964); Odds Against, R. 1965 (Nervensache, d. 1966); Blood Sport, R. 1967 (Schnappschuß, d. 1968); Rat Race, R. 1970 (d. 1970); Trial Run, R. 1978 (Galopp, d. 1980); Twice Shy, R. 1981 (Fehlstart, d. 1983); Comeback, R. 1991 (d. 1993); Wild Horses, R. 1994 (Zügellos, d. 1996); 10 Lb. Penalty, R. 1997 (Rivalen, d. 1999); Field of Thirteen, Kgn. 1998 (Winkelzüge, d. 2000); Shattered, R. 2000 (Scherben, d. 2002).

L: M. Barnes, 1986; J. M. Davis, 1989.

Franc-Nohain (eig. Maurice-Etienne Legrand), franz. Schriftsteller, 25. 10. 1872 Corbigny/Nièvre – 18. 10. 1934 Paris. Advokat; Mitarbeiter in Cabarets, betrieb mit Jarry das ›Théâtre des Pantins‹. – Vf. von Gedichten, Dramen, Libretti und Prosawerken mit phantast., satir.-antibürgerl. Zügen. Schrieb Lit.-, Theaterkritiken und Kommentare zu den Tagesereignissen in gefälliger Form für ›Gil Blas‹, ›Figaro‹, ›Echo de Paris‹. Auch Kinderbücher in Form von Adaptionen der Weltliteratur, bes. Fabeln.

W: Flûtes, G. 1898; Chansons des Rues et des Gares, G. 1900; Dimanche en Famille, 1903; L'heure espagnole, Dr. 1904; Jaboune, 1910; Le gardien des Muses, R. 1913; Fables, 1920, 1927, 1931, 1933, 1936; Le kiosque à musique, G. 1922; Couçicouça, R. 1923; Le jardin des bêtes et des plantes, 1923; Nouvelles fables, 1927; L'art de vivre, Es. 1929.

Franco, Niccolò, ital. Autor, 13. 9. 1515 Benevento – 10. 3. 1570 Rom. Schule in Benevento; 1535 Neapel, 1536 Venedig, 1539 Padua, 1541 Eröffnung e. Privatschule in Mantua, dann Calabria, Cosenza, 1552 Neapel, 1558 Rom. Nach kompliziertem Prozeß wegen Verleumdung zum Tode verurteilt. – Mit Aretino zunächst befreundet, dann entzweit (daher gegen ihn gerichtete ›Rime contro l'Aretino‹); verfaßte u. a. einen Dialog über die Schönheit (nach M. Equicola ›Della natura d'amore‹). Obwohl in s. Lyrik selbst petrarkist., kritisiert er Auswüchse des Petrarkismus.

W: Il petrarchista, 1539, 1979; Priapea, G. 1541 (n. E. Sicardi 1916); Dialogo delle bellezze, 1542 (n. E. Demichele 1913); Dialoghi piacevolissimi (n. G. Sborselli 1924).

L: C. Simiani, [2]1894; A. Mercati, 1955; B. La Mantia, 1999.

Franco, Veronica, ital. Lyrikerin, 1546 Venedig – 1591 ebda. Berühmte dichtende Kurtisane. ∞ sehr jung e. Arzt; freies Leben, Freundin von Künstlern u. Dichtern, die ihre Schönheit u. Intelligenz feierten; von Tintoretto gemalt. Trotz

Freispruchs in e. Prozeß vor der Inquisition (um 1580) völlige Wandlung in ihrem Leben; widmete sich karitativen Werken. – Obwohl sie in der Tradition des Petrarkismus steht, zeichnen sich viele ihrer Sonette durch e. persönl. Note aus, e. die konventionelle Vergeistigung der Liebe sprengende sinnl. Leidenschaft.

W: Terze Rime, 1575; Terze rime e sonetti, komm. G. Beccari 1912 (m. Bibl.); Rime di G. Stampa e V. F., hkA hg. A. Salza 1913; Il libro chiuso di Maffio Venier, hg. M. Dazzi 1956. – Lettere, hg. B. Croce 1949.

L: G. Tassini, 1888; A. Zorzi, Cortigiana veneziana, 1986; M. Diberti Leigh, 1988; D. Maraini, V., meretrice e scrittora, 1992.

François de Sales, franz. relig. Schriftsteller, 21. 8. 1567 Schloß Sales bei Annecy – 28. 12. 1622 Lyon. Studierte Jura, dann Theol. Paris und Padua. Predigte 1602 in Paris, 1604 in Dijon; 1602 Bischof von Genf, 1665 heiliggesprochen (seit 1923 Schutzpatron der franz. Schriftsteller). Gründete 1618 mit der befreundeten Mme de Chantal den Orden der Salesianerinnen. – Übte als Kanzelredner mit Fastenpredigten und als Schriftsteller mit (an Montaigne angelehntem) gefälligem Prosastil und weltmänn. Feinheit starken Einfluß auf das relig. Leben im 17. Jh. aus. Zeigt in s. Hauptwerk ›Introduction à la vie dévote‹ Verständnis für die Welt s. Standesgenossen, der Edelleute, gewann sie dadurch für e. Erneuerung des relig. Lebens. Gibt in dem dem Quietismus nahestehenden ›Traité de l'amour de Dieu‹ e. psycholog. verfeinerte Analyse der geistl. und weltl. Liebe. Bereitete den Boden für die großen Kanzelredner und die relig. Lit. der franz. Klassik. Wirkte auf Romantiker, bes. Lamartine und Sainte-Beuve.

W: Introduction à la vie dévote, gen. Philothea, 1608, 1619 (n. C. Florisoone II 1930; d. 1962); Traité de l'amour de Dieu, gen. Theotimus, 1616. – Œuvres complètes, XXVII 1892–1932; Les textes essentiels, hg. Cardinal Garrone 1968. – *Übs.:* Werke, XII 1957ff.; Ausw., O. Karrer IV 1925–27; II 1948–51; Vom Gleichgewicht der Seele (Br.-Ausw.), 1951.

L: H. Bordeaux, 1924; F. Strowski, [2]1928; F. Trochu, II 1946; A. Hämel-Stier, 1946; M. Müller, D. relig.-sittl. Ideal des F. v. S., 1948; J. Russmann, 1948; G. Hourdin, 1948; H. Waack, [2]1962; A. Ravier, 1963; H. Lemaire, 1963; R. Murphy, 1964; E.-M. Lajeunie, II 1966; R. Devos, 1967; R. Bady, 1970; A. Ravier, 1973; ders., 1977. – *Bibl.:* Lexiques, 1974; M. Dem, 1997; F. Saunier, 1997; F. Angelier, 1997; C. Norel, 1997; M. Tournade, 1998; M. Terestchenko, Amour et désespoir, 2000; C. Finon, 2001; H. Vulliez, 2002; C. Morel, 2002.

Frangias, Andreas, griech. Schriftsteller u. Journalist, * 1921 Athen. Nahm am nationalen Widerstand teil. Während des Bürgerkriegs nach Ikaria verbannt. – Trotz s. wenig umfangreichen Werkes h. der bedeutendsten Literaten der Nachkriegszeit. Realist. Schilderung der bitteren Situation nach den großen Kämpfen der 1940er Jahre.

W: Anthrōpoi kai spitia, R. 1955 (d. 1961); Hē kankeloporta, R. 1962; Loimos, R. 1972; To plēthos, R. II 1985f.

Franičević, Marin, kroat. Dichter u. Kritiker, 18. 5. 1911 Hvar – 17. 7. 1990 Zagreb. Stud. Höhere Pädagog. Lehranstalt u. Philol. Fakultät Zagreb, Promotion 1957. Politiker, Redakteur, Mitglied der südslaw. Akad. in Zagreb. – F.' z. T. in čakav. Mundart geschriebenen Gedichte besingen zwischen den beiden Kriegen das Leben auf Hvar. Nach 1945 zunächst zweckgebundene Lyrik, dann Rückkehr zu heimatl. Motiven.

W: Na putu za novi grad, G. 1937; Na pojih i putih, G. 1939 (zus. m. P. Ljubić); Zvijezda nad planinom, G. 1945; Povratak borca, G. 1947; Graditelji života, G. 1950; Blišćavci, G. 1954; Prozor odškrinut podnevu, G. 1956; Srida-dneva, G. 1956; Luke bez sidrišta, G. 1958; I tako sunca, G. 1959; Kocke sna, G. 1962; Nastanjene uvale, G. 1963; Pjesme, eseji, rasprave (AW), hg. Š. Vučetić 1976; Strasi i mejaši ditinjstva, 1986; Izabrana djela (AW), VII 1986.

Frank, Anne (eig. Annelies Marie), niederländ. Tagebuchschreiberin u. Erzählerin, 12. 6. 1929 Frankfurt am Main – März 1945 KZ Bergen-Belsen. 1933 Flucht der jüd. Familie in die Niederlande, Entdeckung und Deportation im August 1944. Der Amsterdamer Unterschlupf ist heute Gedenkstätte. – Ihre Tagebuchaufzeichnungen (12. 6. 1942 – 1. 8. 1944) zeigen erstaunliches Beobachtungs-, Einfühlungs- und Formulierungsvermögen; in zahlreiche Sprachen übersetzt; wurde zum weltweit bekanntesten u. meistverkauften niederländ. Buch; vielgespielte Bühnenfassung, Verfilmung. Auch Geschichten u. Märchen.

W: Het Achterhuis, Tg., bearb. O. Frank 1947 (Das Tagebuch der Anne Frank, d. 1950), autoris. u. erg. Fassg., hg. O. H. Frank u. M. Pressler 1991 (d. 1991, n. 2002); Weet je nog?, En. 1949, erw. A. u. d. T. Verhalen rondom het achterhuis, 1960 (Geschichten und Ereignisse aus dem Hinterhaus, d. 1960).

L: E. Schnabel, 1958; A. F. 1929–1979, hg. A.-F.-Stiftung Amsterdam 1979; A. F. in the World 1929–1945, hg. A. F. Stichting 1985 (engl.-d.); M. Gies, 1988 (Meine Zeit mit A. F., d. 1988); M. Müller, Das Mädchen A. F., 1998.

Frank, Waldo David, amerik. Schriftsteller, 25. 8. 1889 Long Branch/NJ – 9. 1. 1967 White Plains/ NY. Stud. Yale, Journalist in New York, lange in Mexiko und Südamerika. – Verfocht in kulturkrit. Essays e. myst. Sozialismus auf der Grundlage e. expressionist., relig. Individualismus und e. idealist. Marxismus. S. lyr.-visionären Romane handeln von der Neugeburt der Seele durch Verwandlung. ›Rahab‹ ist die Geschichte e. gottsuchenden Prostituierten, ›The Death and Birth of David Markand‹ die e. amerik. Geschäftsmanns, der sich zu seel. Erneuerung durchringt.

W: The Unwelcome Man, R. 1917; Our America, Ess. 1919; Rabah, R. 1922; City Block, R. 1922; Holiday, R. 1923; Chalk Face, R. 1924; Virgin Spain, Ess. 1926 (erw. 1942); The Rediscovery of America, Ess. 1929; Dawn in Russia, St. 1932; The Death and Birth of David Markand, R. 1934; In the American Jungle, Ess. 1937; The Bridegroom Cometh, R. 1938; Summer Never Ends, R. 1941; South American Journey, Ess. 1943; Island in the Atlantic, R. 1946; Birth of a World, Ess./Porträt 1951; Not Heaven, R. 1953; Bridgehead, Ess. 1957; The Rediscovery of Man, Ess. 1958; Cuba, Ess. 1961; Memoirs, hg. A. Trachtenberg 1973.

L: G. B. Munson, 1923; W. R. Bittner, ²1958; P. J. Earth, 1967; P. J. Carter, 1967; M. A. Ogorzaly, 1994.

Frankau, Pamela (Ps. Eliot Naylor), engl. Erzählerin, 3. 1. 1908 London – 8. 6. 1967 ebda. Tochter des Romanciers Gilbert F., Journalistin, 1942 Konversion, lebte ab 1945 in den USA. – Ihre ersten Werke sind eher leicht; später ernstere u. tiefere Themen.

W: The Willow Cabin, R. 1949 (Nur dieses: Euer Herz für meinen Herrn, d. 1951); Ask Me no more, R. 1958 (Keiner liebt genug, d. 1959); Clothes of a King's Son, R.-Tril.: Sing for Your Supper, 1963 (Festival der Komödianten, d. 1965), Slaves of the Lamp, 1965, Over the mountains, 1967.

Franklin, Benjamin, amerik. Staatsmann u. Schriftsteller, 17. 1. 1706 Boston – 17. 4. 1790 Philadelphia. Sohn e. Kerzenmachers, 1718 Setzerlehrling bei s. Bruder James, dem er 1721–23 den ›New England Courant‹ edieren half. 1723 nach Philadelphia davongelaufen. 1725/26 Setzer in London, nach Rückkehr in Philadelphia Druckereibesitzer, ∞ 1730 Deborah Read. Gründete in Philadelphia 1727 den Junto Club, 1731 die Philosophical Library, 1744 die American Philosophical Society, 1749 die Academy, aus der sich die Univ. von Pennsylvania entwickelte. Studierte Elektrizität und erfand 1751 den Blitzableiter. 1756 Fellow der Royal Society; seit 1757 Vertreter Pennsylvanias in London, 1766 vor dem Unterhaus; 1775 Generalpostmeister für die amerik. Kolonien, 1776 im Redaktionskomitee der Unabhängigkeitserklärung. 1776 Bevollmächtigter, 1779 Botschafter der amerik. Union in Paris, Mitunterzeichner des Friedens von Paris 1783, 1785 Gouverneur von Pennsylvania. – Sein vielseitiges Werk fand in s. die Jahre bis 1757 behandelnden Memoiren e. Selbstdeutung, nach der Sparsamkeit, Fleiß und Anpassungsfähigkeit für Erfolg bürgten. Als Inbegriff bürgerl. Tugenden bewundert und angegriffen, war F. jedoch reicher und komplexer als solche verengenden Deutungen vermuten lassen. S. lit. Gesamtwerk, meist in den Kurzformen des Sprichworts, der Fabel, des Essays, der Satire, des Scherzes und der Bagatelle, zeigt früh systemat. Arbeit an s. Stil zur Klarheit, Biegsamkeit und Kürze, zu Defoescher Direktheit u. Swiftscher Ironie, bes. in den polit. Satiren.

W: The Dogood Papers, Ess. 1722; A Dissertation on Liberty and Necessity, Abh. 1725 (hg. L. C. Wroth 1930); Journal of a Voyage from London to Philadelphia, 1726; Poor Richard's Almanack 1732–64 (Faks. hg. Ph. Russell 1928; Ausw.: The Prefaces, Proverbs, and Poems, hg. P. L. Ford 1890); A Proposal for Promoting Useful Knowledge, 1743; Advice to a Young Man on Choosing a Mistress, Abh. 1745 (hg. H. D. Carew 1930); Experiments and Observations on Electricity, Abh. 1751 (hg. I. B. Cohen 1941, d. 1758); The Way to Wealth, 1758 (d. 1811, Neuübs. 2000); A Parable Against Persecution, Sat. 1764 (hg. L. S. Livingston 1916); An Edict of the King of Prussia, Sat. 1773; Rules by Which a Great Empire May Be Reduced to a Small One, Sat. 1773; Political, Miscellaneous, and Philosophical Pieces, Ess. 1779; Autobiography, 1791 (franz. Teilausg., vollst. engl. hg. J. Bigelow 1868; hkA M. Farrand 1949; nach der Hs. hg. L. W. Labaree, W. J. Bell 1964; L. Lemay, P. M. Zall 1981; d. 1792 u. ö., 1997). – The Writings, hg. A. H. Smyth X 1905–07; The Papers, hg. L. W. Labaree, W. J. Bell XXV 1959ff.; Representative Selections, hg. F. L. Mott, C. E. Jorgensen 1936; Autobiographical Writings, hg. C. Van Doren 1945; Letters to the Press, 1758–75, hg. V. W. Crane 1950; F.s Wit and Folly: The Bagatelles, hg. R. E. Amacher 1953; Mr. F.: A Selection from His Personal Letters, hg. L. W. Labaree, W. J. Bell 1956. – *Übs.:* Leben und Schriften IV, Ausw. 1829; Ausw. U. Hengst 1956.

L: J. Parton, II 1864; E. Baumgarten 1936; C. Van Doren, 1938; I. B. Cohen, 1953; V. W. Crane, 1954; G. Chinard, 1955; M. Hall, 1960; R. E. Amacher, 1962; Th. Hornberger, 1962; G. Stourzh, 1963; B. I. Granger, 1964; R. McKown, 1964; A. E. Aldridge, 1965; R. L. Ketcham, 1965; P. W. Conner, 1965; C.-A. Lopez, E. W. Herbert, 1975; L. Lemay, hg. 1976; I. B. Cohen, 1990; G. Hughes, 1991; H. A. M. Snelders, 1991; J. A. Lemay, 1993; N.-S. Huang, 1994; D. T. Morgan, 1996; F. Jennings, 1996; R. Middlekauff, 1996; D. Anderson, 1997; J. L. Durham, 1997; K. S. Walters, 1999; K. Arbour, 1999; J. Campbell, 2000. – *Bibl.:* P. L. Ford, 1889; J. A. L. Lemay, 1986.

Franklin, (Stella Maria Sarah) Miles (Ps. Brent of Bin Bin), austral. Romanautorin, 14. 10. 1879 Talbingo/New South Wales – 19. 9. 1954 Sydney. Freie Journalistin für ›Daily Telegraph‹ u. ›Sydney Morning Herald‹, Sekretärin bei der ›National Women's Trade Union League‹ in den USA, Krankenschwester im 1. Weltkrieg. Rückkehr nach Australien 1932. – Vf. von feminist. u. nationalist. geprägten Romanen. Kritik an der männl. dominierten Gesellschaft Australiens u. a. in ›My Brilliant Career‹.

W: My Brilliant Career, R. 1901; Some Everyday Folk and Dawn, R. 1909; Up the Country, R. 1928; All that Swagger, R. 1936; Pioneers on Parade, R. 1939; Joseph Furphy: The Legend of a Man and his Book, B.

1944; My Congenials: Miles Franklin and Friends in Letters, hg. J. Roe, 1993.
L: M. Barnard, 1967 u. ²1988; V. Coleman, 1981; C. Roderick, 1982.

Franko, Ivan, ukrain. Dichter, 27. 8. 1856 Nahujevyči b. Drohobyč – 28. 5. 1916 Lemberg. Vater Bauer, Realgymnas. Drohobyč, Stud. Lemberg 1875; 1877, 1880 und 1889 von den österr.-poln. Behörden aus polit. Gründen eingekerkert; Journalist und Politiker, Mitarbeiter ukrain. Zsn., 1885/86 in Kiev, 1887 ständiger Mitarbeiter der poln. Zs. ›Kurjer Lwowski‹; Stud. Czernowitz 1891, Slavistik und Lit. Wien 1892/93; verfaßte wertvolle literaturgesch. und folklorist. Abhandlungen, übersetzte viel aus klass., altoriental., altind., westeurop. und slav. Lit. ins Ukrain.; leitender Mitarbeiter der Lemberger Ševčenko-Gesellschaft der Wiss. – Für s. dichter. Werke ist die Weite des themat. Bereichs und die große Zahl der verwendeten Genres kennzeichnend. Schuf neben sozialer Lyrik intime mit großer Mannigfaltigkeit in Strophik, Rhythmik und Reim; schrieb e. Reihe von Erzählungen über das Leben der Bauern nach Abschaffung der Leibeigenschaft; wandte sich naturalist. Darstellung der Lebensbedingungen der Arbeiter zu, schilderte soziale und persönl. Konflikte in der Gutsbesitzerschicht, das Ringen der neuen dörfl. und städt. ukrain. Intelligenz um ihren Platz in der Gesellschaft, in Form von Erzählungen, psycholog. und sozialen Studien, Satiren, sozialen und hist. Romanen. Gelangte von Romantik über Naturalismus und realist. Schilderung des Volkslebens zu psycholog. vertiefter, zu Impressionismus und Modernismus neigender Darstellungsweise. Auch Dramen. Übs. Shakespeare, Calderón, Burns, Dante, V. Hugo, Goethe, Schiller, Byron.
W: Boryslavs'ki opovidannja, En.-Zykl. 1877–90; Boa constrictor, R. 1878 (erw. 1907); Boryslav smijet'sja, R. 1881–02; Zachar Berkut, R. 1883; Učytel', Dr. 1886; Z veršyn i nyzyn, G. 1887; Ukradene ščastja, Dr. 1894; Dlja domašn'oho vohnyšča, R. 1894–97; Osnovy suspil'stva, R. 1895; Zivijale lystja, G. 1896; Mij izmarahd, G. 1898; Iz dniv žurby, G. 1900; Perechresni stežky, R. 1900; Mojsej, Poem 1905; Semper tiro, G. 1906; Velykyj šum, R. 1907. – Tvory (W), XXX 1924–31, XX 1950–56, L 1976–86; Statti i materialy, XII 1948–65, XX 1966–83; Literaturna spadščyna, IV 1956/57. – *Übs.*: Beiträge zur Geschichte und Kultur der Ukraine, 1963.
L: A. Muzyčka, 1927; O. I. Dej, 1955, 1981; O. I. Bilec'kyj, 1956; J. Kobylec'kyj, 1956; M. Parchomenko, 1956; S. V. Ščurat, 1956; M. Voznjak 1955, 1958; H. Verves, 1957; P. Kolesnyk, 1957; O. Bojko, 1958; I. Stebun, 1958; A. A. Kaspruk, 1965; I. I. Bass, 1965, 1983; I. Dorošenko, 1966; J. P. Kyryljuk, 1966; V. Z. Smal', 1966; M. O. Moroz, 1966, 1977; T. P. Ruda, 1974; L. Rudnyckyj, 1974; N. Wacyk, 1975; M. F. Nečytaljuk, 1981; A. J. Vojtjuk, 1981; V. L. Mykytas', 1983; I. F. as Writer, 1998.

Frankopan, Franjo Krsto, kroat. Dichter, 1643 Bosiljevo – 30. 4. 1671 Wiener Neustadt. Aus Magnatenfamilie. Neben P. Zrinski als Verschwörer gegen Kaiser Leopold I. hingerichtet. – Schrieb lat. Elegien u. marinist. Liebeslyrik; Übs. von Molière.
W: Macerata, G. 1656; Gartlic, G. 1871. – Djela (W), 1936, 1995 (m. Bibl.); Izabrana djela (AW), hg. J. Vončina 1976.
L: S. Ježić, Život i rad F. K. F., 1921; J. Vončina, 1995.

Franz von Assisi → Francesco d'Assisi, San

Franzén, Frans Mikael, finnl.-schwed. Dichter, 9. 2. 1772 Uleåborg – 14. 8. 1847 Härnösand. Kaufmannssohn; Schüler Porthans in Åbo, 1795 Bibliothekar, 1801 Professor, 1808 Mitgl. der Akad., nach der russ. Annexion 1811 nach Schweden, ab 1831 Bischof. – F.s Lyrik wurzelt noch im Klassizismus, weist jedoch in die Romantik voraus. Impulse von Herder, Ossian u. Gray. Die finn. Natur wird hier zum erstenmal besungen. Die Jugendlyrik schildert morgenfrische Landschaft, Jugend und Liebe. Im von der Schwed. Akad. preisgekrönten ›Sång öfver greve G. F. Creutz‹ entwirft F. in reicher Bilderpracht e. Geschichte der Dichtung, tilgte aber auf Weisung der Akad. Elfen u. Gespenster u. überarbeitete klassizistisch. Im Exil entstanden neben idyll., scherzhaften und seraph. Gesängen feierlich erhabene Kirchenlieder, die bis heute Bestand haben.
W: Den gamla knekten, G. 1793; Det nya Eden, Ep. 1795; Sång öfver greve Gustaf Filip Creutz, Ep. 1797; Selma och Fanny, G. 1824 (d. A. Altén 1843); Skaldestycken, G. VII 1824–61; Skrifter i obunden stil, 1835; Predikningar, V 1841–45; Strödda predikningar, 1852; Minnesteckningar, III 1848–60. – Samalade, dikter, hg. A. A. Grafström VII ²1867–69.
L: C. D. af Wirsén, 1887; G. Castren, F. M. F. i Finland, 1902; S. Ek, Franzéns åbodiktning, 1916; E. Spjut, 1925; G. Lundström, 1947.

Franzen, Jonathan, amerik. Erzähler, * 17. 8. 1959 Western Strings/IL. B. A. Swarthmore College, lebt in New York. – Nach dem Politthriller mit Schauplatz St. Louis ›The Twenty-seventh City‹ und dem Öko-Thriller über e. Verschwörung, die in ›Strong Motion‹ zu e. Erdbebenserie führt, internationaler Durchbruch mit dem Bestseller ›The Corrections‹, e. teils satir., teils trag.-realist. Familiensaga, die in ep. Breite den desolaten kulturellen und soz. Zustand Amerikas, ins. im Mittleren Westen der 1990er Jahre, ausstellt u. in der Familienrituale (Thanksgiving, Weihnachten) als zentrale, aber nervtötende und zunehmend sinnentleerte Ereignisse gefeiert werden müssen.
W: The Twenty-seventh City, R. 1988 (d. 2003); Strong Motion, R. 1993; The Corrections, R. 2001 (d. 2002); How to Be Alone, Ess. 2002 (d. 2002).

Franz von Sales → François de Sales

Frapié, Léon, franz. Romancier, 27. 1. 1863 Paris – 29. 9. 1949 ebda. Aus bescheidenen Verhältnissen. Beamter in der staatl. Verwaltung. Begann als Mitarbeiter von Zeitschriften und Zeitungen mit Artikeln und Essays. – S. Romane sind realist. u. naturalist., enthalten aber auch idealist. und sentimentale Elemente. 1904 Prix Goncourt für ›La maternelle‹, das menschl. und sozial wertvolle Tagebuch über Beobachtungen in e. Volksschule an der Pariser Peripherie. Erreichte mit den späteren Romanen nicht mehr das Niveau seines Hauptwerks, glitt ins Rührselige ab.

W: L'institutrice de province, R. 1897; Marcelin Gayard, R. 1902; La maternelle, R. 1904; L'écolière, R. 1905 (d. 1927); La proscrite, R. 1906; La boîte aux gosses, R. 1907; La figurante, R. 1908 (d. 1910); Contes imprévus, En. 1909; Les contes de la maternelle, En. 1910–19; La liseuse, R. 1911; La mère Croquemitaine, R. 1912 (d. 1950); L'enfant perdu, R. 1913; Les contes de la guerre, En. 1915; La virginité, R. 1923; La divinisée, R. 1927; La reine de cœur, R. 1936; La vedette à l'école, R. 1946.

Fras, Jacob → Vraz, Stanko

Frashëri, Naim (Ps. N. H. F.; D.), alban. Dichter u. Schriftsteller, 25. 5. 1846 Frashër (Südalbanien) – 20. 10. 1900 Istanbul/Üsküdar. Aus südalban. Feudalfamilie stammend, Koranschule in Frashër, Zōsimaía in Iōannina, dort mit griech. u. lat. Lit. u. mit der franz. Aufklärung bekannt geworden u. davon nachhaltig beeinflußt, 1870 nach Istanbul; dann Steuer- u. Zollbeamter in Südalbanien, seit 1881 Beamter im türk. Unterrichtsministerium in Istanbul; dort zusammen mit s. Bruder Sami F. (Ps. S. H. F.) e. der rührigsten der Patrioten, die seit dem letzten Viertel des 19. Jh. von der Diaspora aus die alban. Unabhängigkeitsbewegung durch kulturpolit. und publizist. Aktivität förderten; zugleich bedeutender Vertreter des alban. Bektaschitums. – F. trat bes. mit patriot. Gedichten hervor u. griff mit s. Skanderbeg-Epos e. Stoff aus der Glanzzeit der alban. Vergangenheit auf, mit der das Nationalgefühl s. Landsleute zu wecken suchte. Bes. Verdienste als Vf. der ersten alban. Schulbücher sowie als Übs. (u. a. Homers ›Ilias‹, Buch 1).

W: Taḥayyullāt, pers. G. 1884; 'O alēthēs póthos tōn Skupetárōn, griech. G. 1886; Bagëti e bujqësia, Ep. 1886; Luletë e verësë, G. 1890; Istori e Skënderbeut, Ep. 1898 (n. 1953); Qerbelaja, Ep. 1898. – Vepra të zgjedhura, hg. F. Agalliu 1980/85; Vepra letrare (GW), VI 1995–98.

L: Gedenkschr. zum 25. Todestag, 1925; Gedenkheft zum 125. Geburtstag: Studime Filologjike 25 (8)/2, 1971; Dh. S. Shuteriqi, N. F. Jeta dhe vepra, 1982; R. Qosja, Porosia e madhe … mbi krijimtarinë e N. F.t, 1989; Z. Xholi, N. F. midis së kaluarës dhe të sotmes, 1998.

Frayn, Michael, engl. Schriftsteller, * 8. 9. 1933 London. Stud. Cambridge, Journalist. – Vf. brillanter Satiren auf die Schrecken der mod. Zivilisation in klarem, intensivem Stil.

W: The Tin Men, R. 1965 (Blechkumpel, d. 1982); The Russian Interpreter, R. 1966 (Zwei Briten in Moskau, d. 1968); Towards the End of the Morning, R. 1967; A Very Private Life, R. 1968; The Two of Us, Sch. 1970 (d. 1974); Sweet Dreams, R. 1973; Alphabetical Order and Donkeys' Years, Drn. 1977; Clouds, Dr. 1977; Make and Break, Dr. 1980; Noises Off, Dr. 1982 (Der reinste Wahnsinn, d. 1984); Benefactors, Dr. 1984 (d. 1985); Wild Honey, Dr. 1984; Clockwise, Sch. 1986; The Trick of It, R. 1989 (Wie macht sie's bloß, d. 1992); Copenhagen, Dr. 1998 (d. 2001); Headlong, R. 1999 (Das verschollene Bild, d. 1999); Cecilia's Secret, R. 2000 (d. 2001); Spies, R. 2002 (d. 2004).

L: R. Love, 1997.

Fréchette, Louis – Honoré, frankokanad. Dichter, 16. 11. 1839 Lévis/Quebec – 31. 5. 1908 Montréal. 1865 Jurist in Quebec. Schrieb später in Chicago und New Orleans für Zeitungen, ∞ 1876 Emma Beaudry; 1874–78 Abgeordneter der Commons von Lévis, ab 1889 bis zum Tode Sekretär der gesetzgebenden Rates in Quebec. – Schüler V. Hugos. Offen für die franz. Ideen. Fand als erster kanad. Dichter den Beifall der franz. Kritik. Der Gedichtband ›Les oiseaux de neige‹ von der Académie Française preisgekrönt. Mit ›La légende d'un peuple‹ wurde F. zu e. kanad. Nationaldichter. 3 patriot. und rhetor., wenig bühnenwirksame Dramen.

W: Mes loisirs, G. 1863; La voix d'un exilé, G. 1866; Félix Pointré, Dr. 1871; Lettres à Basile, Prosa 1872; Les oiseaux de neige, G. 1880; Papineau, Dr. 1880; Les fleurs boréales, G. 1881; Histoire critique des rois de France, Prosa 1881; La légende d'un peuple, G. 1887; Les feuilles volantes, G. 1891; Originaux et détraqués, Prosa 1892; Christmas in French Canada, 1899; Noël au Canada, 1900; Poèmes, III 1908.

L: F. Rinfret, 1906; H. d'Arles, 1925; L. Serre, 1928; M. Dugas, Un romantique canadien, 1934; G. A. Klinck, 1955; M.-A. Beaudet, 1991; J. Blais, 1993.

Frederic, Harold, amerik. Journalist und Romanautor, 19. 8. 1856 Utica/NY – 19. 10. 1898 Henley-on-the-Thames. Zeitungslaufbahn bereits mit 14 Jahren: Reporter in Utica und Albany, ab 1884 Londoner Korrespondent der ›New York Times‹, kehrte nicht in die USA zurück. – S. im Staat New York spielenden soz. Problem- und hist. Romane stehen in der ›local color‹-Tradition. ›The Damnation of Theron Ware‹ ist der Entwicklungsroman e. Geistlichen.

W: Seth's Brother's Wife, R. 1887; In the Valley, R. 1890; The Young Emperor, Wilhelm II., B. 1891; The Copperhead, R. 1893; The Damnation of Theron Ware, R. 1896 (n. R. M. Lovett 1924, E. Carter 1960); Gloria Mundi, R. 1898; Stories of York State, hg. T. F. O'Donnell 1966. – Collected Works, hg. D. Pizer XIV 1969.

L: H. C. Franchere u. T. F. O'Donnell, 1961; S. Garner, 1969; A. Briggs, 1969; R. M. Myers, 1995; B. Bennett, 1997; Jean S. Filetti, 1998. – *Bibl.:* T. F. O'Donnell, 1975.

Fredro, Aleksander Graf, poln. Dramatiker, 20. 6. 1793 Surochów b. Jaroslaw – 15. 7. 1876 Lemberg. Aus reicher Familie, von Hauslehrern erzogen. Schrieb mit 12 Jahren erstes Lustspiel; 1809 Eintritt in Napoleon. Armee (Moskau, Leipzig), 1814 Paris. Als Soldat eifrige Beschäftigung mit Lit. In Paris bes. Stud. Molières. Nach Heimkehr ab 1815 meist auf s. ostgaliz. Gut oder in Lemberg. 1824 Italienreise. 1850–55 in Paris. – Bedeutendster poln. Lustspieldichter. 1817 wurde s. 1. Werk uraufgeführt; 1. Erfolg erst 1821 mit ›Pan Geldhab‹ nach Vorbild Molières. In den folgenden Werken verbinden sich s. Lebenserfahrungen u. der franz. Witz mit der überlegenen Haltung des Aristokraten. Ständige krit., aber liebevolle Auseinandersetzung mit den Schwächen der Gesellschaft. In den 1830er Jahren von den Romantikern heftig angegriffen. 19 Jahre verstummt. Getragen wird s. sprachl. vollendetes Werk von e. Realismus, der ihn vor Verzeichnungen der Wirklichkeit bewahrt.

W: Intryga naprędce, K. 1817 (u. d. T. Nowy Don Kiszot, 1822); Pan Geldhab, K. 1818; Mąż i żona, K. 1820 (Mann und Frau, d. 1955); Cudzoziemczyzna, K. 1822; Odludki i poeta, K. 1825; Damy i huzary, K. 1825 (d. 1955); Przyjaciele, K. 1826; Gwałtu co się dzieje, K. 1826; Dyliżans, K. 1827; Obrona Olsztyna, K. 1830; Nieszczęścia najszczęśliwszego męża, K. 1832 (Sorgen des glücklichsten Mannes); Śluby panieńskie, K. 1833 (Mädchenschwüre, d. 1955); Pan Jowialski, K. 1834 (Herr Genialski, d. 1973); Zemsta, K. 1834 (Die Rache, d. 1955); Ciotunia, K. 1834; Dożywocie, K. 1835; Nocleg w Apenninach, K. 1841; Trzy po trzy, Mem. 1848; Wychowanka, K. 1858; Wielki człowiek do małych interesów, K. 1866 (Ein großer Mann in kleinen Dingen, d. in: Herr Genialski, 1973); Dwie blizny, K. 1877; Lita et Compagnie, K. 1877; Świeczka zgasła, K. 1877 (Das Licht ist ausgelöscht, d. 1888); Godzien litości, K. 1877; Teraz, K. 1877; Jestem zabójcą, K. 1877; Pan Benet, K. 1878; Ostatnia wola, K. 1878; Co tu kłopotu!, K. 1879; Koncert, K. 1885; Z Przemyśla do Przeszorych, K. 1897; Uwagi nad stanem socjalnym w Galicji 1846, 1899. – Komedie, hg. E. Kucharski VI 1926 f.; Pisma wszystkie (GW), XV 1955–80; Korespondencja, 1976. – *Übs.:* The Major Comedies, Princeton 1969.

L: I. Chrzanowski, O komediach A. F., 1917; W. Borowy, 1921; E. Kucharski, 1926; T. Żeleński, Obrachunki fredrowskie, 1935; S. Pigoń, 1956; T. Sivert, 1965; B. Zakrzewski, 1974 u. 1976; K. Poklewska, 1977; M. Inglot, Komedie A. F., 1978; W. Natanson, 1984; K. Wyka, ²1986; M. Inglot, Świat komedii F., 1986.

Freeling, Nicolas, engl. Romanautor, * 3. 3. 1927 Mill Hill/London. Erzogen in Frankreich, war Koch in franz. u. engl. Hotels. Lebt bei Straßburg. – S. Romane um den holländ. Detektiv van der Valk werden s. Anspruch gerecht, es dürfe keinen Unterschied geben zwischen e. guten Roman u. e. Kriminalroman.

W: Love in Amsterdam, R. 1962 (d. 1963); Because of the Cats, R. 1963 (d. 1965); Gun Before Butter, R. 1963; The King of the Rainy Country, R. 1966 (Bluthunde, d. 1967); The Dresden Green, R. 1966 (Der grüne Mörder, d. 1967); Strike out where not Applicable, R. 1967 (Stumpfe Gewalt, d. 1968); This Is the Castle, R. 1968 (Das Traumschloß, d. 1970); Tsing-Boum!, R. 1969 (d. 1970); Kitchen Book, Aut. 1970; A Long Silence, R. 1972 (d. 1972); Dressing of Diamond, R. 1974; What Are the Bugles Blowing For?, R. 1975; Lake Isle, R. 1976; Gadget, R. 1977 (Die Formel, d. 1980); The Widow, R. 1979; Castang's City, R. 1980; One Damn Thing After Another, R. 1981; Wolfnight, R. 1983; The Back of the North Wind, R. 1983; A City of Solitary, R. 1985; Cold Iron, R. 1985; Lady Macbeth, R. 1988 (d. 1989); Not as far as Velma, R. 1989; No Part in Your Death, R. 1989; The Pretty How Town, R. 1992; You Who Know, R. 1994; The Seacoast of Bohemia, R. 1994; The Dwarf Kingdom, R. 1996; One More River, R. 1997; Some Day Tomorrow, R. 2000; The Village Book, R. 2001.

Freeman, Mary E(leanor) Wilkins, amerik. Schriftstellerin, 31. 10. 1852 Randolph/MA – 13. 3. 1930 Metuchen/NJ. Aus alter Neuenglandfamilie, zeitweilig Sekretärin von O. W. Holmes, Sen., lebte bis zur Heirat 1902 in Massachusetts, dann in New Jersey. – Als Vf. von Kurzgeschichten leistete sie e. bedeutenden Beitrag zur ›local color‹-Schule der amerik. Lit.; Entsagung der Frauen in den von Männern verlassenen Landgemeinden Neuenglands ist ihr Hauptthema. Ihre Romane bleiben weit hinter den Kurzgeschichten zurück.

W: A Humble Romance, Kgn. 1887 (n. C. Gohdes 1969); A New England Nun, Kgn. 1891; Jane Field, R. 1893; Giles Corey, Yeoman, Dr. 1893; Pembroke, R. 1894 (n. P. D. Westbrook 1971); Jerome, A Poor Man, R. 1897; The Heart's Highway, R. 1900; Edgewater People, Kgn. 1918. – The Best Stories, hg. H. W. Lanier 1927; Selected Stories, hg. M. Pryse 1984; Collected Letters, hg. B. L. Kendrick 1985; The Uncollected Stories, hg. M. R. Reichardt 1992. – *Übs.:* Revolte der Mutter, En. 1977.

L: E. Foster, 1956; P. Westbrook, 1968.

Freilassung, Lied von der, einziges hurrit. hist. Epos, fragmentar., umfaßt mehrere Tontafeln, mit mittelhethit. Parallel-Übs.; Hsn.: ca. 1400 v. Chr. aus Ḫattuša. Übs. aus westsemit. Sprache? Der Wettergott Teššob fordert den Herrscher (Megi) Eblas (Tall Mardīḫ, bedeutende syr. Stadt im 3. Jt. v. Chr.) auf, Gefangene aus der Stadt Igingalliš freizugeben, verspricht Kriegsglück und reichen Feldertrag und droht mit Eblas Zerstörung. Die Stadtältesten weigern sich, Teššobs Wunsch zu erfüllen. Der Megi reinigt sich rituell, um dem Fluch zu entgehen. Der Text bricht ab.

A: E. Neu 1996. – *Übs.:* G. Wilhelm, (TUAT III, Erg. lief.) 2001.
L: G. Wilhelm, (Altoriental. Forsch. 24) 1997.

Freire, Espido (eig. María Laura), bask. Schriftstellerin, * 16. 7. 1974 Bilbao. Stud. Anglistik Deusto. – Hochtalentierte, produktive u. international erfolgr. Vf. von Romanen, Erzählungen, Gedichten u. Essays. Auch Übs. u. Mitarbeit an versch. Zeitungen/Zsn.
W: Irlanda, R. 1998 (Die Cousine, d. 2000); Donde siempre es Octubre, R. 1999; Melocotones helados, R. 1999 (d. 2001); Primer amor, Es. 2000; Aland la blanca, G. 2001; La última batalla de Vincavec el bandido, R. 2001; Diabulus in musica, R. 2001; Cuando comer es un infierno, Es. 2002.

Fremlin, Celia (eig. Celia Margaret Goller), engl. Krimiautorin, * 20. 6. 1914 Ryarsh/Kent. Stud. Oxford. – Trotz an P. Highsmith u. P. Flower gemahnender Qualität unterschätzt. Ihre psycholog. Thriller erforschen in bedächtigem Erzähltempo das Grauen alltägl. Situationen, häufig im Familienkontext, in dem meist weibl. Protagonisten mit Erschreckendem konfrontiert werden.
W: The Hours Before Dawn, R. 1958 (d. 1987); The Trouble-Makers, R. 1963 (d. 1993); The Long Shadow, R. 1975 (d. 1993); The Spider-Orchid, R. 1977 (d. 1988); The Parasite Person, R. 1982 (d. 1991); Dangerous Thoughts, R. 1991 (d. 1994); King of the World, R. 1994 (d. 1998).

Frénaud, André Jean-Claude, franz. Dichter, 26. 7. 1907 Montceau-les-Mines/Saône-et-Loire – 21. 6. 1993 Paris. Stud. Philol. und Jura Paris, 1930 Lektor der Univ. Leopoli/Polen, reiste in Spanien, Italien, Dtl. und Rußland. Floh 1942 aus dt. Kriegsgefangenschaft, Widerstandskämpfer. – S. Dichtung ist e. existenzialist. Revolte gegen das Sosein menschl. Lebens. F. stellt sich der Lebensangst, ohne ins Unbewußte oder in e. Transzendenz auszuweichen.
W: Les rois mages, G. 1943; Les mystères de Paris, G. 1944; La noce noire, G. 1946; Poèmes de Brandenbourg, G. 1948; Enorme figure de la Déesse Raison, G. 1950; Les paysans, G. 1951; Chemins du vain espoir, G. 1956; La nuit des prestiges, G. 1957; Cœur mal fléchi, G. 1957; Dans l'arbre ténébreux, G. 1957; Passage de la visitation, G. 1957; Pauvres petits enfants, G. 1957; Pays retrouvé, G. 1957; Excrétion, misère et facéties, G. 1958; Il n'y a pas de paradis, G. 1962; L'étape dans la clairière, G. 1966; La sainte face, G. 1968; Depuis toujours déjà, G. 1970; La sorcière de Rome, G. 1973; Notre inhabilité fatale, Dial. 1979; Haeres, G. 1982; Nul ne s'égare, G. 1986. – *Übs.:* Quelle der Quellen, 1962.
L: G. E. Clancier, 1953; M. Wiedmer, 1969; Actes du Colloque, 2000.

French, Marilyn, am. Erzählerin, * 21. 11. 1929 New York. Lehrt 1964–77 engl. Lit. u. a. an der Harvard Univ. – Erzählt Frauengeschichten und den Kampf um ihr eigenes Leben; in direkter u. einfacher Sprache legt sie komplizierte Gefühle bloß.
W: The Women's Room, R. 1977 (Frauen, d. 1978); The Bleeding Heart, R. 1980 (d. 1980); Beyond Power – On Women, Men and Morals, 1985 (d. 1985); Her Mother's Daughter, R. 1987 (d. 1988); War Against Women, Es. 1992 (d. 2000); Our Father, R. 1994 (d. 1994); My Summer with George, R. 1996 (d. 1997); A Season in Hell, Mem. 1998 (d. 1999).

Freneau, Philip (Morin), amerik. Dichter, 2. 1. 1752 New York – 19. 12. 1832 Middletown Point/NJ. Hugenott. Abstammung; Stud. Princeton, Freundschaft mit J. Madison; 1776 auf den Westind. Inseln; 1780 in brit. Gefangenschaft bei brutaler Behandlung; 1784–89 Leben auf See; ∞ 1790 Eleanor Forman; 1790–99 polit. Journalist im Auftrag Jeffersons (›National Gazette‹); ab 1799 auf s. Gut in New Jersey. – Als ›Dichter der amerik. Revolution‹ polit. engagierte Lyrik; satir. Invektiven gegen das gehaßte England in ›The British Prison-Ship‹ (1781) und gegen pro-brit. Politik. Als Romantiker schrieb er das makabre allegor. Gedicht ›The House of Night‹ (1779) und deskriptive Naturlyrik, bes. ›The Wild Honeysuckle‹ (1786), wo e. autochthon. amerik. Ausdruck gefunden ist. Der Moralist verfaßt erzählende Gedichte über amerik. Typen und Sitten und Essays, in denen verschmitzte Yankee-Typen das Leben krit.-amüsiert kommentieren. Bedeutendster Dichter der frühen Republik, Vorromantiker von bewußt amerik. Gesinnung.
W: A Poem on the Rising Glory of America, 1772 (m. Brackenridge); The American Village, G. 1772; The British Prison-Ship, Sat. 1781; Poems, 1786, 1795, 1809 (alle n. L. Leary 1976); Miscellaneous Works, 1788; The Village Merchant, Sk. 1794; Letters on Various ... Subjects, Sk. 1799 (n. H. H. Clark 1943); Writings ... of Hezekiah Salem, hg. L. Leary 1975; Newspaper Verse, hg. J. R. Hiltner 1986. – Poems, hg. F. L. Pattee III 1902–07; Last Poems, hg. L. Leary 1945; Prose, Ausw. hg. Ph. Marsh 1955; Poems, Ausw. hg. H. H. Clark [2]1960.
L: M. S. Austin, 1901; N. F. Adkins, 1949; L. Leary, [2]1964; J. Axelrad, 1967; Ph. Marsh, 1967; ders., 1968; M. W. Bowden, 1976; R. C. Vitzthum, Land and Sea, 1978. – *Bibl.:* V. H. Paltsits, 1903, [2]1968; Ph. Marsh, 1970.

Frescobaldi, Dino, ital. Lyriker, nach 1271 Florenz – vor 1316 ebda. Sohn des Dichters Lambertuccio F. – Schrieb e. Canzoniere im Stil des ›dolce stil nuovo‹, s. berühmtestes Gedicht ist die ›Canzone della Morte‹.
W: Rime, in: Poeti del duecento, hg. G. Contini 1960.
L: I. M. Angeloni, 1907; A. Joseph, The poetry of D. F., 1983.

Freuchen, (Lorentz) Peter (Elfred), dän. Erzähler, Forscher und Ethnologe, 20. 2. 1886 Nykøbing/Falster – 2. 9. 1957 Anchorage/AK. Stud. Medizin, 1906 und 1921–24 Teilnahme an Grönlandexpeditionen, u.a. mit K. Rasmussen, 1928 Reise ins arkt. Rußland; 1932 Alaskaexpedition im Auftrag der Metro-Goldwyn-Mayer-Studios, die dort mit ihm in der Hauptrolle den Film ›Eskimo‹ drehten. Während der dt. Besatzung als Widerstandskämpfer interniert; 1944 Flucht nach Schweden, dann USA. – S. unterhaltenden Romane und temperamentvollen Reiseberichte über grönländ. Verhältnisse u. Mentalität haben die dän. Sichtweise stark geprägt. Auch Hörspiel- und Drehbuchautor.

W: Grønland, Land og Folk, Reiseb. 1927; Storfanger, R. 1927 (Der Eskimo, d. 1928); Rømmingsmand, R. 1928 (Flucht ins weiße Land, d. 1929); Nordkaper, R. 1929 (Der Nordkaper, d. 1931); Ivalu, R. 1930 (d. 1931); Flugten til Sydamerika, Reiseb. 1935; Min grønlandske ungdom, Aut. 1936 (Meine grönländische Jugend, d. 1937); Min anden Ungdom, Aut. 1938 (Das Leben geht weiter, d. 1941); Sibiriske Eventyr, Reiseb. 1939; Diamantdronningen, E. 1941; Hvid Mand, R. 1943; Eskimofortællinger, En. 1944; Solfjeld, E. 1944; Larions Lov, R. 1948 (d. 1955); Nigger-Dan, E. 1951; I al frimodighed, Aut. 1953; Vagrant Viking, Aut. 1954 (Wandernder Wiking, d. 1955); Fremdeles frimodig, Aut. 1955; Fangstmænd i Melvillebugten, E. 1956; Fra Thule til Rio, Reiseb. 1957; P. F.s Book of the Seven Seas, 1957 (Buch der sieben Meere, d. 1958); Hvalfangerne, Kdb. 1959 (Per, der junge Walfänger, d. 1961); Det arktiske år, hg. F. Salomonsen 1961; P. F.s bog om eskimoerne, 1962.

L: Bogen om P. F., 1958; J. H. Hansen, 1978; Grønland 2/3 (1986).

Freud, Esther, engl. Schriftstellerin, * 2. 5. 1963 London. Urenkelin von Sigmund Freud und Tochter des Malers Lucian Freud. Schauspielschule in London. – Bestsellererfolg mit ihrem teilweise autobiograph. Roman ›Hideous Kinky‹, der ihre Kindheit in der Hippie-Szene in Marocko schildert u. mit Kate Winslet verfilmt wurde. Ihr 3. Roman ›Gaglow‹ setzt sich mit der Geschichte ihrer dt. Vorfahren im Berlin während des 1. Weltkriegs auseinander.

W: Hideous Kinky, R. 1992 (Marrakesch, d. 1995); Peerless Flats, R. 1993 (Blaues Wunder, d. 1996); Gaglow, R. 1998 (d. 2000); The Wild, R. 2000 (d. 2000); The Sea House, R. 2003.

Freuden der Ehe → Quinze joyes de mariage

Freyre, Gilberto de Melo, brasilian. Schriftsteller u. Politiker, 15. 3. 1900 Recife – 18. 7. 1987. Aus Familie von Zuckerbaronen, Schule in Recife, 1920–22 Stud. Polit. Ökonomie, Anthropologie, Sozialwiss. New York, Europareise, Rückkehr nach Recife, 1926–30 polit. Tätigkeit, Exil Lissabon, ab 1931 Gastprof. (USA u. Europa), 1935 1. Lehrstuhl für Sozialanthropologie; gründet regionalist. Bewegung mit nationalist. Tendenz. – ›Casa grande e senzala‹ ist e. sozial-anthropolog. Studie über die Kultur der Zuckerregion seit der Kolonialzeit in lit. Form, Proklamation der Nation als Rassendemokratie, gefolgt von ›Sobrados e mucambos‹, ›Ordem e progresso‹ (brasilian. Staatsmotto!) u. ›O luso e o trópico‹; F. erhält nationale u. internationale Auszeichnungen.

W: Casa grande e senzala, Abh. 1933 (d. 1990); Sobrados e mucambos, Abh. 1936 (d. 1982); Interpretação do Brasil, Abh. 1945; Ordem e progresso, Abh. 1959; O luso e o trópico, Abh. 1961; Dona Sinhá e o filho padre, R. 1964 (n. 2000); Tempo morto e outros tempos, Tg. (1915–30) 1975; Modos do homem & modas de mulher, Ess. 1987.

L: W. Martins, 1946; D. Ribeiro, 1975; Fs., 1988; M. S. d'Andrea, 1992; E. Coutinho, 1994; Fs., 1999; J. Falcão, 2001.

Frezzi, Federigo, ital. Theologe und Dichter, um 1346 Foligno – Mai 1416 Konstanz. Dominikaner, e. der größten Theologen s. Zeit, 1404 Bischof von Foligno. 1416 Teilnahme am Konzil von Konstanz. – S. einziges erhaltenes Werk ist ›Quadriregio‹, e. allegor.-dogmat. Gedicht in 74 Gesängen (Terzinen), 4 Teile: das Reich der Liebe, des Satans, der Laster u. der Tugend. Unter der Führung von Cupido u. Minerva macht der Dichter e. Reise durch diese Reiche. Die Liebe bringt Enttäuschungen u. Schmerzen, der Mensch soll s. Geist der ewigen Wahrheit zuwenden. Vorbilder für F. waren Dante, Petrarca u. Boccaccio.

W: Quadriregio, G. um 1394–1403 (hg. E. Filippini 1914).

L: G. Rotondi, 1921; E. Filippini, 1922.

Frič, Josef Václav, tschech. Schriftsteller, 5. 9. 1829 Prag – 14. 10. 1890 ebda. Stud. Lit. Prag; Journalist, als Radikaler viele Jahre im Kerker u. Exil. Hrsg. des Almanachs ›Lada Nióla‹. – F.s Werk zwischen romant. Titanismus u. bürgerl. Tendenzliteratur umfaßt polit. Lyrik, ep. Gedichte auf die tschech. Reformation, hist. Erzählungen u. Schauspiele sowie Gesellschaftsprosa. S. Memoiren sind idealisiert. Übs. Byron u. poln. Romantiker.

W: Písně z bašty, G. 1849–60; Výbor z básní, G. II 1861; Povídky a fantasie, En. 1880; Paměti, Mem. IV 1886f. (n. 1957–60). – Sebrané spisy veršem a prosou (GW), IV 1879 f. (n. 1956 ff.); Odkaz J. V. F. (GW), 1898; Fričova čítanka (Ausw.), 1924; Písně z bašty a jiné básně (Ausw.), 1952.

Frída, Emil → Vrchlický, Jaroslav

Fridegård, Jan (Johan, eig. Johan Fridolf Johannesson), schwed. Erzähler, 14. 6. 1897 Enköpings-Näs/Uppland – 8. 9. 1968 Uppsala. Vater war Landarbeiter. Volksschule, Industriearbeiter, Soldat, Hausierer, Antiquariatsbuchhändler, ∞ 1938 Gudrun Nilsson. – Gehört der sog. ›Landarbeiterschule‹ an, der Gruppe schwed. Schriftsteller, die aus Landarbeitermilieu stammen u. aus ärml., freudloser Kindheit u. hartem Existenzkampf der Jugendjahre den Stoff für ihre Werke schöpfen. Für F. wurden außerdem 3 Jahre Soldatenzeit u. Zeiten der Arbeitslosigkeit entscheidend. Die meisten Romane u. Novellen haben autobiograph. Einschlag. Klarer, sachl., an die isländ. Saga gemahnender Stil, geprägt durch Ironie, auch Selbstironie, Satire u. psycholog. Scharfblick. Die Handlung einiger Romane spielt in der Vikingerzeit, wobei die Vikinger mit den Augen der Sklaven gesehen werden. Anhänger des Spiritismus.

W: Den svarta lutan, G. 1931; En natt i juli, R. 1933; Jag Lars Hård, R. 1935 (d. 1972); Tack för himlastegen, R. 1936; Barmhärtighet, R. 1936; Offer, R. 1937; Åran och hjältarna, R. 1938; Statister, N. 1939; Här är min hand, R. 1942; Trägudars land, R. 1940 (Land der hölzernen Götter, d. 1980); Torntuppen, R. 1941 (Der Turmhahn, d. 1950); Kvarnbudet, N. 1944; Gryningsfolket, R. 1944; Fäderna, E. 1947; Offerrök, R. 1949; Kvinnoträdet, N. 1950; Lars Hård går vidare, R. 1951; Porten kallas trång, R. 1952; Vägen heter smal, R. 1953; Lyktgubbarna, R. 1955; Flyttfåglarna, R. 1956; Porten och Hård, Nn. 1956; Arvtagarna, R. 1957; Larsmässa, aut. N. 1955; Svensk soldat, R. 1959; Soldathustrun, R. 1960; Mot öster – soldat!, R. 1961; På oxens horn, Lättingen, De kortaste strået, Tre stigar, Mem. 1964–67; Hallonflickan, R. 1968.

L: A. Lundkvist, L. Forssell 1949; E. Gamby, 1956; ders., 1957.

Fridell, Folke (Ivar Valter), schwed. Schriftsteller, 1. 10. 1904 Lagan/Småland – 12. 8. 1985 Ljungby. Schneidersohn, Textilarbeiter, Journalist, Gewerkschaftler, ∞ Kristina Wahlberg. – Direkte Kritik am Wohlfahrtsstaat nach dem 2. Weltkrieg, Erneuerer der schwed. Arbeiterdichtung. Tritt ein für Freiheit des Individuums auch in der eigenen Organisation. Themen u.a.: Kooperation, Raumordnungsfragen, Jugendkriminalität, Mitbestimmungsrecht des Arbeiters. Auch Hörspiele.

W: Död mans hand, R. 1946 (Eines toten Mannes Hand, d. 1949); Syndfull skapelse, R. 1948; Greppet hårdner, R. 1948; Av egen kraft, R. 1949; Bergspredikan, Nn. 1951; Något måste gro, R. 1952; Äldst i världen, R. 1959; Dag som ovan, R. 1964; Något skymmer vägarna, Aut. 1984.

L: R. Blom, 1978.

Fried, Jiří, tschech. Schriftsteller u. Drehbuchautor, * 1. 3. 1923 Prachatice. Stud. Kunstgesch., 1945–59 Lektor im Filmstudio Barandov, 1959–70 Redakteur des Verlags ›Čs. spisovatel‹. – S. z. T. kämpferische Lyrik verbindet persönl. Erlebnisse mit gesellschaftl. Problematik. S. Prosa behandelt vorwiegend den Konflikt zwischen den Intellektuellen u. der Kleinstadt.

W: Vstanou noví bojovníci, Drb. 1951 (nach A. Zápotocký); Rozsvícená okna, G. 1954; Morálka paní Dulské, Drb. 1959; Časová tíseň, N. 1961 (d. 1964); Hvězda zvaná Pelyněk, Drb. 1964; Abel, R. 1966; Pověst, R. 1966; Hobby, R. 1969.

L: Léto v Altamiře, E. 1992.

Friel, Brian, ir. Schriftsteller, * 9. 1. 1929 Omagh/County Tyrone. 1948 B. A. am kathol. Priesterseminar Maynooth/Republik Irland; Lehrer, seit 1960 freier Schriftsteller; Mitbegründer der Field Day Theatre Company. – Vf. von Kurzgeschichten, Hör- u. Fernsehspielen; e. der bedeutendsten ir. Gegenwartsdramatiker. S. sprachl. luziden Dramen, die oft im fiktiven Dorf Ballybeg in Nordirland spielen, ergründen den Zusammenhang von Geschichte, Erinnerung und Gegenwart für die Konstruktion von persönl., kultureller und nationaler Identität. Zentral sind der Gegensatz von Lebensträumen und Realität, Exil und Entwurzelung sowie Möglichkeiten und Grenzen sprachl. Kommunikation. Für das Verhältnis zwischen der Kolonialmacht England und Nordirland steht in s. bekanntesten Stück ›Translations‹ die tiefe, aber unglückl., von sprachl. und kulturellen Verständigungsproblemen gekennzeichnete Liebe zwischen e. Irin und e. engl. Leutnant, der 1833 an dem brit. Projekt beteiligt ist, County Donegal zu kartographieren und gäl. Ortsnamen durch engl. zu ersetzen. Übs. von Čechov und Turgenev.

W: The Saucer of Larks, Kgn. 1962; Philadelphia, Here I Come!, Dr. 1965 (d. 1981); The Gold in the Sea, Kgn. 1966; The Loves of Cass McGuire, Dr. 1967 (d. 1979); Lovers, Drn. 1968 (d. 1981); Crystal and Fox, Dr. 1970; The Mundy Scheme, Dr. 1970; The Gentle Island, Dr. 1973; The Freedom of the City, Dr. 1974; Living Quarters, Dr. 1978; The Enemy Within, Dr. 1979; Aristocrats, Dr. 1979 (d. 1990); Volunteers, Dr. 1979; The Faith Healer, Dr. 1980 (d. 1992); Translations, Dr. 1981 (Sprachstörungen, d. 1982); The Communication Cord, Dr. 1983 (Die Notbremse, d. 1983); Making History, Dr. 1989; Dancing at Lughnasa, Dr. 1990 (Leben ein Tanz, d. 1991); Wonderful Tennessee, Dr. 1993; Molly Sweeney, Dr. 1993 (d. 1999); Give Me Your Answer, Do!, Dr. 1997 (d. [2001]). – Selected Stories, 1979; Selected Plays, 1984; Plays Two, 1999. – *Übs.:* Das Strohwitwensystem, Kgn. 1970.

L: U. Dantanus, 1988; G. O'Brien, 1989; A. J. Peacock, hg. 1993; E. Andrews, 1995; A. Emmert, 1996; W. Kerwin, hg. 1997; F. C. MacGrath, 1999; R. Pine, 1999; N. Jones, 2000; T. Corbett, 2002; R. Harp, R.C. Evans, hg. 2002; T. Coult, 2003.

Frik, armen. Dichter, ca. 1230 – ca. 1310. Lange Zeit in mongol. Gefangenschaft, weitere Lebensumstände unbekannt. – Jugenddichtung scherzhafte und Liebeslyrik sowie verlorengegangene Gleichnisse und Fabeln. F.s vier Werke ›(Bank‹) Enddem falakin ew vasn baxti‹, ›Vasn arġown ġanin ew bowġayin‹, ›Ban i Frik grkôyn‹ (Gangat-Klagen) und ›Vasn dalehi ew brji‹ spiegeln die Mongolenherrschaft über Armenien wider, beklagen Willkür und Ungerechtigkeit des Schicksals u. machen F. zu einem der größten armen. Dichter des Mittelalters. In späteren Werken überwiegen relig.-moral. Themen und die Klage über die Nichtigkeit der Welt. F.s Dichtung zeichnet sich durch ihre Fülle an Ausdrucksformen und Vergleichen aus und macht Gebrauch von Sprichwörtern, Redensarten sowie Volkserzählungen. Selbst bei relig. Dichtung verwendet er die von den weltlichen Rhapsoden Armeniens benutzten Versmaße.

A: Banasteġcowt'iwnner, 1941; Divan, N. Y. 1952; Taġer, 1982. – *Übs.:* franz. 1973.
L: M. Abeġean, Werke, Bd. 4, 1970; A. Hovhannisyan, 1955; H. Žamkoč'ean, 1958.

Frischmann, Dawid, hebr. Erzähler, Kritiker, Übersetzer, 5. 1. 1865 Zgierz, Polen – 4. 8. 1922 Berlin. Redakteur bedeutender jidd. und hebr. Tageszeitungen und lit. Zss. in Breslau, Warschau, Odessa, Moskau, Berlin. – Mit 14 Jahren hebr. Übs. e. Dumasschen Novelle; veröffentlichte seit 1878 Erzählungen, Gedichte und krit. Ess. die sich durch Feinheit der psycholog. Analyse und Eleganz der Form auszeichnen und den Einfluß Heines verraten. Vertrat in der hebr. Lit.kritik e. kosmopolit. Europäertum und betonte den Vorrang der ästhet. Tendenz vor der ethischen. Bekannteste Balladen ›Hamašiach‹ u. ›Agaddōth‹; hebr. Übs. Byrons, Shakespeares, Ibsens, H. Andersens, Puškins, Tagores und Nietzsches.

W: Bejom hakippurim, En. 1880; Othiot porchot, Ess. 1903; Bamidbar, En. 1923. – Kol Kitwey D. F. (SW), 1899–1905, 1939, 1968.

Fröding, Gustaf, schwed. Dichter, 22. 8. 1860 Alster/Värmland – 8. 2. 1911 Stockholm. Sohn e. Leutnants u. Bergwerkbesitzers, Abitur in Karlstad 1880, 1880–83 u. 1885 Stud. Uppsala ohne Plan u. Abschluß. 1885–87 u. 1891–94 Mitarbeiter an der radikalen Zeitung ›Karlstads-Tidningen‹. 1889/90 in der Nervenheilanstalt Görlitz, hier Lektüre dt. u. engl. Klassiker, seither zielbewußte Dichtung, zunächst stark beeindruckt von H. Heine. 1894 erster Ausbruch der Geisteskrankheit, die sich verschlimmerte, als er wegen Verletzung der Sitten in ›Stänk och flikar‹ angeklagt, allerdings freigesprochen wurde. Lebte in versch. Pflegeanstalten, zuletzt 1898–1905 in Uppsala, die als relativ geheilt entlassen. E. Sammlung der schwed. Studenten (F.-Stipendium) ermöglichte ihm e. sorgenfreies Leben in Stockholm. Starb in geist. Umnachtung. – E. der größten schwed. Lyriker. S. eigentl. lyr. Begabung u. Phantasie wurden freigelegt durch Studien der älteren romant. Dichtung unter Anleitung von Brandes' ›Hovedstrømninger‹. Knapp 10 Jahre Schaffenszeit. Schon im 1. Gedichtband sind alle Motive u. Stimmungen s. Dichtung vorhanden: Schwermut, Ironie u. Humor, Stoizismus u. Menschenliebe. Värmländ. Bilder herrschen vor. Im nächsten Band nahm er Geschichte u. Mythos als Einkleidung für moral. Grübelei, die er hinter mächtiger Phantasie, gepaart mit souveräner Verskunst, verbarg. Die besten Gedichte finden sich in ›Stänk och flikar‹, große Visionen u. Träume, in denen sich schon die beginnende Krankheit zeigt. Die ihn bedrängenden moral. Probleme suchte er in e. Ganzheitsphilos. zu lösen, die Gut u. Böse im selben Kern vereinigt. Wendung zu Nietzsche, Tolstoj u. Swedenborg. Mit einfachem, natürl. Tonfall erreicht er e. ungezwungene Vollendung u. ist in Rhythmus u. Reim e. unnachahml. Zauberer. Auch hervorragender Dialektdichter. Übs. Burns, Byron, Shelley.

W: Guitarr och dragharmonika, G. 1891; Nya dikter, G. 1894; Stänk och flikar, G. 1896; Räggler å paschaser, G. 1895–97; Nytt och gammalt, G. 1897; Gralstänk, G. 1898; Grillfängerier, Ess. 1898; Efterskörd, N. 1910; Reconvalescentia, G. 1913. – Samlade skrifter, hg. R. G. Berg XVI 1917–22; Skrifter, VI 1954–56; Samlade dikter, G. 1985; Brev, hg. G. Michanek, I. Rosenblad I 1981, II 1982. – *Übs.:* Gedichte, O. Badke 1914; H. Nüchtern 1936; Värmländ. Lieder, E. Nörrenberg 1923; T. v. Throta 1936.
L: F. Svensson, 1916; R. G. Berg, [2]1918 u. 1920; O. Holmberg, F.s mystik, 1921; N. v. Hofsten, 1921; A. Munthe, 1929; G. Brandell, 1933; G. Krumm, 1934; M. Hellberg, [7]1935; S. Sjöholm, 1940; I. Bäckmann, 1940; H. Olsson, 1950, 1971; E. Lindbäck, 1957; G. Michanek, 1962, 1973; J. Landquist, [2]1964; H. Åkerberg, 1986. – *Bibl.:* M. Olson, 1910.

Froissart, Jean, franz. Chronist und Dichter, 1337 Valenciennes/Hennegau – um 1410 Chimay. Aus Kaufmannsfamilie; verbrachte s. ganzes Leben damit, zu reisen, um sich über Geschehenes zu informieren und es dann zu bezeugen. Ab 1361 am engl. Hof, Sekretär von Königin Philippa, Gemahlin Edwards III. Unterbrach s. Englandaufenthalt durch Reisen nach Schottland, Aquitanien und Italien. Nach Tod der Königin und vorübergehender Tätigkeit als Händler 1370 neue Gönner in Robert von Namur, Wenzel von Luxemburg. Erhielt e. Ortspfarre in Estinnes-au-Mont in Belgien, 1383 Kaplan von Guy de Blois, 1388/89 Aufenthalt am Hof von Gaston III. von Foix. Letzte Lebensjahre in s. Heimat. – Dichter in der Tradition von Guillaume de Machaut mit zahlr. lyr. Gedichten, Balladen, Rondeaux und e. Artusroman ›Méliador‹. S. bedeutendste Leistung die umfangreichen ›Chroniques de France, d'Angleterre, d'Ecosse, d'Espagne, de Bretagne‹, über die Geschehnisse in Westeuropa von 1325 bis 1400, e. zwar parteiisches und nicht tiefdringendes hist. Werk, das die wechselnden polit. Anschauungen und Befangenheiten des Autors spiegelt, aber in glänzendem Erzählstil geschrieben ist. F. folgt bis 1356 zieml. genau den Chroniken von Jean le Bel. Ab 1356 ist das Werk original, beruht auf F.s eigenen Informationen. Bis 1356 anglophil, ab 1376, beeinflußt von Guy von Blois, frankophil, später vom burgund. Standpunkt aus geschrieben. Durch Vorliebe für das Höfische, Raffinierte und Heroische geblendet, gab F. in s. Zeit des dekadenten Rittertums und des aufsteigenden Bürgertums der Beschreibung des Feudaladels großen Raum. Beschreibt lebendig, in farbiger und bilderreicher Sprache Feste und Schlachten, Gesten, Sitten und Waffen. Versteht es, Personen mit wenigen Strichen eindrucksvoll zu zeichnen.

A: Méliador, hg. A. Longnon III 1895–99; Poésies, hg. A. Scheler III 1870–72; L'espinette amoureuse, hg. A. Fourier 1963; Chroniques, hg. S. Luce, G. Raynaud u. A. Mirot XIII 1869–1957. – Œuvres, hg. J. M. B. C. Kervyn de Lettenhove XXV 1867–77 (n. 1967).
L: M. Darmesteter, 1894; C. Shears, Lond. 1930; M. Wilmotte, 1942; J. Bastin, ²1948; J. Picoche, Le vocabulaire de F., I 1976; P. F. Dembowski, 1983; G. T. Diller, 1984; J. Picoche, 1984; P. Ainsworth, J. F. and the fabric of history, 1990; N. Chareyon, 1996.

Fromentin, Eugène-Samuel-Auguste, franz. Maler und Schriftsteller, 24. 10. 1820 La Rochelle – 27. 8. 1876 Saint-Maurice b. La Rochelle. Arztsohn aus wohlhabender Familie; verträumte Kindheit und Jugend: unglückl. Liebe zu e. verheirateten Frau, die 1844 starb. 22jährig Orientreise, 1839–43 Schüler des Malers Cabat in Paris. 1846–53 drei Reisen nach Algerien. – Reiseschriftsteller, Romancier und Kunstkritiker. Großer Erfolg s. Bücher über Algerien mit frischen, genauen und subtilen Beschreibungen von Landschaft und Sitten. S. halbautobiograph. Roman ›Dominique‹ über die Liebe s. Jugend verbindet genaue Beobachtungen mit durchdringender psycholog. Einsicht, gestaltet e. suggestive Stimmung. Die Landschaft wird in den seel. Rhythmus der Personen einbezogen. Der Roman blieb im Schatten des Realismus, gilt als Vorläufer Prousts. ›Les maîtres d'autrefois‹, kunsthist. Untersuchungen zur holländ. und fläm. Malerei, ist ein bedeutendes und einflußreiches Meisterwerk der Kunstkritik im 19. Jh.

W: Visites artistiques, Ess. 1852; Simples pélerinages, Ess. 1856; Un été dans le Sahara, Reiseber. 1857 (n. 1963); Une année dans le Sahel, Reiseber. 1858 (n. 1963); Dominique, R. 1863 (n. 1960; d. 1949); Les maîtres d'autrefois, St. 1876 (d. 1914); Voyage en Egypte, hg. J. M. Carré 1935. – Œuvres complètes, II 1938

(n. 1984); Lettres de jeunesse, 1909; Correspondance et fragments inédits, 1912; Correspondance, hg. B. Wright 1995.
L: L. Gonse, 1881; A. Thibaudet, Intérieurs, 1924; C. Pellegrini, Ferrara 1921; P. Dorbec, 1926; E. Champion, 1926; C. Reynaud, La genèse de Dominique, 1937 (m. Bibl.); V. Giraud, 1945 (m. Bibl.); A. Lagrange, 1952; J. Vier, 1959; A. R. Evans, Baltimore 1964; M. A. Eckstein, 1970; F. Marcos, 1973; C. Herzfeld, 1977; B. Wright, 1987. – *Bibl.:* P. Martino, Algier 1914; B. Wright, hg. 1973.

Fronto, Marcus Cornelius, um 90/95 Cirta (Algerien) – um 167. Bedeutender röm. Redner u. Anwalt; 143 Konsul; Lehrer (für lat. Rhetorik) der Thronfolger Marc Aurel u. Lucius Verus. – F.s berühmte Reden sind verloren. Erhalten sind lat. u. griech. Briefe an (u. von) Marc Aurel, Lucius Verus, Antoninus Pius u. Freunde. Viele Briefe führen den Unterricht in Redekunst u. Stilistik fort, z. T. in Traktatform; manche sind offiziellen (z. B. Empfehlungen), manche privaten Charakters (z. B. über Krankheiten). Sie zeigen die große Bedeutung von Sprachkultur u. Bildung für die Aristokratie.

A: M. P. J. van den Hout, 1988; m. engl. Übs. C. R. Haines, 2 Bde., Lond. 1919f.; m. ital. Übs. F. Portalupi, Turin n. 1979; Komm.: M. P. J. van den Hout, Leiden 1999.
L: E. Champlin, F. and Antonine Rome, Cambr., Mass. 1980; M. A. Levi, Ricerche su F., Rom 1994.

Frost, Robert (eig. R. Lee), amerik. Lyriker, 26. 3. 1874 San Francisco – 29. 1. 1963 Boston. Sohn e. Lehrers aus Neuengland; sporad. Stud. klass. Philol. in Dartmouth und Harvard; Leben in Neuengland als Laufjunge, Schuhmacher, Bauer, Lehrer; ⚭ 1895 Eleanor M. White; 1912–15 Aufenthalt in England als Freund der Dichter um H. Munro; Rückkehr nach New Hampshire und Vermont; Landwirt, 1916–38 Prof. für Engl. Amherst College; seit 1924 viermal Pulitzerpreis. Populärster amerik. Dichter s. Zeit; ausgedehnte Vortragsreisen; Freundschaft mit Präsident J. F. Kennedy, für den er als Sonderbotschafter 1962 e. Rußland-Reise unternahm. – An der röm. pastoralen Dichtung geschulter Lyriker von klass. Strenge und Verhaltenheit, fußend auf Kultur und Landschaft s. Heimat. Realist. Beschreibung genrehafter Szenen aus der ländl.-dörfl. Arbeitswelt; in dramat. Monologen und Idyllen, die an Browning erinnern, entsteht e. Folge von psycholog. scharfsinnigen Porträts, meist als Selbstdarstellung der Charaktere gehalten, über die Probleme von Arbeit, Ehe, Einsamkeit, Altern, Tod, persönl. Würde; Naturlyrik in liedhaften Formen; v. a. im Spätwerk moralisierende Tendenz. Dem Gesprächston nahe, bildarme Sprache, meist freie Blankverse von großer rhythm. Vielfalt. Die realist. Oberfläche der Gedichte verweist auf tiefere, spezif. amerik. Problematik: Die symbol. Leitmotive des Waldes und der Welt der Farm dramatisieren den Konflikt zwischen Natur und menschl. Gemeinschaft, zwischen Ungebundenheit und Freiheit, sein Schwanken zwischen romant.-relig. Unendlichkeitssehnsucht und Bindung an e. soz. Ethos. Ironie und Humor erweisen sich als Grundstimmung des rationalen Ichs.

W: A Boy's Will, G. 1913; North of Boston, G. 1914; Mountain Interval, G. 1916; New Hampshire, G. 1923; West-Running Brook, G. 1928; A Way Out, Dr. 1929; The Cow's in the Corn, Dr. 1929; A Further Range, G. 1936; A Witness Tree, G. 1942; A Masque of Reason, Dr. 1945; Steeple Bush, G. 1947; A Masque of Mercy, Dr. 1947; Complete Poems, 1949 (Ausw. d. 1952 u. 1963); In the Clearing, G. 1962. – The Poetry, hg. E. C. Lathem 1969; Selected Prose, hg. H. Cox, E. C. Lathem 1966; Poetry and Prose, hg. E. C. Lathem, L. Thompson 1972; R. F. on Writing, hg. E. Barry 1973; Prose Jottings, hg. E. C. Lathem, H. Cox 1982; Letters to L. Untermeyer, 1963; Selected Letters, hg. L. Thompson 1964; Interviews, hg. E. C. Lathem 1966; Family Letters, hg. A. Grade 1972; R. F. and S. Cox Letters, hg. J. M. Cox 1981; Collected Poems, Prose and Plays, 1995.

L: G. Munson, 1927; L. Thompson, Fire and Ice, 1942; S. Cox, A Swinger of Birches, 1957; R. L. Cook, 1958; G. W. Nitchie, 1960; E. S. Sergeant, 1960; J. F. Lynen, 1960; R. A. Greenberg, J. G. Hepburn, hg. 1961; J. M. Cox, hg. 1962; R. Squires, 1963; R. A. Brower, 1963; F. D. Reeve, R. F. in Russia, 1964; Ph. L. Gerber, 1966, ²1982; L. Thompson, III 1966–76; E. C. Lathem, Concordance, 1971; R. Cook, 1974; D. J. Greiner, 1974; Frost Centennial Essays, hg. J. Tharpe III 1974–78; F. Lentricchia, 1975; R. Poirier, 1977; J. C. Kemp, 1979; K. G. Harris, hg. 1979; J. L. Potter, R. F. Handbook, 1980; E. J. Wilcox, hg. 1981; Critical Essays on R. F., hg. Ph. L. Gerber 1982; D. J. Hall, 1984; W. H. Pritchard, 1984; R. Hadas, Form, Cycle, Infinity, 1985; S. Burnshaw, 1986; J. Kjørven, 1987; G. Monteiro, 1988; J. E. Walsh, 1988; N. N. Holland, 1988; B. S. Brar, 1991; M. Marcus, 1991; M. L. D'Avanzo, 1991; J. Oster, 1991; E. J. Wilcox, 1994; J. Meyers, 1996; J. S. Cramer, 1996; R. Fraggen, 1997; M. Richardson, 1997; H. A. Maxon, 1997; H. Bloom, 1999; J. Parini, 1999; K. L. Kilcup, 1998; R. B. Hass, 2001; N. L. Tuten, 2001; R. Fraggen, hg. 2002. – *Bibl.:* J. S. C. Crane, 1974; P. van Egmond, 1974; F. u. M. Lentricchia, 1976.

Frostenson, Katarina, schwed. Dichterin, * 5. 3. 1953 Stockholm. Stud. Lit.- u. Theaterwiss., 5 Jahre in Paris. ∞ Jean-Claude Arnault. – Inspiriert von der Stadt ebenso wie von Natur u. Landschaft, sucht F. nach Hintergründen u. Geschichte ihrer Gegenstände; urspr. bes. klangbewußte Lyrikerin, später auch Prosa u. Dramen. Übs. a. d. Franz.

W: I det gula: tavlor, resor, ras, G. 1985; Samtalet, G. 1987; Överblivet, G. 1989; Fyra monodramer, Drn. 1990; Joner – tre sviter, G. 1991; Traum, Sch. 1993; Tankarna, G. 1994; Vägen till öarna, G. 1996; Kristallvägen. Safirgränd, Drn. 2000; Endura, G. 2002.

Frug, Simon Samuel (Semën Grigor'evič), jidd.-hebr. u. russ. Dichter, 15. 11. 1859 Bobrowyj Kut/Gouv. Cherson – 22. 9. 1916 Petersburg. Mit 20 Jahren Gedichte in russ. Sprache, die viel Anerkennung fanden. Seither ständiger Mitarbeiter russ. Lit.-Zsn. Ab 1888 schrieb er vorwiegend in Jidd., gegen Ende s. Lebens auch in Hebr. – Hauptsächl. Vf. von Balladen, in denen er das Leid der jüd. Verfolgungen u. die Sehnsucht nach Zion besingt. Gute Naturschilderungen. Einige s. Gedichte sind jüd. Volkslieder geworden. Indem F. die unmittelbare Gefühlsaussprache mit gedanklich-weltanschaulichen Gehalten verschmolz, schuf er e. neue Kunstform der jidd. Volksdichtung.

W: Lider un gedankn (ges. G.) 1896. – Ale Werk (GW), II 1904, III 1910; russ. VI 1912.

L: N. Meisel, 1908; S. Dubnow, 1916.

Frugoni, Carlo Innocenzo (Ps. Cornante Eginetico), ital. Dichter, 21. 11. 1692 Genua – 20. 12. 1768 Parma. Von s. Familie gezwungen, Mönch zu werden; verließ 1731 das Kloster u. blieb einfacher Weltgeistlicher. Seit 1749 am Hof der Farnese, Antonio u. der beiden ersten Bourbonen Don Carlo u. Don Filippo, der Herzöge von Parma; 1755 Hofdichter u. Theaterintendant, später Sekretär der Akad. der schönen Künste. – Typ. Vertreter der Arcadia u. Nachfolger des Metastasio u. Rolli. Auch Filicaia u. Marino sind s. Vorbilder. Schrieb mit Vorliebe Sonette, Oden, Achtsilber u. musikal. Kanzonetten in versi sciolti sowie Opernlibretti. Prangert den närr. Sensualismus s. Zeit an. Gewandter Stegreifdichter mit lebhafter Phantasie.

W: Rime, 1734; Opere, X 1779, XV 1779f.

L: C. Calcaterra, Il F. prosatore, 1910; ders, Storia della poesia frugoniana, 1920; A. Equini, 1921.

Fruttero & Lucentini (eig. Carlo F. und Franco L.), ital. Autorenduo, F. * 1926 Turin, L. 1920 Rom – 2002 Turin. F. Stud. Gesch., L. Sprachwiss. und Epigraphik. Erfolgr. Autoren von ›vierhändig‹ verfaßten Romanen. L. publizierte einige Erzählungen ›Compagni sconosciuti‹ (1951) u. ›Notizie dagli scavi‹ (1964). – Ihre Zusammenarbeit erlangte Beachtung und positive Kritik mit dem Kriminalroman ›La donna della domenica‹. In ihren Romanen treten scharfe psycholog. Porträts der Figuren aus dem bürgerl. Milieu zu e. brillanten Reflexion der Erzählstrukturen des Kriminalromans. Ironie und genaue Beobachtungen charakterisieren ihre satir. Sammlung von Essays ›La prevalenza del cretino‹ und deren Fortsetzungen.

W: La donna della domenica, R. 1972 (d. 1976); Il significato dell'esistenza, R. 1975 (d. 1995); A che punto è la notte, R. 1979 (d. 1981); Il palio delle contrade morte, R. 1983 (d. 1983); La prevalenza del cretino, Ess. 1985 (d. 1992); Viaggio di nozze al Louvre, Ess. über Kunst 1986; L'amante senza fissa dimora, R. 1986 (d. 1988); Il colore del destino, E. 1987 (d. 1991); La manutenzione del sorriso, Ess. 1988; La verità sul caso D., R. 1989 (d. 1991); Enigma in luogo di mare, R. 1991; Incipit, R. 1991; Il quarto libro della fantascienza, R. 1991; Il ritorno del cretino, Ess. 1992; L'idraulico non verrà, E. 1993; La morte di Cicerone, E. 1995; I nottambuli, R. 2002; La sintesi del cretino, Ess. 2002.

Fry, Christopher (eig. Christopher Hammond), engl. Dramatiker, * 18. 12. 1907 Bristol. Sohn e. Architekten und Quäkermissionspredigers; Schule in Bedford, 1926 Lehrer e. Vorbereitungsschule, 1927 Schauspieler und Regisseur e. Wandertruppe in Bath, abermals Lehrer, 1934–36 Spielleiter der ›Tunbridge Wells Repertory Players‹, Vf. von Revuestücken (Liedtexte und Musik zu ›She Shall Have Music‹, 1935), Sekretär, Hrsg., Funkautor, ∞ 1936 Phyllis Marjorie Hart; nach Theater-Erfolgen schließlich Regisseur in Oxford und Theaterleiter; im 2. Weltkrieg beim Pioneer Corps, dann zurückgezogenes Leben als Bauer in Shipton/Oxfordshire. – Erneuerer der romant. Verskomödie und des lyr. Versdramas mit flüssigen Versen, kühnen Bildern, tiefem Gehalt und geistreicher Ironie im Anschluß an T. S. Eliot und Anouilh als Reaktion gegen den krassen nordamerik. Naturalismus und illusionslosen Existentialismus, in glückl. Verbindung von ernster Reflexion und leichter Phantasie. F. bemüht sich in s. Dramen nicht um e. pseudonaturalist. Vordergrund, das Geschehen spielt sich in e. schwerelosen Zwischenreich von Märchen und Wirklichkeit, Wachen und Traum ab. Er kämpft gegen die Desillusionierung, s. Haltung ist durchaus lebensbejahend. S. Komik streift oft die Tragik, und man spürt, daß hinter dem Gesagten vielfach Ungesagtes hindurchklingt. F. bewirkt s. verzaubernde Verwandlung der Wirklichkeit ins Unwirkliche v. a. durch geniale vieldeutige Wortspiele und Metaphern. S. ersten großen Bühnenerfolg ›A Phoenix Too Frequent‹ liegt e. Umdichtung des alten Motivs der Matrone von Ephesus zugrunde. Zu F.s bedeutendsten Werken gehört das für das Festival of Britain verfaßte Traum- und Symbolspiel ›A Sleep of Prisoners‹, in dem endl. und unendl. Welt einander durchdringen. Übs. Anouilh, Ibsen und Giraudoux. Drehbücher.

W: The Boy with a Cart, Mirakelsp. 1939 (d. 1960); Thursday's Child, Fsp. 1939; The Tower, Fsp. 1939; The Firstborn, Tr. 1946 (d. 1952); A Phoenix Too Frequent, Dr. 1946 (d. 1954); Thor, with Angels, Fsp. 1948 (d. 1955); The Lady's Not for Burning, K. 1949 (d. 1950); Venus Observed, K. 1950 (Venus im Licht, d. 1950); Ring Round the Moon, K. 1950 (nach J. Anouilh ›L'invitation au château‹); A Sleep of Prisoners, Fsp. 1951 (d. 1952); An Experience of Critics, Ess. 1952; The Dark Is Light Enough, K. 1954 (d. 1955); Curtmantle, Dr. 1961 (König Kurzrock, d. 1961); A Yard of Sun, K. 1970 (d. 1971); Can You Find Me. A Family History, 1978; One Thing More, or Caedmon Construed, Dr. 1986; A Ringing of Bells, Dr. 2000. – Plays, 1969, 1970 u. 1971; Selected Plays, 1985.

L: D. Stanford, 1951, 1952 u. 1954; H. Itschert, Studie z. Dramaturgie d. ›relig. festival play‹ b. Ch. F., 1963; E. Roy, 1968; S. M. Wiersma, 1970; H. M. Schnelling, Ch. F.s ›Seasonal Comedies‹, 1981; S. M. Wiersma, More Than the Ear Discovers, 1983; G. Leeming, 1990.

Frýd, Norbert, tschech. Schrifsteller u. Publizist, 21. 4. 1913 České Budějovice – 18. 3. 1976 Prag. Stud. Jura u. moderne Lit. an der Karls-Univ. in Prag, während der NS-Okkupation wurde er deportiert in KZ; nach 1945 im diplomat. Dienst u. als Redakteur, nach 1953 als freier Schriftsteller tätig. Zahlr. psychol., gesellschaftskrit., hist. (auch z. Geschichte der böhm. Juden, teilw. m. autobiograph. Motiven, 3teil. Familienchronik ›Posledních sto let‹) u. Reise- bzw. Abenteuerromane, Erzählungen u. Reportagen, Gedichte, Dramen, Jugendlit., Lit.- u. Kulturessays.

W: Prag spricht dich an, G. 1933; Bratr Jan, G. 1945; Mexiko je v Americe, Reiseb. 1952; Studna supů, R. 1953; Meč archandělů, En. 1954; Krabice živých, R. 1956; S pimprlaty do Kalkaty, Reiseb. 1960; Noc kotrmelců, Dr. 1962; Tři malé ženy, En. 1963; Vzorek bez ceny a pan biskup, R. (1. Teil der Fam.-Chronik) 1967; Hedvábné starosti, R (2. Teil der Fam.-Chronik) 1968; Lahvová pošta, R. (3. Teil der Fam.-Chronik) 1971; Císařovna, R. 1972; Tři nepatrní muži, En. 1978.

L: V. Menclová, 1981 (m. Bibl.).

Fučík, Julius, tschech. Schriftsteller u. Lit.kritiker, 23. 2. 1903 Prag – 8. 9. 1943 Berlin-Plötzensee (hingerichtet). Mitglied von ›Proletkult‹ u. ›Avantgarde‹, 1929 Redakteur der ›Rudé Právo‹, 1939 im Untergrund, 1942 verhaftet. – F. beschreibt die Aufbauarbeit in der UdSSR u. setzt sich mit Gesellschaftsproblemen auseinander. Das nach s. Verurteilung geschriebene Tagebuch ›Reportáž psaná na oprátce‹ wurde in viele Sprachen übersetzt. F.s Studien interpretieren die tschech. Lit. aus marxist. Perspektive.

W: V zemi, kde zítra již znamená včera, Rep. 1932 (Eine Welt, in der das Morgen schon Geschichte ist, d. 1950); Božena Němcová bojující, St. 1940; Reportáž psaná na oprátce, Tg. 1945 (Reportage unter dem Strang geschrieben, d. 1946); Tři studie, St. 1947; Milujeme svůj národ, Ess. 1948 (Wir lieben unser Volk, d. 1956); V zemi milované, Rep. 1949 (Im geliebten Land, d. 1957); Stati o literatuře, St. 1951; Reportáže z buržoazní republiky z let 1929 až 1934, Rep. 1953; Politické články a polemiky, Schr. II 1953 f.; Divadelní kritiky, St. 1956; Dílo (W), XII 1947–63.

L: J. Weil, Vzpomínky na J. F., 1947; G. Bareš, 1950; M. Grygar, 1953; ders., 1958; J. Mukařovský, L. Štoll, 1953; G. Fučíková, 1961; B. Václavek, Tvorba a společnost, 1961; V. Dostál, 1974; Š. Vlašín u. a., Živý odkaz J. F., 1983.

Fucini, Renato (Ps. Neri Tanfucio), ital. Dichter, 8. 4. 1843 Monterotondo b. Pisa – 21. 2. 1921 Empoli b. Florenz. Vater Arzt; einige Jahre in der Landwirtschaft, dann Stud. in Pisa u. Schuldienst. Mittelschullehrer u. Schulinspektor. Zeitweilig Bibliothekar an der Ricciardiana in Florenz. Zog sich dann auf s. Landgut zurück. – Regionaldichter aus der Schule der realist. u. verist. Kunst. In s. objektiven Darstellung erinnert er an F. Sacchetti. Das Hauptwerk s. toskan. Dialektdichtung sind die ›Sonetti‹, in denen er das Leben des pisan. Volkes schildert u. s. Betrügereien, Laster u. schlechten Angewohnheiten belächelt. In der Art von De Amicis beschreibt er die Schönheiten Neapels u. das Elend des neapolitan. Volkes, ebenso Landschaften u. Typen aus der Toskana in humorist. Skizzen. Die pädagog. Schriften ›Mondo nuovo‹ u. ›Mondo vecchio‹ zeigen den erfahrenen Schulmann.

W: Cento sonetti in vernacolo pisano, G. 1872; Poesie, 1872; Napoli ad occhio nudo, Reiseb. 1877; Le vegli di Neri, Nn. 1884; All'aria aperta, Nn. 1887; Mondo nuovo, Schr. 1901; Mondo vecchio, Schr. 1902; Nella campagna toscana, 1908; Acqua passata, Aut. 1921; Foglie al vento, Aut. II 1922. – Tutti gli scritti, 1945.

L: P. Bargellini 1943; C. Sgroi, 1943; E. Lama, 1954; G. Varanini, 1955; L. Sbrocchi u. a., 1977; G. Adami, Omaggio a R. F., hg. 1995.

Fünfzehn Freuden der Ehe → Quinze joyes de mariage

Fuentes, Carlos, mexikan. Schriftsteller, * 11. 11. 1928 Mexiko Stadt. Stud. Rechte, Hrsg. versch. Zsn., gefragter Journalist, Lit.-Prof., Kinoerfahrung. Geschätzter Vermittler zwischen Lateinamerika u. den USA, repräsentiert das kulturelle Bewußtsein e. Kontinents. – S. beträchtl. Werk umfaßt die geschichtl. u. gesellschaftl. Entwicklung Mexikos von der aztek. Vergangenheit bis zur Gegenwart. Das Mexikanische ist e. strukturierende Kategorie s. Schaffens. S. Themen sind die Zeit, die Macht, das Quälende in den zwischenmenschl. Beziehungen sowie die Farce der Identität. Verbindet Lyrismus mit erzähltechn. Meisterschaft; e. der originellsten u. stilist. interessantesten mexikan. Romanciers der Gegenwart.

W: Los días enmascarados, En. 1954; La región más transparente, R. 1958 (d. 1974); Las buenas conciencias, R. 1959; La muerte de Artemio Cruz, R. 1962 (d. 1964, 1966); Aura, N. 1962 (d. 1966); Cantar de ciegos, En. 1964 (Chac Mool, d. 1976); Zona sagrada, R. 1967; Cambio de piel, R. 1967 (d. 1969); La nueva novela hispanoamericana, Ess. 1969; El tuerto es rey, Dr. 1970; Todos los gatos son pardos, Dr. 1970 (d. 1976); Cumpleaños, N. 1970 (d. 1976); Casa con dos puertas, Ess. 1970; Tiempo mexicano, Ess. 1971; Cuerpos y ofrendas, Anth. 1972 (d. 1976); Terra nostra, R. 1975 (d. 1979); La cabeza de la hidra, R. 1978 (d. 1983); Una familia lejana, R. 1980 (d. 1981); Agua quemada, En. 1981 (d. 1987); Orquídeas a la luz de la luna, Dr. 1982 (d. 1989); Gringo viejo, R. 1985 (verfilmt; d. 1986); Cristóbal Nonato, R. 1987 (d. 1991); Constancia y otras novelas para vírgenes, Nn. 1989 (d. 1993); La campaña, R. 1990 (d. 1990); El espejo enterrado, Ess. 1992 (d. 1992); El naranjo, Nn. 1993; Geografía de la novela, St. 1993; Diana o la cazadora solitaria, autobiograph. R. 1994 (d. 1996); Nuevo tiempo mexicano, Ess. 1995; La frontera de cristal, R. 1996 (d. 1998); Los años con Laura Díaz, R. 1999 (d. 2000); Los cinco soles de México, Ess. u. Anth. 2000; Instinto de Inez, R. 2001; En esto creo, Ess. 2002; La silla del águila, R. 2003. – Obras completas, 1995 f.

L: R. Brody, C. Rossman, 1982; M. Stoopen, 1982; I. J. Levy, J. Loveluck, hg. 1982; W. B. Faris, 1983; A. E. Ramírez Mattei, 1983; G. Feijóo, 1985; F. J. Ordiz, 1987; S. Tejerina Canal, 1987; Á. M. Hernández de López, hg. 1988; I. Simson, 1989; F. Moreno, 1989; F. García Núñez, 1989; L. Rodríguez Carranza, 1990; K. Ibsen, 1993; R. M. Sauter de Maihold, 1995; R. L. Williams, 1996; B. Droescher, C. Rincón, hg. 2003.

Füruzan (Selçuk), türk. Schriftstellerin, * 29. 10. 1935 Istanbul. Schulabgang nach mittlerer Reife, kurze Zeit Schauspielerin; lebte eine Zeitlang in Berlin (DAAD-Stipendium 1977). – Ruhig-gediegene Erzählweise, beleuchtet insbes. die Lage der Frau in Umbruchzeiten.

W: Parasız Yatılı, En. 1971; Kuşatma, En. 1972; Benim Sinemalarım, En. 1973; 47'liler, R. 1974; Yeni Konuklar, Rep. 1977, 1989 (Logis im Land der Reichen, d. 1985); Redifeye Güzelleme, Sch. 1981; Ev Sahipleri, Rep. 1981; Gecenin Öteki Yüzü, En. 1982; Gül Mevsimidir, En. 1985; Berlin'in Nar Çiçeği, E. 1988; Lodoslar Kenti Füruzan, G. 1991. – *Übs.:* Frau ohne Schleier, En. 1976; Vom rotgesprenkelten Spatzen, hg. 1980.

L: F. Akatlı, Bir Pencereden, 1982.

Füst, Milán, ungar. Dichter und Schriftsteller, 17. 7. 1888 Budapest – 26. 7. 1967 ebda. Stud. Jura; Lehrer, Syndikus, freier Schriftsteller; 1947 Prof. der Ästhetik Univ. Budapest. – S. Gedichte, als ›freie Rhythmen‹ bezeichnet, sind eigentl. liturg. Texte über Einsamkeit, Ängste und Chimären. ›A feleségem története‹ analysiert die Psychose der Eifersucht; die Fragmente der Tagebücher stellen ein seltsames Gemisch von ästhet. Erörterungen und kontemplativer Philos. dar. S. Einfluß auf die ungar. Dichtung der 1930er und 40er Jahre ist unverkennbar.

W: Változtatnod nem lehet, G. 1913; Nevetők, E. 1918 (Lachende Gesichter, d. 1923); Advent, R. 1922; Válogatott versek, G. 1935; IV. Henrik király, Dr. 1940; A feleségem története, R. 1942 (Die Geschichte meiner Frau, d. 1973); Látomás és indulat a művészetben, St. 1948; Őszi vadászat, Nn. 1955; Emlékezések és tanulmányok, St. 1956; A Parnasszus felé, R. 1961. – *Übs.:* Herbstdüsternisse, G. 1974.

L: Gy. Somlyó, 1969.

Fugard, Athol (Halligan), südafrikan. Dramatiker, * 11. 6. 1932 Middelburg/Eastern Cape.

Ärml. Kindheit in Port Elizabeth, Kfz-Mechaniker, Stud. Cape Town, Matrose, Reporter, Angestellter am Johannesburger Gericht für Eingeborene, das die Anwendung der berüchtigten Passgesetze kontrollierte. ∞ Schauspielerin u. Schriftstellerin Sheila Mering. Mitbegr. des engagierten schwarzen Theaters, seit 1976 Darsteller in versch. Spielfilmen. – Gegner der Rassentrennung mit liberaler, humanist. Grundhaltung. Vf. von Dramen mit subtiler Metaphorik, ausdrucksgewaltiger Sprache u. psycholog. Tiefe über das Los der Schwarzen wie auch der ›armen Weißen‹; in späteren Werken resignierter Rückzug vom Politischen auf Autobiographisches u. Philosophisches.

W: The Bloodknot, Dr. 1963 (d. 1976); Hello and Goodbye, Dr. 1966 (d. 1975); The Occupation, Dr. 1968; Boesman and Lena, Dr. 1969 (d. 1975); People are Living There, Dr. 1969 (d. 1975); The Coat, Dr. 1971; Sizwe Bansi Is Dead, Dr. 1973 (d. 1979); The Island, Dr. 1974; Dimetos and Two Early Plays, Drn. 1977; The Guest, Dr. 1977; Orestes, Dr. 1978; Tsotsi, R. 1980 (d. 1982); A Lesson from Aloes, Dr. 1981 (d. 1984); Master Harold... and the Boys, Dr. 1982 (d. 1984); Marigolds in August, Drb. 1982; Notebooks, 1960–1977, Tg. 1983; The Road to Mecca, Dr. 1985 (d. 1985); Selected Plays, 1987; My Children! My Africa!, Dr. 1990; Playland: and, A Place with the Pigs, Drn. 1994; Cousins: A Memoir, Aut. 1996; Valley Song, Dr. 1996; Athol Fugard Plays, 1998; Captain's Tiger, Dr. 1999; Port Elizabeth Plays, 2000; Interior Plays, 2000; Sorrows and Rejoicings, Dr. 2002.

L: S. Gray, hg. 1982; D. Walder, 1984; R. Vandenbroucke, 1985; M. Seidenspinner, 1986; T. Hodgson, Modern Drama from Ibsen to Fugard, 1992; A. Wertheim, 1997; M. Benson, 1998. – *Bibl.:* T. Hauptfleisch, W. Viljoen, C. van Greunen, 1982; J. Read, 1991.

Fugard, Sheila Mary, südafrikan. Schriftstellerin, * 25. 2. 1932 Birmingham. Seit 1937 in Südafrika. Schauspielausbildung University of Cape Town Drama School. ∞ 1956 Athol F. – Behandelt soz. Probleme Südafrikas. ›The Castaways‹ ist e. surrealist. Darstellung südafrikan. Vergangenheit u. Zukunft. ›Rite of Passage‹ u. ihre Lyrik offenbaren zen-buddhist. Einflüsse. Wichtige Mitarbeit an den Theaterproduktionen Athol F.s.

W: The Castaways, R. 1972; Thresholds, G. 1975; Rite of Passage, R. 1976; Mythic Things, G. 1981; A Revolutionary Woman, R. 1983.

Fujiwara (no) Akihira, jap. Dichter u. Gelehrter, 989(?) – 1066. – Schrieb neben jap. vor allem chines. Gedichte; Kompilator des ›Honchômozui‹ (um 1037–45), der bedeutenden Sammlung chines. Lyrik und Prosaschriften jap. Verfasserschaft.

W: Meigô-ôrai (Unshû-shôsoku), Br. (d. 1917f.); Shinsarugakki, Es. um 1058 (d. 1966).

L: H. Blau, Sarugaku u. Shushi, 1966.

Fujiwara (no) Sadaie (auch Teika), jap. Dichter, 1162 – 20. 8. 1241. Sohn des Toshinari, 1202 Mitglied des Amtes für Dichtung, 1233 Mönchsstand; diente unter fünf Tennô, setzte die dichter. Tradition s. Vaters fort, ohne dessen Tiefe zu erreichen. Kompilator der Anthologien ›Shinkokinshu‹ (1205), ›Shinchokusenshû‹ (1234) und evtl. auch ›Hyakunin isshu‹ (Die 100 Gedichte, d. 1958). – Hrsg. u. Kommentator klass. Texte, Vf. bedeutender Poetikschriften. Fordert e. Stil tiefen Gefühls (ushintai) mit Klarheit der Empfindung durch strengste Konzentration (Zen); Ideale, die später von Shotetsu weitergeführt werden.

W: Kindai-shûka, Poetik 1209 (engl. 1967); Shuiguso, G. 1216; Maigetsushô, Poetik 1219; Eigataigei, Poetik 1233?; Meigetsuki, Tg. 1180–1235. – *Übs.:* R. H. Brower, F. T.'s Hundred-poem sequence of the Shôji era, 1976.

L: O. Benl, Die Entwicklung d. jap. Poetik bis zum 16. Jh., 1951.

Fujiwara Teika → Fujiwara

Fujiwara (no) Toshinari (auch Shunzei), jap. Dichter 1114 – 30. 11. 1204. Sohn des Staatsmannes Toshitada, Vater des F. Sadaie. 1138 Schüler des F. Mototoshi, 1176 Mönchsstand mit starker Anteilnahme am kulturellen Leben. – Setzte sich mit den konservativen u. neueren Strömungen auseinander, forderte freiere, harmonischere Wortwahl, verwarf intellektuelle Wortspielerei. Atmosphäre (keiki) muß vorhanden sein. S. waka spiegeln das yûgen-Ideal, das, verbunden mit dem Gefühl der Sehnsucht nach Vergangenem, eine still-einsamen Traurigkeit, e. Empfindung der Fülle u. Kraft nachklingen läßt; e. Ideal, das dem Zeitgeist echten Ausdruck gibt. Er gilt als Autorität s. Zeit für Dichtung und Kritik. Kompilator der Anthologie ›Senzaishu‹ (1183–88).

W: Chôshû-eisô, G. 1178; Korai-fûtaishô, Poetik 1201.

L: O. Benl, Die Entwicklung d. jap. Poetik bis zum 16. Jh., 1951; C. W. Royston, The Poetics and Poetry Criticism of F. T., 1974.

Fukazawa, Shichirô, jap. Schriftsteller, 29. 1. 1914 Isawa-machi/Yamanashi – 18. 8. 1987 Shobu-machi. Wuchs in armer Gebirgsgegend auf, verließ die höhere Schule vor Abschluß, durchzog bis zum 40. Lebensjahr als Gitarrist (Schüler von Ogura Shun) wie e. Vagabund das Land. Schon früh lit. Versuche, von Tanizaki Jun'ichirô beeinflußt. Auf s. späteres Werk ›Fûryû mutan‹ antworteten rechtsgerichtete Fanatiker mit Terroraktionen, worauf F. s. Wanderleben wieder aufnahm. – F.s Werk lieb von der jap. Tradition, ohne die Vergangenheit zu idealisieren. Er schildert das Leben aus der Sicht der Armen u. führt es auf s. elementaren Gesetze zurück, deren Härte und Grausamkeit den Humanismus fragwürdig erscheinen lassen.

W: Narayama-bushikô, E. 1957 (Schwierigkeiten beim Verständnis der Narayama-Lieder, d. 1964); Fuefuki-gawa, E. 1958 (Der Fluß Fuefukigawa, d. 1969); Fûryû mutan, E. 1960; Ryûchô noki, E. 1962; Kyôhakusha, E. 1963; Chiba-raku, Anth. 1965. – F. Sh. kessaku shôsetsu-shû (AW), 1970. – *Übs.:* F. Marrarao, Gli Appenini della luna, 1977.

Fuks, Ladislav, tschech. Erzähler, 24. 9. 1923 Prag – 19. 8. 1994 ebda. Stud. Philos. u. Psychol., 1949 Dr. phil., 1962 freier Schriftsteller. – Beschreibt in s. Erstling die dt. Okkupation aus der Perspektive e. alten, einsamen Juden, der die Schrecken des Faschismus mit Vernunftgründen zu bekämpfen sucht. Die oft grotesk-symbolisch präsentierten Schlüsselthemen seiner Prosawerke sind Angst und Isolierung eines Menschen.

W: Pan Theodor Mundstock, R. 1963 (d. 1963); Variace pro temnou strunu, R. 1966 (Variationen für eine dunkle Saite, d. 1967); Mí černovlasí bratři, En. 1964; Spalovač mrtvol, N. 1967 (Der Leichenverbrenner, d. 1986); Smrt morčete, En. 1969; Myši Natalie Mooshabrové, R. 1970 (Die Mäuse der Natalie Mooshaber, d. 1982); Nebožtíci na bále, N. 1972 (Die Toten auf dem Ball, d. 1976); Oslovení z tmy, N. 1972; Návrat z žitného pole, N. 1974; Příběh kriminálního rady, N. 1975 (Der Fall des Kriminalrats, d. 1974); Pasáček z doliny, N. 1977 (Der Hütejunge aus dem Tal, d. 1979); Křišťálový pantoflíček, N. 1978; Obraz Martina Blaskowitze, N. 1980 (Das Bildnis des Martin Blaskowitz, d. 1983); Vévodkyně a kuchařka, R. 1983; Moje zrcadlo, Mem. 1995.

Fuller, Charles (H.), amerik. Dramatiker, * 5. 3. 1939 Philadelphia. Stud., Militärdienst in Japan und Korea 1959–63, bis 1993 Professor an der Temple Univ. – F.s Theaterstücke ergründen Beziehungen zwischen Individuen und Kollektiven, dabei entwerfen sie ein komplexes Bild des Verhältnisses von ›weißer‹ und ›schwarzer‹ Bevölkerung und benutzen hierzu häufig hist. verankerte Stoffe. Auch Kurzgeschichten und Drehbücher.

W: The Village: A Party, 1968; The Rise, 1969; In the Deepest Part of Sleep, 1974; The Brownsville Raid, 1976; Zooman and the Sign, 1980; A Soldier's Play, 1981.

Fuller, Henry Blake (Ps. Stanton Page), amerik. Schriftsteller, 9. 1. 1857 Chicago – 28. 7. 1929 ebda. Neffe 2. Grades von Margaret F.; Europareisen, lebte meist in Chicago, wo er journalist. tätig war und Künstlerkreisen angehörte. – Vf. sowohl von milieugetreuen Beschreibungen des Mittelwestens, bes. Chicagos, als auch von phantasievollen Schilderungen des höf. Europa. S. erfolgreichstes sozialkrit. Werk war ›The Cliff-Dwellers‹.

W: The Chevalier of Pensieri-Vani, R. 1890; The Cliff-Dwellers, R. 1893; With the Procession, R. 1895 (n. 1965); Under the Skylights, Kgn. 1901; Not on the Screen, R. 1930. – Collected Works, hg. B. J. Duffey XV 1970.

L: C. van Vechten, 1929; C. M. Griffin, 1939; B. Duffey, The Chicago Renaissance, 1954; J. Pilkington, Jr., 1970; K. Scambray, 1987.

Fuller, (Sarah) Margaret, amerik. Journalistin und Schriftstellerin, 23. 5. 1810 Cambridgeport/ MA – 19. 7. 1850 vor New York. Vom Vater erzogen; in Boston als Redakteurin des ›Dial‹ (1840–42) und als Gastgeberin von ›Conversations‹ (1839–44) einflußreich im Transzendentalistenkreis um Emerson; nach Reise in den Westen 2 Jahre Kritikerin der ›New York Tribune‹; 1846 nach Europa, ∞ ital. Marquis Angelo Ossoli; Tod bei Schiffsuntergang vor New York. – Der Einfluß auf ihre Zeit ist mehr ihrer Persönlichkeit als ihren Schriften zuzuschreiben; sie setzte sich ein für die dt. Lit. in den USA ein; Vorkämpferin der Frauenbewegung.

W: Eckermann's Conversations with Goethe, Übs. 1839; Woman in the 19th Century, St. 1845; Papers on Literature and Art, Ess. 1846; Memoirs, hg. R. W. Emerson u. a. 1985. – The Writings, hg. M. Wade 1941; Love Letters, hg. J. W. Howe 1903; Letters, III 1983/84.

L: K. S. Anthony, 1920; H. N. McMaster, 1928; M. Wade, 1940; M. B. Stern, 1942; E. Detti, 1942; F. Chipperfield, in Quest of Love, 1957; A. W. Brown, 1964; R. E. Durning, 1969; J. J. Deiss, 1969; P. Miller, 1970; B. G. Chevigny, 1976; P. Blanchard, 1978; M. Allen, 1979; Critical Essays on M. F., hg. J. Myerson 1980; E. A. Bartlett, 1994.

Fuller, Roy, engl. Schriftsteller, 11. 2. 1912 Oldham – 27. 9. 1991 London. Rechtsanwalt, Offizier im 2. Weltkrieg. 1968–73 Prof. für Dichtkunst in Oxford. – S. frühe, von W. H. Auden beeinflußte Lyrik spiegelt die soz. Stimmung der 1930er Jahre; danach themat. Erweiterung, Experimente mit neuen Formen. Auch Romane und Jugendbücher.

W: Poems, 1939; The Middle of a War, G. 1942; A Lost Season, G. 1944; Savage Gold, Jgb. 1946; With My Little Eye, Jgb. 1948; Epitaphs and Occasions, G. 1949; The Second Curtain, R. 1953 (d. 1965); Fantasy and Fugue, R. 1954; Image of a Society, R. 1956; Brutus's Orchard, R. 1957; The Father's Comedy, R. 1961; Collected Poems, 1936–61, 1962; The Perfect Fool, R. 1963; Buff, G. 1965; My Child, My Sister, R. 1965; The Night of Stones, G. 1968; New Poems, 1968; The Carnal Island, R. 1970; Owls and Artificers, Rdn. 1971; Tiny Tears, G. 1973; Professors and Gods, Vortr. 1973; An Old War, G. 1974; Waiting for the Barbarians: A Poem, 1974; From the Joke Shop, G. 1975; The Joke Shop Annex, G. 1975; Souvenirs, Mem. 1980; The Reign of Sparrows, G. 1980; Wamp Till Ready, Mem. 1982; Home and Dry, Mem. 1984; Subsequent to Summer, G. 1985. – New and Collected Poems 1934–84, 1985.

L: A. E. Austin, 1979.

Funabashi, Seiichi, jap. Schriftsteller, Romancier u. Dramenautor, 25. 12. 1904 Tokyo – 13. 1. 1976 ebda. Frühes Interesse fürs Theater, gefördert von Osanai Kaoru. Bis 1928 Stud. jap. Lit. Tokyo. Mitarbeiter zahlr. Zeitschriften u. Zeitungen, mehrere Bearbeitungen lit. Stoffe für die kabuki-Bühne. – Vorliebe für das erot. Milieu der Demimonde jap. Prägung; s. Sehnsucht nach der verschwindenden Kultur des alten Tokyo (Edo) rückt ihn in die Nähe von Tanizaki Jun'ichirô.

W: Bokuseki, E. 1938; Gamô, R. 1947; Yuki fujin ezu, R. 1948–50; Shiro azami, R. 1956; Aru onna no enkei, R. 1963 (Das Mädchen Tsunako, d. 1967); F. S. zenshû (AW), 1968–69.

Fundoianu, Barbu (auch Benjamin Fondane), rumän.-franz. Dichter, 14. 11. 1898 Jassy – 2. 10. 1944 Birkenau (in e. dt. KZ). Stud. Jura Jassy, Direktor e. avantgardist. Bühne, lebte nach 1923 in Paris. – Unruhige Dichtung ausdrucksstark, Befreiungssuche durch das Phantastische.

W: Tăgăduinţa lui Petru, G. 1918; Privelişti, G. 1930; Ulysse, G. 1930; Rimbaud le voyou, Es. 1933; Titanic, G. 1937.

L: M. Martin, 1984.

Furetière, Antoine, franz. Schriftsteller, 28. 12. 1619 Paris – 14. 3. 1688 ebda. Aus bescheidener Familie; Stud. Jura, Anwalt in Saint-Germain-des-Prés, später Priester, Inhaber einiger kirchl. Benefizien. Lebte seit finanzieller Sicherung ganz der Lit. Freund von Racine, Boileau und La Fontaine. 1662 Mitgl. der Académie Française. – Schrieb in Nachahmung von La Fontaine Fabeln, verfaßte scharfe Epigramme und Polemiken, mit denen er sich viele Feinde machte. Schrieb mit ›Le roman bourgeois‹ über den bürgerl. Mittelstand und die Welt des Gerichtshofes e. der wenigen realist. Romane dieser Zeit. Auch Philologe; veröffentlichte entgegen den Vereinbarungen Teile s. u. a. durch den in der Zeit einmaligen Wortreichtum bedeutenden Wörterbuches vor dem Erscheinen des ›Dictionnaire‹ der Académie Française. Deshalb 1684 aus der Académie ausgestoßen. Schrieb zur Rache ›Factums‹, e. ätzend scharfe Schmähschrift mit satir. Porträts der Academiciens.

W: Enéide travestie, 1649; Voyage de Mercure, G. 1653 (n. 1965); Poésies diverses, 1655; Nouvelles allégoriques ou histoire des derniers troubles arrivés au royaume d'éloquence, Sat. 1660 (n. 1967); Le roman bourgeois, 1666 (n. 1927; Unsere biedern Stadtleut, d. 1905); Fables morales et nouvelles, 1671; Dictionnaire universel, teilweise 1684, vollständig 1690; Factums, Streitschrift 1694 (n. C. Asselineau II 1859, B. J. M. Quemada 1968).

L: H. Chatelain, 1902; H. Fischer, Diss. Bln. 1936; F. Gégou, 1963; G. Goebel, Diss. Bln. 1965; E. Reichel, Diss. Kiel 1966; A. Rey, 1978; J. C. Barbier, 1988; C. Giardina, 1993; V. Döring, 1995.

Furius Bibaculus (›Säuferlein‹), Marcus, röm. Dichter, 1. Jh. v. Chr. Cremona. – Vertreter der iamb. Spottpoesie, schrieb ›Annales‹, ›Lucubrationes‹ (Nachtarbeiten), Epigramme u. a. m., stand mit den Neoterikern (Catull, Valerius Cato), mit Augustus, Gallus u. Orbilius in Verbindung. Unter den wenigen erhaltenen Fragmenten ist e. reizendes Genrebildchen über Valerius Cato bemerkenswert.

A: Fragm. poet. Latin., hg. W. Morel ³1995 (hg. J. Blänsdorf); Fragmentary Roman Poets, hg. E. Courtney 1993.

L: C. Comella, 1925; G. Brugnoli, 1963.

Furmanov, Dmitrij Andreevič, russ. Schriftsteller, 7. 11. 1891 Sereda (ehem. Gouv. Kostroma) – 15. 3. 1926 Moskau. Vater Bauer, 1912–22 Stud. Moskau, polit. Kommissar. – ›Čapaev‹, e. halbdokumentar. Chronik, wird von der Kritik als erstes bedeutendes Werk der sowjet. Prosa bezeichnet.

W: Čapaev, R. 1923 (d. 1928); Mjatež, R. 1925 (Meuterei, d. 1955). – Sobranie sočinenij (W), IV 1960f.

Furnadžiev, Nikola, bulgar. Dichter, 27. 5. 1903 Pazardžik – 26. 1. 1968 Sofia. Stud. Philos. u. Pädagogik Sofia. Lehrer, Redakteur u. Bibliothekar. Erste Veröffentlichungen 1918. – F.s bedeutendstes Werk ist die Gedichtsammlung ›Proleten vjatŭr‹. S. lyr. Welt beruht auf den Mythologischen u. Triebhaften mit Elementen der Poetik der Imaginismus. Seit den 1950er Jahren Lyrik in der Konvention des sozialist. Realismus. Auch Kindergedichte u. Märchen.

W: Proleten vjatŭr, G. 1925; Po putištata ti vŭrvjah, G. 1958; Slŭnce nad planinite, G. 1961; Nai-trudnoto, G. 1964. – Sučinenija (GW), IV 1970–73.

L: G. Zanev, 1963; A. Kjosev, 1988.

Furphy, Joseph (Ps. Tom Collins), austral. Dichter, 26. 9. 1843 Yarra Glen/Victoria – 13. 9. 1921 Claremont/West-Australien. Sohn e. ir. Einwanderers; harte Jugendjahre auf der väterl. Farm; von s. Mutter erzogen, die ihn lange Passagen aus Shakespeares Dramen und aus der Bibel auswendig lernen ließ. Goldsucher, Landwirt, Fuhrunternehmer, schließl. 20 Jahre in der Eisengießerei s. Bruders, wo er abends viel las und 40jährig Romane zu schreiben begann. Zog 1904 nach West-Australien. Am bedeutendsten der 1883–97 entstandene pikareske Roman ›Such is life‹, in loser Tagebuchform geschrieben. Radikal nationale Gesinnung. Wortreicher Stil, subjektive Sichtweise. Kampf gegen Ungerechtigkeit jeder Art. Auch einige Kurzgeschichten und Gedichte.

W: Such is Life, R. 1903; Rigby's Romance, R. 1905 (vollst. 1946); Poems, 1916; The Buln-Buln and the Brolga, R. 1948.

Furui

L: E. E. Pescott, 1938; A. L. Archer, 1941; M. Franklin, 1944; J. Barnes, 1963 u. 1990; J. Lang, 1987.

Furui, Yoshikichi, jap. Schriftsteller, * 19. 11. 1937 Tokyo. Studium der Germanistik, 1965 Professur für dt. Lit. Veröffentlichungen zu Broch, Musil u. Novalis. Übs. von Broch u. Musil. Seit 1970 freier Schriftsteller. – F. ist ein wichtiger Vertreter der sog. ›introvertierten Generation‹ der 70er Jahre, die nicht mehr polit. Engagement, sondern die Darstellung innerer Vorgänge in den Vordergrund stellte.
W: Yokô, E. 1970; Hijiri, R. 1976 (Der Heilige, d. 1993); Sumika, R. 1979 (Zufluchtsort, d. 1997). – F. Y. sakuhinshû (GW), VII 1982–83. — *Übs.:* Child of Darkness, engl. 1997; Ravine, engl. 1997.

Furukawa Mokuami → Kawatake, Mokuami

Fusinato, Arnaldo, ital. Autor, 25. 11. 1817 Schio/Vicenza – 28. 12. 1888 Verona. Stud. Jura Padua, 1841 Promotion, Mitarbeiter des Caffè Pedrocchi, Teilnahme an anti-österr. Bewegung u. Krieg 1848; 1864 Florenz, 1875 in Rom im Staatsdienst. – Schrieb im Geiste des Risorgimento patriot. u. satir. Verse, daneben romant. Novellen; stilist. oft unzulängl. Zu Lebzeiten wegen s. kom. Begabung sehr populär.
W: Poesie, G. 1853; Poesie patriottiche, G. 1913. – Poesie complete, 1930; Lettere e poesie inedite, hg. O. Ciardulli 1913.
L: A. Alberti, 1939; C. Chiodo, 1995.

Fuster, Joan, katalan. Schriftsteller, 23. 11. 1922 Sueca – 21. 6. 1992 ebda. Jurastud., 1986 Prof. für Katalan. Philol. an der Univ. Valencia. – Brillantester u. produktivster katalan. Essayist u. Lit.kritiker des 20. Jh., breites Themenspektrum, Vf. zahlr. kultur- u. literarhist. Darstellungen; glänzender Stil, lebendig u. urteilsstark, dennoch objektiv. Auch Lyriker.
W: Nosaltres els valencians, Es. 1962; Literatura catalana contemporània, 1972; Set llibres de versos, G. 1987; Llibres i problemes del Renaixement, 1989.
L: F. Pérez, 1994.

Futabatei, Shimei (eig. Hasegawa Tatsunosuke), jap. Schriftsteller, 28. 2. 1864 Edo – 10. 5. 1909 im Golf von Bengalen. Sohn des Lehnsmannes H. Yoshikazu. 1893 ∞ Kumeyoshi Tsune, 1904 ∞ Takano Ryu. Nach erfolglosem Versuch, in die Offiziersschule einzutreten, 1881 Fremdsprachenschule in Tokyo zum Stud. des Russ., die er 1886 ohne Examen verließ. S. Liebe zur russ. Lit. ließ ihn zum bedeutenden Übs. (28 Titel: Turgenev, Gogol, Gončarov, Tolstoj, Garšin, Andreev, Gor'kij u.a.), die Bekanntschaft mit Tsubouchi Shôyô zum Schriftsteller werden. S. kunsttheoret. Schriften ›Shôsetsu-sôron‹ u. der psycholog.-realist. Roman ›Ukigumo‹, der den Übergang zur mod. jap. Lit. markiert, brachten die Anerkennung. Bis 1887 Übs. im Staatsdienst, 1899–1902 Russischdozent an e. Fremdsprachenschule. Reisen 1902 nach Vladivostok, Charbin u. Peking, 1908 als ›Asahi‹-Korrespondent nach Petersburg. Krankheit zwang ihn 1909 zur Rückkehr über Berlin, Antwerpen, London. Starb auf der Reise. – F.s Romane, die e. neuer Geist der Freiheit u. Aufrichtigkeit belebt, zeigen in der Darstellung e. Realismus, der s. russ. Einfluß nicht verleugnet. Stilist. half F. dem die Umgangssprache einbeziehenden Stil (genbun-itchi) zum Durchbruch.
W: Shôsetsu-sôron, Schr. 1886; Ukigumo, R. 1887–89 (engl. M. G. Ryan, 1967); Sono omokage, R. 1906 (An Adopted Husband, engl. B. Mitsui, G. M. Sinclair ²1969); Ko-amma, N. 1906; Hakichiga, N. 1906; Shussan, N. 1907; Heibon, R. 1907 (Mittelmaß, d. in: Die Liebe d. kleinen Midori, 1968). – Zenshû (GW), 1964–65.
L: B. Lewin (MOAG 38), 1955; M. G. Ryan, 1967; J. Levi, 2001.

Fuzuli (eig. Mehmed Süleymanoğlu), türk. Dichter, um 1495 Hilla/Irak (?) – 1556 Bagdad. Angehöriger e. im Irak seßhaften Oghusenstammes (Bayat?), daher aserbaidschan. Muttersprache. Von s. offenbar wenig glückl. Lebensumständen ist kaum etwas bekannt. Starb während e. Pestepidemie. – Größter Dichter der türk. Klassik, hinterließ türk., arab. u. pers. Werke u. hat neben der osman. auch die aserbaidschan. u. tschaghataische Divan-Lyrik maßgebend beeinflußt. Im Gegensatz zu s. überwiegend daseinsfrohen Zeitgenossen Baki stehen in seiner Thematik leidvolle Lebenserfahrung u. myst. Gottesliebe im Vordergrund. Der türk. Divan u. das Mesnevi ›Leyla ve Mecnun‹ gelten als s. Meisterwerke.
A: Külliyat-i Fuzuli (GW), hg. M. F. Köprülü 1925; Divan, G. 1948, hg. A. N. Tarlan 1950; Leyla ve Mecnun, Ep. 1956; GW (aserbaidschan.), hg. H. Arasli u.a. V 1958–61.
L: A. Karahan, 1949; M. Cunbur, 1956; C. Yener, 1966; H. Ipekten, 1973; A. N. Tarlan, III 1985.

Gaarder, Jostein, norweg. Schriftsteller, * 8. 8. 1952 Oslo. Stud. nord. Philol., Ideen- u. Religionsgesch. an der Univ. Oslo, Religions- u. Philos. lehrer an versch. Schulen, seit 1991 freischaffend. – G., auch Vf. von Lehrbüchern, zählt mit s. philos. Jugendromanen zu den erfolgreichsten Autoren des Landes, e. Welterfolg wurde ›Sofies verden‹, e. Briefroman zwischen e. Mädchen und e. Philosophen, der als Einführung in die Philosophie lesbar ist.
W: Kabalmysteriet, R. 1990; Sofies verden, R. 1991; Julmysteriet, R. 1992 (Das Weihnachtsgeheimnis, e.

1998); I et speil, i en gåte, R. 1993 (Durch einen Spiegel, in einem dunklen Wort, d. 1996); Vita brevis, R. 1996; Maya, R. 1999.

L: C. Senje, 1995; M. L. Bødtker, A. Jørgensen, B. Sortland, 1996.

Gabaschwili, Ekaterine → Gabašvili, Ekaterine

Gabašvili, Besarion → Besiki

Gabašvili, Ekaterine, georg. Autorin, 16. 6. 1851 Gori – 7. 8. 1938 Axalk'alak'i. Beendete 1868 priv. Pensionat in T'bilisi (Tiflis). Einfluß der russ. revolutionären Demokraten u. I. Čavčavajes. Erste Werke ab 1868. – Das Hauptthema G.s ist das Leben auf dem Lande, bes. das der armen Bauern und die ökonom. Differenzierung der Bevölkerung durch den einsetzenden Kapitalismus. Sie thematisierte die Rolle der Frau in der Gesellschaft und wies auf die vorhandenen Einschränkungen im privaten und gesellschaftl. Leben hin. Sie ist eine der ersten georg. Autoren, die die Ausdifferenzierung der Prosa (Novelle, kl. Erzählung, Miniaturen sowie Bilder) begründete. Schrieb Kinderliteratur u. wird auch heute in Schulbüchern gedruckt.

W: Romani didxevaši, 1881; Kona, 1882; Orena da k'uč'e, 1883; Magdanas lurja, 1890; Tinas lekuri, 1898. – T'xzulebani (GW), 1910; Mot'xrobebi, E. 1936; Rč'euli nacerebi, Ausw. II 1953–69.

L: M. Zandukeli, in: Axali k'art'uli literatura 3, 1955; N. Č'ixlaje, in: k'art'veli mcerali da sazogado mogvacek'alebi, 1990.

Gabe, Dora, bulgar. Dichterin, 28. 8. 1886 Charmalŭk – 16. 2. 1983 Sofia. Stud. Philol. Genf u. Grenoble; Übersetzungen aus dem Poln., Tschech., Franz., Russ. u. Griech. Nach 1947 Kulturreferentin der bulgar. Gesandtschaft in Warschau. – Erste Gedichtsammlungen unter dem Einfluß des Symbolismus (bes. P. → Javorovs). Für ihren späten Werke ›Počakai, slŭnce‹ u.a.) ist die philos. Verinnerlichung charakteristisch. Führende Kinderschriftstellerin.

W: Temenugi, G. 1908; Niakoga, G. 1924; Zemen put, G. 1928; Mŭlčalivi geroi, G. II. 1931–40; Vela, G. 1946; Nespokojno vreme, G. 1957; Počakai, slŭnce, G. 1967; Nevidimi oci, G. 1970; Glŭbini, G. 1976; Svetut e taina, G. 1982.

Gabirol, Salomo ben Jehuda ibn (Avicebron, Avencebrol), jüd. Dichter u. Philos., um 1020 Málaga – um 1057/8 Valencia. Lebte bis 1045 in Zaragossa, um 1048/49 in Granada. Aus bescheidenen Verhältnissen, gute Bildung; über s. Leben ist wenig Verläßl. bekannt. – S. philos. Hauptwerk ›Mekor Chaim‹ (Quelle des Lebens), nur in lat. Fassung (›Fons vitae‹) erhalten, bis in neueste Zeit nur als Avicebron/Avencebrol bekannt, wirkte auf die Scholastiker, Spinoza u. Schopenhauer. Dialogform; neuplaton., mit Elementen aus Aristoteles u. Philo. Mit G., der zahlr. Gedichte weltl. u. relig. Inhalts schrieb, beginnt die Blüte der neuhebr. Poesie in Spanien. Viele s. Gedichte sind in die synagogale Liturgie aufgenommen worden.

W: Fons vitae, hg. C. Bäumker 1895 (Die Lebensquelle, d. 1989); Shire ha-qodesh, II 1971–73; H. Schirmann, Shire ha-chol, 1975; D. Jarden, Shire ha-chol, II 1975–76; Keter Malchut (Krone des Königtums, d. 1994). – *Übs.:* The Improvement of Moral Qualities, engl. 1966; Selcted Religious Poems, engl. 1974; Ostwestliches Dichtertum, d. 1976.

L: K. Dreyer, 1930; E. Bertola, 1953; J. Schlanger, La philosophie, 1968; F. P. Bargebuhr, Salomo i. G., 1976.

Gaboriau, Etienne-Emile, franz. Romanschriftsteller, 9. 11. 1832 Saujon/Charente Inférieure – 1. 10. 1873 Paris. Einige Zeit Sekretär von P. Féval. – E. der ersten Vertreter des Detektivromans, wurde 1866 bekannt mit ›L'affaire Lerouge‹. S. Detektiv Lecoq ist e. Vorfahre von Conan Doyles Sherlock Holmes.

W: L'affaire Lerouge, 1866 (d. 1887); Le dossier No 113, 1867 (d. 1939); Le crime d'Orcival, 1867 (d. 1942); Les esclaves des Paris, 1867; Monsieur Lecoq, 1869 (d. 1905); La vie infernale, 1870; Clique dorée, 1871; La corde au cou, 1873 (Die tugendhafte Gräfin, d. 1968); L'argent des autres, 1874; Le petit vieux des Batignoles, 1876.

L: E. G. on la naissance du roman policier, 2002.

Gabriel y Galán, José María, span. Lyriker, 28. 6. 1870 Frades de la Sierra/Salamanca – 6. 1. 1905 Guijo de Granadilla/Cáceres. Bauernsohn, Landschullehrer in Guijuelo (Salamanca) u. Piedrahita (Ávila); widmete sich nach s. Heirat der Bewirtschaftung der Güter s. Frau in Estremadura. – Vf. ländl.-schlichter Gedichte, realist. u. erdverbunden, inspiriert von engem Kontakt mit dem Land u. s. Bewohnern, den Bauern u. Hirten. Traditionsgebunden, aufrichtig, von tiefer Religiosität erfüllt. Protest gegen die übertriebenen Neuerungen des Modernismus; Festhalten an überlieferten Metren: Quintilla, Romanze, Silva, Redondilla.

W: Castellanas, G. 1902; Extremeñas, G. 1902; Campesinas, G. 1904; Nuevas castellanas, G. 1905. – Obras completas, III 1959; Antología poética, 2001.

L: A. Revilla Marcos, 1923; M. Alonso, 1930; C. Real de la Riva, 1954; V. Gutiérrez Macías, 1957; J. J. Sánchez de Horcajo, 1988.

Gabryella → Żmichowska, Narcyza

Gace Brulé, franz. Lyriker, † nach 1212, wahrscheinl. aristokrat. Herkunft. Freund von Geoffrey Plantagenet, Herzog von Bretagne, dichtete zusammen mit anderen am Hofe der Marie de Champagne. – Einer der erfolgreichsten Troubadours des 13. Jh. Schrieb konventionelle höf. Lyrik. Etwa 60 recht ernste Lieder erhalten (für 23 davon ist G.s Autorschaft unsicher), darunter 32 Liebeslieder, 1 Jeu-parti.

A: G. Huet 1902; H. Petersen Dyggve, Helsinki 1951; J. Frappier, La poésie lyrique en France, 1954.

L: S. E. Becam, 1998.

Gadda, Carlo Emilio, ital. Erzähler, 14. 11. 1893 Mailand – 22. 5. 1973 Rom. Ingenieurstud. ebda. Freiwilliger im 1. Weltkrieg, 1918 Kriegsgefangener in Dtl., 1920–35 Ingenieur in Italien u. im Ausland. Lebte zuletzt in Rom. – Zeichnet in s. Werken mit feiner Ironie einige groteske Perspektiven der gegenwärtigen Gesellschaft, menschl., dem Anschein nach sonderbare u. außergewöhnl., in Wirklichkeit aber sehr wahre u. oft anzutreffende Typen, sowie feine Abstufungen von Gefühlen, Abneigungen u. Komplexen. Komplexer, unrhetor. Stil mit z. T. neubarockdrast. Elementen mit e. Wortschatz, der reich an Ausdrücken der Umgangssprache sowie versch. Dialekten ist.

W: La Madonna dei filosofi, En. 1931; Il castello di Udine, R. 1934; Le meraviglie d'Italia, E. 1939; Gli anni, R. 1943; L'Adalgisa, Sk. 1944; Il primo libro delle favole, 1952; Novelle dal ducato in fiamme, En. 1953; Giornale di guerra e di prigionia, Tg. 1955; I sogni e la folgore, En. 1955; Quel pasticciaccio brutto de via Merulana, R. 1957 (Die gräßliche Bescherung in der Via Merulana, d. 1961); I viaggi e la morte, Ess. 1957; I racconti, En. 1963 (Ausw. Erzählungen, d. 1965); Accoppiamenti giudiziosi, En. 1963; La cognizione del dolore, R. 1963 (Die Erkenntnis des Schmerzes, d. 1964); I Luigi di Francia, Ess. 1964 (Frankreichs Ludwige, d. 1966); Eros e Priapo, Ess. 1967; La meccanica, R. 1970; Novella seconda, 1971; Meditazione milanese, Ess. 1974; Le bizze del capitano in congedo e altri racconti, En. hg. D. Isella 1981; Il tempo e le opere, Ess. hg. ders. 1982. – Lettere agli amici milanesi, hg. E. Sassi 1983; A un amico fraterno, Br. 1984; L'ingegner Fantasia. Lettere a Ugo Betti 1919–1930, hg. G. Ungarelli 1984. – *Übs.:* Gadda Furioso, Ess. 1973; Die Wunder Italiens, Prosa 1984.

L: M. Gersbach, 1969; G. Cattaneo, 1973; E. Ferrero, 1973; M. Carlino, 1984; J. P. Manganaro, 1994; W. Pedullà, 1997; G. C. Roscioni, 1997; A. Pecoraro, 1998.

Gaddis, William, amerik. Schriftsteller, 29. 12. 1922 New York – 16. 12. 1998 East Hampton/NY. Stud. Harvard, Aufenthalte in Europa, Mittelamerika und Asien. – Verf. von Romanen, die sich mit Problemen von Kunst und Erzählen in einer von Kommerzialisierung geprägten Welt auseinandersetzen und hierzu experimentelle Techniken verwenden. G. fand erst spät Anerkennung der Kritik. Einige seiner parodist. und satir. Werke, über ›JR‹ (1975), bestehen fast ausschließl. aus Dialog, decken eine enzyklopäd. Themenbreite ab und sind komplex gestaltet.

W: The Recognitions, R. 1955 (Die Fälschung der Welt, d. 1998); JR, R. 1975 (d. 1996); Carpenter's Gothic, R. 1985 (Die Erlösung, d. 1988); A Frolic of His Own, R. 1994 (Letzte Instanz, d. 1996); Agape Agape, R. 2002 (Das mechanische Klavier, d. 2003). – The Rush for Second Place: Essays and Occasional Writings, hg. Joseph Tabbi 2002.

L: S. Moore 1989; P. Ingendaay, Die Romane von W. G., 1993; G. Comnes, The Ethics of Indeterminacy in the Novels of W. G., 1994; P. Wolfe, A Vision of His Own, 1997.

Gadenne, Paul, franz. Romancier, 4. 4. 1907 Armentières/Nord – 1. 5. 1956 Bayonne. 1931 Agrégation in Philologie. Lebte seit 1940 tuberkulosekrank und zurückgezogen in Bayonne. – In s. z. T. von Proust, z. T. von Kafka beeinflußten, doch durchaus selbständigen Romanen Schilderer des inneren Lebens u. spiritueller Liebe mit reicher Symbolik und hoher Stilkunst. Vf. von Gedichten, ›Carnets‹ und einer Adaption von Michael Kohlhaas.

W: Siloé, R. 1941 (Die Augen wurden ihm aufgetan, d. 1952); Le vent noir, R. 1947; La rue profonde, R. 1949; L'avenue, R. 1949; La plage de Scheveningen, R. 1952 (d. 1985); L'invitation chez les Stirl, R. 1955; Les hauts-quartiers, R. 1973.

L: B. Hansen, 1974; G. Durieux, 1978; D. Sarrow, 1995; ders., 1999; B. Curatolo, 2000.

Gaeta, Francesco, ital. Dichter, 27. 7. 1879 Neapel – 15. 4. 1927 ebda. Autodidakt, Journalist, gründete mit A. Catapano in Neapel die lit. Wochenzeitung ›I Mattacini‹ (1901/02). Mitarbeiter beim ›Giornale d'Italia‹ u. ›Tribuna‹. Freundschaft mit Croce, Di Giacomo, Russo, Bovio. Selbstmord. – S. streng gebaute, melod. Lyrik steht anfangs unter Einfluß Carduccis u. D'Annunzios. Liebeslyrik u. realist., volkstüml. Bilder aus dem neapolitan. Leben.

W: Il libro della gioventù, G. 1895; L'ecloga di Flora, N. 1900; Reviviscenze, G. 1900; Canti di libertà, G. 1902; Sonetti voluttuosi, 1906; S. Di Giacomo, Ess. 1911; Poesie d'amore, 1920; Novelle gioconde, 1921; Che cos'è la Massoneria, 1939. – Poesie e prose, hg. B. Croce II 1928.

L: B. Croce, Lett. della nuova Italia, IV 1936; G. Salinari, 1974.

Gaetano, Aleardo → Aleardi, Aleardo

Gailit, August, estn. Erzähler, 9. 1. 1891 Sangaste/Kr. Dorpat – 5. 11. 1960 Örebro. Medizinstud. (abgebrochen); gehörte zur Siuru-Gruppe (1917); 1911–22 Journalist in Riga, Reval u. Dorpat, auch Frontkorrespondent; 1922–24 in Dtl., Frankreich u. Italien; 1932–34 Theaterintendant, sonst freier Schriftsteller. Seit 1944 in Schweden. – In s. Neigung zu Extremen eine Ausnahmeerscheinung in der klass. estn. Prosa; sowohl romant.

Naturphantasien, romant. gefärbte grotesk-zyn. Beiträge zum Untergang des Abendlandes, immer bohemienhaft, sprachschöpferisch, rhythmisch mit zunehmenden realist. Elementen. ›Toomas Nipernaadi‹ ist e. der meistübersetzten estn. Romane.

W: Muinasmaa, R. 1918; Klounid ja faunid, Feuill. 1919; Rändavad rüütlid, Nn. 1919; Purpurne surm, R. 1924; Vastu hommikut, Nn. 1926; Aja grimassid, Feuill. 1926; Ristisõitjad, Nn. 1927; Toomas Nipernaadi, R. 1928 (Nippernaht und die Jahreszeiten, d. 1931, 1943); Isade maa, R. 1935 (Lied der Freiheit, d. 1938, 1944); Karge meri, R. 1938 (Die Insel der Seehundsjäger, d. 1939, 1943; u. d. T. Das rauhe Meer, 1985); Ekke Moor, R. 1941; Leegitsev süda, R. 1945; Üle rahutu vee, R. 1951; Kas mäletad, mu arm? R. III 1951–59. – Kogutud novellid (ges. Nn.), III 1940–42; Viimne romantik (ausgew. Nn.), 1949; Põhjaneitsi (ausgew. Nn.), 1991; Br. an F. Tuglas, hg. M. Kasterpalu 1996; Br. an Eesti Kirjanike Kooperatiiv, hg. J. Kronberg 1999.

L: A. G. 1891–1960, 1961.

Gaines, Ernest J., afroamerik. Erzähler, * 15. 2. 1933 Oscar/LA. Ab 1948 mit Familie in Kalifornien, Stud. San Francisco State College; ab 1963 in Louisiana lebend. – In atmosphärisch meisterhaften Erzählungen (exemplarisch ›The Sky Is Gray‹) u. Romanen umkreist G.s Erzählwerk die Landschaft, Geschichte u. persönl. Schicksale von tief mit Louisiana verwurzelten Figuren, stilistisch konzentriert wie Faulkner, mit gutem Ohr für gesprochene Sprache u. mit der fiktiven Stadt Bayonne als Gravitationszentrum (vgl. Faulkners Yoknapatawpha). ›The Autobiography of Miss Jane Pittman‹ eröffnete eine neue Tradition der imaginativen Bearbeitung schwarzer (auch mündl.) Geschichte. Alle Texte von G. thematisieren soziale Konflikte zwischen Schwarz u. Weiß sowie die moral. Substanz von Individuen u. Gruppen. 1994 erhielt G. den Pulitzer-Preis.

W: Catherine Carmier, R. 1964 (d. 1988); Of Love and Dust, R. 1971 (d. 1975); Bloodline, En. 1968; The Autobiography of Miss Jane Pittman, R. 1971 (d. 1975); In My Father's House, R. 1978; A Gathering of Old Men, R. 1983 (d. 1987, Verfilmung Volker Schlöndorff, Ein Aufstand alter Männer); A Lesson before Dying, R. 1993 (Jeffersons Würde, d. 1994).

L: Porch Talk with E. G., hg. M. Gaudet, C. Wooton 1990; V. M. Babb 1991; Critical Reflections on the Fiction of E. J. G., hg. D. C. Estes 1994; Conversations with E. G., hg. J. Lowe 1995.

Gaio, Manuel da Silva, portugies. Dichter, 6. 5. 1860 Coimbra – 11. 2. 1934 ebda. Stud. Jura Coimbra, Beamter, mit Eça de Queirós befreundet, gründete zusammen mit E. de Castro 1895 die bedeutende internationale, symbolist. orientierte Zs. ›Arte, Revista Internacional‹; Mitarbeiter versch. Blätter (›Novidades‹, ›Revista de Portugal‹). – In s. Lyrik national gesinnt u. traditionsgebunden, daneben kosmopolit.-aristokrat. Züge, symbolist. Stilhaltung, Manieriertheit, ästhet. Mystizismus, christl. Pantheismus. Auch Vf. melodramat. Stücke sowie krit. u. biograph. Schriften.

W: A Dama de Ribadalva, En. 1903; A Enruzilhada, G. 1903; Últimos Crentes, N. 1904; Torturados, R. 1911; Chava Dourada, G. 1916; Dom João, G. 1924; O Santo, G. 1927; Sulamite, G. 1928; Eugénio de Castro, Abh. 1928.

L: C. de Mesquita, 1900; Campos de Figueiredo, 1943.

Gaj, Ljudevit, kroat. Publizist und Führer des Illyrismus, 8. 7. 1809 Krapina – 20. 4. 1872 Agram. Apothekersohn. Gymnas. Varaždin und Karlovac, Stud. Rechte Wien, Graz und Budapest (1826–30), Dr. jur. Leipzig; nationaler Führer der Kroaten. – Schon während s. Studien Sprecher der südslaw. akadem. Jugend. G. reformierte bis dahin existierende versch. u. komplizierte orthograph. Systeme des 18. Jh. in Kroatien, indem er nach tschech. Beispiel die diakrit. Zeichen einführte; gründete die erste kroat. Zs. ›Novine Horvatske‹, später ›Ilirske Narodne Novine‹, die mit ihrer bedeutenden lit. Beilage ›Danica Horvatska, Slavonska i Dalmatinska‹, später ›Danica Ilirska‹ (1835–49, 1853, 1863–67), wesentl. zur Festigung der einheitl. serbokroat. Hochsprache auf štokav. Grundlage beitrug. Auch Lyriker.

W: Die Schlösser bei Krapina, St. 1826; Kratka osnova horvatsko-slavenskoga pravopisanja (Kurzer Entwurf einer kroat.-slav. Orthographie), 1830; Slavoglasje iz Zagorja, G. 1832; Glogovkinje horvatske, G. 1835; Kosenke ilirske, G. 1835; Gedanken zum Ausgleich Croatiens und Slavoniens mit der Regierung, St. 1864.

L: H. Wendel, Aus dem südslaw. Risorgimento, 1921; J. Horvat, 1960; M. Živančević, Povijest hrv. književ., IV 1975; J. Ravlić, Hrvatski narodni preporod, I 1976.

Gajdar, Arkadij Petrovič (eig. A. P. Golikov), sowjetruss. Schriftsteller, 9./22. 1. 1904 L'gov, Gouv. Karsk – 26. 10. 1941 Lepljava, Gouv. Poltava. Jugend in Arzamas; Vater Lehrer, nahm am Bürgerkrieg teil, s. ersten Erzählungen 1925 gedruckt; im Gefecht gefallen. – Wurde durch psycholog. kluge Erzählungen über Kinder namhafter Schriftsteller bekannt; hing nach 1938 dem sozialist. Realismus an.

W: Škola, E. 1930 (Schule des Lebens, d. 1951); Čuk i Gek, E. 1939 (Tschuk und Gek, d. 1951); Timur i ego komanda, E. 1941 (Timur und sein Trupp, d. 1947). – Sobranie sočinenij (GW), IV 1971–73.

L: Žizn'i tvorčestvo A. P. G., hg. R. Fraerman 1954.

Gala, Antonio, span. Schriftsteller, * 2. 10. 1936 Brazatortas/Ciudad Real. Stud. Sevilla/Madrid; ab 1963 freier Autor. – Produktiver u. beliebter Dramatiker, behandelt aktuelle gesellschaftl. Pro-

bleme in allegor. Form oder transponiert sie in die Vergangenheit. Seit 1990 erfolgr. Romane. Auch Lyrik, Erzählungen, Essays, Drehbücher, Artikel, Opernlibretto, Bühnenadaptionen (u. a. Claudel).
W: Enemigo íntimo, G. 1959; Los verdes campos del Edén, Dr. 1963; Anillos para una dama, Dr. 1973; Petra Regalada, Dr. 1980; Samarkanda, Dr. 1985; Carmen, Carmen, Dr. 1988; El manuscrito carmesí, R. 1990 (Die Handschrift von Granada, d. 1994); La truhana, Dr. 1992; La pasión turca, R. 1993; Más allá del jardín, R. 1995; La regla de tres, R. 1996.
L: C. J. Harris, El teatro de A. G., 1986; V. Martínez de Robertson, El teatro de A. G., 1990.

Galaction, Gala (eig. Grigore Pişculescu), rumän. Erzähler, 16. 4. 1879 Dideşti, Teleorman – 8. 3. 1961 Bukarest. Stud. Theol. Bukarest u. Czernowitz, Univ.-Prof. in Kischinew. 1922 Priesterweihe, Missionar. – Vf. christl.-relig. moral. Erzählungen in bibl. Sprache; Glaubenskonflikte, milde Dämonen und Kampf gegen Versuchungen in e. patriarchalbäuerl. Welt, in der es noch Wunder gibt. Übs. des N. T. (1927).
W: Bisericuţa din Războare, E. 1914; Papucii lui Mahmud, R. 1932; Doctorul Taifun, R. 1933; La răspântie de veacuri, En. 1935. – Opere alese (AW), IV 1959–65. –
Übs.: Am Ufer der Vodislava, Nn. u. En. 1962; Jurnal, Tg. III 1973–80.
L: T. Vârgolici, 1967; C. Regman, 1973.

Ǧalālu'd-Dīn Rūmī → Rūmī, Ǧalālu'd-Dīn, Maulānā

Gałczyński, Konstanty Ildefons, poln. Lyriker, Dramatiker und Erzähler, 23. 1. 1905 Warschau – 6. 12. 1953 ebda. 1914–19 in Moskau. 1922 Stud. Anglistik u. klass. Philol. Warschau. Während des Krieges in dt. Kriegsgefangenschaft. Elementare, dem Surrealismus verwandte Dichterbegabung von reicher Phantasie, Ironie und makaber-satir. Humor mit Neigung zu Groteske und Paradoxen. Neben Liebes-, Stimmungs- u. Naturlyrik satir. Kabarettverse. Schrieb Einminutenstücke unter Sammeltitel ›Zielona Gęś‹ – najmniejszy teatr wszechświata‹ (1946–48).
W: Porfirion Osiełek, R. 1929; Koniec świata, Ep. 1930; Utwory poetyckie, G. 1937; Zaczarowana dorożka, G. 1948; Niobe, Poem 1951; Dzieła (SW), V 1957–60; Wybór poezji, G. 1967 u. 1973; Teatrzyk ›Zielona Gęś‹, Sat. 1968 (Die Grüne Gans, d. 1969); Briefw. mit Tuwim, 1969.
L: A. Stawar, 1959; Wspomnienia o G., 1961; W. P. Szymański, 1972; A. Drawicz, ²1973; V. P. Moreneć, 1986; K. Gałczyńska, 1998.

Galdós, Benito Pérez → Pérez Galdós, Benito

Gale, Zona, amerik. Schriftstellerin, 26. 8. 1874 Portage/WI – 27. 12. 1938 Chicago. Stud. Univ. Wisconsin, journalist. Tätigkeit in Milwaukee und New York; freie, sehr vielseitige Schriftstellerin in Portage. – Steht in der ›local color‹-Tradition als liebevolle Verteidigerin der Kleinstadt als amerik. Institution. Berühmt geworden durch die Dramatisierung ihres Romans ›Miss Lulu Bett‹, e. Frauenschicksal des Mittelwestens.
W: Friendship Village, Kgn. 1908; Birth, R. 1918; Miss Lulu Bett, R. 1920 (als Dr. 1921); Mister Pitt, Dr. 1925 (nach ›Birth‹); Portage, Wisconsin, Aut. 1928.
L: W. Follett, 1923; A. Derleth, Still Small Voice, 1940; H. P. Simonson, 1962; D. L. Williams, 2001.

Galeano, Eduardo, uruguay. Schriftsteller, * 3. 9. 1940 Montevideo. Journalist. – G. berichtet aus der Sicht der Besiegten, Ausgeplünderten u. Verfolgten über die Eroberung Lateinamerikas durch die Kolonisatoren, über deren Ausbeutung durch das ausländ. Großkapital u. die Unterdrückung durch die eigenen Diktaturen. S. Werk ›Las venas abiertas‹ ist das meistverkaufte Sachbuch e. lateinamerik. Autors in Dtl.
W: Los días siguientes, R. 1963; Guatemala, país ocupado, Es. 1967; Reportajes, 1967 (d. 1977); Las venas abiertas de América Latina, Es. 1971 (d. 1973); Vagamundo, En. 1973; La canción de nosotros, R. 1975 (d. 1978); Días y noches de amor y de guerra, autobiograph. Ber. 1978 (d. 1978); Memoria del fuego, dokumentar. Lit.-Tril.: Los nacimientos, 1982 (d. 1982), Las caras y las máscaras, 1984 (d. 1986), El siglo del viento, 1986 (d. 1988); El libro de los abrazos, Prosa 1989 (d. 1991); Nosotros decimos No, Prosa 1989; Las palabras andantes, Prosa 1993 (d. 1996); El fútbol a sol y sombra, Es. 1995 (d. 2000); 11 relatos breves, Prosa 1997; Patas arriba, Dok. 1998 (d. 1998). – *Übs.:* Schlachthof der Worte, Ausw. 1977; Von Chile bis Uruguay, Ausw. 1983; Von der Notwendigkeit, Augen am Hinterkopf zu haben, Ausw. 1992.
L: D. Palaversich, 1992.

Galeota, Francesco, ital. Dichter, ca. 1446 Neapel (?) – 1497 ebda. Aus adliger Familie, war als Diplomat am aragonesischen Hof tätig. – Liebesdichter auf den Spuren Petrarcas, verwendete jedoch auch volkstümliche Gedichtformen.
W: Teilausg. in: Testi napoletani del Quattrocento, hg. A. Altamura 1953; F. G. strambottista napoletano del '400 (con 100 strambotti inediti), hg. G. Cianflone 1955.

Galgóczi, Erzsébet, ungar. Schriftstellerin, 27. 8. 1930 Ménfő(csanak) – 20. 5. 1989 ebda. Arbeitete als Eisendreherin in Győr. 1950–55 Stud. der Dramaturgie. Mitarbeiterin des Verlags Művelt Nép, 1958 als Dramaturgin tätig. 1981–85 Abgeordnete. – Ihr künstler. Stil ist durch soziograph.Tatsachenschilderung gekennzeichnet. Thematisiert in Romanen u. Erzählungen das Dorfleben der 1960er u. 70er Jahre.
W: Egy kosár hazai, En. 1953; Félúton, R. 1961; Aknamező, FSsp. 1968 (Minenfeld, d. 1971); Kinek a tör-

vénye, En. 1971; Pókháló, R. 1972; Bizonyíték nincs, En. 1975; A közös bűn, R. 1976; Vidravas, R. 1984 (Die Falle, d. 1988); A törvény szövedéke, Repn. 1988. *Übs.:* Eine andere Liebe, E. 1986; Die St. Christophoruskapelle, E. 1988.

L: G. E. Emlékkönyv, 1993.

Galiani, Ferdinando, ital. Schriftsteller, 2. 12. 1728 Chieti – 30. 10. 1787 Neapel. Aus adliger Beamtenfamilie. Stud. Philos. u. Mathematik Rom, Rechtswiss., Nationalökonomie, Archäologie u. Geographie Neapel. Geistlicher, 1751–53 Reisen durch ganz Italien. 1755 Mitbegr. der Accademia Ercolanense. 1759 Staatssekretär des Königs von Neapel, 1760 Legationssekretär in Paris, Verbindung mit berühmten Literaten u. den Enzyklopädisten (Diderot, Marmontel, Mme d'Epinay, Mme Necker, Holbach). 1769 in Neapel in der Finanzverwaltung tätig. Widmete sich auch dem Theater als Intendant u. Autor. – Universalgenie u. bedeutender Aufklärer; s. Schriften behandeln Finanzwesen, Lit., Recht, Philos. Gemäßigter Anhänger des Merkantilismus, Vorläufer der subjektiven Wertlehre. G. Vico übte auf ihn e. großen Einfluß aus. S. Traktat ›Della moneta‹ war epochemachend u. wurde von K. Marx für das ›Kapital‹ verwendet. Auch geschickter Dramatiker. ›Socrate imaginario‹ ist das Hauptwerk der neapolitan. Buffo-Oper.

W: Della moneta, Schr. 1751 (hg. F. Nicolini 1915, d. 1999); Le pitture antiche d'Ercolano e contorni, Schr. 1757; Pensieri su Orazio, Schr. 1765; Dialogues sur le commerce des blés, 1770 (Urfassung hg. Ph. Koch, d. 1802); Socrate imaginario, Dr. 1775; Sul dialetto napoletano, Abh. 1779; Doveri dei principi neutrali verso i principi guerregianti e di questi verso i neutrali, Schr. 1782; Dizionario napoletano, 1787. – Correspondance inédite, II 1818, hg. L. Perey, G. Maugras 1881, II 1882. – *Übs.:* Dialoge, F. Blei 1895; Briefe, H. Conrad II 1907; Gespräch über die Frauen, 1948; Briefe an Madame d'Epinay u. a., 1970.

L: F. Nicolini, 1909 (m. Bibl.); E. Ganzoni, 1938; M. Catucci, F. G. tra letteratura e economia, 1986; E. Ganzoni u. a., 1986.

Galib Dede (auch Şeyh Galib, eig. Mehmed Esad), türk. Dichter, 1757 Istanbul – 3. 1. 1799 ebda. Trat wie s. Vater dem Mevlevi-Derwischorden bei, wurde 1791 Vorsteher (Shaikh) des angesehenen Ordenshauses Galata; von Sultan Selim III. gefördert. – Letzter bedeutender Repräsentant der osman. Divan-Dichtung u. der myst. Poesie, deren letzter Höhepunkt s. allegor. Mesnevi ›Hüsn ü Aşk‹ (Schönheit u. Liebe, 1782) ist. Er verlieh den überkommenen Formen durch s. kraftvoll-farbige Bildsprache neues Leben.

A: Divan, Bulak 1252/1837; Hüsn ü Aşk, 1887, 1923, 1975.

L: A. Gölpinarli, 1953; S. Yüksel, 1963.

Galič, Aleksandr Arkadevič, russ. Lyriker u. Dramatiker, 19. 10. 1919 Ekaterinoslav – 15. 12. 1977 Paris. Schauspielschule u. Stud. Lit.inst. Moskau. Bis 1960 Dramatiker u. Filmdrehbuchautor, danach ungedruckte, auf Tonband verbreitete polit. Lyrik. 1968 Auftrittsverbot, 1971 Ausschluß aus Schriftstellerverband, 1974 Emigration, zunächst Norwegen, dann Frankreich. – G.s Dramen wurden bis 1953 begrenzt geduldet, danach anerkannt. G.s Lyrik ist sozialkrit., antistalinist., zeigt höchstes Verantwortungsbewußtsein vor dem dichter. Wort.

W: Pochodnyj marš, Dr. 1957; Pesni, G. 1969; Pokolenie obrečënnych, G. 1972; General'naja repeticija, 1974; Kogda ja vernus', 1980.

Galin, Aleksandr Michajlovič, russ. Dramatiker. * 10. 9. 1947 Alekseevka, Geb. Rostov. Schauspieler u. Aufführungsleiter am Theaterstudio der Leningrader Univ., schreibt seit 1975 eigene Stükke. – Berühmt mit ›Retro‹, e. auf zwischenmenschl. Probleme konzentrierten, Tragisches u. Komisches geschickt mischenden Stück, im In- u. Ausland viel gespielt. In ›Vostočnaja tribuna‹, e. analyt. Schauspiel, klingt neben dem zwischenmenschl. auch das aktuelle Problem des Schwarzmarktes an.

W: Retro, Dr. 1980 (Einmal Moskau und zurück, d. 1983); Vostočnaja tribuna, Dr. 1982; Navaždenie, Dr. 1983.

Gallant, Mavis (Leslie), kanad. Erzählerin, * 11. 8. 1922 Montreal. Besuch von 17 versch. Schulen; 1944–50 Journalistin; lebt seit 1950 als Schriftstellerin v. a. in Paris. – Die meisten ihrer über 100 Erzählungen veröffentlichte G. zunächst im ›New Yorker‹; sie handeln in ökonom.-unsentimentalem Stil häufig von Menschen, die heimatlos sind u. im Widerspruch zu ihrer Umgebung stehen.

W: The Other Paris, En. 1956; Green Water, Green Sky, R. 1959 (d. 1997); My Heart Is Broken, En. 1964; A Fairly Good Time, R. 1970; The Pegnitz Junction, En. 1973 (d. 1991); The End of the World and Other Stories, 1973; From the Fifteenth Disctrict, En. 1979 (Späte Heimkehr, d. 1989); Home Truths, En. 1981; What Is to Be Done?, Dr. 1984; Overhead in a Balloon, En. 1985; Paris Notebooks, Ess. 1986; In Transit, En. 1988 (d. 1998); Across the Bridge, En. 1993 (Die Lage der Dinge, d. 1996); The Moslem Wife and Other Stories, 1994; The Selected Stories, 1996.

L: G. Merler, 1978; N. K. Besner, 1988; J. K. Keefer, 1989; J. S. Grant, 1989; D. Schaub, 1998; L. D. Clement, 2000.

Gallego, Juan Nicasio, span. Dichter, 14. 12. 1777 Zamora – 9. 1. 1853 Madrid. Stud. Rechte, Philos. u. Theol. Salamanca, Priesterweihe, zog sich während der franz. Invasion nach Sevilla u.

Gallegos

Cádiz zurück, 1812 Abgeordneter, 1814 Gefängnishaft wegen liberaler Gesinnung, ab 1830 Mitglied der Span. Akad., befreundet mit Meléndez Valdés, Quintana u. Cienfuegos. – Vertreter der Übergangslyrik zwischen Klassizismus u. Romantik; Vf. von patriot. Oden, gefühlvollen Elegien, Sonetten usw.; sorgfältig ausgefeilte Form, zuweilen auf Kosten des Inhalts.

W: A Quintana, por su oda al combate de Trafalgar, Son. 1805; A la defensa de Buenos Aires, Ode 1807; Al dos de Mayo, Elegie 1808; A la muerte de la reina de España, doña Isabel de Braganza, Elegie 1819; A la muerte de la duquesa de Frías, Elegie 1830. – Obras poéticas, 1854; Poesías (in: ›Biblioteca de Autores Españoles‹, Bd. 67), hg. J. L. Cano 1968.

L: E. González Negro, 1901.

Gallegos, Rómulo, venezolan. Romancier, 2. 8. 1884 Caracas – 4. 4. 1969 ebda. Lehrer für Mathematik u. Philos.; erlangte durch s. Roman ›Doña Bárbara‹ internationalen Ruhm; Erziehungsminister; 1932–36 im Madrider Exil; 1948 im Februar Präsident der Republik, mußte im November nach e. Militärputsch abdanken u. emigrieren; 1958 Rückkehr nach Venezuela. – Stellt in s. Romanen den Kontrast zwischen Zivilisation u. Barbarei heraus; stark poet. Zug. Beschreibt Typen, Landschaften u. Szenen Venezuelas, mit Vorliebe den Menschen im Kampf mit der unerbittl. Natur; kontrastreicher Stil zwischen Impressionismus u. deskriptivem Realismus.

W: Los aventureros, En. 1913; El último Solar, R. 1920 (u. d. T.. Reinaldo Solar, 1930); Tierra bajo los pies. La trepadora, R. 1925; Doña Bárbara, R. 1929 (d. 1941 u. 1952); Cantaclaro, R. 1934; Canaima, R. 1935 (d. 1961); Pobre negro, R. 1937 (Der Bastard, d. 1970); El forastero, R. 1942; Sobre la misma tierra, R. 1943; La rebelión y otros cuentos, 1946; La brizna de paja en el viento, R. 1952; Una posición en la vida, Ess. 1954; La doncella y el último patriota, Dr. u. En. 1957. – Obras completas V 1949; Novelas escogidas, II 1953; Obras completas, II [2]1959–62; Obras selectas, 1959.

L: H. S. Howard, 1976; O. Araujo, [3]1977; J. A. Yerena, 1977; V. González Reboredo, 1979; M. Schärer-Nussberger, 1979; R. T. Caldera, 1980; J. Liscano, 1980; P. Díaz Seijas, hg. 1980; E. Subero, IV 1980, 1984; J. Santos Urriola, 1981; P. A. Georgescu, 1984; F. Massiani, [2]1984; G. Morón, hg. 1984; M. A. Rodríguez, 1984; J. López Rueda, 1986; Homenaje a R. G., 1986; C. E. Misle, 1986; G. L. Carrera u. a., 1995. – *Bibl.*: E. Subero, 1969.

Gallico, Paul William, amerik. Schriftsteller, 26. 7. 1897 New York – 15. 7. 1976 Monte Carlo/Monaco. Sohn e. ital. Musikers und e. Österreicherin. Vielseitiger Sportler, Erfolg als Fechter. 1922 Mitarbeiter der ›Daily News‹; populärster Sportjournalist der USA. Ab 1939 freier Schriftsteller in England und Südfrankreich. – Vf. zahlr. ›gehobener‹ Unterhaltungsromane, Kurzgeschichten u. Filmskripte, z. T. in Serien über e. weibl. Jedermannsfigur (Mrs. Harris); auch Studien über s. Erfahrungen als Sportler.

W: Farewell to Sport, Erinn. 1938; The Adventures of Hiram Holiday, R. 1939; The Secret Front, R. 1940; The Snow Goose, E. 1941 (d. 1953); Confessions of a Story Writer, Kgn. 1946; Jennie, R. 1950 (d. 1953); Snowflake, M. 1952 (d. 1954); Foolish Immortals, E. 1953 (Jahrmarkt der Unsterblichkeit, d. 1963); Love of Seven Dolls, E. 1954 (Kleine Mouche, d. 1955); Ludmila, E. 1955 (d. 1957); Thomasina, E. 1957 (Die rote Lori, d. 1960); Flowers for Mrs. Harris, E. 1958 (Ein Kleid von Dior, d. 1959); The Steadfast Man, St.-Patrick-B. 1958 (Glocke über Irland, d. 1962); Too Many Ghosts, R. 1959 (Immer diese Gespenster, d. 1961); Mrs. Harris Goes to New York, R. 1960 (Der geschmuggelte Henry, d. 1961); Love, Let Me Not Hunger, R. 1963 (Die spanische Tournee, d. 1964); The Hand of Mary Constable, R. 1964 (Die Hand von drüben, d. 1965); Mrs. Harris, M. P., R. 1965; The Man Who Was Magic, R. 1966; The Revealing Eye: Personalities of the Twenties, Sk. 1967; The Poseidon Adventure, R. 1969 (Schiffbruch, d. 1970); The Boy who Invented the Bubble Gun, R. 1974 (Julian und die Seifenblasen, d. 1974); Mrs. Harris Goes to Moscow, R. 1974 (d. 1978); Miracle in the Wilderness, E. 1975; The House That Wouldn't Go Away, R. 1979.

Gallina, Giacinto, ital. Dramatiker, 31. 7. 1852 Venedig – 13. 2. 1897 ebda. Widmete sich seit 1870 ganz dem Theater; der letzte Dichter, der mit e. Schauspielertruppe herumzog. Direktor der Compagnia comica goldoniana. S. Frau Fabbri-G. war e. berühmte Schauspielerin. – Vf. von 32 Komödien in venezian. Dialekt. E. der besten Nachfolger Goldonis, realist. u. volkstüml. Darstellungen mit köstl. Humor. ›Una famegia in rovina‹ ist e. Meisterwerk über das venezian. Volksleben.

W: Una famegia in rovina, K. 1872; Le barufe in famegia, K. 1872; El moroso de la nona, K. 1875; Zente refada, K. 1875; Mia fia, K. 1878; La mama non more mai, K. 1880; Serenissima, K. 1891; La famegia del santolo, K. 1892. – Teatro completo, hg. D. Varagnolo XVIII 1922–30.

L: S. Basilea, 1931; G. Damerini, 1941.

Gallo, Max, franz. Schriftsteller, * 7. 1. 1932 Nizza. Vertreter der jüngeren franz. Historikergeneration, Chefredakteur des ›Express‹, aktiver Politiker, Abgeordneter auf nationaler und europäischer Ebene. 1968 Aufgabe der Hochschulkarriere zugunsten des reinen Schriftstellertums. – Vf. von zahlr. hist. Darstellungen, aufgrund von Kindheitserlebnissen um den ital. und span. Faschismus zentriert. G. legt entgegen seinem Lehrer E. Labrousse bewußt den Akzent auf die Ereignisgeschichte, die er gegen die krit. Stimmen der aktuellen franz. Historiographie als den Motor der Geschichte und als ›Schlüssel der Geschichte der Gegenwart‹ verteidigt. Seit 1968 schreibt er Romane in rascher Folge, meist als Serien konzipiert und auf die Darstellung von Helden ausgerichtet. In Anlehnung an die Romanzyklen des 19. Jh. (Balzac, Zola) verfaßt er die Romanfolge ›La machinerie humaine‹, einen Zyklus von zehn Romanen, in denen er das Schicksal von Franzosen nach dem 2. Weltkrieg darstellt. Historiograph. und lit. Intentionen sind verbunden in den z.T. gigant. Biographien zu Robespierre, Garibaldi, Jaurès, Rosa Luxemburg, Napoleon, Hugo, de Gaulle.

W: L'Italie de Mussolini, Ess. 1964; Maximilien de Robespierre, histoire d'une solitude, B. 1968; Le cortège des vainqueurs, R. 1972; La baie des anges, R. III 1975/78; France, R. 1980; Garibaldi, la force d'un destin, B. 1982; La demeure des puissants, R. 1983; Le grand Jaurès, B. 1984, 1994, 2001; Les hommes naissent tous le même jour, R. II 1978/79; Les clés de l'histoire contemporaine, Ess. 1989; La machinerie humaine, R. X 1972–97; Napoléon, B. IV 1997; De Gaulle, B. IV 1998; Bleu, blanc, rouge, R. III 2000; Les patriotes, R. IV 2001; Victor Hugo, B. 2002.

Galloway, Janice, schott. Erzählerin, * 2. 12. 1956 Kilwinning/Ayrshire. Stud. Musik u. Lit. in Glasgow, Tätigkeit als Lehrerin, Musikkritikerin. – Beeinflußt vom Glasgower Kreis um A. Gray u. J. Kelman, wurde G. mit ihrem Debütroman zur Vorreiterin der neuen schott. Frauenlit. Darin seziert sie unsentimental u. mit Hilfe experimenteller Schreibtechniken den Überlebenskampf einer jungen Frau in einer schweren psych. Krise.

W: The Trick is to Keep Breathing, R. 1989 (Die Überlebenskünstlerin, d. 1993); Blood, En. 1991 (Liebe in sich wandelnder Umgebung, d. 1994); Foreign Parts, R. 1994 (Fremde Länder, d. 1996); Where You Find It, En. 1996.

Gallus, Gaius Cornelius, röm. Dichter, um 69 v. Chr. – 27/26 v. Chr. Staatsmann, siegreicher General Oktavians in Afrika, 30 v. Chr. erster röm. Präfekt der Provinz Ägypten. Wegen Anmaßung und Übergriffen abberufen u. verbannt, verübte G. Selbstmord. Freund Vergils, der ihm s. 10. Ekloge widmete. – Gilt als Schöpfer der röm. Liebeselegie, schrieb 4 Bücher ›Amores‹ an Lycoris, das ist die Hetäre u. Schauspielerin Cytheris, nach Vorbild von Parthenios u. Euphorion, dessen Epyllien er lat. nachdichtete. S. Lyrik war bis auf 1 Vers völlig verloren, bis 1978 in Qasr Ibrîm e. Papyrusfragment entdeckt wurde, das weitere 9 Verse enthält. An s. Echtheit wurden allerdings Zweifel geäußert.

A: Fragmentary Roman Poets, hg. E. Courtney 1993; Fragm. poet. Latin., hg. W. Morel ³1995 (hg. J. Blänsdorf).

L: J. P. Boucher, 1966; L. Nicastri, C. G. e l'elegia ellenistico-romana, 1984; G. E. Manzoni, Foroiuliensis poeta, 1995.

Gal'perin, Jurij Aleksandrovič, russ. Prosaiker, * 12. 7. 1947 Leningrad. Nach abgebrochenem Stud. Elektrotechn. in Leningrad zu 3 Jahren Militärdienst im Polargebiet einberufen, 1970–76 Stud. Geschichte in Leningrad, veröffti. erste Erzählungen, heiratete 1978 e. Schweizerin u. zog 1979 nach Bern. – G.s Texte kreisen um die Verflechtung von Wirklichkeit u. ihrer lit. Darstellung sowie um die Schaffung e. neuen lit. Wirklichkeit, die Handlung ist minimiert, um die analyt. Reflexion zu forcieren, in der die Zeit- u. Raumgrenzen geschickt verwischt sind, die seelische Not des Helden jedoch um so deutl. zum Vorschein kommt.

W: Most čerez Letu, N. London 1982 (Die Brücke über die Lethe, d. 1990); Igraem bljuz, N. Paris u. N.Y. 1983 (Play blues, d. 1994); Russkij variant, R. 1987.

Galsworthy, John (Ps. J. Sinjohn), engl. Romanschriftsteller und Dramatiker, 14. 8. 1867 Kingston Hill/Surrey – 31. 1. 1933 Hampstead. Sohn e. wohlhabenden Londoner Rechtsanwalts. Stud. Oxford. 1890 Advokat; s. genaue Rechtskenntnis zeigt sich in vielen s. Dramen. 1905 ∞ Ada Pearson Cooper. Zahlr. Reisen; auf e. Schiffsreise 1893 Freundschaft mit J. Conrad. Führte zunächst das Leben e. Landedelmannes, gewann dann durch Lektüre von Kipling, Flaubert und Turgenev ernstes Interesse an der Lit. 1921 Präsident des PEN-Clubs. 1932 Nobelpreis für Lit. – Als Erzähler anfangs unter Einfluß der russ. Lit.: Technik zurückhaltender Objektivität. Wurde berühmt durch die von 1906–28 geschriebene Romantrilogie ›The Forsyte Saga‹. Als Chronist engl. Sozialgeschichte zeigt er anhand e. Familiengeschichte e. Zeit im Wandel vom späten Viktorianismus bis in die 1920er Jahre. In der Darstellung der Übergangsepoche verbindet er Kritik an materialist. Besitzdenken und starrem Patriarchat mit e. positiven Einschätzung der emanzipator. Frauenbewegung. S. traditionelle Schreibweise mit Schwerpunkt auf Figuren und Handlung trennt ihn von den zeitgleich entstandenen formal innovativen Romanen des Modernismus, weswegen er lange Zeit als veraltet galt. Heute wird G. wegen der lebendigen Schilderung der Prozesse sozialpolit. Wandels und s. konsistenten, plast. erzählten Welt wieder geschätzt. Nicht zuletzt die erfolgr. Verfilmung der ›Forsyte Saga‹ in den 1960er Jahren sichert G. e. festen Platz im brit. kulturellen Gedächtnis. In den Romanen ›The Island Pharisees‹ und ›The Man of Property‹ sowie einigen Dramen, bes. ›Justice‹, stellt er die alte starre Ordnung e. neuen, menschlicheren entgegen und hält dem in Traditionen erstarrten Landadel und Bürgertum Ideale der Brüderlichkeit vor Augen. Später wandelte sich s. Auffassung (letzte

Bände der ›Forsyte Saga‹), er stellte dann der jungen, durch den 1. Weltkrieg erschütterten Generation die viktorian. Tradition als Vorbild entgegen. Zahlr. weitere Romane und Kurzgeschichten, 25 Dramen. G.s Dramen sind bühnenwirksame, jedoch teilweise allzu konstruierte Problemstücke, meist mit trag. Wendung, die vom schicksalsmäßig erbarmungslosen Ablauf der Gewalt der soz. Mächte erzählen, welche unabhängig vom menschl. Zugriff, Schuldige und Unschuldige zermalmen. In ›Justice‹ behandelt er das Thema der Einzelhaft als Schmach der menschl. Gesellschaft, in ›Strife‹ die Sinnlosigkeit des Streiks, der Kapitalisten und Arbeiter gleichermaßen schädigt.

W: From the Four Winds, Kgn. 1897; Villa Rubein, R. 1900 (d. 1931); A Man of Devon, Nn. 1901 (d. 1936); The Island Pharisees, R. 1904 (Auf Englands Pharisäerinsel, d. 1916); Caravan, Kgn. 1905 (d. 1956); The Silver Box, Dr. 1906 (Der Zigarettenkasten, d. 1909); The Forsyte Saga, R. V 1906–21 (d. 1925); The Man of Property, 1906 (d. 1910); The Country House, R. 1907 (d. 1913); Fraternity, R. 1908 (Weltbrüder, d. 1911); Strife, Dr. 1909 (d. 1910); Justice, Dr. 1910 (d. 1913); The Patrician, R. 1911 (d. 1925); Moods, Songs and Doggerels, G. 1912; The Pigeon, Dr. 1912 (Der Menschenfreund, d. 1913); The Eldest Son, Dr. 1912 (Der Erbe, d. 1913); The Inn of Tranquillity, Es. 1912; The Dark Flower, R. 1913 (d. 1922); The Fugitive, Dr. 1913 (d. 1914); The Mob, Dr. 1914 (d. 1917); The Freelands, R. 1915 (d. 1934); A Sheaf, Es. 1916; Beyond, R. 1917 (d. 1921); Indian Summer of a Forsyte, 1918 (Nachsommer, d. 1933); A Saint's Progress, R. 1919 (Ein Heiliger, d. 1929); Another Sheaf, Es. 1919; Addresses in America, Es. 1919; The Skin Game, Dr. 1920 (Bis aufs Messer, d. 1934); In Chancery, 1920 (In Fesseln, d. 1933); To Let, 1921 (d. 1933); A Family Man, K. 1921 (Der Familienvater, d. 1928); Six Short Plays, 1921; Loyalties, Dr. 1922 (Gesellschaft, d. 1926); Windows, Dr. 1922 (d. 1924); Captures, R. 1923; The Forest, Dr. 1924 (Urwald, d. 1924); Old English, Dr. 1924 (Ein Lebenskünstler, d. 1929); The Show, Dr. 1925 (Sensation, d. 1926); Escape, Dr. 1926 (d. 1927); Two Forsyte Interludes, 1927 (A Silent Wooing, Passers By, Aneinander vorbei, d. 1927); Exiled, Dr. 1929; The Roof, Dr. 1929 (Feuer, d. 1930); On Forsyte Change, Nn. 1930 (d. 1930); The Creation of Character in Literature, Es. 1931; End of the Chapter, R. III 1931–33 (Das Ende vom Lied, d. 1937); Maid in Waiting, 1931 (d. 1931); Flowering Wilderness, 1932 (d. 1932); Over the River, 1933 (u. d. T. One More River, 1933, d. 1933); Forsytes, Pendyces and Others, 1935 (d. 1937); Selected Short Stories, 1935 (Viktorianische Miniaturen, d. 1952); Glimpses and Reflections, Aut. 1937. – Works, XXV 1922–29; The Novels, Tales und Plays of J. G., 1926f.; Plays, 1929; The Plays 1, 1932; Plays, 1948; Ten Best Plays, 1976; Collected Poems, 1934; Letters 1900–32, hg. E. Garnett 1934. – *Übs.:* Werke, L. Schalit 1925–34.

L: R. H. Coats, 1926; H. L. Ould, 1934; R. H. Mottram, 1953; D. Barker, 1963; R. Sauter, 1967; C. Dupré, 1976; V. Dupont 1977; E. Stevens, 1980; J. Grindin, 1987; S. Sternlicht, 1987. – *Bibl.:* H. V. Marrot, 1928; E. H. Mikhail, 1971.

Galt, John, schott. Romanschriftsteller, 2. 5. 1779 Irvine/Ayrshire – 11. 4. 1839 Greenock. ∞ 1812 Elizabeth Tilloch. Seit 1804 in London, im Dienst e. Handelsgesellschaft, für die er ganz Europa bereiste, teils zusammen mit Lord Byron, den er in Gibraltar traf. 1826–34 in Kanada als Sekretär der Canada Land Company, baute Straße durch die unwegsamen Wälder vom Huron- zum Eriesee, kehrte dann nach Verlust s. Vermögens krank und enttäuscht nach Greenock zurück, wo er 1839 an Paralyse starb. Die Stadt Galt in Kanada ist nach ihm benannt. – Vf. von biograph. Essays und Romanen im Stil Smolletts, in denen er humorvoll und satir., jedoch mit ermüdend vielen realist. Einzelheiten, das schott. Leben auf dem Lande und in den Kleinstädten schilderte. In ›Annals of the Parish‹ gibt er lose Charakterskizzen e. Dorfpfarrers über s. Gemeindemitglieder. Beherrscht alle Schattierungen der schott. Volkssprache.

W: Life of Wolsey, Es. 1812; The Ayrshire Legatees, R. 1820; Annals of the Parish, R. 1821 (n. 1980); The Steamboat, R. 1822; The Provost, R. 1822; Sir Andrew Wylie, R. 1822; The Entail, R. 1823; The Gathering of the West, R. 1823; Ringan Gilhaize, R. III 1823 (n. P. J. Wilson 1948); The Omen, R. 1825; The Last of the Lairds, R. 1826 (n. 1976); Lawrie Todd, R. 1830; Life of Byron, 1830; The Member, R. 1832 (n. I. A. Gordon 1975); Autobiography, II 1833. – Works, hg. D. S. Meldrum, W. Roughead, X 1936; Selected Short Stories, hg. I. A. Gordon 1978.

L: E. Frykman, Uppsala 1959; I. A. Gordon, 1972; H. B. Timothy, The Galts: A Canadian Odyssey, 1977; R. I. Aldrich, 1978; H. Gibault, 1979; Galt, hg. C. A. Whatley 1979; P. H. Scott, 1985. – *Bibl.:* H. Linnsden, 1931.

Galván, Manuel de Jesús, dominikan. Schriftsteller, 13. 1. 1834 Santo Domingo – 13. 12. 1910 San Juan de Puerto Rico. Anwalt, Journalist, Prof., Diplomat, Minister. – Wurde ›Nationaldichter‹ mit e. einzigen Werk, ›Enriquillo‹, das den ersten organisierten Widerstand der Indios gegen die Spanier in s. Heimat zum Inhalt hat. Hatte Sympathie für die Indios, wegen s. hispanophilen u. kathol. Haltung maß er aber die Größe s. Helden an den Werten der europ.-christl. Tradition.

W: Enriquillo. Leyenda histórica dominicana, 1879, 1882.

L: P. Conde, 1978; G. Piña Contreras, 1985.

Gálvez, Manuel, argentin. Schriftsteller, 18. 7. 1882 Paraná – 14. 11. 1962 Buenos Aires. Rechtsanwalt, Journalist, höherer Staatsfunktionär. Gründer des argentin. P. E. N., gefürchteter Polemiker. – Hat Gedichte, einige Dramen u. fast alle Roman-Formen geschrieben: den realist., psycholog., hist., Schlüssel-, Sitten-, Großstadt-, Heimat-, Bildungs- u. Gesellschafts-Roman. S. Werke – mehr als 60 Titel – wurden oft übersetzt.

W: Sendero de humildad, G. 1909; La maestra normal, R. 1914; La sombra del convento, R. 1917; Nacha Regules, R. 1919 (d. 1922, verfilmt); Luna de miel, Nn. 1920; El hombre de los ojos azules, Dr. 1928; R.-Tril.: Los caminos de la muerte, Humaitá, Jornadas de agonía, 1928–29 (López, I – III, d. 1946); Miércoles Santo, R. 1930 (Karawane der Sünder, d. 1951); El novelista y las novelas, Ess. 1959; Recuerdos de la vida literaria, Aut. IV 1961–63; Biografías completas, II 1962.
L: N. Olivari, L. Stanchina, 1924; I. B. Anzoátegui, 1961; M. S. Agresti, 1981; M. Quijada, 1985; L. A. Jiménez, 1990; R. Szmetan, 1994. – *Bibl.:* N. Kisnerman, 1964.

Gálvez de Montalvo, Luis, span. Dichter, um 1540 Guadalajara – um 1591 Palermo (?). Zeitlebens am Hofe des Infanten, befreundet mit Cervantes. – Vf. des seinerzeit sehr erfolgr. Schäferromans ›El pastor de Fílida‹ (1582), der noch einmal alle Merkmale der Gattung enthält, aber schon den Übergang zum höf. Roman markiert, originelle lyr. Einlagen, Schlüsselroman, wird in Cervantes' ›Don Quijote‹ erwähnt. Auch Übs. (Tansillo, Tasso).
A: 1582, ⁶1792, 1907, 1994.
L: F. Rodríguez Marín, La Fílida de G. d. M., 1927; J. M. Alonso Gamo, L. G. d. M., 1987.

Gama, José Basilio da, brasilian. Dichter, Dez. 1741 São José d'El-Rei/Minas Gerais – 31. 7. 1795 Lissabon. Jesuitenkolleg Rio de Janeiro, 1761 Rom (Aufnahme in die Arcadia unter dem Ps. Termindo Sepílio), wurde Hofbeamter. – Lyriker des brasilian. Neoklassizismus; das Epos ›Uruguai‹ behandelt portugies.-span. Expedition gegen die Jesuitenmissionen in Südbrasilien um 1756, stimmt ein in den antijesuit. Diskurs Pombals, in der Debatte Natur/Zivilisation wertete G. die Position der ›Wilden‹ auf, gibt aber kaum ethnograph. Beschreibungen indian. Lebens. Neulektüren des hist. Stoffs situieren das Werk als Anti-Helden-Epos; s. Verbindung von lyr. Vision u. erzähler. Vermögen schafft Harmonie, Verknappung. Auch Übs. (Voltaire).
W: Uruguai, ep. 1769 (Faks. hg. A. Peixoto 1941); Declamação trágica, G. 1772; Quitubia, ep. Dicht. 1791. – Obras Poéticas, 1902.
L: F. Ferreira, 1895; A. Cândido, 1959; F. C. H. García, E. F. Stanton, 1982.

Ǧamāl-zāde, Sayyed Moḥammad ʿAlī, pers. Novellist, um 1894 Isfahan – 12. 11. 1997 Genf. Sohn des als Verfassungskämpfer berühmten Predigers Sayyed Ǧamālo'd-Dīn, 1905 Schulbesuch Teheran, 1907 aus polit. Besorgnis nach Beirut verschickt, dort 1911 Abitur; Reise nach Ägypten, Frankreich, in ärmsten Verhältnissen. Stud. Rechte Lausanne u. Dijon, dort 1915 Diplom; Rückkehr nach Iran zwecks nat. polit. Untergrundtätigkeit unter Loren u. Kurden; Flucht vor den Russen nach Berlin, dort 1916–30 bei der iran. Gesandtschaft tätig, 1931 bis zur Pensionierung 1959 beim Internationalen Arbeitsamt Genf; Mitgl. der Akad. Farhangestān-e Īrān Teheran. – Begr. der pers. Novellistik, Bahnbrecher der mod. realist. Prosa im Bruch mit der Tradition; Milieuschilderungen nach europ. Vorbild in behäbigem Erzählstil mit gelegentl. Verwendung von Umgangssprache. S. ›Yekī būd yekī na-būd‹ schildert die Schwächen der Teheraner Spießbürger realist.-unsentimental und ist das bedeutendste lit. Werk der iran. Belletristik im ersten Viertel des 20. Jh. Begabter Historiker: schrieb e. Aufsatzreihe zur Geschichte der russ.-pers. Beziehungen für die Zs. ›Kāwé‹ (Berlin 1921).
W: Yekī būd yekī na-būd, Nn. 1922 (franz. St. Corbin, H. Loṭfī 1959; Ausw. d. Gelpke 1961); Dāro'l-Maǧnūn, N. 1942; ʿAmū Ḥoseyn-ʿAlī, N. 1943; Šāhkār, N. 1943; Ṣaḥrā-ye maḥšar, N. 1945; Qolṭāshandīwān, E. 1946; Rāh-e-āb-Nāme, Sat. 1947; Talḥ-o-šīrīn, Nn. 1950; Maʿṣūme-ye Šīrāzī, N. 1954; Kohne wa nou, Nn. 1955; Autobiographie, 1957. – *Übs.:* Choix de nouvelles, franz. 1959; Isfahan is Half the World, engl. 1983.
L: B. Nikitine, 1959.

Gambara, Veronica, ital. Dichterin, 30. 6. 1485 Pratalboino b. Brescia – 13. 6. 1550 Correggio. Aus vornehmer adliger Familie, ⚭ 1508 Gilberto X., Signore di Correggio. 2 Söhne, Girolamo u. Ippolito. Nach dem Tode des Gatten 1518 regierte sie ihren kleinen Staat u. verteidigte ihn mit Hilfe der Bürger gegen G. Pico. 1530 u. 1532 Besuche Karls V. Freundschaft mit Aretino, Bembo u. Molza. – Ihre Gedichte nach Vorbild Bembos u. Petrarcas handeln von Liebe (Klagen um den Tod des Gatten), Religion u. Vaterland. Schöne Sprache u. stilist. Eleganz. Die ›Lettere‹ zeigen die gebildete, vornehme Dame des Cinquecento u. geben e. gutes Bild der Zeit.
A: Rime e lettere, hg. F. Rizzardi 1759, P. M. Chiappetti 1879; Sonetti amorosi inediti o rari, hg. E. Costa 1890; Ausw. in: Lirici del Cinquento, hg. L. Baldacci, 1975; Lettere inedite, hg. L. Amaduzzi 1889.
L: C. Bozzetti, hg. 1989; A. Chimenti, 1994.

Gambaro, Griselda, argentin. Dramatikerin u. Erzählerin, * 28. 7. 1928 Buenos Aires. – In ihrem absurden oder grausamen Theater stellen die Helden die heutige Welt mit dichter., manchmal paradoxen Mitteln dar.
W: El desatino, Dr. 1965 (d. 1998); Los siameses, Dr. 1967; Ganarse la muerte, R. 1976; Dios no nos quiere contentos, R. 1979; Decir sí, Dr. 1981 (dt. Aufführung 1992, Hamburg); La malasangre, Dr. 1982 (dt. Aufführung 1984, Nürnberg); De profesión maternal, Dr. 1999; Escritos inocentes, Aut. 1999; El mar que nos trajo, R. 2001; Teatro, I – VI 1984–96.

Ǧāmī, Maulānā Nūru'd-Dīn ʿAbdu'r-Rahmān, pers. Dichter, 7. 11. 1414 Chargerd (Bezirk Ǧām), heute Afghanistan – 9. 11. 1492 Herat/Afghanistan. Schon früh durch den Sufi-Meister Saʿdu'd-Dīn-i Kāšgarī beeinflußt, trat später dem Naqšbandī-Orden bei; wurde in Herat zum großen Gelehrten und umfassend tätigen Dichter, gewann Mäzene in den Timuriden-Sultanen Bābur, Abū Saʿīd und vor allem Husain Bāiqarā (reg. 1469–1506), an dessen Herater Hof, e. Mittelpunkt reifster Kultur, er zeitlebens blieb. Patron und treuer Freund wurde ihm dessen Minister, der türk. Dichter Mīr ʿAlī Šīr Nawāʾī († 1501). Genoß auch die Gunst auswärtiger Herrscher: Ǧahānšāh Qara-Qoyunlu (reg. 1439–67 Westiran), Uzun Hasan (1457–78), der ihn 1472 bei s. Heimkehr von e. Mekkapilgerfahrt in Diyarbekir ehrenvoll empfing, ferner dessen Sohn Yaʿqūb (1478–90), sowie Osmanensultan Bayezid II., der ihn erfolglos an s. Hof nach Stambul lud. – Oft als letzter Klassiker Irans bezeichnet, großer Epigone, äußerte selbst: ›Mir blieb nichts Neues zu sagen übrig.‹ Eifriger Sunnit mit myst. Einschlag, führte aber s. Naqšbandī-Derwischleben ohne Pose, unberührt vom höf. Betrieb, ungewöhnl. vielseitig begabt, von großer Produktivität (45 Werktitel), obwohl er erst 40jährig zu schreiben anfing; verfaßte drei Diwane Lyrik (1479, 1489, 1490 zusammengestellt, Ghaselen aus Jugendzeit, Mannesalter und Greisentum), in Überrundung von → Nizāmī's ›Hamsa‹ (›Quintett‹) schrieb er eine ›Sabʿa‹ (›Septett‹), sieben ep. Dichtungen, wovon ›Yūsuf u Zulaihā‹ mit Recht am berühmtesten ist; populär wurde s. ›Bahāristān‹ (›Frühlingsgarten‹), als Parallele zu → Saʿdīs ›Gulistān‹ verfaßt, und die 1476 entstandene Sammlung von über 600 Viten von Sufiheiligen, Gelehrten u. Dichtern ›Nafahātu'l-Uns‹ (›Hauche der Vertrautheit‹). Ferner zahlr. Abhandlungen zur islam. Theologie, Philos., Poetik und Rhetorik, arab. Grammatik, Musik, Epistologographie usw. Im Stil relativ klar und schlicht bei vollendeter Beherrschung aller Ausdrucksmittel, weithin nachgeahmt.

A: Diwan, hg. H. Pižmān [2]1335/1956; Haft Aurang (Sieben Throne [= Großer Bär]), hg. M. Gīlānī 1337/1958 (daraus: ›Yūsuf u Zulaihā‹, dt. V. v. Rosenzweig-Schwannau 1824); Nafahātu'l-Uns, hg. M. Tauhīdpūr 1337/1958; Bahāristān, hg. u. dt. O. M. v. Schlechta-Wssehrd 1846.

L: ʿA. A. Hikmat, 1320/1942.

Gamsachurdia, Konstantin → Gamsaxurdia, Konstantine

Gamsatow, Gamzatov, Rasul → Hamzatov, Rasul

Gamsaxurdia, Konstantine, georg. Schriftsteller, 15. 5. 1893 Abaša – 17. 7. 1975 T'bilisi (Tiflis). Gymnas., Lehr- und Wanderjahre in St. Petersburg, Königsberg, Leipzig, München, Promotion Berlin. In Georgien Redakteur, ab 1924 freischaffend. – Beginnt mit Lyrik und Essays über Autoren verschiedener Natur, bes. beeinflußt von Goethe, Nietzsche, Th. Mann. Es folgen Erzählungen u. Novellen und drei Romane über junge georg. Männer in Dtl. und Georgien, ferner der Roman ›Der Führer‹. Bes. Bedeutung erlangte G. durch s. Romane zur ›georg. Renaissance‹ 9.–12. Jh. Übs. Goethe, Heine, Rilke, Th. Mann.

W: Zarebi grigalši E. 1924, Dionisos ǧimili, R. 1925; Goetes c'xovrebis romani, R. 1934; Mt'varis motac'eba, R. 1935; Xogais Mindia, En. 1937 (d. in: Der ferne weiße Gipfel, 1984); Beladi, R. 1939; Didostatis K. marjvena, R. 1939 (Die rechte Hand der großen Meisters, d. 1969); Davit' aǧmašenebeli, R. 1942–62; Vazis qvaviloba, R. 1955. – Rčeuli t'xzulebani (AW), VIII 1958–67, 1973–75. – *Übs.*: russ. Izbrannye proizvedenija, VI 1962–68; VIII 1972–81.

L: S. Radiani, 1958; D. Benašvili, 1962; B. Žgenti, 1967; G. Kankava, 1969; E. Šušania, 1970, 1976; R. Tvaraje, 1971; A. C'anava, 1972; Sigua, 1974, 1984; M. Abulaje, 1976; T. Kikačeišvili, 1974; T. A. Xotivari, Diss. T'bilisi 1977; Papaskiri, 1979; E. Bartaia, 1983; St. Chotiwari-Jünger, in: Zs. f. Slawistik 25 (1980) u. in: Beitr. z. Gesch. d. Humboldt-Univ. 6 (1982).

Gane, Nicolae, rumän. Erzähler, 1. 2. 1838 Fălticeni – 16. 4. 1916 Jassy. Aus alter Bojarenfamilie; Stud. Jura Paris; Rechtsanwalt, Richter, Abgeordneter u. Senator, Minister, Präsident der Rumän. Akad., Mitgl. der ›Junimea‹. – Vf. hist. Novellen u. Heimaterzählungen. Gütiger Humor, feinsinnige Beobachtungsgabe, Lokalkolorit, romant. Einstellung. Übs. von Dante.

W: Nuvele, III 1873, II 1880, III 1885; Păcate mărturisite, En. 1904.

L: A. Gorovei, 1937.

Gānguli, Tāraknāth, ind. Schriftsteller, 31. 10. 1843 Distrikt Jessore/Ostbengalen – 22. 9. 1891 Baxar/Bihār. Arzt in Regierungsdiensten. – Schrieb in Bengālī den Roman ›Svarnalatā‹, e. sehr lebensnahe Darstellung des bengal. Lebens, besonders der Großfamilie mit ihren Licht- und Schattenseiten.

W: Svarnalatā, R. 1873 (engl. D. C. Roy 1903, n. [2]1906, u. d. T. The Brothers, E. Thompson 1928, 1931); Harise visād, R. 1887; Adrsta, R. 1892; Tintigalpa, En. 1898.

Ganivet, Angel, span. Schriftsteller, 13. 12. 1865 Granada – 29. 11. 1898 Riga. Stud. Rechte, Philos. u. Lit. Granada u. Madrid, Mitgl. des lit. Zirkels ›La Cuerda granadina‹; hochgeistiger, feinsinniger Mensch, mit Unamuno befreundet, ab 1892 im Konsulatsdienst als Konsul in Antwerpen, Helsinki (1896) u. Riga (1898); setzte s. Leben durch e. Sprung in die Dwina selbst e. Ende. – Vorläufer der sog. ›Generation von 1898‹, befaßte sich in s. Schriften (insbes. ›Idearium Español‹) mit den Ursachen des span. Niedergangs, dessen Hauptgrund er in der angeborenen Abulie der Spanier sah, übte scharfe Kritik an der europ. Zivilisation u. am moral. Verfall der mod. span. Gesellschaft, setzte großes Vertrauen auf die inneren Reserven des span. Volkes, sah e. Möglichkeit für nationale Wiedergeburt in der Stärkung des individualist. Geistes u. Konzentration der Kräfte nach innen, ohne Vergeudung in Unternehmungen außerhalb der span. Grenzen.

W: Granada la bella, Prosa 1896; Idearium español, Es. 1897 (Spaniens Weltanschauung und Weltstellung, d. 1921); La conquista del reino de Maya por el último conquistador español, Pío Cid, R. 1897; Los trabajos del infatigable creador Pío Cid, R. II 1898; Cartas finlandesas, Aufs. 1898; Hombres del Norte, Aufs. 1905; El escultor de su alma, Dr. 1906. – Obras completas, X 1928ff., II 1943, V 1996ff.

L: M. León Sánchez, 1927; H. Jeschke, Paris 1928; A. Saldaña, 1930; F. Elías de Tejada, Ideas políticas de A. G., 1939; A. Espina, 1942; P. Van Vielt, 1949; F. García Lorca, 1952; M. Fernández Almagro, ²1953; I. Schradex, 1955; M. Olmedo Moreno, 1965; A. Gallego Morell, 1965, ²1974 (m. Bibl.); ders., 1971; J. Herrero, 1966; L. Seco de Lucena, 1967; H. Ramsden, A. G.s ›Idearium Español‹, Manchester 1967; J. L. Aranguren, 1968; J. Gingsberg, Lond. 1985; R. Fernández Sánchez-Alarcos, 1995; J. A. Juanes, 1998; N. R. Orringer, 1998.

Gao Ming (auch Gao Zecheng), chines. Dichter, 1310 Ruian (Zhejiang) – 1380. Nach Staatsprüfung 1345 vorübergehend in Provinzämtern tätig, nach Gründung der Dynastie Ming (1368) zurückgezogen in Yin (Ningbo) lebend. – Vf. des als Höhepunkt der ›südl.‹ Richtung der Bühnenlit. geltenden Stückes ›Pipa ji‹ (Die Laute, Erstdruck 1367, Erstaufführung 1404). Die 42 Szenen behandeln das Schicksal des hanzeitl. Literaten Cai Yong, der glückl. geheiratet hat, muß zur Staatsprüfung in die Hauptstadt, besteht als Primus und muß auf kaiserl. Befehl e. Ministertochter heiraten. S. erste Frau gerät in Not, hilft aber trotzdem pietätvoll ihren Schwiegereltern. Schließl. sucht sie verkleidet Cai auf, der sie aufnimmt und nun glückl. mit 2 Frauen lebt. Höhepunkt des Dramas sind die lyr. Partien, d. h. Arien, die das Werk neben dem ›Xixiang ji‹ zu den trefflichsten Bühnenstücken der älteren Zeit machen. Nr. 7 der ›Zehn Meisterbücher‹. Von G.s Gedichten sind nur wenige erhalten.

Übs.: M. Bazin, Paris 1841; V. Hundhausen 1930.
L: C. Birch, Bull. of the School of oral and African Studies 36/2, 1973.

Gao Xingjian, chines. Dramatiker und Erzähler, * 1. 4. 1940 Ganzhou (Jiangxi). Nach Stud. der franz. Sprache in Peking 1957–62 Landverschikkung, Arbeit als Landarbeiter und Lehrer. Durch Beruf (Dolmetscher und Übersetzer) Verbundenheit mit der franz. Lit. Ab 1981 Dramaturg am Pekinger Volkskunsttheater. 1983 wird G. als bürgerl.-modernist. kritisiert; entzieht sich der persönl. Gefährdung durch lange Reise und Wanderungen durch Südchina, die im Roman ›Lingshan‹ (Berg der Seele, d. 2002) verarbeitet werden. Seit 1987 in Frankreich, ist G. heute franz. Staatsbürger. Nobelpreis für Lit. im Jahr 2000. – In s. ersten Dramen ›Juedui xinhao‹ und ›Chezhan‹ verwendet G. Elemente des absurden Theaters, doch sind sie noch zeitbezogen und sozialkrit. intendiert. Durch Verzicht auf Bühnenbild, Verwendung von Licht- und Toneffekten, Aufbrechen der Einheit der Handlung erreicht G. formale Neuerung. Ziel ist e. totales Theater, das die Absurdität der menschl. Existenz zeigt und kathartisch wirkt (›Bi'an‹, 1986); daoist. Anklänge und die Verwendung von Techniken des tradierten Singspiels zeugen von dem Versuch e. Erneuerung traditionellen Denkens und tradierter Formen. Der Roman ›Lingshan‹, eine Reiseerzählung, berichtet von der Suche nach den Quellen der chines. Kultur in Schamanismus und Volksbräuchen wie von der Suche nach dem Ich, das in avantgardist., vom ›nouveau roman‹ beeinflußter Erzählweise in mehrere Personen gespalten ist. Von Kritikern wird G. Abhängigkeit von westl. Vorbildern vorgeworfen.

W: Juedui xinhao, Dr. 1982; Chezhan, Dr. 1983 (Die Busstation, d. 1988); Xiju ji, Drn. 1985; Bi'an, Dr. 1986; Taowang, Dr. 1990 (Flucht, d. 1992); Lingshan, R. 1990; Yige ren de shengjing, R. 1998 (One Man's Bible, engl. 2002). – *Übs.:* JA oder/und NEIN, Dr. 1999; Auf dem Meer, En. 2000; Nächtliche Wanderung, Ess. 2000.
L: M. Basting, 1988 (m. Übs., Die Wilden); H. Y. H. Zhao, Towards a Modern Zen Theatre, Lond. 2000.

Garay, János, ungar. Dichter, 10. 10. 1812 Szekszárd – 5. 11. 1853 Pest. Univ. Pest. Redakteur der Zs. ›Regélő‹. 1848 Prof. der Lit. in Pest. Seit 1850 Univ.-Bibliothekar. – Lyriker, Epiker und Dramatiker, bekannt durch seinerzeit beliebte heroische und kom. Epen im Balladenstil. S. bestes Werk ist das kom. Epos ›Az obsitos‹, als Oper ›Háry János‹ von Kodály.

W: Csatár, Ep. 1834; Versei, G. 1843; Az obsitos, Ep. 1843; Újabb versei, G. 1848; Szent László, Ep. 1851. – Összes költeményei, 1855; Összes munkái, hg. J. Ferenczy 1886. – *Übs.:* Der Veteran (d. F. Lám 1944).
L: J. Ferenczy, G. J. életrajza, 1883.

Garborg, Arne Evensen, norweg. Dichter, 25. 1. 1851 Time/Jæren – 14. 1. 1924 Asker b. Oslo.

Ältester Sohn e. Bauern; verließ den väterl. Hof, den er hätte erben sollen, wegen der pietist. Strenge u. Bildungsfeindlichkeit s. Vaters u. ging nach Oslo. Dort ab 1875 Stud. u. journalist. Tätigkeit mit polit. u. relig. radikaler Tendenz; kurz Volksschullehrer, 1877 Hrsg. der Zs. ›Fedraheimen‹, in der er sich bes. für das Landsmål einsetzte, das durch ihn literaturfähig wurde. 1878–87 staatl. Revisor, wegen s. freigeistigen Schriften entlassen; danach freier Schriftsteller, zuletzt auch Bauer. ∞ 1887 Hulda Bergersen. – In den Traditionen des Bauerntums verwurzelt, zudem tiefrelig. veranlagt u. zu grübler. Mystik neigend, war G. doch weltoffen u. nahm, oft bis zum Radikalismus krit. u. angriffslustig, an den geistigen Auseinandersetzungen s. Zeit Anteil. In s. ersten Schaffensperiode bekannte er sich rückhaltlos zum krassen Naturalismus der sog. Christiania-Bohème. Davon zeugen bes. s. Romane ›Bondestudentar‹ u. ›Mannfolk‹, die ebenso wie s. aus Tagebuchblättern u. aphorist. Aufzeichnungen gestalteter Dekadenzroman ›Trætte Mænd‹ im Großstadtmilieu spielen. Die Abwendung vom unbedingten Naturalismus kündigte sich in dem düsteren, jedoch bereits mit poet. Landschaftsbildern durchwobenen Bauernroman ›Fred‹ an, dessen von Sympathie gezeichnete Hauptgestalt, e. relig. Melancholiker, sich im Grübeln über die Sünde verzehrt u. erst im selbstgewählten Tod Frieden findet. Von der noch naturalist. objektiven Schilderung in ›Fred‹ befreite sich G. vollends in der lyr. Verserzählung ›Haugtussa‹. An die Stelle der Beobachtung und Handlung sind die Phantasie u. die auch sprachl. an alte Märchen u. Volkssagen erinnernde Wiedergabe von Stimmungen, Träumen u. traumhaften Erlebnissen getreten. In dem z. T. autobiograph. Roman ›Den burtkomne Faderen‹ schließl. findet s. Religiosität bekenntnishaft Ausdruck. Übs. der ›Odyssee‹ (1918).

W: Ein Fritenkjar, R. 1878; Bondestudentar, R. 1883 (Bauernstudenten, d. 1902); Ungdom, R. 1884; Forteljingar og Sogur, En. 1884; Mannfolk, R. 1886 (Aus der Männerwelt, d. 1888); Uforsonlige, Dr. 1888; Hjaa ho Mor, R. 1890 (Bei Mama, d. 1891); Kolbotnbrev, Ess. 1890; Trætte Mænd, R. 1891 (Müde Seelen, d. 1893); Fred, R. 1892 (Frieden, d. 1894); Haugtussa, G. 1895; Læraren, Dr. 1896 (Paulus, d. 1898); Den burtkomne Faderen, R. 1899 (Der verlorene Vater, d. 1901); I Helheim, G. 1901; Fjell-Luft, En. 1903; Knudaheibrev, Ess. 1904; Jesus Messias, Abh. 1906; Heimkomin Son, R. 1908; Dagbok 1905–23, Tg. hg. Hulda G. VII 1924–27. – Skriftir i samling (GW), VII 1908 f., ²1921 f., VIII 1944, ²1951, XII 2001; Verk, XII 1980; Tankar og utsyn, Ess. hg. J. A. Dale, R. Thesen II 1950; Artiklar, hg. J. A. Dale 1967.

L: E. Lie, 1914; R. Thesen, III 1933–39; ders., 1940 u. 1945; J. A. Dale, 1950; Å. Åmlid, 1958; J. A. Dale, 1969; F. Thorn, 1972; S. Time, 1979; T. Obrestad, 1991, ²2001; G. Mork, Den reflekterte lateren – på spor etter A. G.s ironi, 2002.

Garção y Salema, Pedro António Correia, portugies. Dichter, 29. 4. 1724 Lissabon – 10. 11. 1772 ebda. Sohn e. hohen Beamten, durch Heirat sehr vermögend, nach klass. Ausbildung u. Jurastud. in der Casa da Índia tätig, leitender Redakteur der ›Gazeta de Lisboa‹ u. Mitbegründer der Arcádia Lusitana, später zurückgezogen auf s. Landsitz. Verlust des Vermögens, Prozeß, 1771 durch Pombal im Gefängnis. – Schöpfer e. der bedeutendsten neoklassizist. Dichtungen Portugals, ›Cantata de Dido‹ (nach dem 4. Buch der ›Aeneis‹), enthalten im gesellschaftssatir. Stück ›Assembleia ou Partida‹. Ital. Einfluß, musikal. Unterlegung; nimmt dem Stoff Vergils viel von s. Strenge u. trag. Größe. Auch Vf. von Oden, Dithyramben, Sonetten, Satiren, Episteln. Die Nachahmung der Antike soll den Forderungen der Vernunft u. Wahrheit untergeordnet bleiben. Verehrt Horaz; elegantes Epikureertum, liebt die engl. u. franz. Kultur.

A: Obras Poéticas, 1778, Rom 1888, hg. A. J. Saraiva 1957f.

Garcés, Tomàs (Ps. Ship Boy), span. Dichter, 1901 Barcelona – 1993 ebda. Span. Dichter auf Katalanisch. Rechtsanwalt; Mitarbeiter bei mehreren Zsn. und Gründer der ›Quaderas de Poesía‹. – S. Gedichte besingen die Landschaft seiner Heimat.

W: Vint cançons, 1922; L'ombra del lledonei, 1924 Paisaje; lecturas, Es. 1926; El somni, 1927; Paradís, 1931; Notas sobre poesía, Es. 1933; El caçador, 1947; Grèvol y molsa, 1953; Viatge d'octubre, 1955; Plec de poemes, 1971; Sobre Salvat-Papasseit y otros escritos, Es. 1972; Escrit a terra, 1985.

Garcia, Francesc Vicent (Ps. Rector de Vallfogona), katalan. Dichter, 1578/79 Tortosa(?) – 1623 Vallfogona de Riucorb. 1606 Pfarrer von Vallfogona, Privatsekretär des Bischofs von Girona, Figur der katalan. Volksmythologie. – Erster großer katalan. Barockdichter; s. überwiegend satir.-burleskes Werk umfaßt Lyrik, Dramen (›Comèdia de Santa Bàrbara‹) u. Prosa (›Sermó‹, 1622); v. a. in Manuskriptform verbreitet, schulbildend bis zur ›Wiedergeburt‹ im 19. Jh., dann lange als zu kastil. diskreditiert.

A: Poesias, 1703 (Faks. 2000); Ant. poètica, 1985; Comèdia de S. B., 1987.

L: J. Amades, El Rector de Vallfogona, 1938; A. Rossich, F. V. G., 1985, 1987.

García Calderón, Ventura, peruan. Schriftsteller, 23. 2. 1886 Paris – 27. 10. 1959 ebda. Diplomat, Journalist, Hrsg., Kritiker. – Vf. von exaktem, elegantem Stil u. sprachl. Reichtum, mit Neigung zur Musikalität; naturalist. u dekadente Prosa; befasste sich viel mit Peru, das er leidenschaftl. liebte. Schrieb z. T. franz.

W: Del romanticismo al modernismo, Ess. 1910; La literatura peruana, St. 1914; Dolorosa y desnuda realidad, En. 1914; La venganza del cóndor, En. 1924 (Peruanische Novellen, d. 1926); Danger de mort, En. 1926 (d. 1928); Couleur de sang, En. 1931 (d. 1936); Páginas escogidas, 1947; Cuentos peruanos, 1952 (d. 1956). – Obra literaria selecta, hg. L. A. Sánchez 1989. – Übs.: Peruanische Gesichte, Nn. 1951; Perú alucinante, En. span.-dt., 1956.

L: E. D. Tovar, 1919; N. Pacheco, 1921; J. Núñez, 1938; R. Gómez de la Serna, 1946; L. H. Delgado, 1947, 1949; Y. Gandos, hg. 1947; E. Lerch, 1948.

García Gutiérrez, Antonio, span. Dramatiker, 5. 7. 1813 Chiclana/Cádiz – 26. 8. 1884 Madrid. erster Unterricht in Cádiz, trotz ausgesprochener schriftsteller. Berufung vom Vater zum Medizin-Stud. gezwungen; Flucht aus dem Elternhaus u. Abbruch des Stud.; bedrängte wirtschaftl. Lage in Madrid, ließ sich als Soldat anwerben; nach dem großen Erfolg s. Dramas ›El trovador‹ wachsender Ruhm u. steile Karriere; 1844–49 Reise durch Amerika; bekleidete angesehene Ämter, u.a. Konsul in Bayonne u. Genua; 1862 Aufnahme in die Span. Akad., 1872 Direktor des Staatl. Archäolog. Museums. – War von allen span. Romantikern am entschiedensten zum Theater berufen, schrieb Dramen, vielfach über hist. Themen, geprägt von glühendem Kampf der Leidenschaften, mitreißendem Schwung, feuriger Inspiration u. meisterhafter Verskunst (insbes. ›El trovador‹, Vorlage zu Verdis ›Troubadour‹); spätere Stücke maßvoller u. ausgereifter in der Form, starke Resonanz beim Publikum; verfaßte auch Komödien u. Zarzuelas; Übs. u. Bearbeitung zahlr. franz. Theaterstücke (u.a. von Scribe u. Dumas).

W: El trovador, Dr. 1836; El rey monje, Dr. 1837; El encubierto de Valencia, Dr. 1840; Poesías, G. 1840; Luz y tinieblas, G. 1842; Simón Bocanegra, Dr. 1843; Venganza catalana, Dr. 1864; Las cañas se vuelven lanzas, K. 1864; Juan Lorenzo, Dr. 1865. – Obras escogidas, 1866 (n. J. R. Lomba 1941); Teatro, hg. ders. 1925.

L: E. Funes, 1900; N. B. Adams, The Romantic Dramas of G. G., N. Y. 1922; C. Iranzo, Boston 1980; M. L. Guardiola Tey, 1993.

García Hortelano, Juan, span. Schriftsteller, 14. 2. 1928 Madrid – 3. 4. 1992 ebda. Stud. Rechte ebda., Beamtenlaufbahn, Drehbuchautor. – Mit s. objektiven, ›asket.‹ Realismus analysiert er erbarmungslos die Madrider Bourgeoisie s. Zeit, ihre Vorurteile u. kleinkarierte Mentalität. Minutiöse Wiedergabe von Sprachgewohnheiten bestimmter Gesellschaftskreise.

W: Nuevas amistades, R. 1959; Tormenta de verano, R. 1962 (d. 1962); Gente de Madrid, En. 1967; El gran momento de Mary Tribune, R. II 1972; Apólogos y milesios, En. 1975; Los vaqueros en el pozo, R. 1979; Cuentos completos, En. 1979; Gramática parda, R. 1982.

L: U. Schmidt, Ffm. 1984; D. Troncoso Durán, 1985.

García de la Huerta, Vicente Antonio, span. Schriftsteller, 9. 3. 1734 Zafra/Badajoz – 12. 3. 1787 Madrid. Kindheit in Zamora, Stud. in Salamanca, stand in Madrid unter der Protektion des Herzogs von Alba, bekleidete e. Posten an der Staatsbibliothek, Mitglied der Span. Akad.; 1766 in Paris, 1767–77 Verbannung u. Gefängnishaft in Oran wegen e. Artikels gegen den Grafen von Aranda, 1777 Rückkehr nach Madrid, an zahlr. lit. Fehden beteiligt. – Wurde berühmt als Vf. der besten span. Tragödie des 18. Jh. ›La Raquel‹, Stoff der ›Jüdin von Toledo‹; streng nach klass. Regeln aufgebautes Drama, gedacht als Verteidigung alt-span. Theatertraditionen gegen franz. Einflüsse; ungeheurer Erfolg dank kraftvoller Sprache, flüssiger Verse u. patriot. Züge; verfaßte auch Elegien, Sonette u. Eklogen nach der Mode der Zeit, von geringem lit. Wert; Hrsg. e. Sammlung von comedias der Blütezeit u.d.T. ›Theatro Hespañol‹ in 16 Bänden.

W: La Raquel, Tr. (1778; hg. R. Andioc 1970, J. G. Fucilla 1984); Obras poéticas, II 1778; Poesías (in: ›Biblioteca de Autores Españoles‹, Bd. 61), hg. L. A. de Cueto, M. Ángel Lama 1997.

L: J. A. Ríos Carratalá, 1987.

García Huidobro Fernández, Vicente → Huidobro, Vicente

García Lorca, Federico, span. Lyriker u Dramatiker, 5. (15.?) 6. 1898 Fuentevaqueros/Granada – 19. 8. 1936 Viznar/Granada. Sohn e. Großbauern u. e. Lehrerin, Schule in Almería, Stud. Philos., Lit. u. Rechte Granada u. Madrid; sehr vielseitiger, lebensfroher Mensch mit starker persönl. Ausstrahlung; auch guter Zeichner, Musiker, Redner u. Rezitator; vertonte u. illustrierte einige s. Werke; befreundet u.a. mit Dalí, de Falla, Alberti, Guillén; Reisen durch Europa; 1929/30 Aufenthalt in New York u. Kuba; 1931 Leitung der Wanderbühne ›La Barraca‹, die span. Klassiker in Provinzstädten aufführte; 1933 Reise nach Südamerika; die näheren Umstände s. trag. Todes (er wurde im Span. Bürgerkrieg von Falangisten erschossen) sind noch nicht geklärt. – E. der bedeutendsten Gestalten der mod. span. Lit.; Vertreter der sog. ›Generation von 1927‹, die die span. Lyrik zu e. letzten Höhepunkt vor Ausbruch des Bürgerkrieges (1936) führte; anfangs deutl. Einfluß Rubén Daríos u. J. R. Jiménez' (›Libro de poemas‹); schon mit ›Canciones‹ von allen Vorbildern frei; Lyrik von großer Musikalität u. Ausdruckskraft; Wiederbelebung volkstüml. Elemente; stark geprägt von Kultur u. Landschaft s. andalus. Heimat, v.a. in ›Romancero gitano‹, e. poet. Vision der Zigeunerwelt mit ihren wilden Leidenschaften; schrieb entzückende Verse u. Geschichten für Kinder, in deren Welt er sich gut einfühlte. Auch als Dramatiker von großer Bedeutung, echte Erneuerung des mod. span. Theaters durch stark poet. Note s. Stücke, kühne Thematik, Konflikt zwischen Schicksalsmacht u. menschl. Leidenschaften, z. T. vor andalus. Hintergrund; von Calderónscher Tragik u. Größe. Schrieb auch Schwänke u. Puppenspiele.

W: Impresiones y paisajes, Prosa 1918; Libro de poemas, G. 1921; Canciones, G. 1927; Mariana Pineda, Dr. 1928 (d. 1954); Romancero gitano, G. 1928 (d. 1953); La zapatera prodigiosa, Schw. 1930 (d. 1954); Poema del cante jondo, G. 1931 (d. 1956); Así que pasen cinco años, Dr. 1931 (d. 1954); Retablillo de don Cristóbal, Sp. 1931 (d. 1960); Amor de don Perlimplín con Belisa en su jardín, Schw. 1933 (d. 1954); Bodas de sangre, Tr. 1933 (d. 1944); Yerma, Tr. 1935 (d. 1953); Doña Rosita la soltera, Dr. 1935 (d. 1950); Llanto por Ignacio Sánchez Mejías, Dicht. 1935; Seis poemas galegos, G. 1935; Diván del Tamarit, G. 1936; Primeras canciones, G. 1936; La casa de Bernarda Alba, Dr. 1936 (d. 1948); Poeta en Nueva York, G. 1940 (d. 1963). – Obras completas, hg. B. A. Losada VIII 1938–42 u. ö., A. de Hoyo [8]1965; M. García Posada IV 1996f.; Epistolario, hg. Ch. Maurer 1983; ders., Conferencias, II 1984. – Übs.: Gedichte, Ausw. 1948, 1969; Granada und andere Prosadichtungen, 1954; Die dramatischen Dichtungen, [3]1958 (n. 1963); Briefe an Freunde, Interviews, Erklärungen zu Dichtung und Theater, 1966; Werke, III 1986.

L: R. G. Sánchez, 1950; A. del Río, 1952; A. de la Guardia, [3]1952; R. Campbell, Lond. 1952; J.-L. Flecniakoska, Paris 1952; M. T. Babín, 1954; G. Díaz Plaja, 1954; F. Nourissier, Paris 1955; J. M. Flys, 1955; J. M. Trend, Lond. 1956; J. L. Schonberg, Paris 1956; G. Correa, Eugene/OR 1957, [2]1975; C. Morla, 1957; F. Vazquez Ocaña, 1958; A. Henry, Les grands poèmes andalous de F. G. L., Gent 1958; C. Eich, 1958; J. Mora Guarnido, 1958; A. Barea, N. Y. [2]1958; A. Schmidt, Diss. Wien 1959; G. W. Lorenz, 1961; ders., 1963; G. de Torre, 1961; J. L. Cano, 1962; M. Durán, hg. Englewood Cliffs/NJ 1962; A. Belamich, Paris 1962; M. Iglesias Ramírez, [2]1963; E. Honig, Norfolk/CT [2]1963; R. Lima, N. Y. 1963; J. Guillén, 1965; M. Laffranque, Les idées esthétiques de F. G. L., Paris 1966; E. Huber, 1967; C. Couffon, 1967; C. Ramos Gil, 1967; F. Umbral, 1968; C. Rincón, 1968; M. Auclair, Enfances et mort de G. L., 1968; R. Michaelis, 1969 (m. Bibl.); I. Gibson, 1971 (erw. engl. 1973); ders., 1985/87; I. Manuel Gil, hg. 1973; G. Edwards, L., the Theater Beneath the Sand, Boston/ MA 1980; E. Honig, 1980; F. G. L., Bilder und Texte, hg. H. Meier, P. Ramírez 1986; C. Petersen, 1986; R. Blaeser, F. G. L. als Zeichner, 1986; W. Steinbeiß, 1987; L. Fernández Cifuentes, 1986; M. A. Arango L., 1995; A. M. Gómez Torres, 1995; U. Felten, 1998; M. E. Harretche, 2000; J. Aguilera Sastre, 2001. – Bibl.: R. Blaeser, 1961; F. Colecchia, 1979.

García Márquez, Gabriel, kolumbian. Erzähler, * 6. 3. 1928 Aracataca. Stud. Bogotá, Reporter, Journalist, Auslandskorrespondent in Rom, Paris, Caracas, New York; lebte jahrelang in Mexiko u.

Barcelona, jetzt in Bogotá u. Mexiko; 1982 Nobelpreis für Lit.; Hrsg. der Zs. ›Alternativa‹; Gründer der Stiftung ›Hábeas‹ zur Freilassung polit. Häftlinge. – Begann als Drehbuchautor. In s. Romanen u. Erzählungen verbindet er gründl. Menschenkenntnis mit tiefen psycholog. u. soziolog. Analysen. Auch entfernte Orte u. Zeiten verschmelzen sich durch s. typ. Sinn für e. fließende Erzählform; Einfluß von alten Lit.gattungen (Ritterromane wie der ›Amadís‹); experimentelle Behandlung der Umgangssprache; starke Einbildungskraft u. stilist. Sorgfalt; Anhänger des Mag. Realismus, mit sehr persönl. Auffassung der Wirklichkeit. Bislang beste Verwirklichung s. künstler. Intentionen in ›Cien años de soledad‹, e. trop. Familienchronik, die Lateinamerika bis hinein in den Alltag als völlig phantast. erscheinen läßt.

W: La hojarasca, R. 1955 (Laubsturm, d. 1975); El coronel no tiene quien le escriba, R. 1961 (Kein Brief für den Oberst, d. 1968, u. d. T.. Der Oberst hat niemand, der ihm schreibt, d. 1976); Los funerales de la Mamá Grande, En. 1962 (verfilmt; d. 1974); La mala hora, R. 1962 (d. 1966, 1979); Cien años de soledad, R. 1967 (Hundert Jahre Einsamkeit, d. 1970); Relato de un náufrago, E. 1970 (d. 1980); Eréndira, En. 1972 (verfilmt; d. 1974); Ojos de perro azul, En. 1974 (d. 1970, 1982); El otoño del patriarca, R. 1975 (d. 1978); Cuando era feliz e indocumentado, Rep. 1975; Crónica de una muerte anunciada, R. 1981 (verfilmt; d. 1981); El olor de la guayaba, Mem. 1982 (d. 1983); El secuestro, Drb. 1982 (d. 1982); El amor en los tiempos del cólera, R. 1985 (d. 1987); La aventura de Miguel Littín clandestino en Chile, Rep. 1986 (d. 1988); Diatriba de amor contra un hombre sentado, Dr. 1988 (d. 1989); El general en su laberinto, R. 1989 (d. 1989); Doce cuentos peregrinos, 1992 (d. 1993); Del amor y otros demonios, R. 1994 (d. 1994); Noticia de un secuestro, Chronik 1996 (d. 1996); La bendita manía de contar, Drehbuchwerkstatt 1999; Vivir para contarla, Aut. 2002 (d. 2002). – Obra periodística, IV 1948–60, hg. J. Gilard 1981–83 (Ausw. Die Giraffe aus Barranquilla, d. 1984; Der Beobachter aus Bogotá, d. 1985; Zwischen Karibik und Moskau, d. 1986); Notas de prensa 1980–84, 1993; Por la libre, polit. Zs.-Artikel, 2000. – Übs.: Die letzte Reise des Gespensterschiffs, En. 1978.

L: T. Koenigs, 1985; A. M. Hernández de López, hg. 1985; M. A. Arango, 1985; B. Shaw, N. V. Godwin, 1986; O. Collazos, [2]1986 (d. 1989), 1989; E. Cartín de Guier, 1987; A. Bhalla, 1987; M. E. Montaner Ferrer, 1987; G. R. McMurray, 1987; A. Díaz Arenas, 1987, 1988, 1992, 1998; B. McGuirk, R. Cardwell, 1987; S. Minta, 1987; J. Ortega, 1988; P. Sorela, 1988; D. Morán Garay, 1988; J. M. García Ramos, 1989; W. Semskow, 1990; M. Wood, 1990; G. H. Bell-Villada, 1990; J. Thesing, hg. 1991; I. Rodríguez Vergara, 1991; H. F. Dbersing halman, 1991; R. Janes, 1991; A. Rama, 1991; D. Ploetz, 1992, 1994; J. G. Cobo Borda, hg. 1992; C. Klinker, 1993; H.-O. Dill, 1993; E. W. Hood, 1993; H. D. Oberhalman, 1994; A. M. Penuel, 1994; A. E. Seguí, 1994; J. García Usta, 1995; A. Herrmann, 1995; G. Arango, 1995; S. Galvis, 1996; J. G. Cobo Borda, 1997; Túa Blesa u. a., 1998; D. Saldívar, 1998 (d. 1998); Eligio García Márquez, 2001. – Bibl.: M. E. Fau, 1986; N. Sfeir de González, 1994; J. G. Cobo Borda, 1996.

García Morales, Adelaida, span. Schriftstellerin, * 1945 Badajoz. Stud. Philos., Lit.wiss. u. Drehbuch in Madrid, Lehrerin, Übs. in Algerien, Mannequin, Schauspielerin. – Lyrik, Erzählungen, Romane. Subtile Erforschung von Kindheitserfahrungen, Familien- und Liebesbeziehungen aus weibl. Sicht.
W: El sur/Bene, En. 1985 (d. 1987); El silencio de las sirenas, R. 1985 (d. 1991); La lógica del vampiro, R. 1990 (d. 1993); Las mujeres de Héctor, R. 1994; Mujeres solas, G. 1996; Nasmiya, R. 1996 (Die Geometrie der Liebe, d. 1998); La señorita Medina, R. 1997; El accidente, En. 1997; El secreto de Elisa, R. 1999; Una historia perversa, R. 2001.

García Nieto, José, span. Dichter, 6. 7. 1914 Oviedo – 27. 2. 2001 Madrid. Nach dem Span. Bürgerkrieg Gründer der Zs. ›Garcilaso‹, die den Formalismus der Nachkriegszeit verkörperte: e. Dichtung ohne polit. oder soz. Inhalt, die in der klassizist. Evokation der Vergangenheit sich erschöpft, ab 1982 Mitgl. der Span. Akad.
W: Víspera hacia ti, G. 1940; Poesía (1940–1943), G. 1944; Tú y yo sobre la tierra, G. 1944; Retablo del ángel, el hombre y la pastora, G. 1945; Toledo, G. 1945; Del campo y soledad, G. 1946; Tregua, G. 1951; La red, G. 1955; El Parque pequeño y Elegía en Covaleda, G. 1959; La hora undécima, G. 1963; Geografía es amor, G. 1969; Los tres poemas mayores, G. 1970; Hablando solo, G. 1971; Toledo, G. 1973; Sonetos y revelaciones de Madrid, G. 1976; Súplica por la paz del mundo y otros ›collages‹, G. 1977; Los cristales fingidos, G. 1978; El arrabal, G. 1980; Galiana, G. 1986; Carta a la madre, G. 1988.
L: L. Lanero, 1982; R. Hiriart, 1990.

García Pavón, Francisco, span. Schriftsteller, 24. 9. 1919 Tomelloso/Ciudad Real – 19. 3. 1989 Madrid. Vf. von Romanen u. Erzählungen mit realist. Einschlag; gute Beobachtungsgabe für Sitten u. Psychol. des Menschenschlags s. engeren Heimat (La Mancha). Erfinder des Plinio, e. Detektivs aus dem Volke, der Schlauheit mit gesundem Humor verbindet.
W: Cerca de Oviedo, R. 1946; Cuentos de mamá, En. 1952; Las campanas de Tirteafuera, En. 1956; Antología de cuentistas españoles contemporáneos, Anth. 1959; Cuentos republicanos, En. 1961; El teatro social en España, Es. 1962; Después de la caída, Es. 1966; Historias de Plinio, R. 1968; El reinado de Witiza, R. 1968; El rapto de las Sabinas, R. 1969; Las hermanas coloradas, R. 1970; Nuevas historias de Plinio, R. 1971; Los liberales, R. 1971; Vendimiario de Plinio, R. 1972; Los nacionales, R. 1977. – Obras completas, IV 1996.
L: F. Ynduráin, 1982; P. Ibañez Martín, 1987.

Garcilaso de la Vega, span. Dichter, 1501 Toledo – 14. 10. 1536 Nizza. Aus vornehmer Familie, Vater Großkomtur des Santiago-Ordens, Mutter Enkelin des Pérez de Guzmán; bis 1520 Unterricht in Toledo, trat dann in die Dienste Karls V. Teilnahme an den Comunero-Kämpfen; 1523 Mitgl. des Santiago-Ordens. Großes Ansehen bei Hof, da Typ des vollkommenen Hofmannes. 1525 ∞ Doña Elena de Zúñiga; s. große Liebe war Isabel de Freyre (die Elisa s. Verse), e. Hofdame Isabellas von Portugal; die nicht erwiderte Leidenschaft überschattete s. ganzes Leben u. durchzog s. gesamtes dichter. Werk. 1530 Verbannung auf die Donauinsel Schütt b. Wien wegen Teilnahme an e. vom Kaiser mißbilligten Hochzeit. 1532 Übersiedlung nach Neapel, Leben am Hof des Vizekönigs Don Pedro von Toledo, fruchtbare Jahre für lit. Schaffen, Kontakt mit ital. Humanisten, Stud. der Klassiker, Freundschaft mit Dichtern u. Gelehrten. Zwischen 1533 u. 1535 Reisen nach Barcelona in diplomat. Mission; wurde beim Sturm auf die Festung Muy b. Fréjus während des provenzal. Feldzugs tödl. verwundet. – E. der größten span. Dichter aller Zeiten; entscheidend für Dichtkunst durch Vervollkommnung der ital. Vers- u. Strophenformen, führte das Sonett u. den von s. Freund Boscán nach Spanien gebrachten Elfsilber zu höchster Vollendung. Schöpfer der Lira, e. Gedichtform mit fünf 7- oder 11silbigen Versen. Poet. Werk gering an Umfang: 1 Epistel, 2 Elegien, 3 Eklogen, 5 Oden, 38 Sonette u. einige kleinere Gedichte; folgte inhaltl. der Mode s. Zeit (Schäferdichtung, mytholog. Szenen usw.). Wertvoll durch große Musikalität der Verse, Empfindsamkeit u. Melancholie, ergreifend durch persönl. Ausdruck s. Schmerzen u. Freuden u. s. Enttäuschung über s. hoffnungslose Liebe zu Isabel de Freyre. Die 1. Ekloge gilt als e. der schönsten Gesänge der Renaissance-Dichtung; Meisterwerk 3. Ekloge, vollendete Verse u. harmon. Aufbau, Anklänge an s. Jugendjahre in Toledo u. die Zeit der Verbannung.
A: Obras, 1543 (zus. mit denen Boscáns); F. Sánchez 1576; F. de Herrera 1580; T. Navarro Tomás 1911, [3]1935; H. Keniston, N. Y. 1925, [2]1967; E. L. Rivers 1964; A. J. Sotelo Salas 1976; A. Labandeira 1981.
L: H. Keniston, N. Y. 1922; ders., 1967; M. Arce Blanco, 1930; M. Altolaguirre, 1933; G. Díaz Plaja, 1937; A. Gallego Morell, 1966; R. Lapesa, [2]1985; A. Gargano, Neapel 1988; M. Rosso Gallo, 1990.

Garczyński, Stefan, poln. Dichter, 13. 10. 1805 Kosmowo – 20. 9. 1833 Avignon. Stud. Philos. Berlin bei Hegel. 1829 Begegnung u. Freundschaft mit Mickiewicz. Romaufenthalt. Teilnahme am Aufstand 1830. Zusammentreffen mit Mickiewicz in Posen. Gemeinsame Reise nach Dresden; dort erkrankt. Weiterreise in die Schweiz. Von Mickiewicz aufopfernd bis zu s. Tode gepflegt. Weitere Freundschaft auch mit Krasiński. Durch Mickiewicz, der G. in s. künstler. Leistung überschätzte, blieb das Werk erhalten u. wurde durch ihn herausgegeben. – Hauptwerk ist das faust.-philos. Epos ›Wacława dzieje‹. Der Held findet den Sinn s. Lebens im Dienst für das Vaterland.

W: Poezje, hg. A. Mickiewicz 1833. – Pisma (GW), II 1860; Apostata czyli Wacława życie (in: Pamiętnik bibl. Kórnickiej, ^{6}1958, n. 1974).

L: Z. Szeląg, 1983.

Gardner, Erle Stanley (Ps. A. A. Fair, Charles J. Kenny), amerik. Schriftsteller, 17. 7. 1889 Malden/MA – 11. 3. 1970 Temecula/CA. 1911–36 Rechtsanwalt in Kalifornien. – Danach ausschließl. überaus fruchtbare Produktion (über 140 Titel) von Kriminalromanen. Perry Mason, der Anwalt-Detektiv der meisten Romane G.s, erzielt s. spektakulären Erfolge (die zumeist in e. dramat. Gerichtsszene gipfeln) durch unorthodoxe Methoden, Bluff und gewagte Experimente am Rande der Legalität. Fast alle Titel erzielten Millionenauflagen.

W: The Case of the Velvet Claws, R. 1932; The Case of the Lucky Legs, R. 1934; The Case of the Counterfeit Eye, R. 1935; The Case of the Dangerous Dowager, R. 1937; The Case of the Perjured Parrot, R. 1939; Bats Fly by Dusk, R. 1942; Crows Can't Count, R. 1946; The Case of the Lonely Heiress, R. 1948; The Case of the Moth-Eaten Mink, R. 1952 (Motten im Nerz, d. ^{2}1980); The Case of the Restless Redhead, R. 1954; The Case of the Screaming Woman, R. 1957; The Case of the Bigamous Spouse, R. 1961; The Case of the Mischievous Doll, R. 1963; Fish or Cut Bait, R. 1963 (Kleine Fische zählen nicht, d. 1966); The Case of the Amorous Aunt, R. 1963 (d. 1998); The Case of the Troubled Trustee, R. 1965; Cut Thin to Win, R. 1965; Widows Wear Weeds, R. 1966; The Case of the Queenly Contestant, R. 1967; The Case of the Careless Cupid, R. 1968 (Perry Mason und das fliegende Gift, d. 1990); Cops on Campus and Crime in the Street, Sb. 1970; The Case of the Crimson Kiss, En. 1971; The Case of the Crying Swallow, En. 1971.

L: A. Johnston, 1947; J. K. Van Dover, Murder in the Millions, 1984. – *Bibl.:* E. H. Mundell, 1968.

Gardner, John Champlin, amerik. Romancier, 21. 7. 1933 Batavia/NY – 14. 9. 1982 Susquehanna/PA. – In dramat.-satir.-poet. Erzählweise zwingt G. den Leser, über den Sinn des Lebens nachzudenken.

W: The Sunlight Dialogues, R. 1972 (Der Ruhestörer, d. 1977); October Light, R. 1976 (d. 1980); Mickelsson's Ghosts, R. 1982.

Gárdonyi, Géza, ungar. Schriftsteller, 3. 8. 1863 Agárd – 30. 10. 1922 Eger. Handwerkerfamilie. Stud. in Sárospatak u. Budapest. 1881–87 Lehrer in e. kleinen Dorf in Transdanubien. Ab 1887 Publizist bei versch. Zeitungen in Szeged u. Budapest. S. Ehe endete unglücklich. Die Arbeit in der Redaktion ließ ihm keine Zeit für Lit.; er gab s. Stellung auf u. zog sich nach Eger zurück; lebte dort von 1897 bis zu s. Tod, die letzten Jahre s. Lebens in Einsamkeit. Mitgl. fast aller lit. Gesellschaften. – Realist.-volkstüml. Erzähler bes. idealist. hist. Romane. Erster Erfolg mit den in ›Magyar Hírlap‹ veröffentlichten ›Göre Gábor levelei‹. S. Meisterwerk ist ›Egri csillagok‹, e. Geschichte aus der Türkenzeit Ungarns. S. Volksstück ›A bor‹ hatte ebenfalls großen Erfolg. Im Alter spiritist. Neigungen. G. zählt zu den Klassikern der ungar. Lit.

W: A lámpás, E. 1894 (Die Lampe, d. 1954); Göre Gábor levelei, Skn. VIII 1895–99; Az én falum, En. 1898; A bor, Vst. 1901; Egri csillagok, R. 1901 (Die Sterne von Eger, d. 1958); A láthatatlan ember, R. 1902 (Wer bist du?, d. 1941; u. d. T. Ich war den Hunnen untertan, 1959, u. d. T. Der unsichtbare Mensch, 1962); A hatalmas harmadik, R. 1903; Isten rabjai, R. 1908; Szunyoghy miatyánkja, R. 1916 (Mit der Nacht vertraut, d. 1961). – Összegyűjtött művei, XLI 1926–28.

L: L. Gopcsa, G. G. élete, 1923; L. Szabolcska, G. G. élete és költeszete, 1925; J. Váth, G. G. életrajza, 1929; J. Futó, 1930; J. Gárdonyi, Az élő G., 1934; L. Bóka, 1951; A. Kispéter, 1970.

Gareth, Benedetto (gen. il Cariteo), ital. Dichter, um 1450 Barcelona – 1514 Neapel. Um 1467 nach Neapel, am Hof der Aragon befreundet mit Sannazaro, Pontano, Galateo u. a. Trat unter dem Namen ›il Cariteo‹ in die Accademia Pontaniana ein. – Der Hauptvertreter e. höf. Dichtung im Stile Petrarcas, die bereits ähnl. preziöse Elemente wie später der Seicentismo enthält.

W: Endimione, 1506 (komm. E. Percopo 1892).

L: E. Ciavarelli, 1887.

Garin, Nikolaj (eig. Nikolaj Georgievič Michajlovskij), russ. Schriftsteller, 20. 2. 1852 Petersburg – 10. 12. 1906 ebda. Stud. Institut für Eisenbahningenieure, nahm am Bau der sibir. Bahn und des Hafens von Batum teil. – Trat 1892 mit der Novelle ›Detstvo Tëmy‹ als Schriftsteller hervor, die ihm Erfolg brachte; beschreibt darin und in weiteren Novellen, die durch e. Hauptfigur miteinander verbunden sind, in lebendiger Darstellung der gesellschaftl. Atmosphäre vor der Revolution von 1905 und mit starkem autobiograph. Einschlag den Lebenslauf e. russ. Intellektuellen. Besser als die letzten Novellen sind die bes. günstig aufgenommenen beiden ersten, die Erlebnisse des Kindes und Jünglings mit einfühlsamer Wärme schildern. Ferner Reisebücher aus Asien.

W: Detstvo Tëmy, N. 1892; Gimnazisty, N. 1893; Studenty, N. 1895; Inženery, N. 1898; Iz dnevnikov krugosvetnogo putešestvija, Reiseb. 1899 (Die Reise zum Pektusan, d. 1954). – Polnoe sobranie sočinenij (GW), VIII ^{2}1916; Sobranie sočinenij (GW), V 1957f.

Garīr Ibn Atiya → Djarīr ibn ʿAṭīya

Garland, (Hannibal) Hamlin, amerik. Schriftsteller, 16. 9. 1860 West Salem/WI – 4. 3. 1940 Los Angeles. Sohn e. in den Mittelwesten umgesiedelten Farmers aus Neu-England; Farmarbeiter in Wisconsin, Iowa und South Dakota, Aufenthalt in Boston, ließ sich 1893 in Chicago nieder (Mittelpunkt der lit. Welt, Freund H. B. Fullers, Eugene Fields u. a.), 1915 Übersiedlung nach New York, 1930 nach Los Angeles; kannte viele s. berühmten Zeitgenossen persönl., galt als Senior der amerik. Romanautoren. – Schrieb unter Einfluß von Howells in e. Mischung von objektivem Realismus und eth. Romantizismus in der ›local color‹-Tradition über die Entbehrungen des Farmerlebens im Mittelwesten. Verlor sich später in redseligen Erinnerungen und in s. spiritualist. Interessen. Die Essays ›Crumbling Idols‹ predigen s. ›Veritismus‹.

W: Main-Travelled Roads, Kgn. 1891 (n. 1956); A Spoil of Office, R. 1892; Prairie Folks, En. 1893; Crumbling Idols, Ess. 1894 (n. R. E. Spiller 1952, J. Johnson 1960); Rose of Dutcher's Coolly, R. 1895 (n. D. Pizer 1969); Ulysses S. Grant, B. 1898; Boy Life on the Prairie, R. 1899; A Son of the Middle Border, Aut. 1917; A Daughter of the Middle Border, Aut. 1921; Back-Trailers from the Middle Border, R. 1928; Roadside Meetings, Aut. 1930; Diaries, hg. D. Pizer 1968. – Collected Works, hg. D. Pizer VL 1970; Selected Letters, hg. K. Newlin 1998.

L: J. Holloway, 1960; D. Pizer, 1960; L. Ä. Arvidson, 1962; J. B. McCullough, 1978; C. L. P. Silet, 1985. – *Bibl.:* J. R. Bryer, 1973; H. Borchers, 1975.

Gârleanu, Emil, rumän. Erzähler, 5. 1. 1878 Jassy – 2. 7. 1914 Câmpulung/Muscel. Obristensohn, 1898 Offizier, demissioniert, um freier Schriftsteller zu werden. – E. rumän. Maupassant, weniger fruchtbar, jedoch gleiche Entwicklung zu feiner psycholog. Analyse u. kunstvollem Stil.

W: Bătrânii, Sk. 1905; Cea dintâi durere, Nn. 1907; Nucul lui Odobac, Nn. 1909; Din lumea celor ce nu cuvântă, Sk. 1910.

L: L. M. Bevilacqua, Rom 1939; T. Vârgolici, 1965; D. Filimon-Stoicescu, 1968.

Garmendia, Salvador, venezolan. Erzähler, * 11. 6. 1928 Barquisimeto. – Der gewöhnl. Mann wird in s. absurden Leidsituation mit Humor, Phantasie u. Lokalkolorit, manchmal ausschweifend beschrieben. S. Figuren sind die Metapher der Unterentwicklung.

W: Los pequeños seres, R. 1959; Día de ceniza, R. 1963; La mala vida, R. 1968; Difuntos, extraños y volátiles, En. 1970; Los pies de barro, R. 1973; Memorias de Altagracia, R. 1974; La casa del tiempo, En. 1986; El capitán Kid, R. 1988; Cuentos cómicos, 1991; Crónicas sádicas, 1991.

L: A. Rama, 1975; O. Rodríguez Ortiz, 1976; A. Llebot Cazalis, 1980; J. C. Santaella, hg. 1983.

Garneau, Hector de Saint-Denys, kanad. Dichter franz. Sprache, 3. 6. 1912 Montréal – 24. 10. 1943 Sainte-Catherine de Fossambault. Klass. Ausbildung, sensible Gesundheit. – Vf. einiger Lyriksammlungen ab 1923; auf fortwährender Suche nach dem Wesen des Seins, die ihn zum Rückzug in die Einsamkeit führt; verbindet die staunende Unschuld eines ›enfant poète‹ mit myst. Tendenzen. Bringt den ihn prägenden Dualismus v. a. in dem Gedicht ›Accompagnement‹ zum Ausdruck. Seine Lyrik stieß trotz manifester Lebensfreude aufgrund ausgeprägter Modernität auf Mißbilligung.

W: Regards et jeux dans L'espace, G. 1937; Les solitudes, G. 1949. – Œuvres, 1971; Œuvres en prose, 1995.

L: J. Ménard, 1957; E. Kushner, 1967; D. Pelletiers, 2001; M. Biron, 2001.

Garnett, David, engl. Romanschriftsteller und Kritiker, 9. 3. 1892 Brighton – 17. 2. 1981 Montcuq/Frankreich. Aus e. Literatenfamilie. Stud. Botanik Royal College of Science, London. Befreundet mit Galsworthy, J. Conrad und D. H. Lawrence. ∞ Rachel Alice Marshall, ∞ Angelica Vanessa Bell. Nach dem 1. Weltkrieg Gründer e. Buchhandlung in London sowie der Nonsuch Press. Bis 1939 Kritiker des ›New Statesman‹. – S. frühes lit. Schaffen stand der Bloomsbury Group (bes. V. Woolf) nahe. Gewann frühzeitig Ruhm durch s. brillanten, humorvoll-phantast. Satiren und grotesken Novellen ›Lady into Fox‹ und ›A Man in the Zoo‹, in denen er Mensch und Tier gesellschaftskrit. gegenüberstellt.

W: Lady into Fox, E. 1922 (Meine Frau, die Füchsin, d. 1952; u. d. T. Frau oder Füchsin, d. 1973); A Man in the Zoo, R. 1924 (d. 1952); The Sailor's Return, Sat. 1925; The Old Dovecote and Other Stories, 1928; The Grasshoppers Come, R. 1931 (Die Heuschrecken kommen, d. 1933); A Rabbit in the Air, Tg. 1932; A Terrible Day, Kgn. 1932; Pocahontas, or the Nonpareil of Virginia, St. 1933; War in the Air, Es. 1941; The Golden Echo, Aut. 1953; The Flowers of the Forest, Aut. 1955; Aspects of Love, R. 1955 (Liebe – ganz irdisch, d. 1957); The Familiar Faces, Aut. 1962; Two by Two, R. 1963; Ulterior Motives, R. 1966; Purl and Plain and Other Stories, 1973; The Master Cat, R. 1974; Up She Rises, R. 1977; Great Friends, Mem. 1979.

L: C. G. Heilbrun, The G. Family, 1961.

Garnett, Richard, engl. Bibliothekar und Schriftsteller, 27. 2. 1835 Lichfield – 13. 4. 1906 Hampstead/London. 1851 Bibliothekar im Brit. Museum, ab 1875 Abteilungsleiter ebda. ∞ 1863 Olivia Singleton. – Vf. von Gedichten, literarhist. Essays und e. Sammlung satir. Fabeln, deren Stoffe er den Klassikern entnahm. Übs. aus dem Griech., Dt., Ital., Span. und Portugies., schrieb biograph.-krit. Werke über Carlyle, Milton, Blake u. a. Mitarbeiter an versch. Enzyklopädien und dem ›Dictionary of National Biography‹.

W: Primula, G. 1858; Io in Egypt, G. 1859; The Twilight of the Gods, Fabeln 1888, erw. ²1903; Age of Dryden, St. 1895; History of Italian Literature, St. 1897; Essays of an Ex-Librarian, 1901; English Literature, Abh. IV 1903 (m. E. Gosse).
L: B. McCrimmon, 1989.

Garnier, Pierre, franz. Lyriker, * 9. 1. 1928 Amiens. Stud. Germanistik Paris u. 1947–50 Mainz, seit 1963 Hrsg. der Zs. ›Les Lettres‹. Gymnasiallehrer in Amiens. – Lyriker, der von e. im Sprachl. gegebenen Übereinstimmung zwischen traditioneller und avantgardist. (›konkreter‹) Dichtung ausgeht u. entsprechend herkömml. wie experimentelle Formen pflegt. 1962 Begründung des Spatialismus, e. von der ›Raumkunst‹ des Bauhauses, den Bildern L. Fontanas u. den Zeit-Raum-Strukturmodellen der ›Noigandres‹-Gruppe inspirierten Dichtungstheorie. Bedeutender Benn-Übs. Essays über und weitere Übsn. dt. Lyriker und Philosophen, u. a. Schopenhauer.

W: Les armes de la terre, 1954; La nuit est prisonnière des étoiles, 1958; Seuls quelques-uns le peuvent, R. 1958; Seconde géographie, 1959; Et par amour voulaient mourir, R. 1959; G. Benn, Es. 1959; Sept poèmes extraits d'Ithaque, 1960; Les synthèses, 1961; Óndra Łysohorsky, Es. 1961, 1970; Positions actuelles, Aphor. 1961; L'expressionisme allemand, Es. 1962 (m. Ilse G.); Poèmes mécaniques, 1965 (m. Ilse G.); Prototypes, textes pour une architecture, 1965 (dies.); Poèmes franco-japonais, 1966 (m. Seiichi Niikuni); Ozieux, 1966; Sekunden, 1967; Expansion, 1967; Six odes concrètes à la Picardie, 1967; Picardie – Coupes poétiques, 1967; Perpetuum mobile, 1968; Spatialisme et poésie concrète, 1968; Esquisses palatines, 1971 (m. Ilse G.); Ornithopoésie, 1986; Poèmes en chiffres, 1988; Picardie, une chronique, 1989; ›Ein Totentanz‹, 1990; Une mort toujours enceinte, 1993f.; A world, a world, a poem, 1993; La bourse ou la ville, 1997.

Garnier, Robert, franz. Dramatiker, 1545 La Ferté-Bernard/Maine – 20. 9. 1590 Le Mans. Stud. Jura Toulouse, Advokat, Lieutenant criminel der Provinz Maine. ⚭ 1573 Françoise Hubert. – Der einzige echte franz. Tragiker des 16. Jh. Bildet mit s. Werk den Übergang von der Schultragödie der Renaissance zu Corneilles Dramen. Schöpfte in den ersten 4 Stücken aus Seneca. Verband in ›Troade‹ und ›Antigone‹ klass. lat. mit griech. Stoffen. S. selbständigsten Stücke sind die z. Z. Karls d. Gr. spielende, an Ariost anlehnende Tragikomödie ›Bradamante‹ und s. berühmtestes Werk, ›Les Juïves‹, e. bibl. Tragödie. G.s Stücke zeichnen sich aus durch tiefen Sinn für menschl. Tragik, ergreifende Intensität der seel. Empfindungen und das Pathos s. Helden, die Opfer e. unerbittlich-grausamen Schicksals werden.

W: Plaintes amoureuses, G. 1564; Hymne de la monarchie, G. 1567 (n. H. Chardon 1905); Porcie, épouse de Brutus, Tr. 1568; Hippolyte, fils de Thésée, Tr. 1573; Cornélie, épouse de Pompée, Tr. 1574; Marc-Antoine, Tr. 1578; La Troade ou la destruction de Troie, Tr. 1579; Antigone, Tr. 1580 (n. T. Maulnier 1944); Bradamante, Tragikom. 1582; Sédicie, ou les juives, Tr. 1583 (n. M. Hervier 1945; d. 1922). – Œuvres complètes, hg. W. Förster IV 1882–84, hg. L. Pinvert II 1923, hg. R. Lebègue 1949ff.

L: H. Chardon, 1905; ders., 1970; D. Frick, R. G. als barocker Dichter, Diss. Zürich 1951; M.-M. Mouflard, III 1964; M. Gras, 1965; G. Jondorf, Cambr. 1969; D. Seidmann, 1971; J. D. Beaudin, 1997; ders., 2000; E. Buron, 2000.

Garrett, João Baptista da Silva Leitão de Almeida, portugies. Dichter u. Politiker, 4. 2. 1799 Porto – 9. 12. 1854 Lissabon. Von den Azoren eingewanderte bürgerl. Familie, 1809 durch Franz. Revolution Flucht auf die Azoren-Insel Terceira. Klass. Ausbildung, arkad. Einfluß, 1816 Stud. Jura Coimbra, Aufnahme liberaler Ideen, die Revolution 1820 ließ G. e. geistige Wiedergeburt Portugals erhoffen (Erstveröffentlichung: patriot. Hymne 1820), 1823 Emigration nach England, Einwirkung von Shakespeare, Byron, W. Scott, Begeisterung für die alten Balladen u. die große Vergangenheit Portugals. 1826 Rückkehr in die Heimat, polit. Journalist im Dienst des Liberalismus, 1828 wiederum Exil in England u. Frankreich. Reise nach Terceira, dort Anschluß an die Befreiungsarmee, von der neuen liberalen Regierung als Beauftragter nach Brüssel entsandt, Beschäftigung mit dt. Sprache u. Lit. Einfluß Herders, Schillers u. bes. Goethes. Nach der Septemberrevolution 1836 mit der Gründung u. Organisation e. portugies. Nationaltheaters betraut, schuf das Teatro Nacional, das Conservatório Nacional u. legte mit s. Stücken den Grund zu e. anspruchsvollen Repertoire der portugies. Bühne: traditionsbewußt, mit sicherem Geschmack u. in freiheitl. Geist. 1851 Vizegraf und Pair, 1852 Außenminister. – G. gehört nicht nur der Lit.geschichte, sondern in gleichem Maße der polit.-soz. und allg. Geistesgeschichte an, Begründer und Haupt der portugies. Romantik, andere anregend, von bedeutender Strahlkraft u. prägender Wirkung, Vf. beachtenswerter Dramen (Höhepunkte ›Frei Luís de Sousa‹, das als e. Gipfel des europ. romant. Theaters überhaupt angesehen werden kann, ›Um Auto de Gil Vicente‹ u. ›O Alfageme de Santarém‹) u. e. dem Vorbild Sternes verpflichteten Romans (›Viagens na Minha Terra‹), auch Lyriker, Hrsg. des ›Romanceiro e Cancioneiro Geral‹ (angeregt durch Herder u. W. Scott).

W: Lucrécia, Dr. 1819; O Retrato de Vénus, G. 1821; Catão, Dr. 1821; Camões, Ep. 1825 (d. A. v. Schack 1890); Dona Branca, G. 1826; Adozinda, G. 1828; Lírica de João Mínimo, G. 1829; Da Educação, Abh. 1830; Um Auto de Gil Vicente, Dr. 1838; D. Filipa de Vilhena, Dr.

1840; Mérope, Dr. 1841; O Alfageme de Santarém, Dr. 1842 (Der Schwertfeger von Santarem, d. G. Winkler 1900); Frei Luís de Sousa, Dr. 1843 (d. G. Winkler 1899); Romanceiro e Cancioneiro Geral, hg. III 1843–51; Flores sem Fruto, G. 1845; O Arco de Santana, II 1845 u. 1850; Viagens na Minha Terra, R. II 1846 (Wanderungen in meinem Vaterlande, d. A. Seubert 1905); Folhas Caídas, G. 1853; A Sobrinha do Marquês, K. 1848; Helena, N. 1871 (unvollendet). – Obras Completas (GW), hg. T. Braga XXVIII 1904–14, II 1904, hg. J. do Prado Coelho 1972; Doutrinas de Estética Literária, hg. A. da Silva 1938; O Roubo das Sabinas, Dicht. hg. A. da Costa Dias 1968.

L: F. Gomes de Amorim, III 1881–84; T. Braga, 1903 u. 1905; G. Le Gentil, Paris 1926; O. Antscherl, 1927; J. Osório de Oliveira, 1935; A. C. Rocha, 1944, ²1954; H. C. Ferreira de Lima, 1948; A. J. Saraiva, 1961; J. Gaspar Simões, 1964; R. A. Lawton, 1966.

Garrick, David, engl. Schauspieler und Dramatiker, 19. 2. 1717 Hereford – 20. 1. 1779 London. In Lichfield aufgewachsen, Schüler S. Johnsons in Edial. Zog 1737 gemeinsam mit diesem nach London, wurde dort (ab 1741) e. der bedeutendsten Schauspieler Englands, der trag. und kom. Rollen gleichermaßen meisterte und e. natürl. Spielweise zum Durchbruch verhalf. 1747–76 Leiter des Drury Lane Theatres gemeinsam mit Lacy. ∞ 1749 die Wiener Tänzerin Eve Maria Veigel (›Mlle. Violette‹). Spielte über 90 Rollen u. machte rd. 75 Neuinszenierungen. – In s. aufgrund genauer Bühnenerfahrung verfaßten Schauspiele streute er Lieder mit flüssigen, leichten Reimen ein. Korrespondierte mit zahlr. namhaften Persönlichkeiten. In Westminster Abbey beigesetzt.

W: The Lying Valet, K. 1741 (d. 1791); Miss in Her Teens, Sch. 1747; The Irish Widow, Sch. 1772. – Poetical Works, II 1785 (n. 1968); The Dramatic Works, III 1798; The Plays, hg. H. W. Pedicord IV 1980f.; The Letters, hg. D. M. Little u.a. III 1963.

L: P. T. Dircks, 1985; A. Kendall, 1985; I. MacIntyre, 1999. – *Bibl.:* G. M. Berkowitz, D. G.: A Reference Guide 1980.

Garro, Elena, mexikan. Schriftstellerin, 11. 12. 1916 Puebla – 22. 8. 1998 Cuernavaca. – Charakterist. für ihr Werk sind die lyr. Sprache, die große Einbildungskraft u. der Mag. Realismus.

W: Un hogar sólido, Dr. 1958 (Ein festes Heim, d. 1966); Los recuerdos del porvenir, R. 1963 (d. 1967); Andamos huyendo Lola, En. 1980; Testimonios sobre Mariana, R. 1981; Reencuentro de personajes, R. 1982; Y Matarazo no llamó, R. 1991.

L: D. V. Galván, 1988; M. A. Umanzor, 1996; J. A. Winkler, 2002; P. Rosas Lopátegui, 1999–2002.

Garros, Pey de, franz. Dichter okzitan. Sprache, 1525/30 – 1585 Pau. Generalanwalt am Zentralgericht des Béarn. Leistet mit Du Bartas und Godouli nachhaltig Widerstand gegen das Edikt von Villers-Cotterets und die Zentralisierungstendenzen der zeitgenöss. Pariser Kulturpolitik. – Erstrebt die Renaissance des Okzitanischen und verteidigt vor allem in seinen Eklogen (1567) die Selbständigkeit des Königreiches Navarra sowie der Sprache und Kultur der Gascogne.

A: A. Berry, Poesias gasconas, 1953, 1998.

Garšin, Vsevolod Michajlovič, russ. Prosadichter, 14. 2. 1855 Gut Prijatnaja Dolina im Kreis Bachmut (heute Artëmovsk) – 5. 4. 1888 Petersburg. Aus altem Adelsgeschlecht, 1874 Stud. am Bergbauinstitut Petersburg, trat 1877 als Freiwilliger in die Armee ein, um am russ.-türk. Krieg teilzunehmen, wurde verwundet, schied als Offizier aus der Armee aus, hörte anderthalb Jahre an der Univ. Petersburg, widmete sich dann ganz der Lit.; lenkte 1877 mit der Novelle ›Četyre dnja‹ die Aufmerksamkeit weiter Kreise auf sich, festigte s. Ruf als Schriftsteller mit weiteren Erzählungen; 1880 stärkere Anzeichen geistiger Krankheit, an der er schon früher gelitten hatte; erlangte scheinbar Heilung, verübte Selbstmord. – Schrieb neben einigen Gedichten um die 20 Novellen und Märchen, die große dichter. Begabung verraten; stellt in den Mittelpunkt der Darstellung das Innenleben der bis zum Krankhaften sensiblen Helden, die am Gegensatz zu der ihnen unverständl., ihren Geist bedrückenden äußeren Welt leiden, das Bewußtsein der Verantwortung für das dem Menschen von seinesgleichen zugefügte Leid in sich tragen und daran scheitern. Festigte in der russ. Lit. mit der gedrängten Form und sorgsamen Ausarbeitung s. auf e. einzigen Grundmotiv aufgebauten Novellen mit einfachem Sujet das Genre der kurzen Erzählung, in dem dann Čechov Meisterschaft erlangte.

W: Četyre dnja, N. 1877 (Vier Tage); Chudožniki, N. 1878 (Die Künstler); Attalea princeps, M. 1880; Krasnyj cvetok, N. 1883 (Die rote Blume, d. 1887); Iz vospominanij rjadovogo Ivanova, N. 1883 (Aus den Erinnerungen des Gemeinen Ivanov, d. 1889); Nadežda Nikolaevna, N. 1885. – Sočinenija (W), 1951, 1963. – *Übs.:* GW, d. F. Frisch II 1923; Erzählungen, V. Tornius 1956.

L: M. V. Klevenskij, 1928; E. Zelm, 1935; G. Bjalyj, 1955, 1969; L. Stenborg, Uppsala 1972; L. Schön, 1978; P. Henry, Oxf. 1983.

Garth, Sir Samuel, engl. Arzt und Dichter, 1661 Bolam/Durham – 18. 1. 1719 London. Stud. Cambridge und Leiden. Arzt mit großer Praxis in London. ∞ Martha Beaufoy. Freund von Addison und Pope. 1691 Mitglied des Royal College of Physicians. Hausarzt der prominenten Whigs. 1714 durch George I. geadelt. – Übersetzte gemeinsam mit Addison und Pope Ovids Metamorphosen. Vf. zahlr. leichter und burlesker Verse. S. bekanntestes Werk ›The Dispensary‹, e. mockheroic poem, behandelt nach Muster Boileaus in

humorvoller Weise den Streit zwischen Ärzten und Apothekern um den Arzneiverkauf.
W: The Dispensary, Dicht. 1699 (d. von W. J. Leicht, hg. 1905). – The Poetical Works, 1800.
L: T. Schenk, 1900; R. P. Bond, Engl. Burlesque Poetry 1700–50, 1932; J. F. Sena, 1986.

Gary, Romain (eig. Romain Kacew), franz. Romancier, 8. 5. 1914 Wilna – 2. 12. 1980 Paris. Vater georg. Diplomat, Mutter Französin; ab 14. Lebensjahr in Frankreich. Stud. Jura. Im 2. Weltkrieg Fliegerpilot in Libyen, dann franz. Diplomat, Konsul in Los Angeles, lebte in Südamerika, dann Paris. – Zeitkrit.-satir. Erzähler mit dramat. Stoffen in gepflegter Prosa. Erster Roman über die poln. Widerstandsbewegung im 2. Weltkrieg, gleichzeitig Geschichte der inneren Entwicklung e. jungen Polen. ›Le grand vestiaire‹ e. zeitkrit. Roman. ›Les racines du ciel‹ e. symbol. Roman, der den herrschenden Nihilismus tatkräftigen Optimismus entgegensetzt: stellt das abenteuerl. Unternehmen e. Gruppe von Idealisten dar, die die Elefanten vor den Jägern zu retten suchen. ›Lady L.‹ e. Gesellschaftssatire.
W: L'éducation européenne, R. 1945 (Général Nachtigall, d. 1962); Tulipe, R. 1946; Le grand vestiaire, R. 1949 (Kleider ohne Leute, d. 1951); Les couleurs du jour, R. 1952; Les racines du ciel, R. 1956 (d. 1957); La promesse de l'aube, R. 1959 (Erste Liebe – Letzte Liebe, d. 1961); Lady L., R. 1959 (d. 1962); Johnnie Cœur, R. 1961 (Engel ohne Himmel, d. 1966); Gloire à nos illustres pionniers, En. 1962 (Grüße vom Kilimandscharo, d. 1965); Pour Sganarelle, Es. 1965; La comédie américaine: les mangeurs d'étoiles, R. 1966; La danse de Gengis Cohn, R. 1967 (d. 1969); Adieu Gary Cooper, R. 1969; Chien blanc, R. 1970 (d. 1972); La vie devant soi, R. 1975 (d. 1976); Au-delà de cette limite votre ticket n'est plus valable, R. 1975 (Ach, Liebster, das macht nichts, d. 1976); Clair de femme, R. 1977 (d. 1979); Les clowns lyriques, 1979; Les cerfs-volants, R. 1980; Vie et mort d'Ennile Ajar, R. 1980.
L: D. Rosse, 1995; F. Larat, 1999, J.-F. Pépin, 2001, D. Bona, 2001; M. Sacotte, 2002; N. Huston, 2002.

Gascar, Pierre (eig. P. Fournier), franz. Schriftsteller, 13. 3. 1916 Paris – 20. 2. 1997 Lons-le-Saunier. Im 2. Weltkrieg dt. Gefangenschaft; 1945 Journalist. – Erzähler mit pessimist. Tendenz; knüpft an eigenes Erleben in Kindheit, Jugend u. Kriegsgefangenschaft an. Deutl. Parallelen mit Vercors.
W: Les meubles, R. 1949; Le visage clos, R. 1951; Les bêtes, Nn. 1953 (d. 1956); Le temps des morts, R. 1953 (Garten der Toten, d. 1954); Les femmes, R. 1955; La graine, R. 1955; L'herbe des rues, R. 1957; Les pas perdus, Dr. 1957; Voyage chez les vivants, Rep. 1958; La barre de corail, R. 1958 (d. 1960); Soleils, R. 1960; Le fugitif, R. 1960 (d. 1962); Vertiges du présent, Es. 1962 (d. 1964); Les moutons de feu, R. 1963; Le sable vif, R. 1964; Les charmes, R. 1965; Les chimères, R. 1969; L'arche, R. 1971; Les sources, R. 1975; Dans la forêt humaine, R. 1976; Le fortin, Nn. 1983; Buffon, B. 1983; L'ange gardien, R. 1987, Montesquieu, B. 1989; La Friche, Ber. 1993.

Gascoigne, George, engl. Dichter, um 1525–1530/1539 Cardington/Bedfordshire – 7. 10. 1577 Stamford. Nach Stud. in Cambridge ab 1555 Jurist und 1557–59 Parlamentarier, ∞ 1561 Elizabeth Breton; diente 1572 in Holland, geriet kurz in span. Gefangenschaft, 1576 als Agent zurück nach Holland. – G.s Bedeutung besteht v. a. in s. Eigenschaft als Bahnbrecher neuer Gattungen: er schrieb als erster e. das Alltagsleben behandelnde Prosakomödie (›Supposes‹, 1566), die sich in der Darstellung von Sein und Schein an Ariosts Intrigenkomödie ›Gli suppositi‹ anlehnt und zu den lit. Bezugstexten für Shakespeares ›The Taming of the Shrew‹ zählt. Verfaßte ferner e. Maskenspiel, e. Prosakomödie, e. theoret. Abhandlung über erzählende Prosa sowie e. erste Sonettsequenz. Er gilt als bedeutendster Dichter der frühen Elisabethanischen Zeit. ›The Spoyle of Antwerpe‹ (1577) ist die erste große Leistung der Kriegsberichterstattung.
W: Supposes, Dr. 1566; Jocasta, Dr. 1566 (nach Euripides); A hundreth sundrie Flowres, G. 1573 (u.d.T. The Poesis, 1575); The Glasse of Government, Tragikom. 1575; The steele glas, Sat. 1576 (n. W. L. Wallace 1975); The whole works, 1587. – Complete Works, hg. W. C. Hazlitt II 1868f., J. W. Cunliffe II ²1969.
L: W. Kittle, 1930; C. T. Prouty, ²1966; F. E. Schelling, ²1967; R. Johnson, 1972. – Bibl.: S. A. Tannenbaum, 1942.

Gascoyne, David (Emery), engl. Dichter, * 10. 10. 1916 Harrow/Middlesex. Aufgewachsen in Salisbury. Häufige Frankreichaufenthalte. Begegnung mit P. Éluard u. P. J. Jouve. Übertrug Gedichte von Éluard, Aragon, Tzara u.a. – In s. ersten Arbeiten versucht sich G. an surrealist. u. ›automat.‹ Gedichten, später zunehmend relig. Elemente. Beschäftigt sich in Essays mit dem Problem dichter. Besessenheit u. daraus folgender Geistesverwirrung.
W: Roman Balcony, G. 1932; Opening Day, R. 1933; A Short Survey of Surrealism, Es. 1935; Man's Life Is This Meat, G. 1936; Hölderlin's Madness, Es. 1938; Poems 1937–42, 1943; A Vagrant, G. 1950; Night Thoughts, G. 1956; Sun at Midnight, G. 1970; Let's Visit Norway, R. 1975; Three Translations, G. 1988; Three Remanences, G. 1994; Encounter With Silence, G. 1998; Exploration, R. 1992. – Collected Poems, 1965; Paris Journal 1937–39, Tg. 1978; Journal 1936–37, Tg. 1980; Collected Journals 1936–42, 1991; Selected Poems, 1994; Selected Prose 1934–96, 1998.

Gaskell, Elizabeth Cleghorn, geb. Stevenson, engl. Romanschriftstellerin, 29. 9. 1810 Chelsea/London – 12. 11. 1865 Holyburn b. Alton/Hampshire. Tochter e. unitar. Geistlichen. Wuchs im Haushalt e. Tante in Knutsford/Cheshire auf, dem Schauplatz ihres späteren Romans ›Cranford‹; 1824–26 Schule Stratford-on-Avon, 1827/28 in London; ∞ 1832 William G., e. unitar. Geistlichen aus Manchester, 1846–52 Prof. für engl. Gesch. u. Lit. ebda.; eng befreundet mit Charlotte Brontë, deren Biographie sie verfaßte. G. plante, gemeinsam mit ihrem Gatten Annalen der Armen von Manchester zu schreiben und so humanitäre und lit. Ziele zu vereinigen, es erschien aber nur e. Skizze. – Erzählerin erschütternder Schicksale aus dem Milieu der Industriearbeiter aufgrund eigener Anschauung und scharfer Beobachtung, doch ohne klassenkämpfer. Tendenz. Ihr 1. Roman ›Mary Barton‹ ist sozialkrit., schildert etwas melodramat., aber mit warmem Mitgefühl den verzweifelten Kampf, den die Arbeiter um 1842/43 ums nackte Dasein führen mußten. Das Werk wurde damals wegen feindl. Gesinnung gegenüber den Arbeitgebern scharf kritisiert, war sehr populär, weckte das Interesse von Ch. Dickens, in dessen Zsn. ›Household Words‹ und ›All the Year Round‹ versch. ihrer späteren Romane zunächst in Fortsetzungen erschienen. Der 2. Roman ›North and South‹ zeigt wiederum G.s Interesse für das Leben der Arbeiter in den Industriestädten. Ihr bekanntester Roman ›Cranford‹, e. dörfl. Idylle, erinnert in s. Kleinmalerei an J. Austen. Ihr Roman ›Sylvia's Lovers‹ schildert das Leben im Norden Englands. Der Roman ›Wives and Daughters‹ blieb Fragment.

W: Mary Barton, a Tale of Manchester Life, R. II 1848; Ruth, R. III 1853; Cranford, R. 1853 (d. 1950); North and South, R. II 1855; The Life of Ch. Brontë, B. II 1857; Lois, the Witch, R. 1859 (d. 1915); Sylvia's Lovers, R. III 1863; Wives and Daughters, R. II 1866. – Works, hg. A. W. Ward VIII 1906, ²1925; Novels and Tales, hg. C. K. Shorter XI 1906–19; Letters, hg. J. A. V. Chapple, A. Pollard 1966.

L: E. A. Chadwick, ²1913; G. De Witt Sanders, 1929; E. Haldane, 1930; A. B. Hopkins, 1952; A. Pollard, 1965; E. Wright, 1965; M. L. Ganz, 1968; J. G. Sharps, 1970; W. A. Craik, E. G. and the English Provincial Novel, 1975; C. Lansbury, 1975; W. Gérin, 1976, n. 1980; A. Easson, 1979; E. L. Duthie, The Themes of E. G., 1980; J. A. V. Chapple, 1980; C. Lansbury, 1984; P. Stoneman, 1987; H. M. Schor, 1992; J. Uglow, 1993; T. R. Wright, 1995; D. D'Albertis, 1997. – *Bibl.:* J. Welch, 1977.

Gaskin, Catherine, ir. Romanautorin, * 2. 4. 1929 Dundalk/Irland. Stud. Sydney. Lebte 1948–55 in London, 1955–67 in USA, seither in Wicklow/Irland u. auf der Isle of Man. – Vf. sehr populärer pseudorealist. u. psycholog., z. T. hist.-romant. Gesellschafts- u. Frauenromane.

W: This Other Eden, R. 1947; All Else Is Folly, R. 1951 (d. 1959); Sara Dane, R. 1955 (d. 1956, u. d. T. Wie Sand am Meer, 1966); Blake's Reach, R. 1958 (Denn das Leben ist Liebe, d. 1967); Corporation Wife, R. 1960 (Wo du hingehst, d. 1961, u. d. T. Im Schatten ihrer Männer, 1970); I Know My Love, R. 1962 (Die grünäugige Lady, d. 1964); The Tilsit Inheritance, R. 1963 (Die englische Erbschaft, d. 1965); The Property of a Gentleman, R. 1974 (Ein Windspiel im Nebel, d. 1977); The Lynmara Legacy, R. 1975 (d. 1976); The Summer of the Spanish Woman, R. 1977 (Das Erbe der Marchesa, d. 1978); Family Affairs, R. 1978 (Das Familiengeheimnis, d. 1980); Promises, R. 1982 (d. 1983); The Ambassador's Women, R. 1986 (Die Stunde der Wahrheit, d. 1987); The Charmed Circle, R. (Die Stürme des Lebens, d. 1989).

Gašpar, Tido J., slovak. Erzähler, 7. 3. 1893 Rakovo – 10. 5. 1972 Nové Zámky. 1922–29 Dramaturg des slovak. Nationaltheaters, Referent im Verlagsreferat des Landtags. – S. auf Effekt aufgebauten impressionist.-lyr. Novellen u. Essays behandeln exaltierte, erot. Abenteuer, den Konflikt zwischen Wirklichkeit u. Illusion, die bunten Schicksale der Seeleute.

W: Hana, En. 1920; Deputácia mŕtvych, En. 1922; Karambol, En. 1925; Pri kráľovej studni, En. 1929; Červený koráb, En. 1931; Námorníci, En. 1933; V cudzine, En. 1935; O čom je reč, Feuill. 1938.

Gass, William H., amerik. Erzähler, * 30. 7. 1924 Fargo/ND. Jugend in Warren/OH, Kenyon College, Stud. Cornell Univ.; Philos.-Dozent Purdue Univ., Indiana; seit 1969 Washington Univ., St. Louis. Bedeutender Vertreter der postmod. amerik. Erzählergeneration; sprachbetonter, nicht-realist., experimenteller Prosastil mit spieler.-parodist. Elementen.

W: Omensetter's Luck, R. 1966; In the Heart of the Heart of the Country, Kgn. 1968 (d. 1991); Fiction and the Figures of Life, Es. 1970; Willie Masters' Lonesome Wife, R. 1971; On Being Blue, Ess. 1976; The World Within the Word, Ess. 1978 (Wie man aus Wörtern eine Welt macht, d. 1995); The Habitations of the Word, Ess. 1984 (Mit sich selber reden, für sich selber lesen, d. 1991); Culp, Kgn. 1985; The Tunnel, R. 1994; Finding a Form, Ess. 1996; Art and Science, Sb. 1996; The Writer in Politics, Sb. 1996; Cartesian Sonata, Nn. 1998; Reading Rilke, St. 1999; Tests of Time, Ess. 2002.

L: L. McCaffery, The Metafictional Muse, 1982; A. M. Saltzman, 1986; W. L. Holloway, 1990; R. Maierhofer, 1992.

Gastev, Aleksej Kapitonovič, russ. Dichter, 8. 10. 1882 Suzdal' – 1941 in Haft. Sohn e. Lehrers; als Sozialdemokrat mehrfach in Haft. Exil in Frankreich; 1917 Mitbegründer des Proletkult; gründete in Moskau 1920 ein ›Zentralinstitut der Arbeit‹, wurde Opfer des Terrors, um 1957 rehabilitiert. – Zählt zu den proletar. Schriftstellern, die den Kollektivismus rühmten und für die Maschinen- und Fabrikarbeit Hauptthemen waren; wurde während der Revolution durch s. lyr. Prosa bekannt.

W: Poèzija raboćego udara, G. 1918 (n. 1964); Paćka orderov, G. 1921.

Gatti, Angelo, ital. Schriftsteller u. Journalist, 9. 1. 1875 Capua – 19. 6. 1948 Mailand. 1893–1919 Offizier, Militärschriftsteller, Mitarbeiter an ›Gazzetta del Popolo‹, ›Corriere della Sera‹ u. ›Secolo‹. Lehrer für Geschichte an der Scuola di Guerra in Turin. 1937 ›Accademico d'Italia‹. – Vf. zahlr. hist. u. polit. Werke; als Erzähler an die Tradition Manzonis anknüpfend. Am bekanntesten s. Eheroman ›Ilia ed Alberto‹. Weitere Romane über die geistige Krise der Kriegs- und Nachkriegszeit.

W: Uomini e folle di guerra, Schr. 1921; Uomini e folle rappresentative, Schr. 1925; La parte dell' Italia, Schr. 1926; Ilia ed Alberto, 1931 (d. o. J.); Racconti di questi tempi, Nn. 1935; I canti delle quattro stagioni, G. 1936; Un italiano a Versailles, Schr. 1937; La terra, En. 1939; Il mercante di sole, R. 1942; L'ombra sulla terra, R. 1945; Risucchi, 1947.

L: C. Villani, 1936; L. Mascheroni, 1958.

Gatti, Armand, franz. Dramatiker, Essayist und Drehbuchautor, * 26. 1. 1924 Monaco. Aus ital.-russ. Familie, Straßenkehrerssohn; 1942 Mitglied der Résistance, Zwangsarbeit in Dtl., Inhaftierung in England. Nach dem Krieg Journalist u. Berichterstatter, dann Dramatiker und Drehbuchautor; Reisen nach Guatemala, Kuba, China, Griechenland, Sibirien, Korea. Nach 1968 Aufenthalt in Berlin, Auseinandersetzung mit dem Werk R. Luxemburgs (›Rosa, collective‹) und mit den Führern der RAF. – Vf. ›realist.‹, sozialkrit.-polit. Theaterstücke. Behandelt den Kampf und die Ideologie der Arbeiterklasse zuerst in dem stark autobiograph. Stück ›La vie imaginaire de l'éboueur Auguste Geai‹; im folgenden zeitgeschichtl. Themen: China, Kuba, Vietnam, der Span. Bürgerkrieg. Sozialisierung und Entheroisierung des Geschichtsbildes. Projiziert film. Techniken auf die Bühne. Arbeitet mit Rückblendungstechnik, Simultanszenen, Zuschauerbühne, Songs, Ballett, Masken, Traumbildern und Visionen. G.s Dramen sind szen. Darstellung der Einbildungskraft von Person u. Zuschauer. Beeinflußt von der dt. Theorie der Möglichkeiten. Gründet 1999 in Kanada die Zs. ›La parole errante‹.

W: Le poisson noir, Dr. 1957 (d. 1962); La crapaud-buffle, Dr. 1959; L'enfant-rat, Dr. 1960; Le voyage du grand Tchou, Dr. 1961; La deuxième existence du camp de Tatenberg, Dr. 1962 (d. 1964); La vie imaginaire de l'éboueur Auguste Geai, Dr. 1962 (d. 1963); Chroniques d'une planète provisoire, Dr. 1962 (d. 1967); Chant public devant deux chaises électriques, Dr. 1964 (d. 1968); Un homme seul, Dr. 1966 (Die Schlacht der sieben Tage und der sieben Nächte, d. 1969); V comme Vietnam, Dr. 1967 (d. 1968); L'escalade, Dr. 1967; L'affiche rouge, Drb. 1967; La passion du général Franco, Dr. 1968 (d. 1968); La naissance, Dr. 1968 (d. 1970); La cigogne, Dr. 1968; Les treize soleils de la rue Saint-Blaise, Dr. 1968; Petit manuel de la guérilla urbaine, Drn. 1970 (d. 1971); Rosa Spartacus prend le pouvoir, Dr. 1971; Le passage de l'Ebre, Drb. 1972; Notes de travail en Ulster, Ber. 1983; Notre tranchée de chaque jour, Dr. 1991; De l'anarchie comme battement d'ailes, I 2001. – Théâtre, III 1960–62. – Übs.: Stücke, 1970.

L: A. Guillot, 1969; G. Gozlan, J.-L. Pays, 1970; M. Seonnet, 1993; C. Faber, 1998.

Gaucelm Faidit, provenzal. Troubadour, um 1150 Uzerche (?)/Limousin – um 1215/20. Diente an zahlr. Fürstenhöfen in Frankreich u. Italien. Teilnehmer am 4. Kreuzzug. Stand lange Zeit im Ruf bohemehafter Lebensweise. – Mit Sicherheit 65 s. Gedichte erhalten, zumeist mit der übl. Liebeskasuistik nach Art des ›trobar clus‹ und ›trobar ric‹. Daneben auch Lobpreis der Landschaft. Vf. e. Tenzone, e. Kreuzzugsliedes und e. ›planh‹ anläßl. des Todes von Richard Löwenherz.

A: J. Mouzat, 1966.

L: R. Meyer, Diss. Hdlbg. 1876; J. Mouzat, 1964.

Gaultier de Chatillon, Philippe de Lille (Gualterus de Insulis, Walther von Châtilon), franz. Dichter, um 1135 bei Lille – 1201 Amiens. Stud. in Paris und Reims, Lehrer, wahrscheinl. in Paris, dann in Laon, später Chatillon (vielleicht C.-sur-Marne). Begleitete als Kanzleibeamter 1166 Heinrich II. nach England, Umgang mit engl. Humanisten; verließ England 1170 nach der Ermordung Thomas Beckets; Stud. Jura Bologna, dann nach Rom; 1176 in Reims im Dienst des Erzbischofs Guillaume d'Angleterre, zuletzt Domherr in Amiens. – E. der bedeutendsten weltl. Dichter des MA. Vf. des auf Q. Curtius Rufus fußenden lat. Epos ›L'Alessandreide‹ (›Alexandreis‹, 10 Bücher, zwischen 1178 u. 1182) über das Leben und die Taten Alexanders des Großen und e. ›Tractatus contra Iudeos‹. Außerdem zahlr. kleinere geistl., hist., satir. und erot. Dichtungen.

A: Alexandreis, hg. M. L. Colker 1978, Buch 10 komm. G. Meter 1991; Lieder, hg. K. Strecker 1925; Gedichte, hg. ders. 1929; Saints' Lives, hg. C. Wollin 2002; Tractatus contra Iudeos, hg. J. P. Migne, PL 209. – Übs.: Alexandreis, G. Streckenbach, O. Klingner 1990.

L: H. Christensen, 1905 (n. 1969); D. M. Kratz, Mocking Epic, 1980; H. Harich, Alexander Epicus, 1987; O. Zwierlein, Der prägende Einfluß des antiken Epos auf die Alexandreis des W. v. C., 1987; M. K. Lafferty, W. of C.'s Alexandreis, 1998; C. Wiener, Proles vesana Philippi, totius malleus orbis, 2000.

Gautier, Jean-Jacques, franz. Romanschriftsteller, 4. 11. 1908 Essômes-sur-Marne/Aisne – 20. 4. 1986 Paris. Schule in Dieppe. Stud. Philol. Paris. Früh Journalist, 1935 Redakteur, 1939 Redaktionssekretär von ›Echo de Paris‹. 1944 Theater- und Filmkritiker des ›Figaro‹ und (bis 1946)

Generalsekretär der Comédie-Française. – Realist. Romancier in der Tradition der Goncourt. Filmdrehbücher. Auch Artikel für ›Vogue‹, ›Réalités‹ u. a.

W: Drôle de jeu l'oreille, R. 1945; Histoire d'un fait divers, R. 1946; La fin des hommes, R. 1948; Le puits aux trois vérités, R. 1949 (d. 1962); La demoiselle du Pont aux âmes, R. 1950; Paris-sur-scène, Ess. 1951; Nativité, R. 1952; M'auriez-vous condamné, R. 1952; Marie-la-Belle, 1954; Deux fauteuils d'orchestre, Ess. 1962; C'est pas d'jeu, R. 1964; Un homme fait, R. 1965 (d. 1966); Une femme prisonnière, R. (d. 1970); La chambre du fond, R. 1970; Cher Untel, R. 1974; Face, trois quarts, profil, R. 1980; Une amitié tenace, 1982; Le temps d'un sillage, 1985; Mon dernier livre n'aura pas de fin, posthum 1988.

Gautier, Judith (eig. Louise-Charlotte-Ernestine, Ps. Judith Walter), franz. Schriftstellerin, 25. 8. 1845 Paris – 26. 12. 1917 Saint-Enoyat. Tochter von Théophile G., ∞ 1866 C. Mendès. Stud. oriental. Sprachen und Literaturen. 1910 Mitglied der Académie Goncourt. – Vertreterin des franz. Exotismus. Bemüht sich in Gedichten und heute meist vergessenen erzählenden Werken dilettantisch um exot. Kolorit. Übs. chines., jap., pers. und ägypt. Dichtungen. Memoiren über ihr bewegtes Leben. Eintreten für R. Wagner in Frankreich und Übs. von dessen ›Parsifal‹ (1893).

W: Le livre de Jade, G. 1867 (d. 1873); Le dragon impérial, E. 1869; L'usurpateur, E. 1875; Lucienne, E. 1877; Les peuples étranges, E. 1879; Les cruautés de l'amour, E. 1879; Isoline, E. 1882; R. Wagner et son œuvre poétique, Es. 1882; La femme du Putiphar, E. 1884; La conquête du Paradis, E. 1884; La marchande de sourires, Dr. 1888; Fleurs d'Orient, E. 1893; Iskender, hist. persane, 1894; Le collier des jours, Mem. III 1902–09; Le paravent de soie et d'or, E. 1904; En Chine, E. 1911; Poésies, G. 1911; La fille du ciel, Dr. 1911 (m. P. Loti); Le Japon, 1912; Les parfums de la pagode, G. 1919. – Correspond. avec R. Wagner, hg. L. Guichard 1964.

L: W. Schuh, Die Briefe R. Wagners an J. G., 1936; M. D. Camacho, 1939; E. Binney, Les ballets de G., 1966; S. Meyer-Zundel, 1969; J. Richardson, 1987.

Gautier, Pierre-Jules-Théophile, franz. Dichter, 31. 8. 1811 Tarbes – 23. 10. 1872 Neuilly b. Paris. Collège Charlemagne Paris, 18jährig Schüler des Malers Rioult. Wandte sich der Lit. zu, glühender Anhänger der Romantik, nahm auf Hugos Seite an der ›bataille d'Hernani‹ teil, gehörte zur Jeune-France-Bewegung. Ab 1836 Journalist; ausgedehnte Reisen: Spanien 1840, Italien 1850, Griechenland und Türkei 1852, Rußland 1858. Freund von Flaubert, den Goncourt, Renan, Baudelaire (den er beriet und erstmalig deutete) und Zola. Liebe zur Tänzerin Carlotta Grisi. – Lyriker, Erzähler, Kunst- und Dramenkritiker. Begann mit romant. Werken, entwickelte sich zum Wegbereiter des Parnasse. In Jugendgedichten antibürgerl., freigeistig; Vorliebe für makabre Schauer- und Friedhofsromantik (›Comédie de la mort‹). Vereinte in sich metaphys. Angst und Lebensekel s. Generation, floh vor ihnen in künstl. Paradiese (wie später Baudelaire und Huysmans). Nach naiver Geständnislyrik des Anfangs bald iron. Ton, so im von Byron und Musset beeinflußten Gedicht ›Albertus‹ und in den humorvollen Berichten ›Jeune-France‹, in denen er die Romantiker verspottet. Fand ab 1840 zu individuellem, unpersönl.-objektivem Stil von hohem Formniveau. Sucht e. tröstende Kraft in e. Dichtung, in der das Gegenständliche zurücktritt, die frei von jeder außerkünstler., moral., polit. oder sozialen Zielsetzung (Vorwort zu Roman ›Mademoiselle de Maupin‹), die Verwirklichung autonomer Schönheit anstrebt. Nimmt bereits das Ideal ›l'art pour l'art‹ des Parnasse vorweg. Sein lyr. Meisterwerk ist ›Emaux et camées‹, e. Reihe formvollendeter kleiner Gedichte, die den Blick des Malers und die mühselige Kleinarbeit des Goldschmiedes voraussetzen; das Spiel von Licht, Linie, Formen und Farben ist in Bildern von großer Klarheit eingefangen. Zentrales Anliegen vieler s. erzählenden Werke (die u. a. hist. Vergangenheit [›Le roman de la momie‹] oder das Eindringen des Helden in e. Paradies [›Spirite‹] darstellen) ist die Flucht aus der Enge der ›condition humaine‹. Am bekanntesten der Jugendroman ›Mademoiselle de Maupin‹ und ›Le capitaine Fracasse‹, reizvoll erzählte Abenteuer e. mit Komödianten herumziehenden jungen Adligen. S. zahlr. lit.- und kunstkrit. Arbeiten zeugen von ausgewogener Urteilskraft, Sensibilität und Begeisterung.

W: Poésies, 1830, 1833 (m. Albertus ou l'âme et le péché); Les Jeune-France, R. 1833; Mademoiselle de Maupin, R. 1835f. (La préface, hg. G. Matoré 1946; d. A. Schurig 1913); Fortunio, R. 1837; La comédie de la mort, G. 1838; Tras los montes (Voyage en Espagne), 1843; Les grotesques, Ess. 1844; Poésies complètes, 1845 (enth. España); Une nuit de Cléopâtre, E. 1845; Le roi Candaule, E. 1847; Voyage en Italie, 1852; Emaux et camées, G. 1852 (hg. J. Pommier, G. Matoré 1947; d. O. Hauser 1919 in: ›Aus fremden Gärten 86‹); Constantinople, 1853; Théâtre de poche, 1855; Les beaux-arts en Europe, 1855f.; Romans et contes, 1857; Le roman de la momie, R. 1858 (d. I. Ewers-Wunderwald 1903, Alastair 1925); Histoire de l'art dramatique en France depuis vingt-cinq ans, 1858f.; Le capitaine Fracasse, R. II 1863 (d. A. Kretzschmar II 1925); Voyage en Russie, 1867; Rapport sur les progrès de la poésie en France, 1868; Théâtre, 1872; Histoire du romantisme, 1874; Guide de l'amateur au musée du Louvre, 1892. – Œuvres, XXXIV 1883; Poésies complètes, hg. R. Jasinski III ²1970; Correspondance générale, hg. C. Lacost-Veysseyre, P. Laubriet II 1986. – Übs.: AW, H. H. Ewers, I. Ewers-Wunderwald VI 1903f.; GW, XIV 1925–27.

L: E. Feydeau, 1874; H. Potez, 1895; M. Du Camp, ³1907; A. Brunnemann, 1925; J. G. Palache, G. and the romantics, New York 1926; R. Jasinski, L'España de G., 1929; ders., Les années romantiques de G., 1929; A. Boschot, 1933; H. van der Tuin, L'évolution psychologique, esthétique et littéraire de G., Amsterdam 1934; L. Larguier, 1948; J. Tild, 1951; J. Richardson, Lond. 1958; E. Binney, Les ballets de Th. G., 1965; C.-M. Book, G. auteur dramatique, 1968; A. B. Smith, Ideal and Reality in the Fict. Narrat. of G., 1969; M. C. Spencer, The art of criticism of G., 1969; R. Benesch, 1969; B. Delvaike, 1969; C. Book-Senninger, 1972; S. Fauchereau, 1972; M. Voisin, 1980, 1981; J. Richer, 1981; Ph. Terrier, 1985; A. Ubersfeld, 1992; C. G. Schick, 1994; S. Guégan, 1997; E. Bergerat, 1998; M. Du Camp, 1998; F. H. Rodopi, 1999; M.-A. Faugérolas, 2002.

Gautier d'Arras, altfranz. Dichter, 1135–1198. Ritter und 1166–85 Beamter Philipps von Flandern; lebte am Hof Thibauts V. von Blois u. s. Gemahlin Alix, e. Tochter der Eleonore von Poitou. Seinem Gönner Thibaut (1152–91) zuliebe verfaßte er die Versromane ›Eracle‹ u. ›Ille et Galeron‹. – Literarhist. bedeutsam als e. der ersten Vertreter des höf. Romans. ›Eracle‹ steht auf der Schwelle zwischen Chanson de Geste u. höf. Roman. Kampfszenen im Stil des alten Heldenepos u. höf. verfeinerte Liebesszenen neben märchenhaft phantast. Motiven ind.-oriental. Ursprungs; G. behandelt e. Stoff aus der byzantin. Geschichte, die Abenteuer und Taten des Kaisers Heraclius. Der 2. Roman steht schon vorwiegend im höf. Gedankenkreis. Die Fabel knüpft an ›Eliduc‹, e. Lais der Marie de France, an. Im Mittelpunkt steht e. Doppelehe, die G. durch die bes. Umstände für entschuldbar hält. E. Frage der Liebeskasuistik spielt hinein.

W: Eracle, Ep. nach 1164 (hg. E. Löseth II 1890; m. mhd. Nachdichtung des Meisters Otte hg. H. F. Massmann 1842; hg. G. Raynaud de Lage 1976); Ille et Galeron, Ep. um 1170 (hg. E. Löseth 1890, W. Foerster 1891, F. A. G. Cowper 1956, J.-Cl. Delclos 1993).

L: W. Hüppe, Diss. Münster 1937; L. Renzi, Tradizione cortese e realismo in G., Padua 1964; C. Pierreville, 2001.

Gautier de Coinci, altfranz. Kleriker und Dichter, um 1177 Coinci/Aisne oder Somme – 25. 9. 1236 Soissons. 1193 Mönch von St. Médard b. Soissons, 1214 Prior von Vic-sur-Aisne, 1233 Groß-Prior von St. Médard. – Bekannt als Vf. der umfangreichsten, vollständig erhaltenen Mirakelsammlung des 13. Jh.: 30 000 Verse um 58 Mirakel Marias im Anschluß an lat. Mirakel des Hugo Farsitus, des Priesters Hermann u. a. Maria als helfende Vermittlerin zwischen dem sündigen Menschen und der göttl. Gnade; naive Frömmigkeit, warme Verehrung für Maria; gelegentl. Satire gegen Sünder aller Stände. Außerdem Predigten, Kindheitsevangelien und Heiligenlegenden, 4 geistl. Lieder.

W: La Vie de sainte Christine, Leg. 1218 (hg. A. Ott 1922; d. E. Lommatzsch in: Gesch. aus dem alten Frankreich, 1947, hg. O. Collet 1999); Miracles de la sainte Vierge, I 1218, II 1223–27 (hg. A. E. Poquet 1857, hg. V. F. Koenig IV 1961ff., hg. P. Lindgren 1963, Ausw. E. v. Krämer 1950; d. S. Rüttgers 1914, G. Terramare 1921); Sermon de la chastee, um 1223–27 (hg. T. Nurmela 1937).

L: E. M. Szarota, 1934; J. Chailley, Les chansons de G. de C., 1952; M. Reip, 1964; B. Cazelle, 1978; B. Sgaravizzi, 1983.

Gautier de Metz, franz. Dichter des 13. Jh. Bekannt durch ›Image du monde‹ (1245, nach dem Vorbild der ›Imago mundi‹ des Honorius d'Autun), eine der ältesten wiss. Enzyklopädien in franz. Sprache, die das Wissen unter den Laien verbreiten sollte. Gliedert sich in 3 Teile: Genesis, Beschreibung der Erdteile, Einfluß der Gestirne auf das menschl. Schicksal. Sehr beliebt und weit verbreitet.

L: S. Arkan, L'image du monde, 1998.

Gavelis, Ričardas, litau. Erzähler u. Dramaturg, 8. 11. 1950 Vilnius – 18. 8. 2002 ebda. Gymn. Druskininkai, 1973 – Abschluß des Physikstudiums an der Univ. Vilnius. 1973–77 arbeitete G. am Institut der litau. Akad. der Wissenschaften für Theoret. Physik, 1978–80 Mitarbeit an den Zsn. ›Mokslas ir Gyvenimas‹ und ›Pergalė‹. – Vertreter des Surrealismus, beeinflußt von Kafka. G. brach mit allen Traditionen der litau. Literatur und löste mit s. ersten Roman ›Vilniaus Pokeris‹ in Litauen einen Schock aus. In diesem und den folgenden Vilnius-Romanen erfolgt e. präzise, detaillierte Untersuchung der Handlungsweise der kommun. Diktatur und von deren Folgen. Vilnius ist nicht der Ort des Geschehens, sondern ein Wesen, ein Gespenst, ein Tier, das darniederliegt. Kafkaesk beschreibt G., wie sich Einwohner dieser Stadt zu Raben, Tauben, Spinnen, Hunden oder Kakerlaken verwandeln oder sich bereits verwandelt haben. Groteske Szenen, perverse Sexualität, schizophrene Monologe.

W: Inadaptatus Schsp. 1976; Neprasidėjusi šventė, En. 1976; Sūkuriai, Schsp. 1977; Įsibrovėliai, En. 1982; Triumviratas, Schsp. 1986; Vilniaus Pokeris, R. 1989; Jauno žmogaus memuarai, R. 1991; Vilniaus džiazas, R. 1993; Paskutinioji žemės žmonių karta, R. 1995; Prarastų godų kvartetas, R. 1997; Septyni savižudybės būdai, R. 1999.

L: V. Kelertienė, 1995; Vyt. Kubilius, 1995; V. Rubavičius, 1997; V. Šiukščius, 1998.

Gavidia, Francisco, salvadorian. Schriftsteller, 29. 12. 1863 San Miguel – 23. 9. 1955 San Salvador. Univ.-Prof. – Vielseitiges, intellektuelles Werk, mit Huldigung an die Technik, z. T. in e. von ihm geschaffenen Kunstsprache geschrieben.

W: Versos, 1884; Obras, 1913; Sóteer o Tierra de Preseas, 1949. – Obras completas, II 1974.

L: R. Armijo, N. Rodríguez Ruiz, 1965; J. S. Guandique, 1965; M. Hernández Aguirre, 1968; J. F. Toruño, 1969.

Gavlovič, Hugolín, slovak. Schriftsteller, 11. 11. 1712 Čierny Dunajec – 4. 6. 1787 Horovce. Franziskaner. – Barocker Polyhistor, der außer slovak. u. lat. Predigten u. relig. Schriften 2 umfangr. Dichtungen hinterließ, in denen er mit Beispielen aus Bibel u. dem slovak. Alltag den Menschen moralisch, ethisch, sozial u. religiös zu läutern sucht; Mehrzahl s. Werke ungedruckt.

W: Valaská škola mravúv stodola, II 1830 f. (n. 1971); Mravne verši, G. 1830.

L: A. Mráz, Gavlovičova Škola křesťanská, 1940; H. G. v dejiách slovenskej kultúry, 1989.

Gawain and the Green Knight, mittelengl. Romanze, um 1370. Als einzige Romanze des sog. Gawain-Dichters im nordwestl. Dialekt verfaßt. In 2530 alliterierenden Versen, die zu Strophen unterschiedlicher Länge zusammengefaßt sind, wird die Versuchung des Ritters der Tafelrunde durch eine Dame und die Herausforderung durch einen geheimnisvollen grünen Ritter mit vollendeter Meisterschaft erzählt. Im Gegensatz zu anderen Romanzen wird das Ritterideal mit großem Ernst auf seine moral. und relig. Grundlagen hin befragt.

A: J. R. R. Tolkien, E. V. Gordon 1925, rev. N. Davis 1967; The Poems of the Pearl Manuscript, hg. M. Andrews, R. Waldron 1978, rev. ³1996. – Übs.: Neuengl.-dt., hg. M. Markus 1974.

L: J. A. Burrow, 1965; A Companion to the Gawain-Poet, hg. D. Brewer, J. Gibson 1997.

Gay, John, engl. Lyriker und Dramatiker, 30. 6. 1685 Barnstaple – 4. 12. 1732 London. Verlor frühzeitig s. Eltern. Lehrstelle bei e. Seidenhändler nach kurzer Zeit aufgegeben. Freier Schriftsteller, kurze Zeit Gesandtschaftssekretär in Hannover, 1712–14 Sekretär der Herzogin von Monmouth. Mitarbeiter an Steeles ›Guardian‹. Eng befreundet mit Pope und Swift, viele Gönner. Herzog und Herzogin von Queensbury nahmen ihn während s. letzten Jahre in ihrem Haushalt auf. Starb nach 3jähriger Krankheit 47jährig. In Westminster Abbey beigesetzt. – Vf. vieler erfolgr. Bühnenstücke. Geistvoller Skeptiker mit Scharfblick für menschl. Schwächen, konstruktiven Fähigkeiten und parodist. Begabung. Begann s. dichter. Laufbahn mit der scherzhaften Dichtung ›Wine‹ (Wassertrinker können keine erfolgr. Autoren sein) und mit beschreibenden Pastoralgedichten ›Rural Sports‹ (durch Popes ›Windsor Forest‹ beeinflußt). ›Trivia‹ gilt als e. der besten Gedichte über London. S. bedeutendstes Werk ›The Beggar's Opera‹, Satire auf die ital. Oper (u. Vorbild für B. Brechts ›Dreigroschenoper‹), auf Swifts Anregung geschrieben, zeigt s. lyr. Befähigung und s. Begabung für Libretto; leitete die neue Gattung der ballad-opera ein. Zahlr. reizvolle Balladen sind eingestreut. Die Fortsetzung ›Polly‹ wurde wegen revolutionärer und polit. Tendenzen durch Walpole unterdrückt; Aufführung zwar verboten, doch wurden zahlr. Exemplare des Textbuches verkauft.

W: Wine, G. 1708; Rural Sports, Dicht. 1713; The Wife of Bath, K. 1713; The Shepherd's Week, Dicht. 1714 (hg. H. F. B. Brett-Smith 1924); Trivia, Dicht. 1716 (hg. W. H. Williams 1922); Fables, First Series, 1727; The Beggar's Opera, 1728 (hg. F. W. Bateson 1934; E. V. Roberts 1969; d. H. M. Enzensberger 1966); Polly, Op. 1729. – Dramatic Works, hg. J. Fuller II 1983; Letters, hg. C. F. Burgess 1966. – Übs.: Singspiele, G. Sarrazin 1898.

L: P. M. Spacks, 1965; D. Nokes, 1995.

Gay, Marie-Françoise-Sophie, franz. Schriftstellerin, 1. 7. 1776 Paris – 5. 3. 1852 ebda. Entstammt franz.-ital. Mischehe, schrieb unter dem Namen ihres zweiten Mannes. – Vf. von Komödien, Opernlibretti und v. a. Romanen, die geprägt sind durch Bilder aus der oberen Gesellschaft des Empire und der Restauration. Das positive Urteil von Sainte-Beuve gilt vor allem dem Roman ›Léonie de Montbreuse‹. Von hist. Wert sind die Beschreibungen der lit. Salons.

W: Léonie de Montbreuse, R. 1813; Anatole, R. 1815 (d. 1817); Le marquis de Pomenars, Dr. 1819; Marie ou la pauvre fille, Dr. 1824; Un mariage sous l'Empire, R. 1832; Salons célèbres, II 1837; Marie de Mancini, R. II 1840.

L: J. Allmendinger, 1914; M.-L. Gay, 2000.

Gazdanov, Gajto Ivanovič, russ. Prosaist, 6. 12. 1903 St. Petersburg – 5. 12. 1971 München. Vater Forstwirt. Kämpfte gegen die Bolschewiken, 1920 evakuiert, ab 1923 in Paris, ab 1927 Schriftsteller, ab 1932 Freimaurer, im Krieg in Widerstandsbewegung, ab 1953 bei Radio Liberty in München. – G.s meist in Zsn. erschienene 9 Romane wie ›Istorija odnogo putešestvija‹ u. 37 Erzählungen zeigen e. Proust nahe Darstellung des Bewußtseinsstroms, sind eher autobiograph. als Spiel freier Phantasie. ›Sčast'e‹ ist typ. für s. Auffassung der Bindung des Menschen an s. Schicksal.

W: Večer n Klėr, R. 1930 (n. 1979); Sčast'e, R. 1932; Osvoboždenie, R. 1936; Je m'engage à défendre, Paris 1946; Prizrak Aleksandra Vol'fa, R. 1947–48.

L: L. Dienes, 1982. – Bibl.: ders., Paris 1982.

Gecé → Giménez Caballero, Ernesto

Gee, Maggie, engl. Romanautorin, * 1948 Poole/Dorset. Stud. Oxford, Verlagsarbeit, heute Dozentin in Sussex; lebt in London. – Stilist. konventionelle Romane über atomare Bedrohung, Mensch u. Umwelt, Rassismus, Feminismus.

W: Dying, In Other Words, 1981; The Burning Book, 1983; Light Years, 1985; Grace, 1988; Where Are the Snows, 1991 (u. d. T. Christopher and Alexandra, 1992); The Burning Book, 1994; Lost Children, 1994 (d. 1996); How May I Speak in My Own Voice?, Es. 1996; The Ice People, 1998; The White Family, 2002; The Flood, 2004.

Gee, Maurice, neuseeländ. Erzähler, * 22. 8. 1931 Whakatane. Zunächst Lehrer. – In s. Romanen, insbes. in der Trilogie ›Plumb‹, ›Meg‹ u. ›Sole Survivor‹, Auseinandersetzung mit e. sich ständig verändernden neuseeländ. Gesellschaft u. der eigenen Identität.

W: Big Season, R. 1962; Special Flower, R. 1964; Games of Choice, R. 1976; Prowlers, R. 1987; Burning Boy, R. 1990; Going West, R. 1992; Live Bodies, R. 1998 (d. 2002).

L: D. Hill, 1981; B. Manhire, 1986.

Geel, Jacob, niederländ. Schriftsteller, 12. 11. 1789 Amsterdam – 11. 11. 1862 Scheveningen. 1811 Hauslehrer in Den Haag, 1823 stellv. Leiter u. 1833 Leiter der Univ.-Bibliothek Leiden, Honorarprof. der Altphilol. – Essayist, trat für die Pflege des Prosastils ein u. bekämpfte die Gefühlspoesie. Übs. L. Sternes.

W: Lof der proza, Es. 1830; Gesprek op den Drachenfels, Es. 1835 (hg. J. C. Brandt Corstius 1963); Onderzoek en phantasie, Ess. 1838.

L: M. J. Hamaker, 1907 (m. Bibl.); A. G. Wientjes, 1909; J. C. Brandt Corstius, Gesprek op den Drachenfels, 1963.

Geeraerts, Jef, fläm. Schriftsteller, * 23. 3. 1930 Antwerpen. Lebte jahrelang als Bezirksverwalter, dann als Hauptmann der Nationalarmee im Kongo. – Romane um Zeitprobleme im modernen Schwarzafrika, mit autobiograph. Einschlag, zeigen den Menschen als Teil der wilden afrikan. Natur, voll ungezügelter Erotik und grausamer Gewalttätigkeit. Schockierende ›Bekenntnisliteratur‹ in der Nachfolge von Hemingway u. H. Miller; radikale Gesellschaftskritik.

W: Ik ben maar een neger, N. 1962; Het verhaal van Matsombo, N. 1966 (beide zusammen: Scharlatan auf heißer Erde, d. 1969); Gangreen-R.-Reihe: 1: Black Venus, 1968 (Im Zeichen des Hengstes, d. 1971); 2: De Goede Moordenaar, 1972; 3: Het teken van de hond, 1975; 4: Het zevende zegel, 1977; De Coltmoorden, R. 1980 (d. 1990); De zaak Alzheimer, R. 1985; Sanpaku, R. 1989 (d. 1992); Dubbel-face, R. 1990 (d. 1992); De PG, R. 1998 (Der Generalstaatsanwalt, d. 2002); De ambassadeur, R. 2000.

L: P. Cailliau, 1978 (mit Bibl.).

Geffroy, Gustave, franz. Schriftsteller, 1. 6. 1855 Paris – 4. 4. 1926 ebda. Breton. Abstammung; Freund Clemenceaus; Stud. Paris, Journalist. Präsident der Académie Goncourt. – Naturalist. Erzähler und Kunstkritiker, verteidigte den Impressionismus, schrieb z. T. idyll. Romane, bes. aus der Bretagne, Biographien sowie Künstlermonographien. Gleichzeitig hist.-polit. orientiert. Vf. einer Biographie von Clemenceau.

W: Pays d'Ouest, R. 1897; Les minutes parisiennes, R. II 1899–1903; Rubens, B. 1902; L'apprentie, R. 1904; Constantin Guys, B. 1904; La Bretagne, R. 1905; Herminie Gilquin, R. 1907; L'idylle de Marie Bire, R. 1908; Nouveaux contes du pays d'Ouest, 1920; C. Monet, Mon. 1922; Cécile Pommier, R. II 1923; E. Manet, Mon. 1924; Corot, Mon. II 1957.

L: Harlor, 1934; A. Astre, 1938.

Geijer, Erik Gustaf, schwed. Dichter, 12. 1. 1783 Ransäter/Värmland – 23. 4. 1847 Stockholm. Sohn e. Grubenbesitzers, Schule in Karlstad, 1799 Stud. Uppsala, 1806 Magister, 1809/10 Reise nach England, 1810 Dozent für Gesch. in Uppsala, 1814–16 mit A. A. Afzelius Hrsg. der ›Svenska folkvisor‹; 1817 Prof. ∞ 1816 Anna Lisa Lilljebjörn. Freundschaft mit Atterbom. 1823 Reise nach Norwegen. 1824 Mitgl. der Schwed. Akad. 1825/26 Reise nach Dänemark u. Dtl. 1828–30 und 1840/41 Reichstagsabgeordneter. 1846 emeritiert, 2. Dtl.reise u. Übersiedlung nach Stockholm. – Dichter, Historiker, Philosoph, Komponist u. Politiker, tief verwurzelt in nationaler u. familiärer Tradition. Kam aus der Aufklärung, Anhänger Goethes, wandte sich früh der Romantik zu. In s. Jugend mit der zeitgenöss. dt. Lit., bes. mit Goethe u. Schiller vertraut, wird G. während des Stud. durch B. Höijer mit dem dt. Idealismus (Kant, Fichte, Schelling) bekannt. Nach der Rückkehr aus England Mitbegründer von ›Götiska förbundet‹, dessen geistiger Führer u. Hrsg. der Zs. ›Iduna‹, wo er in Gedichten nord. Männlichkeit, Zuversicht u. Stärke, aber auch Unruhe u. Freiheitsstreben darstellt; s. teils relig. Jugenddichtung wird nach kurzer Zeit durch s. hist., philos. u. polit. Arbeiten abgelöst. Als Historiker trotz mangelnder Quellenforschung u. -kritik bahnbrechend durch Intuition und Blick für große Zusammenhänge. Gibt den Liberalismus der Aufklärung auf und wird konservativ. Durch die gesellschaftl. Veränderungen, aber auch durch s. philos. Auseinandersetzung mit Hegel u. Feuerbach, die zu e. eigenen relig. motivierten Persönlichkeitsphilos. führen, zu e. fortschrittl. Liberalismus veranlaßt. Erste Anzeichen davon in ›Minnen‹. Einsamkeit, nahendes Alter, Verwurzeltsein im Dasein, Mut, Naturfreude u. Zuversicht sind die Themen der ›Zentrallyrik‹ s. letzten Jahre: kurze, knappe, scheinbar kunstlose, doch inhaltsreiche Gedichte, meist von ihm selbst vertont, einzigartig in der zeitgenöss. Lyrik. S. ›Macbeth‹–Übs. (1813) ist die erste vollständige Übertragung e. Shakespeare-Dramas ins Schwed.

W: Manhem, Vikingen, Odalbonden, Den siste kämpen, Den siste skalden, G. (1811); Försök till psalmer, G. 1812; Den lille kolargossen, G. 1815; Thorild, St. 1820; Svea rikes häfder, 1825 (d. Schwedens Urgeschichte, 1926); Svenska folkets historia, III 1832–36 (d. Geschichte des schwedischen Volkes, III 1832–36); Minnen, Mem. 1834 (hg. F. Böök 1915); Skaldestycken, G. 1835; Människans historia (1841/42), hg. S. Ribbing 1856. – Samlade skrifter, hg. J. Landquist XIII 1923–31.
Übs.: Gedichte, L. v. Arentsschildt o. J.
L: A. Molin, 1906; C. D. Marcus, 1909; A. Boldt, III 1909 f.; A. Blanck, 1914 u. 1918; F. Böök, 1915; J. Landquist, 1924 u. 1954; R. Gustafsson, 1935; C. A. Hessler, II 1937–47; E. Rodhe, 1942; J. A. Eklund, 1942; E. Norberg, 1944; A. Kjellén, 1947; S. Stolpe, 1947; A. Oberreuter, Diss. Berlin 1957; B. Henningsson, G. som historiker, 1961.

Geijerstam, Gustaf af, schwed. Erzähler u. Dramatiker, 5. 1. 1858 Jönsarbo/Västmanland – 6. 3. 1909 Stockholm. 1877 Stud. Uppsala, seit 1883 Journalist u. freier Schriftsteller, 1884–86 Mitarbeiter an ›Aftonbladet‹, 1891–93 ›Dagens Nyheter‹, 1893–97 am Theater Göteborg, 1897–1902 lit. Leiter von Gernandts Verlag in Stockholm. – Von Ibsen, Kielland, Lie, G. Brandes u. Strindberg beeinflußt, eifrigster Vorkämpfer des Realismus der 80er Jahre, wollte Führer der jungen lit. Bewegung sein, wozu ihm aber die künstler. u. intellektuellen Voraussetzungen fehlten. Mitbegründer der Vereinigung ›Verðandi‹ u. Förderer junger Dichter als Hrsg. der ›Revue für lit. u. soziale Fragen‹ (1885 u. 1886); später Verlagsleiter. Als eifriger Kritiker wandte er sich zunächst gegen die Neuromantik der 90er Jahre, aber unter Einfluß von Dostojewskij, Maeterlinck u. a. Abwendung von der äußeren Wirklichkeit zur inneren; der dogmat. Realismus weicht e. sozialen Pathos u. psycholog. Erklärungsversuchen, vor allem im Verhältnis zwischen Mann u. Frau sowie in Verbrechergeschichten, für die er alte Gerichtsakten benutzte. Mit der Sentimentalität s. Familiengeschichten (›Boken om Lille-Bror‹) und dem fast billigen Humor s. Volkslustspiele wurde er der ›Dichter des schwed. Hauses‹ u. erlangte auch im Ausland, bes. in Dtl., große Popularität.

W: Gråkallt, E. 1882; Fattigt folk, En. II 1884–89; Erik Grane, R. 1885; Pastor Hallin, R. 1887 (d. 1911); Kronofogdens berättelser, En. 1890–1902; Lars Anders och Jan Anders och deras barn, Sch. 1894; Per Olsson och hans käring, Sch. 1894; Medusas hufvud, R. 1895 (d. 1898); Kampen om kärlek, En. 1896; Mina pojkar, R. 1896 (Meine Jungen, d. 1897); Vilse i lifvet, R. 1897 (Irre am Leben, d. 1917); Det ytterste skäret, R. 1898; Äktenskapets komedi, R. 1898 (Die Komödie der Ehe, d. 1903); Boken om Lille-Bror, R. 1900 (Das Buch vom Brüderchen, d. 1903); Kvinnomakt, R. 1901 (Frauenmacht, d. 1904); Nils Tufvesson och hans moder, R. 1902 (d. 1904); Bröderna Mörk, R. 1906 (Die Brüder Mörk, d. 1908). – Samlade skrifter, XXV 1909–14. – Übs.: Ges. Romane, V 1910; Wald und See, Nn. 1905; Alte Briefe, Nn. 1906.
L: M. Johnsson, En åttitalist, 1934; G. Ahlström, 1974.

Gelber, Jack, amerik. Dramatiker, * 12. 4. 1932 Chicago. Illinois School of Journalism, Promotion 1953; seit 1955 in New York lebend, 1963 Spanien; 1963/64 und 1966/67 Guggenheim Fellow for Creative Writing for Theatre. – Versucht e. extremen Naturalismus in Verbindung zu bringen mit Improvisation, wozu er in ›The Connection‹ Jazz-Musiker mitwirken läßt oder sich in ›The Apple‹ an die Commedia dell'arte anlehnt.

W: The Connection, Dr. 1960 (Konnex, d. 1963); The Apple, Dr. 1962 (d. 1976); On Ice, R. 1964; Let's Face It, Square in the Eye, Dr. 1966 (d. 1976); The Cuban Thing, Dr. 1969 (d. 1970); Barbary Shore, R. 1973; Rehearsal, Dr. 1980; Starters, Dr. 1980.

Golléri, Andor Endre, ungar. Schriftsteller, 30. 3. 1907 Budapest – 5. 5. 1945 Wells. Starb im KZ. Aus armer, kleinbürgerl. Familie, lernte G. früh das bittere Leben der Arbeiter und Arbeitslosen kennen, wurde Chronist der Proletarier und kleinen Leute.

W: Szomjas inasok, Nn. 1933, Kikötő, Nn. 1935; Egy önérzet története, Aut. 1957; Varázsló, segíts!, Nn. 1957 (Großwäscherei Phönix, d. 1962). – Übs.: Budapest und andere Prosa, 1970.
L: M. Füst, 1956; L. Kardos, 1959; K. Vargha, 1986.

Gelli, Giambattista, ital. Dichter, 12. 8. 1498 Florenz – 24. 7. 1563 ebda. Strumpfwirker, durch eifrige philos. u. lit. Studien Mitgl. der florentin. Akad. u. der Accademia della Crusca. Hielt seit 1541 öffentl. Vorlesungen über Dantes ›Göttliche Komödie‹ u. Petrarca. – Nachahmer Machiavellis. Sehr guter Stilist, tiefe philos. Anschauungen, reiche Menschenkenntnis. Benützt viele klass. Quellen, Plutarch, Plautus u. a. Nach dem ›Ragionamento intorno alla lingua‹, e. Dialog in ausgezeichnetem Stil, soll der Sprachgebrauch von den Gebildeten bestimmt werden.

W: I capricci di Giusto bottaio, Dial. 1546 (hg. U. Fresco 1906); La Circe, Dial. 1549 (hg. A. Ugolini 1900, G. G. Ferrero 1957); Tutte le lezioni fatte nell'accademia fiorentina, 1551; Ragionamento intorno alla lingua, Dial. 1551; La Sporta, R. 1553; L'errore, K. 1555. – Opere, hg. A. Galli 1855, A. Ugolini 1898, E. Sanesi 1952; Lezioni sul Petrarca, Letture sopra la Commedia di Dante, hg. C. Negroni, II 1884–87; Dialoghi, hg. R. Tissoni 1967.
L: A. L. De Gaetano, 1976.

Gellius, Aulus, röm. Schriftsteller, um 130 – nach 170 n. Chr. Richtertätigkeit in Rom. Mit 30 Jahren verbrachte G. e. Jahr in Athen in engem Kontakt zu führenden Intellektuellen; so erklärt sich der Titel s. Werkes ›Noctes Atticae‹ (Attische Nächte) in 20 Büchern. G. erstellt e. abwechslungsreiche Sammlung von Kurzessays zu verschiedensten Themen: lat. u. griech. Lit., Sprachbetrachtung, Philos., Gesch., Recht, Medizin, Altertümer u.a., wobei viele Informationen u. Zitate aus heute verlorenen Quellen stammen. G. gestaltet viele Stücke als Dialoge zwischen Gebildeten u. stellt so die Bildungskultur der Oberschicht dar.

A: P. K. Marshall, 2 Bde., Oxf. n. 1990; d. F. Weiss, n. 1992; m. engl. Übs. J. C. Rolfe, 3 Bde., Lond. n. 1996.

L: L. Holford-Strevens, Lond. 1988; M. L. Astarita, La Cultura nelle Noctes Atticae, Catania 1993.

Gel'man, Aleksandr Isaakovič, russ. Dramatiker, * 25. 10. 1933 Dondjušany/Moldau. Stud. 1960–63 Univ. Kišinev. Seit 1975 als Autor zeitnaher, publizist. Stücke bekannt u. anerkannt, auch verfilmt u. im Ausland gespielt. – In Stücken wie ›Protokol' odnogo zasedanija‹ behandelt G. eth. u. wirtschaftl. Probleme unaufrichtiger Berichterstattung im sozialist. System, wenige (wie ›Skamejka‹) bleiben auf den rein menschl. Bereich beschränkt und zeigen s. Gespür für das Tragische.

W: Protokol' odnogo zasedanija, 1976; Obratnaja svjaz', 1978; My, niževpodpisavšiesja, 1979; Skamejka, 1983; Zinulja, 1984.

Gelman, Juan, argentin. Dichter, * 3. 5. 1930 Buenos Aires. Lastwagenfahrer, Büroangestellter, Journalist, Übersetzer. Durch Drohungen zum Exil genötigt; Sohn u. Schwiegertochter vom Militär gefoltert u. ermordet. – Trotz s. polit. Engagements besingt er s. Liebe zu den Mitmenschen u. zur Natur; s. Lyrik wirkt undogmat., da sie Gesprächsform annimmt. Macht häufig Gebrauch von Heteronymen.

W: Violín y otras cuestiones, 1956; Velorio del solo, 1961; Gotán, 1962; Traducciones III, 1969; Obra poética, 1975; Si dulcemente, 1980; Interrupciones II, 1986; Carta a mi madre, 1989; Incompletamente, 1997; Salarios de impío y otros poemas, 1998; Cólera buey, 1999; Valer la pena, 2001. – *Übs.:* So arbeitet die Hoffnung, Ausw. 1978.

L: T. M. Scheerer, 1985.

Gelsted, (Einar) Otto (eig. Jeppesen), dän. Lyriker, 4. 11. 1888 Middelfart/Fünen – 22. 12. 1968 Kopenhagen. St. Andreas Kollegium (kathol.) b. Kopenhagen, seit 1907 Reisen in Dtl. u. der Schweiz, Journalist, 1943–45 Flüchtling in Schweden, seit 1945 Lit.- und Kunstkritiker an der kommunist. Zeitung ›Land og folk‹; 1962 Mitglied der Dän. Akademie. – Klass. gebildet (Übs. Homer, Aristophanes, Aischylos, Euripides, Sappho) und philos. geschult (Kant), von der Psychoanalyse Freuds u. in den 20er Jahren vom Expressionismus und Futurismus beeinflußt; verwirft diese jedoch als kulturverflachend, wie er auch e. Neigung zum materialist. Pantheismus von J. V. Jensen und T. Larsen überwindet, um sich an die Klarheit der reinen Vernunft in Kunst, Ethik und Gesellschaft zu wenden. S. lyr. Werk teilt sich in versch. Perioden: 1920–23 Gedichte über existentielle Empfindungen, 1927–38 soziale und lebensnahe Gedichte, ab 1940 antifaschistische, nationalpatriotische Lyrik; nach 1955 wendet er sich vom Sozialismus ab u. beschäftigt sich mit der klass. Antike.

W: De evige ting, G. 1920; Jomfru Gloriant, G. 1923; Rejsen til Astrid, G. 1927; Henimod klarhed, G. 1931; Under uvejret, G. 1934; De danske strande, G. 1940; Emigrantdigte, G. 1945; Flygtninge i Husaby, R. 1945; Frihedens år, G. 1947; Sange under den kolde krig, G. 1952; Digte fra en solkyst, G. 1961. – Samlede digte, 1961; Tilbageblik på fremtiden, Ess. II 1977.

L: Hilsen til O. G., hg. B. Houmann, H. Kirk 1958 (m. Bibl.); L. Nordin, 1983; L. E. Bay, Fra idéens standpunkt, 1984.

Gems, Pam, engl. Dramatikerin, * 1925 Bransgrove. Stud. Psychol. Manchester; späte Karriere als Schriftstellerin nach 4 Kindern. – Vf. erfolgr. Bühnenstücke, die die Geschichte und Position von Frauen im Patriarchat ausloten; humorvollsubversive feminist. Perspektive. In den erfolgr. biograph. Musikrevuen ›Piaf‹ und ›Marlene‹ setzt sie sich mit Schicksalen von Künstlerinnen in e. männl. dominierten Kunstszene auseinander. Auch Übsn. von Dramen von Ibsen u. Čechov.

W: My Warren, 1973; After Birthday, 1973; The Amiable Courtship of Miz Venus and Wild Bill, 1974; Go West, Young Woman, 1974; Guinevere, 1976; Dusa, Fish, Stas and Vi, 1976; Queen Christina, 1977; Piaf, 1978 (d. 1986); Aunt Mary, 1982; Camille, 1984; Loving Woman, 1984; Danton Affair, 1986; Mrs Frampton, R. 1989; Bon Voyage, Mrs Frampton, R. 1990; Stanley, 1996; Marlene, 1999 (d. 1999).

Genestet, Petrus Augustus de, niederländ. Dichter, 21. 11. 1829 Amsterdam – 2. 7. 1861 Rozendaal/Geldern. 1852–59 Stud. Amsterdam. Remonstrant. Geistlicher in Delft, dann aus Gesundheitsgründen ohne Amt in Amsterdam. – Vorkämpfer der relig. Erneuerungsbewegung ›Réveil‹, wie Bilderdijk und Da Costa; unbeeinflußt von klassizist. und romant. Bestrebungen formte er in einfacher Sprache mit leicht melanchol. Humor Gefühle u. Gedanken des holländ. Bürgers. S. ›Leekedichtjes‹ sind Niederschlag e. Entwicklung, in der durch rationalist. Strömungen s. Weltanschauung so umgeformt wurde, daß christl. Grundelemente kaum noch erkennbar sind.

W: Eerste gedichten, 1851; Leekedichtjes, G. 1860; Laatste der eerste, G. 1861. – Dichtwerken, hg. C. P. Tiele II 1869; Complete gedichten, 1910; Nagelaten brieven, hg. C. M. Verkroost 1976. – *Übs.:* Ausw. Hanne 1886.

L: J. B. Schepers, Bloemendaal en G., 1911.

Genet, Jean, franz. Erzähler und Dramatiker, 19. 12. 1910 Paris – 15. 4. 1986 ebda. Vater unbekannt. Lieblos in e. Bauernfamilie erzogen, homosexuell. 15jährig in der Besserungsanstalt Mettray. Flucht in die Fremdenlegion, zwielichtiges Leben im Marseiller Hafen, jahrelang Landstreicher in mehreren Ländern, oft in Gefängnissen; auf Fürsprache von Sartre, Cocteau u.a. von lebenslängl. Haft begnadigt; Buchhändler in Paris. – Stark autobiograph. bestimmter Autor. G., selbst außerhalb von Gesellschaft, Moral und Konvention stehend, weder durch moral. Bedenken noch durch Ehrgefühl gehemmt, verherrlicht in erzählenden und dramat. Werken den moral. und sexuell anormalen Ausnahmemenschen als höheres myth. Wesen, das, erhaben über Schuld, keiner Rechtfertigung s. Handelns bedarf. S. Werk ist zugleich Selbstbehauptung gegenüber der Gesellschaft, die ihn ablehnt, sowie Bestätigung und Kult s. Person und Lebensführung. Verrat, Verbrechen und sexuelle Perversion sind wesentl. Themen. S. Stil, suggestiv, in einzelnen Teilen lyr., bilderreich, schöpft aus dem Argot und ist trotz s. barocken Fülle gezügelt. Als Nachfahr Villons und Verlaines bezeichnet, von Sartre gefördert, der s. Leben als Experiment s. dichter. Phantasie deutete.

W: Le condamné à mort, G. 1942 (d. 1969); Chants secrets, G. 1944; Notre-Dame-des-Fleurs, R. 1944 (d. 1959); Le miracle de la rose, R. 1946 (d. 1963); Pompes funèbres, R. 1947 (d. 1966); Querelle de Brest, R. 1947 (d. 1955); Les bonnes, Dr. 1947, 1954 (d. 1955); Poèmes, 1948; L'enfant criminel, Rd. 1949; Haute surveillance, Dr. 1949 (d. 1958); Journal du voleur, R. 1949 (d. 1962); Les beaux gars, E. 1951; Le pécheur du Suquet, G. 1953 (d. 1959); Le balcon, Dr. 1956, endgültig 1961 (d. 1959); Les nègres, Dr. 1958 (d. 1962); Poèmes, 1962; Les paravents, Dr. 1961 (Wände überall, d. 1961); Die Mütter, Dr. d. 1961; Der Seiltänzer, d. 1961; Un chant d'amour, G. 1982 (d. 1983); Quatre heures à Chatila, Ber. 1983 (d. 1983); Un captif amoureux, R. 1986. – Œuvres complètes, IV 1952f. (I: Sartre, Saint G., comédien et martyr, 1952); Théâtre, 1958 (d. 1980); Lettres à G. Blin, 1966 (d. 1967).

L: M. Luckow, D. Homosexualität i. d. lit. Tradition, 1962; J. H. McMahon, New Haven 1963; D. Grossvogel, The blasphemers, ²1965; W. Heist, 1965; C. Bonnefoy, 1966; J. M. Magnan, 1966; W. Kließ, 1967; R. N. Coe, Lond. 1968; B. Knapp, 1968; Ph. Tody, d. 1970; O. Aslan, 1973; W. Ziegler, J. G. – Metaphern der Vergeblichkeit, 1981; R. C. Webb, 1982; H. Kassab Hassan, 1983; B. Klausmann-Molter, 1986; L. Oswald, 1989; V. Bergen; J. Giles, Le cinéma de J. G., 1993; M. C. Hubert, 1997, Y. Chevallier, 1998; M. Redonnet, 1999; F. Sentein, 1999; J.-P. Renault, 2000; D. H. Jones, 2000; N. Fredette, Figures baroques de J. G., 2001; A. Malgorn, 2002; J. A. Getinet, 2002.

Genevoix, Maurice Charles Louis, franz. Schriftsteller, 29. 11. 1890 Decize/Nièvre – 8. 9. 1980 Alcudia Cansades/Spanien. 1911 Lehrer der Ecole Normale Supérieure. Gab nach schwerer Verwundung 1915 (im 1. Weltkrieg Offizier) s. Lehrerberuf auf. Viele Reisen: USA, Kanada, Afrika. 1946 Mitgl. der Académie Française, 1965 deren ständiger Sekretär. – S. ersten Werke waren ausgezeichnete, auch heute noch ansprechende Tatsachenberichte über den 1. Weltkrieg. Dann Heimatromane über das Loire-Tal, wie die Kriegsbücher objektiv und realist., geprägt von zärtl. Verbundenheit mit dem Land, Menschen und Tieren. Sein bester Roman ›Raboliot‹ ist die Biographie e. Wilddiebes in der Sologne, ›Sanglar‹ e. hist., in der Zeit der Religionskriege spielender Roman über das Leben e. Bandenchefs in der heimatl. Landschaft. Reisebücher über Kanada.

W: Sous Verdun, Ber. 1916; Nuits de guerre, Ber. 1917; Rémi des Rauches, R. 1922 (d. 1955); Les éparges, R. 1923; La joie, R. 1924; Raboliot, R. 1925; La boîte à pêche, R. 1926; Les mains vides, R. 1928; Cyrille, R. 1929; Rroû, R. 1931; Forêt voisine, R. 1931; Gai l'amour, R. 1932; Marcheloup, R. 1934; Tête baissée, R. 1935; Bernard, R. 1938; La dernière harde, R. 1938; L'hirondelle qui fait le printemps, R. 1941; La framboise et Belle-humeur, R. 1942; Eva Charlebois, R. 1944; Canada, Reiseber. 1945; Sanglar, R. 1946; L'écureuil du Bois Bourru, R. 1947; Afrique blanche, Afrique noire, Reiseber. 1949; Chevalet de campagne, R. 1950; L'eau, l'arbre, la bête et quelques hommes, R. 1950; Ceux de 14, Ber. 1950; L'aventure est en nous, R. 1952; Fatou Cissé, R. 1954; Vlaminck, 1954; Mon ami l'écureuil, R. 1957; Le petit chat, R. 1957; Le roman de Renard, R. 1958; Derrière les collines, E. 1963; Beau-François, R. 1965; La forêt perdue, R. 1967; Bestiaire sans oubli, R. 1971; Un jour, R. 1976 (d. 1977); Loreleï, R. 1978 (d. 1979); La motte rouge, R. 1979; Trente mille jours, R. 1981; La maison du Mesnil, R. 1982.

L: F. Vercel, 1954; F. Danin, 1993; S. Genevoix, 2000.

Genji-monogatari → Murasaki Shikibu

Genlis, Caroline-Stéphanie-Félicité Ducrest de Saint-Aubin, Marquise de Sillery, comtesse de, franz. Schriftstellerin, 25. 1. 1746 Schloß Champcéry b. Autun – 31. 12. 1830 Paris. 1762 ∞ Graf Charles Bruslart de Genlis, 1770 Ehrendame der Herzogin von Chartres, 1772 Erzieherin ihrer Töchter und Söhne. Emigrierte in der Franz. Revolution bis 1802 nach England, Belgien, Schweiz und Dtl. Von Napoleon zur Inspektorin der Volksschulen eingesetzt. – Verfaßte in pädagog. Absicht Theaterstücke und Jugenderzählungen, Gesellschaftsromane und e. Lexikon der Hofetikette. Am interessantesten ihre Memoiren.

W: Théâtre d'éducation à l'usage des jeunes personnes, IV 1779f. (d. 1780); Adèle et Théodore ou lettre sur l'éducation, III 1782 (d. 1783); Les veillées du château,

En. III 1784 (d. 1784); Les chevaliers du cygne, ou la cour de Charlemagne, R. III 1795 (d. 1796); Mademoiselle de Clermont, R. 1802; Contes moraux, E. 1802; La duchesse de la Vallière, R. 1804; Mme de Maintenon, R. 1806; Mémoires X 1825 (n. II 1928; d. VII 1826); Alphonsine ou la tendresse maternelle, 1825; Lettres inédites de Madame G. à son fils adoptif Casimir Baecker 1802–30, 1902.

L: Mme Carette, 1893; J. Harmand, 1912; J. Bertaut, 1941; A. M. Laborde, 1966.

Geoffrey of Monmouth (Galfred of M.), engl. Historiker, 1100 (?) Monmouth – 1155. Wahrscheinl. Benediktinermönch, Stud. in Oxford; 1152 Bischof von St. Asaph. – Wichtig bes. als eig. Begr. der Arthurtradition. In s. Geschichtswerk ›Historia Regum Britanniae‹ (um 1135) behandelt er erstmalig die Arthursagen. Empfing Anregungen aus Werken von Beda und Nennius, aus alten Überlieferungen und wohl auch aus verlorenen walis. Dokumenten, erfand aber vermutl. manches selbst. In den Versuch exakter Geschichtsschreibung mischen sich bei ihm romant. Elemente. Lieferte Stoff für Shakespeares ›Lear‹, für ›Gorboduc‹ u. ›Mirror for Magistrates‹. S. ›Vita Merlini‹ ist e. fabulist. Erzählung in Hexametern, die in die Welt der Wunder und des Zaubers führt.

W: Vita Merlini, ca. 1148 (hg. J. J. Parry 1925, E. Faral 1929, B. Clarke 1973, d. I. Vielhauer 1964 u. ö.); Historia Regum Britanniae, ca. 1135 (hg. A. Griscom 1929, J. Hammer 1951, N. Wright, J. C. Crick, V 1985–91, in mod. Engl.: S. Evans 1963 u. ö., L. Thorpe 1966, d. A. Schulz 1854).

L: H. Brandenburg, 1918; J. S. P. Tatlock, The Legendary History of Britain, 1950; H. Pähler, 1958; A. O. H. Jarman, 1966; R. W. Hanning, The Vision of History in Early Britain, 1966; A. Gransden, 1974, I, 200–209.

Georgiev, Michalaki (eig. M. Lozanov), bulgar. Schriftsteller, 11. 8. 1954 Vidin – 14. 2. 1916 Sofia. Mitglied der Bulgar. Akad. der Wiss. Aufklärerische, kulturelle u. gesellschaftliche Tätigkeit. Erste Veröffentlichungen 1890. – Beschreibt die patriarchale Kultur u. die Veränderungen im Dorfleben am Ende des 19. Jh. unter Anlehnung an die Tradition der bulgar. Aufklärung.

W: Tri srešti, Mem. 1899; Birnikŭt došel, Dr. 1905; Razkazi i humoreski, En. II, 1919–21. – Izbrani razkazi (Ausw.), III 1938–42; Sučinenija (GW), II 1961.

Georgios Pisides, byzantin. Dichter aus Pisidia, 1. Hälfte 7. Jh. n. Chr. Z. Z. des Kaisers Herakleios (610–41) Diakon in Konstantinopel. – Bedeutendster Vertreter der profanen Dichtung in Byzanz, verfaßte viele poet. Werke in quantitierendem Versmaß über die Kriege des Kaisers Herakleios, die Errettung der Stadt vor dem Ansturm der Avaren 625, über theolog. und dogmat. Themen, auch Gedichte moral.-didakt. Inhalts, e. größeres Lehrgedicht über die Erschaffung der Welt (›Hexaëmeron‹), Epigramme u. a. S. gepflegte, beherrschte Sprache und s. tadellos geformten Verse sicherten ihm die Bewunderung der Byzantiner, die ihn noch über die Klassiker stellten: Psellos verglich ihn mit Euripides.

W: Eis tēn kata Persōn ekstrateían Hērakleíu tu Basiléōs; Eis tēn genoménēn éphodon tōn Barbárōn …; Hēraklias …; Hexaēmeron (hg. R. Hercher, Claudii Aeliani varia historia 2, 1866). – Ausg. I. Bekker 1836; J. P. Migne, Patrol. Ser. Graeca 92; A Pertusi, Giorgio di Pisidia Poemi, I 1959.

L: P. Speck, Zufälliges zum Bellum Avaricum des G. P., Mchn. 1980.

Gerald of Wales → Giraldus Cambrensis

Géraldy, Paul (eig. Paul Lefèvre), franz. Lyriker und Dramatiker, 6. 3. 1885 Paris – 10. 3. 1983 ebda. – Hatte großen Publikumserfolg mit Liebesgedichten ›Toi et moi‹. Bedeutender als Dramatiker geschickt aufgebauter, trag.-melanchol. Gesellschaftsstücke, in denen G. mit feiner psycholog. Sensibilität, großer Nüchternheit und Einfachheit die sich aus dem ehelichen Zusammenleben ergebenden Schwierigkeiten (Beginn der Selbständigkeit der Kinder, Ehebruch) analysiert. Auch leichtere Boulevardkomödien in Zusammenarbeit mit Robert Spitzer.

W: Les spectateurs, Dr. 1906; La comédie de famille, Dr. 1908; Les poètes anglais, Ess. 1910; Toi et moi, G. 1913 (d. 1927); La guerre, madame, E. 1916; Les noces d'argent, Dr. 1917; Aimer, Dr. 1921; Carnet d'un auteur dramatique, Es. 1922; Les grands garçons, Dr. 1923; Le prélude, E. 1923 (Helene, d. 1924); Si je voulais, Dr. 1924 (m. R. Spitzer); Robert et Marianne, Dr. 1926; Son mari, Dr. 1927 (m. R. Spitzer); L'homme de joie, Dr. 1929 (m. R. Spitzer); Christine, Dr. 1932; Domi, sol, do! Dr. 1935; Duo, Dr. 1939; Gilbert et Marcillan, Dr. 1945; Ainsi soit-il, Dr. 1946; L'homme et l'amour, Es. 1951 (d. 1955); La femme adultère, Dr. 1955 (m. R. Spitzer); Vous et moi, G. 1960; Trois comédies sentimentales, 1961; Vous qui passez, Dr. 1974. – Tragédies legères, II 1949–52. – Übs.: Theater, Drn. II 1920.

L: V. Reich, Diss. Wien 1929; M. Doisy, Esquisses, 1950.

Gerbert de Montreuil, franz. Dichter des 13. Jh., aus Montreuil-sur-Mer/Pas-de-Calais. – Bekannt als Vf. von ›Le Roman de la Violette‹ und als e. der Fortsetzer des ›Perceval‹ von Chrestien de Troyes. Widmete den Roman Gräfin Marie de Ponthieu. Lehnte sich inhaltl. und formal an Jehan Renarts ›Roman de la Rose‹ an, außerdem an das Gedicht ›Le Comte de Poitiers‹: Geschichte e. Wette um die Tugend e. Frau. Beweis des Wettenden für die Untreue der Frau ist s. Wissen von e. Muttermal auf ihrem Körper. Die Beschuldigung erweist sich als Verleumdung. Eingeflochtene Lieder. Vorlage für Shakespeares ›Cymbeline‹ und Webers ›Euryanthe‹. Schob um 1230 zwischen den ›Perceval‹-Fortsetzungen Wauchiers de Denain und Maneciers etwa 15 000 Verse ein.

W: Le Roman de la Violette, 1227–29 (hg. D. L. Buffum 1928); Prosaversion des 15. Jh. von Gérard de Nevers, hg. L. F. H. Lowe 1928; neufranz. G. Truc 1931); La Continuation de ›Perceval‹, um 1230 (hg. M. Williams II 1922–25).

L: C. François, Etude sur le style de G. de M., 1932; A. Stanton, Chicago 1942; L. Cocito, 1978; G. de N. e il poema del Graal, 1978.

Gercen, Aleksandr Ivanovič → Herzen, Aleksandr Ivanovič

Gerchunoff, Alberto, argentin. Erzähler, 1. 1. 1883 Proskurow/Ukraine – 2. 3. 1950 Buenos Aires. Entstammte russ.-jüd. Familie, die 1890 nach Argentinien emigrierte; Journalist. – S. berühmtestes Werk ›Los gauchos judíos‹ beschwört die Niederlassung der neuen Siedler in der Provinz Entre Ríos.

W: Los gauchos judíos, En. 1910; Nuestro Señor Don Quijote, Ess. 1913; La jofaina maravillosa, Ess. 1922; Enrique Heine, el poeta de nuestra intimidad, 1927; Entre Ríos, mi país, 1950.

L: M. E. Gover de Natasky, 1977; B. Marquis Stambler, 1985.

Gerhardt, Ida G(ardina) M(argaretha), niederländ. Lyrikerin, 11. 5. 1905 Gorkum – 15. 8. 1997 Warnsveld. Lehrerin für klass. Sprachen, 1942 Promotion. – Feinsinnige, traditionalist. Natur- und Stimmungsgedichte. Auch Übs. (Lukrez, Vergil; zus. m. ihrer Lebensgefährtin Marie van der Zeyde alle 150 Psalmen).

W: Het veerhuis, 1945; Kwatrijnen in opdracht, 1949, erw. 1971; Het levend monogram, 1955; De hovenier, 1961; Twee uur: de klokken antwoordden elkaar, 1971; Psalmen, Übs. 1972; Het sterreschip, G. 1979; Verzamelde gedichten, II 1982; Negen verzen van zonsopgang, G. 1986; De adelaarsvarens, G. 1988.

L: M. H. van der Zeijde, De hand van de dichter, 1974; J. van der Vegt, Het ingeklonken lied, 1980; W. Spillebeen, 1981; A. Reitsma, 1983 u. 1998; M. H. v. d. Zeyde, De wereld van het vers, 1985, erw. ²1992 (m. Bibl.).

German, Jurij Pavlovič, russ. Erzähler, 4. 4. 1910 Riga – 16. 1. 1967 Leningrad. Ab 1926 Leningrad, ab 1929 lit. tätig. – Wurde 1936 bekannt durch den Roman ›Naši znakomye‹, dessen Handlung ins sowjet. Alltagsleben führt. Die Veröffentlichung des Romans ›Podpolkovnik medicinskoj služby‹, 1949 in der Zs. ›Zvezda‹ begonnen, wurde wegen angebl. Mängel abgebrochen; in der Trilogie ›Delo, kotoromu ty sluzis'‹ 1958–64 stellt G. e. trotz Anfechtungen unerschütterl. Kommunisten dar.

W: Aleksej Žmakin, E. 1938 (Alexey the Gangster, engl. 1940); Rossija molodaja, R. 1952; Delo, kotoromu ty sluzis', R. 1958 (Die Sache, der du dienst, d. 1961); Podpolkovnik medicinskoj služby, R. 1959 (Bis zur letzten Operation, d. 1961); Dorogoj moj celovek, R. 1961; Ja otvečaju za vse, R. 1964. – Sobranie sočinenij (W), VI 1975.

L: R. Fajnberg, ²1970; A. Forostenko, Diss. Bryn Mawr Univ. 1972.

Germanicus, Gaius Julius Caesar, röm. Feldherr u. Dichter, 15 v. Chr. Rom – 19 n. Chr. Adoptivsohn des Tiberius; bekannt durch die Germanienfeldzüge (14–16 n. Chr.). – G. verfaßte e. astronom. Lehrgedicht ›Arati Phaenomena‹, indem er das Werk des Aratos übersetzte u. anhand anderer Werke bearbeitete u. korrigierte.

A: m. franz. Übs. A. Le Boeuffle, Paris 1975; m. engl. Übs. D. B. Gain, Lond. 1976.

L: G. Maurach, 1978.

Germanus → Levita, Elia

Gerov, Alexander, bulgar. Dichter, 15. 5. 1919 Sofia – 22. 12. 1997 ebda. Jurastud. Sofia. Redakteur. – Vertreter der sog. Generation der 40er, die den 2. Weltkrieg u. die Krise des Humanismus dramatisch erlitten hat. Lehnt sich an die Neue Sachlichkeit der 20er an, sucht nach dem Metaphysischen am Gegenstand u. arbeitet die wesentlichen existentiellen Probleme heraus. In den 60er Jahren schreibt er auch Prosawerke, in denen er philos. Probleme durch das Phantastische zum Ausdruck bringt. Auch Kindergeschichten.

W: Nie horata, G. 1942; Stichotvorenija, G. 1956; Nai-hubavoto, G. 1958; Fantastični noveli, N. 1966; Svoboden stich, G. 1967; Ljubovna lirika, G. 1983; Vnezapni stichotvorenija, G. 1986; Ausw., III 1989; Kniga za Tamara, G. 1991.

L: B. Delcev, 1963; K. Janeva, 1978; B. Kunčev, 1987.

Gerov, Naiden, bulgar. Schriftsteller u. Aufklärer, 23. 2. 1823 Koprivštica – 9. 10. 1900 Plovdiv. Bereits während s. Stud. am Lyzeum in Odessa aktive Verbindung zu bulgar. Revolutionären u. Aufklärern. Später russ. Konsul in Bulgarien. 1845 erste erfolgr. dichter. Versuche, s. Werk ›Stojan i Rada‹ gilt als erstes bulgar. Poem, eine neue Etappe in der Entwicklung des bulgar. Verses. Es folgten geistvolle Briefe-Reisebeschreibungen, in denen s. polit. u. kulturellen Ansichten niedergelegt sind. Ab 1846 Lehrer u. Aufklärer in Bulgarien, Führer im Kampf um die Kirchenautonomie. Schrieb Lehrbücher; bes. bedeutend mit s. Untersuchungen zur bulgar. Grammatik u. Etymologie.

W: Stojan i Rada, P. 1845; Njakolko misli za bălgarskija ezik i za obrazovanieto u bălgarite, 1852; Rečnik na bălgarskija jazik, V 1897–1904 (Wörterbuch der bulgar. Sprache); Iz archivata na Naiden Gerov., IV 1923–25.

Gerretson, Frederik Carel → Gossaert, Geerten

Gersão, Teolinda, portugies. Erzählerin, * 30. 1. 1940 Coimbra. Stud. Coimbra, Tübingen u. Berlin, Prof. für dt. u. vergleichende Lit.wiss. Lissabon. – Zunächst Kinderbuchautorin, wurde G. bes. durch e. Prosa bekannt, die die Unmöglichkeit der Verständigung zwischen Mann u. Frau, das Verhältnis des Menschen zur Sprache u. zur materiellen Welt sowie die Diskrepanz zwischen innerer u. äußerer Zeit thematisiert u. zivilisationskrit. den mod. Rationalismus in Frage stellt.
W: O Silêncio, E. 1981 (Das Schweigen, d. 1987); Paisagem com Mulher e Mar ao Fundo, 1982 (Landschaft mit Frau und Meer im Hintergrund, d. 1988); A Árvore das Palavras, R. 1997; Histórias de Ver e Andar, En. 2002.

Gervais Du Bus → Guillaume Du Bus

Gervasius of Tilbury, engl. Historiker und Schriftsteller 1150(?) Tilbury – 1235(?). Angebl. Enkel Heinrichs II. von England. Lehrer für kanon. Recht in Bologna. 1177 in Venedig, bis 1183 in Guyenne bei Heinrich III., dann bei Wilhelm II. von Sizilien und in Burgund. Durch Otto IV. zum Marschall des Königreichs Arles ernannt. Hauptwerk e. geograph. und hist. Kompendium mit eingefügten Sagen, Märchen und Erzählungen ›Otia Imperialia‹ (um 1212) zur Unterhaltung s. Kaisers. E. von G. vorbereitetes Anekdotenbuch ›Liber Facetiarum‹ für Heinrich III. ist nicht erhalten.
W: Otia Imperialia, hg. G. W. Leibniz, Script. rer. Brunsvicensium I, 1707, hg. S. E. Banks 2002; Radulphi de Coggeshall Chronicon, hg. J. Stevenson 1875; Ausw. in Mon. Germ. Hist. Script. 25, 1880.

Ge-sar-Epos, tibet. Nationalepos, über ganz Tibet in zahlr. mündl. und lit. Versionen verbreitet, auch ins Mongol. übs. G-sar ist ursprüngl. der von den Byzantinern an die zentralasiat. Türken verliehene Titel Caesar. In s. ausführl. Version umfaßt das G. 19 Abteilungen, darunter die Kämpfe des Helden in China, gegen den Riesen des Nordens, die Türken, das Reich Nan-chao (Südwest-China), die Himalayastämme (Mon) und die Iranier. Die hist. Reminiszenzen sind mit legendär-relig. Stoff vermengt und das Ganze dadurch in e. der ursprüngl. Konzeption fremden buddhist. Rahmen gespannt, daß ihm e. Vorgesch. im buddhist. Götterhimmel vorausgeschickt wird.
A: The epic of Gesar XXXI Thimphu 1979–84. – *Übs.:* M. Hermanns, Das National-Epos der Tibeter Gling König Ge Sar, 1965.

L: S. Hummel, Mythologisches aus Eurasien im Gesar-Heldenepos der Tibeter, 1993.

Gesta Romanorum (d. h. Taten der Römer), anonyme mittellat. Sammlung von bis zu 240 Erzählungen, Novellen, Fabeln, Legenden u. Märchen, wohl um 1330 in England oder Dtl. entstanden u. bald ins Dt., Franz., Engl., Holländ. u. a. Sprachen übersetzt. 1. lat. Druck 1473. Bis ins 16. Jh. als moral. Novellen-Volksbuch weit verbreitet. Wichtige Stoffquelle für Dichter. Der Grundstock der knappen, stilist. rohen Erzählungen, Anekdoten u. Episoden knüpft rein äußerl. an die röm. Kaisergeschichte an und gibt abschließend jeweils e. lange geistl.-allegor. Moralauslegung.
A: lat.: H. Oesterley 1872 (n. 1963); W. Dick 1890 (n. 1970); altdt.: A. v. Keller 1841. – *Übs.:* J. G. T. Grässe 1842, III ³1905 (n. 1971); H. E. Rübesamen 1962; W. Trillitzsch 1973.
L: P. Hommers, 1965; B. Weiske, II 1992.

Gevers, Marie Thérèse, belg. Schriftstellerin, 30. 12. 1883 Missembourg/Edeghem b. Antwerpen – 9. 3. 1975 ebda. ∞ F. Willems. – Vf. realist. Romane über Land, Leute und Sitten des Scheldegebiets. Schreibt einfach und aus guter Kenntnis des Gegenstandes. Zärtl. Gedichte über das Verhältnis von Mutter und Kind. Lit. Übs. aus dem Niederländischen.
W: Les arbres et le vent, G. 1923; Antoinette, G. 1925; La comtesse des digues, R. 1931 (d. 1936); Madame Orpha ou la sérénade de mai, R. 1933 (d. 1935); La ligne de vie, R. 1937 (d. 1938); Paix sur les champs, R. 1941 (d. 1943); La grande marée, R. 1943 (Der Damm zerreißt, d. 1951); Château de l'ouest, R. 1948 (Hohe Düne, d. 1951); L'herbier légendaire, R. 1949 (Das Blumenjahr, d. 1955); Vie et mort d'un étang, Ber. 1950; Plaisir des parallèles, Ess. 1958; Vie et mort d'un étang, Aut. 1961; Parabotanique, Ess. 1965; Le monde des nuages, et de la houle, R. 1966; Paravérités, Ess. 1968.
L: E. Lambotte, 1931; A. Jans, 1964; C. Skenazi, M. G. et la nature, 1983.

Gezelle, Caesar, fläm. Schriftsteller, 24. 10. 1876 Brügge – 11. 2. 1939 Moorsele. Neffe von Guido G. Priester. – Biograph s. Onkels, als Lyriker dessen Epigone. Impressionist. Prosaskizzen.
W: Primula veris, G. 1903; Uit het leven der dieren, Prosa 1908; G. Gezelle, B. 1918; Herbloei, G. 1923; Vlaamsche verhalen, En. 1923.

Gezelle, Guido, fläm. Dichter, 1. 5. 1830 Brügge – 27. 11. 1899 ebda. Priester. 1854–60 Lehrer am Theologenkonvikt in Roeselare; s. kirchl. Obrigkeit missbilligte s. unkonventionellen Unterrichtsmethoden u. den allzu freundschaftl. Umgang mit s. Schülern und versetzte ihn. Versch. geistl. Ämter in Brügge u. Kortrijk. Daneben Tätigkeit für versch. eigene Zeitschriften; westfläm. Sprach- u. Volkskundeforschung. – G. ist beeinflußt von der Romantik. Tiefe relig. Überzeugung und Empfänglichkeit für die Schönheit der Natur, Liebe zu Volk und Heimat und Jenseitssehnsucht sind Grundzüge s. Wesens und bestimmen den Gehalt s. impressionist. Lyrik, die durch hochentwickeltes Formgefühl und hohe Musikalität gekennzeichnet ist und durch Verwendung westfläm. Elemente e. ganz eigenen Ton hat. Die meisten Gedichte entstanden in der Lehrerzeit in Roeselare (z. B. das berühmte ›Dien avond en die roze‹ für s. Lieblingsschüler) u. dann erst wieder im letzten Lebensjahrzehnt. G. war der größte flämische Dichter des 19. Jh., und er wurde über s. lit. Wirkung hinaus zu e. treibenden Kraft in der fläm. Bewegung seiner Zeit.

W: Vlaemsche Dichtoefeningen, G. 1858; Kerkhofblommen, G. 1858; XXXIII Kleengedichtjes, 1860; Gedichten, Gezangen en Gebeden, 1862; Liederen, Eerdichten et Reliqua, 1880; Tijdkrans, G. 1893 (Im Kranze der Gezeiten, d. 1948); Rijmsnoer, G. 1897; Laatste verzen, 1902; Vlaamsche volksvertelsels, En. 1920. – Dichtwerken, XIV 1903–13; Volledige werken, XVIII 1930–39; Brievenwisseling, 1970. – Verzameld dichtwerk, hg. J. Boets VIII 1980–91, Dünndruck-A. in 1 Bd. 1998. – Übs.: Gedichte (Ausw.), 1917, 1938; Rauschendes Ried, 1954; Höher als meine Augen tragen, G. 1999.

L: C. Gezelle, 1918; A. Walgrave, II 1923 f.; U. van de Voorde, 1926; ders., 1930; Fr. van Vlierden, 1967; A. Westerlinck, 1977, 1980 u. 1981; M. van der Plas, 1990; R. Beijert, 1997; A. de Vos, 1997; J. van Iseghem, 1999; Zehn Zeilen u. ein Zauberschlag, hg. L. Missinne, L. Geeraedts 2000. – Bibl.: P. Arents, 1930; M. de Schepper, 2000; Zss. Gezellekroniek (ab 1963), Gezelliana (ab 1970).

Ghālib (eig. Asad-ul-lāh Khān, gen. Mirzā Nōshāh), ind. Dichter, 27. 12. 1797 Āgrā – 15. 2. 1869 Delhi. Sohn e. Moghulkriegers; ließ sich 1812 (?) in Delhi nieder; wurde 1850 am Hof des Bahādur II Shāh Zafar in Delhi eingeführt und erhielt den Titel ›Nizām-ud-Daulah Dabīr-ul-Malik Nizām Jang‹ und den Auftrag, zusammen mit Hakīm Ahsan-ul-lāh Khān eine pers. Geschichte der Timūr-Dynastie zu schreiben (1. Bd. ›Mihir-i-N'īmroz‹, 1854). – Einer der hervorgendsten Urdū-Dichter, dessen ›Dīwān‹ bis heute weit verbreitet und wegen s. prägnanten Sprache und Bilder noch immer gern zitiert wird. S. Stil folgt stark pers. Vorbildern; schrieb Lyrik in Urdū und Pers.; von bes. Bedeutung sind s. Briefe, deren unkonventioneller Konversationsstil einen Wendepunkt in der Geschichte der Urdū-Lit. darstellt.

W: Dīvān-i-Ghālib, G. ^{2}1847; Dastanbo, Gesch. 1858 (engl. 1970); Kulyiāt-Nażam Fārsī, G. 1863; Urdū-i-Mu'allā, Br. ^{3}1898; ʿŪd-i-Hindī, Br. 1929; Gālib ke khuttut, V 1984–2000. – Ghālib Nāmah (GW), ^{2}1939. – Übs.: Life and letters, R. Russell, K. Islam 1969; Selected Poems, Ahmed Ali 1969; Woge der Rose, Woge des Weins, A. Schimmel 1971; Urdū ghazals of G., Y. Husain 1977; Persian Ghazals of G., Y. Husain 1980 (^{2}1996); Urdú letters of M. A. K. G., übs. D. Rahbar, N. Y. 1987.

L: A. H. Hali, Yādgār-i Ghālib 1903 (engl. Yadgar-e Ghalib, übs. K. H. Qadiri, Delhi 1990); J. L. Kaul, 1957; P. L. Lakhanpal, 1960; S. Saran, 1971; R. Russell, G., the poet and his age, Lond. 1972; A. Gilani, o. J.; A. Schimmel, 1979; P. K. Verma, G., The man, the times, 1989; N. Prigarina, M. G., A creative biography, Karachi 2000.

Ghelderode, Michel de (Ps. Ademar-Adolphe-Louis Martens), belg. Dramatiker, 3. 4. 1898 Elsene – 1. 4. 1962 Brüssel. Fläm. Abstammung. Beamtensohn. Erzogen in relig. Schule. Seemann, Soldat, Journalist; danach Archivbeamter. Begann 1916 zu schreiben; Dramaturg des Fläm. Volkstheaters. – Umfangr. Werk: Essays über belg. Geschichte und Volkskunde, Erzählungen; in erster Linie expressionist. und myst. Dramatiker. Löste 1949 mit ›Fastes d'enfer‹ e. Theaterskandal aus. Die metaphys. Spannung des Menschen zwischen den irrationalen Mächten von Gut und Böse, s. Erlösungssehnsucht, ist das Grundthema s. zahlr. (über 50) und vielseitigen Stücke. G. bindet sich an keine relig. Orthodoxie, ist e. Feind von Konvention, Norm und Spießbürgertum. Will bewußt Anstoß erregen. Zeigt Abstoßendes und eine gewalttätige Welt. Große sprachliche Ausdruckskraft. Gilt als ›Ensor der Bühne‹. Bildhafte, doch philos. und äußerst iron. Sprache. Phantast. und bizarre Elemente. Konzentrierte Dramentechnik, Dynamik durch unerwartete Ausbrüche.

W: La halte catholique, En. 1922; La mort du docteur Faust, Dr. 1926; L'histoire comique de Keizer Karel, E. 1923; Don Juan, Dr. 1928; Escurial, Dr. 1930 (d. 1953); Pantagleize, Dr. 1930 (d. 1955); Barrabas, Dr. 1933 (d. 1951); Les aveugles, Dr. 1933; Sire Halewyn, Dr. 1934; Christophe Colomb, Dr. 1934; La ballade du grand macabre, Dr. 1936 (d. 1956); Fastes d'enfer, Dr. 1938; Sortilèges, E. 1941; Hop, Signor, Dr. 1942; Un soir de pitié, Dr. 1955 (d. 1958); Le club des menteurs, Dr. 1955 (d. 1959); Sortilèges et autres contes crépusculaires, En. 1962; Sortie de l'acteur, Dr. 1963. – Théâtre complet, V 1950–57; Correspondance, hg. R. Beyen V 1991ff.; Correspondance avec H. Vandeputte, 1965; avec A. Mockel et F. Hellens, 1965. – Übs.: Theater, 1963.

L: J. Francis, 1949; P. Vandromme, 1963; A. Weiss, 1966; J. Francis, 1968; J. Decock, 1969; C. Beyen, 1971; A. Jans, 1972; M. F. Elling, 1974; A. Vandegans, 1978; N. B. Castro, 1979; J. Blancart-Cassou, 1987; A.-M. Beckers, 1988. – Bibl.: J.-M. Culot, 1938; R. Beyen, 1987.

Ghéon, Henri (eig. Henri-Léon Vangeon), franz. Dramatiker, 15. 3. 1875 Bray-sur-Seine – 13. 6. 1944 Paris. Stud. Med., Arzt und Literaturkritiker. Gründete 1909 mit A. Gide und J. Copeau, die starken Einfluß auf ihn ausübten, die Zs. ›Nouvelle Revue Française‹. Im 1. Weltkrieg Konversion zum Katholizismus. – Erneuerer des Dramas: schuf, stoffl. nur aus dem Volksleben schöpfend und an das Vorbild der ma. Mysterienspiele angelehnt, e. volkstüml.-relig. Drama. Gründete, um s. Ideen zu verwirklichen, 1924 die Schauspieltruppe ›Compagnons de Notre-Dame‹. Begann mit 2 symbolist. und 1 naturalist. Drama. Schrieb nach s. Bekehrung nur relig., realist.-symbolist. Stücke. Erstrebte große Einfachheit und Ausdruckskraft der Darbietung. S. bestes Stück ›Le pauvre sous l'escalier‹ von 1920 mit der auch für die meisten folgenden Stücke charakterist. Mischung kom. und trag. Elemente, verbunden mit volkstüml. Symbolik und naiv-volkstüml. Ton. Thema ist der Kampf zwischen dem Guten und Bösen, zwischen Himmel und Hölle. Die Stücke zeichnen sich aus durch Frische, märchenhaften Zauber und Anmut. G. entgeht jedoch nicht immer den Gefahren der Erbauungslit. Essays: aufschlußreich für s. Theatertheorien ›L'art du théâtre‹; Heiligenleben, relig. Elegien.

W: Le consolateur, R. 1903; Le pain, Dr. 1911; La farce du pendu dépendu, Dr. 1911 (Die Wallfahrt nach Compostella, d. 1931); Nos directions, Ess. 1911; L'eau de vie, Dr. 1919; Le pauvre sous l'escalier, Dr. 1920 (d. 1948); Jeux et miracles pour le peuple fidèle, Dr. II 1922; Saint Maurice ou l'obéissance, Dr. 1922 (d. 1925); Les trois miracles de Sainte Cécile, Dr. 1922; Triomphe de Thomas d'Aquin, Dr. 1924; Sainte Claire d'Assise, Dr. 1924 (d. 1949); Le miracle des pauvres claires et de l'homme au képi brodé, Dr. 1924; La merveilleuse histoire du jeune Bernard de Menthon, Dr. 1924; Le comédien et la grâce, Dr. 1925; La parade du pont au diable, Dr. 1925 (d. 1955); L'impromptu du charcutier, Dr. 1926 (Der Heilige u. die Maschine, d. 1927); La vie profonde de Saint François d'Assise, Dr. 1926; Le saint curé d'Ars, R. 1928 (d. 1930); Les jeux de l'enfer et du ciel, R. III 1928 (d. 1949); La vieille dame des rues, R. 1930; Promenades avec Mozart, Es. 1932 (d. 1953): Sainte Thérèse de Lisieux, Dr. 1934 (d. 1947); Le mystère du Roi Saint Louis, Dr. 1935; Saint Jean Bosco, R. 1935 (d. 1959); Les Chants de la vie et de la foi, G. 1936; Mystère de la messe, Dr. 1936; Le jeu des grandes heures de Ruins, Sp. 1938; La jambe noire, R. 1941; L'art du théâtre, Ess. 1944; Judith, Dr. 1950; Oedipe, Dr. 1952; Dramaturgie d'hier et de demain, Es. 1963. – Correspond. André Gide, 1957.

L: M. Raymond, Montreal 1939; Jeux, tréteaux et personnages, 1945; H. Brochet, 1946; M. Deléglise, Le théâtre de G., Diss. Fribourg 1947; G. Duhamelet, 1951; J. Reynaud, 1962.

Gheorghiu, Constantin Virgil, rumän. Schriftsteller, 15. 9. 1916 Războieni-Neamț – 22. 6. 1992 Paris. Sohn e. Geistlichen, Stud. Theol. u. Philos. Bukarest u. Heidelberg ohne Abschluß. Legationssekretär im rumän. Außenministerium, im 2. Weltkrieg Kriegsberichterstatter der Achsenmächte. 1946/47 in Weimar und Heidelberg interniert. Skandalumwitterte Persönlichkeit. – Beachtenswert ist s. Roman ›La vingt-cinquième heure‹, der ihm Ruhm eingebracht hat; e. effektvolle Anklage gegen die Versklavung des Menschen durch den anonymen Mechanismus der totalen Bürokratie im technisierten Massenstaat. Weniger erfolgr. mit weiteren polit. Tendenzromanen.

W: La vingt-cinquième heure, R. 1949 (d. 1950); La seconde chance, R. 1952 (d. 1957); L'homme qui voyagea seul, R. 1954; Le peuple des immortels, R. 1955; Les sacrifiés du Danube, R. 1957; Saint Jean Bouche d'Or, R. 1957 (Johannes Chrysostomos, d. 1960); Les mendiants de miracle, R. 1958 (Bettelt nicht um Wunder, d. 1961); La cravache, R. 1960 (Die Peitsche, d. 1960); Alibi für Limitroff, R. d. 1962; Gangster Maximilian Perahin, R. d. 1963; Les immortels d'Agapía, R. 1964 (d. 1965).

Gherardi, Gherardo (Ps. M. G. Gysterton), ital. Dramatiker, 2. 7. 1891 Capanne di Granaglione/Bologna – 10. 3. 1949 Rom. 1922 e. der Mitbegr. des ›Teatro Sperimentale‹ in Bologna; Regisseur in Theater u. Film. – Eklektiker, versuchte sich in rd. 50 Dramen in den verschiedensten Gattungen (romant. Komödie, psycholog. Drama, Märchen, Farcen im Bologneser Dialekt). In den Komödien Ironisierung des Bürgertums.

W: Vertigine, 1923; Il focolare, (1925) 1934; Sei commedie, Ausw. 1953.

Gherardi del Testa, Tommaso, Graf, ital. Dichter, 30. 8. 1818 Terricciola b. Pisa – 12. 10. 1881 Pistoia. Stud. Jura, Advokat in Florenz. Kämpfte 1848 gegen die Österreicher b. Montanara u. San Silvestro, fiel in die Hände der Kroaten, Gefangenschaft in der Festung Theresienstadt. – Schrieb etwa 40 Komödien in der Nachfolge Goldonis. Schildert bes. die Sitten u. den Charakter des toskan. Volkes. Die satir.-polit. Gedichte ahmen Giusti nach. In den Komödien u. Romanen spielt die Politik e. große Rolle.

W: Una folla ambizione, K. 1844; Le false letterate, K. 1846; Il figlio del bastardo, R. 1847; Il conte e l'attrice, K. 1856; La donna e l'artista, K. 1857; La povera e la ricca, R. 1858; La farina del diavolo, R. 1859; La carità pelosa, K. 1861; Le coscienze elastiche, K. 1861; Il vero blasone, K. 1862 (Der wahre Adel, d. 1877); L'orfano e la vendetta, Dr. 1869; La vita nuova, K. 1879. – Teatro comico, IV 1856–58.

L: A. M. Zendralli, Diss. Bern 1910.

Ghica, Ion, rumän. Schriftsteller, 12. 8. 1816 Bukarest – 22. 4. 1897 Ghergani. Aus Fürstenfamilie; Stud. Jura, Lit. u. Ingenieurwesen Bukarest u. Paris, 1842–45 Univ.-Prof. in Jassy; beteiligte sich an der Revolution von 1848, Exil, 1854–57 von den Türken als regierender Fürst von Samos eingesetzt; kehrte 1859 in die Heimat zurück, mehrfach Minister u. Ministerpräsident, Direktor der rumän. staatl. Theater, Präsident der Rumän. Akad. –

Von s. zahlr. Werken sind die Briefe an V. Alecsandri am bedeutendsten; sie enthalten Erinnerungen, Reisebeschreibungen u. Porträts.

W: Scrisori către V. Alecsandri, 1884. – Opere complete (GW), IV 1914f.; Opere (Werke), VI 1967–88.

L: C. I. Istrati, 1902; N. Georgescu-Tistu, 1935; D. Păcurariu, 1965; I. Roman, 1970; D. Bogdan, 1987.

Ghil, René (eig. R.-François Guilbert), franz. Dichter, 27. 9. 1862 Tourcoing – 15. 9. 1925 Niort. Lycée Condorcet in Paris, dort Kontakt mit den Symbolisten. Lieblingsschüler Mallarmés. – ›Wiss. Dichter‹, baut s. Lyrik auf die (an Gedanken Rimbauds anknüpfende) Theorie von der ›instrumentation verbale‹ auf: vertritt, angeregt durch Rimbaud, in zahlr. Essays e. farbl. und daneben e. den Tönen der Instrumente vergleichbare Suggestionskraft der Vokale, manchmal der Konsonanten. S. Gedichte, stark unter Einfluß Mallarmés, verwirklichen s. Theorien. ›Œuvre‹ ist e. langes Gedicht über die Entwicklung des Lebens vom toten Stoff, utopisch ausgeführt bis zu e. altruist. Ordnung. Strebt als Gegner des wiss. Materialismus dessen Überwindung durch ind. Weisheit an. Verehrer der russ. Volksseele; Übs. von Puškin.

W: Légende d'âmes et de sangs, G. 1885; Traité du verbe, Prosa 1887 (u.d.T. En méthode et à l'œuvre, 1891); L'œuvre, G.: I: Dire du mieux, G. IX 1889–94, II: Dire des sangs, G. IV 1898–1912; Le Pantoun des Pantoun, Übs. 1902; De la poésie scientifique, Es. 1909; La tradition de la poésie scientifique, Es. 1920; Les dates et les œuvres, Es. 1923. – Œuvres complètes, III 1938; Choix de poèmes, 1928; Lettres, 1935.

L: R. Montal, 1962; W. Theile, 1965.

Ghiraldo, Alberto, argentin. Lyriker, Dramatiker und Erzähler, 1875 Buenos Aires – 23. 3. 1946 Santiago de Chile. Journalist u. Hrsg. von Zsn. 1919–36 in Spanien, dann in Chile. Freund von R. Darío. – S. Lyrik ist von modernist. Richtungen beeinflußt u. trägt romant. Züge; verfaßte seit 1917 hauptsächl. realist. Romane u. Erzählungen mit soz. Problematik u. extremist. polit. Gesinnung, Ausdruck s. anarchist. Ideologie.

W: Fibras, G. 1895; Música prohibida, G. 1904; Alas, G. 1906; Alma gaucha, Dr. 1907; La cruz, Dr. 1909; Triunfos nuevos, G. 1910; Cantos argentinos, G. 1910; La columna de fuego, Dr. 1913; Carne doliente, R. 1917; Campera, Dr. 1918; Humano ardor, R. 1930; Cuentos argentinos, En. 1935; La novela de la pampa, R. 1943.

L: H. A. Cordero, 1962.

Ghislanzoni, Antonio, ital. Librettist, Journalist u. Schriftsteller, 25. 4. 1824 Barco di Maggianico/Lecco – 16. 7. 1893 Caprino/Bergamo. Stud. Medizin Pavia; aber ab 1846 Karriere als Bariton in Mailand; durch Verlust der Stimme bald beendet. Von den Franzosen wegen republikan. Ideen 1849 nach Korsika deportiert. Später Theaterkritiker, Redakteur mehrerer Zeitungen, u.a. der ›Gazzetta musicale‹. – v.a. bekannt durch s. Opernlibretti, Verdis bevorzugter Librettist. In Romanen vielfach krit. Darstellung des Theaterlebens.

W: Gli artisti da teatro, R. 1856; La forza del destino, Libr. 1869; Aida, Libr. 1870.

L: E. Ventura, 1912; A. Benini, L'operosa dimensione scapigliata di A. G., hg. 1995.

Ghose, Sudhin(dra) N(ath), ind. Romanschriftsteller und Essayist, 1899 Burdwan – 1965. Von christl. Hintergrund, studierte G. in Kalkutta, Genf, Paris u. Straßburg. Als Auslandskorrespondent, Bediensteter bei den Vereinten Nationen u. Lektor beim brit. Militär sammelte er den Stoff für s. vierbändige fiktionale Autobiographie, die kulturelle Odyssee s. leidenschaftl. u. oft exzentr. Protagonisten. Dabei vermengen sich satir. Angriffe auf die polit. und gesellschaftl. Gegenwart mit spieler.-provokanten Verweisen auf die klass. ind. Lit. und Mythologie.

W: And Gazelles Leaping, R. 1949; Cradle of the Clouds, R. 1951; The Vermilion Boat, R. 1953; The Flame of the Forest, R. 1955.

L: S. A. Narayan, 1973.

Ghose, Zulfikar (Ps. William Strang), pakistan. Schriftsteller, * 13. 3. 1935 Sialkot. Stud. in England, seit 1969 Univ.-Lehrer in Austin/TX. – Zentrales Thema s. Gedichte ist die existentielle Suche nach territorialer Heimat u. kultureller Orientierung. Auch s. Romane kreisen um Identität u. Verwurzelung, in Pakistan, in England, in Nord- u. Südamerika. G.s Prosa ist, wie auch s. Lyrik, bei aller Fabulierkunst überaus reich an konkretem Detail.

W: The Loss of India, G. 1964; Confessions of a Native-Alien, Aut. 1965; The Contradictions, R. 1966; Jets from Orange, G. 1967; The Murder of Aziz Khan, R. 1967 (d. 1974); The Violent West, G. 1972; The Incredible Brazilian, R.-Tril. 1972–78; A Memory of Asia, G. 1984; Don Bueno, R. 1984; Selected Poems, 1991; The Triple Mirror of the Self, R. 1992; Veronica and the Gongora Passion, R. 1998.

Ghosh, Amitav, ind. Romanschriftsteller, * 1956 Kalkutta. Stud. in Delhi u. Oxford; praktizierte als krit. Journalist in Delhi z.Z. der Notstandsregierung Indira Gandhis. – S. komplex strukturierten Romane verbinden, schwankend zwischen Realismus und Phantastik, ind. philosoph. Konzepte u. die im Zeichen der Postmoderne fragwürdig gewordenen westl. Vorstellungen von Wirklichkeit, Zeit und Raum u. kommen zu kreativen Umwertungen von Mythos und Geschichte. G. brilliert durch e. metaphernreichen Umgang mit der engl. Sprache.

W: The Circle of Reason, R. 1986 (Bengalisches Feuer oder Die Macht der Vernunft, d. 1989); The Shadow Lines, R. 1988 (Schattenlinien, d. 1989); In an Antique Land, E. 1993; The Calcutta Chromosome, R. 1996 (d. 1999); The Glass Palace, R. 2000 (d. 2000).
L: R. K. Dhawan, 1999; I. Bhatt, 2000 u. 2001.

Giacometti, Paolo, ital. Dramatiker, 19. 3. 1816 Novi Ligure − 31. 8. 1882 Gazzuolo. Stud. Jura; mit 20 Jahren erster Bühnenerfolg. Durch die Armut der Familie Aufgabe des Stud., widmete sich ganz dem Theater. Zog als Theaterdichter mit Schauspielertruppen (u.a. Compagnia reale sarda) durch ganz Italien, schrieb über 80 Tragödien u. Komödien. 1861 ließ er sich in Gazzuolo nieder. − S. romant.-hist. und soz. Stücke sind publikumswirksame Theaterware im Gefolge des Augier, Sardou u.a.
W: Rosilda, Dr. 1836; Il poeta e la ballerina, Dr. 1841; Quattro donne in una casa, Dr. 1842; La donna, Dr. 1850; Il fisionomista, Dr. 1850; La donna in seconde nozze, Dr. 1851; Elisabetta, regina d'Inghilterra, Dr. 1853; La colpa vendica la colpa, Dr. 1854; Torquato Tasso, Dr. 1855; Giuditta, Dr. 1857; Bianca Visconti, Dr. 1860; Sofocle, Dr. 1860; La morte civile, Dr. 1862; Maria Antonietta, Dr. 1870. − Teatro scelto, V 1859–69.
L: G. Grimaldi Grosso, 1915; W. Buonaccorsi, Un drammaturgo in tournée: P. G. a Parigi, 1995.

Giacomino Pugliese, ital. Dichter der sizilian. Schule, manchmal auch mit Giacomino da Morra identifiziert, wahrscheinl. 1. Hälfte 13. Jh. − Bemerkenswert an s. Liebeslyrik ist e. persönlicherer Ton, bes. in der Klage auf den Tod s. Frau (ältestes ital. Werk dieser Art).
A: M. Santangelo, La poesia di G. P., 1937; H. C. Skubikowski, A critical edition of the poetry of G. P., 1982.
L: C. Brunetti, Il frammento inedito ›Resplendiente stella de albur‹ di G. P. e la poesia italiana delle origini, 2000.

Giacomino da Verona, ital. Dichter, 2. Hälfte 13. Jh. Franziskanermönch. − Vf. relig. Dichtungen, darunter e. im venet. Dialekt verfaßte Darstellung von Hölle und Paradies, die zu den bekanntesten Zeugnissen der Jenseitsdarstellung vor Dante gehört.
W: De Jerusalem coelesti; De Babyloniae civitate infernali. − E. May, The De J. c. and the De B. i., 1930.
L: A. Iosia, 1939.

Giacomo, Salvatore di, ital. Dichter, 12. 3. 1860 Neapel − 4. 4. 1934 ebda. Stud. Medizin; Journalist u. Schriftsteller. Mitarbeit bei ›Corriere del mattino‹, ›Pugnolo‹, ›Corriere di Napoli‹. Gerichtsreporter. Bibliothekar an der Biblioteca Lucchesi-Palli. 1929 Mitgl. der Kgl. ital. Akad. − Dialektdichter u. Folklorist, beeinflußt vom franz. Naturalismus. Schildert mit realist. Genauigkeit das Leben des neapolitan. Volkes, s. Sorgen u. Sehnsüchte, das Naturgefühl in heiteren u. lebendigen Szenen. Als Naturalist zeigt er auch die Schattenseiten des Lebens, das Elend in den Mietskasernen u. Armenvierteln, Leiden u. Not der Armen. Das Thema s. Gedichte, die zu den schönsten des Verismo gehören, der Novellen, Dramen u. kulturgeschichtl. Schriften ist immer Neapel. Begr. e. Schule von Dialektdichtern, der F. Russo, E. Murolo, L. Bovio u. E. A. Mario angehörten. Das neapolitan. Volkslied verdankt ihm s. internationalen Ruhm. Viele s. Gedichte wurden von Costa, Tosti u. Denza vertont.
W: Mala vita, Dr. 1881; Novelle napoletane, 1883; Sonetti, G. 1884; Cronaca del teatro San Carlino, 1891; Pipa e boccale, Nn. 1893; San Francisco, Dr. 1895; Ariette e sunette, G. 1898; Taverne napoletane, 1899; La prostituzione a Napoli durante i secoli XVI, XVII e XVIII, Abh. 1905; Poesie, 1907, erw. 1927; Napoli, figure e paesi, 1908; Assunta, Dr. 1909; L'ignoto, En. 1920; Teatro, II 1920; Napoli, Abh. 1929. − Opere, II 1946.
L: K. Voßler, 1908; L. Russo, 1921; A. Benevento, hg. 2000; F. Bruno, 2001 (m. Bibl.). − *Bibl.:* S. Rossi, 1968.

Giacomo da Lentino → Jacopo

Giacosa, Giuseppe, ital. Dramatiker, 21. 10. 1847 Colleretto Parella/Piemont − 1. 9. 1906 Mailand. Dr. jur., kurze Zeit Rechtsanwalt, dann freier Schriftsteller. Erst in Turin, dann in Mailand Direktor der Società degli autori u. der Zs. ›La lettura‹. Freundschaft mit Carducci, De Amicis, Boito, Fogazzaro, D'Annunzio. − Schrieb zuerst Idyllen u. hist. Dramen in Versen. Mit den ›Tristi amori‹ Übergang zum realist. Drama in Prosa nach dem Vorbild Ibsens. Von der Romantik kam er zum franz. Naturalismus u. zur Psychologie. Vorliebe für ma. Themen. Mit L. Illica schrieb er Libretti für Puccini (Bohème, Tosca, Butterfly).
W: Una partita a scacchi, Dr. 1873; Il trionfo d'amore, Dr. 1875; Marito amante della moglie, Dr. 1876; Il fratello d'armi, Dr. 1876; Il conte Rosso, Dr. 1880; Novelle e paesi valdostani, 1886; Tristi amori, Dr. 1888; La dame de Challant, Dr. 1891; I diritti dell'anima, Dr. 1894 (d. 1898); Genti e cose della montagna, Nn. 1896; La Bohème, Libr. 1896 (d. 1900); Tosca, Libr. 1899 (d. 1899); Come le foglie, Dr. 1900; Madame Butterfly, Libr. 1904 (d. 1907); Il più forte, Dr. 1905. − Teatro, II 1948.
L: M. Rumor, 1939; D. Donelli, 1948; P. Nardi, 1949; A. Barsotti, 1973; S. Doroni, Il teatro di G. G., 1998.

Giamboni, Bono, ital. Dichter, vor 1240 Florenz − nach 1292 ebda. (?). Herausragende Figur z. Z. Dantes, Richter. − Vf. eines moralisch-allegor. Werks mit Anleihen u.a. aus Prudenz, Boethius, Alain de Lille, übs. u.a. Orosius und Vegetius.

W: Della miseria, hg. F. Tassi 1836; Storie, ders. 1849; Arte, hg. F. Fontani 1815; Il libro de' Vizi e delle Virtudi, hkA C. Segre 1968.

Giannini, Guglielmo, ital. Dramatiker, 15. 10. 1891 Pozzuoli – 14. 10. 1960 Rom. Gründete 1945 die Zeitung ›L'uomo qualunque‹, von der e. kleinbürgerl.-konformist. polit. Bewegung ausging, war Mitarbeiter der Zeitungen ›Il giornale d'Italia‹ u. ›La gazzetta del popolo‹. – Vf. e. großen Zahl von publikumswirksamen Theaterstücken, bes. Kriminalkomödien mit satir. Effekten u. witzigen Dialogen, aber ohne tiefergehende psycholog. Analyse.

W: Il paese delle donne, Dr. 1928; Grattacieli, Dr. 1930; Mimosa, K. 1934; Supergiallo, K. 1936; Mani in alto, K. 1937; Il tredicesimo furfante, Dr. 1940; Il ragionier' Ventura, Dr. 1947; Il pretore De Minimis, K. 1951; Luci dell'avvenire, Dr. 1955; L'angelo nero, En. 1959.

L: G. Pallotta, Il qualunquismo e l'avventura di G. G., 1972; A. Cacòpardo, Scrittori comici e irregolari del nostro Novecento, 2002.

Giannone, Pietro, ital. Dichter, 5. 3. 1792 Camposanto/Modena – 24. 12. 1872 Florenz. Aus neapolitan. Familie. Glühender Patriot, Anhänger Mazzinis, lebte lange in der Verbannung in Paris, London, ab 1848 Florenz. – Vf. e. Dichtung in 15 Gesängen ›L'esule‹, e. Schilderung der trag. Wechselfälle e. Verbannten u. lebendige Darstellung des Milieus des Geheimbundes der ›Carbonari‹. Einfluß des ›Jacopo Ortis‹ von Foscolo.

W: L'esule, Dicht. 1829; L'omaggio, 1832; All' Italia, 1833; Poesie, 1863. – Vita scritta da lui medesimo, 1962; Opere, S. Bertelli, G. Ricuperati hg. 1971.

L: B. Vigezzi, 1961; G. Ricuperati, La città terrena di P. G., 2001.

Giannotti, Donato, ital. Schriftsteller, 27. 11. 1492 Florenz – 27. 12. 1573 Rom. Lehrte Recht in Pisa, ab 1527 Sekretär im Dienst der Republik Florenz; von den Medici verbannt u. danach von Papst Pius V. protegiert. – Schrieb im Exil s. Hauptwerk ›Della repubblica fiorentina‹, das teilweise den polit. Vorstellungen Machiavellis entspricht, außer polit. Traktaten auch zwei Komödien sowie ital. und lat. Gedichte.

W: Della repubblica veneta, Abh. 1540; Della repubblica fiorentina, Abh. 1721; Il vecchio amoroso, K. (n. Commedie del Cinquecento, hg. N. Borsellino 1962) – Opere politiche e letterarie, hg. F. L. Polidori II 1850; Lettere a P. Vettori, hg. R. Ridolfi, C. Roth 1932; Opere politiche, Lettere italiane, hg. F. Diaz 1974.

L: C. Capato, La vita e le opere di D. G., 1967; A. Riklin, 1992.

Giardinelli, Mempo, argentin. Erzähler, * 2. 8. 1947 Resistencia. – S. Themen sind das schlechte Gewissen, die Unwiederbringlichkeit der jugendl. Sexualität, das Exil sowie die Notwendigkeit des Erinnerns.

W: La revolución en bicicleta, R. 1980 (d. 1988); Vidas ejemplares, En. 1982 (Leb wohl, Mariano, leb wohl, d. 1987); Luna caliente, R. 1983 (d. 1986; verfilmt); Qué solos se quedan los muertos, R. 1985 (d. 1990); El santo oficio de la memoria, R. 1991; Final de novela en la Patagonia, Reiseb. 2000; Diatriba por la patria, Ess. 2002; Visitas después de hora, R. 2003. *–Übs.:* Fallen die Perlen vom Mond? Lateinamerik. Liebesgeschichten, 1991 (hg. mit W. Eitel).

L: K. Kohut, 1999; S. H. Paladino de Blake, 1999.

Gibbon, Edward, engl. Gelehrter und Geschichtsschreiber, 27. 4. 1737 Putney/Surrey – 16. 1. 1794 London. Sohn e. Abgeordneten. In Westminster erzogen, Stud. Oxford, konvertierte 16jährig zur röm.-kathol. Kirche, darauf 1753 vom Vater nach Lausanne geschickt, dort Bekanntschaft mit Voltaire u. Rückkehr zum Protestantismus. 1758 Rückkehr nach England. 1761 Veröffentlichung s. ersten lit. Arbeit ›Essai sur l'étude de la littérature‹ in franz. Sprache. 1759–63 Offizier der Bürgerwehr in Hampshire. 1764 Reise nach Italien, dort entstand der Plan zu s. umfassenden Darstellung der spätröm. Geschichte. Nach Tod s. Vaters zog G. nach London, wurde dort 1774–83 Parlamentsmitgl. Lebte 1783–93 wiederum in Lausanne, danach bis zu s. Tode im Hause s. Freundes, des Grafen Sheffield (John Baker Holroyd), der später aus Bruchstücken G.s Memoiren zusammenstellte. – Einer der wichtigsten engl. Historiker. G.s ›History of the Decline and Fall of the Roman Empire‹, vom Tod Mark Aurels (180) bis zur Eroberung Konstantinopels (1453), ist e. bedeutendes Geschichtswerk von kunstvollem Bau. Der 1. Band wurde von den Zeitgenossen großteils freundl. aufgenommen, aber auch wegen G.s einseitiger feindl. Haltung gegenüber dem hist. Christentum, das G. als Ursache des Untergangs sieht, scharf angegriffen. Das ausgezeichnete Werk in urbaner Prosa von hoher Sprachkultur wurde von Schiller als s. Begriff der Universalgeschichte bedingend anerkannt.

W: Essai sur l'étude de la littérature, franz. 1761, engl. 1764; History of the Decline and Fall of the Roman Empire, VI 1776–88 (hg. J. B. Bury VII 1909–14, O. Smeaton VI 1954; d. XII 1805f., III 1934). – Miscellaneous Works, hg. Lord Sheffield II 1796 (hg. J. B. Bury 1907); Memoirs of My Life, hg. G. A. Bonnard 1966; The English Essays, hg. P. B. Craddock 1973; Private Letters, hg. R. E. Prothero II 1896, hg. J. E. Norton III 1956.

L: L. B. Braudy, Narrative Form in History and Fiction, 1970; P. B. Craddock, 1982; J. W. Burrow, 1985; R. Porter, 1988. – *Bibl.:* P. B. Craddock, 1987.

Gibbon, Lewis Grassic (eig. James Leslie Mitchell), schott. Schriftsteller, 13. 2. 1901 Auchterless – 7. 2. 1935 Welwyn Garden City. Sohn schott. Bauern. 1917–19 Journalist, 1919–29 Royal Forces. – Vertreter der schott. Renaissance. ›A Scots Quair‹ stellt die Schönheit e. myth. überhöhten Landschaft dem Scheitern der Zivilisation gegenüber.

W: The Thirteenth Disciple, R. 1931; Three Go Back, R. 1932; Spartacus, R. 1933; A Scots Quair, R. 1932–34.

L: I. Campbell, 1985; C. Ehland, Picaresque Perspectives, 2003.

Gibbons, Stella (Dorothea), engl. Schriftstellerin, 5. 1. 1902 London – 19. 12. 1989 ebda. Arzttochter. 1921–23 Journalistikstud. London. Arbeit für diverse Zeitungsagenturen. 1950–89 Fellow der Royal Society of Literature. – G.s Ruhm basiert fast ausschließlich auf ihrem humorist. Roman ›Cold Comfort Farm‹ von 1932. In einer Parodie auf seinerzeit beliebte ländl. Romanzen bringt die gewitzte Heldin Ordnung in den Hof ihrer Verwandten in Sussex und deren von Hysterie u. Defätismus überschattetes Zusammenleben. Weitere Romane, Erzählungen, Gedichte.

W: The Mountain Beast, G. 1930; Cold Comfort Farm, R. 1932 (Dr. v. Paul Doust 1993; Film 1993); Nightingale Wood, R. 1938 (d. 1938); Westwood, R. 1946; Conference at Cold Comfort Farm, En. 1949; Collected Poems, 1950; The Charmers, R. 1965; The Woods in Winter, R. 1970.

Gibbs, (seit 1920: Sir) Philip (Armand Hamilton), engl. Schriftsteller und Journalist, 1. 5. 1877 London – 10. 3. 1962 Godalming. Privatunterricht; ab 1894 Journalist und lit. Redakteur u.a. für ›Daily Mail‹, ›Daily Chronicle‹ und ›Tribune‹, Sonderkorrespondent im 1. Weltkrieg; 1919 Vortragsreise USA; lebte in Bildens, England. – Vf. zahlr. Romane zu zeitgenöss. aktuellen Themen sowie Essays; hist. und autobiograph. Werke; im gesamten Werk immer wieder Beschäftigung mit dem Thema Krieg.

W: The Street of Adventure, R. 1909; Realities of War, R. 1920; The Middle of the Road, R. 1922 (Zwischen ja und Nein, d. 1936); Adventures in Journalism, Aut. 1923; Unchanging Quest, R. 1925 (Ewiges Suchen, d. 1935); The Novels of Philip Gibbs, II 1929–30; The Cross of Peace, R. 1933; England Speaks, Ess. 1935 (n. Ordeal in England. England Speaks Again, 1937; d. 1937); Blood Relations, R. 1935 (Verwandte Welten, d. 1937); This Nettle Danger, R. 1939; The Pageant of the Years, Aut. 1946; Behind the Curtain, R. 1948 (n. 1973); Crowded Company, Aut. 1949; The Healing Touch, R. 1957 (Begnadete Hände, d. 1958); Life's Adventure, Aut. 1957; One of the Crowd, R. 1959; The Wheel of Fortune, R. 1960.

L: G. Buhmann, Europäische Nachkriegsgeschichte und Nachkriegsprobleme in den Romanen von Sir P. G., Diss. Greifsw. 1939.

Ǧibrān, Ǧibrān Ḫalīl, engl.: Kahlil Gibran, auch: Ǧubrān Ḫalīl Ǧubrān u. Ǧabrān Ḫalīl Ǧabrān, libanes.-arab. Schriftsteller und Maler, 6. 12. 1993 Bšarri/Libanon – 10. 4. 1931 New York. Intellektueller Führer des al-rābita al-qalamiyya, PEN-club der libanes. Exilliteraten in New York. – Trägt mit meist stark allegorisierenden, pastorale Idyllen beschreibenden Erzählungen und Gedichten in arab. und später engl. Sprache maßgebl. zur arab. romant. Lit. bei. Verherrlicht den einfachen und tugendhaften Menschen, der von natürl. Weisheit beseelt ist, kritisiert Hierarchien und insbes. die kirchl. Macht. Vertritt die neo-platon. Ansicht, die Seele existiere außerhalb des verunreinigten Körpers, und die romant. Theorie vom prophetengleichen Dichter. Trotz s. Sprachwechsels wird er als libanes. Nationalschriftsteller verehrt.

W: ʿArāʾis al-muruǧ, lyr. Sk. 1906 (Die Nymphen der Täler, d. 1999); al-Arwāh al-mutamarrida 1908 (Rebellische Geister, d. 1983); al-Aǧniha al-mutakassira, 1912 (Gebrochene Flügel, d. 1985); The Madman, G. u. Fabeln 1918 (Der Narr, d. 1975); al-Mawākib, G. 1919; The Prophet, Schr. 1923 (d. 1973); Sand and Foam, G. 1926 (d. 1976); The Wanderer, G. 1932 (d. 1987); The Garden of the Prophet, G. 1933 (d. 1986).

L: S. B. Young, N. Y. 1931; Kh. C. Hawi, 1963; M. Naimy, 1964; Bushrui, Suheil, 1987.

Gibson, William, amerik. Dramatiker, * 13. 11. 1914 New York. Lebt in Stockbridge/MA. – Vf. von erfolgr. Bühnenstücken aus dem amerik. Alltag. S. Hauptwerk, ›Two for the Seesaw‹, e. an sich konventionelles psychologisierendes Konversations- und Zweipersonenstück (über den Seitensprung e. Rechtsanwalts aus Nebraska in New York), enthält Kritik am materialist. betonten American way of life (die zentrale Rolle des Telefons symbolisiert die Einsamkeit des mod. Menschen) und endet in Kompromiß und bitterer Resignation: zwei Menschen, die füreinander bestimmt scheinen, finden nicht den Mut, sich über gesellschaftl. Konventionen hinwegzusetzen. ›The Miracle Worker‹ behandelt das Schicksal von Helen Keller.

W: I Lay in Zion, Dr. 1947; A Cry for Players, Dr. 1948; The Cobweb, R. 1954 (Wie Wasser unter der Brücke, d. 1956); The Miracle Worker, Dr. 1957 (Der Weg ins Licht, d. 1965); Two for the Seesaw, Dr. 1958 (Spiel zu zweit); Dinny and the Witches, Dr. 1959; The Seesaw Log, Es. 1959; Golden Boy, Musical 1965 (mit u. nach C. Odets); The Grove of Doom, Dr. 1966; The Mass for the Dead, Aut. 1968; American Primitive, Dr. (1972); A Season in Heaven, Dr. (1974), The Body and the Wheel, Dr. 1975; The Butterfingers Angel, Mary and Joseph, Herod the Nut, and The Slaughter of Twelve Hit Carols in a Pear Tree, Dr. 1975; Shakespeare's Game, Dr. 1978; Golda, Dr. 1978; Monday after the Miracle, Dr. 1982; Raggedy Ann, Dr. 1986; Nativity, Musical 1990.

Gide, André Paul Guillaume, franz. Schriftsteller, 22. 11. 1869 Paris – 19. 2. 1951 ebda. Vater Prof. der Rechte, Südfranzose, Mutter aus der Normandie. Streng puritan. erzogen. Zunächst Privatunterricht, danach bis 1890 Ecole Alsacienne. Gehörte zum Symbolistenkreis um Mallarmé. 1893/94 Reise nach Algerien und Tunesien, erste homosexuelle Erfahrungen. 1895 ∞ Kusine Madeleine Rondeaux. Reiste mit ihr durch Afrika und Europa. Begründete 1909 mit J. Schlumberger, J. Copeau, J. Rivière u. a. die ›Nouvelle Revue Française‹. 1925/26 Reise durch Franz.- und Belg.-Afrika. Vorübergehend Kommunist, von e. Rußlandreise 1936 enttäuscht. 1947 Nobelpreis. 1952 wurde s. Werk von der kathol. Kirche auf Index verbotener Bücher gesetzt. – E. der hervorragendsten Schriftsteller s. Generation, der das geistige Gesicht des 20. Jh. mitprägte. Vielseitiger und großer Künstler. Dichter in allen lit. Formen. Bedeutender Kritiker. Beeinflußt von gegensätzl. Geistern wie Montaigne, Pascal, Nietzsche, Dostoevskij, Shakespeare, Goethe und dem protestant. Erbe. Der geistige Gegenpol zu Claudel. Erfüllt von Unruhe, zerrissen von inneren Widersprüchen (›être de dialogue‹), ständigen Wandlungen unterworfen. Setzte sich mit rückhaltloser Aufrichtigkeit für das Recht des Individuums auf Verwirklichung s. Persönlichkeit ein, deren Freiheit weder durch Konvention noch Moral, Kirche oder Ehe eingeschränkt werden dürfe. Stellt diese in s. ganzen Werk als die Persönlichkeit verfälschende Kräfte dar. Nonkonformist aus Prinzip mit der Absicht, den Menschen zur Freiheit zu erwecken. Bemüht sich in ständiger Selbstbeobachtung um Steigerung und Entfaltung s. selbst. Fand im Alter zu Harmonie im Goetheschen Sinne. S. bedeutendste künstler. Leistung sind s. umfangr. autobiograph. Werke (bes. ›Si le grain ne meurt‹), seit Rousseau die umfassendsten und freimütigsten. S. Tagebuch ab 1889 ist auch wichtiges Zeugnis für das zeitgenöss. lit. Frankreich. Briefwechsel mit Freunden und berühmten Zeitgenossen (Jammes, Claudel, Rilke, Proust, Valéry). Begann als hochgeistiger Symbolist und ästhetisierender Romantiker, stellt s. seel. Konflikte in Tagebuchform dar (›Cahiers d'André Walter‹), in Gleichnisform die Resignation und den Skeptizismus der egozentr. Asketen. Danach v. a. unter Nietzsches Einfluß rauschhaftes Lebensgefühl und Prophetie der Wollust (›Les nourritures terrestres‹), gleichzeitig Freundschaft mit O. Wilde. Die Werke der mittleren Periode schwanken zwischen schrankenlos hedonist. Lebensrausch (›L'immoraliste‹, ›Corydon‹, ›Les caves du Vatican‹) und der Darstellung asket. Verzichts (›La porte étroite‹, ›La symphonie pastorale‹). Erneuerte den psycholog. Roman experimentell, indem er ihn vom realist. Schema befreite, sowie durch Kühnheit und Feinheit der psycholog. Analysen. Am bedeutendsten ›Les Faux-monnayeurs‹, wo der Romanschriftsteller selbst als handelnde Figur auftritt, ep. und krit. die Synthese der bisherigen Themen. S. Dramen (›Œdipe‹) wertvoll durch Gedankenspiel und Stil. Zahlr. Darstellungen ausländ. und franz. Schriftsteller. Übs. Goethe, Shakespeare, Conrad, Blake, Whitman, Puškin. In Reisetagebüchern sehr wirksamer Kritiker der ausbeuterischen Kolonialmethoden und Verteidiger der entrechteten Afrikaner. Hochbedeutend durch klass. Reinheit und kristallklare Nüchternheit s. musikal. Stils. Einfluß auf das Frankreich der 1920er Jahre und das gesamte geistige Europa.

W: Les cahiers d'André Walter, Prosa 1891 (d. 1969); Le traité de Narcisse, E. 1891; Les poésies d'André Walter, 1892 (d. 1969); La tentative amoureuse, E. 1893 (beide zus.: Ein Liebesversuch, d. 1907); Le voyage d'Urien, E. 1894 (d. 1956); Paludes, E. 1895 (d. 1949); Les nourritures terrestres, Prosa 1897 (d. 1930); Le Prométhée mal enchaîné, Dr. 1899 (d. 1950); Le roi Candaule, Dr. 1901 (d. 1948); L'immoraliste, R. 1902 (d. 1925); Saül, Dr. 1903 (d. 1909); Prétextes, Ess. 1903; Le retour de l'enfant prodigue, Sp. 1907 (d. 1951); Dostoevskij, Es. 1908 u. 1923 (d. 1952); Isabelle, E. 1911 (d. 1926); La porte étroite, R. 1909 (d. 1909); Nouveaux prétextes, Ess. 1911; Les caves du Vatican, R. 1914 (d. 1955); La symphonie pastorale, N. 1919 (d. 1951); Corydon, Prosa 1920 (d. 1932); Numquid et tu?, Aut. 1922; Incidences, Ess. 1924; Si le grain ne meurt, Aut. 1924 (d. 1948); Les faux-monnayeurs, R. 1925 (d. 1928); Journal des faux-monnayeurs, 1926 (d. 1929); Voyage au Congo, Reisetg. 1927; Retour du Tchad, Reisetg. 1928 (d. m. Congo 1930); Essai sur Montaigne, 1929; L'école des femmes, R. 1929 (d. 1929); Robert, R. 1930 (d. 1930); Œdipe, Dr. 1931 (d. 1931); Divers, Ess. 1931 (Europ. Betrachtungen, d. 1931); Les nouvelles nourritures, Prosa 1935 (d. 1973); Geneviève, R. 1936 (d. 1950); Retour de l'U.R.S.S., 1936 (d. 1937); Retouches à mon retour de l'U.R.S.S., 1937 (d. 1937); Journal 1889–1939, 1939 (d. 1950); Journal 1939–42, 1946 (d. 1948); Thésée, E. 1946 (d. 1949); Notes sur Chopin, 1948; Feuillets d'automne, Prosa 1949 (d. 1950); Journal 1942–49, 1950 (d. 1967); Et nunc manet in te, Aut. 1951 (d. 1952); Ainsi soit-il ou les jeux sont faits, Aut. 1952 (d. 1953). – Œuvres complètes, XVII 1932–54; Morceaux choisis, 1921; Correspondance générale, hg. C. Martin 1984; Correspondance avec: F. Jammes, 1947 (d. 1951); M. Proust, 1930; Claudel, 1950 (d. 1952); C. Du Bos, 1950 (d. 1951); R. M. Rilke, 1952 (d. 1957); P. Valéry, 1955 (d. 1958); Madeleine, 1956 (d. 1957); E. Gosse, N. Y. 1961f.; A. Suarès, 1963; A. Bennet, 1964; A. Rouveyre, 1967; R. Martin du Gard, II 1968; A. Mockel, 1975; J. Giono, 1983; J. Rivière, 1984; R. Martin du Gard, 1990; G. Simenon, 1999; P. Masson, 2000. – *Übs.:* Gesammelte Werke, hg. H. Hinterhäuser XII 1989–2000.

L: E. R. Curtius, D. lit. Wegbereiter d. neuen Frankr., 1919; C. Du Bos, Le Dialogue avec A. G., 1929 (d. 1961); L. Pierre-Quint, 1932 (d. 1956); J. Hytier, 1938 (Lond. ²1963); P. C. Berger, 1949; H. Planche, Le problème de G., 1952; P. Herbart, 1952; R. Lang, A. G. u. d. dt. Geist, 1953; E. Starkie, 1953; R. Mallet, Une mort ambiguë, 1955; J. Delay, La jeunesse d'A. G., II 1956f.; J.

Lambert, G. familier, 1958; M. Beigbeder, 1958; G. Lamsfuß, D. Ästhezismus A. G.s, 1959; Y. Davet, 1959; J.-J. Thierry, 1962; G. Brée, 1963; G. W. Ireland, Edinb. 1963; C. Martin, 1963; K. Mann, ²1966; W. Fowlie, 1967; V. Rossi, New Brunswick 1967 u. N. Y. 1968; W. W. Holdheim, 1968; G. D. Painter, Lond. ²1968; C. Petersen, 1969; H. J. Nersoyan, Syracuse 1969; P. de Boisdeffre, 1970; Etudes gigiennes, hg. Cl. Martin, III 1970f.; J. Brigaud, G. entre Benda et Sartre, 1972; R. Bastide, 1972; M. van Rysselberghe, Cahiers de la Petite Dame, 1973; P. Lejeune, 1974; C. Martin, 1975; M. Maisani-Leonard, 1976; M.-T. Veyrenc, 1976; Ch. Angelet, 1982; J. Graf-Bicher, 1983; P. Masson, 1983; A. Plathe, K. Mann u. a., G., 1987. – *Bibl.:* A Naville, 1949; A. Fongaro, 1966; G. D. Painter, 1991; D. Moutote, 1991; M. Allegret, 1991; O. Got, 1993; R. Kempf, 2000; P. Lepape, 2001; N. Segal, 2001; P. Schnyder, 2001; A. Goulet, A. G., écrite pour vivre, 2002.

Gierow, Karl Ragnar, schwed. Lyriker u. Dramatiker, 2. 4. 1904 Hälsingborg – 30. 10. 1982 Stockholm. Vater Schulinspektor. 1934 Lizentiat in Philos., 1930–37 Verlagsangestellter, 1937–46 beim Rundfunk, 1946–51 Kulturredakteur am ›Svenska Dagbladet‹, 1951–63 Chef des Kgl. Dramat. Theaters Stockholm, 1961 Mitgl. der Schwed. Akad., 1966 deren ständiger Sekretär, Dr. h. c. Lund 1964. ∞ Karin Hellmer. – Begann mit formvollendeten, rhythm. beschwingten Gedichten. Dunkle pessimist. Töne z. Z. der Diktaturen. Fand wie s. Freund E. Linklater zur nord. Mythologie u. zum altisländ. Versmaß. Erfolgr. als Dramatiker in der Nähe zu T. S. Eliot. Bevorzugte den Blankvers. Das Problem der Hybris u. Versöhnung u. die Not des Menschen in der Zeit fesselten ihn. Zahlr. Hörspiele.

W: Solen lyser, G. 1925; Den gyllene ungdomen G. 1928; Ödletid, G. 1937; Vid askens rötter, G. 1940; Rovdjuret, Sch. 1941; Helgonsaga, Sch. 1943; Av hjärtans lust, K. 1945; Färjstället, Sch. 1946; Domkyrkospel, Sch. 1946; Mina utflykter, Ess. 1950; Cembalo, Sch. 1961; Om livet är dig kärt, G. 1963; Den fjärde vise mannen, Sch. 1970; Daggkåpans mantelfäll (postum), G. 1983.

L: K. Ahnlund, 1984.

Gifford, William, engl. Schriftsteller und Verleger, 17. 4. 1756 Ashburton/Devon – 31. 12. 1826 London. Sohn e. Glasers, Schuhmacherlehrling. Durch Gönner nach Oxford geschickt. Verfaßte 2 Satiren ›Baviad‹ und ›Maeviad‹ gegen die engl. ›Della Cruscan School‹ und das zeitgenöss. Drama. Hrsg. des ›Anti-Jacobin‹ und (gemeins. mit Canning, Frere und George Ellis) des ›Weekly Examiner‹ (1797/98), wandte sich gegen die Ideen der Franz. Revolution. Mitbegründer und Hrsg. der antiradikalen Zs. ›Quarterly Review‹ (1809). Zog sich durch scharfe Angriffe auf den Zeitgeist den Haß Hazlitts zu. – Schrieb bittere Kritiken gegen aufsteigende junge Autoren. Veröffentlichte 1819 e. Angriff auf Keats' ›Endymion‹. Übs. Juvenal (1802) und Persius (1821). Hrsg. von Ben Jonson u. Ph. Massinger.

W: Baviad and Maeviad, Sat. 1797; Epistle to Peter Pindar, 1800; Autobiography, 1826.

L: R. B. Clark, 1930 (n. 1967).

Gigli, Girolamo (eig. Nenci), ital. Dichter, 14. 10. 1660 Siena – 4. 1. 1722 Rom. Prof. für Lit. am Kollegium Tolomei, 1698 Prof. der Univ. Siena. Mußte wegen e. Satire auf die Jesuiten die Stadt verlassen. Hauslehrer der Borghese in Rom. Im ›Vocabolario Cateriniano‹ stellte er den sienes. Dialekt über den florentin. u. fügt s. Behauptungen Spott u. witzige Erfindungen hinzu. Dadurch Konflikt mit der Accademia della Crusca, 1717 Verlust s. Stellung u. Verbannung. Wieder in Siena, 1721 Rückkehr nach Rom. – Am besten s. Komödien nach franz. Vorbild (›Don Pilone‹ nach Molières ›Tartuffe‹). Vorläufer Metastasios u. Goldonis. Scharfe Satiren auch auf die Accademia della Crusca (›Scivolata‹) u. die Arcadia (›Brandaneide‹). Viele philolog. Arbeiten.

W: Don Pilone, K. 1711; Gazzettino o Avvisi ideali, Sat. 1712f. (n. Allodoli 1913); Vocabolario Cateriniano 1717 (n. Fanfani 1866); Del collegio Petroniano delle balie latine, 1719; Scivolata, Sat. 1720; La Sorellina di Don Pilone, Sat. 1749; Poesie, 1757; Brandaneide, Sat. 1757. – Opere, III 1797f.; Scritti satirici, hg. L. Bianchi 1865.

L: M. Vanni, 1888; T. Favilli, 1907.

Gijsen, Marnix (eig. Jan-Albert Goris), fläm. Schriftsteller, 20. 10. 1899 Antwerpen – 29. 9. 1984 Lubbeek. Stud. Gesch., dann versch. wiss. u. diplomat. Funktionen, 1941–64 als Prof. u. Diplomat in New York. – Frühe expressionist. Gedichte u. Romane in kath. Geist; dann autobiograph. gefärbte Romane mit zyn.-iron. Einschlag. ›Het boek van Joachim van Babylon‹ zeigt den Bruch mit Glauben u. Moral. In ›Klaaglied om Agnes‹ Gestaltung des Gefühlslebens, des Schmerzes um die verlorene Geliebte. Auch Kunst- und Lit.-Kritiker, Literarhistoriker und Reiseschriftsteller.

W: Lof-litanie van den H. Franciscus van Assisië, G. 1920 (d. 1931); Het huis, G. 1925; De literatuur in Zuid-Nederland sedert 1830; Abh. 1940; Het boek van Joachim van Babylon, R. 1948 (d. 1953, neu 1981); Telemachus in het dorp, R. 1948; Goed en kwaad, R. 1950; Klaaglied om Agnes, R. 1951; De vleespotten van Egypte, R. 1952 (d. 1954); Er gebeurt nooit iets, R. 1956; Lucinde en de lotoseter, R. 1959; De diaspora, En. 1961; Zelfportret, gevleid, natuurlijk, Aut. 1965; De parel der diplomatie, R. 1966; De leerjaren van Jan-Albert Goris, Aut. 1975; Rustoord, aut. R. 1979; De loopgraven van Fifth Avenue, Mem. 1980; Het gordijn zakt, Ess. 1981. – Verzameld werk, VI 1977–79.

L: A. Grootjans, 1933; R. Goris u. J. Greshoff, 1955; M. Roelants, 1958; G. Verbeek, 1966; A. Raman, 1974; M. G. 1899–1984 (m. B. v. W. Defos), 1984; F. Asma, 1996. – *Bibl.:* A. Raman, 1973.

Gilbert, Nicolas-Joseph Laurent, franz. Dichter, 1751 Fontenay-le Château/Vosges – 12. 11. 1780 Paris. Bauernsohn; erzogen im Kolleg von Dôle. Starb jung nach e. Reitunfall. – Vf. pathet. und eleg. Gedichte, die ihn zum Vorläufer der Romantiker machen und, als erbitterter Feind des Rationalismus der Enzyklopädisten und Philosophen s. Jahrhunderts, von Satiren. Die Mischung von Melancholie und Polemik in s. Werk, seine seltene rhetor. Begabung, dazu der frühe Tod, wurden Ursache der Legende von G., dem unglückl. und verkannten Dichter (Vigny: ›Stello‹).

W: Le poète malheureux, G. 1772; Le carnaval des auteurs, Sat. 1773; Le 18e siècle, Sat. 1775; Mon apologie, Sat. 1778. – Œuvres complètes, 1823; Œuvres choisis, hg. P. Perret 1882.

L: E. Laffay, 1898.

Gilbert, William Schwenck Sir, engl. Dramatiker und humorist. Dichter, 18. 11. 1836 London – 29. 5. 1911 Harrow Weald. Offizier der Bürgerwehr, danach Beamter im Kulturministerium. ∞ Lucy Agnes Turner. 1907 in den Ritterstand erhoben. Ertrank beim Baden. – Begann s. lit. Laufbahn 1861 als Mitarbeiter der humorist. Zs. ›Fun‹, in der s. übermütigen, sehr beliebten ›Bab Ballads‹ zuerst erschienen. Erste dramat. Arbeit war das Weihnachtsspiel ›Dulcamara‹; einige weitere Komödien folgten. Seit 1871 Partnerschaft mit dem Komponisten Sir Arthur Sullivan, für den G. äußerst witzige, köstl. absurde Libretti verfaßte, die noch etwas von der Leichtigkeit und dem Reiz der Comedy of Manners besitzen (auch als ›Savoy Operas‹ bezeichnet, da vorwiegend im Londoner Savoy Theatre aufgeführt). G.s ausgezeichnet aufgebaute und noch heute erfolgreiche Operntexte und Komödien bereiteten den Weg für O. Wilde.

W: Dulcamara, Burleske, 1866; Bab Ballads, Scherz-G. 1869–73 (n. J. Ellis 1970); The Palace of Truth, Msp. 1870; Pygmaleon and Galatea, K. 1872; More Bab Ballads, 1873; The Happy Land, K. 1873 (m. G. A. A'Beckett); Topsyturvydom, 1874; H. M. S. Pinafore (1878); The Pirates of Penzance, Op. 1880; Patience, Op. 1881; Iolanthe, Op. 1882; The Mikado, Op. 1885; Ruddigore, Op. 1887; The Yeomen of the Guard, Op. 1888; The Gondoliers, Op. 1889; Original Plays, IV 1876–1911; Savoy Operas, 1909 (hg. D. Cecil II 1962); Plays and Poems, Ausw. hg. D. Taylor 1932; Plays, hg. G. Rowell 1982; The Complete and Annotated G. and Sullivan, hg. I. Bradley 1996.

L: S. Dark, R. Grey, 1923; F. L. Moore, hg. 1962; N. G. Wymer, 1962; L. W. A. Baily, The G. and Sullivan Book, [4]1966; J. W. Stedman, G. before Sullivan, 1967; H. Pearson, G. and Sullivan, [3]1975; A. Williamson, [3]1982; D. Eden, 1986; M. Ffinch, 1993. – *Bibl.:* T. A. Searle, [2]1968.

Gilbert-Lecomte, Roger, franz. Schriftsteller, 1907 Reims – 1943 Paris. Zeigte bereits vor Bretons surrealist. Manifest ausgeprägte Neigung zu surrealist. Tendenzen. Gründete mit R. Daumal die lit. Zs. ›Le grand jeu‹, die er in den 1930er Jahren leitete. – Seine Freunde veröffentlichen seine gewaltigen, an Artaud erinnernden, visionären Texte. Der Roman ›Monsieur Morphée‹ behandelt das Problem des Drogenkonsums als Flucht vor der Gefährdung des Sozialstatus.

W: Monsieur Morphée, empoisonneur public, R. 1930, 1966; La vie, l'amour, la mort, le vide et le vent, G. 1933; Le miroir, 1939; Le testament, 1974.

L: R. Dumas, 1985; Ch. Noorbergen, 1988; H. J. Maxwell, 1996.

Gilbert de Montreuil → Gerbert de Montreuil

Gil de Biedma, Jaime, span. Lyriker, 1929 Barcelona – 8. 1. 1990 ebda. Wohlhabende Familie, Jurastud. Barcelona/Salamanca, 1953 Oxford, zahlr. Geschäftsreisen. – Bedeutender Lyriker, großer Einfluß auf nachfolgende Generationen; Wandel vom Gesellschaftskritiker zum subjektiviron. Kommentator bürgerl. Lebens. Themen: Erinnerung, Kindheit, Liebe, Zeit. Raffiniert einfache, alltagsnahe Sprache. Essayist u. Übs. (u. a. T. S. Eliot).

W: Compañeros de viaje, G. 1959; En favor de Venus, G. 1965; Moralidades, G. 1966; Poemas póstumos, 1968; Colección particular, G. 1969; Las personas del verbo, G. 1975 (span./dt. 2003); Antología poética, 1981; Retrato del artista en 1956, Tg. 1991.

L: C. Riera, La Escuela de Barcelona, 1988; P. Aullón de Haro, La obra poética de G. de B., 1991; G. Corona Marzol, Aspectos del taller poético de J. G. de B., 1991.

Gil y Carrasco, Enrique, span. Schriftsteller, 15. 7. 1815 Villafranca del Bierzo/León – 22. 2. 1846 Berlin. Stud. Rechte in Valladolid u. Madrid, befreundet mit Espronceda, verkehrte in den bedeutendsten Madrider Literaturzirkeln; 1844 als Gesandtschaftssekretär in Berlin, Freundschaft mit A. von Humboldt. – Romant. Dichter u. Romancier, berühmt als Vf. e. der besten hist. Romane Spaniens ›El señor de Bembibre‹, anschaul. Dokument aus der Zeit des Templerordens. Als Lyriker von melanchol. Süße. Große Verskunst, Einflüsse Lamartines u. Chateaubriands, verfaßte auch interessante Studien über die großen span. Romantiker.

W: Los maragatos, Aufs. 1839; El pastor trashumante, Prosa 1843; Diario de un viaje, Prosa 1844; El señor de Bembibre, R. 1844 (n. R. Carnicer 1971); Artículos de viajes y de costumbres, 1999. – Obras completas, II 1883; in: ›Biblioteca de Autores Españoles‹, 1954.

L: J. R. Lomba y Pedraja, 1915; J. M. Goy, 1924; R. Gullón, Cisne sin lago. Vida y obras de G., 1951; J. L. Picoche, 1978.

Gilgamesch-Epen, sumerisch, im 21. Jh. v. Chr. aufgeschriebene Epen (Hsn.: 18. Jh.) vom Vorzeitkönig Gilgameš von Uruk über den Tod als individuelles Schicksal und Konflikte des Heroen mit Göttern. ›Gilgameš u. Ḫuwawa‹ (2 Versionen, Vorlage f. Taf. II–V des akkad. Ep.) berichtet vom Streben nach Überleben im Nachruhm großer Taten. G. überlistet mit seinem Freund Enkidu im Zederngebirge dessen mächtigen, ungestalten Wächter Ḫuwawa und nimmt ihn gefangen. Ältere Version: G. läßt ihn frei(?); jüngere Version: G. tötet ihn, bringt Zedernstämme nach Uruk (dort gibt es kein Hartholz) und das Haupt Ḫuwawas vor den Götterherrscher Enlil. Dieser verurteilt die Tat und gibt Ḫuwawas Auren (= übernatürl. Mächte) der gefahrvollen natürl. Umwelt (Löwe, Fluß, Feld, Berge, Wälder) und dem Gefängnis und seiner Göttin. – Im fragmentar. ›Gilgameš und der Himmelsstier‹ (Vorlage für Taf. VI des akkad. Ep.) erlaubt die Liebes- und Kriegsgöttin Inana Gilgameš nicht, in ihrem Heiligtum Recht zu sprechen; G. verweigert ihr Gaben (Grund unklar). Inana erbittet und erhält nach Drohungen vom Himmelsgott An den Himmelsstier, um G. zu töten. Doch G. tötet diesen mit Enkidu, schmäht Inana, gibt das Fleisch des Himmelsstieres Witwen und Waisen und Inana die Hörner als Ölgefäße. – In ›Gilgameš, Enkidu und die Unterwelt‹ (2. Teil: Vorlage f. Taf. XII des akkad. Ep.) zieht Inana e. im Unwetter ans Euphratufer gespülten Eichentrieb auf, um Stuhl und Bett herzustellen. G. vertreibt für sie aus dem Baum den gewaltigen Anzu-Adler (→ Ninurta-Mythen), e. Schlange und Windsdämoninnen und macht aus den Zweigen Spielgeräte für die Stadtjugend. Die fallen durch e. Loch im mag. Kreis in die Unterwelt. Enkidu erbietet sich, sie zurückzuholen, befolgt ihm erteilte Vorschriften nicht und verfällt der Unterwelt. G. wendet sich vergebl. an Enlil, aber der Weisheitsgott Enki hilft: Enkidu darf kurz zurückkehren und dem Freund berichten, wie das Ergehen e. Toten mit seinem ird. Leben und der Todesart zusammenhängt. – Die Fragmente von ›Gilgameš's Tod‹ erzählen von Krankheit und im Traum angekündigtem Tod G.s und s. Bestattung im Euphratbett. Den letzten Traum deutet s. Sohn Ur-lugal.k: G., Sohn e. Göttin und e. Halbgottes, sei sterbl. Seit der Sintflut (→ Atra-ḥasis-Epos) lebe niemand ewig. Das Epos nennt s. Begegnung mit dem entrückten Sintfluthelden Zi'usudra (= Atra-ḥasīs). Als den Göttern ranggleicher Unterweltrichter beschenkt G. sie bei s. Ankunft dort. – Starke intertextuelle Bezüge zur Dicht. über Tod und Bestattung Ur-namma.k's von Ur (2112–2095 v. Chr.). Nachleben im Ruhm der Taten und dynast.-genealog. Überwindung des Todes (→ Etana-Ep.) scheinen vereint. – Anders ›Gilgameš und Akka‹; es entstand vermutl. im 19. Jh. v. Chr. (Uruk wird wieder selbständig) und besingt Uruks durch seinen König erkämpfte Unabhängigkeit.

A: D. O. Edzard, G. u. Huwawa A (ZA 80/81), 1990–91; ders., »G. u. Huwawa«: Zwei Versionen der sumer. Zedernwaldepisode nebst e. Edition von Version B, 1993; A. Cavigneaux, F. N. H. al-Rawi, G. et le Taureau de Ciel (RA 87), 1993; dies., G. et la Mort, 2000; Aa. Shaffer, Sumerian Sources of Tablet XII of the Epic of G., Diss. Philad. 1963; W. H. Ph. Römer, ›Bilgameš und Akka‹, 1980; D. Katz, G. and Akka, 1993; A. George, The Babylonian Gilgamesh Epic, Oxford 2003; http://2858www-etcsl.orient.ox.ac.uk/edition2/etcslbycat.html. – *Übs.:* D. O. Edzard, W. H. Ph. Römer, (TUAT III/3), 1993; A. George, The Epic of G., 1999.

L: C. Wilcke, (Fs. W. H. Ph. Römer, hg. M. Dietrich, O. Loretz), 1998; E. Flückiger-Hawker, Urnamma of Ur in Sumerian Literary Tradition, 1999; J. Klein, (Gedenkschrift f. Th. Jacobsen, hg. Tz. Abusch), 2002.

Gilgamesch-Epos, akkadisch, größtes Epos vor Homer, lückenhaft erhalten; altbabylon. Fassung z. T. nach sumer. Vorlagen im 18. Jh. v. Chr. aufgezeichnet, ursprüngl. ohne Sintflut- und Unterweltbericht (Taf. XI–XII), floß in Sîn-liqe-unnīnī's (ca. 1200 v. Chr.?) XII-Tafel-Version (ca. 3000 Verse) ein. Thema ist, ähnl. den sumer. Gilgameš-Ep., das Annehmen eigener Sterblichkeit. Gilgameš, Vorzeitkönig und Erbauer der gewaltigen Stadtmauer von Uruk, unterdrückt sein Volk. Die Götter schaffen ihm Enkidu als Widerpart (Nebenthema: nötige Kontrolle von Herrschaft). Der lebt mit Tieren; Kontakt mit e. Dirne und mit Hirten sozialisiert ihn (Nebenthema: Kultur als Wesen des Menschen: Liebesspiel statt Triebhaftigkeit, Körperpflege und Kleidung statt Nacktheit, Brot und Bier statt Gras und Wasser). Sie kämpfen und werden Freunde. Gilgameš überredet den zögernden Enkidu zum Zug zum Zedernwald gegen Ḫumbaba (= Ḫuwawa der sumer. Epen). Ausführl. Schilderung von Vorbereitungen, Weg, Erfolg verheißenden Träumen und siegreichem Kampf mit Ḫumbaba, die die Freunde töten; sein Haupt und Zedernstämme bringen sie zu Enlil (Taf. I–V). Ištar (= Inana) will Gilgameš als Ehemann, der weist sie zurück, schmäht sie, nennt die schlimmen Schicksale ihrer vergangenen Liebhaber und sieht ihr Angebot als Todesversprechen. Erzürnt geht sie zum Himmelsgott Anu, der Handlung folgt dann ›Gilgameš und der Himmelsstier‹. Nach dem Tod des Stiers beschimpft Enkidu die Göttin (Taf. VI), träumt seinen eigenen Tod, stirbt und wird vom tief unglückl. Gilgameš fürstl. begraben (Taf. VII–VIII). Trauernd und in Todesfurcht zieht Gilgameš durch die Wildnis zur Schenkin Šīdūri (»die von der Mauer«) am Ende der Welt. Sie erklärt ihm, ewiges Leben sei unmöglich (Taf. IX–X); Sinn des Lebens sei froher Genuß: genug Nahrung, frohe Feste, Körperpflege, Freude an Kindern und ehelicher Liebe (altbabylon. Version). Jenseits des Todesozeans erzählt ihm der unsterbl. Sintflutheld Utnapištī von der Sintflut (→ Atra-ḫasis-Epos) und weist ihn auf e. Lebenskraut; das holt Gilgameš aus der Meerestiefe, aber e. Schlange stiehlt es (Aitiologie für sich häutende Schlangen). Ohne ewiges Leben zu finden zeigt Gilgameš nach Uruk heimgekehrt stolz die Stadtmauer (Taf. XI). Taf. XII (Anhang der jungen Fassung) übs. Enkidus Bericht im sumer. ›Gilgameš, Enkidu und die Unterwelt‹.

A: A. George, The Babylonian G. Epic, 2003 (mit Bibl.); S. Parpola, The Standard Babylonian Epic of G., 1997. – *Übs.*: A. Schott, W. von Soden, Das G.-Epos, [4]1982; J. Bottéro, L'Épopée de Gilgameš, 1992; K. Hekker, (TUAT III/4), 1994; A. George, The Epic of G., 1999.

L: J. H. Tigay, The Evolution of the G. Epic, 1982.

Gil Gilbert, Enrique, ecuadorian. Erzähler, 8. 7. 1912 Guayaquil – 21. 2. 1973 ebda. Mitglied des berühmten ›Grupo de Guayaquil‹, Journalist, Prof. für Geschichte u. Lit., Generalsekretär der Kommunist. Partei, mehrfach im Gefängnis. – Er beschreibt mit poet. Kraft die Ausbeutung der Landarbeiter u. erinnert an das Elend der unehel. Kinder.

W: Yunga, En. 1933; Relatos de Emmanuel, R. 1939; Nuestro pan, R. 1942 (d. 1954); La cabeza de un niño en un tacho de basura, En. 1967.

Gilkin, Iwan, belg. Lyriker und Dramatiker, 7. 1. 1858 Brüssel – 29. 9. 1924 ebda. Stud. Jura Löwen. Ab 1907 Konservator der Bibliothek des belg. Kultusministeriums. Freund von Giraud. Anhänger der Jeune-Belgique-Bewegung. – S. ersten Gedichte in streng parnass. Stil stehen stark unter Einfluß Baudelaires; im Vordergrund das Seltsame und Perverse. Spätere Gedichte lebensbejahender. Das Drama ›Prométhée‹ von Klassik und Goethes Weltschau beeinflußt. ›Etudiants russes‹ über die russ. Seele mit ihrer Mischung von östl. Fatalismus und westl. Philos.

W: La damnation de l'artiste, G. 1889; Ténèbres, G. 1892 (zusammen u. d. T. La Nuit, 1897); Prométhée, Dr. 1899; Le cérisier fleuri, G. 1899; Jonas, Dr. 1900; Savonarole, Dr. 1906; Etudiants russes, Dr. 1906; La nuit, Dr. 1911; Le roi Cophétua, Dr. 1919; Egmont, Dr. 1926; Anthologie, G. 1931; Quatrain d'Omar Khogam, G. 1931.

L: H. Liebrecht, 1941; E. Tant, 1945; R. Trousson, 1999.

Gill, Claes Daniel, norweg. Lyriker, 13. 10. 1910 Odda/Hardanger – 11. 6. 1973 Oslo. Seemann und Korrektor, später Schauspieler. 1945/46 Leiter des ›Studioteatret‹ in Oxford, 1954–56 des Rogaland-Theaters in Stavanger. – Visionärer Lyriker, Beschwörer e. hinter den äußeren Eindrücken verborgenen geistigen Realität.

W: Fragment av et magisk liv, G. 1939; Ord i jærn, G. 1942; Samlede dikt, G. 1967, 1995.

L: A. Aarnes, 1973; K. Fløgstad, portrett av er magisk liv – poeten C. G., 1988, [2]1994.

Gille, Valère, belg. Lyriker, 3. 5. 1867 Brüssel – 1. 6. 1950 Haasdonk. Stud. Löwen. Hrsg. von ›La Jeune Belgique‹, Königl. Bibliothekar in Brüssel. Erwarb sich Anerkennung mit Wochenartikeln über hist. und lit.-künstler. Gegenstände in der Tageszeitung ›Dernière Heure‹. – Erste Werke zarte und kleine, an T. Gautier erinnernde Gedichte. Preisgekrönt ›La Cithare‹, Chéniers und Leconte de Lisles Gedichten verwandte, plast. und ausgefeilte, heitere Bilder des antiken Griechenland. G. zähmt s. starken Lyrismus durch parnass. Formstrenge und große Reinheit der Sprache. Vorübergehend pessimist., dann wie ›La corbeille d'octobre‹ Gedichte von jugendl. Frische und epikureischer Lebensfreude. Anmutige Märchen und e. Sittenkomödie.

W: Le château des merveilles, G. 1893; La cithare, G. 1897; Le collier d'opales G. 1899; Le coffret d'ébène, G. 1900; La corbeille d'octobre, G. 1902; Ce n'était qu'un rêve, Dr. 1903; Le joli mai, G. 1905; Madame reçoit, Dr. 1908.

L: H. Liebrecht, 1906; J. Warmoes, 1978.

Gilliams, Maurice, fläm. Lyriker, Erzähler u. Essayist, 20. 7. 1900 Antwerpen – 18. 10. 1982 ebda. Sohn e. Druckers u. Schriftstellers, Bibliothekar. – Aristokrat.-subtile, symbol. Lyrik bes. um Dinge des Alltags mit Nähe zum Dinggedicht Rilkes u. sprachl. kultivierte Prosa.

W: Eenzame vroegte, G. 1928; De flesch in de zee, G. 1929; Het Maria-leven, G. 1932; Het verleden van Columbus, G. 1933; Oefentocht in het luchtledige, Nn. 1933; Elias of het gevecht met de nachtegalen, R. 1936 (d. 1964); De man voor het venster, Tg. 1943 (d. 1967); Het werk der leerjaren, G. 1947; Winter te Antwerpen, G. 1953 (d. 1964); De kunst der fuga, Ess. 1953 (d. 1967); Gedichten 1919–58, 1964; Gregoria of Een huwelijk op Elseneur, aut. Es. (1938), veröff. 1991. – Vita brevis (GW), IV 1955–59, erw. [2]1975–78; Verzamelde gedichten (GW), 1993; Ik ben Elias, R.e u. En. (GW), 2000. – *Übs.:* Vita brevis, G. 1965.

L: P. De Vree, 1947 u. 1964; M. G., 1950; P. H. Dubois, 1966; M. J. G. de Jong, 1984.

Gilman, Charlotte [Anna] Perkins [Stetson], amerik. Schriftstellerin, 3. 7. 1860 Hartford/CT – 17. 8. 1935 Pasadena/CA (Freitod). Lehrerin, Verwandtschaft mit Harriet Beecher Stowe u. bekannten feminist. Aktivistinnen, an denen G. sich früh orientiert, nach Trennung von ihrem 1. Ehemann Übersiedelung nach Kalifornien, Vortragsreisen in USA und Großbritannien. – Verf. von

Gedichten, Romanen, einer Autobiographie und gesellschaftskrit. Abhandlungen, die sich mit dem Thema der weibl. Selbstbestimmung auseinandersetzen. Bekannteste Kurzgeschichte ›The Yellow Wallpaper‹, die sich autobiograph. mit Behandlungsmethoden von Depressionen bei Frauen beschäftigt, symbol. verkleidet fundamentale Kritik an patriarchal. Strukturen übt und deren lit. Qualität bereits von Zeitgenossen hervorgehoben wurde. Hrsg. und Verlegerin der Zeitschrift ›The Forerunner‹, wo einige ihrer späteren utop. Erzählungen und Romane zuerst erschienen.

W: The Yellow Wallpaper, En. 1892 (Die gelbe Tapete, d. 1985); In This Our World, G. 1893; Women and Economics, Abh. 1898 (Mann und Frau: Die wirtschaftlichen Beziehungen der Geschlechter als Hauptfaktor der Entwicklung, d. 1901); What Diantha Did, R. 1910; The Man-Made World, or, Our Androcentric Culture, Abh. 1911; The Crux, R. 1911; Suffrage Songs and Verses, G. 1911; Herland, R. 1915 (d. 1980); The Living of C. P. G., Aut. 1935; Unpunished, R. 1997 (Mr. Vaughns Ende, d. 1998). – The Later Poetry of C. P. G., hg. D. D. Knight 1996; With Her in Ourland: Sequel to Herland, hg. M. J. Deegan, M. R. Hill 1997; A Journey From Within: The Love Letters of C. P. G., hg. M. A. Hill 1995; The Diaries of C. P. G., hg. D. D. Knight 1994.

L: M. A. Hill, 1980; G. Scharnhorst, 1985; A. J. Lane, 1990; C. F. Kessler, 1995; D. D. Knight, 1997. – *Bibl.:* G. Scharnhorst, 1985.

Gilmore, Mary Jean, geb. Cameron, austral. Dichterin und Politikerin, 16. 8. 1865 b. Goulburn/New South Wales – 3. 12. 1962 Sydney. Vielseitig polit. und soz. tätig. Begleitete 1896 den Sozial-Utopisten William Lane nach Paraguay, 1902 Rückkehr nach Australien. Kämpfte leidenschaftl. für bessere soz. Verhältnisse in Australien. Erhielt 1937 den Titel ›Dame of the British Empire‹. – Vf. zahlr. Gedichte, in denen sie soz. Fragen behandelt. Z. T. von W. Whitman beeinflußt.

W: The Passionate Heart, G. 1918; The Wild Swan, G. 1930; Old Days: Old Ways, Aut. 1934; More Recollections, Aut. 1935; Selected Verse, G. 1948; Fourteen Men, G. 1954. – Letters, hg. W. Wilde, T. Moore 1980.

L: R. D. Fitzgerald, 1965; S. Walker, 1992.

Gil Polo, Gaspar, span. Schriftsteller, um 1540 Valencia – 1584/85 Barcelona(?). Zwischen 1571 u. 1573 Notar in s. Heimatstadt, von Philipp II. zum Großzahlmeister der kgl. Kurie ernannt. – Vf. e. Fortsetzung von Montemayors berühmtem Schäferroman ›Diana‹; s. Vorbild ebenbürtig, weniger weitschweifig u. schlichter in der Konzeption; wertvoll durch eingeschobene Dichtungen meist bukol. Art nach der Manier Garcilasos, von hoher Verskunst u. melod. Schwung, insbes. der ›Canto del Turia‹ in Stanzen, e. Loblied auf berühmte Valencianer s. Zeit.

W: Diana enamorada, R. 1564 (n. López Estrada, in: ›Nueva Biblioteca de Autores Españoles‹, Bd. 7, 1946, R. Ferreres 1953, R. L. u. M. B. Grismer, Minneapolis 1959). – *Übs.:* G. Ph. Harsdörffer 1646.

Gil Vicente → Vicente, Gil

Gil y Zárate, Antonio, span. Dramatiker, 1. 12. 1793 San Lorenzo del Escorial/Madrid – 27. 1. 1861 Madrid. Sohn e. Sängers u. e. Schauspielerin, Erziehung in Paris, kam 1805 nach Spanien, Stud. Physik u. Mathematik Paris; bekleidete versch. polit. Ämter; Staatsrat, Mitglied der Span. Akad. – Vf. von Tragödien nach franz. klassizist. Muster, hist. Dramen romant. Tendenz sowie Sittenkomödien nach Art Bretóns de los Herreros.

W: Rodrigo, último rey de los godos, Tr. 1834; Blanca de Borbón, Tr. 1835; Carlos II. el Hechizado, Dr. 1837; Guillermo Tell, Dr. 1838; Guzmán el Bueno, Dr. 1847 (n. Bologna 1990). – Obras dramáticas, ^{5}1873.

L: S. A. Stoudemire, Diss. Chapel Hill, Univ. of NC 1930.

Giménez Caballero, Ernesto (Ps. Gecé), span. Essayist u. Journalist, 2. 8. 1899 Madrid – 14. 5. 1988 ebda. Dr. phil., 1919 Dozent für Span. Univ. Straßburg, Prof. in Madrid; rege journalist. Tätigkeit (u. a. an der bekannten Madrider Tageszeitung ›El Sol‹); gründete 1927 die ›Gaceta Literaria‹, die großen Einfluß auf das lit. Leben in Spanien gewann. – Schrieb unter dem Pseudonym ›El Robinsón literario de España‹; auch s. Bücher tragen journalist. Gepräge; Vordenker des Faschismus.

W: Notas marruecas de un soldado, Ber. 1923; Carteles, Aufs. 1927; Los toros, las castañuelas y la Virgen, Ess. 1927; Yo, inspector de alcantarillas, R. 1928; En torno al casticismo de España, Ess. 1929; Genio de España, Ess. 1932; El belén de Salzillo en Murcia, 1934; Memorias de un dictador, Aut. 1979; Retratos españoles (bastante parecidos), 1985.

L: D. W. Foard, 1975; L. Tandy, M. Sferrazza, 1977; E. Selva, 1999.

Gimferrer, Pere, katalan. Dichter, * 22. 6. 1945 Barcelona. Stud. Jura, Philos., Lit. ebda., seit 1970 Mitarbeiter des Verlags Seix Barral, 1985 Mitglied der Span. Akad. – Bedeutender Erneuerer der span. Lyrik, schreibt seit 1970 auf Katalan. mit eigener span. Übs., postmod.-iron. Spiel mit Formen u. Mythen. Essays zu Lyrik, Film, Malerei der Moderne. Auch Übs. (Sade, Beckett, Wilde, Stendhal) u. Hrsg. (u. a. Lyrikanthologie).

W: Mensaje del Tetrarca, G. 1963; Arde el mar, G. 1966; La muerte en Beverly Hills, G. 1968; Poemas 1963–1969, 1969; Els miralls, G. 1970; Hora foscant, G. 1972; For cec, G. 1973; Poesía 1970–1977, 1978; Apariciones y otros poemas, 1982.

Ginsberg, Allen, amerik. Lyriker, 3. 6. 1926 Paterson/NJ – 5. 4. 1997 New York. Stud. Columbia Univ., Gelegenheitsarbeiten und Reisen in Amerika, Mexiko, Europa und im Orient. – Führender Vertreter und Anreger der Beat Generation (Poetry Renaissance von San Francisco), e. neorelig. Anarchismus und der Counter-Culture-Bewegung in den USA. Anleihen bei östl. Mystik und der prophet. Lyrik W. Blakes; Bewußtseinsexperimente mit Drogen. Das hymn.-ep. Gedicht ›Howl‹ handelt von der Zerstörung des Menschen durch den Moloch der mod. technolog. Massengesellschaft und den Versuchen e. esoter. Gruppe, in rauschhaften visionären Zuständen (Sex, Drogen, Alkohol, Jazz) zur Erkenntnis e. metaphys. Wirklichkeit zu gelangen. Es ist e. Schrei der Qual und des Protestes, in ganz auf akust. Wirkung berechneten formlosen Langzeilen in der Tradition W. Whitmans. Halluzinator. Bilder, gegliedert durch e. dem Jazz entlehnte, zur Inkantation neigende rhythm. Technik der Wiederholung.

W: Howl and Other Poems, 1956 (d. 1959); Empty Mirror. Poems 1948–51, 1961; Kaddish, and other Poems 1957–60, 1961 (d. 1962); Reality Sandwiches, G. 1963; The Yage Letters, Br. 1963 (m. W. S. Burroughs; Auf der Suche nach Yage, d. 1964); Angkor Wat, G. 1968; Airplane Dreams, G. 1968; Planet News, G. 1968 (d. 1969); Indian Journals, 1970 (d. 1972); The Fall of America, G. 1972 (d. 1975); The Gates of Wrath, G. 1948–51, 1972; The Fall of America, G. 1965–71, 1973; Iron Horse, G. 1973 (d. ²1978); Allen Verbatim, Ess. hg. G. Ball 1974; First Blues, G. 1975 (Songbook, d. 1980); To Eberhart from Ginsberg, Ess. 1976; Mind Breaths, G. 1971–76, 1977; Journals, hg. G. Ball 1977 (d. 1980); Poems All Over the Place, 1978; Composed on the Tongue: Lit. Conversations 1967–77, 1980; Straight Hearts' Delight, G. u. Br. (A. G. u. P. Orlowsky), hg. W. Leyland 1980; Plutonium Ode, G. 1977–80, 1982; As Ever, Br. A. G. u. Neal Cassady, hg. B. Clifford 1977. – Collected Poems 1947–80, 1984; Journals midfifties 1954–58, hg. G. Ball 1995; Selected Poems 1947–95, 1996; Death & fame: Poems 1993–97, 1999; Deliberate Prose: Selected Essays 1952–95, 2000; Family Business, Br. hg. M. Schumacher 2002. – *Übs.*: Jukebox Elegien, 1981; Herzgesänge: Ausgew. G. 1974–80, 1981; Gedichte, hg. U. Wittstock 1999.

L: T. F. Merrill, 1969; J. Kramer, 1969; E. Mottram, 1972; P. Portugés, 1978; T. Clark, The Great Naropa Poetry Wars, 1980; G. Burns, Great Poets Howl, 1983; On the Poetry of A. G., hg. L. Hyde 1984; B. Morgan, T. F. Merrill, 1988; B. Miles, 1992; G. Caveney, 1999; K. Hegemann, 2000; T. Carolan, 2001. – *Bibl.*: G. Dowden, 1971; M. P. Kraus, 1980; B. Morgan, 1995.

Ginsburg, Jewgenija → Ginzburg, Evgenija Semënovna

Ginzberg, Ascher → Achàd Ha'am

Ginzburg, Evgenija Semënovna, russ. Prosaikerin, 20. 12. 1906 Moskau – 25. 5. 1977 ebda. Zog 1909 mit der Familie nach Kazan', lehrte nach Gymnas. u. Stud. Pädagogik zunächst in der Schule, dann Assistentin f. westeurop. Gesch. an der Tatar. Kommunist. Univ., seit 1934 Direktorin der Abt. f. Leninismus, ∞ Vors. des Stadtsowjets Pavel Aksënov, 1937 verhaftet u. nach 2 Jahren Einzelhaft zur Zwangsarbeit nach Kolyma gebracht, wo sie nach der Entlassung 1947 verbannt blieb, 1951 wieder verhaftet, 1956 rehabilitiert. – G.s lit. Schaffen befaßt sich mit der Aufarbeitung des persönl. Erlebten, ihr Hauptwerk, ›Krutoj maršrut‹, konnte in Rußland zwar erst 1991 erscheinen, kursierte aber schon vorher im Samizdat, zeichnet sich durch wahrheitsgetreue, heute von Beweisen untermauerte Darst. aus, die sich unverbitterten Humor bewahrt hat.

W: Tak načinalos', Ber. 1963; Krutoj maršrut, Erinn. Bd. 1 1967 (Marschroute eines Lebens, d. 1967), Bd. 2 Mailand 1979 (Gratwanderung, d. 1980).

Ginzburg, Natalia (geb. Levi), ital. Schriftstellerin, 14. 7. 1916 Palermo – 7/8. 10. 1991 Rom. Aus bürgerl.-jüd. Triester Familie, Vater Anatomie-Prof.; seit 1919 Turin, Jugend in reger kultureller Atmosphäre; 1938 ∞ den als Antifaschisten bekannten Slawisten L. Ginzburg, den sie 1940 in den Zwangsaufenthalt in die Abruzzen folgt; 1944 Ermordung L. G.s in e. röm. Gefängnis, 1950 ∞ Anglisten G. Baldini; Lektorin im Verlag Einaudi, seit 1950 meist in Rom. – G. beschreibt v.a. Zusammenhalt und Zersetzung der Familie. Die erfolgr. Autobiographie ›Lessico famigliare‹ erzählt Personen aus 40 Jahren ital. Geschichte aus dem Blickwinkel der Familie Levi zur Darstellung. Auch Bühnenwerke u. Übs. (Proust).

W: La strada che va in città, En. 1942; È stato così, R. 1947; Tutti i nostri ieri, R. 1952 (Alle unsere Jahre, d. 1967); Valentino, E. 1957 (d. 1960); Le voci della sera, R. 1961 (d. 1964); Le piccole virtù, Ess. 1962 (Ausw. d. 1988); Lessico famigliare, R. 1963 (d. 1965); Cinque romanzi brevi, R. u. En. 1964; Ti ho sposato per allegria e altre commedie, 1967; Mai devi domandarmi, Ess. 1970; Paese di mare, K. 1972; Caro Michele, R. 1973 (d. 1974); Vita immaginaria, Ess. 1974; Famiglia, En. 1977 (Ein Mann und eine Frau, d. 1980); La famiglia Manzoni, R. 1983 (d. 1988); La casa e la città, R. 1984 (d. 1986).

L: E. Clementelli, Invito alla lettura di N. G., 1972; L. Marchionne Picchione, 1978.

Giono, Jean Ferdinand, franz. Erzähler, 30. 3. 1895 Manosque/Basses-Alpes – 9. 10. 1970 ebda. Sohn e. Schusters und e. Büglerin; Laufbursche, später Direktor der Sparkasse Manosque. Lebte immer im Durance-Tal auf s. Gut in Manosque. Wegen s. konsequent pazifist. Haltung während der dt. Besatzung der Kollaboration verdächtigt, 1944–47 Veröffentlichungsverbot, mehrmonatige Haft. Weiter Leserkreis auch außerhalb Frankreichs; 1954 in die Académie Goncourt gewählt. – In erster Linie Erzähler, daneben Dramatiker. Verbindet antike Mythologie (Panskult) mit Landschaft und Bewohnern der Provence. Verherrlicht das heidn. Lebensgefühl, die elementare kosm. Einheit von Menschlichem und Kreatürlichem, die Fruchtbarkeit der Erde und das fast vegetative Leben der Hirten, Bauern und Handwerker in s. Heimat. Scharfer Gegner der mod. Zivilisation und Technisierung. Die Werke s. ersten Schaffensperiode durchpulst erdhaft-sinnl. Leidenschaft und Frische. Überhöhte in den utop.-weltanschaul. Werken der 1930er Jahre die Figuren ins Mythische. Verkündete das Ideal erdverbundenen Lebens; zeigte in kosm. Dimensionen die entfesselten Naturgewalten. S. späteren, ›Chroniques‹ genannten Romane brechen aus dem bäuerl.-provenzal. Stoffkreis heraus, sind nüchterner und psychologischer, finden zu e. verdichteten Erzählkunst. S. Erzählstil entwickelt sich vom kurzen Satz zur kunstvoll verzweigten, rhythm. und bildkräftigen Periode. Themen und Gestalten s. Dramen entsprechen denen s. Romane.

W: Accompagnés de la flûte, G. 1924; La colline, R. 1928 (d. 1932); Un de Baumugnes, R. 1929 (Der Berg der Stummen, d. 1933); Regain, R. 1930 (d. 1931); Naissance de l'Odyssée, R. 1930 (d. 1936); Le grand troupeau, R. 1931 (d. 1932); Jean le Bleu, R. 1932 (Der Träumer, d. 1934); Solitude de la pitié, En. 1932 (d. 1934); Le lanceur de graines, Dr. 1932 (Das Salz der Erde, d. 1935); Le serpent d'étoiles, E. 1933 (d. 1937); Le chant du monde, R. 1934 (d. 1935); Que ma joie demeure, R. 1935 (d. 1937); Les vraies richesses, Prosa 1936 (d. 1937); Batailles dans la montagne, R. 1937 (d. 1939); Refus d'obéissance, Es. 1937; Lettres aux paysans sur la pauvreté et la paix, Es. 1938; Le poids du ciel, R. 1938; Précisions, Es. 1939; Pour saluer Melville, Es. 1941 (d. 1946); Le bout de la route, Dr. 1942; La femme du boulanger, Dr. 1942; L'eau vive, En. 1943; Triomphe de la vie, Prosa 1942 (d. 1949); Un roi sans divertissement, R. 1947 (Ein König allein, d. 1951); Noé, R. 1947 (d. 1957); Fragment d'un paradis, R. 1948 (Die große Meeresstille, d. 1949); Mort d'un personnage, R. 1949 (Die Nonna, d. 1950); Les âmes fortes, R. 1949 (d. 1957); Les grands chemins, R. 1951; Le hussard sur le toit, R. 1951 (d. 1952); Le moulin de Pologne, R. 1952 (d. 1955); Voyage en Italie, Reiseber. 1953 (In Italien, um glücklich zu sein, d. 1955); Notes sur l'affaire Dominici, Schr. 1955 (d. 1956); Le bonheur fou, R. 1957 (Das unbändige Glück, d. 1959); Le désastre de Paris, St. 1963; Deux cavaliers de l'orage, R. 1965; Ennemonde, R. 1968; L'Iris de Suse, R. 1970; Les terrasses de l'île d'Elbe, R. 1975; Angélique, R. 1980 (d. 1987); Cœurs, passions, caractères, Es. 1982. – Théâtre, 1943; Romans, 1956; Œuvres romanesques complètes, VI 1983; Chroniques romanesques, 1962; Œuvres cinématographiques, 1980; Correspondance J. G. m. L. Jacques 1922–1929, 1981, 1930–1961, 1983; Correspondance J. G. m. J. Paulhan (1928–1963), 2000; m. J. Gehenno, 1928–1969, 1991; m. A. Gide, 1929–1940, 1983. – Übs.: Taube Blüten, En. 1937; Der Schotte/Faust im Dorf, 1963.

L: H. H. Ciossek, Diss. Greifswalg 1934; C. G. Michelfelder, 1938; B. Marion, 1947; J. Pugnet, 1955; R. de Villeneuve, 1955 (m. Bibl.); C. Chonez, 1956; P. R. Robert, 1961; P. de Boisdeffre, 1965 (m. Bibl.); M. A. Smith, N. Y. 1967; W. D. Redfern, The private world of G., Oxf. 1967; Chr. Barnard, Diss. Wien 1969; L. Heller-Goldenberg, 1972; M. Giono, 1974; A. J. Clayton, 1978; Y. A. Favre, 1978; J. Meny, 1978; G. Berthomien, 1983; G. Defrenne, 1983; A. Frédéric, 1983; A. Baykon, 1985; J. Ferdinand, Gionisme et panthéisme, 1989; M. Chevaly, 1995; J. Carrière, 1996; H. Laize, 1998; C. Daudin 1999; D. Labouret, 2000; J. R. Jiminez, 2000; Ph. Arnaud, 2001; O. Alberti, 2001, J. Chabot, 2002.

Giordani, Pietro, ital. Schriftsteller, 1. 1. 1774 Piacenza – 14. 9. 1848 Parma. Stud. Jura, 1797 Eintritt in den Benediktinerorden, 1802 säkularisiert. Bis zu s. Ernennung zum Sekretär der Akad. in Bologna 1808 in untergeordneten Stellungen in versch. Städten. Wegen s. freisinnigen Reden 1824 aus Piacenza u. 1830 aus Florenz ausgewiesen. 1834 in Parma wegen e. Pamphlets eingekerkert. Ehrenpräsident der Univ. von Parma. Freundschaft mit Leopardi, Capponi, Colletti, Niccolini. – Bedeutendster ital. Prosaschriftsteller der Zeit vor Manzoni. Wegen der Eleganz s. Sprache sehr angesehen und stilbildend in der Prosa nach dem Vorbild des 14. Jh. u. Förderer der Studien über Sprache u. Lit. Verfaßte polit. Pamphlete, theoret. Abhandlungen, Lobreden u. Inschriften.

W: Panegirico all'imperatore Napoleone, 1807; Panegirico ad Antonio Canova, 1810; Istruzione a un giovane italiano per l'arte di scrivere, 1821; Scelta di prosatori, 1825; Dei volgarizzatori trecentisti, 1834. – Opere complete, hg. A. Gussalli XIV 1854–63; Lettere, hg. G. Ferretti II 1837; Scritti e carteggi, hg. L. Melosi 2002 (m. Bibl.).

L: G. Cecioni, Lingua e cultura nel pensiero di P. G., 1977. – Bibl.: G. Forlini, 1977.

Giovagnoli, Raffaello, ital. Schriftsteller, 13. 5. 1838 Rom – 15. 7. 1915 ebda. Historiker u. Lit. wissenschaftler. Mitkämpfer Garibaldis, mehrfach Abgeordneter. – Vf. von Romanen mit Themen aus der röm. Geschichte. Zusammen mit Capranica bedeutender Vertreter des hist. Romans in der Art von A. Dumas d. Ä.

W: Spartaco, R. II 1874 (d. 1971); Opimia, R. 1875; Natalina, Dr. 1878; Evelina, R. 1878; Plautilla, R. 1878; Saturnino, R. 1879; Passeggiate romane, 1879; Faustina, R. 1881; Messalina, R. 1885.

Giovanni, Domenico di → Burchiello, Domenico di Giovanni, il

Giovanni, Nikki (Yolande Cornelia), afroamerik. Dichterin, * 7. 6. 1943 Knoxville/TN. Jugend in Cincinnati, Ohio, sozial engagierte Eltern, Stud. Fisk Univ.; polit. aktiv in Bürgerrechts-,

BlackArts- u. Black-Power-Bewegung (60er u. 70er Jahre), später auch als Feministin; Univ.-Doz. – G. artikulierte in zahlreichen Gedichtbänden, in Interviews, Essays u. Dialogen (mit J. Baldwin u. M. Walker), früh auch schon in Lesungen u. Tonaufnahmen (mit Musikern), selbstbewußt schwarze u. militante, zunehmend auch frauenzentrierte Positionen, die sie kraft ihrer Vortragskunst früh zu e. Medienstar der Black-Arts-Bewegung machten.

W: Black Feeling, Black Talk, G. 1968; Black Judgement, G. 1968; Re: Creation, G. 1970; Truth Is on Its Way, Tonaufnahme 1971; Gemini, Aut. 1971; My House, G. 1972; The Women and the Men, G. 1975; Cotton Candy on a Rainy Day, G. 1978; Those Who Ride the Night Wind, G. 1983; Sacred Cows... and Other Edibles, Ess. 1988; Conversations with N. G. 1992; Selected Poems 1995.

L: A. T. Robinson, 1979; V. C. Fowler, 1992.

Gippius, Z. N. → Hippius, Zinaida Nikolaevna

Giraldi, Giovanni Battista Cinzio, ital. Dichter, 1504 Ferrara – 30. 12. 1573 ebda. Prof. der Philos. u. Rhetorik Univ. Ferrara. 1547–59 Sekretär des Herzogs Herkules II. Prof. in Mondovì, 1566 Turin, 1568 Pavia, 1571 wieder in Ferrara. – Klass. Dramatiker nach lat. Vorbild bes. Senecas. Von s. 9 Tragödien erregte die schauerl. u. grausame ›Orbecche‹, die 1. mod. ital. Tragödie nach klass. Muster, das größte Aufsehen. Die Mordtaten, die sich nach auf der Bühne abspielen, beschreibt der Chor. G., der mit s. grauenerregenden Tragödien e. moral. Wirkung erzielen wollte, beschreibt in s. ›Discorso delle commedie e delle tragedie‹ die Wirkung der ›Orbecche‹: Weinen, Schluchzen, ohnmächtige Frauen. Diese Art der Schauertragödie fand viele Nachahmer. Mit der ›Arrenopia‹ beginnt die Tragedia nuova giraldiana: weniger Abhängigkeit von der Antike, größere Selbständigkeit, romant. u. auch mod. Inhalt. ›Arrenopia‹ ist e. Rittertragödie. Moral. sind auch s. 113 Novellen. Die ›Hecatommithi‹ ahmen Boccaccio nach: Röm. Adlige sind der Plünderung Roms 1547 entflohen u. erzählen an 10 Tagen grauenerregende Geschichten; es fehlen aber die starke Erotik u. die Ausfälle gegen den Klerus. Viele der Novellen wurden dramatisiert. Die Novelle ›Il moro di Venezia‹ war Quelle für Shakespeares ›Othello‹.

W: Poemata, 1540; Orbecche, Tr. 1541; Discorso intorno al comporre delle commedie e delle tragedie, 1543; Egle, Dr. 1546; Le fiamme, Son. 1548; Discorso intorno al comporre dei romanzi, 1549; Ercole, Ep. 1557; Gli Hecatommithi, Nn. II 1565 (Ausw. d. 1614); Arrenopia, Tr. 1583. – Tragedie, II 1581–83; Discorsi, Scritti estetici, hg. E. Camerini 1864; Discorso dei romanti, hg. L. Benedetti 1999.

L: C. Guerrieri-Crocetti, 1932; P. R. Horne, The Tragedies of G. C. G., Oxf. 1962; E. Lucas, 1984; P. Osborn, 1992; M. Morrison, 1997.

Giraldus Cambrensis (Gerald of Wales, Gerald de Barri, walis. Gerallt Gymro), Autor lat. hist.-topograph. Werke, um 1146 Manorbier/Pembrokeshire – 1223. Aus anglonorm. und walis. Adel stammend, studierte er in Gloucester und Paris Theologie, wo er 1176–79 auch lehrte. 1184–94 Kaplan am Hofe Heinrichs II. von England, begleitete er Prinz John auf dessen Feldzug nach Irland (1185/86) und Erzbischof Baldwin von Canterbury auf dessen Reise durch Wales (1188). Nach zwei erfolglosen Bewerbungen um den Bischofsstuhl von St. David's zog sich G. 1203 von allen Ämtern zurück und widmete sich der Schriftstellerei. – Von seinen Werken, zu denen ›Descriptio cuiusdam puellae‹, ›De subito amore‹, ›De mundi creatione‹, ›De principis instructione‹ und die Autobiographie ›De rebus a se gestis‹ zählen, sind vor allem kulturhist. bedeutsam ›Topographia Hiberniae‹, eine Beschreibung Irlands, ›Expugnatio Hibernica‹, ein Bericht über die Eroberung Irlands, ›Itinerarium Kambriae‹, ein walis. Reisebericht und ›Descriptio Kambriae‹, eine Beschreibung des Landes, der Leute und der Kultur von Wales.

W: Giraldi Opera, hg. S. Brewer u.a. VIII 1861–91; The Historical Works, hg. T. Forester, R. C. Hoare, T. Wright 1847–63 (n. 1968); The English Conquest of Ireland, 1969; The Autobiography, hg. H. E. Butler 1937; G. C. Griffith, Descriptio Kambriae, BBCS 31 (1984); J. Stewart, Topographia Hiberniae, Celtica 21 (1990).

L: R. Bartlett, Gerald of Wales, Oxford 1982; B. F. Roberts, Gerald of Wales, Cardiff 1982.

Girard, Henri → Arnaud, Georges

Girart de Roussillon, altfranz. Heldenepos des 12. Jh. in Zehnsilbern, sprachlich in burgund.-provenzal. Mischform überliefert. Dargestellt wird e. Konflikt, der zwischen G. de R. u. dem Kaiser genannten Karl Martell ausbricht, weil Karl G.s Braut u. Burg begehrt. Nach vielen Kämpfen besiegt, muß G. in die Einöde gehen, versöhnt sich nach 22 Jahren mit dem Kaiser u. widmet sich frommen Stiftungen, gründet z.B. das Kloster Vézelay. Züge der hist. Gestalt des Girart de Vienne (819–77), des frommen Klostergründers von Vézelay, sind in der Heldenfigur des Epos verbunden mit Zügen des wilden G. de R., e. Waffengefährten Rolands. Spätere Ereignisse wurden in die Merowingerzeit zurückverlegt. Eine lat. Vita vom Anfang des 12. Jh. geht bereits auf e. verlorenes älteres Epos zurück.

A: W. Foerster, J. Stürzinger, F. Apfelstedt (Roman. Stud. 5), 1880; M. Hackett, III 1953–55; neufranz. H. Berthaut, 1929.

Giraud

L: R. Louis, II 1947; M. Hackett, La langue de G. de R., 1970; M. Pfister, Lexikal. Untersuchungen zu G. de R., 1995.

Giraud, Albert (eig. Albert Kayenbergh), belg. Dichter, 23. 6. 1860 Löwen – 26. 12. 1929 Brüssel. Mitbegründer der Jeune-Belgique-Bewegung. – Parnassien, schrieb kühle, formvollendete Gedichte, in denen er in dem Gefühl, in e. glanzlose Epoche verstoßen zu sein, szen. Bilder aus dem röm. Altertum und die Landschaft in Flandern darstellt. ›Pierrot lunaire‹ vertont von A. Schönberg. Gehörte um 1910 mit Klee und Kandinsky dem ›Blauen Reiter‹ an.

W: Le scribe, G. 1883; Pierrot lunaire, G. 1884; Hors du siècle, G. II 1888–94; Les dernières fêtes, G. 1891; Pierrot Narcisse, G. 1891; Héros et Pierrots, G. 1898; La guirlande des dieux, G. 1910; Le sang des roses, G. 1910; La frise empourprée, G. 1912; Le laurier, G. 1919; Eros et Psyché, G. 1920; Le miroir caché, G. 1921; Les souvenirs d'un autre, E. 1929. – Œuvres, IV o. J.

L: L. Christophe, Hommage à A. G., 1920; G. Ramaekers, 1920; H. Krains, 1931; H. Liebrecht, 1946; L. Christophe, 1960.

Giraud, Giovanni, Graf, ital. Dramatiker, 28. 10. 1776 Rom – 31. 10. 1834 Neapel. Aus röm. Adelsfamilie, 1809–15 Reisen nach Paris u. London. S. geschäftl. Spekulationen brachten ihm wenig Erfolg. – G.s Komödien zeigen bei der Darstellung des röm. Volkslebens großes Geschick im Aufbau und gründl. Kenntnis der Bühnenwirkung. S. Sprache ist mit röm. Dialekt u. Gallizismen durchsetzt. Vorbild ist der von ihm sehr verehrte Goldoni, dem er auch durch s. gelungene Komik nahekommt. Einfluß auf Giusti.

W: La conversazione al bujo, Dr. 1804; L'innocente in periglio, Dr. 1807; L'aio nell'imbarazzo, Dr. 1807 (d. 1824); Don Desiderio disperato per eccesso di buon cuore, Dr. 1809 (d. 1877); Teatro domestico, Dr. 1816; Il galantuomo per transazione, Dr. 1833 (n. 1939). – Opere complete, hg. P. Giraud XVI 1840–42; Commedie scelte, hg. P. Costa 1903; Le Satire, hg. T. Gnoli 1904.

L: L. Federzoni, 1937; L. Petrini, 1999.

Giraudoux, Hyppolyte-Jean (Ps. Andouard, Maurice Cordelier), franz. Schriftsteller, 29. 10. 1882 Bellac/Haute-Vienne – 31. 1. 1944 Paris. Vater Ingenieur; höhere Schule Châteauroux, 1903/04 Stud. Germanistik Ecole Normale Supérieure und Sorbonne, Paris; Agrégation. Vorübergehend Stipendiat in Dtl. 1905 Erzieher im Hause des Herzogs von Sachsen-Meiningen. 1906 Lektor der Harvard Univ., Privatsekretär und Feuilletonist der Pariser Zeitung ›Matin‹. 1910 Beginn s. diplomat. und lit. Laufbahn. Begann als Romancier. Missionen in Rußland und im Orient, Pressechef des Außenministeriums in Paris, Generalinspekteur der diplomat. und konsular. Dienste, 1939/40 Propagandaminister. Begann 1928 s. glanzvolle Karriere am Theater mit dem Regisseur L. Jouvet. Große, fast ununterbrochene Beliebtheit beim Publikum. – E. der bedeutendsten mod. Dramatiker in Frankreich und Europa. Hohes Ethos: erhebt das franz. Theater aus den Niederungen billiger Boulevardeffekte zu neuer Würde. Originell und einmalig durch s. Stil: e. bewußt preziöses sprachl. Zauberwerk voll funkelndem Witz, Ironie, Anmut, überschäumender Phantasie, Harmonie und Glanz, die die Sensibilität des Zuschauers faszinieren, ihn aus mittelmäßiger Alltäglichkeit lösen sollen, um ihn bereit zu machen für die Auseinandersetzungen mit der komplexen Problematik des mod. Lebens (u. a. dt.-franz. Beziehungen: ›Siegfried‹, Krieg und Frieden: ›La guerre de Troie n'aura pas lieu‹, Gerechtigkeit oder Staatsräson: ›Electre‹, die moderne plutokrat. Welt: ›La Folle de Chaillot‹). Fordert bisweilen die direkte Stellungnahme des Zuschauers heraus. Schafft e. verzauberte, irreale und zugleich von hellem Geist durchdrungene Welt, verbindet schwebende, seiltänzerische Leichtigkeit mit Gedankentiefe. Übernimmt antike Mythen (Trojan. Krieg, Elektrasage), bibl. Geschichten (›Sodome et Gomorrhe‹, ›Judith‹), Handlungen anderer Autoren (M. Kennedys Roman für ›Tessa‹, Fouqués Erzählung für ›Ondine‹). Keine Darstellung von Charakteren, sondern von Typen. Versteht es aber, abstrakten Ideen Leben zu verleihen. Gleichermaßen bedeutende Lustspiele und Tragödien. In späteren Werken zunehmende Skepsis und Pessimismus gegenüber der Mittelmäßigkeit der Menschheit. Erneuert die Tragödie, erfüllt sie mit e. Tragik, die, ausgelöst durch dunkel lastende Mächte, aus der mod. Lebenssituation entspringt. S. Romane über Leben und Liebe junger Menschen in Krieg und Nachkriegszeit, über die Psychologie der liebenden Frau sind weniger bedeutend durch ihre Handlung als durch subtile, spieler., preziöse Geistigkeit, Humor, Poesie und Gedankenreichtum. Essays und 2 Filmdrehbücher.

W: Provinciales, Nn. 1909; L'école des indifférents, R. 1911 (d. 1956); Lectures pour une ombre, Prosa 1917; Simon le Pathétique, R. 1918 (d. 1961); Adieu à la guerre, Prosa 1919; Amica America, Prosa 1919; Elpénor, R. 1919 (d. 1960); Adorable Clio, En. 1920; Suzanne et le Pacifique, R. 1921 (d. 1958); Siegfried et le Limousin, R. 1922 (d. 1962); La prière sur la tour Eiffel, Prosa 1923; Juliette au pays des hommes, R. 1924 (d. 1927); Bella, R. 1926 (d. 1927); Eglantine, R. 1927 (d. 1954); Siegfried, Dr. 1928 (Die Grenze, d. 1930); Amphitryon 38, Dr. 1929 (d. 1931); Rues et visages de Berlin, Prosa 1930; Les aventures de Jérôme Bardini, R. 1930 (d. 1948, u. d. T. Die Schule des Hochmuts, 1959); Judith, Dr. 1931 (d. 1951); La France sentimentale, R. 1932; Intermezzo, Dr. 1933 (d. 1950); Combat avec l'ange, R. 1934 (d. 1955); Tessa, Dr. 1934 (d. 1955); La guerre de Troie n'aura pas lieu, Dr. 1935 (d. 1936); Supplément au voyage de Cook, Dr. 1935 (d. 1956); L'impromptu de Paris, Dr. 1937 (d. 1956); Electre, Dr. 1937 (d. 1959); Cantique des cantiques, Dr. 1938 (d. 1948); Les cinq tentations de La Fontaine, E. 1938; Choix des élues, R. 1938 (d. 1963); Ondine, Dr. 1939 (d. 1946); Littérature, Ess. 1941; L'Apollon de Bellac, Dr. 1942 (d. 1952); Sodome et Gomorrhe, Dr. 1943 (d. 1944); La folle de Chaillot, Dr. 1945 (d. 1950); Sans pouvoirs, Ess. 1946; Visitations, Ess. 1947; Les contes d'un matin, Feuill. 1952 (Geschichten zum Frühstück, d. 1967); Pour Lucrèce, Dr. 1953 (d. 1954); Les Gracques, R. 1958; Portugal, Prosa 1958; La menteuse, R. 1969; Or dans la nuit, Ess. 1969. – Œuvres complètes, 1958ff.; Théâtre complet, XVI 1945–53, II 1954, hg. J. Body 1982; Œuvres romanesques, II 1955. – *Übs.:* Dramen, II 1960.

L: R. Brasillach, Portraits, 1935; C. E. Magny, Précieux G., 1945; G. du Genet, 1945; J. Houlet, Le théâtre de G., 1945; J. Cocteau, Souvenir de G., 1946; W. Fink, 1947; J. M. Ancuy, La jeunesse de G., Genf 1948; A. Beucler, Les instants de G., Genf 1948; H. Sørensen, Le théâtre de G., Koph. 1950; C. Marker, G. par lui-même, 1952 (d. 1961); F. Toussaint, 1953; V. H. Debidour, 1955; D. P. Inskip, Lond. 1958; L. Le Sage, Philadelphia 1959; M.-J. Darry, 1961; L. Knapp, Diss. Hdlbg. 1961; G. Raymond, Amherst 1963; O. F. Best, Der Dualismus im Welt- u. Menschenbild G., Diss. Mchn. 1964; A. David, 1967; M. Cohen, Chicago 1968; M. Mercier-Campiche, ²1969; G. Mander, 1969; Ch. Mauron, 1971; Moraud, 1971; M. M. Celler, 1974; J. Body, 1975; J. Robichez, 1976; P. Ch. Marie, 1982; A. C. Buck, J. G. and Oriental Thought, 1985; Ph. Dufay, 1993; A. Niderst, 1994; O. Got, 1997; H. Duchêne, 1997; L. G. Tin, 1998; H. Laize, 1998; M. Potet, 1999. – *Bibl.:* L. Le Sage, 1957.

Giraut de Bornelh, franz. Dichter u. Troubadour, um 1138 Limosin – um 1215. Spielte am Hofe von Aragón und anderen span. Höfen. Diente R. Löwenherz und nahm am 3. Kreuzzug teil. Dante würdigt seine Troubadourlieder in der Schrift ›De vulgari eloquentia‹.

A: A. Kolson, Sämtliche Lieder des Troubadour G. de B., 1910.

L: K. Lewant, 1918.

Gironella, José María, span. Romanschriftsteller, 31. 12. 1917 Darníus/Gerona – 3. 1. 2003 Arenys de Munt/Barcelona. Lit. Berufung seit früher Jugend. – E. der bedeutendsten Vertreter der span. Nachkriegslit., setzt die Tradition der großen Romanciers der Jahrhundertwende fort; Vf. e. interessanten Romanzyklus über den Span. Bürgerkrieg.

W: Un hombre, R. 1947 (Der Mann Miguel Serra, d. 1959); La marea, R. 1949; Romanzyklus: Los cipreses creen en Dios, 1953 (d. 1957); Un millón de muertos, 1961 (Reif auf Olivenblüten, d. 1963); Ha estallado la paz, 1966; Los fantasmas de mi cerebro, Prosa 1958 (Spiele der Phantasie, d. 1960); Todos somos fugitivos, R. 1961; Mujer, levántate y anda, R. 1962; Personas, ideas, mares, Reiseb. 1963; El Japón y su duende, Reiseb. 1964; China, lágrima innumerable, Reiseb. 1965; En Asia se muere bajo las estrellas, Reiseb. 1968; Condenados a vivir, R. II 1971; El Mediterráneo es un hombre disfrazado de mar, Reiseb. 1974; El escándalo de Tierra Santa, Reiseb. 1977; Cien españoles y Franco, Prosa 1979; Mundo tierno, mundo cruel, Ess. 1981; Los hombres lloran solos, R. 1986; El Apocalipsis, R. 2001.

L: R. Schwartz, N. Y. 1972; J. D. Suárez-Torres, Perspectiva humorística en la trilogía de G., N. Y. 1975; J. A. Salso, 1981; R. Eder, Mexico 1981.

Girri, Alberto, argentin. Dichter u. Übs., 27. 11. 1919 BuenosAires – 16. 11. 1991 ebda. – Gelassen, hermet., in monologartigen, begriffl. reichen Schöpfungen sucht G. e. formelle, fast metaphys. Klarheit, ohne Bilder u. Gemütserregung, um über die Angst vor der Einsamkeit u. die Unmöglichkeit der Liebe zu sprechen. Er hat etwa 40 Gedichtbände geschrieben.

W: Playa sola, 1946; Obra poética, I – VI 1977–92.

L: M. Slade Pascoe, 1984, 1986; M. V. Suárez, 1988; L. A. Vittor, 1990.

Gísla saga Súrssonar, isländ. Saga aus der Mitte des 13. Jh., erzählt die Geschichte von Gísli Súrsson, der durch tragische Entwicklungen geächtet wird u. sich zusammen mit seiner treuen Frau Auðr viele Jahre in der Einsamkeit seinen Häschern entziehen kann, am Ende jedoch einer Übermacht erliegt. Die Saga ist gekennzeichnet durch eine klare Handlungsstruktur, differenzierte Personencharakterisierung u. eine implizite Diskussion ethischer Fragen.

A: F. Jónsson 1903; ders., Koph. 1929; B. K. Þórólfsson, Reykjavík 1943 (Ísl. Fornrit 6). – *Übs.:* F. Ranke 1922; F. Seewald 1976.

L: R. Simek, H. Pálsson, Lex. d. altnord. Lit., 1987.

Gissing, George Robert, engl. Romanschriftsteller, 22. 11. 1857 Wakefield – 28. 12. 1903 St.-Jean-de-Luz (Pyrenäen). Brach vorzeitig wegen übereilter Eheschließung s. Stud. im Owens College, Manchester, ab. Unglückl. Ehe. Lebte nach kurzem Aufenthalt in London, in Amerika und Dtl. in großer Armut. Kurze Zeit Stud. Philos. Jena. 1880 Rückkehr nach London, veröffentlichte dort s. 1. Roman ›Workers in the Dawn‹. Erwarb s. Lebensunterhalt durch Privatunterricht. Lebte zeitweise in den Londoner Slums, die er in ›The Nether World‹ anschaul. darstellte. 1895 Italienreise. – Sozialkritiker. Von Dickens sehr beeindruckt, dessen Einfluß sich in melodramat. Episoden und in der Charakterisierung s. Gestalten zeigt. Verfaßte e. krit. Studie über Dickens. G.s Romane hinterlassen e. bitteren Eindruck. Er schildert immer wieder die den Charakter zerstörende psycholog. Wirkung von Elend und drohender Armut. Sehr anschaul. realist. gezeichnete Schauplätze. Gute Charakterschilderung, insbes. der Frauengestalten. In ›New Grub Street‹ behandelt G. das lit. Intrigenspiel s. Zeit, den Triumph geschäftstüchtiger Skrupellosigkeit gegenüber künstler. Verantwortung. G. gibt gute Studien der unteren und Mittelklassen.

W: Workers in the Dawn, R. III 1880; The Unclassed, R. III 1884; Demos, R. III 1886 (d. 1892); Isabel Clarendon, R. II 1886; Thyrza, R. III 1887; A Life's Morning, R. III 1888; The Nether World, R. III 1889; The Emancipated, R. III, 1890; New Grub Street, R. III 1891 (n. 1938, 1968; Zeilengeld, d. 1986); Born in Exile, R. III 1892; The Odd Women, R. III 1893 (n. 1968); The Paying Guest, R. 1895; The Town Traveller, R. 1898 (n. 1956); Ch. Dickens, St. 1898; Human Odds and Ends, Kgn. 1898; The Crown of Life, R. 1899; Our Friend, the Charlatan, R. 1901; By the Ionian Sea, Reiseber. 1901; The Private Papers of Henry Ryecroft, Aut. 1903 (n. 1964); Veranilda, R. 1904 (n. 1987); Will Warburton, R. 1905 (n. 1981); The House of Cobwebs, Kgn. 1906; Critical Essays, hg. J.-P. Michaux 1981; The Diary, hg. P. Coustillas 1978. – Collected Letters, hg. P. F. Mattheisen u. a. IX 1991–97; Letters to E. Bertz, 1961, to H. G. Wells, 1961, to H. Hick, 1973, to E. Clodd, 1973.

L: F. Swinnerton, 1912, ³1966; H. G. Wells, Experiment in Autobiography, II 1934; S. V. Gapp, 1936; M. C. Donnelly, 1954; J. Korg, 1963; P. Coustillas, hg. 1968; P. J. Keating, 1968; G. Tindall, 1974; A. D. B. Poole, G. in Context, 1975; M. Collie 1977; J. Goode, 1978; M. Collie, The Alien Art, 1979; J. Halperin, 1982; R. L. Selig, 1983 (n. 1995); D. Grylls, 1986; J. Sloan, 1989. – *Bibl.:* M. Collie, ²1985.

al-Ġītānī, Ǧamāl, ägypt. Autor und Journalist, * 9. 5. 1945 Guhayna/Oberägypten. Aufgewachsen in Kairo, 1952 mittlere Reife. Nach Ausbildung zum Teppichdesigner ab 1968 journalist. Tätigkeit. – S. umfangreiches Werk dokumentiert u. kritisiert die gesellschaftl. Entwicklung, Machtstrukturen, Unterdrückung und macht G. zum wichtigsten ägypt. Schriftsteller seit der Öffnung zum Westen in den 1970er Jahren. Auf der Suche nach Autochthonität entwickelt er für Kurzgeschichte und Roman e. historisierenden, an mittelalterl. arab. narrativen Techniken orientierten Stil.

W: Awrāq sābb ʿāša munḏu alf ʿām, 1969; Al-Zainī Barakāt, 1974 (Zaini Barakat, d. 1984); Risālat al-baṣāʾir fī al-maṣāʾir, 1989 (Das Buch der Schicksale, d. 2001).

L: St. Guth, 1992.

Giudici, Giovanni, ital. Dichter und Übersetzer, * 1924 Le Grazie/La Spezia. Stud. Franz. Lit., lebt und arbeitet in Mailand. – S. Dichtung nimmt ihren Ausgangspunkt in persönl. Dingen und weitet sich zu e. gesellschaftl. Dimension, ohne dabei polem. oder aggressiv zu werden; vielmehr ist sie ein iron. Spiegel des alltägl. Daseins auf allen Ebenen. Ab den 80er Jahren wendet er sich e. allg. Betrachtung menschl. Schicksals aus christl. Sicht zu.

W: L'intelligenza col nemico, G. 1957; L'educazione cattolica, G. 1963; Omaggio a Praga – Hold Praze, G. tschech.-ital. 1968; Autobiologia, G. 1969; O Beatrice, G. 1972; Il male dei creditori, G. 1977; Il ristorante dei morti, G. 1981; Lume dei tuoi misteri, G. 1984; Salutz, G. 1986; Prove del teatro, G. 1989; Fortezza, G. 1990; Poesie 1953 – 1990, II, G. 1991; Andare in Cina a piedi, E. 1992; Quanto spera di campare Giovanni, G. 1993; I versi della vita, Ges. G. 2000.

L: L. Neri, 2001.

Giurlani, Aldo → Palazzeschi, Aldo

Giusti, Giuseppe, ital. Dichter, 13. 5. 1809 Monsummano b. Pistoia – 31. 3. 1850 Florenz. Studierte gegen s. Willen Jura in Pisa; Advokat. Widmete sich zum größten Teil der polit. Dichtung. Auf s. Reisen lernte er Capponi u. Manzoni kennen. 1848 beteiligt an der Revolution in der Toskana als Mitgl. der gemäßigten liberalen Partei. Von der österr. Polizei als Aufrührer verfolgt. 1848 Deputierter in der Nationalversammlung der Toskana. Starb an Schwindsucht. – Durch G. bekam Florenz zu Beginn des 19. Jh. wieder e. führende Rolle im lit. Leben. Bis 1834 stand G. unter dem Einfluß des damals gefeierten A. Guadagnoli. Mit den ›Scherzi‹ findet er s. eigenen Stil. Es sind polit.-satir. Dichtungen voll Freiheitsliebe und Haß gegen Unterdrückung mit volkstüml. Humor. S. Ironie trifft die zaghafte Regierung des Großherzogs von Toskana, die von Argwohn erfüllte Tyrannei Österreichs, die Unentschlossenheit der einzelnen Klassen, die nur um Geld und ihren Ruf bangen, das absolutist. System u. auch die Geistlichkeit. In ›Sant' Ambrogio‹, s. bekanntesten Werk, zeigt sich s. Haß gegen die Deutschen, aber auch e. alles überwindender Humanismus. ›Dies irae‹ ist e. Freudengesang auf den Tod Franz' I. von Österreich, des ›Henkers u. Kerkermeisters der Italiener‹.

W: Dies irae, G. 1835; Lo stivale, G. 1836; L'incoronazione, G. 1838; Brindisi, G. 1843; Versi, 1844; Scherzi, G. 1845 (d. P. Heyse 1875); Discorso della vita e delle opere di G. Parini, 1846; Raccolta di proverbi toscani, 1853; Memorie, 1890. – Tutti gli scritti, hg. F. Martini 1924; Opere, hg. Z. Arici 1955; Poesie, hg. E. Bellorini 1921, F. Giannessi 1959 (Ausw. d. 1875); Epistolario, hg. F. Martini V 1932–56; Cronaca dei fatti di Toscana, hg. P. Pancrazi 1948.

L: N. Mineo, G. G. e il teatro del Primo Ottocento, 1979; M. A. Balducci, 1989; M. Bossi, 1999. – *Bibl.:* M. Parenti, II 1951f.

Giustiniani (auch Giustinian oder Zustinian), Leonardo, ital. Dichter, Humanist u. Staatsmann, um 1388 Venedig – 10. 11. 1446 ebda. Aus alter Patrizierfamilie, 1443 Prokurator von S. Marco. Verkehr mit Humanisten, Beschäftigung mit alten Sprachen. – Berühmt durch s. Liebesgedichte volkstüml. Charakters und z. T. in venezian. Dialekt (nach ihm ›giustiniani‹ genannt), von ihm selber vertont u. auf Festen vorgetragen; weniger originell s. ›Strambotti‹. Daneben auch geistl. Lyrik (Lauden). Lat. Übs. von Plutarch u. die Vita des Nikolaus von Myra.

A: Poesie edite ed inedite, hg. B. Wiese 1883 (Faks. 1968).
L: B. Fenigstein, Diss. Halle 1909; M. Dazzi, 1936.

Gjallandi, Þorgils → Stefánsson, Jón

Gjalski, Ksaver Šandor (eig. Ljubomir Babić), kroat. Schriftsteller, 26. 10. 1854 Gredice – 6. 2. 1935 ebda. Landadeliger, Jurastud. Zagreb, Wien, Verwaltungsbeamter, Großgespan, Abgeordneter in Budapest und Belgrad. – Sehr fruchtbarer Realist. Die polit., soz. und kulturellen Verhältnisse des 19. Jh. bilden den Gegenstand s. psycholog. durchdrungenen, ästhet. jedoch nicht gleichwertigen Erzählungen und Romane; im Vordergrund Verfall des kroat. Adels.

W: Pod starimi krovovi, Nn. 1886; U noći, R. 1886; Tri pripovijesti bez naslova, Nn. 1887; Bijedne priče, Nn. 1888; Na rodjenoj grudi, R. 1890; Iz varmedjinskih dana, Nn. 1891; Osvit, R. 1892; Radmilović, R. 1894; Diljem doma, E. 1899; Djurdjica Agićeva, R. 1903; Za materinsku riječ, E. 1906; Pronevjereni ideali, Nn. 1923; Dolazak Hrvata, E. 1925. – Sveukupna djela (GW), XIX 1912–19; Djela (W), hg. P. Šegedin III 1964; Izabrana djela (AW), VI 1980.
L: I. Nevistić, 1928; E. Štampar, 1952; M. Šicel, 1984; K. Nemec, 1994.

Gjellerup, Karl (Adolph), dän. Dichter, 2. 6. 1857 Roholte/Seeland – 11. 10. 1919 Klotzsche b. Dresden. Pfarrerssohn, studierte bis 1878 Theol. Kopenhagen, 1883 Studienreise nach Dtl. u. Griechenland; ∞ 1887 die Deutsche Eugenia Anna Caroline Heusinger. 1917 zusammen mit H. Pontoppidan Nobelpreis für ›Pilgrimmen Kamanita‹. Ließ sich schließlich in Dresden nieder und veröffentlichte in dt. Sprache. – Beeinflußt von Spencer u. Darwin u. im Anschluß an G. Brandes wandte sich G. vom Christentum ab u. wurde Atheist. Nach s. Studienreise Absage an den dän. Naturalismus, Angriffe gegen den früher verehrten Brandes, Hinwendung zu e. von Goethe u. Schiller geprägten Humanismus und eth. Idealismus. Um 1900 kommt G. durch Einflüsse von Schopenhauer u. R. Wagner zur pessimist. Weltverneinung der buddhist. Philos. (›Offerildene‹, ›Den fuldendtes Hustru‹). Einfluß Turgenevs und des franz. Symbolismus. In vielen Romanen u. Schauspielen auch Verwendung klass. Motive; im Alterswerk wieder dän. Themen in der Überzahl und Annäherung ans Christentum.

W: En Idealist, R. 1878; Det unge Danmark, Es. 1879; Rødtjørn, G. 1881; Germanernes lærling, R. 1882 (Ein Jünger der Germanen, d. 1923); Aander og tider, G. 1882; Romulus, N. 1883 (d. 1888); G-Dur, N. 1883 (d. 1886); Brynhild, Dr. 1884; Vandreåret, R. 1885; Saint-Just, Dr. 1886 (d. 1925); En arkadisk legende, 1887 (Die Hirtin u. der Hinkende, d. 1911); Hagbard og Signe, Dr. 1889; Minna, R. 1889 (d. 1897, u. d. T. Seit ich zuerst sie sah, 1918); Herman Vandel, Dr. 1891; Windsorn, Dr. 1893 (d. 1894); Pastor Mors, R. 1894 (d. 1894), Fra vår til høst, G. 1895; Hans excellence, Dr. 1895; Møllen, R. 1896 (Die Hügelmühle, d. 1909); Ved grænsen, R. 1897 (An der Grenze, d. 1919); Offerildene, Dr. 1903; Pilgrimmen Kamanita, R. 1906 (d. 1907); Den fuldendtes hustru, Dr. 1907 (Das Weib des Vollendeten, d. 1907); Verdensvandrerne, R. 1910 (Die Weltwanderer, d. 1910); Rudolph Stens landpraksis, R. 1913 (Reif für das Leben, d. 1916); Guds venner, R. 1916 (Die Gottesfreundin, d. 1918); Den gyldne gren, R. 1917 (Der goldene Zweig, d. 1917); Das heiligste Tier, En. 1920; Madonna della Laguna, E. 1920. – Übs.: Gedichte (Ausw.), 1914.
L: P. A. Rosenberg, II 1921–23; G. Nørregaard, 1988.

Gladilin, Anatolij Tichonovič, russ. Prosaiker, * 21. 8. 1935 Moskau. 1954–58 Stud. Lit.institut, dann Red. d. ›Moskovskij komsomolec‹, hatte bereits mit ersten Werken großen Erfolg, emigrierte 1976 nach Paris, arbeitete bei Radio ›Svoboda‹. – Die Texte G.s enthalten viele autobiograph. Momente, mischen fiktive u. reale Personen, sind den menschl. u. materiellen Nöten s. Zeitgenossen gewidmet u. nehmen e. wichtigen Platz in der Entstehung der ›Bekenntnisprosa‹ d. Tauwetterperiode ein, enthalten sich jeder Idealisierung d. Emigrantendaseins u. bewahren stets satir.-iron. Distanz.

W: Chronika vremën Viktora Podgurskogo, N. 1958; Evangelie ot Robesp'era, N. 1970; Prognoz na zavtra, R. 1972 (... und morgen wechselnd wolkig, d. 1978); The Making and Unmaking of a Soviet Writer, Ess. Ann Arbor 1979; Francuzskaja Sovetskaja Socialističeskaja Respublika, R. N.Y. 1985; Kakim ja byl togda, En. Ann Arbor 1986; Bespokojnik, En. 1992.

Gladkov, Fedor Vasil'evič, russ. Schriftsteller, 21. 6. 1883 Černavka/ehem. Gouv. Saratov – 20. 12. 1958 Moskau. Vater Bauer; ab 1900 gelegentl. Tätigkeit in Ztn., ab 1902 Volksschullehrer; hatte mit s. Roman ›Cement‹, der in späteren Auflagen stilist. verändert wurde, ungewöhnl. Erfolg; 1945–48 Direktor des Lit.inst. Moskau. – Entfaltet in ›Cement‹ als erster in der sowjet. Lit. das Thema der Industrialisierung. Bei allem revolutionären Pathos realist., großenteils objektive Darstellung jener Periode; s. ›Povest'o detstve‹ beschreibt s. Kindheit vom Standpunkt des Klassenkampfes.

W: Cement, R. 1925 (Zement, d. 1927); Povest' o detstve, Aut. 1949 (Der Schnee schmilzt, d. 1956). – Sobranie sočinenij, VIII 1958f.

Glaister

L: Vospominanija sovremennikov, 1965; G. J. Brajnina, 1977; Ju. Puchov, 1983.

Glaister, Lesley, engl. Romanschriftstellerin, * 4. 10. 1956 Wellingborough/Suffolk. Stud. Lit. London u. Sheffield, lehrt Creative Writing an der Sheffield Hallam Univ. – Vf. subtiler, hintergründiger Romane, oft aus der Perspektive von Kindern oder Außenseitern. G.s Stärke liegt in der Schilderung der dunkleren Seiten der Kindheit, elterl. Übermacht, kindl. Grausamkeit, von Geschwisterrivalität u. Generationenkonflikten.

W: Honour Thy Father, 1990 (d. 1994); Trick or Treat, 1991 (d. 1993); Digging to Australia, 1992 (d. 1995); Limestone and Clay, 1993 (Betrogene Ehe, d. 1995); Partial Eclipse, 1994 (Das dunkle Lächeln des Mondes, d. 2002); Private Parts of Women, 1996 (Blicke der Frauen, d. 1998); Easy Peasy, 1997; Sheer Blue Bliss, 1999 (Die Stunde der Glückseligen, d. 2001); Now You See Me, 2001.

Glasgow, Ellen (Anderson Gholson), amerik. Romanautorin, 22. 4. 1874 Richmond – 21. 11. 1945 ebda. Aus alter Familie Virginias, privat erzogen, reges polit. und soz. Interesse; außer einigen Europareisen und e. Aufenthalt in New York zeitlebens in Richmond ansässig. – Wandte sich als erste von der sentimentalen Romantradition des amerik. Südens ab und wurde dessen iron.-realist. Chronistin. Ihre iron., oft gleichzeitig trag. und am psycholog. Realismus von H. James geschulten Romane schildern den soz. und polit. Hintergrund der Geschichte ihres Staates von 1850 über den Bürgerkrieg, die Nachkriegszeit bis zum zeitgenöss. ›neuen‹ Süden; sie geben e. Bild des Lebens aller soz. Schichten und bes. der Frau des Südens. ›Barren Ground‹ schildert den Kampf e. Frau um Farm und Existenz; ›The Romantic Comedians‹ und ›They Stooped to Folly‹ sind glänzende Gesellschaftssatiren aus Richmond; ›In This Our Life‹ verfolgt den Niedergang e. aristokrat. Familie. Entscheidender Einfluß auf die lit. Renaissance des Südens.

W: The Voice of the People, R. 1900 (n. W. L. Godshalk 1971); The Battle-Ground, R. 1902; Virginia, R. 1913; Life and Gabriella, R. 1916; Barren Ground, R. 1925; The Romantic Comedians, R. 1926; They Stooped to Folly, R. 1929 (Bitte mich nicht, d. 1930); The Sheltered Life, R. 1932; Vein of Iron, R. 1935 (d. 1947); In This Our Life, R. 1941 (So ist das Leben, d. 1948); A Certain Measure, Ess. 1943; The Woman Within, Aut. 1954; Beyond Defeat, St. 1966. – The Works, XII 1938; Letters, hg. B. Rouse 1958; Collected Stories, hg. R. K. Meeker 1963.

L: L. M. Field, 1923; S. P. Sherman, 1926; ders. u.a., 1929; D. L. Mann, 1928; L. D. Rubin, Jr., No Place on Earth, 1959; F. P. W. McDowell, 1960; B. Rouse, 1962; L. Auchincloss, 1964; J. F. Santas, 1965; M. K. Richards, Den Haag 1971; M. Thiébaux, 1982; E. E. MacDonald, 1986; P. R. Matthews, 1994; S. Goodman, 1998. – *Bibl.:* W. W. Kelly, 1964; E. E. MacDonald, T. B. Inge, 1986.

Glaspell, Susan, amerik. Bühnen- u. Romanschriftstellerin, 1. 7. 1882 Davenport/IA – 27. 7. 1948 Provincetown/MA. Wuchs im Mittelwesten auf; Drake Univ., Journalistin in Des Moines. ∞ 1913 George Cram Cook († 1924 bei e. Griechenlandaufenthalt), mit dem sie in der Künstlerkolonie Cape Cod (Provincetown/MA) lebte, 1915 die ›Provincetown Players‹ und das New Yorker Playwrights' Theatre in Greenwich Village begründete.

W: The Glory of the Cosquered, R. 1909; Fidelity, R. 1915 (d. 1947); Trifles, Dr. 1916; Plays, 1920; The Inheritors, Dr. 1921; The Road to the Temple, B. 1926; Brook Evans, R. 1928; The Fugitive's Return, R. 1929; Alison's House, Dr. 1930; The Morning Is Near Us, R. 1940. – Plays, hg. C. W. E. Bigsby, 1987.

L: A. E. Waterman, 1966; G. Bach, Diss. Marb. 1979; C. W. E. Bigsby, hg. 1987; M. E. Papke, 1993; V. A. Makowsky, 1993; B. Ozieblo Rajkowska, 2000; J. E. Gainor, 2001; M. C. Carpentier, 2001.

Glatigny, Joseph Albert Alexandre, franz. Dichter, 21. 5. 1839 Lillebonne/Seine-Inférieure – 16. 4. 1873 Sèvres. Fahrender Schauspieler, Journalist und Dramatiker. Bekannt wegen s. unsteten Lebenswandels. E. der ersten Parnassiens. Schützling Mallarmés. – S. bedeutendstes Werk, die unter Banvilles Einfluß stehenden Gedichte ›Les vignes folles‹, zeichnen sich durch Natürlichkeit, Echtheit der Sprache und Leichtigkeit der Phantasie aus.

W: Les vignes folles, G. 1860; Les flèches d'or, G. 1864; Le fer rouge, G. 1871; Gilles et Pasquins, G. 1872; Complément à Molière, Dr. 1872; L'illustre Bricazier, Dr. 1873. – Poésies complètes, 1879; Lettres à Banville, hg. G. Castel 1923.

L: J. Reymond, 1936.

Glazarová, Jarmila, eig. Podivínská, tschech. Schriftstellerin, 7. 9. 1901 Malá Skála – 20. 2. 1977 Prag. Arztwitwe, 1946–48 Kulturattaché in der UdSSR, 1954–56 Abgeordnete. – Mit feinem Einfühlungsvermögen u. suggestiver Darstellungskraft behandelt G. das Problem ungleicher Ehepartner, schildert das Leben u. die Nöte der Landbevölkerung im Rahmen e. einzigartigen Gebirgslandschaft, schreibt Reportagen u. Jugendbücher.

W: Roky v kruhu, R. 1936; Vlčí jáma, R. 1938 (Die Wolfsfalle, d. 1960) Advent, R. 1939 (d. 1953); Chudá přadlena, En. 1940 (Die arme Spinnerin, d. 1959); Leningrad, Rep. 1950; Dnes a zítra, Feuill. 1952; Jaro Číny, Rep., 1954; Ani dálka, ani cizina, Rep. 1959; Píseň o rodné zemi, Feuill. 1960. – Dílo (W), VII 1953–60.

L: J. Hájek, Osudy a cíle, 1961; F. Buriánek, 1979; M. Mravcová, Nmělecké dokumenty a romány, 1987.

Glišić, Milovan, serb. Schriftsteller, 6. 1. 1847 Gradac – 1. 2. 1908 Dubrovnik. Aus mittelserb.

bäuerl. Milieu; obwohl sehr begabt, schloß er philos. Stud. nicht ab; fristete s. Dasein als Korrektor der Staatsdruckerei (1875), Redakteur des amtl. Organs ›Srpske novine‹, 1881–95 Dramaturg des Nationaltheaters Belgrad, zuletzt Direktor der Nationalbibliothek. – Von der positivist.-soz. Reformtätigkeit S. Marković' beeinflußt, wurde G. Schöpfer der serb. Dorfnovelle, trug durch meisterhafte Übsn. namentl. aus dem Russ. (Gončarov, Gogol', A. N. Ostrovskij, L. Tolstoj) wesentl. zur Verbreitung des lit. Realismus bei den Serben bei. Humorvoll, in e. ungekünstelten Sprache schildert G. das Dorfleben, bes. die Nöte der Landbevölkerung s. Zeit.

W: Pripovetke, Nn. II 1879–82; Dva cvancika, Sch. 1883; Podvala, Sch. 1885; Prva brazda, N. 1891. – Celokupna dela, II 1928; Sabrana dela (GW), II 1963.

L: V. Gligorić, Srpski realisti, 1954. – *Bibl.:* Ž. P. Jovanović, Bio-bibliografski podaci o M. Glišiću, 1952.

Glissant, Edouard, afrokarib. Lyriker franz. Sprache, * 21. 9. 1928 Sainte-Marie/Martinique. Stud. in Europa. – Bedeutender Vertreter der neoafrikan. Lit. Erfolgr. Erzähler, Lyriker und Essayist. S. Hauptwerk, der Roman ›La Lézarde‹, berichtet vom Aufbruch der schwarzen Welt auf s. heimatl. Insel, vom Erwachen e. neuen Generation, von ihrem Bewußtwerden der eigenen Nationalität und der ›Wiedereroberung ihrer Vergangenheit‹.

W: Un champ d'îles, G. 1953; La terre inquiète, G. 1955; Les Indes, G. 1956; La Lézarde, R. 1958 (Sturzflut, d. 1959); Le sel noir, 1960; Monsieur Toussaint, Dr. 1961; Le quatrième siècle, R. 1964; Poèmes, 1965; La case du commandeur, R. 1981 (d. 1983); Pays rêvé, pays réel, G. 1985; Tout monde, 1995; Sartorius, 1999; Le monde enciré, G. 2000.

L: D. Radford, 1982; B. Cailler, 1988; J.-P. madou, 1996; C. Kemedijio, 1999; C. M. Britton, 1999; Cl. Couffon, 2001; D. Chancé, 2002.

Gloux, Olivier → Aimard, Gustave

Glück, Louise, amerik. Lyrikerin, * 22. 4. 1943 New York. Studium, Lehre an versch. Hochschulen, u. a. der Columbia Univ. – G.s feinfühlige Verse geben oft eine düstere, trostlose Welt wieder, persönl. Ton, Familie als häufiges Thema. Einfluß der amerik. Bekenntnis-Lyrik, von Robert Lowell und von Sylvia Plath erkennbar.

W: Firstborn, 1968; The House on Marshland, 1975; Descending Figure, 1980; Ararat, 1990; The Wild Iris, 1992; Proofs & Theories: Essays on Poetry, Ess. 1994; Meadowlands, 1996; Vita Nova, 1999; The Seven Ages, 2001; October, 2004.

Glückel von Hameln, 1646 Hamburg – 17. 9. 1724 Metz. Nach vorbildl. Erziehung im traditionell geführten Elternhaus, Heirat, Mutter von 12 Kindern u. Geschäftsfrau. – Schrieb das Memoirenbuch ›Sichronot‹ (Denkwürdigkeiten) in schlichter, jidd.-dt. Sprache mit eingestreuten hebr. Worten aus bibl. Schrifttum, Zeugnis des gesellschaftl. Lebens der europ. jüd. Gemeinden im 17. u. 18. Jh., das ein bedeutendes Ereignis darstellt.

A: D. Kaufmann, 1896 (Jidd. m. dt. Einführung). – *Übs.:* B. Pappenheim 1910; A. Feilchenfeld 1913/1980.

Glykas, Michael → Michael Glykas

Gnaphaeus, Guilhelmus (eig. Willem de Volder), niederländ. u. neulat. Dramatiker, 1493 Den Haag – 29. 9. 1568 Norden b. Emden. Anhänger Luthers, floh vor Verfolgung 1528 nach Dtl., 1535–43 Rektor in Elbing, Prof. in Königsberg; nach Entlassung 1547 Flucht nach Ostfriesland, Erzieher der Söhne von Gräfin Anna, später Haushofmeister. – Mit ›Acolastus‹, e. Stück über das Thema vom verlorenen Sohn, Vertreter des protestant. lat. Schuldramas; in Form des Streitgesprächs entwickelt G. humanist. protestant. Ideen an bibl. Themen.

W: Acolastus, 1528 (hg. J. Bolte 1891, P. Minderaa 1956); Een troost ende spiegel der siecken, um 1531 (erw. u. d. T. Tobias ende Lazarus, 1547; hg. in Bibl. Ref. Neerl. 1); Morosophus, 1541; Hypocrisis, 1544.

L: H. Roodhuyzen, Diss. Amsterd. 1858; H. Babucke, 1875; J. F. M. Kat, Diss. Amsterd. 1952.

Gnedič, Nikolaj Ivanovič, russ. Dichter und Übersetzer, 13. 2. 1784 Poltava – 15. 2. 1833 St. Petersburg. Aus altem Adelsgeschlecht, 1800–03 Stud. Moskau, vertiefte Kenntnis des Lat. u. Griech.; auf Grund originaler und übersetzter Versdichtung 1811 Mitgl. der Russ. Akademie, bis 1837 Bibliothekar der öffentl. Bibliothek Petersburg, dort enge Freundschaft mit I. Krylov. – Schrieb einige bemerkenswerte Gedichte, e. Idylle nach Theokrit; s. große Leistung ist die in 20jähriger Arbeit geschaffene, bis heute nicht übertroffene Übs. der ›Ilias‹ in Hexametern, genau in der Wiedergabe, rhetor. gehalten, mit vielen Archaismen und nach dem Original geschaffenen Nominalkomposita.

W: Iliada, Übs. 1829. – Polnoe sobranie sočinenij (GW), III 1884; Stichotvorenija, G. 1956.

L: S. Holzheid, 1969.

Gnessin, Uri Nissan, hebr. Dichter, 29. 10. 1879 Starodub/Ukraine – 5. 4. 1913 Warschau. Stud. Talmudhochschule s. Vaters, wandte sich jedoch früh vom traditionellen Judentum ab und veröffentl. mit 17 Jahren Aufsätze und Übsn. in handgeschriebenen lit. Zss. 1907 ging er nach London als Mitarbeiter der hebr. Monatsschrift ›Hame'orer‹. Auf entbehrungsreichem Wanderleben kurze Zeit in Palästina, das er nach e. Jahr enttäuscht und von e. Herzkrankheit gezeichnet verließ. – Bedeutendster künstler. Vertreter e. ratund hoffnungslosen jüd. Intelligenzija der Jahrhundertwende mit Novellen über die Verfremdung, Vereinsamung und Entwurzelung des mod. Intellektuellen.

W: Zilelej hachajim, E. 1899; Hazida, E. (1905); Beinatajim, E. (1906); Beterem, E. 1910; Etzel, E. 1913. – Kol Kitway (GW), III 1946, 1982. – Übs.: Etzel, franz. 1989.

L: Benzion Benschalom, 1935; Penueli, 1965; D. Miron, 1986.

Gnoli, Domenico, Conte (Ps. Dario Gaddi, Gina d'Arco, Giulio Orsini), ital. Dichter, 6. 11. 1838 Rom – 12. 4. 1915 ebda. Stud. Jura, Dozent für Lit. in Rom u. 1880/81 in Turin. 1882–1907 Direktor der Biblioteca Vittorio Emanuele in Rom, dann der Biblioteca Lancisiana u. Angelica. – Vf. lit.-hist. Arbeiten über das 16. u. 17. Jh. In s. Lyrik anfangs Konservativismus (Scuola romana), öffnete sich mod. Einflüssen ab 1903, inspiriert von der Dichterin V. Aganoor. Bemerkenswert ist s. lyr. Überhöhung hist. u. zeitgenöss. Themen und s. schnörkellose Dramatik.

W: Versi, 1871; Odi Tiberine, G. 1879; Studi letterari, 1883; Nuove odi Tiberine, G. 1885; Eros, G. 1896; Fra terra e astri, G. 1903; Iacovella, G. 1905; Poesie edite ed inedite, G. 1907; Ave Roma, G. 1909; I poeti della scuola romana, 1913; I canti del Palatino, G. 1923; La Roma di Leone X, 1938.

L: M. De Camillis, 1924; C. di Paola, 1934.

Gobineau, Joseph-Arthur, Comte de, franz. Schriftsteller, 14. 7. 1816 Ville-d'Avray b. Paris – 13. 10. 1882 Turin. 1849 Kabinettssekretär Tocquevilles, Diplomat in Schweiz, Dtl., Persien, Südamerika (Rio 1869), Griechenland, Schweden (1872). Gehörte zum Kreis um R. Wagner. – Grundlage s. Werkes ist e. gesteigerter aristokrat. Individualismus (schrieb die Geschichte s. angebl. Vorfahren, des normann. Eroberers Ottar-Jarl). Romane und Erzählungen. Wirkte am stärksten mit ›Essai sur l'inégalité des races humaines‹. Vertrat darin als erster die These von der nicht nur körperl., sondern auch geistigen Verschiedenheit der Rassen, erklärte den Kulturverfall als Folge der Vermischung e. hoch- mit e. minderwertigeren Rasse. Suchte die Überlegenheit der arischen Rasse über alle anderen, ihren daraus resultierenden Herrschaftsanspruch zu begründen, was er hist., ethnolog. und philos. zu untermauern suchte. Von der franz. Intelligenz zunächst unbeachtet, wirkte bes. in Dtl., beeinflußte entscheidend Nietzsche und Wagner, in England Chamberlain, in Frankreich Barrès; wurde Grundlage der nationalsozialist. Rassentheorie. S. Romane sind durch ihre Sprödigkeit denen Stendhals vergleichbar. Bedeutender als die Fortsetzungsromane des Anfangs ›La Pléiade‹, worin er dichter. die These von der Überlegenheit des Herrenmenschen gestaltet. Im ep.-dramat. Geschichtsbild ›Renaissance‹ zeigt er die hist. Verwirklichung der Moral der Stärke. S. größte poet. Leistung sind farbige Erzählungen von innerer Dramatik.

W: Essai sur l'inégalité des races humaines, Abh. IV 1853–55 (n. 1933; d. III 1898–1901, ⁵1939/40); Trois ans en Asie, Reiseber. 1859 (d. 1925); Les religions et les philosophies dans l'Asie centrale, Abh. 1865; L'Aphroessa, G. 1869; Histoire des Perses, II 1869; Souvenirs de voyage, Nn. 1872 (d. 1945); Les Pléiades, R. 1874 (n. 1947; d. 1920); Nouvelles asiatiques, 1876 (n. 1923; d. 1927); La Renaissance, scènes historiques, Dicht. 1877 (n. II 1922; d. 1952); Histoire d'Ottar Jarl, pirate norvégien, 1879; Amadis, Ep. 1887 (d. III 1914–21); Alexandre le Macédonien, Dr. 1901 (d. 1915); Deux études sur la Grèce moderne, 1905; Mlle Irnois, R. 1920 (d. 1922); Etudes critiques, hg. R. Beziau 1984. – Œuvres, II 1983; Nachgel. Schriften, hg. L. Schemann II 1907–11; Mémoires, 1955; Correspondance: Lettres persanes, 1957; Mère Bénédicte de G., III 1958; A. de Tocqueville, 1959; Lettres brésiliennes, 1969. – Übs.: GW, IV 1924f.

L: L. Schemann, II 1913–16; M. Lange, 1924; A. H. Rowbotham, Champion 1929; J. N. Faure-Biguet, 1930; G. M. Spring, 1932; L. Gigli, Mail. 1933; R. Streichl, G. i. d. franz. Kritik, 1935; A. Combris, La philos. des races du comte de G., 1937; A. D. Hytier, 1960; C. Spiess, 1961; Etudes gobiniennes, III 1966–69; J. Boissel, G. polémiste, 1967; J. Buenzod, 1967. E. J. Young, G. u. d. Rassismus, 1968; R. M. Valette, 1969; J. Boissel, 1974; G. Siary, 1977; J. Foursyth, 1977; P. L. Rey, 1981; A. Smith, 1984; M. Cronzel, 1990; J. B. Berg, 1993; E. Eugene, 1998.

Godbout, Jacques, kanad. Schriftsteller, * 27. 11. 1933 Montreal. Vorübergehend Literaturprof. in Äthiopien, kommt dann über die Dichtung zum Schreiben. Dichter, Romanschriftsteller, Regisseur und Drehbuchautor. Tätigkeit als Journalist bei zahlr. Zeitschriften, gründet mehrere frankophone Organisationen in Kanada. – Engagiert sich in seinen Gedichten für die Schaffung einer nationalen Identität des Quebec. Findet in den Romanen durch die Nähe zum Nouveau roman eine Verbindung von romant. Nationalempfinden zur Moderne. Überträgt ebenso die bildnerische Vielfalt seiner Drehbücher auf die Romanwelt, die bunt und widersprüchlich verschiedene Etappen der soziokulturellen Entwicklung des Quebec widerspiegelt. Kritik an der lähmenden Autorität der Kirche und am Nord-Süd-Gefälle, das er am Beispiel von Haiti darstellt.

W: Carton-pâte, G. 1956; C'est la chaude loi des hommes, G. 1960; Aquarium R. 1962; Salut Galerneau, R. 1967; Le couteau sur la table, R. 1965; Aimez-vous les chiens, Drb. 1975; Arsenal, Drb. 1976; Un monologue Nord-Sud, 1982; Une histoire américaine, R. 1986; L'écran du bonheur, R. 1995; Opération Rimbaud, R.

1998; Anne Hébert, Drb. 2000; Mes petites fesses, R. 2003.

Godden, (Margaret) Rumer, engl. Erzählerin, 10. 12. 1907 Eastbourne/Sussex – 8. 11. 1998 Thornhill/Schottland. Jugend in Indien. – Vf. oft exot., leichter Unterhaltungsromane bes. aus Indien; auch Jugendbücher.
W: Chinese Puzzle, R. 1935; Black Narcissus, R. u. Dr. 1938 (Uralt der Wind vom Himalaja, d. 1952); Breakfast with the Nikolides, R. 1941 (Emily unter Indiens Sonne, R. 1949); The River, R. 1946 (Der Fluß, d. 1947); Kingfishers Catch Fire, R. 1953 (Eisvogel fängt Feuer, d. 1954); Greengage Summer, R. 1958 (Gefährliche Freundschaft, d. 1959); China Court, R. 1961 (Immer und einen Tag, d. 1962); The Battle of the Villa Fiorita, R. 1963 (d. 1964); Two Under the Indian Sun, Mem. 1965 (m. J. Godden, Die Zeit der Schmetterlinge, d. 1968); In this House of Brede, R. 1969 (d. 1970); Shiva's Pigeons, Reiseb. 1971 (m. J. Godden); The Peacock Spring, R. 1975 (d. 1976); Gulbadan, B. 1980; The Dark Horse, R. 1981; Thursday's Children, R. 1984; A Time to Dance, No Time to Weep, Aut. 1987; A House with Four Rooms, Aut. 1989; Coromandel Sea Change, R. 1991; Cormarty vs. the God Shiva, R. 1997.
L: H. A. Simpson, 1973; A. Chisholm, 1999.

Godoy Alcayaga, Lucila → Mistral, Gabriela

Godwin, William, engl. polit.-philos. Schriftsteller, 3. 3. 1756 Wisbech – 7. 4. 1836 London. Stud. Hoxton Academy. Bis 1782 kalvinist. Geistlicher, später Skeptiker und Anarchist. ∞ 1797 Mary Wollstonecraft, bekannte Frauenrechtlerin, die an der Geburt e. Tochter (der späteren Schriftstellerin Mary Shelley) starb. ∞ 1801 Mary J. Clairmont, deren Tochter aus 1. Ehe, Jane, vorübergehend Byrons Geliebte war und ihm e. Tochter gebar. – Führender polit. Theoretiker der romant. Bewegung, beeinflußte Coleridge, Wordsworth, Southey, insbes. P. B. Shelley u. Bulwer-Lytton. Verfechter philos.-anarchist. und atheist. Ideen. S. ›Enquiry concerning Political Justice‹ wendet sich gegen jede Art von Tyrannei und Beschränkung des freien Willens. Propagierte in s. Romanen, bes. in ›Caleb Williams‹, s. Ideen sozialer Gerechtigkeit, steigerte den Verbrecherroman zum seel. Schreckensroman. Biograph.
W: History of the Life of William Pitt, B. 1783; An Enquiry Concerning Political Justice, St. II 1793 (n. F. E. L. Priestley III 1946, n. 1970; d. 1803); Things as They Are; or, the Adventures of Caleb Williams, R. III 1794 (hg. D. McCracken 1970; d. 1931); St. Leon, R. IV 1799 (n. 1994); Life of G. Chaucer, B. II 1803; Fleetwood, R. III 1805; Mandeville, R. III 1817; History of the Commonwealth of England, IV 1824–28. Lives of the Necromancers, 1834. – Collected Novels and Memoirs, hg. M. Philp, VIII 1992; Political and Philosophical Writings, hg. ders. VII 1993; Godwin and Mary, their Letters, hg. R. M. Wardle 1967.

L: C. K. Paul, II 1876; F. K. Brown, 1926; R. G. Grylls, 1953; D. H. Monro, 1953; E. E. u. E. G. Smith, 1966; H. N. Brailsford, Shelley, G. and their Circle, ³1969; J. P. Clark, The Philosophical Anarchism of W. G., 1977; D. Locke, A Fantasy of Reason, 1980; P. H. Marshall, 1984; F. Rosen, 1987; K. W. Graham, 1999. – *Bibl.:* B. R. Pollin, 1967.

Gökalp, Ziya → Ziya Gökalp, Mehmed

Görling, Lars R., schwed. Erzähler, 23. 8. 1931 Stockholm – 31. 7. 1966 Järna. Dramatiker u. Regisseur. – S. zentralen Themen sind der menschl. Destruktionstrieb, das Unvermögen, sich gefühlsmäßig zu engagieren, u. der Trieb, s. Mitmenschen zu quälen u. zu erniedrigen. Die Etablierten in der Gesellschaft – der ›Apparat‹ – brauchen die Ausgestoßenen, um ihre Stärke u. ihren Erfolg zu manifestieren. Prangert mit unterkühlter Sachlichkeit die Gleichgültigkeit sowie den bürokrat. Formalismus der Behörden an.
W: Triptyk, R. 1961; 491, R. 1962 (d. 1965); Hela apparaten, Nn. 1964; Amorin med avslaget huvud, R. 1969.
L: R. Halldén, 1967.

Goes, Jan (bzw. Joannes) van der → Antonides van der Goes, Joannes

Goga, Octavian, rumän. Dichter, 1. 4. 1881 Rășinari/Sibiu – 7. 5. 1938 Ciucea. Sohn e. Geistlichen; Stud. Philol. Budapest, Berlin u. Paris; iredentist. Tätigkeit in Siebenbürgen für die Union mit Rumänien; Gefängnis in Szegedin. Nach 1919 mehrfach Minister u. 1938 Ministerpräsident, 1936 Univ.-Prof. in Cluj. Leiter e. nationalen Partei, Mitgl. der Rumän. Akad. – E. rumän. Barrès, pathet. Dichtung der Tat, revolutionierender Publizist, besingt das Leben des siebenbürg. Dorfes; idyll.-patriarchal, in der Tiefe jedoch Ansätze einer blutigen Revolte, die nationale Befreiung u. soz. Gerechtigkeit erstrebt. S. Verse wirken oft ungeschliffen, bestechen aber durch starke Aussagekraft, ehrl. Akzente u. bewußte Leidenschaft. Traditionalist. Dichter des rumän. Bauerntums; schrieb auch milieugebundene Dramen.
W: Poezii, 1905; Ne chiamă pământul, G. 1909; Insemnările unui trecător, Ess. 1911; Din umbra zidurilor, G. 1913; Domnul Notar, Dr. 1914; Strigăte în pustiu, Prosa 1915; Cântece fără țară, G. 1916; Poezii alese, 1924; Mustul care fierbe, Ess. 1927; Meșterul Manole, Dr. 1928; Precursorii, Mem. 1930; Fragmente autobiografice, 1934; O seamă de cuvinte, Prosa 1936; Din larg, G. 1939. – Versuri, 1957; Poezii, hg. I. D. Bălan 1963; Opere, III 1967–72.
L: I. Constantinescu, 1939; O. Papadima, 1942; I. D. Bălan, 1971; O. Goga, 1989.

Gogarty, Oliver St. John, ir. Dichter, 17. 8. 1878 Dublin – 22. 9. 1957 New York. Stud. Dublin u. Oxford, Chirurg, 1922–36 Senator der ir. Republik, ab 1939 in USA. – Lebhafte, scharfzüngige Reminiszenzen vom Leben in Dublin. Zarte, urbane, witzige Lyrik. Frühe Freundschaft mit James Joyce, von diesem in ›Ulysses‹ als Buck Mulligan kritisch porträtiert.

W: An Offering of Swans, G. 1923; As I Was Going Down Sackville Street, Aut. 1937 (d. 1996); Tumbling in the Hay, R. 1939; Collected Poems, 1952; It Isn't This Time of Year At All!, Aut. 1954; A Weekend in the Middle of the Week, Ess. 1958; Many Lines to Thee, Br. hg. J. F. Carens 1972.
L: U. O'Connor, 1964; J. F. Carens, Surpassing Wit, 1979; J. B. Lyons, 1980.

Gogol', Nikolaj Vasil'evič, russ. Prosadichter, 1. 4. 1809 Soročincy (im ehem. Gouv. Poltava, Ukraine) – 4. 3. 1852 Moskau. Vater Besitzer e. kleinen Landguts, Vf. ukrain. Komödien; 1821–28 Gymnas. Nežin (im ehem. Gouv. Černigov); reiste Ende 1828 nach Petersburg, wo im Mai 1829 s. Idylle in Versen ›Ganc Kjuchel'garten‹ erschien; kurze Zeit im Staatsdienst, Bekanntschaft mit A. Del'vig und Žukovskij, 1831 mit Puškin; 1831 Lehrer an e. höheren Mädchenschule; s. ›Večera na chutore bliz Dikan'ki‹ (1. Teil 1831) wurden günstig aufgenommen, verschafften ihm Zugang zu den höchsten lit. Kreisen; 1832 für spätere Jahre bedeutsame Bekanntschaft mit M. Pogodin, S. Aksakov und dem Schauspieler M. Ščepkin; 1834–35 Adjunktprof. für allg. Geschichte Univ. Petersburg; 1836 erfolgr. Uraufführung des ›Revizor‹; Mitte 1836–41 im Ausland, bes. in Rom, weiterer Auslandsaufenthalt Mitte 1842–48; von 1840 an verstärkte Neigung zum Relig. S. ›Vybrannye mesta iz perepiski s druz'jami‹ wurden fast allg. negativ beurteilt, was ihn schwer traf; verbrannte kurz vor s. Tod den 2. Teil der ›Toten Seelen‹; starb infolge von Verweigerung der Nahrungsaufnahme. – Gebürtiger Ukrainer, schrieb nur in russ. Sprache; schuf, Motive aus der dt. Romantik mit Elementen ukrain. folklorist. Traditionen verbindend, in den ›Abenden‹ e. Dichtung von einzigartiger Originalität, reich an wirkungsvollen stilist. Kunstgriffen, mit e. bei fast durchwegs starkem humorist. Einschlag pessimist. Grundstimmung, die auch s. spätere Dichtung kennzeichnet. Übertrug in den ›Petersburger Novellen‹ die Phantastik der ›Abende‹ in die Darstellung des Großstadtmilieus. Ging als Dramatiker e. neuen Weg, brachte mit ›Revizor‹, u. a. von Molière angeregt, e. der bedeutendsten Komödien der Weltlit. hervor. Erreichte, beeinflußt u. a. von Cervantes, Fielding, Sterne, Höhepunkte s. Erzählkunst in den die Tradition der Abenteurerromane fortsetzenden ›Mërtvye duši‹ mit unnach-ahml. Zeichnung typ. Figuren, überwältigender Komik, mannigfachen stilist. Mitteln. Aus den kleinen erzählenden Werken übte die Novelle ›Šinel'‹, hervorstechend durch kunstvolle sprachl. Gestaltung und gedankl. Reichtum, stärkste Wirkung auf zeitgenöss. und spätere russ. Schriftsteller aus, sie galt als Ausgangspunkt der philantrop. Richtung, des soz. Mitleids in der russ. Lit. Manche s. Themen und Gedanken wurden von späteren, u. a. von Dostoevskij, weitergeführt. E. der großen russ. Dichter, begabt mit blühender Phantasie, beherrschte mit virtuoser Meisterschaft die Mittel des auf dem Wortklang beruhenden Effekts, des Stilbruchs, der Trope; verwendet viele sprachl. Schichten, wie Dialekte, Jargons von Berufskreisen; ist mit der seinerzeit als charakterist. Neuerung empfundenen Schilderung der Details nicht Realist im Sinne des lit. Begriffs; wirkte, bes. mit ›Mërtvye duši‹ und ›Šinel'‹ auf Formung der ›natürl. Schule‹, der zwischen 1840 und 1850 die namhaftesten russ. Schriftsteller angehörten, die aber nur einige Züge s. künstler. Methode zum Vorbild nahmen; wirkte auf die russ. Lit. bis ins 20. Jh. hinein, u. a. mit dem Kunstgriff der ›ornamentalen Prosa‹, d. h. der stilisierten gesprochenen Rede mit Senkung des sprachl. Niveaus; zeichnet den Menschen aus Sicht e. pessimist.-iron. Beobachters, will ihn nicht auf der Ebene des Sozialen zeigen; geht nach dem relig. Umbruch vom Grundsatz der nicht zweckbestimmten Kunst ab, um eth.-relig. Schriftsteller zu werden, gerät infolge s. dichter. Veranlagung in inneren Konflikt; legt s. Gedanken über christl. Kunst im ›Briefwechsel mit Freunden‹ dar, begründet den Wandel s. Auffassung in ›Ispoved' avtora‹.

W: Ganc Kjuchel'garten, Idylle 1829 (Hans Küchelgarten); Večera na chutore bliz Dikan'ki, En. II 1831–32 (Abende auf einem Vorwerk bei Dikan'ka); Mirgorod, En. 1835; Portret, N. 1835 (Das Bildnis; 2. Fassung 1842); Nevskij Prospekt, E. 1835; Zapiski sumasšedšego, N. 1835 (Aufzeichnungen eines Wahnsinnigen); Taras Bul'ba, E. 1835 (2. Fassung 1842); Revizor, K. 1836 (Der Revisor; Nos, N. 1836 (Die Nase); Koljaska, E. 1836 (Der Wagen); Ženit'ba, K. 1842 (Die Heirat); Mërtvye duši, R. 1842 (Die toten Seelen); Šinel', N. 1842 (Der Mantel); Rim, E. 1842 (Rom); Vybrannye mesta iz perepiski s druz'jami, 1847 (vollst. 1867; Ausgewählte Stellen aus dem Briefwechsel mit Freunden); Ispoved' avtora, Abh. 1857 (Beichte des Autors). – Polnoe sobranie sočinenij (GW), XIV 1937–52. – *Übs.:* GW, O. Buek V [2]1923; J. v. Guenther V 1952; Briefe, Ausw. M. Ruoff 1965; A. Martini V 1982–87.
L: N. Kotljarevskij, 1915; V. Gippius, 1924; V. V. Vinogradov, G. i natural'naja škola, 1925; M. Gorlin, N. V. G. u. E. T. A. Hoffmann, 1933; A. Belyi, Masterstvo Gogolja, 1934, [3]1996; K. Močul'skij, Duchovnyj put' Gogolja, Paris 1934; D. Gerhardt, G. u. Dostoevskij i. ihrer künstler. Verhältnis, 1941; V. Setschkareff, 1953; W. Kasack, D. Technik d. Personendarstellung b. N. V. G., 1957; H. W. Leiste, G. u. Molière, 1958; G. Gukov-

skij, Realizm Gogolja, 1959; N. L. Stepanov, Gogol', Tvorčeskij put', ²1959; H. Günther, Das Groteske bei N. V. G., 1968; M. Braun, 1973; V. Nabokov, 1990; R.-D. Keil, ³1998; Gogol'. Ėnciklopedija, 2003.

Gojawiczyńska, Pola (eig. Apolonia G.) z Koźniewskich, poln. Schriftstellerin, 1. 4. 1896 Warschau − 29. 3. 1963 ebda. Tochter armer Eltern. 1943 6 Monate im dt. Gefängnis. − Gestaltet in Romanen das Leben der Vorstädte u. Industriegebiete. In den ersten Werken Darstellung des Lebens im schles. Bergwerksgebiet. In ihrem 1935 preisgekrönten Roman ›Dziewczęta z Nowolipek‹ u. dessen Fortsetzung ›Rajska jabłoń‹ schildert sie die versch. Schicksale e. Gruppe von Mädchen u. Frauen. Die gleiche Technik auch in Erzählungen ihrer Gefängniszeit (›Krata‹).
W: Ziemia Elżbiety, R. 1934; Powszedni dzień, En. 1933; Dziewczęta z Nowolipek, R. II 1935; Rajska jabłoń, R. II 1937; Dwoje ludzi, En. 1938; Słupy ogniste, R. 1938; Krata, R. 1945; Stolica, R. 1946; Miłość Gertrudy, En. 1956; Z serca do serca, En. 1971. − Dzieła zebrane (GW), IV 1976–78.
L: D. Knysz-Rudzka, 1976; A. Pryszczewska-Kozołub, 1980.

Goldbarth, Albert, amerik. Lyriker, * 31. 1. 1948 Chicago. Stud., Lehrtätigkeit. − G.s zahlreiche Gedichtbände widmen sich Alltagsbeobachtungen wie auch hist. und wiss. Themen. Charakterist. sind komplexe Form und zuweilen humorvolles Sprachspiel.
W: Under Cover, 1973; Opticks: A Poem in Seven Sections, 1974; A Year of Happy, 1976; Ink Blood Semen, 1980; Arts and Sciences, 1986; Popular Culture, 1990; Adventures in Ancient Egypt: Poems, 1996; Many Circles: New and Selected Essays, Ess. 2001; Saving Lives, 2001; Pieces of Payne, R. 2003.

Goldberg, Leah, hebr. Schriftstellerin und Literaturwissenschaftlerin, 29. 5. 1911 Kaunas/Litauen − 14. 1. 1970 Jerusalem. 1923 Stud. Orientalistik Kaunas, Berlin und Bonn (Promotion), 1935 nach Palästina, Lit.- u. Theaterkritikerin in Tel Aviv, ab 1952 Prof. für europ. Lit. an der Hebr. Univ. Jerusalem. − Ihr Werk schildert die aufsteigende Arbeiterklasse u. deren Klassenbewußtsein. Übs. Mörike, Tolstoj, Gor'kij, H. Mann u. a.
W: Taba'ot Ashan, G. 1935; Mikhtavim mi-Nesiah Meduma, 1937 (Briefe von einer imaginären Reise, d. 2003); Šibbōleth jĕrokáth ha'ajin, G. 1940; Wĕhû haôr, R. 1946; Al Hapricha, 1948; Mah Omrot Haayalot, 1949; Yedidai Merchov Arnon, Kdb. 1950; Baalat ha'armon, Dr. 1955 (Die Herrin des Hauses, d. 1950); Barak baboker, G. 1956; Hamishah Perakim bi-ysodot ha-Shira, Poetik 1957; Ommanut ha-Sippur, St. 1963; Ketawim (SW), 1979; Machazot, Drr. 1979; Mivhar Shirim, G. 1989. − *Übs.:* Der Schuster, 1950; The Little Queen of Shaba, engl. 1979; Eli aus Israel, Kdb. d. 1964; A Flat to Let, engl. 1972; Selected Poems, engl. 1976; On Bloom, engl. 1992.

L: T. Rübner, 1980; R. Kartun-Blum, A. Weisman, hg. 2000.

Goldfaden, Abraham, jidd. Dramatiker, 13/ 25. 7. 1840 Starakonstantinov/Ukraine − 9. 1. 1908 New York. 1857–66 Rabbinerschule Žitomir, Lehrer, Schauspieler, Dichter und Journalist, gründete 1876 das 1. jidd. Theater in Jassy/Rumänien. Jahrelange Reisen mit s. Wandertruppe, für die er eigene Stücke schrieb, nach Rumänien, Rußland, Österreich, Paris, London und New York, wo er mit dem von ihm geschaffenen Genre der hist. Operetten großen Anklang und viele Nachahmer fand. − S. Operetten liegen Bänkellieder u. Purimspiele zugrunde. In s. Sprache verbindet G. das Scharfe u. Prägnante des nüchternen Nordens mit dem Gefühlvollen u. Melodramat. des chassid. Südens. Dennoch beruht G.s Ruhm nicht auf lit. Gebiet, sondern auf der kulturfördernden Schöpfung des mod. jidd. Theaters. Durch Mischung von kom. u. sentimentalen Elementen, Übertreibungen u. Spott über typ. hebr. Wesenszüge große Publikumserfolge; wird heute nur mehr selten aufgeführt.
W: Dos Jidele, G. 1866; Bobe mitn einikel, Vst. 1875; Schmendrik, Vst. 1876; Di Kischufmacherin, Vst. 1878; Almosado, Dr. 1880; Schulamit u. Bar Kochba, musikal. Sp. 1882; Di beide Kunilemel, Dr. 1882; Akedat Jitzchak, Dr. 1897; Maschiachs zeiten, Dr. 1897; Hozmachs Kremel, Dr. 1897; Jiddischi natsionale gedichte, 1898; Ojsgeklibene schriften, 1972.
L: Eisenstein, The Father of the Jewish Stage, 1901; Sch. Lastik, jidd. 1950.

Golding, William (Gerald), engl. Dichter, * 19. 9. 1911 St. Columb Minor/Cornwall − 16. 9. 1993 Perranarworthall/Cornwall. Stud. Naturwiss. u. Anglistik Oxford. 1939–61 Lehrer in Salisbury, Kriegsdienst bei der Marine. Nobelpreis 1983. − Sehr originell, oft bizarr; schlichte poet., symbol- u. allegorienreiche Sprache; techn. Brillanz. Behandelt mit tiefer Skepsis die zeitlosen Kernprobleme des Menschen: den Kampf ums Überleben, das Wesen von destruktiven u. altruist. Trieben, Sünde, Schuld, Strafe u. Erlösung, den Wert des Fortschritts. In ›Lord of the Flies‹ scheitert e. Gruppe brit. Schüler, die auf der Flucht vor den Schrecken e. 3. Weltkriegs auf e. unbewohnte trop. Insel verschlagen wird, bei dem Versuch, e. neue Zivilisation aufzubauen, an ihrer eigenen primitiven Gewalttätigkeit u. Furcht. ›The Inheritors‹, in dem e. kleiner Neandertalerstamm vom Homo sapiens vernichtet wird, gestaltet G.s Hauptthemen in prähist. ›The Spire‹ in ma. Szenerie, ›Free Fall‹ vor der Kulisse des 2. Weltkriegs, ›The Scorpion God‹ im alten Ägypten, im prähist. Afrika u. im alten Rom. G.s experimentellstes Werk ist ›Pincher Martin‹: Der furchtbare Tod der Hauptfigur wird in e. mit De-

Goldoni

lirium u. Träumerei verwobenen Rückblende geschildert.

W: Poems, 1934; Lord of the Flies, R. 1954 (d. 1956); The Inheritors, R. 1955 (d. 1964); Pincher Martin, R. 1956 (auch u.d.T.. The Two Deaths of Christopher Martin, Der Felsen des zweiten Todes, d. 1960); The Brass Butterfly, Dr. 1958; Free Fall, R. 1959 (d. 1963); The Spire, R. 1964 (Der Turm der Kathedrale, d. 1966); The Hot Gates, Ess. 1965; The Pyramid, R. 1967 (Oliver, d. 1972); The Scorpion God, 3 Re. 1971 (Der Sonderbotschafter, d. 1974); Darkness Visible, R. 1979 (Das Feuer der Finsternis, d. 1980); Rites of Passage, R. 1980 (Äquatortaufe, d. 1983); A Moving Target, Ess. 1982; The Paper Men, R. 1984 (d. 1984); An Egyptian Journal, Reiseb. 1985 (d. 1987); Close Quarters, R. 1987; Fire Down Below, Slg. 1989 (als To the End of the Earth, 1991); The Double Tongue, R. 1995 (d. 1998).

L: S. Hynes, 1964; J. R. Baker, P. Ziegler, hg. 1964; B. S. Oldsey, S. Weintraub, 1965; M. Kinkead-Weekes, I. Gregor, 1967; B. F. Dick, 1967; C. Pemberton, 1969; L. Hodson, 1969; H. S. Babb, 1970; J. I. Biles, 1971; V. Tiger, 1974; H. Lutz, W. G.s Prosawerk, 1975; S. Medcalf, 1975; J. I. Biles, R. O. Evans, hg. 1978; A. Johnston, 1980; D. Crompton, J. Briggs, A View from the Spire, 1984; N. Page, hg. 1985; B. F. Dick, 1986; V. V. Subbarao, 1987; J. Carey, hg. 1987; J. J. Gindin, 1988; S. J. Boyd, 1988; N. C. Dicken-Fuller, 1990; P. Reilly, 1993; L. S. Friedman, 1993; R. A. Gekosi, P. A. Grogan, 1994; K. McCarron, 1994; P. A. Kulkarni, 1994; A. Bent, 1995; W. Freeman, 1995; H. Bloom, hg. 1995; C. Swisher, hg. 1997; M. Hartley, T. Buzan, 1999; M. Kelly, 2000; F. W. Nelson, hg. 2000; M. Kinkead-Weekes, 2002; V. Tiger, 2002.

Goldoni, Carlo, ital. Dramatiker, 25. 2. 1707 Venedig – 6. 2. 1793 Paris. Arztsohn; auf Wunsch des Vaters zuerst humanist. Stud. bei den Jesuiten in Perugia u. den Dominikanern in Rimini. Schon als Kind große Theaterleidenschaft, flüchtete mit e. Komödiantentruppe nach Chioggia, wo er s. Mutter traf. Dann Stud. Jura Pavia. Mußte 1726 wegen e. Satire auf die Frauen der Stadt das Kollegium Ghisleri verlassen. 1727 faßte er den Entschluß, Kapuziner zu werden. Der Vater brachte ihn davon ab, indem er ihn in Venedig durch häufige Theaterbesuche auf andere Gedanken brachte. Bis 1731 Kanzleibeamter. Nach dem Tode des Vaters Promotion, bis 1733 Advokat; 2 Jahre im diplomat. Dienst, 1734 endgültiger Entschluß für das Theater. Schloß sich der Truppe Imer als Dichter an u. zog mit ihr durch Oberitalien, lernte in Genua s. Frau Maria Nicoletta Connio kennen, ∞ 1736 u. führte bis ans Lebensende e. glückl. Ehe. 1744–48 wieder Advokat in Pisa. 1748 Annahme e. Vertrags des Theaterdirektors Gerolamo Medebac für das Theater S. Angelo in Venedig. Dort schrieb er einige s. besten Komödien u. versuchte s. Reform der Commedia dell'arte durchzuführen. Schon 1750 kam er deshalb mit P. Chiari u. C. Gozzi in Konflikt. 1753 verließ er Medebac u. schrieb jährl. 8 Komödien für das Theater S. Luca. Nach großen Theatererfolgen in Parma u. in Rom feierte er 1759 in Venedig wahre Triumphe mit ›I rusteghi‹, ›La casa nova‹ u. ›Le baruffe chiozzotte‹. Trotzdem verließ er verbittert durch den ständigen u. oft unfairen Kampf mit s. lit. Gegnern 1762 Venedig u. nahm e. Berufung als Direktor u. Autor des ›Théâtre des Italiens‹ nach Paris an. Zeitweilig Arbeit an der ›Comédie Française‹; verfaßte bis 1764 24 Komödien in ital. u. franz. Sprache. Dann Ital.-Lehrer der Prinzessinnen am Hofe Ludwigs XV. u. XVI. Bekanntschaft mit Voltaire u. Diderot. 1771 brachte ihm ›Le Bourru bienfaisant‹ e. neuen Triumph u. die Bestätigung s. theatral. Grundsätze. Durch die Revolution verlor er s. Pension vom Hof u. lebte in großer Armut. Auf Intervention von M.-J. Chénier wurde ihm die Pension am 7. 2. 1793 wieder zuerkannt, G. starb jedoch 1 Tag vorher in Paris. – G. schrieb 150 Theaterstücke u. versuchte sich auch als Schauspieler. S. ersten Werke sind noch Melodramen in der Art des Metastasio u. die Opera buffa sowie Fortführungen der traditionellen Stegreifkomödie (›Il servitore di due padroni‹). Dann findet er in bewußtem Gegensatz zur Commedia dell'arte u. nach dem Vorbild Molières zu s. neuen Stil, der Wahrheit u. Natürlichkeit an die 1. Stelle setzt. Verbannte das Spektakel, die Masken, die improvisierten Späße e. Harlekin, das Phantastische u. Deklamatorische, um in s. Komödien e. Charakter in s. psycholog. Entwicklung in den versch. Lebenslagen darzustellen. Charaktere wie der Betrüger, Verleumder, Lügner, Habsüchtige erscheinen in e. durchaus realen volkstüml. Milieu. Gegenüber der konstruierten u. dem Leben verschlossenen Welt bei s. lit. Gegnern stellt er e. Unterhaltung in der Nachbarschaft, e. Plauderei im Kaffeehaus, kleine Streitigkeiten aus dem Familienleben, mit den kleinen u. großen Schwächen s. Mitmenschen unter Einbeziehung der Umgangssprache dar. In der ›Bottega del caffè‹ bringt der Besitzer e. liederl. Ehemann wieder mit s. sparsamen u. tugendhaften Frau zusammen. In ›La locandiera‹ bekehrt die Wirtin Mirandolina e. alten Frauenfeind. ›Le baruffe chiozzotte‹ schildert das Leben der Fischer u. auch der Klatschbasen von Chioggia. Die ›Rusteghi‹ sind unzugängl., griesgrämige Männer, die für die Wünsche der Jugend kein Verständnis haben.

W: Il gondoliere veneziano, K. 1732; Griselda, K. 1734; Don Giovanni Tenorio, K. 1736; Il bugiardo, K. 1736; Momolo Cortesan, K. 1738; Il prodigo, K. 1739; La donna di garbo, K. 1743; Il servitore di due padroni, K. 1745; I due gemelli veneziani, K. 1747; La vedova scaltra, K. 1748; Il cavaliere e la dama, K. 1749; La bottega del caffè, K. 1750; Pamela nubile, K. 1750; La locandiera, K. 1752; Torquato Tasso, K. 1753; La sposa persiana, K. 1753; Gli innamorati, K. 1759; Impresario delle Smirne, K. 1759; I rusteghi, K. 1760; La casa nova, K. 1760; Un curioso accidente, K. 1760; Le baruffe chiozzotte, K. 1762; Le bourru bienfaisant, K. 1771; L'éventail, K. 1773 (Il ventaglio); L'avaro fastoso, K. 1774; Mémoires pour servir à l'histoire de sa vie et celle de son théâtre, III 1787 (hg. G. Mazzoni 1907; Mein Leben und mein Theater, d. III 1788f.). – Le commedie del dottor C. G., VIII 1750–55; Opere teatrali, XLIV 1788–93; Opere complete, XXXVII 1907–43; Tutte le opere, hg. G. Ortolani XIV 1935–56. – *Übs.*: Sämmtl. Lustspiele, J. H. Saal, XI 1767–77; Lustspiele, L. Lorme, IV 1957f.; Komödien, H. Riedt 1965; Ausw. 1935.

L: H. C. Chatfield-Taylor, 1913; J. S. Kennard, 1920; C. Giachetti, 1930; M. Apollonio, 1932; M. Kühle, Diss. Münster 1934; G. Natali, 1936; E. Rho, 1936; B. Brugioni, 1938; E. Gimenelli, La poesia di G., 1941; G. de Sanctis, 1947; A. Gustarelli, 1948; R. Chiarelli, 1952; E. Caccia, Carattere e caratteri nella commedia del G., 1958; A. Momigliano, 1959; Studi goldoniani, 1960; H. Dieckmann, Diderot u. G., 1961; H. Riedt, 1968; J. Pokorný, 1968; H. Riedt, 1976; W. Theile, 1977; F. Fido, 1977; A. E. Maurer, 1982; F. Fido, 1984. – *Bibl.*: A Della Torre, 1908; N. Mangini, 1961.

Goldschmidt, M(eïr) A(ron), dän. Schriftsteller, 26. 10. 1819 Vordingborg/Seeland – 15. 8. 1887 Frederiksberg. Sohn e. jüd. Kaufmanns; 1836 Abitur Kopenhagen, begann. Stud., früh Arbeit als Journalist, verspottete 1840–46 die Autoritäten u. maßgebenden Kreise Kopenhagens in s. satir. liberalen Wochenblatt ›Corsaren‹; darin Auseinandersetzung mit S. Kierkegaard, debütierte als Erzähler mit dem Roman ›En jøde‹, e. leidenschaftl. Anklage gegen den dän. Antisemitismus; Europareise; 1847–59 Hrsg. der polit.-lit. Zs. ›Nord og syd‹, ohne großes Echo; s. großer Roman ›Hjemløs‹ gibt e. genaues Bild der 1840er Jahre in Dänemark, scharfe Satire auf den Nationalliberalismus, aber mit noch unbarmherzigerer Aufdeckung s. eigenen egoist. Seele; schon hier keimt die allmähl. beherrschende Nemesis-Idee, die die Grundlage s. Erinnerungen bildet. Fand späte Anerkennung als psycholog., tiefsinniger und stilist. raffinierter Erzähler.

W: En Jøde, R. 1845 (n. 1992; d. 1856); Fortællinger, 1846; Hjemløs, R. III 1857 (n. II 1999; Heimatlos, d. 1854–58); Fortællinger og skildringer, III 1863–65; Arvingen, R. III 1865 (n. 1988); Ravnen, R. 1867; Kærlighedshistorier fra mange lande, 1867 (Liebesgeschichten aus vielen Ländern, d. 1879); Smaa fortællinger, II 1868f. (Kleine Erzählungen, d. 1874); Fortællinger og virkelighedsbilleder, II 1877; Livserindringer og resultater, Mem. II 1877 (n. 1965). – Udvalgte skrifter i folkeudgave, VI 1908–16; Noveller, En. 1994; Breve fra og til M. G., hg. M. Borup III 1963; Breve til hans familie, hg. M. Borup II 1964; Dagbøger, hg. K. H. Ober, Tg. II 1987.

L: F. Dreier, 1852; H. Kyrre, II 1919; M. Brøndsted, 1965, 1967; P. V. Rubow, 1968; K. H. Ober 1976.

Goldsmith, Oliver, ir. Lyriker, Essayist, Bühnen- und Romanschriftsteller, 10. 11. 1728 Pallas/Longford – 4. 4. 1774 London. Sohn e. ir. Geistlichen, hatte 8jährig e. Pockenerkrankung, die ihn lebenslängl. entstellte. Stud. 1744–49 Trinity College, Dublin. Als Geistlicher vom Bischof abgelehnt. Darauf Medizinstud. 1754 Edinburgh, 1756 Leiden, anschließend 2 Jahre Fußwanderungen durch Frankreich, Dtl., Schweiz und Italien, völlig mittellos, verdiente zeitweise s. Lebensunterhalt durch Flötenspiel. Erwarb e. medizin. Grad an e. ausländ. Univ., wahrscheinl. Padua. Lebte ab 1757 in bitterster Armut in London, führte e. abenteuerl. Leben, war zeitweise Vertreter für Heilmittel, Schulhausmeister, Armenarzt. Verfaßte Gelegenheitsaufsätze für die ›Monthly Review‹. Erster lit. Ruhm durch die flüssig dargebotene Studie ›Enquiry into the State of Polite Learning in Europe‹, in der er sich gegen den Empfindsamkeitskult der Zeit wandte. Zusammenarbeit mit Bischof Percy. Ab 1761 Freundschaft mit Dr. Johnson, der ihn in s. Freundeskreis einführte. – Ebenso wie s. großer Roman ›The Vicar of Wakefield‹ wenden sich s. Komödien gegen gefühlsselige Empfindsamkeit, sie sind beschwingt und von natürl. Heiterkeit; auch farcenhafte Elemente. ›The Good-natur'd Man‹ wurde zuerst wegen zu realist. Gerichtsszenen abgelehnt, ›She Stoops to Conquer‹ war sofort erfolgr., ist noch heute bühnenwirksam. Boswells ›Leben Dr. Johnsons‹ enthält viele Anekdoten über Goldsmith, die ihn als zwar oft lächerlichen, aber doch sehr liebenswerten und großmütigen Sonderling charakterisieren.

W: Enquiry into the Present State of Polite Learning in Europe, Ess. 1759; The Citizen of the World, Ess. II 1762 (n. A. Dobson 1891); The Traveller, G. 1764 (d. 1843); The Vicar of Wakefield, R. 1766 (d. 1841, 1985); The Good-natur'd Man, K. 1768; The Roman History, II 1769; The Deserted Village, G. 1770 (d. 1869); History of England, 1771; She Stoops to Conquer, K. 1773 (d. 1784); The Grecian History, 1774; The Retaliation, Dicht. 1774; The Haunch of Venison, G. 1776. – Works, hg. J. W. M. Gibbs V 1884–86; Collected Works, hg. A. Friedman V 1966; Poems and Plays, hg. T. Davies 1975; The Collected Letters, hg. K. C. Balderstone 1928 (Briefe, d. A. Böttiger 1843).

L: J. Ginger, The Notable Man, 1977; P. Dixon, 1991. – *Bibl.*: S. H. Woods, 1982.

Golon, Anne (eig. Simone Golonbinoff), franz. Schriftstellerin, * 19. 12. 1927 Toulon. Debütierte mit e. Reisebericht über den Kongo. – Großer Erfolg mit dem auf exakten Studien basierenden Kolportagezyklus ›Angélique‹ um e. junge franz. Adelige aus dem 17. Jh.; Gemeinschaftsœuvre mit S. Golon.

W: Le cœur des bêtes sauvages, R. 1954; Angélique, XIV 1957–86 (d. 1958ff.).

Golowanjuk, Jascha, schwed. Schriftsteller, 20. 2. 1903 Samarkand – 20. 4. 1974 Stockholm. 1919 Flucht aus Rußland, Ausbildung als Kon-

Golšīrī

zertmeister, Violinist in Wien, Saratov, Kopenhagen; 1929 nach Schweden, 1944 schwed. Staatsbürger. – Schrieb e. Reihe von Romanen u. Jugendbüchern nach eigenen Kindheitserinnerungen.

W: Min gyllne väg från Samarkand, Aut. 1937 (Flucht aus S., d. 1963); Paraplymakarens barn, E. 1938; Främling i eget land, E. 1942 (Fremd im eigenen Land, d. 1961); Livets källa, R. 1943 (Die Quelle des Lebens, d. 1951); Den heliga lögnen, E. 1946 (Die heilige Lüge, d. 1961); Drömmarnas blomma, E. 1947; Drömhandlaren, E. 1948; Mimosan blommar om vintern, R. 1954 (Mimosen blühen im Winter, d. 1960); Kärlekens tiggare, E. 1955 (Bettler der Liebe, d. 1962); Barnen i skomakarhuset, E. 1958 (Die Kinder aus dem Schusterhaus, d. 1960); Skomakarprinsen, E. 1959; Den skönaste gåvan, E. 1961 (Die schönste Gabe, d. 1964); ... och min son heter Daniel, R. 1973.

Golšīrī, Hūšang, pers. Schriftsteller u. Kritiker, 1937 Isfahan – 5. 6. 2000 Teheran. Dozent an der Univ. Teheran. – Berühmt durch s. ersten Roman ›Šāzde-ye Ehteǧāb‹ über die Fieberphantasien e. tuberkulosekranken pers. Aristokraten. Darin bereits die für G. charakterist. Wiederholung ders. Sequenzen aus unterschiedl. Perspektiven. Zitate der klass. pers. Lit. u. Mythologie sowie selbstreflexive Thematisierung des Schreibvorgangs. Aufgrund der Zensur erschien s. letzter, autobiograph. Roman in Schweden.

W: Šāzde-ye Ehteǧāb, R. 1968; Namāzhāne-ye kūček-e man, En. 1975; Āinehā-ye dardār, R. 1992; JennNāme, R. 1998. – *Übs.:* Der Mann mit der roten Krawatte, 1998.

Goma, Paul, rumän. Schriftsteller, * 2. 10. 1935 Mana/Bessarabien. 1954 Stud. Lit.-Institut M. Eminescu, 1956–62 inhaftiert, 1962–65 Tagelöhner, 1965 Wiederaufnahme u. 1967 erzwungener Abbruch s. Studiums, 1968–71 Redakteur bei der Zs. ›România Literară‹. Lebt seit 1978 in Paris im Exil. – International bekannt geworden durch die kulturpolit. Auseinandersetzungen (›Fall Goma‹) um s. ursprüngl. nur im Westen publizierten Gefängnisroman ›Ostinato‹, in dem die Zustandsbeschreibung des Gefangenendaseins anders als bei Solženicyn durch lit. Muster (u. a. Joyce, Kafka) vermittelt erscheint. Untendenziöse Abrechnung mit Stalinismus u. bürokrat. Herrschaftsformen. Sämtl. Werke G.s sind gekennzeichnet von s. Schicksalsbestimmung, ›Held‹ zu sein, e. Funktion, die mit zunehmendem Umfang der Schriften s. Begabung aushöhlt.

W: Camera de alături, R. 1968; Ostinato, R. d. 1971 (rumän. 1991); Die Tür, R. d. 1972 (rumän. 1992); Elles étaient quatre, 1974; Gherla, R. 1976, ²1990; Din calidor, Erinn. 1987; Culorile curcubenlui '77, R. 1990; Jurnal, Tg. V 1989–99.

Gombauld, Jean Ogier de, franz. Dichter, 1576 Saintonge – 1666. Lebte im Umkreis von Conrart, Schüler von Malherbe, besuchte den ›Palais de Rambouillet‹. – Vf. von Gedichten, Briefen und der Tragödie ›Danaïdes‹. Hielt s. Akademierede über das ›Je ne sais quoi‹ und war an der ›Querelle du Cid‹ beteiligt. Gehört zu der Dichtergruppe der ›Illustres Bergers‹, die im Zeichen der Gegenreformation versuchst, weltl. Dichtung mit relig. Inbrunst zu verbinden.

W: Le ballet des Ballets, 1626; Sonnets de Phillis, G. o. J.; Sonnets de Clarité, G. o. J.; Sonnets chrétiens, G. o. J.

L: L. Morel, 1910.

Gomberville, Marin le Roy, Sieur du Parc et de, franz. Romanschriftsteller, 1600 Paris – 14. 6. 1674 ebda. – Veröffentlichte 14jährig Gedichte ›Quatrains sur la vieillesse‹. Sehr beliebt waren s. Romane, in denen er Rittertum in der höf. Form des 17. Jh. mit Abenteuern in exot. Ferne verbindet. Schrieb auch hist. Werke und e. ›Doctrine des mœurs‹.

W: L'exil de Polixandre et d'Ericlée, R. 1619; La Carithée, R. 1621; La Cythérée, R. 1640–42; La jeune Alcidiane, R. 1651.

L: S. Kévorkian, 1972.

Gombrowicz, Witold, poln. Schriftsteller, 4. 8. 1904 Małoszyce/Opatów – 25. 7. 1969 St. Paul-de-Vence. Stammt aus Landadel. Ausgebildeter Jurist. Seit Sommer 1939 in Argentinien. Bankangestellter, 1963/64 Berlin, später Südfrankreich. – Grotesk-phantast., z. T. satir. Erzähler, beeinflußt von der Psychoanalyse Freuds, von Kafka u. Proust. Experimentierfreudiger Vertreter des ›Antiromans‹ und des poln. Existentialismus. Von großem Einfluß auf die poln. Jugend. Auch Dramen und Tagebücher. Großer Widerhall bes. in Frankreich u. Dtl.

W: Pamiętnik z okresu dojrzewania, En. 1933; Ferdydurke, R. 1938 (d. 1960); Iwona, księżniczka Burgunda, Dr. 1938 (Yvonne, d. 1964); Ślub, Dr. 1953 (Die Trauung, d. 1964); Trans-Atlantyk, R. 1953 (Trans-Atlantik, d. 1964); Bakakaj, En. 1957 (d. 1984);Pornografia, R. 1960 (Verführung, d. 1963); Kosmos, R. 1965 (Indizien, d. 1966); Operetka, Dr. 1966 (Operette, d. 1970); Dziennik, Tg. III 1957–66 (Fragm. a. d. Tageb., d. 1965, Tagebücher, d. 1961 u. 1970). – Dzieła zebrane (SW), X 1969–73, IX 1986–92. Gespräche mit D. de Roux, 1969. – *Übs.:* GW, XI 1983–98.

L: J. Volle, 1972; R. Georgin, 1977; F. Bondy, K. A. Jeleński, 1978; E. M. Thomson 1979, G. i krytycy, 1984; Z. Łapiński, Ja, Ferdydurke, 1985; T. Kępiński, II 1988–92.

Gomes, João Baptista, portugies. Dramatiker, um 1775 Porto – 20. 12. 1803 ebda. Buchhalter in e. Handelshaus. – Bekannt durch s. Version des ›Inês de Castro‹-Themas: Die pathet. ›Nova Castro‹ (Vers-Tragödie, an Domingos dos Reis' ›Quita‹ inspiriert) wurde e. durchschlagender u. dauerhafter Erfolg seit Einführung der Szene mit posthumer Krönung von Inês (1830; trug besonders zur Publikumswirksamkeit des Stücks bei), kam dem romant. Zeitempfinden außerordentl. entgegen.

W: Nova Castro, Tr. 1803 (d. A. Wittig 1844).

Gomes de Amorim, Francisco → Amorim, Francisco Gomes de

Gomes Coelho, Joaquim Guilherme → Dinis, Júlio

Gomes Leal, Antonio Duarte → Leal, António Duarte Gomes

Gómez de Avellaneda, Gertrudis (Ps. Peregrina), span. Schriftstellerin, 23. 3. 1814 Puerto Príncipe/Kuba – 1. 2. 1873 Madrid. Kam 1836 nach Spanien, lebte einige Jahre in Andalusien, ab 1840 in Madrid; 2 unglückl. Ehen; verkehrte mit berühmten Schriftstellern (u. a. Zorrilla, Quintana, Espronceda); beeinflußt bes. von den franz. Romantikern (V. Hugo, Lamartine, G. Sand). – Gefeierte romant. Dichterin, vorwiegend leidenschaftl. u. gefühlvolle Liebeslyrik in der Mode der Zeit u. relig. inspirierte Dichtungen mit teils persönl. Akzenten, meist aber rhetor.-überschwengl., wie es der romant. Strömung entsprach; geschmeidige, oft sehr melod. Verse von nunciertem Klangreichtum u. weibl. Empfindsamkeit. Auch Romane, Legenden, Erzählungen sowie Dramen von anspruchsvoller Thematik in kraftvollem Stil. Heute fast vollkommen vergessen.

W: Leoncia, Dr. 1840; Poesías líricas, G. 1841; Sab, R. II 1841; Dos mujeres, R. 1842; Espatolino, R. 1844; El príncipe de Viana, Dr. 1844; Alfonso Muni, Dr. 1844; Egilona, Dr. 1845; Guatimozín, R. IV 1846; Saúl, Dr. 1849; Dolores, Dr. 1851; La hija de las flores, Dr. 1852; Baltasar, Dr. 1858; Devocionario en prosa y verso, G. 1861. – Obras literarias, V 1869–71; Obras, IV 1914; Obras, hg. J. M. Castro y Calvo V 1974–81; Poesías y epistolario de amor y de amistad, hg. E. Catena 1989.

L: L. Cruz de Fuentes, 1907; E. B. Williams, Philadelphia 1924; A. López Argüello, 1928; D. Figarola Caneda, 1929; E. Cotarelo y Mori, 1930; R. Marquina, 1939; M. Ballesteros Gaibrois, 1949; D. M. Loynaz Muñoz, 1953; C. Bravo-Villasante, 1967; A. H. Harter, Boston 1981; E. P. Garfield, Amst. 1993.

Gómez Carrillo, Enrique, guatemaltek. Schriftsteller, 27. 2. 1873 Guatemala Stadt – 30. 11. 1927 Paris. Kindheit u. lit. Bildung in Paris; journalist. Tätigkeit, Leitung der Madrider Zeitung ›El Liberal‹; veröffentlichte 89 Bücher. – Vf. von brillanten Artikeln, Reportagen u. Chroniken, bes. über das kulturelle Leben s. Zeit u. die Länder, die er auf s. zahlr. Reisen kennengelernt hatte. Lit. Essays. Vertreter des dekadenten Kosmopolitismus des ›fin de siècle‹.

W: Bohemia sentimental, Prosa, 1895; La Grecia eterna, Reiseb. 1907; Jerusalén y la Tierra Santa, Reiseb. 1913; Flores de penitencia, R. 1913; El encanto de Buenos Aires, Reiseb. 1914; Campos de batalla, Reiseb. 1916; El evangelio del amor, R. 1922. – Obras, XXVI 1923–26; Páginas escogidas, III 1954. – *Übs.*: Allerhand Püppchen von hier und anderwärts, 1905.

L: J. M. Mendoza, ^{2}1946; E. Torres, 1956, A. E. Barrientos, ^{2}1973; A. Echeverría, 1974.

Gómez de la Serna, Ramón, span. Schriftsteller, 3. 7. 1888 Madrid – 12. 1. 1963 Buenos Aires. Stud. Rechte, ausgesprochene lit. Berufung, Gründer des berühmten Madrider Literatenzirkels ›Pombo‹, Reisen durch Europa u. Amerika, mit J. R. Jiménez befreundet, lebte seit dem Span. Bürgerkrieg in Buenos Aires. – Fruchtbare u. vielseitige Erscheinung der zeitgenöss. span. Lit., unerschöpflich auf allen lit. Gebieten, als Romancier, Novellist, Essayist, Biograph usw., veröffentlichte insgesamt mehr als 90 Bücher; berühmt v. a. durch Erfindung der ›Greguería‹, e. Art paradox-humorist. Metapher, in kurzen Sätzen ausgedrückt, die durch ungewöhnl. Ideenverbindung e. neue Sicht der Dinge vermittelt; sprühendes Feuerwerk geistreicher Einfälle. S. Romane basieren auf kunstvollen Beschreibungen, vielfach Greguerías eingestreut. Die schriftsteller. Tätigkeit ist für ihn nur künstler. Spiel u. Zerstreuung. Fehlen menschl. Tiefe, keine Resonanz aktueller Probleme; Einfluß auf die sog. ›Schriftstellergeneration von 1925‹, die von ihm die neue Bedeutung der Metaphern übernahm; schrieb auch Biographien über ältere und neuere Schriftsteller sowie Kunstbücher.

W: El Rastro, R. 1915; Greguerías, 1917 (dt. Ausw. 1958); Pombo, Aut. II 1918–24; La viuda blanca y negra, R. 1918; El incongruente, R. 1922; El secreto del acueducto, R. 1922; El Gran Hotel, R. 1922; La quinta de Palmyra, R. 1923; El novelista, R. 1923; La malicia de las acacias, R. 1923; Mi autobiografía (La sagrada cripta del Pombo), 1923; El chalet de las rosas, R. 1923 (d. 1929); Seis falsas novelas, R. 1926 (d. 1992); El torero Caracho, R. 1926 (d. 1928); Cinelandia, R. 1927; La mujer de ámbar, R. 1927; Los medios seres, Sch. 1929; El caballero del hongo gris, R. 1929; La Nardo, R. 1930; Ismos, Es. 1930; Flor de Greguerías, 1933; Los muertos, las muertas y otras fantasmagorias, Prosa 1935; Mi tía Carolina Coronado, B. 1942; Retratos contemporáneos, Aufs. 1944; El hombre perdido, R. 1946; Automoribundia, Aut. 1948; Las tres gracias, R. 1949; Explicación de Buenos Aires, Prosa 1951; Nostalgias de Madrid, Prosa 1956; Cartas a mí mismo, Aut. 1956; Nuevas páginas de mi vida, Aut. 1957; Piso bajo, R. 1961. – Obras completas, II 1956–57; Greguerías completas, 1953; Biografias completas, 1959; Retratos completos, 1961; Automoribundia 1888–1948, II ^{2}1974, XX 1996ff.

L: M. Pérez Ferrero, 1935; W. M. Bonermann, 1955; R. Cardona, N. Y. 1957; L. Sofovich, 1962; Luis S. Granjel, 1963 (m. Bibl.); G. Gómez de la Serna, 1963 (m. Bibl.); J. Montero Padilla, 1964; F. Ponce, 1968; J. Camón Aznar, 1972; R. Mazzatti Gardiol, N. Y. 1974; F. Umbral, R. y las vanguardias, 1978; R. Flórez, 1988; F. López-Criado, 1988; C. Nicolás, 1988; M. Tudela, 1988; H. Charpentier Saitz, Lond. 1991; A. Muñoz-Alonso López, 1993; J. H. Hoddie, 1999.

Gomulicki, Wiktor, poln. Dichter, 17. 10. 1848 Ostrołęka – 14. 2. 1919 Warschau. Dichter der Großstadt u. ihrer Menschen. Preist die Schönheiten Warschaus in Gedichten, Novellen und Romanen. Im Frühwerk starke autobiograph. Züge.

W: Cudna mieszczka, R. 1897; Wybór nowel, Nn. 1899; Pieśń o Gdańsku, G. 1900 (n. 1978); Wybór wierszy, G. 1900; Opowiadania o starej Warszawie, Feuill. III 1900 bis 1909 (n. 1960); Miecz i łokieć, R. II 1903; Biały sztandar, G. 1907; Wspomnienia niebieskiego mundurka, R. 1906; Pokłosie, Ess. 1913; Wybór poezij, G. 1917. – Pod parasolem (ausgew. En.), 1961; Warszawa wczorajsza, Schr. 1961; Wybór poezji, G. 1962; Poezje wybrane (ausgew. G.), 1978.

Gonçalves, Olga, portugies. Lyrikerin u. Erzählerin, * 12. 4. 1929 Luanda. Schule u. Stud. Coimbra; Übersetzerin franz. Lit. – Nach lyr. Anfängen ab 1975 halbdokumentar. Romane, die sich mit Zeitproblemen wie Prostitution oder Migration beschäftigten. In protokollhaft-journalist. Stil werden Dokumente in direkter umgangssprachl. Rede präsentiert, um die Situation aus der Sicht der Betroffenen sinnfällig zu machen.

W: Movimento, G. 1972; A Floresta em Bremerhaven, R. 1975.

Gonçalves Dias, Antônio → Dias, Antônio Gonçalves

Gonçalves de Magalhães, Domingos José → Magalhães, Domingos José Gonçalves de, Visconde de Araguaia

Gončarov, Ivan Aleksandrovič, russ. Romandichter, 18. 6. 1812 Simbirsk (heute Ul'janovsk) – 27. 9. 1891 Petersburg. Vater Kaufmann; 1831–34 Stud. Lit. Moskau, dann in der Kanzlei des Gouverneurs von Simbirsk, 1835–52 im Finanzministerium in Petersburg; 1847 Erstlingswerk Roman ›Obyknovennaja istorija‹; unternahm 1852 auf der russ. Fregatte ›Pallas‹ e. Reise nach Japan, kehrte 1855 über Sibirien zurück; 1856 Zensor; Roman ›Oblomov‹ 1859 als lit. Ereignis empfunden; von 1865 an in der obersten Zensurbehörde tätig, 1867 im Ruhestand; wurde wegen Charakterisierung e. Nihilisten im letzten Roman von der liberalen Presse heftig angegriffen. – E. der großen Romanciers des russ. Realismus; gibt im ersten Roman, an die Grundsätze der ›natürl. Schule‹ anknüpfend, reife künstler. Entfaltung des Themas der Illusionslosigkeit, der Trivialität des Daseins; schuf im Titelhelden des ›Oblomov‹ e. typ. Figur von stärkster Symbolkraft: den innerer Vereinsamung verfallenen Menschen, der ohne Sinn für menschl. Gemeinschaft, für tragende Religiosität ist; darin ›Oblomovs Traum‹ mit Rückschau auf Kindheit und Jugend des Helden, e. der schönsten Traumbilder der russ. Lit. Der Roman entbehrt nicht großartiger humorist. Episoden; Höhepunkt der Darstellung in den letzten Teilen in Zeichnung der Atmosphäre des von trostloser seel. Öde unvermeidl. hervorgerufenen Untergangs (Mirsky). Das Wort ›Oblomovščina‹ (Oblomoverei) wurde e. lit. und soziolog. Begriff. In ›Obryv‹, einer der bedeutendsten dichter. Gestaltungen der Langeweile als entarteter Ausdrucksform der Zeit, mit autobiograph. Bezügen, fesselt G. durch s. Kunst der Charakterzeichnung; bemerkenswert der Ansatz zu doppelter Schichtung durch den Kunstgriff des Romans im Roman. Die Erinnerungen an die Reise nach Japan, ›Fregat Pallada‹, haben lit. Qualitäten. Schrieb literarkrit. Essays über ›Million terzanij‹ über Griboedovs Komödie.

W: Obyknovennaja istorija, R. 1847 (Eine alltägliche Geschichte, d. 1958); Fregat Pallada, Mem. II 1856 (Die Fregatte Pallas, d. 1925); Oblomov, R. 1859 (d. 1923); Obryv, R. 1869 (Die Schlucht, d. 1966); Million terzanij, Es. 1872 (Eine Million Qualen, d. 1966). – Polnoe sobranie sočinenij (GW), IX 1916, XX 1997ff. – *Übs.:* GW, IV 1905–10, [2]1920; Briefe von einer Weltreise, 1965.

L: A. Mazon, Paris 1914; E. A. Ljackij, Stockholm [3]1920; V. Evgen'ev-Maksimov, 1925; A. G. Cejtlin, 1950; J. Lavrin, New Haven 1954; N. I. Pruckov, 1962; W. Rehm, 1963; U. M. Lohff, 1977; M. Russel, 1978; P. Thiergen, 1989; H. Rothe, 1991; O. G. Postnov, 1997.

Goncourt, Edmond-Louis-Antoine Huot de, 26. 5. 1822 Nancy – 16. 7. 1896 Champrosay, und Jules Alfred Huot de, 17. 12. 1830 Paris – 20. 6. 1870 Auteuil b. Paris. Franz. Schriftsteller, sehr vermögende Söhne e. ehemal. napoleon. Offiziers. In enger Freundschaft und Schaffensgemeinschaft (autobiograph. Roman ›Les Frères Zemganno‹) miteinander verbunden. Reisen nach Algier, Belgien, Italien. Nach Jules' frühem Tod arbeitete Edmond in der gemeinsam konzipierten Richtung weiter, sammelte e. Kreis von Schriftstellern um sich, begründete testamentarisch die Académie Goncourt (die 1903 zum erstenmal zusammentrat) und stiftete den Prix Goncourt. – Bedeutende Kunstsammler, Kunst- und Kulturhistoriker und wegbereitende Romanciers. Begannen mit Aquarellmalerei, verfaßten Monographien über Kunst, Gesellschaft und Sitten im

18. Jh., machten die Zeitgenossen mit der jap. Kunst bekannt. Als Romanciers leiten sie, von der realist. Ästhetik herkommend, zum Naturalismus über (›Germinie Lacerteux‹ das Modell e. naturalist. Romans), indem sie die sorgfältig dokumentierende Methode, nach der sie in ihrer hist. Arbeit vorgingen, auf den Roman übertrugen. Ihr Ziel war der dokumentar. und klin. Roman; sie bemühten sich um exakte wiss. Darstellung eigens beobachteter Milieus (der Literaten und Künstler) und Menschen (Dienstmädchen, Tante), zeigten bes. Vorliebe für die unteren Gesellschaftsschichten und patholog. Fälle (›Sœur Philomène‹ Krankenhausgeschichte, ›Germinie Lacerteux‹ Analyse der Hysterie). Gleichzeitig Schöpfer e. originellen, sehr durchgebildeten, um die Wiedergabe jedes flüchtigen Details e. Augenblicks bemühten, die syntakt. Gesetze brechenden impressionist. Stils, der bei Huysmans und Daudet wiederkehrt. Das gemeinsam begonnene ›Journal‹ gibt sehr wichtigen Aufschluß über das zeitgenöss. kulturelle und geistige Leben.

W: Histoire de la société française pendant la Révolution, 1854; Histoire de la société française pendant le Directoire, 1855; Portraits intimes du XVIIIe siècle, II 1857f. (pl. 1911); Sophie Arnould, B. 1857; Histoire de Marie Antoinette, 1858 (d. 1923); L'art du XVIIIe siècle, III 1859–75, II ²1880–82 (d. II 1908–10; n. 1921); Les maîtresses de Louis XV, II 1860 (Frau von Pompadour, d. 1922, u. d. T. Die Du Barry, 1932); Charles Demailly, R. 1860; Les hommes de lettres, Ess. 1860; Sœur Philomène, R. 1861; La femme au XVIIIe siècle, 1862 (d. 1905, n. 1963); Renée Mauperin, R. 1864 (d. 1884); Germinie Lacerteux, R. 1864 (d. 1928); Henriette Maréchal, Dr. 1865 (d. 1890); Manette Salomon, R. II 1867; Gavarni, l'homme et l'œuvre, 1868 (d. 1919); Madame Gervaisais, R. 1869; La fille Elisa, R. 1877 (nur v. E. G.; d. 1930); L'amour au XVIII. siècle, 1878; Les frères Zemganno, R. 1879 (nur v. E. G.; d. 1909); La Faustin, R. 1882 (nur v. E. G.; d. 1899, n. 1927, 1956); La Saint-Huberty, R. 1882 (nur v. E. G.); Chérie, R. 1884 (nur v. E. G.); Préfaces et manifestes littéraires, 1888; Mlle Clairon, B. 1890 (nur v. E. G.); Outamaro, Es. 1891 (nur v. E. G.); L'art japonais, 1893 (nur v. E. G.); La Guimard, B. 1893 (nur v. E. G.); Hokusai, Es. 1896 (nur v. E. G.); Journal des G., Mémoires de la vie littéraire (1851–95) XXV 1956f., IV 1960 (dt. Ausw. 1905, 1948, 1969). – Œuvres, XXVII 1926–37; Lettres de J. de G. 1885, hg. 1930, 1981; Correspondance E. d. G. – H. Céard, 1966.

L: A. Delzant, 1889; E. Köhler, 1912; P. Sabatier, L'esthétique des G., 1920; E. Seillière, Les G. moralistes, 1927; M. Sauvage, 1932; G. de Traz, 1941; F. Fosca, 1941; A. Billy, 1956; R. Baldick, Lond. 1960; E. Caramaschi, Pisa 1964; K. v. Maur, 1966; M. Sauvage, 1970; E. Caramaschi, 1971; L. Prajs, 1974; W. Bannour, 1985; M. Beurdeley, 1991. – Bibl.: M. Tourneux, 1897.

Goncourt, Jules Alfred Huot de → Goncourt, Edmond-Louis-Antoine Huot de

Góngora y Argote, Luis de, span. Dichter, 11. 7. 1561 Córdoba – 23. 5. 1627 ebda. Sohn des bekannten Humanisten Francisco de Argote, 1576 Stud. Rechte Salamanca, zeigte wenig Neigung zum Studieren, bevorzugte Kartenspiel u. Dichten; erhielt 1585 e. Pfründe an der Kathedrale von Córdoba; Reisen durch ganz Spanien, ging 1617 nach Madrid, Ernennung zum Titularkaplan Philipps III. Wachsender dichter. Ruhm. Verfaßte Schmähschriften u. Satiren gegen die zeitgenöss. Schriftsteller, angefeindet von Lope de Vega, Quevedo, den Brüdern Argensola u. a. Mit 50 Jahren Priesterweihe; gegen s. Lebensende Verlust des Gedächtnisses, seit 1624 Schlaganfälle. Suchte vergebl. Heilung in s. Geburtsstadt. – Hervorragendster Vertreter des Kultismus, nach ihm auch ›Gongorismus‹ genannt, heftig umstrittene Lyrik, aber entscheidender Einfluß, bes. auf die neuere span. Dichtung (Modernismus usw.); verfaßte vor 1613 kleinere Dichtungen; Romanzen (v. a. ›Angélica y Medoro‹, nach Ariost, ›Amarrado al duro banco‹, ›Entre los sueltos caballos‹, ›Servía en Orán al rey‹ usw.), Einfluß der alten Mauren- und Grenzromanzen; Letrillas (›Cuando pitos, flautas‹, ›Ande yo caliente‹), spieler., volkstüml. Ton, satir. Schlagkraft, fanden weite Verbreitung im Volk, z. T. vertont u. in Bühnenwerke eingeschoben; Sonette, die zu den schönsten der span. Lyrik gehören; Kanzonen, Dezimen u. a. Hauptwerke ›Polifemo‹ u. ›Soledades‹, Meisterwerke des kultist. Stils, schwierige Metaphern, dunkler Sinn; ›Polifemo‹ e. Verdichtung in Oktaven nach der klass. Sage von Acis u. Galatea, vollendete Struktur; von den 4 geplanten ›Soledades‹ sind nur die erste u. e. Teil der 2. vollendet; prachtvolle stilisierte Naturschilderungen auf geringster themat. Basis, Vereinigung aller barocken Stilmittel, Streben nach verfeinerter, nicht allen zugängl. Kunst. Das 18. Jh. mit s. Streben nach Klarheit u. Präzision verachtete G.s Poesie, Wiederentdeckung durch Rubén Darío, förml. G.-Kult, Höhepunkt 1927 (300. Todestag) mit Veröffentlichung von Essays u. Kommentaren (u. a. Prosafassung der ›Soledades‹ von Damaso Alonso). Die gesamte ›Generation von 1927‹ nahm ihn zum Vorbild u. verehrte in ihm den genialen Formkünstler; Alberti schrieb e. 3. ›Soledad‹; direkte Nachahmer u. a. P. Soto de Rojas, G. Bocángel, Paravicino, Polo de Medina, J. de Jáuregui.

W: Fábula de Polifemo y Galatea, Dicht. (1612; hg. G. de Salcedo Coronel 1629, m. Komm., n. J. M. Blecua 1960, D. Alonso II ⁴1961; d. W. Pabst 1930 in: ›Revue Hispanique‹ 80, 1930, M. Eschenberger 1956, F. Eggarter, in: ders., Das Spätwerk G.s, 1962); Las Soledades, Dicht. (1613/14; hg. G. de Salcedo Coronel 1936, m. Komm., n. D. Alonso 1956; d. H. Brunn 1934, F. Eggarter, in: ders., Das Spätwerk G.s, 1962, E. Arendt 1982). – Todas las obras, hg. Gonzalo de Hoces 1633; Obras completas, hg. J. u. I. Millé y Giménez ⁵1961;

Obras completas, hg. A. Carreira II 2000; Obras en verso, hg. J. López de Vicuña 1627; Obras poéticas, hg. R. Foulché-Delbosc, N. Y. III 1921; Romances, hg. A. Carreira IV 1998; Epistolario completo, hg. ders. 1999. – *Übs.:* Sonette, Ausw. S. Meurer 1960; R. O. Jones, Poems of G., Anth. Cambr. 1966; Sonette, F. Vogelsang 1985.

L: L. P. Thomas, Paris 1911; R. Foulché-Delbosc, 1921; M. Artigas y Ferrando, 1925; C. L. Penney, N. Y. 1926; A. Reyes, 1927; L. P. Thomas, Paris 1932; E. Brockhaus, Diss. Bonn 1935; E. Orozco Díaz, 1953; A. Comas, J. Reglá, 1960; J. L. Aguirre, 1960; D. Alonso, Estudios y ensayos gongorinos, ^{2}1961; ders., La lengua poética de G., ^{3}1961; ders., G. y el ›Polifemo‹, II ^{4}1961; G. Diego, 1961; J. Camón Aznar, 1962; E. Dehennin, La résurgence de G., Paris 1962; D. Alonso, E. Galbarriato, 1962; B. Müller, G.s Metaphorik, 1963; V. Bodini, Rom 1964; P. Darmangeat, Paris 1964; W. Pabst, L. de G. im Spiegel der dt. Dichtung und Kritik, 1967; R. Jammes, Bordeaux 1967; M. Molho, 1977; J. R. Beverly, Amst. 1980; L. Dolfi, Pisa 1983; E. Cancelliere, Palermo 1990; J. M. Ortiz Juárez, 1997; J. M. Micó, 2001. – *Bibl.:* J. u. I. Millé y Giménez, in: ›Revue Hispanique‹ 81/82, 1933.

Gong Zizhen, chines. Lyriker und Essayist, 22. 8. 1792 Hangzhou – 26. 9. 1841 Danyang (Jiangsu); nach sechs Versuchen besteht G. 1829 die hauptstädt. Prüfung, erlangt aber nur unbedeutende Posten, gibt 1839 aus unbekannten Gründen die Beamtenkarriere auf. – Durch s. neue Interpretation und Wiederbelebung der Han-zeitl. Gongyang-Schule beeinflußte er spätere Reformer und gilt als weitsichtigster Denker s. Zeit. Themen s. bedeutenden ›shi‹-Gedichte sind die Kritik an soz. und polit. Mißständen, die Vergänglichkeit, Leiden und Freuden s. Kindheit und Jugend, aber auch das Schicksal des verkannten Intellektuellen.

A: Gong Zizhen quanji, SW 1959 (n. 1975).

L. u. Übs.: S. S. Wong, Boston 1975.

Gonzaga, Tomás Antônio (Ps. Dirceu), brasilian. Lyriker, 11. 8. 1744 Porto – 1810 Moçambique. Jurastud. Coimbra, seit 1782 Richter im brasilian. Vila Rica do Ouro Preto/Minas Gerais, 1792 wegen angebl. Teilnahme am Aufstand von 1789 Gefängnis u. Verbannung nach Moçambique. ∞ e. reiche Witwe, genoß hohes Ansehen. – Belebte zusammen mit s. brasilian. Dichterfreunden die konventionell-arkad. Thematik durch lebendige Anschauung der Wirklichkeit, im Übergang vom Klassizismus zur Romantik, liberal-aufgeklärt (Vf. e. Abhandlung zum Naturrecht: ›Direito Natural‹), richtete als reifer Mann Gedichte an die e. der ersten Familien von Vila Real entstammende, knapp 16jährige D. Maria Doroteia Joaquina de Seixas (Marília) unter dem Namen Dirceu, welche nächst Camões die bekannteste Liebeslyrik portugies. Sprache darstellen u. sich neben ihrem ungewöhnl. künstler.-formalen Reiz durch die unkonventionelle Aufrichtigkeit des Gefühls auszeichnen. ›Cartas chilenas‹, e. personenbezogene Satire iber. Tradition gegen die portugies. Kolonialverwaltung, lit. unbedeutend.

W: Marília de Dirceu, G. I 1792, II o. J. (n. M. Rodrigues Lapa 1937); Cartas chilenas, Sat. 1845 (vollst. 1863, n. 1940). – Obras Completas (GW), hkA Rodrigues Lapa II 1942, ^{2}1957.

L: T. de Araripe Júnior, 1890; E. Frieiro, 1950; C. Osorio, 1950; A. Cruz, 1954; d. M. Rodrigues Lapa, 1958; L. Helena, 1985; R. Polito de Oliveira, 1995; J. Pereira Furtado, 1995; D. Proença Filho, 1996.

González, Fray Diego Tadeo, span. Dichter, 1732 Ciudad Rodrigo – Sept. 1794 Madrid. Ab 1751 Augustinermönch, Stud. Madrid u. Salamanca; bedeutende Ordensämter, angesehener Kanzelredner und Prior in Salamanca, Pamplona und Madrid. – E. Zeitlang Haupt der Dichterschule von Salamanca; Vorbild Fray Luis de León; klassizist. Tendenz, schrieb Kanzonen nach ital. Manier, Sonette, relig., satir. u. Liebesgedichte.

W: A las Nobles Artes, Ode 1781; Llanto de Delio y profecía de Manzanares, Ekloge 1783; Las edades, Dicht. 1812. – Poesías, 1796 (n. in: ›Biblioteca de Autores Españoles‹, Bd. 61).

González Martínez, Enrique, mexikan. Dichter, 13. 4. 1871 Guadalajara – 19. 2. 1952 Mexiko Stadt. Arzt, Journalist, Politiker, Botschafter. – Der letzte große Dichter des Modernismus, von dem er sich später distanzierte. S. berühmtester Ausruf ›Tuércele el cuello al cisne‹ (Dreh' dem Schwan den Hals um) ist e. Anspielung auf Rubén Darío. Avantgardist, später mit soz. Engagement.

W: Preludios, 1903; Los senderos ocultos, 1911; La muerte del cisne, 1915; Poemas truncos, 1935; El hombre del búho, Aut. 1944; Segundo despertar, 1945; La apacible locura, Aut. 1951. – Obras completas, 1971; Poesías completas, 1944.

L: J. G. Martínez, hg. 1951; F. J. Campos Cornejo, 1978.

González Prada, Manuel, peruan. Schriftsteller, 6. 1. 1848 Lima – 22. 7. 1918 ebda. Aus aristokrat. Familie, Flucht aus dem Priesterseminar, Stud. Rechte; machte sich mit Übsn. aus dem Dt. e. Namen; ∞ die Französin Adriana Verneuil; Reise nach Paris, 1898 Rückkehr nach Lima; seit 1912 Direktor der Staatsbibliothek. – Als Prosaist von s. Zeitgenossen geachtet u. gefürchtet, richtete heftige Angriffe gegen alles Traditionelle; Atheist, Anarchist u. Naturalist. Ergriff Partei für die Unterdrückten u. Arbeiter; Verurteilung ungerechter Privilegien; Kampf gegen Feigheit u. Käuflichkeit. Gab die romant. u. idyll. Metaphern auf u. griff zu Bildern aus der Wissenschaft. Lit. ist für ihn Propaganda u. Angriff; führte in s. Lyrik umwälzende metr. Neuerungen ein; Verzicht auf

Rhythmus; Strophen nach franz., ital. u. engl. Vorbild. E. der großen Neuerer des span. Verses.
W: Páginas libres, Ess. Paris 1894; Minúsculas, G. 1901; Hora de lucha, Ess. 1908; Presbiterianas, G. 1909; Exóticas, G. 1911; Baladas peruanas, G. 1915; Trozos de vida, G. 1933; Bajo el oprobio, Aufs. 1933; Anarquía, Aufs. 1936; Nuevas páginas libres, Ess. 1937; Figuras y figorones, Aufs. 1938; Baladas, Paris 1939; Prosa, 1945. – Obras, VIII 1933–40.
L: H. García Salvatecci, 1972; B. Podestá, 1975; L. A. Sánchez, 1977.

Gonzalo de Berceo → Berceo, Gonzalo de

Goodrich, Samuel Griswold (Ps. Peter Parley), amerik. Verleger und Schriftsteller, 19. 8. 1793 Ridgefield/CT – 9. 5. 1860 New York. Gründer und Verleger von ›The Token‹ (1827–42); schrieb unter s. Pseudonym über 100 moral. Bücher zur Erbauung und Belehrung Jugendlicher.
W: The Tales of Peter Parley about America, 1827; The Tales of Peter Parley about Europe, 1828 (n. 1982); Sketches from a Student's Window, 1851; Recollections of a Lifetime, Aut. II 1856.
L: D. Roselle, 1968.

Gorbatov, Boris Leont'evič, russ. Prosaiker, 15. 7. 1908 Pervomar'evskij rudnik, heute Pervomajsk/Gebiet Doneck – 20. 1. 1954 Moskau. Wuchs im Donbass auf, von Kindheit an polit. aktiv, 1926 im Vorstand des VAPP u. Übersiedelung nach Moskau, Korrespondent versch. Zeitungen, im Krieg Frontberichterstatter, versuchte sich auch als Dramatiker u. Drehbuchautor. – G. widmet s. Werke den Alltagsproblemen im Donbass, den Fünfjahresplänen u. der Stachanovbewegung, bes. erfolgreich waren s. Kriegserzählungen mit romant. Pathos u. lyrischen Passagen.
W: Jačejka, N. 1928; Naš gorod, R. 1930; Moë pokolenie, R. 1933 (Meine Generation, d. 1953); Pis'ma k tovariščú, Ber. 1941–44 (Nach Jahresfrist, d. 1946); Nepokorënnye, N. 1943 (Die Unbeugsamen, d. 1946); Donbass, R. 1951 (d. 1953). – Sobranie sočinenij (GW), IV 1988.

Gorbunov, Ivan Fedorovič, russ. Erzähler, 22. 9. 1831 Kopninskaja fabrika, Gouv. Moskau – 5. 1. 1896 Petersburg. Vater Diener im Hause e. Gutsbesitzers; einige Zeit im Moskauer Gymnas.; trat 1853 in die ›junge Redaktion‹ der Zs. ›Moskvitjanin‹ ein, Bekanntschaft mit A. Ostrovskij und A. Grigor'ev; ab 1855 in Petersburg, dort Schauspieler am Alexandertheater. – Vf. kurzer humorist. Erzählungen, deren Stoff er vorwiegend dem Milieu der Kleinbürger, Kaufleute und Bauern entnimmt; zeichnet dieses Milieu oft in s. äußeren kom. Erscheinungen; steht in der Tradition, die zur Kurzgeschichte Čechovs führt.

A: Polnoe sobranie sočinenij (GW), II 1901–04; Sočinenija, III 1904–07; Jumoristčeskie rasskazy i očerki, 1962; Izbrannoe, Ausw. 1965.
L: E. M. Kuznecov, 1947.

Gordimer, Nadine, anglo-afrikan. Schriftstellerin, * 20. 11. 1923 Springs/Südafrika. Stud. Johannesburg, lebt ebda. ∞ 1954 Reinhold Cassirer. Dozentin in Washington, Harvard, Princeton, Evanston, Ann Arbor, New York. Nobelpreis für Lit. 1991. – Die meisten ihrer Erzählungen haben südafrikan. Hintergrund. Sie schildert komplexe Seelenlagen, Wendepunkte, kurze Augenblicke, in denen der Mensch tiefere Einsichten gewinnt.
W: The Soft Voice of the Serpent, Kgn. 1950 (d. 1995); The Lying Days, R. 1953 (Entzauberung, d. 1956); Six Feet of the Country, En. 1956 (Sechs Fuß Erde, d. 1959, Clowns im Glück, d. 1982); A World of Strangers, R. 1958 (Fremdling unter Fremden, d. 1962); Friday's Footprint, En. 1960 (d. 1966); Occasion for Loving, R. 1963 (d. 1983); Not for Publication, Kgn. 1965 (d. 1997); The Late Bourgeois World, R. 1966 (d. 1994); A Guest of Honour, R. 1970 (d. 1986); Livingstone's Companions, Kgn. 1971 (d. 1998); The Conservationist, R. 1974 (Der Beisitzer, d. 1977); Selected Stories, 1975; Some Monday for Sure, Kgn. 1976; Burger's Daughter, R. 1979 (d. 1981); A Soldier's Embrace, Kgn. 1980 (d. 1999); July's People, R. 1981 (d. 1982); Something Out There, Kgn. 1981 (Eine Stadt der Toten, eine Stadt der Lebenden, d. 1989); A Sport of Nature, R. 1987 (d. 1987); The Essential Gesture, Ess. 1988; My Son's Story, R. 1990 (d. 1991); Jump!, Kgn. 1991 (Die endgültige Safari, d. 1992); Crimes of Conscience, Kgn. 1991; Why Haven't You Written, Kgn. 1992; None to Accompany Me, R. 1994 (d. 1997); Writing and Being, Slg. 1996 (d. 1996); The House Gun, R. 1998 (d. 2000); Living in Hope and History, Ess. 1999 (d. 2000); The Pickup, R. 2001 (Ein Mann von der Straße, d. 2001).
L: R. F. Haugh, 1974; M. Wade, 1978; J. Cooke, 1985; S. Clingman, 1986; A. Hagena, 1987; J. Newman, 1988; R. Smith, hg. 1990; K. Kreimeier, 1991; S. Clingman, 1992; A. V. Ettin, 1993; K. Wagner, 1994; D. Head, 1995; B. Temple-Thurston, 1998; B. J. U. Damanga, 2002. – Bibl.: R. J. Nell, 1964; D. Driver, 1993.

Gordin, Jakob, jidd. Dramatiker, 1. 5. 1853 Mirgorod, Ukraine – 10. 6. 1909 New York. Anhänger Tolstojs, dessen eth. Radikalismus er unter den pauperisierten jüd. Volksschichten, die er in e. ›Biblischen Brüderschaft‹ organisierte, als Schauspieler, Lehrer und sozialer Agitator vertrat. 1890 Auswanderung nach Amerika. – S. dramaturg. Geschick verdankt das jidd. Theaterwesen New Yorks e. nach ihm nicht mehr erreichten Höhepunkt. G. selbst schrieb etwa 80 Stücke, die er meistens nach europ. Vorbildern für das Verständnis der osteurop. jüd. Einwanderer bearbeitete – so schuf er e. ›jüd. Faust‹, e. ›jüd. König Lear‹, e. ›jüd. Fuhrmann Henschel‹ u. ä. Das bedeutendste u. das beliebteste Drama in Gedichten ist wohl ›Mirele Efros‹.

Gordon

A: Alle schriften, IV 1910; Dramen, II 1911; Einakters, 1907.

L: Reisen, Lexikon der jidd. Lit.; Gorin, Hescht. des jidd. Theaters, N. Y. 1918.

Gordon, Adam Lindsay, austral. Dichter, 19. 10. 1833 Fayal/Azoren − 24. 6. 1870 Brighton b. Melbourne. Sohn e. Offiziers der ind. Kavallerie; wuchs in Cheltenham auf, wo s. pensionierter Vater oriental. Sprachen lehrte. Militär-Akad. Woolwich, Stud. Oxford. Wegen zu wilden Jugendstreichen von s. Vater 1853 nach Australien geschickt, wo er für die berittene Polizei Pferde zuritt. Bester Jagdspringreiter Australiens. ∞ 1862 Maggie Park, e. Schottin. Erhielt 1865 e. Sitz im südaustral. Parlament. Nach wirtschaftl. Rückschlägen in Westaustralien zog er 1868 nach Victoria, wo er e. Gestüt gründete. In zunehmender Schwermut, nach mehreren Reitunfällen u. angesichts s. notor. unsicheren Vermögensverhältnisse erschoß er sich 36jährig. − S. von Browning, Swinburne u. a. beeinflußte Lyrik ist ungleich an Wert. Einige s. Gedichte, in denen er das freie Leben in Busch und Ebene schildert, sowie s. Pferdegedichte sind Vorläufer der austral. Balladenkunst. Manche s. Gedichte sind jedoch allzu sentimental und wortreich.

W: Sea Spray and Smoke Drift, G. 1867; Ashtaroth, G. 1867; Bush Ballads and Galloping Rhymes, G. 1870; Poems, hg. M. A. H. Clarke 1887. − The Poetical Works, 1913 (n. 1981); Selected Poems, hg. E. A. Stedman 1933, D. B. Sladen 1934.

L: H. J. Ross, ²1892; E. M. Humphris, 1933; D. B. W. Sladen, 1934; H. J. Samuel, E. M. Heddle, Boy on a Horse, 1957; C. F. MacRae, 1968; W. H. Wilde, 1972; B. R. Elliott, 1973; G. Hutton, 1978.

Gordon, Caroline, amerik. Erzählerin, 6. 10. 1895 Trenton/KY − 11. 4. 1981 Chiapas/Mexiko. Aus alter Pflanzerfamilie, ∞ 1924 Allen Tate, o|o 1959; Dozentin für Erzählkunst an versch. Univ. − Vf. von Kurzgeschichten und hist. Generations- bzw. Heimatromanen aus dem amerik. Süden. ›None Shall Look Back‹ handelt von dem Bürgerkriegsgeneral N. B. Forrest. Mit ihrem Mann edierte sie ›The House of Fiction, An Anthology of the Short Story‹ (1950).

W: Penhally, R. 1931; Aleck Maury, Sportsman, R. 1934; None Shall Look Back, R. 1937; The Garden of Adonis, R. 1937; Green Centuries, R. 1941; The Women on the Porch, R. 1944; The Forest of the South, Kgn. 1945; The Strange Children, R. 1951; The Malefactors, R. 1956; How to Read a Novel, Es. 1957; Old Red, En. 1963; The Glory of Hera, R. 1972. − Collected Stories, 1981; The Collected Stories, 1999; Letters to Sally Wood 1924−37, 1984; A Literary Friendship, Br. 1930−39 von und an Ford Madox Ford, 2000.

L: W. J. Stuckey, 1972; T. H. Landess 1972; R. A. Fraistat, 1984; R. H. Brinkmeyer, Three Catholic Writers, 1985 (m. Bibl.);

Waldron, 1987; V. A. Makowsky, 1989; E. H. Beiswenger, 1990; N. N. Jonza, 1995; A. M. Boyle, 2002. − *Bibl.:* M. C. Sullivan, 1977.

Gordon, Charles William (Ps. Ralph Connor), kanad. Romanschriftsteller, 13. 9. 1860 Glengarry/Ontario − 31. 10. 1937 Winnipeg. Sohn e. schott. presbyterian. Geistlichen, Stud. Toronto u. 1883/84 Edinburgh. 1890 Geistlicher, 1890−93 Missionar unter den Bergarbeitern und Holzfällern der Canadian Rockies, seit 1894 Geistlicher in Winnipeg. Im 1. Weltkrieg Feldprediger. Reformierte 1922 die presbyterian. Kirche Kanadas, Dr. h. c. der Univ. Glasgow und Kingston. − Sein erfolgreiches lit. Werk spiegelt in schlichter Prosa seine Erfahrungen als Missionar im kanad. Westen.

W: Black Rock, R. 1898; The Sky Pilot, R. 1899 (n. R. W. Winks 1970); The Man from Glengarry, R. 1901; Glengarry School Days, R. 1902; The Doctor of Crows Nest, R. 1906; The Dawn by Galilee, R. 1909; The Major, R. 1917; The Runner, R. 1929; The Glengarry Girl, R. 1933; Postcript to Adventure, Aut. 1938.

L: K. Wilson, 1981; J. E. Horton, Diss. Edmonton 1994.

Gordon, Jehuda Leib, hebr. Dichter u. Schriftsteller, 7. 12. 1830 Wilna − 16. 9. 1892 Petersburg. − Veröffentlichte seit 1857 Balladen, Idyllen, Gedichte und Fabeln, die stark von Schiller beeinflußt sind. Enttäuscht und verbittert − er verlor s. bürgerl. Lebensstellung als Sekretär der jüd. Gemeinde von Petersburg − wandte er sich satir. Arbeiten zu, in denen er in pathet. Hebr. die jüd. Gemeindeverhältnisse angriff und sich zum Anwalt der unteren jüd. Schichten machte; auch Essays und Novellen.

W: Ahawat Dawid − Michal, G. 1857; Shire Yehuda, 1868; Olam keminhagò, Sat. o. J.; Kotzò shel jud, Sat. 1877; Bejn schinnej arajot, 1879. − Kol schirej, IV 1883f., VI 1898; Kitwej (AW), II 1953−60.

L: R. Brainin, 1898; A. B. Rhine, Philadelphia 1910 (m. Bibl.).

Gordon, Mary (Catherine), amerik. Schriftstellerin, * 8. 12. 1949 Far Rockaway/NY. Studium, Professorin für engl. Lit. − Verf. von Romanen, die sich mit Geschlechterverhältnissen, moral. Fragen und Religion, bes. dem Katholizismus, auseinandersetzen. Gepriesen für genaue Zeichnung von emotionalen und intellektuellen Haltungen der Figuren.

W: Final Payments, R. 1978 (Die verlorene Tochter, d. 1980); The Company of Women, R. 1981; Men and Angels, R. 1985 (d. 1987); The Other Side, R. 1989 (Ferne Heimat, d. 1997); Good Boys and Dead Girls: And Other Essays, 1992; The Shadow Man, Mem. 1996; Spending: A Utopian Divertimento, R. 1998; Joan of Arc, B. 2000. − Conversations with Mary Gordon, hg. A. Bennett, 2002.

L: A. Bennett, 1996

Gore, Catherine Grace Frances, geb. Moody, engl. Roman- u. Dramenautorin, 1799 East Retford – 29. 1. 1861 Lyndhurst/Hampshire. Tochter e. Weinhändlers; ∞ 1823 Captain Charles Gore, mit dem sie v. a. auf dem Kontinent lebte. – Vf. von rd. 70 damals sehr populären Romanen über das ›fashionable life‹; daneben einige Dramen.

W: Theresa Marchmont, R. 1824; Women as they are, R. III 1830; Mothers and Daughters, R. 1831; Cecil, or the Adventures of a Coxcomb, R. 1841 (n. 1927); The Banker's Wife, R. 1843; The Two Aristocracies, R. III 1857.

L: M. W. Rosa, The Silver-Fork School, ²1964; A. Adburgham, Silver Fork Society, 1983.

Gorenštejn, Fridrich Naumovič, russ. Prosaiker, 18. 3. 1932 Kiev – 2. 3. 2002 Berlin. Wuchs nach der Verhaftung des Vaters u. dem erzwungenen Untertauchen d. Mutter in Kinderheimen u. bei Verwandten auf, 1949 Bauarbeiter, 1950–55 Stud. Bergbauinst. Dnepropetrovsk, dann als Ing. tätig, schrieb parallel Erzählungen u. Drehbücher, absolvierte die Hochschulkurse für Drehbuchautoren beim Schriftstellerverband, 1979 Mitarbeit am Band ›Metropol'‹, 1980 Emigration über Wien nach Berlin, konnte erst nach d. Perestrojka in Rußl. publizieren. – G.s Werk bildet ein Urteil über die Menschheit nach dem Sündenfall des 20. Jh. u. ist geprägt von der Unzufriedenheit e. erfolglosen Lebens, bedient sich in existentialist. Fragen v. a. bei der russ. Klassik u. deren moral. Werten, betont gleichzeitig den kultur. Hintergrund der jüd. Herkunft als Gegensatz zur sowjet. Wirklichkeit, wirft relig. u. humanist. Fragen auf, kreist oft um Probleme des Judentums, des Antisemitismus u. des russ. Chauvinismus sowie um die Stellung des einzelnen in der Gesellschaft.

W: Iskuplenie, R. Tenafly/NJ 1984 (Die Sühne, d. 1979); Psalom, R. 1986 (Psalm, d. 1992); Čok-čok, R. 1992 (d. 1993). – Izbrannoe (Ausw.), III 1991–93.

Gorgias, von Leontinoi, altgriech. Rhetor, um 480 v. Chr. Leontinoi (Sizilien) – um 380 v. Chr. Larissa (?). – Alle Lebensdaten bis auf 427 v. Chr. (G. führt e. Gesandtschaft s. Vaterstadt nach Athen) sind erschlossen, G. war Zeitgenosse des Sokrates, hat wohl den jungen Platon noch gekannt. Durch Redetätigkeit und -unterricht war er schon zu Lebzeiten berühmt. – Vieles von G.' breiter lit. Produktion ist verloren, heute akzeptiert ist die umstrittene Zuweisung der fragmentar. erhaltenen Schrift ›Über das Nichtseiende‹ (hier der berühmte Gedanke: ›Es gibt nichts. Gäbe es etwas, könnte man es nicht erkennen. Könnte man etwas erkennen, wäre es nicht mitteilbar.‹). Vollständig erhalten sind nur die Musterreden ›Lob der Helena‹ (Schuld/Unschuld der Helena) und ›Verteidigungsrede für Palamedes‹ (sc. gegen die Vorwürfe des Odysseus). Beide illustrieren sowohl G.' theoret. Programm (rhetor. Einfluß durch Ansprechen des Intellekts und gezielte Psychagogie) als auch s. prakt. Neuerungen (Übernahme sprachl. Klangmittel aus der Poesie). V. a. der ›Palamedes‹ beeindruckt durch s. lückenlose Argumentation und virtuose Handhabung der künstler. Mittel. G.' techn. Neuerungen wurden schon unmittelbar nach s. Tod fester Bestandteil rhetor. Ausbildung und leben bis in die Stilfibeln der Neuzeit fort.

A: Diels/Kranz Nr. 82; B. Cassin 1980 (Test.); Th. Buchheim 1989 (m. dt. Übs. u. Komm.). – C. W. Vollgraff 1979 (Epit.); D. M. MacDowell 1982 (engl. Übs. u. Komm.); Fr. Donadi 1983 (Helena, m. ital. Übs.).

L: H.-J. Newiger, 1973; R. Wardy, Lond. 1996; E.-R. Schwinge, 1997; M. Franz, 1999; E. Schiappa, New Haven u. a. 1999; V. Caston, in: ders., D. W. Graham, hg. Fs. A. Mourelatos, Aldershot 2002, 205–232.

Gorion, Micha Josef bin → Berdyczewski, Micha Josef

Goris, Jan Albert → Gijsen, Marnix

Gor'kij, Maksim (eig. Aleksej Maksimovič Peškov), russ. Prosaist, 28. 3. 1868 Nižnij Novgorod (seit 1932 Gor'kij) – 18. 6. 1936 Gorki b. Moskau. Vater Leiter e. Schiffahrtskontors; lebte 1873–79 vorwiegend bei s. Großeltern; kurzer Schulbesuch; ab 1879 auf sich selbst gestellt, häufiger Berufswechsel; wurde mit V. Korolenko bekannt, dessen Rat ihm viel bedeutete; wanderte 1891/92, durch Wolgagebiet, Ukraine, Krim und Kaukasus; 1892 erste Erzählung ›Makar Čudra‹, 1898 Skizzen und Erzählungen in Buchform, die auch in Westeuropa großen Erfolg hatten; 1899 erster Roman ›Foma Gordeev‹; 1901 Uraufführung des Schauspiels ›Meščane‹; übernahm 1902 mit Pjatnickij die Leitung des Verlags Znanie; wandte sich den Marxisten und Sozialdemokraten zu, 1905 Bekanntschaft, dann Freundschaft mit Lenin, 1906 Reise nach Amerika, danach in Westeuropa, v. a. auf Capri. Die zwischen 1906 und 1911 verfaßten Werke zeigen polit Tendenz; lehnte 1917 den Terror ab, bekannte sich zur bolschewist. Ideologie und zum Atheismus; 1921–28 im Ausland, bes. Sorrent; war um Rettung der kulturellen Werte bemüht, half Schriftstellern aus Not und Gefahr; war maßgebl. Förderer junger Dichter, e. der Gründer und Vorbild des sozialist. Realismus, wurde wahrscheinl. vom sowjet. Staatssicherheitsdienst ermordet. – S. Helden sind Landstreicher, Abenteurer, denen Regeln und Gesetze nichts gelten, ›Barfüßer‹, Diebe wie die Titelfigur Čelkaš, extreme Individualisten. Die romant. Verbrämung naturalist. Darstellung bürgte in der Atmosphäre der 1890er Jahre in Rußland

Górnicki

für den Erfolg. Führt bemerkenswerte Charaktere aus dem Milieu der Kaufleute im ersten Roman wie in späterem ›Delo Artamonovych‹) vor, der Chronik e. im Niedergang befindl. Kaufmannsgeschlechts; wendet sich in dem Drama ›Na dne‹ dem Problem der Lebenslüge zu, ohne e. echte Lösung zu bringen. Vermag im tendenziösen Roman ›Mat'‹ keine künstler. überzeugenden Charaktere zu geben; fesselt in ›Detstvo‹, dem ersten Band s. dreiteil. Autobiographie, bes. durch das Bild der Großmutter. Aus s. Erinnerungen an zeitgenöss. russ. Dichter heben sich die Aufzeichnungen über L. Tolstoj heraus.

W: Makar Čudra, E. 1892 (d. 1924); Čelkaš, E. 1895 (d. 1958); Dvadcat' šest'i odna, E. 1899 (Sechsundzwanzig und eine, d. 1902); Foma Gordeev, R. 1899 (d. 1901); Troe, E. 1900 (Drei Menschen, d. 1902); Meščane, Sch. 1901 (Die Kleinbürger, d. 1950); Na dne, Sch. 1902 (Nachtasyl, d. 1903); Mat', R. 1907 (Mutter, d. 1946); Ispoved', E. 1908 (Eine Beichte, d. 1924); Detstvo, Aut. 1913 (Meine Kindheit, d. 1917); V ljudjach, Aut. 1914 (Unter fremden Menschen, d. 1915); Vospominanija o Tolstom, Es. 1919 (Erinnerungen an Tolstoj, d. 1920); Moi universitety, Aut. 1922 (Meine Universitäten, d. 1953); Delo Artamonovych, R. 1925 (Das Werk der Artamonovs, d. 1927); Žizn' Klima Samgina, R. 1936 (Das Leben des Klim Samgin, d. IV 1952–57); O literature, Es. 1937; Nesvoevremennye mysli (1917–18), Paris 1971 (Unzeitgemäße Gedanken, d. 1972). – Sobranie sočinenij (W), XXX, 1949–56. – *Übs.:* GW, XVII 1926–31, XXIV 1951ff.; Briefe, 1960; Briefwechsel m. St. Zweig, hg. K. Böttcher 1974.

L: N. Gourfinkel, 1954 (d. 1958); V. Pozner, Erinn. an G., 1957; G. Mayer, Der junge G., 1960; F. M. Borras, Oxf. 1966; I. Weil, N. Y. 1966; G. E. Habermann, 1968; H. Rischbieter, 1973; M. G. v vospominanijach sovremennikov, II 1981; H. Troyat, 1986 (d. 1987); A. Barrat, 1993; A. Knigge, 1994.

Górnicki, Łukasz, poln. Dichter, 1527 Oświęcim – 22. 7. 1603 Lipniki b. Tykocin. Stud. Krakau u. Padua, dann am Hof des gelehrten Krakauer Bischofs u. königl. Kanzlers S. Maciejowski. Zuletzt Sekretär u. Bibliothekar Sigmund Augusts. – Verbindet die Haltung des traditionsbewußten poln. Adligen mit dem ital. Humanismus. Vf. zahlr. hist. u. dichter. Werke. Bedeutendstes Werk des poln. Frühhumanismus s. inhaltl. u. sprachl. meisterhafte Übs. u. Bearbeitung von Castiglione ›Cortegiano‹. Seneca-Übs.

W: Dworzanin polski, Schr. 1566 (n. 1929; Der poln. Demokrit als Hofmann, d. 1856); Rozmowa Polaka z Włochem o wolnościach i prawach polskich, Schr. 1616 (Unterredung von der Wahl, d. 1573); Dzieje w koronie polskiej od r. 1538 do 1572, Mem. 1637; Droga do zupełnej wolności, Schr. 1650. – Dzieła wszystkie (SW), III 1886; Pisma (GW), II 1961.

L: R. Löwenfeld, 1884; I. Kozielewski, 1929.

Gorodeckij, Sergej Mitrofanovič, russ. Lyriker und Erzähler, 17. 1. 1884 Petersburg – 8. 6. 1967 Moskau. Stud. Moskau, Journalist, 1917 Teilnehmer an der Revolution. – Anfangs Symbolist. Mit M. Gumilëv 1912 Begründer des Akmeismus. S. frühe kraftvolle, ursprüngl. Lyrik mit Motiven der Volksmythologie beeinflußte die sog. ›Bauerndichter‹. Spätere Gedichte u. Romane dienten der kommunist. Propaganda. Auch Kritiker u. Übs.

W: Jar', G. 1907; Perun, G. 1907; Dikaja volja, G. 1908; Rus', G. 1908; Rasskazy, En. 1909 (n. 1980); Sobranie stichov, G. II 1910–16; Dni ljubvi, E. 1914; Cvetuščij posoch, G. 1914; Dal'nie molnii, R. 1916; Serp, G. 1920; Mirolom, G. 1923; Gran', G. 1929. – Stichotvorenija i poèmy, G. u. Poeme 1960, 1974; Stichi, G. 1964.

Gorostiza, José, mexikan. Lyriker, 10. 11. 1901 Villahermosa – 16. 3. 1973 Mexiko Stadt. Prof., Diplomat, Politiker. – Eigenständige, kunstvolle düstere Lyrik in modernist. Art, beeinflußt von der span. Klassik u. J. R. Jiménez.

W: Canciones para cantar en las barcas, 1925; Muerte sin fin, 1939 (d. 1995); Prosa, 1959; Poesía, ^{2}1971 – Poesía y poética, hg. u. komm. E. Ramírez 1989; Poesía completa, hg. G. Sheridan 1996.

L: R. Xirau, Tres poetas de la soledad, 1955; M. S. Rubin, 1966; E. Dehennin, 1973; J. Gelpí, 1984.

Gorrio, Tobia → Boito, Arrigo

Górski, Artur (Ps. Quasimodo), poln. Literat, 2. 7. 1870 Krakau – 7. 12. 1959 Warschau. 1896 Dr. jur. Krakau, Redakteur der lit. Zs. ›Życie‹. – Unter Ps. 1898 Veröffentlichung der programmat. Artikel ›Młoda Polska‹ (Junges Polen), gab der lit. Bewegung den Namen. Hrsg. der Werke Słowackis, Mithrsg. der Mickiewicz-Ausg. des Sejm. Übs. Shakespeares Sonette u. Dantes ›Vita nuova‹. Versuchte, den poln. Messianismus wiederzubeleben.

W: Monsalwat. Rzecz o A. Mickiewiczu, Schr. 1908; Godło, Schr. 1915 f.; Na nowym progu, Schr. 1918; Przede dniem, Schr. 1918; O wieszczeniu w sztuce, Schr. 1920; Chłop, Dr. 1922; Klechdy, E. 1925; Śluby, Dr. 1927; Rzecz o nadziei, Ess. 1963.

Gorter, Herman, niederländ. Dichter, 26. 11. 1864 Wormerveer – 15. 9. 1927 Brüssel. Sohn des mennonit. Geistlichen u. Schriftstellers Simon G.; Stud. Altphilol., einige Zeit Lehrer in Amersfoort. Seit 1898 Hrsg. der sozialist. Zss. ›De Jonge Gids‹ u. ›De Nieuwe Tijd‹. Schließl. Kommunist. Wirkte aktiv mit in der Arbeiterbewegung. – Auf s. 1. Lebensstufe entstand aus der Freude am Leben das ep. Gedicht ›Mei‹. Die Verkörperung der vergängl. Schönheit der Natur in der Gestalt e. weibl. Wesens; Mei wird von Liebe ergriffen zu Balder, der unvergängl. Seele, die nur unvollkommen durch die Musik sinnl. wahrnehmbar ist. Aber Mei kann sich nicht vereinigen mit dem

Ewigen, sie bejaht die seel.-sinnl. Verschmelzung mit dem Dichter als einzig mögl. Vereinigung. Sie muß sterben, wenn ihre Zeit verstrichen ist. ›Mei‹, e. Epos in 5füß. gereimten Jamben von großer Klangschönheit, verherrlicht die niederländ. Landschaft u. war die Erfüllung aller Erwartungen der Dichter der 80er Jahre: G. war mit einem Schlag berühmt. Auf s. 2. Lebensstufe glaubt er unter Einfluß Spinozas die metaphys. Einheit aller Erscheinungen zu erkennen. Auf s. 3. Stufe wendet er sich gegen die individualist. eingestellten Dichter der 80er Jahre. Idealist ohne Kompromisse u. selbstsüchtige Absichten, ohne Bereitschaft, der Masse zu schmeicheln. In ›Pan‹ (fast 12 000 Verse) sucht er darzustellen, daß die Menschheit erst dann glückl. sein wird, wenn sie nach erfolgr. Bekämpfung von Macht u. Geld in e. innigeres Verhältnis zur Natur u. zum Weltall tritt.

W: Mei, Ep. 1889 (d. 1909); Verzen, 1890, 1916; Kenteringssonnetten, 1891 u. 1893; De school van de poëzie, G. 1897; Een klein heldengedicht, 1906 (d. 1909); Pan, Ep. 1912, 1916; Verzen, II 1928; Liedjes, 1930; De arbeidersraad, G. 1931; Sonnetten, 1934; De groote dichters, Ess. 1935. – Verzamelde werken, VIII 1948–52; Verzamelde lyriek tot 1905, 1966.

L: W. van Ravesteyn, 1928; H. Roland Holst, 1933; J. C. Brandt Corstius, 1934; H. Marsman, 1937; R. Antonissen, H. G. u. H. Roland Holst, 1946; J. de Kadt, 1947; H. Mussche, 1953; E. Endt, 1964 u. 1985; H. de Liagre Böhl, 1973; ders., 1996 (Biogr.).

Goscinny, René, franz. Zeichner und Texter, Schöpfer des Asterix, 14. 8. 1926 Paris – 5. 11. 1977 ebda. Collège français Buenos Aires, Werbetexter, Graphiker, Erfinder von Bildgeschichten in New York, Brüssel, Paris; 1959 Gründer und Redaktionsleiter der franz. Zs. ›Pilote‹, Verleger und Produzent von Zeichentrickfilmen. – Mit Raffinesse u. Anspielungsreichtum persifliert G. nationale Mythen der Vergangenheit u. des gegenwärtigen Alltags.

W: Lucky Luke, XLI 1955ff.; Le petit Nicolas, V 1960ff.; Astérix le Gaulois, XXVII 1961ff.; Le grand vizir Iznogoud, XVII 1966ff. – Alle ins Dt. übs.

L: M. Guillaume, 1997; G. Vidal, A. Goscinny, 1997.

Gossaert, Geerten (eig. Frederik Carel Gerretson), niederländ. Lyriker u. Essayist, 9. 2. 1884 Kralingen – 27. 10. 1958 Utrecht. Stud. Utrecht, Brüssel, London, Heidelberg (Dr. phil.); Arbeit im Kolonialministerium und bei Petroleumgesellschaften. 1925–54 Prof. für Gesch. von Niederl.-Indien, seit 1938 auch für niederländ. Verfassungsgesch., 1925–56 Mitgl. der 1. Kammer. – Romant.-aristokrat., formstrenger, doch in s. Themen leidenschaftl. Lyriker. Essayist und Historiker. Kalvinist. bestimmte Religiosität u. starkes Nationalgefühl.

W: Experimenten, G. 1911 (d. R. A. Schröder 1929), erw. A. 1954; Ess. 1947. – GW, hg. G. Puchinger III 1973–75.

L: J. de Gier, Stichtelijke ... experimenten, 1982.

Gosse, Sir Edmund William, engl. Biograph, Kritiker und Essayist, 21. 9. 1849 Hackney/London – 16. 5. 1928 London. 1867–75 Bibliothekar im Brit. Museum. ∞ 1875 Ellen Epps. 1875–1905 Übersetzer der Handelskammer, 1884–90 Prof. für engl. Lit. Cambridge. 1904–14 Bibliothekar des brit. Oberhauses. Beschäftigte sich eingehend mit skandinav. Sprachen, bahnbrechend tätig, um das Verständnis für Ibsen in England zu wecken. Eng befreundet mit Swinburne, Stevenson und H. James. – Wurde weit bekannt durch s. 1918–28 wöchentl. in der ›Sunday Times‹ erscheinenden ›Causeries‹. Vielseitiger Biograph und einflußr. Lit.kritiker. S. beachtlichstes Werk ist das Porträt s. viktorian. Vaters in ›Father and Son‹. Auch idyll. Natur- und Landschaftslyrik.

W: Gray, B. 1882; Life of Congreve, B. 1888; History of 18th Century Literature, 1889; Life and Letters of John Donne, B. II 1899; Father and Son, Aut. 1907 (n. C. Ballantine 1970, J. Hepburn 1974); Ibsen, St. 1907; Collected Poems, 1911; Two Visits to Denmark, Reiseber. 1911; Collected Essays, IV 1913; Life of Swinburne, 1917; Transatlantic Dialogue, Br. 1966.

L: E. E. Charteris, 1931 (m. Bibl.); A. Thwaite, 1984.

Gosselin, Louis-Léon-Théodore → Lenôtre, Georges

Gosson, Stephen, engl. Schriftsteller 17. 4. 1554 Canterbury (Taufe) – 13. 2. 1624 London. Erzogen in der streng kirchlichen und humanistisch geprägten Queen's School in Canterbury, ab 1572 Stud. Oxford; zunächst Bühnenautor u. Schauspieler, 1600 Vikar in Bishopsgate/London. – Bekannt durch s. scharfen Attacken auf das Theater, vor allem in ›The Schoole of Abuse‹. In dieser Prosasatire wird das Theater als Ursprung zahlreicher Täuschungen und beabsichtigter Verwirrung von Sein und Schein, so z.B. Geschlecht der Schauspieler, Alter, sozialer Status etc. bezeichnet. Damit ist das Theater auch Quelle moralischer Subversion und Verführung; er erscheint G. zudem als Zeichen der zunehmenden Verweiblichung seines Landes, das Illusion vor althergebrachte Tugenden wie Kraft, Härte und Widerstandsfähigkeit stellt.

W: The Schoole of Abuse, Sat. 1579; The Ephemerides of Phialo, Sat. 1579; Playes Confuted in Five Actions, Sat. 1582.

L: W. Ringler, 1942; A. F. Kinney, Markets of Bawdrie: The Dramatic Criticism of S. G., 1974.

Goszczyński, Seweryn, poln. Dichter, 4. 11. 1801 Ilińce (Kiev) – 25. 2. 1876 Lemberg. Beamtensohn; humanist. Gymnas. Freundschaft mit J. B. Zaleski u. Grabowski. Vom Bauernaufstand stark beeindruckt. 1820 Univ. Warschau. 1831 Teilnahme bei der Erstürmung des Warschauer Belvederes. Nach Scheitern des poln. Aufstandes Paris u. Schweiz. Stark vom Mystizismus Towiańskis beeinflußt. Anfang der 1870er Jahre Rückkehr nach Lemberg. – E. der bedeutendsten Vertreter der sog. ›ukrain. Schule‹. Im Frühwerk düstere Tragik im Stile Byrons. Reifstes Werk ›Król zamczyska‹, realist.-allegor. Erzählung, dem Symbolismus nahe: e. verfallendes Schloß, dessen Grundmauern unerschüttert geblieben sind, als Symbol Polens u. s. Volkes. Heftiger Feind des Klassizismus (Fredro). Phantasie u. Volkssprache G.s wirken in poln. Dichtung nach. Übs. Ossians (1838).

W: Zamek kaniowski, Ep. 1828 (Das Schloß von Kaniow, d. 1832); Sobótka, Ep. 1834; Król zamczyska, R. 1842 (n. 1961); Dziennik podróży do Tatrów, Reiseb. 1853 (n. 1958); Posłanie do Polski, Ep. 1869. – Dzieła zbiorowe (GW), hg. Z. Wasilewski IV 1911; Poezje, II 1891; Wybór pism rewolucyjnych, 1948; Dziennik Sprawy Bożej, Schr. II 1985. – Poezje wybrane (ausgew. G.), 1978; Listy, Br. 1937.

L: B. Suchodolski, 1927; J. Rosnowska, 1977.

Gotta, Salvatore, ital. Autor, 18. 5. 1887 Montalto Dora b. Ivrea/Piemont – 7. 6. 1980 Rapallo. Promotion in Jura (Turin). Mitarbeit an ›La Stampa‹, ›Corriere della Sera‹ u.a. Zeitungen. Vf. zahlr., meist hist. Romane, Novellen, Kinderbücher u. Theaterstücke; zeichnet sich durch psycholog. geschickte Charakterdarstellung aus. Bes. glücklich in der Schilderung von Problemen der Kindheit u. des krit. Übergangsalters.

W: Prima del sonno, Nn. 1909; Il piccolo alpino, R. 1926; La sagra delle vergini, R. 1928 (Heimkehr im Sturm, d. 1960); La damigella di Bard, K. 1936; Ottocento, R.-Zyklus III 1940–49; La saga dei Vela, R.-Zyklus (ursprüngl. XXIX 1912–50) III 1954 (1. Romantisches Vorspiel, d. 1957, 2. Die Vela-Saga, 1959, 3. Späte Heimkehr, 1962); L'almanacco di Gotta, autobiograph. Sk. ²1966; Il progresso si diverte, R. 1967; L'indemoniata, R. 1969; Addio, vecchio Piemonte!, R. 1970; Il fiore di Matisse, R. 1971.

L: Bibl.: S. Pugliese, 1929.

Gottfried von Monmouth → Geoffrey of Monmouth

Goudge, Elizabeth (de Beauchamp), engl. Romanschriftstellerin, 24. 4. 1900 Wells/Somerset – 1. 4. 1984 London, Zeichenlehrerin in Ely und Oxford. – Vf. lebensbejahender, humorvoller, stellenweise etwas sentimentaler Unterhaltungsromane und Kindergeschichten. Am bekanntesten ihr Bestseller-Roman aus der Biedermeierzeit ›Green Dolphin Country‹.

W: Island Magic, R. 1932 (d. 1935); The Middle Window, R. 1933; Towers in the Mist, R. 1936 (Unter den Türmen von Oxford, d. 1967); The City of Bells, R. 1936 (d. 1966); Three Plays, Sch. 1937; Smokey House, R. 1938 (Der Mann mit dem roten Halstuch, d. 1950); The Bird in the Tree, R. 1940 (d. 1969); The Castle on the Hill, R. 1942; Henrietta's House, R. 1942 (d. 1950); Green Dolphin Country, R. 1944 (Der grüne Delphin, d. 1945); The Little White Horse, E. 1947 (d. 1953); Songs and Verses, 1948; Make Believe, Kgn. 1949; Gentian Hill, R. 1949 (d. 1951); The Reward of Faith, Kgn. 1950; God so Loved the World, E. 1951 (Der Mann aus Nazareth, d. 1954); The Valley of Song, E. 1951 (d. 1958); The Heart of the Family, R. 1953 (d. 1971); The Rosemary Tree, R. 1956 (d. 1956); St. Francis of Assisi, B. 1959 (d. 1961); The Dean's Watch, R. 1960 (Das Testament des Mr. Adam, d. 1961); The Scent of Water, R. 1963 (Das Erbe der Miss Lindsay, d. 1964); I Saw Three Ships, Kdb. 1969; The Child from the Sea, R. 1970 (d. 1971); The Joy of the Snow, Aut. 1974 (Regenbogen meines Lebens, d. 1975).

Goudouli, Pierre (auch Goudelin, P.), franz. Dichter okzitan. Sprache, 1579 Toulouse – 1649 ebda. Maßgeblich an der Renaissance der okzitan. Kultur und am Widerstand gegen den kulturellen Zentralismus am Hofe der Katharina de Medici beteiligt. – Schreibt Stanzen, Oden, Sonette und Epigramme im Toulouser Dialekt, die 1617 erstmals gesammelt und ediert wurden. Seine bekannteste Dichtung ›A l'huruoso memorio‹ brachte ihm den Ruhm seiner Vaterstadt.

A: Ramelet Mundi, 1617; Œuvres complètes, hg. A. Abadie 1843.

L: A. Abadie, 1862.

Gourmont, Rémy de, franz. Schriftsteller, 4. 4. 1858 Schloß La Motte, Bazoches-en-Houlme/Orne – 27. 9. 1915 Paris. Stud. Philol. Caen. Ab 1883 Angestellter der Bibliothèque Nationale Paris, 1891 entlassen (wegen e. als deutschfreundl. verurteilten Artikels). 1889 Mitgründer und Mitarbeiter des ›Mercure de France‹, schrieb für viele Zsn. Lebte, durch Krankheit verunstaltet, sehr zurückgezogen als Oblate des Benediktinerordens. Freundschaft mit s. ›Amazone‹, der Amerikanerin Natalie Clifford Barney. – Unabhängiger, vorurteilsloser Geist, Skeptiker und Atheist. Vorkämpfer des Symbolismus. Vielseitiges Schaffen, in erster Linie Essayist. Ferner Gedichte, Romane, Erzählungen, künstl. Dichtungen in musikal. Sprache, formal von Mallarmé, inhaltl. von Huysmans beeinflußt, die allen Erscheinungen der Dekadenz, bes. sexuellen Fragen, nachgehen. Bedeutender Kritiker mit subtilem Geschmack, tiefer Bildung und Weitblick. Hervorragende sprachästhet. lit. und philos. Essays, die sich für alles Neue offen zeigen und die echten Werte der Tradition von den zu Unrecht übernommenen scheiden.

W: Les Français au Canada et en Arcadie, Es. 1888; Sixtine, R. 1890; Lilith, Dr. 1892; Le Latin mystique, Es. 1892; Théodat, Dr. 1893; Hiéroglyphes, G. 1894; Histoires magiques, Nn. 1894; Epilogues, Es. 1895–1910; Le pèlerin du silence, N. 1896; Le livre des masques, Ess. II 1896–98; Le vieux roi, Dr. 1897 (d. 1913); Les chevaux de Diomède, R. 1897; Les saintes du Paradis, G. 1898; D'un pays lointain, N. 1898; Le songe d'une femme, Nn. 1899; Esthétique de la langue française, Es. 1899; La culture des idées, Es. 1900; Oraisons mauvaises, G. 1900; Simone, G. 1901; Le problème du style, Es. 1902; Le chemin de velours, Es. 1902; Epilogues, Ess. VI 1903–13; Physique de l'amour, Es. 1903 (d. 1910); Promenades littéraires, Ess. VII 1904–27; Promenades philosophiques, Ess. III 1905–09; Une nuit au Luxembourg, N. 1906 (d. 1908); Un cœur virginal, R. 1907 (d. 1908); Divertissements, G. 1912; Lettres à l'Amazone, Ess. 1914; Pendant l'orage, Ess. 1915; Dans la tourmente, Ess. 1916; Pendant la guerre, Ess. 1917; La patience de Griseldis, E. 1920; Lettres à Sixtine, 1921; L'ombre d'une femme, Dr. 1923; Dissociations, Es. 1925; Lettres intimes à l'Amazone, Ess. 1926; Les frères Zemganno, 1981.

L: A. de Ridder, 1919; P. E. Jacob, 1931; R. Goedecke, Diss. Lpz. 1933; G. Rees, 1940; E. Martinet, 1945; K. D. Uitti, Princeton 1962; E. D. Calamaro, 1963; G. S. Burne, Carbondale 1963; M. C. Bayle, 1983. – Bibl.: J. de G. u. R. Delle Donne, 1922; C. Dankig, 1992; Gillybœuf, 1994.

Govardhana, ind. Dichter, um 1175 n. Chr. Sohn des Nīlāmbara; Zeitgenosse Jayadevas; lebte wie dieser am Hof des bengal. Königs Lakṣmaṇasena (12. Jh. n. Chr.). – Vf. der ›Āryāsaptaśatī‹ (Siebenhundert Āryā-Strophen), e. Sammlung von 700 erot. Strophen in Sanskrit, in der alphabet. Anordnung nach den Anfangsbuchstaben ihrem Vorbild, → Hālas ›Sattasaī‹, folgend. Die ›Āryāsaptaśatī‹ ihrerseits diente → Bihārīlāls ›Satsaīya‹ als Vorbild.

A: Āryāsaptaśatī, hg. P. Durgāprasāda, in: Kāvyamālā, 1886, ²1895, n. 1988, hg. S. Misra 1931, 1987.

L: P. K. Das Gupta, 1982.

Govardhanrām Tripāṭhī → Tripāṭhī, Govardhanrām Mādhavrām

Govekar, Fran, slowen. Schriftsteller u. Dramatiker, 9. 12. 1871 Ig b. Ljubljani – 31. 3. 1949 Ljubljana. Stud. Medizin Wien, Journalist, Beamter. – Wichtigster slowen. Naturalist mit Elementen der Neoromantik, Vorbild Zola.

W: Ljubezen v rodoljublje, Nn. 1896; V krvi, R. 1896; O te ženske, Nn. 1897; Legionarji, Dr. 1904; Grča, Dr. 1910; Svitanje, R. 1921; Petar Kajetan, R. 1924; Rokovnjaci, Dr. 1928.

L: D. Moravec, 1978.

Gover, Robert (Ps. O. Govi), amerik. Romancier, * 2. 11. 1929 Philadelphia/PA. Versch. Berufe: Reporter, Gelegenheitsarbeiter, Handelsvertreter. Schriftsteller in Kalifornien. – S. Unterhaltungsromane über die schwarze, natürl. wirkende Prostituierte Kitten, den weißen Collegejungen und späteren Spießer J. C. Holland und das Auf und Ab ihres Verhältnisses sind – kontrastiv und auch sprachl. differenziert aus beider Perspektive berichtet – erfolgr. Parodien auf den Kult, den die mod. amerik. Gesellschaft mit Geld und Sex treibt.

W: One Hundred Dollar Misunderstanding, R. 1963 (d. 1965); The Maniac Responsible, R. 1963; Here Goes Kitten, R. 1964 (Kitten in der Klemme, d. 1967); Poorboy at the Party, R. 1966; J. C. Saves, R. 1968 (Trip mit Kitten, d. 1971); Going for Mr. Big, R. 1973; Tomorrow Now Occurs Again, R. 1975; Getting Pretty on the Table, R. 1975.

Govoni, Corrado, ital. Dichter, 29. 10. 1884 Tamara/Ferrara – 20. 10. 1965 Rom. Bauernfamilie. Landwirt, Geflügelzüchter, dann Angestellter in Rom. – Anfangs unter dem Einfluß des ›Poema paradisiaco‹ von D'Annunzio u. der georg., sehnsüchtigen Dichtung von Pascoli. Vertreter des Crepuscolarismo. Mit den ›Poesie elettriche‹ Anschluß an den Futurismus. In s. Reife schrieb er persönl., bilderreiche, plast. Gedichte mit sinnl. Erfassung der Gefühlswirklichkeit, z. T. über s. Heimweh nach dem Leben in der Provinz. In den ›Canzoni a bocca chiusa‹ Erneuerer der ländl. Poesie durch Verwendung von Bildern aus Mechanik u. Industrie.

W: Le fiale, G. 1903; Armonia in grigio et in silenzio, G. 1903; Fuochi d'artifizio, G. 1905; Poesie elettriche, G. 1911; L'inaugurazione della primavera, G. 1915; La santa verde, E. 1919; Anche l'ombra è sole, E. 1920; La terra contro il cielo, E. 1922; La strada sull'acqua, E. 1923; Brindisi alla notte, G. 1924; Canzoni a bocca chiusa, E. 1938; La Madonna dei pastori, Dr. 1939; Preghiera al trifoglio, G. 1953; Stradario della primavera e altre poesie, G. 1958; Uomini sul delta, R. 1960; Poesie (1903–59), G. 1961.

L: E. Cecchi, 1912; E. Mazzali, 1963.

Gower, John, engl. Dichter und Gelehrter, um 1330 Kent – 1408 Southwark/Kent. Landedelmann, lebte zeitweise in London, Freund Chaucers. ⚭ 1398 Agnes Groundolf. Angesehen am Hofe, zunächst Anhänger von Richard II., später von Heinrich IV., wohlhabender, ernster, kultivierter Mann. Erblindete um 1400, zog sich 70jährig ins Kloster St. Mary Overies zurück, dessen Kirche heute die Southwark Cathedral ist; dort beigesetzt. – Sicherheit in der Beherrschung lat., franz. und engl. Versdichtung, ausgezeichnet in Stil und Versmaß, es fehlten ihm jedoch die Brillanz und der Humor Chaucers. Verfaßte jeweils 1 Dichtung in lat., franz. und engl. Sprache. S. ›Mirour de l'omme‹ oder ›Speculum Meditantis‹ ist e. didakt. Allegorie in 30 000 achtsilbigen franz. Versen, jahrhundertelang verloren, 1895 in

Cambridge wiedergefunden. Die polit. satir. Allegorie ›Vox Clamantis‹ in eleg. lat. Versen behandelt die Bauernrevolte von 1381, beklagt soz. Mißstände. S. wichtigstes Werk, ›Confessio Amantis‹, entstand zwischen 1386–99. Es handelt sich um e. engl.sprachige Sammlung von über 100 Geschichten aus klass., bibl. und ma. Quellen in 8 Büchern, von denen 7 jeweils eine Todsünde illustrieren. Das Werk wird durch e. Rahmenerzählung in Form e. Beichte zusammengefaßt und enthält 33 400 paarweise reimende Achtsilber.

W: Mirour de l'omme oder Speculum Meditantis, um 1376 (neuengl. W. B. Wilson 1992); Vox Clamantis, nach 1381; Confessio Amantis, 1386–99 (hg. R. A. Peck 1968; mod. engl. T. Tiller 1963, d. A. Pauli 1856); Complete Works, hg. G. C. Macaulay IV 1899–1902; Major Latin Works, engl. E. W. Stockton 1962.
L: W. G. Dodd, Courtly Love in Chaucer and G., 1913; C. S. Lewis, The Allegory of Love, 1936; M. Wickert, 1953; D. Siegmund-Schultze, 1955; J. H. Fischer, 1965; E. Weber, 1965; G. Schmitz, 1974; M. Ito, Tokio 1976; R. A. Peck, 1978; R. F. Yeager, hg. 1989; P. Nicolson, hg. 1991; K. Olsson, 1992; J. Simpson, 1995. – Bibl.: R. F. Yeager, 1981; Manual ME 7. XVII, 1986; P. Nicholson, 1989.

Goyen, William, amerik. Schriftsteller, 24. 4. 1915 Trinity/TX – 30. 8. 1983 Los Angeles. Stud. Lit. Rice Institute, Houston; Teilnahme am 2. Weltkrieg, Europareisen, freier Schriftsteller in New York. – Lit. Außenseiter, der in lyr. Prosa e. völlig verinnerlichte Welt schildert, wie in dem von E. R. Curtius sehr hervorgehobenen ›The House of Breath‹, e. Roman der Erinnerung an e. Kindheit.

W: The House of Breath, R. 1950 (d. 1952 u. 1983); Ghost and Flesh, Kgn. 1952 (d. 1955); In a Farther Country, R. 1955 (d. 1957); The Faces of Blood Kindred, En. 1960 (Zamour, d. 1956); The Diamond Rattler, Dr. 1960; The Fair Sister, R. 1963 (Savata, d. 1964); A Book of Jesus, Ess. 1973; Come the Restorer, R. 1974; Arcadio, R. 1983; Had I a hundred mouths, hg. R. Gibbons, En. 1947–83, 1985; Half a look of Cain, E. 1994. – Selected Writing, 1974; The Collected Stories, 1975; Selected Letters, hg. R. Philips 1995. – Übs.: Erzählungen, 1974.
L: R. Gibbons, 1991. – Bibl.: S. T. Wright, 1986.

Goytisolo, José Agustín, span. Lyriker, 13. 4. 1928 Barcelona – 19. 3. 1999 Madrid. Jurastud., Verlagsleiter Barcelona. – Umfangreiches, vielfältiges, stark autobiograph. lyr. Werk; eleg.-krit. Blick auf die soz. Realität; Wiederbelebung traditioneller Formen u. Motive. Auch Übs. (u. a. Pasolini, Ungaretti) u. Hrsg. (Lyrikanthologie).

W: El retorno, 1955; Salmos al viento, 1958; Claridad, 1960; Años decisivos, 1961; Algo sucede, 1968; Palabras para Julia y otras canciones, 1979; Los pasos del cazador, 1980; A veces gran amor, 1981; Sobre las circunstancias, 1983; Final de un adiós, 1984; El rey mendigo, 1988; La noche le es propicia, 1992.
L: C. Riera, Hay veneno y jazmín en tu tinta, 1991.

Goytisolo, Juan, span. Romanschriftsteller, * 5. 1. 1931 Barcelona. Während des Bürgerkriegs in e. katalan. Dorf; Klosterschule, Stud. Rechte Barcelona u. Madrid. Lebte seit 1965 bis Francos Tod in Paris. – S. Werk ist geprägt durch das Erlebnis des Span. Bürgerkriegs u. spiegelt s. Besorgnis um die soz. u. polit. Umstände des heutigen Spanien wider. Schlichte Prosa. S. jüngeren Werke, stark an der arab. Welt orientiert, zeigen Tendenz zum Sprachexperiment sowie Infragestellung traditioneller Werte.

W: Juegos de manos, R. 1954 (Die Falschspieler, d. 1958); Duelo en el Paraíso, R. 1955 (Trauer im Paradies, d. 1958); Fiestas, R. 1956 (Das Fest der anderen, d. 1960); El circo, R. 1957; La resaca, 1958 (Strandgut, d. 1965); Campos de Níjar, Reiseber. 1960; Para vivir aquí, En. 1960; La isla, R. 1961 (Sommer in Torremolinos, d. 1963); Fin de fiesta, R. 1962; Señas de identidad, R. 1966 (d. 1978); Furgón de cola, Ess. 1967; Problemas de la novela, Ess. 1969; Reivindicación del Conde Don Julián, R. 1970 (d. 1976); Juan sin Tierra, R. 1975 (d. 1981); Disidencias, Ess. 1977 (d. 1984); Crónicas sarracinas, Ess. 1982; Paisajes después de la batalla, R. 1982 (d. 1990); Coto vedado, Mem. 1985 (d. 1994); En los reinos de Taifa, Mem. 1986 (Die Häutungen der Schlange, d. 1995); La cuarentena, Prosa 1991 (d. 1993); Cuaderno de Sarajevo, Es. 1993 (d. 1993); La saga de los Marx, R. 1993 (d. 1996); El sitio de los sitios, R. 1995 (Das Manuskript von Sarajewo, d. 1999); Las semanas del jardín, R. 1997; Carajicomedia, R. 2000. – Übs.: Spanische Gewissenserforschung, Ess. 1966 (span./dt.); Spanien und die Spanier, 1969.
L: J. Ortega, 1972; L. Gould Levine, J. G., la destrucción creadora, 1976; M. Albert Robatto, 1977; S. Sanz Villanueva, 1977; L. G. Levine, Mexiko 1977; J. Lázaro, La novelística de J. G., 1985; G. Doblado, 1988; A. L. Six, New Haven 1990; M. Elsener, 1994; A. M. Ruiz Campos, 1996; E. LeVagueresse, Paris 2000; S. Black, Liverpool 2001; M. Gallego Fernández de Aránguiz, 2001. – Bibl.: L. G. Levine, 1976.

Goytisolo, Luis, span. Schriftsteller, * 17. 3. 1935 Barcelona. Bruder von Juan G. – Schildert voller Pessimismus, realist. u. kraß in harter, lebendiger Sprache Passivität und dumpfe Stagnation im span. Leben der Gegenwart. Lit. Durchbruch 1973; seit 1994 Mitglied der Span Akad.

W: Las afueras, R. 1958 (Auf Wegen ohne Ziel, d. 1960); Las mismas palabras, R. 1962; Ojos, circulos, buhos, 1970; Antagonía: Recuento, R. 1973; Los verdes de mayo hacia el mar, R. 1976; La cólera de Aquiles, R. 1979; Teoría del conocimiento, R. 1981; Estela del fuego que se aleja, R. 1984 (d. 1987); Investigaciones y conjeturas de Claudio Mendoza, R. 1985; La paradoja del ave migratoria, R. 1987; Estatua con palomas, R. 1992; Placer licuante, R. 1997; Diario de 360°, R. 2000.
L: B. Hofmann, Tüb. 1991; C. J. García, Metanovela 1994; A. M. Sobiesuo, 1997.

Gozzano, Guido Gustavo, ital. Dichter, 19. 12. 1883 Aglié Canavese – 9. 8. 1916 ebda. Stud. Rechte Turin, übte nie e. Beruf aus. Schon während des Stud. schwer lungenkrank. 1912/13 Reise nach Indien. – Beeinflußt von D'Annunzio (›Poema paradisiaco‹), Jammes u. Verlaine. Sehnsucht, Schwermut u. Todesahnung bestimmen s. Dichtung. Größter Dichter der ›Crepuscolari‹. Bei G. ist die Illusionslosigkeit, die bei anderen nur e. Manier ist, wirkl. u. echt. S. Gefühl, dem Leben nicht gewachsen zu sein, und s. aussichtslose und traurige Zukunft führen zu e. Flucht vor dem Leben u. e. romant. Hinwendung zu den alten u. kleinen Dingen, zum einfachen bürgerl. Leben in der Provinz. Beeinflußte wesentlich die Dichtungssprache der ital. Moderne, v. a. E. Montale.

W: I tre talismani, G. 1904; Domani, Son. 1904; La via del rifugio, G. 1907; I colloqui, G. 1911; I primi e gli ultimi colloqui, 1915; Verso la cuna del mondo, Br. 1917; L'altare del passato, Nn. 1918; L'ultima traccia, Nn. 1919. – Opera omnia, hg. P. Schinetti V 1934–38, hg. C. Calcaterra 1948, ²1956; Lettere d'amore di G. G. e Amalia Guglielminetti, hg. S. Asciamprener 1951.

L: F. Biondolillo, 1926; G. Cuchetti, 1928 (m. Bibl.); E. Sanguineti, 1966; L. Mondo, 1969; A. Piromalli, 1972.

Gozzi, Carlo, Graf, ital. Dramatiker, 13. 12. 1720 Venedig – 4. 4. 1806 ebda. Aus vornehmer venezian. Familie, jüngerer Bruder von Gásparo G.; verfaßte schon während s. Stud. Gedichte. Wurde wegen der schlechten finanziellen Lage s. Familie 1736–39 Offizier u. ging mit Querini nach Dalmatien. Nach 3 Jahren Rückkehr nach Venedig u. Fortsetzung der Studien. 1747 gründete er mit s. Bruder in Venedig die Accademia dei Granelleschi, die in Politik, Lit. u. Sprache streng konservativ eingestellt war. 1761–65 schrieb er für den Theaterdirektor F. Sacchi e. große Zahl von Märchenspielen (›Fiabe‹). 1775 mußte er wegen e. Satire auf s. Rivalen bei der Schauspielerin Teodora Ricci, den Senatssekretär Gratarol, Venedig verlassen. Starb einsam u. vergessen. – Als Klassizist bekämpfte G. alle mod. Bestrebungen u. verteidigt in e. heftigen lit. Fehde gegen C. Goldoni die Commedia dell'arte. In dessen Realismus sah er den Untergang der Poesie. Trotz des aufgeklärten Geistes des 18. Jh. will er an den erstarrten Formen der Stegreifkomödie, die sich mit ihren feststehenden Typen u. ihren trivialen Possen durch Generationen fortpflanzte, festhalten. Er schrieb theoret. Erörterungen über das Drama u. Komödien mit der Gattungsangabe ›Fiabe‹. Ihr Inhalt ist e. phantast. Welt mit Wundern, Magie u. Hexerei. G. dramatisierte Märchen (aus Basiles ›Pentamerone‹ u. ›1001 Nacht‹), Kindererzählungen u. alte Geschichten, mit denen er mit Hilfe der Masken beim Publikum großen Erfolg hatte. Er vertraute auf die Vorliebe des Publikums für die unwirkl. Theaterwelt, in der man staunen kann u. wo das Spektakel die Hauptsache ist. Die bürgerl. u. aufgeklärte Gesellschaft neigte aber doch mehr dem neuen Stil Goldonis zu. Angebl. nur, um sich an Goldoni zu rächen, schrieb er s. Märchenkomödie ›L'amore delle tre melarance‹. Er wollte zeigen, wie ein solches Stück e. Theater füllen kann. Der Königssohn Tartaglia, Truffaldino, der Zauberer Celio, die Fata Morgana, drei geheimnisvolle Pomeranzen im Besitz e. Riesin, e. verzaubertes Schloß, e. in e. Taube verwandeltes Mädchen sicherten den Erfolg beim Publikum. In dem Versepos ›La Marfisa bizzarra‹ stellt er die karoling. Helden im Gewand des 18. Jh. dar. Goldoni u. der von ihm auch bekämpfte P. Chiari kommen darin als kom. Figuren vor. Berühmt wurde s. dramat. Märchen ›Turandot‹ durch die Bearbeitung Schillers (1802) u. die gleichnamige Oper von G. Puccini (1926).

W: Tartana degli influssi per l'anno bisestile, Kal. 1757; L'amore delle tre melarance, Dr. 1761; Il corvo, Dr. 1761; Fiabe, Drr. 1761–65 (hg. E. Masi II 1885, E. Rho 1942); Il cervo, Dr. 1762; La Zobeide, Dr. 1763; Turandot, Dr. 1764; La Marfisa bizzarra, Ep. 1774 (hg. C. Ortiz 1911); Droghe d'amore, Dr. 1777; Memorie inutili, III 1797 (n. G. Prezzolini II 1910; d. R. Daponte 1962; Fiabe teatrali, hg. P. Bosisio 1984. – *Übs.:* Theatral. Werke, V 1777–79, V 1795.

L: R. Guastalla, 1920; A. Guerrieri, 1924; B. Cestaro, 1932 (m. Bibl.); R. Unfer-Lukoschik, Der erste dt. Gozzi, Ffm. 1993.

Gozzi, Gasparo, Graf, ital. Dichter, 4. 12. 1713 Venedig – 25. 12. 1786 Padua. Aus vornehmer venezian. Familie, Bruder von Carlo G., ∞ 1739 die Malerin u. Dichterin Luisa Bergalli, 5 Kinder. Wegen s. schlechten finanziellen Lage Übs. (Plautus, Lukian, Klopstock, Destouches, Voltaire) und Journalist. 1758 Leiter des Theaters Sant' Angelo. 1760/61 Hrsg. der ›Gazzetta veneta‹, 1761/62 des ›Osservatore veneto‹, e. moral. Zs. nach dem Vorbild des ›Spectator‹ von Addison, 1762 Zensor für die Druckereien. – Eleganter Stilist, scharfsinniger u. geistvoller Kritiker. Stellt der Lit. pädagog. Aufgaben: Verbreitung und Popularisierung aufklärer. Ideen. S. ›Sermoni‹, feine Satiren, richten sich gegen die verkommenen Sitten in Venedig, gegen den schlechten Geschmack in der Lit. u. beklagen s. mühevolles Leben. S. Dramen, z.T. nach franz. Vorbild, hatten keinen Erfolg. Bekannt wurde er durch s. ›Difesa di Dante‹, die im 18. Jh. die Dante-Verehrung wieder erneuerte; berühmt machte ihn der ›Osservatore veneto‹.

W: Edipo, Dr. 1746; Marco Polo, Dr. 1748; Lettere famigliari, 1755; Giudizio degli antichi poeti sopra la moderna censura di Dante, 1758; Il mondo morale, R. 1760; Sermoni, 1763. – Opere, hg. A. Dalmistro XII 1794–98, hg. ders. XVI 1818–20; Opere scelte, hg. E. Falqui 1939; Scritti scelti, hg. N. Mangini 1960; L'Osservatore, hg. E. Spagni 1897; La Gazzetta Veneta, hg. B. Romani II 1943, hg. A. Zardo 1957.

L: A. Zardo, 1923; O. Bassi, 1932; G. de Beauville, Paris 1937; A. Drews, 1950; I. Crotti, hg. 1989.

Grabiński, Stefan (Ps. Stefan Żalny), poln. Novellist, Dramatiker und Romancier, 26. 2. 1887 Kamionka Strumiłowa am Bug – 12. 11. 1936 Lemberg. Stud. Klass. Phil. und Polonistik Lemberg. 1910–31 Studienrat in Lemberg, Wien und Przemyśl. 1927 Reise nach Italien, 1929 nach Rumänien. Ließ sich 1921 in Lemberg nieder. – In den 1970er Jahren waren es deutsche Übersetzungen, die einen lange verkannten u. vergessenen Autor der lit. Öffentlichkeit, auch der poln., mit 3 Erzählbänden eindrucksvoll präsentierten. Entdeckt wurde der wohl bedeutendste poln. Vf. von Schauergeschichten im Stile von E. A. Poe. Ihm wird sogar e. sehr hoher internationaler Stellenwert eingeräumt. Sein populärster Band, ›Demon ruchu‹, hebt das Besondere s. Phantastik hervor: den psychol.-philos. Kontext und die Ansiedlung des Geheimnisvoll-Dämonischen in Zivilisationsprodukten, der Technik. Berühmt machten ihn s. Novellen. Kaum Erfolg brachten ihm dagegen s. Romane u. Dramen ein.

W: Na wzgórzu róż, Nn. 1918; Demon ruchu. Nn. 1919; Szalony pątnik, En. 1920; Księga ognia, Nn. 1922; Cień Bafometa, R. 1926 (Der Schatten des Satans, d. 1989). – Niesamowite opowieści (En.-Ausw.), II 1981; Utwory zebrane (GW), III 1983. – *Übs.:* Das Abstellgleis. Unheimliche Geschichten, En. 1971; Dunst und andere unheimliche Geschichten, En. 1974; Das Abstellgleis und andere Erzählungen, 1978; Das graue Zimmer. Unheimliche Geschichten, En. 1985.

L: A. Hutnikiewicz, 1959.

Grace, Patricia, neuseeländ. Erzählerin, * 17. 8. 1937 Wellington. Ausbildung u. Praxis als Lehrerin. – Favorisiert in ihren Kurzgeschichten u. Romanen e. behutsame Annäherung u. Familiarität des Zusammenlebens zwischen den beiden neuseeländ. Kulturen und orientiert sich dabei am Erzähltalent ihrer ir. u. Maori-Vorfahren. Vf. von Kinderbüchern in Maori und Engl.

W: Waiariki, Kgn. 1975 (Unter dem Manukabaum, d. 1995); Mutuwhenua: The Moon Sleeps, R. 1978; Dream Sleepers, Kgn. 1980; The Kuia and the Spider, Kdb. 1981; Potiki, R. 1986 (d. 1994); Electric City, Kgn. 1987; Cousins, R. 1992 (d. 1997); The Sky People, Kgn. 1995; Baby No-Eyes, R. 1998.

L: J. D. Panny, 1997.

Gracián, Baltasar, span. Schriftsteller, 8. 1. 1601 Belmonte/Calatayud – 6. 12. 1658 Tarazona. Jesuitenkolleg Belmonte, 1619 Eintritt in den Jesuitenorden, 1635 Priesterweihe, an versch. Kollegien s. Ordens Lehrer für Humaniora, Philos. u. Theol.; in Huesca enge Freundschaft mit dem hochgeistigen Humanisten Lastanosa, von dem er wertvolle Anregungen für s. schriftsteller. Tätigkeit erhielt. Bekleidete versch. Ämter in s. Orden, u. a. Rektor des Kollegs von Tarragona; erlangte große Berühmtheit als Prediger, 1640 in Madrid, Empfang am Hof, von Philipp IV. geschätzt; 1646 als Feldgeistlicher beim Befreiungskampf um Lérida gegen die Franzosen; 1651 Schwierigkeiten mit s. Orden durch unerlaubte Veröffentlichung des ›Criticón‹, 1657 trotz Publikationsverbot Erscheinen des 3. Teils, öffentl. Verweis, Verlust des Lehrstuhls, Verbannung nach Graus, Fasten bei Wasser und Brot. S. Bitte um Entlassung aus dem Orden wurde abgeschlagen; später Versöhnung mit den Jesuiten u. Milderung der Strafe. Bekleidete bis zu s. Tod e. Ordensamt in Tarazona. – Großer Prosaist, Denker und Moralist, neben Quevedo Hauptvertreter des Konzeptismus; viel diskutierte Persönlichkeit, vielfach als Philosoph betrachtet, jedoch ohne einheitl. System; starker Intellekt, zwiespältiger Charakter, von boshafter Ironie u. Schmähsucht, Fehlen menschl. Wärme u. Großherzigkeit. Meister des barocken Stils mit Gefallen am geistreichen, spitzfindigen Spiel mit Begriffen, Wortspielen, Metaphern. S. Hauptwerk ›El criticón‹ zugleich bezeichnendstes Werk des Konzeptismus, philos. Roman in allegor. Form. Hauptgestalten Andrenio (Verkörperung des triebhaften Naturmenschen) und Critilo (Symbol des Verstandesmenschen). Höchste Gedankenfülle in gedrängter, für den mod. Leser oft dunkler Sprache; 3 Teile, den Lebensaltern des Menschen entsprechend (Frühling der Kindheit u. Sommer der Jugend, Herbst des Mannesalters, Winter des Alters); umfassende krit. Darstellung des menschl. Lebens, der gesellschaftl. Institutionen usw., geprägt von typ. barockem Pessimismus u. ›desengaño‹-Stimmung. ›Agudeza y arte de ingenio‹ Theorie der konzeptist. Ethik u. Stilkunst; ›Oráculo manual‹ Aphorismensammlung, e. Art Leitfaden der Weltklugheit, fand weite Verbreitung in Europa, Einfluß auf die Maximen von La Rochefoucauld u. ›Les caractères‹ von La Bruyère. ›El héroe‹, e. Art Replik auf Machiavellis ›Principe‹, entwirft das Bild zum Regieren berufenen Menschen. ›El Político Fernando‹ Apologie König Ferdinands des Kathol. ›El discreto‹ Abhandlung über die Erziehung des Weltmannes; in Dtl. wurde G. durch Schopenhauer bekannt, der e. großer Bewunderer des Spaniers war u. das ›Oráculo manual‹ übersetzte.

W: El héroe, Traktat 1637 (n. A. Coster 1911); El político Fernando, Traktat 1640 (d. 1676); Arte de ingenio, tratado de la agudeza, Schr. 1642, erw. 1648 (auch u. d. T. Agudeza y arte de ingenio; n. E. Ovejero 1929); El discreto, Traktat 1646 (n. M. Romera-Navarro, J. M. Furt 1960); Oráculo manual y arte de prudencia, Aphor.-Slg. 1647 (n. M. Romera-Navarro 1954; d. 1686 u. ö., u. a. A. Schopenhauer 1862); El criticón, R. III 1651–57 (n. M. Romera-Navarro III 1938–40, J. M. Blecua ³1960; d. 1698, 1721 u. 1957); El comulgatorio, Traktat

1655 (n. E. Correa Calderón 1977). – Obras completas, hg. ders. 1944 (m. Komm.), A. del Hoyo ³1967 (m. Bibl.), hg. L. Sánchez Laílla 2001.

L: N. J. Liñán y Heredia, 1902; F. Maldonado, 1916; A. F. G. Bell, Oxf. 1921; A. Salvador, 1922; A. Coster, 1947; W. Krauss, 1947; M. Romera-Navarro, Austin 1950; M. Batllori, Rom 1958; H. Jansen, Paris/Genf 1958; E. Moreno Baez, Filosofía del ›Criticón‹, 1959; K. Heger, 1960; E. Correa Calderón, 1961 (m. Bibl.); B. Blanco-González, Del ›Cortesano‹ al ›Discreto‹, 1962; G. Schröder, B. G.s ›Criticón‹, 1966; M. Z. Hafter, Cambr./MA 1966; K. Petsche, 1983; E. Hidalgo-Serna, Das ingeniöse Denken bei B. G., 1985; P. Werle, 1990; S. Neumeister, D. Briesemeister, hg. 1991; M. Blanco, Genf 1992; A. Moraleja Juárez, 1999; A. Egido, 2000; ders., hg. 2001; M. Grande Yáñez, 2001; M. Hinz, 2002.

Gracq, Julien (eig. Louis Poirier), franz. Schriftsteller, * 27. 7. 1910 Saint-Florent-le-Vieil/Maine-et-Loire. Aus bäuerl. Handwerkerfamilie; Stud. Ecole Normale Supérieure, Lehrer für Geographie am Gymnas. Claude Bernard, Paris. Verweigerte 1951 Annahme des Prix Goncourt für ›Le rivage des syrtes‹. – Als Erzähler, Dramatiker und Essayist Erbe des Surrealismus. Sucht wie s. Lehrer A. Breton die geheimnisvollen Tiefen der Wirklichkeit aufzudecken, verwendet ungewöhnl. Bilder. Unterscheidet sich von den Surrealisten durch intellektuelle Wachheit und Einfachheit des Stils. Grundthema aller s. Werke ist das Schicksal, das irrational, mit großer Plötzlichkeit als Katastrophe hereinbricht. Suggestiv-mag. Phantasie bestimmt bereits s. ersten beiden Romane ›Au château d'Argol‹ und ›Un beau ténébreux‹ (über die romant. Gestalt e. alten Don Juan). S. preisgekröntes Meisterwerk ›Le rivage des syrtes‹, e. vieldeutiger, auf die Situation der mod. Welt bezogener Roman von hohem Formniveau, zeigt, wie e. passive, morbide Gesellschaft in e. fiktiven Stadtstaat durch die Provokation e. von Hunger nach Ungewöhnlichem erfüllten jungen Adligen in e. vernichtenden Krieg verwickelt wird. Bedeutender Essay über A. Breton. Wandte sich mit ›Littérature à l'estomac‹ gegen Kommerzialisierung des Schriftstellers durch Verteilung lit. Preise.

W: Au château d'Argol, R. 1938 (d. 1954); Un beau ténébreux, R. 1945; Liberté grande, G. 1947; A. Breton, Es. 1947; Le roi pêcheur, Dr. 1948; La littérature à l'estomac, Pamphlet 1950 (Die konsumierte Literatur, d. 1965); Le rivage des syrtes, R. 1951 (d. 1952); La terre habitable, G. 1951; Prose pour l'étrangère, Es. 1953; Un balcon en forêt, E. 1958 (d. 1960); Préférences, Ess. 1961 (Entdeckungen, d. 1965); Lettrines, Ess. I 1967; II 1974; La presqu'île, R. 1970; Les eaux étroites, R. 1976 (d. 1985); En lisant, en écrivant, Es. 1981 (d. 1985); La forme d'une ville, R. 1983; La Penthésilée, R. 1986.

L: B. Boie, 1966; J. L. Leutrat, 1967; A.-C. Dobbs, 1972; J. Carrière, 1972; A. Peyronie, 1972; J. L. Leutrat, 1973; A. Denis, 1978; M. Francis, 1979; S. Grossman, 1980; Y. Bridel, 1981; F. Hetzer, 1980; E. Mursa, J. G. u. die Suche nach dem Selbst, 1983; P. Régis, 1988; M. Descotes, 1991; O. Roth, 1992; J. Bellemin-Noël, 1994; A. Coelho, 1997; H. Agel, 1999; M. Noël, 2000; J. Pelletier, 2001; H. Carn, 2002; J. Carion, 2002.

Gradnik, Alojz, slowen. Dichter, 3. 8. 1882 Medana b. Görz – 14. 7. 1967 Ljubljana. Vater Slowene, Mutter Italienerin, Stud. Rechte Wien, Richter in versch. Orten des slowen. Küstenlandes, 1920–22 Außenministerium Belgrad; 1922–45 Richter in Ljubljana mit Unterbrechungen, 1936–41 Kassationsrichter in Zagreb. – Führender slowen. Lyriker, s. frühen Gedichte, veröffentlicht in versch. Zsn., besingen erot. Motive, meditieren über den Sinn des Lebens u. des Todes, suchen die Kluft zwischen Wirklichkeit u. Illusion zu überwinden, vereinzelt berühren sie bereits die schwere Los der slowen. Bauern im Küstenland; nach 1918 erklingt aus s. Lyrik flammender Protest gegen die nationale Unterdrückung s. Volkes durch die ital. Behörden, jedoch verfällt der Dichter in Resignation u. flüchtet zurück zur Natur; G. bevorzugt das Sonett; meisterhafte Übsn. aus dem Ital., Dt., Engl. u. Span.

W: Padajoče zvezde, G. 1916; Pot bolesti, G. 1922; Svetle samote, G. 1932; Večni studenci, G. 1938; Zlate lestve, G. 1940; Pesmi o Maji, G. 1944; Pojoča kri, G. 1944; Primorski soneti, Son. 1952; Narobe svet, G. 1953; Harfa v vetru, G. 1954; Eros-Tanatos (Ausw.), 1962; Pesmi, G. 1962; Lucipeter, G. 1973; Pesmi, G. 1980. – Zbrano delo (GW), II 1984–86. – *Übs.:* Selected poems, 1964.

L: M. Boršnik, 1954; B. Paternu, 1974; F. Zadravec, 1981.

Graf, Arturo, ital. Dichter und Kritiker, 19. 1. 1848 Athen – 30. 5. 1913 Turin. Sohn e. Kaufmanns aus Nürnberg und e. Italienerin; nach dem Tod des Vaters in Triest ging die Familie nach Braila/Rumänien. Stud. Jura Neapel, 1870 Dr. jur.; 1875 Habilitation in Rom mit e. Arbeit über Leopardi. 1876 Dozent für romant. Lit. in Turin, ab 1882 Ordinarius für ital. Lit. Gründete 1883 das ›Giornale storico della letteratura italiana‹. – Neoromantiker, inspiriert von Byron, Lamartine u. Leopardi. In s. Gedichten u. Dramen herrscht tiefer Pessimismus. Später unter dem Einfluß des Positivismus u. Intellektualismus (›Per una fede‹, 1901). S. lit.-hist. Arbeiten zeigen große Intelligenz, Genauigkeit, Originalität u. klare Darstellung. Als Lehrer begeisterte er Generationen von Studenten.

W: Poesie e novelle, 1876; Studi drammatici, 1878; Medusa, G. 1880; Roma nella memoria e nelle immaginazioni del medio evo, St. II 1882f. (u.a. A. Momigliano, C. Calcaterra, G. Gozzano, m. 1933); Attraverso il cinquecento, St. 1888 (n. 1926); La storia del diavolo, St. 1889 (d. 1890); Dopo il tramonto, G. 1893; Le Danaidi, G. 1897; Foscolo, Manzoni, Leopardi, St. 1898; Il Riscatto, R. 1901; Morgana, G. 1901; Poemetti drammatici, G. 1903; Rime della selva, G. 1906; Ecce homo, Aforismi e parabole, 1908; Le origini del dramma moderno, St. 1910; L'Anglomania, St. 1911; Confessioni di un maestro, hg. S. Signorini 2002. – Poesie, hg. V. Cian 1922; Opere critiche, IV 1925–27.

L: A. Galletti, 1913; V. Cian, 1918; M. Morandi, 1921; A. Mancuso, 1922; A. Defferrari, 1930 (m. Bibl.).

Graft, Guillaume van der (eig. Wilhelmus, gen. Willem, Barnard), niederländ. Lyriker, * 15. 8. 1920 Rotterdam. Theologe. – S. protestant. relig. Lyrik steht etwa zwischen dem späten Nijhoff u. den Experimentellen der 50er Jahre. Mitarbeit an der gereimten Psalmen-Neufassung.

W: In exilio, G. 1946; Poëzie in practijk, G. 1948; Landarbeid, G. 1951; Vogels en vissen, G. 1953; Woorden van brood, G. 1956; De maan over het eiland, G. 1958; 3 Titel unter s. eig. Namen: Na veertig, G. 1973; Oude en nieuwe gedichten, G. 1975; Verzamelde gedichten, G. 1982; wieder unter Ps.: Winter en later, G. 1984; Verzamelde liederen, G. 1986; Mythologisch, G. 1997.

L: L. L. Bouwers, 1973; Roepend om gehoor te vinden, 1987 (m. Bibl.).

Graham (Erichsen-Brown), Gwethalyn, kanad. Romanautorin u. Journalistin, 18. 1. 1913 Toronto – 1965 ebda. Pensionatsaufenthalt in der Schweiz, Stud. Smith College/MA. – Die beherrschenden Themen ihrer beiden Romane, die um die Zeit des 2. Weltkriegs spielen, sind Gerechtigkeit u. interkulturelle Verständigung.

W: Swiss Sonata, R. 1938; Earth and High Heaven, R. 1944 (Im Himmel und auf Erden, d. 1950); Dear Enemy, Br. 1963.

Graham, W(illiam) S(ydney), schott. Lyriker, 19. 11. 1918 Greenock/Schottland – 9. 1. 1986 Madron/Cornwall. Sohn eines Werftarbeiters, zunächst selbst Werftarbeiter, dann Abend- u. Teilzeitstud. (Lit. u. Philos.) in Glasgow u. Edinburgh. Widmet sich später fast ausschließl. der Dichtung. – Einflußreicher Nachkriegsdichter, wortgewaltige, metaphernreiche, oft hermet., überschwengliche Lyrik, beeinflußt von D. Thomas u. J. Joyce; themat. Hintergrund v. a. persönliche Erinnerungen u. Lebensumstände.

W: Cage Without Grievance, 1942; Seven Journeys, 1944; 2nd Poems, 1945; The Voyages of Alfred Wallis, 1948; The White Threshold, 1949; The Nightfishing, 1955; Malcolm Mooney's Land, 1970; Implements in Their Places, 1977; Uncollected Poems, 1990; Aimed at Nobody, 1993; Selected Poems, 1997; Selections, 1998. – Collected Poems, 1942–1977, 1970; The Night Fisherman, Br. 1999.

L: P. Kravitz, 1987; T. Lopez, 1989.

Grahame, Kenneth, schott. Erzähler, 8. 3. 1859 Edinburgh – 6. 7. 1932 Pangbourne. In St. Edward's, Oxford, erzogen. 1879–1907 Angestellter der Bank von England. ∞ 1899 Elspeth Thomson. Verfaßte Beiträge für den ›National Observer‹ und das ›Yellow Book‹. – S. humorvollen Kinderskizzen ›The Golden Age‹ und ›Dream Days‹ zeigen s. feine psycholog. Einfühlungsgabe. Außerdem schuf G. ›The Wind in the Willows‹, e. phantasievolle Studie über e. Kindheit in engl. Landschaft, die zum klass. Bestand engl. Kinderlit. gehört; von A. A. Milne als ›Toad of Toad Hall‹ (1930) für die Bühne bearbeitet.

W: Pagan Papers, Ess. 1893; The Golden Age, En. 1895; Dream Days, E. 1898 (beide zus.: Kinder, d. 1971); The Wind in the Willows, Kdb. 1908 (n. 1983; d. 1952).

L: P. R. Chalmers, 1933; D. M. Fyrth, 1937; E. Graham, 1963; P. Green, 1982; L. R. Kuznets, 1987; A. Prince, 1994.

Grainville, Patrick, franz. Schriftsteller, * 1. 6. 1944 Villers/Normandie. Lit.stud., Französischlehrer, Journalist und Lit.kritiker, bildungspolit. engagiert. – Vf. von Romanen und Essays. Vielseitige Thematik, unter dem Einfluß des Surrealismus Suche nach dem Unbewußten, ebenso geprägt durch die Techniken des Nouveau roman. Begreift das Leben als Ganzheit, in der er wie durch ein Kaleidoskop die Simultaneität der Phänomene aufdeckt. Seine Romane sind häufig an der polit. Realität orientiert, so in ›Le tyran éternel‹ die Gestalt des Präsidenten der Elfenbeinküste, den er vom Himmel aus die von ihm mit Entwicklungsgeldern gebaute Kathedrale überwachen läßt. Beispielhaft für seine Thematik sind sexuelles Trieblben und Katastrophen wie jenes Flugzeug, das in die Universität Paris/Nanterre rast. G. schätzt s. Erzählwelt als Feld der absolut freien Betätigung, als Experiment, das ihm auch ohne linguist. Nachlässigkeiten den freien Umgang mit der Sprache gestattet, die gekennzeichnet ist durch einen barock ausladenden Stil mit vielseitigen Ziselierungen, Bildern und Metaphern, aufwendig farben – und formenreich konstruiert, der poet. Prosa von Proust vergleichbar.

W: La toison, R. 1973; L'abîme, R. 1974; Les flamboyants, R. 1978; Le paradis des orages, R. 1986; La Diane rousse, R. 1988; Le lien, R. 1996; Le tyran éternel, R. 1998; Le jour de la fin du monde une femme me cachera, R. 2000; L'Atlantique et les amants, R. 2002.

Granada, Fray Luis de (eig. Luis de Sarria), span. Mystiker, 1504 Granada – 31. 12. 1588 Lissabon. Stammte aus ärml. Verhältnissen, verlor mit 5 Jahren den Vater, stand unter der Protektion des Grafen von Tendilla, der ihn zum Pagen s. Söhne ernannte; 1525 Eintritt in das Dominikanerkloster Santa Cruz in Granada, Stud. in Valladolid, 1557–60 Ordensprovinzial in Portugal; e. der berühmtesten Kanzelredner s. Zeit. – Vf. zahlr. geistl. Schriften in lat., portugies. u. span. Sprache, Höhepunkt asket. Denkens; lit. bedeutend durch meisterhaften Prosastil, ausgeglichen u. wohlklingend. Hauptwerke: ›Libro de la oración‹, Meditationen über die 5 Gebetsstufen; ›Guía de pecadores‹, Traktat im ciceronian. Rednerstil über die Tugend u. die Bekämpfung der Sünde; ›Introducción del símbolo de la fe‹, philos. Abhandlung über den christl. Glauben, zeugt von umfassender Kenntnis des klass. Altertums u. der Kirchenväter; ausgesprochenes Naturgefühl, weite Verbreitung in ganz Europa. Übs. u. a. der ›Nachfolge Christi‹ des Thomas a Kempis.

W: Libro de la oración y meditación, 1554 (d. um 1618 u. 1912); Guía de pecadores, II 1556/57 (n. M. Martínez Burgos 1942, L. G. Alonso Getino 1962; d. 1574 u. 1906); Memorial de la vida cristiana, 1561; Adiciones al Memorial, 1574; Introducción del símbolo de la fe, II 1583–88. – Obras completas, hg. J. Cuervo XIV 1906–08, hg. A. Huerga 1988, XL 1994ff.; Obras, hg. J. J. de Mora III 1927–32; Obra selecta, Ausw. 1952.

L: J. Cuervo, 1906; P. Quirós, 1915; M. B. Brentano, Washington 1936; P. Laín Entralgo, 1946; R. L. Oechslin, Paris 1954; J. A. Moore, Boston 1977; A. Huerga, 1988; M. López Muñoz, 2000. – *Bibl.:* M. Llaneza, IV 1926–28.

Grandbois, Alain, kanad. Schriftsteller franz. Sprache, 25. 5. 1900 Saint-Casimir/Quebec – 1975. Stud. Jura, 15 Jahre Aufenthalt in Paris, zurückgekehrt als Bibliothekar tätig. – Vf. von Gedichten, Novellen, Essays und Memoiren. Aufgabe der klass. Strukturen zugunsten einer sensiblen Lyrik in freien, ausgeprägt rhythmisierten Versformen, die die großen Themen der Menschheit: Liebe, Tod, Ausschluß im Exil, bewegen, stets auf der Suche nach einem unerreichbaren Ideal. Großer Einfluß auf die Nachkriegsgeneration.

W: Les voyages de Marco Polo, 1941; Avant le chaos et autres, N. 1941; Les îles de la nuit, G. 1944; Rivages de l'homme, G. 1948; L'étoile pourpre, G. 1957; Visages du monde, 1971.

L: J. Brault, 1968; N. Deschamps, 1944.

Grande, Adriano, ital. Lyriker, 1. 7. 1897 Genua – 1972 Rom. Sohn e. Schneiders, Autodidakt. Zunächst Handelsvertreter, selbständiger Kaufmann, Journalist, ab 1924 Schriftsteller. Mitarbeiter an lit. Zsn. 1930 gründete er die Zs. ›Circoli‹. 1934 Übersiedlung nach Rom. 1936 Teilnahme am Krieg in Äthiopien. Ab 1955 auch Maler. – Vf. von Gedichten, Erzählungen, e. Lustspiel – e. Art philos. Posse. Auch Übs. engl. u. franz. Autoren. S. Lyrik zeichnet sich durch Spontaneität, Ausgeglichenheit u. Anmut aus.

W: Nuvole sul greto, G. 1933; Faust non è morto, Lsp. 1933; Alla pioggia e al sole, G. 1936; La tomba verde, G. 1937; La legione Parini, Tg. 1937; Poesie d'Africa, G. 1938; Ritratto di Genova, Prosa 1940; Strada al mare, G. 1943; Fuoco bianco, G. 1950; Preghiera di primo inverno, G. 1951; Canto a due voci, G. 1953; Avventure e preghiere, G. 1954; Consolazioni, G. 1955; Su sponde amiche, G. 1958; Stagioni a Roma, G. 1959; Acquivento, G. 1962; La tomba verde e Avventure, G. u. Prosa 1966.

L: A. Frattini, 1969; V. Esposito, Profilo di A. G., 1970.

Grandes, Almudena, span. Erzählerin, * 7. 5. 1960 Madrid. Stud. Geographie, Geschichte ebda., Verlagstätigkeit, Mitarbeit an der Zeitung ›El País‹, verheiratet mit dem Dichter L. G. Montero, zwei Kinder. – International erfolgr. Vf. erot.-direkter Romane über Probleme mod. weibl. Lebensentwürfe.

W: Las edades de Lulú, R. 1989 (d. 1990); Te llamaré Viernes, R. 1991 (d. 1991); Malena es un nombre de Tango, R. 1994 (d. 1996); Modelos de mujer, En. 1996 (Sieben Frauen, d. 1997); Atlas de geografía humana, R. 1998 (Atlas der Liebe, d. 1999); Los aires difíciles, R. 2002 (Die wechselnden Winde, d. 2003).

Granin, Daniil Aleksandrovič (eig. D. A. German), russ. Schriftsteller, * 1. 1. 1919 Volyn'/Geb. Kursk. Kindheit u. Jugend in Petrograd, Stud. Techn. Hochschule ebda., bis 1950 Ing. in Industrie u. Forschung; anerkannter Sowjetautor, 1954–69 Sekretär der Leningrader Abt. des Schriftstellerverbandes. – Die in s. Romanen u. Erzählungen dargestellten eth. u. psycholog. Probleme von Wissenschaftlern geben gewisse Einblicke in die sowjet. Gesellschaft.

W: Iskateli, R. 1954 (Die Bahnbrecher, d. 1956); Sobstvennoe mnenie, E. 1956 (Die eigene Meinung, d. 1957); Idu na grozu, R. 1962 (Zähmung des Himmels, d. 1963); Mesjac vverch nogami, Reiseber. 1966 (Vier Wochen mit den Beinen nach oben, d. 1971); Odnofamilec, N. 1975; Kartina, R. 1980 (d. 1987). – Sobranie sočinenij (GW), IV 1978–80.

L: O. Vojtinskaja, 1966; A. Starkov, 1981; L. Fink, 1988.

Granville-Barker, Harley, engl. Schauspieler, Bühnenleiter und Dramatiker, 25. 11. 1877 London – 31. 8. 1946 Paris. 1891 Schauspielschule Theatre Royal/Margate und 1. Auftritt. Leitete (mit Vedrenne) 1904–07 das Londoner Court Theatre. Stilbildende Shakespeareinszenierungen; einflußreiches Engagement für das engl. Repertoire-Theater. – Vf. intellektueller, sozialkrit. und polit. Dramen, die wiederholt die Rolle der Frau in der Gesellschaft beleuchten und andere typ. Themen des ›Edwardian problem play‹ aufgreifen. Die Bühnenhandlung tritt zugunsten e. realist., psychologisierenden Dialogführung und Charakterzeichnung in den Hintergrund; Nähe zu Ibsen, Shaw und Maeterlinck. Bedeutender Shakespeare-Forscher. Übs. v. a. span. Dramen.

W: A National Theatre, St. 1907 (m. W. Archer); The Marrying of Ann Leete, Dr. 1909; The Voysey Inheritence, Dr. 1909; Waste, Dr. 1909; The Madras House, Dr. 1910; Farewell to the Theatre, Dr. 1917; Three Short Plays (Rococo, Vote by Ballot, Farewell to the Theatre), 1917; The Exemplary Theatre, Ess. 1922; The Secret Life, Dr. 1923; Prefaces to Shakespeare, V 1927–47 (n. IV 1963); His Majesty, Dr. 1928; On Dramatic Method, St. 1931; The Use of the Drama, Schr. 1945. – Collected Plays, 1967; Plays, II 1993f.
L: M. M. Morgan, 1961; E. Salmon, 1983; D. Kennedy, 1985; Ch. Dymkowski, 1986.

Gras, Félix, provenzal. Dichter, 3. 5. 1844 Malemort/Vaucluse – 4. 3. 1901 Avignon. Sohn wohlhabender Bauern; Schüler des Collège in Béziers. Stud. Rechte ebda. Lange Jahre Friedensrichter in Avignon. – E. der bedeutendsten neuprovenzal. Dichter in der 2. Generation (nach Aubanel und Mistral). Stand schon als Student der Félibrige-Bewegung nahe. Schöpft in Gedichten, Epen und erzählenden Werken aus dem Leben der Provence-Bewohner und ihrer Tradition: Leben der Alpenbewohner, Albigenserkreuzzug, Entstehung der franz. Nationalhymne.
W: Li carbouniè, Ep. 1876; Toloza, Ep. 1880; Lou roumancero prouvençau, G. 1887; Li papalino, En. 1891; Lou catechisme dóu bon felibre, Schr. 1892; Li rouge dóu miejour, R. 1896 (franz. III 1898–1900); L'eritage de l'ouncle Bagnou, Dr. 1911. – Œuvres complètes, o. J.
L: E. Des Essarts, Le félibre, F. G., 1900; F. Bertrand, ²1935; M. Jouveau, 1935.

Grattius, röm. Dichter. G. verfaßte zwischen 19 v. Chr. u. 8 n. Chr. e. Lehrgedicht über die Jagd (›Cynegetica‹), von dem 541 Verse erhalten sind. Behandelt werden darin die Erfindung der Jagd als Teil der Kulturgeschichte, Geräte zur Jagd, Pferde u. Hunde.
A: P. J. Enk, n. 1976; m. engl. Übs. J. W. Duff, Minor Latin Poets, n. 1954; m. franz. Übs. R. Verdière, 2 Bde., Leiden 1964; m. ital. Übs. C. Formicola, Bologna 1988.

Grau, Shirley Ann, amerik. Schriftstellerin, * 8. 7. 1929 New Orleans. Jugend in Alabama, Stud. Newcomb College, lebt in New Orleans. – Vf. anspruchsvoller Unterhaltungsromane mit sensationellem, psychologisierendem Einschlag: Idylle des einfachen Lebens im Kampf mit den Naturgewalten vor dem exot. Hintergrund des Mississippi-Deltas (›The Hard Blue Sky‹); südstaatl. Familiensaga mit polit. und Rassenproblematik (›The Keepers of the House‹); die einseitige Liebe e. einsamen jungen Frau zu e. Universitätsdozenten in New Orleans (›The House on Coliseum Street‹).
W: The Black Prince, En. 1955 (d. 1958); The Hard Blue Sky, R. 1958 (d. 1961); The House on Coliseum Street, R. 1961 (Ein Mädchen aus New Orleans, d. 1968); The Keepers of the House, R. 1964 (d. 1966);
The Condor Passes, R. 1971 (d. 1972); The Wind Shifting West, Kgn. 1974; Evidence of Love, R. 1974 (d. Liebe hat viele Namen, 1978); Nine Women, En. 1985.
L: P. G. Schlueter, 1981.

Grau Delgado, Jacinto, span. Dramatiker, 1877 Barcelona – 14. 8. 1958 Buenos Aires. – Gilt als e. der stärksten dramat. Begabungen des neueren span. Theaters, fand jedoch beim span. Publikum keine Resonanz, da sich s. Werke an e. lit. gebildete Minderheit wenden; im Ausland wurden s. Stücke mit großem Erfolg aufgeführt (u. a. in Paris, London, Prag, New York); sie erinnern in ihrer trag. Größe u. mitreißenden Kraft an die großen Dramatiker der span. Blütezeit; ma. u. bibl. Themen werden aus mod. Sicht lebendig. S. Stükke besitzen alle Qualitäten großer Bühnenwerke: Tiefe in der Konzeption, psycholog. Erfassung u. Zeichnung der Charaktere, menschl. Emotion, Ausgeglichenheit in Inhalt u. Form, sorgfältige Sprache.
W: Trasuntos, R. 1899; Las bodas de Camacho, K. 1903; El tercer demonio, Dr. 1908; Don Juan de Carillana, K. 1913; Entre llamas, Dr. 1915; El conde Alarcos, Dr. 1917; En Ildaria, Dr. 1918; El hijo pródigo, Tr. 1918; Conseja galante, Dr. 1919; El señor de Pigmalión, K. 1921; El burlador que no se burla, K. 1930; Los tres locos del mundo, K. 1930; La señora guapa, K. 1930; La casa del diablo, K. 1942; Unamuno y la España de su tiempo, Ess. 1943; Don Juan en el tiempo y en el espacio, Es. 1953. – Teatro selecto, 1971.
L: W. Giuliano, Diss. Ann Arbor 1950; M. Navascués, 1975.

Grave, Elsa (Margareta), schwed. Lyrikerin und Dramatikerin, * 17. 1. 1918 Norra Vram/Schonen. Vater Ingenieur. Stud. Malerei, cand. phil. 1941. – Übertrug, ausgehend von der Malerei, Eindrücke bes. von Chagall in Visionen u. Träume. Spätere Lyrik zeigt festere Verankerung in Wirklichkeit u. Zeit gegen den Hintergrund des Hungers u. Leidens in der Welt. Düsterer Humor bei Angst u. Verzweiflung. Zentrale Themen sind Mutterschaft sowie die Rolle der Frau in der mod. Gesellschaft.
W: Inkräktare, G. 1943; Som en flygande skalbagge, G. 1945; Påfågeln, R., Sch. 1951; Isskåpet, Sch. 1952; Ariel, R. 1955; Lufthav, G. 1956; Från taggarnas värld, G. 1958; Luciafirarna, R. 1959; Isdityramb, G. 1960; Höstfärd, G. 1961; Sphinxen, H. 1963; Medan vi låg och sov, R. 1966; De vassa palmerna, Sch. 1966; Mitt mord är mitt, H. 1966; Vid nödläge, G. 1969; Barnbålet, H. 1970; Mödrar som vargar, G. 1972; Slutförbannelser, G. 1977; En tid i paradiset, G. 1981; För isdemoner är fan en snögubbe, G. 1985; Sataneller, G. 1989.

Graves, Robert (von Ranke-Graves), engl. Lyriker, Erzähler und Essayist, 26. 7. 1895 Wimbledon/London – 7. 12. 1985 Deta/Mallorca. Großneffe des dt. Geschichtsforschers L. von

Ranke. Vater Ire, Schulrat und Schriftsteller, Mutter Deutsche, Tochter des Münchner Medizin-Prof. v. Ranke; Stud. Philol. und Gesch. Oxford; im 1. Weltkrieg Offizier in Frankreich. Schrieb im Schützengraben erste Lyrik. 1926 Prof. für Engl. Lit. Kairo, ab 1927 freier Schriftsteller in England und auf Mallorca. 1961–66 Lehrstuhl für Poetik in Oxford. Freundschaft mit T. E. Lawrence, schrieb dessen Biographie. – Veröffentlichte zunächst mehrere lit.krit. Studien und Gedichtbände. S. Lyrik behandelt vielfach relig., philos. und psycholog. Themen. S. ersten Prosaerzählungen ›Goodbye to All That‹ und ›But it Still Goes On‹ sind dokumentar. autobiograph. Schilderungen des Front- und Nachkriegserlebens. Vf. zahlr. hist. Romane, meist in Form e. fiktiven Biographie hist. Gestalten, amüsant und reich an iron. Anspielungen auf die Gegenwart. Hervorragende hist. Quellentreue und Rekonstruktion des hist. Milieus. Die fiktive Claudiusbiographie, die die Verfallsjahre der röm. Kultur schildert, wurde in 16 Sprachen übersetzt. ›Wife to Mr. Milton‹ zeigt den Dichter des ›Paradise Lost‹ in iron. Perspektive. Am problematischsten ist s. viel angegriffener Roman ›King Jesus‹. In der Studie ›The White Goddess‹ geht G. alten kelt. Mythen nach. Übs. antiker Klassiker.

W: The English Ballad, St. 1921; Welshman's Hose, G. 1925; Contemporary Techniques of Poetry, Es. 1925; John Skelton, St. 1927; Poems 1914–26, 1927; Lawrence and the Arabs, B. 1927; Goodbye to All That, Aut. 1929, n. 1957 (Strich drunter, d. 1930); But It Still Goes On, Aut. 1930; I, Claudius, R. 1934; Claudius the God, R. 1934 (beide zus. d. 1934); Antigua Penny Puce, R. 1936 (Rostbraungezähnt, d. 1937); Count Belisarius, R. 1938 (d. 1939); T. E. Lawrence to his Biographer, St. 1938 (m. B. H. Liddell Hart); Sergeant Lamb of the Ninth, R. 1940 (auch u.d.T. S. Lamb's America; Von Bunker's Hill nach Saratoga, d. 1949); Proceed, Sergeant Lamb, R. 1941; Wife to Mr. Milton, R. 1943 (auch u.d.T. The Story of Mary Powell, 1943); The Golden Fleece, R. 1944 (d. 1953); Poems 1938–45, 1946; King Jesus, R. 1946 (d. 1954); The White Goddess, St. 1948; The Isles of Unwisdom, R. 1949 (d. 1953); The Nazarene Gospel Restored, St. 1953; The Greek Myths, St. II 1955 (d. II 1961); Homer's Daughter, R. 1955 (Nausikaa und ihre Freier, d. 1956); The Anger of Achilles, Ilias-Übs. 1960; More Poems, 1961; Myths of Ancient Greece, Jgb. 1961; Oxford Addresses on Poetry, 1962; The Siege and Fall of Troy, Jgb. 1962; New Poems, 1962; The Big Green Book, Kdb. 1963 (d. 1966); Man Dies, Woman Is, G. 1964; Love Respelt, G. 1965; Mammon and the Black Goddess, St. 1965; Poems about Love, 1968; On Poetry, Ess. 1969; Poems 1968–70, 1970; The Green-Sailed Vessel, G. 1971; Poems 1970–72, 1972; At the Gate, G. 1974. – Collected Poems, 1938, 1948, 1959, 1965, 1975; New Collected Poems, 1977; Selected Poetry and Prose, 1961; Collected Short Stories, 1964; Selected Letters 1914–46, 1982 u. 1946–72, 1984.

L: E. Thompson, 1925; M. Seymour-Smith, 1956, n. 1995; J. M. Cohen, 1960; G. Stade, 1967; M. Kirkham, 1969; J. S. Mehoke, 1975; K. Snipes, 1979; R. H. Canary, 1980; R. P. Graves, 1986; D. N. Carter, 1989; P. Quinn, 1994; F. Kersnowski, 2002. – Bibl.: F. H. Higginson, 1966, n. 1987; H. B. Bryant, 1986.

Gravina, Gian Vincenzo (Ps. Priscus Censorinus Photisticus, Bione Crateo, Quinto Settano), ital. Dramatiker und Kritiker, 16. 2. 1664 Roggiano/Cosenza – 6. 1. 1718 Rom. Stud. Scalea, 1681 Neapel, ab 1689 Sekretär des Kardinals Pignatelli, 1699 Prof. der Rechte in Rom. 1714 in Kalabrien, 1716 mit Metastasio in Rom. 1690 Mitbegr. der ›Arcadia‹. Gründete 1711 nach e. Streit mit Crescimbeni u. der ›Arcadia‹ e. neue Akad. der ›Querini‹. – G. propagiert e. Orientierung an der aristotelischen Dramentheorie. Wegbereiter des Klassizismus. Als Rechtshistoriker Einfluß auf Montesquieu.

W: Discorso, Ess. 1692; Della Ragion poetica, Abh. II 1708 (hg. G. Natali 1921); Originum iuris civilis libri tres, 1708–13; Palamede, Tr. 1712; Andromeda, Tr. 1712; Servio Tullio, Tr. 1712; Papiniano, Tr. 1712; Appio Claudio, Tr. 1712; Della divisione d'Arcadia, Abh. 1712; Della Tragedia, Abh. II 1715. – Opere italiane, hg. G. A. Sergio III 1756–58; Prose, hg. P. Emiliani-Giudici 1857.

L: C. Ghisalberti, G. V. G. giurista e storico, 1962; T. Carena, Critica della ragion poetica di G. V. G., 2001; R. Lo Bianco, G. V. G. e l'estetica del delirio, 2001.

Gray, Alasdair (James), schott. Schriftsteller, * 28. 12. 1934 Glasgow. Stud. Malerei, Tätigkeit als Maler, Lehrer, Autor von Hör- und Fernsehspielen. – Einer der bedeutendsten Vertreter der neueren schott. Lit.; sein autobiograph.-phantast. Erstlings- u. Hauptwerk ›Lanark‹ gilt als Klassiker u. beeinflußte viele jüngere Autoren. Seine von ihm selbst illustrierten Werke verschmelzen Sozialkritik, experimentelle Schreibweise und skurrilen Humor zu e. unverkennbaren Personalstil. Polit. engagiert, tritt u.a. für schott. Autonomie ein.

W: Lanark, R. 1981 (d. 1992); Unlikely Stories, Mostly, En. 1983; 1982 Janine, R. 1984 (d. 1989); Poor Things, R. 1992 (d. 1996); Ten Tales Tall and True, En. 1993 (Zehnmal Lug und Trug, d. 1995); A History Maker, R. 1994 (d. 1996).

L: The Arts of A. G., hg. R. Crawford/T. Nairn 1991; S. Bernstein, 1999; P. Moores, hg. 2002.

Gray, Simon (Ps. Hamish Reade), engl. Romancier, Drehbuchautor u. Dramatiker, * 21. 10. 1936 Hayling Island. Stud. Cambridge, Engl.-Dozent Univ. London. – Vf. scharf beobachtender, satir.-trocken erzählter Gesellschaftsromane u. von über 30 erfolgr. konventionellen Schauspielen.

W: Colmain, R. 1963; Simple People, R. 1965; Little Portia, R. 1967; Dutch Uncle, Dr. 1969; Spoiled, Dr. 1971; Butley, Dr. 1971; Wise Child, Dr. 1972; Otherwise Engaged, Drn. 1975; The Rear Column, Drn. 1978; Close of Play and Pig in a Poke, Drn. 1979; Stage Struck, Dr. 1979; Quartermaine's Terms, Dr. 1981; The Common Pursuit, Dr. 1984; Melon, Dr. 1987 (Neufassung als The Holy Terror 1992); Hidden Laughter, Dr. 1990; The Definitive Simon Gray, Drn. 1992; The Late Middle Classes, Dr. 1999; Japes, Dr. 2001.

Gray, Thomas, engl. Dichter, 26. 12. 1716 Cornhill/London – 30. 7. 1771 Cambridge. War von 12 Kindern des Londoner Stadtschreibers das einzig überlebende. S. Mutter, Putzmacherin, ließ von ihren Einkünften den Sohn in Eton und Cambridge ausbilden. Stud. ohne Abschluß klass. Lit. und Jura. Lernte in Eton H. Walpole kennen, mit dem ihn lebenslängl. Freundschaft verband. Begleitete ihn 1739–41 auf e. Europareise. Verbrachte von da ab s. Leben als Privatgelehrter in Cambridge, unterbrochen durch gelegentl. Reisen in England und Schottland. 1768 Prof. für zeitgenöss. Lit. Cambridge. – Als Dichter interessante Gestalt im Übergang vom Spätklassizismus zur Romantik, formal noch klassizistisch, stand jedoch allen neuen Regungen offen. Aufgeschlossen gegenüber der Schönheit der Natur; darin sowie in Sprache und Denkweise Vorläufer Wordsworths. Schrieb Gedichte in engl. und lat. Sprache. S. ›Elegy written in a Country Churchyard‹, Beginn der europ. Kirchhofpoesie, gehört zu den berühmtesten Gedichten in engl. Sprache. Auch einige heitere Gedichte: ›Ode on the Death of a Favourite Cat‹ und ›Drowned in a Tub of Gold Fishes‹. In späteren Lebensjahren an ma. Volksdichtung sowie an kelt. und nord. Themen interessiert. s. ›Journal‹, das e. Reise in den Seendistrikt schildert (1775), sowie s. Briefe zeigen G. als ausgezeichneten Prosaschriftsteller und komplexe Persönlichkeit.

W: Journal of a Tour in Italy, 1741; An Ode on a Distant Prospect of Eton College, G. 1747; An Elegy written in a Country Churchyard, G. 1751 (d. J. G. Seume, GS Bd. 4, 1825); Progress of Poesy, Ode 1757; Journal of the Lakes, 1768; Poems, 1768, hg. W. Mason 1775 (Gedichte, d. F. W. Gotter, Bd. I 1787). – Complete Poems, hg. H. W. Starr, J. R. Hendrickson 1966; Complete English Poems, hg. J. Reeves 1973; Correspondence, hg. P. Toynbee, L. Whibley III 1935.

L: M. Golden, 1988; R. L. Mack, 2000. Konkordanz: A. S. Cook, ²1967; A. L. Lytton-Sells, 1980. – Bibl.: A. T. Mackenzie, 1982.

Grazzini, Antonio Francesco (gen. Il Lasca), ital. Dichter, 22. 3. 1503 Florenz – 18. 2. 1584 ebda. Apotheker. 1540 e. der 12 Gründer der Accademia degli Umidi. Die Mitgl. mußten Namen in Verbindung mit dem Wasser wählen, daher Il lasca (= die Barbe). Bei der Umwandlung in die florentin. Akad. ausgeschlossen, 1566 wieder aufgenommen. Gründete 1582 mit L. Salviati die Accademia della Crusca zur Reinerhaltung der ital. Sprache. – Burlesker Dichter, beeinflußt von Ariosto u. Berni, den er in der Unbefangenheit u. in der volkstüml. Form noch übertraf. Im Gegensatz zu der gekünstelten Sprache u. Stilform der Zeit schreibt er mit Anmut u. Liebenswürdigkeit, einfach u. zwanglos. Nach dem Vorbild des ›Decamerone‹ entstanden ›Le cene‹. Sie vermitteln e. kulturhist. Bild von Florenz.

W: La gelosia, Dr. 1550; Le cene, Nn. 1556 (hg. C. Verzone 1890, G. Biagi 1911, d. A. Semerau 1910 u. 1962); La spiritata, Dr. 1561; Nanea, Ep. 1566; La strega, K. 1582; I parentadi, K. 1582; Commedie sei in prosa, 1582 (hg. P. Fantani 1859); Le rime burlesche, 1584 (hg. C. Verzone II 1882); L'arzigogolo, K. 1750. – Scritti scelti, hg. R. Fornaciari 1912; Teatro, hg. G. Grazzini 1953.

L: G. B. Magrini, 1879; G. Gentile, 1896; M. v. Wolff, 1913.

Gréban, Arnoul, franz. Dramatiker, 1420 Le Mans(?) – 1471 Le Mans. 1450–55 Organist von Notre-Dame in Paris, später am Hof Karls von Anjou, des Grafen von Maine. Starb als Kanoniker von Saint-Julien in Le Mans. Bedeutendster Dramatiker des 15. Jh. in Frankreich. S. sehr erfolgr., umfangr. ›Passion‹ (1452?; 34 574 Verse), die an 4 Tagen aufgeführt wurde, handelt vom Leben Adams und Jesu, von Passion und Auferstehung bis zu Pfingsten. Verbindet realist. und groteske Szenen, die sich im Volk (deshalb aufschlußreiche Quelle für das soziale Leben im 15. Jh.) und in der Hölle abspielen, mit ernsten und pathet. Szenen. Stellt den Gegensatz zwischen der mütterl. Liebe Marias zum Sohn und der göttl. Liebe Jesu zu den Menschen in den Mittelpunkt. Verwendet verschiedene Rhythmen, wechselt zwischen anmutigem und kraftvollem Stil. Von bedeutendem Einfluß auf die Entwicklung des franz. Dramas.

A: Le mystère de la Passion, hg. G. Paris, G. Raynaud 1878; hg. O. Jodogne I 1965, II 1983 (d. W. Schmidtbonn 1919).

L: E. Ante, Diss. 1912; H. Stein, 1918; R. Lebègue, La passion de A. G. (Romania 60), 1934.

Gréban, Simon, franz. Schriftsteller, † 1473 Le Mans(?). Ab 1468 im Dienst des Hauses Anjou. Als Nachfolger s. Bruders Arnoul G. Kanoniker von Saint-Julien. – Vf. von Gedichten und e. Mysterienspiel ›Actes des apôtres‹ (nach 1452; etwa 62 000 Verse), an dem auch s. Bruder beteiligt war.

L: R. Lebègue, Le mystère des actes des apôtres, 1929.

Green, Henry (eig. Henry Vincent Yorke), engl. Romanschriftsteller, 2. 10. 1905 Forthampton Court b. Tewkesbury/Gloucestershire – 13. 12. 1973 London. Schule Eton; Stud. Oxford, ∞ 1929. 2 Jahre Arbeiter in der Fabrik s. Vaters, verwertete die dabei gemachten Erfahrungen in dem Roman ›Living‹; später gleichzeitig Fabrikdirektor und Schriftsteller. – Erzähler von poet.-symbol. Romanen in Dialogform. Schildert vorwiegend Personengruppen in schwierigen, den Charakter enthüllenden Umständen.

W: Blindness, R. 1926 (d. 1991); Living, R. 1929; Party Going, R. 1939 (Die Gesellschaftsreise, d. 1979); Pack my Bag, Aut. 1940; Caught, R. 1943; Loving, R. 1945 (d. 1964); Back, R. 1946; Concluding, R. 1948 (Dämmerung, d. 1953); Nothing, R. 1950; Doting, R. 1952 (Schwärmerei, d. 1954); Surviving: The Uncollected Writings, 1993.

L: E. Stokes, 1959; J. Russell, 1960; A. K. Weatherhead, 1961; R. S. Ryf, 1967; L. B. Bassoff, 1975; K. C. Odom, 1978; R. Mengham, The Idiom of the Time, 1982; M. North, 1984; O. Holmesland, 1986; S. v. Klaß, 1991; J. Treglown, 2000.

Green, Julien, franz. Schriftsteller amerik. Herkunft, 6. 9. 1900 Paris – 13. 8. 1998 ebda. Vater amerik. Ölkonzernvertreter; zweisprachig und protestant. erzogen. 17jährig Kriegsfreiwilliger. 1919–22 Stud. Philol. Charlottesville/VA. Ab 1922 wieder in Paris, widmete sich der Malerei, Musik und Lit. Genießt großes Ansehen seit dem Erscheinen s. Meisterwerks ›Leviathan‹. 1939 zweite Konversion zum Katholizismus (erste 1915; danach Buddhist). 1940–45 Emigrant in Amerika, unterstützte von dort die franz. Widerstandsbewegung. 1971 Mitglied der Académie Française. – Bedeutender Romancier in der Tradition des psycholog.-realist. Romans. Auch Dramatiker. Für s. innere Entwicklung aufschlußreich s. in durchsichtiger Prosa geschriebenes Tagebuch, Zeugnis s. Ringens zwischen Gott und ird. Lust. Die Romane zeichnen e. verdichtete menschl. Wirklichkeit von düsterer, bedrückender Atmosphäre: die Verlorenheit, Versuchbarkeit, ausweglose Lebensangst des Menschen, s. Grauen, in der Welt zu sein, s. Sehnsucht nach e. metaphys. Wirklichkeit. Meist durchschnittl. Menschen, die willensschwach und haltlos Emotionen und Impulse verdrängen, die sich plötzl. in entsetzl. Taten oder in Wahnsinn entladen. Die Mehrzahl der Hauptwerke spielt in der Enge und Öde des provinziellen Kleinstadtmilieus. Mehrfach mischen sich Traum und Halluzination mit der Realität. G.s Prosa ist bewußt einfach, ohne Rhythmus im Gleichmaß dahinfließend; sie fasziniert durch ihre Suggestionskraft. Das zu Beginn in G.s Werken nur latent vorhandene relig. Problem gewinnt zunehmend an Bedeutung.

W: Pamphlet contre les catholiques de France, 1924 (d. 1945); Mont-Cinère, R. 1926 (d. 1928); Suite anglaise, Ess. 1927; Le voyageur sur la terre, Nn. 1927 (d. 1948); Christine, N. 1927 (d. 1962); Adrienne Mesurat, R. 1927 (d. 1928); Léviathan, R. 1929 (d. 1930); L'autre sommeil, E. 1931 (d. 1958); Epaves, R. 1932 (Treibgut, d. 1932); Le visionnaire, R. 1934 (d. 1934); Minuit, R. 1936 (d. 1936); Journal, X 1928–76, XIII 1938–88 (d. V 1932ff., 1952–54); Varouna, R. 1940; Memories of happy days, 1942; Si j'étais vous, R. 1947 (d. 1948); Moira, R. 1950 (d. 1952); Sud, Dr. 1953 (Der Mann, der aus der Fremde kommt, d. 1953); L'ennemi, Dr. 1954 (d. 1955); Le malfaiteur, R. 1956 (In den Augen der Gesellschaft, d. 1962); L'ombre, Dr. 1956; Chaque homme dans sa nuit, R. 1960 (d. 1960); Partir avant le jour, Aut. 1963 (d. 1964); Mille chemins ouverts, Aut. 1964 (d. 1965); Terres lointaines, Aut. 1966 (d. 1966); Les années faciles, Aut. 1970; L'autre, R. 1971 (d. 1972); Jeunesse, Aut. I 1974 (d. 1979); Dans la gueule du temps, R. 1978; La terre est si belle, Tg. XI 1976–78, 1982; Frère François, R. 1983 (d. 1984); La lumière du monde, Tg. XII 1978–81, 1983; Histoire de vertige, Nn. 1984; Jeunes années, Aut. II 1984 (d. 1986); Villes, Reisetg. 1985 (d. 1986); Les pays lointains, R. 1987. – Œuvres complètes, X 1954–65, 1972ff., 1979ff. – *Übs.:* Dem Unsichtbaren zu, Tg.-Ausw. 1975.

L: M. Eigeldinger, J. G. et la tentation de l'irréel, 1947; A. Fongaro, L'existence dans les romans de J. G., Rom 1954; S. E. Stokes, N. Y. 1955; M. Le Goff, 1956; M. Gorkine, 1956; P. Brodin, 1957; J.-L. Prévost, 1960; J. Sémoulé, 1964; G.-N. Rousseau, 1965; R. de Saint Jean, 1967; J. Carrel, 1967; J. P. J. Urterwaal, 1968; M. G. Rose, 1971; M. Mor, 1973; N. Costis, 1973; J. P. J. Piriou, 1976; A. Tamuly, 1977; M. Jullian, 1980; A.-H. Newburg, 1986; Actes du Colloque International, 1988; A. Vandegas, 1991; Ph. Derivière, 1994; L.-H. Parias, 1994; W. Matz, J. G.: le siècle et son ombre, 1998; C. Auroy, 2000; M. Oustinoff, Bilinguisme d'écriture, 2001. – *Bibl.:* P. C. Hoy, 1970.

Green, Paul (Eliot), amerik. Dramatiker, 17. 3. 1894 b. Lillington/NC – 4. 5. 1981 Chapel Hill/NC. Aufgewachsen auf der elterl. Farm in engem Kontakt mit schwarzen Sklaven, Univ. North Carolina (Prof. F. H. Kochs Carolina Playmakers!) und Cornell, seit 1923 Drama-Prof. Univ. North Carolina. – S. Stücke beruhen meist auf folklorist. Elementen (Musik; Leben der Sklaven) s. Heimatstaats.

W: In Abraham's Bosom, Dr. 1927; The House of Connelly, Dr. 1932; Roll, Sweet Chariot, Dr. 1934; Johnny Johnson, Dr. 1937 (m. K. Weill, d. 1973); The Lost Colony, Dr. 1937; Native Son, Dr. 1941 (m. R. Wright); The Hawthorn Tree, Ess. 1943; Dramatic Heritage, Ess. 1953; Drama and the Market, Ess. 1958. – Out of the South, Drn. 1939; Five Plays of the South, 1963; Texas, Dr. 1966; Trumpet in the Land, Dr. 1970; Paul Green's War Songs 1917–20, G. hg. J. H. Roper 1993; A Southern Life, letters of Paul Green 1916–81, hg. L. G. Avery 1994.

L: W. S. Lazenby, 1970; V. Kenny, 1971.

Greenberg, Uri Zwi, hebr. Dichter, 10. 1. 1894 Ostgalizien – 8. 5. 1981 Ramat Gan. Wuchs in einer chassid. Umgebung auf und wanderte 1924 nach Palästina ein. Prophetisch warnte er in den 20er Jahren die Juden Polens vor einer großen Katastrophe. Er sprach sich für eine polit. Renaissance in Eretz Israel aus, lehnte territoriale Kompromisse ab und unterstrich die Rolle der hebr. Sprache bei der nationalen Erneuerung. 1949 war er als Abgeordneter der rechtsgerichteten Cherut-Partei im ersten israel. Parlament vertreten. G. wollte die hebr. Lit. von den Schatten des Diaspora-Daseins und ihrem realist. Stil befreien. Er plädierte für eine neue, expressionist. Poetik. Im Vordergrund s. sprachl. ausdrucksreichen Dichtung steht die Wiedergeburt der Nation, ›vom Nil bis zum Euphrat‹, und die Verbindung zwischen der jüd. Vergangenheit und der israel. Zukunft.

W: eyma gdola ve-yareach, G. 1925; Anakreon al kotev ha-itzavon, G. 1928; GW, XV Bd. 1990–2001.

Greene, Graham, engl. Romanschriftsteller, 2. 10. 1904 Berkhamstead/Hertfordshire – 3. 4. 1991 Vevey/Schweiz. Sohn e. Schuldirektors, Großneffe von R. L. Stevenson. Stud. Oxford, zunächst Journalist. 1926–30 Mitarbeiter der Londoner ›Times‹. ∞ 1927 Vivien Dayrell-Browning. Bereiste Liberia und Amerika, hielt sich 1938 längere Zeit in Mexiko auf, dem Schauplatz versch. s. Romane. Konvertierte 1934 zur röm.-kath. Kirche. 1935–39 Filmkritiker. Während des Krieges 1940/41 vorübergehend Mitarbeiter des ›Spectator‹, dann 1941–44 im auswärtigen Dienst, 1942/43 in Sondermission in Westafrika. Nach dem Krieg e. Zeitlang Verlagsdirektor bei Eyre & Spottiswoode, 1958–68 Bodley Head, London. – Vf. zahlr. Romane mit relig. Hintergrund (Konflikt zwischen Gut und Böse) und z.T. bewußt reißer. Handlung oder abnormen psycholog. Situationen; unterscheidet dabei zwischen ›entertainment‹ und ernstem Roman. Die nur zur Unterhaltung geschriebenen Geschichten sind handfeste Kriminal- und Kolportageromane, jedoch mit psycholog. Raffinement aus der Sicht des Verbrechers dargeboten. In s. ernsten Romanen will G. die Brüchigkeit der Welt aufdecken, will zeigen, wie der sündige Mensch allein auf göttl. Gnade angewiesen ist. Auch hier zeigt G. sich als e. echter Romancier, der äußerst spannend erzählt. Unverhohlen, in illusionsloser brutal naturalist. Darstellung zeigt er das Düstere, Böse und Schreckliche, ihn faszinieren das Problem von Schuld und Sühne, die Gewissenskonflikte und inneren Kämpfe des mit sich und Gott zerfallenen Menschen, das Erlebnis der Angst und Verlassenheit. S. Religiosität ist kein stilles In-Gott-Ruhen, sondern hat etwas Gequältes. Wurde zuerst bekannt durch den Unterhaltungsroman ›Brighton Rock‹, in dem er sich mit dem Problem des Satanischen beschäftigte; s. bedeutendster Roman ist ›The Power and the Glory‹. G.s knappe, z.T. nur andeutende Sprache ist klar und einfach, die Konstruktion s. Romane raffiniert, schon die ersten Kapitel weisen auf e. Konflikt hin, die Spannung steigert sich ständig. G.s Schaffen wurde wegen der eigenartigen Mischung von Abenteuer, Kriminalistik, Erotik und Religiosität heftig diskutiert. G. verfaßte außerdem Dramen, lit.-krit. Essays und reizvolle Kinderbücher.

W: The Man Within, R. 1929 (Zwiespalt der Seele, d. 1952); The Name of Action, R. 1930; Rumour at Nightfall, R. 1931; Stamboul Train, R. 1932 (Orientexpreß, d. 1950); It's a Battlefield, R. 1934 (Schlachtfeld des Lebens, d. 1952); England Made Me, R. 1935 (u. d. T. Shipwrecked, 1953; Ein Sohn Englands, d. 1952); Journey Without Maps, Aut. 1936 (Der Weg nach Afrika, d. 1950); A Gun for Sale, R. 1936 (Das Attentat, d. 1950); Brighton Rock, R. 1938 (Am Abgrund des Lebens, d. 1950), Dr. 1943; The Confidential Agent, R. 1939 (Jagd im Nebel, d. 1951); The Lawless Roads, Reiseb. 1939 (d. 1949); The Power and the Glory, R. 1940 (d. 1948), Dr. 1956; British Dramatists, Ess. 1942; The Ministry of Fear, R. 1943 (Zentrum des Schreckens, d. 1952); The Little Train, Kdb. 1946 (Die kleine Lok, d. 1953); Nineteen Stories, Kgn. 1947 (Spiel im Dunkeln, d. 1950); The Heart of the Matter, R. 1948 (Das Herz aller Dinge, d. 1949), Dr. 1950; The Little Fire Engine, Kdb. 1950 (d. 1954); The Third Man, R. 1950 (d. 1951); The Fallen Idol, E. 1950 (Kleines Herz in Not, d. 1963); The End of the Affair, R. 1951 (Der Ausgangspunkt, d. 1951); The Lost Childhood, Ess. 1951 (d. 1953); The Living Room, Sch. 1953; The Quiet American, R. 1955 (d. 1956); Loser Takes All, R. 1955 (Heirate nie in Monte Carlo, d. 1955); The Potting Shed, Sp. 1957 (Das Geheimnis, d. 1957); Our Man in Havana, R. 1958 (d. 1959); The Complaisant Lover, Lsp. 1959 (d. 1960); A Burnt-Out Case, R. 1961 (d. 1961); In Search of a Character, Tg. 1961 (Afrikan. Tagebuch, d. 1962); A Sense of Reality, En. 1963 (Unter dem Garten, d. 1963); Carving a Statue, Sch. 1964; The Comedians, R. 1966 (d. 1966); May We Borrow Your Husband, Kgn. 1967 (d. 1967); Travels with My Aunt, R. 1969 (d. 1970); Collected Essays, 1969 (d. 1974); A Sort of Life, Aut. 1971 (d. 1971); Collected Stories, 1972; The Honorary Consul, R. 1973 (d. 1973); Lord Rochester's Monkey, B. 1974 (d. 1976); The Human Factor, R. 1978 (d. 1978); Doctor Fischer of Geneva or the Bomb Party, R. 1979 (d. 1980); Ways of Escape, Aut. 1980 (d. 1981); Monsignor Quixote, R. 1982 (d. 1982); Getting to Know the General, Ber. 1984 (Mein Freund, der General, d. 1984); The Tenth Man, Kgn. 1985; Collected Plays, 1985; The Captain and the Enemy, R. 1988; Reflections, Slg. 1990; The Last Word, Kgn. 1990; A World of My Own, Kgn. 1992. – *Übs.*: GW, VI 1962–65; Neu-Editionen der Werke, Zsolnay u. dtv 1990 ff.

L: W. Allen, 1943; G. Maudale, 1949; P. Rostenne, 1949; J. Rischik, 1950; K. Allott, M. Farris, 1951; F. Wyndam, 1955; R. Matthews, 1956 (d. 1957); R. O. Evans, hg. 1963; D. Pryce-Jones, 1963; A. A. DeVitis, 1964; D. Lodge, 1966; A. J. Atkins, ²1966; H. J. Cargas, 1969; G. R. Boardman, 1971; P. Wolfe, 1972; J. Enn, 1972; L. S. Hynes, hg. 1973; E. Charvát, 1973; J. P. Kulshrestha, 1977; J. Atkins, 1980; K. C. J. Kurissmmootil, 1981; G. Rai, 1983; J. Spurling, 1983; M. F. Allain, The Otherman, 1983; R. Sharrock, Saints, Sins, and Comedians, 1984; G. M. A. Gaston, The Pursuit of Salvation, 1984; Q. Falk, 1985; R. Kelley, 1985; H. Bloom, hg. 1987; D. Erdinast-Vulcan, 1988; P. O'Prey, 1988; N.

McEwan, 1988; B. Thomas, 1988; M. Conto, 1988; N. Sherry, 1989 u. 1995; R. H. Miller, 1990; S. K. Sharma, 1990; V. V. B. R. Rao, 1990; J. Meyers, hg. 1990; J. C. Whitehouse, 1990; R. Hoskins, 1991; H. J. Donaghy, hg. 1992; R. Kelly, 1992; M. Shelden, 1994; A. F. Cassis, hg. 1994; R. Pendleton, 1995; L. Duran, E. Cameron, 1995; B. Dienert, 1996; P. Mudford, 1996; C. Watts, C. Thomas, 1997; W. J. West, 1998; W. Cash, The Third Woman, 2000; C. Baldridge, 2000; J. L. Smith, 2001. – *Bibl.:* J. D. Vann, 1970; R. H. Miller, 1978; R. A. Wobbe, G. Smith, 1986; N. Brennan, 2002.

Greene, Robert, engl. Lyriker, Erzähler und Dramatiker, 8. 7. 1558 Norwich(?) – 3. 9. 1592 London. Sohn begüterter Eltern, 1575 Stud. Cambridge; in der Jugend zahlr. Reisen in Europa. – Vielseitige schriftsteller. Begabung. Vf. versch. Bühnenstücke. ›The Looking Glasse for London and England‹, gemeinsam mit Lodge, verbindet elisabethan. Satire mit Elementen der Moralitäten und Mirakelspiele, ›Orlando Furioso‹ steht in der Tradition Ariosts, ›The Comical History of Alphonsus, King of Aragon‹ ist e. Tamburlaine-Nachahmung unter Marlowes Einfluß. S. bedeutendstes Bühnenwerk ›Friar Bacon and Friar Bungay‹ verknüpft zwei Handlungen: Roger Bacon im Bund mit dem Teufel bei allerlei Zauberwerk, daneben e. Liebeshandlung, die Shakespeare Anregungen für den ›Sommernachtstraum‹ gab. Verfaßte außerdem rd. 12 Prosaerzählungen, die in 3 sehr versch. Gruppen fallen: 1) amouröse Romanzen mit lyr. Einlagen, im manieristisch-prätentiösen Sprachstil Lylys (frühe Werke G.s) sowie Romanzen, die sich eher an der hellenist. Tradition orientieren, 2) autobiograph. Romane, die Abkehr vom Laster darstellen, wie ›Greene's Mourning Garment‹ und ›Groatsworth of Wit bought with a Million of Repentance‹, das bissige Anspielung auf den jungen Shakespeare enthält, und 3) Schelmenromane, die das Leben der Londoner Unterwelt beleuchten und als ›cony-catching-pamphlets‹ berühmt wurden: ›Defense of Cony-Catching‹, e. Lehrbuch der Bauernfängerei, ›The blacke Bookes Messenger‹: e. Gauner erzählt unter dem Galgen s. Geschichte. Derartige derb-realist. Schilderungen waren weit entfernt von der romanzenhaften Erhöhung des Lebens, wie sie in anderen fiktiven Schriften der Zeit üblich war. G.s Ruhm beruht vor allem auf den eingestreuten Gedichten in s. Bühnenstücken und Romanen.

W: Mamillia, R. 1583; Arbasto, R. 1584; The Myrrour of Modestie, R. 1584; Gwydonius. The Carde of Fancie, R. 1585 (n. G. Saintsbury 1929); The Comical History of Alphonsus, King of Aragon, Sch. 1587 (n. W. W. Greg 1926); Pandosto, R. 1588 (n. P. G. Thomas 1907); Orlando Furioso, Sch. 1588; Perimedes the Blacke-Smith, R. 1589; Menaphon, R. 1589 (n. B. G. Harrison 1927); The Scottish History of James IV., Sch. 1590 (n. J. A. Lavin 1967); Greene's Mourning Garment, Aut. 1590; A Notable Discovery of Cozenage, Flugschr. 1591 (n. G. B. Harrison 1923); Greene's Farewell to Folly, Es. 1591; Defense of Cony-Catching, 1952; Disputation between a He-Cony-Catcher and a She-Cony-Catcher, 1592; The Blacke Bookes Messenger, 1592 (n. G. B. Harrison 1923); A Quip for an Upstart Courtier, 1592 (n. C. Hindley 1873); Greene's Groatsworth of Wit bought with a Million of Repentance, Aut. 1592 (n. 1923); Friar Bacon and Friar Bungay, Sch. 1594 (n. D. Seltzer 1963; J. A. Lavin 1969); The Looking Glasse for London and England, Sch. 1594 (m. Lodge). – Complete Works, hg. A. B. Grosart, XV 1881–86 (n. 1964); Extracts, hg. ders. 1894; The Plays and Poems, hg. J. C. Collins II 1905; The Complete Plays, hg. T. H. Dickinson 1909.

L: J. C. Jordan, 1915, n. 1965; G. B. Harrison, Shakespeare's Fellows, 1923; T. Pruvost, 1938; S. A. Tannenbaum, 1939; W. Senn, Studies in the Dramatic Construction of R. G. and G. Peele, 1974; J. Dean, 1984; C. Crupi, 1986. – *Bibl.:* T. Hayashi, R. G. Criticism: A Comprehensive Bibliography, 1971; A. Allison, R. G. 1558–1592: A Bibliographical Catalogue of the Early Editions in English, 1975.

Gregh, Fernand, franz. Lyriker, 14. 10. 1873 Paris – 5. 1. 1960 ebda. Sohn e. Komponisten; Stud. Philos. Paris. Journalist; weite Reisen; 1953 Mitglied der Académie Française. – Begründer (Manifest im ›Figaro‹) der Bewegung des ›Humanismus‹ mit dem Ziel, die Poesie zu Natürlichkeit des Stils zurückzuführen, vom Einfluß der Symbolisten und Parnassiens zu befreien. Schrieb stark von V. Hugo beeinflußte, leicht melanchol., zarte melod. Gedichte über die geheimen Stimmungen von Natur und Seele.

W: La maison d'enfance, G. 1896; La beauté de vivre, G. 1900; Les clartés humaines, G. 1904; L'or des minutes, G. 1905; Prélude féerique, G. 1908; La chaîne éternelle, G. 1910; La couronne douloureuse, G. 1917; Couleur de la vie, G. 1923; La gloire du cœur, G. 1932; L'œuvre de V. Hugo, Schr. 1933; La couronne perdue et retrouvée, G. 1945; Souvenirs, III 1947–56; L'âge d'or, Erinn. 1947; Sonnets d'hier et d'aujourd'hui, Vorr; La belle au bois dormant, Msp. 1950; Le petit poucet, Msp. 1950; L'âge d'airain, Erinn. 1952; V. Hugo, B. 1954; Le mot du monde, G. 1957; Mon amitié avec M. Proust, Erinn. 1958.

L: M. S. Druon, 1937; J.-Ch. Chessex, 1958; A. Figueras, 1946.

Gregorčič, Simon, slowen. Dichter, 15. 10. 1844 Vrsno – 24. 11. 1906 Görz. Sohn armer Bauern, studierte gegen s. Willen Theol. in Görz, ab 1867 Pfarrer in versch. Orten s. engeren Heimat. – G.' Lyrik ist der Widerhall s. schweren Lebens u. s. unerfüllten Wünsche; aus dem grauen Alltag flüchtet der Dichter in die Natur, die er im Tone des Volksliedes besingt; später dringen melanchol.-pessimist. u. patriot. Klänge in s. Gedichte sowie erot. Motive, die die Ablehnung s. Vorgesetzten hervorriefen; s. Verse sind formvollendet u. zeichnen sich durch Frische u. Unmittelbarkeit aus; mitunter dringt das rhetor. Element zu stark in den Vordergrund.

W: Poezije, G. IV 1882–1908; V obrambo, G. 1882; Job, G. 1904. – Zbrano delo (GW), IV 1947–51; Izbrano delo (AW), 1969.
L: A. Burgar, 1907; D. Stříbrný, 1918; F. Koblar, 1962; J. Dolenc, 1989; I. Pregelj, 1994.

Gregor der Große, Papst, Heiliger, lat. Kirchenschriftsteller, um 540 Rom – 12. 3. 604 ebda. Sohn e. Senators; umfassende Ausbildung; zuerst in der Verwaltung tätig; 570 Prätor, 572/73 Präfekt in Rom; intensives Stud. der Kirchenväter; stiftete um 575 nach dem Tode s. reichen Vaters von dem ererbten Vermögen 7 Klöster, trat selbst in e. davon, St. Andreas in Rom, ein; 577/78 Diakon; 579 Gesandter des Papstes Pelagius II. in Konstantinopel; 590 gegen s. Willen zum röm. Bischof gewählt, bestieg als Gregor I. den päpstl. Thron. Erreichte durch Klugheit und diplomat. Geschick in den polit. schwierigen Verhältnissen, die seit dem Einfall der Langobarden in Italien herrschten, e. Stärkung des päpstl. Ansehens. Sorgte für die von Hunger u. Pest geplagte Bevölkerung, ordnete die Verwaltung der großen päpstl. Ländereien neu; wirkte für die Verbreitung des christl. Glaubens bes. auf Korsika u. in Großbritannien. – G. zählt zu den größten Lehrern der christl. Kirche. Als Handbuch für die Amtsführung der Bischöfe verfaßte er s. ›Regula pastoralis‹; am einflußreichsten war im MA s. Hiobs-Exegese ›Moralia‹ in 35 Büchern, entstanden aus Predigten; ›Dialogorum libri IV‹ enthalten Wundergeschichten über die Heiligen Italiens; der Bibelauslegung dienen ›In evangelia homiliae‹ u. a. Werke. S. vielen Briefen sind hist. sehr wertvoll. Die lange Zeit ihm zugeschriebene Reform von Liturgie und Kirchengesang (Gregorian. Gesang) geht erst auf die Zeit von Papst Vitalian (657–672) zurück.

A: J. P. Migne, Patrologia Lat. 75–79; Briefe, hg. D. Norberg 1982 (d. Th. Kranzfelder 1873f.); Regula pastoralis, hg. F. Rommel 1992 (m. franz. Übs. von C. Morel u. Komm. von E. Dekkers; d. G. Kubis 1986); Moralia, hg. A. de Gaudemaris, A. Bocognano 1974–75 (m. franz. Übs.); M. Adriaen 1979–85; P. Siniscalco, E. Gandolfo, 1992–97; Dialogi, hg. A. de Vogüé 1978–80, d. J. Funk 1933; Homiliae in Evangelia, hg. R. Étaix 1999, d. M. Fiedrowicz 1997–98; Expositiones in canticum canticorum u. Expositiones in librum primum regum, hg. P. Verbraken 1963; Homiliae in Ezechielem, hg. M. Adriaen 1971 (d. G. Bürke 1983).
L: P. Battifol, [4]1991; C. Dagens, 1977; V. Recchia, G. e la società agricola, 1978; J. Richards, Consul of God, 1980, d. 1983; V. Paronetto, 1985; G. R. Evans, The thought of G., 1986; M. Fiedrowicz, Das Kirchenverständnis G.s, 1995; P. Riché, Petite vie de G., 1995, d. 1996; V. Recchia, 1996; C. Straw, 1996; R. A. Markus, 1997; E. Gandolfo, 1998. – *Bibl.:* R. Godding, 1990.

Gregorios von Nazianz (Kappadokien), griech. Kirchenlehrer, 326 (330?) – um 390. Sohn e. Bischofs, Studienfreund des Basileios, 361 Priesterweihe, 372 Ernennung zum Bischof, ab 379 in Konstantinopel, ab 381 nach Scheitern des Konzils zurückgezogenes Leben bei Nazianz. – G.' Belesenheit, s. theolog. Anliegen (v. a. Trinitätslehre; Gottheit d. heiligen Geistes) und s. Anknüpfen an d. pagane Bildungstradition äußern sich in e. umfangreichen Werk: 45 ›Reden‹, etwa 400 moral.-didakt., hymn.-relig. und ep.-erzählende ›Gedichte‹ mit über 16 000 Versen, unterschiedl. metr. Formen; 260 ›Epigramme‹ mit 1042 Versen, v. a. Grabinschriften, daneben Gebete und Reflexionen; 240 ›Briefe‹, verfaßt 383–389 n. Chr., private Inhalte, als stilist. Musterbriefe von G. selbst veröffentlicht (1. Briefsammlung e. christl. Autors). Literarhist. interessant sind G.' ›Carmen de vita sua‹ (1949 jamb. Trimeter) und die ›Rede über die Flucht [sc. aus dem Priesteramt]‹, beides wichtige Stationen der Entwicklung autobiograph. Schreibens. In byzantin. Zeit gilt G. als ›der Theologe‹; Augustinus beruft sich mehrfach auf ihn, noch Erasmus lobt s. ›Frömmigkeit‹ und ›Redegewandtheit‹.

A: Corp. Nazianzenum, hg. B. Coulie, G. Gargitte, J. Mossay, J. Nimmo Smith, J. Grad'Henry IV 1988ff. – Zahlr. Einzelausgaben (vgl. C. Hartmann, in: LACL [2]1999, 262–266).
L: M.-M. Hauser-Meury, 1960; M. Kertsch, 1980; A.-S. Ellverson, Uppsala 1981; J. Mossay, M. Sicherl, hg. 1981ff. (bisher 9 Bde.); J. Mossay (Hg.), 1983; C. Moreschini, G. Menestrina, Bologna 1992; K. Demoen, Turnhout 1996; L. Brubaker, Cambr. 1999.

Gregorios von Nyssa (Kappadokien), altgriech. Kirchenlehrer, 335/40 – um 400(?). Jüngerer Bruder des Basileios, von dem er nach e. kurzen Laufbahn als Rhetor in innerkirchl. Spannungen verwickelt wird; ab 371/372 Bischof von Nyssa, zwischen 370 und 394 Mitwirkung an mehreren Synoden, Reisen (u. a. nach Jerusalem und Arabien), nach 386 kaum mehr Nachrichten. Typ. Vertreter der christl. Elite der nachkonstantinischen Ära. – G.' umfangreiches Werk gliedert sich in katechet.-paränet., dogmat. u. exeget. Werke, Reden und Predigten sowie 30 Briefe. Durch s. spekulative Begabung übertrifft er als Theologe und Philosoph Basileios und Gregor von Nazianz. S. wichtigster Beitrag zur Trinitätslehre ist ›Gegen Eunomios‹, in der ›Großen katechet. Rede‹ stellt er die christl. Hauptlehren dar. In s. Bibelerklärungen wird G. unter Rückgriff auf Platonismus und Allegorese zum ersten christl. Mystiker: Durch unablässige Reinigung kann die Seele in immer tieferer Erkenntnis und größerer Liebe zu Gott aufsteigen (vgl. ›Psalmenkommentare‹, ›Moses-Vita‹). Die asket. Schriften ergänzen diesen

Weg (z. B. ›Über die Jungfräulichkeit‹, ›Über die Vollkommenheit‹), s. Reden und Predigten setzen ihn für e. größeres Publikum auch in Einzelproblemen um.

A: W. Jäger 1921ff.; ders. u. a. 1952ff. – Zahlr. Einzelausgaben (vgl. E. Dünzl, in: LACL ^{2}1999, 266–271).
L: M. Harl, hg. Leiden 1971; R. M. Hübner, Leiden 1974; M. N. Esper, 1979; M. Canévet, Paris 1983; A. Spira, hg. Cambr. 1984; H. R. Drobner, C. Klock, hg. Leiden 1990; G. Castelluccio, Bari 1992; V. E. F. Harrison, Lewiston u. a. 1992; S. G. Hall, 1993; F. Dünzl, 1993; G. Dal Toso, 1998. – *Bibl.:* M. Altenburger, F. Mann, Leiden 1988.

Gregor von Narek → Grigor Narekac'i

Gregor-Tajovský, Jozef, slovak. Schriftsteller, 18. 10. 1874 Tajov – 20. 5. 1940 Bratislava. Lehrer, Bankbeamter, Journalist, Offizier im 1. Weltkrieg; russ. Kriegsgefangenschaft. – Vf. realist.-naturalist. Erzählungen u. Dramen aus dem Dorfleben, in denen er oft scharfe Kritik an den herrschenden sozialen u. kulturellen Zuständen übt. Übs. aus dem Russ.

W: Omrvinky, E. 1897; Ženský zákon, Dr. 1901; Smutné nôty, E. 1907; Statky-zmätky, Dr. 1909; Tŕpky, E. 1911; Smrt'Ďurka Langsfelda, Dr. 1923; Jej prvý román, Dr. 1931; Blúznivci, Dr. 1934; Hrdina, Dr. 1938. – Zobrané spisy (GW), XV 1928–34; Dielo (W), VI 1953–58.
L: J. G. T. v kritike i spomienkách, 1956; S. Lesňáková, Cesty k realizmu, 1971; P. Palkovič, 1972. – *Bibl.:* in: Literár. hist. sborník VIII, 1951.

Gregor von Tours (Gregorius Turoniensis, eig. Georgius Florentius), fränk. Geschichtsschreiber, 30. 11. 538 Clermont-Ferrand – 17. 11. 594 Tours. Aus vornehmer galloröm. Senatorenfamilie; von König Sigibert 573 zum Bischof von Tours berufen (e. der bedeutendsten Bistümer des Frankenreiches). An den innerpolit. Kämpfen im Merowingerreich beteiligt, mit Chilperich, Nachfolger Sigiberts, verfeindet. – Erzähler von hohem Rang. Hauptwerke e. Frankengeschichte bis 591, wichtigste hist. Quelle für die Anfänge der Merowingerzeit: erste 3 Bde. von sagenhaftem Charakter, weitere 7 Bde. behandeln die Zeit G.s bis 591. Keine zusammenhängende Geschichtserzählung, bunte Fülle charakterist. Vorgänge, anschaul. Bilder der Verwilderung in dieser Zeit. Verfaßte außerdem u. a. Heiligenleben, z. B. 4 Bücher ›De virtutibus S. Martini‹, 8 Bücher Wundergeschichten von gall. Heiligen sowie e. astronom. Hilfsbüchlein. Schrieb im lebendigen Vulgärlatein s. Zeit.

A: Historiarum libri X (auch Historia Francorum, Gesta F., Historia ecclesiastica gen.), hg. B. Krusch, W. Levison (Mon. Germ. Hist., Script, rer. Meroving.) I, 1937–42, ^{2}1951. – *Übs.:* neufranz. H. Bordier 1859–62, R. Latouche 1963ff.; d. W. Giesebrecht II (hg. S. Hellmann, Geschichtsschreiber der dt. Vorzeit 8/9) 1851, ^{4}1911–13, bearb. R. Buchner II 1956.
L: W. Loebell, ^{2}1866; G. Vinay, 1940; W. Wattenbach, W. Levison, Dtl.s Geschichtsquellen, Vorzeit u. Karolinger I, 1952; J. Verdon, 1989; Ch. Lelong, 1995; J. Schmidt, 1998.

Gregory, Horace (eig. H. Victor), amerik. Lyriker, 10. 4. 1898 Milwaukee/WI – 11. 3. 1982 Shelburne Falls/MA. 1919–23 Stud. klass. Sprachen; 1934–60 Lehrer am Sarah Lawrence College. – Nach glatten, formal vollendeten Versen Übergang zu experimenteller Lyrik, die nach Vorbild Pounds das mod. Idiom mit klass.-lit. Einflüssen verbindet. Übs. Catulls (1931, 1956) und Ovids (1958, 1964). Essays zur mod. Lit. und Dichtungstheorie.

W: Chelsea Rooming House, G. 1930; No Retreat, G. 1933; Pilgrim of the Apocalypse, St. 1933; Chorus for Survival, G. 1935; Poems 1930–40, 1941; The Shield of Achilles, Ess. 1944; A History of American Poetry, 1900–1940, 1946 (m. M. Zaturenska); J. W. Riley, St. 1951; Selected Poems, 1951; Amy Lowell, St. 1958; The Dying Gladiators, Ess. 1961; Medusa in Gramercy Park, G. 1961; Collected Poems, 1964; Dorothy Richardson, St. 1967; The House in Jefferson Street, Aut. 1971; Another Look, G. 1976. – Collected Essays, 1973.

Gregory, Isabella Augusta Lady, geb. Persse, anglo-ir. Dramatikerin, 5. 3. 1852 Roxborough/Galway – 22. 5. 1932 Coole Park/Galway. Tochter e. Abgeordneten; Grundbesitzerfamilie. ∞ 1880 Sir William G. Sehr interessiert an ir. Folklore und Geschichte. Widmete nach dem Tode ihres Mannes 1892 ihr Leben der ›kelt. Renaissance‹, e. auf ir. Trad. und Geschichte gegründeten Neubelebung des ir. Theaters. Arbeitete viel mit Yeats und Synge zusammen, die ihr manche Anregung verdankten. Mäzenin junger Dichter in ihrem Heim in Coole. Sammelte alte ir. Sagen und Legenden. – Schrieb selbst zahlr. Bühnenstücke für das 1899 von ihr und Yeats gegründete Dubliner Abbey Theatre (zeitweilig dessen Regisseurin und Direktorin). Ihre besten Leistungen in heiteren Einaktern, die das ir. Wesen als Ausdrucksform der menschl. Komödie zeigen. Einfache, kräftige Sprache und reiche Situationskomik. Auch mytholog. Geschichtsdramen. Übs. Molière ins anglo-ir. Mundart (›The Kiltartan Molière‹, 1910), um der ir. Bühne Anschluß an die Weltlit. zu verschaffen. Ihre Geschichte des Abbey Theatres ›Our Irish Theatre‹ ist zugleich e. Autobiographie.

W: Cuchulain of Muirthemne, Übs. 1902; Gods and Fighting Men, Übs. 1904; Spreading the News, K. 1906; The White Cockade, K. 1905; Gaol Gate, Einakter 1906; Hyacinth Halvey, K. 1906; The Rising of the Moon, K. 1906; Seven Short Plays, 1909; The Kiltartan History Book, St. 1909; Irish Folk History Plays, II 1912; Grania, Tr. 1912; New Comedies, 1913; Our Irish

Greiff

Theatre, Aut. 1914; The Kiltartan Poetry Book, G. 1919; Vision and Beliefs in the West of Ireland, St. II 1920; The Story brought by Brigit, 1924; Three Last Plays, 1928; Coole, Dr. 1931; Journals, hg. L. Robinson 1946. – Selected Plays, hg. E. Coxhead 1962, hg. A. Saddlemeyer IV 1970.
L: H. v. Klenze, Diss. Köln 1940; E. Coxhead, J. M. Synge and Lady Gregory, 1962; dies., L. G., ²1965; A. Saddlemeyer, 1965; A. Dedio, 1967; H. Adams, 1973; M. L. Kohfeldt, 1985; A. Saddlemeyer, C. Smythe, 1987.

Greiff, León de, kolumbian. Dichter, 22. 7. 1895 b. Medellín – 11. 7. 1976 Bogotá. Dt.-schwed. Herkunft; Bankangestellter, Journalist, Diplomat; veröffentlichte unter versch. Pseudonymen. – G. war der erste avantgardist. Dichter s. Landes u. verkörperte den Mythos e. ›poète maudit‹, den nur die Sprache interessierte. Dekadent, sarkast., unzufrieden, schwülstig, mit e. neuen Rhythmusgefühl; s. Dichtung erinnert an Musik.
W: Variaciones alrededor de nada, 1936; Antología poética, 1942; Obras completas, 1960; Obra completa, III 1986.
L: O. Rodríguez Sardiñas, 1975; S. C. Mohler, 1975; A. Alepe, hg. 1995; L. Suardíaz, 1995.

Grendel, Lajos, ungar. Schriftsteller, * 6. 4. 1948 Léva/Levice (Slovakei). Stud. Hungarologie u. Anglistik an der Univ. in Bratislava. 1973–90 Lektor beim dortigen Verlag Madách. 1990–92 Chefred. der lit. Zs. ›Irodalmi Szemle‹. 1992 Gründungsmitglied u. Chefredakteur der lit. Zs. Kalligram. Seit 1994 Direktor des Verlags ›Kalligram‹. Seit 1997 Vorstand des Slovak. PEN-Clubs. Träger div. lit. Preise. – Schreibt Romane, Novellen und Essays. Seine Prosa ist durch teilweise Aufhebung linearer Erzählweise u. Verwendung untersch. narrativer Verfahren gekennzeichnet.
W: Hűtlenek, En. 1979; Éleslövészet, R. 1981; Galeri, R. 1982; Áttételek, R. 1985; Szakítások, R. 1989; Einstein harangjai. Abszurdisztáni történet, R. 1992 (Einsteins Glocken, d. 1993); Hazám, Abszurdisztán, Ess. 1998; Tömegsír, R. 1999; Szép históriák, En. 2001; A tények mágiája. Mészöly Miklós időskori prózája, St. 2002.
L: P. Szirák, 1995.

Grenville, Kate (Catherine Elizabeth), austral. Erzählerin, * 1950 Sydney. – Vf. feminist. Romane mit teils humorvollen, teils gruseligen Elementen, in denen Frauen ihren Platz in der Gesellschaft neu definieren.
W: Bearded Ladies, Kgn. 1984; Lilian's Story, R. 1985; Dreamhouse, R. 1986; Joan Makes History, R. 1988 (d. 1991); Writing Book, Hdb. 1990; Dark Places (u.d.T. Albion's Story 1996), R. 1994; Idea of Perfection, R. 2000.

Greshoff, Jan, niederländ. Lyriker u. Essayist, 15. 12. 1888 Nieuw-Helvoet – 19. 3. 1971 Kapstadt. Antifaschist, ging 1939 als Journalist nach Südafrika, 1943–46 New York, ab 1946 in Kapstadt. – Journalist, Essayist u. Lyriker. Frühe Gedichte in wehmütiger Erlebnisform, später Humor, Ironie, Zynismus. Aggressive Kritiken. Spielte e. anregende Rolle im Lit.betrieb.
W: Gedichten 1907–34, 1934; Steenen voor brood, Ess. 1939; Verzameld werk, V 1948–50; Volière, Erinn. u. Ess. 1956; Bric à brac, Ess. 1957; Als droog zand, Aphor. 1957; Uitnodiging tot ergernis, Anth. 1957; Menagerie, Erinn. u. Ess. 1958; De laatste dingen, G. 1958; Wachten op Charon, G. 1964; Verzamelde gedichten 1907–67, 1967.
L: J. Schepens, 1938; E. Hoornik, 1939; R. J. Moreland, Portrait of a Dutch Poet, 1948; J. G. (Schrijvers Prentenboek 3), hg. P. H. Dubois u.a. 1959; L. Gillet, 1970 u. 1971 (m. Bibl.).

Gresset, Jean-Baptiste-Louis, franz. Lyriker und Dramatiker, 29. 8. 1709 Amiens – 16. 6. 1777 ebda. Jesuitenschule in Amiens, trat 16jährig in Jesuitenorden ein, lehrte in den Kollegien von Moulins, Tours, Rouen und La Flèche. Wegen der freigeistigen Respektlosigkeit s. Verse aus dem Orden ausgestoßen. Mitglied der Berliner Akademie Friedrichs II., ab 1748 der Académie Française. Gast der Pariser Salons. Fiel am Hof in Ungnade, kehrte wieder zum Orden zurück, verbrannte s. Werke. – Beliebt durch s. amüsanten und etwas frivolen Verserzählungen. Am bekanntesten e. anmutiges und liebenswürdiges kleines Epos ›Voir-Vert‹ über e. bei Matrosen groß gewordenen Papagei, der mit s. Flüchen in e. Nonnenkloster Unruhe stiftet. Im Hintergrund e. schalkhafte, gutmütige Kritik am Klosterleben, die sich auch in den anderen Gedichten und in Pamphleten findet. S. Komödien sind vergessen. Erfolgreich die Charakterkomödie ›Le méchant‹, e. Dokument der Immoralität und Frivolität der Epoche, mit gut gezeichneten Charakteren und geschicktem Versbau.
W: Voir-Vert, G. 1734 (n. 1945; d. 1750); Le carême impromptu, G. 1734; La Chartreuse, Br. 1735; Edouard III, Dr. 1740 (d. J. B. v. Alxinger 1784); Le lutrin vivant, G. 1743; Sidney, Dr. 1745; Le méchant, Dr. 1747 (d. 1753); Le bourgeois, Dr. 1747; Les parvenus, Dr. 1748; L'école de l'amour-propre, Dr. 1751; Le parvenu magnifique, Dr. 1757. – Œuvres complètes, hg. A. A. Renouard III 1811; Poésies inédites, 1863.
L: A. L. de Démuin, 1887; J. Wogue, 1894.

Grettis saga, altisländ. Saga aus dem 14. Jh. mit märchen- u. romanhaften Zügen. Erzählt sehr lebendig u. teilweise mit köstl. Humor die trag. Geschichte des vom Unglück verfolgten Geächteten Grettir Ásmundarson. Letzte der klass. Sagas.

A: R. C. Boer 1900; B. Sveinsson 1921; G. Jónsson 1936, ²1956; H. K. Laxness 1946; B. Halldórsson u.a. 1983; Ö. Thorsson 1994. – *Übs.:* P. Herrmann 1922 (n. 1963); H. Seelow 1974; R. Simek 1981; R. Heller 1982; H. Seelow 1998.
L: S. Nordal, Sturla Þórðarson og G.s, 1938; V. Hreinsson, Hver er þessi Grettir?, 1992.

Greville, Fulke, Baron Broke, engl. Dichter, 3. 10. 1554 Warwickshire – 30. 9. 1628 London. Ab 1568 Stud. Cambridge. Plante eine Karriere am Hof. 1621 Titel des Baron, starb 1628 in Warwick Castle unter ungeklärten Umständen. – Seine Freundschaft mit Sidney fand ihren Niederschlag in seiner Biographie Sidneys. Bei G. erscheint das Genre Biographie ebensosehr als Selbststilisierung G.s als Höfling und intimer Kenner des polit. Lebens wie als Beschreibung des Lebens seines Freundes Sidney; sie enthält außerdem Beschreibungen von Elisabeth I., die G. deren Gunst sichern sollten. Vf. zweier Tragödien im Stil Senecas, ›Mustapha‹ und ›Alaham‹, sowie der unvollendeten ›Letters to an Honourable Lady‹, in denen in neostoizistischer Tradition das Schicksal einer betrogenen Ehefrau dargestellt und rhetor. als Ausgangspunkt für philos. Überlegungen v. a. zum Stoizismus verwendet wird. Diese philos. Spekulationen setzen sich fort in G.s Sonettzyklus ›Caelica‹, in dem die Sonnet Lady nur noch eine rhetor. Figur zur Rahmung dieser Überlegungen darstellt.

W: A Letter to an Honorable Lady, 1595–1601; Mustapha, 1609; Alaham, 1633; A Treatise of Humane Learning, 1633; An Inquisition upon Fame and Honour, 1633; A Treatise of Wars, 1633; Alaham, 1633; Mustapha, 1633; Caelica, 1633; The Tragedie of that Famous Roman Orator Marcus Tullius Cicero, 1651; The Life of the Renowned Sir Philip Sidney, 1652; A Treatise of Monarchy, 1670, A Treatise of Religion, 1670.
L: R. Rebholz, 1971; J. Rees, 1971; C. Larson, 1980; P. Klemp, F.G. and Sir John Davies. A Reference Guide, 1985; J. Pennock, 1987.

Grévin, Jacques, franz. Dichter, 1538 Clermont-en-Beauvaisis – 5. 11. 1570 Turin. Gab s. schriftsteller. Laufbahn früh auf, Stud. Medizin ab 1556, kämpfte in den Religionskriegen. Mußte fliehen, zuerst in England, dann in den Niederlanden. Vor Bekehrung zum Protestantismus (1560) Freund Ronsards. Arzt der Herzogin von Savoyen. – Lyriker im Stil der Pléiade. Bedeutender s. Dramen, 2 Komödien und die Tragödie ›Julius César‹, e. Umarbeitung e. lat. Stückes von M. A. Muret, e. der ersten franz. Tragödien. Als Dramatiker Rivale von Jodelle, Vorläufer von Garnier und Hardy.

W: La trésorière, Dr. 1559 (n. E. Lapeyre 1980); Olimpe, G. 1560; Gélodacrye, G. 1960; Les ébahis, Dr. 1561; Julius César, Dr. 1561 (n. 1962); Traité d'anatomie, 1562; Le temple de Ronsard, Es. 1563; Théâtre, 1561; Théâtre complet et poésies choisies, hg. L. Pinvert 1922.

L: L. Pinvert, 1899; W. Beck, 1965; D. Rigo Bienaimé, G. poeta satirico, 1967; J. Foster, 1975; G. Colletet, 1988.

Grey, Zane, amerik. Schriftsteller, 31. 1. 1872 Zanesville/OH – 23. 10. 1939 Altadena/CA. Bauernsohn, Stud. Medizin, 1898–1904 Zahnarzt in New York, lebte ab 1918 in Kalifornien. – Vf. von über 60 populären Cowboy-, Wildwest- und Anglergeschichten. Die Landschaft der Wüste und der Rocky Mountains ist Schauplatz der melodramat. Auseinandersetzung zwischen unverbesserl. Schurken und ritterl., sich selbst vertrauenden Helden. Allein ›The Vanishing American‹, vom Vf. als s. Hauptwerk betrachtet, folgt nicht trivialen Romanzenmustern, sondern stellt das Schicksal der Indianer krit. dar.

W: Betty Zane, 1903 (d. 1928); The Spirit of the Border, 1906 (Männer der Grenze, d. 1952); The Last of the Plainsmen, 1908 (d. 1952); The Heritage of the Desert, 1910 (d. 1953); Riders of the Purple Sage, 1912 (Das Gesetz der Mormonen, d. 1952); Desert Gold, 1913 (d. 1955); The Lone Star Ranger, R. 1915; The Border Legion, R. 1916; The U. P. Trail, 1918 (Der eiserne Weg, d. 1953); The Mysterious Rider, 1921 (d. 1953); The Thundering Herd, 1925 (d. 1955); The Vanishing American, 1925 (Nophaie, der letzte Navaho, d. 1980); Wild Horse Mesa, 1928 (Vollblut, d. 1954); Code of the West, 1934 (d. 1935); Z. G. Omnibus, En. 1943; Z. G.'s Adventures in Fishing, En. hg. E. Zern 1952; The Ranger, En. 1960; Z. G. Outdoorsman, En. hg. G. Reiger 1972; The Reef Girl, R. 1977.
L: F. Gruber, 1970; C. Jackson, 1973; A. G. Kimball, 1993; S. J. May, 1997 u. 2000. – *Bibl.:* K. W. Scott, 1979.

Griboedov, Aleksandr Sergeevič, russ. Dramatiker, 15. 1. 1795 Moskau – 11. 2. 1829 Teheran. Vater Gardeoffizier; genoß von früh an vielseit. Erziehung, 1806–10, Stud. Lit. und Rechte Moskau, 1812 Offizier; verließ 1815 den Militärdienst, in Petersburg Bekanntschaft mit Katenin, Puškin, Küchelbecker; 1817 Beamter im Ministerium des Äußeren, 1819 Sekretär der russ. Gesandtschaft in Teheran, 1822 Sekretär bei General Ermolov in Tiflis, schrieb hier e. Teil s. Komödie, vollendete sie 1823/24 in Petersburg und Moskau; zum Druck nicht zugelassen, wurde sie in Abschriften verbreitet, Uraufführung 1831. 1826 der Teilnahme am Dekrabristenaufstand verdächtigt; 1828 Gesandter in Persien, bei e. Überfall auf das Gesandtschaftsgebäude ermordet. – Übertraf s. früheren dramat. Versuche weit mit der Komödie ›Gore ot uma‹, die bedeutendste in der russ. Lit. neben Gogol's ›Revizor‹; sie spielt in der Moskauer höheren Gesellschaft; diese wird aus der Sicht des zentralen Helden Čackij, der ihr nach langem Aufenthalt im Ausland gegenübertritt, heftig kritisiert; die Symbolkraft der Handlung beruht auf Entfaltung des Themas vom vergebl. Ringen der ideal gesinnten freien Persönlichkeit gegen Unfreiheit aus Vorurteil und Strebertum; klassizist. Tradition ist mit Einheit von Raum, Zeit und Handlung gewahrt, durchbrochen im Versmaß, freien gereimten Jamben, und in der großen Zahl handelnder Personen. G.s überragende Kunst der Personendarstellung zeigt sich in den Charakteren, die außer der weibl. Hauptfigur durchaus individuell und zugleich typ. Gestalten im vollen Sinne des Wortes sind. Die Sprache, der vorher übl. Beimischung des buchmäß. kirchenslaw. Elements fast gänzlich entbehrend, ist den Zwang des Verses nahezu verdeckende Umgangssprache, reich versehen mit volkstüml. Wendungen; viele der Verse wurden dann als Sprüche allg. verwendet. ›Gore ot uma‹, als Versdrama noch im Rahmen der Dramatik des 18. Jh., bewirkte mit Form, bes. der Sprache, und Inhalt e. Umschwung im russ. Drama; Nachklang bei vielen Dichtern, wie Puškin, Lermontov, Dostoevskij, Saltykov-Ščedrin.

W: Gore ot uma, K. 1833, vollst. 1862 (Geist bringt Kummer, d. A. Luther 1922, J. v. Guenther 1948). – Polnoe sobranie sočinenij (GW), hg. N. K. Piksanov III 1911–17; Sočinenija (W), 1959; Sočinenija v stichach, 1967.

L: O. Kramareva, Paris 1907; A. Alferov, 1910; N. K. Piksanov, Tvorčeskaja istorija ›Gore ot uma‹, 1928, n. 1971; V. N. Orlov, 1949, 1967; S. M. Petrov, 1950, 1981; J. Bonamour, Paris 1965; W. Kośny, 1985.

Grieg, (Johan) Nordahl Bruun, norweg. Lyriker, Erzähler und Dramatiker, 1. 11. 1902 Bergen – 2. 12. 1943 Berlin. Aus großbürgerl. Familie, entfernter Verwandter des Komponisten Edvard G., Sohn e. Rektors; fuhr 1920 als Leichtmatrose auf e. Frachter nach Australien u. vagabundierte 1922 durch Italien, Frankreich u. Dtl. zurück. 1922 Stud. in Oslo, 1923/24 Stud. in Oxford; journalist. tätig, bereiste mehrere Länder, 1927 China; 1933–35 in Moskau; 1937 Kriegsberichterstatter in Spanien. 1939 Soldat in Norwegen, floh nach Beginn der dt. Invasion 1940 mit der norweg. Regierung nach England, wurde Offizier u. besuchte als Reporter auch die norweg. Truppen in Kanada u. Island. ∞ 1940 Gerd Egede-Nissen. Fand den Fliegertod bei e. Bomberangriff auf Berlin. – Freiheitsliebe, Abenteuerlust u. jugendl. Begeisterungsfähigkeit vereint mit scharfer Beobachtungsgabe u. starkem soz. Empfinden bestimmten Leben u. Werk des Frühvollendeten. Früchte s. Australienfahrt sind die Gedichtsammlung ›Rundt Kap det gode haab‹ u. s. erster Roman ›Skibet gaar videre‹, der durch die sozialkrit. Schilderung des Seemannslebens Aufsehen erregte u. e. durchschlagender Erfolg wurde. Unter dem Eindruck s. Aufenthaltes in Moskau dem Kommunismus zuneigend, geißelte er in den Dramen ›Vår ære og vår makt‹ u. ›Men imorgen‹ die Habsucht norweg. Reeder u. Industrieller im 1. Weltkrieg, während er sich in dem künstlerisch bedeutenden Roman ›Ung må verden ennu være‹ gegen den Faschismus wandte u. im Drama ›Nederlaget‹ das trag. Schicksal der Pariser Kommune von 1871 gestaltet. Bei alledem blieb G. jedoch e. begeisterter Patriot, der s. Vaterlandsliebe schon lange vor u. erst recht während des 2. Weltkriegs in zahlr. tief empfundenen Gedichten bekundete.

W: Rundt Kap det gode haab, G. 1922; Skibet gaar videre, R. 1924 (Und das Schiff geht weiter, d. 1927); Stene i strømmen, G. 1925; Barrabas, Dr. 1927; En ung mands kjærlighet, Dr. 1927; Kinesiske dage, Ber. 1927; Norge i våre hjerter, G. 1929; Atlanterhavet, Dr. 1932; De unge døde, Es. 1932; Vår ære og vår makt, Dr. 1935 (Unsere Ehre und unsere Macht, d. 1950); Men imorgen, Dr. 1936; Nederlaget, Dr. 1937 (Die Niederlage, d. 1947); Spansk sommer, Ber. 1937; Friheten, G. 1945; Håbet, G. 1947. – Samlede verker (GW), VII 1947, III 1952; Samlede dikt (Ges. G.), 1948, [7]2002; Skuespill, 1975. – Übs.: Dramen, 1968.

L: A. Hansen, 1939; J. Borgen, 1945; H. Engberg, 1946; S. Erichsen, 1946; J. Mjöberg, 1947; K. Egeland, 1953; H. Grieg, 1956, 1963; G. Grieg, 1957; F. J. Haslund, 1962 (m. Bibl.); Gå inn i din tid, hg. Pettersen Nag, Bielenberg 1962; N. G. og vår tid, 1962; E. Hoem, 1989.

Grieve, Christopher Murray → MacDiarmid, Hugh

Griffin, Gerald, ir. Dramatiker, Romanschriftsteller und Lyriker, 12. 12. 1803 Limerick – 12. 6. 1840 Cork. Sohn e. Brauers. 1823–38 Journalist und freier Schriftsteller in London, dann Rückkehr nach Irland, wo er s. Besitz unter s. Brüder verteilte und e. relig. Sekte beitrat. Starb 2 Jahre später infolge der selbstauferlegten Entbehrungen. – Vf. realist. Romane, die südir. Leben unter Bauern, Fischern und Schmugglern schildern.

W: Tales of the Munster Festivals, 1827–32; The Collegians, R. 1829. – Works, VIII 1842f.; Poetical and Dramatic Works, 1857; Poetical Works, hg. J. P. Dalton 1926.

L: W. S. Gill, 1940; E. Mannin, Two Studies in Integrity, 1954; J. Cronin, 1978, R. Davis 1980.

Griffith, John → London, Jack

Griffiths, Trevor, engl. Dramatiker, * 4. 4. 1935 Manchester. Stud. Manchester Univ. (B. A. 1955), 1965–72 BBC Education Officer. – Unorthodoxer marxist. Dramatiker, der trotz s. vielen Theaterstücke das Medium Fernsehen bevorzugt.

W: Occupations and The Big House, Drn. 1972, rev. 1980; The Party, Dr. 1974; Comedians, Dr. 1976 (rev. 1979; d. 1978); All Good Men and Absolute Beginners, FSsp. 1977; Apricots and Thermidor, Drn. 1978; Oi for England, Dr. 1982; Real Dreams, Dr. 1987; Piano, Dr.

1990; The Gulf Between Us: The Truth and other Fictions, Dr. 1992; Thatcher's Children, Dr. 1994.

L: M. Poole, J. Wyver, 1984.

Grigor'ev, Apollon Aleksandrovič, russ. Lyriker, Kritiker, 1. 8. 1822 Moskau – 7. 10. 1864 Petersburg. Vater Sekretär des städt. Magistrats, 1838–42 Stud. Rechte Moskau, damals Anhänger Hegels, wandte sich später Schelling zu, schätzte von früh an die dt. Dichtung, aus der er dann ausgezeichnet übersetzte; kurze Zeit Beamter in Petersburg, dann Bohemien; trat als Lyriker, Übs., Lit.kritiker hervor; gab 1846 e. Gedichtband heraus; trat 1851 in die ›junge Redaktion‹ des slawophil orientierten ›Moskvitjanin‹ ein; 1861 Mitarbeiter bei ›Vremja‹, der Zs. der Brüder Dostoevskij; zerrüttete zuletzt s. Gesundheit durch Trunk. – Verbindet in s. Dichtung emotionale Intensität und poet. Reflexion, wirkte auf Blok (›Faina‹, ›Snežnaja maska‹) ein. S. Art des lyr. Bewußtseins steht den elementaren ›chaot.‹ Bewegungen der Seele nahe, die sich in Tjutčevs Dichtung finden. Bedeutender Lit.kritiker, aber seinerzeit fast ohne Einfluß; vertrat ›organische‹, von Schelling angeregte, auf dem dt. Idealismus gründende Lit.kritik, wonach die lit. Erzeugnisse jeweils e. besonderer und zeitl. Ausdruck des nämlichen Geistes sind, indem sie insgesamt aus gemeinsamer Wurzel hervorgehen; die Kritik habe der neuen Dichtung die ihr entsprechende Stelle im Organismus der gesamten Lit. zuzuweisen. Übs. Herder, Goethe, Schiller, Heine.

W: Stichotvorenija, hg. A. Blok 1916; Vospominanija, Mem. 1930, 1980. – Sobranie sočinenij (W), II 1915f.; Sočinenija (W), Villanova/USA 1970; Izbrannye proizvedenija, Ausw. 1959; A. G. Literaturnaja kritika, 1967.

L: V. Knjaznin, hg. 1917; J. Lehmann, 1975; F. J. Czyzewski, Diss. Univ. of Wisconsin 1976.

Grigor Magistros Pahlavowni (auch Grigor Magistros Bjnec'i), armen. Schriftsteller u. geistl. Dichter, Wissenschaftler, Diplomat u. Heerführer, ca. 990 –1058. Beigesetzt im Kloster K'eč'aris. Sohn des adeligen Heerführers Vasak Pahlavowni. Ausbildung in Ani und Konstantinopel; seit 1048 byzant. Statthalter (›magistros‹) in Mesopotamien. – G. war der einzige weltliche Philosoph im mittelalterl. Armenien und hinterließ zahlreiche Briefe sowie eine grammat. Abhandlung (›Meknut'iwn k'erakanin‹). Sein Poem ›Otanavor bank' ar' Manowč'ē‹ ist eine gereimte Nacherzählung der Bibel als christl. Antwort auf die Herausforderung durch den arab. Dichter Manutsch, der die Überlegenheit des Korans mit dessen Reimform begründet hatte. G. übersetzte u.a. Euklid und Platon.

A: Otanavor bank' ar' Manowč'ē, Venedig 1868; Tağacap'owt'iwnk' (Gedichte), Venedig 1868.

L: G. Menewišean, Wien 1912; M. Leroy, 1935; V. Č'aloean 1975; L. Xač'atryan, Los Angeles 1987; A. Terian, Avedis K. Sanjian, 1985.

Grigor Narekac'i (Grigor Narekazi; Grigor von Narek), um 945 Narek (Prov. Vaspurakan, heute Bağlama, Türkei) – 1003. Aus gelehrter Theologenfam.; Geistlicher; myst. Dichter, Gelehrter; heiliggesprochen. Studierte, lebte und lehrte im Kloster Narek. – Verfaßte Traktate, Hymnen, Gedichte, Doxologien sowie einen Kommentar zum ›Hohenlied‹. Das Oberhaupt der armen.-apostol. Kirche veranlaßte ihn zu einer Schmähschrift gegen die als Irrlehrer verdammten Thondraken. Das aus 95 Kapiteln oder 10000 Zeilen bestehende Hauptwerk ›Matean voğbergowt'ean‹ (Buch der Klage, 1001–03), im Volksmund kurz ›Narek‹ genannt, greift der Renaissance voraus und übte einen nachhaltigen Einfluß auf die weitere Entwicklung der armen. Dichtung aus. Es bildet bis heute das populärste Gebetsbuch armenischer Christen.

A: Matenagrowt'iwnn' (GW), Venedig 1840; Tağer ew ganjer, 1981; Matean Oğbergowt'ean, 1985. – *Übs.:* armen. u. franz., Paris 1995; Kéchichian, franz. Paris 2000; d. 2000; Mahé, franz. 2000; Samuelian, altarmen.-engl., Yerevan 2001, engl. 2002; Buch der Gebete, d. 2001; Godel, franz. 2002.

L: G. Avetik'ean, Venedig 1827; M. Mkryan, 1955; M. Abeğyan, 1968; A. Č'opanean, 1968; N. T'ahmizyan, 1985; K. H. Davt'yan, E. V. Lalayan, 1986.

Grigorovič, Dmitrij Vasil'evič, russ. Schriftsteller, 31. 3. 1822 Simbirsk – 3. 1. 1900 Petersburg. Vater Gutsbesitzer, Mutter Französin; Militäringenieurschule Petersburg (mit Dostoevskij), dann kurze Zeit Akad. der Künste; um 1841 Bekanntschaft mit Nekrasov, wurde Ende 1846 durch s. Erstlingswerk, die Erzählung ›Derevnja‹ bekannt, 1847 ›Anton Goremyka‹, wurde Mitarbeiter des ›Sovremennik‹, brach mit diesem (wie Turgenev und L. Tolstoj) Anfang der 1860er Jahre, war über 20 Jahre Sekretär des Petersburger Kunstvereins, veröffentlichte in dieser Zeit sehr wenig, wandte sich dann wieder der lit. Tätigkeit zu. – Gehörte der ›natürl. Schule‹ an; steht mit den beiden ersten naturalist. Erzählungen am Beginn der sog. Anklagelit.; sie erregten durch die Darstellung übler Erscheinungen im Leibeigenschaftssystem Aufsehen; schrieb dann weitere mit Elementen des volkstüml. Brauchtums durchsetzte Erzählungen und Romane über das Leben der Bauern; s. in der späteren Periode verfaßten Novellen über das Milieu der Gesellschaft sind bedeutungslos, bemerkenswert s. Erinnerungen.

W: Derevnja, E. 1846; Anton Goremyka, E. 1847; Rybaki, R. 1852 (Die Fischer, d. 1857); Pereselency, R.

1855 (n. 1957; Die Übergesiedelten, d. 1859); Literaturnye vospominanija, Mem. 1892 (n. 1928, 1961). – Polnoe sobranie sočinenij (GW), XII 1896; Izbrannye sočinenija, Ausw. 1954; Povesti i rasskazy, Ausw. 1980.

Grigson, Geoffrey (Edward Harvey), engl. Lyriker u. Literaturkritiker, 2. 3. 1905 Pelynt/Cornwall – 28. 11. 1985 Broad Town/North Wiltshire. Stud. Oxford, Journalist u. Literaturredakteur, 1933–39 Begründer u. Hrsg. der Zs. ›New Verse‹, Mitglied des ›BBC Literary Advisory Committee‹. – Individuelle naturbezogene Lyrik mit romant. Einflüssen (Coleridge, Herbert, Hopkins). Bekannt v. a. durch Essays u. polem. Rezensionen. Hrsg. zahlr. Anthologien, Werkausgaben, Ausstellungskataloge u. Kunstbände.

W: Several Observations, G. 1939; Wild Flowers in Britain, St. 1944; The Isles of Scilly, G. 1946; Gerald Manley Hopkins, St. 1955; Poets in Their Pride, Ess. 1962; Poems and Poets, Ess. 1969; Discoveries of Bones and Stones, G. 1971; Sad Grave of an Imperial Mongoose, G. 1973; Britain Observed, St. 1975; The Goddess of Love, St. 1977; The Cornish Dancer, G. 1983; Montaigne's Tower, G. 1984; Recollections, Mem. 1984; Persephone's Flowers, G. 1986. – Collected Poems 1924–1962, 1963; Collected Poems 1963–1980, 1982.

Grímsdóttir, Vigdís, island. Autorin, * 15. 8. 1953 Reykjavík. Stud. Isländisch, Bibliothekswiss. und Pädagogik, arbeitete als Grund- u. Sekundarschullehrerin, bis sie sich 1990 ganz der Schriftstellerei widmete. – In ihren psycholog. einfühlsamen Werken schildert sie v. a. Frauenfiguren, die Probleme mit der Definition ihrer Rolle im gesellschaftl. Umfeld haben.

W: Kaldaljós, R. 1987; Ég heiti Ísbjörg, ég er ljón, R. 1989; Minningabók, G. 1990; Lendar elskhugans, G. 1991; Stúlkan í skóginum, 1992; Grandavegur 7, 1994; Z: ástarsaga, R. 1996; Nætursöngvar, R. 1998; Þögnin, R. 2000; Þegar stjarna hrapar, R. 2003.

Grímsson, Stefán Hörður, island. Lyriker, 31. 3. 1919 in Hafnarfjörður – 18. 9. 2002. Wuchs in Südisland auf dem Lande auf, arbeitete u. a. in der Landwirtschaft, als Seemann auf Fangschiffen, als Schwimmlehrer u. Nachtwächter. – Schon mit s. 2. Gedichtband löste sich G. von der beengenden Formtradition u. fand zu s. stillen modernist. Diktion, wobei die poet. Beschäftigung mit der Natur zunehmend polit. u. sozialen Themen wich. Fand zuerst in Island, später auch international große Anerkennung.

W: Glugginn snýr í norður, G. 1946; Svartálfadans, G. 1951; Hliðin á sléttunni, G. 1970; Farvegir, G. 1981; Tengsl, G. 1987; Yfir heiðan morgun, G. 1989. – Ljóð, G.-Slg. 1979; Ljóðasafn, G.-Slg. 2000. – *Übs.:* Geahnter Flügelschlag, W. Schiffer u. a., G.-Slg. 1992.

Grin, Aleksandr (eig. A. Stepanovič Grinevskij), russ. Erzähler, 23. 8. 1880 Slobodskoj, Gouv. Vjatka – 8. 7. 1932 Staryj Krym. Poln. Eltern, ärml. Jugend, versch. Berufe, ging zur See; als Deserteur verbannt. – Sehr populärer, phantasievoller, von E. T. A. Hoffmann, Poe und Stevenson beeinflußter Erzähler, unpolit., exzentr. und abenteuerl.-exot. Romane und Märchen.

W: Alye parusa, E. 1924 (Das Purpursegel, d. 1952); Gladiatory, E. 1925; Zolotaja cep', E. 1925 (Die goldene Kette, d. 1964); Beguščaja po volnam, E. 1926 (Wogengleiter, d. 1949); Džessi i Morgiana, E. 1929 (Jessy und Morgiana, d. 1967); Doroga nikuda, E. 1930 (Der silberne Talisman, d. 1962). – Sobranie sočinenij (GW), III 1913, VI 1980; Polnoe sobranie sočinenij (SW), XV, ersch. VIII 1927–29. – *Übs.:* Erzählungen, 1967.

L: V. Kovskij, 1969; L. Luker, Lond. 1973; L. Michajlova, [2]1980; E. N. Ivanickaja, 1993.

Grin, El'mar (eig. Aleksandr Vasil'evič Jakimov), russ. Erzähler, * 15. 6. 1909 Kivennapa, Gouv. Viborg. Sohn e. Schusters; nach Tod des Vaters 1916–22 in Fürsorgeheimen in Leningrad; 7 Jahre Wanderschaft, 1929–34 bei der balt. Kriegsflotte, ab 1935 auf Radiostationen der Forstverwaltungen; Kriegsfreiwilliger, Armeekorrespondent. – Ideolog. konformer Erzähler vom Leben der Bauern und Tagelöhner im finn. Grenzgebiet.

W: Veter s juga, E. 1946 (Wind von Süd, d. 1947); Drugoj put', R. 1963.

Grinčenko, Boris → Hrinčenko, Borys

Grindel, Eugène → Eluard, Paul

Gringoire (Gringore), Pierre, franz. Lyriker und Dramatiker, um 1475 Caen – um 1540 Lothringen. Lebte zwischen 1502 und 1515 in Paris. Günstling Ludwigs XII., später des Herzogs Antoine von Lothringen. – Vf. satir., zeitkrit. und moralisierender Gedichte voller Witz. ›Folles entreprises‹ (1505) und ›La chasse du cerf des cerfs‹ gegen das Papsttum gerichtet. Als Theaterunternehmer und Mitglied e. Pariser Narrenzunft schrieb er im Auftrag der Stadt satir. und farcenhafte Schauspiele zu Repräsentationszwecken. S. bekanntesten Stücke sind das ›Jeu du prince et Mère Sotte‹ (1511), e. derbe polit. Satire auf die kathol. Kirche mit gallikan. Tendenz, und e. Mysterienspiel über die Taten Ludwigs des Heiligen. Idealisiert erscheint G. in V. Hugos Roman ›Notre-Dame de Paris‹ (1831) und in T. de Banvilles Komödie ›G.‹ (1866).

A: Œuvres complètes, hg. C. d'Héricault, A. de Montaiglon II 1858–77; Les Fantaisies de Mère Sotte, hg. R. L. Frantschi, Chapel Hill 1962.

L: C. Oulmont, 1911; ders., Etude sur la langue de P. G., 1911; N. Hamper, D. Stellung P. G.s z. franz. Kirchenpolitik, 1912; W. Dittmann, P. G. als Dramatiker, 1923; Ch. R. Baskerville, P. G.s Pageants, 1934.

Grīns, Aleksandrs (eig. Jēkabs G.), lett. Romancier, 15. 8. 1895 Birži, jetzt Vidsala b. Jēkabpils/Lettl. – 25. 12. 1941 Astrachan'/UdSSR. Eltern Bauern, Bruder von Jānis G.; 1904–14 Schulen Muižgale, Jēkabpils, Cēsis; bis 1924 russ. Soldat, ›Lett. Schütze‹, Hauptmann; 1920–29 Mitarbeiter verschiedener lett. Zeitungen; 1933–38 Redakteur bei ›Brīvā Zeme‹; ab 1939 lett. Stabsoffizier; 1941 durch NKWD deportiert. – Romane schöpfen aus hist. Geschichte, Legenden, mittelalterlicher Phantastik; aufrüttelnde Kampfbeschreibungen, aber auch Verherrlichung von männl. Mut, Verwegenheit, Abenteuerlust; Liebe zum Menschen im Gegensatz zu fanatischem Patriotismus.

W: Krustneša gaitas, En. 1921; Septiņi un viens, Nn. 1926; Nameja gredzens, R. 1932; Dvēseļu putenis, R.-Tril. 1933/34; Tobago, R. 1934; Saderinātie, R.-Tril. 1938–40. – Kopoti raksti (GW), III 1939.

Grīns, Jānis, lett. Schriftsteller, 23. 3. 1890 Birži, jetzt Vidsala/Lettl. – 25. 2. 1966 Stockholm. Eltern Bauern, Bruder von Aleksandrs G.; ab 1908 Hauslehrer; 1925 Jura-Examen; 1925–37 Verlagsdirektor; Hrsg. von ›Daugava‹; 1937–40 Direktor des Nationaltheaters; 1944 Emigration. – Neoromantiker mit innovatorischen Werk; Redakteur, Kritiker, Hrsg.

W: (Ps. V. J. Gregri) Latvijas karalis, R. 1928; Dadzīvotāji rezonē, En. 1951.

Gripenberg, Bertel Johann Sebastian, finnl.-schwed. Dichter, 10. 9. 1878 St. Petersburg – 5. 5. 1947 Sävsjö/Schweden. – Gegner des Modernismus, schrieb formal traditionelle Lyrik. Frühe Gedichte feiern mit stark erot. Motivik das rauschhafte Dasein; Ablehnung des Christentums. Danach Phase mit idealisierender Naturlyrik, gefolgt von pathet., patriot., z. T. kriegsverherrlichender Dichtung.

W: Dikter, G. 1903; Vida vägar, G. 1904; Svarta sonetter, G. 1908; Aftnar i Tavastland, G. 1911; Skuggspel, G. 1912; Spillror, G. 1917; Under fanan, G. 1918; Efter striden, G. 1923; Vid gränsen, G. 1930; Livets eko, G. 1932; Sista ronden, G. 1941; Genom gallergrinden, G. 1947. – Dikter 1903–44 (ges. G.), 1948.

L: M. Björkenheim, 1950; J. Louhija, 1959.

Grisham, John, amerik. Schriftsteller, * 8. 2. 1955 Jonesboro/AR. Stud. Jura, Rechtsanwalt, 1981–90 Abgeordneter im House of Representatives von Mississippi. – Verf. von äußerst erfolgreichen Kriminalromanen, die häufig im Justizmilieu angesiedelt sind. Der Thriller ›The Firm‹ (1991) wurde wie viele der folgenden Romane zum internat. Bestseller, einige auch verfilmt.

W: A Time to Kill, R. 1984 (Die Jury, d. 1992); The Firm, R. 1991 (d. 1993); The Pelican Brief, R. 1992 (Die Akte, d. 1993); The Rainmaker, R. 1995 (d. 1996); The Testament, R. 1999 (d. 2000); A Painted House, R. 2001 (Die Farm, d. 2002); The King of Torts, R. 2003 (Die Schuld, d. 2003).

L: M. B. Pringle, J. G.: A Critical Companion, 1997.

Grob, Ján → Jégé

Grochowiak, Stanisław, poln. Lyriker u. Dramatiker, 24. 1. 1934 Leszno (Lissa) b. Posen – 2. 9. 1976 Warschau. Stud. Polonistik Posen u. Breslau. Redakteur. – Vertreter der ›Nach-Tauwetter-Generation‹. Erste Gedichte laufen Sturm gegen ästhet. Konventionen, die Kritik spricht von ›Turpismus‹, ätzender Groteske u. extremem Subjektivismus. Später große Erfolge als Hörspielautor.

W: Ballada rycerska, G. 1956; Plebania z magnoliami, R. 1956; Menuet z pogrzebaczem, G. 1958; Lamentnice, En. 1958; Rozbieranie do snu, G. 1959; Agresty, G. 1963; Trismus, R. 1963; Chłopcy, K. 1966 (Die Jungs, d. 1974); Rzeczy na głosy, Drn. 1966; Nie było lata, G. 1969; Totentanz in Polen, Ep. 1969; Polowanie na cietrzewie, G. 1972; Allende, G. 1974; Dialogi, Drn. 1976; Biały bażant, G. 1978; Haiku-images, G. 1978; Rok polski, G. 1981. – Wiersze wybrane (G.-Ausw.), 1978; Poezje, G. 1980; Poezje wybrane (G.-Ausw.), 1989.

L: P. Kuncewicz, 1976; J. Łukasiewicz, 1980.

Grögerová, Bohumila, geb. Tauferová, tschech. Schriftstellerin, * 7. 8. 1921 Prag. Tochter e. tschech. Legionärs u. Generalstaatsanwalts der tschech. Armee; nach dem Abitur (1940) Sekretärin, nach 1945 Stud. an der Karls-Univ. in Prag, Redakteurin. – Gemeinsam mit Josef Hiršal schuf sie v. a. experimentelle, konkrete, visuelle u. auditive Poesie (Beitr. in mehreren westeurop. Anthol.); programmatisch im Einklang mit der ›Theorie der Texte‹ von Max Bense bemühte sie sich um elementare Ausdrucksformen der Lit., insbes. in deren Beziehung zur bildend. Kunst u. Musik (graphische Anekdoten, poetische Persiflagen, Grotesken). Übersetzerin, Autorin von Kinderlit.

W: O podivné záhadě na poštovním úřadě, G. (Kdb., m. J. Hiršal) 1962; Co se slovy všechno poví, Kdb. (m. J. H.) 1964; JOB-BOJ, G. (m. J. H.) 1968; Zivilisationsschemata, En. Hof-Saale 1970; Mühle, E. (m. J. H.) Salzburg 1991; Trojcestí, G., En. (m. J. H.) 1991; Paleček krále Jiřího, G. (m. J. H.) 1992; Let let, Erinn. (m. J. H.) III 1993/94.

Gröndal, Benedikt Sveinbjarnarson, isländ. Schriftsteller u. Dichter, 6. 10. 1826 Bessastaðir – 2. 8. 1907 Reykjavík. Sohn des Gelehrten Sveinbjörn Egilsson, 1859–64 Stud. altnord. Philol., 1864 Dr. phil., 1870–73 Hrsg. von ›Gefn‹ in Kopenhagen, 1874–83 Lehrer in Reykjavík, 1889 Mitbegründer der Isländ. Naturwiss. Gesellschaft Reykjavík. – Bedeutender, vielseitig gebildeter Romantiker mit naturwiss. Interessen. Mittelpunkt s. Prosawerkes ist die von J. → Hallgríms-

Gronon

sons ›Gamanbréf‹ beeinflußte Burleske ›Heljarslóðarorusta‹. In ihr wird die Schlacht von Solferino im Stil der ›Fornaldarsaga‹ u. in der Form e. ma. Ritterromans zum Gegenstand e. geistvollen Zeitgemäldes gemacht, das durch s. bewußten formalen u. stilist. Verzerrungen sehr originelle Wirkung erreicht. G.s verzweigtes u. ungleichwertiges, von Goethe u. Byron, philos. von A. v. Humboldt beeinflußtes lyr. Werk zeigt bes. Originalität in den Gedichten des burlesken Genres (›Gaman og alvara‹, ›Þingvellaferð‹). Übs. der ›Ilias‹.

W: Örvar-Oddsdrápa, Ep. 1851; Kvæði, G. 1853, 1856; Sagan af Heljarslóðarorusta, R. 1861 (n. 1971); Gandreiðin, K. 1866; Kvæði, G. 1883; Þórðar saga Geirmundarsonar, R. 1891; Gaunga-Hrólfs-rímur, G. 1893; Kvæðabók, G. 1900; Dagrún, G. 1906; Dægradvöl, Aut. 1923 (n. 1965); Ýmislegt, fyrirlestur, leikur, ferðasaga (verm. Schr.), 1932. – Ritsafn (GW), V 1948–54; Rit (GW), III 1981–83; Ljóðmæli, G. 1985; Bréf, Br. 1932.

L: B. G. áttræður, Fs. 1906.

Grönloh, J. H. F. → Nescio

Gronon, Rose (eig. Marthe Bellefroid), fläm. Schriftstellerin, 16. 4. 1901 Antwerpen – 16. 9. 1979 ebda. – Hist. Novellen u. Romane. Ihren Erstlingsroman schrieb sie in franz. Sprache.

W: Le livre d'Arnd, R. 1949 (Im Geheimnis sind wir verbunden, d. 1954); De late oogst, N. 1954; Sarabande, R. 1957 (d. 1958); De ramkoning, R. 1962; De roodbaard, R. 1965; Ik, Hasso van Bodman, R. 1966; Iokasta, R. 1970; Ishtar, R. 1974; Dag kind, R. 1978.

L: M. Janssens, 1974.

Grosjean, Jean, franz. Schriftsteller, * 21. 12. 1912 Paris. – Aus bäuerl. Familie, selbst agronom. Ausbildung, beginnt schon als Kind zu schreiben und greift mit 17 Jahren unter dem Einfluß von Claudel philos. und theolog. Studien auf, ebenso Orientalistik; zahlr. Reisen. Begegnet während des Krieges Malraux; Gefangenschaft in Brandenburg. Zieht sich nach dem Krieg in die ländl. Idylle des Aube zurück; übersetzt griech. und bibl. Texte sowie den Koran, Verlagslektor bei Gallimard. – Vf. von vornehmlich alttestamentarisch orientierten Texten, in denen sich Prosa und Versdichtung vermischen. Erstrebt die Aufdeckung des Facettenreichtums der bibl. Tradition, ausgehend von den authent. Gestalten, wird mit der Zielsetzung ihrer Wiederbelebung, konzentriert sich auf gläubige Meditationen frei von Dogmenzwängen unter Rückbesinnung auf die Stimmen der Propheten, in deren Umkreis er auch s. dichter. Berufung ansiedelt. G. definiert die Sprache als unmittelbare Emanation Gottes und Anfang des irdischen Seins, den Dichter, der aufgefordert ist, wie Gott fortwährend in Bewegung zu sein, zu schaffen, als Ebenbild. Die formstrenge Sprache orientiert sich mit ihren mächtigen Laissen am Gesang der Psalmen und greift das Genus der Kantilenen auf.

W: L'ironie christique, 1991; Adam et Eve, G. 1997; Cantilènes, G. 1998; Les vasistas, G. 2000; Si peu, Ess. 2001; Les parvis, G. 2003.

Grossi, Tommaso, ital. Dichter, 23. 1. 1790 Bellano/Comer See – 10. 12. 1853 Mailand. Stud. Jura Pisa. Seit 1838 Notar in Mailand. Freundschaft mit Manzoni u. Porta. – Patriotischer Romantiker. Anfangs Dialektdichtungen u. Versnovellen. Die ›Prineide‹ in Mailänder Mundart beklagt die Ermordung des letzten Ministers des ital. Königreiches Prina durch e. österreichfreundl. Patrizier. Die pathet. Versnovelle ›Ildegonda‹ ist die Geschichte e. unglückl. Liebe. Sehr erfolgr. waren s. hist. Romane nach Vorbild Manzonis u. Scotts. ›Marco Visconti‹ ist e. sentimentale Liebesgeschichte aus dem 14. Jh. mit phantast. Abenteuern u. Bildern aus der Ritterzeit. Das Versepos ›I Lombardi‹ ist e. Kreuzfahrerdichtung in der Nachfolge von Tasso. G. will die Überlegenheit der romant. Schule zeigen. Den ›Lombardi‹ fehlt aber das Heroische, sie sind pathet.-sentimental u. ahmen zu sehr das ›Befreite Jerusalem‹ nach.

W: Prineide, G. 1815; La fuggitiva, G. 1816; Ildegonda, G. 1820; I Lombardi alla prima crociata, Ep. III 1826; Marco Visconti, R. 1834 (hg. C. Linati 1926; d. 1859); Ulrico e Lida, E. 1837. – Opere, II 1862; Opere complete, 1902; Opere poetiche, 1877; Lettere, 1939.

L: G. Brognoligo, 1916; Studi su T. G., 1953; F. Fossati, 1953. – *Bibl.:* A. Vismara, 1881.

Grossman, David, hebr. Schriftsteller, * 25. 1. 1954 Jerusalem. Studierte Philos. und Theaterwissenschaft, arbeitete als Redakteur im israel. Rundfunk, bevor er sich für eine Karriere als freiberufl. Schriftsteller entschied. Mit Romanen, Erzählungen und Jugendbüchern, die in 15 Sprachen übersetzt worden sind, ist G. als ein profilierter hebr. Schriftsteller auch im Ausland bekannt. – S. Bücher behandeln das konfliktreiche Leben in den von Israel besetzten Gebieten, die Nachwirkungen des Holocausts auf die Nachgeborenen wie auch universale Themen wie Kindheit und Aufwachsen, Liebe und Sehnsucht.

W: Ratz, En. 1983; Chiyuch ha-gedi, R. 1983 (Das Lächeln des Lammes, d. 1988); Ayen erekh ahava, R. 1986 (Stichwort: Liebe, d. 1990); Ha-zman ha-tzahov, Ber. 1987 (Der gelbe Wind, d. 1988); Sefer ha-dikduk ha-pnimi, R. 1991 (Der Kindheitserfinder, d. 1991); Yesh yeladim zig zag, Jgb. (Das Zickzackkind, d. 1996); Shetiheyi li sakin, R. 1998 (Sei du mir das Messer, d. 1999); Mishehu larutz ito, Jgb. (Wohin du mich führst, d. 2001); Baguf ani mevina, Nn. 2002.

Grossman, Vasilij Semenovič (eig. Josif Solomonovič), russ. Schriftsteller, 12. 12. 1905 Berdičev – 14. 9. 1964 Moskau. Vater Ingenieur; Stud. Chemie, bis 1934 als Chemiker tätig, danach als Schriftsteller. G. wurde im wesentl. offiziell anerkannt, schrieb nach 1953 Werke von schonungsloser Systemkritik, die trotz Beschlagnahme beim Autor im Westen erschienen. – G.s Hauptwerk, der 1960 abgeschlossene, 1980 veröffentl. umfangr. Roman ›Žizn' i sud'ba‹ zeigt in paralleler Darstellung die menschl. Auswirkung des kommunist. u. des nationalsozialist. Terrors. ›Vse tečet…‹, e. 1955 abgeschlossene, 1963 restaurierte Novelle, gibt in Verbindung von Fiktion u. Essay erschütternden Einblick in die Unterdrückung von Menschen, Klassen u. Völkern in der SU.

W: Gljukauf, R. 1934; Stepan Kol'čugin, R. III 1937–40, IV 1947 (d. 1962); Za pravoe delo, R. 1952, Neufass. 1954 (Wende an der Wolga, d. 1958); Vse tečet…, N. Ffm. 1970 (Alles fließt…, d. 1972); Žizn' i sud'ba (1960), R. Lausanne 1980 (Leben u. Schicksal, d. 1984).

L: S. I. Lipkin, 1990; F. Ellis, 1994.

Groto, Luigi (gen. Il Cieco d'Adria), ital. Dichter, 7. 9. 1541 Adria b. Venedig – 13. 12. 1585 Venedig. 8 Tage nach der Geburt erblindet, dennoch philos. u. lit. Stud. Schon mit 15 Jahren öffentl. Redner, auch Schauspieler. 1565 Präsident der neugegründeten Akad. der Illustrati. – Vf. von Tragödien im Stil der Zeit nach Senecas Vorbild. Auch Komödien, Fabeln, ital. u. lat. Gedichte.

W: Dalila, Tr. 1572; Calisto, Dr. 1577; Adriana, Tr. 1578; Emilia, K. 1579; Il tesoro, K. 1580; L'alteria, K. 1584; Orazioni volgari, 1586; Rime, 1587. – Opere, hg. G. Benvenuti 1987.

L: G. Benvenuti, 1984; G. Brunello, hg. 1987.

Groult, Benoîte, franz. Schriftstellerin, * 1920 Paris. Stud. Philol.; Journalistin, arbeitet für den Rundfunk und mehrere Zeitschriften; ∞ mit Paul Guirmard. – Vf. von Essays, Romanen und Biographien. Drei ihrer Werke, v. a. ein Tagebuch über die NS-Zeit in Frankreich, hat sie mit ihrer Schwester Flora geschrieben, ist jedoch in ihrem Stil spontaner und aussagekräftiger als diese. Engagierte Feministin, die sich nach dem Vorbild von Simone de Beauvoir für die nach ihrer Auffassung häufig selbst vertane Freiheit der Frauen und eine neue Selbstdefinition ihrer Rolle in der Gesellschaft einsetzt. Einige ihrer Texte tragen autobiograph. Züge, andere werden als Dialoge mit gesinnungsverwandten Autoren veröffentlicht, teilweise auch als Hörbücher zugänglich. Publizierte 1997 ihre Autobiographie ›Histoire d'une évasion‹.

W: Il était deux fois (m. F. Groult), 1967; Le journal à quatre mains (m. F. Groult), Tg. 1967; La part des choses, R. 1972 (Salz auf unserer Haut, d. 1989); Ainsi soit-elle, R. 1975 (d. 1991); Il était deux fois (m. Flora Groult), R. 1976; Olympe des couges, R. 1986; Pauline Roland ou comment la liberté vint aux femmes, R. 1991 (d. 2000); Cette mâle assurance, 1993; Histoire d'une évasion, Aut. 1997.

L: J. Savigneau, 1999.

Grove, Frederick Philip (eig. Felix Paul Greve), 14. 2. 1879 Radomno/Westpreußen – 19. 8. 1948 Simcoe. Jugend und Gymnas. Hamburg, 1898–1900 Stud. Naturwiss. und Sprachen Bonn; Schriftsteller und Übs. 1901–09 München und Berlin (Wilde, Flaubert, Gide). Vermutl. wegen Schulden fingierter Freitod und Flucht nach Kanada; unter geändertem Namen 1913 Lehrer in Winnipeg, ab 1931 Simcoe/Ontario.

W: Over Prairie Trails, Kgn. 1922; Settlers of the Marsh, R. 1925; A Search for America, R. 1927; Our Daily Bread, R. 1928; The Two Generations, R. 1939; The Master of the Mill, R. 1944; In Search of Myself, Aut. 1946. – Letters, hg. D. Pacey 1976.

L: W. C. D. Pacey, 1945; D. Spettigue, 1969, 1973; M. Stobie, 1972; J. Nause, 1974; K. Martens, 1997.

Grubb, Davis Alexander, amerik. Schriftsteller, 23. 7. 1919 Moundsville/WV – 24. 7. 1980 New York. Stud. Carnegie Institute of Technology. – Verf. von Romanen und Kurzgeschichten, deren Handlung häufig in den ländlichen Regionen West Virginias angesiedelt ist.

W: The Night of the Hunter, R. 1953 (d. 1954); Shadow of My Brother, R. 1966 (d. 1968); Fools' Parade, R. 1969 (Gaunerparade, d. 1970); The Siege of 318, En. 1979; Ancient Lights, R. 1982; You Never Believe Me: And Other Stories, En. 1989.

Grubešlieva, Maria, bulgar. Dichterin, 13. 6. 1900 Kjustendil – 31. 1. 1970 Sofia. Abitur in Sofia, Teilnahme an internationaler kultureller Zusammenarbeit. Veröffentlichte ab 1929, zunächst in Zeitungen. – Ihre anfangs lebenslustigen, später realist.-sozialen Gedichte u. Romane spiegeln ihre Erlebnisse wider, verbunden mit der sozialen Wirklichkeit des Landes.

W: Chliab i vino, G. 1930; Ezičeski pesni, G. 1933; Streli, G. 1936; Nasrešten viatŭr, R. 1941; Ulica, G. 1942; Stichotvorenija, G. 1945; Prez igleno ucho, R. 1948; Gemija v moreto, N. 1952, Pred praga, En. 1955.

Gruffydd, William John, walis.-kymr. Dichter, 14. 2. 1881 Bethel/Caernarvon – 29. 9. 1954 ebda. Sohn e. Steinbrechers. Stud. Oxford. ∞ 1909 Gwenda Evans. Lehrer auf Anglesey, 1909 Dozent, 1918 Prof. für kelt. Sprachen in Cardiff. Ab 1922 Hrsg. der bedeutendsten walis. Zs. ›Y Llenor‹. 1943–50 Vertreter der Univ. im Parlament. – Lyriker und Erzähler in kymr. Sprache; stark beeinflußt von der engl., franz. u. dt. Dichtung, (übersetzte Heine ins Kymr.), erneuerte er die in Formeln erstarrte Lyrik des 19. Jh. Dichtete in den sog. ›freien‹ Metren. Von großem Einfluß auf die walis. Lyrik des 20. Jh.

W: Telynegion, G. 1900 (m. R. Silyn Roberts); Trystan ac Esyllt, Dicht. 1902; Caneuon a Cherddi, G. 1906; Ynys yr Hud a Chaneuon Eraill, G. 1923; Math ab Mathonwy, Es. 1928; Caniadau, 1932; Hen Atgofion, Aut. 1936; Cofiant Owen Morgan Edwards, Es. 1937; Y Tro Olaf, 1939; Rhiannon, Es. 1954.

Grumberg, Jean-Claude, franz. Dramatiker, * 26. 7. 1939 Paris. Vater rumän.-jüd. Emigrant, während der Besetzung deportiert und seither vermißt; G. wuchs in der freien Zone auf, 1955–59 Schneiderlehre, später Schauspielunterricht, ab 1961 Assistent, dann Schauspieler bei der ›Compagnie Jacques Fabbri‹, dramat. Versuche, 1968 Durchbruch zu öffentl. Anerkennung. Drehbuchautor für Film und Fernsehen; 1991 Grand Prix de l'Académie. – Vf. von Zeitstücken z. T. farcenhaft-satir. u. parabol. Charakters; dramat. Milieustudien über Leiden u. gefährdetes Leben von Minderheiten. S. Dramen-Trilogie ›Dreyfus‹, ›Zone libre‹ u. ›L'atelier‹ behandelt das Schicksal europ. Juden zwischen 1930 u. 1950.

W: La vocation (1967); Michu (1967); Demain, une fenêtre sur rue (1968); Mathieu Legros (1969); Un miel amer, FSsp. (1969); Rixe (1970); Amorphe d'Ottenburg (1971); En revenant de l'Expo (1973); Dreyfus … (1973); Chez Pierrot (1974); L'atelier (1979); Les vacances (1981); L'Indien sous Babylone (1985); Zone libre (1990); Adam et Ève (1997); Rêver peut-être (1998).

L: S. Perry, La dramatisation de l'histoire dans ›l'Atelier‹ de J.-C. G., 2001.

Grundtvig, N(icolai) F(rederik) S(everin), dän. Dichter und Historiker, 8. 9. 1783 Udby/Seeland – 2. 9. 1872 Kopenhagen. Pfarrerssohn, Privatunterricht bei e. Pfarrer in Jütland, 1803 Stud. Theol. Kopenhagen; Hauslehrer in Egeløkke auf Langeland, 1808 wieder in Kopenhagen; 1810 Kurat bei s. Vater in Udby, 1813–21 freier Schriftsteller und Übs. in Kopenhagen. 1821 vom König mit e. Pfarrstelle in Præstø, später in Kristianshavn, betraut, die er, unter Zensur gestellt, 1826 niederlegte. 1829–31 drei Englandreisen; 1839 Kaplan in Kopenhagen. Gründete 1844 in Rødding die 1. dän. Heimvolkshochschule. 1861 Bischof von Seeland. Als Kirchenpolitiker schuf G. die freikirchl. Gemeinden. – Bedeutender Historiker, Pädagoge, Philologe, Politiker, Dichter u. relig. Reformer. Seine Kritik des kirchl. Rationalismus führte zu Konflikten mit der Kirche, und er entwickelte, auch unter eigenen relig. Krisen u. Depressionen, sein Konzept e. lebensbejahenden, auf dem Gemeindeleben beruhenden Christentums. G. steht als unorthodoxer Christ und Gegner des Dogmas für den Kampf um Freiheit im geistigen Bereich u. sinnvolle Erziehung statt Wissenshäufung; sieht in der mündl. Überlieferung die Hauptquelle christl. Wahrheit. In s. hist. Arbeiten stehen so neben exakter Wiss. auch prophet. Visionen. Nach 1864 verstärkt Bemühung um eine nationale Erneuerung, u. a. durch Übs. älterer Quellen und Förderung der Volksbildung. Als lyr. Dichter verfaßte G. an 1500 relig. Lieder voll Innerlichkeit u. optimist. Lebensbejahung, die fast e. Drittel des dän. Gesangbuchs füllen. Übs. von Saxo Grammaticus, Snorri Sturluson u. des Beowulf.

W: Nordens Mythologi, Schr. 1808; Maskeradeballet i Danmark, G. 1808; Optrin af Kæmpelivets Undergang i Norden, Schr. II 1809; Nytaarsnat, G. 1811; Optrin af Norners og Asers Kamp, Schr. 1811; Kort Begreb af Verdenskrøniken i Sammenhæng, Schr. 1812; Roskilde-Rim, G. 1814; Kvædlinger, G. 1815; Nyaarsmorgen, G. 1824; Verdenshistorie, Schr. III 1830; Handbog i Nordens Mythologie, 1832; Sangværk til den danske Kirke, 1837–41; Nordiske smaadigte, 1838; Bragesnak, Abh. 1844; Kristenhedens syvstjerne, 1860; Kirkespejlet, 1871. – Poetiske skrifter, X 1880–1930; Udvalgte skrifter, X 1904–09; Digte i Udvalg, hg. F. Rønning 1916; Værker i udvalg, X 1940–49; G. Sang-Værk, VI 1944–61. – Dag-og Udtogsbøger, II 1979; Grundtvigs prædikener 1822–26 og 1832–39, Pred. VIII 1983; Breve fra og til G., II 1924–26. – Übs.: Vom wahren Christentum, 1844; Übersicht der Weltchronik, 1877; Schriften zur Volkserziehung und Volkheit, III 1927.

L: F. Rønning, VIII 1907–14; E. Lehmann, 1929 (d. 1932); U. Hansen, II 1937–51; H. Koch, 1943 (d. 1951, ²1959); J. Borup, 1943; N. Kofoed, 1954; J. Elbeck, 1960; S. Aa. Aarnes, 1961; P. G. Lindhardt, 1964; K. Thaning, III 1964; ders., 1972; G. Simon, 1965; P. Borum, 1983; C. Todberg, 1989; J. H. Schjørring, 1990; P. Balslev-Clausen, 1991; A. M. Allchin, 1997 (engl. 2002), 2000; O. Vind, 1999; I. Meincke, 2000. – *Bibl.*: S. Johansen, IV 1948–54; A. Jørgensen, 1975, 1986.

Gruša, Jiří, tschech. Lyriker u. Romancier, * 10. 11. 1938 Pardubice. Stud. Philos. u. Geschichte Prag; Redakteur u. Mitarbeiter versch. Zss. Literaturpreisträger. Zweimal verfolgt, seit 1981 im Ausland. Nach der polit. Wende 1989 tschech. Botschafter in Dtl. und Österreich, seit 2003 Vorsitzender d. internat. PEN-Clubs. – G.s unmittelbare, gefühlsbetonte Lyrik hat das Zusammenwirken von Individuum u. Kollektiv zum Hauptmotiv. S. Sprache ist verspielt u. bildreich. Übs., u. a. Kafka u. Rilke.

W: Torna, G. 1962; Světlá Ihůta, G. 1964; Cvičení mučení, G. 1969; Mimner aneb Hra o smrad'ocha, R. (Teile ersch. im ›Sešity‹ 3, 4, 1968/69; Mimner oder das Tier der Trauer, d. 1986); Dotazník aneb Modlitba za jedno město a přítele, R. Toronto 1978 (Der 16. Fragebogen, d. 1979); Dámský gambit, Dr. Toronto 1979; Janinka, R. 1984; Máma, táta, já a Eda, Lesebuch Wien 1988; Der Babylonwald, G. Stuttgart 1991, Modlitba k Janince, G. 1994; Wandersteine, G. Stuttgart 1994.

Grušas, Juozas, litau. Erzähler u. Dramaturg, 29. 11. 1901 Žadžiūnai – 21. 5. 1986 Kaunas. Studium an der Univ. Kaunas, dann Lehrer, Mitarbeit am Theater Šiauliai. – In s. Dramen unternimmt er e. Analyse der moralischen Werte, die durch den Weltkrieg durcheinander geraten waren. In s. historischen Dramen findet sich der Konflikt zwischen Menschlichkeit u. bestehenden Gesetzen. In s. Romanen schließlich herrscht klass. Realismus, vervollkomnet durch die Prinzipien des psychologischen Determinismus.

W: Ponia Bertulienė, Nn. 1928; Karjeristai, R. 1935; Sunki ranka, Nn. 1937; Tėvas ir sūnus, Dr. 1945; Herkus Mantas, Dr. 1957; Adomo Brunzos paslaptis, Dr. 1967; Meilė, džiazas ir velnias, Dr. 1967; Rūstybės šviesa, Nn. 1969; Barbora Radvilaitė, Dr. 1972; Laimingas – tai aš, Nn. 1973; Švitrigaila, Dr. 1976; Mykolas Glinskis, Dr. 1984. – Raštai (W), III 1980.

L: A. Samulionis, 1976; J. Lankutis, 1981; A. Bučys, 1979.

Grynberg, Henryk (Ps. Robert Miller), poln.-jüd. Prosaist u. Lyriker, * 4. 7. 1936 Warschau. S. Familie wurde Opfer des Holocaust. Stud. Journalistik Warschau; Nach antisemit. Hetzkampagne Ende 1967 Flucht in die USA. Lebt in McLean/Virginia. – Das autobiograph. geprägte Werk legt Zeugnis ab von der Vernichtung der Juden und der Vereinsamung der Davongekommenen. Strenge Form verbindet sich auf eindrucksvolle Weise mit e. knappen, auf Sachlichkeit bedachten Sprache.

W: Żydowska wojna, R. 1965 (Der jüd. Krieg, d. 1972); Kadisz, En. 1987 (Kalifornisches Kaddisch, d. 1993); Wróciłem, G.-Ausw. 1991; Drohobycz, En. 1997 (d. 2000).

Gryparis, Ioannes N., griech. Dichter, 17. 7. 1870 Artemon/Siphnos – 10. 3. 1942 Athen. Anhänger der franz. Richtung der Parnassiens und später der Symbolisten. – S. wohlgebildeten, sprachl. und klangl. hervorragenden Verse gelten als Vorbild und Maß der form- und inhaltsschönen griech. Dichtung. Übs. antiker Tragödien in Versen, von Goethes ›Faust II‹, ›Reineke Fuchs‹ u. a.

W: Skarabaioi kai Terrakotes, G. 1919. – Hapanta (GW), 1952.

Gualterns de Insulis → Gaultier de Chatillon, Philippe de Lille

Guan Hanqing, chines. Bühnenautor, 1210 (?) Peking – 1298 (?). Beamter im Ärztekollegium. – Neben → Wang Shifu bedeutendster Dramatiker der frühen Yuan-Zeit. Von insgesamt 63 Stücken sind heute noch 18 erhalten, darunter e. Bearbeitung des ›Xixiang ji‹ von Wang Shifu. Als bestes Werk gilt ›Dou E yuan‹ (Unrecht an Dou E), das zur Gattung der Gerichts- und Kriminalstücke gehört (e. zu Unrecht verurteilte und hingerichtete Witwe wird durch himml. Wunderzeichen als unschuldig erkannt).

W: Übs.: H. Rudelsberger, Altchines. Liebeskomödien, 1922 (Ausz.); Selected Works, engl. Peking 1958 (8 Stücke).

Guardati, Tommaso dei → Masuccio Salernitano

Guare, John, amerik. Dramatiker, * 5. 2. 1938. Lehrtätigkeit an renommierten Hochschulen. – G.s Theaterstücke beleuchten, lyr. im Ton, häufig satir., mit schwarzem Humor und autobiograph. Elementen modernes Alltagsleben, auch trag. und absurde hist. Stoffe, bes. aus der am. Geschichte des späten 19. Jh. Auch Musicals und Drehbücher.

W: Muzeeka and Other Plays: Cop-out, Home Fires, Drr. 1969; The House of Blue Leaves (1970); Bosoms and Neglect, Dr. 1979; Six Degrees of Separation, Dr. 1990; Chuck Close: Life and Work, B. 1996; Lydie Breeze, Dr. 2000; A Few Stout Individuals, Dr. 2001; The House of Blue Leaves and Chaucer in Rome, Drr. 2002.

L: J. G.: A Research and Production Sourcebook, hg. J. K. Curry 2002.

Guareschi, Giovannino, ital. Erzähler, 1. 5. 1908 Fontanelle di Rocca Bianca/Parma – 22. 7. 1968 Cervia. Journalist, Karikaturist, Dekorationsmaler u. Werbezeichner. 1929 Redakteur des ›Corriere Emiliano‹ in Parma, 1936–43 Chefredakteur der humorist. Wochenzeitung ›Bertoldo‹. 1943–45 in dt. Gefangenschaft. Seit 1945 Direktor der Zs. ›Candido‹ in Mailand. 1954 wegen Veröffentlichung gefälschter Briefe A. De Gasperis, die er für echt hielt, zu 1 Jahr Gefängnis verurteilt. – Bekämpfte mit feinem Humor u. treffender Satire Fehler im öffentl. Leben, polit. Leidenschaft, Utilitarismus u. Konformismus. Den größten Erfolg hatte s. satir.-polit. Roman ›Don Camillo‹, der zuerst im ›Bertoldo‹ erschien u. in Italien anfangs abgelehnt, bald aber zu e. riesigen Erfolg wurde. Dieser mod. Schelmenroman karikiert mit teils derbem Humor und heiterer Ironie den Kleinkrieg zwischen dem Dorfpfarrer Don Camillo u. dem kommunist. Bürgermeister Peppone um die Gunst des Volkes.

W: La scoperta di Milano, En. 1941 (Ausw. in: Enthüllungen e. Familienvaters, d. 1952); Il destino si chiama Clotilde, R. 1942 (d. 1952); Il marito in collegio, R. 1944 (Carlotta und die Liebe, d. 1952); Favole di Natale, En. 1945; Diario clandestino 1943–1945, 1946; Italia provvisoria, 1947; Lo zibaldino, En. 1948 (Ausw. in: Enthüllungen e. Familienvaters, d. 1952); Mondo piccolo: Don Camillo, R. 1948 (D. C. u. Peppone, d. 1950); Mondo piccolo: Don Camillo e il suo gregge, R. 1953 (d. 1953); Corrierino delle famiglie, En. 1954 (Bleib in deinem D-Zug, d. 1955); Il compagno Don Camillo, R. 1963 (Genosse D. C., d. 1964); Don Camillo in Russia, 1963; Vita in famiglia, En. 1968 (Mein häuslicher Zirkus, d. 1969); Don Camillo e le giovane d'oggi, R. 1969 (D. C. und die Rothaarige, d. 1969); A. Gnocchi, Qua la mano, Don Camillo, En. hg. 2001.

L: A. Gnocchi, 1998.

Guarini, Giovanni Battista, ital. Dichter, 10. 12. 1538 Ferrara – 7. 10. 1612 Venedig. Stud. in Padua, Pisa u. Ferrara. Prof. der Lit. und Philos. Univ. Ferrara. 1567 Mitgl. der Akad. der ›Eterei‹ in Padua. Seit 1568 am Hofe Alfons' II. von Este, Ritter u. Gesandter in Turin, Venedig, Rom u. Krakau. Zog sich 1582 auf s. Landgüter bei Rovigo zurück. 1585 Sekretär des Herzogs von Ferrara. 1592 am Hofe des Vincenzo Gonzaga. Kehrte 1595 zu den Este zurück. 1599 bei den Medici, 1602–04 bei den Herzögen von Urbino, 1605 mit großen Ehren in die Akad. der ›Umoristi‹ aufgenommen. S. sehr streitsüchtiger Charakter brachte ihm viele Prozesse ein u. zwang ihn zu häufigen Reisen. – S. Hauptwerk, das von Tassos ›Aminta‹ angeregte Schäferdrama ›Pastor fido‹, zeigt die ›Humanitas‹ des Cinquecento, das Ideal des feinen idyll. Lebens, e. Bild des ursprüngl. Menschen u. der treuen Liebe: Verbindung von kom. u. trag. Elementen, von Antike u. Moderne. Der ›Pastor fido‹ wurde in vielen Schäferdichtungen nachgeahmt. G. verteidigt s. Schäferdrama u. s. lit. Grundsätze im ›Verato‹ u. ›Verato secondo‹. Auch Vf. formvollendeter Gedichte, die öfters vertont wurden.

W: Verato, Dial. 1588; Pastor fido, Dr. 1590 (d. 1619); Verato secondo, Dial. 1593; Il segretario, Ess. 1594; Rime, 1598; Il Pastor fido e il Compendio della poesia tragicomica, 1601 (hg. G. Brognoligo 1914; d. 1636, 1846); La idropica, K. 1613. – Opere, IV 1737f., hg. F. Neri 1950, hg. L. Fassò 1950.

L: L. Olschki, B. G.s Pastor fido in Dtl., 1908; S. Pasquazi, Rinascimento ferrarese, 1957.

Guarnieri, Gianfrancesco, brasilian. Dramatiker, Regisseur, * 6. 8. 1934 Mailand. Stammt aus Musikerfamilie, kam mit 3 Jahren nach Rio de Janeiro, dann nach São Paulo, war zunächst Schauspieler. – Erster großer Erfolg mit dem Theaterstück ›Eles não usam black-tie‹, wurde 1958 verfilmt u. mit dem goldenen Löwen in Venedig 1982 ausgezeichnet; Mitbegründer des kollektiv konzipierten Volkstheaters ›Teatro de Arena‹ im Austausch mit nationalen Projekten, der Alphabetisierungskampage Paulo Freires und international mit ›Théâtre du Soleil‹, ›Arena conta Zumbi‹, ›Arena conta Tiradentes‹, ›Arena conta Simon Bolívar‹ (mit A. Boal); erzählt brasilian./lateinamerik. Geschichte mit unmittelbarem Gegenwartsbezug.

W: Eles não usam black-tie, 1956; O teatro como expressão da realidade nacional, Ess. 1959; Arena conta Zumbi, Dr. 1965 (d. 1985); Arena conta Tiradentes, Dr. 1967; Arena conta Simon Bolívar (m. A. Boal), 1969/70; Ponto de partida, Dr. 1976; O melhor teatro, Dr. 1986.

L: D. de Alemeida Prado, 1986.

Gu Cheng, chines. Lyriker, 24. 9. 1956 Peking – 8. 10. 1993 Waiheke (Neuseeland). In Schriftstellerfamilie aufgewachsen, wird G.s Ausbildung durch die ›Kulturrevolution‹ unterbrochen. 1976 Entscheidung, Schriftsteller zu werden; zählt als Jüngster zum Kreis um die 1978–80 von → Bei Dao herausgegebene unabhängige Zs. ›Jintian‹; dort 1980 erste Gedichte. 1988 läßt sich G. mit s. Frau Xie Ye in Neuseeland nieder. 1993 tötet er s. Frau, anschließend sich selbst. – Die frühen Gedichte G.s reflektieren in freien Versen die verlorene Kindheit und Jugend und die Suche nach dem Ich. In einfacher, scheinbar naiver Sprache konfrontiert er das verlorene oder imaginierte Idyll mit den Schrecken und Realitäten der Gegenwart. Sprache und Themen s. Gedichte machen G. zum originellsten Lyriker s. Generation. G.s spätere Werke sind zunehmend experimentell, oft exzentrisch.

W: Shu Ting, Gu Cheng shuqingshi xuan, G. 1982; He yanjing, G. 1986; Ying'er, E. 1993. – Gu Cheng shi quanbian (GW), 1995. – *Übs.:* Zwischen Wänden, 1984; Quecksilber und andere Gedichte, 1990; Ying'er. The Kingdom of Daughters, E. 1995.

L: P. Hoffmann, 1993; Li Xia, 1999.

Gudaitis-Guzevičius, Aleksandras (Ps. S. Brolis), litau. Erzähler, 7. 6. 1908 Moskau – 18. 4. 1969 Vilnius. Stud. d. Romanistik Univ. Kaunas. Lehrer, dann Kultusminister. – Seine Romane bilden ein Epos der Entstehung des Kommunismus in Litauen nach den Vorbildern von M. Scholochov, D. Furmanov, A. Fedejev, A. Tolstoj. Die ausführl. Chronik dieser Entstehung läßt wenig Platz für die psycholog. Entwicklung der handelnden Personen.

W: Věliavininkė, E. 1935; Kalvio Ignoto teisybė, R. II 1948–49; Broliai, R. IV 1951–55; Tamsi naktelė, E. 1958; Sąmokslas, R. II 1964–65; Juodoji torpeda, E. 1966. – Raštai (W), VI 1960–61.

L: L. Lisenkaitė, 1980.

Gudeas ›Bauhymne‹, frühe, fast vollständige sumer. narrative Dichtung; 1365 Verse in 54 Kolumnen auf 2 Tonzylindern. Gudea von Lagaš (22. Jh. v. Chr.) besingt kunstvoll auf myth. und realer Ebene Vorgeschichte, Bau, Gebäudeteile und Einweihung des Ningirsu-Tempels und den Einzug des Gottes mit Gemahlin und Hofstaat und preist dessen Segen für Tempel, Stadt und bes. den Bauherrn.

A: D. O. Edzard, Gudea and his Dynasty, Toronto 1997. – *Übs.:* A. Falkenstein, W. von Soden, Sumer. u. akkad. Hymnen u. Gebete, 1953; Th. Jacobsen, The Harps that Once …, 1987.

Guéhenno, Jean, franz. Schriftsteller, 25. 3. 1890 Fougères – 22. 9. 1978 Paris. Nach dem Besuch der École Normale Supérieure Univ.-Laufbahn, 1945 Generalinspekteur des Unterrichtswesens, 1963 Mitgl. der Académie Française. Bis 1936 Leiter der Zs. ›Europe‹, dann des ›Vendredi‹;

nach der Befreiung Mitarbeiter des ›Figaro‹. – S. Werk ist geprägt durch stark autobiograph. Züge; häufig macht er geistesverwandte Autoren zum Thema s. Darstellung. Sucht die Vermittlung zwischen Gleichberechtigung aller Menschen und aristokrat. Bildungsstreben.

W: L'Évangile éternel, St. 1927; Caliban parle, Es. 1928; Journal d'un homme de quarante ans, Tg. 1934 (Ein Mann von 40 Jahren, d. 1936); Jeunesse de la France, Es. 1936; La France dans le monde, Es. 1946; Journal des années noires, Tg. 1947; Jean-Jacques, B. III 1948–52; Aventures de l'esprit, Ess. 1954; La foi difficile, Es. 1957; Sur le chemin des hommes, Es. 1959; Changer la vie, Aut. 1961; Ce que je crois, Aut. 1964; Caliban et Prospero, Es. 1969; L'indépendance de l'esprit. Correspondance G.-R. Rolland, 1975; Dernières lumières, derniers plaisirs, 1977; Entre le passé et l'avenir, Aufse. 1929–35 hg. A. Guéhenno 1979; Carnet du vieil écrivain, 1982.

L: J. Gaonach, La révolution selon J. G., 1984.

Güiraldes, Ricardo, argentin. Schriftsteller, 13. 2. 1886 Buenos Aires – 8. 10. 1927 Paris. Kindheit auf dem Lande; Aufenthalt in Paris; vertrat die lit. Avantgarde. – Erlangte internationalen Ruhm mit s. Gaucho-Roman ›Don Segundo Sombra‹, Höhepunkt der Gaucho-Lit. u. zugleich Bildungsroman autobiograph. Charakters; starke Naturverbundenheit, schildert die Schönheit s. Heimat.

W: El cencerro de cristal, G. 1915; Cuentos de muerte y de sangre, En. 1915; Raucho, R. 1917; Rosaura, R. 1922; Xaimaca, R. 1923; Don Segundo Sombra, R. 1926 (d. 1934, 1952); Poemas místicos, 1928; Poemas solitarios, 1928. – Obras Completas, 1930, 1962.

L: J. R. Liberal Villar, 1946, ²1969; E. Sansone, 1951; H. J. Becco, 1952; I. Colombo, 1952; J. Collantes de Terán, 1959; I. M. M. Schätz, 1961; G. Ara, 1961; J. C. Ghiano, 1961, 1966; O. Kovacci, 1961; G. Previtali, N. Y. 1963; E. Romano, 1967; I. Bordelois, 1967; J. Piquemal Azemarou, 1969, 1972; A. O. Blasi, 1970; A. Paganini, 1980; J. Donahue, 1987; A. J. Battistessa, 1987. – *Bibl.:* H. J. Becco, 1959.

Güntekin, Reşat Nuri, türk. Schriftsteller, 25. 11. 1889 Istanbul – 7. 12. 1956 London. Sohn e. Militärarztes, franz. Ordensschule in Izmir, bis 1912 Stud. Lit.-Wiss. Istanbul, Lehrer für Franz. u. Lit., 1931–54 Beamter im Unterrichtsministerium, 1939–43 Abgeordneter. – Hat mit dem Tagebuchroman ›Çalıkuşu‹, e. lit. Beitrag zur Frauenemanzipation, s. Ruhm als realist., alltagsverständl. Darsteller des alten u. neuen Gesellschaftsformen begründet. Als Novellist verbindet er e. fesselnde, teilweise humorist. Erzählweise mit psycholog. Beobachtungsgabe. E. Teil s. vielseitigen Schaffens gehört allerdings mehr der Unterhaltungslit. an; neben Prosa Theaterstücke.

W: Çalıkuşu, R. 1922 (Der Zaunkönig, d. 1942); Dudaktan Kalbe, R. 1923; Damga, R. 1924; Akşam Güneşi, R. 1926; Tanrı Misafiri, Nn. 1927; Hançer, Dr. 1927; Yaprak Dökümü, R. 1930, Sch. (1943); Olağan İşler, Nn. 1930; Kızılcık Dalları, R. 1932; Gökyüzü, R. 1935; Ateş Gecesi, R. 1940; Değirmen, R. 1944; Miskinler Tekkesi, R. 1946; Balıkesir Muhasebecisi, Sch. 1953; Tanrıdağı Ziyafeti, Sch. 1955. – GW, 1957ff.

L: T. Poyraz, 1957; H. Yücebaş, 1957; M. Uyguner, 1967; I. Z. Burdurlu, 1971; B. Emil, 1984.

Guérin, Alexandre → Chenevière, Jacques

Guérin, Charles, franz. Lyriker, 29. 12. 1873 Lunéville – 17. 3. 1907 ebda. Aus wohlhabender Familie; Schule Lunéville, Stud. Philol. Nancy; Licence. S. Vermögen erlaubte es ihm, keinen Beruf auszuüben, in Dtl., Belgien und Holland zu reisen. – Schüler von Jammes. Verfaßte neben Jammes die schönsten franz. Elegien nach Chénier. Übersensibel, lebte er in Träumen, nicht der Realität angepaßt, voll tiefer Melancholie über das Mißverhältnis von Traum und Wirklichkeit. Verbindet in s. Gedichten Sinnlichkeit und Schmerz. Entwickelte sich unter dem Einfluß von Ch. Moréas, e. eigenen Bedürfnis nach Keuschheit und Buße folgend, zu e. klassizist. Stoizismus, der s. Inspiration verhärtete und kälter werden ließ.

W: Fleurs de neige, 1893; Georges Rodenbach, Es. 1894; Le sang des crépuscules, 1895; Sonnets et un poème, 1897; Le cœur solitaire, 1898; L'éros funèbre, 1900; Le semeur de cendres, 1901; L'homme intérieur, 1905; Premiers et derniers vers, 1923. – Œuvres, III 1926–29.

L: J. Viollis, 1909; A. de Bersaucourt, 1912; J. B. Hanson, Diss. Paris 1935; P. Chaveau, 1973.

Guérin, Georges-Pierre-Maurice de, franz. Dichter, 5. 8. 1810 Schloß Le Cayla/Tarn – 19. 7. 1839 ebda. Aus aristokrat. Familie; verbrachte s. Jugend unter Einfluß s. Schwester Eugénie. Schulen Toulouse und Paris. 1832/33 für s. Naturerleben entscheidender Aufenthalt bei Lamennais in der Bretagne. ∞ 1838. Starb 28jährig an Lungenschwindsucht. – Hinterließ Gedichte, Briefe und e. intimes Tagebuch. Meister des franz. Prosagedichts; erweiterte es zu langer symbol. und lyr. Meditation von starker Gefühlsintensität, Strenge und Dichte des Ausdrucks. Gestaltet in Form antiker Mythen in ›Le centaure‹ und ›La bacchante‹ pantheist. Lebensrausch, der, wie aus dem für ihn poet. Schaffensvorgang aufschlußreichen Tagebuch (›Cahier vert‹) hervorgeht, mit s. persönl. Identifizierung mit der Natur in engem Zusammenhang steht.

W: Le centaure, 1840 (in: Revue des deux mondes; d. R. M. Rilke 1911; n. 1984); Reliquiae, 1840; La bacchante, 1861 (d. M. Krell 1922); Journal, lettres et poèmes, 1862; Le cahier vert, 1921; Journal intime, hg. E. Barthès 1934. – Œuvres complètes, II 1947; Eugénie de G., lettres, hg. G. S. Trébutien ²⁴1881 (Eugénie de G., Tg. u. Fragmente, d. 1883); Lettres d'Adolescence, 1930). – *Übs.:* J. Huypelsberg, 1949.

Guernes de Pont-Sainte-Maxence

L: A. Lefranc, 1910; E. F. Schneegans, 1914; E. Zyromski, 1921; Eugénie de G., 1921; E. Decahors, 1932 (m. Bibl.); B. d'Harcourt, M. de G. et le poème en prose, 1932; A. Béguin, L'âme romantique et le rêve, 1937; O. Heuschele, 1947; A. Renker, M. G. und F. Hölderlin, 1960; M. Schärer-Nussberger, 1965; P. Moreau, 1965; A. Reich, 1971; M.-C. Huet-Brichard, M. G. et le romantisme, 1993; ders., 1998, 2000.

Guernes de Pont-Sainte-Maxence, franz. Dichter, 12. Jh. Pont-Sainte-Maxence/Oise. Vf. e. Lebensbeschreibung des Heiligen Thomas Becket, des ältesten bekannten Textes franz. Herkunft (vollendet 1174).
A: La vie de St-Thomas le martyr, hg. E. Walberg 1922 (n. 1936, 1971); hg. J.-G. Gouttebroze, A. Queffelec 1990 (m. neufranz. Übs.).
L: Materials for the History of Thomas Becket, hg. J. C. Robertson, Vol. I–VI, 1875–83; J. Brightstock Sheppard, Vol. VII, 1885.

Gürpinar, Hüseyin Rahmi, türk. Schriftsteller, 17. 8. 1864 Istanbul – 8. 3. 1944 ebda. Aus Beamtenfamilie; begann sehr früh zu schreiben u. lebte seit 1908, mit Ausnahme e. vorübergehenden Beamtentätigkeit, ganz von der lit. Arbeit. 1936–43 Abgeordneter. – Vielschreiber (35 Romane, zahlr. Übsn.) mit unlit., zwischen Kanzleitürk. u. glänzend belauschtem Volksmund wechselndem Stil, bietet trotz s. künstler. Schwächen lesenswerte, folklorist. u. sprachl. ergiebige Schilderungen des türk. Lebens am Vorabend e. neuen Epoche.
W: Şik, R. 1888; Iffet, R. 1896; Mürebbiye, R. 1897 (Die Erzieherin, d. 1907); Mutallâka, R. 1898 (Die Geschiedene, d. 1907); Şipsevdi, R. 1900 (Der liebeskranke Bey, d. 1916); Metres, R. 1900; Gülyabani, R. 1912; Hakka Siğindik, R. 1919; Hayattan Sahifeler, R. 1919; Meyhanede Hanimlar, R. 1924; Efsuncu Baba, R. 1924; Billûr Kalp, R. 1926; Utanmaz Adam, R. 1934; Gönül Ticareti, Nn. 1939. – GW, 1965ff.
L: R. A. Sevengil, 1944; H. Yücebaş, 1964; A. S. Levend, 1964; M. Gökmen, 1966.

Guerra Junqueiro, Abílio Manuel de → Junqueiro, Abílio Manuel de Guerra

Guerrazzi, Francesco Domenico, ital. Erzähler, 12. 8. 1804 Livorno – 12. 9. 1873 Cecina. Stud. Jura Pisa. Wegen polit. Tätigkeit mehrmals verbannt. Auch die 1829 mit s. Freund Mazzini gegründete lit. Zs. ›L'Indicatore livornese‹ wurde 1830 wegen polit. Propaganda verboten. 1832, 1833 u. 1848 wegen liberaler u. antiklerikaler Agitation im Kerker. 1848 Innenminister der Toskana, 1849 Diktator, nach der Gegenrevolution 3 Jahre Kerker u. darauf Exil in Korsika. 1859 Rückkehr nach Livorno, Abgeordneter. – Romantiker, Vf. hist. Romane nach Vorbild von Scott, Radcliffe, Stendhal. Oft übertrieben, absonderl. u. rhetor., bes. rege Phantasie. S. lit. Fiktionen sind nur das Mittel zur Verbreitung freiheitl.-nationaler Gedanken.
W: Stanze alla memoria di Lord Byron, 1825; La battaglia di Benevento, R. IV 1827 (d. 1853); L'assedio di Firenze, R. V 1836 (d. 1849); Isabella Orsini, E. 1844; I bianchi ed i neri, Dr. 1847; Apologia della vita politica, 1851; Beatrice Cenci, R. 1854 (d. 1858); Pasquale Sottocorso, R. 1857; L'asino, un sogno, Sat. 1857 (hg. Z. Zini II 1928); Vita di Andrea Doria, 1863; L'assedio di Roma, Abh. II 1863–65. – Lettere, hg. G. Carducci II 1880–82; Lettere famigliari, hg. G. F. Guerrazzi 1924.
L: R. Guastalla, 1903; G. Busolli, 1912; A. Mangini, 1920; M. Amendola, 1921; P. Miniati, 1927 (m. Bibl.); G. P. Zaratti, 1953.

Guerrini, Olindo (Ps. Lorenzo Stecchetti), ital. Dichter, 4. 10. 1845 Forlì – 21. 10. 1916 Bologna. Stud. Jura Ravenna, Turin u. Bologna. 1868 Dr. jur., Bibliotheksdirektor in Bologna u. Genua. – Führte den ›Verismo‹ in der ital. Lyrik ein. Vorbilder sind die franz. Naturalisten, Baudelaire u. die Parnassiens. S. realist. Darstellung, von den Idealisten als unanständig bezeichnet, verteidigt er in ›Polemica‹ u. ›Nova Polemica‹. Revolutionäre u. antiklerikale Einstellung. In s. satir. Dichtung gegen das zeitgenöss. Leben u. gegen die soz. u. polit. Ideen tendierte er zu Carducci.
W: Postuma, Canzoniere, G. 1877; Polemica, G. 1878; Nova Polemica, G. 1878; Cloe, Dr. 1879; Conti popolari romagnoli, G. 1880; Brandelli, R. II 1883; Rime, 1897; Sonetti romagnoli, 1920.
L: U. Pagani, 1996.

Gürsel, Nedim, türk. Schriftsteller, * 1951 Gaziantep. Stud. Lit.wiss. an der Sorbonne, Promotion; arbeitet am Centre National de la Recherche Scientifique. – Vielfältiger u. produktiver Autor, wurde jedoch als formbewußter, gesellschaftl. engagierter Erzähler bekannt.
W: Uzun Sürmüş Bir Yaz, En. 1975 (Ein Sommer ohne Ende, d. 1988); Kadınlar Kitabı, En. 1983 (Die erste Frau, d. 1986); Sorguda, En. 1988; Son Tramvay, En. 1991; Nazım Hikmet ve Geleneksel Türk Yazını, St. 1992; Boğazkesen, R. 1995 (Der Eroberer, d. 1999); Resimli Dünya, R. 2000 (Turbane in Venedig, d. 2002); Yaşar Kemal, Bir Geçiş Romancısı, St. 2000; Öğleden Sonra Aşk, En. 2003.

Guevara, Antonio de, span. Schriftsteller, 1480(?) Asturias de Santillana – 3. 4. 1545 Mondoñedo. Adlige Abstammung, Page am Hof Ferdinands u. Isabellas, galantes Leben, nach dem Tod der Königin Eintritt in den Franziskanerorden; kämpfte während des ›Comunidades‹-Kriege auf seiten Karls V.; 1523 Hofprediger, 1526 kgl. Chronist, 1528 Bischof von Guadix, 1542 von Mondoñedo. – Moralphilosoph. Von Bedeutung als Vorläufer des Konzeptismus in Spanien, Vertreter der didakt.-moral. Richtung; manierierter, antithesen-und bilderreicher Stil, zu s. Zeit sehr bewundert, ungeheurer Erfolg in ganz Europa, bes. mit ›Marco Aurelio‹, entwirft das Bild des idealen Herrschers. Wirkte auf den engl. Euphuismus. Gibt im ›Menosprecio de corte‹ e. Apologie des zurückgezogenen Landlebens; das Thema wurde von vielen späteren Autoren aufgegriffen.

W: Libro llamado Relox de Príncipes, Traktat 1529 (auch u.d.T. Libro áureo de Marco Aurelio emperador; n. A. Rosenblat, Ausw. 1936; d. 1572 u. 1599); Menosprecio de corte y alabanza de aldea, Traktat 1539 (n. N. Martínez Burgos 1967; d. Ä. Albertinus 1598); Aviso de privados y doctrina de cortesanos, Traktat 1539 (Der Hofleut Wecker, d. 1582 u.ö.); Epístolas familiares, Br. 1539 u. 1541 (n. 1850 in: ›Biblioteca de Autores Españoles‹, Bd. 13, hg. J. M. de Cossío 1950; Güldene Sendtschreiben, d. 1598f.). – Obras completas, hg. E. Blanco II 1994; Prosa escogida, hg. M. de Riquer 1943.

L: J. M. Gálvez Olivares, G. in England, 1910; R. Costes, Paris II 1925f.; J. Gibbs, 1961; E. Grey, G. a forgotten Renaissance author, Den Haag 1973; J. R. Jones, Boston 1975; A. Redondo, A. de G. et l'Espagne de son temps, Genf 1976; A. Rallo, 1979; H. Walz, 1984; P. Concejo, 1985; F. Márquez Villanueva, 1999.

Guevara, Vélez de → Vélez de Guevara, Luis

Guevremont, Germaine, kanad. Schriftstellerin franz. Sprache, 16. 4. 1893 Saint-Jérôme/Québec – 21. 8. 1968 Montréal. Kathol. Erziehung; beginnt ihre lit. Karriere als Journalistin, Mitarbeit an zahlr. Zeitschriften. – Veröffentlicht ihre ersten Romane als Fortsetzungsromane. Ihre Erzählungen suchen den Scheitelpunkt zw. Tradition und Moderne, evozieren als Heimatromane das einfache bäuerl. Leben auf dem Lande, tragen häufig autobiograph. Züge und orientieren sich am Modell der Gestalten der großen Charaktere der Weltliteratur.

W: Une grosse nouvelle, Dr. 1939; En pleine terre, N. 1942; Le survenant, R. 1945; A pied de la pente douce (m. R. Lemelin), R. 1946; Marie-Didace, R. 1947; A l'eau douce, R. 1967; L'adieu au ciel, Drb. 1968.

Guidi, Alessandro, ital. Dichter, 14. 6. 1650 Pavia – 13. 6. 1712 Frascati. Höfling des Herzogs Rannuccio II. von Parma. Begleitete die Königin Christine von Schweden nach Rom. Dann im Dienst des Kardinals Albani. – Mitgl. der ›Arcadia‹, Schäferspiele. In s. Lyrik beeinflußt von Marini, Testi, später von Chiabrera. Führte die freie Kanzone ein.

W: Poesie liriche, 1671; Amalasunta in Italia, Tr. 1681; Dafne, Dr. 1689; Endimione, Dr. 1692; Rime, 1701. – Poesie, 1780; Poesie opprovate, hg. B. Maier 1981.

L: G. Capsoni, 1896; T. L. Rizzo, 1928.

Guido, Beatriz, argentin. Erzählerin, 13. 12. 1922 Rosario – 4. 2. 1988 Madrid. – Beschrieb Mode u. Werte der höheren Klasse; kritisierte das dekadente Bürgertum u. dessen heuchler. Sittenkodex.

W: La casa del ángel, 1954 (verfilmt; d. 1958); La caída, 1956 (verfilmt); Fin de fiesta, 1958 (verfilmt); La mano en la trampa, 1961 (verfilmt); El incendio y las vísperas, 1967; La invitación, R. 1979; Rojo sobre rojo, 1987.

L: E. Osorio, 1991; C. Mucci, 2002.

Guido delle Colonne, ital. Autor, um 1210 Messina (?) – nach 1287. Richter in Messina; gehörte der sizilian. Schule an und ahmte dementsprechend die provenzal. Liebesdichtung nach. S. Bearbeitung des ›Roman de Troie‹ von Benoît de Sainte-Maure in lat. Prosa hatte Einfluß auf die engl. u. rumän. Lit.

A: Historia destructionis Troiae (hkA hg. N. Griffin 1937); Vier Gedichte in: La Scuola poetica siciliana, hg. B. Panvini 1955.

L: R. Chiantera, 1956; R. Venuda, Il Filocolo e la Historia destructionis Troiae di G. d. C., 1993.

Guido y Spano, Carlos, argentin. Dichter, 19. 1. 1827 Buenos Aires – 25. 7. 1918 ebda. Leitender Staatsfunktionär; in den letzten Jahren paralytisch. G. war der Inbegriff des Dichters, trat in extravaganter Kleidung auf. – Stand der franz. Parnassiens nahe. Feierte die Antike u. die Freundschaft.

W: Hojas al viento, 1871; Ráfagas, II 1879; Autobiografía, 1879; Ecos lejanos, 1895. – Poesías completas, ²1938.

L: C. A. Loprete, 1962; P. Fortuny, 1967.

Guilbert, René → Ghil, René

Guilhem de Cabestaing (Guillem Cabestanh), Edler von Roussillon, altprovenzal. Troubadour, gegen Ende des 12. Jh. Nach dem Bericht altprovenzal. Biographien von Graf von Castel Roussillon erschlagen, s. von G. besungenen Frau Agnes von Roussillon zum Mahl vorgesetzt (Herzmäre-Motiv). – 8 Liebeslieder (Autorschaft weiterer Lieder strittig) mit komplizierten Reimen erhalten, Ausdruck spontanen Gefühls und sinnl. Begehrens.

A: A. Långfors, Les chansons de G. de C., ²1924.

L: F. Hüffer, 1869.

Guilhem IX., Herzog von Aquitanien, Graf von Poitou, ältester altprovenzal. Troubadour, 22. 10. 1071 Poitiers – 10. 2. 1127 ebda. Regierte seit 1086, Vasall des Königs von Frankreich, doch mächtiger als dieser; s. Gebiet reichte von der Loire bis zu den Pyrenäen. Erwarb 1096 Toulouse. Führte 1100 e. Kreuzzug nach Konstantinopel und Kleinasien, 1102 Pilger in Palästina. – 11 Lieder überliefert, davon 1 Bußlied, 5 sinnl. derbe und frivole Minnelieder, in den späteren vergeistigtere Auffassung von Frau und Liebe. Richtete sich in Melodie und Metrik nach den geistl. Hymnen und Sequenzen.

A: A. Jeanroy, Les poésies de G. IX, duc d'A., 1913, ²1927; ders., Bibliographie sommaire des chansonniers provençaux, 1916; N. Pasero, G. IX d'A.: Poesie, 1973; R. Mazelier, Le chat roux (Ausw.), 1991.– Übs.: Ges. Lieder, 1969; Rime, R. Schrott 1991.
L: W. G. Volk, Herzog Wilhelm von A., 1865; M. Sachse, Über das Leben und die Lieder des Troubadours Wilhelm IX, 1882; G. A. Bond, The poetry of William VII, IX Duke of A., 1982; F. Jensen, Provençal Philology and the Poetry of G. P., 1983; A. Pulega, Amore cortese e modelli teologici: G. IX ..., 1995.

Guilhem Figueira, provenzal. Troubadour der 1. Hälfte des 13. Jh. (1215–50). Von bescheidener Herkunft. Spielmann bei Raymond V., Graf von Toulouse. In den Albigenserkriegen in Italien, vielleicht am Hof Friedrichs II. – Vf. sehr offener und männl. Lieder, trat für die papstfeindl. ital. Herrscher ein. Schrieb das kühnste ma. Pamphlet gegen das Papsttum.
L: E. Levy, 1880; L. de Richard, Aux bord du Lez, 1891 (n. 1995); O. Schultz-Gora, Ein Sirventes von G. F. gegen Friedrich II., 1902.

Guillaume le Clerc, franz. Dichter des 13. Jh. aus Normandie. – Vf. e. Bestiaire und erbaul. Werke, so ›Le besant Dieu‹, e. langen Abhandlung über die Sünden der Gesellschaft. S. Artusroman ›Fergus‹ zeigt stark schott. Prägung.
A: Le bestiaire divin, zw. 1208 u. 1214, hg. R. Reinsch 1890; Le besant Dieu, nach 1226, hg. E. Martin 1869; Fergus et Galienne, hg. F. Michel 1841, E. Martin 1872.
L: F.-K. Weiß, 1968.

Guillaume (Gervers) Du Bus, franz. Moralist, 2. Hälfte 13. Jh. – 1339. Rechtsgelehrter in der königl. Kanzlei. S. satir. Versroman ›Roman de Fauvel‹ im allegor. Stil des Rosenromans war e. scharfer Angriff auf Kirche und Regierung, deren Heuchelei er anprangert.
A: Le Roman de Fauvel, 1310–14, hg. A. Långfors 1919.
L: P. A. Becker, Fauvel und Fauvelliana, 1936.

Guillaume de Lorris → Roman de la Rose, Rosenroman

Guillaume de Machaut, franz. Dichter u. Musiker, um 1300 Machaut/Ardennen – Mai 1377 Reims. Stud. Theol., ab etwa 1323 Kaplan und Sekretär Johanns von Luxemburg, des Königs von Böhmen, danach am Hof Karls II. von Navarra, ab 1337 Domherr in Reims. – Initiator und zugleich fruchtbarster Vertreter der ›rhétoriqueurs‹. Vertonte s. Gedichte selbst, bedeutendster Komponist des 14. Jh. Dichtungen in fast allen damals bestehenden lyr. Formen: Ballade, Rondeau, Chant royal, Lai, Virelai. Allegor.-didakt. Stil, vom Rosenroman her bestimmt. Verfeinerung der Verstechnik, Ausdruck persönl. Erlebens. S. persönlichstes Werk, der Versroman ›Livre dou Voir Dit‹, Briefwechsel zwischen dem alten Dichter und e. jungen Freundin, endet mit Entsagung G.s. In der Lyrik des 14. und 15. Jh. nach s. Vorbild Vorherrschen der kunstvollen geschlossenen Form mit gedankl. Inhalt.

W: Livre dou Voir Dit, Vers-R. um 1363 (hg. P. Paris 1875); Dit dou Vergier, Vers-R.; Prise d'Alexandrie, Reimchronik um 1370 (hg. L. de Mas-Latrie 1877); Le jugement dou Roy de Navarre, Vers-R. 1349. – Œuvres complètes, hg. E. F. Desonay 1935ff.; Œuvres, hg. E. Hoepffner III 1908–21 (unvollst.); Poésies lyriques, hg. V. Chichmaref II 1909.
L: W. Eichelberg, 1935; A. Machabey, II 1955; W. Dömling, Diss. Mchn. 1966; G. Sonnemann, Diss. Gött. 1969; J. Betemps, 1998; A. Baril, 2001; D. Queruel, 2001, J. Cerquiqlini, T. Wilkins, 2002.

Guillaume de Poitiers → Guilhem IX., Herzog von Aquitanien, Graf von Poitou

Guillén, Jorge, span. Dichter, 18. 1. 1893 Valladolid – 6. 2. 1984 Málaga. Stud. Philos. u. Lit. Madrid u. Granada; lebte 1909–11 in der Schweiz; 1917–23 Lektor an der Sorbonne, 1924 Doktorexamen, 1925 Prof. für Lit. in Murcia, 1929–31 Lektor für Span. in Oxford, 1932 Lit.-Prof. in Sevilla; Mitarbeit an bedeutenden lit. Zsn., lebte ab 1938 in den USA. Ab 1941 Hispanist am Wellesley College/MA; nach der Pensionierung Reisen durch Europa u. Amerika. 1957/58 Gastprof. in Harvard; lebte in Cambridge/MA. – E. der interessantesten span. Lyriker der Gegenwart von entscheidendem Einfluß auf die junge Dichtergeneration; bedeutendster Vertreter der ›poésie pure‹; s. Lebenswerk ›Cántico‹ erscheint in immer neuer Form u. in jeder Auflage um e. Vielzahl von Gedichten bereichert; die letzte enthält 334 Gedichte u. zerfällt in 5 Teile: ›Al aire de tu vuelo‹, ›Las horas situadas‹, ›El pájaro en la mano‹, ›Aquí mismo‹, ›Pleno ser‹; direkte Einflüsse von J. R. Jiménez, Valéry u. Mallarmé; hält sich von allen zeitgenöss. Lyrikern am engsten an klass. Metren; Verse u. Strophenformen von vollendeter Struktur; ›Cántico‹ ist e. Lobgesang auf das Leben, e. Bejahung der menschl. Existenz. G. geht von konkreten Dingen aus, verwandelt aber die materiellen Realitäten in etwas poet. Geläutertes u. überträgt sie in e. irreale Welt. Übs. von Valéry, Supervielle u. Claudel.

W: Cántico, G. 1928, ²1936, ³1945, ⁴1950 (dt. Ausw. 1952); Ardor, G. 1931; La poética de Bécquer, 1943; Variaciones sobre temas de Jean Cassou, G. 1951; Clamor: Maremagnum, G. 1957; Viviendo y otros poemas, G. 1958; Federico en persona, Erinn. u. Br. 1959 (Mein

Freund García Lorca, d. 1965); Historia natural, Anth. 1960; Que van a dar en la mar, 1960; Language and Poetry, Ess. 1961 (d. 1965); A la altura de las circunstancias, 1963; Homenaje, G. 1967; Aire nuestro, Ges. G. 1969; Final, G. 1982. – Selección de poemas, Ausgew. G. 1965; Poesía completa, V 1987; Obra en prosa, hg. F. J. Díaz de Castro 1999. – *Übs.:* Berufung zum Sein, G. 1963; Ausgew. Gedichte, 1974.

L: F. A. Pleak, Princeton 1942; J. Casalduero, 1946; J. M. Blecua, R. Gullón, 1949; J. B. Trend, 1952; G. R. Lind, 1955; P. Darmangeat, Paris 1958; J. Gil de Biedma, 1960; J. González Muela, 1962; A. Vilanova, 1962; C. Couffon, 1963; ›Books Abroad‹, Sondernummer J. G., 1968; Luminous Reality, hg. I. Ivask, J. Marichal 1969; E. Dehennin, 1969; O. Macrí, 1972; B. Ciplijauskaité, 1973; A. P. Debicki, 1973; O. Marcí, 1976 (m. Bibl.); B. Mitterer, 1978; C. Meneses, 1981; R. Harvard, 1986; F. J. Díaz de Castro, 1987; F. J. Díez de Revenga, 1993; D. Küss, Paris 1994.

Guillén, Nicolás, kuban. Lyriker, 10. 7. 1902 Camagüey – 17. 7. 1989 La Habana. Angestellter, Journalist. Nach der Machtübernahme von F. Castro Kulturbotschafter in versch. Ländern; Präsident der ›Unión de Escritores y Artistas de Cuba‹. – Hauptvertreter der kuban.-afrikan. Lyrik in span. Sprache, besingt die Armen u. Gedemütigten, das tägl. elementare Leben in Rhythmen u. Wiederholungen, die an Volkslieder erinnern; Anklage des Kapitalismus u. der Rassendiskriminierung in den USA; Lob des Kommunismus; vielfach übersetzt.

W: Motivos de son, G. 1930; Sóngoro Cosongo, G. 1931; West-Indies, Ltd., G. 1934; España, poema en cuatro angustias y una esperanza, G. 1937; Cantos para soldados y sones para turistas, G. 1937; El son entero, Ges. G. 1947 (Bitter schmeckt das Zuckerrohr, d. 1952); La paloma del vuelo popular, G. 1958; Prosa de prisa, 1962; Poemas de amor, G. 1964; Tengo, G. 1964; Antología mayor, G. 1964; El gran zoo, G. 1967. Prosa de prisa, III 1975; Por el mar de las Antillas anda un barco de papel, G. 1977 (d. 1985); Páginas vueltas, Aut. 1982 (d. 1987). – Obras completas, IV 1972; Obra poética (1920–72), hg. A. Augier 1972; Summa poética, hg. L. I. Madrigal ^{2}1976. – *Übs.:* Bezahlt mich nicht, da ich singe, Ausw. 1961; Gedichte, 1969; Sie gingen Gitarren jagen, Ausw. 1977; Gedichte, Ausw. 1982.

L: N. Morejón, hg. 1974; J. M. Ruscalleda Bercedóniz, 1975; A. González-Pérez, Milwaukee 1976; D. Sardinha, Lond. 1976; R. A. Augier, 1979; R. Fernández Retamar, ^{2}1979; M. Mansour, 1980; G. Batinic u.a., 1981; N. Morejón, 1981; L. V. Williams, 1982; M. Aguirre, 1982; K. Ellis, 1983; J. Ruffinelli, 1985; I. I. Smart, 1990; C. A. White, 1993. – *Bibl.:* N. G. 1975.

Guillén de Castro → Castro y Bellvis, Guillén de

Guilleragues, Gabriel-Joseph de Lavergne, Vicomte de, franz. Schriftsteller, 18. 11. 1628 Bordeaux – 4. 3. 1685 Konstantinopel. Franz. Gesandter ebda. – Wird in neuerer Forschung z. T. als Vf. der ›Lettres portugaises‹ angesehen (→ Alcoforado, Mariana).

A: Lettres portugaises, hg. F. Deloffre, J. Rougeot 1962 (d. 1913; 2002), hg. B. Bray, I. Landy-Houillon 1983; Chansons et bons mots, hg. F. Deloffre, J. Rougeot 1972; Correspondance, hg. dies. 1976; Histoire d'Ali prince de Tunis, hg. G. Turbet-Delof 1982.

L: A. Adam, 1962; K. A. Almay, Nouveaux regards sur le ›romanesque‹ des Lettres portugaises, Diss. 1979/80; G. M. Fondi, Les Lettres portugaises di G., 1980; V. Fortunati, G. autore epistolare, 1999.

Guillevic, Eugène (Ps. Serptières), franz. Lyriker, 5. 8. 1907 Carnac/Bretagne – 20. 3. 1997 Paris. Aus Bauern- und Seemannsgeschlecht; begann früh zu schreiben, in s. Jugend beeinflußt von P. Eluard und L. Aragon. Ab 1943 KP-Mitglied, Verwaltungsbeamter. – S. kurzen und prägnanten Gedichte sind kraftvoll und originell, von brutaler Härte. Ruft bewußt durch Verdichtung Schockwirkung beim Leser hervor. Verwendet einfache Mittel, gestaltet konkrete Dinge, die dadurch beunruhigend wirken, daß sie aus ihrem natürl. Zusammenhang gelöst sind. Mag. Effekte. Hauptthema die Angst.

W: Terraqué, 1942; Élégies, 1946; Fractures, 1947; Exécutoire, 1947; Coordonnées, 1948; Gagner, 1949; Le goût de la paix, 1951; Terre à bonheur, 1952; 31 sonnets, 1954; Carnac, 1961 (d. 1968); Sphère, 1963; Avec, 1965; Ville, 1969; Encoches, 1971; Paroi, 1971; Inclus, 1973; Du domaine, 1977; Requis, 1977–82, 1983; La mer, 1985 (d. 1985); Mère Courage et ses enfants, 1987; Blason de la chambre, 1991; Maintenant, 1993; Prose ou boire dans le secret des grottes, G. 2001; Echos, disait-il, 2001; Art poétique, Es. 2001. – Œuvre poétique, hg. N. Katz 2001.

L: P. Daix, 1954; J. P. Richard, Onze études sur la poésie mod., 1964.

Guilloux, Louis, franz. Romancier, 15. 1. 1899 Saint-Brieuc – 14. 10. 1980 ebda. Aus armer Arbeiterfamilie; Schulen in Saint-Brieuc, Privatsekretär des Sozialisten A. Hamon. Ab 1918 in Paris, versch. Berufe, Journalist. Reiste 1936 mit Gide in die Sowjetunion. Von Jugend an überzeugter Sozialist. Beeinflußt durch die Lektüre von Rousseau, Gor'kij und Rolland. – Vf. sozialer und humanitärer Romane vom Kampf des Edlen gegen Dummheit und Bosheit der Masse. In den ersten stellt er, Erinnerungen verarbeitend, das Leben der Arbeiter- und niederen Mittelklasse dar. S. gelungenster Roman, e. der besten franz. Zeit zwischen den beiden Weltkriegen, ›Le sang noir‹, der im 1. Weltkrieg in e. breton. Kleinstadt spielt, über die bittern letzten 24 Stunden e. einsamen, verbummelten Philosophen, der an der in der Etappe herrschenden abstoßenden Dummheit, Gemeinheit und Grausamkeit zerbricht. ›Le jeu de patience‹ e. tief pessimist., von echtem Mit-

Guimarães

gefühl für die sozial Benachteiligten durchdrungene Chronik.

W: La maison du peuple, R. 1927 (d. 1981); Dossier confidentiel, R. 1928; Compagnons, R. 1930 (d. 1950); Hyménée, R. 1932; Le lecteur écrit, R. 1933; Angélina, R. 1934; Le sang noir, R. 1935 (d. 1979); Histoires de brigands, R. 1936; Le pain des rêves, R. 1942; Le jeu de patience, Aut. 1949, Absent de Paris, R. 1952; Parpagnacco ou la conjuration, R. 1954; Les batailles perdues, R. 1960; Cripure, Dr. 1962; Coco perdu, E. 1978 (d. 1980); La confrontation, R. 1980; Carnets 1921–1944, 1944–74, 1982; L'herbe d'oubli, E. 1984.

L: J.-Cl. Bourlès, 1997; Y. Loisel, 1998; H. Godard, 1999; F. Dugast u. a., 2000.

Guimarães, Bernardo Joaquim da Silva, brasilian. Romanschriftsteller u. Lyriker, 15. 8. 1825 Ouro Prêto/Minas Gerais – 10. 3. 1884 ebda. E. der Begründer des romant. Regionalismus im brasilian. Roman, folgt der oralen Tradition, tritt als Geschichtenerzähler mit Gitarrenbegleitung auf; genaue Beschreibung lokaler Phänomene (Reiterspiele), führt Begrifflichkeit des Hinterlandes in die Lit. ein, ›A Escrava Isaura‹ wird Vorlage für international erfolgr. Telenovela.

W: Cantos da Solidão, G. 1852; Poesias, G. 1865; O Ermitão de Muquém, R. 1865; O Garimpeiro, R. 1872; O Seminarista, R. 1872; O Indio Afonso, R. 1873; A Escrava Isaura, R. 1875; Maurício, R. 1877. – Obras (GW), XIII 1941.

L: D. Cruz, 1911; B. de Magalhães, 1926.

Guimarães Rosa, João → Rosa, João Guimarães

Guimerà, Àngel, katalan. Schriftsteller, 6. 5. 1849 Santa Cruz de Tenerife/Kanar. Inseln – 18. 7. 1924 Barcelona. Jugend in Barcelona; Stud. ebda.; dann im Weingeschäft s. Vaters in El Vendrell tätig, widmete sich nach dessen Tod (1872) ausschließl. der Lit.; Mitarbeit u. Veröffentlichung von Gedichten in der Zs. ›La Renaixensa‹; erfreute sich großer Beliebtheit; ab 1909 Ehrenbürger der Stadt Barcelona. – Lyriker u. Dramatiker mit hoher Verskunst von großer Klarheit u. Natürlichkeit des Ausdrucks; plast. Bilder, lebhaftes Empfinden; ging von ep., hist. u. legendären Themen über zu subjektiver Poesie. Wurde mit s. leidenschaftl. Versdramen zum Schöpfer des mod. katalan. Theaters; schrieb später unter Einfluß G. Hauptmanns und Sudermanns naturalist. Dramen. S. ländl. Drama ›Terra baixa‹ wurde in ganz Europa berühmt u. diente d'Albert als Vorlage zu s. Oper ›Tiefland‹.

W: Galla Placídia, Tr. 1879; Judith de Welp, Tr. 1883; El fill del rei, Tr. 1886; Poesies, G. 1887; Mar i cel, Tr. 1888; Rei in monjo, Dr. 1890; La boja, Tr. 1890; La sala d'espera, Dr. 1890; L'anima morta, Tr. 1892; En Pólvora, Dr. 1893; Maria Rosa, Dr. 1894; La festa del blat, Dr. 1896; Terra baixa, Dr. 1897; Mossèn Janot, Dr. 1898;

La filla del mar, Dr. 1899; Arran de terra, Dr. 1901; Aigua que corre, Dr. 1902; La pecadora, Dr. 1902; La Miralta, Dr. 1905; L'Eloi, Dr. 1906; L'aranya, Dr. 1906; La santa espina, Dr. 1907; La reina vella, Dr. 1908; La reina jove, Dr. 1911; Jesús que torna, Dr. 1917; Indíbil i Mandoni, Tr. 1917; Joan Dalla, Tr. 1921; Alta banca, Dr. 1921. – Obres completes, V 1924–30, 1960, II 1975/78; Obres selectes, 1948; Poesies, II 1887–1920; Antología poètica, 1974.

L: J. Givanel, 1902; J. Lardá, 1914; C. Giardini, 1924; J. M. Roca, 1925; L. Vía, 1925; J. Ors, 1925; F. Caravaca, 1936; C. Capdevila, 1938; J. Miracle, 1958; J. M. Poblet, 1967; J. M. Junyent, 1968; X. Fàbregas, A. G. les dimensions d'un mite, 1971; ders., 1974; J. Ixart, hg. R. Cabré 1975; P. Neumann, Ffm. 1999.

Guinizelli, Guido, ital. Dichter, um 1240 Bologna – um 1276 Monselice. Aus adliger ghibellin. Familie. Stud. Rechte, Richter in Bologna. 1274 mit der ghibellin. Partei der Lambertazzi von dort verbannt. – Dichtete anfangs in der Art der sizilian. Dichterschule u. bezeichnete Guittone d'Arezzo als s. Lehrer. S. neue Lyrik (›Al cor gentil rempaira sempre amore‹) steht unter dem Einfluß philos. u. theosoph. Gedanken. Die überkommene Minneauffassung der Troubadourlyrik wird durch platon.-myst. Elemente erneuert, die ritterl.-höf. Dichtung bekommt e. bürgerl. Grundlage. Die Liebe ist nicht mehr erot., sie wird edel u. kommt aus e. reinen Herzen. Sie führt die erwählten cuori gentili zur Erkenntnis des Wahren und Guten. Die engelsgleiche Schönheit der Frau führt zur Tugend. Erhalten sind 7 Kanzonen u. 5 Sonette. Haupt der bologns. Dichterschule u. der Begr. ›Dolce stil nuovo‹. Dante nennt ihn den Vater der ital. Dichtkunst.

A: I rimatori Bolognesi del secolo XIII, hg. G. Zaccagnini 1933; Rimatori del dolce stil nuovo, hg. L. Di Benedetto 1939; Poesie, hg. E. Sanguineti 1986. – Übs.: Frühe ital. Dichtung, H. Feist, L. Vicenti 1922.

L: A. Bongioanni, 1896; K. Vossler, 1904; G. Parenti, 1914; V. Moleta, 1980.

Guiot de Provins, altfranz. Dichter, 2. Hälfte 12. Jh./Anfang 13. Jh., aus Provins/Champagne. Besuchte 1184 Friedrich Barbarossa, reiste nach Palästina, Mönch in Cluny. – 5 höf. Lieder überliefert, bekannter s. ›Bible‹ genannte, um 1210 entstandene Satire auf Adel und Geistlichkeit in Gestalt e. Sittenspiegels.

A: Bible, hg. u. dt. Wolfhart u. San Marte 1861; Lyrik, hg. A. Baudler, Diss. Halle 1902; Les œuvres, hg. J. Orr, Manchester 1915. – Œuvres, 1974.

L: A. Baudler, Diss. Halle 1902; P. A. Becker, Von den Erzählern neben u. nach Chrestien de Troyes, 1936.

Guiraut de Bornelh (oder Borneil), altprovenzal. Troubadour aus der Gegend von Excideuil, dichtete etwa 1170–1220. Von bescheidener Herkunft. Stand in Beziehung zu Richard Löwenherz, Alfons II. von Aragon u. a. südfranz. Fürsten. – Von den Zeitgenossen als der größte Troubadour geschätzt, von Dante bewundert. Von strenger Kunstauffassung. Dichtete, zunächst Anhänger des ›trobar ric‹, in komplizierten Formen, bevorzugte später einfache, maßvolle höf., doch oft noch hermet. Dichtung, reizvolle Lieder, von denen 50 erhalten sind, moralisierende Sirventes, 2 Kreuzfahrerlieder und 1 Tagelied.

A: Sämtliche Lieder, hg. A. Kolsen, II 1907–10, 1935, 1976 (m. Übs.), Choix de poésies, hg. J. u. C. Dauphiné 1978; The Cansos and Sirventes of G. de B., hg. R. V. Sharman 1989.

L: A. Kolsen, 1894; G. Hermann, Une aube de G. de B., 1904; J.-J. Salverda de Grave, Observations sur l'art lyrique de G. de B., 1938.

Guiraut Riquier, provenzal. Troubadour, um 1230 Narbonne – 1292. Aus bescheidenen Verhältnissen. Fand, da die Zeit der höf. Dichtung vorüber war, keinen Gönner, reiste von Narbonne nach Kastilien und Rodez. Schrieb stark vom Gedanken bestimmte Lyrik mit vergeistigter Liebesauffassung: Liebeslieder, Pastourellen, Tagelieder, Episteln, Rotrouenges und Tensons; richtete seit 1285 s. Lieder an die Heilige Jungfrau, relig. Lieder in höf. Form.

A: U. Mölk 1962; Les Épîtres de G. R., hg. J. Linskill 1985.

L: J. Anglade, Le troubadour G. R., 1905; ders., La première pastourelle de G. R., 1913; V. Bertolucci-Pizzorusso, La supplica di G. R., 1966; M. G. Capusso, L'›Exposition‹ di G. R. sulla canzone di G. de Calanson, 1989.

Guitry, Sacha (eig. Alexandre Pierre Georges G.), franz. Dramatiker, Schauspieler und Regisseur, 21. 2. 1885 St. Petersburg – 24. 7. 1957 Paris. Sohn des großen Schauspielers Lucien G.; 5mal verheiratet (Charlotte Lysès, Yvonne Printemps, Jacqueline Delubac, Geneviève de Séréville, Lana Marconi). Zwischen den beiden Weltkriegen in Frankreich und Europa sehr erfolgreich. – Theaterkünstler von Geblüt. Setzte mit s. etwa 130 Stücken, meist Komödien, die Tradition des Pariser Boulevardtheaters fort. Vertreter des ›esprit parisien‹. Schrieb brillante, iron., leicht frivole, kurzlebige Stücke mit wenig Gehalt über Liebe, Theaterleben und bedeutende Gestalten der Geschichte. Wirkte stark mit hist. Filmen von liebenswürdiger Respektlosigkeit. Auch Schauspieler s. Dramen.

W: Le page, 1902; Nono, 1905; La clef, 1907; Le veilleur de nuit, 1911; Jean III ou l'irrésistible vocation du fils Mondoucet, 1912; La prise de Berg-op-Zoom, 1913; Debureau, 1918; Pasteur, 1919; Béranger, 1920; Mon père avait raison, 1920 (d. 1928); Je t'aime, 1921 (d. 1928); Jacqueline, 1921 (d. 1924); L'amour masqué, 1923; L'illusionniste, 1924; Le blanc et le noir, 1925 (d. 1926); Mozart, 1926; Mariette, 1928 (d. 1929); Désiré, 1928; Un miracle, 1928; La jalousie, 1934; Si j'ai bonne mémoire, Mem. 1935 (Wenn ich mich recht erinnere, d. 1939); Mémoires d'un tricheur, Prosa 1936 (d. 1937); Le mot de Cambronne, 1938; Remontons les Champs Elysées, Prosa 1939 (Die Straße der Liebe, d. 1962); Elles et toi, Prosa 1947 (Du und die anderen Frauen, d. 1962); Histoires de France, 1949; N'écoutez pas, mesdames, 1951 (d. 1951); Une folie, 1953; Châteaux en Espagne, 1955. – Théâtre, II 1934–38, 1951, XV 1959–64; Œuvres, XII 1950.

L: R. Benjamin, 1933; M. Martin du Gard, 1941; A. Madis, 1950; F. Choisel, 1957; G. de Séréville, [2]1959; St. Prince, 1959; J. Harding, Lond. 1968; J. Lorcey, 1971; V. Badaire, 1977; H. Damberville, 1981; M. Simsolo, 1988; P. Arnaud, 1993; R. Castens, 1993; P. Buisson, 1996; J. Lorcey, L'esprit de S. G., 2000; A. Bernard, 2001.

Guittone d'Arezzo, ital. Dichter, um 1225 Arezzo – um 1294 Florenz. Sohn des Viva di Michele. Gelehrte Bildung, beherrschte Lat., Franz. u. Provenzal. 1260 aus polit. Gründen verbannt. 1268 Eintritt in den Orden der ›Cavalieri di Santa Maria‹, der ›frati gaudenti‹. Predigte gegen die Sittenlosigkeit u. gegen die Aretiner. Gründete 1293 das Kamalduenserkloster degli Angeli in Florenz. – Bis zu s. Eintritt ins Kloster schrieb G. Liebeslieder im Stil der sizilian. Dichterschule. Starker Einfluß der provenzal. Dichtung, auch in der Sprache. Dann vollständige Abkehr vom Minnesang; nur mehr relig. u. lehrhafte Gedichte; versucht nun auch in der Redeweise u. in der Wortstellung sich dem Lat. anzupassen. Neuartig sind auch s. polit. Dichtungen. Erhalten sind 44 Kanzonen, 211 Sonette u. 36 Prosabriefe.

A: Le Rime, hg. F. Egidi 1940; Lettere, hg. F. Meriano 1923; Trattato d'amore, 1931.

L: A. Pellizzari, 1906; N. Bonifazi, 1950; C. Margueron, Paris 1966; V. Moleta, 1976; M. Picone, hg. 1995; A. Borra, G. d'A. e le maschere del poeta, 2000.

Gulbranssen, Trygve, norweg. Dichter, 15. 6. 1894 Oslo – 10. 10. 1962 Hobøe. Sohn e. Baumeisters bäuerl. Herkunft. Handwerkslehre, Handelsschule; 1918–20 Leiter e. Tabakfabrik. 1920–42 Großhändler in Oslo u. nebenbei Schriftsteller u. Sportjournalist, lebte dann zumeist auf s. Hof Hobøe b. Eidsberg. – Der bis dahin als Schriftsteller ganz unbekannte G. überraschte 1933 u. hatte sofort großen Erfolg mit s. ersten Roman ›Og bakom synger skogene‹, dem alsbald zwei Fortsetzungen, ›Det blåser fra Dauingfjell‹ u. ›Ingen vei går utenom‹, folgten. Der erste Teil dieser umfangreichen, romant.-herben, populären Romantrilogie aus der nord. Bauernwelt um 1800 ist die Geschichte des Bauern Dag, der noch als wirkl. Herr über s. hoch im norweg. Bergwald gelegenes Gut Björndal, s. Familie u. die ihm botmäßigen kleineren Waldbauern u. Kätner e. strenges Regiment führt, wegen s. Habgier und Härte gehaßt

u. gefürchtet von den Leuten des ›offenen Landes‹. Im 2. und 3. Teil bekehrt sich der alte Dag erst unter dem Einfluß s. frühverstorbenen Frau, dann s. Schwiegertochter zu e. humaneren, der christl. Nächstenliebe Raum gewährenden Lebensauffassung, die er auch auf s. eigenbrötler. Sohn u. Erben zu übertragen sucht; doch dieser findet bei der Rettung e. fremden Kindes aus dem reißenden, über die Ufer getretenen Gebirgsstroms den Tod, als er eben begonnen hatte, das Erbe des Vaters als e. ›Mensch mit heißem Herzen‹ zu verwalten. Die dt. Übs. dieses Unterhaltungsromans erzielte e. großen Erfolg beim Publikum.

W: Og bakom synger skogene, R. 1933 (Und ewig singen die Wälder, d. 1935); Det blåser fra Dauingfjell, R. 1934; Ingen vei går utenom, R. 1935 (beide zus. u. d. T. Das Erbe von Björndal, d. 1936). – *Übs.:* Heimkehr nach Björndal, 1952.

L: T. E. Hoel, Manns plikt – en biografisk dokumentar om T. G., 1997.

Gulia, Dyrmit (Dimitri), abchas. Autor, 21. 2. 1874 Uarca – 7. 4. 1960 Agudsera. Bauernsohn; Lehrer. Schuf 1892 neues Alphabet der abchas. Sprache. 1912–21 Redakteur der 1. abchas. Zeitung; Prof. für abchas. Sprache und Lit., Sammler abchas. Folklore. – Gedichte und Poeme seit 1912. Die lyr. Werke sind themat. und stilist. vielfältig, einige wurden Volkslieder. Später entstanden ca. 100 Erzählungen, die ersten auf abchasisch. Der Roman ›Kamačyč‹ zeigt das vorrevolutionäre abchas. Dorf. Übs. von Werken der Weltklassik ins Abchasische.

W: Iömtakua (W), IV 1965–62. – *Übs.:* russ.: Izbrannye proizvedenija, Ausw. 1986.

L: G. Gulia, 1965; Ch. Bgazba, 1965.

Gulik, Robert (Hans) van, niederländ. Schriftsteller, 9. 8. 1910 Zutphen – 24. 9. 1967 Den Haag. 1915–23 mit der Familie in Indonesien, wo er Chinesisch, Javanisch u. Malaiisch lernt. Dann in den Niederlanden Gymnasium u. Stud. Jura u. asiat. Sprachen. Diplomat in Japan u. vielen anderen Ländern. – Schrieb v. a. Kriminalromane um den chines. Richter Tie (dt. ›Di‹), dessen Gestalt er einer alten chines. Quelle entnommen hatte. Veröffentlichte s. Bücher z. T. zuerst auf chines., japan. oder engl. und dann erst auf niederländ. Zahlreiche wissenschaftl. Publikationen zur Sinologie u. Kunstgeschichte.

W: Fantoom in Foe Lai, R. 1957 (d. 1989); Labyrinth van Lan-fang, R. 1960 (d. 1963 u. 1985); Het rode paviljoen, R. 1961 (d. 1986); Het Chinese lakscherm, R. 1962 (Der Wandschirm aus rotem Lack, d. 1990); De parel van de keizer, R. 1963 (d. 1989).

L: J. van de Wetering, 1991 (d. 1992).

Guljaški, Andrei, bulgar. Schriftsteller, 7. 5. 1914 Rakovica – 3. 7. 1995 Straßburg. Redakteur, 1967–69 Direktor des Nationaltheaters Sofia. – Typischer Vertreter des sozialist. Realismus. Schrieb Romane mit einem großen themat. u. stilist. Umfang, von denen die Kriminalromane bes. populär wurden. Übsn. in alle europ. Sprachen.

W: Smurtna prisŭda, R. 1940; Novolunie, R. 1944; Prikljucenijata na Avakum Zahov, R. 1961; Sreštu 07, R. 1966; Domut s mahagonovoto stŭlbište. Semejna hronika, R. 1975; AW, IV 1984.

Gullar, Ferreira (eig. José Ribamar Ferreira), brasilian. Lyriker, * 10. 9. 1930 São Luís/Maranhão. Aus bescheidenen Verhältnissen. 1951 Übersiedlung nach Rio de Janeiro; Verfolgter der Militärdiktatur, 1971 Exil. – Begründer des ›neoconcretismo‹ in Rio, Abgrenzung zur Abstraktheit des concretismo; führt das lange Buch-Gedicht ein, polit. Tätigkeit in den Volkskulturzentren. ›Poema Sujo‹ ist Prosadichtung; auch journalist. tätig, Kunstkritiker.

W: A Luta Corporal, G. 1954; Dr. Getúlio, Sua Vida, Sua Glória, Dr. 1968 (m. Dias Gomes); Poema Sujo, G. 1976 (Schmutziges Gedicht, d. 1985); Augusto dos Anjos, Ess. 1976; Toda Poesia, Ges. G. 1980; Vargas, Dr. 1983 (m. Dias Gomes); Nise da Silveira: uma psiquiátra rebelde, Ess. 1996; Cidades inventadas, G. 1997; Rabo do foguete: os anos do exílio, Aut. 1998; Muitas vozes, G. 1999; No calor da obra, Interview 2001; Relâmpagos, G. 2003. – *Übs.:* Faule Bananen, G. 1986; Der grüne Glanz der Tage, G. 1991.

L: A. Bosi, 1983.

Gullberg, Hjalmar Robert, schwed. Lyriker, 30. 5. 1898 Malmö – 19. 7. 1961 Stockholm. Vater Direktor; aufgewachsen als Pflegesohn in e. Arbeiterfamilie. 1927 phil. Lizentiat in Lund, 1944 Dr. phil. h. c. Lund, 1936–50 Theaterchef beim Rundfunk, 1937 Mitgl. der lit. Gruppe ›De Nio‹, 1940 Mitgl. der Schwed. Akad., um 1920 ausgedehnte Reisen in Mitteleuropa. – G.s Sprache ist bewußt sachl., alltägl., oft iron., wo Wesentl. gedeutet werden soll: Fremdheit in der Welt, Liebe. S. stimmungsreiche, bildstarke und reflektierende Lyrik besteht aus e. paradoxen Verbindung von Alltägl.-Realistischem und Erhabenem, Idyllischem und Intellekt, blutigen apokalypt. Visionen, gläubigem Christentum und mod. Skepsis in kontrastreicher, von gehoben-klass. Stil bis zum Slang reichender Sprache und strenger, an der griech. und franz. Klassik geschulter Form. Aus Skepsis u. Sehnsucht erwuchs die ihm eigene Mystik, die Liebe zu Mitmenschen u. Zusammengehörigkeitsgefühl weckt. Überzeugt von der Gottlosigkeit des Daseins, konnte G. nicht s. Glauben bekennen, sondern vielmehr das Bedürfnis des Glaubens. Übs. bes. Dramen der griech. Klassik u. der Spanier.

W: I en främmande stad, G. 1927; Sonat, G. 1929; Andliga övningar, G. 1932; Kärlek i tjugonde seklet, G. 1933; Ensamstående bildad herre, G. 1935; Att övervinna världen, G. 1937; Fem kornbröd och två fiskar, G. 1942; Dödsmask och lustgård, G. 1952; Terziner i okonstens tid, G. 1958; Ögon, läppar, G. 1959. – Samlade dikter, VI 1948–63; Dikter, 1985. – *Übs.:* Gedichte, 1959.

L: L. Göthberg, 1943; E. H. Linder, 1946; K. R. Gierow 1961; C. Fehrman, ³1968; O. Holmberg, ²1969; I. Algulin, 1969; B. Landgren, 1975.

Gumilëv, Nikolaj Stepanovič, russ. Lyriker, 15. 4. 1886 Kronstadt – 24. 8. 1921 Petrograd. Vater Marinearzt; Kindheit in Carskoe Selo; Gymnas. Petersburg und Tiflis. 1906–08 in Paris, Stud. an der Sorbonne, nach Rückkehr enge Beziehungen zu I. Annenskij und Vjač. Ivanov, beteiligte sich an Gründung der Zs. ›Apollon‹, 1910 ∞ A. A. Gorenko (Pseudonym Anna Achmatova), 1912 Stud. Petersburg, gründete mit A. Achmatova und O. Mandel'štam die lit. Gruppe der Akmeisten; 1907–13 Reisen in Europa, Afrika, im Nahen Osten; 1914 Kriegsfreiwilliger; Ehe 1918 geschieden; konterrevolutionärer Tätigkeit angeklagt, erschossen. Lit. Rehabilitierung und erste Publikationen in der SU 1986. – E. der bedeutendsten russ. Lyriker des 20. Jh.; befreit sich nach Abfassung des ersten Gedichtbands allmählich von den bei den Symbolisten entlehnten Ausdrucksmitteln; wendet sich von der lyr. Symbolik Bal'monts zu den hist. Symbolen und Gleichnissen Brjusovs, dessen Dichtung mit ihrer Klarheit des Ausdrucks und Strenge der Formen auf ihn wirkt; bevorzugt in Thematik das Heroische, dichtet von held. Gestalten aus Sage und Geschichte, von Entdeckern, Eroberern; nimmt Motive aus dem Volksmärchen, der frühen Geschichte Rußlands, aus der bunten Welt der afrikan. Tropen; gelangt zur künstler. Reife in den Bänden von 1910 und 1912 (›Žemčuga‹ und ›Čužoe nebo‹), zur Meisterschaft in der Bewältigung des Exot., das in s. Dichtung real und konkret wird; hat mit s. streng handwerkl. geübten Verstechnik, mit s. neuen Themen, romant. Stimmungen vor der Revolution und in der sowjet. Periode starke Wirkung ausgeübt. Übs. Coleridge, Th. Gautier, franz. Volkslieder.

W: Put' Konkvistadorov, G. 1905; Romantičeskie cvety, G. 1908; Žemčuga, G. 1910; Čužoe nebo, G. 1912; Kolčan, G. 1916; Kostër, G. 1918; Mik. Afrikanskaja poėma, G. 1918; Farforovyj pavil'on. Kitajskie stichi, G. 1918; Žemčuga, G. 1921; Satër, G. 1921; Ognennyj stolp, 1921; Pis'ma o russkoj poėzii, Es. 1923; Otravlennaja tunika, Tr. 1952; Neizdannyj, G. hg. G. Struve 1952; Neizdannoe, G., B. Paris 1980. – Sobranie sočinenij (GW), IV 1947, IV Washington 1962–68.

L: G. Struve, Blok i G., 1937; L. I. Strakhovsky, Three Poets of Modern Russia, 1949 (m. Bibl.); M. Maline, Brüssel 1964; E. D. Sampson, Boston 1978; V. Luknickaja, 1990; I. G. Knevcova, hg. 1992.

Gunādhya, ind. Dichter, Lebenszeit unbekannt (ab 3. Jh. v. Chr.?). – Gilt als Vf. der im Paiśācī-Prakrit (Mittelind.) abgefaßten, im Original jedoch nicht erhaltenen und nur aus späteren Bearbeitungen bekannten ›Bṛhatkathā‹, e. großen Sammlung von Märchen, Fabeln und Legenden von angebl. 100 000 Strophen Umfang über die Abenteuer des Naravāhanadatta. Versch. Autoren geben an, den Inhalt der ›Bṛhatkathā‹ in ihren eigenen Werken verarbeitet zu haben, so → Budhasvāmin in ›Bṛhatkathāślokasaṃgraha‹, → Kṣemendra in ›Bṛhatkathā-mañjarī‹ und → Somadeva in ›Kathāsaritsāgara‹; es gibt e. Version in der Jaina-Lit. (›Vasudevahiṇḍhī‹) und in Alt-Tamil (›Perunkatai‹ von Koṇkuvēlir). Als schier unerschöpfl. Quelle für die spätere klass. Lit. hat der ›Bṛhatkathā‹ e. ähnl. Bedeutung wie ›Mahābhārata‹ und ›Rāmāyaṇa‹.

A: D. Nelson, The Bṛhatkathā, Diss. Chicago 1974 (Versuch e. Rekonstruktion).

L: F. Lacôte, Paris 1908 (engl. 1923); S. N. Prasad, 1977; J. Grafe, 2001.

Gundersen, Gunnar Bull, norweg. Schriftsteller, 5. 4. 1929 Stavanger – 7. 11. 1993 Ramnes. Schiffsführerexamen an der Seefahrtsschule in Oslo 1953, als Offizier einige Jahre auf See. – Vf. antirealist. Romane mit e. nonkonformist. Grundeinstellung, oft über das Seemannsleben, das er aus eigener Erfahrung kannte, Hörspielvf., Mitarbeiter im norweg. Rundfunk und TV, bekannt geworden auch als Jazzvermittler.

W: Om natten – en bakgårdsfantasi, R. 1956; Martin, R. 1959; Judith; blader fra en kystskippers dagbok, R. 1963; Han som ville male havet, R. 1968; Fortellinger fra et rastøst liv, En. 1974; De hjemløse, R. 1977.

L: J. Bjøndal, Flukten fra tilværelsen, 1996.

Gundulić, Ivan (Dživo), kroat. Dichter, 9. 1. 1589 Ragusa – 8. 12. 1638 ebda. Aus altem Patriziergeschlecht; Stud. Humaniora Ragusa, bekleidete hohe Ämter ebda., 1608 Mitglied des Großen Rats, 1615–21 Gesandter in Bosnien, 1636 Senator. – Hervorragendster Vertreter des südslaw. Barocks; nach dem Vorbild Tassos schrieb G. in echt manierist. Stil 10 Dramen, von denen jedoch nur 4 erhalten sind; 1621, nach Veröffentlichung von Psalmensammlung, sagte sich G. im Zuge der kathol. Erneuerung von s. bisherigen Werken los; den Höhepunkt s. Schaffens bilden das relig. Epos von dem verlorenen Sohn ›Suze sina razmetnoga‹, das alle typ. Züge des Barocks aufweist: Religiosität, Mystik, Rührseligkeit, Grausamkeit, Askese, Sinnlichkeit, das die Freiheit und Vaterlandsliebe der Stadtrepublik Ragusa verherrlichende allegor.-mytholog. Schäferspiel ›Dubravka‹ sowie das Heldenepos ›Osman‹, das die Niederlage der Türken durch die Polen b. Chocim besingt.

W: Prozerpina, Dr.; Arijadna, Dr.; Dijana, Dr.; Armida, Dr. (alle vor 1620); Pjesni pokorne kralja Davida, G. 1621; Suze sina razmetnoga, Ep. 1622; Dubravka, Schäfersp. 1628; Osman, Ep. vor 1638 (n. 1938, 1955; d. 1918). – Djela, hg. D. Körbler, M. Rešetar 1938 (Stari pisci hrvatski 9); Izabrana djela (AW), hg. J. Ravlić 1964.

L: A. Jensen, Göteborg 1900; D. Körbler, Djela Dživa Frana Gundulića, 1919; V. Setschkareff, Die Dichtungen G.' und ihr poetischer Stil, 1952; M. Ratković, I. G. Osman, 1955; H. Peukert, 1969; S. P. Novak, 1989; Z. Kravar, 1993; P. Pavličić, 1996; D. Fališevac, 1997.

Gunn, Neil Miller, schott. Romanschriftsteller, 8. 11. 1891 Dunbeath/Caithness – 15. 1. 1973 Inverness. Sohn e. gäl. Fischers, Selbststudium. Wuchs auf an der Nordostküste von Caithness. 1906–37 Beamter in London, Edinburgh und Inverness. – Schildert vorwiegend das einfache Leben der Menschen in Fischerdörfern und in den Bergen des Hochlands. Versucht in die kelt. Psyche einzudringen. S. erster Roman ›Morning Tide‹ zeigt die Welt aus der traumhaft unbewußten Perspektive e. heranwachsenden Knaben, der langsam zur Wirklichkeit erwacht.

W: The Grey Coast, R. 1926; Hidden Doors, Kgn. 1929; Morning Tide, R. 1931 (Frühflut, d. 1938); The Lost Glen, R. 1932; Butcher's Broom, R. 1934 (Das verlorene Leben, d. 1937); Highland River, R. 1937; The Silver Darlings, R. 1941; The Green Isle of the Great Deep, R. 1944 (Felsen der Herrschaft, d. 1949); The White Hour, Kgn. 1950; Highland Pack, Reiseb. 1950; The Well at the World's End, R. 1951 (d. 1955); The Other Landscape, R. 1954; The Atom of Delight, Aut. 1956.

L: F. R. Hart, J. B. Pick 1981; A. McCleery, hg. 1987; R. Price, The Fabulous Matter of Fact, 1991.

Gunn, Thom(son William), engl. Lyriker, * 29. 8. 1929 Gravesend/Kent. Stud. London u. Cambridge, seit 1954 an US-Universitäten, lebt seit 1961 in San Francisco. – Hat die formale Präzision u. Eleganz des Movement, zugleich aber Interesse an Motorrad- und Popkultur, Sexualität, später auch Drogenerfahrungen. Vorgetragen in zeitgenöss. Bildern, in Bezügen auf klass. Lit. u. differenzierten Naturbetrachtungen, ist zentrales Thema s. Gedankenlyrik die Selbstfindung des Ich, die in den frühen Gedichten durch defensive Verhärtung, später durch größere Bereitschaft zu Kommunikation u. Harmonie angestrebt wird. Parallel dazu e. zunehmender Einsatz freier Verse. Themat. wichtig ist die Übersiedelung in die USA und s. dortiges homosexuelles Coming-out.

W: Fighting Terms, 1954; The Sense of Movement, 1957; My Sad Captains, 1961; Positives, 1966; Touch, 1967; The Fair in the Woods, 1969; Moly, 1971; To the Air, 1974; Jack Straw's Castle, 1976; Selected Poems 1950–75, 1979; The Passages of Joy, 1982; The Occasions of Poetry, Ess. ²1985; The Man with Night Sweats, 1992; Collected Poems, 1993; Shelf Life, Ess. 1993; Boss Cupid, 2000. – *Übs.:* Gedichte: Philip Larkin, T. G., Ted Hughes, übs. K. H. Berger 1974.

L: A. Bold, T. G. und T. Hughes, 1976; I. Rückert, The Touch of Sympathy, Philip Larkin und T. G., 1982; PN Review 70, 1989; J. Campbell, 2000. – *Bibl.:* J. W. C. Hagstrom, G. Bixby, 1979.

Gunnarsson, Gunnar, isländ. Dichter, 18. 5. 1889 Valþjófsstaður (Fljótsdalur) – 21. 11. 1975 Reykjavík. Bauernsohn, ging 1907 nach Dänemark, studierte als Werkstudent 1907–09 an der Volkshochschule Askov, seit 1910 freier Schriftsteller in Kopenhagen, 1921 Grantofte, 1929 Fredsholm, 1939 Rückkehr nach Island, bis 1949 in Skriðuklaustur, seitdem Reykjavík. 1936 Dr. phil. h. c. Heidelberg. – Neben Laxness bedeutendster isländ. Autor der 1. Hälfte des 20. Jh. Trat Ende der 20er Jahre kulturphilos. mit dem Gedanken e. kulturellen u. polit. Vereinigung Skandinaviens hervor (›Det nordiske Rige‹, 1927). S. überaus reiches Werk, das er meist auf dänisch schrieb, umfaßt mehrere Bände Erzählungen u. Romane sowie Dramen u. Gedichte. Die Romane lassen sich inhaltl. in 4 größere Gruppen einteilen, die auch G.s dichter. Entwicklung widerspiegeln. In der Folge ›Borgslægtens Historie‹ wird das Leben in e. isländ. Dorf, zentriert um den ›König von Borg‹ u. dessen Sohn Ketill, unproblemat. in romant.-verklärter Sicht dargestellt. Die folgenden Romane (1915–20) sind der Darstellung bestimmter psycholog. u. weltanschaul. Probleme gewidmet, die auch G.s Probleme waren: Zweifel am Christentum u. an der dichter. Berufung, Abscheu vor dem Krieg. Autobiograph. Charakter hat die nächste, unter ›Kirken paa Bjerget‹ zusammengefaßte Gruppe. In dem letzten, nach 1929 geschriebenen Zyklus von 7 Romanen griff G. auf Gestalten u. Ereignisse der isländ. Geschichte zurück. Durch die künstler. Vollkommenheit u. Geschlossenheit bes. s. Prosa, die bald in viele Kultursprachen übersetzt wurde, wurde G. im Ausland zum lit. bedeutendsten Propagandisten für Island, s. Geschichte, Menschen u. Kultur.

W: Móðurminning, Vorljós, G. 1906; Digte, G. 1911; Borgslægtens Historie, R. IV: 1. Ormarr Ørlygsson, 1912, 2. Den danske Frue paa Hof, 1913, 3. Gæst den Enøjede, 1913, 4. Den unge Ørn, 1914 (Die Leute auf Borg, d. 1927); Søgur, En. 1912; Livets Strand, R. 1915 (Strand des Lebens, d. 1929); Varg i Veum, R. 1916 (Der Geächtete, d. 1928); Smaa Historier, En. 1916; Drengen, E. 1917 (Der Knabe, d. 1932); Smaa Skuespil, Dr. 1917; Edbrødre R. 1918 (Die Eidbrüder, d. 1934); Salige er de Enfoldige, R. 1920 (Der Haß des Pall Einarsson, d. 1924); u. d. T. Sieben Tage Finsternis, 1927); Ringen, En. 1921; Dyret med Glorien, Dr. 1922; Den glade Gaard, En. 1923; Kirken paa Bjerget, R. V: 1. Leg med Straa, 1923, 2. Skibe paa Himlen, 1925 (Schiffe am Himmel, d.

1928), 3. Natten og Drømmen, 1926 (Nacht und Traum, d. 1929), 4. Den uerfarne Rejsende, 1927 (Der unerfahrene Reisende, d. 1931), 5. Hugleik den Haardtsejlende, 1928; En dag til overs, En. 1929; Svartfugl, R. 1929 (Schwarze Schwingen, d. 1930); Jon Arason, R. 1930 (d. 1932); Rævepelsene, K. 1930; Verdens Glæder, En. 1931; Vikivaki, E. 1932 (d. 1935 n. 1955 u. d. T. Das Geheimnis der hellen Nacht); De Blindes Hus, En. 1933 (Das Haus der Blinden, d. 1935); Jørd, R. 1933 (Im Zeichen Jörds, d. 1935); Hvide Krist, R. 1934 (Der weiße Krist, d. 1935); Saga Ø, Mon. 1935 (Island, die Sagainsel, d. 1936); Graamand, R. 1936 (Der graue Mann, d. 1937); Advent, E. 1937 (Advent im Hochgebirge, d. 1937); Trylle og andet Smaakram, En. 1939 (Von Trylle, Valde und dem Hasen Lampe, Ausz. d. 1939); Das Rätsel um Didrik Pining, Ber. 1939; Heiðaharmur, R. 1940, u. Sálumessa, R. 1952 (Die Eindalssaga, d. 1959); Árbók 1945–1947, Ess. 1945, 1948; Brimhenda, E. 1954. – Rit (SW), XXI 1941–63; Skáldverk (GW), XIX 1960–63. – *Übs.:* Der Königssohn, E. 1932; Die goldene Gegenwart, En. 1934; Der brennende Stein, En. 1936; Einsamer Reiter, En. 1940; Die dunklen Berge, En. 1949; Kinder, Schelme und Käuze, En. 1952.

L: K. E. Andrésson, 1949; S. Einarsson, 1957; St. Arvidson, Stockh. 1960; S. Björnsson, 1964; M. V. Sæmundsson, 1982.

Gunnlaugsdóttir, Álfrún, isländ. Autorin, * 18. 3. 1938 Reykjavík. Stud. der Literaturwiss. und Philos. in Barcelona (Dr. phil. 1970), seit 1971 an der Univ. Reykjavík (seit 1988 als Professorin für Allg. Lit.wiss.). – G. debütierte 1982 mit einer Novellensammlung, in der die Macht das zentrale Thema darstellt. Ihr erster Roman ›Þel‹ spielt u. a. in Francos Spanien und schildert in der Art eines psycholog. Thrillers die Reflexionen des Ich-Erzählers über den plötzlichen Tod seines Freundes. Den Rahmen von ›Hringsól‹ bilden Erinnerungen einer älteren Frau, wobei der Text ständig zwischen verschiedenen Raum- und Zeitebenen wechselt. ›Hvatt að rúnum‹ handelt von den Irrungen und Wirrungen der Liebe, erzählt wird auf drei Zeitebenen, die auf überraschende Weise miteinander verschlungen sind. ›Yfir Ebrófljótið‹ basiert u. a. auf den Erinnerungen eines Isländers an den span. Bürgerkrieg. Mit ihren stilist. ausgefeilten u. erzähltechn. höchst komplexen Texten gehört G. zu den interessantesten Modernistinnen der isländ. Prosa.

W: Af manna völdum, Kgn. 1982; Þel, R. 1984; Hringsól, R. 1987; Hvatt að rúnum, R. 1993 (Im Vertrauen, d. 2003); Yfir Ebrofljótið, R. 2001.

Gunther von Pairis, Mitte 12. Jh. – nach 1208/10. Wahrscheinl. Lehrer an e. Kathedralschule, dann Mönch des Zisterzienserklosters Pairis b. Colmar. – S. Hauptwerk ist die ›Hystoria Constantinopolitana‹, e. Prosimetrum nach dem Bericht s. Abtes Martin von Pairis, der am Vierten Kreuzzug teilgenommen hatte. Ihm zuzuschreiben ist auch e. Traktat ›De oratione, ieiunio et eleemosyna‹ (Über Gebet, Fasten und Almosengeben) in 13 Büchern, entstanden wohl nach 1210. Ungewiß ist dagegen die Autorschaft zweier Epen, ›Solimarius‹ über den Ersten Kreuzzug (nur fragmentar. erhalten) nach Robert von St.-Remi u. ›Ligurinus‹ über die ersten Regierungsjahre Friedrichs I. bis 1160 nach den Chroniken Ottos von Freising u. Rahewins. Aufgrund ihrer Sprachreinheit u. ihres klassizist. Stils wurden diese zeitweise für humanist. Fälschungen gehalten.

A: Hystoria Constantinopolitana: hg. P. Orth 1994 (d. E. Assmann 1956); De oratione: Migne, PL 212; Solimarius u. Ligurinus: hg. E. Assmann 1987.

L: J. Sturm, Der Ligurinus, 1911; A. J. Andrea, The Capture of Constantinople, 1997.

Guo Moruo, chines. Gelehrter und Schriftsteller, 16. 11. 1892 Leshan (Sichuan) – 12. 6. 1978 Peking. 1914 Stud. Medizin in Japan, 1921 Rückkehr nach China, 1922 Mitgründer der lit. Gesellschaft Chuangzao she, 1925 Dekan der Sunyatsen-Univ. Kanton, 1927 in Shanghai, dann Flucht nach Japan, 1937 bei Kriegsausbruch Propagandist der Regierung Chiang Kaishek, 1947 aus polit. Gründen nach Hongkong, 1949 Rückkehr nach China; Präsident der Akad. der Wiss., 1951 Kultus- und Erziehungsminister, stellv. Ministerpräsident der Volksrepublik China. – Ungemein fruchtbar auf allen Gebieten der Lit. Erforschte namentl. das chines. Altertum, Deutung der Geschichte in marxist. Sinne, hervorragender Paläograph. Als Dichter sowohl Lyriker wie Dramatiker, bemüht um Synthese von traditionellen Stoffen und mod., westl. beeinflußter Form. Vielseitiger Übs.: Goethe (›Werther‹, ›Faust‹), Storm (›Immensee‹); Werke von U. Sinclair, Tolstoj (›Krieg und Frieden‹) u. a. m.

W: Nüshen, G. 1921 (The Goddesses, engl. 1955); Ganlan, E. 1926; Luoye, R. 1928; Younian shidai, Aut. 1928 (Kindheit, d. 1981; Jugend, d. 1985); Qu Yuan, Dr. 1942 (engl. 1946). – Guo Moruo quanji (GW), XII 1982–83.

L: D. T. Roy, Cambr./MA 1971; L. O. Lee, The Romantic Generation, Cambr./MA 1973.

Gur, Batya, hebr. Schriftstellerin, * 1. 9. 1947 Tel Aviv. G. ist die bekannteste israel. Autorin anspruchsvoller Kriminalromane. Sie studierte Literatur und Geschichte, arbeitete als Lehrerin und Journalistin, lebte mehrere Jahre in den Vereinigten Staaten, bevor sie ihren ersten Kriminalroman verfaßte, der, wie alle weiteren Bücher, ein Bestseller wurde. Ihr Protagonist, der Polizeiinspektor Michael Ochajon, ist das israel. Pendant zu Kommissar Maigret in den Romanen von Georges Simenon. – G.s Geschichten zeichnen sich durch sorgfältige Recherche und eine stimmige Hand-

Guramišvili

lung, die ein starkes Lokalkolorit aufweist, aus. Ihr Stil ist elegant und präzise und bringt den Leser zum Nachdenken. Auf Grund zahlreicher Übersetzungen ist G. auch im Ausland bekannt.

W: Retzach beshabat baboker, R. 1988 (Denn am Sabbat sollst du ruhen, d. 1992); Mawet bachug lesifrut, R. 1991 (Am Anfang war das Wort, d. 1995); Lina meshutefet, R. 1991 (Du sollst nicht begehren, d. 1997); Lo kach tearti li, R. 1994 (So habe ich es mir nicht vorgestellt, d. 1996); Ha-merchak ha-nachon, R. 1996 (Das Lied der Könige, d. 1996); Even tachat even, R. 1998 (Stein für Stein, d. 1999); Rezach bederech bet lechem, R. 2001.

Guramischwili, David → Guramišvili, Davit

Guramišvili, Davit, georg. Dichter, 1705 Gorisubani – 1. 7. 1792 Mirgorod (Ukraine). Wurde als Kind nach Dagestan entführt. Flucht 1729 nach Moskau zu Vaxtang VI. Nach dessen Tod 1739 mit dem russ. Heer nach Bessarabien, erhielt Gut in der Ukraine, 1742 nach Finnland, Preußen, ab 1760 auf s. ukrain. Grundbesitz. – Das lit. Werk 1759–74 (Sammelname ›Davit'iani‹) enthält Gedichte u. Poeme autobiograph., hist., z. T. relig. Inhalts. Höhepunkt der georg. Lit. des 18. Jh. ist das Epos ›Bedi K'artlisa‹ (Das Schicksal Georgiens), Beschreibung der Zeit Vaxtangs VI. mit 8000 Versen, z. T. aus Volks- u. Ritterdichtung versch. Völker schöpfend.

W: 1870, 1881, 1894, 1955, 1975, 1980, 1998. – Übs.: russ.: Davi'tiani, Stichi i poěmy, 1955, 1980, 1998; dt.: Auswahl in: Georg. Poesie aus 8 Jh., 1971.

L: A. Baramije 1955; G. Natrošvili 1955; E. Maġraje 1980; S. Caišvili 1974, 1986.

Gurgānī, Faḫru'd-Dīn Asʿad, pers. Epiker, 11. Jh. Gurgān (Ǧurǧān)/Nordiran. Beamter im Dienst des Seldschukensultans Toghryl Beg (reg. 1038–63), dem s. berühmtes romant. Gedicht von ›Wīs und Rāmīn‹ gewidmet ist, zu dem ihn Toghryls Statthalter von Isfahan, ʿAmīd Abuʾl-Fath Muzaffar, veranlaßte. – ›Wīs (Frauenname) und Rāmīn (Mannesname)‹, zwischen 1050 und 1055 entstanden, fußt auf e. mittelpers. (Pahlawī-)Vorlage, von 6 zoroastr. Gelehrten zusammengestellt. Die große kulturgeschichtl. Bedeutung des Epos G.s liegt in der auffallenden Parallelität zu ›Tristan und Isolde‹. S. Verbreitung war jedoch wegen einiger mit islam. Moralvorstellungen unvereinbarer Züge eingeschränkt. Im 12. Jh. ins Georg. übersetzt, beeinflußte es die georg. Epik. Der Vf. erweist sich als begabter Dichter; Schwächen der Charakterzeichnung, lange Dialoge und viele Monologe der Liebenden werden durch Stilreinheit und Empfindung aufgewogen.

A: Wīs u Rāmīn, hg. M. Mīnuwī 1314/1935 (franz. H. Massé 1959).

Gustaf-Janson, Gösta, schwed. Erzähler, 6. 11. 1902 Nacka – 18. 9. 1993. Vater u. Mutter Schriftsteller, Stud. München u. Stockholm. – Vf. breitangelegter Romane; iron., oft sarkast. Milieuschilderungen aus der bürgerl. Welt. Schildert Menschen, die ihre Aufgabe verloren haben, deren Lebensform e. hohle Schale geworden ist: Disziplin artet in Tyrannei aus, Ordentlichkeit in phantasielose Dürre, moral. Haltung in beschränkten Moralismus.

W: Rydsholm, R. 1927; Två herrar, N. 1930; Krisår, R. 1931; Kapitulation? – Nej!, R. 1932; Gubben kommer, R. 1934; Stora famnen, R. 1937 (Die Kogers, d. 1943); Stampen, R. 1951; ... blev jag dödligt kär, R. 1953; Goda vänner, trogna grannar, R. 1955; Över onda och goda, R. 1957; Kärlekens decimaler, R. 1959; Pärlemor, R. 1960; Råtunaleken, R. 1962; Kung Vankelmod, R. 1963; Ängeln som inte kunde flyga fel, R. 1967; Då lasten var en häxa, R. 1969; De långa lömska Kiven, R. 1971; Tungt i den branta backen, R. 1972; Konsuln gör helt om, R. 1975; Mosters millioner, R. 1978; Att vändra åter, Mem. 1981.

Gustafsson, Lars (Erik Einar), schwed. Lyriker, Dramatiker und Kritiker, * 17. 5. 1936 Västerås. Kaufmannssohn. Stud. theoret. u. prakt. Philos., Ästhetik, Soziologie, Lit.gesch. Uppsala, 1961 liz. phil. über Sprachphilosophen aus der Schule L. Wittgensteins, 1961–80 Literaturkritiker bei ›Expressen‹, seitdem bei ›Svenska Dagbladet‹, 1966–72 Chefredakteur der Zs. ›Bonniers Litterära Magasin‹. 1971 Korr. Mitglied der Akademie der Wissenschaft u. der Literatur Mainz. 1979 Dr. phil. ∞ 1962–82 Madeleine Gustafsson, danach Alexandra Chasnoff. Lebt seit 1974 als Gastprof. in Austin/Texas; konvertiert zum Judentum. – Vertraut mit Kybernetik-Einsichten, nimmt G. immer wieder Wörter u. Bilder der in der Maschine Mensch gespeicherten Sprache auf. Versucht in e. chaot. Wirklichkeit verborgene Inhalte zu entdecken u. Augenblicke von Übersicht u. Klarheit einzufangen, die ›Phänomene zu retten‹. Überzeugt, daß der Mensch in s. Innern e. Punkt von Kälte u. Tod birgt, von dem er sich ›ernährt‹ u. in den er ›eingeschlossen bleibt‹. Einschlag von Mystik; Fragen nach Identität, Zeit und dem Verhalten des Menschen zu den Dingen.

W: Vägvila, R. 1957; Poeten Brumbergs sista dagar och död, R. 1959; Bröderna, R. 1960; Följeslagarna, R. 1962; Nio brev om romanen, 1961 (m. L. Bäckström); Ballongfararna, R. 1962; En förmiddag i Sverige, R. 1963; The Public Dialogue in Sweden, 1964; En resa till jordens medelpunkt, G. 1966 (Ausw.: Die Maschinen, d. 1967); Den egentliga berättelsen om herr Arenander (d. 1969); Förberedelser till flykt, Nn. 1967; Bröderna Wright uppsöker Kitty Hawk, G. 1968; Utopier, Ess. 1969 (d. 1970); Den nattlige hyllningen, Dr. 1970 (Die nächtliche Huldigung, d. 1971); Herr Gustafsson själv, R. 1971 (d. 1972); Varma rum och kalla, G. 1972; Kommentarer, Ess. 1972; Yllet, R. 1973 (Wollsachen, d.

1974); Den onödiga samtiden (m. J. Myrdal), 1974 (Die unnötige Gegenwart, d. 1975); Familjefesten, R. 1975 (Das Familientreffen, d. 1976); Sigismund, R. 1976 (d. 1977); Tennisspelarna, E. 1977 (d. 1979); En biodlares död, R. 1978 (Der Tod eines Bienenzüchters, d. 1978); Språk och lögn, Ess. 1978 (Sprache und Lüge, d. 1980); Berättelser om lyckliga människor, En. 1981 (Erzählungen von glücklichen Menschen, d. 1981); Världens tystnad före Bach, G. 1982 (Die Stille der Welt vor Bach, d. 1982); Sorgemusik för frimurare, R. 1983 (Trauermusik, d. 1984); Bernard Foys tredje rockad, R. 1986 (Die dritte Rochade des Bernard Foy, d. 1986); Problemformuleringsprivilegiet, Es. 1989; Förberedelser for vintersäsongen, 1990; En kakelsättares eftermiddag, R. 1991 (Nachmittag eines Fliesenlegers, d. 1991); Landskapets långsamma förändringar, 1992; Ett minnes palats, Es. 1994; Variationer över ett tema av Silfverstolpe, G. 1996; Tjänarinnan, R. 1996; Vänner bland de döda, 1997; Windy berättar, 1999; Medidationer, Ess. 2000; Blom och den andre magentan, G. 2001. – Valda Skrifter IV 1998/99. – *Übs.:* Eine Insel in der Nähe von Magora, En. und G. 1973; Eine Liebe zur Sache, Prosa 1983; Die Bilder an der Mauer der Sonnenstadt, Ess. 1987.

Gustaitis, Motiejus, litau. Dichter, 27. 2. 1870 Rokai – 23. 12. 1927 Lazdijai. Priesterseminar Kaunas, Studium in Regensburg (Kirchenmusik) und Rom (kanon. Recht). Promotion an der kathol. Univ. Fribourg (1903). Leiter des Gymnasiums Marjampolė, dann Lazdijai. – Vorläufer des litau. Symbolismus. In den Gedichten spiegelt sich s. religiöse Weltanschauung und die Sehnsucht, die sündige Erde zu verlassen und in eine mystische Welt zu entfliehen. Suche nach der ewigen Schönheit. Übersetzte A. Mickiewicz, J. Slovatzki, Ovid, Horaz.

W: Meilė, G. 1914; Erškėčių taku, G. 1916; Sielos akordai, G. 1917; Aureolė, Orat. 1918; Tėvynės ašaros, G. 1925; Varpeliai, G. 1925.

Gustav III., König von Schweden, 24. 1. 1746 Stockholm – 29. 3. 1792 ebda. Sohn des Königs Adolf Fredrik u. der Schwester Friedrichs II. von Preußen, Louise Ulrike. Zur Bewunderung franz. Wesens erzogen, gute Allgemeinbildung, bes. auf lit. Gebiet. ∞ 1766 Sofia Magdalena von Dänemark. 1771 in Paris. 1771 König, beseitigte in unblutigem Staatsstreich 1772 die Ständeherrschaft, regierte absolutist. Bis 1783 weitgehende innere Reformen u. Konsolidierung der Staatsverhältnisse, dann immer stärkere Auseinandersetzungen mit dem Adel, die schließl. zu s. Ermordung führten. – Wollte e. schwed. Gegenstück zum Hofleben um Ludwig XIV. schaffen, hatte bes. großes lit. Interesse u. war eifrig bemüht, die Dichtung zu fördern u. Dichter durch Pensionen u. Sinekuren zu unterstützen. Stiftete 1786 die Schwed. Akad., daneben Akad. für Musik, Schöne Künste, Malerei u. Bildhauerei. Er selbst hatte e. große orator. Begabung u. war e. achtbares lit. Talent. S. Liebhaberei galt dem Theater, s. Hoftheater leitete er selbst u. war auch selbst Schauspieler, gründete 1773 die Oper u. 1788 das Schauspielhaus in Stockholm. Unter Mitarb. von G. F. Gyllenborg, Kellgren, Leopold schrieb er Dramen u. Opern u. veranlaßte die zeitgenöss. Dichter fortwährend für das Theater zu schreiben, obwohl hierfür die Tradition fehlte.

W: Gustaf Adolphs ädelmod, Dr. 1782; Helmfelt; Gustaf Adolph och Ebba Brahe, Drn. 1783; Siri Brahe och Johan Gyllenstierna, Dr. 1787; Gustaf Wasa, Op. 1786 (m. Kellgren). – Skrifter, hg. Dechant V 1803, hg. J. G. Oxenstierna VI 1806–12 (d. 1848, Ausz. d. III 1805–08); Schriftwechsel, hg. E. G. Geijer III 1843–45 (d. 1843 ff.).

L: O. Levertin, 1894 u. 1896; H. Schück, 1904; G. Landberg, 1946; S. Delblanc, 1965.

Guth, Paul, franz. Schriftsteller, 5. 3. 1910 Ossun/Hautes-Pyrénées – 1997 Ville-d'Avray. Schule in Villeneuve-sur-Lot und Lycée Louis-le-Grand, dort Mitschüler von R. Brasillach und Th. Maulnier, 1933 Agrégation in Philol., Gymnasiallehrer in Dijon, Rouen, Paris. Seit 1945 journalist. und lit. Karriere. – Sehr erfolgr. mit den Interviews bedeutender Schriftsteller für ›La Gazette des Lettres‹, sammelte sie u.d.T. ›Quarante contre un‹. Schrieb auch humorist.-satir. Romane, bes. die zugleich drolligen und rührenden ›Mémoires d'un naïf‹ und die amüsante Fiktion von ›Jeanne la mince‹, Kinderbücher und e. Lit.geschichte. Unbehagen gegenüber dem ›génocide culturel‹ der mod. Gesellschaft.

W: Fugues, Dr. 1946; Quarante contre un, Interviews 1947; Le pouvoir de Germaine Calban, R. 1952; Mémoires d'un naïf, R. 1953; Le naïf sous les drapeaux, R. 1954; Le naïf aux quarante enfants, R. 1955; Le naïf locataire, R. 1957 (Erdgeschoß, Hofseite links, d. 1958); Le mariage du naïf, R. 1958 (Zwecks späterer Heirat, d. 1959); Le naïf amoureux, R. 1959 (Nur wer die Liebe kennt, d. 1960); Jeanne la mince, R. 1960; Histoire de la littérature française, II 1966f.; Mazarin, B. 1972 (d. 1973); Notre drôle d'époque, comme si vous y étiez, B. 1977; Lettre à votre fils qui en a ras-le-bol, Br. 1978; Moi, Joséphine impératrice, R. 1979; A tuer, tueur et demi, R. 1983; La tigresse, R. 1985; Autor des dames du Bois de Boulogne, Drb. 1989.

L: G. Delaisement, 1996.

Guðmundsson, Einar Már, isländ. Autor, * 18. 9. 1954 Reykjavík. Stud. der Literaturwiss. u. Geschichte (B.A. 1979), 6 Jahre literaturwiss. Weiterstudium in Kopenhagen. – G. zählt neben Einar Kárason zu den international bekanntesten isländ. Autoren s. Generation. Er debütierte Anfang der 1980er Jahre mit zwei Gedichtbänden u. läutete damit in Island die Phase des Postmodernismus ein. Es schloß sich 1982–86 die sog. ›Reykjavíktrilogie‹ an, die aus unterschiedl. Perspektiven das Leben in der kalten Betonwüste einer

Vorstadt beleuchtet. Sein in viele Sprachen übersetztes (u. inzwischen verfilmtes) Buch ›Englar alheimsins‹ verarbeitet das Schicksal s. geisteskranken Bruders. Die zweite Romantrilogie (1997–2002) schildert die Geschichte der Mitglieder einer isländ. Familie in den Nachkriegsjahren. In allen Büchern stellt G. den einzelnen in den Kontext der geschichtl. Entwicklung, wobei er dokumentar. Elemente mit fiktionalen verquickt.

W: Sendisveinninn er einmana, G. 1980; Er nokkur í kórónafötum hér inni?, G. 1980; Róbinson Krúsó snýr aftur, G. 1981; Riddarar hringstigans, R. 1982 (Die Ritter der runden Treppe, d. 1988, ²1999); Vængjasláttur á þakrennum, R. 1983; Eftirmáli regndropanna, R. 1986; Leitin að dýragarðinum, Kgn. 1988; Rauðir dagar, R. 1990; Klettur í hafi, G. 1991; Englar alheimsins, R. 1993 (Engel des Universums, d. 1998); Í augu óreiðunnar, G. 1995; Fótspor á himnum, R. 1997; Draumar á jörðu, R. 2000; Kannski er pósturinn svangur, Kgn. 2001; Nafnlausir vegir, R. 2002. – Ljóð 1980–1995, G.-Slg. 2002.

Guðmundsson, Kristmann, isländ. Dichter, 23. 10. 1901 Þverfell (Borgarfjörður) – 20. 11. 1983 Reykjavík. Wuchs in ärml. Verhältnissen ohne Elternhaus auf, Autodidakt, 1923 Journalist, 1924–38 freier Schriftsteller in Oslo u. Kopenhagen, seit 1938 Reykjavík u. Hveragerði. – Vielgelesener Romancier zwischen beiden Weltkriegen, schrieb bis 1937 norweg., dann isländ., Untergrund s. sprachl. u. stilist. ausgereiften Romane aus s. isländ. Heimat sind die trüben Schichten des menschl. Trieblebens, die er in ihren den Menschen haltungslos u. seelisch krank machenden Wirkungen auszuleuchten versucht. Außer ›Brudekjolen‹, s. positivsten Werk, hinterlassen s. Romane eher e. deprimierenden Eindruck.

W: Rökkursöngvar, G. 1922; Islands Kjærlighed, En. 1926; Brudekjolen, R. 1927 (Das Brautkleid, d. 1930); Armann og Vildis, R. 1928; Livets morgen, R. 1929 (Morgen des Lebens, d. 1934); Sigmar, R. 1930; Den blå kyst, R. 1931 (Die blaue Küste, d. 1958); Det hellige fjell, R. 1932 (Das neue Land, d. 1936); Den første vår, R. 1933 (Vorfrühling, d. 1935); Hvite netter, R. 1934 (Helle Nächte, d. 1950); Jordens barn, R. 1935 (Kinder der Erde, d. 1937); Lampen, E. 1936 (Die Lampe, d. 1940); Gudinnen og oksen, R. 1938; Arma Ley, E. 1940; Náttröllið glóttir, R. 1943; Félagi kona, R. 1947; Saga um skáld, E. 1948; Kvöld í Reykjavík, R. 1948; Leikmanns þankar, Epigr. u. Ess. 1949; Þokan rauða, R. II 1950–52; Harmleikurinn á Austurbæ, E. 1955; Kristmannskver, G. 1955; Ísold hin svarta, Erinn. 1959; Ævintýri í himingeimnum, R. 1959; Dægrin blá, Erinn. 1960; Loginn hvíti, Erinn. 1961; Völuskrín, verm. Schr. 1961; Ísold hin gullna, Erinn. 1962; Armann og Vildis, R. 1963; Torgið, R. 1965; Skammdegi, R. 1966; Blábrá og fleiri sögur, En. 1968; Tilhugalíf, E. 1968; Smiðurinn mikli, R. 1969; Sumar í Selavík, R. 1971; Brosið, R. 1972; Leikur að ljóðum, G. 1973; Stjörnuskipið, R. 1975; Haustljóð, G. 1981. – Ritsafn (GW), isländ. VIII 1952–54; Skáldverk (GW), VIII 1978.

L: S. Einarsson, 1946.

Guðmundsson, Tómas, isländ. Lyriker, 6. 1. 1901 Efri-Brú/Grímsnes – 14. 11. 1983 Reykjavík. 1922–26 Jurastud. Reykjavík, ab 1929 am Statist. Amt ebda. Mitbegründer u. Hrsg. der Zs. ›Helgafell‹. – Schrieb in sehr persönl. Stil formal u. sprachl. vollendete, in Thematik u. Gestaltung neuartige Gedichte. In e. Traumwelt der Erinnerung u. zurückschauenden Reflexion versponnen, besingen sie das Reykjavík s. Jugend u. die Schönheit u. Daseinsfreude der Jugendzeit (›Fagra veröld‹). Andere Gedichte leben aus e. romant. Phantasiewelt. Lebensbejahung, Schönheitsinn u. feiner Humor kennzeichnen G.s Lyrik. Übs. Topelius, Gauguin.

W: Við sundin blá, G. 1925; Fagra veröld, G. 1933 (n. 1968); Stjörnur vorsins, G. 1940 (n. 1975); Fljótið helga, G. 1950; Heim til þín, Ísland!, G. 1977. – Fljúgandi blóm, Ausw. hg. S. Grímsson 1952; Ljóðasafn (GW), 1976; Rit (SW), X 1981.

L: R. Dzulko, Studien zur isländ. Lyrik d. Gegenwart, 1941; R. Beck, Winnipeg 1952; Afmælisveðja, Fs. 1981.

Gutiérrez, Antonio → García Gutiérrez, Antonio

Gutiérrez, Joaquín, costarican. Schriftsteller, 30. 3. 1918 San José – 15. 10. 2000 ebda. Arbeiter, Verlagsdirektor in Chile, Kriegskorrespondent, Übersetzer, Univ.-Dozent. – ›Manglar‹ ist der Bildungsroman e. Frau; ›Puerto Limón‹ behandelt die Ausbeutung u. das soz. Unrecht.

W: Poesía, 1937; Manglar, R. 1946; Cocorí, Jgb. 1947 (d. 1956); Puerto Limón, R. 1950 (Die Glut und ihr Schatten, d. 1963); Del Mapocho al Vístula, Chronik 1952; La URSS tal cual, Chronik 1967; Te conozco mascarita, R. 1973; Murámonos, Federico, R. 1973; Te acordás hermano?, R. 1978.

Gutiérrez, Juan María, argentin. Schriftsteller, 6. 5. 1809 Buenos Aires – 26. 2. 1878 ebda. Umfassende humanist. Bildung. Nach 3monatiger Haft 1838–52 Verbannung in Montevideo, Chile und Peru; dann führend im argentin. Geistesleben. – Vielseitigster Literat s. Zeit, eminent. Lyriker, Romancier, Biograph, Vf. von Sittenbildern, insbes. Kritiker; grundlegende Studien über hispano-amerik. Lit. Sorgfältiger Stil, Prosasprache klassizist. Prägung.

W: El hombre hormiga, R. 1838; Los amores del payador, 1838; La revolución de Mayo, 1841; América poética, Anth. 1846; Poesías, G. 1869; El capitán de patricios, R. 1874. – Poesías, 1945; Epistolario, 1942.

L: B. Vicuña Mackenna, 1878; A. Zinny, 1878; C. Urién, 1909; E. Morales, 1937; M. Schweistein de Reidel, 1940; B. Sarlo, 1968.

Gutiérrez Nájera, Manuel (Ps. El Duque Job), mexikan. Schriftsteller, 22. 12. 1859 Mexiko

Stadt – 3. 2. 1895 ebda. Für die Priesterlaufbahn bestimmt, wandte sich nach intensiver Lektüre der span. Mystiker dem Journalismus zu; erste Artikel mit 13 Jahren; vollkommene Beherrschung der franz. Sprache; 1888 ∞ Cecilia Maillefert, franz. Herkunft. – Lyriker von erlesenem Geschmack u. Prosaist; zu s. Zeit sehr beliebt; bereicherte die dichter. Sprache um neue melod. Elemente, sanft fließende Verse von hoher Musikalität; anfangs relig. Themen, später Liebesdichtung; ästhetizist. Tendenz; als Prosaist bedeutend bes. in Chronik u. Erzählung.

W: Cuentos frágiles, En. 1883; Poesías, G. 1896. – Obras. Crítica literaria, hg. E. K. Mapes ²1983; Poesías Completas, hg. F. González Guerrero II 1953; Poesía Completa, 1979; Cuentos Completos, hg. E. K. Mapes 1958.

L: M. de los A. Ramos Arce, 1942; F. González Guerrero, 1955; B. G. Carter, 1956, 1960, 1966; I. Contreras García, 1957; En torno a G. N. y las letras mexicanas, 1960; L. Bondy, 1962; C. Gómez del Prado, 1964; B. G. u. M. E. Carter, hg. 1972. – *Bibl.:* V. Gómez Baños, 1958.

Guyon, Jeanne Marie Bouvier de la Mothe-G., franz. Mystikerin, 13. 4. 1648 Montargis/Loiret – 9. 6. 1717 Blois. 28jährig Witwe, lebte ab ganz in ihrer im wesentl. am Quietismus orientierten Mystik; in deren Dienst ausgedehnte schriftsteller. Tätigkeit, bes. geistl. Dichtungen. Mit Fénelon verbunden, der sie gegen Bossuet verteidigte. Nach Sturz Fénelons 1698–1703 in der Bastille.

W: Poésies spirituelles, V 1685; Moyen court et très facile de faire oraison, 1688 (d. 1740); La vie de Madame Guyon, écrite par elle-même, 1720 (d. 1826). – Œuvres complètes, hg. H. Poiret XXXIX 1713–32, hg. Du Toit Marmerini XL 1790.

L: H. v. Redern, D. Gesch. e. Seele, 1908; E. Seillière, Mme G. et Fénelon, 1918; E. Ægerter, 1941; F. Ribadeau-Dumas, Fénelon et les saintes folies de Mme de G., 1968; F. Mallet, 1978; D. Gawne Coslet, 1984; Ph. Thompson, 1986.

Guyot de Provins → Guiot de Provins

Guzmán, Martín Luis, mexikan. Schriftsteller, 6. 10. 1887 Chihuahua – 22. 12. 1976 Mexiko Stadt. Journalist, polit. aktiv, Senator, mehrmals verbannt. – Romancier der mexikan. Revolution, berichtete aus eigenem Erleben über Ereignisse u. Persönlichkeiten, eindrucksvolle Schilderungen bewegender Szenen; kraftvolle Prosa, zügige Handlung, impressionist. Farbigkeit; lebendige Berichte von skrupellosen polit. Machtkämpfern, Verbrechen, Intrigen usw.

W: A orillas del Hudson, Aufs. 1920; El águila y la serpiente, R. 1928 (d. 1932; gekürzt); La sombra del caudillo, R. 1929; Mina el mozo, héroe de Navarra, B. 1932; Filadelfia, paraíso de conspiradores, B. 1933; Memorias de Pancho Villa, Mem. IV 1938–41, V 1951; Javier Mina, héroe de España y México, B. 1951; Islas Marías, E. 1959; Crónicas de mi destierro, Prosa 1964. – Obras Completas, II ³1995.

L: E. Laguette, 1963; E. Abreu Gómez, 1968; L. M. Grimes, 1969; W. W. Meggeney, hg. 1978.

Gvadányi, József, ungar. Dichter, 16. 10. 1725 Rudabánya – 21. 12. 1801 Szakolca. Gymnas. Eger. Stud. Philos. in Nagyszombat. 1743–83 Offizier bei versch. Husarenregimentern. Lebte ab 1783 bis zu s. Tod als pensionierter General auf s. Familienbesitz Szakolca. – Lyriker und Vf. von Verssatiren über das polit. und gesellschaftl. Leben aus konservativer Sicht.

W: Egy falusi nótáriusnak budai utazása, Sat. 1790; A falusi nótáriusnak elmélkedései, 1796; A világnak közönséges históriája, St. VI 1796–1811.

L: Z. Csorba, 1975.

Gwala, Mafika Pascal, südafrikan. Lyriker, * 1946 Verulam/Natal. Lehrer, Gewerkschafter, Journalist. Mitbegründer der Black-Consciousness-Bewegung u. einflußreicher Kommentator schwarzer südafrikan. Lit. – S. von ›Black Power‹-Rhetorik, Jazz-Rhythmen u. traditioneller afrikan. Metaphorik geprägten Gedichte suchen das schwarze Selbstbewußtsein zu heben. Auch Übs. von Zulu-Lyrik.

W: Jol'iinkomo, G. 1977; No more lullabies, G. 1982.

Gyllembourg, Thomasine, geb. Buntzen, dän. Erzählerin, 9. 11. 1773 Kopenhagen – 1. 7. 1856 ebda. Tochter e. Stadtmaklers, erhielt gute Ausbildung, ∞ 1790 P. A. Heiberg, die Ehe wurde 1801 aufgelöst, und G. ∞ Baron Carl Frederik G.; wohnte nach dessen Tod 1815 bei ihrem Sohn, dem Dichter Johan Ludvig Heiberg, u. s. Frau Johanne Luise Heiberg im kulturell maßgebenden Haus Kopenhagens. – Ihre unterhaltsamen, didakt. ›Alltagsgeschichten‹ erschienen seit 1827 anonym in der Zs. ihres Sohns ›Københavns flyvende post‹, kritisierten klug versch. Mißstände, am besten in ›To tidsaldre‹ im Vergleich zwischen den 1790er u. den 1830er Jahren, inbes. den Veränderungen von Familienform und Bildungsideal.

A: Samlede skrifter, XII 1849–51 u. 1866f., IV 1912. – *Übs.:* Die Novellen, XVII 1852.

L: B. Arnesen Kall, 1875; J. L. Heiberg, 1882; E. Hude, 1951; F. J. Billeskov Jansen, 1977; A. Broue Jensen, 1983; K. P. Mortensen, 1986.

Gyllenborg, Carl, Graf, schwed. Dramatiker, 7. 3. 1679 Stockholm – 20. 12. 1746 ebda. Dienst als Hofbeamter u. in der Armee, seit 1703 an der schwed. Gesandtschaft in London, 1715–17 dort Gesandter, dann versch. diplomat. Aufgaben, 1720 Hofkanzler, 1728–39 als Universitätskanzler eifriger Förderer der Wiss., 1729 Kanzleipräsi-

dent. - In s. Dramen versuchte er, die gebildete Umgangssprache einzuführen u. damit e. natürl. Dialog zu erreichen. Halbbildung macht er lächerl., Ehrlichkeit u. Seelenadel werden gepriesen.
W: En bättrad Will-Hierna och en trogen Wänskap, Dr. 1723; Swenska Sprätthöken, K. 1740. - Samlade vitterhetsarbeten, hg. P. Hanselli 1863.

Gyllenborg, Gustaf Fredrik, Graf, schwed. Dichter, 6. 12. 1731 Strömsbro b. Linköping - 30. 3. 1808 Stockholm. 1746/47 Stud. Uppsala u. 1748-51 Lund, 1751 Registrator der Justizrevision, 1756-62 am Hof als Kavalier des Kronprinzen Gustav, 1762 Kammerrat, 1774 Kanzleirat, 1786 Mitgl. der Schwed. Akad. - Als Mitgl. des Tankebyggare-Ordens u. angeregt von Creutz begann G. mit Satiren nach lat. Vorbildern. S. Naivität u. Weichheit verbarg er hinter strenger stoischer Forderung nach Tugend, wollte e. weiser Lehrer sein (›Ode över själens styrka‹). In ›Människans elände‹ wird aus dem Stoizismus Pessimismus; nicht nur die Zeit, sondern das ganze Dasein ist verdüstert. Der Mensch lebt, um zu leiden, u. kann nur in geduldiger Tugend e. unbekanntes Ziel suchen. Trotz hochgespanntem Idealismus ist s. pathet. Rhetorik eintönig u. ermüdend. Er verstummte, als durch den Tod von H. Nordenflycht u. Creutz' Auslandsreise die geistige Anregung fehlte. Von Gustav III. erneut angeregt, schuf er nichts mehr von bleibendem Wert.
W: Vinterkväde, G. 1759; Världsföraktaren, G. 1762; Människans nöjen och Människans elände, G. 1762; Ode öfer själens styrka, G. 1766; Tåget öfer Bält, G. 1785; Penelope, Sch. 1791; Fabler, 1795. - Dikter, IV 1795-98; Mitt leverne 1731-1775, Mem. hg. G. Frunck 1885.
L: G. Sahlberg, 1943; S. Göransson, 1972.

Gyllensten, Lars (Johan Wictor), schwed. Schriftsteller, * 12. 11. 1921 Stockholm. Vater Geschäftsführer. Medizinstud., ∞ 1946 Inga-Lisa Hultén. 1953 Dr. med. Stockholm, Dozent für Histologie ebda.; Mitarbeiter an ›Dagens Nyheter‹, 1966 Mitgl. der Schwed. Akad., 1977-86 deren Ständ. Sekretär. 1969-73 Honorarprofessor. Dr.-Ing. h. c. 1993, Dr. theol. h. c. 1998. - Lyriker und Erzähler von virtuoser Beherrschung versch. Stile, scharfem Intellekt u. Ironie; kennt sich aus in der Sprache der Zeit u. der menschl. Seele. Vielseitige Problemstellung, vielschichtig gebaute Romane, illusionslose Analyse u. a. menschl. Heuchelei u. Eifersucht sowie des Sozialismus in Theorie u. Praxis. Wiss. Publikationen in Histologie u. Embryologie.
W: Moderna myter, N., Aphor., G. 1949; Det blå skeppet, R. 1950; Barnabok, R. 1952; Carnivora, En. 1953; Senilia, R. 1956; Senatorn, R. 1958; Sokrates död, R. 1960; Desperados, N. 1962 (d. 1965); Kains memoarer, R. 1963 (d. 1968); Nihilistiskt credo, Ess. 1964; Juvenilia, R. 1965; Lotus i Hades, Ess. 1966; Palatset i parken, R. 1970; Mänskan djuren all naturen, Sk. 1971; Grottan i öknen, Prosa 1973; I skuggan av Don Juan, 1975 (Im Schatten Don Juans, d. 1979); Lapptäcken - Livstecken, Ess. 1976; Baklängesminnen, R. 1978; Klipp i 70-talet, Ess. 1979; Huvudskallebok, R. 1981; Rätt och slätt, R. 1983; Skuggans återkomst eller Don Juan får igen, R. 1985; Sju vise mästare om kärlek, En. 1986; Just så eller kanske det, 1989; Hjärnfilspån (u. d. Pseudonym Pär Silje), R. 1989; Det himmelska gästabudet, 1991; Så var det sagt, 1992; Anteckningar från vindskupa, 1993; Ljuset ur skuggornas värld, 1995; Augustin och Celestine, R. 1995; Kistbrev, 1998; Minnen, bara minnen, Mem. 2000; Med andras ord, och egna, Aut. 2004.
L: H. Isaksson, Diss. Stockholm 1974; K. Munck, Diss. Lund 1974; H.-E. Johannesson, 1979.

Gyöngyösi, István, ungar. Dichter, 1629 Ungvár - 24. 7. 1704 Rozsnyó. Adelsfamilie. 1652 ∞ Ilona Baranyai. 1663 Kammerdiener der Wesselényis in Murány. Hofdichter im Dienst versch. Adelsfamilien. 1681 Abgeordneter in Sopron. 1686-93 u. 1700 Vizegespan des Komitats Gömör. - Barocklyriker und -epiker unter Einfluß Ovids, übte mit s. volkstüml. u. allegor. Epen große Wirkung auf die spätere ungar. Lit. aus. Erneuerer der ungar. Sprache.
W: Márssal társalkodó Murányi Venus, Ep. 1664; Kesergő Nympha, 1681; Ének Thököly Imre és Zrínyi Ilona házasságáról, Ep. 1684; Rózsakoszorú, G. 1690; Porábul megéledett Phoenix avagy Kemény János emlékezete, 1693; Palinodia Prosopopoeia Hungariae, Ep. 1695; Az új életre hozatott Chariclia, 1700; A csalárd Cupido kegyetlenségét megismerő s mérges nyilait kerülő tiszta életnek géniusa, 1734. - Költeményes maradványai, 1796; Összes költeményei, 1897, hg. Badics 1914-37.
L: J. Arany, 1863; L. Gyöngyösi, 1905; É. Windisch, 1961; P. Agárdi, 1972.

Gyp (eig. Sibylle de Mirabeau, Comtesse de Martel de Janville), 15. 8. 1849 Schloß Coëtsal/Bretagne - 29. 6. 1932 Neuilly-sur-Seine. - Vf. zahlr. lebendiger und humorvoller, leicht iron. Romane über die franz. Aristokratie, die den vorrevolutionären Lebensstil bewahrte. Kritik an Degenerationserscheinungen. Autobiograph. Schriften.
W: Petit Bob, R. 1882; Autour du mariage, R. 1883 (d. 1886); Une passionnette, 1891 (d. 1899); Le mariage de Chiffon, R. 1894 (Flederwischs Hochzeit, d. 1896 u. 1899); Souvenirs d'une petite fille, R. 1928; Du temps des cheveux et des chevaux, Aut. 1929; La joyeuse enfance de la Troisième République, Aut. 1931.
Lv: M. Misoffe, 1932; G. portrait, fin de siècle, 1999.

Gyr, Radu (eig. R. Demetrescu), rumän. Dichter, 2. 3. 1905 Câmpulung/Muscel - 29. 4. 1975 Bukarest. Sohn e. Schauspielers, Stud. Philos. u. Lit. Bukarest, Dozent, Studienrat; polit. engagiert, verbrachte fast die Hälfte s. Lebens im Gefängnis. - Obwohl sich G. immer bemühte, ›mannhafte‹ Lyrik zu schreiben, blieb er e. Dichter der Blumen, zarter Kinderregungen u. heller Märchenlandschaften. S. bodenverbundenen christl. Akzente kreierten e. neuen Lit.-Stil, der e. starken Einfluß auf die rumän. Lyrik ausübte. Die noch zahlr. Epigonen bewegen sich zwischen patriotischem Kitsch und tiefsinniger Mystik.

W: Cerbul de lumină, G. 1930; Cântece de leagăn, G. 1936; Cununi uscate, G. 1938; Balade de pe front, G. 1943.

Gysbert, Japiks → Japix, Gysbert

Gysterton, M. G. → Gherardi, Gherardo

Gyulai, Pál, ungar. Schriftsteller, 25. 1. 1826 Kolozsvár – 9. 11. 1909 Budapest. Stud. Jura und Theol. in Kolozsvár. 1848 Redakteur der ›Erdélyi Híradó‹, 1853 der lit. Zs. ›Szépirodalmi Lapok‹. 1855/56 in Dtl. u. Frankreich. 1858 ∞ Mária Szendrey, Schwägerin Petőfis. 1858 Prof. in Kolozsvár. 1860 Mitgl. der Kisfaludy-Gesellschaft. 1862 Hilfsredakteur bei ›Szépirodalmi Figyelő‹. 1864 Direktor der Schauspielakad. 1867 Mitgl. der Ungar. Akad. der Wiss. 1873 Redakteur der lit. Zs. ›Budapesti Szemle‹. 1876–1902 Prof. der Lit. Budapest. Seit 1879 Präsident der Kisfaludy-Gesellschaft. – Patriot.-romant. Lyriker, Erzähler, Satiriker, Biograph, Essayist und Ästhet; von größter Bedeutung für das geistige Leben Ungarns durch s. literaturkrit. Tätigkeit.

W: Vén színész, N. 1851 (Ein alter Schauspieler, d. 1870); Az első magyar komikus, N. 1854; Petőfi Sándor és lírai költészetünk, Abh. 1854; Az újabb epikusok és lírikusok, Abh. 1855; A nemzeti színház és drámai irodalmunk, Abh. 1857; Egy régi udvarház utolsó gazdája, R. 1857 (Der letzte Herr eines alten Edelhofes, d. 1874); Nők a tükör előtt, N. 1863 (Frauen vor dem Spiegel, d. 1864); Vörösmarty életrajza, St. 1865; Vázlatok és képek, Nn. II 1867; Költeményei, G. 1870. – Összes munkái (GW), V 1902.

L: L. Gyomlay, 1912; D. Angyal, 1912; G. Voinovich, 1926; F. Papp, II 1935–41; L. Hatvany, 1960.

Haan, Carry, → Bruggen, Carolina Lea van, gen. Carry van, geb. de Haan

Haan, Jacob Israël de, niederländ. Schriftsteller, 31. 12. 1881 Smilde – 30. 6. 1924 Jerusalem (ermordet). Bruder von Carry van Bruggen. Orthodox-jüd. aufgewachsen, dann Sozialist, später wieder orthodox. Stud. Jura, Privatdozent Amsterdam, ab 1919 in Palästina. Über de H.s Ende schrieb A. Zweig den Roman ›De Vriendt kehrt heim‹. – Die Zeichnung intimer Männerfreundschaft in ›Pijpelijntjes‹ erregte e. Skandal. Der Spannung zwischen mod. Leben u. uralten relig. Traditionen entsprangen ergreifende zionist. Gedichte.

W: Pijpelijntjes, R. 1904; Het Joodsche lied, G. 1915 u. 1921; Liederen, 1917; Jeruzalem, Sk. 1922 (d. 1924); Kwatrijnen, 1924; Palestina, Reiseb. 1925, erw. 1999; Nerveuze vertellingen, En. 1981, erw. ²1983; Mijn belijdend lied, G. hg. L. Putman 1999. – Verzamelde gedichten, II 1952.

L: M. de Haan, 1954; E. L. Israël, 1963; J. Meijer, De zoon van een gazzen, 1967; M. Verstraete, II 1984; Mijn lied, mijn leed, mijn hartstocht, 1999.

Haanpää, Pentti, finn. Erzähler, 14. 10. 1905 Pulkkila – 30. 9. 1955 Piippola. Bauernsohn. – Schrieb dank s. Beobachtungsgabe u. s. Sprachgewalt starke Novellen. Begann im naturalist. Stil, kritisierte gesellschaftl. Institutionen wie das Militär, geriet dabei in Konflikt mit der Obrigkeit. Im Mittelpunkt s. Novellen u. kleinen Romane stehen der Mensch u. s. Schicksal. Mit sprachl. Präzision u. lakon. Humor hebt er das Individuum aus dem Kollektiv heraus. H. hatte die Gabe, das Auszusagende in wenige impressionist. Bilder u. Situationen zu pressen.

W: Maantietä pitkin, Nn. 1925; Kolmen Töräpään tarina, R. 1927; Kenttä ja kasarmi, Nn. 1928; Hota-Leenan poika, R. 1929; Karavaani, Nn. 1930; Noitaympyrä, R. 1931 (Der Teufelskreis, d. 1981); Syntyykö uusi suku eli Kaaleppi Köyhkänän vanhuus, R. 1937; Lauma, Nn. 1937; Taivalvaaran näyttelijä, R. 1938; Ihmiselon karvas ihanuus, Nn. 1939; Korpisotaa, Nn. 1940; Nykyaikaa, Nn. 1942; Yhdeksän miehen saappaat, R. 1945 (Die Stiefel der neun, d. 1983); Jutut, Nn. 1946; Heta Rahko korkeassa iässä, Nn. 1947; Jauhot, R. 1949 (Der Einfall des Gouverneurs, d. 1965); Atomitutkija, Nn. 1950; Iisakki vähäpuheinen, E. 1953; Kiinalaiset jutut, Mem. 1954. – Kootut teokset (GW), X 1956–58. – Übs.: Erzählungen, Ausw. 1982.

L: E. Kauppinen, 1966; A. Kinnunen, Haanpään pitkät varjot, 1982; V. Karonen, Haanpään elämä, 1985.

Haar, Bernard ter, niederländ. Dichter, 13. 6. 1806 Amsterdam – 19. 11. 1880 Velp. Theologe. – Typischer Vertreter der biedermeierlichen Pfarrers-Poesie.

W: Huibert en Klaartje, G. 1843; De Sint-Paulusrots, G. 1847; Gedichten, III 1878–79.

L: J. H. J. Willems, 1969.

Haarvardsholm, Espen, norweg. Schriftsteller u. Lit.kritiker, * 10. 2. 1945 Oslo. Jugend in Oslo u. Kopenhagen, Philol.-Stud. Univ. Oslo, Redaktionssekretär der lit. Zs. ›Vinduet‹ 1966–68 u. Redaktionsmitglied bei der lit. Zs. ›Profil‹. – S. Werke sind in den 1970er Jahren geprägt von der marxist. Einstellung des Autors, der sich aber von der ›Parteidichtung‹ mit dem Roman ›Drift‹ verabschiedete. Vf. individualpsycholog. Werke, die die Spannung zwischen utop. Freiheitssehnsucht u. realer Unfreiheit thematisieren. Vorbilder sind Johan Borgen u. Aksel Sandemose, über beide verfaßte er e. Biographie.

W: Tidevann, Nn. 1966; Munnene, R. 1966; Zink. Sju lesestykker, Nn. 1971; Historiens kraftlinjer, R. 1975; Drift, R. 1980; Store fri, R. 1983; Roger, gult, R. 1986; Mannen fra Jante, B. 1988; Det innerste rommet, R. 1996; Italienerinnen, R. 1998; Øst for Eden. En biografi om Johan Borgen, B. 2000; Lilith, R. 2001.

Haasse, Hella S. (eig. Hélène Serafia van Lelyveld-Haasse), niederländ. Schriftstellerin, * 2. 2. 1918 Batavia (Jakarta)/Java. Aufgewachsen in Indonesien; später, Amsterdam. – Lebendig geschriebene, teils hist. Romane; ›Huurders en onderhuurders‹ ironisiert dann den hist. Roman. Entwicklung von farbiger Ausdrucksform zu klarerer, kühlerer Sprache, von üppig ausgebreiteter linearer zu knapper, mehrdimensionaler Erzählweise; wiederkehrendes Motiv ist der Mensch auf der Suche nach sich selbst. H. gehört zu den meistgelesenen niederländ. Autoren.

W: Stroomversnelling, G. 1945; Oeroeg, N. 1948 (d. 1994); Het woud der verwachting, R. 1949 (d. 1957, neu 1993); De verborgen bron, N. 1950; De scharlaken stad, R. 1952 (d. 1955, neu 1994); Zelfportret als legkaart, Aut. 1954; De ingewijden, R. 1957 (d. 1961); Cider voor arme mensen, R. 1960; De meermin, R. 1962; Een draad in het donker, Dr. 1963; Persoonsbewijs, Aut. 1967; De tuinen van Bomarzo, Es. 1968; Huurders en onderhuurders, R. 1971 (Das Mietshaus, d. 2001); De meester van de neerdaling, R. 1973 (Das Gemälde, d. 1999); Mevrouw Bentinck, hist. Collage 1978; De wegen der verbeelding, R. 1983; Berichten van het blauwe huis, R. 1986; Heren van den thee, R. 1993 (d. 2001); Transit, E. 1994 (d. 1996); Zwanen schieten, R. 1997; Lezen achter de letters, Ess. 2000; Sleuteloog, R. 2002.

L: H. Alofs, 1970; Ik maak kenbar wat bestond, hg. M. Haarsma 1993; A. Truijens, 1997.

Haavikko, Paavo Juhani, finn. Dichter, * 25. 1. 1931 Helsinki. 1951 Abitur, freier Schriftsteller, 1967–83 lit. Leiter des Verlags Otava, 1989–2001 Geschäftsführer des Verlags Art House, seit 1994 Mitglied der Finn. Akademie. – E. der bedeutendsten finn. Lyriker. Protagonist des Nachkriegsmodernismus, der nach neuen stilist. u. sprachl. Mitteln suchte. Charakterist. sind die Eigenwilligkeit s. Sprache, die Vieldeutigkeit u. Doppelbödigkeit s. Bilder, der skept. Tenor s. Aussage, die Relativität aller Dinge in der Wirklichkeit e. kartograph. aufgenommenen Welt. S. Prosa reduziert die Handlung in gewollt monotonen, distanzierten Darstellungen alltägl. Geschehnisse. S. Dramen, von persönl. Humor durchsetzte, ironisierende, auf laun. Phantasie basierende Stücke, stehen dem absurden Theater nahe.

W: Tiet etäisyyksiin, G. 1951; Tuulöinä, G. 1953; Synnyinmaa, G. 1955; Lehdet lehtiä, G. 1958; Münchhausen, Dr. 1958; Talvipalatsi, G. 1959; Nuket, Dr. 1960; Yksityisiä asioita, R. 1960; Toinen taivas ja maa, R. 1961; Vuodet, R. 1962 (Jahre, d. 1965); Lasi Claudius Civiliksen salaliit-tolaisten pöydällä, Nn. 1964; Puut, kaikki heidän vihreytensä, G. 1966; Arkkitehti, E. 1967; Lumeton aika, E. 1967; Agricola ja kettu, Dr. 1968; Neljätoista hallitsijaa, G. 1970; Puhua, vastata, opettaa, Aphor. 1972; Runoja matkalta salmen ylitse, G. 1973; Kaksikymmentä ja yksi, G. 1974; Runoelmat, G. 1975; Viiniä, kirjoitusta, G. 1976; Rauta-aika, Dr. 1982; Pimeys, Aphor. 1984; Viisi sarjaa nopeasti virtaavasta elämästä, G. 1987; Yritys omaksikuvaksi, Aut. 1987; Toukokuu, ikuinen, G. 1988; Talvirunoja, G. 1990; Fleurin koulusyksy, R. 1992; Puiden ylivertaisuudesta, G. 1993; Prosperon runot, G. 2001; Käytännon metyfyysikka, Aphor. 2001. – Näytelmät (ges. Drn.), 1978; Romaanit ja novellit (ges. Prosa), 1984; Näkyväistä maailma, Aforistiset sarjat 1972–84 (ges. Aphor.), 1985; Runot 1984–1992 (ges. G.), 1992; Kirjainmerkit mustat. Runot 1949–1969 (ges. G.), 1993; Tyrannin ylistiys Runot 1970–81 (ges. G.), 1994. – Übs.: Poesie, 1965; Gedichte, 1973; König Harald, H. 1982; Die Nacht bleibt nicht stehn, 2 Poeme 1987; Nur leicht atmen die Bäume, G. 1991; Herbstland, G. 1991; Anastasia und ich, Dr. 1994; Fleurs mittlere Reife, R. 1994; Gedichte! Gedichte, 1997.

Haavio, Martti → Mustapää, P.

Habbema, Koos → Heijermans, Herman

Habington, William, engl. Dichter, 4. 11. 1605 Hindlip/Worcestershire – 30. 11. 1654 ebda. Erzogen in Saint-Omer und Paris, nach seiner Ausbildung in England, wohl um dem Druck der Jesuiten in Frankreich zu entgehen, ∞ 1632/33 Lucy Herbert, an die die meisten der 1634 veröffentl. Gedichte in der Sammlung ›Castara‹ gerichtet sind. – Seine Lyrik trägt Züge der ›metaphysical poetry‹, imaginiert allerdings Liebe und Liebesbeziehungen z. T. auch im Stil der Kavaliersdichtung. Castara wird wechselnd als Verkörperung von relig. konnotierter Reinheit, Unschuld und Schönheit beschrieben; die sie besingenden Gedichte konstruieren einen Altar, auf dem sie, beinahe im Stil der Marienverehrung, idealisierend verehrt wird. H. schrieb außerdem die Tragikomödie ›The Queen of Aragon‹ sowie eine Geschichte Edwards IV.

W: Castara, G. 1634 (erw. 1635 u. 1640); The Historie of Edward the Fourth, hist. Schr. 1640; The Queen of Aragon, Sch. 1640; Observations Upon Historie, Schr. 1641; Praeces Principum, Schr. hg. 1659. – The Poems, hg. K. Allott 1948.

Hackett, Albert, amerik. Dramatiker und Drehbuchautor, 16. 2. 1900 New York – 16. 3. 1995 ebda. Schauspieler der Stummfilmperiode. – Verfaßte zusammen mit seiner Ehefrau Frances Goodrich erfolgreiche Theaterstücke, Musicals und Drehbücher, die mit Starbesetzung aufgeführt bzw. verfilmt wurden.

W: (Alle mit F. Goodrich) Up Pops the Devil, Dr. 1933; The Thin Man, Drb. 1934; Ah, Wilderness, Drb. 1935; Western Union, Please, Dr. 1939; The Hitler

Gang, Drb. 1944; It's a Wonderful Life, Drb. 1946 (mit Frank Capra); The Pirate, Drb. 1948; Too Young to Kiss, Drb. 1951; The Diary of Anne Frank, Dr. 1955; Five Finger Exercise, Drb. 1962.
L: D. L. Goodrich, The Real Nick and Nora: Frances Goodrich and A. H., 2001.

Haddad, Malek, alger. Schriftsteller franz. Sprache, 5. 7. 1927 Constantine – 2. 6. 1978 Algier. Abbruch des Jurastudiums zugunsten journalist. Berichterstattung während des Algerienkrieges. – Vf. von Gedichten und Romanen. H. erhebt seine Stimme im Namen der Unterdrückten s. Landes, verheißt prophet. eine bessere Zukunft. Vertreter des kolonialen Humanismus, Appell an moral. Verantwortungsbewußtsein, Klage um das Leiden der Unglücklichen und den Verlust der Freunde, Haß gegen Gewalt und die ungezähmten Unheilsbringer.
W: Le malheur en danger, G. 1956; La dernière impression, R. 1958; Je t'offrirai une gazelle, R. 1959; L'élève et la leçon, R. 1960; Le quai aux fleurs ne répond plus, R. 1961; Ecoute et je t'appelle, G. 1961.

Hadewijch, fläm. Mystikerin, 1. Hälfte 13. Jh. Aus adl. Familie aus Antwerpen (?), verbrachte e. Teil ihres Lebens in Nijvel (Nivelles); beherrschte Lat.; wahrscheinlich Begine, ohne in e. Gemeinschaft zu leben. – Neben Ruusbroec die größte Lyrikerin der Mystik im niederländ. Sprachraum. Briefe, Visionen und Gedichte in brabant. Sprache. In ihren Briefen verleiht sie dem Streben der Seele nach Vereinigung mit ihrem Ursprung Ausdruck und sucht bereits im ird. das ewige Leben zu erlangen. In ihren Visionen erlebte sie das Aufsteigen der Seele zu Gott und verlieh ihnen in bisher in niederländ. Sprache nicht erreichter Kraft Ausdruck. In ihren etwa 45 stroph. Gedichten, die Einfluß der höf. Minnepoesie zeigen, kehren dieselben Ideen wie in den Briefen wieder, jedoch mit stärkerer innerer Erregung. Der erot. Unterton dieser unorthodoxen Spiritualität wird in der jüngeren Forschung thematisiert.
A: Visioenen, hg. J. van Mierlo 1924 (neuniederländ. 1922, d. 1917), hg. F. Willaert (+ neuniederländ.) 1996; Strofische gedichten, hg. u. komm. ders. II 1942 (neuniederländ. 1961) Mommaers 1990; Ausw. J. Snellen 1933, J. van Mierlo 1950; Mengeldichten, hg. ders. 1952. – *Übs.:* Werke, J. O. Plassmann II 1923.
L: J. van Mierlo, 1931; M. H. van der Zeyde, 1934; N. de Paepe, 1967; J. Reynaert, 1981; F. Willaert, 1984; P. Mommaers, 1989; R. Faesen, 2000.

Hadzis, Dimitrios, neugriech. Erzähler, 2. 3. 1913 Jannina/Epirus – 2. 7. 1981 Athen. Stud. Jura Athen, 1949 nach aktiver Teilnahme am Bürgerkrieg Emigration nach Budapest; 1957–63 Berlin-Ost (Akad. der Wiss.), Promotion 1970 ebda. Lehrbeauftragter der Univ. Budapest. – Führender Erzähler s. Generation. Realist., psycholog. fein nuancierte, durch das Kriegsgeschehen u. die Sozialkämpfe geprägte Prosa.
W: Phōtia, E. 1947; Antigone lebt, Anth. hg. M. Axioti, D. Hadzis, 1960; To telos tēs mikrēs mas polēs, En. 1962 (Das zerstörte Idyll, Ausw. d. 1965); Anyperaspistoi, En. 1964; Diēgēmata, En. 1971; To diplo biblio, R. 1976 (d. 1983); Spudes, En. 1977; Thēteia, En. 1980.
L: G. Paganos, Mnēmē D. H., 1984. – *Bibl.:* N. Gulandris 1997.

Haes, Jos de, fläm. Dichter, 22. 4. 1920 Löwen – 1. 3. 1974 Jette. Rundfunk- u. Zss.-Redakteur. – In s. Gedichten kommt das Leiden am Leben zum Ausdruck. Verbindung von Tradition u. Experiment.
W: Het andere wezen, G. 1942; Ellende van het woord, G. 1946; Gedaanten, G. 1954; Azuren holte, G. 1964; Verzamelde gedichten, 1974 u. 1986.
L: W. Spillebeen, 1966.

Hafez → Ḥāfiẓ

Hafis → Ḥāfiẓ

Ḥāfiẓ (›der den Koran auswendig weiß‹, eig. Ḥwāǧa Šamsu' d-Dīn Muhammad), pers. Lyriker, 1325–6 Schiras – 1389 o. 1390 ebda. S. Vater Bahā u' d-Dīn war dorthin aus Isfahan zugewandert; früh verwaist, erhielt auf Betreiben der Mutter trotzdem gute Ausbildung; erste Gedichte für Qiwāmu'd-Dīn Hasan († 1353), den Wesir des Mongolen-Vasallen Abū Isḥāq Īnǧū; noch 30jährig verdiente er s. Lebensunterhalt als Berufsschreiber, wie e. eigenhändige Abschrift der ›Fünf Epen‹ des → Amīr Husrau von 1355 (in Taschkent erhalten) bezeugt. Ḥ. lehrte später an e. muslim.-theol. Hochschule (Medrese) in Schiras, genoß die Gunst des Wesirs des fanat.-orthod. Muẓaffariden Mubārizu'd-Dīn (reg. 1353–58), besonders aber die des letzterem nachfolgenden Šāh Šuǧāʿ (1358–84), dessen liberalere Regierung er in e. Ghasel preist, weil Weintrinken jetzt wieder erlaubt und Furcht vor dem Vogt nicht mehr nötig sei; aber schon 1369 wird er auf Betreiben des Klerus vom Hofe verbannt, was der Dichter als bitteres Ungemach beklagt, doch ohne erneut Gnade zu finden. S. wachsende Berühmtheit brachte ihm e. Einladung des Bahmaniden Maḥmūd Šāh in den Deccan/Indien ein. H. wollte ihr folgen, aber e. Sturm am Pers. Golf ließ ihn ins heimatl. Schiras umkehren, dessen Rosenhag bei der Musallā-Kapelle am Bache Ruknābād durch s. Dichtung unsterbl. wurde; versuchte 1372–74 ohne Erfolg s. Glück an den Provinzhöfen Isfahan und Yazd, lebte unter Nachfolgern Šāh Šuǧāʿs zurückgezogen in s.

Heimatstadt. Als 1387 Tamerlan diese zeitweilig besetzte, kam es vermutl. zu e. Begegnung zwischen Ḥ u. dem Welteroberer. Kurz vor s. Tod kam H. beim letzten Muẓaffariden Šāh Manṣūr (1387–93) erneut zu Ehren. S. vielbesuchtes Grab in Schiras wurde 1939 monumental ausgestaltet. – Unbestritten bedeutendster pers. Lyriker, beeinflußte Goethe (›West-östl. Divan‹), schuf als unerreichter Meister des Ghasels e. in zwei Ebenen, der ird. und der myst., zugleich angesiedelte Poesie von eigenartig schwebendem Reiz und Tiefsinn bei absoluter Vollkommenheit der Form: die einzelnen, in sich abgeschlossenen Doppelverse (Bait) des Ghasels erscheinen kontrapunktisch verschlungen und bewirken so trotz größter thematMannigfaltigkeit (Liebe, Wein, Naturschönheit, Philisterspott, Fürstenlob, Ich des Dichters, Mystik) e. künstler. Einheit; darin enthaltene Angriffe auf zelot. Geistlichkeit und mit ihr verbündete Polizei erklären deren Feindschaft gegenüber dem Dichter, der sich aber trotz Freiheiten gegenüber Moralkodex und skept. theol. Äußerungen s. islam. Frömmigkeit unangefochten bewahrt. Gilt bei den Iranern als ›Zunge der unsichtbaren Welt‹, s. Diwan wird, wie der Koran, noch heute vielfach als Omenquelle benutzt.

A: Diwan, hg. 'A. Ḥalḫālī 1306/1927; Ghaselen nach d. ältest. Hs. von 1410, hg. P. N. Ḫānlarī 1337/1958. – *Übs.:* J. v. Hammer-Purgstall II 1812–13; V. v. Rosenzweig-Schwannau III 1856–64; Ausw. F. Rückert 1926; J. C. Bürgel ²1977; C. Atabay 1980.

L: Intoxication, earthly and heavenly, hg. M. Glünz, J. C. Bürgel, 1991.

Hafstein, Hannes, isländ. Dichter u. Essayist, 4. 12. 1861 Möðruvellir – 13. 12. 1922 Reykjavík. Beamtensohn, höhere Schule Reykjavík, 1880–86 Jurastud. Kopenhagen, 1882 Mitbegründer der Zs. ›Verðandi‹, ab 1887 im Staatsdienst, 1904–09 u. 1912–14 isländ. Premierminister. Einflüsse: Ibsen, Brandes. – Vertrat in einem e. berühmte Diskussion noch sich ziehenden Vortrag 1888 das lit. Anliegen des Realismus, in dem er sich gegen den engen Nationalismus der älteren Romantik wandte. Schrieb formal brillante, von enthusiast. Fortschrittsglauben u. sozialem Reformwillen erfüllte Gedichte. Seine z. T. ekstat. übersteigerte nationale Lyrik trägt neuromant. Züge. Übs. von Ibsen, Drachmann, Heine.

W: Ýmisleg ljóðmæli, G. 1893; Kvæðabók, G. 1916 u. 1925. – Ljóðmæli (AW), 1944; Ljóð og laust mál (AW), hg. T. Guðmundsson 1968.

L: K. Albertsson, 1961–64.

Hagalín, Guðmundur (Gíslason), isländ. Schriftsteller, 10. 10. 1898 Lokinhamrar (Arnarfjörður) – 26. 2. 1985 Akranes. Höhere Schule Reykjavík, 1918–23 Journalist in Reykjavík u. Seyðisfjörður,

1924–27 Vortragsreisen in Norwegen, 1929–46 Lehrer u. Bibliothekar in Ísafjörður, seit 1965 Mýrar. – Sehr fruchtbarer Schriftsteller, Vertreter der nationalen isländ. Neuromantik, beeinflußt von Hamsun, sprachl.-stilist. seit etwa 1930 von Faulkner. Ausgezeichneter Schilderer von Charakteren mit Neigung zu Primitivismus. S. großen Romane spielen auf dem Hintergrund der gesellschaftl. Umwandlungen im Island der Neuzeit, die er aus mehr konservativer Sicht betrachtet.

W: Blindsker, En. u. G. 1921; Vestan úr fjörðum, Melakongurinn, R. 1924; Veður öll válynd, En. 1925; Brennumenn, R. 1927; Kristrún í Hamravík, R. 1933, dram. 1935; Sturla í Vogum, R. II 1938; Virkir dagar, R. II 1936–38; Förunautar, R. 1943; Blítt lætur veröldin, N. 1943; Gróður og sandfok, Ess. 1943; Konungurinn á Kálfskinni, R. 1945; Móðir Ísland, E. 1945; Sól á náttmálum, R. 1957 Ég veit ekki betur, Aut. 1951; Sjö voru sólir á lofti, Aut. 1952; Ilmur liðinna daga, Aut. 1953; Hér er kominn Hoffinn, Aut. 1954; Hrævareldur og himinljómi, Aut. 1955; Fílabeinshöllin, Erinn. 1959; Töfrar draumsins, R. 1961; Márus á Valshamri og meistari Jón, R. 1967; Úr Hamrafirði til Himinfjalla, En. 1971; Stóð ég úti í tunglsljósi, Erinn. 1973; Segið nú ámen, séra Pétur, R. 1975; Ekki fæddur í gær, Erinn. 1976; Hamingjan er ekki alltaf ótukt, R. 1977; Þeir vita það fyrir vestan, Erinn. 1979; Þar verpir hvítur örn, R. 1981. – Ritsafn (GW), II 1948; Þrettán sögur (AW), hg. E. H. Finnbogason 1958; Mannleg náttúra (AW), hg. G. Guðmundsson 1960; Íslendingur sögufróði (AW u. Fs.), 1968.

L: S. Einarsson, 1948.

Hagerup, Inger, norweg. Lyrikerin, 12. 4. 1905 Oslo – 6. 2. 1985. Handelsschule, Mitarbeiterin versch. Zsn. – Liebe und Tod sind zentrale Themen ihrer Lyrik; erfolgr. Hörspiele.

W: Jeg gikk meg vill i skogene, G. 1939; Videre, G. 1945; Den syvende natt, G. 1947; Sånn vil du ha meg, G. 1949; Så rart, G. 1950; Hilsen fra Katarina, H. 1953; Drømmeboken, G. 1955; Strofe med vinden, G. 1958; Fra hjertets krater, G. 1964; Det kommer en pike gående, Erinn. 1965; Hva skal du her nede?, Erinn. 1966; Ut og søke tjeneste, Erinn. 1968; Østenfor kjærlighet, vestenfor drøm, En. 1977. – Samlede dikt, 1976, 2002; Dikt i utvalg, G.-Ausw. 1965; Det tatoverte hjerte, G.-Ausw. 1970.

L: K. Hagerup, Alt er så nær meg – om I. H., 1988, ²2003.

Haggard, Sir Henry Rider, engl. Romanschriftsteller, 22. 6. 1856 Bradenham Hall/Norfolk – 14. 5. 1925 London. Ging 19jährig nach Natal/Afrika, wo er versch. wichtige Posten innehatte. Schrieb dort als Reaktion gegen den Naturalismus populäre hist. Romanzen. Nach s. Rückkehr 1881 Jurist, schließl. freier Schriftsteller. 1912 als Autorität in landwirtschaftl. Fragen geadelt. – Erschloß in s. ersten drei Romanen e. an Geheimnissen reiches Afrika, das damals noch nicht vom Tourismus und Kommerzialismus erobert war.

Schrieb dann phantast., z. T. übersinnl. Abenteuerromane aus Afrika. S. späteren Erzählungen aus dem zeitgenöss. Leben mit europ. Hintergrund sind unbedeutend.

W: King Solomon's Mines, R. 1885 (d. 1888); She, R. 1887 (d. 1926, n. 1970); Allan Quatermain, R. 1887 (d. 1927); The World's Desire, R. 1890 (m. A. Lang); Ayesha, or the Return of She, R. 1905 (d. 1929). – The Days of my Life, Aut., hg. C. J. Longman II 1926; R. Kipling to R. H., hg. M. Cohen 1965; Private Diaries 1914–1925, hg. D. S. Higgins 1980; Best Short Stories, hg. P. Haining 1981.

L: L. R. Haggard, The Cloak that I Left. A Biography, 1951; M. Cohen, ²1968; D. S. Higgins, 1981. – Bibl.: D. E. Whatmore, 1987.

Hagiwara, Sakutarô, jap. Dichter, 1. 11. 1886 Maebashi – 11. 5. 1942 Tokyo. 1913 wurde Kitaharu Hakushû auf ihn aufmerksam; freundschaftl. mit Murô Saisei verbunden, gründete er mit ihm u. Yamamura Bôchô die Zs. ›Kanjô‹ (Gefühl). – Erstrebt e. neuen lyr. Stil in Umgangssprache mit lautmaler. Effekten. S. Gedichte erinnern an Baudelaire. Inspiration, die erschreckt und Rhythmus weckt, ist ihr Ausgangspunkt. Das Unaussprechbare klingt aus der Musikalität der Verse. Das Alltagsferne gibt ihnen Gehalt.

W: Tsuki ni hoeru, G. 1917; Aoneko, G. 1923; Chô wo yumemu, G. 1923; Junjô shokyokushû, G. 1925; Hyôtô, G. 1934; Nekomachi, 1935 (Stadt der Katzen, d. 1996). – H. S. zenshû (GW), 1975–78. – Übs.: G. Wilson, Face at the Bottom of the World, 1969; H. Sato, Howling at the Moon, 1978.

L: A. Piper, 1955; G. Wilson, A True Mirror; The Poetry of H. S., 1969; R. Epp, 1987; L. Capponcelli, 1994; J. Dorsey, 1998; Y. Claremont, 1999.

Haikal, Muhammad Husain, ägypt.-arab. Schriftsteller, 20. 8. 1888 Kairo – 8. 12. 1956 ebda. Stud. in Kairo und Paris; Rechtsanwalt in Kairo, Schriftleiter der Zs. ›as-Siyāsa‹; mehrfach ägypt. Minister, Senatspräsident; Reisen durch Europa. – Vf. von Erzählungen, Reisebeschreibungen, Biographien, lit.krit. und kulturhist. Arbeiten. Offenheit gegenüber der westl. Kultur, dabei aber bewußt ägypt. Empfinden und Streben nach islam. Lebensform.

W: Zainab, N. 1914; Waladī, Reiseb. 1931; Ḥayāt Muḥammad, B. 1935; Hakaḏā ḫuliqat, R. 1956.

L: B. Johansen, 1967.

Hailey, Arthur, kanad. Romancier, * 5. 4. 1920 Luton/England. Kriegsdienst bei der Royal Air Force, 1947 nach Kanada ausgewandert, 1949–53 Redakteur e. Zs. der Transportindustrie ›Bus and Truck Transports‹ in Toronto; 1965 Kaliforinien, lebt auf den Bahamas. – Begann mit erfolgr. Fernsehsendungen meist über Pilotenschicksale. Schildert mit genauer Faktenkenntnis das Leben in mod. Großunternehmen, etwa auf dem Flugplatz, im Hotel oder in e. Automobilunternehmen.

W: Flight into Danger, FSsp. 1956; Runway Zero Eight, R. 1958; The Final Diagnosis, R. 1959 (d. 1960); Close-up on Writing for Television, Drn. 1960; In High Places, R. 1962 (d. 1971); Hotel, R. 1965 (d. 1966); Airport, R. 1968 (d. 1968); Wheels, R. 1971 (d. 1972); The Moneychangers, R. 1975 (Die Bankiers, d. 1975); Overload, R. 1979 (d. 1979); Strong Medicine, R. 1984 (d. 1984); The Evening News, R. 1990 (Die Reporter, d. 1990); Detective, R. 1997 (Der Ermittler, d. 1997).

L: S. Hailey, 1978.

Haimonskinder, die Helden der altfranz. Chanson de Geste ›Renaut de Montauban‹ (12. Jh.), die vier Brüder Renaut, Alart, Richart, Guischart, Kinder des Grafen Aymon von Dordogne, dessen Sippe mit Karl d. Gr. verfeindet war. Der Inhalt des Epos, die Verfolgung der Brüder durch Karl d. Gr., ihre Kämpfe u. schließl. Unterwerfung, fußt im wesentl. auf e. karoling. Sage, die hist. in die Merowingerzeit zurückreicht. Der Kaiser Karl des Epos ist hist. Karl Martell. Die Gestalt des Renaut, der sich nach der Versöhnung selbstlos frommen Werken widmet u. ermordet wird, ist dem hl. Reinoldus († um 750) nachgebildet. E. franz. (1493) u. e. niederländ. (1508) Volksbuch übernahmen den Stoff, der 1531 auch dt. bearbeitet wurde, zuletzt von L. Tieck, K. Simrock u. G. Schwab.

A: Renaut de Montauban, hg. H. Michelant 1962; 1972 (u. d. T. Les quatre fils Aymon, hg. F. Castets 1909); dt. Fassg., hg. F. Pfaff 1887, A. Bachmann 1895.

L: L. Jordan, 1905; E. K. Korte, Diss. Greifswald 1914.

al-Hakīm, Taufīq → Taufīq al-Ḥakīm

Hakki, Yahya → Ḥaqqī, Yaḥyā

Hakuseki, Arai → Arai, Hakuseki

Halas, František, tschech. Lyriker, 3. 10. 1901 Brünn – 27. 10. 1949 Prag. Autodidakt, Redakteur, 1945 Vorsitzender des Verlagsreferats im Informationsministerium. – Inhaltl. u. formal an der Dekadenz u. dem jegliche Tendenz ablehnenden Poetismus geschult, wandelt H. in metaphernreichen Versen, oft Bilder aus der Mystik verwendend, morbide Zustände, das Motiv des Todes u. die metaphys. Angst vor dem Vergänglichen ab. 1936 dringen soziale Elemente in s. Dichtung, jedoch erst 1938 überwindet er den inneren Zwiespalt u. beginnt auf das Zeitgeschehen zu reagieren. Hinterließ e. wegen der Absage an das Regime aufsehenerregendes polit. Testament.

W: Sépie, G. 1927; Kohout plaší smrt, G. 1930; Hořec, G. 1933; Staré ženy, G. 1935 (Die alten Frauen, d. 1936); Dokořán, G. 1936; Torso naděje, G. 1938; Ladění, G. 1942; V řadě, G. 1948; A co?, G. 1957. – Básně (G), 1957; Magická moc poezie, Ausw. 1958; Sbohem múzy, Ausw. 1963; Dílo (W), V 1968–83. – *Übs.:* Poesie, 1965; Der Hahn verscheucht die Finsternis, 1970; Und der Dichter?, 1979.

L: B. Václavek, 1934; Španělský podzim, F. H., 1959; Tvorba a společnost, 1961; F. H. Spolntoůvce pokrokové kulturní politiky, 1987 (m. Bibl.).

Hāla Sātavāhana, ind. Herrscher(?), 1. Jh. n. Chr.(?), aus der Andhra-(oder Andhrabhrtya-) Dynastie aus dem Geschlecht der Sātavāhana, die von Mitte des 3. Jh. v. Chr. bis Anfang des 3. Jh. n. Chr. im Dekkhan herrschte. – Angebl. Vf., wahrscheinl. aber nur Kompilator der in Māhārāsttrī (Mittelind.) abgefaßten ›Sattasaī‹ (auch: ›Gāthāsaptaśatī‹, ›Gāthākośa‹, ›Saptaśataka‹), e. in mehreren voneinander recht versch. Rezensionen erhaltenen Sammlung von 700 Strophen im Stil der klass. ind. Kunstdichtung, jedoch volkstüml. Inhalts; schildert anschaul. das ind. Landleben, Denken und Fühlen der ind. Landbevölkerung. Es ist offensichtl., daß diese Strophen nicht gesprochen, sondern gesungen werden sollten.

A: Sattasaī, hg. A. Weber 1870 (n. 1966 [m. dt. Übs.], 1881, 1966); Kāvyamālā 21, 1932 (n. 1983, hg. H. Tieken 1983 [teilweise, m. engl. Übs.], hg. M. V. Patwardhan 1988 [m. engl. Übs. u. Einf.], hg. A. K. Mehrota 1991 (m. Ausw.-Übs.]). – *Übs.:* Ausw. in: H. v. Glasenapp, Ind. Geschichte, 1925, in: ders., Ind. Geisteswelt, Bd. 2, 1959.

L: A. Weber, n. 1966.

Halbertsma, Eelt(s)je Hiddes, westfries. Schriftsteller, 8. 10. 1797 Grouw – 22. 3. 1858 ebda. Stud. Medizin Leiden u. Heidelberg (1818 Dr. med.), dort entscheidend von der dt. Romantik geprägt; prakt. Arzt in Grouw; unglückl. Ehe u. der Verlust von 3 Kindern trieben ihn später zur Trunksucht; mußte s. Praxis abgeben. – Vf. hist. Volkserzählungen mit satir. Einschlag u. melanchol.-zarter sowie liedhafter Gedichte; s. volkstüml. Sammelwerk ›Rimen en Teltsjes‹ (m. s. Brüdern Justus u. Tjalling H.) übte nachhaltigen Einfluß auf die fries. Lit. aus. Auch Übs.

W: Rimen en Teltsjes, G. u. En. 1871 (m. J. H. u. T. H. Halbertsma; n. 1993).

L: G. Dijkstra, 1946; Chr. Kroes-Ligtenberg, Joost en E. H. in Bolsward, 1952.

Halbertsma, Justus (Joost) Hiddes, westfries. Schriftsteller, 23. 10. 1789 Grouw – 27. 2. 1869 Deventer. Stud. Theol. Amsterdam; 1814 Pfarrer in Bolsward, 1822–56 Deventer. – Bedeutender fries. Sprach- und Volkskundler, Schriftsteller und Volksbildner, bahnbrechend für die fries. Sprache und Dichtung. Übs. des Matthäusevangeliums ins Landfries.; Lexikograph, Biograph fries. Schriftsteller. S. Dichtungen und Erzählungen erschienen in ›Rimen en Teltsjes‹, ein Sammelband, den er zusammen mit seinen beiden Brüdern herausgab.

W: Hulde aan Gysbert Japicx, St. II 1824–26; Letterkundige Naoogst, St. II 1840–45; Rimen en Teltsjes, G. u. En. 1871 (m. E. H. u. T. H. Halbertsma; n. 1958), Kent gij Halbertsma van Deventer?, St. 1968; Fluit en doedelsek, St. u. En. 1970. – *Übs.:* Het Evangelie van Mattheus, 1858.

L: P. A. Jongsma, 1933; J. H. Brouwer, 1941; Chr. Kroes-Ligtenberg, J. en E. H. in Bolsward, 1952; J. J. Kalma u.a., Brekker en bouwer, 1968; G. Jensma, Het rode tasje van Salverda, 1998.

Hale, Edward Everett, amerik. Schriftsteller, 3. 4. 1822 Boston – 10. 6. 1909 ebda. Unitar. Geistlicher. – Vf. von Kurzgeschichten und Romanen, die christlich fundierten Reformanspruch vertreten, auch Kinderbücher, Predigten, Biographien und Reiseberichte. Bekannte patriot.-didakt. Erzählung ›The Man Without a Country‹ (1863) aus der Zeit des Bürgerkriegs.

W: The Man Without a Country, and Other Tales, En. 1868 (d. 1958); The Ingham Papers, En. 1869; Crusoe in New York, En. 1880; Mr. Tangier's Vacation, R. 1888; The Life of George Washington, Kdb. 1888; If Jesus Came to Boston, Abh. 1895. – The Life and Letters of E. E. H., hg. E. E. Hale Jr. 1917.

L: J. Halloway, 1956; J. R. Adams, 1977.

Hálek, Vítězslav, tschech. Dichter, 5. 4. 1835 Dolínek – 8. 10. 1874 Prag. Bauernsohn; nach Abschluß des philos. Stud. Schriftsteller u. Journalist, Redakteur von ›Národní listy‹ (1861), ›Lumír‹ (1872) u.a. S. Reisen (Slovakei, Türkei, Kleinasien) fanden ihren Niederschlag in zahlr. Feuilletons. – Während H.s lyr.-ep. Verserzählungen mit exot. u. nationalen Motiven, s. Balladen u. hist. Tragödien noch in der Romantik wurzeln u. an Byron u. Shakespeare erinnern, tragen die urwüchs. Typen seiner mitunter Gesellschaftsprobleme berührenden Dorferzählungen bereits realist. Züge. Als Lyriker schuf H. anmutige Liebeslieder u. frische, plast. Naturskizzen, die nur vereinzelt durch naturphilos. Betrachtungen gestört werden.

W: Alfréd, Verserz, 1857; Večerní písně, G. 1858 f. (Abendlieder, d. 1874); Mejrima a Husejn, Vers-E. 1859; Děvče z Tater, Verserz. 1871; Na statku a v chaloupce, E. 1871; V přírodě, G. 1872–74; Poldík rumař, E. 1874 (Der Fuhrmann, d. 1964); Na vejminku, E. 1873; Pohádky z naší vesnice, Ball. 1874; Pod pustým kopcem, E. 1874. – Sebrané spisy (GW), hg. J. Vlček u.a. Hartl XI 1905–20; hg. K. Hikl X 1924 f.; Výbor z básní (Ausw.), 1945; Vybrané spisy, Ausw. VI 1955–60; Dopisy 1849–74, Dr. 1963.

L: V. Tichý, 1944; A. Chaloupka, 1949; V. Dostál, 1951; D. Jeřábek, 1959; Ch. Klein, Die Novellen von H., 1971.

Halevi, Jehuda ben Samuel → Jehuda Halevi

Halévy, Ludovic, franz. Dramatiker und Erzähler, 1. 1. 1834 Paris – 8. 5. 1908 ebda. 1884 Mitglied der Académie Française. – Schrieb Operettenlibretti, Komödien, Romane, Erzählungen sowie in Zusammenarbeit mit H. Meilhac Boulevard-Lustspiele, in denen lebendige Satire der zeitgenöss. Sitten, gute psycholog. Beobachtung, Zynismus und Sentimentalität verbunden sind; sehr erfolgr. Libretti für J. Offenbach und Bizets ›Carmen‹. Erzählungen über das kleinbürgerl. Familienleben in Paris. Von s. umfangreicheren Romanen und Erzählungen am bekanntesten der Roman ›L'abbé Constantin‹.

W: La belle Hélène, Libr. 1864 (d. 1945); La vie parisienne, Libr. 1866 (d. 1927); Barbe-Bleue, Libr. 1866; La Grande-Duchesse de Gérolstein, Libr. 1867 (d. 1926); La périchole, Libr. 1868 (d. 1931); Fanny, K. 1868; Frou-Frou, K. 1869 (d. um 1875); Récits de guerre, 1870/71; Le réveillon, K. 1872; L'invasion, Erinn. 1872; Tricoches et Cacolet, K. 1872; Carmen, Libr. 1875 (d. 1949); Le petit duc, Libr. 1878; Les petites Cardinal, R. 1880; Un mariage d'amour, R. 1881; L'abbé Constantin, R. 1882 (d. 1884). – Théâtre de Meilhac et H., VIII 1900–02; Notes et souvenirs, 1871–72, 1888.

L: F. Sarcey, Quarante ans de théâtre, IV 1901; A. Brisson, Le théâtre et les mœurs, III 1907; F. Gaiffe, Le rire sur la scène française, 1932; E. C. Hanson, 1987.

Haley, Alex (eig. Alece Palmer), afroamerik. Journalist u. Romancier, 11. 8. 1921 Ithaca/NY – 10. 2. 1992. Sohn e. Prof. für Agrikultur; nach 20jährigem Dienst bei e. Marineeinheit als Journalist u. freier Schriftsteller tätig; regt Malcom X zu s. Autobiographie an (mit Vorwort von H.). In s. schnell als Fernsehserie verfilmten Roman ›Roots‹ verfolgt H. die Familiensaga s. Ahnen – e. Mischung aus Fiktion u. histor. Material – bis zu ihren afrikan. Wurzeln zurück.

W: The Autobiography of Malcolm X, R. 1965 (m. Malcolm X); Roots, R. 1976 (d. 1977); A. Different Kind of Christmas, N. 1988; Queen, R. 1993.

L: N. I. Huggins, 1993; H. Bloom, hg. 1996.

Hali, Altaf Husain, indischer Dichter, 1837 Pānīpat – 30. 9. 1914 Delhi. Schüler u. a. von → Ghālib, arbeitete nach 1870 als Übersetzer und Lehrer in Delhi und Lahore. – Stand ab den frühen 1870er Jahren in Verbindung mit dem muslim. Reformer Sayyid Ahmad Khan; auf dessen Anregung schrieb er das Gedicht ›Madd-o jazr-i islām‹ (›Flut und Ebbe des Islam‹; nach der Strophenform auch ›Musaddas‹ genannt), das wirkungsvoll die große kulturelle und weltpolit. Vergangenheit des Islam mit dessen gegenwärtigem Niedergang kontrastiert; es wurde zum Vorbild zahlloser reformist. islam., aber auch hinduist. Gedichte; das programmat. Das Vorwort zu seinen gesammelten Gedichten, ›Muqqadamah-i śi'r-o śā'irī‹ (Einleitung in die Dichtkunst), entwickelt das Konzept einer der gesellschaftl. Erneuerung verpflichteten Dichtung; bedeutend sind auch die Biographien Ghālibs (1897) und seines polit. Mentors Sayyid Ahmad Khan (1901).

W: Musaddas, G. 1879, [2]1886 (Truth Unveiled, engl. A. R. Luther 1978; H.'s Musaddas, zweispr. Urdu/engl. Ch. Shackle, J. Majeed 1997; engl. S. S. Hameed 2003); Muqqadamah-i śi'r-o śā'irī, Ess. 1893; Yādgār-i Ghālib, B. 1897 (K. H. Qadiri engl. 1990); Hayāt-i jāved, B. 1901 (K. H. Qadiri, D. J. Matthews, engl. 1979). – Übs.: Voices of silence, 1986.

L: A. Schimmel, Classical Urdu literature, 1975; L. Steele, Hali and His Muqaddamah, Annals of Urdu Studies 1 (1981).

Haliburton, Thomas Chandler, kanad. Humorist, 17. 12. 1796 Windsor/Nova Scotia – 27. 8. 1865 Isleworth/Middlesex. Richter in Kanada, ging 1856 nach England, wo er Parlamentsmitgl. wurde. – Machte sich durch den fiktiven Charakter des fahrenden Yankee-Uhrmachers Samuel Slick über die polit. Verhältnisse lustig und hatte damit großen Einfluß auf die amerik. Humoristen.

W: The Clockmaker: or, Saying and Doings of Samuel Slick of Slickville, R. 1837–40; The Attache, or, Sam Slick in England, R. 1843f.; Sam Slick's Wise Saws, R. 1853. – Letters, hg. R. A. Davies 1988.

L: J. D. Logan, 1921; V. L. O. Chittick, 1924. – Bibl.: R. A. Davies, 1979.

Halide Edip Adivar → Adivar, Halide Edib

Halikarnas Balikçisi, ›Fischer von Halikarnassos‹ (eig. Cevat Şakir Kabaagaçli), türk. Schriftsteller, 1886 Istanbul – 13. 10. 1973 Izmir. 1903 Stud. Geschichte Oxford; wegen e. Artikels 1924 für 3 Jahre auf die Burg Bodrum (Halikarnassos) verbannt, lebte auch danach freiwillig dort, seit 1947 Journalist u. begehrter Touristenführer in Izmir. – S. Romane u. Erzählungen behandeln fast ausschließl. das Meer als Metapher für Freiheit und Aufbegehren und die Menschen, die durch harte Arbeit vom Meer leben. Dabei stellt er e. Beziehung zwischen der antiken Kultur und e. mod. humanist. Perspektive her.

W: Ege Kiyilarindan, En. 1939; Aganta Burina Burinata, R. 1946; Merhaba Akdeniz, En. 1947; Egenin Dibi, En. 1952; Yaşasin Deniz, En. 1954; Anadolu Efsaneleri, Ess. 1954; Anadolu Tanrilari, Ess. 1955; Ötelerin Çocuğu, R. 1956; Gülen Ada, En. 1957; Mavi Sürgün, Mem. 1961; Uluç Reis, R. 1962; Turgut Reis, R. 1966; Deniz Gurbetçileri, R. 1969. – GW, XVI 1984.

L: T. Alangu, 1965; M. Doğan, Dost, Juni 1971; E. Erhat, 1976; Dönemeç, Juli 1982.

Halit Ziya → Uşakligil, Halit Ziya

Halka, Ijeremija → Kostomarov, Mykola

Hall, James, amerik. Schriftsteller, 19. 8. 1793 Philadelphia – 5. 7. 1868 Loveland/OH. Aus lit. gebildetem Haus (Mutter und 3 Brüder Schriftsteller), Stud. Jura, Teilnahme am Krieg gegen England, mit Decatur nach Algier, 1817 als Offizier entlassen, wiedereingesetzt. 1820 nach Westen; Anwalt, Verleger, Richter, Bankpräsident in Cincinnati; ∞ 1823 Mary Posey, 1839 Mary Alexander. – Mit persönl. Kenntnis des aufblühenden Westens, sich lit. Standards des Ostens allzu bewußt, gab H. als lit. Pionier in Romanen, Erzählungen, hist.-geograph. Werken e. reichhaltiges Bild der Pioniergesellschaft.

W: Letters from the West, Sk. 1828 (n. 1967); Legends of the West, Kgn. 1832 (d. 1855); The Harpe's Head, a Legend of Kentucky, R. 1833; Sketches of History, Life and Manners of the West, 1834; Tales of the Border, 1835; History of the Indian Tribes of North America, 1836–44 (m. Th. L. McKenney).

L: J. T. Flanagan, 1941; R. C. Randall, 1964.

Hall, James Norman, amerik. Schriftsteller, 22. 4. 1887 Colfax/IA – 5. 7. 1951 Arné/Tahiti. Grinnell College, 1910–14 sozialpfleger. Arbeit in Boston, 1914–18 Teilnahme am Weltkrieg, ging 1920 mit Charles B. Nordhoff nach Tahiti, lebte abwechselnd dort und in Island. – Schrieb zusammen mit Nordhoff in der Südsee spielende Abenteuerromane.

W: Mutiny on the Bounty, R. 1932 (Schiff ohne Hafen, Meer ohne Grenzen, d. 1935f.); The Hurricane, R. 1936 (d. 1937); The Dark River, R. 1938 (d. 1939); The Forgotten One, En. 1952; My Island Home, Aut. 1952.

L: R. Roulston, 1978.

Hall, Joseph, engl. Geistlicher, Erbauungsschriftsteller und Dichter, 1. 7. 1574 Ashby-de-la-Zouch/Bristow – 8. 9. 1656 Higham b. Norwich. 1589 Stud. Cambridge, 2 Jahre Lehrstuhl für Rhetorik ebda. 1600 Geistlicher in Colchester, ∞ 1603 Elizabeth Winnife, zwischen 1605 und 1617 Reisen u. a. nach Belgien und Frankreich. 1618 Abgesandter James' I. auf der Synode in Dort. 1627–41 Bischof von Exeter, von Puritanern und Parlament wegen s. streng kalvinist. Haltung bekämpft, 1641 wegen Hochverrats angeklagt u. gefangengesetzt. 1641–43 Bischof von Norwich, 1643 aus dem Bischofspalast ausgestoßen; lebte zuletzt zurückgezogen in Higham. – Schrieb 1618–28 anglikan. Apologien. S. ›Virgidemiarum‹, epigrammat. polit. Satiren, geißeln Geziertheit von Sprache und Geschmack s. Zeit; Nachahmung Juvenals und Martials. Bezeichnete sich selbst als ersten Satiriker Englands. Die Prosaschrift ›Characters of Virtues and Vices‹ enthält kulturhist. interessante Moralskizzen nach Art des Theophrast, dessen Stil H. als erster in die engl. Literatur hineintrug. In seiner Schrift ›The Discovery of A New World‹ (1609) wird im Stil eines Reiseberichts das Aufeinandertreffen des Eigenen, kulturell männlich geprägten Englischen, und des exotischen Fremden beschrieben, dabei erscheint das Fremde häufig als Projektion kultureller Unsicherheiten und Ängste, so z. B. in der Beschreibung einer matriarchalischen, Männer unterdrückenden Gesellschaft im 2. Buch ›The description of She-Land‹.

W: Virgidemiarum, Sat. 1598–1602; Medidations and Vows, Pred. 1606; Characters of Virtues and Vices, St. 1608 (n. R. Kirk 1948); Salomon's Divine Arts, Es. 1609; Mundus Alter et Idem, 1605? (engl. J. Healey 1609; n. H. Brown 1937, J. M. Wands 1981); Hard Measure, 1647. – Works (1625–62), hg. P. Wynter X 1863 (n. 1969); The Poems, hg. A. Davenport 1949.

L: G. Lewis, 1886; T. F. Kinloch, 1951; A. R. Glaap, 1960; F. L. Huntley, 1979; L. D. Tourney, 1980; R. A. McCabe, 1982, C. Coltz, New Presbyter and Old Priest: John Milton, J. H. and the Smecymnuus Controversy, 1989.

Hall, (Margaret) Radclyffe, engl. Romanschriftstellerin, 1886 Bournemouth – 7. 10. 1943 London. Stud. London und Dtl. – Veröffentlichte zunächst Gedichte, von denen mehrere durch bedeutende Komponisten vertont wurden. Ihr bekanntester Roman ›The Well of Loneliness‹ wurde als erster Roman berühmt, der lesb. Liebe offen behandelt. 1928 in e. aufsehenerregenden Prozeß wegen obszöner Schilderungen verboten. Pathet., teilweise auf den Schriften Freuds und Havelock Ellis' basierende Schilderung der Leiden von sexuell Invertierten. Formal und stilist. der viktorian. Darstellungstradition verhaftet. Wichtiger als Zeitdokument denn als lit. Kunstwerk.

W: The Forge, R. 1924; The Unlit Lamp, R. 1924; Adam's Breed, R. 1926 (d. 1929); The Well of Loneliness, R. 1928 (n. 1982; d. 1929, n. 1991); The Master of the House, R. 1932; Miss Ogilvie Finds Herself, Kgn. 1934; The Sixth Beatitude, R. 1936.

L: V. Brittain, 1969; L. Dickson, R. H. at the Well of Loneliness, 1975, M. Baker, 1985.

Hall, Rodney, austral. Dichter und Romanautor, * 19. 11. 1935 Birmingham. 1948 mit der austral. Mutter nach Queensland, Jugend in Brisbane, lebt in Bermagui/New South Wales. – Anfänge in der Lyrik, dann v. a. mag.-realist. Romane, die die austral. Identität in Auseinandersetzung mit der kolonialen Vergangenheit und zeitgenöss. Umweltproblematik thematisieren.

W: The Autobiography of a Gorgon, G. 1968; The Ship on the Coin, R. 1972; A Soap-box Omnibus, G. 1973; A Place Among People, R. 1975; Selected Poems, G. 1975; Black Bagatelles, G. 1978; Just Relations, R. 1982; Kisses of the Enemy, R. 1987; Captivity Captive, R. 1988 (Gefangen, d. 1990); The Second Bridegroom,

R. 1991 (Der zweite Bräutigam, d. 1993); The Grisly Wife, R. 1993 (Das schaurige Weib, d. 1995); The Island in the Mind, R. 1996; The Day We Had Hitler Home, R. 2000.

L: A. Hamburg, 1995.

Hall, Roger (Leighton), neuseeländ. Dramatiker, * 17. 1. 1939 England. 1963–68 Stud. Wellington, 1977–94 Dozent in Dunedin. – Behandelt mit Scharfsinn, Humor und Sinn für Lokalkolorit die Langweile, Frustration, Verzweiflung und Isoliertheit mod. Lebens in Neuseeland.

W: Glide Time, Dr. 1977; Middle-Age Spread, Dr. 1978; State of the Play, Dr. 1979; Fifty, Fifty, Dr. 1982; Hot Water, Dr. 1983; Share Club, Dr. 1988; Conjugal Rites, Dr. 1992; Bums on Seats, Aut. 1998.

al-Hallāǧ, al-Husain, arab. Mystiker, 858 Ṭūr (Iran) – 27. 3. 922 Bagdad. Jugend im Iran und Irak, asket. Leben in Baṣra, Pilgerfahrten und Reisen mit Predigt der Mystik und Askese, Begründung e. Schule in Bagdad, der Ketzerei angeklagt und hingerichtet. – Lehre vom Einswerden mit Gott im Glauben und Handeln, jedoch nicht im Wesen. Meditationen in Prosa, myst. Gedichte von bes. Schönheit in Bild und Form. Wirkung auf pers. und türk. myst. Poesie.

W: Riwāyāt (Berichte) u.a., hg. L. Massignon, P. Kraus (Akhbâr al-Hallâj) ³1957 (m. franz. Übs.); Dīwān, hg. L. Massignon ²1955 (m. franz. Übs.). – Übs.: Märtyrer der Gottesliebe, 1968.

L: L. Massignon, 1922; R. Arnaldez, 1964; A. Schimmel, 1968; N. M. Dahdal, 1983.

Halle, Adam de la → Adam de la Halle, altfranz. de le Hale

Halleck, Fitz-Greene, amerik. Lyriker, 8. 7. 1790 Guilford/CT – 19. 11. 1867 ebda. Aus königstreuer Familie, ging 1811 als Bankangestellter nach New York; hier Mitglied der Knickerbocker-Gruppe, 1822 Europareise; 1832–49 Privatsekretär John Jacob Astors. – Schrieb mit J. R. Drake die ›Croaker Papers‹, Satiren auf die New Yorker Gesellschaft.

W: Fanny, Sat. 1819; Poems, by Croaker, Croaker & Co., and Croaker, Jun., 1819 (m. J. R. Drake, n. 1860); Marco Bazzaris, G. 1825; Alnwick Castle, G. 1827; The Recorder, G. 1827; Young America, G. 1865. – The Poetical Works, 1847 (n. 1859); The Poetical Writings, hg. J. G. Wilson 1869.

L: J. G. Wilson, 1869; W. C. Brynt, 1869; N. F. Adkins, 1930; J. W. M. Hallock, 2000.

Hallgrímsson, Jónas, island. Dichter u. Schriftsteller, 16. 11. 1807 Hraun (Öxnadalur) – 26. 5. 1845 Kopenhagen. Pfarrerssohn, 1823–29 höhere Schule Bessastaðir, 1832–37 natur- u. literaturwiss. Stud. Kopenhagen, 1835 Mitbegründer der Zs. ›Fjölnir‹, 1837 u. 1839–42 Forschungsreisen in Island, 1843–1845 Kopenhagen; Einflüsse: Heine, altisländ. u. klass.-antike Dichtung. – Größter isländ. Romantiker, Begründer der isländ. Novellistik. Pflegte bes. die Naturlyrik, in der er in wundervollen Bildern u. hochmusikal., klarer Sprache die von Frühlings- und Sommersonne mild verklärte Schönheit Islands besingt (›Dalvísur‹) oder die Naturverbundenheit s. Landsleute beschreibt (›Sláttuvísur‹). Oft ist s. Naturlyrik gleichzeitig patriot. Lyrik, in der die große Vergangenheit Islands beschworen u. der Glaube an e. bessere Zukunft in Freiheit bereit zum Ausdruck gebracht wird (›Ísland‹). Viele s. Gedichte sind in ihrer geschliffenen Ironie Heine ebenbürtig. In s. Prosa mutet die Burleske auf den Besuch der Königin Viktoria bei Louis-Philippe 1843 (›Gamanbréf til kunningja‹) fast expressionist. an. Übs. Heines u.a.

A: Ljóðmæli, G. 1847; Ljóðmæli og önnur rit (GW), 1883; Rit (SW), hg. M. Þórðarson, V 1929–36; Ljóðmæli, G. hg. T. Guðmundsson 1945; Ritsafn (GW), hg. T. Guðmundsson II 1947 (n. 1971); Kvæði, Faks. hg. E. Ó. Sveinsson u. Ó. Halldórsson 1965; Ljóð og sögur (AW), hg. J. Jónsson ²1967; Kvæði og sögur (GW), hg. H. K. Laxness ²1980.

L: Þ. Gíslason, 1903; Páll Bjarnason, 1969; H. Pétursson, 1979.

Hallström, Per (August Leonard), schwed. Dichter, 29. 9. 1866 Stockholm – 18. 2. 1960 ebda. Beamtensohn, 1883 Abitur, Stud. TH Stockholm, 1886 Zivilingenieur, 1888 Chemiker in Stockholm, 1889/90 in Philadelphia, 1891–97 in freier schwed. Telegrafenverwaltung, seitdem freier Schriftsteller. 1895 ∞ Helga Åkerberg. 1908 Mitgl. der Schwed. Akad., 1931–41 deren Ständiger Sekretär und Mitgl. des Nobelpreisausschusses. 1916 Dr. h. c. – Vereinigt Pessimismus u. Skepsis des Naturalismus (›Vilsna fåglar‹) mit Phantasie, Lyrismus u. Exotismus der Neuromantik (›Purpur‹). Themen bes. aus Geschichte und Sage. Aus Amerika brachte er Feindschaft gegen Industriezivilisation u. Großstadt mit; durch Schopenhauer gelangte er zu s. pessimist. Lebensanschauung. Nur Schönheit, Liebe (als Mitleid verstanden) und Tod versöhnen mit dem grausamen Leben. Gern stellte er verfehlte Existenzen im Kampf ums Dasein dar, Phantasiemenschen, die an der Wirklichkeit scheitern, wobei er gallige Ironie gegen die Erfolgreichen, Satten u. Zufriedenen fand. Moralist mit der Strenge der Naturalisten, aber ohne deren Optimismus. Mit der sorgfältigen Beschreibung von Naturstimmungen verbindet er subtile psycholog. Beobachtungen. Die besten Werke entstanden, wenn er sich von Gegenwart u. Umgebung abwendete u. der Romantiker u. Dichter über den Realisten u. Moralisten siegte. Die größte Kraft s. Erzählungen liegt in der lyr. Sprache von vollendeter Schönheit u. Rhythmik. Als Lyriker wurde er; jedoch von Zeitgenossen übertroffen, als Dramatiker erwies er sich ohne Talent, dafür war er e. der hervorragendsten Novellisten in Schweden. Auch Vf. scharfsinniger konservativer lit. Essays. Übs. von Shakespeare, Shelley und Swinburne.

W: Lyrik och fantasier, G. 1891; Hårda tider, R. 1891 (Harte Zeiten, d. 1948); Vilsna fåglar, N. 1894 (Verirrte Vögel, d. 1904); En gammal historia, R. 1895 (Eine alte Geschichte, d. 1903); Purpur, Nn. 1895; Briljantsmykket, N. 1896; Lille Karl, Aut. 1897 (Der kleine Karl, d. 1898); Våren, R. 1898 (Frühling, d. 1903); Reseboken, 1898 (Florentinischer Abendtraum, d. 1917); Grefven av Antwerpen, Dr. 1899; Thanatos, Nn. 1900 (Ein geheimes Idyll, d. 1904); En venetiansk komedi, Sch. 1901; Döda fallet, R. 1902 (Der tote Fall, d. 1902); Gustaf Sparfverts roman, R. 1903 (d. 1914); De fyra elementerna, N. 1906 (Die vier Elemente, d. 1913); En skälmroman, R. 1906 (Ein Schelmenroman, d. 1913); Erotikon, Sch. 1908; Två legenddramer: Alkestis, Ahasverus, Drn. 1908; Skepnader och tanker, Es. 1910; Två sagodramer, Drn. 1910; Nya noveller, Nn. 1912 (Die rote Rose, d. 1919); Levande dikt, Es. 1914; Folkfienden, Es. 1915 (Der Volksfeind, d. 1916); Karl XI, Dr. 1918; Gustav III, Dr. 1918; Konst och liv, Ess. 1919; Händelser, N. 1927; Leonora, N. 1928; Ryssar, engelsmän och andra, Ess. 1952. – Samlade berättelser och romaner (GW), XIII 1922 f. – *Übs*.: Das ewig Männliche, Nn. 1924; Das Wrack, Nn. 1924.

L: H. Bergstedt, Grekiska motiv i P. H.s diktning, 1917; H. Gullberg, 1939; 1968; R. Arvidsson, 1969.

Halpern, Leivick → Leivick, Halper

Halter, Toni, rätoroman. Dichter u. Erzähler, 20. 11. 1914 Valata/Graubünden – 27. 12. 1986 Vella/Graubünden. Lehrerseminar Chur. Stud. Fribourg. Primar- u. Sekundarlehrer in Vella. – H. wurzelt in der kulturellen Überlieferung, wie sie in Orallit. u. Brauchtum festgehalten wird. In s. bekanntesten Romanen richtet er sich in erster Linie an die Jugend. Solider Erzähler mit guter Beobachtungsgabe.

W: Il misteri da Caumastgira, En. 1943; Igl um cul halumbart, Dr. 1947; Nus ed il Schuob, En. 1948; Il festival da Porclas, Dr. 1952; Culan da Crestaulta, R. 1955, n. 1989 (Culan der Pfadsucher, d. 1959); Il cavalé della Greina, R. 1960 (Roßhirt am Greinapaß, d. 1963); Ils 3 s. retgs da Cavrida, En. 1963 (Die Heiligen Drei Könige, d. 1964); Caumsura, R. 1967; Fein selvadi, En. 1973; Diari suenter messa, En., Tg. 1977 (Konzil im Dorf, d. 1980); Patricia, R. 1981.

al-Hamaḏānī, Badīʿ az-Zamān (›Wunder der Zeit‹), arab. Dichter und Schriftsteller, 969 Hamaḏān – 1007 Herāt. Philolog. Ausbildung; reiste längere Zeit als fahrender Literat durch Persien und hielt sich bei versch. Gönnern auf. – Gilt als Schöpfer der sog. Maqāmendichtung, in der er die Form der Bettleransprache aufgriff und zu Genreschilderungen des fahrenden Literatentums in gehobener Reimprosa umgestaltete. Die meisten der 52 erhaltenen Maqāmen (Sitzungen, Vorträge) handeln von dem Schicksal des Abūl-Fath al-Iskandarī, dem in der Person des ʿĪsā ibn Hishām e. Berichterstatter gegenübergestellt ist. Das Muster H.s wurde später von al-Ḥarīrī aufgegriffen.

W: Maqāmāt, häufig gedruckt, (d. E. Amthor, Klänge usw. 1841 (Ausw.), O. Rescher 1913; engl. W. J. Prendergast 1915; franz. R. Blachère, P. Masnou 1957 [Ausw.]).

L: F. Malti-Douglas, 1985; Wenzel-Teuber, 1994.

Ḥamāsa → Abū Tammām, Ḥabīb ibn Aus

Ḥamāsa → al-Buḥturī

Hambraeus, Axel Edvard, schwed. Erzähler, 1. 1. 1890 Nora – 22. 2. 1983 Orsa. Sohn e. Organisten. Stud. Theol., luther. Geistlicher 1931–36 in Malung, 1937–41 in Uppsala, 1942–57 Propst in Orsa. – Vf. volkstüml. christl. Romane und Erzählungen von stillem Humor; auch Predigtsammlungen und Andachtsbücher.

W: Marit, R. 1949 (d. 1955); Grim och Irina, R. 1951 (d. 1958); Prästen i Uddarbo, R. 1953 (Der Pfarrer in Uddarbo, d. 1954); Per-Magnus bygger, R. 1955 (Per-Magnus baut, d. 1956); Anneli bergsmansdotter, R. 1958 (Anneli, d. 1958); En kvinna for till Halldal, R. 1961 (Eine Frau fuhr nach H., d. 1961); Myren blommar, R. 1964 (Das Moor blüht, d. 1965). – *Übs.*: Geschichten aus Dalarne, 1959; Neue Weihnachtserzählungen, 1960; Die schönsten Erzählungen, 1970.

Hamburger, Michael (Peter Leopold), engl. Lyriker, * 22. 3. 1924 Berlin. Arztsohn. Emigrierte 1933 nach England, 1939 brit. Staatsbürger, 1941 Stud. Oxford, Germanistik-Dozent in London, Reading u. an US-Univ. – Die Erfahrungen s. Familie als Flüchtlinge aus Dtl. schlagen sich in der erschütternden Lebensunsicherheit s. Lyrik nieder. Übs. Baudelaire, Brecht, Büchner, Eich, Enzensberger, Goes, Grass, Hofmannsthal, Hölderlin, N. Sachs, Trakl u. a.

W: Flowering Cactus, G. 1950; Poems 1950/51, 1952; Interrupted Nocturne, G. 1952; Reason and Energy, Ess. 1957 (Vernunft und Rebellion, d. 1969); The Dual Site, G. 1958; Weather and Season, G. 1963; Zwischen den Sprachen, Ess. u. G. 1966; In Flashlight, G. 1966; Feeding the Chickadees, G. 1968; Travelling, G. 1969; The Truth of Poetry, St. 1969 (d. 1972); Home, G. 1970 (d. 1984); New and Selected Poems, 1972; Ownerless Earth, G. 1973; A Mug's Game, Aut. 1974 (Verlorener Einsatz, d. 1987); Art as Second Nature, Slg. 1975; Real Estate, G. 1977; Variations, G. 1981 (Die Erde in ihrem langen langsamen Traum, d. 1994); Literarische Erfahrungen, Ess. 1981; A Proliferation of Prophets, St. 1983; After the Second Flood, Ess. 1986; The Glade, G. 1987; Selected Poems, 1988; Trees, G. 1988 (d. 1997); Testimonies, Ess. 1989; Roots in the Air, G. 1991; String of Beginnings, Mem. 1991; Das Überleben der Lyrik,

Slg. 1993; Late, G. 1997; Mr Littlejoy's Rattlebag for the New Millennium, G. 1999; Intersections, G. 2001. – Collected Poems 1941–94, 1995. – *Übs.:* Gedichte, 1976; Heimgekommen, G. 1984; Traumgedichte, 1996; Unteilbar, G. 1997; Todesgedichte, 1998; Das Überleben der Erde, G. engl./dt. 1999; In einer kalten Jahreszeit, G. engl./dt. 1999.

L: R. Pulik, 1981; W. Eckel, J. J. Köllhofer, hg. 1989; W. Eckel, 1991; M. Müller-Wieferig, 1991.

Hamburger, Salomon Herman → Man, Herman de

Hamelink, Jacques (eig. Jacobus Marinus H.), niederländ. Schriftsteller, * 12. 1. 1939 Terneuzen. – Phantast.-realist. Erzählungen; zentrales Thema: Angst des Menschen vor dem Ungewissen u. e. aggressiven Natur. Barocker Stil, bes. in den Gedichten.

W: Het plantaardig bewind, En. 1964; De eeuwige dag, G. 1964; Horror vacui, En. 1966 (d. 1967); De rudimentaire mens, En. 1968; Oudere gronden, G. 1969; Ranonkel, R. 1969; De betoverde bruidsnacht, H. 1970; Windwaarts, wortelher, G. 1973; Responsoria, G. 1980; Sacrale komedie, G. 1987; Zeegezang inclusief Gesternten van Frederik de Zeeman, G. 1997; Zilverzonnige en onneembare maan, G. 2001.

Hamilton, Antoine, Comte d', franz. Schriftsteller schott. Abstammung, 1646 Roscrea?/Irland – 21. 4. 1720 Saint-Germain-en-Laye. 1685 Gouverneur von Limerick, kämpfte 1690 in Boyne, danach Höfling am Hof des ins Exil gegangenen James II. in Saint-Germain. – Entwirft in s. humorvollen, heiteren und iron. Memoiren über den Schwager, Comte de Gramont, e. lebendiges Bild des Lebens am engl. und franz. Hof. Ferner leichte Verse und Märchen in oriental. Stil. Wirkte mit s. engl. Humor und gall. Esprit mischenden Stil bes. auf Voltaire.

W: Mémoires de la vie du Comte de Gramont, 1713 (n. 1951, 1965; d. 1912); Contes de féerie, 1715 (d. um 1795). – Œuvres complètes, III 1812.

L: W. Kissenberth, Diss. Rostock 1907; R. E. Clark, Lond. 1921; Cl.-E. Engel, 1963; C. Filteau, 1981.

Hamilton, Clive → Lewis, C(live) S(taples)

Hamka, eig. *H*adji *A*bdul *M*alik *K*arim *A*mrullah, indones. Schriftsteller, 16. 2. 1908 Manindjau/West-Sumatra – 24. 7. 1981 Jakarta. Anhänger der mod., nach Ägypten ausgerichteten Mohammadyah-Bewegung. Mitarbeiter bei den Zsn. ›Pandji Islam‹ und ›Pedoman Masjarakat‹. Stark beeinflußt von dem ägypt. Schriftsteller Mustafa Luthfi Al-Manfaluthi (1876–1924). S. Romane tragen relig. und romant. Züge, oft verflochten mit Kritik an der traditionellen Gesellschaft.

W: Dibawah Lindungan Ka'bah, R. 1936; Tengelamnja Kapal van der Wijck, R. 1938; Karena Fitnah, R. 1938; Merantau ke Deli, R. 1939; Tuan Direktur, R. 1939; Menunggu Beduk Berbunji, 1950; Ajahku, B. 1950; Kenang-kenangan Hidup, Mem. IV 1951 f.

Hammād ar-Rāwiya → Muʿallaqāt, ›die Aufgehängten‹

Hammarsköld, Lorenzo (Lars), schwed. Schriftsteller, 5. 4. 1785 Tuna/Kalmar – 15. 10. 1827 Stockholm. Sohn e. Kapitäns, 1801–05 Stud. Uppsala, 1812 Magister, seit 1806 an der Kgl. Bibliothek Stockholm, Mitbegründer von ›Vitterhetens Vänner‹, 1810/11 Hrsg. der Zs. ›Lyceum‹, Mitarbeiter an den Zsn. ›Phosphoros‹ u. ›Polyfem‹. – Als Autor ohne Selbstkritik, Urteil u. Stil, aber als streitbarer, furchtloser Kritiker eifriger Fürsprecher für die Romantik, trug wesentl. zu ihrem Sieg bei. S. Polemik ist voll von treffsicherem Humor.

W: Försök till en kritik öfver F. Schiller, 1808; Kärleks-Qväden, G. 1811; Prins Gustaf, Dr. 1812; Poetiska studier, St. 1813; Utkast till de bildande konsternas historia, St. 1817; Svenska vitterheten, St. 1818 f.; Historiska anteckningar rörande fortgången och utvecklingen af det philosophiska studium i Sverige, St. 1821; E. J. Stagnelius, St. 1823. – Valda humoristika och poetiska skrifter, hg. B. Norling 1882.

L: N. Hammarsköld, 1915; T. Ljunggren, 1952.

Hammenhög, (Per) Waldemar, schwed. Erzähler, 18. 4. 1902 Stockholm – 1. 11. 1972 ebda. Sohn e. Werkmeisters. 1919–30 Kontorist. – Sozialkrit. Romancier mit Humor, guter Lokalkenntnis u. oft vortreffl. Typenschilderung. Auch Detektivromane u. Jugendbücher. S. 1. Roman schildert kleinbürgerl. Verhältnisse in Stockholm. Später vorwiegend relig. Probleme kathol. Prägung. Reiche Produktion von unterschiedl. Bedeutung.

W: Esther och Albert, R. 1930; Pettersson & Bendel, R. 1931 (d. 1935); Esthers och Alberts äktenskap, R. 1936; Det är bara ovanan, damen! R. 1938; Svar med amatörfoto, R. 1941; Det var en gång en musiker, R. 1942; Pettersson & Bendels nya affärer, R. 1944; Torken, R. 1951; Omne animal, R. 1952; I en svensk sovstad, R. 1954; Den eviga kärleken, R. II 1957 f.; Moderna häxprocesser, Rep. 1966; Lallo, Aut. 1970; Herr Anderson med ett s, Aut. 1971.

Hammett, (Samuel) Dashiell, amerik. Schriftsteller, 27. 5. 1894 St. Mary's County/MD – 10. 1. 1961 New York. Wanderarbeiter, Pinkerton-Detektiv in San Francisco, Teilnahme an beiden Weltkriegen, 1931–39 Drehbuchautor in Hollywood, Alkoholiker; ab 1931 Freundschaft mit Lillian Hellman. – Erneuerer der Detektiverzählung; verbindet psycholog. realist. Charaktere mit nüchternem Dialog und spannender, ereig-

nisreicher Handlung. Als Verbrecher häufig Psychopathen; Privatdetektive als einsame Helden am Rande der Gesellschaft, im Konflikt mit Polizei und Unterwelt.
W: The assistant murderer 1926 (Der Komplize, d. 1992); Red Harvest, R. 1929 (d. 1957); The Dain Curse, R. 1929 (d. 1954, n. 1976); The Maltese Falcon, R. 1930 (d. 1951, n. 1974); The Glass Key, R. 1931 (d. 1953 u. 1997 als Hörspiel); The Thin Man, R. 1932 (d. 1952 u. 1997 als Hörspiel); Blood Money, En. 1943; The Adventures of Sam Spade, En. 1944; Continental Operator, En. 1945; The Creeping Siamese, Kgn. 1950; Woman in the Dark, En. 1951 (d. 1988); The Novels of D. H., 1965; The Big Knockover, En. hg. L. Hellman 1966 (engl. Ausg. u. d. T. The D. H. Story Omnibus, 1966). – Complete Novels, 1999. – *Übs.:* Werke, X 1981.
L: E. H. Mundell, 1968; W. F. Nolan, Casebook, 1969; P. Wolfe, 1980; R. Layman, 1981; D. Johnson, 1983 (d. 1985); W. Marling, 1983; W. F. Nolan, 1983 (d. 1985); D. Dooley, 1984; S. Gregory, 1985; J. Symons, 1985; J. Mellen, 1996; R. L. Gale, 2000. – *Bibl.:* R. Layman, 1979.

Hamp, Pierre (eig. Pierre Bourillon), franz. Schriftsteller, 23. 4. 1876 Nizza – 19. 11. 1962 Le Vésinet b. Paris. Sohn e. Küchenmeisters; begann selbst als Koch, stieg zum Fabrikinspektor auf. Autodidakt. – Zeichnet in Romanen und soziolog. Essays das Leben der Arbeiter in den verschiedenen Produktionszweigen, dokumentiert genau mit konkreten Einzelheiten, rebelliert gegen die soziale Ungerechtigkeit, fordert die Anerkennung der Arbeiterklasse. Dehnt in späteren Werken die Beschreibungen auf andere soziale Schichten aus. Scharfe Satire in s. Dramen; große Bedeutung in der Sowjetunion.
W: La peine des hommes, R. XXVII (I: Marée fraîche, 1908, II: Vin de Champagne, 1908, III: Le rail, 1912, IV: L'enquête, 1914, V: Le travail invincible, 1916, VI: Les métiers blessés, 1919, VII: Les chercheurs d'or, 1920 (d. 1922), VIII: La victoire mécanicienne, 1920, IX: Le Cantique des Cantiques, 1922, X: Un nouvel honneur, 1922, XI: Le Lin, 1924, XII: L'art et le travail, 1924 (u. d. T. Moteurs, 1942), XIII: Une nouvelle fortune, 1926, XIV: Mes métiers, 1930, XV: La laine, 1931, XVI: Dieu est le plus grand, 1932, XVII: Mektoub, 1932, XVIII: La mort de l'or, 1933, XIX: Glück auf!, 1934, XX: Il faut que vous naissiez de nouveau, 1935, XXI: Notre pain quotidien, 1937, XXII: Braves gens de France, 1939, XXIII: Gens de cœur, 1941, XXIV: L'atelier du Quart de Poil, 1944, XXV: L'éternel, 1948, XXVI: Hormisdas le canadien, 1952, XXVII: Kilowatt, 1957. – L'œuvre, hg. 1934; Théâtre, II 1928; Gueules noires, Es. 1938.

Hampton, Christopher (James), engl. Dramatiker, * 26. 1. 1946 Fayal/Azoren. Stud. Oxford, 1968–70 Dramaturg am Royal Court Theatre. – Vf. bühnensicherer Schauspiele mit schwarzem Humor. Auch Romane.

W: When Did You Last See My Mother?, Sch. 1967; Total Eclipse, Sch. 1969; The Philantropist, Sch. 1970 (d. 1971); Savages, Sch. 1974; Treats, Sch. 1976 (Herrenbesuch, d. 1976); Able's Will, Sch. 1979; Tales from Hollywood, R. 1982 (d. 1983); Les Liaisons dangereuses, Sch. 1985 (d. 1989); White Camaleon, R. 1993; Anwariaid, R. 1994; The Ideology of the Text, Schr. 1995; Plays One, Dr. 1997; Alice's Adventures Under Ground, R. 1995; Carrington, R. 1995.

Hamsun, Knut (eig. K. Pedersen), norweg. Dichter, 4. 8. 1859 Lom/Gudbrandsdal – 19. 2. 1952 Nørholm b. Grimstadt. Sohn e. armen Schneiders bäuerl. Herkunft, der 1862 nach Hamarøy am Hamsund übersiedelte, nach welchem H. sich später nannte. Harte Jugend, auch im Hause e. Onkels, des Ortspfarrers, der ihn unterrichtete. 1873–78 nacheinander Krämerlehrling, Hausierer, Schusterlehrling u. Wanderlehrer, schließl. Amtsgehilfe. 1877 wurde s. 1. lit. Versuch, e. romant. Liebesgeschichte, gedruckt u. als Kolportageroman vertrieben. 1880–82 Straßenarbeiter, 1882 Reise nach Nordamerika, dort u. a. Erntearbeiter, Ladengehilfe u. Sekretär e. freirelig. Predigers, kehrte 1884 lungenkrank zurück, kurze Zeit Postangestellter, danach freier Schriftsteller u. Vortragsredner in Oslo. 1886–88 wieder in Amerika, wo er als Landarbeiter, Straßenbahnschaffner u. Fischer arbeitete, auch gelegentl. vor Landsleuten Vorträge über skandinav. Lit. hielt. Er kehrte mit e. tiefen Haß auf die ›seelenlose‹ technisierte angloamerik. Kultur zurück, die er 1889 in e. aufsehenerregenden Schrift anprangerte. Den ersehnten lit. Erfolg brachte ihm 1890 s. autobiograph. Roman ›Sult‹, der, schon im folgenden Jahr dt. erschienen, s. Ruhm begründete. 1893–96 in Paris, wo er mit Gauguin, Munch, Vigeland, Boyer u. Strindberg verkehrte. 1898 Reise durch Finnland, Rußland, Persien u. die Türkei. In der 2. Ehe ⚭ 1909 Schauspielerin Marie Andersen, 1911 Rückkehr in s. Heimat Hamarøy. Seit 1918 mit s. Familie auf s. Gut Nørholm. 1920 Nobelpreis für Lit. S. freundschaftl. Gesinnung für Dtl., für das er schon im 1. Weltkrieg öffentl. eingetreten war, u. s. Mißverstehen des nationalsozialist. Blut-und-Boden-Mythos in Verbindung mit s. Haß auf alles Angloamerikanische verführten ihn dazu, sich auch im 2. Weltkrieg zu Dtl. u. der Quisling-Bewegung in Norwegen zu bekennen, weshalb er 1945 nach der Befreiung Norwegens in Arrest gehalten u. des Landesverrats angeklagt, wegen s. Alters aber nur zu e. sehr hohen Geldstrafe verurteilt wurde. – H. ist Romantiker u. Aufrührer, e. Verächter u. Feind aller Konventionen, die das Triebleben u. die ursprüngl., kreatürl. Kraft des Menschen verkümmern lassen u. ihn an der freien Entfaltung s. Persönlichkeit hindern. Daher gehört s. Sympathie dem ewigen Wanderer u. Landstreicher, der die herkömml. Menschenwelt in aristokrat. Unabhängigkeit des Geistes durchschaut u. mit mehr oder weniger Glück s. Spiel mit ihr treibt, u. ebenso dem bäuerl. Menschen, der ganz aus den Kräften der Natur u. der Erde lebt u. sich mit ihnen s. eigene Welt schafft. In dem in der Ichform erzählenden 1. Roman ›Sult‹, der von dem Vagabundendasein des jungen H. u. s. Elend als erfolgloser Schriftsteller in Oslo berichtet, wird der Held zwar noch aus Not zum ›Wanderer‹; aber schon in ›Mysterier‹ ist die Hauptperson e. Außenseiter aus Anlage, der sich in die verachtete kleinbürgerl. Welt nicht einordnen kann u. an s. Liebe zu e. ihm wesensfremden Frau zugrunde geht, e. Motiv, das den meisten der frühen Romane H.s gemeinsam ist. Nachdem er in den naturalist.-satir. Romanen ›Redaktør Lynge‹ u. ›Ny Jord‹ mit dem Zeitungs- und Bohememilieu Oslos abgerechnet hatte, wendet er sich mit ›Pan‹, mehr lyr. Prosadichtung als Roman, u. ›Victoria‹ der Schilderung der ganz der Natur hingegebenen Menschen zu. In beiden offenbart sich bereits die H. eigene Stil, die geheimnisvollen Kräfte der Natur u. der menschl. Seele nicht zu analysieren, sondern scheinbar nebenbei in der Handlung mitschwingen zu lassen. In s. 2. Schaffensperiode geht H. zu e. mehr objektivierenden Erzählweise über, so in den Erzählungen ›Benoni‹. ›Rosa‹ u. in den 3 Segelfoß-Romanen. E. Verschmelzung beider Stilarten u. den Höhepunkt dieser Schaffensperiode bedeutet ›Markens Grøde‹, wohl der bedeutendste Roman H.s, e. Lobgesang auf den naturhaft zähen Ackerbauer, der auf dem der Wildnis abgetrotzten Land s. eigene Welt aufbaut. E. humorvoll satir. Gegenbild ist ›Konerne ved Vandposten‹, die Geschichte e. Matrosen in der spießigen Kleinstadtwelt. Wie in der Trilogie ›Landstrykere‹, ›August‹ u. ›Men Livet lever‹ steht auch in H.s letztem Roman ›Ringen sluttet‹ die Figur des Landstreichers im Mittelpunkt, des geborenen Vagabunden, der in allen Wechselfällen des Lebens s. menschl. Souveränität wahrt. Schon früh hat H. sich auch als Dramatiker versucht, angeregt durch das Vorbild Ibsens u. Strindbergs, so in der zeit- u. gesellschaftskrit. Kareno-Trilogie, der Tragikomödie um e. ehemalige Chansonette ›Livet i Vold‹ u.a. Sein dramat. Hauptwerk in Versen, ›Munken Vendt‹, mit s. 8 Akten mehr lyr. als ep. angelegt, behandelt wie viele s. Romane den Konflikt zwischen e. triebhaften, natur- u. freiheitsliebenden Mann und e. stolzen Frau, wozu in ›Dronning Tamara‹ noch der Gegensatz zwischen ›Islam u. Christentum tritt.

W: Den Gaadefulde, E. 1877; Et gjensyn, G. 1877; Bjørger, E. 1878 (d. 1984); Fra det moderne Amerikas Aandsliv, Schr. 1889 (Amerika, d. 1981); Sult, R. 1890 (Hunger, d. 1891); Mysterier, R. 1892 (Mysterien, d. 1894, n. 1973); Redaktør Lynge, R. 1893 (d. 1898); Ny Jord, R. 1893 (Neue Erde, d. 1894); Pan, R. 1894 (d. 1895); Ved Rigets Port, Dr. 1895 (An des Reiches Pforten, d. 1899); Livets Spil, Dr. 1896 (Spiel des Lebens, d. 1910); Aftenrøde, Dr. 1898 (Abendröte, d. 1904); Victoria, R. 1898 (d. 1899); Siesta, En. 1898 (Die Königin von Saba, d. 1899); Munken Vendt, Dr. 1902 (d. 1903); Kratskog, Nn. 1903 (Winterwälder, d. 1904); Dronning Tamara, Dr. 1903 (Königin T., d. 1903); Sværmere, N. 1904 (Schwärmer, d. 1905); I Æventyrland, Reiseber. 1904 (Im Märchenland, d. 1905); Det vilde Kor, G. 1904 (Der wilde Chor, d. 1926); Stridende Liv, Nn. 1905 (Kämpfende Kräfte, d. 1905); Under Høststjærnen, R. 1906 (Unter den Herbststernen, d. 1908); Benoni, R. 1908; Rosa, R. 1908 (zus. m. Benoni u.d.T., Die Liebe ist hart, d. 1909); En Vandrer spiller med Sordin, R. 1909 (Gedämpftes Saitenspiel, d. 1910); Livet i Vold, K. 1910 (Vom Teufel geholt, d. 1911); Den sidste Glæde, R. 1912 (Die letzte Freude, d. 1914); Børn av Tiden, R. 1913 (Kinder ihrer Zeit, d. 1915); Segelfoss By, R. 1915 (Die Stadt Segelfoß, d. 1916); Markens Grøde, R. 1917 (Segen der Erde, d. 1918); Konerne ved Vandposten, R. 1920 (Die Weiber am Brunnen, d. 1921); Dikte, G. 1921; Siste Kapitel, R. 1923 (Das letzte Kapitel, d. 1924); Landstrykere, R. 1927 (Landstreicher, d. 1928); August, R. 1930 (August Weltumsegler, d. 1930); Men Livet lever, R. 1933 (Nach Jahr u. Tag, d. 1934); Ringen sluttet, R. 1936 (Der Ring schließt sich, d. 1936); På gjengrodde stier, Aut. 1949 (Auf überwachsenen Pfaden, d. 1950). – Samlede verker, XVII 1934–36. – *Übs.*: SW, XVII 1917–36; Gedichte, 1929; Novellen, 1942; Briefe, 1957; Briefe an Marie, 1970; Sämtl. Romane u. Erzählungen, V 1959, 1977; Psychologie und Dichtung, 1964; Romane, II 1974; Die Königin von Saba, Nn. 1974.

L: K. Rotermund, 1907; C. Morburger, 1910; H. A. Larsen, 1922; J. Wiehr, 1922; A. Holitscher, 1924; C.-D. Marcus, 1925; J. Landquist, ²1927; FS til 70aarsdagen, 1929; W. A. Berendsohn, 1929; T. Braatøy, 1929, n. 1954; F. Endres, 1931; E. Skavlan, ²1934; M. Gläser, 1934; H. Reinartz, Der junge H., Diss. Bln. 1936; F. Nørgaard, 1940; M. Glaser, 1943; M. Beheim-Schwarzbach, 1949; T. Hamsun, 1952 (d. 1953); M. Hamsun, 1953, 1959; M. Beheim-Schwarzbach, 1959; J. Marstrander, 1959; O. Øyslebø, 1964; St. S. Nilson, 1965; A. Bolckmans, 1967; H. Næss, 1969; M. Nag, 1969; A. van Marken, 1970; R. N. Nettum, 1970; R. Vige, 1971; A. Simpson, 1973; A. Brynildsen, 1973; A. van Marken, 1975; N. M. Knutsen, 1975; T. Hansen, 1978, d. 1979; G. Langfeldt, 1978; L. Loewenthal, 1980; J. F. Marstrander, 1982; A. Kittang, 1984; G. Schulte, H. im Spiegel der dt. Lit.kritik, 1890–1975, 1985; R. E. Ferguson, 1987. – *Bibl.*: F. Meyen, 1931 (nur dt. Lit.); A. Østby, 1972; H. Næss, Boston 1984; A. Kittang, Luft, vind, ingenting, 1997; T. Fergusson, 1988; W. Baumgartner, 1997.

Hamzah, Amir → Amir Hamzah

Hamzah Pansuri (Fansūrī), malaiischer Mystiker und Dichter aus Aceh (Nord-Sumatra), 2. Hälfte 16. Jh. – Anfang 17. Jh. Vielgereist.

W: Hikayat Burung Pingai, G.; Sja'ir Perahu, Sja'ir Dagang, Sja'ir Sidang Fakir.

L: J. Doorenbos, De geschriften van H. P., Diss. Leiden 1933; S. M. N. al-Attas, The Mysticism of H. F., 1967.

Hamzatov, Rasul (Gamsatow), awar.-dagestan. Schriftsteller, 8. 9. 1923 Cada – 3. 11. 2003 Moskau. Sohn des Volksdichters → H. Cadasa; Lehrerstudium; Lehrer in Dagestan u. a. Berufe; Studium Gorki-Institut Moskau 1945–50. Vorsitzender des Schriftstellerverbandes Dagestans seit 1951. – Schreibt seit Kindheit Lyrik; 1. Gedichtband 1943, weitere Bände über das Leben in Dagestan, die Rolle der Frau, zur nationalen Frage und über Freundschaft zu Nachbarvölkern. Internationale Bekanntheit erreicht H. mit dem Zweiteiler ›Dir Dagestan‹ 1968–70 (Mein Dagestan, 1975, 1977), einem spannenden, nachdenklichen, lyr. Mosaik des vergangenen u. gegenwärtigen dagestan. Lebens mit Sagen, Liedern u. Gleichnissen seines Volkes, über das → Č. Ajtmatov äußerte: »Ein polyphones Bauwerk, eine Beichte unserer Zeit«. Übs. Lermontov, Puškin und Esenin ins Awarische.

W: Kuc, hudul v poėmebi, V 1970–72. – *Übs.:* russ.: Stichi, G. 1947; Izbrannoe, Ausw. II 1964; Sobr. sočinenij, III 1968 f.; V 1980–82; III 1993; dt.: Kaukasische Rhapsodie; G. u. Sinnsprüche, 1967, 1968; Sinn- u. Trinksprüche, 1979; Der Bräutigam zahle mit Liebe. Weisheiten, 1988; Gedichte in: Sowjetliteratur 10 (1980).

L: V. Ognev, 1964; L. Antopol'skij, 1972; Razul Gamzatov – poėti graždanin, 1976; K. Sultanov, 1973; Dement'ev, 1984.

Han Bangqing, chines. Romanautor, 1856 Huating (Jiangsu) – 1894 Shanghai. – Veröffentlichte anonym 1892–94 den Roman ›Haishang hua liezhuan‹ (Biographisches über Kurtisanen in Shanghai). Schildert darin, wohl aufgrund eigener Erfahrung, realist. das Treiben in den Bordellen und Opiumkneipen Shanghais. Im Dialekt von Suzhou verfaßt, daher auch linguist. aufschlußreich. Trotz des frivolen Milieus ernsthaftes, pessimist. Werk, das weite Verbreitung fand und Einfluß auf andere Romanautoren nach 1900 ausübte.

Übs.: Sing-song Girls of Shanghai, Renditions 17/18, 1982 (Ausz.).

L: S. Cheng, Renditions 17/18, 1982.

Hançerlioğlu, Orhan, türk. Schriftsteller, 19. 8. 1916 Istanbul – 5. 8. 1991 ebda. Jurastud.; Landrat u. a. Beamtenposten, Intendant der Städt. Bühnen Istanbul. – H. schrieb über soziale Probleme im Land- und Stadtleben in novellenartig gerafften Romanen; nach 1960 nur noch philos. Schriften und Lexika.

W: Karanlık Dünya, R. 1951; Büyük Balıklar, R. 1952; İnsansız Şehir, En. 1953; Oyun, R. 1953; Ekilmemiş Topraklar, R. 1954; Ali, R. 1955; Kutu Kutu İçinde, 1956; Yedinci Gün, R. 1957; Bordamıza Vuran Deniz, R. 1960; Erdem Açısından Düşünce Tarihi, Philos. 1963; Mutluluk Düşüncesi, Philos. 1965; Özgürlük Düşüncesi, Philos. 1966; Felsefe Sözlüğü, Philos. 1967; Düşünce Tarihi, Philos. 1970. – Ges. R., 1981.

Handzová, Viera (eig. Viera Mihálikovà), slovak. Schriftstellerin, 12. 5. 1931 Kokava a. d. Rimavica – 15. 6. 1997 Bratislava. Stud. Philos. Preßburg, Redakteurin versch. Zss. – H.s Prosa schildert die Suche der jungen Generation nach neuen gesellschaftl. Werten u. die inneren Konflikte, die sie dabei überwinden muß. Übs. aus dem Russ.

W: Madlenka, En. 1957; Človečina, N. 1960; Zrieknite se prvej lásky, R. 1965; Zdravas Marta, Rep. 1966; Lebo sme vedeli, čo činime, R. 1969; Chvíle dvoch slnovratov, R. 1975; Kamaráti do zlého počasia, R. 1978.

Haniya, Yutaka (eig. Hannya Y.), jap. Schriftsteller, 19. 12. 1909 Hsin-chu (Taiwan) – 19. 2. 1997 Tokyo. 1922 Umzug nach Japan. Interesse am Anarchismus, 1931 Eintritt in die KP. 1945 erste Teilveröffentlichung des Romans ›Shihei‹ (Totengeister), an dem er bis zu seinem Tod arbeitet. – In zahlreichen Essays zu polit. u. anderen Themen wird er zu einem der einflußreichsten Intellektuellen der Nachkriegszeit.

A: H. Y. zenshû (SW), XXI 1998–2001.

Hanka, Václav, tschech. Dichter u. Philologe, 10. 6. 1791 Hořiněves – 12. 1. 1861 Prag. Gastwirtssohn, Stud. Philos. Prag, 1813/14 Rechte Wien; 1819 Bibliothekar des Böhm. Museums, 1848 Prof. für Russ. u. Kirchenslav. Univ. Prag. – Angeregt von der Wiener Romantik, bes. B. Kopitar, der H. in die südslav. Dichtung einführte, übs. H. serb. Volkslieder, schrieb e. Anzahl volkstüml. Gedichte u. proklamierte die Nachahmung des Volksliedes als die vornehmste Aufgabe des Dichters. Als Philologe verfaßte er slav. Grammatiken, griff in den Streit um die Orthographie u. Prosodie ein, gab alttschech. Denkmäler heraus, wobei er wiederholt gegen die streng krit. Methode s. Lehrers J. Dobrovský verstieß. Mit s. Freunden J. Linda u. V. A. Svoboda fälschte H. 1817 die sog. ›Königinhofer‹ u. 1818 die ›Grünberger‹ Hss., die das Vorhandensein tschech. Heldenepik vortäuschen sollten. Um die Echtheit der Hss., die noch im 19. Jh. in versch. Sprachen übersetzt wurden, entbrannte e. langjähriger Streit.

W: Písně, G. II 1815, 1816, 1819; Prostonárodní srbská múza do Čech převedená, Übs. 1817; Starobylá skládání, hg. VI 1817–23. – Hss., hg. J. Hanuš 1911; Písně (G), 1918; Korrespondenz, hg. V. A. Francev 1905, A. J. Vrt'átko in ›Časopis Čes. Musea‹ 1870; P. Bogatyrev 1940.

L: J. Máchal, Hankovy Písně a Prostonárodní srbská múza do Čech převedená, 1918; V. Hrubý, 1919; S. Souček, Dvě pozdní mystifikace Hankovy, 1924; Rukopisy, hg. M. Votruba 1969; V. Kopecký, Plno záhad kolem H., 1969.

Hānlarī, Parvīz Nātel, pers. Dichter, Sprach -u. Lit.wissenschaftler, 1912 – 1990. 1943–78 Hrsg. der einflußreichen Lit.zs. ›Soḫan‹ (Wort). – Arbeiten über pers. Dichtung, Metrik, Grammatik u. Sprachgeschichte. Pionier in s. Rezensionen zeitgenöss. pers. Dichtung. S. bekanntestes, Ṣ. Hedāyat gewidmetes Gedicht ›ʿOqāb‹ (Der Adler), 1942, verfaßte er in der klass. Form des Masnawi.

W: Wazn-e še'r-e Fārsī, 1958; Še'r-o honar, 1966; Dastūr-e zabān-e fārsī, 1973.

Hanlo, Jan, niederländ. Schriftsteller, 29. 5. 1912 Bandung/Java – 16. 6. 1969 Maastricht (Verkehrsunfall). – Gehörte zu den experimentellen Dichtern der 50er Jahre, s. spieler. Klanggedicht ›Oote, oote boe‹ erregte Aufsehen u. wurde zum Klassiker. Große Vielfalt lyr. Stilrichtungen, auch Prosa.

W: Oote, G. 1954; Verzamelde gedichten, 1958; In een gewoon rijtuig, Prosa u. G. 1966; Moelmer, Prosa u. G. 1967; Wat zij bedoelen, G. 1969; Zonder geluk valt niemand van het dak, R. 1972.

L: W. K. Coumans u.a., 1971 (m. Bibl.); ›Bzzlletin‹ 116, 1984; H. Renders, Zo meen ik …, B. 1998.

Han Mac Tu (eig. Nguyên Trong Tri), vietnames. Dichter, 1912 Dông Hoi – 1940 Tuy Hòa. Westl. Bildung, arbeitete als Angestellter, seit 1937 Lepra. Bekannt für seine stilistisch meisterhaften Gedichte voller Trauer, Mystik und Melancholie.

Han Pang-ch'ing → Han Bangqing

al-Ḫansāʾ (Tumādir Bint ʿAmr), altarab. Dichterin, † um 645, wurde durch die Elegien für ihre in e. Schlacht gefallenen Brüder Sahr und Muawiya berühmt. Gegenwärtig gewinnt al-Ḫansāʾ als Rollenvorbild in der arab. Frauenlit. Bedeutung.

W: Dīwan, hg. L. Chekho 1896 u.ö.
L: Rhodokanakis, 1904; G. Gabrieli, ²1944; Diwan of Khansa, Oskaloosa/IA 1973; S. Pinckney Stetkevych, Ithaca 1993.

Hansberry, Lorraine (Mrs. Robert Nemiroff), afroamerik. Dramatikerin u. Aktivistin, 19. 5. 1930 Chicago – 12. 1. 1965 New York. Aus begüteter Chicagoer Familie, Stud. Univ. Wisconsin. – Schildert in ihrem Erfolgsstück ›A Raisin in the Sun‹ (längste Broadway-Laufzeit e. afroamerik. Dramas) Generationskonflikte in e. afroamerik. Familie u. deren Kampf gegen rassist. weiße Nachbarn u. Wohnpolitik. Das Stück wurde zum klass. Vorläufer e. neuen afroamerik. Theaters.

W: A Raisin in the Sun, Dr. 1959 (d. 1963); The Movement: Documentary of a Struggle for Equality, St. 1964; The Sign in Sidney Brustein's Window, Dr. 1965. – To Be Young, Gifted and Black: L. H. in Her Own Words, Ausw. hg. R. Nemiroff 1969; Les Blancs: The Collected Last Plays of L. H., hg. R. Nemiroff 1972.

L: A. Cheney, 1984.

Hansen, Anton → Tammsaare, Anton Hansen

Hansen, Erik Fosnes, norweg. Schriftsteller, * 6. 6. 1965 White Plains/NY. Kindheit in Oslo, Steinerschule 1973–83 u. Freies Jugendseminar (Stuttgart) 1985/86, ließ sich in Italien nieder, wo er als Kritiker und Journalist für die Zeitung ›Aftenposten‹ arbeitete. – International bekannt geworden ist der Vf. mit dem Roman ›Salme ved reisens slutt‹, in dem über das Leben der sieben Musiker der Bordkapelle auf dem Schiff Titanic berichtet wird.

W: Falketårnet, R. 1985 (Falkenturm, d. 1996); Salme ved reisens slutt, R. 1990 (Choral am Ende der Reise, d. 1995); Beretninger om beskyttelse, R. 1998 (Momente der Geborgenheit, d. 1999).

Hansen, Jap Peter, fries. Dichter, 8. 7. 1767 Westerland/Sylt – 9. 8. 1855 Keitum/Sylt. Nach Schulbesuch 15 Jahre zur See, 1800 als Nachfolger s. Vaters Schulmeister und Küster in Westerland, 1820–28 als solcher in Keitum, wo er im Hause s. Sohnes, des Chronisten C. P. Hansen, starb. – Begründer der nordfries., bes. der Sylter Lit., schrieb Theaterstücke, e. Novelle und Gedichte. Noch während s. Seefahrerzeit entstand s. bedeutendstes Werk, die durch Molières ›L'Avare‹ angeregte Komödie ›Di Gitshals of di Söl'ring Piðersdai‹.

W: Di Gitshals of di Söl'ring Piðersdai, K. 1809, ²1833 u.d.T. Nahrung für Leselust in nordfries. Sprache (2. Teil Di lekkelk Stjüürman, N. sowie G. u. Lieder); Di ual' en nii Tir üp Söl', Sch. (um 1843, hg. H. Schmidt 1939); Di lekelk falsk Tiring, N. (hg. ders. 1934).

Hansen, Martin A(lfred), dän. Schriftsteller, 20. 8. 1909 Strøby/Seeland – 27. 6. 1955 Kopenhagen. Sohn e. Häuslers; Dorfschule, bis 1926 in der Landwirtschaft, dann Lehrerseminar, Lehrer in Kopenhagen. Während des 2. Weltkriegs Mitarbeiter der illegalen Zs. ›Folk og Frihed‹, 1949–51 Mitredakteur der Zs. ›Heretica‹. – Geistig von Grundtvig, Kierkegaard und V. Grønbech, künstler. von J. V. Jensen beeinflußt. Auseinandersetzung mit dem Kommunismus und mit sozialen Problemen in der Zwischenkriegszeit in ›Nu opgiver han‹ und ›Kolonien‹. In dem phantast. Roman ›Jonatans Rejse‹ stellt er bäuerl. Tradition dem mod. Intellektualismus gegenüber. S. hist. Roman aus der Reformationszeit ›Lykkelige Kristoffer‹ stellt den Untergang des MA und den Übergang zur chaot. und wertefreien Neuzeit dar.

In s. Novellen spiegelt sich der Konflikt zwischen idealist. und materialist. Lebenshaltung und e. Philos., die sich gegen den Nihilismus wendet. S. Beschäftigung mit hist., kulturellen und relig. Themen fand ihren Niederschlag in Essays und dem großen Werk ›Orm og tyr‹.

W: Nu opgiver han, R. 1935; Kolonien, R. 1937; Jonatans Rejse, R. 1941; Lykkelige Kristoffer, R. 1945; Tornebusken, Nn. 1946 (Die Osterglocke, Ausw. d. 1952); Agerhønen, Nn. 1947; Tanker i en skorsten, Es. 1948; Sankt Hans Aften, En. 1949; Løgneren, R. 1950 (Der Lügner, d. 1952); Aasynet, En. 1949; Orm og tyr, Schr. 1952; Dansk vejr, Es. 1953; Kringen, Reiseb. 1953; Paradisæblerne, Nn. 1953; Rejse på Island, Reiseb. 1954; Konkylien, Nn. 1955; Midsommerkrans, Es. 1956; Efterslæt, Nn. 1959; Høstgildet, En. 1960; Martsnat, Ausw. 1965; Ved korsvejen, Ess. 1965; Verdensromanen, Ess. 1966; Hemmelighedens kunstner, Ausw. 1991; Dagbøger, Tgb. III 1999; Manden fra Jorden, En. 1999. – Mindeudgave (GW), X 1961.

L: T. Bjørnvig, 1949; M. A. H. til minde, 1955; T. Bjørnvig, 1964, 1965; E. M. Christensen, 1965; O. Wivel, II 1967–69; J. Nissen, 1974; F. u. N. Ingwersen, 1976; A. Krohn, 1979; N. O. Finnemann, Fortællingen eller livet, II 1988; H. Denman, H. Kettel, 1990; B. N. Brovst, 1991, ²1996; Spring 15 (1999); Efterskrifter, hg. A. Th. Andersen, J. Jørgensen, 2001. – *Bibl.:* H. Kettel, 1966.

Hansen, Maurits Christopher, norweg. Schriftsteller u. Reformpädagoge, 5. 7. 1794 Modum/Buskerud – 16. 3. 1842 Kongsberg/Buskerud. Pfarrerssohn; Kathedralschule in Christiania 1809, Sprachstudien an der Univ., trat früh als Gelegenheitsdichter u. Schauspieler in Erscheinung; 1815 Reise nach Kopenhagen, 1816 ∞ Helvig Leschly, mit der er e. ›höhere Schule für Mädchen‹ gründete; 1825 Adjunkt Kathedralschule Trondheim. – Vf. zahlr. pädagog. Schriften; schrieb als e. der ersten des jungen Landes Prosaerzählungen, die z. T. als Beispiele früher Kriminalerzählungen gelten können.

W: Digtninger, G. 1816; Keadan eller Klosterruinen, E. 1825; Jutulskoppen. En norsk Kriminal-Fortælling, E. 1836; Mordet på Maskinbygger Roolfsen, E. 1840 (n. 1978). – Samlede Noveller, 1837; Noveller og Fortællinger, I – VIII, 1855–58.

L: B. Tysdahl, Maurits Hansens fortellerkunst, 1988.

Hansen, Thorkild, dän. Erzähler, 9. 1. 1927 Kopenhagen – 4. 2. 1989 Kreuzfahrt/Karibien. 1945 Abitur, Literaturstudium, 1947–52 Aufenthalt in Paris, Lit.- u. Filmkritiker, Teilnehmer an mehreren Expeditionen. Autor hist. u. dokumentar. Erzählungen u. Berichte.

W: Det lykkelige Arabien, Reiseb. 1962 (Reise nach Arabien, d. 1965); Slavernes kyst, Ber. 1967; Slavernes skibe, Ber. 1968; Slavernes øer, Ber. 1970; De søde piger, Tg. 1974; Processen mod Hamsun, Ber. 1978 (Der Hamsun-Prozeß, d. 1979); Sidste sommer i Angmagssalik, Reiseber. 1978; Kurs mod solnedgangen, Reiseber.

1982; Søforhør, B. 1982; Enemærker, G. u. Aphor. II 1989; Et atelier i Paris, Tg. II 1990; Th. H.s billeder, Es. 1992; Øer, Tg. 1993; Havblik midt på dagen, Ess. 1998.

L: S. Skjønsberg, 1979; M. Jalving, Mellem linjerne, 1994; Landkending, hg. I. Holk, L. P. Rømhild 1992; P. Behrendt, Djævlepagten II, 1992; M. Stecher-Hansen, 1997.

Hanshan, chin. Dichter, 7. Jh. (?) Ungeklärt ist die Identität des/der Urheber der über 300 Gedichte, die unter dem Namen ›Han Shan‹ (Kalter Berg) überliefert sind. Themen und Sprache deuten auf frühe Tang-Zeit. Unverkennbar ist der Einfluß des Zen-Buddhismus. Aus Nichtigkeit und Vergänglichkeit der Existenz bieten die Gedichte zwei Auswege: ›Carpe diem‹ oder Rückzug in Einsamkeit und Meditation. Durch einfache Sprache ohne gelehrte Anspielungen, klare Botschaft und Beschreibung alltägl. Themen unterscheiden sich die vorwiegend achtzeiligen Gedichte von der zeitgenöss. Lyrik. Von chines. Literaten gering geachtet, genießt die Lyrik H.s im Westen im Zuge der Zen-Mode große Popularität.

A: Hanshanzi shiji, GA 1929 (Ed. SBCK). – *Übs.:* Han Shan, 150 Gedichte, ³1980; Han-shan, Le mangeur de brumes, Paris 1985.

L: R. H. Stalberg, Columbus/OH 1977.

Han Soo-san → Han Susan

Hansson, Ola, schwed. Dichter, 12. 11. 1860 Hönsinge/Skåne – 26. 9. 1925 Buyukdere b. Istanbul. Aus altem Bauerngeschlecht, 1881/82 Stud. Lund, 1884 Reise nach Kopenhagen, Begegnung mit Bang u. Nansen, Journalist, ab 1889 als Schriftsteller im freiwilligen Exil, zunächst in Dtl., dann Frankreich, Schweiz u. Türkei. 1898 für kurze Zeit zum Katholizismus übergetreten. – In s. Dichtung schildert er liebevoll Landschaft und Menschen Schonens, oft mit psycholog. Analyse. Anfangs soziales Pathos, aber feiner Stil u. kunstvolle Wortwahl. Gegenüber s. naturalist. Zeitgenossen vertrat er myst. Tiefe u. Naturmystik u. betonte den Zusammenhang zwischen Seele und Leib. S. Gegensatz zum Zeitgeschmack u. die daraus resultierende Erfolglosigkeit ließen Überempfindlichkeit hervorbrechen. Nach s. Flucht aus Schweden schrieb er viel auf dt., dän. u. norweg., verlor aber dadurch noch mehr an Wirksamkeit. Durch die Freundschaft mit Strindberg, den er in der Schweiz kennenlernte, kam er Nietzsche nahe. Die spätere Dichtung ist bizarr u. patholog.; s. Essays sind oft polemisch.

W: Dikter, 1884; Notturno, G. 1885; Sensitiva amorosa, N. 1887 (d. 1892); Parias, N. 1890 (d. 1890); Tidens kvinnor, N. 1891 (Alltagsfrauen, d. 1891); Das junge Skandinavien, Es. 1891; Ung Ofegs visor, G. 1892; Materialismi i skönlitteraturen, Es. 1892 (Der Materialismus in der Literatur, d. 1892): Fru Ester Bruce, R. 1893 (d. 1895); Före giftermålet, R. 1894 (Vor der Ehe, d. 1895); Tolkare och siare, Es. 1893 (Seher und Deuter, d. 1895); Resan hem, R. 1894; En uppfostrare, R. 1895; Vägen till livet, N. 1896 (Weg zum Leben, d. 1896); Der Schutzengel, R. 1896; Kåserier i mystik, Es. 1897; Det förlovade landet, G. 1906; Nya visor, G. 1907; På hemmets altare, G. 1908; Rustgården, R. 1910; Psyke och hemma, Es. 1925; Ur minnet och dagboken, Mem. 1926; Slättbyhistorier, N. 1927. – Samlade skrifter (GS), XVII 1919–22; Efterlämnade skrifter i urval, hg. Hj. Gullberg V 1928–31; Valda dikter, 1943; August Strindbergs och O. H.s brevväxling 1888–1892, 1938.

L: E. Ek, 1925; E. Ekelund, 1930; H. Levander, 1944; I. Holm, 1957; A. Österling, 1966; A. Widell, Diss. 1979; I. Månesköld-Öberg, Diss. 1984.

Han Susan, südkorean. Schriftsteller, * 23. 11. 1946 Inje, Kangwŏndo. Sohn e. Grundschullehrers. 1964 Stud. Grundschullehrer in Ch'unch'ŏn, 1965 Abbruch, 1969–73 Stud. Engl. Lit. Sŏul, 1981 Verhaftung u. Folter wegen angebl. Kritik an Regierung, 1988–92 Rechercheaufenthalt in Japan, 1997 Prof. für Korean. Lit. an der Sejong-Univ. Sŏul. – Seit 1972 Romane u. Kurzgeschichten, e. der meistgelesenen Autoren Südkoreas, Themen sind bes. Liebe, Randgruppen u. Tod.

W: Puch'o, R. 1977; Haebinggi-ŭi ach'im, R. 1977; Kaŭl nagŭne, R. 1978; Pada-ro nan mongma, R. 1978; Öttŏn kaeinnal, R. 1978; Sawŏr-ŭi kkŭt, Kg. 1978; Hoesŏn, Kg. 1983; Yongmang-ŭi kŏri, R. 1987; Yumin, R. 1987; Moraewi-ŭi chip, Kg. 1992. – *Übs.:* Ende einer Vorstellung, R. 1999.

Han Su-yin (eig. Elizabeth Comber), chines. Romanautorin engl. Sprache, * 12. 9. 1917 Henan. Vater Chinese (G. T. Chou), Mutter Belgierin. Stud. Univ. Yenching (Peking), Brüssel, London; 1948 medizin. Examen. 1938 ∞ General P. H. Tang († 1947), 1952 ∞ C. F. Comber. Lebt als Journalistin in Singapur und der Schweiz. – Vf. von Romanen in engl. Sprache, Schilderungen des Konflikts zwischen europ. und chines. Welt; stark autobiograph. gefärbt; freimütige Bekenntnisse auch in Liebesdingen; auch Reportagen über das heutige China.

W: Destination Chungking, Aut. 1942 (Manches Jahr bin ich gewandert, d. 1955); A Many-Splendoured Thing, R. 1952 (Alle Herrlichkeit auf Erden, d. 1953); And the Rain my Drink, R. 1956 (Der Wind ist mein Kleid, d. 1957); The Mountain is Young, R. 1958 (Wo die Berge jung sind, d. 1958); Last But One Shadow, R. 1962 (d. 1962); Winter Love, R. 1962 (d. 1963); The Four Faces, R. 1963 (d. 1963); The Crippled Tree, Aut. 1965 (Die eiserne Straße, d. 1965); A Mortal Flower, Aut. 1966 (Die Blume Erinnerung, d. 1966); China in the Year 2001, Rep. 1967 (Das China Mao Tse-tungs, d. 1968); Birdless Summer, Aut. 1968 (Zwischen zwei Sonnen, d. 1971); The Enchantress, R. 1985 (Die Zauberstadt, d. 1985); A Share of Loving, Aut. 1987 (Nur durch die Kraft der Liebe, d. 1987).

Hanumat → Mahānāṭaka, das

Hanuš, Miroslav, tschech. Schriftsteller, 15. 5. 1907 Prag – 26. 9. 1995 Chrudim. Stud. Philos. Karls-Univ. Prag; Lehrer an verschiedenen Mittelschulen u. Gymnasien, zuletzt in Chrudim. – Schuf psycholog. Prosa mit eth. Problematik, sowohl aus der Gegenwart als auch aus der Geschichte. Autor von Jugendbüchern.

W: Na trati je mlha, R. 1940; Ménečennost, R. 1942, (n. 1972); Bílá cesta mužů, R. 1943, (n. 1970); Petr a Kristina, R. 1944; O bláznivém knížeti, M. 1945; Já – spravedlnost, R. 1946 (n. 1969); Dva příběhy o pomoci, E., R. 1947; Legenda o Tomášovi, R. 1947; Setkání na pakku, R. 1950; Ze světa zkamenělého slunce, En. 1954; Osud národa, R. 1957; Poutník v Amsterodamu, R. 1960; Čtvrtý rozměr, En. 1968; Tři variace na lásku, En. 1981; Znepokojiví hosté, En. 1982; Expedice Élauné, R. 1985.

Han Yu, chines. Schriftsteller und Politiker, 768 Nanyang (Henan) – 824 Chang'an (Shensi). Mehrfach durch Degradierung unterbrochene Beamtenlaufbahn, zuletzt Rat im Beamtenministerium. Aufrechter Konfuzianer, gegen buddhist. Einfluß bei Hofe offen auftretend. – Als Prosaautor neben → Liu Zong yuan führend in der lit. Renaissance der Tang-Zeit, die Rückkehr zur schlichten Form des Altertums anstrebte. S. Eingaben und Essays gelten als Muster der Tang-Prosa. Auch als Lyriker bedeutend.

A: Chang Li xiansheng ji, 1936. – *Übs.:* Poet. Werke, E. v. Zach, Cambr./MA 1952.

L: S. Owen, New Haven 1975; C. Hartman, Princeton 1986.

Hanzlík, Josef, tschech. Lyriker, * 19. 2. 1938 Neratovice. Stud. Psychol. Prag; ab 1966 Redakteur der Monatsschrift ›Plamen‹. – H.s Lyrik besingt den Kampf um bessere Lebensbedingungen, eth. Werte u. gegenseitiges Verständnis. Sucht die Lösung der Probleme in der Familie, bes. in der Liebe zum Kind.

W: Lampa, G. 1961; Bludný kámen, G. 1962; Stříbrné oči, G. 1963; Země za Paříží, G. 1963; Červený kolotoč, G. 1964; Úzkost, G. 1966; Potlesk pro Herodesa, G. 1967; Krajina Eufórie, G. 1972; Požár babylonské věže, G. 1981; Kde je ona hvězda, G. 1990.

Hao-chi'iu zhuan → Haoqiu zhuan

Haoqiu zhuan (Glückliche Gattenwahl), anonymer chines. Roman des frühen 17. Jh. Die Handlung spielt zur Ming-Zeit (1368–1644) in Akademiker- und Hofkreisen. Liebesgeschichte; Trennung und Wiedervereinigung nach allerhand Fährnissen. Konfuzian. Moral: Lob der Keuschheit und des pflichttreuen Beamtentums. In China als e. (Nr. 2) der ›Zehn Meisterbücher‹ betrachtet.

Schon im 18. Jh. durch Teilübs. in Europa bekannt (Schiller begann dt. Nachbildung nach Murr; vgl. auch Goethe zu Eckermann 31. 1. 1827).
Übs.: J. Wilkinson, Lond. 1761, danach deutsch C. G. v. Murr 1766; J. F. Davis, Lond. 1829; F. Kuhn, Eisherz und Edeljaspis, 1927.

Hao Ran (eig. Liang Jinguang), chines. Erzähler, * 1932 Tangshan (Hebei). Auf dem Land aufgewachsen, wird H. zunächst Journalist, tritt ab 1956 auch als Schriftsteller hervor. S. Herkunft aus e. armen Bauernfamilie entspricht den Idealen der maoist. Lit.doktrin. – H.s erster Roman ›Yanyang tian‹ beschreibt die Kämpfe in e. Dorf z. Z. der Kollektivierung 1957 zwischen den Protagonisten versch. polit. Linien und soz. Klassen. Auch H.s zweiter Roman ›Jinguang dadao‹ spielt auf dem Land in Nordchina. In s. Charakterisierung von Typen, die den polit. Rollen entsprechen, klarer Verteilung ›guter‹ und ›schlechter‹ Qualitäten und der Betonung des Klassenkampfs und des positiven Helden entspricht dieser Roman perfekt der maoist. Lit.doktrin und wird zum wichtigsten Roman der ›Kulturrevolution‹. Daneben entstehen Kinderbücher. Heute werden H.s Romane nur noch als Zeitdokument gelesen.
W: Yanyang tian, R. III 1964–66; Jinguang dadao, R. II 1972–74 (The Golden Road, engl. 1981). – *Übs.*: Bright Clouds, En. 1974; Children's Stories, 1974.

Ḥāqānī, Afẓalu'd-Dīn Badīl ibn ʿAlī, pers. Panegyriker, 1130–31 Scharwan/Südkaukasien – 1199 Tabris/Nordwestiran. Hochbegabter Handwerkerssohn; e. Arzt-Onkel vermittelte ihm gründl. Ausbildung; ∞ Tochter des Hofpoeten Abu'l-ʿAlā Gangawī, der ihn dem Scharwanschah vorstellte, aber bald Eifersucht des Dichter-Schwiegervaters. Harter Existenzkampf, Mekkawallfahrten 1155/56 u. 1171. Hofdichter beim Scharwanschah Manūčihr; unter dessen Nachfahren Aḥsatān denunziert u. eingekerkert, wandte sich um Beistand an Andronikos Komnenos, späteren byzantin. Kaiser (Gast in Scharwan, am Hof des georg. Königs), wurde freigelassen. 1175 dritte Wallfahrt, danach Rückkehr nach Tabris. – Genialisch-selbstbewußte Dichterpersönlichkeit, glänzender Gelehrter, Satiriker, auch als Panegyriker belehrend, mit sufischen Interessen, oft schwer verständl., Virtuose der Form. Hat die pers. Panegyrik nachhaltig beeinflußt. Vf. der 1. pers. Vers-Reisebeschreibung (Schilderung s. ersten Wallfahrt).
A: Diwan, hg. Ž. Saǧǧādī 1338/1959; Tuḥfatu'l-ʿIrāqain (›Präsent aus beiden Irak‹), hg. Y. Qarīb 1333/1954.
L: B. Reinert, 1972; A. L. Beelaert, 2000.

Haqqī, Yaḥyā, ägypt. Autor, 7. 1. 1905 Kairo – 9. 12. 1992 ebda. Aus türkischstämmiger Kairoer Beamtenfamilie, 1925 Abschluß als Jurist, Rechtsanwalt, ab 1929 Beamter im ägypt. auswärtigen Dienst. – Wendete sich als Pionier der realist. Kurzgeschichte soz. Problemen in Ägypten zu. Behandelte die Frage nach der intellektuellen Bewältigung der Begegnung mit dem Westen und versuchte als Mitgl. der ›Neuen Schule‹ e. eigenen ägypt. lit. Stil zu entwickeln.
W: Qandīl Umm Hāšim, 1944 (Die Öllampe der Umm Haschim, d. 1981); Dimʿa wa-ṭīn, 1955; Umm al-ʿawāǧīz, 1955; Saḥḥa al-naum, 1956; al-Firāš aṣ-ṣaġīr, 1986.
L: M. Cooke, 1984.

Hara, Tamiki, jap. Schriftsteller, 15. 11. 1905 Hiroshima – 13. 3. 1951 Tokyo. Anglistikstudium. Schreibt zunächst Lyrik. Seit 1936 Publikation zahlreicher Kurzgeschichten in der Literaturzeitschrift ›Mita bungaku‹, deren Herausgeber er 1946 wird. Das Erlebnis des Atombombenabwurfs auf Hiroshima wird zu einem Wendepunkt und zum dominierenden Gegenstand seines späteren Schaffens, darunter die Erzählung ›Natsu no hana‹. Selbstmord unter dem Eindruck des Koreakriegs.
W: Natsu no hana, E. 1947 – Teihon H. T. zenshû (SW), IV 1978–79. – *Übs.* in: Seit jenem Tag, hg. N. Ito 1984.
L: J. W. Treat, Writing Ground Zero, 1995.

Harambašić, August, kroat. Dichter, 14. 7. 1861 Donji Miholjac – 16. 7. 1911 Stenjevac. 1892 Dr. jur. Agram, 1900 Rechtsanwalt, 1901 Abgeordneter der Staatsrechtspartei im kroat. Landtag, Publizist u. Journalist. – H.' romant., vorwiegend patriot. Lieder sind Ausdruck s. Kampfes gegen jegl. Tyrannei; s. Liebeslyrik stark rhetor.; als polit. Konzeption schwebte ihm der Zusammenschluß aller Balkanslawen in e. kroat. Staat vor. Zählt zu den populärsten kroat. Dichtern. Übs. Gogol', Turgenev, Tolstoj, Wilde, Shakespeare, Rostand u. Grillparzer.
W: Slobodarke, G. 1883; Ružmarinke, G. 1883; Tugomilke, G. 1887; Pjesničke pripovijesti, G. 1889; Mali raj, G. 1891; Smilje i kovilje, G. 1891; Nevenke, G. 1892. – Ukupna djela (GW), X 1942 f.; Pjesme i proza, hg. N. Mihanović 1966.

Harasymowicz, Jerzy, nannte sich auch Harysymowicz-Broniuszyc, poln. Lyriker, 24. 7. 1933 Puławy – 24. 8. 1999 Krakau. Stud. Vermessungstechnik, gehört zur ›Generation von 1956‹. – In s. Gedichten bevorzugt er die Stilmittel der Groteske, bes. aber der poln. relig. Folklore.
W: Cuda, G. 1956; Powrót do kraju łagodności, G. 1957; Przejęcie kopii, G. 1958; Wieża melancholii, G. 1958; Mit o świętym Jerzym, G. 1960; Ma się pod jesień,

G. 1962; Podsumowanie zieleni, G. 1964; Budowanie lasu, G. 1966; Pastorałki polskie, G. 1966; Madonny polskie, G. 1969; Zielony majerz, G. 1969; Znaki nad domem, G. 1971; Bar na Stawach, 1971; Polska weranda, 1973; Barokowe czasy, G. 1975; Banderia Prutenorum, G. 1976; Polowanie z sokołem, G. 1976; Wiersze miłosne, G. 1979; Z nogami na stole, G. 1981; Wesele rusałek, G. 1982; Klękajcie narody, G. 1984; Na cały regulator, G. 1985. – Wybór wierszy (Ges. G.), 1967, II 1986.
L: J. Łukasiewicz, 1983.

Hardwick, Elizabeth (Bruce), amerik. Schriftstellerin, * 27. 7. 1916 Lexington/KY. Stud. u.a. Columbia Univ., Lehrtätigkeit Barnard College, Journalistin, ∞ Robert Lowell. – Neben ihrem Romanwerk, z.T. autobiograph. und psycholog., ist H. insbes. als Essayistin bekannt und erfolgreich.
W: The Ghostly Lover, R. 1945; The Simple Truth, R. 1955; A View of My Own, Ess. 1962; Seduction and Betrayal: Women and Literature, Ess. 1974 (d. 1986); Sleepless Nights, R. 1979 (d. 1988); Bartleby in Manhattan, Ess. 1984; American Fictions, Ess. 1999; Herman Melville, B. 2000 (d. 2002).

Hardy, Alexandre, franz. Dramatiker, um 1570 Paris – um 1631/32. Begann vielleicht als Schauspieler. Ab etwa 1592 Theaterdichter der Truppe Valleran-Lecomtes. – Im 1. Drittel des 17. Jh. der führende Bühnenautor. Außergewöhnl. fruchtbar; hatte 1628 schon 600 Stücke geschrieben, von denen nur 34 erhalten sind. Schließt mit s. 12 erhaltenen Tragödien, die fast alle antike Stoffe behandeln, an die Tradition des 16. Jh. an. 3 dramatische Gedichte; 5 Pastoralen, im antiken Hirtenmilieu spielende Stücke, die (von d'Urfé bereits eingeführt) H. zu e. in der zeitgenöss. Gesellschaft sehr beliebten Gattung machte. Am besten entfalten konnte er sich in Tragikomödien, von denen 14 erhalten sind. Erstrebte als Bühnenpraktiker bes. Publikumswirkung durch schnellen, stark erregenden, oft wechselnden Handlungsablauf. Wurde durch diese Technik der Belebung zum Wegbereiter Corneilles.
W: Didon, Tr. 1603; Scédase ou l'hospitalité violée, Tr. 1604; Méléagre, Tr. 1604; La Mort d'Achille, Tr. 1607; Coriolan, Tr. um 1607; Marianne, Tr. 1610; La mort de Daïre, Tr. 1619; Théagène et Cariclée, Tr. 1623; La Mort d'Alexandre, Tr. 1624; Timoclée, Tr. 1624; Alcée ou l'infidélité, Pastorale zwischen 1624 u. 1628; Corinna, Pastorale zwischen 1624 u. 1628; L'amour victorieux et vengé, Pastorale zwischen 1624 u. 1628; Panthée, Tr.; Alceste, Tragikom.; Ariadne ravie, Tragikom.; Cornélie, Tragikom.; La force du sang, Tragikom.; Frégonde, Tragikom.; Elmire, Tragikom.; Phraarte, Tragikom.; La belle Egyptienne, hg. B. B. Caravaggi 1984. – Œuvres, V. 1624–28; Théâtre, hg. E. Stengel V 1884f.
L: E. Rigal, 1889; G. Lanson, 1891; H. R. Kranzfelder, D. Hirtendichtung u. d. dramat. Pastoral. A. H.s, Diss. Mchn. 1937; S. W. Deierkauf-Holsboer, Philadelphia 1947; C. Nagel, 1984; M. G. Paulson, 1985.

Hardy, Frank Joseph, austral. Romancier u. Dramatiker, 21. 3. 1917 Southern Cross/Victoria – 28. 1. 1994. – Der Bestseller ›Power Without Glory‹ ist e. polit. Schlüsselroman, der von der kommunist. Ideologie des Vf. aus die skrupellose Karriere des Australiers John West beleuchtet.
W: Power Without Glory, R. 1950 (d. 1954); Journey into the Future, Reiseb. 1952 (d. 1953); The Four-Legged Lottery, R. 1958 (d. 1958); The Hard Way, Mem. 1961; Legends from Benson's Valley, Kgn. 1963; The Unlucky Australians, Rep. 1968; But the Dead are Many, R. 1975; Who Shot George Kirkland, R. 1981; Who Was Henry Larsen?, Dr. 1984; Faces in the Street, Dr. 1988; Mary Lives, Dr. 1992.

Hardy, Thomas, engl. Romanschriftsteller und Lyriker, 2. 6. 1840 Higher Bockhampton/Dorset – 11. 1. 1928 Dorchester. Steinmetzsohn, 1862–67 Stud. Architektur London, dann Architekt in Weymouth, ab 1880 freier Schriftsteller. ∞ 1874 Emma Lavinia Gifford († 1912), ∞ 1914 Florence Emily Dugdale. Wuchs in der ländl. Einsamkeit von Dorset auf, dessen Landschaft, myth. umgestaltet als Wessex, den Hintergrund vieler s. Gedichte und Romane bildet. S. vom Denken Darwins u. Schopenhauers beeinflußte Welt wird z.T. von e. unausweichl. Tragik beherrscht; e. der Hauptthemen vieler s. (insgesamt aber sehr heterogenen) Romane ist der ausweglose Kampf der Menschen gegen blinde Schicksalsmächte, die gleichgültig unerbittlich walten, gegen düstere Zufälle, denen der Mensch hoffnungslos preisgegeben ist und die ihm Glück und Harmonie verwehren. Am stärksten tritt dieser Pessimismus in den letzten Romanen hervor. Einige s. frühen Romane, von ihm als ›Romances and Fantasies‹ bezeichnet, wie ›The Trumpet-Major‹, ›A Pair of Blue Eyes‹, sind pittoresk und noch nicht von düsterer Schicksalstragik umwittert. H.s Hauptgestalten sind leidenschaftl. Naturen, deren Veranlagung häufig ihr Schicksal mit begründet. Sie sind individuell gezeichnet und gut analysiert, die Nebengestalten dagegen sind sog. Schubladenfiguren, die nach Bedarf hervorgeholt und beiseite geschoben werden. H. schrieb schon in frühen Jahren zahlr. lyr. Verse, in den letzten Jahren wandte er sich ganz von der Prosa ab und publizierte mehrere Bände Gedichte. S. Verse zeigen volksliedhafte Töne. H.s ep. Geschichtsdrama ›The Dynasts‹, schildert die Napoleon. Kriege in den 10 Jahren vor Waterloo u. verbindet Blankversszenen durch Prosaüberblicke und Chor-Gespräche der Geister der Überwelt.
W: Desperate Remedies, R. 1871; Under the Greenwood Tree, R. 1872 (Die Liebe der Fancy Day, d. 1949); A Pair of Blue Eyes, R. III 1873; Far from the Madding Crowd, R. II 1874 (n. C. J. Weber 1959); The Return of the Native, R. III 1878 (n. J. Gindin 1969; d. 1949); The Trumpet-Major, R. III 1880; The Laodice-

an, R. 1881; Two on a Tower, R. III 1882; The Mayor of Casterbridge, R. II 1886; The Woodlanders, R. III 1887; Wessex Tales, Kgn. II 1888; Tess of the d'Urbervilles, R. III 1891 (n. F. B. Pinion 1959, S. Elledge ²1965, J. Grindle 1983; d. 1964); Life's Little Ironies, Kgn. 1894 (Ausw.: Seiner Frau zuliebe, d. ²1947); Jude the Obscure, R. 1895 (d. 1901); Wessex Poems and other Verses, G. 1898; Poems of the Past and Present, G. 1901; The Dynasts, Dr. III 1903–08; Time's Laughingstocks, G. 1909; Satires of Circumstance, G. 1914; Moments of Vision, G. 1917; Late Lyrics and Earlier, G. 1922; The Famous Tragedy of the Queen of Cornwall, Tr. 1923; Human Shows, Far Phantasies, G. 1925; Collected Poems, 1927; Winter Words, G. 1928; Collected Short Stories, 1928. – Works, Wessex Ed., XXIII 1912f., XXIV ²1919–29, Mellstock Ed., XXXVII 1919–21, Library Ed. 1953, The New Wessex Ed. 1974; Complete Poems, 1976, 1979; Complete Poet. Works, V 1982–95; Letters, hg. C. J. Weber 1963; Collected Letters, hg. R. L. Purdy, M. Millgate 1978ff.; Letters to F. Henniker, hg. E. Hardy, F. B. Pinion 1972; Notebooks, hg. E. Hardy 1955; The Architectural Notebook, hg. C. Beatty 1966; Life and Art: Essays, Notes and Letters, hg. E. Brennecke 1966; The Literary Notes, hg. L. A. Björk II 1974; Personal Writings, hg. H. Orel 1966; The Personal Notebooks, hg. R. H. Taylor 1978; The Critical Heritage, hg. R. G. Cox 1970.

L: L. Abercrombie, 1912; L. P. Johnson, ²1923; 1966; A. Symons, 1927; F. E. Hardy, II 1928–30, 1970; A. S. MacDowall, 1931; A. Elliott; 1935; H. C. Duffin, ³1937; W. R. Rutland, 1938; P. Braybrooke, 1938, 1969; C. J. Weber, 1940; H. C. Webster, 1947; J. G. Southworth, The Poetry of T. H., 1947; A. J. Guerard, 1949; D. Hawkins, 1953, ²1981; C. D. Lewis, 1953; S. Hynes, The Pattern of H.s Poetry, 1961; D. Brown, ²1961; R. C. Carpenter, 1964; C. J. Weber, ²1965; B. Sankey, 1965; D. Cecil, ³1965; C. Holland, 1966; J. Howe, 1967; F. B. Pinion, 1968, ²1974, ders., 1977; K. Marsden, 1969; E. Hardy, ²1970; J. O. Bailey, 1970; J. H. Miller, 1970; T. Johnson, ²1971; M. Millgate, 1971; ders. 1982; ders., hg. 1984; F. E. Halliday, 1972; I. Gregor, The Great Web, 1974; D. Kramer, 1975; T. Paulin, 1975; T. O'Sullivan, 1975; R. Carpenter, 1976; M. Drabble, The Genius of H., 1976; M. Orel, 1976; G. W. Sherman, The Pessimism of H., 1976; L. St. John Butler, hg. 1977; ders., 1978; ders., 1989; R. Gittings, ²1977; ders., ²2001; N. Page, 1977; ders., hg. 1980; J. Richardson, 1977; A. Enstice, 1979; C. H. Salter, 1981; R. Sumner, 1981; R. H. Taylor, The Neglected H., 1982; F. R. Giordano, H.s Self-destructive-Characters, 1984; H. Orel, the Unknown T. H., 1987; J. B. Bullen, Expressive Eye, 1986; New Perspectives on H., hg. C. P. Petit, 1994; Cambridge Companion to T. H., hg. D. Kramer, 1999; J. S. Whitehead, 1999; P. Turner, ²2001. – *Bibl*.: H. E. Gerber, W. E. Davis, II 1973–1983; R. L. Purdy ²2002.

Hare, David (seit 1998 Sir), engl. Dramatiker, * 5. 6. 1947 St. Leonards/Sussex. Wichtiger Vertreter der experimentellen Fringe-Theatre-Bewegung, 1968 Mitbegründer des Portable Theatre, 1970/71 Dramaturg am Royal Court Theatre, 1975–80 Direktor der Joint Stock Company, Regisseur. – Spannende, widersprüchl. u. sehr erfolgr. Stücke über Themen wie Kritik am polit. Establishment u. am Kapitalismus, z. B. im Bereich des Journalismus.

W: Slag, Dr. 1971; The Great Exhibition, Dr. 1972; Brassneck, Dr. 1974 (m. H. Brenton; d. 1974); Knuckle, Dr. 1974 (Eine Stadt wird vernommen, d. 1974); Teeth 'n' Smiles, Dr. 1976; Plenty, Dr. 1978 (In Hülle und Fülle, d. 1978); Licking Hitler, FSsp. 1978; Dreams of Leaving, FSsp. 1980; Saigon, FSsp. 1983; The History Plays, 1984; Pravda, Dr. (1985) (m. H. Brenton; d. 1986); A Map of the World, Dr. (1985; d. 1986); The Asian Plays, Drn. 1986; Racing Demon, Dr. 1990; Murmuring Judges, Dr. 1991; The Absence of War, Dr. 1993; Amy's View, Dr. 1997; Acting Up: A Diary, 1999.

L: J. F. Dean, 1990; J. L. Oliva, 1990; H. Zeifman, 1994; C. Homden, 1995; S. Fraser, 1996.

Haren, Onno Zwier van, niederländ. Dichter, 2. 4. 1713 Leeuwarden – 2. 9. 1779 Wolvega. Aus adl. fries. Geusengeschlecht. Diplomat. Mußte sich nach Familienskandal zurückziehen u. widmete sich ganz dem lit. Schaffen. – Epiker und Dramatiker mit herber, kräftiger Sprache. Er und s. Bruder Willem v. H. (1710–68) schufen die bedeutendsten niederländ. weltl. Heldengedichte des 18. Jh. Von nachhaltiger Wirkung war s. Epos ›Aan het vaderland‹ (Freiheitskampf gegen Spanien); s. Tragödie ›Agon‹ kritisiert die niederländ. Kolonialpolitik.

W: Aan het vaderland, Ep. 1769 (u. d. T. De Geuzen, 1772; n. A. Starkenburg 1943); De koophandel, G. 1769; Agon, Sulthan van Bantam, Tr. 1769; Willem de Eerste, Tr. 1773 (n. 1864); Pietje en Agnietje of de doos van Pandora, K. 1779. – De dichterlijke werken, hg. J. de Vries II 1824–26.

L: J. v. Vloten, 1874; J. J. Kalma, 1956; P. van der Vliet, 1996.

Haribhadra Sūri, ind. Theologe und Dichter, 8. Jh. n. Chr. Jain. Mönch (Śvetāmbara). Sohn e. Brahmanen aus Citrakuta (Cittor); lebte später in Rajputana und Gujarat. – E. der hervorragendsten und fruchtbarsten Dichter der Jainas, von dem 88 Werke in Sanskrit und Prakrit erhalten sind, darunter die ›Samarāicca-kahā‹, e. in Jaina-Māhārāṣṭrī abgefaßter relig. Roman (dharma-kathā) nach dem Vorbild der ›Taraṅgavatī‹ des Pādalipta (Pālitta) Sūri (vor 5. Jh. n. Chr.): Die Hauptgeschichte verfolgt das Schicksal des Helden und s. Gegners durch neun Wiedergeburten; dieses Werk wird allerdings auch e. anderen, späteren Autor gleichen Namens (12. Jh.?) zugeschrieben. Vf. mehrerer Sanskritkommentare zum Jaina-Kanon sowie philos. und theolog. Schriften wie ›Saddarśana-samuccaya‹, e. zusammenfassenden Darstellung des Buddhismus, Nyāya, Sāṅkhya, Vaiśesika, der Mīmāṃsā und der Materialisten, oder ›Śrāvaka-prajñapti‹, e. systemat. Abhandlung über den Jainismus für Laienanhänger. Das Kunstepos ›Nemināhacariu‹, vollendet 1159, und die Satire ›Dhuttakkhāṇa‹ sind wohl Werke des späteren Dichters gleichen Namens.

A: Samarāicca-kahā, hg. H. Jacobi 1908, 1926 (m. engl. Inhaltsangabe); Saḍḍarśanasamuccaya, hg. L. Suali 1905ff.; Śrāvaka-prajñapti, hg. B. K. Premchand 1905.
L: Muni Jinavijayajī, 1920; R. S. Shukla, 1989.

al-Ḥarīrī, Abū Muḥammad al-Qāsim (›Der Seidenhändler‹), arab. Dichter, Literat und Sprachgelehrter, 1054 b. Baṣra – 1122 ebda. Stud. in Baṣra; führte als reicher Erbe vornehml. das Leben e. freien Gelehrten. – Dichter von 50 Maqāmen, in denen er nach dem Vorbild al-Hamadhānīs die Abenteuer des witzigen Abū Zaid aus Sarūǧ schildert. Weniger originell als s. Vorgänger, übertrifft er diesen doch durch poet. Geist, Gewandtheit und e. brillante, mit syntakt. und lexikal. Finessen ausgestattete Sprache. Vielfach von Muslimen, Juden und Christen nachgeahmt, wurden die Maqāmen H.s im Abendland durch die kongeniale Übs. Rückerts e. breiten Publikum bekannt. Daneben als philolog. Werke u. a. das grammat. Lehrgedicht ›Mulḥat al-iʿrāb‹ (Die Eleganz der Desinentialflexion) mit Kommentar und das wertvolle, Sprachfehler behandelnde Buch ›Durrat al-ǧaw-wāṣ‹ (Die Perle des Tauchers).

W: Maqāmāt, hg. S. de Sacy II ²1847–53 u. ö. (Die Verwandlungen des Abu Seid von Serug, d. F. Rückert 1826, n. A. Schimmel 1966; engl. 1. Teil T. Chenery 1867, 2. Teil F. Steingass 1898); Mulḥat al-iʿrāb, mehrfach gedruckt (Récréations grammaticales, franz. L. Pinto 1884, 1911); Durrat al-ghaw-wāṣ, 1871 u. ö.
L: J. C. Bürgel, 1991.

Hariścandra, ind. Schriftsteller, Lyriker u. Dramatiker, 9. 9. 1850 Banaras – 6. 1. 1885 ebda. Gründer mehrerer teils lit., teils polit. Vereinigungen; erhielt 1880 für s. Verdienste den Titel ›Bhāratendu‹ (Mond Indiens); Hrsg. von Anthologien und mehreren Zsn. (›Kavi Vacan Sudhā‹, 1868ff.; ›Hariścandra Candrikā‹ und ›Bālbodhinī‹, 1873ff.). – Vater der Renaissance der Hindi-Lit. und ihr bedeutendster Prosaist. Schrieb in versch. Dialekten, meist in Braj Bhasa, hist. Werke (so ›Kāśmīr Kusum‹, ›Caritāvalī‹, ›Bādśāh Darpaṇ‹), 16 Dramen (Übsn., Bearbeitungen und eigene Werke), Gedichte (gesammelt in ›Prem Mādhurī‹) und Kritiken.

A: Bhāratendu Granthāvalī (GW), hg. V. R. Dās ²1950–53.
L: V. Dalmia, The nationalization of Hindu traditions, Delhi 1997.

al-Harisi, Juda ben Salomo → al-Charizi, Juda ben Salomo

Harland, Henry, amerik. Schriftsteller, 1. 3. 1861 St. Petersburg – 20. 12. 1905 San Remo. Aufgewachsen in Europa und New York, wo er e. Staatsstellung bekleidete; ging 1894 nach London, bis 1897 Hrsg. des ›Yellow Book‹; Einfluß von H. James; gehörte hier zu e. Kreis expatriierter amerik. Ästheten. – Schrieb anfängl. melodramat. Romane über dt.-jüd. Einwanderer in Amerika, später impressionist.-elegante Gesellschaftsromane mit europ. Hintergrund.

W: As It Was Written, R. 1885 (n. 1984); Mrs. Peixada, R. 1886; Grey Roses, R. 1895; The Cardinal's Snuff Box, R. 1900; The Lady Paramount, R. 1901; My Friend Prospero, R. 1904.
L: Bibl.: K. Beckson, 1978.

Harpur, Charles, austral. Lyriker, 23. 1. 1813 Windsor/New South Wales – 10. 6. 1868 ebda.. Postbeamter, Lehrer u. Farmer. – Vf. krit. u. satir. Gedichte zu austral. u. kolonialer Politik, daneben Liebesgedichte. Feinfühlige Beschreibungen austral. Landschaftsatmosphäre.

W: Thoughts: A Series of Sonnets, 1845; Songs of Australia, First Series, G. 1850; Selected Poetry and Prose, hg. M. Ackland 1986.
L: J. Normington-Rawling, 1962; J. Wright, 1963.

Harris, Frank (eig. James Thomas H.), engl. Journalist, Romanschriftsteller und Dramatiker, 14. 2. 1856 Galway/Irland – 26. 8. 1931 Nizza. Ging 15jährig in die USA; dort Gelegenheitsarbeiter, danach Stud. Rechte an amerik., franz. und dt. Univ. Freundeskreis um M. Beerbohm, O. Wilde und G. B. Shaw. Hrsg. der Zsn. ›Fortnightly Review‹ und ›Vanity Fair‹, Begr. und Hrsg. von ›Candid Friend‹. – Vf. von Romanen, Kurzgeschichten, Schauspielen sowie sensationsträchtigen, spekulativen Biographien von O. Wilde, G. B. Shaw und Shakespeare.

W: Elder Conklin, Kgn. 1895; Montes, the Matador, Kgn. 1900; Mr. and Mrs. Daventry, Sch. 1900 (n. H. M. Hyde, 1956); The Bomb, R. 1903; The Man Shakespeare, St. 1909 (d. 1928); Shakespeare and his Love, Sch. 1910; The Women of Shakespeare, St. 1911; The Yellow Ticket, Kgn. 1914; Contemporary Portraits, Ess. V 1915–30; O. Wilde, B. 1916 (d. 1923); My Life and Loves, Aut. IV 1923–26 (n. G. Richards 1952; d. 1926); Undream'd of Shores, 1924; Confessional, Ess. 1930; On the Trail, Erinn. 1930; F. H. on B. Shaw, B. 1931; Short Stories, hg. E. Gertz 1975.
L: A. I. Tobin, E. Gertz, 1931; S. Roth, 1931; E. M. Root, 1947; H. K. Lunn, ²1949; H. Kingsmill, ²1949; V. Brome, ²1959; R. B. Pearsall, 1970; L. M. Bain, Evergreen Adventurer, 1975; Ph. Pullar, 1975.

Harris, Joel Chandler, amerik. Schriftsteller, 9. 12. 1848 bei Eatonton/GA – 3. 7. 1908 Atlanta. Setzerlehre bei e. auf e. Plantage gedruckten Zeitung; hier Vertrautwerden mit dem Leben der

Schwarzen und den Vorbürgerkriegs-Verhältnissen; Journalist in Macon, New Orleans, Savannah; 1876–1900 an der ›Atlanta Constitution‹ (hier entstanden die Uncle-Remus-Erzählungen); ab 1900 am eigenen ›Uncle Remus's Magazine‹. – S. erfolgr. Erzählungen über den typisierten, aber doch individuellen Afroamerikaner Uncle Remus, die auf Überlieferungen (Natursagen, Märchen und Tierfabeln) der Schwarzen beruhen, und der authent. Dialekt der Sklaven vor dem breit angelegten Hintergrund des Lebens auf e. Plantage machen Harris zum ersten und größten Autor, der vom Material der afroamerik. Folklore Gebrauch macht, und zu e. der bedeutendsten Vertreter der ›local color‹-Schule. Später folklorist. Arbeiten.

W: Uncle Remus: His Songs and His Sayings, Kgn. 1881 (n. 1931); Nights with Uncle Remus, Kgn. 1883; Mingo, and Other Sketches in Black and White, Kgn. 1884; Uncle Remus and His Friends, Kgn. 1892; Tales of the Home Folks, En. 1898; Uncle Remus and Brer Rabbit, Kgn. 1907. – Miscellaneous Writings, hg. J. C. Harris 1931; The Favorite Uncle Remus, hg. G. V. Santvoord, A. C. Coolidge 1948; The Complete Tales of Uncle Remus, hg. R. Chase 1955; On the plantation, fiktive Aut. 1892 (n. 1980); Dearest chums and partners, hg. H. T. Keenan, Br. 1993.

L: R. L. Wiggins, 1918; J. C. Harris, 1918; A. F. Harlow, 1941; S. B. Brookes, 1950; E. H. Weddle, 1964; P. M. Cousins, 1968. – Bibl.: R. B. Bickley, 1997.

Harris, (Theodore) Wilson, karib. Romancier, * 24. 3. 1921 New Amsterdam/Guyana. Engl., ind., afrikan. u. indian. Vorfahren. Stud. Queen's College, Georgetown/Guayana. Bereiste 1955–58 als Landvermesser intensiv das Landesinnere, 1959 Umzug nach London, wo er bis heute lebt. Seit 1970 Gastdozenturen in den USA, Kanada, Jamaika, Indien, Australien u. England. – Guyana bildet den Schauplatz der meisten s. oft auf karib. Mythologie basierenden, in Bilder- u. Traumsequenzen erzählten, anspruchsvollen Romane.

W: Palace of the Peacock, R. 1960; The Far Journey of Oudin, R. 1961; The Secret Ladder, R. 1963; Heartland, R. 1964; The Eye of the Scarecrow, R. 1965; The Waiting Room, R. 1967; Ascent to Omai, R. 1970; Black Marsden, R. 1972; Companions of the Day and Night, R. 1975; The Tree of the Sun, R. 1978; The Angel at the Gate, R. 1982; Carnival, R. 1985; The Infinite Rehearsal, R. 1987; The Four Banks of the River Space, R. 1990; Resurrection at Sorrow Hill, R. 1993; Jonestown, R. 1996; The Dark Jester, R. 2001.

L: H. Maes-Jelinek, 1982; S. E. Drake, 1986; The Literate Imagination, hg. M. Gilkes 1989; H. Maes-Jelinek, hg. 1991; P. Murray, Shared Solitude, 1994.

Harrison, Tony, engl. Lyriker u. Dramatiker, * 30. 4. 1937 Leeds. Aus e. Arbeiterfamilie, Stud. Leeds, nach Lehrtätigkeiten in den 1960er Jahren freier Autor. – Die Spannung zwischen s. sozialen u. regionalen Herkunft und s. kosmopolit. u. klass. Bildung handelt H. in der Sonett-Sequenz ›The School of Eloquence‹ inhaltl. wie formal auf das intensivste aus. In den 1980er Jahren verfaßte H. längere und optimistischere Gedichte, die – zusammen mit s. Übersetzungen u. Bearbeitungen klass. franz. u. bes. antiker Dramen für das National Theatre – den Weg zu s. sog. ›film/poems‹ (ausgestrahlt im brit. TV) ebneten. S. polit. Engagement beweist sich dabei in der Ausweitung der klass. Perspektive auf die Gewalt des 20. Jh.

W: The Loiners, G. 1970; Phaedra Britannica, Dr. (nach Racine) 1975; Continuous: 50 Sonnets from the School of Eloquence, 1981; A Kumquat for John Keats, G. 1981; U. S. Martial, G. 1981; Selected Poems, ²1984; Theatre Works 1973–85, 1986; The Trackers of Oxyrhynchus, Dr. (nach Sophokles) 1990; A Cold Coming, G. 1991; The Common Chorus, Dr. 1992; Square Rounds, Dr. 1992; The Shadow of Hiroshima and Other Film/Poems, 1995; Plays 3, 1996; Prometheus, Drb. 1998; Laureate's Block and Other Occasional Poems, 2000.

L: N. Astley, hg. 1991; L. Spencer, 1994; J. Kelleher, 1996; S. Byrne, hg. 1997; dies., H, v, & O: the poetry of T. H., 1998; A. Rowland, 2001. – Bibl.: J. R. Kaiser, 1989.

Harrower, David, schott. Dramatiker, * 26. 9. 1966 Edinburgh. – Vertreter des neuen brit. ›In-Yer-Face‹-Theaters; Durchbruch mit ›Knives in Hens‹, e. archaisch, myth. anmutenden, gleichnishaften Drama über e. Dreieckskonstellation und die identitätsstiftende Macht von Worten und Wissen.

W: Knives in Hens, Dr. 1995 (d. [1997]); Kill the Old Torture their Young, Dr. 1998; Presence, Dr. (2001).

Harṣa (Harṣadeva, Harṣavardhana, Śrīharṣa) Śīlāditya, ind. Dramatiker und Kaiser von Sthanesvara (Thanesar) und Kanyakubja (Kanauj), 590–647 n. Chr. Regierte ab 606 (→ Bāṇas ›Harṣa-carita‹). – Ihm werden 3 Dramen in Sanskrit zugeschrieben: ›Ratnāvalī‹ (Die Perlenschnur) und ›Priyadarśikā‹, beide in 4 Akten, behandeln die Liebe des Königs Udayana von Vatsa zu den Titelheldinnen, der aus Sri Lanka stammenden Prinzessin Ratnāvalī und der Prinzessin Priyadarśikā, Tochter des Königs Dṛdhavarman; beide Dramen sind mit → Kālidāsas ›Mālavikāgnimitra‹ bezügl. Vorlage und Form eng verwandt. ›Nāgānanda‹ (Die Wonne der Schlangendämonen), e. Drama in 5 Akten, behandelt die in buddhist. Tradition stehende Selbstaufopferung des Geisterprinzen Jīmūtavāhana für e. Schlangenprinzen und s. Wiedererweckung durch die Göttin Gaurī; H. gilt außerdem als Vf. buddhist. Hymnen.

A: Bak Kun Bae, Śrī Harṣa's Plays, 1964 (m. engl. Übs.); Ratnāvalī, hg. N. B. Godabole, K. P. Parab ²1890,

C. Cappeller 1897, M. R. Kale 1921 (m. engl. Übs., n. 1984, 1995; M. Lehot 1933, ²1967 [m. franz. Übs.]; d. L. Fritze 1878, H. Melzig 1928); Priyadarśikā, hg. J. Vidyāsāgara 1874, V. D. Gadre 1884, G. K. Nariman u. a. 1923 (n. 1965 [m. engl. Übs.]; franz. G. Strehly 1888); Nāgānanda, hg. J. Vidyāsāgara 1873, Baladeva Upadhyaya 1931, C. Sankara Rama Sastri 1947 (m. engl. Übs.; engl. Palmer Boyd 1872, n. 1964; franz. A. Bergaigne 1879). – *Übs.:* engl. A. Bose 1948.
L: M. L. Ettinghausen, 1906; K. M. Panikkar, 1922; R. Mookerjee, 1926; D. Devahuti, 1970; B. N. Srivastava, 1976; R. Steiner, 1997.

Harṣadeva → Harṣa

Harsányi, Zsolt, ungar. Schriftsteller, 27. 1. 1887 Korompa – 29. 11. 1943 Budapest. Aus kleinadl. Familie. Stud. Philos. in Kolozsvár. Redakteur der Zeitung ›Kolozsvári Újság‹ ebda. 1910 Gründer der Zs. ›Színházi Hét‹ in Budapest. 1913 Journalist bei ›Pesti Hírlap‹, 1927 bei ›Budapesti Hírlap‹. 1938 Direktor des Theaters Vígszínház. Mitgl. der Kisfaludy- u. Petőfi-Gesellschaft. – H. hatte großen Erfolg mit s. biograph. Romanen um europ. Geistesgrößen. Ferner flotte Erzählungen und zugkräftige Dramen.
W: A féltékeny költő, G. 1920; Az aranyholló, R. 1924 (Ohne Liebe ist auch ein Handkuß gemein, d. 1950); Életre, halálra, R. 1931 (Auf Leben und Tod, d. 1950); Az üstökös, R. 1932 (Der Komet, d. 1956); Csak azért is, R. 1934 (Die schöne Etelka, d. 1952); Tündérkirálynő, R. 1935; Ecce homo, R. 1935 (Purpur und Dämmerung, d. 1952); Magyar rapszódia, Liszt-R. 1936 (Ungarische Rhapsodie, d. ¹⁴1949); Mathias rex, M. Corvinus-R. 1936 (Zum Herrschen geboren, d. 1951); És mégis mozog a föld, Galilei-R. 1937 (Und sie bewegt sich doch, d. ⁷1947); Magdolna, R. III 1938 (Mit den Augen einer Frau, d. ¹⁰1949); Grófkisasszony, Lsp. 1939; Szegény János, R. 1939 (Im Schatten der Krone, d. 1960); Élni jó, Rubens-R. 1940 (Das herrliche Leben, d. 1942); Whisky szódával, R. 1941 (Whisky-Soda, d. 1949); Az aranyalma, R. 1942 (Der goldene Apfel, d. 1955).
L: Gy. Bessenyei, 1954.

Harṣavardhana → Harṣa

Hart, Maarten 't, niederländ. Schriftsteller, * 25. 11. 1944 Maassluis. Stud. Biologie in Leiden, wissenschaftl. Tätigkeit in Verhaltensforschung. – Im Mittelpunkt des Debütromans von 1971 stehen die Probleme einer rigiden kalvinist. Erziehung u. eine latente Homosexualität; die Themen ›Anderssein‹ und ›Einsamkeit‹ ziehen sich durch das ganze, stark autobiograph. Werk. Interessante Figurendarstellung, manchmal groteske Situationen, Elemente des Kriminalromans. Zahlreiche Essays zu unterschiedlichsten Themen.
W: Stenen voor een ransuil, R. 1971 (unter Ps. Martin Hart); Ik had een wapenbroeder, R. 1973; Een vlucht regenwulpen, R. 1978 (Ein Schwarm Regenbrachvögel, d. 1988); De aansprekers, R. 1979 (Gott fährt Fahrrad, d. 2000); ongewenste zeereis, Ess. 1979 (d. 1985); De kroongetuige, R. 1983 (Die schwarzen Vögel, d. 1999); Verzamelde verhalen, En. 1989; Het woeden der gehele wereld, R. 1993 (d. 1997); Bach und ich, Es. 2000; De zonnewijzer, R. 2002 (d. 2003). – *Übs.:* Das Pferd, das den Bussard jagte, En. 2002.
L: J. Diepstraten, hg. 1981; M. v. Keulen, Geheime dame, 1992.

Hart, Moss, amerik. Dramatiker, 24. 10. 1904 New York – 20. 12. 1961 Palm Springs/CA. Jugend und Ausbildung im New Yorker Theaterleben, früh Laienspieler, schrieb seit 1925 erfolgr. satir. Lustspiele und Musicals zusammen mit G. S. Kaufman, I. Berlin, Ira Gershwin, Kurt Weill.
W: Once in a Lifetime, K. 1930 (m. Kaufman); Face the Music, K. 1932 (m. Berlin); Merrily We Roll Along, K. 1934; You Can't Take It With You, K. 1936 (m. Kaufman u. I. Gershwin); The Man Who Came to Dinner, K. 1939 (m. Kaufman); George Washington Slept Here, K. 1940; Lady in the Dark, K. 1941 (m. Weill u. I. Gershwin; Das verlorene Lied, d. 1949); Up the Sky, K. 1948; Act One, Aut. 1960. – Six Plays, o. J. (m. Kaufman).
L: B. D. MacClung, 1994.

Harte, (Francis) Bret(t), amerik. Kurzgeschichtenautor, 25. 8. 1836 Albany/NY – 5. 5. 1902 Camberley/Surrey. Als Sohn e. Lehrers in New York aufgewachsen, ging 1854 nach Kalifornien: Gelegenheitsarbeiten, Lehrer und Journalist in den Goldminen und 1860–78 San Francisco (›Golden Era‹, ›Overland Monthly‹), Veröffentlichung der ersten Geschichten, Freundschaft mit Mark Twain; ∞ 1862 Anna Griswold; 1871 nach New York zurück; 1878 nach Europa, ohne je wieder nach Amerika zurückzukehren: 2 Jahre Konsul in Krefeld, 1880–85 Konsul in Glasgow, seit 1885 Tagesjournalist in London. – Mit s. ersten Goldgräbergeschichten aus dem frühen Kalifornien der 1850er Jahre, bes. ›The Luck of Roaring Camp‹ (1868) und ›The Outcasts of Poker Flat‹ (1869) sowie mit s. Dialektgedicht ›The Heathen Chinee‹ (1870) erzielte H. ungeheuren Erfolg, bes. im Osten der USA; Verbindung romant. Motive (edler Bösewicht) mit Dickensschen Sonderlingstypen; stand am Anfang der ›local color‹-Schule; diese ersten Erfolge vermochte er nie zu wiederholen.
W: Condensed Novels and Other Papers, Parodien 1867; The Luck of Roaring Camp and Other Sketches, 1870 (n. G. R. Stewart Jr. 1928; d. 1873); Stories of the Sierras, 1872; Mrs. Skagg's Husbands, 1873; Tales of the Argonauts, 1875; A Millionaire of Rough-and-Ready, 1887. – The Works, XX 1897–1914, XXV 1914; Sketches of the Sixties, hg. J. Howell 1927 (m. Mark Twain); Representative Selections, hg. J. B. Harrison 1941; Tales of the Goldrush, hg. O. Lewis 1944; The Best Short Sto-

ries, hg. R. N. Linscott 1947; Harte of the West; Seventeen Stories, hg. N. E. Hoopes 1966; Letters, hg. G. B. Harte 1926. – *Übs.:* Erzählungen, M. Jacobi 1901–05; Kalifornische Abenteuer, 1962; Kalifornische Erzählungen, 1965; Der gelbe Hund u.a., 1965.
L: T. E. Pemberton, 1900 u. 1903; H. W. Boynton, 1903; H. C. Merwin, 1911; G. R. Stewart Jr., 1931; A. F. Harlow, 1943; R. O'Connor, 1966; J. Branham, 1971; G. Scharnhorst, 1992; A. Nissen, 2000. – *Bibl.:* J. Gaer, 1935; L. D. Barnett, 1980; G. Scharnhorst, 1995.

Hartog, Jan de (Ps. F. R. Eckmar), niederländ. Erzähler und Dramatiker, 22. 4. 1914 Haarlem – 22. 9. 2002 Houston. Sohn e. Theologieprof. Vom 10. Lebensjahr an abenteuerl. Seefahrerleben. 1943 Flucht aus den besetzten Niederlanden nach England. Lebte in den USA. – Fruchtbarer Erfolgsautor von Bühnenstücken u. Romanen – meist um das Leben auf See – von ungleichem lit. Rang. ›The Fourposter‹ wurde in 17 Sprachen aufgeführt, auch Musical-Bearbeitung. Ferner Kriminalromane u. Drehbücher. Schrieb seit 1943 meist in engl. Sprache u. übersetzte s. Werke dann ins Niederländische. Vieles wurde verfilmt.
W: Fort 99, R. 1931, Sch. 1936; De ondergang van ›De Vrijheid‹, Sch. 1937; De maagd en de mordenaar, R. 1939 (unter Ps.; Das Mädchen aus Turkestan, d. 1959); Hollands glorie, R. 1940 (d. 1947, u.d.T. Jan Wandelaar 1943, 1948 u.ö.); Mist, Sch. 1940 (bearb. u.d.T. De dood van een rat, 1946; d. 1961); Schipper naast God, Sch. 1945 (Schiff ohne Hafen, d. 1949); Gods geuzen, R. III 1947–49 (d. II 1952 f. u.ö.: 1. Der Kapitän, 2. Der Arzt; in 1 Bd. u.d.T. Gottes Trabanten, 1962); Stella, R. 1950 (d. 1951, u.d.T. Der Schlüssel, 1958); The Fourposter, K. 1951 (Het hemelbed, niederländ. 1953; d. 1953); The Lost Sea, R. 1951 (d. 1958); Mary, R. 1951 (d. 1952); Thalassa, R. 1952 (d. 1953); The Little Ark, R. 1953 (d. 1955); A Sailor's Life, R. 1956 (Ruf des Meeres, d. 1956); The Inspector, R. 1960 (d. 1963); The Artist, R. 1963 (d. 1969); The Hospital, Rep.-R. 1964 (d. 1967); The Captain, R. 1966 (Kapitän Harinx, d. 1968); The Kingdom of Peace, R.-Tetral. IV 1971–1972; Trail of the Serpent, R. 1984 (d. 1985); The Commodore, R. 1987 (d. 1991); De vlucht, aut. Ber. 1999.
L: G. Reve u.a., 1981; F. van Campenhout, 1987.

Hartzenbusch, Juan Eugenio, span. Schriftsteller, 6. 9. 1806 Madrid – 2. 8. 1880 ebda. Sohn e. dt. Kunsttischlers u. e. Spanierin, wurde nach dem Unabhängigkeitskrieg mit s. Eltern aus Spanien ausgewiesen; 1815 Rückkehr nach Madrid, Unterricht im Jesuitenkolleg San Isidoro, erlernte aus Geldmangel das väterl. Handwerk, betrieb nebenher lit. Stud.; journalist. Tätigkeit; nach dem Erfolg s. ersten Dramen 1847 Berufung in die Span. Akad., 1854 Direktor der Escuela Normal, 1862–75 Direktor der Staatsbibliothek. – Romantiker, bedeutender Dramatiker, Lyriker und Kritiker; schrieb 69 Dramen über hist. Themen, Komödien nach Art Moratíns u. Zauberstücke. Berühmtestes Werk ›Los amantes de Teruel‹ über die vielfach lit. verarbeitete altspan. Sage von der trag. Liebe zwischen Diego Marsilla u. Isabel de Segura, trug zum Triumph der Romantik auf der span. Bühne bei. Beschäftigte sich als Gelehrter u. Kritiker in erster Linie mit dem Theater des Goldenen Zeitalters, veranstaltete krit. Ausgaben der großen klass. Dramatiker (Lope, Calderón, Tirso de Molina usw.) und bearbeitete viele ihrer Stücke. Übs. von zahlr. ausländ. Bühnenwerken, Schillers Gedichten u. den Fabeln Lessings.
W: Las hijas de Gracián Ramírez, Dr. 1831; Los amantes de Teruel, Dr. 1837 (d. 1853; n. II 1970, 1980); Doña Mencía, Dr. 1838; La redoma encantada, K. 1839; La visionaria, K. 1840; Alfonso el Casto, Dr. 1841; La coja y el encogido, K. 1843; Juan de las Viñas, Dr. 1844; La jura en Santa Gadea, Dr. 1845; La madre de Pelayo, Dr. 1846; Un sí y un no, K. 1854; El Mal Apóstol y el Buen Ladrón, Dr. 1860; Fábulas, 1862 (n. 1973). – Obras completas, V 1888–92.
L: A. Fernández Guerra, o. J.; A. S. Corbière, J. E. de H. and the French Theatre, Philadelphia 1927; T. Heinermann, 1944; C. Iranzo, Boston 1978. – *Bibl.:* E. Hartzenbusch, 1900.

Harvey, Jack → Rankin, Ian

Harwood, Ronald (eig. R. Horwitz), engl. Schauspieler, Schriftsteller und Hrsg., * 9. 11. 1934 Kapstadt. Lebt seit 1951/52 in England, an der Royal Academy of Dramatic Art, 1953–60 Schauspieler; seit 1960 Schriftsteller, Hrsg. versch. Werke zum Theater; Fernsehjournalist bei der BBC; 1989–93 Präsident des engl. PEN, 1993–97 Präsident des internationalen PEN; lebt in England. – Vf. von Romanen, Fernsehspielen, Biographien, hist. Werken, doch v.a. bekannt als Dramatiker u. erfolgr. Drehbuchautor; s. Themen sind Rassismus und polit. Unterdrückung (wie im Roman ›Articles of Faith‹); s. bekanntestes Stück ist ›The Dresser‹; unter s. Dramen finden sich auch Adaptationen versch. Romane u. Erzählungen anderer Autoren; schrieb das Drehbuch zu ›The Pianist‹ (verfilmt 2002); Biographien von Donald Wolfit (1971) sowie den engl. Schauspielern John Gielgud (1984) und Alec Guinness (1989).
W: All the Same Shadows, R. 1961 (n. George Washington September, Sir!, 1961); Country Matters, Dr. (1969); The Girl in Melanie Klein, R. 1969 (d. 1981: J. Saunders' dramatisierte Fassung); Articles of Faith, R. 1973; The Good Companions, Libr. (1974) (nach J. B. Priestley); The Ordeal of Gilbert Pinfold, Dr. (1977) (nach Evelyn Waugh); The Genoa Ferry, R. 1977; One. Interior. Day. Adventures in the Film Trade, En. 1978; A Family, Dr. 1978; Cesar and Augusta, R. 1978; The Dresser, Dr. 1980 (Drb./Film 1983); Tramway Road, Dr. 1984; Interpreters, Dr. 1985; The Deliberate Death of a Polish Priest, FSsp. 1986; Mandela, B. u. FSsp. 1987; J. J. Farr, Dr. 1988; Another Time, Dr. 1989; Ivanov, Dr. 1989 (nach Čechov); Reflected Glory, Dr. 1992; Poison Pen, Dr. 1994; Home, R. 1994; Taking Sides, Dr. 1995 (verfilmt 2001; Furtwängler, Kategorie IV, d. 2000); Cry

the Beloved Country, Drb. 1995 (nach A. Paton); The Handyman, Dr. 1996 (hg. u. komm. G. Volk, 2000); Quartet and Equally Divided, Drn. 1999; The Pianist and Taking Sides, 2002; See You Next Tuesday, Dr. (2003) (nach F. Veber); The Statement, Drb. 2003; Being Julia, Drb. 2004. – The Collected Plays of R. H., 1993; Plays Two, 1995.

Hasdeu, Bogdan Petriceicu, rumän. Schriftsteller u. Gelehrter, 16. 2. 1838 Cristineşti/Bessarabien – 25. 8. 1907 Câmpina. Aus alter Adelsfamilie; Stud. Jura u. Lit. Char'kov, russ. Offizier, 1856 Flucht nach Rumänien; dort Richter, 1857 Univ.-Prof. in Jassy, 1864 Bukarest. Direktor der Staatsarchive und Prof. für vergleichende Sprachwiss. Nach dem Tode s. dichterisch tätigen Tochter Iulia lebte er zurückgezogen auf s. Schloß in Câmpina und beschäftigte sich vorwiegend mit Spiritismus. – Historiker u. Sprachwissenschaftler universeller Prägung, Kritiker, Dramatiker, Novellist, Lyriker. In der rumän. Geistesgeschichte wird s. universelle Gelehrtheit nur von Cantemir erreicht. S. starke Persönlichkeit, s. übertrieben krit. Bewußtsein hinderten ihn, sich e. lit. Richtung anzuschließen; er versuchte oft erfolglos, neue lit. Schulen zu gründen, dabei war er im Grunde e. romant. Traditionalist wie die meisten s. lit. Zeitgenossen; e. zu großer Geist, dem die Grenzen Kleinrumäniens zu eng waren. Schrieb Verse von unterschiedl. Wert, e. ausgezeichnetes Schauspiel, amüsante Novellen u. e. hist. Roman.

W: Micuţa, N. 1864; Ion Vodă cel Cumplit, Schr. 1865; Arhiva istorică a României, IV 1865–69; Răzvan şi Vidra, Dr. 1867; Etymologicum Magnum Romaniae (A-bărbat), IV 1867–98 (III ²1972–76); Poezii, 1873; Istoria critică a Românilor, Schr. II 1873–75 (franz. 1878); Cuvente den bătrâni, Schr. III 1878–81 (²1983/84); Ursita, R. 1910. – Scrieri morale, literare şi politice (GW), hg. M. Eliade II 1937.
L: I. Dragomirescu, 1913; L. Marian, 1925; ders., 1928; E. Dvoicenco, 1936; N. Romanenco, 1957; G. Munteanu, 1963; C. Poghirc, 1967; M. Eliade, 1987; V. Sandu, 1989.

Hašek, Jaroslav, tschech. Schriftsteller, 30. 4. 1883 Prag – 3. 1. 1923 Lipnice. Beamtensohn; Handelsakad. Prag; unstetes Leben, Wanderungen durch Mittel- und Südosteuropa; desertierte im 1. Weltkrieg in Rußland von der österr. Landwehr zur tschech. Legion, landete schließl. bei den Bolschewiken; starb an den Folgen s. Trunksucht. – Außer zahlr. humorist.-satir. Erzählungen in ›Humoristické listy‹ u. ›Národní listy‹ schrieb H. den in fast alle europ. Sprachen übersetzten Roman vom braven Soldaten Švejk, e. phlegmat. Zyniker, der unter dem Deckmantel geistiger Zurückgebliebenheit dem Militarismus den Nimbus des Erhabenen nimmt u. die Sinnlosigkeit des Krieges vor Augen führt. Der Roman, dessen 5. u. 6. Teil von K. Vaněk stammt, wurde von E. Piscator dramatisiert u. 1928 in Berlin aufgeführt. Aktualisierende dramat. Bearbeitung von B. Brecht.

W: Májové výkřiky, G. 1903; Když člověk spadne v Tatrách, E. 1912; Tři muži se žralokem, E. 1920; Osudy dobrého vojáka Švejka, R. IV 1920–23 (d. 1926 u.ö.). – Spisy (W), XVI 1924–39; XIX 1955 ff. – *Übs.:* Von Scheidungen u.a. tröstlichen Dingen, 1927; Schule des Humors, 1957; Der lila Blitz, 1960; Schwejks Lehrjahre, En. 1962; Der Tolpatsch, 1964; Handbuch für Lebenskünstler, 1965; Die Beichte des Hochverräters, 1967; Schwejkiaden, 1969; Die Partei des maßvollen Fortschritts, 1971; Der Urschwejk, 1999.
L: F. Sauer, I. Suk, 1924; V. Menger, 1934 u. 1946; Z. Ančik, 1953; J. Křížek, 1957; M. Jankovič, Umělecká pravdivost Haškova Švejka, 1960; R. Pytlík, 1962; K. Kosík, Souvislosti prózy, 1963; S. Vostokova, 1964; E. Frynta, G. Janouch, 1967; J. Hájek, 1983; P. Blažíček, Haškův Švejk, 1991. – *Bibl.:* R. Pytlík, M. Laiske, 1960; B. Mědílek, 1983.

Hasištejnský z Lobkovic, Bohuslav, tschech. Humanist, um 1461 Burg Hasištejn bei Kadau – 11. 11. 1510 ebda. Angehöriger e. alten Adelsgeschlechts, Stud. in Italien, 1483 Probst von Vyšehrad, e. Zeitlang im Gefolge des Königs Vladislav II. Unternahm 1490 e. ausgedehnte Reise über Italien u. Griechenland nach dem Vorderen Orient u. Ägypten. – Als Vertreter des kosmopolit. Humanismus schrieb H. trotz Patriotismus u. staatsrechtl. Bewußtseins s. Gedichte, Sendschreiben, Satiren u. philos. Prosa, in denen er wiederholt den Sittenverfall beklagt, lateinisch. Hinterließ e. wertvolle Bibliothek. S. Werke wurden von dem Humanisten Thomas Mitis 1560–70 herausgegeben.

W: De situ Pragae et incolentium moribus, 1489; Ad sanctum Venceslaum satira, 1489; De miseria humana, 1495; De avaritia, 1497–99; Listář, Br. hg. J. Truhlář 1893; Carmina selecta, hg. O. Jiráni 1922; Spisy (W), hg. B. Ryba 1933; Putování k sv. hrobu, Reiseg. hg. F. Strejček 1902.

Ḥassān ibn Ṯābit, arab. Dichter, um 590 Medina – 674. Aus dem medinens. Stamm Ḥazradj. Zunächst Hofdichter in al-Ḥīra und Damaskus, dann im Dienst des Propheten Mohammed, der zwar kein eigenes Verhältnis zur Dichtung hatte, aber um s. Ansehens willen e. Poeten bedurfte; trat später für den Kalifen ʿUthmān ein. – Die Gedichte dieses ersten relig. Dichters des Islams dienen v.a. dem Lob des Propheten und der Schmähung s. Gegner. Sprachl. und lit. steht s. Werk nicht allzu hoch, bietet aber manche hist. Aufschlüsse und verdankt s. Wirkung in späterer Zeit wohl v.a. der Thematik.

W: Dīwān, hg. H. Hirschfeld 1910 u.ö. (d. O. Rescher 1953f.).

Hasse Z. → Zetterström, Hans Harald

Határ (Hack), Győző, ungar. Schriftsteller, Philos., * 13. 11. 1914 Gyoma. 1938 Univ.abschluß als Architekt. 1943 wegen Hochverrat verurteilt. 1945 Ausschluß aus Schriftstellerverband 1950/ 51 wegen illegalem Grenzübertritt im Gefängnis. Emigrierte 1956 nach London. – Werke in versch. Genres. Aufhebung von Gattungsgrenzen. Folgte in frühen Romanen Traditionen der satir. Utopie. S. dramat. Werke repräsentieren das episch-narrative Buchdrama.
W: Ragyogó szívvel, remete daccal, G. 1945; Heliáne, R. 1948; Hajszálhíd II, G. 1970; Síróneveto II, Drn. 1972; Özön közöny, Es. 1981; Éjszaka minden megnő, R. 1984; Lélekharangjáték, G. 1986; Köpönyeg sors. Iulianosz ifjúsága, R. 1986; Boldogságról szenvedésről, G. 1989; A fontos ember, R. 1989; A léleknek rengése G. (Ausw.) 1990; Irodalomtörténet, Ess. 1991; Léptékváltás, Stn. 1995; A Karkasszban, G. 2000; Vitézlő Tururu, Kdb. 2003; Alapigazságaink, Sk. 2003.

Hātefī → Hātifī, ʿAbdullāh

Hātifī, ʿAbdullāh, pers. Epiker aus Chargerd/ Ostiran, † 1521. Sohn e. Schwester des Dichters Ğāmī, plante nach dem Vorbild des Nizāmī e. ›Hamsa‹ oder ›Quintett‹ (Epen), wovon er vier Teile verwirklichen konnte, ersetzte darin das sonst übliche Alexanderbuch (›Iskandar-Nāma‹) durch e. ›Tīmūr-Nāma‹, e. umfangr. Epos über den tatar. Welteroberer Tamerlan (reg. 1370–1405). Unvollendet blieb e. Epos über den Safawiden-Schah Ismāʿīl (1501–24), der ihn 1511 in Chargerd dazu angeregt hatte.
A: Lailā u Maǧnūn, hg. W. Jones 1788; Tīmūr-Nāma, Madras 1958.

Hātim at-Ṭāʾī, vorislam. arab. Dichter des 6. und 7. Jh. Wurde wegen s. Freigebigkeit zur sprichwörtl. Figur und zum Helden e. auch in andere oriental. Sprachen übersetzten Volksromans. Hauptinhalt der unter s. Namen überlieferten, teilweise aber sicher unechten Gedichte ist die altarab. Tugend der Freigebigkeit.
W: Dīwān, hg. F. Schulthess 1897 (Der Volksroman, engl. D. Forbes, Lond. 1830).

Hatoum, Milton, brasilian. Schriftsteller, * 19. 8. 1952 Manaus. Zog 1967 nach Brasília, Architekturstud. in São Paulo, Lit.stud. in Madrid, Barcelona u. Paris, 1983 Rückkehr nach Manaus, 1999 Umzug nach São Paulo; Essayist, Übs., Univ.-Prof. – ›Relato de um certo Oriente‹ erzählt Erfahrung aus dem Amazonasgebiet, die Historie vor dem 1. Weltkrieg bis Anfang der 1980er Jahre, setzt das postkoloniale Problemfeld Ost-West/ Nord-Süd in s. relig.-kulturellen u. polit. Dimensionen lit. um, im Ton der Erinnerungslit. geschrieben, vielstimmig. ›Dois Irmãos‹ ist die Geschichte e. Familienclans in Manaus über vier Generationen hinweg, fokussiert die rasant beschleunigten Modernisierungs- u. Globalisierungsschübe seit 1967 in ihren Auswirkungen auf Stadt u. Bewohner, thematisiert Migration in Verbindung mit relig.-kulturellen Fragen; führt e. Erzählerfigur ein, die wie e. beobachtender Ethnologe im Feld agiert, dessen Handeln/Beschreiben aber dezentriert wird. Bes. narrative Fähigkeit, das Exotische u. Andere zu vergegenwärtigen, Gerüche, Düfte u. Farben, Tableaus von Festen, Landschaften zu entwerfen. Nähe zur hispanoamerik. Lit.welt.
W: Relato de um certo Oriente, R. 1989 (d. 1992); Cidades, Bildband (Text M. H.) 1993; A Federação ausente, Ess. 1999; Dois Irmãos, R. 2000 (d. 2002).

Hauch, (Johannes) Carsten, dän. Dichter, 12. 5. 1790 Frederikshald/Norwegen – 4. 3. 1872 Rom (Freitod). Sohn e. dän. Regierungspräsidenten in Norwegen; starke Kindheitseindrücke vom freien Leben in der norweg. Natur. Stud. Kopenhagen, nach dem Mißlingen s. ersten poet. Versuche und auf Anraten s. Freundes Oehlenschläger Stud. Zoologie, Dr. 1821, Studienreise nach Frankreich und Italien. Nach Selbstmordversuch in Neapel erneut schriftstellerisch tätig. 1827 Oberstudienrat an der Sorø-Akad.; 1846 Prof. für Ästhetik Kopenhagen. – Romantiker in der Nachfolge Schellings. Erst die persönl. Tragödie machte ihn zum Dichter, der sich durch heroischen Stolz und Wahrheitsliebe auszeichnete und sich in dem autobiograph. Gedicht ›Bekendelse‹ von Oehlenschläger und Ch. Winther distanzierte. S. Schauspiele sind handlungsarm und spekulativ, mehr lyr. als dramat. In Romanen Einfluß W. Scotts. Am bedeutendsten s. Naturlyrik und s. Oden nach antikem Muster.
W: Vilhelm Zabern, R. 1834 (d. 1836); Guldmageren, R. 1836 (Der Goldmacher, d. 1837); En polsk familie, R. 1839 (Eine polnische Familie, d. 1842); Svend Grathe, Dr. 1841; Marsk Stig, Dr. 1843; Søstrene paa Kinnekullen, Dr. 1849; Tycho Brahes ungdom, Dr. 1852; Robert Fulton, R. 1853; Afhandlinger og æsthetiske betragtninger II, Ess. 1855–1869; Æsthetiske afhandlinger og recensioner, Ess. 1869; Minder, Erinn. II 1867–71. – Dramatiske værker, III 1828–30; Samlede romaner og fortællinger, VII 1873f. (n. 1903ff.); Samlede digte, II 1891; Udvalgte skrifter, hg. P. Schærff III 1926–29; Hauch og Ingemann, Br. 1933.
L: K. Galster, II 1930–37.

Hauge, Alfred, norweg. Erzähler, 17. 10. 1915 Sjernarøy – 31. 10. 1986 Stavanger. 1935–37 Stud. Oslo; Lehrer, Verlagssekretär u. Journalist. – Vf. realist. hist. Romane, z.B. über die norweg. Auswanderung nach Amerika in der ›Cleng Peerson‹-Trilogie. In den 1960er Jahren entwickelte sich H. zum experimentellen Vf.

W: Septemberfrost, R. 1941; Ropet, R. 1946; Året har ingen vår, R. 1948 (Das Jahr hat keinen Frühling, d. 1952); Fossen og bålet, R. 1949 (Kreuzweg der Liebe, d. 1953); Vegen til det døde paradiset, R. 1951; Ingen kjenner dagen, R. 1955; Kvinner på Galgebakken, R. 1958; Cleng Peerson, R. III: Hundevakt, 1961, Landkjenning, 1964, Ankerfeste, 1965; Mysterium, R. 1967; Legenden om Svein og Maria, R. 1968; Landskap, En. 1972; Perlemorstrand, R. 1974; Morten Kruse, Sch. 1975; Leviathan, R. 1979.

L: O. K. Pedersen, Gråstein og lengsel, 1985; J. I. Sørbø, 2001.

Hauge, Olav Håkonson, norweg. Lyriker, 18. 8. 1908 Ulvik/Hardanger – 23. 5. 1994 ebda. Gärtner. – Der Autodidakt H. gilt als zentrale Gestalt des lyr. Modernismus. Vf. minimalist. Dinggedichte u. bedeutender Übs. (Brecht, Crane, Blake, Yeats, Hölderlin, Trakl, Celan).

W: Glør i oska, G. 1946; Under bergfallet, G. 1951; Seint rodnar skog i djuvet, G. 1956; På ørnetuva, G. 1961; Dikt i utval, G. 1964; Dropar i austavind, G. 1966; Spør vinden, G. 1971; Dikt i samling, G. 1972, [7]2000; Dagbok 1924–94, V 2000. – *Übs.:* Der Traum trägt das blaue Segel, Andreas Struve, 1987.

L: O. H. H., hg. E. Bjorvand, K. Johansen 1968; I. Stegane, 1974; J. E. Vold, Under Hauges ord, [2]1996; O. Karlsen, Fansmakt og bergsval dom, 2000; H. O. Andersen, Poetens andlet, 2002.

Haugen, Paal Helge, norweg. Lyriker, * 26. 4. 1945 Valle. 1964–70 Medizin-Stud. in Oslo, Theater u. Film 1972/73 USA, gehörte in den 1960er Jahren zum sog. Profilkreis (Dichter um die lit. Zs. ›Profil‹) u. zählt heute zu den bekanntesten Lyrikern des Landes, schreibt außerdem Kinderbücher, Oratorientexte u. ist als Übersetzer aktiv. – S. Gedichte sind oft inspiriert von anderen Kunstarten wie Musik u. Malerei wie auch von relig. Sprachmaterial, das zu e. bilderreichen, assoziativen Sprache verdichtet wird, bei der die Lichtsymbolik e. zentrale Rolle spielt.

W: Anne, R. 1968; Det synlege menneske, G. 1975; Fram i lyset, tydeleg, G. 1978; Steingjerde, G. 1979; Det overvintra lyset, G. 1985 (Das überwinterte Licht, d. 1988); Meditasjonar over Georges de La Tour, G. 1990; Sone O., G. 1992; Ei natt på jorda, Orat. 1993; Hans Egedes natt, Orat. 1995; Pilegrimen, Orat. 1995.

L: Store oskeflak av sol, hg. O. Karlsen 1995.

Haulleville, Eric de, belg. Dichter, 13. 9. 1900 Etterbeek/Brabant – 20. 3. 1941 Saint-Paul-de-Vence. Sohn e. Konservators; Stud. Jura Brüssel; Verkehr mit F. Hellens ab 1920; ab 1928 in Paris; Zugang zu lit. Kreisen. Viele Reisen, Kunsthändler in Paris, verschiedene Berufe; 1934–40 wieder in Brüssel. – Erste Gedichte unter dem Einfluß Baudelaires. ›Le genre épique‹, das Lebensbild e. Dichters, zusammengefügt aus Gedichten, phantast. Erzählungen, dramat. Szenen. 1935 Prix Albert für den surrealist. Roman ›Voyage aux îles Galapagos‹. In den letzten Gedichten ›L'anneau des années‹ mischen sich symbolist. mit surrealist. Elementen.

W: Dénoûment, G. 1923; Le genre épique, G. 1928; Voyage aux îles Galapagos, R. 1934; Un gentilhomme de lettres; Prosper de Haulleville, Es. 1934; La Belgique vue de l'étranger, Es. 1938; L'anneau des années, G. 1941.

L: P. Flouquet u. a., In memoriam E. de H., 1942.

Hauterive, Joseph Pierre Borel d' → Borel d'Hauterive, Pétrus

Havel, Václav, tschech. Dramatiker, * 5. 10. 1936 Prag. Chemielaborant, Abendgymnas., 1955–57 Stud. TH Prag, 1966 Theaterakademie. Mitarbeiter des ›Divadlo ABC‹, nach 1960 Dramaturg des ›Divadlo na zábradlí‹. Ab 1969 Publikationsverbot. Sprecher der ›Charta 77‹; mehrmals verhaftet. Verschiedene ausländ. Auszeichnungen, 1982 Dr. h. c. York Univ. Toronto. Nach der polit. Wende in der Tschechoslowakei 1990 Staatspräsident, 1993–2003 Präsident der Tschech. Rep. – Begann 1956 mit krit. Studien. Schrieb satir. Grotesken, in denen er den gesellschaft. Mechanismus, das Phrasenhafte, die Entmenschlichung u. die Beschränktheit des Kleinbürgertums durch Steigerung ins Absurde geißelt. Seit d. 70er Jahren auch ästhet., polit. u. philos. Essays.

W: Autostop, Dr. 1961 (zus. mit I. Vyskočil); Nejlepší roky paní Hermanové, Dr. 1962 (zus. mit M. Macourek); Antikody, G. 1963; Zahradní slavnost, Dr. 1963 (Das Gartenfest, d. 1967; 1990); Vyrozumění, Dr. 1965 (Die Benachrichtigung, d. 1967; 1990); Protokoly, Drr. u. Ess. 1968; Ztížená možnost soustředění, d. 1968) (Erschwerte Möglichkeit der Konzentration, d. 1968); Audience, Dr. 1975 (Die Audienz, d. 1976); Vernisáž, Dr. 1975 (Vernissage, d. 1976); Motýl na anténě, H. (Die Fledermaus auf der Antenne, d. 1976); Protest, Dr. 1976 (d. 1979); Dopisy Olze, Kdb. Toronto 1985; Largo desolato, Dr. 1985 (d. 1984); Dálkový výslech, Es., Purley 1986 (Fernverhör, d. 1990); Pokoušení, Dr. 1986; Asanace, Dr. 1988; Do různých stran, Ess. 1989; Moc bezmocných, Es. 1990; Projevy, Ess. 1990; Letní přemítání, Es. 1991 (Sommermeditationen, d. 1994); Čtyři eseje, Ess. 1993. – Hry 1970–1976, Ausw. Toronto 1977; Hry, 1990. – *Übs.:* Die Retter, Dr. (1974); Drei Stücke, 1977; Am Anfang war das Wort, Ess. 1990; Die Gauneroper. Das Berghotel. Erschwerte Möglichkeit der Konzentration. Der Fehler, Drr. 1990; Angst vor der Freiheit, Ess. 1991; Moral in Zeiten der Globalisierung, Es. 1998.

L: E. Kriseová, V. H. – životopis, 1991; M. Simmons, Nesmělý prezident, 1993. – *Bibl.:* V. Prečan in Do různých stran, 1990.

Havelok the Dane, e. der ältesten engl. Versromanzen, um 1285 in Lincolnshire entstanden. Zugrunde liegt e. alte skandinav. Legende; die unmittelbaren Quellen sind jedoch anglonormannisch. Der Dänenprinz H. wird ausgesetzt, wächst am engl. Hof als Knecht auf, heiratet Goldborough, Tochter von König Aethelwold, u. erobert s. Reich zurück. 1500 Reimpaare. Der unbekannte Verfasser schildert weniger die höf.-ritterl. Welt, sondern mehr die volkstüml.; er bringt anschaul. Bilder des wirkl. Alltagslebens der ma. Welt.

A: W. W. Skeat 1868; F. Holthausen ³1928; I. Seraillier 1968; G. V. Smithers 1987; neuengl. R. Montagu 1954.

L: F. Ludorff, 1873; J. H. Kern, 1923; S. Crane, Insular Romance, 1986.

Haverschmidt, François (Ps. Piet Paaltjens), niederländ. Lyriker u. Erzähler, 14. 2. 1835 Leeuwarden − 19. 1. 1894 Schiedam. Sohn e. Pommern und e. Friesin; Pfarrer. Schwermütige Natur; Selbstmord. − Heine-Einfluß in den romant.-iron. Gedichten aus s. Studentenzeit, heute immer noch gelesen. Außerdem feinsinnige Skizzen im Stil Hildebrands. Einige Gedichte hat W. Busch ins Dt. übs.

W: (alle unter Ps.): Snikken en grimlachjes, G. 1867 (hg. u. komm. M. Mathijsen, D. Welsink 2003); Familie en kennisse, Sk. 1876; Nagelaten snikken van Piet Paaltjens, G. u. Prosa, hg. H. v. Straten 1961.

L: F. H. Dyserinck, 1908; S. E. E. van Gilse, 1955; E. A. Serrarens, 1955; R. Nieuwenhuys, 1964; ›Bzzlletin‹ 84, 1981.

Havlíček Borovský, Karel, tschech. Schriftsteller u. Journalist, 31. 10. 1821 Borová − 29. 7. 1856 Prag. Gymnas. Jihlava und Německý Brod, seit 1838 in Prag. Als Anhänger des freisinnigen Bolzano aus dem Priesterseminar ausgeschlossen, begab sich H. 1843 als Erzieher nach Rußland, wo er zum erbitterten Gegner des russ. Absolutismus wurde. Nach s. Rückkehr 1846–48 Redakteur der Zt. ›Pražské noviny‹ u. Kritiker der lit. Beilage ›Česká včela‹; 1848 Führer des nat. Liberalismus u. Hrsg. der Ztn. ›Národní noviny‹ (1848–50) u. ›Slovan‹ (1850/51); wegen s. polit. Tätigkeit 1851 aus Prag verbannt, später nach Brixen deportiert; 1855 Rückkehr nach Deutschbrod, starb an Schwindsucht. − Formal Romantiker, inhaltl. Realist, bekämpft H. den sentimentalen Patriotismus u. Panslavismus in Parodien, Satiren, Feuilletons und scharfen Epigrammen, die die Schule Lessings verraten. Der Aufenthalt in Rußland fand s. Niederschlag in geistreichen Reisebildern ›Obrazy z Rus‹. Übs. Gogol'.

W: Duch národnich novin, Schr. 1851; Epištoly kutnohorské, Schr. 1851; Tyrolské elegie, G. 1861 (Tiroler Elegien, d. 1936); Král Lávra, Sat. 1870; Křest sv. Vladimíra, Sat. 1877 (Die Taufe des Zaren Wladimir, d. 1905; 1957). − Politické spisy (polit. Schr.), hg. Z. Tobolka V 1900–03; Básnické spisy (lit. Schr.), hg. L. Quis III 1906–08; Kniha veršů (Ausw.), 1934, 1938, 1953;

Dílo, 1947, II 1986; Básně, 1976; Korresp., hg. L. Quis 1903. − *Übs.:* Ausw. E. Rippl 1925.

L: T. G. Masaryk, ³1920; Památník, K. H. B., 1921; K. Nosovský, ²1932; B. Stanislav, 1954; E. Chalupný, ³1959; V. Procházka, 1961; J. Skalička, Havlíčkův satirický odkaz, 1965; M. Repková, Satira K. H., 1971; J. Morava, C. k. disident K. H. B.,1986. − *Bibl.:* K. Nosovský, 1932; I. Štrossová, 1986.

Hawes, Stephen, engl. Dichter, 1474(?) − 1523(?). Kämmerer bei Heinrich VII., Bewunderer von Lydgate, schreibt in ma. Art Allegorien, versucht darin mit mäßigem Erfolg, die Chaucerstrophe nachzuahmen. S. Hauptwerk ›The pastyme of pleasure‹ zeigt den Ritter Graunde Amour auf der Suche nach s. Geliebten La Bel Pucel.

W: The example of vertu, 1504; The pastyme of pleasure, 1506 (hg. W. E. Mead 1928); The conuercyon of swerers, 1509; The comforte of louers, 1512(?); The Minor Poems, hg. F. W. Gluck, A. B. Morgan 1974.

L: J. M. Berdan, Early Tudor Poetry, 1920; A. S. G. Edwards, 1983.

Hawkes, John, amerik. Erzähler und Dramatiker, 17. 8. 1925 Stamford/CT − 15. 5. 1998 Providence/RI. Stud. Harvard Univ., Prof. für Englisch Brown Univ., Rhode Island. − Meister des anti-realist. Kurzromans in der ›got.‹ Manier, der mit stilist. Brillanz e. Traumlandschaft der Gewalt u. des Todes zeichnet. Erlebnis des unentrinnbaren Grauens als menschl. Grundsituation.

W: The Cannibal, R. 1949 (d. 1992); The Beetle Leg, R. 1951; The Goose on the Grave, R. 1954; The Lime Twig, R. 1961 (d. 1964); Second Skin, R. 1964 (d. 1971); The Innocent Party, Drn. 1967; Lunar Landscapes, En. 1969; The Blood Oranges, R. 1971; Death, Sleep, and the Traveler, R. 1974; Travesty, R. 1976 (d. 1985); The Passion Artist, R. 1979; Virginie, R. 1982; Adventures in the Alaskan Skin Trade, R. 1985 (d. 1988); Sweet William, R. 1993; An Irish Eye, R. 1997.

L: F. Busch, 1973; D. J. Greiner, 1973; J. Kuehl, 1975; J. H. Symposium, hg. A. C. Santore, M. Pocalyko 1977; R. Ferrari, 1996; L. Marx, 1997; M. Whelan, 1998. − *Bibl.:* C. A. Hryciw, 1977.

Hawkins, Anthony Hope → Hope, Anthony

Hawthorne, Nathaniel, amerik. Erzähler, 4. 7. 1804 Salem/MA − 19. 5. 1864 Plymouth/NH. Aus alter New-England-Familie, Vater (Kapitän) starb 1808 in Surinam, Mutter arm u. zurückgezogen; 1818/19 Raymond/ME, 1819/20 Salem, 1821–25 Bowdoin College in Maine (mit Longfellow); 1828 Roman, den H. später verschwieg; erste (anonyme) Erzählungen seit 1830, ›obskurster Schriftsteller in Amerika‹; 1836/37 journalist. Arbeiten, 1839/40 am Zollamt Boston, 1841 Teilhaber am kollektivistischen Brook-Farm-Experiment der Transzendentalisten. ∞ 9. 7. 1842 Sophia Peabody (verlobt seit 1839), Sohn

Julian u. Töchter Una u. Rose. 1842–45 Old Manse in Concord als Nachbar Emersons u. s. Kreises; 1846–49 Zollinspektor in Salem, bei Präsidentenwechsel entlassen; schrieb ›The Scarlet Letter‹ mit einleitenden satir. Porträts s. Zollhauskollegen. Trotz Ruhm weiter finanzielle Sorgen, bis zur Ernennung zum Konsul in Liverpool durch Präsident Pierce (Collegefreund), für den H. e. Wahlkampfbiographie schrieb. Liverpool 1853–57, Rom 1857–59, Florenz, England u. Rückkehr nach Amerika 1859/60. Durch den Bürgerkrieg niedergedrückt u. bei nachlassenden Kräften Arbeit an vier Romanen, die unvollendet blieben. – Vf. von in makellosem Stil verfaßten Ess. Skizzen u. Erzählungen; Vertiefung in Heimat-(zugleich Familien-)Geschichte; zwiespältige Einstellung zu introspektiver puritan. Weltsicht; Problem von Sein u. Schein (›Young Goodman Brown‹, ›The Minister's Black Veil‹). Symbolist. Erzählkunst von täuschend einfacher Oberfläche. Niedergeschlagenheit über mangelndes Echo; erste Sammlung (›Twice-Told Tales‹) von s. Freund H. Bridge finanziert. Unter Einfluß s. Braut Überwindung introspektiver, pessimist. Stimmungen, zunehmender Idealismus, aber Reserve gegen transzendental. Zeitgenossen, Lebensreformer u. Optimisten. Seine als ›Romance‹ definierte Romankunst (vgl. Vorworte) behandelt Selbstbehauptung und Reife des (schuldhaften) Menschen (›The Scarlet Letter‹, ›The Marble Faun‹), Familienfluch u. Erlösung (›The House of the Seven Gables‹); Hexenverfolgungen als Hintergrund der im mod. Amerika spielenden Handlung), blinden Reformeifer, der sich selbst nicht kennt (›Blithedale Romance‹; Brook-Farm-Erfahrungen als Ausgangspunkt). Im Gegensatz zu den Stories jetzt problemat. ›dunkle‹ Frauengestalten (Hester Prynne, Zenobia, Miriam) im Mittelpunkt. Um Gleichgewicht zwischen Hell und Dunkel, Neu und Alt, Welt und Seele bemüht, beeindruckte H. jüngere Zeitgenossen; Melville widmete ihm ›Moby-Dick‹, H. James war ihm bis ins Alterswerk verpflichtet. Selbstkrit. und scheu, auch im Werk den letzten Gedanken halb verhüllend, führte H. als erster in Amerika den psycholog. Roman auf weltlit. Höhe.

W: Fanshawe, R. 1828; Twice-Told Tales, Kgn. 1837, erw. 1842 (d. 1851, 1948); Mosses from an Old Manse, Kgn. 1846; The Scarlet Letter, R. 1850 (d. II 1851, 1957, hg. B. Scheer-Schäzler 1973); The House of the Seven Gables, R. 1851 (d. 1851, 1954); The Snow-Image, Kgn. 1851; The Blithedale Romance, R. 1852 (d. II 1852, 1975); Life of Franklin Pierce, 1852; Tanglewood Tales for Girls and Boys, 1853; The Marble Faun, R. 1860 (d. III 1862, 1961); Our Old Home, Reisebeschr. 1863; Septimius Felton, R.-Fragm. 1872; The Dolliver Romance, R.-Fragm. 1876; Dr. Grimshawe's, Secret, R.-Fragm. 1883 (hg. Davidson 1954); H.s Lost Notebook 1835–41, 1978. – Centenary Edition of the Works, hg. R. H. Pearce u. a. XVI 1962–85. – *Übs.*: SW, V 1851 f., IV 1923.

L: G. P. Lathrop, 1876; H. James, 1879; J. Hawthorne, II 1885 u. 1903 (n. 1968); V. Loggins, 1951; R. Stewart, [2]1961; F. H. Link, 1962; H. H. Waggoner, 1962 u. 1979; R. H. Pearce, hg. 1964; A. N. Kaul, hg. 1966; F. Crews, The Sins of the Fathers, 1966; E. H. Davidson, H.s Last Phase, [2]1967; J. D. Crowley, hg. 1970; N. Baym, 1976; T. Stoehr, 1978; A. Turner, 1980; J. Mellow, 1982; G. Erlich, 1984; M. J. Colacurcio, 1984, [2]1995; P. Young, 1984; C. M. Bensick, 1985; L. De Salvo, 1987; R. H. Brodhead, 1989; J. L. Idols, 1994; C. Weinstein, The Lit. of Labor, 1995. – *Bibl.*: C. E. Frazer Clark, 1978; B. Ricks u. a., 1972.

Hay, John (eig. J. Milton), amerik. Diplomat und Schriftsteller, 8. 10. 1838 Salem/IN – 1. 7. 1905 Newbury/NH. Arztsohn, Stud. Rechte, Sekretär Lincolns, Journalist, Freund von H. Adams, H. C. Lodge, C. King; diplomat. Dienst in Paris, Wien, Madrid und London; 1898–1905 Außenminister. – Nach Reiseskizzen aus Spanien verfaßt er populäre Balladen über Hinterwäldlertypen aus dem an der ›Grenze‹ gelegenen imaginären Pike County. Derber Humor, pittoreske, Dialekt und Slang verarbeitende Sprache. Der anonyme Tendenzroman ›The Bread-Winners‹ kritisiert die Agitation der Gewerkschaften und enthält in der Gestalt der Maud Matchin e. der ersten emanzipierten Frauen im amerik. Roman.

W: Castilian Days, Sk. 1871; Pike County Ballads, 1871; The Bread-Winners, R. 1884 (hg. C. Vandersee 1973); Abraham Lincoln, B. X 1890 (m. J. G. Nicolay). – The Complete Poetical Works, 1916 (n. 1970); Letters and Extracts from Diary, III 1908; Correspondence J. H. – W. H. Howells, hg. G. Monteiro 1980; Inside Lincoln's White House 1861–64, Tg., hg. M. Burlingam 1997; Lincoln's Journalist, Artikel 1860–64, hg. ders. 1998.

L: W. R. Thayer, II [2]1929; S. J. Ward, 1930; T. Dennett, 1933; G. Monteiro, H. James and J. H., 1965; K. Thurman, 1974; K. J. Clymer, 1975; H. I. Kushner, A. H. Sherrill, 1977; R. L. Gale, 1978.

Hayashi, Fumiko, jap. Schriftstellerin, 31. 12. 1903 Shimonoseki – 28. 6. 1951 Tokyo. Zerrüttete Familienverhältnisse, stetes Wanderleben unter armseligen Umständen. Verdiente sich ihren Unterhalt in versch. Berufen. 1923 begann sie ›Hôrôki‹, e. Art Tagebuch, zu schreiben, das ihr Anerkennung brachte. Es folgten Novellen u. Erzählungen für Kinder; daneben journalist. Tätigkeit. ∞ 1926 e. Maler, nach zwei mißglückten Ehen. Europareise; während des Krieges Berichterstatterin an der chines. Front. – Ihre Werke zeigen Natürlichkeit, Wärme u. tiefes Verständnis für die einfachen Volksschichten, nach dem Krieg mit Anflug von Bitterkeit.

W: Hôrôki, Tg. 1930 (engl. 1951); Seihin no sho, N. 1931; Bangiku, N. 1948 (Späte Chrysanthemen, in:

Träume aus zehn Nächten, d. ²1980); Shitamachi, E. 1948 (engl. ¹³1974); Suisen, R. 1949; Ukigumo, R. 1949–51 (engl. 1957). – GW, H. F. zenshû 1951–53. – *Übs.*: L. Dunlop, Borneo diamod, 1994; E. Ericson, Narcissus, 1995; S. Fessler, Five fables, 1997; J. Brown, I saw a pale horse, 1997.

L: J. Brown, H. F., 1996; N. Mizuta, Stanford 1996; J. E. Ericson, Be a woman, Honolulu 1997; S. Fessler, Wandering Heart, N. Y. 1998.

Hayes, Alfred, amerik. Dichter u. Schriftsteller, 17. 4. 1911 London – 14. 8. 1985 Sherman Oaks/CA. Jugend in New York, Teilnahme am 2. Weltkrieg in Italien. – Vf. von aktuellen, polit. und Liebesromanen in ausgeglichener Sprache, die z. T. auf eigenen Erlebnissen beruhen (etwa ›The Girl on the Via Flaminia‹ über die Affäre e. amerik. Soldaten mit e. ital. Mädchen im Rom der Nachkriegszeit). Auch Gedichte und erfolgr. Schauspiele.

W: Journeyman, Dr. 1938; 'Tis of Thee, Dr. 1940; The Big Time, G. 1944; All Thy Conquests, R. 1946 (d. 1954); Shadow of Heaven, R. 1947; The Girl on the Via Flaminia, R. 1949 (d. 1956); Welcome to the Castle, G. 1950; In Love, R. 1953 (Liebe lud mich ein, d. 1956); Act of Love, Dr. 1954; My Face for the World to See, R. 1958 (Alle Welt soll es wissen, d. 1960); The Temptation of Don Volpi, En. 1960; The End of Me, R. 1968; Just Before the Divorce, R. 1968; The Stockbroker, the Bitter Young Man and the Girl, R. 1971.

Hayes, Joseph (Arnold), amerik. Schriftsteller, * 2. 8. 1918 Indianapolis. Stud. Indiana Univ. – ›Hours After Midnight‹ ist e. psycholog. Kriminalroman über das Generationsproblem mit Kritik an der mod. amerik. Gesellschaft; ferner Kurzgeschichten, Hörspiele und Broadwaystücke (›The Happiest Millionaire‹); am bekanntesten wurde ›The Desperate Hours‹, in dem e. Gangster e. Bürgerfamilie in ihrem eigenen Haus in Schach hält.

W: The Desperate Hours, R. 1954, Dr. 1956 (An einem Tag wie jeder andere, d. 1955); Bon Voyage, R. 1956 (m. Marrijane H.; d. 1958); The Hours After Midnight, R. 1958 (d. 1960); The Midnight Sun, Dr. 1959; Don't Go Away Mad, R. 1962 (Bongo, bongo bongo, d. 1966); Calculated Risk, Dr. 1963; The Third Day, R. 1964 (d. 1965); The Deep End, R. 1967 (Sonntag bis Mittwoch, d. 1968); The Outrageous Fortunes of B. C. Chadwick III, R. 1971; Like Any Other Fugitive, R. 1971 (Zwei auf der Flucht, d. 1972); The Long Dark Night, R. 1974 (d. 1974); Missing and presumed dead, R. 1976 (Der Schatten des Anderen, d. 1991); Island on Fire, R. 1979 (d. 1979); Winner's Circle, R. 1980 (Sekunde der Wahrheit, d. 1981); No Escape, R. 1982 (Die dunkle Spur, d. 1982); Ways of Darkness, R. 1985 (Morgen ist es zu spät, d. 1985).

Haykal, Muhammad Husayn → Haikal, Muḥammad Ḥusain

Haymonskinder → Haimonskinder

Hayne, Paul Hamilton, amerik. Lyriker, 1. 1. 1830 Charleston – 6. 7. 1886 Groveton/GA. Im Haus des Onkels, des Staatsmanns und Aristokraten Robert Y. Hayne aufgewachsen in der kulturellen und gesellschaftl. Blütezeit des Vorkriegs-Charleston; zusammen mit Simms und deren Freund Timrod führend in ›Russell's Bookstore Group‹, deren ›Russell's Magazine‹ H. 1857–60 herausgab; nach dem Bürgerkrieg in ärml. Verhältnissen. – S. Lyrik ist die des ›letzten lit. Kavaliers‹ Amerikas; berühmt wurde s. Kriegslyrik. Hrsg. H. Timrods (1873) und Biograph H. S. Legarés (1878).

W: Poems, 1855; Sonnets and Other Poems, 1857; Avolio, 1860; Legends and Lyrics, 1872; Collected Poems, 1882; The Broken Battalions, G. 1885. – A Collection of H. Letters, hg. D. M. McKeithan 1944; The Correspondence of Bayard Taylor and P. H. H., hg. C. Duffy 1945; A man of letters in the nineteenth-century South, hg. R. S. Moore 1982.

L: K. H. Becker, 1951; R. S. Moore, 1972.

Haynes Dixon, Margaret Rumer → Godden, (Margaret) Rumer

Haywood, Eliza (geb. Fowler), engl. Romanautorin, um 1693 London – 25. 2. 1756 ebda. Tochter e. Ladenbesitzers, ⚭ 1711 den Geistlichen Valentine Haywood, den sie 1721 verließ. – Führte die von Behn und Manley eingeführte Tradition des amourösen Skandalromans fort, war e. der produktivsten Autorinnen des 18. Jh. (etwa 45 Romane); H. folgt e. Schema, in dem erot. Spannungen komplizierte soz. Situationen prägen, beschreibt dramat. zwischengeschlechtl. Vorgänge. 1744–46 gab sie das Journal ›The Female Spectator‹ heraus. Sie wurde angefeindet u. a. von Swift und Pope (in der ›Dunciad‹).

W: Love in Excess, III 1719–20; The History of Miss Betty Thoughtless, 1751 (N. 1986).

L: M. A. Schofield, 1985; R. Ballaster, Seductive Forms, 1992.

Hazard, Désiré → Feuillet, Octave

Hazaz, Chajim, hebr. Schriftsteller, 16. 9. 1898 b. Kiev/Ukraine – 24. 3. 1973 Jerusalem. Lebte nach der russ. Oktoberrevolution in Konstantinopel, Berlin u. Paris, ab 1931 in Israel (Palästina), zuletzt in Jerusalem. – In Romanen, Novellen, Bühnenstücken stellte H. an e. Vielfalt von Themen Erscheinungsformen des europ.-jüd. Gegenwartsschicksals dar; nach s. Einwanderung in Palästina rückten Eigenart und Lebensform der jemenit. Juden, unter denen er lebte, ins themat. Zentrum s. Schaffens. H. schrieb mit Liebe zum

Detail, satir., nicht ohne Gefühl, zuweilen mit überschäumender Formulierungslust.
W: Ketawim (GW), XII 1968; Sipurim nivcharim, En. 1969. – *Übs.:* Mori Sa'id, engl. 1956; Gates of Bronze, engl. 1975; The End of Days, engl. 1982.
L: D. Laor, 1984; H. Barzel, 1987; S. Werses, 1987; R. Wayzer, 1992 (m. Bibl.)

Hazlitt, William, engl. Essayist und Kritiker, 10. 4. 1778 Maidstone – 18. 9. 1830 London. Vater unitar. Geistlicher; besuchte auf dessen Wunsch zunächst das Unitarian College Hackney, war jedoch mehr polit. und philos. als theol. interessiert. Begegnung mit Coleridge 1798 brachte e. Wendepunkt; studierte danach zunächst Kunst, als Porträtmaler erfolgreich, wandte sich dann aber der Lit. zu, behielt jedoch stets reges Kunstinteresse. Schilderte s. Begegnung mit Coleridge und Wordsworth in ›My First Acquaintance with Poets‹. 1811 Berichterstatter des ›Morning Chronicle‹ in Frankreich. Kannte alle bedeutenden Persönlichkeiten s. Zeit in London. ∞ 1808 Sarah Stoddard, o/o 1822, ∞ 1824 Mrs. Bridgewater. – S. lit. Vorbilder sind Montaigne und Burke, die ihm gemäßeste Ausdrucksform der subjektiv-plaudernde Essay. E. gewisser Selbstenthüllungsdrang äußerte sich in ›Liber Amoris‹. S. krit. Essays über lit. und allg. Themen sind geistreich, didakt. und doch unterhaltsam, da belebt durch Anekdoten und humorist. Wendungen. Vf. einflußr. Theaterkritiken. S. Essays beweisen s. Verständnis sowohl für den Klassizismus Popes wie auch für die Vorläufer der Romantik.
W: Characters of Shakespear's Plays, 1817 (d. 1838); The Round Table II, Ess. 1817; Lectures on the English Poets, Ess. 1818 (n. 1968); A view of the English Stage, Ess. 1818; Lectures on the English Comic Writers, Ess. 1819 (n. 1969); The Dramatic Literature of the Age of Elizabeth, St. 1820; Table Talk, 1821; Characteristics, in the manner of Rochefoucault's maxims, 1823; Liber Amoris, 1823; The Spirit of the Age, 1825; The Plain Speaker, Ess. 1826; Notes of a Journey through France and Italy, 1826; Sketches and Essays, hg. W. Hazlitt 1839; Winterslow, hg. W. Hazlitt 1850. – Complete Works, hg. P. P. Howe XXI 1930–34; Selected Essays, hg. G. Keynes 1930; Essays, hg. R. Vallance, J. Hampden 1964; Letters, hg. H. M. Sikes 1978.
L: W. Hazlitt, 1911; H. W. Garrod, 1925; C. M. Mclean, 1943; P. P. Howe, ³1949; H. C. Baker, 1962; E. W. Schneider, The Aesthetics of W. H., ²1969; A. Birrell, ²1970; J. A. Houck, W. H.: A Reference Guide, 1977; J. Kinnaird, 1978; J. L. Mahoney, The Logic of Passion, 1978; D. Bromwich, 1983; R. W. Uphaus, 1985; Mod. Critical Views, hg. H. Bloom, 1986; A. C. Grayling, The Quarrel of the Age, 2000. – *Bibl.:* A. Ireland, 1970; G. Keynes, ²1981.

Hazoumé, Paul, benin. Schriftsteller, 16. 4. 1890 Porto Novo/Dahomey – 18. 4. 1980 Cotonou/Bénin. Katholik, Studium und Lehrtätig-keit in verschiedenen afrikan. Staaten; 1937 in Paris Mitarbeit an der Zs. ›Présence africaine‹; nach dem Krieg Übernahme polit. Ämter in Dahomey. – Veröffentlichte hist. und ethnolog. Studien über die soz. Situation in Dahomey. Der hist. Roman ›Doguimici‹ handelt von der trag. Geschichte einer afrikan. Königin.
W: Le pacte de sang au Dahomey, Abh. 1937; Doguimici, R. 1938; La France contre le racisme allemand, Es. 1940; Cinquante ans d'apostolat au Dahomey de M. Steinmetz, Es. 1942.
L: M. Robert, 1987.

Hazzard, Shirley, austral.-am. Erzählerin; * 30. 1. 1931 Sydney. 1952–62 UN-Bedienstete, lebt in New York. – An Flaubert und Turgenjew geschulte Autorin. Kosmopolit. Entwurzelung und die Suche nach Liebe sind H.s Hauptthemen. Sensibler, klarer, iron. Stil.
W: Cliffs of Fall, Kgn. 1963; The Evening of the Holiday, R. 1966 (d. 1967); People in Glass Houses, R. 1967; The Bay of Noon, R. 1970 (Addio, Napoli!, d. 1976); Defeat of an Ideal, St. 1973; The Transit of Venus, R. 1980; Coming of Age in Australia, Vortr. 1985; Countenance of Truth, St. 1990 (Die Maske der Wahrheit, d. 1991); Greene on Capri, Mem. 2000.

H. D. → Doolittle, Hilda

Head, Bessie (geb. Elizabeth A. Emery), südafrikan. Romanautorin, 6. 7. 1937 Pietermaritzburg – 17. 4. 1986 Serow/Botswana. Tochter e. weißen Mutter aus wohlhabendem Haus u. e. schwarzen Vaters; die Familie der Mutter machte diese in e. psychiatr. Klinik verbannt; sofortige Trennung des Säuglings von der Mutter, die später Selbstmord beging. Kindheit bei farbigen Adoptiveltern in e. Slum; Lehrerin. 1964 Emigration nach Botswana; Leben am Rand des Existenzminimums. – Romane u. Kurzgeschichten von imaginativer Kraft, kunstvoller Sprache u. komplexer Introspektion, die radikale Kritik an Macht u. Unterdrückung durch Rassismus, Chauvinismus, Sexismus üben u. den Heroismus weibl. Selbstbehauptung, Kreativität u. Solidarität schildern.
W: When Rain Clouds Gather, R. 1968; Maru, R. 1971 (d. 1998); A Question of Power, R. 1973 (Die Farbe der Macht, d. 1987); The Collector of Treasures, Kgn. 1977 (d. 1988); Serowe: Village of the Rain Wind, Slg. 1981; A Bewitched Crossroad. An African Saga, R. 1984; Tales of Tenderness and Power, Kgn. hg. G. S. Eilersen 1989; A Woman Alone. Autobiographical Writings, hg. C. MacKenzie 1990; A Gesture of Belonging. Letters from B. H., 1965–79, hg. R. Vigne 1991.
L: G. S. Eilersen, 1987; C. Abrahams, 1990; V. U. Ola, 1994; H. Ibrahim, 1996; M. Olaussen, 1997; C. Mackenzie, 1999; M. J. C. Sample, 2003; C. Brown, 2003.

Heaney, Seamus (Justin), ir. Lyriker, * 13. 4. 1939 Castledawson/Derry, Nordirland. Stud. Belfast, nach versch. Lehrtätigkeiten an Schule u. Univ. in Irland u. USA seit 1984 Prof. of Rhetoric and Oratory Harvard Univ.; Nobelpreis 1995. – Als e. der bedeutendsten u. meistgelesenen zeitgenöss. Lyriker engl. Sprache handelt H. in s. Werk versch. Lebens- und Schaffensphasen intensiv aus: Auf die problemat. Dichterwerdung e. nordir. Katholiken aus ländl. Milieu in den 1970er Jahren folgt e. Phase der Auseinandersetzung mit der Entwurzelung des Subjekts von Ort und Sprache. Seit ›Seeing Things‹ ist H. e. Dichter der Bewahrung visueller und sprachl. Intensitäten im Aufsuchen universeller Momente der eigenen Biographie, aber auch klass. Stoffe. Auch bedeutende Übsn. (Beowulf, 1999).

W: Death of a Naturalist, 1966; Door into the Dark, 1969; Wintering Out, 1973; North, 1975 (d. 1987 u. 1996); Field Work, 1979; Preoccupations, Es. 1980; Sweeney Astray, 1984; Station Island, 1984; The Haw Lantern, 1987 (d. 1988); The Government of the Tongue, Es. 1988 (d. 1992); The Cure at Troy, Dr. 1990; New Selected Poems 1966–87, 1990 (im Auszug d. 1995); Seeing Things, 1993; The Redress of Poetry, Vortr. 1995 (d. 1996); The Spirit Level, 1996 (d. 1998); Electric Light, 2001 (d. 2002).

L: B. Morrison, 1982; H. Bloom, hg. 1986; N. Corcoran, 1986; E. Andrews, 1988; T. C. Foster, 1989; S. Burris, The Poetry of Resistance, 1990; S. Koch, Dichtung als Archäologie, 1990; M. Parker, 1993; T. Curtis, hg. 1994; A. McGuinness, 1994; M. R. Molino, Questioning Tradition, Language, and Myth, 1994; M. Allen, hg. 1997; E. Andrews, hg. 1998; H. Vendler, 1998; D. Tobin, 1999; E. Kennedy-Andrews, 2000; A. Murphy, [2]2000; E. O'Brien, 2003. – *Bibl.:* M. J. Durkan, R. Brandes, 1996.

Hearn, Patrick Lafcadio, engl.-amerik. Schriftsteller, 27. 6. 1850 Santa Maura/Griechenland – 26. 9. 1904 Okubo b. Tokio. Vater Ire, Mutter Griechin, in Frankreich und England erzogen. Früh verwaist. Wanderte 1869 nach Amerika aus, erregte durch s. Beziehungen zu e. Mulattin e. Skandal; als Journalist in Cincinnati und New Orleans zunächst wenig erfolgr., lebte in großer Armut. Übersetzte Gautiers ›Une nuit de Cléopâtra‹ und exot. Geschichten ›Stray Leaves from Strange Literature‹ (1884). Veröffentlichte 1885 e. Sammlung afrikan.-franz. Sprichwörter und 1887 e. Sammlung oriental. Legenden. Lebte 1887–89 in St. Pierre/Martinique, berichtete darüber in ›Two Years in the French Westindies‹. 1890 von ›Harper's New Monthly‹ als Berichterstatter nach Japan gesandt. ∞ 1891 die Japanerin Setsuko Koizumi, erwarb japan. Staatsangehörigkeit, nahm den japan. Namen Yakumo Koizumi an, arbeitete zunächst als Volksschullehrer in e. japan. Kleinstadt, 1896–1903 Prof. für engl. Lit. an der Imperial Univ. Tokio. – Guter Beobachter japan. Sitten u. Bräuche. E. der besten Kenner Japans, versuchte in zahlr. Schriften dem Westen japan. Wesen nahezubringen. S. glänzend stilisierten Japanimpressionen sind von künstler. Wert und beeinflußten das europ. Schrifttum.

W: Some Chinese Ghosts, 1887; Two Years in the French West Indies, 1890; Glimpses of Unfamiliar Japan, 1894 (d. 1906); Out of the East, 1895; Kokoro, 1896 (d. 1906); Gleanings in Buddha's Fields, 1898; Japanese Fairy Tales, IV 1898–1903; In Ghostly Japan, 1899 (Japanische Geistergeschichten, d. 1925); Shadowings, 1900; A Japanese Miscellany, 1901; Kwaidan, 1904 (d. 1909); The Romance of the Milky Way, 1905; Karma, Kgn. 1918; Japanese Fairy Tales, 1918; The Writings, XVI 1922. – *Übs.:* Werke, 1920 ff.; Das Japanbuch, 1911.

L: E. Bisland, II 1906; G. M. Gould, 1908; N. Kennard, 1911; S. Koizumi, Father and I, 1935; V. S. McWilliams, 1946; O. W. Frost, 1958; E. Stevenson, 1961; B. Yu, An Ape of Gods, 1964; A. E. Kunst, 1969; E. Tinker, [2]1970; V. S. McWilliams, [2]1971. – *Bibl.:* P. D. Perkins, I. Bendel, 1968; J. Cott, 1991; C. Dawson, 1992; P. Murray, 1993; S. Hirawaka, hg. 1997.

Heath-Stubbs, John (Francis Alexander), engl. Lyriker, * 9. 7. 1918 London. Stud. Oxford, dort befreundet mit S. Keyes. Prof. für engl. Lit. an versch. Univ. – Neoromant. Lyriker unter Einfluß von E. Sitwell. Auch Versdramen, Essays über romant. und mod. Dichtung u. Übs. von Gedichten G. Leopardis (1947) u. Ḥāfeẓ' (1952).

W: Wounded Thammuz, 1942; Beauty and the Beast, 1943; The Divided Ways, 1946; The Charity of the Stars, 1948; The Swarming of the Bees, 1950; The Darkling Plain, St. 1950; A Charm Against the Toothache, 1954; The Triumph of the Muse, 1958; Helen in Egypt, Drr. 1959; The Blue-Fly in His Head, 1962; Selected Poems, 1964; Satires and Epigrams, 1968; Artorius, 1973; The Watchman's Flute, 1978; Naming the Beasts, 1982; The Immolation of Aleph, 1985; Chimeras, 1993; Hindsights, St. 1993; Galileo's Salad, 1996; The Sound of Light, 1999. – Collected Poems, 1988.

Hébert, Anne, franko-kanad. Dichterin, 1. 8. 1916 Ste. Catherine de Fossambault – 22. 1. 2000 Montréal. Tochter e. Schriftstellers, erste Anerkennung ihrer Werke in den 1950er Jahren, lebte von 1965 bis 1998 ständig in Paris.- In ihrem erzähler. und lyr. Werk dominiert e. Atmosphäre der Welt- u. Selbstentfremdung, komplexe u. ambivalente psycholog. Struktur der Figuren, ästhet. durch Perspektivtechnik (z. T. Einfluß Faulkners) umgesetzt.

W: Les songes en équilibre, G. 1942; Le torrent, En. 1950; Le tombeau des rois, G. 1953; Les chambres de bois, R. 1958; Kamouraska, R. 1970 (d. 1972); Les enfants du sabbat, R. 1975; Héloïse, R. 1980; Les fous de Bassan, R. 1982; Le premier jardin, R. 1988; L'enfant chargé de songes, R. 1992 (Das wilde Herz des Flusses, d. 1999); Œuvre poétique (1950–1990), 1993; Aurélien, E. 1995 (d. 2000); Un habit de lumière, R. 1999.

L: R. Lacôte, 1969; D. Bouchard, Une lecture de H., 1977; D. W. Russel, 1983; L. Roy, 1984; N. Bishop, 1993; K. W. Knight, 1998; J. L. Pallister, The Art and Genius of A. H., 2001.

Hecht, Anthony, amerik. Lyriker, 16. 1. 1923 New York. Lehrtätigkeit an renommierten Univ., Italienaufenthalte. – H.s Lyrik ist gekennzeichnet von einem ausgeschmückten Stil, kosmopolit. u. gelehrten Referenzen. Gilt als Vertreter einer traditionalist. Poetik.

W: A Summoning of Stones, 1954; Struwwelpeter, 1958; Aesopic, 1968; The Venetian Vespers, 1977; The Transparent Man, 1990; On the Laws of the Poetic Art, Abh. 1995; Flight among the Tombs, 1996; The Darkness and the Light, 2001; Melodies Unheard, Ess. 2003. – A. H.: In Conversation with Philip Hoy, 1999.

L: The Burdens of Formality: Essays on the Poetry of A. H., hg. S. Lea 1989.

Hecht, Ben, amerik. Erzähler u. Dramatiker, 28. 2. 1894 New York – 18. 4. 1964 ebda. Reporter des ›Chicago Journal‹ und der ›Daily News‹, 1923 Gründer der ›Literary Times‹. – Vf. iron.-satir., polem. Romane und Schauspiele, oft aus dem Zeitungsmilieu und über Chicago; Drehbuchautor.

W: Erik Dorn, R. 1921; Wonder Hat and Other One-Act Plays, 1925 (m. K. Sawyer Goodman); Broken Necks, R. 1926; The Front Page, Dr. 1928 (m. C. MacArthur); 20th Century, Sch. 1933; Actor's Blood, Kgn. 1936; 1001 afternoons in New York, En. 1941 (d. 1992); Child of the Century, Aut. 1954 (d. 1985); The Sensualists, R. 1959 (Die Leidenschaftlichen, d. 1960); Gaily, gaily, En. 1963; Letters from Bohemia, Aut. 1964; In the Midst of Death, R. 1964. – Collected Stories, 1945.

L: J. B. Martin, 1985; W. MacAdams, 1990.

Hečko, František, slovak. Schriftsteller, 10. 6. 1905 Suchá nad Parnou – 1. 3. 1960 Martin. Stud. Landwirtschaft, 1930–45 Beamter u. Redakteur, 1946–53 Referent des Kulturvereins ›Matica slovenská‹, 1954–56 Vorsitzender des slovak. Schriftstellerverbandes. – In Lyrik u. realist.-psycholog. Prosa schildert H. mit Humor die wirtschaftl. u. kulturelle Entwicklung des westslovak. Dorfes. Der Übergang zum sozialist. Realismus erfolgt 1951 mit dem Roman ›Drevená dedina‹. Von e. geplanten Tril. nur der erste Teil ›Svätá tma‹ abgeschlossen.

W: Vysťahovalci, G. 1931; Na pravé poludnie, G. 1942; Slovanské verše, G. 1946; Červené víno, R. 1948 (Roter Wein, d. 1959); Drevená dedina, R. 1951 (Das hölzerne Dorf, d. 1955); Moskva – Leningrad – Jasná Poľjana, Rep. 1953; Od veršov k románom, Aut. 1953; Fejtóny, Feuill. 1956; Svätá tma, R. 1958; Prechádzky pro kraji, Feuill. 1961. – Vybrané spisy (AW), II 1973 f.

L: J. Janů, 1967.

Hedammu-Mythos → Kumarbi-Mythen

Hedāyat, Ṣādeq, pers. Schriftsteller, 17. 2. 1903 Teheran – 9. 4. 1951 Paris. Aus einflußreicher Familie, Stud. 1926–30 in Frankreich (Paris-Besançon-Paris), April 1928 Selbstmordversuch in der Marne, nach Rückkehr in die Heimat bescheidenes Dasein, begründete dort 1932 die Künstlergruppe ›Rab'‹ (Die Vier), gehörte später zur Gruppe der ›Schwarzen Rose‹. 1936/37 Stud. des Pahlawi (Mittelpers.) bei Parsen in Bombay wegen patriotischer Teilnahme an Altirans Geschichte. 1944 Reise nach Taschkent zwecks Hsn.-Stud. Beschäftigt in Teheran an der Nationalbank, in Wirtschaftsverwaltung, Musikverwaltung, zuletzt Dolmetscher an der Fakultät der Schönen Künste. Durch den Einfluß s. Familie genoß er trotz s. für subversiv geltenden Schriften Immunität, doch fühlte er sich von den Behörden kaltgestellt. Trotz s. Mitgefühls für die Elenden blieb er Aristokrat, griff aus intellektueller Skepsis den Islam an, sympathisierte zeitweise mit dem Kommunismus, flüchtete Dezember 1950 aus e. ausweglosen Dasein nach Paris, Selbstmord ebda. (Gashahn). – E. der bedeutendsten Prosaiker des mod. Iran, vorwiegend Novellist, richtungweisend durch neuen realist. Wortschatz (Einbeziehung von Dialekt und Slang), stark von Poe, Zweig und bes. Kafka beeinflußt (übersetzte Teile aus dessen Werken, verfaßte dazu e. Vorwort ›Kafkas Sendung‹), Mitarbeit an der Zs. ›Soḫan‹ (›Das Wort‹). S. Novellen spielen vielfach in untersten Volksschichten, vereinen sozialreformer. Wirklichkeitsnähe mit angstfüllter Phantastik; verzweifelte Suche des Einsamen nach dem Sinn des Daseins. Alles beherrschendes Leitmotiv ist der Tod.

W: Zende be-gūr, Nn. 1930; Parwīn doḫtar-e Sāsānī, Dr. 1930; Se qatre ḫūn, Nn. 1932; Esfahān neṣf-e ǧehān, Reiseb. 1932; ʿAlawiyye Ḫānom, N. 1933; Sāye-roušan, Nn. 1933; Māziyār, Dr. 1933; Neyrangestān, Abh. 1933; Būf-e kūr, N. 1936 (Die blinde Eule, d. 1990); Sag-e welgard, Nn. 1942; Welengārī, Nn. 1944; Ḥāǧǧ Āqā, N. 1945; Afsāne-ye āferīneš, Legn. u. M. 1946 (Die Legende von der Schöpfung, d. 1960). – Übs.: Die Prophetentochter, En. 1960.

L: R. Flower, 1977; H. Katouzian, 1991.

Hedberg, Olle (eig. Karl Olof), schwed. Romancier, 31. 5. 1899 Norrköping – 21. 9. 1974 Verveln/Östergötland. Stud. Philol. Stockholm, 1923 ∞ Schriftstellerin Ruth Collin, Reise nach Frankreich, zurückgezogenes Schriftstellerleben in Östergötland. 1957 Mitgl. der Schwed. Akad. – Psycholog. Erzähler von treffsicherer, beißender Ironie und der verborgenen Wehmut e. Moralisten. Übt bittere Gesellschaftskritik am bürgerl. Leben, sieht Gutes allein bei jungen Menschen. Stilist. Vorbilder La Rochefoucauld, A. France,

H. Söderberg. Erstrebt mit sachl., klarem Stil größtmögl. Objektivität. Um 1935 eröffnet er die relig. Diskussion in s. Werk. Am bedeutendsten sind die für sich stehenden Werke s. Produktion, nicht s. Romanserien. Trotz scheinbarer Leichtigkeit verraten sie Wissen u. Einsicht, die Tiefe verleihen. Etliche s. Romane wurden verfilmt.

W: Rymmare och fasttagare, R. 1930; Skära, skära havre, R. 1931; Får jag be om räkningen, R. 1932 (Darf ich um die Rechnung bitten, d. 1946); Fria på narri, R. 1933; Iris och löjtnantshjärta, R. 1934; Att få tillhöra dig, R. 1935; Jag är en prins av blodet, 1936 (Ich bin Prinz von Geblüt, d. 1943); Karsten Kirsewetter, R.-Tril. 1937–39 (d. 1943); Ut med blondinerna!, R. 1939; Josefine eller säg det med blommor!, R. 1940; Bo Stensson Svenningsson, R.-Zykl. 1941–45; Större än du nånsin tror, R. 1946; Bekänna färg, R. 1947; Blenda Heurman, R.-Tetralogie 1948–51; Drömtydning, R. 1952; Foto von Blomberg, R. 1953; Vänstra kinden, R. 1954; Dockan dansar, klockan slår, R. 1955; Vendela Borg, R.-Tril. 1956–58; Djur i bur, R. 1959; Herre, var är du?, R. 1960; I barnens närvaro, R. 1961; Mitt liv var en dröm, Mem. 1962; Liv – var är din tagg?, R. 1963; Och den mörknande framtid är vår, R. 1966; Upp till kamp emot kvalen, R. 1968; Tack och farväl, R. 1973; Tänk att ha hela livet framför sej, R. 1974.

L: G. Helén, 1938; E. Andersson, 1944; J. Kulling, 1952.

Hedberg, Tor (Harald), schwed. Dichter, 23. 3. 1862 Stockholm – 13. 7. 1931 ebda. Sohn des Schriftstellers Frans H., 1880–83 Stud. Uppsala; 1897–1907 Kunst-, Theater- u. Lit.kritiker beim ›Svenska Dagbladet‹; 1910–22 Leiter des Dramat. Theaters; 1921–31 Kunstkritiker an ›Dagens Nyheter‹; 1922 Mitgl. der Schwed. Akad.; 1927 Dr. h.c.; ∞ 1911 Stina Holm – Begann als Prosaist im Stil des Naturalismus, ging dann zu innerl. Lyrik mit e. Neigung zu symbol. Problemdichtung über u. schrieb v.a. szen. Werke (hist. Schauspiele, klass. Ideendramen, Ehedramen u. mod. Komödien). Bedeutende, trotz dunkler Symbolik mächtige Altersweke. Zeigt stets feine Beobachtung u. maßvolle Beherrschung. Als kluger u. sachkundiger Kritiker sehr einflußreich. Übs. Molière und Ben Jonson.

W: Högre uppgifter, R. 1884; Judas, R. 1886, Sch. 1895 (d. 1897); På Torpa gård, R. 1888 (Versöhnt, d. 1898); Dikter, 1896; Gerhard Grim, Dr. 1897; Guld och gröna skogar, Sch. 1903; Sånger och sagor, G. 1903; Johan Ulfstjerna, Sch. 1907 (d. 1907); Vandraren, G. 1910; Karlavagnen, Sch. 1910; Ett decennium, Ess. 1912/13; Perseus och vidundret, Sch. 1917; Teseus, Sch. 1921; Hemmets sånger, G. 1922; Nationalmonumentet, Lsp. 1923; Vad kvinnan vill, Sch. 1924; Rembrandts son, Sch. 1927; Talias barn, Sch. 1931; Konst och litteratur, Ess. 1938. – Valda dikter, 1912; Samlade skrifter, XIV 1931.

L: H. Ahlenius, 1935; T. Stenström, 1961; E. Törnquist, 1968; B. Fleisher, 1968.

Hedenvind-Eriksson, Gustav Hedwin, schwed. Erzähler, 17. 5. 1880 Alanäs/Jämtland – 17. 4. 1967 Stockholm. Sohn e. Kleinbauern, Land-, Wald-, Bahnarbeiter, Seemann, 1903/04 Volkshochschule, 1956 Dr. phil. h.c. Uppsala. Hang zur Lit. mütterl. Erbe; nord. Sagen u. Geschichten aus der Mythologie hinterließen e. unauslöschl. Eindruck. Nach Bruch mit dem Vater verließ er 16jähr. das Elternhaus. Prakt. Arbeit unter Aufsicht e. Archäologen verstärkte s. Interesse für die Vergangenheit. Reisen, u.a. nach Amerika. Forschte häufig in skandinav. Archiven. Gehört zu den sog. Proletarierschriftstellern. Symbolträchtige Sprache, oft archaisch. Stand vorübergehend auch dem Expressionismus nahe, war in den 1920er Jahren Vertreter des Realismus, gelangte später zu eigener Ausdrucksform. S. Werke schildern den Zusammenstoß zwischen Industrialisierung u. Bauerntum, mod. Individualismus u. veraltetem Kollektivismus.

W: Branden, R. 1911; En dröm i seklets natt, R. 1919; Järnets gåta, R. 1921; De förskingrades arv, R. 1926; På friköpt jord, R. 1930; En bondes dagbok, Aut. 1937; Jämtländska sagor, 1941; De stora rusthållet, R. 1943; Med rallarkärra mot dikten, Aut. 1944; Sagofolket som kom bort, 1946; Jorms saga, 1948; Silverskogen sydväst om månen, R. 1950; Gästabudet, R. 1951; Med dikten mot befrielse, Mem. 1955; Befrielse, Mem. 1958; Gismus jägares saga, 1959; Gudaträten och proletärdiktaren, Mem. 1960.

L: Ö. Lindberger, 1945; L. G. Furuland, 1953, 1963; Conny Svensson, Idé och symbol, Diss. 1974; A. Lundkvist, 1983; T. Pitkänen-Koli, 1986.

Heemskerck, Johan van, niederländ. Schriftsteller, 1597 Amsterdam – 27. 2. 1656 Den Haag. Jurist. – Versuchte mit ›Bativische Arcadia‹ e. niederländ. Hirtenroman zu schaffen; stark didakt. Züge. Auch Liebesgedichte u. Übs.

W: Inleydinghe tot het ontwerp van een Batavische Arcadia, R.-Fragm. 1637 (hg. D. H. Smit 1935; 2., erw. Ausg. u.d.T. Batavische Arcadia, 1647, hg. W. P. Wolters, H. C. Rogge 1869).

L: D. H. Smit, 1933.

Heerberger, Helge → Brenner, Arvid

Heerden, Etienne Roché van, afrikaanser Romancier, Novellist, Lyriker und Literaturwissenschaftler, * 3. 12. 1954 Johannesburg. Verbrachte s. Jugend auf dem Bauernhof, später Umsiedlung nach Stellenbosch, wo H. Jura und Afrikaans/ Niederländisch studierte. Ab 1983 Rechtsanwalt, danach bei einer Werbefirma tätig, dann akademische Tätigkeit in Empangeni (Zululand), Grahamstown und als Prof. für Afrikaans an der Univ. Kapstadt. – H. ist der wichtigste Erneuerer der afrikaansen Prosa während der Zeit nach 1980. Gesellschaftskritik paart sich in seinem Werk mit magischem Realismus. Eindrucksvolle Darstellung der Landschaft der Provinz Ost-Kap. Literatur der Vergangenheit, so das Werk Olive Schreiners, kommt bei H. zu neuem Leben.

W: Matoli, R. 1978; Obiter dictum, G. 1981; My kubaan, Nn. 1983; Om te awol, R. 1984; Toorberg, R. 1986 (Geisterberg, d. 1993); Die laaste kreef, G. 1987; Liegfabriek, Nn. 1988; Casspirs en campari's, R. 1991; Die stoetmeester, R. 1993; Kikoejoe, R. 1996; Postmodernisme en prosa, Diss. 1997; Die swye van Mario Salviati, R. 2000.

L: M. Erasmus, 1998.

Heeresma, Heere, niederländ. Schriftsteller, * 9. 3. 1932 Amsterdam. Angestellter in Industrie u. Handel, seit 1963 freier Schriftsteller. – Schreibt Gedichte, Romane, Erzählungen u. Fernsehstücke. Sowohl die Gesellschaft wie den einzelnen unterzieht H. e. schonungslosen Verhaltenskritik, indem er mit grausamer Ironie u. slapstickartigem Humor Absurdität u. Rollenzwang, Frustration u. eskapistische Wünsche aufdeckt.

W: Bevind van zaken, En. 1962; Een dagje naar het strand, E. 1962 (d. 1969); De vis, E. 1963 (d. 1969, mit dem vorigen); Geef die mok eens door, Jet, R. 1968; Teneinde in Dublin, R. 1969 (mit s. Bruder Faber unter Ps. Heeresma Inc., d. 1970); Han de Wit gaat in ontwikkelingshulp, R. 1972; Zwaarmoedige verhalen voor bij de centrale verwarming, En. 1973; Een aanranding in het Vondelpark, E. 1975; Enige portretten van een mopperkont, En. und Br. 1977; Beuk en degel, E. 1982; Eén robuuste buste, één…, En. 1989; Sprookjes voor het sterven gaan, En. 1996.

L: H. Dütting, hg. 1981; H. Reurslag, 1990; NSP Radio, hg. H. H., CD-ROM 1999.

Heever, Christiaan Maurits van den, afrikaanser Lyriker u. Romancier, 27. 2. 1902 Norvalspont – 8. 7. 1957 Johannesburg. Schule u. Stud. in Bloemfontein; 1922 Zeitungsredakteur, 1928 Stud. Lit. Utrecht, 1929 Dr. phil., 1933 Prof. der Univ. Johannesburg. – S. Lyrik, Novellen u. Romane sind stimmungsvoll, reich an Natursymbolik u. Gedanken. Beeinflußt von Schopenhauer. Pessimist.

W: Stemmingsure, G. 1926; Op die Plaas, N. 1927; Die nuwe Boord, G. 1929; Droogte, R. 1930; Deining, G. 1932; Simson, Nn. 1932; Somer, N. 1934; Laat Vrugte, R. 1938; Kruispad, Nn. 1938; Gister, R. 1941; Versamelde gedigte, 1945; Honderd Sonette, G. 1955.

L: Y. Kamp, C. M. van den Heever – 'n bibliografie, 1953; Gedenkboek C. M. van den Heever, hg. P. J. Nienaber 1959; J. C. Kannemeyer, 1978; H. du Plooy, 1998.

Ḥeğāzī, Moḥammad, pers. Schriftsteller, 18. 12. 1900 Teheran – 30. 1. 1974 ebda. Stud. Lit. Teheran und Frankreich, dann im pers. Staatsdienst. – Erzähler und Dramatiker e. romant., etwas müden Pessimismus in elegantem, melod., zuweilen etwas geschraubtem Stil. Scharfer Beobachter der menschl. Natur, z. T. mit Humor, Ironie u. Satire.

W: Homā, R. 1928; Paričehr, R. 1929; Zībā, R. III 1931–48; Āine, Nn. 1932; Maḥmūd Āqā-rā wakīl konīd!, K. 1951; Ḥāfeẓ, Dr. 1951; Āhang, R. 1951; Sāgar, R. 1951.

Hegemon von Thasos, altgriech. Dichter, 5. Jh. v. Chr. – Soll nach Aristoteles' ›Poetik‹ als erster mit parodist. Dichtung an Wettkämpfen in Athen erfolgr. teilgenommen haben. Von s. Werken (Epen- und Tragödienparodien, Komödien) sind nur spärl. Titel bezeugt bzw. Fragmente erhalten.

A: P. Brandt, Bd. I, 1888, 37–49.

L: F. Schachermeyer, 1965; V. Tammaro, in: E. Degani u. a., hg. Fs. G. Morelli, Bologna 1997, 123–126.

Hegenscheidt, Alfred, fläm. Schriftsteller, 6. 4. 1866 St.-Jans-Molenbeek b. Brüssel – 9. 2. 1964 Menton. Prof. für Geographie in Brüssel. – Gehörte der lit. Bewegung ›Van Nu en Straks‹ an. Wurde mit e. einzigen Werk berühmt: ›Starkadd‹, e. wagnerian.-neuromant. Versdrama mit wenig dramat. Spannung, aber von sehr musikal. Wortkunst.

W: Starkadd, Dr. 1898.

L: J. van Hoeck, 1966; R. Vervliet, 1977.

Heiberg, Gunnar Edvard Rode, norweg. Dramatiker u. Essayist, 18. 11. 1857 Oslo – 22. 2. 1929 ebda. Aus wohlhabender Familie, lernte auf e. Italienreise in Rom Ibsen kennen, dessen sozialeth. Idealismus ihn stark beeindruckte. Übernahm 1884 die künstler. Leitung des Nationaltheaters in Bergen, die er 1888 wegen s. einseitigen Bevorzugung der Moderne niederlegen mußte. Lebte viel im Ausland, bes. in Paris. 1905 trat er für die Wahl der republikan. Staatsform für Norwegen ein. – Begann mit Gesellschaftsdramen in der Art Ibsens, dessen retrospektive Technik er übernahm. In s. noch gemäßigt sozialkrit. Schauspiel ›Tante Ulrikke‹ vertritt die Frau des moral. Empfinden inmitten e. korrupten Welt. Doch schon in ›Kong Midas‹, e. boshaften Angriff auf Bjørnson, tritt das satir. Element in den Vordergrund, das für s. ganzes Schaffen kennzeichnend ist. ›Balkonen‹ erregte mit s. an Wedekind anklingenden Verherrlichung triebhafter Erotik e. Skandal u. heftige lit. Kontroversen. Der Konflikt zwischen Intellekt u. erot. Leidenschaft ist das Hauptthema s. dramat. Schaffens, aus dem s. brillanten Komödien durch treffenden Witz u. Bühnenwirksamkeit hervorragen. Glänzender Stil zeichnet auch s. Prosaschriften aus.

W: Tante Ulrikke, Dr. 1884 (d. 1911); Kong Midas, Dr. 1890 (König Midas, d. 1890); Konstnere, Dr. 1893; Gerts have, K. 1894; Balkonen, Dr. 1894 (Der Balkon, d.

1894); Det store lod, Dr. 1895 (Das große Los, d. 1896); Folkeraadet, Dr. 1897; Harald Svans mor, K. 1899; Pariserbreve, Ess. 1900; Kjærlighet til næsten, Dr. 1902; Kjærlighetens tragedie, Dr. 1904 (Die Tragödie der Liebe, d. 1906); Jeg vil værge mit land, Dr. 1912; Paardesengen, K. 1913; Set og hørt, Ber. 1917; Ibsen og Bjørnson på scenen, Ess. 1918; Franske visitter, Ess. 1919; Norsk teater, Ess. 1920; 1905, Ber. 1923; Salt og sukker, Ess. 1924; Novellisten Kinck, Es. 1927. – Samlede dramatiske verker, IV 1917; Essays og artikler, 1995.

L: J. Bab, Das Drama der Liebe, 1925; E. Skavlan, 1950; C. F. Engelstad, 1972.

Heiberg, Johan Ludvig, dän. Dichter und Kritiker, 14. 12. 1791 Kopenhagen – 25. 8. 1860 Bonderup. Sohn des Dichters P. A. H. und der Novellistin T. Gyllembourg; lebte seit der Scheidung s. Eltern bei Verwandten. Seit 1809 Stud. Ästhetik; Promotion; 1816 Polemik gegen Ingemann; 1819–22 in Paris. Lernte dort am franz. Theater die Gattung des Vaudeville kennen. 1822 Lektor für dän. Sprache in Kiel. Dort Begegnung mit Hegel, nachhaltige Beeinflussung durch s. Philos. 1825 nach dem Erfolg s. Vaudevilles ›Kong Salomon og Jørgen Hattemager‹ Rückkehr nach Kopenhagen. Seit 1829 Theaterdichter und Übs. am Kgl. Theater. 1831 ∞ Schauspielerin J. L. Pätges. Ihr Heim wird zum kulturellen Mittelpunkt Kopenhagens. 1827–34 maßgebl. Lit.- und Kulturkritiker u. Hrsg. der Zs. ›Københavns flyvende post‹, 1842/43 Redakteur von ›Interimsblade‹ und ›Intelligensblade‹. Nach hegelschen Kriterien ausgeführte Kritik an Oehlenschläger und anderen. 1849–56 Direktor des Kgl. Theaters. In seinen letzten Lebensjahren philos. und astronom. Studien. – Anregungen von Tieck, Calderón und vom franz. Drama. Verfaßte einige romant. Stükke, z.B. ›Elverhøj‹, das zu s. Zeit meistgespielte dän. Drama, und ›Syvsoverdag‹. In beiden durchdringen sich Gegenwart und Vergangenheit, Wirklichkeit und Phantasievorstellungen. ›En sjæl efter døden‹ ist e. satir. Komödie über den ›liberalen‹ geistlosen Kopenhagener Spießbürger. Mit s. Vaudevilles erstrebte H. e. Neubelebung des dän. Theaters.

W: Kong Salomon og Jørgen Hattemager, K. 1825; Aprilsnarrene, K. 1826; Recensenten og Dyret, K. 1826; De Uadskillelige, K. 1827; Elverhøj, Dr. 1828 (Der Elfenhügel, d. 1852); Køge Huskors, K. 1831; De Danske i Paris, K. 1833; Alferne, Dr. 1835; Nej, K. 1836; Fata-Morgana, Msp. 1838; Syvsoverdag, Dr. 1840; Nye Digte, G. 1841 (n. 1990; Neue Gedichte, d. 1850, daraus: Eine Seele nach dem Tode, d. 1861). – Prosaiske skrifter, XI 1861f.; Poetiske skrifter, XI 1862; Udvalgte digte, 1916; Poetiske skrifter (Ausw.), hg. C. S. Petersen III 1931f.; Om vaudevillen, Ess. hg. H. Hertel 1968; Dramatik (Ausw.), hg. J. Kr. Andersen 2000; Heibergske familiebreve, Br. hg. M. Borup 1943; Breve og aktstykker vedrørende J. L. Heiberg, Br. V 1946–50. – *Übs.:* Dramat. Schriften, II 1844–47.

L: M. Borup, III 1947–49; H. Fenger, 1992; H. J. Klarskov Mortensen, 1998; V. Schrøder, Tankens våben, 2002. – *Bibl.:* E. Spang-Hanssen, 1929; C. J. Ballhausen, 2000.

Heiberg, Johanne Luise, geb. Pätges, dän. Schriftstellerin, 22. 11. 1812 Kopenhagen – 21. 12. 1890 ebda. Ballettunterricht; seit 1823 Schauspielerin am Kgl. Theater, bald dessen führende Kraft und Dame der Gesellschaft; 1831 ∞ Johan Ludvig H. – Vf. leichter, biedermeierl. Vaudevilles und kulturgeschichtl. interessanter Memoiren.

W: En søndag på Amager, Dr. 1848; Abekatten, Dr. 1849; En sommeraften, Dr. 1853; P. A. Heiberg og T. Gyllembourg, B. 1882; Et liv genoplevet i erindringen, Mem. IV 1891f. (n. 1987; Ein Leben, d. 1901).

L: R. Neiiendam, ²1937; J. Rahbek, 1948; B. Wamberg, 1987; H. Fenger, 1992; V. Schrøder, ²2001.

Heiberg, P(eter) A(ndreas), dän. Schriftsteller, 16. 11. 1758 Vordingborg – 30. 4. 1841 Paris. Notariatsangestellter in Kopenhagen. ∞ 1790 Thomasine Buntzen, spätere Gyllembourg; Vater von Johan Ludvig H. Wegen s. von der Franz. Revolution beeinflußten Ideen und s. Satiren gegen König und Regierung 1799 verbannt; lebte bis zu s. Tode in Paris. – Polit.-nationaler u. sozialer Agitator; polemisierte in satir. Schauspielen, Komödien u.a. Gattungen gegen Deutschtümelei, Absolutismus und den Adel.

W: Rigsdalersedlens Hændelser, R. 1787–93; Holger Tyske, Prosa 1789; De Vonner og vanner, Prosa 1792; Poverty and Wealth, Sch. 1799; Erindringer, Erinn. 1830. – Samlede skuespil, hg. K. L. Rahbek IV 1806–14; Udvalgte skrifter (Ausw.), 1884.

L: C. Thaarup, ²1883; J. L. Heiberg, 1883; P. Ingerslev-Jensen, 1974; H. Fenger, 1992. – *Bibl.:* C. J. Ballhausen, 2000.

Heidenstam, (Carl Gustav) Verner von, schwed. Dichter, 6. 7. 1859 Olshammar/Örebro – 20. 5. 1940 Övralid/Östergötland. Offizierssohn, Schulbesuch 1876 wegen Kränklichkeit abgebrochen, danach bis 1887 im Ausland: 1876–78 Ägypten, Palästina, Syrien, Griechenland, 1879 Rom (Malerausbildung), 1881 Paris, Riviera, 1884–87 Schweiz (Bekanntschaft mit Strindberg). 1909 Dr. h.c., 1912 Mitgl. der Schwed. Akad., 1916 Nobelpreis. ∞ 1880–1893 Emilie Uggla, 1896–1902 Olga Wiberg, 1903–06 Margareta Sjöberg. – Ausgeprägter Individualist, wurde mit s. Dichtung wegen s. Ideenreichtums, Schönheitssinnes, s. nationalen Pathos und der frischen, unkonventionellen Form zum Führer der neuromant. Bewegung der 1890er Jahre. In ›Renässans‹ legte er s. künstler. Glaubensbekenntnis zu e. ästhet. Idealismus ab. v. a. ging e. Erneuerung von s.

Lyrik aus, die anfangs spieler.-arrogant u. nonchalant ist. Sie hat impressionist. Leuchtkraft, ist dabei aber auch drast. u. barock u. zeigt trotz aller Sehnsucht nach Schönheit Sinn für realist. Details. Daneben stehen konzentrierte Gedichte, die in knapper Form gedämpfte Resignation ausdrükken. Weniger Denker als Träumer; auch in s. persönlichsten Prosawerk ›Hans Alienus‹ ist die Grundidee, das Unvermögen des mod. Menschen, s. Glück zu erlangen, in dunklen Symbolen verborgen. Sein eigentl. Element blieb die Lyrik. S. zweite Gedichtsammlung enthält e. unübertroffenen Reichtum an verschiedenartigen u. entgegengesetzten Stimmungen u. Stilen. Neben Wirklichkeitsflucht, Fernweh u. Heimatlosigkeit stehen Heimweh u. Vaterlandsliebe. Obwohl selbst ohne Sinn für das Volk, wollte er Nationaldichter werden u. wandte sich deshalb liebevoll der Vergangenheit zu mit s. hist. Erzählungen (›Karolinerna‹), in denen zwar nicht die große Linie, wohl aber einzelne Szenen u. Gestalten gelungen sind. Die Tragik des Genies u. Ausnahmemenschen, die Problematik von Gerechtigkeit u. Glück sind s. Anliegen, auch Eheprobleme (›St. Göran och draken‹) u. Naturmystik. H. versuchte in das polit. Leben einzugreifen u. gründete 1897 ›Svenska Dagbladet‹. S. Freundschaft mit Strindberg ging in e. heftigen Polemik auseinander, wodurch er in e. konservative Richtung getrieben wurde. Im Streben nach eigener innerer Festigkeit bemühte er sich später um klass. Einfachheit u. Feierlichkeit. Daher wirkt die Prosa gelegentl. steif u. unnatürl. Unter dem Eindruck des 1. Weltkriegs u. bei wachsender Selbstkritik verstummte H. nahezu. S. letzte Gedichtsammlung enthält vorwiegend kurze, knappe Gedankenlyrik.

W: Från Col di Tenda till Blocksberg, Reiseb. 1888 (Landschaften und Menschen, d. 1901); Vallfart och vandringsår, G. 1888; Renässans, Es. 1889; Endymion, R. 1889 (d. 1891); Pepitas bröllop, Sat. 1890 (m. O. Levertin); Hans Alienus, R. 1892 (d. 1904); Dikter, G. 1895 (d. 1910); Om svenskarnas lynne, Es. 1896; Karolinerna, Ep. 1897 f. (Karl XII. und seine Krieger, d. 1898); Klassicitet och germanism, Es. 1898; Tankar och teckningar, Es. 1899; Ett folk, G. 1899; Sankt Göran och draken, N. 1900 (St. Georg und der Drache, d. 1903); Heliga Birgittas pilgrimsfärd, R. 1901 (Die Pilgerfahrt der hl. Birgitta, d. 1903); Skogen susar, N. 1904 (Der Wald rauscht, d. 1913); Folkungaträdet (Folke Filbyter, Bjälboarfvet), R. II 1905–07 (Der Stamm der Folkunger, d. 1909 f.); Svenskarna och deras hövdingar, 1908–10 (Die Schweden und ihre Häuptlinge, d. II 1909–11); Dagar och händelser, Ess. 1909; Proletärfilosofiens upplösning, Schr. 1911; Nya dikter, G. 1915; Uppsatser, tal och fantasier, 1929; När kastanjerna blommade, Mem. 1941 (Als die Kastanien blühten, d. 1948); Tankar och utkast, Aphor. 1941; Sista dikter, G. 1942. – Samlade skrifter, XVI 1909 f.; Samlade verk, hg. K. Bang, F. Böök XXIII 1943–45.

L: J. Landquist, 1909; R. G. Berg, 1916; E. Fries, 1934; H. Kamras, 1942; J. V. Johansson, 1943; F. Böök, II 1945 f.; K. Bang, 1945 u. 1946; S. Björck, 1946 u. 1947; J. Stenkvist, Nationalskalden, 1982; M. Kylhammar, 1985.

Heijden, A. F. Th. (eig. Adrianus Franciscus Theodorus) van der (Ps. Patrizio Canaponi), niederländ. Schriftsteller, * 15. 10. 1951 Geldrop. Stud. Philos., dann ausschließlich Schriftsteller. – Der R.-Zyklus ›De tandeloze tijd‹ kann als mehrteiliger Entwicklungsroman gesehen werden u. ist zugleich e. lebendige Chronik der 50er bis 80er Jahre. Vielschichtige symbol. Bezüge innerhalb des Gesamtwerks.

W: Die beiden ersten Titel zunächst unter Ps.: Een gondel in de Herengracht, En. 1978; De draaideur, R. 1979 (d. 1997); R.-Zyklus ›De tandeloze tijd‹: De slag om de Blauwbrug (Prolog), 1983 (d. 2001); Vallende ouders (1), 1983 (d. 1997); De gevarendriehoek (2), 1985 (d. 2000); Advocaat van de hanen (4), 1990 (d. 1994); Weerborstels (Intermezzo), 1992 (Der Widerborst, d. 1993); Hof van barmhartigheid (3a), 1996; Onder het plaveisel het moeras (3b), 1996; außerdem Het leven uit een dag, R. 1988 (Ein Tag, ein Leben, d. 1992); Homo duplex (Bd. 0 des Zyklus ›De Movo Tapes‹, unter dem neuen Autorenkürzel ›A. F. Th.‹ veröffentlicht), R. 2003.

L: ›Bzzlletin‹ 179, 1990; Groepsportret, hg. J. Brands, 1996; ders, 1997; C. Peeters, 1998.

Heijermans, Herman, niederländ. Dramatiker und Erzähler, 3. 12. 1864 Rotterdam – 22. 11. 1924 Zandvoort. Zuerst im Handel tätig, später Journalist. Gründer von ›De Jonge Gids‹ (1897–1901), Mithrsg. von ›De Nieuwe Tijd‹, lebte 1907–12 in Berlin. Seit 1912 Direktor von ›De Toneelvereniging‹ in Amsterdam. Unter Ps. Samuel Falkland veröffentlichte er 660 Skizzen aus dem holländ. Familienleben, die zuerst in den Tageszeitungen ›De Telegraaf‹ und im ›Algemeen Handelsblad‹ erschienen. Bedeutendster Bühnenschriftsteller s. Zeit. Gibt naturalist. Spiegelbilder aus dem Leben der Arbeiter und Bürger mit sozialist. Tendenzen. S. antirelig. Gesinnung und s. Auffassungen über die Erotik (freie Liebe) erregten lebhaften Protest. Die Beherrschung der Dramentechnik, die humorvolle Darstellungsweise und die aus dem Dialekt angereicherte Sprache verhalfen s. Dramen, von denen ›Op hoop van zegen‹ als beste gilt, zum Erfolg.

W: Dora Kremer, Dr. 1893; Trinette, R. 1893; Ahasverus, Dr. 1893 (d. 1904); Schetsen, Sk. XIX 1896–1915 (Ausgew. Falklandskizzen, d. II 1903 f.); Ghetto, Dr. 1899 (d. 1903); Het zevende gebod, Dr. 1899 (d. 1903); Op hoop van zegen, Dr. 1901 (d. O. van Berg 1901; Die Hoffnung, d. F. de Graaff ²1925); Ora et labora, Dr. 1903 (d. 1904); Schakels, Dr. 1903 (d. 1904); Diamantstad, R. 1904 (d. 1904); De meid, Dr. 1905 (d. 1909); Allerzielen, Dr. 1905 (d. 1906); Uitkomst, Dr. 1907 (Erlösung, d. 1907); Berliner Skizzenbuch, 1908; Glück auf, Dr. 1912; De wijze kater, Dr. 1919; Van outs ›De Morgenster‹, Dr. 1924. – Toneelwerken, Drr. III 1965. – *Übs.:* Schauspiele, II 1909, III 1912.

L: F. Hulleman, 1925; G. Karsten, 1934; S. L. Flaxman, N. Y. 1954; E. de Jong, 1967; C. A. Schilp, 1967; N. van Neck Yoder, Dramatizations of social change, 1978; H. Goedkoop, B. 1996.

Heike-monogatari (›Erzählungen vom Heike-Clan‹), jap. Kriegserzählung (gunkimonogatari), 12 Bände, Vf. unbekannt, wohl zwischen 1190 u. 1221 entstanden. Meisterwerk der Gattung u. der jap. Lit., schildert Glanz u. Untergang der Taira-Sippe in ihrem Kampf mit den Minamoto. S. rhythm. Prosa machte das H. geeignet zum Vortrag (Heikyoku) zur Laute durch blinde Sänger (biwa-hôshi). Dadurch wurde dem Text Neues hinzugefügt u. Bestehendes abgewandelt.

Übs.: engl. A. L. Sadler (TASJ 46 u. 49), 1918 u. 1921; H. Kitagawa, B. T. Tsuchida, The Tale of the Heike, 1975; H. Mc Cullough, 1988; R. Sieffert, Le dit des Heike, 1976.

L: W. Donat, 1938; J. Glaubitz, 1956; K. D. Butler, The Textual Evolution of the H., 1966; T. Hasegawa, The Early Stages of the H., 1967; K. D. Butler, The H. and the Jap. Warrior Epic, 1969; P. Varley, Warriors of Japan as portrayed in the War Tales, Honolulu 1994; F. Ehmcke, Von Helden, Mönchen u. schönen Frauen, 2000.

Heimonskinder → Haimonskinder

Heimskringla → Snorri Sturluson

Hein, Piet (Ps. Kumbel), dän. Lyriker, 16. 12. 1905 Kopenhagen – 17. 4. 1996 Middelfart. Techn. Stud., zahlr. Auslandsreisen. – Kommentiert in humorvollen Kurzgedichten (gruk) mit iron.-pointierten Wortspielen aktuelle u. allg. Dinge des Daseins.

W: Gruk, G. XX 1940–63; Vers i verdensrummet, G. 1941; Man skal gå på jorden, Aphor. 1944; Vers af denne verden, G. 1948; Ord, Aphor. 1949; selv om den er gloende, Aphor. 1950; Her og nu, G. 1955; Du skal plante et træ, G. 1960; Husk at elske, G. 1962; Kilden og krukken, Es. 1963; Vis electrica, Es. 1963; Husk at leve, G.-Ausw. 1965; Lad os blive mennesker, G. 1967; Menneskesag, Anth. 1975; Digte fra alle årene, G. II 1972–78; Gruk fra alle årene, V 1989–99.

L: C. Ahlefeld u.a., 1995; M. F. Nielsen, 1996.

Hein van Aken → Aken, Hein van

Heinesen, Jens Pauli, färöischer Erzähler und Dramatiker, * 12. 11. 1932 Tórshavn. Sohn eines Bauern, wuchs in Sandavág auf, Schulbesuch in Dänemark, 1957–70 Lehrer an verschied. Schulen in Tórshavn (1968/69 Aufenthalt in Südspanien), danach freier Schriftsteller. 1956 ∞ Maud Brimheim aus Klaksvík. 1968–75 Vorsitzender des färöischen Schriftstellerverbandes. – Führender färöischer Prosaautor der Gegenwart, dessen Hauptwerk der 7teilige Romanzyklus ›Auf der Reise in eine unendliche Geschichte‹ darstellt, ein autobiograph. geprägter Künstler- und Entwicklungsroman.

W: Degningsælið, En. 1953; Yrkjarin úr Selvík, R. 1958; Hin vakra kvirran, En. 1959; Tú upphavsins heimur I – III, R.-Tril. 1962–66; Gestur, En. 1967; Aldurnar spæla á sandi, En. 1969; Í aldingarðinum, En. 1971; Frænir eitur ormurinn, R. 1973; Gamansleikur, En. 1974; Rekamaðurinn, R. 1977; Dropar í livsin havi, En. 1978; Tey telgja sær gudar, R. 1979; Nú ert tú mansbarn á foldum, R. 1980 (1. Teil der Reihe Á ferð inn í eina óendiliga søgu; d. Ein Kind hier auf Erden, 2002); Lýsir nú fyri tær heimurin, R. 1982 (2. Teil); Leikur tín er sum hin ljósi dagur, R. (3. Teil); Markleys breiðist nú fyri tær fold, R. 1983 (4. Teil); Eitt dýpi av dýrari tíð, R. 1984 (5. Teil); Fýra sjónleikir, Sch.e 1985; Tann gátufori kærleikin, En. 1986; Í andgletti, R. 1988 (6. Teil); Sníkurin, Sch. 1990; Bláfell, R. 1988 (7. Teil); Rósa Maria, En. 1993; Gamansleikur II, En. 1995; Ein ódeyðilig sál – og aðrar, R. 1995.

Heinesen, William, dän.-färöischer Lyriker und Romanschriftsteller, 15. 1. 1900 Tórshavn/Färöer – 12. 3. 1991 Tórshavn. Sohn e. Reeders. Kaufmann, Ausbildung in Kopenhagen; Reisen in Europa; seit 1932 in Tórshavn; schrieb in dän. Sprache. – Die Natur der Felseninseln im Atlantik prägt s. Lyrik; die Motive sind s. Heimat entnommen: Himmel und menschl. Einsamkeit in dem gewaltigen Raum. Romane mit scharfer sozialer Tendenz, Glauben an den Willen und die Kraft einfacher Leute, barschem Humor und sprachl. Phantasie.

W: Arktiske Elegier, G. 1921; Højbjergning ved Havet, G. 1924; Sange mod Vaardybet, G. 1927; Stjernerne vaagner, G. 1930; Blæsende gry, R. 1934; Noatun, R. 1938 (d. 1940); Den sorte gryde, R. 1949 (Der schwarze Kessel, d. 1951); De fortabte spillemænd, R. 1950 (Die verdammten Musikanten, d. 1952); Moder Syvstjerne, R. 1952; Digte i udvalg, Ausw. G. 1955; Det fortryllede lys, En. 1957 (Das verzauberte Licht, d. 1966); Gamaliels besættelse, Nn. 1961; Hymme og harmsang, G. 1961; Det gode håb, R. 1964 (Die ›gute Hoffnung‹, d. 1968); Kur mod onde ånder, En. 1967; Don Juan fra Tranhuset, En. 1970; Panorama med regnbue, G. 1972; Tårnet ved verdens ende, R. 1976; Her skal danses, En. 1980. – Samlede digte (GW), 1984.

L: W. Glyn Jones, 1974, 1979; H. Ljungberg, 1976; H. Andersen, 1983; B. N. Brovst, 1987.

Heinlein, Robert Anson (Ps. A. Mac Donald, Lyle Monroe, Caleb Saunders, John Riverside), amerik. Schriftsteller, 7. 7. 1907 Butler/MO – 8. 5. 1988 Carmel/CA. Naval Academy; bis 1934 Techniker in der Navy. Danach Stud. Physik und Mathematik. Seit 1939 Schriftsteller. – Bisher einflußreichster der frühen Science-Fiction-Autoren. Populäre Science Fiction im Sinne von ›realistic speculation‹ und ›possibility fiction‹, voller techn.-wiss. Details. Neben Romanen über 150 Geschichten u. Essays; Radiosendungen u. Filme.

W: Beyond This Horizon, R. 1948; Waldo, and Magic, Inc., R. 1950; Farmer in the Sky, R. 1950; The Green Hills of Earth, R. 1951; The Puppet Masters, R. 1951; Rolling Stones, R. 1952; Revolt in 2100, R. 1953; Tunnel in the Sky, R. 1955; Double Star, R. 1956; The Door into Summer, R. 1957; Citizens of the Galaxy, R. 1957; Have Space Suit, Will Travel, R. 1958; The Menage from Earth Kgn. 1959; Stranger in a Strange Land, R. 1961; Glory Road, R. 1963; Farnham's Freehold, R. 1964; Orphans of the Sky, R. 1964; The Moon is a Harsh Mistress, R. 1966; The Past Through Tomorrow, Kgn. 1967; Time Enough for Love, R. 1974; The Number of the Beast, R. 1980; Friday, R. 1982; Job: A Comedy of Justice, R. 1984; The Cat Who Walks Through Walls, R. 1985.

Heinrich van Alkmaer → Reinaerde, Van den Vos

Heinsius, Daniel, niederländ. Dichter, 9. 6. 1580 Gent – 25. 2. 1655 Leiden. Elternhaus von humanist. Geist geprägt. Stud. Altphilol. Univ. Leiden; begründete mit s. brillanten Kollegs den Ruhm der Leidener lit. Fakultät. – Erster klassizist. Dichter in den Niederlanden: Vorbilder griech. u. lat. Dramen; behandelte als erster e. nationalen Stoff. S. lat. Drama ›Auriacus‹, in dem er unter Wahrung der Einheit von Ort und Zeit den letzten Tag im Leben Wilhelms von Oranien darstellte, ist e. Verherrlichung Hollands. Großer Einfluß auf die deutsche Dichtkunst des 17. Jh.: S. ›Nederduytsche Poëmata‹ wurden von Opitz als vorbildl. Gedichte hoch geschätzt. Opitz hat sich von H. zur Anerkennung des bereits von Jan van Hout beachteten Betonungsgesetzes bestimmen lassen.

W: Auriacus sive libertas saucia, Dr. 1602; De tragoediae constitutione, Es. 1611; Nederduytsche Poëmata, 1616; Lofsanck van Jesus Christus, 1616 (hg. L. Ph. Rank u. a.) 1965; d. M. Opitz 1621); De contemptu mortis, Es. 1621; Herodes infanticida, Dr. 1632.

L: H. ter Horst, 1934; E. G. Kern, The Influence of H. and Vossius upon French Dram. Theory, Baltimore 1949; P. R. Sellin, D. H. and Stuart England, 1968; J. H. Meter, 1975; B. Becker-Cantarino, 1978.

Heinsius, Nicolaas, d. J., niederländ. Erzähler, 1656? Den Haag – Jan. 1718 Culemborg. Enkel des Altphilologen u. Dichters Daniel H., Arzt. Wegen Totschlag floh er 1677 außer Landes u. führte ein umherschweifendes Leben. Wahrscheinl. einige Zeit Hofarzt von Christina von Schweden in Rom. Ab 1695 in der Freistadt Culemborg (Niederl.). – Schrieb e. Schelmenroman, nach dem Vorbild des span. ›Lazarillo de Tormes‹. ›Don Clarazel de Gontarnos‹ ist e. Bearbeitung von Du Verdiers ›Chevalier Hypochondriaque‹. Übs. von Scarrons ›Roman comique‹.

W: Den vermakelijken avanturier, R. 1695 (hg. C. J. Kelk 1963; Der kurtzweilige Avanturier, d. 1714); Don Clarazel de Gontarnos, R. 1697.

L: J. ten Brink, 1885; F. F. Blok, Diss. Leiden 1949.

Hekataios von Abdera, altgriech. Schriftsteller u. Kulturhistoriker, um 350 v. Chr. – 290 v. Chr. Soll Schüler Pyrrhons von Elis gewesen sein, unter Ptolemaios I. Ägypten bereist haben; sonst keine biograph. Nachrichten. – H.' Werk ist nur noch in Fragmenten faßbar, wohl vieles völlig verloren. So beschreibt er in s. fiktiven, pseudo-ethnograph. Reisebericht ›Über die Hyperboreer‹ in phantast.-romanhafter Weise e. Insel Heloxia im äußersten Norden, auf der e. frommes Volk nach e. idealen Verfassung e. völlig glückliches Leben führt. Auch in s. ›Ägypt. Geschichte‹ scheint er den idealen Staat (konstitutionelle Monarchie) beschrieben zu haben, diesmal am Beispiel des Ptolemaierreiches; hier findet sich auch die erste uns bekannte Erwähnung der Juden bei e. griech. Autor, deren Vertreibung nach ägypt. Legenden geschildert wird. Daran anknüpfend hat man H. fälschlicherweise auch e. Monographie ›Über die Juden‹ sowie e. Sammlung von Aussprüchen Abrahams zugeschrieben.

A: FGrH 264.

L: Fr. H. Diamond, Diss. Los Angeles 1974; J. Dillery, Historia 47, 1998, 225–275.

Hekataios von Milet, altgriech. Geograph u. Historiker, ca. 560 v. Chr. – 480 v. Chr. H. soll vergebl. vom ion. Aufstand 500 v. Chr. abgeraten und sich nach dessen Scheitern für e. milde Behandlung der Aufständischen eingesetzt haben. – Von s. Werk sind ca. 370 Fragmente erhalten, die sich v. a. 3 Werken zuordnen lassen: 1) Erdkarte mit der Erde als runder Scheibe, von Okeanos umflossen, Landmasse durch Flüsse in 2 gleich große Erdteile bzw. 4 Quadranten geteilt; als erster versucht H. e. Einteilung in Zonen; 2) ›Erdbeschreibung‹ (2 Bücher): Von Spanien ausgehend beschreibt H. Europa, Asien, Ägypten, Libyen, um die gesamte bekannte Welt (auch Einwohner, Fauna, Flora) zu erfassen, ohne direkten prakt. Anspruch; 3) ›Genealogien‹ (auch ›Historien‹, 4 Bücher): Versuch e. sachl. wie chronolog. Systematisierung der Erzählungen über Heroen und Halbgötter ab Herakles; dabei Rationalisierung der Mythen (nichts Phantastisches oder Übernatürliches). In allen Werken schreibt H. in einfacher archaischer, leicht ion. gefärbter Sprache. H. ist v. a. durch s. von naturphilos. Denken beeinflußten, krit. Umgang mit der Überlieferung einer der Wegbereiter der griech. Historiographie.

A: FGrH 1.

Hektorović, Petar, kroat. Dichter, 1487 Stari Grad/Hvar – 13. 3. 1572 ebda., Patrizier, humanist. gebildet, befreundet mit den Dubrovniker Dichtern M. Vetranović u. N. Nalješković, baute die heute noch bestehende Burg Tvrdalj in s. Heimatstadt aus. – Zählt zu den bedeutendsten Dichtern der dalmatin. Renaissancelit., übersetzte u. a. Ovids ›Remedia amoris‹, schrieb zahlr. Sendschreiben in Versen, von denen nur vier erhalten sind; verdankt s. Ruhm der originellen Fischeridylle ›Ribanje i ribarsko prigovaranje‹, die die ältesten Aufzeichnungen langzeiliger Heldenlieder (Burgarštice) enthält.

W: Knjige Ovidijeve od lika ljubenoga, Übs. 1525; Odgovor Nikoli Nalješkoviću, G. (1541); Ribanje i ribarsko prigovaranje, 1568 (n. 1931, 1999; Komm. 1951). – Stari pisci hrvatski 6, 1874; Pet stolj. hrv. knj. 7, hg. M. Franičević 1968; Djela Petra Hektorovića, hg. J. Vončina 1986.

L: M. Franičević, 1962; J. Teutschmann, 1971.

Helander, Gunnar, schwed. Theologe u. Schriftsteller, * 20. 3. 1915 Vänersborg. Mag. phil. 1958, lic. theol. 1964. 1938–56 Missionar in Südafrika, 1966–83 Dompropst in Västerås.– S. Themen sind die unterschiedl. Lebensverhältnisse zw. Afrikanern u. Europäern, die Rolle der Frau und Eheformen. Schrieb auch in der Sprache der Zulu und übers. für sie die Bibel.

W: Zulu möter vit man, 1948; Endast för vita, 1950; Svart symfoni, 1952; Storstadsneger, 1955; Svart Napoleon, 1956; Must we introduce monogamy, Es. 1958; Det nya kom från negern, 1959; Stina och Anders i Sydafrika, 1960; Sydafrikansk rapsodi, 1961; Polygamy, a missionary problem, Es. 1964; Bibeln, kvinnan och månggiftet, Es. 1972; Åk hem Li Fong, 1984; Uppdrag Zulu, 1986; Roliga historier, hie. 1999.

Helden von Sassum → Sasna Crer

Hélder, Herberto de Oliveira, portugies. Lyriker, * 23. 11. 1930 Funchal (Madeira). Stud. Jura u. Romanistik Lissabon; versch. Berufe im In- u. Ausland, 1971 Angolaaufenthalt; lebt heute zurückgezogen u. lehnt öffentl. Auftritte, Interviews u. Lit.preise ab. – Das experimentelle lyr. Werk H.s gilt als e. der bedeutendsten des zeitgenöss. Portugal. Strenger Subjektivismus in der Tradition der dt. Romantik, des Symbolismus u. des Surrealismus. Auflösung von abbildender u. log. Funktion der Sprache. Themen: Eros als überindividuelle Wiedervereinigung von Mensch u. Kosmos, Traum u. Wahnsinn als unterbewußter Weg zur Erkenntnis.

W: Poesia Toda 1953–1990 (GW), 1990.
L: M. L. Dal Farra, 1986.

Helgason, Hallgrímur, isländ. Autor u. Künstler, * 18. 2. 1959 Reykjavík. Sohn eines Bauingenieurs; Stud. 1979/80 an der Myndlista og Handiðaskóli Íslands u. 1981/82 an der Akademie für die Bildenden Künste, München; seit 1982 freier Künstler u. Schriftsteller; 20 Einzelausstellungen in Island, USA, Frankreich u. Schweden. – H.s bekanntestes Werk ist der Roman ›101 Reykjavík‹, der auch verfilmt u. ins Dt. übersetzt wurde. Er schildert auf tragikomische, sehr offene Weise die Geschichte eines Nesthockers, der Probleme hat, seinen Platz in der Gesellschaft zu finden. Auch Gedichte u. Werke für Bühne, Fernsehen u. Film.

W: Hella, R. 1990; Þetta er allt að koma, R. 1994; 101 Reykjavík, R. 1996 (d. 2001); Ljóðmæli, G. 1998; 1000 eyja sósa, Sch. 1999; Kossinn, Sch. 1999; Skáldanótt, Sch. 2000; Rúm fyrir einn, Sch. 2001; Höfundur Íslands, R. 2001; Herra Alheimur, R. 2003.

Heliade-Rădulescu, Ion, rumän. Schriftsteller, 6. 1. 1802 Târgoviște – 27. 4. 1872 Bukarest. Schule in Bukarest, nahm aktiv an der Revolution von 1848 teil; Exil in Paris. 1868 erster Präsident der Rumän. Akad., gründete 1827 die erste rumän. lit. Gesellschaft, 1829 die erste lit. Zeitung in der Walachei und rief 1833 die Philharmon. Gesellschaft ins Leben. Philolog. Arbeiten (›Das Rumän. ist ein ital. Dialekt‹), Kritiker, Dramatiker. – Zu erwähnen sind s. Fabeln u. Satiren sowie einige Gedichte, von denen ›Sburătorul‹, nach e. Volkslegende, bleibenden Wert hat. Übs. von Hesiod, Herodot, Horaz, Sappho, Dante, Cervantes, Tasso, Voltaire, Goethe, Balzac u. a. m.

W: Culegere din scrierile lui I. Eliad de proze și de poezie, G. 1836; Souvenirs et impressions d'un proscrit, Erinn. 1850; Biblicele, Schr. 1858; Satire și fabule, 1884. – Opere alese, II 1939. – Übs.: 3 Gedichte, 1887.
L: C. Tagliavini, Rom 1926; D. Popovici, 1935; G. Corneanu, 1939; I. Crețu, 1939; G. Călinescu, 1966; M. Anghelescu, 1986.

Hélias, Per-Jakez, breton. Schriftsteller, 17. 2. 1914 Pouldreuzic – 13. 8. 1995 Quimper. Aus armer Bauernfamilie, die stolz auf ihre breton. Sprache und Kultur war. Stud., Prof. Ecole normale, Journalist und Pionier breton. Radiosendungen, setzte sich für die Anerkennung der breton. Sprache und Kultur ein. – Verfaßte Romane, Gedichte und Dramen. H.s bekanntestes Werk ›Le cheval d'orgueil‹, in dem er seine Kindheit in der Bretagne schilderte, wurde ein Welterfolg. H., der auf breton. und franz. schrieb, verstand sich nicht als militanter Anwalt einer Minderheit, sondern als Vermittler zwischen den Kulturen.

W: Manez Kuz (Manoir secret), G. 1965; Le cheval d'orgueil. Mémoires d'un Breton du pays bigouden, R. 1974; L'herbe d'or, R. 1982; Iseult la Seconde, R. 1984; La Colline des Solitudes, R. 1984; Les contes du vrai et du semblant, En. 1984; Vent de soleil, R. 1988; Le diable à quatre, R. 1993.

Hélinand de Froidmont, franz. Dichter, um 1160 Picardie – um 1229. Stud. Beauvais, einige Jahre Troubadour, schnell berühmt. Um 30. Lebensjahr plötzlich Entschluß zur Buße, Mönch in Froidmont. – Schrieb zwischen 1194 u. 1197 e. Gedicht über die Unerbittlichkeit des Todes. Zeigt Freunden und Zeitgenossen den Tod als Werkzeug der göttlichen Gerechtigkeit, als Gleichmacher und Beginn e. künftigen Lebens. Ermahnt zu geistl. Lebenswandel. Einige lat. Werke, Predigten und e. Chronik.

A: Les vers de la mort, hg. F. Wulff, E. Walberg 1905 (neufranz. Übs. J. Coppin 1912; M. Boyer 1983; Actes du Colloque, 1987.

Heliodoros aus Emesa (Syrien), altgriech. Romanschriftsteller, 2. Hälfte 3.(?) Jh. n. Chr. – Ansonsten unbekannter Vf. der ›Aithiopika‹ (›Ägypt. Geschichten‹), e. idealisierenden Liebesromans in 10 Büchern. Nach dem typ. Schema des Genres (Liebe – Trennung und Abenteuer – Happy-End) und unter Anwendung aller typ. Romanmotive (Entführung, Opferung, Raub, Rettung aus Todesgefahr, Traum, Weissagungen, exot. Szenerie etc.) werden die Protagonisten Charikleia und Theagenes nach e. Schiffbruch in Ägypten getrennt. Nach vielen Verwicklungen schließt der Roman mit der Aussicht auf die Hochzeit der beiden, zusammen werden sie e. Priesteramt übernehmen. H.' Roman zeichnet sich nicht nur durch s. ungewöhnl. Umfang, sondern v. a. durch s. narrative Raffinesse in den Großstrukturen, in bunter Nebenhandlung, in Einzelszenen sowie e. bes. anschaul., nuancenreiche Sprache aus. Die ›Aithiopika‹ sind der letzte uns vollständig erhaltene Roman der Antike.

A: A. Colonna 1938 (Nachdr. 1987); R. M. Rattenbury, T. W. Lumb, J. Maillon ²1960 (m. franz. Übs.). – *Komm.:* J. Hilton 1996 (Buch 3–4); J. R. Morgan 1978 (Buch 9–10). – *Übs.:* R. Reymer 1950 (Nachdr. 1962); H. Gasse 1972; F. Jacobs, F. Ast, B. Kytzler 1983.

L: S. Bartsch, Princeton 1989; Th. Paulsen, 1992; R. Bargheer, 1999; G. Bretzigheimer, Wiener Studien 112, 1999, 59–86; N. Holzberg, ²2001.

Hellaakoski, Aaro Antti, finn. Lyriker, 22. 6. 1893 Oulu – 23. 11. 1952 Helsinki. Stud. Naturwiss., 1930 Dr. phil. Oberstudienrat, später Dozent in Helsinki, Kulturkritiker. – Individualist. Gedankenlyriker ohne künstler. Vorbild. Erste Sammlungen mit modernen sprachl. Mitteln im Zeichen e. trotzig-verächtl. Einstellung zum Leben: Übermut u. Empörergeist wechseln mit Selbstironie, innerer Scheu u. Verwundbarkeit (›Jääpeili‹). Nach 15jähr. Schweigen ist er e. Verwandelter: Zustimmung zu Leben, Welt, Schicksal u. Tod, relig. Verinnerlichung sind die themat. Grundzüge der neuen Gedichte, in denen das meditative Element vorherrscht (›Uusi runo‹). In kraftvoll-verhaltener, oft unsentimentaler Sprache gibt er s. Selbstbekenntnissen Ausdruck.

W: Runoja, G. 1916; Nimettömiä lauluja, G. 1918; Me kaksi, G. 1920; Elegiasta oodiin, G. 1921; Suljettujen ovien takana, R. 1923; Maininki ja vaahtopää, G. 1924; Jääpeili, G. 1928; Vartiossa, G. 1933; Uusi runo, G. 1944; Huojuvat keulat, G. 1946; Hiljaisuus, G. 1949; Sarjoja, G. 1952; Huomenna seestyvää, Aphor. 1953; Lumipalloja, Aphor. 1955; Niin kuin minä näin, Aphor. 1959. – Valitut runot, G.-Ausw. 1940; Runot (ges. G.), 1961.

L: U. Kupiainen, 1953; A. Hellaakoski, Runon historiaa, 1964; K. Kantola, Olen enkäole, 1972.

Hellanikos aus Mytilene (Lesbos), altgriech. Historiker, 5. Jh. v. Chr. (Datierung bereits in Antike unklar, vermutl. jüngerer Zeitgenosse Herodots). – H. soll als Vf. von angebl. 23 mythograph., ethnograph., geograph. und chronograph. Schriften e. der ersten ›Vielschreiber‹ der Antike gewesen sein, doch ist bis auf ca. 200 Fragmente alles verloren. Literarhist. markiert er den Beginn des Bemühens um e. universale Erfassung der Welt auf dem Weg zur Universalgeschichte.

A: FGrH 4, 323a. 608a; J. J. Caerols Péres 1991 (m. span. Übs.).

L: F. Jacoby, 1949; J. H. Schreiner, Aarhus 1997, 1998.

Hellens, Franz (eig. Frédéric van Ermenghem), belg. Schriftsteller, 8. 9. 1881 Brüssel – 20. 1. 1972 ebda. Sohn e. Univ.-Prof.; Stud. Jura und Geschichte Gent 1912. Bibliothekar des belg. Parlaments in Brüssel; bald freier Schriftsteller in Paris; weite Reisen. – Erzähler, Lyriker u. Kunstkritiker von ausgeprägter Sensibilität. Symbolist. Gedichte. Starker Einfluß der alten und mod. fläm. Malerei auf s. erzählendes Werk. Phantast.-surrealist. Romane über das geheimnisvolle und seltsame Flandern. S. Gestalten geraten durch Sinnesekstase in e. irreale Welt. Spätere Werke psycholog. Sozialromane.

W: En ville morte – les scories, En. 1906; Les Hors-le-Vent, Nn. 1909; G. Terborch, Es. 1911; Les clartés latentes, Nn. 1912; Nocturnal, 1919; La femme au prisme, G. 1920; Mélusine, R. 1921 (endgültig 1952); J. Ensor, Es. 1921; Bass-Bassina-Boulou, R. 1922 (d. 1922); Réalités fantastiques, En. 1923; Œil-de-Dieu, E. 1925; Le naïf, E. 1926; La femme partagée, R. 1929; Les filles du désir, E. 1930; Documents secrets, Aut. 1931; Poésie de la veille et du lendemain, 1932; Grippe-cœur, E. 1932; Frédéric, R. 1935; Le magasin aux poudres, E. 1936; Naître et mourir, R. 1948 (d. 1949); L'homme de soixante ans, R. 1951; Mémoires d'Elséneur, E. 1954; Histoire sentimentale de mes livres et de quelques amitiés, Aut. 1958; Entre toutes les femmes, R. 1960; Le jeune homme Annibal, R. 1961; Le Prince de Ligne, B. 1962; La vie seconde, R. 1963; Les yeux du rêve, Prosa

1964; Fabulaire, G. 1964; Entre le soleil et la mort, R. 1965; Arbres, R. 1966; Hubert Chatelion, Es. 1967; Le dernier jour du monde, Nn. 1967; Essais de critique intuitive, 1968; Paroles sans musique, R. 1969; Cet âge qu'on dit grand, Es. 1970; Le temps qui passe, Es. 1971; Mes fantômes, R. 1971; Derniers poèmes, G. 1971; Serge Essenine, Es. 1972; Epîtres, G. 1972; Correspondance avec L. Clerici, 1999. – Poésies complètes, 1959.

L: M. J. Hachelle, 1937; Hommage à F. H., 1951; A. Aygesparse, 1959; A. Grisay, 1962; A. Lebois, 1963; R. Frick, 1992. – *Bibl.:* R. de Smedt, 1978.

Heller, Frank → Serner, Martin Gunnar

Heller, Joseph, amerik. Schriftsteller, 1. 5. 1923 New York – 12. 12. 1999 Hampton/CT. Stud. New York, Oxford, im 2. Weltkrieg Bomberpilot, Univ.-Dozent in Pennsylvania, Werbefachmann. – ›Catch 22‹, e. der größten amerik. Romanerfolge der Nachkriegszeit, ist e. pikaresker Anti-Kriegsroman über die militär. und zivilen Abenteuer des Bomberpiloten Yossarian in Italien; sein ans Groteske grenzender schwarzer Humor entlarvt den Krieg in s. Sinnlosigkeit und die Menschen im Krieg in ihrer Lächerlichkeit.

W: Catch 22, R. 1961 (Der IKS-Haken, d. 1964); We Bombed in New Haven, Dr. 1968 (Wir bombardieren Regensburg, d. 1968); Something Happened, R. 1974 (Was geschah mit Slocum?, d. 1975); Clevinger's Trial, Dr. 1974; Good As Gold, R. 1979 (d. 1979); God Knows, R. 1985 (d. 1985); No Laughing Matter, Aut. 1986 (d. 1986); Picture This, R. 1988; Closing Time, R. 1994; Now and Then: From Coney Island to Here, R. 1998; Portrait of an Artist, as an Old Man, R. 2000.

L: J. Nagel, 1984. – *Bibl.:* B. M. Keegan, 1978; S. W. Potts, 1982; R. Merrill, 1987; D. Seed, 1989; S. Pinsker, 1991; J. Ruderman, 1991; A. Sorkin, 1993; D. A. Craig, 1997.

Hellman, Lillian, amerik. Dramatikerin, 20. 6. 1905 New Orleans – 30. 6. 1984 Martha's Vineyard/MA. Aus Familie des Südens, mit 5 Jahren nach New York, Stud. New York Univ., Dramenlektorin. Lebensgefährtin von D. Hammett. – Schrieb theatersicher gebaute, erfolgr. Problemstücke, von denen ›The Little Foxes‹ über e. reaktionäre Familie des Südens, die trotz innerer Zwistigkeiten und steigender Forderungen der mod. Gesellschaft Reichtum und Einfluß bewahren will, ihr bekanntestes ist. Auch Filmdrehbücher.

W: The Children's Hour, Dr. 1934; The Little Foxes, Dr. 1939; Watch on the Rhine, Dr. 1941; Another Part of the Forest, Dr. 1946; Autumn Garden, Dr. 1950; Candide, Op. 1957 (m. R. Wilbur, nach Voltaire); Toys in the Attic, Dr. 1960; My Mother, My Father, and Me, Dr. 1963; An Unfinished Woman, Aut. 1969 (d. 1970); Pentimento, Mem. 1974 (d. 1989); Scoundrel Time, Aut. 1976 (d. 1979); Maybe, Mem. 1980. – Six Plays, 1960; L. H. Collection, hg. M. Triesch 1968; Three, Aut. 1979.

L: J. H. Adler, 1969; L. Ross Holmin, Stockh. 1973; W. Wright, 1987. – *Bibl.:* M. W. Estrin, 1980; M. M. Riordan, 1980; J. R. Bryer, 1986; C. E. Rollyson, 1988; J. Mellen 1996; B. L. Horn, 1998; A. Griffin, 1999.

Hello, Ernest, franz. Schriftsteller, 4. 11. 1828 Lorient – 14. 7. 1885 ebda. Stud. Rechte, vorübergehend Advokat. Aus tiefer kathol. Überzeugung kämpfte er gegen alle Formen des zeitgenöss. Atheismus. Angeregt durch die Predigten von Lacordaire. Wandte sich mit der 1858 gegründeten Zs. ›Le Croisé‹ gegen den herrschenden Liberalismus. Fand damit wenig Widerhall in der Öffentlichkeit. Zurückgezogen, schrieb er s. größeren Werke. – S. Hauptwerk ›L'homme‹ u. a. gegen die Anmaßungen des Positivismus gerichtet. Nach s. Tod viel diskutiert. Wirkte durch poet.-suggestiven Stil, Redlichkeit und Überzeugungskraft mehr als durch gedankl. Stärke. Maßgebl. Einfluß auf L. Bloy.

W: M. Renan, L'Allemagne et l'athéisme au XIXe siècle, 1859; Le style, 1861; M. Renan et ›La vie de Jésus‹, 1863; L'homme: la science, la vie, l'art, 1872 (d. 1935); Physionomies de saints, 1875 (d. 1946); Les paroles de Dieu, 1877 (d. 1950); Contes extraordinaires, En. 1879 (d. Ausz. 1951); Les plateaux de la balance, 1880; Philosophie et athéisme, 1888 (Welt ohne Gott, d. 1938); Le siècle, 1896 (d. Ausz. 1949); Du néant à Dieu, II 1921.

L: J. Serre, 1894; L. Danel, 1905; A. Cauwès, 1937; H. Hello, 1937; P. Fernesolle, 1943; S. Fumet, ²1945; M. Amgwerd, Diss. Fribourg 1947; P. Kechichian, 1993.

Hellström, Gustaf (Erik), schwed. Schriftsteller, 28. 8. 1882 Kristianstad – 27. 2. 1953 Stockholm. Sohn e. Leutnants u. Beamten. Stud. Philol. Lund; 1903 Examen. 1907–35 Zeitungskorrespondent für ›Dagens Nyheter‹ in London, Paris, New York, dann Lit.kritiker, 1942 Mitgl. der Schwed. Akad.; 1943 Dr. phil. h.c. Uppsala. ⚭ 1915–26 Louise Shoemaker, 1926–38 Carin Waern Frisell, 1938 Britt Helén. – Beziehung zum Naturalismus, aber auch Einfluß von zeitgenöss. dän. u. franz. Schriftstellern. Aus melanchol. Fin-de-siècle-Stimmung erwachte er in London, wo s. soziales Interesse und Mitgefühl durch die Slums geweckt wurde, gesehen mit dem Urteils- u. Beobachtungsvermögen des Reporters. Etliche s. realist. Gesellschafts- und Generationsromane mit Anklang an Kulturreportage. Der Romanzyklus ›En man utan humor‹ um Stellan Petreus ist autobiograph. Der Höhepunkt s. Schaffens liegt um 1930; u.a. e. großangelegtes Fresko der schwed. Gesellschaft u. Gemütsart mit Schauplatz Kristianstad als Garnison u. Residenz. Soziologie u. Psychologie verschmelzen zu e. Einheit. Anklang an Dickens; Humor u. drast. Übertreibung, doch das Auge durch langjährigen Auslandsaufenthalt geschärft für spez. schwed. Eigenart.

W: Ungkarlar, Nn. 1904; Kaos, Nn. 1907; Kuskar, R. 1910 (Kutscher, d. 1912); Kring en kvinna, R. 1914; Vår tids ungdom, Es. 1914; Joffre, Rep. 1916; Kulturfaktorn, Rep. 1916; Bengt Blancks sentimentala resa, R. 1917; Förenta staterna och världsfreden, Es. 1919; Ett rekommendationsbrev, R. 1920; En man utan humor, R.- Folge 1921–52 (Dagdrömmar, En mycket ung man, Sex veckor i Arkadien, Det var en tjusande idyll, Kärlek och politik, Den gången, I morgon är en skälm); Olsson går i land, Nn. 1924; Mannen vid ratten, Nn. 1926; Snörmakare Lekholm får en idé, R. 1927 (Meister Lekholm hat eine Idee, d. 1939); Noveller, 1927; Carl Heribert Malmros, R. 1931; Storm över Tjurö, R. 1935 (Stürmisches Paradies, d. 1945); Han träffas inte här, Sch. 1947; Ung man gör visit, Sch. 1950; Personligt. Minnesbilder och meningar, Erinn. 1953.
L: H. Ahlenius, 1934; B. Malmberg 1953; B. Tomson, 1961; J. Landquist, 1957, 1966.

Helman, Albert (eig. Lodewijk [Lou] Alphonsus Maria Lichtveld), niederländ. Schriftsteller, 7. 11. 1903 Paramaribo/Niederl.-Guayana – 10. 7. 1996 Amsterdam. Kam 1922 in die Niederlande, Lehrer u. Journalist. Nahm als Republikaner am Span. Bürgerkrieg teil. Später Politiker (Surinam, Washington). – Lebendig geschriebene Romane u. Erzählungen sowie Gedichte, Bühnenstücke, Essays u. Übs.; auch Klavierkompositionen.
W: De glorende dag, G. 1922; Zuid-zuid-west, Sk. 1926; Mijn aap schreit, N. 1927; De stille plantage, R. 1931 (umgearb.: De laaiende stilte, 1952); De rancho der X mysteries, R. 1941 (d. 1949); Ontsporing, G. 1945; Een doodgewone held, R. 1946; Caraïbisch passiespel, Dr. 1960; Semi-finale, G. 1982; Hoofden van Oayapok!, R. 1984 (d. 1990); Verdwenen wereld, En. 1990; De G. G. van Tellus, R. 1994.
L: M. Nord, 1949; M. van Kempen, 1998 (in Krit.lit. lex., m. Bibl.).

Helmers, Jan Frederik, niederländ. Dichter, 7. 3. 1767 Amsterdam – 26. 2. 1813 ebda. Wegen s. Patriotismus unter Napoleon von den Franzosen verfolgt. – Vf. e. Trauerspiels, vor allem aber volkstüml. durch s. Gedicht in 6 Gesängen ›De Hollandsche natie‹, mit dem er während der Napoleon. Zeit durch pathet. Schilderung ruhmvoller Vergangenheit das nationale Selbstgefühl weckte.
W: dinomaché, of de verlossing van Athene, Dr. 1798; Gedichten, II 1809 f.; De Hollandsche natie, G. 1812 (n. A. W. Stellwagen 1884); Nagelaten gedichten, II 1815.

Heltai, Jenő, ungar. Schriftsteller, 11. 8. 1871 Pest – 3. 9. 1957 Budapest. Nach jurist. Stud. Journalist bei ›Magyar Hírlap‹, ›Pesti Hírlap‹ u. ›A Hét‹. 1914–18 Theaterdirektor. Direktor des Athenaeum-Verlags in Budapest. – Leichter, heiter-iron. Lyriker, Erzähler und Dramatiker. Übs.
W: Modern dalok, G. 1892; Hét sovány esztendő, R. 1897; Az utolsó bohém, R. 1911; A 111–es, R. 1919; A kis cukrászda, Lsp. 1922; A néma levente, Lsp. 1936; Színes kövek, Mem. 1957. – *Übs.*: Haus der Träume, R. 1975.
L: A. Kárpáti, 1956, 1961.

Hemacandra (Hemācārya), ind. Kirchenlehrer, Dichter, Grammatiker und Lexikograph, jainist. Mönch (Śvetāmbara), 1088 Dhundhuka/Gujarat – 1172 Ahmedabad. – E. der fruchtbarsten Schriftsteller Indiens; wegen s. Vielseitigkeit ›Kālīkāla-sarvajña‹ (Allwissender des Kālī-Zeitalters) genannt; schrieb zwischen 1160 und 1172 das als ›großes Epos‹ (mahākāvya) geltende ›Triṣaṣṭiśalākāpuruṣa-caritra‹ (Die Taten der 63 Großen Männer; → Jinasena); 7. und 10. Parvan (Kap.) sind auch unter den Titeln ›Jainarāmāyaṇa‹ bzw. ›Mahāvīra-caritra‹ bekannt, e. Anhang hierzu ist das ›Pariśiṣṭa-parvan‹ (oder ›Sthavirāvali-carita‹), Biographien der ›Vorväter‹ (sthavira), d. h. der Schüler Mahāvīras (fortgesetzt durch Prabhacandras ›Prabhāvaka-caritra‹). Das ›Dvāśraya-kāvya‹ (Epos mit zweifachem Gegenstand) stellt, aus e. Sanskrit- und e. Prakritteil (›Kumārapāla-carita‹) bestehend, die Geschichte der Cālukyas von Anhilavad dar, dient zugleich aber den ersten 7 Abschnitten s. Sanskritgrammatik als Beispieltext; H. verfaßte außerdem didakt. Gedichte, e. Grammatik des Prakrit, mehrere Lexika und Werke über Kunstdichtung, Lehre und Philos. der Jainas, u. a. ›Yogaśāstra‹.
A: Triṣaṣṭi-śalākāpuruṣa-caritra, hg. Jaina-Dharma-Prasāraka-Sabhā 1906–13; Pariśiṣṭa-parvan, hg. H. Jacobi 1891, ²1932 (dt. Ausw. J. Hertel 1908; engl. H. M. Johnson VI 1931–62); Dvāśraya-kāvya, Sanskrit-Teil hg. A. V. Kathavate 1915, 1921, Prakrit-Teil oder ›Kumārapāla-carita‹, hg. S. P. Pandit 1900 (n. P. L. Vaidya ²1936); Yogaśāstra, hg. O. Quarnström 2002 (m. engl. Übs.).
L: G. Bühler, 1889; S. P. Narang, H.'s ›Dvāśrayakāvya‹, 1972.

Hemans, Felicia Dorothea, geb. Browne, engl. Dichterin, 25. 9. 1793 Liverpool – 16. 5. 1835 Dublin. Tochter e. Liverpooler Kaufmanns, der sich später nach Nordwales zurückzog. ∞ 1812 Alfred Hemans, der sie 1818 mit ihren fünf Söhnen im Stich ließ. Wie viele Autorinnen der Zeit war sie gezwungen zu schreiben, um ihren Lebensunterhalt zu verdienen. Besuchte 1829 Schottland, war dort Gast Sir Walter Scotts. Befreundet mit Wordsworth, von Freiligrath bewundert. – Seinerzeit sehr populäre Lyrikerin, bes. in Amerika. Die in ihren Gedichten ausgesprochenen einfachen schlichten Gefühle sprachen das romant. Zeitalter an. Auch erzählende Dichtungen und Hymnen sowie ein Drama.
W: The Domestic Affections, G. 1812; The Siege of Valencia, Dicht. 1823; The Vespers of Palermo, Tr. 1823; The Forest Sanctuary, G. 1825 (d. F. Freiligrath 1871); Records of Women, G. 1828; Songs of the Affections, G. 1830. – Works, VII 1839; Poetical Works,

hg. W. M. Rossetti 1873, ²1914; Selected Poems, Letters, hg. S. J. Wolfson 2000.
L: F. H., hg. N. Sweet, J. Melnyk 2001.

Hemavijaya-ganin, ind. Dichter, 16. – 17. Jh. n. Chr. Jainist. Mönch. – Vf. des ›Kathāratnākara‹ (Märchenmeer), e. in Sanskrit abgefaßten Sammlung von 258 versch. Geschichten, Fabeln und Anekdoten (eingeteilt in 10 ›Wogen‹) mit eingefügten Strophen in Sanskrit, Maharassri, Alt-Gujarati und Alt-Hindi. E. der bedeutendsten und beliebtesten ind. Märchensammlungen; wurde 1600/01 in Ahmedabad niedergeschrieben.
A: Kathā-ratnākara 1600/01. – *Übs.:* J. Hertel II 1920, 1967; Das Perlenmeer (Ausw.), hg. R. Beer 1977.

Hemeldonck, Emiel (Marie Louis) van (Ps. Paul van der Venen), fläm. Erzähler, 29. 11. 1897 Zwijndrecht – 13. 1. 1981 Arendonk. Lehrer. – Vf. von lebendigen, idealist.-kath. Heimaterzählungen u. hist. Romanen; später auch psycholog. Romane.
W: Dorp in de hei, R. 1938 (d. 1952); De cleyne keyser, R. 1943 (d. 1950); Maria mijn kind, R. 1944 (d. 1948); De groene swaen, R. III 1946; Agnes, R. 1946 (d. 1950); Land van belofte, R. 1948 (d. 1951); Soet Antwerpen, adieu, R. 1953 (d. 1954); Troosteres der bedrukten, R. 1956 (d. 1958); De giftmenger van Antwerpen, R. 1962; Ebbe en vloed, R. 1965.
L: L. Sourie, 1947; Huldealbum E. v. H., 1958.

Hemingway, Ernest (Miller), amerik. Erzähler, 21. 7. 1899 Oak Park/IL – 2. 7. 1961 Ketchum/ID. Sohn e. Landarztes; früh Auflehnung gegen Schulroutine und konventionelles Elternhaus; 1917 Reporter, 1918 Sanitätsfreiwilliger an der ital. Front; verwundet und dekoriert. Journalist im Nahen Osten, 1921–27 in Europa, bes. Paris. Niederlassung auf Kuba, 1936/37 Korrespondent in Spanien auf republikan. Seite, später in China, 1944/45 bei der Invasion Frankreichs; das legendenumwobenes Suchen nach gefährl. Leben im Krieg, bei Jagd und Angeln, im Stierkampf und Boxsport versagt zuletzt bei dem Alternden als Quelle schöpfer. Inspiration; Selbstmord. 1953 Pulitzerpreis und 1954 Nobelpreis für ›The Old Man and The Sea‹. – Der Einfluß von Sh. Anderson (den er in ›Torrents of Spring‹ parodiert), E. Pound und G. Stein, ferner von Tolstoj und M. Twains ›Huckleberry Finn‹ wirkt sich aus in Skizzen, Kurzgeschichten und neuem, originalem Stil, charakterisiert durch kargen, scheinbar banalen, in Wahrheit doppelbödigen Dialog, peinl. Vermeiden von Gefühlsausdruck, der durch nüchterne Darstellung der ›facts‹ ersetzt wird, und realist. Oberfläche, die aber auf Hintergründiges verweist. ›The Sun Also Rises‹, e. Roman über amerik. ›expatriates‹, die zwischen hekt. Barleben in Paris, einer Fiesta in Pamplona und primitivwürdigem Dasein bei Angeln und Schwimmen ein steriles Leben führen, macht ihn zum Exponenten der ›lost generation‹; ledigl. der Erzähler Jake Barnes, durch Kriegsverletzung impotent und dem Veitstanz von Begierde und Trieb enthoben, ist zu Verstehen und Einsicht fähig. H.s Helden, keine Nihilisten, handeln nach einem selbst auferlegten, verpflichtenden ›code‹ in e. sinnleeren Welt; in der zeremoniellen Ordnung von Sport, Stierkampf, Jagd, Angeln, Trunk erhalten phys. Aktivität, Trieb und Robustheit, Mut und ›violence‹ eth. Sinn als Formen der Selbstbehauptung gegen den Tod, gegen den ein Maximum an Lebensintensität aufgeboten wird; erst in der immer wieder gesuchten, schließl. endgültigen Begegnung und Konfrontation mit ihm erlangt das Dasein Würde und Wert. Trotz der Mahnung der Kritik zum soz. Engagement bleibt auch in ›For Whom the Bell Tolls‹, wo H. dem Handeln des Helden durch s. Eintreten und Opfer für e. polit. Idee einen über das Einzelschicksal hinausgehenden Sinn zu geben scheint, die individualist. Ethik vorherrschend. H.s latenter Mystizismus bricht in der legendenhaft-symbol. Novelle ›The Old Man and the Sea‹ durch. Sie handelt von e. alten Fischer, der in 3tägigem einsamem Kampf e. riesigen Fisch, Inkarnation des Lebensgeheimnisses, fängt, der aber von Haien zerfleischt wird; die Begegnung als solche bleibt einziger Lohn des Sieges für Einsatz, Mut und Leiden. Bedeutender als die Romane sind die Kurzgeschichten, bes. die vom Jungen Nick Adams und seiner ›Initiation‹ in Geburt und Tod, in die Liebe und das Böse.

W: In Our Time, Kgn. 1925 (d. 1932); Torrents of Spring, Parodie 1926 (d. 1957); The Sun Also Rises, R. 1926 (Fiesta, d. 1928); Men Without Women, Kgn. 1927 (d. 1929); A Farewell to Arms, R. 1929 (In einem anderen Land, d. 1930); Death in the Afternoon, Schr. 1932 (d. 1957); Winner Take Nothing, Kgn. 1933 (Das Ende von etwas, d. 1951); Green Hills of Africa, Schr. 1935 (d. 1954); To Have and Have Not, R. 1937 (d. 1951); The Fifth Column and the First 49 Stories, Dr. u. Kgn. 1938 (d. 1950); For Whom the Bell Tolls, R. 1940 (d. 1941); The Snows of Kilimanjaro, Kgn. 1948 (d. 1949); Across the River and Into the Trees, R. 1950 (d. 1951); The Old Man and the Sea, E. 1952 (d. 1952, 1958); A Moveable Feast, Aut. 1964 (Paris – ein Fest fürs Leben, d. 1965); By-Line: Ernest Hemingway, Rep. 1967 (49 Depeschen, d. 1969); Islands in the Stream, R. 1970 (d. 1971); The Dangerous Summer, Nl. 1985 (d. 1986); The Garden of Eden, Nl. 1986 (d. 1987). – 88 Poems, hg. N. Gerogiannis 1979, 1992; Selected Letters, hg. C. Baker 1981; E. H. on Writing, hg. L. W. Phillips 1984; Conversations with E. H., hg. M. J. Bruccoli 1986. – *Übs.:* Sämtliche Erzählungen, 1966; Die Nick Adams Stories, 1973; Ausgewählte Werke, hg. P. Baudisch IV 1984; Sämtliche Gedichte amerik.-dt. 1986;

Ausgewählte Briefe 1917–36, hg. C. Baker 1988; Neues vom Festland, En. 1992; Die Stories, 1999.

L: C. A. Fenton, The Apprenticeship of E. H., ²1958; P. Young, 1959 u. ²1965; L. Lania, Bb. 1960; R. P. Weeks, hg. 1962; E. H. Rovit, 1963; Sh. Baker, 1963; O. R. Stephens, H.'s Nonfiction, 1968; R. B. Hovey, 1968; J. J. Benson, 1969; D. E. Wylder, H.'s Heroes, 1969; C. Baker, 1969 (d. 1971); ders., ⁴1972 (d. 1967); L. R. Broer, 1973; R. O. Stephens, hg. 1977; G. Cecchin, 1980; M. S. Reynolds, H.'s Reading 1910–40, 1981; ders., 1986; H.: The J. Critical Heritage, hg. J. Meyers 1982; J. M. Flory, 1982; E. Brüning, 1985; P. Griffin, 1986; J. Meyers, 1986; N. Fuentes, E. H. – Jahre in Kuba, 1987; S. Cooper, 1987; J. M. Flora, 1989; J. M. Barrio Marco, 1990; P. L. Hays, 1990; D. Moddelmog, 1999; R. W. Trogdon, 1999; H.-P. Rodenberg, 1999; C. Whiting, 1999 (d. 2002). – *Bibl.:* A. Hanneman, 1967, Suppl. 1975; Fitzegerald-H.-Annual, 1969–79; L. W. Wagner, 1977; Cat. of H. Collection, Kennedy Libr. II 1982.

Hemmer, Jarl (eig. J. Robert), finnl.-schwed. Dichter, 18. 9. 1893 Vaasa – 6. 12. 1944 Porvoo. Stud. russ. Sprache u. Lit., 1914 Studienreise nach Rußland, Magister, später freier Schriftsteller; stand der ›Oxford Group‹ nahe; wählte beim finn. Zusammenbruch den Freitod. – S. romant. berauschte Jugendlyrik ist von der Idee der Reinheit u. Heiligkeit der Liebe durchtränkt; Weltkrieg u. finn. Freiheitskrieg lösen Lebensangst aus. Zwar versucht er, aus Schwermut u. Beklemmung in Traumgesichte von bezwingender Macht zu fliehen (›Över dunklet‹); aber immer mehr dominiert das Leiden an der Weltordnung. Nur selten gelingt ihm e. Ausbruch ins Hellere (›Väntan‹). In s. bedeutendsten Werk, dem Roman ›En man och hans samvete‹, sucht H. das stellvertretende Leiden als Rettungsmöglichkeit darzustellen.

W: Rösterna, G. 1914; Fantaster, E. 1915; Pelaren, G. 1916; Över dunklet, G. 1919; Onni Kokko, E. 1920 (d. 1937); De skymda Ijusen, Nn. 1921; Väntan, G. 1922; Med ödet ombord, Dr. 1924; Skärseld, G. 1925; Fattiggubbens brud, E. 1926; Budskap, Nn. 1928; Helg, G. 1929; En man och hans samvete, R. 1931 (Gehenna, d. 1933); Morgongåvan, R. 1934 (Die Morgengabe, d. 1936, u. d. T.. Eisgang, 1964); Klockan i havet, G. 1939; Du land, G. 1940. – Skrifter (GW), IV 1945/46, Dikter i urval, G.-Ausw. 1959.

L: J. Salminen, 1955.

Hémon, Louis-Prosper-Félix, franz. Erzähler, 12. 10. 1880 Brest – 8. 7. 1913 Chapleau/Kanada. Bretone, Sohn e. Univ.prof.; Kolonialakademie, zeitweilig in London. Wanderte 1911 nach Kanada aus, lebte dort als einfacher Hofknecht u. Holzfäller. – Wurde bekannt durch den sehr erfolgr. Roman ›Maria Chapdelaine‹, in dem er das Leben der franz. Siedler in Kanada darstellt. Ein Roman, der dem Interesse für das Exot. entgegenkam und das harte und freie Los, die große Liebe der kanad. Bauern zum Boden zeigte.

W: Lizzie Blakestone, R. (1908 in: ›Le Temps‹); Maria Chapdelaine, R. 1916 (d. 1951); La belle que voilà, En. 1923 (Der Jahrmarkt der Wahrheiten, d. 1925); Colin-Maillard, R. 1924; Battling Malone, pugiliste, R. 1925 (Der Boxer und die Lady, d. 1927); Monsieur Ripois et la Némésis, R. 1926 (d. 1958). – Récits sportifs, hg. A. Boivin, J.-M. Bourgeois 1982; Lettres à sa famille, hg. N. Deschamps 1986.

L: A. McAndrew, Diss. Paris 1936; N. Deschamps u.a., 1936; A. D. Freeman, 1951; A. Ayotte, L'aventure L. H., 1974; G. Levesque, 1981.

Henjô (eig. Yoshimine Munesada), jap. Dichter, 816 – 3. 2. 890. Enkel des Kammu Tennô, e. der ›Sechs Dichtergenien‹ (rokkasen). In hohen Staatsämtern, wurde 855 Mönch u. stieg zum Bischof der Tendai-Sekte auf. – S. Gedichte finden sich in den Sammlungen ›Kokinshû‹, ›Gozenshû‹, ›Shûishû‹ u. in s. Haussammlung. Sie verraten feinen Humor, Beschaulichkeit u. Gefühl. Ki no Tsurayuki (›Kokinshû‹-Vorwort) spricht ihnen allerdings bei ausgezeichneter Form wenig innere Wahrheit zu.

W: Henjô shû (GW), 1929. – *Übs.:* engl. in: G. Bownas u. a., The Penguin book of Japanese verse, 1964.

Henley, William Ernest, engl. Lyriker, Dramatiker und Kritiker, 23. 8. 1849 Gloucester – 11. 7. 1903 Woking. Von Kindheit an verkrüppelt. Hrsg. versch. Zsn. wie ›Magazine of Art‹, ›National Observer‹, ›New Review‹, Mithrsg. des ›Dictionary of Slang‹ (1894–1904). Lebhaftes Temperament, scharfer, angriffslustiger Kritiker. ∞ 1878 Anna Boyle. Befreundet mit R. L. Stevenson, mit dem er gemeinsam Schauspiele verfaßte. – S. Verse sind teils voller Musik und Harmonie, teils hart realist.; die bekanntesten sind ›England, My England‹ und ›Invictus‹. S. besten Gedichte finden sich in seiner ersten Band ›A Book of Verses‹. Die reimlose Dichtung ›In Hospital‹, entstand während e. Krankenhausaufenthaltes, zeigt den Einfluß H. Heines. Stevenson zeichnete H.s Porträt als Burley in dem Essay ›Talk and Talkers‹.

W: A Book of Verses, G. 1888; Deacon Brodie, Sch. 1890 (m. R. L. Stevenson); Views and Reviews, Ess. 1890; Admiral Guinea, Sch. 1892 (m. Stevenson); London Voluntaries, G. 1893; Plays, 1896; Beau Austin, Sch. 1897 (m. Stevenson); Poems, 1898; Hawthorne and Lavender, G. 1899; For England's Sake, G. 1900; In Hospital, G. 1893. – Works, VII 1908; V 1921; Some Letters, hg. V. Payen-Payne 1933.

L: J. H. Buckley; 1945; J. M. Flora, 1970.

Henmark, C. A. J. Kai, schwed. Schriftsteller, 23. 2. 1932 Linköping – 24. 3. 1980 Stockholm. Intendantensohn. 1956 Mag. Phil., 1956/57 BBC, 1958/59 Schwed. Rundfunk, Chefredakteur der Zs. ›Liberal Debatt‹, Kritiker. – Publizierte u. a. mit P. C. Jersild 1960 e. ›Manifest gegen die

Tyrannei der Form‹. S. oft nachlässiger Stil ist die Konsequenz dieser Entscheidung zugunsten des Inhalts. Vorbilder sind Lagerkvist, Ahlin, Dagerman. Engagement in polit., sozialen, moral. Fragen; Konflikt des Individuums im Kollektiv.

W: Resandes ensak, G. u. Prosa 1960; Uppbrott, 1960; Säj farväl till de döda, G. 1961; En fallgrop som noll, R. 1962; En fågel av eld, Ess. 1962; Det vackra odjuret, R. 1963; T. Bullo och Fältmarskalken, R. 1965; Johan utan land, R. 1966; I sommarens saliga dagar, G. 1966; Främlingen Lagerkvist, St. 1966; O min stackars buffel, G. 1967; Mitt liv med Emil av Jenny Punctell, Sat. 1971; Konsten att erövra Danmark, 1971; Den som älskar sover inte, 1975; Där spårar jag livets växt, G. 1982.

Henningsen, Agnes (Kathinka Malling), geb. Andersen, dän. Erzählerin und Dramatikerin, 18. 11. 1868 Skovsbo b. Kerteminde – 21. 4. 1962 Gentofte. – Vf. von den Viktorianismus der Zeit herausfordernden erot. Frauenromanen, z.B. der Trilogie ›Kærlighedens årstider‹; ihr Hauptwerk ist jedoch ihre große Autobiographie, die viele Porträts zeitgenöss. dän. Schriftsteller enthält.

W: Polens døtre, R. 1901 (Polens Töchter, d. 1904); Lykken, R. 1905 (Glück, d. 1920); Den elskede Eva, R. 1911 (n. 1987; d. 1911); Den store kærlighed, R. 1917 (Die große Liebe, d. 1919); Kærlighedens årstider, Det rige efterår, Den sidste aften, R.-Tril. 1927–30; Let gang på jorden, Aut. 1941; Letsindighedens gave, Aut. 1943; Byen erobret, Aut. 1945; Kærlighedssynder, Aut. 1947; Dødsfjende-hjertenskær, Aut. 1949; Jeg er en levemand, Aut. 1951. – Ges. Erinn. IV 1999–2001. – Übs.: Die vier Liebsten des Chr. Enevold Brandt, R. 1906, 1908.

L: B. Wamberg, 1983; L. Fang 1995. – Bibl.: H. Hostrup, 1979.

Henri, Adrian (Maurice), engl. Lyriker, 10. 4. 1932 Birkenhead/Cheshire – 20. 12. 2000 Liverpool. Stud. Newcastle. Maler, Autor u. Musiker. – Von der Beatgeneration beeinflußter Lyriker, der die Popkultur der 1960er Jahre thematisierte und seiner Lyrik damit Breitenwirkung verschaffte. Außerdem Verf. von Kinderbüchern und Theaterstücken.

W: Tonight at Noon, 1968; Autobiography, G. 1971; The Best of Henri, 1975; From the Loveless Motel, 1980; Penny Arcade, 1983; Wish You Were Here, 1990; Not Fade Away, 1994. – Collected Poems, 1986.

Henriot, Emile (eig. E. Maigrot), franz. Schriftsteller, 3. 3. 1889 Paris – 17. 4. 1961 ebda. Sohn e. Illustrators; Journalist, 1919–41 für ›Le Temps‹, ab 1945 für ›Le Monde‹; 1945 Mitglied der Académie Française. – Erzähler, Lyriker und Kritiker. Unter s. Romanen sind ›Carnet d'un dragon‹ um s. Kriegserlebnisse 1918, das psycholog. Bild dreier Menschen ›Valentin‹ u. ›Aricie Brun‹, e. Familiengeschichte aus dem 19. Jh., bemerkenswert. Essays zur Lyrik, bes. zu Lyrikerinnen.

W: Carnet d'un dragon dans les tranchées, R. 1918; Le diable à l'hôtel, R. 1919; Les temps innocents, R. 1921; Aquarelles, G. 1922; Livres et portraits, III 1923–27; Aricie Brun ou les vertus bourgeoises, R. 1924; Poésies, 1928; Alfred de Musset, Mon. 1928; Romanesques et romantiques, II 1930; Les occasions perdues, R. 1931; D'Héloïse à Marie Bashkirtseff, Ess. 1935; Tout va finir, R. 1936; De Marie de France à Katherine Mansfield, Ess. 1937; La rose de Bratislava, R. 1948; Les jours raccourcissent, G. 1954; Vue générale du XVIIe siècle, Ess. 1954; Au bord du temps, Erinn. 1958; On n'est pas perdu sur la terre, Ess. 1960. – Courier littéraire, 1922–1959, 1959.

L: J. Boulenger, 1913; J. Moulin, 1960; A. Dulière, 1963.

Henry, O. → Porter, William Sydney

Henryson (oder Henderson), Robert, schott. Dichter, um 1435?–1506?. Wahrscheinl. Lehrer in Dunfermline Abbey. Chaucer-Schüler und wie dieser Versrhetoriker. – Meister der Tierfabel: die Komik und dramat. Spannung s. Fabeln erfüllte die alten Erzählungen mit frischem Leben; in der heimatverbundenen Schilderung des Naturhintergrundes und in s. etwas makabren Komik zeigt sich schott. Geist. Schrieb ›The Testament of Cressida‹ als Fortsetzung zu Chaucers ›Troylus und Cryseyde‹. S. Sinn für Form zeigt sich bes. in der echt schott. Pastoraldichtung ›Robene and Makyne‹, die das heimatl. Landleben darstellt, ohne es zu idealisieren. S. ›Orpheus and Eurydice‹ ist Boethius nacherzählt. H. war der erste schott. Lyriker; er führte die Pastoraldichtung in England ein.

W: Orpheus and Eurydice (in Chepman, Myllar, The Porteous of Noblenes, 1508); The Morall Fabillis of Esope, Dicht. 1570, 1577; The Testament of Cresseid (zunächst in Thynnes Chaucer-Ausg. gedr. 1532, selbst. Druck 1593, n. D. Fox 1968); Robene and Makyne, G. (gedr. in Ramsay's Evergreen, 1724); Poems and Fables, hg. G. G. Smith III 1906–14, hg. H. H. Wood [3]1968; Poems, hg. C. Elliott [2]1967, D. Fox 1987.

L: A. R. Diebler, 1885; S. Rossi 1955; J. MacQueen, 1967; D. Gray, 1979; R. L. Kindrick, 1979; M. P. MacDiarmid, 1982.

Hensen, Herwig (eig. Florent Constant Albert Mielants), fläm. Dichter, 22. 1. 1917 Antwerpen – 24. 5. 1989 ebda. Mathematiklehrer. – Philos. Gedankenlyriker von subtiler, an Rilke geschulter Sprache und klassizist., stark gedankl. Dramatiker. Erstrebt e. Ausgleich von Verstand und Gefühl.

W: De cirkel tot Narkissos, G. 1938; Hamlet in den spiegel, G. 1939; Oefeningen naar binnen, G. 1940; Antonio, Dr. 1942; Lof der gereedheid, G. 1945 (Lob der Bereitschaft, Ausw. d. 1949); Lady Godiva, Dr. 1946; Daidalos, G. 1948; Alles is verband, G. 1951; Alkestis, Dr. 1953; De aarden schaal, De andere Jehanne, Dr. 1955; De appelboom, G. 1963; Papieren vogel op de hand, G. 1971; Wanhoop is een lekke schuit, G. 1979; De grootmoedige, R. 1983; Mozartcyclus, G. 1991.

L: P. van Keymeulen, 1956; F. Closset, 1965; G. Wildermeersch, hg. 1987 (m. Bibl.).

He Qifang, chines. Dichter, 1902 Wanxian (Sichuan) – 24. 7. 1977 Peking. Zunächst als Lyriker in Shanghai, ab 1938 in Yan'an, dort Dozent am Lu Xun-Kulturinstitut. Nach 1949 Direktor des Instituts für Lit. der Akad. der Wiss. – Frühe Lyrik unter Einfluß der engl. Romantiker und P. Valérys, dann Propagandalit. für die KP.

W: Hanyuan ji, G. 1936; Huamenglu, Ess. 1937; Yege, G. 1945. – He Qifang wenji (GW), VI 1982–84.

L: B. S. McDougall, Paths in Dreams, St. Lucia 1976 (m. Übs.).

Herakleitos von Ephesos, altgriech. Philosoph, um 500/503 v. Chr. Aus adliger Familie, kaum zuverlässige biograph. Nachrichten. – H. nimmt innerhalb der ion. Naturphilos. e. Sonderstellung ein, da er s. Erkenntnisse nicht in durchgängig argumentativer Weise mitteilt, sondern in Einzelaussagen, die er offenbar unsystemat. in e. Buch versammelte, dem erst später der Titel ›Über die Natur‹ gegeben wurde. H.' Sprache lotet in Doppeldeutigkeiten, bewußten Paradoxa und kühnen Bildern die Grenzen sprachl. Verständlichkeit aus, so daß ihm schon die Antike die Beinnamen ›der Dunkle‹ und ›der Rätselsteller‹ gab. Obwohl H. keine Schule gründete, war s. Denken die gesamte Antike hindurch einflußreich, doch orientierte man sich oft nur an einzelnen Sentenzen, e. Tendenz, die z. T. bis in die Neuzeit anhält (z. B. ›Krieg ist der Vater von allem‹, ›Panta rhei‹ = ›Alles fließt.‹). Daneben gab es immer Bewunderer des sprachl. Stils (Nietzsche) sowie ernsthafte Auseinandersetzung mit dem Inhalt (Hegel).

A: M. Marcovich ²2001 (m. Bibl. 1967–2000); S. Mouraviev, Hermes 101, 1973, 114–127; R. Mondolfo, L. Tarán 1972, B. Snell, 1976 (m. dt. Übs.; Nachdr. 1983); Ch. H. Kahn 1979 (m. engl. Übs. u. Komm.); M. Conché 1986 (m. franz. Übs. u. Komm.); Th. M. Robinson 1987 (m. engl. Übs. u. Komm.); B. Haxton 2001 (engl. Übs.).

L: J. Bollack, H. Wismann, Paris 1972; D. Holwerda, Groningen 1978; A. M. Battegazzore, Genua 1979; A. Capizzi, Rom 1979; K. Held, 1980; D. Sider, in: Illinois Classical Studies 19, 1994, 11–18; R. Dilcher, 1995; M. Stemich Huber, Amst. 1996; C. L. J. Schönbeck, Amst. 1998; E. Hussey, in: J. Brunschwig u. a., hg. Cambr. u. a. 2000; M. Thurner, 2001; S. N. Mouraviev, 2002.

Herasymjuk, Vasyl', ukrain. Lyriker, * 18. 8. 1956 Karaganda. Sohn deportierter huzulischer Bergbauern. 1958 Rückkehr der Familie nach Prokurava in den Karpaten. Stud. Philol. Kiev, Arbeit als Verlagslektor und Rundfunkredakteur. – Seine Lyrik mit einer Vielzahl von Erzählgedichten ist zumeist seiner huzulischen Heimat gewidmet: Reflexionen über menschl. Leid, Folgen ökolog. Raubbaus, Entwurzelung der Menschen infolge des Schwunds von hist. Gedächtnis. Stimmungsvolle mytholog. und dämon. Karpatenmotive in mod. poet. Gestaltung.

W: Smereky, G. 1982; Potoky, G. 1986; Kosmac'kyj uziz, G. 1989; Dity trep'ety, G. 1991; Osinni psy Karpat, G. 1999; Verchamy bižyt', G. 2000. – *Übs.:* Der Dichter in der Luft, 2000.

L: A. H. Horbatsch 1997, 2002; Istorija ukrain. literaturyy XX. stolitt'a, 1998.

Herben, Jan, tschech. Schriftsteller, 7. 5. 1857 Brumovice – 24. 12. 1936 Prag. Stud. Gesch. und Philol. Prag; Journalist in Tábor u. Prag; betätigte sich polit. – Außer kernigen, humorist. Skizzen, ethnograph. Bildern, Jugendbüchern u. polit. Schriften schrieb H. die ins 18. Jh. zurückreichende Chronik s. mähr. Heimat u. die Biographie T. G. Masaryks, dessen Kampf um den Realismus er in der Zs. ›Čas‹ unterstützte. Forderte e. nationale Lit. u. lehnte westl. Vorbilder ab.

W: Moravské obrázky, Sk. 1889; Slovácké děti, Sk. 1890; Do třetího a čtvrtého pokolení, R. 1892, endgült. 1921; T. G. Masaryk, B. III 1926 f. (d. 1937); Kniha vzpomínek, Aut. 1935. – Sebrané spisy (GW), VII 1918–25; Výbor ze spisů, Ausw. 1916.

L: A. Pražák, 1937; J. Vrba, 1937; V. Cháb, 1947. – *Bibl.:* K. Nosovský in ›Lit. rozhledy‹, XI 1927.

Herbert, Edward, Lord of Cherbury, engl. Philos. und Dichter, 3. 3. 1583 Eyton/Shropshire – 20. 8. 1648 London. Älterer Bruder von George H., ∞ 28. 2. 1599 Mary Herbert, 1595–1600 Stud. Oxford, 1608–18 Soldat in Europa; 1619–24 Gesandter in Paris; 1629 geadelt. Mit Ben Jonson u. J. Donne befreundet. Seine schöne Gestalt, s. Extravaganzen, s. Vorliebe für Duelle u. s. Galanterie machten ihn zum vollendeten Kavalier s. Zeit. – S. Hauptwerk, e. lat. philos. Schrift mit dem für das Zeitalter der Aufklärung charakterist. Titel ›De Veritate‹, wurde ergänzt durch die lat. Abhandlung ›De Religione Gentilium‹ (1663) sowie, in der 3. Aufl. 1645, durch die Abhandlungen ›De Causis Errorum‹ und ›Religio Laici‹. Der Schlüsselbegriff in H.s aufklärerischer Philos. ist in der Frage nach Wahrheit u. menschl. Wissen bzw. Erkenntnis zu suchen. H. stellt die versch. Religionen einander gegenüber; Religion dürfe weder auf hist. Offenbarung noch auf menschl. Satzung begründet werden, sie sei eingeborener Besitz menschl. Geistes; nur das könne Bestand haben, was den Forderungen der Vernunft entspricht. H. wurde zum Begründer des sog. Deismus der Aufklärungszeit.

W: De Veritate, 1624; Expeditio in Ream insulam, 1656; De Religione Gentilium, 1663; Life of Henry VIII, 1649; Occasional Verses, 1665 (n. 1969); Poems, hg. J. C. Collins 1881; hg. G. C. Moore Smith 1923; Autobiography, hg. H. Walpole 1764, Sir S. Lee 1886, J. M. Shuttleworth 1975.

L: C. Güttler, 1897; H. Scholz, 1914; H. R. Hutcheson, Lord H.s ›De Religione Laici‹, 1944; M. M. Rossi, La vita, le opere, i tempi di E. H. de Ch., Florenz III 1949; R. D. Bedford, The Defence of Truth, 1979; E. Hill, 1987; J. Lagrée, Le salut du laic, 1989; J. Butler, 1990; J. Powers-Beck, Writing the Flesh: The Herbert Family Dialogue, 1998; C. Stroppel, 2000.

Herbert, Frank (Patrick), amerik. Schriftsteller, 8. 10. 1920 Tacoma/WA – 11. 2. 1986 Madison/WI. – Vf. zahlreicher Science-fiction-Romane und Erzählungen, die einflußreich für die Entwicklung des Genres waren. Insbes. die Wüstenplanet-Serie war international äußerst erfolgreich.

W: The Dragon in the Sea, R. 1956 (Atom-U-Boot S 1881, d. 1967); Dune, R. 1965 (Der Wüstenplanet, d. 1967); Dune Messiah, R. 1970 (Der Herr des Wüstenplaneten, d. 1971); Whipping Star, R. 1970 (Der letzte Caleben, d. 1972); The God Makers, R. 1971 (Die Riten der Götter, d. 1975); Children of Dune, R. 1976 (d. 1978); Heretics of Dune, R. 1984 (Die Ketzer des Wüstenplaneten, d. 1984). – Worlds Beyond Dune: The Best of H. F., Slg. 1987.

L: D. M. Miller, 1980; T. O'Reilly, 1981; W. E. McNelly, 1984, W. F. Touponce, 1988. – *Bibl.:* D. J. Levack, 1988.

Herbert, George, engl. Dichter, 3. 4. 1593 Montgomery/Wales – 1. 3. 1633 Bemerton/Wiltshire. Jüngerer Bruder des Philos. Lord Herbert of Cherbury; Stud. Cambridge. Ab 1616 Dozent, ab 1618 Lektor für Rhetorik ebda. 1626 Entschluß zum Priesteramt, 1630 Geistlicher, Pfarrstelle in Bemerton b. Salisbury. Wandte sich, gleich J. Donne, der anglikan. Richtung zu und war auch in seiner Lyrik stark von Donne beeinflußt. – S. Dichtung ist nahezu vollständig enthalten in der posthum veröffentl. Sammlung von 177 relig. Gedichten ›The Church‹, später in ›The Temple‹ umbenannt. Zentral ist die Verhandlung der konfliktreichen Beziehung des Subjekts zu Gott, die in ihrer vollen Erfüllung von nahezu sexueller Ekstase geprägt ist. Die Progression von Glaubenskonflikten zu einer Einheit des Subjekts mit Gott zeigt einen missionar.-seelsorger. Impuls s. Dichtung. Die Sammlung beeinflußte sehr stark andere relig. Dichtung der Zeit (z. B. H. Vaughan, R. Crashaw). Reiche Bildsprache; klarer kunstvoller Stil. S. kurze Prosaschrift ›A Priest to the Temple‹ (geschr. 1632) gibt Regeln u. Anweisungen für Landgeistliche; sie gehört zu den charakteristischsten Prosawerken der Zeit.

W: The Temple, 1633 (Faks. 1968); A Priest to the Temple; or the Country Parson 1652 (hg. H. C. Beeching 1898, J. N. Wall 1981). – Complete Works, hg. A. B. Grosart III 1868–74; Works, hg. W. Pickering, S. T. Coleridge II 1835f.; The Engl. Works, hg. G. H. Palmer III 1905–07, hg. F. E. Hutchinsoń 1953; The Poems, hg. H. Gardner [3]1965; The Latin Poetry, hg. u. engl. M. McCloskey, P. R. Murphy 1964; The English Poems, hg. C. A. Patrides 1974.

L: A. G. Hyde, 1906; T. S. Eliot, 1962; A. S. Stein, 1968; H. J. Summers, [2]1968; C. Freer, Music for a King, 1973; Sister Thekla, 1974; H. Vendler, The Poetry of H., 1975; M. Taylor, The Soul in Paraphrase, 1976; A. M. Charles, 1977; E. Miller, Drudgerie Divine, 1979; S. Fish, The Living Temple, 1980; Essays on H., hg. C. J. Summers, T.-L. Pebworth 1980; H. A. R. Asals, 1981; B. L. Harman, 1982; The Critical Heritage, hg. C. A. Patrides 1983; Ch. Bloch, 1986; G. E. Veith, 1986; C. Malcolmson, 1999; J. Guernsey, 1999; P. Sheldrake, 2000; C. Malcolmson, 2003. – *Bibl.:* G. H. Palmer, 1911; J. R. Roberts, 1978; Konkordanz: C. Mann, 1927; M. A. DiCesare, R. Mignani, 1977.

Herbert, (Alfred Jackson) Xavier, austral. Romanautor, 15. 5. 1901 Geraldton/West Australia – 10. 11. 1984 Alice Springs. Stud. Univ. Melbourne, Dozent an austral. Univ. – Der austral. Klassiker ›Capricornia‹ ist e. leidenschaftl. Anklage gegen die aggressive Behandlung der Aborigines durch die Weißen; ›Poor Fellow, My Country‹ setzt sich krit. mit Aspekten der austral. Wirklichkeit auseinander.

W: Capricornia, R. 1938 (Die paradiesische Hölle, d. 1958); Seven Emus, R. 1959 (Der vertauschte Traumstein, d. 1970); Soldier's Women, R. 1961; Larger Than Life, Kgn. 1963; Disturbing Element, Aut. 1963; Poor Fellow, My Country, R. 1975.

L: H. Heseltine, 1973; L. Clancy, 1981; N. Mudge, 1986; F. De Groen, 1988.

Herbert, Zbigniew, poln. Lyriker u. Essayist, 29. 10. 1924 Lemberg – 28. 7. 1998 Warschau. Stud. Handelswiss. Krakau, Jura Thorn u. Philos. Warschau. Seit 1958 zahlreiche Auslandsreisen, 1975–81 im Ausland, 1986 in Paris, 1992 Rückkehr nach Polen. – Bedeutender Gedankenlyriker in der humanist. Tradition. Verbindet die überlieferten Werte poln. Dichtung mit mod. Weltgefühl. Bevorzugt Parabeln, oft mit mytholog. u. hist. Hintergrund. Als einziger der ›Generation von 1956‹ adäquat übersetzbar. Erfolgr. Hörspielautor.

W: Struna światła, G. 1956; Hermes, pies i gwiazda, G. 1957; Studium przedmiotu, G. 1961; Barbarzyńca w ogrodzie, Ess. 1962 (Ein Barbar in einem Garten, d. II 1965–70); Napis, 1969; Dramaty, Drn. 1970; Wiersze zebrane, ges. G. 1971, 1982; 1983; Pan Cogito, G. 1974 (d. 1974); Raport z oblężonego miasta, G. 1983 (Bericht aus einer belagerten Stadt, d. 1985); Rowigo, G. 1992; Węzeł gordyjski oraz inne pisma rozproszone, Sk. 2001. – *Übs.:* Gedichte, 1964; Inschrift, G. 1967; Im Vaterland der Mythen, Tg. 1980; Das Land, nach dem ich mich sehne, Schr. 1987.

L: St. Barańczak, Uciekinier z utopii, London 1984; Krakau 1985; A. Franaszek, Ciemne źródło, London 1998.

Herbjørnsrud, Hans, norweg. Schriftsteller, * 2. 1. 1938 Heddal/Notodden. Bauernsohn; Stud. Pädagogik u. Norweg. in Oslo, danach Arbeit als Lehrer an versch. Orten, bevor er 1976 den väterl. Hof übernahm, wo er heute noch wohnt. – S. Novellen nennt der Vf. ›fiktionalisierte Autobiographien‹, die sich durch e. dichtes Netz von intertextuellen Anspielungen (Bibel, altnord. Lit.) auszeichnen. Themat. beeinflußt von Aksel Sandemose.

W: Vitner, Nn. 1979; Vannbæreren, Nn. 1984; Han, Nn. 1987; Eks og Sett, Nn. 1992; Blinddøra, Nn. 1997 (Die blinde Tür, d. 2000); Vi vet så mye, Nn. 2001.

Herculano de Carvalho e Araújo, Alexandre, portugies. Historiker und Dichter, 28. 3. 1810 Lissabon – 13. 9. 1877 Vale de Lobo. Einfacher Herkunft, nach Abschluß des Gymnas. Ausbildung in der Diplomatik, Stud. der engl. u. dt. Sprache, 1831 polit. Flucht (wie Garrett) nach England u. Frankreich, Kampf gegen den Absolutismus, 1832 Rückkehr u. 2. Bibliothekar der Stadtbibliothek Porto, 1837 Schriftleiter der Zs. ›O Panorama‹, 1839 Direktor der Kgl. Bibliothek von Ajuda, Mitgl. der Akad. der Wiss. u. seit 1844 Hrsg. der ›Portugaliae Monumenta Historica‹; ab 1867 zurückgezogen auf s. Landsitz in Vale de Lobos. – Neben Almeida Garrett Initiator u. wichtigster Repräsentant der romant. Schule Portugals (Erneuerung der Nation), liberal, krit. dem Klerus gegenüber, verdient um den Aufbau des portugies. Bibliothekswesens, führt die krit. Geschichtswiss. nach dt. u. franz. Vorbildern in Portugal ein; Vf. der ersten bedeutenden Geschichte s. Landes, Schöpfer des portugies. hist. Romans unter Einfluß Scotts; beachtenswerte hist.-romant. Erzählungen. S. patriot. u. relig. Lyrik unter Einfluß Klopstocks ist zu stark rhetor., wenngleich neue Bahnen beschreitend.

W: A Voz do Profeta, G. 1836; A Harpa do Crente, G. 1838; O Monge de Cister, R. 1841 (erw. Fassg. II 1848); Cartas sobre a História de Portugal, Abh. 1842; O Bobo, R. 1843; Eurico, o Presbítero, R. 1843 (endgültige Fassg. 1844; d. 1847); História de Portugal, Schr. IV 1846–53; Lendas e Narrativas, En. II 1851; História da Origem e Estabelecimento da Inquisição em Portugal, Abh. III 1854–59; Opúsculos, X 1873–1908; Autobiografia, 1910; Cenas de um Ano da Minha Vida, Ber. hg. V. Nemésio 1934. – Obras, hg. D. Lopes u. a. XXXII o. J.; Cartas Inéditas, unveröffentl. Br. hg. L. Silveira 1946; Cartas de Vale de Lobos, Br. hg. V. Nemésio III 1951–54.

L: C. de Portugal Ribeiro, II 1933f.; V. Nemésio, Diss. Lissabon II 1934; A. Leitão de Figueiredo, 1938; Barradas de Carvalho, 1949; A. J. Saraiva, 1949; Manuel Trindade, 1965 (m. Bibl.).

Herczeg, Ferenc (eig. Franz Herzog), ungar. Schriftsteller, 22. 9. 1863 Versec – 24. 2. 1954 Budapest. Donauschwäb. Familie, 1874–81 dt. Gymnas. 1881–84 Stud. Jura Budapest. 1886 erste lit. Arbeit bei der Zt. ›Pesti Hírlap‹. 1889 3 Monate Gefängnis wegen e. Duells. 1890 erschien s. erster Roman. 1891 Mitglied der Petőfi-, 1893 der Kisfaludy-Gesellschaft. 1894 Gründer der Zs. ›Új Idők‹. 1896 Abgeordneter. 1904 Präsident der Petőfi-Gesellschaft. 1906 ∞ Julia Grill (o|o während des 1. Weltkriegs). 1910 Mitgl. der Ungar. Akad. der Wiss. 1911 Gründer der Tageszeitung ›Magyar Figyelő‹. 1933 wurde s. 70. Geburtstag in Ungarn als Nationalfest begangen. – Außerordentl. fruchtbarer Dramatiker und Erzähler von flüssig-elegantem Stil mit Stoffen aus der Geschichte und der höheren Gesellschaft, z. T. mit moralkrit. Einschlag in spannender, gefälliger Darstellung. H. wurde neben Jókai u. Mikszáth zum dritten großen Repräsentanten der mod. ungar. Romanlit.; hatte auch mit s. Bühnenwerken großen Erfolg.

W: Fenn és lenn, R. 1890; Mutamur, Nn. 1892 (d. 1907); A dolovai nábob leánya, Sch. (1893); A Gyurkovics leányok, R. 1893 (Die sieben Fräulein von Gyurkovics, d. 1914); A három testőr, Sch. (1894); A Gyurkovics-fiúk, R. 1895 (Die Brüder Gyurkovics, d. 1908); Szabolcs házassága, R. 1896 (Die Ehe des Herrn v. Szabolcs, d. 1898); Az első fecske és egyéb elbeszélések, 1896 (Die erste Schwalbe u. andere En., d. 1898); Idegenek között, R. 1900 (Unter fremden Menschen, d. 1906); Ocskay brigadéros, Sch. 1901; Pogányok, R. 1902 (Im Banne der Pußta, d. 1910); Andor és András, R. 1903 (d. 1904); Bizánc, Tr. 1904; A királyné futárja, R. 1909; Az aranyhegedű, R. 1916; A kék róka, Sch. 1917 (Der Blaufuchs, d. 1937); Az élet kapuja, N. 1919 (Das Tor des Lebens, d. 1947); A fogyó hold, R. 1922; Aranyborjú, Sch. (1922); A nap fia, R. 1931; Pro libertate, R. 1936 (Rákóczi der Rebell, d. 1937); A gótikus ház, Mem. 1939. – Összegyűjtött művei, XL 1925–30.

L: J. Horváth, 1925; M. Rubinyi, 1926; F. Zsigmond, 1929; J. Barta 1955.

Herdal, Harald, dän. Erzähler, 1. 7. 1900 Aalborg – 29. 12. 1978 Rungsted. Sohn e. Zimmermanns, Arbeiter, Büroangestellter, Journalist. Zeitweilig Mitgl. der KP. – Sozialist. Schriftsteller mit scharfer Kritik am Bürgertum; Vf. agitator. Romane mit autobiograph. Zügen über das trostlose Dasein der Arbeiter der 30er Jahre, bes. der Kinder und der Jugend; erot. und agitator. Lyrik.

W: Man skal jo leve, R. 1934 (Man muß ja leben, d. 1950); En lidt almindelig historie, R. 1934; Løg, R. 1935; Den første verden, R. 1936; Mens vi blir voksne, R. 1937; Tusmørke, R. 1943; Barndom, Erinn. 1944; De unge år, Erinn. 1945; Læreår, Erinn. 1946; Ukuelige menneske, R. 1949; Digte 1929–49, G. 1949; Nattergalen, G. 1949; I berøring med livet, N. 1950; Drømmeren, G. 1951; Skyede sommerdage, R. 1952; Guldspurven og sølvfuglen, G. 1953; Jammersminde, R. 1953; Elise, En. 1955; Grevinde Danner, R. 1956; Det største, R. 1957; Hegnets nattergal, G. 1960; Skygger fra Roskilde, Ess. 1966; Udvalgte fortællinger, En. 1967;

Trællene i Norden, Ess. 1967; Arbejdsår, R. 1970 (n. 1981); Arbejdsløs, R. 1977.
L: O. Evensen, 1970; B. Barbesgard, 1983. – *Bibl.:* C. Stougaard, 1976.

Heredia, José María, kuban. Schriftsteller, 31. 12. 1803 Santiago de Cuba – 7. 5. 1839 Toluca/Mexiko. Sorgfältige Erziehung, übersetzte mit 8 Jahren aus dem Lat. u. Franz., schrieb als 10jähriger die ersten Verse; Stud. humanist. Wiss. u. Rechte in Caracas; Rechtsanwalt in Kuba, Richter u. Abgeordneter in Mexiko; Journalist; Teilnahme an der Verschwörung gegen die span. Herrschaft; Flucht in die USA; gab am Ende s. liberalen u. revolutionären Ideen auf u. kehrte zum Katholizismus zurück; starb einsam. – Sehr fruchtbarer Essayist, Kritiker u. Dramatiker von hoher Bildung, hervorragender Lyriker; Übergang von erot. Schäferpoesie zu philos.-soz. Dichtung; melanchol.-romant. gefärbte Verse; auch kraftvolle patriot. Dichtung, besang im Exil die Liebe, die Heimat u. das Leben in Kuba.
W: Poesías, N. Y. 1825, erw. Toluca 1832 (n. E. C. Hills, N. Y. 1920); Los últimos romanos, Tr. 1829; Ensayo sobre la novela (in Zs. La Miscelánea), 1832. – Poesías, discursos y cartas, II 1939; Revisiones literarias, hg. 1947; Poesías Completas, hg. E. Roig de Leuchsenring 1940/41; Poesías completas, hg. R. Lazo 1974.
L: R. Esténger, 1938, 1939; J. M. Chacón y Calvo, 1939; J. Balaguer, 1939; A. E. Páez, 1939; Fray C. de Utrera, 1939; E. Rodríguez Demorizi, 1939; A. I. Augier, 1940; G. A. Mejía Ricarte, 1941; M. García Garófalo y Mesa, 1945; C. A. Castellanos, 1946; M. P. González, 1955; A. del Re, Rom 1958; E. Lopes, 1959; S. Szertics, 1975; J. Garcerán de Vall y Souza, 1976, 1978; J. M. Chacón y Calvo, 1980. – *Bibl.:* M. Toussaint, 1953; T. F. Robaina, 1970.

Hérédia, José-Maria de, franz. Dichter, 22. 11. 1842 La Fortuna-Cafayère/Kuba – 3. 10. 1905 Bourdonnet/Seine-et-Oise. Vater Spanier, Mutter Französin; 2 Jahre Stud. Univ. Havanna, ab 1859 in Paris. Stud. Ecole des Chartes. 1901 Bibliothekar am Arsenal ebda. 1867 Mitarbeiter lit. Zeitschriften. Freund von Leconte de Lisle. Großer Erfolg s. einzigen Werkes, ›Les trophées‹ (daneben einige Gedichte). S. Haus war in s. 20 letzten Lebensjahren Treffpunkt der Pariser Literaten. 1894 Mitglied der Académie Française. – Haupt des Parnasse und seither nicht mehr übertroffener Meister des Sonetts. Beschwört in s. Gedichtband (118 Sonette) wie s. Lehrer Leconte de Lisle in streng unpersönl. Gestaltung untergegangene Kulturen und ferne Landschaften herauf, beginnt mit der griech. Antike, endet im 4. Zyklus mit dem Beginn der Moderne, schließt daran durch Meditationen unterbrochene Landschaftsbilder. Aus reicher hist. und lit. Bildung schöpfend, läßt er die Seele e. Kultur, die Größe e. hist. Szene oder e. Genies erstehen. Streng durchgefeilte dichter. Miniaturen: virtuose Verstechnik, kraftvoller und zugleich geschmeidiger Rhythmus, seltene und klangvolle Wörter. Erreicht bildhaft plast. und dem Symbolismus verwandte musikal. Wirkung von ungewöhnl. Dichte und Suggestionskraft. Unpersönl. Schönheit und exot. Prachtentfaltung.
A: Les trophées, 1893 (d. E. v. Gebsattel 1909); Les conquérants de l'or, Ep. (Fragm.) 1894. – Poésies complètes, 1924; Œuvres complètes, hg. S. Delaty II 1984.
L: A. Fontaines, 1905; E. Langevin, 1907; Ch. Gaubert, 1911; M. Ibrovac, II 1923; U. V. Chatelain, 1930; E. Maussat, Expliquez-moi les sonnets de H., 1949; M. M. Suchaj, 1965; W. Rikowski, Diss. Münster 1965; S. Szertics, 1971; A. Harms, 1975; Y. Mortelette, 1999. – *Bibl.:* G. Vicaire 1907.

Hérédia, Marie-Louise-Antoinette de → Houville, Gérard d'

Hergesheimer, Joseph, amerik. Schriftsteller, 15. 2. 1880 Philadelphia – 25. 4. 1954 Sea Isle City/NJ; dt.-schott. Abstammung, wandte sich nach Kunststud. in Pennsylvania 1914 der Lit. zu, lebte zuletzt zurückgezogen in Pennsylvania. – Vf. zahlr. hist. und in exot. Milieu angesiedelter Gesellschafts- und Liebesromane in gepflegtem Stil, wandte sich immer mehr anspruchsloserer Unterhaltungslit. zu.
W: Mountain Blood, R. 1915 (d. 1932); The Three Black Pennies, R. 1917 (d. 1931); Java Head, R. 1919 (d. 1927); Linda Condon, R. 1919; The Happy End, Kgn. 1919; Cytherea, R. 1922 (Aphrodite, d. 1928); The Bright Shawl, R. 1922 (d. 1928); The Presbyterian Child, Aut. 1923; From an Old House, Aut. 1925; Tampico, R. 1926 (d. 1927); The Party Dress, R. 1930 (Das Pariser Abendkleid, d. 1931); The Limestone Tree, R. 1931 (Der Steinbaum, d. 1934); Berlin, R. 1932; Tropical Winter, En. 1933; The Foolscap Rose, R. 1934.
L: L. Jones, 1920; J. B. Cabell, 1921; R. E. Martin, 1965. – *Bibl.:* H. L. R. Squire, 1922.

Hériat, Philippe (eig. Raymond-Gérard Payelle), franz. Schriftsteller, 15. 11. 1898 Paris – 10. 10. 1971 ebda. Regieassistent und Schauspieler bei bedeutenden Filmgesellschaften. – 1939 Prix Goncourt für ›Les enfants gâtés‹, psycholog., naturalist. Roman über das reiche Bürgertum. ›La famille Boussardel‹, e. Bild der franz. Gesellschaft 1715–1914. Theaterkritiker von ›Bataille‹. Großer Erfolg s. Stückes ›L'immaculée‹. Auch Ballettautor. Ab 1949 Mitgl. der Académie Goncourt.
W: L'innocent, R. 1931; La main tendue, R. 1933; L'araignée du matin – Le départ de Valdivia – En présence de l'ennemi, R. 1934; La foire aux garçons, R. 1934; Miroirs, R. 1936; Les enfants gâtés, R. 1939 (Agnes Boussardel, d. 1946); Les amours étrangères, R. 1939; La famille Boussardel, R. 1944 (d. 1950); L'immaculée, Dr. 1947; Le secret de Mayerling Dr. 1949–50; Belle de

jour, Dr. 1950; Les noces de deuil, Dr. 1953; Les grilles d'or, R. 1957; Retour sur mes pas, Erinn. 1959; Les joies de la famille, Dr. 1960; Le temps d'aimer, R. 1968. – Théâtre, III 1950–69, 2002.

Herlihy, James Leo, amerik. Dramatiker und Erzähler, 27. 2. 1927 Detroit – 20. 10. 1993 Los Angeles. Ingenieurssohn dt.-ir. Abstammung, Stud. Black Mountain College, North Carolina und Schauspielschule Pasadena, 1956/57 Stud. Theaterwiss. Yale. – Vf. z. T. märchenhafter Schauspiele; auch Kurzgeschichten, Romane und Drehbücher.

W: Streetlight Sonata, Sch. 1950; Moon in Capricorn, Sch. 1953 (d. 1961); Blue Denim, Sch. 1958; Crazy October, Dr. 1958; The Sleep of Baby Filbertson and Other Stories, Kgn. 1959 (Es ist so hübsch im Bus bei Nacht, d. 1960); All Fall Down, R. 1960 (Ich und dieser Berryberry, d. 1961); Midnight Cowboy, R. 1965 (Rodeo der Nacht, d. 1968); A Story That Ends With a Scream, En. 1967; Stop, You're Killing Me, Dr. 1970; The Season of the Witch, R. 1971 (d. 1972).

Herling-Grudziński, Gustaw, poln. Schriftsteller, Literaturkritiker und Essayist, 20. 5. 1919 Kielce – 5. 7. 2000 Neapel. Stud. Polonistik Warschau. 1940 in Grodno verhaftet. Nach 2 Jahren aus Gulag entlassen. Verläßt SU mit der poln. Armee. Nach 1945 in Rom, London, München. Lebte seit 1955 in Neapel. Ab 1991 mehrfach in Polen. – Das Meisterwerk der Lagerliteratur ›Inny świat‹ und sein ›Tagebuch, nachts geschrieben‹ machten ihn weltbekannt. Sie markieren die zentralen Themen s. Schaffens: Der Mensch im Spannungsgefüge des Bösen, des Leidens, der Leidenschaft und der Gerechtigkeit sowie der Dialog mit der Kunst, besonders der bildenden, der Architektur und der Literatur, der westeuropäischen, insbes. aber der russischen. Das Werk des als Antikommunist geltenden Autors war in Polen bis 1988 verboten.

W: Inny świat, Mem. 1953 (Welt ohne Erbarmen, d. 1953); Skrzydła ołtarza, En. 1960 (Der Turm. Die Insel, d. 1966); Upiory rewolucji, Sk. 1968; Dziennik pisany nocą 1973–99 (Tagebuch bei Nacht geschrieben. Auswahl., d. 2000), Tg. VI 1971–2000; Rozmowy w Dragonai, Gespr. m. W. Boleckiego, 1997; Pisma zebrane (GS), X 1991–99. – *Übs.:* Die Insel, E.-Ausw. 1994; Das venezianische Porträt, En.-Ausw. 1996.

L: R. K. Przybylski, Być i pisać, 1991; O G. H.-G. III 1992–99; Z. Kudelski, Studia o H.-G., 1998.

Hermann, Jean → Vautrin, Jean

Hermans, Willem Frederik, niederländ. Schriftsteller, 1. 9. 1921 Amsterdam – 27. 4. 1995 Utrecht. 1958–73 Geographie-Dozent Univ. Groningen, lebte dann in Paris u. ab 1991 in Brüssel. – Debütierte mit Lyrik. In s. Romanen u. Erzählungen, aufgrund deren er einer der bedeutendsten niederländ. Schriftsteller ist, zeigt er den Menschen in s. existentiellen Einsamkeit. Beunruhigender Angriff auf die menschl. Sicherheit: Die Suche nach echter Wahrheit ist sinnlos. Themenschwerpunkte: Zweiter Weltkrieg mit deutscher Besatzung (z. B. ›De tranen der acacia's‹, ›De donkere kamer van Damocles‹) sowie die akademische Welt (z. b. ›Nooit meer slapen‹, ›Onder professoren‹). H. war außerdem e. gefürchteter Polemiker: Ab 1974 hatte er in der Zeitung ›Het Parool‹ e. regelmäßige Rubrik unter dem Ps. Age Bijkaart.

W: Kussen door een rag van woorden, G. 1944; Moedwil en misverstand, Nn. 1948; Hypnodrome, G. 1948; De tranen der acacia's, R. 1948 (d. 1968); Ik heb altijd gelijk, R. 1951; Paranoia, Nn. 1953; De donkere kamer van Damocles, R. 1958 (d. 2001); Mandarijnen op zwavelzuur, Ess. 1964, erw. 1967; Het sadistisch universum, Ess. 1964; Nooit meer slapen, R. 1966 (d. 1982, neu 2002); Overgebleben gedichten, G. 1968; Van Wittgenstein tot Weinreb, Ess. 1970; Herinneringen van een engelbewaarder, R. 1971; King Kong, Dr. 1972; Onder professoren, R. 1975 (d. 1986); Uit talloos veel miljoenen, R. 1981; Klaas kwam niet, Ess. 1984; Een heilige van de horlogerie, R. 1987; Au pair, R. 1989; De laatste roker, En. 1991; Ruisend gruis, E. 1995.

L: E. Popelier, 1979; F. A. Janssen, Bedriegers en bedrogenen, 1980; B. Yans, 1992; De literaire magneet, hg. F. Ruiter, W. Smulders 1995; Sterfboek, hg. T. Luiken, 1996; J. Holwerda, Andere tijden, 1997; H. van Straten, B. 1999. – *Bibl.:* R. Delvigne, 1996; F. A. Janssen, hg. 2000.

Hermant, Abel, franz. Schriftsteller, 3. 2. 1862 Paris – 29. 9. 1950 Chantilly. Stud. Ecole Normale Superieure. Galt als Vf. sprachl. und grammatikal. Artikel als Autorität für den richtigen Gebrauch der franz. Sprache. 1927 Mitglied der Académie Française, 1946 wegen s. Haltung während der dt. Besatzung ausgeschlossen. – Vf. von Romanen, Novellen, Komödien, sprachkrit. Schriften. Begann als Naturalist, dann Impressionist; großer Erfolg des antimilitarist. Romans ›Le cavalier Miserey‹, danach psycholog. analysierend unter Einfluß Bourgets, fand um 1900 zu s. eigenen skept.-iron. Ton. Berühmt als Chronist der franz. Gesellschaft.

W: Le mépris, G. 1883; M. Rabosson, R. 1884; La mission de Cruchod, R. 1885; Le cavalier Miserey, R. 1887; Nathalie Madoré, R. 1888; La carrière, R. 1894; Le sceptre, R. 1896; Les transatlantiques, R. 1897; Le char de l'état, R. 1900; Mémoires pour servir à l'histoire de la société, R. XX 1895–1937; L'esbroufe, Dr. 1904; Les grands bourgeois, R. 1906; Les renards, R. 1912; Le caravansérail, R. 1917; D'une guerre à l'autre, R. III: L'aube ardente, 1919, La journée brève, 1920, Le crépuscule tragique, 1921; Le cycle de Lord Chelsea, R. IV 1923; Entretiens sur la grammaire française, 1923; Platon, 1925; Lettres à Xavier sur l'art d'écrire, 1925; Xavier ou les entretiens sur la grammaire française, 1926; Remarques et nouvelles remarques de Monsieur Lancelot pour la défense de la langue française, II 1929; Les Transatlantiques, Es. 1929; Les samedis de M. Lancelot, Prosa, 1931; Ainsi parla m. Lancelot, Prosa 1932; Souvenirs de la vie frivole, Mem. 1933; Madame de Krüdener, amie du Tsar Alexandre, B. 1934; Souvenirs de la vie mondaine, Mem. 1935; Une vie, trois guerres, Prosa 1943; Le treizième cahier, 1949. – Œuvres de A. H., 1906.

L: R. Peltier, 1924; A. Thérive, 1926.

Hermesianax, altgriech. eleg. Dichter, * um 300 v. Chr. Schüler des Philetas. – Sein eleg. Sammelgedicht ›Leontion‹ (= Name der Geliebten) in 3 Büchern ist nur in wenigen Auszügen erhalten. Es enthielt v. a. myth. Liebesgeschichten mit unglückl. Ausgang. S. Einfluß auf die spätere, alexandrin. Katalogdichtung scheint groß gewesen zu sein.

A: O. Ellenberger 1907; M. Huys 1991. – Übs.: H. Rüdiger ³1936. – Komm.: M. Cuypers, P. Kobiliri 1998.

Hermodsson, Elisabet, schwed. Dichterin, Malerin u. Komponistin, * 20. 9. 1927 Göteborg. Kunstfachschule 1952–57. ∞ 1957 Bildhauer Olof Hellström. – In ihren Gedichten, Liedern u. Essays zeigt sich großes soziales Engagement, Zivilisationskritik aus christl. Sicht u. feminist. Perspektive. Eigene Kunstausstellungen, Drehbücher für TV-Filme u. -Spiele.

W: Dikt-ting, G. 1966; Vad gör vi med sommaren, kamrater?, G./Lieder 1973; Disa Nilssons visor, G./Lieder 1974; Ord i kvinnotid, Ess. 1979; Stenar, skärvor, skikt av jord, G. 1985; Samlade dikter 1968–1986, G. 1988; ... där världen blir till, G. 2000.

Hernádi, Gyula, ungar. Schriftsteller, * 23. 8. 1926 Oroszvár. Stud. Medizin. 3 Jahre sowjet. Kriegsgefangenschaft; Volkswirt in Budapest. – S. drehbuchartigen Romane schufen e. neuen Stil in der mod. ungar. Lit.; schreibt auch Bühnenstücke über philos. Themen.

W: Deszkakolostor, Nn. 1959; A péntek lépcsőin, R. 1959 (Auf der Freitagstreppe, d. 1963); Sirokkó, R. 1970; Az erőd, R. 1971; Falanszter, Sch. 1972. (Falanster, d. 1973); Királyi vadászat, Dr. 1976; Szép magyar tragédia, Dr. 1978; Kiáltás és kiáltás, R. 1981.

L: Z. Pósa, 1990.

Hernández, Felisberto, uruguay. Erzähler, 20. 10. 1902 Montevideo – 13. 1. 1964 ebda. – H. hat in Lateinamerika e. neue Dimension der phantast. Lit. eingeleitet. S. Werke fangen das Mysterium des Wesens u. der alltägl. Objekte ein; in seinem Gedächtnis verbindet sich Vergangenheit und Gegenwart zu einer transzendentalen Einheit.

W: Libro sin tapas, 1929; Por los tiempos de Clemente Colling, 1942; Nadie encendía las lámparas, 1947; Las hortensias, 1949 (d. 1985). – Obras completas, VI 1969–74, III 1984.

L: N. Giraldi, 1975; A Sicard, hg. 1977; W. Rela, 1979, 1982; F. Lasarte, 1981; R. Echevarren, 1981; R. Blengio Brito, 1981; P. Medeiros, 1982; R. Pallares, R. Reyes, 1983; E. Morillas Ventura, 1983; R. Antúnez, 1985; C. Prunhuber, 1985; R. Ferré, 1986; J. P. Díaz, 1986, 1999; J. Panesi, 1993; H. Xaubert, 1995.

Hernández, José, argentin. Schriftsteller, 10. 11. 1834 San Martín/Buenos Aires – 21. 10. 1886 Buenos Aires. Mußte aus gesundheitl. Gründen s. Ausbildung unterbrechen, lit. Weiterbildung als Autodidakt; Landleben, dann Heeresdienst; aktive Teilnahme an den Bürgerkriegen; setzte sich als Journalist für die Gauchos ein; Angriffe gegen Sarmiento, der die ›Barbarei‹ der Landbevölkerung verurteilte; bekleidete bedeutende Ämter (u. a. Senator). – Vf. von Prosaschriften didakt. u. biograph. Art, wurde jedoch berühmt durch s. ep. Dichtung ›Martín Fierro‹, der Höhepunkt der ›Gaucho-Lit.‹. H. verteidigt den armen Gaucho ohne Land, übt damit auch Sozialkritik gegen die Regierung u. überhaupt die ›Zivilisation‹ der Städte. Seitdem bis heute ungeheurer Erfolg.

W: Vida del Chacho, B. 1863; Martín Fierro, Ep. II 1872–79 (d. 1945); Instrucción del estanciero, Es. 1881; Prosas, hg. E. Herrera 1944; Personalidad parlamentaria, III 1947; Labor periodística inicial, hg. B. Bosch 1963; Artículos periodísticos en Montevideo, hg. W. Rela 1967.

L: A. H. Azeves, 1960, 1968; H. A. Cordero, 1960; J. L. Borges, M. Guerrero, ³1960; J. Mafud, 1961; E. Giménez Vega, 1961; A. Terrón, 1961; O. Fernández Latour, 1963; F. Company, 1963; M. Gálvez, 1964; R. D. Capdevila, 1967; A. Lozada Guidy, 1967; L. Pinto, 1967; G. Luzuriaga Agote, 1968; J.-B. Hughes, 1970; D. C. Seroggins, Missouri 1971; N. A. Fayó, 1972; N. Jitrik, 1972; E. Carilla, 1973; J. Verdugo, 1980; C. Albarracín Sarmiento, 1981; E. González Lanuza, 1981; E. Sansone de Martínez 1981; M. A. Ciuro Caldano, 1984; E. de Gandía, 1985; T. Halperín Donghi, 1985; J. Isaacson, 1986; A. Pagés Larraya, 1987; L. Alposta, 1999. – Bibl.: J. C. Maubé, 1943; I. Isaacson, hg. 1986.

Hernández, Miguel, span. Lyriker, 30. 10. 1910 Orihuela/Alicante – 28. 3. 1942 Alicante. Bäuerl. Abstammung, führte in s. Jugend e. einfaches Hirtenleben; ausgesprochene dichter. Berufung, seit 1934 in Madrid, befreundet u. a. mit Bergamín, Neruda u. Aleixandre, kämpfte im Span. Bürgerkrieg auf republikan. Seite, wurde zum Tode verurteilt, begnadigt, starb schwer erkrankt im Gefängnis. – Große lyr. Begabung, blieb mit s. von tiefer Menschlichkeit u. Aufrichtigkeit erfüllten Gedichten am Rande aller Modeströmungen; von großer Intensität des dichter. Ausdrucks; der schmerzvollen Wirklichkeit verhaftet; kraftvolle, wohlklingende Verse, ausdrucksvolle Metaphern; von großem Einfluß auf die neuere span. Dichtung.

W: Perito en lunas, G. 1933; Quién te ha visto y quién te ve y sombra de lo que eras, Dr. 1934; El rayo que no cesa, G. 1936; Viento del pueblo, G. 1937; El labrador de más aire, Dr. 1937; El hombre acecha, G. 1939; El silbo vulnerado, G. 1949; Cancionero y romancero de ausencias, G. 1958. – Obras completas, hg. E. Romero, A. R. Vázquez 1960; Obra completa, III 1992; Obra escogida, 1952; Obra poética completa, 1982; Teatro completo, 1978; Poesía y prosa de guerra y otros textos olvidados, hg. J. Cano Ballesta, R. Marrast 1977. – *Übs.:* Gedichte, zweisprachige Ausw. 1965.

L: J. Guerrero Zamora, 1955; C. Zardoya, N. Y. 1955; J. Granados, Mail. 1956; E. Romero, 1958; G. L. Muñoz, 1959; J. L. Guereña, Paris 1964; C. Couffon, Paris 1967; D. Puccini, 1970; V. Ramos, 1973; M. Chevalier, Paris 1974; M. Muñoz Hidalgo, Cómo fue M. H., 1975; A. Sánchez Vidal, M. H. en la encrucijada, 1976; En torno a M. H., hg. J. Cano Ballesta 1978; ders., ²1978; F. Bravo Morata, 1979; G. Couttolenc Cortés, La poesía existencial de M. H., 1979; F. Díez de Revenga, M. de Paco, El teatro de M. H., 1981; M. de G. Ifach, Vida de M. H., 1982; A. Sánchez Vidal, 1992; L. de Leopoldo, 1994; D. Navarro Ortíz, 1997; J. M. Padilla Valencia, 1999.

Herne, James A., amerik. Dramatiker, 1. 2. 1839 Cohoes/NY – 2. 6. 1901 New York. Kam in den 1870er Jahren als Schauspieler und Bühnenautor (z. T. zusammen mit D. Belasco) in San Francisco zu s. ersten Erfolgen; s. realist. Stücke hatten großen Einfluß auf spätere amerik. Dramatiker.

W: Hearts of Oak, 1879 (m. Belasco); Margaret Fleming, 1890; Shore Acres, 1892; The Reverend Griffith Davenport, 1899; Sag Harbor, 1899. – Shore Acres and Other Plays, 1928; The Early Plays, hg. A. H. Quinn 1940.

Herodas → Herondas

Herodes Atticus (eig. L. Vibullius Hipparchus Ti. Claudius Atticus Herodes), griech. Sophist, 101/103 Athen – 177 Marathon. H. entstammte e. der reichsten athen. Familien, studierte bei berühmten Lehrern Rhetorik und verband eine glänzende Karriere als Redner und Redelehrer mit e. polit. in Athen und Rom; schon 117/118 leitete er eine Gesandtschaft zu Hadrian, war 134/135 Prokonsul in Asia, 143 Konsul; Antoninus Pius machte ihn zum Prinzenerzieher in Rom. – Erhalten ist nur wenig: vollständig nur die Rede ›Über die Staatsverfassung‹, außerdem die lat. Übs. e. Fabel sowie einige Gedichte. Längere lit. Nachwirkung hatte H. selbst kaum, doch waren viele s. Schüler bei Zeitgenossen und Nachwelt außergewöhnl. erfolgreich.

A: E. Drerup 1908; U. Albini 1968 (Staatsverf.).

L: P. Graindor, Kairo 1930; W. Ameling, II 1983; N. M. Kennell, ClPh 92, 1997, 346–362; J. Tobin, Amst. 1997.

Herodotos, altgriech. Geschichtsschreiber, ca. 485 v. Chr. – 424 v. Chr. Aus Halikarnaß (Kleinasien), Neffe des Panyassis, am Sturz der Tyrannis beteiligt, wandert später in die Kolonie Thurioi (444 gegründet) aus. Nach eigenen Angaben zahlr. Reisen (Schwarzmeergebiet, Ägypten, Vorderer Orient, Kleinasien, Unteritalien mit Sizilien), u. a. nach Athen, wo H. nach antiken Nachrichten aus s. Werk gelesen sowie Perikles und Sophokles kennengelernt haben soll. Den Anfang des peloponnes. Krieges erlebt H. noch. – S. Geschichtswerk ›Histories apodexis‹ (etwa: ›Darlegung der Forschung‹, dt. meist als ›Historien‹ bezeichnet), von der alexandrin. Philol. in 9 Bücher eingeteilt, ist vollständig erhalten. Ziel ist nach H.' eigenen Angaben neben dem Aspekt e. Anschreibens gegen das Vergessen ›bewundernswerter Taten‹ e. Darstellung der Perserkriege, die er als Konflikt zwischen Griechen und Nichtgriechen begreift und so als Folge e. jahrhundertelangen Entwicklung von den ersten Ursachen her verständl. machen will, so daß die ›Hist.‹ im Kern den Zeitraum vom Ausbrechen des Trojan. Krieges bis zur Schlacht bei Sestos (479 v. Chr.) umfassen. In einzelnen Passagen greift H. noch weiter in die Vergangenheit aus (z. B. in Ägypten bis ins 3. Jt.). Dabei folgt H. v. a. zwei Gliederungsprinzipien: Einerseits verleiht er s. eigentl. Thema (Perserkriege = 2. Hälfte des Werks) durch die vorgeschaltete Darstellung des stetigen Anwachsens des pers. Einflusses bis zum ion. Aufstand hist. Tiefe. Zum anderen errichtet er mit seiner Darstellung der jeweiligen lydischen bzw. dann pers. Machthaber ab 560 (Kroisos, Kyros, Kambyses, Dareios) bis hin zu Xerxes (bis 465, König der Perserkriege) e. durchgängige Orientierungslinie innerhalb s. Zeitraumes von ca. 100 Jahren, in die alle anderen Informationen durch Rückverweise bzw. Exkurse eingefügt werden. Dabei bedient er sich e. Vielzahl von Gattungen, die vom geograph.-ethnograph. Exkurs bis hin zur lit. anspruchsvollen, novellenhaften Erzählung reichen. S. Sprache ist e. durch die Vorgängergattungen (v. a. homer. Epos) und die zeitgenöss. Philos. geprägter ion. Kunstdialekt. H.' Geschichtsauffassung ist bestimmt von der Grundüberzeugung der Unbeständigkeit alles Menschlichen (›Großes wird klein, Kleines groß‹), die auf einem letztlich nicht rational auflösbaren Ineinander von göttl. Wirken, Schicksalsbestimmtheit und menschl. Handeln beruht. Menschl. Selbstüberschätzung (›hybris‹) gerät dabei in Konflikt mit göttl. Neid bzw. Strafmaßnahmen, jedoch nicht ohne daß den Menschen der göttl. Wille durch Orakel, Träume und bisweilen auch durch menschl. Warner mitgeteilt würde. H.' Wirkung auf die gesamte nachfolgende griech. und röm. Geschichtsschreibung war enorm, bereits für Thukydides war er entscheidender Gegenstand der Auseinandersetzung. Dessen Kritik hing H. in der Einschätzung als minder reflektierter Geschichtenerzähler bis in die Forschung des frühen 20. Jh. hinein an; erst mit der Aufwertung sozial- und kulturgeschichtl. Fakten für die Historiographie einerseits und einem verstärkten narratolog. Interesse in der Lit.wiss. andererseits erfuhr H. e. von s. Nachfolgern unabhängige, eigenständige Würdigung.

A: C. Hude ³1927; H. B. Rosén 1987, 1997. – *Komm.:* W. W. How, J. Wells 1912 (zahlr. Nachdr.; Sprache); D. Müller 1985, 1997 (Topographie). – Buch 1: R. A. MacNeal 1986, J. A. Arieti 1995; Buch 2: A. B. Lloyd 1975–88; Buch 5–9: S. Usher 1988. – *Übs.:* R. Schöll 1940; A. Horneffer ⁴1971; H. Stein 1984; J. Feix ⁴1988.

L: H. Bischoff, 1932; H. Diller, Genf 1962; H.-R. Immerwahr, Cleveland 1966; H.-F. Bornitz, 1968; S. Bernadete, Den Haag 1969; J. Cobet, 1971; D. Fehling, 1971; H. Drexler, 1972; R. Drews, Cambr./MA 1973; J. A. S. Evans, Boston 1982, 1991; F. Hartog, Paris 1980 (engl. Berkeley u. a. 1988); J. Hart, Lond. u. a. 1982; H.-J. Gehrke, 1985; D. Lateiner, Toronto u. a. 1989; J. Gould, Lond. 1989, Oxf. 1991; P. Froschauer, 1991; H. Erbse, 1992; P. A. Brunt, Oxf. 1993; A. Bencsik, 1994; P. Georges, Baltimore u. a. 1994; E. Gabba, Bologna 1995; I. Frings, Toruń 1996; R. Bichler, 1999; ders., R. Rollinger, 2000 (Einführung m. Forschungsber. u. Bibl.); E. J. Bakker, I. de Jong, H. van Wees, Leiden u. a. 2002.

Héroët, Antoine (gen. La Maisonneuve), franz. Dichter, 1492(?) Paris – 1568 Digne. 1552 Bischof von Digne, Freund von Marot, wandte sich später der Pleiade zu. Zählte zur Lyoneser Schule. S. Gönnerin war Marguerite d'Angoulême. – Besang in s. Hauptwerk ›La Parfaicte Amye‹ und in ›L'androgyne‹ die platon. Liebe, setzte sich im lit. Streit um die Stellung der Frau für sie ein, faßt sie als reines und höheres Wesen auf. Subtile Gedanken in unklarem Stil.

W: L'androgyne, G. 1542; La Parfaicte Amye, G. 1542; Opuscules d'amour, 1547. – Œuvres poétiques, hg. F. Gohin ²1943.

L: A. Lefranc, Ecrivains français de la Renaissance, 1914; V. Larbaud, 1927.

Herondas (später auch: Herodas), altgriech. Dichter, 1. Hälfte 3. Jh. v. Chr. Zeitgenosse des Theokritos und des Kallimachos; kaum biograph. Nachrichten. – Von H.' nach dem Vorbild des Sophron und nach dem Metrum des Hipponax verfaßten ›Mimiamboi‹ (›Mimen in [sc. Hink-] Iamben‹), Miniaturdramen in Gedichtform, sind erst seit einem Papyrusfund (1890) 7 vollständige und 2 fragmentar. Mimiamben (ca. 800 Verse) wieder bekannt. H. stellt in ihnen auf den Spuren der att. Komödie Typen niederen soz. Milieus in prägnanten Einzelszenen dar. Der Blick auf sie ist eher e. iron. gebrochener, so daß man trotz der teilweise obszönen Sprache ein gebildetes Publikum annehmen darf; umstritten ist nach wie vor, ob H. reine Lesepoesie oder zur Aufführung bestimmte Szenen intendierte.

A: W. Headlam, A. D. Knox 1922; P. Groeneboom 1922 (nur 1–6); A. D. Knox 1929 (m. engl. Übs.); G. Puccioni 1950 (m. Komm.); I. C. Cunningham 1971, 1987; B. G. Mandilaras 1986; L. Di Gregorio 2000 (nur 1–5). – *Übs.:* O. Crusius, R. Herzog ²1926; P. Körte, A. Händel 1960 (Ausw.); E. Bobrick, J. St. Rusten, I. C. Cunningham, A. D. Knox 1993 (engl.).

L: O. Crusius, 1892; V. Schmidt, 1969; G. Mastromarco, Padua 1979; G. Ussher, Quaderni urbinati 50, 1985, 45–68; F.-J. Simon, 1991; R. M. Rosen, HSPh 94, 1992, 205–216; W. D. Furley, Materiali e Discussioni 33, 1994, 9–31.

Herreman, Raymond, fläm. Schriftsteller, 21. 8. 1896 Menen – 6. 3. 1971 Elsene b. Brüssel. – Hauptmotiv s. traditionellen Lyrik: Suche nach Lebensglück. Auch Lit.kritik.

W: De roos van Jericho, G. 1931; Het helder gelaat, G. 1937; De minnaars, G. 1942; Boekuiltjes, Es. 1960; Wankelbaar evenwicht, G. 1968.

L: F. Closset, 1942; ders., 1961.

Herrera, Fernando de (›El Divino‹), span. Dichter, 1534 Sevilla – 1597 ebda. Aus bescheidenen Verhältnissen, Stud. Humaniora u. Theol. Sevilla, starke Intelligenz; Pfründe in der Gemeinde San Andres ohne Empfang der Priesterweihen, Teilnahme am lit. Zirkel des Grafen von Gelves, erfuhr durch heftige Liebe zu dessen Gattin Doña Leonor de Milan entscheidenden Antrieb zu dichter. Schaffen; führte e. zurückgezogenes, ganz der Dichtkunst u. Wiss. gewidmetes Leben fern vom höf. Treiben; kein Streben nach glänzender Laufbahn. – Haupt der Dichterschule von Sevilla, die um brillante Form u. klangvolle Verse bemüht war u. dem Erbe der italianisierenden Schule e. Wendung zum Äußerl.-Rhetor. gab; bedeutender Vertreter des Petrarkismus in Spanien; schließt stilist. an Garcilaso de la Vega an, den er (1580) kommentiert, ersetzt aber dessen Schlichtheit u. Ursprünglichkeit durch intellektuelle Note. Direkte Linie zu Góngora; forderte eigene dichter. Sprache im Unterschied zur Umgangssprache; Hauptthemen Liebe u. Vaterland; Liebeslyrik nach dem Vorbild Petrarcas u. Ausiàs Marchs; Einflüsse der Neuplatoniker u. des ›Cortegiano‹ von Castiglione; Sonette u. Kanzonen von großer Vollkommenheit in der Form u. erlesener Feinheit; Oden, nuancenreiche, bildhafte Sprache, aber Fehlen echter Gefühle u. Aufrichtigkeit; patriot. Dichtungen voll klass. u. bibl. Anklänge in von großer stilist. Brillanz.

W: Canción por la victoria de Lepanto, G. nach 1571 (hg. A. Morel-Fatio 1893); Canción a don Juan de Austria, G. nach 1571; Canción por la pérdida del rey don Sebastián, G. nach 1578; Al Santo Rey Don Fernando,

G. um 1579; Anotaciones a las obras de Garcilaso, Abh. 1580; Elogio de la vida y muerte de Tomás Moro, B. 1592. – Obra poética, hg. J. M. Blecua II 1975; Poesías, hg. V. García de Diego 1941, A. de Castro 1950 (in: ›Biblioteca de Autores Españoles‹, Bd. 32); Rimas inéditas, hg. J. M. Blecua 1948; Poesía castellana original completa, 1985.

L: A. Morel-Fatio, 1893; A. Coster, Paris 1908; F. Rodríguez Marín, 1911; O. Macrí, 1959 (m. Bibl.); A. David Kossoff, 1966; M. G. Randel, Lond. 1970; M. T. Ruestes Sisó, 1989.

Herrera y Reissig, Julio, uruguay. Dichter, 9. 1. 1875 Montevideo – 18. 3. 1910 ebda. Seit s. Kindheit herzkrank, aus wohlhabender Familie; Neffe des einflußreichen Präsidenten Julio Herrera y Obes, lebte nach dem Tod des Vaters von Zeitungsartikeln u. bescheidenen Posten; ohne Disziplin, Exzentriker, übersetzte franz. Lyriker; starb im Elend u. geistiger Umnachtung. – E. der hervorragendsten Vertreter der modernist. Dichtung, von einigen Kritikern sogar als e. der größten Dichter Lateinamerikas gefeiert. Völlige Abwendung von den Realitäten des Lebens, Vertiefung in irrationale Zonen mit allem Mysteriösen u. Unbestimmten der modernist. Schule; Symbolist; schrieb fast immer in Sonettform; stieß auch auf heftige Kritik wegen s. übertriebenen Metaphern, der Nebelhaftigkeit u. Dunkelheit.

W: Las pascuas del tiempo, 1901; Los maitines de la noche, 1902; La vida, 1903; Los éxtasis de la montaña, H 1904–07; Sonetos vascos, 1908; Los parques abandonados, 1908; La torre de las esfinges, 1909; Las clepsidras, 1909; Berceuse blanca, 1910. – Obras Completas, hg. O. M. Bertani IV 1910–13; Prosas, hg. V. A. Salaverri 1918; Poesías Completas, hg. R. Bula Píriz ²1961, hg. G. de Torre ⁴1969; Obras poéticas, hg. E. Silva Cazet, M. A. Lissardy de Monserrat 1976; Poesía completa y prosa selecta, hg. A. Migdal 1978.

L: H. Herrera y Reissig, 1943, 1949; J. A. González, 1944; M. Flores Mora, 1947; B. Gicovate, Berkeley 1957; M. García Puertas, 1959; A. Seluja, hg. 1963; S. de Collazo, 1975; R. Blengio Brito, 1978; A. Seluja, 1984; M. Alvarez, 1995.

Herreweghen, Hubert van, fläm. Lyriker, * 16. 2. 1920 Pamel. Journalist; Programmleiter beim Fläm. Fernsehen. Zs.redakteur. – Gedichte, traditionell im Ton, themat. von Kontrasten geprägt. Auch Kritiker.

W: Het jaar der gedachtenis, G. 1945; Liedjes van de liefde en van de dood, G. 1949; Gedichten, IV 1953–67; Verzamelde gedichten, 1977; Gedichten, VI 1984.

L: W. Spillebeen, 1973 (m. Bibl.).

Herrick, Robert, engl. Dichter und Geistlicher, 24. 8. 1591 London – begraben 15. 10. 1674 Dean Prior/Devonshire. 1607–13 Goldschmiedelehrling bei s. Onkel Sir William H., danach Stud. Cambridge. Lebte einige Jahre in London, dort befreundet mit Ben Jonson und den höf. ›wits‹. Wurde Geistlicher, 1623–47 Pfarrer von Prior/Devonshire, 1647 unter Cromwell s. Amtes enthoben, 1662 unter Charles II. wieder als Pfarrer in Prior eingesetzt. – Anakreontiker, beeinflußt von der Schule B. Jonsons. S. Dichtung umfaßt Imitationen (Horaz, Catull), Episteln, Eklogen, Epigramme, Trink- und Liebeslieder sowie volksliedhafte Verse. Außerordentl. daseinsfrohe, lebensbejahende Dichtungen, die immer wieder um das Thema der Flüchtigkeit von Leidenschaft und das Carpe-Diem-Motiv kreisen. Dabei oszillieren die Liebesged. zwischen einer Kritik an stereotypen Bildern und Imaginationen von Weiblichkeit und allegorisierenden Darstellungen der Frau in Bildern antiker Mythologie. Die H. im Grunde fernliegende relig. Dichtung faßte er getrennt zusammen unter dem Titel ›Noble Numbers‹ und veröffentl. sie am Schluß s. Sammlung ›Hesperides‹ mit eigenem Titelblatt, das die Jahreszahl 1647 trägt.

W: Noble Numbers, G. 1647; Hesperides, G. 1648 (einschl. Noble Numbers; Faks. 1969). – Hesperides, the poems and other remains, hg. H. C. Hazlitt II 1869, The Complete Poems, hg. A. B. Grosart III 1876, hg. A. W. Pollard II 1891, hg. G. Saintsbury II 1893; hg. L. C. Martin ²1965; J. M. Patrick 1963. – *Übs.:* F. Freiligrath, 1846.

L: F. W. Moormann, 1910 (n. 1962); F. Delattre, 1912; L. Mandel, 1927; E. J. M. Easton, Youth Immortal, 1934; S. Musgrove, 1950; M. G. Chute, 1960; J. Press, 1961; R. B. Rollin, 1966; L. J. Budd, 1971; R. H. Deming, Ceremony and Art, 1974; G. W. Scott, 1974; Tercentenary Essays, hg. R. M. Rollins 1978; E. Hageman, R. H. A reference Guide, 1983; A. Coiro, 1988. – *Bibl.:* S. A. Tannenbaum, 1937; G. W. Scott, 1974; Konkordanz, M. L. MacLeod, 1971.

Herrick, Robert, amerik. Romanautor, 26. 4. 1868 Cambridge/MA – 23. 12. 1938 St. Thomas/Virgin Islands. Stud. Harvard, 1893–1923 Prof. für Engl. Univ. Chicago. – Als e. der Pioniere des Realismus schrieb H. kulturkrit. Romane über die kommerzialisierte Gesellschaft und die korrumpierende Wirkung von Gewinnstreben und Egoismus auf menschl. Beziehungen, insbes. in der Ehe. Trag. Konflikt zwischen traditionellen eth. Idealen und den Notwendigkeiten der mod. Geschäftswelt und Großstadt.

W: The Man Who Wins, R. 1897; Literary Love-Letters, En. 1897 (n. 1969); The Gospel of Freedom, R. 1898; Love's Dilemmas, En. 1898 (n. 1970); The Web of Life, R. 1900; The Common Lot, R. 1904; The Memoirs of an American Citizen, R. 1905; The Master of the Inn, R. 1908; Together, R. 1908; A Life for a Life, R. 1910; One Woman's Life, R. 1913; Clark's Field, R. 1914; Waste, R. 1924; The End of Desire, R. 1932; Sometime, R. 1933.

L: B. Nevius, 1962; L. J. Budd, 1971; F. W. Horlacher, 1978; A. B. Coiro, 1988; R. B. Rollin, 1992. – *Bibl.:* E. H. Hagemann, 1983.

Herriot, James (eig. James Alfred Wight), engl. Erzähler, 3. 10. 1916 Sunderland/Tyne and Wear – 23. 2. 1995 Thirsk/Yorkshire. Stud. Glasgow, Tierarzt u. Autor. – Verf. autobiograph. Geschichten, in die s. Erfahrungen als Landtierarzt in Yorkshire einflossen u. auf denen die Fernsehserie ›Der Doktor u. das liebe Vieh‹ basiert. Außerdem Verf. von Kinderbüchern.

W: All Creatures Great and Small, Kgn. 1972; All Things Bright and Beautiful, Kgn. 1974; All Things Wise and Wonderful, Kgn. 1977; The Lord God Made Them All, Kgn. 1981; Every Living Thing, Kgn. 1992. – *Übs.:* Der Doktor u. d. liebe Vieh, Kgn. 1979.

L: M. Brunsdale, 1997; G. Lord, 1997; M. J. Rossi, 1997.

Herrmann, Ignát, tschech. Schriftsteller, 12. 8. 1854 Horní Mlýn b. Chotěboř – 8. 7. 1935 Řevnice. Kaufmannslehrling, Handelsreisender, Schreiber, Beamter, Reporter, Redakteur der humorist. Zss. ›Paleček‹ u. ›Švanda dudák‹ (1882–1914, 1924–30), Mitarbeiter der Zt. ›Národní listy‹. – Im Geiste Nerudas schildert H. in zahlr. sentimental-humorist. Genrebildern, Romanen u. Feuilletons das Leben des Prager Kleinbürgers, s. billige Lebensphilos., s. Selbstzufriedenheit u. sein Banausentum.

W: Pražské figurky, En. II 1884–86; U snědeného krámu, R. 1890; Otec Kondelík a ženich Vejvara, R. 1898 (Vater K. u. Bräutigam V., d. II 1907); Tchán Kondelík a zeť Vejvara, R. 1906; Ženitba páně Karafiátova, E. 1911; Vdavky Nanynky Kulichovy, R. 1918. – Sebrané spisy (GW), L 1905–40; Výbor (Ausw.), IV 1958–60. – *Übs.:* Ausw. A. Auředníček 1908.

L: V. Brtník, 1924; M. Hýsek, 1934 (m. Bibl.).

Hersey, John (Richard), amerik. Schriftsteller, 17. 6. 1914 Tientsin/China – 23. 3. 1993 Key West/FL. Sohn von Missionaren; Erziehung in Tientsin, Yale und Cambridge/England, 1937 S. Lewis' Privatsekretär, Redakteur von ›Time‹, Kriegskorrespondent in Italien, Polen, Rußland, Japan. Schrieb erschütternde Kriegsromane, halb Reportage, halb Dichtung. ›The Wall‹ berichtet vom Leben der Juden im Warschauer Ghetto bis zu ihrem vergebl. Aufstand. Sehr vielseitige, z. T. auch polit. engagierte Schriften. Neben Mailer und Capote der wichtigste Faction-Autor der USA.

W: Men on Bataan, Ber. 1942; Into the Valley, Ber. 1943; A Bell for Adano, R. 1944 (d. 1945; dramatisiert P. Osborn 1944); Hiroshima, Ber. 1946 (n. 1985, d. 1947); The Wall, R. 1950 (d. 1951; dramatisiert M. Lampell 1961); The Marmot Drive, R. 1953 (Die Treibjagd, d. 1956); A Single Pebble, R. 1956 (Der Kieselstein und ein Jahrtausend, d. 1958); The War Lover, R. 1959 (Verdammt sind wir alle, d. 1960); The Child Buyer, R. 1960 (d. 1962; dramatisiert P. Shyre 1964); Here to Stay, Ess. 1963; White Lotus, R. 1965; Too Far to Walk, R. 1966; Under the Eye of the Storm, R. 1967 (d. 1975); The Algiers Motel Incident, Ber. 1968 (d. 1970); A Letter to the Alumni, Schr. 1970; The Conspiracy, R. 1972 (d. 1974); My Petition for More Space, R. 1974; The President, Schr. 1975; The Wallnut Door, R. 1977; Aspects of the Presidency, Schr. 1980; The Call, R. 1985; Blues, R. 1987; Life Sketches, Sb. 1989; Antonietta, R. 1991; Key West Tales, En. 1994.

L: F. R. Gemme, 1966; D. Sanders, 1967.

Herta, Simon → Thomas, Henri Joseph Marie

Hertz, Benedykt, poln. Schriftsteller u. Publizist, 7. 6. 1872 Warschau – 31. 10. 1952 Podkowa Leśna b. Warschau. – Stellte in s. allegor. Märchen, Fabeln u. Dramen polit. u. soz. Gegensätze, in das Reich der Tiere transportiert, dar. Gute Beobachtungsgabe, verbunden mit treffender Situationskomik. Daneben Satiren u. zahlr. Kinderbücher.

W: Bajki, Fabeln 1903; Szkice dramatyczne, Drn. 1910; Bajki i satyry, Fabeln 1911; Bajki minionych dni, Fabeln 1919; Ze wspomnień samowara, Mem. 1936; Żydowska krew, Ess. 1937; Sprzed lat czterdziestu, Dr. 1947; Tragedie śmiesznych ludzi, Drn. 1948; Bajki, Fabeln 1950; Satyry 1919–51, 1952; Bajki i satyry, Fabeln 1957; Na taśmie 70-lecia, Mem. 1966. – *Übs.:* Felek, 1953.

Hertz, Henrik, dän. Dichter, 25. (oder 27.) 8. 1797 (oder 1798) Kopenhagen – 25. 2. 1870 ebda. Sohn e. jüd. Bäckermeisters, früh verwaist und vom Kaufmann Nathanson erzogen. 1817–25 Stud. Jura. 1832 christl. Taufe. 1833/34 nach Dtl. u. Italien, dann zurückgezogen in Kopenhagen. – Von J. L. Heiberg beeinflußt schrieb er Vaudevilles und romant. Schauspiele, so ›Svend Dyrings hus‹ über e. dän. Volksliedthema, ›Kong Renés datter‹, auf Troubadourstoff basierend und das Konversationsstück ›Ninon‹ aus dem Milieu um Richelieu. In der ästhet. Auseinandersetzung um 1830 Vertreter des Heibergschen Formalismus, aber wirklichkeitsnäher als Heiberg und nicht von Hegel beeinflußt. Wie alle s. Schauspiele für Johanne Luise Heiberg geschrieben sind, sind auch s. bekanntesten Gedichte von dieser Schwärmerei getragen, bes. der Zyklus ›Erindringer fra Hirschholm‹ (1833), formschöne und stimmungsreiche poet. Erinnerungen an e. Sommeraufenthalt mit dem Ehepaar Heiberg. Als Prosaschriftsteller ist H. nur durch den Roman ›Stemninger og tilstande‹ bekannt, in dem er sich mit den liberalen Tendenzen der 1830er Jahre auseinandersetzt.

W: Herr Buchard og hans familie, Lsp. 1826; Amors genistreger, Lsp. 1830 (Amors Geniestreiche, d. 1840); Gjenganger-Breve, Br. 1830; Sparekassen, Lsp. 1836 (d. 1979); Svend Dyrings hus, Sch. 1837 (d. 1848); Stemninger og tilstande, R. 1839; Kong Renés datter, Sch. 1845 (König Renés Tochter, d. ²1856); Ninon, Sch. 1848 (d. 1852); De frifarvede, En. 1998. – Digte fra forskellige perioder, 1851–62; Dramatiske værker, XVIII

1854–73; AW, VIII 1897; Breve fra og til H. H., 1895. – *Übs.*: GS, II 1848.

L: H. Kyrre, 1916; M. Brøndsted, 1946.

Hervieu, Paul-Ernest, franz. Schriftsteller, 2. 9. 1857 Neuilly-sur-Seine – 25. 9. 1915 Paris. Aus Großbürgertum; Stud. Jura; Advokat, später Diplomat. Ab 1880 nur Literat. 1899 Mitglied der Académie Française. – Bei den Zeitgenossen 1895–1914 erfolgr., heute veralteter Romancier und Dramatiker in der Nachfolge von Augier, Dumas fils und H. Becque mit gesellschaftskrit. Tendenz. Zeichnet e. von elementaren Leidenschaften beherrschte Gesellschaft, für die Kultur nur Firnis ist. Protestiert im Namen e. sittl. Ideals leidenschaftl. u.a. gegen Verleumdung, Verderbtheit der Ehe, die untergeordnete Stellung der Frau, die Undankbarkeit der Kinder.

W: Diogène le chien, R. 1882; Les yeux verts et les yeux bleus, R. 1886; L'Alpe homicide, R. 1886; Flirt, R. 1890; Les paroles restent, R. 1892; Peints par eux-mêmes, R. 1893 (Im eigenen Licht, d. 1895); L'armature, R. 1893 (d. 1901); Les tenailles, Dr. 1895; La loi de l'homme, Dr. 1897; La course du flambeau, Dr. 1901; L'énigme, Dr. 1901; Théorigne de Méricourt, Dr. 1902; Le dédale, Dr. 1903; Le réveil, Dr. 1905; Connais-toi!, Dr. 1909; Bagatelle, Dr. 1912. – Théâtre complet, IV 1910–22.

L: H. Burkhardt, 1917; E. Estève, 1917; S. Fahmy, 1942; S. Williard, The non-dramatic works of P. H., 1942; H. H. Cook, Bloomington 1945; Cl. Roger-Marx, 1953.

Herzberg, Abel Jacob, niederländ. Schriftsteller, 17. 9. 1893 Amsterdam – 19. 5. 1989 ebda. Rechtsanwalt. – Wurde bekannt durch s. objektiven Dokumentationen über Judenverfolgung u. KZ (beides aus persönl. Erfahrung) u. über den Eichmann-Prozeß. Außerdem Autobiographisches, Bühnenstücke, Romane, Erzählungen u. Essays.

W: Amor fati, Chronik 1946; Tweestromenland: daagboek uit Bergen-Belsen, Tg. 1950 (d. 1997); Kroniek der Jodenvervolging, 1950; Herodes, Dr. 1955; Sauls dood, Dr. 1959; Eichmann in Jeruzalem, Chronik 1962; Brieven aan mijn kleinzoon, aut. En. 1964 (Haus der Väter, d. 1967); Drie rode rozen, E. 1975; Brieven aan mijn grootvader, En. 1984; Aartsvaders, N. 1986. – Verzameld werk, III 1993–96.

L: A. Kuiper, Een wijze ging voorbij, B. 1997 (m. Bibl.).

Herzberg, Judith (Frieda Lina) (Ps. Vera de Vries, Christine de Hondt), niederländ. Schriftstellerin, * 4. 11. 1934 Amsterdam. Tochter von Abel J. → Herzberg. – Ihre Gedichte geben genau beobachteten alltägl. Situationen oft e. überraschende Wendung. Außerdem schreibt sie erfolgreiche Dramen, Film- und Fernseh-Drehbücher.

W: Zeepost, G. 1963; Beemdgras, G. 1968; Vliegen, G. 1970; Strijklicht, G. 1971; Liefdesliedjes, G. 1971; De deur stond open, Dr. 1974; Botshol, G. 1980; Charlotte, Drb. 1981; Leedvermaak, Dr. 1982 (d. 1986); Dagrest, G. 1984; En/of, Dr. 1985 (d. 1986); Zoals, G. 1992; Rijgdraad, Dr. 1995; Bijvangst, G. 1999. – *Übs.*: Zwischen Eiszeiten, G.-Ausw. (zweispr.) 1984; Tagreste, G.-Ausw. 1986; Knistern, G. u. Prosa 1993.

Herzen, (Gercen), Aleksandr Ivanovič (Ps. Iskander), russ. Schriftsteller, 6. 4. 1812 Moskau – 21. 1. 1870 Paris. Illegitimer Sohn des Gutsbesitzers I. A. Jakovlev und Henriette Luise Haags aus Stuttgart; Jugend auf dem väterl. Gut im ehem. Gouv. Penza, 1829–33 Stud. mathemat. Fakultät Univ. Moskau, befreundet mit N. P. Ogarev; von früh an bis ins reife Alter unter dem Einfluß des dt. und franz. Geisteslebens, bes. Schillers, Hegels, der franz. Sozialisten, bes. St. Simons; 1834 auf falschen Verdacht hin verhaftet, 1835 nach Perm', dann nach Vjatka verbannt, 1838 in Vladimir, 1840 in Petersburg, 1841 nach Novgorod verbannt, 1842 in Moskau, Verkehr mit Belinskij und den Westlern; widmete sich schriftsteller. Tätigkeit; wandte sich u.a., von Feuerbach angeregt, dem theoret. Atheismus zu, ging von philos. mehr und mehr zu sozialpolit. Themen über; gab 1843 und 1845 zwei bedeutende, auf den Stud. Hegels gründende Artikelreihen, 1846 s. einzigen Roman heraus; verließ 1847 Rußland für immer, nahm an den demokrat.-revolutionären Bewegungen Westeuropas teil, befreundet mit Marx, Garibaldi, Mazzini, Kossuth, Vogt, naturalisierte sich 1851 in der Schweiz; fühlte sich in Westeuropa, bes. nach der Revolution von 1848, in den auf das Ursprungsland s. revolutionären Ideen gesetzten Hoffnungen bitter enttäuscht; 1852–65 in London, wo er 1855–62 den Almanach ›Poljarnaja zvezda‹ herausgab und 1857 die Zs. ›Kolokol‹ gründete, die nach 1863 ihren Einfluß zu verlieren begann, lebte ab 1864 meist in Genf oder Brüssel. – Schrieb nur in den 1840er Jahren dichter. Werke, einige Novellen und den Roman ›Kto vinovat?‹; in diesem hält er sich an Stilprinzipien der ›natürl. Schule‹, entfaltet Thema der Formung des Menschen unter der Einwirkung des soz. Milieus, wirft in der zum Typus des ›Überflüssigen‹ zählenden Hauptfigur Probleme der Erziehung auf; weitere s. Werke sind publizist. Art, geben s. Anschauung von der Notwendigkeit der unbedingten persönl. Freiheit Ausdruck, bekunden s. aus der Enttäuschung über die geistige Haltung der westeurop. revolutionären Sozialisten vollzogene Rückwendung zu Rußland, das allein den Sozialismus verwirklichen könne. Gewann große Bedeutung für die russ. radikale ›Intelligencija‹. S. den Zeitraum von 1812 bis 1868 umfassenden Erinnerungen ›Byloe i dumy‹ heben sich als nach Form und Gehalt auch lit. bedeutende Darstellung

Hesiodos

der Epoche heraus; bemerkenswert s. von kühnen, effektvollen Wortspielen, Bildern und Vergleichen geprägter, höchst individueller Stil.

W: Diletantizm v nauke, Abh. 1843; Pis'ma ob izučenii prirody, Abh. 1845; Doktor Krupov, N. 1847; Kto vinovat?, R. 1847 (Wer ist schuld?, d. 1885); Sorokavorovka, N. 1848; S togo berega, Ess. (1850; Vom andern Ufer, d. 1850); Dolg prežde vsego, N. 1861 (Die Pflicht v.a., d. 1887); Byloe i dumy, Mem. IV 1851–67 (Erinnerungen, d. II 1931; Mein Leben, d. III 1962f.). – Polnoe sobranie sočinenij i pisem (GW u. Br.), hg. M. K. Lemke XXII 1919–25; Sobranie sočinenij (W), XXX 1954–65. – *Übs.*: Briefe aus Italien u. Frankreich, 1850; Ausgew. philos. Schriften, 1949.

L: G. Steklov, 1920; R. Labry, Paris 1928; Z. P. Baziseva, Kolokol Gercena, 1949; I. N. Êl'sberg, G., žizn'i tvorčestvo, ³1956; I. Ginzburg, ›Byloe i dumy‹ Gercena, 1957; M. E. Malia, Cambr. (MA) 1961; Problemy tvorčestva Gercena, 1963; V. A. Putincev, Gercen – pisatel', ²1963; E. Reissner, H. in Dtl., 1963; L. Čukovskaja, ›Byloe i dumy‹ A. Gercena, 1966; E. Acton, Lond. 1979; Letopis' žizni i tvorčestva A. I. G., 1983; U. Preßmann, 1989; E. N. Dryzakova, 1999.

Herzog, Emile → Maurois, André

Hesiodos, altgriech. Dichter, um 700 v. Chr. – H. berichtet, daß s. Vater aus dem kleinasiat. Kyme nach Askra (Boiotien) ausgewandert sei, er nach dessen Tod in e. Rechtsstreit mit s. Bruder Perses verwickelt worden sei, er bei Agonen in Chalkis (Euboia) e. Dreifuß gewonnen habe (der Legende nach durch e. Sieg über Homer, den der Großteil der mod. Forschung als Vorgänger des H.' sieht). – Vf. von hexametr. Lehrdichtung; als sicher echt gelten: 1) ›Theogonie‹ (›Götterentstehung‹, 1022 Verse): Versuch e. systemat. genealog.-chronolog. Ordnung der Götter seit Entstehung der Welt aus dem Chaos, gipfelnd in der Gerechtigkeit (›dike‹) garantierenden Herrschaft des Olympiers Zeus. 2) ›Werke und Tage‹ (›Erga kai hemerai‹, 828 Verse): Nach e. Hymnos auf Zeus und s. Gerechtigkeit ermahnt H. s. Bruder Perses, von den Erbschaftsstreitigkeiten abzulassen; in e. 2. Teil folgt e. Art ›Kalender‹ für richtiges Arbeiten und Leben (u.a. Eheprobleme) im Lauf der Jahreszeiten. Unsicher ist die Echtheit des ›Frauenkatalogs‹ (griech. ›Ehoien‹, größere Frag.), der als Fortsetzung von 1) die Verbindungen von Göttern mit sterbl. Frauen aufzählt; großteils (ganz?) unecht ist ›Der Schild‹ (›Aspis‹, 480 Verse), benannt nach dem Schild, mit dem Herakles in den Kampf gegen das Ungeheuer Kyknos zieht. Von weiteren H. fälschl. zugeschriebenen Werken sind v.a. größere Fragmente e. ›Melampodie‹ (über die Seher Melampos, Kalchas und Mopsos) und sog. ›Großer Ehoien‹ erhalten. H. adaptiert homer. Sprache und Metrik zusammen mit oriental. Einflüssen für die Lehrdichtung. Verbunden mit diesem Anspruch zu belehren ist e. gegenüber Homer verändertes Selbstbewußtsein als Dichter: H. schildert s. ›Weihe‹ zum Dichter durch die Musen (in der ›Theogonie‹) und tritt in s. Werken konsequent als ›Ich‹ in Erscheinung. Zahlr. Inhalte (z.B. Prometheus' Feuerraub, Opferbetrug und Bestrafung; die Schaffung der Pandora und ihrer Büchse; Mythos von den 5 Zeitaltern etc.) und lit. Grundformen (z.B. 1. Fabel der europ. Lit.: ›Habicht und Nachtigall‹) bzw. -motive (z.B. Problem des Verhältnisses Mensch – Gottheit), die in der gesamten antiken Lit. wiederkehren, finden sich erstmals bei H. Er ist neben Homer der bedeutendste Epiker der archaischen Zeit, s. Nachwirkung kann kaum überschätzt werden: H. ist nicht nur die erste als Person faßbare Dichterpersönlichkeit der europ. Lit., der Begründer des Genres des hexametr. Lehrgedichts, das sich auch für die philosoph. Inhalte der sog. ›Vorsokratik‹ (z.B. Parmenides, Empedokles) und bis nach Rom (Lukrez, Vergil) als geeignetes Medium erweisen wird; in s. Bemühen um diachrone Ordnung von unübersichtl. Geschehensverläufen liefert er auch wesentl. Impulse für die Anfänge der Historiographie; in s. Schilderungen bäuerl. Lebens (›Werke und Tage‹) wirkt er bis in die Bukolik des Hellenismus und darüber hinaus.

A: Fr. Solmsen, R. Merkelbach, M. L. West ³1990 (Theog., Werke u. T., Asp., ausgew. Fragmente); M. L. West 1966 (Theog.), 1978 (Werke u. T.); R. Merkelbach, M. L. West 1967 (Fragmente); C. F. Russo ²1965 (Asp.). – *Übs.*: d. A. v. Schirnding 1991.

L: K. v. Fritz u.a., hg. Genève 1962; E. Heitsch, hg. 1966; K. Heldmann, 1982; R. Janko, Cambr. u.a. 1982; A. Bonnafé, Lyon 1985; M. L. West, Oxf. 1985; M.-Chr. Leclerc, Paris 1993; R. Sorel, Paris 2000.

Hewett, Dorothy, austral. Dichterin u. Dramatikerin; 21. 5. 1923 Wickepin/Western Australia – 28. 5. 2002 Spring Wood/Western Australia. Stud. Univ. of Western Australia, Perth 1959–63, Tutor ebda. 1964–73; davor chaot. Leben, kommunist. Engagement; lebte in Sydney. – Romant. Thematik der Selbstsuche in der schwierigen Rolle der Frau in e. Männergesellschaft; drast., engagierte Sprache, offene Behandlung sexueller Themen.

W: Bobbin Up, R. 1959; Windmill Country, G. 1968; The Hidden Journey, G. 1969; Late Night Bulletin, G. 1970; The Chapel Perilous, Dr. 1972; Rapunzel in Suburbia, G. 1975; This Old Man Comes Rolling Home, Dr. 1976; Bon-Bons and Roses for Dolly, Drn. 1976; The Beautiful Mrs. Portland, Dr. 1977; Pandora's Box, Dr. 1978; Greenhouse, G. 1979; The Man from Mukinupin, Dr. 1979; Journeys, G. 1982; Alice in Wormland, G. 1987; The Raising of Pete Marsh, Dr. 1988; Wildcard, Aut. 1990; Sisters, Kgn. 1993; The Toucher, R. 1993; Peninsula, G. 1994; Collected Poems, 1940–95 hg. W. Grono 1995; Women/Love/Sex, Kg. 1996; Neap Tide, R. 1999; Nowhere, Dr. 2001. – Selected Poems, 1989; Collected Plays, 1995.

Hewitt, John (Harold), ir. Lyriker, 28. 10. 1907 Belfast – 27. 6. 1987 ebda. Stud. Belfast; besuchte in den 1920er und 1930er Jahren Vorlesungen von Sozialisten; 1930–57 ›Belfast Museum‹ und ›Art Gallery‹, 1957–67 Leitung der ›Herbert Art Gallery‹ in Coventry; Kunstkritiker, Beiträge für versch. Zeitungen und Zsn., Hrsg.; 1972 Rückkehr nach Belfast; Engagement für ir. Lit. und Kultur im ›Northern Irish Cultural Movement‹; die hauptsächl. Schaffensperiode s. Dichtung liegt 1972–87, nach s. Rückkehr nach Belfast. – Vf. von Gedichten v. a. über s. ir. Heimat, wie etwa ›The Colony‹; später Gedichte auch zu den Themen Alter und Tod bzw. Verlust vertrauter Menschen; Vertreter der ›Ulster poets‹; schrieb auch 2 Dramen sowie versch. Arbeiten zu ir. Künstlern und zur Kultur Irlands; e. autobiograph. Essay (›Planter's Gothic‹) findet sich in der Zs. ›The Bell‹ (1953).

W: The Bloody Brae, Versdr. (1936); Conacre, 1943 (Privatdruck); Compass, 1944 (Privatdruck); No Rebel Word, 1948; Collected Poems 1932–67, 1968; Out of My Time, 1974; Time Enough, 1976; The Rain Dance, 1978; I Found Myself Alone, FSsp. 1978; Kites in Spring. A Belfast Boyhood, 1980 (n. 1983); Mosaic, 1981; Loose Ends, 1983; Freehold and Other Poems, 1986. – The Selected J. H., hg. A. Warner 1981; Ancestral Voices. The Selected Prose of J. H., hg. T. Clyde 1987; The Collected Poems of J. H., hg. F. Ormsby 1991; Two Plays: The McCrackens, The Angry Dove, 1999.

L: Across a Roaring Hill: The Protestant Imagination in Modern Ireland, hg. G. Dawe 1985; The Poet's Place. Ulster Literature and Society, hg. ders. u. a. 1992; Poet J. H. and Criticism of Northern Irish Protestant Writing, hg. S. Ferris, Lewiston/NY 2002; http://3400www.ulster.ac.uk/library/craine/hewitt/index.html#home.

Heyduk, Adolf, tschech. Dichter, 7. 6. 1835 Rychmburk – 6. 2. 1923 Písek. Müllerssohn, techn. Stud. Brünn, Prag; 1860 Zeichenlehrer in Písek. Weitgereist. – Am tschech. u. slovak. Volkslied geschult, schrieb der produktive H. anmutige Stimmungslyrik, national-patriot. Gedichte, hist. Romanzen u. romant.-sentimentale Verserzählungen.

W: Básně, G. II 1859–64; Cymbál a husle, G. 1876; Dědův odkaz, Vers-E. 1879 (vertont v. V. Novák); Dřevorubec, Vers-E. 1882; Zpěvy pošumavského dudáka, G. 1887–90; Sekerník, Ep. 1893; Nové cigánské melodie, G. 1897; Ptačí motivy, G. 1897; Dumy a dojmy, G. 1899; Černé růže, G. 1900; Od Tater a Dunaje, G. 1910; Vzpomínky literární, Aut. 1911. – Sebrané spisy (GW), LXIII 1897–1926.

L: Fr. Tichý, 1915; F. Strejček, 1915; A. J. Černý, 1920; V. Novák, 1922. – *Bibl.:* J. Kotalíková, 1983.

Heyer, Georgette, engl. Erzählerin, 16. 8. 1902 – 5. 7. 1974 London. – Schrieb 35 populäre, farbige hist. Unterhaltungsromane meist über die wechselvollen Schicksale junger Mädchen; auch humorvolle Krimis.

W: Footsteps in the Dark, R. 1932 (d. 1986); Regency Buck, R. 1935 (Die Jungfernfalle, d. 1935); Envious Casca, R. 1941 (Mord vor dem Dinner, d. 1961); Arabella, R. 1949 (d. 1954); The Grand Sophie, R. 1950 (d. 1954); Spring Muslin, R. 1956 (Frühlingsluft, d. 1957); April Lady, R. 1957 (d. 1957); Cousin Cate, R. 1968 (Verführung zur Ehe, d. 1969); Charity Girl, R. 1970 (Ein Mädchen ohne Mitgift, d. 1971); Lady of Quality, R. 1972 (d. 1973); My Lord John, R. 1975 (d. 1978).

L: J. Aiken Hodge, 1985.

Heyermans, Herman → Heijermans, Herman

Heymonskinder → Haimonskinder

Heyward, DuBose, amerik. Schriftsteller, 31. 8. 1885 Charleston – 16. 6. 1940 Tryon/NC. Aus seit dem Bürgerkrieg verarmter aristokrat. Familie South Carolinas, daher lange Gelegenheitsarbeiter (Zeitungsverkäufer, Dockarbeiter) und über 10 Jahre Versicherungsagent (was ihn körperl. ruinierte), bevor er von s. Romanen leben konnte. 1923 ∞ Dorothy Hartzell Kuhns, Dramatikerin. Schrieb mit H. Allen die ›Carolina Chansons‹ und gründete die wichtige ›Poetry Society of South Carolina‹. – Sein Roman ›Porgy‹, e. unsentimentale Darstellung des Lebens der Charlestoner Schwarzen, wurde e. großer Erfolg und von ihm und s. Frau dramatisiert, später von G. Gershwin zur Oper ›Porgy and Bess‹ umgearbeitet. ›Peter Ashley‹ schildert Charleston und die polit. Spannung, in der es sich kurz vor Ausbruch des Bürgerkriegs befand; in diesem Roman tritt u. a. auch W. G. Simms auf.

W: Carolina Chansons, G. 1922 (m. H. Allen); Skylines and Horizons, G. 1924; Porgy, R. 1925 (d. 1930), Dr. 1927 (m. Dorothy H.); Mamba's Daughters, R. 1929, Dr. 1939 (m. Dorothy H.); Peter Ashley, R. 1932; Porgy and Bess, Op. 1935 (m. G. und I. Gershwin, d. 1945); Star Spangled Virgin, R. 1939.

L: H. Allen, 1927; F. Durham, 1954; J. M. Hutchisson, 2000.

Heywood, John, engl. Dramatiker und Epigrammatiker, 1497 (?) London? – 1580 (?) London oder Mecheln/Niederlande. Stud. Oxford. Hofmusiker Henry's VIII. Gehörte zu den höf. ›wits‹. Stellte e. Gruppe von boy-players zusammen und bildete sie aus. ∞ Elizabeth Rastell, Nichte von Sir Thomas More. Eifriger Katholik, daher Günstling der Queen Mary, lebte nach deren Tod ab 1564 einige Zeit im Exil in Malines und Antwerpen. – S. Schauspiele und Interludien leiten von der ma. Moralitäten und Farcen zum Renaissanceschauspiel über. Besaß konstruktives Geschick, Reichtum an kom. Einfällen (bes. Situationskomik), scharfen, derben Humor. Nur 6 s. zahlr. Bühnenstücke erhalten, die teilweise an Farcen franz. Prägung orientiert sind. Veröffentlichte auch e. Sammlung von 600 Epigrammen und Sprichwörtern. Verfaßte die allegor. Verssatire ›The Spider and the Flie‹, in der er zeitgenöss. polit. Ereignisse allegor. erzählte und polit. Persönlichkeiten unter Tiernamen auftreten ließ.

W: Witty and Witless, K. um 1521; Merry Play between John John, the Husband, Tyb, his Wife and Sir John, the Priest, Burleske 1533; The Pardoner and the Frere, K. 1533; The Play of the Weather, Sch. 1533 (Critical Edition, hg. V. Robinson 1987); A Play of Love, Sch. 1534 (n. K. W. Cameron 1944, J. A. B. Somerset 1978); The Four P's, Burleske 1545? (hg. A. W. Ward 1894); An 100 Epigrammes, 1550; The Spider an the Flie, Dicht. 1556; Works, 1562. – Works, hg. B. A. Milligan 1956; The Dramatic Writings, hg. J. S. Farmer III 1905–08; The plays, hg. R. Axton, 1991; Proverbs, Epigrams and Miscellanies, hg. ders. 1906.

L: W. Swoboda, 1888; R. W. Bolwell, 1921; R. de la Bère, 1937; T. W. Craik, 1964; 1946; R. C. Johnson, 1970. – *Bibl.:* S. A. Tannenbaum, 1946.

Heywood, Thomas, engl. Lyriker und Dramatiker, 1574(?) Lincolnshire – Aug. 1641 Clerkenwell London. Stud. Cambridge, Schauspieler und Dramatiker London, zunächst von Henslowe zur Mitarbeit an Bühnenstücken vertraglich verpflichtet. Gehörte ab 1598 zur ›Lord Admiral's Company‹ und ›Earl of Worcester's Company‹, ab 1600 zu den ›Queen Anne's Men‹. – Außerordentl. vielseitige lit. Betätigung: übersetzte Sallust, verfaßte e. eth.-didakt. Apologie der Bühne und versch. Prosaschriften von untergeordneter Bedeutung, schrieb als Nachfolger Dekkers ›pageants‹, Schaustücke für Festlichkeiten der City of London und höfische Maskenspiele. Schrieb Historien, verarbeitete mytholog. Stoffe (›The Rape of Lucrece‹), schrieb auch für höf. Geschmack ›The Fair Maid of the West‹. Vf. zweier Sammlungen von Biographien großer Frauen, die die hist. Frauengestalten in idealisierender Form darstellen und sich so auch in die humanist. Tradition des Fürstinnenspiegels einschrieben. Fletcher parodierte die ›Four Prentices‹ in ›The Knight of the Burning Pestle‹. Seine Tragödie ›A Woman Killed With Kindness‹ gilt als Vorläufer des bürgerl. Trauerspiels und gehört zu den ersten, deren Figuren auch den bürgerl. Schichten entstammen. Am Beispiel des Ehebruchs einer Frau wird hier der problematische Ort von Weiblichkeit in der frühen Neuzeit verhandelt. S. psycholog. gut durchgeführten Stücke bringen lebenswahre Schilderungen bürgerl. Lebens, insbes. Darstellung seel. Konflikte, die sich aus Leid und Reue entwickeln.

W: Edward IV., Sch. 1599; The Four Prentices of London, Sch. (1600), 1615; A Woman Killed with Kindness, Dr. (1603), 1607 (hg. A. W. Ward 1897, K. L. Bates, 1917, R. W. van Fossen 1961); If you know not me, you know nobody, or: The Troubles of Queen Elizabeth, Sch. 1604/05; The Rape of Lucrece, Sch. 1608; An Apology for Actors, Es. 1612 (hg. R. H. Perkins 1941); The Captives, Dr. 1624 (n. A. Brown 1953); The Fair Maid of the West, K. 1631 (n. R. K. Turner 1968); The English Traveller, Dr. 1633 (d. 1890); The Late Lancashire Witches, Sch. 1634 (hg. J. O. Halliwell 1853); Poems, 1635; The Royal King and the Loyal Subject, Tragikom. 1637; Dialogues and Dramas, 1637. – Works, hg. R. H. Shepherd VI 1874 (n. 1964); Dramatic Works (Ausw.), hg. J. P. Collier, B. Field II 1842–51; Selected Essays, hg. A. M. Verity 1888; T.H.s Pageants, hg. D. M. Bergeron 1986.

L: O. Cromwell, 1928, n. 1969; A. M. Clark, 1931, n. 1967; F. S. Boas, 1950; M. Grivelet, Paris 1957; F. M. Velte, 1966; M. Johnson, Images of Women in the Works of T. H., 1974; M. Wentworth, T. H. A Reference Guide, 1986; J. Courtland, 2001. – *Bibl.:* A. M. Clark in Proc. Oxf. Biblio. Soc., 1925.

Hibberd, Jack, austral. Dramatiker, * 1940 Warracknabeal/Victoria. Stud. Medizin, arbeitet als Immunologe in Melbourne. – S. Dramen zeichnen sich durch episodenhafte Struktur, derben Humor u. Betonung des austral. Lokalkolorits aus.

W: Stretch of the Imagination, Dr. 1973; Dimboola, Dr. 1974; Slam Dunk, Dr. 1995; Legacy, Dr. 1997.

L: J. Hainsworth, hg. 1987; P. McGillick, 1988.

Hichens, Robert Smythe, engl. Erzähler, 14. 11. 1864 Speldhurst/Kent – 20. 7. 1950 Zürich. Längere Aufenthalte in Ägypten u. in der Schweiz. – Bes. erfolgr. s. später auch dramatisierten u. verfilmten Romane ›The Garden of Allah‹ und ›Bella Donna‹.

W: The Green Carnation, R. 1894; The Garden of Allah, R. u. Dr. 1904 (d. 1929); The Call of the Blood, R. 1906 (d. 1912); Bella Donna, R. 1909 (Dr. 1912); The Way of Ambition, R. 1913 (Wege im Zwielicht, d. 1935); The Bacchante and the Nun, R. 1927 (d. 1928); Yesterday, Aut. 1947; Man in the Mirror, Kgn. 1950; Mask, R. 1951; Nightbound, R. 1951.

Hidalgo, José Luis, span. Lyriker, 10. 10. 1919 Torres/Santander – 3. 2. 1947 Madrid. Traumat. Erfahrung des Bürgerkriegs, Kunststud. in Valencia. – Avantgardist. Anfänge, später kosm. Ausweitung, Hinwendung zu existentiellen Fragen; einfache, knappe Sprache.

W: Raíz, G. 1944; Los animales, G. 1945; Los muertos, G. 1947. – Obra poética completa, 1976; Poesías completas, 2000.

L: A. García Cantalapiedra, 1975; J. U. Ferrol, 1999.

Hidayat, Sadiq → Hedāyat, Ṣādeq

Hieng, Andrej, slowen. Erzähler u. Dramatiker, 17. 2. 1925 Ljubljana – 17. 1. 2000 ebda. Stud. Theaterwiss. ebda., freier Schriftsteller u. Regisseur. – H.s psychoanalyt. u. stilist. sehr ausdrucksvolle Novellen, Romane u. Dramen, die oft ins Phantast. abschweifen, behandeln das Dilemma u. die Tragik ungewöhnl. u. entfremdeter Menschen. In den dramat. Werken verarbeitet H. auch span. Motive.

W: Novele, Nn. 1954 (m. F. Bohanec u. L. Kovačič); Usodni rob, Nn. 1957; Planota, Nn. 1961; Gozd in pečina, R. 1966; Cortesova vrnitev, Dr. 1969; Burleska o Grku, Dr. 1969; Gluhi nož na meji, Dr. 1969; Osvajalec, Dr. 1971; Orfeum, R. 1973; Izgubljeni sin, Dr. 1976; Čarodej, R. 1976; Obnebje metuljev, R. 1980; Dež v Piranu, Dr. 1982; Čudežni Feliks, R. 1993.

L: B. Kitičić, 1979; J. Pogačnik, 1983.

Hieronymus, lat. Kirchenvater, um 347 n. Chr. Strido/Dalmatien – 419/420 Bethlehem. H., Sohn e. wohlhabenden christl. Familie, wurde in Rom ausgebildet u. begann in der Kaiserresidenz Trier e. weltl. Laufbahn, die er nach s. Bekehrung zum asket. Mönchtum aufgab. In Syrien legte er den Grund für s. späteren Übsn., indem er Syrisch u. Hebräisch lernte. In Antiochia wurde H. zum Priester geweiht. V. a. in Konstantinopel lernte H. bedeutende griech. Theologen kennen. Der röm. Bischof Damasus machte H. im Jahr 382 zu s. Sekretär; es entstand der Plan, die lat. Bibelübsn. zu revidieren. In Rom war H. Mittelpunkt e. asket. Kreises adliger Frauen. Nach Damasus' Tod verließ H. Rom (385); er ließ sich in Bethlehem nieder. – Das umfangreiche Werk enthält u.a.: 3 Mönchsbiographien, in denen für gebildete christl. Leser das asket. Ideal dargestellt wird; zahlr. Traktate zu theolog. Problemen u. Fragen der Lebensführung; Schriften, in denen H. angriffslustig u. mit scharfer Polemik zu aktuellen dogmat. Diskussionen Stellung nimmt; e. Katalog christl. Schriftsteller (›De viris illustribus‹); ca. 120 Briefe versch. Inhalts, die H. s. weiten Adressatenkreis gegenüber als Stilisten zeigen. Bes. bedeutend sind die zahlr. Kommentare zu Büchern des AT u. NT, die Übsn. griech. theolog. Werke (z. B. der Homilien des Origenes), die Übs. u. Erweiterung der Chronik des Eusebios von Caesarea. S. auf dem jeweiligen Urtext beruhende lat. Bibelübs. (später ›Vulgata‹ genannt) ist im Westen zum verbindl. Bibeltext geworden.

A: GW: Corp. Chr. Ser. Lat. 72–80, 1958ff.; Briefe: I. Hilberg, Corp. Script. Eccl. Lat. 54–56, n. 1996; m. franz. Übs. J. Labourt, 7 Bde., Paris 1949ff.; Ausw. m. engl. Übs. F. A. Wright, Lond. 1980; Vir. ill.: A. Ceresa-Gastaldo, Florenz 1988; Übersicht über die Ausg. in: E. Dekkers, A. Gaar, Clavis patrum latinorum, n. 1995.

L: F. Cavallera, St. Jérôme, 2 Bde., Paris 1922; J. N. D. Kelly, Lond. 1975; St. Rebenich, H. und sein Kreis, 1992.

Hierro, José, span. Dichter, 3. 4. 1922 Madrid – 21. 12. 2002 ebda. Kindheit u. Jugend in Santander, unter Franco von 1939–44 inhaftiert, ab 1952 als Lit.- u. Kunstkritiker in Madrid, 1999 Aufnahme in die Span. Akad. E. der bedeutendsten Vertreter der span. Nachkriegslyrik; sucht Nähe zur hist. u. soz. Wirklichkeit, bewußt einfache Sprache.

W: Tierra sin nosotros, G. 1947; Alegría, G. 1947; Con las piedras, con el viento, G. 1950; Quinta del 42, G. 1953; Cuanto sé de mí, G. 1957; Libro de las alucinaciones, G. 1964; Agenda, G. 1991; Cuaderno de Nueva York, G. 1998.

L: E. E. de Torre, 1983; S. Cavallo, 1987; G. Corona Marzol, 1988 (m. Bibl.), 1991; J. Benito de Lucas, 1997; J. M. Barrajon, 1999.

Highsmith, (Mary) Patricia (Ps. Claire Morgan), amerik. Erzählerin, 19. 1. 1921 Fort Worth/TX – 4. 2. 1995 Locarno/Schweiz. – Schrieb zuerst Kinderbücher und Kurzgeschichten, später auch Kriminalromane. Versuchte, über das in der Regel sensationelle Geschehen ihrer Romane hinaus, die Charaktere einer genauen psycholog. Analyse zu unterziehen.

W: Strangers On A Train, R. 1950 (Alibi für zwei, d. 1967); The Blunderer, R. 1954 (d. 1962); The Talented Mr. Ripley, R. 1955 (Nur die Sonne war Zeuge, d. 1961); Deep Water, R. 1957 (d. 1963); A Game For the Living, R. 1958 (Tod im Dreieck, d. 1969); This Sweet Sickness, R. 1960 (d. 1964); The Cry of the Owl, R. 1962 (Das Mädchen hinterm Fenster, d. 1964); The Two Faces of January, R. 1964 (Unfall auf Kreta, d. 1966); The Glass Cell, R. 1964 (Das unsichtbare Gitter, d. 1966); The Story-Teller, R. 1965 (Mord mit zwei Durchschlägen, d. 1967); A Suspension of Mercy, R. 1965 (Der Geschichtenerzähler, d. 1987); Plotting and Writing Suspense Fiction, Sb. 1966 (Wie man einen Thriller schreibt, d. 1985); Those Who Walk Away, R. 1967 (Venedig kann sehr kalt sein, d. 1968); The Tremor of Forgery, R. 1969 (Das Zittern des Fälschers, d. 1970); The Snail-Watcher, Kgn. 1970; Ripley Under Ground, R. 1970 (d. 1972); A Dog's Ransom, R. 1972 (d. 1974); Edith's Diary, R. 1977 (d. 1980); The Boy Who Followed Ripley, R. 1980 (d. 1980); People Who Knock on the Door, R. 1983 (d. 1983); Found in the Street, R. 1986 (Elsie's Lebenslust, d. 1986); Mermaids on a Golf Course, R. 1988; Eleven, R. 1989; Ripley under Water, R. 1991; Small g: A Summer Idyll, R. 1995 (d. 1995). – Übs.: Gesammelte Geschichten, 1973; Die stille Mitte der Welt, E. 2002; Die Augen der Mrs. Blynn, hg. P. Ingendaay, A. von Planta 2002.

L: F. Cavigelli, F. Senn, hg. 1980; F. Cavigelli, 1996; R. Harrison, 2001.

Higuchi, Ichiyô, jap. Schriftstellerin, 25. 3. 1872 Tokyo – 23. 11. 1896 ebda. Glückl. Kindheit. Die Familie verarmte nach dem Tod des Vaters 1889. Wandte sich zuerst dem waka unter Nakajima Utako zu. Als ihre Freundin Tanabe Tatsuko ihre erste Novelle publizierte, versuchte sie auch, durch Schreiben ihren Lebensunterhalt zu verdienen, ohne daß ihre Arbeiten e. finanziellen Erfolg

brachten. – Ihr Werk zeigt Einflüsse von Ihara Saikaku u. Kôda Rohan, bleibt stark traditionsgebunden, begrenzt in s. Welt (Frauen, Liebende, Kinder), aber es wirkt durch e. eigenständigen Stil.
W: Takekurabe, N. 1895f. (engl. 1956; Die Liebe der kleinen Midori, d. 1968); Nikki, 1894ff. (Aus dem Tagebuch, d. 1990); Nigorie, N. 1895 (Trübe Wasser, in: Träume aus zehn Nächten, d. ²1980); Jusanya, N. 1895; Wakaremichi, N. 1896 (engl. 1930; Am Scheideweg, d. 1940); Otsugomori, N. 1896; Ware kara, N. 1896. – H. I. zenshû (GW), 1953f.
L: H. Tanaka (MN 12), 1956; M. Fujii, Wie ein Blatt, Tokyo 1975; R. L. Danly, In the shade of spring leaves, 1981; V. Nakagawa, Three Jap. woman writers, 1981.

Hijuelos, Oscar J., amerik. Schriftsteller, * 1951 New York. Sohn kuban. Einwanderer, Stud. New York, zunächst Werbebranche. – H.' Romane haben die Erfahrungen von Immigranten aus der Karibik zum Thema und beleuchten die Gespaltenheit zwischen Nostalgie und dem Wunsch nach e. Neubeginn.
W: Columbus Discovering America, E. 1978; Our House in the Last World, R. 1983 (d. 1992); The Mambo Kings Play Songs of Love, R. 1989 (d. 1990); The Fourteen Sisters of Emilio Montez O'Brien, R. 1993 (d. 1994); Mr. Ives' Christmas, R. 1995; Empress of the Splendid Season, R. 1999; A Simple Habana Melody, R. 2002.
L: G. Pérez-Firmat, Life on the Hyphen, 1994.

Hikayat Hang Tuah, malai. hist. u. legendäre Romanchronik um den malai. Volkshelden, Hofmann und Seefahrer Hang Tuah. Gilt als malai. Volksepos, sein Held als Verkörperung traditioneller malai. Tugenden.
A: Versch. Neu-Ausg. seit 1960 (Dewan Bahasa dan Pustaka, Kuala Lumpur). – *Übs.:* H. Overbeck, Die Geschichte von Hang Tuah, II 1922, Neuaufl. 1986.
L: H. M. J. Maier, Tales of Hang Tuah, in: Bijdragen Koninklijk Instituut 155, 1999.

Hikmet, Nazim (Nâzim Hikmet Ran), türk. Dichter, 15. 1. 1902 Saloniki – 3. 6. 1963 Moskau. Aus aristokrat. Familie, Sohn e. Arztes, Marine-Oberschule Istanbul, 1921–28 in der Sowjetunion, Stud. an der ›Kommunist. Univ. für die Werktätigen des Orients‹, seit 1924 Mitgl. der illegalen türk. KP, nach s. Rückkehr in die Türkei mehrfach wegen kommunist. Agitation inhaftiert, 1937 zu 28 Jahren Gefängnis verurteilt, 1950 amnestiert. Seit 1951 Aufenthalt in Sofia, Moskau u. Warschau. – Begann mit patriot. Lyrik, wurde dann in den experimentierfreudigen Moskauer lit. Kreisen der 20er Jahre mit Expressionismus u. Dadaismus bekannt und ging bald als erster türk. Dichter zur Verwendung des freien Verses über, wobei er reichl. Gebrauch von Argotelementen machte. S. Entwicklung zur größten lyr. Potenz der türk. Moderne um 1930 wurde durch den Einfluß Majakovskijs sehr gefördert. In den Exiljahren trat die polit.-agitator. Seite s. Wirkens zwangsläufig in den Vordergrund. S. Werke, die in zahlr. Sprachen übersetzt sind, wurden zwischen 1950 u. 1964 in der Türkei nicht veröffentlicht. 2002 internat. Nazim-Hikmet-Jahr der Unesco, damit auch offizielle Akzeptanz in der Türkei.
W: 835 Satir, G. 1929; Jokont ile Siyau, G. 1929; Varan 3, G. 1930; 1 + 1 = 1, G. 1930; Sesini Kaybeden Şehir, G. 1931; Gece Gelen Telgraf, G. 1932; Benerci Kendini Niçin Öldürdü, G. 1932; Bir Ölü Evi, Sch. 1932; Kafatasi, Sch. 1932; Portreler, G. 1935; Unutulan Adam, Sch. 1935 (Von allen vergessen, d. 1960); Şeyh Bedrettin Destanı, Ep. 1936; Yusuf Prekrasnyj, Sch. Moskau 1948; Legenda o ljuby, Sch. Moskau 1948 (Legende von der Liebe/Josef in Egyptenland, d. 1961); Pis'ma iz tjurmy, G. Moskau 1949; Byl li Ivan Ivanovič?, K. Moskau 1956; Saat 21–22 Şiirleri, G. 1965 (Nachtgedichte an meine Liebste, d. 1985); Ferhad Ile Şirin, Sch. 1965; Sabahat, Sch. 1965; Inek, Sch. 1965; Rubailer, G. 1966; Dört Hapishaneden, G. 1966; Yeni Şiirler, G. 1966; Ocak Başinda – Yolcu, Sch. 1966; Memleketimden Insan Manzaralari, Ep. V 1966f. (In jenem Jahr 1941, 1963; Menschenlandschaften, d. 1978–80); Yusuf Ile Menofis, Sch. 1967; Son Şiirler, G. 1970 (Und im Licht mein Herz, d. 1971). – GW, Sofia 1967ff., 2002f. – *Übs.:* Türkische Telegramme, G. 1956; Gedichte, hg. A. Bostroem 1959; Das Epos von Scheich Bedreddin, 1981; Leben! Einzeln und frei wie ein Baum und brüderlich wie ein Wald, G. 1983; Die Romantiker, R. 1987; Die Luft ist schwer wie Blei, 1988; Eine Reise ohne Rückkehr, 1989; Das schönste Meer, 1989.
L: H. W. Brands, 1963; Va-Nu, 1965; O. Kemal, 1965; A. Kadir, 1966; K. Sülker, 1967; H. Yücebaş, 1967; K. Sülker, 1968; Z. Sertel, 1969; Rady Fish, 1969. – *Bibl.:* N. H., Biobibliograficeskij ukazatel', Moskau 1962; W. Gürsel, 1978, 1989; M. Fuat, 2000; W. Riemann-M. Carbe, hg. 2002.

Hilbert, Jaroslav, tschech. Dramatiker, 19. 1. 1871 Louny – 10. 5. 1936 Prag. Stud. Chemie, übte jedoch s. Beruf nicht aus; 1906 Theaterreferent der Zt. ›Venkov‹. Bereiste Skandinavien, Italien, war 1919 mit F. V. Krejčí bei der tschech. Legion in Sibirien. – Begann mit bühnenwirksamen psycholog. Dramen im Stil Ibsens, bearbeitete dann hist. Stoffe, wandte sich schließlich der Gesellschaftsproblematik zu, wobei relig. u. moral. Gegensätze im Vordergrund stehen. S. Lustspiele, die vorwiegend Liebesaffären zum Gegenstand haben, geißeln die geistige Armut des Prager Bürgertums.
W: Vina, Dr. 1896 (Die Schuld, d. 1896); Pĕst, Dr. 1898; Falkenštejn, Dr. 1903; Rytíř Kura, R. 1910; Kolumbus, Dr. 1915; Hnízdo v bouři, Dr. 1919; Druhý břeh, Dr. 1924; Prapor lidstva, Dr. 1926; Job, Dr. 1928; Irena, Dr. 1929; Třídič štĕrku, Dr. 1930; Sestra, Dr. 1933; Michael, Dr. 1935; Duch dramatiky, St. 1947. – Sebrané spisy (GW), X 1922–31.
L: J. Knap, 1926; M. Rutte, 1936; St. Lom, 1947.

Hildebert de Lavardin, lat. Dichter, 1056 Burg Lavardin b. Montoire-sur-Loire – 1133 Tours. Vielleicht Schüler Berengars von Tours; 1085 Leiter der Domschule in Le Mans; 1091 Erzdiakon; 1096 Bischof von Le Mans, Aktivitäten als Bauherr (roman. Kathedrale) u. Kirchenreformer im Sinne von Ivo von Chartres u. Bernhard von Clairvaux. Im Gefolge der Auseinandersetzungen zwischen Fulco von Anjou u. dem engl. König Wilhelm Rufus gerät er in e. Konflikt mit dem König u. wird nach England verbannt; nach s. Rückkehr Reise nach Rom; 1112 in e. weiteren Krieg zwischen England u. Anjou eingekerkert; 1125 gegen s. Willen zum Erzbischof von Tours gewählt. – E. der bedeutendsten lat. Dichter des MA; an Vergil u. Ovid geschult. S. Reise zum Papst legte den Grund zu den berühmten Elegien über Rom. Verfaßte außerdem Epigramme sowie hagiograph. und moral. Schriften u. Predigten. Große Verbreitung fanden bes. s. Briefe.

A: J. P. Migne, Patr. lat. 171; Mélanges poétiques, hg. B. Hauréau 1882; Gedichte, hg. A. B. Scott ²2001; Prosimetrum de querimonia, hg. P. Orth 2000.

L: A. Dieudonné, 1898; F. X. Barth, 1906; P. v. Moos, 1965.

Hildebrand → Beets, Nicolaas

Hill, Geoffrey, engl. Lyriker, * 18. 6. 1932 Bromsgrove. Stud. Oxford, 1954 Dozent, 1976–80 Prof. Anglistik Leeds, 1981–88 ›Fellow‹ Cambridge, seit 1988 Prof. Lit. u. Theologie Boston. – Dichter weltlit. Ranges in s. Auseinandersetzung mit der Geschichte des 20. Jh. u. s. Bezügen auf die lit., myst. u. philos. Tradition Europas. H.s Gedichte gemahnen in ihrer semant. Dichte, Versfügung u. Problematisierung der eigenen sprachl. Setzungen an T. S. Eliot u. P. Celan. Umfangreiches Spätwerk mit äußerst selbst- u. kulturkrit., zuletzt aber hoffnungsvollen Langgedichten.

W: For the Unfallen, 1959; King Log, 1968; Mercian Hymns, 1971; Tenebrae, 1978; The Mystery of the Charity of Charles Péguy, 1983; Collected Poems, 1985; Canaan, 1997; The Triumph of Love, 1999; Speech! Speech!, 2000; The Orchards of Syon, 2002.

L: C. Ricks, 1978; ders., The Force of Poetry, 1984; P. Robinson, hg. 1985; H. Bloom, hg. 1986; H. Heart, 1986; V. B. Sherry, The Uncommon Tongue, 1987; E. M. Knottenbelt, Passionate Intelligence, 1990; W. S. Milne, 1998.

Hill, Selima, engl. Lyrikerin, * 13. 10. 1945 London. Stud. in Cambridge, Lehrerin u. Buchhändlerin, unterrichtet an der ›Poetry School‹ in London u. leitet Creative-Writing-Kurse bei versch. Institutionen. – Phantasievolle, oft humoristische, feministisch gefärbte Lyrik mit auffälliger Tiermetaphorik, häufiger Einsatz von Paradoxa zur Aufdeckung der Absurdität der modernen Welt. Zusammenarbeit mit diversen Künstlern sowie Mitarbeit an versch. Multimedia-Projekten (Royal Ballet, Welsh National Opera, BBC Bristol).

W: Saying Hello at the Station, 1984; My Darling Camel, 1988; The Accumulation of Small Acts of Kindness, 1989; A Little Book of Meat, 1993; Trembling Hearts in the Bodies of Dogs, 1994; My Sister's Horse, 1996; Violet, 1997; Bunny, 2001; Portrait of My Lover as a Horse, 2002.

Hill, Susan, engl. Schriftstellerin, * 5. 2. 1942 Scarborough. Stud. Engl. Lit. King's College, London. 1975 ∞ Stanley Wells; lebt in den Cotswolds. – Vf. von über 30 Romanen, Kinder- u. auch Sachbüchern; Verlegerin. Breites Spektrum von Themen: Kindheit, Tod und Verlust, das Übernatürl., hier v. a. der Roman ›The Woman in Black‹ in der Tradition der viktorian. ›ghost story‹ von Wilkie Collins.

W: The Enclosure, R. 1961; Do me a Favour, R. 1963; Gentleman and Ladies, R. 1968; A Change for the Better, R. 1969; I'm the King of the Castle, R. 1970; The Albatross and Other Stories, Kgn. 1971; Strange Meeting, R. 1971 (d. 1998); The Bird of the Night, R. 1972; A Bit of Singing and Dancing, R. 1973; In the Springtime of the Year, R. 1974; The Magic Apple Tree, Aut. 1982; The Woman in Black, R. 1983 (d. 1993); Family, Aut. 1989 (Susan – Auf der Suche nach meinem Kind, d. 1990); Air & Angels, R. 1991 (d. 1993); The Mist in the Mirror, R. 1992 (d. 1994); Mrs de Winter, R. 1993 (Rebeccas Vermächtnis, d. 1993); The Boy Who Taught the Bee Keeper to Read, Kgn. 2003.

L: A. Lukianowicz, 1994; M. Reynolds, 2002.

Hilton, James (Ps. Glen Trevor), engl. Romanschriftsteller, 9. 9. 1900 Leigh/Lancashire – 20. 12. 1954 Hollywood. Stud. Cambridge. Veröffentlichte bereits 17jährig e. Aufsatz im ›Manchester Guardian‹, als Student s. ersten Roman. Journalist; letzte Lebensjahre in Boston und Hollywood, wo er die Verfilmung versch. s. Romane überwachte. – Vf. sehr erfolgr. Unterhaltungsromane, die e. Mischung darstellen aus abenteuerl. Dramatik, Geist und Witz, oft mit metaphys. Hintergrund. Gedämpfter Stil. In einzelnen Werken, bes. in den ›Chips‹-Romanen, humorvolle Darstellung des engl. Durchschnittsmenschen und s. Lebensweise. Gelegentl. Abgleiten in Kolportage.

W: Catherine Herself, R. 1920; And Now Goodbye, R. 1931 (Ein Abschied, d. 1949); Murder at School, R. 1931; Contango, R. 1932; Rage in Heaven, R. 1932 (Gewitterwind, d. 1945); Knight without Armour, R. 1933 (Ein schweigsamer Held, d. 1941); Lost Horizon, R. 1933 (Irgendwo in Tibet, d. 1937); Goodbye, Mr. Chips, R. 1934 (d. 1935), als Dr. 1938 (d. 1956); We Are Not Alone, R. 1937 (d. 1937); To You, Mr. Chips, R. 1938; Random Harvest, R. 1941 (Gefundene Jahre, d. 1947); The Story of Dr. Wassell, R. 1943 (d. 1945); So Well Remembered, R. 1945 (Georges Boswells Geschick, d. 1946); Nothing so Strange, R. 1947 (Seltsam wie die Wahrheit, d. 1948); The Passionate Year, R. 1949; Morning Journey, R. 1951 (Der Regisseur, d. 1951); Time and Time Again, R. 1953 (Jahr um Jahr, d. 1954).

Himerios, altgriech. Rhetor, ca. 320 – 383 Athen. Aus Prusa (Bithynien), Stud. in Athen, Reisen, Rhetoriklehrer in Konstantinopel (343–352) und Athen (356–361), dann im Gefolge des Kaisers Iulian. – Von den 80 bekannten Titeln sind 24 Reden erhalten, die in manierierter attizist. Sprache typ. Formen der spätantiken Rhetorik abdecken (u. a. Meletai über klass. Themen, Gelegenheitsreden, Kaiserpanegyrik, Lobreden auf Städte).

A: A. Colonna 1951 (m. N. Terzaghi, GGA 208, 1954, 72–79).
L: G. Cuffari, Palermo 1983; H. Völker, in: Fs. A. Demandt, hg. A. Goltz u. a. 2002, 169–186.

Himes, Chester Bomar, afroamerik. Erzähler, 29. 7. 1909 Jefferson City/MO – 12. 11. 1984 Moraira/Alicante. Stud. Ohio State Univ.; Journalist in Cleveland; 1944/45 Rosenwald Fellow of Creative Writing; lebte seit 1953 in Europa (Frankreich, Spanien). – S. frühen Romane stehen in der Tradition des Naturalismus der Wright-Schule, mit der H. auch die Protesthaltung teilt. Scharfe Angriffe auf das Amerika der Gegenwart u. s. Rassendiskriminierung. Später bevorzugt vielschichtige Kriminalromane im Stil der ›hard-boiled school‹ mit Harlem als volksnah pulsierendem Aktionsfeld der schwarzen Detektive Coffin Ed Johnson u. Gravedigger Jones.

W: If He Hollers Let Him Go, R. 1945; Lonely Crusade, R. 1947; Cast the First Stone, R. 1953; The Third Generation, R. 1954 (Mrs. Taylor und ihre Söhne, d. 1962); The Primitive, R. 1955; The Real Cool Killers, R. 1959 (d. 1969); The Big Gold Dream, R. 1960 (d. 1969); Pinktoes, R. 1965; Cotton Comes to Harlem, R. 1965 (Schwarzes Geld für weiße Gauner, d. 1967); The Heat's On, R. 1966 (Heroin für Harlem, d. 1968); Run Man Run, R. 1966 (d. 1968); Blind Man With a Pistol, R. 1969 (d. 1970); The Quality of Hurt, Aut. 1971; My Life of Absurdity, Aut. 1976; The Harlem Cycle III, 1996–97.
L: J. Lundquist, 1976; S. F. Milliken, 1976; E. Margolies, The Private Eye, 1982; G. M. Muller, 1989, R. E. Skinner, Two Guns From Harlem: The Detective Fiction of C. H., 1989.

Hindrey, Karl August (Ps. Hoia Ronk), estn. Schriftsteller u. Karikaturist, 15. 8. 1875 Abja, Kr. Pernau – 9. 1. 1947 Iru b. Reval. Kunststud. St. Petersburg, München u. Paris, 1904 Journalist, seit 1928 freier Schriftsteller. Stark ausgeprägte Persönlichkeit von vielseitiger Begabung. – Spätberufener Erzähler mit reifer u. selbstbewußter Welterfahrung, macht sich zum Anwalt behüteter Kreatürlichkeit; psycholog. Prägnanz gepaart mit freier Komposition. Auch Vf. von heroisierenden hist. Romanen, Feuilletons, Reise- u. Kinderbüchern.

W: Minu elukroonika, Mem. V, 1929–31; Välkvalgus, Nn. 1932; Armastuskiri, Nn. 1933; Suremise eod, R. 1935; Urmas ja Merike, R. II 1935f.; Sündmusteta suvi, R. 1937; Sigtuna häving, Nn. 1937; Loojak, R. II 1938; Südamed, Nn. 1938; Ja ilma ja inimesi, R. 1939; Hukatus Mälaril, Nn. 1939; Taaniel Tümmi tähelend, R. 1942; Aovalged aknad, R. 1995. – Kogutud novellid I (ausgew. Nn.), 1962; Ja oli kunagi keegi (ausgew. Nn.), 1968; Kaugekõne (ausgew. Nn.), 1986.

Hinojosa, Rolando, Chicano-Schriftsteller, * 21. 1. 1929 Mercedes/Texas. Übte viele Berufe aus, u. a. Prof. – Schreibt zweisprachig über das Leben der Chicanos, über Rassismus, Korruption u. den Korea-Krieg in Form von Briefwechseln, Interviews, Radioansagen usw.

W: Estampas del Valle y otras obras, R. 1972; Klail City y sus alrededores, R. 1976 (d. 1981); Mi querido Rafa, R. 1981; Rites and Witnesses, R. 1982; Korean Love Songs, Versroman 1978; Partners in Crime: A Rafe Buenrostro Mistery, R. 1985; Claros varones de Belken, R. 1986; Los amigos de Becky, R. 1990.
L: J. D. Saldivar, hg. 1984.

Hinrek van Alkmar → Reinaerde, Van den Vos

Hiob → Ijob

Hiob, Sumerischer → Leidender Gerechter

Hippius (Gippius), Zinaida Nikolaevna (Ps. Anton Krajnij), russ. Schriftstellerin, 20. 11. 1869 Belev – 9. 9. 1945 Paris. Aus alter dt. Adelsfamilie, ab 1884 in Jalta aufgewachsen; schwache Gesundheit. 1889 ∞ D. Merežkovskij, mit dem sie bei der Redaktion der religionsphilos. Zs. ›Novyj put'‹ 1903–09 wirkte; begrüßte die Revolution von 1905; ihr Petersburger Salon war zeitweise Mittelpunkt lit. Kreise; emigrierte 1919 nach Paris; antibolschewist. Haltung. – Namhafteste Dichterin unter den russ. Symbolisten; entfaltet in ihren von scharfem Intellekt geprägten und doch von echtem Lyrismus getragenen Gedichten mannigfache Motive, vorwiegend in düstere Stimmung gekleidet, gibt dem Bewußtsein der Willenslosigkeit, Vereinsamung, seel. Veröbung Ausdruck. Klarer Aufbau, einfache, deutl. Sprache kennzeichnen ihre Lyrik. Zeigt sich auch in ihrer Prosadichtung stark von Dostoevskij angeregt, dem sie sich in sozialen Romanen, ›Čortova kukla‹, ›Roman-Carevič‹, in der Darstellungsweise zu nähern sucht. Schrieb unter Pseudonym treffl. literaturkrit. Aufsätze und Essays, doch zeigen die Charakteristiken der Sammlung ›Živye lica‹ subjektive Färbung.

W: Novye ljudi, Nn. 1896; Zerkala, Nn. 1898 (n. 1977); Rasskazy, Nn. 1902; Sobranie stichov, G. 1904, 1910, 1918; Alyj meč, Nn. 1906; Černoe po belomy, Nn. 1908; Literaturnyj dnevnik, Tg. 1908; Čortova kukla, R. 1911 (Des Teufels Puppe, d. 1912); Lunnye murav'i, Nn. 1912; Roman-Carevič, R. 1913 (n. 1972); Zelënoe kol'co, Dr. 1916; Stichi, G. 1922; Živye lica, Ess. Prag II 1925 (n. 1971); Sijanija, G. 1938. – Sobranie sočinenij, 2001–03; Stichotvorenija i poėmy, G. II 1972, 1974; Rasskazy, En. VI 1974–77. – *Übs.:* Verschiedener Glanz, G. 2002.

L: V. Zlobin, Tjažëlaja duša, Washingt. 1970 (engl. 1980); T. Pachmuss, Carbondale 1971; O. Matich, 1972. – *Bibl.:* B. Barda, Paris 1975.

Hipponax aus Ephesos, altgriech. Iambendichter, um 540 v. Chr. Soll aus polit. Gründen nach Klazomenai geflohen sein und s. Leben in Verarmung zugebracht haben. – In seinen v. a. in ion. Umgangssprache verfaßten Iamben geißelt H. mit beißendem Hohn virtuos alle Bereiche des Alltagslebens und attackiert namentl. Genannte in persönl. Invektive. In den erzählenden Partien schont H. auch das lyr. ›Ich‹ nicht und zeichnet eine berechnende, geifernde, gewalttätig-obszöne, verarmte, groteske Existenz als Gegenbild zu aristokrat. Idealen. Erhalten sind 80 Fragmente, ergänzt durch Papyrusfunde. H. ist der im Hellenismus am meisten nachgeahmte archaische Iambograph; Lexikographen fanden die ganze Antike hindurch s. Wortmaterial interessant, während man s. Inhalte immer wieder moral. mißbilligte.

A: M. L. West, IEG, [2]1989; O. Masson 1962 (Nachdr. 1987); A. Farina 1963; E. Degani 1983; W. de Sousa Medeiros, Humanitas 13–14, 1961–62 (m. Komm.).

L: A. Wurm, 1967; E. Degani, Bari 1984; C. Miralles, J. Pòrtulas, Rom 1988; B. Hughes, Materiali e discussioni (Pisa), 37, 1996, 205–216.

Hiraga, Gennai, jap. Schriftsteller, 1728 Takamatsu – 1779 Edo. Multitalent, Naturwiss. (Botanik, Physik u. a.), Maler, Autor (unter vielen Pseudonymen) von grotesk-humoristischen Erzählungen (kokkeibon), satir. Memoiren, Dramen für Puppentheater (jōruri).

W: Fûryû shidôken den, E. (franz. 1979); Tengu sharekôbe no mekiki, Es. 1776 (Tengu – Schädel-Diskurs, d. 1996). – H. G. zenshû (GW), II 1970.

L: Teruoka Yasutaka, Hiraga Gennai kenkyû, 1953; H. Maës, H. G. et son temps, 1970.

Hirschbein, Peretz, jidd. Dramatiker, 7. 11. 1880 Kletschtschele b. Grodno – 16. 8. 1948 Los Angeles/CA. Regisseur e. 1908 von ihm geschaffenen jüd. Künstlertruppe in Odessa, die sich jedoch schon 1910 wegen materieller Schwierigkeiten auflösen mußte. Sie vermochte dennoch zukunftsweisende Bestrebungen zu aktivieren und ähnliche Gründungen wie das Jewish Art Theater in New York zu schaffen. 1911 Auswanderung nach Amerika. – S. zahlr. dramat. Schöpfungen, deren beste er selbst ins Hebr. übersetzte, verraten mit ihrer Mischung von Realität und Mystik den Einfluß Maeterlincks. Auch Lieder, Kindergeschichten. Übs. L. Tolstojs. Reiseerlebnisse u. autobiograph. Werke.

W: Mirjam, 1905; Fun weg zu weg, 1911; Die Puste Kretchme, Dr. 1912; A Farvorfen Winkel, Dr. 1912; Grine Felder, Dr. 1918; Dem Shmidt's Tekhter, Dr. 1918; Meine Kinder Yoren, Mem. 1932; Roite Felder, R. 1935; Bovel, R. 1942; In Gang fun Leben, Mem. 1948. – Gezamelte Drames, V 1916; Alle Werk, VII 1929f.

L: Reisen, Lexikon der jidd. Lit.; O. F. Best, 1973.

Hirtius, Aulus, röm. Schriftsteller, † 21. 4. 43 v. Chr. Mutina. Nahm 54–48 als Offizier an den Feldzügen Caesars teil u. vollendete mit e. 8. Buch Caesars ›De Bello Gallico‹. 46 Prätor, 45 Präfekt von Gallien, 43 v. Chr. mit Pansa Konsul, besiegte in der Schlacht von Mutina Antonius, fiel aber selbst.

A: A. Klotz 1927 (n. 1966); Comment. de bello Gallico octavus, komm. F. Kraner, W. Dittenberger, H. Meusel [21]1964.

L: W. Dahms, Curae Hirtianae, 1906; O. Seel, 1935, n. 1963; K. Barwick, Caesars Commentarii und das Corpus Caesarianum, 1938; B. Scholz-Wolff, 1956.

Hisar, Abdülhak Şinasi, türk. Schriftsteller, 1883 Istanbul – 3. 5. 1963 ebda. Galatasaray-Gymnas. Istanbul, 1905–08 Stud. Staatswiss. Paris. Tätigkeit in der Wirtschaft, später im Außenministerium. – Romant. gestimmter Traditionalist mit bildkräftiger Sprache, bemüht sich, den während der äußeren Modernisierung in den Hintergrund getretenen Werten der Vergangenheit wieder Geltung zu verschaffen.

W: Fahim Bey ve Biz, R. 1941 (Unser guter Fahim Bey, d. Den Haag 1954); Boğaziçi Mehtaplari, R. 1943; Çamlicadaki Eniştemiz, R. 1944; Boğaziçi Yalilari, Mem. 1954; Geçmiş Zaman Fikralari, Ess. 1958. – GW, II 1966ff., 1978ff.

L: F. v. Rummel (in Serta Monacensia, Fs. Babinger), Leiden 1952; S. S. Uysal, 1961.

História Trágico-Marítima, portugies. Sammlung von 12 Augenzeugenberichten über Schiffskatastrophen auf der Fahrt nach Indien (1552–1602); von Bernardo Gomes de Brito kompiliert, überarbeitet u. 1688 veröffentlicht, viele Vf. sind anonym. Volkstüml. Sprache. Packendes ebenmenschl. Dokument, abenteuerl. Schilderung ferner Länder u. deren Sitten, Gegenstück zu den verherrlichenden Dichtungen u. Chroniken des Entdeckerzeitalters.

A: B. Gomes de Brito 1688 (n. D. Peres 1942f.); Ausw. hg. M. Rodrigues Lapa [2]1951; A. Sérgio, II 1958.

Hita → Arcipreste de Hita

Hita → Pérez de Hita, Ginés

Hitomaro → Kakinomoto no Hitomaro

Hitopadeśa, der (›heilsame Belehrung‹), ind., in Sanskrit verfaßtes Fabelbuch (nach dem 9. Jh. n. Chr.; erste Hs. 1373 n. Chr.). E. dem Nārāyana zugeschriebene Bearbeitung des → Pañcatantra in 4 Büchern und wie dieses zur Klasse der ›Nīti-Śāstra‹ (Lehrbücher über Lebensklugheit) gehörend und dazu bestimmt, Königen als Handbuch für innen- und außenpolit. Fragen zu dienen. Das 1. Buch des H. entspricht in Titel u. Rahmenerzählung dem 2. Buch des Pañcatantra, das 2. dem 1., während das 3. (›Krieg‹) und 4. Buch (›Frieden‹) des H. auf dem 3. Buch des Pañcatantra fußen mit Übernahme von nur 4 Fabeln aus dem 4. und 5. Buch des Pañcatantra, aber unter Einfügung e. ganzen Reihe neuer Fabeln. Das H. ist nicht nur diejenige Bearbeitung des Pañcatantra, die am meisten verbreitet ist, es ist auch e. der beliebtesten Werke der ind. Erzähllit. überhaupt, das häufig in neuere ind. Sprache übersetzt worden ist.

A: A. W. v. Schlegel, Chr. Lassen II 1829–31 (n. 1972, m. lat. Übs.); P. Peterson 1887 (n. 1986); M. R. Kale 1896, [6]1967 (m. engl. Übs.); Godabole, Parab, [7]1907. – *Übs.:* M. Müller 1842, L. Fritze 1888, J. Hertel 1894 (n. 1988); engl. F. Johnson 1929, A. N. D. Haksar (n. 1998, m. Einl.).

L: J. Hertel, Diss. Lpz. 1897; H. Blatt, 1931; L. Sternbach, New Haven 1960.

Hjartarson, Snorri, isländ. Lyriker, 22. 4. 1906 Hvanneyri – 17. 12. 1986 Reykjavík. 1930–32 Kunststud. Kopenhagen u. Oslo, 1932–36 Maler u. Schriftsteller Oslo, 1939–66 Bibliothekar Reykjavík; umfangreiche Herausgebertätigkeit auf dem Gebiet der isländ. Lyrik. Zählt zu den bedeutendsten isländ. Lyrikern des 20. Jh. – S. frühen Gedichte zeichnen sich durch Musikalität u. maler. Bildlichkeit aus. Die späteren Gedichte sind teilw. von lakon. Kürze, inhaltl. dramat. bewegt u. haben die Vergänglichkeit alles Irdischen zum Inhalt. Bezugsrahmen der Gedanken u. Gefühle des Dichters ist die isländ. Natur in ihrer Kargheit u. Schönheit.

W: Høit flyver ravnen, R. 1934; Kvæði, G. 1944; Á Gnitaheiði, G. 1952; Lauf og stjörnur, G. 1966; Hauströkkrið yfir mér, G. 1979; Brunnin flýgur álft/Brennend fliegt ein Schwan, G. isl./d. 1997. – Kvæði (AW) 1940–66, 1981; Kvæðasafn (GW), 1992.

Hjortø, Knud (Anders), dän. Romanschriftsteller, 4. 1. 1869 Kirke Værløse/Seeland – 25. 11. 1931 Frederiksberg. Bauernsohn, früh mutterlos.

1888 Lehrerexamen, Stud. Philol., Lehrer. 1896/97 Aufenthalt in Paris; seit 1912 freier Schriftsteller. – Schrieb Romane und Erzählungen mit phantast. und satir. Zügen, in denen er die alte bäuerl. Kultur der zunehmenden Verstädterung gegenüberstellt. Wichtiger als der Handlungsablauf erscheinen philos. Gedankengänge und psycholog. Betrachtungen, die gelegentl. den Einfluß Stendhals verraten. Ferner Vf. philolog. Schriften.

W: Syner, Sk. 1899; Folk, R. 1903; Tril.: Støv og stjerner, R. 1904 (Staub und Sterne, d. 1905); To verdener, R. 1905 (Zwei Welten, d. 1906); Hans Raaskov, R. 1906 (d. 1906); Grøn ungdom og graa sjæle, R. 1911; Æventyret, N. 1915; Fra ordenes samfund, Abh. 1918; Den gule krønnike, R. 1923; Hans Heilums sidste nat, R. 1924; Sprogets luner, Abh. 1927; Svundne somre og gamle vintre, R. 1931; Under livets træ, En. 1932; Skrift og tale (Ess.-Ausw.), 1936; Olsens bænk, En. 1951; Eva, En. 1954.

L: O. Friis, F. Johansen, 1924 (m. Bibl.).

Hłasko, Marek, poln. Schriftsteller, 14. 1. 1934 Warschau – 14. 6. 1969 Wiesbaden. Begann 1954 mit e. aufsehenerregenden Erzählung, 1955–57 lit. Redakteur der Studentenzs. ›Po Prostu‹; 1957 ›Großer Preis der Verleger‹. Später heftig angegriffen. Publikationsverbot. Frühjahr 1957 Studienreise nach Westeuropa. Lebte seither in der Bundesrepublik u. Israel. 1961 ∞ Sonja Ziemann, Filmschauspielerin. – H. wurde in s. Romanen u. Erzählungen über die Sehnsucht unterdrückter, leidender poln. Menschen nach Lebensglück stilist. stark von Hemingway beeinflußt. Mehrfach verfilmt.

W: Pierwszy krok w chmurach, E. 1956; Cmentarze, R. 1958; Ósmy dzien tygodnia, E. 1957 (alle drei: Der achte Tag der Woche, d. 1958); Następny do raju, R. 1960 (Der Nächste ins Paradies, d. 1960); Opowiadania, En. 1963; Peitsche deines Zorns, R. 1963 (nur d.); Wszyscy byli odwróceni. Brudne czyny, En. 1964 (Alle hatten sich abgewandt, d. 1968); Piękni, dwudziestoletni, Mem. 1966 (Die schönen Zwanzigjährigen, d. 2000); Sowa, córka piekarza, R. 1968 (Folge ihm durchs Tal, d. 1970); Hafen der Diebe, En. 1979; Sonata marymoncka E. 1982; Palcie ryż każdego dnia, R. 1983. – Utwory wybrane (AW), V 1989; Dzieła zebrane (GW), VII 1993/94.

L: S. Stabro, Legenda i twórczość M. H., 1985; J. Galant, 1996.

Hlaváček, Karel, tschech. Dichter, 23. 8. 1874 Prag – 15. 6. 1898 ebda. Arbeitersohn, starb an Schwindsucht. – Vertreter der tschech. Dekadenz, geschult an J. Karásek, Verlaine u. Maeterlinck, schuf H. e. subtile, bilderreiche Lyrik, in der er jedoch den überspitzten Subjektivismus ablehnte, um sozialrevolutionären Gefühlen u. Ideen Platz zu machen, die sich aber im hoffnungslosen Nihilismus verlieren.

W: Pozdě k ránu, G. 1896; Mstivá kantiléna, G. 1898; Žalmy, G. 1934. – Dílo (W), III 1930; Básně, Ausw. 1958; Hvál kdosi na hoboj, Ausw. 1978.
L: F. Soldan, 1930; Tryzna za básníkem K. H., 1930; A. Hartl, 1935.

Hlbina, eig. Pavol Gašparovič, slovak. Lyriker, 13. 5. 1908 Vel'ké Kršteňany – 21. 10. 1977 Bobot. Kath. Priester. – Vertreter der ›kath. Moderne‹, preist in formvollendeten Gedichten relig. Werte, nur vorübergehend von der ›Poésie pure‹ inspiriert. Als Theoretiker befaßt sich H. mit den Problemen der mod. Poesie. Übs. aus der Weltlit.
W: Začarovaný kruh, G. 1932; Cesta do raja, G. 1933; Harmonika, G. 1935; Dúha, G. 1937; Belasé výšky, G. 1939; Mŕtve more, G. 1946; Mračná, G. 1947; Padobenstvá, G. 1947; Ozveny slnka, G. 1950; Mierové ráno, G. 1952; Ruže radosti, G. 1955. – Víno svetla, G.-Ausw. 1968.
L: J. Felix, Harlekýn sklonený nad vodou, 1965.

Hlebka, Pjatro Fëdaravič, weißruss. Lyriker, 6. 7. 1905 Velikaja Ussa/Gebiet Minsk – 18. 12. 1969 Minsk. Stud. Philol. Minsk, im Krieg Frontberichterstatter, ab 1957 Mitgl. d. weißruss. Akad. d. Wiss., 1959 Dir. d. Inst. f. Kunstgesch. u. Volkskunde. – Im Frühwerk herrschen folklorist. Motive vor, später unter dem Einfluß Majakowskijs revolutionäre Themen, Höhepunkt von H.s Schaffen ist die patriot. Kriegslyrik der 50er Jahre, durchsetzt von philos. Überlegungen.
W: Zbor tvoraŭ (GW), II 1958.

Hlinka, Vojtěch → Pravda, František

Hobæk Haff, Bergljot, norweg. Schriftstellerin, * 1. 5. 1925 Botne/Holmestrand. 1947 Lehrerexamen u. Übersiedlung nach Dänemark, lebt seit 1972 in Oslo. – Vf. psycholog.-realist. Romane mit allegorisierender Tendenz über Außenseiter der Gesellschaft sowie hist. Romane, in denen sich die Vf. krit. mit Kirche u. Staatsmacht auseinandersetzt, oft verknüpft mit e. frauenpolit. Anliegen u. anspielend auf bibl. Erzählungen.
W: Raset, R. 1956; Liv, R. 1958; Bålet, R. 1962; Skjøgens bok, R. 1965; Den sorte kappe, R. 1969; Heksen, R. 1974; Gudsmoren, R. 1977; Jeg, Bakunin, R. 1983; Den guddommelige tragedie, R. 1989; Renhetens pris, R. 1992 (Der Preis der Reinheit, d. 1994); Skammen, R. 1996 (Scham, d. 1998); Sigbrits bålferd, R. 1999.

Hoban, Russell (eig. Conwell), amerik. Romanautor, * 4. 2. 1925 Lansdale/PA. – Bekannt als Autor humorvoller Kinderbücher; seit 1973 phantasievolle, allegor. rätselhafte Romane.
W: The Lion of Boaz-Jachin and Jachin-Boaz, R. 1973 (Der Kartenmacher, d. 1987); Kleinzeit, R. 1974; Turtle Diary, R. 1975 (Ozeanische Gefühle, d. 1985);

Riddley Walker, R. 1980; Pilgermann, R. 1983; The Medusa Frequency, R. 1987; Fremder, R. 1996; Angelica's Grotto, R. 1999 (d. 2002); Amaryllis Night and Day, R. 2001.
L: C. Wilkie, 1989; A. Allison, 2000.

Hobart, A(lice) T(isdale), amerik. Romanschriftstellerin, 28. 1. 1882 Lockport/NY – 14. 3. 1967 Oakland/CA. Aus engl. Emigrantenfamilie; nach schwerem Unfall als Kind e. Zeitlang gelähmt; 1904–07 Stud. Chicago; lebte 1908–27 in China, 1914 ∞ Earle T. Hobart; begann während der chines. Revolution Romane zu schreiben; ab 1935 in Kalifornien. – Anfangs Vf. von Romanen aus China mit dem Grundthema der Kluft zwischen östl. und westl. Wesensart. Später Romane über den soz. und industriellen Aufschwung in den USA und auch Familienchroniken.
W: River Supreme, R. 1929 (Strom, du Schicksal, d. 1935); Oil for the Lamps of China, R. 1933 (d. 1935); Yang and Yin, R. 1936 (Das Haus der heilenden Hände, d. 1946); Their Own Country, R. 1940; The Cup and the Sword, R. 1942 (Diese Erde ist mein, d. 1960); The Peacock Sheds his Tail, R. 1945 (d. 1946); The Cleft Rock, R. 1948 (Tal der Unruhe, d. 1953); The Serpent Wreathed Staff, R. 1951 (Im Zeichen der Schlange, d. 1953); Venturo Into Darkness, R. 1955 (Einer blieb zurück, d. 1957); Gusty's Child, Anth. 1959; The Innocent Dreamers, R. 1963 (d. 1966).

Hobbes, Thomas, engl. Philosoph und Schriftsteller, 5. 4. 1588 Westport/Wiltshire – 4. 12. 1679 Hardwick/Derbyshire. Studium Physik u. Logik Oxford. Eng befreundet mit Herbert von Cherbury, Ben Jonson und Cowley. 1621–26 Sekretär Bacons. Lange Jahre Reisebegleiter und Erzieher in der Familie Cavendish, Hardwick. Lernte bei zahlreichen Europareisen führende Philos. u. Wissenschaftler seiner Zeit kennen, so z.B. Galilei und Descartes. Während der Zeit des Commonwealth 1641–47 Mathematiklehrer von Prinz Charles II. Stuart in Paris, dann Rückkehr nach England. Später erregte er wegen s. relig. Einstellung Anstoß und war während der letzten 25 Jahre s. Lebens unpopulär. – Wandte sich als 40jähriger nach der Lektüre Euklids der Mathematik zu. Gelangte über das Studium der Physik zu einer materialist. Weltsicht, die alle Vorgänge auf Bewegungen von Körpern zurückführt. H. entwickelte in ›Leviathan‹ eine auf einem desillusionierten Menschenbild gründende absolutist. Staatsphilos.: Vertrat die Überzeugung, die menschlichen asozialen, von individuellem Machtstreben und Selbsterhaltungstrieb geprägten Triebe seien nur durch die absolute Autorität des Leviathan zu regulieren und dem Gemeinwesen dienlich zu machen, um den ›Krieg aller gegen alle‹ zu beenden.
W: Elements of Law, Natural and Political, 1640 (hg. F. Tönnies 1928; d. 1926); Elementa philosophiae III;

De cive, 1642, I: De corpore, 1655, II: De homine, 1658 (alle d. 1915–18); Leviathan, 1651 (hg. A. D. Lindsay 1914, M. Oakeshott 1946; C. B. Macpherson 1968; d. 1936, 1966); The Questions Concerning Liberty, Necessity and Chance, 1656; Behemoth, 1680 (hg. F. Tönnies 1889; d. 1927). – The English Works u. Opera philosophica, hg. W. Molesworth XVI 1839–45; Opera philosophica, 1668.

L: G. C. Robertson, 1886; L. Stephen, 1904; G. E. G. Catlin, 1922; F. Tönnies, ³1925; F. Brandt, 1928; C. v. Brockdorf, ²1929; H. Warrender, 1957; L. Strauß, H.s polit. Wiss., ²1965; J. W. N. Watkins, H.s System of Ideas, 1965; K. Brown, hg. 1965; M. M. Goldsmith, 1966; J. Laird, ²1968; D. P. Gauthier, The Logic of Leviathan, 1969; A. E. Taylor, 1970; K.-M. Kodalle, 1972; Th. A. Spragens, The Politics of Motion, 1974; F. M. Coleman, H. and America, 1977; Ch. H. Hinnant, 1977; D. D. Raphael, 1977; E. J. Eisenach, Two Worlds of Liberalism, 1981; Furcht u. Freiheit, hg. U. Bernbach, K.-M. Kodalle 1982; W. v. Leyden, H. and Locke, 1982; B. Willms, 1987; J. Sommerville, 1992; A. Armin, 2000; H. Münkler, 2001; R. Flathman, 2002; T. Schneider, 2003; H. Bredekamp, 1999 u. 2003. – *Bibl.:* H. Macdonald, M. Hargreaves, 1952.

Hoccleve (Occleve), Thomas, engl. Dichter, ca. 1368 London – ca. 1426. Mittlerer Beamter und Schreiber im Geheimsiegelamt, Verehrer Chaucers. Schrieb zahlr. kürzere Dichtungen. S. Hauptwerk ›De Regimine Principum‹ (1411f.), e. Fürstenspiegel, ist an den damaligen Prince of Wales, späteren Henry V., gerichtet. Es ist e. didakt.-moral. Verserzählung mit Prolog voll selbstbiograph. Enthüllungen. Unter den Quellen ist e. lat. Abhandlung von Aegidius (Schüler des Th. v. Aquin). H.s Dichtungen zeigen allg. Freude an persönl. Dingen und Selbstbekenntnissen.

A: F. J. Furnivall, I. Gollancz, III 1892–1925; Ausw.: hg. M. C. Seymour 1981, hg. B. O'Donoghue 1982, hg. R. Ellis 2001; Faks., hg. J. Burrow 2002.

L: J. Mitchell, 1968; G. Hagel, 1984; N. Perkins, 2001. – *Bibl.:* Manual ME 3. VIII, 1972.

Hodgins, Jack (Stanley), kanad. Schriftsteller, * 3. 10. 1938 Comox/British Columbia. – In ihrer Betonung der Imagination stehen s. Werke dem mag. Realismus nahe; sie spielen v. a. an der kanad. Westküste.

W: Spit Delaney's Island, En. 1976; The Invention of the World, R. 1977; The Resurrection of Joseph Bourne, R. 1979; The Barclay Family Theatre, En. 1981; A Passion for Narrative, Es. 1994; The Macken Charm, R. 1995; Broken Ground, R. 1998.

L: D. Jeffrey, 1994; J. R. Struthers, 1996.

Hodrová, Daniela (verh. Milotová), tschech. Schriftstellerin u. Lit.wissenschaftlerin, * 5. 7. 1946 Prag. Nach dem Abitur (1963) kurze Zeit Dramaturgin, dann Stud. Philos. an der Karls-Univ. in Prag, 1972–75 Verlagsredakteurin, danach Mitarbeiterin an der Akad. der Wiss. der Tschech. Rep. – Schreibt psycholog. gestimmte u. analytisch gestaltete, selbstreflektierende, durch die Suche nach der Identität des Subjektes gekennzeichnete Prosa, deren Welt (meistens Prag als ein selbständig existierender Organismus) zwischen Realität u. Fiktion oszilliert. Zahlreiche lit.-wiss. Studien.

W: Hledání románu, St. 1989; Trýznivé město, R.-Tril. I 1991 (Citta dolente, d. 1992), II 1991 (Im Reich der Lüfte, d. 1994), III 1992 (Théta, d. 1998); Město vidím ..., 1992 (Prague – Visite privée, franz. 1991); Román zasvěcení, St. 1993; Perunův den, R. 1994; Místa s tajemstvím, St. 1994.

Hodscha Nasr-ed-din → Nasreddin Hoca

Hodža, Michal Miloslav, slovak. Dichter, 22. 9. 1811 Rakša – 26. 3. 1870 Český Těšín. Evangel. Pfarrer Liptovský Sv. Mikuláš, 1848 Führer des slovak. Aufstandes, 1868 nach Těšín verbannt. – Schrieb Epigramme, patriot. Gedichte u. Kirchenlieder, im Alter die philos.-visionären Epen ›Matora‹ u. ›Vieroslavin‹. Die meiste Zeit widmete er dem Kampf um die slovak. Schriftsprache, deren etymolog. Rechtschreibung er allen Gegnern zum Trotz durchsetzte.

W: Dobruo slovo Slovákom súcim na slovo, Schr. 1846; Epigenes slovenicus, Schr. 1847; Větín o slovenčine, Schr. 1848.

L: J. Botto, 1911; S. Št. Osuský, Filozofia štúrovcov, III 1926–32; K. Rosenbaum, 1948; J. Hučko, 1970.

Høeg, Peter, dän. Schriftsteller, * 17. 5. 1957 Kopenhagen. Literaturstudium. – Internat. Erfolg mit dem psycholog. Thriller ›Frøken Smilla‹ von 1992. Raffiniertes Spiel mit versch. Erzählstimmen, u. a. in der Tradition J. Conrads, G. García Márquez' u. K. Blixens.

W: Forestilling om det tyvende århundrede, R. 1988 (Vorstellung vom 20. Jahrhundert, d. 1992); Fortællinger om natten, Nn. 1990 (Von der Liebe u. ihren Bedingungen, d. 1996); Frøken Smillas fornemmelse for sne, R. 1992 (d. 1994); De måske egnede, R. 1993 (Der Plan von d. Abschaffung d. Dunkels, d. 1995); Kvinden og aben, R. 1996 (Die Frau und der Affe, d. 1997).

L: J. Bojsen-Møller, 1998.

Högberg, Olof, schwed. Erzähler, 27. 9. 1855 Högsjö/Ångermanland – 12. 10. 1932 Njurunda/Medelpad. Sohn e. Baumeisters, bis 1876 Gymnas. Härnösand, 1876–80 Stud. Naturwiss. und Mathematik Uppsala, ab 1892 kurze Zeit Lehrer, 1896–98 Journalist in Härnösand, 1898–1905 in Sundsvall. – Erster bedeut. Schilderer des schwed. Nordens, auf hist. Fakten ebenso wie auf Sagen u. Phantasien aufbauend, wobei der allg. Geschmackswandel ihn begünstigte. Schrieb wenige, aber umfangr. Werke mit zu vielen Gestalten u. Ereignissen, voller bissigem Humor, grotesker

Phantasie u. bitterer Gesellschaftskritik, in denen er Bauerndemokratie u. Antiklerikalismus verfocht. S. Stil ist ungeschliffen u. umständl., schwer lesbar u. voller Anachronismen u. Provinzialismen. Bedeutung als Heimatforscher.

W: Den stora vreden, R. III 1906; Fribytare, R. II 1910; Baggbölingar, R. II 1911; Utbölingar, R. II 1912; Fågelskytten, N. 1912; Storfursten av Lappland, N. 1915; Lambertska milliarden, R. 1916; Boltzius och andra gubbar, N. 1920; De frostiga Bottenlanden, 1986.

L: J. Bromé, 1955; I. Nordin-Hennel, 1976; ders., M. Edström, 1981.

Höijer, Björn-Erik, schwed. Erzähler und Dramatiker, 14. 3. 1907 Malmberget – 10. 2. 1996. Sohn e. Volksschullehrers, einige Jahre Gewerbelehrer, 1929 ∞ Clary Sylvia Janson, 1946 Stipendium. – Bezieht in s. Werk die Umwelt s. Kindheit u. Jugend ein: Erzgruben, Dunkelheit, wortkarge Menschen u. deren Dialekt. Einzigartige Einfühlung u. Kraft der Schilderung, Menschengestaltung u. tiefe moral. u. relig. Problemstellung. Viele Hörspiele.

W: Grått berg, N. 1940; Stjärnklart, N. 1943; Bergfinken, R. 1944; Parentation, R. 1945; Se din bild, R. 1946; Komedi i norr, N. 1947; Johan Blom håller ut, N. 1948; Trettio silverpenningar, R. 1949; Det lyser i kåken, Sch. 1950; Martin går i gräset, Aut. 1950; Det finns inga änglar, Aut. 1952; Solvargen, Aut. 1954; Isak Juntti hade många söner, Sch. 1954; Mannen på myren, R. 1957; Videvisan, N. 1958; Högsommar, R. 1959; Sälskyttarna, R. 1960; Lavinen, R. 1961 (Die Lawine, d. 1964); Vår kära stad, R. 1962; Harsprånget, R. 1967; Mannen med trätavlorna, R. 1969; Resa till sommaren, Mem. 1965; Flicka i fjärran, R. 1973; Djävulens kalsonger, R. 1974; Ännu några vackra timmar, R. 1975; Gruvans ängel, R. 1978; Koltrasten, G. 1979; Röda fanor, R. 1980; Fjällbäcken, Nn. 1982; Brudkronan, R. 1983; Det svåra livet, R. 1985; Olofs dröm, E. 1986; Innan änkorna kom, R. 1986; En gruvarbetares död, En. 1990; Erik Storms idé, R. 1992.

L: G. Hallingberg 1965.

Hoel, Sigurd, norweg. Schriftsteller, 14. 12. 1890 Nord-Odal – 14. 10. 1960 Oslo. Lehrerssohn, Jugend auf dem Lande; 1909 Stud. Naturwiss. Oslo; 1912–18 Lehrer ebda., 1919–25 Sekretär der Akad. der Wiss. ebda., 1921–31 Mitarbeiter und Lit.kritiker bei versch. Zeitungen; 1943–45 als Widerstandskämpfer Exil in Schweden. Erhielt 1948 e. Dichterstipendium auf Lebenszeit, Mitarbeiter der schwed. Zeitung ›Dagens Nyheter‹ in Oslo. – Erzähler und Dramatiker unter Einfluß der Psychoanalyse Freuds; schildert in pessimist. Grundhaltung eindringl. die Probleme der intellektuellen Jugend Norwegens mit scharfer Satire und aufsehenerregender Erotik. Auch Essays über polit. und soz. Fragen. Übs. Faulkners, Caldwells, Kafkas, Hemingways.

W: Veien vi går, Nn. 1922; Syvstjernen, R. 1924; Syndere i Sommersol, R. 1927 (Sünder am Meer, d. 1932); Ingenting, R. 1929; Mot muren, Dr. 1930; Don Juan, K. 1930 (m. H. Krog); En dag i oktober, R. 1931 (Ein Tag im Oktober, d. 1932); Veien til verdens ende, R. 1934 (Der Weg bis ans Ende der Welt, d. 1957); Fjorten dager før frostnettene, R. 1935; Sesam, sesam, R. 1938; Prinsessen på glassberget, E. 1939; Arvestålet, R. 1941; Tanker i mørketid, Ess. 1945; Møte ved milepelen, R. 1947 (Begegnung am Meilenstein, d. 1971); Tanker fra mange tider, Ess. 1948; Jeg er blitt glad i en annen, R. 1951; Tanker mellom barken og veden, Ess. 1952; Stevnemøte med glemte år, R. 1954; Ved foten av Babels tårn, R. 1956; Trollringen, R. 1958. – Samlede romaner og fortellinger, XII 1950–58; Essays i utvalg, 1962; Ettertanker, Ess. 1980.

L: A. Stai, 1950; FS til S. H. på 60-årsdagen, 1950; O. Øylesbø, 1958; E. Kjølv, Skyld og skjebne, 1960; J. de Mylius, 1972; A. Tvinnereim, 1975; Ø. Rottem, 1991.

Hoem, Edvard, norweg. Erzähler u. Dramatiker, * 10. 3. 1949 Fræna. Bauernsohn; Stud. der Philos. u. Lit.wiss. an der Univ. Oslo, das 1972 abgebrochen wurde zugunsten der Schriftstellerei. – Vielseitiger Vf. gesellschaftskrit. Werke, in s. Dramen zunächst beeinflußt vom brechtschen Agitationstheater. Übs. von Brecht, Dürrenmatt, Lope de Vega, Shakespeare u. a.

W: Som grønne musikantar, G. 1969; Anna Lena, R. 1971; Kjærleikens ferjereiser, R. 1974 (Fährfahrten der Liebe, d. 1987); Musikken gjennom Gleng, Sch. 1977; God natt, Europa, Dr. 1982; Prøvetid, R. 1984; Ave Eva, R. 1987; Engelen din, Robinson, R. 1993; Meisteren og Mirjam, Sch. 1995; Tid for klage, tid for dans, R. 1996; Frøken Dreyers musikkskole, R. 2000.

Hofdijk, Willem Jacobszoon, niederländ. Dichter, 27. 6. 1816 Alkmaar – 29. 8. 1888 Arnhem. Lehrer. – Lyrik, Prosa u. Theaterstücke voll romantischer Mittelalter-Verklärung. Am ehesten noch von Bedeutung sind s. ›Kennemer balladen‹.

W: Rosamunde, Ep. 1839; De bruidsdans, Ep. 1842; Kennemer balladen, V 1850–52; Aëddon, ep. G. 1852; Griffo de Saliër, ep. G. 1852; Ons voorgeslacht, Prosa VI 1858–64.

L: C. T. B. van der Duys, 1890; A. Hendriks, 1928.

Hoffman, Alice, amerik. Erzählerin; * 16. 3. 1952 New York. M. A. Stanford Univ. 1975, lebt in New York. – H.s Thema ist die feminist. Suche nach weibl. Identität.

W: Property of, R. 1977 (Auf dem Rücken, d. 1979); White Horses, R. 1977 (Herzensbrecher, d. 1985); The Drowning Season, R. 1980 (d. 1981); Angel Landing, R. 1980 (Das halbe und das ganze Leben, d. 1992); Independence Day, Drb. 1983; Fortune's Daughter, R. 1984 (Das erste Kind, d. 1990); Illumination Night, R. 1987; At Risk, R. 1988; Seventh Heaven, R. 1990 (d. 1991); Turtle Moon, R. 1992 (Zaubermond, d. 1992); Second Nature, R. 1994; Practical Magic, R. 1995 (Im Hexenhaus, d. 1996); Here on Earth, R. 1997 (d. 2000); Local Girls, Kgn. 1999; The River King, R. 2000 (d. 2002); Blue Diary, R. 2001.

Hoffmann, Yoel, hebr. Schriftsteller, * 23. 3. 1937 Ungarn. H. kam als einjähriges Kind mit seiner Familie nach Palästina. Professor an der Univ. Haifa, unterrichtete japan. Lit. und fernöstl. Philos., die er sich nicht zuletzt durch einen längeren Aufenthalt in Japan aneignete. – Fast 50jährig veröffentlichte er s. erstes Prosawerk. Es folgten mehrere Romane, die immer wieder von der Welt der Einwanderer und der Entwurzelten handeln, ohne dabei einen traditionellen Erzählstrang vorzuweisen. Der epigrammat. Text, in Miniaturen gegliedert, ist eher eine postmoderne Collage, die oft eigenwillig, gar bizarr wirkt und schwer zu entschlüsseln ist. H.s lit. Werk läßt sich keiner der Hauptströmungen der hebr. Lit. zuordnen. Von einer ungeheuren Phantasie und einem extremen Subjektivismus gekennzeichnet, verzaubert das Werk H.s den Leser auch mit irritierenden Sprachbildern, Assoziationsketten und Gedankensplittern.
W: Sefer Yosef, En. 1988 (Das Buch von Josef, d. 1993); Bernhart, R. 1989 (Bernhard, d. 1991); Christus shel dagim, R. 1991 (Christus der Fische, d. 1997); Guttapercha, R. 1993; Ma shlomech Dolores, R. 1995; Halev hu Katmandu, R. 2000 (The Heart is Katmandu, engl. 2001); Ha-shunra veha-schmetterling, R. 2001; Ephraim, R. 2003.

Hoffmanowa, Klementyna, geb. Tanski, poln. Schriftstellerin, 23. 11. 1798 Warschau – 21. 9. 1845 Paris. Aus bürgerl. Familie. Lehrerin. Emigrierte 1831 nach Frankreich. Beeinflußt von Rousseau. – Pflegte den sentimentalen Roman. Begründerin der wertvollen Jugendlit. in Polen. Hrsg. der ersten poln. Kinder-Zeitschrift. Darin ihre beiden zeitgenöss. Romane in Brief- und Tagebuchform.
W: Pamiątka po dobrej matce, E. 1819; Listy Elżbiety Rzeczyckiej, R. 1824; Dziennik Franciszki Krasińskiej, R. 1825 (engl. 1896); Rozrywki dla dzieci, Schr. 1824–28. – Dzieła, hg. N. Żmichowska, XII 1875–77. – *Übs.*: Œuvres choisies, franz. 1850.
L: P. Chmielowski, 1899; I. Kaniowska-Lewańska, 1964.

Hofmann, Michael, engl. Lyriker, * 25. 8. 1957 Freiburg. Sohn des Autors Gert Hofmann, 1961 Übersiedlung nach England, Stud. Cambridge u. Regensburg, seit 1983 freier Autor u. Übersetzer, Dozent an der Univ. of Florida. – Lakonische, häufig ironische, im Ton distanzierte Lyrik, meist ungereimt, kühl u. detailliert beschreibend, oft autobiograph. Bezüge. Teilweise beeinflußt von Filmtechnik. Themen sind Reisen, modernes Großstadtleben, europ. Zeitgeschichte sowie das entwurzelte, exilierte Individuum. Häufig wird auch ein Vater-Sohn-Konflikt thematisiert. Auch Übs. zahlr. dt. Romane ins Englische (K. Tucholsky, J. Roth, G. Hofmann, W. Koeppen).
W: Nights in the Iron Hotel, 1983; Acrimony, 1986; K. S. in Lakeland, 1990; Corona, Corona, 1993; Approximately Nowhere, 1999; Behind the Lines: Pieces on Writing and Pictures, Ess. 2001.

Hofmo, Gunvor, norweg. Lyrikerin, 30. 6. 1921 Cristiania (jetzt Oslo) – 14. 10. 1995 ebda. Wuchs in e. politisierten Arbeiterfamilie auf, machte als erstes Mitglied der Familie das Studentexamen, traf 1940 den jüd. Flüchtling Ruth Maier (1920–42), mit der sie im Lande herumreiste, bevor diese in Auschwitz ermordet wurde, e. Begegnung, die ihre Lyrik stark prägen sollte. Nach e. mentalen Zusammenbruch 1953 war H. mit Unterbrechungen hospitalisiert bis 1975. – Ihre relig. gefärbte Lyrik über die Leiden u. die Einsamkeit des Menschen erfährt heute große Wertschätzung.
W: Jeg vil hjem til menneskene, G. 1946; Fra en annen virkelighet, G. 1948; Blinde nattergaler, G. 1951; I en våkenatt, G. 1954; Testamente til en evighet, G. 1955; Gjest på jorden, G. 1971; November, G. 1972; Det er sent, G. 1978; Ord til bilder, G. 1989; Epilog, G. 1994. – Samlede dikt, G. 1996.
L: J. E. Vold, Mørkets sangerske. En bok om G. H., 2000.

Hogaş, Calistrat, rumän. Erzähler, 19. 4. 1848 Tecuci – 28. 8. 1917 Roman. Stud. klass. Philol. Jassy, Studienrat. – Beschrieb s. Wanderungen durch die moldauischen Berge mit leicht karikierendem Humor, weisen Lebensbetrachtungen u. klass. Vergleichen.
W: Amintiri dintr-o călătorie, 1914; În munţii Neamţului, 1921 (auch zus. u. d. T. Pe drumuri de munte). – Opere, 1956, 1984.
L: O. Botez, 1923; A. Epure, 1935; D. Stăhiescu, 1935; V. Streinu, 1968; S. Angelescu, 1985.

Hogg, James (gen. The Ettrick Shepherd), schott. Bauerndichter, 9. 12. 1770 Ettrick Forest/Selkirk – 21. 11. 1835 Altrive. Wie s. Vater Schäfer; Autodidakt. Wurde als Dichter von W. Scott entdeckt, dem er bei s. Sammlung altschott. Volksballaden für die ›Minstrelsy‹ half. Hatte großen Erfolg in der Edinburgher lit. Gesellschaft, wo er mit Byron, Wordsworth und Southey bekannt wurde. Der Herzog von Buccleuch verlieh ihm 1816 die Farm Altrive in Yarrow, dort verbrachte er den Rest s. Lebens mit dichter. Schaffen und etwas Landarbeit. ∞ 1820 Margaret Phillips. – Schrieb Prosa und Verse, manches davon ist bedeutungslos, doch zeigt sich bes. in s. Balladen, Legenden und heimatl. Geschichten s. erzähler. Begabung. Einzelne s. Gedichte sind sehr melodisch. Schrieb außerdem gute Versparodien auf Zeitgenossen. S. satir. Roman ›The Private Memoirs‹ wendet sich gegen kalvinist. Engherzigkeit, gibt gute psycholog. Studie, spannend erzählt. In der Verserzählung ›The Queen's Wake‹ beschreibt er e. Sängerwettstreit vor Maria Stuart.

W: Scottish Pastorals: Poems and Songs, 1801; The Mountain Bard, Ball. 1807; The Forest Minstrel, G. 1810; The Queen's Wake, Vers-E. 1813; Pilgrims of the Sun, 1815; The Poetic Mirror, or The Living Bards of Britain, Parod. 1816; Mador of the Moor, E. 1816; The Brownie of Bodsbeck and other Tales, Kgn. II 1817 (n. D. S. Mack 1976); The Jacobite Relics of Scotland, II 1819–21; Winter Evening Tales, Kgn. II 1820; The Three Perils of Man, R. 1822 (n. D. Gifford 1972); The Three Perils of Woman, R. 1823; The Private Memoirs and Confessions of a Justified Sinner, R. 1824 (n. A. Gide 1947, J. Carey 1969; d. 1951, u.d.T. Der Widersacher, 1969); Dramatic Tales, 1825; Songs, 1831; W. Scott, B. 1834 (n. D. S. Mack 1983). – Works, V 1838–40, hg. T. Thomson II 1865f.; Poems, hg. D. S. Mack 1970; Selected Stories and Sketches, hg. D. S. Mack 1982.

L: L. Simpson, 1962; D. Gifford, 1976; N. Parr, 1980; N. C. Smith, 1980.

Hohes Lied (hebr. Schîr hasch-Schîrîm = Canticum Canticorum, ›Lied der Lieder‹, d.h. das allerschönste Lied [Salomos]), Buch des AT, eine Sammlung althebr. Liebeslieder, wie → Prediger und Sprüche Salomo zugeschrieben, wahrscheinlich aus frühhellenist. Zeit (mit älterem Gut). Wie die Gliederung in Szenen (durch einen Refrain: 3,5; 5,8; 8,4) und der Auftritt von Chören (z.B. 1,5.7 u.ö.) neben den Protagonisten ›Geliebte/Liebende‹ und ›Geliebter/Liebender‹ zeigt, ist das H. L. kaum ohne Kenntnis der griech. Komödie entstanden. Der kulturelle Hintergrund deutet sich auch in der Königs- und Hirtentravestie an. Die Dramatik von Suchen – Finden (4,1–5,1; 6,2–12) – Verlieren (5,2–6,1) – erneut Suchen (6,13ff.) macht aus dem H. L. eine Abhandlung über die Liebe und den Umgang mit ihr (daher als Weisheitsschrift überliefert), lyr. Rückgriffe auf die Bildsprache der altoriental. Mythologie ermöglichen die Darstellung der Liebe als ›theomorphe Steigerung des Menschlichen‹ (H.-P. Müller). – Im späteren Judentum und Christentum spiritualisiert (Liebe Gottes zu Israel, der Seele und Christi), dient das H. L. bis heute als Festrolle zum Passah-Fest. Seine ›profane‹ Referenz (wenn Liebe denn ›profan‹ sein kann) wurde in der Romantik wiederentdeckt (Herder).

L: Kommentare: O. Keel, 1986; H.-P. Müller, 1992.

Hojeda, Fray Diego de, span. Dichter, 1571 Sevilla – 24. 10. 1615 Huánuco de los Caballeros/Peru. Wanderte 1590 nach Peru aus; Prior des Dominikanerklosters in Lima, später in Cuzco. – S. lit. Ruhm beruht auf dem relig. Epos ›La Cristíada‹ (1611), das aus fast 2000 Versen (octavas reales) besteht u. in 12 Gesängen die Leidensgeschichte Christi vom Abendmahl bis zur Grablegung schildert; interessant anekdot., hist. u. theolog. Abschweifungen.

Hŏ Kyun (Ps. Kyosan), korean. Dichter, 1569 Sŏul – 24. 8. 1618 ebda. Bruder von Hŏ Nansŏrhŏn, Sohn von Minister Hŏ Yŏp, aus lit. gebildeter Beamtenschicht (Yangban), Beamtenexamen, Karriere im Staatsdienst, Versuche z. Reform der feudalen Bürokratie, daraufhin Verbannung u. Hinrichtung. – Vielseitige schriftsteller. Tätigkeit, gilt, allerdings nicht sicher, als Autor des sozialkrit. Romans ›Honggiltong chŏn‹.

W: H. K. chŏnjip, 1981.

Holan, Vladimír, tschech. Dichter, 16. 9. 1905 Prag – 31. 3. 1980 ebda. – Vertreter der ›poésie pure‹; verlegt s. kühnen Gedanken u. Gefühle, die er in symbol- u. metaphernreicher Sprache ausdrückt, in die Welt der Träume u. Visionen; 1938 Abkehr vom Irrationalen u. Rückkehr zum Zeitgeschehen. Kindergedichte, Übs. aus dem Dt., Chines., Franz., Span., Russ. u.a. Mehrmals ausgezeichnet.

W: Blouznivý vějíř, G. 1926; Triumf smrti, G. 1930; Vanutí, G. 1932; Oblouk, G. 1934; Kameni, přicházíš, G. 1937; Září, G. 1938; Sen, G. 1939; Záhřmotí, G. 1940; První testament, G. 1940; Lemuria, Tg. 1940; Dík Sovětskému svazu, G. 1945; Panychida, G. 1945; Rudoarmějci, G. 1947; Tobě, G. 1947 (die 4 letzten Bde. zus. u.d.T. Dokument, d. 1949); Příběhy, G. 1963; Mozartiana, G. 1963; Na postupu, G. 1964; Noc s Hamletem, G. 1964 (Nacht mit Hamlet, d. 1969); Bolest, G. 1965; Na sotnách, G. 1967; Matka, G.-Ausw. 1969; Asklepiovi kohouta, G. 1970. – Sebrané spisy (GW), XI 1965–88; Na sotnách. Verše z let 1961–65, Ausw. 1968. – *Übs.:* Vor eurer Schwelle, 1970; Rückkehr, G.-Ausw. 1981; Gedichte, 1987.

L: Úderem tepny, 1986; P. Blažíček, Sebeuvědomění poezie, 1991.

Holappa, Pentti Vihtori, finn. Dichter, * 11. 8. 1927 Ylikiiminki. Buchhändler, Werbefachmann, 1961–63 Kulturreporter e. finn. Tageszeitung in Paris, 1967–78 Journalist, 1972 soz.-demokr. Kulturminister, seit 1976 Besitzer e. Antiquariats. – Gehört als Lyriker zu den Modernisten der 50er Jahre. Relativist, Skeptiker, jedem Schönheitskult abhold. S. frühe Lyrik lebt von machtvoller Rhetorik, seit s. Sammlung von 1959 stark dualist. Weltschau mit e. rationalist. Tagwelt, von e. oft bedrohl. Traum- und Sinnenwelt durchsetzt. Als Prosaist der am stärksten franz. orientierte mod. Autor: Die fast fotograf. getreuen Wiedergabetechniken seiner frühen Romane haben ihre Muster im Nouveau roman, der er auch in s. Essays behandelt. Spätere Prosaarbeiten getragen von den Reflexionen intellektueller Protagonisten. Herausragend sein preisgekrönter Künstlerroman ›Ystävän muotokuva‹.

W: Narri peilisalissa, G. 1950; Peikkokuninkaat, N. 1952; Maan poika, G. 1953; Yksinäiset, R. 1954; Lähellä, G. 1957, Katsokaa silmiänne, G. 1959; Muodonmuutoksia, En. 1959; Tinaa, R. 1961; Tuntosarvilla, Ess. 1963; Perillisen ominaisuudet, R. 1963; Päätelmiä, Ess. 1970; Pitkän tien kulkijat, R. 1976; Viisikymmentäkaksi, G. 1979; Pitkiä sanoja, G. 1980; Vuokralla tänään, G. 1983; Valaistu kaupunki, G. 1985; Savon hajva, G. 1987; Keltainen viiri, G. 1988; Ajan nuolet, Ess. 1990; Adieu!, D. 1991; Maan päällä-taivaan alla, G. 1991; Ankkuripaikka, G. 1994; Jokapäiväistä aikaa, Aut. 1995; Kanslijapäällikkö, R. 1996; Älä pelkää!, G. 1997; Ystävän muotokuva, R. 1998; Rumpukalvolla, G. 1999; Kaksi kirjailijaa, R. 2002. – Runot 1950–2000, (ges. G.), 2000. – *Übs.:* Porträt eines Freundes, 2002.

L: T. Väyrynen, P. M.: Kirjailijakuva vuoteen 1961, 2001; ders., P. H. Vuodet 1961–80, 2002.

Holban, Anton, rumän. Schriftsteller, 10. 2. 1902 Huşi – 15. 1. 1937 Bukarest. Gymnas. Fălticeni, Stud. Philol. Bukarest, Paris; Studienrat. – Liebe u. die Faszination des Todes sind die immer wiederkehrenden Themen s. Erzählkunst. Feinsinnige Selbstanalyse, Gegenüberstellung von Sein u. Schein, stufenweises Vorstoßen in die Tiefe des Bewußtseins bis zum Grunderlebnis, zur Überwindung der Zeit.

W: O moarte care nu dovedeşte nimic, R. 1931; Ioana, R. 1934; Halucinaţii, Nn. 1938. – Opere III, 1970–75.

L: Al. Călinescu, 1972; M. Vartic, 1983.

Holberg, Ludvig (Ps. Hans Mikkelsen), dän. Dichter und Historiker, 3. 12. 1684 Bergen/Norwegen – 28. 1. 1754 Kopenhagen. Sohn e. hohen Offiziers, früh elternlos, bei Verwandten erzogen; Lateinschule, seit 1702 Stud. Kopenhagen, Hauslehrer in Voss/Norwegen u. in Bergen. Reise nach Holland, 1705/06 Sprachlehrer in Christianssand/Norwegen, 1706–08 in England, geograph. Studien in der Bodleyan Library; lernte hier e. hist. Betrachtungsweise der Theol. kennen. 1708–14 Stud. Kopenhagen, wo er sich mit der mod. Geschichtsschreibung auseinandersetzte und 1711 e. Geschichte Europas verfaßte, deren Gedanken sich weitgehend an die S. Pufendorffs anlehnen, und in der er bes. Nachdruck auf Kulturgeschichte und Bürgerkunde legt und e. empir., untheolog. Erklärung des Ursprungs von Moral und Rechtsgefühl gibt. 1714–16 Bildungsreise nach Frankreich und Italien, wo er die mod. atheist. Lit. kennenlernte. Aufführungen von Molière und e. ital. Schauspieltruppe weckten sein Interesse fürs Theater. 1717 Prof. für Metaphysik Kopenhagen, 1720 für Latein, 1730 für Geschichte. Später Quästor der Univ. Wandte sich um 1717 der Dichtung zu und verfaßte satir. Gedichte. Nach 4 Scherzgedichten erschien 1719/20 das kom. Epos in Alexandrinern ›Peder Paars‹, e. Parodie auf das antike Epos und dessen mod. Nachahmer mit gelehrten Kommentaren gegen die hist.-antiquar. Gelehrsamkeit und e. Satire über das Disputieren, die Intoleranz der Geistlichkeit, den Aberglauben, die Unwissenheit der Lehrer und die Bestechlichkeit der Behörden mit der Absicht, die Autoritätshörigkeit des Volkes zu brechen. Verfaßte 1722–27 für das von vermögenden Männern eröffnete dän. Theater über 20 Komödien, mit denen er die Grundlage der dän. Theatertradition schuf. Wie bei Molière verkörpern die Helden s. Komödien menschl. Untugenden, um deren Charakterisierung die Handlung kreist. In den Jahren um 1730 schrieb H. popularhist. Werke. 1741 den phantast. Reiseroman in lat. Sprache ›Nicolai Klimii iter subterraneum‹, e. zunächst anonym erschienene Satire auf europ. Verhältnisse, bes. franz. Untugenden. Bestimmte s. Vermögen testamentar. zur Errichtung e. mod. Akad. (Sorø Akad.). – Der große dän. Volkserzieher des 18. Jh., bes. aber der ›Vater des dän. Schauspiels‹. Er löste die dän. Lit. aus ihrer Bindung an das kirchl. Leben und schuf e. dän. Nationallit. S. Komödien gliedern sich in Charakterkomödien um nationale Charaktere, Intrigenkomödien mit Typen aus der ital. Commedia dell'arte, dramat. Divertissements über versch. Sitten und Festlichkeiten, Parodien und Ideenkomödien. Die menschlichste Figur H.s, der tragikom. Fronbauer Jeppe, begegnet uns in ›Jeppe på Bjerget‹. In Anlehnung an seine Vorbilder (Plautus, Terenz, Molière, Commedia dell'arte) schuf H. Komödien, die die Strenge des Klassizismus mit derbem Realismus vereinen; ihre Komposition, die Kunst der psycholog. Enthüllung, Gestaltung von Situationen und geschickte Dialogführung machen sie auch heute noch spielbar. In Dtl. wurde H. vor allem von Gottsched empfohlen und gefördert.

W: Introduction til de fornemste europæiske rigers historie, Schr. 1711; Introduction til natur og folkeretten, Schr. 1715; Peder Paars, Sat. 1719f. (d. 1764); Comoedier, III 1723–25; Tres epistolae, Aut. 1727–43 (n. 1925; d. 1945, n. 1982); Dannemarks og Norges beskrivelse, Schr. 1729; Dannemarks riges historie, Schr. III 1732–35 (d. 1743f.); Almindelig kirkehistorie, Schr. 1738 (d. 1749ff.); Helte- og heltinde historier, II 1739–45; Nicolai Klimi iter subterraneum, R. 1741 (Niels Klims unterirdische Reise, d. 1748, 1970); Den jødiske historie, Schr. 1742; Moralske Tanker, Schr. 1744 (n. F. J. Billeskov Jansen 1943, 1992; d. 1744); Epistler, V 1748–54 (n. VIII 1944–54; d. 1752–55); Moralske Fabler, 1751. – Komödier, hg. F. L. Liebenberg VIII 1847–54, L. Martensen XIII 1897–1909; C. S. Petersen XVIII 1913–63; Comoedierne og de populære skrifter, hg. F. Bull u.a. VI 1922–25; Værker, hg. F. J. Billeskov Jansen XII 1969–71; Holberg-ordbog, 1981; Samtlige komedier, hg. F. J. Billeskov Jansen III 1984; Seks komedier (K.-Ausw.), hg. J. Kr. Andersen 1994. – *Übs.:* Komödien, hg. A. Oehlenschläger 1822f., R. Prutz 1868, J. Hoffory, P. Schlenther II 1885–87, H. u. A. Holtorf II 1943; Ausgew. Komödien, 1988.

L: G. Brandes, 1884 (d. 1885); Holberg-Aarbog, VI 1920–25; F. J. Billeskov Jansen, II 1938, 1984, 1999; H. Brix, 1942; Th. A. Müller, 1943; D. A. Seip, 1954; J. Kruuse, 1964, 1978; J. Stegelmann, 1974; A. Kragelund, 1983; M. Grandjean, 1980; K. Jensen, Moral und Politik, 1986; J. Kr. Andersen, II 1993; L. H. A European Writer, hg. S. H. Rossel, Amst. 1994; P. Christensen, 1995; L. R. Langslet, Den store ensomme, 2002. – *Bibl.:* H. Ehrencron-Müller, III 1933–35; M. Müllertz, P. H. Hagerup, 1944.

Holcroft, Thomas, engl. Dramatiker, 10. 12. 1745 London – 23. 3. 1809 ebda. Sohn e. Schusters u. Hausierers, nach ärml. Jugend 1778 Schauspieler am ›Drury Lane Theatre‹; 1782 Journalist in Paris, übersetzte Beaumarchais' ›Hochzeit des Figaro‹, spielte selbst mit Erfolg die Rolle Figaros; Sympathisant der Franz. Revolution. – H.s sentimentale Dramen u. revolutionäre Romane stehen ganz in der Tradition s. Zeit. Übs. Goethes ›Hermann und Dorothea‹ (1801).
W: Alwyn, R. II 1780; Duplicity, Dr. 1781; The Follies of a Day (Figaro), Dr. 1784; Anna St. Ives, R. 1792 (n. P. Faulkner 1970); The Road to Ruin, Dr. 1792; The Adventures of Hugh Trevor, R. VI 1794. – Plays, hg. J. Rosenblum 1980; Memoirs, hg. W. Hazlitt III 1816, E. Colby II 1968.
L: R. M. Baine, 1965.

Holeček, Josef, tschech. Schriftsteller, 27. 2. 1853 Stožice b. Vodňany – 6. 3. 1929 Prag. Bauernsohn, Mitarbeiter der Zt. ›Národní listy‹. – Als begeisterter Panslavist bereiste H. Rußland u. den Balkan, dessen Heldenepik er s. Volke in Übsn., Nachdichtungen u. wiss.-ethnograph. Studien erschloß. S. Lebenswerk, die mehrbändige Chronik s. südböhm. Heimat, schildert den Kampf der Bauern gegen wirtschaftl., relig. u. nationale Unterdrückung u. Gefahren in der Zeit 1840–66 u. verherrlicht die sittl. u. geistigen Kräfte des Bauerntums. Übs. aus dem Finnischen.
W: Černohorské povídky, En. II 1880/81; Junácké kresby černohorské, En. III 1884–89; Naši, R. X 1910–30; Sokolovič, Ep. 1922; Pero, Mem. IV 1922–25; Má svépomoc, Mem. 1931. – Sebrané spisy (GW), XXV 1909–32.
L: J. Voborník, 1913 (m. Bibl.); E. Chalupný, Dílo J. H., 1926; V. Polanský, 1940.

Holinshed, Raphael (auch Hollingshead), engl. Chronist, 1529(?) – um 1580(?) Bramcote. Über s. Leben wurde wenig bekannt, außer daß er während der Regierungszeit von Queen Elizabeth I. nach London kam u. dort Übs. beim Drucker Reginald Wolfe war. Nach dessen Tod führte H. ab 1573 dessen Arbeit an einer Universalchronik fort, schließlich erschien um 1577 die gekürzte Fassung einer Chronik Englands, Schottlands u. Irlands. Diese ›Chronicles‹, die in Zusammenarbeit mit William Harrison u.a. entstanden, fußen auf ausgedehnten Studien, die H. als Quellen auch ausgiebig zitiert. Sie wurden seinerzeit viel gelesen und boten den Zeitgenossen reiches Informationsmaterial über engl., ir. und schott. Geschichte. Quelle für zahlr. hist. Dramen, u.a. auch für Shakespeares ›Macbeth‹ und ›King Lear‹ sowie Werke von Spenser.
W: The Firste Volume of the Chronicles of England, Scotlande and Irelande, 1587 (hg. H. Ellis VI 1807f., Faks. 1976; Teilausg. hg. R. S. Wallace 1923; A. u. J. Nicoll 1955).
L: W. G. Boswell-Stone, 1896 (n. R. Hosley, 1968); S. Booth, 1968; A. Patterson, 1994; A. Taufer, 1999.

Hollinghurst, Alan, engl. Schriftsteller und Dichter, * 26. 5. 1954 Stroud. Stud. Oxford, Dozent für engl. Lit. am Magdalen College, Oxford u. Univ. of London von 1977–81. Mithrsg. des ›Times Literary Supplement‹. – In s. kontrovers diskutierten Romanen entfaltet H. in kunstvoller Prosa e. Beziehungsgeflecht zwischen homosexuellem Begehren und Kunstschaffen; lebendige Milieuschilderungen.
W: Confidential Chat with Boys, G. 1982; The Swimming Pool Library, R. 1988; The Folding Star, R. 1994; The Spell, R. 1998.

Hollý, Ján, slovak. Dichter, 24. 3. 1785 Borský Mikuláš – 14. 4. 1849 Dobrá Voda. Bauernsohn. Stud. kath. Theologie in Skalitz, Preßburg u. Tyrnau, Pfarrer in Pobedim, Hlohovec u. ab 1814 in Madunice; 1843 beim Brand s. Pfarrhauses schwer verletzt. – Vertreter des Klassizismus. Schrieb Idyllen, Oden und Elegien; s. Epen auf die slav. Landnahme, die Christianisierung durch die Slavenapostel Kyrill u. Method und das Schicksal des Großmähr. Reiches tragen dem nationalen Gefühl des Volkes Rechnung. Übs.
W: Svatopluk, Ep. 1833; Cyrilo-Metodiada, Ep. 1835; Sláv, Ep. 1839; Básne, G. IV 1841 f.; Spisy básnické, hg. J. Viktorin 1863. – Dielo (W), X 1950; Korresp., hg. J. Ambruš 1967.
L: I. Kotvan, 1949; J. Ambruš, 1964; K. Rosenbaum, Poézia národného obrodenia, 1970.

Holm, Sven, dän. Erzähler, * 13. 4. 1940 Kopenhagen. Mitarbeiter bei Zeitungen und Rundfunk; Hrsg. – Beschreibt in z. T. absurder Prosa, Schau- und Fernsehspielen die psycholog. u. gesellschaftl. Konflikte der Moderne.
W: Fra den nederste himmel, R. 1965; Jomfrutur, R. 1966; Termush, Atlanterhavskysten, R. 1967 (Termush, Atlantikküste, d. 1970); Min elskede – en skabelonroman, R. 1968; Syg og munter, R. 1972; Det private liv, R. 1974; Langt borte taler byen med min stemme, R. 1976; Ægteskabsleg, R. 1977; Luftens temperament, G. 1978; Aja, hvor skøn, R. 1980 (d. 1988); Hummel af Danmark, R. 1982; Leonora, Sch. 1982; Den standhaftige ælling, Ess. G. 1982; Jeres majestæt, Sch. 1988; En ufrivillig ømhed, R. 1989; Hr. Henrys begravelse, En.

1995; Sin egen vogter, En.-Ausw. 2000; Kanten af himlen, En. 2001; Den anden side af Krista X, R. 2002.

Holmes, Oliver Wendell, amerik. Essayist, Lyriker und Erzähler, 29. 8. 1809 Cambridge/MA – 7. 10. 1894 Boston. Pfarrerssohn; 1825–35 Stud. klass. Lit. und Medizin Harvard und Paris; s. Ruf als Literat beeinträchtigte s. Arztpraxis (Popularität durch patriot. Gedicht ›Old Ironsides‹, 1836); durch Witz und Anschaulichkeit beliebte Vorlesungen als Prof. für Anatomie in Dartmouth (1838–40) und Harvard (1847–82); 1840 ∞ Amelia Lee Jackson. – Als Anhänger e. wissenschaftsgläubigen Rationalismus attackiert H. die kalvinist. Orthodoxie von Vater und Gesellschaft – in reformer. Schriften gegen die Homöopathie (1841) und über Kindbettfieber (1843), in satir. Gedichten und Thesenromanen. In ›Elsie Venner‹ und ›A Mortal Antipathy‹ führt die Mischung von Theologie und Naturwiss. zu Hawthornesken Spekulationen über die determinierende Wirkung von Vererbung und Kindheitserlebnissen auf die psych. und moral. Konstitution des Menschen. Hauptwerk sind die als Gespräche e. Tafelrunde drapierten, mit Gedichten vermischten rationalist. Essays, Skizzen und Plaudereien, die seit 1857 in der von J. R. Lowell herausgegebenen ›The Atlantic Monthly‹ erscheinen, ausgezeichnet durch das Feuerwerk von Bildern und Vergleichen, die sprühende Laune, monolog. Eloquenz und universale Beschlagenheit der Titelfigur, ein Selbstporträt des Autors.

W: Poems, 1836; Homoeopathy, and Its Kindred Delusions, Abh. 1842; Poetical Works, 1852; The Autocrat of the Breakfast-Table, Ess. 1858 (Der Tisch-Despot, R. 1876); The Professor at the Breakfast-Table, Ess. 1860 (d. 1889); Elsie Venner: A Romance of Destiny, R. 1861 (d. 1866); Songs in Many Keys, G. 1862; Border Lines of Knowledge ... in Medical Science, Abh. 1862; Soundings from the Atlantic, Ess. 1864; The Guardian Angel, R. 1867; The Poet at the Breakfast-Table, Ess. 1872 (d. 1876); Poetical Works, II 1881; Papers from an Old Volume of Life, 1883; A Mortal Antipathy, R. 1885; Life of Emerson, 1885; Our 100 days in Europe, 1887; Over the Teacups, Ess. 1891. – Collected Works, XIII 1891, 1904.

L: J. T. Morse, II 1896; M. A. De Wolfe Howe, 1939; E. M. Tilton, 1947; M. R. Small, 1962; E. P. Hoyt, 1979; P. Gibian, 2001. – *Bibl.:* G. B. Ives, 1907; T. F. Currier, 1953.

Holmström, Arvid Ragnar (Ps. Paul Michael Ingel), schwed. Erzähler, 6. 8. 1894 Arnäs, Norrland – 30. 11. 1966 Stockholm. Vater Maler. Arbeiterdichter u. Autodidakt, viele körperl. Arbeiten, u. a. Seemann. – Realist, der redlich u. sachkundig von dem erzählt, was er erlebt hat: von Seereisen u. langjähr. Aufenthalt in Stockholm. Warmes Mitgefühl mit armen, entwurzelten Menschen.

W: Den långa resan, R. 1924; Ensamma människor, R. 1924; Kråkslottet, R. 1926; Jonas Ödmarks historia, R. 1926 (d. 1933); Jonas Ödmarks söner, R. 1927; Rivaler, Lsp. 1930; Flyktingarna, R. 1931; Någonting händer, R. 1933; Ryskt monument, N. 1933; Byn vid havet, R. 1936 (Das Dorf am Meer, d. 1938); Dårarnas park, G. 1936; Byn lever, R. 1938; Flyktingar söker hamn, R. 1939; Ovåder, R. 1940; Män ombord, R. 1942; Kvinnor i land, R. 1945; Seger i lejonbur, R. 1957.

Holoborod'ko, Vasyl', ukrain. Dichter, * 17. 4. 1945 Adrijanopil'/Ostukraine. Bauernsohn, lebt in Adrijanopil'. Stud. Philol. Kiev u. Donezk. – Vertreter der ›Kiever poetischen Schule‹ mit einer Hinwendung zur animistischen Weltanschauung, die in der ukrain. Volksdichtung vorherrscht. Vereinigt uralte Bildhaftigkeit mit modernen poetischen Mitteln. Druckverbot 1968–80.

W: Let'uče vikonce, Paris 1970; Zelen den', 1988; Ikar na metelykovych krylach, 1990; Kalyna ob Rizdvi, 1992.

L: I. Dzjuba, 1965; V. Ruban, 1990; A. H. Horbatsch, 1997, 2002.

Holovko, Andrij, ukrain. Schriftsteller, 4. 12. 1897 Jurky/Poltava – 5. 12. 1972 Kiev. Bauernsohn; 1916 Kriegsteilnehmer; 1920 in der Roten Armee; danach aktive lit. Arbeit; im 2. Weltkrieg Frontberichterstatter. – Impressionist. Erzähler, von T. Ševčenko angeregt; befaßte sich anfangs bes. mit Problemen der jungen Generation.

W: Možu, En. 1926; Burjan, R. 1927 (Das Steppenkraut, d. 1930); Maty, R. 1932; Artem Harmaš, R. 1951 (n. 1960, 1970). – Tvory, Slg. III 1932/33, II 1958, III 1962, IV 1967/68; V 1976f.

L: O. Kylymnyk, 1949; 1954, 1956; B. I. Šnajder, 1958, 1961; L. F. Senyk, 1963; M. Pasičnyk, K. Frolova, 1967.

Holst → Roland Holst

Holst, Knud, dän. Schriftsteller, 15. 4. 1936 Skæve/Nordjütland – 18. 8. 1995 Aalborg. Sohn eines Häuslers, lebte in Løkken, Lehrer, Kritiker u. Redakteur. – Vf. von Erzählungen über das Leben in der Provinz; als Lyriker stilist. Teil des Modernismus der 60er Jahre.

W: Dyret, En. 1963; Asfaltballet, En. 1965; Har De været ved stranden?, En. 1967; Lærken, En. 1975; Udstedsdigte, G. 1976; Min bedstefars nat, En. 1978; Sneglesange, G. 1983; Sabelkatsange, G. 1985; Katrines hus, En. 1989. – Kuller (ausgew. En.), 1991; K. H. – i wændelbo (Art.-Ausw.), 1996.

Holstein, Ludvig (Detlef), dän. Lyriker, 3. 12. 1864 Langebækgaard – 11. 7. 1943 Kopenhagen. Sohn e. Grafen; 1883 Abitur, Berater in e. Verlag. – Lyriker der 90er Generation. Begann mit e. idyll. Traum von dem ›Ewigen‹ im Leben und kehrte nach e. 20jähr. Pause von seelischen Krisen zu e. vertieften Pantheismus zurück. Seine stimmungsvolle Liebes- und Naturlyrik ist getragen vom Glauben an einen Zusammenhang und dem Vertrauen auf Erneuerung in der Natur

W: Digte, 1895; Tove, Sch. 1898; Digte, 1903; Løv, G. 1915; Mos og muld, G. 1917 (n. 1968); Æbletid, G. 1920; Hymner og viser, G. 1922; Den grønne Mark, Abh. 1925; Jehi, G. 1929; Spredte blade, G. 1942; Digte, 1943. – H. Et Minde (Ausw.), 1943; Udvalgte digte (G.-Ausw.), 1953.

L: H. Werner, 1920; E. Frandsen, 1931; K. Balslev, 1941; H. Andersen, 1956 (m. Bibl.), 1963.

Holt, Kåre, norweg. Erzähler, 27. 10. 1917 Vålie Vestfold – 15. 3. 1997 Holmestrand. Aus Arbeiterfamilie. – Vf. von zeitkrit. realist. Romanen u. breit angelegten hist. Arbeiten, so über König Sverrir, e. umstrittene Gestalt des norweg. MA.

W: Det store veiskillet, R. 1949; Brødre, R. 1951; Hevnen hører meg til, R. 1953; Mennesker ved en grense, R. 1954; Det stolte nederlag, R. 1956; Storm under morgenstjerne, R. 1958; Opprørere ved havet, R. 1960; Perlefiskeren, R. 1963; Kongen. Mannen fra utskjæret, R. 1965; Fredløse menn, R. 1967; Hersker og trell, R. 1969; Besettelse, R. 1970; Oppstandelsen, R. 1971; Kapplopet, R. 1974 (Wettlauf zum Pol, d. 1976); Gjester fra det ukjente, R. 1980; Mørke smil, E. 1981; Sannferdig beretning om mitt liv som løgner, E. 1982.

L: P. Larsen, 1975.

Holt, Victoria (eig. Eleanor Alice Burford Hibbert; Ps. Jean Plaidy, Philippa Carr), engl. Romanschriftstellerin, 1. 9. 1906 London – 18. 1. 1993 auf See im Mittelmeer. – Vf. von mehr als 110 Romanen u. Romanzyklen meist um Figuren der engl. Geschichte u. der ital. Renaissance.

W: St. Thomas's Eve, R. 1954 (Mehr als Macht und Ehre, d. 1974); Mistress of Mellyn, R. 1960 (d. 1961); Kirkland Revels, R. 1962 (Das Schloß im Moor, d. 1962); Bride of Pendorric, R. 1963 (d. 1965); The Legend of the Seventh Virgin, R. 1965 (d. 1966); Menfreya, R. 1966 (Harriet sanfte Siegerin, d. 1968); The King of the Castle, R. 1967 (d. 1969); The Queen's Confession, R. 1968 (d. 1970); The Shivering Sands, R. 1969 (d. 1974); The Secret Woman, R. 1970 (d. 1973); On the Night of the Seventh Moon, R. 1973 (d. 1974); The Road to Paradise Island, R. 1985; The Black Opal, R. 1993 (d. 1995).

Holub, Miroslav, tschech. Lyriker, 13. 9. 1923 Plzeň – 14. 7. 1998 Prag. Stud. Medizin u. Biologie. Seit 1954 aktiver Forscher auf dem Gebiet der Mikrobiologie (Immunologie) mit Gastaufenthalten in den USA u. der BRD. Zahlr. wiss. Veröffentlichungen. – Vertritt programmat. e. iron.-sachl., unpathet. ›Poesie des Alltags‹, die mit Hilfe kalkulierter Emotionen u. intellektuell kontrollierter Metaphern in konkreten Eindrükken übergreifende Wirklichkeitszusammenhänge transparent macht und somit als Erkenntnisinstrument e. Ergänzung zur Wissenschaft bildet.

W: Denní služba, G. 1957; Achilles a želva, G. 1960; Slabikář, G. 1961; Jdi a otevři dveře, G. 1961; Kam teče krev, G. 1963; Anděl na kolečkách, Rep. 1963 (Engel auf Rädern, d. 1967); Zcela nesoustavná zoologie, G. 1963; Anamnéza, G. 1964; Tři kroky po zemi, En. 1965; Ačkoli, G. 1969 (Obwohl, d. 1969); Žít v New Yorku, Rep. 1969 (New York. Die explodierende Metropole, d. 1967); Beton. Verše z New Yorku a z Prahy, G. 1970; Interferon, G. 1978; Syndrom mizející plíce, G. 1990; Ono se letělo, En. u. G. 1994. – *Übs.*: Ausw.; Selected Poems, engl. 1967; Aktschlüsse, G. 1974; Notes of a Clay Pigeon, G. engl. 1977.

L: B. Svozil, Vůle k intelektuální poezii, 1971.

Home, John, schott. Dramatiker, 21. 9. 1722 Leith – 5. 9. 1808 Marchiston Bank b. Edinburgh. Stud. Edinburgh, kämpfte 1745 auf royalist. Seite in Falkirk, vorübergehend in Doune Castle gefangengesetzt, entkam jedoch. Ab 1746 Geistlicher in Athelstaneford, begann gleichzeitig Dramen zu schreiben. Nachdem s. sehr erfolgr. Tragödie ›Douglas‹ von der Kirchenbehörde mißbilligt wurde, legte G. s. Amt als Geistl. nieder, wurde 1758 Privatsekretär des Grafen Bute, der ihm e. Sinekure als Konservator der schott. Privilegien in Holland verschaffte, dann Prinzenerzieher des späteren Königs George III., der ihm bei s. Thronbesteigung e. Pension aussetzte. Befreundet mit Hume, Collins und Macpherson. ∞ 1770 Mary Home. Ließ sich 1778 in Edinburgh nieder. – S. lebenswahren Dramen streben die ›natürl. Sprache des Herzens‹ an, manche sind allzu gefühlsbefrachtet. ›Fatal Discovery‹ und ›Alfred‹ waren völlige Fehlschläge. Am bedeutendsten des Douglas-Drama, das 1950 anläßl. der Edinburgher Festspiele erneut erfolgr. aufgeführt wurde. Geschickter Handlungsaufbau.

W: Douglas, Dr. 1757 (n. H. J. Tunney, 1924); Agis, Dr. 1758; The Siege of Aquileia, Dr. 1760; Fatal Discovery, Dr. 1769; Alonzo, Dr. 1773; Alfred, Dr. 1778; The History of the Rebellion of 1745, St. 1802. – Works, hg. H. Mackenzie III 1822.

L: H. Mackenzie, 1822; A. E. Gipson, 1917.

Home, William Douglas, schott. Dramatiker, 3. 6. 1912 Edinburgh – 28. 9. 1992 Kilmeston/ Hampshire. Stud. Oxford und Royal Academy of Dramatic Art. Zeitweise Schauspieler an Westend-Bühnen in London. Teilnehmer am 2. Weltkrieg, verweigerte an der franz. Front die Ausführung e. Befehls, konnte, da er s. Gewissen nicht verantworten konnte, deshalb vom Kriegsgericht zu 1 Jahr Gefängnis verurteilt. S. Gefängniseindrücke fanden künstler. Niederschlag in ›Now Barabbas‹. ∞ 1951 Rachel Brand. – Vf. e. Reihe bühnenwirksamer Schauspiele und Gesellschaftskomödien, die s. psycholog. Einfühlungsgabe zeigen und deren bes. Reiz auf der verhalten iron., humorvollen Darstellungsweise mit polit. Seitenblicken beruht.

W: Passing By, Sch. 1939; Now Barabbas, Sch. 1947; Ambassador Extraordinary, K. 1948; The Chiltern Hundreds, K. 1949; The Thistle and the Rose, Sch. 1951; Caro William, Sch. 1952; Half-Term Report, Aut. 1954; The Manor of Northstead, Sch. 1956; The Reluctant Débutante, K. 1956; The Reluctant Peer, Sch. 1964; The Secretary Bird, K. 1968 (Wann sag ich's meinem Mann??, d. 1975); The Douglas Cause, Dr. 1971; Lloyd George Knew my Father, K. (1972; Laßt mir meine Bäume steh'n, d. 1973); The Dame of Sark, Dr. 1974; In the Red, Dr. 1977; The Kingfisher, Dr. 1977; Mr. Home, Pronounced Hume, Aut. 1979.

Homerische Hymnen, Sammlung von 33 griech. Gedichten auf Götter. Die wohl im Hellenismus zusammengestellte Sammlung vereinigt 6 längere und 27 kürzere Gedichte an bzw. über Götter unterschiedl. Herkunft und Zeit; die Zuschreibung an Homer, die v. a. sprachl., formalen (Versmaß: ep. Hexameter) und inhaltl. Anleihen an ›Ilias‹ und ›Odyssee‹ Rechnung trägt, wurde bereits von den alexandrin. Philologen angezweifelt. Die kürzeren H. dienten vermutl. als Einleitungsteile beim rhapsodischen Vortrag, die längeren H. haben mit ihrem geregelten Aufbau stärker eigenständigen Charakter; die Schilderung bringt hier auch novellist. Details und scherzhafte Begebenheiten. Die H. beeinflußten die gesamte Antike hindurch alle weitere Hymnen-Dichtung, so z. B. auch die Hymnen der Orphik, des Kallimachos und des Proklos, mit denen zusammen sie in e. Sondersammlung überliefert sind. E. Mörike übersetzte einige der H. ins Dt.

A: J. Humbert 1976 (m. franz. Übs.); E. Cetrangolo 1990; G. Zanetto 1996 (ital. Übs.). – *Komm.*: M. D. Chappell 1995 (Apollo); N. J. Richardson 1979; H. Peet Foley 1995 (Demeter); S. C. Shelmerdine 1985 (Hermes). – *Übs.*: A. Weiher ²1986, 1990 (zus. mit Odyssee); G. von der Gönna, E. Simon, hg. 2002; M. L. West 2003 (engl.).

L: K. Förster, 1971; R. Janko, Cambr. 1982; A. M. Miller, Leiden 1986; D. Fröhder, 1994; M. J. Crudden, Dublin 1995; Ch. Penglase, Lond. u. a. 1995; J. Strauss Clay, in: T. Morris u. a., hg. Leiden u. a. 1997; S. Evans, Turku 2001; M. Crudden, Oxf. 2001; A. Suter, Ann Arbor 2002; J. F. Garcia, ClAnt 21, 2002, 1–39.

Homeros, griech. Epiker, 2. Hälfte 8. Jh. v. Chr. (?). Da H. wohl am Beginn der Schriftlichkeit wirkte, sind alle biograph. Nachrichten frühestens hellenist. Konstrukte und/oder aus den ihm zugeschriebenen Werken herausgelesen. Name sowie Grunddialekt der Epen weisen auf Ionien als Herkunftsland, die im Werk gespiegelte Kultur- und Gesellschaftsgeschichte auf e. adeliges Umfeld und e. Hauptschaffensperiode in der 2. Hälfte des 8. Jh. Die Antike schrieb H. neben der beiden Großepen ›Ilias‹ und ›Odyssee‹ noch zahlr. andere Werke zu, von denen uns Fragmente des Epischen Kyklos, der ›Batrachomyomachia‹, der sog. ›Homer. Hymnen‹ sowie des ›Margites‹ (Hexametergedicht, spottende Darstellung des tumben Antihelden M., vermutl. 6. Jh. v. Chr.) erhalten sind. Heute geht man davon aus, daß e. Dichter H. die ›Ilias‹ verfaßte, e. namentl. nicht bekannter anderer etwa eine Generation später die ›Odyssee‹, und daß alle anderen Werke späteren Ursprungs sind. – ›Ilias‹ und ›Odyssee‹ (insgesamt ca. 28 000 daktyl. Hexameter) stellen für den europ. Kulturkreis die ersten vollständig erhaltenen lit. Werke größeren Umfangs dar: Die ›Ilias‹ schildert den Trojan. Krieg aus der Perspektive von 51 Tagen im 9. Kriegsjahr (15 693 Verse, spätere Einteilung in 24 Gesänge, wahrscheinl. nach 403). Die ›Odyssee‹ ist die ›Heimkehr-Geschichte‹ des Trojakämpfers Odysseus auf s. Heimatinsel Ithaka und zu s. Frau Penelope (12 109 Verse, spätere Einteilung in 24 Gesänge). Beide Epen sind in e. so zu keiner Zeit irgendwo gesprochenen Kunstdialekt verfaßt, sie zeigen einerseits deutl. Merkmale e. langen mündl. improvisierenden Tradition, ihre komplexe Komposition ist aber ohne die Schriftlichkeit kaum vorstellbar. Deutl. Unterschiede zwischen beiden Epen ergeben sich u. a. im Aufbau, in der Zeichnung von Göttern und Menschen (soz. niedrigere Schichten treten verstärkt in der ›Odyssee‹ auf), im Gebrauch der Gleichnisse bzw. der bisweilen in ihnen durchschimmernden aktuellen Lebenswelt des jeweiligen Autors. Die homer. Epen müssen früh sehr beliebt gewesen sein (Darstellung von Szenen auf att. Vasen schon vor 600 v. Chr.), in Athen wurden sie unter Hipparchos (etwa 520) fester Bestandteil der Panathenäen (alle 4 Jahre vollst. Rezitation), ebenfalls früh waren sie Teil griech. Bildung. Trotzdem bleibt die Überlieferung noch lange uneinheitl., erst um 150 v. Chr. nehmen die Abweichungen, wohl als Folge der Korrekturen der alexandrin. Philologie (v. a. Aristarch), signifikant ab. Die enorme lit. Wirkung von ›Ilias‹ und ›Odyssee‹ reicht über alle Gattungen aller Epochen der griech. u. röm. Lit. bis in die Neuzeit (editio princeps 1488 in Florenz).

A: T. W. Allen 1902 u. ö.; *Od.*: P. von der Mühl ³1962, H. van Thiel 1991; *Il.*: H. van Thiel 1996, M. L. West 1998, 2000. – *Komm.*: *Il.*: G. S. Kirk (Generaledition), 1985–93, J. Latacz (Generaledition) 2000ff., m. dt. Übs.

L: U. v. Wilamowitz-Moellendorff, 1916; W. Schadewaldt, 1938, ³1966 u. ö.; ders., ⁴1965; J. T. Kakridis, Lund 1949 (n. 1987); C. M. Bowra, Lond. 1952 (n. 1966 Heldendichtung, d. 1964); G. Strasburger, 1954; M. I. Finley, Lond. 1956, ²1977 (Die Welt der Odyssee, d. 1968 u. ö.); D. L. Page, Berkeley u. a. 1959; M. Forderer, Amst. 1960; W. Kullmann, 1960; A. Lord, Cambr./MA 1960 (Der Sänger erzählt, d. 1965); ders., Ithaca u. a. 1991; K. Reinhardt, 1961; G. S. Kirk, Cambr. 1962; F. Matz, H.-G. Buchholz, 1967ff.; A. Dihle, 1970; D. Lohmann, 1970; M. Parry, Oxf. 1971; A. Heubeck, Die homer. Frage, 1974; J. Griffin, Oxf. 1980; K. Heldmann, 1982; R. Janko, Cambr. u.a. 1982; J. Latacz, 1985, ⁴2003; ders., hg. 1991; ders., 1995, ²1997; ders., Troia und Homer, 2001; Fr. Bossi, Ferrara 1986; I. J. F. de Jong, Amst. 1987; M. W. Edwards, Baltimore 1987; G. Danek, 1988; ders., 1998; N. Blößner, 1991; D. Fehling, 1991; O. Taplin, Oxf. 1992; M. L. West, MH 52 (1995); G. Nagy, Cambr. u.a. 1996; ders., Austin/TX 1996; ders., Baltimore u.a. (rev. Edition) 1999; H. Patzer, 1996; R. B. Rutherford, Oxf. u.a. 1996; E. J. Bakker, Ithaca u.a. 1997; I. Morris, B. Powell, A New Companion to Homer, Leiden 1997; J. de Romilly, Paris 1997; E. Visser, 1997; G. M. Wright, Oxf. 1997; I. McAuslan, hg. Oxf. 1998; A. M. Snodgrass, Cambr. u.a. 1998; M. Clarke, Oxf. 1999; Fr. Létoublon, hg. Paris 1999; M. Conche, Paris 1999; G. Wöhrle, 1999; J. Haubold, Cambr. 2000; O. Hellmann, Die Schlachtszenen, 2000; P. Vidal-Naquet, Le monde d'Homère, Paris 2000; J. S. Burgess, The tradition of the Trojan war, Baltimore u.a. 2001; R. Scodel, Listening to H., Ann Arbor 2002.

Hŏ Nansŏrhŏn, korean. Dichterin, 1563 Kangnúng – 19. 3. 1589. Schwester von Hó Kyun, Tochter von Minister Hŏ Yŏp, aus lit. gebildeter Beamtenschicht (Yangban). Heiratete 1577 den Schriftsteller Kim Sŏngnip, unglückliche Ehe, Flucht in Dichtung. – Zarte gefühlvolle Gedichte in Chines. und Korean., gilt als Meisterin der ›kasa‹, strophenloser beschreibender und didakt. Gedichte.

W: Pongsŏnhwa ka; Kyuwŏn ka; Yusŏn si u.a., ges. in: Nansŏrhŏnjip (Han'guk kojŏn ch'ongsŏ, IV 1979).

Hončar, Oles' (Oleksandr), ukrain. Schriftsteller, 3. 4. 1918 Sucha bei Poltava – 17. 7. 1995 Kiev. Aus bäuerl. Familie; Stud. in Charkov; 1941–45 Soldat. – Erzähler von kommunist. Zeitromanen; heroisiert einfache Menschen der Sowjetunion während der dt. Besatzung. Plast., gepflegter Stil u. z.T. feines Naturempfinden.

W: Ivan Mostovoj, R. 1938; Proporonosci, R.-Tril. (Al'py – Holubyj Dunaj – Zlata Praha) III 1947–49; Vybrane, Ausw. 1948; Zemlja hude, R. 1948; Noveli, Nn. 1949; Mykyta Bratus', R. 1950; Tavrija, R. 1952; Ljudyna i zbroja, En. 1960; Tronka, R. 1963; Sobor, R. 1968 (Der Dom von Satschipljanka, d. 1970); Tvoja zor'a, R. 1980. – Tvory (W) IV, 1959/60, V 1966/67; VI 1978f. – *Übs.:* Das Wetterleuchten, Nn. u. En. 1976.
L: M. Šumylo, 1950, 1951; O. Kylymnyk, 1955, 1959; O. Babyškin, 1968; I. Semenčuk, 1968; J. Sverstjuk, 1970, 1989; B. S. Burjak u.a., 1978; G. Lomidze 1987.

Hong Sheng, chines. Dramatiker, 1646 Renhe (Zhejiang) – 1704 Hangzhou. Stud. Kaiserl. Akad. Peking; 1689 relegiert, da er e. Aufführung s. Dramas ›Changshengdian‹ (Der Palast des Langen Lebens) während der Trauerzeit für e. Kaiserin zuließ. Lebte danach ärml. in Hangzhou. – Schrieb außer Gedichten 10 Theaterstücke, von denen ›Changshengdian‹ s. Ruhm begründete. Es behandelt die Liebe des Tang-Kaisers Xuanzong (713–755) zu s. Nebenfrau Yang Guifei. H. verwertete hierzu frühere dichter. Fassungen der Begebenheiten, teils Novellen, teils Lyrik der Tang-Zeit sowie Dramen versch. Autoren. Das 1684 uraufgeführte Drama H.s gilt allg. als e. der besten der lyr. Richtung. Die Melodien zu den über die 50 Szenen verstreuten Arien sind erhalten. E. Tochter des H., Hong Zhize (* 1670) war selbst Dichterin und verfaßte Anmerkungen zum ›Changshengdian‹.

Übs.: The Palace of Eternal Youth, Peking 1955.

Hood, Thomas, engl. Dichter, 23. 5. 1799 London – 3. 5. 1845 ebda. Sohn e. Buchhändlers. Kaufmann, Kupferstecher, Schriftsteller. Mithrsg. des ›London Magazine‹ u. versch. humorist. Zss.: ›The Gem‹, ›The Comic Annual‹ u.a. Stets kränklich, lebte nach Bankrott s. Verlegers in großer wirtschaftl. Not. Ging einige Zeit ins Ausland. Später Hrsg. des ›New Monthly Magazine‹ und ›Hood's Monthly Magazine‹. – Zu s. bekanntesten Gedichten gehören ›Eugene Aram‹, ferner ›The Song of the Shirt‹ (1843, zuerst anonym im ›Punch‹ veröffentl.) und ›The Bridge of Sighs‹ (1844), Gedichte, deren Stimmungsgehalt, Pathos und soziale Implikationen das empfindsame Zeitalter sehr ansprachen. S. sonstigen ernsten Dichtungen fanden bei den Zeitgenossen weniger Widerhall als s. witzigen ›Whims and Oddities‹, die H.s Begabung für humorist. Wortspiele zeigen.

W: Odes and Addresses to Great People, G. 1825; Whims and Oddities in Prose and Verse, II 1826f.; Hood's own: or, Laughter from Year to Year 1839; Memorials, II 1860. – The Works, XI 1882–84; Ausw. hg. A. T. Quiller-Couch 1908, J. Clubbe 1970; Letters, hg. L. A. Marchand 1945, P. F. Morgan 1973.
L: W. Jerrold, 1907, n. 1969; L. Brander, 1963; J. C. Reid, ²1967; J. L. Clubbe, 1968; W. C. Jerrold, ²1969; L. N. Jeffrey, 1972.

Hooft, Pieter Corneliszoon, niederländ. Lyriker, Dramatiker, Geschichtsschreiber, 16. 3. 1581 Amsterdam – 21. 5. 1647 Den Haag. Vater Bürgermeister von Amsterdam. Lateinschule. Mit 17 schrieb er ›Achilles en Polyxena‹, 1. in den Niederlanden aufgeführtes Drama nach antikem Vorbild. 1598–1601 ausgedehnte Reise nach Frankreich u. Italien. 1601–06 im väterl. Amt, 1606–08 Stud. Rechte in Leiden u. Paris. Von 1609 bis zu s. Tode Drost auf Schloß Muiden, Wintermonate in Amsterdam. – H. wurde durch angeborenes Formgefühl u. den Einfluß der ital. Lit. zum wichtigsten niederländ. Renaissance-Dichter. Ovid, Horaz, Seneca, Petrarca u. die Dichter der Pléiade sind s. Lehrmeister. ›Granida‹ ist das bedeutendste niederländ. Schäferspiel, stoffl. abhängig von Guarinis ›Il pastor fido‹. Vorbildl. für das niederländ. Drama wurde ›Geeraerdt van Velsen‹ mit e. Stoff aus der niederländ. Geschichte, das 1. niederländ. Drama mit Einheit der Zeit und des Ortes. Chöre am Ende der 5 Akte: Floris, der die Grenzen s. Persönlichkeitsbereichs überschreitet, als Tyrann herrscht und die Gemahlin Geeraerdt van Velsens entehrt, stirbt von Geeraerdts Hand nach reuiger Verurteilung s. Lebensführung. Ablehnung von Rache und Gewalt. Geistererscheinung und Zauberei lassen Senecas Einfluß erkennen. ›Baeto‹ zeigt die Weiterentwicklung von H.s eth.-polit. Anschauung: Baeto, Kronprinz der Katten, entgeht e. verräter. Anschlag s. Stiefmutter, verläßt das Land, um e. Bürgerkrieg zu vermeiden, und wird Gründer des niederländ. Staatswesens. Der Friede ist wertvoller als Ruhm und Ehre. H. will erzieherisch auf s. Volk wirken. Im ›Warenar‹ überträgt er in Nachfolge Brederos Plautus' Lustspiel ›Aulularia‹ ins Amsterdamer Milieu. 1618 wandte sich H. der Geschichtsschreibung zu. Die Geschichte Heinrichs IV. von Frankreich war ihm e. Vorübung zu den ›Nederlandsche Histooriën‹, die auf Grund eingehender Quellenstudien und mündl. Berichte e. umfassende und zuverlässige Darstellung der niederländ. Geschichte 1555–87 geben.

W: Emblemata Amatoria, G. 1611; Geeraerdt van Velsen, Dr. 1613; Achilles en Polyxena, Dr. 1614; Ariadne, Dr. 1614; Granida, Sch. 1615 (n. 1965); Ware-nar, Lsp. 1617 (n. 1965); Baeto, Dr. 1626 (n. 1954 u. 1956); Hendrik de Grote, B. 1626; Gedichten, 1636; De Nederlandsche historiën, XX 1642 (n. 1843–46). – GW, 1671; Gedichten, hg. P. Leendertz 1871–75, F. Stoett II ²1899–1900; Alle de gedrukte Wercken 1611–1738, n. IX 1971; Brieven, hg. J. v. Vloten IV 1855–57, ders. u.a. III 1976–79.

L: J. Prinsen, 1922; J. D. M. Cornelissen, H. en Tacitus, 1938; F. Veenstra, Bijdrage tot de kennis van de invloeden op H., 1946; Gielen u.a., 1947; A. Romein-Verschoor, 1947; H. W. van Tricht, 1951 u. 1980; W. A. P. Smit, 1968; P. Tuynman, 1973; ›Hooft essays‹, hg. H. Haasse 1981; ›Uyt liefde geschreven‹, 1981; Omnibus idem, hg. J. Jansen 1997. – *Bibl.:* P. Leendertz, 1931.

Hoornik, Ed. (eig. Eduard), niederländ. Schriftsteller, 9. 3. 1910 Den Haag – 1. 3. 1970 Amsterdam. Journalist. 1942–45 KZ Buchenwald, Dachau. Mitarbeit an verschiedenen Zss. (›Werk‹, ›Criterium‹, ›Helicon‹, ›Vrij Nederland‹, ›Delta‹, ›De Gids‹ u.v.a.). – Erzählende Gedichte, später stark von s. KZ-Erlebnissen geprägt; daneben Romane, Bühnenwerke, Essays. S. Bedeutung liegt vor allem in s. Tätigkeit als Zss.-Redakteur.

W: Het keerpunt, G. 1936; Mattheus, G. 1938; Geboorte, G. 1938 (d. 1939); Drie op één perron, G. 1937, 1941, 1960 (m. Den Brabander u. Van Hattum); Tafelronde, Ess. 1940; Requiem, G. 1940; Ex tenebris, G. 1948; Het menselijk bestaan, G. 1951; De bezoeker, Dr. 1952; Achter de bergen, Son. 1955; De vis, G. 1962; De overweg, G. 1965; De overlevende, R. 1968. – Verzamelde werken, V 1973–79.

L: ›De Gids‹ (Sondernr. E. H.), 1970; M. J. G. de Jong, Een perron maar drie treinen, 1970; A. van der Veen u.a., 1973.

Hope, Alec Derwent, austral. Lyriker, 21. 7. 1907 Cooma/New South Wales – 13. 7. 2000. Stud. Sydney und Oxford, Hochschullehrer in Sydney u. Melbourne. 1950–68 Engl.-Prof. in Canberra, 1969–72 Ehrenmitgl. der Nationalbibliothek in Canberra. – Intellektuelle, kühl reflektierende u. satir. Lyrik gegen technisierte Modernität, blutlose Kultiviertheit, für traditionelle Werte u. sinnl. Kraft. Verfaßte maßgebl. lit.theoret. u. lit.krit. Essays.

W: The Wandering Islands, G. 1955; Poems, 1960; Dunciad Minor: An Heroick Poem, 1970; Collected Poems 1930–70, 1972; A Late Picking, G. 1975; The New Cratylus, Ess. 1979; The Pack of Autocylus, Ess. 1979; The Age of Reason, G. 1984.

L: L. J. Kramer, 1979; J. W. Hooten, 1979; K. Hart, 1992; W. Tonetto, 1993; R. Darling, 1997; D. Brooks, 2000.

Hope, Anthony (eig. Sir Anthony Hope Hawkins), engl. Romanschriftsteller und Dramatiker, 9. 2. 1863 Clapton – 8. 7. 1933 Walton-on-the-Hill/Surrey. Stud. Oxford. ∞ 1903 Elizabeth Somerville. 1918 geadelt. – S. frei fabulierender romant. Ritterroman ›The Prisoner of Zenda‹ entsprach der in den 1890er Jahren (als Reaktion auf den Roman des Realismus) herrschenden Vorliebe für phantast.-abenteuerl. hist. Romanzen von opernhafter Romantik. Er war, ebenso wie die witzig-sentenziösen ›Dolly Dialogues‹, seinerzeit sehr populär.

W: The Prisoner of Zenda, R. 1894 (n. 2000; d. 1898); The God in the Car, R. II 1894; The Dolly Dialogues, 1894; Phroso, R. 1897; Rupert of Hentzau, R. 1898 (n. 1966); The Adventure of the Lady Ursula, Sch. 1898; The King's Mirror, R. 1899; Quisanté, R. 1900; English Nell, Sch. 1900; Double Harness, R. 1904; Lucinda, R. 1920; Memoirs and Notes, 1927.

L: C. E. Mallet, 1935.

Hope, Christopher, südafrikan. Lyriker u. Romancier, * 26. 2. 1944 Johannesburg. Stud. Johannesburg u. Pietermaritzburg. Werbetexter, Lehrer, Kritiker. Zog 1975 nach London, von dort 1995 nach Südfrankreich. – Vf. von satir. Werken, die zunächst das Apartheidssystem attakkieren, später auch das neue Südafrika u. die engl. Gesellschaft.

W: Whitewashes (m. M. Kirkwood), G. 1970; Cape Drives, G. 1974; A Separate Development, R. 1980; In the Country of the Black Pig, G. 1981; Private Parts, Kgn. 1981; Kruger's Alp, R. 1984 (d. 1986); Englishmen, G. 1985; The Hottentot Room, R. 1986; Black

Swan, N. 1987; White Boy Running, Aut. 1988 (Das Land am Abgrund, d. 1988); My Chocolate Redeemer, R. 1989 (Bella, d. 1991); Moscow! Moscow!, Reiseb. 1990 (d. 1991); Serenity House, R. 1992 (Die Wonnen der Vergänglichkeit, d. 1994); The Love Songs of Nathan J. Swirsky, Kgn. 1993; Darkest England, R. 1996; Me, the Moon, and Elvis Presley, R. 1997; Signs of the Heart, Reiseb. 1999; Heaven Forbid, R. 2001.

Hopkins, Gerard Manley, engl. Dichter, 28. 7. 1844 Stratford/Essex – 8. 6. 1889 Dublin. Sohn e. Konsuls für Hawaii. Stud. Oxford, schloß dort Lebensfreundschaft mit R. Bridges. Konvertierte noch als Student 1866 zur röm.-kathol. Kirche. Einige Zeit Lehrer in Birmingham, dann 1868 Eintritt in den Jesuitenorden, 1877 ordiniert. Geistlicher in Oxford, im Armenviertel von Liverpool und in Glasgow, lehrte dann in Stonyhurst, 1884 als Prof. für klass. Sprachen nach Dublin berufen. – S. frühen Dichtungen, die noch von Keats, Pater und den Präraffeliten beeinflußt waren, verbrannte H. bei s. Eintritt in den Jesuitenorden. Erst nach 7jähr. Pause schrieb er wieder Gedichte, die jedoch während s. Lebenszeit nicht veröffentlicht wurden. Erst 30 Jahre nach H.' Tod veröffentlichte Bridges die Dichtungen; sie übten nach 1918 starken Einfluß auf die jüngere Generation aus. H.' Dichtung ist Ausdruck s. Glaubens und s. religiösen Kämpfe; ihren Höhepunkt bilden die ›terrible sonnets‹ der letzten Jahre. Die Gedichte zeugen von dichter. Originalität: Verdichtung der Sprache, gewagte Wortzusammensetzungen zur Ausdruckssteigerung, kühne Syntax und Rhythmik, Entwicklung e. neuen Metrums, des ›sprung rhythm‹, das ähnlich dem Stabreim Gipfelpunkte heraushebt; Verwendung von Alliteration, Assonanz, Konsonanz und Binnenreim. H.' Abruptheiten sind objektive Korrelate s. inneren Kämpfe. Einzelne s. Gedichte sind myst.-ekstat. Sie sind gedankl. stark komprimiert, deshalb nicht leicht verständlich. H.s Briefe sind lit. bedeutungsvoll, da er in ihnen Fragen der formalen Erneuerung der Dichtung erörtert.

W: Poems, hg. R. Bridges 1918, C. Williams 1930, hg. W. H. Gardner, N. H. Mackenzie [4]1967, 1970 (Gedichte, d. I. Behn 1948); Major Poems, hg. W. Davies 1979; Letters to R. Bridges, Dixon and Patmore, hg. C. C. Abbott II [2]1955; Further Letters, [2]1956; Selected Letters, hg. C. Phillips, 1990; The Journals and Papers, hg. H. House, H. Storey, [2]1959; The Sermons and Devotional Writings, hg. Ch. Devlin 1959. – *Übs.:* Gedichte, Schriften, Briefe, hg. U. Clemen 1954; Gedichte, 2spr. 1973.

L: G. F. Lahey, 1930; E. E. Phare, 1933, n. 1967; B. Kelly, 1935; J. Pick, 1942, n. 1966; K. R. S. Iyengar, 1948; Immortal Diamond, hg. N. Weyand, 1949, [2]1969 (m. Bibl.); G. Grigson, 1955; A. Heuser, 1958; J.-G. Ritz, R. Bridges and G. M. H., 1960; R. R. Boyle, Metaphor in H., 1961; J.-R. Ritz, 1964; W. H. Gardner, II [4]1966; T. K. Bender, 1966; J. Hunter, 1966; W. S. Johnson, 1968; N. H. Mackenzie, 1968; D. A. McChesney, 1968; E. W. Schneider, The Dragon in the Gate, 1968; E. Ruggles, [2]1969; H. C. Sherwood, 1969; A. Thomas, 1969; P. L. A. Mariani, 1970; P. A. Milward, 1970; J. F. Cotter, Inscape, 1972; H. W. Ludwig, Barbarous in Beauty, 1972; C. Küper, 1973; B. Bergonzi, 1977; J. Milroy, The Language of H., 1977; P. Kitchen, 1978; J. Robinson, In Extremity, 1978; M. Sprinkler, A Counterpoint of Dissonance, 1980; N. H. MacKenzie, A Reader's Guide to H., 1981; G. Storey, A Preface to H., 1981; D. Walhout, Send my Roots Rain, 1981; C. Phillips, 1986; M. R. Ellsberg, 1986; Fine Delight, hg. F. L. Fennell 1989; R. B. Martin, 1991; M. Johnson, 1997; D. Brown, 1997; J. F. Saville, Queer Chivalry, 2000. – *Bibl.:* T. Dunne, 1976.

Hopkins, John, engl. TV- u. Bühnenautor, * 27. 1. 1931 London. 1962–64 Mitautor e. 57teiligen Polizeiserie des BBC-TV. – S. Darstellung problemat. psycholog. Beziehungen aus den versch. Perspektiven der involvierten Personen enthüllt die Komplexität u. Ambiguität des Alltagslebens.

W: Talking to a Stranger, FSsp.-Tetralogie 1967; A Place of Safety, Dr. 1968; This Story of Yours, Dr. 1969 (d. 1970); Find Your Way Home, Dr. 1970 (d. 1970); Next of Kin, Dr. (1974); Losing Time, Dr. (1979; d. 1984).

Hopkinson, Francis, amerik. Schriftsteller, 2. 10. 1737 Philadelphia – 9. 5. 1791 ebda. Stud. Jura und Malerei, polit. Karriere, Unterzeichner der amerik. Unabhängigkeitserklärung. – H. feiert in seinen Balladen, polit. Allegorien und Satiren den Kampf für die amerik. Unabhängigkeit. ›The New Roof‹ besingt die Annahme der föderativen Verfassung.

W: Science, G. 1762; A Pretty Story Written in the Year of Our Lord 2774, E. 1774 (n. The Old Farm and the New Farm, 1857); The New Roof, G. 1787. – The Miscellaneous Essays and Occasional Writings of F. H., III 1792.

L: G. E. Hastings, 1926; P. M. Zall, Comical Spirit of Seventy-Six: The Humor of F. H., 1976.

Hora, Josef, tschech. Lyriker, 8. 7. 1891 Dobříň – 21. 6. 1945 Prag. Redakteur versch. links u. rechts orientierter Zss., Hrsg. der monograph. Reihe ›Postavy a dílo‹; bereiste Italien u. Rußland. – H.s Lyrik wurzelt in der Neuromantik u. dem Impressionismus, besingt dann die überschäumende Lebensfreude u. die Errungenschaften der Zivilisation, reagiert auf soziale Probleme, wendet sich jedoch nach 1929 wieder der inneren Welt u. metaphys. Fragen sowie der böhm. Heimat zu. S. Prosa, die vorwiegend polit. ausgerichtet ist, erreicht nicht die künstler. Höhe s. Gedichte. Übs. aus dem Russ. und Dt.

W: Strom v květu, G. 1920; Pracující den, G. 1920; Srdce a vřava světa, G. 1922; Hliněný Babylon, E. 1922; Bouřlivé jaro, G. 1923; Italie, G. 1925; Probuzení, E.

1925; Hladový rok, R. 1926; Struny ve větru, G. 1927; Deset let, G. 1929; Tvůj hlas, G. 1931; Tonoucí stíny, G. 1933; Dvě minuty ticha, G. 1934; Máchovské variace, G. 1936; Domov, G. 1938; Dech na skle, R. 1938; Jan houslista, Ep. 1939; Zahrada Popelčina, G. 1940; Proud, G. 1946. – Dílo (W), XVI 1946–61; Spisy (W), 1957 ff.; Lod' se zlatem, Ausw. 1971.
L: B. Václavek, 1925; Dík a pozdrav, 1941; A. M. Píša, 1947; V. Pekárek, Wolker, Neumann, H., 1949; J. Mouková, 1981. – *Bibl.:* J. Jirečková, J. Kuncová, 1960.

Horant, Dukus → Dukus Horant

Horatius Flaccus, Quintus, röm. Lyriker, 8. 12. 65 v. Chr. Venusia/Apulien – 27. 11. 8 v. Chr. Rom. Sohn e. Freigelassenen, Elementarschule in Venusia, dann Übersiedlung nach Rom, Stud. der griech. u. röm. Lit. u. Rhetorik. Abschluß der Studien durch e. Reise nach Athen (45 v. Chr.). Nach der Ermordung Caesars stellte er sich auf die Seite von Brutus u. wurde Militärtribun. Nach der Schlacht bei Philippi zurück nach Italien; verlor 41 v. Chr. s. väterl. Gut bei der Ackerverteilung an Oktavians Veteranen u. nahm e. kleine Schreiberstelle in Rom an. Bekanntschaft mit Vergil u. L. Varius, von ihnen 38 v. Chr. bei Maecenas eingeführt; dieser schenkte ihm 32 v. Chr. das Landgut Sabinum u. machte ihn mit Augustus bekannt. – Größter röm. Dichter neben Catull u. Vergil. 41 v. Chr. Beginn s. dichter. Schaffens mit aktuellen Themen in den 17 Iambi (Epoden) nach dem Vorbild der Spottjamben des Archilochos, 30 v. Chr. veröffentlicht; sie enthalten Invektiven gegen bestimmte Personentypen, gegen die polit. Zustände der Bürgerkriegszeit u. sind nach Versmaßen (reine Jamben, versch. Kombinationen von Jamben u. Daktylen) geordnet. Zugleich entstanden nach dem Vorbild des Lucilius 2 Bücher Satiren in Hexametern, 35 u. 30 v. Chr. u. d. T. ›Sermones‹ (Plaudereien) veröffentlicht. Sie behandeln philos., persönl., anekdot. Gegenstände, Form u. Gehalt der Gattung Satire. Mit der überlegen-iron. Betrachtung fremder Schwächen wollte H. sich u. andere bilden. S. Hauptwerk sind die ›Carmina‹ (Oden), von denen 3 Bücher 23 v. Chr., das 4. in s. letzten Lebensjahren veröffentlicht wurden. S. Vorbilder sind Pindar, Archilochos, Sappho, Alkaios u. Anakreon; im Versmaß ist die lesb. Metrik bevorzugt. Neben polit. Oden, die das Reformwerk des Augustus begleiten u. unterstützen (v. a. die Römeroden, 29–27 v. Chr.), stehen private Themen: die epikureische Philos. mit der Mahnung zum Lebensgenuß u. Einhaltung der ›aurea mediocritas‹ (goldener Mittelweg), Freundschaft u. Liebe, auch poetolog. Aussagen über die Rolle des Dichters u. s. Verhältnis zu den Göttern. Im 4. Buch Wiederaufnahme der alten Themen aus der Perspektive des Gealterten. Die 2 Bücher ›Epistulae‹ (um 20 – um 15) sind in ausgereiftem Satirenstil verfaßt. Das 1. Buch befaßt sich mit Fragen der Moralphilos., das 2. mit der Poetik. Berühmt geworden ist v. a. der separat gezählte Brief an die Pisonen u. d. T. ›Ars poetica‹ (Zeit unsicher). Er behandelt lit. Fragen anhand der griech. Kunsttheorie u. röm. Lit.geschichte. H. erhielt von Augustus den Auftrag zum ›carmen saeculare‹, dem Festlied zur großen Säkularfeier 17 v. Chr., e. Gebet an die Götter um Fides, Pax, Honos, Pudor u. Virtus. H.' äol.-anakreont. Lyrik u. Satiren waren Vorbild für zeitgenöss. Imitatoren (Bassus, Possenus Paulus) und spätere Dichter (Persius, Juvenal). Er war schon z. Z. des Quintilian Schulschriftsteller. Der älteste vorhandene Kommentar zu H. stammt von Pomponius Porphyrio (3. Jh. n. Chr.).
A: F. Klingner [5]1970; S. Borszák 1984; B. Kytzler 1992 (m. Übs.); F. Della Corte u. a. 1991–97 (m. ital. Übs. u. Komm.); D. R. Shackleton Bailey [3]1995. – *Komm.:* A. Kießling, R. Heinze, III [7–11]1961–64; Oden, komm. R. G. M. Nisbet, M. Hubbard II 1970–78; H. P. Syndikus, II 1972–73. – *Übs.:* J. H. Voß 1806; H. Färber, W. Schöne [10]1985; B. Kytzler 1992; W. Tilmann 1992; G. Fink 2002; Satiren und Episteln, C. M. Wieland IV 1782–86 (n. 1963).
L: G. Pasquali, Orazio Lirico, 1920, n. 1964; E. Stemplinger, H. im Urteil der Jahrhunderte 1921; H. Hommel, 1950; E. Fraenkel, 1957 (d. [4]1974); C. Becker, Das Spätwerk des H., 1963; C. O. Brink, H. on Poetry, III 1963–82; W. Wili, [2]1966; E. Zinn, Der Wortakzent in den lyr. Versen des H., [2]1968; Th. Halter, Vergil und H., 1970; D. Gall, Die Bilder der horaz. Lyrik, 1981; V. Cremona, La poesia civile di O., 1982; M. S. Santirocco, Unity and design in H.' Odes, 1986; D. Armstrong, 1989; G. Davis, Polyhymnia, 1991; V. Pöschl, Horaz. Lyrik, [2]1991; E. Doblhofer, H. in der Forschung, 1992; K. Freudenburg, The walking Muse, 1993; E. Lefèvre, 1993; W. Ludwig, hg. 1993; N. Rudd, hg. 1993; R. O. A. M. Lyne, 1995; D. Mankin, H.' Epodes, 1995; B. Kytzler, 1996; E. Oliensis, H. and the rhetoric of authority, 1998; G. Maurach, 2001; E. A. Schmidt, Zeit und Form, 2002. – Enciclopedia Oraziana, III 1996–98.

Horgan, Paul (George Vincent O'Shaughnessy), amerik. Romancier, 1. 8. 1903 Buffalo/NY – 8. 3. 1995 Middletown/CT. Kadettenanstalt New Mexico, 1923–26 Gesangsstud. in Rochester/NY. Sänger, Schauspieler, Regisseur; seit 1926 Bibliothekar in New Mexico, 1942–46 in der Armee; seit 1962 Prof. und ›Writer-in-Residence‹, Wesleyan Univ. Middletown/CT. – Schrieb Gedichte, Erzählungen, Gesellschaftsromane aus der Bohème New Yorks u. Heimatromane aus der Wüstenlandschaft des Südwestens; Behandlung soz. Fragen der 1930er Jahre, hist. Studien; kathol. Standpunkt.
W: Men of Arms, R. 1931; The Fault of Angels, R. 1933; Main Line West, R. 1936; Return of the Weed, Kgn. 1936; A Lamp on the Plains, R. 1937; New Mexico's Own Chronicle, hg. 1937; Far from Cibola, R. 1938; Figures in a Landscape, En. 1940; The Common

Heart, R. 1942 (Das Haus der Sonne, d. 1957); Look at America. The Southwest, Reiseb. 1947; The Devil in the Desert, N. 1952 (d. 1958); One Red Rose for Christmas, E. 1952 (d. 1960); Great River: The Rio Grande, St. 1954; Humble Powers, En. 1954; The Saintmaker's Christmas Eve, R. 1955 (Weihnachtsabend in San Cristobal, d. 1956); The Centuries of Santa Fe, St. 1956; Rome Eternal, Es. 1959; A Distant Trumpet, R. 1960; A. Lincoln: Citizen of New Salem, St. 1961; Songs After Lincoln, G. 1965; The Peach Stone, Kgn. 1967; Everything to Live For, R. 1968; Whitewater, R. 1970 (d. 1971); Encounters with Stravinsky, B. 1972; Approaches to Writing, Sb. 1973/1988; Thin Mountain Air, R. 1977; Mexico Bay, R. 1982; Of America, East and West: Selections from the Writings, Sb. 1984; Under the Sangre de Cristo, Sb. 1985; The Clerihews of Paul Horgan, G. 1985; A Certain Climate, Ess. 1988; The Richard Triology, En. 1990; Tracings: A Book of Parial Portraits, B. 1993.

L: R. Gish, 1983; ders., 1995.

Horia, Vintilă, rumän. Schriftsteller, 18. 12. 1915 Segarcea/Dolj – 4. 4. 1992 Madrid. Stud. Jura u. Philos. Bukarest, Wien, Italien; Publizist, Diplomat, lebt seit 1945 im Exil in Argentinien, Spanien, Frankreich; Goncourt-Preis 1960 aus polit. Gründen zurückgegeben. – Essayist, lyr. Suchender; s. milden Romane strahlen transparente Innigkeit u. Menschlichkeit aus. S. Schaffensziel war e. starke kulturelle Bindung zwischen den roman. Völkern, wofür er mit der Unterstützung der röm. Kirche rechnete.

W: Procesiuni, G. 1937; Dort brennen sogar die Sterne, R. 1954; Presencia del mito, Es. 1956; Jurnal de copilărie, G. 1958; Dieu est né en exil, R. 1960 (d. 1961); Le chevalier de la résignation, R. 1961 (d. 1962); Les impossibles, R. 1962; La septième lettre, R. 1964; Une femme pour l'apocalypse, R. 1968; Literatura y disidencia, Ess. 1980; Les clefs du crépuscule, N. 1988.

L: D. Micu, 1975.

Hornby, Nick, engl. Romanschriftsteller u. Musikkritiker, * 17. 4. 1957 Maidenhead. Stud. Cambridge, Lehrer, Journalist, Musikkritiker des ›New Yorker‹, Fußballfan. Lebt in London; Vater e. autist. Sohnes. – H.s erstes Buch ›Fever Pitch‹, e. teils autobiograph., teils popsoziolog. Studie über obsessive Fußballbegeisterung, wurde zum Bestseller und machte H. zu e. der wichtigsten Vertreter der neuen brit. Männerlit. In s. kom., im zeitgenöss. London angesiedelten Romanen verfolgt er die Entwicklung s. Heldentypus, des ›New Lad‹, vom unreifen, gegen polit. Korrektheit rebellierenden Egoisten zum Mann, der bereit ist, Verantwortung zu übernehmen.

W: Fever Pitch, Sb. 1992 (d. 1999); My Favourite Year, Sb. 1993; High Fidelity, R. 1995 (d. 1998); About a Boy, R. 1998 (d. 1998); How to be Good, R. 2001 (d. 2003); 31 Songs, Ess. 2003 (d. 2003).

Horov, Pavol (eig. Horovčák), slovak. Dichter, 25. 5. 1914 Bánovce – 29. 9. 1975 Bratislava. Stud. Pädagogik Preßburg, Lehrer, Redakteur. – Formal zwischen Poetismus u. Surrealismus stehend, variiert H. in s. Lyrik, die e. regelmäßige gedankl. Entwicklung aufweist, drei Motive: Mutter, Heimat u. Ablehnung des Krieges. Zahlr. Übs.

W: Zradné vody spodné; G. 1940; Nioba matka naša, G. 1942; Návraty, G. 1944; Defilé, G. 1947; Moje poludnie, G. 1952; Slnce nad nami, G. 1954; Balada o sně, G. 1960; Vysoké letné nebe, G. 1960; Koráby z Janova, G. 1966; Ponorná rieka, G. 1972; Asonancie, G. 1976; Z posledných, G. 1977. – Spisy (W), III 1972–78.

L: J. Bžoch, Básnické dielo P. H., 1964; O diele P. H., hg. A. Bagin, J. Zambor 1980; J. Zambor, 1997.

Horozcu, Oktay Rifa → Rifat, Oktay

Hortelano, Juan García → García Hortelano, Juan

Horváth, Ivan, slovak. Schriftsteller, 26. 7. 1904 Senica – 5. 9. 1960 Bratislava. Stud. Jura Preßburg, Paris; 1945–50 Gesandter in Budapest; 1950–60 in Haft. – H.s teils expressionist.-aufdringl., teils meditativ-trag. Prosa behandelt Probleme u. Gewissenskonflikte des von der Natur losgelösten Großstadtmenschen; variiert ferner das Verhältnis Mensch – Welt u. schildert bizarre Situationen.

W: Mozaik života a snov, En. 1923; Človek na ulici, En. 1928; Strieborný prach, E. 1929; Vízum do Európy, En. 1930; Tak sa to malo stat', En. 1944; Návrat od Paríža, Es. 1947; Život s Laurou, N. 1948. – Spisy (W), III 1964–66; Dom s. dvoma Amormi, Ausw. 1973; Dielo (W), 1987.

L: K. Rosenbaum, Podobizeň I. H., 1967 (n. 1971).

Hoshi, Shin'ichi, jap. Schriftsteller, 6. 9. 1926 Tokyo – 30. 12. 1997 ebda. Stud. Landwirtschaft an der Tokyo-Univ. Autor von Kriminalgeschichten, Romanen, Jugendlit., Essays, Theaterstücken. – Begründer der pointierten SF-›short short story‹. Stilistisch anspruchsvolle, raffinierte Prosa, humor.- ironisch, mit absurdem bzw. skurril-groteskem Einschlag.

W: H. Sh. no sakuhinshû, XVIII 1974/75. – *Übs.:* The spiteful planet and other stories, En. engl. 1978; The capricious robot, engl. 1986; Alcuni racconti short-short di H. Sh., ital. 1983; Die Hand des kosmischen Affen u. 9 weitere Geschichten, d. 1982; Ein hinterlistiger Planet, d. 1982.

L: R. Matthew, Japanese Science Fiction, 1987.

Hospital, Janette Turner, austral. Schriftstellerin, * 12. 11. 1942 Melbourne. Jugend in Brisbane, 1960 in die USA, Dozentin. – Thema der Romane ist die verfälschende Rolle individueller u.

kollektiver Erinnerung u. die eth. Auseinandersetzung mit Schuld in ländl. austral. Gemeinschaften am Beispiel zu entlarvender Geheimnisse.

W: The Ivory Swings, R. 1982 (Auf einer indischen Schaukel, d. 1994); The Tiger in the Tiger Pit, R. 1983 (d. 1995); Borderline, R. 1985; Dislocations, Kgn. 1987; Charade, R. 1988; Isobars, Kgn. 1990; The Last Magician, R. 1992; Collected Stories, Kgn. 1995; Oyster, R. 1996 (d. 1999).

Hostovský, Egon, tschech. Schriftsteller, 23. 4. 1908 Hronov − 7. 5. 1973 Monteclair/NJ. Verlagsredakteur, Beamter des Außenministeriums, emigrierte nach 1940 in die USA; kehrte 1946 in die Heimat zurück, seit 1950 wieder in den USA. − An Dostoevskij u. Freud geschult, schildert H. in Romanen u. Nn. die deutlich den Einfluß des Expressionismus verraten, komplizierte Charaktere aus dem Kreis des Prager Judentums, die an ihrem inneren Zwiespalt u. Minderwertigkeitskomplexen zugrunde gehen.

W: Stezka podél cesty, R. 1928; Ghetto v nich, R. 1928; Ztracený stín, R. 1932; Případ profesora Körnera, R. 1932; Černá tlupa, R. 1933; Žhář, R. 1935; Dům bez pána, R. 1937; Tři starci, N. 1938; Listy z vyhnanství, 1941 (Letters from Exile, engl. 1942); Seven Times the Leading Man, R. 1942; Úkryt, R. 1943 (The Hideout, engl. 1945); Cizinec hledá byt, R. 1947; The Midnight Patient, R. 1954 (d. 1958); Nezvěstný, R. Toronto 1956 (Missing, engl. 1952); Dobročinný večírek, R. N. Y. 1958 (Charity Ball, engl. 1957); Tři noci, R. N. Y. 1964 (Three nights, engl. 1964); Všeobecné spiknutí, R. Toronto 1973 (Das Komplott, d. 1964). − Spisy (W), XII 1994ff.

L: R. Šturm, hg. Toronto 1974; Medailon autora, 1990; V. Papoušek, 1996.

Hostrup, (Jens) C(hristian), dän. Dichter und Dramatiker, 20. 5. 1818 Kopenhagen − 21. 11. 1892 Frederiksberg. Stud. Theol. Kopenhagen bis 1843. − Vf. revueähnl. Schauspiele aus dem Studentenmilieu u. für die Studentenbühnen, von denen mehrere dank ihres holbergischen Humors u. ihrer Bühnenwirksamkeit bis heute großen Erfolg haben, bes. ›Genboerne‹ u. ›Eventyr på fodrejsen‹. Gab 1855 die Dichtung auf zugunsten s. Wirksamkeit als Pfarrer; nahm jedoch 1880 mit dem Schauspiel ›Eva‹ an der Auseinandersetzung über die Frauenbewegung als gemäßigter Verteidiger der Emanzipation teil.

W: Genboerne, K. 1844; Soldaterløjer, K. 1849; Feriegæsterne, K. 1855; Eva, Dr. 1880 (d. 1881). − Poetiske skrifter, VI 1952−65; Komedier, III ⁷1918; Erindringer, II 1891−93; Breve fra og til C. H., Br. 1897.

L: H. Hostrup, 1916; E. Spur, 1968.

Hotta, Yoshie, jap. Romanautor, 17. 7. 1918 Takaoka (Toyama) − 5. 9. 1998 Yokohama. Nach Romanistikstudium in der auswärtigen Kulturarbeit tätig. 1945/46 Shanghai-Aufenthalt. − In den 1950er und 60er Jahren wurde er durch Romane, die den Zweiten Weltkrieg bzw. den Koreakrieg thematisieren, zu einem wichtigen Vertreter der engagierten Literatur.

W: Shinpan, R. 1963 (Judgement, engl. 1994) − H.Y. zenshû (SW), XVI 1993−94.

Houdart de la Motte, Antoine → La Motte-Houdar(t), Antoine de

Houellebecq, Michel, franz. Schriftsteller, * 26. 2. 1958 La Réunion. In der Jugend von kommunist. Großmutter beeinflußt. Stud. Landwirtschaft, psychiatrisches Leiden auf Grund familiärer Probleme. Verwaltungsbeamter in der Assemblée Nationale; lebt in Irland. − Beginnt mit 20 Jahren zu schreiben. Veröffentl. zunächst sensible, dem Surrealismus nahe Lyrik, dann auch erzählende Literatur; Mitarbeiter an zahlr. Zeitschriften, Lit.kritiker, Drehbuchautor. Seine Texte charakterisiert eine Mischung von Poesie und Philosophie; drängt auf Veränderung der Werte. Seine Helden sind erfolgr., aber einsame, kranke Computerfreaks oder Genforscher, die, persönl. enttäuscht, die überkommene Spezies Mensch durch neue Modelle zu ersetzen streben. Die Sprache ist unbarmherzig nüchtern, seziert wie ein Pathologe die Gesellschaft und ihr Siechtum.

W: Cristal de souffrance, R. 1978; Déséquilibres, R. 1982; Lovecraft, R. 1991 (Gegen die Welt, d. 2002); La poursuite du bonheur, G. 1991 (Suche nach Glück, d. 2000); Extension du domaine de la lutte, R. 1994 (Ausweitung der Kampfzone, d. 1999); Le sens du combat, G. 1996 (d. 2001); Interventions, R. 1998 (Die Welt als Supermarkt, d. 1999); Les particules élémentaires, R. 1998 (d. 2001); Renaissance, R. 1999 (Wiedergeburt, d. 2001); Plateforme, R. 2001 (d. 2002).

Houghton, (William) Stanley, engl. Dramatiker, 22. 2. 1881 Ashton-upon-Mersey/Cheshire − 11. 12. 1913 Manchester. Trat 1897 in das väterl. Baumwollgeschäft in Manchester ein. − 1906−12 Theaterkritiken für den ›Manchester Guardian‹. Ab 1900 Vf. von Schauspielen, viele für A. E. F. Hornimans Repertoire-Theater. Vertreter der real. ›Manchester School‹ mit Stücken über Generations- u. Geschlechterkonflikte (bes. in der Geschäftswelt) und die Selbstbestimmung der Frau. S. erfolgreichsten und besten Stücke ›The Younger Generation‹ und ›Hindle Wakes‹ geben wirklichkeitsgetreue Schilderungen der Menschen in Lancashire.

W: The Dear Departed, Sch. 1910; The Younger Generation, Sch. 1910; Independant Means, Sch. 1911; Fancy Free, Sch. 1912; Hindle Wakes, Sch. 1912; Pearls, Sch. (1912); Trust the People, Sch. (1912); The Fifth Commandment, Sch. (1913); The Master of the House,

Sch. 1913; The Perfect Cure, Sch. (1913); Phipps, Sch. 1913; The Old Testament and the New, Sch. (1914); Partners, Sch. (1915). – Works, III 1914.

L: M. Gaberthuel, 1973; P. Mortimer, 1984.

Housman, Alfred Edward, engl. Dichter und Gelehrter, 26. 3. 1859 Fockbury/Worcestershire – 30. 4. 1936 Cambridge. Sohn e. Rechtsanwalts, Stud. Oxford. Ab 1882 Angestellter des Patentamtes, 1892 Prof. für Latein London, 1911 Cambridge. – Bekannt v. a. durch die Gedichtsammlung ›A Shropshire Lad‹, e. anachronist. Verklärung e. idealisierten pastoralen Englands. Die ländl. Themen sind bestimmt von eleg. Gefühlen des Verlusts und der Vergänglichkeit, häufig homoerot. inspirierte Darstellung männl. Freundschaft. Lyr. Einfachheit, balladenartige Metren. Vielfach vertont, u. a. von R. Vaughan Williams.

W: A Shropshire Lad, G. 1896 (n. C. J. Weber 1946); Last Poems, G. 1922; The Name and Nature of Poetry, Ess. 1933; More Poems, 1936; Manuscript Poems, hg. T. B. Haber 1955; The Classical Papers, hg. J. Diggle, F. R. D. Goodyear III 1972. – Collected Poems, 1939, hg. J. Sparrow ²1967; Complete Poems, hg. B. Davenport 1959; Selected Prose, hg. J. Carter 1961.

L: A. S. F. Gow, 1936; L. Housman, 1937, n. 1969 (m. datiertem Verzeichnis sämtl. Gedichte); I. Scott-Kilvert, ²1965; T. B. Haber, 1967; C. B. Ricks, hg. 1968; B. J. Leggett, 1970; ders., The Poetic Art of A. E. H., 1978; R. P. Graves, 1979; J. Bayley, 1992; K. Jebb, 1992; P. G. Naiditch, 1995; O. Bourne, 1996. – Bibl.: J. Carter, J. Sparrow, ²1957.

Housman, Laurence, engl. Dramatiker und Romanschriftsteller, 18. 7. 1865 Bromsgrove/Worcestershire – 20. 2. 1959 Glastonbury. Jüngerer Bruder von Alfred Edward H. Stud. Malerei in South Kensington. Zunächst Illustrator, schrieb dann Märchen und Gedichte, die er selbst illustrierte. – Versch. Schauspiele (Chronikdramen, Legendendramen und Charaktertragödien), Gedichte im Stil Blakes und der Präraffaeliten sowie 2 satir. Romane mit feminist.-pazifist. Anklängen. ›Trimbleriggᄼ entlarvt e. heuchler. Politiker, der manche Züge Lloyd Georges trägt.

W: A Farm in Fairyland, En. 1894; Green Arras, G. 1895; An Englishwoman's Love Letters, 1900; Bethlehem, Dr. 1902; Selected Poems, 1909; John of Jingalo, R. 1912; The Royal Runaway, R. 1914; Nazareth, Dr. 1916; The Sheepfold, R. 1918; Angels and Ministers, Drn. 1921; Little Plays of St. Francis, Drn. III 1922–35 (d. 1933); Dethronements, Dr. 1922; Trimblerigg, R. 1924; The Duke of Flamborough, R. 1928; The Queen, Dr. 1932; Victoria Regina, Drn. 1934 (d. 1949); The Unexpected Years, Aut. 1936; Collected Poems, 1937; Palestine Plays, Sch. 1942; Happy and Glorious, Drn. 1945; Cynthia, Ep. 1947; Old Testament Plays, Drn. 1950.

L: A. Rudolf, 1930; O. Robinson, Angry Dust, 1950.

Houville, Gérard d' (eig. Marie-Louise-Antoinette de Hérédia), franz. Schriftstellerin, 20. 12. 1875 Paris – 6. 2. 1963 Suresnes. Tochter des Parnassien → Hérédia, ⚭ dem Symbolisten Henri de → Régnier. – Als Lyrikerin und Erzählerin e. weibl. Musset. Ihre Gedichte über Städte, den Wechsel der Jahreszeiten, Schmerz, klass. Themen und Bilder, die großen weibl. Mythen verbinden aristokrat. Verfeinerung des Empfindens mit feiner Abstraktion. Ferner Liebesromane. Schrieb mit P. Bourget, P. Benoit, H. Duvernois zusammen ›Le roman des quatre‹. Arbeitete mit an ›Revue des deux mondes‹. Theaterkritikerin des ›Figaro‹.

W: L'inconstante, R. 1903; Esclave, R. 1905; Le temps d'aimer, R. 1908; Le seducteur, R. 1914; Jeune fille, R. 1916; Le roman des quatre, R. 1923; Le chou, R. 1924; L'enfant, R. 1925; Je crois que je vous aime, R. 1927; Esclave amoureuse, R. 1927; La vie amoureuse de la belle Hélène, R. 1928; Poésies, 1930, 1949, 1953, 1957; Enfantines et amoureuses, R. 1946; Proprette et cochonnet, R. 1953.

Hovey, Richard, amerik. Lyriker, 4. 5. 1864 Normal/IL – 24. 2. 1900 New York. Dartmouth College, Gelegenheitsarbeiten, 1898–1900 Dozent am Barnard College. – Unter Einfluß der franz. Symbolisten schrieb er mit B. Carman die ›Songs from Vagabondia‹, e. Hohelied auf die offene Straße und gute Kameradschaft; s. Maeterlinck-Übss. entstanden unter demselben Einfluß. ›Along the Trail‹ enthält im Angesicht des span.-amerik. Krieges e. chauvinistische Note.

W: The Plays of M. Maeterlinck, Übs. II 1894–96; Songs from Vagabondia, G. 1894 (m. Carman); More Songs from Vagabondia, G. 1896 (m. Carman); Along the Trail, G. 1898; Last Songs from Vagabondia, G. 1901 (m. Carman); The Holy Grail, G. 1907.

L: A. H. Macdonald, 1957; W. R. Linneman, 1976.

Howard, Bronson (Crocker), amerik. Dramatiker, 7. 10. 1842 Detroit – 4. 8. 1908 New York. 1865–70 Reporter in New York; der Erfolg von ›Saratoga‹ ließ ihn zum Bühnenautor; wegen s. großen Erfolges auch in England lebte er in New York und London. S. Dramen sind nach dem Publikumsgeschmack der Zeit geschrieben, daher sehr wirkungsvoll und sehr moral.; sie geben e. Bild der amerik. ›guten Gesellschaft‹ jener Zeit. S. bestes Stück, ›Shenandoah‹, spielt im amerik. Bürgerkrieg.

W: Saratoga, Dr. 1870; Young Mrs. Winthrop, Dr. 1882; One of Our Girls, Dr. 1885; Shenandoah, Dr. 1888; Aristocracy, Dr. 1892; The banker's daughter and other plays, Drn. hg. A. G. Halline 1964.

Howard, Henry, Earl of Surrey, engl. Dichter, 1517 (?) Kenninghall/Norfolk – 19. 1. 1547 London. Ältester Sohn des Herzogs von Norfolk.

1532 am franz. Hof. Führte 1544–1546 das engl. Heer gegen Franz I. von Frankreich, wurde vor Montreuil verwundet, war 1545/46 Kommandant von Boulogne. Knapp 30jähr. wurde er wegen angebl. Hochverrat angeklagt und enthauptet. – Jünger und Freund Wyatts, mit dem s. Name für immer verbunden ist; steht am Beginn der Blütezeit englischer Renaissancedichtung. Ihm kamen die vorangegangenen Bemühungen Wyatts um Harmonie und Rhythmus zustatten. Nachdem Wyatt in seinen Sonetten der Form Petrarcas treu geblieben war, trug Surrey den Gegebenheiten der reimärmeren englischen Sprache Rechnung und wandelte dies leicht ab. H. schuf damit die später von Spenser und Shakespeare zur Vollendung gebrachte Form des sog. ›elisabethan.‹ oder Shakespeare-Sonetts, das ohne den gedankl. Einschnitt des ital. Sonetts sehr viel stärker auf die zugespitzte Pointe am Ende ausgerichtet ist. Führte auch erstmalig den Blankvers in England ein, als er, wohl im Gefängnis, das 2. und 4. Buch der Aeneis, ganz im Geiste der Renaissance, übersetzte. Er gab dem neuen Maß bereits alle entscheidenden Merkmale, bes. das Enjambement, das s. Verse vor Monotonie bewahrte und flüssig machte. Erste bekannte Ausgabe 1557.

W: Songes and Sonettes 1557 (hg. Bell, zus. m. Wyatts Gedichten, II ²1928–30); Certain bokes of Virgil's Aeneis, Übs. 1557 (hg. Padelford ²1928, Faks. 1963); Poems (hg. F. M. Padelford ²1928, E. Jones 1964).
L: O. Fest, 1903; E. Casady, 1938; G. W. Bullett, Silver Poets of the 16th Century, 1947; H. W. Chapman, 1960; C. Jentoft, Rhetoric and Structure in the Poetry of H. H., 1983; W. Sessions, 1986; T. Kirschner, 1991.

Howard, Richard, amerik. Lyriker, * 13. 10. 1929 Cleveland/OH. Stud. Columbia Univ. und in Paris, zunächst im Verlagswesen tätig. – H.s Dichtkunst umfaßt eine Vielzahl an Ausdrucksformen, u.a. dramat. Monologe, Erzähl- und Briefgedichte. Häufig Auseinandersetzung mit hist. Künstlerfiguren und ästhet. Positionen. Zahlreiche lit. Übsn. aus dem Franz.

W: Quantities, 1962; The Damages, 1967; Untitled Subjects, 1969; Findings, 1971; Fellow Feelings, 1976; Misgivings, 1979; Lining Up, 1984; No Traveller, 1989; Like Most Revelations, 1994.

Howard, Sidney (Coe), amerik. Dramatiker, 26. 6. 1891 Oakland/CA – 23. 8. 1939 Tyringham/MA. Aus Pionierfamilie; Stud. Univ. California und Harvard (47 Workshop G. P. Bakers), Teilnahme am Weltkrieg, Journalist in New York. – S. zahlr. Stücke, meist e. bestimmten Schauspieler auf den Leib geschrieben, verraten großes handwerkl. Können.

W: Swords, Dr. 1921; They Knew What They Wanted, Dr. 1924 (Die seltsame Heirat); Lucky Sam McCarver, Dr. 1925; Ned McCobb's Daughter, Dr. 1926; The Silver Cord, Dr. 1926; Alien Corn, Dr. 1933; Dodsworth, Dr. 1934 (m. S. Lewis); Yellow Jack, Dr. 1934; The Ghost of Yankee Doodle, Dr. 1937; Madame, Will You Walk?, Dr. 1955.
L: S. H. White, 1977.

Howe, E(dgar) W(atson), amerik. Journalist, 3. 5. 1853 Treaty/IN – 3. 10. 1937 Atchison/KS. Aus Farmerfamilie, wuchs im Mittelwesten auf, 1877–1911 Hrsg. von ›Daily Globe‹ (Atchison, Kansas) und 1911–37 von ›E. W. Howe's Monthly‹. – Wichtig ist s. Roman ›The Story of a Country Town‹, e. frühes Beispiel für den amerik. Naturalismus; schildert das enge Leben e. kleinen Stadt des Mittelwestens. Als Journalist Verfechter des ›gesunden Menschenverstands‹; auf harter Arbeit beruhender materieller Erfolg stand bei ihm in hohem Ansehen.

W: The Story of a Country Town, R. 1883 (n. C. M. Simpson 1961, S. E. Bowman 1962); Plain People, Aut. 1929; The Indignations of E. W. Howe, Ess. 1933. – Collected Works, hg. J. Woodress XIV 1970.
L: C. M. Pickett, 1968.

Howe, Julia Ward, amerik. Schriftstellerin, 27. 5. 1819 New York – 17. 10. 1910 Newport/RI. Bankierstochter, ausgezeichnete Erziehung, ∞ 1843 Samuel Gridley Howe, mit dem sie in der Antisklavereibewegung e. prominente Rolle spielte; aus diesem Geist heraus entstand 1862 die ›Battle Hymn of the Republic‹, nach der Melodie von ›John Brown's Body‹, die e. ähnl. anspornende Wirkung erzielte wie ›Uncle Tom's Cabin‹. Nach dem Bürgerkrieg prominente Frauenrechtlerin.

W: Passion Flowers, G. 1854; Words for the Hour, G. 1857; Later Lyrics, G. 1866; Life of Margaret Fuller, B. 1883; Reminiscences, Aut. 1899. – J. W. H. and the Woman Suffrage Movement, hg. F. H. Hull 1913.
L: L. E. Richards, M. H. Elliot, 1915; J. B. Wagoner, 1945; M. H. Grant, 1994; G. Williams, 1999.

Howells, William Dean, amerik. Schriftsteller, 1. 3. 1837 Martins Ferry/OH – 11. 5. 1920 New York. Enkel e. walis. Quäkers, Sohn e. Druckers und Journalisten, Jugend in Ohio mit wenig Schulbildung; Autodidakt, Setzerlehrling, Journalist, Dichter in Nachfolge Heines; s. Kampfbiographie Lincolns brachte ihm e. Konsulat in Venedig 1861–65 ein; nachdem er 1860 Neu-England und New York (Emerson, Lowell, Hawthorne, Whitman) besucht hatte; ∞ Elinor Mead 1862 († 1910). 1865/66 Journalist in New York, 1866–71 Redakteur, 1871–81 Hrsg. von ›Atlantic Monthly‹, 1886ff. in ›Harper's Magazine‹. Seit 1891 in New York ansässig. – Führender amerik. Romancier der realist. Schule. S. aus Reiseskizzen langsam entwickelte, graph. Erzählkunst fand ihr Thema zuerst in der Begegnung des urwüchsigen amerik. Westen mit dem kultivierten Osten (›A Chance Acquaintance‹) oder Europa (›A Foregone Conclusion‹); danach mehr im amerik. Material (Ehe und Scheidung in ›A Modern Instance‹; Geschäftsmoral in ›The Rise of Silas Lapham‹). Wachsende Sozialkritik und Zweifel am amerik. Experiment, Hinwendung zu christl. Sozialismus unter Einfluß Tolstojs; utop. Romane. Nicht komplexe Verwicklung, sondern Charakter, Milieu und Dialog, die wahrhaftige Behandlung des Materials bei Vermeidung extremer Situationen machen H.' Realismus aus, um dessen Anerkennung er seit 1885 in krit. Kämpfen mit brit. und amerik. Kritikern rang. Als Freund von J. R. Lowell, H. James (seit 1866) und Mark Twain (seit 1869) und Förderer der Naturalisten Garland, Crane, Norris zentrale Stellung in der amerik. Lit. Vielseitig (Roman, Kurzgeschichte, Drama, Farce, Reiseskizze, Kritik und Autobiographie), in Stil und Geschmack makellos, belesen, von tiefem Ernst und soz. Verantwortungsbewußtsein, dabei nicht frei von Lebensangst und Zweifel, hat H. e. für s. Zeit repräsentatives, umfangreiches Werk hinterlassen.

W: Poems of Two Friends, 1859 (m. J. J. Piatt); Lives and Speeches of Abraham Lincoln, 1860 (Faks. 1938); Italian Journeys, Reiseb. 1864 (1988); Venetian Life, Reiseb. 1866; Suburban Sketches, 1871; Their Wedding Journey, R. 1872; A Chance Acquaintance, R. 1873; Poems, R. 1873; A Foregone Conclusion, R. 1875 (d. 1876); The Lady of the Aroostook, R. 1879; A Modern Instance, R. 1882; A Woman's Reason, R. 1883; The Rise of Silas Lapham, R. 1885 (Die große Versuchung, d. 1958); Indian Summer, R. 1886; The Minister's Charge, R. 1887; Annie Kilburn, R. 1888; April Hopes, R. 1888; A Hazard of New Fortunes, R. II 1890; A Boy's Town, Aut. 1890; The Quality of Mercy, R. 1892; The Coast of Bohemia, R. 1893; A Traveller from Altruria, R. 1894; The Landlord at Lion's Head, R. 1897; Their Silver Wedding Journey, R. II 1899; The Kentos, R. 1902; The Son of Royal Langbrith, R. 1904; Through the Eye of the Needle, R. 1907 (d. 1990); New Leaf Mills, R. 1913; The Vacation of the Kelwyns, R. 1920; Criticism and Fiction, St. 1891; My Year in a Log Cabin, Aut. 1893; My Literary Passions, Ess. 1895; Literary Friends and Acquaintance, Aut. 1900; My Mark Twain, St. 1910; Years of My Youth, Aut. 1916. – Representative Selections, hg. C. M. u. R. Kirk 1950; H. as Critic, hg. Cady 1973; Prefaces to Contemporaries, hg. G. Arms u. a. 1957; Complete Plays, hg. W. J. Meserve 1960; Discovery of a Genius, W. D. H. and H. James, hg. A. Mordell 1961; Selected Works, hkA XX 1968–85; Life in Letters, II 1928 (n. 1968); Mark Twain – Howells Letters, hg. H. N. Smith, W. M. Gibson II 1960; John Hay – H.-Letters, hg. G. Monteiro 1980; Novels 1886–1888, hg. D. L. Cook 1989; The early prose writings, hg. T. Wortham 1990; Selected Edition, V 1983 u. 1993; Selected Literary Criticism, II 1993; Selected Short Stories, hg. R. Bardon 1997; Letters, Fictions, Lives, hg. M. Anesko 1997.

L: J. Woodress, 1952; E. H. Cady, II 1956–58; ders., 1971; O. W. Fryckstedt, In Quest of America, Cambr. 1958; V. W. Brooks, 1959; G. N. Bennett, 1959; ders., 1973; K. E. Eble, hg. 1962; ders., 1982; C. M. Kirk, 1965; E. Carter, 1966; G. C. Carrington, The Immense Complex Drama, 1966; W. Gibson, 1967; W. McMurray, The Lit. Realism of W. D. H., 1967; R. L. Hough, The Quiet Rebel, 1968; K. Vanderbilt, 1968; E. Wagenknecht, 1969; E. S. Prioleau, 1983; H.-W. Schaller, W. D. H. u. s. Schule, 1984; R. D. Olsen, 1991; G. Arms, 1994; B. Wetzel-Sahm, 1995; J. W. Crowley 1999. – *Bibl.:* W. M. Gibson, G. Arms, 1948; C. L. Eichelberger, 1976.

Howhannes Jersnkazi Plus → Yovhannēs Erznkacʻi

Hô Xuân Huong, vietnames. Dichterin, Ende 18./Anfang 19. Jh. Person u. Leben unklar, lebte offenbar in Thang Long/Hanoi. Ihr werden ca. 50 Nôm-Gedichte zugeschrieben. Humoristische, z. T. drastisch-satirische Darstellungen des Alltags aus weiblicher Sicht in der Tradition der Volksliteratur, voller Witz, Eleganz und Doppelbödigkeit der Sprache.

L: M. Durand, L'œuvre de la poétesse H. X. H., Paris 1968.

Hoyle, Fred, engl. Schriftsteller, 24. 6. 1915 Bingley/Yorkshire – 20. 8. 2001 Bournemouth. Stud. Cambridge, ebda. Prof. für Astronomie, hervorragender Fachgelehrter für Physik und Astronomie. ∞ 1939 Barbara Clark. – Vf. physikal.-techn. Zukunftsromane.

W: The Black Cloud, R. 1957 (d. 1958); Ossian's Ride, R. 1959 (Das Geheimnis der Stadt Caragh, d. 1965); A for Andromeda, R. 1962 (m. J. Elliot; d. 1967); Astronomy, St. 1962; Fifth Planet, R. 1963 (m. G. Hoyle); Andromeda Breakthrough, R. 1964 (m. J. Elliot; Geheimbotschaft aus dem All, d. 1967); October 1st is Too Late, R. 1966; Rockets in Ursa Major, R. 1969 (m. G. Hoyle; d. 1970); Seven Steps to the Sun, R. 1970 (m. G. Hoyle); Nicolaus Copernicus, B. 1973; Ten Faces of the Universe, St. 1977; On Stonehenge, St. 1977; Lifecloud, St. 1978; The Cosmogony of the Solar System, St. 1978; The Westminster Disaster, R. 1978 (m. G. Hoyle); Diseases from Space, St. 1979 (m. C. Wickramasinghe); Ice, St. 1981; The Intelligent Universe, St. 1983 (d. 1984); Comet Halley, R. 1985.

Hrabal, Bohumil, tschech. Erzähler, 28. 3. 1914 Brünn – 3. 2. 1997 Prag. Stud. Prag (Dr. jur. 1946); noch wechselvollem Leben seit 1963 freier Schriftsteller. – In surrealist. verspielter u. verfremdeter Sprache, mit hintersinnig-groteskem Humor läßt H. vor dem Hintergrund e. unmenschl. Welt Alltagsgeschicke des kleinen Mannes mit s. Sehnsucht nach e. phantast. Glück erstehen. Sein unkonventioneller Stil, in dem die Grenze zwischen Prosa u. Lyrik, Tragik u. Komik, Trivialität u. Kultiviertheit, Alltag u. Geschichte, ja Traum u. Wirklichkeit relativiert wird, macht H. zu einem der originellsten tschech. Autoren des 20. Jh.

W: Hovory lidí, En. 1956; Perlička na dně, En. 1963; Pábitelé, En. 1964 (Die Bafler, d. 1966); Taneční hodiny pro starší a pokročilé, E. 1964 (Tanzstunden für Erwachsene und Fortgeschrittene, d. 1965); Ostře sledované vlaky, E. 1965 (Reise nach Sondervorschrift, Zuglauf überwacht, d. 1968); Inzerát na dům, ve kterém už nechci bydlet, En. 1965 (Verkaufe Haus, in dem ich nicht mehr wohnen will, d. 1994); Kopretina, E. 1966; Automat svět, En. 1966; Morytáty a legendy, En. 1968; Toto město je ve společné péči obyvatel, Kgn. 1968; The Death of Mr. Baltisberger, En. N. Y. 1975; Postřižiny, E. 1976 (Die Schur, d. 1983); Městečko, kde se zastavil čas, N. Innsbr. 1978; Krasosmutnění, En. 1979 (Schöntrauer, d. 1983); Každý den zázrak, En. 1979; Obsluhoval jsem anglického krále, R. 1980 (Ich habe den englischen König bedient, d. 1994); Příliš hlučná samota, E. 1980 (Allzu laute Einsamkeit, d. 1998); Harlekýnovy milióny, N. 1981 (Harlekins Millionen, d. 1984); Domácí úkoly z pilnosti, En. 1982; Městečko u vody, E. 1982; Proluky, R. 1986 (Ich dachte an die goldenen Zeiten, d. 1999); Svatby v domě, R. 1987 (Hochzeiten zu Hause, d. 1993); Vita nuova, R. 1987; Kouzelná flétna, Ess. 1990 (Die Zauberflöte, d. 1990); Listopadový uragan, Ess. 1990; Ztracená ulička, G. 1991; Růžový kavalír, Ess. 1991; Večerníčky pro Cassia, Ess. 1993; Texty, Ess. 1994. – Spisy (W), XVIII 1991–97. – Übs.: Bohumil Hrabals Lesebuch, Ausw. 1969; Der Tod des Herrn Baltisberger, En. 1970; Moritaten und Legenden, 1973; Wollen Sie das goldene Prag sehen?, Ausgew. En. 1981; Sanfte Barbaren, En. 1986.

L: S. Roth, Laute Einsamkeit und bitteres Glück, 1986; J. Kladiva, 1988; Hommage à H., 1989, hg. S. Roth, 1989; R. Pytlík, 1990. – Bibl.: V. Kadlec, 1992 (Hanťa Press, 12).

Hranilović, Jovan, kroat. Dichter u. Kritiker, 18. 12. 1855 Kričke/Dalmatien – 5. 8. 1924 Novi Sad. Griech.-kathol. Pfarrer. – Außer krit. u. polem. Schriften gegen L'art pour l'art hinterließ H. patriot. Gedichte u. moralisierende Erzählungen.

W: Jedna noć, E. 1880; Reformatori, E. 1884; Žumberačke elegije, G. 1886; Pjesme svakidanke, G. 1890; Hrvatska književnost na početku 20. stoljeća, Es. 1904; Najnovije hrvatsko pjesništvo, Es. 1906.

L: A. Petravić, 1905; J. Frangeš, 1976.

Hrinčenko, Borys (Ps. Vasyľ Čajčenko, Vartovyj u. a.), ukrain. Schriftsteller und Linguist, 9. 12. 1863 Vilchovyj Jar bei Charkov – 6. 5. 1910 Ospedaletti/Italien. Anfangs Lehrer auf dem Lande, dann in Černigov, später Kiev, gründete dort 1906 die Zs. ›Nova Hromada‹. – Realist.-nationalukrain. Erzähler, Lyriker, Dramatiker und Essayist. Gedichte u. Erzählungen um soziale u. polit. Probleme im ukrain. Dorf; meist hist. Dramen. Übs. Ibsen, Goethe, Schiller, Schnitzler u. a.

W: Sonjašnyj promin', En. 1890; Na rozputti, En. 1891; Etnografičeskie materialy, III 1895–99; Sered temnoji noči, En. 1900; Pid tychmy verbamy, En. 1901; Slovar ukrajins'koji movy, Wörterb. IV 1902–09; Na besprosvetnom puti, Ess. 1906; Pered šyrokym svitom, Ess. 1907; Lysty z Naddniprjans'koji Ukrajiny, Ess. 1917. – Tvory (W), III 1892, II 1909, 1963, X 1926–30, I 1970.

L: M. Plevako, 1911; L. Smiljans'kyj, 1930.

Hronský, eig. Jozef Cíger, slovak. Schriftsteller, 23. 2. 1896 Zvolen – 13. 7. 1960 Luján/Argentinien. Lehrer, Redakteur, ab 1933 Sekretär u. Leiter des Kulturvereins ›Matica slovenská‹ Martin, emigrierte 1945. – In zahlr. Dorfromanen u. -novellen überwindet H. die ep. Darstellungsweise des Realismus u. gestaltet den Stoff in Hingabe an Eindruck u. Stimmung impressionistisch. Verf. von Jugendbüchern.

W: Žltý dom v Klokoči, R. 1927; Medové srdce, N. 1929; Podpolianske rozprávky, En. 1932; Jozef Mak, R. 1933; Sedem sŕdc, N. 1934; Pisár Gráč, R. 1940; Na Bukvovom dvore, R. 1944; Andreas Búr Majster, R. 1947; Svet na trasovisku, R. 1960. – Zobrané spisy (GW), VIII 1938–44; Dielo (W), 1993ff. – Übs.: Ausw. P. Kutzner 1948.

L: A. Matuška, 1970; J. Števček, Lyrizovaná próza, 1973; A. Mařovčík, 1995.

Hrubín, František, tschech. Lyriker, 17. 9. 1910 Prag – 1. 3. 1971 České Budějovice. 1935–45 Bibliotheksbeamter, dann freier Schriftsteller. – Der bes. als Vf. von Kinderbüchern bekannte H. begann mit formvollendeter, zarter Lyrik, deren Hauptmotiv – die Liebe zu Frau u. Heimat – den Rahmen für s. metaphys. Betrachtungen bildet. Im Krieg wandte sich H. aktuellen Themen zu, wurde zum pathet. Kämpfer gegen Macht, Unrecht u. Willkür, wobei s. Hang zum Spirituellen wiederholt zum Durchbruch gelangte.

W: Zpíváno z dálky, G. 1933; Krásná po chudobě, G. 1935; Země po polednách, G. 1937; Země sudička, G. 1942; Cikády, G. 1943; Mávnutí křídel, G. 1944; Chléb s ocelí, G. 1945; Jobova noc, G. 1945; Řeka nezapomnění, G. 1946; Zpěv hrobů a slunce, G. 1947; Nemírný krásný život, G. 1947; Hirošima, G. 1948; Můj zpěv, G. 1956; Proměna, G. 1958; Srpnová neděle, Dr. 1958 (An einem Sonntag im August, d. 1963); U stolu, Erinn. 1958; Křišťálová noc, Dr. 1961; Romance pro křídlovku, G. 1962 (Romanze für ein Flügelhorn, d. 1978); Až do konce lásky, G. 1962, Lásky, G. 1967; Oldřich a Božena, Dr. 1969; Trávy, G. 1969. – Verše, 1956; Básnické dílo (W), V 1967–77; Knihy F. H. pro děti, III 1968–76; Próza a dramata, 1969. – Übs.: Märchen aus Tausendundeiner Nacht, 1966.

L: J. Strnadel, 1958; Čtyři studie o F. H., 1960; V. Závada, J. Opelík, Krajina rodu v díle F. H., 1970; J. Strnadl, 1980. – Bibl.: S. Mouchová, 1970.

Hrušovský, Ján, slovak. Schriftsteller, 4. 2. 1892 Nové Mesto nad Vahom – 7. 3. 1975 Bratislava. Frontsoldat im 1. Weltkrieg, 1920/21 Studienaufenthalt in Italien, Redakteur. – Nach autobiograph. Skizzen u. bizarren Novellen mit gesteigerter Erotik schrieb H. expressionist. Romane, in denen er die moral. Zersetzung des Menschen im Kriege darstellt.

W: Zo svetovej vojny, En. 1919; Takí sme boli, En. 1920; Pompíliova Madonna, En. 1923; Dolorosa, En. 1925; Muž s protézou, R. 1925; Peter Pavel na prahu nového sveta, R. 1930; Jánošík, R. 1933; Dráma na ostrove, R. 1935; Prízrak, R. 1941; Kariéra, R. 1961; Pohroma, R. 1962; Umelci a bohémi, En. 1963; Rákócziho pochod, R. 1968; Javorový generál, R. 1968; Ruže a trón, R. 1969; Povesť o dvoch železných dvoroch, R. 1972; Rozmarné poviedky, En. 1974; Prípad poručíka Seeborna, Ausw. 1976.

L: J. Gregorec, Výboje prózy, 1962.

Hsieh Ling-yün → Xie Lingyun

Hsi K'ang → Xi Kang

Hsin Ch'i-chi → Xin Qiji

Huang Chunming, chines. Erzähler, * 13. 2. 1939 Yilan (Taiwan). Zunächst Handwerkerlehre, dann Lehrerstud.; unstetes Leben mit Gelegenheitsjobs. 1967 erste Erzählungen. H. verfolgt vielfältige Interessen: Dokumentarfilme, Sammlung von Volkslit. und Volksliedern, Mitwirkung bei der Verfilmung s. Erzählungen. – S. ländl. Herkunft entsprechend sind die Protagonisten von H.s frühen, autobiograph. gefärbten Erzählungen die ›kleinen Leute‹ auf dem Land, deren Nöte und Schicksale er liebevoll, manchmal sentimental beschreibt. H. ist bedeutender Vertreter der ›xiangtu wenxue‹ (Heimatlit.): Begründung e. taiwanes. Identität, realist. Erzählweise, Opposition gegen avantgardist. Richtung in der Lit. Vor allem in den späteren Erzählungen H.s mit städt. Thematik sind nationalist. Töne unübersehbar; krit.-satir. Auseinandersetzung mit Verwestlichung in Taiwan.

W: Erzi de da wanou, 1969; Luo, 1974; Shayonala – Zaijian, 1974; Xiao guafu, 1975; Wo ai Mali, 1979. – Xiaoshuoji (GW), III 1985. – Übs.: in: Blick übers Meer, hg. H. Martin u. a. 1982; Der ewige Fluß, hg. Kuo Hengyü 1986.

L u. Übs.: I. Gruber, Moderne Zeiten, 1987.

Huang T'ing-chien → Huang Tingjian

Huang Tingjian, chines. Dichter, 1045 Hongzhou (Jiangxi) – 1105 Yizhou (Guangxi). ›Jinshi‹-Prüfung 1067; Einführung in die Lyrik durch → Su Shi. Nach Ämtern in untergeordneten Positionen zweimalige Verbannung wegen s. Nähe zur konservativen Fraktion am Hof. – H. gilt als Begründer der Jiangxi-Schule der Lyrik und wichtigster Schüler Su Shis. Mehr als 2000 shi-Gedichte und 100 Lieder (ci) sind überliefert. Aufbauend auf tangzeitl. Vorbildern strebt er nach individuellem Stil, wandelt die konventionellen prosod. Regeln der shi-Lyrik ab, verwendet schwierige Reime und abseitige Anspielungen. Kritiker warfen ihm dies als Manierismus vor; in neuerer Zeit wird er für s. poet. Originalität hochgeschätzt.

A: Shangu shijizhu, komm. Ausg. 1960; Huang Tingjian quanji, GA 2001.

L: L. Bieg, 1971.

Huang Tsun-hsien → Huang Zunxian

Huang Zunxian, chines. Dichter, 1848 Meixian (Guangdong) – 28. 3. 1905 ebda. Aus wohlhabender Hakka-Familie stammend, frühe Kontakte zur westl. Kultur (Hongkong); erfolgr. Abschluß der Beamtenprüf. 1876; danach im diplomat. Dienst in Tokyo, San Francisco, London, Singapur. Führend in der Reformbewegung in Hunan 1897/98. Nach Niederlage der Reformer im Ruhestand. – H. gilt als bedeutendster Vertreter der ›Revolution der Poesie‹ der späten Qing-Zeit. Zwar verwendet er in s. Gedichten, die Eindrücke aus dem Ausland verarbeiten und Korruption, Rückständigkeit u. a. Übelstände kritisieren, weiter die shi-Form; erneuernd wirkt H.s Lyrik aber durch die Verwendung umgangssprachl. Wendungen, ungewöhnl. Formen, fremdländ. Begriffe und die Behandlung nicht-chines. Themen.

W: Riben zashi shi, G. 1879; Riben guozhi, 1890 (Geschichte Japans, in Prosa); Renjinglu shicao jianzhu, komm. Ausg., G. 1957.

L: N. Kamachi, Cambr./MA 1981; J. D. Schmidt, Within the Human Realm, Cambr./MA 1994.

Huc, Philippe → Derème, Tristan

Hudson, Jeffery → Crichton, Michael

Hudson, W. H. (William Henry), engl. Romanschriftsteller, 4. 8. 1841 Quilmes b. Buenos Aires – 18. 8. 1922 London. Sohn amerik. Eltern, wuchs auf e. Farm am Rio de la Plata auf, streifte viel umher, studierte das Leben auf den Pampas. Ausgezeichneter Naturbeobachter, schrieb später zahlr. naturwiss. und naturbeschreibende Bücher, bes. über die Vogelwelt und die südamerik. Pampas. Zog 1869 nach England, litt dort sehr unter Krankheit, Armut und Einsamkeit. Erwarb erst 1900 brit. Staatsangehörigkeit. ∞ 1876 Emily Wingreave. Führte einige Zeit e. Gästehaus in Bayswater. 1901 Staatspension, auf die er später freiwillig verzichtete. – Außer naturwiss. Büchern verfaßte er auch Romane und Erzählungen von großer Frische und Natürlichkeit. Klarer, anschaul. Stil. In ›Far Away and Long Ago‹ gab er e. ausgezeichnetes Bild s. frühen Lebensjahre in Argentinien, Rima, die Hauptgestalt s. Romans

Huelle

›Green Mansions‹, die e. halbmenschl. Verkörperung des Geistes der Wälder darstellt, wurde bekannt durch Epsteins berühmte gleichnamige Skulptur.

W: The Purple Land, R. 1885 (Roman in Uruguay, d. 1930); A Crystal Age, R. 1887; Birds in a Village, Schr. 1893; El Ombu, E. 1902; Green Mansions, R. 1904 (n. 1964; Rima, d. 1958, u.d.T. Das Vogelmädchen, 1980); A Shepherd's Life, E. 1910; Far Away and Long Ago, Aut. 1918; A Traveller in Little Things, 1921. – Collected Works, XXIV 1922f.; Works, VII 1951–54; Letters to E. Garnett, hg. E. Garnett 1925; Letters to Cunninghame Graham, hg. R. Curle 1951.

L: M. Roberts, 1924; E. Espinoza, 1951; L. H. Velasquez, 1963; R. W. Tomalin, ²1969; J. R. Hamilton, ²1970; A. D. Ronner, 1986. – *Bibl.:* G. F. Wilson, 1968.

Hueffer, Ford Madox → Ford, Ford Madox

Huelle, Paweł, poln. Erzähler und Lyriker, * 10. 9. 1957 Danzig. Stud. Polonistik Danzig. 1980/81 aktiv in der ›Solidarność‹. Seit 1994 Direktor des Danziger Lokalfernsehens. Lebt in Danzig. – Sein Roman ›Weiser Dawidek‹ war das bedeutendste lit. Debüt der 80er Jahre. In dem vielschichtigen Roman verbinden sich polit. Motive und die dt.-poln.-jüd. Problematik mit methaphysisch-märchenhaften Ereignissen. Die Handlung ist in das Jahr 1957 gelegt. Sie reflektiert die innere Unruhe des Menschen auf der Suche nach Identität und eigenen Werten. Die mit dem Debüt verknüpften hohen Erwartungen wurden durch die darauffolgenden Erzählungen und Gedichte nicht erfüllt.

W: Weiser Dawidek, d.-poln.-jüd. 1987 (d. 1992); Opowiadania na czas przeprowadzki, En. 1991 (Schnekken, Pfützen, Regen und andere Geschichten aus Gdańsk, d. 1992); Wiersze, G. 1994; Pierwsza miłość i inne opowiadania, 1996 (Silberregen. Danziger Erzählungen, d. 2000).

Huerta, Vicente de la García → García de la Huerta, Vicente Antonio

Hüseyin Rahmi → Gürpinar, Hüseyin Rahmi

Huet → Busken Huet, Conrad

Ḥuğandī Kamāl → Kamāl Ḥuğandī

Hughes, John (Ps. Ceiriog, Syr Menvig Grynswth), walis.-kymr. Dichter, 25. 9. 1832 Llanarmon Dyffryn Ceiriog/Denbigshire – 23. 4. 1887 Caersws/Montgomeryshire. 16 Jahre Bahnangestellter in Manchester, danach Bahnhofsvorsteher in Wales. Beschäftigte sich schon frühzeitig mit dem ländl. Leben, der Sprache und den Volksliedern von Wales. – Populärer walis. Dichter, schuf neben heute vergessenen Versen einige vorzügl. lyr. Gedichte in kymr. Sprache. Schrieb Natur- und Liebeslieder von schlichtem, volkstüml. Charakter; beherrschte die Kunst, seine Worte einer Melodie anzupassen. Seine Prosabriefe sind mit Humor und satir. Scharfblick geschrieben.

W: Oriau'r Hwyr, G. 1860; Oriau'r Bore, G. 1862; Cant o Ganeuon, G. 1863; Y Bardd a'r Cerddor, G. 1865; Oriau Eraill, G. 1868; Oriau'r Haf, G. 1870; Yr Oriau Olaf, G. 1888; Gohebiaethau Syr Meurig Grynswth, Br. hg. H. Bevan 1948. – Engl. Verse Translation, A. Perceval Graves, 1926.

L: I Foulkes, 1887; S. Lewis, 1929; W. J. Gruffydd, 1939.

Hughes, Langston, afroamerik. Schriftsteller, 1. 2. 1902 Joplin/MO – 22. 5. 1967 New York. Jugend im Mittelwesten und Mexiko, Stud. Columbia u. Lincoln Univ.; Matrose, Gelegenheitsarbeiter, Dichterlesungen ab 1925; 1932/33 Korrespondent in der Sowjetunion, dann im Span. Bürgerkrieg; lebte ab 1929 in Harlem. – Bedeutendster afroamerik. Lyriker Amerikas in der Nachfolge P. L. Dunbars. Verarbeitet Elemente der Volkskultur, bes. die Tonlage u. Schlichtheit des Blues, jazzähnl. freie Rhythmen, oft unter Verwendung afroamerik. Umgangssprache. Später zunehmend ankläger. Gedichte, Erzählungen, Skizzen über einfache Afroamerikaner, überwiegend Großstadtmilieu. Neben Dramen und Musikeinlagen auch polit. Kampfstücke, Anthologien zu Folklore, Geschichte u. Lyrik.

W: The Weary Blues, G. 1926; Not Without Laughter, R. 1930; Dear Lovely Death, G. 1931; The Negro Mother, G. 1931; The Dream Keeper, G. 1932; Scottsboro Limited, G. 1932; The Ways of White Folks, Kgn. 1934; A New Song, G. 1938; The Big Sea, Aut. 1940 (Ich werfe meine Netze aus, d. 1963); Shakespeare in Harlem, G. 1942; Fields of Wonder, G. 1947; One-Way Ticket, G. 1949; Simple Speaks His Mind, Kgn. 1950 (d. 1960); Montage of a Dream Deferred, G. 1951; Laughing to Keep from Crying, Kgn. 1952 (d. 1958); Simple Takes a Wife, Kgn. 1953 (d. 1965); The First Book of Jazz, 1955 (d. 1956); I Wonder as I Wander, Aut. 1956; Simple Stakes a Claim, R. 1957; Tambourines to Glory, R. 1958 (Trommeln zur Seligkeit, d. 1959); Selected Poems, 1959 (Gedichte, d. 1960); Ask Your Mama, G. 1961; Fight for Freedom; Story of the NAACP, Hist. St. 1962; Something in Common, Kgn. 1963; Five Plays, 1963; Simple's Uncle Sam, En. 1965; Black Magic, St. 1967; The Panther and the Lash, G. 1967; Black Misery, Schr. 1969; Don't You Turn Back, G. 1969; L. H. Reader, Ausw. 1969; Good Morning Revolution, Ess. hg. F. Berry, 1973; A. Bontemps – L. H., Br. 1925–1967, hg. C. H. Nichols 1980; Collected Poems, 1995. – *Übs.:* Weißgepuderte Gesichter, Kgn. 1961.

L: J. A. Emanuel, 1967; A. Meltzer, 1968; E. P. Myers, 1970; C. H. Rollins, 1970; T. B. O'Daniel, hg. 1971; P. Mandelik, Concordance, 1975; R. K. Barksdale, 1977; F. Berry, 1983; A. Rampersad, II 1986; E. J. Mullen, hg. 1986; H. L. Gates, K. A. Appiah, hg. 1993. – *Bibl.:* D. C. Dickinson, ²1972; R. B. Miller, 1978.

Hughes, Richard (Arthur Warren), engl. Schriftsteller, Lyriker und Dramatiker, 19. 4. 1900 Weybridge/Surrey – 28. 4. 1976 b. Halech/Wales. Stud. Oxford. 1918 Freiwilliger der Armee, kein Kriegseinsatz. Bereiste Europa, USA, Kanada, Westindien u. den Nahen Osten. Lebte mit s. Frau F. Bazley u. 5 Kindern einsam in der Cardigan-Bucht. Mitbegründer der Portmadoc Players/Wales. – ›Danger‹ gilt als 1. Hörspiel überhaupt. Shaw bezeichnete ›The Sister's Tragedy‹ als ›den besten Einakter, der je geschrieben wurde‹. Wie s. Bestseller und Jugendbuch-Klassiker ›A High Wind in Jamaica‹ lotet auch H.' übriges Werk oft die Gültigkeit menschl. Moralvorstellungen und die Gewaltbereitschaft Unschuldiger (häufig Kinder) in menschl. und hist. Krisensituationen aus; charakterist. für das Werk sind die v. a. strukturbedingte Ironie und e. subtile psychologisierende Charakterzeichnung. H.' allegor. Seeroman ›In Hazard‹ wird oft an die Seite von Conrads ›Typhoon‹ gestellt. Von s. ambitionierten Roman-Trilogie ›The Human Predicament‹, die die Erfahrungen e. engl. Reisenden während der Zeit zwischen den 2 Weltkriegen schildern sollte, sind nur ›The Fox in the Attic‹ und ›The Wooden Shepherdess‹ erschienen. Ersterer beschreibt u. a. den Hitler-Putsch 1923, in letzterem erlebt der Protagonist den Röhm-Putsch mit.

W: Gipsy Night, G. 1922; Danger, H. (1924); The Sister's Tragedy and Other Plays (u.a. A Comedy of Good and Evil; Danger [d. 1975]), Drn. 1924; Confessio Juvenis, G. 1926; A Moment of Time, Kgn. 1926; A High Wind in Jamaica, R. 1929 (u. d. T. The Innocent Voyage, 1929; Sturmwind auf Jamaika, d. 1931); The Spider's Palace, Kinder-Gesch. 1931 (Das Walfischheim, d. 1938); In Hazard, R. 1938 (Von Dienstag bis Dienstag, d. 1948; u. d. T. Hurrikan im Karib. Meer, 1956); Don't Blame Me, Kinder-Gesch. 1940; The Fox in the Attic, R. 1961 (d. 1963); Gertrude's Child, Kdb. 1966 (d. 1971); Gertrude and the Mermaid, Kdb. 1967 (d. 1971); The Wooden Shepherdess, R. 1973; The Wonder-Dog, Kinder-Gesch. 1977 (d. 1981); In the Lap of Atlas, Kgn. 1979; Fiction as Truth, Ess. 1983.

L: P. Hughes, 1984; R. Poole, 1986; P. Morgan, 1993; R. P. Graves, 1994.

Hughes, Ted (eig. Edward James), engl. Lyriker, 16. 8. 1930 Mytholmroyd/Yorkshire – 28. 10. 1998 Devon. Stud. Cambridge, ∞ 1956 amerik. Dichterin Sylvia Plath, Dozent für Lit. an US-Univ., 1984 Poet Laureate. – E. der bedeutendsten engl. Lyriker seit dem 2. Weltkrieg. Mit blutgetränkter, gewalttätiger Rauheit, apokalypt. Rhetorik u. zugleich elementarer Intensität, sensibler Feinheit u. lakon. Kühle dargestellte Naturerfahrung wirkl. u. imaginärer Tiere als Reflexion menschl. Verhaltensweisen u. metaphys. Erlebens. Auch Gedichte für Kinder.

W: The Hawk in the Rain, G. 1957; Lupercal, G. 1960; Meet My Folks, Kdb. 1961; The Wound, H. 1962; Selected Poems, 1962 (m. T. Gunn); How the Whale Became, Kdb. 1963 (d. 1982); The Earth Owl and Other Moon People, Kdb. 1963; Wodwo, G. 1967; The Iron Man, Kdb. 1968 (d. 1969, n. 1987); The Iron Giant, Kdb. 1968; Poetry in the Making, Ess. 1970 (Wie Dichtung entsteht, d. 2001); The Coming of the Kings, He. 1970; Crow, G. 1970 (engl./dt. 1986); Eat Crow, G. 1971; Orghast, Sch. 1971; Selected Poems 1957–67, 1972; Prometheus on His Crag, G. 1973 (engl./dt. 2002); Season Songs, G. 1976; Earth-Moon, G. 1976; Gaudete, E. 1977; Moon Bells, G. 1978; Cave Birds, G. 1978; All Around the Year, G. 1979; Remains of Elmet, G. 1979; Moortown, G. 1979; Selected Poems 1957–1981, 1982; River, G. 1983; Flowers and Insects, G. 1986; Tales of the Early World, Kdb. 1988; Wolfwatching, G. 1989; Capriccio, G. 1990; Shakespeare and the Goddess of Complete Being, St. 1992; The Iron Woman, Kdb. 1993; Winter Pollen, Slg. 1994; Difficulties of a Bridegroom, Kgn. 1995; The Dreamfighter, Kdb. 1995; New Selected Poems 1957–94, 1995; Collected Animal Poems, IV 1995; Birthday Letters, G. 1998. – *Übs.:* Gedanken-Fuchs, engl./dt. 1971; Etwas muß bleiben, G. engl./dt. 2002.

L: W. Mitgutsch, 1974; M. D. Uroff, 1979; E. Faas, 1980; S. Hirschberg, 1980; K. Sagar, ³1981; ders., hg. 1983; Th. West, 1985; L. M. Scigaj, 1986; D. Walder, 1987; C. Robinson, 1989; N. McEwan, 1990; N. Bishop, 1991; T. Paulin, 1992; M. Scigaj, hg. 1992; A. Skea, 1995; P. Bentley, hg. 1998; N. Gammage, The Epic Poise, 1999; K. Sagar, The Laughter of the Foxes, 2000; E. Tennant, Burnt Diaries, 2001; E. Feinstein, 2001; E. Wagner, Ariel's Gift, 2001; Ch. Bell, 2002. – *Bibl.:* K. Sagar, S. Tabor, 1998.

Hughes, Thomas, engl. Romanschriftsteller und Biograph, 20. 10. 1822 Uffington – 22. 3. 1896 Brighton. Sohn e. Gutsbesitzers, in Rugby erzogen. Stud. Oxford. Jurist. 1865–74 Parlamentsmitgl. der Liberalen. Seit 1882 Richter in Chester. Aktiver christl.-sozialer Reformer. – S. sehr erfolgr. Roman ›Tom Brown's Schooldays‹ ist e. Studie s. eig. Schullebens in Rugby unter dem Reformator der Public Schools, Dr. Thomas Arnold. Das Buch zeigt Vorzüge und Nachteile des Public-School-Systems und hatte Einfluß auf dessen weitere Entwicklung. Der Fortsetzungsband ›Tom Brown at Oxford‹ war e. Fehlschlag. Schrieb außerdem Biographien von Alfred d. Gr., Bischof Fraser, dem Verleger Macmillan und s. Bruder George.

W: Tom Brown's Schooldays, R. 1856; Tom Brown at Oxford, R. 1861; Scouring of the White Horse, R. 1859; Memoir of a Brother, B. 1873.

L: M. L. Parrish, B. K. Maun, Ch. Kingsley, T. H., 1936; E. C. Mack, W. H. G. Armytage, 1953; G. J. Worth, 1984; E. Troy, 1993.

Hugo, Victor, franz. Dichter, 26. 2. 1802 Besançon – 22. 5. 1885 Paris. Generalssohn; nachwirkende Eindrücke auf Reisen nach Italien

(1808) und Spanien (1811/12), Schule Collège Louis-le-Grand, nach kurzem Stud. Ecole Polytechnique, Paris, ausschließl. Literat. 1819 Preisträger der ›Jeux Floraux‹, Toulouse, und Gründer e. lit. Zs. ›Le Conservateur littéraire‹; 1822 Pension von Ludwig XVIII. 1822 ∞ Adèle Foucher, 1824 Gründer der Zs. ›La Muse française‹, Organ der franz. Romantiker, Mitglied und ab 1828 Mittelpunkt der romant. ›Cenacles‹; 1841 Mitglied der Académie Française. Schaffenspause zwischen 1843 (Tod der Lieblingstochter Leopoldine) und 1852, polit. Engagement, 1848 Abgeordneter der Pariser Kammer, Demokrat. Bei Errichtung des 2. Kaiserreichs wegen Opposition gegen Louis Napoleon 1851 Flucht nach Belgien, Jersey und schließlich Guernsey (1855–70), dort dichter. fruchtbarste Zeit. 1870 Rückkehr nach Paris. S. Begräbnis war e. Apotheose; im Panthéon beigesetzt. – Haupt und Wortführer der franz. Hochromantik von großer dichter. Fruchtbarkeit, Anreger für fast alle lit. Strömungen des 19. Jh. in Frankreich. Mensch von starker körperl. und seel. Kraft. Fühlte sich als ›tausendstimmiges Echo der Weltenmitte‹, wandte sich als Seher und Führer an die gesamte Menschheit, liebte deshalb die pathet. Gebärde und neigte zur Maßlosigkeit. Entdeckte das Groteske als ästhet. Wert. Formulierte die Ziele der Romantik im ›Préface de Cromwell‹, verbreitete sie durch das antiklassizist. Drama ›Hernani‹. S. zahlr. Romane, Dramen und Gedichte galten als Muster. ›Notre-Dame de Paris‹, e. romant. Geschichtsroman über das Paris des 15. Jh. mit s. got. Kathedrale als Mittelpunkt, ist der beste franz. hist. Roman. ›Les Misérables‹, zwischen Kriminalroman und hist. Roman stehend, heroisierte das niedere Volk. Auch in anderen Romanen Anwalt für die vom Leben Benachteiligten. ›Les Châtiments‹ sind Haßgedichte auf Napoleon III. und andere polit. Gegner von bisweilen grotesker Bildhaftigkeit. In den ›Contemplations‹, bes. im 2. Teil, deutet H. als Seher persönl. Erleben symbolisch für das Menschenschicksal. H.s Alterswerk, ›La Légende des siècles‹, e. weit angelegter, aus Kleinepen und lyr. Teilen bestehender Zyklus, stellt die hist. Entwicklung als Läuterungsweg der Menschheit dar. In den lyr. Teilen s. Werks zeigt sich H. als großer Dichter. Meisterhafte Formkunst und geniale Kraft s. sinnl., visionären Phantasie.

W: Bug Jargal, R. 1819; Odes, 1822; Han d'Islande, R. 1825; Odes et Ballades, 1826; Cromwell, Dr. 1827; La Préface de Cromwell, 1827 (n. M. Souriau 1897); Le dernier jour d'un condamné, R. 1829; Les Orientales, G. 1829; Hernani ou l'honneur castillan, Dr. 1830; Les Feuilles d'Automne, G. 1831; Marion Delorme, Dr. 1831; Notre-Dame de Paris, R. 1831 (n. II 1921); Le Roi s'amuse, Dr. 1832; Lucrèce Borgia, Dr. 1833; Marie Tudor, Dr. 1833; Claude Gueux, R. 1834; Littérature et philosophie mêlées; Prosa 1834; Les Chants du Crépuscule, G. 1835; Angelo, Dr. 1835; Les Voix intérieures, G. 1837; Ruy Blas, Dr. 1838; Les Rayons et les Ombres, G. 1840; Le Rhin, Prosa 1842; Les Burgraves, Dr. 1843; Napoléon le petit, Prosa 1852; Histoire d'un crime, Prosa 1852; Les Châtiments, G. 1853 (n. P. Berret II ²1932); Les Contemplations, G. 1856 (hg. J. Vianey III 1922–25); La Légende des Siècles, Ep. 1859–83 (hg. P. Berret VI 1920–27, ²1932); Les Misérables, R. 1862 (d. 1929); Shakespeare, Prosa 1864 (d. 1915/16); Les Chansons des Rues et des Bois, G. 1865; Les Travailleurs de la mer, R. 1866 (d. 1944); L'homme qui rit, R. 1869 (d. 1936); L'Année terrible, G. 1872; Quatre-vingt-treize, R. 1874 (d. 1939); L'Art d'être grand-père, G. 1877; Le Pape, G. 1878; La Pitié suprême, G. 1879; L'Ane, G. 1880; Religions et Religion, G. 1880; Les Quatre Vents de l'Esprit, G. 1881; Torquemada, Dr. 1882; Le Théâtre en liberté, Dr. (hg. 1887); Choses vues, Tg. II 1887 (n. 1900); Toute la Lyre, G. 1888–93; Post-scriptum de ma vie, G. 1901; La dernière gerbe, G. 1902; Journal de ce que j'apprends chaque jour, hg. R. Journet, G. Robert 1965. – Œuvres complètes, XLV 1904–52, 2002; Œuvres, Edition nationale, XLIII 1885–97; Poésies complètes, 1961; Œuvres poétiques, 1964; Œuvres romanesques, 1962; Théâtre, II 1963f.; Œuvres politiques, 1964; Correspondance 1815–82, II 1896–98; Lettres à la fiancée, 1820–22, 1901. – *Übs.:* SW, XXI 1839–43, ³1858–62; Sämtl. poet. Werke, L. Seeger III 1860–62.

L: A. Hugo, V. H. Raconté par un témoin de sa vie, II 1863; C. Renouvier, 1883–1900; V. Biré, IV 1884–94; E. Dupuy, 1887; T. Gautier, 1902; H. v. Hofmannsthal, Versuch üb. V. H., ²1925; P. Berret, 1927; D. Saurat, La religion de V. H., 1929; R. Escholier, V. H. raconté par ceux qui l'ont vu, 1931; A. Franz, Aus V. H.s Werkstatt, II 1929–34; F. Gregh, 1933; G. Brunet, 1935; E. M. Grant, The Career of V. H., Cambr./Mass. 1945; C. Baudouin, Psychanalyse de V. H., 1943; P. Zumthor, 1946; D. Saurat, V. H. et les dieux du peuple, 1948; J.-B. Barrère, La fantaisie de V. H., III 1949–60; H. Guillemin, V. H. par lui-même, 1951; M. Levaillant, La crise mystique de V. H., 1954; A. Maurois, Olympio, 1954; ders., 1969; G. Venzac, 1955; J. Roos, 1958; P. Albouy, La création mytholog. chez V. H., 1963; G. Piroué, 1964; J.-B. Barrère, 1965; J. Rousselot, 1966; D. Coulmas, 1966; H.J. Heimbecher, V. H. u. d. großen Ideen d. franz. Rev., 1967; J. Gaudon, 1969; C. Gély, 1969; Ph. v. Tieghem, Dict. de V. H., 1970; Ch. Villiers, L'univers métaphysique de H., 1970; C. Chahine, 1971; M. Lebreton-Savigny, 1972; H. Peyre, 1972; A. Ubersfeld, 1974; F. Bartfeld, 1975; C. Duits, 1975; B. Gros, 1975; H. Menschonnic, II 1977; J. Mistler, 1977; M. Petrovska, 1977; H. Juin, 1980; J. F. Bory, 1980; J. de Montigny, 1981; E. Jonesco, 1982; P. Seghers, 1983; J. Savant, 1983; K. Wren, 1983; J.-F. Kahn, 1984; H. Wentzlaff-Eggebert, 1984; C. Bufat, 1996; R. Butler, 1998; T. Gautier, 2000; J. Drouet, 2001; J. Laiter, 2001; P. L. Ruy, 2002; M. Gallo, 2002; Ph. Dumas, 2002; A. Jamaux, 2002; G. Prouteau, 2002; J. Seebacher, 2002; P. Berret, 2002; F. Eurard, 2002; A. Cabanis, 2002; J. Picon, 2002; B. Fuligny, 2002; P. Gamarra, 2002. – *Bibl.:* M. Rudwin, 1926; E. M. Grant, Chapel Hill 1967.

Hugo, Primas von Orleans, ma. lat. Dichter, 1093 Orléans – nach 1160. Gehört zu den clerici vagantes. Nach klass. Stud. Grammatiker in s. Geburtsstadt, dann in Paris. Überliefert sind 50 Gedichte, Gelegenheitsstücke u. Satiren. Pralle Freude am Diesseits wechselt mit der Melancholie des alternden Menschen (Dives eram et dilectus).

A: Die Oxforder Gedichte des P., hg. W. Meyer, in: Gött. Nachr. 1907 (n. 1970); Hymnen und Vagantenlieder, Ausw. hg. K. Langosch 1954 (m. Übs.); The Oxford Poems of H. P., hg. C. J. McDonough 1984.

L: R. Louis, A propos du ›tu autem‹ dans un poème latin d'H. le Primat, 1949.

Hugo von St. Victor, 1096 Hartingham/Sachsen – 11. 2. 1141 Paris. Wohl im Augustiner-Chorherrnstift Hamersleben erzogen, Theologe, seit 1118 Augustiner-Chorherr von St. Victor in Paris, 1125 Lehrer und 1133 Prior und Leiter der Klosterschule ebda. – Einflußreicher Mystiker und Scholastiker des 12. Jh., Sammlung weltl. und geistl. Universalwissens (›Didascalion‹, ›De sacramantis‹), myst. Schriften (›Soliloquium de arrha animae‹ u. a.).

A: J. P. Migne, Patrol. Lat. 175–77, 1854; Soliloquium, hg. K. Müller 1913 (d. M. Roeckerath 1924); Didascalion, hg. C. H. Buttimer, Washington 1939; De contemplatione, hg. R. Baron 1958 (dt. Ausw. P. Wolff 1961).

L: B. Hauréau, Paris 1886 (n. 1963); A. Mignon, Les origines de la scolastique et H. de St. V., II 1895; W. A. Schneider, Gesch. u. Geschichtsphilos. b. H. de St. V., 1933; H. Köster, D. Heilslehre des H. v. St. V., 1940; H. R. Schlette, D. Nichtigkeit d. Welt, 1961; R. Baron, 1965. – *Bibl.:* D. Lasic, 1956.

Huidobro, Vicente (eig. V. García Huidobro Fernández), chilen. Lyriker, 10. 1. 1893 Santiago – 2. 1. 1948 Cartagena. Lebte jahrzehntelang in Paris, schrieb auch franz. u. übersetzte teilweise s. Werke ins Franz.; Redakteur der Zs. ›Sic‹, Mitarbeit an ›Nord-Sud‹; befreundet mit Apollinaire, Reverdy u. a.; unermüdl. Vorkämpfer für s. neuen poet. Theorien, denen er mit Manifesten zum Durchbruch verhelfen wollte. – E. der typischsten Vertreter der Avantgarde-Lit.; Begründer des ›Creacionismo‹. Machtvolle Phantasie, völlig neuartige Metaphern, kühne Neuerungen, die z. T. begeistert aufgenommen, z. T. verhöhnt wurden.

W: Ecos del alma, G. 1911; Canciones en la noche, G. 1913; La gruta del silencio, G. 1913; Las pagodas ocultas, G. 1914; Adán, G. 1916; El espejo de agua, G. 1916; Horizon carré, G. 1917; Ecuatorial, G. 1918; Poemas árticos, G. 1918; Hallali, G. 1918; Tour Eiffel, G. 1918; Saisons choisies, G. 1921; Automne régulier, G. 1925; Manifestes, Es. 1925; Tout à coup, G. 1925; Mío Cid Campeador, R. 1929; Altazor o el viaje en paracaídas, 1931 (d. 1982); Cagliostro, Film-R. 1934; En la luna, Sch. 1934; Tres inmensas novelas, N. 1935 (m. H. Arp) (3 u. 3 surreale Geschichten, d. 1963); Sátiro o El poder de las palabras, R. 1939; Ver y palpar, G. 1941; El ciudadano del olvido, G. 1941; Ultimos poemas, G. 1948. – Obras Completas, hg. B. Arenas II 1964, hg. H. Montes II 1976; Poesía y prosa, hg. A. de Undurragà ^{2}1967; Poesías, hg. E. Lihn 1968. – *Übs.:* Poesie, Ausw. 1966.

L: A. Pizarro, 1971; S. Yurkievich, 1971; E. Caracciolo Trejo, 1974; F. Verhesen, Le Citoyen de l'oubli, Paris 1974; R. de Costa, hg. 1975; G. Yúdice, 1977; C. G. Wood, New Brunswick 1978; M. Camurati, 1980; J. Concha, 1980; E. Mitre, 1981; E. B. Ogden, 1983; R. de Costa, 1980, 1984; D. Bary, 1984; P. López Adorno, 1986; O. Jimeno-Grendi, 1989; S. Benko, 1993; K. Hopfe, 1996; V. Teitelboim, 1996.

Huldén, Lars, finnl.-schwed. Dichter, * 5. 2. 1926 Jakobstad (Pietarsaari)/Finnland. Prof. für nord. Sprachen Helsinki. – Spielerische, sprachbewußte Lyrik, beeinflußt von C. M. Bellman, den H. 1994 neu herausgab, u. s. heimatl. Landschaft; i. d. Ironie verbirgt sich zunehmender Pessimismus. – Hrsg. u. übs. das finn. Nationalepos ›Kalevala‹.

W: Dikter vid särskilda tillfällen, G. 1979; Jag blir gammal, kära du, G. 1981; Mellan jul och Ragnarök, G. 1984; Berättelser ur min förflutna liv, G. 1990; Berättelser om mig och dem andra, En. 1992; Vegas fjärd: osammanhängande poetisk berättelse om ett förlopp, G. 1997; Vers och prosa under ganska många år, G. 1997; Rödhamn, Libr. 2002.

Hulme, Keri, neuseeländ. Erzählerin und Lyrikerin, * 9. 3. 1947 Christchurch. Folgte versch. beruf. Tätigkeiten, bevor sie als Schriftstellerin ihre (partielle) Maori-Abstammung explorierte, mit der sie sich in ihren lit. Werken identifizierte. – Berühmt wurde ihr Roman ›The Bone People‹. Dort entwirft sie e. neuen postkolonialen Mythos von e. ebenso spannungsreiche wie verständnisvollen vitalen Familiengemeinschaft, die aus unkontrollierten Eruptionen rass., geschlechtl. u. elterl. Gewalt hervorgeht. Ihre frühen Gedichte befassen sich mit der dichter. Selbstsuche zwischen europ. u. Maori-Abstammung. H.s Kurzgeschichten, die gleichzeitig mit ihrem Roman verfaßt wurden, thematisieren die gleichen Spannungen, jedoch mit anhaltender Bitterkeit u. zyn. Humor, ohne myth. Versöhnungsgesten.

W: The Silence Between (Moeraki Conversations), G. 1982; The Bone People, R. 1984 (Unter dem Tagmond, d. 1987); Lost Possessions, E. 1985; Te Kaihau/The Windeater, Kgn. 1986 (d. 1989); Strands, G. 1992.

Hulme, Thomas Ernest, engl. Dichter und Philosoph, 16. 9. 1883 Endon/Staffordshire – 28. 9. 1917 Nieuport/Belgien (gefallen). Stud. Philos. Cambridge u. London, begründete dort 1908 den ›Poets' Club‹. 1911 in Italien. Als Soldat im 1. Weltkrieg 1915 zuerst verwundet. – Vater des Imagismus, beeinflußte E. Pound und T. S. Eliot. Abwendung von traditionellen Formen zugunsten e. knappen, andeutungsreichen Bildsprache. S. Vorbild ist die abstrakt-geometr. byzantin. Kunst. Knüpft als Kunstphilosoph an Bergson an.

W: Complete Poetical Works, 1912; Speculations, Ess. hg. H. Read 1924; Notes on Language and Style, Ess. 1929 (d. 1962); Further Speculations, hg. S. Hynes 1955.
L: M. Roberts, 1938; A. R. Jones, 1960.

Hultberg, Peer, dän. Schriftsteller, * 8. 11. 1935 Kopenhagen. Ph.D. Slawistik, Universitätslektor in London u. Kopenhagen, 1973–78 Stud. C. G.-Jung-Institut Zürich, s. 1987 als Psychoanalytiker in Hamburg. – Vf. experimenteller, collageartiger Romane. Durchbruch mit ›Requiem‹, das in kurzen Prosastücken 537 Stimmen zu Wort kommen läßt. Auch Dramen.
W: Desmond, R. 1968; Requiem, R. 1985 (d. 1991); Slagne veje, En. 1988 (Spurweiten, d. 1997); Præludier, R. 1989 (d. 1992); Byen og verden, R. 1992 (Die Stadt und die Welt, d. 1994); Kronologi, En.-Ausw. 1995; De skrøbelige, Dr. 1998; Fædra og Kunstgreb, Drn. 2000; Vennebogen og Koglerier, Drn. 2001.

Humo, Hamza, Schriftsteller, 30. 12. 1895 Mostar – 19. 1. 1970 Sarajevo. Stud. Kunstgeschichte, Journalist in Belgrad, 1945 Direktor der Gemäldegalerie in Sarajevo. – Lyriker, Erzähler u. Dramatiker, schildert idealisierend das Leben der muslim. Kleinbürger Bosniens und die Konflikte zwischen Moslems und Christen.
W: Nutarnji život, G. 1919; Grad rima i ritmova, G. 1924; Grozdanin kikot, R. 1927 (Trunkener Sommer, d. 1958); Pod žrvnjem vremena, E. 1928; Pripovjetke, En. 1931; Pjesme, G. 1946; Adem Cabrić, R. 1947; Poema o Mostaru, Ep. 1949; Tri svijeta, Dr. 1951; Hadžijin mač, E. 1955. – Izabrane pjesme (AW), 1954.

Humphrey, William, amerik. Schriftsteller, 18. 6. 1924 Clarksville/TX – 20. 8. 1997 Hudson/NY. Stud., Gelegenheitsarbeiten, Europaaufenthalte. – H.s Romane, Erzählungen und Essays beschäftigen sich mit der Geschichte des amerik. Südens. Themat. widmet sich bes. das Frühwerk dem Kleinstadtleben in Texas. Stilist. ist H. mit Faulkner verglichen worden.
W: The Last Husband And Other Stories, En. 1953; Home From the Hill, R. 1958 (Die Schuld der Väter, d. 1960); The Ordways, R. 1965 (d. 1967); A Time and Place, En. 1968 (Zur Zeit von Bonnie u. Clyde, d. 1970); Proud Flesh, R. 1973; Farther Off from Heaven, Mem. 1977; My Moby Dick, R. 1978; Hostages to Fortune, R. 1985; No Resting Place, R. 1989; September Song, En. 1992.
L: B. Almon, 1998.

Hundert neue Novellen → Antoine de la Sale

Hung Sheng → Hong Sheng

Hunt, (James Henry) Leigh, engl. Journalist, Essayist und Lyriker, 19. 10. 1784 Southgate/Middlesex – 28. 8. 1859 Putney. Sohn e. Anwalts aus Philadelphia. In Christ's Hospital, London, erzogen. S. Jugendgedichte ›Juvenilia‹ 1801 von s. Vater veröffentlicht. Gab gemeinsam mit s. Bruder John versch. Zeitschriften heraus: 1805 ›News‹, 1808 ›The Examiner‹, 1810 ›The Reflector‹. Wegen Schmähung des Prinzregenten im ›Examiner‹ 2jährige Gefängnisstrafe. H. setzte auch im Gefängnis die Herausgabe s. Zeitschrift fort und wurde von vielen Freunden besucht, u. a. von Byron, Moore, Bentham und Ch. Lamb. ∞ 1809 Marianne Kent. Zu s. lit. Zirkel in Hampstead gehörten Keats, P. B. Shelley, Hazlitt, Lamb, Reynold u. a.; lebte 1822 mit Byron in Pisa und gab mit ihm die Zs. ›The Liberal‹ heraus. Die Zusammenarbeit war unerfreulich, und später griff H. Byron scharf an. Mitarbeiter an zahlr. Zeitschriften, begründete 1834 das ›London Journal‹. – Vorwiegend Prosaschriftsteller, bemüht um relig. und polit. Erneuerung. S. lit. Bedeutung beruht auf s. Essays und Kritiken. Schöpfer der Theaterkritik, wurde darin später von Hazlitt abgelöst. nach der Entlassung aus dem Gefängnis veröffentlichte Dichtung ›The Story of Rimini‹ ist in leicht lesbaren Versen geschrieben, Dante nachgedichtet. S. Essays zeigen ihn als e. scharfen Beobachter. H.s Kritik wurde in vielem wegbereitend, er förderte die Rezeption von P. B. Shelley und Keats, veröffentlichte auch Werke von ihnen in s. Zeitschriften und schlug Tennyson als Poet laureate vor. Als Lyriker unbedeutend und vergessen. Modell für Dickens' Gestalt des Skimpole in ›Bleak House‹.
W: The Feast of the Poets, 1814; The Story of Rimini, Dicht. 1816; Foliage, 1818; Hero and Leander and Bacchus and Ariadne, Dicht. 1819; Lord Byron and some of his Contemporaries, Ess. 1828; Sir Ralph Esher, R. 1830; A Legend of Florence, Sch. 1840; The Palfrey, G. 1842; Imagination and Fancy, Ess. 1844; Wit and Humour, Ess. 1846; Stories from the Italian Poets, Ess. 1846; Men, Women, and Books, Ess. II 1847; A Jar of Honey from Mount Hybla, 1848; The Town, II 1848; Autobiography, III 1850 (hg. R. Ingpen II 1903, E. Blunden 1928); Table Talk, Ess. 1851; The Religion of the Heart, 1853; The Old Court Suburb, Es. II 1855. – Poetical Works, hg. Th. Hunt 1860, H. S. Milford 1923 (n. 1978); Ausw., hg. J. H. Lobbay 1909; E. Storer 1911; Selected Essays, hg. J. B. Priestley 1929; Selected Writings, hg. D. Jesson-Dibley, 1990; Dramatic Criticism 1808–31, hg. L. H., C. W. Houtchens 1949; Literary Criticism, hg. dies. 1956; Political and Occasional Essays, hg. dies. 1962; Correspondence, hg. s. Sohn II 1862; Life in Letters, hg. E. M. Gates, 1998.
L: W. H. Marshall, 1959; E. Blunden, 1967 u. 1970; K. E. Kendall, H.s Reflector, 1971; R. A. McCown, hg. 1985; A. Blainey, Immortal Boy, 1985; T. J. Lulofs, H. Ostrom, L. H.: A Reference Guide, 1985, R. S. Edgecombe, 1994. – *Bibl.:* L. A. Brewer, 1970; Keats, Shelley, Byron, H., and their Circles, hg. R. A. Hartley 1978; J. W. Waltman, G. G. McDaniel 1985.

Hunter, Evan (Ps. Ed McBain, Richard Marsten), amerik. Erzähler, * 15. 10. 1926 New York. Nach Studium (B. A. 1950) und Armeedienst (1944–46) Lehrer und versch. andere Berufe; z. Z. freier Schriftsteller in New York. – H.s reißerisch-spannende Romane bieten mit ständig neuen mod. Themen (Kidnapping, Drogensucht, Leben in den Slums, Präsidentenmord u. ä.) gehobene Unterhaltung; ihr fotograf. krasser Realismus ist oft als gesellschaftl. Dokumentation mißverstanden worden. Als Ed McBain schrieb H. die erfolgr. Kriminalserie ›87th Precinct‹ (über 50 Romane bis 1998).

W: Don't Crowd Me, R. 1953 (d. 1955); The Blackboard Jungle, R. 1954 (Saat der Gewalt, d. 1967); Second Ending, R. 1956 (Aber wehe dem einzelnen, d. 1957); The Jungle Kids, Kgn. 1956; Strangers When We Meet, R. 1958 (d. 1980); A Matter of Conviction, R. 1959 (Recht für Rafael Morrez, d. 1960); Mothers and Daughters, R. 1961 (d. 1962); Happy New Year, Herbie, Kgn. 1963 (d. 1964); Buddwing, R. 1964 (Schock, d. 1966); The Paper Dragon, R. 1966 (Der Bestseller, d. 1967); A Horse's Head, R. 1967 (Das 500000-Dollar-Ding, d. 1969); Last Summer, R. 1968 (d. 1969); Sons, R. 1969 (d. 1971); Nobody Knew They Were There, R. 1972; Every Little Crook and Nanny, R. 1972; The Easter Man, Kgn. u. Dr. 1972; Come Winter, R. 1973; Streets of Gold, R. 1974; The Chisholms, R. 1976; Walk Proud, R. 1979; Love, Dad, R. 1981 (d. 1983); Far from the Sea, R. 1983 (d. 1984); Lizzie, R. 1984; Lightning, R. 1984 (d. 1985); Eight Black Horses, R. 1985; Poison, R. 1987; Puss in Boots, R. 1987 (Die gestiefelte Katze, d. 1990); The House That Jack Built, R. 1988 (d. 1992); Cophater, R. 1989; Vespers, R. 1990; Three Blind Mice, R. 1991; Kiss, R. 1992; Mischief, R. 1993; All through the House, R. 1994; Romance, R. 1995; Criminal Conversation, R. 1995 (Fatale Beweise, d. 1995); Privileged Conversation, R. 1996; Killer's Choice, 1996; Me and Hitch, R. 1997; Nocturne, R. 1997; The Last Best Hope, R. 1998; Barking at Butterflies, En. 2000; Driving Lessons, R. 2000 (d. 2002); Candyland, R. 2001; Money, Money, Money, R. 2002; The Moment She Was Gone, R. 2002.

Huon de Bordeaux, altfranz. Epos, geschrieben um 1220 von e. Spielmann aus der Gegend um St.-Omer. Der Dichter verbindet die Erzählung von Huon (s. unfreiwilligen Mord, die Verbannung u. Versöhnung mit Karl d. Gr.) mit der dt. Alberichsage. Der Zwergenkönig Oberon erweist sich als Freund u. Retter Huons. Das Epos steht auf der Mitte zwischen Chanson de Geste u. höf. Roman. Wegen der fesselnden, unterhaltenden Darstellung war es sehr beliebt, wurde im 13. Jh. fortgesetzt (›Esclarmonde‹, ›Clarisse et Florent‹, ›Yde et Olive‹, ›Le cycle de H. d. B.‹).

A: F. Guessard, C. Grandmaison 1860; P. Ruelle 1960; neufranz. J. Audiau 1927; Fortsetzungen M. Schweigel, 1891.
L: M. Rossi, H. d. B. et l'évolution du geure épique, 1975.

Huonder, Gion Antoni, rätoroman. Dichter, 18. 11. 1824 Mustér/Graubünden – 18. 3. 1867 Chur/Graubünden, Schulen Mustér, 1842 Gymnas. St. Gallen, Philos.- u. Rechtsstud. 1844–47 München, 1848 Paris, 1848/49 Redakteur von ›Il Romonsch‹ und ›Amitg dil pievel‹ in Chur; schlechte Geschäfte als Hotelier in Altdorf/Uri u. Glion/Graubünden, 1866 kleine Anstellung in Chur. – Diesem praktisch mißlungenen Leben entsprießen wenige Gedichte, die das Ideal des selbstherrl. freien Bergbauern ausdrücken. ›La Ligia grischa‹ und ›Il pur suveran‹ galten während Jahrzehnten als Bündner Nationallieder.

W: Poesias e Prosa, 1924.

Huovinen, Veikko Johannes, finn. Erzähler, * 7. 5. 1927 Simo. 1946 Abitur, 1954–56 Forstmeister, seit 1957 freier Schriftsteller, Dr. h. c. 1993, Ehrenprof. 1999. – E. der populärsten Erzähler, der noch traditionsgebunden nordfinn. Leben schildert. Zum Durchbruch verhalf ihm s. humorist. Roman ›Havukkaahon ajattelija‹ mit der Gestalt des Originals u. ›Waldphilosophen‹ Konsta. Die folgenden Werke, in denen er über die reine Volksschilderung hinauswächst, weisen ihn nicht nur als Humoristen u. subtilen Beobachter, sondern auch als tiefen Grübler, pazifist. Satiriker (›Rauhanpiippu‹) u. schwermütigen Pessimisten (›Talvituristi‹) aus.

W: Hirri, N. 1950; Havukka-ahon ajattelija, R. 1952 (Konsta, d. 1960); Ihmisten puheet, R. 1955; Rauhanpiippu, R. 1956; Hamsterit, R. 1957; Siintävät vuoret, R. 1959; Konstan Pylkkerö, N. 1961; Kuikka, En. 1965; Talvituristi, En. 1965; Lemmikkiläin, E. 1966; Lyhyet erikoiset, E. 1967; Mikäpä tässä, E. 1969; Lampaansyöjät, R. 1970; Veitikka, E. 1971; Rasvamaksa, Nn. 1973; Vapaita suhteita, Nn. 1974; Pylkkäs-Konsta mehtäämässä, En. 1975; Humusavotta, Tg. 1976; Ronttosaurus, Nn. 1976; Lentsu, R. 1978; Koirankynnen leikkaaja, R. 1980; Ympäristöministeri, R. 1982; Puukansan tarina, En. 1986; Joe-setä, R. 1988; Kasinomies Tom, R. 1990; Kukuskat, En. 1993; Pietari Suuri hatun polki, R. 1995; Porsaan paperit, Aut. 1999; Muina miehinä, Aut. 2001. – Kootut teokset 1–10 (GW), 1984–86.
L: A. Seppälä, V. H., humoristi, 1975; T. Liukkonen, V. H., 1997.

Hurban, Jozef Miloslav, slovak. Schriftsteller und Kritiker, 19. 3. 1817 Beckov – 21. 2. 1888 Hlboké. Evangel. Pfarrer, Hrsg. der Zss. ›Nitra‹ (1842), ›Slovenské pohl'ady‹ (1846–51) u. ›Církevné listy‹ (1863–75), nahm 1848 am slovak. Aufstand teil. – Außer theolog. Schriften, für die er den Ehrendoktortitel der Univ. Leipzig erhielt, schrieb H. patriot., mytholog. u. hist. Gedichte, zunächst tschech., ab 1848 slovak., sowie hist.-romant. Novellen, von denen nur ›Gottšalk‹ zu Lebzeiten in Buchform erschien; ferner krit. Abhandlungen u.

polit. Schriften. Unterstützte den sprachl. Separatismus Štúrs, dessen Biographie er verfaßte.
W: Gottšalk, N. 1861; Olejkár, N. 1889; Ľudovít Štúr, B. IV 1928–44; Básně a písně československé, G. 1930. – Spisy (W), 1928; Slovensko a jeho život literárny, Aufs. 1972; Dielo (W), 1983ff.
L: J. Bodnár, 1925; S. Št. Osuský, Filozofia štúrovcov, III 1926–32; I. Kusý, 1948; O. Mrlian, 1959; Vl. Mináč, 1974; T. Winkler, Perom a mečom, 1982.

Hurban-Vajanský, Svetozár, slowak. Dichter u. Kritiker, 16. 1. 1847 Hlboké – 17. 8. 1916 Martin. Ältester Sohn J. M. Hurbans, Stud. Rechte Preßburg und Budapest; Rechtsanwalt, 1878 Teilnahme an der Besetzung Bosniens, nach Rückkehr Redakteur der ›Národnie Noviny‹ u. ›Slovenské pohľady‹, die er 1881 mit J. Škultéty wieder herauszugeben begann; wegen polit. Tätigkeit wiederholt in Haft. – Führender slowak. Realist; s. patriot.-kämpfer. Lyrik u. byronist. Verserzählungen wurzeln zwar noch im Idealismus der Romantik, brechen stilist. u. themat. jedoch mit der alten Tradition. In s. psycholog. Gesellschaftsnovellen u. -romanen, die sich vorwiegend mit komplizierten u. leidenschaftl. Typen des Landadels, der Gefahr des nationalen Untergangs u. der Wiedergeburt befassen, ferner in zahlr. Studien über die lit. u. kult. Entwicklung im In- und Ausland u. in geistreichen Reiseberichten vertritt H.-V. bereits den künstler. Realismus.
W: Tatry a more, G. 1879; Besedy a dumy, Nn. II 1883/84 (darin Letiace tiene; Suchá ratolesť'); Zpod jarma, G. 1884; Verše, G. 1890; Koreň a výhonky, R. II 1895; Kotlín, R. III 1901; Pustokvet, R. 1905. – Zobrané diela (GW), XII 1907–13; XVIII 1937–43; Korresp. (Ausw. 1860–90), 1967.
L: A. Pražák, 1925; A. Mráz, 1926; A. Matuška, 1946; I. Kusý, 1969; P. Petrus, 1978; J. Juríček, 1988.

Ḥūrī, Ilyās (Elias Khoury), arab. Schriftsteller, Theaterautor und Lit.wissenschaftler, * 1948 Beirut. Stud. Gesch. und Soziol. (1968–70), Freiheitskämpfer im palästinens. Widerstand in Jordanien, 1973 Diplom in Paris, ab 1976 Hrsg. und Redakteur bei versch. lit. Magazinen, Mitarbeit im PLO-Forschungszentrum Beirut, 1980/81 Dozent für arab. Lit. an der Columbia Univ. in New York, später an der Amerik. Univ. Beirut, 1993–98 Leiter des Beiruter Experimentaltheaters. – Gehört mit s. experimentellen Roman- und Theaterwerk zur Avantgarde der libanes. Autoren. S. Werk formuliert Kritik an Krieg, ideolog. Verstrickung s. Figuren, der Fragmentierung ihrer Persönlichkeit und ihrem Sinnverlust.
W: al-Ǧabal al-ṣaġīr, 1977 (La Petite Montagne, Paris franz. 1987; Little Mountain, engl. 1989); al-Wuǧūh albaiḍā', 1981; Mamlakat al-ġurabā', 1993 (Königreich der Fremdlinge, d. 1998); Maǧmaʿ al-asrār (Der geheimnisvolle Brief, d. 2000).
L: E. W. Said, 1989; F. Pannewick, 2001.

Hurst, Fannie, amerik. Schriftstellerin, 18. 10. 1889 Hamilton/OH – 23. 2. 1968 New York. Aufgewachsen in St. Louis, Stud. Washington Univ. ebda., Columbia Univ.; lebte seither ständig in New York. – Schrieb Romane und Kurzgeschichten über Bühnen- und Musikleben New Yorks und über die Stellung der Frau.
W: Just Around the Corner, Kgn. 1914; Humoresque, Kgn. 1919; Star-dust, R. 1921; Lummox, R. 1923; Back Street, R. 1930; Lonely Parade, R. 1942; Hallelujah, R. 1944; The Hands of Veronica, R. 1947; Man with One Head, R. 1954; Anatomy of Me, Aut. 1958; Family!, R. 1959; God Must be Sad, R. 1961; Fool – be Still, R. 1964.
L: A. C. Raritz, 1997; B. Kroeger, 1999.

Hurston, Zora Neale, afroamerik. Autorin, 1. 7. 1891 Notasulga/AL – 28. 1. 1960 Fort Pierce/FL. Jugend in Eatonville/FL (rein schwarze Stadt), Stud. Howard u. Columbia Univ. (Kulturanthropologie bei Franz Boas), Feldforschung im Süden u. in der Karibik; virtuose Gesellschafterin u. e. der schillerndsten Persönlichkeiten der Harlem Renaissance; stirbt verarmt u. vergessen. – Neben Sammlungen von ›folktales‹ u. Motiven des Volksglaubens (z.B. Voodoo) in reizvoll persönl. Erzählrahmen verfaßte H. Kurzgeschichten u. Romane, anfangs stark der mündl. Tradition verpflichtet u. mit Betonung von Frauenfiguren. Nach der kraftvoll-drastischen, dialektgesättigten Geschichte e. schwarzen Predigers im ersten R. dramatisierte H. in ›Their Eyes Were Watching God‹ die exemplar. Selbstfindung e. schwarzen Frau (Janie), die über mehrere Ehen zu eigener Stimme u. Weltsicht durchdringt. H. ist erst in jüngerer Zeit (auch durch A. Walkers Empfehlung) zu e. Leitfigur e. frauenzentrierten Lit.tradition geworden.
W: Jonah's Gourd Vine, R. 1934; Mules and Men, Slg. 1935; Their Eyes Were Watching God, R. 1937 (d. 1993); Tell My Horse, Slg. 1938; Moses, Man of the Mountain, R. 1939; Dust Tracks on a Road, Aut. 1942 (Ich mag mich, wenn ich lache, d. 2002); Seraph of the Suwanee, R. 1948.
L: R. Hemenway 1977; H. Bloom, hg. 1986; K. F. C. Holloway, The Character of the Word, 1987; New Ess., hg. M. Awkward 1990; J. Yates 1991; H. L. Gates, K. A. Appiah, hg. 1993; J. Lowe, Jump at the Sun, 1994. – Bibl.: R. P. Davis, 1997.

Hurtado de Mendoza, Diego, span. Schriftsteller u. Diplomat, 1503 Granada – 1575 Madrid. Sohn des Grafen von Tendilla, Stud. in Granada u. Salamanca, Botschafter in England (1537), Venedig (1539–47) u. Rom (1547); befreundet mit ital. Literaten u. Künstlern; Vertreter Karls V. auf dem Konzil von Trient; 1556 Aufnahme in den Ritterorden von Alcántara; 1559 in Brüssel, 1568–74 Verbannung durch Philipp II. nach Granada, aus-

schließl. mit lit. Arbeiten beschäftigt; Betätigung als Mäzen; ließ lat. u. griech. Handschriften sammeln. Seit 1574 wieder in Madrid. – Typ des feinsinnigen, humanist. gebildeten Aristokraten des 16. Jh.; glänzender Dichter, gleichermaßen gewandt in der Verwendung der traditionellen kastil. Versmaße wie der ital. Formen; erwies sich als großer Historiker u. ausgezeichneter Stilist in s. Prosawerk ›La guerra de Granada‹, das zum klass. Buch über den Moriskenaufstand wurde; vielfach wird ihm die Verfasserschaft an dem Schelmenroman ›El → Lazarillo de Tormes‹ zugeschrieben.
W: La guerra de Granada, Schr. 1627 (n. M. Gómez Moreno 1948, B. Blanco-González 1970; d. 1831); Obras poéticas, hg. W. I. Knapp 1877, n. 1944 u. 1950; Poesía completa, hg. J. J. Díez Fernández 1989.
L: A. Rodríguez Villa, 1873; J. D. Fesenmair, 1882–84; E. Señán y Alonso, 1886; A. González Palencia, E. Mele, III 1941–43; G. A. Davies, A poet of Court, D. H. de M., Oxf. 1971; D. H. Darst, Boston 1987.

Husain, Intizar, pakistanischer Schriftsteller, * 1925 Dibai/Indien. Ging 1947 nach Lahore/Pakistan, wo er als Journalist arbeitete. – Setzt in seinen Kurzgeschichten in Urdu dem gesellschaftl.-psycholog. Realismus eine Form des Erzählens entgegen, die klassische, der mündl. Tradition verpflichtete Muster mit einer symbol. Technik verbindet; wiederkehrende Themen vieler Kurzgeschichten sind Vertreibung und Erinnerungsverlust: Die bestimmende Erfahrung der nach Pakistan ausgewanderten Muslime wird zur Chiffre menschl. Existenz in einer Zeit der Auflösung der großen religiösen Menschheitstraditionen, des »Zerfalls der Zeichen«; der Roman ›Bastī‹ (›Die Stadt‹) dagegen läßt sich sehr viel konkreter auf die hist. Situation ein und zeichnet ein kritisches Bild der polit. und kulturellen Entwicklung in Pakistan.
A: Bastī, R. 1979 (engl. 1995); Janam kahāniyān̐, ges. En. I 1987; Qiṣṣah kahāniyāni, ges. En. II 1990; Khālī pinjrah, En. 1993; Śahrāzād kā maut, En. 2002. – *Übs.:* The Seventh Door and Other Stories, hg. M. U. Memon 1997; A Chronicle of the Peacocks, Stories of Partition, Exile and Lost Memories, hg. A. Bhalla, V. Adil 2002.

Ḥusain, Ṭāhā → Ṭāhā Ḥusain

Hu Shi, chines. Lit.historiker und Schriftsteller, 17. 12. 1891 Shanghai – 24. 2. 1962 Taibei. Stud. Lit., Philos. und Politik in USA (Cornell u. Columbia Univ., 1917 Dr. phil. ebda.). 1917–26 Prof. der Philos. Univ. Peking, 1926–31 in Shanghai, 1931–37 Dekan in Peking, 1942–45 chines. Botschafter in USA, dann Rektor der Univ. Peking; lebte ab 1950 meist in den USA. 1958 Präsident der Academia Sinica. – E. der Führer der ›Bewegung für kulturelle Erneuerung‹ nach 1911, Ziele: Kampf gegen Konservatismus auf allen Gebieten, für Verwendung der Volkssprache im Schrifttum, Anschluß Chinas an die geistige Entwicklung im Westen. Als Gelehrter widmete sich H. namentlich dem Schrifttum in Volkssprache (Romane) und der krit. Erforschung des chines. Altertums. Als Lehrer und Publizist jahrzehntelang von größtem Einfluß auf die akadem. Jugend Chinas. Von den chines. Kommunisten als ›Reaktionär‹ scharf bekämpft, da er sich ihnen nicht zur Verfügung stellte.
W: Changshi ji, G. 1920; Hu Shi wencun, Ess. III 1920–30; Zhongguo zhexue dagang, Es. 1922; Sishi zishu, Aut. 1934 (Ostasiat. Rundschau, d. 1935–37); The Chinese Renaissance, 1934.
L: J. B. Grieder, Cambr./MA 1970.

Ḥusrau Dihlawī → Amīr Ḥusrau Dihlawī, Yamīnu'd-Dīn Abu'l-Ḥasan

Husson, Jules → Champfleury, Jules

Hutchinson, Alfred, südafrikan. Dramatiker u. Erzähler, * 1924 Hectorspruit/Ost-Transvaal – 14. 10. 1972 Nigeria. Enkel e. Swazi-Königs. Pädagogikstud. an der Fort Hare University, Lehrer. 1958 wegen s. Widerstands gegen die Apartheid angeklagt. Nach der Freilassung ins Exil nach Ghana, später nach London. – Vf. apartheidkrit. Werke. ›Road to Ghana‹, die Darstellung s. Wegs ins Exil, war wie auch die anderen Werke in Südafrika lange verboten.
W: Road to Ghana, Aut. 1960; The Rain-Killers, Dr. 1964; Fusane's Trial, Dr. 1968.

Huxley, Aldous (Leonard), engl. Romanschriftsteller, Essayist und Kulturkritiker, 26. 7. 1894 Godalming/Surrey – 29. 11. 1963 Hollywood. Entstammt bedeutender Gelehrtenfamilie, Enkel von Thomas Henry H., dem Vorkämpfer der Evolutionslehre, Großneffe von Matthew Arnold. In Eton erzogen. Schweres Augenleiden, das vorübergehend zu Erblindung führte. Später Stud. Oxford, Dozent für engl. Lit. ebda. ∞ 1919 Maria Nys, e. belg. Flüchtling. Nach Kriegsende bis 1921 Journalist und Kunstkritiker, Mitarbeiter am ›Athenäum‹, versch. eigene lit. Arbeiten. 1923–30 Italienaufenthalt, schloß dort Freundschaft mit D. H. Lawrence, dessen Bild er später in der Gestalt von Mark Rampion in ›Point Counter Point‹ zeichnete. 1934 Reise nach Zentralamerika, ließ sich ab 1938 in Kalifornien nieder. Stark beeinflußt von ind. Lehren, gehörte mit Isherwood, G. Heard u.a. e. relig. myst. Gemeinschaft ›Vedanta‹ an. – In s. Essays wie in den Romanen in erster Linie geistreicher Kulturkritiker, doch glänzender Stilist. S. frühes lit. Schaffen beeinflußt durch Baudelaire und A. France, s. späteren Arbeiten durch den Buddhismus. Die frühen Schriften zeigen ihn als amüsierten Beobachter e. dekadenten Gesellschaft, die er satir., oft auch zyn. schildert. In ›Grey Eminence‹ gibt er e. Studie des Mystikers Pater Joseph, des Ratgebers Richelieus, und vertritt die Lehre des ›non-attachment‹. In allen späteren Werken sieht H. die Lösung des Lebensproblems in myst. Kontemplation. Er will wegführen von sinnl.-materieller Haltung, hin zu e. allseitigen Lebensbewußtsein. Neuformulierung des Zeitbegriffes mit relig.-moral. Akzent. Handlung tritt mehr und mehr zurück, sie ist ihm nur noch Mittel, um philos. Gespräche u. Gedanken auszudrücken. Vf. von 2 polit.wiss. Utopien von der Herrschaft der Naturwiss. und der Welt nach e. Atomkrieg, darunter s. bekanntestes Werk ›Brave New World‹.

W: Crome Yellow, R. 1921; Mortal Coils, Kgn. 1922; On the Margin, Ess. 1923; Antic Hay, R. 1923 (Narrenreigen, d. 1983); The Gioconda Smile, Nn. 1924 (d. 1931); Along the Road, Reiseber. 1925; Selected Poems, 1925; Those Barren Leaves, R. 1925 (Parallelen der Liebe, d. 1929); Two or Three Graces, Kgn. 1926 (d. 1931); Proper Studies, Es. 1927; Point Counter Point, R. 1928 (Kontrapunkt des Lebens, d. 1930); Brief Candles, Kgn. 1930 (Meisternovellen, d. 1951); Vulgarity in Literature; Es. 1930; Music at Night, Ess. 1931; Brave New World, R. 1932 (d. 1932); Texts and Pretexts, Slg. 1932; Eyeless in Gaza, R. 1936 (Geblendet in Gaza, d. 1953); Ends and Means, Es. 1937 (d. 1949); After Many a Summer, R. 1939 (d. 1945); The Grey Eminence, St. 1941 (d. 1948); Time Must Have a Stop, R. 1944 (Zeit muß enden, d. 1950); The Perennial Philosophy, Es. 1946 (d. 1949); Verses and Comedy, Dr. 1946; Science, Liberty and Peace, Ess. 1946 (d. 1947); Collected Edition, 1947; Ape and Essence, R. 1948 (d. 1951); Themes and Variations, Ess. 1950; The Devils of Loudun, R. 1952 (d. 1955); The Doors of Perception, Es. 1954 (d. 1954); The Genius and the Goddess, R. 1955 (d. 1956); Heaven and Hell, Es. 1956 (d. 1957); Collected Short Stories, 1957; Brave New World Revisited, Es. 1958 (30 Jahre danach, d. 1960); Collected Essays, 1959; On Art and Artists, Ess. 1960; Island, R. 1962 (d. 1973); The Human Situation, Vortr. hg. P. Ferrucci 1978. – Collected Edition, XXVIII 1966; The Collected Poetry, hg. D. Watt 1971; Letters, hg. G. Smith 1969.

L: A. Maurois, Private Universe, 1932; A. J. Henderson, 1935, n. 1968; T. Brunius, Stockh. 1947; D. S. Savage, 1947; A. Gerard, 1947; P. Jouguelet, 1948; S. Heintz-Friedrich, 1949; J. Brooke, 1954; J. A. Atkins, 1956; S. Ghose, 1962; J. Huxley, hg. 1965; R. W. Clark, The Huxleys, 1967; P. Bowering, 1968; H. H. Watts, 1969; L. A. Huxley, This Timeless Moment, 1969; L. Fietz, 1969; J. Meckier, 1969; L. Brander, 1969; Ch. M. Holmes, 1970; J. Marshall, Darwin and H., 1971; S. Bedford, 1972; G. Woodcock, Dawn and the Darkest Hour, 1972; K. M. May, 1972; P. Thody, 1973; S. Bedford II 1973f.; R. E. Kuehn, hg. 1974; The Critical Heritage, hg. D. Watt 1975; Ch. Bode, 1986; Critical essays on A. H, hg. J. Meckier 1996; A. H. recollected: an oral history, hg. D. K. Dunaway 1999; A. H. annual: a journal of twentieth-century thought and beyond, 2001ff.; D. Sawyer: A. H.: a biography, 2002. – *Bibl.:* H. R. Duval, 1939; C. J. Eschelbach, J. L. Shober, 1961.

Huydecoper, Balthasar, niederländ. Dichter, 10. 4. 1695 Amsterdam – 23. 9. 1778 ebda. Aus Patrizierfamilie, Stud. Rechte; bekleidete hohe Ämter. – Sprachforscher, neulat. Lyriker und Vf. von Tragödien nach franz.-klassizist. Muster. S. Trauerspiel ›Achilles‹ vom Sieg der Vernunft über die Ehrsucht gilt als das beste niederländ. Drama des 18. Jh.

W: Arsaces, Dr. 1715; Achilles, Tr. 1719 (n. C. J. J. van Schaik 1964); Proeve van taal- en dichtkunde, 1730; Gedichten, 1788.

L: H. A. Ett, 1947; C. J. J. van Schaik, 1962.

Huygens, Constantijn, Heer van Zuylichem, niederländ. Dichter, 4. 9. 1596 Den Haag – 28. 3. 1687 ebda. Stud. Rechte Leiden. Jurist in Zierikzee, Reisen nach London (1618; Bekanntschaft mit Bacon u. Donne) u. Venedig (1620). Seit 1625 Geheimsekretär dreier Prinzen von Oranien. Letzte Jahre auf s. Landgut Hofwijck b. Voorburg. Freund von Descartes, Heinsius u. Hooft. – Kalvinist. Renaissance-Dichter unter Einfluß von J. Donne, von stark verstandesmäßiger Haltung. Leichtes und vielseitiges lit. Schaffen mit Vorliebe für epigrammat. Kürze des Ausdrucks, neue Wortbildungen und geistreiche Wortspiele. Neigung zur Preziosität des Stils. S. didakt.-moralisierenden Gedichte geben e. gutes Bild s. Lebens und der Gesellschaft s. Zeit, z. T. satir. gegen die Modesucht gerichtet. Mehrere 1000 Epigramme. In s. Posse ›Trijntje Cornelis‹ realist. Wiedergabe d. Lebens unterer Volksschichten (mit Dialekten). Schätzte s. Dichtungen als Produkte der Nebenstunden zwischen polit. Tätigkeit nicht hoch ein. Auch Komponist.

W: Costelyck mal, Sat. 1622; Zedeprenten, G. 1623 (n. 1891); Dagh-werck, G. 1637; Oogentroost, Sat. 1647 (n. 1888); Hofwijck, G. 1651 (n. 1920); Trijntje Cornelis, Lsp. (1653) 1657 (n. 1960, II 1992); Korenbloemen, G. 1658–72 (n. 1925); De Nieuwe Zeestraat van s Gravenhage op Scheveningen, G. 1666 (n. ²1918); Cluyswerck, Aut. (1683). – De gedichten, hg. J. A. A. Worp IX 1892–99; Briefwechsel, hg. ders. VI 1913–17; Mengelingh, hg. u. komm. A. v. Strien 1990.

L: G. Kalff, 1901; J. G. Buitenhoff, 1923; W. Ploeg, 1934; R. L. Colie, 1956; A. G. H. Bachrach, 1962; H. M. Hermkens, Diss. Nijmegen 1964; J. Smit, 1966; C. W. de Kruyter, 1971; H. Bots, hg. 1973 (m. Bibl.); L. Strengholt, 1976; J. Smit, De grootmeester …, 1980; H. A. Hofman, 1983.

Huysmans, Joris-Karl (eig. Charles Marie Georges), franz. Romancier, 5. 2. 1848 Paris – 12. 5. 1907 ebda. Vater aus holländ. Malerfamilie. 1866–98 Angestellter des Innenministeriums in Paris, wo er, von Aufenthalten in Klöstern und kurzen Reisen abgesehen, immer lebte. Um 1892 Bekehrung zum Katholizismus. Großer lit. Erfolg bei den Zeitgenossen. – Starke Wirkung der Romane auf die mod. Lit. Am bedeutendsten s. stilist. Leistung. In s. ersten Schaffensperiode (nach Prosagedichten unter dem Einfluß Baudelaires) militanter Naturalist, seit 1876 Freund Zolas; veröffentlichte s. Novelle ›Sac au dos‹ in den ›Soirées de Médan‹. Beschrieb in den folgenden Romanen in naturalist. Technik, doch angeekelt von der Vulgarität des Dargestellten, die Verkommenheit und Häßlichkeit der Pariser Armen- und Elendsviertel. In s. 2. Periode seit 1884 (›A rebours‹) Vertreter der lit. Dekadenz und Symbolist. Stellt sich selbst in dem nun immer wiederkehrenden Typ des dekadenten, hyster. und willensschwachen Ästheten dar, der, vom realen Leben abgewandt und die Natur negierend, im Traum Ersatz für die Wirklichkeit sucht, indem er sich e. raffinierten Kult jeder ästhet. Empfindung hingibt. Wendet sich jedoch, unbefriedigt geblieben, mit ›Là-bas‹ den jenseitigen Kräften der Schwarzen Magie zu, um in den letzten Romanen in e. ästhetisierenden Katholizismus einzumünden. Im ganzen Werk ist s. Stil durch Genauigkeit der Beobachtung und gewissenhafte Detailschilderung vom Naturalismus geprägt. H. stellt mit Raffinement s. reichen Wortschatz in den Dienst s. subtilen Schönheitskultes, schafft e. der zeitgenöss. impressionist. Malerei nahestehenden Stil.

W: Le Drageoir aux Epices, 1874; Marthe, histoire d'une fille, 1876; Les sœurs Vatard, 1879; Sac au dos, N. 1880; Croquis parisiens, 1880; En ménage, 1881 (Der Junggeselle, d. 1905); A vau-l'eau, E. 1882 (d. 1925); L'art moderne, St. 1883; A rebours, 1884 (Gegen den Strich, d. 1921); En rade, E. 1884; Certains, St. 1889; Là-bas, 1891 (d. 1903); En route, 1895 (d. 1910); La cathédrale, 1898 (d. II 1924); La Bièvre et Saint Séverin, 1898; L'Oblat, 1903; Les foules de Lourdes, 1906; Trois églises et trois primitifs, Ess. 1908 (d. 1918). – Œuvres complètes, hg. L. Descaves XXIII 1928–34; Lettres inédites à E. Zola, 1953; Lettres à E. Goncourt, 1956; Lettres à C. Lemonnier, 1957; Lettres inédites à J. Destree, 1967.

L: A. Thérive, 1924; H. Bachelin, 1926; L. Deffoux, 1927; P. Valéry, 1927; E. Seillière, 1931; H. Trudgian, L'esthétique de H., 1934; M. Garçon, 1941; A. Garreau, 1947; H. M. Gallot, 1954; R. Baldick, The life of K. H., Oxf. 1955; G. Chastel, 1957; M. Lobet, 1960; A. Billy, 1963; H. R. T. Brandreth, Lond. 1963; P.-M. Belval, De ténèbres à la lumière, 1967; P. Duployé, 1968; G. R. Ridge, N. Y. 1968; H. J. Greif, 1971; F. Livi, 1972; F. Zayed, 1974; Mélanges Pierre Lambert, 1975; B. S. Le Calvez, 1977; R. Thiele, 1979; J. Jörgenson u. a., 1980; M. Y. Ortoleva, 1981; F. Garber, 1982; F. Court-Perez, 1987; A. Vircondelet, 1990; St. Burgnolo, 1997; J. Peyrade, Figures catholique du XXe siècle, 1997; M. Boudet-Ekoue, 1997; A. Nombo, 2000. – *Bibl.:* L. Deffoux, 1927; Bibl. H.siana, Mailand, 1938.

Hviezdoslav (eig. Pavol Országh), slovak. Dichter, 2. 2. 1849 Vyšný Kubín – 8. 11. 1921 Dolný Kubín. Schule Miskolc und Kežmarok; frühe Gedichte in ungar. Sprache, ab 1868 slovak. Stud. Rechte Prešov, gab hier 1871 mit dem Dichter K. Banšell den Almanach ›Napred‹ heraus; Richter in Dolný Kubín, 1879–99 Rechtsanwalt in Námestovo, dann freier Schriftsteller in s. Heimatstad. Führender slovak. Realist. Grübelt in lyr. Zyklen über den Sinn des Lebens, preist die Allmacht Gottes u. die Opferbereitschaft des Menschen, schwelgt in Jugenderinnerungen, reagiert auf das Kriegsgeschehen u. bleibt doch immer Sprecher der Belange s. Volkes, dessen Fleiß, vitale Kraft u. hohe Moral er verherrlicht. H.s Verserzählungen u. Dramen behandeln bibl. Stoffe oder schöpfen aus dem Leben des Volkes u. des niederen Adels; sie sind reich an Naturschilderungen. Als guter Kenner der Weltlit. bereicherte H. die slovak. Dichtung um neue Formen, verfeinerte den Vers u. erweiterte den Wortschatz. Übs., u. a. Schiller, Goethe, Shakespeare.

W: Hájnikova žena, Ep. 1886; Žalmy a hymny, G. 1886; Letorosty, G. III 1885–95; Ežo Vlkolinský, Ep. 1890; Gábor Vlkolinský, Ep. 1897; Prechádzky jarom, G. 1898; Prechádzky letom, G. 1898; Stesky, G. 1903; Dozvuky, G. III 1909–11, Herodes a Herodias, Dr. 1909; Krvavé sonety, G. 1914. – Zobrané spisy (GW), XV 1892–1931; Spisy (W), XII 1953–57; Korresp., hg. S. Šmatlák 1962.

L: P. Bujnák, 1919; F. Tichý, 1920; A. Kostolný 1939; ders., P. O. H. Život a dielo, 1949; H. v kritike a spomienkách, 1954; A. Pražák, S. Hviezdoslavom, 1955; S. Smatlák, 1961; ders., 1969; A. Bolek, Hviezdoslavove slov. literárne vzťahy, 1969; J. Škultéty, Plody pravdy národnej, 1972; H. Život a dielo v dokumentoch, hg. A. Matovčík 1988; J. búr, H. a česká poézia, 1998.

Ḥwāǧū Kirmānī, Kamālu'd-Dīn Maḥmūd, pers. myst. Panegyriker, 24. 12. 1290 Kerman/Ostiran – 1352 Schiras/Südiran. Aus vermögendem Hause (Spitzname ›Ḥwāǧū‹ = ›Herrchen‹), unternahm ausgedehnte Reisen an die Höfe Irans, wurde Jünger des Sufi-Scheichs ʻAlāʼud-Daula Simnānī († 1336) vom Orden der Kubrawiyya. – Lyr. Diwan, stark von Hafis (→ Ḥāfiẓ) beeinflußt; beendete 1345/46 s. ›Quintett‹ (›Ḥamsa‹) aus zwei romant. Epen und drei myst. Lehrgedichten, hochgeschätzt, vor allem als Ghaselendichter.

W: Diwan, hg. A. Suhailī Ḥwānsārī 1336/1957.

Hyde, Douglas (ir. Dubhghlas de h'Íde, Ps. An Craoibhín Aoibhinn = ›reizender kleiner Zweig‹), ir. Dichter und Gelehrter, 17. 1. 1860 Frenchpark/Roscommon – 12. 7. 1949 Dublin. Sohn e. Geistlichen, Stud. Jura Dublin, übte s. Beruf jedoch nie aus. Begründete 1893 die ›Gaelic League‹ zur Wiederbelebung der ir. Sprache, war bis 1915 deren Präsident. Mitbegründer des Abbey Theatre. 1909–32 Prof. für mod. Irisch in Dublin. Präsident der ›Irish National Literary Society‹. 1937–45 erster Präsident der Republik Irland. – Pionier der ir. lit. Bewegung, von früher Jugend an vertraut mit dem Gälischen, trieb eingehende Studien der ir. Sprache und Tradition u. verfocht die kulturelle Abgrenzung Irlands gegen England. Vf. e. ir. Literaturgeschichte. Schrieb zahlr. Werke in ir. Sprache, übersetzte bedeutende ir. Dichtungen und erschloß dadurch wertvolle Werke der ir. Vergangenheit.

W: Beside the Fire, En. 1890; Love Songs of Connacht, Übs. 1893; The Story of Early Gaelic Literature, St. 1897; A Literary History of Ireland, St. 1899 (n. hg. B. Ó Cuív 1967); Medieval Tales from the Irish, 1899; The Bursting of the Bubble and other Irish Plays, Drn. 1905; The Religious Songs of Connacht, Übs. 1906; Legends of Saints and Sinners, Übs. 1916. – Selected Plays, 1991.

L: A. J. Erskine, 1905; D. Coffey, 1938. – Bibl.: P. S. O'Hegarty, 1939; D. Daly, 1974; J. E. u. G. W. Dunleavy, 1991.

Hyder, Qurratulain, indische Schriftstellerin, * 1927 Aligarh/Uttar Pradesh. Eltern schriftstellerisch tätig; Stud. in Lucknow; arbeitete bei der Urdu-Sektion der BBC in London; ging 1947 nach Pakistan, kehrte jedoch 1962 wieder nach Indien zurück. – Eine der bekanntesten und beliebtesten Urdu-Schriftstellerinnen. Die Kurzgeschichten und Romane zeichnen sich durch eine mod., psycholog. Erzähltechnik aus; als bedeutendstes Werk gilt der Roman ›Āg kā daryā‹ (›Der Feuerstrom‹), der eine immer wiederkehrende Figurenkonstellation durch eine Reihe von hist. Schlüsselsituationen über 2500 Jahre indischer Geschichte hinweg verfolgt.

W: Āg kā daryā, R. 1959 (River of Fire, engl. 1998); Paṭjhaṛ kī āvāz, E. 1965 (The Sound of Falling Leaves, engl. 1994); Kār-i jahān darāẓ hai, R. II 1977, 1979. – Übs.: A woman's life. A novel, 1979; Fireflies in the mist, 1994; A season of betrayals. A Short Story and two novellas, hg. C. M. Naim 1999.

Hyginus, röm. Mythograph, wohl C. Iulius Hyginus, Freigelassener des Augustus, sonst unbekannt. – Vf. e. mytholog.-astronom. Werks (im MA ›De astronomia‹), das die Konstellationen mit Mythen verknüpft, und e. mytholog. Handbuchs ›Genealogiae‹ oder ›Fabulae‹, wohl e. Schulbuchs nach griech. Vorlagen, das späteren Dichtern häufig als Stoffquelle diente.

A: De astronomia, hg. A. Le Boeuffle 1983 (m. franz. Übs.); G. Viré 1992; P. K. Marshall 1993; Fabulae, hg. H. J. Rose ²1963; J.-Y. Boriaud 1997 (m. franz. Übs.). – Übs.: L. Mader, L. Rüegg, Griech. Sagen, 1963.

L: J. Brock, H.' Fabeln in der dt. Lit., 1913; G. Viré, Informatique et classement des manuscrits, 1986; A. B. Breen, The Fabulae Hygini reappraised, 1991.

Hykisch, Anton, slovak. Schriftsteller, * 23. 2. 1932 Banská Štiavnica. 1949 verurteilt wegen Republikflucht; Stud. der Ökonomie in Bratislava (absolv. 1956), dann Ökonom, 1962–69 Rundfunkredakteur, dann in verschiedenen Berufen, ab 1987 Verlagsredakteur, 1993–97 Botschafter in Kanada. – S. oft kompositorisch innovative Prosa zielt auf die authentische Darstellung der Alltagsrealität. Sinn f. Belletrisierung von Fakten zeigt sich auch in s. histor. Romanen.

W: Krok do neznáma, R. 1959; Sen vchádza do stanice, R. 1961; Stretol som ťa, En. 1963; Naďa, N. 1964; Námestie v Mähringu, R. 1965; Čas majstrov I, II, R. 1972, 1983; Vzťahy, R. 1978; Túžba, R. 1980; Milujte kráľovnú, R. 1984; Atómové leto, R. 1988; Kamarát Čipko, Kdb. 1989; Obrana tajomstiev, En. 1990.

Hyp → Poulaille, Henri

Hypereides, altgriech. Politiker u. Redner, 390/89 v. Chr. – 322 v. Chr. Aus reicher athen. Familie, s. Leben lang als Logograph (= Redenschreiber für andere) tätig. Neben Demosthenes Hauptvertreter der antimakedon. Partei, u.a. Wortführer des Aufstandes nach Alexanders Tod (323) und deshalb schließl. hingerichtet. – Von 77 in der Antike bekannten Reden (überwiegend Gerichtsreden) wurden erst durch Papyrusfunde (1848–92) 6 in Teilen wieder bekannt (alle aus dem Zeitraum 336–322). H.' Stärke liegt neben e. souveränen Beherrschung aller sprachl. Mittel bei größtmöglicher Schlichtheit v. a. im Bereich der Ethopoiie; die Reden sind klar gegliedert und argumentativ in sich schlüssig. In der Antike schätzte man H. als zweitbesten Redner nach Demosthenes; Messalla Corvinus übersetzt e. seiner Reden ins Lat.

A: C. Jensen 1917 (Nachdr. 1963); G. Colin ²1946 (m. franz. Übs.); J. O. Buritt 1954; M. Marzi, P. Leone, E. Malcovati 1977. – Komm.: V. de Falco 1947; A. N. Oikonomides 1958; G. Schiassi 1959; I. Worthington 1999 (engl. Übs., Komm.); D. Whitehead 2000 (m. engl. Übs. u. Komm.).

L: J. Engels, 1989; L. Horváth, London 1997; G. Wirth, Wien 1999.

Hyry, Antti Kalevi, finn. Erzähler, * 20. 10. 1931 Kuivaniemi. 1952 Abitur, 1958 Dipl.-Ing. – Konsequentester der mod. finn. Neorealisten (Meri, Haavikko, Holappa u.a.). Versucht durch e. objektiven, rein konstatierenden Erzählstil, durch Verzicht auf dramat. Entwicklung, durch bewußte Beschränkung auf das opt. u. konkret Wahrnehmbare die Wirklichkeitsillusion des Romans alter Prägung zu überwinden. Angestrebt wird e. Bild der Wirklichkeit, in der sich den Leser die Menschen nur durch Situationen u. Reaktionen umreißen. Spezifisch für H. ist der Themenkreis aller s. Werke: die nordfinn. Landschaft s. Kindheit, die gesicherte Wirklichkeit s. Kinder u. Jugendlichen, ihre Bedrängnis in der Welt der Erwachsenen u. des Lebens in der Stadt, in die sie verschlagen werden.

W: Maantieltä hän lähti, Nn. 1958; Kevättä ja syksyä, R. 1958; Kotona, R. 1960 (Daheim, d. 1980); Junamatkan kuvaus, Nn. 1962 (Erzählungen, d. 1965); Alakoulu, R. 1965; Maailman laita, R. 1967; Leveitä lautoja, Nn. 1968; Tupakeittiö, E. 1970; Isä ja poika, R. 1971 (Ein Vater und sein Sohn, d. 1979); Silta liikkuu, R. 1975; Maatuuli, R. 1980; Kertomus, En. 1986; Kurssi, R. 1993; Aitta, R. 1999. – *Übs.:* Erzählungen (Ausw.), 1983.

L: B. Pohjanen, Med seende ögon, 1979.

Iacopa da Varazze → Jacobus de Voragine

Iacopone da Todi → Jacopone da Todi

Iamblichos, altgriech. Romanschriftsteller, letztes Drittel 2. Jh. n. Chr. Syrer (?), alle biograph. Nachrichten unsicher. – Vf. der fragmentar. erhaltenen ›Babylon. Geschichten‹, e. idealisierenden Liebesromans. Die wenigen Fragmente weisen auf e. phantast., verwickelte Handlung, in der traditionelle Roman-Motive mit äußerster Drastik ausgespielt werden.

A: E. Habrich 1960; S. A. Stephens, J. J. Winkler, hg. 1995 (m. Komm. u. engl. Übs.). – *Übs.:* B. Kytzler 1983.
L: E. Habrich, hg. 1960; R. Beck, in: U. Bianchi, M. J. Vermasern, hg. Leiden 1982; A. Stramaglia, ZPE 91, 1992, 53–59; G. Danek, Wiener Studien 113, 2000, 113–134; N. Holzberg, [2]2001.

Ian, Wassilij → Jan, Vasilij Grigor'evič

Ianicius, Clemens → Janicki, Klemens

Ianus Pannonius → Janus Pannonius

Ibáñez, Sara (Iglesias) de, uruguay. Lyrikerin, 11. 1. 1909 Tucuarembó – 14. 4. 1971 Montevideo. – Vf. bilderreicher, schwer zugängl., formstrenger u. ekstat. Gedichte.

W: Canto, 1940; Canto a Montevideo, 1941; Hora ciega, 1943; Pastoral, 1948; Artigas, 1952; Las estaciones y otros poemas, 1957; La batalla, 1968; Apocalipsis 20, 1970.

Ibara Saikaku → Ihara Saikaku

Ibarbourou, Juana (eig. J. Fernández Morales), uruguay. Dichterin, 8. 3. 1895 Melo – 15. 7. 1979 Montevideo. Frühreif, erste Verse mit 8 Jahren; 1914 ∞ Hauptmann L. Ibarbourou; 1919 Veröffentlichung des ersten Gedichtbandes, außerordentl. Erfolg, seitdem Triumphe u. Auszeichnungen in ganz Lateinamerika, seit 1929 offiziell ›Juana de América‹ genannt; lebte ihre letzten Jahre sehr zurückgezogen. – Ihre Dichtung, meist schlichte Liebes- u. Naturlyrik, ist Ausdruck ihrer überströmenden Lebenskraft, gleichzeitig Narzißmus der Frau, die sich schön u. begehrt weiß; Verse von großer Musikalität. Ab 1930 Verlust der unmittelbaren Frische, melanchol. Rückblick auf die Vergänglichkeit der Schönheit u. der Jugend.

W: Las lenguas de diamante, 1919; El cántaro fresco, lyr. Prosa 1920; Raíz salvaje, 1922; Loores de Nuestra Señora, Prosa 1924; La rosa de los vientos, 1930; Estampas de la Biblia, Prosa 1934; Chico Carlo, Aut. 1944; Los sueños de Natacha, Sch. für Kinder 1945; Perdida, 1950; Azor, 1953; Mensaje del escriba, 1953; Romances del destino, 1955; Oro y tormenta, 1956; Autobiografía, 1957; El dulce milagro, Sch. für Kinder, 1964; La pasajera, Diario de una isleña, lyr. Prosa 1967; Juan Soldado, En. 1971. – Obras Completas, hg. D. I. Russell [3]1968.
L: D. I. Russell, 1951; M. J. de Queiroz, Belo Horizonte 1961; R. M. Sobron de Trucco, 1962; J. Arbeleche, 1978; J. O. Pickenhayn, 1980; E. F. Mendoza, 1981; I. Sesto Gilardoni, 1981; J. Dutra Vieyto, 1983; S. Puentes de Oyenard, 1988.

Ibargüengoitia, Jorge, mexikan. Schriftsteller, 22. 1. 1928 Guanajuato – 26. 11. 1983 Barajas/Madrid (Flugzeugunglück). Journalist, Übs. – Scharfe Beobachtungsgabe, die sich in absurden u. grotesken Werken niederschlägt. S. Themen sind die Intellektuellen, die Verzahnung von Geld, Verbrechen u. Politik, die iron. Neuschreibung der Geschichte.

W: El atentado, Dr. 1963; Los relámpagos de agosto, R. 1964 (d. 1992); La ley de Herodes, En. 1967; Maten al león, R. 1969; Viaje en la América ignota, Ber. 1972; Estas ruinas que ves, R. 1975; Las muertas, R. 1977 (d. 1990); Dos crímenes, R. 1979 (d. 1988); Los pasos de López, R. 1981. – Obras, 1989–1991.

Ibn ʿAbd Rabbih(i), Aḥmad ibn Muḥammad, span.-arab. Schriftsteller und Dichter, 860 Córdoba – 940 ebda. Freigelassener der span. Omaiyaden; im Alter durch Schlaganfall gelähmt. – Kompilierte aus versch. Quellen das große, originell angeordnete Werk ›al-ʿIqd al-farīd‹ (Das einzigartige Halsband), das nahezu alle Stoffe der Unterhaltung und der schönen Bildung (Adab) enthält. Zahlr. Gedichte, zum Teil in der volkstüml. Form des Muwashshaḥ (Strophendichtung). S. früheren Liebesgedichte sind im Alter vielfach durch Schlußverse asket. Inhalts ergänzt.

W: Al-ʿIqd al-farīd, hg. Ibrāhīm Ḥusrī, Bulaq, Kairo o. J.; Dīwān, Beirut 1993.
L: W. Werkmeister, 1983.

Ibn (al-)ʿArabī, Muḥyī ad-din Muḥammad, span.-arab. Mystiker, 28. 7. 1165 Murcia – 16. 11. 1240 Damaskus. Stud. Traditionswiss. u. ẓāhirit. Recht Sevilla u. Ceuta; ab 1201 Reisen durch Ägypten u. den Vorderen Orient; ließ sich dann in Damaskus nieder. – Vertreter e. esoter., pantheist. gefärbten Mystik mit griech. u. ind. Einflüssen. Hauptwerk sind die vielfach kommentierten und bearbeiteten ›al-Futūḥāt al-Makkīya‹ (Mekkanische Offenbarungen), die e. vollständiges System der myst. Erkenntnis enthalten. Daneben auch viele Gedichte mit z.T. recht sinnl., vom Dichter selbst aber myst. gedeuteten Bildern.

W: al-Futūḥāt al-Makkīya, mehrfach gedruckt; Fuṣūṣ al-hikam, mehrfach gedruckt. (d. H. Kofler 1970). – Kleinere Schriften, hg. H. S. Nyberg, Leiden 1919.
L: H. Corbin, 1958 (engl. 1969); R. Landau, Lond. 1959; O. Yahia, II 1964; W. C. Chittick, 1998.

Ibn al-Fāriḍ, ʿUmar, arab. Dichter, 12. 3. 1182 Kairo – 1235 ebda. Stud. Rechte u. Traditionswiss.; Bekehrung zum Ṣufismus; längere Zeit Einsiedler auf den Muqattam-Hügeln b. Kairo; e. Zeitlang in Mekka. Als Heiliger verehrt. – S. ganz der Mystik gewidmeten, sprachl. sehr schönen Gedichte bilden den Höhepunkt geistl. Dichtung arab. Sprache. Neben kleineren Oden e. größere Weinode, die den Rausch durch den Wein der göttl. Liebe beschreibt, u. die geradezu klass. Ode ›Pilgerreise‹ (auch ›die große auf t reimende Ode‹ genannt), deren Gegenstand die persönl. Erlebnisse des Dichters als Ṣufi sind.

W: Dīwān, hg. A. J. Arberry 1952 (m. engl. Übs. 1956) u. ö.; at-Tāʾīya l-kubra, hg. J. v. Hammer-Purgstall 1854 (m. Übs.; engl. 1921, 1952); al-Ḥamrīya, franz. 1931.
L: C. A. Nallino, 1919f.; T. E. Homerin, Columbia 1994; G. Scattolin, 1995.

Ibn Gabirol → Gabirol, Salomo ben Jehuda ibn

Ibn al-Ḫaṭīb, Lisān ad-dīn Muḥammad, span.-arab. Dichter und Literat, 1313 Loja – 1374 Fās. Sohn e. Staatsbeamten. Stud. in Granada. Bewegtes polit. Leben mit hohen Ämtern, Gefangenschaft, Flucht und relig. Verketzerung; im Gefängnis ermordet. – Vf. hist., geograph., belletrist., myst.-philos. und medizin. Schriften, darunter zwei Werke über die allg. Geschichte des Islam und eines über die Geschichte von Granada. Als Stilist und Dichter von s. Zeitgenossen sehr gefeiert.

L: A. F. v. Schack, ²1877.

Ibn Ḥazm, ʿAlī, span.-arab. Dichter, Gelehrter u. Theologe, 18. 11. 993 Córdoba – 16. 8. 1064 b. Niebla. Sohn e. hohen Würdenträgers got. oder keltoroman. Abkunft. Wechselvolle polit. Laufbahn mit zeitweiliger Inhaftierung u. Aufenthalt auf Mallorca. – Schrieb reizvolle jugendl. Liebesgedichte und e. stilist. glänzendes, durch eingestreute Verse und Erzählungen belebtes Prosawerk über die Liebe ›Tauq al-ḥamāma‹ (um 1027), das sowohl in der hohen, reinen Gesinnung als auch in formaler Hinsicht im islam. Westen seinesgleichen sucht. Versch. wiss. Schriften, darunter e. bedeutende, ẓāhirit. ausgerichtete Geschichte der Religionen und Sekten. In s. Polemik überaus heftig.

W: Ṭauq al-ḥamāma, 1914, L. Bercher 1949 (m. franz. Übs.; Von der Liebe und den Liebenden, d. 1995; engl. Paris 1931; engl. 1953); Kitāb al-Faṣl fī l-milal, mehrfach gedruckt.
L: M. Asín Palacios, 1924; ders., V 1927–32; R. Arnaldez, 1956; L. A. Giffen, 1992.

Ibn al-Muqaffaʿ, Abū ʿAmr ʿAbdallāh, eig. Rozbih, pers.-arab. Schriftsteller, um 724 Fīrūzābād – 759 Baṣra. Zoroastr. erzogen; diente nach Übertritt zum Islam omaiyad. u. abbasid. Beamten und Würdenträgern; auf Befehl des Kalifen al-Manṣūr getötet. – Übersetzte nach der Pehlevi-Übs. des Burzōe die Fabelsammlung ›Kalīla wa-Dimna‹, das ind. ›Pañcatantra‹, ins Arab. und verhalf dadurch den Fabeln zu ihrem Siegeszug um die Welt. Weitere Übsn. aus dem Pehlevi; Vf. von eth. Schriften, bes. Lebensregeln (Adab) für Hofleute.

A: Kalīla wa-Dimna, hg. S. de Sacy 1816 (Kalila und Dimna, d. 1996), L. Cheikho ²1923 u. ö. – *Übs.:* franz. A. Miquel 1957 u. ö.
L: F. Gabrieli, 1931f.; P. Kraus, C. Nallino, 1934; D. Sourdel, 1954.

Ibn al-Muʿtazz, Abū l-ʿAbbās, ʿAbdallāh, arab. Dichter und Lit.kritiker, 861 Bagdad – 28. 12. 908 ebda. Sohn des Kalifen al-Muʿtazz u. e. Sklavin. Widmete sich ganz s. schöngeistigen Neigungen; ließ sich 908 bei der Empörung gegen al-Muqtadir zur Annahme des Kalifats bewegen u. wurde nach dem Sieg der Gegenpartei erdrosselt. – Behandelte in Gedichten, die Geschmack, Originalität und schulmäßiges Können verraten, nahezu alle konventionellen Stoffe der älteren Poesie, bes. aber das Leben der gehobenen Schichten, Wein u. Trinksitten. Elegante, reine Sprache, vereinzelte Verwendung neuerer metr. Formen. Bemerkenswert e. Lobgedicht auf s. Vetter al-Muʿtaḍid, das e. Art von metr. Epos darstellt. Ferner e. Anthologie von poet. Darstellungen der Trinksitten, e. Geschichte der jüngeren Dichtung, e. bedeutendes Werk über die sprachl. Kunstmittel.

W: Dīwān, hg. B. Lewin 1945ff. u.ö.; Ṭabaqāt aš-šuʿarāʾ al-muḥdathīn, hg. ʿAbd as-Sattār A. Farrāǧ 1956; Kitāb al-Badīʿ, hg. I. Kratchkovsky 1935. – *Übs.:* Gedicht zu Ehren von al-Muʿtaḍid, C. Lang 1886.
L: O. Loth, 1882; S. A. Bonebakker, 1981.

Ibn Qutaiba, Abū ʿAbdallāh Muhammad, arab. Philologe u. Historiker, 828 Kufa (?) – 884 (889?) Bagdad. Iran. oder türk. Abkunft. Stud. Philol. u. Traditionswiss.; Qāḍī in Dīnawar; Lehrer in Bagdad. – Versuchte in versch. Schriften lexikal., poet. und hist. Material den weltl. Bildungsbeflissenen, bes. den Amtssekretären (Kuttāb), zugängl. zu machen u. nahm in den theolog. Streitigkeiten s. Zeit Stellung gegen die philos. Skeptiker.

Hauptwerk ist e. große schöngeistige Enzyklopädie, die er ergänzte durch e. Handbuch für Sekretäre, e. umfassende Zusammenstellung von Motiven der Dichtung und e. Buch über die Dichter.

W: ʿUyūn al-aḫbār, 1900–08 (n. Kairo IV 1925–30); Kitāb al-Maʿārif, 1850 (engl. Ausw. Bodenheimer u. Kopf 1949); Adab al-kātib, Leiden 1900; Maʿānī aš-šiʿr, Ḥaidarābād, 1949; Kitāb aš-Šiʿr wa-š-šuʿarāʾ, Leiden 1904 (Einl. d. T. Nöldeke 1864; franz. Gaudefroy-Demombynes 1947).

L: G. Schatte, Diss. Halle 1944; Isḥāq M. Ḥusainī, Beirut 1950; G. Lecomte, 1965.

Ibn Quzmān, Abu Bakr Muḥammad, span.-arab. Dichter, um 1078–1160 Córdoba. Ausgedehntes Wanderleben in Spanien. – Erhob in s. Dichtungen die volkstüml. Liedform des Zağal unter Beibehaltung dialekt. Sprache zur Kunstform. Themen s. Gedichte sind (homosexuelle) Erotik, Lob, Wein, Bettelei, Zeitgeschichte u. Reue des Alters. Teilweise formale u. inhaltl. Übereinstimmung mit roman. Minnedichtung.

W: Dīwān (Iṣābat al-aġrāḍ usw.), 1972 (m. span. Übs.), Kairo 1995.

L: R. Nykl, Baltimore 1946; W. Hoenerbach, H. Ritter, 1950; D. de Gunzburg, Le Divan d'Ibn Guzman; Texte, Traduction Commentaire, enrichi de considérations historiques, philologiques et littéraires sur les poèmes d'Ibn Guzman, sa vie, son temps, sa langue et sa métrique, Bln. o. J.

Ibn al-Rūmī, Abūʾl-Ḥasan ʿAlī bin al-ʿAbbās, 21. 6. 836 Bagdad – 896 ebda. Sohn byzantin.-pers. Eltern. Hochtalentierter schiit.-muʿtazilit. Literat und Dichter. Verdiente s. Lebensunterhalt als Panegyriker. S. umfangreiches lyr. Werk ist neoklass. Prägung.

W: Ibn al-Rūmī, Dīwān, Beirut 1994.

L: B. Gruendler, Medieval Arabic Praise Poetry: I. and the Patrons Redemption, 2002.

Ibn Ṭufail, Abū Bakr Muhammad (Abubacer), maghrebin. Philosoph und Mediziner, um 1105 Guadix – 1185 Marrākush. Arzt und Sekretär, zuletzt Leibarzt am Almohadenhof in Marrākush. – Vf. des berühmten philos. Romans ›Ḥayy ibn Yaqzān‹ (Lebender, Sohn des Wachenden), in dem nach einleitendem Überblick über die muslim. Philos. die selbständige, ›natürl.‹ geistige Entwicklung e. auf e. Insel isolierten Kindes dargestellt wird. Die Entwicklung führt zu e. philos. Auffassung, die sich bei der Begegnung mit Menschen als e. transzendente, dem einfachen Volk nicht zugängl. Auslegung der geoffenbarten Religion des Islam erweist. Bei den Muslimen sehr beliebt, wurde das Werk, das seinerseits von der Sage von Salāmān und Asāl und e. myst. Allegorie Ibn Sīnās beeinflußt ist, im 14. Jh. ins Hebr. und im 15. Jh. ins Lat. übersetzt. Lit.hist. ist mit diesem Werk Defoes ›Robinson Crusoe‹ in Verbindung gebracht worden.

A: E. Pococke 1671 (m. lat. Übs.); L. Gauthier ²1936 (m. franz. Übs.) u.ö. – *Übs.:* J. G. Pritius, 1726; J. G. Eichhorn, 1783; A. M. Heinck, 1907; engl. S. Ockley 1708 (n. A. S. Fulton, Lond. 1929); L. E. Goodman, 1972.

L: L. I. Conrad, hg. 1996.

Ibn Yamīn, Amīr Maḥmūd Ṭuġrāʾī, pers. Panegyriker, 1287 Faryūmad/Ostiran – 30. 1. 1368 ebda. Schiit, verarmter Kleingutsbesitzer in polit. wirrer Zeit, büßte 1342 durch Kämpfe zwischen den Sarbadar und den Kurt die einzige Handschrift s. Diwans ein, den er später aus dem Gedächtnis wiederherstellte. Bedeutender Dichter von Epigrammen (Qiṭʿa), seine Qasiden sind von mittlerer Qualität.

A: Diwan, hg. S. Nafīsī 1318/1939; R. Yāsimī 1317/1938; Ibn Jamins Bruchstücke, dt. O. M. v. Schlechta-Wssehrd 1852.

Ibrahim, Sinasi → Şinasi, Ibrahim

Ibrāhīm, Ṣunʿallāh (Sonallah Ibrahim), ägypt. Journalist, Romancier und Kinderbuchautor, * 1937 Kairo. Stud. Jura ebda., ab 1956 Journalist, 1959–64 wegen kommunist. Aktivität in Haft, 1966 erste lit. Veröffentlichung, Tätigkeiten als Journalist und Übs. in Kairo, Ost-Berlin; Stud. Theaterwiss. Moskau 1971–74. 1999 Associate Prof. für arab. Lit. in Berkeley. S. Kinderbücher thematisieren Natur und Umweltschutz, die erzähler. experimentellen Romane in teils tragikom., ans Satir. grenzender Weise die Vereinzelung des Individuums, s. Sinn- und Werteverlust angesichts der polt.-ökonom. Umbrüche in Ägypten.

W: Tilka ar-rāʾiḥa, 1966; Naǧmat Aġusṭus, 1974 (Étoile d'août, franz. 1987); al-Laǧna, 1981 (Der Prüfungsausschuß, d. 1981); Bairūt, Bairūt (1984); Ḏāt, 1992 (Zaat, engl. 2001); Šaraf, 2000; Warda, 2001.

L: S. Guth, 1992; K. Khella, 1995; U. Stehli-Werbeck, 2000.

Ibrāhīm Beg → Zeinoʾl-ʿĀbedīn, Ḥāǧǧī

Ibsen, Henrik (Ps. Brynjolf Bjarme), norweg. Dramatiker, 20. 3. 1828 Skien – 23. 5. 1906 Oslo. Sohn e. wohlhabenden Kaufmanns, der 1836 durch Bankrott s. Vermögen verlor, weshalb I., der Maler hatte werden wollen, 1844–50 in Grimstad den Apothekerberuf erlernen mußte. Nebenbei bereitete er sich dort auf das Abitur vor u. verfaßte, sich selbst als ›deklassiert‹ empfindend, unter dem Eindruck der Februarrevolution von 1848 revolutionäre Gedichte u. s. 1. Schauspiel ›Catilina‹. 1850 ging er nach Oslo zum Medizin-Stud.;

Kontakt mit nationalen u. revolutionären Kreisen, 1851 Mithrsg. des Wochenblattes ›Andrhimner‹, Freundschaft mit Bjørnson. 1851 künstler. Leiter des neuen Theaters in Bergen, hatte dort 5 Jahre lang Gelegenheit, die Wirkung s. Stücke zu erproben u. sich gründl. Dramaturgie- u. Theaterkenntnisse anzueignen, die er 1852 auf e. Studienreise nach Kopenhagen u. Dresden vertiefte. 1857–62 Direktor des ›Norske Teatret‹ in Oslo, das jedoch wenig Erfolg hatte, ihn durch s. Bankrott in Schulden stürzte u. ihm auch als Bühnendichter wenig Erfolg brachte. Mit e. staatl. Unterstützung reiste er 1864 ins Ausland, lebte 4 Jahre in Rom u., von kurzen Besuchen in Norwegen 1874 u. 1885 abgesehen, bis 1891 in Dresden u. München. ⚭ 1858 Susannah Thoresen. – Schon I.s 1. dramat. Versuch ›Catilina‹ enthält Elemente, die in vielen s. späteren sog. Gesellschaftsdramen wiederkehren, wie die Verachtung der kompakten Majorität u. das Motiv des Mannes zwischen 2 Frauen. Zunächst unterlag I. dem Einfluß der nationalbetonten norweg. Romantik, indem er s. Stoffe der Sage u. Geschichte Norwegens entnahm; so entstand die Serie s. romant.-heroischen Versdramen, die von ›Sancthansnatten‹ bis zu ›Hærmændene paa Helgeland‹, der Verarbeitung der nord. Version des Nibelungenstoffes, u. den ›Kongs-Emnerne‹ reicht. E. Zwischenspiel bedeutet die ›Kjærlighedens komedie‹, obwohl in der unmittelbaren Gegenwart spielend, gleichfalls in Versen geschrieben, in welcher der gesunde Menschenverstand über die in Konventionen erstarrte bürgerl. Welt siegt. In Rom schrieb I. s. beiden großen Ideendramen ›Brand‹ u. ›Peer Gynt‹, versch. v. a. dadurch, daß im ersten der Idee die Handlung trägt u. unmittelbar vordemonstriert wird, während sie in ›P. G.‹ mehr indirekt, vom symbol. Abglanz des Lebens verdeckt erscheint. Unter der Idee des Alles oder nichts fordert der junge Pfarrer Brand im Sinne Kierkegaards von sich u. den Menschen das Äußerste, das von allen Unwahrheiten u. Halbheiten freie, absolute Leben u. zerstört damit das irdische. Der Phantast u. Träumer Peer Gynt dagegen durchläuft unter der Devise ›Sei du selbst‹, die sich ihm bald in ›Sei dir selbst genug‹ wandelt, alle Höhen u. Tiefen e. bunten Lebens, um erst als Gealterter in der Liebe u. dem Glauben der geduldig wartenden Solveig s. Selbst zu finden. In dem satir. Lustspiel ›De unges forbund‹ läßt I. in Erinnerung an Erlebnisse in Norwegen s. Unmut über polit. Strebertum freien Lauf, das in der Gestalt eines s. Überzeugungen wie s. Bräute wechselnden Reichstagskandidaten angeprangert wird. Mit schweren geschichts- u. religionsphilos. Gedanken überladen ist die von I. ›Welthist. Schauspiel‹ genannte Tragödie in 2 Teilen zu je 5 Akten ›Kejser og Galilæer‹ über Julianus Apostata, der unge-

wollt zum Zusammenschluß u. zur Stärkung der Welt der Christenheit beiträgt. Beeinflußt von der franz. Komödie, bes. Scribes, wandte sich I. mit ›Samfundets støtter‹ endgültig dem unmittelbar aus der Gegenwart schöpfenden Gesellschaftsdrama zu u. wurde durch s. scheinbar schonungslose Darstellung u. Kritik der bürgerl. Welt zum Bahnbrecher des Naturalismus in Skandinavien u. Dtl. In immer neuen Variationen wiederkehrende Hauptthemen sind die Entlarvung der Lebenslüge u. der sog. idealen Forderungen, das Verhältnis zwischen Liebe u. Ehe u. die Bewertung der Frau als selbständige Persönlichkeit. Dramaturgisch bediente er sich der analyt. Technik, d. h. der schrittweisen Aufhellung von Vergangenem, das sich lange vor Beginn der Handlung ereignet hat u. nun diese u. das Schicksal der Handelnden bestimmt. Dazu tritt e. hintergründige Symbolik, wie z. B. in ›En folkefiende‹ die verschmutzte Wasserleitung der Stadt, in ›Vildanden‹, die angeschossene, aus dem Sumpf gerettete Wildente oder die weißen Rosse in ›Rosmersholm‹. Wenn auch jedes s. Stücke von e. These lebt u. I. zweifellos sehr stark in Rollen dachte, die für die Exemplifizierung der These geeignet waren, hat er doch manche in sich abgerundete Figur geschaffen, wie z. B. Hjalmar Ekdal in ›Vildanden‹, der zum Inbegriff des substanz- u. willenlosen, sich selbst belügenden Schwindlers geworden ist.

W: Catilina, Dr. 1850 (d. 1896); Kjæmpehøjen, Dr. 1850 (Das Hünengrab, d. 1898); Rypen i Justedalen, Sch. 1850 (Das Schneehuhn in J., d. 1909); Norma, Dr. 1851; Sancthansnatten, Dr. 1853 (Die Johannisnacht, d. 1909); Fru Inger til Østråt, Dr. 1855 (Frau Inger auf Ö., d. 1877); Gildet på Solhaug, Dr. 1856 (Das Fest auf S., d. 1888); Olaf Liljekrans, Dr. 1857; Hærmændene paa Helgeland, Dr. 1858 (Nordische Heerfahrt, d. 1876); Kjærlighedens komedie, K. 1862 (Komödie der Liebe, d. 1889); Kongs-Emnerne, Dr. 1863 (Kronprätendenten, d. 1872); Brand, Dr. 1866 (d. 1892); Peer Gynt, Dr. 1867 (d. 1881); De unges forbund, K. 1869 (Bund der Jugend, d. 1872); Digte, G. 1871 (Gedichte, d. 1881); Kejser og Galilæer, Dr. 1873 (d. 1888); Samfundets støtter, Dr. 1877 (Stützen der Gesellschaft, d. 1878); Et dukkehjem, Dr. 1879 (Nora oder Ein Puppenheim, d. 1879); Gengangere, Dr. 1881 (Gespenster, d. 1884); En folkefiende, K. 1882 (Ein Volksfeind, d. 1883); Vildanden, Dr. 1884 (Die Wildente, d. 1887); Rosmersholm, Dr. 1886 (1887); Fruen fra Havet, Dr. 1888 (Die Frau vom Meer, d. 1889); Hedda Gabler, Dr. 1890 (d. 1891); Bygmester Solness, Tr. 1892 (Baumeister S., d. 1893); Lille Eyolf, Dr. 1894 (Klein E., d. 1895); John Gabriel Borkman, Dr. 1896 (d. 1897); Når vi døde vågner, Tr. 1899 (Wenn wir Toten erwachen, d. 1900). – Samlede verker, X 1898–1902, V 1906 f.; Samlede digterverker, VII 1918; Samlede verker, Hundreårsutgave, XXI 1928–57; Breve, II 1904 (d. 1905); Brev 1845–1905, III 1979–81; Efterladte skrifter (Nachlaß), III 1909 (d. IV 1909). – Übs.: SW, X 1898–1904, V 1907 u. ö.; Dramen, II 1965 u. 1973; Schauspiele, 1968; Briefe, 1967.

L: G. Brandes, 1898; R. Woerner, II ³1923; E. Reich, ¹⁴1925; H. J. Weigand, 1925; H. Koht, II 1928 f., erw. 1959; M. Thalmann, 1928; G. Gran, 1928; G. B. Shaw, The Quintessence of Ibsenism, Lond. ³1929; K. T. Wais, H. I. und das Problem des Vergangenen, 1931; ders., H. I.s Wirkung in Spanien, Frankreich, Italien, 1933; G. Wethly, 1934; K. Horbach, I.s Dramen, Diss. Nimwegen 1934; J. Strasser, Der Humor bei H. I., 1936; D. Olsson, I.s dramer, 1937; J. Faaland, H. I. og antikken, 1943; B. W. Downs, Cambr. 1946; B. Ibsen, De tre, 1948; P. F. D. Tennant, I's Dramatic Technique, 1948; B. W. Downs, A Study of Six Plays by I., Cambr. 1950; A. Strømme, I.s tredje rike, 1950; ders., Strukturen i I.s dramaer, 1951; H. Anker, I. om igjen, 1951; C. Stuyver, I.s dramat. Gestalten, Amsterdam 1952; I.-Årbok, Skien/Oslo 1952 ff.; J. Northam, I.s Dramatic Method, 1953, n. 1971; G. Ollen, I.s dramatik, 1955; L. Mæhle, I.s rimteknikk, Oslo 1955; P. Fraenkl, I.s vei til drama, Oslo 1956; D. Haakonsen, H. I.s realisme, Oslo 1957; N. A. Nilsson, I. in Rußland, 1958; J. W. McFarlane, Lond. 1960; ders., Discussions of H. I., Boston 1962; G. W. Knight, Edinb. 1962; R. Fjelde, hg. 1965; A. Haaland, Seks studier i I., 1965; M. C. Bradbrook, Lond. ²1966; H. G. Meyer, 1967; M. Meyer, Lond. 1967 ff.; D. E. R. George, H. I. in Dtl., 1968; J. Lavrin, Lond. ²1969; H. Bien, H. I.s Realismus, 1970; I., hg. M. Egan, Lond. 1972; A. Aarseth, 1975; W. Friese, 1976; P. Faul, 1977; J. Haugan, 1977; E. Beyer, 1978; G. E. Rieger, 1981; D. Haakonsen, 1981; E. Durbach, 1982; T. Brynjulvsrud, 1982. – *Bibl.*: F. Meyen, 1928 (nur dt. Lit.); I. Tedford, 1961; K. Hamburger, 1989; H. H. Hiebel, 1990; R. Ferguson, 1998.

Ibuse, Masuji, jap. Novellist, 15. 2. 1898 Fukuyama – 10. 7. 1993 Tokyo. Stud. an der Waseda-Univ. u. an der Kunstakad. ohne Abschluß, lebte lange in Armut u. fand außerhalb der Privatzeitschriften für die er schrieb, erst spät Anerkennung. – S. Hauptwerk sind Erzählungen, die mit weichen Linien u. wehmütiger Ironie unaufdringl. das jap. Wesen nachzeichnen; daneben kunstvolle Essays.

W: Sanshôuo, E. 1923; Yane no ue no sawan, N. 1929 (Sawan auf dem Dache, d. in: Flüchtiges Leben, 1948); John Manjirô hyôryûki, R. 1937 (engl. 1940); Tajinkomura, E. 1939 (Tagebuch e. Dorfpolizisten, d. in: Eine Glocke in Fukagawa, ²1969); Honjitsu-kyûshin, R. 1949 (engl. 1964; Heute keine Sprechstunde, d. 1990); Yohai taicho, E. 1950 (Ehrerbietung aus der Ferne, d. in: Träume aus zehn Nächten, ²1980); Kuroi ame, R. 1966 (Schwarzer Regen, d. 1985). – I. M. zenshû (GW), 1964–65, 74–75. – *Übs.*: Lieutenant Lookeast, En. 1971; Pflaumenblüten in der Nacht, En. 1981–85.

L: J. W. Treat, Pools of Water, Pillars of Fire: The Literature of I. M., Seattle 1988; J. Cohn, Studies in the Comic Spirit in Modern Japanese Fiction, Cambridge 1998.

Ibykos, altgriech. Lyriker, 6. Jh. v. Chr. Von vornehmer Herkunft (die anekdot. Tradition schreibt ihm die Weigerung zu, Tyrann von Rhegion zu werden, daher sprichwörtl. ›dümmer als I.‹), am Hof des Tyrannen von Samos. Keine Nachrichten über s. Tod; Schillers Ballade basiert auf einer Wanderlegende ohne hist. Kern. – I.' Gedichte wurden von der antiken Philologie in 7 Büchern gesammelt, durch ihren triad. Bau und wohl auch in den Mythenerzählungen stehen sie in der Tradition des Stesichoros. Dabei handhabt I. den Mythos offenbar phantasievoll frei. Die dürftigen Fragmente weisen auf e. relativ geringen Umfang der einzelnen Gedichte und bestätigen Nachrichten, die für I. e. Vorliebe für erot.-päderast. Themen belegen.

A: D. L. Page 1962; M. Davies, PMG I, 1991; F. Mosino 1966; E. Cavallini 1997 (m. ital. Übs.). – *Komm.*: G. O. Hutchinson 2001.

Icaza, Jorge, ecuadorian. Schriftsteller, 10. 6. 1906 Quito – 26. 5. 1978 ebda. Buchhändler, Schauspieler, Gründer der Schriftstellergewerkschaft, zeitweise Diplomat, Direktor der Nationalbibliothek. – E. der bekanntesten Vertreter des realist. u. sozialkrit. Indioromans über die Unterdrückung u. Ausbeutung der Indios durch ihre ausländ. u. ecuadorian. Feinde: Hacienda-Besitzer, Politiker u. Priester.

W: Sin sentido, Dr. 1927; El intruso, Dr. 1928; Como ellas quieran, K. 1932; El otro, Dr. 1933; Barro de la sierra, En. 1933; Huasipungo, R. 1934 (d. 1952); En las calles, R. 1935; Flagelo, Dr. 1936; Cholos, R. 1939; Media vida deslumbrados, R. 1942; Huairapamushcas, R. 1948; Seis relatos, En. 1952 (u. d. T.: Seis veces la muerte, 1954); El chulla Romero y Flores, R. 1958 (Caballero im geborgten Frack, d. 1965); Viejos cuentos, En. 1960; Atrapados, R. III 1972; Cuaderno de poesías, 1990. – Obras escogidas, 1961.

L: L. C. Velasco Madriñán, 1942; J. E. Garro, N. Y. 1947; F. Ferrándiz Alborz, 1961; E. Ojeda, 1961; G. H. Mata, 1964; A. Cueva, 1969; A. García, 1969; D. McGrady, N. Y. 1972; T. A. Sackett, 1974; A. J. Vetrano, 1974; A. Lorente Medina, 1980.

Ichijô Kanera (auch Kaneyoshi), jap. Dichter, Poetiker, Gelehrter und Staatsmann, 7. 5. 1402 – 2. 4. 1481. Sohn des Fuijwara (Ichijô) Tsunetsugu, in zahlr. hohen Ämtern, zweimal Zivildiktator; beschäftigte sich intensiv mit jap. Lit., Shintô (›Nihonshoki-sanso, Ryosho‹), Buddhismus (›Kanju-nenbutsu-ki‹), Konfuzianismus (›Shidodôshikun‹), Hofbräuchen (›Kujigongen‹ 1422, ›Kôshidaishô‹, ›Nenjûgyôjidaigai‹). S. polit. Ansichten zeigen s. Werke ›Koyo no sazame‹, ›Bunmeiittôki‹ u. ›Shôdanshiyô‹ (alle 1480). Oft Richter bei Dichterwettstreiten (uta-awase); s. bes. Liebe aber galt dem Kettengedicht (renga) und s. Poetik. S. renga-Sammlung ›Shingyokushû‹ (1450) ging verloren.

W: Karin-ryôzaushû, waka-Poetik 1438?; Genjiwabishô, g. Komm. 1449; Renga-shogakushô, Poetik 1452; Shinshiki-kon'an, renga-Regelbuch 1452; Wakanben, renga-Poetik 1452; Ise-monogatari gukenshô, I. Kommentar 1460; Fudesusabi, renga-Poetik 1469; Kachôyôjô, Komm. zu Genji 1472.

L: O. Benl (ZDMG 104/2), 1954; H. Hammitzsch, (Oriens Extremus 5/1), 1958; S. D. Carter, I. K. and the Literary Arts, in: Literary Patronage in Late Medieval Japan, 1993.

I-ching → Yijing, ›Buch der Wandlungen‹

Idrīs, Yūsuf, ägypt. Schriftsteller und Dramatiker, 1927 Kairo – 1. 8. 1991 London. Stud. Medizin Kairo, Abschluß 1951, einige Jahre Arzt im staatl. Gesundheitswesen. – Y. I. gilt als bedeutendster arab. Autor von Kurzgeschichten. Darin sowie in Romanen und Dramen schafft er e. lit. Panorama der soz. benachteiligten ägypt. Gesellschaft. S. einfühlsame, teilweise psychologisierende Zeichnung der Figuren wirft e. krit. Licht auf patriarchal. Strukturen und Doppelmoral.
W: Arḫaṣ al-layālī, 1954 (Die Billigsten, d. 1977); Ǧumhūriyyat Farahāt, 1956 (Teilübs.: Farahats Republik, d. 1980); Ḥāditạ šaraf, 1958; al-Farāfīr, 1959; al-Haram, 1959 (Die Sünderin, d. 1995); Āḫir al-dunyā, 1961; Luġat al-āy āy, 1965; Bait min laḥm wa-qiṣaṣ uḫrā, 1971 (Ein fleischliches Haus, d. 2002).
L: P. M. Korpershoek, Leiden 1981; B. Ryberg, Beirut 1992; R. Allen, hg. Colorado Springs 1994.

Idrus, indones. Schriftsteller, 21. 9. 1921 Padang/Sumatra – 18. 5. 1979 Padang. Mittelschule, Mitarbeiter vom Balai-Pustaka-Verlag u. beim P. U. S. D., e. javan. Theaterbund. Längerer Aufenthalt in Australien, wo er auch als Dozent tätig war. – Entwickelt e. neuen, packenden Prosastil, in dem sich Realismus, Humor und Zynismus vermischen. Beschreibt Ereignisse während der japan. Besetzung, so daß s. Bücher erst später veröffentlicht werden konnten. Ferner Dramen und Skizzen. Übs. westl. Lit.
W: Tjoret-tjoret dibawah Tanah, Sk. 1948; Keluarga Surono, Dr. 1948; Dari Ave Maria ke Djalan lain ke Roma, E. u. Sk. 1948; Kedjahatan membalas Dendam, Dr. 1949; Perempuan dan Kebangsaan, Sk. 1949; Aki, E. 1950; Dengan Mata Terbuka, Kgn. 1961; Hati Nurani Manusia, E. 1963; Hikayat Puteri Penelope, R. 1973.

I-Ging → Yijing, ›Buch der Wandlungen‹

Iglésias, Ignasi, katalan. Schriftsteller, 7. 8. 1871 Sant Andreu del Palomar/Barcelona – 9. 10. 1928 ebda. Arbeiterfamilie; Abitur in Lerida, kein Stud., anfangs Maler, Autodidakt, begann früh als Bühnenautor unter dem Einfluß Ibsens. – Löste sich in s. Lyrik von allem Äußeren u. versenkte sich in s. Geisteswelt; aufrichtig u. beseelt, verkörpert Ideale der Güte u. Großmut. Als Dramatiker Haupt der naturalist. Schule in Katalonien, Individualist. Soz. Dramen mit menschl. Problematik voller Leidenschaftlichkeit; dunkle, pessimist. Töne, deprimierende Werke mit dem Ziel, das Publikum zu erziehen. E. der beliebtesten Dramatiker Kataloniens.
W: Fructidor, Dr. 1897; El cor del poble, Dr. 1897; La mare eterna, Dr. 1902; L'esorço, Dr. 1902; Els vells, Dr. 1903; Les garses, Dr. 1905; La barca nova, Dr. 1907; Foc nou, Dr. 1909; Cendres d'amor, Dr. 1909; La noia maca, K. 1910; Flor tardana, Dr. 1911; Flors del cingle, Dr. 1912; L'alosa, Dr. 1913; Els emigrants, Tg. 1916; La llar apagada, Dr. 1926. – Obres completes, VIII o. J., XVII 1921–37; Poesies, 1930.
L: F. Curet, I. I. i el poble, 1928; A. Carrioón, I. I. Estudi crític, 1929.

Ignatov, David, amerik. Lyriker, 7. 2. 1914 Brooklyn/NY – 17. 11. 1997 East Hampton/NY. Zunächst Gelegenheitsarbeiter, Journalist. – I.s Lyrik steht in der amerik. Tradition der poet. Verarbeitung des Alltäglichen, Einfluß von W. Whitman und W. C. Williams. Gedichte stark autobiograph., bes. das frühe Werk auch polit. engagiert.
W: Poems, 1948; The Gentle Weight Lifter, 1955; Say Pardon, 1961; Rescue the Dead, 1968; Facing the Tree, 1975; Whisper to the Earth, 1981; The One in the Many, Mem. 1988; Shadowing the Ground, 1991; I Have a Name, 1996; Living is What I Wanted: Last Poems, 1999. – The Notebooks of D. I., hg. R. J. Mills 1974.

Ignjatović, Jakov, serb. Schriftsteller, 12. 12. 1825 Szent-Endre – 5. 7. 1889 Novi Sad. Reicher Bürgersohn, Stud. Philos. u. Rechte Budapest, Kecskemét; Rechtsanwalt, Stud. der franz. Lit. Paris; 1854–56 Redakteur der ältesten, heute noch erscheinenden lit. Zs. ›Letopis Matice srpske‹, Notar, Abgeordneter. – Bis zu s. Eintritt in die Redaktion schrieb I. romant. Novellen u. hist. Romane; gelangte zur vollen künstler. Entfaltung in s. Abenteuer- u. soz. Romanen, die den Verfall des serb. Bürgertums der Vojvodina zum Gegenstand haben u. zu den besten Schöpfungen des serb. Realismus zählen.
W: Djuradj Branković, R. 1859; Milan Narandžić, R. II 1860–63; Krv za rod, N. 1862; Manzor i Džemila, R. 1862; Čudan svet, R. 1869; Trpen spasen, R. 1874/75; Vasa Rešpekt, R. 1875; Večiti mladoženja, R. 1878; Stari i novi majstori, R. 1883 (Alte und neue Meister, d.); Patnica, R. 1885 (Die Dulderin, d.); Memoari, Mem. 1966. – Dela J. Ignjatovića, Narodno delo, 1932–35; Odabrana dela, VIII 1948–53; Izabrana dela (AW), 1984.
L: J. Skerlić, 1904; Z. Boškov, Odabrana dela I, 1959, 1988.

Igorlied, ›Slovo o polku Igoreve‹, altostslaw. höf. Epos in Prosa, zwischen 1185 und 1187 entstanden, Vf. unbekannt; die Hs. aus 16. Jh., von Graf Musin-Puškin 1795 in e. Sammelkodex entdeckt, der 1812 in Moskau verbrannte, wurde 1800 gedruckt; Stoff ist e. hist., in chronist. Aufzeichnungen überliefertes Ereignis: die 1185 im Kampf gegen Polovcer erlittene Niederlage Igors, des Fürsten von Novgorod-Seversk, dem dann die Flucht aus der Gefangenschaft gelingt. E. der Grundgedanken, im I. in der ›goldenen Rede‹ des Kiewer

Fürsten Svjatoslav ausgedrückt, ist das Erfordernis der Einigkeit im Inneren gegenüber der ständigen Drohung seitens des äußeren Feindes, der Steppennomaden. Das I., für e. halbes Jt. die schönste Dichtung der russ. Lit., hatte zwar als geschriebenes Epos seinerzeit kein Vorbild im byzantin. Schrifttum, doch gab es in diesem wie bei den Ostslawen ep. Volksdichtung, die auf ostslaw. Boden die Entwicklung ep. lit. Tradition förderte; bewundernswert ist der Stil, der mit s. verwirrenden Fülle von rhetor. Figuren und Bildern mit dem geringen Maß an echtem Bericht kontrastiert. Göttergestalten und Wesen aus der slaw.-heidn. Dämonologie verstärken wirkungsvoll die symbol. Darstellungsweise. E. ungewöhnl. reicher Wortschatz läßt bei der Schilderung von Kampfszenen, bei der Wiedergabe von Naturlauten, von Menschen- und Tierstimmen bes. Wirkungen erzielen. Behauptungen, das I. sei Erzeugnis des 18. Jh., wird u. a. die für e. Dichter dieses Jh. unmögliche Kenntnis der alten Sprache, ferner e. Reihe von Entlehnungen aus dem Lied entgegengehalten, die sich in der Ende des 14. Jh. verfaßten altruss. ep. Dichtung ›Zadonščina‹ finden.

A: H. Grégoire, R. Jakobson, M. Szeftel, La Geste du Prince Igor', N. Y. 1948; Slovo o polku Igoreve, hg. V. P. Adrianova-Peretc 1950. – *Übs.:* A. Luther, 1924; R. M. Rilke, 1960; L. Müller, 1974, 1989.

L: A. Mazon, Le Slovo d'Igor, 1940; A. S. Orlov, Slovo o polku Igoreve, ²1946; L. A. Dmitriev, Slovo o polku Igoreve. Bibliografija izdanij, perevodov i issledovanij 1938–1954, 1955; D. S. Lichačěv, Slovo o polku Igoreve: kul'ture ego vremeni, ²1985. – *Bibl.:* H. R. Cooper, White Plains, 1978; Ėnciklopedija »Slova o polku Igoreve«, hg. O. V. Tvorogov 1995; D. Lichačěv, 1999.

Ihara Saikaku (eig. Hirayama Togo), jap. Schriftsteller u. haikai-Dichter, 1642 Osaka – 10. 8. 1693 ebda. Wohlhabender Kaufmann, wandte sich früh der haikai-Dichtung zu, Schule des Matsunaga Teitoku, 1675 Wechsel zur Danrin-Schule des Nishiyama Sôin. Berühmt als Dichter sog. Yakazu-haikai, wobei es darauf ankam, anläßl. bestimmter Gelegenheiten möglichst viele haikai zu dichten. I. soll es auf über 20 000 an e. Tag gebracht haben. S. haikai zeigt auffallende Leichtigkeit des Wortflusses. Er fand zahlr. Schüler. Begann nach dem Tod s. Lehrers Sôin (1605–82) schriftsteller. Tätigkeit. Begründer der ukiyozôshi-Lit., die sich dem Leben der diesseitigen, ›vergänglichen Welt‹ (ukiyo) zuwandte. I. kannte durch Reisen Menschen und Umwelt wie kein zweiter, somit spiegeln s. Werke bes. Sitten u. Kultur s. Zeit. – Beeinflußt durch das haikai, zeigt s. Stil seltene Prägnanz, Treffsicherheit des Ausdrucks u. e. für ihn eigene Konzeption. S. ukiyozôshi, bürgerl. Sittenromane, wenden sich der Erotik in ihrer Vielgestalt (kôshokumono), der Moral u. den Sitten des Kriegerstandes (bukemono) u. dem Kaufmannsstand und s. Geldgier (chôninmono) zu. Daneben stehen Erzählungen mannigfacher Art.

W: S. haikai-ôkukazu, haikai-Slg. 1677; S. gohyakuin, haikai-Slg. 1679; S. oyakazu, haikai-Slg. 1681; Kôshoku-ichidai-otoko, R. 1682 (Yonosuke, der dreitausendfache Liebhaber, d. 1965); Shokokubanashi, En. 1685 (engl. 1955); Kôshoku-gonin-onna, En. 1686 (engl. 1956; 5 Geschichten von liebenden Frauen, d. 1960); Kôshoku-ichidai-onna, R. 1686 (Kôshokumono, d. S. Tsukakoshi 1957); Nanshoku-ôkagami, En. 1687 (engl. 1990); Nihon-eitaigura, En. 1688 (The Japanese Family Storehouse, engl. G. W. Sargent 1959); Seken-munesanyô, En. 1692 (This Scheming World, engl. M. Takatsuka, D. C. Stubbs 1965); S. okimiyage, En. 1693; S. oritome, En. 1694 (dt. Ausw. E. May 1973). – Teihon S. zenshû (GW), 1949f. – *Übs.:* Histoire de marchands, En. franz. R. Sieffert, Paris 1990; Tales of Samurai Honor, En. engl. C. A. Callahan 1981; Five Stories, En. engl. P. G. Schalow 1996.

L: H. S. Hibbett (HJAS 15), 1952; H. Zachert (Asiatische Studien 6), 1952; R. Lane (HJAS 18), 1955; J. Johnson, 1996; D. Strouve, I. S.: Un romancier japonais, 1995.

Ihimaera, Witi, neuseeländ. Erzähler, * 7. 2. 1944 Gisborne. Stud. in Auckland u. Wellington, Journalist im Auswärtigen Dienst. – Pionier der engl.sprachigen Maori-Lit., problematisiert in s. Kurzgeschichten u. Romanen das Überdauern traditioneller Werte der Maoris. Mit der erzähler. Fragmentierung und mytholog. Globalisierung in s. späten Romanen hat er komplexe postkoloniale Epen vorgelegt.

W: Pounamu, Pounamu, Kgn. 1972; Tangi, R. 1973; Whanau, R. 1974 (Der Tag nach der Hochzeit, d. 1977); The New Net Goes Fishing, Kgn. 1977 (d. 1981); Into the World of Light, Anth. hg. 1982; The Matriarch, R. 1986; Dear Miss Mansfield, Kgn. 1989; Bulibasha, King of the Gypsies, R. 1994; Nights in the Gardens of Spain, R. 1995; The Dream Swimmer, R. 1997; The Uncle's Story, E. 2000.

L: R. Corballis, S. Garrett, hg. 1984. – *Bibl.:* R. Corballis, 1984.

Ijob (Luther Hiob; Vulgata Iob; Koran Ayyûb), Buch I. im AT (entst. 5.–3. Jh. v. Chr.). Wie im aramäischen Ahikar-Roman (7. Jh. v. Chr.) bietet das widrige Geschick eines hochgestellten Frommen Gelegenheit für weisheitliche Lehrreden bzw. -diskurse, in denen es um die Wiederherstellung des Vertrauens in die Schöpfungsordnung geht. I. ist ein arab. Großgrundbesitzer und Großherdenhalter, der durch Schicksalsschläge Vermögen, Kinder und Gesundheit verliert. Im Prosa-Prolog (Kap. 1f.) werden diese auf eine Wette zwischen Gott und dem himmlischen Staatsanwalt/Untersuchungsrichter, Satan, zurückgeführt. I. weiß von dieser Wette nichts und macht in den Dialogen mit seinen traditionalist. Freunden Gott für sein Unglück verantwortlich (Kap.

3–31). Er hält gegenüber den Gesprächspartnern (Unglück ist der Sünde Lohn) an seiner persönlichen Gerechtigkeit fest. Das damit aufgeworfene Theodizee-Problem (Wenn Gott allmächtig ist, ist er dann gerecht?) wird in den abschließenden Gottesreden (Kap. 38–41) insofern gelöst, als der Schöpfer den Kosmos als eine instabile, jederzeit vom Chaos bedrohte Größe präsentiert, für dessen Verteidigung er ständig kämpfen muß, so daß der am Ende wieder rehabilitierte I. seine zeitweilige Gottverlassenheit zu Recht beklagte. Das Buch I. enthält die Quintessenz aus einer reichen altoriental. I.-Literatur, die es gegenüber dem ontologischen Schöpfungskonzept des aufkommenden Griechentums verteidigt. Diese Lösung blieb unverstanden bis zur Wiederentdeckung der altoriental. Theologie im 20. Jh. Verweise auf die arab. Zeitgeschichte deuten auf eine Entstehung der Grundschicht im 5. Jh. v. Chr.; im Zuge der Rezeption als ›kanonische‹ Weisheitsschrift wurde das Buch I. im 3. oder 2. Jh. v. Chr. um die Elihu-Reden (Kap. 32–37) erweitert.

L: J. Ebach, in: Theolog. Realenzyklopädie 15, 1986, 360–380; Ch. Maier, S. Schroer, in: Kompendium Feminist. Bibelauslegung, 1998, 192–207; O. Keel, S. Schroer, Schöpfung: bibl. Theologien im Kontext altoriental. Religionen, 2002.

Ikbal, Sir Mohammed → Iqbāl, Sir Mohammed

I-king → Yijing, ›Buch der Wandlungen‹

Ikor, Roger, franz. Romancier, 28. 5. 1912 Paris – 17. 11. 1986 ebda. Sohn russ. Emigranten; Kindheit in Paris, Stud. Philol.; Gymnasialprof. – S. Roman ›Les fils d'Avram‹ schildert das Schicksal e. jüd. Familie in der 1. Hälfte des 20. Jh., die, dem zarist. Rußland entronnen, in Frankreich seßhaft zu werden versucht; Appell an Menschlichkeit u. Nächstenliebe. Vf. polit. Essays. – Berichte über Konzentrationslager; Auseinandersetzung mit dem Problem des Alterns. In den folgenden sensibel-psycholog. Liebesromanen tritt das ethn.-relig. Engagement zurück.

W: A travers nos déserts, R. 1950; Les grands moyens, R. 1951; Les fils d'Avram, R. II 1955 (d. 1957); Mise au net, Es. 1957; Ciel ouvert, Nn. 1959; Si le temps, R. VI, I.: Le semeur de vent, 1960 (Das Dorf ohne Geld, d. 1963), II: Les murmures de la guerre, 1961 (d. 1964), III: La pluie sur la mer, 1962 (d. 1969), IV: La ceinture du ciel, 1964 (Glück ohne Wiederkehr, d. 1970), V: Les poulains, 1966, VI: Frères humains, 1969; Le cas de conscience d'un professeur, Es. 1964; Lettre ouverte aux Juifs, Es. 1970; Pour une fois écoute, mon enfant, Ber. 1975; Molière double, Es. 1977; La Kahina, Ber. 1979; L'éternité derrière, R. 1980; Je porte plainte, Es. 1981; La tête du poisson, Ber. 1983; Les fleurs du soir, R. 1985; O-soldats de quarante, Ber. 1986.

L: Y. le Hir, 1956; P. Aubéry, 1962.

Ikstena, Nora, lett. Prosaistin, * 15. 10. 1969 Riga. Stud. Philol. Riga; USA-Aufenthalt; 1993–98 Redakteurin bei der Zs. ›Karogs‹; Kolumnistin bei der Zt. ›Diena‹, wiss. Autorin. – Vielschichtige, oft bildhafte oder allegorische Texte; Neigung zum Surrealen.

W: Nieki un izpriecas, En. 1995; Maldīgas romances, En. 1997; Dzīves sviněšana, R. 1998; Jaunavas mācība, R. 2001.

Ilaṅgōvadigal, südind. Dichter, Wahrscheinl. 9. Jh. n. Chr. Prinz aus fürstl. Hause, später Jaina-Mönch. – Vf. des ›Silappatigāram‹ (Geschichte von der Fußspange), e. der 5 großen ep. Romane der Tamil-Lit.; schildert in den ersten 2 Kapiteln (Pukār-k-kāṇḍam und Madurai-k-kāṇḍam), wie der Kaufmann Kōvalan s. Gattin Kaṇṇagai wegen der Kurtisane Mādhavi (Mātavi) verläßt, jedoch zu ihr zurückkehrt und mit ihr nach Madurai geht; dort wird er bei dem Versuch, Kaṇṇagais Fußspange zu verkaufen, wegen angebl. Diebstahls verhaftet und umgebracht; in ihrem Zorn verflucht Kaṇṇagai die Stadt, wird jedoch von Mināksī, der Schutzgöttin Madurais, belehrt, daß ihr Schicksal die Folge ihres Karmas ist; Kaṇṇagai verläßt Madurai und wird auf dem Berg Tiruseṅkunru von ihrem Gatten zu sich in den Himmel genommen; das 3. Kapitel (Vañci-k-kāṇḍam) behandelt Kaṇṇagai als Göttin. Das ›Silappatigāram‹ hat bis in die Neuzeit Änderungen und Erweiterungen erfahren; es ist auch heute noch als Ballade (›Kōvalan Kādai‹) sehr beliebt (→ Maṇimēkhalai).

A: T. K. Subbarāya Ceṭṭiyār 1873. – Übs.: engl. V. R. Ramchandra Dikshitar 1939, ²1978; A. Daniélou 1965; R. Parthasarathy 1993 (m. Einf.); franz. A. Daniélou 1961.

L: R. P. Cētu Piḷḷai, Madras 1937; K. Chellapan, Thanjavur 1985 (m. Bibl.); P. Nandakumar, Aligarh 1985; R. Kasirajan, Evolution and evaluation of epics in Tamil, 1990.

Ilaṅkō → Ilaṅgōvadigal

Ilaṅkōvaṭikaḷ → Ilaṅgōvadigal

Ilarion (Hilarion), altostslaw. Prediger, von Großfürst Jaroslav Mudryj 1051 als erster Ostslawe zum Metropoliten von Kiew erhoben. – S. ›Slovo o zakone i blagodati‹ ist e. der bedeutenden Denkmäler der Kiewer Periode der russ. Lit.; entstanden zwischen 1037 und 1050, begründet es in kunstvoller symbol. Darstellung den Vorrang der Gnade vor dem Gesetz, preist Vladimirs Tat, die Christianisierung der Kiewer Rus'. Stil mit den Kunstmitteln der byzantin. Rhetorik geschmückt. Vorbild für spätere russ. und balkanslaw. Prediger.

A: Lobrede auf Vladimir den Heiligen und Glaubensbekenntnis, hg. L. Müller 1962; A. M. Moldovan, Slovo o zakone i blagodati Ilariona, 1984.

Il Cariteo → Gareth, Benedetto

Il Cieco d'Adria → Groto, Luigi

Ileri, Selim, türk. Schriftsteller, * 1949 Istanbul. Nach dem Abitur brach er Jurastud. ab, lebt als freier Schriftsteller, schreibt wöchentl. Kolumne in der Tageszeitung ›Cumhuriyet‹. – Nostalgisch gefühlsbetonte Erzähltexte um unverbindl. gewordene Beziehungen u. Einsamkeit des Stadtmenschen mit Bezug auf gesellschaftl. Verhältnisse; schreibt außerdem Kritiken, Essays und Biographien.

W: Cumartesi Yalnızlığı, En. 1968; Pastırma Yazı, En. 1971; Destan Gönüller, R. 1973; Dostlukların Son Günü, En. 1975; Her Gece Bodrum, R. 1976; Ölüm İlişkileri, R. 1979; Cehennem Kraliçesi, R. 1980; Bir Akşam Alacası, R. 1980; Bir Denizin Eteklerinde, En. 1980; Yaşarken Ve Ölürken, R. 1981; Ölünceye Kadar Seninim, R. 1983; Son Yaz Akşamı, En. 1983; Yalancı Şafak, R. 1984; Saz Caz Düğün Varyete, R. 1985; Hayal Ve Istırap, R. 1986; Kafes, R. 1987; Mavi Kanatlarınla Yalnız Benim Olsaydın, R. 1991; Kırık Deniz Kabukları, R. 1994; Gramafon Hâlâ Çalıyor, R. 1996; Otuz Yılın Bütün Hikayeleri (ges. En.), 1997; Cemil Şevket Bey, Aynalı Dolaba İki El Revolver, R. 1997; Issız Ve Yağmurlu, Mem. 2002.

Il'f, Il'ja (eig. Il'ja Arnol'dovič Fajnzil'berg), russ. Schriftsteller, 15. 10. 1897 Odessa – 13. 4. 1937 Moskau. Vater Angestellter; Erstlingswerk 1918; Mitarbeiter an satir. Zsn., Feuilletonist bei der Zeitung ›Gudok‹. – Wurde 1928 weithin bekannt durch den in Zusammenarbeit mit Evgenij Petrov (eig. E. P. Kataev) geschriebenen Roman ›Devenadcat' stul'ev‹, e. sprühenden Humor und scharfe Satire auf Erscheinungen der NEP-Periode verbindenden Schelmenroman mit der Hauptfigur des listenreichen Betrügers Ostap Bender; dieser steht auch im Mittelpunkt des zweiten Romans beider Vf., ›Zolotoj telënok‹, der wie die meisten Erzählungen der beiden Einzelheiten im sowjet. Alltag satir. beleuchtet; ihre Skizzen ›Odnoètažnaja Amerika‹, nach e. Reise in die USA verfaßt, sind tendenziös gefärbt.

W: Dvenadcat' stul'ev, R. 1928 (Zwölf Stühle, d. 1954); Zolotoj telënok, R. 1931 (Ein Millionär in Sowjetrußland, d. 1932, u. d. T. Das goldene Kalb, 1946, u. d. T. Die Jagd nach der Million, 1968); Odnoètažnaja Amerika, Sk. 1936; Zapisnye knižki, 1939. – Sobranie sočinenij (GW), V 1961.

L: V. Galanov, 1961; U. M. Zehrer, 1975; Ju. K. Ščeglov, 1990.

Il fiore, entstanden Ende 13. Jh., freie Übertragung der wichtigsten Teile des franz. ›Roman de la Rose‹, e. ›Ars amandi‹ in 232 Sonetten; Dante Alighieri u. Dante degli Abati zugeschrieben, Vf. ist aber vermutl. Ser Durante, der sich wahrscheinl. auch hinter dem anonymen Vf. des ›Detto d'amore‹, e. anderen Bearbeitung des Rosenromans, verbirgt.

A: Il Fiore u. Detto D'Amore, hg. u. komm. E. G. Parodi im Anhang zu: Opere di Dante, 1922; I. fiore e il Detto d'Amore, hg. C. Marchiori 1938.

L: L. Peirone, Tra Dante e ›Il fiore‹, 1982.

Ilhan, Attila, türk. Dichter und Romancier, * 15. 6. 1925 Menemen. Schule Izmir, wegen linker Ansichten verwiesen, Abitur in Istanbul, Jurastud. ohne Abschluß; längere Paris-Aufenthalte; Journalist, Drehbuchautor, Chefredakteur u. Tageszeitung in Izmir, jetzt Kolumnist bei ›Cumhuriyet‹ in Istanbul und Hrsg. der Lit.-Zs. ›Sanat Olayi‹. – Die poet. Verbindung von Großstadtjargon und traditioneller Redeweise kennzeichnen s. expressiven, romant.-krit. Gedichte; daneben Romane, polit. Aufsätze, Reiseessays u. Drehbücher.

W: Duvar, G. 1948; Sokaktaki Adam, R. 1953; Sisler Bulvari, G. 1954; Yağmur Kaçaği, G. 1955; Zenciler Birbirine Benzemez, R. 1957; Abbas Yolcu, Rep. 1959; Ben Sana Mecburum, G. 1960; Bela Çiçeği, G. 1962; Kurtlar Sofrasi, R. II 1963f.; Yasak Sevismek, G. 1968; Hangi Sol, Ess. 1971; Hangi Bati, Ess. 1972; Tutuklunun Günlüğü, G. 1973; Biçağin Ucu, R. 1973; Sirtlan Payi, R. 1974; Böyle Bir Sevmek, G. 1977; Fena Halde Leman, R. 1980; Dersaadet'te Sabah Ezanlari, R. 1981; Elde Var Hüzün, G. 1982; Haco Hanım Vay, R. 1984; Korkunun Kralliği, G. 1987; O Karanlikta Biz, R. 1988; Ayrilik Sevdaya Dahil, G. 1993; Hangi Küreselleşme, Ess. 1997; Ufkun Arkasini Görebilmek, Ess. 1999; Yengecin Kiskaci, En. 1999; Kimi Sevsem Sensin, G. 2001; Allahın Süngüleri ›Reis Paşa‹, R. 2002.

Ilić, Vojislav, serb. Dichter, 20. 4. 1860 Belgrad – 14. 12. 1894 ebda. Sohn des Dichters Jovan I., Schwiegersohn Dj. Jakšićs, Stud. Belgrad; Beamter, Lehrer, Journalist, Kritiker, Vizekonsul in Priština. – Mit s. nicht umfangreichen, aber überaus gefühlvollen u. ausdrucksreichen eleg. Stimmungslyrik sprengte I. den engen Rahmen der Romantiker, sagte sich von der Nachahmung des Volksliedes los u. wurde themat. u. stilist. Wegbereiter der neueren serb. Lyrik; versuchte sich in kosmopolit.-antiken sowie orientalen Themen.

W: Radoslav, Dr. 1882; Shakespeare i Bacon, Abh. 1882; Shakespeare i Koriolan, Abh. 1883; Pitija, G. 1887; Pesme, G. III 1887–92; Smrt Periklova, G. 1889; Argonauti, G. 1898. – Sabrana dela (GW), II 1961; Pesme, G. 1952; Izabrane pesme, ausgew. G. 1964.

L: J. Skerlić, 1907; R. Felber, 1965; M. Pavić, 1972.

Iliupersis → Epischer Kyklos

Iłłakowiczówna, Kazimiera, poln. Lyrikerin, 6. 8. 1892 Wilna – 16. 2. 1983 Posen. Aus polnisierter Tatarenfamilie. Früh verwaist, Stud. Krakau u. Oxford. Anhängerin sozialist. Ideen. Im 1. Weltkrieg Krankenschwester. 1918–26 im Außenministerium. 1926–30 Privatsekretärin Marschall Piłsudskis, während des 2. Weltkriegs in Ungarn. Lebte in Posen. – Galt 1925–30 als bedeutendste poln. Lyrikerin. Strebte nach einfachem, volkstüml. Ausdruck. Breite Gefühlsskala. soz. u. religiöse Lyrik, Naturlyrik, Sehnsucht nach Liebe u. Mutterglück. Patriot. Balladen aus der poln. Geschichte. Übs ungar., dt., russ. und engl. Lit. und Kinderbücher.

W: Ikarowe loty, G. 1908; Wici, G. 1914; Trzy struny, G. 1917; Śmierć Feniksa, G. 1922; Płaczący ptak, G. 1927; Z głębi serca, G. 1928; Popiół i perły, G. 1930; Ballady bohaterskie, G. 1934; Wesołe wierszyki, G. 1934; Słowik litewski, G. 1936; Wiersze o Marszałku Piłsudskim, G. 1936; Z rozbitego fotoplastykonu, dicht. Prosa 1957; Niewczesne wynurzenia, Ess. 1958; Leckomyślne serce, G. 1959; Szeptem, G. 1966; Ta jedna nić, G. 1967; Liście i posągi, G. 1968; Trazymeński zając, Mem. 1968; Rzeczy sceniczne, Drn. 1969 (enth. Ziemia rozdarta); Odejście w tło, G. 1976; Sługi nieużyteczne, G. 1977. – Wiersze zebrane (ges. Ged.), II 1971; Poezje zebrane (ges. G.), III 1999.

L: J. Ratajczak, 1986; Ł. Danielewska, Portrety godzin. O K. L., 1987.

Illujanka-Mythos, hethit. Mythos in 2 Versionen, 2. Jt. v. Chr., Aitiologie zum altkleinasiat. (protohatt.?) Neujahrsfest. Der Drache Illujanka hat den Wettergott von Nerik besiegt. 1. Version: Die Götter laden ihn zum Fest, e. versteckter Mann überwältigt den Trunkenen, und der Wettergott tötet ihn. Vermeidet die Tat eines Menschen den Bruch des Gastrechts? – 2. Version: Der Wettergott will mit menschl. Hilfe vom Drachen s. Herz und s. Augen über Familienbande gewaltfrei zurückbekommen, um den Drachen dann zu bezwingen. Parallele zur griech. Typhon-Sage.

A: G. M. Beckman, (Journal of the Ancient Near Eastern Society of Columbia Univ. 14), 1982. – Übs.: H. Hoffner, Hittite Myths, 1990; A. Ünal, (TUAT III/4), 1994.

L: E. v. Schuler (RlA 7/1–2), 1987.

Illyés, Gyula, ungar. Schriftsteller, 2. 11. 1902 Rácegrespuszta – 15. 4. 1983 Budapest. Hirten- u. Bauernfamilie; Mittelschule Dombóvár. Stud. in Budapest und 1921–26 Paris, wo er mit Surrealisten-Kreisen in Verbindung kam. Nach s. Rückkehr Hilfsredakteur der Zs. ›Nyugat‹. Nach dem Tode Babits' (1941) setzte I. diese Zs. unter dem Namen ›Magyar Csillag‹ bis 1944 fort. Seit 1946 lebte er in Tihany am Plattensee. – Soz. Lyriker, Erzähler, Essayist und Dramatiker. S. Heimat – die Puszta – und die Dichtung der franz. Avantgarde übten auf den Dichter den nachhaltigsten Eindruck aus. Er ist e. Vertreter der Kleinbauern u. Landarbeiter, kämpfte mit der revolutionären Jugend, wurde eifriger Anhänger der Bodenreform. Mit dem Erscheinen des Werkes ›Puszták népe‹ wurde I. zu den höchst angesehenen Schriftstellern der völk. Richtung gezählt. S. Schilderungen in urwüchs. Sprache zeigen tiefen Sinn für Humor und für reale Beurteilung des Gegebenen: die Eigenschaften des Bauernschlages Transdanubiens.

W: Nehéz föld, G. 1928; Sarjúrendek, G. 1930; Oroszország, Reiseber. 1934; Szálló egek alatt, G. 1935; Puszták népe, R. 1936 (Pußtavolk, d. 1947); Petőfi Sándor, R. 1936 (d. 1969); Rend a romokban, G. 1937; Magyarok, St. 1938; Külön világban, G. 1939; Csizma az asztalon, St. 1941; Kora tavasz, R. 1941; Mint a darvak, R. 1942; Hunok Párisban, R. 1946; Ozorai példa, Dr. 1952; Válogatott költemények, G. 1953; Fáklyaláng, Dr. 1953; Dózsa György, Dr. 1956; Kézfogások, G. 1956; Új versek, G. 1961; Ebéd a kastélyban, R. 1962 (Mittagessen im Schloß, d. 1969); Ingyen lakoma, Ess. II 1964; Dőlt vitorla, G. 1965; Kháron ladikján, Aufz. 1969; Szíves kalauz, Reiseber. 1974; Itt élned kell, Tg. 1976; Csak az igazat, Drn. 1983; Szemben a támadással, Ges. G. 1984. – Összegyűjtött versei, III 1940; Összes versei, III 1947; Összegyűjtött drámák, (ges. Drn.) 1969. – Übs.: Mein Fisch und mein Netz, G. 1973; Die schönen alten Jahre, R. 1975; Feuer ist mein Wesen, 1980.

L: I. Fodor, 1975; M. Béládi, 1987; A. Tamás, 1989.

Il pecorone, Sammlung von 50 Novellen, entstanden 1378, verfaßt von Ser Giovanni Fiorentino (Identität umstritten). Rahmenerzählung und Motive verraten den Einfluß von Boccaccio und G. Villani. Dem Vf. werden Sonette zugeschrieben.

A: Il Pecorone, hg. E. Esposito 1974; P. Stoppelli: I sonetti de G. F., in: Ann. dell'Ist. di Fil. Moderna dell'Università di Roma, 1977, 189–221. – Übs.: Die fünfzig Novellen des Pecorone, 1921.

Il tarlo → Cecchi, Emilio

Immanuel ben Salomo, Romi, gen. Manoello Giudeo, ital.-jüd. Dichter, um 1272 Rom – um 1330 Fermo. Wanderleben; Stellungen in versch. jüd. Gemeinden Italiens. – Exponent der neuhebr. Dichterschule Italiens. Seine in der Art Boccaccios geschriebenen Geschichten riefen ob ihrer Frivolität den Abscheu der Frommen hervor, weshalb er s. Stelle als Sekretär der jüd. Gemeinde in Rom aufgeben mußte. Mit Dante befreundet, dessen ›Göttliche Komödie‹ er in ›Tofet we-Eden‹ gewandt auf jüd. Verhältnisse nachzubilden wußte. Führte die metr. Formen Spaniens und das Sonett in die hebr. Lit. Italiens ein. In s. Hauptwerk ›Machberot‹ (28 maqamas-Episoden in gereimter Prosa) behandelt er das geistige u. soziale Leben s. Zeit. Auch ital. Lyrik und Bibelkommentare.

W: Komm. zum Hohenlied, hg. S. B. Eschwege 1908; Tophet und Eden, hg. M. Gollancz 1921; Machberot, hg. A. M. Habermann 1950; Poeti giocosi, hg. M. Marti 1956; Machberot II, hg. D. Jarden 1957; Commento ... (Gen 1), hg. F. M. Tocci 1963; S. Mishle, hg. D. Goldstein 1982; Inferno e paradiso, 2000.

L: U. Cassuto, Dante e Manoello, 1921.

Imru al-Qais, altarab. Dichter, 6. Jh. († um 540). Kämpfte nach dem Tod s. Vaters vergebl. um das ihm zustehende Fürstentum im Nedjd und fand nach langem Umherirren e. Zuflucht bei dem himyarit. Dichter Samau'al. – Gilt der einheim. Tradition als Schöpfer des Nasīb, der erot. Einleitung der Qaṣīda. Genial begabter Dichter, dessen Dichtungen zu den schönsten Schöpfungen der altarab. Beduinenpoesie gehören. Bezeichnend die unverblümte Offenheit bei der Schilderung der zahlr. genossenen Liebessituationen. E. Gedicht ist in die Sammlung der ›Muʿallaqāt‹ aufgenommen.

W: Dīwān, Paris 1837 (m. lat. Übs.), 1870 u. ö. – *Übs.:* Ausw. F. Rückert ²1924.

L: G. Olinder, 1927; P. Larcher, 1998.

Inana-Mythen, sumer. Dichtungen um die für Sexualität und Krieg verantwortl. Venusgöttin Inana (akkad. Ištar), Stadtgöttin der polit.-religiösen Zentren Uruk, Kiš und Akkade; Hsn. aus dem 18. Jh. v. Chr. Wesentl. Merkmal ist das Machtstreben der Göttin. – In ›Inana und Enki‹ entwendet Inana ihrem trunkenen Gastgeber Enki die me (wirkmächtige Insignien göttl. Funktionen und Ämter), bringt sie in ihre Stadt Uruk und macht diese so zum Kulturzentrum. Deutl. Verbindung zu ›Enki und die Weltordnung‹, wo Enki den Göttern wichtige Kulturämter zuweist, Inana zusätzliche me fordert und Enki sie ihr verweigert. Beide Mythen zeigen hohe kulturelle Selbstreflexion im 3. oder frühen 2. Jt., fußen vermutl. auch auf konkreten polit.-histor. Ereignissen. – ›Inana und Ebeḫ‹ schildert auf myth. Ebene e. Feldzug e. Königs von Akkade (24./23. Jh.) in das Gebirge Ǧabal Ḥamrīn; der Text folgt dem Muster von ›Gilgameš und der Himmelsstier‹ (→ Gilgameš-Epen, sumer.): Der Himmelsgott erlaubt den Kriegszug erst, als Inana droht. Deutl. Bezug auch zu → En-ḫedu-ana-Dichtungen. – In ›Inana und Šukaletuda‹ schändet e. Mensch die Göttin. Ausführl. Schilderung der vergebl. Versuche der Göttin, des Übeltäters durch Plagen, mit denen sie Sumer heimsucht, habhaft zu werden. Der weise Gott Enki liefert ihn ihr aus; Šukaletuda wird sterben, aber s. Namen sollen Sänger im Palast und Hirten auf der Weide besingen. Intertextuelle Bezüge zu ›Inana und Ebeḫ‹ (1. Vers und die die Gebirge durchstreifende Göttin), zu → En-ḫedu-ana-Dichtung (1. Vers), zu ›Inanas Gang zur Unterwelt‹ (Katalog von der Göttin bei Beginn der Reise verlassener Heiligtümer), und zu Taf. VI des → akkad. Gilgameš-Epos. – ›Inanas Gang zur Unterwelt‹ (auch e. kurze akkad. Fassung in Hsn. des 1. Jt.) verbindet 3 Mythen, von denen 2 auch separat überliefert sind. Teil 1, eine Aitiologie für d. period. Unsichtbarkeit des Venussterns, ist sonst unbekannt: Zug Inanas in die Unterwelt, Versuch, die Unterweltherrscherin zu entthronen; der weise Gott Enki befreit sie nach Weigerung der politisch mächtigen Götter Enlil und Su'en; sie muß der Unterwelt eine Ersatzperson stellen. Fabel ähnelt z. T. ›Inana raubt den großen Himmel‹. Inanas auch in e. Klagelied bezeugte Begegnung mit ihrem nicht um sie trauernden Gemahl, dem Gott der Herden und Vorzeitkönig Dumuzi v. Uruk, leitet zum 2. Teil über. Sie gibt ihn den sie begleitenden Unterweltsdämonen preis. Seine dreimalige vergebliche Flucht erzählt auch das Epos ›Dumuzis Tod‹. Im 3. Teil suchen ihn Inana und s. göttl. Schwester; so auch Kultlieder und Epen mit Vegetationsgottheiten. Der Dichter verknüpft die Mythenkomplexe kausal; eine polit. Absicht, die Göttin Inana, die die Könige von Akkade im 24./23. Jhd. gegen Sumer unterstützte, für den Untergang e. exemplar. sumer. Herrschers verantwortl. zu machen und sie mit dem versöhnlichen Schluß wieder zu integrieren, läßt sich vermuten. – Vom Tod Dumuzis und Inanas Rache an s. Mördern handelt das sehr fragmentar. ›Inana und Bilulu‹. – Im Streitgedicht ›Dumuzi und Enkimdu‹ will Inanas Bruder, der Sonnengott Utu, daß Inana den Hirten Dumuzi heirate; sie aber will den Bauern(gott) Enkimdu haben. Dumuzi treibt s. Herden auf die Felder Enkimdus; daraufhin leistet dieser Verzicht. Aitiologie für das Abweiden sprießender Gerstefelder durch Schafe zwecks höheren Ertrags (Bildung von Seitentrieben und Düngung) und für soziale Konflikte der Bauern mit Hirten. Steht Dumuzi hier für ins Kulturland drängende amurrit. Nomaden?

A: J. J. A. van Dijk, La sagesse suméro-accadienne, 1953; Th. Jacobsen, (JNES 12), 1953 (Nachdruck in: ders., Towards the Image of Tammuz and Other Essays on Mesopotamian History and Culture, hg. W. L. Moran, Cambridge/MA 1970), A. Falkenstein, (ZA 55), 1964; S. N. Kramer, The Sacred Marriage, 1969; C. Benito, Enki and the World Order, Diss. Philad. 1969; B. Alster, Dumuzi's Dream, Koph. 1972; ders., (RA 69), 1975; ders., (Acta Sumerologica 18), 1996; G. Farber-Flügge, Der Mythos ›I. und Enki‹ unter bes. Berücks. der Liste der me, Rom 1973; R. W. Sladek, Inanna's Descent to the Netherworld, Diss. Jones-Hopkins-Univ. 1974; C. Wilcke, (Abh. Sächs. Akad. d. Wiss.), 1976; K. Volk 1995; P. Attinger, (ZA 88), 1998; J. J. A. van Dijk, (Fs. Rykle Borger, hg. St. Maul), Groningen 1998; Th. Jacobsen, B. Alster, (Fs. W. G. Lambert, hg. A. R. George, I. L. Finkel), Winona Lake/IN 2000; http://3619www-etcsl.orient.ox.ac.uk/edition2/etcslbycat.html. – *Übs.:* Th. Jacobsen, The Harps that Once …, 1987; W. H. Ph. Römer, (TUAT III/3), 1993; G. Müller, (TUAT III/4), 1994.

L: C. Wilcke (Münchner Beitr. z. Völkerkunde 1, Fs. L. Vajda), 1988; ders., (Anfänge polit. Denkens in der Antike, hg. K. Raaflaub), 1993.

Inber, Vera Michajlovna, russ. Dichterin, 10. 7. 1890 Odessa – 11. 11. 1972 Moskau. Vater Verleger, Stud. Frauenuniv. Odessa, 1910–14 im Ausland, erste Veröffentlichungen 1911, erster Gedichtband 1914 in Paris, nach Rückkehr nach Odessa weitere Bände, siedelte 1922 nach Moskau über; gehörte in den 1920er Jahren der Gruppe der Konstruktivisten an; 1941–44 Kriegsberichterstatterin im belagerten Leningrad; 1943 Mitgl. der Kommunist. Partei; erhielt 1946 für ihr Leningrader Tagebuch ›Počti tri goda‹ den Stalinpreis. – Läßt in ihren vorrevolutionären Gedichten die Einwirkung A. Achmatovas erkennen, deren dichter. Höhe sie aber in ihrer intimen Lyrik nicht erreicht; greift später zu revolutionären und patriot. Themen und schreibt mehrere Bände erzählender Prosa; ist in den 1930er Jahren bestrebt, die optimist. Grundstimmung des ›sozialist. Aufbaus‹ auszudrücken; im Krieg das lange Poem ›Pulkovskij meridian‹ über das Leben in der belagerten Stadt; ›Vdochnovenie i masterstvo‹ enthält Gedanken über den Künstler während s. schöpfer. Tätigkeit.

W: Pečal'noe vino, G. Paris 1914; Synu kotorogo net, G. 1927; Mesto pod solncem, R. 1928 (Der Platz an der Sonne, d. 1929); Pulkovskij meridian, G. 1942; Počti tri goda, 1945 (Fast drei Jahre. Aus e. Leningrader Tagebuch, d. 1946); Vdochnovenie i masterstvo, Ess. 1957. – Sobranie sočinenij (GW), IV 1965f.; Izbrannaja proza, Ausw. 1971.

L: I. Grinberg, 1961.

Inchbald, Elizabeth, geb. Simpson, engl. Romanautorin u. Dramatikerin, 16.10.1753 Suffolk – 1.8.1821 London. Verließ ihre Familie früh, ∞ den (deutl. älteren) Schauspieler Joseph I. u. begann e. Schauspielkarriere an Provinztheatern. – Begann nach dem Tod ihres Mannes, 1779, Dramen zu adaptieren (so das erfolgreiche ›Lovers' Vows‹ frei nach Kotzebue) u. eigene Dramen zu verfassen. Diese sind Beispiele e. ›more advanced style of sentimental humanitarian drama‹ (A. Nicoll) der Zeit, durch den Primitivismus geprägt (›The Child of Nature‹), in denen z.T. aber auch revolutionäres Potential gefunden wurde u. wird. Auch die stereotypen Geschlechterrollen ihrer Romane werden zunehmend differenzierter betrachtet (insbes. ›A Simple Story‹).

W: I'll Tell You What, Dr. 1785; The Child of Nature, Dr. 1788; A Simple Story, R. IV 1791 (n. ²1988; d. 1792); Nature and Art, R. II 1796 (n. 1997; d. o. J.); Wives as They Were, and Maids as They Are, Dr. 1797; Lovers' Vows, Dr. 1798; To Marry or Not to Marry, Dr. 1805; The British Theatre, hg. XXV 1806–09. – Plays, hg. P. R. Backscheider, II 1980.

L: J. Boaden, II 1833; S. R. Littlewood, 1921; R. Manvell, 1987.

Infantes de Lara, Los siete, anonym. altspan. Epos, entstanden um 1000, von R. Menéndez Pidal aus versch. altspan. Chroniken des 13. u. 14. Jh. rekonstruiert. Die blutige Rachehandlung geht wahrscheinl. auf e. hist. Familientragödie zurück. Der Stoff wurde in Romanzen u. im Drama des Siglo de Oro (J. de la Cueva, L. F. de Vega Carpio) u. der Romantik (Duque de Rivas, V. Hugo) aufgegriffen.

L: R. Menéndez Pidal, 1896 (n. 1971); M. Vallvé López, 1962; C. Acutis, Turin 1978.

Inge, William (Motter), amerik. Dramatiker, 3.5.1913 Independence/KS – 10.6.1973 Hollywood. Journalist, Drama-Lehrer am Stephens College in Columbia/MO, und an der Washington Univ. in St. Louis; freier Schriftsteller in Hollywood. Beging Selbstmord. – Vf. von Problemstücken, die im amerik. Mittelstand spielen. Feinsinnige Beobachtung des Alltagslebens mit psycholog. Einfühlung ohne realist.-naturalist. Übersteigerung. Romant.-sentimentale Züge. S. bedeutendstes Stück ›Come Back, Little Sheba‹ handelt von der Ehe e. vorzeitig gealterten, ihrer Jugend nachtrauernden Frau mit e. Trinker; ›Picnic‹, das 1953 den Pulitzerpreis erhielt, schildert die Aufregung, die e. Vagabund in der geordneten Welt e. amerik. ›suburbia‹ verursacht. Auch Filmdrehbücher.

W: Farther Off From Heaven, Dr. (1947); Come Back, Little Sheba, Dr. 1950 (d. 1955); Picnic, Dr. 1953 (d. 1954); Bus Stop, Dr. 1955 (d. 1955); The Dark at the Top of the Stairs, Dr. 1957 (d. 1958); Four Plays, 1958; A Loss of Roses, Dr. 1960; Splendor in the Grass, Drb. 1961; Summer Brave and Eleven Short Plays, 1962; Natural Affection, Dr. 1963; Where's Daddy?, Dr. 1965; Good Luck, Miss Wyckoff, R. 1970 (d. 1971); My Son Is a Splendid Driver, R. 1971 (d. 1972).

L: R. F. Voss, 1989; A. F. McClure, 1989; R. B. Schuman, ²1989; R. M. Leeson, 1994. – Bibl.: A. F. McClure, C. D. Rice, hg. 1991.

Ingelow, Jean, engl. Dichterin und Romanschriftstellerin, 17.3.1820 Boston/Lincolnshire – 20.7.1897 London. Tochter e. Bankiers, mit Ruskin befreundet; lebte meist in London. – Schrieb Gedichte, Romane und Kinderbücher. Ihr bedeutendstes Gedicht ist ›High Tide on the Coast of Lincolnshire, 1571‹ (1863).

W: Poems, 1863; A Story of Doom, G. 1867; Mopsa the Fairy, Kdb. 1869; Poems, 1871; Off the Skelligs, R. IV 1872; Fated to be Free, R. III 1875; Poems, 1876; Sarah de Berenger, R. 1879; Don John, R. III 1881; Poems, 1885. – Poetical Works, 1898.

L: Some Recollections of J. I., 1901; E. A. Stedman, 1935.

Ingemann, B(ernhard) S(everin), dän. Dichter, 28.5.1789 Torkildstrup/Falster – 24.2.1862 Sorø. Sohn e. Pfarrers, früh vaterlos, 1806 Abitur in Slagelse; während s. Studienzeit in Kopenhagen entsteht unter der dt. Romantik beeinflußte Dichtung. 1818/19 große Bildungsreisen durch Europa u. nach Rom; 1822 Oberstudienrat an der Akad. Sorø. – Verfaßte ab 1824 auf Anregung von Grundtvig hist. Romane aus dem dän. MA nach Vorbild Scotts, z. B. ›Valdemar Sejr‹ u. ›Erik Menveds barndom‹, um zur Wiederbelebung des nach den nationalen Katastrophen 1807, 1813 u. 1814 resignierten Volkes beizutragen. S. Quelle ist vielfach Saxo Grammaticus. Als relig. Lyriker ist I. durch die für die Akad. geschriebenen Morgen- u. Abendlieder wie durch s. Kirchenlieder noch immer sehr bekannt, auch dank der Vertonung von C. E. F. Weyse. Hier vertritt er ein innerliches, undogmatisches Verhältnis zu Gott und ein pantheist. gefärbtes Schöpfungsverständnis.

W: Digte, 1811f.; Varners poetiske vandringer, Brief-R. 1813; Blanca, Tr. 1815 (d. 1815); Eventyr og fortællinger, En. 1820 (Abenteuer und Erzählungen, d. 1826); Valdemar den Store og hans mænd, R. 1824; Valdemar Sejr, R. 1826 (n. 1987; Waldemar der Sieger, d. 1827); Erik Menveds barndom, R. 1828 (Die erste Jugend Erik Menveds, d. 1829); Kong Erik og de fredløse, R. 1833 (d. 1834); Prins Otto af Danmark og hans Samtid, R. 1835 (d. 1835); Dronning Margrethe, Vers-R. 1836 (n. 1997); Holger Danske, G. 1837 (n. 1982); Morgen-og aftensange, G. 1838f.; Kristen Bloks Ungdomsstreger, Nn. 1849; Landsbybørnene, R. IV 1852; B. S. I.s Levnetsbog, Aut. II 1862; Tilbageblik paa mit liv og min forfattervirksomhed, Aut. 1863. – Samlede skrifter, III Abt. 1843–65; Historiske romaner, IV 1911f.; Levnetsbog I – II u. Tilbageblik, hg. J. Keld 1998; I. og Atterbom, Br. 1924; Hauch og I., Br. 1933.

L: K. Galster, 1922; Fra Ahasverus til Landsbybørnene, 1927; F. Rönning, 1927; C. Langballe, 1949; N. Kofoed, 1992, 1996.

Ingoldsby, Thomas → Barham, Richard Harris

Ingolič, Anton, slowen. Schriftsteller, 5. 1. 1907 Spodnja Polskave b. Pragersko – 14. 3. 1992. Stud. roman. u. slaw. Philol. Paris u. Laibach, 1933 Gymnasiallehrer in Ptuj, 1946 Maribor, Laibach, Redakteur der lit. Zs. ›Nova obzorja‹. – Begann als krit. Realist mit stark soz. Färbung, nach dem 2. Weltkrieg mündet s. Schaffen in sozialist. Realismus. In Novellen, Romanen u. Dramen beschreibt I. die Not u. das Elend des bäuerl. Proletariats, der kleinen Handwerker u. Holzfäller s. slowen.-steir. Heimat, die oft durch Rückständigkeit verursacht wurden; analysiert die gesellschaftl. Problematik, wobei er die Handlungen mit folklorist. Elementen belebt; Vf. von Jugendbüchern.

W: Hiša st. 52, N. 1932; Mlada leta, E. 1935; Lukarji, R. 1936; Na splavih, R. 1940 (Die Drauflößer, d. 1943); Matevž Visočnik, R. 1945; Pred sončnim vzhodom, Nn. 1945; Vinski vrh, R. 1946 (I: Zeja [Durst, d. 1948], II: Trgatev); Krapi, K. 1947; Mlatilnica, Dr. 1948; Na prelomu, Nn. 1950; Človek na meji, R. 1952; Deček z dvema imenoma, Kdb. 1955; Ugasla dolina, R. 1956; Kje ste, Lamutovi, R. 1958; Tajno društvo PGC, Kdb. 1958 (Geheimklub PGC, d. 1983); Lastovka čez ocean, R. 1966; Gimnazijka, R. 1966 (d. 1970); Šumijo gozdovi domači, R. 1969; Pradedje, R. 1975; Gorele so grmade, R. 1977; Moje pisateljevanje, Aut. 1980; Podobe njenega življenja, R. 1985. – Izbrani spisi (AW), X 1963–67; Izbrano delo (AW), II 1970. – Übs.: Liebesgeschichten der slawischen Völker, 1959; Jugoslawien erzählt, Ausw. 1964; Zum Beispiel Liebe, 1971.

L: B. Hofman, 1978.

Inoue, Hisashi, jap. Schriftsteller, * 17. 11. 1934 Komatsu/Yamagata. Stud. franz. Lit. an der Sophia-Univ. in Tokyo. Äußerst produktiver, bei breiten Publikumsschichten beliebter Autor von Dramen, Komödien, Hörspielen, Fernseh-Drehbüchern, Romanen, Essays. – Ein Meister satir.-iron. Wortkunst, steht I. H. in der Tradition der weitschweifigen Trivialliteratur der Frühmoderne. Häufige Wortspiele, Parodie und Slapstick zeichnen s. barock-überladenen, pointiert iron. Stil aus.

W: Nihonjin no heso, Sch. 1969; Dôgen no bôken, Sch. 1971; Bun to fun, E. (engl. 1978); Tegusari shinjû, R. 1972; Keshô, Sch. 1983 (franz. 1986); Kamiya-chô Sakura hoteru, Sch. 1997 (engl. 1998). – I. H. shôgeki zenshû, III 1976; Inoue Hisashi zenshibai, III 1984.

L: J. Cohn, Studies in the Comic Spirit in Modern Japanese Fiction, 1998; C. Robins, I. H.'s Attempt to Overcome the Modern (PALS), 2001.

Inoue, Mitsuharu, jap. Schriftsteller, 15. 5. 1926 Mandschurei – 30. 5. 1992 Chôfu (Saitama). Wächst bei Verwandten in Kyûshû auf, nach Schulabschluß u. a. Tätigkeit im Bergbau. Von 1945 bis 1953 KP-Mitglied. Ab den 1970er Jahren vor allem als Organisator von Schreibwerkstätten aktiv. – Seit 1947 Veröffentlichung von Gedichten, bald auch von Erzählungen u. Romanen, die sich krit. mit der jap. Gesellschaft auseinandersetzen.

W: Chi no mure, R. 1963. – Ki no hanayome (sämtl. G.), 1979; I. M. chôhen shôsetsu zenshû (sämtl. R.), XV 1983. – Übs. in: Seit jenem Tag, hg. N. Ito 1984.

Inoue, Yasushi, jap. Schriftsteller, 6. 5. 1907 Asahikawa – 29. 1. 1991 Tokyo. Sohn e. Militärarztes, wuchs in kleinem Dorf bei der Großmutter auf. Frühes Gefühl der Einsamkeit und Verlassenheit. Stud. Jura Kyûshû-Univ. u. 1932–36 Ästhetik Kyoto-Univ. Begann Gedichte und e. Drama zu schreiben. Später Journalist. Kurzer Militärdienst in China, wegen Krankheit verabschiedet. – Vf. zahlr. Romane teils populärer Art für Zeitschriften, teils anspruchsvollerer Natur (hist. Romane, die auf sorgfältiger Forschung basieren).

W: Tôgyû, E. 1949 (Der Stierkampf, d. 1971); Ryôjû, E. 1949 (Das Jagdgewehr, d. 1964); Hira no shakunage, E. 1950 (Die Azaleen von Hira, d. 1979); Kinô to asu no aida, E. 1953; Ma no kisetsu, R. 1954; Hyôheki, R. 1956–57 (Die Eiswand, d. 1968); Tempyô no iraka, R.

1957 (Das Tempeldach, d. 1980); Roran, R. 1959 (Seidensticker, in: JQ VI, 4; 1959); Fûtô, R. 1963; Tsuki no hikari, R. 1970. – I. Y. zenshû (GW), 1972–75. – *Übs.:* Flood, engl. 1964; The Counterfeiter and Other Stories, engl. 1965; Selected Poems of I. Y., 1979; Eroberungszüge, G. 1979; Die Höhlen von Dun-huang, R. 1986; Erzählungen, 1987; Meine Mutter, R. 1987; Shirobamba, d. R. Bollinger 1998; Reise nach Samarkand, d. A. Mrugalla 1998.

Iohannes Chrysostomos, altgriech. Kirchenlehrer, wahrscheinl. 349 Antiochia – 407 n. Chr. Komana (Pontus). Aus paganer Offiziersfamilie, umfassende Ausbildung, 368 getauft, 372–78 asket. Rückzug, dann kirchl. Karriere (398 Bischof von Konstantinopel). 403 im Konflikt s. Amtes enthoben und 404 von Kaiser Arcadius verbannt, auf dem Weg in die Verbannung stirbt I. – I. hinterließ e. der umfangreichsten Corpora griech. Lit.: 17 Abhandlungen, mehr als 700 Predigten, 4 Bibelkommentare, 241 Briefe (v.a. aus der Verbannung). I. griff in die großen theolog. Streitfragen s. Zeit nicht ein. S. Predigten beruhen v.a. auf Erklärung bibl. Texte; daneben sprach er auch zu aktuellen Anlässen, wie z.B. in s. 21 ›Säulenhomilien‹ (nach e. Volksaufstand 387) oder s. ›Predigten gegen die Juden‹ (386/387). In s. Abhandlungen behandelt er oft Einzelfragen des kirchl. Lebens (z.B. für e. mönch.-asket. Leben, über die Größe des Priesteramtes etc.). Sein ihm seit dem 5./6. Jh. beigelegter Beiname ›Chrysostomos‹ (= ›Goldmund‹) trägt s. hohen Qualität als Stilist des Griech. Rechnung. I. muß charismat. gewirkt haben, so daß Palladius ihn bereits 408 in e. Schrift (›Dialogus de vita I. Chr.‹) verherrlicht; s. großes Ansehen spiegelt auch die Masse der ihm fälschl. zugeschriebenen Werke.

A: PG 47–64; H. Savile 1612. – *Ep. ad Olymp.:* A.-M. Malingrey 1964/68 (m. franz. Übs., Komm.); *Comm.:* J. Dumortier, A. Liefooge 1983 (m. franz. Übs., Komm.); *Ad Theod. laps.:* J. Dumortier 1966 (m. franz. Übs., Komm.); *De prov. Dei:* A.-M. Malingrey 1961 (m. franz. Übs., Komm.); *Hom. Os.:* J. Dumortier 1981 (m. franz. Übs., Komm.); *De laud. S. Pauli:* A. Piédagnel 1982 (m. franz. Übs., Komm.); *S.* Zincone 1988 (m. ital. Übs.); *Adv. Iud.:* R. Brändle, V. Jegher-Bucher 1995 (dt. Übs.), P. W. Harkins 1979 (engl. Übs.); *Apologet.:* M. A. Schatkin, P. W. Harkins 1985 (engl. Übs.); *C. eos qui subintr.:* J. Dumortier 1985 (m. franz. Übs.); *Comm. Gal.:* S. Zincone 1982 (ital. Übs.); *Comm. Iob:* H. Sorlin 1988 (m. franz. Übs., Komm.); *Comm Ioh.:* T. A. Goggin 1957/1960 (engl. Übs.); *Hom. Gen.:* R. C. Hill 1986ff. (engl. Übs.); *Hom. Hebr.:* B. Borghini 1967 (ital. Übs.); *Hom. pseudochr.:* K.-H. Uthemann, R. F. Regtuit, J. M. Tevel 1994. – *Übs.:* J. C. Baur u.a. 1915–24 (BKV) (Ausw.).

L: J. A. de Aldama, Paris 1965; P. Stockmeier, 1966; A. M. Ritter, 1972; R. Kaczynski 1974; R. L. Wilken, Berkeley u.a. 1983; A. Stötzel, 1984; M. E. Lawrenz, Milwaukee 1987; F. van de Paverd, Rom 1991; J. N. D. Kelly, Lond. 1995; M. Kertsch, Graz 1995; R. Kaczynski, LACL ²1999, 336–343 (ausführl. Bibl.).

Ion aus Chios, altgriech. Dichter u. Prosaschriftsteller, ca. 480 v. Chr. – 423/422 v. Chr. Kam als junger Mann nach Athen, Zeitgenosse von Themistokles, Aischylos, Sophokles. – Bereits im Hellenismus würdigte man bei I. v.a. die außergewöhnl. Vielseitigkeit der Gattungen (alle Werke nur in Fragmenten): Als Tragiker debütierte I. um 450 (11 Titel bekannt, 69 Fragmente), als Lyriker hat er Dithyramben, Hymnen, Enkomien und Elegien verfaßt, an Prosawerken sind e. pythagoreisch beeinflußte Welterklärung (›Triagmos‹) sowie v.a. die ›Epidemiai‹ (hier etwa: ›Reiseerinnerungen‹) bezeugt; in letzteren schildert I. autobiograph. Begegnungen mit berühmten Persönlichkeiten s. Zeit, womit e. der frühesten Werke der Memoirenlit. schuf.

A: A. v. Blumenthal 1939; A. Leurini 1992.
L: A. v. Blumenthal, 1939; M. L. West, BICS 32, 1985, 71–78; H. Straßburger, in: Fs. W. Schöne, Berlin 1986; L. Piccirilli, Quaderni di storia 49, 1999, 267–271.

Ionesco, Eugène, rumän.-franz. Dramatiker, 26. 11. 1909 Slatina – 28. 3. 1994 Paris. Sohn e. rumän. Rechtsanwalts u. e. Französin, Kindheit 1914–25 in Paris. Stud. Lit. Paris u. Bukarest, Gymnasiallehrer in Curtea de Argeș, Lit.- u. Theaterkritiker. 1938 mit e. Stipendium in Paris. Blieb in Frankreich, zu dessen Kultur er sich bekennt. Seit 1970 Mitgl. der Académie Française. – Begann mit zarter mod. Lyrik; das zweite Buch ›Nu‹ (Nein) war e. jungenhaft-zornige Abrechnung mit den Größten der rumän. Lit. I.s von Caragiale und Urmuz beeinflußte surrealist.-absurde und groteske Dramen, meist sketchhafte Einakter, da die Groteske dramat. Großformen nicht trägt, verbinden den provozierenden und bewußt schockierenden Bürgerschreck des Antidramas mit der Absicht, die philisterhafte Selbstgenügsamkeit des gedanken- u. seelenlosen bürgerl. Lebens durch Karikatur aufzudecken. Die Akausalität der Handlung fordert einzelne, gleichermaßen groteske Einzelsituationen, die in e. satyrspielhaften Mischung kom. und trag. Züge voll ausgespielt werden. Der Dialog, bewußt auf Vermeidung intellektuell greifbarer Aussagen angelegt, löst sich in stereotype Wiederholung von Gemeinplätzen und rhythm.-vokal. Sprachatome auf. I.s internationale Bühnenerfolge beruhen auf der geschickten Verbindung von Zeitkritik mit den Ansprüchen geistigen Amüsements. Ferner originelle Erzählungen, kryptowalach. Märchen u. Theaterkritiken.

W: Elegii pentru fiinţele mici, G. 1934; Nu, Ess. 1934; La cantatrice chauve, Dr. (1950); La leçon, Dr. (1951; d. 1954); Le salon de l'automobile, H. (1952); Les chaises, Dr. (1952; d. 1960); Victimes du devoir, Dr. (1953; d. 1954); La jeune fille à marier, Dr. 1953; Amédée ou Comment s'en débarrasser, Dr. (1954); Jacques ou la soumission, Dr. (1955); L'impromptu de l'Alma, Dr. (1955);

Le nouveau locataire, Dr. (1955; d. 1958 in: Das Abenteuer I.); L'avenir est dans les œufs, Dr. (1957); Tueur sans gage, Dr. (1958); Les rhinocéros, Dr. 1959 (d. 1960); Le piéton de l'air, Dr. (1962; d. 1964); Notes et contrenotes, Es. 1962 (Argumente und Argumente, d. 1964); La photo du colonel, En. 1962; Le roi se meurt, Dr. 1963 (d. 1964); La soif et la faim, Dr. 1964 (d. 1964); La lacune, Dr. (1965); Délire à deux, Dr. (1966); Journal en miettes, Tg. 1967 (d. 1968); Présent passé – Passé présent, Tg. 1968 (d. 1969); Découvertes, Ess. 1969; Jeux de massacre, Dr. 1970 (d. 1971); La vase, FSsp. (1970; d. 1971); Macbett, Dr. 1972 (d. 1973); Le solitaire, R. 1973 (d. 1974; u. d. T. Ce formidable bordel!, Dr. 1973; Welch gigantischer Schwindel, d. 1974). – Théâtre, IV 1954–66. – Übs.: Theaterstücke, IV 1959–67; Die Nashörner, En. u. Erinn. 1960; Zwei Stücke (Impromptu u. Die Nashörner), 1964; Vier Erzählungen, 1968; Geschichte für Kinder unter drei Jahren, II 1969–71; Gegengifte, Aufs. 1979; Werke, I–VI 1986.

L: Das Abenteuer I., 1958; R. N. Coe, Edinb. 1961; M. Reinke, Diss. Köln 1963; Ph. Sénart, 1964; L. Pronko, N. Y. [2]1965; M. Glukmann, Santiago de Chile 1965; C. Bonnefoy, Entretiens avec I., 1966 (d. 1969); J.-D. Donnard, Paris 1966; S. Benmussa, 1966 (m. Bibl.); P. Ronge, Polemik, Parodie und Satire bei I., 1967; E. Wendt, 1967; J. Jacobsen, W. R. Mueller, I. and Genet: Playwrights of Silence, N. Y. 1968; H. Hanstein, Studie zur Entwicklung von I.s Theater, 1971; P. Vernois, 1972; A. W. Tobi, 1973; F. Bondy, 1976; G. Ionescu, Heidelberg 1989.

Iordanidu, Maria, griech. Romanautorin, 1897 Konstantinopel – 1989 Athen. – In ihren oftmals autobiograph. Romanen überzeugt die natürl. Unmittelbarkeit der Darstellung.

W: Lōxandra, R. 1963 (d. 1994); Diakopes ston Kaukaso, R. 1965; San ta trela pulia, R. 1978; Stu kyklou ta gyrismata, R. 1979; Hē aulē mas, R. 1981.

Iorga, Nicolae, rumän. Schriftsteller und Historiker, 17. 6. 1871 Botoşani – 27. 11. 1940 b. Ploieşti (ermordet). Stud. Gesch. Jassy, 1890 Paris, Berlin, Italien, Dr. phil. Leipzig. 1894 Prof. für Weltgesch. Bukarest, später auch an der Sorbonne, Gründer der Volks-Univ. Vălenii de Munte (1908) u. des südosteurop. Instituts (1913), Mitgl. vieler europ. Akad., 16 Ehrendoktorwürden, 1907 u. 1918 Abgeordneter, Senator, 1931/32 Minister u. Ministerpräsident, Ideologe, zusammen mit A. C. Cuza Gründer der Nationaldemokrat. Partei (1906); gründete u. leitete unzählige kulturelle u. wiss. Institutionen u. Vereine. – S. lit. Werk umfaßt etwa 40 meist hist. Dramen, Gedichte, Erinnerungen, Reisebeschreibungen, Biographien u. a. m. Trat als Kritiker für e. bodenständige, nationale, vom Bauerntum, d. h. vom Volk ausgehende Lit. ein, gegen modernist. Strömungen (Symbolismus), kreierte e. lit. Schule (Semănătorismus, nach der Zs. ›Semănătorul‹, die er 1904–06 leitete).

W: Tudor Vladimirescu, Dr. 1921; Isus, Dr. 1925; Essai de synthèse de l'histoire de l'humanité, Paris IV 1926–28; Cleopatra, Dr. 1927; Memorii, VII 1939f. (Memorii [5]1984). – Pagini alese (Ausw.), II 1965.

L: S. Meteş, Ce a scris I., 1913; ders., Activitatea istorică a lui N. I., 1921; ders., Omagiu lui N. I., 1921. – *Bibl.*: V. Iancoulesco, Paris 1933; M. Berza, 1945; T. Georgescu, 1966; B. Theodorescu, 1967, 1968, 1970; ders., II 1935–37; D. Modola, 1983; M. Muthu, 1989.

Iosephus, Flavius, jüdisch-hellenistischer Historiker, 37/38 Jerusalem – 100 (?) n. Chr. Rom. Aus Priesteraristokratie, selbst Priester, Muttersprache Aramäisch, lernt schon früh Griech. und Lat. – I.' in Griech. verfaßte Werke sind vollständig erhalten; sie sollen e. gebildeten griech., vermutl. auch e. röm. bzw. hellenisierten jüd. Publikum jüd. Geschichte und Traditionen nahebringen, oft mit apologet. Tendenz: 1) ›Bellum Iudaicum‹ (›Judäischer Krieg‹, auch: ›Geschichte des Jüd. Krieges gegen die Römer‹, ›Über die Eroberung‹), 7 Bücher, 79–81 n. Chr.: Geschichte des röm.-jüd. Krieges bis zum Fall von Massada; 2) ›Antiquitates Iudaicae‹ (›Jüd. Altertumskunde‹), 20 Bücher, 93/94 n. Chr.: Jüd. Ethnographie von der Weltschöpfung über die Perserherrschaft (Bücher 1–10) und Alexander d. Gr. bis hin zum röm.-jüd. Krieg (Bücher 11–20); 3) ›Vita Iosephi‹ (›Leben des Iosephos‹): Die als Anhang zu 2) erschienene Autobiographie ist e. der ältesten Vertreterinnen ihrer Gattung und soll v. a. I.' Verhalten im röm.-jüd. Krieg rechtfertigen sowie den Autor auszeichnen; 4) ›Contra Apionem‹ (›Gegen Apion‹, auch: ›Gegen die [sc. Griechen] Heiden‹), 93–96 n. Chr.: Verteidigung des Judentums gegen antisemit. Angriffe (des alexandrin. Grammatikers Apion) durch e. rationalisierend hellenisierende Interpretation jüd. Religion und Bräuche. Im Judentum ist keine der Schriften nennenswert reziepiert worden. I.' Name wird erst im MA wieder erwähnt (Iosippon); christl. Schriftsteller schätzten I. hingegen sehr, s. ›Bellum Iudaicum‹ wurde mehrfach übersetzt.

A: B. Niese 1885–95; S. A. Naber 1888–96; Th. Reinach, L. Blum 1930 (Contra Ap.); A. Pelletier [2]1983 (Vita). – *Übs.*: H. St. J. Thackeray, R. Marcus, L. H. Feldman 1926–65 (engl.); V. Ussani 1932 (lat.); O. Michel, O. Bauernfeind 1963–82; E. bin Gorion 1987 (Vita); H. Clementz [6]1994.

L: H. St. Thackeray, 1929 (Nachdr. 1967); H. Schrekkenberg, Leiden 1972; A. Schalit, hg. 1973; O. Betz, K. Haacker, M. Hengel, hg. 1974; W. C. van Vanic, 1978; T. Rajak, Lond. 1983; L. H. Feldman, 1984 (Forschungsüberblick 1937–80), 1986 (Ergänzung), hg. Detroit 1987; M. Goodman, Cambr. u. a. 1987; P. Bilde, Sheffield 1988; M. Hadas-Lebel, Paris 1989; S. Schwartz, Leiden 1990; G. E. Sterling, Leiden u. a. 1992; C. Gerber, in: M. Hengel, H. Löhr, hg. 1994; K. S. Krieger 1994; B. Schröder, 1996; L. H. Feldman, Leiden u. a. 1998.

Iosif, Ştefan Octavian, rumän. Dichter, 11. 10. 1875 Braşov – 22. 6. 1913 Bukarest. Sohn e. Schulleiters; Jugend in Braşov u. Sibiu, ab 1891 Stud. Lit. u. Philos. Bukarest ohne Abschluß; 1899–1901 Reise nach Frankreich u. Dtl., 1906–08 Redakteur von ›Semănătorul‹, ∞ Natalia Negru, deren Liaison mit s. besten Freund D. Anghel er nicht verschmerzen konnte. – Idyll., melanchol. Lyrik, Heimweh nach der patriarchal. Urheimat, nach e. versunkenen Vergangenheit unter iren. Bauern, anmutigen Hirten u. pittoresken Heiducken. In Dramen und Prosa lit. Zusammenarbeit mit D. Anghel unter dem Ps. A. Mirea. Übs. Goethes, Heines, Verlaines u.a.

W: Versuri, G. 1897; Patriarhale, G. 1901; Poezii, 1902; A fost odată, G. 1903; Credinţe, G. 1905; Zorile, Dr. 1907; Legenda funigeilor, Dr. 1907 (m. D. A.); Poezii, 1908; Cometa, K. 1908 (m. D. A.); Caleidoscopul lui A. Mirea, II 1908–10 (m. D. A.); Carmen saeculare, Dr. 1909 (m. D. A.); Cântece, G. 1912. – Poezii, 1939; Opere alese (AW), II 1962.

L: Ş. Cioculescu, 1941; I. Roman, 1964; M. Vaida, 1977.

Iparragirre, José María, bask. Dichter, 12. 8. 1820 Villareal de Urretxu (Guipúzcoa) – 6. 4. 1881 Itsaso (ebda.). Soldat im ersten Karlistenkrieg, Exil in Frankreich (1839–48) u. Uruguay (1858–77). – Populärer Volkssänger u. Freiheitsdichter, Autor des Liedes ›Gernikako Arbola‹ (Der Baum von Gernika), das als Hymne des Baskenlandes gilt.

L: A. C. de Jaka Legorburu, 1981; Iparragirre, hg. Real Academia de Lengua Vasca 1987.

Ipsen, Henning, dän. Schriftsteller, 16. 4. 1930 Klemensker/Bornholm – 26. 3. 1984 Kerteminde. Lehrer, Rezensent u. Übersetzer. – Produktiver Vf. von vorwiegend realist. Romanen, Fernsehspielen, Kinderbüchern u. Erinnerungen.

W: Det herrens år, R. 1958; Rødderne, Kdb. 1964; Orinoco, R. 1965; Hr. Gærliks korte besøg, R. 1969 (Der Fremde ging zuerst an Land, d. 1974); Tommelfingre, Erinn. 1972; Vejen til Rom, R. 1981; Omvejen, R. 1983.

Ipu-wer, (fiktiver) Verfasser der altägyptischen ›Mahnworte des Ipu-wer‹. Dieser vermutlich im 20. Jh. v. Chr. entstandene Text gehört zu einer meist als ›Auseinandersetzungs-Literatur‹ oder als ›Klagen‹ bezeichneten Textgattung. Er ist in zwei Teile gegliedert; im ersten wird in vielen Wendungen die katastrophale Situation beschrieben, in der sich Ägypten befindet. Im zweiten ergeht in ebenfalls vielen Wendungen die Aufforderung an nicht näher bezeichnete Adressaten, vielleicht ein Göttertribunal, die Situation zu ändern, insbesondere »die Feinde der Residenz« zu vernichten. Während man früher meinte, daß die Erfahrung der ›Ersten Zwischenzeit‹ Ägyptens (21.–22. Jh. v. Chr.), die man als Epoche von Gewalt und Zerstörung ansah, diese Texte hervorrief, hat sich seither eine andere Interpretation durchgesetzt. Sie trägt der Tatsache Rechnung, daß es diese Wirren so nicht gegeben hat. Als Abfassungszeit gilt nun die Zeit des Mittleren Reiches (um das 20. Jh. v. Chr.) mit seiner straffen Zentralregierung. Vor diesem Hintergrund seien die ›Mahnworte‹ nicht Krisen-, sondern eher Restaurationstexte, Reflexionen über die zentrale Bedeutung des ägyptischen Königtums.

A: A. H. Gardiner, The Admonitions of an Egyptian Sage, 1909; W. Helck, Die »Admonitions«, 1995.

L: G. Fecht, Der Vorwurf an Gott in den Mahnworten des Ipu-wer, 1972; D. Sitzler, »Vorwurf« gegen Gott, 1995.

Iqbal, (seit 1922: Sir) Muhammad, ind. Dichter und Nationalist, 22. 2. 1873 Siālkot – 21. 4. 1938 Lahore (Pakistan). 1895–99 Stud. in Lahore, wo auch s. ersten Urdū-Gedichte entstanden; 1899 M. A. in Philos. und Dozent ebda.; ging 1905 nach Europa, Stud. Philos. und Jura in Cambridge, Philos. in München und Heidelberg, Promotion in München 1908, ließ sich im selben Jahr in Lahore als Rechtsanwalt nieder. Obwohl in s. Jugend dem ind. Nationalismus nahestehend, galt nach s. Rückkehr aus Europa s. dichter. Engagement ganz der Erneuerung des Islam. 1930 trat er für die Bildung eines unabhängigen Muslimstaates innerhalb eines föderalen Indien im Nordwesten des Subkontinents ein; wird daher heute als ›geistiger Vater‹ Pakistans gefeiert. – Berühmtester Urdū-Dichter des 20. Jh.; schrieb Lyrik und Prosa in Urdū und 1915–35 Persisch; zunächst z.T. noch unter Einfluß der engl. Romantik, nach 1908 ganz in Anlehnung an klass. pers. Formen, insbes. an das Werk von Rūmī. Hauptthemen s. Werkes sind der Islam und dessen Wiederaufstieg zur einstigen Größe durch eine Verbindung des alten Gedankengutes mit mod. europ. Denken sowie der geistige Gegensatz von Morgen- und Abendland.

W: Asrār-i-Khūdī, G. 1915 (The Secrets of the Self, engl. R. A. Nicholson [2]1944); Rumūz-i-Bekhūdī, G. 1917 (The Mysteries of Selflessness, engl. A. J. Arberry 1953); Payām-i-Mashriq, G. 1923 (Botschaft des Ostens, d. A. Schimmel 1963; 1. Teil: The Tulip of Sinai, engl. A. J. Arberry 1947); Zabūr-i-'Ajam, G. 1927 (Persischer Psalter, d. A. Schimmel 1968); Jāvīd-Nāmah, G. 1932 (Das Buch der Ewigkeit, d. A. Schimmel 1957); The Reconstruction of Religious Thought in Islam, Vortr. 1930; Bal-i-Jibra'īl, G. 1935 (L'aile de Gabriel, franz. M. S. Chaghaï, S. Bussac 1988); Darb-i-Kalīm, G. 1936; Armughān-i-Ḥijāz, G. 1938. – Speeches and Statements, Rd. 1944; Letters to Jinnah, 1943. – *Übs.:* Poems, Ausw. engl. V. G. Kiernan 1948; Complaint and Answer, engl. K. Singh Delhi 1981.

L: Zulfiqar Ali Khan, 1922; K. S. Saiyidain, 1938; I. H. Enver, 1944; Atiya Begum, 1947 (³1977); S. Sinha, 1947; Iqbal Singh, 1951; S. A. Vahid, ²1959; K. G. Saiyidain, 1960; A. Schimmel, Gabriel's Wing, Leiden 1963; Abdul Qadir, o. J.; Masud-ul-Hasan, 1978; A. Schimmel, 1989; M. Munawwar, ³1992; B. A. Dar, 1997; M. I. Chaghatai, 1999. – *Bibl.*: D. Talieu, F. Laleman, W. Callewaert, Leuven 2000.

'Irāqī, Faḫru'd-Dīn Ibrāhīm, pers. Mystiker, um 1213 bei Hamadan/Westiran – 23. 11. 1289 Damaskus. Wanderderwisch, Aufenthalt bei Sufi-Scheichen in Indien (25 Jahre), Kleinasien, Ägypten, Hedschas, Syrien. Bedeutend sind s. Diwan sowie die ›Lamaʿāt‹ (›Blitzstrahlen‹), e. mit pers. und arab. Versen durchsetzte Prosaabhandlung über myst. Liebe, 1481 von → Ğāmī kommentiert. Ob das ihm zugeschriebene ›ʿUššāq-Nāma‹ (›Buch der Liebenden‹) wirklich von 'I. stammt, ist zweifelhaft.

A: Kulliyyāt, hg. S. Nafīsī 1335/1957; Lamaʿāt, hg. Ğ. Nūrbaḫš 1353/1974 (engl. W. C. Chittick, P. L. Wilson 1982).

Iredyński, Ireneusz, poln. Dichter u. Schriftsteller, 4. 6. 1939 Stanisławów – 9. 12. 1985 Warschau. Wuchs in Warschau auf, debütierte mit Gedichten im ›Almanach młodych‹ 1955 f. Seine Lyrik wurde von der Kritik als sarkast. u. amoral. bezeichnet, ebenso fand man darin die Neigung zum Manieristischen, Grotesken und Makabren. Großes Aufsehen erregten 1962/63 I.s zwei Kurzromane mit e. teils behaviorist.-minuziösen, teils monologisierend-reflektierenden Darstellung e. absolut nihilist. und zyn. Anti-Helden. Auch Dramen u. Hörspiele.

W: Wszystko jest obok, G. 1959; Moment bitwy, G. 1961; Dzień oszusta, R. 1962; Jasełka-moderne, Dr. 1962 (Krippenspiel modern, d. 1983); Ukryty w słońcu, R. 1962 (Versteckt in der Sonne, d. 1971); Żegnaj, Judaszu, Dr. 1965 (Leb wohl, Judas, d. in ›Mod. poln. Theater‹, 1967); Muzyka konkretna, G. 1971; Człowiek epoki, R. 1971 (Der Mensch der Epoche, d. 1995); Trzecia pierś, Dr. 1974 (Die dritte Brust, d. 1974); Głosy, H. 1974; Sytuacje teatralne, Drn. 1974; Manipulacja, R. 1975 (d. 1978); Okno, E. 1978; Maria, H. 1985 (M. oder die ursprüngliche Wiedergutmachung, d. 1985); Skąd ta wrażliwość, Dr. 1979; Dacza, Dr. 1981; Ciąg R. 1983; Ołtarz wzniesiony sobie. Terroryści, Drn. 1985; Wszyscy zostali napadnięci, Dr. 1985. – Dziewięć wieczorów teatralnych, Drn. 1986.

L: L Bugajski, 1979.

Ireland, David, austral. Romanautor, * 24. 8. 1927 Lakemba/New South Wales. – Soz. engagierte, realist. Romane über das Los austral. Arbeiter u. Außenseiter in e. inhumanen, konformist. u. kapitalist. Gesellschaft.

W: The Chantic Bird, R. 1968; The Unknown Industrial Prisoner, R. 1971; The Flesheaters, R. 1972; Burn, R. 1974; The Glass Canoe, R. 1976; A Woman of the Future, R. 1979; Archimedes and the Seagle, R. 1984; The Chosen, R. 1997.

L: H. Daniel, 1982; R. Fisher, 1986; K. Gelder, 1993.

Iriarte, Tomás de, span. Schriftsteller, 18. 9. 1750 Orotava/Teneriffa – 17. 9. 1791 Madrid. Aus gebildeter Familie, zeigte schon als Kind große Begabung, ging mit 13 Jahren nach Madrid, wo er bei s. Onkel Juan de Iriarte, e. bekannten Humanisten, s. Ausbildung vollendete; Übs. im Staatssekretariat, 1776 Archivar; führte das typ. Leben des kultivierten, aufgeschlossenen Literaten s. Zeit, in viele lit. Fehden verwickelt, befreundet mit Nicolás de Moratín u. Cadalso, Mitgl. des berühmten Literaturzirkels der ›Fonda de San Sebastián‹. – Satiriker u. Kritiker, überzeugter Anhänger des Klassizismus, begann mit Übsn. franz. Theaterstücke. S. Lyrik leidet unter s. verstandesbetonten Art u. der für das 18. Jh. typ. Nüchternheit u. Kälte. Errang im Ausland großen Erfolg mit s. Lehrgedicht ›La música‹, das trotz mangelhafter Verse nicht der Originalität entbehrt; wurde berühmt durch s. ›Fábulas literarias‹, die von der traditionellen Fabellit. abweichen u. keine moral. Tendenz verfolgen, sondern in ihrer Gesamtheit e. Art lehrhafter Abhandlung über die klassizist. Theorien darstellen; in Versen von metr. Vielfalt verfaßt, Ausdruck s. ästhet. Denkens. Übs. von Horaz' ›Ars poetica‹.

W: Los literatos en Cuaresma, Sat. 1773; La música, G. 1779; Fábulas literarias, Fabeln 1782 (n. 1976, 1998; d. 1788 u. 1884); El señorito mimado, K. 1788; La señorita mal criada, K. 1789 (n. R. P. Sebold 1978); El don de gentes, K. 1790. – Obras completas, VI 1797, VIII 1805; Poesías, hg. A. Navarro González 1953.

L: E. Cotarelo y Mori, 1897; R. Miquel y Planas, 1925; R. M. Cox, N. Y. 1972.

Iron, Ralph → Schreiner, Olive Emilie Albertine

Irving, John (eig. J. Wallace Blunt Jr., umbenannt in J. Winslow), amerik. Erzähler, * 2. 3. 1942 Exeter/NH. Professorensohn; Stud. an versch. Univ., u. a. Wien, auch bei K. Vonnegut, 1967–78 Lehrtätigkeit an versch. Univ., viele Stipendien u. Preise, lebt in Vermont, frühe Dyslexie, leidenschaftl. Ringer. – Lit. Vorbild bes. C. Dickens; Verbindung von grotesker Komik u. Realismus, Sex u. phantast. Begebenheiten, konventionellem Erzählstil u. Formexperimenten. Erfolgr. Romanverfilmungen.

W: Setting Free the Bears, R. 1969 (d. 1985); The Water-Method Man, R. 1972 (d. 1989); The 158-Pound Marriage, R. 1974 (d. 1986); The World According to Garp, R. 1978 (d. 1979); Hotel New Hampshire, R. 1981 (d. 1982); The Cider House Rules, R. 1985 (Gottes Werk und Teufels Beitrag, d. 1988); A Prayer for

Owen Meany, R. 1989 (d. 1990); Trying to Save Piggy Sneed, En. 1993 (d. 1993); A Son of the Circus, R. 1994 (d. 1995); The Imaginary Girlfriend, Aut. 1996 (d. 1996); A Widow for One Year, R. 1998 (d. 1999); My Movie Business, Aut. 1999; The Fourth Hand, R. 2001 (d. 2001).

L: G. Miller, 1982; C. Harter, J. Thomson, 1986; E. Reilly, 1991; J. P. Campbell, 1998; H. Bloom, hg. 2001.

Irving, Washington (Ps. Diedrich Knickerbokker, Geoffrey Crayon), amerik. Essayist und Erzähler, 3. 4. 1783 New York – 28. 11. 1859 Sunnyside/NY. 11. Kind e. strenggläubigen Kaufmanns schott.-engl. Abstammung, von den auch lit. tätigen älteren Brüdern verwöhnt; Stud. Jura ohne Neigung, Vorliebe für Reise u. Theater, 1803 Kanada, 1804–06 Europareise aus Gesundheitsgründen; ab 1806 freier Schriftsteller, verlor 1809 s. 17jährige Verlobte Matilda Hoffman, 1814 Stabsoffizier, 1815 nach Europa, wo er 17 Jahre verbrachte (1817 Schottland bei W. Scott, 1822/23 Dtl., 1826–29 Spanien, 1829–32 Sekretär der amerik. Gesandtschaft in London), 1832 Reise in den amerik. Westen, ab 1833 Landsitz in ›Sunnyside‹ über dem Hudson, 1842–45 Botschafter in Spanien. – Aus weltfreudiger New Yorker Umwelt entstanden in geselligem Kreis (Bruder William I. u. Schwager J. K. Paulding) s. leichtherzigen ›Salmagundi‹-Essays. Ruhm mit e. parodist. Geschichte New Yorks in der holländ. Kolonialzeit (›History of New York by Diedrich Knickerbocker‹), in der sich Elemente des kom. Epos mit polit. Satire gegen Jefferson u. echtem hist. Interesse mischen. Nach Bankrott des Familienunternehmens Berufsschriftsteller. Weltruhm mit ›The Sketch Book of Geoffrey Crayon, Gent.‹, dessen eleg. Ton die Zeitstimmung traf, während die darin enthaltenen humorist. Neuschöpfungen alter dt. Sagenstoffe im amerik. Milieu (›Rip Van Winkle‹, ›The Legend of Sleepy Hollow‹) frühe Muster e. Charakter, Milieu u. Stimmung zur Einheit zwingenden Kurzgeschichte darstellen. Weitere Anregungen bes. durch Spanienaufenthalt und Reise in amerik. Westen. Stilbildend bes. für Romantik und Kurzgeschichte.

W: Letters of Jonathan Oldstyle, Gent. (1802f.; Buchausg. 1824, Faks. 1941; d. 1824); Salmagundi or, the Whim-Whams and Opinions of Launcelot Langstaff Esq., Ess. II 1807f. (m. William I. u. J. K. Paulding; d. 1827); A History of New York, II 1809 (n. S. T. Williams, T. McDowell 1927; d. 1829); The Sketch Book of Geoffrey Crayon, Gent., Ess. II 1819f. (d. 1825); Bracebridge Hall, Ess. II 1822 (d. 1826); Tales of a Traveller, Kgn. 1824 (d. 1925); A History of the Life and Voyages of Christopher Columbus, IV 1828 (d. 1828f.); A Chronicle of the Conquest of Granada, II 1829 (d. 1836); The Alhambra, Leg. II 1832 (d. 1832); The Crayon Miscellany, III 1835 (d. 1835); Astoria, III 1836 (n. E. W. Todd 1964; d. 1837); The Life of Oliver Goldsmith, B. II 1840 (d. 1858); Mahomet and His Successors, II 1849f. (d. 1850); Life of George Washington, B. V 1855–59 (d. 1856–59); Wolfert's Roost, Kgn. 1855 (d. 1855); Spanish Papers and Other Miscellanies, hg. P. M. Irving II 1866; Abu Hassan, Dr. hg. G. S. Hellman 1924; The Wild Huntsman, Dr. hg. ders. 1924. – The Complete Works, XXX 1969–89; Complete Works, hg. J. D. Rust u. a. XXIII 1969–87; The Works, XXI 1860f., XXVII 1882–84, XL 1897–1903; Representative Selections, hg. H. A. Pochman 1934 (m. Bibl.); The Poems, hg. W. R. Langfeld 1931; Letters, hg. R. M. Aderman u. a. IV 1978–82; Journals and Notebooks, hg. N. Wright u. a. V 1969–86. – *Übs.:* GW, LXXIV 1826–37.

L: E. A. Duyckinck, hg. 1860; P. M. Irving, IV 1862–64; S. T. Williams, II 1935; W. A. Reichart, W. I. and Germany, 1957; E. Wagenknecht, 1962; L. Leary, 1963; W. L. Hedges, 1965; J. T. Callow, Kindred Spirits, 1967; D. A. Ringe, The pictorial mode, 1971; H. Breinig, 1972; H. Springer, 1976; R. M. Aderman, hg. 1990; P. Antelyes, 1990; J. W. Tuttleton, hg. 1993; S. Hagenmeyer, 2000. – *Bibl.:* W. R. Langfeld, P. C. Blackburn, 1933; S. T. Williams, M. E. Edge, 1936; E. T. Bowden, 1989.

Irzykowski, Karol, poln. Kritiker und Schriftsteller, 23. 1. 1873 Błaszkowa b. Jasło – 2. 11. 1944 Żyrardów. Aus verarmtem Landadel. 1919–33 Leiter der Stenographenabteilung des poln. Parlaments und Senats. – Konsequenter Naturalist, der in analyt.-philos. Romanen die Wahrheit in den Abgründen der menschl. Seele sucht (Vorläufer Prousts). Werke intellektuell konstruiert. Als Kritiker (auch Bühne u. Film) außerordentlich einflußreich. Betontes Eintreten für lit. Experimente.

W: Pałuba, R. 1903 (n. 1976); Nowele, En. 1906 (n. 1979); Dobrodziej złodziei, K. 1907; Czyn i słowo, Krit. 1912; F. Hebbel jako poeta konieczności, St. 1913; Spod ciemnej gwiazdy, En. 1922; Prolegomena do charakterologii, St. 1924; Dziesiąta muza, Krit. 1924; Walka o treść, St. 1929; Beniaminek, St. 1933; Słoń wśród porcelany, St. 1934 (n. 1976); Cięższy i lżejszy kaliber, Krit. 1957; Notatki z życia, Tg. 1964; Recenzje teatralne, Krit. 1965. – Pisma (GW), 1976 ff. – *Übs.:* Tagebuch F. Hebbels, 1912.

L: H. M. Dąbrowolska, 1947; Klerk heroiczny, hg. B. Winklowa, III 1987–94.

Isaacs, Jorge, kolumbian. Schriftsteller, 1. 4. 1837 Cali – 17. 4. 1895 Ibagué. Sohn e. getauften Juden, Abbruch des medizin. Stud. wegen finanzieller Schwierigkeiten; kämpfte in den Bürgerkriegen; versch. unternehmer. Tätigkeiten; Journalist, Mitgl. der lit. Gesellschaft ›El Mosaico‹, von großem Einfluß auf das kolumbian. Geistesleben; Verfechter der allg. Erziehung, Verteidiger der Indios; bekleidete wichtige öffentl. Ämter: Abgeordneter, Konsul u. a. – Vf. e. der bekanntesten Romane der lateinamerik. Lit. ›Maria‹ (bis heute 150 Auflagen), romant. Idylle des Landlebens u. trag. Liebesgeschichte in der Art von ›Paul et Virginie‹, doch größere Wirklichkeitsnähe, anscheinend Anklänge aus dem Leben des Autors.

W: Poesías, G. 1864; María, R. 1867 (verfilmt); A mis amigos y a los comerciantes del Cauca, Prosa 1875; La revolución radical en Antioquia, Abh. 1880; Paulina Lamberti, Dr. 1952. – Poesías Completas, hg. B. Sanín Cano 1920; Obras completas, 1966; Correspondencia inédita, 1929.

L: C. M. Espinosa, 1937; L. C. Velasco Mariñán, 1942, 1954; E. Stein, 1951; G. Arciniegas, 1957; D. McGrady, 1972; J. Mejía Duque, 1979; P. Gómez Valderrama, 1989. – *Bibl.:* D. McGrady, 1971.

Isahakian, Awetik → Isahakyan, Avetikʿ

Isahakyan, Avetikʿ, armen. Lyriker und Prosaaautor, 30. 10. 1875 Alexandropol (heute Gyowmri) – 17. 10. 1957 Erevan. 1889–92 Stud. Theol. Seminar Ējmiacin, 1893–95 Lit. u. Philos. Univ. Leipzig (Gasthörer). 1896–98 wegen ›antizaristischer Aktivitäten‹ in russ. Haft, 1908 zweite Verhaftung. Lebte ab 1911 in Europa (1923–26 in Paris); 1936 Rückkehr nach Armenien; 1946–57 Vorsitzender des armen. Schriftstellerverbandes. – In seiner Dichtung überwiegen Motive der Liebe und Sehnsucht mit lyr.-philos. Akzent. Entlehnte seine Motive der armen. Folklore wie auch der anderer Völker. Die meisten seiner Lieder wurden zu populären Volksliedern. Am bekanntesten wurde das dem arab. Philosophen Abul al-Maari (973–1057) gewidmete philos. Poem ›Abow-lala Mahari‹ (1909).

A: Erger ow verkʿer (Lieder u. Leiden), G. Alexandropol 1897; Hišatakaran (Gedenkinschrift); Haydowki Erger (Lieder des Haiduken), 1990. – Entiri erk. (GW), II 1923–40; Erk. žoġ. (GW), VI 1973–79. – *Übs.:* AW, russ. II 1956; tschech. 1966; russ. 1970; d. Berlin 1978; engl. 1990.

L: A. Asatrean, 1940; H. Ġanalanean, 1940; H. Ġanalanean, 1955; L. Mkrtčjan, russ. 1975; O. T. Ganalanjan, russ. 1975; K. Grigorjan, 1963; A. Inčikyan, 1977; A. I., kensamatenagitakan cʿank, mas II 1976/77; A. Mowšeġean, 1983.

Isaios, griech. Logograph (Vf. v. Reden für andere), um 420 v. Chr. vermutlich in Chalkis (Eubois) – nach 343 v. Chr. vermutlich in Athen. Angebl. Schüler des Lysias und Lehrer des Demosthenes. – Von den in der Antike bekannten 64 Reden (davon 50 echt) des I. sind uns 10 vollständig, 1 unvollständig sowie weitere Fragmente erhalten. Alle erhaltenen Reden (ca. zwischen 389–344/343 v. Chr.) behandeln Erbschaftsstreitigkeiten; I. strukturiert s. Reden klar, ist schlichter Stil wird durch rhetor. Figuren u. jurist. Fachausdrükke aufgelockert. – Nachwirkung des I. ist nirgends nachweisbar, vermutl. schätzte man ihn v. a. als ›Verbindungsglied‹ zwischen Lysias und Demosthenes.

A: Th. Thalheim 1903 (n. 1963); P. Roussell 1922; E. S. Forster 1927 (n. 1957). – *Komm.:* W. Wyse 1904 (n. 1967). – *Übs.:* Ed. S. Forster 1983 (engl.).

L: R. F. Wevers, Paris 1969; J.-M. Denommé, Recherches sur la langue, 1974; J. M. Lawless, Law, argument and equility, Diss. Brown Univ. 1991; St. Ferrucci, L'Atene di I., Pisa 1998; B. H. Neblett, The familiy and gender relations, St. Andrews 1999.

Isaković, Antonije, serb. Schriftsteller, 6. 11. 1923 Belgrad – 13. 1. 2002 ebda. Direktor des Verlages ›Prosveta‹, Vorsitzender der Akad. 1980–92. – In psycholog. durchdrungenen u. strukturell vollendeten Erzählungen behandelt I. Themen aus dem 2. Weltkrieg u. der Nachkriegszeit.

W: Velika deca, En. 1953; Paprat i vatra, En. 1962; Prazni bregovi, En. 1969; Tren 1, R. 1976; Tren 2, R. 1982; Obraz, En. 1988; Miran zločin, R. 1992; Gospodar i sluge, R. 1996. – Sabrana dela (GW), V 1976–82 (m. Bibl.).

L: D. M. Jeremić, 1965; I. V. Lalić, 1971.

Isakovskij, Michail Vasil'evič, russ. Lyriker, 19. 1. 1900 Glotovka im ehem. Gouv. Smolensk – 20. 7. 1973 Moskau. Aus Bauernfamilie; ab 1921 Redakteur Smolensker Zeitungen, ab 1931 Schriftsteller in Moskau. – Gegenstand s. Lyrik ist das sowjet. Dorf, bes. Mittelrußlands u. der Umgebung von Smolensk; knüpft an Tradition der Dichtung Nekrasovs an, Quelle s. volksliedhaften Gedichte ist die mittelruss. Folklore; viele s. Gedichte sind als Lieder weit bekannt geworden. Übs. aus dem Weißruss., Ukr., Ungar.

W: Rodnoe, G. 1924; Stichi i pesni, G. 1938. – Sobranie sočinenij (GW), V 1981f.

Isaksson, (Nils Otto) Folke, schwed. Dichter, * 5. 10. 1927 Kalix/Norrbotten. Vater freikirchl. Prediger. 1947 Abitur Luleå, Mitarbeiter versch. Zeitschriften, 1959 ›Dagens Nyheter‹, Mitglied des staatl. Rates der Filmkontrolle. ⚭ 1964 Marianne Åhlen. Dr. h. c. Luleå 1998. – Frühe Poesie bild- u. symbolreich nach Vorbild Rilkes u. A. Lundkvists. Pendelt zwischen schweifender Schau u. minutiösen, äußerst sensiblen Naturschilderungen sowie prägnanter Kulturkritik. Bedeutendster Lyriker der Generation der 1950er Jahre. Lyrik tritt zurück zugunsten von Reportagen u. polit.-sozialer Analyse (Norrland, Polen, Indien). Auch Übersetzer.

W: Vinterresa, G. 1951; Det gröna året, G. 1954; Blått och svart, G. 1957; Teckenspråk, G. 1959; Terra magica, G. 1963; Dubbelliv, Aut. 1968; Politik och film, 1968 (m. L. Furhammar; Politik und Film, d. 1974); 72 dagar i Paris, Chronik 1971; Nere på verkstadsgolvet, Rep. 1972; Bilder från norra Vietnam och Människor i Nordvietnam, Rep. 1975; Hemma i Kina, Rep. 1980; Gnistor under himlavalvet, Ess. 1983; Skiftningar i en ny väv, Prosa-G. 1985: Från mörker till ljus, G. 1985; Vingslag, G. 1986; Ombord med Skymningsexpressen, G. 1988; De fjärran ländernas närhet, Rep. 1990; Hos mormor, G. 1993; Eldflugorna, G. 1995; Stenmästaren, G. 2003.

Isaksson, Ulla (Margareta) geb. Lindberg, schwed. Schriftstellerin, 12. 6. 1916 Stockholm – 24. 4. 2000 ebda. Vater Geschäftsführer. 1937 Abitur. 1937 ∞ David Isaksson, 1963 E. Hj. Linder. Geprägt durch freikirchl. Elternhaus. Dr. h.c. Stockholm 1978. – Schildert anfangs religiöse, später erot. Konflikte u. Eheprobleme. Gelangt zu völliger Reife durch den Einfluß L. Ahlins. Themen u.a. Theodizee sowie die Ohnmacht des Individuums gegenüber der Not der Entwicklungsländer. Drehbuchautorin zu zwei Filmen von I. Bergman.

W: Trädet, R. 1940; Ytterst i havet, R. 1950; Kvinnohuset, R. 1952 (Das Haus der Frauen, d. 1953); Dödens faster, N. 1954; Dit du icke vill, R. 1956; Klänningen R. 1959; De två saliga, R. 1962 (Die Seligen, d. 1986); Våra torsdagar, Sch. 1964; Amanda eller den Blå spårvagnen, R. 1969; Paradistorg, R. 1973; Kvinnor, En. 1975; Elin Wägner, II 1977–80 (m. E. Hj. Linder); Födelsedagen, N. 1988; Boken om E., R. 1994.

Īśā-Upaniṣad → Upaniṣad, die

Ischtars Höllenfahrt → Inana-Mythen

Ise-monogatari, anonyme jap. Verserzählung (uta-monogatari), um die Mitte des 10. Jh. Meisterwerk dieses Typs, bei dem ein oder mehrere Gedichte (waka) im Mittelpunkt der Prosa stehen oder diese auf die Gedichte hinführt. E. der ältesten rein jap. Prosadichtungen. Vorbild geben die chines. Verserzählungen (shih-hua). Das I.-m. schildert in 120 kurzen Erzählungen die Liebesabenteuer des durch s. Schönheit berühmten Narihira Ariwara.

Übs.: engl. F. Vos, Haag 1957; Liebesgeschichten des jap. Kavaliers Narihira, dt. Ausw. O. Benl 1957; Tales of ise, H. MyCullogh 1968; Das I.-m., d. S. Schaarschmidt 1981.

L: F. Vos, Haag 1957; R. Fukui, On I.-m., 1979; R. Bowring, The I.-m.: A. Short Cultural History, in: HJAS 2/1992; P. G. Schalow, Five Portraits of Male Friendship in the I.-m., in: HJAS, 2/2000.

Isengrimus → Nivardus, Magister von Gent

al-Iṣfahānī, Abū l-Farağ → Abū l-Farağ al-Iṣfahānī

Isherwood, Christopher (William Bradshaw), engl. Erzähler und Dramatiker, 26. 8. 1904 Disley/Cheshire – 4. 1. 1986 Santa Monica/CA. Sohn e. Offiziers, der 1915 bei Ypern fiel. In Repton erzogen, Stud. Medizin, später Gesch. Cambridge und London. 1930–33 Sprachlehrer in Berlin. Versch. Europareisen (Griechenland, Portugal, Spanien, Frankreich, Belgien, Dänemark u.a.). Gehörte mit Auden, C. D. Lewis, St. Spender und MacNeice zur linksradikalen Oxforder Literatengruppe. Schrieb gemeinsam mit s. Schulfreund Auden 3 Versdramen im expressionist. Stil, die in phantast.-satir. Weise aktuelle Themen behandeln, trotzdem jedoch bühnenfremd sind. 1938 gemeinsam mit Auden Chinareise, über die e. gemeinsamer Reisebericht verfaßt wurde. Ging 1939 nach Kalifornien, arbeitete dort u.a. für Goldwyn-Mayer, wurde 1946 am. Staatsbürger. 1949 in das ›US. National Institute of Arts and Letters‹ gewählt. Bereiste Südamerika und Europa. Gehört in Kalifornien zur ›Vedanta Society‹, e. myst.-relig. Gemeinschaft, die sich der Meditation und den Studien fernöstl. Religionen widmet, übersetzte versch. ind. relig. Schriften, gab gemeinsam mit A. Huxley u.a. ein Sammelwerk über den ›Vedanta‹ heraus. – In s. eigenen lit. Arbeiten zeigt I. sich als e. liebenswürdig-sarkast. Beobachter des Lebens, der ›gleich e. Kamera‹ sachlich registriert, ohne moral. Schlüsse zu ziehen. Von Freuds Psychoanalyse beeinflußt. Interessiert an den Wechselwirkungen zwischen Kunst und Zeitgeschehen. Leichte, flüssige Sprache. Übs. von Baudelaires ›Journaux intimes‹ (1947).

W: All the Conspirators, R. 1928; The Memorial, R. 1932; The Dog Beneath the Skin, Sch. 1935 (m. Auden); Mr. Norris Changes Trains, R. 1935 (d. 1983); The Ascent of F 6, Sch. 1936 (m. Auden); On the Frontier, Sch. 1938 (m. Auden); Lions and Shadows, Aut. 1938; Journey to a War, Reiseber. 1939 (m. Auden, n. 1973); Goodbye to Berlin, R. 1939 (d. 1949); Prater Violet, R. 1945 (d. 1953); The Condor and the Cows, Reiseber. 1949; I Am a Camera, R. 1952 (d. 1953); The World in the Evening, R. 1954; Down There on a Visit, Kgn. 1962 (Tage ohne Morgen, d. 1964); A Single Man, R. 1964 (Der Einzelgänger, d. 1965, n. 1984); Ramakrishna and His Disciples, B. 1965; Exhumations, Ausw. 1966; A Meeting by the River, R. 1967 (d. 1980); Kathleen and Frank, B. 1971; Christopher and His Kind 1929–39, Aut. 1977 (d. 1992); My Guru and His Disciple, Aut. 1980; People One Ought to Know, Kdb. 1982 (Bekannte Gesichter, d. 1983); October, G. 1982; Where Joy Resides, Slg. 1989; Diaries, 1996; The Memorial, R. 1999.

L: C. Heilbrun, 1970; A. Wilde, 1971; F. King, 1976; J. Fryer, 1977; P. Piazza, 1978; B. Finney, 1979; R. W. Funk, 1979; C. J. Summers, 1980; T. P. Falconer, 1981; S. P. Wade, 1983; L. M. Schwerdt, 1984 u. 1989; D. Bachardy, 1986; C. L. Elick, 1986; J. Lehmann, 1987; W. Wade, 1991; L. Mizejewski, Divine Decadence, 1992; K. Ferres, 1994; N. Page, 1998; J. J. Berg, Ch. Freeman, hg. 2000; D. G. Izzo, 2001. – *Bibl.:* S. Westby, C. M. Brown, 1968; R. W. Funk, 1979; J. u. W. H. White, 1987.

Ishiguro, Kazuo, Romanschriftsteller, * 8. 11. 1954 Nagasaki. In Gildford/Surrey aufgewachsen; Stud. Anglistik u. Philos. Univ. of Kent (Canterbury); Besuch der Creative-Writing-Kurse von Malcolm Bradbury und Angus Wilson an der Univ. of East Anglia, engere Kontakte zu H. Pinter. – Realgeschichtl. Kontext (Atombombenabwurf, Suezkrise) ist wesentl. themat. Bezugspunkt der Romane, häufig jedoch nur angedeutet. Figuren im Konflikt zw. individuellen moral. Ansprüchen und allg. gesellschaftl. Verpflichtungen, zw. offizieller Historie und persönl. Erinnerung im Zeichen überkommener soz. Machtverhältnisse (postkolonialer Kontext), häufig unverläßliche, perspektivisch gebundene Erzählinstanzen.

W: A Pale View of Hills, R. 1981, An Artist of the Floating World, R. 1986; The Remains of the Day, R. 1989.

L: B. W. Shaffer: Understanding K. I., 1998; C. F. Wong: K. I., 2000.

Ishihara, Shintarû, jap. Schriftsteller u. Politiker, * 30. 9. 1932 Kôbe. Jurastudium. Seit den 1960er Jahren Politiker, 1999 Bürgermeister von Tokyo. – I. sichert sich immer wieder durch gezielte Tabubrüche die Aufmerksamkeit der Medien. 1955 Skandalerfolg mit dem Roman ›Taiyô no kisetsu‹, zum Boom gesteigert durch die Verfilmung 1956. Autor zahlreicher Romane, daneben auch Essays und Bücher zu polit. Themen.

W: Taiyô no kisetsu, R. 1955 (Season of violence, engl. 1966); »No« to ieru Nihon, Sb. 1989 (Wir sind die Weltmacht, d. 1992). – I. S. bunkô (GW), VII 1964–65.

Ishikawa, Takuboku, jap. Schriftsteller und Dichter, 20. 2. 1886 Hinoto/Iwate – 13. 4. 1912 Tokyo. Sohn e. armen Dorfpriesters; 1906 Volksschullehrer, Zeitungsredakteur, ab 1908 in Tokyo. In s. Leben herrschten Krankheit u. Sorge um den Unterhalt vor. – S. Erstlingswerk ›Akogare‹ weist ihn als Romantiker aus, allmählich findet er zum Naturalismus; später Neigung zu sozialist. Ideen. Der traditionellen Form des waka zieht er bei s. Gedichten die freiere des shintaishi vor. S. umfangr., nach s. Tode publiziertes Tagebuch gibt Aufschluß über s. Leben u. s. Charakter.

W: Akogare, G. 1905; Ichiaku no suna, G. 1910 (engl. 1934); Garasu mado, 1921 (Das Glasfenster, d. 1994); Kanashiki gangu, G. 1912 (engl. 1962; Trauriges Spielzeug, d. 1994); Nikki, Tg. III 1948f. (engl. 1956). – T. zenshû (GW), 1978–80. – *Übs.:* The Poetry of I. T., engl. H. H. Honda 1959; Poems to Eat, engl. C. Sesar 1966.

L: R. Linhart, I. T. u. der jap. Naturrealismus, Wien 1971; Y. Hijiya, I. T., Boston 1979.

Isidorus von Sevilla (auch Hispalensis), lat. Kirchenschriftsteller, um 560 n. Chr. – 4. 4. 636 Sevilla. Um 600 als Nachfolger s. Bruders Bischof von Sevilla. Vorsitzender der Synoden von Sevilla (619) und Toledo (633). Bedeutend durch s. Sammlung u. Weiterleitung antiken Bildungsgutes. – S. Hauptwerk ›Etymologiae‹ oder ›Origines‹, e. Enzyklopädie des Wissens, behandelt in Stichworten sämtl. wiss. Zweige. Außerdem Vf. e. ›Historia de regibus Gothorum, Vandalorum et Suevorum‹, e. Geschichte s. Zeit ›Chronica‹ u. theolog. u. geisteswiss. Schriften: ›Quaestiones in Vet. Test.‹, ›De numeris‹, ›De viris illustribus‹, e. Fortsetzung des Werkes von Hieronymus. S. Werke waren grundlegend für die ma. Bildung.

A: J. P. Migne, Patrologia Latina 81–84, 1841ff. (n. 1960); Etymologiae, hg. W. M. Lindsay II 1911 (n. 1962); Differentiae, hg. C. Codoner (m. span. Übs.) 1992; De rerum nat., hg. G. G. Becker 1857 (n. 1967), hg. J. Fontaine 1960 (m. franz. Übs.); De ortu et obitu patrum, hg. C. Chaparro Gómez 1993; De ecclesiasiticis officiis, hg. C. Lawson 1989; Sententiae, hg. P. Cazier 1998; De origine Gothorum, hg. C. Rodríguez Alonso 1975; De viris illustribus, hg. C. Codoner 1964. – *Übs.:* Chronik u. Gotengeschichte, D. Coste (Geschichtsschreiber der dt. Vorzeit 10) 1909; Gotengeschichte, engl. G. Donini, G. B. Ford, Leiden 1966; Briefe, engl. G. B. Ford, Amst. ²1970.

L: Miscellanea Isidoriana, 1936; Isidoriana, hg. M. C. Díaz y Díaz 1961; H. J. Diesner, I. und das westgot. Spanien, 1977; J. Fontaine, I. et la culture classique de l'Espagne wisigothique, III ²1983; M. Fernández Galiano, 1986; J. Fontaine, Tradition et actualité chez I., 1988; A. Carpin, L'eucaristia in I., 1993; P. Cazier, I. et la naissance de l'Espagne catholique, 1994; J. Fontaine, 2000.

Iskander, Fazil Abdulovič, russ. Schriftsteller abchas. Herkunft, * 6. 3. 1929 Suchum. Aus Handwerkerfamilie, Stud.-Abschluß am Lit.inst. Moskau 1954. Zunächst Journalist u. Lyriker, ab 1962 satir. Prosa, die z.T. nur im Westen (USA) erscheinen konnte. Lebt in Moskau. – I.s Lyrik drückt Geistiges in Bildern des Kaukasus anschaul. aus. In ›Sozvezdie kozlotura‹ spottet I. über Pressekampagnen u. Manipulierbarkeit von Journalisten u. Masse. ›Sandro iz Čegema‹, e. Folge vieler Novellen, die als e. Art moderner Schelmenroman den kaukas. Helden in menschl., folklorist. oder polit. interessanten Situationen darstellen, wurde vom sowjet. Zensor um mehr als die Hälfte gekürzt.

W: Gornye tropy, G. 1957; Sozvezdie kozlotura, N. 1966 (Das Sternbild des Ziegentur, d. 1968); Sandro iz Čegema, R. gekürzt Moskau 1977 (Onkel Sandro aus Tschegem, d. 1976), vollst. Ann Arbor II 1979 (Belsazars Feste, d. 1986); Pod sen'ju greckogo orecha, Nn. 1979. – Sobranie sočinenij, VI 1997.– *Übs.:* Tschik. Geschichten aus dem Kaukasus, 1981.

L: N. Ivanova, 1990.

Isla, José Francisco de (eig. Isla de la Torre y Rojo, Ps. Francisco Lobón de Salazar), span. Satiriker, 24. 3. 1703 Vidanes/León – 2. 11. 1781 Bologna/Italien. Trat mit 16 Jahren in den Jesuitenorden ein, Stud. Theol. Salamanca, Prof. für Theol. u. Philos. in Segovia, Santiago u. Pamplona, zeichnete sich als Prediger in Valladolid u. Saragossa aus, wurde 1767 mit s. Orden aus Spanien vertrieben, lebte zuerst auf Korsika, dann in Bologna. – Satiriker u. Vf. des besten span. Romans des 18. Jh. ›Historia del gran predicador fray Ge-

Ismail

rundio ... ‹; ungeheurer Erfolg, Verbot durch die Inquisition. Mischung von satir., burlesken u. didakt. Elementen, wendet sich gegen den geschwollenen Stil span. Kanzelredner u. die Korruption in kirchl. Kreisen. Übs. von Lesages ›Gil Blas‹ (IV 1787f.).

W: Triunfo del amor y de la lealtad o Día grande de Navarra, Prosa 1746; Cartas de la Encina, Sat. 1758; Historia del famoso predicador fray Gerundio de Campazas, alias Zotes, R. II 1758–70 (n. E. Lidforss II 1885, II 1962, R. P. Sebold IV 1960–64, J. Álvarez Barrientos 1991; d. II 1773 u. 1777); Reflexiones cristianas sobre las grandes verdades de la fe, Abh. 1785; Cartas familiares, Br. VI 1785–90 (n. 1903); Sermones, Pred. VI 1792/93. – Obras escogidas (in: ›Biblioteca de Autores Españoles‹, Bd. 15, n. 1945); Cartas inéditas, hg. L. Fernández 1957.

L: L. Colona, 1908; P. F. Molnau, 1945; R. P. Sebold, 1960; A. Raetz, Köln 1970.

Islwyn → Thomas, William

Ismail, Taufiq, indones. Dichter, * 25. 6. 1937 Bukittinggi/West-Sumatra. Große Bekanntheit durch die Anthologien ›Tirani‹ und ›Benteng‹, in denen er die soz. Mißstände der Sukarno-Ära mit Hilfe eines direkten, schonungslosen Schreibstils beklagt. S. Engagement in der antikommunist. student. Organisation KAMI macht ihn zu einer legendären Figur. Seit s. Studentenzeit wirkt er in verschiedenen Institutionen mit, um der Lit. ein Forum zu eröffnen. Vorsitzender des Instituts für künstler. Ausbildung Jakarta (1973–78), bis heute Mitglied in der Redaktion der lit. Zs. ›Horison‹.

W: Benteng, G. 1966; Tirani, G. 166; Puisi-puisi sepi, G. 1970; Kota, Pelabuhan, Ladang, Angin dan Langit, G. 1971; Sajak Ladang Jagung, G. 1973; Malu (Aku) jadi orang Indonesia, G. 1998.

Isokrates, altgriech. Logograph, Rhetoriklehrer u. Schriftsteller, 436 v. Chr. Athen – 338 v. Chr. Aus begüterter Familie, Stud. bei Gorgias, um 390 gründet er in Konkurrenz zu Platon e. eigene Schule. – Von 60 bezeugten Reden sind 21 erhalten (Echtheit teilweise umstritten): darin 6 Prozeßreden für versch. Auftraggeber (orr. 16–21), die restlichen Reden hatten unterschiedliche Anlässe. Sein eigenes Bildungskonzept bezeichnet I. als ›Philosophie‹. Es bestand in e. formalen Schulung des Denkens, aus der sich die prakt. Fähigkeit, gut zu sprechen und damit erfolgr. am polit. Leben zu partizipieren, ergeben sollte; I. grenzt dies scharf von den Sophisten ab, denen er Oberflächlichkeit vorwirft (or. 13). S. eigenen polit. Überzeugungen vermitteln nicht nur Schulreden, die aktuelle Bezüge in myth. Gewand kleiden (10: ›Helena‹, 11: ›Busiris‹), sondern direkt v.a. der ›Panegyrikos‹ (380; Festrede in Olympia), der für e. panhellen. Kriegszug gegen Persien plädiert; 355 riet I. mit ›Über den Frieden‹ (or. 8) und dem ›Areopagitikos‹ (or. 7) zu e. konservativen Wende mit Abkehr von der radikalen Demokratie; noch in s. letzten Rede (›Panathenaikos‹, or. 12) wird er Athens Lob mit der Forderung nach e. kulturell begründeten Einheit Griechenlands verbinden. Literarhist. bedeutend ist die sog. ›Antidosisrede‹ (354; or. 15, fingierte Verteidigungsrede zum Zweck e. öffentl. Rechenschaftsberichtes), die e. wesentl. Schritt in der Geschichte autobiograph. Schreibens darstellt. Die 9 überlieferten Briefe sind in der Echtheit umstritten. S. Einfluß auf das antike Bildungsideal sowie die Entwicklung der Kunstprosa kann kaum überschätzt werden.

A: G. B. Norlin, L. van Hook 1928–45 (m. engl. Übs.); G. Mathieu, E. Brémond 1928–62 (m. franz. Übs.); E. Seymour Forster 1979; St. Usher 1994; N. Livingstone 1996; S. Zajonz 2002; J. Castellanos Vila 1971–91 (orr. 1–8); or. 1: A. Morpugo 1960; orr. 2 u. 3: S. Usher 1990; or. 7: V. Costa 1983; orr. 10, 11, 13, 16, 18: R. Flacelière 1961; or. 13: S. Cecchi 1959; or. 15: K. Th. Arapopoulos 1958; or. 18: E. Carlotti 1966/67; or. 19: F. Bridensi 1963. – W. Dindorf 1852 (Scholien). – *Übs.:* M. Marzi 1993–97 (ital.); Chr. Ley-Hutton, K. Brodersen 1993–97 (dt.).

L: H. Kehl, 1962; K. Bringmann, 1965; F. Pointner, 1969; F. Seck, WdF 351, hg. 1976; Ch. Eucken, 1983; J. Lombard, 1990; S. Usener, 1994; E. Alexiou, 1995; A. Masaracchia, 1995; Y. Lee Too, Cambr. 1995; H. Wilms, 1995; D. Grieser-Schmitz, 1998; J. Walker, Oxf. 2000; W. Orth, hg. 2003.

Issa (eig. Kobayashi Nobuyuki), jap. haiku-Dichter, 5. 5. 1763 Kashiwabara – 19. 11. 1827 Kashiwabara/Nagano-Präfektur. Sohn e. Bauern, nach Tod s. Mutter 1765 Stiefkindschicksal, 1777 nach Edo, dort 1781 haikai-Stud. unter Mizoguchi Sogan, danach unter Nirokuan Chikua († 1790). Unstetes Wanderleben, öftere Besuche s. Heimat. 1801 Tod s. Vaters, langwierige Erbstreitigkeiten mit Stiefmutter u. –bruder. 1814 ∞ Tsuneda Kikujo († 1823), zwei weitere Ehen 1824 u. 1825 folgen. – I.s haikai verrät tiefes Gefühl, kindl. Einfachheit bei bäuerl. Kraft u. derbem Humor; e. aufrichtiger Glaube an Buddha verbindet sich mit e. Mitleiden mit aller Kreatur. Stilist. traditionsgebunden, zeigt s. haikai trotzdem sprachl. Eigenwilligkeit, dazu e. seltene Plastik des Ausdrucks. Meisterhaft ist auch s. Prosa (haibun).

W: Chichi no shûen-nikki, haihai-Tg. 1801 (Die letzten Tage meines Vaters, d. 1985); Kyôwakujô, haiku-Slg. 1803; Bunka-kujô, haiku-Slg. 1840f.; Hachibannikki, haikai-Tg. 1818f.; Kuban-nikki, haikai-Tg. 1822f.; Ora ga haru, haikai-Tg. 1820 (in: MOAG Suppl. 23, d. 1959; engl. 1972). – I. zenshû (GW), 1980. – *Übs.:* The Autumn Wind, G., engl. L. Mackenzie, Tokyo/N. Y. 1984; The Dumping Field, G., engl. L. Stryk, N. Fujiwara, Athen 1991; Issa: Cup-of-Tea Poems, G., engl. D. Lanoue 1991.

L: M. Bickerton (TASJ 2nd series 9), 1932; G. S. Dombrady (NOAG 82), 1957 u. (MOAG Suppl. 23), 1959; H. Sakanishi, I. K. Haiku, ³1983.

Istrati, Panait, rumän.-franz. Erzähler, 11. 8. 1884 Brăila – 16. 4. 1935 Bukarest. Sohn e. griech. Schmugglers und e. rumän. Wäscherin. Zuerst Hafenkellner; Handwerkerlehre, Sekretär der Hafenarbeiter-Gewerkschaft, 1904 Redakteur e. Arbeiterzeitung, publizist. Tätigkeit in der sozialist. Presse, 1913–31 Vagant durch alle Länder des Mittelmeers und den Nahen Osten; unzählige Berufe. Nach e. Selbstmordversuch in Nizza 1921 von R. Rolland als ›Gor'kij des Balkans‹ entdeckt. Begeisterter Anhänger der bolschewist. Revolution, wurde nach e. ausgedehnten Reise durch die Sowjetunion (1927–29) militanter Antikommunist. Starb an Tbc. – Kraftvoller Erzähler aufgrund eigener Erlebnisse, entdeckt den Westeuropäern den Zauber des Balkans mit s. maler. Lokalkolorit, s. fesselnden Konflikten und teils griech.-oriental., teils echt rumän. Typen; die ›Agora‹, der halboriental. Markt, wird zur bunten symbolschweren Schau des Lebens. S. polit. u. lit. Werke sind pathet., aufrichtige Plädoyers für die Liebe zu den Menschen. Schrieb in franz. Sprache und übs. s. Werke z. T. selbst ins Rumän., daher der im Westen bekannteste rumän. Erzähler.

W: Les récits d'Adrien Zograffi, R. III (Kyra Kyralina, 1924, d. 1926, L'oncle Anghel, 1924, d. 1927, Présentation des Haidoucs, 1925/26, Die Haiduken, d. 1929); Trecut și viitor, Aut. 1925; Codine, R. 1926 (Kodin, Kindheit des Adrian Zograffi, d. 1930); Domnitza de Snagov, R. 1926; Kir Nicolas, R. 1926; Isaac le tresseur de fil de fer, R. 1927; Mikhaïl, R. 1927 (Michael, Jugend des Adrian Zograffi, d. 1931); Nerrantsoula, R. 1927 (d. 1927); La famille Perlmutter, R. 1927 (m. J. Jéhouda); Adolescence d'Adrien Zograffi, R. 1928; Les chardons de Baragan, R. 1928 (d. 1928); Mes départs, E. 1928 (Tage der Jugend, d. 1931); Après seize mois en U. R. S. S., Ber. III 1929 (Drei Bücher über Sowjetrußland, d. III 1930; Vers l'autre flamme, d. Auf falscher Bahn; Sovjet, d. So geht es nicht!; La Russie nue, dt. Rußland nackt); Pour avoir aimé la terre, Schr. 1930; Le pêcheur d'éponges, R. 1930 (Freundschaft oder Ein Tabakladen, d. 1932); En Egypte, Reiseber. 1931; Tsatsa Minka, R. 1931; La vie d'Adrien Zograffi, En. IV 1933–35; Méditerranée, Reiseber. II 1934/35 (rumän. 2001); În Lumea Mediteranei, 1936. – Opere alese (AW), IV 1966f.; GW (WA), XIV 1985f.

L: I. Capatana, Soutraine/Oise 1941; A. Talex, 1944; A. Oprea, 1964; M. Jutrin, 1970; E. Raydon, 1971; H. Stiehler, 1985, 1990.

Itallie, Jean-Claude van, amerik. Dramatiker, * 25. 5. 1936 Brüssel. In New York aufgewachsen; Stud. Harvard; lebt in New York und auf e. Farm in Neuengland, Lehrtätigkeit an versch. Univ. – S. von A. Artaud u. M. McLuhan beeinflußten Stücke entstanden in enger Zusammenarbeit mit dem ›Open Theatre‹ u. lassen der Improvisation großen Spielraum; Neigung zu rituellem Theater in ›The Serpent‹.

W: War and Four Other Plays (The Hunter and the Bird; It's Almost Like Being; I'm Really Here; Where is the Queen?), 1967; America Hurrah, 1967/2001; The Serpent, 1969; From an Odets Kitchen, 1971; Mystery Play, 1973; Seven Short and Very Short Plays, 1973; A Fable, Dr. 1976; Bag Lady, Dr. 1980; Paradise Ghetto, Dr. 1982; The Tibetan Book of the Dead, Dr. 1983; Early Warnings, Drn. 1983; Calcutta, Dr. 1987; Ancient Boys, Dr. (1989); Struck Dumb (m. J. Chaikin), Dr. (1991); The Playwright's Workbook, St. 1997.

L: G. A. Plunka, 1999.

Itivuttaka → Tipiṭaka, das

Iulianos, Flavius Claudius I, röm. Kaiser, 331 Konstantinopel – 363 n. Chr. bei Maranga. Von den Christen Iulian Apostata (der ›Abtrünnige‹) genannt; Sohn e. Halbbruders Konstantins d. Gr., umfangreiche klass. Ausbildung, Stud. u. a. in Konstantinopel, Nikomedeia, Ephesos (bei dem Neuplatoniker Maximus), Athen (u. a. Libanios), 355 ∞ die Schwester des Kaisers; Präfekt in Gallien, dort erste militär. Erfolge, nach Constantius' Tod Kaiser (361–363): offenes Bekenntnis zum Heidentum, zahlr. Verwaltungsreformen, Wiederherstellung heidn. Tempel, Rhetorenedikt. Auf Perserfeldzug in Schlacht tödl. verwundet. – Vf. zahlr. Reden und Pamphlete (›Gegen die Galiläer‹, 3 Bücher: zum Verhältnis Juden/Christen, Kritik am NT, Vorzüge der paganen Philos.), die wie die Epigramme, s. ›Symposium‹ und der ›Misopogon‹ v. a. im Dienst s. Hauptanliegens, der Restauration der paganen Kulte, Bildung und Kultur stehen. E. Corpus von 87 Briefen (auch unechte) ermöglicht mit s. Erlassen, Verlautbarungen, Schreiben an Libanios, Themistios, Oreibasios usw. Einblick in die polit. Vorgänge und soz. Verbindungen der Zeit. I.' Schriften bezeugen v. a. seine umfassende lit. Bildung und stilist. Schulung. – I. wirkte weniger durch s. lit. Schaffen als durch s. Person, sei es als trag. ›letzter Heide‹, sei es als hassenswerter ›Verbündeter des Teufels‹; schon Gregor von Nazianz (›Fluchreden gegen I.‹) eröffnet e. negative Tradition, die bis in die Jesuitendramen des 17. Jh. reicht; erst die Aufklärung ist um e. objektiveres Bild bemüht.

A: J. Bidez, F. Cumont 1922 (*epp., leg., poem., fragm.*); SW, hg. J. Bidez, G. Rochfort, C. Lacombrade I.1 1932, ²1972, I.2 1924, ²1972, II.1 1963, II.2 1964; E. Masaracchia 1991 (*contr. Gal.*, m. ital. Übs.); B.-K. Weis 1973 (*Briefe*, griech./dt.).

L: J. Bidez: La vie, Paris 1930, n. 1965 (d. 1940); S. Eitrem, Oslo 1957; J. Kabisch, 1960; G. W. Bowersock, Lond. 1978; R. Braun, J. Richter, hg. Paris 1978; R. Klein, 1978; P. Athanassiadi-Fowden, Oxf. 1981; J. Arce, Madrid 1984; S. N. C. Lieu, Liverpool 1988, ²1989; J. Bouffartigue, Paris 1992; R. Smith, Lond. u. a. 1995; H.-U. Wiemer, 1995; Giuliano Imperatore, Lecce 1998.

Iustinos Martys (›der Märtyrer‹), Philosoph (Mittelplatonismus), christl. Apologet u. Märtyrer,? Flavia Napolis (Nablus; Palaestina) – 165 n. Chr. Rom. Evtl. aus röm. od. griech. Familie; nach umfassenderen philos. Studien Entscheidung für den Platonismus, dann Bekehrung zum Christentum. Zunächst wohl Wanderprediger, dann bis zu s. Hinrichtung in Rom. – Von I.' Werk ist vieles verloren oder nur fragmentar. erhalten (so z.B. ›Gegen die Hellenen [= Heiden]‹ (Dämonologie), ›Lehrvortrag über die Seele‹ (Psychologie); von den erhaltenen Schriften gelten als sicher echt die sog. ›Erste‹ u. ›Zweite Apologie‹ (um 150) sowie der ›Dialog mit dem Juden Tryphon‹ (nicht vollständig erhalten). In diesen Schriften verteidigt I. das Christentum gegen antichristl. Publizistik, indem er den ›Logos-Christus‹ ›keimhaft‹ (›logos spermatikos‹) bereits bei den paganen Philosophen wirksam sieht bzw. deren wesentlichste Erkenntnisse als von Moses abgeschrieben ansieht (sog. ›Altersbeweis‹). I.' Gottesverständnis ist platon. transzendental bestimmt, als erster christl. Schriftsteller parallelisiert er den Schöpfungsmythos des platon. ›Timaios‹ mit dem bibl. Schöpfungsbericht. Im Hinblick auf Christus vertritt I. e. subordinationistische Position unter Vorwegnahme des neuplaton. Emanationsgedankens; die platon. Psychol. lehnt er ab, da e. unsterbl. Seele auch unentstanden zu denken sei. – I. wird schon früh als ›Philosoph und Märtyrer‹ (so Tertullian) geschätzt, so daß viele Schriften unter s. Namen publiziert wurden. Vieles von I.' christl. Platonismus wird in den Folgejahrhunderten richtungsweisend.

A: Apol., Dial.: E. J. Goodspeed, D. ältesten Apologeten, 1984. – Apol.: M. Marcovich 1994; C. Munier 1995 (m. franz. Übs.); L. W. Barnard 1997 (m. engl. Übs. u. Anm.). – Dial.: G. Archambault 1909 (m. franz. Übs.); A. Lukyn Williams 1930 (engl. Übs.); M. Marcovich 1997. – Frag.: K. Holl, Frag. vornizän. Kirchenväter, 1899; M. Marcovich 1990; C. Riedweg 1994. – *Übs.:* H. Veil 1894 (BKV² 12) (Apol.); G. Rauschen 1913 (Apol.); Ph. Haeuser 1917 (Dial.); K. Thieme, Kirche u. Synagoge, 1945 (Ausw.).
L: J. Geffcken, 1907; L. W. Barnard, J. M., Cambr. 1967; A. Bellinzoni, Leiden 1967; G. May, Schöpfung aus dem Nichts, 1976; C. Andresen, in: Der Mittelplatonismus, hg. C. Zintzen 1981; P. Lampe, 1987; P. Pilhofer, ›Presbyteron kreitton‹, Tüb. 1990; H. Dörrie, Der Platonismus, 1990, 1993; M.-É Boismard, A. Lamouille, Paris 1992; M. Marcovich, Atlanta 1994; J. Salzmann, Lehren u. Ermahnen, 1994; G. Girgenti, Mail. 1995; P. Merlo, Rom 1995; C. D. Allert, Revelation, Leiden 2002; D. Rokéah, I. M. and the Jews, Leiden 2002. – *Bibl.:* A. Davids, 1973 (1923–1973).

Iustinus, Marcus Iunian(i)us, 3. Jh. n. Chr. (?). Vf. der lat. ›Epitome historiarum Philippicarum‹ (Auszug aus der Philippischen Geschichte des Pompeius Trogus) über die griech. Gesch. von Kyros bis hin zu Caesar. – I. wurde seit dem MA als Quelle für die Geschichte Griechenlands u. Alexanders d. Gr. viel rezipiert.
A: O. Seel, n. 1972; dt. Übs. O. Seel, Pompeius Trogus, Eine röm. Weltgeschichte, 1972; engl. Übs. u. Komm. J. C. Yardley, W. Heckel, Oxf. 1997.
L: L. Ferrero, Struttura e metodo dell'Epitome, Turin 1957; O. Seel, Eine röm. Weltgeschichte, 1972; B. R. van Wickevoort Crommelin, Die Universalgeschichte des Pompeius Trogus, 1993.

Ivanauskaitė-Pšibiliauskienė, Sofija → Lazdynų Pelėda

Ivanišević, Drago, kroat. Dichter, 10. 2. 1907 Triest – 3. 6. 1981 Zagreb. Stud. vergleichende Lit. Belgrad, Promotion 1931 Padua, 1945–60 an der Akad. für Theaterwiss. in Zagreb, Mitgl. der jugoslaw. Akad. – In s. Lyrik u. Prosa, die die Unrast u. seel. Probleme der mod. Intellektuellen widerspiegelt, verbindet I. Elemente des franz. Surrealismus mit ital. Okkultismus. Schrieb auch Gedichte in der čakav. Mundart; Übsn. aus dem Span., Franz., Ital. u. Russ. Vf. von Jugendlit.
W: Zemlja pod nogama, G. 1940; Dnevnik, G. 1957; Ljubav u koroti, Dr. 1958; Mali libar, G. 1959; Karte na stolu, En. 1959; Jubav, G. 1960, 1975; Srž, G. 1961; Igra bogova ili pustinje ljubavi, G. 1967; Od blata jabuka, G. 1971; Vrelo vrelo bez prestanka, G. 1977; Čovjek, G. 1978. – Izabrana djela (AW), 1981. – *Übs.:* Die Brücke, 1972; Um aller Toten willen, 1973.
L: M. Žeželj, 1982; V. Pavletić, 1983; Z. Mrkonjić, 1991.

Ivanov, Georgij Vladimirovič, russ. Schriftsteller, 10. 11. 1894 Provinz Kovno – 26. 8. 1958 Hyères/Frankreich. Adliger Herkunft, emigrierte 1923 nach Frankreich; galt nach dem Krieg als e. der besten Lyriker der russ. Emigration. – Setzte anfangs die Stilhaltung Kuzmins und der Achmatova fort, wandte sich im Gedichtband ›Rozy‹, s. reifsten Dichtung, 1931 von der ›neoklass.‹ Richtung des Akmeismus ab, ließ wie Blok das Musikal. im Vers stärker hervortreten; im späteren Werk wird mehr und mehr das Thema des Nihilismus vorherrschend, der bei ihm, nach dem Wort e. Kritikers, Existentialismus ist.
W: Otplytie na ostrov Citeru, G. 1912; Veresk, G. 1916; Sady, G. 1921; Tretij Rim, R.-Fragm. (1929); Rozy, G. 1931; Raspad atoma, Ess. 1938. – Sobranie sočinenij, 1994; Sobranie stichotvorenij, G. Würzb. 1975; Izbrannye stichi, G. Paris 1980.
L: G. Augushi, Cambr./MA 1970; D. Krejd, 1989.

Ivanov, Vjačeslav Ivanovič, russ. Dichter, 28. 2. 1866 Moskau – 16. 7. 1949 Rom. Vater Beamter; Stud. Altphilol. und Archäologie Moskau, 1886 Berlin bei Th. Mommsen; von Nietzsche angeregt; Studienreise durch Europa, Ägypten, Palästina; versammelte nach 1905 in Petersburg russ. Dichter, Künstler und Gelehrte um sich; 1912/13 wieder im Ausland, während des Kriegs und Bürgerkriegs Prof. für klass. Philol. in Moskau und 1921 Baku; emigrierte 1924 nach Italien, trat 1924 zur kathol. Kirche über. – Gehört mit Blok, Belyj zur 2. Generation der russ. Symbolisten; vertritt in theoret. Äußerungen e. relig.-realist. Richtung des Symbolismus; s. reich instrumentierte, aber mit dem Gewicht s. Gelehrsamkeit beschwerte und daher nicht unmittelbare, mehr mytholog.-symbol.-myst. Lyrik ist im feierl., hohen Stil gehalten, ›byzantin.‹, ›alexandrin.‹, mit e. leicht archaisierenden, durch kirchenslaw. Elemente bewirkten klassizist. Tönung; diese entspricht der im wesentl. auf Platons Lehre und dem Geist des frühen Christentums beruhenden Thematik, in der auch die Frage nach Beruf und Berufung des Dichters anklingt. Mit sprachl. Effekten prunkender Vers im Hauptwerk ›Cor ardens‹. Stellt in der Abhandlung über die hellen. Religion den dionys. Kult dem Christentum nahe, gibt in Essays und dem bedeutsamen ›Briefwechsel‹ mit M. Geršenzon e. Deutung s. Dichtung. Übs. griech., dt., engl. und ital. Dichter.

W: Kormčie zvezdy, G. 1903; Prozračnost', G. 1904 (n. Mchn. 1967); Ellinskaja religija stradajuščago boga, Abh. 1904; Tantal, Tr. 1904 (Tantalos, d. 1940); Eros, G. 1907; Po zvezdam, Ess. 1909; Cor ardens, G. II 1909–11; Borozdy i meži, Ess. 1916; Krizis Gumanizma, Kruči, Ess. 1918 (Klüfte, d. 1922); Prometej, Tr. 1919; Zimnie sonety, G. 1919; Perepiska iz dvuch uglov, Ess. 1920 (Briefwechsel zwischen zwei Zimmerecken, d. 1948); Dionis i Rimskie sonety, G. 1925; Čelovek, G. 1939; Das alte Wahre, Ess. 1954; Svet večernij, G. Oxf. 1962; Stichotvorenija i poėmy, G. Leningrad 1976. – Sobranie sočinenij (GW), Brüssel III 1971. – *Übs.:* Dostojewskij, Tragödie – Mythos – Mystik, Abh. 1932.

L: C. Tschöpl, 1968; J. West, 1972; W. Pothoff, hg. 1993; Ju. Murašov, 1999.

Ivanov, Vsevolod Vjačeslavovič, russ. Schriftsteller, 24. 2. 1895 Lebjaž'e (Gebiet Semipalatinsk/Sibirien) – 15. 8. 1963 Moskau. Vater Lehrer, trat 1910 in d. Zirkus ein, war Schauspieler in Wanderbühne, Matrose, Buchdrucker, nahm in der Roten Armee am Bürgerkrieg teil, 1920 in Leningrad, fand Gor'kijs Hilfe, schloß sich der lit. Gruppe der ›Serapionsbrüder‹ an; wurde bekannt durch s. Roman ›Bronepoezd 14–69‹, der 1927 dramatisiert wurde; paßte sich auf wiederholte Vorwürfe der sowjet. Kritik hin in ›Parchomenko‹ und späteren Werken den Grundsätzen des sozialist. Realismus an u. arbeitete Früheres entsprechend um. – Bedeutend in s. ep., auf ungewöhnl. Ereignisse in Sibirien, Turkestan und der Mongolei bezogenen Darstellung des russ. Bürgerkriegs, den er als Ausbruch elementarer menschl. Kräfte sieht; gibt in Erzählungen und Romanen, die auf pessimist. Grundton gestimmt sind, e. revolutionären Romantik Ausdruck.

W: Partizany, E. 1921 (d. 1922); Bronepoezd 14–69, R. 1922 (Panzerzug 14–69, d. 1955, 1970); Cvetnye vetra, R. 1922 (Farbige Winde, d. 1923); Golubye peski, R. 1923; Vozvraščenie Buddy, R. 1923 (Die Rückkehr des Buddha, d. 1962), Pochoždenija fakira, R. 1935 (Abenteuer eines Fakirs, d. 1937); Tajnoe tajnych, En. 1927; Parchomenko, R. 1939 (Alexander Parchomenko, d. 1955) Borozdy i meži, Lond. 1971; Užginskij Kreml', R. 1981; U, R. Lausanne 1982. – Sobranie sočinenij (W), VIII 1958–60, 1973–78.

L: N. N. Janovskij, 1956; N. Zajcev, 1963; L. Gladkovskaja, 1972; E. Krasnoščekova, 1980.

Ivanyčuk, Roman, ukrain. Prosaist, * 27. 5. 1929 Trač/Westukraine. Lehrerssohn; Stud. Philol., lebt in L'viv. – Novellen aus dem westukrain. Milieu; zunächst nach V. Stefanyk orientiert. Findet seinen eigenen Weg als Autor hist. Romane auf der Grundlage der Kosakenchroniken des 17. u. 18. Jh., verfaßt kulturhist. Romanporträts bedeutender ukrain. Gestalten der Vergangenheit. Verlegt zuweilen zeitgenössische Themen des nationalen Renegatentums und der polit. Anpassung der Sowjetjahre in die Vergangenheit. Ausdrucksvolle Memoiren.

W: Prut nese kryhu, Nn. 1958; Mal'vy, R. 1968; Červone vyno, 1977; Misto, R. 1977; Na perevali, 1981; Voda z kamen'u, 1982; S'ome nebo, 1985; Žuravlynyj kryk, 1988; Orda, 1992; Blahoslovy duše moja, Hospoda, Mem. 1993.

L: M. Žulyns'kyj, 1986; S. Andrusiv, 1998.

Ivasiuc, Alexandru, rumän. Schriftsteller, 12. 7. 1933 Sighetu Marmației – 4. 3. 1977 Bukarest. Stud. Medizin und Philos., 1958–63 polit. Haft. – Schrieb intellektuelle Prosa, in der ausgesuchte Gewissenskonflikte keine Lösung finden. Besessen von der Idee, die kommunist. Umwälzungen zu deuten, verfing er sich in Schematismen; daher gelungene Flucht in das Historische.

W: Vestibul. R. 1967; Interval, R. 1968; Cunoaștere de noapte, R. 1969; Păsările, R. 1970 (Die Vögel, d. 1975); Corn de vânătoare, Nn. 1972; Pro domo, Ess. 1972; Apa, R. 1973 (Der stumme Zeuge, d. 1978); Iluminări, R. 1975; Racul, R. 1976.

L: I. B. Lefter, 1986; C. Moraru, 1988.

Ivaska, Astrīde, lett. Dichterin, * 7. 8. 1926 Riga. Generalsfam.; Schulen Riga; 1944 Emigration nach Dtl.; Gymnas. in Hanau; 1946–49 Philol.-Stud. Marburg; 1949 ∞ estnischen Lyriker u. Lit.-Wiss. Ivar Ivask; nach Minnesota/USA ausgewandert; 1958–66 Dozentin; 1962–82 Redakteurin bei Zs. ›Jaunā Gaita‹, danach bei Zs. ›Ceļa Zīmes‹. – Gedichte zeigen Retrospektiven, Intuition u. Einmaligkeit der Naturschönheit in Verbindung mit dem Menschen u. als Offenbarung.

W: Ezera kristības, G. 1966; Solis silos, G. 1973; Gaisma ievainoja, G. 1982. – Vārdojums (AW), 1987.

Ivo, Lêdo, brasilian. Schriftsteller, * 18. 2. 1924 Maceió. Stud. Rechte Recife u. Rio de Janeiro, Journalist, Beamter, Mitarbeiter der Zs. ›Orfeu‹ (Organ des ›Neomodernismus‹); Mitglied der Academia Brasileira de Letras. – Hauptvertreter der ›Generation von 45‹. Chronist, Essayist, Romanschriftsteller, Erzähler, Lyriker.
W: As Imaginações, G. 1944; Ode e Elegia, G. 1945; As Alianças, R. 1947; O Caminho sem Aventura, R. 1948; Acontecimento do Sonêto, G. 1948; Ode ao Crepúsculo, G. 1948; Cântico, G. 1951; Linguagem, G. 1951; Um Brasileiro em Paris, G. 1951; Lição de Mário de Andrade, Ess. 1952; A Cidade e os Dias, Prosa 1957; Paraísos de Papel, Ess. 1961; Use a Passagem Subterrânea, En. 1961; Estação Central, G. 1964; Finisterra, G. 1972; Ninho de Cobras, R. 1980; A Noite Misteriosa, G. 1982; A Ética da aventura, Ess. 1983; Use a passagem subterrânea, En. 1984; A morte do Brasil, R. 1984; Calabar, G. 1985; Mar oceano, G. 1987; Crepúsculo civil, G. 1990; O aluno relapso, Mem. 1991; A república das desilusões, Ess. 1995; Curral de peixe, G. 1995; O rumor da noite, G. 2000.
L: A. Jurema, 1953; A. Pereira, 1966; W. Martins, 1983; C. de Araújo Medina, 1985.

Iwaszkiewicz, Jarosław (Ps. Eleuter), poln. Dichter und Schriftsteller, 20. 2. 1894 Kalnik/ Ukraine – 2. 3. 1980 Warschau. Aus poln. Landadel. Bis 1918 Stud. Jura Kiev; dann Warschau. Freundschaft mit dem Komponisten K. Szymanowski, schrieb für ihn e. Opernlibretto. 1920 Mitbegründer der Dichtergruppe ›Skamander‹. 1922–25 Sekretär des Sejm-Marschalls. Später diplomat. Dienst in Frankreich, Dänemark, Persien. Europareisen. 1945 Präsident des poln. Schriftstellerverbandes u. Chefredakteur der Zs. ›Twórczość‹. Zahlreiche Auszeichnungen. – Erzähler und philos. Lyriker. Von Claudel, Rimbaud, Valéry u. M. Proust, die er übersetzte, beeinflußt. Die frühen formstrengen Gedichte sind vom Raffinement der Décadence geprägt. In den 30er Jahren Hinwendung zu autobiograph. getönten Romanen zu hist. Stoffen. Musikerbiographien u. Künstlerdramen. Übs. aus dem Franz., Engl., Russ. u. Dän.
W: Oktostychy, G. 1919; Dionizje, G. 1922; Hilary syn buchaltera, R. 1923 (Hilaire, fils de comptable, franz. 1925); Księżyc wschodzi, R. 1925; Kochankowie z Werony, Dr. 1929; Księga dnia i księga nocy, G. 1929; Zmowa mężczyzn, R. 1930; Powrót do Europy, G. 1931; Lato 1932, G. 1933; Panny z Wilka, En. 1933 (Die Mädchen vom Wilkohof, d. 1956); Brzezina, E. 1933; Czerwone tarcze, R. 1934 (Die roten Schilde, d. 1954); Młyn nad Utratą, En. 1936; Lato w Nohant, Dr. 1937; Pasje błędomierskie, E. 1938 (Passionsspiele, d. 1987); Fryderyk Szopen, B. 1938, n. 1949 (F. Chopin, d. 1958); Maskarada, Dr. 1939; Matka Joanna od Aniołów, E. 1946 (Mutter Johanna v. d. Engeln, d. 1970); Kongres we Florencji, E. 1947 (Kongreß in Florenz, d. 1958); Jan Sebastian Bach, St. 1951; Wzlot, E. 1956 (Höhenflug, d. 1959); Sława i chwała, R. III 1956–62 (Ruhm und Ehre, d. 1960); Książka moich wspomnień, Mem. 1957; Tatarak, En. 1960; Kochankowie z Marony, En. 1961 (Die Liebenden von Marona, d. 1962); Jutro żniwa, G. 1961; Rozmowy o książkach, Feuill. 1962; Gniazdo łabędzie, Sk. 1962; Heydenreich-Cienie, En. 1963 (d. 1966); Krągly rok, G. 1967; Xenie i elegie, G. 1970; Śpiewnik włoski, G. 1974; Sny. Ogrody. Sérénité, En. 1974 (Gärten, Träume, S., d. 1977); Petersburg, Ess. 1976; Podróże do Polski, Sk. 1977; Podróże do Włoch, Sk. 1977; Mapa pogody, G. 1977; Szkice o literaturze skandynawskiej, Schr. 1977; Listy do Felicji, Feuill. 1979; Utwory ostatnie, En. 1981. – Dzieła (GW), X 1958/59, 1975–84. –
Übs.: Drei Mühlen. En. 1965; Die Rückkehr der Proserpina, En. 1967; Das Mädchen u. die Tauben, En. 1975; Die Fräulein von Wilko, Nn. 1985; Mephistowalzer, En. 1992.
L: J. Kwiatkowski, 1966; J. Rohoziński, 1968; R. Przybylski, Eros i Tanatos, 1970; A. Gronczewski, 1972; J, Kwiatkowski, Poezja I., 1975; H. Werwes, 1979; O twórczości J. I. 1983; H. Zaworska, 1985; A. Zawada, 1994; G. Ritz, Bern 1996.

Izmajlov, Aleksandr Efimovič, russ. Schriftsteller, 25. 4. 1779 im ehem. Gouv. Vladimir – 28. 1. 1831 Moskau. Aus Adelsfamilie, ab 1797 Beamter im Finanzministerium; redigierte 1817 die Zs. ›Syn otečstva‹, 1818–27 Hrsg. des ›Blagonamerennyj‹; 1826 Vizegouverneur in Tver', 1828 in Archangel'sk, 1829 wieder im Ministerium, 1830 im Ruhestand. – S. moral.-satir. getönter Roman ›Evgenij‹ mit dem Thema der Erziehung zeigt Einfluß J. J. Rousseaus und Scarrons; bedeutsam s. Fabeln, die durch Gedanken Herders angeregt wurden; sie sind Vorstufe zum Fabelwerk Krylovs.
W: Evgenij, R. 1799; Basni, Fabeln 1817. – Polnoe sobranie sočinenij (GW), III 1890.

Izumi, Kyōka, jap. Schriftsteller, 4. 11. 1873 Kanazawa – 7. 9. 1939 Tokyo. Verlor frühzeitig s. Mutter, studierte unter Ozaki Kôyô, ging aber stilist. bald neue u. eigene Wege, zeigte starke Neigung zur Romantik. S. Novellen der Jahre 1895/ 96, darunter ›Yakô-junsa‹ u. ›Gekashitsu‹, erregten Aufmerksamkeit, da sie sich gegen das Konventionelle wandten. – S. Hauptthema ist die echte Leidenschaft in der Welt der Geishas u. Freudenmädchen, also die Liebe um der Liebe willen. Auch dem ›Neuen Theater‹ (shinpa-kabuki) gibt s. Schaffen Anregung.
W: Yakô-junsa, N. 1895; Gekashitsu, N. 1895; Terihakyôgen, N. 1896; Koya-hijiri, N. 1900 (Der Wanderpriester, d. in: Die fünfstöckige Pagode, 1961); Utaandon, N. 1910; Sannin no mekura-no hanashi, 1912 (Drei Blinde, d. 1989). – K. zenshû (GW), 1973–76.
L: J. Funabu, Through the Coloured Looking Glass of I. K., Cambridge 1982; C. S. Inouye, The Similitude of Blossoms, Cambridge 1998; M. C. Paulton, Spirits of Another Sort, Michigan 2001.

Izumi Shikibu, jap. Dichterin, * 974 (?). Tochter des Statthalters von Echizen, Ōe Masamune, ∞ 995 Tachibana Michisada, Statthalter von Izumi. Um 1000 Trennung, Bindung mit dem Prinzen Tametaka, nach dessen Tod mit s. Bruder Atsumichi. Diese Beziehung schildert das ›Izumi Shikibu nikki‹. Freundschaft mit Akazome Emon. Um 1009 ∞ Dichter Fujiwara Yasumasa, auch hier spätere Trennung. – E. der bedeutendsten Dichterinnen ihrer Zeit, besaß umfassende Bildung in jap., chines. u. buddhist. Lit. Ihre Gedichte verraten Temperament, Leidenschaft, aber auch Verhaltenheit; immer jedoch Aufrichtigkeit im Empfinden.

W: Izumi Shikibu nikki, Tg. um 1007 (engl. 1920, 1969); Izumi Shikibu shû, G.

L: J. Hirshfield, M. Aratani, The Ink Dark Moon, N. Y. 1988.

Jabès, Edmond, franz. Schriftsteller, 1912 Kairo – 2. 1. 1991 Paris. Aus jüd. Familie, in Ägypten lebend; Stud. an der Sorbonne. Begegnung mit M. Jacob, P. Eluard und M. Blanchot. Arbeitet als Journalist an zahlr. Zeitschriften. Während des 2. Weltkrieges organisierte er in Ägypten eine antifaschist. Front. Von Nasser vertrieben, Rückkehr nach Frankreich, findet eine ›culture d'adoption‹ in der schriftsteller. Tätigkeit. Definiert sein lit. Schaffen als Erfahrung s. Exilsituation, bezeichnet den Schriftsteller als ewigen Fremden. Sein Judentum sieht er als Bestandteil seiner selbst. Umfangreiche Meditationen über das Buch. Durch den Surrealismus beeinflußt, v. a. der Gedichtband ›Je bâtis ma demeure‹.

W: Je bâtis ma demeure, G. 1957; Du désert au livre, Gespr. 1980; Le livre des questions, III 1988f.; Le livre des ressemblance, III 1990; Le livre du dialogue, 1990; L'enfer de Dante, Ess. 1992; Elya, Aely, 1992; Un regard, 1992.

L: Actes du Colloque de Cérisey, 1989; D. Lançon, 1997.

Jablonský, Boleslav (eig. Karel Eugen Tupý), tschech. Dichter, 14. 1. 1813 Kardašova Řečice – 27. 2. 1881 Zwierzyniec b. Krakau. Wurde aus finanzieller Not Prämonstratenser, empfing die Weihe u. lebte seit 1847 als Pfarrer in Zwierzyniec bei Krakau. – Schrieb anmutige romant. Liebeslieder u. patriot. Gedichte; wandte sich dann aber der didakt. Dichtung zu, mit der er im Geiste Bolzanos zur Religiosität u. Humanität erziehen wollte.

W: Básně, G. 1841; Moudrost otcovská, G. 1847 (2. Aufl. u. d. T. Salomon); Vybrané básně (AW), 1913; Písně milosti (AW), 1942.

L: A. Mattuška, Život B. J. (m. Bibl.), 1886; K. Dostál-Lutinov, 1913.

Jaccottet, Philippe, welsch-schweizer. Dichter und Essayist, * 30. 6. 1925 Moudon/Waadt. Stud. in Lausanne; seit 1953 in Grignan/Südfrankreich; Mitarbeiter der ›Nouvelle Revue Française‹. – Trat als Lyriker, Essayist u. Übs. (Hölderlin, Leopard, Musils ›Mann ohne Eigenschaften‹) hervor.

W: Pour les ombres, G. 1944; Trois poèmes aux démons, 1945; Requiem, G. 1947; L'effraie et autres poésies, 1953; La promenade sous les arbres, Ess. 1957 (d. 1981); L'ignorant, G. 1958; L'obscurité, E. 1961; L'entretien des muses, Ess. 1968; Paysages avec figures absentes, Ess. 1970; Rilke par lui-même, B. 1970; Poésie 1946–1967, 1971; Gustave Roud, St. 1982; Pensées sous les nuages, G. 1976–82, 1983; Des histoires de passage, Prosa 1948–78, 1983; La semaison. Carnets 1954–1979, 1984; Une transaction secrète, G. 1987; La seconde semaison. Carnets 1980–1994, 1996; Le bol du pèlerin (Morandi), St. 2001. – *Übs.:* Fin d'hiver, G. franz.-dt. 1965; Gedichte, franz.-dt. 1985; Antworten am Wegrand, G. u. Prosa 2001.

L: A. Clerval, 1976; J. Onimus, J., une poétique de l'insaisissable, 1982; M.C. Dumas, La poésie de J., 1986; H. Ferrage, J., le pari de l'inactuel, 2000.

Jacinto, António (A. J. do Amaral Martins), angolan. Lyriker u. Erzähler, 28. 9. 1924 Luanda – 23. 6. 1991 ebda. Buchhalter, als polit. Aktivist 1960–72 inhaftiert; Mitglied des Zentralrates der Befreiungsbewegung u. nach der Unabhängigkeit Kulturminister; Mitbegründer der Zs. ›Mensagem‹. – Der erzähler. und lyr. Realismus J.s gilt als radikaler Bruch mit der portugies.-angolan. Koloniallit.

W: Poemas, G. 1961; Vovô Bartolomeu, E. 1979; Sobreviver em Tarrafal de Santiago, G. 1985.

Jackson, Charles (Reginald), amerik. Schriftsteller, 6. 4. 1903 Summit/NJ – 21. 9. 1968 New York (Freitod). Zunächst Journalist. – Vf. von z. T. sehr erfolgreichen Romanen und Kurzgeschichten, die sich als präzise psycholog. Studien Themen wie Suchtverhalten und gesellschaftl. als deviant bewerteter Sexualität widmen.

W: The Lost Weekend, R. 1944; The Fall of Valor, R. 1946; The Outer Edges, R. 1948; The Sunnier Side: Twelve Arcadian Tales, En. 1950; Earthly Creatures, En. 1961; A Second-Hand Life, R. 1967 (Leben im Schatten der Nacht, d. 1968).

Jackson, Helen (Maria Fiske) Hunt, amerik. Schriftstellerin, 15. 10. 1830 Amherst/MA – 12. 8. 1885 Colorado Springs. Jugendfreundin E. Dickinsons; mit ihrem ersten Mann E. Hunt, Offizier, ∞ 1852, bewegtes Leben, mit dem zweiten Mann, dem Bankier W. Jackson, ∞ 1875, Beschäftigung mit der Geschichte der Indianer. – Aus diesem Wissen entstand ihr populärer, anklagender Roman ›Ramona‹ sowie die Studie ›A Century of Dishonor‹. Versch. Pseudonyme.

W: Verses, G. 1870; Bits of Travel, Reiseb. 1872; Mercy Philbrick's Choice, R. 1876; Bits of Travel at Home, Ess. 1878; A Century of Dishonor, St. 1881; Ramona, R. 1884; Cat Stories, 1884; Easter Bells, G. 1884; Zeph, E. 1886; A Calender of Sonnets, 1886; Glimpses of Three Coasts, Ess. 1886; Poems, 1892; Westward to a High Mountain, hg. M. I. West 1994; Indian Reform Letters 1879–1885, Br. 1998.

L: R. Odell, 1939; E. I. Banning, 1973; A May, 1987; R. Whitaker, 1987; V. S. Mathes, 1990; G. J. Helmuth, 1995; K. Phillips, 2003.

Jackson, Laura (Riding) → Riding, Laura

Jackson, Shirley, amerik. Erzählerin, 14. 12. 1916 oder 1919 San Francisco – 8. 8. 1965 North Bennington/VT. Univ. Syracuse (B. A. 1940), ∞ 1940 Kulturhistoriker Stanley Edgar Hyman, lebte in Vermont. – Bedeutende Schilderung von Aberglauben und Massenpsychose in realist. neuengl. Umwelt (›The Lottery‹), des Grotesken und Doppelbödigen im Alltagsleben. Auch Kinderbücher.

W: The Road Through the Wall, R. 1948; The Lottery, Kgn. 1949 (Die Teufelsbraut, d. 1989); Hangsaman, R. 1951; Life Among the Savages, Aut. 1953 (Nicht von schlechten Eltern, d. 1954); The Bird's Nest, R. 1954; The Witchcraft of Salem Village, Kdb. 1956; Raising Demons, Aut. 1957; The Sundial, R. 1958; The Haunting of Hill House, R. 1959; We Have Always Lived in the Castle, R. 1962 (d. 1988); The Magic of Shirley Jackson, Ausw. 1966; Come Along With Me, Ausw. 1968; Just an Ordinary Day, En. 1997.

L: L. Friedman, 1975; J. Oppenheimer, 1988; J. W. Hall, 1993; D. Hattenhauer, 2003. – *Bibl.*: P. N. Reinsch, 2001.

Jacob, Max (Ps. Morven le Gaëlique), franz. Dichter und Maler, 1. 7. 1876 Quimper – 5. 3. 1944 Drancy. Bis 1894 Stud. an der Ecole Coloniale. Widmete sich der Malerei, dann der Lit. Freund von Picasso, A. Salmon und Apollinaire. Bohemeleben; verschiedene Berufe: Maler, Kunstkritiker, Verkäufer, Astrologe. Visionen 1909 und 1914 führten zu s. Bekehrung zum Katholizismus. 1917 berühmt durch s. Gedichte ›Le Cornet a dés‹. Zog sich ins Kloster Saint-Benoît-sur-Loire zurück, dort Türhüter, starb kurze Zeit nach s. Verhaftung (Jude) in e. dt. Konzentrationslager. – Gilt als der erste Surrealist; Autor e. neuartigen, vielseitigen Werkes: Romane, Gedichte, Gebete, Dramen; verbindet funkelnde Phantasie, spieler. Anmut, gaukler. Clownerie, Naivität, relig. Inbrunst mit sarkast. Ironie, Parodie und Skepsis. Erstrebte Annäherung von Vers und Prosa, Poesie nur um des Poetischen willen, betont die Bedeutung des Bildes. Für ihn ist Poesie, obwohl künstl. und ganz vom Leben gelöst, die einzige mögl. Antwort auf das Leben. Genaue Übereinstimmung von Leben und Werk von der leicht satan. Boheme des Anfangs bis zur Religiosität der letzten Jahre. Übte durch Werk und Lebenshaltung starken Einfluß auf Maler und Dichter aus.

W: Saint Matorel, R. 1909; Les œuvres mystiques et burlesques de frère Matorel, G. 1911; La cote, G. 1911; Le siège de Jérusalem, drama céleste, G. 1914; Le Cornet à dés, G. 1917 (Der Würfelbecher, d. 1968); Le Phanérogame, R. 1918; La défense de Tartuffe, G. u. Prosa 1919 (n. 1964); Le laboratoire central, G. 1921; Dos d'Harlequin, Dr. 1921; Ne coupez pas, mademoiselle, E. 1921; Le roi de Béotie, E. 1921; Le cabinet noir, En. 1922 (erw. 1928; d. 1987); Art poétique, Es. 1922; Filibuth ou la montre en or, R. 1923; Isabelle et Pantalon, K. 1923 (d. 1926); Le terrain Bouchaballe, R. 1923; Visions infernales, G. 1924 (d. 1985); Les pénitents en maillot rose, G. 1925; L'homme de chair et l'homme de reflet, R. 1925; Le sacrifice impérial, G. 1928; Cinématoma, En. 1929; Tableau de la bourgeoisie, Es. 1929; Rivage, 1931; Le bal masqué, 1932; Morceaux choisis, 1936; Ballades, 1938; Méditations religieuses, G. 1945; Derniers poèmes, G. 1945; Conseils à un jeune poète, 1945 (d. 1969); L'homme de cristal, G. 1946; Poèmes de Morven, le Gaëlique, G. 1953; Cornets à dés II, G. 1955; Méditations, hg. R. Plantier 1972; Le terrain Bouchabelle, hg. R. Secrétain 1982. – Correspondance, II 1953–56; Lettres 1920–1941, hg. S. J. Collier Oxf. 1966; Lettres à un ami, 1922–1927, 1982.

L: A. Salmon, 1927; G. Boursiac, 1941; P. Lagarde, 1944; M. Parturier, 1945; M. Bealu, 1946; A. Billy, 1946; J. Rousselot, 1946; Cahiers M. J., IV 1951–55; Hommage à M. J., 1951; P. Andrieux, 1962; N. Oxenhandler, J. and ›Les Feux de Paris‹, 1964; P. A. Jannine, 1966; G. M. Saint-Thomas, Les éléments comiques …, 1968; R. G. Cadou, 1969; R. Plantier, 1972; J. Palacio, III 1973–1982; J. Belaval, 1974; R. Guiette, 1976; A. Peyre, 1976; L'univers poétique de M. J., Sammelbd. 1976; L. Lachgar, 1981; R. Cluzel, Le chemin de Croix de M. J., 1983; P. C. Hoy, 1988; P. Andreu, 1991; J. Lanoë, 1991; J. Dubacq, 1994; C. v. Rogger, 1994; H. Henry, 1996; A. Albert-Birot, 1997.

Jacob van Maerlant → Maerlant, Jacob van

Jacobs, William Wymark, engl. Schriftsteller, 8. 9. 1863 Wapping – 1. 9. 1943 London. 1883–99 Postbeamter. – Schrieb zahlr. Beiträge für ›The Strand Magazine‹. Vf. humorvoller kleiner Erzählungen, in denen er kom. Episoden auf Küstendampfern und in den Häfen schildert, einiger Gruselgeschichten, u.a. der ausgezeichnet konstruierten ›The Monkey's Paw‹, sowie ab 1919 einiger Dramen. S. Schaffen ist untrennbar verbunden mit dem s. Illustrators Will Owen.

W: Many Cargoes, Kgn. 1896; The Skipper's Wooing, Kgn. 1897; Sea Urchins, Kgn. 1898; A Master of Craft, Kgn. 1900; Light Freights, Kgn. 1901; The Lady of the Barge, Kgn. 1902 (enth. The Monkey's Paw, n. 1969); Odd Craft, Kgn. 1904; Short Cruises, Kgn. 1907; Salthaven, Kgn. 1908; Sailor's Knots, Kgn. 1910; Ship's Company, Kgn. 1911; Night Watches, Kgn. 1914; Deep Waters, Kgn. 1919; Sea Whispers, Kgn.

1926; The Warming Pan, K. 1929; Dixon's Return, K. 1932; Double Dealing, K. 1935. – GW: Snug Harbour, XVII 1931; Selected Short Stories, hg. D. K. Roberts 1959, hg. H. Green 1975. – *Übs.:* Fünf Novellen, 1920.

Jacobsen, J(ens) P(eter), dän. Dichter, 7. 4. 1847 Thisted/Nordjütland – 30. 4. 1885 ebda. Sohn e. nüchternen Kaufmanns und e. träumer.-romant. Mutter; sorglose Jugend; ab 1863 in Kopenhagen, dort Abitur 1867, ab 1868 Stud. Botanik. 1873 wurde s. Dissertation über Algen preisgekrönt; J. führte Darwins Theorien in Dänemark ein; er übersetzte dessen ›On the Origin of Species‹ (1872) u. ›The Descent of Man‹ (1875). Schwere relig. Kämpfe u. die Liebe zu e. Mädchen, das geisteskrank wurde, formten in J. e. entschiedenen Atheismus auf der Grundlage des Entwicklungsgedankens Darwins. Anschluß an die wesensverwandten Brüder G. u. E. Brandes, 1873 Italienreise; Rückkehr nach schwerer Erkrankung in Florenz. Starb nach langem Leiden an Tbc. – Meister des ausgefeilten, z. T. preziösen impressionist. Stils, hervorragender Kenner der menschl. Seele. Vf. von 2 Romanen, wenigen Novellen u. Gedichten. In Dichtungen aus altnord. und ma. Sage Epigone der Romantik. S. Romane sollen die determinist. Abhängigkeit des Menschen von Anlage und Milieu demonstrieren und geben intensive psycholog. Stimmungsbilder auf der Grundlage e. genau beschriebenen Wirklichkeit. Im 17. Jh. spielt ›Fru Marie Grubbe‹: die dem dän. Adel entstammende Titelfigur erfährt nach mancherlei Auf und Ab ihr Glück als Geliebte und später als Frau e. Stallknechts. Anregungen zu diesem Roman empfing J. u. a. bei Holberg (›Epistler‹). Ideen s. Zeit gestaltet J. in ›Niels Lyhne‹, in dem die Titelgestalt, e. äußerst sensibler, idealist. Atheist, sich nicht in der Wirklichkeit zurechtfindet; das autobiograph. Elemente enthaltende Werk beschreibt die Situation des mod. Menschen in e. Welt ohne Gott. Psycholog. Darstellungen sind auch J.s Novellen, so s. impressionist. Erstling ›Mogens‹ von der Entwicklung e. Jünglings aus naivem Instinktdasein über e. herbe Desillusionierung zu reifer Wirklichkeitserkenntnis. S. Lyrik ist gedankenschwer u. stimmungsvoll, maler., oft sentenzartig und tief melanchol. S. ›Gurrelieder‹ wurden weltbekannt in der Vertonung A. Schönbergs u. G. Mahlers. J.s Werk beeinflußte bes. R. M. Rilke.

W: Mogens, N. 1872 (d. 1897, 1952); Fru Marie Grubbe, R. 1876 (n. 1989; d. 1878, 1990); Niels Lyhne, R. 1880 (d. 1889, 1984); Et skud i taagen, N. 1875 (Ein Schuß in den Nebel, d. 1889, 1982); Der burde have været roser, N. 1882 (Hier sollten Rosen blühen, d. 1899); Pesten i Bergamo, N. 1882 (Die Pest in B., d. 1883, 1977); Fru Fønss, N. 1882 (Frau Fönß, d. 1883, 1953); Mogens og andre noveller, Nn. 1882 (d. 1891); Digte og udkast, G. hg. E. Brandes, V. Møller 1886. – Samlede værker, hg. M. Borup V 1924–29 (m. Bibl.), F. Nielsen VI 1972–74; Lyrik og prosa, Ausw. hg. J. Erslev Andersen, 1993; Breve, hg. E. Brandes 1899 (n. 1968; d. 1919). – *Übs.:* GW, M. Herzfeld III 1898f.; SW 1912; GW, J. Sandmeier III 1927; Gedichte, E. Federn 1907; E. L. Schellenberg 1916; Novellen u. Briefe, H. Uhlschmid 1948.

L: S. Hallar, 1921; G. Christensen, ²1924; G. Brandes, J. P. u. a. skandinav. Persönlichkeiten, 1924; A. Linck, ³1947; S. Hallar, 1950; F. Nielsen, 1953; J. Ottosen, 1968; N. Barfoed, 1970; M. Winge, 1972; S. O. Madsen, 1974; B. Glienke, 1975; N. L. Jensen, 1984; J. Vosmar, 1984; J. P. J.s spor, hg. F. J. Billeskov Jansen 1985; B. A. Sørensen, Mchn. 1990. – *Bibl.:* E. Falsig, 1990.

Jacobsen, Jørgen-Frantz, dän.-färöischer Erzähler, 29. 11. 1900 Tórshavn/Färöer – 24. 3. 1938 Vejlefjord. 1919 Abitur an der Sorø-Akad., Stud. Gesch. u. Franz. Kopenhagen. Journalist u. Historiker ebda.; starb an Tuberkulose. – Bekannt durch s. unvollendeten Roman ›Barbara‹, der im 17. Jh. auf den Färöerinseln spielt. Die Hauptfigur ist e. faszinierende, von Männern umschwärmte Frau, e. völlig amoral. Geschöpf, Sinnbild des ird. Daseins, von J. mit Verliebtheit geschildert; die Symbolik ist ganz mit den realist. Bildern verschmolzen, Natur-, Kulturbilder u. Menschenschilderungen sind plast. u. unvergeßlich.

W: Danmark og Færøerne, Es. 1927; Færøerne, natur og folk, Es. 1936; Barbara, R. 1939 (B. u. die Männer, d. 1940); Den yderste kyst, R. 1941; Nordiske kronikker, Ess. 1943. – Det dyrebare liv, Br. hg. W. Heinesen 1958.

Jacobsen, Rolf, norweg. Lyriker, 8. 3. 1907 Oslo – 20. 2. 1994 Hamar. In reimlosen Versen beschreibt J. die mod. Großstadt, in s. späteren Gedichten bemüht er sich um e. metaphys. Lösung des Dilemmas der Begegnung des Individuums mit der techn. Zivilisation.

W: Jord og jern, G. 1933; Vrimmel, G. 1935; Fjerntog, G. 1951; Hemmelig liv, G. 1954; Sommeren i gresset, G. 1956; Brev til lyset, G. 1960; Stillheten efterpå, G. 1965; Dikt i utvalg, G.-Ausw. 1967; Pass for dørene – dørene lukkes, G. 1972; Pusteøvelse, G. 1975; Tenk på noe annet, G. 1979; Nattåpent, G. 1985. – Samlede Dikt, G. 1973; Alle mine dikt, G. 1990.

L: E. Aadland, Forundring Trofasthet, 1996; H. Lillebo, ord må en omvei, 1998; O. Røsbak, 1998.

Jacobson, Dan, südafrikan. Erzähler, * 3. 3. 1929 Johannesburg. Jugend in Kimberley, Stud. Johannesburg. Lehrer, Journalist, Geschäftsmann. Seit 1950 in London. Bis 1994 Anglistik-Prof. – Vf. von Romanen u. Kurzprosa zur Position jüd. u. engl.sprachiger weißer Südafrikaner im von Buren beherrschten Apartheidsystem.

W: The Trap, N. 1955; A Dance in the Sun, N. 1956 (d. 1959); The Price of Diamonds, N. 1957; A Long Way from London, Kgn. 1958; The Evidence of Love, R. 1960 (Zu Schwarz für Afrika, d. 1963); Time of Arrival,

Ess. 1963; Beggar My Neighbour, Kgn. 1964; The Beginners, R. 1966; Through the Wilderness, Kgn. 1968; The Rape of Tamar, R. 1970 (d. 1973); Inklings, Kgn. 1973; The Wonder-Worker, R. 1973; Confessions of Joseph Baisz, R. 1977; The Story of the Stories, St. 1982; Time and Time Again, Aut. 1985; Her Story, R. 1987; Adult Pleasures, Ess. 1988; Hidden in the Heart, R. 1991; The God-Fearer, R. 1992; The Electronic Elephant, Reiseb. 1994; Heshel's Kingdom, Reiseb. 1998 (d. 1999).

L: S. Roberts, 1984.

Jacobus de Voragine (richtiger: Varagine), ital. Schriftsteller, 1228/1230 Varazze/Viraggio b. Genua – 14. 7. 1298 Genua. 1244 Dominikaner, 1252 Prof. der Theol., um 1265 Prior, 1267–78 u. 1281–86 Provinzial der lombard. Provinz. 1288 zum Erzbischof von Genua gewählt, nahm das Amt erst 1292 auf Befehl des Papstes an. Seliggesprochen. Berühmter Prediger u. Schriftsteller. – Vf. zahlr. theolog. Werke und e. Chronik von Genua. Berühmt durch die nach dem Vorbild des Bartholomäus von Trient verfaßte ›Legenda aurea‹ oder ›Legenda Sanctorum‹, e. im MA in ganz Europa beliebte Sammlung von Heiligenlegenden aus mündl. u. schriftl. Quellen. Später in der Volkssprache bearbeitet. Erlangte durch die volkstüml. Darstellung in schlichter, natürl. Sprache als Erbauungsbuch große Popularität u. beeinflußte z. B. die dt. Legenden des ausgehenden MA.

W: Legenda aurea sive historia Lombardica, 1263–88 (hg. Th. Graesse ³1890, n. 1965; I. C. Broussole 1907; d. R. Benz, II 1917–21, n. 1955); Chronicon Januense, 1297 (hg. G. Monleone III 1941); Sermones de Sanctis de tempore, 1484.

L: M. v. Nagy, 1971; R. Rhein, 1995; B. Fleith, F. Morenzoni, De la sainteté à l'hagiographie, 2001.

Jacopo (oder Giacomo) da Lentino (oder Lentini), ital. Dichter, um 1180/90 Lentini b. Syrakus – um 1250. Gehörte zur ›Sizilian. Schule‹, lebte meist in der Umgebung von Messina. Kaiserl. Notar Friedrichs II., den er 1233 nach Lukanien begleitete. – Gilt als Erfinder des Sonetts, e. Dichtungsform, in der auch 22 s. rd. 40 Gedichte verfaßt sind. Unter s. Dichtungen neben Liebeslyrik auch Streitgedichte (tenzoni) gegen die zeitgenöss. Dichter J. Mostacci u. A. Testa.

A: Poesie, hg. R. Antonelli 1979.

L: R. Vanasco, La poesia di G. d. L., 1979; R. Arqués, La poesia di G. d. L., hg. 2000.

Jacopone da Todi (Jacobus de Benedictis), ital. Dichter, um 1230 Todi – 25. 12. 1306 Collazzone b. Assisi. Aus vornehmer Familie, führte bis 1268 als reicher Rechtsanwalt e. freies u. mondänes Leben. Nach dem trag. Tod s. Frau (1268?) zog er sich zurück, verschenkte s. ganzen Besitz an die Armen u. lebte als Einsiedler nur für die Buße; Eintritt in den Franziskanerorden. Wie Dante erbitterter Gegner von Papst Bonifaz VIII. Bekämpfte die Verweltlichung der Kirche u. beteiligte sich an e. Rebellion gegen den Papst, der ihn 1298–1303 einkerkern ließ u. ihn mit dem Kirchenbann bestrafte. Benedikt XI. nahm ihn wieder in die Kirche auf. Starb im Kloster. – E. der Hauptvertreter der umbr., relig. Dichtung des 13. Jh. Die von den Bußpredigern verbreiteten leidenschaftl. relig. Lauden bekamen bei ihm künstler. u. lit. Wert. Von ihm stammt evtl. der berühmte Hymnus ›Stabat mater‹ (um 1303/06). S. ›Devozioni‹ in Dialogform sind der Anfang des relig. Dramas. In s. Satiren kommt die Verachtung für alles Irdische zum Ausdruck. S. Dichtungen zeigen tiefes relig. u. myst. Empfinden: Geißelung u. Buße, Lob der Armut, Weltverachtung. Während beim hl. Franziskus die fröhl. Demut vorherrscht, ist es bei J. das ird. Leiden u. der sündige u. verlorene Mensch, der nur durch die Gnade Gottes erlöst werden kann. Das Jüngste Gericht mit s. furchtbaren Schrecken stellt er bes. eindringl. dar.

W: Laude 1490 (hg. S. Caramella ²1930); Le poesie spirituali, hg. F. Tresatti 1617; Le satire, hg. B. Brugnoli 1914; Le Laude, hg. G. Ferri ²1930, F. Colutta II 1940, L. Fallacara 1955; Laudi, Trattati e Detti, hg. F. Ageno 1953; E. Menestò, Le prose latine attribuite a J., 1979. – Übs.: Ausgew. Gedichte, G. Schlüter, W. Storck 1864; Die Lauden, H. Federmann 1924, zweisprachig 1967.

L: N. Sapegno, 1926; J. Steiger, 1945; G. Papini, 1980; A. Cacciotti, Amor sacro e amor profano in J. d. T., 1989.

Jæger, Frank, dän. Lyriker und Erzähler, 19. 6. 1926 Fredriksberg – 4. 7. 1977 Helsingør. Bürgerl. Herkunft; Bibliothekarausbildung; 1952/53 Mitredakteur der Zs. ›Heretica‹. – Vf. von Romanen, Novellen, Essays, Schauspielen, in erster Linie jedoch Lyriker von großer Wortkunst u. feiner Ironie. Seine gegenständl. Gedichte balancieren zwischen Leichtigkeit und Einsamkeit, wobei letztere im Alter überwiegt.

W: Iners, R. 1950; Hverdagshistorier, Nn. 1951; Digte 1948–50, 1951; Den unge Jægers lidelser, E. 1953; Didrik, Sch. 1955; Jomfruen fra Orléans, R. 1955; Kapellanen og andre fortællinger, Nn. 1957; Til en følsom veninde, G. 1957; Velkommen vinter, Es. 1958; Sommer, N. 1959; Digte 1953–59, G. 1960; Fyrre digte, G. 1964; Drømmen om en sommerdag, Es. 1965; Danskere, Nn. 1966; Døden i skoven, Nn. 1970; Udvalgte digte, G.-Ausw. 1971; Provinser, Nn. 1972; F. Jægers viser, G. 1975; Udsigt til Kronborg, En. 1976; Miraklernes bog, G. 1977; Den hvide kgle, Ess.-Ausw., hg. B. N. Brovst 1987; Vi der valgte natten, G.-Ausw. 1995. – Samlede digte, hg. F. S. Larsen 2001; Den unge Jægers breve, Br. hg. F. Lasson 1993.

L: S. Harvig, 1974, 1986; B. N. Brovst, 1977, 2001; L. Thyrring Andersen, 1996; F. S. Larsen, 2001; J. u. J. Kramhøft, 2002. – Bibl.: J. Knudsen, L. N. Hansen, 1982.

Jæger, Hans Henrik, norweg. Schriftsteller, 2. 9. 1854 Drammen – 8. 2. 1910 Oslo. Seemann, später Stortingsstenograph. Verlor s. Amt und kam ins Gefängnis, als s. Romane ›Fra Kristiania-bohèmen‹ und ›Syk Kjærlighet‹ verboten wurden. Von s. Freunden nach und nach verlassen, starb er in Armut. – Als Erzähler und Dramatiker in breitem Stil typ. Vertreter der Bohèmelit. unter Einfluß Nietzsches. Eintreten für freie Liebe und Verspottung der selbstzufriedenen, als moral. verrottet erkannten Gesellschaft s. Zeit. Breiter Einfluß auf s. Zeitgenossen.

W: Olga, Dr. 1883; En intellektuel Forførelse, Dr. 1884; Fra Kristiania-bohèmen, R. II 1885 (d. 1902); Novelletter, E. 1889; Syk Kjærlighet, R. 1893 (Kranke Liebe, d. 1920); Bekjendelser, R. 1902 (d. 1920); Fængsel og Fortvivlelse, R. 1903 (d. 1920); Anarkiets Bibel, R. 1906.
L: J. Ipsen, 1926; O. Storstein, 1935; K. Bjørnstad, 2003.

Jaeggy, Fleur, ital. Schriftstellerin, * 1940 Zürich. ∞ mit R. Calasso, lebt und arbeitet seit 1968 in Mailand. – Ihre eigenwilligen Figuren verbindet schneidende Beobachtungsgabe und e. gewisse Gefühlskälte, die ein Ausdruck des Widerstands gegen das Selbstverständliche sind.

W: Il dito in bocca, En. 1968; L'angelo custode, En. 1971; Le statue d'acqua, En. 1980 (d. 1984); I beati anni del castigo, R. 1989 (d. 1996); La paura del cielo, En. 1994 (d. 1997); Proleterka, R. 2001 (d. 2002).

Jändel, (Olof) Ragnar, schwed. Dichter, 13. 4. 1895 Jämjö/Blekinge – 6. 5. 1939 Ronneby. Sohn e. Malermeisters, Barbierlehrling und Malergehilfe, 1915–17 Volkshochschule Brunnsvik. ∞ 1919 Anna Lind, 1936 Alice Lie. – Begann als Arbeiterdichter, ging aber bald zu idyll. Naturlyrik über und pendelte zwischen franziskan. Naturfrömmigkeit u. weltabgewandter Idyllik und Aufruhrertum mit sozialem Pathos. Er verabscheute jede polit. oder revolutionäre Gewalt und zog die Meditation vor. E. starkes Gotteserlebnis rief e. persönl., nicht kirchl. Religiosität hervor; auch nach dieser Wendung blieb er radikaler Linkssozialist. Die Zeitereignisse, bes. der dt. Nationalsozialismus, beunruhigten ihn. S. intime, stimmungsr. Lyrik zeigt ihn als Naturkenner und beweist gleichzeitig Trotz, Demut und Bitterkeit. S. bestes Prosawerk ist der aufrichtige autobiograph. Roman ›Barndomstid‹, in dem er sich selbst gleichzeitig als ernst, weich, mißtrauisch u. stolz darstellt.

W: Till kärleken och hatet, G. 1917; De tappra, G. 1918; Under vårstjärnor, G. 1920; Sånger och hymner, G. 1921; Havets klockor, G. 1923; Den trånga porten, Aut. 1924; Heden och havet, G. 1925; Släkt och bygd, G. 1926; Franciscus med pilbåge, G. 1927; Kämpande tro, G. 1928; Vårt rike, G. 1931; Malört, G. 1933; Barndomstid, Aut. 1936; Stenarna blomma, G. 1938. – Samlade skrifter, V 1940.
L: V. Moberg, S. Arnér: Hatets och kärlekens diktare, 1946; Å. Åkesson, 1978; J. Stenkvist, 1985.

Järnefelt, Arvid (Ps. Hilja Kahila), finn. Dichter, 16. 11. 1861 Pulkova – 27. 12. 1932 Helsinki. Vater Offizier in russ. Diensten; Stud. Philol. und Jura Helsinki, 1899 Reise zu Tolstoj. Freier Schriftsteller. – Realist. Dramatiker u. Erzähler. Erfuhr durch Tolstoj e. völlige Wandlung: erkannte die Hohlheit von Nationalismus, Materialismus u. Pessimismus u. verkündete fortan die Idee der Bruderschaft aller Menschen. Aber die ›Verkünder‹-Haltung ist gepaart mit Wirklichkeitssinn. S. besten Werke steigern sich zu kulturhist. Schilderungen (›Maaemon lapsia‹). Im Roman (›Isänmaa‹) zeigt er als einer der ersten die Zerrissenheit des mod. Subjekts. Findet zu künstler. Rang nicht nur durch s. realist. Blick, sondern auch durch s. schlichten u. doch kultivierten Stil.

W: Isänmaa, R. 1893; Heräämiseni, E. 1894; Ihmiskohtaloja, E. 1895; Puhtauden ihanne, E. 1897; Samuel Croell, Dr. 1899; Veljekset, R. 1900; Orjan oppi, Dr. 1902 (Titus, Jerusalems Zerstörer, d. o. J.; Die Lehre d. Sklaven, d. J. J. Meyer 1910); Elämän meri, Nn. 1904 (d. Ausz.: Innere Stimmen 1910); Maaemon lapsia, R. 1905 (d. Ausz. J. J. Meyer 1910); Onnelliset, R. 1916; Greeta ja hänen Herransa, R. 1925 (d. 1928); Kuolema, Dr. 1927 (Der Tod, d. in: Innere Stimmen 1910); Vanhempieni romaani, R. III 1928–30. – Teoksia (GW), IV 1926/27; Valitut teokset (AW), 1953 u. ö.; A. J. II (AW), 1986.
L: M. Kanninen, 1940; P. Häkli, 1955; P. Lounela, Ken talonsa jättää: A. J., 1977.

Järviluoma, Artturi (eig. Järnström), finn. Dramatiker, 9. 8. 1879 Alavus – 31. 1. 1942 Helsinki. Journalist. – S. lit. Werk ist schmal, eines s. Dramen (›Pohjalaisia‹) wurde jedoch zum Monument u. machte den Verf. berühmt. Es zeigt den Konflikt zw. der auf ihre Freiheit bedachten Bevölkerung u. der strikten Amtsgewalt im Ostbottnien des 19. Jh.

W: Pohjalaisia, Dr. 1914 (Österbottnier, d. 1942); Meijeri, Dr. 1925; Vain ihmisiä, Dr. 1933; Kulmapeilistäni, Feuill. 1936.

Jaganik → Jagnaik

Jagannātha Paṇḍita, ind. Dichter, um 1610 – 1660 n. Chr. – Vf. des ›Bhāminīvilāsa‹ (Das Spiel des Schönen), e. lyr.-gnom., an → Bhartrharis ›Śatakas‹ erinnernden Dichtung in Sanskrit. Der 1. Teil enthält moral. Sentenzen, der 2. Teil erot. Strophen, der 3. Teil ist e. Elegie auf den Tod e. geliebten Gattin, während der 4. Teil Weltentsagung und die Vereinigung der mit Kṛṣṇa identifizierten All-Seele zum Gegenstand hat. Weitere

Jagnaik

lyr. Werke sind die Hymnen ›Lakṣmīlaharī‹, ›Gaṅgālaharī‹ oder ›Pīyūṣalaharī‹ und ›Sudhālaharī‹. S. didakt. Kunstgedicht ›Aśvadhāṭikākāvya‹ verdankt s. Namen dem Metrum, das dem Hufschlag e. galoppierenden Pferdes ähnelt; s. ›Rasagaṅgādhara‹ gilt als e. der letzten bedeutenden Werke über die Theorie der klass. ind. Kunstdichtung.

W: Bhāmīnīvilāsa, hg. A. Bergaigne 1872, L. R. Vaidya 1887, Har Dutt Sharma 1935 (franz. A. Bergaigne 1872; Teil III d. P. v. Bohlen 1840, A. Höfer 1844); Aśvadhāṭikāvya, hg. in Subhāṣitaratnākara ⁴1918; Rasagaṅgādhara, hg. Gaṅgādhara Śāstrī 1903, ⁶1947 (engl. P. S. Caturvedi, II 1929–38, S. Iha 1998); Gaṅgālaharī, hg. R. Panasikar 1938, hg. I. Schotsman (m. engl. Übs.) 1999. – Paṇḍitārajakāvyasaṃgrahaḥ (GW), hg. A. Śarmā 1958.
L: V. A. Ramaswami Sastri, 1942; Glimpses of ancient Indian poetics, hg. S. Pandey New Delhi 1993; N. N. Sharma, P. J., New Delhi 1994 (m. Bibl.); S. Iha, P. J.'s Rasagaṅgādhara, 1998 (m. engl. Übs. u. Bibl.).

Jagnaik, ind. Dichter, 2. Hälfte 12. Jh. n. Chr. Zeitgenosse → Cand Vardāīs; der Überlieferung nach Neffe und Hofdichter des Königs Parmāl (Parmardi) von Mahoba (Bundelkhand). – Ihm wird das Epos ›Ālhā-khaṇḍ‹ (Das Lied von Ālhā) zugeschrieben, das in Hindi-Sprache mit vielen märchenhaften Ausschmückungen die Kämpfe zwischen Pṛthvīrāj von Delhi (→ Cand Vardāīs ›Pṛthvīrāj Rāsau‹), Jaycand von Kanauj und s. Mäzen Parmāl von Mahoba darstellt, dessen eigentl. Helden jedoch die Brüder Ālhā und Ūdal sind. – In s. heute vorliegenden, erst im 19. Jh. in der in Farrukhabad bei Kanauj umlaufenden Fassung niedergeschriebenen Form stellt der ›Ālhā Khaṇḍ‹ sehr wahrscheinl. nur e. Gesang des ursprüngl. Gesamtwerks dar.

A: Ālhā-khaṇḍ, hg. Thakur Das 1865, hg. C. A. Elliot 1910, 1960. – *Übs.*: engl. (Ausw.) W. Waterfield 1875–77, ders., G. Grierson, The Lay of Alha, 1923, 1990 (m. Einl.).
L: M. Christof-Füchsle, Rajputentum und purāṇische Geschichtsschreibung, 1997.

Jahier, Piero, ital. Schriftsteller, 11. 4. 1884 Genua – 19. 11. 1966 Florenz. Durch frühen Tod des Vaters gezwungen, auf s. Theologiestud. zu verzichten, nahm er e. Stelle als Eisenbahninspektor an u. promovierte erst später zum Dr. jur. Mitarbeiter an der Zs. ›La Voce‹. Lebte unter dem Faschismus als Gegner des Regimes zurückgezogen. – In s. Werken, die Ausdruck s. Illusionslosigkeit u. s. Kampfes gegen Unaufrichtigkeit u. Konventionalismus sind, stört oft der allzu aufdringl. moralisierende Ton. E. Satire auf die Bürokratie beruht z. T. auf s. berufl. Erfahrungen. Das Fronterlebnis des 1. Weltkriegs bestimmt s. Sammlung rhythm. Prosa ›Con me e con gli alpini‹, in der sich s. begeistertes Nationalgefühl spiegelt. Übs. von Conrad, Claudel u. Lin Yüt'ang.

W: Resultanze in merito alla vita e al carattere di Gino Bianchi, Sat. 1915; Ragazzo, R. 1919; Con me e con gli alpini, G. 1919; Arte alpina, 1958; Qualche poesia, G. 1962. – Opere di P. J. III, hg. P. J. 1964.
L: A. Benevento, Studi su P. J., 1972; K. Kaemper, 1974.

Jaimes Freyre, Ricardo, bolivian. Lyriker u. Essayist, 12. 5. 1868 Tacna–Perú – 24. 4. 1933 Buenos Aires. 1907–17 Geschichtsprof. an der Univ. Tucumán, dann Diplomat, zeitweilig Minister (für Unterricht, Krieg, Landwirtschaft, Äußeres) u. Gesandter; 1926 Präsidentschaftskandidat. Befreundet mit Darío u. Lugones. 1894 Mitbegründer der lit. u. polit. Zs. ›Revista de América‹ in Buenos Aires. – Hervorragender Vertreter des Modernismus mit neuromant. Einschlag. Reimlose Gedichte mit zartem Rhythmus. Schuf neue, ausdrucksvolle Formen der Dichtung. Verarbeitete german.-skandinav. mytholog. Stoffe u. befaßte sich theoret. mit der span. Verskunst.

W: La hija de Jephté, Dr. 1889; Castalia bárbara, G. 1899; La lectura correcta y expresiva, Es. 1908; Leyes de la versificación castellana, Es. 1912; El Tucumán en el siglo XVI, St. 1914; Los sueños son vida, G. 1917; Anadiomena, G. 1917; Las víctimas, G. 1917; País de sueño, país de sombra, G. 1918; Los conquistadores, Dr. 1928. – Poesías completas, hg. E. Joubín Colombres 1944; Poesías completas, hg. F. Diez de Medina 1957; Cuentos, 1975.
L: Raúl Jaimes-Freyre, 1953; E. Carilla, 1962; C. Peláez, 1963; E. Ocampo Moscoso, 1968; P. Díaz Machicao, 1968; M. Jaimes-Freyre, 1969. – *Bibl.*: J. Siles Guevara, 1969.

Jajadeva → Jayadeva

Jakob von Sarug (syr. Jaʿqōb da-Srūḡ), syr. Dichter und Kirchenschriftsteller, um 449 Kurtam am Euphrat – 29. 11. 521 Batnā(n). Stud. wahrscheinl. an der Schule der Perser in Edessa; 502/503 Periodeutes (kirchl. Visitator) in Haurā im Bezirk Srūḡ, 518/519 Bischof von Batnā(n) im Bezirk Srūḡ (heute Suruç unweit Urfa/Türkei). – Zu J.s Prosaschriften gehören einige liturg. Texte; bedeutender sind zahlr. Briefe, bes. Sendschreiben, die zu kirchl. Zeitproblemen Stellung nehmen. S. Dichtungen bestehen aus e. größeren Anzahl metr. Homilien, Bearbeitungen bibl. Stoffe u. a., von denen nur e. Teil erhalten ist. Subtile Sprache.

A: Homiliae selectae, hg. P. Bedjan 1905–10 (dt. Ausw. P. Zingerle 1867, S. Landersdorfer 1913; u. d. T. Der Prophet Hosea, hg. u. dt. W. Strothmann 1973); Epistulae quotquot supersunt, hg. G. Olinder 1937, 1939; Kohelet in der syrischen Dichtung, hg. u. dt. K. Deppe 1975; Drei Gedichte über den Apostel Thomas in Indien, hg. u. dt. W. Strothmann 1976; On the Mother of God, hg. u. engl. M. Hansbury 1998.

L: J.-B. Abbeloos, 1867; I. Armale, 1946; P. Krüger, 1964; A. Vööbus, 1973–88; T. Bou Mansour, 2000.

Jakobsdóttir, Svava, isländ. Autorin, * 4. 10. 1930 Neskaupstaðir – 21. 2. 2004 Reykjavík. 1952 B.A. in engl. u. amerik. Lit. in Northhampton/MA, 1952/53 Stud. der altisländ. Lit. in Oxford, 1965/66 Stud. der schwed. Gegenwartslit. in Uppsala, 1955–60 Arbeit im Außenministerium u. an der isländ. Botschaft in Stockholm, 1962–64 Grundschullehrerin, 1966–70 Journalistin, 1971–79 Abgeordnete der Volksallianz, zahlreiche Ehrenämter, ∞ Jón Hnefill Aðalsteinsson. – J. war eine der führenden isländ. Prosaautorinnen, die sich ab Mitte der 60er Jahre v. a. mit ihren surrealist.-absurden Parabeln einen Namen machte. Eines ihrer zentralen Themen ist die Stellung der Frau in der Gesellschaft.

W: Tólf konur, Kgn. 1965; Veizla undir grjótvegg, Kgn. 1967; Leigjandinn, R. 1969; Sögur, Kgn. 1979; Gefið hvort öðru, Kgn. 1982; Lokaæfing, Sch. 1983; Smásögur, Kgn. 1987; Gunnlaðar saga, R. 1987; Undir eldfjalli, Kgn. 1989.

Jakob von Voragine → Jacobus de Voragine

Jakšić, Djura, serb. Dichter u. Maler, * 27. 7. 1832 Srpska Crnja – 16. 11. 1878 Belgrad. Pfarrerssohn, Stud. Malerei Temesvár, 1848 Budapest u. München; Kunstakad. Wien nicht beendet; Anhänger der serb. Jugendbewegung ›Omladina‹, nahm an der Revolution 1848 gegen die Ungarn u. 1876 am Krieg gegen die Türken als Freiwilliger teil. Ewig in Geldnöten, fristete J. s. Dasein ab 1856 als Volksschullehrer, Ikonen- u. Porträtmaler in Novi Sad (bis 1863). – Neben Jovanović-Zmaj u. L. Kostić bedeutendster Vertreter der serb. Nationalromantik, schrieb temperamentvolle Gedichte, die sich durch Tiefe des Erlebnisses u. wirkungsvolle Sprache auszeichnen; s. Novellen u. Dramen idealisieren zunächst das MA, schöpfen später aus dem Alltag. S. Dorfgeschichten enthalten bereits realist. Ansätze.

W: Seoba Srbalja, Dr. 1863; Jelisaveta knjeginja crnogorska, Dr. 1868; Pesme, G. 1873; Pripovetke, Nn. IV 1876–78; Stanoje Glavaš, Dr. 1878. – Dela, X 1882f.; Celokupna dela, IV 1932 (Srpski pisci); Sabrana dela (GW), VI 1978.

L: J. Skerlić, Pisci i knjige I, 1912; R. Vrhovac, 1932; R. Konstantinović, 1950; M. Kostić, 1952; B. Čiplić, 1959; M. Popović, 1961; L. Trifunović, B. Petrović, 1978. – *Bibl.:* Ž. P. Jovanović, 1948.

Jakubovič, Petr Filippovič (Pse. P. Ja., L. Mel'šin, M. Ramšev, P. Grinevič u.a.), russ. Dichter, * 3. 11. 1860 Isaevo (im ehem. Gouv. Novgorod) – 30. 3. 1911 Petersburg. Aus altadl. Familie, trat 1878 als Dichter hervor, Stud. Petersburg 1882 beendet, als Mitglied der revolutionären Partei ›Narodnaja volja‹ 1887–95 in Sibirien. – Folgte in s. vorwiegend soz. Lyrik Nekrasov; beachtet wurde s. autobiograph. Darstellung des Zuchthauses in Sibirien ›V mire otveržennych‹. Übersetzte als erster 1895 Baudelaires ›Fleurs du mal‹.

W: V mire otveržennych, Sk. II 1895–98 (n. 1964; In der Welt der Ausgestoßenen, d. 1903, u.d.T. Im Lande der Verworfenen, d. 1986); Stichotvorenija, G. II 1898–1901; Pasynki žizni, En. 1901; Očerki russkoj poėzii, Ess. 1904. – Rasskazy, 1918; Stichotvorenija, G. 1960.

Jalāl al-Dīn Rūmī → Rūmī, Ǧalālu'd-Dīn, Maulānā

Jalhana (Ārohaka Bhagadatta Jalhaṇa), ind. Dichter des 13. Jh. n. Chr. Kommandeur der Elefantentruppen und Ratgeber des südind. Königs Kṛṣṇa. – Vf. der mindestens in zwei versch. Rezensionen erhaltenen ›Subhāṣitamuktāvalī‹ oder ›Sūktimuktāvalī‹ (Perlenkette schöner Sprüche, 1247), e. systemat. nach Themen geordneten Anthologie; von bes. lit.hist. Wert ist der Abschnitt über Dichtung und Dichter, der e. Anzahl von Versen → Rājaśekharas über Pāṇini, Bhāsa, Guṇādhya u.a. enthält; J. führt außerdem häufig Amaru, Kālidāsa, Bilhaṇa, Bhavabhūti, Śrīharṣa u.a. an.

A und Übs.: Sūktimuktāvalī, hg. Embar Krishnamacharya 1938, ²1991.

Jalloun → Ben Jelloun, Tahar

Jalonen, Olli, finn. Erzähler, * 21. 2. 1954 ebda. – S. Romane analysieren mit soziolog. Interesse die Lebensbedingungen und moralischen Auswirkungen der Medien- und Konsumgesellschaft auf die Lebensstrategien einzelner Personen.

W: Unien tausta, En. 1978; Sulkaturkki, R. 1979; Ilo ja häpeä, R. 1981; Hotelli eläville, R. 1983; Johan ja Johan, R. 1989; Isäksi ja tyttäreksi, R. 1990; Elämä ja elämä, R. 1992; Kenen kuvasta kerrot, R. 1996; Yhdeksän pyramiidia, R. 2000; Yksityiset tähtitaivaat, R. 2001.

Jaloux, Edmond, franz. Kritiker und Erzähler, * 19. 6. 1878 Marseille – 22. 8. 1949 Lutry b. Lausanne. 1917–23 im Außenministerium tätig. 1936 Mitglied der Académie Française. Floh 1940 nach Freiburg/Schweiz. In den letzten Lebensjahren vergessen. – Lit.kritiker u.a. der ›Nouvelles Littéraires‹ (1922–40). Grenzte als Kritiker mit sicherem Urteil das Gebiet der mod. Lit. von der realist. ab. Kosmopolit. Interesse; Kenner dt. und engl. Lit. Biograph Goethes und Rilkes; Übs. von Andersens Märchen. Feinsinniger Erzähler phantasievoller Romane; verband Poesie mit scharfer psycholog. Beobachtung, später mit surrealist. Elementen. 1909 Prix Fémina für den Roman ›Le reste est silence‹.

W: L'agonie de l'amour, R. 1898; Le reste est silence, R. 1909; L'éventail de crêpe, R. 1911; Fumées dans la campagne, R. 1918; L'incertaine, R. 1918; Les profondeurs de la mer, R. 1922 (d. 1928); L'esprit des livres, Ess. VII 1923–31; Figures étrangères, Ess. 1925; L'alcyone, R. 1925; La fugitive R. 1926; O toi que j'eusse aimée, R. 1926 (d. 1928); R. M. Rilke, Es. 1927; Au pays du roman, Es. 1931; Du rêve à la réalité, Ess. 1932; Vie de Goethe, B. 1933; La grenade mordue, R. 1933; L'égarée, R. 1938; Le vent souffle sur la flamme, R. 1940; Le pouvoir des choses, R. 1941 Essences, Ess. 1944; D'Eschyle à Giraudoux, Ess. 1946; Le pays des fantômes, R. 1948; Introduction à l'histoire de la littérature française, II 1948; Le dernier acte, R. 1950; La constellation, R. 1950; Les saisons littéraires, Ess. II 1950; Visages français, Es. 1954.

L: Y. Delétang-Tardif, 1947; J. Kolbert, 1962; V. H. Taylor, J. et L'Angleterre, 1964.

Jamblichos → Iamblichos

James I., König von Schottland, schott. Dichter, Juli 1394 Dunfermline – 20. 2. 1437 Perth. 1406 zu s. Sicherheit nach Frankreich gebracht, wurde auf der Überfahrt überwältigt und 18 Jahre in England gefangengehalten, meist im Tower, dann gegen Lösegeld freigegeben. 1424 ∞ Jane Beaufort, Tochter des Earl of Somerset; sie war die Heldin s. Dichtung. 1424 in Scone gekrönt. Führte versch. Reformen ein. 1437 auf Betreiben s. Halbbruders im Black-Friars-Kloster, Perth, ermordet. – Große dichterische Begabung. Autorschaft von ›Christ's Kirk on the Green‹ umstritten. In ›The Kingis Quair‹ (Quair = Buch) schildert er s. Liebe zu Lady Jane Beaufort in Form allegor. Visionen. E. der schönsten Liebesdichtungen in engl. Sprache. Konventionell im Stil, weicht aber völlig von der höf. Tradition ab, da er nicht e. ›amour courtois‹, sondern die Liebe zu s. Ehefrau besingt. ›The Kingis Quair‹ war Vorläufer der Dichtungen von Henryson, Dunbar, Douglas und Lindsay, die vorübergehend der schott. Dichtung europ. Rang verliehen.

W: The Kingis Quair, Dicht. 1423/24 (enth. The Ballad of Good Counsell, hg. W. W. Skeat 1884, J. Norton-Smith 1971, M. P. MacDiarmid 1973). – The Works, 1616, 1825; Poetical Remains of James I, hg. W. Tytler 1783.

L: W. Wischmann, 1887; T. T. Brown, 1896; M. C. Carnegie, The Tragedy of Two Stuarts, 1914; E. M. W. Balfour-Melville, 1936; C. S. Lewis, The Allegory of Love, 1936; W. A. Craigie, 1939; J. R. Simon, 1967.

James, C(yril) L(ionel) R(obert) (Ps. J. R. Johnson), westind. Schriftsteller, Publizist und Politologe engl. Sprache, 4. 1. 1901 Chaguanas/Trinidad und Tobago – 31. 5. 1989 London. Lebte zunächst in Port of Spain/Trinidad, Stud., Journalist, Lehrer, Mitglied e. lit.-kulturpolit. engagierten Künstlergruppe, die mit den Zsn. ›Trinidad‹ und ›The Beacon‹ Ende der 1920er Jahre die Lit.bewegung des ›Trinidad Awakening‹ einleitete; ab 1932 Journalist und Publizist in London, Eintreten für den Panafrikanismus; 1938–53 in den USA, dort polit. engagiert; nach Englandaufenthalt bis Mitte der 1960er Jahre in Trinidad, zahlr. Reisen, ab 1981 bis zu s. Tod in England; schrieb Beiträge für Rundfunk, Zeitungen und Zsn. – Vf. e. Romans, von Kurzgeschichten sowie von Essays, polit. und hist. Sachbüchern. Thema s. lit. wie wiss. und kulturkrit. Publizistik ist die krit. Auseinandersetzung mit Kolonialismus und der Theorie des Kommunismus, so in der historiograph. Darstellung ›The Black Jacobins‹; s. Roman ›The Minty Alley‹ ist themat. e. Muster des in e. bestimmten Wohngebiet angesiedelten Genres der sozialkrit. ›yard-novel‹.

W: Triumph, E. und La Divina Pastora, E., in: Best British Short Stories, hg. E. J. O'Brien 1928; The Life of Captain Cipriani, Sb. 1932; The Minty Alley, R. 1936 (n. 1971); The Black Jacobins. Toussaint L'Ouverture and the San Domingo Revolt, Sb. 1938 (n. 1963; d. 1984); Beyond a Boundary, Sb. 1963 (n. 1984, 1993). – A Future in the Past: Selected Writings, 1977; Spheres of Existence: Selected Writings, 1981; At the Rendezvous of Victory: Selected Writings, 1985; The C. L. R. J. Reader, hg. A. Grimeshaw 1992; American Civilization, hg. ders., K. Hart 1993; C. L. R. J. and Revolutionary Marxism: Selected Writings 1939–1949, hg. S. McLemee 1994; Special Delivery: The Letters of C. L. R. J. to Constance Webb, 1939–1948, hg. A. Grimsahw 1996; Letters from London, 2002.

L: P. Buhle, C. L. R. J. The Artist as Revolutionary, 1988; C. L. R. J.'s Caribbean, hg. P. Henry, P. Buhle 1992; C. L. R. J.: His Intellectual Legacies, hg. S. R. Cudjoe, W. E. Cain 1995; K. Worcester, C. L. R. J.: A Political Biography, 1995; G. Farred, Rethinking C. L. R. J., 1996; A. L. Nielsen, 1997; F. Dhondy, 2001; N. King, C. L. R. J. and Creolization: Circles of Influence, 2001. – Bibl.: J. Nordquist, 2001.

James, George Payne Rainsford, engl. Romanschriftsteller und Historiker, 9. 8. 1799 London – 9. 5. 1860 Venedig. Sohn e. Londoner Arztes. Jahrelang brit. Konsul in den USA und auf dem Kontinent. – Schrieb insges. über 100 Bände hist. Romane, von denen einige populär waren. Melodramat. unbefriedigende Charakterzeichnungen. Außerdem Verf. von hist.-biograph. Werken, u. a. ›Life of the Black Prince‹. Erhielt für s. wiss. Verdienste den Titel ›Historiographer Royal‹.

W: Richelieu, B. 1829; Philip Augustus, R. 1831; The Huguenot, R. III 1838; The Robber, R. 1838; Henry of Guise, R. III 1839; The Man at Arms, R. 1840; The King's Highway, R. III 1840; Agincourt, R. III 1844. – Works, XXI 1844–49.

L: S. M. Ellis, The Solitary Horseman, 1927 (m. Bibl.).

James, Henry, amerik. Romanschriftsteller, 15. 4. 1843 New York – 28. 2. 1916 London.

Sohn des wohlhabenden Schriftstellers ir. Abstammung H. J. sr. (1811–82), jüngerer Bruder des Psychologen u. pragmat. Philosophen William J. (1842–1910), privat in Amerika (New York) u. Europa (London, Paris, Genf) zum Weltbürger erzogen, 1858 u. 1860–62 Newport, 1862 Jurastud. Harvard Law School. Schrieb ab 1864 Kritiken u. Stories für versch. Zsn., gefördert von s. Freund W. D. Howells. 1875/76 Korrespondent in Paris, Bekanntschaft mit Flaubert u. Turgenev. Ab 1876, endgültig ab 1882 in London u. Südengland ansässig. Amerikareise 1904/05; wurde 1915 unter Eindruck des Weltkrieges brit. Staatsbürger. – Durch s. scharf registrierende Beobachtung und perspektiv. Bewußtseinskunst wegweisend für die Entwicklung des mod. psycholog. Romans. Nach geringem Erfolg mit amerik. Stoffen fand J. s. Thema in der Begegnung von Amerikanern mit Europa. Ein ›unschuldiger‹ (naiver, spontaner, moral.) Amerikaner wird mit der vielschichtigen, konventionellen u. skrupellosen Gesellschaft Europas konfrontiert (›The American‹, ›Daisy Miller‹, ›Portrait of a Lady‹). Balzac im Auge, wandte sich J. dem Sittenroman zu (soz. Frage in ›The Princess Casamassima‹, satir. Darstellung von Reformern in ›The Bostonians‹, Künstlerroman in ›The Tragic Muse‹); der mittelmäßige Erfolg ließ ihn Ruhm u. Einfluß durch die Bühne suchen. Nach Enttäuschungen und e. Theaterskandal kehrte J. 1895 zur Erzählkunst zurück, die er in s. früher von Publikum u. Kritik verkannten, oft parodierten Spätphase trotz Manierismen zu techn. Vollendung führte (›What Maisie Knew‹, ›The Turn of the Screw‹). Die Romane der Jahrhundertwende nehmen komplexer gefaßtes internationales Thema wieder auf (›The Ambassadors‹, ›The Wings of the Dove‹, ›The Golden Bowl‹). Durch Ausnutzung der beschränkten Perspektive des Helden (Standpunkttechnik, innerer Monolog) machte J. den ›personalen‹ Roman lebensnah; der Leser, vom Autor nicht bevormundet, wird zu maximaler Aufmerksamkeit u. Denktätigkeit gezwungen. S. Vorworte zur New Yorker Gesamtausgabe gehören zur eindringlichsten techn. Analyse der Erzählkunst in mod. Lit. S. Einfluß auf sie (J. Conrad u. a.; P. Lubbocks ›The Craft of Fiction‹, 1921) ist nachhaltig. Auch Kurzgeschichte, Reisebuch u. Autobiographie pflegte J. in hoher Meisterschaft.

W: Transatlantic Sketches, Reiseb. 1875; A Passionate Pilgrim, Kgn. 1875 (d. 1876); Roderick Hudson, R. 1876 (d. II 1876); The American, R. 1877 (d. II 1878); French Poets and Novelists, Ess. 1878; Watch and Ward, R. 1878; The Europeans, R. II 1878f. (d. 1970); Daisy Miller, Kgn. 1879 (d. 1959); An International Episode, Kg. 1879 (d. 1993); The Madonna of the Future, Kgn. II 1879; Hawthorne, St. 1879; Confidence, R. 1880 (d. 1996); The Diary of a Man of Fifty, Kg. 1880; Washington Square, R. II 1881 (Die Erbin, d. 1960); The Portrait of a Lady, R. 1881 (d. 1950); Portraits of Places, Reiseb. 1883; The Siege of London, Kg. 1883 (Eine gewisse Frau Headway, d. 1952); Tales of Three Cities, Kg. 1884; The Bostonians, R. III 1886 (Die Damen aus Boston, d. 1964); The Princess Casamassima, R. 1886 (d. 1954); Partial Portraits, Ess. 1888; The Reverberator, R. II 1888; The Aspern Papers, Kg. 1888 (d. 1996); The Tragic Muse, R. II 1890; The Lesson of the Master, Kgn. 1892; The Real Thing, Kgn. 1893; Theatricals, Drn. 1894 u. 1895; Terminations, Kgn. II 1895; Embarrassments, Kgn. 1896; The Other House, R. 1896; The Spoils of Poynton, R. 1897; What Maisie Knew, R. 1897 (d. 1955); The Two Magics, Kgn. 1898 (The Turn of the Screw, d. 1953, u. d. T. Die sündigen Engel, d. 1954, u. d. T. Bis zum Äußersten, 1962, u. d. T. Die Tortur, 1972); The Awkward Age, R. 1899; The Sacred Fount, R. 1901 (d. 1999); The Wings of the Dove, R. 1902 (d. 1962); The Ambassadors, R. 1903 (d. 1956); The Better Sort, Kgn. 1903; The Golden Bowl, R. 1904 (d. 1963); English Hours, Reiseb. 1905; The American Scene, Reiseb. 1907 (hg. W. H. Auden 1946); Views and Reviews, Ess. 1908; Italian Hours, Reiseb. 1909; The Finer Grain, Kgn. 1910; The Outcry, R. 1911; A Small Boy and Others, Aut. 1913; Notes on Novelists, Ess. 1914; The Middle Years, Aut. 1917; The Ivory Tower, R.-Fragm. 1917; The Sense of the Past, R.-Fragm. 1917; The Art of the Novel: Critical Prefaces, hg. R. P. Blackmur 1934; The Art of Fiction, 1948; Autobiography, hg. F. W. Dupee 1956. – Tales, hg. A. M. Aziz III 1973–84; Complete Tales, hg. L. Edel XII 1962–64; The Novels and Tales, XXVI 1907–17, XXXV 1921–23; Collected Stories, 1996; Complete Stories, 1996; The Complete Plays, hg. L. Edel 1949; Complete Plays, hg. ders. 1990; Collected Travel Writings, II 1993; Selected Works, 1994; Literary Criticism, hg. L. Edel II 1984; Essays on Art and Drama, 1996; H. J. Letters, hg. L. Edel IV 1974–84; H. J. and Edith Wharton, Br. hg. L. H. Powers 1990; Correspondence of H. J. and Henry Adams, hg. G. Monteiro 1992; Correspondence of H. J. and the House of Macmillan, hg. R. S. Moore 1993; William and H. J., Br. hg. I. K. Skrupskelis, E. M. Berkeley 1997; Dear Munificent Friends, Br. hg. S. E. Gunter 1999; Dearly Beloved Friends, Br. hg. ders., S. H. Jobe 2001; The Complete Notebooks, hg. L. Edel, L. H. Powers 1987; The Notebooks, hg. F. O. Matthiessen, K. B. Murdock 1947 (d. 1965). – Übs.: Meisternovellen, 1953; Erzählungen, 1958; Eine kleine Frankreich-Tour, Reiseb. 1986.

L: V. W. Brooks, 1925; F. O. Matthiessen, 1944; ders., The J. Family, 1948; F. W. Dupee, 1951; L. Edel, V 1953–72, 1960, hg. 1963; J. W. Beach, ²1954; R. Poirier, The Comic Sense of H. J., 1960; D. W. Jefferson, 1960, 1964; O. Cargill, 1961; D. Krook, The Ordeal of Consciousness in H. J., 1962; F. W. Wright, The Madness of Art, 1962; C. P. Kelley, ²1965; R. Gard, 1968; H. M. Hyde, 1968; J. Goode, hg. 1972; H. Domanicki, 1974; E. A. Sheppard, 1974; C. R. Anderson, 1977; S. Kappeler, 1980; S. B. Daugherty, 1981; S. Perosa, 1983; W. R. Goetz, H. J. and the Darkest Abyss of Romance, 1986; L. Edel, 1987; M. Bell, 1991; F. Kaplan, 1992; D. M. Fogel, hg. 1993; K. Graham, 1994; K. Cannon, 1994; T. J. Lustig, 1994; B. R. Yeazell, hg. 1994; D. B. McWhirter, 1995; B.-J. Eli, 1995; C. Holly, 1995; T. Tanner, 1995; S. Teahan, 1995; P. A. Walker, 1995; B. Hardy, 1996; S. Blair, 1996; L. J. Hayes, 1996; J. Landau, 1996; S. M. Novick, 1996; N. H. Reeve, hg. 1996; J. Rivkin, 1996;

T. Sanae, 1996; C. A. Albers, 1997; B. Haviland, 1997; J. R. Bradley, hg. 1998; G. Buelens, hg. 1997; H. Stevens, 1998; A. R. Tintern, 1998; E.-P. Schneck, 1999; C. Meissner, 1999; J. R. Bradley, 1999 u. 2000; J. Tambling, 2000; R. B. Pippin, 2000; P. McCormack, hg. 2000; C. Greenwood, 2000; R. Brosch, 2000; R. Bailie, 2000; J. Dewey, hg. 2001; C. Hughes, 2001; U. Schaefer, 2001; A. Taylor, 2002; R. Lüdeke, 2002; S. M. Griffin, hg. 2002; T. Hadley, 2002; L. S. Person, 2003; E. L. Haralson, 2003. – *Bibl.*: K. P. McClogan, 1979; D. M. Scura, 1979; L. Edel, D. H. Laurence, ³1982; J. Budd, 1983; N. Bradbury, 1987; J. E. Funston, 1991.

James, Montague Rhodes, engl. Gelehrter und Schriftsteller, 1. 8. 1862 Goodnestone/Kent – 12. 6. 1936 Eton. Stud. Cambridge; 1893–1908 Direktor des Fitzwilliam Museum ebda., 1903 Leiter ebda., 1918 Leiter in Eton. Paläograph; katalogisierte sämtl. Manuskripte von Cambridge, Eton, Lambeth, Westminster Abbey, J. Rylands Library und Aberdeen Univ. Library. Ehrendoktor von Oxford, Cambridge, St. Andrews und Dublin, Mitgl. der Brit. Akad. – Vf. von Arbeiten über Kunst und Lit. des MA sowie mehrerer Sammlungen von meisterhaften Geistergeschichten.

W: Ghost Stories of an Antiquary, II 1904–11; A Thin Ghost, En. 1919; 12 Mediaeval Ghost Stories, En. 1922; The 5 Jars, En. 1922; Collected Ghost Stories, 1931. – *Übs.:* 13 Geistergeschichten, 1962; Der Schatz des Abtes Thomas, En. 1970.

L: S. G. Lubbock, 1939; M. R. J. Book of the Supernatural, hg. P. Haining 1979; R. W. Pfaff, 1980; M. Cox, 1983; R. Rendell, hg. 1987.

James, P(hyllis) D(orothy), engl. Krimiautorin, * 3. 8. 1920 Oxford. Im Staatsdienst, 1949–68 für den ›National Health Service‹, dann Verwaltungstätigkeit bei der Polizei. Seit 1979 hauptberufl. Autorin. Erhielt 1983 den ›OBE‹ u. 1991 einen Adelstitel. – Verf. vielfach ausgezeichneter Kriminalromane in der Tradition A. Christies. Das Krimi-Genre wird jedoch zum Vehikel komplexer, realist. u. psycholog. genauer Charakterstudien und überschreitet die Grenzen reiner Unterhaltung. Kühl beobachtend bietet ihr Werk eine vielschichtige Darstellung brit. Lebens u. brit. Gesellschaft.

W: Cover Her Face, R. 1962 (Ein Spiel zuviel, d. 1980); A Mind to Murder, R. 1963 (Eine Seele von Mörder, d. 1976); Shroud for a Nightingale, R. 1971 (Tod im weißen Häubchen, d. 1978); An Unsuitable Job for a Woman, R. 1972 (Ein reizender Job für eine Frau, d. 1981); The Skull Beneath the Skin, R. 1982 (Ende einer Karriere, d. 1984); Original Sin, R. 1994 (Wer sein Haus auf Sünden baut, d. 1995); A Certain Justice, R. 1997 (Was gut und böse ist, d. 1999); Time to Be in Earnest, Mem. 1999 (Die Zeit der Ehrlichkeit, d. 2001); Death in Holy Orders, R. 2001 (Tod an heiliger Stätte, d. 2002); Bibl. The Murder Room, R. 2003 (Im Saal der Mörder, d. 2004).

L: N. Siebenheller, 1981; R. B. Gidez, 1986.

Jameson, (Margaret) Storm, engl. Erzählerin, Essayistin und Dramatikerin, 8. 1. 1891 Whitby/Yorkshire – 30. 9. 1986 Cambridge. Aus e. Schiffsbauerfamilie. Stud. Lit. Leeds und London. ∞ 1924 Prof. G. P. Chapman. Arbeitete in den 1930er Jahren als polit. engagierte, antifaschist. und pazifist. Journalistin, Theaterkritikerin u. Hrsg. Präsidentin des engl. PEN-Clubs von 1938–45. – Ihre sozialkrit. Romane basieren teilweise auf autobiograph. Hintergrund; oft Welt des Schiffsbaus in Yorkshire u. Familiengeschichten von der viktorian. Zeit bis in die 1940er Jahre. Entschieden feminist. Perspektive.

W: Modern Drama in Europe, St. 1920; The Lovely Ship, R. 1927; Farewell to Youth, R. 1928; The Georgian Novel and Mr. Robinson, St. 1929; The Voyage Home, R. 1930; A Richer Dust, R. 1931; No Time Like the Present, Aut. 1933; Women against Men, Nn. 1933; Company Parade, R. 1934; Cloudless May, R. 1943; The Journal of M. H. Russell, R. 1945; The Other Side, R. 1945; Before the Crossing, R. 1947; The Black Laurel, R. 1948; The Moment of Truth, R. 1949; The Writer's Situation, Ess. 1950; The Green Man, R. 1952; The Hidden River, R. 1955; The Intruder, R. 1956; A Cup of Tea for Mr. Thorgill, R. 1957 (Die Affäre Hudson, d. 1959); A Ulysses Too Many, R. 1958; A Day Off, Kgn. 1959; Morley Roberts, St. 1961; Last Score, R. 1961 (Der Gouverneur, d. 1963); The Road from the Monument, R. 1962; A Month Soon Goes, R. 1963; The Aristide Case, R. 1964; The Early Life of Stephen Hind, R. 1966; The White Crow, R. 1968; Journey from the North, Aut. II 1969f.; Parthian Words, St. 1970; There Will Be a Short Interval, R. 1973; Speaking of Stendhal, St. 1979.

Jami → Ǧāmī, Maulānā Nūru'd-Dīn ʿAbdu'r-Raḥmān

Jamiaque, Yves, franz. Dramatiker, 1922 Paris – 1987 ebda. 5 Jahre Kriegsgefangenschaft in Westfalen, lebte in Paris. – Vf. naturalist. Volksstücke mit Nähe zu M. Pagnol, J. Supervielle; z. T. Anprangerung sozialer Mißstände ohne Rücksicht auf Kolportageeffekte.

W: Negro Spirituals, 1954; Habeas corpus, 1954; Les Lingots du Havre, 1956; La queue du diable, 1958; Les cochons d'Inde, 1960 (m. A. Gilles); La cour aux prunes, 1964; La lettre H., 1965; Avant-Scène, 1966.

Jammes, Francis, franz. Dichter, 2. 12. 1868 Tournay/Hautes-Pyrénées – 1. 11. 1938 Hasparren/Basses-Pyrénées. Schulen in Pau und Bordeaux. Lebte von 1888 (Tod des Vaters) bis 1921 zurückgezogen in der Provinzkleinstadt Orthez. Mehrere Reisen nach Paris, 1896 Reise nach Algerien, Belgienreise. – Dichter außerhalb der lit. Strömungen, der nach der formalen Verfeinerung und den metaphys. Absichten des Symbolismus die franz. Dichtung zu neuer Einfachheit führt. Lyriker, Erzähler und Essayist. Von tiefer Liebe zur Natur und zum ird. Leben erfüllt (Einfluß B.

de Saint-Pierres und Rousseaus), sinnenfroh, aber um das Leid wissend. Von Anfang an e. relig. Dichter; konvertierte 1905 zum Katholizismus; von naiver franziskan. Frömmigkeit mit der Vorstellung Gottes als e. gütigen Vaters. Scheinbar unbekümmert um die Form, doch in harter Arbeit bewußt um kindl.-naive Einfachheit bemüht. Stellt die geringfügigsten Einzelheiten der Landschaft um Orthez und s. Bewohner dar. Geheimnisvoller Zauber s. Verse, die das Übernatürliche spürbar machen. Bewundert von Gide, s. Freund vor J.' engerer relig. Bindung. Seitdem unter dem Einfluß der Freundschaft mit Claudel. Begründet s. Ruhm durch ›De l'angélus de l'aube à l'angélus du soir‹ und ›Le deuil des primevères‹. In späteren Gedichtsammlungen, so in den preisgekrönten ›Les Géorgiques chrétiennes‹, Zunehmen des relig. Elements, gesteigerte Formpflege, Verlust an Spontaneität. Lyr. Prosawerke: Novellen von großer Zartheit über zur Liebe erwachende junge Mädchen. ›Clara d'Ellébeuse‹, ›Almaïde d'Etremont‹, ›Pomme d'anis‹. Der ›Roman du lièvre‹ zeigt s. tiefe Liebe zum ird. Dasein an der Geschichte e. Hasen, der sich aus dem Paradies auf die Erde zurückwünscht.

W: De l'angélus de l'aube à l'angélus du soir, G. 1898; Clara d'Ellébeuse, N. 1899 (d. 1921); Almaïde d'Etremont, N. 1901 (d. 1919); Le deuil des primevères, G. 1901 (d. 1952); Le triomphe de la vie, G. 1902; Le roman du lièvre, R. 1903 (d. 1916); Pomme d'anis, N. 1904 (m. Clara d'E. u. Almaide d'E.; Röslein, d. 1920); Clairières dans le ciel, G. 1906; L'église habillée de feuilles, G. 1906; Rayons de miel, G. 1908; Ma fille Bernadette, R. 1910 (d. 1927); Les Géorgiques chrétiennes, G. III 1911/12 (Gebete der Demut, d. 1913); Le rosaire au soleil, R. 1916 (Rosenkranzroman, d. 1929); Monsieur le curé d'Ozeron, R. 1918 (d. 1921); Le poète rustique, R. 1920 (d. 1920); Le bon Dieu chez les enfants, R. 1921; Mémoires, III 1921–23. De l'âge divin à l'âge ingrat, Aut. 1921; Premier (Deuxième, Troisième, Quatrième) Livre des Quatrains, G. IV 1923–25; Cloches pour deux mariages, R. 1923 (Hochzeitsglocken oder Der Baskische Himmel und Marie, d. 1934); Ma France poétique, G. 1926; Champêtreries et méditations, Es. 1930; L'Antigyde, ou Elie de Nacre, Sat. 1932; De tout temps à jamais, G. 1935; Le patriarche et son troupeau, Es. 1948; Œuvres, V 1913–26; Elégies et autres vers, 1946; Poèmes choisis, 1947. – Correspondance avec: Colette, 1945; A. Samain, 1946; V. Larbaud, 1947; Gide, 1948 (d. 1951); Claudel, 1952; A. Fontaine, 1959; F. Vielé-Griffin, 1966; G. Frizeau, 1997; Ch. de Bordeu, o. J. – *Übs.*: Elegien, 1948, Ausw. Das Paradies, 1919 (u.d.T. Das Paradies der Tiere, 1926).

L: A. de Bersaucourt, 1910; A. Schilla, 1930; A. Gobry, 1988; A. Flory, 1941; P. Claudel, 1949; R.-M. Dyson, Les sensations et la sensibilité chez F. J., Genf 1954; M. Parent, Rythme et versification dans la poésie de F. J., 1956; R. u. L. Van der Burght, 1961; R. Mallet, II 1961; J. Gobry, 1988; R. Nallet, 1991; H. Rougier, 1995; C. Thiebaut, 1997; P. Tranchesse, 2001; J. Zabalo, F. J. et le génie du catholicisme, 2001. – *Bibl.*: Biblio 6, 1950.

Jan, Vasilij Grigor'evič (eig. V. G. Jančeveckij), russ. Prosaiker, 4. 1. 1875 Kiew – 5. 8. 1954 Zvenigorod b. Moskau. 1897 Abschluß Stud. klass. Philol. St. Petersburg, bis 1904 Reisen durch Europa und Asien, 1906–12 Lateinlehrer in St. Petersburg, daneben journalist. Tätigkeit, lebte nach dem 1. Weltkrieg vorwiegend in Moskau. – Vf. hist. Prosa, die sich durch Faktentreue und Lebendigkeit auszeichnet.

W: Finikijskij korabl', N. 1931 (Das Schiff aus Phönizien, d. 1950); Tril.: Čingiz-chan, N. 1939 (Dschingis-Khan, d. 1961), Batyj, N. 1942 (Batu-Khan, d. 1961), K poslednemu morju, N. 1955 (Zum letzten Meer, d. 1961).– Sobranie sočinenij (GW), V 1996–97.

Jančar, Drago, slowen. Schriftsteller u. Publizist, * 13. 4. 1948 Marburg a. d. Drau. Jurist. Hochschule ebda., Journalist und Dramaturg. 1987–91 Vorsitzender des slowen. PEN-Zentrums. – In J.s Prosa überwiegt die krit. u. satir. Darstellung realer Ereignisse, häufiges Thema ist die Bedrohung des Individuums durch Obrigkeit. J.s Dramen bieten Modelle der Weltveränderung an.

W: Romanje gospoda Houžvičke, Nn. 1971; Galjot, R. 1978 (d. 1991); O bledem hudodelcu, Nn. 1978; Severni sij, R. 1984 (d. 1990); Veliki briljantni valček, Dr. 1985; Dedalus, Dr. 1988; Zalezujoč Godota, 1989; Razbiti vrč, Ess. 1992; Posmehljivo poželjenje, R. 1993 (d. 1995); Halštat, Dr. 1994; Augsburg in druge resnične pripovedi, Nn. 1994; Zvenenje v glavi, R. 1998 (d. 1999); Prikazen iz Rovenske, Nn. 1998 (d. 2001); Katarina, pav in jezuit, R. 2000.

Janevski, Slavko, mazedon. Schriftsteller u. Kritiker, 11. 1. 1920 Skopje – 30. 1. 2000 ebda. Nahm als Partisan am Befreiungskrieg teil, später freier Schriftsteller. – Fruchtbarster zeitgenöss. mazedon. Schriftsteller, der neben stimmungsvoller Lyrik, psycholog. durchdrungenen Erzählungen u. Drehbüchern auch Romane schrieb, in denen er mit realist. Unmittelbarkeit den Alltag der Landbevölkerung darstellt.

W: Krvava niza, G. 1945; Pesni, G. 1948; Egejska barutna bajka, G. 1950; Ulica, N. 1950; Lirika, G. 1951; Seloto zad sedumte jaseni, R. 1952; Leb i kamen, G. 1957; Tvrdoglavi, R. 1959; Gorčlivi legendi, Reiseb. 1962; Ivangelije po Har Pejo, G. 1966; Kainavelija, G. 1968; Omorine, Nn. 1972; Astropeus, G. 1979; Mirakuli na grozomovata, R.-Tril. 1984 (Legionite na sveti Adofonis, Kučeško raspetie, Čekajći čuma); Devet Kerubinovi vekovi, R. 1986; Čudotvorci, R. 1989; Rulet so sedum brojki, R. 1989; Zad tajnata vrata, Nn. 1992; Kontinent Kukulino, R. 1996; Depozing, R. 2000; Izmislena tvrdina, G. 2002. – Izbrani dela (AW), VIII 1970.

L: H. Georgijevski, 1982; Z. Kramarić, 1987; R. Ivanović, 1989. – *Bibl.*: B. Ristovski, 2001.

Janicius → Janicki, Klemens

Janicki, Klemens (Janicius), poln. Dichter, 17. 11. 1516 Januszkowo – Jan. 1543 Krakau, Bauernsohn. Stud. Posen u. Padua. Dort Dr. phil. u. durch Papst Paul III. Poeta laureatus. – Erster bedeutender poln. Lyriker u. bester lat. Dichter Polens. Behandelt in lat. Versen das Leben der Gnesener Erzbischöfe u. der poln. Könige. Nach Ovid besingt er in Elegien die Leiden s. Lebens.

W: Quaerela Rei publicae Regni Poloniae, G. um 1538; Tristium liber, G. 1542; Epithalamium Sigismundo Augusto, G. 1543; Vitae Regum Polonorum, G. 1565; Vitae Archiepiscoporum Gnesnensium, G. 1574; Ad Polonas proceres. – Carmina, hg. L. Ćwiklinski 1930; Carmina, lat.-poln. 1966. – Übs.: Ausgew. G., 1975.

L: L. Ćwiklinski, 1893; St. Czernik, Laur padewski, 1969; S. Helsztyński, Ulubieniec muz, 1981.

Janin, Jules-Gabriel, franz. Schriftsteller, 16. 2. 1804 Saint-Etienne-en-Forez – 19. 6. 1874 Passy. Stud. Jura. 1825 Journalist des ›Figaro‹, Mitarbeiter von ›La Quotidienne‹ und ›Le Messager‹. Ab 1836 fast 40 Jahre sehr erfolgr. Theaterkritiker am ›Journal des Débats‹. Ab 1870 Mitglied der Académie Française. – S. bedeutendste Leistung die Sammlung der wöchentl. Feuilletons u. d. T. ›Histoire de la littérature dramatique‹. Romane, darunter ›L'âne mort et la femme guillotinée‹, e. Parodie auf die romant. Lit. Außerdem Reisebilder und Länderbeschreibungen, lit.- und kulturhist. Werke.

W: L'âne mort et la femme guillotinée, R. II 1829 (d. 1830); Contes fantastiques, 1832; Contes nouveaux, 1833; Le Marquis de Sade, Es. 1834 (d. 1835); Histoire de la littérature dramatique, VI 1853–58; Béranger et son temps, B. II 1866. – Œuvres diverses, hg. A. de La Fizelière XII 1876–78; Œuvres de jeunesse, hg. ders. V 1881–83; Correspondance inédite, 1968. – Übs.: Werke, V 1835–38.

L: A. Piedagnel, ³1884 (m. Bibl.); F. Sarcey, II 1900; Mergier-Bourdeix, 1969; J. M. Bailbé, 1974; J. J. et son temps, 1974; J. Landrin, 1979.

Janine → Kistemaeckers, Henry

Jannsen, Lydia → Koidula, Lydia

Janovskis, Gunars Anatolijs, lett. Schriftsteller, * 8. 2. 1916 Helsinki. Sohn e. Kapitäns; 1919 Liepāja, 1921 Riga; bis 1933 Gymnas. bis 1938 Stud. Klass. Philol. ebda.; 1935–38 Druckereiarbeiter, Schrift- u. Buchführung; 1941–44 Dolmetsch Jēkabpils; 1944 Emigration; 1946/47 Stud. Bonn; 1947 nach England ausgereist, dort Arbeiter im Ziegelwerk; 1952–84 Gutshof bei Nottingham, dort erst Landwirt, später auch Literat; lebt seit 1984 auf einem Besitz der ›Daugavas vanagi‹. – Realist; Werke von düsterer Tragik und herbem Humor, u. a. Schicksale der ehemaligen lett. Legionäre.

W: Sōla, R. 1963; Svešumā, Nn. 1966; Balsis aiz tumsas, R. 1972; Un kas par to, R. 1978; Ines, R. 1982; Gunars Janovkis stāsta, En. 1985; Cilvēks, kas gribēja vairāk, R. 1987. – Kopoti raksti (GW), IX 1997–2002.

Janovskyj, Jurij, ukrain. Prosaiker, 27. 8. 1902 Jelysavethrad (jetzt Kirovohrad) – 25. 2. 1954 Kiev. Sohn e. Beamten. – Führender Vertreter der sowjetukrain. Prosa, namhafter Stilist; Themen sind u. a. Revolution u. Bürgerkrieg, kennzeichnend e. lyr.-romant. Stilhaltung; im Grund Lyriker, bringt er in s. Prosa e. lyr. Einschlag zur Geltung; wurde zeitweise des Formalismus geziehen, da das Mosaikartige der sprachl. Struktur e. Teils s. Werke zur Auflösung des Sujets zu führen scheint.

W: Majster korabl'a, R. 1928; Čotyry šabli, En. 1930; Kyjivs'ki opovidannja, En. 1948; Veršnyky, R. 1935; R. 1947; Dr. Dočka prokurora, 1953. – Tvory (W), IV 1931/32, II 1954, V 1958/59.

L: O. Babyškin, 1957; S. P. Plačynda, 1957, 1969; O. Kylymnyk, 1957, 1962; A. Trostjanec'kyj, 1962; Spohady pro J. J., 1980.

Janševskis, Jēkabs (eig. J. Janovkis), lett. Romancier, 16. 2. 1865 Nīgrande/Lettl. – 22. 12. 1931 Riga. Sohn e. Gutsknechts; 1873–84 Schulen; 1884/85 Liepāja; 1885–87 Hauslehrer in Litauen; 1889–96 Lehrer Nīca; 1896–1902 Liepāja; ab 1902 Riga, Redakteur; im 1. Weltkrieg in Russl.; ab 1920 bei der Zt. ›Valdības Vēstnesis‹. – Realist; kräftig gezeichnete Figuren u. deftiger Humor, vitale Lebensfreude; 1921–25 erschien sein monumentaler, 5bändiger Roman ›Dzimtene‹ über das Leben in Kurland, an dem er seit 1884 gearbeitet hatte; Feuilletonbeiträge für Zt. ›Latvietis‹, Übs. (Heine, Lessing).

W: Pagātnes pausmas un tagadnes jausmas, G. 1890; Mežvidus ļaudis, R. 1929, Līgava, R. II 1931–32. – Kopoti raksti (GW), XII 1933; Kā bagātā Čāpiņa dēls precējās (AW), 1979.

L: J. Mednieks, 1924.

Jansson, Tove Marika, finnl.-schwed. Schriftstellerin und Malerin, 9. 8. 1914 Helsingfors – 27. 6. 2001 ebda. – Die vielfach ausgezeichnete Autorin begann mit selbstillustrierten Kinderbüchern. Weltweit bekannt wurde sie durch ihre Mumin-Bücher, aus denen u. a. Comics u. Zeichentrickfilme gemacht wurden. J.s idyll. Welt ist von originellen, auch seltsamen Wesen bevölkert, die jeweils versch. Verhaltensmuster verkörpern. In ihren Erzählungen, Romanen u. autobiograph. Texten schildert sie psych. Vorgänge. Ihr Interesse gilt Beziehungen zwischen Erwachsenen u. Kindern, aber auch dem Altern, bes. von Künstlern.

W: Småtrollen och den stora översvämningen, E. 1945; Kometjakten, E. 1946 (Komet im Mumintal, d. 1961, 2001); Trollkarlens hatt, E. 1948 (Eine drollige Gesellschaft, d. 1954, 2001); Muminpappens bravader,

E. 1950 (Muminvaters wildbewegte Jugend, d. 1963, 1993); Farlig midsommar, E. 1954 (Sturm im Mumintal, d. 1955, 2002); Trollvinter, E. 1958 (Winter im Mumintal, d. 1968); Vem ska trösta knyttet, E. 1960; Det osynliga barnet, En. 1962; Pappan och havet, E. 1965 (Mumins wundersame Inselabenteuer, d. 2003); Bildhuggarens dotter, R. 1968 (Die Tochter des Bildhauers, d. 1987); Sent i november, E. 1970 (Herbst im Mumintal, d. 1993); Lyssnerskan, Nn. 1971; Sommarboken, E. 1972 (Sommerbuch, d. 1976, 2002); Solstaden, R. 1974; Den farliga resan, E. 1977 (Die gefährliche Reise, d. 1981); Dockskåpet, En. 1978 (Die Puppenstube, d. 1981); Den ärliga bedragaren, R. 1982 (Die ehrliche Betrügerin, d. 1986); Stenåkern, R. 1984; Resa med lätt bagage, En. 1987; Rent spel, R. 1989; Anteckningar från en ö, Aut. 1996. – *Übs.*: Das große Muminbuch, 1988; Mumins Inselabenteuer, 1991; Die Mumins, 2002.

Januš, Gustav, slowen. Dichter und Maler, * 19. 9. 1939 Sela na Koroškem. Stud. Pädagogik Klagenfurt, ab 1962 Lehrer in St. Jakob im Rosenbach, Österreich. – J. dichtet in gemäßigt modernist. Stil, wobei er satir. die Kärntner Wirklichkeit beschreibt u. existentielle Probleme meditativ verarbeitet.

W: P(e)S(m)I, G. 1978; Pesmi, G. 1983; Pesmi Gedichte Poesiis, 1985 (slowen./ital./dt.); Wenn ich das Wort überschreite, G. 1988 (slowen./dt.); Mitten im Satz, G. 1991 (slowen./dt.); Der Kreis ist jetzt mein Fenster, G. 1998 (slowen./dt.); Metulj Der Schmetterling La farfalla The butterfly, G. 1999. – *Übs.:* Gedichte 1962–1983, 1983.

Janus Pannonius (eig. Ivan Česmički bzw. Csezmiczey), ungar. Humanist, 29.8.1434 Csezmice – 27. 3. 1472 Medvevár b. Zagreb (Kroatien). Adelsfamilie kroat. Ursprungs. 1447–58 Stud. in Ferrara (b. G. Guarino), Padua, Rom, Florenz. 1459 Bischof von Pécs. 1464 Teilnahme an Matthias' Feldzug. 1465 diplomat. Mission in Italien. 1471 Teilnehmer der Verschwörung gegen König Matthias; flüchtete nach Medvevár, wo er starb. – Bedeutendster Humanist des Karpatenraums. Aus s. Werken spricht das Lob der Welt, die Freude am Individuellen. Schrieb über 400 Epigramme, 4 Eklogen, e. große Anzahl von Elegien u. Hymnen. Besang statt Verherrlichung alles Antiken die großartige Gegenwart.

A: Traiecti ad Rhenum, II; Poemata, hg. Graf S. Teleki, Utrecht II 1784; Költeményei, 1963; Összes művei, hg. S. V. Kovács, 1987.

L: J. Huszti, 1931; R. Gerézdi, 1950, 1962; M. Birnbaum, 1981.

Janus Secundus → Johannes

Japix, Gysbert, westfries. Dichter, 1603 Bolsward – Sept. 1666 ebda. Sohn e. Tischlers, Gemeinderats und Bürgermeisters; Lateinschule, dann in s. Vaterstadt Lehrer und Vorsänger der reformierten Gemeinde, starb an der Pest. – Erster namhafter neuwestfries. Dichter; schrieb zahlr. Gedichte. Zu s. Lebzeiten erschien nur das Hochzeitsgedicht ›Friessche Tjerne‹, dessen Vorbild zwei Dialoge des westfries. Schriftstellers Johan van Hichtum (um 1560–1628) waren. Erst aus s. Nachlaß veröffentlichte der Bolswarder Drucker Samuel van Haringhouck die Sammlung ›Friesche Rijmlerije‹, die 1681 von S. A. Gabbema noch etwas vermehrt wurde. Den Hauptinhalt, von 52 Psalmen abgesehen, bilden Gedichte um Motive aus dem Leben der Bauern und Seeleute. Vorbilder waren antike Schriftsteller wie Anakreon, Catull, Horaz, Ovid oder Niederländer wie P. C. Hooft, van der Veen, Huygens, Cats, van den Vondel, unter deren Einfluß der schlichte Stil des Dichters immer stärker manierierte Züge annahm. Im Nachlaß von Franciscus Junius, der 1645 bei ihm Fries. lernen wollte, haben sich von mehreren Gedichten Abschriften erhalten, die im Wortlaut abweichen. Es ist noch zu klären, ob die Unterschiede auf den Dichter selbst zurückgehen.

W: Friessche Tjerne, G. 1640; Friesche Rymlerye, G.-Slg. 1668; Gysbert Japicx Wirken, hg. J. H. Brouwer, J. Haantsjes, P. Sipma 1936 u. 1966 (m. Komm.).

L: J. H. Halbertsma, Hulde aan G. J., 1824–27; J. Haantjes, 1929; D. Kalma, 1938; A. Feitsma, De autografemen het werk van G. J., 1974. – *Bibl.*: J. J. Kalma, 1956; Ph. H. Breuker, It wurk fan Gysbert Japiks, 1989.

Japrisot, Sébastien (eig. Jean-Baptiste Rossi), franz. Schriftsteller, * 1931 Marseille. Von Jesuiten erzogen. Begann 16jährig s. lit. Tätigkeit. – Als Autor von Kriminalromanen Meister des Psycho-Thrillers. Ausgeklügelte Komposition u. geschickte psycholog. Skizzierung der Figuren erweisen sich als Domäne dieses international überaus erfolgr. Autors. Viele s. Romane wurden verfilmt.

W: Compartiment tueurs, R. 1962 (Mord im Fahrpreis inbegriffen, d. 1964); Piège pour Cendrillon, R. 1963 (d. 1965); La dame dans l'auto avec des lunettes et un fusil, R. 1966 (d. 1967); Adieu l'ami, R. 1968 (Weekend im Tresor, d. 1969); Les mal parties, R. 1970; La course du lièvre à travers les champs, R. 1972 (Lauf, wenn du nicht mehr schießen kannst, d. 1974); L'été meurtrier, R. 1977 (d. 1979); La passion des Junmes, R. 1986; Un longe dimanche de fiancailles, R. 1991 (Die Mimosen von Hossegor, d. 1996); Le passager de la plui, R. 1992; Les mal-partis, R. 2000.

Jarc, Miran, slowen. Schriftsteller u. Publizist, 5. 7. 1900 Črnomelj – 24. 8. 1942 Pugled. Beamtensohn, Stud. Slawistik u. Romanistik Zagreb u. Ljubljana ohne Abschluß, 1923 Handelsakad. ebda.; Bankbeamter ebda. Als Partisan in 2. Weltkrieg gefallen. – J. bearbeitete expressionist. Motive des Irrens u. der Verwirrung. Versuchte sich auch im expressionist. Ideendrama.

W: Izgon iz raja, Dr. 1922; Ognjeni zmaj, Dr. 1923; Človek in noč, G. 1927, 1960 (m. Bibl.); Novo mesto, R. 1932; Novembarske pesni, G. 1936; Lirika, G. 1940; Jalov dom, E. 1941. – Izbrano delo (AW), 1962.

Jardiel Poncela, Enrique, span. Schriftsteller, 15. 10. 1901 Madrid – 18. 2. 1952 ebda. Faßte schon in früher Jugend starke Neigung zum Theater, begann s. lit. Tätigkeit 1922 als Journalist an der Madrider Tageszeitung ›La Correspondencia‹. 1927 erfolgr. Aufführung s. ersten Komödie; reiste mit e. Schauspieltruppe durch Europa u. Amerika, um s. Werke bekanntzumachen. – E. der erfolgreichsten u. begabtesten Bühnenautoren u. Humoristen der mod. span. Lit.; s. witzsprühenden Komödien erfreuen sich ungeheurer Beliebtheit beim Publikum; s. ganz persönl., ausgefallener Humor geht von Übertreibung, effektvollen Wortspielen u. Situationskomik aus, karikaturhafte Weltsicht. Unerschöpfl. Erfindungsgabe. Anfangs auch Vf. von humorist. Romanen u. Filmdrehbüchern, z. T. nach s. Komödien.

W: Amor se escribe sin hache, R. 1926; Espérame en Siberia, vida mía, R. 1927; Una noche de primavera sin sueño, K. 1927; Pero ... ? hubo alguna vez once mil vírgenes?, R. 1930; Margarita, Armando y su padre, K. 1931; La tournee de Dios, R. 1932; Usted tiene ojos de mujer fatal, K. 1933; Angelina o El honor de un brigadier, K. 1934; Cuatro corazones con freno y marcha atrás, K. 1936; Un marido de ida y vuelta, K. 1939; Eloísa está debajo de un almendro, K. 1940; Los tigres escondidos en la alcoba, K. 1949. – Obras completas, IV 1961; Cuentos y trabajos cortos, VII 1927–53; Novelas, IV 1929–32; Obras teatrales, VI 1934–45; Obras teatrales escogidas, 1948; Obra inédita de E. Jardiel Poncela, 1967.

L: A. Marquerie, 1945; J. Bonet Gelabert, 1946; R. Flórez, 1966; C. Escudero, Nueva aproximación a la dramaturgia de J. P., 1981; M. J. Conde Guerri, 1981.

Jarnés, Benjamín (eig. Jarnés Millán), span. Schriftsteller, 7. 10. 1888 Codo/Aragón – 11. 8. 1949 Madrid. Erster Unterricht in s. Heimatstadt; Stud. Lat., Humaniora, Philos. u. Theol. in Saragossa, mehrere Jahre beim Militär, Mitarbeit an bedeutenden lit. Zsn., Aufenthalt in Mexiko, 1948 Rückkehr nach Spanien. – Sehr fruchtbarer u. vielseitiger Essayist, Romancier, Kritiker u. Biograph, verbindet erlesenen Geschmack mit feinem Humor; begeisterter Befürworter neuer Formen. Metaphernreicher Prosastil von großer Reinheit u. Formkunst, führte die von Ortega gepredigte ›Enthumanisierung der Kunst‹ in den Roman ein, daher Reihung scharf beobachteter Stimmungsbilder ohne eigentl. Handlung, Fehlen menschl. Tiefe u. echter Gestalten, legte den Schwerpunkt auf ästhet. Ideen. S. Werke haben heute nur noch dokumentar. Wert.

W: El profesor inútil, R. 1926; Ejercicios, Aufs. 1927; El convidado de papel, R. 1928; Vida de San Alejo, B. 1928; Sor Patrocinio, B. 1929; Paula y Paulita, R. 1929;

Locura y muerte de nadie, R. 1929; Viviana y Merlín, R. 1930; Teoría del zumbel, R. 1930; Escenas junto a la muerte, R. 1931; Zumalacárregui, B. 1931; San Alejo, R. 1934; Tántalo, R. 1935; Castelar, B. 1935; Don Álvaro o la fuerza del tino, R. 1936; Doble agonía de Bécquer, Es. 1936; Manuel Acuña, B. 1942; Españoles en América, Ess. 1943; Cervantes, B. 1944; Eufrosina o la gracia, R. 1948; Su línea de fuego, R. 1980. – Obra crítica, 2001.

L: E. de Zuleta, 1979; M. P. Martínez Latre, 1979; J. Gracia García, 1988; C. Pérez Gracia, 1988; V. Fuentes, 1989. – *Bibl.:* J. Domínguez Lasierra, 1988.

Jaroš, Peter, slovak. Schriftsteller, * 22. 1. 1940 Hybe. Stud. Philol. an der Univ. in Bratislava, dann Redakteur, ab 1972 Drehbuchautor u. Filmdramaturg. – S. stilist. variable Prosa tendiert zu e. modernist., u. a. durch Existentialismus, Nouveau roman, magischen Realismus/Surrealismus u. die sog. Lit. des Alltags geprägten Realismus.

W: Popoludnie na terase, N. 1963; Urob mi more, N. 1964; Zdesenie, R. 1965; Váhy, N. 1966; Menuet, En. 1967; Návrat so sochou, En. 1969; Krvaviny, En. 1970; Až dobehneš psa, N. 1971; Pradeno, En. 1974; Tisícročná včela, R. 1979; Parádny výlet, En. 1982; Lásky hmat, R. 1988; Psy sa ženia, R. 1990; Milodar slučka, R. 1991.

Jarrell, Randall, amerik. Dichter u. Kritiker, 6. 5. 1914 Nashville/TN – 14. 10. 1965 b. Greensboro/NC (Autounfall). Stud. Vanderbilt Univ., Kriegsteilnehmer bei der Luftwaffe, Lehrtätigkeit an versch. Univ. – Bekannt durch meist dramat. erzählende Kriegsgedichte, erfüllt von Pathos, Bitterkeit, menschl. Anteilnahme u. sinnenhafter Konkretheit; später Verarbeitung der Formen von Märchen, Phantastik u. Traum. Bedeutende krit. Essays über Whitman, Frost, Stevens, Kipling u. Zeitgenossen; Übs. von Grimms Märchen u. Goethes ›Faust‹.

W: Blood for a Stranger, G. 1942; Little Friend, Little Friend, G. 1945; Losses, G. 1948; The Seven-League Crutches, G. 1951; Poetry and the Age, Ess. 1953; Pictures from an Institution, R. 1954; The Woman at the Washington Zoo, G. 1960; A Sad Heart at the Supermarket, Ess. 1962; The Lost World, G. 1965; The Animal Family, Kdb. 1965 (d. 1984). – Complete Poems, 1968; Selected Poems, 1990; The Third Book of Criticism, Ess. 1969; Jerome, G. 1971; Kipling, Auden and Co., Ess. 1979; No Other Book, Ess. 1995; Letters, hg. M. Jarrell 1985/2002.

L: R. J. 1914–1965, hg. R. Lowell u. a. 1967; S. Ferguson, 1971; H. Hagenbüchle, Black Goddess, 1975; Sr. B. Quinn, 1981; Critical Essays on R. J., hg. S. Ferguson 1983; S. Wright, 1986; J. A. Bryant, 1986; R. Flynn, 1990; W. H. Pritchard, 1990; M. Jarrell, 1999; S. Burt, 2002. – *Bibl.:* Ch. M. Adams, 1958.

Jarry, Alfred, franz. Dichter, 8. 9. 1873 Laval/Bretagne – 1. 11. 1907 Paris. Aus wohlhabender breton. Bauern- und Handwerkerfamilie; Schulen in Rennes und 1891 Paris. Bohemeleben ebda.; verfiel zunehmend dem Alkohol, starb an Tbc. – Vorläufer von Apollinaire, Begründer des surrealist. Theaters. Schuf e. neuen Stil der Komik: Extravaganz des Wortschatzes, Neuschöpfungen, Wortspielereien, trag. Humor und Posse bestimmen s. ganzes Werk. Bekannt durch das Drama ›Ubu Roi‹, e. Skandalerfolg wegen der außergewöhnl. Derbheit der Sprache und der grimmigen Gesellschaftskritik, satir. Demaskierung der bürgerl. Scheinmoral. Verwendete Aufzeichnungen von Freunden über e. bornierten und geldgierigen Mathematikprofessor aus Rennes, macht ihn zum Usurpator in e. imaginären Polen, zum Inbegriff von Absurdität und Grausamkeit polit. und sozialer Autorität. S. Roman ›Le surmâle‹ über die trag., im Untergang endende Liebe des Helden zu e. Liebesmaschine, gilt als der einzige im strengen Sinn surrealist. Roman. ›Gestes et opinions du docteur Faustroll‹, e. Roman, in dem J.s Komik e. hohes Niveau erreicht, handelt von e. Forscher, der die Wissenschaft vom irrealen Universum bis in die letzten Konsequenzen betreibt. Einfluß auf Breton, Ionesco, H. Michaux.

W: Les minutes de sable mémorial, G. u. Prosa 1894; César Antéchrist, Dr. 1895; Ubu roi, Dr. 1897 (d. 1958); L'amour absolu, R. 1899 (d. 1985); Ubu enchaîné, Dr. 1900 (d. 1970); Messaline, R. 1901 (d. 1971); Le surmâle, R. 1902 (d. 1969); La Papesse Jeanne, R. 1908; Gestes et opinions du docteur Faustroll, pataphysicien, R. 1911 (d. 1969); Spéculations, Ess. 1911; Le revanche de la nuit, D. 1949. – Œuvres complètes, VIII 1948; II, 2002; Choix de textes, 1946; Tout Ubu, hg. M. Saillet 1962. – *Übs.:* Ansichten über das Theater, 1970; Der Alte vom Berge, Ausw. 1972.

L: C. Chasse, Sous le masque d'A. J.? Les sources d'Ubu roi, 1921; ders., D'Ubu roi au douanier Rousseau, 1947; Rachilde, J. ou le surmâle de lettres, ²1928; P. Chauveau, 1932; F. Lot, 1934; J.-H. Lévesque, 1951; A. Lebois, 1951; C. Giedion-Welcker, 1960; L. Perche, 1965; R. Launoir, 1969; M. M. Arrivé, 1971; N. Arnaud, II 1974f.; F. Caradec, 1974; Lire Jarry, 1977; H. Béhar, 1980; E. Brunella, 1982; G. Damerval, 1984; K. S. Beaumont, 1984; A. Lebrun, 1990; C. Launay, 1996, P. Regibier, 1999, A. Gendrat, 2000.

Jaschar Kemal → Yaşar Kemal

Jasenov, Christo (eig. Christo Tudžarov), bulgar. Dichter, 14. 12. 1889 Etropole –? Kunststud. Sofia. Soldat in den Kriegen von 1912 u. 1913 u. im 1. Weltkrieg, dann Kommunist. Mitarbeiter der humorist. Zs. ›Červen smjach‹. Nach dem Attentat in der Kirche ›Sveta Nedelja‹ verhaftet, seitdem als vermißt gemeldet. – Symbolist. Lyriker, Vf. gefühlvoller Gedichte mit neoromant. Elementen.

W: Ricarski zamŭk, G. 1921. – Sŭbrani proizvedenija (GW), 1947; Sŭčinenija (GW), 1965.

Jasieński, Bruno (eig. Wiktor Bruno Zysman), poln. u. russ. Lyriker u. Romancier, 21. 7. 1901 Klimontów b. Sandomierz – 16. 12. 1939 b. Vladivostok. Sohn e. Landarztes; 1914–18 in Moskau evakuiert. Journalist in Lemberg. Einer der Mitbegründer des poln. Futurismus (Manifeste, Gedichte), wandte sich bald soz. Themen zu und wurde als Kommunist ausgewiesen. 1925–29 in Paris, wo s. Roman ›Je brûle Paris‹ Aufsehen erregte. Ging nach Ausweisung 1929 nach Moskau, wo er russ. zu publizieren begann u. hohe Funktionen im Schriftstellerverband innehatte. Schrieb e. der ersten soz.-realist. ›Aufbauromane‹. 1937 im Zuge der Säuberungen verhaftet, 1956 postum rehabilitiert.

W: But w butonierce, G. 1921; Pieśń o głodzie, G. 1922; Nogi Izoldy Morgan, E. 1923; Ziemia na lewo, G. 1924; Słowo o Jakubie Szeli, Dicht. 1926 (als Dr. u.d.T. Rzecz gromadzka, 1928); Je brûle Paris, R. 1928 (Palę Paryż, poln. 1929, d. 1984); Bal manekenov, Dr. 1928 (Bal manekinów, poln. 1966, Ball der Puppen, d. 1977); Stichi, G. 1931; Človek menjaet kožu, R. 1932–33; Zagovor ravnodušnych, R. 1957 (Zmowa obojętnych, poln. 1962). – Izbrannye proizvedenija (AW), II 1957; Nogi Izoldy Morgan i inne utwory, En. 1966; AW, 1972; Poezje wybrane (ausgew. G.), 1979.

L: E. Balcerzan, Styl i poetyka twórczości dwujęzycznej B. J., 1968; A. Stern, 1969; J. Dziarnowska, 1982; N. Kolesnikoff, 1982.

Jašík, Rudolf, slovak. Schriftsteller, 2. 12. 1919 Turzovka – 30. 7. 1960 Bratislava. Arbeiter, Partisan, Journalist. – J.s stark lyrisierte u. gefühlsbetonte Prosa schildert die soziale Unterdrückung des einfachen Menschen zwischen den beiden Kriegen und s. Leidensweg unter dem Faschismus. Von der geplanten Kriegstril. nur e. Band ›Mŕtvi nespievajú‹ abgeschlossen.

W: Na brehu priezračnej rieky, R. 1956; Námestie svätej Alžbety, R. 1958 (Die Liebenden von St. Elisabeth-Platz, d. 1961); Mŕtvi nespievajú, R. 1961 (Die Toten singen nicht, d. 1965); Čierne a biele kruhy, Nn. 1961; Provesť o bielych kameňoch, N.-Fragm. 1961. – Dielo (W), V 1966–77.

L: A. Matuška, 1964; I. Lipová, 1970.

Jasmin, Jacques (eig. J. Boé), franz. Mundartdichter, 6. 3. 1798 Agen – 4. 10. 1864 ebda. Perükkenmacher. – Wollte die Sprache s. Landes, der Gascogne, verbessern, schrieb Gedichte im Gascogner Dialekt. Bereiste Dörfer Südfrankreichs und trug selbst s. Gedichte vor. 1842 gab Louis-Philippe in Paris e. Soirée zu s. Ehren. Schrieb Gedichte von Anmut, Formgefühl und Sensibilität. Adaptionen v.a. von A. Westphal.

W: Me cal mouri, G. 1822; Lou charibari, G. 1825; Las papillotos, G. 1835, 1842, 1851, 1863; L'abuglo de Castel-Culié, G. 1836; Françonneto, G. 1842; Marthe

l'inoucènto, G. 1847. – Œuvres complètes, IV 1890, II 1898.
L: E. Le Roy Ladurie, 1983.

Jassin, H. B., indones. Literaturkritiker u. Essayist, 31. 7. 1917 Gorontalo/Sulawesi – 11. 3. 2000 Jakarta. Stud. der Lit. an der Universität Gajah Mada in Yogyakarta. Redakteur der lit. Zsn. ›Kisah‹, ›Sastra‹ und ›Horison‹. Gründet 1964 als Reaktion auf die linksorientierte Gruppe ›Lekra‹ zusammen mit anderen Schriftstellern das Kulturmanifest ›Manikebu‹. S. Verdienst besteht vor allem in der Dok. indones. Lit. Übs. des Koran.
W: Kesusasteraan Indonesia dimasa Djepang, Dok. 1948; Gema Tanah Air. Prosa dan Puisi 1942–48, Ess. 1948. Chairil Anwar, Pelopor Angkatan 45, Ess. 1956; Analisa. Sorotan Tjerita Pendek, Ess. 1961; Pudjangga Baru. Prosa dan Puisi, Ess. 1963; Angkatan '66, Prosa dan Puisi, Ess. 1968. Sastra Indonesia Sebagai Warga Sastra Dunia, Ess. 1975; Darah Laut: Kumpulan Cerpen dan Puisi, Ess. 1997.

Jastrun, Mieczysław (eig. M. Agatstein), poln. Dichter u. Essayist, 29. 10. 1903 Korolówka b. Tarnopol – 22. 2. 1983 Warschau. Stud. Polonistik, Germanistik, Philos. Krakau; 1929 Dr. phil. Lehrer, dann Schriftsteller in Warschau. – Steht formal der Skamander-Gruppe nahe. Sensible Jugenddichtung voll trag. Ausweglosigkeit. Stark traditionsgebunden, der antiken u. christl. Überlieferung verpflichtet. 1945–49 Mithrsg. der Zs. ›Kuźnica‹. Während des Krieges im Untergrund, Klage um das zerstörte Polen u. die Opfer des Kampfes. Nach dem Kriege anspruchsvolle Gedankenlyrik. Ferner dichter. Biographien von Mickiewicz, Słowacki, Kochanowski, Essays u. Übs. dt., franz. u. russ. Dichtung.
W: Spotkanie w czasie, G. 1929; Inna młodość, G. 1933; Dzieje nieostygłe, G. 1935; Strumień i milczenie, G. 1937; Godzina strzeżona, G. 1944; Rzecz ludzka, G. 1946; Sezon w Alpach, G. 1948; Mickiewicz, B. 1949 (d. 1953); Rok urodzaju, G. 1950; Barwy ziemi, G. 1951; Spotkanie z Salomeą, R. 1951; Poemat o mowie polskiej, G. 1952; Poeta i dworzanin, R. 1954 (Poet und Hofmann, d. 1957); Dzienniki i wspomnienia, Mem. 1955; Poezja i prawda, G. 1955; Gorący popiół, G. 1956; Wizerunki, Ess. 1956; Genezy, G. 1959; Większe od życia, G. 1960; Między słowem a milczeniem, Ess. 1960; Piękna choroba, R. 1961; Intonacje, G. 1962; Mit śródziemnomorski, Ess. 1962; Strefa owoców, G. 1964; Poezja i rzeczywistość, Ess. 1965; W biały dzień, G. 1967; Godła pamięci, G. 1969; Wolność wyboru, Ess. 1969; Gwiazdzisty diament, Ess. 1971; Wyspa, G. 1973; Błysk obrazu, G. 1975; Scena obrotowa, G. 1979; Punkty świecące, G. 1980; Inna wersja, G. 1982; Smuga światła, Mem. 1983; Fuga temporum, G. 1986. – Wiersze zebrane (ges. G.), 1956; Poezje zebrane (ges. G.), I 1975 u. II 1984; Eseje, Ess. 1971.
L: J. Trznadel, 1981; J. Łukasiewicz, 1982.

Jasykow, N. M. → Jazykov, Nikolaj Michajlovič

Jātakas, die (zur Geburt gehörend), zum Khuddaka-nikāya des Suttapitaka (→ Tipitaka) gehörende Sammlung von 547, wahrscheinl. zum großen Teil vorbuddhist., Fabeln, Märchen, Novellen, Anekdoten und Balladen in Pali-Sprache, die der Buddha als Erlebnisse aus s. früheren Existenzen s. Jüngern zur Belehrung erzählt haben soll. In der heute vorliegenden Form sind die J. in Prosa mit eingestreuten Versen (gāthā) abgefaßt; zum Kanon werden ledigl. die Verse gezählt, obwohl sie wenig Buddhistisches enthalten und möglicherweise zur allg. Volksdichtung gehörten, während der Prosatext als Kommentar betrachtet wird.
A: V. Fausbøll VII 1877–97, 1897–99 (n. 1962–64), hg. V. Piyatissa VII 1926–39. – Übs.: J. Dutoit 1907–21; Ausw. E. Lüders, Buddhist. Märchen, 1921, 1961; engl. Ausw. T. W. u. C. Rhys Davids 1880; E. B. Cowell u.a. VII 1895–1913 (n. 1973); Ausw. H. T. Francis, E. J. Thomas 1956.
L: M. L. Feer, Etudes buddhistiques, Les J., in: Journal asiatique (1875), engl. Kalkutta 1963, 1984; G. Hafner, 1927; R. Hikata, A historical study of the thoughts in J., II Tokio 1954; B. C. Sen, Kalkutta [2]1974; S. Sarkar, Kalkutta 1981; S. L. Nagar, Delhi 1993; D. C. Ahir, Delhi 2000.

Jatromanolakis, Jorgis, griech. Schriftsteller u. Kritiker, * 17. 3. 1940 Zaros Irakliou/Kreta. Unterrichtet altgriech. Lit. an der Univ. Athen. – S. Geschichten entstehen aus der Überlagerung versch. Sichtweisen, in denen der Mythos mit der Realität konkurriert.
W: Leimōnario, R. 1974; Hē arrabōniastikia, R. 1979; Historia, R. 1982 (Der Schlaf der Rinder, d. 1996); Ho Zacharenios Erastēs, G. 1984; Anōpheles Diēgēma, R. 1993 (Bericht von einem vorbestimmten Mord, d. 1998); Erōtikon, Prosa 1995 (d. 2001); Apologos, Prosa u. G. 1997; Stēn Koilada tōn Athēnōn, R. 2000.

Jaufré Rudel, Seigneur de Blaya, provenzal. Troubadour Mitte 12. Jh. Nahm am 1., vielleicht auch am 2. Kreuzzug teil. Besingt in 6 erhaltenen Liebesliedern, die zu den besten der Troubadourkunst zählen, s. sehnsuchtsvolle Liebe zu e. fernen Geliebten. Die Legende, daß J. nach langem Pilgerzug im Orient zu den Füßen s. Angebeteten stirbt, wurde in Balladen von Heine, Uhland, Carducci und in Rostands Drama ›La princesse lointaine‹ dichter. gestaltet.
A: A. Jeanroy, [2]1924; M. Casella, 1945; S. Battaglia, 1949; R. Lafort, 1992. – Übs.: The songs of R., hg. R. T. Pickens 1978.
L: A. Stimming, 1873; P. Blum, 1912; L. Zade, 1919; L. Spitzer, L'amour lointain de J. R., 1944; M. Allegretto, Il luogo d'amore, Florenz 1979.

Jaunsudrabiņš, Jēkabs, lett. Schriftsteller, 25. 8. 1877 Nereta/Lettl. – 28. 8. 1962 Körbecke b. Soest. Sohn e. Knechts; 1880 Tod des Vaters; die Familie arbeitet auf diversen Höfen der Gegend um Nereta; 1886–95 örtliche dt. und russ. Schulen; 1895–97 Landwirtsch.-Schule; 1897–99 Gutsverwalter; 1899–1905 Kunstschule in Riga, Aufenthalt in München; 1906 Redakteur bei der Zs. ›Pret Sauli‹; 1907 Übs.; 1908/09 Kunstschule in Berlin; 1910–13 Mīlgrāvis/Lettl., Beginn intensiven lit. Arbeitens; auf Pļaviņas; ab 1915 Kriegsflüchtling im Nordkaukasus; 1918–35 Pļaviņas, Reise nach Paris; 1935 Trennung von seiner Frau, Umzug nach Sabile; 1936 Reise nach Italien; lebt dann in Kaplavas u. Ropaži; 1944 nach Dtl. exiliert. – Realist, beliebter Autor; Romane sind Zeitzeugnisse mit Humor; Vielschreiber.

W: Aija – Atbals – Ziema, Tril. 1911–25 (Aija, d. 1922); Dzejoļi, G. 1911; Baltā grāmata, En. II 1914–21; Latvieši, Dr. 1918; Nāves deja, R. 1924; Neskaties saulē, R. 1936; Kapri, R. 1939; Nauda, R. 1942; Debess un zeme, G. 1947; Zaļa grāmata, En. II 1950–51; Mana dzīve, Aut. erw. ⁴1957. – Kopoti raksti (GW), XV 1981–85. – *Übs.:* Kraniche über dem Möhnesee, En. 1972; Zuhause, E. 1982; Erzählungen vom Möhnesee, 1983.

L.: A. Bērziņš, 1952; A. Rudzīte, 1982; L. Ķuzāne, 1986; A. Stankevičs, 1988.

Javaxišvili, Mixeil, georg. Schriftsteller, 20. 11. 1880 Cerak'vi – 1937. Stammt aus Bauernfamilie, Stud. Kunst, Literatur u. Wirtschaft Genf, Paris u. Brüssel; Redakteur versch. Zeitungen. Mehrmalige Gefängnis- und Verbannungsstrafen. 1918–21 Mitbegründer und Mitarbeiter der Georg. Handelskammer. Ab 1923 schriftsteller. Tätigkeit. – Erste Erzählung ›Čančura‹; in ihr und nachfolgenden Erzählungen bis 1908 wird das herzzerreißende Schicksal des ›kleinen Mannes‹ beschrieben. Nach einer Pause entstehen in den 1920er Jahren bis zu seinem gewaltsamen Tod mehrere von der Thematik und vom Stil her äußerst vielfältige Erzählbände und Romane. In ihnen wird eine ganze Reihe sozialer u. menschl. Typen gezeichnet, die stark ins georg. Volksbewußtsein eingegangen sind. Der hist. Roman ›Arsena Marabdeli‹ zeigt einen georg. Robin Hood der 1. Hälfte des 19. Jh. Übs. Čechov, Maupassant, Sienkiewicz, Istrati ins Georgische.

W: Čančura, E. 1903 (d. in: Der ferne weiße Gipfel, 1984); Arsena Marabdeli, R. 1933–36 (Die Geächteten aus Marabda, d. 1986). – T'xzulebani (W), VIII 1969–80. – *Übs.:* russ.: Sobr. sočinenij, V 1969–75; dt.: Giwi Schaduri 1962; Das fürstliche Leben des Kwatschi K. 1986, 1991.

L: T. Kvančilašvili, 1966; G. Gverdcit'eli, 1977; R. Čart'išvili, 1980; K. Javaxišvili, 1984, 1991; N. Šavgulije, 1988; St. Chotiwari-Jünger in: Die Entwicklung des georg. hist. Romans, 1993.

Javorov, Peju (eig. P. Kračolov), bulgar. Dichter u. Dramatiker, 1. 1. 1878 Čirpan – 29. 10. 1914 Sofia (Freitod). 1898–1900 Postbeamter in der Provinz, erregte Aufsehen mit s. ersten Gedichten in ›Glas Makedonski‹, ›Den‹ u. in der damals führenden lit. Zs. ›Misul‹. 1902/03 Teilnehmer am Befreiungskampf in Mazedonien. 1903 zum Bibliothekar in Sofia ernannt, 1906/07 Studienaufenthalt in Frankreich, 1908–13 Intendant-Sekretär u. Dramaturg des Nationaltheaters Sofia. Die reife Periode s. Schaffens ist mit dem Lit.kreis ›Misul‹ verbunden, an dem auch der große Kritiker K. Krustev, der Dichter P. P. → Slavejkov u. der Belletrist u. Dramatiker P. Todorov teilnahmen. ›Misul‹ legte den Akzent auf den Individualismus u. bedeutete eine kulturelle Bekehrung am Ende des 19. u. am Beginn des 20. Jh. – J.s erste reife Werke sind mit sozialen u. nationalen Problemen verbunden. 1907 beginnt eine neue Etappe s. Schaffens, bei der das individuelle Leiden, die Einsamkeit u. die antithet. Zustände im Vordergrund stehen. Gilt als erster bulgar. Symbolist.

W: Stichotvorenija, G. 1901; Goce Delčev, Mem. 1904 (Gotze Deltscheff, d. 1925); Bezsŭnici, G. 1907; Hajduški kopnenija, Mem. 1909; Podir senkite na oblacite, G. 1910; V polite na Vitoša, Dr. 1911; Kogato grŭm udari, kak echoto zaglŭchva, Dr. 1912. – GW, III 1924, V 1934–36.

L: K. Krŭstev, 1917; I. Mešekov, 1934; S. Iliev, 1976; N. Georgiev, 1980; A. Hranova, 1999.

Jaworski, Roman, poln. Schriftsteller, 21. 6. 1883 Klicko b. Sanok – Herbst 1944 Góra Kalwaria b. Warschau. Stud. Germanistik Krakau. 1914–19 in Wien und Schweiz. Seit 1934 in Łódź. Lebte nach Kriegsbeginn in extremer Armut. – Die formal innovative Prosa blieb lange unbeachtet. Sie thematisiert das ausgegrenzte Sein, das Krankhafte, Psychopathische. Nähe zum Expressionismus und Katastrophismus.

W: Historie maniaków, En. 1909; Wesele hrabiego Orgaza, R. 1925; Hamlet drugi, królewic Polski, Dr. (Druck 1995).

L: J. Z. Maciejewski, Konstruktor dziwnych światów, 1990; K. Kłosiński, Wokół »Historii maniaków« R. J., 1992.

Jayadeva, ind. Dichter des 12. Jh. n. Chr. Sohn des Bhojadeva aus Kindubilva (Kenduli/Bengalen); Hofdichter des bengal. Königs Laksmanasena. – Vf. des ›Gītagovinda (kāvya)‹, e. ep. Gedichts in 12 Gesängen (sarga), das die Liebe zwischen Kṛṣṇa (Govinda) und Rādhā, ihre Entfremdung durch Rādhās Eifersucht, ihre Versöhnung und endl. Wiedervereinigung, damit zugleich sinnbildl. das Verhältnis von Allseele und Einzelseele myst. darstellt. Den Hauptteil des ›Gītagovinda‹ bilden zumeist 8zeilige Strophen in kunstvollen Rhythmen mit in der Sanskrit-Dichtung sonst seltenen End- und Binnenreimen und e. Refrain; die eigentl. Handlung wird in wenigen Rezitativ-Versen erzählt. Während die Strophen gesungen und getanzt wurden – Melodie (rāga) und Rhythmus (tāla) sind jeweils angegeben –, wurden die Rezitativ-Verse vorgetragen. J. gehört zu den bedeutendsten Dichtern Indiens; s. ›Gītagovinda‹, das trotz s. kunstvollen Sprache doch auch viele Züge der Volksdichtung trägt, ist e. der beliebtesten ind. Dichtungen überhaupt, die nicht nur viele Nachahmer und Kommentatoren gefunden, sondern v.a. auch die ind. Miniaturmalerei ganz wesentl. beeinflußt hat.

A: C. Lassen 1836 (m. lat. Übs.), M. R. Telang, W. L. S. Pansikar [6]1929, B. S. Miller 1977 (m. engl. Übs.), H. Quellet 1978, D. Mukhopadhay 1990 (m. engl. Übs.), N. S. R. Ayengar 2000 (m. engl. Übs.). – *Übs.:* F. Rückert 1837 (n. hg. A. Kreyenberg 1920), unvollst.; engl. E. Arnold 1882, G. Keyt [3]1965, L. Siegel 1978.

L: R. Pischel, 1893; S. K. Chaterji, Delhi 1973, 1996; L. Siegel, Delhi 1978, 1990; G. Kuppuswamy, M. Hariharau, hg. 1980; P. K. Dasgupta, Kalkutta 1982; B. Rath, Berhampur 1984; D. Pathy, Delhi 1995.

Jāyasī, Malik Muḥammad, ind. Dichter, 1477 oder 1493 Jāyas/Audh – 1542 Ameṭhi. Sūfī. – Vf. der ›Padumāvatī‹ (Padmāvat), e. Epos in 47 Gesängen von ca. 1540 über Prinzessin Padmāvatī (Padminī) von Sinhaldvipa (= Ceylon, Sri Lanka) und König Ratnasena von Cittor. Es schildert, die hist. verbürgte Belagerung und Eroberung der Festung Cittor durch ʿAlūʿud-dīn Khiljī (1290 n. Chr.) als Vorlage nehmend, wie e. Papagei dem König Ratnasena die Kunde von der Schönheit der Prinzessin Padmāvatī bringt, der König darauf als Büßer verkleidet nach Sri Lanka zieht und nach manchen Gefahren Padmāvatī heimführt; e. von Ratnasena entlassener Hofastrologe, Rāghava Caitanya, jedoch überredet den mohammedan. Kaiser ʿAlūʿud-dīn, Cittor zu erobern und Padmāvatī zu rauben; die 8jährige Belagerung Cittors bleibt erfolglos, doch gelingt es ʿAlūʿud-dīn, Ratnasena gefangenzusetzen; von zwei Helden befreit, erfährt Ratnasena, daß der Rājā von Kambhalner während s. Gefangenschaft Padmāvatī e. Liebesantrag gemacht hat; er zieht gegen Devapāla zu Felde; im Zweikampf fällt der Rājā, aber auch Ratnasena stirbt, nach Cittor zurückgekehrt, an e. tödl. Wunde; Padmāvatī und Ratnasenas erste Gattin, Nāgamatī, lassen sich mit ihm verbrennen, während ʿAlūʿud-dīn Cittor erobert, die Männer der Stadt im Kampf fallen und die Frauen freiwillig in den Tod gehen. Das vielfach nachgeahmte Werk, in Awadhi verfaßt (mit pers. Schrift), folgt in Inhalt und Form hinduist. Vorbildern; die Handlung selbst hat allegor. Bedeutung: Der Schlußvers deutet Ratnasena als die Seele, die Festung Cittor als den Leib, Sri Lanka als das Herz, Padmāvatī als die Weisheit, Nāgamatī als den Welthang, den Papagei als den Guru, Rāghava Caitanya als den Satan, ʿAlūʿud-dīn als die Verblendung; e. ähnl. myst. Einstellung spricht aus dem Akrostichon ›Akharāvaṭ‹ (in Urdu-Sprache) von 1523.

W: Akharāvaṭ, G. 1523; Padumāvatī, Ep. 1540 (Gesang 1–25 hg. G. A. Grierson, Sudhakara Dvivedi 1911, m. engl. Übs. u. Komm. Gesang 1–10 ebda.; Gesang 1–25 hg. S. K. Shastri, 1934; Gesang 26–31 hg. L. Dhar, London 1949 m. engl. Übs.). – Jāyasīgranthāvalī (GW), hg. M. P. Gupta 1952, hg. M. Gautam 1977, hg. R. Śukla [18]1995. – *Übs.:* engl. G. A. Grierson, A. G. Shirreff 1944.

L: L. Dhar, Padumavati, 1949; P. C. Vājapeyī, 1957; D. B. Kapp, Wiesbaden 1972; R. Mathur, 1974; D. B. Kapp, 1976; V. Sāhī, 1983; J. Millis, Diss. Chicago 1984.

Jazykov, Nikolaj Michajlovič, russ. Dichter, 16. 3. 1803 Simbirsk – 7. 1. 1847 Moskau. Vater Gutsbesitzer; in Petersburg Bekanntschaft mit Delʿvig; 1822–29 Stud. Dorpat ohne Abschluß; dort wurde ihm die Dichtung Lebensziel; besang das fröhliche student. Leben, veröffentlichte viel in Zsn. und Almanachen, gewann viele Leser. 1829 in Moskau, Freundschaft mit Puškin, dessen Einfluß im Stil und Klang s. Gedichte erkennbar ist, und mit Baratynskij. Sammelte russ. Volkslieder. Freundschaft mit Gogol', enge Beziehungen zu den Slawophilen. – Vorwiegend Lyriker, klangreichen, von lebhafter Bewegung getragenen anakreont. Lieder und Gedichte aus den Studentenjahren übertragen s. spätere, z. T. relig. und eleg. Lyrik, unter der z. T. slawophile Tendenzen vorherrschen. Brachte Neuerungen in Rhythmik und Strophenbau der russ. Ballade.

A: Stichotvorenija, II 1858; Polnoe sobranie stichotvorenij, 1934; N. M. J., W. 1959; Polnoe sobranie stichotvorenij, G. 1964.

L: V. J. Smirnov, 1900; A. Leong, 1970.

Jean Bodel → Bodel, Jehan

Jean d'Arras, franz. Prosaschriftsteller des 14. Jh. – Schrieb dem Haus Lusignan zu Ehren, aus dem poitevin. Volkstum schöpfend, den Prosaroman ›Livre de Mélusine‹, die Sage von der Stammutter des Hauses Lusignan, e. schönen Fee, die, von ihrem Gatten in Nixengestalt gesehen, ins Meer zurückkehren muß u. seither immer mit Warnrufen erscheint, wenn dem Haus Lusignan Unheil droht. Der Übs. dieses Romans durch Thüring von Ringoltingen (1456) schlossen sich die späteren Bearbeitungen der Melusinensage (durch H. Sachs, L. Tieck, Goethe, Schwab, Simrock) an.

W: Livre de Mélusine, zwischen 1387 u. 1394 (hg. W. J. Meyer 1924, L. Stouff 1932).

L: L. Stouff, Essai sur Mélusine, 1930.

Jean de Meung (Chopinel) → Roman de la Rose, Rosenroman

Jean du Parc → Putman, Willem

Jean (Jehan) Renart → Renart, Jean

Jebavý, Vaclav → Březina, Otokar

Jedermann → Everyman

Jedlička, Josef, tschech. Schriftsteller, 16. 3. 1927 Prag – 5. 12. 1990 Augsburg. Stud. Ethnologie u. Ästhetik Prag, 1949 aus polit. Gründen relegiert (Stud.-Abschluß z.Z. des ›Prager Frühlings‹); 1949–63 im Industriegebiet von Litvínov Hilfsarbeiter, Lehrer, techn. Angestellter u.a., gleichzeitig externe, meist anonyme Mitarbeit bei Rundfunk u. Fernsehen; ab 1963 Ethnologe am Bezirksmuseum in Most (Brüx), intensives Engagement in der intellektuellen Reformbewegung; nach August 1968 Exil; lebte als Rundfunkredakteur u. Publizist in München. – Bis auf wenige Essays u. Erzählungen blieb J.s gesamtes Œuvre (2 Romane, 6 Theaterstücke, mehrere Erzählungen u. Filmdrehbücher) ungedruckt. ›Kde život náš je v půli se svou poutí‹ schildert in modernist., antiep. Kompositionstechnik unter Einbezug biograph. Fakten die 50er Jahre in der ČSSR.

W: Kde život náš je v půli se svou poutí, E. 1966 (Unterwegs, d. 1969); Domov vyvzdorovaný, Ess. 1968; Krev není voda, R. 1991; České typy, Ess. 1992 (Nachw. V. Fischerová).

Jefferies, Richard (John), engl. Schriftsteller, 6. 11. 1848 Coate b. Swindon/Wiltshire – 14. 8. 1887 Goring/Sussex. Sohn e. Landwirts. Zunächst Journalist an e. Lokalzeitung, 1873 für ›Frazer's Magazine‹ tätig (Farming and Farmers), ab 1877 in London an der ›Pall Mall Gazette‹, in der er zuerst ›The Gameekeper at Home‹ und ›Wild Life in a Southern County‹ veröffentlichte. ∞ 1874 Jessie Baden. Starb in s. Heimat nach 6jähr. Krankheit. – Erzähler von guter Naturbeobachtung; schilderte in s. Skizzen, Erzählungen und Romanen Landschaft, Tiere und Pflanzen mit Frische und poet. Feingefühl. Naturmystiker.

W: The Gamekeeper at Home, Sk. 1878; Wild Life in A Southern County, 1879; The Amateur Poacher, 1879; Wood Magic, R. II 1881; Round about a Great Estate, 1881; Bevis, R. III 1882; The Story of My Heart, Aut. 1883; Life of the Fields, Ess. 1884; The Open Air, Ess. 1885; After London; or, Wild England, R. 1885 (n. J. Fowles 1980); Amaryllis at the Fair, R. 1887; Field and Hedgerow, Ess. hg. Mrs. Jefferies, 1889; Nature Diaries and Notebooks, hg. S. J. Looker, 1941; The Old House at Coate, Ess. hg. S. J. Looker 1950. – The Works, hg. C. W. Warren 1948f.

L: P. E. Thomas, 1909, n. 1938; T. R. Arkell, 1933; S. J. Looker, 1946; R. T. Church, R. J. Centenary, 1948; W. J. Keith, 1965; S. Looker, C. Porteous, 1965; Th. Edward, 1978; B. Taylor, 1982.

Jeffers, Robinson (eig. John R.), amerik. Lyriker und Dramatiker, 10. 1. 1887 Pittsburgh – 20. 1. 1962 Carmel/CA. Bis 1903 in Europa, Privatschulen Schweiz u. Dtl.; früher Einfluß Nietzsches und Freuds. Stud. Los Angeles, Zürich, Seattle; ∞ 1913 Una Call Kuster; ab 1914 in Carmel. – Die kaliforn. Küste symbolisiert in s. Gedichten e. feindl., qualvolle Welterfahrung. S. eher pessimist.-materialist. Weltanschauung läßt Einflüsse von Spengler, Nietzsche, Freud und Jung erkennen. S. allegorisierenden Verserzählungen handeln oft von Inzest, sexuellen Perversionen, Vergewaltigung u. Mord. Dunkle Metaphorik u. ekstat. Diktion. Bezug zu antiken, bibl. und indian. Mythen. Als Dramatiker Nachschöpfer euripideischer Tragödien.

W: Flagons and Apples, G. 1912; Californians, G. 1916; Roan Stallion, G. 1925; The Women at Point Sur, G. 1927; Cawdor, G. 1928; Dear Judas, G. 1929; Descent to the Dead, G. 1931; Thurso's Landing, G. 1932; Give Your Heart to the Hawks, G. 1933; Solstice, G. 1935; Such Counsels You Gave to Me, G. 1937; Selected Poetry, 1938; Be Angry At the Sun, G. 1941; Medea, Dr. 1946; The Double Axe, G. 1948; Hungerfield, G. 1954 (enth. u.a. The Cretan Woman, Dr.); The Beginning and the End, G. 1963; Selected Letters 1897–1962, 1968; The Alpine Christ, G. 1974; Brides of the South Wind, 1917–1922, G. 1974; What Odd Expedients, G. 1981; Rock and Hawk, G. 1987. – Collected Poetry, hg. T. Hunt II 1989; Selected Poetry, hg. ders. 2001. – *Übs.*: Dramen, 1960; Gedichte, 1984; Unterjochte Erde, G. 1987.

L: R. Gilbert, 1936; L. C. Powell, ²1940; R. Squires, 1956; M. C. Monjian, 1958; F. J. Carpenter, 1962; W. Everson, 1968; A. B. Coffin, 1971; R. J. Brophy, 1973; M. Beilke, Shining Clarity, 1977; W. H. Nolte, 1978; R. Zaller, 1983; J. Karman, hg. 1990; R. Zaller, hg. 1991; T. Beers, 1995; R. J. Brophy, hg. 1995; J. Karman, 1995; W. B. Thesing, hg. 1995. – *Bibl.*: A. Vardamis, 1972.

Jégé (eig. Ladislav Nádaši; Ps. Ján Grob), slovak. Schriftsteller, 12. 2. 1866 Dol. Kubín – 2. 7. 1940 ebda. Advokatensohn, Stud. Medizin Prag, ab 1890 Arzt. – Vor 1918 Vertreter des Naturalismus, den er auch in s. späteren hist. u. Gesellschaftsromanen u. Novellen nicht zu überwinden vermag. Dramat. Versuche wenig erfolgreich.

W: Adam Šangala, R. 1923; Krpčeby sv. Floriána, Dr. 1925; Svätopluk, R. 1928; Cesta životom, R. 1930; Itália, Nn. 1931; Alina Országhová, R. 1934; S. duchom času, R. 1937. – Spisy (W), VI 1956–60; V čom je radost' života, Ausw. 1986.

L: J. Gregorec, 1957; J. v kritike a spomienkach, 1959; V. Petrík, Člověk v J. diele, 1979.

Jehan de Meung (Chopinel) → Roman de la Rose, Rosenroman

Jehoschua, Abraham B., hebr. Erzähler, * 9. 12. 1936 Jerusalem. Aus oriental. Judenfamilie, Stud. Philos. u. hebr. Lit. Univ. Jerusalem; 1963–67 Aufenthalt in Paris, seit 1967 in Haifa, dort Prof. für vergl. Lit.wiss. – Gibt in meisterhafter Erzähltechnik Einblick in die Mentalität u. Denkweise der Juden u. Araber, die in ihrer bizarren Art immer wieder e. Weg finden, Barrieren zu überwinden u. zueinander zu kommen.

W: Mot hazaken, En. 1962; Mul ha-yearot, En. 1971 (Angesichts der Wälder, d. 1982; 1992); Be-tchilat Kajitz 1970, En., 1970; Layla be-Mai, Dr. 1975 (Eine Nacht in Mai, d. 1983); Ha-Meahev, R. 1977 (Der Liebhaber, d. 1980, 1994); Bizchut ha-Normaliut, Es. 1980; Bejn Zechut le-Zechut, Es. 1980 (Between Right and Right, engl. 1981; Exil der Juden, d. 1986); Gerushim meucharim, R. 1982 (Späte Scheidung, d. 1986); Chafazim, Dr. 1986 (d. 1986); Molcho, R. 1987 (Die fünf Jahreszeiten des Molcho, d. 1989); Ha-Kir veha-Har, Es. 1989; Mar Mani, R. 1990 (Die Manis, d. 1995); Tinokot Layla, Dr. 1992; Kol ha-Sipurim, 1993; Ha-Shiva me-Hodu, R. 1994 (Die Rückkehr aus Indien, d. 1996); Masa el sof ha-Elef, R. 1997 (Eine Reise ins Jahr Tausend, d. 1999); ha-Kala ha-Meschachreret, R. 2001 (Die befreite Braut, d. 2003).

L: Yosef Yerushalmi, A. B. Y. Bibl. 1953–1979, 1980; N. Sadan-Loebenstein, A. B. Y., 1981; Y. Itzhaki, The Concealed Verses: Source Material in the Works of A. B. Y., 1992; Mr. Mani, hg. Nitza Ben-Dov 1995; B. Horn, Conversations with A. B. Y., 1997; Z. Shamir, Aviva Doron, hg. 1999.

Jehuda ben Samuel Halevi → Jehuda Halevi

Jehuda Halevi (Jehuda ben Samuel ha-Levi, arab. Abû'l Hassan ibn Allâwi), jüd. Dichter und Religionsphilos., vor 1075 Tudela/Nordspanien – 1141 Ägypten auf einer Pilgerfahrt nach Palästina. Früh verwaist, scheint er e. schwere Jugend verbracht zu haben, doch fand er in s. späteren Lebensjahren in Sevilla (um 1120), Córdoba und Toledo (ab 1125), wo er sich als Arzt niedergelassen hatte, zahlr. Freunde und Gönner, die ihn als den unerreichten Dichter und Meister der relig. Lehre verehrten. – Größter hebr. Dichter nachbibl. Zeit und bedeutender jüd. Religionsphilosoph. Begann sehr früh in hebr., gelegentlich auch in arab. und span. Sprache zu dichten und zeigte sich dabei von der Lehre des arab. Mystikers al-Ghazzâlî beeinflußt, dessen pessimist. Grundstimmung er jedoch mit starken lebensbejahenden Akzenten versieht. S. relig., an die Psalmen erinnernden Dichtungen, von denen sich über 300 erhalten haben, wurden ungemein populär und gingen zum großen Teil in die synagogale Liturgie ein. Als Religionsphilosoph dramatisierte er in origineller Weise in s. arab. geschriebenen ›Al-Chazari‹ (›Kusari‹) ein Lehrgespräch über die Vorzüge der jüd. Religion gegenüber Christentum und Islam. Die Beschäftigung mit diesem Werk veranlaßte ihn 1141 von Granada aus e. legendenumwobene Reise nach Palästina anzutreten, auf der er verschollen ist. Aus dieser Zeit stammen s. berühmten Zionslieder, die H. Heine zu s. ›Hebr. Melodien‹ angeregt haben.

W: Diwan, hg. H. Brody IV 1901–30; Shire ha-kodesh, hg. D. Jarden 1978–82; Selected Poems, hg. H. Brody [2]1952; Kol schirej, hg. J. Semora III [4]1955. – *Übs.:* (Ausw.) E. Bernhard 1920, F. Rosenzweig 1926, 1933 u. 1983; Kusari, d. hg. H. Hirschfeld 1887, hebr. hg. C. Cassel [2]1923; arab. hg. D. H. Baneth 1977, dreisprach. hg. A. Zifroni-Toporowski 1964, 1990.

L: J. Millàs Vallicrose, 1947; E. Bertola, Pensiero Ebr, 1972; J. Silman, 1985.

Jellicoe, (Patricia) Ann, engl. Dramatikerin, * 15. 7. 1927 Darlington. Regisseurin in London. – Begann mit e. anti-realist. u. anti-rationalist. Experimentalstück; ›The Knack‹ ist e. witzige Sittenkomödie, ›Shelley‹ genauso wie ›The Reckoning‹ weitgehend dokumentar. Bericht, ›The Giveaway‹ e. Nonsensfarce.

W: The Sport of My Mad Mother, Dr. 1957 (Meine Mutter macht Mist mit mir, d. 1970); The Knack, K. 1962; Shelley, Dr. 1966; Some Unconscious Influences in the Theatre, St. 1967; The Giveaway, K. 1970; 3 Jelliplays, 1975; The Reckoning, Dr. 1978; The Tide, Dr. 1980; The Western Women, Dr. 1984; Under the God, Dr. 1989.

Jenko, Simon, slowen. Dichter, 27. 10. 1835 Podreča pri Mavčičah – 18. 10. 1869 Kranj. Ab 1847 Erziehung durch e. Onkel (Gymnasialprof.) in Novo Mesto; Stud. klass. Philol., später Rechte Wien; Hauslehrer ebda., Rechtsanwaltskonzipient in Kranj. – Lyriker, dessen gesamtes Schaffen unter dem Einfluß des Volksliedes steht. Außer patriot. Gedichten, die den Ruhm u. die Sehnsucht der Slowenen nach e. eigenen Reich besingen, pflegte J. subjektive Erlebnislyrik, die sich durch Unmittelbarkeit, Musikalität u. Gefühlstiefe auszeichnet; s. Gedicht ›Naprej zastava slave‹ wurde zur Nationalhymne erhoben. J.s Prosa, z. T. autobiograph., erreicht nicht die künstler. Höhe s. Lyrik.

W: Spomini, E. 1858; Tilka, E. 1858; Jeprški učitelj, E. 1858; Pesmi, G. 1864 (n. 1974); Pesmi, I 1896, II 1901. – Zbrano delo, II [2]1986.

L: F. Bernik, 1962, 1979.

Jennings, Elizabeth (Joan), engl. Lyrikerin, 18. 7. 1926 Boston/Lincolnshire – 26. 10. 2001 Oxford. Stud. Oxford. Bibliothekarin ebda., Verlagsarbeit und Journalistin in London. – Einziges weibl. Mitglied der Oxforder ›Movement‹-Gruppe. Prägnant-konziser, antiromant. Stil als Ausdruck intellektueller Klarheit. Gedichte der 1960er Jahre bestimmt von Erfahrung des Nervenzusammenbruchs, seit den 70ern relig. Lyrik. Übs. Michelangelo, A. Rimbaud.

W: Poems, 1953; A Way of Looking, G. 1955; A Sense of the World, G. 1958; Song for a Birth or a Death, G. 1961; Every Changing Shape, Ess. 1961; Recoveries, G. 1961; The Mind Has Mountains, G. 1966; The Secret Brother, G. 1966; The Animals' Arrival, G. 1969; Lucidities, G. 1970; Relationships, G. 1972; Growing-Points, G. 1975; Consequently I Rejoice, G. 1977; After the Ark, G. 1978; Moments of Grace, G. 1979; Celebrations and Elegies, G. 1982; Extending the Territory, G. 1985; An Oxford Cycle, G. 1987; Tributes, G. 1989; Times and Sesaons, G. 1992; Familiar Spirits, G. 1994; In the Meantime, G. 1996; Every Changing Shape, Ess. 1996; A Spell of Words, G. 1997; Praises, G. 1998; Timely Issues, G. 2001. – Collected Poems, 1967, 1969, 1986; Selected Poems, 1979.

L: M. Brodkorb, 1993; G. Gramang, 1995.

Jensen, Erik Aalbæk → Aalbæk Jensen, Erik

Jensen, Johannes V(ilhelm), dän. Lyriker, Erzähler und Essayist, 20. 1. 1873 Farsø/Jütland – 25. 11. 1950 Kopenhagen. Sohn e. Tierarztes; Schule in Viborg bis 1893; bis 1895 Stud. Medizin Kopenhagen ohne Abschluß. 1896 Reise in die USA, wo er lange lebte, später ausgedehnte Reisen als Zeitungskorrespondent nach Frankreich, Spanien und Ostasien; 1904 ∞ Else Marie Ulrik, 1929 Dr. h. c. Lund/Schweden; 1944 Nobelpreis. – In s. frühen Werken lehnte er sich stark an den dän. Symbolismus an, distanzierte sich jedoch später von ihm und fand s. eigenen optimist.-lebensbejahenden Stil. In s. Prosawerken von starker Diesseitsbezogenheit und Betonung des sinnl. Wahrnehmbaren. Begründer der mod. dän. Lit. Setzte sich in philos. Essays (›Dyrenes forvandling‹, ›Ådens stadier‹) und Erzählungen mit der Evolutionstheorie Darwins auseinander und schildert in der Romanfolge ›Den lange rejse‹ die Entwicklung des nord. Menschen von der Voreiszeit bis zur Entdeckung Amerikas. Auch in s. von Whitman und Kipling beeinflußten Gedichten griff er häufig auf Gedanken Darwins zurück. Grundthema s. Erzählwerks ist die Spannung zwischen unwiderstehl. Fernweh, Sehnsucht nach der Welt, der Vergangenheit und e. Reich der Phantasie, und andererseits e. Heimweh, das in der Erde das Paradies erkennt und zur Diesseitigkeit gelangt. Ausdruck s. engen Bindung an das Volkstum und die Landschaft s. Heimat, aber auch der Erlebnisse auf s. Reisen sind die sprachl. meisterhaft gestalteten zahlr. ›Myter‹ genannten Novellen, Erzählungen und Skizzen, in denen er oft von alltägl. Ereignissen ausgeht, zugleich aber in Reflexionen und mit Hilfe von Assoziationen Augenblicke in e. neue und tiefere Dimension des Daseins öffnet.

W: Danskere, R. 1896 (n. 2000); Einar Elkær, R. 1898 (n. 2001); Himmerlandshistorier, En. III 1898–1910 (Himmerlandsgeschichten, Ausw. d. 1905); Intermezzo, Nn. 1899; Kongens fald, R. III 1900f. (²2001; Des Königs Fall, d. 1912); Den gotiske renæssance, Ess. 1901; Skovene, Sk. 1904; Madame d'Ora, R. 1904 (d. 1907); Hjulet, R. 1905 (Das Rad, d. 1908); Digte, G. 1906 (n. 1977); Eksotiske noveller, Nn. III 1907–15 (Exotische Novellen, d. 1925); Den nye verden, Ess. 1907 (Die neue Welt, d. 1908); Myter, Nn. IX 1907–44 (Mythen und Jagden, Ausw. 1911); Den lange rejse, R.-Folge 1908–22 (n. II 1996), I: Det tabte land, 1919 (Das verlorene Land, d. 1920), II: Bræen, 1908 (Der Gletscher, d. 1911), III: Norne-Gæst, 1919 (d. 1926), IV: Cimbrernes tog, 1922 (Der Zug der Kimbern, d. 1925), V: Skibet, 1912 (Das Schiff, d. 1915), VI: Christofer Columbus, 1922 (Kolumbus, d. 1922); Introduktion til vor tidsalder, Ess. 1915; Æstetik og udvikling, Ess. 1923; Årstiderne, G. 1923; Hamlet, Ess. 1924; Evolution og moral, Ess. 1925 (Evolution und Moral, d. 1925); Årets højtider, Ess. 1925; Verdens lys, G. 1926; Dyrenes forvandling, Ess. 1927 (Verwandlung der Tiere, d. 1928); Åndens stadier, Ess. 1928 (Die Stadien des Geistes, d. 1930); Den jydske blæst, G. 1931; Dr. Renaults fristelser, R. 1935 (Dr. Renaults Versuchung, d. 1936); Påskebadet, G. 1937; Vor oprindelse, Ess. 1941; Mytens ring, En. 1951; Mørkets frodighed, En.-Ausw. 1973; Milliontyvenes høvding eller Den røde tiger, R. 1990; Madame D'Ora/Hjulet, hg. S. H. Rossel 1997; Himmerlandsk musik, En.-Ausw. 1997; Nordisk forår, En.-Ausw. 1999. – Digte 1901–43, 1943 (ny saml., rev. 1948, n. 1998); Skrifter, VIII 1916; Skrifter, V 1925. – Übs.: Die Welt ist tief, Nn. 1907; Dolores u. a. Novellen, 1914.

L: O. Gelsted, 1913, 1938; H. P. E. Hansen, 1930 (m. Bibl.); J. V. Kirk, 1933, n. 1988; A. P. Ringsbo, 1934; H. Andersen, 1936; F. Nørgaard, Aa. Marcus, 1943; L. Nedergaard, 1943; A. Schiøttz-Christensen, 1956; G. Jakobsen, 1956; N. B. Wamberg, 1961; J. Elbek, 1966; A. Schiøttz-Christensen, ²1969; O. Friis, 1974; B. J. Jørgensen, 1977; H. Andersen, 1982; H. Wivel, 1982; B. H. Jeppesen, 1984; Jordens elsker, hg. B Elbrønd-Bek, 1988; L. Nedergaard, 1993; P. Houe, 1996; L. Handesten, 2000; Et spring ind i et billede, hg. Aa. Jørgensen, A. Thyrring Andersen, 2000. – Bibl.: F. Johansen, Aa. Marcus, II ²1933–51; Aa. Jørgensen, 1985.

Jensen, Oliver → Stafford, Jean

Jensen, Thit, dän. Erzählerin, 19. 1. 1876 Farsø/Nordjütland – 14. 5. 1957 Kopenhagen. Schwester von Johannes V. J., 1912–18 ∞ G. J. Fenger; Frauenrechtlerin; leidenschaftl. Agitatorin für ›freiwillige Mutterschaft‹ durch sexuelle Aufklärung. – Schrieb bis 1930 Tendenzromane für die Frauenemanzipation und einige Heimatromane, danach große pseudohist. Romane aus dem 16./17. Jh., meist in Himmerland und Umgebung lokalisiert, später im MA; herb in ihrem Realismus, aber äther. in ihren Idealen von Keuschheit und edler Selbstbeherrschung. Ihre Erinnerungen sind spiritist. Glaubensbekenntnisse.

W: Martyrium, R. 1905; Kærlighedens kåbe, R. 1918 (n. 1982); Kongen fra Sande, E. 1919 (n. 1985); Den ero-

tiske hamster, R. 1919 (n. ⁴2001); Jørgen Lykke, R. II 1931 (d. 1937); Stygge Krumpen, R. II 1936 (n. 1995; Der Bischof von Börglum, d. 1938); Valdemar Atterdag, R. II 1940 (n. 1979); Drotten, R. 1943 (n. 1979); Rigets arving, R. II 1946 (n. 1982); Atter det skilte, R. II 1953 (n. 1982); Den sidste valkyrie, R. 1954; Frau Astrid Grib, N. 1990; Jeg længes..., Tg.-Ausw. hg. J. Andersen 1991.
L: C. M. Woel, 1954; E. Moltke, hg. 1954; B. Borgen, 1976; L. Møller Jensen, 1978; E. Moltke, 1982; J. Andersen, ³1996; H. Faldborg, 1998. – *Bibl.:* H. Corneliussen, 1976.

Jepsen, Hans Lyngby, dän. Erzähler, 1. 4. 1920 Aalborg – 31. 7. 2001 Vendsyssel. Polytechn. Stud., 1957–63 Vorsitzender des dän. Schriftstellerverbandes. – Vf. von Kinder- und Reisebüchern, psycholog.-realist. Romanen und Erzählungen sowie Erinnerungen.
W: Kvindesind, N. 1945; Den blinde vej, R. 1946 (Der blinde Weg, d. 1997); Stenen i strømmen, R. 1948; Haabet, N. 1953; Nilens dronning, R. 1954; Havet kalder, Kdb. 1959 (Aufs Meer hinaus, d. 1961); Paradishuset, R. 1963; Krudt under parlamentet, R. 1971 (n. u. d. T. Det gode selskab, 1999); Da Kærligheden kom til byen, R. 1972 (Als die Liebe in die Stadt kam, d. 1977); Et bedre forår, R. 1974; Nu kommer byen, En. 1979; De gode kvinder, Erinn. 1991; En dag er vi lige gamle, Erinn. 1997; Arthurs bror, R. 1998; Mest imod, Erinn. u. Ess. 2001.

Jeřábek, Čestmír, tschech. Schriftsteller, 18. 8. 1893 Litomyšl – 15. 10. 1981 Prag. Beamter der Stadtverwaltung Brno. 1921 Mitbegründer der Brünner Avantgarde-Gruppe ›Literární skupina‹. – Nach expressionist. Erzählungen u. sozialen Utopien wandte sich J. der gesellschaftl. u. polit. Problematik zu. Schrieb psycholog. u. hist. Romane.
W: Výzva, R. 1921; Nové vlajky, Dr. 1922; Cirkus Maximus, Dr. 1922; Zasklený člověk, En. 1923; Předzvěsti, En. 1924; Svět hoří, R. 1927; Cesta pozemská, R. 1935; Legenda ztraceného věku, R. III 1938/39; Neumřela, ale spí, R. 1941; Poselství z druhého břehu, R. 1942; Zelená ratolest, Mem. 1946; Letopisy české duše, R. II 1946; Zvedni se město!, R. 1947; Podivuhodný návrat bratra Anselma, N. 1948; Někomu život, někomu smrt, N. 1959; V paměti a v srdci, Erinn. 1961; Jitro se zpěvem, En. 1973; Život a sew, R. 1974.
L: Š. Vlašín, Historické romány Č. J., 1982.

Jeřábek, František Věnceslav, tschech. Dramatiker, 25. 1. 1836 Sobotka – 31. 3. 1893 Prag. Schustersohn. Lehrer an der Höheren Mädchenschule Prag. – Außer realist. Lustspielen u. hist. Tragödien schrieb J. e. soziales Drama ›Služebník svého pána‹, in dem er den Gegensatz zwischen Unternehmer u. Arbeiter zu lösen sucht. Als Journalist der alttschech. Partei verfaßte er zahlr. Lit.- u. Theaterkritiken.
W: Cesty veřejného mínění, K. 1866; Tři doby země české v Komárově, K. (1870) 1871; Zde je žebrota zapovězena, K. (1870) 1872; Služebník svého pána, Dr. (1870) 1871; Syn člověka, Tr. (1878) 1882; Závist, Tr. (1884) 1898. – Dramata (Dr.), XI 1923–28.
L: J. Voborník, 1923 (m. Bibl.).

Jerische → Egiše

Jerofejew, Viktor → Erofeev, Viktor Vladimirovič

Jerofejew, Wenedikt → Erofeev, Venedikt Vasil'evič

Jerome, Jerome K(lapka), engl. Journalist, Erzähler und Dramatiker, 2. 5. 1859 Walsall/Staffordshire – 14. 6. 1927 Northampton. Sohn e. nonkonformist. Geistlichen. In Marylebone erzogen. ∞ 1888 Georgina Henrietta Stanley. Reporter, Schauspieler, 1892–97 Mithrsg. des ›Idler‹, gab 1893–97 e. eigene Zs. ›To-Day‹ heraus. – Humorist, Vf. sehr populärer Erzählungen, am bekanntesten ›Three Men in a Boat‹, e. amüsante Schilderung farcenhafter Episoden, mit Beimischung von Sentimentalität; der Fortsetzungsband ›Three Men on the Bummel‹ schildert farcenhaft e. Reise durch Dtl. Später weltanschaul. und Entwicklungs-Romane und sozialkrit. Komödien.
W: On the Stage and Off, Aut. 1885; The Idle Thoughts of an Idle Fellow, 1886 (d. 1893); Three Men in a Boat, E. 1889 (d. 1897); Three Men on the Bummel, E. 1900 (d. 1905); Paul Kelver, R. 1902; The Passing of the Third Floor Back, Sch. 1910 (Der Fremde, d. 1912); All Roads Lead to Calvary, R. 1919 (d. 1922); Anthony John, R. 1923 (d. 1924); My Life and Times, Aut. 1926.
L: A. Moss, 1929; W. Gutkess, 1930; M. Wolfensberger, 1953; R. M. Faurot, 1974; J. Connolly, 1982.

Jerrold, Douglas William, engl. Dramatiker u. Journalist, 3. 1. 1803 London – 8. 6. 1857 ebda. Sohn e. Schauspielers u. Intendanten; war u. a. Marinesoldat (1813–15) u. Druckergeselle (1816). – J. machte sich mit s. nautischen Melodrama ›Black-Ey'd Susan‹ 1829 e. Namen als Autor für das populäre Theater. Weitere erfolgreiche Melodramen, z. T. mit sozialkrit. Thematik, folgten. Später v. a. Journalist des satir. Magazins ›Punch‹, für dessen mit Abstand größten Erfolg er verantwortlich war: die nächtl. ›Predigten‹ Margaret Caudles zu ihrem Ehemann Job (veröffentl. Jan.-Nov. 1845 u. als Buch 1846).
W: Fifteen Years of a Drunkard's Life!, Melodr. 1828; Black-Ey'd Susan, Melodr. 1829; The Rent Day, Melodr. 1832; The Factory Girl, Melodr. 1832; Mrs. Caudle's Curtain Lectures, En. 1846. – Writings, VIII 1851–58; Works, hg. W. B. Jerrold, V o. J.; The Best of Mr. Punch: Humorous Writings, hg. R. M. Kelly 1970.
L: W. Jerrold, 1914; R. M. Kelly, 1972; M. Slater, 2002.

Jerschow, Pjotr → Eršov, Pëtr Pavlovič

Jersild, P. C. (eig. Per Christian), schwed. Schriftsteller, * 14. 3. 1935 Katrineholm. Vater Redakteur. Stud. Medizin. Arzt und Journalist. 1960 ∞ Ulla Flyxe. Dr. h. c. Uppsala 2000. – Läßt s. Phantasie aus der genauen Kenntnis des Alltags im Wohlfahrtsstaat in aufwühlender, oft infernal. Satire freien Lauf, doch verdeckt die scheinbar naive Oberfläche nicht den Sinn für menschl. Tragik; schwarzer Humor. ›Superhelden‹ aus dem Science-fiction-Genre inspirieren zu beißender Kritik an Bürokratie, gesellschaftl. Mißständen u. Politik; s. letzten Romane sind von fachärztl. Kenntnis geprägt.

W: Räknelära, N. 1960; Till varmare länder, R. 1961; Ledig lördag, R. 1963 (Freier Samstag, d. 1965); Calvinols resa genom världen, R. 1965 (Calvinols Reise durch die Welt, d. 1970); Prins Valiant och Konsum, R. 1966; Sammanträde pågår, FSsp. 1967; Grisjakten, R. 1968; Vi ses i Song My, Sat. 1970; Drömpojken – en paranoid historia, R. 1970; Djurdoktorn, R. 1973 (Die Tierärztin, d. 1975); Barnens ö, R. 1976; (Die Insel der Kinder, d. 1978); Babels hus, R. 1978; (Das Haus zu Babel, d. 1980); Efter floden, R. 1982; En levande själ, R. 1980 (Stielauge, d. 1985); Den femtionde frälsaren, R. 1984; Geniernas återkomst, R. 1987; Svarta villan, R. 1987; Röda hund, R. 1988; Ett ensamt öra, R. 1989; Fem hjärtan i en tändsticksask, Aut. 1989; En livsåskådningsbok, Es. 1990; Alice och Nisse i lustiga huset, R. 1991; Holgerssons, R. 1991; Hymir, R. 1993; En gammal kärlek, R. 1995; Ett gammalt kylskåp och en förkyld hund, R. 1995; Darwins ofullbordade: Om människans biologiska natur, Es. 1997; Sena sagor, En. 1998; Ljusets drottning, R. 2000.

L: R. Nordwall-Ehrlow, Diss. 1983.

Jesenský, Janko, slovak. Dichter, 30. 12. 1874 Martin – 27. 12. 1945 Bratislava. Hrsg. der Zs. ›Slov. smery‹, im 1. Weltkrieg Gefangenschaft, dann tschech. Legionär in Rußland. Rechtsanwalt, 1931 Vizepräsident des Landtags. – S. subjektive Lyrik ist gekennzeichnet vom Pessimismus u. Sarkasmus der slovak. Moderne; später spiegelt sie das Zeitgeschehen wider, ohne zum Schlagwort zu erstarren. In realist. Prosa übt J. Kritik an Menschen u. Zeitgeschehen.

W: Verše, G. 1905; Malomestské rozprávky, En 1913; Zo zajatia, G. 1918; Po búrkach, G. 1932; Cestou k slobode, Mem. 1933; Demokrati, R. II 1934–37; Na zlobu dňa, G. II 1945. – Zobrané spisy (GW), XXI 1944–48; Spisy (W), IX 1957–68.

L: A. Mráz, 1948; J. J. v. kritike a spomienkach, 1955; Š. Drug, 1955; Jozef Gregor Tajovský – J. J. Zborník z konferencie, 1974; Literárny archív 31, 1995.

Jessenin, Sergej → Esenin, Sergej Aleksandrovič

Jeu d'Adam → Adamsspiel, franz. Jeu d'Adam

Jewdokimow, Iwan → Evdokimov, Ivan Vasil'evič

Jewett, Sarah Orne (eig. Theodora S.), amerik. Kurzgeschichtenautorin, 3. 9. 1849 South Berwick/ME – 24. 6. 1909 ebda. Kränkl., unregelmäßiger Schulbesuch, enges Verhältnis zum Vater (Arzt, alte Familie Neuenglands), später enge Freundschaft mit der Verlegerswitwe Annie Fields, auch vertraut mit den Bostoner lit. Kreisen (Howells, Lowell, Whittier, Aldrich). – Ihre Kurzgeschichten geben e. eindringl., getreues Bild vom Verschwinden des alten Neuengland: von verlassenen Häfen und Farmen; der episod. Roman ›The Country of the Pointed Firs‹ zählt zu den bedeutendsten Werken der ›local color‹-Schule.

W: Deephaven, En. 1877 (n. R. Cary 1966); Old Friends and New, En. 1879; A Country Doctor, R. 1884; A Marsh Island, R. 1885; A White Heron, Kgn. 1886 (d. 1966); Tales of New England, En. 1890; The Country of the Pointed Firs, R. 1896 (n. W. Cather 1939; d. 1961); The Tory Lover, R. 1901. – Collected Works, hg. K. S. Lynn XIV 1970f.; Uncollected Short Stories, hg. R. Cary 1971; Novels and Stories, 1994; The Irish Stories, hg. J. Morgan, L. A. Renza 1996; Stories and Tales, VII 1910; The Best Stories, hg. W. Cather II 1925; The World of Dunnett Landing, Ausw. hg. D. B. Green 1962; The Dunnet Landing Stories, 1996; Letters, hg. R. Cary 1956.

L: F. O. Matthiessen, 1929; R. Cary, 1962; M. F. Thorp, 1966; J. Donovan, 1988; S. W. Sherman, 1989; M. Roman, 1992; E. Silverthorne, 1993; P. Blanchard, 1994; J. Howard, hg. 1994; R. L. Gale, 1999; J. Morgan, 2002. – *Bibl.:* C. C. u. C. J. Weber, 1949; G. L. u. J. Nagel, 1978.

Jewreinow, Nikolai → Evreinov, Nikolaj Nikolaevič

Jewtuschenko, Jewgenij → Evtušenko, Evgenij Aleksandrovič

Jeż, Teodor Tomasz (eig. Zygmunt Fortunat Miłkowski), poln. Schriftsteller, 23. 3. 1824 Saraceja (Podolien) – 11. 1. 1915 Lausanne. Stud. Odessa u. Kiev. Lebte in Serbien und der Türkei. In London Mitgl. der ›Demokrat. Gesellschaft‹. Teilnahme am Krimkrieg, am Aufstand in Ungarn 1848 u. am Aufstand von 1863. 1864–66 in Belgrad, 1866–72 Belgien, 1877 endgültig nach Genf, dort Gründung der ›Poln. Liga‹. – Vf. vieler Romane mit ausgeprägt vaterländ. Tendenz. Im Gegenwartsroman behandelt er die revolutionären Bewegungen s. Zeit, bes. Südslawiens. Dazu hist. Romane aus versch. Epochen der poln. Geschichte.

W: Wasyl Hołub, R. 1858 (gedruckt 1909); Historia o pra-pra-pra...wnuku i pra-pra-pra...dziadku, R. II 1860–63; Szandor Kowacz, R. 1861; Wrzeciono, R.

1865; Pamiętniki starającego się, R. 1866/67 (gedruckt 1903); Słowiański hercog, R. IV, 1878; Pod obuchem, R. 1878; Z ciężkich dni, R. 1881; Uskoki, R. 1882 (d. II 1891); Narzeczona Harambaszy, R. 1882; W zaraniu, R. III, 1889; Za gwiazdą przewodnią, R. 1896, Od kolebki przez życie, Mem. hg. A. Lewak 1936/37. – Wybór dzieł, XL 1930 f.

L: W. Holewiński, Życie i sprawy T. T. J., 1884; J. Popławski, Życie i czyny pułkownika Z. M., 1902; M. Bersano-Begey, 1935; M. Ostrowska, 1936; K. Koźniewski, 1949; W. Smochowska-Petrova, 1955 (bulg.); St. Strumph – Wojtkiewicz, 1961; St. Subotin, 1966 (serb.).

Jhabvala, R(uth) Prawer, Erzählerin, * 7. 5. 1927 Köln. Poln. Eltern; ab 1939 in England, Stud. London, ∞ 1951 ind. Architekt C. S. H. Jhabvala, mit dem sie in Neu-Delhi wohnte, seit 1975 als Drehbuch-Autorin in New York. – Meisterhafte, oft mit sardon. Humor gewürzte Romane u. Kurzgeschichten über das zeitgenöss. Leben in Indien.

W: To Whom She Will, R. 1955 (Amrita und Hari, d. 1956, Die Liebesheirat, d. 1990); The Nature of Passion, R. 1956; Esmond in India, R. 1957; The Householder, R. 1960; Like Birds, Like Fishes, R. 1963; A Backward Place, R. 1965; An Experience of India, Kgn. 1971; A New Dominion, R. 1973; Heat and Dust, R. 1975 (d. 1985); How I Became a Holy Mother, Kgn. 1976; Out of India, Ausgew. En. 1987; Three Continents, R. 1987; Travelers, R. 1999.

L: H. M. Williams, 1973; V. A. Shahane, 1976; Y. Gooneratne, 1983; R. G. Agarwal, 1990; J. Bailur, 1992; R. J. Crane, 1992; R. Shepherd, 1994; R. Solanki, 1994.

Jiang Kui, chines. Lyriker, ca. 1155 Poyang (Jiangxi) – ca. 1221. Lebte als Privatmann in s. Heimatort und verzichtete auf die übl. Beamtenlaufbahn. – Gilt als hervorragendster Vertreter der ›Schule der Flüsse und Seen‹, welche innere und äußere Verfeinerung anstrebte; Musiker, der zu s. Liedtexten eigene Melodien komponierte; Schriften zur Poetik.

W: Boshi daoren shiji, G. um 1204 (Nachdr. 1965); Boshi daoren gequ, Lieder um 1204 (Nachdr. 1965); Boshi daoren shishuo, krit. Schr. um 1204 (Nachdr. 1983).

L: S. F. Lin, Chiang K'uei, Princeton 1978.

Ji Junxiang, chines. Dramatiker, 1279–1368. – Von den insgesamt 6 dem Titel nach bekannten Theaterstücken des aus Peking gebürtigen Autors ist nur das 5aktige Drama ›Zhaoshi guer‹ (Die Waise aus dem Hause Zhao) erhalten, die Bühnenfassung e. hist. Episode aus dem chines. Altertum (7. Jh. v. Chr.), die die Opferbereitschaft e. treuen Vasallen zum Gegenstand hat. Nur dadurch bemerkenswert, daß es das erste in Europa durch Übs. bekannt gewordene chines. Drama ist. Voltaires ›L'orphelin de la Chine‹ (1755) behandelt den gleichen Stoff; Einwirkung auch auf Metastasios ›L'eroe cinese‹ (1752) und Goethes ›Elpenor‹ (1783).

A: Yuanqu xuan Nr. 85, 1616. – *Übs.:* J. Prémare (in: J. B. Du Halde, Description de l'empire de la Chine, III, 339–378), 1735; S. Julien, L'orphelin de la Chine, 1834; W. Dolby, Eight Chinese Plays, N. Y. 1978.

Jilemnický, Peter, slovak. Schriftsteller, 18. 3. 1901 Kyšperk – 19. 5. 1949 Moskau. Gebürtiger Tscheche, 1922 Lehrer in der Slovakei, Redakteur kommunist. Zss.; 1926–28 Mitarbeiter der Zs. ›Dav‹; Stud. Journalistik Moskau, Rückkehr in die Slovakei, 1939 vertrieben, 1942 verhaftet und KZ, 1947 tschech. Kulturattaché in Moskau. – Vertreter des sozialist. Realismus. Schrieb neben Reportagen u. Essays zahlr. Romane u. Novellen, in denen er soziale Konflikte der Nachkriegszeit behandelt u. von Glück u. Gerechtigkeit träumt. Mit Ausnahme des Romanes ›Kronika‹ über den slovak. Aufstand ist J.s Prosa stark lyrisiert u. expressionist.

W: Víťazný pád, R. 1929; Zuniaci krok, R. 1930; Pole neorané, R. 1932 (Brachland, d. 1935); Kus cukru, R. 1934 (Ein Stück Zucker, d. 1952); Kompas v nás, R. 1937; Kronika, R. 1947 (Der Wind dreht sich, d. 1951). – Spisy (W), X 1950–57, IX 1976–80.

L: B. Truhlář, II 1955–58, 1959, 1971; V. Sokolík, 1971. – *Bibl.:* D. Katuščák, 1979.

Jiménez, Juan Ramón, span. Lyriker, 24. 12. 1881 Moguer/Huelva – 29. 5. 1958 San Juan/Puerto Rico. Sohn e. Weinhändlers, Erziehung im Jesuitenkolleg von Puerto de Santa María (Cádiz), wo sich bereits der Drang nach Einsamkeit u. die krankhafte Empfindsamkeit zeigten, die s. ganzes späteres Leben prägten. In Sevilla (1896) erste Dicht- u. Malversuche, Veröffentlichungen in Zeitungen u. der Zs. ›Vida Nueva‹. Ging 1900 auf Drängen s. Freunde (Villaespesa, Rubén Darío) nach Madrid, Freundschaft bes. mit R. Gómez de la Serna. Schwere seel. Depression durch plötzl. Tod des Vaters, Rückkehr in die Heimat; Sanatoriumsaufenthalt in Bordeaux u. Madrid (1901); erster großer Erfolg mit ›Arias tristes‹. 1905 erneute Erkrankung, Verlust des väterl. Vermögens, Selbstmordgedanken; 1905–11 zurückgezogenes Leben in Moguer, 1911 endgültige Übersiedlung nach Madrid; wohnte in der ›Residencia de Estudiantes‹, wo er freundschaftl. Umgang mit Dichtern und Schriftstellern pflegte (u. a. Azorín, Ortega y Gasset, Benavente, A. Castro) u. mehrere lit. Veröffentlichungen der ›Residencia‹ leitete. 1916 Reise in die USA, ∞ Zenobia Camprubí, die starken Einfluß auf s. Leben u. Schaffen nahm. ihm bis zu ihrem Tod (1956) u. selbstlose, verständnisvolle Gefährtin war; beide zusammen übertrugen engl. Lyrik ins Span., bes. Werke Tagores. Während des Span. Bürgerkriegs Aufenthalt in Kuba u. USA, Vorlesungen an Univ. (Miami, Maryland u. a.); 1947 triumphale Reise durch Südamerika; 1951 Übersiedlung nach Puerto Rico. 1956 Nobelpreis. – Wichtigster Vertreter des Modernismus, trat die Nachfolge R. Daríos an u. wurde richtungweisend für alle späteren Dichtergenerationen, bes. Salinas, García Lorca, Alberti, Guillén, die in ihm ihren geistigen Führer sahen. S. erste Schaffensperiode ist von starkem Gefühlsimpressionismus u. Schönheitsdurst geprägt; Stimmungsbilder, musikal., landschaftl. u. volkstüml. Motive überwiegen; erste Gedichtbände ›Ninfeas‹ u. ›Almas de violeta‹ überspitzt modernist. Deutl. Einfluß Bécquers in den ›Rimas‹. Bekanntestes, in viele Sprachen übersetztes Werk u. Höhepunkt s. Schaffens ›Platero y yo‹, die von tiefer Menschlichkeit erfüllte Geschichte e. kleinen Esels. Während des Aufenthalts in der ›Residencia‹ in Madrid entstanden die ›Españoles de tres mundos‹, zuerst u. d. T. ›Héroes Españoles‹, Porträts u. Karikaturen span. u. amerik. Persönlichkeiten. In der zweiten Phase, die mit dem ›Diario de un poeta recién casado‹ eingeleitet wird, Abwendung vom Gegenständl. u. Streben nach der abstrakten ›Poésie pure‹.

W: Ninfeas, G. 1900; Almas de violeta, G. 1900; Rimas, G. 1902; Arias tristes, G. 1903; Jardines lejanos, G. 1904; Pastorales, G. 1905; Elegías lamentables, G. 1910; Baladas de primavera, G. 1910; Poemas mágicos y dolientes, G. 1911; Melancolía, G. 1912; Estío, G. 1916; Sonetos espirituales, G. 1917; Platero y yo, lyr. Prosa 1917 (d. 1953, 1985); Diario de un poeta recién casado, G. 1917 (später u. d. T. Diario de Poeta y Mar); Eternidades, G. 1918; Piedra y cielo, G. 1919 (d. 1982); Segunda antología poética, 1922; Poesía, 1923; Belleza, G. 1923; Españoles de tres mundos, lyr. Prosa 1942; La estación total con las canciones de la nueva luz, G. 1946; Romances de Coral Gables, G. 1948; Animal de fondo, G. 1949 (dt. Ausw. 1963); Tercera antología poética, 1957; Por el cristal amarillo, Prosa 1961; La corriente infinita, Prosa 1961; El modernismo, Es. 1962. – Obra completa, XX 1981f.; Poesías completas, 1957; Primeros libros de poesía, hg. F. Garfias 1959; Libros inéditos de poesía, hg. ders. II 1964–67; Antología poética, 1999; Antología general en prosa 1898–1954, 1981; Primeras prosas, 1962; Política poética, Prosa 1982; Páginas escogidas, II 1959; Cuadernos, hg. F. Garfias 1960; Guerra en España, Prosa 1985. – Übs.: Herz, stirb oder singe, G.-Ausw. 1958.

L: E. Neddermann, Die symbolist. Stilelemente im Werk von J. R. J., 1935; C. Bo, Florenz, 1941; E. Díez-Canedo, 1944; G. Palau de Nemes, 1957 (m. Bibl.); G. Díaz-Plaja, 1958; F. Garfias, 1958; R. Gullón, Conversaciones con J. R. J., 1958; ders., Estudios sobre J. R. J., 1960; ders., El último J. R. J., 1968; J. Guerrero Ruiz, 1961; J.-L. Schonberg, Neuenburg 1961; A. Sánchez Barbudo, 1962; S. R. Ulibarri, 1961; B. de Pablos, El tiempo en la poesía de J. R. J., 1965; M. P. Predmore, La obra en prosa de J. R. J., 1966; P. R. Olson, Circle of Paradox, Baltimore 1967; M. T. Font, 1972; D. F. Fogelquist, Boston 1976; G. Azam, L'œuvre de J. R. J., Paris 1980; A. Sánchez Barbudo, La obra poética de J. R. J.,

1981; F. J. Blasco, 1982; ders., 1994; M. Juliá, 1989; P. A. Urbina, 1994; W. Kluback, N. Y. 1995; F. Gómez Redondo, 1996; M. A. García, 2002. – Bibl.: A. Compoamor, 1982.

Jin, Ha, amerik. u. chines. Schriftsteller, * 21. 2. 1956 Liaoning/VR China. Stud. in China und Brandeis Univ./USA, Militärdienst chines. Volksarmee 1987–95, Prof. Emory Univ., Atlanta/GA. – Verf. von Gedichten, die er in der chines. Tradition verankert, sowie von Erzählungen und Romanen, sämtlich in engl. Sprache, deren Handlung in der Volksrepublik China angesiedelt ist. Komplexe Gestaltung einzelner Figuren und ihres Innenlebens.

W: Between Silences, G. 1990; Facing Shadows, G. 1996; Ocean of Words: Army Stories, En. 1996; Under the Red Flag, En. 1999; In the Pond, R. 1998 (d. 2001); Waiting, R. 1999 (d. 2000); The Bridegroom, En. 2000 (Ein schlechter Scherz, d. 2002); Quiet Desperation, En. 2000; The Crazed, R. 2002 (Verrückt, d. 2004).

Jinakīrti, ind. Dichter, um 1400 – 1450 n. Chr. Jaina-Mönch aus Gujarat. – Vf. der beiden Sanskrit-Erzählwerke ›Campakaśresthi-kathānaka‹ (Geschichte vom Kaufmann Campaka) und ›Pālagopālakathānaka‹ (Geschichte von Pāla und Gopāla); in ersterem dient die auch in der hinduist., buddhist. u. a. Lit. bekannte Erzählung von dem Kind, das im letzten Augenblick durch die Vertauschung e. unheilvollen Briefes vor dem Untergang bewahrt wird, als Rahmen für drei andere Erzählungen; letzteres ist e. fromme jainist. Legende, in die andere bekannte Legenden und Märchen eingestreut sind. Außerdem Vf. des Lehrgedichts ›Dānakalpadruma‹, das den Wert des Almosenspendens durch e. Reihe von Geschichten aufzeigt.

A: Campakaśresthi-kathānaka, hg. A. Weber 1883 (m. dt. Übs.), J. Hertel 1911 (d. ders. 1922); Pāla-gopāla-kathānaka, hg. J. Hertel 1917 (d. ders. 1917); Dānakalpadruma, n. 1912.

L: J. Hertel, 1917.

Jingu qiguan (Merkwürdige Erzählungen aus Vergangenheit u. Gegenwart), chines. Novellensammlung. 1621–24 von e. anonymen Vf. zusammengestellt aus früheren Texten, in erster Linie Werken des Feng Menglong u. Ling Mengchu. Die 40 Novellen der Sammlung sind durch moralisierende Behandlung der Stoffe und ›bürgerl.‹ Rationalismus gekennzeichnet. Seit dem 17. Jh. in China so populär, daß die zugrundeliegenden Originale in Vergessenheit gerieten, ist das J. auch im Westen durch häufige Übersetzungen sehr bekannt geworden und hat die Vorstellungen von chines. Lit. stark geprägt. Für e. ungelehrtes Lesepublikum bestimmt und deshalb in leichter Umgangssprache gehalten.

Jin Ping Mei

Übs.: F. Kuhn, Kin Ku Ki Kwan, 1952; ders., Goldjunker Sung, 1960. – *Bibl.:* M. Davidson, A List of Published Translations from Chinese, Part I, Ann Arbor 1952.

Jin Ping Mei (Pflaumenblüten in goldener Vase), chines. Roman des 16. Jh. Die übliche Annahme, wonach der Schriftsteller → Wang Shizhen (1526–90) der Vf. sei, ist nicht glaubhaft zu belegen. Gehört zu der um 1600 sehr beliebten erot.-realist. Lit., trotz wiederholter Verbote im 17. und 18. Jh. in China stets gelesen, 1708 auch ins Mandschur. übersetzt. Die Handlung ist in den Beginn des 12. Jh. verlegt; tatsächl. werden jedoch die Zustände im 16. Jh. geschildert. E. Teil der Handlung und Personen ist aus dem ›Shuihu zhuan‹ übernommen, jedoch wesentl. um- und ausgestaltet worden. Die insgesamt 100 Kapitel des Romans behandeln vornehmlich das Schicksal e. reichen Apothekers und s. sechs Frauen, auf deren Namen der Titel z.T. anspielt. Für die Zustände in den oberen Gesellschaftsschichten und in e. polygamen Haushalt ist das J. wegen s. mitleidslos realist. Schilderungen e. kulturhist. Quelle ersten Ranges. Die vielen sehr deutl. erot. Stellen spekulieren nicht wie in der sonstigen pornograph. Lit. Chinas auf die Lüsternheit, sondern wahren den inneren Abstand zum Geschehen, der auch alle übrigen Abschnitte des Werkes kennzeichnet. Die Charakterschilderung ergibt sich hauptsächlich aus den lebhaften und lebensnahen Dialogen. Auffällig ist die moralisierende Grundhaltung mit buddhist. Einschlag: Die Bösen, darunter auch der sittenlose Händler, nehmen e. schlechtes Ende; die Frommen und Guten beschließen ihr Leben in Frieden. Insgesamt gehört das J. zu den Meisterwerken der chines. Romanlit. E. Fortsetzung, auch bekannt unter dem Titel ›Gelian huaying‹ (Blumenschatten hinter dem Vorhang), erschien anonym im 17. Jh., verzichtet fast ganz auf deutliche Erotik, ist aber weitaus flacher u. konventioneller als das Hauptwerk.

Übs.: C. Egerton, The Golden Lotus, IV Lond. 1939; F. Kuhn, Blumenschatten hinter dem Vorhang, ²1956; O. und A. Kibat VI 1967–83; F. Kuhn II 1977.

L: P. Hanan, Asia Major 9, 1962; V. B. Cass, Berkeley 1979; P. H. Ruston, Palo Alto 1979; A. H. Plaks, 1987.

Jippensha Ikku (eig. Shigeta Sadakazu; Ps. Chikamatsu Yoshichi), jap. Schriftsteller, 1765 Shizuoka – 7. 8. 1831 Edo. Sohn e. niederen Magistratsbeamten; unstetes Leben, als Schriftsteller zunächst ohne Erfolg. Schrieb unter Ps. e. Jôruri-Drama. 1794 in Edo, Aufnahme bei dem Verleger Tsutaya Jûsaburô (1750–97). Dort schrieb er e. beachtl. Anzahl Erzählungen in den zeitgenöss. Formen (kibyôshi, sharebon, yomihon, ninjôbon). S. Reiseschilderung ›Dôchû-Hizakurige‹ (1802ff.) u. die Fortsetzungen ließen ihn neben Shikitei Samba zum Repräsentanten des humorist. Romans (kokkeibon) werden. – Neben meisterhafter Beherrschung verschiedenster Stilmittel genaue Kenntnis lokaler Tradition u. Folklore, dazu ausgesprochene Beobachtungsgabe u. e. feiner Sinn für Humor u. Satire. S. Werke geben vortreffl. Zeit- u. Sittenbilder.

W: Dôchû-Hizakurige, E. 1802–22 (engl. 1960/1988).

L: S. Elisséev, J. I. et le Hizakurige (Japon et Extrême Orient 5), 1924.

Jirásek, Alois, tschech. Schriftsteller, 23. 8. 1851 Hronov – 12. 3. 1930 Prag. Bauernsohn, 1860–67 Benediktinergymnas. Broumov, dann Gymnas. Hradec Králové, 1871 Geschichtsstud. Prag, dann 14 Jahre Geschichtslehrer in Litomyšl, anschließend 1888–1909 in Prag. Ruhestand in Hronov und Prag. Entwickelte e. rege polit. Tätigkeit, verlas bei der Proklamierung der Republik 1918 die Eidesformel der tschech. Volkes, begrüßte im Herbst 1918 Präsident T. G. Masaryk; bis 1925 Mitgl. des Parlaments. Populärster tschech. Schriftsteller. Begann mit partiot. Gedichten u. kurzen Dorfgeschichten, wandte sich 1874 hist. Themen zu, die er zunächst sentimental-romant., später realist. bearbeitete u. mit folklorist. Elementen ergänzte. S. breitangelegten, oft in Zyklen zusammengefaßten Romane, s. Erzählungen u. Dramen behandeln alle Perioden der nationalen Geschichte, bes. eingehend das Hussitentum, die Zeit vor u. nach der Schlacht am Weißen Berg und die nationale Wiedergeburt. Die ideolog. Zusammenhänge u. die psycholog. Durchdringung werden durch die kulturhist. Detailmalerei zurückgedrängt.

W: Skaláci, R. 1875; Filosofská historie, N. 1878; Povídky z hor, En. 1878; Psohlavci, R. 1886 (Chodische Freiheitskämpfer, d. 1904, u.d.T. Die Hundsköpfe, 1952); F. L. Věk, R. V. 1888–1906; Mezi proudy, R. III 1891; Vojnarka, Dr. 1891; Proti všem, R. 1894 (Wider alle Welt, d. 1904); U nás, R. IV 1896–1903; Emigrant, Dr. 1898; Bratrstvo, R. III 1899–1908; Žižka, Dr. 1903; Lucerna, Dr. 1905; Jan Hus, Dr. 1911; Z mých pamětí, Aut. II 1912/13; Jan Roháč, Dr. 1914; Temno, R. 1915. – Sebrané spisy (GW), XLVII 1927–33; XLII 1936–49; Spisy (W), XXXII 1951–58.

L: J. Voborník, 1901; A. Tuček, 1901; H. Jelínek, 1921; A. J. Sborník studií, 1921; J. Frič, 1921; Zd. Nejedlý, 1921 (d., engl. 1952); M. Novotný, 1953; Z. Pešat, Boj o A. J. v. zrcadle kritiky, 1954; J. Janáčková, 1987 (m. Bibl.). – *Bibl.:* F. Páta, Bibliografie J. díla, 1921; J. Kunc, Soupis díla A. J. a literatury o něm, 1952.

Joachim de Fiore (Gioachino da Fiore), ital. Mystiker, um 1132 Celico/Kalabrien – 20. 3. 1202 Fiore. 1177 Abt des Zisterzienserklosters Corazzo, berühmter Asket u. Prophet. Gründete

1190 das Kloster S. Giovanni in Fiore, das zum Ausgangspunkt der Floriazenser wurde. Bei s. Auslegung der hl. Schrift u. der Apokalypse prophezeite er wahrscheinl. unter Einfluß griech.-oriental. Anschauungen das kommende Zeitalter des hl. Geistes, das e. Reform der Kirchen bringen werde. S. Hauptwerke ›Concordia Novi et Veteris Testamenti‹, ›Expositio in Apocalypsim‹ u. ›Psalterium 10 chordarum‹ fanden weite Verbreitung, stießen aber auch auf heftigen Widerstand u. wurden 1263 von e. Provinzialsynode verboten. Das 3. Zeitalter werde e. Periode der Freiheit u. des Geistes bringen. Durch das ›Ewige Evangelium‹ werde die Welt bekehrt u. vollkommen werden.

W: Concordia Novi et Veteris Testamenti, 1183 (?); Psalterium decem chordarum, 1183 (?); Expositio in Apocalypsim, 1186 (?); Tractatus super IV Evangelia (hg. E. Buonaiuti 1930); Liber Figurarum (hg. L. Tondelli 1940, ²1953), – *Übs.*: Das Zeitalter des Hl. Geistes, 1977.

L: M. Reeves, 1976; H. Grundmann, 1977; M. Henry, 1977; M. M. Thomas, 1991.

Jochumsson, Matthías, isländ. Dichter, 11. 11. 1835 Skógar (Þorskafjörður) – 18. 11. 1920 Akureyri. Bauernsohn, 1859–65 Lateinschule u. Theologiestud. Reykjavík, danach Pfarrer, 1874–80 auch journalist. Tätigkeit, 1900 Poeta laureatus, 1920 Dr. theol. Reykjavík; viele Reisen, bes. nach Amerika. – Dichter des nach Unabhängigkeit strebenden Island. Schrieb relig. u. patriot. Lieder, darunter das später zur Nationalhymne gewordene ›Ó, guð vors lands‹ (1874), ferner Gedichte zum Gedächtnis großer Isländer der Vergangenheit u. bedeutender verstorbener Zeitgenossen sowie myst. Gedankenlyrik. Durch meisterhafte Handhabung der spröden Muttersprache u. feines Formgefühl gelangen. M. J. Skaldenstrophen ebenso glänzend wie mod. Metren. S. bedeutendstes Drama ›Útilegumennirnir‹ ist e. charakterist. isländ. Version des Schillerschen Räubermotivs. Übs. Shakespeare u. a.

W: Útilegumennirnir, Dr. 1864 (u.d.T. Skugga-Sveinn, ²1898); Ljóðmæli, G. 1884; Helgi hinn magri, Dr. 1890; Grettisljóð, Ep. 1897; Vesturfararnir u. Hinn sanni þjóðvilji, Sch. 1898; Jón Arason, Dr. 1900; Aldamót, Dr. 1901; Sögukaflar af sjálfum mér, Aut. 1920. – Ljóðmæli (GW), V 1902–06, 1936; Ljóðmæli, II 1956–58; Sögukaflar af sjálfum mér, 1959; Leikrit, II 1961 u. 1966; Ljóð (AW), hg. O. Briem 1980; Bréf, Br. 1935; Bréf... til Hannesar Hafsteins, hg. K. Albertsson 1959.

L: G. Finnbogason, 1905; Skáldið á Sigurhæðum, Ess. u. Abh., hg. Davíð Stefánsson 1963.

Jodelle, Etienne, Sieur de Lymodin, franz. Dichter, 1532 Paris – Juli 1573 ebda. Ab 1549 Anhänger Ronsards, Mitglied der Pléiade. – Schrieb mit ›Cléopâtre captive‹ die erste franz. Renaissance-Tragödie, die 1552 u. 1553 vor dem franz. Hof großen Beifall erntete. Die Wahl e. antiken Stoffes (Plutarch), die Beschränkung der Personenzahl, die Wahrung der Einheiten, die Einteilung in 5 Akte u. der Gebrauch des Alexandriners waren wegbereitend für die Tragödie der franz. Klassik. J.s zweite Tragödie ›Didon se sacrifiant‹ lehnt sich an Vergils ›Aeneis‹ an. S. Komödie ›Eugène‹ liegt kein antiker Stoff zugrunde, sie zeigt aber J.s Bemühen um e. scharfe Trennung der Komödie von der Tragödie.

W: Cléopâtre captive, Tr. 1552 (n. L. B. Ellis, Philadelphia 1946); Eugène, K. 1552 (n. E. Balmas, Mail. 1955); Didon se sacrifiant, Tr. 1555?; Les Amours (n. A. van Bever 1907). – Œuvres complètes, hg. E. Balmas II 1965f.; Théâtre, hg. Viollet Le Duc (in Ancien Théâtre Français 4, 1858); Œuvres et mélanges poétiques, hg. C. Marty-Laveaux II 1868–70.

L: K. Horvath, 1932; H. Chamard, Histoire de la Pléiade, IV 1939f.; E. Balmas, Florenz 1962.

Jølsen, Ragnhild Theodora, norweg. Erzählerin, 28. 3. 1875 Enebakk/Smålenene – 28. 1. 1908 ebda. Aus altem Bauerngeschlecht. – Phantasievolle, teils schwärmer.-myst., teils realist. Erzählerin psycholog. Frauen- und Geschlechterromane. Schildert in lyr. Sprache mit scharfer Beobachtungsgabe Geschehnisse und Gedanken aus den Bauernfamilien ihrer Heimat, bes. sensible Frauen in der Auseinandersetzung mit der harten Wirklichkeit. Elemente der phantast. Lit., zwischen Naturalismus u. Neuromantik.

W: Ve's mor, R. 1903; Rikka Gan, R. 1904 (d. 1905, u.d.T.. Die Frauen von Gan, 1954); Fernanda Mona, R. 1905; Hollases Krønike, R. 1906; Brukshistorier, En. 1907; Efterlatte arbeider, En. 1908. – Samlede skrifter, III 1909, II 1923; Romaner og fortellinger, 1988.

L: A. Tiberg, 1909; Ø. Ribsskog, 1976; K. Christensen, Portrett på mørk treplate, 1989.

Joenpelto, Eeva Elisabeth (verh. Hellemann, Ps. Eeva Helle, Eeva Autere), finn. Erzählerin, 17. 6. 1921 Sammatti – 28. 1. 2004 Lohja. 1940 Abitur, 1940–42 Stud. Staatswiss. Hochschule, Journalistin. – Nachkriegsautorin realist.-impressionist. Prägung; liefert umfassende Zeitpanoramen in weitläufigen Romanen. Die Menschen werden schonungslos unparteiisch geschildert; ihr Charakter ergibt sich aus ihren Handlungen u. Reaktionen, ihre Gefühle werden nicht referiert. Angesiedelt sind J.s Romane in ihrer engeren südfinn. Heimat; Angelpunkte sind Zeitprobleme wie Wert- u. Generationskonflikte u. die Unzulänglichkeit menschl. Kräfte zu ihrer Lösung. Den Stil ihrer Menschen- u. Gesellschaftsdarstellungen in den Romanen führt J. erfolgreich fort (›Tuomari Müller, hieno mies‹) und erreicht 1974–78 den Gipfel.

W: Seitsemän päivää, R. 1946; Kaakerholman kaupunki, R. 1950; Tulee päivä sittenkin..., R. 1951; Veljen varjo, R. 1951; Johannes vain, R. 1952; Kivi palaa,

Joenpolvi

R. 1953; Neito kulkee vetten päällä, R. 1955; Missä lintuset laulaa, R. 1957; Syyskesä, R. 1960; Kipinöivät vuodet, R. 1961; Viisaat istuvat varjossa, R. 1964; Ritari metsien pimennosta, R. 1966; Liian suuria asioita, Dr. 1968; Halusit tai et, R. 1969; Vesissä toinen silmä, R. 1971; Vetää kaikista ovista, R. 1974; Kuin kekäle kädessä, R. 1976; Sataa suolaista vettä, R. 1978; Eteisiin ja kynnyksille, R. 1980; Elämän rouva, rouva Glad, R. 1982; Rikas ja Kunniallinen, R. 1984; Jottei varjos haalistu, R. 1986; Ei ryppyä, ei tahraa, R. 1989; Avoin, hellä ja Katumaton, R. 1991; Tuomari Müller, hieno mies, R. 1994; Uskomattomia uhrauksia, 2000.

Joenpolvi, Martti, finn. Erzähler, * 19. 4. 1936 Käkisalmi. Verkäufer, Werbetexter, seit 1967 freier Autor. – Zeigt anfangs Menschen unter dem Einfluß schneller gesellsch. Entwicklungen. Widmet sich dann den Problemen von Männern, die in eine Lebenskrise geraten. Detailreiche Prosa mit Ironie u. Symbolen, besonders gelungen in s. Erzählungen.

W: Kevään kuusi päivää, R. 1959; Niin musta kuin multa, R. 1961; Roomalaiset kynttilät, R. 1963; Johanneksenleipäpuu, En. 1967; Valkoinen huvimaja, R. 1980; Tupakkakauppiaan moraali, R. 1986; Kerrottu elämä, R. 1997. – Novellit (ges. En.), 1986; Novellit 2 (ges. En.), 1996.

Joensen, Martin, färöischer Autor u. Lehrer, 19. 4. 1902 Sandvík, Suðuroy – 25. 12. 1966. Fuhr einige Jahre zur See, dann Studium u. 1926 Lehrerexamen in Tórshavn, 1931 ∞ Linu Bjørgheim, 1944–64 Lehrer u. sozialdemokrat. Politiker. – J. war neben Heðin Brú der bedeutendste Prosaist der färöischen Literatur in der 1. Hälfte des 20 Jh. S. Hauptwerk sind die Romane ›Fiskimenn‹ und ›Tað lýsir á landið‹, in denen er realist. u. sozialkrit. das Leben auf See u. in der Stadt in einer Zeit radikaler gesellschaftl. Veränderungen beschreibt.

W: Fiskimenn, R. 1946; Útrák, Kgn. 1949; Tað lýsir á landi, R. 1952; Klokkan ringir, Kgn. 1952; Heimadoktarin, Kgn. 1977; Gamli maðurin og varðin, Kgn. 1962.

Jørgensen, Johannes, dän. Dichter, 6. 11. 1866 Svendborg/Fünen – 29. 5. 1956 ebda. Sohn e. Kapitäns, Gymnas. Kopenhagen, Stud. Biologie (von Darwin beeinflußt), dann Journalist und freier Schriftsteller, 1898–1902 Redakteur der Zs. ›Katholiken‹, 1904–20 Korrespondent der ›Nationaltidende‹. Auf e. Italienreise 1896 in La Rocca Übertritt zum Katholizismus, radikaler Bruch mit s. früheren Freunden, seither meist im Ausland. Polemik gegen Dtl. 1913/14 Prof. der Ästhetik in Louvain, später in Siena und Assisi wohnhaft, während des 2. Weltkriegs in Vadstena/Schweden, ab 1953 wieder in Svendborg. – Bedeutender und eigenwilliger Lyriker und Erzähler, dessen lit. Werk eng mit s. relig. Entwicklung zusammenhängt. Als Student zunächst von G. Brandes beeinflußt, wurde dann zum Führer e. symbolist. Dichterkreises, dessen Zs. ›Tårnet‹ er 1893/94 herausgab. Vom ästhet. Symbolismus e. Baudelaire, Huysmans u. Verlaine fand er über e. allg., von Nietzsche beeinflußten Pantheismus zum myst. betonten Katholizismus. S. Lyrik, anfangs mit naturalist., dann symbolist. Zügen, zeigt in manierist. Form die Zerspaltenheit und Heimatlosigkeit der Seele; später Wandlung zu beherrschtem u. vereinfachtem Stil und fast liturg. strenger Sprache (›Bekendelse‹). S. bilderlosen, aus der Haltung e. überzeugten Katholizismus entstandenen Gedichte, zahlr. Reisebücher und Essays dieser Epoche sind der Erbauung und Festigung des Glaubens gewidmet; Heiligenbiographien in ital., franz. und holländ. Sprache. Aus s. Prosawerk sind zu erwähnen ›Vor Frue af Danmark‹ mit zeitkrit. und autobiograph. Zügen und die auf minuziösen Tagebuchnotizen fundierte Autobiographie ›Mit livs legende‹.

W: Vers, G. 1887; Forårssagn, E. 1888; En fremmed, E. 1890; Sommer, E. 1892; Stemninger, G. 1892; Bekendelse, G. 1894 (Bekenntnis, d. 1917); Hjemve, E. 1894; Reisebogen, 1895 (Das Reisebuch, d. 1910); Livsløgn og livssandhed, Es. 1896 (Lebenslüge und Lebenswahrheit, d. 1903); Den yderste dag, E. 1897 (Der jüngste Tag, d. 1905); Digte, G. 1898; Lignelser, 1898 (Parabeln, d. 1899); Vor Frue af Danmark, R. 1900 (Unsere liebe Frau von Dänemark, d. 1908); Romersk mosaik, Reiseb. 1901 (d. 1906); Eva, E. 1901 (d. 1903); Romerske helgenbilleder, 1902 (d. 1906); Den hellige ild, Leg. 1902 (Das heilige Feuer, d. 1903); Pilgrimsbogen, Reiseb. 1903 (Das Pilgerbuch, d. 1905); Rejsebilleder fra nord og syd, 1905 (d. 1907); Den hellige Frans af Assisi, B. 1907 (d. 1911); Den yndigste rose, R. 1907 (Lieblichste Rose, d. 1909); Blomster og frugter, G. 1907; I det høje, Ess. 1908 (In Excelsis, d. 1910); Af det dybe, G. 1909; Fra Vesuv til Skagen, 1909 (d. 1910); Indtryk og stemninger, Sk. 1911 (Eindrücke und Stimmungen, d. 1913); Goethebogen, Es. 1913; Bag alle de blå bjærge, G. 1913; Den hellige Katarina af Siena, B. 1915; Mit livs legende, Aut. VII 1916–28, umgearb. II 1949; Der er en brønd, som rinder, G. 1920; Jorsalafærd, Reiseb. 1923; Brig ›Marie‹ af Svendborg, Reiseb. 1925; Isblomster, G. 1926; Dante-stemninger, G. 1928; Don Bosco, B. 1929; Birgitta af Vadstena, B. 1941–43; Vers fra Vadstena, G. 1941; Digte i Danmark, G. 1943. – Udvalgte værker, VII 1915; Udvalgte digte, 1944; Orion over Assisi, Nl. 1959. – *Übs.:* Wie geschrieben steht, Legenden u. Parabeln, 1939; Geschichte e. verborgenen Lebens, 1912; Gedichte, 1944.

L: A. v. Walden, 1904; O. Elling, 1931; E. Frederiksen, 1946, 1966; W. Glyn Jones, 1963, 1969; B. Nielsen, 1975; H. J. Klarskov Mortensen, 1981; I. L. Rasmussen Pin, 1989. – *Bibl.:* Aa. Jørgensen, 1985.

Johannes de Alta Silva, franz. Epiker, 12. Jh. Mönch von Haute-Seille. – Schrieb Ende des 12. Jh. die lat. Fassung e. Rahmenerzählung oriental. Ursprungs ›De rege et septem sapientibus‹ über den Sohn des sizilian. Königs Dolopathos, der durch die Bosheit s. Stiefmutter fälschlich angeklagt, zum Tode verurteilt, durch die Hilfe der 7 Weisen, die 8 Geschichten erzählen, aber gerettet wird. Daraus e. altfranz. Versepos des 13. Jh. ›Dolopathos‹.

A: H. Oesterly 1873; A. Hilka 1913.

Johannes Chrysostomos → Iohannes Chrysostomos

Johannes (Ioannes) Damaskenos, byzantin. Dogmatiker und Kirchendichter, um 670 Damaskus – um 750 Sabas-Kloster/Palästina. Sohn e. gutsituierten höheren Beamten bei den Arabern. Sorgfältige Erziehung durch s. Hauslehrer, den älteren Kosmas aus Sizilien, der als Gefangener nach Damaskus gekommen war. Vom Anfang des 8. Jh. bis zu s. Tode Mönch im palästin. Sabas-Kloster, in dem er e. rege Schriftstellertätigkeit entwickelte und zur führenden geistigen und geistl. Persönlichkeit s. Zeit wurde. – Gilt als e. der bedeutendsten Dogmatiker, Polemiker, Lehrer und Dichter der Ostkirche. Philosoph. Tiefe, geistige Souveränität und klare, systemat. Denkweise kennzeichnen s. vielseitigen Schriften, die zu den wichtigsten theolog. Zeugnissen der byzantin. Zeit zählen. S. bekanntestes Werk, die ›Pēgē tēs gnōseōs‹ (Quelle der Erkenntnis), ist die grundlegende systemat. Darstellung der orthodoxen Kirche und rekapituliert die Meinung aller wichtigen älteren Kirchenväter und kirchl. Lehrer. Schrieb auch Reden, u.a. gegen die Bilderfeinde. Großen Ruhm erlangte er aber durch s. liturg. Hymnen; er gilt als der bedeutendste Melode von Kanones; s. griech. Bildung veranlaßte ihn, in einigen s. Kanones den quantitierenden jamb. Trimeter wieder einzuführen, wobei er gleichzeitig den neuen Gesetzen der Akzentuierung Rechnung trug.

A: J. P. Migne, Patrol. Graeca 94–96; Christ-Paranikas, Anthologia Carminum Christianorum, 1871; P. Trembelas, Eklogē hellēnikēs orthodóxu hymnographías, 1949; E. M. Buytaert, St. John D. De fide orthodoxa..., Löwen 1955; B. Kotter, Die Schriften des J. v. D., I – III 1969–1975. – *Übs.:* Die Quelle der Erkenntnis, D. Stiefenhofer 1923 (Bibliothek der Kirchenväter 44).
L: J. Nasrallah, 1950; B. Studer, 1956; B. Kotter, Die Überlieferung der ›Pēgē gnōseōs‹ des hl. J. v. D., 1959; K. Rozemond, 1959; G. Richter, 1964; A. Kallis, 1965.

Johannesen, Georg, norweg. Schriftsteller u. Lit.wissenschaftler, * 22. 2. 1931 Bergen. Rhetorikprof. Univ. Bergen. Vf. krit. Werke, z.T. auf Prinzipien der Systemdichtung aufbauend; beeinflußt von Brecht. In s. Essayistik geißelt er das Pathos hohler Politrhetorik u. setzt statt dessen auf die konkrete Wirklichkeit.

W: Ars moriendi eller de syv dødsmåter, G. 1965; Nye dikt, G. 1966; Kassandra, Dr. 1968; Om den norske tenkemåten, Ess. 1975; Tredje kongebok, R. 1978; Om den norske skrivemåten, Ess. 1981; Rhetorica Norvegica, Ess. 1987; Draumkvede, Ess. 1993; Ars vivendi, G. 1999; Litteraturens norske nullpunkt, Ess. 2000.
L: En bok om Georg Johannesen, hg. J. F. Grøgaard 1981; Johannesens bok: Om og til G. J., hg. A. Åslund 1996.

Johannes von Erzenga (Pluz) → Yovhannēs Erznkacʻi

Johannes de Garlandia, lat. Dichter u. Grammatiker, † nach 1258. Stammte aus England, lehrte ca. 1218–29 u. ab 1231 an der Univ. Paris, dazwischen in Toulouse. Vf. zahlr. Schriften aus versch. Fachgebieten, v.a. Grammatik, Rhetorik u. Wörterbücher, einiges wohl zu Unrecht ihm zugeschrieben. S. Identität mit dem Musiktheoretiker gleichen Namens wird heute bezweifelt. – Hauptwerke: Parisiana poetria (nach 1220), – Poetik in Versform; De triumphis ecclesiae (ca. 1229–52), Epos über die Kreuzzüge ins Heilige Land u. gegen die Albigenser in 8 Büchern; Compendium gramatice (ca. 1234–36), Lehrgedicht über Grammatik, dazu Kurzform u.d.T. Clavis compendii; Integumenta super Ovidii Metamorphosin (wohl vor 1241), Ovidkommentar in 249 Distichen; Morale scolarium (1241), moral.-satir. Sammlung; De mysteriis ecclesiae (1245), Lehrgedicht über Symbolik des Kirchengebäudes u. der Liturgie; Epithalamium Beatae Mariae Virginis, enzyklopäd. Lehrgedicht in eleg. Distichen, 10 Bücher; Stella Maris (1248/49), Marienwunder in eleg. Distichen; Ars lectoria ecclesiae kritisiert Mißstände im Lehrwesen aus klassizist. Sicht; Exempla honestae vitae, 122 Distichen über rhetor. Figuren. Galt den Humanisten als Inbegriff krauser, barbar. Gelehrsamkeit des MA.

A: De triumphis ecclesiae, hg. T. Wright 1856; Epithalamium Beatae Mariae Virginis, hg. A. Saiani 1995; Stella Maris, hg. E. F. Wilson 1946; Integumenta Ovidii, hg. F. Ghisalberti 1933; Morale scolarium, hg. L. J. Paetow 1927; Compendium gramatice, hg. T. Haye 1995; Parisiana poetria, hg. T. Lawler 1974; Exempla honestae vitae, hg. E. Habel 1911; Dictionarius, hg. B. B. Rubin 1981; Synonyma, hg. M. Kurz 1884/85.
L: A. Saiani, L'epithalamium BMV di G. fra Alano e Dante, 1980.

Johannes ur Kötlum → Jónasson, Jóhannes

Johannes vom Kreuz → Juan de la Cruz, San

Johannes (Ioannes) Kyriotes (Geometres), byzantin. Dichter, 1. Hälfte 10. Jh. Konstantinopel (?). Protospatharios, später Priester und nach e. Angabe auch Bischof. S. schriftsteller. u. dichter. Werk ist umfangreich: e. große Anzahl Epigramme auf versch. Persönlichkeiten s. Zeit, auch auf berühmte Dichter und Philos. der Antike und

Kirchenväter, auch Grabepigramme u. a., Lobgesänge auf die Gottesmutter, Tetrasticha, e. Enkomion in jamb. Versen auf den hl. Panteleemon u.a. Gedichte – auch geistl. Inhalts – und Prosaschriften. Kenner der altgriech. Lit. u. Philos. und begeisterter Freund der Wiss. In vielen s. Gedichte zeigt er e. sicheres dichter. Empfinden.

A: J. P. Migne, Patrol. Graeca 106; A. R. Littlewood, The Progymnasmata of I. Geometres, 1972 (m. Komm.).
L: A. P. Koumantos, 1975.

Johannes (Ioannes) Mauropus, byzantin. Dichter und Gelehrter, * Ende 10. Jh. Paphlagonien. Lebte im 11. Jh. als Dozent an der Hochschule in Konstantinopel, später Metropolit in Euchaita. Wirkte vielseitig auf das geistige und wiss. Leben s. Zeit, sorgte für die Reorganisation der Hochschule, die richtige Pflege des Kirchengesangs und verfaßte zahlr. Gedichte, Kanones, Epigramme, Spottverse, aber auch Predigten und Enkomien, in denen man den philos. und humanist. gebildeten Autor erkennt.

A: J. P. Migne, Patrol. Graeca 120; I. Bollig, P. de Lagarde, J. Euchaitorum metropolitae quae in cod. Vat. gr. 676 supersunt, 1882; 19 Kanones: S. Eustratiades, Theotokarion 1, Chennevières 1931; 21 Kanones: S. Lauriotes, Hagioritikē Bibliothēkē 1937; 8 Kanones: Follieri, Rom 1967; C. C. Bonis, Kanon (Byzantin. Forschungen I), 1966; R. Anastasi, Carmen, 1972; Briefe, hg. A. Karpozilos, 1990. – *Übs.:* A. Berndt 1887; R. Cantarella 1948.
L: M. Phugias, I. M. Metropolítēs Eŭchaitōn, 1955; A. Karpozilos, 1982.

Johannes (Ioannes) Moschos, byzantin. Hagiograph, Ende 6. Jh. – 619 Rom. Anfang 7. Jh. Mönch im Theodosios- und im Sabas-Kloster/ Palästina. Unternahm ausgedehnte Reisen, deren Eindrücke er in e. Werk niederschrieb, das er selbst ›Leimon‹ (Wiese) nannte. Dieses Werk wurde im Mittelalter sehr viel gelesen und diente als Erbauungslit. Mit Sophronios, dem späteren Patriarchen von Jerusalem, befreundet, der ihn bei vielen Reisen begleitet hatte.

A: Leimōn oder Leimōnárion: J. P. Migne, Patrol. Graeca 87; 14 Kap. hg. Th. Nissen (Byzantin. Zs. 38) 1938; Morceaux choisis, hg. D. C. Hesseling 1931; 12. Kap. hg. E. Mioni (Orient. Christ. Period. 17) 1951. – *Übs.:* Il prato, ital. R. Maisano, Neapel 2002.

Johannes (Janus) Secundus oder Johannes Nicolai Everardi (Everaerts), niederländ. Dichter in neulat. Sprache, 14. 11. 1511 Den Haag – 24. 9. 1536 Saint-Amand b. Doornik. Stud. Rechte Burgos in Spanien, Sekretär des Kardinal-Erzbischofs von Toledo, dann Sekretär Karls V. auf dem Kriegszug nach Tunis, 1535 aus Gesundheitsgründen Rückkehr in die Heimat. – Neulat. Lyriker, schrieb um 1530 Elegien über s. unglückl. Liebe zu Julia. In Spanien entstanden weitere Elegien u. die ›Basia‹ (Küsse), 19 Liebesgedichte in Nachahmung von Catull und Tibull. Ferner Epigramme, Oden, Briefe und e. Reisetagebuch. Einfluß auf die Pléiade, R. Visscher, Montaigne u. Goethe.

W: Basia, 1539 (n. G. Ellinger 1899; n. u. franz.T. Sandre, Paris 1922; d. F. Blei 1907; n. u. d. F. M. Wiesner 1958). – Opera, 1541 (n. u. komm. P. Bosscha, P. Burman 1821); Love Poems, hg. F. A. Wright, Lond. 1930 (m. engl. Übs.); Les Baisers et l'Épithalame, Suivis des Odes et des Elégies, hg. M. Rat, Paris 1939 (m. franz. Übs.).
L: E. Dorer, 1854; D. Crane, 1931 (m. Bibl.); A. Blanchard, Itineraire de J. S., 1940; J. P. Guépin, De kunst van J. S., 1991.

Johannessen, Matthías, isländ. Autor u. Kulturjournalist, * 3. 1. 1930 Reykjavík. Stud. der nord. Philol., allgem. Literaturgesch. und Theaterwiss. (Reykjavík u. Kopenhagen), 1951–59 Journalist, bis 2001 als Chefredakteur bei der Tageszt. ›Morgunblaðið‹. – J. ist mit ca. 50 Büchern einer der vielseitigsten u. produktivsten isländ. Autoren der letzten Jahrzehnte. Lit. besonders bemerkenswert sind s. formal und themat. weitgespannten Gedichte, die häufig im Sinne eines Wertekonservatismus in aktuelle polit. und kulturelle Diskurse eingreifen. Eine breite Wirkung hatten aber auch s. anderen Werke u. Übsn. (u. a. Böll u. Grass).

W: Borgin hló, G. 1958; Hólmgönguljóð, G. 1960; Jörð úr ægi, G. 1961; Vor úr vetri, G. 1963; Vísur um vötn, G. 1971; Mörg eru dags augu, G. 1972; Dagur í meir, G. 1974; Morgunn í maí, G. 1978; Tveggja bakka veður, G. 1981; Flýgur örn yfir, G. 1984; Konungur af Aragon og aðrar sögur, En. 1985; Sól á heimsenda, R. 1987; Dagur að degi, G. 1988; Veröld þín, G. 1989; Sálmar á atómöld, G. 1991 (Psalmen im Atomzeitalter, d. 1996); Fuglar og annað fólk, G. 1991; Árstíðaferð um innri mann, G. 1992; Land mitt og jörð, G. 1994; Hvíldarlaus ferð inní drauminn, En. 1995; Vötn þín og vængur, G. 1996; Flugnasuð í farangrinum, En. 1998; Ættjarðarljóð í atómöld, G. 1999; Hann nærist á góðum minningum, R. 2001; Vatnaskil, Tg.-R. 2002.

Johannes (Ioannes) Tzetzes, byzantin. Dichter, um 1110 Konstantinopel – um 1180. Lebte als freier Schriftsteller, auf die Hilfe der Mäzene s. Zeit angewiesen, und klagte über finanzielle Not wie s. Kollege Theodoros Prodromos. Er hinterließ e. umfangr. Werk, viele Scholien (›Allegorien‹) in Versen über altgriech. Werke (Homer, ›Ilias‹ und ›Odyssee‹, Hesiods ›Werke und Tage‹, Aristophanes, Oppianos, Porphyrios u. a.), an s. 12 677 polit. Versen bestehendes Lehrgedicht mytholog.-lit.-hist. Inhalts ›Chiliades‹, e. kurzes Gedicht in Dialogform, Verse über die Komödie, über die trag. Dichtung u. a. Nachlässigkeit, Breite und Unzuverlässigkeit der Zitate charakterisieren s. Werk, das wiederum e. umfassende Bildung s. Autors verrät.

A: Th. Kiessling, Historiarum variarum Chiliades, 1826, n. 1963; P. Matranga, Anecdota graeca 1, 1850; J. Fr. Boissonade, Allegoriae Iliadis acc. Pselli allegoriae, Paris 1851, n. 1967; Th. Gaisford, Poetae graeci min. III 1820; Allegorien zur Odyssee, hg. H. Hunger (Byzantin. Zs. 48/49) 1955f.; Allegorien aus der Verschronik, hg. H. Hunger (Jb. der österr. byzantin. Gesellschaft 4) 1955; P. A. M. Leone, Historiae, Neapel 1968; Briefe, hg. ders. 1972.
L: A. Lolos, der unbekannte Teil der Ilias-Exegese des J. T., Hain 1981; P. A. M. Leone, Noterelle tzetziane, Padova 1984.

Johansson, Lars (Lasse; Ps. Lucidor u. a.), schwed. Dichter, 18. 10. 1638 Stockholm – 13. 8. 1674 ebda. Als Offizierssohn in Pommern aufgewachsen, früh verwaist; Stud. ab 1656 Uppsala, Greifswald, Leipzig, längere Reisen nach England, Frankreich, Italien; 1668 Rückkehr nach Schweden mit e. Schauspieltruppe; in Uppsala, ab 1669 Sprachlehrer u. Gelegenheitsdichter in Stockholm, kam bei e. Wirtshausschlägerei ums Leben. – Erstaunl. guter Gelegenheitsdichter, der alle Versarten beherrschte und außer schwed. auch in lat., dt., engl., franz. u. ital. Sprache dichtete, geht weit über die Gelegenheitsdichtung des Barock hinaus. S. Gedichte sind oft frisch und humorvoll, um dann plötzlich in tiefe Melancholie umzuschlagen. Neben starkem Freiheitspathos steht ernste relig. Dichtung. ›Dichter des Rausches und der Reue‹: in mitreißenden Trinkliedern, tiefer Zerknirschung, leidenschaftl. Unruhe und banger Todesahnung gibt er wie kein anderer den Polen der Zeit, Lebensrausch und relig. Ernst, ergreifenden Ausdruck.
W: Lucida Intervalla, G. 1685; Helicons Blomster, G. 1689. – Samlade dikter, hg. F. Sandvall II 1914–30.
L: B. Schöldström, 1872; E. A. Karlfeldt, 1912; S. Hansson, Diss. 1975.

Johansson, Majken E. L., schwed. Lyrikerin, 7. 8. 1930 Malmö – 11. 12. 1993. Vater Postbeamter 1953 Mag. Phil. Lund, Übersetzerin, Kritikerin versch. Zeitschriften, nach 1960 Offizier der Heilsarmee. – Humor u. Ironie verdecken anfänglich Ernst u. Empfindsamkeit, Schärfe u. virtuose Sprachbeherrschung Verzweiflung u. Gefühl der Nichtigkeit. Seit 1958 Hinwendung zur Heilsarmee, beibehalten ist Zurückhaltung und der Blick für die Wirklichkeit des Alltags.
W: Buskteater, G. 1952; I grund och botten, G. 1956; Andens undanflykt, G. 1958; Liksom överlämnad, G. 1965; Omtal, G. 1969; Det sällsamma bekymret, G. 1971; Från Magdala, G. 1972; Söndagstankar, G. 1978; Djup ropar till djup, G. 1989.
L: K. Hartman, 2002.

Johnson, B(rian) S(tanley William), engl. Schriftsteller, 5. 2. 1933 London – 13. 11. 1973 ebda. Stud. London; seit 1964 Hrsg. ›Transatlantic Review‹; 1970 Dozent Univ. of Wales. – Vf. von formal wie inhaltl. experimentellen Romanen mit Tendenz zum Absurden, schockierend Makabren in naturalist. Einbettung.
W: Travelling People, R. 1963; Albert Angelo, R. 1964 (d. 2003); Poems, 1964; Street Children, Kgn. 1964; Trawl, R. 1966; The Unfortunates, R. 1968 (d. 1993); House Mother Normal, R. 1971 (d. 1992); Poems Two, 1972; Christie Malry's Own Double-Entry, R. 1973 (d. 1989); Aren't You Rather Young to be Writing Your Memoirs?, Slg. 1973 (d. 1991); See the Old Lady Decently, R. 1975 (d. 1993). – *Übs.:* WA, VII 1989–93.
L: B. G. McLaughlin, Diss. University Park/PA, 1981; N. Tredell, 2000; P. Tew, 2001.

Johnson, Charles Richard, afroamerik. Erzähler, * 23. 4. 1948 Evanston/IL. Studiert Journalismus, Lit. u. Philos. Southern Illinois Univ. u. State Univ. New York; beginnt als Zeichner mit Karikaturen zur afroamerik. Geschichte; ab 1979 Prof. f. Creative Writing Univ. of Washington in Seattle. – J. vermischt als reflektierter, postmoderner Autor virtuos afroamerik. Folklore u. Geschichte, westl. u. östl. Religion, lit. Genres u. Techniken zu e. vertrackten, philosoph. aufgeladenen ›new black American fiction‹. S. komplexes Hauptwerk, ›Oxherding Tale‹, wurde von 25 Verlagen abgelehnt, ›Middle Passage‹ erhielt 1990 den National Book Award. Neben I. Reed der experimentellste afroamerik. Erzähler.
W: Faith and the Good Thing, R. 1974; Oxherding Tale, R. 1982; The Sorcerer's Apprentice: Tales and Conjurations, En. 1986; Being and Race, Ess. 1988; Middle Passage, R. 1990 (Die Überfahrt, d. 1995); Dreamer, R. 1998; Soulcatcher, En. 2001.
L: K. Benesch, The Threat of History, Essen 1990; R. P. Byrd, I Call Myself an Artist, 1999.

Johnson, Emily Pauline (indian. Name: Tekahionwake), kanad.-indian. Dichterin und Erzählerin, 10. 3. 1862 Six Nations Reserve, Chiefwood/Ontario – 7. 3. 1913 Vancouver. Tochter eines Mohawk-Häuptlings und einer Engländerin. – Ihre Gedichte und Jugenderzählungen von reicher Phantasie schildern Leben, Geschichte u. Mythologie der Indianer. Internationale Erfolge durch Dichterlesungen in indian. Tracht.
W: The White Wampum, G. 1895; Canadian Born, G. 1903; Legends of Vancouver, En. 1911 (n. 1983); The Moccasin Maker, En. 1913 (n. 1987); The Shagganappi, En. 1913; Flint and Feather, Ges. G. 1912 (n. 1997).
L: A. H. Foster, The Mohawk Princess, 1931; W. McRaye, 1947; M. Kotsyubinska, 1962; M. Van Steen, 1969; B. Keller, 1981; S.M.F. Johnston, 1997; V. Strong-Boag, C. Gerson, 2000.

Johnson, Eyvind (Olof Verner), schwed. Erzähler, 29. 7. 1900 Överluleå – 25. 8. 1976 Stockholm. Vater Steinarbeiter. Volksschule, verließ 1914 s. Pflegeeltern aus Bildungshunger. Versch. Berufe. Jungsozialist u. Syndikalist im 1. Weltkrieg. Traf als Gelegenheitsarbeiter u. Arbeitsloser 1919 in Stockholm mehrere Autodidakten u. Arbeiterdichter s. Generation in der gleichen Misere. 1921 als blinder Passagier nach Dtl., dort 2 Jahre harter Arbeit u. des Hungers. 1923 zu Studien nach Frankreich, das s. 2. Heimat wurde; bis 1929 in Paris; 1947–49 in der Schweiz, Aufenthalte in England. 1953 Dr. phil. h.c. Göteborg, 1957 Mitgl. der Schwed. Akademie, ∞ Cilla Frankenhaeuser. Nobelpreis für Literatur 1974 zus. mit Harry Martinson. – Anfänglich psycholog. Realist; Auseinandersetzung mit M. Proust u. J. Joyce. Meister der Form u. der Sprache, Ausblicke in Zeit und Raum umfassend; verarbeitet reiche persönl. Erfahrungen, starkes u. echtes Pathos, Blick für psycholog., soziale u. polit. Probleme. Teilweise verwickelte Symbolik verleiht ihm bisweilen Schwere. Stark engagiert im Zeitgeschehen u. Reaktion gegen Infiltrationsmethoden der Diktaturen. Kämpft unbestechl. für Freiheit im Rahmen der Demokratie. Unterstrich oft s. Abneigung gegen die offizielle Politik während des 2. Weltkrieges, daher in Dänemark u. Norwegen während der Okkupationszeit verboten. Zeit- u. Gesellschaftskritiker.

W: De fyra främlingarna, N. 1924; Timans och rättfärdigheten, R. 1925; Stad i mörker, R. 1927; Minnas, R. 1928; Stad i ljus, R. 1928; Kommentar till ett stjärnfall, R. 1929; Avsked till Hamlet, R. 1930; Natten är här, N. 1932; Bobinack, R. 1932; Regn i gryningen, R. 1933; Än en gång, kapten!, N. 1934; Romanen om Olof, Aut. IV 1934–37 (Hier hast du dein Leben, d. 1951); Nattövning, R. 1938; Den trygga världen, N. 1940; Soldatens återkomst, R. 1940; Krilon-Trilogie, R. 1941–43; Sju liv, N. 1944 (Zeit der Unruhe, d. 1960); Strändernas svall, R. 1946 (Die Heimkehr des Odysseus, d. 1948); Pan mot Sparta, N. 1946; Drömmar om rosor och eld, R. 1949 (Träume von Rosen u. Feuer, d. 1952); Dagbok från Schweiz, Tg. 1949 (Notizen aus der Schweiz, d. 1976); Lägg undan solen, R. 1951 (Fort mit der Sonne!, d. 1953); Romantisk berättelse, R. 1953; Vinterresa i Norrbotten, 1955 (Winterreise, d. 1964); Tidens gång, R. 1955; Molnen över Metapontion, R. 1957 (Wolken über Metapont, d. 1964); Hans nådes tid, R. 1960 (Eine große Zeit, d. 1966); Spår förbi Kolonos, R. 1961; Livsdagen lång, R. 1964; Stunder, vågor, Reiseb. 1965, Favel ensam, R. 1968; Några steg mot tystnaden, R. 1973 (Reise ins Schweigen, d. 1975); Olibrius och gestalterna, En. 1986 (m. Bibl.). – *Übs.*: Erzählungen, 1974.

L: J. Claudi, 1947 (m. Bibl.); Ö. Lindberger, 1957; G. Orton, 1974; S. Bäckman, Diss. 1975; O. Meyer, 1976; T. Stenström, 1978; U. Linde, 1977; N. Schwartz, Diss. 1979; B. Söderberg, Diss. 1980; M. Mazzarella, Diss. 1982; M. Kårsnäs, Diss. 1984; Ö. Lindberger, 1986.

Johnson, James Weldon (eig. J. Williams), afroamerik. Schriftsteller, 17. 6. 1871 Jacksonville/FL – 26. 6. 1938 Wiscasset/ME. Univ. Atlanta, Lehrer, Journalist u. Rechtsanwalt in Florida, Songtexter u. Diplomat (1906–13), 1913–24 Redakteur ›New York Age‹: kämpfte gegen Lynching u. für die Bürgerrechte der Afroamerikaner (1916–31 Generalsekretär NAACP), ab 1931 Prof. für Lit. Fisk Univ. Nashville. J. war bahnbrechend für e. neue afroamerik. Lyrik u. furchtloser Wortführer im polit. Bürgerrechtskampf.

W: Autobiography of an Ex-Colored Man, R. anonym 1912, unter J. W. J.s Namen 1927 (Der weiße Neger, d. 1928); Fifty Years and Other Poems, G. 1917; God's Trombones, G. 1927 (Gib mein Volk frei, d. 1960); Black Manhattan, Unters. 1930; Along This Way, Aut. 1933. – The Selected Writings of J. W. J., 1995. – *Hg.*: The book of American Negro Poetry, Anth. 1922; The Book of American Negro Spirituals, Anth. 1925.

L: H. W. Felton, 1971; E. Levy, 1974; R. F. Fleming, 1987; Critical Essays on J. W. J., hg. K. M. Price, L. H. Oliver 1997.

Johnson, Linton Kwesi, engl.-jamaikan. Lyriker, * 24. 8. 1952 Chapelton/Jamaika. 1963 Übersiedlung nach England, Stud. in London, seit 1970 polit. aktiv (›Black Panthers‹), Journalist u. Radioreporter, zahlr. Auftritte als ›Performance Poet‹. – Begründer des Genres u. Begriffs ›Dub Poetry‹, abgeleitet vom ›Toasting‹ jamaikan. DJs zu Instrumentalversionen von Reggae-Stücken. Größtenteils in jamaikan. Englisch verfaßte von Reggae-Rhythmus beeinflußte Lyrik mit starker polit. u. sozialkrit. Ausrichtung, v.a. gegen gewaltsame Diskriminierung schwarzer Einwanderer in der brit. Gesellschaft; lautmalerische Orthographie. Aufnahme versch. Reggae-Alben, teilweise Vertonungen der Gedichtbände.

W: Voices of the Living and the Dead, G. 1974; Dread Beat an' Blood, G. 1975 (gleichnam. Album 1978; d. 1985); Forces of Victory, Album 1979; Bass Culture, Album 1980; Inglan is a Bitch, G. 1980; Making History, Album 1984; Tings an' Times, G. 1991 (gleichnam. Album 1991); Mi Revalueshanary Fren, G. 2002.

Johnson, Lionel Pigot, engl. Dichter und Kritiker, 15. 3. 1867 Broadstairs/Kent – 4. 10. 1902 London. Sohn e. Offiziers, in Winchester erzogen, Stud. Oxford. Ließ sich in London nieder. Zurückgezogenes Leben, schrieb Kritiken und Berichte, u.a. Beiträge zu Beardsleys Zss. ›The Yellow Book‹ und ›The Savoy‹. Gründete mit Dowson den ›Rhymer's Club‹, der Pariser Bohemesitten nachahmte. Konvertierte 1891 zur röm.-kathol. Kirche. Nahm großes Interesse an der ir. Renaissancebewegung. Starb nach e. Sturz, kurz nachdem er e. Elegie auf W. Pater beendet hatte. – S. Dichtung wurde einerseits durch kelt. Legenden, andererseits durch W. Pater beeinflußt. J.s formvollendete, musikal. Verse haben nur begrenzten dichter. Wert, sie sind leidenschaftslos, eleg. im Ton.

W: The Art of Thomas Hardy, Es. 1894 (n. J. F. Barton 1923); Poems, 1895; Ireland and Other Poems, 1897; Essays and Critical Papers, Ess. 1911; Post Liminium, Ess., hg. T. Whittemore 1911; Poetical Works, hg. E. Pound 1915; Reviews and Critical Papers, hg. R. Shafer 1921; A New Selection, hg. H. V. Marrot 1927; Collected Poems, hg. I. Fletcher ²1982.
L: C. K. Shorter, 1908.

Johnson, Samuel, engl. Schriftsteller, 18. 9. 1709 Lichfield – 13. 12. 1784 London. Sohn e. Buchhändlers. Stud. Oxford, wegen Mittellosigkeit 1729 ohne Abschluß abgebrochen. Lehrer in Market Bosworth, Verlagsangestellter in Birmingham. ∞ Elizabeth Porter, e. 20 Jahre ältere wohlhabende Witwe, mit der er bis zu ihrem Tode 1752 e. glückl. Ehe führte. Fehlgeschlagener Versuch der Gründung e. eigenen Privatschule in Lichfield; e. seiner wenigen Schüler dort war D. Garrick, in dessen Begleitung J. 1737 nach London zog, wo er in den Klubs Gleichgesinnte kennenlernte. Schrieb Zsn.-Beiträge und Berichte über Parlamentsdebatten. 1738 veröffentlichte er e. Juvenal imitierende Sittensatire ›London‹, die Popes Interesse weckte. 1749 erschien s. beste Dichtung ›Vanity of Human Wishes‹, e. Satire, die die Nichtigkeit polit. Macht und gelehrten Ruhmes zeigt. 1750–52 gab J. die moral. Wochenschriften ›The Rambler‹ (d. 1752) und 1758–60 ›The Idler‹ (d. 1764) heraus. 1747 hatte er e. ausführl. Plan für s. ›Dictionary of the English Language‹ an Lord Chesterfield geschickt, der zunächst keine Beachtung fand. Als das Werk dann 1755 unter großen Anstrengungen erschien, erwies es sich als bahnbrechend und machte J. mit e. Schlage berühmt; Oxford verlieh ihm den Titel M. A. J. gab weniger e. hist. Beschreibung der Sprache als vielmehr die Festsetzung e. Standards für gutes Englisch. Dank s. ausgeprägten Sprachgefühls wurde s. Wörterbuch richtungweisend. 1762 wurde ihm e. Pension bewilligt, sie verschaffte ihm die Muße, e. große Shakespeare-Ausgabe (VIII 1765) herauszugeben. 1763 wurde er mit Boswell bekannt, s. späteren Biographen, der J. sehr verehrte und alle Einzelheiten der Gespräche mit ihm, wie auch des Äußeren und des Lebensgewohnheiten J.s, gewissenhaft und lebendig aufzeichnete. 1764 gründete J. den ›Literary Club‹, dem s. Freunde Reynolds, Burke, Goldsmith, Garrick und Boswell angehörten. 1779–81 erschien J.s letzte große Arbeit ›Lives of the Poets‹, die grundlegend für spätere Dichterbiographien wurde, da er Charakterbilder gab und die geistige Haltung der Dichter sowie Werkcharakteristiken aufzeichnete; Ablehnung der ›Methaphysical Poetry‹ des 17. Jh. und der Vorromantik. J. war körperl. und in s. Benehmen grob und ungeschlacht, dahinter verbarg sich jedoch e. weiches Gemüt. Stets von Schwermut bedrückt, suchte er Trost und Halt in Freundschaften. In Westminster-Abbey beigesetzt. – Als Journalist, Essayist, Hrsg., Biograph, Gelehrter, Lexikograph, Kritiker, Moralist, Erzähler, Satiriker und Dramatiker letzter großer Vertreter des engl. Klassizismus und dessen Orientierung an den objektiven Maßstäben von Belehrung, Moral und Logik.

W: London, G. 1738; The Vanity of Human Wishes, Sat. 1749; Irene, Tr. 1749; A Dictionary of the English Language, II 1755 (n. R. G. Latham 1866–70; d. II 1793–96); Rasselas, R. 1759 (n. B. H. Bronson 1962; d. 1762); An Account of the Life of Mr. Richard Savage, 1774; The Works of the English Poets, hg. LXVIII (mit 10 Prefaces) 1779–81, als The Lives of the English Poets, III 1781 (n. G. B. Hill III 1967; d. 1781–83); Prayers and Meditations, 1785. – The Works, hg. Sir John Hawkins, J. Stockdale XIII, 1787, Yale Edition 1958ff.; The Poems, hg. D. N. Smith, E. L. McAdam ²1974; Prose and Poetry, hg. M. Wilson 1950; Letters, hg. B. Bedford V 1992ff.
L: J. Boswell, Life II 1791, hg. L. F. Powell VI 1934–64; R. DeMaria, 1994; J. C. D. Clark, 1994; P. Rogers, 1996; Cambridge Companion to S. J., hg. G. Clingham, 1997. – Bibl.: D. Greene, 1987; J. Lynch, 2000.

Johnston, (William) Denis (Ps. E. W. Tocher), ir. Dramatiker, 18. 6. 1901 Dublin – 8. 8. 1984 ebda. Stud. Jura Cambridge und Harvard, Advokat, ab 1927 Schauspieler in Dublin, 1931–36 Direktor des Gate Theatre ebda., ab 1936 am BBC London; 1942–45 Kriegskorrespondent; 1946/47 Programmdirektor beim Fernsehen. 1950–60 Dozent für engl. Lit. Holyoke College/MA; 1961–66 Direktor des theaterwiss. Inst. am Smith College/MA, danach Gastprofessuren Amherst College, Univ. of Iowa, Univ. of California, New York Univ. – Teils realist., teils kühn experimentelle Dramen, Neigung zu Groteske u. Ironie. S. erstes Stück initiierte einen Umbruch in der Dubliner Theaterlandschaft: die eigenwillige Auseinandersetzung mit der ir. patriot. Tradition u. Traditionspflege (im Schauspieler, der den Patrioten u. Rebellen Robert Emmet spielen soll, schläft ein u. träumt, er sei Emmet) wurde vom Abbey abgelehnt und kam dann (mit neuem Titel, der auf die Einwände Lady Gregorys anspielt) am Gate heraus, welches in der Folgezeit das Abbey als führendes Dubliner Theater ablöste. Schrieb später auch für Rundfunk u. Fernsehen.

W: The Old Lady Says ›No!‹, Dr. 1929 (n. 1977); The Moon in the Yellow River, Dr. 1931; Storm Song/A Bride for the Unicorn, Drr. 1935; The Golden Cuckoo, Dr. 1939; The Dreaming Dust, Dr. 1940; A Fourth for Bridge, Sch. 1948; Nine Rivers from Jordan, Aut. 1953; The Scythe and the Sunset, Dr. 1958; In Search of Swift, St. 1959; J. M. Synge, St. 1965; The Brazen Horn, Aut.

1968. – Collected Plays, II 1960; Dramatic Works, III 1977–92.

L: H. Ferrar, 1973; G. A. Barnett, 1978; J. Ronsley, hg. 1981; R. Johnston, hg. 1992; T. Boyle, 1995; B. Adams, 2002.

Johnston, Jennifer (Prudence), ir. Romanschriftstellerin, * 12. 1. 1930 Dublin. Tochter des Dramatikers Denis Johnston, erzogen Park House School, Dublin, Stud. Trinity College, ebda. Lebt in Nordirland. – Zählt zu den führenden ir. Erzählerinnen des späten 20. Jh. Gestaltet in ihren Romanen mit stilist. Knappheit und Präzision gesellschaftl. Umbrüche und Konflikte der Gegenwart wie der jüngeren Vergangenheit und besonders die daraus resultierende zwischenmenschl. Sprachlosigkeit, läßt ihre Protagonisten diese allerdings oft in klimaktischen Schlußsequenzen überwinden. ›The Old Jest‹, die Geschichte einer jungen Frau im wohlhabenden Dubliner Vorortmilieu zur Zeit des ir. Unabhängigkeitskriegs, gewann den ›Whitbread Award‹.

W: The Captains and the Kings, R. 1972; The Gates, R. 1973; How Many Miles to Babylon?, R. 1974; Shadows on Our Skin, R. 1977; The Old Jest, R. 1979; The Christmas Tree, R. 1981 (Jakobs Tochter, d. 1984); The Railway Station Man, R. 1984; Fool's Sanctuary, R. 1987; The Nightingale and Not the Lark, Drn. 1988; The Invisible Worm, R. 1991; The Illusionist, R. 1995; The Desert Lullaby, Dr. 1996; Two Moons, R. 1998; The Gingerbread Woman, R. 2000.

Joinville, Jean, Sire de, franz. Geschichtsschreiber, 1224 Schloß Joinville/Champagne – 11. 7. 1317. Seneschall der Champagne, lernte 1241 beim Fest von Saumur Ludwig IX. kennen, begleitete diesen auf dem 6. Kreuzzug (1248–54) nach Ägypten. Freund des Königs, hatte nach 1254 Anteil an Regierungsgeschäften, bes. an der Justizverwaltung, lehnte 1270 Teilnahme am unglückl. 7. Kreuzzug Ludwigs ab. – Verfaßte auf Bitten Johannas von Navarra, der Gattin Philipps des Schönen, 1305–09 ›Des saintes paroles et bons faits de Saint Louis‹, e. Biographie des Königs, in der er s. seit etwa 1272 aufgezeichneten Erinnerungen verarbeitete. J.s Werk ist das erste Beispiel hist. Biographie in franz. Sprache. Hauptstück ist die Geschichte des 6. Kreuzzuges. Der Blick für die großen Zusammenhänge fehlt, doch J. versteht sich auf Darstellung der Einzelheiten. Dank s. ungewöhnl. visuellen Gedächtnisses genaue u. zuverlässige Beobachtungen. Volkstüml. durch den sachl. u. klaren Stil: S. Ludwigsbild, das des Heiligen u. Helden, bestimmte die Volksüberlieferung. Übs. des Credos ins Franz.

A: Histoire de Saint Louis, Credo et Lettre à Louis X, hg. N. de Wailly ²1906 (n. 1931, 1977; d. N. Driesch 1853, S. Aschner 1928).

L: H. F. Delaborde, 1894; H. Gillet, 1894; G. Paris, 1897; A. Pauphilet, Historiens et chroniqueurs, 1938; M. Lapasset, 1984; M. Slattery, 1985; D. Quéruel, 1998.

Jókai, Mór, ungar. Schriftsteller, 18. 2. 1825 Komárom – 5. 5. 1904 Budapest. Kalvinist. Adelsfamilie. Gymnas. Komárom, Pozsony, Kalvinistenkolleg Pápa (Mitschüler Petőfis); 1842–44 Stud. Rechte Kecskemét, beendete s. Stud. in Pest 1846. Erster Roman 1846. 1847 Redakteur der Zs. ›Életképek‹. Freundschaft mit Petőfi. Vorbereiter des Freiheitskampfes. 1848 ∞ Laborfalvy Róza, Schauspielerin († 1886). 1849 in Debrecen auf seiten Kossuths. Nach der Niederlage mußte er sich auf dem Lande verborgen halten. 1852 Amnestie, Rückkehr nach Pest. Arbeitete für versch. Zeitungen: ›Remény‹, ›Délibáb‹, ›Vasárnapi Újság‹. 1858 Gründer e. Witzblattes ›Üstökös‹. Theaterkritiker. 1861 liberaler Abgeordneter. Redigierte die Zs. ›Magyar Sajtó‹. 1863 Gründer der Zs. ›Hon‹. Mitgl. der Ungar. Akad. der Wiss. u. versch. lit. Gesellschaften. 1896 zu lebenslängl. Mitgl. des Oberhauses ernannt. 1899 ∞ Bella Nagy (Gross). – Größter Erzähler Ungarns, mit s. rd. 200 Novellen, Erzählungen, Humoresken u. Romanen, z. T. unter Einfluß von Dickens, V. Hugo und Dumas père, außerordentl. volkstüml. und fruchtbar; romant.-idealist. Grundton, lebhafte Phantasie, Vorliebe für Exotik, fesselnde Erzählkunst, unerschöpfl., aber z. T. unkrit. Fabulierfreude und optimist. Humor; z. T. Schwarzweißmalerei der Charaktere. Wollte s. unterdrücktes Volk trösten, ihm wieder Kraft u. Mut geben. Verfügte über e. sehr umfangr. enzyklopädisches Wissen. S. naturwiss. u. techn. Kenntnisse, s. phantasievollen – nicht selten utopist. – Schilderungen geben s. Werken e. bes. Reiz.

W: Hétköznapok, 1846; Forradalmi és csataképek, 1850; Egy bujdosó naplója, 1851; Erdély aranykora, II 1852 (Midst the Wild Carpathians, engl. 1894); Törökvilág Magyarországon, 1853 (Türkenwelt in Ungarn, d. 1855); Egy magyar nábob, IV 1854 (Ein ungar. Nabob, d. 1856); Kárpáthy Zoltán, 1854 (d. 1860); Véres könyv, 1855; A szegény gazdagok, 1860; Az új földesúr, III 1863 (Der neue Gutsherr, d. 1876); Politikai divatok, 1864; Szerelem bolondjai, 1868; A kőszívű ember fiai, R. VI 1869 (Die Baradlays, d. 1958); Fekete gyémántok, V 1870 (Schwarze Diamanten, d. 1871); Az arany ember, V 1872 (Ein Goldmensch, d. 1873, u. d. T. Vom Golde verfolgt, 1957); A jövő század regénye, 1872; És mégis mozog a föld!, 1872; Egy az Isten, 1877; Névtelen vár, 1878; Rab Ráby, R. 1879 (d. 1888, u. d. T. Einer stach ins Wespennest, 1955); Szabadság a hó alatt, 1879; Egy hírhedett kalandor a XVII. századból, R. 1879 (Der Abenteurer, d. 1956); Tegnap, 1881; Szeretve mind a vérpadig, 1882; A cigánybáró, 1885 (Der Zigeunerbaron, d. 1886); A lélekidomár, 1889; A fekete vér, 1892; Sárga rózsa, 1893 (Die gelbe Rose, d. 1895). – Összes művei (SW), C 1898; Hátrahagyott művei, Nl. X 1912.

L: L. Szabó, J. élete és művei, 1904; K. Mikszáth, J. M. élete és kora, II 1907, ²1997; F. Zsigmond, 1924; ders., J. élete és művei, 1924; J. Sőtér, 1956; D. Lengyel, ²1970. – *Bibl.:* A. Tiszay, 1954; M. Nagy, J. M., 1999.

Jolley, Elizabeth, austral. Schriftstellerin, * 4. 6. 1923 Birmingham. Krankenschwester im 2. Weltkrieg, 1959 nach Australien, ∞, 3 Kinder. – Vf. psycholog. Romane.

W: Palomina, R. 1980 (Eine Frau und eine Frau, d. 1996); Milk and Honey, R. 1984 (Milch und Honig, d. 1994); Foxbaby, R. 1984 (Foxy Baby, d. 1994); The Well, R. 1986 (Der Mann im Brunnen, d. 1995); The Sugar Mother, R. 1988 (Späte Gäste, d. 1996); My Father's Moon, R. 1989 (Der Mond meines Vaters, d. 1996); Central Mischief, Aut. 1992.

L: D. Bird, B. Walker, 1991.

Jónasson, Jóhannes (úr Kötlum), island. Dichter, 4. 11. 1899 Goddastaðir – 27. 4. 1972 Reykjavík. Kleinbäuerl. Elternhaus. Stud. Lehrerseminar Reykjavík, 1921–33 Lehrer, dann freier Schriftsteller. Mitbegründer von ›Rauðir pennar‹ (1935). – Debütierte unter Einfluß der island. Jugendbewegung mit Gedichten in konventioneller Form über Heimat u. Natur. Nach s. Hinwendung zu Kommunismus u. Sozialismus 1932 schrieb er sozialkrit., satir. u. polit. Dichtung, wobei im große formkünstler. Begabung offenbarte. Der künstler. Ausdruck erscheint inhalt u. Absicht hier jedoch nicht immer ganz adäquat. S. späteren, weniger polit. Gedichte an Heimat u. Vaterland sind teilweise von beeindruckender lyr. Dichte. Mit ›Sjödægra‹ (1955) erreichte s. Formkunst durch Verwendung neuer Stilmittel u. Formelemente einen s. frühere Lyrik übertreffenden Höhepunkt.

W: Bí, bí og blaka, G. 1926; Álftirnar kvaka, G. 1929; Ég læt sem ég sofi, G. 1932; Og björgin klofnuðu, R. 1934; Samt mun ég vaka, G. 1935; Hrímhvíta móðir, G. 1937; Hart er í heimi, G. 1939; Eilfífðar smáblóm, G. 1940; Sól tér sortna, G. 1945; Ljóðið um Labbakút, G. 1946; Dauðmannsey, R. 1949; Siglingin mikla, R. 1950; Frelsisálfan, R. 1951; Sóleyjarkvæði, G. 1952; Hlið hins himneska friðar, G. 1953; Sjödægra, G. 1955; Roðasteinninn og ritfrelsið, Abh. 1958; Óljóð, G. 1962; Tregaslagur, G. 1964; Vinaspegill, Ess. 1965; Mannsnurinn, G. 1966; Ný og nið, G. 1970. – Ljóðasafn (GW), VI 1972–74.

Jonckheere, Karel, fläm. Schriftsteller, 9. 4. 1906 Ostende – 13. 12. 1993 Rijmenam. Lehrer, Bibliotheksinspektor, Tätigkeit beim Kultusministerium, Lit.kritiker bei versch. Ztn. – Beschaul.-wehmütige, meist autobiograph. Gedichte über den Lebenskreis der Familie; formal zunächst traditionell, später durch experimentelle Elemente aufgelockert. Daneben Erzählungen u. poet. Reiseberichte sowie Essays in spieler.-iron. Ton. Hrsg. von Anthologien. Unermüdl. tätig für die Verbreitung der niederländ. Lit. im Ausland.

W: Proefvlucht, G. 1933; Conchita, G. 1939; Spiegel der zee, G. 1947; De hondenwacht, G. 1951; De levende haven, Reiseb. 1955; Van zee tot schelp, G. 1956; De literatuur in België, Ess. 1958; Ogentroost, G. 1961; Roemeense suite, G. 1965; In de wandeling lichaam geheten, G. 1969; De zwangere stopnaald, En. 1972; Nazicht, G. 1976; De overkant is hier, G. 1982; Wuiven naar gisteren, Mem. 1987; Recht op da capo, G. 1988.

L: M. Gijsen, 1964; B. Decorte, 1974; Het wordt klaar ..., hg. F. Cornelis 1986. – *Bibl.:* R. Roemans, H. van Assche, 1968.

Jones, David (Michael), engl. Lyriker, 1. 11. 1895 Brockley/Kent – 28. 10. 1974 Harrow. Im 1. Weltkrieg in Frankreich. 1921 Konversion zum Katholizismus. – Bedeutender modernist. Dichter. S. von der Liturgie inspirierte Lyrik verwendet e. Technik des Nebeneinanders versch. Stilelemente. Kriegslyrik, in die Anspielungen auf kelt. Sagen u. alte Dichtungen eingefügt werden. S. Sprache enthält Elemente des Engl. (einschließl. Cockney), Walis. u. Lat.

W: In Parenthesis, G. 1937; The Anathemata, G. 1952; The Wall, G. 1955; Epoch and Artist, Ess. hg. H. Grisewood 1959; The Tribune's Visitation, G. 1969; The Sleeping Lord and Other Fragments, G. 1974; The Kensington Mass, G. hg. R. Hague 1975; The Dying Gaul, Ess. hg. H. Grisewood 1978; The Roman Quarry and Other Sequences, G. hg. G. R. Grisewood, R. Hague 1981; Dai Greatcoat, Br. hg. R. Hague 1980. – *Übs.:* Ausw. in: Poesie der Welt – Nordamerika, hg. W. Schmiele 1984.

L: R. Ironside, 1949; D. Blamires, 1971; J. Hooker 1975; S. Rees, 1978; W. Blissett, The Long Conversation, B. 1981; P. Pacey, 1982; T. Dilworth, 1988; J. Matthias, hg. 1989; P. Hills, hg. 1997.

Jones, Gayl, afroamerik. Autorin, * 23. 11. 1949 Lexington/KY. Erlebt mündl. Tradition in e. schwarzen Nachbarschaft; Stud. Connecticut College u. Brown Univ.; Prof. Univ. of Michigan bis 1983; lebt in Frankreich u. USA. – Eingebettet in unverfälschte afroamerik. Umgangssprache, umkreist J.'s Erzählprosa geschichtl. Erinnerung, familiären Alltag u. Partnerbeziehungen aus spezif. weibl. Perspektive – e. oft sexuell aufgeladene ›blues narrative‹ als unverkennbare Stimme der neuen afroamerik. Erzählliteratur.

W: Corregidora, R. 1975; Eva's Man, R. 1976; White Rat, En. 1977; Song for Anninho, G. 1981; The Hermit-Woman, G. 1983; Xarque and Other Poems, G. 1985; Liberating Voices: Oral Tradition in African American Lit., Unters. 1991.

L: C. Tate, Black Women Writers at Work, 1983; S. Coser, Bridging the Americas, 1994.

Jones, Henry Arthur, engl. Dramatiker, 20. 9. 1851 Grandborough/Buckinghamshire – 7. 1.

1929 Hampstead. Sohn e. Landwirts walis. Abstammung. 1864–79 Handelsreisender. Begann 1869 Schauspiele zu schreiben; erste Aufführung 1878. S. Melodrama ›The Silver King‹ war 1882 s. erster großer Publikumserfolg. – J. schrieb insges. über 60 Bühnenstücke, die meisten erfolgr. E. der ersten Vf. von Problemstücken. Am besten s. ernsten Stücke, bes. ›Saints and Sinners‹, ›Judah‹, ›Michael and His Lost Angel‹ und ›Mrs. Dane's Defence‹. J.' realist. soziale Schauspiele versuchen wirklichkeitsgetreue soziale Bilder zu erzeugen; teilw. sehr konservativer Standpunkt.

W: Saints and Sinners, Sch. 1884; The Tempter, Sch. 1893; Judah, Dr. 1894; The Renascence of the English Drama, Es. 1895; Michael and His Lost Angel, Sch. 1896; Mrs. Dane's Defence, Sch. 1900; The Liars, Sch. 1901; The Hypocrites, Sch. 1906; The Silver King, Melodr. 1882 (m. H. Herman); The Dancing Girl, Sch. 1907; The Foundations of a National Drama, Es. 1913; The Lie, Sch. 1914. – Representative Plays, hg. C. Hamilton IV ^{2}1971; Plays, hg. R. Jackson, 1982.

L: R. A. Cordell, ^{2}1968; D. A. Jones, ^{2}1971; P. Griffin, A. W. Pinero and H. A. J., 1991.

Jones, James, amerik. Erzähler, 6. 11. 1921 Robinson/IL – 9. 5. 1977 Southampton/NY. 1939–44 Soldat in Hawai, 1958–74 Paris. – S. Erfahrungen in der Armee geben den Hintergrund ab für den am Vorabend des japan. Angriffs auf Pearl Harbor spielenden Bestseller ›From Here to Eternity‹. Mit schonungslosem Naturalismus schildert J. den Kampf e. idealist. Individualisten gegen brutale Vorgesetzte. ›Some Came Running‹ schildert mit derselben krit. Offenheit die Menschen e. Kleinstadt. In späteren Werken zunehmende Anpassung an die Bedürfnisse des lit. Massenkonsums. Auch Filmskripte.

W: From Here to Eternity, R. 1951 (Verdammt in alle Ewigkeit, d. 1951); Some Came Running, R. 1957 (Die Entwurzelten, d. 1959); The Pistol, R. 1959 (d. 1959); The Thin Red Line, R. 1962 (Der tanzende Elefant, d. 1963); Go to the Widow-Maker, R. 1967 (Kraftproben, d. 1968); The Ice-Cream Headache, En. 1968 (Das Messer, d. 1971); The Merry Month of May, R. 1970 (Mai in Paris, d. 1971); A Touch of Danger, R. 1973 (Das Sonnenparadies, d. 1974); Viet Journal, 1974; World War II, Komm. 1975 (d. 1977); Whistle, R. 1978 (Heimkehr der Verdammten, d. 1979); To Reach Eternity, Br. hg. G. Hendrick 1989; J. J. Reader, Ausw. hg. J. R. Giles 1991.

L: J. R. Giles, 1981; G. Garrett, 1984; S. R. Carter, 1998; G. Hendrick u. a., 2001. – *Bibl.*: J. R. Hopkins, 1974.

Jones, (Everett) LeRoi (oder Imamu Amiri Baraka), afroamerik. Schriftsteller, * 7. 10. 1934 Newark/NJ. Sohn e. Briefträgers; Stud. Lit. u. Soziologie Rutgers, Howard u. Columbia Univ. u. New School for Social Research, Lektor für Lit. u. Dramaturgie ebda. 1957 Hrsg. der avantgardist. Zs. ›Yugen‹, dann Verleger (Totem Press), 1965 Übertritt zum Islam, seitdem führender lit. Sprecher der Black-Power-Bewegung. In New York Gründer der Black Arts Repertory Theater and School (später Newark Spirit House), zu denen Weißen der Zutritt verwehrt war. – Nach Anfängen mit Beat Poetry bekannte sich J. zu e. revolutionären Theater, in dessen Dienst er s. starke dramat. Begabung stellte. S. Stücke u. Gedichte spiegeln die Gewalt in e. rass. geteilten Gesellschaft u. artikulieren Haß u. Revolte gegen Weiße, selbstkrit. Scham u. Verachtung für angepaßte Schwarze. S. autobiograph. Roman ›The System of Dante's Hell‹ schildert mit z. T. obszöner Direktheit in innovator. Formen die Lage der Schwarzen in den Slums. Auch Studien zur afroamerik. Musik; Auftritte u. Aufnahmen mit Jazz-Musikern.

W: Preface to a Twenty Volume Suicide Note, G. 1961; Blues People, St. 1963 (d. 1969); The Dead Lecturer, G. 1964; Dutchman and The Slave, Drr. 1964; The System of Dante's Hell, R. 1965 (d. 1966); Black Arts, G. 1966; Home: Social Ess. 1966 (Ausweg in den Haß, d. 1967); Black Music, Ess. 1967; The Baptism and The Toilet, Drr. 1967; Tales, En. 1967 (Langsam bergab, d. 1968); Slave Ship, Dr. 1967; Four Revolutionary Plays, 1969; It's Nation Time, G. 1970; In Our Terribleness, G. 1970; Spirit Reach, G. 1972; African Revolution, G. 1973; Hard Facts, G. 1976; The Motion of History and other Plays (S–1, Slave Ship), Dr. 1978; Weimar 2, Dr. 1981; The Autobiography of LeRoi Jones/Amiri Baraka, 1974; Selected Plays and Prose, 1979; Daggers and Javelins, Es. 1984; Conversations with A. B., hg. C. Reilly 1994.

L: T. R. Hudson, From L. J. to A. B., 1973; K. W. Benston, 1976; ders., hg. 1978; L. W. Brown, 1980; W. Sollors, Amiri Baraka/LeRoi J., 1984; W. J. Harris, The Poetry and Poetics of A. B., 1985.

Jones, Rod, austral. Erzähler, * 1953 Melbourne. Arbeitete zunächst als Lehrer, lebt in Queenscliff/Victoria. – In s. Romanen setzt er sich mit den Abgründen der menschl. Psyche u. den daraus entstehenden emotionalen Bindungsproblemen des Individuums auseinander.

W: Julia Paradise, R. 1986 (d. 1990); Billy Sunday, R. 1995; Nightpictures, R. 1997.

Jones, Thomas Gwynn (Ps. Rhufaw), walis.-kymr. Dichter, 10. 10. 1871 Beters-yn-Rhos/Denbighshire – 7. 3. 1949 Aberystwyth. Bibliothekar, Dozent für Walis., ab 1919 Prof. für walis. Lit. Univ. Aberystwyth. – Vf. von Verserzählungen, Romanen, Essays und Gedichten. Beherrschte mit großer Virtuosität e. Fülle von Formen und Metren. Seine Themen entnahm er vorzugsweise der kelt. Mythologie und Geschichte. Gestaltete immer wieder e. Traumland, in dem Weisheit und Großmut regieren, lehnte die mod. Industriewelt ab. Übs. ›Faust‹ (1922), ›Macbeth‹ (1942) u. griech. u. lat. Epigramme ins Kymr.

W: Gwlad y Gân a chaniadau eraill, G. 1902; Ymadawiad Arthur a chaniadau eraill, G. 1910; Emrys ap Iwam, B. 1912; Cofiant Thomas Gee, B. 1913; Chaniadau, G. 1926, 1934; Manion, R. 1932; Cymeriadau, R. 1933; Dyddgwaith, 1937; Y Dwymyn, R. 1944; Brithgofion, E. 1944.

L: W. Beynon Davies, 1970.

Jong, Adrianus Michael (gen. A. M.) de, niederländ. Volksschriftsteller, 29. 3. 1888 Nieuw Vosmeer/Nordbrabant – 18. 10. 1943 Blaricum. Aus kath. Arbeiterfamilie, 1906–19 Lehrer, ab 1919 Schriftleiter der Tageszeitung ›Het Volk‹, 1927/28 der Zs. ›Nu‹. Von der SS ermordet. – Sozialist. engagierter lebendiger Erzähler m. religionskrit. Haltung. Romane, Reisebeschreibungen, Kinder-Comics. Die ›Merijntje-Gijzen‹-Romane sind halb autobiographisch.

W: Ondergang, R. III 1916 (d. 1921); De wereldreis van Bulletje en Boonestaak, Zeitungs-Comic f. Kinder 1921–35 (Bd. 1 u. 2 d. 1924f.); Merijntje Gijzens jeugd, R. IV 1925–28 (M. G.s Kindheit, d. IV 1929f., u.d.T. Herz in der Brandung 1955); Naar zonnige landen in donker getij, Reiseb. 1929; De martelgang van Kromme Lindert, R. 1930 (Der krumme L., d. 1949); De dood van de patriarch, R. 1932 (d. 1946); Merijntje Gijzens jonge jaren, R. IV 1935–38 (Heller Klang aus dunkler Flöte, d. 1959); De dolle vaandrig, biogr. R. (über Bredero) II 1947.

L: M. de Jong, (Biogr.) 2001.

Jong, Erica (Mann), amerik. Schriftstellerin, * 26. 3. 1942 New York. Stud. Engl. Lit. – In ihren kontrovers aufgenommenen Romanen u. Gedichten thematisiert J. Aspekte des Feminismus, der Kreativität u. weibl. Sexualität sowie die Suche nach e. Selbstfindung als Frau, Jüdin u. Schriftstellerin.

W: Fruits and Vegetables, G. 1971 (n. 1997, d. Ausw. 1981); Fear of Flying, R. 1973 (d. 1976); How to Save Your Own Life, R. 1977 (d. 1978); Fanny, R. 1980 (d. 1980); Parachutes & Kisses, R. 1984 (d. 1985); Any Woman's Blues, R. 1990 (d. 1990); The Devil at Large, B. 1993 (d. 1999); Fear of Fifty, Mem. 1994 (d. 1996); Inventing Memory, R. 1997 (d. 1997); What Do Women Want?, Ess. 1998 (Der Buddha im Schoß, d. 2000).

L: C. Templin, 1995.

Jong, Oek de, niederländ. Schriftsteller, * 4. 10. 1952 Breda. Stud. Kunstgesch. – Wurde bekannt mit dem modernen Entwicklungsroman ›Opwaaiende zomerjurken‹. Essays über kunsthistor. u. literar. Themen.

W: De hemelvaart van Massimo, En. 1977; opwaaiende zomerjurken, R. 1979; Cirkel in het gras, R. 1985 (Ein Kreis im Gras, d. 1999); De inktvis, 2 En. 1993; Een man die in de toekomst springt, Ess. 1997; Hokwerda's kind, R. 2002.

Jonson, Ben (auch Benjamin), engl. Dramatiker, 11. 6. 1573(?) Westminster/London – 6. 8. 1637 ebda. Verlor 4jährig s. Vater. Ein Lehrer ermöglichte ihm den Schulbesuch in Westminster. J. arbeitete kurze Zeit als Maurergehilfe, trat dann jedoch in die Armee ein und kämpfte in den Niederlanden gegen die Spanier. Nach s. Rückkehr nach England um 1592 mit wenig Erfolg Schauspieler in e. Wandertruppe, begann gleichzeitig Laufbahn als Bühnenschriftsteller und Mitarbeiter Nashes an dessen Schauspiel ›The Isle of Dogs‹ (deswegen 1597 eingesperrt). Tötete 1598 im Duell e. Schauspieler-Kollegen, entkam dem Galgen mit Hilfe e. Geistlichen. Wirkte zeitweise als Schauspieler bei ›Admiral's Men‹ und ›Lord Chamberlain's Comp.‹. 1623 vernichtete e. Feuer alle s. Bücher und unveröffentl. Manuskripte. 1628 erlitt er e. Schlaganfall, von dem er sich nie ganz erholte. – Bedeutendster Zeitgenosse Shakespeares, proklamierte in seinen Stücken jedoch im Gegensatz zu Shakespeare die klass. Einheiten des Dramas (Ort, Zeit, Handlung). S. Versuch, die klass. Tragödie neu zu beleben, mißglückte; s. Bedeutung liegt auf dem Gebiet der realist. Komödie. S. Komödien spielen im zeitgenöss. England und zeigen v.a. das zeitgenöss. London als komplexes Miteinander verschiedener Schichten, Geschlechterkonstellationen und polit. Ansichten. Sie spiegeln die wirtschaftl. und sozialen Aufstieg des Mittelstandes während der Regierungszeit von Queen Elizabeth und üben Zeitkritik. 1598 erschien s. 1. erfolgr. Bühnenstück (›Every Man in His Humour‹), in dem Shakespeare als Schauspieler mitwirkte. Mit diesem Stück schuf J. das Genre der ›comedy of humours‹, in dem die Charaktere keine psycholog. Entwicklung durchmachen, sondern vor allem zur (satir.) Darstellung menschl. u. gesellschaftl. Laster und Eigenheiten dienen, die an ihnen stereotypisch ausgestellt werden. Weitere satir. Komödien folgten, die das Bürgertum, die höheren Gesellschaftskreise und die zeitgenöss. Dichter verspotteten, sie fanden heftige Gegenangriffe seitens der Kritiker, unter ihnen Dekkers ›Satiro-mastix‹ (= Peitsche für den Satiriker). Daraufhin wandte J. sich der Tragödie klass. Prägung zu, s. 1. Tragödie ›Sejanus‹ fand jedoch keine günstige Aufnahme. Als nächstes schrieb er mit Marston und Chapman gemeinsam ›Eastward Ho!‹, das die drei Autoren wegen Beleidigung James' I. von Schottland für kurze Zeit ins Gefängnis brachte. Nach s. Freilassung schrieb J. zunächst zahlr. Maskenspiele, in die er graziöse lyr. Verse einfügte. Diese entstanden v.a. in Zusammenarbeit mit Inigo Jones, unter dem lit. Patronat von Queen Anne, die maßgeblichen Einfluß z.B. auf die ›Masque of Blackness‹ (1605) und die ›Queen's Masques‹ hatte. 1605–14 verfaßte er s. drei großen Komödien ›Volpone‹, ›Epicoene‹

und ›The Alchimist‹, in denen er seine satir. Charakterzeichnungen perfektionierte, sowie die Tragödie ›Catiline‹. Der Hof ernannte ihm zum 1. Poet laureate und setzte ihm für s. dichter. Leistung e. Pension aus. Gleichzeitig veröffentl. er e. Gesamtausgabe s. Werke und markierte damit den Beginn eines (früh)modernen Autorschafts- und Originalitätsverständnisses von Schriftstellern. J. machte (in Anlehnung an Aemilia Lanyers Gedicht ›A Description of Cooke-Ham‹) mit ›To Penshurst‹ die Gattung des ›country-house-poem‹ weiter bekannt. Hinterließ auch Epigramme und Gedichte nach antiken Vorbildern (bes. Anakreon), Essays sowie e. kurz vor s. Tode entstandenes Schäferspiel-Fragment, das engl. Realismus mit ital. Eleganz verband. Unter s. Hand wurde das höf. Maskenspiel zu e. kleinen mytholog. Schauspiel mit lyr. Einlagen.

W: Every Man in His Humour, K. 1598 (d. L. Tieck, 1793); Everyman Out of His Humour, K. 1599; Cynthia's Revels (The Fountaine of Selfe-Love), K. 1601; Poetaster, K. 1602; Sejanus His Fall, Tr. 1605; Eastward Hoe, K. 1605 (m. Marston u. Chapman); Volpone, or the Foxe, K. 1605 (n. D. Cook 1962; d. St. Zweig 1926); The Masque of Beauty, Sp. 1608; The Masques of Queenes, Sp. 1609; The Case is Altered, K. 1609; Epicoene, or the Silent Woman, K. 1609 (Die schweigsame Frau, d. St. Zweig 1935; Oper v. R. Strauss); The Alchemist, K. 1610 (n. F. M. Mares 1967); Catiline, Tr. 1611; Bartholmew Fayre, K. 1614 (n. E. A. Horsman [2]1965); The Forest, K. 1616; The Divell is an Asse, K. 1616; The Works, I 1616, II 1641; The Staple of Newes, K. 1625; A Tale of a Tub, Sch. 1633; The Sad Shepherd: Or, A Tale of Robin Hood, 1637; Underwoods, G. 1640; Timber, or, Discoveries made upon Men and Matters, Ess. 1640. – Works, hg. C. H. Herford, P. u. E. Simpson XI 1925–52; The Yale B. J., 1961ff.; Complete Plays, hg. F. E. Schelling II 1910, I 1968; Complete Poetry, hg. W. B. Hunter 1968; Complete Poems, hg. George Parfitt, 1975; Complete Masques, hg. St. Orgel 1969; Plays and Masks, hg. R. M. Adams 1979; B. J.'s Plays and Masques, hg. R. Harp, 2001; Literary Criticism, hg. J. D. Redwine 1970. – Übs.: Werke, L. Tieck 1829; Ausw., Graf v. Baudissin II 1836; M. Mauthner 1912.

L: A. C. Swinburne, 1889 (n. 1968); Ph. Aronstein, 1906; Sir G. Greenwood, 1921; L. C. Knights, 1937; J. J. Enck, 1957; W. Trimpi, 1962; E. B. Partridge, The Broken Compass, [2]1964; M. Hussey, 1964; S. Orgel, The J.ian Masque, 1965; C. G. Thayer, [2]1966; J. L. Palmer, N. Y. 1967; J. G. Nichols, The Poetry of J., 1969; J. B. Bamborough, [2]1970; J. A. Barish, B. J. and the Language of Prose Comedy, [2]1970; ders., hg. 1963; G. B. Johnston, [3]1970; J. A. Bryant, 1972; J. B. Bamborough, 1973; J. K. Gardiner, Craftmanship in Context, 1975; M.-T. Jones-Davies, Paris 1975; G. Parfitt, 1976; L. A. Beaurline, J. and Eliz. Comedy, 1978; A. Legatt, 1981; R. S. Peterson, Imitation and Praise in the Poems of J., 1981; C. Summers, 1982; D. H. Brock, A. J. Companion, 1983; A. Barton, 1984; I. Donaldson, hg. 1986; R. Harp, The Cambridge Companion to B. J., 2000; J. Cain, 2000; J. Hirsch, 2000; J. Loxley, The Complete Critical Guide to B. J., 2002; H. Bloom, 2002. – Bibl.: S. A. Tannenbaum, 1937; M.-T. Jones Davies, 1973; Konkordanz (Poems): S. L. Bates, S. D. Orr, 1978.

Jónsson, Hjálmar (gen. Bólu-Hjálmar), isländ. Lyriker, 29. 9.(?) 1796 Halland (Eyjafjörður) – 25. 7. 1875 Bóla (Skagafjörður). Autodidakt, Bauer u. Fischer. – Bedeutender isländ. Lyriker des 19. Jh. Seine Dichtung spiegelt die Spannung zwischen persönl. Armut, Mißgunst von außen einerseits, e. reichen Gefühlsleben u. tiefer Geistigkeit andererseits wider. In s. schwermütigen, von Freiheitswillen durchglühten patriot. Dichtung läßt er Island in all s. Herbheit u. Armut erstehen. Unorthodoxe christl. Gläubigkeit erfüllt s. Gedichte zum Gedächtnis Verstorbener. Seine Sprache ist herb u. kräftig, reich an eigenartigen Bildern. Das rationale Bild ist oft Symbol für e. irrationale Wirklichkeit.

W: Ljóðmæli, G. 1879; Kvæði og kviðlingar, G. 1888; Rímur af Göngu-Hrólfi, G. 1884; Tvennar rímur, G. 1905. – Ljóðmæli (GW), II 1915–19; AW 1942, [2]1967; Ritsafn (SW), hg. F. Sigmundsson VI 1949–60 (n. III 1975).

L: Brynjólfur Jónsson, Bólu-Hjálmars saga, 1911; E. Rumbke, Diss. 1970; K. Eldjárn, 1975.

Jonsson, Thorsten, schwed. Schriftsteller, 25. 4. 1910 Hörnsjö/Västerbotten – 7. 8. 1950 Stockholm. Vater Missionsbuchhändler. Gymnasium, 1932 Staatsexamen in Stockholm; Journalist, 1943–46 in New York als Auslandskorrespondent für ›Dagens Nyheter‹. Kritiker, 1948 Kulturredakteur an ›Dagens Nyheter‹, ∞ 1937 Else Dahlberg. – Erzähler von präzisem, einfachem Stil, Vertreter der sachl., realist. Prosa nach Muster des amerik. Erzählerstils, da Kenner Hemingways, Faulkners, Caldwells u. Steinbecks. Den Stoff für s. Novellen entnahm er z. T. aus Kriminalistik, sie enthalten wiss. unterbaute Schilderungen pathalog. Fälle. Übersetzte u. a. afroamerik. Lyrik (›Mörk sång‹, 1949).

W: Utflykt, G. 1933; Som ett träd, G. 1938; Som det brukar vara, N. 1939; Fly till vatten och morgon, N. 1941; Konvoj, R. 1947 (Menschen im Konvoi, d. 1951); Dimman från havet, N. 1950.

L: G. Lindström 1951; Chr. Söderhjelm Mc Knight, 1978.

Jonsson, Tor, norweg. Lyriker, 14. 5. 1916 Lom – 14. 1. 1951 Oslo. Arbeitete als Journalist bei versch. Zeitungen. S. formal traditionelle Lyrik spricht von soz. Kampf ebenso wie von der Sehnsucht des Menschen nach Liebe. Zahlr. metapoet. Gedichte.

W: Mogningen i mørkret, G. 1943; Berg ved blått vatn, G. 1946; Jarnnetter, G. 1948; Nesler II, Ess. 1950–53; Ei dagbok for mitt hjarte, G. 1951. – Dikt i samling, G. 1956, 1967, 1975, [3]1999; Diktning, G.-Ausw. 1963;

Prosa i samling, 1960, 1963; Skrifter, Prosa 1961; Tekster i samling, En. II 1973/75.
L: S. Olsen, T. J.-minne, 1968; I. Heiberg, Drøm mot virkelighet, 1984; I. S. Kolloen, Berre kjærleik og død, 1999.

Joostens, Renaat Antoon → Albe

Jordan, A(rchibald) C(ampbell), südafrikan. Schriftsteller, 30.10.1906 Mbokothwana/Transkei – 20.10.1968 Madison/WI. Ausbildung an Lovedale Institution und St. John's College/Umtata, Ph.D. Fort Hare Univ. 1956, mußte 1961 aus polit. Gründen in die USA emigrieren, wo er Prof. für afrikan. Sprachen und Lit. in Madison wurde. – Sein Roman in der Xhosa-Sprache behandelt das Thema westl. Bildung und Religion gegenüber traditioneller Lebensweise. Auch Lyrik, Kurzgeschichten.
W: Ingqumbo Yeminyanya, R. 1949 (The Wreath of the Ancestors, engl. 1980); Tales from Southern Africa, En. 1973; Toward an African Literature, St. 1972.

Jordan, June, afroamerik. Autorin, * 9. 7. 1938 New York. Jamaikan. Eltern, Jugend in Harlem; Stud. Barnard College; aktiv in Bürgerrechtsbewegung; verheiratet (mit Weißem), 1 Kind, geschieden; Prof. in New York City College, Sarah Lawrence, Yale, Berkeley (leitet dort angesehenes Programm ›Poetry for the People‹). – J. fühlte sich zeit ihres Lebens den Menschen ihrer Minderheit verbunden u. benutzt oft afroamerik. Umgangssprache als sozial u. polit. aufgeladenes Medium des Widerstands. Im Zentrum ihrer Produktion stehen 8 Gedichtbände (exemplarisch ›Getting Down to Get Over‹) u. 4 Essaybände, in denen sie den Freiheitskampf in vielen Erdteilen anspricht. Daneben Kinderbücher, Dramen und mehrere Anthologien.
W: Who Look at Me, G. 1968; His Own Where, R. 1970; New Days, G. 1974; Passion: New Poems, 1977–1980, G. 1980; Civil Wars, Ess. 1981; Living Room, G. 1985; On Call: New Political Ess., 1985; Naming Our Destiny, G. 1989; Technical Difficulties, Ess. 1992. – *Hg.:* Soulscript, Anth. 1971.
L: The Woman That I Am: The Lit. and Culture of Contemporary Women of Color, hg. D. S. Madison 1994.

Jorge, Lídia Guerreiro, portugies. Erzählerin, * 18. 6. 1946 Boliqueime (Algarve). Stud. Romanistik Lissabon, 1970 Lehrerin Angola u. Mosambik; Dozentin Lissabon, freie Schriftstellerin. – E. der signifikantesten Stimmen der portugies. Lit. nach 1974. Die mit Lebenswirklichkeiten der jüngsten Geschichte u. Gegenwart Portugals befaßten Romane J.s lassen Einflüsse des lateinamerik. mag. Realismus verspüren: Vervielfältigung von Stimmen, Vokalisierungen u. Sprachebenen, phantast. Elemente. Ziel ist die Hinterfragung offizieller Diskurse u. das Erfahrbarmachen anderer (bes. auch weibl.) Perspektiven bei gelegentl. metalit. Problematisierung des fiktionalen/referentiellen Charakters des Schreibens.
W: Dia dos Prodígios, R. 1980 (Der Tag der Wunder, d. 1989); Notícia da Cidade Silvestre, R. 1984 (Nachricht von der anderen Seite der Straße, d. 1990); A Costa dos Murmúrios, R. 1988 (Die Küste des Raunens, d. 1993); O Jardim sem Limites, R. 1995 (Paradies ohne Grenzen, d. 1997).

Joseph von Exeter (Iosephus Iscanus), lat. Dichter, † nach 1193. Lehrte 1188–90 als Magister in Reims, 1190 Teilnehmer am 3. Kreuzzug mit s. Onkel, Erzbischof Balduin von Canterbury, vielleicht mit dem Auftrag, e. Geschichte des Kreuzzugs zu verfassen, der aber nicht verwirklicht wurde. – S. Hauptwerk ist die ›Frigii Daretis Ylias‹, e. versifizierte Bearbeitung der antiken ›Historia Daretis Phrygii‹ in 6 Büchern (zwischen 1188 u. 1190), bedeutend wegen ihres glänzenden, an antiken Vorbildern geschulten Stils u. ihres Einflusses auf die Rezeption des Trojastoffes. Erhalten sind außerdem e. Sequenz ›De beato Martino‹, Distichen ›De laudibus virginitatis‹, 3 Briefe u. 26 Verse e. Epos ›Antiocheis‹ oder ›Bellum Antiochenum‹, das möglicherweise den Kreuzzug behandelte.
A: L. Gompf 1970.
L: T. Gärtner, Klassische Vorbilder mittelalterlicher Trojaepen, 1999.

Josephson, Ragnar, schwed. Dramatiker, 8. 3. 1891 Stockholm – 27. 3. 1966 Lund. Prof. in Lund, 1948–51 Leiter von ›Kungliga Dramatiska Teatern‹ in Stockholm, 1960 Mitgl. der Schwed. Akademie. – Verfaßte neben erfolgr., bühnensicheren Dramen und kunsthist. Schriften auch e. Roman der Stadt Uppsala. Hrsg. von Anthologien jüd. Dichter.
W: Kedjan, G. 1912; Judiska dikter, G. 1916; Imperfektum, R. 1920; Nyckelromanen, Dr. 1931; Kanske en diktare, Dr. 1932; Leopold luftkonstnär, Dr. 1934; Farlig oskuld, Dr. 1939; Sista satsen, Dr. 1945; C. A. Ehrensvärd, B. 1963.
L: – *Bibl.:* M. Kuylenstierna, 1966.

Josephus → Iosephus, Flavius

Joshi, Arun, ind. Romanschriftsteller, * 1939 Benares. Stud. in Chandigarh u. am Massachusetts Institute of Technology, etablierte sich als Industriemanager in Indien, verfolgte aber zugleich e. lit. Karriere. – S. Romane thematisieren die Suche der gutsituierten, westl. orientierten Mittelschicht nach e. sinnvollen Lebensziel im unabhängigen Indien. Die Protagonisten scheitern zumeist in tiefer Orientierungslosigkeit.

W: The Foreigner, R. 1968; The Strange Case of Billy Biswas, R. 1974; The Apprentice, R. 1974; The Last Labyrinth, R. 1981.

L: N. Radhakrishnan, 1984; H. M. Prasad, 1985; R. K. Dhawan, 1986 u. 1992; T. K. Ghosh, 1996; M. Pandey, 1996; B. Pandey, 2000.

Jósika, Miklós, Baron, ungar. Schriftsteller, 28. 4. 1794 Torda – 27. 2. 1865 Dresden. Nach Stud. in Kolozsvár 1811 Offizier, kämpfte 1813 als Leutnant in Italien. 1814 Kapitän. 1817 ∞ E. Kállay (olo 1847); quittierte 1818 den Dienst, zog nach Napkor. 1824 auf s. Gut Szurdok. 1836 Begegnung mit Júlia Podmaniczky, s. 2. Frau (∞ 1848). 1839 Mitgl. der Ungar. Akad. der Wiss.; erhielt deren großen Preis für ›Az utolsó Báthory‹. Mitgl. der Kisfaludy-Gesellschaft u. deren Präsident bis 1847. 1848/49 Abgeordneter, Mitgl. des Oberhauses. Flüchtete nach Scheitern der Revolution 1848 ins Ausland, lebte in Brüssel u. Dresden. – Schöpfer des ungar. hist. Romans unter Einfluß Scotts. Spätere Romane aus dem ungar. Alltag mit z.T. polit. Tendenz. Bedeutende Memoiren. Bis zum Auftreten Jókais beliebtester ungar. Autor.

W: Abafi, R. 1836 (d. 1838); Az utolsó Báthory, R. 1837; Adorjánok és Jenők, Dr. 1838; A csehek Magyarországban, R. IV 1839; A két Barcsay, Dr. 1844; Kordubász, Dr. 1847; A Maillot család, R. II 1850; Zur Geschichte des Ungar. Freiheitskampfes, II 1851; Eszther, R. 1853; Nagyszebeni királybíró, R. 1853; A szegedi boszorkányok, R. 1854 (Die Hexen von Szegedin, d. 1863); Hat Uderszkyleány, R. 1858; A regény és regényítészet, St. 1859; II Rákóczi Ferenc, R. VI 1861 (d. II 1867); – Művei, XXVIII 1901–11. – *Übs.:* SW, XVII 1839–44.

L: F. Szinnyei, 1915; F. Zsigmond, 1927; A. Wéber, 1959.

Josipovici, Gabriel, engl. Schriftsteller, * 8. 10. 1940 Nizza. Prof. für Lit. – Als Lit.wissenschaftler wehrt sich J. gegen die verbrauchte Tradition des Realismus, seine selbstbezügl. Romane u. Kurzgeschichten sind entsprechend experimentell. Z.T. ganz in Dialogen, sezieren sie zwischenmenschl. Beziehungen, andere reflektieren künstler. Identität u. lit. Form.

W: The Inventory, R. 1968; Words, R. 1971; The World and the Book, Ess. 1971; Mobius the Stripper, Kgn. 1974; Contre-Jour, R. 1986; The Big Glass, R. 1991; Moo Pak, R. 1994; Now, R. 1998 (d. 2000).

L: M. Fludernik, Echoes and Mirrorings, 2001.

Jotuni, Maria (eig. Maria Tarkiainen, geb. Haggrén-Jotuni), finn. Dichterin, 9. 4. 1880 Kuopio – 30. 9. 1943 Helsinki. Stud. Helsinki, freie Schriftstellerin. – Impressionist. Dramatikerin (Komödien u. Tragödien) u. Erzählerin unter Einfluß von Bang, Hamsun und Hofmannsthal; trag. und humorige Schilderungen aus einfachem Volksleben und Kleinbürgermilieu in herbrealist. knappem Stil und guter Komposition; psycholog. Realismus in Darstellung der Frauenseele und der Liebessehnsucht der Kleinbürgerinnen. Aphorismen und Jugendbuch.

W: Suhteita, En. 1905; Rakkautta, En. 1907; Arkielämää, R. 1909 (Alltagsleben, d. 1923); Vanha koti, Dr. 1910; Kun on tunteet, En. 1913; Martinin rikos, E. 1914; Miehen kylkiluu, K. 1914; Savu-uhri, Dr. 1915; Musta härkä, Jgd. 1915; Kultainen vasikka, Lsp. 1918; Jussi ja Lassi, Jgb. 1921; Tohvelisankarin rouva, K. 1924; Tyttö ruusutarhassa, En. 1927; Olen syyllinen, Tr. 1929; Avonainen lipas, Aphor. 1929; Kurdin prinssi, Dr. 1932; Klaus, Louhikon herra, Tr. 1946; Jouluyö korvessa, E. 1946; Norsunluinen laulu, E. 1947; Huojuva talo, R. 1963. – Kootut teokset (GW), IV 1930; Valitut teokset (AW), 1954; Novelleja ja muuta proosaa II (ges. En.), 1980.

L: I. Niemi, M. Jotunin näytelmät, 1964; E. Rekunen, Huojuva talo, 1984; L. Hakola, Rikkautta jos rackauttakin, 1993.

Joubert, Elsa (eig. Elsabé Antoinette Murray Steytler), afrikaanse Autorin, * 19. 10. 1922 Paarl/Kapprovinz. Stud. Univ. Stellenbosch u. Kapstadt. Zuerst Lehrerin, dann freie Journalistin, mit umfassenden Reisen durch Afrika, Europa u. Asien. – Symbol. Afrika-Romane u. Reisebücher. Weltweit bekannt mit dem Roman ›Die swerfjare van Poppie Nongena‹.

W: Water en woestyn, Reiseb. 1956; Die verste reis, Reiseb. 1959; Swerwer in die herfsland, Reiseb. 1968; Suid van die wind, Reiseb. 1962; Die staf van Monomotapa, Reiseb. 1964; Bonga, R. 1971; Die nuwe Afrikaan, Reiseb. 1974; Ons wag op die Kaptein, R. 1963; Die swerfjare van Poppie Nongena, R. 1978 (Der lange Weg der Poppie Nongena, d. 1981); Melk, Nn. 1980; Die laaste sondag, R. 1983; Poppie die Drama, Dr. 1984; Missionaris, R. 1988, Dansmaat, Geschn. 1993; Die reise van Isobelle, R. 1995; Gordel van smarag, Reiseb. 1997; Twee vrouwe, R. 2002.

L: André P. Brink, 1980; D. H. Steenberg, 1982; J. C. Kannemeyer, 1988; ²1998 I, D. H. Steenberg, 1998.

Joubert, Joseph, franz. Moralist, 7. 5. 1754 Montignac/Périgord – 4. 5. 1824 Villeneuve-sur-Yonne. Schule in Montignac, 14jährig relig. Kolleg in Toulouse, wo er bis 1776 Lehrer war. Lernte in Paris 1778 Marmontel, Laharpe, D'Alembert und Diderot kennen; befreundet mit Chateaubriand, Fontanes, Clausel, Bonald, de Sèze u.a., lebte abwechselnd in der Gesellschaft s. Freunde in Paris und in ländl. Einsamkeit in Villeneuve-sur-Yonne. – Hinterließ ›Pensées‹, die Chateaubriand nach s. Tod veröffentlichte, tiefdringende Gedanken in kurzer prägnanter Form über das Wesen der Dichtung und des Menschen in stilist. hervorragender Form. S. Bedeutung wurde erst im 20. Jh. erkannt.

A: Pensées (Ausw.), hg. A. de Chateaubriand 1838 (n. 1966); Le carnets de J. J., hg. A. Beaunier II 1938 (d. F. Schalk, in: Franz. Moralisten, 1940); Essais 1779–1821, hg. R. Tessonneau 1983; Correspondance, hg. P. de Raynal 1924; Correspondance de L. de Fontanes et J. J. 1785–1819, hg. R. Tessonneau 1943; Correspondance générale, III 1996f.

L: G. Pailhès, Du nouveau sur J. J., Chateaubriand, Fontanes ..., 1900; J. Babbit, 1913; A. Beaunier, 1923; R. Tessonneau, J. J. éducateur, 1944; L. Perche, 1954; P. Bellaunay, 1955; G. Saba, 1955; A. Billy, 1969; Actes du Colloque, 1988; P. A. Ward, 1995.

Jouhandeau, Marcel Henri, franz. Erzähler und Essayist, 26. 7. 1888 Guéret/Creuse – 7. 4. 1979 Rueil-Malmaison. Sohn e. Metzgers; klerikal erzogen. 1907 Lycée Henri IV. Stud. Philol. Verzichtete trotz Entziehung der väterl. Unterstützung zugunsten der Lit. auf akadem. Laufbahn. 1912–49 Mathematiklehrer am Collège de Saint-Jean, Passy in Paris, 1928 ∞ Tänzerin Elisabeth Toulémon. – E. der bedeutendsten zeitgenöss. Prosaschriftsteller Frankreichs. Verbindet mit Subtilität den Realismus e. iron. Beobachters und myst. Spiritualität. Romancier des ›renouveau catholique‹. J.s Gegenstände sind er selbst und s. Umgebung, s. Erleben, die Provinz, ihre Bewohner, eheliche Auseinandersetzungen, s. Eltern und Familie bis zu e. fast exhibitionist. Demaskierung s. sündigen Selbst, doch in klass. distanziertem Stil. Zeichnet mit subtiler Minuziosität, bewahrt trotzdem Konzision. Als Feind aller Mittelmäßigkeit und Gleichgültigkeit legt er die innere Verderbtheit der Menschen bloß, wird zum scharfen und iron. Ankläger der bürgerl. Gesellschaft. S. Welt ist bedroht von der metaphys. Gegenwart Satans, mit dem s. Menschen, von Sehnsucht nach Erlösung erfüllt, im Kampf verstrickt sind. Überhöht Gestalten ins Visionäre, zu engelhafter Reinheit oder teuflischer Verderbtheit, indem er sie zum Träger e. einzigen gesteigerten Charaktereigenschaft macht. Hrsg. von Voltaire-Briefen.

W: La jeunesse de Théophile, R. 1921 (d. 1957); Les Pincengrain, R. 1924; Monsieur Godeau intime, R. 1926; Les Térébinte, R. 1926; Brigitte ou la belle au bois dormant, R. 1926; Prudence Hautechaume, R. 1927; Opales, R. 1928; Astaroth, E. 1929; Le parricide imaginaire, R. 1930; Le journal du coiffeur, R. 1931; Eloge de l'imprudence, Es. 1931; Tite-le-Long, E. 1932; Véronicana, E. 1933; Monsieur Godeau marié, R. 1933; Binche-Ana, E. 1933; Elise, E. 1933; Chaminadour, En. III 1934–41; Images de Paris, En. 1934 (d. 1969); Algèbre des valeurs morales, Es. 1935; Le saladier, E. 1936; Chroniques maritales, R. II 1938–43 (Das anmutige Ungeheuer, d. 1956); Le jardin de Cordoue, ou Endymion endormi, R. 1938; De l'abjection, Es. 1939; Les miens, E. 1942; L'oncle Henri, E. 1943; Essai sur moi-même, 1947; Mémorial, VII 1948–73; Scènes de la vie conjugale, 1948; La faute plutôt que le scandale, 1948; Don Juan, Dr. 1948; Un monde, En. 1950; Elise architecte, E. 1951; De la Grandeur, Abh. 1952; Apprentis et garçons, Es. 1953; Galande, R. 1953; Ana de Madame Apremont, 1954; Elements pour une éthique, Schr. 1955 (d. 1958); Contes d'enfer, En. 1955; Réflexions sur la vieillesse et la mort, 1956; Carnets de l'écrivain, 1957; Saint Philippe Neri, B. 1957 (d. 1960); Réflexions sur la vie et le bonheur, Es. 1958; L'éternel procès, R. 1959; Les Argonautes, R. 1959; Cocu, pendu et content, En. 1960; Journaliers, XX 1960–74; L'école des filles, R. 1961; Animaleries, En. 1961; Descente aux enfers, Ess. 1963; Chronique d'une passion, Es. 1964; Divertissements, Es. 1965; Ma classe de 6e, Tg. 1966; Léonora ou les dangers de la vertu, Dr. 1969; Olympias, Dr. 1970; Azael, R. 1972; Bazaine, R. 1972; Propos, Es. 1975; Journal sous l'Occupation, 1980; Pages égarées, Tg. 1980. – Correspondance avec A. Gide, 1958; avec J. Rivière, 1979. – *Übs.:* GW, V 1964ff.

L: C. Mauriac, Introduction à une mystique de l'enfer, 1938; H. Rode, 1950; J. Cabanis, ^{6}1959; J. Gaulmier, L'univers de M. J., 1959; R. u. L. Vander Burght, 1961; E. Jouhandeau, 1964; L. Biedermann, 1967; G. Félicie, 1978; P. Négrier, 1979; Actes Colloque, 1989; J. Roussillat, 2002.

Jouve, Pierre-Jean, franz. Dichter, 11. 10. 1887 Arras – 8. 1. 1976 Paris. Gründete 1907 die Zs. ›Bandeaux d'Or‹, bis 1910 deren Schriftleiter. Anfängl. unter Einfluß der Unanimisten (R. Rolland). Anhänger Freuds und der Psychoanalyse. 1924 Konversion zum Katholizismus. – Am bedeutendsten als Lyriker, schrieb auch zahlr. Romane und ausgezeichnete Lit.- und Musikkritiken. Wurde zuerst bekannt durch Gedichte, in denen er gegen die Greuel des 1. Weltkriegs revoltierte. Verherrlichte im 2. Weltkrieg das gedemütigte Frankreich. S. Lyrik ist nur für Eingeweihte verständlich; formal sehr spröde, gequält und abgeklärt. J. sucht, zwischen Sinnlichkeit und Mystik schwankend, leidenschaftl. die Fragen der menschl. Existenz zu ergründen. In den Hauptgedichten e. christl. Dichter. Zeigt die bedeutende Rolle der irrationalen Kräfte, vornehmlich des Sexualtriebs, für das menschl. Verhalten. Für ihn steht der mod. Mensch zwischen Angst, der knechtenden Herrschaft der Triebe, und spirituellem Anspruch, der Sehnsucht nach Erlösung. Prophet apokalypt. Katastrophen für die mod. Zivilisation. Tiefer Einfluß auf die mod. Dichtergeneration. Hölderlin- und Shakespeare-Übs.

W: Vous êtes des hommes, G. 1915 (d. 1918); Danse des morts, G. 1917; Heures, livre de la nuit, G. 1919; Heures, livre de la grâce, G. 1921; Tragiques, G. 1922; Paulina 1880, R. 1925 (d. 1925); Le monde désert, R. 1927 (d. 1966); Hécate, R. 1928; Noces, G. 1928; Le paradis perdu, G. 1929; Vagadu, R. 1931; Histoires sanglantes, R. 1932; Sueur de sang, G. 1934; Matière céleste, G. 1937; Kyrie, G. 1938; Porche la nuit des saints, G. 1941; Le Don Juan de Mozart, Es. 1942; Gloire, G. 1942; Le tombeau de Baudelaire, Es. 1942; Défense et illustration, Es. 1943; La vierge de Paris, G. 1944; La louange, G. 1945; L'homme du 18 juin, Abh. 1945; Hymne, G. 1947; Génie, G. 1947; Diadème, G. 1949; Ode, 1951; En miroir, G. 1951; Langue, G. 1952; Wozzek ou le nouvel opéra, Es. 1953; Lyrique, G. 1956; Mélodrame, G. 1957; Inventions, G. 1958; Proses, 1960; Moires, G.

1962; Ténèbres, G. 1964. – Œuvres poétiques, III 1925, I 1984; Poésies choisies, 1956 (d. 1957); Poésie, IV 1964ff.
L: J. Wahl, 1940; R. Micha, 1940; ders., 1956; M. Eigeldinger, Poésie et tendences, Neuchâtel 1945; J. Starobinski, 1947; Ch. Blot, 1961; M. Callander, Manchester 1965; S. Sanzenbach, 1972; D. Berger, 1974; F. Poitras, 1977; M. Broda, 1981; D. Leuwers, 1984; J. Decottignies, 1994; A. Masson, 1994; W. Rupolo, 1997; P. Bounoure, 2001; B. Conort, 2002.

Jouvenel, Sidonie Gabrielle → Colette, Sidonie-Gabrielle

Jouy, Victor Joseph Etienne de, franz. Schriftsteller, 12. 9. 1764 Jouy-en-Josas – 19. 10. 1846 Versailles. Soldat in Franz.-Guayana, dann Indien, seit 1790 in Frankreich. In der Revolution mehrmals verhaftet. In der Restauration polit. Rolle in der liberalen Partei, nach 1830 einige Tage Bürgermeister von Paris, dann Konservator des Louvre. 1815 Mitglied der Académie Française; Mitarbeiter verschiedener Zeitungen und der ›Biographie universelle des contemporains‹. – Schrieb Novellen und zeitgenöss. Sittenbilder, die zuerst in der ›Gazette de France‹ veröffentlicht wurden, ferner Tragödien und Opernlibretti.
W: La vestale, Libr. 1807; Fernand Cortez, Libr. 1809; Les bayadères, Libr. 1810; L'hermite de la chaussée d'Antin, N. 1812–14 (d. 1827); Les Abencérages, Libr. 1813; Bélisaire, Dr. 1818; Sylla, Dr. 1824; L'hermite en province, E. 1824; Guillaume Tell, Libr. 1829.

Jovanovič, Dušan, slowen. Dramatiker und Regisseur, * 1. 10. 1939 Belgrad. Stud. Germanistik und Romanistik Ljubljana, Diplom 1965, Regieausbildung ebda., gründet 1970 experimentelles Theater ebda., 1978–85 Leiter des Slowen. Jugendtheaters. – J. zeigt in s. Dramen die existentielle u. gesellschaftl. Problematik der mod. Welt auf.
W: Don Juan na psu, R. 1969; Znamke, nakar še Emilija, Dr. 1970; Igrajte tumor v glavi in onesnaženje zraka, Dr. 1976; Osloboditev Skopja, Dr. 1981; Jasnovidka ali Dan mrtvih, Dr. 1988; Klinika Kozarcky: alko-komedija, Dr. 1999.

Jovanović, Jovan (Ps. Zmaj), serb. Dichter, 24. 11. 1833 Novi Sad – 3. 6. 1904 Sremska Kamenica. Stud. Rechte Budapest, Prag, Wien, dann Medizin Budapest. Arzt in Novi Sad, auch polit. tätig, begründet u. redigiert zahlr. lit.-satir. Zsn. wie ›Komarac‹ (1862), ›Javor‹ (1862f.), ›Zmaj‹ (daher s. Pseudonym) (1864–71), ›Starmali‹ (1878–89), die Kinderzeitung ›Neven‹ (1880–91, 1898-1902) u. a. – Begann unter Einfluß von B. Radičević zu dichten, war in den 1850er Jahren dank s. liedhaften, leichten Verse der populärste serb. Dichter; schrieb neben intimer Lyrik patriot.-polit. Lieder u. polem.-satir. Zeitgedichte auf die Bourgeoisie u. pflegte bes. Kinderdich-

tung, deren eigentl. Schöpfer er war. Durch Unmittelbarkeit u. Gefühlstiefe wirkt s. lyr. Tagebuch, in dem er Freuden u. Leiden s. Ehe darstellt. Meisterhafter Übs. aus dem Dt., Ungar., Russ. (Goethe, Petőfi, Lermontov).
W: Šaran, Schw. 1864; Djulići, G. 1864; Pevanija, G. III 1882–96; Djulići uveoci, G. 1883; Snohvatice, G. I u. II 1895, III 1900; Devesilje, G. 1900; Čika Jova srpskoj omladini, Kinder-G. 1901. – Sabrana dela (GW), XVI 1933–37; Odabrana dela (AW), VIII 1969.
L: L. Kostić, 1902; V. Stajić, 1933; Ž. Milisavac, Zmaj, 1954; J. Milović, 1986.

Jovellanos, Gaspar Melchor de, span. Schriftsteller, 5. 1. 1744 Gijón – 27. 11. 1811 Vega/Asturien. Adliger Herkunft, Stud. in Oviedo, Avila u. Alcalá de Henares; Richter in Sevilla u. ab 1778 am Hofgericht in Madrid, 1797 Justizminister, 1801–08 wegen Angriffen gegen Godoy u. die Inquisition Gefangener auf Schloß Bellver (Mallorca); nach dem Einfall der Franzosen zum Mitgl. der Junta Central ernannt; befreundet mit den Dichtern der Salmantiner Schule; vielseitige, hochgebildete Persönlichkeit, setzte sich für wirtschaftl. u. kulturellen Fortschritt Spaniens ein, bezeichnendster Vertreter der span. Aufklärung. – S. Werke sind der Spiegel s. polit. u. ideellen Ziele u. Anliegen; pflegte als Dichter, Essayist, Dramatiker u. Historiker fast alle lit. Gattungen: schrieb sapph. Oden, Satiren u. Episteln von hohem lit. Wert, zwei klassizist. Theaterstücke, didakt. Schriften, Abhandlungen über wirtschaftl., kulturelle u. polit. Probleme in vorbildl. Prosa sowie e. der besten Tagebücher der span. Lit., beachtl. wegen der präzisen Schilderung des Provinzlebens.
W: Pelayo, Dr. 1769 (auch u. d. T. Munuza); El delincuente honrado, K. 1774 (d. 1796); Memoria sobre los espectaculos, Abh. 1790; Informe sobre un proyecto de ley agraria, Abh. 1795; Defensa de la Junta Central, Schr. 1811; Memoria del Castillo de Bellver, Abh. 1813; Diarios, Tg. (hg. M. Adellac y González de Agüero 1915, J. Samoza 1955f.). – Obras completas, VIII 1865, VII 1984–99; Obras publicadas e inéditas, hg. C. Nocedal, M. Artola V 1858–1956; Obras escogidas, hg. A. del Río III 1935; Poesías, hg. J. Caso González 1961; Poesía, teatro, prosa literaria, hg. J. H. R. Polt 1993.
L: J. A. Ceán Bermúdez, 1814; Somoza y García Sala, Documentos para escribir la biografía de J., II 1911; E. González-Blanco, 1911; F. González Prieto, 1911; J. Juderías, 1913; G. de Artiñano y Galdácano, 1913; A. del Río, 1935; L. Santullano, 1936; J. E. Casariego Fernández, 1943; J. A. Bonet, 1944; A. Barcia Trelles, 1951; P. Peñalver Simó, 1953; M. Artola, 1956; J. L. Villota Elejalde, 1958; J. M. Martínez Cachero, 1963; G. Gómez de la Serna, 1964; J. M. Caso González, La poética de J., 1972; J. A. Cabezas, 1985; J. Varela, 1988; F. Flecha Andrés, 1990. – *Bibl.:* L. Rick, 1977.

Jovine, Francesco, ital. Erzähler, 9. 10. 1902 Guardialfiera/Campobasso – 30. 4. 1950 Rom. Autodidakt, da ihm die Mittel zum Stud. fehlten, promovierte in Philos. u. wurde Lehrer u. Univ.-Assistent; auch journalist. u. polit. tätig. Nach 1943 aktive Teilnahme am Widerstand. – Den Hintergrund s. sozialist. neorealist. Erzählungen, in denen sich viele persönl. Erfahrungen spiegeln, bildet s. südital. Heimat, u. hier sind vor allem die Schilderungen des ländl. Lebens bes. eindrucksvoll. Hierin u. in s. starken soziolog. Interesse Verga verwandt. Neigung zu iron.-satir. Formen zwischen Spiel, Sehnsucht u. Wirklichkeit; z. T. antiklerikale Tendenz.

W: Un uomo provvisorio, R. 1934; Ladro di galline, En. 1940; Signora Ava, R. 1942; Il pastore sepolto, En. 1945; L'impero in provincia, En. 1945; Tutti i miei peccati, En. 1948; Le terre del Sacramento, R. 1950 (Die Äcker des Herrn, d. 1952); Racconti, En. 1960.

L: M. Grillandi, 1971; E. Ragni, 1972; A. Procaccini, 1987; F. D'Episcopo, 1994.

Jovkov, Jordan, bulgar. Erzähler, 9. 11. 1880 Žeravna – 15. 10. 1937 Plovdiv. Kurzes Jurastud. in Sofia; Volksschullehrer in der Dobrudža. Teilnahme an den beiden Kriegen von 1912 u. 1913, was in s. Kriegserzählungen geistreichen dichter. Niederschlag findet. Offizier, Gesandtschaftssekretär in Bukarest, dann freier Schriftsteller in Sofia. Erste Veröffentlichungen von Gedichten u. Erzählungen in Zeitschriften seit 1902. – Das Erscheinen s. ersten Erzählwerks u. bes. der Novelle ›Žetvarjat‹ brachten ihm die Anerkennung als führender bulgar. Belletrist. Die in den 20er Jahren veröffentlichten Meisterwerke (bes. ›Staroplaninski legendi‹ u. ›Večeri v Antimovskija chan‹) sind ein Ausbund an bildl. Darstellung. Der Mensch steht im Vordergrund s. Weltanschauung. Strebt nach einem Bild des ›ewig Bulgarischen‹. In den 1930er Jahren schuf er Dramen u. Romane, in denen er im Gegensatz zu s. früheren Werken die bulgar. Gesellschaft im Zustand einer polit. u. sozialen Krise schildert.

W: Razkazi, En. II 1917–18; Žetvarjat, R. 1920 (Der Schnitter, d. 1941); Posledna radost, En. 1926; Staroplaninski legendi, En. 1927 (Balkanlegenden, d. 1959); Večeri v Antimovskija chan, En. 1928 (Im Gasthof zu Antimovo, d. 1942); Albena, Dr. 1930; Milionerut, Dr. 1930; Borjana, Dr. 1932 (Die Prinzessin von Alfatar, d. 1943); Čiflikŭt krai granicata, R. 1934 (Das Gut an der Grenze, d. 1939); Ako možeha da govorjat, En. 1936; Obiknoven čovek, Dr. 1936; Priključenijata na Gorolomov, R. unvollendet, 1931–37. – Sŭbrani sŭčinenija (GW), VII 1956, VI 1970. – *Übs.:* Die Erde ruft, En. 1942; Bulgarische Geschichten, 1952.

L: M. Nikolov, 1938; I. Mešekov, 1947; D. Minev, 1947; I. Panova, 1967; I. Sarandev, 1986; M. Kirova, 2001.

Joyce, James Augustine Aloysius, ir. Schriftsteller, 2. 2. 1882 Dublin – 13. 1. 1941 Zürich. In den Jesuiten-Schulen Clongowes Wood u. Belvedere erzogen. Stud. Univ. College Dublin 1898–1902. Veröffentlichte als Student 1901 ›The Day of Rabblement‹, wo er die Provinzialität des ir. Theaters angreift. Rebellierte gegen relig. u. familiäre Zwänge und ging 1902 nach Paris, studierte Medizin und Naturwiss., beschäftigte sich eingehend mit der Lit. des Symbolismus und Realismus. Kurze Zeit Lehrer an e. Dubliner Privatschule. Wählte das freiwillige Exil u. verließ 1904 mit Nora Barnacle (∞ 1931) Irland, lebte bis 1915 als Sprachlehrer in Triest, während des 1. Weltkriegs in Zürich, danach in Paris. Starb in der Schweiz, wohin er vor der deutschen Besatzung geflüchtet war. – Verfaßte zarte Lyrik sowie das von Ibsen beeinflußte Schauspiel ›Exiles‹. Seine Weltgeltung verbindet sich jedoch mit seinen vier Prosawerken. Die Kurzgeschichtensammlung ›Dubliners‹, deren Erscheinen lange durch verlegerische Bedenken gegen als obszön oder blasphemisch eingeschätzte Elemente verzögert wurde, zeichnet in bewußt sparsamer Sprache (›style of scrupulous meanness‹) ein Spektrum von Dubliner Charakteren, die in der Ausweglosigkeit einer seelischen Enge gefangen sind (›paralysis‹), welcher sie sich nicht oder nur in desillusionierenden Erkenntnismomenten (›epiphanies‹) bewußt werden. Der erste Roman, ›A Portrait of the Artist as a Young Man‹, ist eine Selbstdarstellung und -analyse, die autobiographisch und zugleich auf subtile Weise ironisch distanziert erscheint. Die Entwicklung des Protagonisten Stephen Daedalus mündet über die Sprengung einengender Mächte (›I will not serve that in which I no longer believe, whether it calls itself my home, my fatherland, my church‹) in die, im Roman selbst nicht mehr eingelöste, Vision der Künstlerschaft. Ein Teil e. frühen Fassung des ›Portrait‹ wurde 1944 posthum als ›Stephen Hero‹ veröffentlicht. J.s bedeutendstes Werk ›Ulysses‹, 1914–21 geschrieben, wurde nach Vorveröffentlichung der ersten 13 Kapitel in den USA u. England von der Zensur als pornographisch eingestuft u. (bis 1933 bzw. 1936) verboten; es erschien 1922 in Paris. Joyce gibt hier mit derselben Akribie, mit der er die Topographie von Dublin nachzeichnet, auch die körperl. und seel. Vorgänge der Figuren wieder. Der Roman spielt am 16. Juni 1904 (der Tag, an dem J. Nora kennenlernte), von 8 Uhr morgens bis 2 Uhr nachts, und umfaßt 18 Kapitel. Die Andeutung des Titels, daß diese auch als Versionen der Abenteuer des Telemach und des Odysseus lesbar sind, lädt die Leser zu einem intrikaten Entschlüsselungsspiel ein. Protagonist ist der jüd. Anzeigenakquisiteur Leopold Bloom, dessen Perspektive und Gedankenwelt über weite Strecken im Mittelpunkt stehen. Durch s. ›inneren Monolog‹ erfährt der Leser von s. erot. Vorlieben, s. fortdauernden Trauer über den frühen Tod s. Sohnes, von s. Beunruhigung über den ersten Ehebruch s. Frau Molly, der an diesem Tag stattfindet, ebenso wie von seiner Außenseiterrolle unter den Dubliner Bekannten, unter denen sich eine Reihe von Figuren aus den ›Dubliners‹ befinden. Auch Stephen Daedalus aus dem ›Portrait‹ kehrt als ›Telemach‹ wieder. Mehrfach kreuzen sich die Wege der beiden, bevor sie sich schließlich um 11 Uhr abends im Dubliner Rotlichtviertel treffen, wo Bloom den betrunkenen und heimatlosen Stephen vorübergehend in s. Obhut u. mit nach Hause nimmt. Die Kapitel der 2. Tageshälfte sind jedes in seinem eigenen Stil geschrieben, wobei J. virtuos aneignend u. parodierend auf das stilist. Inventar der lit. u. relig. Tradition ebenso wie der zeitgenöss. Populärkultur zugreift. Das Schlußkapitel kommt gänzlich ohne Satzzeichen aus u. besteht aus dem von erot. Reminiszenzen dominierten Bewußtseinsstrom der Molly Bloom. – J.s letztes großes Werk, das während s. 17jährigen Entstehungszeit als ›Work in Progress‹ bekannte ›Finnegans Wake‹, geht in der experimentellen stilist. Vielfalt noch weit über den ›Ulysses‹ hinaus u. erkauft s. Immunität gegen die Zensur mit den Hürden, die es dem Verständnis überhaupt in den Weg stellt. Als ›Nachtbuch‹ (das dem Tagbuch ›Ulysses‹ folgt) ist es der ehrgeizige Versuch der Wiedergabe e. geträumten Weltgeschichte durch vielfach überformte, für die Vieldeutigkeit offene Sprachzeichen in einem an dem zykl. Geschichtsbild G. Vicos ausgerichteten Text, dessen letzter Satz ohne Punkt in den ersten übergeht. Die Protagonisten sind Siglen in archetypischen Konstellationen, die nacheinander eine Vielzahl von hist., lit. u. myth. Gestalten repräsentieren. Das bereits 1928 veröffentlichte Kap. ›Anna Livia Plurabelle‹ vermischt die lautmalerische Darstellung des zur Flußgöttin erhobenen River Liffey mit den Skandalgeschichten, die sich die Wäscherinnen am Fluß bei der Arbeit erzählen. Extremes Produkt des experimentellen Modernismus, dessen literaturwiss. Aufarbeitung bei weitem noch nicht abgeschlossen ist; von außerordentlichem Einfluß (z. B. auf Arno Schmidt), jedoch kaum direkte Nachahmung.

W: Chamber Music, G. 1907 (d. 1957); Dubliners, Kgn. 1914 (n. H. W. Gabler, 1993, d. 1928); A Portrait of the Artist as a Young Man, R. 1916 (n. J. S. Atherton 1964, n. H. W. Gabler 1993, d. 1926); Exiles, Sch. 1918 (n. P. Colum 1952, Verbannte, d. 1918); Ulysses, R. 1922 (n. H. W. Gabler III 1984, d. 1927; H. Wollschläger, 1981); Pomes Penyeach, G. 1927 (Am Strand von Fontana, d. 1957); Anna Livia Plurabelle, Kap. aus Finnegans Wake, 1928 (d. 1970); Haveth Childers Everywhere, Kap. aus Finnegans Wake, 1930; Collected Poems, G. 1937; Finnegans Wake, R. 1939 (Finnegans Wehg, d. 1993); Stephen Hero, hg. Th. Spencer 1944 (Stephen Daedalus, d. 1958); Scribbledehobble, the Ur-Workbook for Finnegans Wake, hg. T. E. Connolly 1961; Giacomo Joyce, Fragm., hg. R. Ellmann 1968 (d. 1968). – Critical Writings, hg. E. Mason, R. Ellmann 1959 (Ausw. d. 1973); Letters, hg. R. Ellmann, S. Gilbert III 1957–66. – *Übs.*: Werke, VII 1968–72 (m. Briefen).

L: E. R. Curtius, 1929; S. Gilbert, 1930 (d. 1932, erw. 1960); E. Wilson, Axel's Castle, 1931; F. Budgen, 1934; H. Broch, 1936; T. S. Eliot, 1942; J. Campbell, H. M. Robinson, A Skeleton Key to Finnegans Wake, 1944; R. M. Kain, 1947; S. Givens, hg. 1948; H. Gorman, 1948 (d. 1957); W. Y. Tindall, 1950 u. 1959; H. Kenner, 1955; P. Hutchins, 1957; R. Ellmann, 1959 (d. 1961); H. Levin, ²1960; A. W. Litz, 1961, ²1966; S. L. Goldberg, 1961 u. 1962; A. Burgess, Here Comes Everybody, 1965 (d. 1968); R. M. Adams, 1966; A. Goldmann, 1966; C. G. Anderson, 1967; T. S. Pearce, 1967; J. J. Mayoux, 1967; D. O'Brien, 1967; H. Cixous, 1968; C. P. Curran, 1968; E. Kreutzer, Sprache u. Spiel i. ›Ulysses‹, 1969; T. F. Staley, 1970; T. Connolly, 1970; J. Gross, 1970; E. Brandabur, A Scrupulous Meanness, 1971; F. Read, En. Pound/J. J. – Die Gesch. ihrer Beziehung in Briefen (d. 1972); R. Ellmann, 1972; F. Senn, hg. 1972; H. O. Brown, 1973; M. Beja, 1973; M. Shechner, 1974; B. R. Gluck, Beckett and J., 1978; C. MacCabe, 1978; H. Kenner, 1978; G. J. Watson, Irish Identity, 1979; H. Kenner, Ulysses, 1982 (d. 1982); B. Benstock, 1986; B. K. Scott, 1987; C. Melchior, 1987; R. Brown, 1988; D. Attridge, hg. 1990; S. Henke, 1990; A. Roughley, 1991; P. Costello, 1992; J.-M. Rabaté, 1993; W. Füger, 1994; E. Nolan, 1995; N. R. Davison, 1996; P. Vanderham, 1998; M. Erzgräber, 1998; W. Streit, 1999; E. O'Brien, 1999; M. P. Levitt, 2000; M. P. Gillespie, 2001; J.-M. Rabaté, 2001. – *Bibl.*: J. J. Slocum, H. Cahoon, 1953; R. H. Deming, 1964.

József, Attila, ungar. Lyriker, 11. 4. 1905 Budapest – 3. 12. 1937 Balatonszárszó. Aus Proletarierfamilie; lit. Stud., Aufenthalt in Wien u. Paris. Redakteur der lit. Zs. ›Szép Szó‹. Differenzen mit der KP, Elend u. Krankheit, Selbstmord. – E. der bedeutendsten ungar. Lyriker. S. Dichtung umfaßt die Problematik der ungar. Gesellschaft zwischen den Weltkriegen; s. Symbolik wurzelt in der Volksdichtung.

W: Szépség koldusa, G. 1922; Nem én kiáltok, G. 1925; Nincsen apám, se anyám, G. 1929; Döntsd a tőkét, ne siránkozz, G. 1931; Külvárosi éj, G. 1932; Medvetánc, G. 1934; Nagyon fáj, G. 1936. – Összes versei és válogatott írásai, 1938; Összes versei és műfordításai, 1940; Összes művei, IV 1967. – *Übs.*: Gedichte, Ausw. ²1964; Gedichte, Ausw. 1978.

L: J. József, ²1999; A. Németh, 1944; L. Balogh, ²1970; Gy. Tverdota, 1999.

Juana Inés de la Cruz, Sor (eig. J. I. de Asbaje y Ramírez de Santillana), mexikan. Dichterin, 12. 11. 1648 San Miguel Nepantla – 17. 4. 1695 Mexiko Stadt. Sehr frühreif, konnte mit 3 Jahren lesen, schrieb 8jährig die ersten Verse; Hofdame bei der Vizekönigin; 1667 Eintritt in das Kloster San Teresa, das sie aus gesundheitl. Gründen bald wieder verließ; seit 1669 bis Ende ihres Lebens im Kloster San Jerónimo; fuhr fort zu lesen u. zu dichten, gab aber 1691 auf Veranlassung des Bischofs von Mexiko ihre lit. Tätigkeit auf u. verkaufte ihre Bibliothek (4000 Bände) zugunsten der Armen. Verlangte für die Frauen das Recht, lernen zu dürfen. – Folgte in ihrer Lyrik der Mode der Zeit u. imitierte bes. Góngoras ›Primero sueño‹, den sie an Dunkelheit übertrifft; besingt die weltl. u. myst. Liebe; das Spiel mit Ideen nähert sie dem Konzeptismus an; verbindet Gefühlstiefe u. Zartheit mit Anmut u. Frische; erfreute sich zu ihrer Zeit großer Beliebtheit u. wurde die ›zehnte Muse‹ genannt; verfaßte auch Theaterstücke in der Nachfolge Calderóns u. an Volkslieder erinnernde Gedichte.

W: Neptuno alegórico, G. 1680; Primero sueño, G. 1692 (d. 1941, 1991, 1993); Amor es más laberinto, Dr. 1692 (1689 aufgeführt); Los empeños de una casa, Dr. 1692 (1683 ?); El divino Narciso, Lsp. 1690; Respuesta a sor Filotea de la Cruz, Aut. 1700 (1691 geschrieben; d. 1991); Sonetos, hg. X. Villaurrutia 1931; Enigmas. Ofrecidos a La Casa del Placer, G. 1994. – Obras, III 1689, 1692, 1700; Obras Completas, hg. A. Méndez Plancarte IV 1951–57; Obras escogidas, hg. M. Toussaint 1928; Poesías Completas, hg. E. Abreu Gómez ²1948, hg. D. Alonso 1959; Poesías líricas, hg. J. Ramírez Cabañas 1950; Poesía, teatro y prosa, hg. A. Castro Leal 1965 (d. 1966).

L: E. A. Chávez, V 1931, 1968; K. Vossler, 1934; R. Ricard, Paris 1954; J. J. de Eguiara y Eguren, 1956; C. G. de Gullarte, 1958; F. M. Zertuche, 1961; G. Bellini, Mail. 1964; D. Puccini, 1967; R. Xirau, ²1970; G. Flynn, 1971; F. Arias de la Canal, 1972; G. Sabat de River, Lond. 1976; E. Trabulse, 1980; C. M. Montross, 1981; O. Castro López, 1982; M. C. Bénassy-Berling, 1982; O. Paz, 1982 (verfilmt; d. 1991); R. Perelmuter Pérez, 1982; H. Merkl, 1986; N. u. E. Casillas Gómez, 1986; R. Catalá, 1987; S. Merrim, hg. 1991; E. Urrutia, S. Poot Herrera, hg. 1994; Congreso Internacional, Mexiko 1998; M. Glantz, 1999; A. Morino, 2001. – *Bibl.:* D. Schons, 1927; E. Abreu Gómez, 1935.

Juan Arbó, Sebastià, katalan. Erzähler, 28. 10 1902 Sant Carles de la Ràpita/Tarragona – 2. 1. 1984 Barcelona. Jugend in Amposta b. Tortosa, seit 1930 in Barcelona. – Erzähler aus s. katalan. Heimat in der realist. Tradition des 19. Jh., auch Biograph.

W: L'inútil combat, R. 1931; Terres de l'Ebre, R. 1932; Camins de nit, R. II 1935; Tino Costa, R. 1947; Cervantes, B. 1948; Sobre las piedras grises, R. 1949; María Molinari, R. 1951; Verdaguer, B. 1952; Martin de Caretas, R. 1955; Nocturno de alarmas, Mem. 1961; Pío Baroja, B. 1963; Narraciones del Delta, En. 1965; L'espera, R. 1968; La masía, R. 1975; Memorias, 1982. – Obra catalana completa, hg. E. Rosales III 1992f.

Juan Chi → Ruan Ji

Juan de la Cruz, San (eig. Juan de Yepes y Álvarez; gen. Doctor Extático), span. Mystiker u. Dichter, 24. 6. 1542 Fontiveros/Ávila – 14. 12. 1591 Úbeda/Jaén. Aus verarmtem Adelsgeschlecht, erster Unterricht im Jesuitenkolleg; Krankenpfleger in Medina del Campo, seit 1563 Karmeliter, 1564–68 Stud. Theol. Salamanca, 1567 Priesterweihe ebda., wurde nach entscheidender Begegnung mit Santa Teresa zum Reformator s. Ordens, gründete das erste reformierte Männerkloster in Duruelo. 1577 Gefängnishaft in Toledo wegen Ordensstreitigkeiten; weitere Klostergründungen, bekleidete bis zu s. Tod angesehene Ämter in s. Orden (u. a. Prior in Granada u. Provinzialvikar in Andalusien), 1675 selig-, 1726 heiliggesprochen. – Bedeutendster span. Mystiker neben Santa Teresa; schuf geniale Dichtungen von hoher poet. Inspiration u. vollendeter Form, starke Vergeistigung u. Abstraktion, fast bis zur Unverständlichkeit (daher Prosakommentare zu s. Hauptwerken). Loslösung von allem Menschl.; übertrug die traditionelle Liebes- und Schäferpoesie s. Zeit auf relig. Ebene. In der Anmut der Verse mit Garcilaso vergleichbar; ausgeprägtes Naturgefühl, Vorliebe für Antithesen u. Metaphern. Bedeutendstes Werk, ›Cántico espiritual‹, vom Hohenlied Salomons inspiriert, schildert den Prozeß der geistl. Vervollkommnung bis zur Vereinigung mit dem Geliebten, dringt mit großer Einfühlung in die dunkelsten Tiefen myst. Denkens ein.

W: Noche oscura del alma, G. u. Prosakomm.; Subida del monte Carmelo, Prosa; Cántico espiritual, G. u. Prosa (n. E. Pacho 1981); Llama de amor viva, G. u. Prosa. – Obras completas, hg. P. Simeón de la Sagrada Familia 1959; Obra completa, hg. L. López-Baralt, E. Pacho II 1991; Obras, hg. P. Gerardo de San Juan de la Cruz III 1912–14, P. Silverio de Santa Teresa IV 1929–31, P. Crisógono de Jesús 1946, P. Lucinio del Santísimo Sacramento ⁴1960; Obras espirituales, Teilslg. 1618; Poesías completas, hg. D. Alonso, E. Galvarriato 1946. – *Übs.:* SW, M. Jocham II 1858f., P. Aloysius ab Immac. Conceptione, P. Ambrosius a S. Theresia V 1924–29, ⁴⁻⁵1956–67, I. Behn IV 1961ff.; Die dunkle Nacht der Seele, G. 1952, 1995; Die Gottesliebe, Ausw. 1958; Lebendige Flamme der Liebe, 1995.

L: M. Domínguez Berrueta, 1897; F. Kronseder, 1926; Stanislaus a S. Theresia, d. 1928; J. Baruzi, Paris ²1931; F. Wessely, 1938; D. Alonso, 1942 u. ö.; M. Herrero García, 1942; E. Allison Peers, 1946; H. Chaudebois, 1947; B. de Jésus-Marie, ³1948; P. François de S. Marie, d. 1951; M. Milner, Paris 1951; H. Waach, 1954; E. Specker, 1957; P. Gageac, Paris 1958; E. Schering, Mystik und Tat, 1959; E. Orozco Díaz, Poesía y mística, 1959; P. Chrisógono de Jesús, ⁴1960 (Doctor Myticus, d. 1961); E. Stein, The Science of the Cross, Chicago 1960; L. Christiani, Paris 1960; E. W. T. Dicken, The Crucible of Love, Lond. 1963; R. Mosis, 1965; J. Orcibal, Paris 1966; F. Ruiz Salvador, 1968; J. Camón Aznar, Arte y pensamiento en San J. de la C., 1972; G. Brenan, Lond. 1973; E. A. Maio, St. John of the Cross, The Imagery of Eros, 1973; M. Wilson, San J. de la C. A Critical Guide, Lond. 1975; C. P. Thompson, The Poet and the Mystic,

Oxf. 1977; J. C. Nieto, Místico, poeta, rebelde, santo: en torno a San J. de la C., 1982; L. López-Baralt, Mexiko 1985; E. T. Howe, N. Y. 1988; J. C. Nieto, 1988; Á. L. Cilveti, 1997.

Juan Manuel, Infante Don, span. Schriftsteller, 5. 5. 1282 Escalona/Toledo – 1348 Peñafiel/Valladolid. Enkel König Ferdinands III. des Heiligen u. Neffe Alfons' X. des Weisen von Kastilien; früh verwaist, am Hof Sanchos IV. erzogen, gründl. Ausbildung in Lat., Geschichte, Theol., Recht u. in der Reit- u. Kriegskunst; Verwicklung in Kämpfe u. Intrigen während der Minderjährigkeit Ferdinands IV. und Alfons' XI.; Teilnahme an den Maurenkämpfen, u. a. an der Schlacht am Salado (1340) u. an der Belagerung von Algeciras (1344). Gründete das Dominikanerkloster von Peñafiel, wo er die Mse. s. Werke aufbewahren ließ. – Trotz aktiven polit. Lebens ausgedehnte lit. Tätigkeit auf verschiedensten Gebieten: Dichtungen, Erzählungen, didakt. u. hist. Werke u.a.; einige verloren, darunter auch e. Sammlung von Gedichten. Verlieh der span. Prosasprache Maß, Natürlichkeit und Schlichtheit; ›Libro del caballero y del escudero‹ e. der im MA so beliebten Lehrbücher mit interessanten Angaben über Sitten u. Stand der Kenntnisse jener Zeit, Anlehnung an das ›Libre de l'orde de cavayleria‹ von R. Llull. ›Libro de los estados‹ e. Bearbeitung der Buddha-Legende; Hauptwerk ›El conde Lucanor‹, Sammlung von 51 Lehrfabeln u. Erzählungen mit Rahmenhandlung; erzieher. Absicht; erlangte große Volkstümlichkeit, Quellen sind äsop. u. oriental. Fabeln, Plinius, arab. Märchen, span. Chroniken, Bibel usw. Einfluß auf gesamte spätere Lit., u.a. Cervantes, Calderón, Shakespeare, La Fontaine, Andersen.

W: El libro de los estados, 1330 (hg. A. Benavides 1860; J. M. Castro y Calvo 1968); Libro del caballero y del escudero (hg. S. Gräfenberg 1893); Libro de las armas, 1332 (hg. A. Giménez Soler 1931); El conde Lucanor o El libro de Patronio, 1335 (hg. G. Argote de Molina 1575, H. Knust 1900, F. J. Sánchez Cantón 1920, E. Juliá 1933, F. C. Sáinz de Robles 1944, E. Moreno Baez 1953, J. M. Blecua 1969; d. j. v. Eichendorff 1840 u. ö.); Libro de la caza (hg. J. M. Castro y Calvo 1948). – Obras completas, hg. J. M. Blecua II 1982f.; Obras, hg. P. de Gayangos 1860 (in: ›Biblioteca de Autores Españoles‹, Bd. 51), J. M. Castro y Calvo, M. de Riquer 1955.

L: A. Giménez Soler, 1932; M. Gaibrois, 1945; J. M. Castro y Calvo, 1945; A. Doddis Miranda, G. Sepúlveda Durán, II 1957; P. Barcia, 1968; D. Devoto, 1971; R. Ayerbe, 1975; J. R. Macpherson, hg. Lond. 1977.

Juda Alcharisi ben Salomo → al-Charizi, Juda ben Salomo

Judit, Buch unter den Apokryphen des AT, jüd.-hellenist. Roman aus dem 2. Jh. v. Chr., in dem eine fromme Witwe ihre Heimatstadt durch vermeintliche Fraternisierung mit dem feindlichen Feldherrn rettet. J. ist eine thorafromme Transformation der nichtisraelit. Jael (Ri 4f.) und ergänzt die jüd.-hellenist. Literatur um einen Heldinnen-Typus (schließt insofern auch an Rut und Ester an). J. (bes. mit dem abzuschlagenden bzw. abgeschlagenen Kopf des Holofernes) ist eines der häufigsten Motive in der abendländ. Kunst (Donatello, Artemisia Genteleschi).

L: Kommentar: H. Groß, 1987. – A.-J. Levine, in: The Feminist Companion to the Bible 7 (1995), 208–223.

Juhász, Ferenc, ungar. Lyriker, * 16. 8. 1928 Bia. Aus armer Familie, Stud. Philol. Budapest; Verlagslektor, Redakteur der lit. Zs. ›Új Írás‹. – S. langatmigen Gedichte spiegeln die Schicksalsprobleme des Landes, die Existenz des Menschen im Kosmos wider.

W: Új versek, G. 1950; Óda a repüléshez, G. 1953; A tékozló ország, G. 1954; A tenyészet országa, G. 1957; Virágzó világfa, G. 1965; Harc a fehér báránnyal, G. 1965; A megváltó aranykard, G. 1973; A szenvedések Édene, G. 1998. – *Übs.*: Gedichte, 1966.

L: Gy. Bodnár, 1993; B. Pomogáts, Tanulmányok J. F. költészetéről, 2003.

Juhász, Gyula, ungar. Dichter, 4. 4. 1883 Szeged – 6. 4. 1937 ebda. Aus kleinbürgerl. Familie; 1902–06 Stud. Philol. Budapest. Gymnasiallehrer in Provinzstädten; wegen Beteiligung an der Revolution 1919 pensioniert. Von Neurasthenie gequält, nach mehreren Versuchen 1937 Freitod. – Schrieb anfangs Gedichte mit prachtvollen Landschaftsschilderungen und Stimmungsbildern. Der an die ferne, unerreichbare Frau gerichtete Anna-Zyklus stellt e. Höhepunkt der ungar. Liebeslyrik dar. Nach 1919 wird s. Dichtung unter dem Einfluß der Krankheit und der polit. Lage immer düsterer; sie ist auch durch e. eigenartige Religiosität gekennzeichnet.

A: Örökség, Prosa 1958; Összes költeményei, 1993.

L: A. Kispéter, 1956; I. Paku, 1962; K. Vargha, 1968; S. Borbély, 1983.

Juliana (Julian) von Norwich, engl. Mystikerin, 1343 – 1416. 1404 Anachoretin an St. Julian in Norwich. – Ihre ›Revelations of Divine Love‹ (oder ›Showings ...‹), in mittelengl. Prosa, die auf Visionen während e. schweren Krankheit 1373 zurückgehen, sind vollendeter Ausdruck ma. myst. Frömmigkeit und zugleich von dichter. Kraft. Zwei Fassungen sind erhalten.

A: E. Colledge, J. Walsh 1978; G. R. Crampton 1993; M. Glasscoe [3]1993; engl. G. Warrack [14]1958; C. Wolters 1966; F. Beer 1998.

L: R. H. Thouless, 1924; P. F. Chambers, 1955; P. Molinari, 1958; G. M. Jantzen, 1987; C. Abbott, 1999. – *Bibl.*: Manual ME 9. XXIII, 1993.

Julian Apostata → Iulianos, Flavius Claudius I

Juliet, Charles, franz. Schriftsteller, * 30. 9. 1934 Jujurieux/Ain. Wächst in bäuerl. Familie in der Schweiz auf, Besuch der Militärschule in Aix-en-Provence. Abbruch des Medizinstud., zieht sich zurück und beginnt zu schreiben. – Vf. von Gedichten, Essays, Romanen und v.a. eines bisher fünfbändigen Tagebuchs. J.s lit. Ansatz ist vordergründig autobiograph.: Suche nach eigener und allgemeinmenschl. Identität über den Weg der Retrospektive, jedoch anders als bei Proust weder assoziativ noch egotistisch, sondern mit Hilfe von geistige Kartharsis und letztlich Altruismus erstrebenden Reflexionen, die jenen ›anderen Hunger‹ befriedigen und eine Wiedergeburt ermöglichen, bei der das Ich zum Prototyp des humanen Er mutiert. Die bevorzugten Medien dieser höchst persönl. lit. Ästhetik sind ausgedehnte Reisen und der Dialog.

W: Lire un bon livre, G. 1999; Attente en automne, R. 1999; Samuel Beckett, Ess. 1999; Un lourd destin, D. 2000; Le long périple, 2001; L'incessant, R. 2002; L'autre faim, R. 2003.

Jungmann, Josef, tschech. Schriftsteller u. Gelehrter, 16. 7. 1773 Hudlice bei Broun – 14. 11. 1847 Prag. Häuslersohn, 1795–99 Stud. Rechte Prag, dann Gymnasiallehrer in Leitmeritz, ab 1815 am Akad. Gymnasium Prag, 1834 dessen Direktor, 1827 u. 1838 Dekan der philos. Fak., 1840 Rektor der Karls-Universität. – Geistiger Führer des tschech. Klassizismus. Begann mit anakreont. u. Gelegenheitsgedichten in klass. Metren, die er in Puchmajers Almanachen veröffentlichte; schrieb Artikel für die Zss. ›Hlasatel český‹, ›Krok‹, ›Časopis Čes. museum‹ u.a., in denen er im Geiste Herders s. national-aufklärerisches Programm entfaltete. E. wahrer Virtuose auf dem Gebiet der Sprachwiss., bereicherte die tschech. Sprache durch Neologismen, slav. Lehnwörter und Archaismen; setzte sich gegen J. Dobrovský für das quantitierende Versmaß ein. In e. Grundriß der Lit.-Wiss., e. stark bibliograph. Lit.geschichte, dem monumentalen Wörterbuch u. in zahlr. meisterhaften Übersetzungen (Chateaubriand, Milton, Goethe, Bürger u.a.) bewies J. die Ausdrucks-u. Bildungsfähigkeit s. Muttersprache auf allen Gebieten.

W: Zápisky, Erinn. 1817; Slovesnost, Schr. 1820; Historie literaturyčeské, Schr. 1825; Slovník česko-německý, Wörterbuch V 1834–39, (n. 1989/90). – Sebrané spisy (GW), III 1869–73; Překlady (Übs.), II 1958; Korresp. in ›Časopis Čes. museum‹ 1880–86, 1890 u. O. Votočková-Lauermannová, 1956.

L: V. Zelený, ²1883; E. Chalupný, ²1912; J. Dolanský, 1948; J. J. a jeho pokrokový odkaz dnešku, 1974.

Junqueiro, Abílio Manuel de Guerra, portugies. Lyriker, 17. 9. 1850 Freixo de Espada-à-Cinta (Trás-os-Montes) – 7. 7. 1923 Lissabon. Bauernsohn; Stud. Jura Coimbra, noch im Bann der Generation Antero de Quentals; Beamter, 1878 Abgeordneter, 1910 Gesandter in Bern; lebte zuletzt auf s. Landgut. – Romantiker mit polit. (Republikaner) u. eth. engagierten, revolutionär-patriot. Gedichten; später Naturlyrik und Lob des Landlebens; lyr. Empfindsamkeit neben pamphletist.-satir. Zügen, pantheist.-metaphys., relig. u. antiklerikal zugleich, neigte gegen Ende s. Lebens zu prophet. Mystizismus, Einfluß von Hugo, Proudhon, Michelet.

W: Mysticae Nuptiae, G. 1866; Vozes sem Eco, G. 1867; Baptismo de Amor, G. 1868; A Morte de D. João, Sat. 1874; A Musa em Férias, Idílios e Sátiras, G. 1880; A Velhice do Padre Eterno, G. 1885; Finis Patriae, Sat. 1890; Canção do Ódio, Sat. 1891; Os Simples, G. 1892; Pátria, Dr. 1896; Oração ao Pão, G. 1903; Oração à Luz, G. 1904.

L: L. Ey, 1920; L. Coimbra, 1923; F. Vieira de Almeida, 1929; P. Hourcade, Paris 1932; A. Cabral, 1942; Amorim de Carvalho, 1945; M. Helena Rocha Pereira, 1950; E. Brandão, 1951; Lopes de Oliveira, II 1954–56.

Jurčič, Josip, slowen. Schriftsteller, 4. 3. 1844 Muljava – 3. 5. 1881 Laibach. Bauernsohn, Stud. Philol. Wien nicht beendet, 1867 Journalist, gefördert durch Stritar, 1868 Mitarbeiter, 1871 Hrsg. und Redakteur der Zeitung ›Slovenski narod‹. Ab 1872 in Laibach. – An der Grenze zwischen Romantik u. Realismus stehend, zählt J. zu den bedeutendsten slowen. Erzählern des 19. Jh. Außer dem Alltag der Bauern u. Kleinstädter mit all seinen Sorgen u. Lasten bearbeitete J. auch hist. Themen wie z. B. das MA Laibachs, die Türkennot in der Steiermark oder die Tätigkeit der Slawenapostel. Schöpfer des slowen. Geschichts-, Gesellschaftsromans und der Dorfgeschichte. Trotz scharfer Beobachtungsgabe u. treffl. Charakteristik überwiegt bei J. noch das romant. Element.

W: Jurij Kozjak, slovenski janičar, N. 1864 (Zigeuner, Janitscharen und Georg Kozjak, d. 1957); Tihotapec, E. 1865; Hči mestnega sodnika, N. 1866; Deseti brat, R. 1866 (Der zehnte Bruder, d. 1960); Sosedov sin, E. 1868; Ivan Erazem Tattenbach, R. 1873 (d. 1912); Tugomer, Tr. 1876; Doktor Zober, R. 1876; Lepa Vida, R. 1877; Cvet in sad, R. 1877; Veronika Deseniška, Tr. 1886; Rokovnjači, R. 1979. – Zbrani spisi (GW), XI 1882–92, X 1917–23, 1919–27; Zbrano delo (GW), XI 1946–84; Izbrano delo (AW), 1999.

L: Š. Barbarič, 1986.

Jur'ev, Oleg Aleksandrovič, russ. Schriftsteller, * 28. 7. 1959 Leningrad. Vater Geiger; Stud. Finanzwirtschaft Leningrad, erste Gedichte 1985, Übersetzungen, Kinderliteratur, seit 1991 in Frankfurt/M. – Schreibt Lyrik, Theaterstücke

und impressionist. Prosa, verknüpft experimentierfreudig und humorvoll v. a. jüd. Problematik mit dem Zerfall der Sowjetunion.
W: Progulki pri poloj lune, R. 1993 (Leningrader Geschichten, d. 1994; Spaziergänge unter dem Hohlmond, d. 2002); Frankfurtskij byk, R. 1996 (Der Frankfurter Stier, d. 1996); Poluostrov Židjatin, R. 2000 (Halbinsel Judatin, d. 1999).

Jurković, Janko, kroat. Schriftsteller, 21. 11. 1827 Požega – 20. 3. 1889 Agram. Stud. Theol. und Philol. Zagreb, Wien; Gymnasiallehrer, Inspektor, Mitglied der Akad. – In realist. Novellen u. Dramen, bes. Komödien, schildert J. mit viel Humor die Sorgen u. Nöte der Kleinbürger; in lit. Kritiken und ästhet. Abhandlungen tritt er gegen den lit. Dilettantismus auf.
W: Pavao Čuturić, N. 1855; Izabrana djela, Nn. 1862; Zatočenici, Dr. 1862; Što žena može, K. 1872; Smiljana, Dr. 1878; Kumovanje, K. 1878; Dramatička djela, II 1878f.; Sabrane pripovijesti, Nn. II 1880f.; Izabrane pripovijetke, Nn. 1930. – Izabrana djela (AW), hg. D. Jelčić 1968; Odabrana proza (AW), 1994.

Juškevič, Semën Solomonovič, russ. Schriftsteller, 7. 12. 1868 Odessa – 12. 2. 1927 Paris. Stud. Medizin Paris; Erstlingswerk 1897, schrieb u. a. für die Sammelbände des Verlags Znanie, emigrierte 1920. – S. Erzählungen, Romane und Dramen haben vorwiegend Szenen armer jüd. Kreise der Provinz zum Gegenstand.
W: Evrei, En. 1903 (Das Ghetto, d. 1903); Golod, Dr. 1905 (Der Hunger, d. 1905); Korol', Sch. 1906; Komedija o svad'be, K. 1911 (Komödie der Ehe, d. 1911); Miserere, Sch. 1923; Èpizody, R. 1923; Leon Drej, R. 1928. – Polnoe sobranie sočinenij (GW), XIV 1914–18.

Justinus der Märtyrer → Iustinos Martys

Juvenalis, Decimus Junius, röm. Satiriker, vermutl. um 55 n. Chr. – nach 130. Über s. Leben ist fast nichts sicher bekannt. – J. verfaßte 16 lat. Satiren in Hexametern, deren Thema das Treiben völlig korrumpierter Menschen ist, das mit Zorn und drast. Kritik dargestellt wird. – Themen sind u. a.: der Entschluß des Erzählers, Satiren zu schreiben (1), homosexuelle Adlige, die sich als Moralprediger tarnen (2), das gefährl. und überhaupt unerträgl. Leben in der Stadt Rom (3), e. Parvenü als Beispiel für Korruption, Grausamkeit, Luxus (4), das unwürdige Verhältnis zwischen Patron und Klient (5), verschiedene dem Erzähler unerträgl. Frauentypen (6), Mißachtung geistiger Berufe in Rom (7), das Verhältnis zwischen ererbtem Namen und eigener Leistung (8), e. männl. Bisexueller (9), die häufigsten Wünsche der Menschen, z.B. nach Macht u. Ruhm (10), das Laster der Schlemmerei (11), Erbschleicherei (12), Untersichlagung (13), Geiz, Vorbildfunktion der Eltern (14), Kannibalismus in Ägypten (15), Privilegien der Militärs (16). Die Satiren mit ihren pointierten Darstellungen u. z. T. epigrammat. zugespitzten Details dienen weniger der moralphilos. Belehrung oder sozialkrit. Analyse, als vielmehr der Unterhaltung u. dem lit. Genuß. – Im MA war der ›Moralist‹ J. Schulautor. Manche s. pointierten Formulierungen sind noch heute Gemeingut, z. B. *mens sana in corpore sano* (10,356).
A: W. V. Clausen, Oxf. n. 1992; m. dt. Übs. J. Adamietz, 1993.
L: D. Korzeniewski, hg., Die röm. Satiren, 1970; E. Courtney, Commentary, Lond. 1980; S. H. Braund, Roman Verse Satire, Oxf. 1992; W. T. Wehrle, The Satiric Voice, 1992; Ch. Schmitz, Das Satirische in J.' Satiren, 2000.

Juvencus, Gaius Vettius Aquilinus, lat. christl. Epiker, 1. Hälfte 4. Jh. n. Chr. Aus e. vornehmen span. Familie, Presbyter. – J. verfaßte um 330 n. Chr., d. h. z. Z. Kaiser Konstantins I., das hexametr. Bibelepos zum NT ›Evangeliorum libri IV‹ (4 Bücher Evangelien). J. schildert das Leben Christi in enger Anlehnung an die Evangelientexte (bes. Matthaeus). J. verwendet Motive, Techniken, Vokabular des traditionellen Epos (Vergil, Lucan, Statius, Ovid), dessen heidn. Inhalte er durch neue christl. ersetzen will. – J. wurde bis in die Renaissance viel gelesen. Die von J. geschaffene Gattung Bibelepos wirkte bis hin zu Miltons ›Paradise lost‹ u. Klopstocks ›Messias‹.
A: J. Huemer, Corp. Script. Eccl. Lat. 24, 1891.
L: W. Kirsch, Lat. Versepik des 4. Jh., 1989; M. Flieger, Interpretationen zum Bibeldichter J., 1993; W. Röttger, Studie zur Lichtmotivik bei J., 1996.

Jyotirīśvara Kaviśekhara, ind. Dichter um 1500 n. Chr. Dichtete in Sanskrit z. Z. des Königs Narasimha (1487–1507) in Südindien. – Vf. des ›Dhūrta-samāgama‹ (Treffen der Schwindler), e. Lustspiels (Prahasana), das den Streit zwischen e. Asketen und s. Schüler schildert; schrieb außerdem das ›Pañca-sāyaka‹ (Der Fünfpfeilige), e. durch lyr. Schönheit ausgezeichnetes Werk über Erotik.
A: Dhūrta-samāgama, hg. C. Lassen 1838, C. Cappeller 1883 (franz. Ch. Schoebel o. J.; ital. A. Marazzi 1874); Pañca-sāyaka, hg. J. T. Ācārya 1924; Varṇanaratnākara, hg. S. Chatterjī u. a. 1928, 1940.

Kā'ānī → Qā'ānī, Ḥabību'llāh Fārsī

Kabak, Ahrōn Abrāhām, hebr. Dichter, 28. 12. 1883 Smorgon b. Wilna – 19. 11. 1944 Jerusalem. Sohn e. Rabbiners; Stud. Philos. u. Psychol. Berlin, Genf und Lausanne; Promotion in Lausanne mit e. Diss. über T. Tolstoj; bes. Interesse für russ. Lit., die auf s. Werk e. starken Einfluß ausübte. – Kraftvoller, phantasiereicher Erzähler von Romanen mit dynam. Sprache, meist um die Themen Liebe und Leid. Hist. Stoffe, bes. aus der Gesch. des jüd. Volks und dessen Begegnungen mit s. Nachbarvölkern. Auch soziale Probleme.

W: Hamaāfēl, N. 1904; Lĕvaddāh, E. 1905; Meál hamigdál, E. 1910; Sippurîm, En. 1911; Daniel Šafranov, R. 1913; Nizachōn, E. 1923; Ahavāh, R. 1926; Šlomōh Molcho, R. III 1928–30; Ben jam uvén midbār, R. 1933; Bamischol hatzār, R. III 1938; Betzel etz ha – Tlija, Tril. I 1998; Toldot mischpacha achat, Tril. II 1998.

L: W. Weinberg, Diss. Cincinnati 1961.

Ka'b bin Zubair, arab. Dichter, Zeitgenosse Mohammeds. Trug im Jahre 9 nach der Hiǧra (631 n. Chr.) dem Propheten das Lobgedicht ›Bānat Su'ād‹ vor, für das ihm M. als Lohn s. Mantel umlegte. Das Gedicht wurde darum auch als ›Mantelgedicht‹ berühmt. Inspirierte das Mantelgedicht von al-Būṣīrī.

W: Bānat Su'ād, 1990 (Übs. u. Einführung M. A. Sells).

L: M. Zwettler, 1984.

Kabīr, ind. Heiliger und relig. Dichter, 1440 Banāras – 1518 Maghar/Basti. Der Tradition nach von s. Mutter, e. Brahmanenwitwe, ausgesetzt, von dem mohammedan. Weber Nīru gefunden und aufgezogen; Schüler des viṣṇuit. Heiligen Rāmānand; Begründer e. Islam und Hinduismus in e. idolfreien Monotheismus vereinenden Lehre (Sekte der Panthīs). – Ihm werden 61 in Avadhi/Hindi verfaßte Dichtungen zugeschrieben, darunter ›Anurāg Sāgar‹, ›Amar Mūl‹, ›Ugra Gītā‹, ›Sākhī‹, ›Nirbhaya‹, ›Jñān‹, ›Bījak‹, ›Rekhtā‹, ›Šabdāvalī‹, ›Jñān Sāgar‹; auch der ›Ādi Granth‹ der Sikhs (→ Nānak) enthält e. Reihe von K.s Dichtungen. Die Authentizität der K. zugeschriebenen Werke ist bis heute ungeklärt, ledigl. die Gedichtsammlung ›Bījak‹ (der Same), angebl. s. Schüler Bhago Dās diktiert, kann mit einigem Recht als K.s Werk angesehen werden. K. gehört neben Cand Bardāī, Sūrdās, Tulsīdās und Bihārīlāl zu den bedeutendsten Hindi-Dichtern.

A: Kabīr Granthāvalī, hg. S. R. Dās 1956, B. S. Misra ³1977. – *Übs.:* Bījak, engl. Prem Chand 1911, n. A. Shah 1977, L. Hess, L. Singh 1983; One Hundred Poems of Kabir, Ausw. engl. R. Tagore, E. Underhill 1915, ¹³1961 (Hundert Gedichte, d. 1961), R. Tagore 1985; Au cabaret de l'amour, franz. Ch. Vaudeville 1960, 1986; dt. Ausw. G. Wolf 1984.

L: G. H. Westcott, Kalkutta 1907, ²1953, 1974; F. E. Keay, Oxf. 1931; H. P. Dvivedī, Bombay ⁵1955; Ch. Vaudeville, Oxf. 1974; M. Hedayetullah, Delhi 1977; D. S. Scott, Delhi 1985; M. Horstmann, Delhi 2002.

Kābūs-nāme → Kaikā'ūs ibn Iskandar

Kacev, Romain → Gary, Romain

Kachtitsis, Nikos, griech. Schriftsteller, 1926 Gastuni/Elea – 1970 Patras. Verbrachte viele Jahre in Kanada. – Stark beeinflußt von europ. Lit. des 19. Jh. S. lit. Werk ist e. Versuch, die Wirklichkeit auf die Ebene des Mythos zu heben.

W: Poioi hoi philoi, E. 1959; To enypnio, E. 1960; Ho exōstēs, En. 1964; Ho hērōas tēs Gandēs, R. 1967; Vulnerable Point 1949, G., Montreal 1968.

L: D. Jorgos, Aiglē kai anchos, 1986.

Kačić-Miošić, Andrija, kroat. Dichter, 1704 Brist – 15. 12. 1760 Zaostrog. Stud. Philos. u. Theol. Pest; Franziskaner, Lehrer der Philos. in versch. Klöstern Dalmatiens, schließl. Abt in Zaostrog, reiste 1751/52 nach Venedig. – Schrieb e. lat. philos. Werk ›Elementa peripatetica‹, verdankt jedoch s. Ruhm dem Volksbuch ›Razgovor ugodni naroda slovinskoga‹, das im Stile des Volksliedes die wichtigsten hist. Ereignisse der Südslawen schildert; populärstes Buch des 18. u. 19. Jh. (45 Ausgaben); Herder übernahm daraus 3 Volkslieder für s. ›Stimmen der Völker in Liedern‹.

A: Djela, II 1942–45; Razgovor ugodni naroda slovinskoga, hg. T. Matić 1956; ders. 1967 (m. Bibl.); ders. 1988; ders. 1997; Stari pisci hrv. 28, hg. ders. 1964; PSHK 21, 1967.

L: G. Gesemann, 1926; M. Ratković, 1971; J. Vončina, 1988.

Kada Azumamaro (K. Nobumori), jap. Dichter, 3. 1. 1669 Kyoto – 2. 7. 1736 ebda. Sohn des Nobuaki; die Familie übte das Shintô-Priestertum erbl. aus. Wandte sich früh der waka-Dichtung u. der Wiss. zu. E. Reise nach Edo brachte ihm mit den bedeutendsten Gelehrten der Zeit zusammen. Shintô-Mythologie u. waka-Dichtung stehen im Mittelpunkt s. Stud. Wurde der eigentl. Begründer der jap. Altertumswiss. u. schuf als Gegengewicht zu den auf das Chines. ausgerichteten Kangaku die sich unter Besinnung auf Arteigenes bes. für den reinen Shintô einsetzende Kokugaku. Wandte sich gegen den Synkretismus u. die Überfremdung durch konfuzian. u. buddhist. Gedanken, ohne diese als solche abzulehnen. Vf. zahlr. Kommentarwerke (zum ›Nihongi‹, ›Kojiki‹, ›Manyôshû‹ u. a.).

W: Sôgakkôkei,Kokugaku-Schr. 1828 (in: MN 3, d. 1940). – K. A. zenshû (GW), 1928.

L: H. Hammitzsch, Kangaku u. Kokugaku (MN 2), 1939; P. Nosco, Remembering Paradise, Harvard 1990.

Kadare (Kadaré), Ismail, alban. Lyriker u. Romancier, * 27. 1. 1936 Gjirokastër (Südalbanien). Gymn. ebda., Stud. Lit. Univ. Tiranë u. Gorkij-Inst. Moskau; 1961 Journalist, dann freier Schriftsteller in Tiranë, ab 1990 zeitweise in Paris. – Hauptthema s. der frühen Schaffenszeit angehörenden Gedichte, die – in den poet. Mitteln

Majakovskij verpflichtet – von innerem Reichtum u. ungewöhnl. Ausdruckskraft zeugen, ist die geistige Welt der jungen Generation. Herausragende Bedeutung haben K.s durch Motiv- u. Poetikreichtum ausgezeichnete Romane, die die Geschichte des alban. Volkes von der Türkenzeit bis in die jüngste Vergangenheit literarisch zu bewältigen suchen. K. gelang es hier, die alban. Lit. der Nachkriegszeit aus den Fesseln des sozialist. Realismus zu lösen u. ihr über die franz. Übersetzung s. Romans ›Gjenerali i ushtrisë së vdekur‹ erstmals internat. Geltung zu sichern.

W: Frymëzimet djaloshare, G. 1954; Ëndërrimet, G. 1957; Shekulli im, G. 1961; Gjenerali i ushtrisë së vdekur, R. 1963, überarb. 1967 (Der General der toten Armee, d. 1973 nach franz. Übs. 1970; n. 1977); Përse mendohen këto male, G. 1964; Qyteti i jugut, E. 1967; Dasma, R. 1968 (Die Hochzeit, d. 1977); Kështjella, R. 1970 (Die Festung, d. 1988); Kronikë në gur, R. 1971 (Chronik in Stein, d. 1988); Dimri i vetmisë së madhe, R. 1973, erweit. Dimri i madh, 1977 (Der große Winter, d. 1987); Nëntori i një kryeqyteti, R. 1975 (November e. Hauptstadt, d. 1991); Ura me tri harqe, R. 1978 (Die Brücke mit den drei Bögen, d. 2002); Pashallëqet e mëdha, R. 1978 (Der Schandkasten, d. 1990); Prilli i thyer, R. 1980 (Der zerrissene April, d. 1989); Koncert në fund të dimrit, R. 1988 (Konzert am Ende des Winters, d. 1991); Dosja H., R. 1990; Ëndrra mashtruese, En. u. Nn. 1991; Shkaba, R. 1996; Tri këngë zie për Kosovën, Nn. 1998; Kombi shqiptar në prag të mijëvjeçarit të tretë, Ess. 1998. – Vepra letrare (GW), XII 1981–89.

L: T. Çaushi, Universi i K.së, 1993; E. Naumi, K.ja i panjohur, 1993; A. Pipa, Subversion drejt konformizmit: fenomeni K., 1999.

Kaden-Bandrowski, Juliusz (eig. Juliusz Bandrowski), poln. Schriftsteller, 24. 2. 1885 Rzeszów/Galizien – 8. 8. 1944 Warschau. Schulbesuch in Rzeszów, musikal. Stud. in Krakau, Lemberg u. Brüssel. Überzeugter Anhänger u. Verehrer Piłsudskis, 1914 Eintritt in die Legion Piłsudskis; 1918 nach Warschau. Förderer u. Organisator des lit. Lebens in Polen. Ab 1933 Generalsekretär der poln. Lit.-Akad. Starb im Warschauer Aufstand. – Schriftsteller von großer u. vielseitiger Schaffenskraft, sehr erfolgreich. Wortführer des Piłsudski-Lagers. Überwindet die poln. Neuromantik, kommt zu e. übersteigerten, expressionist. Darstellungsweise (Kadenismus). Großer Einfluß auf s. Zeitgenossen. In den Romanen strebt er e. Querschnitt durch das zeitgenöss. poln. Leben an; die Novellen sind z. T. sozial-moral. Allegorien, Züge e. Zeitsatire. Im Spätwerk bes. gute Beobachtungsgabe. Besonderer Erfolg mit Jugenderinnerungen. Ständige Arbeit an s. Werk; für Neuauflagen tiefgehende Umarbeitungen.

W: Piłsudczycy, B. 1915; Łuk, R. 1919; Rubikon, Erinn. 1921; Wiosna, Erinn. 1921 (die 3 letzten umgearb.: Trzy wyprawy, R. 1930); Pułkownik Leopold Lis Kula, 1920; Generał Barcz, R. 1923 (d. 1929); Przymierze serc, Nn. 1924; Miasto mojej matki, Erinn. 1925 (Ma ville et ma mère, franz. 1933); W cieniu zapomnianej olszyny, Mem. 1926 (Call to the Cuckoo, engl. 1948); Nad brzegiem wielkiej rzeki, En. 1927; Czarne skrzydła, R. II 1928 f. (Die schwarzen Schwingen, d. 1983); Mateusz Bigda, R. III 1933; Życie Chopina, Es. 1938. – Dzieła wybrane (AW), IV 1981–85. – Übs.: Novellen (Ausw.), 1928.

L: M. Sprusiński, 1971.

Kadesch-Schlacht-Gedicht, im Wechsel von Lyrik und Prosa verfaßte Schilderung e. Schlacht zwischen Ägypten unter Ramses II. (1279–1213 v. Chr.) u. dem Hethiterreich bei Kadesch in Syrien. Sie ist in e. Papyrus des Brit. Museums u. an den Wänden e. Reihe von Tempeln erhalten. In eindeutig propagandist. Manier läßt der König sich selbst als Held u. Retter s. eigenen Armee darstellen, obwohl die Schlacht beinahe zu e. verheerenden Niederlage für Ägypten geführt hätte. Den lit. Höhepunkt bildet e. eingeschobenes Stoßgebet des Königs an den Reichsgott Amun.

L: T. von der Way, D. Textüberlieferung Ramses' II. zur Qades-Schlacht, 1984 (m. Übs.).

Kadri, Jakub → Karaosmanoğlu, Yakup Kadri

Kaffka, Margit, ungar. Schriftstellerin, 10. 6. 1880 Nagykároly – 1. 12. 1918 Budapest. Lehrerin in Miskolc u. Budapest, 1904 ⚭ Bruno Fröhlich, bald Scheidung, 1914 ⚭ E. Bauer. – Wesentl. Prosaschriftstellerin; ihr bester Roman ›Színek és évek‹ schildert das Leben ihrer Heimatstadt. Ihr Hauptthema ist die in der mod. Gesellschaft in e. Krise geratene Seele der Frau; sie setzt sich für die Emanzipation der Frau ein.

W: Versek, G. 1903; Levelek a zárdából, Nn. 1904; A gondolkodók, Nn. 1906; K. M. könyve, G. 1906; Csendes válságok, Nn. 1910; Tallózó évek, G. 1910; Csonka regény és novellák, Nn. 1911; Színek és évek, R. 1912 (Farben und Jahre, d. 1958); Utolszor a lyrán, G. 1912; Süppedő talajon, Nn. 1912; Mária évei, R. 1913; Szent Ildefonso bálja, Nn. 1914; Két nyár, Nn. 1916; Állomások, R. 1917; Hangyaboly, R. 1917; A révnél, Nn. 1918; Az élet útján, G. 1918; Álom, Nn. 1942; Lázadó asszonyok, Nn. 1958.

L: M. Radnóti, K. M. művészi fejlődése, 1934; L. Fülöp, 1987.

Kagame, Alexis oder Alegisi (abbé), ruand. Dichter, Priester u. Philosoph, 15. 5. 1912 Kiyanza/Ruanda – 2. 12. 1981 Nairobi. Kleines u. großes (Stud. Philos. u. Theol.) Seminar in Kabgayi; 1941 Priesterweihe; 1955 mit ›La philosophie bànturwandaise de l'Être‹ (franz.) zum Dr. phil. an der Päpstl. Univ. Rom promoviert. Missionstätigkeit in Ruanda/-Burundi, daneben zahlr. landeshist. u. ethnograph. Forschungen; korrespondierendes Mitgl. der belg. ›Académie Royale des Sciences d'Outre-mer‹; Chefredakteur des kathol. Wochenblatts ›Kinya-Mateka‹. – In s. als philos.-linguist. Dialog verfaßten Dissertation stellt K. die Existenzphilos. der Bantustämme von Ruanda dar, insbes. im Unterschied zur europ. Seinsauffassung. Schrieb außerdem im Anschluß an die mündl.-lit. Landestradition didakt. Epen zur Unterweisung in Landesgeschichte u. christl. Glaubenslehre sowie Studien zur ruand. Lit. – Übs. s. Dichtungen ins Franz.

W: Icara nkumare, G. 1947; Indyohesha-biraryí, Sat. 1949; Isoko y'amajyambere, Ep. III 1949–51; La poésie dynastique au Rwanda, St. 1951; La divine pastorale, Ep. 1952; La philosophie băntu-rwandais de l'Être, Diss. 1955 (Sprache u. Sein: die Ontologie der Bantu Zentralafrikas, d. 1985); La naissance de l'Univers, Ep. 1955; Introduction aux grands genres lyriques de l'ancien Rwanda, St. 1969.

L: J. M. Jadot, Les écrivains africains du Congo belge et du Ruanda-Urundi, 1959; S. Obanda, Re-création de la philosophie africaine, 2002.

Kagawa, Toyohiko, jap. Schriftsteller, 10. 7. 1888 Kôbe – 23. 4. 1960 Tokyo. Sohn e. Samurai, wurde als Schüler evangel. Christ; Stud. Theol. Kôbe u. 1914–16 Princeton, dort auch Biologiestud.; lebte in Kôbe im Armenviertel. Als e. der bekanntesten Führer des jap. Christentums vertrat er e. christl. Sozialismus. – S. lit. Werke, bes. Lyrik und Dramen, gehören dem Neoidealismus an; Vf. zahlr. literarkrit. Essays.

W: Shisen wo koete, R. 1920 (Auflehnung u. Opfer, d. W. Gundert 1929); Taiyô wo iru mono, R. 1921 (A Shooter at the Sun, engl. T. Satchell 1925); Kabe no koe kiku toki, R. 1924; Hitotsubo no mugi, R. 1931 (A Grain of Wheat, engl. M. R. Draper 1936). – K. T. zenshû (GW), 1962–64. – *Übs.:* Ein Stück Granatapfel, d. K. Weidinger 1933; Love, the Law of Life, engl. J. F. Gressitt 1929; Songs from the Slums, 1935; Meditations on the Cross, 1936; Behold the Man, 1941; The Two Kingdoms, 1941.

L: K. Barth, Taten in Gottes Kraft, 1936; W. Axling, 1950; G. Bikle, The New Jerusalem, Tucson 1976.

Kagemni, Name eines (fiktiven) altägyptischen Wesirs, für den sein Vater, ebenfalls ein Wesir, eine Lehre aufzeichnen ließ. Nur der Schluß ist erhalten. Er enthält Ermahnungen gegen voreiliges Sprechen, Hinweise auf das Benehmen bei Tisch, aber auch die Warnung vor Gottes Strafe. Am Ende wird die (am Anfang verlorene) Rahmenerzählung wiederaufgenommen. Sie berichtet von der Übernahme des Wesiramtes durch Kagemni und damit vom Erfolg der Belehrung. Fiktives Entstehungsdatum ist der Übergang von der 3. zur 4. Dynastie, um 2600 v. Chr., die tatsächliche Entstehungszeit wohl das Mittlere Reich (um das 20. Jh. v. Chr.).

A: G. Jéquier, Le Papyrus Prisse et ses variantes, 1911.

L: A. H. Gardiner, The Instruction addressed to Kagemni and his Brethren (Journal of Egyptian Archaeology 32), 1946.

Kagerô-nikki (›Tagebuch einer Eintagsfliege‹), Tagebuch e. jap. Edelfrau, e. Tochter des Fujiwara no Tomoyasu († 977), zwischen 972 u. 976 entstanden, schildert ihr Erleben von 954 bis 974: ihre Verbindung mit Fujiwara no Kane'ie (929–990), die Geburt ihres Sohnes Michitsuna (955–1020), s. Mündigkeitszeremonie u.a. Feste. Mit vielen reizvollen Kurzgedichten (waka) u. einigen Langgedichten (chôka) durchwoben, zeichnet es e. wirklichkeitsnahes Bild des damaligen Hoflebens; gehört der klass. jap. Tagebuchlit. an. Von großem kulturhist. Wert. Die Vf. wandte sich später dem Buddhismus zu.

Übs.: S. Tsukakoshi u.a., 1955; The Gossamer Years, engl. E. Seidensticker 1960.

L: S. Arntzen, The Kagero Diary, Yale 1997; E. Sarra, Fictions of Feminity, Stanford 1999.

Kahiga, Samuel, kenian. Erzähler, * 1946 Uthiru/Kenia. Stud. Kunst und Design in Nairobi, danach Filmproduktionsstudium; arbeitete als TV-Produzent, Komponist, Journalist. – Schreibt Liebes- und Unterhaltungsromane sowie einen Geschichtsroman ›Dedan Kimasi‹ über die Mau-Mau-Bewegung.

W: The Girl from Abroad, R. 1974; When the Stars Are Scattered, R. 1979; Flight to Juba, En. 1979; Lover in the Sky, R. 1975; Dedan Kimasi, R. 1990; Paradise Farm, R. 1993.

Kahila, Hilja → Järnefelt, Arvid

Kahn, Gustave, franz. Dichter, 21. 12. 1859, Metz – 5. 9. 1936 Paris. Kam sehr jung nach Paris. Stud. Ecole des Chartes und Schule für oriental. Sprachen, 4 Jahre Militärdienst in Nordafrika. Begann s. lit. Laufbahn 1885 in Paris, gründete mit P. Adam die Zs. ›La vogue‹, mit J. Moréas ›Le symboliste‹. – Weniger Haupt als Organisator des Symbolismus, der erste Theoretiker des ›vers libre‹, der ihn klar definierte. Hervorragender Kritiker, bes. mit ›Symbolistes et décadents‹, und Vf. e. krit. Studie über Baudelaire. Schrieb auch Romane und Gedichte, die zu stark experimentell sind u. das Niveau der großen symbolist. Dichtungen nicht erreichen.

W: Les palais nomades, G. 1887; Chansons d'amant, G. 1891; Limbes de lumière, Abh. 1895; Domaine de fée, G. 1896; Premiers poèmes, avec une préface sur le vers libre, 1897; Livres d'images, Abh. 1897; Les petites âmes pressées, R. 1898; L'adultère sentimental, R. 1902; Symbolistes et décadents, St. 1902; Boucher, B. 1905; Le vers libre, St. 1912; Charles Baudelaire, son œuvre, St. 1925; Silhouettes littéraires, St. 1925; Contes juives, 1926; Images bibliques, R. 1929; Les origines du symbolisme, St. 1936; Poèmes 1921–35, 1939.

L: J. C. Ireson, l'œuvre poétique de K., 1962; ders., Les idées littéraires de K., 1963; G. Giurgola, J. Mehta, 1975.

Kaikā'ūs ibn Iskandar, pers. Vf. e. Fürstenspiegels, † nach 1083. Ab 1049 Fürst von Gurgān u. Tabarestan (südl. d. Kaspischen Meeres) als Vasall der Seldschukensultane Toghryl Beg (1038–63) und Alp Arslan (1063–72). – Lit.geschichtl. berühmt als Vf. des ›Qābūs-Nāma‹ (›Buch des Qābūs‹, d.h. des Großvaters des Vf.), 1083 beendet, e. der bedeutendsten Fürstenspiegel Irans, für s. Sohn Gīlānšāh geschrieben, e. anekdotendurchsetztes Kompendium der prakt. Ethik u. Lebenskunde in 44 Kapiteln, in gewisser Abhängigkeit von hellenist. Ethik, aber nach Ausführung u. Beispielen rein pers. Läßt bei aller Abgeklärtheit, aus reicher Erfahrung gewonnen, etwas Verbitterung (über Machtverlust?) durchscheinen, trotzdem – nach E. G. Browne – ›ein königliches Buch‹.
A: Ġ. Ḥ. Yūsufī ⁶1368/1989–90; R. Levy 1951. – *Übs.:* A Mirror for Princes, engl. ders. 1951; Das Qābūsnāme, d. S. Najmabadi 1988.

Kaikilios von Kaleakte (Sizilien), altgriech. Schriftsteller, 1. Jh. v. Chr. Freigelassener, Bekannter des Dionysios von Halikarnass. – K. gilt als rigoroser Vertreter des Attizismus, den er in mehreren stilkrit. Schriften propagiert. Unklar ist, welche Rolle s. ›Über den Stil der 10 Redner‹ bei der Entwicklung des Kanons der 10 [sc. besten] att. Redner gespielt hat; evtl. handelt es sich hier eher um e. sekundäre Zusammenstellung von ihm verfaßter Einzelmonographien. Von K.' Werken sind spärl. Fragmente erhalten, nur bei s. ›Über das Erhabene‹ sind durch die Polemik des Ps.-Longin gewisse Grundzüge kenntlich (stilist. Rigorismus, ausschließl. Verehrung des Lysias).
A: E. Ofenloch 1907 (Nachdr. 1967).
L: G. Kennedy, Princeton 1963; M. Fuhrmann, ²1992.

Kaikô, Takeshi (Ken), jap. Schriftsteller, 30. 12. 1930 Osaka – 9. 12. 1989 Tokyo. Nach frühem Tod des Vaters muß K. die Familie mit ernähren, dennoch Jurastudium, daneben Tätigkeit als Werbetexter. 1957 Durchbruch als Autor mit Erzählungen, die die Rolle des Individuums in der verwalteten Welt thematisieren. Ab 1964 als Journalist nach Vietnam, in der Folge mehrere Reportagen und Romane über den Vietnamkrieg. Daneben auch Reiseberichte des begeisterten Sportanglers K. sowie Essays. K.s engagierte Texte zeichnen sich durch die lebendige Darstellung sinnlicher Wahrnehmungen aus.
W: Panikku, R. 1957 (in: Panic and The Runaway, engl. 1977); Kagayakeru yami, R. 1968 (Into a black sun, engl. 1980); Natsu no yami, R. 1971 (Finsternis eines Sommers, d. 1993). – K. T. zenshû (SW), XXII 1992.

Kailas, Uuno (eig. Frans Uuno Salonen), finn. Lyriker, 29. 3. 1901 Heinola – 22. 3. 1933 Nizza. Bauernsohn; Stud. Philol. u. Geschichte Helsinki, freier Schriftsteller, Journalist und Übersetzer. – Mitgl. der ›Feuerträger‹, e. Gruppe junger Lyriker, die um 1920 Kontakt zur mitteleurop. mod. Lit. suchten; vereinigt strenges Formstreben mit geist. Hochspannung u. intellektueller Leidenschaft. S. Lyrik u. die wenigen postum erschienenen Novellen geben s. seel. Spannung Ausdruck: Dualismus zwischen Sehnsucht u. Wirklichkeit, Schönheitsdrang u. Leiden. Tief pessimist. Lebenshaltung; dunkle Visionen führen in ekstat. Transparenz an die Grenze myst. Erlebens. Hohe Formkunst u. Gedankentiefe sichern s. Werk e. hervorragenden Platz in der finn. Lit.
W: Tuuli ja tähkä, G. 1922; Purjehtijat, G. 1925; Silmästä silmään, G. 1926; Paljain jaloin, G. 1929; Uni ja kuolema, G. 1931 (dt. Ausz. Finn. Gebet, 1942); Runoja, G. Ausw. 1932; Punajuova, G. 1933; Novelleja, Nn. 1936; Runot 1922–31 (ges. G.), 2002. – *Übs.:* Ausw. in: Dichtung. Volkstum 42, 1942.
L: M. Niinistö, 1956; K. Marjanen, Näkökulma, 1958; J. Lilja, Runoilija ja eksistenssi, 1972.

Kainar, Josef, tschech. Lyriker u. Dramatiker, 29. 6. 1917 Přerov – 16. 11. 1971 Prag. Stud. Philos. Prag. – Nach pessimist. Gefühlslyrik u. existentionalist., teils satir., teils monumentalen Gedichten wandte sich K. sozialen Themen zu. Schrieb Liedertexte, satir. Schauspiele u. Drehbücher; Übs. aus d. Russ. u. Dt.
W: Příběhy a menší básně, G. 1940; Nové mýty, G. 1946 (überarb. 1967);; Akce Aibiš, K. 1946; Osudy, G. 1947; Veliká láska, G. 1950; Český sen, G. 1953 (erw. 1957); Nebožtík Nasredin, K. 1959; Člověka hořce mám rád, G. 1959; Lazar a píseň, G. 1960; Třináct kytar, G. (Ausw.) 1967; Moje blues, G. 1968; Miss Otis lituje, Liedertexte 1969; Včela na sněhu, G. 1982; Stará a nová blues, Liedertexte 1984. – Vybrané spisy (AW), III 1987–90.
L: J. K., 1977; M. Blahynka, Člověk K, 1983.

Kainsdatter, Marianne → Madsen, Svend Åge

Kajava, Viljo Lennart, finn. Lyriker, 22. 9. 1909 Tampere – 2. 2. 1998 Helsinki. 1935–38 Hrsg. der Zs. ›Tulenkantajat‹, 1945–48 in Schweden, 1949–54 Red.-Sekretär der Zs. ›Suomen Kuvalehti‹. – Gehörte der linksintellektuellen Autorengruppe ›Kiila‹ (Der Keil) an: Protest gegen die bürgerl. Gesellschaft, radikale Kampfstimmung. Stilist. unter Einfluß der am. (Whitman, Masters), russ. (Majakovskij) u. schwed. Proletarierdichter: neuer sprachl. Stilwille, freie Rhythmen, Wegfall des Reims, Eindringen der Umgangssprache, genaue Bildersprache. 1938 Abwendung von ideolog. Dichtung, Naturlyrik, größere Ausdrucksdichte, sanghafte dekorative Komponente. 1946–

49 schwed. Gedichte unter Einfluß der schwed. Lyrik, Hinwendung zum Feinsinnigen, Nuancierten. In den 60er Jahren überraschende Rückwendung zur sozialkrit. Dichtung, aber nicht mehr fanat. Kämpfer, sondern stiller Beobachter.

W: Rakentajat, G. 1935; Murrosvuodet, G. 1937; Hyvästi muuttolintu, G. 1938; Luomiskuut, G. 1939; Takojat, G. 1941; Ankara maa, G. 1941; Kahden sydämen talo, G. 1943; Hellyys, G. 1944; Suljetuin silmin, G. 1946; Till havets fåglor, G. 1948; Någonstans, G. 1949; Siivetyt kädet, G. 1949; Yksinäisiä naisia, N. 1950; Hyvä on meri, G. 1950; Jokainen meistä, G. 1954; Muuttumatta, G. 1955; Ennen iltapäivää, G. 1956; Tuliteema, G. 1957; Lintukauppias, N. 1957; Nuoruuden aamu ja ilta, R. 1958; Taivan sineen, G. 1959; Tampereen runot, G. 1966; Ruusuja lunta, G. 1966; Käsityöläisen unet, G. 1968; Reykjavikin valot, G. 1970; Rannat tasangot vuoret, G. 1974; Läheltä, G. 1975; Rannat rannat, G. 1977; Kosketus, G. 1979; Valveilla kuin unessa, G. 1980; Jäähyväiset eiliselle, G. 1982; Talvituuli, G. 1987; Tähän saavuin, G. 1989; Aikaa rakastaa, aikaa laulaa, Aut. 1990; Maan ja meren runot, G. 1992; Viltät piirrän Viivan, G. 1996. – Tuuli, valo, meri, G. 1935–1982, 1984; Sinusta, minusta ja jazz-bändistä. Nuoruuden runoja, G. 2000; 1930–luvun runot, G. 2000. – *Übs.:* Nahes Ufer, fernes Ufer, G. 1988.

Kajii, Motojirô, jap. Erzähler, 17. 2. 1901 Osaka – 24. 3. 1932 ebda. Anglistikstudium. Früh an Tuberkulose erkrankt und dadurch stark eingeschränkt, verbindet K. in seinen Kurzgeschichten die genaue Darstellung sinnlicher Wahrnehmung mit phantastischen Elementen.

W: Remon, E. 1925 (Die Zitrone, d. in: Japan – Ein Lesebuch, hg. P. Pörtner 1986). – K. M. zenshû (SW), IV 1999–2000.

L: R. A. Ulmer, The private world of K. M., 1982; C. Kodama de Larroche, Les cercles d'un regard, 1987.

Kakinomoto no Hitomaro, jap. Dichter, um 662 – um 710 Kamoyama/Iwami. E. der Repräsentanten des ›Manyôshû‹. Hofmann, energ. Vertreter des Tennôtums. Vielgestaltig in s. Themen, deren Bearbeitung in ep. Lang- u. lyr. Kurzgedichten sich durch Lebendigkeit, Rhythmus u. Ausdruckstechnik von s. Vorgängern unterscheidet. Liebe, Naturerleben stehen neben shintôist.-nationalen Ideen im Mittelpunkt s. Schaffens, das e. seltene Stärke des Empfindens verrät.

Übs.: A. Lorenzen, Diss. Hbg. 1927; J. L. Pierson, Manyosu, 1929ff.; I. H. Levy, The Ten Thousand Leaves, 1981.

L: A. Wedemeyer, in: Fs. F. Weller, 1954; M. Watase, K. no H., Chinese Astronomy and Chinese Traditions, in: AA 77, 1999.

Kalász, Márton, ungar. Schriftsteller u. Übersetzer, * 8. 9. 1934 Somberek. Stammt aus e. ungarndeutsch. Familie. Arbeitete als Rundfunkreporter u. Redakteur. 1971–74 Mitarbeiter des Ungar. Kulturinstituts in Berlin, 1991–94 Leiter des Kulturinstituts der Rep. Ungarn in Stuttgart. Dozent für Lit. an der Károli-Gáspár-Univ. in Budapest. Seit 2001 Vorsitzender des Ungar. Schriftstellerverbands.

W: Hajnali szekerek, G. 1955; Rapszódiáink évada, G. 1963 (Zeit unserer Rhapsodien, d. 1983); Viola d'amour, G. 1969; Megszámított vigasz, G. (Ausw.) 1976 (Bemessener Trost, d. 1984); Téli bárány, R. 1986 (Winterlamm, d. 1992); Sötét seb, G. 1996 (Dunkle Wunde, d. [Ausw.] 1999); Tizedelőcédulák, R. 1999; A rózsafestő, G. 2000; A lét elrejtetlensége, G. 2003.

Kalčev, Kamen (eig. Petur K.), bulgar. Schriftsteller, 31. 7. 1914 Kereka – 14. 1. 1988 Sofia. Redakteur. – Repräsentative Werke in den 60er u. 70er Jahren. Beschreibt Ereignisse der Gegenwart u. der nahen Vergangenheit in den Augen des ›kleinen Menschen‹.

W: Semejstvoto na tŭkacite, R. II 1956–60; Dvama v novija grad, R. 1964; Pri izvora na života, R. 1964; Sofijski razkazi, En. 1967; Maski, R. 1971; Ogledaloto, R. 1977.

Kaleb, Vjekoslav, kroat. Erzähler, 27. 9. 1905 Tisno b. Šibenik – 13. 4. 1996 Zagreb. Bis 1940 Volksschullehrer in versch. Orten Dalmatiens, dann Pädagog. Hochschule Zagreb, 1943 Partisan, zeitweilig in Ägypten, seit Kriegsende in Zagreb. – Vf. kurzer realist. Romane und Erzählungen aus dem 2. Weltkrieg von lebendiger Charakteristik u. knappem Stil.

W: Na kamenju, En. 1940; Izvan stvari, En. 1942; Novele, Nn. 1946; Brigada, Nn. 1947; Poniżene ulice, R. 1950; Divota prašine, R. 1954 (Die tanzende Sonne, d. 1965); Bijeli kamen, R. 1954; Smrtni zvuci, Nn. 1957; Nagao vjetar, En. 1959; Bez mosta, R. 1986. – Izabrana djela (AW), hg. V. Pavletić 1973.

L: K. Čorkalo, 1995.

Kaledin, Sergej Evgen'evič, russ. Prosaiker, * 28. 8. 1949 Moskau. Nach Militärdienst Stud. Lit.inst. Moskau 1972–79, versch. Berufe; seit 1988 freier Schriftsteller, lebt in Moskau. – K.s Thema sind die Kollisionen in den gesellschaftl. Randschichten, dargestellt mit naturalist. Detailliertheit und genauer Typenzeichnung, mehrfach verfilmt und dramatisiert.

W: Smirennoe kladbišče, N. 1987 (Stiller Friedhof, d. 1991); Strojbat, N. 1989 (Das Baubataillon, d. 1992); Šabaška Gleba Bogdyševa, Nn. 1991.

Kalevala, finn. Nationalepos in 50 Runen, bestehend aus 22 795 alliterierenden Versen in 4füß. Trochäen mit reichl. Parallelismus. Von E. Lönnrot aufgrund von Aufzeichnungen mündl. tradierter, z. T. mehr als 1000jähr. Volkspoesie erstmals 1835 u. in endgült., wesentl. erweiterter Form 1849 veröffentlicht. Es handelt sich um ep.,

Kalevipoeg

lyr. und Zauberwissen sammelnde Lieder, seit Jahrhunderten von Volkssängern vorgetragen u. von Generation zu Generation bewahrt. Lönnrot hat die Runen u. Runenzyklen, die er zum großen Teil selbst in Karelien sammelte, um die Gestalt des alten Sängers Väinämöinen gruppiert. – Das K. (= Land des Kaleva, Stammvaters des Helden) ist kein Heldenepos im Sinne Homers u. der ma. Epen. Die Größe s. Helden liegt in ihrem Wissen um die Macht des Wortes, das in Gesang u. Zauberformel schöpfer. Kraft gewinnt (schamanist. Ursprünge). Haupthelden sind der zaubermächt. Sänger Väinämöinen, der Schmied Ilmarinen, der leichtsinn. Lemminkäinen u. die trag. Gestalt Kullervo, der unwissentlich die eigene Schwester verführt. Im Mittelpunkt steht der Gegensatz der Völker Kalevalas u. des unwirtl. Nordlandes Pohjola. Väinämöinen u. Ilmarinen freien um die Nordlandjungfrau, Tochter der Nordlandherrin Louhi. Ilmarinen erringt sie u. schmiedet die Glück u. Wohlstand spendende Zaubermühle Sampo. Nachdem er s. junge Frau auf trag. Weise verloren hat, versuchen die K.-Helden, den Sampo zu rauben. Aber Louhi fällt, in e. Adler verwandelt, auf dem Meer über sie her. Der Sampo zerbricht in Stücke, die Reichtum und Glück bewirken, wohin sie kommen. Väinämöinen rettet einige Splitter für s. Land. In diese Haupthandlung eingewoben sind versch. Episoden; sie setzt ein mit der Erschaffung der Welt durch die Tochter der Luft u. Mutter Väinämöinens u. endet mit dessen Bootsfahrt, die ihn dem Dasein entrückt.

A: E. Lönnrot (Altes K.) 1835, (Neues K.) 1849 u.ö.; Liedvarianten in d. Sammelwerk Suomen kansan vanhat runot I – XIII, 4, 1908–45; auf sie verweist die mit Wb. u. Konkordanz ausgest. Ausg. v. V. Kaukonen 1956. – *Übs.*: A. Schiefner (a. d. Schwed.) 1852 u.ö. (n. M. Buber 1914 u.ö., D. Welding 1948); H. Paul (a. d. Schwed.) II 1885; d. u. komm. L. u. H. Fromm (a. d. Finn.) 1967.

L: J. Krohn, 1885; K. Krohn, K.-Stud. VI 1924–28; E. N. Settälä, Sammon arvoitus, 1932; M. Haavio, Väinämöinen eternal sage, 1952; H. Fromm, Kalevala II, 1967; A. Turunen, Lexique du K., 1949; Jb. d. K.-Gesellsch. (finn.) 1921ff. – *Bibl.*: L. Hänninen, 1928 (für 1935ff.); Studia Fennica 3 (1938)ff.; M. Kuusi u. P. Anttonen, Kalevalalipas, 1985; R. Puranen, The ›Kalevala‹ Abroad, 1985; Kalevala ja maailman eepokset, hg. L. Honko 1987; V. Kaukonen, 1987; ders., 1988; J. Pentikäinen, Kalevalan maailma, 1989; L. Voßschmidt, Das Kalevala und seine Rezeption im 19. Jh., 1989.

Kalevipoeg (= Kalevs Sohn), estn. Heldenepos, aufgrund von Volkssagen von F. R. Kreutzwald verfaßt, 19 087 Verse in 20 Gesängen, benannt nach dem gleichnamigen Helden; Erstausgabe mit dt. Übs. 1857–61. – K., geschrieben in e. das alte estn. Volkslied imitierenden Vers (vierfüßiger Trochäus), ist zwar e. Epos von schicksalhaft-trag. Lebensgefühl, doch teilw. auch heidn.-frivol schattiert. Die naturmytholog. Volkssagen vom Riesen K. ergänzte Kreutzwald durch andere volkstüml. Motive u. eigene Erfindungen; auch fügte er Volkslieder ein. Während des nationalen Erwachens wurde der Held zum Symbol der vorchristl. Freiheit des Landes. K., ein grundlegender Text der estn. Kultur, ist vollständig oder teilweise in mehrere Sprachen übersetzt worden.

A: A. Annist 1961–63 (hkA, m. Bibl.). – *Übs.*: J. Grosse, 1875; F. Löwe, 1900; G. Kurman, 1982 (engl.).

L: A. Schiefner, 1861; W. Schott, 1863; G. Blumberg, 1869; J. Semper, 1924; U. Karttunen, 1905; A. Anni (Annist), III 1934–44; E. Laugaste, E. Normann, 1959. – *Bibl.*: H. Laidvee, F. R. Kreutzwald, 1978; V. Kabur, F. R. Kreutzwald, 1982.

Kalhaṇa, ind. Dichter, 1. Hälfte 12. Jh. Brahmane aus Parspôr, Sohn des Campaka, Minister am Hof des kaschmir. Königs Harṣa (1089–1101). – Vf. des bedeutendsten hist. Werkes der Sanskrit-Lit., der ›Rājataraṅgiṇī‹ (Strom der Könige), e. Chronik der Könige Kaschmirs bis 1207. K.s Darstellung ist weitgehend unparteiisch und hist. zuverlässig, soweit sie s. eigene Periode und die ihr unmittelbar vorausgehende betrifft, während die der Vorzeit Sage ist; er begnügt sich nicht mit chronolog. Aufzählung, sondern gibt e. genaue Charakterisierung der Personen, zeigt die Auswirkungen ihres Denkens und Fühlens und bes. die hinter dem geschichtl. Geschehen stehenden moral. Kräfte auf. Das Werk ist nicht nur von kulturhist., sondern v.a. auch von hohem dichter. Wert; 1148 (?) vollendet, erhielt es von anderen kaschmir. Schriftstellern bis 1586 Nachträge.

A: Rājataraṅgiṇī, hg. M. A. Stein 1892 (n. 1960); hkA II 1963–65. – *Übs.*: engl. M. A. Stein II 1900 (n. 1979); R. S. Pandit 1935 (n. 1968, m. Einl.); franz. A. Troyer II 1840–52.

L: S. Dhar, Bangalore 1956, 1983; R. Ray, Benares 1967; B. Kölver, 1971; T. Jachertz, Diss. Köln 1985.

Kālidāsa, ind. Epiker, Dramatiker u. Lyriker, wahrscheinl. Ende 4./Anfang 5. Jh. n. Chr. am Hof der Gupta-Kaiser. K. werden zahlr. Werke zugeschrieben, doch sicher von ihm stammen wohl nur 3 Dramen, 2 Epen und 1 lyr. Dichtung. K. lebte vermutl. in Ujjain in Zentralindien. – Größter Sanskritdichter Indiens; als s. frühesten Werke gelten zwei Epen: 1. der ›Kumārasambhava‹ in 17 Gesängen (sarga), dem Titel zufolge die Geburt des Kriegsgottes (Kumāra, Kārttikeya, Skanda) schildernd; die Darstellung gelangt jedoch in den ersten 8 mit Sicherheit von K. verfaßten Gesängen nur bis zur Hochzeit von Śiva u. Umā (Pārvatī), den Eltern des Gottes, während die restl. 9 Gesänge, ihrer Sprache nach zweifellos von zweiter Hand stammend, die den Purāṇas entnommenen Mythen über Kumāras Geburt u. Taten wiedergeben; 2. der ›Raghuvaṃśa‹ behandelt in 19 Gesängen (sarga) die Geschichte der legendenhaften Könige von Ayodhyā (Audh), d. h. die des Rāma in Form e. Zusammenfassung der Hauptereignisse des → ›Rāmāyaṇa‹ bei gleichzeitiger ausführl. Darstellung einzelner Szenen (Gesänge X – XV), die s. unmittelbaren Vorfahren (Gesänge I – IX) sowie s. unmittelbaren Nachkommen (Gesänge XVI – XVIII); Gesang XIX behandelt Agnivarṇa, den letzten der Dynastie, e. verweichlichten, nur dem Genuß sich ergebenden Despoten. Beide Epen zählen neben Bhaṭṭis ›Rāvaṇavadha‹, Bhāravis ›Kirātārjunīya‹, Māghas ›Śiśupālavadha‹ und Srīharṣas ›Naiṣadhacarita‹ zu den 6 ›großen Epen‹ (mahākāvya) der klass. ind. Lit. Gleichfalls zu den ›großen Epen‹ wird ›Meghadūta‹ (Wolkenbote) gerechnet, e. lyr. Gedicht von 111 Strophen, worin e. verbannter Yakṣa (dienender Geist am Hof Kuberas, des Gottes des Reichtums) e. Wolke den Weg zur Stadt Alakā und zu s. dortigen Hause beschreibt und ihr e. Botschaft für s. Gattin aufträgt; das Werk, das sich bes. durch lebendige Naturschilderungen, eindringl. Darstellung des Gefühls und Reichtum an Vergleichen auszeichnet, ist häufig nachgeahmt worden. Unter K.s Dramen ist das früheste ›Mālavikāgnimitra‹, e. Schauspiel (nāṭaka) in 5 Akten, das die Liebesgeschichte des Königs Agnimitra von Vidisa und der s. Hauptgemahlin als Zofe dienenden Prinzessin Mālavikā zum Thema hat; das ›Vikramorvaśīya‹ oder die ›Urvaśī‹, gleichfalls e. Schauspiel (troṭaka) in 5 Akten, behandelt die bereits im ›R̥gveda‹ (→ Veda) erzählte und später im ›Śatapatha-Brāhmaṇa‹ (→ Brahmaṇa) überlieferte Legende von der Liebe des Königs Purūravas zu der Elfe Urvaśī; hier ist der Fortgang der Handlung etwas weniger rasch als im ›Mālavikāgnimitra‹, doch enthält das ›Vikramorvaśīya‹ lyr. Passagen von hoher Ausdruckskraft; K.s bedeutendstes Drama und zugleich das berühmteste Werk der ind. dramat. Lit. überhaupt ist die ›Śakuntalā‹ oder ›Abhijñāna-śakuntalā‹, e. Drama (nāṭaka) in 7 Akten, das auf e. im → ›Mahābhārata‹ und im ›Padma-purāṇa‹ (→ Purāṇa) enthaltenen Legende fußt: die Liebe und heiml. Heirat von König Duṣyanta und Śakuntalā, der Pflegetochter des Einsiedlers Kaṇva; der Fluch des Asketen Durvāsas, durch den Duṣyanta Śakuntalā vergißt; wie Duṣyanta die Erinnerung an Śakuntalā wiedererlangt und beim Seher Mārīca s. und Śakuntalās Sohn und damit sie selbst wiederfindet. Das Drama, das in vier versch. Rezensionen vorliegt, zählt mit der eindringl. Kraft s. Sprache und der subtilen Zeichnung s. Gestalten zu den größten Dichtungen der Weltlit. K. werden mehrere andere Werke zugeschrieben, darunter das ›R̥tusaṃhāra‹ (Kurze Beschreibung der Jahreszeiten), e. Gedicht, das die Jahreszeiten und ihre Liebesfreuden beschreibt, der ›Śr̥ṅgāratilaka‹ (Stirnornament der Liebe), e.

Sammlung von erot. Strophen, die Epen ›Setubandha‹ und → ›Nalodaya‹ u. a. m. K.s Werk bildet in der Vollkommenheit und Harmonie s. Dichtungen den Höhepunkt der klass. ind. Kunstdichtung; Einfluß u. a. auf Goethe und Schiller. *A* und *W:* Kumārasaṃbhava: I – VII hg. A. F. Stenzler 1838 (m. lat. Übs., n. 1965); VIII – XVII hg. in: ›Paṇḍit‹, 1866, hg. K. P. Parab ³1893, hg. V. L. S. Paṇśīkar 1908, hg. Suryakanta 1962; I – VII hg. S. R. Sehgal (n. 1966); I – VIII hg. M. R. Kale ⁷1981, hg. 1987 (engl. R. T. H. Griffith 1853, n. 1965; d. O. Walter 1913); Raghuvaṃśa: hg. A. F. Stenzler 1832 (n. 1965, m. lat. Übs.), hg. G. R. Nandargikar ³1897 (n. ⁵1982, 2003, m. engl. Übs.; d. O. Walter 1914; franz. L. Renou 1928; engl. The dynasty of Raghu, R. Antoine 1972); Meghadūta: hg. J. Gildemeister 1841, A. F. Stenzler 1874, E. Hultzsch 1911, S. K. De 1957, C. Bhattacharya 1981, hg. 1987, hg. 2003 (m. engl. Übs.; d. M. Müller 1847, C. Schütz 1859, L. Fritze 1874, O. v. Glasenapp 1953; engl. H. H. Wilson 1813, ³1961, F. u. E. Edgerton 1964, L. Nathan 1976); Mālavikāgnimitra: hg. S. P. Pandit ²1889, F. Bollensen 1879, K. P. Parab 1890, C. H. Tawney ³1964 (m. engl. Übs.), M. R. Kale 1960 (n. 1999; d. A. Weber 1856, L. Fritze 1881, L. Feuchtwanger 1917, n. 1979); Śakuntalā: bengal. Rezension hg. A. L. Chézy 1830 (m. franz. Übs.), hg. R. Pischel 1877, ²1922, hg. M. Williams ⁴1999, hg. R. Tripathi 1999, 2002; Devanāgarī-Rezension: hg. O. Böhtlingk 1842 (m. dt. Übs.), hg. M. Monier-Williams ⁴1976, N. B. Godabole, K. P. Parab ³1891, M. R. Kale 1898 (n. 1977); C. Cappeller 1909, C. R. Devadhara 1966, D. K. Kanjilel 1980 (d. G. Forster 1791, n. 1803, E. Meier 1867, F. Rückert 1876, L. Fritze 1877, H. C. Kellner 1890, H. Losch 1960, S. Negrentino 1987; engl. W. Jones 1789, M. B. Emeneau 1962, M. Monier-Williams ⁸1898, n. 1979, in: Three Sanskrit Plays, 1981); Vikramorvaśīya (Urvaśī): hg. R. Lenz 1833 (m. lat. Übs.), F. Bollensen 1846 (m. dt. Übs.), K. P. Parab ²1897, S. P. Pandit ³1901, H. D. Velankar 1961, S. N. Shastri ²1976; südind. Rezension hg. R. Pischel 1875 (d. L. Fritze 1880); Ṛtusaṃhāra: hg. P. v. Bohlen 1840 (m. dt. Übs.; d. H. Kreyenborg 1974, O. Fischer 1910). – Granthāvalī (GW), (Sanskrit u. engl.) hg. C. R. Devadhar 1966 (n. 1984f., 1991–93), R. Dwivedī 1976 (n. ²1986), hg. V. P. Joshi 1976, R. P. Tripathi 1978. – *Übs.:* Œuvres complètes (franz.), hg. H. Fauche 1860; Werke, hg. J. Mehlig 1983, ²1990; Theatre of Memory, The Plays of K., hg. B. Stoler Miller 1984, ²1987, 1999; Le théâtre de K., hg. L. Bansat-Boudon 1996 Complete works of K., hg. C. Rajan III 1997.

L: W. Huth, 1890; A. Hillebrandt, 1921, n. 1978; T. K. Ramachandra Aiyar, A concordance of K.'s poems, 1952; K. Scharpé, K.-Lexicon, 1954ff.; W. Ruben, 1956; H. Jensen, 1958; S. S. Bhawe, 1964; A. Sabnis, 1966; V. V. Mirashi, N. R. Navlekar, 1969; K. Krishnamoorthy, 1972, 1982; B. R. Yadav, 1974; M. Mishra, 1977; On K., hg. V. Raghavan 1980; V. Aggarwal, 1985; P. C. Mandal, 1986; H. L. Shukla, 1987; J. Tilakasiri, 1988; K. C. Jain, 1990; K. studies, II 1991–94; K. and his age, hg. G. C. Pande 1999; B. Sinha, 2002. – *Bibl.:* S. P. Narang, 1976; www.univie.ac.at/fb-indologie/indi_dok/kalidasa.html.

Kalīla wa Dimna → Pañcatantra, das

Kalinčiak, Ján, slovak. Schriftsteller u. Kritiker, 10. 8. 1822 Horné Záturčie – 16. 6. 1871 Martin. Pfarrerssohn; Stud. evangel. Theol. Preßburg, Halle, Gymnasiallehrer in Modrá, ab 1858 in Český Těšín. – Führender Prosaiker der Romantik, lehnte jedoch die Volksdichtung als ausschließl. Vorbild ab. Begann mit lyr. u. ep. Gedichten, wandte sich dann der hist. Novelle zu. S. Roman ›Reštavrácia‹ (in ›Lipa‹ 1, 1860) schildert den tragikom. Wahlkampf des Adels u. trägt in Personen- u. Milieudarstellung bereits realist. Züge. Übs. aus dem Poln.

W: Zobrané spisy (GW), VIII 1871–89; Spisy (W), IV 1963–65; O literatúre a ľudoch, 1965.

L: A. Mráz, 1936; R. Brtáň, 1971.

Kallas, Aino Julia Maria, finn. Dichterin, 2. 8. 1878 Viipuri – 9. 11. 1956 Helsinki. 1900 ∞ estn. Folkloristen u. Diplomaten O. Kallas, 1922–34 in London; sonst in Estland. Im 2. Weltkrieg über Finnland nach Stockholm. – Geistreiche Erzählerin und Lyrikerin von kühler Objektivität, einfacher Klarheit u. strenger Konzentration der Darstellung. Begann nach früher lyr. Periode mit Sitmmungsbildern aus Estland, dessen Schicksal sie in archaisierende Novellen faßte. Ihr Interesse galt den Volkstypen, ihrer Lebenskraft, ihrem Trotz gegen die Unterdrückung, ihrer Gefühlsmystik. Außerdem Tagebücher, kulturgeschichtl. Studien, Reisebeschreibungen u. Lyrik, die hinter der objektiven Aussage tiefen Gefühlsgrund durchschimmern läßt u. sich unter dem Leid des 2. Weltkriegs zu beklemmend lakon. Klagegesängen erhebt.

W: Meren takaa, Nn. 1904 f.; Lähtevien laivojen kaupunki, Nn. 1913; Suljettu puutarha, G. 1915; Katinka Rabe, E. 1920; Vieras veri, R. 1921 (Fremdes Blut, d. 1921); Barbara von Tisenhusen, M. 1923 (in: Der tötende Eros, d. 1929); Reigin pappi, N. 1926 (in: Der tötende Eros, d. 1929); Sudenmorsian, N. 1928 (in: Der tötende Eros, d. 1929); Pyhän Joen kosto, N. 1930 (St. Thomasnacht, d. 1935); Kuoleman joutsen, G. 1942; Kuun silta, G. 1943; Löytöretkillä Lontoossa, Mem. 1944; Polttorovíolla, G. 1945; Kanssavaeltajia ja ohikulkijoita, Mem. III 1945–47; Seitsemän neitsyttä, Nn. 1948; Virvatulia, Nn. 1949; Raukkauden vangit, Nn. 1951; Päiväkirja, Mem. VI 1952–54. – Valitut teokset (AW), III 1938, 1954.

L: R. Koskimies, 1927; K. Laitinen, A. K. 1897–1921, 1973; ders. Aino Kallaksen maailma, 1978.

Kallifatides, Theodor, griech.-schwed. Dichter, * 12. 3. 1938 Molai Lakonias/Griechenland. Seit 1964 in Schweden. 1969–72 Doz. Univ. Stockholm, 1972–76 Chefred. ›Bonniers Litterära Magasin‹, anschl. Kritiker an ›Svenska Dagbladet‹.- Schreibt bewußt in der für ihn fremden Sprache, weil er darin größere emotionale u. intellekt. Freiheit sieht; Thema ist oft die eig. Kindheit in Griechenland. Auch Übs., Drehbücher, Regisseur.

W: Minnet i exil, 1969; Tiden är inte oskuldig, 1971; Bönder och herrar, 1973; Plogen och svärdet, 1975; Kärleken, 1978; En fallen ängel, 1981; Vem var Gabriella Orlova?, 1992; Ett liv bland människor, 1994; Afrodites tårar, 1996; De sju timmarna i paradiset, 1997; Ett nytt land utanför mitt fönster, 2001.

Kallimachos aus Kyrene, altgriech. Dichter u. Gelehrter, zwischen 330 u. 303 v. Chr. – nach 240 v. Chr. Wohl schon als junger Mann in Alexandria, Verbindungen zum Ptolemaierhof. Ob er als Ausländer tatsächl. Leiter der Bibliothek war, ist unsicher, auch wenn er e. systemat. Katalogisierung der griech. Lit. in 120 Büchern verfaßte (›Pinakes‹, verloren). – Der größte Teil s. ungeheuer umfangreichen Werkes ist verloren. Ganz erhalten sind 6 ›Hymnen‹ (1084 Verse) an Zeus, Apollo, Artemis, Delos, Demeter (hexametr.) und ›Auf das Bad der Pallas‹ (eleg. Distichen) sowie über 60 Epigramme. Erst durch Papyrusfunde wieder und deshalb fragmentar. kenntl. sind die ›Aitia‹ (›Ursprünge‹), e. Sammlung von Elegien in 4 Büchern (ursprüngl. ca. 5000 Verse), die daran anschließende Sammlung von 13 ›Iamboi‹ (›Jamben‹) sowie das Epyllion ›Hekale‹ (ursprüngl. 1000–1500 Hexameter). K.' Werk wird insgesamt programmat. für die gesamte hellenist. Dichtung. Zwar integriert K. in s. Stoffen und in s. Sprache Elemente der Tradition, doch strebt er e. grundlegende Erneuerung der Poesie an: In Absage an die ep. Dichtung großen Umfanges erstrebt er e. Ausdifferenzierung kleiner poet. Formen unter Einbeziehung gelehrten Wissens. S. bis ins letzte sprachl., stilist. und formale Detail ausgefeilte, für e. anspruchsvolles, vielseitig gebildetes Publikum verfaßte Dichtung wird durch den Nuancenreichtum der Sprache, Abwechslungsreichtum der Ausdrucksmittel sowie Ironie und feinen Humor vor Sterilität bewahrt. Gegnern dieser Programmatik begegnet K. mit scharfer Polemik und trotz der gelehrten Bilder kaum verhohlenem Hohn.

A: R. Pfeiffer 1949–63; Suppl. Hell. 1983. – *Komm.: Fragm.:* R. Pfeiffer 1949; *Aitia:* G. Massimilla 1996; *Epigr.:* P. Villalba i Varneda 1979, P. C. Tapia Zuniga 1984 (m. Hymnen), St. Lombardo 1988 (m. Hymnen), A. W. Mair 1989 (m. Hymnen); *Iamboi:* C. M. Dawson 1950; *Hekale:* A. S. Hollis 1990; *Hymnen:* É. Cahen 1930, 1: G. R. McLennan 1977, 2: F. Williams 1978, 3: F. Bornmann 1968, 4: M. L. Fleming 1981, W. H. Mineur 1984, V. Gigante Lanzara 1990, 5: A. W. Bulloch 1985, 6: N. Hopkinson 1984. – *Übs.:* A. Körte, P. Händel 1960; C. A. Trypanis u.a. 1989 (engl.); F. Nisetich 2001 (engl.).

L: U. v. Wilamowitz-Moellendorff, 1924; W. Wimmel, 1960; J. V. Cody, Brüssel 1976; P. Parsons, ZPE 25, 1977; C. Meillier, Lille 1979; J. Ferguson, Boston 1980; M. R. Lefkowitz, ZPE 40, 1980; E. R. Schwinge, 1986; C. W. Müller, 1987; G. O. Hutchinson, Oxf. 1988; M. J. Depnew, Los Angeles 1989; L. Lehnhus, 1989 (Bibl. 1489–1988), 2000 (1489–1998); R. Blum, 1991; Th.

Fuhrer, 1992; G. Weber, 1993; A. Cameron, Princeton u.a. 1995; B. B. Hopkinson, Berkeley 1995; E. Livrea, Messina u.a. 1995; M. Asper, 1997; P. Bing, 1998; A. Kerkhecker, Oxf. 1999; B. Acosta-Hughes, Berkeley 2002.

Kallinos, altgriech. Dichter, um 650 v. Chr. aus Ephesos. – K. gilt der antiken Tradition als ›Erfinder der Elegie‹, nur 1 längeres Fragment erhalten (21 Verse), so daß man kaum mehr als homer. Einfluß konstatieren kann.
A: M. L. West II ²1992. – *Komm.*: D. A. Campbell 1967.
L: L. Latacz, 1977; D. E. Gerber, Lustrum 33, 1991, 136–138 (für neuere bibliograph. Hinweise).

Kallisthenes von Olynthos, griech. Historiker, 4. Jh. v. Chr., Sohn e. Cousine des Aristoteles, bei dem er aufwuchs, durch diesen wohl auch Verbindungen zum makedon. Hof; wird der Teilnahme an e. Verschwörung beschuldigt, daraus Bruch mit Alexander d. Gr. Ob K. dann sofort hingerichtet wurde oder später e. natürl. Todes starb, ist unklar. – K.' Werke sind allesamt nur fragmentar. erhalten: In s. ›Griech. Geschichte‹ (›Hellenika‹, 10 Bücher) schildert er brisante Zeitgeschichte mit deutl. promakedon. Tendenz; ergänzt wird das Werk durch e. Monographie über den Krieg selbst (356–346 v. Chr.). Noch mehr im Sinne makedon. Propaganda muß sich ›Die Taten Alexanders‹ gelesen haben, in dem Märsche und Siege Alexanders bis mindestens 330 v. Chr. geschildert werden und Alexander als Heros und Sohn des Zeus-Ammon gefeiert wird; Exkurse bezeugen K.' geograph. Interesse (z.B. Nilquellen), ebenso e. ›Periplus des Schwarzen Meeres‹). Die griech. Philosophenschulen schmücken den Streit mit Alexander aus u. machen K. zu e. Symbolfigur des Widerstandes gegen Tyrannenwillkür. Zum → Alexanderroman lassen sich keine direkten Verbindungen nachweisen, wenn er auch von K.' Schilderung beeinflußt gewesen sein mag.
A: FGrH 124.
L: L. Pearson, Oxf. 1960; P. Pédech, Paris 1984; L. Prandi, Mail. 1985; A. B. Bosworth, ClAnt 22, 2003, 167–197.

Kalma, Douwe, westfries. Dichter, 3. 4. 1896 Boksum – 18. 10. 1953 Leeuwarden. Stud. Theologie, 1927–31 Anglistik Groningen, Lehrer in Eindhoven, dann freier Schriftsteller zu Leeuwarden und Rottevalle, promovierte 1938 als erster mit e. Diss. über Gysbert Japix in fries. Sprache. – Begründete 1915 die Jungfries. Bewegung, die neue Wege für das westfries. Schrifttum suchte. Neben s. eigenen Dichtungen, Gedichten und vielen Dramen, unter denen der Zyklus ›Keningen fen Fryslân‹ e. bes. Platz einnimmt, übersetzte er seit 1916 Dichtungen Shelleys, Stevensons, Swinburnes usw., später auch Molières ›Le Misanthrope‹ und das Gesamtwerk Shakespeares. S. Werk umfaßt Lyrik, Epik, Dramatik und wiss. Abhandlungen. Mitarbeiter u. Hrsg. zahlr. Zsn.
W: Nachten en dagen, G. 1915; Ut stiltme en stoarm, G. 1918; Noarderljocht, Dr. 1920; Kening Aldgillis, Dr. 1920; Kening Finn, Dr. 1927; Dage, G. 1927; De Roardisten, Dr. 1934; Skiednis fen Fryslân, Abh. 1935; Sangen, G. 1936; Gysberd Japicx, St. 1938; De Fryske skriftekennisse, Abh. III 1928, 1931, 1939; Leafwyn, Dr. 1941; De lytse mienskip, G. 1944; Keningen fan Fryslân, Drn. II 1949–51; Samle fersen, 1996.
L: K. Dykstra, Oersettingen yn it Frysk, 1962; W. J. Buma, Wei en wurk fan D. K., 1972; D. Simonides, De briefwiksel tusken Simke Kloosterman en D. K., 1976; J. Krol, Douwe Kalma, Skriuwers yn byld, 1996.

Kalvos, Andreas (eig. Andreas Ioannidis), griech. Dichter, April 1792 Zante – 3. 11. 1869 Louth/Lincolnshire. Verbrachte s. Jugend in Italien, mit dem ital. Dichter griech. Abstammung U. Foscolo eng befreundet. Später trafen sich die beiden wieder in London. Lebte meist in England und auf Korfu. – Neben D. Solomos die größte dichter. Persönlichkeit des 19. Jh. in Griechenland. S. Oden zeigen archaische dor. Schlichtheit, Würde und klangl. Adel. Schrieb in altertüml. Sprache.
W: Lyra, hg. G. Seferis, Alexandria 1942; Ōdai, hg. F. M. Pontani 1970, hg. G. Dallas 1997. – Opere italiane, hg. G. Zoras 1938; Hapanta (SW), hg. K. Tsatsu 1979; Hoi psalmoi tu David, hg. G. Dallas 1981.
L: M. Vitti, A. K. e i suoi scritti in italiano, Neapel 1960; grc. piga tē biographia tu K., 1963; O. Elytis, 1974; K. T. Dimaras, Hoi pēges tēs empneusēs tu K., 1982; E. Politu-Marmarinu, Hē stixē tōn ōdōn tu, K. 1992; E. Gerantopulos, Metrikē kai poiētikē tu K., 1995. – *Bibl.*: B. Andriomenos, 1993.

Kalynec', Ihor, ukrain. Lyriker, *9. 7. 1939 Chodoriv/Westukraine. Beamtensohn; Stud. Philol., westukrain. Vertreter der ›Sechziger‹-Generation, aktiver Bürgerrechtler, 9 Jahre Freiheitsentzug. – Seine Lyrik stellt eine Synthese der ukrain. lyr. Tradition der 1920er–30er Jahre (P. Tyčyna und B. I. Antonyč) und zeitgenöss. Strömungen dar. Vorherrschend ist der Gedanke des Gedächtnisses in bezug auf die eigene Kultur und Geschichte als Reaktion auf die propagierte Herausbildung einer sowjet. Nation (1960er–80er Jahre) mit Auslöschung der jeweiligen eigenen kulturellen Vergangenheit. Ausdrucksvolle Lyrik mit reicher Metaphorik und zuweilen satir. Zügen. Nach dem 1. Lyrikband 1965 mit Druckverbot belegt. Seine Samizdatlyrik ist in 2 umfangreichen Bänden 1990f. zusammengefaßt.
W: Vohon' Kupala, G. 1965; Probudžena muza, Warschau 1990; Nevol'nyča muza, Baltimore/Toronto 1991; Alohiji, 1991.
L: I. Svitlyčnyj, 1990; D. Husar-Struck, 1998.

Kamāl, Khudjandī → Kamāl Huğandī

Kamāl Huğandī, pers. Lyriker, Huğand/Turkestan – 1400–01 Tabris/Nordwestiran. Wanderte früh nach Tabris aus, wo der Ğalāyiride Husayn (reg. 1374–82) ihm e. Konvent baute; als Mystiker von Ibn al-ʿArabī beeinflußt. 1385 von Toqtamysh, Chan der Goldenen Horde, in s. Hauptstadt Saray/Wolga verschleppt. 1389 nach Tabris zurückgekehrt, genoß er die Gunst Mīrānšāhs, des Sohnes Tamerlans. – S. zarte, musikal., schwer verständl. Lyrik behandelt myst. Liebe. Als Meister des Ghasels von → Hāfiz geschätzt, noch heute in Turkestan sehr beliebt.

A: Diwan, hg. ʿA. Daulatābādī 1337/1958.

Kāmasūtra, das, im 3./4. Jh. n. Chr. von Mallanāga Vātsyāyana in Sanskrit verfaßtes ›Lehrbuch der Liebe‹; behandelt in 7 in Prosa mit einigen eingestreuten Versen geschriebenen Büchern (adhikaraṇa) mit wiss. Systematik und pedant. Trokkenheit nicht nur die altind. Liebeskunst, sondern ist v. a. auch e. äußerst wertvolle und ergiebige Quelle für Informationen über das häusl. und gesellschaftl. Leben im alten Indien.

A: Śrī-Vātsyāyana-praṇītaṃ Kāmasūtram, hg. Paṇḍita Durgāprasāda 1891, ²1900, hg. Kedar Nath 1905, hg. S. T. Nayaratna, D. L. Goswami 1912, hg. Devadutta Sastri 1964, ³1982. – *Übs.:* dt.: R. Schmidt 1897, ⁷1922, 1956, F. Leitner, H. T. Thal 1929 (Nachdr. 1958), E. Kolb, J. Weltmann 1964, K. Mylius 1986, 2003; engl.: B. Nathan 1957, S. C. Upadhyaya 1961; Sir R. Burton, F. F. Arbuthnot 1883, ⁵1963, 1982.

L: R. Schmidt, Beiträge zur ind. Erotik, ³1922; H. C. Chakladar, Social life in ancient India, Delhi ²1954, 1976.

Kamban, Guðmundur (Jónsson), island. Dramatiker u. Erzähler in island. und dän. Sprache, 8. 6. 1888 Litli-Bær (Álftanes) b. Reykjavík – 5. 5. 1945 Kopenhagen. Aus kleinen Verhältnissen, 1904–10 höhere Schule Reykjavík, 1910–14 Philos.- u. Lit.-Stud. Kopenhagen; Journalist, Dramaturg, Regisseur u. Schriftsteller 1915–17 in New York, 1917–26 Kopenhagen, 1927–33 Reykjavík, 1933–36 Berlin, 1936–43 Kopenhagen, 1943 Königsberg, 1944/45 Kopenhagen. Bei Kriegsende in Kopenhagen ermordet. – Neben → Sigurjónsson bedeutendster island. Dramatiker, ein Meister kraftvoll vorwärtsdrängender dramat. Gestaltung u. psycholog. Motivierung, bes. von starken Leidenschaften. Höhepunkte s. hist. Romane im Sagastil (›Skálholt‹ u. a.) sind die Darstellung dramat. Geschehnisse. S. vorwiegend zwischen 1918 u. 1925 geschriebenen, gesellschaftskrit. u. Eheprobleme behandelnden Stücke u. Romane decken die Fragwürdigkeit bestehender Institutionen u. Moralbegriffe auf, enden z. T. jedoch in unbefriedigender Resignation.

W: Hadda-Padda, Dr. 1914; Kongeglimen, Dr. 1915; Marmor, Dr. 1918 (d. 1931); Vi mordere, Dr. 1920 (Wir Mörder, d. 1920); De arabiske Telte, Dr. 1921 (umgearb. u. d. T. Derfor skilles vi 1939); Ragnar Finnsson, R. 1922 (d. 1925); Ørkenens Stjerner, Dr. 1925 (Sterne der Wüste, d. 1929); Det sovende Hus, R. 1925 (Das schlafende Haus, d. 1926); Sendiherran frá Júpíter, Dr. 1927; Skálholt, R. IV 1930–34 (Die Jungfrau auf Skalholt, d. 1934 u. Der Herrscher auf Skalholt, d. 1943), dramatisiert 1935; 30. Generation, R. 1933 (Das 1000. Geschlecht, d. 1937); Jeg ser et stort, skønt Land, R. 1936 (Ich seh ein großes schönes Land, d. 1937); Komplekser, Dr. 1938; Tidløse Dragter, Dr. 1939; Grandezza, Dr. 1941; Kvalitetsmennesket, Ess. 1941. – Skáldverk (GW), hg. T. Guðmundsson, L. Sigurbjörnsson VII 1969.

Kamenskij, Vasilij Vasilʹevič, russ. Dichter, 17. 4. 1884 auf e. Dampfer auf dem Fluß Kama bei Perm' – 11. 11. 1961 Moskau. 1909 Mitbegründer des russ. Futurismus, bereiste mit Majakovskij vor dem 1. Weltkrieg Rußland und trug s. avantgardist. Dichtungen vor. – Schrieb bewußt dunkle Lyrik mit großen sprachl. Freiheiten und zahlr. Neubildungen, doch voll Lebensfreude, Versdichtungen über russ. Rebellenführer und auch Prosa.

W: Tango s korovami, G. 1911; Stepan Razin, G. 1916; Puškin i d'Anthès, E. 1928; Put' entuziasta, Aut. 1931; Emel'jan Pugačev, G. 1931; Ivan Bolotnikov, G. 1934; Žizn's Majakovskim, B. 1940. – Izbrannye stichi, 1934; Izbrannoe, 1958; Stichotvorenija i poėmy, G. 1966; Poėmy, 1934, 1958, 1961.

L: S. Ginc, 1974.

Kamijima Onitsura → Onitsura

Kamo (no) Chômei, jap. Dichter und Literat, 1153 Kyoto – 13. 10. 1216 b. ebda. Sohn des Shintô-Priesters Chôkei. Musikal. u. dichter. begabt, Stud. unter Shun'e; 1201 an das Amt für Dichtung (Wakadokoro) berufen. Zog sich früh vom Hofleben zurück u. wandte sich, als ihm das Priesteramt s. Vaters nicht übertragen wurde, dem Buddhismus zu. Unter dem Mönchsnamen Ren'in lebte K. als Einsiedler auf dem Hino-Berg b. Kyoto. 1211 auf Einladung des Shôgun Sanetomo kurzer Aufenthalt in Kamakura. – Neben gedankentiefen Gedichten, die den ›alten Stil in neuer Zeit‹ verkörpern, bekannt v. a. durch s. ›Hôjôki‹, das s. Lebenserfahrungen u. –anschauungen festhält, die von dem Gedanken an die Vergänglichkeit des Irdischen (mujô) beherrscht werden.

W: K. Ch. shû, G. um 1207; Hosshinshû, En. um 1210 (engl. 1972); Mumyôshô, Poetik 1211 (engl., 1907, 1968); Hôjôki, Tg. 1212 (Aufzeichnungen in einer kleinen Hütte, d. in: Ostasiat. Zs. Neue Folge 6, 1930, u. d. T. Aufzeichnungen aus meiner Hütte, 1997). – K. Ch. zenshû (GW), 1957.

L: J. M. Dixon (TASJ 20/2), 1893; J. K. Hora (TASJ 34/1), 1906; H. Katô, The Mumyôshô and Its Significance in Japanese Literature (MN 23), 1968; M. Marra, The Aesthetics of Discontent, Honolulu 1991.

Kamo no Mabuchi, jap. Gelehrter und Dichter, 4. 3. 1697 Okabe/Provinz Omi – 30. 10. 1769 Edo. Aus e. Shintô-Priesterfamilie, wurde 1733 in Kyoto Schüler des Kada Azumamaro, gründete 1737 in Edo s. eigene Schule; 1746 im Dienst der Tokugawa. – Mehr noch als s. Lehrer wandte sich K. gegen die chines. Wiss. in Japan, verurteilte die chines. Ethik, lehnte den Buddhismus ab u. half den Synkretismus überwinden. Bahnbrecher auf den Gebieten der Philol., Dichtung, Literaturwiss. u. Erneuerung der jap. Kultur. Viele s. zahlr. textkrit. Kommentarwerke sind heute noch von Bedeutung.

W: Fumi no kokoro no uchi, Wortkunde 1747 (in: MN 11, d. 1955); Uta no kokoro no uchi, Poetik 1764 (in: MN 4, d. 1941); Niimanabi, Poetik 1765 (in: MN 4, d. 1941); Kokuikô, Kokugaku-Schr. 1765 (in: MN 2, d. 1939); Norito-kô, Kommentar 1768 (Toshigoi no matsuri, in: MN 12, d. 1956); Goikô, Wortkunde 1769 (in: MN 11, d. 1955). – K. M. zenshû (GW), 1927ff.

L: H. Dumoulin, 1943; ders. (MN 6 u. 9, 1943 u. 1953); H. Hammitzsch, Kanagaku u. Kokugaku (MN 2), 1939; P. Nosco, Remembering Paradise, Harvard 1990.

Kampmann, Christian, dän. Schriftsteller, 24. 7. 1939 Hellerup/Kopenhagen – 12. 9. 1988 Insel Læsø. Journalist. – S. großbürgerliche Herkunft, Bisexualität und Tarnehe verarbeitet K. in s. Werk; seine impressionist. Romane zeigen die Abgründe und Einschränkungen des Bürgertums. Am populärsten die Tetralogie über die Familie Gregersen, ein Oberklasseehepaar mit fünf Kindern, deren Lebenswege von den 50ern bis in die 70er Jahre geschildert werden. Seine späteren, z. T. autobiograph. Romane schildern offen Homosexualität und Bedrohung durch Aids.

W: Blandt venner, En. 1962; Sammen, R. 1967; Nærved og næsten, R. 1969; Visse hensyn, R. 1973; Faste forhold, R. 1974; Rene linjer, R. 1975; Andre mäder, R. 1975; Fornemmelser, R. 1977; Videre trods alt, R. 1979; Sunshine, R. 1983; Skilles og mødes, R. 1992.

Kanafānī, Ġassān, bedeutender palästinens. Prosaautor, 1936 Akka – 1972 Beirut, durch Attentat des Mossad. 1948 Flucht aus Akka. Lehrer, Journalist, Aktivist, u.a. im Libanon. – Techn. innovative, realist. Romane u. Kurzprosa über den menschl. u. polit. Überlebenskampf s. Volkes. Figuren sind oft Verdichtungen palästinens. Schicksale u. Charaktere. ›Männer in der Sonne‹, e. Flüchtlingsdrama, ist s. wichtigster Beitrag zur mod. arab. Lit.

W: Das Land der traurigen Orangen: Palästinens. Erzählungen, 1983; Männer in der Sonne/Was Euch bleibt: Zwei palästinens. Kurzromane, 1985; Umm Saad/Rückkehr nach Haifa, 1986.

L: S. Wild, Ghassan Kanafani, The Life of a Palestinian, 1975.

Kan'ami Kiyotsugu, (Künstlername Kanze; buddh. Name Kan'amida-butsu, Kan'a), jap. Nô-Dramatiker u. Schauspieler, 1333 – 19. 5. 1384 Suruga. Haupt der Yûzaki-Gilde der Yamatosarugaku-Spielertruppen, Urahn der bis heute aktiven Kanze-Schule, Vater des Nô-Vollenders → Zeami. Auftrittsverpflichtungen zunächst an großen Tempeln in Nara, gewinnt um 1374 für s. Truppe das Patronat des Shoguns. Setzt musikalische Erneuerung der Nô-Aufführung durch (Übernahme volkstümlicher Rhythmen und Tanzformen), zeichnet sich bes. in Frauenrollen aus. S. Dramen (Autorschaft meist ungewiss, da spätere Bearbeitung) zeichnen sich durch volksspielartige Sujets, hochdramat. Plots, lebendige Dialoge sowie prominenten musikal. u. choreograph. Partien aus.

W: Nô-Dramen: Jinen Koji; Sotoba Komachi (Komachi am Stupa, d. 1964); Kayoi Komachi (Der Weg zu Komachi, d. 1964); Motomezuka (engl. 1970). – AW, in: Yôkyoku hyakuban, SNKBT 1998. – Übs.: D. Keene, Twenty Plays of the No Theatre, N. Y. 1970; P. Weber-Schäfer, Vierundzwanzig Nô-Spiele, 1986.

L: P. Weber-Schäfer, Ono no Komachi, Wiesbaden 1960; Y. Horiguchi, Kan'ami's Dramaturgy, in: AA 33, 1977.

Kane, Cheikh Hamidou, senegales. Schriftsteller franz. Sprache, * 2. 4. 1928 Matam/Senegal. Mohammedaner. Franz. Schulen, dann Stud. Philos. und Recht Paris; 1959 als Verwaltungsbeamter polit. aktiv, 1960–63 Bezirksgouverneur s. Landes, seit 1963 bei der UNICEF in Lagos. – Schildert die Konfrontation zweier Welten, des schwarzen Afrika mit der europ. Kultur.

W: L'aventure ambiguë, Aut. 1961 (Der Zwiespalt des Samba Diallo, d. 1980); Les gardiens du temple, 1995.

L: J. Getrey, Comprendre ›L'aventure ambiguë‹ de K., 1982; A. Moriceau, A. Rouch 1983.

Kane, Francis → Robbins, Harold

Kane, Sarah, brit. Dramatikerin, 3. 2. 1971 Essex – 20. 2. 1999 London (Freitod). 1994 M. A. Birmingham Univ. – K.s Karriere begann mit e. Skandal: ›Blasted‹ schockierte mit s. Mischung aus psych. u. phys. Gewalt u. e. ebenso brutalen Sprachgebrauch. Auch in den späteren Dramen grausame u. schockierende Tabubrüche. Zentral auch die nicht-naturalist. Innovationskraft, Symbolik, intertextuellen Anspielungen u. poet. Elemente, die Themen Liebe u. Hoffnung. Vorbilder u.a. Beckett, Bond u. Pinter.

W: Blasted, 1994; Phaedra's Love, 1996; Cleansed, 1998; Crave, 1998; 4.48 Psychosis, 2000. – Complete Plays, 2001 (d. 2002).
L: N. Tabert, 1998; A. Sierz, 2000; M. Wandor, 2001; G. Saunders, 2002.

Kaneyoshi → Ichijô Kanera

Kanik, Orhan Veli, türk. Dichter, 1914 Istanbul – 14. 11. 1950 ebda. Gymnas. Istanbul u. Ankara, bis 1935 Stud. Univ. Istanbul ohne Abschluß; 1936–42 Verwaltungsangestellter in Ankara, bis 1945 Militärdienst, dann im lit. Übs.büro des Erziehungsministeriums. Seit Jan. 1949 Hrsg. der Halbmonatsschrift für neue Lit. ›Yaprak‹, schrieb selbst e. großen Teil der Beiträge. – K. hat durch sparsamste Verwendung der Ausdrucksmittel u. gelungene Verschmelzung volkssprachl. u. neuzeitl. (auch surrealist.) Elemente der türk. Lyrik neue Wege gewiesen. Auch Übs. La Fontaines (gereimte Nachdichtung der Fabeln in volkstüml. Sprache), Molières, Mussets, Sartres u. Anouilhs.
W: Garip, G. 1941; Vazgeçemediğim, G. 1945; Destan Gibi, G. 1946; Yenisi, G. 1947; Nasrettin Hoca Hikâyeleri, Bearb. II 1948; Karşi, G. 1948. – O. V., Bütün Şiirleri (ges. G.), 1951; Nesir Yazilari (GS), 1953; GW, IV 2000. – Übs.: Poesie (zweisprachige Ausw.), 1966; Fremdartig (zweisprachige Ausw.), 1985.
L: A. V. Kanik, 1953; E. Heister, Diss. Köln 1957; A. Bezirci, 1967; M. Uyguner, 1967; M. Ş. Özsoy, 2001.

Kanin, Garson, amerik. Dramatiker, 24. 11. 1912 Rochester/NY – 13. 3. 1999 New York. 1933–37 Schauspieler u. Theaterregisseur in New York, ab 1937 als Drehbuchautor u. Regisseur erfolgr. Filme in Hollywood. – Vf. realist. Gesellschaftskomödien aus amerik. Milieu (›Born Yesterday‹).
W: Too Many Heroes, K. 1937; My Favourite Wife, K. 1940; Born Yesterday, K. 1946; Smile of the World, Dr. 1949; Do Re Mi, R. 1955; The Diary of Anne Frank, Dr. 1955; A Hole in the Head, K. 1957; Blow up a Storm, R. 1959; Remembering Mr. Maugham, B. 1966; Cast of Characters, En. 1969; Tracy and Hepburn, 1971 (d. 1990); A Thousand Summers, R. 1973; Hollywood, Ber. 1974; A Hell of an Actor, R. 1977; Moviola, R. 1979; Smash, R. 1980; Together Again!, En. 1981; Cordelia?, R. 1982; Peccadillo, K. 1990.

Kaniuk, Yoram, hebr. Erzähler, * 2. 5. 1930 Tel Aviv. Nahm am Unabhängigkeitskrieg Israels (1948) teil und wurde schwer verletzt. Nach einem zehnjährigen Aufenthalt in New York kehrte er 1961 nach Israel zurück. – Als profilierter Schriftsteller und Maler bekannt, wurden s. Bücher in 20 Sprachen übersetzt. Sein Œuvre befaßt sich mit der jüd. und der israel. Geschichte.
W: Adam Ben Kelev, R. 1969 (Adam Hundesohn, d. 1989); Sus-Etz, R. 1974 (Wilde Heimkehr, d. 1984); Ha-Yehudi ha-acharon, R. 1982 (Der letzte Jude, d.

1990); Aravi Tov, R. 1983 (Bekenntnisse eines guten Arabers, d. 1988); Wasserman, Jgb. 1990 (d. 1991); Post Mortem, R. 1992 (Das Glück im Exil, d. 1996); Tigerhill, R. 1995 (Das Bild des Mörders, d. 1998); Od Sipur Ahava, R. 1996 (Verlangen, d. 2001); Ha-Saga shel Mefaked ha-Exodus, R. 1999 (Und das Meer teilte sich. Der Kommandant der Exodus. d. 1999). – Übs.: Der letzte Berliner, R. 2002.

Kanižlić, Antun, kroat. Dichter, 20. 11. 1699 Požega – 24. 8. 1777 ebda. Jesuit, Stud. Theol. Graz u. Tyrnau; Prediger in Slawonien. – Außer e. Studie über den Abfall der Ostkirche schrieb K. in Anlehnung an die Dubrovniker Dichter das barocke Epos ›Sveta Rožalija‹, das meistgelesene Erbauungswerk der Gegenreformation (beide postum gedruckt).
W: Obilato duhovno mliko, St. 1754; Bogoljubnost molitvena, Gebete u. G. 1766; Sveta Rožalija, Ep. 1780; Kamen pravi smutnje velike, St. 1780. – Pjesme, G. 1940; PSHK 19, hg. R. Bogišić 1973.
L: T. Matić, 1940; J. Bratulić, 1990.

Kanteletar → Lönnrot, Elias

Kantemir, Antioch Dmitrievič, Fürst, russ. Dichter, 21. 9. 1708 Konstantinopel – 11. 4. 1744 Paris. Aus rumän. fürstl. Familie, ab 3. Lebensjahr in Rußland; Stud. an der neugegründeten Akad. der Wiss. Petersburg, schrieb 1729 s. erste Satire; 1732 Gesandter in London, 1738 in Paris; hochgebildet, stand in Briefwechsel mit Voltaire, war befreundet mit Montesquieu, im Bereich der russ. Lit. stand er F. Prokopovič bes. nahe. – S. Ruf als Dichter gründet auf neun Satiren, worin er nach klassizist. Prinzip anerkannten Vorbildern folgt, Theophrast, Horaz, Boileau, La Bruyère, und die rationalist. Grundlage der Ästhetik des Klassizismus sich zu eigen macht; setzt sich darin für Aufklärung ein, geißelt Unbildung, Aberglauben, Bestechlichkeit, Adelsdünkel, Heuchelei, verspottet Bildungsfeindlichkeit in vier Gestalten, die jeweils mit anderer Begründung sich gegen die Wissenschaft wenden; die die Gedanken des Vf. verkörpernden Personen treten als personifizierte Laster, teils als Karikaturen auf. In der Sprache mischen sich kirchenslaw. mit russ.-umgangssprachl. Elementen. Steht noch in der Tradition der syllab. alternierenden Dichtung, die mit ihrer Metrik dem russ. Sprachgefühl nicht gemäß ist, vermag aber s. Vers e. gewisse Leichtigkeit und Geschmeidigkeit zu geben; die Satiren, zu Lebzeiten K.s nur in Abschriften verbreitet (gedruckt 1762), hatten großen Erfolg; schrieb auch Fabeln, Episteln, Epigramme. – Übs. Oden des Horaz, Anakreon, Fontenelle, Montesquieu.
A: Sočinenija, pis'ma i izbrannye perevody, W., Br. u. Ausw. der Übs. II 1867 f.; Sobranie stichotvornij, G. 1956. – Übs.: Satiren, F. M. E Spilker 1752.

L: R. P. Sementkovskij, 1893; M. Erhard, 1938; H. Schroeder, 1962; H. Grasshoff, 1966.

Kantor, MacKinlay, amerik. Schriftsteller, 4. 2. 1904 Webster City/IA – 11. 10. 1977 Sarasota/FL. Stud. an versch. Univ.; (Kriegs-)Reporter u. Drehbuchautor. – Vf. zahlr. Kurzgeschichten u. Gedichte. Am bekanntesten durch s. Romane, in denen er e. Vielzahl hist.-polit. Themen behandelt (›Andersonville‹).

W: Diversey, R. 1928; Long Remember, R. 1934; The Voice of Bugle Ann, R. 1935; Turkey in the Straw, G. 1935; Arouse and Beware, R. 1936; The Romance of Rosy Ridge, R. 1937; The Noise of Their Wings, R. 1938; Cuba Libre, R. 1940; Gentle Annie, R. 1942; Happy Land, R. 1943; Author's Choice, Kgn. 1944; Wicked Water, R. 1949; Signal Thirty-Two, R. 1950; Warwhoop, Nn. 1952; The Daughter of Bugle Ann, R. 1953; Andersonville, R. 1955 (d. 1957); Lobo, Aut. 1957; Spirit Lake, R. 1961; Story Teller, En. 1967; Beauty Beast, R. 1968 (Schönes Biest, d. 1970); The Day I Met a Lion, En. 1968; Valley Forge, R. 1975.

L: T. Kantor, 1988.

Kao Ming → Gao Ming

Kapiev, Effendi, lakisch-dagestan. Autor, 13. 3. 1909 Kumux – 27. 1. 1944 Pjatigorsk. Sohn e. Verzinners; Lehrer. 1931–35 Sekretär des dagestan. Schriftstellerverbandes, journalist. Tätigkeit bei versch. dagestan. Zeitungen, Frontkämpfer, nach Verwundung gestorben. – Lyriker u. Erzähler, Übs. u. Sammler von kaukas. Lyrik, die er aus den Dagestansprachen ins Russ. übersetzte und 1934–40 in ›Das Dagestaner Heft‹, 1939 in den ›Liedern der Bergbewohner‹ u. 1949 in ›Steinerne Ornamente‹ herausgab. Hauptwerk ist die Novellensammlung ›Der Dichter‹ (1940) über den Volksdichter → Suleiman Stalskij. Veröffentliche 1941–43 s. ›Fronttagebuch‹. K. schuf eindrucksvolle Bilder, scharfe Aphorismen, interessante Charaktere und äußerte originelle Gedanken. Schrieb in russ. Sprache.

W: Izbrannoe, Ausw. II 1971. – *Übs.*: Sulejman der Dichter, 1952.

L: M. Čudakova, 1970; E. Kassiev, 1981.

Kaplický, Václav, tschech. Schriftsteller, 28. 8. 1895 Starý Tábor (heute Sezimovo Ústí) – 4. 10. 1982 Prag. Absolvierte 1914 die Realschule in Tábor, im 1. Weltkrieg geriet er 1916 in russ. Gefangenschaft, trat in die tschech. Legion ein, wurde jedoch 1918 wegen einer verbotenen Versammlung inhaftiert, 1919 kam er in die Tschech. zurück, arbeitete im soz. Bund tschech. Legionäre u. als Beamter im Verteidigungsministerium; 1922–50 in versch. Verlagen tätig, danach freier Schriftsteller. – Schuf e. umfangreiches Prosawerk, das sich von satirischen Bildern des Kleinbürgertums und autobiograph. Zeugnissen hist. Ereignisse bis zu Romanchroniken aus der böhm. Geschichte entwickelte. Autor von Jugendbüchern.

W: Princezna z Košíř, E. o. J. (1927); Gornostaj, E. 1936 (n. 1955); Zrádná obálka, E. 1938; Pozor, zlý člověk!, R. 1941; Červen v Pučálkách, E. 1941; Ještě nehřmí, R. 1942; Něžný manžel, E. 1943; Kraj kalicha, R. 1945 (n. 1955); Čtveráci, R. 1952; Železná koruna, R. II 1954; Smršť, R. 1955; Zaťatá pěst, R. 1959; Kladivo na čarodějnice, R. 1963; Ani tygři. Ani lvi, N. 1966; Táborská republika, R. 1969; Královský souboj, R. f. Jugend 1971; Nalezeno právem, R. 1971; Kainovo znamení, N. 1975; Veliké theatrum, R. 1977; Život alchymistův, R. 1980. – Dílo (W), VIII 1955–61.

L: J. Nejedlá, 1975; hg. V. M. Nejtek 1980 (m. Bibl.).

Kaplinski, Jaan, estn. Dichter, Essayist u. Linguist, * 22. 1. 1941, Tartu/Dorpat. Stud. Philol. u. Linguistik Tartu 1958–64, 1964–72 u. 1983–88 wiss. Mitarbeiter ebda., 1974–80 in Tallinn; 1992–95 Parlamentsabgeordneter, 1996/97 Dichterprof. in Tampere (Finnland). – Von östl. Philosophie u. finn.-ugr. Folklore beeinflußter, ökolog.-global denkender, zugleich betont estn.-erdgebundener Meditations-Lyriker u. Essayist; schreibt auch engl. u. finn. Übs. aus vielen europ. Sprachen u. aus dem Chines.; Kinderbuchautor.

W: Jäljed allikal, G. 1965; Tolmust ja värvidest, G. 1967; Valge joon Võrumaa kohale, G. 1972; Ma vaatasin päikese aknasse, G. 1976; Uute kivide kasvamine, G. 1977; Raske on kergeks saada, G. 1982; Tule tagasi helmemänd, G. 1984; Õhtu toob tagasi kõik, G. 1985; Hinge tagasitulek, Poem 1990; Kust tuli öö, Aut. 1990; Tükk elatud elu, G. 1991; Poliitika ja antipoliitika, Publiz. 1992; Teekond Ayia Triadasse, Reiseb. 1993; Jää ja Titanic, Es. 1995; Mitu suve ja kevadet, G. 1995; See ja teine, Ess. 1996; Võimaluste võimalikkus, Ess. 1997; Öölinnud, öömõtted – Night Birds, Night Thoughts, G. (auch engl. u. finn.) 1998; Usk on uskmatus, Ess. 1998; Silm. Hektor, En. 2000; Kajakas võltsmunal, Ess. 2000; Kevad kahel rannikul, Reiseb. 2000. – Käoraamat (ausgew. G.), 1986; Kirjutatud (ausgew. G.), 2000 (auch engl.); Briefw. m. J. Salminen, 2003. – *Übs.*: The New Heaven and Earth, 1981; The Same Sea In Us All, 1985; The Wandering Border, 1987; I am the Spring in Tartu, 1992; Through the Forest, 1996; Die Freiheit des Kartoffelkeime (Anth.), 1999; If I Must Be at All, 2000.

Kapnist, Vasilij Vasil'evič, russ. Dramatiker, 23. 2. 1758 Obuchovka (im ehem. Gouv. Poltava) – 9. 11. 1823 Kibincy. Sohn e. ukrain. Gutsbesitzers; trat 1772 in e. Petersburger Regiment ein, 1775 Offizier, mit Deržavin befreundet; 1782 Beamter, 1799–1801 Theaterleiter in Petersburg, 1812–18 im Ministerium für Volksaufklärung. – Wurde bekannt durch s. Komödie ›Jabeda‹, 1798 aufgeführt, bald darauf verboten; prangert in dieser zur sozialen Satire tendierenden versifizierten Komödie klassizist. Stils, in die Gesangseinlagen eingefügt sind, Mißstände in der Rechtssprechung und Bestechlichkeit der Gerichtsbeamten an (Vorläufer von Gogol' und Griboedov); der Erfolg war mehr durch die soz. Tendenz als die lit. Qualitäten bedingt. Sentimentale und philos. Lyrik, bes. Oden, unter Einfluß von Horaz und Anakreon.

A: Polnoe sobranie sočinenij, 1849; Sobranie sočinenij, II 1960; Sočinenija, 1959; Izbrannye proizvedenija, 1973.
L: P. N. Berkov, 1950.

Kapowtikyan, Silva, armen. Lyrikerin u. Essayistin; * 20. 1. 1919 Erevan. 1941 Stud. Staatsuniv. Erevan, 1951 Maksim-Gǫrkij-Inst. für Lit. Seit 1994 Mitglied der Nationalen Akad. der Wiss. Armeniens. – Erster Lyrikband ›Erkow zrowycʻ‹ (Zwei Gespräche) 1944. Unter dem Eindruck einer Reise durch die armen. Diasporagemeinden veröffentlichte sie seit 1964 ›Kʻaravannerẹ der kʻaylowm en‹ (Die Karawanen ziehen noch), ›Xčankar hogow ew kʻartezi gowyneric'‹ (Mosaik aus den Farben der Seele und der Landkarte, 1976) sowie ›Gowyner nowyn xčankaric'‹ (Farben aus demselben Mosaik, 1989). Seit dem Zerfall der UdSSR in Essays und Artikeln v. a. Beschäftigung mit sozialen Fragen.

W: Im žamanakẹ (Meine Zeit), Publizistik u. Reiseb., 1979; Erk. H. 1–3, 1984/85; Girs mna hišatakoġ, 1988; Gowyner nowyn xčankaric', 1989.
L: A. V. Aristakesyan, 1983, 1987.

Kapuściński, Ryszard, poln. Journalist, Erzähler und Lyriker. * 4. 3. 1932 Pińsk/Weißrußland. Stud. Geschichte Warschau. 1981 aus der Poln. Ver. Arbeiterpartei ausgetreten. Seit 1956 ständige Reisen u. Aufenthalte in Afrika, Asien, Mittel- u. Südamerika, v. a. aber in Krisengebiete. 1974 Gastprofessor in Bangalore/Indien, später in Caracas, Mexiko-Stadt, Philadelphia. 1993 Mitglied des Kulturrats des poln. Staatspräsidenten. Zahlreiche poln. u. internationale Auszeichnungen u. Ehrungen. Lebt in Warschau. – Exotik u. Farbenpracht verleihen s. sachlichen u. tiefgründigen Reportagen ihre bes. Faszination. Die beobachtete Realität ist oft Ausgangspunkt philos. und historischer Reflexionen. S. Erzählweise beeindruckt durch hohe lit. Qualität. Bevorzugtes Thema: Entfaltung u. Zerfall autoritärer polit. Systeme. Die Reportage über die ehemalige SU ›Imperium‹ wurde in 15 Sprachen übersetzt. Er gilt bereits als Klassiker der lit. Reisereportage.

W: Cesarz, Rep. 1978 (König der Könige, d. 1984); Wojna futbolowa, Rep. 1978 (Der Fußballkrieg, d. 1990); Szachinszach, Rep. 1982 (Schah-in-Schah, d. 1986); Lapidarium, Ess. III 1990–97 (d. 1992, 2000); Imperium, Rep. 1993 (I. Sowjetische Streifzüge d. 1993); Heban, Erinn. 1998 (Afrikanisches Fieber, d. 1999). – Wrzenie świata (Rep.-Ausw.), IV 1990. – *Übs.:* Die Erde ist ein gewaltiges Paradies (Rep.-Ausw.), 2000.

L: A. W. Pawluczuk, 1980; K. Wolny-Zwoszyński, 1988.

Kaputikjan, Silva → Kapowtikyan, Silva

Karacaoğlan, türk. Dichter, 17. Jh., Süd-Türkei. Herumziehender, musizierender Dichter. – Subtilster Natur- u. Liebeslyriker der türk. Sprache, dessen poet. Werk von s. Frische u. Einflußkraft bis heute nichts verloren hat. Yaşar Kemal erzählt in ›Drei anatolische Legenden‹ (1967) seine Lebensgeschichte.

A: Hayati Ve Ş iirleri, hg. S. N. Ergun 1933; Bütün Şiirleri, hg. C. Öztelli 1970.

Karadžić, Vuk (Stefanović), serb. Philologe, Schöpfer der mod. serb. Schriftsprache, 26. 10. 1787 Tršić – 7. 2. 1864 Wien. Bauernsohn, Autodidakt, Klosterschule Tronosa, Schreiber, floh 1813 nach dem Zusammenbruch des serb. Aufstands gegen die Türken nach Wien; dort Bekanntschaft mit dem Slawisten B. Kopitar, der s. Mentor wurde, ihn für die Kodifizierung der serb. Schriftsprache gewann u. zum Sammeln von Volksliedern anregte. Ehrendoktor der Univ. Jena, Mitglied der Akad. Petersburg. – Im Geiste der Romantik sammelte K. systemat. Volkslieder, die er noch zu Lebzeiten in 6 Bänden herausgab; durch J. Grimm u. Goethe fanden sie Eingang in die europ. Lit.; wiederholt übersetzt. Daneben veröffentlichte K. Märchen, Sprichwörter u. Rätsel, e. hist. Werk über den ersten serb. Aufstand u. über Montenegro, sammelte Material für L. Rankes ›Serbische Revolution‹, gab e. Almanach ›Danica‹ heraus u. beschrieb das Brauchtum des serb. Volkes. S. Hauptbedeutung liegt jedoch in der Schaffung der neuen serb. Schriftsprache auf volkssprachl. Grundlage u. phonet. Rechtschreibung, die er in Grammatik u. Wörterbuch festlegte u. in die er das Neue Testament mustergültig übertrug.

W: Pjesmarica, Volksliedslg. 1814, 1815; Pismenica, Abh. 1814; Srpski rječnik, Wörterb. 1818; Srpske narodne pripovijetke, Volksm. 1821, [2]1953; Narodne pjesme, Volksliedslg. V 1823–33 (Staatsausg. IX 1891–1902; d. II [2]1853); Narodne srpske poslovice, Sprichwörter 1836; Montenegro und Montenegriner, Schr. 1837; Prijevod Novog zavjeta, NT-Übs. 1847. – Sabrana dela (GW), XXXIX 1964f.; Gramatički i polemički spisi, IV 1894–96; Vukova prepiska, Br. hg. L. Stojanović VII 1907–13.

L: L. Stojanović, [2]1935; A. Belić, 1948; M. Djilas, 1949; I. Andrić, 1950; G. Dobrašinović, 1964; M. Popović, 1964, [2]1972; O V. K.: studije i eseji, 1968; D. Wilson, The Life and Times of V. S. K. 1787–1864, 1970; W. Potthof, 1990; M. Vukić, 1998.

Karagatsis, M(itsos) (eig. D. Rodopulos), griech. Erzähler, 24. 6. 1908 Athen – 14. 9. 1960 ebda. Bis zum Abitur in Thessaloniki, studierte Jura und polit. Wiss. Athen. – Neorealist. Erzähler von eindringl. Darstellungskraft. S. gewagte, oft übertriebene Offenheit in der Schilderung sexueller Szenen rührt von der Bemühung her, die dunklen Tiefen der menschl. Leidenschaft und der Allmacht des Sexus zu ergründen. Doch in s. Erzählung verbindet sich der Zynismus oft mit e. lyr. Zartheit.

W: Syntagmatarchēs Liapkin, R. 1933; Giungermann, R. 1938; Ta sterna tu Giungermann, R. 1941; Nychterinē historia, En. 1942; To chameno nēsi, R. 1942; Ho Kotzambassēs tu Kastropyrgu, R. 1943 (d. 1962); Pyretos, En. 1946; Ho megalos hypnos, R. 1946; Hē megalē chimaira, R. 1953 (d. 1968); Ho kitrinos phakelos, R. 1956; Sergios kai Bakchos, R. 1959.

L: ›Nea Hestia‹, 1991.

Karahasan, Dževad, bosn. Essayist u. Schriftsteller, * 21. 1. 1953 Duvno. Stud. Lit. u. Theaterwiss. Sarajevo, Prof. an der Theaterakad. ebda. Ab 1993 Exil in Österreich u. Dtl.

W: Kazalište i kritika, Ess. 1980; Kraljevske legende, E. 1980; Kralju ipak ne svidja se gluma, Dr. 1986; Model u dramaturgiji, Dr. 1987; Istočni divan, R. 1989 (d. 1993); Dnevnik selidbe, Ess. 1993 (d. 1993); Sahrijarov prsten, R. 1994 (d. 1997); Povučeni andjeo, Dr. 1995; Königslegenden, E. 1996; Das Buch der Gärten, R. 2002.

Karai Senryû, jap. Dichter, 1718 Edo – 23. 9. 1790 ebda. – Verfaßte ursprüngl. Kurzgedichte (haikai) im Stil der Danrin-Schule, wirkte später als Punktrichter (tenja) beim Wettdichten; die von ihm bewerteten Kurzverse nannte man senryû. Sie hatten in bezug auf das haikai dieselbe Bedeutung wie die Scherzgedichte kyôka für das waka u. wandten sich in vulgärer Sprache, Doppelsinnigkeit u. Wortspiele benutzend, der Parodie, Satire, Ironie zu. K. begann mit der Herausgabe der wichtigsten Sammlungen dieser Scherzgedichte ›Haifûyanagidaru‹ (1765), die bis 1838 fortgeführt wurde.

L: R. H. Blyth, S.: Jap. Satirical Verses, 1949; ders., Jap. Life and Character in S., 1960; J. Cholley, Un haiku satirique: Le senryu, 1981.

Karalijčev, Angel, bulgar. Schriftsteller, 21. 8. 1902 Stražica – 14. 12. 1972 Sofia. Stud. Staatswiss. u. Chemie Sofia. Wurde 17jährig durch s. Gedicht ›Orelut‹ in der Schüler-Zs. ›Učeničeska misul‹ entdeckt, darauf Mitarbeiter vieler Lit.-Zeitschriften. – Zählt zu den führenden Vertretern der bulgar. lyr. Prosa. Bearbeitet viele geschichtl. u. volkstüml. Motive. Verf. klass. Kindergeschichten.

W: Rŭž, En. 1925; Imane, En. 1927; Prikazen svjat, M. III 1929–30 (The World of Tales, engl. 1963); Razkazi, En. II 1931–32; Srebŭrna rŭkoika, Ess. 1935; Zemjata na bŭlgarite, Reiseb. 1939; Rosenskijat kamen most, En. 1941; Sokolova niva, En. 1946; Žitenata pitka, M. 1948 (Das kleine runde Weizenbrot, d. 1976); Naroden zakrilnik, En. 1949; AW, III 1962–63.

L: S. Kolarov, 1976.

Karamzin, Nikolaj Michajlovič, russ. Schriftsteller, 12. 12. 1766 Michajlovka (im ehem. Gouv. Samara) – 3. 6. 1826 Petersburg. Vater sibir. Gutsbesitzer; 1780 im Pensionat des Prof. Schaden in Moskau, 1781–83 Militärdienst, Abschied als Leutnant; 1785 in lit. (Freimaurer-)Kreis um N. Novikov und J. Schwarz, 1789–91 Reise nach Dtl., der Schweiz, Frankreich und England, dann lit. Tätigkeit; gründete die Zs. ›Moskovskij žurnal‹ (1791/92 und 1801–03) und ›Vestnik Evropy‹ (1802/03). Bes. wirkten auf ihn Shakespeare, Rousseau, Lessing, Klopstock, Geßner und E. v. Kleist mit ihren Idyllen, J. Lenz. Erwarb mit den ›Pis'ma russkogo putešestvennika‹ den Ruf als maßgebender Literat s. Generation; 1803 Staatshistoriograph, widmete sich dann hist. Studien; 1816 Staatsrat. – Namhaftester Vertreter der Empfindsamkeit als Strömung in der russ. Lit., der dem engl. und dt. Schrifttum starke Anregungen verdankt. Der neue, verfeinerte Stil und die mit e. aufgeklärten Kosmopolitismus verbundene Empfindsamkeit s. ›Briefe‹ waren überraschende Neuerungen, bedeuteten den Bruch mit den klassizist. Traditionen; s. in Stimmung und Motiven an ›Werthers Leiden‹ erinnernde sentimentale Novelle von der Liebe e. Bauernmädchens zu e. Aristokraten ›Bednaja Liza‹ übte stärkste Wirkung aus; die Novelle ›Natal'ja bojarskaja doč'‹ hat Bedeutung für die Geschichte der russ. hist. Belletristik. Gibt im programmat. Gedicht ›Poėzija‹ s. Auffassung über Dichtung wieder, die ihm als heilig, als Trost reiner Seelen gilt: e. ›Blumengarten empfindsamer Herzen‹ (Gedicht ›Protej‹, von 1798). S. Balladen sind bedeutsam für die Geschichte dieses Genres in Rußland. Wollte mit s. Sprachreform dem Russ. die Klarheit und Geschmeidigkeit des Franz. verleihen, förderte wesentlich die Entwicklung der russ. künstler. Prosa; wurde in s. Wirken für die Lit.sprache von Šiškov vergeblich bekämpft; verfaßte mit der viel gerühmten ›Istorija Gosudarstva Rossijskogo‹ die erste wiss. Geschichte Rußlands.

W: Pis'ma russkogo putešestvennika, Ber. 1791f. (Briefe e. russ. Reisenden, d. 1922); Bednaja Liza, N. 1792 (Die arme Lisa, d. 1896); Natal'ja bojarskaja doč', N. 1792; Marfa-Posadnica, N. 1803 (Marfa, d. 1896); Istorija Gosudarstva Rossijskogo, XII 1816–29 (Geschichte des russ. Reiches, d. XI 1820–33). – Sočinenija (W), hg. P. Smirdin III 1848; Sobranie sočinenij (W), II 1960; Sočinenija (W), II 1984; Izbrannye sočinenija (Ausw.), II 1964; Polnoe sobranie stichotvorenij (Sämtl. G.), 1966; Perevody, Übsn. IX 1835.

L: V. V. Sipovskij, N. M. K., avtor ›Pisem russk. putešestvennika‹, 1899; R. Baechtold, K.s Weg z. Geschichte, 1946; H. M. Nebel, Den Haag 1967; H. Rothe, 1968; E. Bryner, 1974; Ju. M. Lotman, 1987.

Karaosmanoğlu, Yakup Kadri, türk. Schriftsteller, 27. 3. 1889 Kairo – 13. 12. 1974 Ankara. Schulbesuch u.a. in Izmir, franz. Ordensschule Alexandria, schloß sich 1909 der lit. Gruppe ›Fecr-i Âti‹ in Istanbul an, nach dem Befreiungskrieg polit. Journalist, einige Jahre Abgeordneter, 1934–54 im diplomat. Dienst (Gesandter in Tirana, Prag, Den Haag u. Bern), seit s. Versetzung in den Ruhestand an führender Stelle publizist. tätig. – Überragender Prosaist der älteren Generation der türk. Moderne, bewies schon mit s. ersten Novellensammlung, daß er über die bloße Übernahme naturalist. Darstellungsweise hinaus zu e. ihm eigenen Form psycholog. Nuancierung u. Vertiefung gelangt war. Beeinflußt von Ibsen u. wohl auch Proust; später polit. u. nationale Themen bevorzugend (›Sodom ve Gomore‹, ›Ankara‹); s. eig. Bedeutung liegt jedoch in der feinfühligen Interpretation seel. Vorgänge. Die monolog. Dichtung ›Erenlerin Bağindan‹, e. der Höhepunkte türk. Prosa, zeigte s. erstaunl. Fähigkeit, sich auch in die kontemplative Geistigkeit der Mystik hineinzuversetzen. E. weiteres Meisterwerk der Seelenanalyse gab K. mit dem in e. Bektaschi-Derwischkloster spielenden Roman ›Nur Baba‹. In der Frage der Sprachvereinfachung früh in polem. Gegensatz zu den ›Neusprachlern‹ u. ihrem Wortführer Ö. Seyfeddin, behielt K. auch später Eigenheiten der osman. Ziersprache bei.

W: Bir Serencam, Nn. 1913 (Ausw.: Eine Weibergeschichte u.a. Nn., d. 1923, u.d.T. Mahdur, 1948); Kiralik Konak, R. 1922; Nur Baba, R. 1922 (Flamme u. Falter, d. 1947, 1986); Erenlerin Bağindan, Dicht. 1922 (Aus den Gärten der Weisen, d. 1949 in O. Spies, Das Geisterhaus); Rahmet, Nn. 1923; Hüküm Gecesi, R. 1927; Sodom ve Gomore, R. 1928 (Leyla, fille de Gomorrhe, franz. 1934); Yaban, R. 1932 (Der Fremdling, d. 1939, 1989); Ankara, R. 1934 (niederländ. 1938); Atatürk, Es. 1936; Bir Sürgün, R. 1938; Okun Ucundan, 1940; Panorama, R. II 1953f.; Zoraki Diplomat, Mem. 1955; Hep O Şarki, R. 1956; Anamin Kitabi, Mem. 1957; Vatan Yolunda, Mem. 1958; Politikada 45 Yil, Mem. 1968; Gençlik Ve Edebiyat Hatiralari, Mem. 1969. – GW, 1990.

L: N. Bingöl, 1944; H.-A. Yücel, 1957; N. Aki, 1960.

Karásek ze Lvovic, Jiří, (eig. Josef Jiří Karásek), tschech. Schriftsteller u. Kritiker, 24. 1. 1871 Prag – 5. 3. 1951 ebda. Stud. Theol. ohne Abschluß, Beamter des Postministeriums u. Leiter des Postmuseums. Mitbegründer der Zs. ›Moderní revue‹, um die sich die Vertreter der tschech. Dekadenz scharten. – In s. von der franz. Dekadenz u. O. Wilde wie auch S. Przybyszewski inspirierten Lyrik, in Erzählungen und Dramen schildert K. alle Schattenseiten des menschl. Daseins, Krankheit, Verfall, Tod, perverse Erotik, wendet sich von der demokrat. Gegenwart unter Einfluß der Neuromantik dem myst. MA zu, läßt s. Helden an ihren Illusionen zugrunde gehen. Dieser Grundton beherrscht auch s. mit barockem Prunk ausgestatteten Legenden u. Apokryphen. Als Kritiker analysiert K. Gestalten u. lit. Probleme der westeurop. Literaturen.

W: Zazděná okna, G. 1894; Sodoma, G. 1895; Sexus necans, G. 1897; Gotická duše, R. 1900; Hovory se smrtí, G. 1904; Lásky absurdné, En. 1904; Umění jako kritika života, Ess. 1906; Román Manfreda Macmillena, R. 1907; Scarabaeus, R. 1908; Cesare Borgia, Dr. 1908 (1913); Endymion, G. 1909; Posvátné ohně, Nn. 1911; Ostrov vyhnanců, G. 1912; Obrácení Raymunda Lulla, E. 1919; Legenda o Sodomovi, E. 1920; Ganymedes, R. 1925; Tvůrcové a epigoni, Ess. 1927; Písně tulákovy o životě a smrti, G. 1930; Ztracený ráj, R. 1938; Pražské Jezulátko, En. 1939. – Sebrané spisy (GW), XIX 1921–32; Ocúny noci, Ausw. [2]1986; Gotická duše a jiné prózy, Ausw. 1991.

L: F. Soldan, 1941; A chceš-li, vyslov jinéno mé, 1971 (m. Bibl.).

Karaslavov, Georgi, bulgar. Schriftsteller, 12. 1. 1904 Debur b. Purvomaj – 26. 1. 1980 Sofia. Stud. Sofia u. Prag; 1947–49 Direktor des Nationaltheaters Sofia. – Realist. Schilderer des bulgar. Bauernlebens mit genauer psycholog. Beobachtung. S. bedeutendsten Werke sind die Romane ›Tatul‹ u. ›Snacha‹. S. Schaffen ist mit den linken Ideen verbunden.

W: Uličnici, En. 1926; Kavalŭt plače, En. 1927; Sporžilov, R. 1931; Na post, En. 1932; Izčadija adovi, En. 1932; Selkor, N. 1933; Imot, En. 1936; Tatul, R. 1938 (Stechapfel, d. 1964); Čestna duma, R. 1938; Snacha, R. 1942 (Die Schwiegertochter, d. 1954); Krilatijat Danko, En. 1943; Svŭrši se našata, En. 1946; Selski istorii, En. II 1946–50 (Der ungläubige Thomas, d. 1956); Christo Smirnenski, Ess. 1949 (d. 1953); Elin Pelin, Ess. 1949; Obiknoveni chora, R. IV 1952–75 (Stanka, d. 1958). – Izbrani sŭčinenija (AW), X 1956–58.

L: R. Likova, 1958; S. Popvasilev, 1964; G. Konstantinov, 1966; G. Konstantinov, E. Konstantinova, 1971.

Kárason, Einar, isländ. Autor, * 24. 11. 1955 Reykjavík. 1975 Abitur, 1976–78 Stud. der allgem. Literaturgesch. in Reykjavík, daneben verschiedene Arbeiten auf See u. an Land, seit 1978 freier Schriftsteller. – Mit s. Erzählfreude und s. iron. Milieuschilderungen war K. in den letzten Jahrzehnten erfolgreich. S. Durchbruch schaffte er mit einer Trilogie über eine skurrile Familie in einer Barackensiedlung am Rande Reykjavíks in den Nachkriegsjahren. Weitere Romane beleuchten das bewegte Schicksal einer Händlerfamilie zu Beginn des 20. Jh. und Ereignisse im 18. und 13. Jh. (im halbdokumentar. Stil).

W: Loftræsting, G. 1979; Þetta eru asnar Guðjón, R. 1981; Þar sem djöflaeyjan rís, R. 1983 (Die Teufelsinsel,

d. 1993); Gulleyjan, R. 1985 (Die Goldinsel, d. 1995); Söngur villiandarinnar og fleiri sögur, En. 1987; Fyrirheitna landið, R. 1989 (Das Gelobte Land, d. 1999); Heimskra manna ráð, R. 1992 (Törichter Männer Rat, d. 1998); Didda dojojong og Dúi dúgnaskítur, Kdb. 1993; Kvikasilfur, R. 1994 (Die isländische Mafia, d. 2001); Þættir af einkennilegum mönnum, En. 1996; Norðurljós, R. 1998; Óvinafagnaður, R. 2001 (Feindesland, d. 2004); Stormur, R. 2003.

Karavaeva, Anna Aleksandrovna, russ. Erzählerin, 27. 12. 1893 Perm' – 21. 5. 1979 Moskau. Lehrerin, Redakteurin, Mitglied der KP ab 1926. – Die Thematik ihrer Romane und Erzählungen ist vornehml. auf den Konflikt zwischen den traditionellen Elementen und den nachrevolutionären Kräften gerichtet; ihr hist. Roman ›Zolotoj kljuv‹ über das Milieu von Arbeitern und Bauern aus den staatl. Goldbergwerken des Altaigebirges unter Katharina II. galt der sowjet. Kritik als e. der ersten Versuche, e. proletar. hist. Roman zu schaffen.

W: Zolotoj kljuv, R. 1925; Rodnoj dom, R. 1950 (Das Vaterhaus, d. 1952). – Sobranie sočinenij (GW), V 1957f.

Karavelov, Ljuben, bulgar. Schriftsteller, November 1834 Koprivštica – 21. 1. 1879 Russe. Stud. in Moskau, wo er seit 1860 s. ersten Werke in russ. Sprache veröffentlichte. 1868–77 wirkte er in polit. Kreisen Serbiens, veröffentlichte Gedichte in serb. Sprache u. entwickelte als erster die Idee e. Föderation der Balkanländer; ab 1869 in Rumänien, ab 1872 Führer des Bulgar. Revolutionären Zentralkomitees. Zeitungsredakteur (›Svoboda‹, ›Nezavisimost‹, ›Znanie‹) in Bukarest. – Führender Belletrist u. Publizist der bulgar. Wiedergeburt, heute bes. durch s. Novellen ›Maminoto detence‹ u. ›Bulgari ot staro vreme‹ bekannt, die als erster reifer Ausdruck des bulgar. Realismus gelten. S. Publizistik hat eine große Wirkung auf die Debatten über das nationale Schicksal, die Revolution u. die Aufklärung ausgeübt.

W: Bulgari ot staro vreme, N. 1867; Vojvoda, En. 1871; Chadži Dimitǔr Jasenov, Dr. 1872; Chadži Ničo, N. 1872; Razkazi iz bulgarskija život, En. 1878. – GW, VIII 1886–88, VI 1942–43; AW, III 1954–57.

L: S. Bobčev, 1881; I. Klinčarov, 1925; B. Penev, 1936; G. Konstantinov, 1936; M. Dimitrov, 1959; N. Černokojev, 1995.

Karay, Refik Hallit, türk. Schriftsteller, 15. 3. 1888 Istanbul – 13. 7. 1965 ebda. Galatasaray-Gymnas., Stud. Rechtswiss., Beamter, Journalist, 1913–18 durch die jungtürk. Regierung nach Anatolien verbannt, nach der Niederlage Generalpostdirektor, 1922–38 als Gegner der Nationalbewegung Atatürks im Exil im Libanon u. Syrien. – In der Novellensammlung ›Memleket Hikâyeleri‹ reizvolle, realist. u. impressionist. gestaltete Lebens- u. Sittenbilder des anatol. Landes; damit Vorläufer der heutigen ›Dörfler‹-Richtung. Die Schwäche dieser Skizzen liegt in e. bisweilen zu distanzierten Sarkasmus mit dem e. im Grunde fremde Welt nur von außen her, daher ohne rechte Wärme, geschildert wird. Als Romanautor hat K. wenig Bedeutung.

W: Memleket Hikâyeleri, Nn. 1919; Istanbulun Içyüzü, Nn. 1920 (u. d. T. Istanbulun Bir Yüzü, 1939); Çete, R. 1939; Deli, Sch. 1939; Gurbet Hikâyeleri, Nn. 1940; Sürgün, R. 1941; Makiyajli Kadin, Es. 1942; Anahtar, R. 1944; Nilgün, R. 1950; Bir Ömür Boyunca, Erinn. 1990. – GW, XIX 1939–44, XXXVII 1964. – *Übs.*: Ausw. in O. Spies, Das Blutgeld, 1943; ders., Das Geisterhaus, 1949.

L: H. M. Ebci, 1943.

Kardos, György G., ungar. Schriftsteller, 10. 5. 1925 Budapest – 22. 11. 1997 ebda. Jüd. Abkunft; 1944 in e. KZ in Jugoslawien verbracht, von Partisanen befreit, Einwanderung nach Palästina; 1951 Rückkehr nach Ungarn, lit. u. journalist. Tätigkeit. Träger versch. lit. Preise. – Welterfolg hatte s. 1. Roman ›Avraham Bogatir hét napja‹: Im Mikrokosmos e. palästinens. Dorfes werden Bewegungskräfte und Kollisionen sichtbar, die zur Entstehung Israels und im weiteren zur Verfestigung der jüd.-arab. Spannungen führten.

W: Avraham Bogatir hét napja, R. 1968 (Die sieben Tage des Abraham Bogatir, d. 1970); Hová tűntek a katonák, R. 1971 (Zapfenstreich, d. 1975); A történet vége, R. 1977 (Das Ende der Geschichte, d. 1981); Jutalomjáték, R. 1993.

Karel ende Elegast, mittelniederländ. höf. Epos aus der 1. Hälfte des 12. Jh. Berichtet von Kaiser Karl dem Großen, der auf Geheiß e. Engels nächtl. auf Diebstahl ausgehen muß und sich dabei mit dem geächteten Ritter Elegast zusammenfindet. Durch dieses Treiben gegen s. eigenen Willen erfährt Karl die Treue Elegasts und den geplanten Verrat s. eigenen Schwagers, den Elegast im Zweikampf überwinden kann und dafür zu hohen Ehren kommt. Eine getreue, sprachl. oft derbe Übs. ins Mhd., ›Karl und Elegast‹, entstand um 1320, sie wurde e. Bestandteil des → ›Karlmeinet‹; e. von ihr abweichende Version liegt in e. rheinfränk. Gedicht des 14. Jh. vor.

A: J. Bergsma 1926; R. Roemans 1945; G. G. Kloeke 1949; A. M. Duinhoven II 1969. – Neuniederländ. Bearb.: F. Timmermans, 1921; A. Heyting, 1930; zweisprach. A. (mittel- u. neuniederländ.) m. Anm. u. Bibl., hg. A. M. Duinhoven, 1998. – Mhd. *Übs.*: A. von Keller, 1858 (BLV 45); J. Quindt, 1927.

L: E. L. Wilke, 1969; A. M. Duinhoven, II 1975–81.

Kareva, Doris, estn. Lyrikerin, * 28. 11. 1958 Tallinn. 1977–83 Stud. engl. Philol. Tartu. Redakteurin, seit 1992 UNESCO-Sekretärin in Tallinn. – K.s Dichtung ist persönlich-intim, emotional und auf die individuelle Wahrnehmung der Welt konzentriert. Auch Übs. (Dickinson, Achmatova).

W: Päevapildid, 1978; Ööpildid, 1980; Puudutus, 1981; Salateadvus, 1983; Vari ja viiv, 1986; Armuaeg, 1991; Maailma asemel, 1992; Hingring, 1997; Mandragora, 2002. – *Übs*.: Fraktalia. Gedichte – Luulet, 2000.

Karinthy, Frigyes, ungar. Schriftsteller, 25. 6. 1887 Budapest – 29. 8. 1938 Siófok. Stud. Naturwiss. Budapest; freier Schriftsteller und Journalist. – E. der beliebtesten ungar. Schriftsteller zwischen den beiden Weltkriegen. Wurde bekannt durch s. humorist. u. satir. Werke und lit. Karikaturen; schrieb ferner Gedichte, Dramen, Essays, Epigramme, Skizzen und Parodien. In s. Darstellung von Traum und Wahnsinn Einfluß S. Freuds. Anregungen von Swift und Voltaire. Gehört zu den wenigen der Weltlit., die es meisterhaft verstanden, die Widersinnigkeit des kleinbürgerl. Lebens wiederzugeben.

W: Így írtok ti, Karikaturen 1912; Esik a hó, Nn. 1912; Görbe tükör, Humoresken 1912; Ballada a néma férfiakról, Nn. 1912; Írások írókról, 1914; Két hajó, Nn. 1915; Tanár úr kérem, 1916 (Bitte, Herr Professor, d. 1982); Holnap reggel, Dr. 1916; Utazás Faremidóba, R. 1916 (Die Reise nach Faremido, d. 1919); Krisztus és Barrabás, Nn. 1918; Gyilkosok, Nn. 1919; Ne bántsuk egymást, Nn. 1921; Capillária, R. 1921; Kötéltánc, R. 1923; Harun al Rasid, Nn. 1924; Színház, Sch. 1927; Nem mondhatom el senkinek, G. 1930; Hasműtét, Nn. 1932; Még mindig így írtok ti, Karikaturen 1933; Száz új humoreszk, 1934; Utazás a koponyám körül, 1937 (Reise um meinen Schädel, d. 1985); Üzenet a palackban, G. 1939. – Összegyűjtött munkái, X 1928. – *Übs*.: Selbstgespräche in der Badewanne, 1937; Ich weiß nicht, aber meine Frau ist mir verdächtig, En. 1972.

L: M. Babits, 1933; D. Kosztolányi, 1933; K. Szalay, 1961; In memoriam K. F., 1998.

Karkavitsas, Andreas, griech. Erzähler, 1866 Lechena/Peloponnes – 24. 10. 1922 Amarusi. Von Beruf Militärarzt. – Führender naturalist. Erzähler s. Generation. Schilderer des griech. Dorflebens. Pflegte auch die phantast. Erzählung nach der Art von Poe, Gogol und E. T. A. Hoffmann.

W: Diēgēmata..., En. 1892; Hē lygerē, N. 1896; Ho zētianos, N. 1897 (d. 1984); Ta logia tēs plorēs, En. 1899; Palies agapes, En. 1900; Ho archaiologos, R. 1904; Diēgēmata gia ta palikaria mas, En. 1922; Hapanta (GW), IV 1973.

L: E. G. Balumis, A. K. ho anatomos tēs laikēs koinotētas, 1999.

Karkliņš, Valdemārs, lett. Romancier, 17. 10. 1906 Iecava/Lettl. – 1. 1. 1964 Portland/Oregon. Sohn e. Hofbesitzers; Schulen in Iecava, Bauska, Riga; ab 1926 Übs., u.a. beim Verlag Grāmatu Draugs; 1944 nach Dtl. exiliert, dann 1950 in die USA; Nachtwächter. – Realist; hist. Romane, z. T. monumental angelegt; spannende Handlungsverläufe mit oft schlagartiger Auflösung, wobei die Mitteilungsabsicht des Werkes dann häufig in Form eines Monologs zusammengefaßt wird; Übs. mehrerer Dutzend Romane aus d. Engl., Dt., Franz. u. Russ.

W: Karaliene Kristīne, biograph. R. 1936; Sarkanvīns, K. (1947) 1952; Pie laika upes, En. u. Nn. 1951; Dieva zeme, R. 1953; Jaunavu iela, R. 1957; Zelta zvans, R. 1960; Romantiski iemesli, R. 1962.

L: Anšl. Eglītis, Neierastā Amerikā, Stockholm 1954; V. Kārkliņš, Vestule no dzimtenes, 1991.

Karl und Elegast → Karel ende Elegast

Karlfeldt, Erik Axel, schwed. Lyriker, 20. 7. 1864 Karlbo/Dalarne – 8. 4. 1931 Stockholm. Bauernsohn, 1885 Abitur in Västerås, 1885 Stud. Uppsala, 1898 Lizentiatexamen, dazwischen Lehrer, 1893–95 in Djursholm, 1895/96 an der Volkshochschule Molkom/Värmland, Journalist, 1900 Bibliothekar an der Kgl. Bibliothek Stockholm, 1903–12 an der Landwirtschaftsakad., 1904 Mitgl. der Schwed. Akad., seit 1912 ständiger Sekretär. 1917 Dr. h. c., 1931 Nobelpreis (postum). ∞ 1916 Gerda Ottilia Holmberg. – K.s reiche Lyrik nimmt ihre Motive aus Wildnis und Kulturlandschaft, Bibel und Bauernregeln, Natur u. Liebe, ist phantasievoll u. zeigt realist. Beobachtung. K. blieb fest verwurzelt in der Bauernkultur von Dalarne. Durch den Verlust des väterl. Hofes verlor er s. Zuversicht u. Festigkeit und suchte sie in s. Dichtung zurückzugewinnen, wobei die Unruhe den vertiefenden Unterton gibt. Die für die sterbende Bauernkultur eingenommene Stimmung der Zeit begünstigte ihn; s. kraftvolle Volkstümlichkeit hatte schnell breiten Erfolg, bes. mit den beiden Bänden um ›Fridolin‹, den studierten Bauern, der (was K. selbst versagt war) zur heimatl. Scholle zurückkehrte, u. in dem sich Gelehrsamkeit u. Verfeinerung mit ursprünglicher Kraft verbinden. Er ist fröhl., zornig, huldigt dem Wein u. der Liebe, den Erinnerungen an die Väter u. der Natur, zugleich voller drast. Humors, robust, eleg. u. leidenschaftl. Reich an Gegensätzen, ist e. Vielfalt von Gefühlen und Stimmungen zu organ. Einheit verschmolzen. Höhepunkt der Dalarne-Romantik sind die ›Dalmålningar‹, Gedichte zu den Wandgemälden der alten Bauernhäuser mit ihrer Komik, Naivität u. relig. Verzückung, dunklem Ernst, Zuversicht u. Demut. K. verbindet die Romantik mit e. realist. Blick für Mensch und Natur, mit Sinn für Form, Farbe, Ton und Duft. Kenner der schwed. Kulturgeschichte; s. romant. Liebe zu alten Sitten u. Sagen, zu alter Redeweise führt zu e. immer stärker archaisierenden Sprache, die kraftvolle Wörter aus Bauernregeln, Dialekt und aus der Bibel aufnimmt. E. der größten schwed. Meister des Verses, oft mit kunstvollen, ungewöhnl. Reimen, zuweilen mit e. Zug zum Barocken. S. Gedichte, bald schwer u. gediegen, bald als leichte Lieder, sind in ihrer Formkunst und der außerordentl. melod. Sprache nicht zu übertreffen. In den späteren Bänden Dämonie und Verzauberung, aber auch Beichte und Buße, Innerlichkeit u. Einfachheit. Dennoch ist s. ganze Dichtung von ungewöhnl. Einheitlichkeit, ohne Gegensätze zwischen Beginn und Ende, nur formal weiterentwickelt, während Motive und Inhalt wiederkehren. Auch als Redner u. Prosaist bedeutend, schrieb K. einfühlende Deutungen von Lucidor und C. F. Dahlgren. Viele s. Gedichte wurden vertont.

W: Vildmarks- och kärleksvisor, G. 1895; Fridolins visor och andra dikter, 1898 (F.s Lieder, d. 1944); Fridolins lustgård och Dalmålningar på rim, G. 1901; Flora och Pomona, G. 1906; Skalden Lucidor, B. 1912; Flora och Bellona, G. 1918; C. F. Dahlgren, B. 1923; Hösthorn, G. 1927. – Samlade verk, V 1931; Tankar och tal (Rdn. u. Aufs.), hg. T. Fogelqvist 1932; K.s ungdomsdiktning, hg. S. Haglund 1934 (m. Bibl.); Dikter, 1963, 1986. – *Übs.:* Gedichte, Ausw. 1938.

L: C. Mangård, 1931; N. Afzelius, 1934; O. Lagercrantz, 1938; T. Fogelqvist, ²1940; E. Fries, 1942; J. Kulling, 1943; K. Wennerberg, Vårgiga och hösthorn, 1944; J. Mjöberg, I Fridolins spår, 1945; I. Högman, 1945; R. V. Fridholm, 1950; K.-I. Hildeman, 1966; M. Banck, hg. 1971; K. samfundets skriftserie XV, 1984; U. Malm, 1985. – *Bibl.:* N. Afzelius, A. Bergstrand 1974.

Karpenko-Karyj, Ivan (eig. Ivan Tobilevyč), ukrain. Dramatiker, 29. 9. 1845 Arsenivka – 15. 9. 1907 Berlin. Vater Kleinadliger; wurde Beamter, lange Sekretär der städt. Polizei in Elizavetgrad, 1883 wegen revolutionärer Tätigkeit verbannt; ab 1889 als Schauspieler tätig. Von A. Ostrovskij beeinflußt, von dem er wesentl. kompositionelle Elemente übernahm; namhaftester ukrain. Dramatiker des 19. Jh., schrieb realist., milieuschildernde, auf sozialer Grundlage beruhende Dramen. Grundlegendes Thema ist die Kapitalisierung und Verarmung des Dorfs, der Gegensatz von Stadt und Land. S. beste Komödie ›Chazjajin‹ (1900) zeigt e. reichen Unternehmer in s. rücksichtslosen Auftreten gegen Bauernschaft und Landarbeiter. Schrieb hist. Schauspiele in romant. Art, brachte das psycholog. bürgerl. Drama auf die ukrain. Bühne.

W: Tvory (W), V 1897–1905, II 1910–12, VI 1929–31, III 1960/61.

L: O. Doroškevyč, 1929, 1991; S. Tobilevyč, 1945; O. Borščahivs'kyj, 1948; L. I. Stecenko, 1957; B. I. Šnajder, 1959; I. Skrypnyk, 1960; O. Cybanova, 1967; N. I. Padalka, 1970; S. Čornij, 1978.

Karpiński, Franciszek, poln. Lyriker u. Kritiker, 4. 10. 1741 Hołoskowo – 16. 9. 1825 Chorowszczyzna. Aus armem Adel, lebte bei versch. Familien s. Standes. 1780 polit. Sekretär des Fürsten Czartoryski. Erwarb e. Dorf; Gutspächter in Litauen. Dort als Landedelmann bis zu s. Tod. – Hauptvertreter der poln. Empfindsamkeit. Vf. sentimentaler Idyllen, Pastoralen u. Liebeslieder, Naturliebe, Patriotismus und gefühlvolle Frömmigkeit. Übs. von Delilles ›Les Jardins‹ u. des Psalters. Als Kritiker Gegner des Pseudoklassizismus.

W: Zabawki wierszem i prozą, G. VII 1782–87; Pieśni nabożne, G. 1792; Pamiętniki, Mem. IV 1844. – Wybór poezji i prozy (AW), 1949; Pisma, 1896; Korespondencja 1958; Wiersze wybrane, 1966.

L: R. Sobol, 1967; L. Przemski, Opowieść o śpiewaku Justyny, 1975.

Karpowicz, Tymoteusz, poln. Lyriker u. Dramatiker, * 15. 12. 1921 Zielona b. Wilna. Begann 1941 als Publizist. Nach dem Kriege Stud. Polonistik Breslau, 1949–53 beim Rundfunk in Stettin. Redakteur lit. Zeitschriften; 1953–55 Assistent an der Univ. Breslau. Seit 1978 in Chicago. – Lyriker hohen Ranges, erzielt, vom Einfachen ausgehend, hermet. Vieldeutigkeit. Erfolgr. Dramatiker u. Hörspielautor.

W: Żywe wymiary, G. 1948; Legendy pomorskie, E. 1948; Gorzkie źródła, G. 1957; Kamienna muzyka, G. 1958; Znaki równania, G. 1960; W imię znaczenia, G. 1962; Trudny las, G. 1964; Kiedy ktoś zapuka, Drn. 1967; Odwrócone swiatło, G. 1972; Poezja niemożliwa, St. 1975. – Wiersze wybrane, 1969; Dramaty zebrane (ges. Drn.), 1975; Słoje – Zadrzewie (AW), 1999.

Karvaš, Peter, slovak. Schriftsteller, 25. 4. 1920 Banská Bystrica. – 28. 11. 1999 Bratislava. In Erzählungen, Romanen u. Dramen behandelt K. auf breiter Basis u. unter Auswertung polit. u. menschl. Gegensätze den slovak. Aufstand u. analysiert die neue gesellschaftl. Problematik. Vf. formvollendeter Reportagen u. Theaterstudien.

W: Niet prístavov, En. II 1946; Meteor, Dr. 1946; Polohlasom, En. 1947; Návrat do života, Dr. 1948; Toto pokolenie, R. 1949; Ludia z našej ulice, Dr. 1951; Pokolenie v útoku, R. 1952; Diet'a a meč, Rep. 1953; Čert nespí, Sat. 1954; Pacient stotrinást', Dr. 1955; Čertovo kopýtko, Sat. 1957; Diplomati, Dr. 1958; Polnočna omša, Dr. 1959 (d. 1961); Antigona a tí druhí, Dr. 1962; Vel'ká parochňa, K. 1965; Experiment Damokles, Dr. 1967; Absolútny zákaz, Dr. 1970; Kniha úl'avy, En. 1970; Noc v mojom meste, R. 1979; V hniezde, Erinn. 1981; Nové humoresky, En. 1986; Súkromná oslava, Dr. 1987; Vlastenci z mesta Yoj, Dr. (1988); Zadný vchod, Dr. 1988; Polahčujúca okolnost', En. 1991; Velikán čiže Život a dielo profesora Bagoviča, N. 1993; Idúcky tam i spiatky, En. 1996.

L: L. Lajcha, Dramatický svet P. K., 1995; Osobnost' a dielo P. K., 1996; P. Darovec, 1998.

Karyotakis, Kostas, griech. Dichter, 30. 10. 1896 Tripolis – 21. 7. 1928 Prevesa. Stud. Jura Athen, Frankreichaufenthalt, dann Beamter in griech. Kleinstädten, obwohl Verächter der kleinbürgerl. Welt. S. pessimist. Einstellung, die auch zu s. Selbstmord führte, beherrscht das Klima s. klangl. faszinierenden, Einsamkeit und Bitternis vermittelnden und manchmal sarkast. Dichtung, die viele jüngere Dichter Griechenlands beeinflußte. Übs. aus dem Franz. u. Dt.

W: Ho ponos tu anthrōpu kai tōn pragmatōn, G. 1919; Nēpenthē, G. 1920; Elegeia kai satires, G. 1927. – Hapanta (GW), hg. G. P. Savvidis II 1965–66. – *Übs.:* ... die Tat zu verschieben, G. u. Prosa, 1999.

L: K. Sterjopulos, Hoi epidraseis sto ergo tu K., 1972; M. Peri, Il linguaggio di K., Padua 1972; D. Angelatos, He poiētikē diamorphōsē tu K. K., 1994; E. Balumis, Ho K. pezographos, 1995.

Kasakewitsch, E. → Kazakevič, Ėmmanuil Genrichovič

Kasakow, Jurij → Kazakov, Jurij Pavlovič

Kasakow, Wladimir → Kazakov, Vladimir Vasil'evič

Kāšānī, Muḥtašam → Muḥtašam Kāšānī, Maulānā

Kasantzakis, Nikos → Kazantzakis, Nikos

Kasbegi, Alexander → Qazbegi

Kasdaglis, Nikos, griech. Schriftsteller, * 1928 Kos. – In s. hist. Romanen legt K. Wert auf e. naturalist. Beschreibung der Entfremdung und Marginalisierung des Menschen in schwierigen polit. Verhältnissen.

W: Ta dontia tēs mylopetras, R. 1955; Kekarmenoi, R. 1959; Egō eimi ho Kyrios ho Theos sou, R. 1961; Hē dipsa, R. 1970; Mythologia, En. 1977; Hē Maria periēgeitai tē mētropolē tōn nerōn, R. 1982; Hē neurē, R. 1985; To tholami, N. 1987; Hoi eleēmones, En. 1991; To Ararat astraphtei, R. 1994.

Kasia (auch Kassia, Kassianē, Ikasia und Eikasia), byzantin. Kirchendichterin, 9. Jh. Aus vornehmem Patriziergeschlecht; lebte in Konstantinopel; wegen ihrer Schönheit und Intelligenz die Favoritin bei der Brautwahl des Kaisers Theophilos (830 n. Chr.), verscherzte aber ihre Chancen durch übermäßig intelligente Antworten, so daß der Kaiser sich e. anderen zuwandte. Wurde daraufhin Nonne und gründete e. Kloster. – Ihre Gedichte, die heute noch in der Liturgie gesungen werden, gehören zu den schönsten und wertvollsten Zeugnissen der byzantin. Dichtung. Ihr berühmtes Idiomelon auf den Mittwoch der Karwoche ist e. der beliebtesten und eindrucksvollsten Gesänge der Ostkirche.

A: Christ-Paranikas, Anth. graeca carminum christianorum, 1871; K. Krumbacher, Kasia (Sitzungsberichte d. Bayer. Akad. d. Wiss. 3) 1896.

L: I. Rochow, 1967 (m. Bibl.); A. Tripolitis, N. Y. 1992.

Kašić, Bartol, kroat. Autor u. Grammatiker, 15. 8. 1575 Prag – 28. 12. 1650 Rom. Stud. Humaniora u. Theol. Zadar, Rom. Jesuit, ›missionarius apostolicus‹ in Dubrovnik u. den von den Türken besetzten südslaw. Provinzen. – Vf. zahlr. relig. Erbauungsschriften u. der ersten kroat. Grammatik; Übs. des Rituale romanum.

W: Institutionum linguae Illyricae libri duo, 1604; Perivoj od Djevstva, 1628; Zrcalo nauka Krstjanskoga, 1631.

L: J. Ravlić, hg. 1972; V. Horvat, 1992, 1998; N. Kolumbić, hg. 1994.

Kasprowicz, Jan, poln. Lyriker, 12. 12. 1860 Szymborze b. Hohensalza – 1. 8. 1926 Poronin (Tatra). Aus armer Bauernfamilie. Mittelschule in Hohensalza, Oppeln u. Posen. Stud. in Leipzig bei W. Wundt u. in Breslau. Wegen Teilnahme an sozialist. Studentenvereinigung 1887 6 Monate Haft. Damals erscheinen die ersten Gedichte, die sofort Aufmerksamkeit erregen. 1889 Redakteur in Lemberg, 1909 Prof. für vergleichende Literaturwiss. ebda. Während des 1. Weltkriegs in der Tatra. – Bedeutendster poln. Lyriker s. Zeit. S. Werk gliedert sich in 3 Schaffensperioden. Bis 1891 sozialist.-gegenwartsnah, naturalist., stark tendenziös, unerbittl. in der Schilderung soz. Not und vom Glauben an den Fortschritt getragen. 2. Epoche bis 1899: Weltschmerz, Pessimismus und religiöses Ringen. Unter dem Einfluß des Symbolismus Abwendung von realist. Darstellung zur metaphys. Abstraktion des ›ewigen Kampfes zwischen Gut und Böse‹. In der 3. ›franziskanischen‹ Entwicklungsstufe Künder wahrer u. reiner Menschenliebe. Wandte sich wieder den Armen u. der Linderung der Not zu, benutzte volkstüml. Formen der Gestaltung. Genialer Übs. von Aischylos, Euripides, Shakespeare, Byron, Shelley, Tennyson, Rostand, Goethe, Grillparzer, Sudermann, G. Hauptmann.

W: Poezje, G. 1889; Chrystus, Ep. 1890; Świat się kończy, Dr. 1891; Z chłopskiego zagonu, G. 1891; Anima lachrymans, G. 1894; Miłość, Dicht. 1895; Na wzgórzu śmierci, Dr. 1897; Krzak dzikiej róży, G. 1898; Bunt Napierskiego, Dr. 1899; Salve Regina, G. 1902; Ginącemu światu, G. 1902; Uczta Herodiady, Dr. 1905; O bohaterskim koniu i walącym się domu, dicht. Prosa 1906 (Vom heldenhaften Pferd und vom einstürzenden Haus, d. 1922); Ballada o słoneczniku, Ball. 1908; Chwile, G. 1911; Księga ubogich, G. 1916; Marchołt, Dr. 1920; Hymny, G. 1922; Mój świat, G. 1926. – Dzieła,

XXII 1930; IV 1958; hka, 1973ff. – *Übs.:* Hymnen, 1905.

L: Z. Wasilewski, 1923; St. Kołaczkowski, Twórczość J. K.a, 1923; A. Lange, Pochodnie w mroku, 1926; Z. Zaleski, Paris 1928; K. Czachowski, 1929 (m. Bibl.); K. Berger, Przekłady K., 1948; S. Helsztyński, 1955; M. Kasprowiczowa, Dziennik, ²1958; A. Kasprowicz-Jarocka, Poeta i miłość, 1958; dies., Córki mówią, 1966; T. Jodełka, 1964; R. Loth, 1967; J. J. Lipski, Twórczość J. K., II 1967–75; K. Górski, 1977.

Kassák, Lajos, ungar. Lyriker und Erzähler, 21. 3. 1887 Érsekújvár – 22. 7. 1967 Budapest. Arbeitersohn. Ohne Schulbildung, Autodidakt. Weite Fußreisen durch Europa. Arbeiter, später Journalist und Hrsg. avantgardist. Zsn. ›Tett‹, ›Ma‹, ›Dokumentum‹, ›Munka‹. Teilnehmer der kommunist. Revolution; 1919–27 Journalist in Wien, dann Budapest. Auch Maler. – Arbeiterdichter; expressionist. Lyriker von strengem Pathos. Realist. Erzähler mit Novellen und Romanen in marxist. Grundhaltung; s. ›Egy ember élete‹ nach Vorbild Gorkij's trägt stark autobiograph. Züge.

W: Misilló királysága, R. 1912; Egy ember élete, R. VIII 1927–34; Angyalföld, R. 1929; Földem, virágom, G. 1935; Akik eltévedtek, R. 1936; Költemények, rajzok, 1958; Az út vége, R. 1963.

L: A. Szerb, 1935; Gy. Szabó, 1960; Gy. Rónay, 1971; G. Aczél, 1998.

Kassia → Kasia

Kaštelan, Jure, kroat. Dichter, 18. 12. 1919 Zakučac – 25. 2. 1990 Zagreb. Prof. Univ. Zagreb. – In schwungvoller u. bilderreicher Lyrik thematisiert K. den Befreiungskampf u. die Liebe zur Heimat sowie mod. existentielle Probleme. Auch Prosa, Dramen u. lit. Essays.

W: Crveni konj, G. 1940; Pijetao na krovu, G. 1950; Biti ili ne, G. 1955; Malo kamena i puno snova, G. 1957; Lirika A. G. Matoša, St. 1957; Pijesak i pjena, Dr. 1958; Čudo i smrt, En. 1961; Divlje oko, 1978; Pjesme, G. 1982. – Izabrana djela (AW), hg. A. Stamać 1983; Sabrana djela (GW), III 1999.

L: N. Jurica, 1988; C. Milanja, 1991; A. Stamać, 2002; B. Donat, 2003.

Kastellan von Coucy → Chastelain de Coucy

Kataev, Valentin Petrovič, russ. Schriftsteller, 28. 1. 1897 Odessa – 12. 4. 1986 Moskau. Sohn e. Lehrers, veröffentlichte 1911 s. erstes Gedicht; 1914 Bekanntschaft mit I. Bunin, 1915 Soldat und Kriegsberichterstatter, 1918–20 in der Roten Armee, ab 1922 in Moskau; in der Sowjetunion höchst erfolgr. Autor. 1955–62 Chefredakteur der lit. Zs. ›Junost'‹. – Gibt in frühen, z. T. dann im Band ›Otec‹ gesammelten Erzählungen vorwiegend düstere Eindrücke aus den Jahren des 1. Weltkriegs und des Bürgerkriegs wirkungsvoll wieder, wendet sich im Roman ›Rastratčiki‹ mit abenteuerl. Handlung im zeitgenöss. Wirtschaftsleben des Moskauer Alltags der soz. Satire zu, geißelt in den humorvollen Szenen der Komödie ›Kvadratura kruga‹ die mit der Wohnungsnot zusammenhängende leichtfertige Art der Eheschließung; symbolisiert im Bild e. metallurg. Werks im Roman ›Vremja vperëd!‹ mit dem von Dos Passos angeregten raschen Szenenwechsel die Atmosphäre des industriellen Aufbaus in der Sowjetunion; gibt in ›Beleet parus odinokij‹ e. reizvolle Schilderung der Erlebnisse zweier Knaben während der Revolution von 1905, knüpft ab 1965 mit ›Svjatoj kolodec‹ u. a. an frühe Formexperimente (Bewußtseinsstrom) an.

W: Otec, En. 1925; Rastratčiki, R. 1927 (Die Defraudanten, d. 1928); Kvadratura kruga, K. 1928 (Die Quadratur des Kreises, d. 1930); Vremja vperëd, R. 1932 (Im Sturmschritt vorwärts!, d. 1935); Beleet parus odinokij, R. 1936 (Es blinkt ein einsam Segel, d. 1946); Za vlast' Sovetov, R. 1949 (Neufassg. In den Katakomben von Odessa, d. 1955); Zimnij veter, R. 1960 (Winterwind, d. 1961); Svjatoj kolodec, R. 1965 (Der heilige Brunnen, d. 1967); Trava zabven'ja, Aut. 1967 (Das Kraut des Vergessens, d. 1968). – Sobranie sočinenij (W), V 1956f., IX 1968–72. – *Übs.:* AW, 1956–59.

L: B. Brajnina, 1960; B. Galanov, 1982.

Kate, Jan Jacob Lodewijk ten, niederländ. Dichter, 23. 12. 1819 Den Haag – 26. 12. 1888 Amsterdam. Prediger, seit 1860 in Amsterdam. – Romantiker unter Einfluß Byrons, dann Verspotter romant. Poesie. In ›De schepping‹ Versuch e. Verbindung von Glauben u. Geologie. Übs. Goethes ›Faust I‹ u. a.

W: Gedichten, 1836; Dichtwerken, VIII 1866; De schepping, Dicht. 1866 (d. 1881); De planeten, Dicht. 1869; De jaargetijden, Dicht. 1871. – Komplete Dichtwerken, XII 1890 f.

L: J. Ch. Blok, 1889; T. A. Rompelman, 1952.

Kateb, Yacine → Yacine, Kateb

Katenin, Pavel Aleksandrovič, russ. Dichter, 22. 12. 1792 Gut Šajovo im Gouv. Kostroma – 4. 6. 1853 ebda. Aus Adelsfamilie, nahm als Offizier am Napoleon. Krieg teil, führende Figur im Kreis der ›jüngeren Archaisten‹, 1822–32 im heimatl. Dorf, 1836 Kommandant der Festung Kizljar im Kaukasus, verließ 1838 den Militärdienst. – Hält in Tragödie ›Andromache‹ als letzter an der klassizist. Tradition fest, übersetzte Dramen Corneilles und Racines. Nahm die Sujets für s. ep. und lyr. Gedichte aus dem altruss. Leben. Betont in s. realist. gehaltenen Balladen (›Ubijca‹ 1815, ›Ol'ga‹ 1816 nach Bürgers ›Leonore‹) gegenüber der Balladik Žukovskijs russ. Thematik und volkstüml. Wortschatz. Als Kritiker von Puškin hoch geschätzt.

Katharina II.

A: Sočinenija i perevody v stichach, II 1832; Stichotvorenija, G. 1937; Izbrannye proizvedenija, Ausw. 1965.
L: S. Bertenson, 1909.

Kāṭhaka-Upaniṣad → Upaniṣad, die

Kathāratnākara → Hemavijaya-gaṇin

Katharina II. (Ekaterina), russ. Kaiserin, Schriftstellerin, 2. 5. 1729 Stettin – 17. 11. 1796 Carskoe Selo. Prinzessin Sophie von Anhalt-Zerbst, ab 1744 in Rußland, ab 1745 Gemahlin Peters III., ab 11. 7. 1762 Kaiserin; wandte sich unter der Einwirkung der franz. Lit. der Aufklärungsphilos. und dem freiheitl. polit. Denken zu, ließ sich bei der Staatsführung von e. aufgeklärten Rationalismus leiten, stand in Briefwechsel mit den führenden Persönlichkeiten der franz. Aufklärung (Voltaire, Diderot, Grimm). – Ihre lit. Erzeugnisse sind von geringem künstler. Wert, aber nicht ohne Bedeutung für die Geschichte der russ. Lit. Veröffentlichte Komödien, sowie Dramen aus der russ. Geschichte; redigierte die erste russ. satir. Zs. ›Vsjakaja vsjačina‹.

A: Sobranie sočinenij (W), XII 1901–07. – *Übs.:* Mem., d. E. Böhme II 1913; K. II. in ihren Mem., 1977.

L: B. v. Bilbasov, 1891–93; H. v. Rimscha, 1961; P. Gaxotte, Paris 1966; H. Fleischhacker, 1978.

Katharina von Siena → Caterina da Siena, Santa

Kathāsaritsāgara → Somadeva

Kaṭha-Upaniṣad → Upaniṣad, die

Kathāvatthu → Tipiṭaka, das

Katona, József, ungar. Dramatiker, 11. 11. 1791 Kecskemét – 16. 4. 1830 ebda. Sohn e. Webermeisters. Gymnas. Kecskemét. Stud. Philos. Szeged, Jura u. Philos. Pest. 1811 Schauspieler u. Übersetzer. 1815 schrieb er s. Drama ›Bánk bán‹. 1820 Advokat in Kecskemét bis zu s. Tod. – S. einziges Werk von Bedeutung ist das Drama ›Bánk bán‹ um die Ermordung der Gattin Andreas' II. von Ungarn durch Bánk, e. Art ungar. Nationaldrama, mit dem K. e. vornehmen Platz in der ungar. Literaturgeschichte einnimmt. Bei e. Preisausschreiben 1815 wurde das Werk nicht beachtet; die Uraufführung erfolgte erst 1834 in Kassa.

W: A Luca széke, Dr. 1812; Az ártatlan légy a pókok között, Lsp. 1814; Bánk bán, Dr. 1821 (d. 1969); Vágy, G. 1822. – Összes művei, III 1880.

L: D. Horváth, Bánk bán, 1856; P. Gyulai, K. J. és Bánk bánja, ²1907; B. Alexander, Shakespeare és Katona, 1912; J. Horváth, 1936; L. Orosz, 1974; L. Lisztes, K. J.-bibliográfia, 1992.

Katz, Steve, amerik. Schriftsteller, * 14. 5. 1935 Bronx/NY. – Verf. von experimentellen Romanen und Erzählungen, auch Gedichten und Drehbüchern.

W: The Exagggerations of Peter Prince, R. 1968; Creamy and Delicious: Eat My Words (in Other Words), En. 1970; Saw, R. 1972; Moving Parts, R. 1977; Journalism, G. 1990; 43 Fictions, En. 1991; Swanny's Ways, R. 1995.

Kaudzīte, Brüder Matīss u. Reinis, lett. Romanciers; M. 18. 8. 1848 Vecpiebalga/Lettl. – 8. 11. 1926 ebda. R. 12. 5. 1839 Vecpiebalga/ Lettl. – 21. 8. 1920 ebda. Bauernsöhne; Herrnhuter; Autodidakten; Lehrer in Kalna Kaibēni, gemeinsame Reise durch Europa; R. Drechsler, ab 1867 Pächter, Gemeindevertreter, 1904–20 versch. Wohnsitze in Lettl.; M. ab 1868 Mitarbeiter der ›Latviešu bibliotēka‹, ab 1911 Rentner, 1915–17 Kriegsflüchtling in Petrograd, 1917 Rückkehr nach Kaibēni. – Verfaßten zusammen den ersten lett. Roman ›Mērnieku laiki‹ (1879) in einer Verbindung von Romantik u. Realismus, von Schelmen- u. Kriminal-Roman; vor der Wirkung u. der lit.hist. Bedeutung dieses Romans ist heute das übrige, sehr vielfältige Werk der Brüder verblaßt; Übs. (Puškin, Lermontov, Schiller).

W: Dzejoļi, G. 1877. – Brāļu Kaudzīšu raksti (W), VI 1939–41; Brūklenājs (ausgew. G.), 1976.

L.: O. Čakars, 1968; K. Egle: Atmiņas, 1972.

Kaufman, George S(imon), amerik. Dramatiker, 16. 11. 1889 Pittsburgh – 2. 6. 1961 New York. Stud. Jura; versch. Berufe, begann 1908 e. journalist. Karriere in Washington und New York, widmete sich ab 1918 ganz dem Theater. – Meister der Bühnentechnik, außergewöhnl. Satiriker, schrieb fast immer in Zusammenarbeit mit anderen, bes. mit M. Connelly, E. Ferber, M. Ryskind, M. Hart u. s. Frau L. McGrath.

W: Dulcy, Dr. 1921 (m. M. Connelly); To the Ladies, Dr. 1923 (m. dems.); Beggar on Horseback, Dr. 1924 (m. dems.); Merten of the Movies, Dr. 1925 (m. dems.); Minick, Dr. 1925 (m. E. Ferber); The Butter and Egg Man, Dr. 1927; The Royal Family, Dr. 1928 (m. E. Ferber); June Moon, Dr. 1930 (m. R. Lardner); Strike Up the Band, Dr. (1930, m. M. Ryskind); The Bankwagon, Dr. (1931, m. M. Hietz); Once in a Lifetime, Dr. 1931 (m. M. Hart); Of Thee I Sing, Dr. 1932 (m. M. Ryskind u. G. Gershwin); Dinner at Eight, Dr. 1932 (m. E. Ferber); Let 'Em Eat Cake, Dr. 1933 (m. M. Ryskind u. G. Gershwin); Merrily We Roll Along, Dr. 1934 (m. M. Hart); First Lady, Dr. 1936 (m. K. Dayton); Stage Door, Dr. 1936 (m. E. Ferber); You Can't Take It With You, Dr. 1937 (m. M. Hart u. I. Gershwin); I'd Rather Be Right, Dr. 1937 (m. M. Hart); The American Way, Dr. 1939 (m. M. Hart); The Man Who Came to Dinner, Dr. 1939 (m. M. Hart); George Washington Slept Here, Dr. 1941 (m. M. Hart); The Land is Bright, Dr. 1942 (m. E. Ferber); The Late George Apley, Dr. 1946 (m. J. P. Marquand); The Solid Gold Cadillac, Dr. 1954 (m. H. Teichmann); Silk Stockings, Dr. (1955, n. M. Lengyels, m. L. McGrath, A. Burrows u. Cole Porter). – Six Plays, 1942 (m. M. Hart); By George, hg. D. Oliver, 1979; Three Plays, 1980 (m. M. Hart).

L: H. Teichmann, 1972; M. Goldstein, 1979; J. D. Mason, 1988; R.-G. Pollack, 1988.

Kauṣītaki → Brāhmaṇas

Kauṣītaki → Upaniṣad, die

Kauṭilya → Cāṇakya

Kavafis, K(onstantinos) P., griech. Lyriker, 17. 4. 1863 Alexandria – 29. 4. 1933 ebda. Kindheit und früheste Jugend nach Tod des Vaters in London und 1880–85 in Konstantinopel, danach Alexandria, wo er bis zu s. Tode blieb. In London lernte er die europ. lit. Strömungen kennen, in Konstantinopel rezipierte er die byzantin. Tradition. – In Alexandria unmittelbar Zeuge des Verschwindens der griech. Kultur außerhalb des Mutterlandes. S. Gedichte sind geprägt von e. heroischen u. gleichzeitig pessimist. Stimmung u. greifen meist Themen der griech. Vergangenheit in distanzierter Weise auf. S. Liebesgedichte zeigen homoerot. Züge, weswegen er lange als ›dekadent‹ galt. Mit s. bewußt schnörkellosen Versen schenkte er der griech. Sprache e. neue Dimension.

W: Poiēmata, 1933. – Poesie, hg. F. M. Pontani, Mail. 1961 (m. ital. Übs.); Poiēmata, hg. G. Savvidis II 1963; Anekdota peza keimena, hg. M. Peridis 1963; Peza, hg. G. Paputsakis 1963; Anekdota poiēmata 1882–1923, hg. G. P. Savvidis 1968; Ta apokērygmena, hg. ders. 1983. – Hapanta (GW), hg. P. G. Phexi IV 1982. – *Übs.:* Gedichte, 1953, 1962; Ausgew. Gedichte, 1979; Brichst du auf gen Ithaka, (Sämtl. G. griech./dt.) 1983; GW, 1985, 1997; Die vier Wände meines Zimmers, 1994; Gefärbtes Glas, 2001; Unfertige Gedichte, 2001.

L: G. Vrissimitzakis, 1917; M. Peridis, 1948; T. Malanos, 1957; S. Tsirkas, 1958; M. Yourcenar, Paris 1958; Malanos, ²1963; G. Paputsakis, 1963; I. A. Sarejannis, 1964; P. Bien, N. Y. 1964; G. Savvidis, 1964; G. P. Savvidis, Hoi kabaphikes ekdoseis (1891–1932), 1966; I. N. Sarakinos, Kabaphika, 1966; M. Chatziphotis, Ho K. meta thanaton, 1970; V. Belmonte, 1971; K. Petridis, Ho K. kai hē dialechtikē, ²1972; K. Delopulos, Historika kai alla prosōpa stēn poiēsē tu K., 1973; G. Dallas, Ho Hellēnismos kai hē theologia ston K., 1986; S. Ilinskaja, ³1988; D. Haas, Le problème religieux dans l'œuvre de C., Paris 1996. – *Bibl.:* D. Haas, M. Pieris, 1984.

Kavan, Anna (ab 1940; eig. Helen Emily Woods, bis 1937 H. Ferguson), engl. Erzählerin, 10. 4. 1901 Cannes – 5. 12. 1968 London. Aus wohlhabender engl. Familie, aufgewachsen in Europa und den USA, Privatunterricht, viele Reisen; zwei gescheiterte Ehen; in der zweiten Lebenshälfte heroinabhängig, daraus und aus problemat. Familienverhältnissen resultierend Depressionen, Zusammenbrüche und Selbstmordversuche, Aufenthalte in der Psychiatrie; auch Malerin und Innenarchitektin. – Bekannt für ihre halbautobiograph. surrealen Romane und Kurzgeschichten. Zunächst Vf. eher konventioneller, unter dem Namen H. F. veröffentlichter Romane; mit der Namensänderung ab 1940 neue Themen: Zusammenbrüche und Selbstzerstörung, Leben zwischen Realität und Illusion; erstes Werk dieser Phase nach dem ersten Aufenthalt in e. Nervenklinik ist ›Asylum Piece‹. Der Roman ›Ice‹ gilt als Science-fiction-Lit.; wichtig die Erzählungen in ›Julia and the Bazooka‹.

W: A Charmed Circle, R. 1929 (n. 1994); The Dark Sisters, R. 1930; Let Me Alone, R. 1930 (n. 1974, 1995); A Stranger Still, R. 1935 (n. 1995); Goose Cross, R. 1936; Rich Get Rich, R. 1937; Asylum Piece and Other Stories, En. 1940 (n. 1972, 2001); Change the Name, R. 1941 (n. 1993); I am Lazarus, En. 1945 (n. 1978); House of Sleep, R. 1947 (u.d.T. Sleep has his House 1948, n. 2003); A Scarcity of Love, R. 1957 (n. 1971, 1995); Eagles' Nest, R. 1957; A Bright Green Field and Other Stories, En. 1958; Who are you?, R. 1963 (n. 2002, d. 1984); Ice, R. 1967 (n. 1997); Julia and the Bazooka and Other Stories, En. 1970 (d. 1983); My Soul in China: A Novella and Stories, En. hg. R. Davies 1975; My Madness: The Selected Writings of A. K., hg. B. W. Aldiss 1990; Mercury, R. 1994; The Parson, R. 1995 (n. 2001).

L: D. Callard, The Case of A. K., London 1992.

Kavan, Josef → Nor, A. C.

Kavanagh, Dan → Barnes, Julian

Kavanagh, Patrick (Joseph), ir. Poet, 21. 10. 1904 Co. Monaghan, Irland – 30. 11. 1967 Dublin. Geringe Schulbildung, Landarbeiter; ab 1937 erfolgreich als freier Schriftsteller in Dublin. Nach finanziellen u. gesundheitl. Problemen ab 1955 neue Schaffensphase; ∞ 1967. – Wichtigster ir. Lyriker des 20. Jh. Schonungslos realist. Darstellung der ir. Landlebens, bes. im Langgedicht ›The Great Hunger‹.

W: The Ploughman, 1936; The Green Fool, Aut. 1938; The Great Hunger, 1942; A Soul For Sale, 1947; Tarry Flynn, R. 1948; Recent Poems, 1958; Come Dance With Kitty Stobling, 1960; Self Portrait, 1964; By Night Unstarred, Aut. 1978. – Collected Poems, 1964; Complete Pruse [sic], 1967; Lapped Furrows, Br. 1969; Complete Poems, 1972; Kavanagh's Weekley (1952), Zs. 1981; No Earthly Estate, Anth. 2002.

L: A. Warner, 1973; A. Cronin, 1975; D. O'Brien, 1975; J. Nemo, 1979; Peter Kavanagh, 1979; M. O'Loughlin, 1985; Peter Kavanagh, hg. 1986; A. Quinn, 1991; U. Agnew, 1998; A. Quinn, 2001; Z. M. Zach, 2001. – *Bibl.:* Peter Kavanagh, 1972; J. Allison, 1996.

Kaverin, Veniamin (eig. Veniamin Aleksandrovič Zil'ber), russ. Schriftsteller, * 19. 4. 1902

Pskow. Vater Musiker, 1920-24 Stud. Orientalistik u. Lit. Leningrad, Promotion 1929; trat dem Kreis der ›Serapionsbrüder‹ bei, gehörte mit L. N. Lunc zu deren westl. Flügel; im ›Tauwetter‹ aktiv für Liberalisierung der Lit. - Zeigt im Frühwerk, so in ›Mastera i podmaster'ja‹, den Einfluß E. T. A. Hoffmanns und E. A. Poes, läßt dann das Element des Phantast. zurücktreten, neigt weiterhin zum formalen Experiment, beharrt auf dynam. Handlungsführung, fesselt mit Darstellung spannender Begebenheiten. Wendet sich in ›Devjat' desjatych sud'by‹ dem psycholog. Roman zu unter Beleuchtung der Rolle der Intelligenz in der Revolution; Motiv des Abenteuers und Auseinandersetzung um den lit. Formalismus liegen dem Roman ›Skandalist, ili Večera na Vasil'evskom ostrove‹ zugrunde, worin das später wiederkehrende Thema der Freiheit des Künstlers anklingt. Das für die Jugend bestimmte, reizvolle Buch über die Erschließung der Arktis ›Dva kapitana‹ zählt zu den bedeutenderen Romanen der sowjetruss. Lit.; stellte in ›Dvojnoj portret‹ vielperspektiv. Verleumdung von Wissenschaftlern u. Fortexistenz der Stalinisten nach Stalins Tod dar, bot in ›Pered zerkalom‹ dokumentar. Einblick in Emigrantenleben.

W: Mastera i podmaster'ja, En. 1923; Konec chazy, R. 1925 (Das Ende einer Bande, d. 1973); Devjat' desjatych sud'by, R. 1926; Skandalist, ili Večera na Vasil'evskom ostrove, R. 1928; Chudožnik neizvesten, R. 1931 (Unbekannter Meister, d. 1961); Ispolnenie želanij, R. 1934f. (Die Erfüllung der Wünsche, d. 1976); Dva kapitana, R. II 1935-45 (Zwei Kapitäne, d. 1955); Otkrytaja kniga, I/II 1953 (Glückliche Jahre, d. 1954 u. Doktor Tatjana Wlassenkowa, d. 1953); III Poiski i nadeždy (in: ›Literaturnaja Moskva‹, 1956); Dvojnoj portret, R. 1967 (Das doppelte Porträt, d. 1973); Pered zerkalom, R. 1970 (Vor dem Spiegel, R. 1971). – Sobranie sočinenij (GW), VI 1963-66.

L: D. G. Piper, Pittsburgh 1970; H. Oulanov, Cambr./MA 1976; O. Novikova, V. Novikov, 1986.

Kawabata Yasunari, jap. Schriftsteller, 11. 6. 1899 Osaka – 16. 4. 1972 Kamakura (Selbstmord). Arztsohn, verlor schon als Kind Eltern wie Großeltern, begann sich als ›heimatloser Wanderer‹ zu verstehen. Früh lit. Interesse. Stud. bis 1924 buddhist. Schriften, engl. u. jap. Lit. an der Tokyo-Univ. Gefördert von Kikuchi Kan, Mitarbeiter an dessen lit. Magazin ›Bungei-shunjû‹, später befreundet mit Kume Masao, Akutagawa Ryûnosuke u.Yokomitsu Riichi, mit dem er die Zs. ›Bungei-jidai‹ herausgab. Anerkannter Kritiker, Mitgl. der jap. Akad. der Künste u. 1949-65 Präsident des PEN-Clubs von Japan. S. Hauptwerke erschienen nach 1945; 1968 Nobelpreis. – Zunächst als Schriftsteller des Neoimpressionismus berühmt, wandte er sich jap. ›Schulen‹ u. Kontroversen im lit. Leben Japans ab. S. Werk wird beherrscht vom Gefühl des Ausgeliefertseins, der Todesnähe. Vor diesem Hintergrund beschwört er die vergängl. Manifestationen von Liebe u. Schönheit herauf: Leben ist ›ein Wind u. ein Strom, mit denen man forttreibt‹. Betonung jap. Art tritt in s. Werk deutl. hervor.

W: Jûrokusai no nikki, Tg. 1925 (Tagebuch e. Sechzehnjährigen, d. 1969); Izu no odoriko, E. 1926 (Die kleine Tänzerin von I., d. in: Flüchtiges Leben, 1948); Asakusakurenaidan, E. 1929f. (Die rote Bande von Asakusa, d. 1999); Kinjû, E. 1933; Matsugo no me, E. 1933; Niji, E. 1934f.; Hana no warutsu, E. 1936f.; Yukiguni, R. 1935-37 (Schneeland, d. 1957); Sembazuru, R. 1949-51 (Tausend Kraniche, d. 1956); Saikonsha, E. 1953; Yama no oto, R. 1949-54 (Ein Kirschbaum im Winter, d. 1969); Mizuumi, E. 1954 (engl. 1974); Meijin, R. 1954 (engl. 1972); Tokyo no hito, R. 1954-55; Nemureru bijo, E. 1960-61 (engl. 1969; Die schlafenden Schönen, d. 1994); Koto, R. 1961-62 (Kyoto, d. 1965); Utsukushisa to kanashimi to, R. 1963 (engl. 1975); Utsukushii Nihon no watakushi – sono josetsu, Es. 1969 (engl. 1969). – K. Y. zenshû (GW), 1969-74. – *Übs.:* The Izu Dancer, 1964; AW, engl. 1968; The Existence and Discovery of Beauty, 1969; Träume im Kristall, En. 1974; Schneeland (ausgew. Prosa), 1984.

L: T. E. Swann, On K.'s ›Sembazuru‹ (East-West Review 3), 1967; J. T. Araki, K. and His Snow Country (The Centennial Review 13), 1969; G. R. Boardman, K. Y.: Snow in the Mirror (Critique: Studies in Modern Fiction 11, III), 1969; F. Mathy, K. Y., Bridge-Builder to the West (MN 24), 1969; G. B. Petersen, The Moon in the Water, 1979; Y. Brunet, Naissance d'un écrivain: études sur K. Y., Paris 1982; R. Starrs, Sounding in Time: The Fictive Art of K. Y., Richmond 1998.

Kawalec, Julian, poln. Erzähler * 11. 10. 1916 Wrzawy b. Tarnobrzeg. Bäuerl. Herkunft. – Zahlr. Romane u. Erzählungen über das Leben im Dorf seit 1945 u. über Probleme der in die Stadt Abwandernden.

W: Ziemi przypisany, R. 1962; Tańczący jastrząb, R. 1964 (Der tanzende Habicht, d. 1967); Szara aureola, R. 1973 (Die graue Aureole, d. 1975); Opowiadania wybrane, E. 1975; Ukraść brata, R. 1982; Kochany smutek, G. 1992; Te dni moje, G. 1995.

L: F. Fornalczyk, 1968; A. Marzec, 1983; B. S. Kunda, 1984.

Kawatake, Mokuami (eig. K. Shinshichi II, auch Furukawa M.), jap. Dramatiker, 3. 2. 1816 Edo – 22. 1. 1893 Tokyo. Sohn e. Kaufmannsfamilie, mit 19 Jahren Schüler des Schauspielers Tsuruya Namboku V u. 1855 von Ishikawa Kodanji IV. Nach 1868 schrieb er bürgerl. u. hist. Stücke für die ›Neue Richtung‹, die von den Schauspielern Ishikawa Danjûrô IX, Onoe Kikugorô V u. a. vertreten wurde. 1881 zog er sich von der Bühne zurück. – Der selbständigste Dramatiker s. Zeit mit ungeheurer Schaffenskraft (über 360 Stücke). In s. Werk herrscht der Gedanke von Ursache u. Wirkung, Belohnung des Guten u. Bestrafung des

Bösen vor. Es sind v. a. realist. bürgerl. Dramen u. sich dem neuen Japan der Meiji-Zeit zuwendende Stücke. Die nach 1878 geschriebenen Stücke zeigen e. Wandel in der Form, brachten aber wenig Erfolg, da der Vf. zu traditionsgebunden war.

W: Sannin Kichiza kuruwa no hatsugai, Sch. 1860 (Der Weg ins Unbekannte ..., d. in: Das jap. Theater, 1937); Shimachidori tsuki no shiranami, Sch. 1881 (engl. 1956); Saga moyô tateshi no goshozome, Sch. 1866 (franz. 1889); Takatoki Yoshisada tachinagashi, Sch. 1884. – M. zenshû (GW), 1924ff. – Übs.: Fragmente, engl. S. Leiter, 1998; Kabuki Plays on Stage, hg. J. Brandon, S. Leiter, Honolulu 2002.

L: P. Faure, Le Kabuki et ses écrivains, Paris 1977.

Kawerin, Weniamin → Kaverin, Veniamin

Kayam, Umar, indones. Schriftsteller, 30. 4. 1932 in Ngawi/Ost-Java – 16. 3. 2002 Jakarta. Ph.D. der Soziologie an der Cornell Univ./N.Y. – Vf. von Kurzgeschichten und Romanen, die dem Leser Einblicke in die javan. Kultur geben. Traditionen im gesellschaftl. Wandel sind ein vordringliches Thema. In ›Sri Sumarah‹ wird der Zwiespalt der Gefühle einer alleinerziehenden Mutter geschildert, zwar in Übereinstimmung mit dem vorherrschenden Wertesystem leben zu wollen, sich aber trotzdem nicht von ihm dominieren zu lassen. Besonders bekannt wurde er mit s. Roman ›Para Priyayi‹, der in mehrere Sprachen übersetzt wurde.

W: Kunang-kunang di Manhattan, Kgn. 1972; Sri Sumarah dan Bawuk, Kgn. 1975; Parta Krama, Kgn. 1997; Para Priyayi, R. 1992.

Kayenbergh, Albert → Giraud, Albert

Kazakevič, Ėmmanuil Genrichovič, russ. Prosaist, 24. 2. 1913 Kremenčug (Ukraine) – 22. 9. 1962 Moskau. Nahm als Freiwilliger am Krieg teil; schrieb zunächst in jidd., erst nach dem Krieg in russ. Sprache. – Wurde bekannt durch die Kriegsnovelle ›Zvezda‹, die von Verherrlichung des Kriegs u. Pathetik frei ist; bemerkenswert durch das psycholog. Element in der Personendarstellung sind mehrere Novellen wie die Kriegsnovelle ›Dvoe v stepi‹, die hist. Erzählung über Lenin ›Sinjaja tetrad'‹, ›Pri svete dnja‹ mit Motiven der Nachwirkung des Kriegsgeschehens in einzelnen Menschen.

W: Groisse Welt, G. 1939; Zvezda, N. 1947; Dvoe v stepi, N. 1948 (Das Todesurteil, d. 1965); Vesna na Odere, R. 1949 (Frühling an der Oder, d. 1953); Starye znakomye, N. 1951; Serdce druga, N. 1953 (Das Herz des Freundes, d. 1957); Dom na ploščadi, N. 1955 (Das Haus am Platz, d. 1957); Sinjaja tetrad', N. 1961 (Das blaue Heft, d. 1962); Pri svete dnja, N. 1961; Priezd otca v gosti k synu, N. 1962. – Sočinenija (W), II 1961–63; Izbrannye proizvedenija, Ausw. II 1974.

L: A. G. Bočarov, 1965, 1967.

Kazakov, Jurij Pavlovič, russ. Prosaist, 8. 8. 1927 Moskau – 29. 11. 1982 ebda. Musikschule, spielte in Orchestern. Bis 1958 Stud. Lit.inst. – Naturverbundener und tief menschl., unpolit. Erzähler, der die Tradition Čechovs, Bunins weiterführt, in der Beschreibung der Natur an Prišvin und Paustovskij erinnert, mit männl. Erzählfiguren, dem Milieu des nördl. Meeres an Jack London, E. Hemingway. In s. Erzählungen ist jeweils e. bestimmter Rhythmus, gewissermaßen als musikal. Element, erkennbar.

W: Na polustanke, En. 1959 (Musik bei Nacht, d. 1961); Trali-vali, En. 1959 (Larifari, d. 1966); Po doroge, En. 1961; Goluboe i zelënoe, En. 1963; Dvoe v dekabre, En. 1966 (Zwei im Dezember, d. 1969). – Sobranie sočinenij (GW), III 1988f. – Übs.: Der Duft des Brotes, En. 1965; Arktur, der Jagdhund, E. 1976; Lyrische Prosa, 1991.

L: E. Galimova, 1992.

Kazakov, Vladimir Vasil'evič, russ. Prosaiker, 29. 8. 1938 Moskau – 23. 6. 1988 ebda. Aus russ.-armen.-poln. Familie, nach Verweis von pädag. Hochschule in versch. Berufen im Kolymagebiet tätig, ab 1961 Vf. absurder Dichtungen ohne Publikationsmöglichkeit. 1966 Hinwendung zur Prosa, ab 1972 Publikationen in Westdtl., in Rußland seit 1989 gedruckt, lebte in Moskau. – Knüpft an die futurist. und absurde Lit. an, zeigt unter Aufhebung logischer Bezüge die Grausamkeit des Lebens und seziert in wortbewußter, dichter Sprache in meist unverbundenen Szenen und Gedanken menschliche Vereinsamung.

W: Moi vstreči s Vladimirom Kazakovym, Kurzprosa 1972 (Meine Begegnungen mit V. K., d. 1972); Ošibka živych, R. 1976 (Der Fehler der Lebenden, d. 1973); Slučajnyj voin, G. 1976; Ot golovy do zvězd, R. 1982; Žizn' prozy, R. 1982. – Izbrannye sočinenija (AW), III 1995. – Übs.: Unterbrechen Sie mich nicht, ich schweige, Drn. 1990.

L: B. Müller, Absurde Literatur in Rußland, 1978.

Kazan (eig. Kazanjoglous), Elia, griech.-amerik. Schriftsteller u. Regisseur, 7. 9. 1909 Istanbul – 28. 9. 2003 New York. Kam 1913 in die USA, Williams College u. Yale Univ., Schauspieler u. a. am Group Theatre in New York, Regisseur der Uraufführungen von Stücken A. Millers u. T. Williams', Regisseur bedeutender sozialkrit. Hollywood-Filme (›A Streetcar Named Desire‹, 1951; ›On the Waterfront‹, 1954; ›East of Eden‹, 1955; ›A Face in the Crowd‹, 1957). – Vf. kolportagehafter optimist. Entwicklungsromane über Einwandererschicksale in den USA mit autobiograph. Zügen.

W: America America, R. 1962 (d. 1963); The Arrangement, R. 1966 (d. 1968); The Assassins, R. 1972 (Dieses mörderische Leben, d. 1972); The Understudy, R. 1974 (Der Schlußakt, d. 1976); Acts of Love, R. 1978

(Wege der Liebe, d. 1980); The Anatolian, R. 1982 (d. 1984); A Life, Aut. 1988; Beyond the Aegean, R. 1994; K., Interviews 1999; E. K.: Interviews, 2000.
L: T. H. Pauly, 1983; L. Michaels, 1985; E. Bruno, 1989; A. Bachner, 1989; H. Belach, hg. 1996.

Kazantzakis, Nikos, griech. Dichter, 18. 2. 1883 Heraklion/Kreta – 26. 10. 1957 Freiburg. Stud. Jura Athen (1906 Dr. jur.), Philos. (bei Bergson) und Staatswiss. Paris; nach s. Rückkehr Ministerialdirektor, 1945/46 Minister, lebte zuletzt in Antibes. An allen geistigen Strömungen interessiert, ließ sich K. abwechselnd sowohl von alten Religionen (Buddhismus u. a.) wie auch von zeitgenöss. philos. und polit. Lehren beeinflussen. Er vertiefte dann s. Kenntnisse auf Reisen durch Europa und den Fernen Osten, über die s. Reisebücher berichten. – K. schrieb lyr. und ep. Gedichte, Erzählungen, Romane, Tragödien über antike, christl. und byzantin. Stoffe, philos. Essays und Reisebeschreibungen. Am bekanntesten jedoch sind s. Romane der späteren Zeit, die ihn weltweit zum bekanntesten mod. griech. Autor machten. K. verbindet in s. Werken Dichtung und Philos., ohne ideolog. eingeschränkt zu sein. S. Eklektizismus schlägt sich auch in s. überreichen Sprache nieder, die in der griech. Lit. ihresgleichen sucht. Übs. von Homer, Dante, Goethe, Nietzsche, Darwin, Shakespeare, García Lorca und Rimbaud.

W: Monoprakto, K. 1900; Ophis kai Krino, N. 1906; Xēmerōnei, Dr. 1906; Ho Prōtomastoras, Tr. 1910; Askētikē, Schr. 1927 (endgültige Fassg u.d.T. Salvatores Dei, 1945; Rettet Gott, d. 1953); Nikēphoros Phōkas, Tr. 1927; Taxideuontas, Reiseb. 1927; Christos, Tr. 1928; Odysseas, Tr. 1928; Ti eida stē Russia, Reiseb. II 1928; Toda Raba, R. 1934; Odysseia, Ep. 1938 (d. 1973); Iapōnia-Kina, Reiseb. 1938; Anglia, Reiseb. 1941; He Trilogia tu Promēthea, Tr. 1941–43; Iulianos, Tr. 1945; Kapodistrias, Tr. 1946; Alexis Zorbas, R. 1946 (d. 1952); Kapetan Michalēs, R. 1953 (Freiheit oder Tod, d. 1954); Ho Christos xanastaurōnetai, R. 1954 (Griechische Passion, d. 1951); Ho teleutaios Peirasmos, R. 1955 (d. 1952); Kuros, Tr. 1955; Melissa, Tr. 1955; Konstantinos Palaiologos, Tr. 1956; Sodoma kai Gomorrha, Dr. 1956; Ho phtōchulēs tu Theu, R. 1956 (Mein Franz von Assisi, d. 1956); Tertsines, G. 1960; Anaphora sto Greco, Dr. 1961 (d. II 1964–67; d. 1978); Adelphophades, R. 1965 (Brudermörder, d. 1969); Symposion, Prosa 1971. – Theatron, Trn. III 1956. – *Übs.:* Im Zauber griech. Landschaft, Anth. hg. I. Rosenthal-Kamarinea 1966.

L: P. Prevelakis, Ho Poiētēs kai to poiēma tēs Odysseias, 1958 (engl. N. Y. 1961); N. Vrettakos, 1960; L. Zographu, 1960; P. Spandonidis, 1960; P. Tzermias, N. K. und die Gerechtigkeit, 1963; A. Izzet, Paris 1965; S. Panu, Le problème de Dieu chez N. K., 1969; C. Janiaud-Lust, 1970; G. Stamatiu, 1971; K. Priphti, 1971; N. Puliopulos, 1972; E. Kasantzaki, Einsame Freiheit, 1972; P. Bien, K. and the Linguistic Revolution in Greek Literature, 1972; G. Kumakis, 1982; T. Papachazaki-Katsaraki, To theatriko ergo tu N. K., 1985; T. Grammatas, Kritikē matia, 1992; B. Karalis, Ho N. K. kai to palimpsēsto tēs historias, 1994.

Kazenelson, Jitzchak, jidd. u. hebr. Dichter, 1886 Korelicze/Weißrußland – 1944 Auschwitz. Erzieher in Warschau. Nach der Besetzung Polens e. der Leiter der jüd. Kulturarbeit im Warschauer Ghetto, an dessen Verteidigung er teilnahm. – Vf. lebensfroher und rhythm. wohlklingender Gedichte, in denen er Natur und Menschen feiert. Viele s. Dramen um Themen der jüd. Geschichte verfolgen e. didakt. Zweck. Als Begründer des neuhebr. Dramas von maßgebl. Einfluß auf die Entwicklung des Moskauer Hebräischen Künstlertheaters ›Habima‹. S. im Lager Vitel/Fankreich kurz vor s. Ermordung verfaßte, in Flaschen vergrabene u. später aufgefundene Dichtung ›Dos Lid fun ojsgehargeten jidd. Volk‹, legt e. erschütterndes Zeugnis ab vom Untergang des jüd. Volkes.

W: Bigwulot Lita, G. 1907; Dimdumim, G. II 1910; Anu chajim umetim, Dr. 1911; Taltalim, G. 1922; Machmadim, G. 1924; Hamatmid wezilo, Dr. 1935; Mendele im hakabzanim, Dr. 1936; Tagebuch, 1944; Dos Lid fun ojsgehargeten jidd. Volk, jidd.-poln. 1986 (Großer Gesang vom ausgerotteten jüd. Volk, d. 1994).

L: Z. Katzenelson-Nachumov, 1948; J. I. Trunk, 1951; S. E. Shoshan, 1954; H. Dinse, S. Liptzin, 1978.

Kazinczy, Ferenc, ungar. Schriftsteller, 27. 10. 1759 Érsemlyén – 23. 8. 1831 Széphalom. Adelsfamilie; lernte 1768 Deutsch in Késmárk. 1769 Gymnas. Sárospatak. 1775 Stud. Theol. u. Jura ebda., 1777 in Wien. 1779 Rechtspraktikant in Kassa, 1781/82 in Eperjes u. Pest. 1784 Vizenotar im Komitat Abaúj. 1786–91 Schulinspektor. Gründete 1787 in Kassa die erste ungar. Zs. ›Magyar Museum‹. 1794–1801 Gefängnis wegen der Verschwörung Martinovics's. 1804 ∞ Gräfin Sophie Török. 1806 zog er sich auf Bányácska/Széphalom zurück, das lit. Zentrum wurde. – Der größte Reformator der ungar. Sprache. S. Ziel war, durch Stud. der Volkssprache u. der alten Sprachdenkmäler die ungar. Sprache zu verfeinern. Stand im Briefwechsel mit Gessner und Wieland u. übersetzte deren Werke, sowie Goethe, Herder, Shakespeare, Ossian u.a. Eigene Dichtungen (Epigramme, Episteln, Sonette, Memoiren) weniger bedeutend.

W: Az amerikai Podocz és Kazimir keresztyén vallásra való megtérése, Übs. 1776 (Bessenyei, Der Amerikaner); Gessner Salomon idylliumi, Übs. 1788; Bácsmegyei öszszeszedett levelei, költött történet, Übs. 1789; Tövisek és virágok, Epigr. 1811. – Összes művei, V 1836–45; Levelezése, XXI 1890–1911.

L: J. Váczy, K. F. és kora, 1915; J. Czeizel, 1930; L. Négyesy, K. F. pályája, 1931; J. Szauder, 1960; L. Z. Szabó, 1984.

Keane, Molly (eig. Mary Nesta Keane, geb. Skrine, Ps. M. J. Farrell), ir. Erzählerin u. Dramatikerin, 4. 7. 1904 Kildare – 22. 4. 1996 Ardmore/Waterford. Tochter einer protestant. angloir. Landbesitzerfamilie. Ihre Romane spielen meist in diesem Milieu und gestalten, oft mit dunkler Komik, dessen Tradition ebenso wie die Rebellion der jungen Generation dagegen oder die spannungsvollen soz. und sexuellen Beziehungen zu abhängigen Pächtern und Bauern. Ihre späten Romane sind tragikomische Bilder des Verfalls und der Rückwärtsgewandtheit dieser Schicht. Frühwerk unter Pseudonym, seit 1981 unter ihrem eigenen Namen. 1938–52 Erfolge mit Gesellschaftsstücken.

W: The Knight of Cheerful Countenance, R. 1926; Young Entry, R. 1928; Taking Chances, R. 1929; Mad Puppetstown, R. 1931; Conversation Piece, R. 1932; Red Letter Days, Erinn. 1933 (u. d. T. Point-to-Point, N.Y. 1933; rev. 1987); Devoted Ladies, R. 1934 (d. 1995); Full House, R. 1935; The Rising Tide, R. 1937; Spring Meeting, Dr. 1938; Two Days in Aragon, R. 1941; Ducks and Drakes, Dr. 1942; Treasure Hunt, Dr. 1950; Loving Without Tears, R. 1951 (u. d. T. The Enchanting Witch, N.Y. 1951); Dazzling Prospect, Dr. 1961; Good Behaviour, R. 1981 (Eine böse Geschichte, d. 1992); Time after Time, R. 1983 (Nach langer Zeit, d. 1994); Loving and Giving, R. 1988 (u. d. T. Queen Lear, N.Y. 1989).

Keatley, Charlotte, engl. Dramatikerin, * 5. 1. 1960 London. Stud. Theaterwiss. Manchester u. Leeds, Journalistin, Schauspielerin, Regisseurin, Dozentin. – Welterfolg mit ›My Mother Said I Never Should‹, e. hist. Drama über die Alltags- und Familiengeschichte von vier Frauengenerationen im England des 20. Jh. Das Stück analysiert Mutter-Tochter-Beziehungen, die durch Liebe, aber auch Schuldgefühle und Einsamkeit gekennzeichnet sind, und zeigt dabei familien- und sozialgeschichtl. bedingte Parallelen und Veränderungen im weibl. Rollenverständnis auf; Experimente mit der Raum- und Zeitstruktur.

W: Underneath the Arndale, Dr. (1982); Dressing for Dinner, Dr. (1983); The Legend of Padgate, Dr. (1986); Waiting for Martin, Dr. (1987); My Mother Said I Never Should, Dr. 1988.

Keats, John, engl. Dichter, 31. (oder 29.) 10. 1795 London – 23. 2. 1821 Rom. Vater Stallmeister. Erzogen in Enfield, dort befreundet mit Ch. Cowden Clarke, dem Sohn des Schulleiters. 1804 verlor K.' Vater durch e. Reitunfall s. Leben, 1810 starb s. Mutter an Tbc. Brach 15jährig den Schulbesuch ab; Lehre bei e. Wundarzt in Edmonton, zog 5 Jahre später nach London, dort 1816 als Assistenzarzt im Guy Hospital. Während der Jahre s. medizin. Tätigkeit hatte er sich durch rege Lektüre, bes. durch private klass. Studien, weitergebildet; unter ihrem Eindruck entstand 1815 s. berühmtes Sonett ›On First Looking into Chapman's Homer‹. S. dichter. Schaffen wurde beeinflußt durch die Dichtungen von Spenser und Milton. S. früherer Lehrer Clarke machte ihn mit Leigh Hunt bekannt, in dessen Haus er Shelley und Hazlitt, später auch Wordsworth, kennen lernte. Die Freundschaft mit Shelley bestärkte ihn in s. Plan, s. Leben ganz der Dichtung zu widmen. 1817 erschien s. 1. Gedichtband, 1 Jahr später s. Dichtung ›Endymion‹, nach der griech. Sage von der Liebe der Mondgöttin zu e. Künstler. Diese Dichtung, deren Anfangszeilen ›A thing of beauty is a joy for ever ...‹ später Weltberühmtheit erlangten, wurde von der Kritik scharf kritisiert. Körperl. Überanstrengung durch e. Fußwanderung, die er im Sommer 1818 mit s. Freund Brown im brit. Seendistrikt und im westl. schott. Hochland unternahm, verschlimmerten die Tuberkulose, an der K. 1821 sterben sollte. Bei s. Rückkehr nach London lag s. Bruder Tom dort im Sterben. Dessen Pflege und Tod, wirtschaftl. Nöte und e. unglückl. Liebe zu Fanny Brawne trugen weiter zur Verschlechterung s. Zustandes bei. Nach des Bruders Tod zog K. in das Haus s. Freundes Brown in Hampstead (jetzt Keats Memorial House). Im Jahr 1819 entstanden s. großen Oden und zahlr. bedeutende Dichtungen; 1820 in dem Band ›Lamia and other Poems‹ veröffentlicht. Nach weiterer Verschlechterung s. Lungenleidens fuhr K., um Heilung zu suchen, mit s. Freund, dem Maler Joseph Severn, der ihn treu pflegte, nach Neapel. Sie erreichten im Nov. Rom, wenige Monate später starb er dort 25jährig. Auf dem protestant. Friedhof an der Cestius-Pyramide beigesetzt. Shelley, dessen Urne später an gleicher Stelle beigesetzt wurde, schuf ihm in s. Elegie ›Adonais‹ e. ergreifendes dichter. Monument. – E. der bedeutendsten Lyriker der engl. Romantik, Hauptvertreter des ästhet. Sensualismus, schuf Verserzählungen, Oden, Sonette und visionäre Dichtungen von großer Schönheit, sinnenstarker Hingabe an die Natur und e. verinnerlichte erlebte antike Mythologie in bild- und klangreicher Sprache; die Dichtung soll z. T. den Eindruck e. unmittelbaren Umsetzung des Sinneneindrucks ins Wort vermitteln, daher z. T. fragmentar. Charakter. S. dramat. Versuche mißglückten. Wiederkehrende Themen i. s. Werk sind Wehmut über die Vergänglichkeit alles Schönen und der Versuch, Unaussprechliches zu sagen. Schönheit war ihm letzte und höchste Offenbarung der Wahrheit.

W: Poems, 1817; Endymion: A Poetic Romance, 1818; Lamia and other Poems, 1820. – Complete Works, hg. H. B. Forman ^{4}1970; Major Works, hg. E. Cook 2001; Poetical Works, hg. H. B. Forman VIII 1938f., H. W. Garrod ^{2}1958, J. Barnard ^{3}1988; Poems, hg. E. de Selincourt ^{8}1961, J. Stillinger 1978; Poems and Selected

Letters, hg. C. Baker 1962; Letters, hg. M. B. Forman ⁴1952; H. E. Rollins II 1958; Letters to F. Brawne, hg. H. B. Forman ³1931 (d. 1924). – *Übs.*: Gedichte, A. v. Bernus 1911, erw. 1958, H. Piontek 1960; Oden u. Hymnen, U. Clemen 1949; Sonette u. Oden, E. Jaime 1949; Hyperion, W. Schmiele 1948; Gedichte u. Briefe, H. W. Häusermann 1950; Briefe eines Liebenden, 1986.

L: R. Milnes, II 1848; W. M. Rossetti, 1887; S. Colvin, 1887, n. 1970; R. Bridges, 1895; H. W. Garrod, ²1939; E. C. Pettet, 1957; W. J. Bate, The Stylistic Development of K., 1958; ders., 1963; M. R. Ridley, ²1963; W. H. Evert, Aesthetic and Myth in the Poetry of K., 1965; I. Jack, K. and the Mirror of Art, 1967; R. Gittings, 1968; J. M. Murry, ⁴1968; R. H. Fogle, The Imagery of K. and Shelley, ²1969; T. Hilton, 1971; The Critical Heritage, hg. G. M. Matthews 1971; B. Chatterjee, Kalkutta 1972; S. M. Sperry, 1973; J. Little, K. as a Narrative Poet, 1975; S. H. Ende, K. and the Sublime, 1976; R. M. Ryan, 1976; J. Viebrock, 1977; W. J. Bate, 1979; R. A. Sharp, 1979; K.: The Narrative Poems: A Casebook, hg. J. S. Hill 1983; H. H. Vendler, The Odes of K., 1983; Ch. Ricks, K. and Embarrassment, 1984; J. Baker, 1986; A. Ward, 1986; J. Barnard, 1987; S. Coote, 1995; C. Bode, 1996; N. Roe, 1996; A. Motion, 1997; T. McFarland, 1999; J. M. Rodgers, 2000; Cambridge Companion, hg. S. J. Wolfson, 2001. – Konkordanz (major odes): J. W. Rhodes, 1984. – *Bibl.:* K., Shelley, Byron, Hunt, and their Circles, hg. R. A. Hartley 1978.

Kebes aus Theben → Cebetis Tabula

Keble, John, engl. Geistlicher und Dichter, 25. 4. 1792 Fairford/Gloucestershire – 29. 3. 1866 Bournemouth. Sohn e. Geistlichen, vom Vater ausgebildet, Stud. Oxford, einige Zeit dort Dozent. Befreundet mit Th. Arnold. 1815 als Geistlicher ordiniert, ab 1823 in s. Vaters Pfarrei tätig. ∞ 1835 Charlotte Clarke. S. relig. Gedicht ›The Christian Year‹, zuerst anonym veröffentlicht, machte ihn berühmt; K. erhielt daraufhin 1831–41 e. Lehrstuhl für Poetik in Oxford. S. Predigt über nationale Apostasie (1833) gab den Impuls zur Gründung des Oxford Movement, dessen Führer er später wurde, nachdem Newman zur röm.-kathol. Kirche konvertiert war. Nach Tod s. Vaters übernahm K. dessen Pfarrei in Hursley, wo er bis zu s. Tod blieb. Tiefrelig. Persönlichkeit, von großem Einfluß auf s. Generation.

W: The Christian Year, G. 1827; National Apostasy, Pred. 1833; Tracts for the Times, Pred. 1834; Lyra Apostolica, G. 1836; Prælectiones academicæ, II 1844; Lyra Innocentium: Thoughts in Verse on Christian Children, G. 1846; Miscellaneous Poems, 1869; Occasional Papers and Reviews, hg. E. B. Pusey 1877.

L: J. T. Coleridge, II 1869 (n. 1969); W. Lock, 1892; E. F. L. Wood, 1909; A. K. Ingram, 1933; G. Battiscombe, 1963; B. W. Martin, 1976; R. S. Edgecombe, Two Poets of the Oxford Movement, 1996.

Kedrin, Dmitrij Borisovič, russ. Lyriker, 4. 2. 1907 Bogoduchovo im Donbass – 18. 9. 1945 Taraskovka, Geb. Moskau. 1922–24 Fachschule für Verkehrswesen, ab 1931 in Moskau bei Verlagen u. Zsn. tätig. – K.s erzählende lyr. Dichtung veranschaulicht in klaren, bildhaften, Geist u. Sprache vergangener Zeiten maßvoll anklingen lassenden Versen an hist. Ereignissen das Grausame der Tyrannei, im Versdrama ›Rembrandt‹ (1938) den nicht käufl., aufrechten Künstler. K. fand erst ein Jahrzehnt nach s. (gewaltsamen?) Tod Anerkennung.

W: Svideteli, G. 1940; Izbrannoe, Ausw. 1947, 1953, 1957; Krasota, G. 1965. – Izbrannye proizvedenija, Ausw. 1974.

L: G. G. Krasuchin, 1976; S. Kedrina, 1996.

Keeffe, Barrie, engl. Dramatiker, * 31. 10. 1945 London. Journalist, Schauspieler. – Verrückte, z. T. schockierende Komödien über vorwiegend junge, unangepaßte Charaktertypen nach dem Vorbild von Aristophanes, Jonson, Middleton u. Čechov. Gilt als Sprachrohr unterprivilegierter Teenager im Kampf ums Überleben. ›Wilde Justice‹ setzt sich mit der brit. Rassismus auseinander, kritisiert staatl. Gewalt und die desolate Situation arbeitsloser brit. Jugendlicher in e. unverblümten, überbordenden Sprache.

W: A Mad World, My Masters, K. 1977; Gimme Shelter: Gem, Gotcha, Getaway, Drn. 1977; Barbarians: A Trilogy, Drn. 1978; Frozen Assets, Dr. 1978; Sus, Dr. 1979; Bastard Angel, Dr. 1980; The Long Good Friday, Filmskript, 1981; Better Times, Dr. 1985; King of England, Dr. 1989; Wilde Justice, Dr. 1990.

Kell, Joseph → Burgess, Anthony, eig. John Anthony Burgess Wilson

Kellendonk, Frans, niederländ. Schriftsteller, 7. 1. 1951 Nijmegen – 15. 2. 1990 Amsterdam. Anglistik-Dozent, Zsn.-Redakteur, Übersetzer u. Essayist. – Die Mehrdeutigkeiten seines gesellschaftskrit., stilistisch virtuosen Romans ›Mystiek lichaam‹ entspringen oft der Verwendung bibl. Ausdrücke.

W: Bouwval, En. 1977; De nietsnut, R. 1979; Letter en geest, R. 1982 (Buchstabe und Geist, d. 1993); Namen en gezichten, En. 1983; Mystiek lichaam, R. 1986. – Het complete werk, 1992.

L: Kellendonklezingen 1993–1997, Univ. Nijmegen 1997; T. Boon, 1998; Oprecht veinzen, hg. Ch. de Cloet 1998.

Kellgren, Johan Henrik, schwed. Dichter, 1. 12. 1751 Floby/Västergötland – 20. 4. 1795 Stockholm. Pfarrerssohn, 1762–68 Gymnas. Skara, Stud. Åbo, Hauslehrer, 1772 Magister, 1774 Dozent für lat. Lit., 1777 Übersiedlung nach Stockholm, Mitgl. der lit. Gesellschaft ›Utile dulci‹, bis 1780 Hauslehrer, dann freier Schriftsteller; als dramat. Mitarbeiter Gustavs III. von diesem unterstützt. 1780 Kgl. Bibliothekar, 1785 Handsekretär des Königs. 1786 Mitgl. der Schwed. Akad. u. ihr erster Direktor. Seit 1778 Mitarbeiter, seit 1788 Hrsg. u. Verleger von ›Stockholms Posten‹. – Bedeutendster Vertreter der schwed. Aufklärung; konsequent verficht er gesunde Vernunft und Sensualismus. Kalter, klarer Intellekt verbindet sich bei ihm mit heißem Blut. Beginnt im Zeitgeschmack mit pathet. Deklamation, eleganten epikureischen, manchmal frivolen Gedichten und bes. iron. Satiren über Vorurteile und Torheiten der Zeit. In klarer, anmutiger Form trägt er Skepsis u. Sensualismus vor, s. Rokokoerotik ist ausgesprochen intellektuell. Von Voltaire u. den Enzyklopädisten antiklerikal u. antirelig. beeinflußt, streitet er gegen jede Form von Mystik u. Okkultismus. Eleganz und Esprit machen ihn zugleich zum ersten bedeutenden u. vielseitigen schwed. Journalisten, wobei er, polit. in Opposition zum König, s. Kritik u. die Begeisterung für die Franz. Revolution in poet. Symbolen verbirgt. Als bissiger Literarkritiker wendet er sich geistvoll gegen alles Provinzielle, aber auch gegen Neues, wenn es der Aufklärung widerspricht, so bes. gegen Thorild. In dem 10jähr. Streit mit diesem erwies er sich auch als meisterhafter Parodist. S. Selbstüberwindung wird offenbar in ›Den nya skapelsen‹, e. Huldigung an die belebende, inspirierende Phantasie. Zwar hält er ästhet. am Klassizismus fest und behält klare Formen bei, aber er wird innerlicher u. zeigt Verständnis für andere.

W: Till Bacchus och kärleken, G. 1777; En stadig man, G. 1777; Mina löjen, G. 1778; Våra vilor, G. 1780; Gustaf Wasa, Op. 1786 (m. Gustav III.); Man äger ej snille för det man är galen, G. 1787; Till Christina, G. 1789; Den nya skapelsen, G. 1789; Dumboms lefverne, G. 1791; Företal till Fredmans epistlar, 1790; Filosofen på landsvägen, Es. 1792; Ljusets fiender, G. 1792. – Samlade skrifter, III 1796; hkA, hg. O. Sylwan, S. Ek, A. Sjöding VI 1923ff. – Übs.: Prosaschriften, 1801.

L: M. Abenius, 1931; O. Sylwan, ²1939; L. Josephson, 1942; N. H. Gyllenbåga, 1943; A. Sjöding, 1948; E. N. Tigerstedt, 1954, 1966; S. Ek, 1965; M. v. Platen, 1966; S. Ek, 1980.

Kelly, Hugh, engl. Dramatiker, 1739 Killarney – 3. 2. 1777 London. Sohn e. Gastwirts; kam 1760 nach London, wo er auch als Journalist arbeitete. Schrieb sieben Stücke, die wenig bedeutsam sind; s. Komödien nutzen die Konventionen der zeitgenöss. Empfindsamkeit.

W: False Delicacy, K. 1768; The School for Wives, K. 1774. – Works, 1973.

L: W. B. Bauer, 1986; R. R. Bataille, 2000.

Kelman, James, schott. Erzähler, * 9. 6. 1946 Glasgow. Nach frühem Verlassen der Schule versch. Gelegenheitsjobs, Abbruch e. Philos.-Stud. in Glasgow, seit 2001 Prof. für Creative Writing an Glasgow Univ. – E. der wichtigsten Vertreter der neuen ›Renaissance‹ in der schott. Lit. seit den 1980er Jahren (mit A. Gray, L. Lochhead u. a.); sein kompromißloser Schreibstil aus der Perspektive u. in der Sprache der unterprivilegierten Bevölkerung Glasgows brachte ihm sowohl große Anerkennung als auch Ablehnung ein (vgl. die Kontroverse um die Verleihung des Booker Prize 1994).

W: Busconductor Hines, R. 1984 (d. 2003); Greyhound for Breakfast, En. 1987 (d. 1993); A Disaffection, R. 1989 (Sieben Tage im Leben eines Rebellen, d. 1994); How Late It Was, How Late, R. 1994.

L: D. Böhnke, Kelman Writes Back, 1999.

Kemal, Jaschar (Yaşar) → Yaşar Kemal

Kemal, Orhan → Orhan Kemal

Kemal, Yahya → Beyatli, Yahya Kemal

Kemal Bey → Namik Kemal, Mehmed

Kemal Tahir, türk. Schriftsteller, 1910 Istanbul – 21. 4. 1973 ebda. Journalist, Angestellter in e. Anwaltsbüro, zuletzt freier Schriftsteller in Istanbul. – E. der stärksten Vertreter des türk. erzähler. Realismus, der Leben u. Bräuche des anatol. Landes in kraftvoller, gestraffter Sprache schildert.

W: Sağırdere, R. 1955; Göl insanları, En. 1955; Esir Şehrin insanları, R. 1956; Körduman, R. 1957; Rahmet Yolları Kesti, R. 1957; Yediçınar Yaylası, R. 1958; Köyün Kamburu, R. 1959; Esir Şehrin Mahpusu, R. 1962; Kelleci Mehmet, R. 1962; Yorgun Savaşçı, R. 1965; Bozkırdaki Çekirdek, R. 1967; Devlet Ana, R. 1967; Kurt Kanunu, R. 1969; Büyük Mal, R. 1970; Yol Ayrımı, R. 1971; Namuscular, R. 1974; Karilar Koğuşu, R. 1974; Hür Şehrin İnsanları, R. 1976; Damağası, R. 1977; Bir Mülkiyet Kalesi, R. 1977; Notlar (Notizen), XV 1989–93.

Kemelman, Harry, amerik. Schriftsteller, 24. 11. 1908 Boston – 15. 12. 1996 Marblehead/MA. Stud. Boston (B. A. 1930) und Harvard (M. A. 1931). Lehrer in Boston; 1949–63 Prof. in Boston; 1964–70 freier Schriftsteller. – Mit s. Kriminalromanen um Rabbi David Small, der Verbrechen mit talmud. Denkschärfe aufklärt und nebenbei widerstreitende Flügel s. Gemeinde zusammenhält, erlangte K. allg. Anerkennung. Über das rein Kriminalist. hinaus sind s. Texte sorgfältige Studien über das Leben e. jüd. Gemeinde in den USA.

W: Friday the Rabbi Slept Late, R. 1964 (d. 1966); Saturday the Rabbi Went Hungry, R. 1966 (d. 1967); The Nine Mile Walk, Kgn. 1967 (Quiz mit K., d. 1970); Sunday the Rabbi Stayed Home, R. 1969 (d. 1970); Monday the Rabbi Took Off, R. 1972 (d. 1974); Tuesday the Rabbi Saw Red, R. 1973 (d. 1975); Wednesday the Rabbi Got Wet, R. 1976 (d. 1977); Thursday the Rabbi Walked Out, R. 1978 (d. 1979); Conversations with Rabbi Small, En. 1981; Someday the Rabbi Will Leave, R. 1985 (d. 1985); One Fine Day the Rabbi Bought a Cross, R. 1987 (d. 1988); The Day the Rabbi Resigned, R. 1992 (d. 1994); That Day the Rabbi Left Town, R. 1996 (d. 1997). – GW, X 1997.

Kemény, Zsigmond, Baron, ungar. Schriftsteller, 12. 6. 1814 Alvinc – 22. 12. 1875 Pusztakamarás. Stud. Philos. u. Jura im reformierten Kolleg Nagyenyed u. Wien. 1846 in Pest, Redakteur der Zs. ›Pesti Hírlap‹. Mitgl. der Ungar. Akad. der Wiss. 1848/49 Abgeordneter. An der Revolution nahm er zwar aktiv, doch gering Anteil. 1855 Redakteur der Zs. ›Pesti Napló‹. – Trat in den 40er Jahren als Publizist vor die Öffentlichkeit, als Mahner gegen übertriebenen Liberalismus. S. Arbeit erstreckte sich mehr auf unpolit., lit.-ästhet. Gebiete. In zahlr. Untersuchungen behandelte K. die Theorien über Drama u. Roman. Die psycholog. Untersuchungen hist. Atmosphären u. die Analyse der Seelenhaltung s. Zeit machten K. zu e. der größten Schriftsteller Ungarns. Schrieb zahlr. hist. Romane nach Vorbild Balzacs, Studien über große Persönlichkeiten der ungar. Geschichte u. wertvolle Essays.

W: Gyulai Pál, R. V. 1847; Férj és nő, R. II 1852; Novella gyűjtemény, Nn. 1853 f.; Özvegy és leánya, R. III 1855–57; Rajongók, R. 1858; Zord idő, R. III 1862 (Rauhe Zeiten, d. 1867). – Összes művei, XII 1896–1908.

L: P. Gyulai, 1879; F. Papp, II 1926 f.; M. Nagy, 1972; M. Szegedy-Maszák, 1989.

Kemp, Bernard (eig. Bernard Frans van Vlierden), fläm. Schriftsteller, 22. 8. 1926 Hamont – 2. 11. 1980 Leuven. Prof. für niederländ. Lit. Brüssel. – Intellektualist., virtuose Romane (unter Ps.), Ess. Kritiken, lit.hist. Studien (unter s. eig. Namen).

W: Het laatste spel, N. 1957 (d. 1959); De Dioskuren, R. 1959 (d. 1960); De kater van Orfeus, R. 1960 (d. 1962); W. Elsschot, Es. 1962; G. Walschap, Es. 1962; De Vlaamse letteren tussen gisteren en morgen, St. 1963; De glimlachende God, R. 1965 (Die in den Abgrund sehen, d. 1967, gekürzt); De Deur, Dr. 1966; G. Gezelle tegenover het dichterschap, Es. 1967; Van In't Wonderjaar tot De Verwondering, Lit.gesch. 1969.

L: H. Bousset, 1981 (m. B. u. Bibl.).

Kemp, Pierre (eig. Petrus Johannes K.), niederländ. Lyriker, 1. 12. 1886 Maastricht – 21. 7. 1967 ebda. Vielseitig künstler. begabt. Bergbau-Beamter. – Anfänge mit stimmungsbetonter impressionist. Lyrik. Fand s. eigene Form, e. modernist. Verbindung von Impressionismus u. Expressionismus, erst relativ spät u. gewann mit ihr die Bewunderung der jungen Dichtergeneration. Spieler.-naive Weisheit kennzeichnet den Inhalt s. Gedichte.

W: Het wondere lied, G. 1914; Stabielen en passanten, G. 1934; Fugitieven en constanten, G. 1938; Engelse verfdoos, G. 1956; Perzische suite, G. 1965. – Verzameld werk, III 1976.

L: F. Lodewick, 1979; Zs. ›De Engelbewaarder‹, P. K.-Nr., 1980.

Kempe, Margery, engl. Mystikerin und Pilgerin, ca. 1373 King's Lynn/Norfolk – ca. 1439. Entstammte dem gehobenen Bürgertum; hatte 14 Kinder, überredete dann aber mit ca. 40 Jahren ihren Mann zur Enthaltsamkeit und ging auf Pilgerreisen in England und im Ausland (Rom, Jerusalem, Santiago, Danzig usw.). War offenbar e. sehr auffällige Erscheinung (schrie und weinte laut in der Kirche usw.), die ihre Umgebung in Anhänger und Gegner polarisierte und auch keine Scheu vor der Konfrontation mit relig. Autoritäten hatte. Konnte nicht lesen und schreiben; ließ sich jedoch vorlesen und diktierte ihre Erinnerungen (›The Book of M. K.‹). Diese sind e. Mischung aus Reisebericht, Schilderung myst. Erlebens (angebl. intime Gespräche mit Christus und den Heiligen usw.) und gelten als die erste engl. Autobiographie.

A: S. B. Meech, H. S. Allen 1940 (EETS OS 212); B. Windeatt 2000. – *Übs.:* neuengl. W. Butler-Bowden, 1936; B. Windeatt, 1985.

L: C. W. Atkinson, 1983; J. C. Hirsh, 1989; K. Lochrie, 1991; V. Neuburger, 1994; M. Gallyon, 1995.

Kena-Upaniṣad → Upaniṣad, die

Kenaz (auch Knaz), Jehoschua, hebr. Erzähler, * 2. 3. 1937 Petach Tiqwa. Stud. Hebr. Univ. und Sorbonne. Arbeitete jahrelang in einer Zeitungsredaktion und ist ebenfalls als Theaterkritiker und Übersetzer franz. Lit. bekannt. 1995 wurde er mit dem Bialik-Preis geehrt. – In s. Prosa liefert er eine schauerliche, oft tragikomische Vision der Hölle des Alltagsleben und bietet einen ergreifenden Abgesang auf die israel. Existenz.

W: Acharey ha-Chagim, R. 1964 (Nach den Feiertagen, d. 1998); Moment musikali, En. 1980; Baderech el ha-Chatulim, R. 1991 (Auf dem Weg zu den Katzen, d. 1994); Machzir ahavot kodmot, R. 1997 (Hinter der Wand, d. 2000); Nof im shlosha Etzim, Nn. 2000 (Landschaft mit drei Bäumen, d. 2003).

Kendall, (Thomas) Henry Clarence, austral. Dichter, 18. 4. 1839 Ulladulla/New South Wales – 1. 8. 1882 Redfern b. Sydney. Lehrerssohn; durfte als Junge s. Onkel, e. Walfischfänger, auf 2jähriger Kreuzfahrt in die Südsee begleiten. 1861–63 Schreiber in e. Anwaltsbüro in Grafton und 1863–69 bei Staatsbehörden in Sydney. Versuchte dann erfolglos, sich in Melbourne als freier Schriftsteller zu etablieren, und kehrte 1871 als gebrochener

Mann nach Sydney zurück, nahm 1875 e. Stelle im Holzhandel an. 1881 Inspektor der Staatsforste, doch der Wohlstand kam zu spät; drückende Armut, ständige Schulden, dazu die ererbte Neigung zum Alkohol hatten s. Gesundheit untergraben. – K. gilt als Begründer der austral. Nationaldichtung. Er verstand es vorzügl., Landschaft und Atmosphäre des Landes zu beschwören. S. Gedichte betonen das Schwermütige, Dunkle, Unheilvolle, Tod und Vergänglichkeit. Am bedeutendsten s. Naturlyrik.

W: Poems and Songs, G. 1862; Leaves from Australian Forests, G. 1869; Songs from the Mountains, G. 1880. – Poems, hg. P. J. Holdsworth 1886; Poetical Works, hg. T. T. Reed 1966.

L: A. M. Hamilton, 1920; A. M. H. Grey, 1926; F. C. Kendall, 1938; C. Roderick, 1954; T. T. Reed, 1960; A. D. Hope, 1971; R. McDougall, 1992; M. Ackland, 1995.

Keneally, Thomas (eig. Michael), austral. Romancier, * 7. 10. 1935 Kempsey/New South Wales. Lehrer, Univ.-Dozent, lebt in Sydney. – Sehr origineller Autor von breit angelegten hist. u. zeitgenöss. Unterhaltungsromanen über moral. Probleme u. Gewissenskonflikte. E. Kernthema ist der negative Einfluß von orthodoxen Ideologien auf die Menschlichkeit.

W: The Place at Whitton, R. 1964; The Fear, R. 1965; Bring Larks and Heroes, R. 1967; Three Cheers for the Paraclete, R. 1968; The Survivor, R. 1969; A Dutiful Daughter, R. 1971; The Chant of Jimmie Blacksmith, R. 1972 (Australische Ballade, d. 1977); Blood Red, Sister Rose, R. 1974; Gossip from the Forest, R. 1975; Season in Purgatory, R. 1976 (Am Rande der Hölle, d. 1978); A Victim of the Aurora, R. 1977; Confederates, R. 1979; Passenger, R. 1979; Schindler's Ark, R. 1982 (Schindlers Liste, d. 1983); Outback, St. 1983; A Family Madness, R. 1985; The Playmaker, R. 1987; Woman of the Inner Sea, R. 1992; The Eureka Stockade, R. 1993; A River Town, R. 1995 (Eine Stadt am Fluß, d. 1997); Homebush Boy, Aut. 1997; American Scoundrel, B. 2002.

L: J. Morisson, 1990; P. Quartermaine, 1991; P. Pierce, 1995.

Kenkô Hôshi → Yoshida Kenkô

Kennedy, A(lison) L(ouise), schott. Erzählerin, * 22. 10. 1965 Dundee. Philol.-Stud. in Warwick, Tätigkeit als Sozialarbeiterin im Kulturbereich. – Eine der wichtigsten schott. Schriftstellerinnen der jüngeren Generation; zeichnet in stilist. ausgefeilten Erzählungen u. Romanen scharf beobachtete Psychogramme der ›kleinen Leute‹ u. analysiert mit feinem Humor u. Mitteln des Magischen Realismus universelle Themen wie Schmerz, Verlust, Gewalt und Schuld.

W: Looking for the Possible Dance, R. 1993 (Einladung zum Tanz, d. 2001); Now That You're Back, En. 1994 (Ein makelloser Mann, d. 2001); So I Am Glad, R. 1995; Original Bliss, En. 1997 (Gleißendes Glück, d. 2000); Everything You Need, R. 1999 (d. 2002).

Kennedy, John Pendleton, amerik. Schriftsteller, 25. 10. 1795 Baltimore – 18. 8. 1870 Newport/RI. Baltimore College, kurze Zeit Rechtsanwalt, polit. Laufbahn; 1838–44 im US-Repräsentantenhaus, 1852 Marineminister der USA. Gleich starke Neigung zu Politik und Lit. Freundschaft mit Thackeray, dem er bei ›The Virginians‹ half. – Schrieb von Irving beeinflußte Skizzen über das Landleben in Virginia im frühen 19. Jh. (›Swallow Barn‹) und den erfolgr. hist. Roman über den amerik. Unabhängigkeitskrieg, ›Horse-Shoe Robinson‹, der von Cooper beeinflußt ist und Simms zu s. ›Revolutionary Romances‹ anregte.

W: The Red Book, Sat. Zs. X 1819–21 (m. P. H. Cruse); Swallow Barn, Sk. II 1832; Horse-Shoe Robinson, R. II 1835; Rob of the Bowl, R. II 1838; Quodlibet, Sat. 1840; Defense of the Whigs, 1844; Memoirs of the Life of William Wirt, B. II 1849. – Collected Works, X 1871.

L: H. T. Tuckermann, 1871; E. M. Gwathmey, 1931; C. H. Bohner, 1961; J. V. Ridgely, 1966.

Kennedy, Margaret, engl. Romanschriftstellerin, 23. 4. 1896 London – 31. 7. 1967 Adderbury. Tochter e. Juristen; Jugendjahre in Kent und Cornwall. Stud. Geschichte Oxford. ∞ 1925 Sir David Davies, Rechtsanwalt. – Vf. zahlr. populärer Romane um Konflikte aus dem Zusammenstoß bürgerl. und künstler. Lebensauffassung, am bedeutendsten und erfolgreichsten ›The Constant Nymph‹, auch dramatisiert u. verfilmt. In 1940er Jahren erfolgreiche Drehbuchautorin. 1953 James Tait-Black-Memorial-Preis für ›Troy Chimneys‹. Biograph. Stud. über J. Austen.

W: A Century of Revolution, St. 1922; The Ladies of Lyndon, R. 1923; The Constant Nymph, R. 1924 (d. 1925), Sch. 1926 (m. B. Dean); Red Sky at Morning, R. 1927 (Zuflucht, d. 1929); The Fool of the Family, R. 1930; Return I Dare Not, R. 1931; Escape Me Never!, Sch. 1934; Together and Apart, R. 1936; The Midas Touch, R. 1938; The Mechanized Muse, R. 1942; The Feast, R. 1950; Jane Austen, B. 1950; Troy Chimneys, R. 1951 (Zwei Seelen, d. 1955); The Oracles, R. 1955 (u. d. T. Act of God, 1955; Gottes Finger, d. 1958); The Heroes of Clone, R. 1957; The Outlaws at Parnassus, St. 1958; A Night in Cold Harbour, R. 1960; The Forgotten Smile, R. 1961; The Twins and the Move, R. 1962; Not in the Calendar, R. 1964.

L: V. Powell, 1983.

Kennedy, William, amerik. Schriftsteller, * 16. 1. 1928 Albany/NY. Zunächst Journalist. – Vf. von z. T. sehr erfolgreichen Romanen und Drehbüchern, die fast alle in seiner Heimatstadt Albany angesiedelt sind, unterschiedliche Epochen bes. der lokalen Geschichte der irischstämmigen Bevölkerung beleuchten und Verbindungen zwischen Stadtpolitik und Unterwelt thematisieren.

W: The Ink Truck, R. 1969 (Druck, d. 1987); Legs, R. 1975 (Der Lange, d. 1985); Billy Phelan's Greatest Game, R. 1978 (d. 1990); Ironweed, R. 1983 (Wolfsmilch, d. 1986); O Albany!, Rep. 1983; The Cotton Club, Drb. 1986 (m. Francis Ford Coppola u. Mario Puzo); Quinn's Book, R. 1988 (d. 1990); Very Old Bones, R. 1992; Roscoe, R. 2002. – Conversations with W. K., hg. N. Seshachari 1997.
L: E. C. Reilly, 1991; J. K. Van Dover, 1991.

Kennelly, (Timothy) Brendan, ir. Lyriker, * 17. 4. 1936 Ballylongford/Kerry. Stud. Dublin, Ph.D. Univ. Leeds 1966, ab 1973 Prof. für Mod. Lit. am Trinity College Dublin. – Bedeutender Lyriker, für den die, oft provozierend formulierte, Aufgabe des Dichters die Entdeckung des Selbst, des Menschl. u. des Fremden ist. Leidenschaftliche, zugleich kontrollierte Sprache. S. Langgedicht ›Cromwell‹ zeitigte e. hitzige Debatte über das Verständnis der ir. Vergangenheit. S. Bearbeitungen griech. Tragödien kreisen um Frauenfiguren u. die Problematisierung der männl. Sicht des Weiblichen.

W: My Dark Fathers, G. 1964; Up and At It, G. 1965 (u.d.T. Moloney Up and At It 1984); Love Cry, G. 1972; A Kind of Trust, G. 1975; Islandman, G. 1977; Cromwell, Ep. 1983 (n. 1987); Selected Poems, 1985; The Book of Judas, Ep. 1991; Euripides' Medea, Sch. 1991; Euripides' The Trojan Women, Sch. 1993; Journey into Joy, Ess. hg. Å. Persson 1994; Poetry My Arse, G. 1995; Sophocles' Antigone, Sch. 1996; Words for Women, G. 1997; The Singing Tree, G. 1998; The Man Made of Rain, G. 1999; Begin, G. 2000; Glimpses, G. 2001.
L: Dark Fathers into Light, hg. R. Pine 1994; Å. Persson, This Fellow with the Fabulous Smile, 1996; ders., Betraying the Age, 2000.

Kenny, Charles J. → Gardner, Erle Stanley

Keraschev (Keraschew), Tembot → Kèrese, Teimbot

Kèrese, Teimbot, adyg. Autor, 16. 8. 1902 Košehabl – 8. 2. 1988 Maikop. Sammelte u. systematisierte das Folklorematerial des adyg. Volkes, seiner Volkslieder; Zusammenstellung adyg. Literatur für die Schule; Lehrbuch der nationalen Geographie. – Schrieb soz. Romane, Povesti und Erzählungen. Gilt als Begründer der adyg. Literatur in Prosa.
Übs.: russ.: Izbrannoe (AW), III 1981–83.

Keret, Etgar, hebr. Erzähler, * 20. 8. 1967 Tel Aviv. K. veröffentlichte seine ersten Erzählungen 1991 und wurde über Nacht zu einer der führenden Stimmen der israel. Gegenwartsliteratur. Im Zeitalter des Videoclips bieten s. originellen Kurzgeschichten ›Clips‹ in Prosa. K. ist ebenfalls als Film- und Fernsehdrehbuchautor bekannt.

W: Tzinorot, En. 1992; Gaaguai le-Kissinger, En. 1994 (Gaza Blues, d. 1996); ha-Kajtana shel Kneller, En. 1998 (Pizzeria Kamikaze, d. 2000). – *Übs.:* Der Busfahrer, der Gott sein wollte, d. 2001; Mond im Sonderangebot, d. 2003.

Kerkhove, Valeer Victor van, fläm. Schriftsteller, 30. 4. 1919 Sleidinge – 8. 8. 1982 Tervuren. Lehrer. Seit 1960 Dramaturg beim fläm. Fernsehen. – Vf. von kath. Problemromanen mit e. Art Sündenmystik, beeinflußt von F. Mauriac und G. Greene.
W: De weerlozen, R. 1951; Dies irae, R. 1953; De gijzelaars, R. 1977.

Kerkidas von Megalopolis, altgriech. Dichter, ca. 290 v. Chr. – letztes Drittel 3. Jh. v. Chr. 226 als Gesandter s. Heimatstadt beim Makedonenkönig, 222 Truppenführer vor Sellasia. Vermutl. Anhänger des Kynismus. – Bekannt v. a. als Vf. sog. ›Meliamben‹ (= Spottgedichte im Versmaß des lyr. Einzelliedes [= ›melos‹]), die, bei inhaltl. Nähe zur kyn. Diatribe, in von Neuschöpfungen durchsetzter, gesuchter Sprache Habgier, ungerechte Verteilung des Reichtums, sexuelles Unmaß etc. anprangern und e. einfaches Leben propagieren. Einige längere Fragmente sind auf Papyrus erhalten.

A:. A. D. Knox 1929 (engl. Übs.); E. Diehl, Bd. 3, ³1952; J. St. Rusten, I. C. Cunningham, A. D. Knox 1993 (engl. Übs.); L. Lomiento 1993 (dort Bibl. 57–73).
L: A. D. Knox, Cambr. 1923; E. Livrea, 1986; J. L. López Cruces, Amst. 1995; J. A. Martin Garcia, in: Cuadernos de filologia clásica 12, 2002, 89–135.

Kern, Alfred, franz. Erzähler, * 22. 7. 1919 Hattingen an der Ruhr. Kindheit in Straßburg, Stud. Theol., Geschichte, Psychologie Heidelberg, Leipzig, Straßburg, Prof. in Paris. – Vf. psycholog. Romane. Autobiograph. Züge in ›Le bonheur fragile‹.

W: Le jardin perdu, R. 1950; Les voleurs de cendres, R. 1951; Le mystère de Sainte Dorothée, R. 1952; Le clown, R. 1957 (d. 1962); L'amour profane, R. 1959 (d. 1960); Le bonheur fragile, R. 1960 (d. 1964); Le viol, R. 1964; Le carnet blanc, R. 2002.

Kerouac, Jack (eig. Jean-Louis Lebris de K.), amerik. Schriftsteller, 12. 3. 1922 Lowell/MA – 21. 10. 1969 St. Petersburg/FL. Sohn franz.-kanad. Eltern, Kindheit im kathol. Arbeitermilieu; Columbia Univ.; Militärdienst; bis 1950 Tramptouren durch USA u. Mexiko, Gelegenheitsarbeiter. – Mit A. Ginsberg beeinflußt er die Revolte der Beat Generation gegen die kommerzialisierte Gesellschaft; Vorbild für die Counter Culture. An Whitman erinnernde Feier Amerikas u.

gesteigerter Lebensintensität, die in Sexualität, Jazz, Rauschmitteln den Weg zu e. myst. Wirklichkeit sucht. Überschäumend spontane, mit Obszönitäten u. Jazz-Slang gespickte Sprache. Alle Romane K.s können als Teile e. großen Autobiographie angesehen werden (›On the Road‹; Vorbild: Thomas Wolfe).

W: The Town and the City, R. 1950; On the Road, 1957 (d. 1959); The Subterraneans, R. 1958 (Be-Bop, Bars und weißes Pulver, d. 1979); The Dharma Bums, R. 1958 (Gammler, Zen und hohe Berge, d. 1963); Mexico City Blues, G. 1959; Doctor Sax, R. 1959; Maggie Cassidy, R. 1959 (d. 1980); Tristessa, R. 1960 (d. 1965); Visions of Cody, R. 1960 (n. 1972); Lonesome Traveller, Reiseb. 1960; Book of Dreams, Tg. 1961 (d. 1978); Big Sur, R. 1962; Visions of Gerard, R. 1963; Desolation Angels, R. 1965 (Engel, Kif und neue Länder, d. 1967); Satori in Paris, Reiseb. 1966 (d. 1968); Vanity of Duluoz, R. 1968 (d. 1969); Pic, R. 1971; Scattered Poems, G. 1971; Visions of Cody, R. 1972; Heaven, G. 1977; San Francisco Blues, G. 1983; Dear Carolyn, Br. 1983 (m. C. Cassady); Hymn, G. 1985; American Haikus, G. 1986; Pomes All Sizes, G. 1992; Old Angel Midnight, G. 1993; Book of Blues, G. 1995. – Atop an Underwood, Ausw. hg. P. Marion 1999; Selected Letters, 1940–1956, hg. A. Charters 1995; Portable J. K., 1995; Selected Letters, 1957–1969, hg. A. Charters 1999; Door Wide Open, Br. hg. J. Johnson 2000.

L: A. Charters, 1973; C. E. Jarvis, 1974, [3]1994; R. A. Hipkiss, 1976; V. L. Beaulieu, [2]1976; J. Tytell, Naked Angels, 1976; B. Gifford, L. Lee, hg. 1978; D. McNally, Desolate Angel, 1979; G. Spengemann, 1980; T. Hunt, 1981; C. Challis, 1984; T. Clark, 1984; K. and Friends, hg. F. N. MacDarrah 1985; T. Clark, 1995; S. Turner, 1997; E. Amburn, 1998. – *Bibl.:* A. Charters, [2]1975; R. J. Milewski, 1981; R. Anstee, hg. 1994.

Kerr, Philip, schott. Autor, * 22. 2. 1956 Edinburgh. Stud. Birmingham, Journalist. – Verf. erfolgreicher Genreromane, nach einer Krimi-Trilogie, die im Deutschland der Nazizeit spielt, v. a. Technik-Thriller sowie Science-fiction-Romane der nicht allzu fernen Zukunft.

W: March Violets, R. 1989 (Feuer in Berlin, d. 1996); A Philosophical Investigation, R. 1992 (Das Wittgenstein-Programm, d. 1993); Dead Meat, R. 1994 (Gesetze der Gier, d. 1994); Gridiron, R. 1996 (Game Over, d. 1996); Esau, R. 1997 (d. 1999); The Second Angel, R. 1999 (Der zweite Engel, d. 2000); Dark Matter, R. 2002 (Newtons Schatten, d. 2003).

Kersnik, Janko, slowen. Schriftsteller, 4. 9. 1852 Brdo pri Lukovici – 28. 7. 1897 Laibach. Sohn e. Großgrundbesitzers, bis 1870 Gymnas. Laibach; Stud. Rechte Wien, Graz, Notar in Brdo. – Nach pseudoromant. Jugendgedichten und -erzählungen wandte sich K. unter Einfluß Jurčič', dessen letzten Roman ›Rokovnjači‹ (1882) er zu Ende führte, dem Realismus zu, ohne jedoch die Romantik ganz zu überwinden. In Novellen u. Romanen behandelt er das Verhältnis des Adels u. des Bürgertums zum Landvolk am Ende des 19. Jh., wobei der Bauer mit s. Tragik und s. Konflikten immer mehr die zentrale Gestalt wird. Durch s. scharfe Beobachtungsgabe bestimmter soz. Erscheinungen nähert sich K. dem Gesellschaftsroman; urwüchsiger Feuilletonist.

W: Na Žerinjah, R. 1876; Lutrski ljudje, E. 1882; Kmečke slike, Nn. 1882–91; Ciklamen, R. 1883 (d. 1901); Gospod Janez, N. 1884; Agitator, R. 1885; Nova železnica, N. 1888; Jara gospoda, R. 1893; Očetov greh, R. 1894. – Zbrani spisi (GW), VI 1900–14; Zbrano delo (GW), VI 1947–84. – *Übs.:* Ausw.: Slowen. Erzähler, hg. J. Glonar 1933; Jugoslaw. Erzähler von Lazarević bis Andrić, hg. M. u. W. Jähnichen 1966, 1976.

L: I. Prijatelj, VI 1910–14; J. Pogačnik, 1976.

Kertész, Ákos, ungar. Schriftsteller, * 18. 7. 1932 Budapest. Arbeitete als Schlosser. Stud. 1961–66 Hungarologie in Budapest. 1966 als Dramaturg tätig. Erhielt div. lit. Preise. Schrieb zahlr. Romane u. Theaterstücke. Bed. Drehbuchautor. – Thematisiert in zeitgeschichtl. Romanen die moral. Konflikte der ungar. Gesellschaft der 1960er u. 70er Jahre. Scharfe Gesellschaftskritik u. psychol.-philos. Reflexionen charakterisieren s. Werke.

W: Hétköznapok szerelme, R., En. 1962; Makra, R. 1971 (Das verschenkte Leben des Ferenc Makra, d. 1975); Névnap, R. 1972 (Namenstag, d. 1981); Özvegyek, Sch. 1976 (Witwen, d. 1976); Kasparek, R. 1979 (Kasparek, d. 1981); Családi ház manzárddal, R. 1982 (Haus mit Mansarde, d. 1984); A világ rendje (AW), 1984; Zakariás, R. 1990; A gyűlölet ára, R. 1992 (Haß hat seinen Preis, d. 1995).

Kertész, Imre, ungar. Schriftsteller und Übersetzer, * 9. 11. 1929 Budapest. 1944 nach Auschwitz u. Buchenwald deportiert, 1945 Befreiung. 1948 Abitur in Budapest. 1948–50 Mitarbeiter der Zs. ›Világosság‹. 1951 als Arbeiter tätig. Seit 1953 freier Schriftsteller. Ab 1998 Mitgl. der Deutschen Akademie für Sprache u. Dichtung Darmstadt. Träger div. lit. Preise. 2002 Lit.-Nobelpreis. Übersetzt u. a. Nietzsche, Freud, Hofmannsthal u. Canetti. – Eindrucksvolle Schilderung u. Schicksalsanalyse in hist. u. gesellschaftl. Fallen von Osteuropa geratenen Menschen.

W: Sorstalanság, R. 1975 (Mensch ohne Schicksal, d. 1990, u. d. T. Roman eines Schicksalslosen, 1996); A nyomkereső, R. 1977 (Der Spurensucher, d. 2002); A kudarc, R. 1988 (Fiasko, d. 1999); Kaddis a meg nem született gyermekért, R. 1990 (Kaddisch für ein nicht geborenes Kind, d. 1992); Az angol lobogó, E. 1991 (Die englische Flagge, d. 1999); Gályanapló, R. 1992 (Galeerentagebuch, d. 1993); Jegyzőkönyv, 1991; Élet és irodalom (zus. m. Péter Esterházy), 1993 (Eine Geschichte – zwei Geschichten, d. 1994); Valaki más, Prosa 1997 (Ich, ein anderer, d. 1998); A gondolatnyi csend, amíg a kivégzőosztag újratölt, Ess. 1998 (Eine Gedankenlänge Stille, während das Erschießungskommando neu lädt, d. 1999); A száműzött nyelv, Stn. 2001; Heuréka! – a stockholmi beszéd – 2002 (»Heuréka!« Rede zum Nobelpreis für Lit., d. 2002); Kalauz, Ess. (zus. m. Péter Esterházy u. Péter Nádas), 2003.

L: P. Szirák, 2003.

Kesar-Epos → Ge-sar-Epos

Kesey, Ken (eig. K. Elton), amerik. Erzähler, 17. 9. 1935 La Junta/CO – 10. 11. 2001 Eugene/OR. Stud. Oregon u. Stanford. In den 1960er Jahren bekannte Gestalt der ›counter culture‹ in San Francisco. Anführer der Merry Pranksters, die zum Vorbild der ›hippy generation‹ wurden. 1966 Flucht nach Mexiko. Nach der Rückkehr Verhaftung wegen Drogenbesitzes, später Rückzug nach Oregon, dort Lehrtätigkeit an Univ. – S. erster Roman spielt in e. Heilanstalt und schildert die Auseinandersetzungen zwischen dem einzelnen als unkonventionellem Außenseiter und den ihn unterdrückenden Institutionen. S. zweiter Roman entwirft ein vielperspektiv. Bild von den Kämpfen innerhalb der Familie e. ›lumber baron‹ in Oregon.

W: One Flew Over the Cuckoo's Nest, R. 1962 (d. 1972); Sometimes a Great Notion, R. 1964 (d. 1966); Kesey's Garage Sale, Slg. 1973; Demon Box, Slg. 1986 (d. 1989); Little Tricker the Squirrel Meets Big Double the Bear, Kdb. 1988; The Further Inquiry, autobiograph. Drb. 1990; The Sea Lion, Kdb. 1991; Sailor Song, R. 1992; Last Go Round, R. 1994 (m. K Babbs).

L: T. Wolfe, 1968 (d. 1991); R. G. Billingsley, 1971; B. H. Leeds, 1981; M. G. Porter, 1982; S. L. Tanner, 1983; P. Perry, 1990.

Keš-Hymne, frühestüberlieferte sumer. hymn. Dichtung, Fragmente von 1 (oder 2?) Tontafel(n) des 26. Jh. v. Chr. Hsn. des 18. Jh. v. Chr. aus versch. Orten; stroph. gegliedert mit Refrain und Rubrik (»1. Haus«, usw.). 3 Versionen: 8 (Standard), 9, oder 10 »Häuser«. Vor 1. Strophe myth. Proömium: Gott Enlil dichtet und Göttin Nisaba schreibt die K. auf eine Tontafel (V. 1–12): Dichtung ist mündl., die Schriftform aber göttl. legitimiert. Standardversion inhaltl. und nach Zahl der Verse klar gegliedert; beschreibt in bildhafter Sprache e. Prozession zum »einsam in der Steppe gelegenen« Keš. I: Das Heiligtum von fern: opt. Eindrücke (5 V.); II: beim Näherkommen: opt. und akust. (19 ± 1 V.); III: Keš von innen: Farben, Formen, Kunst (9 ± 1 V.); IV: Keš von innen: eine komplexe Stadt (12 V.); V: Wirkkraft von Tempel und Göttern (9 V.); VI: der Hochtempel von außen (12 V.); VII: innen: Schmuck, Kult, König und Götter beim Fest (19 ± 1 V.); VIII: Einladung der Bevölkerung (6 V.). Strophenlängen spiegelbildl. (asymmetr. Mittelgruppe: 9:12:9:12); in Fassung des 26. Jh. ganz symmetr.: I (5); II (19); III (9); VI (12); IV (12); V (9); VII (19); VIII (6) mit opt. Eindruck des Hochtempels vor Beschreibung des in ovaler, ummauerter Tempelanlage (so in

Ḫāfāǧī, Lagaš und jetzt Urkeš ausgegraben) pulsierenden Lebens und dem Wirken des Heiligtums.

A: G. Gragg (Texts from Cuneiform Sources 3), Locust Valley/NY 1969; R. D. Biggs, (ZA 61), 1971; http://4033www-etcsl.orient.ox.ac.uk/edition2/etcslbycat.html.

L: D. O. Edzard, (Orientalia 43), 1974; C. Wilcke, (JNES 31), 1972; ders., (Der Alte Orient, hg. B. Hrouda), 1991.

Kešokov, Keschokow, Alim → K,hyscokquė, Alim

Kessel, Joseph, franz. Erzähler, 10. 2. 1898 Clara/Argentinien – 23. 7. 1979 Avernes b. Paris. Russ. Herkunft, Stud. Medizin Paris und Montpellier; prakt. Arzt; Lizenziat für Philos. an der Sorbonne; im 1. Weltkrieg Fliegeroffizier, ging 1918 über USA zum franz. Generalstab in Sibirien; anschließend Reporter in Rußland. Ab da Wanderleben als Journalist und freier Schriftsteller. 1962 Mitglied der Académie Française. – Schrieb Reisebücher, realist. Abenteuer- u. Gesellschaftsromane aus dem 20. Jh.; bekannt durch s. Fliegerromane. ›L'équipage‹ ist der erste Roman über die franz. Luftfahrt. Übertrug die Tradition der Seemannsgeschichte auf die Luftfahrt. ›Le bataillon du ciel‹ ist e. Epos auf die Piloten des 2. Weltkriegs. Erinnert in den Romanen ›Les cœurs purs‹ und ›Les captifs‹ durch Kargheit des Ausdrucks an Mérimée. Schrieb z.T. polit. sehr engagierte Berichte und Romanzyklen.

W: La steppe rouge, Rep. 1922 (d. 1927); L'équipage, R. 1923; Les rois aveugles, R. 1925 (d. 1927) Mary de Cork, R. 1925; Les captifs, R. 1926 (d. 1930); Nuits de princes, R. 1927; Les cœurs purs, R. 1927; Belle de jour, R. 1929 (d. 1968); Vent de sable, R. 1929; La passante du Sanssouci, R. 1936; Mermoz, R. 1938 (d. 1948); L'armée des ombres, Ess. 1943; Le bataillon du ciel, R. 1947; La tour du malheur, R. IV 1950 (Der Brunnen der Medici, d. 1951, u.d.T. Brunnen der Parzen, 1961); Au grand socco, R. 1952; Les amants du Tage, R. 1954 (Die Liebenden vom Tajo, d. 1970); Témoin parmi les hommes, Aut. IV 1956–68; Le lion, R. 1958 (Patricia u. der Löwe, d. 1959); Les mains du miracle, R. 1960 (Medizinalrat Kersten, d. 1961); Avec les alcooliques anonymes, R. 1960 (d. 1961); Tous n'étaient pas des hommes, Aut. 1963 (Zeuge in heilloser Zeit, d. 1964); Fortune Carrée, R. 1964; Les cavaliers, R. 1967 (Die Steppenreiter, d. 1971); Israël que j'aime, Ber. 1968; Les fils de l'impossible, Ber. 1970; Des hommes, Ess. 1972; La Rose de Java, R. 1972; La vallée des rubis, R. 1973; Le petit âne blanc, R. 1973; Stavisky, l'homme que j'ai connu, Ber. 1974; Les temps sauvages, Ber. 1975; Hong-kong et Macao, Ber. 1975; Une balle perdue, R. 1982; Marche d'esclaves, Ber. 1984. – Œuvres complètes, XV 1974f.

L: F. Deschamps, 1983; Y. Corrière, 1986; R. Silvain 1993; A. Tassel, 1997.

Kesselring, Joseph (eig. J. Otto), amerik. Dramatiker, 21. 6. 1902 New York – 5. 11. 1967 ebda. – Vf. erfolgr. Kriminalkomödien, von denen ›Arsenic and Old Lace‹ in der Verfilmung F. Capras (1943; dt. ›Arsen und Spitzenhäubchen‹) Weltruhm erlangte.

W: There's Wisdom in Women, K. (1935); Cross-Town, Dr. (1937); Maggie McGilligan, Dr. (1942); Arsenic and Old Lace, K. 1944; Four Twelves Are 48, Dr. 1951; Mother of That Wisdom, Dr. 1973; My Life, Love, and Limericks, Aut. 1973.

Keszi, Imre, ungar. Schriftsteller, Kritiker, 16. 6. 1910 Budapest – 26. 11. 1974 ebda. Stud. Philol., Dr. phil., Gymnasial- u. Hochschullehrer. Ab 1942 Arbeitsdienst. 1946–49 Redakteur bei der Zs. ›Szabad Nép‹. Ab 1935 regelmäßige Publikation in den Zsn. ›Nyugat‹ u. ›Szép Szó‹.

W: A versírás mestersége, G. 1935; Alapkő, hist. R. 1952 (Bálint Zsóry muß sterben, d. 1955); Elysium, R. 1958 (Elysium, d. 1964, u.d.T. Der Tod im Paradies, 1989); A végtelen dallam, R. 1963 (Unendliche Melodie, d. 1984); Lelkek a mérlegen, En. 1977.

L: I. Sőtér, Gyűrűk, 1980.

Kette, Dragotin, slowen. Dichter, 19. 1. 1876 Prem – 26. 4. 1899 Laibach. Lehrerssohn, Mittelschule Laibach und Novo Mesto; erkrankte während s. Militärdienstzeit in Triest, starb im Laibacher Obdachlosenasyl. – Gehört mit Cankar, Murn-Aleksandrov u. Župančič dem Kreis der slowen. Moderne an; geschult an der europ. Lit., verliert K. s. Unmittelbarkeit nicht u. versteht es meisterhaft, in Naturbildern s. eigenen Gefühle auszudrücken, wobei e. fast leichtsinnige Fröhlichkeit in s. Gedichten mitschwingt. In s. weiteren Entwicklung wandte sich K. dem Sonett zu, in dem er s. philos. Ansichten, die oft e. Art Pantheismus darstellen, zum Ausdruck bringt.

W: Poezije, G. hg. A. Aškerc 1900, hg. N. Grafenauer 1971; Pesmi, G. 1983, 1984. – Zbrano delo (GW), II 1940–49. – Übs.: Ausw.: K. A. Jovanovits, Jugoslaw. Anthologie, 1932; L. Novy, Blätter aus der slowen. Lyrik, 1933.

L: J. Martinović, 1976; ders., 1978.

Keulen, Mensje van (eig. Mensje Francina van Keulen-Van der Steen), niederländ. Schriftstellerin, * 10. 6. 1946 Den Haag. – Nüchtern-realist. Romane über das alltägliche Elend. Auch Kinderbücher.

W: Blekers zomer, R. 1972; Allemaal tranen, En. 1972; Van lieverlede, R. 1975; Overspel, R. 1982; Engelbert, R. 1987; De rode strik, R. 1994 (d. 2001); De gelukkige, R. 2001.

Key, Francis Scott, amerik. Dichter, 1779–1843. Jurist. – Vf. von posthum veröffentl. Gedichten, Abhandlungen zur Lit. und v.a. des Textes zur Nationalhymne ›The Star-Spangled Banner‹.

W: The Power of Literature and Its Connection with Religion, Abh. 1834; Poems, 1857.

L: S. Meyer, Paradoxes of Fame: The F. S. K. Story, 1995.

Key-Åberg, Sandro (Gustav), schwed. Schriftsteller, 6. 5. 1922 Radebeul b. Dresden – 5. 7. 1991 Stockholm. Aufgewachsen bei versch. Pflegeeltern. 1943 Abitur, Stud. Uppsala, 1954 Staatsexamen. Theaterschule, Volksbildungsarbeit. 1959 ∞ Gudrun Larsson. – Durchgehende Themen sind engagierte Einfühlung in die Bedingungen der Armut, der Tod, das Staunen vor dem menschl. Selbsterhaltungstrieb u. der noch im tiefsten Elend bewahrten Liebe zum Leben, gepaart mit Ekel vor Aggressionstrieb u. Selbstbetrug. Bekannt durch s. ›Prator‹, absurdes Ableiern geschickt eingefangener Phrasen in Mono- u. Dialogen, die an S. Beckett gemahnen.

W: Skrämdas lekar, G. 1950; Bittergök, G. 1954; Barnet i enklykan, G. 1957; Dikter 1947–60, G. 1962; Livet en stor sak, G. 1963; Sagolik, N. 1964; Bildade människor, Monologe 1964 (Gebildete Menschen, d. 1970); O! Scenprator, Dialoge 1965; 13 qvinnor, Sch. 1965; Nya värmlänningarna, Sch. 1966; Uppslagsbok för rådvilla, G. 1970; På sin höjd, G. 1972; De goda människorna, R. 1976; Hedersgästerna, R. 1978; Fridhem, Småland, Sverige, Aufz. 1982; Till de sörjande, G. 1985; Kort sagt liv, Kgn. 1989.

L: L. Bäckström 1959, 1965.

Keyes, Daniel, amerik. Schriftsteller, * 9. 8. 1927 Brooklyn/NY. Arbeit im Verlagswesen, als Lehrer, als Hochschullehrer. – Vf. von Romanen und nichtfiktionalen Berichten über psychische Störungen wie multiple Identitäten.

W: Flowers for Algernon, R. 1966 (Charly, d. 1970); The Touch, R. 1968 (Wer fürchtet sich vor Barney Stark?, d. 1971, u.d.T. Kontakt radioaktiv, 1981); The Fifth Sally, R. 1980 (d. 1983); The Minds of Billy Milligan, Ber. 1981 (Die Leben des Billy Milligan, d. 1985); Unveiling Claudia: A True Story of a Serial Murder, Ber. 1986 (Die Enthüllungen Claudias, d. 1992); Algernon, Charlie and I, Ber. 2000. – D. K.'s Collected Stories, En. 1993.

Khalifa, Sahar (Ḥalīfa, Sahar), bedeutendste palästinens. Romanautorin, * 1941 Nablus. – Schreibt aus feminist. u. herrschaftskrit. Perspektive realistisch und oft humorvoll über die soz. u. ideolog. Antagonismen der palästinens. Gesellschaft unter israel. Besatzung. ›Das Tor‹ dekonstruiert provokativ die partiarchal. Weiblichkeitsbilder u. Handlungsmuster in der revolutionären Kultur der 1. Intifada.

W: Der Feigenkaktus, 1983; Die Sonnenblume, 1986; Das Tor 1990; Das Erbe, 2002.

L: V. Klemm: Saḥar Ḥalīfas Bāb as-Sāḥa: eine feministische Kritik der Intifada, in: ›Die Welt des Islams‹, 33, 1993.

Khandaka → Tipiṭaka, das

Khāqānī → Ḫāqānī, Afżalu'd-Dīn Badīl ibn ʿAlī

Khatibi, Abdelkébir, marokkan. Schriftsteller franz. Sprache, * 1938 El-Jadida/Marokko. Stud. Soziologie an der Sorbonne, Diss. über die marokkan. Romanlit. Prof. für Literatur; Hrsg. der Zeitschrift ›Bulletin économique et social du Maroc‹. – Vf. von Romanen, Dramen und Essays. Analysiert das feine Gewebe der Kultur seines Landes, transponiert die arab. Zivilisation und die Religion des Islam in die franz. Sprache, deutet die Symbolik der arab. Kalligraphie, erstrebt die Konkordanz von Kulturen und Religionen, erschließt die facettenreiche Symbolik der arab. Poesie des Mittelalters, beschäftigt sich mit den Integrationsproblemen einer arab.-europ. Gesellschaft, kommentiert fortwährend das polit. und künstlerische Leben in Marokko.

W: Etudes sociologiques sur le Maroc, 1971; La mémoire tatouée, R. 1971; L'art calligraphique arabe, 1976; Le livre du sang, 1979; Le prophète voilé, Dr. 1979; Figures de l'étranger dans la littérature française, Ess. 1987; Amour bilingue, 1983; Vomito blanco: le sionisme et la conscience malheureuse, Ess. 1974; Un été à Stockholm, R. 1997.

L: W. Hassan, 1995; S. Mohamed, 1996.

Khayyam, Omar → ʿUmar Ḫaiyām, Abū Ḥafṣ

Khoury, Elias → Ḫūrī, Ilyās

Khubalty, Alyksandyr (Kubalov, Aleksandr), osset. Autor, 9. 10. 1871 Alt-Batakojurt – 1944. Sohn e. Lehrers u. Kleinbauern; Stud. Jura in Kiev. 1898 Staatsexamen. Beglaubigter Bevollmächtigter, Anwalt in Vladikavkaz, Mitarbeiter der Zs. ›Fidiwäg‹. – Lyriker, Damatiker und Versepiker vorzugsweise nach heim. Sagenstoffen, bes. den → Nartendichtungen der Volkssänger, die er 1906 gesammelt herausgab (russ. 1908). Unter s. Versepen erfreut sich das in der Tradition der Volksdichtung verfaßte ›Äfxärdty Chäsanä‹ bes. Beliebtheit. Übs. von Lermontov u. Homer. Biograph von → Chetägkaty; Arbeiten zur osset. Verslehre und zum Narten-Epos.

W: Äfxärdty Chäsanä, Ep. 1897; Gäläbu, G. 1900; Chosau, G. 1915; Tschermän, G. 1926; Fätäg Alhuyzy mälät, Tr. 1928; Zärond Esä, Ep. 1930; Chadzimat Ramonov, Dr. 1936; Chadizat, Kom. 1936. – *Übs.:* russ.: Izbrannoe, 1960; Pesni kavkazskich gorcev, 1906.

L: Ch. Ardasenov, in: Očerk razvitija osetin. literatury, 1959.

Khuddaka-nikāya → Tipiṭaka, das

Khuddakapāṭha → Tipiṭaka, das

Khusrau Dihlawī → Amīr Ḫusrau Dihlawī, Yamīnu'd-Dīn Abu'l-Ḥasan

Khwādjū Kirmānī → Ḫwāǧū Kirmānī, Kamālu'd-Dīn Maḥmūd

K‚hyscokqué, Alim (Kešokov), kabard. Autor, 22. 7. 1914 Šaluška – 29. 1. 2001 Moskau. Bauernsohn, Stud. Päd. Institut. Teilnahme am 2. Weltkrieg. Tätigkeit im Lit.fonds der UdSSR 1971–87. – Veröffentlichte seit 1934 Gedichte und Poeme über die Vor- u. Nachkriegszeit in Kabarda; Kriegserlebnisse, die durch Musikalität, eine Vielfalt von Rhythmen u. neuer Ausdrucksweisen gekennzeichnet sind. Autor des hist. Romans ›Wunderbarer Augenblick‹ (II, 1960); Drama, Drehbuch, Kinderbücher. Übs. von kabard. Autoren ins Russische.

Übs.: russ.: Sobr. sočineij (W), IV 1981/82; dt. in: Sowjetliteratur 9 (1970), 6 (1974), 2 (1977).

L: V. Goffenšefer, in: Družba narodov 1 (1964).

Kianto, Ilmari Antero, finn. Erzähler, 7. 5. 1874 Pulkkila – 27. 4. 1970 Helsinki. Stud. in Helsinki u. Moskau, lebte in ostfinn. Provinz. – Veröffentl. über 60 Werke; berühmt durch tragikomische Romane, in denen sich Volksschilderung mit Sozialkritik verbindet.

W: Soutajan lauluja, G. 1897; Pyhä viha, R. 1908; Kärsimys, R. 1909; Punainen viiva, R. 1909 (Der rote Strich, dt. 1920, 1957); Avioliitto, R. 1917; Vanha pappila, R. 1922; Ryysyrannan Jooseppia, R. 1924; Vanha postineiti, R. 1935; Salainen päiväkirjani, Tg. 1980. – Kauneimmat runot, G.-Ausw. 1964; Valitut teokset (AW), 1970; Maan sielu, En.-Ausw. 1999.

L: M.-L. Nevala, 1986.

Kidde, Harald (Henrik Sager), dän. Erzähler, 14. 8. 1878 Vejle Jütland – 23. 11. 1918 Kopenhagen. Sohn e. Kreiswegemeisters, 1898 Abitur in Vejle, Stud. Theol. wegen Zweifel abgebrochen, freier Schriftsteller, ∞ 1907 die Schriftstellerin Astrid Ehrencron-Müller, lebte seit 1912 in Schweden, starb während e. Grippeepidemie. – Vf. gedankentiefer und melanchol. Romane unter Stileinfluß von J. P. Jacobsen, J. Jørgensen u. der dän. Romantik, weltanschaul. bestimmt durch Kierkegaard und e. myst. Pietismus; ›Åge og Else‹ behandelt s. Hauptthema der Lebensangst und Todessucht nach e. Volkslied, ›Helten‹ schildert e. Mann, der als armer u. sich selbst verleugnender Lehrer auf e. kleinen Insel unter zyn. u. entgleisten Menschen zum Glaubenszeugen wird, e. desperater, aber ergreifender Versuch K.s, e. mod. Christusfigur zu zeichnen; suggestive Naturschilderung. Das Werk hatte großen Einfluß auf die dän. Dichtergeneration nach dem 2. Weltkrieg, u. a. auf M. A. Hansens ›Løgneren‹.

W: Sindbilleder, Parabeln 1900; Åge og Else, R. II 1902f.; Luftslotte, Parabeln 1904 (Luftschlösser, d. 1905); De blinde, R. 1906; Loven, R. 1908; Den anden, R. 1909; De salige, R. 1910; Helten, R. 1912 (n. 1963, ²1972; Der Held, d. 1927); Jærnet, R.-Fragm. 1918 (n. 1990); Artikler og Breve, 1928; Parabler, 1953.
L: J. M. Jensen, 1924; N. Jeppesen, 1934; J. Kuke, Diss. Jena 1940; A. Höger, Diss. Mchn. 1969; N. Kofoed, 1980. – *Bibl.:* C. M. Woel, 1925.

Kielland, Alexander Lange, norweg. Erzähler, 18. 2. 1849 Stavanger – 6. 4. 1906 Bergen. Aus reicher u. vornehmer Kaufmannsfamilie; Stud. Jura, 1871 Staatsexamen in Oslo. ⚭ 1872 Beate Ramsland, bis 1881 Ziegeleibesitzer mit lit. Interessen. Entschluß zu eigenem lit. Schaffen 1878 bei der Begegnung mit Bjørnson auf der Weltausstellung in Paris; ab 1881 in Kopenhagen (befreundet mit Jacobsen), rege lit. Tätigkeit, die er 1891 abrupt einstellte. Ablehnung e. Dichterstipendiums durch das Storting 1885, wurde in Norwegen von vielen als Skandal empfunden u. führte zur Spaltung der liberalen Partei. 1888–90 Bürgermeister von Stavanger, 1902–06 Bezirksamtmann in Molde. – Schon mit s. ersten Veröffentlichung, e. Sammlung von Kurzgeschichten, erweist sich K. als geborener Erzähler, dessen subtile Beobachtung u. formvollendeter Stil an Flaubert gemahnen u. dessen geistige Aggressivität an Heine u. Kierkegaard erinnern, die neben Dickens, J. S. Mill u. Turgenev s. Lieblingsschriftsteller waren. Nicht geringeres Aufsehen erregte s. meist mit echtem Humor gepaarte satir. Begabung, die ihn mitunter bis zur Karikatur gehen ließ, so wenn er in ›Gift‹ e. durch Überarbeitung entkräfteten Schuljungen auf dem Sterbebett lat. Verben konjugieren läßt. Entrüstung über soz. Ungerechtigkeit u. Empörung gegen s. Meinung nach überalterte Anschauungen u. Institutionen waren der eigentl. Antrieb s. darum von G. Brandes bes. nachdrückl. geförderten Schaffens. Hauptangriffsziele waren das satte u. bildungsstolze Bürgertum, Kirche u. Geistlichkeit, die er für grundsätzl. heuchler. hielt, ferner das bürokrat.-überhebl. Beamtentum u. die höhere Schule mit ihrer einseitigen Bevorzugung der klass. Sprachen; was ihn jedoch nicht hinderte, in ›Garman & Worse‹ mit wehmutsvoller Liebe das behäbige Dasein in e. Kaufmannsfamilie aus s. Jugendzeit zu preisen oder in ›Skipper Worse‹, s. lit. bedeutendsten Roman, e. Geistlichen als durchaus sympath. Menschen zu zeichnen. Der Roman ›Arbejdsfolk‹ u. die Novelle ›Else‹ sind Schilderungen des Untergangs begabter, aber soz. untergeordneter Menschen aus dem Volke, denen weder die herzlose Bürokratie noch die organisierte Nächstenliebe der Kirche wirkl. zu helfen bereit sind. K.s Dramen, z. T. gleichfalls tendenziös, sind gegenüber s. Novellen und Romanen unbedeutend. Stimmungsvolle Naturschilderung, bes. der düsterheroischen Küstenlandschaft um Stavanger.
W: Novelletter, En. 1879 (d. 1884); Garman & Worse, R. 1880 (d. 1881); For Scenen, Dr. 1880; Nye Novelletter, En. 1880 (d. 1886); Arbejdsfolk, R. 1881 (Arbeiter, d. 1881); Else, E. 1881 (d. 1882); To Novelletter fra Danmark, En. 1882 (Zwei Erzählungen aus Dänemark, d. 1898); Skipper Worse, R. 1882 (Schiffer W., d. 1882); Gift, R. 1883 (d. 1883); Fortuna, R. 1884 (d. 1886); Sne, E. 1886 (Schnee, d. 1886); Tre par, K. 1886; St. Hans Fest, R. 1886 (Johannisfest, d. 1887); På Hjemveien, Dr. 1886; Bettys Formynder, K. 1887; Professoren, K. 1888; Jacob, R. 1891 (d. 1899); Omkring Napoleon, St. 1905 (Rings um Napoleon, d. 1905). – Samlede værker, XI 1897 f., V, 1919; Hundreårsutgave, XII 1949 f.; Breve, 1907; Brev 1869–1906, IV 1978–81; Breve til hans Datter, 1909. – *Übs.:* GW, VI 1903–08.
L: M. Schjøtt, 1904; G. Gran, 1922; O. Storstein, 1936, erw. 1949; B. Kielland, Min far A. L. K., 1949; F. Bull, 1949; N. E. Bæhrendtz, A. K.s litterära genombrott, Diss. Stockh. 1952; O. Apeland, A. K.s romaner, 1971; H. Blochwitz, Tendenz und satirische Schreibart im Werk von A. K., 1988; T. Obrestad, Sannhetens pris, 1996; H. H. Skei, Disharmoniens dikter, 1999; T. Rem, Forfatterens strategier – A. K. og hans krets, 2002.

Kihlman, Christer Alfred, finnl.-schwed. Dichter, * 14. 6. 1930 Helsingfors. 1948 Abitur, 1948–51 Bibliotheksbeamter, 1952–60 Literaturkritiker von ›Nya Pressen‹, 1951–54 Mithrsg. der Zs. ›Arena‹, später des ›Nya Argus‹. – Begann mit grüblerisch-resignierter Lyrik auf den Spuren Enckells. In s. Romanen bricht er mit aller Konvention, übt scharfe Kritik an Dekadenz u. Borniertheit der finnl.-schwed. Oberschicht, zeigt schonungslos das Böse im Menschen, die Unerbittlichkeit unserer Zeit. K. ist leidenschaftl. Rebell, beobachtet u. schildert engagiert aus eth. Perspektive, voll Kraft der Phantasie, jedoch ohne falsche Romantik.
W: Rummen vid havet, G. 1951; Munkmonolog, G. 1953; Se upp, salige!, R. 1960; Den blå modern, R. 1963; Madeleine, R. 1965; Inblandningar, utmaningar, Ess. 1969; Människan som skalv, R. 1971 (Homo Tremens, d. 1985); Dyre prins, R. 1975 (Edler Prinz, d. 1983); Hundernar i Casablanca, Dr. 1976; SK 911 till Acapulco, Dr. 1978; Alla mina söner, Aut. 1980; Livsdrömmen rena, Aut. 1982; På drift iförlustens landskap, Aut. 1986; Gerdt Bladhs Undergång, R. 1987; Svaret är nej, Dr. 1999; Om hopplöshetens möjligheter, R. 2000.

Kijowski, Andrzej (Ps. Dedal), poln. Schriftsteller, 29. 11. 1928 Krakau – 29. 6. 1985 Warschau. Philologiestud. Krakau. – Zunächst mehr Kritiker, später auch Prosa u. Filmdrehbücher. Bes. Aufmerksamkeit verdienen s. von außerordentl. Intelligenz u. weitem lit. Horizont geprägten Kurzromane.
W: Diabeł, anioł i chłop, En. 1955; Pięć opowiadań, En. 1957; Różowe i czarne, Krit. 1957; Oskarżony, R. 1959; Miniatury krytyczne, Krit. 1961; Sezon w Paryżu,

Reisesk. 1962; Arcydzieło nieznane, Ess. 1964; Maria Dąbrowska, Schr. 1964; Pseudonimy, En. 1964; Dziecko przez ptaka przyniesione, R. 1968; Grenadierkról, R. 1972; Listopadowy wieczór, Ess. 1972; Oskarżony, En. 1973; O dobrym naczelniku i niezłomnym rycerzu, St. 1984; Kroniki Dedala, Ess. 1986; Tropy, Ess. 1986.

Kikuchi, Hiroshi (Kan), jap. Schriftsteller, 26. 12. 1888 Takamatsu, Kagawa – 6. 3. 1948 Tokyo. Stud. Anglistik Tokyo u. Kyoto, umfassende Kenntnisse der europ. Lit. Freundschaft mit Akutagawa Ryûnosuke u. Kume Masao, 1923 Hrsg. der Zs. ›Bungei-shunjû‹. – Dramatiker und Erzähler, bes. von Shaw beeinflußt. Obwohl Realist u. Skeptiker, distanzierte er sich von der naturalist. Schule, deren bevorzugte lit. Form der ›Ich-Roman‹ war. In vielen s. Werke herrscht e. betonter Moralismus: überaus drast. Darstellung des Bösen, oft vor hist. Hintergrund, um dann die Umkehr zum Guten um so eingehender zu schildern. Auch Vf. von Zeitungsromanen u. populären Theaterstücken.

W: Chichi kaeru, Dr. 1917 (Vater kehrt zurück, d. E. Ackermann 1935); Mumei-sakka no nikki, E. 1918; Tadanao-Kyô gyôjôki, E. 1918 (The Conduct of Lord Tadanao, engl. G. Sargent, in: Modern Japanese Stories, ⁸1968); Onshû no kanata ni, E. 1919 (Jenseits von Liebe u. Haß, d. W. Donat, in: Die fünfstöckige Pagode, 1961); Tôjûrô no koi, N. u. Dr. 1919 (T.s Liebe, d. N. Yonezawa, A. Spann 1925); Shinjufujin, R. 1920; Katakiuchi-ijô, Dr. 1920; Rangaku-kotohajime, N. 1921; Ren'aibyôkanja, Dr. 1924 (L'amour est une maladie, franz. J. Murayama 1927); Toki no ujigami, Dr. 1924 (La providence du moment, franz. J. Murayama 1927); Shôhai, R. 1932 (Victory or Defeat, engl. 1934); San-katei, R. 1934. – K. K. bungakuzenshû (GW), 1960. – *Übs.:* G. W. Shaw, Tôjûrô's Love and Four Other Plays, 1925, 1956.

Kikuchi Hisanori → Shikitei Samba

Killens, John Oliver, afroamerik. Erzähler, 14. 1. 1916 Macon/GA – 27. 10. 1987 Brooklyn/NY. Wächst im Süden auf, hört Großmutter erzählen; Stud. Jura an vielen Univ.; Mitbegründer der Harlem Writers Guild, einflußreiche Lehrtätigkeit an Univ. – K. schrieb aus bester Kenntnis der Situation von Afroamerikanern u. ihrer Umgangssprache im Süden der USA u. versuchte sich nach zwei Protestromanen in der Tradition von R. Wright u. Ch. Himes zuletzt am freieren satir. Erzählen.

W: Youngblood, R. 1954; Sippi, R. 1967; The Cotillion, or One Good Bull Is Half the Herd, R. 1971.

L: B. J. Hollis, Swords upon This Hill, 1984.

Kilpi, Eeva Kaarina (geb. Salo), finn. Erzählerin * 18. 2. 1928 Hiitola. 1956/57 Studienrätin, danach freie Schriftstellerin. – K. hat sich innerhalb der mod. finn. Prosa e. eigenes, vom engl. Erzählstil geprägtes Profil geschaffen; in ihrer Diktion klar, schöpft sie ihre Themen aus der Zeitproblematik (Generationenkonflikt, sexuelle Befreiung, die verlassene Frau). Über die Frauen- u. Unterhaltungslit. wächst sie erstmals in ›Rakkauden ja kuoleman pöytä‹ hinaus: Hier gibt sie scharfe Analysen; der frühere leichte Ton schlägt um in Ironie, Satire, Parodie und Pessimismus.

W: Noidanlukko, Nn. 1959 (Wind in Ahornblüten, d. 1963); Kukkivan maan rannat, R. 1960; Nainen kuvastimessa, R. 1962; Elämä edestakaisin, R. 1964; Lapikkaita, En. 1966; Rakkauden ja kuoleman pöytä, Nn. 1967; Kesä ja keskiikäinen nainen, En. 1970; Hyvän yön tarinoita, Nn. 1971; Tamara, R. 1972 (d. 1974); Laulu rakkaudesta, G. 1972; Ihmisen ääni, Ess. 1972; Häätanhu, R. 1973; Terveisin, G. 1976; Naisen päiväkirja, R. 1978; Se mitä ei koskaan sanota, Nn. 1978; Ennen kuolemaa, G. 1982; Elämän evakkona, R. 1983; Kuolema ja nuori rakastaja, R. 1986; Animalia, G. 1987; Talvisodan aika, R. 1989; Välirauha, ikävöinnin aika, R. 1990; Jatkosodan aika, R. 1993; Kiitos eilisestä, G. 1996; Rajattomuuden aika, R. 2001. – Kootut novellit 1959–1986 (ges. En.), 1987; Kootut runot 1972–2000 (ges. G.), 2000.

Kilpi, Volter (früher Ericsson, eig. V. Adalbert), finn. Dichter, 12. 12. 1874 Kustavi – 13. 6. 1939 Turku. Stud. Philol. Helsinki; Bibliotheksdirektor in Turku. – Bedeutender, eigenwilliger Erzähler, in s. frühen Schaffen typ. Neuromantiker, Anbeter der reinen Schönheit. Handlungsarme, von hekt. Glut getragene ästhetisierende Werke. In s. zweiten Schaffensphase stärker realist. Einschluß. Anschluß an die experimentellen Sprach- und Romanformen von Proust und Joyce in eigenwilligem Stil, gekennzeichnet durch die verlangsamende Technik des inneren Monologs einerseits und die weit ausgreifende, von hoher sprachl. Ambition geprägte Schilderung der südwestfinn. Schärenwelt u. ihrer Menschen andererseits.

W: Bathseba, E. 1900; Parsifal, E. 1902; Antinous, E. 1903; Alastalon salissa, R. 1933; Pitäjän pienempiä, Nn. 1934; Kirkolle, R. 1937; Suljetuilla porteilla, R. 1938; Gulliverin matka Pantomimian mantereelle, R. 1944. – Valitut teokset (AW), 1954.

L: V. Suomi, Nuori V. K., 1952; P. Lyytikäinen, Mielen meri, elämän pidot, 1992.

Kilroy, Thomas, ir. Dramatiker, * 23. 9. 1934 Callan/Kilkenny. Erzogen in Callan u. Kilkenny, Stud. Univ. College Dublin. Universitätsdozent in Dublin u. Galway, Gastprofessuren in USA u. Dtl. Als Regisseur bei der ›Field Day Company‹, die auch einige s. Stücke aufführte. – S. dramat. Werk kreist um die Gegensätze von städt. u. ländl. Kultur, Irland u. England, Homosexualität u. Homophobie. Auch lit.krit. Schriften u. e. Roman.

W: The Death and Resurrection of Mr. Roche, Dr. 1969; The Big Chapel, R. 1971; Talbot's Box, Dr. 1979; Double Cross, Dr. 1986; The Madam MacAdam Travelling Theatre, Dr. 1991; The O'Neill, Dr. 1995; The Secret Fall of Constance Wilde, Dr. 1997; Tea and Sex in Shakespeare, Dr. 1998.

L: M. Randaccio, Il teatro irlandese contemporaneo, Trieste 2001.

Kim, Anatolij, russ. Schriftsteller korean. Herkunft, * 15. 6. 1939 Sergievka/Geb. Tjulkubas. Sohn verbannter Eltern. Veröffentlicht surrealist., philosoph. tiefgehende Prosa seit 1976. – E. der beachtlichsten Schriftsteller der russ. Lit. um 1980. Novellen wie ›Lotos‹, die Darstellung des Sterbens e. einfachen Frau, basieren auf dem Glauben an die Fortexistenz des Menschen nach dem Tode u. geben durch nichtchronolog. u. mehrperspektiv. Sicht e. tiefen Einblick in existentielle Fragen. S. Roman ›Belka‹ – e. Künstlerschicksal – gewinnt s. Breite aus dem Motiv der Verwandlung.

W: Goluboj ostrov, En. 1976; Nefritovyj pojas. Lotos, Nn. 1981 (d. 1986); Sobirateli trav, Nn. 1983; Belka, R. 1984 (Eichhörnchen, d. 1989); Izbrannoe. Povesti, R. 1988.

L: H. Stenske, Diss. Lpz. 1993; L. Sofronova, Diss. Alma-Ata 1994.

Kim Chiha (Yongil), südkorean. Dichter u. Dissident, * 4. 2. 1941 Mokp'o. Tuberkulosekrank; mehrmals verhaftet, 1974 zum Tode verurteilt; 1980 begnadigt; 1993 Ehrendoktorwürde der Sōgang-Univ. Sŏul. – S. frühere eleg. Dichtung hat bitter-sarkast. u. satir. Stücken Platz gemacht.

W: Hwangt'o, 1970; K. Ch. chonjip, Tōkyō 1975; Nam, R. 1982; Pap, En. 1984.

L u. Übs.: D. R. McCann, The Middle Hour, Stanfordville/N. Y. 1980; K. Ch., Die gelbe Erde und andere Gedichte, 1983.

Kim Manjung (Ps. Sŏp'o), korean. Schriftsteller, 1637 Sŏul – 14. 7. 1692 Namhae. Aus lit. gebildeter Beamtenschicht (Yangban), 1665 Beamtenexamen, hohe Staatsämter, 1687 u. 1689 verbannt. – Gedichte in Chines., Prosawerke in Korean., mit letzteren wegweisend für die Entwicklung der nationalsprachigen korean. Lit.

W: Sŏp'o manp'il, Sk. o. J.; Kuunmong, R. 1687/88; Sassi namjŏnggi, R. 1689/92. – *Übs.:* A Nine Cloud Dream, in: Virtuous Women, Three Classic Korean Novels, 1974.

Kincaid, Jamaica (eig. Elaine Potter Richardson), amerik. Schriftstellerin afrokarib. Herkunft, * 25. 5. 1949 St. John's/Antigua. Seit 1974 Beiträgerin, 1976–95 Kolumnistin beim ›New Yorker‹. – Verfaßte Romane u. Erzählungen über junge afrokarib. Frauen, abwechselnd mit realist. und poet.-surrealen Stilmitteln. Auch biograph., mit dem (Neo-)Kolonialismus abrechnende Essays.

W: At the Bottom of the River, Kgn. 1983; Annie John, R. 1985 (d. 1989); Annie, Gwen, Lily, Pam and Tulip, Kgn. 1986; A Small Place, Es. 1986 (Nur eine kleine Insel, d. 1990); Lucy, R. 1990 (d. 1994); The Autobiography of My Mother, R. 1996 (d. 1998); My Brother, Es. 1997 (d. 1999); Talk Stories, Kgn. 2000.

L: D. Simmons, 1994; H. Bloom, hg. 1998; L. Paravisini-Gilbert, 1999.

Kinck, Hans Ernst, norweg. Schriftsteller, 11. 10. 1865 Øksfjord/Finnmark – 13. 10. 1926 Oslo. Sohn e. Landarztes; Schule in Hardanger, 1884–90 Stud. Geschichte u. klass. u. nord. Sprachen Oslo, 1886/87 Halle; Lehrer u. Bibliothekar. ∞ 1893 Minda Ramm, 1893/94 in Paris, 1896–99 u. ö. in Italien. – Der Landschaft u. bäuerl. Welt des hohen Nordens tief verhaftet, war K. e. grübler.-krit. Natur mit e. Zug zum Romantischen. Begann mit naturalist. Erzählungen aus dem Bauernleben u. wandte sich dann der mehr analyt. Darstellung des instinktiven bäuerl. Gefühlslebens als der Urform der norweg. Volksseele zu, die er durch die nivellierende industrielle Zivilisation bedroht sah (›Sus‹, ›Hugormen‹ u. ›Sneskavlen brast‹). S. Italienerlebnis verarbeitet K. im Novellenband ›Traekfugl‹, die Renaissance als Frucht german. u. roman. Geistes preisend, später in kulturgeschichtl. Abhandlungen; aber auch in einigen s. Dramen, von denen ›Driftekar‹ als das bedeutendste gilt, huldigte er s. Liebe zu Italien, wiewohl er die roman. Welt für den nord. Menschen als gefährl. ansah. Bedeutender Essayist, warnte schon in den 1920er Jahren vor dem ital. Faschismus.

W: Huldren, R. 1892; Ungt Folk, R. 1893; Flaggermus-Vinger, N. 1895; Sus, R. 1896; Fra hav til hei, N. 1897; Hugormen, R. 1898 (beide zus. u. d. T.. Herman Ek, 1923, d. 1927); Mellem Togene, Dr. 1898; Traekfugl, Nn. 1899 (daraus: Renaissance, d. 1927); Fru Anny Porse, R. 1900; Vårnætter, Nn. 1901 (Wenn die Äpfel reifen, d. 1903); Doktor Gabriel Jahr, E. 1902; Når kjærlighet dør, R. 1903 (Wenn die Liebe stirbt, d. 1913); Emigranter, R. 1904 (Auswanderer, d. 1906); Italienere, Ber. 1904; Præsten, R. 1905 (Die Anfechtungen des Nils Brosme, d. 1926); Agilulf den Vise, Dr. 1906; Gammel Jord, R. 1907; Driftekaren, Dr. 1908; Masker og Mennesker, Nn. 1909; Den sidste Gjest, Dr. 1910; Bryllupet i Genua, Dr. 1911; En Penneknegt, Abh. 1911; Mot Karneval, Dr. 1915; Renaissance-mennesker, Abh. 1916 (Machiavelli, d. 1938); Sneskavlen brast, R. III 1918 f.; Guldalder, R. 1920; Lisabettas brødere, Dr. 1921; Storhedstid, Abh. 1922; Dante, Dr. 1925; Mands hjerte, R. 1927; Kunst og kunstnere, Abh. 1928. – Samlede noveller, III 1970–72; Samlede romaner, VI 1973–78; Samlede essays, I 1978ff.

L: Ch. Gierløff, 1923; H. K. Et eftermæle, hg. A. Harbitz 1927; D. Lea, 1941; R. N. Nettum, 1949; A. H. Winsnes, 1954; E. Beyer, II 1956–65; N. L. Coleman, 1975; E. Beyer, 1976; H. E. Aarset, Renessanser, 1995.

King, Stephen, amerik. Erzähler, * 21. 9. 1947 Portland/ME. Seemannssohn, studierte u. lebt in Maine. – Erfolgsautor (Millionenauflagen, zahlr. Filme), Horror-Spezialist: verbindet bizarre Imagination mit psycholog. Detailgenauigkeit.

W: Carrie, R. 1974 (d. 1983); Salem's Lot, R. 1975 (d. 1979); The Dark Tower, V 1974–2003; The Shining, R. 1977 (d. 1985); Night Shift, Kgn. 1978 (d. 1980); The Dead Zone, R. 1979 (Attentat, d. 1980); Firestarter, R. 1980 (d. 1984); Cujo, R. 1981 (d. 1983); S. K.'s Dance Macabre, St. 1981; Different Seasons, Nn. 1982 (Frühling, Sommer, Herbst und Tod, d. 1984); Christine, R. 1983 (d. 1984); Pet Sematary, R. 1983 (Friedhof der Kuscheltiere, d. 1985); Thinner, R. 1984 (unter Ps. R. Bachman); Cycle of the Werewolf, N. 1985 (d. 1985); It, R. 1986 (d. 1986); Misery, R. 1987; The Tommyknockers, R. 1987; Bare Bones, Int. 1988; The Dark Half, R. 1989; Needful Things, R. 1991; Gerald's Game, R. 1992; Feast of Fear, Interview 1992; Dolores Claiborne, R. 1993; Nightmares and Dreamscapes, En. 1993; Desperation, R. 1996; The Regulators, R. 1996 (unter Ps. R. Bachman); The Green Mile, R. 1997; S. K.'s Latest, Slg. 1997; Bag of Bones, R. 1998; Hearts in Atlantis, R. 1999; The Girl Who Loved Tom Gordon, R. 1999; The Plant, R. 2000; On Writing, St. 2000; Dreamcatcher, R. 2001; From a Buick 8, R. 2002; Everything's Eventual, En. 2002.

L: R. Underwood, C. Miller, hg. 1982, 1986 u. 1993; D. E. Winter, 1984; M. R. Collings, 1985; D. Schweitzer, hg. 1985; G. Hoppenstand, R. B. Browne, hg. 1987; T. Magistrale, hg. 1988 u. 1992; G. W. Beahm, hg. 1989; ders., 1992; T. Magistrale, 1992; A. Saidman, 1992; J. P. Davis, 1994; M. R. Collings, ²1995; A. u. M. Keyishian, 1995; L. Badley, 1996; S. A. Russell, 1996. – *Bibl.:* M. R. Collings, 1993.

King Horn, e. der frühesten engl. Versromanzen (vgl. ›Havelok‹), frühes 13. Jh. Über 1500 Verse. Verbannungs- und Rückkehrgeschichte des Königssohns Horn, verbunden mit e. Liebeshandlung (Horns Liebe zu Rymenild), der vielleicht e. auf Däneneinfälle zurückgehende Legende zugrunde liegt; unmittelbar parallel ist aber die anglonormann. Romanze ›Horn et Rimenild‹. Spannende Handlung, die von Heldentaten und höf. Sitten berichtet.

A: J. Hall 1901; R. Allen 1984.

L: W. H. French, 1940; W. Arens, 1973. – *Bibl.:* Manual ME 1. I, 1967.

Kinglake, Alexander William, engl. Schriftsteller und Historiker, 5. 8. 1809 Taunton – 2. 1. 1891 London. In Eton erzogen. Stud. Cambridge, von 1856 als Anwalt tätig. 1845 in Algerien, 1854 im Krimkrieg. – Schrieb e. höchst originellen Reisebericht über e. Reise zu Pferd in den Mittleren Osten. S. Hauptwerk ist die Geschichte der Krimkriege, die er nach amtl. Dokumenten schrieb; gab darin glänzende Porträtstudien. Die Arbeit besitzt mehr lit. als hist. Wert.

W: Eothen, Reiseb. 1844; The Invasion of the Crimea, St. VIII 1863–87.

L: W. Tuckwell, 1902; N. T. Carrington, 1939, G. De Gaury, 1972; I. B. H. Jewett, 1981.

Kingo, Thomas, dän. Lyriker, 15. 12. 1634 Slangerup – 14. 10. 1703 Odense. Sohn e. Seidenwebers schott. Herkunft; 1654 Abitur, bis 1658 Stud. Theol. 1658–61 Hauslehrer, 1661–68 Kaplan, 1669 Pfarrer in Slangerup. Vom König wurde K. mit der Herausgabe e. neuen Gesangbuchs betraut, das allerdings zurückgezogen wurde und erst 1699 in stark veränd. Form erschien. 1677 Bischof in Odense, anschließend geadelt. – Hauptvertreter der dän. Barockdichtung; Vf. geistl. u. weltl. Lyrik (Gelegenheitsverse, Lieder u. a.); benutzt meisterhaft die metr. Formen und rhetor. Figuren. Das antithet. Lebensgefühl der Zeit kommt am überzeugendsten zum Ausdruck im Vers- u. Strophenbau s. Kirchenlieder, die noch heute lebendig sind.

W: Aandelige Siunge-Koor, G. II 1674–81; Vinterparten af Danmarks og Norges Kirkers forordnede Psalme-Bog, 1689 (umgearb. u. d. T. Den forordnede ny Kirke-Salmebog, 1699); Graduale, 1699 (n. 1967). – Samlede skrifter, hg. H. Brix, P. Diderichsen, F. J. Billeskov Jansen, VII 1939–75; Digte, hg. P. Schmidt 1961; Digtning i udvalg, Ausw. hg. M. Akhøj Nielsen 1995.

L: H. Graversen, 1911; V. J. v. Holstein-Rathlou, 1917; C. Ludwigs, 1924; J. Simonsen, 1970; M. Wittenberg, Diss. Bonn 1972; E. N. Svendsen, 1990. – *Bibl.:* S. Esbech, 1988.

Kingsley, Charles, engl. Schriftsteller und Historiker, 12. 6. 1819 Holne Vicarage/Devonshire – 23. 1. 1875 Eversley/Hampshire. Sohn e. Geistlichen, verfaßte schon 4jährig Gedichte und Predigten, Stud. London und Cambridge zunächst Jura, später Theologie. Ab 1842 Hilfsgeistlicher, ab 1844 Pfarrer von Eversley/Hampshire. ∞ 1844 Fanny Grenfell. – Angeregt durch Carlyles Schriften, gründete er mit s. Freunden F. D. Maurice u. J. M. Ludlow das ›Christian Socialist Movement‹, dessen Lehren er in versch. s. Romane vertrat, bes. in ›Yeast‹ und ›Alton Locke‹. Schrieb zahlr. Beiträge über soziale Reformen, die er unter dem Ps. ›Parson Lot‹ 1848 in ›Politics for the People‹ und 1850/51 in ›Christian Socialist‹ veröffentlichte. Auch in dem kulturhist. Roman ›Hypatia‹, der in Alexandrien im 5. Jh. spielt und den Konflikt der frühen Christen mit der griech. Philos. schildert, wies K. auf die Macht christl. sozialer Liebe hin. 1860–69 Prof. für neuere Geschichte in Cambridge. 1864 führte e. polem. Aufsatz über J. A. Froudes ›History of England‹ zu e. Kontroverse mit Newman, die dieser mit s. ›Apologia‹ beantwortete. War als Gründer der ›Chester Natural History Society‹ e. der wenigen Geistlichen, die Darwins Theorien vertraten. 1869 Domherr von

Chester, 1873 Domherr von Westminster. 1870 Westindien-Reise. Sehr produktiv und vielseitig; verfaßte christl.-soziale Romane zur Milderung des Proletarierelends, Erzählungen, Kinderbücher, e. Drama, Reiseberichte, Predigtbände, e. naturwiss. Studie ›Glaucus‹ und Gedichte.

W: The Saint's Tragedy, G. 1844; Alton Locke, R. 1850 (d. 1891); Yeast: a Problem 1850 (Gischt, d. 1890); Hypatia, R. 1853 (d. 1962); Westward Ho!, R. 1855 (d. 1885); Glaucus, or the Wonders of the Shore, St. 1855; Sermons for the Times, Pred. 1855; Two Years Ago, R. 1857; Andromeda, G. 1859; The Water Babies, Kdb. 1863 (d. 1947); The Roman and the Teuton, St. 1864; Hereward the Wake, R. 1866 (d. 1867); At Last, Reiseb. 1870; Collected Poems, 1872; Letters, 1877; Historical Lectures and Essays, 1880. – Works, XIX 1901–03. – *Übs.:* Predigten, V 1884–93; Gedichte, 1893; Briefe, II 1897.

L: F. Harrison, 1895; C. W. Stubbs, 1899; P. B. Merker, Diss. Würzburg 1910; C. E. Vulliamy, 1914; A. Jacobson, C. K.s Beziehungen z. Dtl., 1917; St. E. Baldwin, 1934; F. M. Thorp, 1937, 1969 (m. Bibl.); M. Marmo, Salerno 1937; G. Kendall, 1947; U. Pope-Hennessy, 1948; J. Schachermayr, Diss. Innsbr. 1948; R. B. Martin, The Dust of Combat 1960; G. Egner, 1969; S. Chitty, The Beast and the Monk, 1974; B. Colloms, 1975; A. J. Hartley, The Novels of Ch. K., 1977; L. K. Uffelman, 1979; S. Harris, Reference Guide, 1981.

Kingsley, Henry, engl. Erzähler, 2. 1. 1830 Barnack/Northamptonshire – 24. 5. 1876 Cuckfield. Bruder v. Charles K. Stud. London und Oxford, wegen Differenzen vorzeitig abgebrochen; ging 1953–58 nach Australien, dort zunächst Goldsucher, später Mitgl. der berittenen Polizei. Die Erlebnisse dieser Jahre spiegeln sich vielfach in s. Büchern. ∞ 1864 Sarah Kingsley. Zog 1869 nach Edinburgh, dort Hrsg. der ›Daily Review‹, für die er 1870/71 Kriegskorrespondent war. – Vf. lebendiger, z. T. jedoch etwas melodramat. geschriebener Abenteuergeschichten.

W: Recollections of Geoffry Hamlyn, R. III 1859; Ravenshoe, R. III 1861; Austin Elliot, R. II 1863; The Hillyars and the Burtons, R. III 1865; Leighton Court, R. II 1866; Silcote of Silcotes, R. III 1867; Fireside Studies, Kgn. II 1876. – Novels, hg. C. K. Shorter VII 1894f.

L: S. M. Ellis, 1931 (m. Bibl.); J. Barnes, H. K. and Colonial Fiction, 1971; J. S. Mellick, The Passing Guest, 1983.

Kingsley, John → Orton, Joe

Kingsley, Sidney (eig. S. Kirshner), amerik. Dramatiker, 18. 10. 1906 New York – 20. 3. 1995 Oakland. Cornell Univ., Militärdienst; Drehbuchautor, Theaterkarriere am Broadway. – Vf. von Problemstücken; ›Dead End‹ verfolgt Menschenschicksale in New Yorker Slums, ›Men in White‹ (Pulitzerpreis 1934) schildert den Werdegang e. Arztes.

W: Men in White, Dr. 1933; Dead End, Dr. 1936; Ten Million Ghosts, Dr. (1936); The World We Make, Dr. (1939, nach M. Brand); The Patriots, Dr. 1943 (m. M. Evans); Detective Story, Dr. 1949 (Polizeirevier 21); Darkness at Noon, Dr. 1951 (nach A. Koestler); Lunatics and Lovers, Dr. 1955; Night Life, Dr. 1964; The Art Scene, Dr. (1969); S. K., Dr. hg. N. Couch 1995.

Kingston, Maxine Hong, chinesisch-amerik. Erzählerin, * 27. 10. 1940 Stockton/CA. Ältestes von 6 Kindern chines. Einwanderer; Stud. Berkeley; verheiratet, 1 Sohn; lebte länger in Hawaii; Prof. in Berkeley. – K. eröffnete mit ihrem Erstlingswerk ›The Woman Warrior‹ eine neue lit. Tradition für Amerikaner chines. Abstammung, in der die Schwierigkeiten der Vereinbarung zweier kultureller Identitäten u. Wertsysteme im Zentrum stehen. In schonungslos genauen Szenen werden die Anpassungsprobleme der erzählenden Tochter mit dem Beharrungsvermögen der Eltern, insbes. der Mutter, kontrastiert; Rückgriffe auf deren Vorgeschichte, auf chines. Geschlechterrollen, Mythen u. Geistergeschichten werden zu Fluchträumen für die realen Zwänge einer zeitweise lähmenden Neuen Welt. Der erzähler. innovativen Vergegenwärtigung weibl. Schicksale läßt K. in ihrem zweiten Buch die reale u. imaginative Rekonstruktion der Lebenswelt männl. Vorfahren folgen – oft brutal diskriminierte, aber hartnäckig am ›Golden Mountain‹ Amerika festhaltende Einwanderer. Im 3., postmodernen Künstlerroman inszeniert K. schließlich in virtuos angeeignetem amerik. Idiom die Ironien einer hybriden, performanzbetonten, interkulturellen Großstadterfahrung. – K. gilt als bedeutendste chines.-amerik. Autorin u. als bahnbrechende Stimme e. neuen, reflektierten Minderheitenlit.

W: The Woman Warrior, R. 1976 (Die Schwertkämpferin, d. 1982); China Men, R. 1980 (Die Söhne des Himmels, d. 1984); Tripmaster Monkey, R. 1989; Hawaii One Summer, Unters. 1998; To Be the Poet, Ess. 2002.

L: Contemporary Amerik. Women Writers, hg. C. Rainwater, W. J. Scheick 1985; S. Smith, A Poetics of Women's Aut., 1987; K. K. Cheung, Articulate Silences, 1993; L. E. Skandera-Trombley, Critical Ess., 1998; Conversations with M. H. K., hg. P. Skenazy 1998; S. L. Wong, 1999; D. Simmons, 1999; E. D. Huntley, 2000.

Kinker, Johannes, niederländ. Schriftsteller, 1. 1. 1764 Nieuwer-Amstel – 16. 9. 1845 Amsterdam. Stud. Medizin, Promotion in Rechtswiss., Rechtsanwalt in Den Haag u. Amsterdam; 1817–30 Prof. für niederländ. Sprache u. Lit. in Lüttich; während der belg. Revolution 1830 Rückkehr nach Amsterdam, dort ohne Amt. – Vielseitiges dichterisches, philolog., philosoph., publizist. Wirken, krit. u. spöttischer Geist (bis zur Selbstparodie). Nach anakreont. Frühgedichten schrieb er Schauspiele in der Art des Sturm u. Drang. In lit. Parodien

u. Essays in s. sat. Zs. ›De post van den Helikon‹ (1788/89) kritisierte er die Werke s. Zeitgenossen. Er wurde e. der deutlichsten Kritiker der romant. Strömung. Als Philosoph ist er Kant-Schüler und 1. niederländ. Interpret von dessen ›Kritik der reinen Vernunft‹. Übs. von Schillers ›Maria Stuart‹ u. ›Die Jungfrau von Orleans‹.

W: Mijne minderjaarige zangster, G. 1785; Orosman de kleine, Tr. 1787; Eerstelingen, G. 1788; Celia, Tr. 1792; Almanzor en Zehra, Tr. 1804; Proeve eener Hollandsche prosodie, Es. 1810; Gedichten, III 1819–21; Beoordeeling van Bilderdijk's Nederlandsche Spraakleer, Es. 1829; Helmina en Eliza, Dr. 1832. – Verspreid en onuitgegeven dicht en ondicht, hg. J. van Vloten 1877; De verlichte muze, hg. G. J. Vis 1982.

L: B. H. C. K. van der Wijck, ²1864; J. A. Rispens, De geharnaste dromer, 1960; G. J. Vis, 1967 (m. Bibl.).

Kinoshita Junji, jap. Dramatiker, * 2. 8. 1914 Tokyo. Stud. engl. Literatur, bes. die Elisabethaner. Beeinflußt von Shakespeare und Ibsen; als Dramaturg wirkte auf ihn Stanislavskij. 1952 Prof. an der Meiji-Univ. – S. Hörspiele u. Theaterstücke lassen sich in zwei Gruppen einteilen: solche mit hist.-sozialkrit. Gehalt (z.B. ›Fûrô‹) u. solche, die märchenhafte Stoffe behandeln (z.B. ›Yûzuru‹). Nähe zum Volkstheater. K. verwendet Sprechchor; mehrere s. Stücke wurden für das Nô- und Kabuki-Theater adaptiert. Auch krit. Arbeiten über das Theater und Übersetzungen. (Synge, Maugham, Bridie, Alarcón).

W: Fûrô, Sch. 1947; Tadamigawa dengenchitai, Sch. 1947; Hata no oto, Sch. 1947; Kikimimi zukin, Sch. 1947; Akai jimbaori, Sch. 1947; Yamanami, Sch. 1949; Yûzuru, Sch. 1949 (Der Abendkranich, d. J. Berndt, in: Jap. Dramen, 1968); Kaeru shôten, Sch. 1951; Otto to yobareru Nihonjin, Sch. 1962; Kami to hito to no aida, 1972 (engl. 1979); K. J. sakuhinshû (AW), 1961–71.

L: T. Mori, Folklore et Théâtre au Japon, Paris 1987.

Kinsella, Thomas, engl.-ir. Lyriker, * 4. 5. 1928 Dublin. 1946–65 ir. Finanzbeamter, dann Artist-in-Residence u. Engl.-Prof. Southern Illinois Univ., 1970 Philadelphia. – Schon in den Titeln s. Werke kommt e. gequälter, bitterer u. nostalg. Schmerz über die Lage des Individuums, den Zustand Irlands u. der Welt zum Ausdruck. Übs. aus dem Gälischen.

W: Poems, 1956; Another September, G. 1958; Poems and Translations, 1961; Downstream, G. 1962; Wormwood, G. 1966; Nightwalker, G. 1968; Notes from the Land of the Dead, G. 1971; Finistere, G. 1972; New Poems, 1973; Selected Poems 1956–68, 1973; One and Other Poems, 1979; Fifteen Dead, G. 1979; One Fond Embrace, G. 1981; From City Centre, G. 1990; The Familiar, G. 1999; Goodhead, G. 1999; Citizen of the World, R. 2000; Littlebody, G. 2000. – Poems 1956–1973, 1979; Peppercanister Poems 1972–1978, 1979; Collective Poems, 1996.

L: M. Harmon, 1974.

Kipling, Joseph Rudyard, engl. Dichter, 30. 12. 1865 Bombay – 18. 1. 1936 London. Vater zunächst Methodisten-Geistlicher, dann Prof. für Architektur und Skulptur an der Kunstschule Bombay, später Kurator des Zentralmuseums Lahore. Nach dem Rudyard-See in Staffordshire benannt, an dem s. Eltern sich kennengelernt hatten. Neffe des Malers Burne-Jones. Bis zum 6. Lebensjahr in Indien, lernte dort in s. sehr kultivierten Elternhaus auch Hindi. In Southsea b. Portsmouth erzogen, 1878–82 Militärvorbereitungsschule in Devonshire, erzählte später von s. dortigen Erlebnissen in dem Roman ›Stalky and Co‹. Verbrachte während der Schul- und Studienjahre s. Ferien im Hause von Burne-Jones in Fulham. 1882 Rückkehr nach Indien, dort Mitarbeiter der ›Civil and Military Gazette‹ Lahore, ab 1887 Redakteur des ›Pioneer‹ in Allahabad. Begann Gedichte zu schreiben und veröffentlichte 1887–89 über 70 wortkarge realist. Kurzgeschichten. Fuhr 1889 über Japan und USA nach England, 1891 nach Südafrika. 1892 Reisen nach Amerika, Neuseeland und Australien, ∞ 1892 Caroline Starr Balestier, e. Amerikanerin, ließ sich in deren Heimat Vermont nieder, kehrte aber 1896 nach Differenzen mit s. Schwager nach England zurück. 1895 wurde ihm die Nachfolge Tennysons als ›poet laureate‹ angeboten, die er ebenso ausschlug wie später den ›Order of Merit‹. Lebte in Burwash/Sussex, winters in Kapstadt oder auf dem europ. Kontinent. 1907 Nobelpreis für Lit. Wurde 1922 zum Rektor von St. Andrews ernannt, erhielt die Goldmedaille der Royal Society of Literature und war Ehrendoktor von 10 Universitäten. In Westminster Abbey beigesetzt. Kipling-Society, gegründet 1929. – Meister der Kurzgeschichte mit ihrer bunten, lebendigen, schnell vorwärtstreibenden Handlung, anschaul. und wirklichkeitsgeladen. Erzählte Abenteuer, um den Wert der Tat zu preisen, wollte der östl. Ideal der Kontemplation e. Evangelium der Tat entgegenhalten. S. Erzählungen berichten von Mut und Tatkraft, Gehorsam, Disziplin und Pflichterfüllung, vom stillen Heldentum s. Landsleute in den Kolonien; wollte, überzeugter Imperialist, Verständnis wecken für die brit. Kulturarbeit. Diese Haltung prägt sich bes. stark in s. Gedichten aus. K.s großer Erfolg beruht einmal darauf, daß er der herrschenden imperialist. Strömung der damaligen Zeit entgegenkam, zum andern darauf, daß er dem von Frankreich her beeinflußten Realismus kräftige volkstüml. Erzählungen gegenüberstellte. S. bedeutendsten Schöpfungen sind neben einzelnen Kurzgeschichten die Tiergeschichten der beiden Dschungelbücher und der Roman ›Kim‹. In diesen Bänden wird das geheimnisvolle Indien mit all s. Eigenart und s. Zauber lebendig. Anhaltend unterschätzt wird K.s erzähler. Spätwerk, wo er hintergründig die Bedeutung von Geschichte und Mythos für die Gegenwart aktiviert.

W: Departmental Ditties, G. 1886; Plain Tales from the Hills, Kgn. 1888 (d. 1895); Soldiers Three, Kgn. 1888 (d. 1900); The Story of the Gadsbys, Kgn. 1888; In Black and White, Kgn. 1888 (d. 1926); Under the Deodars, Kgn. 1888; The Phantom Rickshaw, Kgn. 1888 (d. 1954); Wee Willie Winkie, Kgn. 1888; The Light that Failed, R. 1890 (d. 1894); Life's Handicap, Kgn. 1891; Barrack Room Ballads, G. 1892 (d. 1911); Many Inventions, Kgn. 1893 (d. 1900); The Jungle Book, Kdb. II 1894 f. (d. 1898 f.); The Seven Seas, G. 1896; Captains Courageous, E. 1897 (Fischerjunge, d.); The Day's Work, Kgn. 1898 (d. 1900); Stalky and Co, R. 1899 (Lange Latte u. Genossen, d. 1909, u.d.T.. Staak u. Genossen, d. 1960); Kim, R. 1901 (d. 1908); Just So Stories, Kdb. 1902 (d. 1905); Five Nations, G. 1903; Puck of Pook's Hill, Kdb. 1906 (d. 1912); Actions and Reactions, 1909 (d. 1913); Rewards and Fairies, Kdb. 1910; The Years Between, G. 1919; The Irish Guards in the Great War, St. 1923; Debits and Credits, Kgn. 1926 (Bilanz, d. 1927); Limits and Renewals, Kgn. 1932; Something of Myself, Aut. 1937 (d. 1938). – Works, Bombay Ed., XXXI 1923–38; Sussex Ed., XXXV 1937 f.; Selected Poems, hg. T. S. Eliot 1941; Early Verse 1879–85, hg. A. Rutherford 1986; Short Stories, II 1971; Complete Barrack-Room Ballads, hg. C. Carrington 1973; ›O Beloved Kids‹, Br. hg. E. L. Gilbert 1983 (d. 1986); Letters to Rider Haggard, hg. M. Cohen 1965; Interviews and Recollections, hg. H. Orel II 1984. – Übs.: AW, H. Reisiger u.a. X 1925–27; GW, III 1965.

L: C. Charles, 1911; C. Falls, 1915; M. Brion, 1929; R. T. Hopkins, ²1930; A. Chevrillon, 1936; E. B. Shanks, 1940; C. H. Brown, 1945; R. Croft-Cooke, 1948; B. Dobree, 1951; C. Carrington, 1955, n. 1986; A. Rutherford, hg. 1964; C. A. Bodelsen, 1964; E. L. Gilbert, 1965; J. M. S. Tompkins, ²1965; J. I. M. Stewart, 1966; A. L. Rowse, 1966; L. L. Cornell, 1966; T. R. Henn, 1967; B. Dobree, 1967; W. A. Young, J. H. McGivering, A K. Dictionary, 1967; K.: The Critical Heritage, hg. R. L. Green 1970; J. Gross, hg. 1972; R. Sühnel, 1972; E. L. Gilbert, 1972; K. Amis, 1974; M. Fido, 1975; W. Gauger, 1975; Ph. Mason, 1975; S. Islam, 1975; K. Amis, 1975; A. Wilson, 1977; Lord Birkenhead, 1978; G. Stilz, 1980; R. F. Moss, 1982; J. Harrison, 1982; E. Mertner, 1983; N. Page, 1984; B. J. Moore-Gilbert, 1986; P. Mallett, 1989; M. Seymour-Smith, 1989; P. Keating, 1994; H. Ricketts, 1999; A. Lycett, 1999; N. Macdonald, 1999. – Bibl.: F. V. Livingston, 1927, Suppl. 1938; J. McG. Stewart, A. W. Yeats, 1959; G. Haefs, 1987.

Kirby, William, kanad. Dichter, 13. 10. 1817 Kingston-on-Hull/England – 23. 6. 1906 Niagara. Lebte ab 1832 in den USA, ließ sich 1839 in Niagara nieder; dort über 20 Jahre Hrsg. der ›Niagara Mail‹. – Vf. von Versen, Erzählungen und biograph. Skizzen. Sein lit. Ruf beruht auf dem hist. Roman ›The Golden Dog‹.

W: The U. E.: A Tale of Upper Canada, Ep. 1859; The Golden Dog, R. 1877 (Raubdruck, autor. Ausg. 1897); Memoirs of the Servos Family, 1884; Canadian Idylls, G. 1894; Annals of Niagara, 1896.

L: W. R. Riddell, 1923; L. A. Pierce, 1929.

Kirill Turovskij, altostslaw. Prediger, † 1183. Bischof von Turov (ukrain. Turiv), s. Heimatstadt. – S. acht erhaltenen Homilien zählen zum Besten der Altkiewer Predigtkunst; zeigt nach dem Vorbild byzantin. Prediger Vorliebe für Allegorik, symbol. Darstellungsweise, Antithese, bringt die Homilie dem Lyr. und Hymn. nahe. S. Predigten wurden später viel beachtet, noch in der russ. Lit. des 17. Jh. nachgeahmt.

A: In Pamjatniki ross. slovesnosti XII v., hg. K. F. Kalajdovič 1821. – Übs.: Zwei Erzählungen, 1964; Gebete, 1965.

Kirk, Hans (Rudolf), dän. Erzähler, 11. 1. 1898 Hadsund/Nordjütland – 16. 6. 1962 Kopenhagen. Sohn e. Landarztes, 1916 Abitur an der Sorø Akad., jur. Kand. 1922, 1923–25 Magistratsangestellter; nach Internierung und Haft Flucht 1943. Lit.kritiker versch. Zeitungen, seit 1945 bei dem kommunist. ›Land og folk‹. – Vertreter des krit. Realismus auf marxist. Grundlage, ›Fiskerne‹ ist der erste dän. Kollektivroman: e. Gruppe strenggläubiger christl. Nordseefischer übersiedelt nach e. Fjordgegend mit e. milderen Observanz und besiegt allmähl. durch kollektive Disziplin den lokalen Geist; seinen an der dän. Tradition und dem Heimatroman orientierten Werken gibt er eine neue sozialrealist. Dimension; auch in den mod. Romanen ›Daglejere‹ u. ›De nye tider‹ und in e. Christus-Roman vereinigt K. marxist. Theorie und Erzählkunst; in s. Erinnerungsskizzen enthüllt er e. echtes Gefühl für den leidenden Mitmenschen als s. polit. Anschauung.

W: Fiskerne, R. 1928, ¹¹1964 (Die Fischer, d. 1969); Daglejere, R. 1936, ⁸1965 (Die Tagelöhner, d. 1938); De nye tider, R. 1939, ³1968; Borgmesteren går af, N. 1941; Slaven, R. 1948 (⁴1998; Der Sklave, d. 1950); Kristendom og kommunisme, Es. 1948; Vredens søn, R. 1950, ³1979; Djævelens penge, R. 1952 (n. 1984); Skyggespil, Es. 1953 (n. 1998; Schattenspiel, d. 1979); Gader og mennesker i min barndom, Erinn. 1961; Fange Nr. 6, Br. 1967; Litteratur og tendens, Es.-Ausw. 1974; Fejltagelsen, En. 1999.

L: J. K. Andersen, L. Emerek 1972; W. Thierry, 1977; I. Højlund, 1978; C. Jensen, 1981; M. Thing, 1997. – Bibl.: F. Büchmann-Møller, 1972, ²1974.

Kirkwood, James, amerik. Schriftsteller u. Dramatiker, 22. 8. 1930 Los Angeles – 21. 4. 1989 New York. Sohn der Stummfilmstars Lila Lee und James Kirkwood. – K.s Werk umkreist die Theaterbranche; bekannt v. a. die Vorlage zum Erfolgsmusical ›A Chorus Line‹ über einen Blick hinter die Kulissen des Broadway-Business; im humorvollen ›Diary of a Mad Playwright‹ erzählt K. die bewegte Entstehungsgeschichte dieses Musicals.

W: There Must Be a Pony, R. 1960; UTBU: Unhealthy to Be Unpleasant, K. 1966; Good Times/Bad Times, R. 1968; P.S. Your Cat Is Dead, R. 1972; Some Kind of Hero, R. 1975; A Chorus Line, D 1975 (m. N. Dante); Hit Me With a Rainbow, R. 1980; Legends, K. 1987; Diary of a Mad Playwright, 1989.

Kirmānī, Khwādjū → Ḥwāǧū Kirmānī, Kamālu'd-Dīn Maḥmūd

Kirša, Faustas, litau. Dichter, 25. 2. 1891 Sienadvaris, Kr. Zarasai – 5. 1. 1964 Boston. Pädagogikstudium in Vilnius, Stud. an der Univ. Berlin (1921–26), 1949 Emigration in die USA. – Vertreter des lit. Symbolismus. Nach spieler., liedhaften Jugenddichtungen (Futurismus, Expressionismus) versank er immer mehr in die Abgründe des Denkens. S. Gedanken, oft fragmentar. hingeworfen, sind zuweilen schwer verständl. Das Verhältnis Mensch – Kosmos beherrscht die späteren Gedichte.

W: Verpetai, G. 1918; Aidų aidužiai, G. 1921; Suverstos vagos, G. 1926; Rimgaudo žygis, Poem 1930; Pelenai, Poem 1–2, 1930, 1938; Giesmės, G. 1934; Maldos ant akmens, G. 1937; Piligrimai, G. 1939; Tolumos, G. 1947; Šventieji akmenys, G. 1951.

L: A. Aleškevičius, 1934; S. Santvaras, 1957.

Kiršon, Vladimir Michajlovič, russ. Dramatiker, 19. 8. 1902 Nal'čik – 28. 7. 1938. Trat 1918 als Komsomolmitglied in die Rote Armee ein, als Parteimitglied leitender Funktionär in Schriftstellerorganisationen, ab 1925 in Moskau; 1938 hingerichtet, 1956 rehabilitiert. – S. Stücke behandeln parteigemäß aktuelle Themen, zeigen satir. Tendenz und realist. Darstellungsweise.

W: Konstantin Terechin, Dr. 1926; Chleb, Dr. 1930; Čudesnyj splav, Dr. 1934 (Die wunderbare Legierung, d. 1936). – Dramatičeskie proizvedenija, 1933; Izbrannoe, Ausw. 1958; V. M. K., Ess. 1962.

L: O. K. Borodina, 1964; L. Tamašin, 1965.

Kirstinä, Väinö Antero, finn. Dichter u. Übersetzer, * 29. 1. 1936 Tyrnävä. – Protagonist der alltagsnahen, urbanen Lyrik der 60er Jahre, z. T. mit dadaist. Experimentierlust und Collagetechnik. Später poet. Naturwahrnehmung sowie Reflexionen vor dem Hintergrund paradoxer Logik.

W: Lakeus, G. 1961; Hitaat auringot, G. 1963; Puhetta, G. 1963; Pitkän tähtäyksen LSD-suunnitelma, G. 1967; Talo maalla, G. 1969; Säännöstelty eutanasia, G. 1973; Elämä ilman sijaista, G. 1977; Hiljaisuudesta, G. 1984; Yötä, päivää, G. 1986; Vieroitusoireita, G. 1994; Puutarha, R. 2003. – Runot 1958–77 (ges. G.), 1979.

L: Y. Hosiaisluoma, 1996.

Kiš, Danilo, serb. Schriftsteller, 22. 2. 1935 Subotica – 15. 10. 1989 Paris. Stud. Lit.wiss. Belgrad, lebte als freier Schriftsteller ebda., ab 1979 im Pariser Exil. – Jugend- u. Kriegserinnerungen sowie zeitgenöss. Probleme bilden den Inhalt von K.' klass. ausgewogenen Romanen. Zählt zu den wichtigsten mod. serb. Autoren.

W: Mansarda, R. 1962 (d. 1990); Psalam 44, R. 1962; Bašta, pepeo, R. 1965 (Garten, Asche, d. 1968); Peščanik, R. 1972 (Sanduhr, d. 1988); Grobnica za Borisa Davidoviča, Nn. 1976 (d. 1983); Homo poeticus, Ess. 1983 (d. 1994); Enciklopedija mrtvih, Nn. 1983 (Enzyklopädie der Toten, d. 1986); Gorki talog iskustva, Ess. 1990; Laut i oziljci, Nn. 1994. – Sabrana dela (GW), XIV 1995; Djela (W), X 1983; Izabrana dela (AW), 1987.

L: Cahiers du Sud, 1986; J. Delić, 1995, 1997; Zbornik radova, 1998; A. Richter, hg. 2001.

Kısakürek, Necip Fazıl, türk. Dichter, 1905 Istanbul – 25. 5. 1983 ebda. Kadettenschule, Stud. Philos. Paris 1925, abgebrochen; Bankangestellter, Lehrbeauftragter, Zeitungskolumnist; gab die Zsn. ›Ağaç‹ (17 Hefte, 1936) und ›Büyük Doğu‹ (seit 1943) heraus. – Poet. Synergien aus den myst. Traditionen und franz. Moderne, sucht den Menschen im Universum zu orten, Seinsprobleme aus der Dualität von Geist und Materie. – Schrieb auch Dramen und Erzählungen. Ab 1943 engagierte er sich für den polit. Islam, gilt daher als einer der geistigen Wegbereiter des Fundamentalismus in der Türkei.

W: Örümcek Ağı, G. 1925; Kaldırımlar, G. 1928; Ben Ve Ötesi, G. 1932; Birkaç Hikaye, Birkaç Tahlil, En. 1933; Tohum, Sch. 1935; Bir Adam Yaratmak, Sch. 1938; Künye, Sch. 1940; Sabırtaşı, Sch. 1940; Para, Sch. 1942; Namı Diğer Parmaksız Salih, Sch. 1949; Sonsuzluk Kervanı, G. 1955; Çile, G. 1962; Reis Bey, Sch. 1964; Siyah Pelerinli Adam, Sch. 1964; Ahşap Konak, Sch. 1964; Ruh Burkuntularından Hikayeler, En. 1965; Yunus Emre, Sch. 1969; Abdülhamit Han, Sch. 1969; Şiirlerim, G. 1969; Kanlı Sarık, Sch. 1970; Mukaddes Emanet, Sch. 1970; Ges. Drn., 1976.

L: A. A. Bülendoğlu, 1968; O. S. Kocahanoğlu, 1984.

Kisfaludy, Károly, ungar. Dichter, 5. 2. 1788 Tét – 21. 11. 1830 Pest. Aus transdanub. Adel. S. Mutter starb im Kindbett, s. Vater haßte ihn. Gymnas. Győr; schlechter Schüler. Militär. Laufbahn. Teilnehmer an den Napoleon. Kriegen, zeichnete sich aus u. wurde 1809 Oberleutnant. Verließ 1811 die Armee u. ging nach Wien. Dort Kunstakad., wollte Maler werden. 1815 Italienreise. 1817 wieder in Pest, lebte in großer Not bei e. Schuhmacher. S. besten Freunde waren Vörösmarty, Bajza u. Toldy. Starb an dem Tag, da er als erster Dichter zum Mitgl. der Ungar. Akad. der Wiss. gewählt wurde. – S. großartige lit. Laufbahn begann am 3. Mai 1819, als e. Schauspielertruppe s. geschichtl. Schauspiel in Pest zur Aufführung brachte. Wurde mit diesem Schauspiel ›A tatárok

Magyarországban< im ganzen Land berühmt, hatte großen Erfolg auch mit s. späteren patriot.-hist. Dramen wie Lustspielen aus der adl. Gesellschaft u. wurde Begründer des ungar. Dramas u. in kurzer Zeit Führer der ungar. Romantik. 1822 Gründer der Zs. ›Aurora‹ (1822–37). Ihm zu Ehren wurde 1836 die K.-Gesellschaft gegründet, die bis 1952 bestand.

W: Stibor vajda, Dr. 1818 (Wojwode Stibor, d. 1823); A tatárok Magyarországban, Dr. 1819; A kérők, Lsp. 1817; A pártütők, Lsp. 1819; Iréne, Dr. 1820; Mohács, G. 1824; Mátyás deák, Lsp. 1825; A hűség próbája, Dr. 1827; Csalódások, Lsp. 1828. – Összes művei, 1831; Minden munkái, hg. J. Bánóczi VI 1893.

L: J. Bánóczi, K. K. és munkái, 1882 f.; F. Szinnyei, 1927; A. Speneder, 1930; J. Horváth, 1955.

Kisfaludy, Sándor, ungar. Dichter, 27. 9. 1772 Sümeg – 28. 10. 1844 ebda. Aus transdanub. Adel. Gymnas. Győr, dann Stud. Philos. u. Jura in Pozsony. Trat in die Armee ein, diente 1792 bei der ungar. Garde. Nach Italien versetzt, in franz. Gefangenschaft geraten, 1796 nach Frankreich gebracht. 1798 kehrte er in s. Heimat zurück, ∞ s. erste große Jugendliebe Róza Szegedy, ließ sich in Sümeg nieder. In den ersten Jahren s. glückl. Ehe entstanden die Gedichte ›Boldog szerelem‹. Sie bilden mit den früher entstandenen ›Keserző szerelem‹ die Himfy-Gesänge. Im Jahre 1820 erhielt er den lit. Marczibányi-Preis, 1832 den Preis der Ungar. Akad. der Wiss., mußte ihn aber mit Vörösmarty teilen. 1840 Mitgl. der Ungar. Akad. – Romant. Lyriker; s. besten Werke sind die ›Himfy-dalok‹. S. Sagensammlung ›Regék a magyar előidőkből‹ fand nur mit den ersten drei Geschichten Beifall. Als Dramatiker wenig erfolgreich.

W: Himfy szerelmei, G. 1801–07 (d. 1829); Keserző szerelem, G. 1801; Boldog szerelem, G. 1807; Regék a magyar előidőkből, Slg. 1807 u. 1822–38 (Sagen aus der magyarischen Vorzeit, d. 1863); Hunyady János, Dr. 1816; Bánk bán, Dr. 1821. – Minden munkái, VIII 1892f.

L: E. Császár, 1910; J. Horváth, 1936; I. Fenyő, 1961.

Kishon, Ephraim, hebr. Schriftsteller, * 23. 8. 1924 Budapest. Stud. Kunstgesch. ebda., Aufenthalte in ungar., dt. u. russ. Arbeitslagern; 1949 Einwanderung in Israel, Schlosser, Kfz-Mechaniker, Maler u. Arbeiter im Kibbuz. Publiziert seit 1952 polit.-satir. Glossen, u.a. allwöchentl. in Israels meistgelesener Tageszt. ›Ma'ariv‹. Lebt als freier Schriftsteller u. Leiter der Kleinkunstbühne ›Die grüne Zwiebel‹ in Tel Aviv. – Einfallsr. Vf. humorist.-satir. Prosaskizzen von starker Situationskomik, die vor allem Idiosynkrasien s. Landsleute und den Leerlauf der Bürokratie, aber auch allgemeinmenschl. Schwächen u. modische Zeiterscheinungen aufs Korn nehmen. Daneben Romane, Bühnenstücke, Hör- und Fernsehspiele sowie Filme im gleichen Genre, doch gelegentl. allzu unreflektiert u. auf billige Effekte abgestellt. K.s Arbeiten wurden in fast alle Weltsprachen übersetzt.

W (Übs.): Drehn Sie sich um, Frau Lot, 1961; Arche Noah, Touristenklasse 1963; Der seekranke Walfisch, 1965; Wie unfair, David, 1967; Pardon, wir haben gewonnen, 1968; Der Fuchs im Hühnerstall, R. 1969; Nicht so laut vor Jericho, 1970; Der Blaumilchkanal, 1971; Salomos Urteil, zweite Instanz, 1972; Kein Applaus für Podmanitzki, 1973; Kein Öl, Moses?, 1974; Die lieben Hochzeitsgäste, 1976; Der Hund, 1978; Es war die Lerche, 1977; Vertrauen, 1979; Um Haaresbreite, 1979; Wenn das Auto, 1978; Ein Vater wird geboren, 1980; Und die liebe Ehefrau, 1981; Durch den Kakao gezogen, 1981; Im neuen Jahr, 1983; Das Kamel im Nadelöhr, 1984; Paradies neu zu vermieten, 1984; Abraham kann nichts dafür, 1985; Für alle Fälle, 1987; Kishon für Steuerzahler, 1992; Beinahe die Wahrheit, 1992; Hausapotheke für Gesunde, 1993; Essen ist meine Lieblingsspeise, 1993; Mein Kamm, R. 1998. – Das große K.-Buch, hg. F. Torberg 1974; Das große Kishon Karussell, 1980; Das Kishon Lesebuch, 1992.

Kisielewski, Stefan (Ps. Kisiel, Tomasz Staliński), poln. Publizist, Romancier, Kritiker, Musikologe u. Komponist. 7. 3. 1911 Warschau – 27. 9. 1991 ebda. Stud. ebda. Teilnahme am Warschauer Aufstand. Ab 1945 Mitarbeiter der führenden kathol. Wochenschrift ›Tygodnik Powszechny‹, 1957–1965 Sejm-Abgeordneter. – Von e. liberalen, ideologiekrit. Standpunkt aus nimmt K. in Polen u. im Ausland demaskierend u. sarkast. zu wichtigen Fragen Stellung. Bedeutendster poln. Publizist des 20. Jh.

W: Sprzysiężenie, R. 1947; Zbrodnia w Dzielnicy Północnej, R. 1948; Rzeczy małe, Schr. 1956; Miałem tylko jedno życie, R. 1958; Opowiadania i podróże, En. 1959; Widziane z góry, R. 1967; Cienie w pieczarze, R. 1971; Romans zimowy, R. 1972; Śledztwo, R. 1974; Muzyka i mózg, Ess. 1974; Przygoda w Warszawie, R. 1976; Ludzie w akwarium, R. 1976; Moje dzwony trzydziestolecia, Feuill. 1979; Wszystko inaczej, R. 1986. – Übs.: An dieser Stelle Europas, Schr. 1964.

Kiss, József, ungar. Lyriker, 30. 11. 1843 Mezőcsát – 31. 12. 1921 Budapest. Jüd. Familie. Gymnas. Rimaszombat u. Debrecen; Lehrer; zog 1868 nach Pest. 1870–73 Redakteur der Zs. ›Képes Világ‹. 1876–82 Notar der Synagoge zu Temesvár. 1877 Mitgl. der Petőfi-Gesellschaft. 1882–89 Angestellter in Budapest. 1890 Hrsg. der Zs. ›A Hét‹. 1914 Mitgl. der Kisfaludy-Gesellschaft. Im gleichen Jahr erhielt er auch e. königl. Auszeichnung. – Als Lyriker stellte sich K. die Aufgabe, mit Hilfe der Dichtung die Kluft zwischen ungar. u. jüd. Mentalität zu überbrücken; z.T. soz. und pazifist. Töne. Die Themen s. volkstüml. Balladen wählte er teils aus der ungar. Vergangenheit, teils aus der Gegenwart des Judentums.

Kistemaeckers

W: Zsidó dalok, G. 1868; Budapesti rejtelmek, R. 1874; K. J. költeményei, G. 1876; K. J. költeményei, G. 1883; Mese a varrógépről, G. 1884; Mesék a hó alól, M. 1885; Ünnepnapok, G. 1888; Legendák a nagyapámról, G. 1888; Újabb költemények, 1891; Levelek hullása, G. 1908; Avar, G. 1918; Esteledik – alkonyodik, G. 1920; Utolsó versek, G. 1924; Összes költeményei, G. 1897. – K. J. összes költeményei, 1931. – *Übs.:* Gedichte, 1886.
L: K. Glatz, 1904; D. Kosztolányi, 1922; S. Sík, 1923; M. Rubinyi, 1926; A. Komlós, 1956.

Kist → Kistemaeckers, Henry

Kistemaeckers, Henry (Ps. Janine, Kist, Kistemaeckers fils), belg. Dramatiker und Erzähler, 13. 10. 1872 Floreffe – 21. 1. 1938 Paris. Sohn e. Brüsseler Verlegers; ging nach Paris. Verstand das Pariser Bürgertum mit über 20 leichten Gesellschaftsdramen zu fesseln, die oberflächl., witzig und iron. sind und e. etwas fragwürdige Moral vertreten. Scharfe Beobachtung und subtile Psychologie, auch in Romanen und Erzählungen.
W: L'illégitime, R. 1898; Marthe, Dr. 1899; Les amants romanesques, R. 1899; La femme inconnue, R. 1901; La blessure, Dr. 1905; L'instinct, Dr. 1905; La rivale, Dr. 1907; L'embuscade, Dr. 1913; L'Occident, Dr. 1913; La passante, Dr. 1921; La nuit est à nous, Dr. 1925; Aéropolis, R. 1929; Dent pour dent, Dr. 1930; La flambée, Dr. 1930; Le marchand de bonheur, Dr. 1930; Les mystérieuses, R. 1930; Trop aimé, Dr. 1930.

Kita, Morio (eig. Saitô Sôkichi), jap. Romanautor, * 1. 5. 1927 Tokyo. Sohn des bekannten Tankadichters Saitô Mokichi. Medizinstudium, Tätigkeit als Arzt. Ab 1961 freier Schriftsteller. – Die Spannbreite von K.s Werken, die häufig eigene Erfahrungen verarbeiten, reicht von ernsten Romanen, die immer wieder um das Thema Tod kreisen, über humorvolle Erzählungen bis hin zu Kinderbüchern.
W: Yûrei, R. 1954 (Ghosts, engl. 1991); Nire-ke no hitobito, R. 1964 (The house of Nire, engl. 1984); Dokutoru Manbô seishunki, R. 1968 (Doctor Manbo at sea, engl. 1987).

Kitāb al-Aġānī → Abū l-Farağ al-Iṣfahānī

Kitāb-i-Dede Qorqud → Dede Korkut

Kitagawa, Fuyuhiko, jap. Lyriker u. Kritiker, 3. 6. 1900 Ôtsu – 12. 4. 1990 Tokyo. Sohn e. Eisenbahningenieurs; Schuljahre in der Mandschurei, 1924–27 mit Anzai Fuyue u. Takiguchi Takeshi Hrsg. der avantgardist. Zs. ›A‹, begeisterte sich für den Dadaismus. 1928 mit Haruyama Yukio u.a. Gründer der Zs. ›Shi to Shiron‹, die zentrales Organ der surrealist. Bewegung wurde. – Sucht nach neuen lyr. Formen u. Inhalten, Trend zum Imagismus. Übs. Breton u. Jacob, dann Hinwendung zum proletar. Dichterkreis u. Neorealismus. Nach 1945 auch ep. Langgedichte. Drehbücher u. Übs. Dantes.
W: Sambankikan sôshitsu, G. 1925; Kenonki to hana, G. 1926; Sensô, G. 1929; Kôri, G. 1933; Iyarashii kami, G. 1936; Haran, G. 1948; Shi no hanashi, Ess. 1949; Gendai-shi, Ess. III 1954–57; Kyodai-naibukuro-no naka 1956/58 (Im Bauch des Riesen, d. 1956); Yahan no mezame to tsukue no ichi, G. 1958. – K. F. shishû (AW), 1951.
L: A. Piper (Akzente, 6), 1959.

Kitahara, Hakushû (eig. K. Ryûkichi), jap. Dichter, 25. 1. 1885 Yanagigawa/Fukuoka-Präfektur – 2. 11. 1942 Tokyo. Sohn eines wohlhabenden Sakebrauers; erhält eine sorgfältige Erziehung, debütiert mit klass. tanka-Gedichten noch während der Schulzeit. Nach Übersiedlung nach Tokyo 1904 frühe Erfolge in dichter. Kreisen, rege Mitarbeit in führenden lit. Vereinen, Stud. Lit. an der Waseda-Univ. Erster Gedichtband, ›Jashûmon‹ (Heretiker) 1909, Durchbruch 1911 mit ›Omoide‹ (Erinnerungen). – S. Lyrik weist e. reiche u. gewagte Metaphorik sowie etliche formale Erneuerungen auf (u.a. Einfluß buddhist. bzw. altertümlicher Rhetorik), die der strengen traditionellen poet. Diktion neue Impulse geben. Hrsg. mehrerer Zeitschriften u. äußerst produktiver Autor von über 200 Werken (Lyrik; Kinder- u. Jugendlieder; poetologische Werke; Essays).
A: K. H. sakuhinshû, IX 1952.
L: M. Benton Fukasawa, K. H.: His Life and His Poetry, N.Y. 1993; Ch. E. Fox, The Future and the Past: K. H. and the Modern Poetic Sequence, Ann Arbor 1998.

Ki (no) Tsurayuki, jap. Dichter 868(?)–946 Kyoto. E. der 36 Dichter-Genien (sanjûrokkasen), Sohn des Ki no Mochitsuki. Beamter in versch. Ämtern, kompilierte 905 im Auftrag des Daigo Tennô die erste offizielle Anthologie ›Kokinwakashû‹ mit Ôshikôchi no Mitsune, Ki no Tomonori u. Mibu no Tadamine. Als Vf. des jap. Vorworts unternahm er zudem den ersten Versuch e. Poetik. – S. eigenen Gedichte (442) streben nach innerer Wahrheit, Harmonie von Gehalt u. Form. 930 Statthalter der Provinz Tosa auf Shikoku; bei s. Rückkehr 935 verfaßte er in vollendeter Prosa s. Reisetagebuch, das erste von e. Mann in jap. Sprache geschriebene Höflingstagebuch. Kompilator der privaten Anthologie ›Shisenshû‹ (auch ›Shinsenwakashû‹, zwischen 923–29).
W: Tsurayuki shû, G.; Kokinshû-jo, Vorwort 905 (franz. 1933); Ôigawa-gyôkôwaka-jo, Vorwort 907 (engl. 1952); Shinsenwakashû, Vorwort 934; Tosa-nicki, Tg. 935 (d. 1948). – *Übs.:* 100 Kokinshu Selections, G., engl. H. S. Levy 1976; Kokin wakashu, G., engl. H. Craig McCullough, Stanford 1985.
L: Th. LaMarre, Uncovering Heian Japan, Durham/ NC 2000.

Kitzberg, August, estn. Dramatiker u. Erzähler, 29. 12. 1855 Laatre, Kr. Fellin – 10. 10. 1927 Dorpat. Gemeindeschreiber, dann Kontorist in Dünaburg u. Riga, 1901–20 Beamter in Dorpat, schließl. freier Schriftsteller ebda. – Schrieb zunächst humorvoll-realist. Dorfgeschichten, Dorfu. Volkskomödien, übersetzte A. v. Kotzebue; später auch kulturgeschichtl. interessante Memoiren u. Feuilletons. S. eigentl. Bedeutung liegt auf dem Gebiet der Bühnendichtung: Begründer des mod. estn. Dramas; s. dramat. Werk gipfelt in ›Libahunt‹ (Werwolf) und ist e. Beitrag zur (über-) nationalen Archetypik.

W: Maimu, E. 1892; Tuulte pöörises, Dr. 1906; Libahunt, Tr. 1912; Kauka jumal, Dr. 1915; Enne kukke ja koitu, Tr. 1919; Külajutud, En. V 1915–21; Neetud talu, Dr. 1923; Ühe vana ›tuuletallaja‹ noorpõlve mälestused, Mem. II 1924f. – Valitud teosed (AW.), II 1955.

L: M. Sillaots, 1925; B. Linde, 1926; V. Alttoa, 1960.

Kivi, Aleksis (früher A. Stenvall), finn. Dichter, 10. 10. 1834 Nurmijärvi – 31. 12. 1872 Tuusula. Sohn e. armen Dorfschneiders; entbehrungsreiche Jugend, ab 1859 Stud. in Helsinki, aufgegeben; freier Schriftsteller in ständigem Kampf gegen Armut u. Krankheit; trotz zweier Staatspreise für s. Dramen blieb ihm die letzte Anerkennung versagt; 1870 Nervenzusammenbruch, starb einsam u. verlassen in geistiger Umnachtung. – Größter finn. Dichter u. zugleich tragischste Gestalt. Erster großer Stilist, Bahnbrecher des finn. Dramas. Begann im Zeichen der nationalen Romantik, über die er bald hinauswuchs. S. eigentl. poet. Anlage neigt e. humorvollen Realismus zu, verklärt durch Reichtum an Phantasie, Beweglichkeit des Gedankens u. feines Einfühlungsvermögen. In dem düsteren Kalevala-Drama ›Kullervo‹ schuf er die erste spielbare finn. Tragödie. Die nach Shakespeares Manier eingelassenen kom. Szenen lassen bereits den großen Humoristen ahnen. Dieses Versprechen löste er ein in der Charakterkomödie ›Nummisuutarit‹. In der realist. anschaul. u. humorvollen Schilderung der Typen s. Heimat entfalten sich s. Naturgaben: Phantasie, Herz u. Intellekt wirken zusammen, um aus der unglückl. Brautfahrt des Heideschusters Esko und der abenteuerl. Stadtreise s. Bruders e. lustige Handlung zu weben. Als tieflotender Schilderer des finn. Landvolkes u. bahnbrechender Stilist erweist er sich auch in s. Hauptwerk, dem Roman ›Seitsemän veljestä‹. Die Handlung ist mit dem sicheren Instinkt des realist. Humoristen gesponnen: Die Hauptrollen sind auf sieben Brüder verteilt, die vor dem Zwang zur Bildung in die Wildnis fliehen, dort Abenteuer um Abenteuer erleben, bis sie ihre ungebundene Waldschratfreiheit aufgeben und zum friedl. Leben in der Gemeinschaft zurückkehren. Meisterhaft ist die Entwicklung von bubenhafter Rabulistik zu männl. Selbstüberwindung, vom Haß gegen Pfarrer u. Küster zur Lesekundigkeit, von Trunksucht zu Nüchternheit u. Fleiß geschildert. Über allem liegt das Schmunzeln dessen, der die Unzulänglichkeiten alles Menschlichen kennt. Kivis Lyrik ist durch frische Ursprünglichkeit der Inspiration u. starkes Gefühl gekennzeichnet. Wegen ihrer Reimlosigkeit fand sie nur kühle Aufnahme. Heute rechnen einige s. Gedichte zu den Perlen der finn. Lyrik.

W: Kullervo, Tr. 1864; Nummisuutarit, K. 1864 (Die Heideschuster, d. 1922); Yö ja päivä, Dr. 1866; Kanervala, G. 1866 (dt. Ausz. O. Mannimen in: Suomis Sang 1921); Kihlaus, K. 1866 (Die Verlobung, d. 1953); Karkurit, Dr. 1867; Canzio, Dr. 1867 f.; Lea, Dr. 1869; Seitsemän veljestä, R. 1870 (Die sieben Brüder, d. A. Schmidt 1921; H. Hahm-Blåfield 1935; R. Öhquist 1947; E. Schaper 1950; G. Schmidt, durchg. A. Kelletat); Margareta, Dr. 1870. – Kootut teokset (GW), IV 1915–19 (n. 1944–51); Kootut teokset (GW), III 19 Runot (ges. G.), 2000. – *Übs.*: Bierfahrt nach Schleusingen, 2000.

L: V. Tarkiainen, 1915; V. A. Koskenniemi, 1934; P. E. S. Elo, Diss. Turku 1950; L. Viljanen, 1953; E. Ekelund, Stockholm 1960; A. Kinnunen, 1967; ders., 2002; H. Sihvo, Elävä Kivi, 2002.

Kivimaa, Arvi Kaarlo (früher Rinne), finn. Lyriker, 6. 9. 1904 Hartola – 18. 4. 1984 Helsinki. 1922–32 Journalist, 1932–34 Lektor für Finn. Univ. Greifswald, Theater- u. Literaturkritiker, 1940–49 Direktor des Volkstheaters Helsinki, 1949–74 des Finn. Nationaltheaters. – Gehörte in den 20er Jahren zu den ›Feuerträgern‹, befreite sich erst in s. späteren Gedichten vom expressionist.-modernist. Überschwang. Neben Lyrik auch Prosa u. Drama.

W: Maan ja auringon lapset, N. 1925; Palava laiva, G. 1925; Tyttö puhuu Vapahtajalle, Nn. 1926, Epäjumala, R. 1930; Hohtavat siivet, Dr. 1930; Hetki ikuisen edessä, R. 1932; Nuorukainen, G. 1933; Siniset vaatteet, Dr. 1934; Kaiho ja elämä, R. 1935; Vuorille, G. 1937; Saari tuulen sylissä, R. 1938 (Die Insel im Schoß der Winde, d. 1943); Viheriöivä risti, R. 1939; Sotatalvi, G. 1940; Lumikevät, G. 1942; Omenapuu lumessa, G. 1944; Paula Seijes, Dr. 1945; Puolipäivä, R. 1946; Vaskikäärme, R. 1948; Purppuralaahus, R. 1948; Passacaglia, G. 1950; Pimeän silmä, G. 1951; Sydämen levottomuus, G. 1954; Kerran Firenzessä, G. 1955; Syntymäpäivä, Dr. 1955; Vieraassa talossa, Dr. 1956; Sormus, G. 1959; Joenrannan puu, E. 1961; Samothraken Nike, G. 1964; Prokonsuli ja Keisari, G. 1969; Suomalainen requiem, G. 1975; Kasvoja valohämyssä, Mem. 1974; Ystäviä, Mem. 1977; Ihmisten urheus, Mem. 1978. – Airut (ges. Ged. 1925–44), 1947; Kauneimmat runot (AW), 1958.

L: R. Nieminen, 1978.

Kjær, Nils, norweg. Schriftsteller, 11. 11. 1870 Holmestrand – 9. 2. 1924 Soon. – Dramatiker z. T. in der Strindberg-Nachfolge und Vf. von witzsprühenden Komödien und soz. Satiren auf

Kjærstad

norweg. Verhältnisse sowie von geistreich-witzigen Essays, Episteln und Reiseschriften in kultiviertem Stil. Nach anfängl. radikaler Reformsucht späterhin Wechsel zwischen Melancholie und Optimismus.

W: Essays, 1895; Bøger og Billeder, Es. 1898 (Capriccio, d. 1910); Regnskabeds Dag, Dr. 1902 (Der Tag der Rechenschaft, d. 1909); I forbigaaende, Es. 1903; Mimosas Hjemkomst, Dr. 1907; De evige Savn, Nn. 1907; Smaa Epistler, Es. 1908; Nye Epistler, Es. 1912; Det lykkelige Valg, K. 1914; For Træt er der Haab, Dr. 1917; Svundne Somre, Es. 1920; Sidste Epistler, Es. 1924. – Samlede skrifter, V 1921 f.; Teater, 1921 f.; Epistler, Ess. 1949, 1963; Profiler, Ess. 1969.
L: H. Noreng, 1949; M. Kjær, 1950.

Kjærstad, Jan, norweg. Schriftsteller, * 6. 3. 1953 Oslo. Stud. Theol. Univ. Oslo, 1985 Redakteur der lit. Zs. ›Vinduet‹. – Vf. postmodernist. Romane, in denen das traditionelle Konzept e. eigenmächtigen Subjekts in Frage gestellt wird u. die manipulierenden Kräfte der mod. Medien betont werden, wodurch Wirklichkeit und Abbild ununterscheidbar werden.

W: Kloden dreier stille rundt, Nn. 1980; Speil, R. 1982; Homo falsus, R. 1984; Det store eventyret, R. 1987; Menneskets matrise, Ess. 1989; Rand, R. 1990; Forføreren, R. 1993 (Der Verführer, d. 1999); Erobreren, R. 1996 (Der Eroberer, d. 2002); Menneskets felt, Ess. 1997; Oppdageren, R. 1999; Tegn til kjærlighet, R. 2002.

Kjellgren, Josef, schwed. Lyriker und Erzähler, 13. 12. 1907 Mörkö/Södermanland – 8. 4. 1948 Stockholm. Vater Seemann; mußte 11jährig schon Geld verdienen, Industriearbeiter, Heizer u. Seemann. Autodidakt. Gehörte zu der lit. Gruppe ›Fem Unga‹ 1929, ∞ 1931 Dagny Lundegård. – K.s ganzes Werk ist e. Lobgesang auf die harte, produktive Arbeit; Romantiker der Arbeit mit kommunist. Tendenz. Verherrlicht Kameradschaft unter Männern mit e. Leidenschaft ähnl. relig. gefärbter Mystik. S. sachl., anschaul. Schilderung des Seemannslebens wirkt durch unterdrücktes Pathos überzeugend. Auch mehrere Bücher mit Reiseeindrücken aus Spanien u. England.

W: Fyrsken, G. 1931; Occident, G. 1933; Människor kring en bro, R. 1935; Smaragden, R. 1939; Guldkedjan, R. 1940; Äventyr i skärgården, 1941/42 (Abenteuer in den Schären, d. 1957); Kamratskap mellan män, R. 1947; Nu seglar jag, R. 1948. – Samlade skrifter, VIII 1950f.
L: S. Stolpe, 1938; A. Strindberg, 1941; R. Matsson, 1957; G. Kvart, Diss. 1972.

Kjuchel'beker, Vil'gel'm Karlovič → Küchelbecker

Kldiaschwili, David → Kldiašvili, Davit'

Kldiašvili, Davit', georg. Autor, 11. 9. 1862 Simonet'i – 24. 4. 1931 ebda. 1872–80 Militärausbildung Kiev u. Moskau; 1882 Offizier in Georgien; unterstützt die Oktoberrevolution. – Vertreter des georg. Realismus; schildert scharf psychologisch deutend, dabei humorvoll, das Leben v. a. des verarmten Landadels (sog. ›Herbstadlige‹) in den Erzählungen ›Kamušajes Not‹, ›Samanišvilis Stiefmutter‹ u. Lustspielen ›Irines Glück‹; ›Darispans Unglück‹.

W: Solomon Morbelaje, E. 1894; Rostom Manvelije, E. 1910; T'xzulebani (W), II 1950; T'xzulebat'a sruli krebuli (GW), II 1952. – Übs.: russ.: Izbrannye proizvedenija, 1947; Sočinenija (W), II 1950–52.
L: B. Žgenti, 1962; S. Kldiašvili, 1962; V. Kiknaje, 1973; B. Bardavelije, 1981, 1986.

Klein, A(braham) M(oses), kanad. Dichter, 14. 2. 1909 Ratno/Ukraine – 20. 8. 1972 Montreal. Jüd. Herkunft, 1910 Emigration nach Kanada. Anwalt u. Hrsg. lit. und zionist. Zsn. – S. stark metaphor. u. vielschichtiges Werk verbindet die Einflüsse von jüd. Tradition, Satire u. klass. Moderne, v. a. von J. Joyce.

W: Hath Not a Jew, G. 1940; Poems, 1944; The Hitleriad, Sat. 1944; The Rocking Chair and Other Poems, 1948; The Second Scroll, R. 1951. – Collected Works, hg. 1982–2000.
L: M. Waddington, 1970; U. Caplan, 1982; Z. Pollock, 1994.

Klen, Jurij (eig. Oswald Burghardt), ukrain. Dichter dt. Herkunft, 4. 10. 1891 Serbynivci – 30. 10. 1947 Augsburg. 1920–30 Lehrer, zugleich Prof. Anglistik u. Germanistik Univ. Kiev, 1930–45 Prof. Geschichte der slav. Lit. Münster/Westf. u. Prag. – Neoklassiker; neben e. lyr.-ep. Verserzählung mit autobiograph. Elementen schrieb er das bedeutende, unvollendete Epos ›Popil imperij‹. Übs. aus dem Engl., Franz. u. Dt. ins Ukrain.

W: Prokljati roky, Poem 1937; Karavely, G. 1943; Spohady pro neokljasykiv, Erinn. 1947; Popil imperij, Ep. 1957. – Tvory (W), IV 1957–60.
L: J. Burghardt, 1962; Istorija ukrain. literatury XX. stolitt'a, kn. 2, K. 1998.

Klenovskij, Dmitrij Iosifovič (eig. Kračkovskij), russ. Dichter, 6. 10. 1893 St. Petersburg – 26. 12. 1976 Traunstein. Vater Maler (Akademiemitgl.). 1913–17 Stud. Phil. u. Rechte Univ. St. Petersburg, erster Lyrikband 1917, Beschäftigung mit Anthroposophie. Bis 1942 Übs. in Char'kov. Flucht nach Dtl., Rückkehr der dichter. Begabung, 1950–77 11 Lyrikbücher. Lebte zurückgezogen in Bayern. – Relig. u. naturverbundener Lyriker, der formal in der Zucht des Akmeismus (Gumilëv), inhaltl. in russ. Orthodoxie, Anthroposophie u. unmittelbarer relig. Erfahrung fußt. Hohes Bewußtsein für die Engelswelt (insbes.

Schutzengel), Wiedergeburt und – dadurch – für die Fortexistenz des Individuums nach dem ird. Tod. Die sprachl. Klarheit verbindet sich mit e. zurückhaltenden Bildsprache.

W: Sled žizni, G. 1950; Na vstreču nebu, G. 1952; Neulovimyj sputnik, G. 1956; Stichi, Ausw. 1960. – Sobranie stichotvorenij, Paris 1980.

Klička, Benjamin (eig. B. Fragner), tschech. Erzähler, 20. 11. 1897 Prag – 26. 12. 1943 ebda. Arzt. – Außer 2 Gedichtsammlungen schrieb K. sozial betonte Romane u. Novellen, in denen er grotesk-patholog. Zustände sowie den gesellschaftl. u. wirtschaftl. Wandel nach dem 1. Weltkrieg behandelt.

W: Jiný svět, G. 1924; Vzpoura nosičů, En. 1925; Tulák Jeroným, En. 1925; Divoška Jaja, R. 1925; Brody, R. 1926; Jaro generace, R. 1928; Bobrové, R. 1930; Himmelradsteinský vrah žen a dívek, N. 1931; Jedovatý růst, R. 1932; Ejhle občan, R. 1934; Útěk ze století, R. 1935; Do posledního dechu, R. 1936; Na vinici Páně, R. 1938; Duch asistentky Kurdové, R. 1940; Pouť do ráje, En. 1941; Nebožka bdí, R. 1941; Na březích Vltavy, En. 1942; Vytoužená, R. 1946. – Dílo (W), III 1956–59.

L: K. Sezima, Krystaly a průsvity, 1928; ders., Mlází, 1936.

Klicpera, Václav Kliment, tschech. Schriftsteller u. Dramatiker, 23. 11. 1792 Chlumec a. d. Cidlina – 15. 9. 1859 Prag. Gab mit 15 Jahren den Metzgerberuf auf, absolvierte die Mittelschule u. Stud. Philos. Prag, wirkte 1819–46 am Gymnas. Königgrätz, dann am Akad. Gymnas. Prag, dessen Direktor er 1850 wurde. – Nestor des tschech. Dramas. Schrieb mit Schwung u. Leichtigkeit zahlr. patriot.-romant. Ritterspiele u. hist. Stücke; den Schwerpunkt s. Schaffens bilden jedoch Lustspiel u. Lokalposse, in denen er im Geiste Molières u. Kotzebues das Spießertum geißelte, sich dazu der Situations- u. Charakterkomik bedienend. K.s hist. Novellen erinnern an W. Scott, s. witzigen Gedichte ›Deklamovánky‹ huldigen dem Geschmack des tschech. Biedermeier.

W: Blaník, Tr. 1813; Divotvorný klobouk, K. 1817; Hadrián z Římsů, K. 1821; Rohovín Čtverrohý, K. 1821; Valdek, Tr. 1822; Loketský zvon, Tr. 1822; Soběslav, selské kníže, Tr. 1824; Veselohra na mostě, K. 1826 (Lustspiel auf der Brücke, d. 1957); Jan za chrta dán, Tr. 1828; Točník, N. 1828; Každý něco pro vlast, K. 1829; Deklamovánky, G. 1841; Zlý jelen, K. 1849; Příchod Karla IV. do Čech, N. 1855; Karel IV. před Frankenštejnem, N. 1856; Eliška Přemyslovna, Tr. 1856; Král Jan Slepý, N. 1858. – Dramatické spisy, XI 1847–50; Spisy, IX 1862 f.; Výbor z dila, Ausw. 1955.

L: F. A. Šubert, 1898; V. Justl, 1960 (m. Bibl.). – Bibl.: V. Justl, Vl. Válek in ›Hradecký kraj‹, 1959.

Klikspaan → Kneppelhout, Johannes

Klíma, Ivan, tschech. Schriftsteller, * 14. 9. 1931 Prag. Stud. Bohemistik u. Lit.wiss. ebda., ab 1956 Redakteur versch. Zss. ebda. Seit 1971 freiberufl. In- u. ausländ. Auszeichnungen. – Vf. von Erzählungen, Reportagen, Romanen und Theaterstücken, deren hervorstechendster Zug scharfe, z. T. in parabol. Form vorgetragene Kritik der gesellschaftl. Verhältnisse in der ›realsozialist.‹ Ära ist.

W: Mezi třemi hranicemi, Rep. 1960; Bezvadný den, Rep. 1960; Karel Čapek, Stud. 1962; Hodina ticha, R. 1963; Milenci na jednu noc, En. 1964–65 (Liebende für e. Nacht, d. 1971); Zámek, Sch. 1964 (Das Schloß, d. 1971); Návštěva u nesmrtelné tetky, Rep. 1965; Mistr, Dr. 1967; Klára a dva páni, H. 1968; Porota, Dr. 1968 (Die Geschworenen, d. 1969); Loď, jménem Naděje, En. 1969; Pokoj pro dva, Dr. 1970 (Doppelzimmer, d. 1971); Milenci na jeden den, En. 1970 (Liebende für e. Tag, d. 1971); Hry, Dr. 1975 (Spiele, d. 1974); Milostné léto, R. Toronto 1979 (Ein Liebessommer, d. 1973); Má veselá jitra, En. Toronto 1979; Moje prvm lásky, En. Toronto 1985; Soudce z milosti, R. 1986 (Der Gnadenrichter, d. 1979); Láska a smetí, E., London 1988; Moje zlatá řemesla, En. 1990; Čekání na tum, čekání na světlo, E. 1993; Milostné vozhovy, En. 1995. – Spisy I. K. (W), 1995ff. – Übs.: Theaterstücke, Luzern 1971.

Kliment, Alexandr (eig. A. Klimentěv), tschech. Schriftsteller, * 30. 1. 1929 Turnov. Sohn e. Exilrussen, nach dem Abitur (1948) Stud. Philos. Karls-Univ., ab 1951 Theaterakademie in Prag, 1953–63 Verlagsredakteur, dann Dramaturg des tschech. Films, nach 1968 Berufsschriftsteller. – In s. Prosa zeigen sich das Interesse für die private Sphäre des Lebens wie auch das Gefühl e. isolierten Menschen, der in versch. Konfliktsituationen zwischen s. authent. Innenwelt u. e. entfremdeten, mechanisierten Außenwelt gerät. Autor von Dramen u. Kinderlit.

W: Marie, N. 1960; Setkání před odjezdem, E. 1963; Hodinky s vodotryskem, E. 1965; Modré pohádky, M. 1970 (Der arme Maler, d. 1980); Nuda v Čechách, R. Toronto 1979 (Die Langweile in Böhmen, d. Luzern 1977); Basic Love, R. Toronto 1981; Modré pohádky pro malé i velké děti, M. 1994. – Übers.: Die Holzwürmer, H. Kussel, Wilhelmshöhe 1971; Moni und ihre Freunde, Kdb. Luzern 1977.

L: Jakémusi A. K., 1979 (Samiszdat).

Kliment Tŭrnovski → Drumev, Vasil

Klitgaard, Mogens, dän. Schriftsteller, 23. 8. 1906 Kopenhagen – 23. 12. 1945 Århus. Früh elternlos; Jugend im Waisenhaus; versch. Berufe; Reisen in Europa, aktives Mitgl. versch. antifaschist. Organisationen, seit 1943 Flüchtling in Schweden. – Debütierte 1937 als Vf. antibürgerl. realist. Romane im Stil H. Falladas über den ›kleinen Mann‹, schrieb später hist. ›Kopenhagener Romane‹ mit Anspielungen auf mod. Diktatur und 1942 s. Hauptwerk ›Den guddommelige Hverdag‹, e. komplexen R. mit kontrapunkt. arrangierten Einzelhandlungen, Zeitbildern u. authent. Zeitungsausschnitten; zentral steht der ›kleine Mann‹, der s. inneren Überzeugung folgt; diese eth. Haltung löst s. frühere illusionslosere, nur registrierende ab.

W: Der sidder en mand i en sporvogn, R. 1937 (n. 1985); Gud mildner luften for de klippede får, R. 1938 (Gott mildert die Luft für die geschorenen Schafe, d. 1950); Ballade på Nytorv, R. 1940 (Ballade auf den Neumarkt, d. 1949); De røde fjer, R. 1940 (Die roten Federn, d. 1951); Elly Petersen, R. 1941; Den guddommelige hverdag, R. 1942 (n. 1975); Brunkul, N. 1946; De sindsyges klode, R. 1968; Hverdagens musik, En.-Ausw. 1989.

L: E. Neergaard, 1941.

Kljuev, Nikolaj Alekseevič, russ. Dichter, 1887 Vytegra im ehem. Gouv. Olonec – Aug. (?) 1937 Sibirien. Vater Bauer; schloß sich in Moskau lit. Kreisen an, durchwanderte Rußland, kam bis Persien. – E. erster Gedichtband von 1912 zeigt ihn von den Symbolisten beeinflußt; gewann Esenin für die Lit., wirkte auf A. Blok; s. Versbände ›Sosen perezvon‹ mit Vorwort V. Brjusovs, ›Lesnye byli‹ und ›Izba i pole‹ sind echte kraftvolle Bauerndichtung in bilderreicher Sprache, durchsetzt von Elementen der Folklore, von sektierer. Überlieferungsgut s. nordruss. Heimat, Vorstellungen e. heidn.-christl. russ. Volksmystik. Betont den Gegensatz von Stadt und Land; widmete viele Gedichte der Revolution, sah in ihr zunächst s. Traum vom ›Bauernparadies‹ erfüllt, wurde als Vertreter des ›Kulakengeistes‹ angegriffen. 1933 nach Narymsk verschickt, starb er in der Verbannung. S. Werk wurde 1954 erstmals von B. Filippov u. O. Anstej in New York herausgegeben. Erst 1977 erschien die erste Sammlung in der UdSSR.

W: Sosen perezvon, G. 1912; Bratskie pesni, G. 1912; Lesnye byli, G. 1913; Pesnoslov, G. 1919; Mednyj Kit, G. 1919; Pesn' solncenosca, G. 1920; Izbrannye pesni, G. 1920; L'vinyj chleb, G. 1922; Lenin, Poem 1924; Plač po Esenine, Poem 1927; Izba i pole, G. 1928; Pogorel'ščina, Poem 1955. – Polnoe sobranie sočinenij, N. Y. II 1954; Sočinenija (W), II Mchn. 1969; Stichotvorenija i poėmy, G. 1977; Izbrannoe, Ausw. 1981.

L: E. Breidert, Diss. Bonn 1970.

Klonowic, Sebastian Fabian (Ps. Acernus), poln. Satiriker, um 1545 Sulmierzyce – 29. 8. 1602 Lublin. Dr. jur., Richter in Lublin. 1592 Ratsherr u. Bürgermeister. – Schrieb poln. u. lat. Hauptvertreter der beschreibenden Dichtung s. Zeit. In ›Roxolania‹ nach Ovid Beschreibung der West-Ukraine, in ›Flis‹ der Weichsel u. ihres volkswirtschaftl. Nutzens. Lehrhafte Abhandlung wird durch realist. Darstellung aufgelockert. Satir. Schilderung des Adels und s. Sittenlosigkeit in ›Victoria Deorum‹.

W: Roxolania, Ep. 1584 (n. A. J. Mierzyński 1857); Victoria deorum, Sat. 1587 (n. 1986); Flis, G. 1589 (n. 1951; The Boatsman, engl. 1958); Worek Judaszów, Sat. 1600 (n. 1960). – Dzieła (GW), 1836; Pisma poetyczne polskie, 1858.

L: H. Wiśniewska, 1985.

Kloos, Willem (Johan Theodoor), niederländ. Lyriker und Essayist, 6. 5. 1859 Amsterdam – 31. 3. 1938 Den Haag. Stud. Altphilol. Amsterdam. Freundschaft mit J. Perk, nach dessen frühem Tod Hrsg. s. Nachlasses in abgewandelter Form. 1885 Mitbegründer der Zs. ›Nieuwe Gids‹, führender Theoretiker der ›80er‹-Bewegung: Kunst ist ›der allerindividuellste Ausdruck der allerindividuellsten Empfindung‹. S. seel. Unausgeglichenheit u. hochfahrende Haltung bereiteten e. Zusammenarbeit mit ihm Schwierigkeiten. Es kam zum Zerwürfnis mit den klaren, zielbewußten, disziplinierten A. Verwey und mit F. van Eeden, der die revolutionäre Tat zur Besserung der Lage der Arbeiterklasse für vordringlicher hielt als die Verwirklichung ästhet. Forderungen. S. Gedichte ›Verzen‹ bekunden e. in der niederländ. Dichtung selten erreichte Fähigkeit, dem Gefühlsleben in sprachl. meisterhafter, wohllautender Form Ausdruck zu verleihen. Auch einflußreiche lit.krit. u. -hist. Studien.

W: De anbevoegdheid der hollandsche literaire kritiek, Es. 1886; Verzen, III 1894–1913; Nieuwe Verzen, 1895; Veertien jaar literatuurgeschiedenis, II 1896; Nieuwere literatuurgeschiedenis, V. 1904 ff.; Letterkundige inzichten en vergezichten, XX 1916–38.

L: K. H. de Raaf, 1934; J. Kloos-Reyneke van Stuwe, Het menschelijk beeld van W. K., 1947; P. van Eeten, Dichterlijk labirint, 1963; W. K., hg. H. Michaël 1965; ›Horus‹ 1, 1973; P. Kralt, De dichter ..., 1985 (m. Bibl.).

Kloosterman, Simke, westfries. Dichterin, 25. 11. 1876 Twijzel – 5. 12. 1938 Leeuwarden. Tochter eines Bauern, der selbst dichtete. Schrieb fries. Romane und Novellen aus Geschichte und Bauernleben, aber auch Märchen und Gedichte. Schrieb 1921 den ersten vollständig fries. Roman. Ihre Werke sind Zeugnisse einer aristokr. u. romantischen Weltanschauung.

W: Ruth, G. u. Nn. 1910; De Hoara's fen Hastings, R. 1921 (n. 1992); It Jubeljier, R. 1927 (n. 1994); Twiljocht-teltsjes, M. 1928; De wylde fûgel, G. 1932, 1952; Hengist en Horsa, N. 1933; Ut de gielgoerde, Nn. II 1936–40; Lisck fen Eijsinga, Ball. 1941; Spreuken, Aphor. 1962; Myn lân, G. 1982.

L: D. Simonides, De briefwiksel tusken S. K. en Douwe Kalma, 1976; Tr. Riemersma, Proza van het platteland, 1984.

Klossowski, Pierre, franz. Romanautor, Essayist, Maler u. Zeichner, 9. 8. 1905 Paris – 12. 8. 2001 ebda. Bruder des Malers Balthus, Sohn der Rilke-Freundin B. Klossowska; befreundet mit G. Bataille, A. Gide, R. M. Rilke; 1948–50 Mitarbeiter an J.-P. Sartres Zs. ›Les Temps Modernes‹. – Romane und Essays des unter dem Einfluß des Surrealismus stehenden Katholiken K. entwickeln im Gegenzug zur Erkenntnis e. Welt ohne Gott, im Gefolge der Philos. Nietzsches u. der rastlos-infernal. Revolte de Sades das Bild des ruhelos umhergetriebenen Menschen auf der Suche nach s. Identität. K.s zentrales Thema ist der Kampf zwischen Geist und Fleisch, ihm gegenüber gewinnt die Sprache e. besondere Funktion als Medium von Ruhe u. Schönheit. Die grelle Sexualität demonstriert den Einbruch des Irrationalen in e. vermeintl. rationale Welt. K. übersetzte Hölderlin, Hamann, Nietzsche, Wittgenstein, Sueton, Vergil u. Kafka sowie das Tagebuch P. Klees.

W: Sade mon prochain, Es. 1947; La vocation suspendue, R. 1950; Roberte ce soir, R. 1954; Le bain de Diane, Es. 1956 (d. 1970); La révocation de l'Édit de Nantes, R. 1959; Le souffleur, R. 1960; Un si funeste désir, Ess. 1963; Le baphomet, R. 1965 (d. 1968); Les lois de l'hospitalité, R.-Tril. (La révocation de l'Edit de Nantes, Roberte ce soir, Le souffleur, éd. définitive) 1965 (d. 1966); Nietzsche et le cercle vicieux, Es. 1969 (d. 1986); Les derniers Travaux de Gulliver suivi de Sade et Fourier, Ess. 1974; L'adolescent immortel, Dr. 1994; Tableaux vivants, Essais critiques 1936–1983, 2001.

L: K. Clark, Diss. Ann Arbor 1978/79; D. Wilhelm, 1979; J. Moucelon, Diss. 1981; I. Orfali, Diss. Lund 1983; A. Pfersmann, 1985; A. Arnaud, 1990; G. Sorgo, Gnosis und Wollust, Zur Mythologie des P. K., 1994; J. Decottignies, 1997; I. James, 2000.

Klostermann, Karel, tschech. Schriftsteller, 15. 2. 1848 Haag/Österr. – 16. 7. 1923 Štěkeň b. Strakonice. Lehrer an der dt. Realschule in Plzeň. – In breitangelegten Romanen u. Erzählungen, in denen man jedoch e. psycholog. Vertiefung vermißt, schildert K. das Leben der Böhmerwäldler u. die sozialen u. wirtschaftl. Veränderungen nach der großen Waldkatastrophe 1870.

W: Ze světa lesních samot, R. 1892; V ráji šumavském, R. 1893; V srdci šumavských hvozdů, E. 1897; Skláři, R. 1897 (Die Glasmeister, d. 1922); Kam spějí děti, R. 1901; Pošumavské rapsodie, En. 1908; Mlhy na blatech, R. 1909; Suplent, R. 1913; Ecce homo, R. 1915; Pozdní láska, R. 1919; Zmizelá osada, En. 1921; Pan Zbyněk Bukvice na Čakanově, R. 1924. – Spisy (W), XL 1922–26; Vybrané spisy, Ausw. VI 1956–59. – *Übs.:* Böhmerwald-Skizzen, 1987.

L: V. Dresler, Básník Šumavy, 1914; M. Regal, Život a dílo K. K. 1926; B. Polan, O životě a díle K. K., 1948; Štěkeň a K. K., hg. J. Voldán 1968.

Klyčkov, Sergej (eig. Sergej Antonovič Lešenkov), russ. Dichter u. Prosaiker, 13. 7. 1889 Dubrovki (Gouv. Tver') – 21. 1. 1940 (?). Vater Schuster; die ersten Gedichte 1907 gedruckt; schrieb ab 1925 vorwiegend Prosa; 1937 verhaftet, wahrscheinl. erschossen, 1956 rehabilitiert. – Bauerndichter, steht Kljuev nahe; s. Verse zeigen nach der Revolution mehr und mehr pessimist. Töne. Für s. Erzählwerk um das bäuerl. Leben während der Revolution ist e. fast untrennbare Verbindung von realist. Darstellung und phantast. Träumerei kennzeichnend, von Märchen und Schilderung wirkl. Ereignisse, von der sowjet. Kritik als Flucht aus der Gegenwart gedeutet (Kulakenlit.). Schöpft aus dem Reichtum der russ. Folklore, beherrscht die Form der stilisierten Rede, verwendet ausdrucksvolle volkstüml. Sprache und greift zur rhythm. Prosa.

W: Potaennyj sad, G. 1913; Kol'co Lady, G. 1919; Domašnie pesni, G. 1923; Sacharnyj nemec, R. 1925 (n. Paris 1982); Čertuchinskij balakir', R. 1926; Poslednij Lel', R. 1927; Knjaz' mira, R. 1928; V gostjach u žuravlej, G. 1930; Stichi, G. 1936. – *Übs.:* S. K., Le livre de la vie et de la mort, Lausanne 1981.

L: M. Stepanenko, Washingt. 1973.

Kneppelhout, Johannes (Ps. Klikspaan), niederländ. Schriftsteller, 8. 1. 1814 Leiden – 8. 11. 1885 Oosterbeek. Aus wohlhabender Familie, stud. lange Zeit Rechte Leiden ohne Abschluß. Lebte auf Landgut De Hemelse Berg bei Arnhem. – Nach erfolglosen ersten lit. Versuchen in franz. Sprache veröffentlichte er unter dem Ps. ›Klikspaan‹ zwischen 1839 u. 1844 realist.-humorist. Skizzen aus dem Studentenleben, mit kongenialen Illustr. von O. Veralby (eig. A. Verhuell). Von K.s übrigem Werk sind v. a. die Reiseberichte u. einige der Erzählungen (›Een beroemde knaap‹) zu nennen.

W: Studententypen, Sk. 1839–41; Studentenleven, Sk. 1844; Schetsen en verhalen uit Zwitserland, Reiseb. 1850. – Geschriften, XII 1860–75.

L: A. J. Luyt, 1910; E. Paanakker, 2000.

Kniaźnin, Franciszek Dionizy, poln. Dichter, 4. 10. 1750 Witebsk – 25. 8. 1807 Końskowola. Aus polonisiertem Zweig e. weißruss. Familie. Erziehung im Jesuiten-Konvikt, Aufnahme in den Orden. Nach dessen Auflösung Bibliothekar Załuskis, danach 1775 Sekretär, Hauslehrer u. Hofdichter der Czartoryskis. 1796 von unheilbarem Wahnsinn befallen. – Lyriker und Dramatiker in lat. u. poln. Sprache im Geist des Klassizismus, schrieb Lyrik, Lieder, Fabeln u. vaterländ. Dichtung, für Familienfeste der Czartoryskis auch Theaterstücke und Opern im Stile Metastasios. Horaz-Übs.

W: Bajki, G. 1776; Erotyki, G. II 1779; Carmina, 1781; Wiersze, G. 1783; Poezje, III 1787/88. – Dzieła, VII 1828 f.; Wybór poezji (AW), 1948; Utwory dra-

matyczne, 1958; Poezje 1965; Poezje wybrane (ausgew. G.), 1980; Wiersze wybrane (ausgew. G.), 1981.
L: T. Kostkiewiczowa, 1971; J. Brzeziński, Język K., 1975.

Knickerbocker, Diedrich → Irving, Washington

Knjažnin, Jakov Borisovič, russ. Dramatiker, 14. 8. 1742 Pskov – 25. 1. 1791 Petersburg. Vater Vizegouverneur von Pskov; ab 1757 im zivilen und militär. Dienst; Bekanntschaft mit Sumarokov; schied 1773 aus dem Staatsdienst aus, verließ Petersburg, widmete sich ausschließl. der lit. Tätigkeit; übersetzte Voltaire (›La Henriade‹), Corneille, Geßner; 1777 wieder Offizier; 1783 Mitgl. der russ. Akademie, 1784 erfolgr. Aufführung der Tragödie ›Rosslav‹ in Petersburg. – Schrieb 7 Tragödien, ferner 4 Komödien, 8 kom. Opern und Gedichte; steht unter der Wirkung des franz. Klassizismus des 18. Jh. Übernahm Sujets von Voltaire, Racine, Molière, Beaumarchais; gibt dem im russ. Klassizismus übl. Thema des Konflikts zwischen dem Persönl. und dem Allg. e. schärfere polit. Note. Die hist. Tragödie ›Vadim Novgorodskij‹ wurde wegen darin bekundeter freiheitl. Tendenzen öffentl. verbrannt; lit. Werte liegen bes. im Aufbau, in der Personendarstellung und Sprache s. Komödien und kom. Opern.

W: Didona, Tr. 1769; Nešťast' e ot karety, kom. Oper 1779; Rosslav, Tr. 1784; Sbiten'ščik, kom. Oper 1783; Chvastun, K. 1784; Vadim Novgorodskij, Tr. 1789; Čudaki, K. 1790. – Sočinenija, V 1817F.; Izbrannye proizvedenija, Ausw. 1961; Izbrannoe, 1991.

Knopfli, Rui Manuel Correia, mosambikan.-portugies. Lyriker, Kritiker, Übersetzer u. Publizist; * 10. 8. 1932 Inhambane (Moçambique). Hrsg. der mosambikan. Literaturzs. ›Caliban‹; Übersetzer T.S. Eliots; 1973 Übersiedlung nach London. – Zunächst noch dem portugies. Neorealismus verpflichtet, thematisieren K.s spätere G. bes. die Gespaltenheit seiner Identität zw. Afrika u. Europa.

W: Memória Consentida – 20 Anos de Poesia 1959/1979, G. 1982; O Corpo de Atena, G. 1984.

Knowles, John, amerik. Schriftsteller, 16. 9. 1926 Fairmont/WV – 29. 11. 2001 Fort Lauderdale/FL. Yale Univ., Journalist; ›writer in residence‹ Princeton; Lehrtätigkeit an Florida Atlantic Univ. Themat. auf die Mittel- u. Oberschicht des amerik. Nordostens zentriert. – S. erfolgreichster Roman ›A Separate Peace‹ ist e. Schülertragödie aus dem Internatsmilieu. ›Peace Breaks Out‹ ist e. Fortsetzung dieses Kultbuchs.

W: A Separate Peace, R. 1960 (In diesem Land, d. 1963); Morning in Antibes, Kgn. 1962; Double Vision, Reisebr. 1964; Indian Summer, R. 1966; Phineas, Kgn.

1968; The Paragon, R. 1971; Spreading Fires, R. 1974; A Vein of Riches, R. 1979; Peace Breaks Out, R. 1981; A Stolen Past, R. 1983; The Private Life of Axie Reed, R. 1986; Backcasts, Mem. 1993.
L: H. B. Bryant, 1990.

Knudsen, Jakob (Christian Lindberg), dän. Schriftsteller, 14. 9. 1858 Rødding/Jütland – 21. 1. 1917 Birkerød. Sohn e. Heimvolkshochschullehrers u. Pfarrers; Kinderjahre in Askov, 1877 Abitur in Kopenhagen, bis 1881 Stud. Theol., dann Lehrer in Askov, 1890–96 Pfarrer e. freien (grundtvigschen) Gemeinde in Mellerup b. Randers; Ehescheidung; Vortragstätigkeit; ab 1901 freier Schriftsteller. – Jütländ. Heimatdichter. Vf. von Thesenromanen um leidenschaftl. Auseinandersetzung von relig. u. pädagog. Anschauungen; Kampf gegen Verwässerung des Grundtvigianismus, tolstoische Überschwenglichkeit und jeden liberalen Humanismus; fordert e. realitätsbetonte Erkenntnis der ›heidn.‹ Menschennatur als Grundlage für mögliche kleine Fortschritte des Christentums durch Nächstenliebe; das Verhältnis zu Gott solle e. Verhältnis des Kindes zum Vater sein und die Erziehung demnach e. vorbereitende Schulung in strengem Autoritätsgehorsam in weltl. Dingen, bei geistiger Freiheit. K. ist von Grundtvig und Kierkegaard beeinflußt und hat vieles mit dem Realismus der Wahrheitsforderungen des antichristl. Brandesianismus gemeinsam.

W: Kristelige foredrag, 1893, ³1956; Den gamle præst, R. 1899 (Der alte Pfarrer, d. 1910); Gjæring, R. 1902; Afklaring, R. 1902; Sind, R. 1903 (n. 1996: Anders Hjarmstedt, d. 1907); For livets skyld, E. 1905 (Um des Lebens willen, d. 1910); Fremskridt, R. 1907 (Fortschritt, d. 1909); Livsfilosofi, Ess. 1908; Lærer Urup, R. 1909; To slægter, R. 1910; Rodfæstet, R. 1911; Angst, R. 1912 (d. 1914); Mod, R. 1914; Jyder, Nn. II 1915– 17. – Romaner og fortællinger, V 1917; Digte, 1938; Gjæring/Afklaring, 1988.

L: H. Begtrup, 1918; C. Roos, 1918, 1954; C. Petersen, 1926; S. Norrild, 1935; F. Schmidt, 1936; R. Andersen, 1958; S. Bjerg, 1982; P. Schmidt, 1984; H. Wigh-Poulsen, 2001.

Kobayashi Issa → Issa

Kobayashi Takiji, jap. Schriftsteller, 13. 10. 1903 Shimokawazoi/Akita-Präfektur – 20. 2. 1933 Tokyo. Sohn e. Kleinbauern, fand frühzeitig zur sozialist. Bewegung. S. erstes Werk, ›Der 15. März 1928‹, beschreibt die brutale Unterdrückung der KP Japans durch die Polizei u. wurde verboten. 1929 als Bankbeamter entlassen, übersiedelte K. nach Tokyo; 1931 Mitgl. der KP und Sekretär der Liga der proletar. Schriftsteller. Mußte 1932 untertauchen, publizierte weiter. Von der Polizei ermordet. – S. Werk schildert im Stil des

soz. Realismus Widerstand und Erlösung der Unterdrückten.
 W: Senkyûhyaknunijûhachinen Sangatsu Jûgonichi, E. 1928; Kani-kôsen, E. 1929 (Krabbenfischer, d. 1958); Fuzai-jinushi, E. 1929 (engl. 1973); Kôjô-saibô, E. 1930; Tenheiki no hitobito, R. 1931f.; Chiku no hitobito, E. 1933; Tôseikatsusha, E. 1933. – K. T. zenshû (GW), 1982–83.

Kobyl'ans'ka, Ol'ha, ukrain. Erzählerin, 27. 11. 1863 Gura-Humora – 21. 3. 1942 Czernowitz. Vater kleiner Beamter; ab 1891 in Czernowitz. – Erzählerin mit psycholog. feiner Gestaltung bes. der Frauen und starker Naturverbundenheit, geschult an Nietzsche, Ibsen und Hamsun; Einfluß von L. Ukrajinka. Subtile, lyr.-musikal. Sprache.
 W: Ljudyna, R. 1894; Carivna, R. 1895; Zemlja, R. 1902; V nedilju rano zillja kopala, R. 1908; Čerez kladku, R. 1912; Za sytuacijamy, En. 1913; Apostel černi, R. 1926. – Tvory (W), IX 1927–29; III 1957; V 1956–63; 1983.
 L: O. Babyškin, 1952; Statti i materialy, 1958; L. Luciv, 1965; N. Tomašuk, O. K., 1969; E. M. Pančuk, 1976; O. Kušč, Bibl. pokažčyk, 1960.

Kocagöz, Samim, türk. Schriftsteller, 1916 Söke – 5. 9. 1993 Izmir. Stud. türk. Philol. Istanbul bis 1942, dann Kunstgesch. Lausanne bis 1945; bewirtschaftete seither das väterl. Landgut in Söke. – Realist. Erzähler der türk. Lit. im 20. Jh., der ländl. Probleme s. unmittelbaren Heimat, bes. den Konflikt zwischen neuen u. alten Lebensformen, lebendig u. mit sozialem Verständnis gestaltet.
 W: Ikinci Dünya, R. 1938; Telli Kavak, En. 1941; Siğinak, En. 1946; Bir Şehrin Iki Kaspisi, R. 1948; Sam Amca, En. 1951; Yilan Hikâyesi, R. 1954; Cihan Şoförü, En. 1954; Onbinlerin Dönüşü, R. 1957; Ahmet'in Kuzulari, En. 1958; Kalpaklilar, R. 1962; Doludizgin, R. 1963; Bir Kariş Toprak, R. 1964; Yolun Üstündeki Kaya, En. 1964; Yagmurdaki Kiz, En. 1967; Bir Çift Öküz, R. 1970; Izmir'in Içinde, R. 1973; Tartişma, R. 1976; Alandaki Delikanli, R. 1978; Gecenin Soluğu, En. 1985; Mor ötesi, R. 1986; Eski Toprak, R. 1988; Baskin, En. 1990. – Ges. En., 1991.
 L: Varlik, Juli 1989.

Kocbek, Edvard, slowen. Dichter, 27. 9. 1904 Videm b. Ščavnica – 3. 11. 1981 Ljubljana. Stud. Romanistik Ljubljana, Berlin, Lyon u. Paris; ab 1931 Gymnasiallehrer. Mitarbeiter der kathol. Revue ›Dom in svet‹, die er aus weltanschaul. Gründen verließ, gründete s. eigene Zs. ›Dejanje‹. Schloß sich im Krieg den Partisanen an. 1951 wegen der Novellensammlung ›Strah in pogum‹ Druckverbot, 1961 wieder aufgehoben. – K.s Lyrik u. Prosa, die dem kathol. Expressionismus nahesteht, nimmt be in der Nachkriegszeit philos. Charakter an. Verfaßte Tagebücher. Übs. aus dem Franz.
 W: Zemlja, G. 1934; Tovarišija, Tg. 1949; Strah in pogum, Nn. 1951; Groza, G. 1963; Poročilo, G. 1969; Krogi navznotar, Reiseb. 1977; Pred viharjem, Tg. 1980; Sodobni misleci, Ess. 1981. – Izbrano delo (AW), III 1972–76; Svoboda in nujnost, 1974; Zbrane pesmi, Ges. G. II 1977. – Übs.: Die Dialektik, 1968; Dichtungen, Ausw. 1978.

Koch, Christopher John, austral. Romanautor, * 16. 7. 1932 Hobart/Tasmanien. Nach weiten Reisen u. e. Karriere als Rundfunkjournalist seit 1973 freier Schriftsteller. – S. spannungsreichen Romane, z. T. verfilmt, befassen sich mit persönl., polit. u. kulturellen Konflikten zwischen Australien, Indien, Indonesien, Europa u. Amerika in Geschichte u. Gegenwart.
 W: The Boys in the Island, R. 1958 (n. 1974); Across the Sea Wall, R. 1965 (n. 1982); The Year of Living Dangerously, R. 1978 (Ein Jahr in der Hölle, d. 1988); The Doubleman, R. 1985 (Der Mitgänger, d. 1991); Highways to a War, R. 1995 (Das Verschwinden des Michael Langford, d. 1997); Out of Ireland, R. 1999.

Koch, Kenneth, amerik. Dichter, 27. 2. 1925 Cincinnati/OH – 6. 7. 2002 Manhattan. Stud. Harvard u. Columbia, dort ab 1959 Lit.-Prof., leitete Lyrikworkshop an der New School for Social Research; Armeedienst 1943–46. – E. der Gründer der ›New York School of Poetry‹ (J. Ashbery, F. O'Hara); klang- u. formzentrierte Dichtung mit surrealist., satir. Überraschungseffekten, Humor jedoch mit Sozialkritik verknüpft; Betonung der urbanen Gegenwart und des (auch sprachl.) Gewöhnl., popkulturelle Einflüsse; auch Kurzdramen, Libretti und Lehrbücher, u. a. für Kinder.
 W: Poems, 1953; Thank You, G. 1962 (d. 1976); Bertha, Drn. 1966; The Pleasures of Peace, G. 1969; Wishes, Lies, and Dreams, Lehrb. 1970; Rose, Where Did You Get That Red?, Lehrb. 1973; A Change of Hearts, Drn. 1973; The Art of Love, G. 1975; I Never Told Anybody, Lehrb. 1977; Days and Night, G. 1982; On the Edge, 1986; Seasons on Earth, G. 1987; One Thousand Avant-Garde Plays, 1987; Hotel Lambosa, Kgn. 1993; One Train, G. 1994; On the Great Atlantic Rainway, Selected Poems 1950–1988, 1994; The Art of Poetry, Ess. 1996; Straits, G. u. Prosa 1998; New Addresses, autobiograph. G. 2000.

Koch, Martin, schwed. Erzähler, 23. 12. 1882 Stockholm – 22. 6. 1940 Hedemora. Sohn e. Musikers, 1892–99 höhere Schule, 1899–1903 Malergeselle, 1904–06 Stud. Kunstakad., 1905–13 Guttempler, 1916/17 Journalist in Göteborg, 1922–26 Pariser Korrespondent der Zeitung ›Socialdemokraten‹. 1915–21 ∞ Ingeborg Gustavsson, 1928 2. Ehe mit Signe Holmén. – S. oft sehr wortreichen Romane, in denen er Arbeiterprobleme, Alkoholismus, Kriminalität, Anarchismus und Religiosität behandelt, sind mehr sachl. Reportagen, die durch innere Spannung u. psycholog. Tiefe zur Dichtung werden. In ›Arbetare‹ rechnet er mit dem bes. in der Arbeiterjugend verbreiteten Glauben an revolutionäre Gewaltmaßnahmen ab; ›Guds vackra värld‹ ist e. Studie über die Verbrecherpsychologie in Stockholms Unterwelt, wobei er ehrl. Arbeiter ihren amoral. und asozialen Kollegen gegenüberstellt. In s. Virtuosität ist der Naturalismus der Darstellung unter Verwendung des Slangs einzigartig. In ›Timmerdalen‹ behandelt K. die Ausbeutung der nordländ. Wälder durch die Industrie. S. Gedichte vertonte K. selbst.

W: Ellen, R. 1911; Vattendroppen, R. 1912; Arbetare, R. 1912; Vargungarna, Sch. 1913; Timmerdalen, R. 1913; Guds vackra värld, R. II 1916; Fromma människor, Rep. 1918; Legend, R. 1920; Proletärdiktning, Es. 1929; Dansvisor, G. 1929; Svart på vitt, Aut. 1930; Mauritz, Mem. 1939. – Valda verk, hg. T. Jonsson VII 1940f.; Brev, Br. 1957.

L: T. Jonsson, 1941; I. Lundström, 1945; H. O. Granlid, 1957, 1964; E. Sundström 1961.

Kochanowski, Jan, poln. Dichter, 1530 Sycyna – 22. 8. 1584 Lublin. Adliger Herkunft. 1545 Stud. Krakau, dann 1550 Paris u. Padua Philos. u. alte Sprachen. Wiederholte Besuche in Königsberg, dort Begegnung mit der Reformation. 1557 Rückkehr nach Polen. 1559 Annäherung an den Hof Sigismund Augusts, 1564–68 Sekretär des Königs, zwischendurch Landaufenthalte u. Beschäftigung mit Landwirtschaft. Seit 1569 auf s. Landgut Czarnolas nur der Dichtung lebend. 1575 ∞ Dorothea Podłodowska. Weiter Anteil am polit. Geschehen, aber nicht mehr im Hofdienst. – Bedeutendster poln. Dichter des 16. Jh. Gilt als der eigentl. Schöpfer der poln. Dichtung. Strebt nach klass. Vollendung in der Sprache u. wird nach Jhn. noch nachgeahmt. Lat. Dichtung von sprachl. Feinheit als Ergebnis s. humanist. Stud. Einführung erot. Motive in die poln. Dichtung. Einfluß von Renaissancedichtung u. -kunstauffassung, bes. Petrarcas, deutl. erkennbar. In Paris von Ronsard beeinflußt. Hinwendung zur Volkssprache; erreicht hier größte Meisterschaft und schuf die Grundlagen e. poln. Dichtersprache. Neben panegyrischen Dichtungen Auseinandersetzung mit den Zeitereignissen. In der Lyrik deutl. 3 Vorbilder: Bibel, lat.-röm. Dichter (Martial, Horaz), Volksdichtung. Beginn realist. Weltsicht. Einbeziehung poln. Wesens auch in die Übs. Meisterhafte Epigramme. Schlichte Frömmigkeit u. Naturliebe in den Liedern. Lyr. Höhepunkt sind die Klagelieder auf den Tod s. 2jährigen Tochter Ursula. Größten Einfluß im ges. slav. Raum hatte s. Übs. des Psalters. Durch die Verbindung von nationalen mit humanist. Elementen übte er e. tiefgehende Wirkung auf die poln. Kultur aus.

W: Zgoda, G. 1564; Satyr albo Dziki mąż, G. 1564; Szachy, G. 1566 (Sur le jeu des échecs, franz. 1851); Psałterz Dawidów, Versdicht. 1579; Odprawa posłów greckich, Dr. 1578 (Die Abfertigung der griech. Gesandten, d. 1930); Treny, G. 1580 (Ausw. d. 1930, 2000); Lyricorum libellus, G. 1580; Fraszki, Epigr. 1584 (Ausw. v. Scherffer, d. 1652); Elegiarum libri quatuor, G. 1584; Pieśni, G. 1586 (Chants, franz. 1932). – Dzieła wszystkie, IV 1884–97; hg. A. Brückner VI 1924; Dzieła polskie, hg. J. Krzyżanowski [7]1972; III [10]1980, hkA 1983ff. – *Übs.:* Ausw. Sp. Wukadinović 1937; Ausgew. Dicht. 1980 (teilw. zweisprach.).

L: R. Löwenfeld, J. K. u. s. lat. Dicht., 1877; R. Plenkiewicz, 1897; P. Rybicki, Etyka K., 1930; J. Langlade, Paris 1932; W. Weintraub, Styl J. K., 1932; St. Windakiewicz, [2]1947; T. Ulewicz, 1948 u. 1981; M. Jastrun, Poet u. Hofmann, 1957; St. Rospond, Język J. K., 1961; J. Pelc, 1965, 1969, 1972, 1980; B. Nadolski, 1966; Z. Szmydtowa, 1968; J. Rytel, 1974; D. Welsh, 1974; W. Weintraub, Rzecz czarnoleska, 1977; H. Barycz, Z. zaścianka na Parnas, 1981; St. Grzeszczuk, 1981; M. R. Mayenowa, O języku poezji J. K., 1983; J. Krzyżanowski, Poeta czarnoleski, 1984. J. K. i epoka Renesansu, 1984; M. Korolko, 1985; J. K. Twórczość i recepcja, hg. J. Z. Nowak II 1985; Cochanoviana, hg. M. Korolko 1985 ff.; Z. Szmydtowa, [3]1985; T. Pałacz, ›Czarnolas‹ J. K., 1986. – *Bibl.:* J. Jęsko, 1985.

Kochowski, Wespazjan Hieronim, poln. Lyriker u. Geschichtsschreiber, 1633 Gaj – 6. 6. 1700 Krakau. Teilnahme an der Schlacht von Beresteczko u. den Kriegen gegen Schweden u. Ungarn. Hofmann Jan Sobieskis als ›Historiographus privilegiatus‹. 1683 Teilnahme an der Schlacht um Wien. Durch schweres persönl. Leid am Ende s. Lebens stark zur barocken Mystik neigend. – Verbindet barock-erregte Aussage mit konsequent kathol.-gegenreformator. Anliegen. Vf. herkömml. panegyr. u. vom Marienkult beeinflußter Gedichte. In hist. Schriften eigenwillige Geschichtsauffassung, sog. ›Klimakterien‹ als bedeutsame Zeitspannen.

W: Niepróżnujące próznowanie, G. 1674 (n. 1978); Ogród Panieński, Marienlyr. 1681; Chrystus cierpiący, G. 1681; Annalium Poloniae ab obitu Vladislai IV. Climacter 1–3, 1683–98; Dzieło Boskie, albo Pieśni Wiednia wybawionego, G. 1684 (n. 1983); Commentarius belli adversum Turcas ad Viennam, Schr. 1684; Psalmodia polska, Versdicht. 1695 (n. 1926). – GW, hg. v. A. Boleski 1921; Poezje wybrane (ausgew. G.), 1977.

L: J. Czubek, 1900; S. Turowski, 1908.

Kočić, Petar, serb. Schriftsteller, 29. 6. 1877 Stričići b. Banja Luka – 27. 8. 1916 Belgrad. Stud. Slawistik Wien, Lehrer in Skopje, ab 1905 in Bosnien. Gründer der Zsn. ›Otadžbina‹ (1906) u. ›Razvitak‹ (1910); Abgeordneter, Redakteur, wegen österreichfeindl. Tätigkeit öfters zu Gefängnisstrafen verurteilt. Starb in geistiger Umnachtung. – In realist. Novellen u. Satiren schildert K. mit merkl. Anteilnahme das schwere Los der bosn.

Bauern, übt Kritik an der österr. Verwaltung, parodiert bes. das ungerechte Gerichtswesen. S. Schauspiel ›Jazavac pred sudom‹, e. polit.-soz. Satire, zählt dank knapper Dialoge u. lebhafter Szenen zu den populärsten Bühnenstücken der mod. serb. Lit.

W: S planine i ispod planine, Nn. III 1902–05; Pripovetke, Nn. 1904; Jazavac pred sudom, Sch. 1904; Jauci sa Zmijanja, Nn. 1910; Sudanija, E. 1912. – Celokupna dela (SW), II 1932; Sabrana dela (GW), II 1961, III 1967 (m. Bibl.), 1986.

L: T. Kruševac, 1951; B. Čubrilović, 1953; G. Banović, 1956; Zbornik radova o. P. K., 1982.

Kock, Charles-Paul de, franz. Schriftsteller, 21. 5. 1793 Passy – 29. 8. 1871 Paris. Sohn e. holländ., in der Revolution guillotinierten Bankiers; 15jährig Lehrling e. Bank, beschäftigte sich vorwiegend mit Lit. – Seit 1820 äußerst beliebt in Frankreich und Europa mit e. Reihe amüsanter Romane, die das Leben des zeitgenöss. Kleinbürgertums und das Bohemeleben gut beobachten, in künstler. wertloser Form derb und schlüpfrig darstellen. Für das Theater schrieb K. Vaudevillestücke, Opern, Märchenspiele und Pantomimen.

W: L'enfant de ma femme, R. 1812 (d. um 1890); Gustave ou le mauvais sujet, R. 1821 (d. 1837); Mon voisin Raymond, R. 1822 (d. um 1890); M. Dupont, R. 1824; La laitière de Montfermeil, R. 1827 (d. 1905); La femme, le mari et l'amant, R. 1829 (d. um 1890); La pucelle de Belleville, R. 1834 (d. 1838); Mœurs parisiennes, R. 1837; Un jeune homme charmant, R. 1839 (d. um 1890); L'homme aux trois culottes, R. 1841 (d. 1841); Un homme à marier, R. 1843 (d. 1853); Un bal dans le grand monde, R. 1845; La fille aux trois jupons, R. 1861 (d. 1923); Mémoires, 1873. – Œuvres illustrées, CCIC 1902–05.

L: T. Trimm, 1873.

Koc'ubyns'kyj, Mychajlo, ukrain. Schriftsteller, 17. 9. 1864 Vinnycja – 25. 4. 1913 Černihiv. Vater unterer Beamter; beendet 1880 e. geistl. Lehranstalt. Erste lit. Versuche in den 80er Jahren, wandte sich Ende der 90er Jahre der lit. Tätigkeit zu, war zuletzt 1898–1911 Statistiker in der Landesverwaltung des Gouvernements in Černihiv (Černigov). – S. lit. Schaffen läßt sich in 2 Perioden gliedern: Novellen und Erzählungen der 90er Jahre, realist. gehalten, und das umfangreichere spätere Werk, das ihn als Impressionisten zeigt. Die Thematik der 1. Periode, Leben und eth. und kulturelles Niveau des ukrain. Bauern sowie das Verhältnis der nationalen Intelligenz zum Volk, wird in einfacher, später mehr und mehr künstler. gereifter Erzählung entfaltet. Wird dann Begründer des Impressionismus in der ukrain. Lit., beeinflußt von Maupassant, Čechov, Andreev; greift gern zum Thema der Krimtataren u. Moldovaner; die Skizze aus dem tatar. Milieu ›V putach šajtana‹ z.B. zeigt s. Art, Beschreibung der Natur und seel. Stimmungen zu verschmelzen. Angeregt durch die Bewegung unter den ukrain. Bauern 1902 und 1905/06, stellt er in e. s. stärksten Werke, ›Fata morgana‹, die revolutionären Stimmungen unter der Bauernschaft dar, erlangt hier wahre Meisterschaft in der Landschaftsbeschreibung, die bes. in ›Intermezzo‹ lyr. getönt ist; legt weiteren Erzählungen das Motiv der sozialpsycholog. Rechtfertigung der für die Revolution gebrachten Opfer zugrunde. Der in s. gesamten Werk zutage tretende Lyrismus ist bes. ausgeprägt in der Novelle ›Tini zabutych predkiv‹ aus dem Milieu des karpat. Stammes der Huzulen mit e. Variante des Romeo-u.-Julia-Motivs.

W: Fata morgana, R. II 1903–10; Intermezzo, N. 1908; Tini zabutych predkiv, N. 1912. – Tvory, V 1922–25, IV 1947–51, III 1955/56, VI 1961/62, IV 1985. – *Übs.*: Fata Morgana u.a. En., 1962; Schatten vergessener Ahnen, 1967.

L: S. Jefremov, 1922; A. Šamraj, 1928, 1989; N. L. Kalenyčenko, 1956, 1967; Z. Kocjubinskaja-Efimenko, 1959; P. J. Kolesnyk, 1964; M. O. Moroz, 1964; M. S. Hrycjuta, 1964; M. P. Partolin, 1965; J. J. Krupjans'kyj, 1965.

Kôda, Rohan (K. Shigeyuki), jap. Schriftsteller, 26. 7. 1867 Tokyo – 30. 7. 1947 Ichikawa/Chiba-Präfektur. Aus Samuraigeschlecht, Stud. Sinologie, Journalist, dann Univ.-Dozent. – S. Erzählungen spielen vorwiegend in der Vergangenheit, spürbar von Ihara Saikaku beeinflußt; aber die hist. Darstellung ist psycholog. aufgegliedert u. vom europ. Idealismus mitbestimmt. S. Sprache ist der Thematik entsprechend in Wort und Stil altertümlich.

W: Tsuyu dandan, E. 1889; Fûryûbutsu, E. 1889 (d. D. Donath 1999); Taidokuro, E. 1890 (Begegnung mit einem Totenschädel, d. D. Donath 1999); Gojû no tô, E. 1891 (Die fünfstöckige Pagode, d. W. Donat 1961); Fûryûmijinzô, R. 1893–95; Sora utsu nami, R. 1903–05; Shutsuro, G. 1915 (Leaving the Hermitage, engl. J. Nagura 1925); Nawa Nagatoshi, E. 1926; Gendan, En. 1941. – K. R. zenshû (GW), 1949–58. – *Übs.*: Pagoda, Skull and Samurai, engl. C. Mulhern 1985.

L: C. Mulhern, K. R. Boston, 1977; D. Donath, in: BJOAF, Bd. 20, 1995; E. Schulz, in: BJOAF, Bd. 24, 2000.

Kölcsey, Ferenc, ungar. Dichter, 8. 8. 1790 Szödemeter – 24. 8. 1838 Szatmárcseke. Adelsfamilie; verlor früh s. Eltern; durch Krankheit auf e. Auge erblindet. 1796–1809 im Kolleg zu Debrecen. 1808 Freundschaft mit Kazinczy. 1810 Rechtspraktikant in Pest. Freundschaft mit Pál Szemere. 1815 zog er nach Cseke; Landwirt. 1826 in Pest; 1829 Vizenotar im Komitat Szatmár. 1832–34 Obernotar. Abgeordneter. – Mit s. patriot. Einstellung wurde K. zu e. Leitbild für die kommende Generation. Die Vaterlandsliebe wurde bei ihm e. Art Religion und zum Leitbild aller s. Reden u. Schriften. Aus dieser Haltung heraus schrieb er das nationale Gebet, das zur ungar. Hymne werden sollte. Vorliebe für die alte Bauerndichtung und Erforschung des Wesens des Ungarntums. Bedeutend auch als Sprachforscher, Philosoph, Essayist, Kunstkritiker u. Redner. Übs. der Ilias u. der Philosophen der franz. Aufklärung.

W: Felelet a Mondolatra, Streitschr. 1815 (m. Szemere); Csokonai munkáinak kritikai megítéltetése, Abh. 1817; Berzsenyi versei, Abh. 1817; Himnusz, G. 1823; Zrínyi dala, 1830; Zrínyi második éneke; Emlékbeszédei, 1832; 1836. – Minden munkái, hg. D. Angyal X 1886 f.; Összes művei, III 1960.

L: S. Sík, K.-Breviárium, 1924; D. Angyal, 1927; J. Szauder, 1955.

Køltzow, Liv, norweg. Schriftstellerin, * 14. 1. 1945 Oslo. Vf. handlungsarmer Romane von zumeist hohem lit. Wert, beeinflußt vom franz. nouveau roman u. Marcel Proust unter Verwendung der erlebten Rede, wobei die Gedanken u. das Beobachten der Figuren im Zentrum stehen.

W: Øyet i treet, Nn. 1970; Hvem bestemmer over Bjørg og Unni?, R. 1972; Historien om Eli, R. 1975; Løp, mann, R. 1980 (Lauf, Mann!, d. 1986); April/November, Nn. 1983; Hvem har ditt ansikt?, R. 1988 (Wer hat dein Angesicht, d. 1989); Den unge Amalie Skram, B. 1992; Verden forsvinner, R. 1997; Det avbrutte bildet, R. 2002.

L: U. Langås, Forandringens former, 1999.

Königslied, sumerisch, moderner Begriff für Texte versch. Art (22.–17. Jh. v. Chr); Beispiele von Šulgi von Ur (2093–2046) und Ur-Ninurta von Isin (1923–1896): a) für den König um Gunst und lange, erfolgreiche Regierungszeit bittende oder dafür dankende Götterlieder mit z. T. strenger, durch Unterschriften und Rubriken vorgegebener Form (z. B. tigi-Paukenlied, adab-Trommellied); andere (balbale, ululumama u. ä.) erlauben freiere Gestaltung. Die große Hymne »Enlil, weithin ...« bittet für e. anonymen Herrscher. b) Dem König oft in den Mund gelegte, ihn und seine Großtaten preisende Lieder, z. B. sportl. Höchstleistung im Gewitter (Šulgi A), Bau e. Prozessionsschiffs (Šulgi R), umfassende Bildung in Künsten, Sprachen und Wissenschaft, Fähigkeiten als Krieger und Jäger, Gerechtigkeit, Frömmigkeit und Erwählung durch die großen Götter (Šulgi B und C). In Šulgi B trennt der anonyme Dichter sein schöpfer. Werk vom königl. Vortrag. c) Umfangreiche, nur teilweise erhaltene Lieder besingen lebhaft, detailgenau und szenisch wirkend komplexes Geschehen im Pantheon, an dem der Herrscher teilhat: Geburt durch e. Göttin, Wahl und Inthronisation durch versch. Götter (Šulgi F, P, Harfenlied des Ur-Ninurta), göttl. Segen und Ereignisse bei Prozessionen; z. B. schildert die Göttin Inana mit e. Lied im Liede ihre Liebesvereinigung mit Šulgi (Šulgi D+X).

A: A. Falkenstein, (Archiv Orientalní 17), 1949; ders., (ZA 49, 50, 52) 1950; 1952; 1957; ders. 1959; W. H. Ph. Römer 1961; ders. (Bibliotheca Orientalis 47), 1990; G. Castellino, 1972; Å. Sjöberg, (Orientalia Suecana 19/20, 22), 1972; 1974; ders., (Journ. of the Am. Oriental Soc. 93), 1973; ders., (Gedenkschrift J. J. Finkelstein, hg. M. deJong Ellis) 1977; J. Klein, (Fs. S. N. Kramer, hg. B. Eichler), 1976; ders., 1981; ders., (Acta Sumerologica 11), 1989; ders., (Fs. P. Artzi), 1990; ders., (Fs. H. Tadmor) 1991; H. Vanstiphout, (JCS 30), 1978; M.-Ch. Ludwig 1990; E. Flückiger-Hawker 1999; St. Tinney, (JCS 51), 1999; http://4132www-etcsl.orient.ox.ac. uk/edition2/etcslbycat.html. – *Übs.:* W. H. Ph. Römer, (TUAT II/5), 1989.

L: J. Klein, (Transact. of the Am. Philos. Soc. 71/7), 1981; St. Tinney, (OLZ 90), 1995; C. Wilcke, (Assyriological Studies 20), 1975; ders., (Sakralität von Herrschaft, hg. F.-R. Erkens) 2002.

Körmendi, Ferenc, ungar. Schriftsteller, 12. 2. 1900 Budapest – 20. 7. 1972 Bethesda. Journalist. Sein erster Roman ›Budapesti kaland‹ wurde e. Welterfolg. Emigrierte 1939 nach England, lebte seit 1945 in Brasilien. – Hatte in der Zeit zwischen beiden Weltkriegen großen Erfolg mit s. psycholog. Romanen, in denen er die Erscheinungen u. die Probleme s. Generation erfaßte u. den moral. Stand der Jugend zwischen den beiden Weltkriegen in europ. Sicht allgemeingültig aufzeichnete. Düsterer Abgrund und aussichtslose Zukunft sind die Komponenten, die s. Generation determinieren.

W: Mártír, Nn. 1921; Budapesti kaland, R. 1932 (Versuchung in Budapest, d. 1933); Ind. 7.15. Via Bodenbach, R. 1932; A boldog emberöltő, R. 1935 (Abschied von Gestern, d. 1935); Bűnösök, R. 1935 (Die Sündigen, d. 1937); Tóparti muzsika, Nn. 1935 (Musik am See, d. 1936); A tévedés, R. 1938 (Der Irrtum, d. 1938); Találkozás és búcsú, R. 1940; Júniusi hétköznap, R. 1947.

Koestler, Arthur, engl.-dt. Schriftsteller, 5. 9. 1905 Budapest – 3. 3. 1983 London (Freitod). Sohn e. jüd.-ungar. Kaufmanns u. e. Österreicherin, Jugend in Ungarn, Österreich u. Dtl.; Oberrealschule Baden b. Wien; 1922–26 Stud. Naturwiss. TH Wien, 1926 Siedler in Palästina, 1926–29 Auslandskorrespondent im Nahen Osten, 1929/30 in Paris, Mitarbeiter führender dt. Zeitungen, 1930 Redakteur bei Ullstein in Berlin, 1931 Teilnahme an der Polarexpedition mit der ›Graf Zeppelin‹, 1931 in Spanien, 1932/33 Journalist in Rußland, 1931–37 Mitglied der KP. Ging 1933 nach Paris u. in die Schweiz. 1936 Korrespondent u. Agent im span. Bürgerkrieg, 4 Monate gefangen, zum Tode verurteilt und ausgetauscht, in Frankreich interniert u. geflüchtet. Diente 1940 freiwillig in der franz., 1941/42 in der brit. Armee, lebte meist in London. Sprach bis 1922 vorwiegend ungar., seit 1940 engl., schrieb bis 1940 dt. – Erzähler, Essayist u. Journalist, Vf. erfolgr. polit. Romane in konzentrierter Sprache um eth. Probleme und Konflikte in der Politik, autobiograph. Schriften u. polem. Essays über s. persönl. Enttäuschungen durch die versch. Ideologien, bes. die jede individuelle Regung unterdrückenden Formen des Totalitarismus. Schildert schließl. in Reportagen und halbwiss. Sachbüchern als unablässig Fragender die Sehnsucht des Menschen nach e. höheren sozialen u. relig.-metaphys. Bindung.

W: Spanish Testament, Ber. 1938 (d. 1938); The Gladiators, R. 1939 (d. 1948); Darkness at Noon, R. 1940 (Sonnenfinsternis, d. 1946); Scum of the Earth, Ber. 1941 (Abschaum der Erde, d. 1971); Arrival and Departure, R. 1943 (Ein Mann springt in die Tiefe, d. 1945); Thieves in the Night, R. 1946 (d. 1949); The Yogi and the Commissar, Ess. 1945 (d. 1950); Twilight Bar, Dr. 1945; The Structure of a Miracle, Es. 1949; Insight and Outlook, Es. 1949; Promise and Fulfilment, Ess. 1949; The Age of Longing, R. 1951 (Gottes Thron steht leer, d. 1951); Arrow in the Blue, Aut. 1953 (d. 1953); The Invisible Writing, Aut. 1953 (Die Geheimschrift, d. 1955); The Sleepwalkers, St. 1959 (d. 1959); The Lotus and the Robot, Ber. 1960 (Von Heiligen und Automaten, d. 1961); The Act of Creation, St. 1964 (Der göttliche Funke, d. 1966); The Ghost in the Machine, St. 1967 (d. 1968); Drinkers of Infinity, Essays 1955–67, 1968; The Case of the Midwife Toad, St. 1971 (Der Krötenküsser, d. 1972); The Roots of Coincidence, Sb. 1971 (d. 1972); The Call Girls, R. 1972 (Die Herren Call-Girls, d. 1973); The Challenge of Chance, St. 1973; The Heel of Achilles, Ess. 1974; The 13th Tribe, St. 1976 (d. 1976); Janus – a Summing up, St. 1978; Der Mensch, Irrläufer der Evolution, Schr. 1978; Die Armut der Psychologie, Ess. 1980; Als Zeuge der Zeit, Aut. 1982; Stranger on the Square, Aut. 1984 (m. Cynthia K., d. 1984). – Works, 1965 ff. – *Übs.:* Diesseits von Gut und Böse, Ess. 1965; Ges. autobiographische Schriften, III 1970 ff.

L: J. Nevada, 1948; J. Atkins, 1956; P. A. Huber, 1962; J. Calder, Chronicles of Conscience, 1968; W. Mays, 1973; M. A. Sperber, hg. 1977; G. Mikes, 1983.

Kogălniceanu, Mihail, rumän. Schriftsteller, 6. 9. 1817 Jassy – 20. 6. 1891 Paris. Stud. Jura u. Gesch. Lunéville u. 1836 Berlin, dort Freundschaft mit A. v. Humboldt; 1838 Rückkehr nach Rumänien, 1843 Univ.-Prof. in Jassy, nach der Revolution von 1848 Exil in Paris, aktive Unionspolitik um 1859; danach mehrfach Minister u. 1863–65 Ministerpräsident; Mitgl. der Rumän. Akad., Hrsg. versch. Zsn. – E. der bedeutendsten Persönlichkeiten der rumän. Kulturgeschichte. Vf. vieler wiss. Abhandlungen u. lit. Werke, die noch heute gern gelesen werden.

W: Esquisse sur l'histoire, les mœurs et la langue des Cigains, 1837 (d. 1840); Histoire de la Valachie, de la Moldavie et des Valaques transdanubiens, 1837; Iluzii pierdute, Prosa 1841; Letopisețile Țării Moldovei, hg. III 1845–52; Album istoric literar, 1854; Opere I, Beletristică, 1974.

L: G. Burghele, 1901; N. Iorga, 1922; R. Dragnea, ^{2}1926; A. Rădulescu, 1942; N. Cartojan, 1942; D. Hîncu, 1960; V. Ionescu, 1963; A. Zub, 1971, 1973, 1974.

Kogawa, Joy (Nozomi), kanad. Schriftstellerin, * 6. 6. 1935 Vancouver. Jap. Abstammung. Im 2. Weltkrieg interniert; Stud. Erziehungswiss., Musik, Theologie. Polit. Aktivistin. – Vf. Lyrik, Romane über die Erfahrungen der jap. Minorität in Kanada.

W: The Splintered Moon, G. 1967; A Choice of Dreams, G. 1974; Obasan, R. 1981 (d. 1993); Itsuka, R. 1992; The Rain Ascends, R. 1995; Song of Lilith, G. 2001.

L: A. Davidson, 1993; M. Harris, 1997.

Kohout, Pavel, tschech. Schriftsteller, * 20. 7. 1928 Prag. Stud. Lit. u. Philos. ebda., Mitarbeiter des Rundfunks, 1949/50 Kulturattaché in Moskau, dann versch. journalist. Tätigkeiten, seit 1956 freier Schriftsteller u. – auch in Westeuropa erfolgr. – Dramatiker. Nach dem Scheitern des ›Prager Frühlings‹ Ausreise- u. Publikationsverbot; lebt seit 1978 in Wien, seit 1989 auch in Prag. – Nach konventioneller Liebeslyrik u. ›linientreuen‹ Polithymnen Übergang zum Bühnenschaffen; zunächst Stücke um Konflikte junger Menschen, dann – z. T. als Adaptionen weltlit. Prosavorlagen (J. Hašek, J. Verne u. a.) – zeit- u. gesellschaftssatir. Parabelstücke, deren Inszenierungsmodelle K. unter Aufbietung vielfältiger Bühneneffekte (›totales Theater‹) z. T. selber schuf. Auch autobiograph. u. satir. Prosa sowie Jugendlit.

W: Dobrá píseň, Dr. 1952; Verše a písně, G. 1953; Čas lásky a boje, G. 1954; Zářijové noci, Dr. 1956; Taková láska, Dr. 1958 (So eine Liebe, d. 1969); Sbohem, smutku, Dr. 1958; Třetí sestra, Dr. 1960; Řikali mi soudruhu, Dr. 1961; Cesta kolem světa za 80 dní, Dr. 1962 (Reise um die Erde in 80 Tagen, d. 1969); Josef Švejk, K. 1963; August, August, August, Dr. 1967 (d. 1969); Válka ve třetím poschodí, Dr. 1970 (Krieg im dritten Stock, d. 1971); Pech pod střechou, Dr. 1972 (Pech unterm Dach, d. 1974); Požár v suterénu, Dr. 1973 (Brand im Souterrain, d. 1974); Katyně, R. 1978 (Die Henkerin, d. 1979); Bílá kniha o cause Adam Juráček, Sat. Toronto 1978 (Weißbuch in Sachen Adam Juráček, d. 1970); Nápady sv. Kláry, N. Toronto 1982 (Einfälle der Heiligen Klara, d. 1980); Kde je zakopán pes, R. 1986 (Wo der Hund begraben liegt, d. 1987); Hodina tance a lásky, R. 1989 (Tanz- und Liebesstunde, d. 1989); Konek velk'ých Prazdnin, R. 1990 (Ende der großen Ferien, d. 1990); Hvězdná hodina vralm, R. 1995. – *Übs.:* Briefe über die Grenze, 1968 (m. G. Grass); Aus dem Tagebuch eines Konterrevolutionärs, Tg.-R. 1969; Armer Mörder, Dr. 1972.

L: P. K. Das Dossier, 1988; M. Hoznauer, 1991; V. Ambroz, P. K. und die Metamorphosen des sozialistischen Realismus, 1993.

Koidula, Lydia (eig. Lydia Emilia Florentine Jannsen, seit 1873 Michelson), estn. Dichterin, 24. 12. 1843 Fennern (Vändra) Kr. Perna – 11. 8. 1886 Kronstadt/Rußland. 1854–61 Hochschule für Mädchen Pernau, seit 1863 in Dorpat. Von hohem geistigem Niveau, wuchs K. durch ihren Vater, den Volksschriftsteller und Journalisten Johann Woldemar Jannsen, früh in das lit. Leben hinein; seit 1873 in Kronstadt, sommers in Estland; 1876–78 in Dtl. und Wien. – E. der repräsentativsten Gestalten des estn. nationalen Erwachens, in deren von der dt. Dichtung zwar beeinflußten, doch heimatgebundenen Lyrik die Dynamik der Gemeinschaftsgefühle zum Ausdruck kommt. Initiatorin des estn. Theaters; schrieb mehrere Erzählungen; kulturgeschichtl. interessante Briefwechsel.

W: Waino-Lilled, G. 1866; Emmajöe Öpik, G. 1867; Saaremaa Onupoeg, Sch. 1870; Särane mulk, Sch. 1872. – Luuletused (ges. G., hkA), 1969; Kogutud luuletused (ges. G.), 1925; Teosed (W), II 1957; Mu isamaa on minu arm (Ausgew. G.), ^{2}1993; Briefw. m. F. R. Kreutzwald, II 1910f. (n. 1962); Briefw. m. A. Almberg, 1925; Br. an Angehörige, 1926.

L: A. Kallas, Tähdenlento, ^{2}1935; L. K. (Sammelwerk), 1947; K. Mihkla, 1965; A. Undla-Põldmäe, Koidulauliku valgel, 1981; E. Aaver, H. Laanekask, S. Olesk, 1994 (Album); M. Puhvel, Symbol of Dawn, 1995. – *Bibl.:* H. Laidvee, 1971.

Koirala, Bishweshwarprasad, nepalesischer Politiker und Schriftsteller, 1915 – 21. 7. 1982 Katmandu. Stud. Jura in Darjeeling (Indien), Gründer der nepales. Kongreßpartei, 1. frei gewählter Ministerpräsident Nepals (1959/60); schrieb in Nepali. – Das erzählerische Werk, zum größten Teil während der Haft in ind. und nepales. Gefängnissen entstanden, ist frei von jedem konkreten Bezug auf die polit. Situation, aber aus genauer Kenntnis der Lebensumstände verschiedenster Bevölkerungsschichten geschrieben; bestimmend in den Kurzgeschichten ist die subtile Analyse verdeckter Antriebe menschlichen Handelns; die Möglichkeit einer selbstbestimmten Wahl problematisiert der Roman ›Tīn ghumtī‹ (›Drei Kapitel‹). Auch Vf. von Essays zu polit. Themen.

W: Doṣī caśmā, En. 1948; Tīn ghumtī, R. 1968; Sumnimā, R. 1970; Aphno kathā, Aut. 1982. – *Übs.:* The Faulty Glasses, En. engl. K. Lall, hg. J. Forrestal Delhi 1997.

L: B. Chatterji, B. P. K. Portrait of a revolutionary, 1990; K. Misha, B. P. K.: Life and times, 1994 (m. Bibl.).

Kõiv, Madis, estn. Dramatiker und Essayist, * 5. 12. 1929 Tartu. 1948–53 Stud. Physik Tartu, 1953–61 Dozent in Tallinn, 1961–91 Wissenschaftl. an der Estn. Akad. der Wiss. in Tartu, 1994 Prof. für freie Künste in Tartu. – K. verfaßte seit den 60er Jahren (meist gemeinsam mit anderen Autoren) philos.-absurde Stücke, die erst in den 90er Jahren publiziert wurden.

W: (mit A. Lõhmus) Põud ja vihm Põlva kihelkonnan nelätõistkümnendämä aasta suvõl, 1987; (mit V. Vahing) Endspiel. Laskumine orgu, 1988; (mit H. Runnel) Jaanus Andreus nooremb ehk Küüni täitmine, 1998.

Koizumi → Hearn, Patrick Lafcadio

Kojiki (›Bericht über alte Begebenheiten‹), Japans ältestes überliefertes Lit.-Denkmal. Von den chines. Geschichtswerken zwar in Form u. Aufbau beeinflußt, jedoch jap. geschrieben. 712 n. Chr. von → Ô no Yasumaro im Auftrag der Gemmyô Tennô kompiliert, stützt es sich auf ältere, verlorengegangene Werke u. die mündl. Überlieferung der erbl. Erzähler (kataribe). Es gliedert sich in 3 Teile, von denen der 1. Teil mit Mythen u. Sagen vom Götterzeitalter bis Jimmu Tennô der wichtigste ist. Der 2. und 3. Teil bieten e. weitgehend aus genealog. Aufzählungen bestehende Reichsgeschichte bis 628. Für die Kenntnis des Shintôismus ist die K. die beste Quelle, rein hist. Geschehen tritt in der Darstellung zurück. Im Text sind 111 Lieder u. Gedichte eingestreut, die ältesten überlieferten.

Übs.: engl. B. H. Chamberlain, ^{2}1932, D. L. Philippi, 1969; dt. Ausw. in K. Florenz, Die hist. Quellen d. Shintô-Religion, 1919; Ausw., engl. R. Borgen, M. Ury (JatJ 24), 1990.

L: K. Antoni, Der weiße Hase von Inaba, 1982; D. Keene, The K. as Literature, in: TASJ 1983; F. Brownlee, Political Thought in Japan. Historical Writing, 1991; N. Naumann, Die Mythen des alten Japan, 1965.

Kokinshû → Kokinwakashû

Kokinwakashû (›Sammlung von Liedern aus alter und neuer Zeit‹), jap. Anthologie, 905–914 n. Chr. auf Befehl des Godaigo Tennô von Ki no Tsurayuki, Ki no Tomonori, Ôshikôchi no Mitsune u. Mibu no Tadamine kompiliert, folgt auf das ›Manyôshû‹ u. enthält 1100 Gedichte der Zeit seit 760 v.a. in waka-Form. Die 20 Bücher sind aufgeteilt in: Frühling (2), Sommer, Herbst (2), Winter, Glückwunsch-, Abschieds-, Reise-, Wortspiel-, Liebesgedichte (5), Elegien, Verschiedenes (2), Gedichte anderer Formen u. solche des kaiserl. Amtes für Dichtung. Wichtig sind die beiden Vorworte, das jap. u. das chines. Zusammen mit dem ›Manyôshû‹ u. dem ›Shinkokinwakashû‹ gehört das ›K.‹ zu den repräsentativsten Sammlungen jap. Lyrik. Bei s. Kompilation werden erste Ansätze e. krit. Wertung spürbar, zugleich aber auch e. formale Perfektion, die zum konventionellen Ausdruck des Gefühls hinführt.

Übs.: franz. G. Bonneau, III 1933–35; engl. T. Wakameda, Early Japanese Poets, Lond. 1922; E. B. Ceadel, The Two Prefaces of the Kokinshû (Asia Major, New

Ser. 7), 1959; dt. Ausw. in: R. Lange, Altjap. Frühlingslieder aus d. Slg. K., 1884; ders., Sommergedichte aus d. Slg. K. (T'oung Pao 2), 1891; A. Grammathky, Altjap. Winterlieder aus d. K. (T'oung Pao 3), 1893; A. Chanoch, Die altjap. Jahreszeitpoesie aus dem K. (Asia Major 4), 1927; ders., Altjap. Liebespoesie aus d. K. (Asia Major 6), 1930; W. Gundert in: Lyrik d. Ostens, ³1965; The Love Poems of the K., engl. Übs. u. Kommentar N. J. Teel, 1980; K: The First Imperial Anthology of Japanese Poetry, engl. H. Craig McCullough 1985/96; Die vier Jahreszeiten, d. P. Ackermann, A. Kretschmer 2000.

L: A. Chanoch, 1927; K. Florenz, Wörterbuch zum K., 1925; A. Pekarik, 1983; H. C. McCullough, 1985/96.

Kokko, Yrjö Olavi Samuli, finn. Dichter, 16. 10. 1903 Sortavala – 6. 9. 1977 Helsinki. Tierarzt, Stud. in Dtl., Österreich, Estland. – Märchen-Erzähler u. Lappland-Schilderer, der die Saamen nicht nur als interessanten Volksstamm, sondern als Individuen u. Typen erfaßt und vor dem Hintergrund der grandiosen Wildnis der Fjälle lebendig werden läßt. Mit s. Märchen ›Pessi ja Illusio‹, eigentl. für s. Kinder an der Lappland-Front geschrieben, voll frischer Naturbetrachtung, kühner Phantasie u. tiefer Symbolik, hat er sich als reifer Dichter ausgewiesen. In ›Neljän tuulen tie‹ schuf er e. mächtiges Gemälde von der schnell versinkenden Kultur der Kota-Lappen.

W: Pitäkää tulta vireillä, E. 1941; Pessi ja Illusio, E. 1944 (Pessi und Illusia, d. 2000); Neljän tuulen tie, E. 1947 (Der Weg der vier Winde, d. 1973); Laulujoutsen, E. 1950 (Singschwan, der Schicksalsvogel, d. 1952); Sudenhampainen kaulanauha, E. 1951; Hyvän tahdon saaret, E. 1953; Ne tulevat takaisin, E. 1954; Ungelon torppa, E. 1957 (Die Insel im Vogelsee, d. 1960); Tunturi, E. 1961; Täydennysmies, R. 1962; Sota ja satu, Mem. 1965; Molli, maailman viisain koira, E. 1965; Alli, jäänreunan lintu, E. 1966; Poro, E. 1969.

Kołakowski, Leszek, poln. Philosoph u. Schriftsteller, * 23. 10. 1927 Radom. Stud. Philos. Łódź, Paris, Amsterdam, Dr. phil. Bis 1966 glänzende wiss. Laufbahn in Polen. 1959–68 Dozent und Prof. Univ. Warschau, 1966 nach Kritik Parteiausschluß, 1968 Verlust des Lehrstuhls u. Emigration, lehrte 1969 in Montreal und Berkeley, ab 1970 in Oxford. Geistiger Vater der poln. Protest-Generation. – Als Philosoph u. Essayist um e. unabhängige und schöpferische Weiterentwicklung des Rationalismus bzw. Marxismus bemüht. Auseinandersetzung mit Katholizismus, bes. Interesse für Häresien. Auch Dramatiker, Erzähler, Vf. von Parabeln.

W: Szkice o filozofii katolickiej, Schr. 1955; Światopogląd i życie codzienne, Ess. 1957; Wygnanie z raju, Dr. (1961, gedruckt in Pochwała niekonsekwencji, 1989); Notatki o współczesnej kontrreformacji, Schr. 1962; Trzynaście bajek z królestwa Lailonii dla dużych i małych, Parabeln 1963; Klucz niebieski albo Opowieści budujące z historii świętej zebrane ku pouczeniu i przestrodze, Parabeln 1964 (Der Himmelsschlüssel, d. 1965); Rozmowy z diabłem, En. 1965 (Gespräche mit dem Teufel, d. 1968); Świadomość religijna i więź kościelna, Schr. 1965; System księdza Jensena, Dr. (1965); Żebrak i ładna dziewczyna, Dr. (1965); Filozofia pozytywistyczna, Schr. 1966 (Die Philosophie des Positivismus, d. 1971); Kultura i fetysze, Schr. 1967; Marxism and Beyond, Schr. 1968 (M., Utopie u. Anti-Utopie, d. 1974); Obecność mitu, St. 1972 (Die Gegenwärtigkeit des Mythos, d. 1973); Husserl and the search of certitude, St. 1975 (Die Suche nach der verlorenen Gewißheit, d. 1977); Main currents of Marxism, Schr. III 1978 (Die Hauptströmungen des M., d. III 1979); Religion, if there is no God, Schr. 1982 (Falls es keinen Gott gibt, d. 1982); Czy diabeł może być zbawiony i 27 innych kazań, iron. Pred. 1982; Henri Bergson, St. 1985 (d. 1985); Pochwała niekonsekwencji (AW), III 1989; Cywilizacja na ławie oskarżonych, St. 1990; Moje słuszne poglądy na wszystko, Schr. 1999. – *Übs.:* Der Mensch ohne Alternative, St. 1960; Traktat über die Sterblichkeit der Vernunft, Ess. 1967; Geist und Ungeist christlicher Traditionen, Ess. 1971; Der revolutionäre Geist, Ess. 1972; Leben trotz Geschichte, Ess. 1977; Zweifel u. die Methode, Schr. 1977; Narr u. Priester (AW), 1987.

L: G. Schwan, 1971; W. Mejbaum, A. Żukrowska 1985; A. J. Kłoczkowski, Więcej niż mit, 1994 (m. Bibl.).

Kolář, Jiří, tschech. Dichter u. bildender Künstler, 24. 9. 1914 Protivín – 11. 8. 2002 Paris. Versch. Berufe, ab 1943 lit. tätig; Mitgl. der Künstlergruppe ›Skupina 42‹; weitgereist, mit versch. Preisen ausgezeichnet; seit 1980 lebte er in Paris. – Nach surrealist. Anfängen besingt K. die moral. Reinheit u. die Idee der Menschlichkeit. Mit s. neueren Arbeiten (Text- u. Bildcollagen aus vorgefundenem Material) überschreitet er die Grenze zwischen ›konkreter‹ u. ›Gegenstandspoesie‹, um sich als ›evidenten Poesie‹ gleichermaßen an das lesende wie das schauende Auge zu wenden. Auch Jugendbücher u. Übs. aus der Weltlit.

W: Křestný list, G. 1941; Sedm kantát, G. 1945; Limb a jiné básně, G. 1945; Ódy a variace, G. 1946; Dny v roce, G. 1948; Mistr Sun o básnickém umění, Es. 1957; Nápady pana Apríla, G. 1961; V sedmém nebi, Texte für Kinder (mit Vladimir Fuka) 1964; Vršovický Ezop, G. 1966; Nový Epiktet, Es. 1968; Návod k upotřebení, G. 1969; Očitý svědek, Tg. Mchn. 1983; Odpovědi, Ess. Köln 1984; Prométheova játra, G., En. Toronto 1985. – Dílo J. K. (W), VI 1992ff. – *Übs.:* Das sprechende Bild: Poeme – Collagen – Poeme, 1971.

L: M. Lamač, D. Mahlow, 1968; L. Aragon, R. J. Moulin, Paris 1973; A. M. Rippelino, Torino 1976; M. Butor, S. Chalupecký u. S. Padrta, Zirndorf 1979; S. Chalupecký, S. Padrta, M. Lamač u. R. S. Moulin, 1993; V. Karfik, 1994.

Kolar, Slavko, kroat. Schriftsteller, 1. 12. 1891 Palešnik – 15. 9. 1963 Zagreb. Lehrersohn, Stud. Jura, dann höhere Landwirtschaftsschule Križevci, Abteilungsleiter für Landwirtschaft in der kroat. Regierung, während des 2. Weltkriegs 1944 Partisan, seit 1946 freier Schriftsteller in Zagreb. – Begann mit humorist.-satir. Novellen, die an die Tradition des Realismus (S. Sremac, B. Nušić) anknüpfen, fand später s. eigene Form und Ausdrucksart. Die Typen für s. Novellen u. Dramen wählt K. aus dem bäuerl. u. kleinbürgerl. Milieu, schildert mit viel Humor die Alltagssorgen des kleinen Mannes, pflegt auch Jugendlit.; zählt zu den beliebtesten Schriftstellern der Gegenwart.

W: Nasmijane pripovijesti, En. 1917; Breza, N. 1928 (Die Birke, d. 1943); Ili jesmo ili nismo, Nn. 1933; Mi smo za pravicu, Nn. 1936; Perom i drljačom, Nn. 1938; Natrag u naftalin, Nn. 1946; Pobuna viteza Joze, Nn. 1947; Domobranska epizoda, Nn. 1947; Narod je strpljiv, Dr. 1947; Sedmorica u podrumu, Dr. 1948; Laczy bácsi, Sch. 1949; Svojega tela gospodar, Dr. 1956; Glavno da je kapa na glavi, Nn. 1956. – Sabrana djela (GW), VI 1970–71; Djela (W), 1964. – Übs.: Der Herr seines Leibes, En. 1939; Die Hochzeit des Imbra Futač, Nn. 1951.

L: Z. Kulundžić, 1977.

Kólas, Jakub (eig. Kanstancin Mickevič), weißruthen. Dichter, 3. 11. 1882 Akinčycy (im ehem. Gouv. Minsk) – 13. 8. 1956 Minsk. Vater Waldwächter; Lehrerseminar, Volksschullehrer im Poles'e, organisierte 1906 e. illegalen Lehrerrkongreß, war deshalb 1908–11 im Gefängnis Minsk; 1910 erster Gedichtband; im 1. Weltkrieg Offizier, dann bis 1921 Lehrer im ehem. Gouv. Kursk; ab 1929 Präsident der Akad. der Wiss. in Minsk. – E. der bedeutendsten weißruthen. Dichter, Mitbegründer (neben J. Kupala) der neuen weißruthen. Lit., hat an der Formung der weißruthen. Lit.sprache mitgewirkt; wählte für s. Lyrik sozialpolit., intim-lyr. und folklorist. Motive. Die weißruthen. Folklore ist wichtige Quelle s. Wortschatzes. S. Erzählungen und Novellen hatten besondere Bedeutung für die Entwicklung der weißruthen. Kunstprosa; zeichnet aus s. Kenntnis des bäuerl. Lebens heraus treffende Bilder des dörfl. Milieus und Brauchtums, gibt überzeugende Darstellungen individueller Charaktere; wendet sich der weißruthen. nationalen Thematik zu, greift Motive der Gesellschaftskritik auf; sieht in der Oktoberrevolution zunächst v. a. die Möglichkeit freier Entfaltung des weißruthen. Volks; stellt Probleme der weißruthen. Intelligenz in den Mittelpunkt der Trilogie ›Na rostanjach‹; schließt sich in Poemen und Erzählungen erst nach 1930 den offiziellen Richtlinien für die sowjet. Lit. an.

W: Pes'ni žal'by, G. 1910; Apavjadanni, En. 1912; Symon Muzyka, Poem 1918; Na rostanjach, Trilogie 1921–54; Novaja zjamlja, Poem 1923; Adščapenec, E. 1931; Dryhwa, N. 1933; Rybakova chata, Poem 1947. – Zbor tvorau (SW), VII 1952, XII 1961–64, XIV 1972–76.

L: J. S. Pšyrkou, 1951; M. Lyn'kou, 1952; E. Mozol'kou, 1952, 1960; A. A. Semjanovič, 1953; L. I-Fihlouskaja, 1959; I. J. Navumenka, 1968; A. S. Majchrovič, 1970.

Koliqi, Ernesto (Ps. Hilush Vilza), alban. Dichter u. Prosaist, Lit.kritiker u. Lit.wissenschaftler, 20. 5. 1903 Shkodër – 15. 1. 1975 Rom. Collegio Arice in Brescia, 1924–29 im bosn. Exil, 1930–33 Prof. am Lyzeum Shkodër, 1935 Lektor für Alban. an der Univ. Padua, seit 1937 Prof. für alban. Sprache u. Lit. an der Univ. Rom, während der faschist. Ära Albaniens dort Unterrichtsminister. – K.s Meisterschaft liegt in der Novelle, die er in der alban. Lit. heimisch gemacht hat. S. Novellen, durch lebendig-spannenden Erzählstil u. geschliffene Sprache ausgezeichnet, wurzeln thematisch teils in der patriarchal. Welt der nordalban. Berge, teils im bürgerl. Milieu der alban. Kleinstadt. S. Gedichte, die vielfach auf geschichtl. Stoffe zurückgreifen, zeigen Einflüsse des ital. Neoklassizismus und des franz. Symbolismus. Hervorragender Übs. lit. Werke aus dem Ital. ins Alban. (Dante, Petrarca, Manzoni u. a.) u. aus dem Alban. ins Ital.

W: Kushtrimi i Skanderbeut, ep. G. 1924 (n. o. J.); Hija e maleve, Nn. 1929 (n. 1999); Gjurmat e stinve, G. 1933; Tregtar flamujsh, Nn. 1935; Symfonia e shqipevet, G. in Prosa 1941; Kangjelet e rilindjes, G. 1959 (m. ital. Übs.); Shija e bukës së mbrûme, R. 1960 (n. 1996). – Hanë gjaku (Ausw., En. u. Nn.), hg. Z. Çela 1995. – Saggi di Letteratura albanese, 1972; Kritikë dhe estetikë, hg. St. Çapaliku 1999.

L: J. Valentini, E. Koliqi, Fs., 1971; E. K., 1903–1975, Simpozium, 1995; A. N. Berisha, E. K., Poet dhe prozator, 1997.

Kollár, Ján, slovak. Dichter u. Gelehrter, 29. 7. 1793 Mošovce bei Martin – 24. 1. 1852 Wien. Bauernsohn, Stud. in Kremnitz abgebrochen, Schulgehilfe in Mošovce, 1812–15 Stud. Preßburg, 1817–19 Stud. evangel. Theol. Jena, 1819 Pastor in Neusohl, dann Budapest, 1849 Prof. der slav. Archäologie Wien. – Herders idealist. Philosophie, J. Fr. Fries' ästhet. Rationalismus, der d. Nationalismus, den K. beim Wartburgfest erlebte, sowie s. Liebe zur Pastorentochter Wilhelmine Schmidt aus Lobeda, die er 1835 heiratete, prägten s. gesamtes Schaffen. Obwohl eifriger Sammler von Volksliedern, unterlag K. nicht ihrem Einfluß, sondern blieb in s. frühen Gedichten u. dem das Slaventum verherrlichenden erot.-reflexiven Sonettenzyklus ›Slávy dcera‹ (Tochter der Slava), der den Einfluß Petrarcas u. Dantes verrät, Klassizist, mit starkem Hang zur Rhetorik u. zum Mythologisieren. Mit der Schrift über die lit. Wechselseitigkeit der Slaven wurde K. Begründer des unpolit. romant. Panslavismus. Später befaßte sich K. fast ausschließlich mit philol., hist. u. archäolog. Fragen, doch fehlte ihm die nötige wiss. Akribie. Bekämpfte den sprachl. Separatismus s. Landsleute.

W: Básně, G. 1821; Slávy dcera, G. 1824 (erw. 1832); Národnie zpievanky, Volkslieder-Slg. II 1834 f.; Über

die lit. Wechselseitigkeit zwischen den verschiedenen Stämmen und Mundarten der slaw. Nation, 1837 (n. 1954). – Spisy (W), IV 1862–63; Vybrané spisy (AW), II 1952–56.
L: A. Mráz, 1952; K. Rosenbaum, 1956; E. Várossová, 1957; R. Brtáň, 1963. – Bibl.: J. V. Ormis, 1954; M. Ďurovčíková, Bibliografia J. K. 1953–73, 1975.

Kollontaj, Aleksandra Michajlovna, geb. Domontovic, russ. Schriftstellerin, 31. 3. 1872 Petersburg – 9. 3. 1952 Moskau. Vater General u. Gutsbesitzer, von Jugend an in der revolutionären Bewegung, 1908–17 in der Emigration, 1922–45 im diplomat. Dienst. – Ihre durch melodramat. Effekte gekennzeichneten lit. Erzeugnisse (ab 1923) sind als publizist. Traktate über neue, auf ›proletar. Moral‹ beruhende Formen der Liebesverbindung zu werten.
W: Novaja moral' i raboč̌ij klass, Sk. 1918 (Die neue Moral und die Arbeiterklasse, d. 1920); Bol'šaja ljubov', N. 1927; Sëstry, En. 1927. – Übs.: Wege der Liebe, En. 1925; Autobiographie, 1970.
L: O. de Palencia, N. Y. 1947; B. E. Clements, Bloomington 1979; G. Reather, 1986.

Kolluthos, altgriech. Epiker, 5./6. Jh. n. Chr.; ägypt. Grieche aus Lykopolis. – Vf. einiger verlorener Epen; erhalten ist das Kleinepos ›Raub der Helena‹ in 392 Versen, das die Ereignisse vor dem Trojan. Krieg erzählt. K. folgt sprachl. Homer, sucht aber in der Tradition hellenist. Poesie gelehrte Bilder und Neubildungen.
A: E. Livrea 1968; P. Orsini 1972; A. W. Mair 1987 (engl. Übs.); S. Kotseleni 1991 (Komm. zu Hel.); O. Schönberger 1993 (Hel., dt.).
L: M. Minniti, Vichiana 7, 1979, 70–93; M. L. Nardelli, Jb. der Österr. Byzantinistik 32/33, 1982, 323f.; V. J. Matthews, Eranos 94, 1996, 37–39; F. Williams, Eikasmos 12, 2001, 179–183.

Kolozsvári Grandpierre, Emil, ungar. Schriftsteller, Kritiker, 15. 1. 1907 Kolozsvár/Cluj (Rumänien) – 11. 5. 1992 Budapest. Ref. Kolleg. in Kolozsvár. Zog 1924 mit s. Familie nach Budapest. Stud. Philos. u. Romanistik, Dr. phil. Publizierte in lit. Zss. ›Nyugat‹, ›Magyar Csillag‹ u. ›Erdélyi Helikon‹. Nach 2. Weltkrieg sowjet. Gefangenschaft. Ab 1951 freier Schriftsteller. Träger div. lit. Preise. Übersetzte u. a. Voltaire, A. France u. S. Beckett.
W: A rosta, R. 1931; A nagy ember, R. 1938 (Der große Mann, d. 1970); Tegnap, R. 1942; Mérlegen, R. 1950; A csillagszemű, hist. R. 1953 (Der Sternäugige, d. 1956); Párbeszéd a sorssal, R. 1962; A burok, R. 1965; Nők apróban, R. 1970 (Suche: Frau mit Wohnung, d. 1983); Keresztben az úton, En. 1971; Táguló múlt, R. 1975; Egy házasság előtörténete, R. 1982; Emberi környezet, R. 1986; Villanások és összefüggések (ausgew. Schriften), 1990; Szépen gondolj rám, R. 1990.
L: A. Wéber, 1986.

Koltès, Bernard-Marie, franz. Schriftsteller, 1948–1989. Aus konservativer kathol. Familie in Metz; unternahm zahlr. Reisen, v. a. nach Afrika und Lateinamerika, die sein lit. Werk beeinflußten. Seine Dramen beschäftigen sich mit Einzelschicksalen in unerwarteten Extremsituationen, die er in das philos.-anthropolog. Gefüge der ›conditio humana‹ integriert. Besonders die Sprache s. Theaters variiert zw. existentiellem Mutismus, Milieuausdruck und klass. lit. Erhabenheit.
W: Les amertumes, Dr. 1970; La nuit juste avant les forêts, Dr. 1977; Combat de nègres et de chiens, Dr. 1979; Quai Ouest, Dr. 1986; Dans la solitude des champs de coton, Dr. 1987; Le retour au désert, Dr. 1988; Roberto Zucco, Dr. 1990; Sallinger, 1995; L'héritage, 1998.
L: A. Voss, 1993; A. Übersfeld, 1999; E. Freund, 1999; S. Bogumil, 2000.

Komatsu, Sakyô, jap. Romancier u. Science-Fiction-Autor, * 28. 1. 1931 Osaka. Stud. Kyoto-Univ. ital. Lit.; debütiert mit Sketchen für den Hörfunk, wendet sich nach 1963 der SF zu, erhält zahlreiche Preise. Neben → Hoshi Shin'ichi wird K. S. zum erfolgreichsten jap. SF-Autor der Gegenwart. In s. Romanen entwirft er anspruchsvolle Geschichtsutopien, die sich durch ihre aufklärerischen Motive, anspruchsvollen Plots u. hohes wiss. Niveau auszeichnen.
W: Chi ni heiwa wo, R. 1963; Jikan êjento, R. 1970; Nippon chinbotsu, R. 1973 (Japan sinkt. Vom Untergang des japanischen Archipels, d. 1979).

Komenský, Jan Amos (Comenius), tschech. Philosoph u. Pädagoge, 28. 3. 1592 Nivnice bei Uherský Brod – 15. 11. 1670 Amsterdam. Früh verwaister Sohn reicher Bürger; 1611–14 Stud. evangel. Theol. in Herborn u. Heidelberg; Lehrer u. Prediger der Brüderunität in Přerov u. Fulnek. Flüchtete nach der Schlacht am Weißen Berg auf das Gut des Karel ze Žerotína in Brandýs nad Orliá; mußte 1627 das Land verlassen u. lebte mit Unterbrechungen 1628–56 im poln. Leszno. Weilte 1642 als Reformator des Schulwesens in London, anschließend auf Einladung des schwed. Kanzlers Oxenstierna in Elbing. Nach Leszno zurückgekehrt, wurde er 1648 zum Bischof der Unität geweiht. 1650 folgte K. e. Ruf des ungar. Fürsten S. Rákóczi nach Siebenbürgen, wo er sich 4 Jahre aufhielt, ohne s. Pläne voll realisieren zu können. Im schwed.-poln. Krieg verlor K. s. Bibliothek u. e. Teil s. Manuskripte. Als der Westf. Friede s. Hoffnung auf Rückkehr in die Heimat zunichte machte, ging er 1656 nach Amsterdam. – Führender Vertreter des barocken Universalismus, dessen umfangr. Werk lat. u. tschech., relig., philos., philolog. u. pädagog. Schriften umfaßt, die K.s Ruhm weit über die Grenzen s. Heimat trugen u. in viele, auch außereurop. Sprachen übersetzt wurden. Während K.s relig., mitunter myst. Traktate keine neuen Ideen enthielten und s. philos. Arbeiten, die das gesamte Wissen (Pansophia) zu e. systemat. Ganzen zusammenfassen u. mit dem Leben in Einklang bringen wollten, zum großen Teil unvollendet blieben, wirkten s. pädagog. Schriften, die durch die philolog. ergänzt werden, bahnbrechend u. haben mit ihrer Forderung der allg. Schulpflicht ohne Rücksicht auf Stand u. Geschlecht, des Anschauungsunterrichts, der gleichmäßigen Berücksichtigung von Natur- u. Geisteswissenschaften nicht an Aktualität eingebüßt. Von den tschech. Schriften erfreuten sich das allegor. Weltlabyrinth ›Labyrint světa a ráj srdce‹, das die Nichtigkeit des menschl. Strebens ohne Gottes Hilfe vor Augen führt, u. das von tiefem Gefühlspathos durchdrungene Testament K.s ›Kšaft umírající Jednoty bratrské‹ großer Beliebtheit.

W: Truchlivý, IV 1622–60 (Bd. 4 als Smutný hlas, n. B. Souček 1916; A. Novák 1920, 1946); Labyrint světa a ráj srdce, 1631 (n. V. Šmilauer 1941); Janua linguarum reserata, 1631; Informatorium der Mutterschule (1633, hg. 1858, n. J. Hendrich 1933; J. Heubach 1962); Hlubina bezpečnosti, 1633 (n. J. V. Novák u. St. Souček 1921); Kšaft umírající matky Jednoty bratrské, 1650 (n. St. Souček 1927; J. V. Klíma 1928); Schola ludus, 1657 (n. W. Bötticher 1888); Opera didactica omnia 1657 (n. III 1957; Große Didaktik, d. ²1960); Orbis sensualium pictus, 1658 (Faks. 1910; n. F. Oberpfalcer 1941); Porada obecná o napravení věcí lidských, VII 1662; Unum necessarium, 1668; Pampaedia, hg. D. Tschižewskij, 1960 (m. Übs.). – Spisy (W), VI 1897–1902; III 1905–26; Opera didactica omnia, III 1957; Dílo (W), 1969 ff. (bis 1992 15 Bde.); AW, hg. K. Schaller, D. Tschižewskij IV 1978; Korresp., hg. J. Kvačala u. A. Patera II 1898, 1902. – Übs.: Ausgew. Schr., 1924; Ausw., 1947.

L: J. Kvačala, 1892, ²1921; Archiv pro bádání o životě a spisích J. A. K. (Acta Comeniana) 1910 ff. (n. 1957 ff.); J. V. Novak, J. Hendrich, 1920–32; A. Heyberger, Paris 1928; J. V. Novák, 1932; J. A. K., 1942; M. Spinka, 1943; R. Alt, 1953; J. Kopecký, 1957; K. Schaller, 1958; ders., 1962; H. Geißler, 1959; J. Polišenský, 1963; M. Kratochvíl, 1984; J. Nováková, Čturt století nad K., 1990. – Bibl.: J. Brambora, Knižní dílo J. A. K., ²1957; E. Urbánková Soupis děl J. A. K., 1959; Bibliografie komeniologických článků v českých a slovenských pedagogických casopisech z let 1945–60, 1961; F. Karšai, 1970; B. Brtová, S. Vidmanová, Semam děl J. A. K. uchovaných pouze v zahraničí, 1978; Z. Pokorný, Bibliografie knižních komenian 1945–1982, 1984.

Komparu Zenchiku (K. Ujinobu), jap. Nô-Dramatiker, Theokretiker u. Schauspieler, 1405 – 1470(?). Enkel des K. Gon-no-kami, Schwiegersohn u. enger Konfident von → Zeami, Hauptspieler der En'man'i-Schule des Nô, in späten Jahren buddhist. Priester. – E. der prominentesten Nô-Autoren u. -spieler s. Zeit, Vf. wichtiger theoret. Traktate zur Kunst des Nô-Spiels. S. Dramen vereinen lyr. Intensität u. Zartheit mit e. düsteren Melancholie.

W: Shôkun, Sch. (engl. 1970); Kamo, Sch. (engl. 1998); Teika, Sch.; Bashô, Sch.; Tama-kazura, Sch. (Perlengewinde im Haar, d. ²1986); Kakitsubata, Sch. (engl. 1988); Yôkihi, Sch. (engl. 1970); Ugetsu, Sch.; Go-on no shidai, Es.; Rokurin ichiro, Es. 1456 (engl. 1993); Shidôyô-shô, Es. 1467?; Meishukushû, Es. – Sch.-Ausw. in: Yôkyoku hyakuban, SNKBT 1998; Es.-Ausw. in Zeami, Zenchiku (NST 24), 1961.

L: B. Ortolani, K. Z. u. die Metaphysik d. Nô-Schauspielkunst (Maske u. Kothurn 10), 1964; R. Pligrim, The Religio-aesthetic of K. Z. (Chanoyu Quarterly), 1983; A. H. Thornhill, Six Circles, One Dewdrop: The Religio-aesthetic World of K. Z., Princeton 1993; M. Nearman, Z's Rokurin Ichiro Treatises (MN), 1995–96.

Komrij, Gerrit, niederländ. Schriftsteller, * 30. 3. 1944 Winterswijk. Lit.studium abgebrochen, seither schriftstellerisch u. publizist. tätig. – Vielseitiger u. produktiver Schriftsteller (v. a. Lyrik u. Romane), Lit.vermittler (Zs.-Redaktion, Kritiken, Übersetzungen, v. a. Shakespeare, Lyrikanthologien) u. Essayist. Virtuose u. ironische Handhabung traditioneller Gedichtformen.

W: Maagdenburgse halve bollen, G. 1968; Daar is het gat van de deur, Ess. 1974; De Nederlandse poëzie van de 19e en 20e eeuw in 1000 en enige gedichten, Anth. 1979; Verwoest Arcadië, R. 1980; Alles onecht, G. 1984; In liefde bloeyende, G.-Interpr. 12.–20. Jh., 1998; Rook zonder vuur, G. 1998; Inkt, Ess., hg. R. Puthaar 2002.

L: J. Diepstraten, hg. 1982; T. Brouwers, Krit.lit.lex., 2001 (m. Bibl.).

Konarski, Stanisław Hieronim, poln. Publizist u. Schriftsteller, 30. 9. 1700 Żarczyce – 3. 8. 1773 Warschau. Aus verarmtem Adel, 1717 Mitgl. des Piaristenordens, Prof. der Lit. am Kollegium Warschau. 4 Jahre Stud. in Rom, anschließend 1½ Jahre Paris. Freundschaft mit Fontenelle. 1741 in Warschau Gründer des ›Collegium nobilium‹, Schulreformer. 1743 Gründer e. Bühne am ›Collegium nobilium‹. Vf. staatsrechtl. Untersuchungen, u. a. gegen das Liberum Veto. – Vorläufer der poln. Aufklärung, polit. u. kultureller Reformator, Übs. Corneille, Racine u. Voltaire. Forderte natürliche Redekunst. Vf. e. Tragödie in klassizist. Form.

W: Leges ... Regni Poloniae, Schr. VI 1732–39; De emendandis eloquentiae vitiis, Schr. 1741; De viro honesto et bono cive, Schr. 1754; Tragedia Epaminondy, Dr. (1756, Druck 1880); O skutecznym rad sposobie albo o utrzymywaniu ordynarnych sejmów, Schr. IV 1760–63 (Von e. nützl. Mittel zum Bestande der ordentl. Reichstäge, d. II 1762); Opera lyrica, 1767. – Wybrane ody, übs. B. Butrymowicz 1902; Wybór pism politycznych (AW), 1921; AW, II 1955; Pisma pedagogiczne, 1959; Listy, Br. 1962.

L: S. Kot, 1923; W. Konopczyński, 1926; J. Rose, Lond. 1929; J. Nowak-Dłużewski, 1951.

Kondratowicz, Ludwik → Syrokomla, Władysław

Koneckij, Viktor Viktorovič, russ. Erzähler, * 6. 6. 1929 Leningrad. Bis 1952 Hochschule der Kriegsmarine, Kapitän militär. u. ziviler Schiffe auch nach Übergang zu schriftsteller. Tätigkeit 1956; lebt in Leningrad. – Behandelt in s. Erzählungen, die oft in Verbindung mit s. Fahrten zur See stehen, das Problem menschl. Bewährung, geht dem seel. Bereich in schweren Situationen zwischen 1942 u. 1966 nach. Auch Drehbücher.

W: Skvoznjak, En. 1957; Zavtrašnie zaboty, N. 1961; Kto smotrit na oblaka, En. 1967 (Wer in die Wolken schaut, d. 1969); Solënyj lëd, Reisepr. 1969; Morskie sny, Sk. 1975 (Meeresträume, d. 1982).

L: R. Fajnberg, 1980.

Koneski, Blaže, mazedon. Dichter, Literarhistoriker, Sprachwissenschaftler, 19. 12. 1921 Nebregovo – 8. 12. 1993 Skopje. Stud. slaw. Philol. Belgrad, Sofia; Prof. Univ. Skoplje, Präsident der mazedon. Akad., Schöpfer der mod. mazedon. Schriftsprache – Gefühlsbetone, mitunter melanchol. Lyrik, in der Vergangenes und Gegenwärtiges themat. verschmelzen. In Prosa sucht K. der mazedon. Lit. neue Formen u. neuen Gehalt zu verleihen. K.s lit. und wiss. Werke gehören zu den grundlegenden mazedon. Kulturgütern. Übs. Njegoš, Heine, Shakespeare.

W: Mostot, G. 1945; Zemjata i ljubovta, G. 1948; Makedonskata literatura vo XIX vek, Schr. II 1950, 1952; Pesni, G. 1953; Lozje, En. 1955; Vezilka, G. 1955; Sterna, G. 1961; Besedi i ogledi, Es. 1972; Zapisi, G. 1974; Stari i novi pesni, G. 1979; Česmite, G. 1984; Poslanie, G. 1987; Crvaka, G. 1988; Nebeska reka, G. 1991; Crn oven, G. 1993.

Konfuzius, chin. Kongzi (Meister Kong), Name Kong Qiu, Beiname Zhongni, chines. Philosoph, 551 v. Chr. Yanzhou (Shandong) – 479 v. Chr.(?); Grab bei Qufu (Shandong). Vom Herrscherhaus der Dynastie Yin abstammend, führte K. zumeist e. unstetes Wanderleben als Lehrer und Ritenkenner, trotz s. Bemühens nie in polit. einflußreiche Stellung gelangt. E. Zusammentreffen mit Laozi, bei Zhuangzi berichtet, ist legendär. Werke von ihm existieren nicht, obwohl ihm die chines. Tradition das ›Chunqiu‹, Teile des ›Yijing‹, die Kompilation von ›Shijing‹ und ›Shujing‹ zuschreibt. Quelle für s. Lehren sind die Aufzeichnungen s. Schule, erhalten in ›Lunyu‹, ›Jiayu‹ und ›Liji‹. Das ›Lunyu‹ (Gesammelte Worte), heute aus 20 Kapiteln bestehend, enthält Dialoge und einzelne Äußerungen des K., dazu sonstiges Überlieferungsgut über Leben und Lehre; es wurde als wichtigste und reinste Quelle oft kommentiert und genießt seit der Song-Zeit kanon. Geltung als e. der ›4 klass. Bücher‹. Die ›Jiayu‹ (Schulgespräche) sind e. apokryphe Sammlung konfuzian. Schulguts aus dem 3. Jh. n. Chr. – Die Grundzüge von K.' Lehre sind Glaube an Gesetzmäßigkeit des Kosmos, Forderung nach Harmonie in der menschl. Gesellschaft, Ablehnung der Götter- und Geisterverehrung, Kult des Himmels als eth. Macht, Betonung des Rituals als Ordnungselement. Ausgeprägte Pflichtenlehre, auf Unterordnung beruhend: Vater-Sohn-Verhältnis als Vorbild für Beziehung Herrscher-Untertan. Individualethik als Pflicht zu soz. Verhalten je nach Stand und Stellung; Selbstkontrolle und Selbsterziehung als Aufgabe des Edlen. Herrschaft soll durch die Würdigsten ausgeübt werden, daher trotz vieler feudaler Züge Erbadel im Konfuzianismus nicht begründet. Die späteren K.-Anhänger sahen im Meister e. ›ungekrönten König‹, auch scheint K. sich gelegentl. selbst als Messias gesehen zu haben, der e. chaot. Gegenwart neue Ordnung bringen sollte. Die Lehren des K. haben in mannigfacher Abwandlung China 2500 Jahre lang im staatl. und soz. Leben gestaltet. Während der ›Kulturrevolution‹ als Reaktionär abgelehnt, wird die Bedeutung von K. jetzt in der VR China wieder anerkannt.

Übs.: Lun-yü, R. Wilhelm 1912 u. ö.; engl. A. Waley, Analects, 1938; Chia-yü, R. P. Kramers, Leiden 1950; R. Moritz, Gespräche, 1982.

L: R. Dvořak, 1895; R. Stübe, 1913; D. Bornemann, 1913; R. Wilhelm, 1925; H. G. Creel, Lond. 1951; P. Do-Dinh, 1960; D. Leslie (T'oung Pao, Bd. 49, 1961, m. Bibl.); D. H. Smith, 1973; H. Roetz, 1995.

Kong Shangren, chines. Dichter, 1. 11. 1648 Qufu (Shandong) – 14. 2. 1718 ebda. Nachkomme des Konfuzius. 1684 Dramatiker der kaiserl. Akad., 1694 Rat im Finanzministerium, 1701 im Ruhestand. – Verfaßte neben Gedichten und genealog. Arbeiten das Drama ›Taohua shan‹ (Der Pfirsichblütenfächer, 41 Szenen). Die Handlung spielt um 1644/45 während des Untergangs der Ming-Dynastie; alle auftretenden Personen sind hist. Wegen der gewählten Sprache und tiefen Empfindung neben Hong Shengs Dramen als Höhepunkt der Theaterlit. ›südlichen‹ Stils angesehen, jedoch eher Lesedrama als für (musikal.) Aufführung geeignet.

W: Taohua shan, Dr. 1699; Huhai ji, G.; Jiapu, Familien-Chronik 1684; Chushan yishu ji, Aut. – *Übs.:* S. H. Chen, H. Acton, The Peach Blossom Fan, Berkeley 1976.

L: R. E. Strassberg, N. Y. 1983.

Kongzi → Konfuzius

Konjaku-monogatari (›Erzählungen von einst u. jetzt‹), Minamoto no Takakuni (1004–77) zugeschriebene jap. Sammlung ind., chines. u. jap. Sagen, Legenden, Anekdoten, Erzählungen bes. buddhist. Färbung, dazu Tier- u. Gespensterfabeln in e. selten einheitl. Stil. Amüsante Lektüre von großem Wert für kultur- u. sprachgeschichtl. Untersuchungen, aber auch für Kenntnis der Wandlungen versch. Stoffe. Großer Einfluß auf die folgende Zeit als Quelle für zahlr. andere Werke.

Übs.: dt. Ausw.: S. Tsukakoshi, 1956; T. Minamoto, 1965; I. Schuster, K. Müller, 1965; engl.: S. W. Jones, 1959, M. Ury, 1979; W. M. Kelsey, 1982; R. H. Brower, 2001; franz.: B. Frank, 1968.
L: M. Kojima (Contemporary Japan 2), 1934; L. M. Kelsey, K: Toward an Understanding of its Literary Qualities (MN 30), 1975; D. E. Mills, A Collection of Tales from Uji, 1970; W. M. Kelsey: Didactics in Art. The Literary Structure of K., 1976; H. Kobayashi: The Human Comedy of Heian Japan, 1979; R. H. Brower: The K.: An Historical and Critical Introduction, 2001.

Kôno, Taeko, jap. Schriftstellerin, * 30. 4. 1926 Osaka. Nach Studium in Osaka u. einigen Jahren Brotberuf widmet sie sich dem Schreiben. Durchbruch 1961. – Auszeichnungen für ihre eigenwillige, kraftvolle Prosa, tabubrechend u. innovativ in der Themenwahl. Ihre symbolisch verschlüsselten Prosawerke bestechen durch kühle Analysen der weiblichen Psyche (u.a. sadomasochist. Obsessionen) und gesellschaftskrit. Akzente.

W: Yôjigari, E. 1961 (Knabenjagd, d. 1988); Yuki, E. 1962 (Schnee, d. 1987); Kani, E. 1963 (Krabben, d. 1988); Chi to kaigara, R. 1975; Miira-tori ryôkitan, E. 1990 (Riskante Begierden, d. 1993).
L: L. Monnet, Die dunkle Sphäre in der Geist und Fleisch ineinander übergehen, Tokyo 1991; I. Hijiya-Kirschnereit, Japanische Gegenwartsliteratur, 2000.

Konopnicka, Maria, geb. Wasiłowska (Ps. Jan Sawa), poln. Lyrikerin, 23. 5. 1842 Suwałki – 8. 10. 1910 Lemberg. Advokatentochter; Erziehung in Kalisz u. Warschauer Klosterinternat. 1862 Heirat. 1863 in Dtl., seit 1876 in Warschau. Schriftstellerin u. Redakteurin. 1876 erste Gedichtveröffentlichungen in Zeitschriften; 1881 erste Buchveröffentlichung; 1890 verläßt sie Warschau und lebt in Westeuropa. Auslandsreisen. Erhielt 1902 e. Gut in den Vorkarpaten als nationales Geschenk. – Bedeutende poln. Lyrikerin. In streitbaren Dichtungen Frage nach dem Sinn des Lebens u. soz. Protest. Bearbeitete u. aktualisierte hist. Motive: Hus, Spartakus. Begeisterung für die Kunst Italiens. Begegnung mit poln. Auswanderern gab Anlaß zum Hauptwerk ›Pan Balcer w Brazylii‹, Gegenstück zu Mickiewicz' ›Pan Tadeusz‹, doch ohne die erhoffte Wirkung. Ferner Prosa, Studien, Reiseschilderungen u. Novellen.

W: Z przeszłości. Fragmenty dramatyczne, Dr. 1881; Poezje, G. IV 1881–96; Cztery nowele, Nn. 1888; Moi znajomi, G. 1890; O krasnoludkach i o sierotce Marysi, M. 1896 (Marysia und die Zwerge, d. 1949); Linje i dźwięki, Prosa 1897; Nowele, Nn. 1897 (Geschichten aus Polen, d. 1917); Ludziom i chwilom, G. 1904; Śpiewnik historyczny, G. 1904; Pan Balcer w Brazylji, Ep. 1910. – Dzieła, VIII 1916; Pisma wybrane (AW), VII 1951/52; Pisma zebrane (SW), 1973 ff.; Korespondencja, 1971 ff. – *Übs.:* Leben u. Leiden, Nn. 1904; Geschichten aus Polen, ³1917.
L: A. Mazanowski, 1912; J. Dickstein-Wieleżyńska, 1927; J. Słomczyńska, 1946; W. Leopold, 1956; A. Brodzka, 1958 u. ⁴1975; A. G. Piotrovskaja, 1962 (russ.); J. Cieślikowski, 1963; M. Szypowska ⁴1973; J. Baculewski, 1978.

Konrád, György, ungar. Schriftsteller, * 2. 4. 1933 Debrecen. Stud. Philos.; Sozialarbeiter, Jugendbetreuer, freier Schriftsteller. 1997–2003 Präsident der Akad. der Künste in Berlin. 2001 erhielt er den Internat. Karlspreis zu Aachen. – Seine sozialkrit. Romane, durch echtes Mitleid mit den Ausgestoßenen der modernen Stadt geprägt, in knochenhartem Stil verfaßt, haben weltweit Beachtung gefunden.

W: A látogató, R. 1969 (Der Besucher, d. 1978); A városalapító, R. 1977 (zensiert), 1992 (unzensiert; Der Stadtgründer, d. 1980); Antipolitika, Ess. 1982 (Antipolitik, d. 1985); A cinkos, R. 1989 (Der Komplize, d. 1980); Kerti mulatság, R. 1989 (Geisterfest, d. 1986); Hagyaték, R. 1998 (Nachlaß, d. 1999); Elutazás és hazatérés, R. 2001 (Glück, d. 2003), Fenn a hegyen napfogyatkozáskor, R. 2003. – *Übs.:* Die unsichtbare Stimme, Ess. 1998.

Konstantinov, Aleko, bulgar. Schriftsteller, 1. 1. 1863 Svištov – 11. 5. 1897 b. Peštera (ermordet). Jurastud. Odessa. 1885–88 Staats-, dann Rechtsanwalt in Sofia. S. erstes reifes Werk ist das Reisebuch ›Do Čikago i nazad‹ über s. Fahrt in die USA (1893). Besuchte auch Paris (1889) u. Prag (1891). – Begründer der bulgar. Touristen-Bewegung. – In s. Publizistik u. Feuilletons stellt er sich der bulgar. sozialen u. polit. Wirklichkeit am Ende des 19. Jh. S. bedeutendstes Werk ist der Zyklus ›Baj Ganju‹, der eine große Wirkung auf die bulgar. Lit. u. auf die Deutung nationaler Werte ausgeübt hat u. Objekt großer kultureller Debatten ist.

W: Do Čikago I nazad, Reiseb. 1894; Baj Ganju. Nevorojatni razkazi za edin sŭvremenen bŭlgarin, En. u. Feuill., 1895 (Der Rosenölhändler, d. 1959); Pazi bože, sljapo da progleda. Nešto šumolese, ama kakvo beše?, 1905; Razkazi i feuilletoni, Ess. 1937; Izbrani feuilletoni i ocherki, Ess. 1949. – Sučinenija (GW), II 1901–03, III 1922, II 1957, IV 1980–82.
L: K. Krŭstev, 1907; G. Bakalov, 1934; I. Mešekov, 1937; B. Penev, 1937; G. Konstantinov, 1957; S. Elevterov, 1978; I. Peleva, 2002.

Konstantinov, Konstantin, bulgar. Schriftsteller u. Übersetzer, 20. 8. 1890 Sliven – 3. 1. 1970 Sofia. Jurastud. Sofia. Jurist, Redakteur, Vorsitzender des bulgar. Schriftstellerverbands. – Erste Veröffentlichungen seit 1907. Verf. psycholog. städtischer Prosa u. hist.-essayist. Texte über bulgar. Aufklärer u. Revolutionäre aus der Vergangenheit. Von großer Bedeutung sind s. Memoiren ›Put prez godinite‹. Lit. wertvolle Reisebeschreibungen, 6 Kinderbücher sowie Übsn. aus dem Franz. u. Russ.

W: Kŭm blizkija, En. 1920; Ljubov, En. 1925; Po zemjata, En. 1930, Krŭv, R. 1933; Treta klasa, En. 1936; Sedem časŭt zaranta, En, 1940; Našata zemja hubava, Reiseb. 1940; Ptica nad požarištata, En. 1946; Put prez godinite, Mem., III 1959–66.

Konwicki, Tadeusz, poln. Schriftsteller, * 22. 6. 1926 Nowa Wilejka b. Wilna. Arbeitersohn, Stud. Polonistik Warschau, während des Krieges in der Heimatarmee, 1946 Redakteur lit. Zeitschriften in Krakau und Warschau, ab 1957 freier Schriftsteller; Filmregisseur, bes. bekannt durch s. Drehbücher. – S. Romane sind vom Kriegserlebnis und der Erinnerung an die Heimat im Wilna-Gebiet geprägt.

W: Przy budowie, E. 1950 (Die neue Strecke, d. 1951); Godzina smutku, E. 1954; Klucz, E. 1954; Władza, R. 1954; Rojsty, R. 1956; Z oblężonego miasta, R. 1956; Dziura w niebie, R. 1959; Sennik współczesny, R. 1963 (Modernes Traumbuch, d. 1964); Ostatni dzień lata, Drb. 1966; Wniebowstąpienie, R. 1967 (Auf der Spitze des Kulturpalastes, d. 1973); Zwierzoczłekoupiór, R. 1969; Nic albo nic, R. 1971 (Angst hat große Augen, d. 1973); Kronika wypadków miłosnych, R. 1974 (Chronik der Liebesunfälle, d. 1978); Kalendarz i klepsydra, Mem. 1976; Kompleks polski, R. 1977; Mała apokalipsa, R. Lond. 1979 (Die poln. Apokalypse, d. 1982); Rzeka podziemna, R. Lond. 1985; Nowy świat i okolice, Sk. 1986; Bohiń, R. 1987; Zorze wieczorne, R. 1991; Pamflet na siebie, R. 1995.

L: J. Fuksiewicz, 1967; T. Lubelski, Poetyka powieści i filmów T. K., 1984; St. Nowicki, Pół wieku czyśćca, Lond. 1986; P. Czapliński, 1994.

Koolhaas, Anton, niederländ. Schriftsteller, 16. 11. 1912 Utrecht – 16. 12. 1992 Amsterdam. Stud. Soziologie, Journalist; 1968–78 Direktor der Niederländ. Filmakademie; Theaterkritiker. – Entwickelte e. eigenes Genre der Tiergeschichte: Identifikation mit dem Tier, Teilnahme u. zugl. scharfe Beobachtung aus Distanz. In s. Romanen der 70er Jahre stehen menschl. Unzulänglichkeiten im Vordergrund. Zentrale Themen s. Werks: Der Tod im Leben, Unteilbarkeit des Lebens, Wiedergeburt. Auch Drehbücher u. Theaterstücke.

W: Poging tot instinct, En. 1956; Gekke Witte, En. 1959; Een pak slaag, R. 1963; Niet doen, Sneeuwwitje, Dr. 1966; Vleugels voor een rat, En. 1967; Corsetten voor een libel, En. 1970; Vanwege een tere huid, R. 1973; De geluiden van de eerste dag, R. 1975 (d. 1999); Tot waar zal ik je brengen?, R. 1976; Een kind in de toren, R. 1977; Een aanzienlijke vertraging, R. 1981; Alle dierenverhalen, En. 1990. – Übs.: Tierschicksale, En. 1963.

L: J. H. Bonten, 1970; J. Kruithof, Vertellen is menselijk, 1976; W. de Moor, 1979.

Kopelev, Lev Zinov'evič, russ. Prosaiker, 9. 4. 1912 Kiew – 18. 6. 1997 Köln. Lernte als Kind Deutsch, wurde kommunist. Journalist, arbeitete im Krieg in Propagandaabt., ab 1945 in polit. Haft, nach Rehabilitierung 1957 Germanist; 1968 Ausschluß aus KPdSU, 1980 Ausreise nach Köln. – Als Schriftsteller durch 3 Bände Autobiographie bekannt, in denen er s. Dienst u. späten Zweifel am sowjet. System schildert u. das Menschl. im unmenschl. Staat veranschaulicht. Populärwissenschaftl. Werke über Goethes ›Faust‹ (1962) u. B. Brecht (1966) ergänzte er in der Emigration mit entsprechenden über H. Heine (1981) u. F. J. Haass (1984). Fördert russ.-dt. Kulturbeziehungen.

W: Chranit' večno, Aut. Ann Arbor 1975 (Aufbewahren für alle Zeit, d. 1976); I sotvoril sebe kumira, Aut. Ann Arbor 1978 (Und schuf mir i. den Götzen, d. 1979); Utoli moja pečali, Aut. Ann Arbor 1981 (Tröste meine Trauer, d. 1981); Ein Dichter kam vom Rhein, R. 1981; Svjatoj doktor Fëdor Petrovič, B. (Der heilige Doktor Fjodor Petrowitsch, d. 1984); Der Wind weht, wo er will, Prosa 1987.

Kopit, Arthur (eig. A. Lee), amerik. Dramatiker, * 10. 5. 1937 New York. Stud. Harvard Univ. (B. A. 1959), weite Reisen in Europa; Lehrtätigkeit an versch Univ. – Einfallsreicher Vertreter des absurden Dramas, parodist. Begabung, Auswertung der Psychoanalyse (›Oh Dad, Poor Dad‹). ›Indians‹ ist e. hist.-realist. Anklage der amerik. Indianerpolitik im 19. Jh. sowie e. Darstellung der zwielichtigen Rolle Buffalo Bills bei ihrer Durchsetzung.

W: The Questioning of Nick, Dr. (1957); On the Runway of Life You Never Know What's Coming Off Next, Dr. (1957); Sing to Me Through Open Windows, Dr. 1959; Oh Dad, Poor Dad, Mamma's Hung You in the Closet and I'm Feelin' so Sad, Dr. 1960 (d. 1962); The Day the Whores Came out to Play Tennis, Drn. 1965; Indians, Dr. 1969 (d. 1970); Oh Bill, Poor Bill, Dr. 1969; The Great White Myth, Dr. 1969; Nine, Musical 1983; End of the World, Dr. 1984; Road to Nirvana, Dr. 1991; Three Plays, Drn. 1997; Y2K, Übs. 2000.

Kopland, Rutger (eig. Rutger Hendrik van den Hoofdakker), niederländ. Lyriker, * 4. 8. 1934 Goor. Psychiatrie-Prof. Univ. Groningen. – Zentrale Themen s. Lyrik sind Erinnerung u. Gegenwart, Weggehen u. Bleiben.

W: Onder het vee, G. 1966; Al die mooie beloften, G. 1978; Dankzij de dingen, G. 1989; Jonge sla in het Oosten, Tg. 1997; Gedichten (GA 1966–99), 1999.

Kops, Bernard, engl. Schriftsteller, * 28. 11. 1926 London. Sohn jüd.-holländ. Emigranten. Jugend im Elendsviertel, Schulabgang mit 13, Gelegenheitsarbeiter, freier Schriftsteller, 1958 Dramaturg des Bristol Old Vic. – Wie in ›The Hamlet of Stepney Green‹, e. kom. Version des Hamlet-Themas vor dem Hintergrund des zeitgenöss. Londoner East End, ist auch in den weiteren Werken der Held meist e. träumer., rebellierender junger Jude; K. zeigt sich allerdings zunehmend experimentierfreudig, unsentimental, nüchtern, pessimist. ›Gloria Gaye‹ ist e. Studie der Phantasien, Visionen u. Alltagsprobleme e. neurot. Soho-Originals. ›Ezra‹ versucht E. Pounds poet. Genie mit s. antisemit. und faschist. Überzeugungen zu harmonisieren.

W: The Hamlet of Stepney Green, Dr. 1959; Goodbye World, Dr. 1959; The Dream of Peter Mann, Dr. 1960; Change for the Angel, Dr. 1961; Enter Solly Gold, K. 1961; The World Is a Wedding, Dr. 1963; Yes from No-Man's Land, R. 1965; The Dissent of Dominick Shapiro, R. 1966; By the Waters of Whitechapel, R. 1969; Shalom Bombs and Songs, G. 1970; The Passionate Past of Gloria Gaye, R. 1971; For the Record, G. 1971; Settle Down Simon Katz, R. 1973; Partners, R. 1975; On Margate Sands, R. 1978; More Out Than In, Dr. (1980); Ezra, Dr. (1981); Simon at Midnight, Dr. 1982; Barricades in West Hampstead, G. 1988; Some of These Days, Dr. 1990; Playing Sinatra, Dr. 1992.

Korais, Adamantios, griech. Gelehrter und Erzähler, 27. 4. 1748 Smyrna – 6. 4. 1833 Paris. Sohn e. Seidenhändlers. Höhere Schule Smyrna, 1772–78 Kaufmann in Amsterdam; 4 Jahre in Smyrna, 1782 nach Montpellier, Stud. Medizin ebda. Seit 1788 Arzt in Paris. – Vf. e. riesigen Werks, bestehend aus Ausgaben der griech. Klassiker mit Erläuterungen u. Einführung, Abhandlungen, Gedichten, Dialogen, Erzählungen, Manifesten u. vielen Briefen. S. Einfluß auf das geistige Leben des griech. Volkes war bestimmend. K. wirkte auch maßgebend auf die Gestaltung e. gemäßigten Schriftsprache im befreiten Griechenland, in dem der Sprachdualismus entfacht war, ohne jedoch für die spätere extreme Entwicklung der purist. Sprache (Katharevusa) im 19. Jh. verantwortl. zu sein.

W: Adelphikē Didaskalia, 1798; Asma polemistērion, G. 1800; Polemistērion Salpisma, 1801; Dialogos dyo Graikōn ..., 1805; Hellēnikē Bibliothēkē, hg. XVII 1805–26; Papa-Trechas, E. (Im Prolog der Ilias, IV. Gesang, 1820); Atakta, V 1828–35; Parerga tēs hellēnikēs Bibliothēkēs, IX 1809–27. – Hapanta, IV 1964–68.

L: D. S. Ginis, Ta anōnyma erga tu K., 1948; A. Daskalakis, 1965; V. Rotolo, A. K. e la questione della lingua in Grecia, 1965; Eranos eis A. K., 1965; M. Peranthis, Ho allos K., 1983; M. Mantuvalu, 1995.

Koran (al-Qur'ān, ›Vortrag oder Lesung‹, auch al-kitāb ›das Buch‹ oder mushaf ›Kodex‹), die heilige Schrift der Muslime. Der islam. Lehre nach dem Propheten Mohammed seit 610 bis kurz vor s. Tod 632 offenbartes Abbild e. himml. Originals, der ›wohlverwahrten Tafel‹. Kann als Gottes Inlibration betrachtet werden, in s. Bedeutung mit Jesus als Inkarnation Gottes vergleichbar. Als sprachl. Erscheinung Gottes ist der K. Objekt relig. Verehrung. S. liturg. Vortrag, ihn auswendig zu kennen wie auch s. materielle Präsenz (z. B. als Buch oder Kalligraphie) bringt den Gläubigen Gott nahe. Zentrale Themen sind Eschatologie, Prophetengeschichten mit teils aus der jüd.-christl. Tradition bekannten Stoffen und Figuren (vgl. Josefsure), Rechtsvorschriften, theolog. Diskussionen (Eingottglaube, Abgrenzung von Polytheismus und anderen monotheist. Religionen) und eth. Verhaltensregeln. Dies spiegelt die stilist. Vielfalt des Textes wider, von Schwurformeln und Gebeten in gereimter Prosa, Erzählungen bis hin zu rechtl. Diskussionen reichend. Der K. gliedert sich in 114 einzeln betitelte Suren, diese wiederum in Verse (Āyāt). Nach der eröffnenden Sure stehen die längeren vor den kürzeren. Nur die letzten Suren bilden inhaltl. und formal Einheiten wie Gebete, Schwüre oder kürzere narrative Stücke. Nach muslim. Dogma wurden kursierende Abschnitte des K.s 652 unter dem dritten Kalifen ʿUtmān zu e. Fassung kompiliert. Diese ist bis heute kanonisch. Überlieferungen in muslim. Quellen, moderne archäolog. Hinweise und stilist.-inhaltl. Aspekte lassen auf e. längeren Kanonisierungsprozeß schließen. Dessen grundlegende Erforschung steht noch aus. Äußere Form, Sprache, Stil und Inhalt sind Gegenstand e. umfangreichen Lit. geworden. Rituelle Praxis, Recht und Theol. werden in vielen Teilen auf den K. zurückgeführt. Arab. Lit.wiss. und Exegese entwickelten die Lehre von der Unvergleichlichkeit der koran. Sprache und Ausdrucksfähigkeit des Korans (iʿğāz), worauf auch die Vorstellung s. Unübersetzbarkeit gründet. Die Wirkung des K. auf Sprachen und Lit. von Muslimen kann nicht unterschätzt werden.

A: Die gegenwärtig verbreitetste Ausgabe basiert auf der Kairoer Standardfassung von 1924. – Übs.: F. Rückert, 1988; R. Paret, II 1963–71; Der Koran. Übs. von Adel Theodor Khoury. Unter Mitwirkung von Muhammad Salim Abdullah, 1987.

L: Th. Nöldeke, F. Schwally u. a., III ^{2}1909–38, n. 1961; R. Paret, 1950 (^{5}1980); I. Goldziher, Leiden ^{2}1952; R. Bell, 1953; W. M. Watt, Lond. 1968; J. Burton, Cambr. 1977; J. Wansborough, Oxf. 1977; T. Nagel, 1983; Michael Cook, 2002.

Kordun, Viktor, ukrain. Lyriker, * 20. 8. 1946 Vas'kovyči/Nordukraine. Bauernsohn; Stud. Theaterwiss., lebt in Kiev. Mitbegründer der ›Kiever poetischen Schule‹ in den späten 1960 Jahren, Vf. ihres Manifestes (1997), Druckverbot bis 1984. – Wie Holoborod'ko und einige andere Mitglieder Anhänger der animistischen Ausrichtung mit metaphor. Elementen und Motiven, die auf die alte ukrain. Volksdichtung zurückgehen, wobei Mensch und Natur eine unzertrennliche Einheit bilden.

W: Zeml'a nadchnenna, 1984; Pisen'ky z mamynoho naperstka, 1987; Slavia, 1987; Kušč vohn'u, 1990; Soncestojann'a, 1992; Zymovyj stuk d'atl'a, 1999. – *Übs.*: Kryptogramme 1996, Weiße Psalmen 1999.

L: M. Moskalenko, 1996; A. H. Horbatsch, 2002.

Korinna, altgriech. Lyrikerin, 5. (?) Jh. v. Chr., Datierung äußerst umstritten, vermutl. aus Tanagra (Boiotien). – Mehrere Titel lyr. Werke belegt, doch ist außer 2 Papyrusfragmenten mit lokalen Legenden (Gesangswettbewerb zwischen Kithairon und Helikon; Rede des Sehers Akraiphen über die Töchter des Asopos) fast nichts erhalten. K. schreibt in schlichter Sprache, gelegentl. mit dialektalen Einsprengseln.

A: PMG; D. A. Campbell, Bd. 4, 1992, 18–69.

L: D. L. Page, Oxf. 1953; W. J. Henderson, Acta Classica 38, 1995, 29–42; Y. Battistini, Paris 1998.

Kornaros, Vitzentzos, griech. Dichter, Anfang 17. Jh. Sitia/Kreta – 1677 ebda. Gilt als Vf. des spätma. romanhaften Epos ›Erōtokritos‹ (rd. 10000 Verse in Reimpaaren), das neben der ›Erōphilē‹ von Georgios Chortatzis zu den besten Werken der kret. Lit. des 17. Jh. gehört. Vorbilder sind franz. u. ital. Ritterromane u. Dramen jener Zeit, deren Handlung z.T. direkt übernommen wurde, hier die ital. Fassung des franz. Romans ›Paris et Vienne‹ von Pierre de la Cypède. In den kret. Dichtungen jedoch – im Gegensatz zu ihren Vorbildern – überragt das lyr. Element die Handlung. K. wird auch als Vf. des relig. Dramas ›Hē Thysia tu Abraam‹ angesehen, dessen Entstehung vor ›Erōtokritos‹ datiert wird.

W: Erōtokritos, Venedig 1713 (hg. St. Alexin, ²1990); Thysia tu Abraam, Venedig 1635 (n. Megas 1943, ²1954).

L: E. Kriaras, Meletēmata peri tas pēgas tu Erōtokritu, 1938; G. Seferis, Erōtokritos, 1946. – *Bibl.*: St. Alexiu; He krētikē logotechnia kai hē epochē tēs, 1985; N. M. Panajotakis, Krētikē anagennēsē, 2002.

Kornejtschuk, Aleksandr → Kornijčuk, Oleksander

Kornijčuk, Oleksander, ukrain. Dramatiker, 25. 5. 1905 Chrystynivka – 14. 5. 1972 Kiev. Stud. Lit. am Institut für Volksbildung in Kiev; Drehbuchautor u. Schriftleiter in Kiev, Charkov u. Odessa, bekleidete seit 1934 hohe Ämter in der Schriftstellerorganisation u. im polit. Leben der Ukrain. SSR. – Dramatiker mit bühnentechn. glatten Stücken um hist. und Kriegsthemen im Sinne der offiziellen Parteilinie.

W: Kamjanyj ostriv, Dr. 1929; Zahybel' eskadry, Dr. 1934; Platon Krečet, Dr. 1934; Bohdan Chmel'nyc'kyj, Dr. 1939; V stepach Ukrajiny, Dr. 1941; Front, Dr. 1942; Makar Dibrova, Dr. 1948; Kalynovyj Haj, Dr. 1950; Kryla, Dr. 1954. – Vybrane, 1947; Vybrani tvory, II 1950; Dramatycni tvory, Dr. II 1955; Tvory, V 1966–68. – *Übs.*: Sočinenija (W, russ.) III 1956.

L: M. Parchomenko, 1952; E. Gorbunova, 1952; V. A. Gebel', 1957; I. M. Duz', 1963; J. Kobylec'kyj, 1965; D. Vakulenko, 1980.

Kornilov, Boris Petrovič, russ. Lyriker, 29. 7. 1907 Pokrovskoe, Geb. Nižnij Novgorod – 21. 9. 1938 (in Haft). Bäuerl. Herkunft. ∞ Ol'ga Berggol'c. – Bis 1935 zunehmend anerkannter Komsomoldichter, von Esenin u. Bagrickij beeinflußt. Verserzählung ›Tripol'e‹ (1933) über e. trag. Episode aus dem Bürgerkrieg. Nach 1956 rehabilitiert.

W: Molodost', G. 1918; Pervaja kniga, G. 1931; Stichotvorenija i poėmy, G. u. Vers-En. 1957, 1966.

Kornilov, Vladimir Nikolaevič, russ. Lyriker und Prosaiker, 29. 6. 1928 Dnepropetrovsk – 8. 2. 2002 Moskau. Stud. Lit.inst. Moskau 1945–50, bekannt durch Vers-Erzählung ›Šofer‹ 1961, vieles kursierte im Untergrund, erst später im Westen gedruckte; Rückkehr in die russ. Lit. 1988, lebte in Moskau. – K.s Lyrik ist knapp, tiefgründig und auf Wesentliches konzentriert, die Prosa nüchtern und handlungsarm.

W: Pristan', G. 1964; Vozrast, G. 1967; Demobilizacija, R. 1976; Pol'za vpečatlenij, G. 1989; Samye moi stichi, G. 1995. – Izbrannoe (AW), II 1990.

Korolenko, Vladimir Galaktionovič, russ. Schriftsteller, 27. 7. 1853 Žitomir – 25. 12. 1921 Poltava. Vater ukrain. Gutsbesitzer und Beamter, Mutter Polin, 1871 Stud. am Technolog. Institut Petersburg, 1874 an der Landwirtschaftl. Hochschule Moskau, 1876 wegen Teilnahme an Studentendemonstrationen relegiert. 1879 wurde s. 1. Erzählung gedruckt. Ging aus polit. Gründen ins ehem. Gouv. Vjatka, dann nach Perm'; 1881 nach Ostsibirien verschickt, wo er in Landschaft und Bewohnern viele Anregungen für spätere Erzählungen fand; lebte ab 1885 in Nižnij Novgorod; rege lit. Tätigkeit, 1893 Reise nach Amerika, siedelte 1896 nach Petersburg, 1900 nach Poltava über; war ab 1896 mehr und mehr als Journalist tätig (Hrsg. der Zs. ›Russkoe bogatstvo‹), s. lit. Geltung schwand allmählich vor dem Ansehen

Čechovs, später Gor'kijs und der Symbolisten. – E. der bekanntesten Vertreter der russ. ›volksfreundl.‹ Intelligenz des ausgehenden 19. Jh.; gehört mit s. Novellen und Erzählungen der sog. ethnograph. Richtung an, sie lassen sich nach ethnolog.-geograph. Zyklen gliedern; ›Son Makara‹ mit der Figur des erbarmungswürdigen und doch s. menschl. Würde bewußten Jakuten spielt in Sibirien, ›Les šumit‹ im weißruthen. Urwald, ›Slepoj muzykant‹ im ukrain. Milieu. Schätzte von früh an Turgenev, dessen Neigung zur Harmonisierung der Prosa er teilte und dessen lyr. Verhältnis zur Natur er sich zu eigen machte. Was die besten s. Erzählungen auszeichnet, ist weniger kunstvoller Aufbau als der Ausdruck e. dem menschl. Leid zugewandten Liebe, des Glaubens an die Güte, s. alles verzeihender Humor. Setzte 1901–03 den Zyklus s. sibir. Erzählungen fort; schrieb ab 1906 an ›Istorija moego sovremennika‹, publizist. bedeutsamen Erinnerungen aus Kindheit und Jugend.

W: Son Makara, N. 1885; V durnom obščestve, N. 1885 (In schlechter Gesellschaft, d. 1895); Slepoj muzykant, N. 1886 (Der blinde Musiker, d. 1892); Les šumit, N. 1886 (Der Wald rauscht, d. 1891, 1953); Istorija moego sovremennika, Mem. IV 1906–22 (Die Geschichte meines Zeitgenossen, d. 1919, 1953). – Sobranie sočinenij (W), XXIV 1930, X 1953–56, V 1960f.

L: P. D. Batjuškov, 1922; R. Grigorev, 1925; E. Hausler, 1930; E. Damiani, Rom 1944; A. K. Votov, 1957; G. Mironov, 1962; G. Glaser, Diss. Wien 1976; P. I. Negretov, 1990.

Koržavin, Naum (eig. Naum Moiseevič Mandel'), russ. Lyriker, * 14. 10. 1925 Kiew. Als Student des Lit.instituts 1947 verhaftet, nach Amnestie 1954 nach Moskau zurückgekehrt, gelegentl. Veröffentlichungen in Zsn., nur eine Sammlung 1961, 1973 Emigration, dort zwei größere Sammlungen, lebt in Boston. – K. versucht mit hohem eth., relig. u. polit. Bewußtsein im Grundsätzl. u. in konkreten Situationen zum Sinn des Lebens vorzudringen. In hist. u. zeitnahen Gedichten wendet er sich gegen die Unterdrückung des Menschl. im Totalitarismus, fordert Aufrichtigkeit, Mut u. die Freiheit des Denkens u. Handelns auf relig. sittl. Basis. S. Verse sind dicht., klass. klar, bisweilen hart, verwenden neben dem Reim die Wiederholung u. Parallelkonstruktion als dichter. Mittel.

W: Gody, G. 1963; Vremena, G. Ffm. 1976; Spletenija, G. Ffm. 1981.

Korzeniowski, Józef, poln. Dichter, 19. 3. 1797 Smulno/Ostgalizien – 17. 9. 1863 Dresden. Beamtensohn; Lyzeum Krzemieniec; in Warschau Erzieher Z. Krasinskis, Prof. am Lyzeum Krzemieniec, Univ. Kiev. 1837 Direktor des Gymnas. Charkov, später in Warschau. Zuletzt Visitator der Schulen im Königreich Polen. Mitbegründer der ›Szkoła Główna‹ (Freien Univ.) Warschau. 1863 Amtsaustritt, Auslandsreisen. – Dramatiker und Erzähler unter starkem Einfluß ausländ. Lit. mit der Absicht moral. Besserung. Weicht von der poln. lit. Tradition ab durch Verlagerung der Schauplätze in andere Länder. Schrieb für das poln. Theater bürgerl. Dramen mit Themen aus der poln. Wirklichkeit. Unter Einfluß Kraszewskis seit 1846 Wendung zum (meist soz.) realist. Roman nach Vorbild Balzacs, dann zu ländl. Problematik.

W: Próby dramatyczne, Drn. 1826; Mnich, Dr. 1830 (n. 1925); Karpaccy górale, Dr. 1843 (n. 1969); Żydzi, Dr. 1843; Panna mężatka, K. 1845; Kollokacja, R. 1847 (Der Dorfadel, d. 1875, u. d. T. Unsere Szlachta, 1879); Majster i czeladnik, K. 1851; Pierwej mama, K. 1845 (d. 1880); Spekulant, R. 1846; Dymitr i Maria, Dr. 1847; Krewni, R. IV 1857; Majątek albo imię, Dzn. 1857. – Dzieła, XII 1871–73; Dzieła wybrane, VIII 1954.

L: P. Chmielowski, 1898; Z. Reutt-Witkowska, III 1921–22; J. Bachórz, Realizm bez ›chmurnej jazdy‹, 1979; S. Kawyn, 1979.

Korzeniowski, Teodor Józef Konrad → Conrad, Joseph

Koš, Erih, serb. Schriftsteller, * 15. 4. 1913 Sarajevo. Stud. Jura Belgrad; 1938 als Kommunist verurteilt, im Krieg Partisan, Mitgl. der serb. Akad. – Außer psycholog. durchdrungenen Kriegs- u. Nachkriegserzählungen Vf. viel übersetzter satir.-allegor. Romane. Auch lit. Essays u. Übs.

W: U vatri, En. 1947; Vreme ratno, En. 1952; Veliki Mak, R. 1956 (Wal-Rummel, d. 1965); Il tifo, R. 1958 (Montenegro – Montenegro, d. 1967); Sneg i led, R. 1961 (Eis, d. 1970); Vrapci Van Pea, R. 1961 (Die Spatzen von Van Pe, d. 1964); Mreže, R. 1967; Satire, 1968; Mešano društvo, En. 1969; Dosije Hrabak, R. 1971 (d. 1991); Cveće i bodlje, En. 1972; U potrazi za Marijom, R. III 1978; Bosanske priče, Nn. 1984; Šamforova smrt, R. 1986; Pisac govori, R. 1989; Miševi, R. 1991; Kuća 25a, R. 1994. – Izabrana prozna dela (AW), VIII 1983 (m. Bibl.).

Kosač, Larysa → Ukrajinka, Les'a

Kosch, Erich → Koš, Erih

Kosinski, Jerzy Nikodem (Ps. Joseph Novak), amerik. Schriftsteller poln. Herkunft, 14. 6. 1933 Łódź – 3. 5. 1991 New York City (Freitod). Stud. Łódź u. Warschau, 1957 Emigration nach den USA, 1968–73 Gastprof. (Wesleyan, Princeton, Yale Univ.), 1973–75 Präsident des amerik. PEN-Clubs. – Das Verhältnis Individuum/Gesellschaft bestimmt die philos. Position der von Hegel u. Sade beeinflußten Werke. K.s Romane, die sich erzähltechn. an e. postmodernen Poetik der Diskontinuität orientieren, dokumentieren den

Überlebensprozeß s. Protagonisten im Kampf gegen kollektivist. u. repressive Kräfte. Fabulose Darstellung sexueller Obsessionen sowie sprachl. meisterhafte Gestaltung des Subversiven u. menschl. Gewalttätigkeit. In s. späteren Werken zunehmend humorist., satir. u. teils triviale Elemente.

W: The Future Is Ours, Comrade, dokumentar. Ber. 1960 (d. 1961); No Third Path, dokumentar. Ber. 1962 (d. 1962); The Painted Bird, R. 1965 (n. 1976; d. 1965, 1980) Notes of the Author, Ess. 1965; Steps, R. 1968 (Aus den Feuern, d. 1970); The Art of the Self, Ess. 1968; Being There, R. 1971 (Willkommen, Mr. Chance, d. 1971); The Devil Tree, R. 1973 (n. 1981; d. 1973); Cockpit, R. 1975 (d. 1978); Blind Date, R. 1977 (d. 1980); Passion Play, R. 1979 (d. 1982); Pinball, R. 1982 (d. 1982); The Hermit of 69th Street, R. 1988.

L: S. L. Tiefenthaler, 1980; N. Lavers, 1982; B. T. Lupack, hg. 1998. – *Bibl.:* G. Cronin, 1991.

Koskenniemi, Veikko Antero (früher V. A. Forsnäs), finn. Lyriker und Literaturkritiker, 8. 7. 1885 Oulu – 4. 8. 1962 Turku. Lehrerssohn; 1903 Stud. Helsinki, Literaturkritiker und Redakteur, 1921–48 Prof. für Literaturgesch. Univ. Turku, 1924–32 deren Rektor, Mitgl. der finn. Akademie, 1941–46 Vorsitzender des finn. PEN-Clubs und Schriftstellerverbandes. – An Antike und Humanismus geschulter formstrenger Gedankenlyriker von klassizist. Haltung. Verbindung nationalromant. und kosmopolit. Züge, zunehmender Skeptizismus. Ferner Balladen, Roman, Reiseberichte, Memoiren, Aphorismen, bedeutende literarhist. Arbeiten und Essays. Übs. Grillparzers, Goethes, de Mussets u. a.

W: Runoja, G. 1906 (Gedichte, d. 1907); Valkeat kaupungit, G. 1908; Kevätilta Quartier Latinissa, Reiseb. 1912; Hannu, G. 1913; Hiilivalkea, G. 1913; Runon kaupunkeja, Ess. 1914; Konsuli Brennerin jälkikesä, R. 1916; Elegioja, G. 1917; Nuori Anssi, G. 1918 (Der junge Anssi, d. 1937); Alfred de Musset, B. 1918; Sydän ja kuolema, G. 1919; Roomalaisia runoilijoita, Ess. 1919; Rakkausrunoja, G. 1920; Reinin vahti, G. 1920; Juhani Aho, Ess. 1921; Uusia runoja, G. 1924; Matkasauva, Aph. 1926; Kurkiaura, G. 1930; Runous ja nykyhtki, Ess. 1931; Symphonia Europaea a. D. 1931, Mem. 1931; Nuori Goethe, B. 1932; A. Kivi, B. 1934; Onnen antimet, Aut. 1935 (Gaben des Glücks, d. 1938); Tuli ja tuhka, G. 1936; Miekka ja taltta, Rd. 1937; Latuja lumessa, G. 1940; M. Talvio, B. 1946; Goethe ja hänen maailmansa, B. 1948; Syksyn siivet, G. 1949; Elokuisia ajatuksia, Aphor. 1954; Valitut mietelmät, Aphor. 1959. – Kootut teokset (GW), XII 1955 f.

L: L. S. Viljanen, 1935; U. Kupiainen, 1945; P. Mattila, 1954; Y. Luojola, 1962. – *Bibl.:* E. J. Ellilä, 1945; K. Saarenheimo, hg. 1985; T. Siltala, hg. 1985.

Kosmač, Ciril, slowen. Schriftsteller, 28. 9. 1910 Slap – 28. 1. 1980 Ljubljana. Partisan im Krieg, Journalist, ab 1956 freier Schriftsteller. – In Novellen u. Romanen behandelt K. im Geiste des sozialist. Realismus soz. u. nationale Probleme des slowen. Küstenlandes vor, während u. nach dem Krieg. Auch Filmdrehbücher.

W: Sreča in kruh, Nn. 1946; Očka Orel, N. 1946; Pomladni dan, R. 1953; Balada o trobenti in oblaku, N. 1956 (Ballade von der Trompete und der Wolke, d. 1972); Iz moje doline, Nn. 1958; Novele, Nn. 1960; Tantadruj, N. 1964 (d. 1984); Izbrano delo (AW), IV 1964. – *Übs.:* Jugoslaw. Erzähler der Gegenwart, 1962.

L: H. Glušić, 1968, 1975; I. Cesar, 1981.

Kosmas von Jerusalem (Hagiopolites, Maiuma der Jüngere), byzantin. Melode, 7. Jh. n. Chr. Adoptivbruder von Johannes Damaskenos, lebte zuerst in Damaskus, wo er mit Johannes Damaskenos durch den älteren Kosmas aus Sizilien erzogen wurde, dann Mönch im Sabas-Kloster b. Jerusalem. 743 Bischof von Maiuma. – Dichtete wie Johannes Damaskenos Kanones auf die versch. kirchl. Festtage (Weihnachten, Theophanie, Karwoche, Pfingsten, Marienfeste u. a.). Gehört zusammen mit Johannes Damaskenos und Andreas von Kreta zu den Koryphäen der Kanones-Meloden.

A: J. P. Migne, Patrol. Graeca 98; C. Paranikas, Anthologia carminum christianorum, 1871; P. Trembelas, Eklogē hellēnikēs orthodóxu hymnographías, 1949.

L: A. Kazhdan, S. Gero (Byzantin. Zs. 82), 1989.

Kosor, Josip, kroat. Schriftsteller, 27. 1. 1879 Trbounje – 23. 1. 1961 Dubrovnik. Arbeitersohn, Autodidakt, Gemeindeschreiber, Rechtsanwaltsgehilfe, lebte in München, Wien, Prag, Berlin, Zürich und London. – Außer Novellen u. Romanen im Geiste der kroat. Moderne, die das Schicksal der Entrechteten u. Unterdrückten behandeln, schrieb K. Dramen, die den triebhaftleidenschaftl. Kampf um Boden, Frauen u. Macht darstellen u. mit viel Erfolg im Ausland (München, Prag, London) aufgeführt wurden.

W: Optužba, Nn. 1905; Crni glasovi, Nn. 1905; Rasap, R. 1906; Radnici, R. 1906; Cupalo, R. 1907; Požar strasti, Dr. 1910 (Brand der Leidenschaften, d. 1911); Nepobjediva ladja, Dr. 1913; Pomirenje, Dr. 1914; Mime, Nn. 1916; Beli plamenovi, G. 1919 (White Flames, engl. 1929); Žena, Dr. 1920; U ›Café du Dôme‹, Dr. 1922; Rotonda, Dr. 1925; Atlantikom i Pacifikom, Reiseb. 1926; Izabrane pripovijesti (Ausgew. Nn.), 1950; Život u ravnici, Nn. 1952. – Pripovijesti, Nn. 1964; Izabrana djela (AW), hg. PSHK 1964; Velika autobiografija, Aut. 1990; Požar strasi, En. 1994.

Kosovel, Srečko, slowen. Dichter, 18. 3. 1904 Sezana – 27. 5. 1926 Tomaj. Lehrerssohn aus dem slowen.-ital. Grenzland, Stud. Slawistik, Romanistik u. Kunstgeschichte Laibach; Redakteur der jungslowen. Zs. ›Mladina‹, in der e. Reihe kulturkrit. Essays veröffentlichte. – Von der impressionist. Stimmungs- u. Naturlyrik wandte sich K.

in Vorahnung des nahenden Todes, der ihn mit Angst und Einsamkeit erfüllte, e. expressionist. Lyrik zu, die auch visionäre u. soz. Züge trägt.
W: Pesmi, G. 1927 (erg. 1931); Zlati čoln, G. 1954; Integrali 26, G. 1967 (d. 1976); Pesmi in konstrukcije, G. 1977. – Zbrano delo (GW), hg. A. Ocvirk III 1964–77.
L: N. Grafenauer, 1965; A. Gšpan, 1974.

Kossak-Szczucka (später Szatkowska), Zofia, poln. Schriftstellerin, 8. 8. 1890 Kośmin/Wolhynien – 9. 4. 1968 Bielitz-Biała. Gutsbesitzerfamilie. Jugend in Wolhynien, seit 1922 in Schlesien; im 2. Weltkrieg im KZ, 1945–57 in England, 1957 Rückkehr nach Polen. – Sehr produktive Schriftstellerin kathol. Färbung. Behandelt anfangs Themen aus der Nachkriegszeit mit Interesse an soz. Fragen. Abwendung von der Gegenwart zur schles. Geschichte und zum MA. Geschichtsbetrachtung vom poln.-kathol. Standpunkt. Stoffl. u. geistig in der Sienkiewicz-Nachfolge, auf fundierten hist. Studien fußend. Ihr Buch über KZ-Erlebnisse wurde im marxist. Lager mit Widerspruch aufgenommen.
W: Pożoga, Mem. 1922 (The Blaze, engl. 1925); Beatum scelus, R. 1924 (Frommer Frevel, d. 1947); Z miłości, R. 1926; Wielcy i mali, En. 1927; Złota wolność, R. II 1928; Szaleńcy Boży, Leg. 1929 (Die Perlen der heiligen Ursula, d. 1956); Legnickie pole, R. 1930 (Die Walstatt von Liegnitz, d. 1931); Nieznany kraj, En. 1932; Pątniczem szlakiem, R. 1933; Przeklęte srebro, Dr. 1933; Krzyżowcy, R. III 1935 (Die Kreuzfahrer, d. 1962); Król trędowaty, R. 1937 (The Leper King, engl. 1947); Bez oręża, R. II 1937 (Der Held ohne Waffe, d. 1948); Gród nad jeziorem, R. 1938; Trembowla, R. 1939; Warna, R. 1939; Z otchłani, Mem. 1946; Przymierze, R. 1952 (Der Bund, d. 1958); Gość oczekiwany, Dr. 1948; Suknia Dejaniry, R. 1948; Błogosławiona wina, R. 1953; Rok polski, St. 1955; Dziedzictwo, R. III 1956–67. – Übs.: Das Antlitz der Mutter, Schr. 1948.
L: A. Szafrańska, 1968.

Kossmann, Alfred (Karl), niederländ. Schriftsteller, 31. 1. 1922 Leiden – 27. 6. 1998 Amsterdam. Verlagsbuchhändler, 1952–68 Feuilletonredakteur der Tageszeitung ›Het Vrije Volk‹. – Psycholog. Romane, z.T. mit e. Einschlag von mag. Realismus. ›De nederlaag‹ verarbeitet die Erfahrungen aus dt. Zwangsarbeit 1943–45. Auch Erzählungen, Lyrik sowie Reisebücher: klarsichtige Kommentare.
W: Het vuurwerk, G. 1946; De nederlaag, R. 1950; De bosheks, G. 1951; De moord op Arend Zwigt, R. 1951; Apologie der varkens, G. 1954; De linkerhand, R. 1955; De hondenplaag, N. 1956; De bekering, N. 1957; De misdaad, R. 1962; De smaak van groene kaas, Reiseb. 1965; Gedichten 1940–65, 1969; De wind en de lichten der schepen, R. 1970; Ga weg, ga weg, zei de vogel, N. 1971; Waarover wij le dat ik schrijf, Sk. 1972; Laatst ging ik spelevaren, aut. E. 1973; Geur der droefenis, R. 1980; De gouden beker, R. 1982; Drempel van ouderdom, E. 1983; Familieroman, R. 1990; Huldigingen, En. 1995.

Kossu-Adleksandravičius → Aistis, Jonas

Kostenko, Lina, ukrain. Lyrikerin, * 19. 3. 1930 Ryžčiv b. Kiev. Stud. Moskau Inst. für Literatur. Führende Lyrikerin der ukrain. Tauwettergeneration, die ungeachtet erneuter Repressionen ab 1965 mit auferlegtem Druckverbot bis 1977 sich treu geblieben war. – Aphoristische, inhaltsreiche Lyrik mit kulturhist. Assoziationen, die in die Gegenwart hineinwirken. Bürgerrechtliche Haltung und Mahnung, der Wahrheit zu dienen. Starkes kulturelles und soziales Engagement nach der Tschernobyl-Katastrophe, der sie eine bislang unveröff. Prosatrilogie widmete.
W: Prominn'a zemli, G. 1957; Vitryla, G. 1958; Mandrivky serc'a, G. 1961; Nad berehamy vičnoji riky, G. 1977; Marussja Čuraj, Nepovtornist', Vers-R. 1980; Sad netanučych skul'ptur, Poem 1987. – Vybrane (W), 1989. – Übs.: Grenzsteine des Lebens, 1998.
L: L. K. Br'uchovec'kyj, 1990; M. Slabošpyc'kyj, 1998.

Kostić, Laza, serb. Dichter u. Ästhetiker, 31. 1. 1841 Kovilj – 9. 12. 1910 Wien. Rechtsstud. u. Doktorat Budapest, Gymnasiallehrer in Novi Sad, Notar, Richter, Abgeordneter. Mitgl. der Vereinigten serb. Jugend, Mitarbeiter der Stuttgarter Zs. ›Ausland‹. – E. der führenden serb. Romantiker; schrieb außer überschwengl. lyr. Gedichten und Balladen phantast. Erzählungen, Essays und im Geiste Shakespeares hist. Dramen; in philos.-ästhet. Abhandlungen u. lit. Kritiken, meist in Zsn. gedruckt, suchte K. die theoret. Grundlagen der Romantik festzulegen. Übs. Homer, Heine, bes. aber Shakespeare.
W: Maksim Crnojević, Dr. 1866; Lirske i epske pesme, G. II 1863f.; Osnova lepote u svetu, Abh. 1880; Pera Segedinac, Dr. 1882; Gordana, Dr. 1890; O Jovanu Jovanoviću-Zmaju, Abh. 1902; Pesme, G. 1909; Okupacije, Lsp. 1977. – Sabrana dela (GW), 1990; Izabrana dela (AW), 1981; Odabrana dela, II 1962; Pripovetke, 1919; Drame, 1922; Pesme, 1941.
L: M. Savić, 1929; Z. Mladenović, Drame L. K., 1940; L. K. Zbornik članaka, 1960; Književno delo L. K., hg. H. Krnjević 1982; M. Radović, 1983; D. Živković, Poezija L. K., 1985.

Kostomarov, Mykola (Ps. Jeremija Halka), ukrain. Historiker und Schriftsteller, 16. 5. 1817 Jurasivka – 19. 4. 1885 Petersburg. Vater Gutsbesitzer, Stud. Charkov 1837 beendet, Prof. 1846/47 an der Univ. Kiev und 1859–62 Petersburg; 1847–57 als führendes Mitgl. der geheimen Kyrillo-Method-Bruderschaft verbannt. – Zählt zur sog. jungen Generation der Romantiker der ukrain. Lit., zeigt in Motiven und Stimmungen Berührungen mit den Slavophilen, schrieb unter Ps. auf die Vergangenheit der Ukraine bezogene Gedichte und hist. Dramen, in russ. Sprache u.a.

den zur Zeit Ivans des Schreckl. spielenden Roman ›Kudejar‹. Befaßte sich als Historiograph vorwiegend mit der ukrain., aber auch mit der russ. Geschichte, wandte sich bes. den großen nationalen Bewegungen zu, denen er e. wichtige, und zwar aktive Rolle in der geschichtl. Entwicklung zuschreibt. Ferner hist. Monographien.

W: Sava Čalyj, Dr. 1838; Ukrajins'ki baljady, G. 1839; Istoričeskie monografii i issledovanija, XX 1863–89; Istoryčni monohrafiji, XI 1886–96; Kudejar, R. 1875; Černigovka, R. 1881; Avtobiografija, Aut. 1922; Etnohrafični pysannja, 1930. – Sobranie sočinenij, XXI 1903–06; Tvory (W), II 1967.

L: D. Dorošenko, 1925; M. Hrušsvs'kyi, K. i novitna Ukrajina, 1925; L. Poluchin, 1959.

Kostov, Stefan, bulgar. Dramatiker, 30. 3. 1879 Sofia – 27. 9. 1939 ebda. Stud. in Wien u. an mehreren dt. Univ. Seit 1909 Konservator, später Direktor des ethnograph. Museums Sofia. – Erste Veröffentlichungen von humorist. Erzählungen u. Feuilletons in Zeitungen seit 1903. Bedeutendster bulgar. Komödiendichter in den ersten vier Jahrzehnten des 20. Jh. S. humorist. Schilderungen des städt. u. ländl. Alltags erreichen oft satir. Formen. Vf. wertvoller ethnograph. u. hist. Untersuchungen.

W: Mŭžemrazka, K. 1914; Zlatnata mina, K. 1926; Golemanov, K. 1928; Morska bolest, K. 1929; Simeon, Dr. 1929; Novoto pristanište, K. 1931; Ot mnogo um, K. 1934; Selski bit i kultura v Sofijsko, 1935; Carska svatba, En. 1936.

Kostra, Ján, slovak. Lyriker, 4. 12. 1910 Turčianska Štiavnicka – 5. 11. 1975 Bratislava. – Wendet sich nach pessimist.-subjektiven Anfängen sozialen Problemen zu u. kehrt später zur Stimmungslyrik zurück. Übs. aus dem Franz. Vf. von Jugendlit.

W: Hniezda, G. 1937; Moja rodná, G. 1939; Ozubený čas, G. 1940; Puknutá váza, G. 1942; Ave Eva, G. 1943; Presila smútku, G. 1946; Za ten máj, G. 1950; Javorový list, G. 1953; Šípky a slnečnice, G. 1958; Báseň, dielo tvoje, G. 1960; Každý deň, G. 1964; Len raz, G. 1968. – Vybrané spisy (AW), IV 1970–77.

L: M. Chorváth, Básnické dielo J. K. 1962; Pado, Potreba básne, 1976.

Kostrowitski, Wilhelm Apollinaris de →
Apollinaire, Guillaume

Kósyk, Mato, sorb. Dichter, 18. 6. 1853 Werben – 23. 11. 1940 Albion/OK. 1881–83 Redakteur der Zs. ›Bramborski Casnik‹; 1883 Emigration in die USA; dort evangel. Geistlicher. – Vf. ep. Gedichte und Balladen, daneben patriot., reflexive u. Naturlyrik.

W: Serbska swajzba w Błótach, Ep. 1880; Pšerada markgrafy Gera, Ep. 1882; Zběrka dołnoserbskich pěsńow, G. 1893; Pěsńe, G. II 1929 f. – Wubjerk z jogo lěriki, Ausw. 1953.

Kosztolányi, Dezső, ungar. Dichter u. Schriftsteller, 29. 3. 1885 Szabadka – 3. 11. 1936 Budapest. Sohn e. Schuldirektors, 1895–1903 Gymnas. Szabadka u. Szeged. 1903–06 Stud. Lit. Budapest u. Wien. 1906 Redakteur der Zs. ›Budapesti Napló‹. 1913 ∞ Ilona Harmos, Schauspielerin. 1919 Redakteur der Zs. ›Új Nemzedék‹, 1921 bei ›Pesti Hírlap‹. 1930 Mitgl. der Kisfaludy-Gesellschaft. 1930 Präsident des ungar. PEN-Clubs. Weite Reisen. – E. der bedeutendsten ungar. Lyriker impressionist.-symbolist. Prägung von gepflegter Reim- und Verskunst, kunstvoller Sprache und zarten Stimmungen (bes. Kindheit und Tod) unter Einfluß des franz. Symbolismus u. des L'art pour l'art. Vf. realist. u. psychoanalyt. Romane, auch Essayist u. meisterhafter Übs. (Shakespeare, Wilde, Rilke, George).

W: Négy fal között, G. 1907; Boszorkányos esték, Nn. 1908; A szegény kisgyermek panaszai, G. 1910; Mágia, G. 1912; Modern költők, Übs. 1914; Mák, G. 1916; Páva, Nn. 1919; A rossz orvos, Nn. 1921 (Der schlechte Arzt, d. 1929); Nero, a véres költő, R. 1922 (Der blutige Dichter, d. 1926); A bús férfi panaszai, G. 1924; Pacsirta, R. 1924 (Die Lerche, d. 1927); Aranysárkány, R. 1925 (Der goldene Drachen, d. 1999); Édes Anna, R. 1926 (d. 1929); Esti Kornél, Nn. 1933; Számadás, G. 1935; Tengerszem, Nn. 1936; Szeptemberi áhítat, G. 1939; Lenni vagy nem lenni, Ess. 1940. – Összegyűjtött költeményei, G. 1935; Összegyűjtött versei, G. 1940. – *Übs.:* Die magische Laterne (Nn.-Ausw.), 1913.

L: I. Kosztolányi, 1938; F. Baráth, 1938; L. Rónay, 1977; E. Kulcsár Szabó, M. Sz.-Maszák, Tanulmányok K. D.-ről, 1998.

Kotl'arevs'kyj, Ivan, ukrain. Dichter, 9. 9. 1769 Poltava – 10. 11. 1838 ebda. Vater Kanzleischreiber; beendete Priesterseminar in Poltava; Lehrer bei Gutsbesitzern, dann Offizier, nahm am Feldzug gegen Napoleon teil; 1816 Direktor des Theaters in Poltava. – Verdankt s. dichter. Ruf s. Travestie der ›Aeneis‹ Vergils (›Enejida‹), die er in ukrain. Volkssprache verfaßte, um gemäß der damals herrschenden Strömung der Sprache des Volks in der Lit. Geltung zu verschaffen (1798 3 Gesänge, vollst. Ausgabe in 6 Gesängen 1842). Das Werk war von größter Bedeutung für die Formung der neuen ukrain. Hochsprache und wirkte themat. u. stilist. auf ukrain. Schriftsteller der 1. Hälfte des 19. Jh. K. gibt darin e. satir.-humorist. Darstellung der versch. sozialen Schichten der Ukraine. Verfaßte 2 Singspiele aus dem Volksleben.

W: Enejida na ukrainsku movu perelicjovana, Travestie 1798 (vollst. 1842); Natalka-Poltavka, Sgsp. 1838; Moskal'čarivnyk, Sgsp. 1841. – Povne zibrannja tvoriv (GW), II 1952/53; Tvory, 1957 u. 1960; Enejida (Faks.), 1980.

L: P. Žiteckij, 1900; I. Aizenstōk, 1928; P. K. Volyns'kyj, 1951, 1955; I. P. Eremin, 1952; P. P. Chropko, 1958; P. P. Pljušč, 1959; N. S. Tkačenko, K. O. Chodosov 1968; D. Čyževs'kyi, 1975; J. Bojko-Blochyn, 1985.

Kotzias, Alexandros, griech. Schriftsteller u. Kritiker, 1926 Athen – 19. 9. 1992 Kea/Kykladen. Oft als ›rechtsengagiert‹ bezeichnet. – Bemerkenswert ist s. eigenwilliger Stil, e. Art ›realist. innerer Monolog‹, der die Selbstdarstellung des Protagonisten stufenweise entlarvt.
W: Poliorkia, R. 1953; Mia skoteinē hypothesē, R. 1954; Ho Eōsphoros, R. 1959; Hē apopeira, R. 1964; Ho Gennaios Tēlemachos, R. 1972; Antipoiēsis, R. 1979; Phantastikē peripeteia, R. 1985; Iaguaros, N. 1987 (d. 1991); Hē mēchanē, N. 1989; Ho pugomachos, N. 1991; To sokaki, N. 1993.

Kotzwinkle, William, amerik. Erzähler, * 22. 11. 1938 Scranton/PA. Buddhist. – Vf. von Kinderbüchern, Detektivromanen, phantast. u. Science-fiction-Romanen. Welterfolg durch ›E.T.‹ (verfilmt von S. Spielberg), SF-Roman nach Drehbuchvorlage von M. Mathison.
W: Elephant Bangs Train, Kgn. 1971 (d. 1983); The Fan Man, R. 1974 (d. 1980); Doctor Rat, R. 1976 (d. 1986); Fata Morgana, R. 1977 (d. 1979); Jack in the Box, 1980 (d. 1985); E. T. – The Extraterrestrial, R. 1982 (d. 1982); Queen of Swords, R. 1984 (d. 1985); E. T. – The Book of the Green Planet, R. 1985 (d. 1985); Jewel of the Moon, Kgn. 1986; The Exile, R. 1987; The Midnight Examiner, R. 1989 (d. 1990); The Hot Jazz Trio, En. 1989 (d. 1992); The Game of Thiry, R. 1994; Tales from the Empty Notebook, En. 1995; The Bear Went over the Mountain, R. 1996 (d. 1997); Walter the Farting Dog, R. 2001.
L: L. Lewis, 2002.

Kourouma, Ahmadou, Schriftsteller franz. Sprache von der Elfenbeinküste, 1927 Elfenbeinküste – Dez. 2003 Lyon. Teilnahme an student. Aufständen, arbeitete in der Folge als Funker in der franz. Armee während des Indochina-Krieges. Später als Ingenieur tätig, v. a. in Algerien. Kehrte 1970 in die Heimat zurück, dann nach Kamerun, wirtschaftl. Erfolg. – Sein erster Roman ›Les soleils des indépendances‹, verfaßt in afrikanisiertem Franz., thematisiert die Unabhängigkeitsbewegungen in Schwarzafrika, fand jedoch in Frankreich kein Echo und erschien in Kanada. In den folgenden Romanen dominieren persönl. Erfahrungen mit dem Kolonialregime und mit den postkolonialen Formen der Gewaltherrschaft, v. a. in Togo.
W: Les soleils des indépendances, R. 1968; Monnè, outrages et défis, Ep. 1990; En attendant le vote des bêtes sauvages, R. 1998.

Kouwenaar, Gerrit, niederländ. Schriftsteller, * 9. 8. 1923 Amsterdam. – Spielte e. wichtige Rolle in der lit. Erneuerungsbewegung um 1950. Zunehmende Reflexion auf die Sprache als (unzulängl.) Ausdrucksmittel u. daraus resultierende Formexperimente prägen s. dichter. Entwicklung. Die späteren Gedichte haben manchmal e. deutlicheren themat. Bezug, z. B. Tod oder Vergänglichkeit. Übs. dt. Autoren von Goethe bis Brecht u. Hochhuth.
W: Uren en cigaretten, Nn. 1946; Achter een woord, G. 1953; Het gebruik van woorden, G. 1958; Zonder namen, G. 1962 (d. 1972); 100 gedichten, 1969; Data/decors, G. 1971; Volledig volmaakte oneetbare perzik, G. 1978; Het blindst van de vlek, G. 1983; Een geur van verbrande veren, G. 1991 (d. 1996); De tijd staat open, G. 1996; Helder maar grijzer, G. 1978–96, 1998. – Übs.: Ohne Namen, G. 1972.
L: Een tuin in het niks, hg. W. Kusters 1983 u. 1986; K. Fens, 1993; A. Söteman, Verzen als leeftocht, 1998.

Kovač, Mirko, serb. Schriftsteller, * 26. 12. 1936 Petrovići. Stud. Theaterwiss. Belgrad, lebte ebda. als freier Schriftsteller, ab 1991 im kroat. Exil. – In s. experimentellen Romanen u. Hörspielen geht K. von konventionellen Situationen aus, um die Realität schließl. ins Absurde zu verfremden.
W: Gubilište, R. 1962; Moja sestra Elida, R. 1965 (d. 1966); Ruganje s dušom, R. 1976; Životopis Malvine Trifunović, R. 1977; Vrata od utrobe, R. 1978; Rane Luke Meštrevića, En. 1980; Uvod u drugi život, R. 1983; Europska trulež, Ess. 1986; Nebeski zaručnici, En. 1987; Izabrana proza (AW), 1990; Kristalne rešetke, R. 1995; Rastresen život, R. 1996; Na odru, En. 1996; Cvjetanje mase, Ess. 1997; Knjiga pisama 1992–1995, hg. 1998; Antimemoari, 2001.
L: N. Ibrahimović, 1989.

Kovačević, Dušan, serb. Dramatiker, * 12. 7. 1948 Mrdjenovac. Dramaturgie-Diplom Belgrad, freier Autor ebda. – K.' Komödien sind gleichzeitig polit. Dramen u. absurde Farcen über serb. Mentalität mit Hang zum Irrationalen.
W: Maratonci trče počasni krug, Dr. 1973; Proleće u januaru, Dr. 1978; Sabirni centar, Dr. 1981; Ko to tamo peva, Drb. 1981; Balkanski špijun, Dr. 1983; Profesionalac, Dr. 1990; Bila jednom jedna zemlja, R. 1995; Lari Tompson, Dr. 1996; Kontejner sa pet zverdica, Dr. 1999; Doktor Šuster, Dr. 2000.

Kovačić, Ante, kroat. Schriftsteller, 6. 6. 1854 Oplaznik – 10. 12. 1889 Vrapče b. Zagreb. Armer Bauernsohn, Stud. Rechte Zagreb als Werkstudent (Schreibkraft u. Gelegenheitsschriftsteller), 1888 Rechtsanwalt in Karlovac, Zagreb, Glina. Starb in geistiger Umnachtung. – S. Jugendlyrik u. -prosa tragen noch romant. Züge u. idealisieren die kroat. Vergangenheit; in s. späteren Werken ist K. bereits Realist, der unbarmherzig Kritik an den herrschenden gesellschaftl. Verhältnissen übt, bis zu Satire, Parodie und Karikatur. Der Gegensatz von Stadt u. Land, Arm u. Reich, die geistige Zurückgebliebenheit, Zwietracht u. Neid, bes. aber das Schicksal Intellektueller bäuerl. Herkunft in der als verderbt geschilderten Stadt bilden die Themen s. Romane u. Novellen.

W: Baruničina ljubav, R. 1878; Seoski učitelj, N. 1880; Ladanjska sekta, N. 1880; Fiškal, R. 1882; Smrt Babe Čengićkinje, Par. 1888; Sabrane pripovijesti, Nn. 1910; U registraturi, R. 1911; Feljtoni i članci, 1952. – Djela (W), II 1962; Izabrana djela (AW), hg. I. Frangeš 1964.

L: V. Anić, 1971; M. Šicel, 1984.

Kovačić-Goran, Ivan, kroat. Dichter, 21. 3. 1913 Lukovdol – Mitte Juli 1943 b. Vrbnica gefallen. Stud. Philol. Zagreb nicht beendet. Mitarbeiter mehrerer Zsn.; Partisan im 2. Weltkrieg. – Außer lyr. Gedichten, Übsn. franz. Symbolisten und e. monumentalen, in Sestinen geschriebenen Poems auf die Leiden der Opfer des 2. Weltkriegs schrieb K.-G. Novellen, in denen er die Alltagssorgen des einfachen Volkes und s. Kampf um das tägl. Brot darstellt.

W: Lirika, G. 1932; Dani gnjeva, Nn. 1936; Jama (Das Massengrab, d. 1962), Poem 1944; Ognji i rože, G. 1945. – Djela (W), VII 1946–49; Izabrana djela (AW), hg. V. Pavletić 1975; Sabrana djela (GW), V 1983.

Kovič, Kajetan, slowen. Schriftsteller, * 21. 10. 1931. Stud. Lit. Ljubljana, Journalist. Veröffentlichte 1953 mit drei anderen Autoren programmat. Gedicht gegen Sozialist. Realismus. – K. bringt das Naturerlebnis u. die intime Beichte in die Dichtung zurück, konzentriert sich dabei auf inneres Erleben.

W: Prezgodnji dan, G. 1956; Korenine vetra, G. 1961; Ogenjvoda, G. 1965; Ne bog ne žival, R. 1965; Tekma, R. 1970; Moj prijatelj Piki Jakob, Kdb. 1972 (d. 1999); Labrador, G. 1976; Poletje, G. 1990; Sibirski ciklus in druge pesmi raznih let, G. 1992; Put v Trento, R. 1994; Profesor Domišljije, R. 1996 (Professor der Phantasie, d. 1998).

L: T. Štoka, 1994.

Kovner, Abba, hebr. Dichter, 14. 3. 1918 Sevastopol/Krim – 25. 9. 1987 Eyn ha-Choresh/Israel. S. Kindheit und Jugend verbrachte der in einem zionist. Elternhaus aufgewachsene K. in Wilna. Nach Einmarsch der Wehrmacht in Polen schloß er sich einer Widerstandsgruppe an und wurde schließlich Partisanenführer. Ende des 2. Weltkriegs kam er nach Palästina, nahm aktiv an der Organisation der illegalen Einwanderung teil. – K. veröffentlichte 1947 s. ersten Gedichtband. Es folgten weitere acht Bände und ein Roman. K. war einer der Mitgründer des weltweit bekannten Diaspora-Museums in Tel Aviv. S. Werk handelt vom Holocaust wie auch vom neuen Leben im Altneuland.

W: Ad lo Or, G. 1947; Panim el Panim, R. 1953; Achoti ketana, G. 1967; El, G. 1980; Megilot ha-Esh, G. 1981; Kol Shirey A. K. (GW), 1996. – *Übs.:* Abba Kovner and Nelly Sachs: Selected Poems, engl. 1971; Mother and Child, Dr., engl. 1972; A Canopy in the Desert, engl. 1973; My Little Sister and Selected Poems, engl. 1986.

Kozak, Juš, slowen. Schriftsteller, 26. 6. 1892 Laibach – 29. 8. 1964 Ljubljana. Stud. Geschichte u. Geographie Wien, Laibach; Gymnasiallehrer ebda., 1935–41 Redakteur der belletrist. Zs. ›Ljubljanski zvon‹; im 2. Weltkrieg 1942 in Italien interniert, später Partisan, nach dem Krieg Intendant des Slowen. Nationaltheaters Ljubljana. – Begann mit polit. Artikeln, satir. Essays, Skizzen u. Novellen, in denen er die nationalen u. soz. Zustände kritisierte; s. Romane behandeln gesellschaftl. Erscheinungen zwischen den beiden Kriegen, den Konflikt zwischen Stadt u. Land, legen die ästhet. Ideen des Vf. dar oder sind der Widerhall s. Haftzeit.

W: Razori, N. 1918; Beli macesen, N. 1926; Šentpeter, R. 1931; Celica, R. 1932; Maske, Nn. 1940; Blodnje, Ess. 1946; Lesena žlica, R. II 1947–52. – Izbrana dela (AW), IV 1959–62; Zbrane delo (GW), 1988. – *Übs.:* J. Glonar, Slowen. Erzählungen, 1933; Hille-Hafner, Slowen. Novellen, 1940; Jugoslaw. Erzähler, hg. M. u. W. Jähnichen 1966, 1976.

Kozak, Primož, slowen. Dramatiker u. Essayist, 11. 9. 1929 Ljubljana – 22. 12. 1981 ebda. Stud. Philol. u. Dramaturgie; Dramaturgieprof. ebda. – In s. Dramen bearbeitet K. moral., gesellschaftl. u. polit. Gegenwartsprobleme mit Annäherung an Sartres Existenzialismus.

W: Afera, Dr. 1962; Dialogi, Dr. 1962; Kongres, Dr. 1968; Legenda o svetem Che, Dr. 1969; Direktor, Dr. 1970; Peter Klepec v Ameriki, E. 1971.

L: Z. Milutinović, 1992.

Kozakov, Michail Ėmmanuilovič, russ. Schriftsteller, 23. 8. 1897 Romadon/Ukraine – 16. 12. 1954 Moskau. Stud. Medizin Kiew ohne Abschluß, Journalist, dann Jurist, Verteidiger beim sowjet. Gericht; 1922 in Leningrad. – Schrieb Erzählungen, in deren Personendarstellung Einwirkung Dostoevskijs erkennbar ist, dessen Einfluß in der psychologisierenden Manier im Kurzroman ›Meščanin Adamejko‹ offenkundig ist. Posthum erschien s. von ihm noch überarbeiteter hist. Roman ›Krušenie imperii‹ mit ungewöhnl. eingehender Schilderung des zerfallenden zarist. Reichs und der Februarrevolution von 1917.

W: Popugaevo sčast'e, En. 1924; Meščanin Adamejko, R. 1927; Krušenie imperii, R. IV ^{2}1956. – Izbrannye sočinenija, IV 1929–31.

Kozarac, Josip, kroat. Schriftsteller, 18. 3. 1858 Vinkovci – 21. 8. 1906 Koprivnica. Sohn e. Stabsfeldwebels; Stud. Forstwirtschaft Wien, übte s. Beruf in versch. Orten der kroat. Provinz, 1885– 98 in Lipovljani, aus. 1896–98 Redakteur des ›Šumarski list‹. – Nach romant.-lyr. Gedichten u. dramat. Versuchen mit Molièreschen Typen entfaltet sich K. in s. realist. Novellen u. Romanen, die die naturwiss. u. soziolog. Ideen Darwins u. A. Smiths widerspiegeln, zum führenden Erzähler s. slawon. Heimat, die gerade damals e. einschneidende Veränderung ihrer Wirtschaftsstruktur erlebte.

W: Tartuffov unuk, K. 1878; Turci u Karlovcu, K. 1878; Tuna Bunjavilo, K. (1879); Priče djeda Nike, Nn. 1880; Biser Kata, N. 1887; Slavonska šuma, Sk. 1888; Tri ljubavi, N. 1889; Tena, N. 1889; Mrtvi kapitali, R. 1889; Medju svjetlom i tminom, R. 1891. – Sabrana djela (GW), X 1934–41; Djela (W), 1950; Izabrana djela (AW), hg. E. Štampar 1964.

Kožík, František, tschech. Schriftsteller, 16. 5. 1909 Uherský Brod – 5. 4. 1997 Prag. Stud. Jura, Philos. u. Musik Brünn; zeitweilig Mitarbeiter des Rundfunks ebda. u. in Prag. – Vf. stimmungsvoller Lyrik, faszinierender Hörspiele u. von Romanen u. Künstlerbiographien (Cervantes, Shakespeare, Janáček u. a.). Auch Jugendlit.

W: Trnitá souhvězdí, G. 1930; Nové srdce, N. 1936: Cesta k lidem, G. 1938; Sejdeme se?, R. 1938; Největší z pierotů, R. 1939; Lásky odcházejí, R. 1943; Na dolinách svítá, R. 1947; Přátelství, Dr. 1948; Josef Mánes, R. 1955 (Palette d. Liebe, d. 1958); Bolestný a hrdinský život J. A. Komenského, B. 1958 (d., engl., franz. 1958; holländ. 1959); Po zarostlém chodníčku, B. 1967; Třikrát se ohlédni, En. 1970; Pouta věrnosti, R. 1971; Sníh padá na hradiště, B. 1971; Noci na Zvíkově, Dr. 1973; Město šťastných lásek, En. 1974; Sabina, Dr. 1975; Kouzelník z vily pod lipami, B. 1976; Na křídle větrného mlýna, B. 1977; Neklidné babí léto, B. 1979; Comenius, R. 1981; Fanfáry pro krále, R. 1983; Šavle a píseň, R. 1984; Věnec vavřínový, R. 1987; Černé slunce, R. 1992; Isem vánočnímu stroum podoben, R. 1993; Čas třešeň, R. 1995.

L: J. Hrabák, 1984.

Kozioł, Urszula, poln. Lyrikerin, Prosaistin, Dramatikerin, * 20. 7. 1931 Rakówka b. Biłgoraj. Stud. Polonistik Breslau. Zahlreiche Ehrungen u. Auszeichnungen. 1988 im Vorstand des poln. PEN-Clubs. Wohnt seit 1956 mit Unterbrechungen in Breslau. – Ungeachtet der begeisterten Aufnahme des autobiograph. Romans ›Postoje pamięci‹ und der Erfolge als Dramatikerin, wird K. vorrangig als Lyrikerin gewürdigt. Ihr erster Band ›W rytmie korzeni‹ wurde 1963 einhellig als sensationelles Debüt bewertet. Das sichere Gespür für die poet. Dimension des Wortes und dessen Möglichkeit, neue Bedeutungsbereiche zu erschließen, sowie die thematische Geschlossenheit geben diesem Band jenen individuellen Status, der auch das Gesamtwerk auszeichnet. Philos. Dominante: die dramat. empfundene Vergänglichkeit der individuellen Existenz. Nahezu myth. ist die Bindung an die Natur, v. a. an die Erde. Das Bewußtsein des verlorenen Lebens ist Folge gesellschaftl. Erfahrungen. Die polit. Zwänge der 80er Jahre begründeten in ›Żale‹ den Grundton der Klage u. der Enttäuschung.

W: W rytmie korzeni, G. 1963; Postoje pamięci, R. 1964; Smuga i promień, G. 1965; Lista obecności, G. 1966; Żalnik, G. 1989; Postoje słowa, G. 1994. – G.-Ausw. 1985. – *Übs.:* Im Rhythmus der Sonne; Im Zeichen des Feuers (G.-Ausw.), 1997.

L: Łukasiewicz, 1981.

Kozjubinsky, Mychajlo → Koc'ubyns'kyj, Mychajlo

Koz'ma Prutkov → Prutkov, Koz'ma Petrovič

Koźmian, Kajetan, poln. Schriftsteller, 31. 12. 1771 Gałęzowo – 7. 3. 1856 Piotrowice. Aus Kleinadel, bis 1812 Staatsreferendarius. 1830 Rückzug aus dem Amt. – Führender Vertreter des Pseudoklassizismus. Übs. klass. u. franz. Dichtung. S. Hauptwerk über das Landleben, als Epos in 4 Gesängen angelegt, verfehlt trotz ausgezeichneter Naturbeschreibungen s. Wirkung. Ferner polit. Oden auf Napoleon u. fesselnde Denkwürdigkeiten.

W: Ziemiaństwo polskie, Ep. 1839 (The Georgics of Poland, engl. W. Jones o. J.; n. 1981); Stefan Czarniecki, Ep. 1858; Pamiętniki, Mem. III 1858–65 (neu 1972). – Różne wiersze, G. 1881; Pisma prozą, 1888; GW, III 1972.

L: K. Wojciechowski, 1897; P. Stamm, Diss. Greifsw. 1942; P. Żbikowski, 1972.

Krag, Vilhelm Andreas Wexels, norweg. Dichter, 24. 12. 1871 Kristiansand – 10. 7. 1933 Ny-Hellesund-Søgne. ⚭ 1897 Beate Kielland, 1908–11 Leiter des Nationaltheaters Oslo. Lebte meistens auf e. Insel, die ihm s. Bewunderer geschenkt hatten. – Initiator der neuromant. Lyrik des Sørlandet mit melod. zarten Versen von weicher Stimmung, z. T. dunklen Tönen und leisem Humor unter Einfluß J. P. Jacobsens und H. Drachmanns. Vertonungen von E. Grieg. Auch Erzähler, bes. von Novellen vornehml. aus dem einfachen Leben der Fischer im heimatl. Sørlandet, und Dramatiker. S. Roman e. Phantasten und Träumers ›Hjemve‹ trägt starke autobiograph. Züge.

W: Digte, G. 1891 (Ausw. d. 1896 f., 1903); Nat, G. 1892; Sange fra syden, G. 1893; Hjemve, R. 1895; Den glade Løitnant, E. 1896 (Der lustige Leutnant, d. 1897); Nye Digte, G. 1897; Den sidste Dag, Dr. 1897; Marianne, E. 1899; Vestlandsviser, G. 1898 (Ausw. d. 1903); Baldevins Bryllup, Dr. 1900; Lille Bodil, R. 1902; Situationens Herre, Dr. 1903; Norge, G. 1903; Major von Knarren og hans Venner, E. 1906 (d. 1909); Jomfru Trofast, Dr. 1906; Hos Maarten og Silius, E. 1912; Slangen i Paradiset, Dr. 1914; Sange fra min Ø, G. 1918; Stenansigtet, R. 1918; Viser og Vers, 1919; Verdens barn, G. 1920; Dengang vi var tyve Aar, Erinn. 1927; Heirefjæren, Erinn. 1928; De skinnende hvide Seil, Erinn. 1931. – Samlede dikt, G. II 1993–94; Dikter i utvalg, G. 1971; Skrifter, VI 1926–30.

L: H. Smitt Ingebretsen, En dikter og en herre, 1942; A. B. Wilse, Norsk landskap og norske menn, 1943; C. F. Engelstad, 1972; G. Opstad, Fandango! – en biografi om V. K., 2002.

Krajnij, Anton → Hippius, Zinaida Nikolaevna

Kráľ, Fraňo, slovak. Dichter, 9. 3. 1903 Barton/ OH – 3. 1. 1955 Bratislava. In der Jugend Hirte u. Holzfäller, dann Lehrer in Preßburg. – S. Lyrik u. Prosa stehen im Dienste der zweckgebundenen ›proletar. Poesie‹ u. schildern das Elend der Entrechteten u. ihre Hoffnung auf e. bessere Zukunft.

W: Čerň na palete, G. 1930; Balt, G. 1931; Čenkovej deti, R. 1932; Cesta zarúbaná, R. 1934; Poh’ adnice, G. 1936; Stretnutie, R. 1945; Z noci do úsvitu, G. 1945; Bude, ako nebolo, R. 1950 (Es tagt hinter den dunklen Wäldern, d. 1954); Jarnou cestou, G. 1952. – Spisy (W), VI 1950–57; Dielo (W), 1983.

L: L. Knězek, 1953; J. Brezina, 1968; F. K., 1974.

Kráľ, Janko, slovak. Dichter, 24. 4. 1822 Liptovský Mikuláš – 23. 5. 1876 Zlaté Moravce. Stud. Jura Preßburg, Pest; 1848 wegen Teilnahme am Aufstand gegen Ungarn zum Tode verurteilt, auf Fürsprache des Banus Jelačić begnadigt; 1858 Rechtsanwalt in Z. Moravce. – Bedeutendster Romantiker der Schule Štúrs. Scheu, empfindsam, zerfahren, voller Weltschmerz, sucht im Geiste Byrons in stark subjektiver Lyrik u. düster-trag. Balladen nach innerer Freiheit, rebelliert gegen die herrschende Gesellschaftsordnung.

W: Piesen bez mena, G. 1844; Zverbovaný, G. 1844; Orol, G. 1845; Zajasal blesk jasnej zory, G. 1861. – Balady a piesne, hg. J. Vlček 1893; Neznáme básne, 1938; Súborné dielo (GW), 1952, 1959; Poézia, Ausw. 1976.

L: R. Brtáň, 1946; ders., 1972; M. Pišút, 1957; M. Rúfus, hg. 1976; J. Sloboda, S. Šmatlák hg. 1976; P. Vongrej, Syn sveta, 1989.

Králik, Štefan, slovak. Dramatiker, 8. 4. 1909 Závodie – 30. 1. 1983 Bratislava. Berufstätig als Arzt. – Neben traditionellen wie auch imaginativ-experimentierenden Dramen (40er Jahre) schrieb er (in den 50er Jahren) tendenziöse Stücke im Sinne des sozialist. Realismus, später versuchte er, einige Schematismen im dramatischen Aufbau zu überwinden.

W: Mozoľovci, Dr. 1942; Veľrieka, Dr. 1943; Trasovisko, Dr. 1945; Posledná prekážka, Dr. 1946; Hra bez lásky, Dr. 1947; Hra o slobode, Dr. 1948; Buky podpolianske, Dr. 1949; Horúci deň, Dr. 1952; Svätá Barbora, Dr. 1953; Margaret zo zámku, Dr. 1974; Krásna neznáma, Dr. 1976. – Drámy (Ausw.), 1957; Hry (Ausw.), 1983.

L: Z. Rampák, Dramatik Š. K., 1975.

Krall, Hanna, poln. Schriftstellerin und Journalistin, * 20. 5. 1937 Warschau. Überlebte als Jüdin die dt. Besatzung im Versteck e. poln. Familie. Stud. Journalistik Warschau. 1966–69 Korrespondentin in Moskau. Mit der Verhängung des Kriegszustandes (1981) beendete sie ihre Zeitungsarbeit. Zahlreiche poln. u. internationale Auszeichnungen. Lebt in Warschau. – Ihre ersten Reportagen zeichnen das Leben einfacher Menschen, v. a. in der SU, nach. Weltbekannt wurde sie durch die in ›Zdążyć przed Panem Bogiem‹ aufgezeichneten Gespräche mit Mark Edelman, einem der letzten Anführer des Aufstandes im Warschauer Ghetto. Charakteristisch ist ihr auf Sachlichkeit bedachter knapper Stil sowohl in der Prosa wie in den lit. Reportagen. Sie wertet nicht, sie registriert nur das ihr anvertraute Geschehen und meidet jede heroische Verklärung. Auf der Suche nach Spuren poln. Juden stößt sie stets auf ineinander verwirrte poln.-jüd.-dt. Schicksale, auf alltägliches Heldentum und Akte menschlicher Solidarität.

W: Zdążyć przed Panem Bogiem, Rep. 1977 (Dem Herrgott zuvorkommen, d. 1979); Sublokatorka, R. 1985 (Die Untermieterin, d. 1986); Hipnoza, Rep. 1989 (Legoland, d. 1990); Taniec na cudzym weselu, Rep. 1993 (Tanz auf fremder Hochzeit, d. 1993); Dowody na istnienie, En. 1995 (Existenzbeweise, d. 1995); Tam już nie ma żadnej rzeki, Rep. 1998 (Da ist kein Fluß mehr, d. 1999). – *Übs.:* Unschuldig für den Rest des Lebens. Lit. Rep. 1983.

Kranjčević, Silvije Strahimir, kroat. Dichter, 17. 2. 1865 Senj – 29. 10. 1908 Sarajevo. Sohn e. kleinen Beamten, gab das Theol.-Stud. in Rom auf u. wurde 1886 Lehrer, Schulinspektor, Redakteur u. Mitarbeiter mehrerer lit. Zsn., bes. ab 1893 der Zs. ›Nada‹ in Sarajevo. 1904 Direktor der Handelsschule ebda. – Begann mit pathet.-patriot. Lyrik, wandte sich jedoch mehr zeitgebundenen Problemen zu u. übte Kritik an nationalen, kulturellen u. soz. Verhältnissen, wobei das allg. Menschliche immer mehr in den Vordergrund tritt u. e. neue freiheitl. Weltordnung angestrebt wird. Wie kein anderer verstand es K., s. Gefühle auszudrücken, jedoch erklingen aus s. Dichtung oft neben tiefem Pessimismus auch beißende Ironie u. Sarkasmus.

W: Bugarkinje, G. 1885; Izabrane pjesme, G. 1898; Trzaji, G. 1902; Pjesme, G. 1908; Pjesnička proza, hg. M. Marjanović 1912. – Sabrana djela (GW), III 1958–67; Djela (W), IV 1934; Izabrana djela (AW), hg. I. Frangeš 1964; Izabrana djela (AW), 1996.

L: I. Kecmanović, 1958; I. Frangeš, 1967; I. Krtalić, 1979; D. Jelčić, 1984.

Kranjec, Miško, slowen. Schriftsteller, 15. 9. 1908 Velika Polana – 8. 6. 1983 Ljubljana. Bauernsohn, Jugend in Prekmurje; Stud. Slawistik

Laibach; schloß sich frühzeitig der Arbeiterbewegung an, ab 1939 mehrmals in Haft u. Internierung, nahm als Partisan am 2. Weltkrieg teil, Redakteur versch. Zsn., Verlagsdirektor der größten Verlagsanstalt Sloweniens, Cankarjeva založba. – In realist. Novellen u. Romanen beschreibt K. den Existenzkampf des kleinen Mannes, s. Sehnsucht nach e. besseren Zukunft, bearbeitet Kriegsmotive u. setzt sich mit zeitgenöss. Problemen auseinander, wobei das fruchtbare Murinsel-Gebiet mit s. Feldern, Wäldern u. Flüssen den maler. Hintergrund bildet.

W: Smehljaj, N. 1930; Težaki, R. 1932; Sreča na vasi, Nn. 1933; Predmestje, R. 1933; Pesem ceste, R. 1934; Os življenja, R. 1935; Tri novele, Nn. 1935; Zalesje se prebuja, E. 1936; Kapitanovi, R. 1938; Pot do zločina, Dr. 1939; Povest o dobrih ljudeh, R. 1940; Pesem gora, R. 1946; Fara Svetega Ivana, R. 1947; Beg s kmetov, R. 1950 (Sprung in die Welt, d. 1953); Režonja na svojem, R. 1950 (Herr auf eigenem Grund, d. 1953); Štiri novele, En. 1954; Zgubljena vera, R. 1954; Macesni nad dolino, R. 1957; Za svetlimi obzorji, R. IV 1960–63; Rdeči gardist, R. III 1964–67; Svetlikanje jutra, An. 1968; Strici so mi povedali, R. 1974; Oče in sin, R. 1978. – Izbrano delo (AW), XII 1972, V 1977. – *Übs.*: Jugoslaw. Erzähler von Lazarević bis Andrić, 1966.

L: F. Zadravec, 1963.

Krantz, Judith, amerik. Erzählerin, * 9. 1. 1927 oder 1928 New York. Wellesley College, B. A. 1948, ∞ seit 1954 mit e. Filmproduzenten, lebt in Beverly Hills. – Als Journalistin von Frauen-Zsn. lernte K. die Glamourwelt von Mode u. Hollywood von innen kennen, über die sie in ihren Unterhaltungsromanen schreibt.

W: Scruples, R. 1978 (d. 1982); Princess Daisy, R. 1980 (d. 1980); Mistral's Daughter, R. 1982 (d. 1984); I'll Take Manhattan, R. 1986; Till We Meet Again, R. 1988; Dazzle, R. 1990; Scruples Two, R. 1992 (Luxus, d. 1995); Lovers, R. 1994; J. K., R.-Slg. 1994; Spring Collection, R. 1996; The Jewels of Tessa Kent, R. 1998; Sex and Shopping, Mem. 2000.

Krapiva, Kandrat (eig. K. Atrachovyč), weißruss. Schriftsteller, 5. 3. 1896 Nizok – 7. 1. 1991 Minsk. Volksschullehrer; 1920 Soldat der Roten Armee im Bürgerkrieg; 1926–30 Stud. Minsk; Direktor des Sprachwiss. Instituts ebda.; Hrsg. von weißruss.-russ. Wörterbüchern, Grammatiken des Weißruss. – Erzähler, Dramatiker und Lyriker des sozialist. Realismus. Antireligiöser Satiriker. Volkstüml. Sprache mit nationalem Kolorit.

A: Zbor tvoraŭ (GW), III 1956, IV 1963; Izbrannye basni, 1969; Zbor tvorau, VI 1997ff.

Krasicki, Ignacy Graf von Siecin, poln. Dichter, 3. 2. 1735 Dubiecko/Galizien – 14. 3. 1801 Berlin. Aus altem Adel. Zum Priester bestimmt; Jesuitenschule Lemberg, später Rom. Unter König Stanisław August Poniatowski Hofprediger, Gerichtspräsident in Lublin u. Lemberg. 1765 Fürstbischof von Ermland. 1769 Auslandsreise aus Gesundheitsgründen. 1772 preuß. Staatsbürger. Residierte in Heilsberg. Freundschaft mit Friedrich II. von Preußen; Besuche in Sanssouci; Zerwürfnis mit dem poln. König als Folge; 1782 Aussöhnung mit Stanisław August in Warschau. 1795 Erzbischof von Gnesen, residierte in Skierniewice. Beteiligung am Kulturleben Warschaus. – Typ. Vertreter des fortschrittl. Adels mit scharfem, krit. Verstand. Vorzügl. Anpassungsvermögen an die bestehende Lage. Bedeutendster poln. Dichter der Aufklärungszeit. Schöpfer e. reinen, ausdrucksvollen, lebendigen Sprache. Realist; s. erstes größeres Werk 1775 e. heroisch-kom. Epos ›10 Lieder der Mäuseade‹, verdeckte Zeitsatire, beeinflußt von Voltaire, Boileau u. Gresset, sehr erfolgreich. Erziehungsromane in der Nachfolge Fénelons, Rousseaus, Defoes u. Swifts. In ›Pan Podstoli‹ Darstellung e. idealen poln. Landedelmannes. Ferner Utopien, Lebensbeschreibungen. Übs. (Hesiod u. Ossian). Beschäftigung mit Poetik. Rational klare u. sprachl. knappe Fabeln. In Satiren Verbindung von aggressiver Lyrik mit genrehafter Epik. Hist.-krit. Epik nach Voltaires ›Henriade‹. Ferner Komödien für das Hoftheater, Versepisteln, zahlr. Erzählungen u. Gedichte.

W: Myszeis, kom. Ep. 1775 (n. 1982, Die Mäuseade, d. 1790); Mikołaja Doświadczyńskiego przypadki, R. 1776 (Begebenheiten des M. D., d. 1777); Pan Podstoli, R. 1778–84 (Der Herr Untertruchseß, d. 1779); Historia na dwie księgi podzielona, Schr. 1779; Monachomachia, kom. Ep. 1778 (Der Mönchskrieg, d. 1870); Satyry, 1779 (n. L. Bernacki 1908 d. 1785); Bajki i przypowieści na cztery części podzielone, Fabeln 1779 (Fabeln, d. 1914); Statysta, 1780; Antymonachomachia, Ep. 1780; Wojna Chocimska, 1780; Zbiór potrzebniejszych wiadomości, Enzykl. II 1783 (n. 1979). – Dzieła (SW), XVIII 1829–33; VI 1878 f.; Utwory wybrane (AW), II 1980; Wybór liryków (G.-Ausw.), 1985; Pisma wybrane (AW), IV 1954; Komedie, 1956; Satyry i listy, 1958; Korespondencja, II 1958.

L: K. Wojciechowski, [2]1922; P. Cazin, Le Prince évêque de Varmie I. K., 1940, poln. 1983; J. Kleiner, 1956; T. Łopalewski, 1958; J. Nowak-Dłużewski, 1964; Z. Goliński, 1986; D. J. Welsh, 1969 (engl.); M. Piszczkowski, [2]1976; R. Wołoszyński, 1970; Z. Goliński, 1979; W. Maciąg, 1984.

Krasiński, Zygmunt Graf, poln. Dichter, 19. 2. 1812 Paris – 23. 2. 1859 ebda. Aus Hochadel; Vater Wincenty Adjutant Napoleons, später General in russ. Diensten. Kindheit z. T. auf s. Familiengut in Opinogóra. Erziehung Józef Korzeniowski, dann Lyzeum, später Univ. Warschau. Jugendeindrücke durch die militär. Tradition des Vaters u. die Begegnung mit der Elite des poln. Klassizismus im Elternhaus. Verließ aus polit. Gründen 1829 die Univ. Warschau. Lebte seitdem im Ausland, zunächst Genf; durch Odyniec mit Mickiewicz bekannt gemacht; 1831 war das Verbot des zarist. gesinnten Vaters an der Revolution teilzunehmen Ursache für schwere innere Auseinandersetzungen. Reise nach Wien, von dort 1836 nach Rom. 1843/44 erneuter Polenaufenthalt. ∞ Elżbieta Gräfin Branicka. 1847 Wiederbegegnung mit Mickiewicz in Rom. Starb an e. Brustleiden. – Sehr frühreifer Dichter, jüngster u. gedankentiefster des großen romant. Dreigestirns. In Wien entstand 1832 ›Nie-Boska Komedia‹, die Tragödie zweier gegensätzl. großer Menschen in e. untergehenden Welt. Darstellung der Auseinandersetzung zwischen Aristokratie u. Demokratie. Fortsetzung dieser Gedanken in der objektiv-nüchternen Geschichtsbetrachtung des ›Irydion‹ 1836, in antikisierter Form Darlegung der polit. Ansichten K.s. Haß u. Rachedurst werden als Mittel für e. wirkl. Befreiung abgelehnt. Seit 1858 Beschäftigung mit Philos. u. Historiographie, Hegel u. dem poln. messianist. Philosophen Cieszkowski. Hinwendung zum poln. Messianismus: Die Leiden der poln. Nation als von Gott auserwählter sind Voraussetzung für eine echte Wiedergeburt der Nation. 3. Hauptwerk ›Przedświt‹, Visionen mit s. Geliebten Delphina Potocka: Allegorie u. Apotheose Polens. Im Spätwerk Verkündigung des Klassensolidarismus, Polemik mit Słowacki. Fast alle Werke anonym oder unter Ps. Starker Einfluß auf Sienkiewicz.

W: Grób rodziny Reichstałów, R. 1828; Władysław Herman i dwór jego, R. III 1830; Agay-Han, R. 1834, (d. 1840); Nie-Boska Komedia, Dr. 1835 (Ungöttliche Komödie, d. 1841, 1917, Bühnenbearb. F. T. Csokor 1959); Irydion, Dr. 1836 (d. 1846 u. 1881); Modlitewnik, G. 1837 (gedr. 1899); Trzy myśli Henryka Ligenzy, Schr. 1840 (d. 1897); Noc letnia, G. 1841 (Die Sommernacht, d. 1881); Pokusa, G. 1841 (Die Versuchung, d. 1881); O stanowisku Polski z Bożych i ludzkich względów, Schr. III 1841 (gedr. 1912); Przedświt, G. 1843 (L'aube, franz. 1904); Ostatni, G. 1847; Dzień dzisiejszy, G. 1847; Lettres à Montalembert et ... Lamartine, Schr. 1847; Psalmy przyszłości, G. 1848; Psalm żalu, G. 1848; Psalm Dobrej Woli, G. 1848; Niedokończony poemat, G. 1860. – HkA. J. Czubek VIII 1912; L. Piwiński XII 1931; Dzieła literackie, III 1973; Wiersze, poematy, dramaty (AW), 1980; Briefe, 1860, III 1882–87, 1885, an H. Reeve II 1902; an A. Scheffer 1909, an S. E. Koźmian 1912; m. A. v. Cieszkowski II 1912; an D. Potocka III 1930 bis 1938 (Hundert Briefe an D., d. 1967); an d. Vater 1963; an J. Lubomirski 1965; an A. Sołtan 1970; an K. Gaszyński 1971; an Fam. Koźmian 1977; an S. Małachowski 1979.

L: J. Kallenbach 1904; J. Baczyński, 1912; J. Kleiner, II 1912 u. 1948; T. Grabowski, 1912; M. Gardner, Cambr. 1919; A. Brückner, 1927; T. Pini, 1928; M. Bersano, Rom 1932; M. Kridl, Lond. 1946; W. Guenther, Lond. 1956; K. żywy, Lond. 1959; Z. K., 1960; M. Janion, 1962; Z. K. Romantic Universalist, N. Y. 1964; Z. Sudolski, Koresp. Z. K. 1968; M. Śliwiński, Antyk i chrześcijaństwo w twórczości Z. K., 1986.

Krasko, Ivan (eig. Ján Botto), slovak. Lyriker, 12. 7. 1876 Lukovištia b. Rim. Sobota – 3. 3. 1958 Bratislava. Stud. Chemie Prag nach 1918 Beamter u. Politiker, Mitgl. der tschech. Akad. – Vertreter der ›slovak. Moderne‹. Aus düster-pessimist. Betrachtungen über den Sinn des Seins flüchtet K. zu Gott, findet e. Ausweg in der Liebe zur Heimat u. Menschheit; bevorzugt Symbole aus der ma. Mystik u. Naturbilder zur Wiedergabe s. Stimmungen. Auch lyr.-autobiograph. Prosa.

W: Nox et solitudo, G. 1909; Verše, G. 1912; Básne Ivana Krasku, 1936. – Dielo (W), 1954, 1980; Súborne dielo (GW), II 1966, 1993.

L: R. Brtáň, Poézia I. K., 1933; J. Brezina, 1946; S. Šmatlák, 1976; J. Zambor, I. K. a poézia čes. moderny, 1981.

Krásnohorská, Eliška, geb. Pechová, tschech. Schriftstellerin u. Kritikerin, 18. 11. 1847 Prag – 26. 11. 1926 ebda. Lebte 7 Jahre in Plzeň, sonst in Prag. Angeregt durch K. Světlá, trat K. an die Spitze der Frauenbewegung, für die sie bes. als Redakteurin der Zs. ›Ženské listy‹ (1875–1911) wirkte. – Nach subjektiver u. reflexiver Frühlyrik wandte sich K. der nationalen Tendenzdichtung zu, in der Pathos u. Rhetorik wuchern. Bleibenden Wert haben ihre Bilder aus dem Böhmerwald, die witzigen Versfabeln, die Libretti zu den Opern Smetanas, Bendls u. Fibichs u. ihre Autobiographie. Als Kritikerin der Revue ›Osvěta‹ lehnt K. den lit. Kosmopolitismus ab. Übs. Mickiewicz, Puškin, Byron und Hamerling.

W: Z máje žití, G. 1871; Ze Šumavy, G. 1873; K. slovanskému jihu, G. 1880; Vlny v proudu, G. 1885; Šumavský Robinson, G. 1887; Bajky velkých, G. 1889; Z mého mládí – Co přinesla léta, Aut. III 1921–28; Z literárního soukromí E. K., hg. F. Strejček 1941; Literární konfese, hg. ders. 1947. – Básnické spisy E. Pechoné-K. (GW), IV 1920–25; Výbor z díla, Ausw. II 1956.

L: F. Strejček, 1922; B. Šretrová, 1948; D. Vlašínová, 1987.

Krasnov, Petr Nikolaevič, russ. Schriftsteller, 22. 9. 1869 Petersburg – 17. 1. 1947 Moskau. Im 1. Weltkrieg General, im Mai 1918 zum Ataman der Donkosaken gewählt, die ihr Gebiet zum unabhängigen Staat erklärten, an Kämpfen gegen die Bolschewisten beteiligt, 1919 emigriert, lebte in Dtl., wirkte im 2. Weltkrieg bei der Organisation russ. Abteilungen gegen die UdSSR mit, wurde hingerichtet. – Vf. des in mehrere Sprachen übersetzten, außerhalb der SU viel gelesenen Romans ›Ot dvuglavogo Orla k krasnomu znameni‹, der vor dem Hintergrund des russ. Lebens von Nikolaus II. bis in die Zeit des Bürgerkriegs spielt.

W: Ot dvuglavogo Orla k krasnomu znameni, R. IV 1921/22 (Vom Zarenadler zur roten Fahne, d. III 1922); Za čertopolochom, R. 1922; Ponjat'-prostit', R. 1923 (Verstehen heißt Vergeben, d. II 1923).

Kraszewski, Józef Ignacy (Ps. Bohdan Bolesławita), poln. Schriftsteller, 28. 7. 1812 Warschau – 19. 3. 1887 Genf. Kindheit in Podlesie. Univ. Wilna. Vielseitige Studien. 1830 im Zusammenhang mit dem Novemberaufstand verhaftet, zum Tode verurteilt, 1832 begnadigt. 1837–53 Landwirt in Wolhynien. ∞ Sophie Woronicz. Übersiedlung nach Żytomir. Dort Theaterdirektor u. Kurator des Gymnas. Italienreise. 1860 Übersiedlung nach Warschau. 1863 Flucht nach Dresden. Eigene Druckerei ebda., doch ohne Erfolg. 1876 sächs. Staatsbürger. 1879 Dr. h. c. Krakau. 1883 Verhaftung in Berlin. Anklage durch Bismarck als franz. Spion. Haft in Magdeburg. Nach 1½ Jahren gegen Kaution krank entlassen. Kuraufenthalt in Italien; an Lungenentzündung gestorben. – Produktivster Autor der Weltlit. (ungefähr 600 Bücher). Anfangs unter Einfluß von Sterne, Jean Paul, E. T. A. Hoffmann. Freytags ›Ahnen‹ ähnl. großer Geschichtszyklus (28 Romane in 79 Bdn.), national betonte Darstellung des gesamten poln. Sozial- u. Kulturlebens. Besser s. Bauern- und zeitkrit. Romane. Aktive Stellungnahme zu Zeitereignissen, in allen mögl. lit. Aussageformen. S. Verdienst besteht in der Verdrängung der franz. Unterhaltungslit.; bis heute beliebt. Auch zahlr. publizist. u. wiss. Werke. Maler u. Komponist.

W: Poeta i świat, R. 1839 (Dichter u. Welt, d. 1864); Latarnia czarnoksięska, R. II 1843 f.; Zygmuntowskie czasy, R. 1846; Jermoła, R. 1857 (Jermola, der Töpfer, d. 1947); Szpieg, R. 1864 (Der Spion, d. 1864); Hrabina Cosel, R. 1874 (d. [4]1983); Morituri, R. 1874 f. (d. 1878); Brühl, R. 1875 (d. 1952); Z siedmioletnej wojny, R. 1876 (Aus dem 7jährigen Krieg, d. [3]1987); Stara baśń, R. III 1876 (n. 1960); Kartki z podróży 1858–64, Tg. 1866–74 (Reiseblätter, d. 1986). – Zbiór powieści, CII 1871–75; Wybór powieści, LXXX 1883–86; Cykl powieści historycznych (AW), XXIX 1959–63; Dzieła, 1959 ff.; Briefw. m. Lenartowicz, 1963; Listy do rodziny, Br. 1982 ff. – Übs.: AW, XII 1880 f.

L: Księga pamiątkowa jubileuszu J. I. K., 1881; P. Chmielowski, 1888; A. Bar, 1924; W. Danek, 1957, 1965, 1966 u. 1976; H. M. Dąbrowolska, 1957; St. Świerczewski, 1963; B. Osmólska-Piskorska, 1963; St. Burkot, 1967. – Bibl.: St. Stupkiewicz, 1966.

Krasznahorkai, László, ungar. Schriftsteller, * 5. 1. 1954 Gyula. Stud. Jura u. Hungarologie. 1977 Mitarbeiter des Verlags Gondolat. Ab 1982 freier Schriftsteller. Mit DAAD-Stipendium in Berlin u. München. 1998 Sándor-Márai-Preis, 2004 Kossuth-Preis. – Gilt als Erneuerer der großepischen Form.

W: Sátántangó, R. 1985 (Satanstango, d. 1990); Kegyelmi viszonyok, En. 1986 (Gnadenverhältnisse, d. 1988); Az ellenállás melankóliája, R. 1989 (Melancholie des Widerstands, d. 1992); Az urgai fogoly, R. 1992 (Der Gefangene von Urga, d. 1993); A Théseus-általános: titkos akadémiai előadások, Rdn. 1993; Megjött Ézsaiás, R. 1998; Háború és háború, R. 1999 (Krieg und Krieg, d. 1999); Este hat; néhány szabad megnyitás, Rdn. 2001; Északról hegy, Délről tó, Nyugatról utak, Keletről folyó, R. 2003.

L: E. Zsadányi, 1999.

Krates, altgriech. Komödiendichter (›Alte Komödie‹), Mitte 5. Jh. v. Chr. – Angebl. Schauspieler unter Kratinos, beginnt um 450 v. Chr. mit Aufführung eigener Komödien (nur 60 Fragmente erhalten). Nach Aristoteles ist K. der erste att. Komödiendichter, der auf aktuellen Spott verzichtete und durchgängig fiktive Handlungsverläufe schuf, womit er die Tendenzen des Folgejahrhunderts vorwegnehmen sollte.

A: J. M. Edmonds, Bd. 1, 1957 (engl. Übs.).

Kratinos, altgriech. Komödiendichter (›Alte Komödie‹), 5. Jh., erstes Auftreten um 450/460; von s. angebl. über 20 Stücken (nur Fragmente erhalten) sollen 9 den 1. Preis bekommen haben, 425 und 424 unterlag er Aristophanes, 423 siegte er über ihn mit ›Pytine‹. – Bedeutend für die Entwicklung der Gattung waren v. a. s. ›Reichtumsspender‹ (›Ploutoi‹), in denen das in der Folgezeit immer wieder verwendete Motiv e. ›Schlaraffenlandes‹ erstmals erscheint; am berühmtesten ist s. letztes Stück ›Pythine‹ (›Flasche‹), in dem er s. eigenen Alkoholismus in e. Ehedrama mit der Dame ›Komödie‹ auf die Schippe nimmt. K. gilt seit dem Hellenismus zusammen mit Aristophanes und Eupolis als e. der Hauptvertreter der sog. ›Alten Komödie‹.

L: D. Harvey, J. Wilkins, hg. Lond. 2000.

Kratochvil, Jiří, tschech. Schriftsteller, * 4. 1. 1940 Brünn. Nach dem Abitur (1957) Studium an der Univ. Brno, danach Lehrer u. 1966–69 Bibliothekar im Rundfunk ebda., nach 1970 Arbeiter u. nach 1983 Historiker bei der Denkmalpflege, seit 1991 im tschech. Rundfunk in Brno. – Schreibt seit 1964 Prosa u. Essays, später auch Theaterstücke. 1970–89 Publikationsverbot in der Tschechoslowakei; in dieser Zeit publizierte er im Samizdat. Nach 1990 bekannt durch seine Romane, deren thematische und stilistische Vielfalt, Heterogenität der Motive, Pluralität der Handlung u. Multiperspektivität des Erzählersubjektes ein ›offenes Werk‹ präsentiert, das oft in den Zusammenhang mit der Postmoderne und dem sog. magischen Realismus gesetzt wird.

W: Medvědí román, R. 1990; Uprostřed nocí zpěv, R. 1992 (Inmitten der Nacht Gesang, d. 1996); Orfeus z Kénigu, En. 1994; Má lásko, Postmoderno, En. 1994; Avion, R. 1995; Siamský příběh, R. 1996; Nesmrtelný příběh, R. 1997 (Unsterbliche Geschichte, d. 2000); Noční tango, R. 1999.

Kravčinskij, Sergej Michajlovič (Ps. Sergej Stepnjak), russ. Schriftsteller, 13. 7. 1851 Novyj Starodub, Gouv. Cherson – 23. 12. 1895 London. Wegen verbotener Umtriebe inhaftiert; floh 1873 ins Ausland; Teilnahme an den Aufständen in Bosnien und der Herzegowina, 1877 in Benevent; 1878 Rückkehr nach Rußland, nach e. Attentat auf den Polizeikommandanten von Petersburg erneute Flucht nach Italien. – Schrieb, meist in engl. Sprache, über die Zustände in Rußland und die dortigen revolutionären Bewegungen.

W: La Russia sotterranea, 1882; Russia under the Czars, II 1885; The Russian Peasantry, Ber. 1888; The Career of a Nihilist, R. 1889 (Andrej Kožuchov, russ. 1898). – Sobranie sočinenij (GW), VII 1917–19; Sočinenija (W), II 1958.

L: G. Dejč, 1919.

Kreft, Bratko, slowen. Schriftsteller, 11. 2. 1905 Maribor – 17. 7. 1996. Stud. Slawistik u. Dramaturgie Wien, dann Laibach. 1926–27 Redakteur der Zs. ›Mladina‹, 1932–35 Redakteur u. Hrsg. der Zs. ›Književnost‹, seit 1930 Regisseur u. ab 1957 Univ.-Prof. für russ. Lit. ebda. – In Dramen, Erzählungen u. Romanen behandelt K. gesellschaftl. Probleme versch. Perioden, die er im Geist der marxist. Ästhetik interpretiert. Auch lit. Essays u. Studien.

W: Človek mrtvaških lobanj, R. 1929; Celjski grofje, Dr. 1932; Velika puntarija, Dr. 1937; Krajnski komedijanti, Dr. 1946; Kreature, Dr. 1948; Povesti iz nekdanjih dni, En. 1950; Puškin in Shakespeare, Ess. 1952; Balada o poročniku in Marjutki, Dr. 1960 (Die Ballade von Marjutka und dem Leutnant, d. 1968); Kalvarija za vasjo, En. 1961; Gledališče in revolucija, St. 1963; Proti vetru – za vihar, Es. 1965.

L: D. Moravec, 1965; B. Borko, 1966, 1971; J. Koruza, 1974/75; A. Skaza, 1975.

Kreidekreis, Der → Li Xingdao

Krejčí, František Václav, tschech. Schriftsteller u. Kritiker, 4. 10. 1867 Česká Třebová – 30. 9. 1941 Prag. Lehrerssohn; Lehrer u. Kritiker der realist. Revue ›Rozhledy‹, ab 1897 30 Jahre Redakteur der sozialdemokrat. Zt. ›Právo lidu‹. – Als guter Kenner der europ. lit. Strömungen setzte sich K. bes. mit der Dekadenz auseinander. Vf. zahlr. lit. Monographien (Zeyer, Vrchlický, Mácha, Neruda, Havlíček), Essays u. Studien, in denen er von der erhabenen Mission der Dichtung schwärmte. S. Romane, Erzählungen u. Dramen schöpfen aus dem Leben der tschech. Legion, die K. 1919 in Sibirien aufsuchte, oder behandeln moral.-eth. Probleme der Nachkriegsgeneration. Übs. Nietzsche, Flaubert, A. France u.a.

W: Umělecké dílo v literatuře a jeho výchovná moc, Es. 1903; Sen nové kultury, Es. 1906; Půlnoc, Dr. 1911; Vlákna ve vichru, R. 1916; Povodeň, Dr. 1916; Posledni, R. 1925; Žena a vlast, Dr. 1926; U protinožců, R. 1927; Pokolení, R. 1927; Duch a krev, R. 1929; Obětované životy, R. 1936; Včera a dnes, Es. 1936 u.a. – Konec století, Ausw. 1989.

L: K. Polák, 1937.

Kreutzwald, Friedrich Reinhold, estn. Schriftsteller, 26. 12. 1803 Jömper (Jöepere), Kr. Wierland – 25. 8. 1882 Dorpat. 1824/25 Lehrer Petersburg, 1826–32 Stud. Medizin Dorpat, 1833–77 Arzt in Werro, zuletzt wieder in Dorpat. – E. der hervorragenden Persönlichkeiten des nationalen Erwachens, v.a. als Vf. des Epos → ›Kalevipoeg‹ verehrt und weit über die Landesgrenzen hinaus bekannt. S. umfangr. lit. Werk umfaßt ferner volkstüml. Schriften, Lyrik, Prosa, Dramen, meistens nach dt. Vorbildern (Lenau, Goethe, Houwald, Witschel, Jean Paul, Widmann u.a.) und e. Reihe von volkskundl. Abhandlungen in dt. Sprache; auch medizin. Schriften. S. künstler. Meisterwerk ist e. Sammlung von estn. Märchen (Bearbeitungen von volkstüml. Motiven, z.T. Kunstmärchen); s. ausgedehnte Korrespondenz von großer kulturgeschichtl. Bedeutung zeigt ihn als einen scharfen u. unabhängigen Denker.

W: Wina-katk, E. 1840; Wagga Jenowewa ajalik elloaeg, E. 1842; Ma-ilm ja mönda, Schr. V 1848f. (n. 2003); Reinowadder Rebbane, M. 1850; Paar sammokest rändamise-teed, E. 1853; Mythische u. magische Lieder d. Ehsten, 1854 (m. A. H. Neus); Kilplaste imeväerklikud jutud ja teud, E. 1857; Kalevipoeg, Ep. 1857–61 (m. d. Übs.), hkA. II 1961–63; Viru lauliku laulud, G. 1865; Eestirahva Ennemuistesed jutud, M. 1866 (Ehstnische Märchen, d. II 1869–81, ²1981); Tuletorn, Tr. 1871 (n. 2003); Rahunurme Lilled, G. II 1871–75; Vanne ja önnistus, Tr. 1875 (n. 2003); Lembitu, Ep. 1885 (n. 2003). – Teosed (W), V 1953; Fr. R. Kreutzwaldi kirjavahetus (ges. Br. in estn. Übs.), hg. M. Lepik u.a. VI 1953–79; Briefw. m. L. Koidula (d. u. estn.), hg. K. Leetberg 1910f.; Briefw. m. F. R. Faehlmann (d. u. estn.), hg. M. Lepik 1936.

L: M. J. Eisen, 1883; L. Tohver, 1932; S. Holberg, 1933; A. Annist, G. Saar, 1936; M. Lepik, L. Raud, 1953 (Album); F. R. K. maailmavaade, 1953 (m. Bibl.); E. Nirk, 1961; A. Annist, 1966; E. Nirk, 1968; G. Suits, ²1984. – *Bibl.:* H. Laidvee, 1978; V. Kabur, 1982.

Krėvė-Mickevičius, Vincas, litau. Dichter, 19. 10. 1882 Subartoniai, Kr. Alytus – 7. 7. 1954 Marple Township b. Philadelphia. Schule Petersburg u. Kazan', Priesterseminar Vilnius; Stud. Philol. Kiev, Wien, Lemberg, 1908–20 Lehrer in Baku, 1919 Konsul in Aserbeidschan, 1920 im Kultusministerium Kaunas, 1922–44 Prof. für Slawistik und Dekan Univ. Kaunas. 1940 Minister des Auswärtigen. 1944 Emigration nach Österreich, 1947 Amerika. – Romantik u. Realismus sind für s. Dichtung charakteristisch; s. Gestalten sind ewig suchende, leidenschaftl., zwiespältige Wesen, sie streben nach dem Großen und dem Leiden. Starke volkstüml. Elemente.

W: Šarūnas, Dr. 1911; Dainavos šalies senų žmonių padavimai, Ep. 1912; Šiaudinėj pastogėj, En. II 1921f.; Žentas, Dr. 1922; Skirgaila, Dr. 1925; Likimo keliais, Dr. II 1926–29; Rytų pasakos, ep. Dicht. 1930; Mindaugo mirtis, Dr. 1935; Raganius, E. 1939; Dangaus ir žemės sūnūs, Ep. 1949. – Raštai (GW), X 1920ff., VI 1956–61. L: V. Mykolaitis, 1926; J. Tumas, 1929; M. Banevičius, 1932; V. Korsakas-Radžvilas, 1940; Skardžius, 1954; J. Lankutis, 1957; ders., 1958; Česnulevičiūtė, 1982.

Kreymborg, Alfred, amerik. Literat, 10. 12. 1883 New York City – 14. 8. 1966 Millford/CT. Dt. Eltern; ärml. Jugend. – Vielseitiges Schaffen als Lyriker, Dramatiker und Kritiker. 1915–19 Hrsg. der avantgardist. Zs. ›Others‹ in New York, experimentelle Lyrik, zusammen mit W. C. Williams u. M. Moore. Später Bevorzugung konventioneller Formen; phantasievolle Versdramen für die Provincetown Players und Hörspiele.

W: Love and Life, G. 1908; Erna Vitek, N. 1914; Mushrooms, G. 1916; Plays for Poem-Mimes, Drn. 1918; Plays for Merry Andrew, 1920; Puppet Plays, 1923; Less Lonely, G. 1923; Troubadour, Aut. 1925; Lima Beans, Dr. 1925; Scarlet and Mellow, G. 1926; The Lost Sail, G. 1928; Our Singing Strength, St. 1929; Manhattan Men, G. 1929; Prologue in Hell, G. 1930; The Little World, G. 1932; The Planets, H. 1938; Selected Poems, 1945; Man and Shadow, G. 1946; No More War, G. 1950.

Krige, Uys, afrikaanser Lyriker und Dramatiker (Ps. Arnoldus Retief, Mattheus Joubert), 4. 10. 1910 Bonteboksvlei b. Swellendam – 10. 8. 1987 Onrusrivier. Juristensohn; Stud. Rechte Stellenbosch, Reisen nach Europa, England; abwechselnd in Paris, franz. Riviera, Italien, Stud. Lit. in Provence u. Marseille. Im 2. Weltkrieg Kriegskorrespondent in Nordafrika, Kriegsgefangenschaft in Italien. – Neuromantiker, vereint Einflüsse der engl. u. franz. Romantik. Schwärmt für Spanien u. den Orient. Freie Versformen mit starkem musikal. Ton; Motive: Liebe, fremde Länder u. Völker. Lyr. Dramatiker im romant. Stil; Einakter unter Einfluß von Synge. Übs. franz. u. span. Lyrik (Villon, Baudelaire, Éluard, García Lorca).

W: Kentering, G. 1935; Magdalena Retief, Dr. 1938; Rooidag, G. 1940; Die Palmboom, Prosa 1940; Die Wit Muur, Dr. 1942; Oorlogsgedigte, G. 1942; The Way Out, Aut. 1946; Sol y Sombra, Reiseb. 1949; Hart sonder Hawe, G. 1949; Alle Paaie gaan na Rome, Dr. 1949; Vir Luit en Kitaar, G. 1950; Ver in die wereld, Reiseb. 1951; Die Goue Kring, Dr. 1956; Vooraand, G. 1964; The two lamps, Dr. 1964; Orphan of the desert, Prosa 1967; Versamelde gedigte, G. 1985; Môrester oor die Abruzzi, Aut. 1987; Drie eenbedrywe, Drr. 1987; Ballades van Villon, G. 1987; Verse van Lorca, G. 1987.

L: C. van Heyningen, J. A. Berthoud, N. Y. 1967; J. C. Kannemeyer, 1988; M. Nienaber-Luitingh, 1998; J. C. Kannemeyer, 2002 (Biogr.).

Krishnamishra → Krṣṇamiśra

Kristensen, (Aage) Tom, dän. Schriftsteller, 4. 8. 1893 London – 2. 6. 1974 Thurø. Sohn e. Arbeiters. Jugend in Kopenhagen; Stud. dän., dt. u. engl. Lit. 1919–21 Reise nach China u. Japan, später viele weitere Reisen. Kurz Lehrer; ab 1924 Lit. kritiker der ›Politiken‹. – Führender dän. Lyriker nach dem 1. Weltkrieg, anfangs mit farbenreichen expressionist. Gedichten, später formal traditionelle, beherrschte, aber angstvolle Lyrik über den geistigen Nihilismus der Zeit. E. desperate Flucht von intellektuellen ›Meinungen‹ neben e. verzweifelten Suchen nach irgendeiner Religion durch Selbstvernichtung ist das Thema des von J. Joyce beeinflußten autobiograph. Romans ›Hærværk‹. In den 30er Jahren stand K. dem Kommunismus nahe, den er später zugunsten des Christentums verwarf.

W: Fribytterdrømme, G. 1920 (n. 1967); Livets arabesk, R. 1921, ³1986; Mirakler, G. 1922 (n. 1980); En anden, R. 1923; En kavaler i Spanien, Reiseb. 1926 (n. 1993); Hærværk, R. 1930, ³1993 (Roman einer Verwüstung, d. 1992); Vindrosen, G. 1934 (n. 1969); Mod den yderste rand, G. 1936 (n. 1964); Mellem Scylla og Charybdis, G.-Ausw. 1943; Hvad er Heta, En. 1946 (n. 1967); Den syngende busk, G.-Ausw. 1953; Til dags dato, Ess. 1953; Den sidste lygte, G. 1954; Poesi og prosa, Ausw. 1954 (n. 1974); Det skabende øje, Ess. 1955; Oplevelser med lyrik, Ess. 1957; Udvalgte digte, G. 1963; I min tid, Aut. 1963; Kritiker eller anmelder, Ess. 1966; Den gådefulde Sara, En.-Ausw. 1981; Glimtvis åbner sig nuet, G.-Ausw. 1981 (n. 1994); Mellem mening er, Anth. 1993; Samlede digte, 1997. L: S. Hallar, 1926; R. Højberg-Petersen, 1942; E. Frandsen, Årgangen, der måtte snuble i starten, 1943; N. Egebak, 1971; A. Jensen, 1971; J. Breitenstein, 1978; B. Haugaard Jeppesen, Orfeus i underklassen, 1990; J. Andersen, Dansende stjerne, 1993. – Bibl.: H. Jürs, B. Engelund Knudsen, 1979; Aa. Jørgensen, 1991.

Kristmundsson, Aðalsteinn → Steinarr, Steinn

Kristof, Agota, franz. Schriftstellerin ungar. Herkunft, * 1935 Csikvand/Ungarn. Erlebte in der Kindheit in ihrem Land die Besatzung durch das NS-Regime. Floh nach dem gescheiterten Ungarnaufstand von 1956 nach Neuchâtel, wo sie fortan lebt. – Ihr schriftsteller. Werk ist gänzlich geprägt durch die Kindheitserlebnisse und das Scheitern des Widerstandes gegen die sowjet. Gewaltherrschaft. Ihre Romantrilogie ›Le grand cahier‹, ›La preuve‹, ›Le troisième mensonge‹ schildert mit fatalist. Grundton die Erfahrungen der der Unterdrückung ausgesetzten Zwillingsbrüder Claus und Lucas.

W: R.-Tril.: Le grand Cahier, 1985 (d. 1987), La Preuve, 1988 (d. 1991), Le troisième mensonge, 1991 (d. 1991); Epidémie, Dr. 1993; Un rat qui passe, Dr. 1993; Hier, R. 1995; L'heure grise et autres pièces, Dr. 1998.
L: M. Bacholle, 2000; V. Petitpierre, 2001.

Krklec, Gustav, kroat. Dichter, 23. 6. 1899 Udbinja – 30. 10. 1977 Zagreb. Stud. Philol. Zagreb, Wien und Prag, nicht beendet, 1925 Sekretär der Belgrader Börse; Redakteur u. Mitarbeiter mehrerer lit. Zsn. in Belgrad. – Außer lit. Feuilletons, Epigrammen u. Kritiken über einheim. u. ausländ. lit. Erscheinungen pflegte K. v. a. subjektive Lyrik, deren Hauptmerkmale Unmittelbarkeit u. Melodik sind; anfangs unter Einfluß des dt. Expressionismus und Rilkes. S. dramat. u. ep. Versuche erreichen nicht die Höhe s. Lyrik. Übs. aus dem Dt. u. Russ.

W: Lirika, G. 1919; Srebrna cesta, G. 1921; Nove pjesme, G. 1923; Izlet u nebo, G. 1928; Lirska petoljetka, G. 1951; Pisma Martina Lipnjaka, Feuill. u. Krit. 1956; Noćno iverje, Feuill. u. Krit., 1960; Epigrami, 1963; Novo noćno iverje, 1966. – Sabrana djela (GW), II 1932; Djela (W), 1963; Izabrana djela (AW), hg. A. Stipčević 1964; Odabrana djela (AW), IV 1977.

Krleža, Miroslav, kroat. Schriftsteller, 7. 7. 1893 Agram – 29. 12. 1981 Zagreb. Militärakad. Budapest, nach dem 1. Weltkrieg Redakteur mehrerer lit. Zsn., bes. der sozialrevolutionären Zs. ›Plamen‹ (1919), u. freier Schriftsteller, Direktor des Lexikograph. Instituts Zagreb, Vizepräsident der Südslaw. Akad. – Begann als Symbolist, dann Expressionist, überwand jedoch sehr bald den Einfluß der kroat. Moderne u. entfaltete sich zum eigenständigsten Schriftsteller der mod. kroat. Lit.; schrieb Erzählungen, Dramen u. Romane, in denen er das schwere Leben des kroat. Bauern während des Krieges, die aussichtslose Situation des kleinstädt. Intellektuellen, bes. aber den Untergang der dekadenten Hocharistokratie schildert. Als guter Kenner der europ. Lit. verfaßte K. lit. Essays u. Kritiken, in denen er kulturelle, polit. u. soz. Fragen behandelt; zeichnet sich durch scharfe Beobachtungsgabe, Klarheit u. starken Lyrismus aus. Der bedeutendste kroat. Schriftsteller des 20. Jh.

W: Pan, G. 1917; Tri simfonije, G. 1917; Pjesme, G. III 1918f.; Lirika, G. 1919; Hrvatska rapsodija, R. 1922; Hrvatski bog Mars, Nn. 1922 (Der kroatische Gott Mars, d. 1965); Golgota, Dr. 1922; Novele, Nn. 1923; Gospoda Glembajevi, Dr. 1928 (Die Glembays, d. 1964); Leda, K. 1930 (d. 1966); U agoniji, Dr. 1931 (In Agonie, d. 1964); Eseji, Ess. 1932; Knjiga lirike, G. 1932; Povratak Filipa Latınovicza, R. 1932 (Die Rückkehr des F. L., d. 1988); Hiljadu i jedna smrt, En. 1933 (Tausend und ein Tod, d. 1984); Vučjak, Dr. 1934; Balade P. Kerempuha, G. 1936; Na rubu pameti, R. 1938 (Ohne mich, d. 1984); Banket u Blitvi, R. 1939 (Bankett in Blitwien, d. 1984); O. M. Držićú, St. 1949; O Erazmu Roterdamskom, St. 1953; Aretej, Dr. 1959; Eseji, VI 1961–67; Zastave, R. 1967. – Sabrana djela (GW), VIII 1932–34, XXXVI 1953ff.; Izabrana djela (AW), V 1966, hg. I. Frangeš 1973. – *Übs.*: Europäisches Alphabet, Ausw. 1964; Politisches Alphabet, Ausw. 1965; Ein Requiem für Habsburg, En. 1968; Eine Kindheit in Agram, Erinn. 1986.

L: M. Bogdanović, 1956; Š. Vučetić, Krležino književno djelo, 1958; M. K., 1963; M. K., 1967; S. Schneider, 1969; P. Matvejević, ²1971; E. Čengić, 1982; S. Lasić, 1982; A. Leitner, 1986; V. Žmegač, 1986; S. Lasić, 1989–93; H. Stančić, 1990; V. Visković, 1993; Zs. Republika, 1993; K. Nemec, 1995. – *Bibl.:* T. Jakić, 1953.

Kroetsch, Robert (Paul), kanad. Dichter, Schriftsteller u. Kritiker, * 26. 6. 1927 Heisler/Alberta. Dt. Abstammung. In s. Jugend Arbeiter im kanad. Norden; später Prof. für Lit. u. kreatives Schreiben in den USA u. an der Univ. Manitoba; Hrsg. lit. Zsn. – K. gilt als e. der Wegbereiter des Postmodernismus in Kanada. Intertextuelles Spiel mit Mythen u. lit. Vorlagen; Parodie, Groteske und Surrealismus bestimmen s. Werk ebenso wie s. dem Postkolonialismus nahestehende Betonung des Regionalen, hier der kanad. Prärien.

W: But We Are Exiles, R. 1965; The Words of My Roaring, R. 1966; Alberta, Reiseb. 1968; The Studhorse Man, R. 1969; Gone Indian, R. 1973; Badlands, R. 1975; The Stone Hammer Poems, 1975; What the Crow Said, R. 1978; The Crow Journals, Aut. 1980; Alibi, R. 1983; Completed Field Notes, G. 1989; The Lovely Treachery of Words, Es. 1989; The Puppeteer, R. 1992; A Likely Story, Aut./Es. 1995; Man From the Creeks, R. 1998 (Klondike, d. 1999); The Hornbooks of Rita K., G. 2001.

L: S. Neuman, R. Wilson, 1981; R. Lecker, 1986; T. Peter, 1989; A. Munton, 1990; S. Bertacco, 2002.

Krog, Anna Elizabeth, afrikaanse Lyrikerin, Romanschriftstellerin, Journalistin; * 23. 10. 1952 Kroonstad. K. studierte Sprachen u. Philos. an der Univ. Bloemfontein, arbeitete bei der Kunstredaktion der Tageszeitung ›Die Burger‹ u. wurde danach freie Schriftstellerin u. Journalistin. Sehr bekannt wurde K. durch ihre Berichte über die Sitzungen der Wahrheits- u. Versöhnungskommission in Südafrika. – In ihrem Werk versucht die Dichterin, eine Synthese zwischen Europa u. Afrika zu finden. Sowohl themat. als formal gelingen ihr interessante Experimente. Die klangliche Qualität ihrer Verse ist sehr groß. In ihrem Werk setzt sie sich für die Anerkennung der negierten schwarzen Kulturen Südafrikas ein.

W: Dogters van Jefta, G. 1970; Beminde Antarktika, G. 1975; Mannin, G. 1975; Otters in bronslaai, G. 1981; Jerusalemgangers, G. 1985; Mankepank en ander monsters, G. 1985; Lady Ann, G. 1989; Relaas van 'n moord, N. 1995; Country of my skull, Prosa u. Dok. 1998; Kleur kom nooit alleen nie, G. 2000; Met woorde soos met kerse, G. 2002; A Change of Tongue, Dok. 2003.

L: J. C. Kannemeyer, 1983; G. C. van Rooyen, 1991; T. Gouws, 1998.

Krog, Helge, norweg. Schriftsteller, 9. 2. 1889 Oslo – 30. 7. 1962 ebda. Rechtsanwaltssohn; 1907–11 Stud. Volkswirtschaft; Journalist, bes. aggressiver Theaterkritiker. Im 2. Weltkrieg Flucht vor der dt. Besatzung nach Schweden. – Naturalist.-sozialkrit. Dramatiker in der Nachfolge Ibsens und Heibergs. Wirklichkeitsnahe Handlung, lebendige Milieuschilderung und z. T. erot. Themen, meist ohne tiefer gehende Charakterzeichnung; zwischen beißender Satire und spieler. Ironie schwankend. Linksradikale, sozialpolit. Essays und Polemiken gegen künstler. und moral. Heuchelei.

W: Det store vi, Dr. 1919; Jarlhus, Dr. 1923; På solsiden, Dr. 1927 (Auf der Sonnenseite, d. 1955); Meninger, Ess. III 1927–47; Blåpapiret, Dr. 1928; Konkylien, Dr. 1929; Underveis, Dr. 1931; Treklang, Dr. 1933; Opbrudd, Dr. 1936; Diktning och moral, Es. 1944; Levende og døde, Dr. 1945; Komm inn!, Dr. 1945; 6. Kolonne?, Es. 1946. – Skuespill, III 1948; Artikler og essays, Ausw. 1970; Meninger om bøker og forfattare, Ausw. 1971; Meninger om religion og politik, Ausw. 1971.

L: Fs. til H. K. på 60-årsdagen, 1949; F. Havrevold, 1958.

Krogzemis, Miķelis → Auseklis

Krohg, Christian, norweg. Maler u. Schriftsteller, 13. 8. 1852 Vestre Aker – 16. 10. 1925 Oslo. Kunst-Stud. in Karlsruhe und Berlin, impressionist. Maler mit soz. Themen; häufige Aufenthalte in Paris; Direktor der Kunstakad. Oslo. – Vf. e. (verbotenen) Romans über das Leben der Prostituierten ›Albertine‹, worin er die Methoden der norweg. Sittenpolizei und der gesellschaftl. Doppelmoral angreift. K. verwendete das Albertinemotiv auch in s. Malerei, die zur bedeutendsten der Zeit zählt.

W: Albertine, R. 1886 (d. 1913); Dissonantser, Nn. 1906. – Kampen for Tilværelsen (Ges. lit. Werke), IV 1920–22, I 1952.

L: J. H. Langaard, 1931; P. Gaugin, 1932; O. Thue, 1971.

Krol, Gerrit, niederländ. Schriftsteller, * 1. 8. 1934 Groningen. Mathematiker, Computer-Fachmann. – Collageromane aus erzählenden, reflektierenden u. Illustrationselementen. Auch Lyrik u. Essays.

W: Kwartslag, En. 1964; Het gemillimeterde hoofd, R. 1976; De chauffeur verveelt zich, R. 1973; De man achter het raam, R. 1982; Omhelzingen, R. 1993; 60 000 uren, aut. R. 1998.

L: A. Zuiderent, En dartele geest, 1989.

Kropyvnyc'kyj, Marko, ukrain. Schriftsteller, 7. 5. 1840 Bežbajraky – 21. 4. 1910 bei Charkov. Stud. in Kiev; Angestellter, 1871 Schauspieler in Odessa, Petersburg u. ukrain. Städten, ab 1883 in Kiev. – Erfolgr. romant. Dramatiker. Begründer des ukrain. Berufstheaters. S. Stücke meist aus dem ukrain. Dorfleben verbinden kom. und trag. Elemente.

W: Doky sonce zijde – rosa oči vyjist', Dr. 1881; Hlytaj, abo ž pavuk, Sch. 1882; Daj sercju volju – zavede v nevolju, K. 1882; Dvi simji, Sch. 1888. – Povnyj zbirnyk tvoriv (GW), III 1895–1903, III 1903–11; Tvory (W), VII 1929–31, VI 1958–60.

L: M. Josypenko, 1958; P. Kyryčok, 1968; 1985.

Kross, Jaan, estn. Schriftsteller, * 19. 2. 1920 Reval. 1938–44 Stud. Jura Dorpat, 1944 dt. Gefängnis, 1944–46 Lehrtätigkeit Dorpat, 1946–54 sowjet. Gefängnis u. Straflager; seit 1954 freier Schriftsteller; 1992/93 Parlamentsabgeordneter; ∞ 1940 Übersetzerin Helga Pedusaar-Viira, ∞ 1954 Übersetzerin Helga Roos-Kross, ∞ 1958 Lyrikerin Ellen Niit. – Der international renommierteste estn. Schriftsteller. Beginn Ende der 1950er Jahre als Lyriker von neuer Weltoffenheit u. Experimentierfreude, der der post-stalinist. Dichtungserneuerung auch wichtige formale Impulse gab (freie Rhythmen). Zur Weltberühmtheit gelangte er dank s. inmitten der hist. Realitäten Estlands spielenden Romane (bes. ›Keisri hull‹), in denen sich das Individuum von seiner sozial bedingten Kompromissen und individueller Freiheit behandelt wird. S. typischer Held ist der Este als ein geborener Außenseiter, der sich in der Gesellschaft behauptet (bes. monumental in ›Das Leben des Balthasar Rüssow‹). Nach dem Zusammenbruch der kommunist. Regime konzentrierte sich K. auf die teilw. persönlich erlebte estn. Geschichte des 20. Jh. Reiche, anfangs üppige Sprache, später Tendenz zur Vereinfachung; ein Meister der inneren Monologe, der realist. Details u. der lit. Geschichtsmalerei. E. eminenter Übs. aus dem Dt., Franz., Russ. u. Engl.

W: Söerikastaja, G. 1958; Tuule-Juku, Poem 1963; Kivist viiulid, G. 1964; Lauljad laevavööridel, G. 1966; Vahelugemised, Ess. VI 1968–95; Muld ja marmor, Reiseb. 1968 (m. E. Niit); Vihm teeb toredaid asju, G. 1969; Neli monoloogi Püha Jüri asjus, N. 1970; Michelsoni immatrikuleerimine, N. 1971 (zus. Vier Monologe Anno Domini 1506, d. 1974, 1985); Voog ja kolmteist, ausgew. G. 1971; Kolme katku vahel, R. IV 1970–80 (Das Leben des Balthasar Rüssow, d. 1986, 1995, 1996, 1999); Klio silma all, Nn. 1972; Kolmandad mäed, E. 1975; Taevakivi, R. 1975 (Der Himmelsstein, d. 1979 in: Als die Wale fortzogen); Keisri hull, R. 1978 (Der Verrückte des Zaren, d. 1988, 1990, 1994); Kajalood, Nn. 1980; Ülesõidukohad, Nn. 1981; Rakvere romaan, R. 1982 (Die Frauen von Wesenberg, d. 1997); Professor Martensi äräsõit, R. 1984 (Professor Martens' Abreise, d.

1992, 1995); Vastutuulelaev, R. 1987; Wikmanni poisid, R. 1988; Silmade avamise päev, Nn. 1988; Väljakaevamised, R. 1990 (Ausgrabungen, d. 1995); Tabamatus, R. 1993; Järelehüüd, Nn. 1994; Mesmeri ring, R. 1995; Paigallend, R. 1998; Doktor Karelli raske öö. Vend Enrico ja tema piiskop, Drn. 2000; Tahtamaa, R. 2001; Omaeluolisus ja alltekst, Ess. 2003; Kallid kaasteelised, Mem. 2003. – Kogutud teosed (GW), bisher XII, 1997– 2003. – *Übs.*: Die Verschwörung, E. 1993, 1994.

L: J. K., 1985 (m. Bibl.); Der Verrückte des Zaren. J. K. in Loccum, 1990 (Sammelwerk); K. Wagner, Die historischen Romane v. J. K., 2001. – *Bibl.*: V. Kabur, 1982; V. Kabur, G. Palk, 1997.

Kṛṣṇamiśra, ind. Dramatiker, Ende 11. Jh. n. Chr. am Hof Kirtivarmans in Bundelkhand (regierte um 1050 – 1100). – Vf. des ›Prabodhacandrodaya‹ (Mondaufgang der Erkenntnis), e. allegor. Dramas in 6 Akten; verherrlicht den Sieg der orthodoxen viṣṇuit. Lehre über die der Ketzer; handelnde Personen sind ausschließl. allegor. Abstraktionen wie Erkenntnis, Vernunft, Religion und Tugend auf der e., Irrtum, Torheit und Laster auf der anderen Seite. Trotz s. theolog.-philos. Inhalts ist der ›Prabodhacandrodaya‹ dramat. bemerkenswert wirkungsvoll, sind s. oft satir. Dialoge äußerst lebendig, fast komödienhaft.

A: Prabodhacandrodaya, hg. H. Brockhaus 1845 (n. 1979), Nirṇaya Sāgara Press 1898, V. L. S. Paṇśīkar 1924, S. K. Nambiar 1971, ²1998 (m. engl. Übs. u. Einf.). – *Übs.*: dt.: Th. Goldstücker 1842, B. Hirzel 1846; engl.: J. Taylor 1812, ⁴1916; franz.: A. Pédraglio 1974.

L: J. W. Boissevain, Amst. 1905; S. Bhatt, Prabodhacandrodaya, Diss. Bonn 1960.

Kručënych, Aleksej Eliseevič, russ. Lyriker und Essayist, 21. 2. 1886 Olevka, Gouv. Cherson – 17. 6. 1968 Moskau. Bauernsohn. Mitarbeiter der Zs. ›Lef‹. – Neben Chlebnikov und Majakovskij führender Futurist. Schrieb mehrere ›zaum‹-Gedichte, begriffslose Poesie mit neugebildeten, frei erfundenen Wörtern. Radikale Ablehnung der Tradition. Von s. umfangr. Werk wurden in der SU nach s. Verfemung als ›Formalist‹ (1930) erst nach 1980 wenige Zeilen nachgedruckt.

W: Golodnjak, G. 1922; Čudesnjak, G. 1922; Apokalipsis v russkoj literature, Ess. 1923; Faktura slova, Ess. 1923; Sdvigologija russkogo sticha, Ess. 1923; Četyre fonetičeskie romana, G. 1927; Novoe v pisatel'skoj technike, Ess. 1927 (m. Bibl.); 15 let russkogo futurizma, Ess. 1928. – Izbrannoe, Ausw. 1973.

L: Živ K., Slg. 1925; S. M. Suchoparov, 1992.

Kruczkowski, Leon, poln. Schriftsteller, 28. 6. 1900 Krakau – 1. 8. 1962 Warschau. Stud. Chemie Krakau. Kriegsjahre in dt. Gefangenschaft. 1945–48 stellv. Minister für Kultur u. Kunstangelegenheiten, 1949–56 Vorsitzender des Schriftstellerverbands. – Von der Sowjetlit. beeinflußter marxist. Erzähler u. Dramatiker, gab in ›Kordian i cham‹ e. klassenbewußte Darstellung des Bauerntums, in ›Pawie pióra‹ e. Darstellung der Klassenstruktur des Dorfes kurz vor Ausbruch des 1. Weltkriegs. ›Sidła‹ behandelt Probleme der Intelligenz. Schildert später in s. Drama ›Odwety‹ den Kampf gegen konterrevolutionäre Untergrundbewegung, in ›Niemcy‹ die Stellung der dt. Intelligenz zum Faschismus, in ›Juliusz i Ethel‹ das Schicksal des Ehepaars Rosenberg.

W: Młoty nad światem, G. 1928; Kordian i cham, R. 1932 (Rebell u. Bauer, d. 1952, 1983); Pawie pióra, R. 1935 (Pfauenfedern, d. 1958); Bohater naszych czasów, Dr. (1935); Sidła, R. 1937; Odwety, Dr. 1948; Niemcy, Dr. (1949) gedr. 1950 (Die Sonnenbrucks, d. ⁹1959); Odwiedziny, Dr. 1956; Juliusz i Ethel, Dr. 1954; Pierwszy dzień wolności, Dr. 1960 (Der erste Tag der Freiheit, d. 1961); Śmierć gubernatora, Dr. (1961) gedr. 1962; Szkice z piekła uczciwych, En. 1963; Literatura i polityka, Schr. II 1971. – Dramaty wybrane, ³1988. – *Übs.*: Dramen, 1975.

L: Z. Macużanka, 1965; R. Szydłowski, 1972; A. Piotrovskaja, Moskau 1977; N. I. Rybakov, Teatr graždanskoj polemiki, Minsk 1979.

Krúdy, Gyula, ungar. Erzähler, 21. 10. 1878 Nyíregyháza – 12. 5. 1933 Budapest. Journalist in Debrecen und Nagyvárad, ab 1896 in Budapest; Bohemeleben. – Vf. romant., phantasievoller Romane und impressionist., teils anekdot.-kom. Liebesgeschichten aus dem idyll. Provinzleben und e. zeitlosen Traumwelt. Anfangs in der Nachfolge von Mikszáth. Vorliebe für eigenwillige, unbürgerl. Charaktere und abenteuerl. Figuren. Verarbeitet eigene Erinnerungen in dem ›Szindbád‹-Zyklus.

W: Álmok hőse, E. 1906; A podolini kísértet, E. 1906; Szindbád ifjúsága, R. 1911; Szindbád utazásai, R. 1912; A vörös postakocsi, E. 1914 (Die rote Postkutsche, d. 1966); Szindbád feltámadása, R. 1916 (d. 1967); Az élet álom, E. 1931; Összegyűjtött munkái (W), VIII 1914; Válogatott munkái (W), X 1925. – *Übs.*: Flick, der Vogelfeind, En. 1981.

L: P. Krúdy, 1938; E. Szabó, 1957, 1970; A. Barta, 1959; G. Kemény, Szindbád nyomában, 1991; Z. Fráter, 2003.

Krusenstjerna, Agnes (Julie Fredrika) von, schwed. Erzählerin, 9. 10. 1894 Växjö – 10. 3. 1940 Stockholm. Vater Oberst, Mutter aus altem schwed. Grafengeschlecht. Schule Gävle, Lehrerinnenseminar, lange im Ausland (England, Frankreich, Italien, Spanien, Nordafrika). Zeitweise wegen Nervenkrankheit in Pflegeanstalten. ∞ 1921 David Sprengel. – Ihre Werke behandeln teils soziale Probleme (Deklassierung des Adels durch wirtschaftl. Schwierigkeiten u. Degeneration), teils psycholog. Fragen, so die Entwicklung des Mädchens zur Frau in den (z.T. gemeinsam mit ihrem Mann verfaßten) Romanen. Schwanken zwischen erot. Besessenheit u. Todessehnsucht. Aus der Welt der Geisteskranken gibt sie eigene Erfahrungen wieder. Ihre Gestalten werden bes. durch feinfühlige Schilderung der Umgebung und Lebensführung lebendig, am besten ihre Frauenporträts; von zarter Schilderung erot. Schwärmerei bis zur offenherzigen Behandlung des Sexualerlebnisses. Zu ihrem rücksichtslosen Naturalismus steht die klare, manchmal zu romant. schöne Prosa in eigentüml. Kontrast. Trotz Ungleichmäßigkeit mit ihrer tiefen Menschenkenntnis u. Aufrichtigkeit e. der bedeutendsten schwed. Erzählerinnen.

W: Ninas dagbok, R. 1917; Helenas första kärlek, R. 1918; Tony växer upp, R. 1922; En dagdriverskas anteckningar, N. 1923; Tonys läroår, R. 1924; Tonys sista läroår, R. 1926; Fru Esters pensionat, R. 1927; Händelser på vägen, N. 1929; Fröknarna von Pahlen, R. VII 1930–35; Delat rum på Kammakaregatan, N. 1933; En ung dam far till Djurgårdsbrunn, N. 1933; Vivi, flicka med melodi, N. 1936; Nunnornas hus, G. 1937; Fattigadel, R. IV 1935–38. – Samlade skrifter, hg. J. Edfelt XIX 1946.

L: D. Sprengel, 1935; S. Ahlgren, 1940; L. Jones, 1948; O. Lagercrantz, Diss. 1951; B. Teijler, 1977.

Krutschonych, Alexei → Kručënych, Aleksej Eliseevič

Krūza, Kārlis, lett. Lyriker, 18. 4. 1884 Jaunzvārde b. Saldus/Lettl. – 28. 7. 1960 Riga. Sohn e. Knechts; 1895–1900 Schule Reņģe; Knecht, Hilfsarbeiter; 1902 Riga, Ateliergehilfe, Souffleur; lit. Abende; 1906–08 wegen Revolutionsteilnahme verhaftet; 1909–15 Korrektor; 1915–17 Cēsis, Flüchtlingsbüro; 1917–34 Riga, Lehrer. – Neoromantiker; Frühwerk epigonal; Meister des Trioletts u. Sonetts; Gedichte sehnsuchtsvoll, augenblickshaft, naturimpressionistisch; Übs. (Puškin, poln. Dichter).

W: Teiku tīklā, G. 1924; Skaidrie strauti, G. 1924; Zemes zīmes, G. 1925; Mirkļu mirdzums, G. 1926; Laimes liesmas, G. 1926; Miglas mīklas, G. 1927. – Ar zelta irkli (AW), 1984.

Kryl, Karel, tschech. Dichter u. Liedermacher, 12. 4. 1944 Kroměříž – 3. 3. 1994 Passau. Sohn e. Buchdruckers u. Verlegers, nach dem Abitur an der Kunstgewerbemittelschule in Bechyně (1962) Bildner u. Liedermacher, seit 1969 Exil in der BRD, Stud. an der Univ. München, Mitarbeiter von Radio Free Europe, nach 1989 freiberuflich tätig (zahlreiche Konzerte). – Neben dem v. a. in s. Lyrik romant.-/sentimentalen, oft erot. Themen betreffenden Akzent, neben den Selbstprojektionen e. Träumers, aber auch e. Clowns, gewann v. a. in s. Liedertexten an Bedeutung die Geste e. protestierenden, revoltierenden Kritikers, e. Sprechers der jungen Generation, der jegliche Offizialität und Gewalt wie auch alle Formen der gesellschaftl. Konformität ablehnt.

W: Hraje a zpívá K. K., Texte 1969; Kníška K. K., G., Texte Köln 1972; 7 básniček na zrcadlo, G. Mchn. 1974; Pochyby, G. Mchn. 1977; Zpod stolu, G., Texte Toronto 1978; 17 kryptogramů na dívčí jména, G. Mchn. 1978; Slovíčka, G. Toronto 1980; Amoresky, G. Mchn. 1982; Z mého plíživota, G., Texte Toronto 1986; Zbraně pro Erató, G. Mchn. 1987; Lot, G. 1991; Sněhurka v hadříčích, G. 1992; Krylogie, Texte, Komm. 1994; Krylias a Odyssea, G. Mchn. 1995; Písně K. K., Texte 1995; Znamení doby, G., Texte 1996.

L: M. Čermák, Půlkacíř, 1993 (erw. 1994).

Krylov, Ivan Andreevič, russ. Fabeldichter, 13. 2. 1769 Moskau – 21. 11. 1844 Petersburg. Vater Offizier, wuchs in ärml. Verhältnissen auf, Magistratsschreiber in Tver', übernahm 1783 e. Beamtenstelle in Petersburg, ging nach ersten dramat. Versuchen zu journalist. Tätigkeit über, gab satir. Zsn. heraus, 1793–1806 in der Provinz, u. a. als Hauslehrer, schrieb seinerzeit erfolgr. Komödien und die ersten Fabeln, wurde zunächst als Dramatiker, satir. Schriftsteller und Lyriker bekannt; 1806 wieder in Petersburg, 1809 wurde e. 1. Bändchen Fabeln gedruckt; 1812–41 Bibliothekar in der Kaiserl. öffentl. Bibliothek; die weiteren, jeweils vermehrten Ausgaben der Fabeln begründeten s. Ruhm als bedeutendster russ. Fabeldichter. – Wurde sich bei Übs. von Fabeln Lafontaines s. Begabung für dieses Genre bewußt, entlehnte bei La Fontaine und Äsop als Übs. oder (bisweilen nur Züge des Originals andeutende) Nachdichtung e. Drittel der Stoffe s. 200 Fabeln; setzt im originalen Fabelwerk neben Erscheinungen der russ. Umwelt, der Staatsordnung, des gesellschaftl. Lebens, der Wiss. und Bildung allg. menschl., unrühml. Eigenschaften dem entlarvenden Spott aus, prangert im humorvoll gezeichneten Genrebild in der selbstzufriedenen Rede von Tier und Mensch Laster und Schwächen an. Vermeidet unmittelbare moral. Belehrung, läßt bisweilen e. Lob der Klugheit, der nüchternen Besinnung anklingen. Unvergleichl. ist die sprachl. Gestaltung, für die die russ. lautl. u. grammatikal. Eigenheiten ausgenützt werden. Die Sprache, reich an Intonationen, durch bes. Art der Bildung und Verwendung der Wortformen gekennzeichnet, noch etwas beeinflußt vom alten klassizist. Stil, ist im ganzen echte russ. Umgangssprache, die Form des Verses steht jeweils in Beziehung zu Gegenstand und Handlung der Fabel. Viele der Verse sind sprichwörtl. geworden.

W: Filomena, Tr. 1786; Amerikancy, Op. 1788; Modnaja Lavka. 1806; Urok dočkam, K. 1807; Basni, Fabeln 1809. – Polnoe sobranie sočinenij (GW), III 1945 (1956. – *Übs.*: Sämtl. Fabeln, d. R. Baechtold 1960.

L: P. Vladimirov, 1895; L. Timofeev, 1930; A. S. Orlov, 1948; N. L. Stepanov, ^{2}1958, 1969; V. Archipov, 1974; F. de Labriolle, Paris 1975.

Krynicki, Ryszard, poln. Lyriker, * 28. 6. 1943 Sankt Valentin/Österreich. Geboren als Sohn poln. Zwangsarbeiter. Stud. Polonistik Posen. In Bürgerrechtsbewegung. 1976–80 Publikationsverbot. Lebt seit 1998 in Krakau. Hervorragender Übs. dt. Lyrik. – Führender Vertreter der lit. Opposition, der sog. ›Generation '68‹: Ablehnung der lit. Entwicklung nach 1956, Entlarvung der Machtmechanismen am Sprachmißbrauch. Die klaren und lakonischen, epigrammatisch kurzen Verse sind bis 1976 primär an die polit. Erfahrung, danach an die allgemeinmenschl. adressiert.

W: Pęd pogoni, pęd ucieczki, G. 1968; Organizm zbiorowy, G. 1975; Magnetyczny punkt, G.-Ausw. 1996. – *Übs.*: Wunde der Wahrheit, G.-Ausw. 1991; Stein aus der neuen Welt, G.-Ausw. 2000.

Krzysztoń, Jerzy (Ps. Daniel Longforgotten; J. Kt.), poln. Schriftsteller, 23. 3. 1931 Lublin – 16. 5. 1982 Warschau. 1940 nach Kasachstan deportiert. 1948 Rückkehr über Indien, Uganda nach Polen. Stud. Polonistik, Anglistik Lublin u. Warschau. Mitarbeit in versch. Redaktionen u. Verbänden. Psychisch erkrankt, wählte er den Freitod. – Greift in Romanen, Erzählungen, Reportagen und zahlreichen Hörspielen dramat. psychol. u. soz. Konflikte auf, die in hist. Realien von Krieg, dem Warschauer Aufstand, Verbannung und Fremde eingebunden sind. Den Roman ›Obłęd‹ (Wahnsinn) setzte die Kritik gleich mit Homers ›Odyssee‹ u. J. Joyces ›Ulysses‹.

W: Opowiadania indyjskie, En. 1953; Kamienne niebo, R. 1958; Wielb³¹d na stepie, R. 1978; Obłęd, R. III 1980.

L: Z. Bitka, »Obłęd« obłędem odczytany, 1993.

Ksaver, Meško, slowen. Schriftsteller, 28. 5. 1874 Ljučarovci – 12. 1. 1964 Seka b. Sloven Gradec. Stud. Theol. Maribor, Klagenfurt. Ab 1898 Pfarrer in Kärnten. – K. beginnt mit naturalist. Dramen mit christl. Erziehungsideen, später Realist und Symbolist.

W: Kam plovemo, R. 1897; Slike in zgodbe, Kgn. 1899; Od tihih večerih, Nn. 1904; Na smrt obsojeni?, Dr. 1908; Mati, Dr. 1914; Izbrana dela (AW), V 1960.

L: A. Oven, 1934 (m. Bibl.).

Kṣemendra, ind. Dichter, um 1010 – 1070 in Kaschmir. E. der fruchtbarsten ind. Sanskrit-Dichter überhaupt; von ihm sind 37 Werke erhalten, Dramen, Epen, relig. und didakt. Gedichte, Werke über Dicht- und Verskunst und Politik. – Vf. e. Sammlung buddhist. Legenden im Stil der ›Avadānas‹ (›Avadāna-kalpalatā‹ oder ›Bauddhāvadāna-kalpalatā‹). Von s. Werken seien erwähnt: ›Bhārata-mañjarī‹ und ›Rāmāyaṇa-mañjarī‹, Kurzfassungen des → ›Mahābhārata‹ und → ›Rāmāyaṇa‹; ›Daśāvatāra-carita‹, e. Epos über die 10 Inkarnationen (avatāra) Viṣṇus; ›Bṛhatkathā-mañjarī‹, e. Sammlung von Erzählungen, Märchen und Fabeln, die den Inhalt von → Guṇādhyas ›Bṛhatkathā‹ verarbeitet haben soll; ›Kalāvilāsa‹ und ›Darpadalana‹, zwei didakt. Gedichte; ›Caturvarga-saṃgraha‹, e. prakt. Handbuch der Moral; ›Samayamātṛka‹, e. erot.-didakt. Werk.

W: Bṛhatkathā-mañjarī, M.-Slg. 1037, hg. P. Skivadetta, K. P. Parab 1936 (n. 1982); Bhārata-mañjarī, Ep. 1037, hg. dies. 1898 (n. 1984); Samayamātṛkā, G. 1050 (Das Zauberbuch der Hetären, d. J. J. Meyer 1903); Daśāvatāra-carita, Ep. 1066, hg. Durgāprasād, K. P. Parab 1930 (n. 1983); Rāmāyaṇa-mañjarī, Ep. (hg. in Kāvyamālā, 1903); Kalāvilāsa, G. (hg. in: Kāvyamālā, 1886; d. R. Schmidt 1914); Darpadalana, G. (hg. in: Kāvymālā 1890; d. R. Schmidt 1915); Avadānakalpalatā, Legendenslg. (hg. P. L. Vaidya II 1959; engl. Übs. N. C. Das 1895). – Minor Works, hg. E. V. V. Rāghavāchārya 1961.

L: A. Hirschband, Diss. Wien 1887; Sūryakanta, K. studies, Poona 1954; R. Dattaray, Kalkutta 1974; M. Mejor, Tokio 1992; S. Khosla, K. and his times, Delhi 2001.

Kṣemīśvara, ind. Dramatiker, 1. Hälfte 10. Jh. n. Chr. Lebte am Hof des Königs Mahipala von Kanyakubja (Kanauj). – Schrieb für diesen das ›Caṇḍakauśika‹ (Kauśikas Zorn), e. Drama in 5 Akten, das die im ›Aitareya-Brāhmaṇa‹ (→ Brāhmaṇa) überlieferte Legende von König Hariscandra, dem Gott Varuṇa und dem Weisen Viśvamitra als Grundlage hat. Der Stil dieses Dramas ist wie der vieler Werke der späteren dramat. Sanskrit-Lit. sehr manieriert.

A: hkA S. Dasgupta 1962 (m. Einl. u. engl. Übs.); J. Vidyāsāgara 1884 (d. L. Fritze 1882); J. Mishra 1965. – *Übs.*: ital. F. Cimmino 1923.

Kubalov (Kubalow), Aleksandr → Khubalty, Alyksandr

Kubka, František, tschech. Schriftsteller, 4. 3. 1894 Prag – 7. 1. 1969 ebda. Stud. Philos. Prag, Legionär in Rußland, Journalist, Diplomat, Beamter der Young Men's Christian Association. – Außer neoklassizist. Gedichten u. Erzählungen Vf. lit.hist. Studien u. hist. Prosazyklen; behandelt nach 1945 auch das Zeitgeschehen.

W: Slunovrat, G. 1914; Barvy východu, En. 1923; Hra svatováclavská, Dr. 1929; Skytský jezdec, En. 1941; Pražské nokturno, En. 1943; Karlštejnské vigilie, En. 1944 (d. 1968); Palečkův úsměv a pláč, R. II 1946–49 (Des Königs Narr oder Ritter Palečeks Lust und Leid, d. 1955); Malé povídky pro Mr. Trumana, En. 1951; Romanzyklus Velké stoletíí, VII 1951–56; Na vlastní oči, Mem. 1959; Zpívající fontána, En. 1970; Legendy v květinách, En. 1976; Milostná povídka historická, N. 1984. – Dílo (W), XII 1954–64.

L: K. 60. výročí narození, 1945. – *Bibl.*: O. Sirečková, 1960.

Küchelbecker (Kjuchel'beker), Vil'gel'm Karlovič, russ. Dichter, 21. 6. 1797 Gatčina – 23. 8. 1846 Tobol'sk. Dt. Herkunft; mit Puškin im Lyzeum Carskoe selo; veröffentlichte ab 1815 Gedichte in Zsn.; 1820 in Paris; diente 1822 im Kaukasus, dort Freundschaft mit Griboedov; gab 1824/25 in Moskau mit V. Odoevskij den Almanach ›Mnemozina‹ heraus, Mitglied des Kreises der ›Weisheitsfreunde‹ (1823–25); wegen Beteiligung am Dekabristenaufstand (14. 12. 1825) 10 Jahre eingekerkert, dann für 20 Jahre nach Sibirien verbannt. – Sah sich als ›Romantiker im Klassizismus‹; wandte sich von Zukovskij und der Orientierung nach der dt. Dichtung Derzavin zu. Der jüngeren Gruppe der Archaisten zugehörend, stellte er die ›hohe‹, ›ernste Poesie‹ mit erhabenem Inhalt dem ihm zu leicht, farblos dünkenden Gedicht aus der Schule Karamzins gegenüber, der damals bevorzugten lyr. Gattung der Elegie die ›hohe‹ Ode, dem ›Jargon‹ der Karamzinisten die ›reiche, mächtige‹, ›slaw.-russ.‹ Sprache der Klassiker; verwendete die Bibelsprache, griff auf Lomonosov zurück. Die Bedeutung s. lit. Tätigkeit liegt vorwiegend auf theoret. Gebiet.

W: O napravlenii našej poézii, osobenno liričeskoj, v poslednee desjatiletie, Abh. 1824; Dnevnik, Tg. 1929. – Sočinenija, II 1939; G., Prosa, Lit.kritik in: Dekabristy, hg. VI. Orlov 1951; Izbrannye proizvedenija, Ausw. II 1967.

L: J. Tynjanov, 1925 (d. 1966); N. A. Baxter, Diss. Berkeley 1977.

Külebi, Cahit, türk. Dichter, 1917 Çeltek/Zile – 20. 6. 1997 Ankara. Studium türk. Philol. an der Pädagog. Hochschule Istanbul, Lehrer u. Kulturinspektor, Kulturattaché in der Schweiz, 1960–64, 1972 pensioniert; 1976–83 Generalsekretär des türk. Sprachinstituts. – Durch moderne Anwandlung der volkstüml. Redeweise errang er sich einen besonderen Platz in der türk. Poesie des 20. Jh. sowie breite Anerkennung; die poetische Stimme Anatoliens.

W: Adamın Biri, G. 1946; Rüzgar, G. 1949; Atatürk Kurtuluş Savaşında, G. 1952; Yeşeren Otlar, G. 1954; Süt, G. 1965; Türk Mavisi, G. 1973; Yangın, G. 1980; Şiir Her Zaman, Ess. 1985; İçi Sevda Dolu Yolculuk, Erinn. 1986; Güz Türküleri, G. 1991; Ges. G., 1995. – *Übs.*: Türkis, G. 1994.

L: M. Uyguner, 1991.

Kukol'nik, Nestor Vasil'evič, russ. Schriftsteller, 20. 9. 1809 Petersburg – 20. 12. 1868 Taganrog. Lehrer des Russ. am Gymnas. Wilna, dann in Petersburg im Finanz-, später im Kriegsministerium; verließ den Dienst 1857. – Hatte mit s. dramat. Phantasie ›Torquato Tasso‹, dann mit s. patriot.- tendenziösen Schauspielen bes. bei den zu Wohlstand gelangten kleinbürgerl. Kreisen großen Erfolg, den stärksten mit ›Ruka vsevyšnego otečestvo spasla‹ und ›Knjaz' M. V. Skopin-Šujskij‹; trat in der Mehrzahl s. ›Phantasien‹ für den Gedanken der reinen Kunst ein. S. Romane und s. vielen Erzählungen blieben erfolglos. S. Beliebtheit als Dramatiker schwand in den 1850er Jahren.

W: Torquato Tasso, Dr. 1833; Ruka vsevyšnego otečestvo spasla, Sch. 1834; Knjaz' M. V. Skopin-Šujskij, Sch. 1835. – Sočinenija (W), X 1851–53; Istoričeskie povesti, hist. En. VI 1886.

Kukućín, Martin (eig. Matej Bencúr), slovak. Schriftsteller, 17. 5. 1860 Jasenová – 21. 5. 1928 Lipik/Kroatien. Bauernsohn, Lehrerseminar Kláštor pod Znievom, 1879 Lehrer in Jasenová; Stud. Medizin Prag, dann Arzt auf der dalmat. Insel Brač, 1908–22 in Südamerika (bes. Punta Arenas), schließl. in Lipik. – Neben Hviezdoslav u. Vajanský bedeutendster Vertreter des slovak. Realismus. Vf. psycholog. vertiefter, in Komposition u. Sprache meisterhaften Dorfnovellen u. Skizzen mit urwüchsigen Typen. Der Gegensatz zwischen Volk u. Adel wird nicht durch Verschmelzung, sondern harmon. Nebeneinander überwunden. In Amerika entstanden Reiseberichte, nach Rückkehr die umfangr. Chronik vom Elend der kroat. Auswanderer u. 2 hist. Romane aus der Zeit Štúrs. Weniger erfolgr. waren K.s dramat. Versuche.

W: Rysavá jalovica, E. 1885; Neprebudený, E. 1886; Tiene i svetlo, E. 1887; Mladé letá, E. 1889 (Jugendjahre, d. 1969); Keď báčik z Chochol'ova umre, E. 1890; Dedinský román, E. 1891; Tichá voda, E. 1892 (Stilles Wasser, d. 1959 in: Liebesgesch. d. slaw. Völker); Koniec i začátok, N. 1892; Dom v stráni, R. 1903 f.; Bacúchovie dvor, Dr. 1922; Mat' volá, R. V 1926 f.; Lukáš Blahosej Krasoň, R. 1929; Bohumil Valizlost' Zábor, R. 1930. – Zobrané spisy (GW), XXXII 1910–44; Dielo (W), XXI 1955–71.

L: B. Haluzický, 1928; A. Mráz, 1953; M. K. v kritike a spomienkach, 1957; J. Noge, 1962, 1975; V. Forst, 1969; M. Prídavková-Mináriková, Textologické a štatistické problémy K. diela, 1972; O. Čepan, K. epické istoty, 1972; J. Juríček, 1975.

Kuliev, K'ajsyn, balkar. Dichter, 11. 11. 1917 Tschegem – 4. 6. 1985. Bauernsohn, Technikum, Hochschullehrer in Nal'čik, Teilnahme am 2. Weltkrieg, 1945–56 Umsiedlung nach Kirgisien, danach Balkarien. – Veröffentlichte Gedichte mit frischem Empfinden des Lebens in Balkarien und Liebe zur Natur. Während des Krieges pries er Heldentum und Tapferkeit. Später zeichnete K. die schwere Vergangenheit der Bergvölker sowie die Seele des Bergbewohners.

Übs.: russ.: Sobr. sočinenija (W), III 1976, 1987; dt. in: Sowjetliteratur 6 (1976) u. in: Verhangen war mit Tränenrauch, 1981.

L: St. Rassadin, 1974; N. Bajramukova, 1975; T. Effendieva, 1985.

Kuliš, Mykola, ukrain. Dramatiker, 18. 12. 1892 Čaplynka/Cherson – 1942 Sibirien. Organisierte mehrere Schriftstellerverbände, 1934 nach Solovki deportiert, 1956 posthum rehabilitiert. – Schöpfer e. sowjetukrain. Dramatik; hält sich im Frühwerk an den ukrain. Genrestil des 19. Jh., verbindet dann aktuelle soz. Satire mit dem Humor der heim. Intermedien, so in ›Chulij Churyna‹, worin Anklang an Ehrenburgs ›Julio Jurenito‹ zu erkennen ist. Tragödie ›Narodnyj Malachij‹ mit nationalen Untertönen; Höhepunkt das Schauspiel ›Patetyčna sonata‹ (zu Beethovens Pathétique) mit sozialen u. nationalen Problemen der Revolution in der Steppenukraine.

W: 97, Tr. 1924; Komuna v stepach, Dr. 1925; Chulij Churyna, Dr. 1926; Narodnyj Malachij, Dr. 1929; Patetyčna sonata, Dr. 1930; Vičnyj bunt, Dr. 1932. – Tvory (W), N. Y. 1955, 1968; Pjesy, Dr. 1960; Pjesy, lysty, 1969.
L: N. Kuzjakina, 1962, 1970; V. Revuc'kyj, K. M. in the modern ukrain. theatre, 1971; Istorija ukrain. literatury XX. stolitt'a, kn.1, 1991.

Kuliš, Pantalejmon (Pan'ko), ukrain. Dichter, 8. 8. 1819 Voronež – 14. 2. 1897 Motronivka. Vater Kleingutsbesitzer; Stud. Univ. Kiev; 1847 Lehrer in e. Petersburger Gymnas., Annäherung an die slavophile ›Kyrillo-Method-Bruderschaft‹, daher 1847–50 Verbannung in Tula; dann, bes. nach 1855, rege lit. und lit.krit. Tätigkeit in Petersburg (1850–63); 1865–71 Reisen durch Europa; nahm engere Beziehungen zur westukrain. (galiz.) nationalen Intelligenz auf. Kritisierte in hist. Schriften scharf die Anschauungen der kosakophilen ukrain. Historiographen. – S. dichter. Werk umschließt Epik, Lyrik und Dramatik; versuchte anfangs, im Stil Ševčenkos zu dichten, ging dann eigene Wege; s. belletrist. Werke, außer dem hist. Roman ›Čorna rada‹, hatten keinen großen Erfolg; zahlr. und bedeutsam für die ukrain. Lit. waren s. Übs. fremder Klassiker (Shakespeare, Byron, Goethe, Schiller, Heine, Bibel und Psalter). Bestrebt, die ukrain. Lit. dem westeurop. Schrifttum anzunähern und die ukrain. Sprache zu bereichern; schuf die ukrain. phonet. Rechtschreibung, die ›kulišivka‹.

W: Čorna rada, R. 1857; Dosvitky, G. 1862; Chutorna poezija, G. 1882; Dzvin, G. 1893. – Tvory (W), VI 1908–10, IV 1922–24, VI 1930/31; Vybrani tvory (AW), 1969; Poeziji, G. 1970; Vybrani lysty, Br. 1984; Tvory, PI 1994. – *Übs.:* H. Koch, D. ukrain. Lyrik, 1955.
L: O. Makovej, 1900; S. Jefremov, 1919, 1989; D. Dorošenko, 1924; V. Petrov, 1929, 1930; J. Kyrrljuk, 1929; M. Zerov, 1929; G. Luc'kyj, P. K. A sketch of his life and times, 1983.

Kumantareas, Menis, griech. Schriftsteller, * 1931 Athen. Arbeitete e. Zeitlang bei Schifffahrtsgesellschaften u. Versicherungsagenturen, seit 1982 ausschl. Schriftsteller. – Gilt als der lebende Vertreter des soz. Realismus par excellence, andererseits bestimmt die eleg. Stimmung über den Verlust von Jugend u. Schönheit s. Spätwerk.

W: Ta mēchanakia, En. 1962; To armenisma, R. 1966; Ta Kaēmena, Nn. 1972; Biotechnia hyalikōn, R. 1975 (d. 1985); Hē kyria Kula, N. 1978; To Kureio, R. 1979; Serapheim kai Cherubeim, En. 1981; Ho ōraios lochagos, R. 1982 (d. 2001); Hē phanela me to ennia, R. 1986; Hē summoria tēs arpas, R. 1993; Hē myrōdia tus me kanei na klaiō, En. 1996 (d. 2002); Hē mera gia ta grapta kai hē nuchta gia to sōma, En. 1999; Duo phores Hellēnas, R. 2001.

Kumāralāta, ind. Dichter, wohl 2. Hälfte 2. Jh. n. Chr. Meister der Sautrāntika-Schule; Kirchenlehrer in Taksasila (Taxila)/Punjab. – Vf. der nur in Bruchstücken erhaltenen, zur buddhist. Sanskrit-Lit. gehörenden Legendensammlung ›Kalpanāmanditikā‹ oder ›Kalpanālamkrtikā‹, nach H. Lüders das Original des ins Chines. übersetzten Werkes, das als → Aśvaghoṣas ›Sūtrālaṅkāra‹ bekannt ist, was die neuere Forschung nicht bestätigt.

A und *L:* H. Lüders, 1926 (n. 1979). – *Übs.:* franz. E. Huber 1908.

Kumārasaṃbhava → Kālidāsa

Kumarbi-Mythen, hethit. Erzählungen hurrit. Mythen um den Gott Kumarbi (≙ babylon. Götterkönig Enlil). – Im ›Lied vom Königtum im Himmel‹ entthront Kumarbi s. Vater, den babylon. Himmelsgott, beißt ihm das Geschlecht ab, wird mit dem Wettergott, dem Tigris und 3 weiteren Gottheiten schwanger und versucht, das Sperma auszuspeien; in lückenhaft werdendem Text folgt die Geburt. Enge Parallele zur Theogonie Hesiods (Kronos-Mythos). – Besterhalten das ›Ullikummi-Lied‹ (antiker Titel; hurrit. Fragm. noch unveröff.); Proömium endet: »Von Kumarbi, dem Vater aller Götter, will ich singen«. Kumarbi zeugt mit e. Felsen den Steinriesen »Zerstörer von Kummi« (= Stadt des Wettergottes). Der wächst im Meer heran, steht auf der rechten Schulter des atlasartigen Trägers von Himmel und Erde, zieht s. Kraft aus ihm und soll die Herrschaft des Wettergottes Teššob beenden, der Kumarbi verdrängte. Die Göttin Šauška (≙ mesopotam. Ištar) kann den jegl. Wahrnehmung unfähigen Stein erotisch nicht reizen, auch e. Angriff aller Götter scheitert. Der weise Ea trennt Ullikummi von s. Kraftquelle mit der Sichel, die einst Himmel und Erde trennte. Ende fragmentarisch; die Götter siegen; Kumarbi erhält s. Königtum nicht zurück. – Im fragmentar. ›Hedammu-Mythos‹

droht e. Drache, Kind Kumarbis und e. Tochter des Meeresgottes, die Menschheit zu vernichten; Ea greift ein (abhängig von babylon. → Atra-ḫasīs-Ep., Gilgameš-Ep.). Šauška lockt Ḫedammu mit erot. Reizen aus dem Meer. Der Text bricht ab; Ḫedammu wurde sicher überwältigt.
A: H. G. Güterbock, K.-M., 1946, ders., (JCS 5 u. 6), 1951f.; H. Otten 1950; J. Siegelová 1971. – Übs.: H. Hoffner, Hittite Myths, 1990; A. Ünal, (TUAT III/4), 1994.
L: G. Wilhelm, 1982; D. Schwemer, 2001.

Kumbel → Hein, Piet

Kume, Masao, jap. Schriftsteller, 23. 11. 1891 Ueda (Nagano) – 1. 3. 1952 Kamakura. Anglistikstudium. 1914 Durchbruch als Dramatiker. Seit 1915 Mitglied des Sôseki-Kreises. Große Popularität durch Erzählungen, die K.s unglückliche Liebe zu Sôsekis Tochter thematisieren. Seit den 30er Jahren ebenso etablierter wie produktiver Autor, schafft aber kaum noch bedeutende Werke.
W: Gyûnyûya no kyôdai, Dr. 1913; Jukensei no shuki, R. 1918; Hasen, R. 1922. – K. M. zenshû (SW), XIII 1993.

Kumičić, Evgenij (Ps. Jenio Sisolski), kroat. Schriftsteller, 11. 1. 1850 Brseč – 13. 5. 1904 Agram. Stud. Medizin u. Philos. Prag u. Wien, Gymnasiallehrer, 1875–77 in Paris, Abgeordneter, Publizist, freier Schriftsteller. – Führte als erster den Naturalismus in die kroat. Lit. ein, ohne sich jedoch von den Nachklängen der Romantik ganz befreien zu können; wählte die Themen für s. Romane, Erzählungen u. Dramen aus allen Gesellschaftsschichten; bearbeitete später hist. Stoffe, wobei er zwar die Schattenseiten des menschl. Lebens in den Vordergrund rückt, die Fehler der Feinde s. Volkes jedoch stärker betont.
W: Olga i Lina, N. 1881; Jelkin bosiljak, N. 1881; Gospodja Sabina, R. 1883; Sirota, R. 1885; Pod puškom, Nn. 1886; Sestre, Dr. 1890; Urota Zrinjsko-Frankopanska, R. 1892; Petar Zrinjski, Dr. 1900; Kraljica Lepa, R. 1902. – Sabrana djela (GW), XV 1933–41; Djela (W), II 1950 (m. Bibl.); Izabrana djela, hg. V. Barac 1968; Izabrana djela (GW), 1998.

Kuncewiczowa, Maria, geb. Szczepańska, poln. Erzählerin, 30. 10. 1897 Samara/Rußland – 15. 7. 1989 Lublin. Stud. Philol. Krakau, Nancy; Musikstud. Warschau, Paris. Europa- u. Orientreisen. 1939 Emigration, 1940–55 in London, dann New York, Begründerin des Internationalen PEN-Clubs für Schriftsteller im Exil. Seit 1958 regelmäßig in Kazimierz, ließ sich dort 1968 nieder. – Schrieb Romane u. Novellen um psychol. Probleme mit feiner Charakterzeichnung, kathol. orientiert.

W: Przymierze z dzieckiem, En. 1927; Twarz mężczyzny, R. 1928; Miłość panieńska, Dr. 1932; Dwa księżyce, Nn. 1933; Dyliżans warszawski, Feuill. 1935; Cudzoziemka, R. 1936 (Die Fremde, d. 1974); Klucze, Erinn. 1943 (The Keys, engl. 1946); Zmowa nieobecnych, R. 1950 (Die Verschwörung der Abwesenden, d. 1989); Leśnik, R. 1952 (The Forester, engl. o. J.); Odkrycie Patusanu, Sk. 1958; Gaj oliwny, R. 1961 (Der Olivenhain, d. 1978); Tristan 1946, R. 1967 (d. 1974); Fantomy, Mem. 1971; Natura, Mem. 1971; Fantasia alla polacca, Ess. 1979. – Nowele i bruliony prozatorskie (AW), 1985; Dzieła wybrane (AW), XIV 1989–97.
L: St. Żak, 1973; H. Ivaničková, 1974; B. Kazimierczyk, Dyliżans księżycowy, 1977; Rozmowy z M. K., 1983; A. Szałagan 1995; O twórczości M. K., hg. L. Ludorowski 1997.

Kundera, Ludvík, tschech. Schriftsteller, * 22. 3. 1920 Brünn. Stud. Philos. Prag u. Brünn; Redakteur, ab 1955 freier Schriftsteller. – Beginnt mit surrealist. u. pathet. Gedichten, wendet sich dann der Satire zu. Als Dramatiker knüpft K. an Brechts ep. Theater an. Übs. aus der Weltlit.
W: Konstantina, En. 1946; Živly v nás, G. 1946; Laviny, G. 1946; Napospas aneb Přísloví pro kočku, En. 1947; Německé portréty, Es. 1956; Totální kuropění, Dr. 1962; Letní kniha přání a stížností, G. 1962; Korzár, Dr. 1963; Mít zelené tělo, Dr. 1964; Zvědavost, H. 1966; Tolik cejchů, G. 1966; Odjezd, N. 1967; Václav Kaprál, Stud. 1968; Dada, Stud. 1983; Hruden, G. 1985; Volný verš, Stud. 1990; Malé radosti, G. 1990; Napříč Fantomázií, G. 1991; Ztráty a nálezy, G. 1991; Pády, G. 1992; Spád věcí a jiné básně, G. 1992; Řečiště, Mem. 1993. – Übs.: Der Wind mit Namen Jaromír, hg. R. Kunze 1961; Die Tür, hg. ders. 1964.

Kundera, Milan, tschech. Schriftsteller, * 1. 4. 1929 Brünn. Stud. Philol., dann Assistent der Filmakademie AMU; 1975 Gastprof. in Rennes, seit 1979 ständig in Paris. – Neben gefühlvoller Liebeslyrik Vf. von Gedichten, in denen er die persönl. u. lit. Freiheit verteidigt. Als Romancier u. Dramatiker geißelt er mit bissiger Ironie Auswüchse des dogmat. Sozialismus, doch vor allem befaßt er sich – nicht ohne philos. Ambitionen – mit der problemat. Identität des Menschen in der (post)modernen Gesellschaft, wo allgemein humane Werte mit manipulierten Pseudo-Ideen verwechselt, das Gedächtnis und das Wissen verzerrt werden – und wo das menschliche Streben nach Glück, Liebe und Freiheit oft in absurde und tragikomische Konflikte gerät. Auch lit. Essays u. Übs. aus dem Franz. Mit internat. Preisen ausgezeichnet.
W: Člověk zahrada širá, G. 1955; Monology, G. 1957; Umění románu, Es. 1960; Majitelé klíčů, Dr. 1963 (1962, Die Schlüsselbesitzer, d. 1964 in: Sinn u. Form 16); Směšné lásky, En. 1963; Druhý sešit směšných lásek, En. 1965; Žert, R. 1967 (Der Scherz, d. 1968); Třetí sešit směšných lásek, En. 1968; Život je jinde, R. Toronto 1979 (Das Leben ist anderswo, d. 1974); Jakub a jeho pán

(u. d. Namen E. Schorm); Valčík na rozloučenou, R. 1976 (Abschiedswalzer, d. 1977); Kniha smíchu a zapomnění, R. Toronto 1979 (Das Buch vom Lachen u. vom Vergessen, d. 1980); Nesnesitelná lehkost bytí (Die unerträgliche Leichtigkeit des Seins, d. 1984), R. Toronto 1985; L'art du roman, Paris 1986; Nesmrtelnost, R. 1993 (L'immortalité, franz. 1990); Les testaments trahis, Ess. 1993; Le Lenteur, R. Paris 1995 (Die Langsamkeit, d. 1998); L'Identité, R. Paris 1997 (Die Identität, d. 1998); Die Unwissenheit, R. München, Wien 2001. – *Übs.:* Der Wind mit Namen Jaromír, hg. R. Kunze 1961; Die Tür, hg. ders. 1964; Neue tschech. Erzähler, hg. G. H. Herzog 1964.

L: R. C. Porter, M. K. – A Voice from Central Europe, Aarhus 1981; K. – Materialy z sympozjum z organizowanego w Katowicach w dniach 25–26 kwietnia 1986v., London 1988; M. Němcová-Banerjee, Terminal Paradox, N. Y. 1990; K. Chvatík, Svět románů M. K., 1994; ders., Die Fallen der Welt, 1996.

Kunene, Raymond Mazisi, südafrikan. Dichter, * 12. 5. 1930 Durban. Stud. University of Natal. Ging 1959 ins Exil nach London. Polit. Engagement im ANC. Aufenthalte in Tansania u. Sambia. 1966 aus Südafrika verbannt. Ab 1977 Berater der Unesco. Prof. für afrikan. Lit. in Stanford u. Los Angeles. – Entwirft in s. Gedichten u. Epen Bezüge zwischen e. heroischen Zulu-Vergangenheit u. gegenwärtigen polit. u. soz. Problemen Südafrikas.

W: Zulu Poems, G. 1970; Emperor Shaka the Great, Ep. 1979; Anthem of the Decade, Ep. 1981; The Ancestors and the Sacred Mountain, G. 1982.

Kung, Tzu-chen → Gong Zizhen

K'ung Shang-jen → Kong Shangren

Kunikida Doppo (K. Tetsuo), jap. Erzähler und Lyriker, 15. 7. 1871 Chôshi-Chiba-Präfektur – 23. 6. 1908 Chigasaki-Kanagawa-Präfektur. Ab 1887 Schulbesuch in Tokyo, Annahme des Christentums. E. Aufenthalt auf dem Lande führte zu e. großen Liebe der Natur. 1894 Rückkehr nach Tokyo; Kriegsberichterstatter im Chines.-Jap. Krieg. 1895 ∞ Sasaki Nobuko, doch baldige Trennung. Freundschaft mit Tayama Katai u. Yanagida Kunio. – Dichter der naturalist. Schule mit Hang zur Romantik, ohne die Realität zu übersehen. Anfangs von Turgenev u. Wordsworth beeinflußt. Gute Essays.

W: Aitei-tsûshin, E. 1894; Azamukuzaru no ki, Es. 1897; Wasure'enu hitobito, N. 1897 (Men I shall never forget, engl. A. Lloyd, in: Japan Magazine 1, 1910); Doppo-gin, G. 1897f.; Gen oji, E. 1897 (Old Gen, engl. S. Houston, in: D. Keene, Modern Jap. Lit. 1956); Haru no tori, E. 1904; Dopposhu, Anth. 1905 (darin: Tomioka Sensei, Gyûniku to jagaimo, Jonan, Yugawara yori [T. S., Beef and potatoes, Petticoat dangers, Letter from Y., engl. A. Lloyd, in: Model translations and dialogues, 1913], Shôjikimono [Der Biedermann, d. H. Brasch, in: Yamato 3, 1931], Daisansha [Love as cruel as the grave, engl. A. Miyamoto, in: Representative Tales of Jap. 1914], Shônen no hiai [Das Leid e. Knaben, d. M. Sakurai, in: Nippon 3, 1937] u.a.); Ummei, R. 1906; Doppo-shû II, Anth. 1908 (darin: Kyûshi [Der Tod e. armen Mannes, d. S. Yuasa, in: Nippon 3, 1937], Junsa [Der Schutzmann, d. H. Terano, ebda.] u.a.); Tosei, R. 1907. – K. D. zenshû (GW), 1964–67. – *Übs.:* J. Rubin, Five Stories by K. D. (MN), 1972; D. G. Chibbett, River, Mist and Other Stories, En. 1983.

L: H. Shimoi (Sakura 1), 1920; M. Mortimer, Reflexivity in the Stories of K. D. (JQ), 1984.

Kunitz, Stanley (Jasspon), amerik. Dichter, * 29. 7. 1905 Worcester/MA. Stud. Harvard, Militärdienst 1942–45, Hrsg., Lehrtätigkeiten an versch. Univ. – K.' von den Metaphysical Poets (J. Donne, G. Herbert) inspirierte Dichtung zeichnet sich durch strenge Architektonik aus als Rahmen für sprachl. kühne Experimente, teils autobiograph. inspiriert (Familienproblematik), teils unpersönl. und nüchtern wirkend; Einfluß auf T. Roethke, W. H. Auden, R. Lowell.

W: Intellectual Things, G. 1930; Passport to the War, G. 1944; Selected Poems, 1928–1958, 1958; The Testing-Tree, G. 1971; The Terrible Threshold, Selected Poems, 1940–1970, 1974; The Coat Without a Seam, 1930–1972, 1974; A Kind of Order, a Kind of Folly, Ess. 1975; The Lincoln Relics, G. 1978; The Poems of S. K. 1928–1978, 1979; The Wellfleet Whale, G. 1983; Next-to-Last Things, G. 1985; Interviews, hg. S. Moss 1993; Passing Through, G. 1995; The Collected Poems, 2000.

L: M. Hénault, 1980; G. Orr, 1985; A Celebration for S. K., 1986; To S. K., 2002.

Kunnas, Kirsi Marjatta, finn. Schriftstellerin, * 14. 12. 1924 Helsinki. – Nach stiller Naturlyrik im Stile des Modernismus v. a. Gedichte für Kinder, die z. T. Klassiker mit hohen Aufl. geworden sind, geprägt von heiterer, kindgerechter Philosophie. In den 80er Jahren Rückkehr zur Lyrik für Erwachsene.

W: Villiomenapuu, G. 1947; Uivat saaret, G. 1950; Vaeltanut, G. 1956; Hanhiemon iloinen lipas, G. 1954; Tiitiäsen satupuu, G. 1956; Tiitiäisen tarinoita, Märchen 1957; Kuun kuva meissä, G. 1980; Kaunis hallayö, G. 1984; Sirkuskjuttuja, G. 1985; Valoa kaikki kätketty, G. 1986; Puut kantavat valoa, G. 1999; Tiitiäisen tuluskukkaro, G. 2000.

Kuosa-Aleksandriškis → Aistis, Jonas

Kupala, Janka (eig. Ivan Dominkovič Lucevič), weißruthen. Dichter, 7. 7. 1882 Vjazynka bei Maladzecna – 28. 6. 1942 Moskau. Vater Pächter; besuchte außer der Volksschule nur noch Kurse für Erwachsene bei A. Černjaev in Petersburg; 1909–12 in Petersburg; 1914 Bekanntschaft mit V. Brjusov; 1918–39 in Minsk; unternahm 1930 aus polit. Gründen e. Selbstmordversuch; fügte sich dem Zwang, im Sinne der kommunist. Doktrin zu schreiben, wandte sich der Übs. ukrain. und poln. Lyrik zu; 1941 wurde er nach Moskau evakuiert; Tod durch Selbstmord. – Größter weißruthen. Dichter, mit J. Kolas Begründer der mod. weißruthen. Lit. und Lit.sprache. Lernte in der Jugend die weißruthen. Volksdichtung kennen und verdankt ihr s. stärksten Anregungen. Liebe zu s. Volk, dessen soz. Leid u. national-polit. Unterdrückung, die Schönheit der heimatl. Natur sind hauptsächl. Themen s. Dichtung. In der Stilisierung von Volksmärchen, Bylinen, Erzählungen, in der Vielfalt der Thematik, in der sprachl. Gestaltung findet er in der weißruthen. Lit. nicht seinesgleichen. Die Musikalität s. Lyrik geht v. a. auf den oft verwendeten Binnenreim und den Einfluß des Volkslieds zurück; kennzeichnend für s. Stil sind syntakt. Parallelismen, traditionelle Epitheta, Wiederholungen. Die meisten s. Gedichte, aber nicht alle s. dramat. Werke, sind in der Form auf volkskundl. Material aufgebaut.

W: Žalejka, G. 1908; Husljar, G. 1910; Kurhan, G. 1910; Son na kurhane, Dr. 1912; Šljacham žyc'cja, G. 1913; Raskidanae hnjazdo, Dr. 1919; Spadčyna, G. 1922. – Zbor tvorau (SW), VI 1925–32, 1952–54, 1961–63, VII 1972–78.

L: M. Pětuchovič, 1927; A. N. Vaznjasenski, 1927; E. Mozol'kov, 1949, 1961; M. Jaroš, 1959; M. Moskalik, 1961; R. Bjarozkin, 1965; J. Sarachoŭski, 1965.

Kuprin, Aleksandr Ivanovič, russ. Prosadichter, 7. 9. 1870 Narovčat (ehem. Gouv. Penza) – 25. 8. 1938 Leningrad. Vater unterer Beamter, nach Besuch des 2. Kadettenkorps in Moskau und der Junkerschule 1890 Offizier, verließ 1894 den Militärdienst, dann in mehreren Städten als freier Schriftsteller und in anderen Berufen tätig; wirkte ab 1903 in der von Gor'kij geführten Znanie-Gruppe; emigrierte nach der Oktoberrevolution nach Paris, kehrte 1937 in die Sowjetunion zurück. – Bedeutender Erzähler, auf den L. Tolstoj und Čechov gewirkt haben; in s. vielgelesenen Romanen, Novellen, Erzählungen und Skizzen hat sich s. reiche Lebenserfahrung niedergeschlagen; bes. die in Südrußland verbrachten Jahre 1894–99 ließen ihn das Leben der unteren Schichten kennenlernen, das ihm viel Stoff für s. erzählendes Werk gab. Weiß in s. Milieustudien, Sittenschilderungen, in der Darlegung von Ereignissen in Kreisen der Offiziere, in der Welt des Zirkus' in klarer Sprache anschaulich und plastisch darzustellen; im gedankl. Gehalt freilich vermag er sich über Enttäuschung und Resignation nicht zu erheben, gibt der Überzeugung von der grausamen Sinnlosigkeit des Lebens Ausdruck, das den kulturell höherstehenden Menschen in die Vereinsamung stellt, auf Gewalt und Ausbeutung beruht. Zeichnet in s. stärksten Roman ›Poedinok‹ e.

wirkungsvolles Bild der mit dem mechan. Drill, mit dem moral. Verfall der (schonungslos charakterisierten) Offiziere verbundenen bedrückenden Atmosphäre des russ. Kasernenlebens. S. autobiograph. Romane der 1930er Jahre fallen gegenüber dem früheren Werk ab.

W: Moloch, N. 1896 (Der Moloch, d. 1907); Olesja, Nn. 1898 (d. 1911); Poedinok, R. 1905 (Das Duell, d. 1905); Gambrinus, N. 1907; Sulamit', E. 1908 (d. 1925); Jama, R. 1909–15 (Die Gruft, d. 1910, u. d. T. Jamskaja, 1965); Granatovyj braslet, N. 1911 (Das Granatarmband, d. 1911); Koleso vremeni, R. 1930; Junkera, R. 1933. – Polnoe sobranie sočinenij (GW), XII 1906–16, XII 1921–25; Sobranie sočinenij, IX 1964, VI 1991–97; Povesti i rasskazy, Nn. u. En. II 1963. – *Übs.:* Meistererzählungen, Zürich 1989.

L: C. Ledré, Trois romanciers russes, Paris 1935; P. N. Berkov, 1956; V. Afanas'ev, 1960; A. Volkov, 1962, ²1981; S. I. Kulešov, 1963; A. Dynnik, East Lansing 1969; N. Luker, Boston 1978.

Kurata Hyakuzô (auch Momozô), jap. Essayist und Dramatiker, 23. 2. 1891 Shôbara/Hiroshima-Präfektur – 12. 2. 1943 Tokyo. Stud. ohne Abschluß der Hochschule. 1916 Mitbegründer des Magazins ›Seimei no kawa‹. 1917 bekannt durch s. relig. Drama ›Shukke to sono deshi‹. Obwohl unheilbar krank, setzte er s. Arbeit fort u. diskutierte im Rahmen des Individualismus u. Liberalismus Religion, freie Liebe u. Nationalismus.

W: Utawano hito, Dr. 1916; Shukke zo sono deshi, R. u. Dr. 1916 (The priest and his disciples, engl. G. W. Shaw 1922); Shunkan, Dr. 1918f. (engl. K. Andô 1925); Ai to ninshiki to no shuppatsu, Ess. 1921; Ippu-ippu ka jiyû-ren'ai ka, Ess. 1926. – K. H. Zenshû (AW), 1946–48.

L: J. T. Rimer, Culture and Identity, Princeton 1990.

Kureishi, Hanif, Dramatiker, Romanschriftsteller und Regisseur, * 5. 12. 1954 Bromley, South London/Kent. Als Sohn e. pakistan. Vaters und e. engl. Mutter in Engl. aufgewachsen; Stud. Philos. am Londoner King's College, 1981ff. Dramatiker für das Royal Court Theatre, bekannt v. a. durch s. Drehbücher ›My Beautiful Laundrette‹ und ›Sammy and Rosie Get Laid‹, vom brit. Regisseur S. Frears verfilmt. – Romane und Theaterstücke des angloasiat. K. behandeln die interkulturellen Konflikte und gesellschaftl. Repressalien, denen Immigranten in England ausgesetzt sind. Die sozialkrit. Schilderungen von Heimatlosigkeit verbinden sich bei K. mit der humorvollen Auflösung überlieferter Stereotype der Darstellung kultureller Differenz.

W: Borderline, Dr. 1981; My Beautiful Laundrette, Dr. 1985 (Mein wunderbarer Waschsalon, d. 1991); Sammy and Rosie Get Laid, Dr. 1987 (Sammy und Rosie tun es, in: Mein wunderb. Waschsalon, 1991); The Buddha of Suburbia, R. 1989 (Der Buddha aus der Vorstadt, d. 1990); Outskirts and Other Plays, Drn. 1992;

Love in a Blue Time, Kgn. 1997 (Blau ist die Liebe, d. 1997); Intimacy, R. 1998 (d. 2001); The Body, R. 2002 (In fremder Haut, d. 2003). — Collected Screenplays, I 2002ff.
  L: K. C. Kaleta: H. K. postcolonial storyteller, o. J.; R. Ranasinha: H. K., 2002.

Kurek, Jalu (eig. Franciszek), poln. Schriftsteller, 27. 2. 1904 Krakau — 10. 11. 1983 ebda. E. der Hauptorganisatoren des poln. Futurismus. Redakteur der Zs. ›Linja‹. — In Gedichten Verbindung revolutionärer Akzente mit optimist. Zukunftsglauben. In Prosa Darstellung des Bauernlebens u. der Bergwelt der Tatra. Übs. Petrarcas.
  W: Upały, G. 1925; S. O. S., R. 1927; Śpiewy o Rzeczypospolitej, G. 1930; Mohigangas, G. 1934; Grypa szaleje w Naprawie, R. 1934; Woda wyżej, R. 1935; Młodości śpiewaj, R. 1939; Janosik, R. 1939 — III 1945–48; Księga Tatr, Schr. 1955; Strumień goryczy, G. 1957; Gwiazda spada, R. 1959; Mój Kraków, Mem. 1970; Śmierć krajobrazu, G. 1973; Bestia, R. 1973; Pocztówki, G. 1974; Ludowa lutnia, G. 1975; Planeta, Aphor. 1975; Zmierzch natchnienia, Ess. 1976; Jak karmić motyle, Feuill. 1977; Księga Tatr wtóra, R. 1978; Godzina X. Rzecz o umieraniu, Ess. 1978; Proza nagła, 1981; Boże mojego serca, G. 1983. — Wiersze wybrane (G.-Ausw.), 1956; Poezje, G. 1980; Pisma wybrane (AW), 1982–85.
  L: E. Cichla-Czarniawska, W drodze do wierchu, 1980; dies., »Heretyk awangardy« – J. K., 1987.

Kuročkin, Vasilij Stepanovič, russ. Dichter, 9. 8. 1831 Petersburg — 27. 8. 1875 ebda. Zögling des Kadettenkorps, einige Jahre in der Armee, 1855 berufsmäßiger Schriftsteller; s. Übs. der Lieder Bérangers (1858) brachte ihm viel Erfolg; begründete 1859 mit dem Karikaturisten N. Stepanov die satir. Zs. ›Iskra‹, gab sie bis 1873 heraus. — Wandte sich unter der Wirkung der Verse Nekrasovs in s. Dichtung v. a. aktuellen Ereignissen im polit. und sozialen Leben zu, die er im Geist der radikalen nichtadeligen Intelligenz satir. beleuchtet; pflegte, von Béranger angeregt, das Genre des satir. Couplets, Epigramm, Parodie. E. der Begründer des russ. versifizierten Zeitungsfeuilletons.
  W: Sobranie stichotvorenij, G. 1947 (n. 1967); Stichotvorenija, G. 1949; Stichotvorenija, stat'i, fel'etony, G., Aufs. u. Feuill. 1957.

Kusano, Shinpei, jap. Lyriker, 12. 5. 1903 Kamikogawa (Fukushima) — 12. 11. 1988 Tokorozawa (Saitama). 1919–25 Studium in Japan u. China. Hält sich nach Rückkehr nach Japan zunächst mit versch. Jobs über Wasser. 1928 erster gedruckter Gedichtband, dem viele weitere folgen. — Während K.s Frühwerk stark anarchistisch orientiert ist, zeigt sich in späteren Gedichten eine Hinwendung zur Natur und zur Ordnung des Kosmos. Neben Lyrik auch Kinderbücher, Romane u. Essays. K. beeinflußte und förderte zahlreiche jüngere Lyriker.
  W: Daihyaku kaikyû, G. 1928; Bogan, G. 1934; Fujisan, G. 1943. – K. S. zenshû (SW), XII 1978–84. – *Übs.:* Frogs & others, engl. 1969; Asking myself, answering myself, engl. 1984; Mt. Fuji: selected poems 1943–1986, engl. 1991.
  L: A. Piper, Literarischer Anarchismus und kosmische Ordnung, in: NOAG 131–132 (1982).

Kushner, Tony, amerik. Dramatiker, *16. 7. 1956 New York. Eltern Musiker; Theaterpraxis, Lehrtätigkeit Yale u. Princeton. — Sensationeller Welterfolg mit dem die Apokalypse thematisierenden Drama ›Angels in America‹ über Homosexualität und Aids als scharfe Attacke auf die Reagan-Regierung, durch Figur Roy Cohn Bezug zur McCarthy-Ära.
  W: Hydriotaphia, Dr. (1987); A Bright Room Called Day, Dr. 1991; Widows, Dr. (von u. mit A. Dorfman, 1991, d. 1995); Angels in America: A Gay Fantasia on National Themes, Dr. II 1992 (d. 1993); Slavs! Thinking About the Longstanding Problems of Virtue and Happiness, Dr. u. Ess. 1995 (d. 1994); T. K. in Conversation, hg. R. Vorlicky 1997; Henry Box Brown, or the Mirror of Slavery, Dr. (1998); Death and Taxes, Dr.-Slg. 2000; Homebody/Kabul, Dr. 2002; Caroline or Change, Musical (2002).
  L: D. R. Geis, S. F. Kruger, 1997; J. Fisher, 2001.

Kusmin, Michail → Kuzmin, Michail Alekseevič

Kušner, Aleksandr Semenovič, sowjet. Lyriker, *14. 9. 1936 Leningrad. Zunächst Lehrer. — Hochbegabter, unpolit. Dichter. S. sorgsame, bescheidene Lyrik ist von elementarer Urangst u. Beschwörung der seel. u. geistigen Kräfte getragen, sie hat e. breites hist. Bewußtsein u. ist von tiefer allg. Aussagekraft.
  W: Pervoe vpečatlenie, G. 1962; Nočnoj dozor, G. 1966; Pis'mo, G. 1974; Kanva, Ausw. 1981; Tavričeskij sad, G. 1984; Stichotvorenija, 2000. – *Übs.:* Die Zeit ist unsere Zeit, 1990.
  L: L. M. Wechsmann, 1997.

Kusnezow, Anatolij → Kuznecov, Anatolij Vasil'evič

Kuśniewicz, Andrzej, poln. Schriftsteller, 30. 11. 1904 Kowenice/Ostgalizien — 14. 5. 1993 Warschau. 1929–35 Stud. Krakau, bis 1939 u. nach 1945 Diplomat, während des Krieges im KZ. Hrsg. von Zeitschriften u. Mitarbeiter des poln. Rundfunks. — K. setzt sich mit dem Problem der Geschichtlichkeit auseinander, in ›Król obojga Sycylii‹ mit dem Untergang der Kultur bzw. des Lebensstils der österr.-ungar. Monarchie u. dem Gegensatz zwischen biolog. Spontaneität u. Zivilisation.

W: Słowa o nienawiści, G. 1955; Diabłu ogarek, G. 1959; Korupcja, R. 1961; Czas prywatny, G. 1962; W drodze do Koryntu, R. 1964; Eroica, R. 1969; Król obojga Sycylii, R. 1970 (König beider Sizilien, d. 1981); Strefy, R. III 1971 (Tierkreiszeichen, d. 1991 [Teil 1 d. Romanzyklus]); Stan nieważkości, R. 1973 (L'etat d'apesanteur, franz. 1979); Trzecie królestwo, R. 1975; Lekcja martwego języka, R. 1977 (Lektion in einer toten Sprache, d. 1987); Moja historia literatury, Ess. 1980; Witraż, R. 1980; Nawrócenie, R. 1985; Mieszaniny obyczajowe, R. 1985.

L: W. Sadkowski, 1974 u. 1980; B. Kazimierczyk, Wskrzeszanie umarłych królestw, 1982; M. Dąbrowski, Nierzeczywista rzeczywistość. Twórczość A. K. na tle epoki, 1987; H. P. Hoelscher-Obermeier, A. K.' synkretische Romanpoetik, 1988.

Kuzmány, Karol, slovak. Dichter u. Gelehrter, 16. 11. 1806 Brezno – 14. 8. 1866 Turčianske Teplice. Stud. evangel. Theol. Preßburg, Jena; 1832–49 Pfarrer in Banská Bystrica, 1850 Prof. für Theologie Wien; 1861 Mitbegründer u. Vizepräsident des Kulturvereins ›Matica slovenská‹ Martin. – Wurzelt mit s. patriot. u. ep.-hist. Gedichten, dem von Goethe inspirierten idyll. Epos ›Běla‹ (1836) u. dem an J. Fries anklingenden philos.-ästhet. Prosaroman ›Ladislav‹ im Klassizismus. Als Hrsg. der Zs. ›Hronka‹ (1836–38) jedoch Wegbereiter der Romantik. Vf. zahlr. relig. Schriften; s. Lehrbuch des evangel. Kirchenrechts (II 1856) mit der preuß. Goldmedaille ausgezeichnet. Erlangte nach 1848 durch s. slovak. geschriebenen hymn. Gedicht ›Kto za pravdu horí‹ Volkstümlichkeit.

A: Život Dra Martína Luthera, 1840; Praktische Theologie, Wien 1855–60; Spisy (W), 1922.

L: P. Bujnák, 1927; K. K. (1806–1866), 1967.

Kuzmin, Michail Alekseevič, russ. Dichter, 6. (18). 10. 1875 Jaroslavl' – 1. 3. 1936 Leningrad. Aus adl. Familie, Kindheit in Saratov, 1885 in Petersburg, Konservatorium ebda., Schüler Rimskij-Korsakovs, lange Reise nach Italien und Ägypten; wandte sich der Lit. zu, Erstlingswerk Roman ›Kryl'ja‹. – Bes. bezeichnend für s. Dichtung, namentl. für e. Teil s. Romane und Novellen, ist e. kunstvolle Stilisierung. Nimmt Sujets und Bilder aus dem Bereich der alexandrin. Kultur, des späten Rom, des 18. Jh. in Frankreich und Italien; nach alter Art stilisiert ist z.B. s. Fassung des Alexanderromans; in verhalten iron. Ton sind nach der Weise franz. Memoiren des 18. Jh. ›Priključenija Ème-Lebefa‹ erzählt; in anderen Romanen und Erzählungen stellt er das zeitgenöss. Leben der bürgerl. Welt dar; wählt in Gedichten und Singspielen gern rokokohafte Motive und Bilder der im 18. Jh. beliebten lyr. Genres. Die e. Nachdichtung aus Pierre Louÿs' ›Chansons de Bilitis‹ einschließenden ›Aleksandrijske pesni‹ und ›Kuranty ljubvi‹, gleichzeitig mit der Vertonung der Verse veröffentlicht, sind das Bedeutendste aus s. Lyrik. Bekannte sich, in offenem Gegensatz zu der zum Mystizismus neigenden ›jüngeren Generation‹ der Symbolisten, zum ›Klarismus‹, zum ›fröhl. Handwerk‹ der Poesie, das rationale Formung des Stoffs und logisch gerechtfertigte Ausarbeitung des Details erfordere. Bevorzugte abenteuerl. bunte, anekdot.-erot. Stoffe. S. Aufsatz ›O prekrasnoj jasnosti‹ wirkte als e. Art Manifest.

W: Kryl'ja, R. 1907 (Flügel, d. 1911); Priključenija Ème-Lebefa, R. 1907 (Die Abenteuer des Aimé Lebœuf, d. 1911); Podvigi velikago Aleksandra, R. 1908 (Die Taten des großen Alexander, d. 1910); Nežnyj Josif, E. 1909 (Der zärtliche Josef, d. 1919); O prekrasnoj jasnosti, Aufs. 1910; Putešestvie sera Dzona Firfaksa po Turcii, R. 1910 (Die Reise des Sir John Fairfax, d. 1926); Kuranty ljubvi, G. 1910 (Spieluhr der Liebe, d. 1920); Zelënyj solovej, E. 1915 (Die grüne Nachtigall u.a., d. 1918); Čudesnaja žizn' Iosifa Balzamo, grafa Kaliostro, R. III 1919 (Das wunderliche Leben des J. B. Grafen Cagliostro, d. 1928); Aleksandrijskie pesni, G. 1921 (Aleksandrinische Gesänge, d. 1920); Paraboly, G. 1923; Tichij straž, R. 1924 (Der stille Hüter, d. 1928). – Sočinenija (W), IX 1915–18; Sobranie stichov (ges. G.), hg. J. Malmstad, V. Markov III 1977–78; Proza, hg. V. Markov, B. Scholz X 1984ff.; Dnevnik, 1905–07, 2000.

L: N. Bogomolov, hg. 1995.

Kuznecov, Anatolij Vasil'evič, russ. Erzähler, 18. 8. 1929 Kiew – 13. 6. 1979 London. Zigarettenverkäufer, 1952 Bauarbeiter, bis 1960 Stud. Gor'kij-Lit.institut Moskau; Juni 1969 ins Redaktionskollegium der Zs. ›Junost'‹ berufen; ersuchte Juli 1969 in London um polit. Asyl. – S. Roman ›Prodolženie legendy‹ schildert mit Stilisierung nach Art e. Tagebuchs den Beginn der prakt. Tätigkeit e. Abiturienten, den damit verbundenen Vorgang der Desillusionierung angesichts der tatsächl. Verhältnisse. S. Roman ›Babij Jar‹ gibt in der vollständigen, im Westen veröffentlichten Fassung e. ungeschminktes Bild von den Greueltaten der SS u. des NKWD in Kiew.

W: Prodolženie legendy, R. 1962 (Im Gepäcknetz nach Sibirien, d. 1958); Maša, E. 1959; Bienie žizni, En. 1961; Štorm na puti v. Stokgol'm, E. 1965; Babij Jar, R. 1966, erw. 1970 (d. 1968).

Kvapil, Jaroslav, tschech. Lyriker u. Dramatiker, 25. 9. 1868 Chudenice bei Klatovy – 10. 1. 1950 Prag. Arztsohn; Stud. nicht abgeschlossen, Dr. h.c. der Karls-Univ., 1891 Journalist, 1900–18 u. 1921–28 Dramaturg u. Regisseur, 1918 regte er das Manifest der tschech. Schriftsteller an. ∞ Schauspielerin Hana K. – Geschult an Vrchlickýs Neuromantik u. der franz. Dekadenz, schrieb K. melanchol. Liebeslieder, denen sich nationalpatriot. u. Gelegenheitsgedichte anschlossen. Als Dramatiker bearbeitete er Themen aus dem Theatermilieu, schrieb allegor. Märchenspiele

u. zahlr. Libretti. Übs. Ibsen, Bjørnson, Pailleron u.a.

W: Bludička, Dr. 1896; Memento, Dr. 1897; Princezna Pampeliška, Msp. 1897; Rusalka, Libr. 1901 (vertont A. Dvořák; Die Wassernixe, d. 1954); Oblaka, Dr. 1903; Sirotek, Msp. 1906; Básně, G. 1907; Na sklonku řijna, G. 1928; Bílý pomník pod starými stromy, G. 1932; O čem vím, Aut. II 1932; Rytmus života, G. 1945; Proti srsti, Sat. 1946; Osiřelo dítě, E. 1947. – Souborné dílo (GW), IV 1945–48.

L: O. Fischer, 1919; A. Novák, Krajané a sousedé, 1922; F. Götz, Boj o čes. divadelní sloh, 1934; ders., 1948 (m. Bibl.).

Kvaran, Einar Hjörleifsson, isländ. Erzähler, Dramatiker u. Lyriker, 6. 12. 1859 Vallanes – 21. 3. 1938 Reykjavík. Pfarrerssohn, höhere Schule Reykjavík, 1881–84 Volkswirtschaftsstud. Kopenhagen, Mitbegründer der Zs. ›Verðandi‹, 1885–95 Schriftsteller in Winnipeg, 1895–1906 Journalist, dann freier Schriftsteller in Island. – Sehr populärer, von spiritist. u. theosoph. Ideen erfüllter liberaler Schriftsteller. S. stilist. kunstvolles, von Gefühlswärme beseeltes Werk umkreist in e. etwas bürgerl. flachen Optimismus das Thema der Auseinandersetzung zwischen moral. guten u. bösen Menschen. S. Romane leiden ebenso wie s. Dramen oft an ungleichmäßiger u. schwacher Charakterzeichnung. S. Anschauungen riefen in den 1920er Jahren den Widerspruch S. Nordals hervor, der zum Anlaß e. heftigen Polemik wurde (dokumentiert in ›Skiftar skoðanir‹, 1960).

W: Vonir, N. 1890; Ljóðmæli, G. 1893; Vestan hafs og austan, En. 1901; Smælingjar, En. 1908; Ofurefli, R. 1908 (Die Übermacht, d. 1910); Gull, R. 1911; Frá ýmsum hliðum, En. 1913; Lénharður fógeti, Dr. 1913; Syndir annara, Dr. 1915; Sálin vaknar, R. 1916; Sambýli, R. 1918; Sögur Rannveigar, R. II 1919–22; Hallsteinn og Dóra, Dr. 1931; Jósafat, Dr. 1932; Gæfumaður, R. 1933; Mannlýsingar, Erinn., hg. T. Guðmundsson 1959; Eitt veit ég, Schr. 1959. – Ritsafn (GW), hg. J.J. Smári VI 1944; hg. A. u. S. Arnalds VI 1968–70. – *Übs.:* Isländ. Erzählungen, 1938.

Kvitka, Hryhorij (Ps. Hryc'ko Osnovjanenko), ukrain. Schriftsteller, 29. 11. 1778 Osnova b. Charkov – 20. 8. 1843 Charkov. Aus adl. Familie; befreundet mit V. Žukovskij und V. Dal'; begründete die neue ukrain. Prosa, wirkte mit 2 Bänden sentimental-moralisierender ›Kleinruss. Erzählungen‹ (1834–37) auf die ganze spätere ukrain. Lit.; schrieb auch in russ. Sprache, so die Komödien ›Dvorjanskie vybory‹ und ›Priezžij iz stolicy‹. Erfolgr. war s. russ. Roman ›Pan Chaljavskij‹, e. naturalist. gezeichnetes, mit Humor und Satire gewürztes Bild des Lebens des ukrain. Landadels.

W: Pan Chaljavskij, R. 1839; Povisti, En. II 1858 (ukrain.); Dramatičeskie sočinenija, Drr. II 1862 (russ.). – Tvory (W), II 1904/05, 1911–13, IX 1923–33, III 1928–30, VI 1956/57, VIII 1968–70.

L: V. Tarnovskij, 1929; O. Doroškevyč, 1929, 1991; M. S. Voznjak, 1946; J. H. Verbyc'ka, 1957; C. Čalyj, 1962; M. Pochodzilo, 1965; O. I. Hončar, 1969; J. O. Luc'kyj, 1978; S. Zubkov, 1978.

Kvitka, Larysa → Ukrajinka, Les'a

Kyd, Thomas, engl. Dramatiker, (getauft) 6. 11. 1558 London – 1594 ebda. Sohn e. Notars; in Merchant Taylors' School erzogen, wo E. Spenser s. Schulkamerad war. Schreiber bei e. Anwalt. Über s. Leben ist wenig bekannt. Als e. der Londoner Bohemiens war K. in s. letzten Lebensjahren Marlowe eng verbunden, wurde wie dieser des Atheismus beschuldigt, erhielt e. Gefängnisstrafe. Verbrachte den Rest s. Lebens in Armut. – Neben Marlowe bedeutendster engl. Dramatiker vor Shakespeare. Das einzig erhaltene Werk K.s, auf dem s. Ruhm beruht, ist ›The Spanish Tragedy‹ (geschr. 1590), e. der wichtigsten Renaissancedramen, im Blankvers geschrieben. Es zeigt in s. Rhetorik sowie in der allegor. Darstellung der Rache und deren ständiger Präsenz auf der Bühne noch starke Einflüsse Senecas (›Thyestes‹), lieferte zahlreiche Motive u. Anknüpfungspunkte für Shakespeares ›Hamlet‹ sowie für ›Titus Andronicus‹, begründete die Gattung der Rachetragödie. Die Gestalten entfalten sich im dramat. Geschehen, die einzelnen Episoden enthüllen immer neue Charakterzüge (bahnbrechend für die Charaktertragödie). Einzelne Stellen wahrscheinl. später von anderen hinzugefügt. ›Solyman and Perseda‹, das Spiel im Spiel, erschien 1588 als selbständiges Stück; ob diese Fassung von Kyd stammt, wird angezweifelt. Die ›Spanish Tragedy‹ war außerordentl. erfolgreich; K. wurde immer wieder als Verfasser des sog. Ur-Hamlet angesehen, den Shakespeare als Grundlage s. Dramas verwendete, außerdem übersetzte er ›Pompey the Great‹ aus dem Franz.

W: The Spanish Tragedy, Tr. 1592 (hg. W. W. Greg 1949, Ph. Edwards 1959, B. L. Joseph 1964, J. R. Mulryne 1970); Cornelia, Dr. 1594 (Übs. nach Garnier); Pompey the Great, Tr. 1595. – Works, hg. F. S. Boas 1901 (n. 1955). – *Übs.:* Shakespeares Zeitgenossen, hg. E. Loewenthal II 1956; Dramen d. Shakespeare-Zeit, hg. R. Weimann 1964.

L: G. Sarrazin, 1892; J. de Smet, Brüssel 1925; P. W. Biesterfeldt, Diss. Gött. 1936; F. Carrère, Toulouse 1951; L. L. Schücking, Zur Vf.schaft der ›Spanish Tragedy‹, 1963;amerik.?H. Baker, 1965; Ph. Edwards, 1966; A. Freeman, 1967; F. R. Ardolino, T. K.s Mystery Play, 1985; L. Erne, Beyond The Spanish Tragedy. A Study of the Works of T. K., 2001; Konkordanz: C. Crawford, 1906–10, ²1963.

Kyôden → Santô Kyôden

Kyokutei Bakin → Takizawa

Kyrklund, (Paul Wilhelm) Willy, finnl.-schwed. Schriftsteller, * 27. 2. 1921 Helsinki. Lehrerssohn; Stud. Jura, Mathematik, Pers., Arab., Chines. Übersiedlung nach Schweden. 1953 Staatsexamen Stockholm. Reisen nach Griechenland, Marokko, Persien, Indien. – Setzt sich ein für die im Wohlfahrtsstaat Unterdrückten. Mod. Klassiker mit Sprache von glasklarer Schönheit. S. Satire erreicht seltene Schärfe durch stilist. Mittel, oft e. Mischung von steifer Kanzleisprache u. Jargon.

W: Vinkruset, Sch. 1946; Ångvälten, N. 1948; Tvåsam, R. 1949; Solange, R. 1951; Mästaren Ma, E. 1952 (Meister Ma, d. 1967); Hermelinens död, N. 1954; Den överdrivne älskaren, Nn. 1957; Aigaion, Reiseb. 1957; Till Tabbas, Reiseb. 1959; Polyfem förvandlad, R. 1964; Från bröllopet till Medea, Drn. 1967; Den rätta känslan, R. 1974; Gudar och människor, En. 1978; 8 variationer, Prosa 1982; Elpenor, Aphor. 1986; Om godheden, Aphor. 1988. – Prosa (AW), 1995; Berättelser, dramatik, anföranden, artiklar (AW), 1996. – Berättelser, En.-Ausw. 1979. – *Übs.:* Vom Guten, 1991.

L: G. Arrias, 1981; A. Florin, 1992; O. Widhe, 2002.